ΘΟΥΚΥΔΙΔΗΣ.

THUCYDIDIS

HISTORIA BELLI PELOPONNESIACI

CUM NOVA TRANSLATIONE LATINA

F. HAASII,

PROFESSORIS ACADEMIAE VRATISLAVIENSIS.

ACCEDUNT MARCELLINI VITA, SCHOLIA GRAECA
EMENDATIUS EXPRESSA,
ET INDICES NOMINUM ET RERUM.

PARISIIS,
EDITORE AMBROSIO FIRMIN DIDOT,
INSTITUTI REGII FRANCIAE TYPOGRAPHO.

M DCCC XL.

ΘΟΥΚΥΔΙΔΗΣ.

THUCYDIDES.

EXCUDEBANT FIRMIN DIDOT FRATRES, VIA JACOB, 56.

ΘΟΥΚΥΔΙΔΗΣ.

THUCYDIDIS

HISTORIA BELLI PELOPONNESIACI

CUM NOVA TRANSLATIONE LATINA

F. HAASII,

PROFESSORIS ACADEMIÆ VRATISLAVIENSIS.

ACCEDUNT MARCELLINI VITA, SCHOLIA GRÆCA
EMENDATIUS EXPRESSA,
ET INDICES NOMINUM ET RERUM.

PARISIIS,
EDITORE AMBROSIO FIRMIN DIDOT,
INSTITUTI REGII FRANCIÆ TYPOGRAPHO.

M DCCC XL.

PRÆFATIO.

Quod nobis in toto hoc græcorum scriptorum corpore edendo propositum fuit, ut magna adhibita diligentia et græcam orationem et interpretationem latinam talem exprimeremus, qualis hodie fieri posset quam emendatissima post tot tantorumque virorum studia, qui has litteras doctrina ingenioque suo illustrarunt, id nunc in Thucydide quoque constanter sumus secuti. Et exspectari quidem poterat, ut præclarum hoc opus, quod præcipua quadam cura esset hac nostra ætate tractatum, præter cetera integrum ac luculentum prodiret; nec vero obscurum est, multis partibus hodie rectius Thucydidem legi et intelligi quam olim. Sed tamen negari non debet, haud pauca adhuc apud eum superesse aut plane falsa aut incerta et obscura, in quibus necesse est subsistant dubii, quicumque aut dubitare poterunt aut subsistere volent; atque cetera quidem auxiliorum genera in posterum quoque hujusmodi locis magna cum utilitate adhibebuntur, a codicibus manuscriptis vero quæ exspectari poterant, omnino desperanda videntur esse. Quod quum ita sit, fecimus quod pro instituti nostri ratione potuimus; græca diligenter expressimus ex altera *Immanuelis Bekkeri* editione, quæ prodiit Berolini 1832, in qua ille certa quadam ratione laudabilique constantia eum tenet emendandi modum, qui libris MSS. continetur. Agitur enim hoc ante omnia, ut insigniorem quemque antiquitatis librum talem proponamus, qualem quemque aut beneficio temporum aut iniquitate traditum accepimus, neque eam potius velimus integritatem ei restituere, ut videatur ipse auctor librum sua manu scriptum reliquisse, sed eam, quæ maxima fuit aut esse potuit uno aliquo seculo, e quo originem duxerunt codices MSS. nobis servati. Quo fit, ut in paucis tantum iisque recentissimis scriptoribus certa fide præstari possit, propriam ipsorum manum a nobis restitui; de ceterorum libris bene agitur, si tales legantur, quales aliquot quam paucissimis seculis post ipsorum ætatem haberi poterant; nonnullorum vero tam adversa fortuna fuit, ut exempla eorum antiquissima haud multum superent eam ætatem, qua codices manu describi desiti sunt. Atque in Thucydide quidem pejus res cecidit, quam vel dignum est tanto scriptore, vel credibile videri solet iis, qui codicum MSS. multitudinem admirantur. Ar-

gumento hoc est, quod graviora quidem vitia omnia, quæ hodieque in ejus libris resident, aut omnium codicum communia sunt, aut certe eorum, qui merito optimi habentur, a quibus qui discrepant, non id faciunt propterea, quod propius absint ab operis origine, sed propterea, quod librarii aut per imprudentiam errarunt, aut pro suo quisque arbitrio emendare studuerunt, quæ mendosa videbantur. Quamobrem una certissima ratio est, ut quam horum librorum formam idoneis argumentis intelligamus antiquissimam esse, eam e codd. MSS. accurate restituamus; quod quum Bekkerus fecerit et judicio rectissimo et constantia majore, quam reliqui omnes, nobis dubitandum non fuit, quin ejus editionem sequeremur. Nam superesse quidem multa, quæ non solum appareat vitiosa esse, sed quæ etiam probabili aliqua ac pæne certa mutatione emendari possint, neque Bekkerum fugit neque nos aut ignoramus aut tegimus; et quum ille ceterique Thucydidis studiosi in hanc rem protulerunt haud pauca, quæ facile credas veriora esse, quam quæ nunc in libris leguntur, tum nos quoque aliquotiens repperisse nobis videmur, quomodo inveteratis quibusdam vitiis præsens aliqua medicina fieri possit. Sed neque nostra hæc neque aliorum inventa pro hujus editionis instituto proferre nobis licuit, eaque non minima causa est, cur sæpissime nobis interpretandi negotium difficillimum ac molestissimum accideret; quod quomodo administraverimus, paucis sic habeto.

Latine jam olim Thucydidem interpretati sunt Laurentius Valla, Vitus Winsemius, Æmilius Portus, Georgius Acacius Enenckelius, e quibus Æmilius Portus eam obtinuit auctoritatem, ut interpretationem ejus reliqui deinceps omnes repeterent; et qui unus eam videtur accuratius inspexisse, Joh. Hudsonus, satis habuit subjicere ei passim aut reliquorum interpretum verba aut aliorum suasve quasdam correctiones, ipsam vero intactam reliquit, id quod etiam Bekkerus fieri passus est in editione Oxoniensi anni 1821. Nimirum in contemptum pæne venit interpretandi illa diligentia, et si a paucis discesseris, qui separatim aliquot Thucydidis particulas latine transtulerunt, nemo exstitit, qui quattuor illorum laudem sua opera obscurare vellet. Et vero est ea res immensi operis, quam nemo facile aggrediatur, qui non cum insigni græcæ linguæ peritia accurataque Thucydidii ingenii intelligentia parem conjunxerit latinæ eloquentiæ facultatem animumque invictum negotii asperitate et variis difficultatibus, quæ quot quantæque sint, nemo recte æstimabit, nisi qui ipse vires in iis periclitatus sit. Quamobrem novam quidem justamque latinam interpretationem talem conficere,

qualem fieri maxime vellemus, nos quoque desperavimus, nec tamen committendum visum est, ut reliquorum exemplo vetus illa Æmilii Porti repeteretur, quæ quum aliis multis nominibus reprehendi debet, tum non efficit, quod unum nobis agendum erat, ut iis, qui ad intelligenda græca non sibi ipsi sufficerent, idoneum aliquod certumque subsidium pararetur. Itaque nos mediam quamdam viam ingressi latinam interpretationem Æmilii Porti recepimus illam quidem et ipsi, nostro tamen usi judicio mutavimus et correximus tanta assiduitate, ut invitis nobis et imprudentibus pæne nova exsisteret, quam novam esse nolueramus. Trahebat enim nos ipsa rei difficultas, et quum indignaremur nobilissimi scriptoris orationem aut falso minusve accurate explicari aut inquinari vitioso barbaroque dicendi genere, dum modo huic modo illi malo remedium quærimus, ingens exhausimus tædium insignemque temporis jacturam fecimus molestiorem eam et magis pœnitendam in tam ingrata materia, in qua neque apud alios par laus religiosam diligentiam sequi solet, neque etiam nobis ipsis satisfacere potuimus. Quum enim in hoc instituto nostro non liceret perfectam illam interpretandi rationem sequi, quam mente cernebamus, nihil aliud nunc sumimus nobis, nisi ut repetiverimus et ipsi Porti interpretationem, sed correctam tamen et Bekkerianæ editioni accommodatam. Elegantiam vero et non solum puritatem sed etiam aliquam quasi speciem formamque orationis latinæ æquabili studio elaboratam magnaque intelligentia et subtili quodam artificio ad Thucydidii ingenii similitudinem expressam, itemque alia quædam si quis desideret, quæ decora potius quam ad præsentem usum necessaria sunt, is non nobis succensere debet, qui fateamur, nihil nos nunc suscepisse, nisi ut graviores Porti errores corrigeremus; quo si plus egimus, non quod deest, sed quod superest imputari debet. Imprimis autem hoc operam dedimus, ut non quidem artificiose, sed simpliciter ac perspicue Thucydidis sententia explicaretur, et cavimus, ne græcis latina obscuriora essent, neve quam quis in illis ambiguitatem vel dubitationem offendat, eandem et ipsi subdole relinqueremus. Ceterum tanta fuit in Porti interpretatione vitiorum multitudo, ut si quod aliquando diligentiam nostram effugerit, veniam nobis dari æquum sit; neque id tamen crebro accidisse persuasum nobis est, qui vel in iis locis, ubi longiore meditatione non opus esset, bis terve græca cum latinis contenderimus. Sed dum sententiæ rebusque ipsis intenti sumus, facilius accidere potuit, ut ea intacta relinqueremus, quæ aut barbare aut certe minus latine Portus scripserat, præsertim quum ex hoc genere haud pauca pæne

innumerabilibus locis corrigenda essent, quæ ille prava quadam consuetudine aut perversa opinione inductus semper scribere solebat. Inter quæ creberrima illa sunt, quod in præteritis verborum temporibus semper scripsit *victus fuit, victus fuerat*, et reliqua eodem exemplo, ubi debebat *victus est, victus erat;* quibus accedit magna in temporum modorumque usu negligentia et perturbatio; exempli loco sit, quod non putavit indicativum modum posse cum *quod* particula conjungi; nec minus peccatum in pronominum usu, in quo molestissimum hoc fuit, quod nescio quo elegantiæ studio plerumque *ipsum* dixit, ubi aut *eum* debebat aut etiam *se;* nec rara erant pervagata illa : *parum abest, tum temporis, reversi sunt*, aliaque plura atque etiam graviora. Qualia quamvis omnia studiose corrigas, non tamen ideo plane latina sit ejus oratio, qui non verborum ambitus latino magis quam græco more struere et conjungere audeat, nec relativum pronomen magis fere frequentet quam Græci, nec sibi permittat μέν et δέ particulas aliter quam latinis *quidem* et *vero* transferre, et quæ hujus generis reliqua sunt, quæ ego quamvis improbarem, corrigere tamen constanter non potui, si aliquid vellem de Porti interpretatione relinquere.

Neque tamen talia aut illi aut mihi magis vitio vertentur, quam si sententias ipsas perperam intellexerimus, id quod illi quidem, ut tum erant tempora, accidit frequentissime. Ego vero, cui magna commentariorum moles præsto esset, quam Poppo edidit, bono animo eram, nec putabam mihi, ubi forte ipse hærerem, illius aliorumve auxilium defuturum. Sed res spem fefellit; et ut, quod supra dixi, in emendandis Thucydidis libris multa adhuc desiderantur, ita plura etiam in iisdem explicandis. Nam ipse quidem Poppo quantum diligentia doctrinæque copia Thucydidi profuerit, non opus est nostris laudibus prædicare; eundem tamen in locis multis impeditioribus aut plane tacere videas aut in aliqua improbabili ratione acquiescere, aut, id quod nemini frequentius accidit, consilii dubium esse; nec ea minus pertinent ad reliquos Thucydidis editores. Nobis vero non licebat dubiis esse, nec permisimus nobis, ut ambiguis suspensisque verbis lectorem eluderemus, aut, ubi alii tacuissent, nos quoque probata Porti interpretatione otium ageremus. Itaque factum est, ut, quum sæpissime illis auctoribus peccata corrigeremus, haud raro idem faciendum esset privato nostro arbitratu, ubi quid illi statuerent, nesciebamus; nec nobis dubium est, quin sint in his locis aliquot, ubi illi vulgarem interpretationem probaverint; rursus etiam alii sunt, ubi sciens sprevi, quæ illi vera duxerunt. Augebatur autem molestia eo, quod quæ nobis in corrigenda

latina interpretatione permissa erat libertas, eadem non in græca oratione concedebatur, legemque hanc nobis imposueramus, ut ne ultra Bekkerum sapuisse vellemus. Atque id quidem fecimus, quoad ejus fieri potuit, tantaque fuit continentia nostra, ut ne levi quidem indicio proderemus, quæ ipsi emendanda reppereramus, nisi in locis quibusdam paucissimis, ubi nobis fieri non posse videbatur, quin aut a Bekkeri scriptura aliquantum recederemus, aut sententiam exprimeremus, quæ nulla esset. Et, si unquam alibi, in talibus locis vellem minus taciturnus fuisset Bekkerus, ut sciretur, utrum modo ob codicum consensum scripturam corruptam receperit, an putaverit ejus defendendæ et explicandæ aliquam rationem esse.

'Sed de his omnibus singulatim dicere, quæ aut paulum immutata interpretatus sum, aut quæ mihi rectius aliis videor intellexisse, longum est et ab hoc loco alienum; et dicetur de iis et reliquis emendationibus nostris, quarum hic usus esse non poterat, alio loco accuratius. Nonnulla tamen exempli causa proponam, ne cui mira videantur aut per negligentiam commissa. Difficillimi loci duo sunt, in quibus ego aliquid excidisse statuo; eorum alter est lib. VIII, cap. 76 : καὶ νῦν ἐς τοιοῦτον καταστήσονται, ubi uncis inclusa addidi ea, sine quibus sententia non videbatur constare posse. Alter locus est lib. V, cap. 3 extr. περὶ πατρίδος βουλεύεσθε, ἣν μιᾶς πέρι καὶ ἐς μίαν βουλὴν τυχοῦσάν τε καὶ μὴ κατορθώσασαν ἔσται, ubi item quid addendum censeam, satis indicavi. Facilior ratio est aliorum trium locorum, quæ mihi membris paulo aliter distinctis, quam adhuc factum est, recte interpretatus videor. Nam lib. III, cap. 31, impeditissima sunt verba illa : (ἐλπίδα δ' εἶναι· οὐδενὶ γὰρ ἀκουσίως ἀφῖχθαι) καὶ τὴν πρόσοδον ταύτην μεγίστην οὖσαν Ἀθηναίων ἣν ὑφέλωσι. Horum Poppo quattuor explicandi rationes proposuit, quarum nullam neque ipse probavit neque alius facile quisquam probaverit, qui non aut verbis vim facere aut sententiarum aptam structuram pervertere velit. Ego servatis verbis ita ut a Bekkero scripta sunt, una parenthesis signa tollo; præterea verba ἐλπίδα δ' εἶναι statuo per se consistere, a quibus pendere facio membra duo, quæ more Thucydidio inæqualia sunt; spes enim potiundæ Ioniæ, de qua agitur, duabus rebus continetur, quarum altera posita in facto (οὐδενὶ γὰρ ἀκουσίως ἀφῖχθαι), altera in faciendo sive condicione conclusa, eaque rursus bipertita ἢν ὑφέλωσι-καὶ ἅμα ἢν δαπάνη γίγνηται. Quorum membrorum utrumque per se aptissime cum primo illo conjungatur; quis enim offendat in his : ἐλπίδα δ' εἶναι· οὐδενὶ γὰρ ἀκουσίως ἀφῖχθαι· et : ἐλπίδα δ' εἶναι, ἣν-ὑφέλωσι? Hæc autem quod quamvis inæ-

qualia sint, inter se conjunguntur, in Thucydide quidem nemo mirari debet.

Breviter signincasse sufficit, lib. III, cap. 98, probabilius mihi videri, distinctionem eam, quæ est ante οὗτοι, ponere ante verba τοσοῦτοι μὲν τὸ πλῆθος, et illic nullam facere, quod quomodo intelligi velim, satis ex interpretatione apparet. Denique lib. V, cap. 91, statui græca sic interpungi debere : οὐ γὰρ οἱ ἄρχοντες ἄλλων, ὥσπερ καὶ Λακεδαιμόνιοι, οὗτοι δεινοὶ τοῖς νικηθεῖσιν (ἔστι δὲ οὐ πρὸς Λακεδαιμονίους ἡμῖν ὁ ἀγών), ἀλλ' ἢν οἱ ὑπήκοοί που τῶν ἀρξάντων αὐτοὶ ἐπιθέμενοι κρατήσωσιν.

Sed lib. III, cap. 43, miratus sum nondum gravissimum aliquod vitium ab aliis sublatum esse, quod est in verbis : χρὴ δὲ πρὸς τὰ μέγιστα καὶ ἐν τῷ τοιῷδε ἀξιοῦντι ἡμᾶς περαιτέρω προνοοῦντας λέγειν ὑμῶν τῶν δι' ὀλίγου σκοπούντων. Nam usus quidem ille participii ἀξιοῦν genere neutro positi offendere neminem potest, quum et lib. I, cap. 142, legamus ἐν τῷ μὴ μελετῶντι, et lib. III, cap. 10, ἐν τῷ διαλλάσσοντι τῆς γνώμης, et alia similia multa ubique. Sed quis unquam vidit, ejusmodi participio aliud vel adjectivum vel pronomen apponi, ut hic τὸ τοιόνδε ἀξιοῦν dici creditur? quod a ceteris silentio transmissum quasi vulgare et nullo modo dubium esset, mihi non modo numquam dici, sed ne posse quidem dici videtur; neque id arbitror grammaticos eos negaturos, qui ipsas cujusque usus rationes causasque explorare velint. Proinde scribendum est ἀξιοῦν τι divisis vocibus, ut ἀξιοῦν sit infinitivus, ἐν τῷ τοιῷδε autem separatim dicatur, quod est frequentissimum; vid. V, cap. 88; item III, cap. 81, § 5, ubi est ἐν τῷ τοιούτῳ; alia exempla collegit Fr. Haase ad Xenoph. de Rep. Lacedd. in ind. v. ἐν pag. 305 sq.

Præterea lib. III, cap. 33, Bekkerus cum aliis Popponis conjecturæ obsecutus neglecto codicum MSS. consensu bis Icari nomen pro Clari recepit, in quo ei n n obedivi propter ea, quæ de hac re exposuit idem Haase in Actis litt. antiq. Darmstad. a. 1836. Nr. 84. Contra lib. VII, cap. 71, ubi legitur διὰ τὸ ἀνώμαλον, interpretando expressi id, quod Bekkerus suaserat δι' αὐτό. Atque sunt alii etiam loci quidam, in quibus aut Bekkeri aut aliorum emendationibus usus sum, quos nunc omnes examinare non attinet.

Plura sunt, quæ ego, priore scriptura servata, nova quadam ratione interpretatus sum, veluti illud οὐ καθ' ἓν μόνον τῶν πραγμάτων lib. VII, cap. 75, ubi καθ' ἓν ita omnes dictum acceperunt, ut est καθ' ἑκάστους, καθ' ἕκαστα, καθ' ἕκαστον I, cap. 36, cap. 145; VII, cap. 8, cap. 64, et alibi sæpe; habet enim καθ' ἓν etiam plane contrariam significationem, de qua alio

quidem loco lib. VIII, cap. 46, nemo dubitavit, ubi res manifestior erat. Eam vero sententiam esse, quam ego expressi, et ex sequentibus verbis satis intelligitur, et comprobant exempla alia, in quibus καθ' ἕν eodem modo dicitur, qualia collegit Haase ad Xenoph. l. c. pag. 304. Quæ reliqua sunt de hoc genere inventa nostra, nolumus nunc memorare.

Superest, ut indicem huic editioni adjectum laude aliqua lectoribus commendem; ipse enim mihi testis sum, confectum eum esse summa diligentia et assiduitate, non quidem ita, ut verbis multis ipsas res gestas enarrarem, quod inutile videbatur, sed ut accurate locos omnes indicarem, quibus quodque nomen legeretur, exceptis nominibus iis, quæ leguntur ubique.

De Scholiis in calce libri dicemus.

ΘΟΥΚΥΔΙΔΟΥ

ΞΥΓΓΡΑΦΗΣ Α.

Θουκυδίδης Ἀθηναῖος ξυνέγραψε τὸν πόλεμον τῶν Πελοποννησίων καὶ Ἀθηναίων, ὡς ἐπολέμησαν πρὸς ἀλλήλους, ἀρξάμενος εὐθὺς καθισταμένου καὶ ἐλπίσας μέγαν τε ἔσεσθαι καὶ ἀξιολογώτατον τῶν προγεγενημένων, τεκμαιρόμενος ὅτι ἀκμάζοντές τε ἦσαν ἐς αὐτὸν ἀμφότεροι παρασκευῇ τῇ πάσῃ καὶ τὸ ἄλλο Ἑλληνικὸν ὁρῶν ξυνιστάμενον πρὸς ἑκατέρους, τὸ μὲν εὐθὺς τὸ δὲ καὶ διανοούμενον. (2) Κίνησις γὰρ αὕτη μεγίστη δὴ τοῖς Ἕλλησιν ἐγένετο καὶ μέρει τινὶ τῶν βαρβάρων, ὡς δὲ εἰπεῖν καὶ ἐπὶ πλεῖστον ἀνθρώπων. Τὰ γὰρ πρὸ αὐτῶν καὶ τὰ ἔτι παλαιότερα σαφῶς μὲν εὑρεῖν διὰ χρόνου πλῆθος ἀδύνατα ἦν, ἐκ δὲ τεκμηρίων ὧν ἐπὶ μακρότατον σκοποῦντί μοι πιστεῦσαι ξυμβαίνει οὐ μεγάλα νομίζω γενέσθαι οὔτε κατὰ τοὺς πολέμους οὔτε ἐς τὰ ἄλλα.

II. Φαίνεται γὰρ ἡ νῦν Ἑλλὰς καλουμένη οὐ πάλαι βεβαίως οἰκουμένη, ἀλλὰ μεταναστάσεις τε οὖσαι τὰ πρότερα καὶ ῥᾳδίως ἕκαστοι τὴν ἑαυτῶν ἀπολείποντες βιαζόμενοι ὑπό τινων ἀεὶ πλειόνων. (2) Τῆς γὰρ ἐμπορίας οὐκ οὔσης, οὐδ' ἐπιμιγνύντες ἀδεῶς ἀλλήλοις οὔτε κατὰ γῆν οὔτε διὰ θαλάσσης, νεμόμενοί τε τὰ αὐτῶν ἕκαστοι ὅσον ἀποζῆν καὶ περιουσίαν χρημάτων οὐκ ἔχοντες οὐδὲ γῆν φυτεύοντες, ἄδηλον ὂν ὁπότε τις ἐπελθὼν καὶ ἀτειχίστων ἅμα ὄντων ἄλλος ἀφαιρήσεται, τῆς τε καθ' ἡμέραν ἀναγκαίου τροφῆς πανταχοῦ ἂν ἡγούμενοι ἐπικρατεῖν, οὐ χαλεπῶς ἀπανίσταντο, καὶ δι' αὐτὸ οὔτε μεγέθει πόλεων ἴσχυον οὔτε τῇ ἄλλῃ παρασκευῇ. (3) Μάλιστα δὲ τῆς γῆς ἡ ἀρίστη ἀεὶ τὰς μεταβολὰς τῶν οἰκητόρων εἶχεν, ἥ τε νῦν Θεσσαλία καλουμένη καὶ Βοιωτία Πελοποννήσου τε τὰ πολλὰ πλὴν Ἀρκαδίας, τῆς τε ἄλλης ὅσα ἦν κράτιστα. (4) Διὰ γὰρ ἀρετὴν γῆς αἵ τε δυνάμεις τισὶ μείζους ἐγγιγνόμεναι στάσεις ἐνεποίουν ἐξ ὧν ἐφθείροντο, καὶ ἅμα ὑπὸ ἀλλοφύλων μᾶλλον ἐπεβουλεύοντο. (5) Τὴν γοῦν Ἀττικὴν ἐκ τοῦ ἐπὶ πλεῖστον διὰ τὸ λεπτόγεων ἀστασίαστον οὖσαν ἄνθρωποι ᾤκουν οἱ αὐτοὶ ἀεί. (6) Καὶ παράδειγμα τόδε τοῦ λόγου οὐκ ἐλάχιστόν ἐστι διὰ τὰς μετοικίας ἐς τὰ ἄλλα μὴ ὁμοίως αὐξηθῆναι· ἐκ γὰρ τῆς ἄλλης Ἑλλάδος οἱ πολέμῳ ἢ στάσει ἐκπίπτοντες παρ' Ἀθηναίους οἱ δυνατώτατοι ὡς βέβαιον ὂν ἀνεχώρουν, καὶ πολῖται γιγνόμενοι εὐθὺς ἀπὸ παλαιοῦ μείζω ἔτι ἐποίησαν πλήθει ἀνθρώπων τὴν πόλιν, ὥστε καὶ ἐς Ἰωνίαν ὕστερον ὡς οὐχ ἱκανῆς οὔσης τῆς Ἀττικῆς ἀποικίας ἐξέπεμψαν.

THUCYDIDIS

LIBER PRIMUS.

Thucydides Atheniensis conscripsit bellum Peloponnesiorum Atheniensiumque, ut inter se gesserunt, exorsus statim tum quum oriebatur id bellum et ratus magnum fore omniumque, quæ ante gesta sunt, maxime memorabile, conjecturam ex hoc ducens, quod et florebant ad bellum gerendum utrique omni apparatu, et ceteros Græcos cum alterutris se conjungere videns partim quidem statim, partim vero certe in animo habere. (2) Motus enim hic profecto maximus Græcis exstitit et barbarorum parti, quin dixerim etiam inter maximam humani generis partem. Nam quæ ante hæc acciderant et antiquiora etiam ob temporum vetustatem accuratius quidem comperiri non poterant, sed argumentis ductus, quæ mihi remotissimam antiquitatem spectanti persuasionem præbent, illa non magna fuisse puto neque in bellicis rebus nec in ceteris.

II. Apparet enim eam, quæ Græcia nunc appellatur, non ex antiquo jam tempore constanter habitari, sed antea migrationes esse et facile suas quosque sedes relinquere, quotiens quique ab aliquo majore numero cogerentur. (2) Nam quum negotiatio nulla esset, nec ullus inter ipsos commercio citra formidinem vel terra vel per mare locus daretur, quumque suam quisque terram hactenus coleret, ut victui sufficeret, nec pecuniæ vim haberent, nec humum arboribus consererent, quia incertum erat, quando quis alius incursione facta, præsertim quum muris non essent muniti, fructum ablaturus esset, et qui quidem in diem necessarius victus esset, eo se rati ubique potituros, haud gravate sedes mutabant, et ob id ipsum nec magnitudine urbium, nec reliquo valebant apparatu. (3) Potissimum vero terræ optimæ his incolarum mutationibus semper erant obnoxiæ, Thessalia, quæ nunc vocatur, et Bœotia, et Peloponnesi magna pars, præter Arcadiam, et quæ in reliqua Græcia erant præstantissima. (4) Nam propter soli bonitatem et opes nonnullis admodum auctæ seditiones inferebant quibus perdebantur, et simul alienigenarum insidiis magis appetebantur; (5) verum Atticam quidem, quia ut plurimum propter agri tenuitatem seditionum immunis erat, iidem semper homines incolebant. (6) Atque eorum quæ dixi, non minimum indicium hoc est quod ob migrationes ceteræ partes non pariter creverunt; nam ex reliqua Græcia qui aut bello aut seditione excidebant, potentissimi quique ad Athenienses tanquam in tutum se recipiebant, et civium jus adepti statim ab antiquissimis usque temporibus majorem etiam civitatem hominum frequentia fecerunt, quo factum est, ut etiam in Ioniam postea, quod Attica multitudini non sufficeret, colonias emitterent.

III. Δηλοῖ δέ μοι καὶ τόδε τῶν παλαιῶν ἀσθένειαν οὐχ ἥκιστα· πρὸ γὰρ τῶν Τρωϊκῶν οὐδὲν φαίνεται πρότερον κοινῇ ἐργασαμένη ἡ Ἑλλάς, (2) δοκεῖ δέ μοι, οὐδὲ τοὔνομα τοῦτο ξύμπασά πω εἶχεν, ἀλλὰ τὰ μὲν πρὸ Ἕλληνος τοῦ Δευκαλίωνος καὶ πάνυ οὐδὲ εἶναι ἡ ἐπίκλησις αὕτη, κατὰ ἔθνη δὲ ἄλλα τε καὶ τὸ Πελασγικὸν ἐπὶ πλεῖστον ἀφ' ἑαυτῶν τὴν ἐπωνυμίαν παρέχεσθαι, Ἕλληνος δὲ καὶ τῶν παίδων αὐτοῦ ἐν τῇ Φθιώτιδι ἰσχυσάντων, καὶ ἐπαγομένων αὐτοὺς ἐπ' ὠφελίᾳ ἐς τὰς ἄλλας πόλεις, καθ' ἑκάστους μὲν ἤδη τῇ ὁμιλίᾳ μᾶλλον καλεῖσθαι Ἕλληνας, οὐ μέντοι πολλοῦ γε χρόνου ἠδύνατο καὶ ἅπασιν ἐκνικῆσαι. (3) Τεκμηριοῖ δὲ μάλιστα Ὅμηρος· πολλῷ γὰρ ὕστερον ἔτι καὶ τῶν Τρωϊκῶν γενόμενος οὐδαμοῦ τοὺς ξύμπαντας ὠνόμασεν, οὐδ' ἄλλους ἢ τοὺς μετ' Ἀχιλλέως ἐκ τῆς Φθιώτιδος, οἵπερ καὶ πρῶτοι Ἕλληνες ἦσαν, Δαναοὺς δὲ ἐν τοῖς ἔπεσι καὶ Ἀργείους καὶ Ἀχαιοὺς ἀνακαλεῖ. Οὐ μὴν οὐδὲ βαρβάρους εἴρηκε διὰ τὸ μηδὲ Ἕλληνάς πω, ὡς ἐμοὶ δοκεῖ, ἀντίπαλον εἰς ἓν ὄνομα ἀποκεκρίσθαι. (4) Οἱ δ' οὖν ὡς ἕκαστοι Ἕλληνες κατὰ πόλεις τε, ὅσοι ἀλλήλων ξυνίεσαν, καὶ ξύμπαντες ὕστερον κληθέντες, οὐδὲν πρὸ τῶν Τρωϊκῶν δι' ἀσθένειαν καὶ ἀμιξίαν ἀλλήλων ἀθρόοι ἔπραξαν. (5) Ἀλλὰ καὶ ταύτην τὴν στρατείαν θαλάσσῃ ἤδη πλείω χρώμενοι ξυνῆλθον.

IV. Μίνως γὰρ παλαίτατος ὧν ἀκοῇ ἴσμεν ναυτικὸν ἐκτήσατο, καὶ τῆς νῦν Ἑλληνικῆς ἐπὶ πλεῖστον ἐκράτησεν, καὶ τῶν Κυκλάδων νήσων ἦρξέ τε καὶ οἰκιστὴς πρῶτος τῶν πλείστων ἐγένετο, Κᾶρας ἐξελάσας καὶ τοὺς ἑαυτοῦ παῖδας ἡγεμόνας ἐγκαταστήσας· τό τε λῃστικόν, ὡς εἰκός, καθῄρει ἐκ τῆς θαλάσσης ἐφ' ὅσον ἠδύνατο, τοῦ τὰς προσόδους μᾶλλον ἰέναι αὐτῷ.

V. Οἱ γὰρ Ἕλληνες τὸ πάλαι, καὶ τῶν βαρβάρων οἵ τε ἐν τῇ ἠπείρῳ παραθαλάσσιοι καὶ ὅσοι νήσους εἶχον ἐπειδὴ ἤρξαντο μᾶλλον περαιοῦσθαι ναυσὶν ἐπ' ἀλλήλους, ἐτράποντο πρὸς λῃστείαν, ἡγουμένων ἀνδρῶν οὐ τῶν ἀδυνατωτάτων κέρδους τοῦ σφετέρου αὐτῶν ἕνεκα καὶ τοῖς ἀσθενέσι τροφῆς, καὶ προσπίπτοντες πόλεσιν ἀτειχίστοις καὶ κατὰ κώμας οἰκουμέναις ἥρπαζον καὶ τὸν πλεῖστον τοῦ βίου ἐντεῦθεν ἐποιοῦντο, οὐκ ἔχοντός πω αἰσχύνην τούτου τοῦ ἔργου, φέροντος δέ τι καὶ δόξης μᾶλλον· (2) δηλοῦσι δὲ τῶν τε ἠπειρωτῶν τινὲς ἔτι καὶ νῦν, οἷς κόσμος καλῶς τοῦτο δρᾶν, καὶ οἱ παλαιοὶ τῶν ποιητῶν τὰς πύστεις τῶν καταπλεόντων πανταχοῦ ὁμοίως ἐρωτῶντες εἰ λῃσταί εἰσιν, ὡς οὔτε ὧν πυνθάνονται ἀπαξιούντων τὸ ἔργον, οἷς τ' ἐπιμελὲς εἴη εἰδέναι οὐκ ὀνειδιζόντων. (3) Ἐλῄζοντο δὲ καὶ κατ' ἤπειρον ἀλλήλους. Καὶ μέχρι τοῦδε πολλὰ τῆς Ἑλλάδος τῷ παλαιῷ τρόπῳ νέμεται περί τε Λοκροὺς τοὺς Ὀζόλας καὶ Αἰτωλοὺς καὶ Ἀκαρνᾶνας καὶ τὴν ταύτῃ ἤπειρον. Τό τε σιδηροφορεῖσθαι τούτοις τοῖς ἠπειρώταις ἀπὸ τῆς παλαιᾶς λῃστείας ἐμμεμένηκεν·

VI. πᾶσα γὰρ ἡ Ἑλλὰς ἐσιδηροφόρει διὰ τὰς ἀφράκτους τε οἰκήσεις καὶ οὐκ ἀσφαλεῖς παρ' ἀλλήλους ἐφόδους, καὶ ξυνήθη τὴν δίαιταν μεθ' ὅπλων ἐποιήσαντο

III. Demonstrat mihi autem hoc quoque præter cetera priscorum temporum tenuitatem: Trojanum enim ante bellum nihil communiter gessisse constat Helladem; (2) et vero, ut mea fert sententia, ne nomen quidem hoc universa Græcia jam habebat, sed ante ætatem Hellenis filii Deucalionis cognomen istud prorsus nullum dum arbitror fuisse, sed singulas gentes quum alias tum Pelasgicam latissime nomen a seipsis terræ fecisse; quum autem Hellen ejusque liberorum res in Phthiotide magna incrementa cepissent, essentque qui eos in alias civitates auxilii causa accerserent, tum quidem jam singulos per commercium sæpius Hellenas vocari, et tamen ne sic quidem longo post tempore id inter omnes poterat obtinere. (3) Argumento est maxime Homerus, qui quamquam multo posterior fuit bello Trojano nusquam tamen neque universos sic appellavit, nec alios, quam eos, qui cum Achille ex Phthiotide venerant, qui quidem primi Ἕλληνες erant; contra Danaos in carminibus suis nominat et Argivos et Achæos. Nec magis tamen barbaros dixit, quod ne Hellenes quidem adhuc, ut mihi videtur, assumpto contrario uno nomine ab illis discreti essent. (4) Jam vero singuli hi pro se quique et oppidatim, quotquot se mutuo intelligebant, et universi postea Hellenes nominati, propter virium imbecillitatem et vitæ genus mutuo commercio carens nihil ante Trojana tempora conjuncti gesserunt. (5) Sed et ad hanc expeditionem convenerunt, quod jam frequentius rebus maritimis operam dabant.

IV. Minos enim eorum, quos auditu cognovimus, antiquissimus classem paravit, maximamque partem maris, quod Græcum nunc vocatur, in suam potestatem redegit Cycladumque insularum et regnum obtinuit, et in earum, plerasque primus colonias deduxit, Caribus expulsis, suisque filiis in imperio constitutis; latronesque, ut par erat, e mari fugabat, quoad poterat, ut reditus ad se facilius venirent.

V. Olim enim Græci, barbarorumque et qui in continente degebant mari vicini, et qui insulas incolebant, postquam navibus alii ad alios mare trajicere frequentius cœperunt, ad latrocinia sese converterunt, virorum potentissimorum ductu, tum quæstus sui causa; tum etiam ut victum pauperibus quærerent; atque adorti civitates nullis muris munitas, et per vicos disjectas diripiebant, et maximam victus partem hinc comparabant, quum quidem hoc facinus nondum ignominiam haberet, imo vero nonnihil etiam gloriæ potius afferret. (2) Hoc autem nunc etiam quum alii nonnulli, qui in continente habitant, manifeste declarant, quibus decori est hoc scite exercere, tum etiam antiqui poetæ, qui faciunt in percontationibus appellentium illorum ubique eodem modo eos interrogari, numquid sint latrones, tanquam neque illi, quos interrogant, rem ut se indignam inficientur, nec illi, quibus curæ est scire, exprobrent. (3) Prædabantur vero inter se etiam in continente. Et ad usque tempus magna pars Græciæ prisco more colitur, ut apud Locros Ozolas et Ætolos et Acarnanas, et quæ his finitima continens est; mansitque etiam armorum gestandorum mos apud hos continentis incolas ex veteri latrociniorum consuetudine.

VI. Omnis enim Græcia gestabat arma, tum quia domicilia nullis munitionibus septa habebant, tum quia tuto commeare ultro citroque non poterant; et quotidianam

ὥσπερ οἱ βάρβαροι. (2) Σημεῖον δ' ἐστὶ ταῦτα τῆς Ἑλλάδος ἔτι οὕτω νεμόμενα τῶν ποτὲ καὶ ἐς πάντας ὁμοίων διαιτημάτων. (3) Ἐν τοῖς πρῶτοι δὲ Ἀθηναῖοι τόν τε σίδηρον κατέθεντο καὶ ἀνειμένῃ τῇ διαίτῃ ἐς τὸ τρυφερώτερον μετέστησαν. Καὶ οἱ πρεσβύτεροι αὐτοῖς τῶν εὐδαιμόνων διὰ τὸ ἁβροδίαιτον οὐ πολὺς χρόνος ἐπειδὴ χιτῶνάς τε λινοῦς ἐπαύσαντο φοροῦντες καὶ χρυσῶν τεττίγων ἐνέρσει κρωβύλον ἀναδούμενοι τῶν ἐν τῇ κεφαλῇ τριχῶν· ἀφ' οὗ καὶ Ἰώνων τοὺς πρεσβυτέρους κατὰ τὸ ξυγγενὲς ἐπὶ πολὺ αὕτη ἡ σκευὴ κατέσχεν. (4) Μετρίᾳ δ' αὖ ἐσθῆτι καὶ ἐς τὸν νῦν τρόπον πρῶτοι Λακεδαιμόνιοι ἐχρήσαντο, καὶ ἐς τὰ ἄλλα πρὸς τοὺς πολλοὺς οἱ τὰ μείζω κεκτημένοι ἰσοδίαιτοι μάλιστα κατέστησαν· (5) ἐγυμνώθησάν τε πρῶτοι καὶ ἐς τὸ φανερὸν ἀποδύντες λίπα μετὰ τοῦ γυμνάζεσθαι ἠλείψαντο· τὸ δὲ πάλαι καὶ ἐν τῷ Ὀλυμπιακῷ ἀγῶνι διαζώματα ἔχοντες περὶ τὰ αἰδοῖα οἱ ἀθληταὶ ἠγωνίζοντο, καὶ οὐ πολλὰ ἔτη ἐπειδὴ πέπαυται. Ἔτι δὲ καὶ ἐν τοῖς βαρβάροις ἔστιν οἷς νῦν, καὶ μάλιστα τοῖς Ἀσιανοῖς, πυγμῆς καὶ πάλης ἆθλα τίθεται, καὶ διεζωσμένοι τοῦτο δρῶσιν. (6) Πολλὰ δ' ἂν καὶ ἄλλα τις ἀποδείξειε τὸ παλαιὸν Ἑλληνικὸν ὁμοιότροπα τῷ νῦν βαρβαρικῷ διαιτώμενον.

VII. Τῶν δὲ πόλεων ὅσαι μὲν νεώτατα ᾠκίσθησαν καὶ ἤδη πλοϊμωτέρων ὄντων, περιουσίας μᾶλλον ἔχουσαι χρημάτων ἐπ' αὐτοῖς τοῖς αἰγιαλοῖς τείχεσιν ἐκτίζοντο καὶ τοὺς ἰσθμοὺς ἀπελάμβανον ἐμπορίας τε ἕνεκα καὶ τῆς πρὸς τοὺς προσοίκους ἕκαστοι ἰσχύος· αἱ δὲ παλαιαὶ διὰ τὴν λῃστείαν ἐπὶ πολὺ ἀντισχοῦσαν ἀπὸ θαλάσσης μᾶλλον ᾠκίσθησαν, αἵ τε ἐν ταῖς νήσοις καὶ ἐν ταῖς ἠπείροις (ἔφερον γὰρ ἀλλήλους τε καὶ τῶν ἄλλων ὅσοι ὄντες οὐ θαλάσσιοι κάτω ᾤκουν), καὶ μέχρι τοῦδε ἔτι ἀνῳκισμένοι εἰσίν.

VIII. Καὶ οὐχ ἧσσον λῃσταὶ ἦσαν οἱ νησιῶται Κᾶρές τε ὄντες καὶ Φοίνικες· οὗτοι γὰρ δὴ τὰς πλείστας τῶν νήσων ᾤκισαν. Μαρτύριον δέ· Δήλου γὰρ καθαιρομένης ὑπὸ Ἀθηναίων ἐν τῷδε τῷ πολέμῳ καὶ τῶν θηκῶν ἀναιρεθεισῶν ὅσαι ἦσαν τῶν τεθνεώτων ἐν τῇ νήσῳ, ὑπὲρ ἥμισυ Κᾶρες ἐφάνησαν, γνωσθέντες τῇ τε σκευῇ τῶν ὅπλων ξυντεθαμμένῃ καὶ τῷ τρόπῳ ᾧ νῦν ἔτι θάπτουσιν. (2) Καταστάντος δὲ τοῦ Μίνω ναυτικοῦ πλοϊμώτερα ἐγένετο παρ' ἀλλήλους· οἱ γὰρ ἐκ τῶν νήσων κακοῦργοι ἀνέστησαν ὑπ' αὐτοῦ, ὅτε περ καὶ τὰς πολλὰς αὐτῶν κατῴκιζεν. (3) Καὶ οἱ παρὰ θάλασσαν ἄνθρωποι μᾶλλον ἤδη τὴν κτῆσιν τῶν χρημάτων ποιούμενοι βεβαιότερον ᾤκουν, καί τινες καὶ τείχη περιεβάλλοντο ὡς πλουσιώτεροι ἑαυτῶν γιγνόμενοι· ἐφιέμενοι γὰρ τῶν κερδῶν οἵ τε ἥσσους ὑπέμενον τὴν τῶν κρεισσόνων δουλείαν, οἵ τε δυνατώτεροι περιουσίας ἔχοντες προσεποιοῦντο ὑπηκόους τὰς ἐλάσσους πόλεις. (4) Καὶ ἐν τούτῳ τῷ τρόπῳ μᾶλλον ἤδη ὄντες ὕστερον χρόνῳ ἐπὶ Τροίαν ἐστράτευσαν,

IX. Ἀγαμέμνων τέ μοι δοκεῖ τῶν τότε δυνάμει προύχων καὶ οὐ τοσοῦτον τοῖς Τυνδάρεω ὅρκοις κατειλημ-

vitam in armis egerunt, ut barbari. (2) Græciæ autem populi, qui nunc etiam ita vivunt, documento sunt, similia vitæ instituta olim et apud omnes fuisse. (3) At primi fere Athenienses ferrum deposuerunt, et remissiorem cultum secuti ad mollius vitæ genus transierunt. Et seniores apud eos e fortunatis propter delicatum vitæ genus haud diu est quod tunicas lineas ferre desierunt, insertisque aureis cicadis tutulum colligere e capitis coma. Unde etiam Ionum seniores propter cognationem cultus iste diu tenuit. (4) Modica contra veste et ad hujus ætatis morem accommodata primi Lacedæmonii usi sunt, et in ceteris quoque rebus locupletiores eamdem atque plebeii vitæ consuetudinem servarunt. (5) Iidem etiam primi corpora nudarunt, et palam oleo se vestibus depositis unxerunt. Olim vero etiam in corporis exercitationibus in Olympiaco certamine subligacula circum pudenda gestantes athletæ certabant, nec multi sunt anni, ex quo hic mos desiit. Quin adhuc etiam apud nonnullos barbaros, præcipue vero Asiaticos, pugilatus et luctæ præmia proponuntur, et subligaculis in his certaminibus utuntur. (6) Ac multis etiam aliis in rebus demonstrarit quis priscos Græcos eodem vitæ genere usos, quo hujus ætatis barbari utuntur.

VII. Urbes vero, quotquot novissime sunt conditæ, et ex quo navigatio tutior esse cœpit, quum majorem pecuniarum copiam haberent, ad ipsa littora mœnibus cinctæ condebantur, et isthmos occupabant, cum mercaturæ causa, tum potentiæ inter suos quæque finitimos. At vetustæ urbes, propter latronum infestationem, quæ multum invaluerat, procul a mari potius conditæ sunt tam illæ, quæ in insulis, quam quæ in continente sunt; (nam latrones et invicem se populabantur et reliquos, qui licet rebus maritimis operam non darent, tamen non procul a mari habitarent;) atque ad hoc usque tempus illæ procul a mari sunt.

VIII. Nec vero minus insularum incolæ latrocinia exercebant, qui Cares erant et Phœnices; hi enim plurimas insulas condiderant. Documento hoc est: quum enim Delus insula lustraretur ab Atheniensibus hujus belli tempore conditoriis sublatis quotquot erant hominum, qui in hac insula decesserant, supra dimidium Cares inventi sunt, agniti et armorum genere, quæ una cum ipsis sepulta erant, et ipso modo, quo nunc quoque sepeliunt. (2) Sed cum Minois maritimum imperium exstitisset, maria liberius ultro citroque navigari cœperunt; nam et ex insulis prædones ab eo sunt sublati, quo quidem tempore etiam colonias in illarum plerasque deduxit. (3) Et homines, qui prope mare degebant, jam parandæ pecuniæ studio magis dediti, constantius sedibus suis habitabant; quinetiam quidam muris se tutabantur, quippe qui divitiis augerentur. Etenim cupiditate quæstus et qui imbecilliores erant, potentiorum servitutem sustinebant, et qui potentiores, quia magnas habebant facultates, minores civitates suæ ditioni adjungebant. (4) Atque in hac potissimum jam conditione constituti posteriore tempore ad Trojam cum exercitu sunt profecti.

IX. Et Agamemno mihi videtur eo quod ceteros illius sæculi potentia superaret, non autem tantopere, quod Tyn-

1.

μένους τοὺς Ἑλένης μνηστῆρας ἄγων τὸν στόλον ἀγεῖραι. (2) Λέγουσι δὲ καὶ οἱ τὰ σαφέστατα Πελοποννησίων μνήμῃ παρὰ τῶν πρότερον δεδεγμένοι Πέλοπά τε πρῶτον πλήθει χρημάτων, ἃ ἦλθεν ἐκ τῆς Ἀσίας ἔχων ἐς ἀνθρώπους ἀπόρους, δύναμιν περιποιησάμενον τὴν ἐπωνυμίαν τῆς χώρας ἐπηλύτην ὄντα ὅμως σχεῖν, καὶ ὕστερον τοῖς ἐκγόνοις ἔτι μείζω ξυνενεχθῆναι, Εὐρυσθέως μὲν ἐν τῇ Ἀττικῇ ὑπὸ Ἡρακλειδῶν ἀποθανόντος, Ἀτρέως δὲ μητρὸς ἀδελφοῦ ὄντος αὐτῷ, καὶ ἐπιτρέψαντος Εὐρυσθέως, ὅτ᾽ ἐστράτευε, Μυκήνας τε καὶ τὴν ἀρχὴν κατὰ τὸ οἰκεῖον Ἀτρεῖ· τυγχάνειν δὲ αὐτὸν φεύγοντα τὸν πατέρα διὰ τὸν Χρυσίππου θάνατον, καὶ ὡς οὐκέτι ἀνεχώρησεν Εὐρυσθεύς, βουλομένων καὶ τῶν Μυκηναίων φόβῳ τῶν Ἡρακλειδῶν, καὶ ἅμα δυνατὸν δοκοῦντα εἶναι καὶ τὸ πλῆθος τεθεραπευκότα, τῶν Μυκηναίων τε καὶ ὅσων Εὐρυσθεὺς ἦρχε τὴν βασιλείαν Ἀτρέα παραλαβεῖν, καὶ τῶν Περσειδῶν τοὺς Πελοπίδας μείζους καταστῆναι. (3) Ἅ μοι δοκεῖ Ἀγαμέμνων παραλαβὼν καὶ ναυτικῷ τε ἅμα ἐπὶ πλέον τῶν ἄλλων ἰσχύσας, τὴν στρατείαν οὐ χάριτι τὸ πλεῖον ἢ φόβῳ ξυναγαγὼν ποιήσασθαι. (4) Φαίνεται γὰρ ναυσί τε πλείσταις αὐτὸς ἀφικόμενος καὶ Ἀρκάσι προσπαρασχών, ὡς Ὅμηρος τοῦτο δεδήλωκεν, εἴ τῳ ἱκανὸς τεκμηριῶσαι. Καὶ ἐν τοῦ σκήπτρου ἅμα τῇ παραδόσει εἴρηκεν αὐτὸν πολλῇσι νήσοισι καὶ Ἄργεϊ παντὶ ἀνάσσειν· οὐκ ἂν οὖν νήσων ἔξω τῶν περιοικίδων (αὗται δὲ οὐκ ἂν πολλαὶ εἴησαν) ἠπειρώτης ὢν ἐκράτει, εἰ μή τι καὶ ναυτικὸν εἶχεν. (5) Εἰκάζειν δὲ χρὴ καὶ ταύτῃ τῇ στρατείᾳ οἷα ἦν τὰ πρὸ αὐτῆς.

X. Καὶ ὅτι μὲν Μυκῆναι μικρὸν ἦν, ἢ εἴ τι τῶν τότε πόλισμα νῦν μὴ ἀξιόχρεων δοκεῖ εἶναι, οὐκ ἀκριβεῖ ἄν τις σημείῳ χρώμενος ἀπιστοίη μὴ γενέσθαι τὸν στόλον τοσοῦτον ὅσον οἵ τε ποιηταὶ εἰρήκασι καὶ ὁ λόγος κατέχει. (2) Λακεδαιμονίων γὰρ εἰ ἡ πόλις ἐρημωθείη, λειφθείη δὲ τά τε ἱερὰ καὶ τῆς κατασκευῆς τὰ ἐδάφη, πολλὴν ἂν οἶμαι ἀπιστίαν τῆς δυνάμεως προελθόντος πολλοῦ χρόνου τοῖς ἔπειτα πρὸς τὸ κλέος αὐτῶν εἶναι (καίτοι Πελοποννήσου τῶν πέντε τὰς δύο μοίρας νέμονται, τῆς τε ξυμπάσης ἡγοῦνταί καὶ τῶν ἔξω ξυμμάχων πολλῶν· ὅμως δὲ οὔτε ξυνοικισθείσης πόλεως οὔτε ἱεροῖς καὶ κατασκευαῖς πολυτελέσι χρησαμένης, κατὰ κώμας δὲ τῷ παλαιῷ τῆς Ἑλλάδος τρόπῳ οἰκισθείσης, φαίνοιτ᾽ ἂν ὑποδεεστέρα), Ἀθηναίων δὲ τὸ αὐτὸ τοῦτο παθόντων διπλασίαν ἂν τὴν δύναμιν εἰκάζεσθαι ἀπὸ τῆς φανερᾶς ὄψεως τῆς πόλεως ἢ ἔστιν. (3) Οὔκουν ἀπιστεῖν εἰκός, οὐδὲ τὰς ὄψεις τῶν πόλεων μᾶλλον σκοπεῖν ἢ τὰς δυνάμεις, νομίζειν δὲ τὴν στρατιὰν ἐκείνην μεγίστην μὲν γενέσθαι τῶν πρὸ αὐτῆς, λειπομένην δὲ τῶν νῦν, τῇ Ὁμήρου αὖ ποιήσει εἴ τι χρὴ κἀνταῦθα πιστεύειν, ἣν εἰκὸς ἐπὶ τὸ μεῖζον μὲν ποιητὴν ὄντα κοσμῆσαι, ὅμως δὲ φαίνεται καὶ οὕτως ἐνδεεστέρα. (4) Πεποίηκε γὰρ χιλίων καὶ διακοσίων νεῶν, τὰς μὲν Βοιωτῶν εἴκοσι καὶ ἑκατὸν ἀνδρῶν, τὰς δὲ Φιλοκτήτου πεντήκοντα, δηλῶν, ὡς ἐμοὶ δοκεῖ, τὰς μεγίστας καὶ ἐλαχίστας· ἄλλων γοῦν

darei jurejurando obstricti essent, expeditionem comparasse. (2) Atque aiunt etiam, qui præter ceteros probabiliter Peloponnesiorum res a majoribus memoria traditas acceperunt, Pelopem primum quum magna vi pecuniarum, quas secum ex Asia ad homines inopes attulerat, potentiam parasset, quamvis peregrinus esset, tamen illi regioni ut nomen daret obtinuisse, et postea longe ampliores res ipsius posteris accessisse, quum Eurystheus quidem in Attica ab Heraclidis interfectus esset, Atreus vero ipsius avunculus esset et commisisset Eurystheus, quum ad expeditionem proficisceretur, Mycenas et imperium propter cognationem Atreo; eum vero tum fugere patris metu propter Chrysippi necem, et quum Eurystheus nondum jam rediisset, volentibus etiam Mycenæis Heraclidarum metu, simul etiam quod vir strenuus esse videretur et multitudinis benevolentiam sibi conciliasset, regno Mycenæorum, et ceterorum omnium, quibus Eurystheus imperabat, regnum cepisse Atreum et Persidis Pelopidas majores evasisse. (3) His mihi videtur Agamemno opibus acceptis et simul etiam re navali supra ceteros potentia auctus expeditionem illam fecisse non gratia potius quam metu comparatam. (4) Constat enim eum et plurimis cum navibus ipsum profectum, et Arcadibus præterea naves præbuisse, ut Homerus hoc declaravit, si cui idoneus testis videtur; atque etiam in sceptri traditione, dixit ipsum « Multis insulis, et omni Argo imperare. » Nequaquam igitur insulas, præter vicinas (hæ autem non multæ esse possint), qui in continente degebat, in sua ditione habere potuisset, nisi aliquam etiam classem habuisset. (5) Ex hoc autem bellico apparatu etiam conjecturam facere licet, quales fuerint superiorum sæculorum expeditiones.

X. Jam vero quod Mycenæ parvum oppidum fuerint, aut si quod aliud illorum temporum nunc parvi momenti videtur esse, nequaquam hoc firmum argumentum sit, quo quis usus minus credat classem tantam fuisse, quantam et poetæ dixerunt, et ipsa fama obtinuit. (2) Nam si Lacedæmoniorum urbs vastata desoletur, templa vero et ædificiorum areæ relinquantur, multos existimem e posteris longo temporis progressu de illorum potentia valde dubitaturos, quæ tenuior quam pro gloria videatur (ac tamen de quinque Peloponnesi partibus duas possident, totiusque principatum obtinent, multorumque extra Peloponnesum sociorum; nihilominus vero quoniam neque coædificata est urbs, neque templis ædificiisve magnificentioribus instructa, sed antiquo Græciæ more pagatim condita, non admodum ampla videatur); Atheniensibus contra hoc si ipsum accidat, ex manifesta urbis dirutæ specie potentiam duplo majorem visum iri puto, quam est. (3) Haud igitur incredulos esse, nec urbium speciem potius quam vires spectare consentaneum est, expeditionem autem illam credere superioribus quidem longe majorem fuisse, sed ætatis nostræ bellicis rebus inferiorem, si quid hic quoque Homeri poesi credere convenit; et eam quidem verisimile est ab eo, qui erat poeta, in majus exornatam esse; verum tamen et sic inferiorem fuisse manifestum est. (4) Fecit enim classem mille et ducentarum navium et Bœotorum quidem singulas centum et viginti virorum; Philoctetæ vero, quinquaginta, demonstrans (ut mihi videtur) et maximas et minimas; certe de ceterarum magnitudine in navium cata-

μεγέθους πέρι ἐν νεῶν καταλόγῳ οὐκ ἐμνήσθη. Αὐτερέται δὲ ὅτι ἦσαν καὶ μάχιμοι πάντες, ἐν ταῖς Φιλοκτήτου ναυσὶ δεδήλωκεν· τοξότας γὰρ πάντας πεποίηκε
τοὺς προσκώπους. Περίνεως δὲ οὐκ εἰκὸς πολλοὺς ξυμπλεῖν ἔξω τῶν βασιλέων καὶ τῶν μάλιστα ἐν τέλει,
ἄλλως τε καὶ μέλλοντας πέλαγος περαιώσεσθαι μετὰ
σκευῶν πολεμικῶν, οὐδ' αὖ τὰ πλοῖα κατάφρακτα ἔχοντας, ἀλλὰ τῷ παλαιῷ τρόπῳ λῃστικώτερον παρεσκευ-
ασμένα. (5) Πρός τὰς μεγίστας δ' οὖν καὶ ἐλαχίστας
ναῦς τὸ μέσον σκοποῦντι οὐ πολλοὶ φαίνονται ἐλθόντες
ὡς ἀπὸ πάσης τῆς Ἑλλάδος κοινῇ πεμπόμενοι.
XI. Αἴτιον δ' ἦν οὐχ ἡ ὀλιγανθρωπία τοσοῦτον ὅσον
ἡ ἀχρηματία. Τῆς γὰρ τροφῆς ἀπορίᾳ τόν τε στρατὸν
ἐλάσσω ἤγαγον καὶ ὅσον ἤλπιζον αὐτόθεν πολεμοῦντα
βιοτεύσειν, ἐπειδή τε ἀφικόμενοι μάχῃ ἐκράτησαν (δῆλον δέ· τὸ γὰρ ἔρυμα τῷ στρατοπέδῳ οὐκ ἂν ἐτειχί-
σαντο), φαίνονται δ' οὐδ' ἐνταῦθα πάσῃ τῇ δυνάμει
χρησάμενοι, ἀλλὰ πρὸς γεωργίαν τῆς Χερσονήσου τραπόμενοι καὶ λῃστείαν τῆς τροφῆς ἀπορίᾳ. Ἦ καὶ
μᾶλλον οἱ Τρῶες αὐτῶν διεσπαρμένων τὰ δέκα ἔτη ἀντεῖχον βίᾳ τοῖς ἀεὶ ὑπολειπομένοις ἀντίπαλοι ὄντες.
(2) Περιουσίαν δὲ εἰ ἦλθον ἔχοντες τροφῆς καὶ ὄντες
ἀθρόοι ἄνευ λῃστείας καὶ γεωργίας ξυνεχῶς τὸν πόλεμον
διέφερον, ῥᾳδίως ἂν μάχῃ κρατοῦντες εἷλον, οἵ γε καὶ
οὐκ ἀθρόοι ἀλλὰ μέρει τῷ ἀεὶ παρόντι ἀντεῖχον· πολιορκίᾳ δ' ἂν προσκαθεζόμενοι ἐν ἐλάσσονί τε χρόνῳ
καὶ ἀπονώτερον τὴν Τροίαν εἷλον. (3) Ἀλλὰ δι' ἀχρη-
ματίαν τά τε πρὸ τούτων ἀσθενῆ ἦν καὶ αὐτά γε δὴ
ταῦτα ὀνομαστότατα τῶν πρὶν γενόμενα δηλοῦται τοῖς
ἔργοις ὑποδεέστερα ὄντα τῆς φήμης καὶ τοῦ νῦν περὶ
αὐτῶν διὰ τοὺς ποιητὰς λόγου κατεσχηκότος.
XII. ἐπεὶ καὶ μετὰ τὰ Τρωϊκὰ ἡ Ἑλλὰς ἔτι μετανί-
στατό τε καὶ κατῳκίζετο ὥστε μὴ ἡσυχάσασα αὐξηθῆναι. (2) Ἥ τε γὰρ ἀναχώρησις τῶν Ἑλλήνων ἐξ Ἰλίου
χρονία γενομένη πολλὰ ἐνεόχμωσε, καὶ στάσεις ἐν ταῖς
πόλεσιν ὡς ἐπὶ πολὺ ἐγίγνοντο, ἀφ' ὧν ἐκπίπτοντες τὰς
πόλεις ἔκτιζον. (3) Βοιωτοί τε γὰρ οἱ νῦν ἑξηκοστῷ
ἔτει μετὰ Ἰλίου ἅλωσιν ἐξ Ἄρνης ἀναστάντες ὑπὸ
Θεσσαλῶν τὴν νῦν μὲν Βοιωτίαν πρότερον δὲ Καδμηΐδα
γῆν καλουμένην ᾤκισαν (ἦν δὲ αὐτῶν καὶ ἀποδασμὸς
πρότερον ἐν τῇ γῇ ταύτῃ, ἀφ' ὧν καὶ ἐς Ἴλιον ἐστράτευσαν), Δωριῆς τε ὀγδοηκοστῷ ἔτει ξὺν Ἡρακλείδαις
Πελοπόννησον ἔσχον. (4) Μόλις τε ἐν πολλῷ χρόνῳ
ἡσυχάσασα ἡ Ἑλλὰς βεβαίως καὶ οὐκέτι ἀνισταμένη
ἀποικίας ἐξέπεμψεν, καὶ Ἴωνας μὲν Ἀθηναῖοι καὶ νησιωτῶν τοὺς πολλοὺς ᾤκισαν, Ἰταλίας δὲ καὶ Σικελίας
τὸ πλεῖστον Πελοποννήσιοι τῆς τε ἄλλης Ἑλλάδος
ἔστιν ἃ χωρία. Πάντα δὲ ταῦτα ὕστερον τῶν Τρωϊκῶν ἐκτίσθη.
XIII. Δυνατωτέρας δὲ γιγνομένης τῆς Ἑλλάδος
καὶ τῶν χρημάτων τὴν κτῆσιν ἔτι μᾶλλον ἢ πρότερον
ποιουμένης τὰ πολλὰ τυραννίδες ἐν ταῖς πόλεσι καθίσταντο, τῶν προσόδων μειζόνων γιγνομένων (πρότερον
δὲ ἦσαν ἐπὶ ῥητοῖς γέρασι πατρικαὶ βασιλεῖαι), ναυτικά

logo nullam fecit mentionem; sed remiges fuisse simulque milites omnes, id vero in Philoctetæ navibus aperte declaravit; sagittarios enim fecit remiges omnes; vectores vero, præter reges, et eos, qui summa potestate erant, non multos cum illis navigasse est verisimile, præsertim quia mare cum bellico instrumento erant trajecturi; neque tamen tectas naves habebant, sed prisco more in piraticarum potius similitudinem constructas. (5) Si igitur mediam quamdam rationem teneas inter maximas et minimas naves, non multos, ut ab universa Græcia communiter missos, venisse constat.

XI. Hujus vero rei causa fuit non tam ipsa hominum quam pecuniarum penuria. Nam propter commeatus inopiam copias minores duxerunt, et eas tantum, quas ex ipsa belli sede pugnando victum sibi paraturas sperabant; et postquam in terram egressi prœlio vicerunt (hoc autem est manifestum, nec enim munimentum circa castra exstruxissent), apparet ne hic quidem eos omnibus copiis usos esse, sed ad Chersonesi culturam et ad latrocinium propter commeatus inopiam sese convertisse. Quamobrem etiam facilius ipsis dispersis Trojani per decem annos restiterunt, quod illis, qui relinquebantur, semper erant pares viribus. (2) Sed si cum magna commeatus abundantia venissent, unaque frequentes sine latrocinio et agricultura bellum continenter gessissent, Trojam prœlio superiores facile cepissent, siquidem vel numero non frequenti sed aliqua exercitus parte, quæ quoque tempore præsto erat, Trojanos sustinebant. Quod si Trojam assidua obsidione pressissent, et citius et minori cum labore eam expugnassent. (3) Sed propter rerum inopiam, et quæ ante hoc bellum gesta sunt, invalida fuerunt, et hæc ipsa, quæ omnium superiorum sunt celeberrima, re ipsa comperiuntur inferiora fama, et opinione ea, quæ nunc de illis propter poetas invaluit.

XII. Nam vel post res ad Trojam gestas Græci adhuc migrabant sedesque novas figebant, ita ut eorum opes per otium non creverint. (2) Nam et tardus Græcorum reditus ab Ilio res multas innovavit, et in plerisque civitatibus exoriebantur seditiones, quibus qui patria pulsi erant, urbes condebant. (3) Nam et Bœoti, qui nunc appellantur, sexagesimo post Ilii expugnationem anno Arne a Thessalis pulsi eum agrum, qui nunc quidem Bœotius vocatur, ante vero Cadmeus, incoluerunt; (erat autem quædam eorum portio jam antea in hac terra, unde etiam ad Ilium cum exercitu sunt profecti), et Dorienses octogesimo anno cum Heraclidis Peloponnesum tenuere. (4) Vixque longo post tempore Græcia plane pacata, nec amplius sedes mutans colonias emisit; et Athenienses quidem Ioniam et insulas plerasque colonis occupaverunt; Peloponnesii vero Italiæ et Siciliæ maximam partem, et nonnulla reliquæ Græciæ loca. Sed omnes istæ coloniæ post bellum Trojanum conditæ sunt.

XIII. Sed cum augeretur Græcia potentia et pecuniarum vim diligentius etiam quam ante, compararet, in plerisque civitatibus tyrannides constituebantur, crescentibus in dies reditibus; (ante enim regna hæreditaria erant certis honoribus definita;) et Græci classem parare, rebusque mariti-

τε ἐξηρτύετο ἡ Ἑλλάς, καὶ τῆς θαλάσσης μᾶλλον ἀντείχοντο. (2) Πρῶτοι δὲ Κορίνθιοι λέγονται ἐγγύτατα τοῦ νῦν τρόπου μεταχειρίσαι τὰ περὶ τὰς ναῦς, καὶ τριήρεις πρῶτον ἐν Κορίνθῳ τῆς Ἑλλάδος ναυπηγηθῆναι. (3) Φαίνεται δὲ καὶ Σαμίοις Ἀμεινοκλῆς Κορίνθιος ναυπηγὸς ναῦς ποιήσας τέσσαρας· ἔτη δ' ἐστὶ μάλιστα τριακόσια ἐς τὴν τελευτὴν τοῦδε τοῦ πολέμου ὅτε Ἀμεινοκλῆς Σαμίοις ἦλθεν. (4) Ναυμαχία τε παλαιτάτη ὧν ἴσμεν γίγνεται Κορινθίων πρὸς Κερκυραίους· ἔτη δὲ μάλιστα καὶ ταύτῃ ἑξήκοντα καὶ διακόσιά ἐστι μέχρι τοῦ αὐτοῦ χρόνου. (5) Οἰκοῦντες γὰρ τὴν πόλιν οἱ Κορίνθιοι ἐπὶ τοῦ Ἰσθμοῦ ἀεὶ δή ποτε ἐμπόριον εἶχον, τῶν Ἑλλήνων τὸ πάλαι κατὰ γῆν τὰ πλείω ἢ κατὰ θάλασσαν, τῶν τε ἐντὸς Πελοποννήσου καὶ τῶν ἔξω, διὰ τῆς ἐκείνων παρ' ἀλλήλους ἐπιμισγόντων, χρήμασί τε δυνατοὶ ἦσαν, ὡς καὶ τοῖς παλαιοῖς ποιηταῖς δεδήλωται· ἀφνειὸν γὰρ ἐπωνόμασαν τὸ χωρίον. Ἐπειδή τε οἱ Ἕλληνες μᾶλλον ἐπλώϊζον, τὰς ναῦς κτησάμενοι τὸ λῃστικὸν καθῄρουν, καὶ ἐμπόριον παρέχοντες ἀμφότερα δυνατὴν ἔσχον χρημάτων προσόδῳ τὴν πόλιν. (6) Καὶ Ἴωσιν ὕστερον πολὺ γίγνεται ναυτικὸν ἐπὶ Κύρου Περσῶν πρώτου βασιλεύοντος καὶ Καμβύσου τοῦ υἱέος αὐτοῦ, τῆς τε καθ' ἑαυτοὺς θαλάσσης Κύρῳ πολεμοῦντες ἐκράτησάν τινα χρόνον. Καὶ Πολυκράτης Σάμου τυραννῶν ἐπὶ Καμβύσου ναυτικῷ ἰσχύων ἄλλας τε τῶν νήσων ὑπηκόους ἐποιήσατο, καὶ Ῥήνειαν ἑλὼν ἀνέθηκε τῷ Ἀπόλλωνι τῷ Δηλίῳ. Φωκαῆς τε Μασσαλίαν οἰκίζοντες Καρχηδονίους ἐνίκων ναυμαχοῦντες·

XIV. δυνατώτατα γὰρ ταῦτα τῶν ναυτικῶν ἦν. Φαίνεται δὲ καὶ ταῦτα πολλαῖς γενεαῖς ὕστερα γενόμενα τῶν Τρωϊκῶν τριήρεσι μὲν ὀλίγαις χρώμενα, πεντηκοντόροις δ' ἔτι καὶ πλοίοις μακροῖς ἐξηρτυμένα ὥσπερ ἐκεῖνα. (2) Ὀλίγον τε πρὸ τῶν Μηδικῶν καὶ τοῦ Δαρείου θανάτου, ὃς μετὰ Καμβύσην Περσῶν ἐβασίλευσε, τριήρεις περί τε Σικελίαν τοῖς τυράννοις ἐς πλῆθος ἐγένοντο καὶ Κερκυραίοις· ταῦτα γὰρ τελευταῖα πρὸ τῆς Ξέρξου στρατείας ναυτικὰ ἀξιόλογα ἐν τῇ Ἑλλάδι κατέστη. (3) Αἰγινῆται γὰρ καὶ Ἀθηναῖοι καὶ εἴ τινες ἄλλοι, βραχέα ἐκέκτηντο, καὶ τούτων τὰ πολλὰ πεντηκοντόρους· ὀψέ τε ἀφ' οὗ Ἀθηναίους Θεμιστοκλῆς ἔπεισεν Αἰγινήταις πολεμοῦντας, καὶ ἅμα τοῦ βαρβάρου προσδοκίμου ὄντος, τὰς ναῦς ποιήσασθαι αἷσπερ καὶ ἐναυμάχησαν· καὶ αὗται οὔπω εἶχον διὰ πάσης καταστρώματα.

XV. Τὰ μὲν οὖν ναυτικὰ τῶν Ἑλλήνων τοιαῦτα ἦν, τά τε παλαιὰ καὶ τὰ ὕστερον γιγνόμενα. Ἰσχὺν δὲ περιεποιήσαντο ὅμως οὐκ ἐλαχίστην οἱ προσσχόντες αὐτοῖς χρημάτων τε προσόδῳ καὶ ἄλλων ἀρχῇ· ἐπιπλέοντες γὰρ τὰς νήσους κατεστρέφοντο, καὶ μάλιστα ὅσοι μὴ διαρκῆ εἶχον χώραν. (2) Κατὰ γῆν δὲ πόλεμος, ὅθεν τις καὶ δύναμις παρεγένετο, οὐδεὶς ξυνέστη· πάντες δὲ ἦσαν, ὅσοι καὶ ἐγένοντο, πρὸς ὁμόρους τοὺς σφετέρους ἑκάστοις, καὶ ἐκδήμους στρατείας πολὺ ἀπὸ τῆς ἑαυτῶν ἐπ' ἄλλων καταστροφῇ οὐκ ἐξῇσαν οἱ Ἕλληνες.

mis operam studiosius dare cœperunt. (2) Primi autem Corinthii feruntur proxime ad eum, qui nunc est, modum tractasse rem navalem, et triremes primum Corinthi ex omni Græcia ædificatæ. (3) Constat vero etiam Samiis Aminoclem Corinthium navium fabricatorem quatuor naves fecisse. Sunt autem anni ferme trecenti ad hujus belli finem, quod Aminocles ad Samios ivit; (4) prœliumque navale omnium, quæ novimus, vetustissimum, est Corinthiorum adversus Corcyræos; sunt autem item anni ducenti et sexaginta admodum ad idem tempus. (5) Etenim urbem incolentes Corinthii sitam ad Isthmum semper emporium habebant quia olim Græci, tam illi, qui intra Peloponnesum, quam qui extra habitant, terra potius, quam mari, per illorum agrum commercia inter se habebant; pecuniaque præpotentes erant, ut et ab antiquis poetis est declaratum; opulentam enim cognominarunt urbem illam. Ac postquam Græci frequentius navigare cœperunt, paratis navibus latrocinia sustulerunt, et utrinque emporium præbentes validam pecuniarum reditu urbem habuerunt. (6) Postea Iones quoque magnam navium copiam sibi pararunt, Cyri temporibus, qui fuit primus Persarum rex, et Cambysis, ejus filii, marisque vicini, dum bellum Cyro faciunt, imperium ad aliquod tempus obtinuerunt. Et Polycrates, qui Cambysis tempore Sami tyrannus erat, classe pollens, cum alias insulas in suam potestatem redegit, tum etiam Rheneam, quam subactam Apollini Delio consecravit. Ac Phocaenses, quum Massiliam conderent, Carthaginienses navali pugna vicerunt.

XIV. Horum enim maxima erat in rebus maritimis potentia. Verumtamen hæ quoque classes, quæ multis post Trojana tempora sæculis exstiterunt, triremibus quidem paucis usæ, et adhuc quinquaginta potius remigum longisque naves videntur instructæ fuisse, ut illis temporibus. (2) Pauloque ante Medicum bellum et Darei mortem, qui post Cambysem regnum Persarum obtinuit, major triremium copia fuit et tyrannis in Sicilia, et Corcyræis; hæ namque postremæ ante Xerxis expeditionem classes memoratu dignæ in Græcia exstiterunt. (3) Æginetæ enim et Athenienses, et si qui forte alii, exiguas habuerunt classes, easque magnam partem navium quinquaginta remigum, atque id etiam sero ex quo Themistocles persuasit Atheniensibus, adversus Æginetas bellum gerentibus, quum quidem simul etiam barbari adventus expectabatur, ut naves facerent, quibus etiam in navali prœlio sunt usi, quæ ne ipsæ quidem adhuc omnino constratæ erant.

XV. Navales igitur res Græcorum, et vetustæ, et recentiores, tales fuerunt. Qui tamen illis operam dederunt, ingentem potentiam sibi comparârunt, tam ipso pecuniarum reditu, quam imperio in alios. Nam infesta navigantes classe insulas subigebant, et illi præcipue, qui agrum minus uberem habebant. (2) Terrestre vero bellum, ex quo aliquid potentiæ accesserit, nullum conflatum est, sed quæcumque fuerunt, contra suos quique finitimos gesserunt, et peregrinas expeditiones longe a finibus suis aliorum subigendorum causa nullas faciebant Græci; non enim adjunxe-

HISTORIAE LIB. I, 14 — 18.

Οὐ γὰρ ξυνεστήκεσαν πρὸς τὰς μεγίστας πόλεις ὑπήκοοι, οὐδ' αὖ αὐτοὶ ἀπὸ τῆς ἴσης κοινὰς στρατείας ἐποιοῦντο, κατ' ἀλλήλους δὲ μᾶλλον ὡς ἕκαστοι οἱ ἀστυγείτονες ἐπολέμουν. (3) Μάλιστα δὲ ἐς τὸν πάλαι ποτὲ γενόμενον πόλεμον Χαλκιδέων καὶ Ἐρετριέων καὶ τὸ ἄλλο Ἑλληνικὸν ἐς ξυμμαχίαν ἑκατέρων διέστη.

XVI. Ἐπεγένετο δὲ ἄλλοις τε ἄλλοθι κωλύματα μὴ αὐξηθῆναι, καὶ Ἴωσι προχωρησάντων ἐπὶ μέγα τῶν πραγμάτων Κῦρος καὶ ἡ Περσικὴ βασιλεία Κροῖσον καθελοῦσα καὶ ὅσα ἐντὸς Ἅλυος ποταμοῦ πρὸς θάλασσαν ἐπεστράτευσε καὶ τὰς ἐν τῇ ἠπείρῳ πόλεις ἐδούλωσεν, Δαρεῖος δὲ ὕστερον τῷ Φοινίκων ναυτικῷ κρατῶν καὶ τὰς νήσους.

XVII. Τύραννοι δὲ ὅσοι ἦσαν ἐν ταῖς Ἑλληνικαῖς πόλεσι, τὸ ἐφ' ἑαυτῶν μόνον προορώμενοι ἔς τε τὸ σῶμα καὶ ἐς τὸ τὸν ἴδιον οἶκον αὔξειν δι' ἀσφαλείας ὅσον ἐδύναντο μάλιστα τὰς πόλεις ᾤκουν, ἐπράχθη τε ἀπ' αὐτῶν οὐδὲν ἔργον ἀξιόλογον, εἰ μὴ εἴ τι πρὸς περιοίκους τοὺς αὑτῶν ἑκάστοις· οἱ γὰρ ἐν Σικελίᾳ ἐπὶ πλεῖστον ἐχώρησαν δυνάμεως. (2) Οὕτω πανταχόθεν ἡ Ἑλλὰς ἐπὶ πολὺν χρόνον κατείχετο μήτε κοινῇ φανερόν μηδὲν κατεργάζεσθαι, κατὰ πόλεις τε ἀτολμοτέρα ἴναι.

XVIII. Ἐπειδὴ δὲ οἵ τε Ἀθηναίων τύραννοι καὶ ἐκ τῆς ἄλλης Ἑλλάδος ἐπὶ πολὺ καὶ πρὶν τυραννευείσης οἱ πλεῖστοι καὶ τελευταῖοι, πλὴν τῶν ἐν Σικελίᾳ, ὑπὸ Λακεδαιμονίων κατελύθησαν (ἡ γὰρ Λακεδαίμων μετὰ τὴν κτίσιν τῶν νῦν ἐνοικούντων αὐτὴν Δωριέων ἐπὶ πλεῖστον ὧν ἴσμεν χρόνον στασιάσασα ὅμως ἐκ παλαιτάτου καὶ εὐνομήθη καὶ ἀεὶ ἀτυράννευτος ἦν· ἔτη γάρ ἐστι μάλιστα τετρακόσια καὶ ὀλίγῳ πλείω ἐς τὴν τελευτὴν τοῦδε τοῦ πολέμου ἀφ' οὗ Λακεδαιμόνιοι τῇ αὐτῇ πολιτείᾳ χρῶνται, καὶ δι' αὐτὸ δυνάμενοι καὶ τὰ ἐν ταῖς ἄλλαις πόλεσι καθίστασαν), μετὰ δὲ τὴν τῶν τυράννων κατάλυσιν ἐκ τῆς Ἑλλάδος οὐ πολλοῖς ἔτεσιν ὕστερον καὶ ἡ ἐν Μαραθῶνι μάχη Μήδων πρὸς Ἀθηναίους ἐγένετο. (2) Δεκάτῳ δὲ ἔτει μετ' αὐτὴν αὖθις ὁ βάρβαρος τῷ μεγάλῳ στόλῳ ἐπὶ τὴν Ἑλλάδα δουλωσόμενος ἦλθεν. Καὶ μεγάλου κινδύνου ἐπικρεμασθέντος οἵ τε Λακεδαιμόνιοι τῶν ξυμπολεμησάντων Ἑλλήνων ἡγήσαντο δυνάμει προύχοντες, καὶ οἱ Ἀθηναῖοι ἐπιόντων τῶν Μήδων διανοηθέντες ἐκλιπεῖν τὴν πόλιν καὶ ἀνασκευασάμενοι ἐς τὰς ναῦς ἐμβάντες ναυτικοὶ ἐγένοντο. Κοινῇ τε ἀπωσάμενοι τὸν βάρβαρον, ὕστερον οἱ διεκρίθησαν πρός τε Ἀθηναίους καὶ Λακεδαιμονίους οἵ τε ἀποστάντες βασιλέως Ἕλληνες καὶ οἱ ξυμπολεμήσαντες. Δυνάμει γὰρ ταῦτα μέγιστα διεφάνη· ἴσχυον γὰρ οἱ μὲν κατὰ γῆν οἱ δὲ ναυσίν. (3) Καὶ ὀλίγον μὲν χρόνον ξυνέμεινεν ἡ ὁμαιχμία, ἔπειτα διενεχθέντες οἱ Λακεδαιμόνιοι καὶ οἱ Ἀθηναῖοι ἐπολέμησαν μετὰ τῶν ξυμμάχων πρὸς ἀλλήλους· καὶ τῶν ἄλλων Ἑλλήνων εἴ τινές που διασταῖεν, πρὸς τούτους ἤδη ἐχώρουν. Ὥστε ἀπὸ τῶν Μηδικῶν ἐς τόνδε ἀεὶ τὸν πόλεμον τὰ μὲν σπενδόμενοι τὰ δὲ πολεμοῦντες ἢ

rant se maximis civitatibus socii illarum imperio parentes, nec magis ipsi iidem ex aequo communes expeditiones faciebant, sed inter se potius singuli vicini bella gerebant. (3) Praecipue vero in illo pervetusto bello, quod inter Chalcidenses et Eretrienses gestum est, reliqui quoque Graeci sese diviserunt, alii aliis auxilium ferentes.

XVI. Impedimenta vero quum aliis aliunde exstiterunt, quominus crescerent, tum Ionibus, quum magna jam incrementa cepissent, Cyrus regnumque Persicum, Croeso profligato, omnibusque, quae erant cis Halym fluvium ad mare usque, subactis, bellum intulit et urbes, quae in continente erant, in servitutem redegit; postea vero Dareus, Phoenicum classe pollens insulas etiam subegit.

XVII. Tyranni vero, quotquot in Graecis urbibus erant, suis tantum rebus prospicientes, ut et corpus tuerentur, et suam familiam amplificarent, quam tutissime poterant, urbes incolebant, nullumque facinus memoria dignum ab illis est factum, nisi forte contra suos cujusque vicinos. Nam qui erant in Sicilia, ad maximam potentiam sunt evecti. (2) Ita Graecia undique longo temporis spatio continebatur, ut neque communiter ullum illustre facinus ederet, et in singulis civitatibus minor audacia esset.

XVIII. Postea vero quam et Atheniensium, et reliquae Graeciae, quae diu et ipsa ante tyrannide pressa fuerat, plerosque et postremos tyrannos, exceptis Siculis, Lacedaemonii sustulerunt (nam Lacedaemon post urbem conditam a Doriensibus, qui eam nunc incolunt, diutissime omnium, quantum scimus, seditionibus conflictata tamen ab antiquissimis usque temporibus et bonis legibus est usa, et tyrannidis immunis semper fuit; sunt enim anni maxime quadringenti et paulo plures usque ad hujus belli finem, ex quo Lacedaemonii eadem reipublicae forma utuntur; et hac ipsa de causa potentes in aliis quoque civitatibus res componebant), veruntamen tyrannis ex Graecia sublatis, non multis post annis Medorum quoque proelium cum Atheniensibus in campis Marathoniis est commissum; (2) decimo vero post hanc pugnam anno iterum barbarus cum magnis copiis in Graeciam venit, ut eam in servitutem redigeret. Et cum magnum periculum impenderet, et Lacedaemonii Graecorum, qui bellum illud communibus auspiciis susceperant, duces fuerunt quippe potentia praestantes, et Athenienses, Medis adventantibus, cum urbem relinquere in animum induxissent, et fortunis convasatis naves conscendissent, rei navalis studiosi exstiterunt; et quum communiter Graeci barbarum reppulissent, non multo post tam illi, qui a rege desciverant, quam qui conjunctis armis bellum ei fecerant, partim ad Athenienses, partim ad Lacedaemonios divisi transierunt; horum enim maxima potentia exstiterat; hi enim terra, illi vero classe multum poterant. (3) Ac breve quidem temporis spacium duravit haec armorum societas; postea vero Lacedaemonii et Athenienses dissociati bellum inter se gesserunt cum suis utrique sociis, et ex ceteris Graecis, si qui usquam inter se dissidebant, jam ad alterutros sese conferebant. Quamobrem a Medico bello ad hoc usque continenter modo foedus facientes, modo bellum gerentes aut

ἀλλήλοις ἢ τοῖς ἑαυτῶν ξυμμάχοις ἀφισταμένοις εὖ παρεσκευάσαντο τὰ πολέμια καὶ ἐμπειρότεροι ἐγένοντο μετὰ κινδύνων τὰς μελέτας ποιούμενοι.

XIX. Καὶ οἱ μὲν Λακεδαιμόνιοι οὐχ ὑποτελεῖς ἔχοντες φόρου τοὺς ξυμμάχους ἡγοῦντο, κατ' ὀλιγαρχίαν δὲ σφίσιν αὐτοῖς μόνον ἐπιτηδείως ὅπως πολιτεύσουσι θεραπεύοντες, Ἀθηναῖοι δὲ ναῦς τε τῶν πόλεων τῷ χρόνῳ παραλαβόντες πλὴν Χίων καὶ Λεσβίων, καὶ χρήματα τοῖς πᾶσι τάξαντες φέρειν. Καὶ ἐγένετο αὐτοῖς ἐς τόνδε τὸν πόλεμον ἡ ἰδία παρασκευὴ μείζων ἢ ὡς τὰ κράτιστά ποτε μετὰ ἀκραιφνοῦς τῆς ξυμμαχίας ἤνθησαν.

XX. Τὰ μὲν οὖν παλαιὰ τοιαῦτα εὗρον, χαλεπὰ ὄντα παντὶ ἑξῆς τεκμηρίῳ πιστεῦσαι. Οἱ γὰρ ἄνθρωποι τὰς ἀκοὰς τῶν προγεγενημένων, καὶ ἢν ἐπιχώρια σφίσιν ᾖ, ὁμοίως ἀβασανίστως παρ' ἀλλήλων δέχονται. (2) Ἀθηναίων γοῦν τὸ πλῆθος Ἵππαρχον οἴονται ὑφ' Ἁρμοδίου καὶ Ἀριστογείτονος τύραννον ὄντα ἀποθανεῖν, καὶ οὐκ ἴσασιν ὅτι Ἱππίας μὲν πρεσβύτατος ὢν ἦρχε τῶν Πεισιστράτου υἱέων, Ἵππαρχος δὲ καὶ Θεσσαλὸς ἀδελφοὶ ἦσαν αὐτοῦ, ὑποτοπήσαντες δέ τι ἐκείνῃ τῇ ἡμέρᾳ καὶ παραχρῆμα Ἁρμόδιος καὶ Ἀριστογείτων ἐκ τῶν ξυνειδότων σφίσιν Ἱππίᾳ μεμηνῦσθαι τοῦ μὲν ἀπέσχοντο ὡς προειδότος, βουλόμενοι δὲ πρὶν ξυλληφθῆναι δράσαντές τι καὶ κινδυνεῦσαι, τῷ Ἱππάρχῳ περιτυχόντες περὶ τὸ Λεωκόριον καλούμενον τὴν Παναθηναϊκὴν πομπὴν διακοσμοῦντι ἀπέκτειναν. (3) Πολλὰ δὲ καὶ ἄλλα ἔτι καὶ νῦν ὄντα καὶ οὐ χρόνῳ ἀμνηστούμενα καὶ οἱ ἄλλοι Ἕλληνες οὐκ ὀρθῶς οἴονται, ὥσπερ τούς τε Λακεδαιμονίων βασιλέας μὴ μιᾷ ψήφῳ προστίθεσθαι ἑκάτερον ἀλλὰ δυοῖν, καὶ τὸν Πιτανάτην λόχον αὐτοῖς εἶναι, ὃς οὐδ' ἐγένετο πώποτε. Οὕτως ἀταλαίπωρος τοῖς πολλοῖς ἡ ζήτησις τῆς ἀληθείας, καὶ ἐπὶ τὰ ἑτοῖμα μᾶλλον τρέπονται.

XXI. Ἐκ δὲ τῶν εἰρημένων τεκμηρίων ὅμως τοιαῦτα ἄν τις νομίζων μάλιστα ἃ διῆλθον οὐχ ἁμαρτάνοι, καὶ οὔτε ὡς ποιηταὶ ὑμνήκασι περὶ αὐτῶν ἐπὶ τὸ μεῖζον κοσμοῦντες μᾶλλον πιστεύων, οὔτε ὡς λογογράφοι ξυνέθεσαν ἐπὶ τὸ προσαγωγότερον τῇ ἀκροάσει ἢ ἀληθέστερον, ὄντα ἀνεξέλεγκτα καὶ τὰ πολλὰ ὑπὸ χρόνου αὐτῶν ἀπίστως ἐπὶ τὸ μυθῶδες ἐκνενικηκότα, εὑρῆσθαι δὲ ἡγησάμενος ἐκ τῶν ἐπιφανεστάτων σημείων ὡς παλαιὰ εἶναι ἀποχρώντως. (2) Καὶ ὁ πόλεμος οὗτος, καίπερ τῶν ἀνθρώπων ἐν ᾧ μὲν ἂν πολεμῶσι τὸν παρόντα ἀεὶ μέγιστον κρινόντων, παυσαμένων δὲ τὰ ἀρχαῖα μᾶλλον θαυμαζόντων, ἀπ' αὐτῶν τῶν ἔργων σκοποῦσι δηλώσει ὅμως μείζων γεγενημένος αὐτῶν.

XXII. Καὶ ὅσα μὲν λόγῳ εἶπον ἕκαστοι ἢ μέλλοντες πολεμήσειν ἢ ἐν αὐτῷ ἤδη ὄντες, χαλεπὸν τὴν ἀκρίβειαν αὐτὴν τῶν λεχθέντων διαμνημονεῦσαι ἦν, ἐμοί τε ὧν αὐτὸς ἤκουσα καὶ τοῖς ἄλλοθέν ποθεν ἐμοὶ ἀπαγγέλλουσιν· ὡς δ' ἂν ἐδόκουν ἐμοὶ ἕκαστοι περὶ τῶν ἀεὶ παρόντων τὰ δέοντα μάλιστ' εἰπεῖν, ἐχομένῳ ὅτι ἐγγύτατα τῆς ξυμπάσης γνώμης τῶν ἀληθῶς λεχθέντων,

inter se, aut contra socios a se deficientes, praeclare res bellicas instruxerunt, et peritiores evaserunt, quum non citra pericula exercerentur.

XIX. Et Lacedaemonii quidem non tributo sociis imposito principatum tenebant, sed officia iis praestantes hoc studebant, ut illi paucorum principatu usi in ipsorum modo commodum rempublicam administrarent; Athenienses contra et navibus urbium sociarum potiti erant, exceptis Chiis et Lesbiis, et tributa omnibus, quae penderent, ordinaverant. Et proprius ipsorum apparatus ad hoc bellum major exstitit, quam fuerat olim, quum in summo flore essent cum integra societate constituti.

XX. Res igitur vetustas tales esse comperi, quibus fides difficulter adhibetur, quamvis ordine argumentum quodque proferatur. Homines enim famam rerum ante suam aetatem gestarum, et si sint domesticae, promisce sine accurata inquisitione alii ab aliis accipiunt. (2) Veluti Athenienses vulgo Hipparchum ab Harmodio et Aristogitone, dum tyrannus esset, caesum putant, et ignorant Hippiam, quippe filiorum Pisistrati natu maximum, imperasse, et Hipparchum ac Thessalum ejus fuisse fratres; Harmodium vero et Aristogitonem illo die et in ipsa re suspicatos aliquid a sociis suae conjurationis Hippiae indicatum, ab hoc quidem ut praemonito abstinuisse, sed cupientes, antequam comprehenderentur, edito aliquo facinore periclitari, quum in Hipparchum incidissent ad fanum, quod Leocorium appellatur, Panathenaicam pompam ornantem, hunc interfecisse. (3) Atque alia etiam multa, quae hodieque exstant, necdum propter vetustatem memoria exciderunt, ceteri quoque Graeci non recte opinantur: veluti Lacedaemoniorum reges in suffragiis ferendis non singulis quemque, sed binis uti calculis; et Pitanaten lochum apud eos esse, qui nunquam fuit. Adeo non operosa apud plerosque veritatis investigatio est, et ad ea, quae sunt in promptu, potius se convertunt.

XXI. Ex his autem argumentis quae dixi, si quis res tales potissimum fuisse ducat, quas enarravi, non erraverit, non autem neque quales poetae celebrarunt in majus exornantes, neque quales memoriae prodiderunt logographi, aptius illi ad capiendos auditorum animos quam verius; siquidem meminerit, res illas certa ratione demonstrari non posse, et de plerisque eorum temporum lapsu incredibiles opiniones fabulis propiores invaluisse, credat vero, ubi argumentis maxime manifestis investigatae sint, pro vetusta quidem memoria hoc sufficere. (2) Et hoc quidem bellum, quamquam homines, donec bellum gerunt, semper praesens quodque maximum judicant, eoque finito vetera magis admirantur, tamen iis, qui res ipsas aestimant, illis majus exstitisse apparebit.

XXII. Et verbis quidem quae quique expresserint, aut quum bellum essent gesturi, aut quum id jam gererent, difficile erat ipsam rerum dictarum accuratam rationem memoria retinere et mihi in iis, quae ipse audivi, et iis, qui aliunde mihi orationes referebant; verum ut singuli de praesente quaque re videbantur ea, quae maxime consentanea erant, dixisse, accedenti quidem quam proxime ad universam rerum vere dictarum sententiam, sic commemo-

οὕτως εἴρηται. (2) Τὰ δ' ἔργα τῶν πραχθέντων ἐν τῷ πολέμῳ οὐκ ἐκ τοῦ παρατυχόντος πυνθανόμενος ἠξίωσα γράφειν, οὐδ' ὡς ἐμοὶ ἐδόκει, ἀλλ' οἷς τε αὐτὸς παρῆν, καὶ παρὰ τῶν ἄλλων ὅσον δυνατὸν ἀκριβείᾳ περὶ ἑκάστου ἐπεξελθών. (3) Ἐπιπόνως δὲ εὑρίσκετο, διότι οἱ παρόντες τοῖς ἔργοις ἑκάστοις οὐ ταὐτὰ περὶ τῶν αὐτῶν ἔλεγον, ἀλλ' ὡς ἑκατέρῳ τις εὐνοίας ἢ μνήμης ἔχοι. (4) Καὶ ἐς μὲν ἀκρόασιν ἴσως τὸ μὴ μυθῶδες αὐτῶν ἀτερπέστερον φανεῖται· ὅσοι δὲ βουλήσονται τῶν τε γενομένων τὸ σαφὲς σκοπεῖν καὶ τῶν μελλόντων ποτὲ αὖθις κατὰ τὸ ἀνθρώπειον τοιούτων καὶ παραπλησίων ἔσεσθαι, ὠφέλιμα κρίνειν αὐτὰ ἀρκούντως ἕξει. Κτῆμά τε ἐς ἀεὶ μᾶλλον ἢ ἀγώνισμα ἐς τὸ παραχρῆμα ἀκούειν ξύγκειται.

XXIII. Τῶν δὲ πρότερον ἔργων μέγιστον ἐπράχθη τὸ Μηδικόν, καὶ τοῦτο ὅμως δυοῖν ναυμαχίαιν καὶ πεζομαχίαιν ταχεῖαν τὴν κρίσιν ἔσχεν. Τούτου δὲ τοῦ πολέμου μῆκός τε μέγα προύβη, παθήματά τε ξυνηνέχθη γενέσθαι ἐν αὐτῷ τῇ Ἑλλάδι οἷα οὐχ ἕτερα ἐν ἴσῳ χρόνῳ. (2) Οὔτε γὰρ πόλεις τοσαίδε ληφθεῖσαι ἠρημώθησαν, αἱ μὲν ὑπὸ βαρβάρων αἱ δ' ὑπὸ σφῶν αὐτῶν ἀντιπολεμούντων (εἰσὶ δ' αἳ καὶ οἰκήτορας μετέβαλον ἁλισκόμεναι), οὔτε φυγαὶ τοσαίδε ἀνθρώπων καὶ φόνος, ὁ μὲν κατ' αὐτὸν τὸν πόλεμον ὁ δὲ διὰ τὸ στασιάζειν. (3) Τά τε πρότερον ἀκοῇ μὲν λεγόμενα ἔργῳ δὲ σπανιώτερον βεβαιούμενα οὐκ ἄπιστα κατέστη, σεισμῶν τε πέρι, οἳ ἐπὶ πλεῖστον ἅμα μέρος γῆς καὶ ἰσχυρότατοι οἱ αὐτοὶ ἐπέσχον, ἡλίου τε ἐκλείψεις, αἳ πυκνότεραι παρὰ τὰ ἐκ τοῦ πρὶν χρόνου μνημονευόμενα ξυνέβησαν, αὐχμοί τε ἔστι παρ' οἷς μεγάλοι καὶ ἀπ' αὐτῶν καὶ λιμοί, καὶ ἡ οὐχ ἥκιστα βλάψασα καὶ μέρος τι φθείρασα ἡ λοιμώδης νόσος· ταῦτα γὰρ πάντα μετὰ τοῦδε τοῦ πολέμου ἅμα ξυνεπέθετο. (4) Ἤρξαντο δὲ αὐτοῦ Ἀθηναῖοι καὶ Πελοποννήσιοι λύσαντες τὰς τριακοντούτεις σπονδὰς αἳ αὐτοῖς ἐγένοντο μετὰ Εὐβοίας ἅλωσιν. (5) Διότι δ' ἔλυσαν, τὰς αἰτίας προύγραψα πρῶτον καὶ τὰς διαφοράς, τοῦ μή τινα ζητῆσαί ποτε ἐξ ὅτου τοσοῦτος πόλεμος τοῖς Ἕλλησι κατέστη. (6) Τὴν μὲν γὰρ ἀληθεστάτην πρόφασιν, ἀφανεστάτην δὲ λόγῳ, τοὺς Ἀθηναίους ἡγοῦμαι μεγάλους γιγνομένους καὶ φόβον παρέχοντας τοῖς Λακεδαιμονίοις ἀναγκάσαι ἐς τὸ πολεμεῖν· αἱ δ' ἐς τὸ φανερὸν λεγόμεναι αἰτίαι αἵδ' ἦσαν ἑκατέρων, ἀφ' ὧν λύσαντες τὰς σπονδὰς ἐς τὸν πόλεμον κατέστησαν.

XXIV. Ἐπίδαμνός ἐστι πόλις ἐν δεξιᾷ ἐσπλέοντι τὸν Ἰόνιον κόλπον· προσοικοῦσι δ' αὐτὴν Ταυλάντιοι βάρβαροι, Ἰλλυρικὸν ἔθνος. (2) Ταύτην ἀπῴκισαν μὲν Κερκυραῖοι, οἰκιστὴς δ' ἐγένετο Φάλιος Ἐρατοκλείδου Κορίνθιος γένος τῶν ἀφ' Ἡρακλέους, κατὰ δὴ τὸν παλαιὸν νόμον ἐκ τῆς μητροπόλεως κατακληθείς. Ξυνῴκισαν δὲ καὶ Κορινθίων τινὲς καὶ τοῦ ἄλλου Δωρικοῦ γένους. (3) Προελθόντος δὲ τοῦ χρόνου ἐγένετο ἡ τῶν Ἐπιδαμνίων πόλις μεγάλη καὶ πολυάνθρωπος· (4) στασιάσαντες δὲ ἐν ἀλλήλοις ἔτη πολλά, ὡς λέγε-

rata sunt. (2) At vero res in ipso bello gestas, non quas a quolibet audivi, dignas duxi, quas scriberem, neque ut mihi videbatur, sed et eas, quibus ipse interfui, et quas singulatim ex aliis, quam potui accuratissime, investigavi. (3) Sed multi laboris erat res cognoscere, quod illi, qui in quaque re interfuerant, non eadem de rebus iisdem dicebant, sed prout cujusque in alterutros amor aut memoria esset. (4) Atque ad auditionem quidem hæc, quoniam fabulis carent, minus delectationis habere videbuntur; sed si qui vel rerum gestarum veritatem spectare volent, vel in iis, quæ, ut sunt res humanæ, rursus aliquando eventura sunt talia et similia, quid utile sit, æstimare, his hæc sufficient; et potius ut in perpetuum servetur, quam ut in præsens audientium plausum consectetur, liber hic compositus est.

XXIII. Bellorum autem superiorum id, quod cum Medis est gestum, maximum fuit: hoc ipsum tamen duobus navalibus, et totidem pedestribus prœliis celeriter est finitum. At hujus belli tum diuturnitas longe processit, tum clades in ipso Græciæ contigerunt, quales in pari temporis spatio nunquam alias; (2) neque enim tot urbes captæ desolatæque sunt, aliæ a barbaris, aliæ a Græcis ipsis bellum inter se gerentibus (nonnullæ vero etiam captæ incolas mutarunt), neque tot exilia fuerunt, neque tot cædes aut in ipso bello aut propter seditiones commissæ. (3) Et quæ antea fama quidem ferebantur, sed re ipsa rarius confirmabantur, non incredibilia evaserunt, ut de terræ motibus, qui et maximam orbis terrarum partem occuparunt, et simul vehementissimi fuerunt, et solis defectiones, quæ frequentiores acciderunt, quam de prioribus temporibus traditur; et siccitates, quæ apud nonnullos magnæ fuerunt, et fames ex ipsis natæ, et qui præter cetera damnum magnum intulit partemque hominum absumpsit morbus pestilens; hæc enim omnia cum hoc bello simul invaserunt. (4) Initium autem ejus fecerunt Athenienses et Peloponnesii rupta tricennali pace, quam post Eubœam captam inter se fecerant. (5) Cur autem eam ruperint, causas, et dissidia in primis scripsi, ne quis aliquando requirat, unde tantum bellum Græcis conflatum sit. (6) Nam verissimam quidem, sed sermone minime celebratam causam hanc puto, quod Athenienses, in dies crescentes et terrorem Lacedæmoniis incutientes belli movendi necessitatem ipsis imposuerunt; sed causæ, quæ propalam ferebantur, hæ erant utrisque, propter quas ruptis fœderibus bellum susceperunt.

XXIV. Epidamnus est urbs ad dextram sita navigantibus Ionium sinum versus, eique finitimi sunt Taulantii barbari, gens Illyrica. (2) Hanc urbem Corcyræi quidem missa colonia condiderunt, sed dux coloniæ fuit Phalius Eratoclidæ filius, genere Corinthius, ab Hercule oriundus, prisco more ex metropoli accessitus. Socii autem ejus coloniæ etiam nonnulli Corinthii, et alii præterea Doricæ gentis homines fuerunt. (3) Progressu vero temporis Epidamniorum urbs magna populoque frequens evasit; (4) sed quum cives jam multos annos, ut fertur, seditionibus intestinis laborassent,

ται, ἀπὸ πολέμου τινὸς τῶν προσοίκων βαρβάρων ἐφθάρησαν καὶ τῆς δυνάμεως τῆς πολλῆς ἐστερήθησαν. (5) Τὰ δὲ τελευταῖα πρὸ τοῦδε τοῦ πολέμου ὁ δῆμος αὐτῶν ἐξεδίωξε τοὺς δυνατούς, οἱ δὲ ἀπελθόντες μετὰ τῶν βαρβάρων ἐλῄζοντο τοὺς ἐν τῇ πόλει κατά τε γῆν καὶ κατὰ θάλασσαν. (6) Οἱ δὲ ἐν τῇ πόλει ὄντες Ἐπιδάμνιοι ἐπειδὴ ἐπιέζοντο, πέμπουσιν ἐς τὴν Κέρκυραν πρέσβεις ὡς μητρόπολιν οὖσαν, δεόμενοι μὴ σφᾶς περιορᾶν φθειρομένους, ἀλλὰ τούς τε φεύγοντας ξυναλλάξαι σφίσι καὶ τὸν τῶν βαρβάρων πόλεμον καταλῦσαι. (7) Ταῦτα δὲ ἱκέται καθεζόμενοι ἐς τὸ Ἡραῖον ἐδέοντο. Οἱ δὲ Κερκυραῖοι τὴν ἱκετείαν οὐκ ἐδέξαντο, ἀλλ᾽ ἀπράκτους ἀπέπεμψαν.

XXV. Γνόντες δὲ οἱ Ἐπιδάμνιοι οὐδεμίαν σφίσιν ἀπὸ Κερκύρας τιμωρίαν οὖσαν, ἐν ἀπόρῳ εἴχοντο θέσθαι τὸ παρόν, καὶ πέμψαντες ἐς Δελφοὺς τὸν θεὸν ἐπήροντο εἰ παραδοῖεν Κορινθίοις τὴν πόλιν ὡς οἰκισταῖς καὶ τιμωρίαν τινὰ πειρῷντ᾽ ἀπ᾽ αὐτῶν ποιεῖσθαι. Ὁ δ᾽ αὐτοῖς ἀνεῖλε παραδοῦναι καὶ ἡγεμόνας ποιεῖσθαι. (2) Ἐλθόντες δὲ οἱ Ἐπιδάμνιοι ἐς τὴν Κόρινθον κατὰ τὸ μαντεῖον παρέδοσαν τὴν ἀποικίαν, τόν τε οἰκιστὴν ἀποδεικνύντες σφῶν ἐκ Κορίνθου ὄντα καὶ τὸ χρηστήριον δηλοῦντες, ἐδέοντό τε μὴ σφᾶς περιορᾶν διαφθειρομένους ἀλλ᾽ ἐπαμῦναι. (3) Κορίνθιοι δὲ κατά τε τὸ δίκαιον ὑπεδέξαντο τὴν τιμωρίαν, νομίζοντες οὐχ ἧσσον ἑαυτῶν εἶναι τὴν ἀποικίαν ἢ Κερκυραίων, ἅμα δὲ καὶ μίσει τῶν Κερκυραίων, ὅτι αὐτῶν παρημέλουν ὄντες ἄποικοι· (4) οὔτε γὰρ ἐν πανηγύρεσι ταῖς κοιναῖς διδόντες γέρα τὰ νομιζόμενα οὔτε Κορινθίῳ ἀνδρὶ προκαταρχόμενοι τῶν ἱερῶν ὥσπερ αἱ ἄλλαι ἀποικίαι, περιφρονοῦντες δὲ αὐτοὺς καὶ χρημάτων δυνάμει ὄντες κατ᾽ ἐκεῖνον τὸν χρόνον ὁμοῖα τοῖς Ἑλλήνων πλουσιωτάτοις καὶ τῇ ἐς πόλεμον παρασκευῇ δυνατώτεροι, ναυτικῷ δὲ καὶ πολὺ προέχειν ἔστιν ὅτε ἐπαιρόμενοι, καὶ κατὰ τὴν τῶν Φαιάκων προενοίκησιν τῆς Κερκύρας κλέος ἐχόντων τὰ περὶ τὰς ναῦς. Ἧ καὶ μᾶλλον ἐξηρτύοντο τὸ ναυτικὸν καὶ ἦσαν οὐκ ἀδύνατοι· τριήρεις γὰρ εἴκοσι καὶ ἑκατὸν ὑπῆρχον αὐτοῖς ὅτε ἤρχοντο πολεμεῖν.

XXVI. Πάντων οὖν τούτων ἐγκλήματα ἔχοντες οἱ Κορίνθιοι ἔπεμπον ἐς τὴν Ἐπίδαμνον ἄσμενοι τὴν ὠφελίαν, οἰκήτορά τε τὸν βουλόμενον ἰέναι κελεύοντες καὶ Ἀμπρακιωτῶν καὶ Λευκαδίων καὶ ἑαυτῶν φρουρούς. (2) Ἐπορεύθησαν δὲ πεζῇ ἐς Ἀπολλωνίαν, Κορινθίων οὖσαν ἀποικίαν, δέει τῶν Κερκυραίων μὴ κωλύωνται ὑπ᾽ αὐτῶν κατὰ θάλασσαν περαιούμενοι. (3) Κερκυραῖοι δὲ ἐπειδὴ ᾔσθοντο τούς τε οἰκήτορας καὶ φρουροὺς ἥκοντας ἐς τὴν Ἐπίδαμνον τήν τε ἀποικίαν Κορινθίοις δεδομένην, ἐχαλέπαινον· καὶ πλεύσαντες εὐθὺς πέντε καὶ εἴκοσι ναυσὶ καὶ ὕστερον ἑτέρῳ στόλῳ τούς τε φεύγοντας ἐκέλευον κατ᾽ ἐπήρειαν δέχεσθαι αὐτούς (ἦλθον γὰρ ἐς τὴν Κέρκυραν οἱ τῶν Ἐπιδαμνίων φυγάδες, τάφους τε ἀποδεικνύντες καὶ ξυγγένειαν, ἣν προϊσχόμενοι ἐδέοντο σφᾶς κατάγειν) τούς τε φρουροὺς οὓς Κορίνθιοι ἔπεμψαν καὶ τοὺς οἰκήτορας ἀποπέμπειν.

quodam finitimorum barbarorum bello attriti, magnaque potentia privati sunt. (5) Novissime vero ante hoc bellum illorum plebs optimates ejecit; at hi quum discessissent, cum barbaris eos, qui in urbe erant, terra marique praedabantur. (6) Epidamnii vero, qui in urbe erant, quum laborarent, Corcyram, ut ad suae coloniae matrem, legatos mittunt, orantes, ne se perdi sinerent, sed et exules sibi reconciliarent, bellumque barbarorum finirent. (7) Haec quidem supplices in Junonis templo considentes rogabant; Corcyraei vero preces non admiserunt, sed re infecta eos dimiserunt.

XXV. Quum autem Epidamnii intelligerent nullum sibi a Corcyraeis auxilium esse, ambigebant, quonam modo in praesenti rerum statu se gerere deberent, et legatis Delphos missis Deum consuluerunt Corinthiisne ut coloniae deductoribus, urbem dederent, operamque darent, ut aliquid auxilii ab illis impetrarent. Ille vero ipsis respondit, ut illis urbem dederent, eosque sibi duces facerent. (2) Epidamnii vero, Corinthum profecti, coloniam oraculi jussu dediderunt, demonstrantes et ducem sibi coloniae Corinthium fuisse, et Dei oraculum declarantes, eosque rogabant, ne se perdi sinerent, sed opem ferrent. (3) Corinthii vero et propter ipsam causae aequitatem auxilium promiserunt, coloniam istam non minus suam esse rati quam Corcyraeorum, sed simul etiam odio in Corcyraeos adducti, quod hi quamvis coloni sui parum ipsorum observantes erant; (4) quippe qui neque in publicis solennitatibus consuetos honores ipsis tribuebant, neque in sacrificiis, quum viscera distribuebant, a viro Corinthio auspicabantur, quemadmodum ceterae coloniae, sed illos contemnebant, quod pecuniarum copia vel ditissimis illius saeculi Graecis pares essent, et bellico apparatu pollerent, quinetiam classe interdum se longe praestare gloriabantur, praesertim quod Phaeaces Corcyram olim tenuissent, qui rerum nauticarum gloria floruerant: quamobrem studiosius etiam classi parandae operam dabant, nec erant sane invalidi; centum enim et viginti naves possidebant, quum bellum gerere coeperunt.

XXVI. De his omnibus igitur quum querelas haberent Corinthii, auxilium lubenter Epidamnum mittebant, omnibus, qui illuc habitandi causa se conferre voluissent, facta eundi potestate, additisque ex Ambraciotis et Leucadiis seque ipsis qui praesidio essent. (2) Hi autem itinere pedestri Apolloniam iverunt, quae erat Corinthiorum colonia, Corcyraeorum metu, ne ab illis mare trajicere prohiberentur. (3) Corcyraei vero, ubi colonos et praesidia Epidamnum pervenisse, coloniamque Corinthiis deditam intellexerunt, rem iniquo animo tulerunt, statimque cum XXV navibus profecti, et deinde altera classe, minaciter ipsis imperarunt, ut exsules reciperent (nam Epidamnii exsules Corcyram venerant, demonstrantes monumenta et cognationem, quam praetendentes orabant ut se in patriam reducerent) et praesidia, quae Corinthii miserant, et colonos

4) Οἱ δὲ Ἐπιδάμνιοι οὐδὲν αὐτῶν ὑπήκουσαν. Ἀλλὰ στρατεύουσιν ἐπ᾽ αὐτοὺς οἱ Κερκυραῖοι τεσσαράκοντα ναυσὶ μετὰ τῶν φυγάδων ὡς κατάξοντες, καὶ τοὺς Ἰλλυριοὺς προσλαβόντες. (5) Προσκαθεζόμενοι δὲ τὴν πόλιν προεῖπον Ἐπιδαμνίων τε τὸν βουλόμενον καὶ τοὺς ξένους ἀπαθεῖς ἀπιέναι, εἰ δὲ μή, ὡς πολεμίοις χρήσεσθαι. Ὡς δ᾽ οὐκ ἐπείθοντο, οἱ μὲν Κερκυραῖοι (ἔστι δ᾽ ἰσθμὸς τὸ χωρίον) ἐπολιόρκουν τὴν πόλιν.

XXVII. Κορίνθιοι δ᾽, ὡς αὐτοῖς ἐκ τῆς Ἐπιδάμνου ἦλθον ἄγγελοι ὅτι πολιορκοῦνται, παρεσκευάζοντο στρατιάν, καὶ ἅμα ἀποικίαν ἐς τὴν Ἐπίδαμνον ἐκήρυσσον ἐπὶ τῇ ἴσῃ καὶ ὁμοίᾳ τὸν βουλόμενον ἰέναι· εἰ δέ τις τὸ παραυτίκα μὲν μὴ ἐθέλοι ξυμπλεῖν, μετέχειν δὲ βούλεται τῆς ἀποικίας, πεντήκοντα δραχμὰς καταθέντα Κορινθίας μένειν. Ἦσαν δὲ καὶ οἱ πλέοντες πολλοὶ καὶ οἱ τἀργύριον καταβάλλοντες. (2) Ἐδεήθησαν δὲ καὶ τῶν Μεγαρέων ναυσὶ σφᾶς ξυμπροπέμψειν, εἰ ἄρα κωλύσιντο ὑπὸ Κερκυραίων πλεῖν· οἱ δὲ παρεσκευάζοντο αὐτοῖς ὀκτὼ ναυσὶ ξυμπλεῖν, καὶ Παλῆς Κεφαλλήνων τέσσαρσιν. Καὶ Ἐπιδαυρίων ἐδεήθησαν, οἳ παρέσχον πέντε, Ἑρμιονῆς δὲ μίαν καὶ Τροιζήνιοι δύο, Λευκάδιοι δὲ δέκα καὶ Ἀμπρακιῶται ὀκτώ. Θηβαίους δὲ χρήματα ᾔτησαν καὶ Φλιασίους, Ἠλείους δὲ ναῦς τε κενὰς καὶ χρήματα. Αὐτῶν δὲ Κορινθίων νῆες παρεσκευάζοντο τριάκοντα καὶ τρισχίλιοι ὁπλῖται.

XXVIII. Ἐπειδὴ δὲ ἐπύθοντο οἱ Κερκυραῖοι τὴν παρασκευήν, ἐλθόντες ἐς Κόρινθον μετὰ Λακεδαιμονίων καὶ Σικυωνίων πρέσβεων, οὓς παρέλαβον, ἐκέλευον Κορινθίους τοὺς ἐν Ἐπιδάμνῳ φρουρούς τε καὶ οἰκήτορας ἀπάγειν ὡς οὐ μετὸν αὐτοῖς Ἐπιδάμνου. (2) Εἰ δέ τι ἀντιποιοῦνται, δίκας ἤθελον δοῦναι ἐν Πελοποννήσῳ παρὰ πόλεσιν αἷς ἂν ἀμφότεροι ξυμβῶσιν· ὁποτέρων δ᾽ ἂν δικασθῇ εἶναι τὴν ἀποικίαν, τούτους κρατεῖν. Ἤθελον δὲ καὶ τῷ ἐν Δελφοῖς μαντείῳ ἐπιτρέψαι. (3) Πόλεμον δὲ οὐκ εἴων ποιεῖν· εἰ δὲ μή, καὶ αὐτοὶ ἀναγκασθήσεσθαι ἔφασαν, ἐκείνων βιαζομένων, φίλους ποιεῖσθαι οὓς οὐ βούλονται ἑτέρους τῶν νῦν ὄντων μᾶλλον ὠφελίας ἕνεκα. (4) Οἱ δὲ Κορίνθιοι ἀπεκρίναντο αὐτοῖς, ἢν τάς τε ναῦς καὶ τοὺς βαρβάρους ἀπὸ Ἐπιδάμνου ἀπάγωσι, βουλεύσεσθαι, πρότερον δ᾽ οὐ καλῶς ἔχειν τοὺς μὲν πολιορκεῖσθαι αὐτοὺς δὲ δικάζεσθαι. (5) Κερκυραῖοι δὲ ἀντέλεγον, ἢν καὶ ἐκεῖνοι τοὺς ἐν Ἐπιδάμνῳ ἀπαγάγωσι, ποιήσειν ταῦτα· ἑτοῖμοι δὲ εἶναι καὶ ὥστε ἀμφοτέρους μένειν κατὰ χώραν, σπονδὰς [δὲ] ποιήσασθαι ἕως ἂν ἡ δίκη γένηται.

XXIX. Κορίνθιοι δὲ οὐδὲν τούτων ὑπήκουον, ἀλλ᾽ ἐπειδὴ πλήρεις αὐτοῖς ἦσαν αἱ νῆες καὶ οἱ ξύμμαχοι παρῆσαν, προπέμψαντες κήρυκα πρότερον πόλεμον προεροῦντα Κερκυραίοις, ἄραντες ἑβδομήκοντα ναυσὶ καὶ πέντε δισχιλίοις τε ὁπλίταις ἔπλεον ἐπὶ τὴν Ἐπίδαμνον Κερκυραίοις ἐναντία πολεμήσοντες· (2) ἐστρατήγει δὲ τῶν μὲν νεῶν Ἀριστεὺς ὁ Πελλίχου καὶ Καλλικράτης ὁ Καλλίου καὶ Τιμάνωρ ὁ Τιμάνθους, τοῦ δὲ πεζοῦ Ἀρχέτιμός τε ὁ Εὐρυτίμου καὶ Ἰσαρχίδας ὁ Ἰσάρ-

remitterent. (4) Sed Epidamnii nulla ipsorum imperata fecerunt. Quamobrem Corcyraei cum quadraginta navibus et exsulibus, ut eos reducturi, assumptisque Illyriis bellum illis intulerunt. (5) Urbem autem obsidentes denuntiarunt, ut et de Epidamniis, qui vellet, et peregrini impune abirent, alioqui ut hostes tractatum iri. Sed quum non obediretur, Corcyraei quidem (ille autem locus isthmus est) urbem obsidere coeperunt.

XXVII. Corinthii vero, postquam nuntii Epidamno ad ipsos venerunt, qui urbem obsideri nuntiarunt, exercitum comparare instituebant, et simul coloniam Epidamnum deducendam edicebant, ea lege, ut qui vellet illuc ire, pari similique jure esset; si quis vero non protinus cum ceteris navigare et tamen coloniae particeps esse vellet, numeratis quinquaginta drachmis Corinthiis remanere licere; erant autem permulti, et qui navigarent, et qui pecuniam numerarent. (2) Rogarunt etiam Megarenses, ut suis navibus se comitari vellent, si forte suae navigationis cursus a Corcyraeis impediretur. Illi vero cum illis navigare octo navibus parabant, et Palenses Cephalleniorum quatuor. Epidaurios quoque rogarunt, qui quinque praebuerunt; Hermionenses vero unam et Troezenii duas, Leucadii decem, Ambraciotae octo. A Thebanis vero et Phliasiis pecunias petierunt, ab Eleis naves vacuas et pecunias. Ipsorum vero Corinthiorum naves triginta, et tria militum gravis armaturae millia parabantur.

XXVIII. Postquam vero Corcyraei hunc apparatum audierunt, Corinthum profecti cum Lacedaemoniis Sicyoniisque legatis, quos sibi adjunxerant, jubebant Corinthios praesidia et colonos Epidamno deducere, ut ex urbe, quae ad eos nihil pertineret. (2) Quod si eam sibi vindicare pergerent, in Peloponneso apud illas civitates, de quibus inter utrosque convenisset, volebant jure disceptare; utris autem colonia fuisset adjudicata, hos ea potiri; atque etiam oraculo Delphico rem committere volebant. (3) Bellum vero facere vetabant: alioqui, si illi vim sibi facerent, dicebant se coactum iri alios quam qui nunc essent, sibi facere amicos, quos nollent, magis auxilii causa. (4) Corinthii vero ipsis responderunt, si naves et barbaros ab Epidamno abducerent, se consultaturos; antea autem rem non bene se habere, si illi quidem obsiderentur, ipsi vero judicio contenderent. (5) Contra vero Corcyraei dicebant, se ista facturos, si et illi abducerent eos, qui Epidamni erant; sin minus, etiam paratos esse inducias facere, ut utrique loco manerent, tantisper dum judicium fieret.

XXIX. At Corinthii nihil horum facere voluerunt, sed postquam ipsorum naves plenae erant, et socii aderant, caduceatore praemisso, qui Corcyraeis bellum prius indiceret, portu solventes cum septuaginta et quinque navibus, et duobus millibus gravis armaturae militum, Epidamnum versus navigarunt, bellum Corcyraeis illaturi. (2) Navibus autem praeerat Aristeus Pellichi et Callicrates Calliae et Timanor Timanthis filius; peditatui vero Archetimus Eurytimi et Isarchidas Isarchi filius. (3) Postquam autem ad

χου. (3) Ἐπειδὴ δ' ἐγένοντο ἐν Ἀκτίῳ τῆς Ἀνακτορίας γῆς, οὗ τὸ ἱερὸν τοῦ Ἀπόλλωνός ἐστιν, ἐπὶ τῷ στόματι τοῦ Ἀμπρακικοῦ κόλπου, οἱ Κερκυραῖοι κήρυκά τε προέπεμψαν αὐτοῖς ἐν ἀκατίῳ ἀπεροῦντα μὴ πλεῖν ἐπὶ σφᾶς καὶ τὰς ναῦς ἅμα ἐπλήρουν, ζεύξαντές τε τὰς παλαιὰς ὥστε πλοΐμους εἶναι καὶ τὰς ἄλλας ἐπισκευάσαντες. (4) Ὡς δὲ ὁ κῆρύξ τε ἀπήγγειλεν οὐδὲν εἰρηναῖον παρὰ τῶν Κορινθίων καὶ αἱ νῆες αὐτοῖς ἐπεπλήρωντο οὖσαι ὀγδοήκοντα (τεσσαράκοντα γὰρ Ἐπίδαμνον ἐπολιόρκουν), ἀνταναγόμενοι καὶ παραταξάμενοι ἐναυμάχησαν· καὶ ἐνίκησαν οἱ Κερκυραῖοι παρὰ πολὺ καὶ ναῦς πεντεκαίδεκα διέφθειραν τῶν Κορινθίων. (5) Τῇ δὲ αὐτῇ ἡμέρᾳ αὐτοῖς ξυνέβη καὶ τοὺς τὴν Ἐπίδαμνον πολιορκοῦντας παραστήσασθαι ὁμολογίᾳ ὥστε τοὺς μὲν ἐπήλυδας ἀποδόσθαι, Κορινθίους δὲ δήσαντας ἔχειν ἕως ἂν ἄλλο τι δόξῃ.

XXX. Μετὰ δὲ τὴν ναυμαχίαν οἱ Κερκυραῖοι τροπαῖον στήσαντες ἐπὶ τῇ Λευκίμνῃ τῆς Κερκύρας ἀκρωτηρίῳ τοὺς μὲν ἄλλους οὓς ἔλαβον αἰχμαλώτους ἀπέκτειναν, Κορινθίους δὲ δήσαντες εἶχον. (2) Ὕστερον δὲ ἐπειδὴ οἱ Κορίνθιοι καὶ οἱ ξύμμαχοι ἡσσημένοι ταῖς ναυσὶν ἀνεχώρησαν ἐπ' οἴκου, τῆς θαλάσσης ἁπάσης ἐκράτουν τῆς κατ' ἐκεῖνα τὰ χωρία οἱ Κερκυραῖοι, καὶ πλεύσαντες ἐς Λευκάδα τὴν Κορινθίων ἀποικίαν τῆς γῆς ἔτεμον, καὶ Κυλλήνην τὸ Ἠλείων ἐπίνειον ἐνέπρησαν, ὅτι ναῦς καὶ χρήματα παρέσχον Κορινθίοις. (3) Τοῦ τε χρόνου τὸν πλεῖστον μετὰ τὴν ναυμαχίαν ἐκράτουν τῆς θαλάσσης καὶ τοὺς τῶν Κορινθίων ξυμμάχους ἐπιπλέοντες ἔφθειρον, μέχρι οὗ Κορίνθιοι περιόντι τῷ θέρει πέμψαντες ναῦς καὶ στρατιάν, ἐπεὶ σφῶν οἱ ξύμμαχοι ἐπόνουν, ἐστρατοπεδεύοντο ἐπ' Ἀκτίῳ καὶ περὶ τὸ Χειμέριον τῆς Θεσπρωτίδος φυλακῆς ἕνεκα τῆς τε Λευκάδος καὶ τῶν ἄλλων πόλεων ὅσαι σφίσι φίλιαι ἦσαν. (4) Ἀντεστρατοπεδεύοντο δὲ καὶ οἱ Κερκυραῖοι ἐπὶ τῇ Λευκίμνῃ ναυσί τε καὶ πεζῷ. (5) Ἐπέπλεόν τε οὐδέτεροι ἀλλήλοις, ἀλλὰ τὸ θέρος τοῦτο ἀντικαθεζόμενοι χειμῶνος ἤδη ἀνεχώρησαν ἐπ' οἴκου ἑκάτεροι.

XXXI. Τὸν δ' ἐνιαυτὸν πάντα τὸν μετὰ τὴν ναυμαχίαν καὶ τὸν ὕστερον οἱ Κορίνθιοι ὀργῇ φέροντες τὸν πρὸς Κερκυραίους πόλεμον ἐναυπηγοῦντο καὶ παρεσκευάζοντο τὰ κράτιστα νεῶν στόλον, ἔκ τε αὐτῆς Πελοποννήσου ἀγείροντες καὶ τῆς ἄλλης Ἑλλάδος ἐρέτας, μισθῷ πείθοντες. (2) Πυνθανόμενοι δὲ οἱ Κερκυραῖοι τὴν παρασκευὴν αὐτῶν ἐφοβοῦντο, καὶ (ἦσαν γὰρ οὐδενὸς Ἑλλήνων ἔνσπονδοι οὐδὲ ἐσεγράψαντο ἑαυτοὺς οὔτε ἐς τὰς Ἀθηναίων σπονδὰς οὔτε ἐς τὰς Λακεδαιμονίων) ἔδοξεν αὐτοῖς ἐλθοῦσιν ὡς τοὺς Ἀθηναίους ξυμμάχους γενέσθαι καὶ ὠφελίαν τινὰ πειρᾶσθαι ἀπ' αὐτῶν εὑρίσκεσθαι. (3) Οἱ δὲ Κορίνθιοι πυθόμενοι ταῦτα ἦλθον καὶ αὐτοὶ ἐς τὰς Ἀθήνας πρεσβευσόμενοι, ὅπως μὴ σφίσι πρὸς τῷ Κερκυραίων ναυτικῷ τὸ Ἀττικὸν προσγενόμενον ἐμπόδιον γένηται θέσθαι τὸν πόλεμον ᾗ βούλονται. (4) Καταστάσης δὲ ἐκκλησίας ἐς ἀντιλογίαν ἦλθον, καὶ οἱ μὲν Κερκυραῖοι ἔλεξαν τοιάδε.

Actium in agro Anactorio pervenerunt, ubi templum Apollinis est, in faucibus sinus Ambracii, Corcyraei caduceatorem ipsis in navigio actuario praemiserunt, qui vetaret illos contra se navigare; simul etiam naves implebant, refectis vetustis, ut navigationi idoneae essent, reliquis vero armamentis instructis. (4) Sed postquam caduceator nihil pacatum a Corinthiis renuntiavit, et ipsorum naves numero octoginta (nam quadraginta Epidamnum obsidebant) expletae erant, obviam hosti processerunt, et acie instructa navalem pugnam commiserunt. Et Corcyraei longe superiores fuerunt, et XV Corinthiorum naves profligarunt. (5) Eodem autem die ipsis accidit, ut et illi, qui Epidamnum obsidebant, hanc ad deditionem redigerent, ea conditione, ut peregrinos quidem venderent, Corinthios autem in vinculis servarent, donec aliud de ipsis statueretur.

XXX. Post navale proelium autem Corcyraei, cum tropaeum in Leucimna Corcyrae promontorio statuissent, ceteros quidem captivos, quos ceperant, interfecerunt, Corinthios vero vinctos asservarunt. (2) Postea vero, quum Corinthii sociique victi cum classe domum rediissent, totius maris, quod est in illis regionibus, imperium tenebant Corcyraei et navibus ad Leucadem Corinthiorum coloniam profecti, agrum vastarunt, et Cyllenen, Eleorum navalia, incenderunt, quod naves pecuniasque Corinthiis praebuissent. (3) Et maxima ejus temporis parte, post illud navale proelium, maris illius imperium tenebant, et Corinthiorum socios infesta classe navigantes affligebant, donec Corinthii aestate jam ineunte navibus exercituque misso, cum ipsorum socii laborarent, ad Actium et circa Chimerium Thesprotidis castra posuerunt, ut et Leucadem et ceteras civitates, quotquot sibi erant amicae, suo praesidio tutarentur. (4) Corcyraei vero et navibus et peditatu in Leucimna e regione hostium castra metati sunt. (5) Et neutri contra alteros navigabant, sed ea aestate stativa opposita habentes, hieme jam adventante domum utrique se receperunt.

XXXI. Toto autem post hoc proelium, et insequenti anno, Corinthii graviter ferentes bellum contra Corcyraeos susceptum, naves struebant et navalem expeditionem optime parabant, remiges cum ex ipsa Peloponneso, tum ex reliqua Graecia cogentes, mercede adductos. (2) Corcyraei vero audito illorum apparatu timere coeperunt, et (nam cum nulla Graecorum civitate foedere erant conjuncti, neque aut in Atheniensium aut Lacedaemoniorum foederibus se adscripserant) visum est ipsis ad Athenienses proficisci, et societatem cum illis contrahere, et operam dare, ut aliquod auxilium ab ipsis impetrarent. (3) Corinthii vero his rebus auditis legatos et ipsi Athenas miserunt, hoc acturos, ne praeter Corcyraeorum classem Attica quoque classis adjuncta impedimento sibi esset, ne bellum arbitratu suo administrarent. (4) Itaque coacta concione in disceptationem venerunt, et Corcyraei quidem haec verba fecerunt.

XXXII. «Δίκαιον, ὦ Ἀθηναῖοι, τοὺς μήτε εὐεργεσίας μεγάλης μήτε ξυμμαχίας προυφειλομένης ἥκοντας παρὰ τοὺς πέλας ἐπικουρίας, ὥσπερ καὶ ἡμεῖς νῦν, δεησομένους ἀναδιδάξαι πρῶτον, μάλιστα μὲν ὡς καὶ ξύμφορα δέονται, εἰ δὲ μή, ὅτι γε οὐκ ἐπιζήμια, ἔπειτα δὲ ὡς καὶ τὴν χάριν βέβαιον ἕξουσιν· εἰ δὲ τούτων μηδὲν σαφὲς καταστήσουσι, μὴ ὀργίζεσθαι ἢν ἀτυχῶσιν. (2) Κερκυραῖοι δὲ μετὰ τῆς ξυμμαχίας τῆς αἰτήσεως καὶ ταῦτα πιστεύοντες ἐχυρὰ ὑμῖν παρέξεσθαι ἀπέστειλαν ἡμᾶς. (3) Τετύχηκε δὲ τὸ αὐτὸ ἐπιτήδευμα πρός τε ὑμᾶς ἐς τὴν χρείαν ἡμῖν ἄλογον καὶ ἐς τὰ ἡμέτερα αὐτῶν ἐν τῷ παρόντι ἀξύμφορον. (4) Σύμμαχοί τε γὰρ οὐδενός πω ἐν τῷ πρὸ τοῦ ἑκούσιοι γενόμενοι, νῦν ἄλλων τοῦτο δεησόμενοι ἥκομεν, καὶ ἅμα ἐς τὸν παρόντα πόλεμον Κορινθίων ἔρημοι δι' αὐτὸ καθέσταμεν, καὶ περιέστηκεν ἡ δοκοῦσα ἡμῶν πρότερον σωφροσύνη, τὸ μὴ ἐν ἀλλοτρίᾳ ξυμμαχίᾳ τῇ τοῦ πέλας γνώμῃ ξυγκινδυνεύειν, νῦν ἀβουλία καὶ ἀσθένεια φαινομένη. (5) Τὴν μὲν οὖν γενομένην ναυμαχίαν αὐτοὶ κατὰ μόνας ἀπεωσάμεθα Κορινθίους· ἐπειδὴ δὲ μείζονι παρασκευῇ ἀπὸ Πελοποννήσου καὶ τῆς ἄλλης Ἑλλάδος ἐφ' ἡμᾶς ὥρμηνται καὶ ἡμεῖς ἀδύνατοι ὁρῶμεν ὄντες τῇ οἰκείᾳ μόνον δυνάμει περιγενέσθαι, καὶ ἅμα μέγας ὁ κίνδυνος εἰ ἐσόμεθα ὑπ' αὐτοῖς, ἀνάγκη καὶ ὑμῶν καὶ ἄλλου παντὸς ἐπικουρίας δεῖσθαι, καὶ ξυγγνώμη εἰ μὴ μετὰ κακίας, δόξης δὲ μᾶλλον ἁμαρτίᾳ, τῇ πρότερον ἀπραγμοσύνῃ ἐναντία τολμῶμεν.

XXXIII. « Γενήσεται δὲ ὑμῖν πειθομένοις καλὴ ἡ ξυντυχία κατὰ πολλὰ τῆς ἡμετέρας χρείας, πρῶτον μὲν ὅτι ἀδικουμένοις καὶ οὐχ ἑτέρους βλάπτουσι τὴν ἐπικουρίαν ποιήσεσθε, ἔπειτα περὶ τῶν μεγίστων κινδυνεύοντας δεξάμενοι ὡς ἂν μάλιστα μετ' ἀειμνήστου μαρτυρίου τὴν χάριν καταθεῖσθε, ναυτικόν τε κεκτήμεθα πλὴν τοῦ παρ' ὑμῖν πλεῖστον. (2) Καὶ σκέψασθε τίς εὐπραξία σπανιωτέρα ἢ τίς τοῖς πολεμίοις λυπηροτέρα, εἰ ἣν ὑμεῖς ἂν πρὸ πολλῶν χρημάτων καὶ χάριτος ἐτιμήσασθε δύναμιν ὑμῖν προσγενέσθαι, αὕτη πάρεστιν αὐτεπάγγελτος ἄνευ κινδύνων καὶ δαπάνης διδοῦσα ἑαυτήν, καὶ προσέτι φέρουσα ἐς μὲν τοὺς πολλοὺς ἀρετήν, οἷς δ' ἐπαμυνεῖτε χάριν, ὑμῖν δ' αὐτοῖς ἰσχύν· ἃ ἐν τῷ παντὶ χρόνῳ ὀλίγοις δὴ ἅμα πάντα ξυνέβη, καὶ ὀλίγοι ξυμμαχίας δεόμενοι οἷς ἐπικαλοῦνται ἀσφάλειαν καὶ κόσμον οὐχ ἧσσον διδόντες ἢ ληψόμενοι παραγίγνονται. (3) Τὸν δὲ πόλεμον, δι' ὅνπερ χρήσιμοι ἂν εἴημεν, εἴ τις ὑμῶν μὴ οἴεται ἔσεσθαι, γνώμης ἁμαρτάνει καὶ οὐκ αἰσθάνεται τοὺς Λακεδαιμονίους φόβῳ τῷ ὑμετέρῳ πολεμησείοντας καὶ τοὺς Κορινθίους δυναμένους παρ' αὐτοῖς καὶ ὑμῖν ἐχθροὺς ὄντας καὶ προκαταλαμβάνοντας ἡμᾶς νῦν ἐς τὴν ὑμετέραν ἐπιχείρησιν, ἵνα μὴ τῷ κοινῷ ἔχθει κατ' αὐτῶν μετ' ἀλλήλων στῶμεν, μηδὲ δυοῖν φθάσαι ἁμάρτωσιν, ἢ κακῶσαι ἡμᾶς ἢ σφᾶς αὐτοὺς βεβαιώσασθαι. (4) Ἡμέτερον δ' αὖ ἔργον προτερῆσαι, τῶν μὲν διδόντων ὑμῶν δὲ δεξαμένων τὴν ξυμμαχίαν, καὶ προεπιβουλεύειν αὐτοῖς μᾶλλον ἢ ἀντεπιβουλεύειν.

XXXII. « Æquum est, viri Athenienses, ut qui ad alios auxilii implorandi causa, quemadmodum nos quoque nunc facimus, veniunt, si nullo magno beneficio aut fœdere ante sibi gratiam conciliarunt, primum demonstrent, maxime quidem utilia esse, quæ petant, sin minus, saltem non detrimento, deinde vero, se firmam ipsis gratiam habituros. Sed si nihil horum planum fecerint, non indigne ferant, si re infecta abeant. (2) Corcyræi vero in societate petenda persuasum habentes, se hæc quoque vobis manifeste probaturos, nos miserunt. (3) Accidit autem, ut idem studium nobis sit et apud vos usu inconsultum et in nostris rebus in præsentia parum commodum. (4) Nam et qui nunquam antehac cujusquam socii voluntarii fuerimus, nunc hoc ipsum ab aliis petituri venimus, et simul in præsenti bello, quod cum Corinthiis gerimus, eam ob causam deserti sumus ab omnibus, et nostra illa, quæ prius prudentia videbatur, quod non societate cum aliis inita aliorum arbitrio simul periclitari voluimus, nunc in manifestam imprudentiam et imbecillitatem mutata est. (5) Atque in navali quidem prœlio, quod commissum est, soli Corinthios reppulimus; nunc vero quandoquidem majore apparatu tam ex Peloponneso, quam ex reliqua Græcia contra nos exorti sunt et nos videmus domesticis tantum viribus fretos non posse superiores evadere, et simul magnum est periculum, si in illorum potestatem redigamur, necesse est et vestra et cujuslibet alius auxilia implorare, et venia digni sumus, si non malitia, sed potius opinionis errore, superiori nostræ quieti res contrarias audemus.

XXXIII. « Erit autem, si nos audieritis, casus hic, qui nobis petendi necessitatem attulit, vobis multis nominibus honorificus, primum quidem, quod iis, qui injuriam patiuntur, non autem aliis nocent, opem feretis, deinde vero, si in maximarum rerum discrimen adductos recipiatis, beneficium quam fieri potest maxime cum æterno testimonio collocetis; et classem habemus, quæ, vestra excepta, omnium maxima est. (2) Ac considerate, quænam rarior prosperitatis occasio, quæve hostibus molestior esse possit, quam si ea potentia, quam vobis esse adjunctam magnæ pecuniæ, magnæque gratiæ anteposuissetis, adsit sponte sua, sine periculis et sumptu se ipsam offerens et præterea apud multitudinem quidem afferens virtutis opinionem; illis vero, quibus opem feretis, gratiam, et vobis ipsis potentiam. Quæ ex omni temporum memoria perpaucis simul omnia contigerunt; paucique sunt, qui illis, a quibus belli societatem petunt, præsidium et ornamentum haud minus daturi, quam ab ipsis accepturi veniant. (3) Bellum autem, in quo vobis utiles esse possimus, si quis vestrum sit, qui nullum fore arbitretur, is profecto fallitur opinione, nec videt, Lacedæmonios vestræ potentiæ metu belli gerendi cupidos esse, et Corinthios apud illos multum valere vobisque inimicos esse, et, dum nos primos nunc aggrediuntur, gradum facere ad vos invadendos, ne communi odio in eos conspiremus, neve alterutro frustrentur, ut prius aut nobis damnum inferant, aut sibimet firmitudinem comparent. (4) Nostrum contra est antevertere illos, dum nos offerimus, vos accipitis societatem, et insidias struere potius, quam defendere.

XXXIV. « Ἢν δὲ λέγωσιν ὡς οὐ δίκαιον τοὺς σφετέρους ἀποίκους ὑμᾶς δέχεσθαι, μαθέτωσαν ὡς πᾶσα ἀποικία εὖ μὲν πάσχουσα τιμᾷ τὴν μητρόπολιν, ἀδικουμένη δὲ ἀλλοτριοῦται· οὐ γὰρ ἐπὶ τῷ δοῦλοι ἀλλ' ἐπὶ τῷ ὁμοῖοι τοῖς λειπομένοις εἶναι ἐκπέμπονται. (2) Ὡς δὲ ἠδίκουν, σαφές ἐστιν· προκληθέντες γὰρ περὶ Ἐπιδάμνου ἐς κρίσιν πολέμῳ μᾶλλον ἢ τῷ ἴσῳ ἐβουλήθησαν τὰ ἐγκλήματα μετελθεῖν. (3) Καὶ ὑμῖν ἔστω τι τεκμήριον ἃ πρὸς ἡμᾶς τοὺς ξυγγενεῖς δρῶσιν, ὥστε ἀπάτῃ τε μὴ παράγεσθαι ὑπ' αὐτῶν, δεομένοις τε ἐκ τοῦ εὐθέος μὴ ὑπουργεῖν· ὁ γὰρ ἐλαχίστας τὰς μεταμελείας ἐκ τοῦ χαρίζεσθαι τοῖς ἐναντίοις λαμβάνων ἀσφαλέστατος ἂν διατελοίη.

XXXV. « Λύσετε δὲ οὐδὲ τὰς Λακεδαιμονίων σπονδὰς δεχόμενοι ἡμᾶς μηδετέρων ὄντας ξυμμάχους· (2) εἴρηται γὰρ ἐν αὐταῖς, τῶν Ἑλληνίδων πόλεων ἥτις μηδαμοῦ ξυμμαχεῖ, ἐξεῖναι παρ' ὁποτέρους ἂν ἀρέσκηται ἐλθεῖν. (3) Καὶ δεινὸν εἰ τοῖσδε μὲν ἀπό τε τῶν ἐνσπόνδων ἔσται πληροῦν τὰς ναῦς καὶ προσέτι καὶ ἐκ τῆς ἄλλης Ἑλλάδος καὶ οὐχ ἥκιστα ἀπὸ τῶν ὑμετέρων ὑπηκόων, ἡμᾶς δὲ ἀπὸ τῆς προκειμένης τε ξυμμαχίας εἴρξουσι καὶ ἀπὸ τῆς ἀλλοθέν ποθεν ὠφελίας, εἶτα ἐν ἀδικήματι θήσονται πεισθέντων ὑμῶν ἃ δεόμεθα. (4) Πολὺ δὲ ἐν πλείονι αἰτίᾳ ἡμεῖς μὴ πείσαντες ὑμᾶς ἕξομεν· ἡμᾶς μὲν γὰρ κινδυνεύοντας καὶ οὐκ ἐχθροὺς ὄντας ἀπώσεσθε, τῶνδε δὲ οὐχ ὅπως κωλυταὶ ἐχθρῶν ὄντων καὶ ἐπιόντων γενήσεσθε, ἀλλὰ καὶ ἀπὸ τῆς ὑμετέρας ἀρχῆς δύναμιν προσλαβεῖν περιόψεσθε ἣν οὐ δίκαιον, ἀλλ' ἢ κἀκείνων κωλύειν τοὺς ἐκ τῆς ὑμετέρας μισθοφόρους, ἢ καὶ ἡμῖν πέμπειν καθ' ὅ τι ἂν πεισθῆτε ὠφελίαν, μάλιστα δὲ ἀπὸ τοῦ προφανοῦς δεξαμένους βοηθεῖν. (5) Πολλὰ δέ, ὥσπερ ἐν ἀρχῇ ὑπείπομεν, τὰ ξυμφέροντα ἀποδείκνυμεν, καὶ μέγιστον ὅτι οἵ τε αὐτοὶ πολέμιοι ἡμῖν ἦσαν, ὅπερ σαφεστάτη πίστις, καὶ οὗτοι οὐκ ἀσθενεῖς ἀλλ' ἱκανοὶ τοὺς μεταστάντας βλάψαι· καὶ ναυτικῆς καὶ οὐκ ἠπειρώτιδος τῆς ξυμμαχίας διδομένης οὐχ ὁμοία ἡ ἀλλοτρίωσις, ἀλλὰ μάλιστα μέν, εἰ δύνασθε, μηδένα ἄλλον ἐᾶν κεκτῆσθαι ναῦς, εἰ δὲ μή, ὅστις ἐχυρώτατος, τοῦτον φίλον ἔχειν.

XXXVI. « Καὶ ὅτῳ τάδε ξυμφέροντα μὲν δοκεῖ λέγεσθαι, φοβεῖται δὲ μὴ δι' αὐτὰ πειθόμενος τὰς σπονδὰς λύσῃ, γνώτω τὸ μὲν δεδιὸς αὐτοῦ ἰσχὺν ἔχον τοὺς ἐναντίους μᾶλλον φοβῆσον, τὸ δὲ θαρσοῦν μὴ δεξαμένου ἀσθενὲς ὂν πρὸς ἰσχύοντας τοὺς ἐχθροὺς ἀδεέστερον ἐσόμενον, καὶ ἅμα οὐ περὶ τῆς Κερκύρας νῦν τὸ πλέον ἢ καὶ τῶν Ἀθηνῶν βουλευόμενος, καὶ οὐ τὰ κράτιστα αὐταῖς προνοῶν ὅταν ἐς τὸν μέλλοντα καὶ ὅσον οὐ παρόντα πόλεμον τὸ αὐτίκα περισκοπῶν ἐνδοιάζῃ χωρίον προσλαβεῖν ὃ μετὰ μεγίστων καιρῶν οἰκειοῦταί τε καὶ πολεμοῦται. (2) Τῆς τε γὰρ Ἰταλίας καὶ Σικελίας καλῶς παράπλου κεῖται, ὥστε μήτε ἐκεῖθεν ναυτικὸν ἐᾶσαι Πελοποννησίοις ἐπελθεῖν τό τε ἐνθένδε πρὸς τἀκεῖ παραπέμψαι, καὶ ἐς τἆλλα ξυμφορώτατόν ἐστιν. (3) Βραχυτάτῳ δ' ἂν κεφαλαίῳ, τοῖς τε ξύμπασι καὶ καθ'

XXXIV. « Quod si dixerint, iniquum esse suos colonos a vobis recipi, discant, omnem coloniam honore prosequi metropolim, si beneficiis ab ea afficiatur; sed si injuriam accipiat, alienari. Nec enim emittuntur ea conditione, ut sint servi, sed ut cum iis, qui domi relinquuntur, æquali jure sint. (2) Quod autem isti nobis injuriam faciebant, perspicuum est. Nam ad judicium de Epidamni controversia provocati, criminationes suas armis quam jure persequi maluerunt. (3) Atque ea, quæ in nos suos cognatos faciunt, vobis sint documento, ne aut fraude ab ipsis transversi agamini, aut petentibus morem ingenue geratis. Quem enim minime pœnitet beneficiorum in inimicos collatorum, is vitam tutissime deget.

XXXV. « Neque vero fœdera frangetis, quæ cum Lacedæmoniis fecistis, si nos recipiatis, qui neutrorum socii sumus. (2) In illis enim dictum est, quæcunque de Græcis civitatibus cum nullis societatem habeat, ei licere ad utras partes libuerit accedere. (3) Et sane iniquum fuerit, si istis quidem liceat classem instruere et ex fœderatis civitatibus, et præterea etiam ex reliqua Græcia, præcipue vero ex iis civitatibus, quæ vestro imperio parent, nos vero ab hac in medio posita societate et ab alio undecunque auxilio arceant, deinde vero in criminis loco ponant, si concedatis quæ petimus. (4) Nos vero longe majorem vos insimulandi materiam habebimus, si nobis non concedatis; nos enim periclitantes, nec vobis inimicos, reppuleritis, istos vero tantum abest, ut hostes quum sint et contra vos veniant, impediatis, ut etiam copias ex vestra ditione sibi comparare sinatis, quas non est æquum, at oportet aut illorum quoque milites ex agro vestro mercede conductos continere aut nobis etiam auxilium mittere, quocunque modo vobis persuasum fuerit, potissimum vero aperte nos in societatem recipere et adjuvare. (5) Multa autem, quemadmodum initio significavimus, commoda vobis demonstramus, præcipueque quod et eosdem habemus hostes, quod certissimum est fidei pignus, eosque non infirmos, sed qui nocere iis, qui a se defecerint, valeant; et quum navalis, ac non terrestris societas offeratur, non in levi vobis habendum est, si ea alio convertatur, sed potissimum quidem, si potestis, opera danda est, ut nullos alios classem possidere sinatis, sin minus, ut firmissimum quemque amicum habeatis.

XXXVI. « Atque si quis hæc commoda quidem dictu existimet, metuat vero, ne iis obsequendo fœdera frangat, sciat suum quidem metum viribus armatum adversariis majorem terrorem incussurum, fiduciam vero, si nos non receperit, infirmam, potentibus hostibus minus formidolosam futuram; simul etiam non magis se nunc de Corcyra, quam de Athenis etiam consultare, seque non optime illis prospicere, si præsentem rerum statum spectans, ad futurum et tantum non præsens bellum urbem sibi adjungere dubitet, quæ maximis cum momentis amica redditur inimicave. (2) Sita enim est in loco opportuno ad trajiciendum in Italiam et Siciliam, ita ut nec inde classem contra Peloponnesios venire sinat, et eam, quæ hinc venit, in illa loca transmittat, atque ad reliquas res commoditates egregias habeat. (3) Ut autem universa et singula in brevissimam contraham

ἕκαστον, τῷδ' ἂν μὴ προέσθαι ἡμᾶς μάθοιτε· τρία μὲν ὄντα λόγου ἄξια τοῖς Ἕλλησι ναυτικά, τὸ παρ' ὑμῖν καὶ τὸ ἡμέτερον καὶ τὸ Κορινθίων, τούτων δ' εἰ περιόψεσθε τὰ δύο ἐς ταὐτὸν ἐλθεῖν καὶ Κορίνθιοι ἡμᾶς προκαταλήψονται, Κερκυραίοις τε καὶ Πελοποννησίοις ἅμα ναυμαχήσετε, δεξάμενοι δὲ ἡμᾶς ἕξετε πρὸς αὐτοὺς πλείοσι ναυσὶ ταῖς ὑμετέραις ἀγωνίζεσθαι. » (4) Τοιαῦτα μὲν οἱ Κερκυραῖοι εἶπον· οἱ δὲ Κορίνθιοι μετ' αὐτοὺς τοιάδε.

XXXVII. « Ἀναγκαῖον Κερκυραίων τῶνδε οὐ μόνον περὶ τοῦ δέξασθαι σφᾶς τὸν λόγον ποιησαμένων, ἀλλ' ὡς καὶ ἡμεῖς τε ἀδικοῦμεν καὶ αὐτοὶ οὐκ εἰκότως πολεμοῦνται, μνησθέντας πρῶτον καὶ ἡμᾶς περὶ ἀμφοτέρων οὕτω καὶ ἐπὶ τὸν ἄλλον λόγον ἰέναι, ἵνα τὴν ἀφ' ἡμῶν τε ἀξίωσιν ἀσφαλέστερον προειδῆτε καὶ τὴν τῶνδε χρείαν μὴ ἀλογίστως ἀπώσησθε. (2) Φασὶ δὲ ξυμμαχίαν διὰ τὸ σῶφρον οὐδενός πω δέξασθαι· τὸ δ' ἐπὶ κακουργίᾳ καὶ οὐκ ἀρετῇ ἐπετήδευσαν, ξύμμαχόν τε οὐδένα βουλόμενοι πρὸς τἀδικήματα οὐδὲ μάρτυρα ἔχειν, οὔτε παρακαλοῦντες αἰσχύνεσθαι. (3) Καὶ ἡ πόλις αὐτῶν ἅμα, αὐτάρκη θέσιν κειμένη, παρέχει αὐτοὺς δικαστὰς ὧν βλάπτουσί τινα μᾶλλον ἢ κατὰ ξυνθήκας γίγνεσθαι, διὰ τὸ ἥκιστα ἐπὶ τοὺς πέλας ἐκπλέοντας μάλιστα τοὺς ἄλλους ἀνάγκῃ καταίροντας δέχεσθαι. (4) Κἂν τούτῳ τὸ εὐπρεπὲς ἄσπονδον οὐχ ἵνα μὴ ξυναδικήσωσιν ἑτέροις προβέβληνται, ἀλλ' ὅπως κατὰ μόνας ἀδικῶσι καὶ ὅπως ἐν ᾧ μὲν ἂν κρατῶσι βιάζωνται, οὗ δ' ἂν λάθωσι πλέον ἔχωσιν, ἢν δέ πού τι προσλάβωσιν ἀναισχυντῶσιν. (5) Καίτοι εἰ ἦσαν ἄνδρες ὥσπερ φασὶν ἀγαθοί, ὅσῳ ἀληπτότεροι ἦσαν τοῖς πέλας, τοσῷδε φανερωτέραν ἐξῆν αὐτοῖς τὴν ἀρετὴν διδοῦσι καὶ δεχομένοις τὰ δίκαια δεικνύναι.

XXXVIII. « Ἀλλ' οὔτε πρὸς τοὺς ἄλλους οὔτε ἐς ἡμᾶς τοιοίδε εἰσίν, ἄποικοι δ' ὄντες ἀφεστᾶσί τε διὰ παντὸς καὶ νῦν πολεμοῦσι, λέγοντες ὡς οὐκ ἐπὶ τῷ κακῶς πάσχειν ἐκπεμφθείησαν. (2) Ἡμεῖς δὲ οὐδ' αὐτοί φαμεν ἐπὶ τῷ ὑπὸ τούτων ὑβρίζεσθαι κατοικίσαι, ἀλλ' ἐπὶ τῷ ἡγεμόνες τε εἶναι καὶ τὰ εἰκότα θαυμάζεσθαι. (3) Αἱ γοῦν ἄλλαι ἀποικίαι τιμῶσιν ἡμᾶς, καὶ μάλιστα ὑπὸ ἀποίκων στεργόμεθα· (4) καὶ δῆλον ὅτι εἰ τοῖς πλείοσιν ἀρέσκοντές ἐσμεν, τοῖσδ' ἂν μόνοις οὐκ ὀρθῶς ἀπαρέσκοιμεν, οὐδ' ἐπιστρατεύομεν ἐκπρεπῶς μὴ καὶ διαφερόντως τι ἀδικούμενοι. (5) Καλὸν δ' ἦν, εἰ καὶ ἡμαρτάνομεν, τοῖσδε μὲν εἶξαι τῇ ἡμετέρᾳ ὀργῇ, ἡμῖν δ' αἰσχρὸν βιάσασθαι τὴν τούτων μετριότητα· (6) ὕβρει δὲ καὶ ἐξουσίᾳ πλούτου πολλὰ ἐς ἡμᾶς ἄλλα τε ἡμαρτήκασι καὶ Ἐπίδαμνον ἡμετέραν οὖσαν κακουμένην μὲν οὐ προσεποιοῦντο, ἐλθόντων δὲ ἡμῶν ἐπὶ τιμωρίᾳ ἑλόντες βίᾳ ἔχουσιν.

XXXIX. « Καὶ φασὶ δὴ δίκῃ πρότερον ἐθελῆσαι κρίνεσθαι, ἥν γε οὐ τὸν προὔχοντα καὶ ἐκ τοῦ ἀσφαλοῦς προκαλούμενον λέγειν τι δοκεῖν δεῖ, ἀλλὰ τὸν ἐς ἴσον τά τε ἔργα ὁμοίως καὶ τοὺς λόγους πρὶν διαγωνίζεσθαι καθιστάντα. (2) Οὗτοι δ' οὐ πρὶν πολιορκεῖν τὸ χω-

summam, hinc cognoscere poteritis, nos non esse deserendos : quum enim Graecis tres sint classes memoratu dignae, vestra et nostra et Corinthiorum, si harum duas per vestram negligentiam in unum coire permiseritis, et Corinthii nos praeoccuparint, simul cum Corcyraeis et Peloponnesiis navale bellum geretis. Sed si nos receperitis, majore vestrarum navium numero cum illis dimicare poteritis. » (4) Atque Corcyraei quidem talia dixerunt. Corinthii vero post eos haec :

XXXVII. « Quoniam isti Corcyraei non solum de se in societatem recipiendis verba fecerunt, sed etiam se a nobis injuriam accepisse, et iniquo bello premi, necesse est, nos quoque utraque de re pauca primum memorare, atque sic ad reliquam orationem accedere, ut et nostra postulata tutiora esse provideatis, et istorum necessitatem non sine ratione repudietis. (2) Aiunt autem se prudentiae studio nullius societatem unquam recepisse. Illi vero hoc institutum secuti sunt maleficii non autem virtutis studio, quia nullum scelerum socium, nullumque testem habere, neque aliorum opem implorantes erubescere voluerunt. (3) Simul etiam ipsorum urbs, quae propter situm firma et se contenta est, hoc iis commodum praebet, ut ipsi potius, si cui injuriam fecerint, arbitri sint, quam ex pactis, propterea quod dum ad finitimos rarissime navigant, alios necessitate illuc appellentes saepissime excipiunt. (4) Atque hac in re positum est illud decorum, quod praetendunt, se ab aliorum societate abhorruisse, non ut aliorum in sceleribus perpetrandis societatem fugiant, sed ut soli scelera perpetrent; utque, ubi quidem potentiores sunt, vimi faciant; ubi vero latent, fraude circumveniant, et si quid ceperint, impudentiam induant. (5) Ac vero si, quemadmodum praedicant, viri essent boni, quo minus ab aliis affligi poterant, eo magis ipsis virtutem ostendere licebat, aequo jure cum aliis disceptando.

XXXVIII. « Sed neque erga alios, neque erga nos tales existunt. Nam quum nostri sint coloni, tamen quum semper ante a nobis alieni fuerunt tum nunc etiam bellum faciunt, dicentes se, non ut maleficiis afficerentur, deductos. (2) Nos vero respondemus, ne nos equidem idcirco coloniam deduxisse, ut ab ipsis contumelia afficeremur, sed ut ipsorum duces essemus, et quoad decet ab illis coleremur. (3) Et vero ceterae coloniae nos honorant, et maxime a colonis diligimur. (4) Atque patet, si majori numero grati sumus, nos istis solis immerito esse invisos, neque bellum ipsis egregie illaturos esse, nisi etiam insignem aliquam injuriam pateremur. (5) Sed quamvis peccassemus, tamen illis quidem gloriosum erat, iracundiae nostrae cessisse; nobis vero foedum, eorum moderationi vim attulisse. (6) Sed petulantia opumque licentia quum alia multa in nos peccaverunt, tum etiam Epidamnum, nostrae ditionis coloniam, donec quidem bello vexaretur, non affectabant; sed nobis auxilii causa eo profectis, per vim captam retinent.

XXXIX. « Jam vero dictitant, se judicio prius disceptare voluisse, de quo quidem non illum, qui superior est, et qui ex tuto ad disceptationem provocat, oportet videri aequa dicere ; sed illum, qui aequo judicio et res et verba antequam bellum incipiat, subjicit. (2) Hi vero non priusquam hanc

ρίον, ἀλλ' ἐπειδὴ ἡγήσαντο ἡμᾶς οὐ περιόψεσθαι, τότε καὶ τὸ εὐπρεπὲς τῆς δίκης παρέσχοντο. Καὶ δεῦρο ἥκουσιν οὐ τἀκεῖ μόνον αὐτοὶ ἁμαρτόντες, ἀλλὰ καὶ ὑμᾶς νῦν ἀξιοῦντες οὐ ξυμμαχεῖν ἀλλὰ ξυναδικεῖν καὶ διαφόρους ὄντας ἡμῖν δέχεσθαι σφᾶς· (3) οὓς χρῆν, ὅτε ἀσφαλέστατοι ἦσαν, τότε προσιέναι, καὶ μὴ ἐν ᾧ ἡμεῖς μὲν ἠδικήμεθα οὗτοι δὲ κινδυνεύουσιν, μηδ' ἐν ᾧ ὑμεῖς τῆς τε δυνάμεως αὐτῶν τότε οὐ μεταλαβόντες τῆς ὠφελίας νῦν μεταδώσετε, καὶ τῶν ἁμαρτημάτων ἀπογενόμενοι τῆς ἀφ' ἡμῶν αἰτίας τὸ ἴσον ἕξετε, πάλαι δὲ κοινώσαντας τὴν δύναμιν κοινὰ καὶ τὰ ἀποβαίνοντα ἔχειν.

XL. « Ὡς μὲν οὖν αὐτοί τε μετὰ προσηκόντων ἐγκλημάτων ἐρχόμεθα καὶ οἵδε βίαιοι καὶ πλεονέκται εἰσί, δεδήλωται· ὡς δ' οὐκ ἂν δικαίως αὐτοὺς δέχοισθε, μαθεῖν χρή. (2) Εἰ γὰρ εἴρηται ἐν ταῖς σπονδαῖς ἐξεῖναι παρ' ὁποτέρους τις τῶν ἀγράφων πόλεων βούλεται ἐλθεῖν, οὐ τοῖς ἐπὶ βλάβῃ ἑτέρων ἰοῦσιν ἡ ξυνθήκη ἐστίν, ἀλλ' ὅστις μὴ ἄλλου αὑτὸν ἀποστερῶν ἀσφαλείας δεῖται, καὶ ὅστις μὴ τοῖς δεξαμένοις, εἰ σωφρονοῦσι, πόλεμον ἀντ' εἰρήνης ποιήσει· ὃ νῦν ὑμεῖς μὴ πειθόμενοι ἡμῖν πάθοιτε ἄν. (3) Οὐ γὰρ τοῖσδε μόνον ἐπίκουροι ἂν γένοισθε, ἀλλὰ καὶ ἡμῖν ἀντὶ ἐνσπόνδων πολέμιοι· ἀνάγκη γάρ, εἰ ἴτε μετ' αὐτῶν, καὶ ἀμύνεσθαι μὴ ἄνευ ὑμῶν τούτους. (4) Καίτοι δίκαιοί γ' ἐστὲ μάλιστα μὲν ἐκποδὼν στῆναι ἀμφοτέροις, εἰ δὲ μή, τοὐναντίον ἐπὶ τούτους μεθ' ἡμῶν ἰέναι (Κορινθίοις μέν γε ἔνσπονδοί ἐστε, Κερκυραίοις δὲ οὐδὲ δι' ἀνακωχῆς πώποτ' ἐγένεσθε), καὶ τὸν νόμον μὴ καθιστάναι ὥστε τοὺς ἑτέρων ἀφισταμένους δέχεσθαι. (5) Οὐδὲ γὰρ ἡμεῖς Σαμίων ἀποστάντων ψῆφον προσεθέμεθα ἐναντίαν ὑμῖν, τῶν ἄλλων Πελοποννησίων δίχα ἐψηφισμένων εἰ χρὴ αὐτοῖς ἀμύνειν, φανερῶς δὲ ἀντείπομεν τοὺς προσήκοντας ξυμμάχους αὐτόν τινα κολάζειν. (6) Εἰ γὰρ τοὺς κακόν τι δρῶντας δεχόμενοι τιμωρήσετε, φανεῖται καὶ ἃ τῶν ὑμετέρων οὐκ ἐλάσσω ἡμῖν πρόσεισι, καὶ τὸν νόμον ἐφ' ὑμῖν αὐτοῖς μᾶλλον ἢ ἐφ' ἡμῖν θήσετε.

XLI. « Δικαιώματα μὲν οὖν τάδε πρὸς ὑμᾶς ἔχομεν ἱκανὰ κατὰ τοὺς Ἑλλήνων νόμους, παραίνεσιν δὲ καὶ ἀξίωσιν χάριτος τοιάνδε, ἣν οὐκ ἐχθροὶ ὄντες ὥστε βλάπτειν, οὐδ' αὖ φίλοι ὥστ' ἐπιχρῆσθαι, ἀντιδοθῆναι ἡμῖν ἐν τῷ παρόντι φαμὲν χρῆναι. (2) Νεῶν γὰρ μακρῶν σπανίσαντές ποτε πρὸς τὸν Αἰγινητῶν ὑπὲρ τὰ Μηδικὰ πόλεμον παρὰ Κορινθίων εἴκοσι ναῦς ἐλάβετε· καὶ ἡ εὐεργεσία αὕτη τε καὶ ἡ ἐς Σαμίους, τὸ δι' ἡμᾶς Πελοποννησίους αὐτοῖς μὴ βοηθῆσαι, παρέσχεν ὑμῖν Αἰγινητῶν μὲν ἐπικράτησιν Σαμίων δὲ κόλασιν, (3) καὶ ἐν καιροῖς τοιούτοις ἐγένετο οἷς μάλιστα ἄνθρωποι ἐπ' ἐχθροὺς τοὺς σφετέρους ἰόντες τῶν πάντων ἀπερίοπτοί εἰσι παρὰ τὸ νικᾶν· φίλον τε γὰρ ἡγοῦνται τὸν ὑπουργοῦντα, ἢν καὶ πρότερον ἐχθρὸς ᾖ, πολέμιόν τε τὸν ἀντιστάντα, ἢν καὶ τύχῃ φίλος ὤν, ἐπεὶ καὶ τὰ οἰκεῖα χεῖρον τίθενται φιλονεικίας ἕνεκα τῆς αὐτίκα.

urbem obsiderent, sed postquam nos hanc injuriam non neglecturos existimarunt, tunc vero et istam speciosam juris æquitatem protulerunt. Et huc veniunt, non solum in illis rebus ipsi peccare ausi, sed etiam ut vos nunc non dicam in belli, sed in scelerum societatem concedatis, poscentes, et ut adversati nobis se recipiatis. (3) Quos oportebat, quum a periculis erant remotissimi, tunc ad vos accedere; non autem quando nos quidem injuriam ab illis accepimus, ipsi vero periclitantur; neque dum vos et fructu nullo ex ipsorum potentia percepto, auxilia ipsis impertietis; et, quum procul ab illorum facinoribus abfueritis, culpæ tamen, quam in nobis violandis contraxerunt, parem partem habebitis; imo olim oportuerat viribus communicatis communes etiam rerum eventus habere.

XL. « Nos igitur justis cum querelis adesse, istos vero violentos et alieni raptores esse, planum est factum. Non autem salvo jure eos a vobis recipi posse, intelligere debetis. (2) Nam quod in fœdere scriptum est, cuilibet civitatum fœderi non adscriptarum licere ad utras velit partes se conferre, hoc non illorum in gratiam pactum est, qui alteri parti damnum illatum veniunt, sed in illorum, qui ab altera parte non deficientes, salutis præsidio indigent, et qui recipientibus, si sapiunt, non sunt bellum pro pace allaturi. Id quod vobis, nisi nos audiatis, nunc eveniet. (3) Non solum enim istis auxiliares, verum etiam nobis pro fœderatis hostes eritis. Necesse enim est, si societatem cum ipsis contrahatis, etiam defendere sese illos non sine vestro auxilio. (4) Sed profecto æquum est, vos potissimum quidem neutris adesse; sin minus, contra nobiscum adversus hos proficisci, (nam cum Corinthiis fœdere conjuncti estis, sed cum Corcyræis ne per inducias quidem fœdus unquam fecistis), neque hanc legem constituere, ut, qui ab alteris defecerint, recipiantur. (5) Nam ne nos quidem, cum Samii a vobis defecissent, sententiam vobis contrariam tulimus, quamquam Peloponnesii varias sententias tulerant, num auxilium illis esset ferendum; sed aperte contra illos diximus, suos quemque socios persequi debere. (6) Nam si eos, qui mali aliquid agant, recipiatis et tueamini, reperientur etiam ex vestris sociis haud pauciores, qui ad nos palam transeant, legemque hanc contra vos ipsos potius, quam contra nos, condideritis.

XLI. « Atque hæc quidem sunt, de jure nostro quæ apud vos dicere habuimus, satis firma illa ex Græcorum institutis; quod autem suademus et postulamus, ut nobis faveatis, hoc tale est, ut nos non inimici, inferendi damni causa, neque etiam amici, justo plus commodi ex amicitia captantes, gratiam vestram pro merito nostro censeamus in præsenti nobis reddi debere. (2) Quum enim olim ante res Medicas in bello contra Æginetas gerendo longarum navium penuria laboraretis, viginti naves a Corinthiis accepistis. Quod nostrum beneficium, et illud de Samiis, quum propter nos Peloponnesii auxilium ipsis non tulerunt, peperit vobis de Æginetis quidem victoriam, de Samiis vero ultionem; (3) atque iis temporibus hoc factum est, quibus potissimum homines, qui adversus hostes suos eunt, propter vincendi studium cetera omnia negligunt. Nam et pro amico habent eum, qui operam præstat, licet ante fuerit inimicus, et pro hoste eum, qui obstiterit, quamvis sit amicus; siquidem vel res domesticas propter præsentis contentionis studium male curant.

XLII. « Ὧν ἐνθυμηθέντες καὶ νεώτερός τις παρὰ πρεσβυτέρου αὐτὰ μαθὼν ἀξιούτω τοῖς ὁμοίοις ἡμᾶς ἀμύνεσθαι, καὶ μὴ νομίσῃ δίκαια μὲν τάδε λέγεσθαι, ξύμφορα δέ, εἰ πολεμήσει, ἄλλα εἶναι. (2) Τό τε γὰρ ξυμφέρον ἐν ᾧ ἄν τις ἐλάχιστα ἁμαρτάνῃ μάλιστα ἕπεται, καὶ τὸ μέλλον τοῦ πολέμου ᾧ φοβοῦντες ὑμᾶς Κερκυραῖοι κελεύουσιν ἀδικεῖν ἐν ἀφανεῖ ἔτι κεῖται, καὶ οὐκ ἄξιον ἐπαρθέντας αὐτῷ φανερὰν ἔχθραν ἤδη καὶ οὐ μέλλουσαν πρὸς Κορινθίους κτήσασθαι, τῆς δὲ παρούσης πρότερον διὰ Μεγαρέας ὑποψίας σῶφρον ὑφελεῖν μᾶλλον. (3) Ἡ γὰρ τελευταία χάρις καιρὸν ἔχουσα, κἂν ἐλάσσων ᾖ, δύναται μεῖζον ἔγκλημα λῦσαι. (4) Μηδ' ὅτι ναυτικοῦ ξυμμαχίαν μεγάλην διδόασι, τούτῳ ἐφέλκεσθε· τὸ γὰρ μὴ ἀδικεῖν τοὺς ὁμοίους ἐχυρωτέρα δύναμις ἢ τῷ αὐτίκα φανερῷ ἐπαρθέντας διὰ κινδύνων τὸ πλέον ἔχειν.

XLIII. « Ἡμεῖς δὲ περιπεπτωκότες οἷς ἐν τῇ Λακεδαίμονι αὐτοὶ προείπομεν, τοὺς σφετέρους ξυμμάχους αὐτόν τινα κολάζειν, νῦν παρ' ὑμῶν τὸ αὐτὸ ἀξιοῦμεν κομίζεσθαι, καὶ μὴ τῇ ἡμετέρᾳ ψήφῳ ὠφεληθέντας τῇ ὑμετέρᾳ ἡμᾶς βλάψαι. (2) Τὸ δ' ἴσον ἀνταπόδοτε, γνόντες τοῦτον ἐκεῖνον εἶναι τὸν καιρὸν ἐν ᾧ ὅ τε ὑπουργῶν φίλος μάλιστα καὶ ὁ ἀντιστὰς ἐχθρός. (3) Καὶ Κερκυραίους τούσδε μήτε ξυμμάχους δέχεσθε βίᾳ ἡμῶν μήτε ἀμύνετε αὐτοῖς ἀδικοῦσιν. (4) Καὶ τάδε ποιοῦντες τὰ προσήκοντά τε δράσετε καὶ τὰ ἄριστα βουλεύσεσθε ὑμῖν αὐτοῖς ». (5) Τοιαῦτα δὲ καὶ οἱ Κορίνθιοι εἶπον.

XLIV. Ἀθηναῖοι δὲ ἀκούσαντες ἀμφοτέρων, γενομένης καὶ δὶς ἐκκλησίας, τῇ μὲν προτέρᾳ οὐχ ἧσσον τῶν Κορινθίων ἀπεδέξαντο τοὺς λόγους, ἐν δὲ τῇ ὑστεραίᾳ μετέγνωσαν Κερκυραίοις ξυμμαχίαν μὲν μὴ ποιήσασθαι ὥστε τοὺς αὐτοὺς ἐχθροὺς καὶ φίλους νομίζειν (εἰ γὰρ ἐπὶ Κόρινθον ἐκέλευον σφίσιν οἱ Κερκυραῖοι ξυμπλεῖν, ἐλύοντ' ἂν αὐτοῖς αἱ πρὸς Πελοποννησίους σπονδαί), ἐπιμαχίαν δ' ἐποιήσαντο τῇ ἀλλήλων βοηθεῖν, ἐάν τις ἐπὶ Κέρκυραν ἴῃ ἢ Ἀθήνας ἢ τοὺς τούτων ξυμμάχους. (2) Ἐδόκει γὰρ ὁ πρὸς Πελοποννησίους πόλεμος καὶ ὣς ἔσεσθαι αὐτοῖς, καὶ τὴν Κέρκυραν ἐβούλοντο μὴ προέσθαι Κορινθίοις ναυτικὸν ἔχουσαν τοσοῦτον, ξυγκρούειν δὲ ὅτι μάλιστα αὐτοὺς ἀλλήλοις, ἵνα ἀσθενεστέροις οὖσιν, ἤν τι δέῃ, Κορινθίοις τε καὶ τοῖς ἄλλοις ναυτικὸν ἔχουσιν ἐς πόλεμον καθιστῶνται. (3) Ἅμα δὲ τῆς τε Ἰταλίας καὶ Σικελίας καλῶς ἐφαίνετο αὐτοῖς ἡ νῆσος ἐν παράπλῳ κεῖσθαι.

XLV. Τοιαύτῃ μὲν γνώμῃ οἱ Ἀθηναῖοι τοὺς Κερκυραίους προσεδέξαντο, καὶ τῶν Κορινθίων ἀπελθόντων οὐ πολὺ ὕστερον δέκα ναῦς αὐτοῖς ἀπέστειλαν βοηθούς· (2) ἐστρατήγει δὲ αὐτῶν Λακεδαιμόνιός τε ὁ Κίμωνος καὶ Διότιμος ὁ Στρομβίχου καὶ Πρωτέας ὁ Ἐπικλέους. (3) Προεῖπον δὲ αὐτοῖς μὴ ναυμαχεῖν Κορινθίοις, ἢν μὴ ἐπὶ Κέρκυραν πλέωσι καὶ μέλλωσιν ἀποβαίνειν, ἢ ἐς τῶν ἐκείνων τι χωρίων· οὕτω δὲ κωλύειν κατὰ δύναμιν. (4) Προεῖπον δὲ ταῦτα τοῦ μὴ λύειν ἕνεκα τὰς σπονδάς.

THUCYDIDES.

XLII. « Quæ vobiscum reputantes, et qui sunt inter vos natu minores, hæc ex majoribus natu cognoscentes, æquum æstimate parem gratiam nobis referre, neque existimetis, justa quidem hæc dictu esse, utilia vero, si bellum oriatur, esse alia. (2) Nam et utilitas potissimum sequitur, in quo quis minime peccat, et eventus imminentis belli, quo Corcyræi vos terrent et ad injuriam faciendam hortantur, adhuc est in incerto. Nec vos decet eo commotos inimicitias contra Corinthios suscipere, quæ manifestæ statim sunt, non in posterum imminentes : quin potius prudentiæ erit pristinas suspiciones, propter Megarenses susceptas, ex animis vestris subducere ; (3) postremum enim beneficium opportune collatum, licet sit parvum, majorem offensionem diluere potest. (4) Neque vero eo alliciamini, quod ad belli societatem vobis ingentem classem offerunt. Nam injuriam nullam suis paribus facere firmior est potentia, quam præsentium commodorum specie elatos per pericula injuriæ fructum tenere.

XLIII. « Nos autem quum in ea inciderimus, de quibus ipsi Lacedæmoni prædiximus, ut suos quisque socios coerceat, nunc ut idem obtineamus a vobis postulamus, utque, quando a nobis lata sententia adjuti estis, ne vestra nos affligatis. (2) Sed parem gratiam reddite memores hoc illud esse tempus, quo potissimum et ille, qui operam præstat, amicus est, et qui obstiterit, inimicus. (3) Et Corcyræos istos neque nobis invitis in societatem recipite, neque tuemini eos male facientes. (4) Atque hæc si faciatis, et quæ justa sunt, feceritis, et utilissima rebus vestris consulueritis. » (5.) Hæc autem et Corinthii dixerunt.

XLIV. Athenienses vero, utrisque auditis et concione bis coacta, in priore quidem Corinthiorum rationes haud minus probarunt ; in posteriore vero, mutato consilio, statuerunt nullam quidem belli societatem cum Corcyræis facere, ut eosdem et inimicos et amicos ducerent (si enim adversus Corinthios Corcyræi ipsos secum navigare juberent, fœdera, quæ ipsis cum Peloponnesiis erant, rupta essent), sed tantum subsidiariam societatem fecerunt, ut alteri alterorum agro mutuam ferrent opem, si quis adversus Corcyram, vel Athenas, vel eorum socios iret. (2) Nam bellum contra Peloponnesios vel sic fore ipsis videbatur, neque Corcyram, quæ tantam classem haberet, Corinthiorum potestati permittere volebant, sed eos quam maxime inter se collidere, ut invalidioribus factis, si quando necesse esset, et Corinthiis et reliquis, qui classem habebant, bellum capesserent. (3) Simul etiam hæc insula ad trajiciendum in Italiam et Siciliam in opportuno loco sita ipsis videbatur.

XLV. Hoc igitur consilio Athenienses Corcyræos receperunt, nec multo post Corinthiorum discessum decem naves illis auxilio miserunt. (2) Illarum autem duces erant Lacedæmonius Cimonis et Diotimus Strombichi et Proteas Epiclis filius, (3) quibus præceperunt, ne cum Corinthiis pugnarent, si non contra Corcyram navigarent, et ibi facere descensiones vellent, aut contra aliquod ipsorum oppidum ; tum demum ut illos pro viribus impedirent. (4) Hæc autem ideo præceperunt, ne fœdera frangerent.

XLVI. Αἱ μὲν δὴ νῆες ἀφικνοῦνται ἐς τὴν Κέρκυραν, οἱ δὲ Κορίνθιοι, ἐπειδὴ αὐτοῖς παρεσκεύαστο, ἔπλεον ἐπὶ τὴν Κέρκυραν ναυσὶ πεντήκοντα καὶ ἑκατόν. Ἦσαν δὲ Ἠλείων μὲν δέκα, Μεγαρέων δὲ δώδεκα καὶ Λευκαδίων δέκα, Ἀμπρακιωτῶν δὲ ἑπτὰ καὶ εἴκοσι καὶ Ἀνακτορίων μία, αὐτῶν δὲ Κορινθίων ἐνενήκοντα· (2) στρατηγοὶ δὲ τούτων ἦσαν μὲν καὶ κατὰ πόλεις ἑκάστων, Κορινθίων δὲ Ξενοκλείδης ὁ Εὐθυκλέους πέμπτος αὐτός. (3) Ἐπειδὴ δὲ προσέμιξαν τῇ κατὰ Κέρκυραν ἠπείρῳ ἀπὸ Λευκάδος πλέοντες, ὁρμίζονται ἐς Χειμέριον τῆς Θεσπρωτίδος γῆς. (4) Ἔστι δὲ λιμήν, καὶ πόλις ὑπὲρ αὐτοῦ κεῖται ἀπὸ θαλάσσης ἐν τῇ Ἐλαιάτιδι τῆς Θεσπρωτίδος Ἐφύρη. Ἔξεισι δὲ παρ' αὐτὴν Ἀχερουσία λίμνη ἐς θάλασσαν· διὰ δὲ τῆς Θεσπρωτίδος Ἀχέρων ποταμὸς ῥέων ἐσβάλλει ἐς αὐτήν, ἀφ' οὗ καὶ τὴν ἐπωνυμίαν ἔχει. Ῥεῖ δὲ καὶ Θύαμις ποταμός, ὁρίζων τὴν Θεσπρωτίδα καὶ Κεστρίνην, ὧν ἐντὸς ἡ ἄκρα ἀνέχει τὸ Χειμέριον. (5) Οἱ μὲν οὖν Κορίνθιοι τῆς ἠπείρου ἐνταῦθα ὁρμίζονταί τε καὶ στρατόπεδον ἐποιήσαντο,

XLVII. οἱ δὲ Κερκυραῖοι ὡς ᾔσθοντο αὐτοὺς προσπλέοντας, πληρώσαντες δέκα καὶ ἑκατὸν ναῦς, ὧν ἦρχε Μεικιάδης καὶ Αἰσιμίδης καὶ Εὐρύβατος, ἐστρατοπεδεύσαντο ἐν μιᾷ τῶν νήσων αἳ καλοῦνται Σύβοτα· καὶ αἱ Ἀττικαὶ δέκα παρῆσαν. (2) Ἐπὶ δὲ τῇ Λευκίμνῃ αὐτοῖς τῷ ἀκρωτηρίῳ ὁ πεζὸς ἦν καὶ Ζακυνθίων χίλιοι ὁπλῖται βεβοηθηκότες. (3) Ἦσαν δὲ καὶ τοῖς Κορινθίοις ἐν τῇ ἠπείρῳ πολλοὶ τῶν βαρβάρων παραβεβοηθηκότες· οἱ γὰρ ταύτῃ ἠπειρῶται ἀεί ποτε αὐτοῖς φίλοι εἰσίν.

XLVIII. Ἐπειδὴ δὲ παρεσκεύαστο τοῖς Κορινθίοις, λαβόντες τριῶν ἡμερῶν σιτία ἀνήγοντο ὡς ἐπὶ ναυμαχίαν ἀπὸ τοῦ Χειμερίου νυκτός, (2) καὶ ἅμα ἕῳ πλέοντες καθορῶσι τὰς τῶν Κερκυραίων ναῦς μετεώρους τε καὶ ἐπὶ σφᾶς πλεούσας. (3) Ὡς δὲ κατεῖδον ἀλλήλους, ἀντιπαρετάσσοντο, ἐπὶ μὲν τὸ δεξιὸν κέρας Κερκυραίων αἱ Ἀττικαὶ νῆες, τὸ δὲ ἄλλο αὐτοὶ ἐπεῖχον τρία τέλη ποιήσαντες τῶν νεῶν, ὧν ἦρχε τριῶν στρατηγῶν ἑκάστου εἷς. Οὕτω μὲν Κερκυραῖοι ἐτάξαντο, (4) Κορινθίοις δὲ τὸ μὲν δεξιὸν κέρας αἱ Μεγαρίδες νῆες εἶχον καὶ αἱ Ἀμπρακιῶτιδες, κατὰ δὲ τὸ μέσον οἱ ἄλλοι ξύμμαχοι ὡς ἕκαστοι· εὐώνυμον δὲ κέρας αὐτοὶ οἱ Κορίνθιοι ταῖς ἄριστα τῶν νεῶν πλεούσαις κατὰ τοὺς Ἀθηναίους καὶ τὸ δεξιὸν τῶν Κερκυραίων εἶχον.

XLIX. Ξυμμίξαντες δέ, ἐπειδὴ τὰ σημεῖα ἑκατέροις ἤρθη, ἐναυμάχουν, πολλοὺς μὲν ὁπλίτας ἔχοντες ἀμφότεροι ἐπὶ τῶν καταστρωμάτων, πολλοὺς δὲ τοξότας τε καὶ ἀκοντιστάς, τῷ παλαιῷ τρόπῳ ἀπειρότερον ἔτι παρεσκευασμένοι. (2) Ἦν τε ἡ ναυμαχία καρτερά, τῇ μὲν τέχνῃ οὐχ ὁμοίως, πεζομαχίᾳ δὲ τὸ πλέον προσφερὴς οὖσα. (3) Ἐπειδὴ γὰρ προσβάλοιεν ἀλλήλοις, οὐ ῥᾳδίως ἀπελύοντο ὑπό τε τοῦ πλήθους καὶ ὄχλου τῶν νεῶν, καὶ μᾶλλόν τι πιστεύοντες τοῖς ἐπὶ τοῦ καταστρώματος ὁπλίταις ἐς τὴν νίκην, οἳ καταστάντες

XLVI. Illæ igitur naves in Corcyram pervenerunt, Corinthii vero, quando quidem parati erant, cum CL navibus adversus Corcyram cursum direxerunt, quarum erant Eleorum decem, Megarensium duodecim, Leucadiorum decem, Ambraciotarum XXVII, Anactoriorum una, ipsorum vero Corinthiorum XC. (2) Harum vero sui præfecti quum singularum civitatum erant, tum vero Corinthiorum Xenoclides Euthyclis filius, cum quatuor collegis. (3) Postquam autem ad continentem Corcyræ oppositam venerunt a Leucade vela facientes, ancoras jaciunt ad Chimerium agri Thesprotici. (4) Est autem portus, et supra eum urbs Ephyre sita est, procul a mari, in ea agri Thesprotici parte, quæ Elæatis vocatur. Juxta hanc palus Acherusia in mare effunditur; Acheron vero fluvius, a quo etiam cognomen est nacta, per agrum Thesproticum fluens in ipsam defertur. Fluit et Thyamis amnis, Thesprotidem Cestrinenque disterminans; intra quos Chimerium promontorium eminet. (5.) Corinthii igitur ad istam continentis partem appulerunt, atque castra posuerunt.

XLVII. Corcyræi vero, postquam intellexerunt illos contra se navigare, centum et decem naves armaverunt, quibus præerat Miciades et Æsimides et Eurybatus, et castra posuerunt in una insularum, quæ Sybota vocantur; aderant autem etiam decem Atticæ naves; (2) in Leucimna vero promontorio peditatus ipsorum erat, et Zacynthiorum mille gravis armaturæ milites auxilio missi. (3) Aderant autem Corinthiis quoque in continente multi de barbaris, qui iis auxilio advenerant; nam qui continentis illam partem incolunt, illis semper sunt amici.

XLVIII. Corinthii vero, postquam parati erant, sumptis trium dierum cibariis, a Chimerio noctu solverunt eo animo, ut prœlium navale committerent; (2) primoque diluculo navigantes, Corcyræorum naves altum tenentes et contra se venientes conspexerunt. (3) Ubi vero in mutuum conspectum venerunt, adversam aciem instruxerunt, atque in dextro Corcyræorum cornu Atticæ naves collocatæ erant, alterum vero ipsi tenebant, factis tribus navium agminibus, quorum singulis singuli prætores, qui tres erant, imperabant. Hunc igitur in modum Corcyræi aciem instruxerunt. (4) At apud Corinthios dextrum cornu tenebant naves Megarenses, et Ambracienses; in medio vero reliqui socii consistebant pro se quique; sinistrum autem ipsi Corinthii tenebant cum velocissimis navibus, oppositi Atheniensibus, et dextro Corcyræorum cornu.

XLIX. Postquam vero signa utrinque sunt sublata, commisso prœlio navali pugnabant, multos utrique gravis armaturæ milites, multos sagittarios et jaculatores in tabulatis navium habentes, vetusto adhuc more imperitius instructi. (2) Et erat quidem acre hoc navale prœlium, nequaquam tamen pariter artificiosum, sed pedestri pugnæ similius. (3) Nam quotiens inter se confligere cœpissent, non facile divelli poterant, cum præ multitudine turbaque navium, tum etiam quod ad victoriam obtinendam maxime confidebant militibus super tabulatis, qui navibus quietis pugnam sta-

ἐμάχοντο ἡσυχαζουσῶν τῶν νεῶν· διέκπλοι δ' οὐκ ἦσαν, ἀλλὰ θυμῷ καὶ ῥώμῃ τὸ πλέον ἐναυμάχουν ἢ ἐπιστήμῃ. (4) Πανταχῇ μὲν οὖν πολὺς θόρυβος καὶ ταραχώδης ἦν ἡ ναυμαχία, ἐν ᾗ αἱ Ἀττικαὶ νῆες παραγιγνόμεναι τοῖς Κερκυραίοις εἴ πῃ πιέζοιντο, φόβον μὲν παρεῖχον τοῖς ἐναντίοις, μάχης δὲ οὐκ ἦρχον δεδιότες οἱ στρατηγοὶ τὴν πρόρρησιν τῶν Ἀθηναίων. (5) Μάλιστα δὲ τὸ δεξιὸν κέρας τῶν Κορινθίων ἐπόνει· οἱ γὰρ Κερκυραῖοι εἴκοσι ναυσὶν αὐτοὺς τρεψάμενοι καὶ καταδιώξαντες σποράδας ἐς τὴν ἤπειρον μέχρι τοῦ στρατοπέδου πλεύσαντες αὐτῶν καὶ ἐπεκβάντες ἐνέπρησάν τε τὰς σκηνὰς ἐρήμους καὶ τὰ χρήματα διήρπασαν. (6) Ταύτῃ μὲν οὖν οἱ Κορίνθιοι καὶ οἱ ξύμμαχοι ἡσσῶντό τε καὶ οἱ Κερκυραῖοι ἐπεκράτουν· ᾗ δὲ αὐτοὶ ἦσαν οἱ Κορίνθιοι, ἐπὶ τῷ εὐωνύμῳ, πολὺ ἐνίκων, τοῖς Κερκυραίοις τῶν εἴκοσι νεῶν ἀπὸ ἐλάσσονος πλήθους ἐκ τῆς διώξεως οὐ παρουσῶν. (7) Οἱ δ' Ἀθηναῖοι ὁρῶντες τοὺς Κερκυραίους πιεζομένους μᾶλλον ἤδη ἀπροφασίστως ἐπεκούρουν, τὸ μὲν πρῶτον ἀπεχόμενοι ὥστε μὴ ἐμβάλλειν τινί· ἐπεὶ δὲ ἡ τροπὴ ἐγένετο λαμπρῶς καὶ ἐνέκειντο οἱ Κορίνθιοι, τότε δὴ ἔργου πᾶς εἴχετο ἤδη καὶ διεκέκριτο οὐδὲν ἔτι, ἀλλὰ ξυνέπεσεν ἐς τοῦτο ἀνάγκης ὥστε ἐπιχειρῆσαι ἀλλήλοις τοὺς Κορινθίους καὶ Ἀθηναίους.

L. Τῆς δὲ τροπῆς γενομένης οἱ Κορίνθιοι τὰ σκάφη μὲν οὐχ εἷλκον ἀναδούμενοι τῶν νεῶν ἃς καταδύσειαν, πρὸς δὲ τοὺς ἀνθρώπους ἐτράποντο φονεύειν διεκπλέοντες μᾶλλον ἢ ζωγρεῖν, τούς τε αὑτῶν φίλους, οὐκ αἰσθόμενοι ὅτι ἥσσηντο οἱ ἐπὶ τῷ δεξιῷ κέρᾳ, ἀγνοοῦντες ἔκτεινον. (2) Πολλῶν γὰρ νεῶν οὐσῶν ἀμφοτέρων καὶ ἐπὶ πολὺ τῆς θαλάσσης ἐπεχουσῶν, ἐπειδὴ ξυνέμιξαν ἀλλήλοις, οὐ ῥᾳδίως τὴν διάγνωσιν ἐποιοῦντο ὁποῖοι ἐκράτουν ἢ ἐκρατοῦντο· ναυμαχία γὰρ αὕτη Ἕλλησι πρὸς Ἕλληνας νεῶν πλήθει μεγίστη δὴ τῶν πρὸ ἑαυτῆς γεγένηται. (3) Ἐπειδὴ δὲ κατεδίωξαν τοὺς Κερκυραίους οἱ Κορίνθιοι ἐς τὴν γῆν, πρὸς τὰ ναυάγια καὶ τοὺς νεκροὺς τοὺς σφετέρους ἐτράποντο, καὶ τῶν πλείστων ἐκράτησαν ὥστε προσκομίσαι πρὸς τὰ Σύβοτα, οἷ αὐτοῖς ὁ κατὰ γῆν στρατὸς τῶν βαρβάρων προσεβεβοηθήκει· ἔστι δὲ τὰ Σύβοτα τῆς Θεσπρωτίδος λιμὴν ἐρῆμος. (4) Τοῦτο δὲ ποιήσαντες αὖθις ἀθροισθέντες ἐπέπλεον τοῖς Κερκυραίοις. Οἱ δὲ ταῖς πλοίμοις καὶ ὅσαι ἦσαν λοιπαὶ μετὰ τῶν Ἀττικῶν νεῶν καὶ αὐτοὶ ἀντέπλεον, δείσαντες μὴ ἐς τὴν γῆν σφῶν πειρῶσιν ἀποβαίνειν. (5) Ἤδη δὲ ἦν ὀψὲ καὶ ἐπεπαιώνιστο αὐτοῖς ὡς ἐς ἐπίπλουν, καὶ οἱ Κορίνθιοι ἐξαπίνης πρύμναν ἐκρούοντο κατιδόντες εἴκοσι ναῦς Ἀθηναίων προσπλεούσας· ἃς ὕστερον τῶν δέκα βοηθοὺς ἐξέπεμψαν οἱ Ἀθηναῖοι, δείσαντες ὅπερ ἐγένετο, μὴ νικηθῶσιν οἱ Κερκυραῖοι καὶ αἱ σφέτεραι δέκα νῆες ὀλίγαι ἀμύνειν ὦσιν.

LI. Ταύτας οὖν προϊδόντες οἱ Κορίνθιοι καὶ ὑποτοπήσαντες ἀπ' Ἀθηνῶν εἶναι οὐχ ὅσας ἑώρων ἀλλὰ πλείους ὑπανεχώρουν. (2) Τοῖς δὲ Κερκυραίοις (ἐπέπλεον

tariam committebant; nullæ autem navium perruptiones erant, sed animis et robore magis, quam scientia, pugnabant. (4) Ubique igitur magnus tumultus et prœlium valde turbulentum erat; in quo naves Atticæ Corcyræis, sicubi premerentur, adsistentes metum quidem hostibus incutiebant, sed prœlii initium non faciebant, quod earum præfecti metuerent Atheniensium interdictum. (5) Maxime autem dextrum Corinthiorum cornu laborabat; Corcyræi enim, cum eos XX navibus in fugam vertissent, et dispersos ad continentem usque persecuti essent, et usque ad eorum castra navigassent, et in terram descendissent, tentoria deserta incenderunt eorumque res diripuerunt. (6) Hac igitur in parte Corinthii eorumque socii vincebantur, et Corcyræi superiores erant; at in sinistro, ubi ipsi Corinthii erant, longe superabant, quia ex minore jam ante numero XX naves Corcyræorum ab hoste persequendo non redibant. (7) Athenienses vero quum Corcyræos premi viderent, jam minus dissimulanter illis opem ferebant, primo quidem ita sibi temperantes, ut ne in quem impetum darent; sed postquam fuga aperta erat, et Corinthii instabant, tum vero unusquisque manum ad opus admovit, nec ullum amplius erat discrimen, sed eo necessitatis sunt compulsi, ut Corinthii et Athenienses inter se manus consererent.

L. Sed versis in fugam hostibus, Corinthii alveos navium, quas demersissent, non trahebant remulco, at transcurrentes ad homines trucidandos potius, quam vivos capiendos, se converterunt, et suos amicos per ignorantiam interficiebant, quia illos, qui in dextro cornu erant, superatos nesciebant. (2) Nam quum multæ essent utrorumque naves et late mare occuparent, postquam manus inter se conseruerunt, non facile dignoscere poterant, quinam victores, aut qui victi essent. Hoc enim navale prœlium Græcorum cum Græcis commissum navium numero omnia superiora longe superavit. (3) Corinthii vero, postquam Corcyræos ad terram usque sunt persecuti, ad naves fractas et cadavera suorum se converterunt, et maxima eorum parte potiti sunt, ita ut ea ad Sybota comportare possent, quo terrestres barbarorum copiæ auxilio venerant. Sybota autem est desertus Thesprotidis portus. (4) Hac re gesta rursus collecti Corcyræi classe invadebant. Illi vero cum suis navibus, quæ ad navigationem adhuc erant aptæ, et quotquot erant reliquæ, una cum Atticis, et ipsi infesta classe occurrebant, veriti, ne illi in suum agrum descendere conarentur. (5) Jam autem erat diei serum et pæana tanquam congressuri cecinerant, quum Corinthii repente in puppim remigare cœperunt, XX naves Atheniensium contra se navigantes conspicati, quas post illas decem auxilio miserant Athenienses, veriti id quod accidit, ne Corcyræi vincerentur, neve suæ decem illæ naves ob numeri paucitatem ab illis vim propulsare non possent.

LI. Has igitur Corinthii mature conspicati, et non quot cernebant, sed plures Athenis adesse suspicati, sensim retro abibant. (2) At Corcyræi eas non videbant, (veniebant

2.

γὰρ μᾶλλον ἐκ τοῦ ἀφανοῦς) οὐχ ἑωρῶντο, καὶ ἐθαύμαζον τοὺς Κορινθίους πρύμναν κρουομένους, πρίν τινες ἰδόντες εἶπον ὅτι νῆες ἐκεῖναι ἐπιπλέουσιν. Τότε δὲ καὶ αὐτοὶ ἀνεχώρουν· ξυνεσκόταζε γὰρ ἤδη, καὶ οἱ Κορίνθιοι ἀποτραπόμενοι τὴν διάλυσιν ἐποιήσαντο. (3) Οὕτω μὲν ἡ ἀπαλλαγὴ ἐγένετο ἀλλήλων, καὶ ἡ ναυμαχία ἐτελεύτα ἐς νύκτα. (4) Τοῖς Κερκυραίοις δὲ στρατοπεδευομένοις ἐπὶ τῇ Λευκίμνῃ αἱ εἴκοσι νῆες αἱ ἀπὸ τῶν Ἀθηνῶν αὗται, ὧν ἦρχε Γλαύκων τε ὁ Λεάγρου καὶ Ἀνδοκίδης ὁ Λεωγόρου, διὰ τῶν νεκρῶν καὶ ναυαγίων προσκομισθεῖσαι κατέπλεον ἐς τὸ στρατόπεδον οὐ πολλῷ ὕστερον ἢ ὤφθησαν. (5) Οἱ δὲ Κερκυραῖοι (ἦν γὰρ νύξ) ἐφοβήθησαν μὴ πολέμιαι ὦσιν, ἔπειτα δὲ ἔγνωσαν καὶ ὡρμίσαντο.

LII. Τῇ δ' ὑστεραίᾳ ἀναγόμεναι αἵ τε Ἀττικαὶ τριάκοντα νῆες καὶ τῶν Κερκυραίων ὅσαι πλόϊμοι ἦσαν ἐπέπλευσαν ἐπὶ τὸν ἐν τοῖς Συβότοις λιμένα, ἐν ᾧ οἱ Κορίνθιοι ὥρμουν, βουλόμενοι εἰδέναι εἰ ναυμαχήσουσιν. (2) Οἱ δὲ τὰς μὲν ναῦς ἄραντες ἀπὸ τῆς γῆς καὶ παραταξάμενοι μετεώρους ἡσύχαζον, ναυμαχίας οὐ διανοούμενοι ἄρχειν ἑκόντες, ὁρῶντες προσγεγενημένας τε ναῦς ἐκ τῶν Ἀθηνῶν ἀκραιφνεῖς καὶ σφίσι πολλὰ τὰ ἄπορα ξυμβεβηκότα, αἰχμαλώτων τε περὶ φυλακῆς οὓς ἐν ταῖς ναυσὶν εἶχον, καὶ ἐπισκευὴν οὐκ οὖσαν τῶν νεῶν ἐν χωρίῳ ἐρήμῳ. (3) Τοῦ δὲ οἴκαδε πλοῦ μᾶλλον διεσκόπουν ὅπῃ κομισθήσονται, δεδιότες μὴ οἱ Ἀθηναῖοι νομίσαντες λελύσθαι τὰς σπονδὰς διότι ἐς χεῖρας ἦλθον, οὐκ ἐῶσι σφᾶς ἀποπλεῖν.

LIII. Ἔδοξεν οὖν αὐτοῖς ἄνδρας ἐς κελήτιον ἐμβιβάσαντας ἄνευ κηρυκείου προσπέμψαι τοῖς Ἀθηναίοις καὶ πεῖραν ποιήσασθαι. Πέμψαντές τε ἔλεγον τοιάδε. (2) « Ἀδικεῖτε, ὦ ἄνδρες Ἀθηναῖοι, πολέμου ἄρχοντες καὶ σπονδὰς λύοντες· ἡμῖν γὰρ πολεμίους τοὺς ἡμετέρους τιμωρουμένοις ἐμποδὼν ἵστασθε ὅπλα ἀνταιρόμενοι. Εἰ δ' ὑμῖν · γνώμη ἐστὶ κωλύειν τε ἡμᾶς ἐπὶ Κέρκυραν ἢ ἄλλοσε εἴ ποι βουλόμεθα πλεῖν, καὶ τὰς σπονδὰς λύετε, ἡμᾶς τούσδε λαβόντες πρῶτον χρήσασθε ὡς πολεμίοις. » (3) Οἱ μὲν δὴ τοιαῦτα εἶπον· τῶν δὲ Κερκυραίων τὸ μὲν στρατόπεδον ὅσον ἐπήκουσεν, ἀνεβόησεν εὐθὺς λαβεῖν τε αὐτοὺς καὶ ἀποκτεῖναι, οἱ δὲ Ἀθηναῖοι τοιάδε ἀπεκρίναντο. (4) « Οὔτε ἄρχομεν πολέμου, ὦ ἄνδρες Πελοποννήσιοι, οὔτε τὰς σπονδὰς λύομεν, Κερκυραίοις δὲ τοῖσδε ξυμμάχοις οὖσι βοηθοὶ ἤλθομεν. Εἰ μὲν οὖν ἄλλοσέ ποι βούλεσθε πλεῖν, οὐ κωλύομεν· εἰ δ' ἐπὶ Κέρκυραν πλευσεῖσθε ἢ ἐς τῶν ἐκείνων τι χωρίων, οὐ περιοψόμεθα κατὰ τὸ δυνατόν. »

LIV. Τοιαῦτα τῶν Ἀθηναίων ἀποκριναμένων οἱ μὲν Κορίνθιοι τόν τε πλοῦν τὸν ἐπ' οἴκου παρεσκευάζοντο καὶ τροπαῖον ἔστησαν ἐν τοῖς ἐν τῇ ἠπείρῳ Συβότοις· οἱ δὲ Κερκυραῖοι τά τε ναυάγια καὶ νεκροὺς ἀνείλοντο τὰ κατὰ σφᾶς ἐξενεχθέντα ὑπό τε τοῦ ῥοῦ καὶ ἀνέμου, ὃς γενόμενος τῆς νυκτὸς διεσκέδασεν αὐτὰ πανταχῇ, καὶ τροπαῖον ἀντέστησαν ἐν τοῖς ἐν τῇ νήσῳ Συβότοις ὡς νενικηκότες. (2) Γνώμῃ δὲ ἑκάτεροι τοιᾷδε τὴν νίκην

enim ex occulto) et mirabantur Corinthios in puppim remigare; donec quidam, qui naves viderant, illas contra se navigare dixerunt. Tum vero et ipsi recesserunt; jam enim nox ingruebat ; et Corinthii navibus aversis abierant diversi (3.) Ita alteri ab alteris dirempti sunt, et hæc navalis pugna sub noctem finiebatur. (4) Quum autem Corcyræi castra in Leucimna haberent, illæ viginti naves Atticæ, quibus Glauco Leagri et Andocides Leogori filius præerant, per media cadavera et naufragia delatæ, in castra venerunt, non multo postquam conspectæ sunt; (5) Corcyræi vero (erat enim nox) timuerunt, ne hostiles essent; sed postea illas agnoverunt, et in suas stationes receperunt.

LII. Postridie vero et triginta naves Atticæ et Corcyræorum quotquot ad navigationem erant aptæ, navigarunt i portum, qui est in Sybotis, ubi Corinthii stationem habebant, eo animo, ut cognoscerent, si prœlio navali certare vellent. (2) Illi vero, navibus a terra provectis, et acie in alto instructa, quiescebant, sua sponte prœlii initium facere in animo non habentes, quod integras Atheniensium naves accessisse, sibique multas difficultates accidisse viderent cum propter captivorum custodiam, quos in navibus habebant, tum etiam quod in loco deserto naves reficere no possent; (3) sed magis de reditu domum cogitabant, qua s recipere possent, veriti, ne Athenienses, fœdera rupta esse existimantes, quia ad manus venerant, se illinc navigar non sinerent.

LIII. Placuit igitur viros in scapham impositos sine ca duceo ad Athenienses præmittere, et eorum mentem explorare. Per illos autem, quos miserunt, hæc verba fecerunt (2) « Injuste facitis, Alhenienses, quod bello nos lacessit et fœdera frangitis. Nobis enim, hostes nostros ulciscen tibus, impedimento estis, arma contra expedientes. Quo si vobis est animus nos impedire, ne contra Corcyram aut alio, si quo libet, navigemus, et fœdera rumpitis, nos, qu hic adsumus, primos comprehendite, et ut hostes tractate. (3) Illi igitur hæc dixerunt. Quotquot vero ex Corcyræ exercitu exaudire potuerant, clamorem statim sustulerun ut illos et comprehenderent et interficerent. Sed Athenien ses hoc responsum illis dederunt : (4) « Nec lacessimu vos bello, viri Peloponnesii, nec fœdera frangimus, se istis Corcyræis sociis auxilio venimus. Si quam igitu aliam in partem voletis navigare, non impedimus; sed contra Corcyram aliquemve Corcyræorum locum navigab tis, pro viribus hoc non negligemus. »

LIV. Quum autem Athenienses hoc responsum dedissen Corinthii quidem se ad navigationem domum parabant, e in Sybotis, quæ sunt in continente, tropæum statuerun At Corcyræi navium fragmenta et cadavera susceperunt a se delata et fluctibus et vento, qui noctu ortus ea in vari partes disjecerat, et in Sybotis, quæ sunt in insula, vicissi et ipsi tropæum tanquam victores statuerunt. (2) Arg

HISTORIAE LIB. 1, 52 — 57.

προσεποιήσαντο. Κορίνθιοι μὲν κρατήσαντες τῇ ναυμαχίᾳ μέχρι νυκτὸς ὥστε καὶ ναυάγια πλεῖστα καὶ νεκροὺς προσκομίσασθαι, καὶ ἄνδρας ἔχοντες αἰχμαλώτους οὐκ ἐλάσσους χιλίων, ναῦς τε καταδύσαντες περὶ ἑβδομήκοντα ἔστησαν τροπαῖον· Κερκυραῖοι δὲ τριάκοντα ναῦς μάλιστα διαφθείραντες, καὶ ἐπειδὴ Ἀθηναῖοι ἦλθον, ἀνελόμενοι τὰ κατὰ σφᾶς αὐτοὺς ναυάγια καὶ νεκρούς, καὶ ὅτι αὐτοῖς τῇ τε προτεραίᾳ πρύμναν κρουόμενοι ὑπεχώρησαν οἱ Κορίνθιοι ἰδόντες τὰς Ἀττικὰς ναῦς, καὶ ἐπειδὴ ἦλθον οἱ Ἀθηναῖοι οὐκ ἀντέπλεον ἐκ τῶν Συβότων, διὰ ταῦτα τροπαῖον ἔστησαν. Οὕτω μὲν ἑκάτεροι νικᾶν ἠξίουν.

LV. Οἱ δὲ Κορίνθιοι ἀποπλέοντες ἐπ᾽ οἴκου Ἀνακτόριον, ὅ ἐστιν ἐπὶ τῷ στόματι τοῦ Ἀμπρακικοῦ κόλπου, εἷλον ἀπάτῃ (ἦν δὲ κοινὸν Κερκυραίων καὶ ἐκείνων) καὶ καταστήσαντες ἐν αὐτῷ Κορινθίους οἰκήτορας ἀνεχώρησαν ἐπ᾽ οἴκου, καὶ τῶν Κερκυραίων ὀκτακοσίους μὲν οἳ ἦσαν δοῦλοι ἀπέδοντο, πεντήκοντα δὲ καὶ διακοσίους δήσαντες ἐφύλασσον καὶ ἐν θεραπείᾳ εἶχον πολλῇ, ὅπως αὐτοῖς τὴν Κέρκυραν ἀναχωρήσαντες προσποιήσειαν· ἐτύγχανον δὲ καὶ δυνάμει αὐτῶν οἱ πλείους πρῶτοι ὄντες τῆς πόλεως. (2) Ἡ μὲν οὖν Κέρκυρα οὕτω περιγίγνεται τῷ πολέμῳ τῶν Κορινθίων, καὶ αἱ νῆες τῶν Ἀθηναίων ἀνεχώρησαν ἐξ αὐτῆς· αἰτία δὲ αὕτη πρώτη ἐγένετο τοῦ πολέμου τοῖς Κορινθίοις ἐς τοὺς Ἀθηναίους, ὅτι σφίσιν ἐν σπονδαῖς μετὰ Κερκυραίων ἐναυμάχουν.

LVI. Μετὰ ταῦτα δ᾽ εὐθὺς καὶ τάδε ξυνέβη γενέσθαι Ἀθηναίοις καὶ Πελοποννησίοις διάφορα ἐς τὸ πολεμεῖν. (2) Τῶν γὰρ Κορινθίων πρασσόντων ὅπως τιμωρήσονται αὐτούς, ὑποτοπήσαντες τὴν ἔχθραν αὐτῶν οἱ Ἀθηναῖοι Ποτιδαιάτας, οἳ οἰκοῦσιν ἐπὶ τῷ ἰσθμῷ τῆς Παλλήνης, Κορινθίων ἀποίκους, ἑαυτῶν δὲ ξυμμάχους φόρου ὑποτελεῖς, ἐκέλευον τὸ ἐς Παλλήνην τεῖχος καθελεῖν καὶ ὁμήρους δοῦναι, τούς τε ἐπιδημιουργοὺς ἐκπέμπειν καὶ τὸ λοιπὸν μὴ δέχεσθαι οὓς κατὰ ἔτος ἕκαστον Κορίνθιοι ἔπεμπον, δείσαντες μὴ ἀποστῶσιν ὑπό τε Περδίκκου πειθόμενοι καὶ Κορινθίων, τούς τε ἄλλους τοὺς ἐπὶ Θρᾴκης ξυναποστήσωσι ξυμμάχους.

LVII. Ταῦτα δὲ πρὸς τοὺς Ποτιδαιάτας οἱ Ἀθηναῖοι προπαρεσκευάζοντο εὐθὺς μετὰ τὴν ἐν Κερκύρᾳ ναυμαχίαν· (2) οἵ τε γὰρ Κορίνθιοι φανερῶς ἤδη διάφοροι ἦσαν, Περδίκκας τε ὁ Ἀλεξάνδρου Μακεδόνων βασιλεὺς ἐπεπολέμωτο ξύμμαχος πρότερον καὶ φίλος ὤν. (3) Ἐπολεμώθη δὲ ὅτι Φιλίππῳ τῷ ἑαυτοῦ ἀδελφῷ καὶ Δέρδα κοινῇ πρὸς αὐτὸν ἐναντιουμένοις οἱ Ἀθηναῖοι ξυμμαχίαν ἐποιήσαντο. (4) Δεδιώς τε ἔπρασσεν ἔς τε τὴν Λακεδαίμονα πέμπων ὅπως πόλεμος γένηται αὐτοῖς πρὸς Πελοποννησίους, καὶ τοὺς Κορινθίους προσεποιεῖτο τῆς Ποτιδαίας ἕνεκα ἀποστάσεως· (5) προσέφερε δὲ λόγους καὶ τοῖς ἐπὶ Θρᾴκης Χαλκιδεῦσι καὶ Βοττιαίοις ξυναποστῆναι, νομίζων, εἰ ξύμμαχα ταῦτα ἔχοι ὅμορα ὄντα τὰ χωρία, ῥᾷον ἂν τὸν πόλεμον μετ᾽ αὐτῶν ποιεῖσθαι. (6) Ὧν οἱ Ἀθηναῖοι αἰσθόμενοι καὶ βουλό-

mento autem tali utrique victoriam sibi vindicarunt. Corinthii quidem, quod navali proelio ad noctem usque vicissent, ita ut plurima navium fragmenta et militum cadavera recepissent, et quod captivos non minus mille haberent, et septuaginta circiter naves demersissent, tropaeum statuerunt, Corcyraei vero, quod XXX ferme naves profligassent et post Atheniensium adventum navium fragmenta ad se delata militumque cadavera sustulissent, quodque pridie Corinthii in puppim remigantes ipsis cessissent, naves Atticas conspicati, et, cum Athenienses advenissent, ex Sybotis sibi non occurrissent, hisce de causis tropaeum statuerunt. Hoc igitur modo utrique se victores existimabant.

LV. Corinthii vero, illinc domum navigantes, Anactorium, quod in ore sinus Ambracii situm est, per fraudem ceperunt: (erat autem ipsorum commune et Corcyraeorum) et, Corinthiis colonis in eo collocatis, domum redierunt; et Corcyraeorum octingentos, qui servi erant, vendiderunt, ducentos et quinquaginta vinctos asservabant, eosque diligenter et officiose colebant, ut Corcyram ipsorum ditioni revers, adjungerent; eorum autem plerique potentia principes erant civitatis. (2) Sic igitur Corcyra bello Corinthios superavit Atticaeque naves domum inde reverterunt. Haec autem fuit prima causa belli a Corinthiis contra Athenienses suscepti, quod illi foedere secum manente cum Corcyraeis contra se navali proelio certassent.

LVI. Post haec autem statim accidit, ut illae quoque simultates inter Athenienses et Peloponnesios orerentur ad bellum movendum. (2) Cum enim Corinthii hoc studerent, ut illos ulciscerentur, Athenienses, quod eorum inimicitias haberent suspectas, Potidaeatas, qui in Pallenes isthmo habitant, Corinthiorum colonos, suosque socios vectigales, muros Pallenen versus aedificatos demoliri et obsides dare jusserunt, et magistratus expellere, nec in posterum recipere, quos Corinthii quotannis mittebant, veriti, ne a Perdicca et Corinthiis sollicitati deficerent, ceterosque socios, qui in Thracia erant, ad defectionem secum traherent.

LVII. Haec autem Athenienses contra Potidaeatas statim post navale proelium ad Corcyram commissum moliri coeperunt. (2) Nam et Corinthii aperte jam erant infensi, et Perdiccas Alexandri filius, Macedonum rex, in hostem mutatus erat, quum ante socius et amicus esset. (3) Ideo autem factus est hostis, quod cum Philippo fratre suo et Derda communiter bellum contra se gerentibus Athenienses societatem fecissent. (4) Et commotus metu Lacedaemonem legatos mittens operam dabat, ut bellum illis cum Peloponnesiis oriretur, et Corinthios sibi conciliabat, ut Potidaea defectionem faceret. (5) Quinetiam cum Chalcidensibus et Bottiaeis, qui sunt in Thracia, agebat, ut una defectionem facerent, existimans, si civitates istas agro suo finitimas haberet socias, bellum se cum illis facilius gesturum. (6) Quae cum cognovissent

μενοι προχαταλαμβάνειν τῶν πόλεων τὰς ἀποστάσεις (ἔτυχον γὰρ τριάκοντα ναῦς ἀποστέλλοντες καὶ χιλίους ὁπλίτας ἐπὶ τὴν γῆν αὐτοῦ, Ἀρχεστράτου τοῦ Λυκομήδους μετ' ἄλλων δέκα στρατηγοῦντος) ἐπιστέλλουσι τοῖς ἄρχουσι τῶν νεῶν Ποτιδαιατῶν τε ὁμήρους λαβεῖν καὶ τὸ τεῖχος καθελεῖν, τῶν τε πλησίον πόλεων φυλακὴν ἔχειν ὅπως μὴ ἀποστήσονται.

LVIII. Ποτιδαιᾶται δὲ πέμψαντες μὲν καὶ παρ' Ἀθηναίους πρέσβεις, εἴ πως πείσειαν μὴ σφῶν πέρι νεωτερίζειν μηδὲν, ἐλθόντες δὲ καὶ ἐς τὴν Λακεδαίμονα μετὰ Κορινθίων, [ἔπρασσον] ὅπως ἑτοιμάσαιντο τιμωρίαν, ἢν δέῃ, ἐπειδὴ ἔκ τε Ἀθηναίων ἐκ πολλοῦ πράσσοντες οὐδὲν ηὕροντο ἐπιτήδειον, ἀλλ' αἱ νῆες αἱ ἐπὶ Μακεδονίαν καὶ ἐπὶ σφᾶς ὁμοίως ἔπλεον, καὶ τὰ τέλη τῶν Λακεδαιμονίων ὑπέσχετο αὐτοῖς, ἢν ἐπὶ Ποτίδαιαν ἴωσιν Ἀθηναῖοι, ἐς τὴν Ἀττικὴν ἐσβαλεῖν, τότε δὴ κατὰ τὸν καιρὸν τοῦτον ἀφίστανται μετὰ Χαλκιδέων καὶ Βοττιαίων κοινῇ ξυνομόσαντες. (2) Καὶ Περδίκκας πείθει Χαλκιδέας τὰς ἐπὶ θαλάσσῃ πόλεις ἐκλιπόντας καὶ καταβαλόντας ἀνοικίσασθαι ἐς Ὄλυνθον μίαν τε πόλιν ταύτην ἰσχυρὰν ποιήσασθαι· τοῖς τ' ἐκλιποῦσι τούτοις τῆς ἑαυτοῦ γῆς τῆς Μυγδονίας περὶ τὴν Βόλβην λίμνην ἔδωκε νέμεσθαι, ἕως ἂν ὁ πρὸς Ἀθηναίους πόλεμος ᾖ. Καὶ οἱ μὲν ἀνῳκίζοντό τε καθαιροῦντες τὰς πόλεις καὶ ἐς πόλεμον παρεσκευάζοντο·

LIX. αἱ δὲ τριάκοντα νῆες τῶν Ἀθηναίων ἀφικνοῦνται ἐς τὰ ἐπὶ Θρᾴκης, καὶ καταλαμβάνουσι τὴν Ποτίδαιαν καὶ τἆλλα ἀφεστηκότα. (2) Νομίσαντες δὲ οἱ στρατηγοὶ ἀδύνατα εἶναι πρός τε Περδίκκαν πολεμεῖν τῇ παρούσῃ δυνάμει καὶ τὰ ξυναφεστῶτα χωρία τρέπονται ἐπὶ τὴν Μακεδονίαν, ἐφ' ὅπερ καὶ τὸ πρότερον ἐξεπέμποντο, καὶ καταστάντες ἐπολέμουν μετὰ Φιλίππου καὶ τῶν Δέρδου ἀδελφῶν ἄνωθεν στρατιᾷ ἐσβεβληκότων.

LX. Καὶ ἐν τούτῳ οἱ Κορίνθιοι, τῆς Ποτιδαίας ἀφεστηκυίας καὶ τῶν Ἀττικῶν νεῶν περὶ Μακεδονίαν οὐσῶν, δεδιότες περὶ τῷ χωρίῳ καὶ οἰκεῖον τὸν κίνδυνον ἡγούμενοι πέμπουσιν ἑαυτῶν τε ἐθελοντὰς καὶ τῶν ἄλλων Πελοποννησίων μισθῷ πείσαντες ἑξακοσίους καὶ χιλίους τοὺς πάντας ὁπλίτας καὶ ψιλοὺς τετρακοσίους. (2) Ἐστρατήγει δ' αὐτῶν Ἀριστεὺς ὁ Ἀδειμάντου, κατὰ φιλίαν τε αὐτοῦ οὐχ ἥκιστα οἱ πλεῖστοι ἐκ Κορίνθου στρατιῶται ἐθελονταὶ ξυνέσποντο· ἦν γὰρ τοῖς Ποτιδαιάταις ἀεί ποτε ἐπιτήδειος. (3) Καὶ ἀφικνοῦνται τεσσαρακοστῇ ἡμέρᾳ ὕστερον ἐπὶ Θρᾴκης ἢ Ποτίδαια ἀπέστη.

LXI. Ἦλθε δὲ καὶ τοῖς Ἀθηναίοις εὐθὺς ἡ ἀγγελία τῶν πόλεων ὅτι ἀφεστᾶσιν· καὶ πέμπουσιν, ὡς ᾔσθοντο καὶ τοὺς μετ' Ἀριστέως ἐπιπαρόντας, δισχιλίους ἑαυτῶν ὁπλίτας καὶ τεσσαράκοντα ναῦς πρὸς τὰ ἀφεστῶτα, καὶ Καλλίαν τὸν Καλλιάδου πέμπτον αὐτὸν στρατηγόν· (2) οἳ ἀφικόμενοι ἐς Μακεδονίαν πρῶτον καταλαμβάνουσι τοὺς προτέρους χιλίους Θέρμην ἄρτι ᾑρηκότας καὶ Πύδναν πολιορκοῦντας. (3) Προσκαθεζόμενοι δὲ

Athenienses, et harum civitatum defectionem praeoccupare vellent (triginta enim tum naves et mille gravis armaturae milites in ejus agrum miserant, praefecto Archestrato Lycomedis filio, cum decem aliis collegis,) mandarunt navium praefectis, ut et obsides a Potidaeatis caperent, et urbis muros demolirentur, et accurate caverent, ne proximae civitates defectionem facerent.

LVIII. At Potidaeatae, missis ad Athenienses legatis, si forte ipsis persuadere possent, ne quid novi de se statuerent, Lacedaemonem etiam cum Corinthiis profecti [agebant], ut, si foret opus, auxilium sibi pararent, quando opera diu consumpta nihil pacati ab Atheniensibus impetrare potuerant, sed naves in Macedoniam et in se pariter veniebant, et summi magistratus Lacedaemoniorum ipsis promiserant, se, si Athenienses contra Potidaeam irent, in Atticam irrupturos, tunc demum cum Chalcidensibus et Bottiaeis communiter conjurati deficiunt. (2) Perdiccas quoque Chalcidensibus persuasit, ut relictis et excisis urbibus maritimis commigrarent Olynthum, et hanc unam sibi urbem firmam facerent; atque illis qui pristinas suae patriae sedes relinquebant, agri sui Mydonii partem circa paludem Bolben dedit incolendam, quamdiu bellum contra Athenienses duraret. Atque illi quidem urbes demoliti in loca mediterranea commigrabant, et ad bellum se parabant;

LIX. at triginta Atheniensium naves in Thraciam perveniunt, et Potidaeam ceterasque civitates jam defecisse reperiunt. (2) Duces vero existimantes se cum praesentibus copiis non posse simul gerere bellum et adversus Perdiccam, et civitates, quae defecerant, in Macedoniam, quo etiam ante missi erant, se converterunt, et ibi consistentes una cum Philippo et Derdae fratribus, qui ex locis mediterraneis cum exercitu irruperant, bellum gerebant.

LX. Inter haec Corinthii, quum Potidaea descivisset, et Atticae naves circa Macedoniam essent, illi oppido timentes, et domesticum existimantes periculum, mittunt cum de suis voluntarios, tum etiam de ceteris Peloponnesiis mercede conductos mille et sexcentos omnino gravis armaturae milites, et quadringentos levis armaturae. (2) Illis autem praeerat Aristeus Adimanti filius, et propter ejus amicitiam potissimum plurimi voluntarii milites Corintho eum secuti sunt; semper enim Potidaeatarum studiosus erat. (3) Et quadragesimo die quam Potidaea defecerat, in Thraciam pervenerunt.

LXI. Nuntius autem de istarum civitatum defectione etiam Atheniensibus statim est allatus. Qui cum intellexissent illos etiam, qui cum Aristeo erant, praeterea adesse, ex suis bis mille gravis armaturae milites, et quadraginta naves, Calliamque Calliadis filium cum quatuor collegis praefectum, in loca, quae defecerant, miserunt. (2) Qui ut in Macedoniam pervenerunt, primum illos mille priores modo Therma potitos, et Pydnam obsidentes reperiunt.

καὶ αὐτοὶ τὴν Πύδναν ἐπολιόρκησαν μέν, ἔπειτα δὲ ξύμβασιν ποιησάμενοι καὶ ξυμμαχίαν ἀναγκαίαν πρὸς τὸν Περδίκκαν, ὡς αὐτοὺς κατήπειγεν ἡ Ποτίδαια καὶ ὁ Ἀριστεὺς παρεληλυθώς, ἀπανίστανται ἐκ τῆς Μακεδονίας, (4) καὶ ἀφικόμενοι ἐς Βέροιαν κἀκεῖθεν ἐπιστρέψαντες καὶ πειράσαντες πρῶτον τοῦ χωρίου καὶ οὐχ ἑλόντες ἐπορεύοντο κατὰ γῆν πρὸς τὴν Ποτίδαιαν, τρισχιλίοις μὲν ὁπλίταις ἑαυτῶν, χωρὶς δὲ τῶν ξυμμάχων πολλοῖς, ἱππεῦσι δ' ἑξακοσίοις Μακεδόνων τοῖς μετὰ Φιλίππου καὶ Παυσανίου· ἅμα δὲ νῆες παρέπλεον ἑβδομήκοντα. (5) Κατ' ὀλίγον δὲ προϊόντες τριταῖοι ἀφίκοντο ἐς Γίγωνον καὶ ἐστρατοπεδεύσαντο.

LXII. Ποτιδαιᾶται δὲ καὶ οἱ μετὰ Ἀριστέως Πελοποννήσιοι προσδεχόμενοι τοὺς Ἀθηναίους ἐστρατοπεδεύοντο πρὸς Ὀλύνθῳ ἐν τῷ ἰσθμῷ, καὶ ἀγορὰν ἔξω τῆς πόλεως ἐπεποίηντο. (2) Στρατηγὸν μὲν τοῦ πεζοῦ παντὸς οἱ ξύμμαχοι ᾕρηντο Ἀριστέα, τῆς δὲ ἵππου Περδίκκαν· ἀπέστη γὰρ εὐθὺς πάλιν τῶν Ἀθηναίων καὶ ξυνεμάχει τοῖς Ποτιδαιάταις, Ἰόλαον ἀνθ' αὑτοῦ καταστήσας ἄρχοντα. (3) Ἦν δὲ ἡ γνώμη τοῦ Ἀριστέως τὸ μὲν μεθ' ἑαυτοῦ στρατόπεδον ἔχοντι ἐν τῷ ἰσθμῷ ἐπιτηρεῖν τοὺς Ἀθηναίους, ἢν ἐπίωσιν, Χαλκιδέας δὲ καὶ τοὺς ἔξω ἰσθμοῦ ξυμμάχους καὶ τὴν παρὰ Περδίκκου διακοσίαν ἵππον ἐν Ὀλύνθῳ μένειν, καὶ ὅταν Ἀθηναῖοι ἐπὶ σφᾶς χωρῶσιν, κατὰ νώτου βοηθοῦντας ἐν μέσῳ ποιεῖν αὐτῶν τοὺς πολεμίους. (4) Καλλίας δ' αὖ ὁ τῶν Ἀθηναίων στρατηγὸς καὶ οἱ ξυνάρχοντες τοὺς μὲν Μακεδόνας ἱππέας καὶ τῶν ξυμμάχων ὀλίγους ἐπὶ Ὀλύνθου ἀποπέμπουσιν, ὅπως εἴργωσι τοὺς ἐκεῖθεν ἐπιβοηθεῖν, αὐτοὶ δ' ἀναστήσαντες τὸ στρατόπεδον ἐχώρουν ἐπὶ τὴν Ποτίδαιαν. (5) Καὶ ἐπειδὴ πρὸς τῷ ἰσθμῷ ἐγένοντο καὶ εἶδον τοὺς ἐναντίους παρασκευαζομένους ὡς ἐς μάχην, ἀντικαθίσταντο καὶ αὐτοί, καὶ οὐ πολὺ ὕστερον ξυνέμισγον. (6) Καὶ αὐτὸ μὲν τὸ τοῦ Ἀριστέως κέρας, καὶ ὅσοι περὶ ἐκεῖνον ἦσαν Κορινθίων τε καὶ τῶν ἄλλων λογάδες, ἔτρεψαν τὸ καθ' ἑαυτοὺς καὶ ἐπεξῆλθον διώκοντες ἐπὶ πολύ· τὸ δὲ ἄλλο στρατόπεδον τῶν τε Ποτιδαιατῶν καὶ τῶν Πελοποννησίων ἡσσᾶτο ὑπὸ τῶν Ἀθηναίων καὶ ἐς τὸ τεῖχος κατέφυγεν.

LXIII. Ἐπαναχωρῶν δὲ ὁ Ἀριστεὺς ἀπὸ τῆς διώξεως, ὡς ὁρᾷ τὸ ἄλλο στράτευμα ἡσσημένον, ἠπόρησε μὲν ὁποτέρωσε διακινδυνεύσῃ χωρήσας, ἢ ἐπὶ τῆς Ὀλύνθου ἢ ἐς τὴν Ποτίδαιαν, ἔδοξε δ' οὖν ξυναγαγόντι τοὺς μεθ' ἑαυτοῦ ὡς ἐς ἐλάχιστον χωρίον δρόμῳ βιάσασθαι ἐς τὴν Ποτίδαιαν, καὶ παρῆλθε παρὰ τὴν χηλὴν διὰ τῆς θαλάσσης βαλλόμενός τε καὶ χαλεπῶς, ὀλίγους μέν τινας ἀποβαλών, τοὺς δὲ πλείους σώσας. (2) Οἱ δ' ἀπὸ τῆς Ὀλύνθου τοῖς Ποτιδαιάταις βοηθοί (ἀπέχει δὲ ἑξήκοντα μάλιστα σταδίους καὶ ἔστι καταφανές), ὡς ἡ μάχη ἐγίγνετο καὶ τὰ σημεῖα ἤρθη, βραχὺ μέν τι προῆλθον ὡς βοηθήσοντες, καὶ οἱ Μακεδόνες ἱππῆς ἀντιπαρετάξαντο ὡς κωλύσοντες· ἐπειδὴ δὲ διὰ τάχους ἡ νίκη τῶν Ἀθηναίων ἐγίγνετο καὶ τὰ σημεῖα

(3) Pydnam autem et ipsi obsederunt; sed postea, facta pace et societate necessaria inita cum Perdicca, quando Potidæa et Aristei adventus eos urgebat, ex Macedonia recedunt, (4) et Berrhœam profecti et inde reversi, eoque oppido prius tentato, nec expugnato, itinere pedestri Potidæam versus ibant, cum tribus millibus militum gravis armaturæ ex suis, præterea vero cum multis sociis, et sexcentis Macedonum equitibus, qui cum Philippo Pausaniaque erant, simul etiam naves septuaginta oram legebant; (5) lente vero procedentes tertio die Gigonum pervenerunt, ibique castra posuerunt.

LXII. At Potidæatæ et Peloponnesii, qui cum Aristeo erant, Atheniensium adventum expectantes in isthmo prope Olynthum castra habebant, et mercatum extra urbem instituerant (2) Ducem autem peditatus quidem totius socii elegerant Aristeum, equitatus vero Perdiccam; protinus enim ab Atheniensibus iterum defecerat, et, Iolao duce in suum locum substituto, Potidæatas in bello juvabat. (3) Hoc autem erat Aristei consilium, ut cum exercitu eo, quem in isthmo secum habebat, Athenienses diligenter observaret, si accederent; Chalcidenses vero et socii, qui extra isthmum erant et ducenti equites a Perdicca missi Olynthi manerent, et cum Athenienses contra se venirent, a tergo impressionem in hostes facientes eos circumvenirent. (4) Contra vero Callias Atheniensium dux ejusque collegæ Macedonum equites paucosque socios Olynthum versus miserunt, ut illos illinc auxilio suis venire prohiberent, ipsi vero motis castris Potidæam versus contendebant. (5) Et cum ad isthmum venissent, et adversarios se ad prœlium parantes vidissent, ipsi quoque aciem exadverso instruxerunt, nec multo post conflixerunt. (6) Atque ipsum quidem Aristei cornu, et quotquot de Corinthiis aliisque militibus delecti circum ipsum erant, cornu sibi oppositum in fugam verterunt, eosque persequentes longe processerunt; reliquus vero Potidæatarum et Peloponnesiorum exercitus ab Atheniensibus superatus est, et in urbem confugit.

LXIII. Cum autem Aristeus ab hoste persequendo rediret, postquam reliquum exercitum videt victum, dubitavit, utram partem petens, Olynthumne an Potidæam, belli fortunam periclitaretur. Tandem tamen ei placuit, cum suis militibus in minimum loci spatium contractis Potidæam cursu perrumpere, et pervasit propter crepidinem per mare telis petitus, et ægre, paucis quidem amissis, plerisque tamen salvis. (2) Qui vero Olyntho auxilium Potidæatis laturi prodierant (abest autem locus sexaginta ferme stadiis, atque conspicuus est,) postquam pugna committebatur et signa sublata sunt, paululum illi quidem processerunt ut auxilium laturi; et Macedonum equites aciem contra instruebant, ut eos impedirent. Postquam autem brevissimo tempore victoria penes Athenienses erat, et vexilla revulsa

κατεσπάσθη, πάλιν ἐπανεχώρουν ἐς τὸ τεῖχος καὶ οἱ Μακεδόνες παρὰ τοὺς Ἀθηναίους· ἱππῆς δ' οὐδετέροις παρεγένοντο. (3) Μετὰ δὲ τὴν μάχην τροπαῖον ἔστησαν οἱ Ἀθηναῖοι, καὶ τοὺς νεκροὺς ὑποσπόνδους ἀπέδοσαν τοῖς Ποτιδαιάταις· ἀπέθανον δὲ Ποτιδαιατῶν μὲν καὶ τῶν ξυμμάχων ὀλίγῳ ἐλάσσους τριακοσίων, Ἀθηναίων δ' αὐτῶν πεντήκοντα καὶ ἑκατὸν καὶ Καλλίας ὁ στρατηγός.

LXIV. Τὸ δ' ἐκ τοῦ ἰσθμοῦ τεῖχος εὐθὺς οἱ Ἀθηναῖοι ἀποτειχίσαντες ἐφρούρουν. Τὸ δ' ἐς τὴν Παλλήνην ἀτείχιστον ἦν· οὐ γὰρ ἱκανοὶ ἐνόμιζον εἶναι ἔν τε τῷ ἰσθμῷ φρουρεῖν καὶ ἐς τὴν Παλλήνην διαβάντες τειχίζειν, δεδιότες μὴ σφίσιν οἱ Ποτιδαιᾶται καὶ οἱ ξύμμαχοι γιγνομένοις δίχα ἐπιθῶνται. (2) Καὶ πυνθανόμενοι οἱ ἐν τῇ πόλει Ἀθηναῖοι τὴν Παλλήνην ἀτείχιστον οὖσαν, χρόνῳ ὕστερον πέμπουσιν ἑξακοσίους καὶ χιλίους ὁπλίτας ἑαυτῶν καὶ Φορμίωνα τὸν Ἀσωπίου στρατηγόν· ὃς ἀφικόμενος ἐς τὴν Παλλήνην καὶ ἐξ Ἀφύτιος ὁρμώμενος προσήγαγε τῇ Ποτιδαίᾳ τὸν στρατὸν κατὰ βραχὺ προϊὼν καὶ κείρων ἅμα τὴν γῆν, ὡς δ' οὐδεὶς ἐπεξῄει ἐς μάχην, ἀπετείχισε τὸ ἐκ τῆς Παλλήνης τεῖχος. (3) Καὶ οὕτως ἤδη κατὰ κράτος ἡ Ποτίδαια ἀμφοτέρωθεν ἐπολιορκεῖτο, καὶ ἐκ θαλάσσης ναυσὶν ἅμα ἐφορμούσαις.

LXV. Ἀριστεὺς δὲ ἀποτειχισθείσης αὐτῆς, καὶ ἐλπίδα οὐδεμίαν ἔχων σωτηρίας ἢν μή τι ἀπὸ Πελοποννήσου ἢ ἄλλο παράλογον γίγνηται, ξυνεβούλευε μὲν πλὴν πεντακοσίων ἄνεμον τηρήσασι τοῖς ἄλλοις ἐκπλεῦσαι, ὅπως ἐπὶ πλέον ὁ σῖτος ἀντίσχῃ, καὶ αὐτὸς ἤθελε τῶν μενόντων εἶναι· ὡς δ' οὐκ ἔπειθε, βουλόμενος τὰ ἐπὶ τούτοις παρασκευάζειν, καὶ ὅπως τὰ ἔξωθεν ἕξει ὡς ἄριστα, ἔκπλουν ποιεῖται λαθὼν τὴν φυλακὴν τῶν Ἀθηναίων. (2) Καὶ παραμένων ἐν Χαλκιδεῦσι τά τε ἄλλα ξυνεπολέμει καὶ Ἑρμυλιῶν λοχήσας πρὸς τῇ πόλει πολλοὺς διέφθειρεν, ἔς τε τὴν Πελοπόννησον ἔπρασσεν ὅπῃ ὠφελία τις γενήσεται. (3) Μετὰ δὲ τῆς Ποτιδαίας τὴν ἀποτείχισιν Φορμίων μὲν ἔχων τοὺς ἑξακοσίους καὶ χιλίους τὴν Χαλκιδικὴν καὶ Βοττικὴν ἐδῄου, καὶ ἔστιν ἃ καὶ πολίσματα εἷλεν.

LXVI. Τοῖς δ' Ἀθηναίοις καὶ Πελοποννησίοις αἰτίαι μὲν αὗται προσγεγένηντο ἐς ἀλλήλους, τοῖς μὲν Κορινθίοις ὅτι τὴν Ποτίδαιαν ἑαυτῶν οὖσαν ἀποικίαν καὶ ἄνδρας Κορινθίων τε καὶ Πελοποννησίων ἐν αὐτῇ ὄντας ἐπολιόρκουν, τοῖς δ' Ἀθηναίοις ἐς τοὺς Πελοποννησίους ὅτι ἑαυτῶν τε πόλιν ξυμμαχίδα καὶ φόρου ὑποτελῆ ἀπέστησαν, καὶ ἐλθόντες σφίσιν ἀπὸ τοῦ προφανοῦς ἐμάχοντο μετὰ Ποτιδαιατῶν. Οὐ μέντοι ὅ γε πόλεμός πω ξυνερρώγει, ἀλλ' ἔτι ἀνακωχὴ ἦν· ἰδίᾳ γὰρ ταῦτα οἱ Κορίνθιοι ἔπραξαν.

LXVII. Πολιορκουμένης δὲ τῆς Ποτιδαίας οὐχ ἡσύχαζον, ἀνδρῶν τε σφίσιν ἐνόντων καὶ ἅμα περὶ τῷ χωρίῳ δεδιότες· παρεκάλουν τε εὐθὺς ἐς τὴν Λακεδαίμονα τοὺς ξυμμάχους, καὶ κατεβόων ἐλθόντες τῶν Ἀθηναίων ὅτι σπονδάς τε λελυκότες εἶεν καὶ ἀδικοῖεν τὴν

sunt, in urbem rursus se receperunt, et Macedones ad Athenienses; equites autem neutris adfuerant. (3) Post pugnam vero Athenienses tropæum statuerunt, et cæsorum militum cadavera pace sequestra Potidæatis reddiderunt. Ceciderunt autem ex Potidæatis quidem et sociis paulo pauciores trecentis, ex ipsis vero Atheniensibus, centum et quinquaginta, et Callias eorum dux.

LXIV. Murum autem, qui isthmum spectabat, statim Athenienses circumvallarunt, et præsidio custodire cœperunt. At murus, qui Pallenen versus spectabat, nullo vallo cinctus erat; nec enim existimabant, se posse simul et in isthmo excubias agere, et in Pallenen transgressos murum exstruere, veriti, ne Potidæatæ eorumque socii se, in duas partes diductos, invaderent. (2) Cum autem cognoscerent Athenienses, qui domi erant, Pallenen nullis muris cinctam esse, aliquanto post mille et sexcentos gravis armaturæ milites de suis, et Phormionem Asopii filium, ducem miserunt; qui cum Pallenen pervenisset, ab Aphytide procedens copias Potidæe admovit, paulatim progrediens, et simul agrum vastans. Sed cum nemo ad prœlium occurreret, murum, qui Pallenen versus spectabat, vallo cinxit. (3) Atque ita Potidæa jam utrinque vehementer oppugnabatur, simul etiam a mari navibus stationem prope habentibus.

LXV. Aristeus vero, urbe jam circumvallata, quum nullam salutis spem haberet, nisi si quid ex Peloponneso, aut aliud insperatum accideret, auctor erat, ut, quingentis exceptis, ceteri observato vento navibus abirent, ut res frumentaria diutius suppeteret; atque ipse unus esse volebat de numero eorum, qui remanerent. Sed quum illis persuadere non potuisset, cupiens ea, quæ his consectaria erant, parare, et, ut quæ foris erant, quam optime sese haberent, clam Atheniensium præsidio enavigavit. (2) Et apud Chalcidenses manens, quum alias res bellicas administravit, tum etiam, insidiis ad Hermyliorum urbem locatis, multos occidit, et in Peloponneso agebat, ut aliquod auxilium mitteretur. (3) Post Potidæam circumvallatam Phormio cum illis mille et sexcentis militibus, quos habebat, Chalcidensem et Botticum agrum vastabat, et nonnulla etiam oppidula cepit.

LXVI. Atque hæ quidem accesserant Atheniensibus et Peloponnesiis causæ, quibus alteri in alteros accenderentur, Corinthiis quidem, quod Potidæam, suam coloniam, et viros Corinthios ac Peloponnesios, qui in ea erant, obsiderent; Atheniensibus vero contra Peloponnesios, quod illi civitatem sociam et vectigalem ad defectionem impulissent, et eo profecti pro Potidæatis aperte secum pugnarent. Nondum tamen bellum quidem conflatum erat, sed ab armis adhuc abstinebatur. Corinthii enim hæc privatim egerant.

LXVII. Sed cum Potidæa obsideretur, non amplius quiescebant, quod et suorum nonnulli una inclusi essent, et de oppido etiam timerent; et protinus socios orare cœperunt, ut Lacedæmona venirent, et profecti eo magnis clamoribus in Athenienses invehebantur, quod et fœderum violatores

HISTORIÆ LIB. I, 64 — 69.

Πελοπόννησον. (2) Αἰγινῆταί τε φανερῶς μὲν οὐ πρεσβευόμενοι, δεδιότες τοὺς Ἀθηναίους, κρύφα δὲ οὐχ ἥκιστα μετ' αὐτῶν ἐνῆγον τὸν πόλεμον, λέγοντες οὐκ εἶναι αὐτόνομοι κατὰ τὰς σπονδάς. (3) Οἱ δὲ Λακεδαιμόνιοι προσπαρακαλέσαντες τῶν ξυμμάχων τε καὶ εἴ τίς τι ἄλλο ἔφη ἠδικῆσθαι ὑπὸ Ἀθηναίων, ξύλλογον σφῶν αὐτῶν ποιήσαντες τὸν εἰωθότα λέγειν ἐκέλευον. (4) Καὶ ἄλλοι τε παριόντες ἐγκλήματα ἐποιοῦντο ὡς ἕκαστοι καὶ Μεγαρῆς, δηλοῦντες μὲν καὶ ἕτερα οὐκ ὀλίγα διάφορα, μάλιστα δὲ λιμένων τε εἴργεσθαι τῶν ἐν τῇ Ἀθηναίων ἀρχῇ καὶ τῆς Ἀττικῆς ἀγορᾶς παρὰ τὰς σπονδάς. (5) Παρελθόντες δὲ τελευταῖοι Κορίνθιοι, καὶ τοὺς ἄλλους ἐάσαντες πρῶτον παροξῦναι τοὺς Λακεδαιμονίους, ἐπεῖπον τοιάδε.

LXVIII. « Τὸ πιστὸν ὑμᾶς ὦ Λακεδαιμόνιοι τῆς καθ' ὑμᾶς αὐτοὺς πολιτείας καὶ ὁμιλίας ἀπιστοτέρους ἐς τοὺς ἄλλους, ἤν τι λέγωμεν, καθίστησιν· καὶ ἀπ' αὐτοῦ σωφροσύνην μὲν ἔχετε, ἀμαθίᾳ δὲ πλέονι πρὸς τὰ ἔξω πράγματα χρῆσθε. (2) Πολλάκις γὰρ προαγορευόντων ἡμῶν ἃ ἐμέλλομεν ὑπὸ Ἀθηναίων βλάπτεσθαι, οὐ περὶ ὧν ἐδιδάσκομεν ἑκάστοτε τὴν μάθησιν ἐποιεῖσθε, ἀλλὰ τῶν λεγόντων μᾶλλον ὑπενοεῖτε ὡς ἕνεκα τῶν αὐτοῖς ἰδίᾳ διαφόρων λέγουσιν· καὶ δι' αὐτὸ οὐ πρὶν πάσχειν, ἀλλ' ἐπειδὴ ἐν τῷ ἔργῳ ἐσμέν, τοὺς ξυμμάχους τούσδε παρεκαλέσατε, ἐν οἷς προσήκει ἡμᾶς οὐχ ἥκιστα εἰπεῖν, ὅσῳ καὶ μέγιστα ἐγκλήματα ἔχομεν ὑπὸ μὲν Ἀθηναίων ὑβριζόμενοι, ὑπὸ δὲ ὑμῶν ἀμελούμενοι. (3) Καὶ εἰ μὲν ἀφανεῖς που ὄντες ἠδίκουν τὴν Ἑλλάδα, διδασκαλίας ἂν ὡς οὐκ εἰδόσι προσέδει· νῦν δὲ τί δεῖ μακρηγορεῖν ; ὧν τοὺς μὲν δεδουλωμένους ὁρᾶτε, τοῖς δ' ἐπιβουλεύοντας αὐτούς, καὶ οὐχ ἥκιστα τοῖς ἡμετέροις ξυμμάχοις, καὶ ἐκ πολλοῦ προπαρεσκευασμένους, εἴ ποτε πολεμήσονται. (4) Οὐ γὰρ ἂν Κέρκυράν τε ὑπολαβόντες βίᾳ ἡμῶν εἶχον καὶ Ποτίδαιαν ἐπολιόρκουν, ὧν τὸ μὲν ἐπικαιρότατον χωρίον πρὸς τὰ ἐπὶ Θρᾴκης ἀποχρῆσθαι, ἡ δὲ ναυτικὸν ἂν μέγιστον παρέσχε Πελοποννησίοις.

LXIX. « Καὶ τῶνδε ὑμεῖς αἴτιοι, τό τε πρῶτον ἐάσαντες αὐτοὺς τὴν πόλιν μετὰ τὰ Μηδικὰ κρατῦναι καὶ ὕστερον τὰ μακρὰ στῆσαι τείχη, ἐς τόδε τε ἀεὶ ἀποστεροῦντες οὐ μόνον τοὺς ὑπ' ἐκείνων δεδουλωμένους ἐλευθερίας, ἀλλὰ καὶ τοὺς ὑμετέρους ἤδη ξυμμάχους· οὐ γὰρ ὁ δουλωσάμενος, ἀλλ' ὁ δυνάμενος μὲν παῦσαι περιορῶν δὲ ἀληθέστερον αὐτὸ δρᾷ, εἴπερ καὶ τὴν ἀξίωσιν τῆς ἀρετῆς ὡς ἐλευθερῶν τὴν Ἑλλάδα φέρεται. (2) Μόλις δὲ νῦν τε ξυνήλθομεν, καὶ οὐδὲ νῦν ἐπὶ φανεροῖς. Χρῆν γὰρ οὐκ εἰ ἀδικούμεθα ἔτι σκοπεῖν, ἀλλὰ καθ' ὅτι ἀμυνούμεθα· οἱ γὰρ δρῶντες βεβουλευμένοι πρὸς οὐ διεγνωκότας ἤδη καὶ οὐ μέλλοντες ἐπέρχονται. (3) Καὶ ἐπιστάμεθα οἵᾳ ὁδῷ οἱ Ἀθηναῖοι καὶ ὅτι κατ' ὀλίγον χωροῦσιν ἐπὶ τοὺς πέλας. Καὶ λανθάνειν μὲν οἰόμενοι διὰ τὸ ἀναίσθητον ὑμῶν ἧσσον θαρσοῦσιν, γνόντες δὲ εἰδότας περιορᾶν ἰσχυρῶς ἐγκείσονται. (4) Ἡσυχάζετε γὰρ μόνοι Ἑλλήνων, ὦ

exstitissent et Peloponnesum injuria afficerent. (2) Atque Æginetæ, non palam illi quidem legatione missa, quia Athenienses metuebant, sed clam præter ceteros cum iis bellum suadebant, dicentes se non esse sui juris ex fœdere. (3) Lacedæmonii vero, sociis præterea advocatis, et si quis alia quapiam in re se ab Atheniensibus injuriam accepisse diceret, legitimo suæ gentis concilio convocato, dicere eos jusserunt. (4) Tunc vero quum alii in concionem progressi pro se quique querelas proferebant, tum etiam Megarenses, demonstrantes cum alias non paucas controversiarum causas, tum vero præcipue, quod a portubus qui in potestate Atheniensium essent, Atticoque foro, præter fœdus arcerentur. (5) Corinthii vero, quum Lacedæmonios ab aliis prius ad bellum instigari permisissent, in medium novissimi prodierunt, et hæc insuper addiderunt :

LXVIII. « Fides, quam vos, Lacedæmonii, publice privatimque inter vos ipsos servatis, facit, ut, si quid in alios dicamus, minus credatis. Atque hinc moderationis quidem laudem reportatis, sed majore rerum externarum inscitia laboratis. (2) Nobis enim sæpe prædicentibus detrimenta, quibus Athenienses nos erant affecturi, vos tamen non quæ quoque tempore docebamus, cognoscere studebatis, sed potius de dicentibus suspicabamini, propter privatas controversias eos dicere, ideoque non antequam injuriam acciperemus, sed postquam in mediis rebus sumus, socios istos advocastis, apud quos æquum est nos præter ceteros diligenter agere, quo etiam gravissimas querelas habemus, qui ab Atheniensibus quidem contumelia afficimur, a vobis vero negligimur. (3) Quod si illi in aliquo obscuro loco delitescentes injuriam Græciæ facerent, ut ignari necesse haberetis doceri; nunc vero quid longa oratione opus est nobis, quorum alios quidem in servitutem redactos videtis, aliis vero eos insidias struere, et præcipue nostris sociis, ipsosque, si forte unquam bello appetantur, jam pridem præparatos esse? (4) Nec enim Corcyram subreptam invitis nobis retinerent, et Potidæam obsiderent, quarum urbium altera quidem est opportunissima usu ad res Thraciæ obtinendas, altera vero maximam classem Peloponnesiis in bello suppeditasset.

LXIX. « Atque istarum rerum vos ipsi auctores estis, qui et primum passi estis eos post bellum Medicum urbem munire, et postea longos muros ædificare; quique ad hoc usque perpetuo libertate privastis non solum eos, quos illi in servitutem redegerunt, sed jam etiam vestros socios. Nam non is, qui alios in servitutem redigit, sed verius is, qui quum possit impedire, negligit, hoc facit, si quidem etiam virtutis professione se ut Græcorum liberatorem celebrat. (2) Vix tandem vero nunc congregati sumus, et ne nunc quidem de rebus manifestis. Nec enim amplius consultandum erat, num injuriam patiamur, sed qua ratione eam defendamus. Illi enim agentes et consilii certi contra dubios adhuc sententiæ, nec cunctati amplius ingrediuntur; (3) et scimus quali via, et quo modo paulatim Athenienses in alios grassantur. Et quamdiu quidem latere se propter vestrum stuporem putant, minus audaces sunt; sed si cognoverint, vos hæc scientes negligere, summa vi instabunt. (4) Vos enim soli Græcorum, Lacedæmonii, otia

Λακεδαιμόνιοι, οὐ τῇ δυνάμει τινὰ ἀλλὰ τῇ μελλήσει ἀμυνόμενοι, καὶ μόνοι οὐκ ἀρχομένην τὴν αὔξησιν τῶν ἐχθρῶν διπλασιουμένην δὲ καταλύοντες. (5) Καίτοι ἐλέγεσθε ἀσφαλεῖς εἶναι, ὧν ἄρα ὁ λόγος τοῦ ἔργου ἐκράτει. Τόν τε γὰρ Μῆδον αὐτοὶ ἴσμεν ἐκ περάτων γῆς πρότερον ἐπὶ τὴν Πελοπόννησον ἐλθόντα ἢ τὰ παρ' ὑμῶν ἀξίως προαπαντῆσαι, καὶ νῦν τοὺς Ἀθηναίους οὐχ ἑκὰς ὥσπερ ἐκεῖνον ἀλλ' ἐγγὺς ὄντας περιορᾶτε, καὶ ἀντὶ τοῦ ἐπελθεῖν αὐτοὶ ἀμύνεσθαι βούλεσθε μᾶλλον ἐπιόντας, καὶ ἐς τύχας πρὸς πολλῷ δυνατωτέρους ἀγωνιζόμενοι καταστῆναι, ἐπιστάμενοι καὶ τὸν βάρβαρον αὐτὸν περὶ αὑτῷ τὰ πλείω σφαλέντα, καὶ πρὸς αὐτοὺς τοὺς Ἀθηναίους πολλὰ ἡμᾶς ἤδη τοῖς ἁμαρτήμασιν αὐτῶν μᾶλλον ἢ τῇ ἀφ' ὑμῶν τιμωρίᾳ περιγεγενημένους, ἐπεὶ αἵ γε ὑμέτεραι ἐλπίδες ἤδη τινὰς που καὶ ἀπαρασκεύους διὰ τὸ πιστεῦσαι ἔφθειραν. (6) Καὶ μηδεὶς ὑμῶν ἐπ' ἔχθρᾳ τὸ πλέον ἢ αἰτίᾳ νομίσῃ τάδε λέγεσθαι· αἰτία μὲν γὰρ φίλων ἀνδρῶν ἐστιν ἁμαρτανόντων, κατηγορία δὲ ἐχθρῶν ἀδικησάντων.

LXX. « Καὶ ἅμα, εἴπερ τινὲς καὶ ἄλλοι, ἄξιοι νομίζομεν εἶναι τοῖς πέλας ψόγον ἐπενεγκεῖν, ἄλλως τε καὶ μεγάλων τῶν διαφερόντων καθεστώτων, περὶ ὧν οὐκ αἰσθάνεσθαι ἡμῖν γε δοκεῖτε, οὐδ' ἐκλογίσασθαι πώποτε πρὸς οἵους ὑμῖν Ἀθηναίους ὄντας καὶ ὅσον ὑμῶν καὶ ὡς πᾶν διαφέροντας ὁ ἀγὼν ἔσται. (2) Οἱ μέν γε νεωτεροποιοὶ καὶ ἐπινοῆσαι ὀξεῖς καὶ ἐπιτελέσαι ἔργῳ ἃ ἂν γνῶσιν· ὑμεῖς δὲ τὰ ὑπάρχοντά τε σώζειν καὶ ἐπιγνῶναι μηδὲν καὶ ἔργῳ οὐδὲ τἀναγκαῖα ἐξικέσθαι. (3) Αὖθις δὲ οἱ μὲν καὶ παρὰ δύναμιν τολμηταὶ καὶ παρὰ γνώμην κινδυνευταὶ καὶ ἐπὶ τοῖς δεινοῖς εὐέλπιδες· τὸ δὲ ὑμέτερον τῆς τε δυνάμεως ἐνδεᾶ πρᾶξαι, τῆς τε γνώμης μηδὲ τοῖς βεβαίοις πιστεῦσαι, τῶν τε δεινῶν μηδέποτε οἴεσθαι ἀπολυθήσεσθαι. (4) Καὶ μὴν καὶ ἄοκνοι πρὸς ὑμᾶς μελλητὰς καὶ ἀποδημηταὶ πρὸς ἐνδημοτάτους· οἴονται γὰρ οἱ μὲν τῇ ἀπουσίᾳ ἄν τι κτᾶσθαι, ὑμεῖς δὲ τῷ ἐπελθεῖν καὶ τὰ ἑτοῖμα ἂν βλάψαι. (5) Κρατοῦντές τε τῶν ἐχθρῶν ἐπὶ πλεῖστον ἐξέρχονται, καὶ νικώμενοι ἐπ' ἐλάχιστον ἀναπίπτουσιν. (6) Ἔτι δὲ τοῖς μὲν σώμασιν ἀλλοτριωτάτοις ὑπὲρ τῆς πόλεως χρῶνται, τῇ γνώμῃ δὲ οἰκειοτάτῃ ἐς τὸ πράσσειν τι ὑπὲρ αὐτῆς. (7) Καὶ ἃ μὲν ἂν ἐπινοήσαντες μὴ ἐξέλθωσιν, οἰκεῖα στέρεσθαι ἡγοῦνται, ἃ δ' ἂν ἐπελθόντες κτήσωνται, ὀλίγα πρὸς τὰ μέλλοντα τυχεῖν πράξαντες. Ἢν δ' ἄρα καί του πείρᾳ σφαλῶσιν, ἀντελπίσαντες ἄλλα ἐπλήρωσαν τὴν χρείαν· μόνοι γὰρ ἔχουσί τε ὁμοίως καὶ ἐλπίζουσιν ἃ ἂν ἐπινοήσωσιν, διὰ τὸ ταχεῖαν τὴν ἐπιχείρησιν ποιεῖσθαι ὧν ἂν γνῶσιν. (8) Καὶ ταῦτα μετὰ πόνων πάντα καὶ κινδύνων δι' ὅλου τοῦ αἰῶνος μοχθοῦσιν, καὶ ἀπολαύουσιν ἐλάχιστα τῶν ὑπαρχόντων διὰ τὸ ἀεὶ κτᾶσθαι καὶ μήτε ἑορτὴν ἄλλο τι ἡγεῖσθαι ἢ τὸ τὰ δέοντα πρᾶξαι, ξυμφοράν τε οὐχ ἧσσον ἡσυχίαν ἀπράγμονα ἢ ἀσχολίαν ἐπίπονον· (9) ὥστε εἴ τις αὐτοὺς ξυνελὼν φαίη πεφυκέναι ἐπὶ τῷ μήτε αὐτοὺς ἔχειν ἡσυχίαν μήτε τοὺς ἄλλους ἀνθρώπους ἐᾶν, ὀρθῶς ἂν εἴποι.

agitis, non armorum vi, sed cunctatione vos defendentes, et soli hostium vires non incipientes increscere sed duplicatas evertentes. (5) Atqui cauti esse terebamini : de quibus profecto rumor divulgatus rem ipsam superabat. Nam ipsi scimus et Medum ab extremis orbis terrarum partibus in Peloponnesum prius venisse, quam vos ita ut par erat obviam prodiretis, et nunc Athenienses non longinquos, ut illum, sed vicinos negligitis; et pro bello quod illis inferre debebatis mavultis illos arma vobis inferentes defendere et certantes cum hominibus potentia multum auctis incertos fortunæ casus subire, quamvis sciatis vel ipsum barbarum sua ipsius culpa plerumque offendisse, quinetiam in bello cum ipsis Atheniensibus gesto sæpe jam nos erratis eorum potius, quam vestris auxiliis victoriam reportasse, quum quidem de vestris auxiliis spes jam nonnullos etiam imparatos, quod iis freti erant, everterint. (6) Neque vero aliquis vestrum hæc magis ob odium, quam ad expostulationem dici putet. Nam expostulatio quidem est cum amicis, qui peccant; sed accusatio est contra inimicos, qui injuriam fecerunt.

LXX. « Præterea si qui alii, ipsi nobis digni esse videmur, qui proximis vitium exprobremus, præsertim quum de magni momenti rebus agatur, quarum nullum vos sensum nobis habere videmini, nec unquam considerasse, quales sint Athenienses, cum quibus certamen vobis est futurum, et quomodo vel omnibus in rebus sint vobis longe præstantiores. (2) Nam illi quidem sunt rerum novarum studiosi, celeresque et excogitare et re ipsa exsequi id, quod excogitarint; vos vero præsentia conservare et nihil præterea cognoscere, facto vero ne necessariis quidem satisfacere soletis. (3) Præterea illi quidem vel supra vires sunt audaces, et præter rationem periculorum appetentes et in rebus asperis bonæ spei; vestra vero ratio est, res vestris viribus inferiores gerere, et ne certis quidem et exploratis animi consiliis confidere, et existimare, vos periculis nunquam liberatum iri. (4) Quinetiam illi, si vobiscum conferantur, sunt impigri, vos vero cunctatores; item illi peregrinationis cupidi, vos vero domi tenacissimi. Persuasum enim est illis quidem, absentia se aliquid sibi quæsituros; vobis vero, si peregrina obeatis, vel rerum præsentium jacturam vos facturos. (5) Illi etiam, hostes si superant, longissime progrediuntur; si vincuntur, quam minimum animo consternantur. (6) Præterea vero corporibus quam alienissimis pro republica utuntur, consiliis vero maxime propriis, ut aliquid pro ea agant. (7) Et si cogitata non confecerint, rebus se suis privari putant; si quæ vero armis quæsierint, perexigua se nactos forte judicant præ illis, quæ in posterum sperant. Quod si forte rei alicujus tentatæ conatus eos fallat, nova spe defectum explent. Soli enim pariter et habent et sperant ea, quæ animo conceperint, propterea quod celerrime perficere student, quæ in animum induxerunt. (8) Atque hæc omnia cum laboribus et periculis omni tempore moliuntur, rebusque partis minimum fruuntur, quia pariendis semper intenti sunt, neque diem festum aliud esse putant, quam conficere, quæ opus sunt, et calamitatem haud minorem otium iners quam laboriosum negotium. (9) Quare si quis paucis rem totam complexus eos dixerit ita natos esse, ut quiescere neque ipsi velint, neque alios mortales sinant, is verum dixerit.

LXXI. « Ταύτης μέντοι τοιαύτης ἀντικαθεστηκυίας πόλεως ᾧ Λακεδαιμόνιοι διαμέλλετε, καὶ οἴεσθε τὴν ἡσυχίαν οὐ τούτοις τῶν ἀνθρώπων ἐπὶ πλεῖστον ἀρκεῖν οἳ ἂν τῇ μὲν παρασκευῇ δίκαια πράσσωσι, τῇ δὲ γνώμῃ, ἢν ἀδικῶνται, δῆλοι ὦσι μὴ ἐπιτρέψοντες, ἀλλ' ἐπὶ τῷ μὴ λυπεῖν τε ἄλλους καὶ αὐτοὶ ἀμυνόμενοι μὴ βλάπτεσθαι τὸ ἴσον νέμετε. (2) Μόλις δ' ἂν πόλει ὁμοίᾳ παροικοῦντες ἐτυγχάνετε τούτου· νῦν δ' ὅπερ καὶ ἄρτι ἐδηλώσαμεν, ἀρχαιότροπα ὑμῶν τὰ ἐπιτηδεύματα πρὸς αὐτούς ἐστιν. Ἀνάγκη δ' ὥσπερ τέχνης ἀεὶ τὰ ἐπιγιγνόμενα κρατεῖν· (3) καὶ ἡσυχαζούσῃ μὲν πόλει τὰ ἀκίνητα νόμιμα ἄριστα, πρὸς πολλὰ δὲ ἀναγκαζομένοις ἰέναι πολλῆς καὶ τῆς ἐπιτεχνήσεως δεῖ. Διόπερ καὶ τὰ τῶν Ἀθηναίων ἀπὸ τῆς πολυπειρίας ἐπὶ πλέον ὑμῶν κεκαίνωται. (4) Μέχρι μὲν οὖν τοῦδε ὡρίσθω ὑμῶν ἡ βραδυτής· νῦν δὲ τοῖς τε ἄλλοις καὶ Ποτιδαιάταις, ὥσπερ ὑπεδέξασθε, βοηθήσατε κατὰ τάχος ἐσβαλόντες ἐς τὴν Ἀττικήν, ἵνα μὴ ἄνδρας τε φίλους καὶ ξυγγενεῖς τοῖς ἐχθίστοις προῆσθε καὶ ἡμᾶς τοὺς ἄλλους ἀθυμίᾳ πρὸς ἑτέραν τινὰ ξυμμαχίαν τρέψητε. (5) Δρῷμεν δ' ἂν ἄδικον οὐδὲν οὔτε πρὸς θεῶν τῶν ὁρκίων οὔτε πρὸς ἀνθρώπων τῶν αἰσθανομένων· λύουσι γὰρ σπονδὰς οὐχ οἱ δι' ἐρημίαν ἄλλοις προσιόντες, ἀλλ' οἱ μὴ βοηθοῦντες οἷς ἂν ξυνομόσωσιν. (6) Βουλομένων δὲ ὑμῶν προθύμως εἶναι μενοῦμεν· οὔτε γὰρ ὅσια ἂν ποιοῖμεν μεταβαλλόμενοι οὔτε ξυνηθεστέρους ἂν ἄλλους εὕροιμεν. (7) Πρὸς τάδε βουλεύεσθε εὖ, καὶ τὴν Πελοπόννησον πειρᾶσθε μὴ ἐλάσσω ἐξηγεῖσθαι ἢ οἱ πατέρες ὑμῖν παρέδοσαν. »

LXXII. Τοιαῦτα μὲν οἱ Κορίνθιοι εἶπον. Τῶν δὲ Ἀθηναίων ἔτυχε γὰρ πρεσβεία πρότερον ἐν τῇ Λακεδαίμονι περὶ ἄλλων παροῦσα, καὶ ὡς ᾔσθοντο τῶν λόγων, ἔδοξεν αὐτοῖς παριτητέα ἐς τοὺς Λακεδαιμονίους εἶναι, τῶν μὲν ἐγκλημάτων πέρι μηδὲν ἀπολογησομένους ὧν αἱ πόλεις ἐνεκάλουν, δηλῶσαι δὲ περὶ τοῦ παντὸς ὡς οὐ ταχέως αὐτοῖς βουλευτέον εἴη, ἀλλ' ἐν πλείονι σκεπτέον. Καὶ ἅμα τὴν σφετέραν πόλιν ἐβούλοντο σημῆναι ὅση εἴη δύναμιν, καὶ ὑπόμνησιν ποιήσασθαι τοῖς τε πρεσβυτέροις ὧν ᾔδεσαν καὶ τοῖς νεωτέροις ἐξήγησιν ὧν ἄπειροι ἦσαν, νομίζοντες μᾶλλον ἂν αὐτοὺς ἐκ τῶν λόγων πρὸς τὸ ἡσυχάζειν τραπέσθαι ἢ πρὸς τὸ πολεμεῖν. (2) Προσελθόντες οὖν τοῖς Λακεδαιμονίοις ἔφασαν βούλεσθαι καὶ αὐτοὶ ἐς τὸ πλῆθος αὐτῶν εἰπεῖν, εἴ τι μὴ ἀποκωλύοι. (3) Οἱ δ' ἐκέλευόν τε ἐπιέναι, καὶ παρελθόντες οἱ Ἀθηναῖοι ἔλεγον τοιάδε.

LXXIII « Ἡ μὲν πρέσβευσις ἡμῶν οὐκ ἐς ἀντιλογίαν τοῖς ὑμετέροις ξυμμάχοις ἐγένετο, ἀλλὰ περὶ ὧν ἡ πόλις ἔπεμψεν· αἰσθόμενοι δὲ καταβοὴν οὐκ ὀλίγην οὖσαν ἡμῶν παρήλθομεν οὐ τοῖς ἐγκλήμασι τῶν πόλεων ἀντεροῦντες (οὐ γὰρ παρὰ δικασταῖς ὑμῖν οὔτε ἡμῶν οὔτε τούτων οἱ λόγοι ἂν γίγνοιντο) ἀλλ' ὅπως μὴ ῥᾳδίως περὶ μεγάλων πραγμάτων τοῖς ξυμμάχοις πειθόμενοι χεῖρον βουλεύσησθε, καὶ ἅμα βουλόμενοι περὶ τοῦ παντὸς λόγου τοῦ ἐς ἡμᾶς καθεστῶτος δηλῶσαι ὡς οὔτε

LXXI. « Et tamen, Lacedæmonii, quum hæc talis respublica sit vobis adversaria, vos cunctamini, et non putatis illis hominibus diuturnam suppetere quietem, qui suo quidem apparatu injuriam nulli faciant, præ se vero ferant, se eo esse animo, ut si lacessantur injuria, eam non sint neglecturi, verum in eo jus et æquitatem ponitis, si neque alios molestiis afficiatis, neque vos ipsi, dum vim propulsatis, ullum detrimentum capiatis. (2) Sed hoc vix consequi possetis, etiamsi civitatem vestræ similem finitimam haberetis; nunc autem, quod et paulo ante declaravimus, vestra instituta antiqua et obsoleta sunt præ illis. At necesse est, ut in artibus, novissima quæque semper excellere; (3) et civitati quidem pacatæ maxime conducunt instituta, quæ manent immota; sed illis, qui rebus multis coguntur se implicare, novis etiam artis incrementis est opus. Ideo etiam res Atheniensium propter multam experientiam magis innovatæ sunt quam vestræ. (4) Hactenus igitur hæc vestra tarditas progressa terminetur; nunc vero quum aliis, tum etiam Potidæatis, quemadmodum recepistis, opem ferte, in Atticam celeritate, quanta maxima potestis, irrumpentes, ne viros vobis amicos atque cognatos infensissimis prodatis, neve nos ceteros præ desperatione ad aliquam aliam societatem compellatis. (5) Qua in re nullum esset peccatum nostrum neque in deos fœderum conscios, neque adversus homines, quos ea tangunt; solvunt enim fœdera non qui destituti ad alios se convertunt, sed qui opem non ferunt quibuscum jurarunt. (6) Sed si vos animis promptis esse voletis, in fœdere permanebimus; nec enim pie faceremus, si permutata societate vos desereremus, nec alios majore, quam vos estis, familiaritate nobiscum conjunctos inveniremus. (7) Ad hæc diligenter consultate, dateque operam, ut Peloponneso ita præsitis, ut imperium non minus relinquatis, quam quale majores vestri vobis tradidere. »

LXXII. Atque Corinthii quidem hæc dixerunt. Atheniensium vero casu quodam legatio jam antea aliis de causis aderat, et quum hæc verba audissent, in Lacedæmoniorum concionem sibi prodeundum esse censuerunt, non ut ad crimina responderent, quæ civitates objecerant, sed de re tota ut ostenderent, non celeriter decernendum, sed amplius deliberandum esse; simul etiam volebant significare, quanta esset suæ civitatis potentia, et ætate provectioribus in memoriam revocare ea, quæ noverant, et junioribus exponere ea, quorum nullam habebant notitiam, rati eos sua oratione audita ad pacem, quam ad bellum propensiores fore. (2) Quum igitur ad Lacedæmoniorum magistratus accessissent, ad eorum contionem se et ipsos verba facere velle dixerunt, nisi quid prohiberet. (3) Illi vero ubi eos in medium prodire jusserunt, Athenienses in medium progressi hæc dixerunt :

LXXIII. « Legati ad vos non propterea sumus, ut ad crimina nobis a sociis vestris objecta responderemus, sed aliis de rebus, quarum causa civitas nos misit; quum vero intellexissemus, non levem contra nos criminationem factam esse, in medium prodiimus, non ut ad civitatum crimina respondeamus (neque enim apud vos tamquam judices aut nostros aut istorum verba fiant), sed ne celeriter magnis de rebus, sociorum verbis adducti, male consultetis; simul etiam, quia de tota accusatione contra nos instituta docere volumus, nos neque præter rationem obti-

ἀπεικότως ἔχομεν ἃ κεκτήμεθα, ἥ τε πόλις ἡμῶν ἀξία λόγου ἐστίν. (2) Καὶ τὰ μὲν πάνυ παλαιὰ τί δεῖ λέγειν, ὧν ἀκοαὶ μᾶλλον λόγων μάρτυρες ἢ ὄψεις τῶν ἀκουσομένων; τὰ δὲ Μηδικὰ καὶ ὅσα αὐτοὶ ξύνιστε, εἰ καὶ δι' ὄχλου μᾶλλον ἔσται ἀεὶ προβαλλομένοις ἀνάγκη λέγειν· καὶ γὰρ ὅτε ἐδρῶμεν, ἐπ' ὠφελίᾳ ἐκινδυνεύετο, ἧς τοῦ μὲν ἔργου μέρος μετέσχετε, τοῦ δὲ λόγου μὴ παντός, εἴ τι ὠφελεῖ, στερισκώμεθα. (3) Ῥηθήσεται δὲ οὐ παραιτήσεως μᾶλλον ἕνεκα ἢ μαρτυρίου καὶ δηλώσεως πρὸς οἵαν πόλιν ὑμῖν μὴ εὖ βουλευομένοις ὁ ἀγὼν καταστήσεται. (4) Φαμὲν γὰρ Μαραθῶνί τε μόνοι προκινδυνεῦσαι τῷ βαρβάρῳ, καὶ ὅτε τὸ ὕστερον ἦλθεν, οὐχ ἱκανοὶ ὄντες κατὰ γῆν ἀμύνεσθαι, ἐσβάντες ἐς τὰς ναῦς πανδημεὶ ἐν Σαλαμῖνι ξυνναυμαχῆσαι, ὅπερ ἔσχε μὴ κατὰ πόλεις αὐτὸν ἐπιπλέοντα τὴν Πελοπόννησον πορθεῖν, ἀδυνάτων ἂν ὄντων πρὸς ναῦς πολλὰς ἀλλήλοις ἐπιβοηθεῖν. (5) Τεκμήριον δὲ μέγιστον αὐτὸς ἐποίησεν· νικηθεὶς γὰρ ταῖς ναυσὶν ὡς οὐκέτι αὐτῷ ὁμοίας οὔσης τῆς δυνάμεως κατὰ τάχος τῷ πλέονι τοῦ στρατοῦ ἀνεχώρησεν.

LXXIV. « Τοιούτου μέντοι ξυμβάντος τούτου, καὶ σαφῶς δηλωθέντος ὅτι ἐν ταῖς ναυσὶ τῶν Ἑλλήνων τὰ πράγματα ἐγένετο, τρία τὰ ὠφελιμώτατα ἐς αὐτὸ παρεσχόμεθα, ἀριθμόν τε νεῶν πλεῖστον καὶ ἄνδρα στρατηγὸν ξυνετώτατον καὶ προθυμίαν δοκνοτάτην, ναῦς μέν γε ἐς τὰς τετρακοσίας ὀλίγῳ ἐλάσσους δύο μοιρῶν, Θεμιστοκλέα δὲ ἄρχοντα, ὃς αἰτιώτατος ἐν τῷ στενῷ ναυμαχῆσαι ἐγένετο, ὅπερ σαφέστατα ἔσωσε τὰ πράγματα, καὶ αὐτὸν διὰ τοῦτο ὑμεῖς δὴ μάλιστα ἐτιμήσατε ἄνδρα ξένον τῶν ὡς ὑμᾶς ἐλθόντων. (2) Προθυμίαν δὲ καὶ πολὺ τολμηροτάτην ἐδείξαμεν, οἵ γε, ἐπειδὴ ἡμῖν κατὰ γῆν οὐδεὶς ἐβοήθει, τῶν ἄλλων ἤδη μέχρι ἡμῶν δουλευόντων ἠξιώσαμεν ἐκλιπόντες τὴν πόλιν καὶ τὰ οἰκεῖα διαφθείραντες μηδ' ὣς τὸ τῶν περιλοίπων ξυμμάχων κοινὸν προλιπεῖν, μηδὲ σκεδασθέντες ἀχρεῖοι αὐτοῖς γενέσθαι, ἀλλ' ἐσβάντες ἐς τὰς ναῦς κινδυνεῦσαι καὶ μὴ ὀργισθῆναι ὅτι ἡμῖν οὐ προετιμωρήσατε. (3) Ὥστε φαμὲν οὐχ ἧσσον αὐτοὶ ὠφελῆσαι ὑμᾶς ἢ τυχεῖν τούτου. Ὑμεῖς μὲν γὰρ ἀπό τε οἰκουμένων τῶν πόλεων καὶ ἐπὶ τῷ τὸ λοιπὸν νέμεσθαι, ἐπειδὴ ἐδείσατε ὑπὲρ ὑμῶν καὶ οὐχ ἡμῶν τὸ πλέον, ἐβοηθήσατε (ὅτε γοῦν ἦμεν ἔτι σῶοι, οὐ παρεγένεσθε)· ἡμεῖς δὲ ἀπό τε τῆς οὐκ οὔσης ἔτι ὁρμώμενοι καὶ ὑπὲρ τῆς ἐν βραχείᾳ ἐλπίδι οὔσης κινδυνεύοντες ξυνεσώσαμεν ὑμᾶς τε τὸ μέρος καὶ ἡμᾶς αὐτούς. (4) Εἰ δὲ προσεχωρήσαμεν πρότερον τῷ Μήδῳ, δείσαντες ὥσπερ καὶ ἄλλοι περὶ τῇ χώρᾳ, ἢ μὴ ἐτολμήσαμεν ὕστερον ἐσβῆναι ἐς τὰς ναῦς ὡς διεφθαρμένοι, οὐδὲν ἂν ἔτι ἔδει ὑμᾶς μὴ ἔχοντας ναῦς ἱκανὰς ναυμαχεῖν, ἀλλὰ καθ' ἡσυχίαν ἂν αὐτῷ προεχώρησε τὰ πράγματα ᾗ ἐβούλετο.

LXXV. « Ἆρ' ἄξιοί ἐσμεν, ὦ Λακεδαιμόνιοι, καὶ προθυμίας ἕνεκα τῆς τότε καὶ γνώμης ξυνέσεως ἀρχῆς γε ἧς ἔχομεν τοῖς Ἕλλησι μὴ οὕτως ἄγαν ἐπιφθόνως διακεῖσθαι; (2) καὶ γὰρ αὐτὴν τήνδ' ἐλάβομεν οὐ βια-

nere, quæ peperimus, et nostram civitatem dignam esse, cujus ratio habeatur. (2) Ac pervetusta quidem quid opus est recensere, quorum ipsi rumores de illis sparsi potius sunt testes, quam oculi eorum, qui hæc sunt audituri? sed res bello Medico gestas, et quæcunque nobiscum novistis ipsi, quamvis molestiora sint futura, si ea semper jactemus, commemorare est necesse. Etenim quum illa gerebamus, propter communem utilitatem pericula subibamus, cujus re quidem ipsa participes fuistis, commemoratione vero omni, si quid prosit, privari nos par non est. (3) Hæc autem dicentur non tam, ut nos excusemus, quam ut testemur et doceamus, adversus qualem civitatem vobis consilium minus bonum ineuntibus certamen sit futurum. (4) Prædicamus enim, solos nos in campis Marathoniis magno cum periculo adversus barbarum propugnasse, et, quum iterum venisset, quia terra ipsum propulsare non poteramus, universos nos navibus conscensis ad Salaminem communiter prœlium navale commisisse; quæ res illum impedivit, ne, infesta classe singulas urbes petens, Peloponnesum vastaret, quum adversus ingentem classem mutuis auxiliis se juvare non possent. (5) Maximum vero hujus rei documentum ipse dedit; nam classe victus, tamquam potentiam parem non amplius haberet, cum majore copiarum parte, celeritate, quanta maxima potuit, se recepit.

LXXIV. « Quum autem res sic acciderint, quumque citra controversiam patefactum sit Græcorum fortunas in navium præsidio sitas fuisse, tria ad has res utilissima contulimus, et maximum navium numerum, et prudentissimum ducem, et impigerrimam animi promptitudinem, naves quidem ad quadringentas, paulo pauciores duabus totius classis partibus, Themistoclem vero ducem, qui præcipuus auctor fuit, ut navale prœlium in maris angustiis committeretur, quod manifeste res servavit; eique propterea, licet vir esset peregrinus, vos honorem habuistis longe majorem, quam ullis aliis, qui ad vos venerunt. (2) Animi vero ardorem vel longe audacissimum demonstravimus, qui quidem, quum terra nobis nemo opem ferret, et ceteri ad nos usque jam in servitutem concessissent, voluimus urbe relicta et re familiari eversa ne sic quidem reliquorum sociorum communionem deserere, neque dispersi inutiles iis esse, sed in naves ingressi periculum adire, nec succensere, quod nobis auxilium ante non tulissetis. (3) Quamobrem prædicamus nos non minorem utilitatem vobis attulisse, quam quæ nobis contigit. Vos enim ex urbibus vestris integris adhuc atque ut eas in posterum habitaretis, quum vobis magis, quam nobis timuissetis, auxilium tulistis (quo enim tempore adhuc eramus salvi, præsto non fuistis): nos vero ex urbe, quæ jam nulla erat, profecti, et pro ea, de cujus salute perexigua spes erat, periculis nos objicientes, et vos pro parte virili et nos ipsos una servavimus. (4) Sed si Medis ante nos adjunxissemus, agro nostro, ut et alii, timentes, aut si postea naves conscendere ausi non essemus, ut profligati, non sane erat necesse, vos, qui classem satis firmam non habebatis, navali prœlio amplius certare, sed sine certamine res barbaro ex animi sententia successissent.

LXXV. « Dignine igitur sumus, Lacedæmonii, et propter animi alacritatem, quam tunc demonstravimus, et consilii prudentiam, qui imperii nomine, quod obtinemus, Græcis haud adeo vehementer invisi simus? (2) Namque hoc ipsum

σάμενοι, ἀλλ' ὑμῶν μὲν οὐκ ἐθελησάντων παραμεῖναι πρὸς τὰ ὑπόλοιπα τοῦ βαρβάρου, ἡμῖν δὲ προσελθόντων τῶν ξυμμάχων καὶ αὐτῶν δεηθέντων ἡγεμόνας καταστῆναι· (3) ἐξ αὐτοῦ δὲ τοῦ ἔργου κατηναγκάσθημεν τὸ πρῶτον προαγαγεῖν αὐτὴν ἐς τόδε, μάλιστα μὲν ὑπὸ δέους, ἔπειτα δὲ καὶ τιμῆς, ὕστερον καὶ ὠφελίας. (4) Καὶ οὐκ ἀσφαλὲς ἔτι ἐδόκει εἶναι τοῖς πολλοῖς ἀπηχθημένους, καί τινων καὶ ἤδη ἀποστάντων κατεστραμμένων, ὑμῶν τε ἡμῖν οὐκέτι ὁμοίως φίλων ἀλλ' ὑπόπτων καὶ διαφόρων ὄντων, ἀνέντας κινδυνεύειν· καὶ γὰρ ἂν αἱ ἀποστάσεις πρὸς ὑμᾶς ἐγίγνοντο. (5) Πᾶσι δὲ ἀνεπίφθονον τὰ ξυμφέροντα τῶν μεγίστων πέρι κινδύνων εὖ τίθεσθαι.

LXXVI. « Ὑμεῖς γοῦν ὦ Λακεδαιμόνιοι τὰς ἐν τῇ Πελοποννήσῳ πόλεις ἐπὶ τὸ ὑμῖν ὠφέλιμον καταστησάμενοι ἐξηγεῖσθε· καὶ εἰ τότε ὑπομείναντες διὰ παντὸς ἀπήχθησθε ἐν τῇ ἡγεμονίᾳ ὥσπερ ἡμεῖς, εὖ ἴσμεν μὴ ἂν ἧσσον ὑμᾶς λυπηροὺς γενομένους τοῖς ξυμμάχοις καὶ ἀναγκασθέντας ἂν ἢ ἄρχειν ἐγκρατῶς ἢ αὐτοὺς κινδυνεύειν. (2) Οὕτως οὐδ' ἡμεῖς θαυμαστὸν οὐδὲν πεποιήκαμεν οὐδ' ἀπὸ τοῦ ἀνθρωπείου τρόπου, εἰ ἀρχήν τε διδομένην ἐδεξάμεθα, καὶ ταύτην μὴ ἀνεῖμεν ὑπὸ τῶν μεγίστων νικηθέντες, τιμῆς καὶ δέους καὶ ὠφελίας, οὐδ' αὖ πρῶτοι τοῦ τοιούτου ὑπάρξαντες, ἀλλ' ἀεὶ καθεστῶτος τὸν ἥσσω ὑπὸ τοῦ δυνατωτέρου κατείργεσθαι, ἄξιοί τε ἅμα νομίζοντες εἶναι, καὶ ὑμῖν δοκοῦντες μέχρι οὗ τὰ ξυμφέροντα λογιζόμενοι τῷ δικαίῳ λόγῳ νῦν χρῆσθε, ὃν οὐδείς πω παρατυχὸν ἰσχύϊ τι κτήσασθαι προθεὶς τοῦ μὴ πλέον ἔχειν ἀπετράπετο. (3) Ἐπαινεῖσθαί τε ἄξιοι οἵτινες χρησάμενοι τῇ ἀνθρωπείᾳ φύσει ὥστε ἑτέρων ἄρχειν, δικαιότεροι ἢ κατὰ τὴν ὑπάρχουσαν δύναμιν γεγένηνται. (4) Ἄλλους γ' ἂν οὖν οἰόμεθα τὰ ἡμέτερα λαβόντας δεῖξαι ἂν μάλιστα εἴ τι μετριάζομεν· ἡμῖν δὲ καὶ ἐκ τοῦ ἐπιεικοῦς ἀδοξία τὸ πλέον ἢ ἔπαινος οὐκ εἰκότως περιέστη.

LXXVII. « Καὶ ἐλασσούμενοι γὰρ ἐν ταῖς ξυμβολαίαις πρὸς τοὺς ξυμμάχους δίκαις καὶ παρ' ἡμῖν αὐτοῖς ἐν τοῖς ὁμοίοις νόμοις ποιήσαντες τὰς κρίσεις φιλοδικεῖν δοκοῦμεν. (2) Καὶ οὐδεὶς σκοπεῖ αὐτῶν τοῖς καὶ ἄλλοθί που ἀρχὴν ἔχουσι καὶ ἧσσον ἡμῶν πρὸς τοὺς ὑπηκόους μετρίοις οὖσι διότι τοῦτο οὐκ ὀνειδίζεται· βιάζεσθαι γὰρ οἷς ἂν ἐξῇ, δικάζεσθαι οὐδὲν προσδέονται. (3) Οἱ δὲ εἰθισμένοι πρὸς ἡμᾶς ἀπὸ τοῦ ἴσου ὁμιλεῖν, ἤν τι παρὰ τὸ μὴ οἴεσθαι χρῆναι ἢ γνώμῃ ἢ δυνάμει τῇ διὰ τὴν ἀρχὴν καὶ ὁπωσοῦν ἐλασσωθῶσιν, οὐ τοῦ πλέονος μὴ στερισκόμενοι χάριν ἔχουσιν, ἀλλὰ τοῦ ἐνδεοῦς χαλεπώτερον φέρουσιν ἢ εἰ ἀπὸ πρώτης ἀποθέμενοι τὸν νόμον φανερῶς ἐπλεονεκτοῦμεν. Ἐκείνως δ' οὐδ' ἂν αὐτοὶ ἀντέλεγον ὡς οὐ χρεὼν τὸν ἥσσω τῷ κρατοῦντι ὑποχωρεῖν. (4) Ἀδικούμενοί τε, ὡς ἔοικεν, οἱ ἄνθρωποι μᾶλλον ὀργίζονται ἢ βιαζόμενοι· τὸ μὲν γὰρ ἀπὸ τοῦ ἴσου δοκεῖ πλεονεκτεῖσθαι, τὸ δ' ἀπὸ τοῦ κρείσσονος καταναγκάζεσθαι. (5) Ὑπὸ γοῦν τοῦ Μήδου δεινότερα τούτων πάσχοντες ἠνείχοντο, ἡ δὲ ἡμετέρα ἀρχὴ χαλεπὴ

accepimus non per vim, sed quia et vos ad persequendas reliquias belli contra barbarum gerendi remanere nolueratis, et quia socii ad nos accesserunt et nos ipsi orarunt, ut duces esse vellemus. (3) Itaque coacti sumus ipsa re imperium in hunc statum primum perducere, praecipue quidem prae metu, deinde vero, honoris etiam causa, postremo etiam utilitatis gratia. (4) Nec amplius tutum nobis esse videbatur, quum plerisque invisi essemus atque etiam nonnullos, qui defecerant, jam subegissemus, vosque nobis non amplius aeque essetis amici, sed suspiciosi et adversi, imperio deposito periclitari; nam qui a nobis defecissent, vobis se adjunxissent. (5) Nec ulli mortalium est invidendum, si in maximis periculis constitutus suis rationibus prospiciat, quam optime potest.

LXXVI. « Et vero vos, Lacedaemonii, civitatibus, quae sunt in Peloponneso, imperatis, ea reipublicae administrandae forma in singulis constituta, quam vobis conducere putatis. Ac si tunc in imperio semper permanentes, hominum odia vobis contraxissetis, quemadmodum nos, certo scimus, vos non minus molestos sociis futuros fuisse, et in necessitatem venturos, ut aut strenue imperium exerceretis, aut ipsi periclitaremini. (2) Ita ne nos quidem mirum quicquam aut ab humanitate alienum fecimus, si imperium oblatum accepimus, idque non deponimus gravissimis rebus coacti, honore et metu et utilitate, neque vero primi hujus exempli auctores exorti, sed perpetuo naturae jure constituto, ut imbecillior a potentiore coerceatur, et dignos simul nos esse putantes, id quod vobis quoque videbatur ad hoc usque tempus, quo utilitatis rationem ducentes quodam aequitatis praetextu utimini, quam nemo unquam, quoties rei per vim parandae occasio sese ipsi obtulit, anteponens a rebus suis amplificandis est deterritus. (3) Dignique sunt laude, qui humanum ingenium secuti et ita imperium adepti aequiores fuerunt quam imperii, quod obtinebant, magnitudo ferret. (4) Itaque alios quidem putamus, si hoc nostro imperio potirentur, manifestissime declaraturos, num modeste nos geramus; nobis vero ex hac nostra modestia vituperationis plus quam laudis immerito accidit.

LXXVII. « Etenim in causis, quae de contractu cum sociis sunt, deteriore antea conditione utentes, postquam instituimus, ut apud nos ipsos aequis legibus judicia fiant, litigiosi esse videmur. (2) Nec eorum quisquam considerat, cur hoc ipsum crimen non objiciatur iis etiam, qui usquam alibi imperium habent, et quiin subditos minus modeste se gerunt, quam nos; iis enim, qui rei per vim gerendae potestatem habent, nullis judiciis est opus. (3) At illi assueti jam aequo jure nobiscum disceptare, si quid iis vel nostro judicio, vel propter imperii potentiam, vel etiam quomodocumque, fuerit detractum, quod ipsi sibi non detrahendum putarint, non habent gratiam de pluribus non ereptis; sed modicum illud, quod detractum est, gravius ferunt, quam si statim ab initio, deposito juris instituto, aperte nostrum commodum quaesissemus. Illo enim modo ne ipsi quidem contradicere potuissent, quin oporteat inferiorem superiori cedere; (4) et injuria, ut videtur, quum afficiuntur homines, magis indignantur, quam quum vim patiuntur; illud enim a pari profectum propter plus habendi cupiditatem fieri videtur; hoc vero a potentiore, videtur inevitabilem necessitatem habere. (5) Idcirco etiam a Medo quamvis his graviora paterentur, tolerabant; at nostrum imperium durum

δοκεῖ εἶναι, εἰκότως· τὸ παρὸν γὰρ ἀεὶ βαρὺ τοῖς ὑπηκόοις. (6) Ὑμεῖς γ' ἂν οὖν εἰ καθελόντες ἡμᾶς ἄρξαιτε, τάχ' ἂν τὴν εὔνοιαν ἣν διὰ τὸ ἡμέτερον δέος εἰλήφατε μεταβάλοιτε, εἴπερ οἷα καὶ τότε πρὸς τὸν Μῆδον δι' ὀλίγου ἡγησάμενοι ὑπεδείξατε, ὁμοῖα καὶ νῦν γνώσεσθε. Ἄμικτα γὰρ τά τε καθ' ὑμᾶς αὐτοὺς νόμιμα τοῖς ἄλλοις ἔχετε, καὶ προσέτι εἷς ἕκαστος ἐξιὼν οὔτε τούτοις χρῆται οὔθ' οἷς ἡ ἄλλη Ἑλλὰς νομίζει.

LXXVIII. « Βουλεύεσθε οὖν βραδέως ὡς οὐ περὶ βραχέων, καὶ μὴ ἀλλοτρίαις γνώμαις καὶ ἐγκλήμασι πεισθέντες οἰκεῖον πόνον προσθῆσθε, τοῦ δὲ πολέμου τὸν παράλογον, ὅσος ἐστί, πρὶν ἐν αὐτῷ γενέσθαι προδιάγνωτε· (2) μηκυνόμενος γὰρ φιλεῖ ἐς τύχας τὰ πολλὰ περιίστασθαι, ὧν ἴσον τε ἀπέχομεν καὶ ὁποτέρως ἔσται ἐν ἀδήλῳ κινδυνεύεται. (3) Ἰόντες τε οἱ ἄνθρωποι ἐς τοὺς πολέμους τῶν ἔργων πρότερον ἔχονται, ἃ χρῆν ὕστερον δρᾶν, κακοπαθοῦντες δὲ ἤδη τῶν λόγων ἅπτονται. (4) Ἡμεῖς δὲ ἐν οὐδεμιᾷ πω τοιαύτῃ ἁμαρτίᾳ ὄντες οὔτ' αὐτοὶ οὔθ' ὑμᾶς ὁρῶντες λέγομεν ὑμῖν, ἕως ἔτι αὐθαίρετος ἀμφοτέροις ἡ εὐβουλία, σπονδὰς μὴ λύειν μηδὲ παραβαίνειν τοὺς ὅρκους, τὰ δὲ διάφορα δίκῃ λύεσθαι κατὰ τὴν ξυνθήκην. Ἢ θεοὺς τοὺς ὁρκίους μάρτυρας ποιούμενοι πειρασόμεθα ἀμύνεσθαι πολέμου ἄρχοντας ταύτῃ ᾗ ἂν ὑφηγῆσθε. »

LXXIX. Τοιαῦτα δὲ οἱ Ἀθηναῖοι εἶπον. Ἐπειδὴ δὲ τῶν τε ξυμμάχων ἤκουσαν οἱ Λακεδαιμόνιοι τὰ ἐγκλήματα τὰ ἐς τοὺς Ἀθηναίους καὶ τῶν Ἀθηναίων ἃ ἔλεξαν, μεταστησάμενοι πάντας ἐβουλεύοντο κατὰ σφᾶς αὐτοὺς περὶ τῶν παρόντων. (2) Καὶ τῶν μὲν πλειόνων ἐπὶ τὸ αὐτὸ αἱ γνῶμαι ἔφερον, ἀδικεῖν τε τοὺς Ἀθηναίους ἤδη καὶ πολεμητέα εἶναι ἐν τάχει· παρελθὼν δὲ Ἀρχίδαμος ὁ βασιλεὺς αὐτῶν, ἀνὴρ καὶ ξυνετὸς δοκῶν εἶναι καὶ σώφρων, ἔλεξε τοιάδε.

LXXX. « Καὶ αὐτὸς πολλῶν ἤδη πολέμων ἔμπειρός εἰμι, ὦ Λακεδαιμόνιοι, καὶ ὑμῶν τοὺς ἐν τῇ αὐτῇ ἡλικίᾳ ὁρῶ, ὥστε μήτε ἀπειρίᾳ ἐπιθυμῆσαί τινα τοῦ ἔργου, ὅπερ ἂν οἱ πολλοὶ πάθοιεν, μήτε ἀγαθὸν καὶ ἀσφαλὲς νομίσαντα. (2) Εὕροιτε δ' ἂν τόνδε περὶ οὗ νῦν βουλεύεσθε οὐκ ἂν ἐλάχιστον γενόμενον, εἰ σωφρόνως τις αὐτὸν ἐκλογίζοιτο. (3) Πρὸς μὲν γὰρ τοὺς Πελοποννησίους καὶ ἀστυγείτονας παρόμοιος ἡμῶν ἡ ἀλκή, καὶ διὰ ταχέων οἷόντε ἐφ' ἕκαστα ἐλθεῖν· πρὸς δὲ ἄνδρας οἳ γῆν τε ἑκὰς ἔχουσι καὶ προσέτι θαλάσσης ἐμπειρότατοί εἰσι καὶ τοῖς ἄλλοις ἅπασιν ἄριστα ἐξήρτυνται, πλούτῳ τε ἰδίῳ καὶ δημοσίῳ καὶ ναυσὶ καὶ ἵπποις καὶ ὅπλοις καὶ ὄχλῳ ὅσος οὐκ ἐν ἄλλῳ ἑνί γε χωρίῳ Ἑλληνικῷ ἐστίν, ἔτι δὲ καὶ ξυμμάχους πολλοὺς φόρου ὑποτελεῖς ἔχουσι, πῶς χρὴ πρὸς τούτους ῥᾳδίως πόλεμον ἄρασθαι καὶ τίνι πιστεύσαντας ἀπαρασκεύους ἐπειχθῆναι; (4) Πότερον ταῖς ναυσίν; ἀλλ' ἥσσους ἐσμέν· εἰ δὲ μελετήσομεν καὶ ἀντιπαρασκευασόμεθα, χρόνος ἐνέσται. Ἀλλὰ τοῖς χρήμασιν; ἀλλὰ πολλῷ ἔτι πλέον τούτου ἐλλείπομεν καὶ οὔτε ἐν κοινῷ ἔχομεν οὔτε ἑτοίμως ἐκ τῶν ἰδίων φέρομεν.

esse videtur, nec immerito; nam præsens rerum status semper gravis est subditis. (6) Itaque vos ipsi, si eversis nostris rebus imperium gereretis, profecto benevolentiam, quam propter nostri metum suscepistis, commutatis hominum studiis amitteretis, si quidem nunc quoque talia vobis facienda censebitis, qualia vel tunc exiguo illo tempore edidistis, quo in bello contra Medum gerendo præfuistis. Vestra enim et inter vos instituta vehementer a ceteris abhorrent, et unus quisque de vobis peregre proficiscens neque his utitur, neque illis, quibus reliqua Græcia solet uti.

LXXVIII. « Quare lente consultate utpote de rebus non parvis, neque alienis consiliis et criminationibus inducti proprium laborem vobis imponatis. Incertos autem belli eventus, eorumque magnitudinem, antequam in ipso versemini, animo præcipite. (2) Bellum enim, quod producitur, plerumque casus varios habere solet, a quibus et pariter absumus, et utro modo res sit cessura, periculosa alea tentatur. (3) Et homines plerique, quum ad bellum proficiscuntur, ipsas res prius aggrediuntur, quas postea gerere oportebat, et quum malis jam premuntur, consultationibus utuntur. (4) Nos igitur quum neque ipsi adhuc in ulla hujusmodi culpa simus, neque vos in ea esse videamus, suademus vobis, dum liberum utrisque est, recte consultare, ne fœdera frangatis, neve jusjurandum violetis, sed controversias judicio dirimatis ex fœderis pacto. Alioqui deos fœderum ac jurisjurandi præsides contestati, vos si bello nos lacessatis, propulsare conabimur, quacunque præiveritis. »

LXXIX. Hæc Athenienses dixerunt. Postquam autem Lacedæmonii audierunt sociorum querelas adversus Athenienses et quæ Athenienses dixerant, summotis omnibus, inter se ipsos de rebus præsentibus consultare cœperunt. (2) Atque major illorum pars consentiens eamdem ferebant sententiam, Athenienses jam injuste agere, et quamprimum bellum esse faciendum. Archidamus vero ipsorum rex, qui et prudens et modestus vir esse videbatur, in medium progressus hanc habuit orationem.

LXXX. « Et ipse, Lacedæmonii, multorum jam bellorum sum peritus, et item peritos illos de vobis video, qui sunt eadem ætate, ita ut neque propter imperitiam belli quisquam cupidus sit futurus, id quod multis vulgo acciderit, neque propterea, quod id bonum ac tutum judicet. (2) Intelligatis autem hoc, de quo nunc consultatis, bellum non minimum fore, si quis id sapienter perpenderit. (3) Nam adversus quidem Peloponnesios et finitimos nostræ vires sunt prope pares, et cito in locum quemque pervenire possumus; sed adversus viros, qui et agrum procul incolunt, et præterea rerum maritimarum sunt peritissimi, et ceteris omnibus rebus optime sunt instructi, et privatis et publicis opibus et navibus et equis et armis et hominum copia, quanta non in alia una Græciæ civitate est, et præterea multos socios vectigales habent, quo tandem modo bellum adversus hos facile suscipere oportet? et qua re fretos, quum simus imparati, exsurgere? (4) Utrum classe? At hac inferiores sumus; si vero ei parandæ operam dabimus, et nos adversus illos instruemus, tempus intercedet. Sed fortasse pecunia? At ista multo etiam magis impares sumus, et nec in ærario habemus, neque a privatis prompte sumimus.

LXXXI. « Τάχ' ἄν τις θαρσοίη ὅτι τοῖς ὅπλοις αὐτῶν καὶ τῷ πλήθει ὑπερφέρομεν, ὥστε τὴν γῆν δηοῦν ἐπιφοιτῶντες. (2) Τοῖς δὲ ἄλλη γῆ ἐστὶ πολλὴ ἧς ἄρχουσιν, καὶ ἐκ θαλάσσης ὧν δέονται ἐπάξονται. (3) Εἰ δ' αὖ τοὺς ξυμμάχους ἀφιστάναι πειρασόμεθα, δεήσει καὶ τούτοις ναυσὶ βοηθεῖν τὸ πλέον οὖσι νησιώταις. (4) Τίς οὖν ἔσται ἡμῶν ὁ πόλεμος; εἰ μὴ γὰρ ἢ ναυσὶ κρατήσομεν ἢ τὰς προσόδους ἀφαιρήσομεν ἀφ' ὧν τὸ ναυτικὸν τρέφουσι, βλαψόμεθα τὰ πλέω. (5) Κἂν τούτῳ οὐδὲ καταλύεσθαι ἔτι καλόν, ἄλλως τε καὶ εἰ δόξομεν ἄρξαι μᾶλλον τῆς διαφορᾶς. (6) Μὴ γὰρ δὴ ἐκείνῃ γε τῇ ἐλπίδι ἐπαιρώμεθα ὡς ταχὺ παυθήσεται ὁ πόλεμος ἢν τὴν γῆν αὐτῶν τάμωμεν. Δέδοικα δὲ μᾶλλον μὴ καὶ τοῖς παισὶν αὐτὸν ὑπολίπωμεν· οὕτως εἰκὸς Ἀθηναίους φρονήματι μήτε τῇ γῇ δουλεῦσαι μήτε ὥσπερ ἀπείρους καταπλαγῆναι τῷ πολέμῳ.

LXXXII. « Οὐ μὴν οὐδὲ ἀναισθήτως αὐτοὺς κελεύω τούς τε ξυμμάχους ἡμῶν ἐᾶν βλάπτειν καὶ ἐπιβουλεύοντας μὴ καταφωρᾶν, ἀλλὰ ὅπλα μὲν μήπω κινεῖν, πέμπειν δὲ καὶ αἰτιᾶσθαι μήτε πόλεμον ἄγαν δηλοῦντας μήθ' ὡς ἐπιτρέψομεν, κἂν τούτῳ καὶ τὰ ἡμέτερ' αὐτῶν ἐξαρτύεσθαι ξυμμάχων τε προσαγωγῇ καὶ Ἑλλήνων καὶ βαρβάρων, εἴ ποθέν τινα ἢ ναυτικοῦ ἢ χρημάτων δύναμιν προσληψόμεθα (ἀνεπίφθονον δέ, ὅσοι ὥσπερ καὶ ἡμεῖς ὑπ' Ἀθηναίων ἐπιβουλευόμεθα, μὴ Ἕλληνας μόνον ἀλλὰ καὶ βαρβάρους προσλαβόντας διασωθῆναι), καὶ τὰ αὐτῶν ἅμα ἐκποριζώμεθα. (2) Καὶ ἢν μὲν ἐσακούσωσί τι πρεσβευομένων ἡμῶν, ταῦτα ἄριστα· ἢν δὲ μή, διελθόντων ἐτῶν καὶ δύο καὶ τριῶν ἄμεινον ἤδη, ἢν δοκῇ, πεφραγμένοι ἴμεν ἐπ' αὐτούς. (3) Καὶ ἴσως ὁρῶντες ἡμῶν ἤδη τήν τε παρασκευὴν καὶ τοὺς λόγους αὐτῇ ὁμοῖα ὑποσημαίνοντας μᾶλλον ἂν εἴκοιεν, καὶ γῆν ἔτι ἄτμητον ἔχοντες καὶ περὶ παρόντων ἀγαθῶν καὶ οὔπω ἐφθαρμένων βουλευόμενοι. (4) Μὴ γὰρ ἄλλο τι νομίσητε τὴν γῆν αὐτῶν ἢ ὅμηρον ἔχειν, καὶ οὐχ ἧσσον ὅσῳ ἄμεινον ἐξείργασται· ἧς φείδεσθαι χρὴ ὡς ἐπὶ πλεῖστον, καὶ μὴ ἐς ἀπόνοιαν καταστήσαντας αὐτοὺς ἀληπτοτέρους ἔχειν. (5) Εἰ γὰρ ἀπαράσκευοι τοῖς τῶν ξυμμάχων ἐγκλήμασιν ἐπειχθέντες τεμοῦμεν αὐτήν, ὁρᾶτε ὅπως μὴ αἴσχιον καὶ ἀπορώτερον τῇ Πελοποννήσῳ πράξομεν. (6) Ἐγκλήματα μὲν γὰρ καὶ πόλεων καὶ ἰδιωτῶν οἷόν τε καταλῦσαι· πόλεμον δὲ ξύμπαντας ἀραμένους ἕνεκα τῶν ἰδίων, ὃν οὐχ ὑπάρχει εἰδέναι καθ' ὅ τι χωρήσει, οὐ ῥᾴδιον εὐπρεπῶς θέσθαι.

LXXXIII. « Καὶ ἀνανδρία μηδενὶ πολλοὺς μιᾷ πόλει μὴ ταχὺ ἐπελθεῖν δοκείτω εἶναι. (2) Εἰσὶ γὰρ καὶ ἐκείνοις οὐκ ἐλάσσους χρήματα φέροντες ξύμμαχοι, καὶ ἔστιν ὁ πόλεμος οὐχ ὅπλων τὸ πλέον ἀλλὰ δαπάνης, δι' ἣν τὰ ὅπλα ὠφελεῖ, ἄλλως τε καὶ ἠπειρώταις πρὸς θαλασσίους. (3) Πορισώμεθα οὖν πρῶτον αὐτήν, καὶ μὴ τοῖς τῶν ξυμμάχων λόγοις πρότερον ἐπαιρώμεθα, οἵπερ δὲ καὶ τῶν ἀποβαινόντων τὸ πλέον ἐπ' ἀμφότερα

LXXXI. « Confidat forsitan aliquis, quod armis et hominum multitudine illos superemus, ut illorum agrum incursionibus vastare possimus. (2) At illis est etiam alius ager longe lateque patens, quem in sua ditione habent, et res, quibus indigebunt, per mare importabunt. (3) Quod si horum socios ad defectionem sollicitare conabimur, his etiam classe auxilium ferre oportebit, quoniam major pars insulas incolit. (4) Quodnam igitur erit hoc nostrum bellum? Nam nisi aut classe erimus superiores, aut illorum vectigalia, unde classes alunt, subtrahemus, plus damni capiemus. (5) Atque in hoc rerum statu ne honestum quidem amplius fuerit bellum deponere, præsertim si nos dissidii auctores præcipui fuisse videbimur. (6) Neque enim vero illa spe efferamur, hoc bellum cito sedatum iri, si agrum ipsorum vastaverimus. Imo vero vereor, ne liberis etiam nostris ipsum relinquamus: adeo verisimile est, ut Athenienses pro animi magnitudine neque agro serviant, neque tamquam imperiti bello consternentur.

LXXXII. « Verumtamen non sum adeo hebeti animo, ut jubeam vos pati et nostros socios lædi et insidiantes non deprehendere, sed jubeo arma quidem nondum movere, at legatos mittere et expostulare, ita tamen, ut neque nimis aperte bellum declaremus, neque nos illis concessuros, interea vero nostras ipsorum res parare, et socios, tam Græcos, quam barbaros, conciliare, si forte vel classis, vel pecuniæ vires aliquas alicunde nobis præterea adjungere possimus (neque vero vitio vertendum, si qui, ut nos, ab Atheniensibus insidiis petiti salutis suæ causa non solum Græcos, sed etiam barbaros sibi adjunxerint), et simul etiam nostras fortunas expediamus. (2) Quod si nostros legatos audierint, hoc erit optimum; sin minus, duorum triumve annorum elapsorum spatio jam melius instructi bellum illis, si visum fuerit, inferemus. (3) Et fortasse, si nostros apparatus jam cernant, et verba ipsis idem significantia, facilius cedant, et agrum adhuc integrum habentes, et de præsentibus bonis, et nondum corruptis deliberantes. (4) Nihil enim aliud, si agrum eorum habeatis, quam obsidem habere putetis, atque eo magis, quo melius est cultus; cui quam diutissime parcere oportet, neque illos, ad desperationem compulsos, expugnatu difficiliores reddere. (5) Si enim imparati, sociorum criminationibus impulsi, ipsum vastabimus, videte, ne plus etiam dedecoris ac damni Peloponneso afferamus. (6) Nam criminationes quidem, et publicæ et privatæ, tolli possunt; bellum vero, quod privatorum causa ab universis est susceptum, quod quorsum evasurum sit sciri non potest, non facile est honeste deponere.

LXXXIII. « Neque cuiquam ignavia videatur esse, quod multi unicam civitatem celeriter non invadant. (2) Sunt enim et illis non pauciores socii, qui tributa pendunt, nec magis armorum bellum est, quam sumptus, propter quem ipsa arma sunt utilia, præcipue vero hominibus mediterraneis adversus maritimos. (3) Primum igitur hunc paremus, neque sociorum verbis prius efferamur; et vero qui eorum, quæ sunt eventura, famam in utramque partem præter cete-

τῆς αἰτίας ἕξομεν, οὗτοι καὶ καθ' ἡσυχίαν τι αὐτῶν προΐδωμεν.

LXXXIV. « Καὶ τὸ βραδὺ καὶ μέλλον, ὃ μέμφονται μάλιστα ἡμῶν, μὴ αἰσχύνεσθε. Σπεύδοντές τε γὰρ σχολαίτερον ἂν παύσαισθε διὰ τὸ ἀπαράσκευοι ἐγχειρεῖν· καὶ ἅμα ἐλευθέραν καὶ εὐδοξοτάτην πόλιν διὰ παντὸς νεμόμεθα, (2) καὶ δύναται μάλιστα σωφροσύνη ἔμφρων τοῦτ' εἶναι. Μόνοι γὰρ δι' αὐτὸ εὐπραγίαις τε οὐκ ἐξυβρίζομεν καὶ ξυμφοραῖς ἧσσον ἑτέρων εἴκομεν· τῶν τε ξὺν ἐπαίνῳ ἐξοτρυνόντων ἡμᾶς ἐπὶ τὰ δεινὰ παρὰ τὸ δοκοῦν ἡμῖν οὐκ ἐπαιρόμεθα ἡδονῇ, καὶ ἤν τις ἄρα ξὺν κατηγορίᾳ παροξύνῃ, οὐδὲν μᾶλλον ἀχθεσθέντες ἀνεπείσθημεν. (3) Πολεμικοί τε καὶ εὔβουλοι διὰ τὸ εὔκοσμον γιγνόμεθα, τὸ μὲν ὅτι αἰδὼς σωφροσύνης πλεῖστον μετέχει, αἰσχύνης δὲ εὐψυχία, εὔβουλοι δὲ ἀμαθέστερον τῶν νόμων τῆς ὑπεροψίας παιδευόμενοι καὶ ξὺν χαλεπότητι σωφρονέστερον ἢ ὥστε αὐτῶν ἀνηκουστεῖν, καὶ μὴ τὰ ἀχρεῖα ξυνετοὶ ἄγαν ὄντες, τὰς τῶν πολεμίων παρασκευὰς λόγῳ καλῶς μεμφόμενοι ἀνομοίως ἔργῳ ἐπεξιέναι, νομίζειν δὲ τάς τε διανοίας τῶν πέλας παραπλησίους εἶναι καὶ τὰς προσπιπτούσας τύχας οὐ λόγῳ διαιρετάς. (4) Ἀεὶ δὲ ὡς πρὸς εὖ βουλευομένους τοὺς ἐναντίους ἔργῳ παρασκευαζόμεθα· καὶ οὐκ ἐξ ἐκείνων ὡς ἁμαρτησομένων ἔχειν δεῖ τὰς ἐλπίδας, ἀλλ' ὡς ἡμῶν αὐτῶν ἀσφαλῶς προνοουμένων. Πολύ τε διαφέρειν οὐ δεῖ νομίζειν ἄνθρωπον ἀνθρώπου, κράτιστον δὲ εἶναι ὅστις ἐν τοῖς ἀναγκαιοτάτοις παιδεύεται.

LXXXV. « Ταύτας οὖν ἃς οἱ πατέρες τε ἡμῖν παρέδοσαν μελέτας καὶ αὐτοὶ διὰ παντὸς ὠφελούμενοι ἔχομεν, μὴ παρῶμεν, μηδ' ἐπειχθέντες ἐν βραχεῖ μορίῳ ἡμέρας περὶ πολλῶν σωμάτων καὶ χρημάτων καὶ πόλεων καὶ δόξης βουλεύσωμεν, ἀλλὰ καθ' ἡσυχίαν. Ἔξεστι δ' ἡμῖν μᾶλλον ἑτέρων διὰ ἰσχύν. (2) Καὶ πρὸς τοὺς Ἀθηναίους πέμπετε μὲν περὶ τῆς Ποτιδαίας, πέμπετε δὲ περὶ ὧν οἱ ξύμμαχοί φασιν ἀδικεῖσθαι, ἄλλως τε καὶ ἑτοίμων ὄντων αὐτῶν δίκας δοῦναι· ἐπὶ δὲ τὸν διδόντα οὐ πρότερον νόμιμον ὡς ἐπ' ἀδικοῦντα ἰέναι. Παρασκευάζεσθε δὲ τὸν πόλεμον ἅμα. Ταῦτα γὰρ καὶ κράτιστα βουλεύεσθε καὶ τοῖς ἐναντίοις φοβερώτατα. » (3) Καὶ ὁ μὲν Ἀρχίδαμος τοιαῦτα εἶπεν· παρελθὼν δὲ Σθενελαΐδας τελευταῖος, εἷς τῶν ἐφόρων τότε ὤν, ἔλεξεν ἐν τοῖς Λακεδαιμονίοις ὧδε.

LXXXVI. « Τοὺς μὲν λόγους τοὺς πολλοὺς τῶν Ἀθηναίων οὐ γιγνώσκω· ἐπαινέσαντες γὰρ πολλὰ ἑαυτοὺς οὐδαμοῦ ἀντεῖπον ὡς οὐκ ἀδικοῦσι τοὺς ἡμετέρους ξυμμάχους καὶ τὴν Πελοπόννησον· καίτοι εἰ πρὸς τοὺς Μήδους ἐγένοντο ἀγαθοὶ τότε, πρὸς δ' ἡμᾶς κακοὶ νῦν, διπλασίας ζημίας ἄξιοί εἰσιν, ὅτι ἀντ' ἀγαθῶν κακοὶ γεγένηνται. (2) Ἡμεῖς δὲ ὁμοῖοι καὶ τότε καὶ νῦν ἐσμέν, καὶ τοὺς ξυμμάχους, ἢν σωφρονῶμεν, οὐ περιοψόμεθα ἀδικουμένους οὐδὲ μελλήσομεν τιμωρεῖν· οἱ δ' οὐκέτι μέλλουσι κακῶς πάσχειν. (3) Ἄλλοις μὲν γὰρ χρήματά

---

ros sustinebimus, iidem etiam per otium ea parumper provideamus.

LXXXIV. « Nec tarditatis atque cunctationis, quam in nobis maxime reprehendunt, vos pudeat. Nam si properetis, serius ad finem perventuri estis, quod imparati rem susceperitis; simul etiam liberam et per omnia optima fama ornatam civitatem incolimus, (2) atque potest maxime hoc modestia prudens esse. Soli enim propter hoc ipsum et secundis rebus non sumus insolentes, et adversis minus, quam alii, cedimus. Neque si qui nos cum laudatione ad pericula subeunda instigant præter sententiam nostram, dulcedine ea transversi agimur, et si quis cum vituperatione nos incitet, non magis dolore commoti adsentimur. (3) Et propter modestiam et bellicosi et circumspecti sumus; bellicosi quidem, quia verecundia habet modestiæ plurimum, et fortitudo verecundiæ; circumspecti vero, quia simplicius instituimur, quam ut leges contemnamus, et severitate adhibita modestius, quam ut iis non pareamus; simul etiam ita, ut non propter eximiam aliquam in rebus inanibus sollertiam hostium apparatum verbis magnifice indignantes re ipsa debilius persequamur, sed ut et aliorum cogitationes nostris pares esse, et fortunæ casus oratione dirimi non posse existimemus. (4) Imo semper, ut adversus bene consultos adversarios, re factisque nos præparamus; neque spes nostras in peccatis, quæ forsitan illi commissuri sint, sed in hoc collocare oportet, quod certa ratione nobis prospicimus. Nec existimandum est, multum interesse inter hominem et hominem; illum vero præstantissimum esse qui in maxima necessitate eruditur.

LXXXV. « Has igitur meditationes, quas patres nobis tradiderunt, quæque nobis ipsis, eas perpetuo retinentibus, magno emolumento fuere, ne abjiciamus; neve in exigua diei particula de multis capitibus et pecuniis et urbibus et gloria properantes decernamus, sed per otium. Hoc autem nobis magis, quam aliis licet propter potentiam. (2) Et ad Athenienses mittite de Potidæa; mittite etiam de injuriis, quibus socii se affectos dicunt, præsertim quum ipsi parati sint, jure disceptare; ei vero, qui se judicio offert, bellum ut injuriam facienti prius inferre non licet. Simul etiam bellum parate. Hæc enim si faciatis, consilium et vobis optimum, et adversariis maxime formidandum inhibitis. » (3) Archidamus quidem hæc dixit; Sthenelaidas vero, qui tunc unus erat ex Ephoris, postremus in medium progressus, ita Lacedæmonios est allocutus.

LXXXVI. « Equidem longam Atheniensium orationem non intelligo; nam in suis laudibus prædicandis multi quum essent, nihil tamen contradixerunt, quin injuria nostros socios et Peloponnesum afficiant. Atqui si contra Medos quidem olim boni fuerunt, nunc autem contra nos improbi, duplici pœna sunt digni, quod mali ex bonis sunt effecti. (2) Nos vero iidem et tunc et nunc sumus, neque, si sapimus, socios injuria affici per negligentiam sinemus, neque auxilium mittere cunctabimur; ipsi enim sine ulla cunctatione mala patiuntur. (3) Aliis enim multæ sunt pecuniæ

ἔστι πολλὰ καὶ νῆες καὶ ἵπποι, ἡμῖν δὲ ξύμμαχοι ἀγαθοί, οὓς οὐ παραδοτέα τοῖς Ἀθηναίοις ἐστίν, οὐδὲ δίκαις καὶ λόγοις διακριτέα μὴ λόγῳ καὶ αὐτοὺς βλαπτομένους, ἀλλὰ τιμωρητέα ἐν τάχει καὶ παντὶ σθένει. (4) Καὶ ὡς ἡμᾶς πρέπει βουλεύεσθαι ἀδικουμένους μηδεὶς διδασκέτω, ἀλλὰ τοὺς μέλλοντας ἀδικεῖν μᾶλλον πρέπει πολὺν χρόνον βουλεύεσθαι. (5) Ψηφίζεσθε οὖν ὦ Λακεδαιμόνιοι ἀξίως τῆς Σπάρτης τὸν πόλεμον, καὶ μήτε τοὺς Ἀθηναίους ἐᾶτε μείζους γίγνεσθαι, μήτε τοὺς ξυμμάχους καταπροδιδῶμεν, ἀλλὰ ξὺν τοῖς θεοῖς ἐπίωμεν πρὸς τοὺς ἀδικοῦντας. »

LXXXVII. Τοιαῦτα δὲ λέξας ἐπεψήφιζεν αὐτὸς ἔφορος ὢν ἐς τὴν ἐκκλησίαν τῶν Λακεδαιμονίων. (2) Ὁ δὲ (κρίνουσι γὰρ βοῇ καὶ οὐ ψήφῳ) οὐκ ἔφη διαγιγνώσκειν τὴν βοὴν ὁποτέρα μείζων ἀλλὰ βουλόμενος αὐτοὺς φανερῶς ἀποδεικνυμένους τὴν γνώμην ἐς τὸ πολεμεῖν μᾶλλον ὁρμῆσαι ἔλεξεν « ὅτῳ μὲν ὑμῶν ὦ Λακεδαιμόνιοι δοκοῦσι λελύσθαι αἱ σπονδαὶ καὶ οἱ Ἀθηναῖοι ἀδικεῖν, ἀναστήτω ἐς ἐκεῖνο τὸ χωρίον » δείξας τι χωρίον αὐτοῖς, « ὅτῳ δὲ μὴ δοκοῦσιν, ἐς τὰ ἐπὶ θάτερα. » (3) Ἀναστάντες δὲ διέστησαν, καὶ πολλῷ πλείους ἐγένοντο οἷς ἐδόκουν αἱ σπονδαὶ λελύσθαι. (4) Προσκαλέσαντές τε τοὺς ξυμμάχους εἶπον ὅτι σφίσι μὲν δοκοῖεν ἀδικεῖν οἱ Ἀθηναῖοι, βούλεσθαι δὲ καὶ τοὺς πάντας ξυμμάχους παρακαλέσαντες ψῆφον ἐπαγαγεῖν, ὅπως κοινῇ βουλευσάμενοι τὸν πόλεμον ποιῶνται, ἢν δοκῇ. (5) Καὶ οἱ μὲν ἀπεχώρησαν ἐπ᾽ οἴκου διαπραξάμενοι ταῦτα, οἱ δὲ Ἀθηναίων πρέσβεις ὕστερον ἐφ᾽ ἅπερ ἦλθον χρηματίσαντες, (6) ἡ δὲ διαγνώμη αὕτη τῆς ἐκκλησίας, τοῦ τὰς σπονδὰς λελύσθαι, ἐγένετο ἐν τῷ τετάρτῳ ἔτει καὶ δεκάτῳ τῶν τριακοντουτίδων σπονδῶν προκεχωρηκυιῶν, αἳ ἐγένοντο μετὰ τὰ Εὐβοϊκά.

LXXXVIII. Ἐψηφίσαντο δὲ οἱ Λακεδαιμόνιοι τὰς σπονδὰς λελύσθαι καὶ πολεμητέα εἶναι οὐ τοσοῦτον τῶν ξυμμάχων πεισθέντες τοῖς λόγοις ὅσον φοβούμενοι τοὺς Ἀθηναίους μὴ ἐπὶ μεῖζον δυνηθῶσιν, ὁρῶντες αὐτοῖς τὰ πολλὰ τῆς Ἑλλάδος ὑποχείρια ἤδη ὄντα.

LXXXIX. Οἱ γὰρ Ἀθηναῖοι τρόπῳ τοιῷδε ἦλθον ἐπὶ τὰ πράγματα ἐν οἷς ηὐξήθησαν. (2) Ἐπειδὴ Μῆδοι ἀνεχώρησαν ἐκ τῆς Εὐρώπης νικηθέντες καὶ ναυσὶ καὶ πεζῷ ὑπὸ Ἑλλήνων, καὶ οἱ καταφυγόντες αὐτῶν ταῖς ναυσὶν ἐς Μυκάλην διεφθάρησαν, Λεωτυχίδης μὲν ὁ βασιλεὺς τῶν Λακεδαιμονίων, ὅσπερ ἡγεῖτο τῶν ἐν Μυκάλῃ Ἑλλήνων, ἀπεχώρησεν ἐπ᾽ οἴκου ἔχων τοὺς ἀπὸ Πελοποννήσου ξυμμάχους, οἱ δ᾽ Ἀθηναῖοι καὶ οἱ ἀπὸ Ἰωνίας καὶ Ἑλλησπόντου ξύμμαχοι ἤδη ἀφεστηκότες ἀπὸ βασιλέως ὑπομείναντες Σηστὸν ἐπολιόρκουν Μήδων ἐχόντων, καὶ ἐπιχειμάσαντες εἷλον αὐτὴν ἐκλιπόντων τῶν βαρβάρων, καὶ μετὰ τοῦτο ἀπέπλευσαν ἐξ Ἑλλησπόντου ὡς ἕκαστοι κατὰ πόλεις. (3) Ἀθηναίων δὲ τὸ κοινόν, ἐπειδὴ αὐτοῖς οἱ βάρβαροι ἐκ τῆς χώρας ἀπῆλθον, διεκομίζοντο εὐθὺς ὅθεν ὑπεξέθεντο παῖδας καὶ γυναῖκας καὶ τὴν περιοῦσαν κατασκευήν, καὶ τὴν πόλιν ἀνοικοδομεῖν παρεσκευάζοντο καὶ τὰ τείχη· τοῦ

et naves et equi; nobis vero boni socii, qui Atheniensibus non sunt tradendi; neque judiciis verbisque est disceptandum, quum et ipsi non verbis lædantur; sed auxilium est ferendum celeriter, totisque viribus. (4) Nec doceat nos quisquam decere nos consultare, quum injuria nobis infertur; imo vero eos, qui injuriam facere parant, diu consultare decet. (5) Quamobrem, Lacedæmonii, e dignitate Spartæ bellum decernite, et nec Athenienses majores fieri sinatis, nec socios prodamus, sed deorum auxilio freti bellum illis, qui faciunt injuriam, inferamus. »

LXXXVII. Hæc locutus, quoniam ipse Ephorus erat, in Lacedæmoniorum concione sententias rogavit. (2) Tunc autem (nam voce, non calculis suffragia ferunt) negavit se discernere, utra vox esset major; sed quia volebat ipsos sententiam aperte dicentes ad bellum movendum promptiores esse, dixit : « Cui vestrum, Lacedæmonii, fœdera rupta esse, et Athenienses injuriam facere videntur, surgat, et in locum illum (quemdam locum ipsis ostendens) discedat; cui non videntur, in alterum. » (3) Illi autem, quum surrexissent, discessionem fecerunt, et longe plures fuere, quibus fœdera rupta videbantur. (4) Accitisque sociis, dixerunt, sibi quidem videri, Athenienses injuste agere, velle tamen et socios omnes ad suffragia ferenda accire, ut de communi consilio, si videretur, bellum facerent. (5) Atque illi quidem, his confectis, domum abierunt; et postea etiam Atheniensium legati, rebus transactis, quarum causa venerant. (6) Hoc autem illius concionis decretum, fœdera esse rupta, factum est anno ab initis tricennalibus fœderibus decimo quarto, quæ post res in Eubœa gestas inita erant.

LXXXVIII. Decreverunt autem Lacedæmonii fœdera rupta esse et bellum gerendum esse non tam sociorum verbis inducti, quam metu, ne Athenienses fierent potentiores, quia magnam Græciæ partem illorum imperio jam subjectam videbant.

LXXXIX. Nam Athenienses hoc modo ad res eas venerunt, per quas creverunt. (2) Postquam Medi ex Europa discesserunt, navali pariter ac pedestri pugna a Græcis victi, et qui ex illis ad Mycalen navibus confugerant, profligati sunt, Leotychides quidem Lacedæmoniorum rex, Græcorum, qui apud Mycalen erant, dux, domum abiit cum sociis, qui ex Peloponneso venerant. Athenienses vero et socii, qui ex Ionia et Hellesponto venerant, quum a Rege jam defecissent, perseverantes, obsidebant Sestum, quam Medi tenebant, et ibi hiemantes eam a barbaris derelictam ceperunt. Postea vero ex Hellesponto in suas quique urbes navigarunt. (3) Atheniensium vero commune, postquam barbari ipsi ex regione discesserunt, statim absportarunt illinc, ubi deposuerant liberos et uxores et quicquid supellectilis supererat, urbisque ædificia et muros instan-

τε γὰρ περιβόλου βραχέα εἱστήκει, καὶ οἰκίαι αἱ μὲν πολλαὶ πεπτώκεσαν ὀλίγαι δὲ περιῆσαν ἐν αἷς αὐτοὶ ἐσκήνησαν οἱ δυνατοὶ τῶν Περσῶν.

XC. Λακεδαιμόνιοι δὲ αἰσθόμενοι τὸ μέλλον ἦλθον πρεσβείᾳ, τὰ μὲν καὶ αὐτοὶ ἥδιον ἂν ὁρῶντες μήτ᾽ ἐκείνους μήτ᾽ ἄλλον μηδένα τεῖχος ἔχοντα, τὸ δὲ πλέον τῶν ξυμμάχων ἐξοτρυνόντων καὶ φοβουμένων τοῦ τε ναυτικοῦ αὐτῶν τὸ πλῆθος, ὃ πρὶν οὐχ ὑπῆρχεν, καὶ τὴν ἐς τὸν Μηδικὸν πόλεμον τόλμαν γενομένην. (2) Ἠξίουν τε αὐτοὺς μὴ τειχίζειν, ἀλλὰ καὶ τῶν ἔξω Πελοποννήσου μᾶλλον ὅσοις εἱστήκει ξυγκαθελεῖν μετὰ σφῶν τοὺς περιβόλους, τὸ μὲν βουλόμενον καὶ ὕποπτον τῆς γνώμης οὐ δηλοῦντες ἐς τοὺς Ἀθηναίους, ὡς δὲ τοῦ βαρβάρου, εἰ αὖθις ἐπέλθοι, οὐκ ἂν ἔχοντος ἀπ᾽ ἐχυροῦ ποθέν, ὥσπερ νῦν ἐκ τῶν Θηβῶν, ὁρμᾶσθαι· τήν τε Πελοπόννησον πᾶσιν ἔφασαν ἱκανὴν εἶναι ἀναχώρησίν τε καὶ ἀφορμήν. (3) Οἱ δ᾽ Ἀθηναῖοι Θεμιστοκλέους γνώμῃ τοὺς μὲν Λακεδαιμονίους ταῦτ᾽ εἰπόντας ἀποκριναμένοι ὅτι πέμψουσιν ὡς αὐτοὺς πρέσβεις περὶ ὧν λέγουσιν εὐθὺς ἀπήλλαξαν· ἑαυτὸν δ᾽ ἐκέλευεν ἀποστέλλειν ὡς τάχιστα ὁ Θεμιστοκλῆς ἐς τὴν Λακεδαίμονα, ἄλλους δὲ πρὸς ἑαυτῷ ἑλομένους πρέσβεις μὴ εὐθὺς ἐκπέμπειν, ἀλλ᾽ ἐπισχεῖν μέχρι τοσούτου ἕως ἂν τὸ τεῖχος ἱκανὸν ἄρωσιν ὥστε ἀπομάχεσθαι ἐκ τοῦ ἀναγκαιοτάτου ὕψους· τειχίζειν δὲ πάντας πανδημεὶ τοὺς ἐν τῇ πόλει καὶ αὐτοὺς καὶ γυναῖκας καὶ παῖδας, φειδομένους μήτε ἰδίου μήτε δημοσίου οἰκοδομήματος ὅθεν τις ὠφελία ἔσται ἐς τὸ ἔργον, ἀλλὰ καθαιροῦντας πάντα. (4) Καὶ ὁ μὲν ταῦτα διδάξας, καὶ ὑπειπὼν τἆλλα ὅτι αὐτὸς τἀκεῖ πράξοι, ᾤχετο. (5) Καὶ ἐς τὴν Λακεδαίμονα ἐλθὼν οὐ προσῄει πρὸς τὰς ἀρχάς, ἀλλὰ διῆγε καὶ προυφασίζετο. Καὶ ὁπότε τις αὐτὸν ἔροιτο τῶν ἐν τέλει ὄντων ὅ τι οὐκ ἐπέρχεται ἐπὶ τὸ κοινόν, ἔφη τοὺς ξυμπρέσβεις ἀναμένειν, ἀσχολίας δέ τινος οὔσης αὐτοὺς ὑπολειφθῆναι, προσδέχεσθαι μέντοι ἐν τάχει ἥξειν καὶ θαυμάζειν ὡς οὔπω πάρεισιν.

XCI. Οἱ δὲ ἀκούοντες τῷ μὲν Θεμιστοκλεῖ ἐπείθοντο διὰ φιλίαν αὐτοῦ, τῶν δὲ ἄλλων ἀφικνουμένων καὶ σαφῶς κατηγορούντων ὅτι τειχίζεταί τε καὶ ἤδη ὕψος λαμβάνει, οὐκ εἶχον ὅπως χρὴ ἀπιστῆσαι. (2) Γνοὺς δ᾽ ἐκεῖνος κελεύει αὐτοὺς μὴ λόγοις μᾶλλον παράγεσθαι ἢ πέμψαι σφῶν αὐτῶν ἄνδρας οἵτινες χρηστοὶ καὶ πιστῶς ἀπαγγελοῦσι σκεψάμενοι. (3) Ἀποστέλλουσιν οὖν, καὶ περὶ αὐτῶν ὁ Θεμιστοκλῆς τοῖς Ἀθηναίοις κρύφα πέμπει κελεύων ὡς ἥκιστα ἐπιφανῶς κατασχεῖν καὶ μὴ ἀφεῖναι πρὶν ἂν αὐτοὶ πάλιν κομισθῶσιν· ἤδη γὰρ καὶ ἧκον αὐτῷ οἱ ξυμπρέσβεις, Ἁβρώνιχός τε ὁ Λυσικλέους καὶ Ἀριστείδης ὁ Λυσιμάχου, ἀγγέλλοντες ἔχειν ἱκανῶς τὸ τεῖχος· ἐφοβεῖτο γὰρ μὴ οἱ Λακεδαιμόνιοι σφᾶς, ὁπότε σαφῶς ἀκούσειαν, οὐκέτι ἀφῶσιν. (4) Οἵ τε οὖν Ἀθηναῖοι τοὺς πρέσβεις ὥσπερ ἐπεστάλη κατεῖχον, καὶ Θεμιστοκλῆς ἐπελθὼν τοῖς Λακεδαιμονίοις ἐνταῦθα δὴ φανερῶς εἶπεν ὅτι ἡ μὲν πόλις σφῶν τετείχισται ἤδη ὥστε ἱκανὴ εἶναι σώζειν τοὺς ἐνοικοῦν-

rare parabant, nam et parvæ tantum partes mœnium restabant et ædes pleræque conciderant, paucæque supererant, in quibus ipsi Persarum principes manserant.

XC. Lacedæmonii vero quum intellexissent, quod futurum erat, legati venerunt, partim quidem, quod et ipsi libentius visuri fuissent, nec illos nec alium quemquam muros unquam habentem; partim vero, idque præcipue, quod socii illos instigarent, et metuerent cum classis eorum magnitudinem, quæ paulo ante ipsis non suppetebat, tum etiam audaciam, quam in bello Medico demonstrarant. (2) Postulabant autem ab ipsis, ne muros reficerent, sed potius omnium etiam urbium, quæ extra Peloponnesum erant, quarumcunque ambitus adhuc starent, eos secum demolirentur, ipsam quidem voluntatem animique suspicionem, quam de Atheniensibus habebant, non declarantes, sed quasi hoc consilio, ne barbarus, si rursus bellum inferret, ullum locum munitum haberet, unde proficisceretur, quemadmodum nunc ex Thebanorum urbe; et Peloponnesum omnibus receptaculum et perfugium satis tutum fore dixerunt. (3) Athenienses vero de Themistoclis sententia Lacedæmonios, qui hæc dixerant, confestim dimiserunt, responso dato, legatos hisce de rebus, quas dixissent, a se ad eos missum iri; se autem ut Lacedæmona primo quoque tempore mitterent, Themistocles suadebat; alios vero legatos, præter se electos, ne statim emitterent, sed tamdiu retinerent, donec murum ad justam altitudinem erexissent, ita ut ex altitudine maxime necessaria vim hostis propulsare possent; opus autem facerent omnes, qui erant in urbe, publico consensu et ipsi, et uxores, et liberi nullii aut privato aut publico ædificio parcentes, unde aliquid utilitatis ad opus percipi posset, sed omnia diruentes. (4) Quum autem ille hæc docuisset, et addidisset, se curaturum cetera, quæ essent illic agenda, discessit. (5) Quumque Lacedæmona venisset, non adibat magistratus, sed rem trahebat, et speciosas causas prætendebat. Et quoties aliquis de summis magistratibus eum interrogasset, cur ad reipublicæ commune non accederet, suos collegas dicebat a se exspectari; eos autem aliqua occupatione impeditos remansisse; se tamen sperare, eos propediem venturos, et mirari quod nondum adessent.

XCI. Illi vero, cum hæc audirent, Themistocli quidem fidem habebant, propter amicitiam, quæ ipsis cum illo intercedebat; sed quum alii venirent, et aperte arguerent, muros ædificari, atque adeo jam sublimes esse, facere non poterant, quin crederent. (2) Quod quum ille intellexisset, suasit ipsis, ne verbis se falli paterentur, sed potius de suorum civium numero probitatis fideique spectatæ viros mitterent, qui rem exploratam fideliter renuntiarent. (3) Illi igitur hos miserunt. Themistocles vero Atheniensibus horum adventum per nuntios clam significavit, suadens, ut quam occultissime possent eos retinerent, neque dimitterent, ante quam ipsi rediissent; jam enim etiam collegæ ejus ad ipsum venerant, Habronichus Lysiclis, et Aristides Lysimachi filius, murum jam satis altum esse nuntiantes; metuebat enim, ne Lacedæmonii, ubi rem plane rescivissent, se non amplius dimitterent. (4) Itaque et Athenienses legatos retinuerunt, ut ipsis per nuntios erat significatum, et Themistocles quum ad Lacedæmoniorum magistratus ivisset, tunc demum aperte dixit, urbem suam muris jam esse cinctam, ita ut eos, qui in ipsa habitarent, tutari pos-

ας, εἰ δέ τι βούλονται Λακεδαιμόνιοι ἢ οἱ ξύμμαχοι πρεσβεύεσθαι παρὰ σφᾶς, ὡς πρὸς διαγιγνώσκοντας τὸ λοιπὸν ἰέναι τά τε σφίσιν αὐτοῖς ξύμφορα καὶ τὰ κοινά. (5) Τήν τε γὰρ πόλιν ὅτε ἐδόκει ἐκλιπεῖν ἄμεινον εἶναι καὶ ἐς τὰς ναῦς ἐσβῆναι, ἄνευ ἐκείνων ἔφασαν γνόντες ὁλμῆσαι, καὶ ὅσα αὖ μετ' ἐκείνων βουλεύεσθαι, οὐδενὸς ὕστεροι γνώμῃ φανῆναι. (6) Δοκεῖν οὖν σφίσι καὶ νῦν ἄμεινον εἶναι τὴν ἑαυτῶν πόλιν τεῖχος ἔχειν, καὶ δία τοῖς πολίταις καὶ ἐς τοὺς πάντας ξυμμάχους ὠφελιμώτερον ἔσεσθαι· (7) οὐ γὰρ οἷόν τ' εἶναι μὴ ἀπὸ ἀντιπάλου παρασκευῆς ὁμοῖόν τι ἢ ἴσον ἐς τὸ κοινὸν βουλεύεσθαι. Ἡ πάντας οὖν ἀτειχίστους ἔφη χρῆναι ξυμμαχεῖν ἢ καὶ τάδε νομίζειν ὀρθῶς ἔχειν.

XCII. Οἱ Λακεδαιμόνιοι ἀκούσαντες ὀργὴν μὲν φανερὰν οὐκ ἐποιοῦντο τοῖς Ἀθηναίοις (οὐδὲ γὰρ ἐπὶ κωλύμῃ ἀλλὰ γνώμης παραινέσει δῆθεν τῷ κοινῷ ἐπρεσβεύσαντο, ἅμα δὲ καὶ προσφιλεῖς ὄντες ἐν τῷ τότε διὰ τὴν ἐς τὸν Μῆδον προθυμίαν τὰ μάλιστ' αὐτοῖς ἐτύγχανον), τῆς μέντοι βουλήσεως ἁμαρτάνοντες ἀδήλως ἤχθοντο. Οἵ τε πρέσβεις ἑκατέρων ἀπῆλθον ἐπ' οἴκου ἀνεπικλήτως.

XCIII. Τούτῳ τῷ τρόπῳ οἱ Ἀθηναῖοι τὴν πόλιν ἐτείχισαν ἐν ὀλίγῳ χρόνῳ. (2) Καὶ δήλη ἡ οἰκοδομία ἔτι καὶ νῦν ἐστιν ὅτι κατὰ σπουδὴν ἐγένετο· οἱ γὰρ θεμέλιοι παντοίων λίθων ὑπόκεινται καὶ οὐ ξυνειργασμένων ἐστιν ᾗ, ἀλλ' ὡς ἕκαστοί ποτε προσέφερον, πολλαί τε στῆλαι ἀπὸ σημάτων καὶ λίθοι εἰργασμένοι ἐγκατελέγησαν. Μείζων γὰρ ὁ περίβολος πανταχῇ ἐξήχθη τῆς πόλεως, καὶ διὰ τοῦτο πάντα ὁμοίως κινοῦντες ἠπείγοντο. (3) Ἔπεισε δὲ καὶ τοῦ Πειραιῶς τὰ λοιπὰ ὁ Θεμιστοκλῆς οἰκοδομεῖν (ὑπῆρκτο δ' αὐτοῦ πρότερον ἐπὶ τῆς ἐκείνου ἀρχῆς ἧς κατ' ἐνιαυτὸν Ἀθηναίοις ἦρξεν) νομίζων τό τε χωρίον καλὸν εἶναι, λιμένας ἔχον τρεῖς αὐτοφυεῖς, καὶ αὐτοὺς ναυτικοὺς γεγενημένους μέγα προφέρειν ἐς τὸ κτήσασθαι δύναμιν· (4) τῆς γὰρ δὴ θαλάσσης πρῶτος ἐτόλμησεν εἰπεῖν ὡς ἀνθεκτέα ἐστί, καὶ τὴν ἀρχὴν εὐθὺς ξυγκατεσκεύαζεν. (5) Καὶ ᾠκοδόμησαν τῇ ἐκείνου γνώμῃ τὸ πάχος τοῦ τείχους ὅπερ νῦν ἔτι δῆλόν ἐστι περὶ τὸν Πειραιᾶ· δύο γὰρ ἅμαξαι ἐναντίαι ἀλλήλαις τοὺς λίθους ἐπῆγον· ἐντὸς δὲ οὔτε χάλιξ οὔτε πηλὸς ἦν, ἀλλὰ ξυνῳκοδομημένοι μεγάλοι λίθοι καὶ ἐν τομῇ ἐγγώνιοι, σιδήρῳ πρὸς ἀλλήλους τὰ ἔξωθεν καὶ μολύβδῳ δεδεμένοι. Τὸ δὲ ὕψος ἥμισυ μάλιστα ἐτελέσθη οὗ διενοεῖτο. (6) Ἐβούλετο γὰρ τῷ μεγέθει καὶ τῷ πάχει ἀφιστάναι τὰς τῶν πολεμίων ἐπιβουλάς, ἀνθρώπων τε ἐνόμιζεν ὀλίγων καὶ τῶν ἀχρειοτάτων ἀρκέσειν τὴν φυλακήν, τοὺς δ' ἄλλους ἐς τὰς ναῦς ἐσβήσεσθαι. (7) Ταῖς γὰρ ναυσὶ μάλιστα προσέκειτο, ἰδών, ὡς ἐμοὶ δοκεῖ, τῆς βασιλέως στρατιᾶς τὴν κατὰ θάλασσαν ἔφοδον εὐπορωτέραν τῆς κατὰ γῆν οὖσαν· τόν τε Πειραιᾶ ὠφελιμώτερον ἐνόμιζε τῆς ἄνω πόλεως, καὶ πολλάκις τοῖς Ἀθηναίοις παρῄνει, ἢν ἄρα ποτὲ κατὰ γῆν βιασθῶσι, καταβάντας ἐς αὐτὸν ταῖς ναυσὶ πρὸς ἅπαντας ἀνθίστασθαι. (8) Ἀθηναῖοι μὲν οὖν οὕτως

set; sed si Lacedæmonii, sociive legationem aliquam de re ad se mittere velint, posthac venirent ut ad homines, qui bene dignoscerent, quid suorum, quid etiam communium commodorum ratio postularet. (5) Quum enim visum esset, satius esse, urbem relinquere, et naves conscendere, re sine illorum consilio intellecta, hæc se ausos dixerunt, et quibuscunque de rebus tum cum illis consultarent, se consilio nullo inferiores visos esse. (6) Sibi igitur nunc etiam videri, melius esse suam urbem mœnibus esse cinctam, idque quum privatim singulis civibus, tum etiam publice universis sociis utilius fore; (7) fieri enim non posse, ut qui non idem præsidium habeant, similia aut paria in commune consulant. Dicebat igitur aut omnes civitates fœderatas oportere sine muris esse, aut existimare, hæc quoque se recte habere.

XCII. Lacedæmonii vero, his auditis, nullam quidem apertam indignationem contra Athenienses demonstrabant (non enim ut eos prohiberent, sed ut consilio monerent scilicet, ad eorum rempublicam legatos miserant; simul etiam quia ipsos id temporis amore maximo adhuc prosequebantur, propter singulare illorum adversus Medos studium), verumtamen voto frustrati, rem iniquo animo clam ferebant. Ita autem utrorumque legati citra querelam domum redierunt.

XCIII. Hoc igitur modo Athenienses exiguo temporis spatio urbem muris cinxerunt. (2) Et ex ipsa murorum structura nunc etiam manifestum est, eos festinanter ædificatos esse; fundamenta enim substrata sunt ex omne genus lapidibus constructa, neque coagmentatis alicubi, sed ut quisque forte eos afferebat; multæ etiam columnæ ex monumentis detractæ, et saxa polita sunt congesta. Ambitus enim murorum ab omni urbis parte major productus est, et propterea omnia pariter moventes festinabant. (3) Persuasit autem Themistocles, ut etiam Piræei partes reliquas ædificarent (ejus enim pars ædificari prius est cœpta, quo tempore ipse annuum magistratum gerens Athenis præfuit); quia existimabat tum locum illum esse opportunum, qui tres portus natura munitos haberet; tum etiam ipsos, quando rebus nauticis operam dare cœpissent, magnopere proficere in acquirenda potentia. (4) Primus enim ausus est dicere, eos debere maris imperium sibi vindicare, et confestim eos in hoc imperio parando juvare cœpit. (5) Illius etiam sententiam secuti murum ea latitudine exstruxerunt, quæ nunc quoque circa Piræeum exstans apparet; nam duo plaustra per murum occursu adverso saxa portabant; intus vero neque cæmentum neque lutum erat, sed magna coagmentata saxa et paribus sectionum angulis inter se aptata, extrinsecus ferro plumboque inter se vincta. Altitudo vero ad dimidiam partem ejus, quam animo statuerat, est perducta. (6) Volebat enim et altitudine et latitudine hostium impetus avertere, hominumque putabat paucorum et infirmissimorum præsidio locum facile custodiri posse, ceteros vero naves conscensuros. (7) Nam in rem nauticam potissimum incumbebat, quia, ut mea fert opinio, regis Persarum copias mari facilius, quam terra, invadere posse animadverterat; et Piræeum plus utilitatis, quam superiorem urbem habere putabat, atque adeo sæpe hortabatur Athenienses, si forte unquam terra premerentur, ut in eum descenderent, et classe omnibus resisterent. (8) Athenien-

3.

ἐτειχίσθησαν καὶ τἆλλα κατεσκευάζοντο εὐθὺς μετὰ τὴν Μήδων ἀναχώρησιν.

XCIV. Παυσανίας δὲ ὁ Κλεομβρότου ἐκ Λακεδαίμονος στρατηγὸς τῶν Ἑλλήνων ἐξεπέμφθη μετὰ εἴκοσι νεῶν ἀπὸ Πελοποννήσου· ξυνέπλεον δὲ καὶ Ἀθηναῖοι τριάκοντα ναυσὶ καὶ τῶν ἄλλων ξυμμάχων πλῆθος. (2) Καὶ ἐστράτευσαν ἐς Κύπρον καὶ αὐτῆς τὰ πολλὰ κατεστρέψαντο, καὶ ὕστερον ἐς Βυζάντιον Μήδων ἐχόντων, καὶ ἐξεπολιόρκησαν ἐν τῇδε τῇ ἡγεμονίᾳ.

XCV. Ἤδη δὲ βιαίου ὄντος αὐτοῦ οἵ τε ἄλλοι Ἕλληνες ἤχθοντο καὶ οὐχ ἥκιστα οἱ Ἴωνες καὶ ὅσοι ἀπὸ βασιλέως νεωστὶ ἠλευθέρωντο· φοιτῶντές τε πρὸς τοὺς Ἀθηναίους ἠξίουν αὐτοὺς ἡγεμόνας σφῶν γενέσθαι κατὰ τὸ ξυγγενὲς καὶ Παυσανίᾳ μὴ ἐπιτρέπειν ἤν που βιάζηται. (2) Οἱ δὲ Ἀθηναῖοι ἐδέξαντό τε τοὺς λόγους καὶ προσεῖχον τὴν γνώμην ὡς οὐ περιοψόμενοι τἆλλά τε καταστησόμενοι ᾗ φαίνοιτο ἄριστα αὐτοῖς. (3) Ἐν τούτῳ δὲ οἱ Λακεδαιμόνιοι μετεπέμποντο Παυσανίαν ἀνακρινοῦντες ὧν πέρι ἐπυνθάνοντο· καὶ γὰρ ἀδικία πολλὴ κατηγορεῖτο αὐτοῦ ὑπὸ τῶν Ἑλλήνων τῶν ἀφικνουμένων, καὶ τυραννίδος μᾶλλον ἐφαίνετο μίμησις ἢ στρατηγία. (4) Ξυνέβη τε αὐτῷ καλεῖσθαί τε ἅμα καὶ τοὺς ξυμμάχους τῷ ἐκείνου ἔχθει παρ' Ἀθηναίους μετατάξασθαι πλὴν τῶν ἀπὸ Πελοποννήσου στρατιωτῶν. (5) Ἐλθὼν δὲ ἐς Λακεδαίμονα τῶν μὲν ἰδίᾳ πρός τινα ἀδικημάτων εὐθύνθη, τὰ δὲ μέγιστα ἀπολύεται μὴ ἀδικεῖν· κατηγορεῖτο δὲ αὐτοῦ οὐχ ἥκιστα μηδισμὸς καὶ ἐδόκει σαφέστατον εἶναι. (6) Καὶ ἐκεῖνον μὲν οὐκέτι ἐκπέμπουσιν ἄρχοντα, Δόρκιν δὲ καὶ ἄλλους τινὰς μετ' αὐτοῦ στρατιὰν ἔχοντας οὐ πολλήν· οἷς οὐκέτι ἐφίεσαν οἱ ξύμμαχοι τὴν ἡγεμονίαν. (7) Οἱ δὲ αἰσθόμενοι ἀπῆλθον, καὶ ἄλλους οὐκέτι ὕστερον ἐξέπεμψαν οἱ Λακεδαιμόνιοι, φοβούμενοι μὴ σφίσιν οἱ ἐξιόντες χείρους γίγνωνται, ὅπερ καὶ ἐν τῷ Παυσανίᾳ ἐνεῖδον, ἀπαλλαξείοντες δὲ καὶ τοῦ Μηδικοῦ πολέμου, καὶ τοὺς Ἀθηναίους νομίζοντες ἱκανοὺς ἐξηγεῖσθαι καὶ σφίσιν ἐν τῷ τότε παρόντι ἐπιτηδείους.

XCVI. Παραλαβόντες δὲ οἱ Ἀθηναῖοι τὴν ἡγεμονίαν τούτῳ τῷ τρόπῳ ἑκόντων τῶν ξυμμάχων διὰ τὸ Παυσανίου μῖσος, ἔταξαν ἅς τε ἔδει παρέχειν τῶν πόλεων χρήματα πρὸς τὸν βάρβαρον καὶ ἃς ναῦς· πρόσχημα γὰρ ἦν ἀμύνασθαι ὧν ἔπαθον δηοῦντας τὴν βασιλέως χώραν. (2) Καὶ ἑλληνοταμίαι τότε πρῶτον Ἀθηναίοις κατέστη ἀρχή, οἳ ἐδέχοντο τὸν φόρον· οὕτω γὰρ ὠνομάσθη τῶν χρημάτων ἡ φορά. Ἦν δ' ὁ πρῶτος φόρος ταχθεὶς τετρακόσια τάλαντα καὶ ἑξήκοντα. Ταμιεῖόν τε Δῆλος ἦν αὐτοῖς, καὶ αἱ ξύνοδοι ἐς τὸ ἱερὸν ἐγίγνοντο.

XCVII. Ἡγούμενοι δὲ αὐτονόμων τὸ πρῶτον τῶν ξυμμάχων καὶ ἀπὸ κοινῶν ξυνόδων βουλευόντων τοσάδε ἐπῆλθον πολέμῳ τε καὶ διαχειρίσει πραγμάτων μεταξὺ τοῦδε τοῦ πολέμου καὶ τοῦ Μηδικοῦ, ἃ ἐγένετο πρός τε τὸν βάρβαρον αὐτοῖς καὶ πρὸς τοὺς σφετέρους ξυμμάχους νεωτερίζοντας καὶ Πελοποννησίων τοὺς ἀεὶ

---

ses igitur hoc modo urbem muris cinxerunt, et cetera exstruebant statim post Medorum discessum.

XCIV. Pausanias vero, Cleombroti filius, a Lacedæmone Græcorum dux, cum viginti navibus Peloponnesiacis est emissus; eumque Athenienses quoque cum triginta navibus comitabantur magnusque ceterorum sociorum numerus. (2) Et cum infesto exercitu in Cyprum insulam iverunt, ejusque maximam partem subegerunt, et deinde Byzantium a Medis occupatum petierunt, et hujus auspiciis ductuque expugnarunt.

XCV. Quum autem hic insolentius jam imperaret, quum alii Græci rem' iniquo animo ferebant, tum vero præcipue Iones, et quotquot regio dominatu recens erant liberati. Quamobrem ad Athenienses commeantes volebant, ut hi duces sibi existerent pro 'necessitudine', quæ iis cum ipsis intercedebat, neve Pausaniæ concederent, si quam vim inferre vellet. (2) Atheniensibus vero hæc verba accepta fuerunt atque animis in istam curam incumbebant, ut eos non neglecturi, et cetera constituturi, quemadmodum sibi e re maxime futurum videretur. (3) Interea vero Lacedæmonii Pausaniam accersebant, quæstionem habituri de rebus, quas audiebant. Etenim multa ejus injusta facinora deferebantur a Græcis, qui Lacedæmona veniebant; et videbatur ea magis tyrannidis quædam imitatio quam prætura. (4) Forte autem accidit, ut eodem temporis articulo et ille arcesseretur domum, et socii ejus odio ad Athenienses transirent, præter milites ex Peloponneso profectos. (5) Lacedæmona autem profectus, privatarum quidem in aliquos injuriarum damnatus est; maximarum vero est absolutus, et innocens habitus. Præcipue vero accusabatur, quod cum Medis sensisset et videbatur hoc esse manifestissimum. (6) Atque illum quidem non amplius prætorem emiserunt, sed Dorcin, et cum eo nonnullos alios, non magnum exercitum habentes; quibus socii imperium non amplius permittebant. (7) Illi vero hac re cognita dicesserunt, nec ullos alios Lacedæmonii postea emiserunt, veriti, ne illi, qui peregre proficiscerentur, deteriores sibi fierent, id quod in Pausania animadverterant; simul etiam cupientes bello Medico liberari et rati Athenienses satis idoneos duces esse, et in illis rebus sibi non adversos.

XCVI. Athenienses igitur, cum imperium hoc modo accepissent, sociis volentibus, propter Pausaniæ odium, statuerunt, a quibus urbibus pecunias, et a quibus naves adversus barbarum præberi oporteret; hoc enim prætexebant, ut injurias acceptas ulciscerentur Regis agrum vastantes. (2) Et tunc primum apud Athenienses constitutus est magistratus Quæstorum Græciæ, qui tributum recipiebant; sic enim appellata est pecuniarum contributio. Primum autem tributum, quod constitutum est, erat quadringentorum et sexaginta talentorum. Eorum vero ærarium fuit Delos, et in ejus templo conventus fiebant.

XCVII. Quum autem initio sociis imperarent liberis, et de communi consilio in publicis conciliis consultantibus, ad tantum imperium pervenerunt bello, rerumque inter hoc et Medicum bellum administratarum opera, quas ipsi gesserunt et contra barbarum et contra suos socios, qui res novas moliebantur, et contra Peloponnesios, qui in quaque

προστυγχάνοντας ἐν ἑκάστῳ. (2) Ἔγραψα δὲ αὐτὰ καὶ ἣν ἐκβολὴν τοῦ λόγου ἐποιησάμην διὰ τόδε ὅτι τοῖς πρὸ ἐμοῦ ἅπασιν ἐκλιπὲς τοῦτο ἦν τὸ χωρίον καὶ ἢ τὰ πρὸ τῶν Μηδικῶν Ἑλληνικὰ ξυνετίθεσαν ἢ αὐτὰ τὰ Μηδικά· τούτων δ᾽ ὅσπερ καὶ ἥψατο ἐν τῇ Ἀττικῇ ξυγγραφῇ, Ἑλλάνικος, βραχέως τε καὶ τοῖς χρόνοις οὐκ ἀκριβῶς ἐπεμνήσθη. Ἅμα δὲ καὶ τῆς ἀρχῆς ἀπόδειξιν ἔχει τῆς τῶν Ἀθηναίων, ἐν οἵῳ τρόπῳ κατέστη.

XCVIII. Πρῶτον μὲν Ἠιόνα τὴν ἐπὶ Στρυμόνι Μήδων ἐχόντων πολιορκίᾳ εἷλον καὶ ἠνδραπόδισαν, Κίμωνος τοῦ Μιλτιάδου στρατηγοῦντος. (2) Ἔπειτα Σκύρον τὴν ἐν τῷ Αἰγαίῳ νῆσον, ἣν ᾤκουν Δόλοπες, ἠνδραπόδισαν καὶ ᾤκισαν αὐτοί. (3) Πρὸς δὲ Καρυστίους αὐτοῖς ἄνευ τῶν ἄλλων Εὐβοέων πόλεμος ἐγένετο, καὶ χρόνῳ ξυνέβησαν καθ᾽ ὁμολογίαν. (4) Ναξίοις δὲ ἀποστᾶσι μετὰ ταῦτα ἐπολέμησαν καὶ πολιορκίᾳ παρεστήσαντο, πρώτη τε αὕτη πόλις ξυμμαχὶς παρὰ τὸ καθεστηκὸς ἐδουλώθη, ἔπειτα δὲ καὶ τῶν ἄλλων ὡς ἑκάστῃ ξυνέβη.

XCIX. Αἰτίαι δ᾽ ἄλλαι τε ἦσαν τῶν ἀποστάσεων καὶ μέγισται αἱ τῶν φόρων καὶ νεῶν ἔκδειαι, καὶ λειποστράτιον εἴ τῳ ἐγένετο· οἱ γὰρ Ἀθηναῖοι ἀκριβῶς ἔπρασσον καὶ λυπηροὶ ἦσαν οὐκ εἰωθόσιν οὐδὲ βουλομένοις ταλαιπωρεῖν προσάγοντες τὰς ἀνάγκας. (2) Ἦσαν δέ πως καὶ ἄλλως οἱ Ἀθηναῖοι οὐκέτι ὁμοίως ἐν ἡδονῇ ἄρχοντες, καὶ οὔτε ξυνεστράτευον ἀπὸ τοῦ ἴσου ῥᾴδιόν τε προσάγεσθαι ἦν αὐτοῖς τοὺς ἀφισταμένους. (3) Ὧν αὐτοὶ αἴτιοι ἐγένοντο οἱ ξύμμαχοι· διὰ γὰρ τὴν ἀπόκνησιν ταύτην τῶν στρατειῶν οἱ πλείους αὐτῶν, ἵνα μὴ ἀπ᾽ οἴκου ὦσιν, χρήματα ἐτάξαντο ἀντὶ τῶν νεῶν τὸ ἱκνούμενον ἀνάλωμα φέρειν, καὶ τοῖς μὲν Ἀθηναίοις ηὔξετο τὸ ναυτικὸν ἀπὸ τῆς δαπάνης ἣν ἐκεῖνοι ξυμφέροιεν, αὐτοὶ δὲ ὁπότε ἀποσταῖεν, ἀπαράσκευοι καὶ ἄπειροι ἐς τὸν πόλεμον καθίσταντο.

C. Ἐγένετο δὲ μετὰ ταῦτα καὶ ἡ ἐπ᾽ Εὐρυμέδοντι ποταμῷ ἐν Παμφυλίᾳ πεζομαχία καὶ ναυμαχία Ἀθηναίων καὶ τῶν ξυμμάχων πρὸς Μήδους, καὶ ἐνίκων τῇ αὐτῇ ἡμέρᾳ ἀμφότερα Ἀθηναῖοι Κίμωνος τοῦ Μιλτιάδου στρατηγοῦντος, καὶ εἷλον τριήρεις Φοινίκων καὶ διέφθειραν τὰς πάσας ἐς τὰς διακοσίας. (2) Χρόνῳ τε ὕστερον ξυνέβη Θασίους αὐτῶν ἀποστῆναι, διενεχθέντας περὶ τῶν ἐν τῇ ἀντιπέρας Θρᾴκῃ ἐμπορίων καὶ τοῦ μετάλλου ἃ ἐνέμοντο. Καὶ ναυσὶ μὲν ἐπὶ Θάσον πλεύσαντες οἱ Ἀθηναῖοι ναυμαχίᾳ ἐκράτησαν καὶ ἐς τὴν γῆν ἀπέβησαν, (3) ἐπὶ δὲ Στρυμόνα πέμψαντες μυρίους οἰκήτορας αὑτῶν καὶ τῶν ξυμμάχων ὑπὸ τοὺς αὐτοὺς χρόνους ὡς οἰκιοῦντες τὰς τότε καλουμένας Ἐννέα ὁδοὺς νῦν δὲ Ἀμφίπολιν, τῶν μὲν Ἐννέα ὁδῶν αὐτοὶ ἐκράτησαν, ἃς εἶχον Ἠδωνοί, προελθόντες δὲ τῆς Θρᾴκης ἐς μεσόγειαν διεφθάρησαν ἐν Δραβησκῷ τῇ Ἠδωνικῇ ὑπὸ τῶν Θρᾳκῶν ξυμπάντων, οἷς πολέμιον ἦν τὸ χωρίον αἱ Ἐννέα ὁδοὶ κτιζόμεναι.

CI. Θάσιοι δὲ νικηθέντες μάχαις καὶ πολιορκούμενοι Λακεδαιμονίους ἐπεκαλοῦντο καὶ ἐπαμῦναι ἐκέλευον

re forte intererant. (2) Res autem istas scripsi et degressionem ab instituta narratione feci hac de causa, quia hic locus ab omnibus, qui ante me scripserunt, est prætermissus; nam illi vel res ante bellum Medicum a Græcis gestas, vel ipsum bellum Medicum conscribebant. In hoc autem numero est et Hellanicus, qui in Attica historia has res attigit, sed breviter, temporibusque non accurate distinctis mentionem earum fecit. Simul etiam aperte hic demonstratur, quali modo Atheniensium imperium fuerit constitutum.

XCVIII. Primum igitur Eionem, quæ ad Strymonem est sita, quam Medi tenebant, obsidione expugnarunt, et incolas, urbe direpta, in servitutem abduxerunt, duce Cimone Miltiadis filio. (2) Deinde vero Syrum, insulam in Ægæo sitam, quam Dolopes incolebant, incolis in servitutem abstractis, ipsi colonis occupaverunt. (3) Cum Carystiis autem sine aliis Euboensibus, bellum gesserunt, tandemque certis conditionibus compositionem fecerunt. (4) Postea vero Naxiis, qui defecerant, bellum intulerunt, et obsidione in deditionem receperunt; atque hæc prima sociarum civitatum præter juris consuetudinem in servitutem est redacta mox et aliæ, prout cuique contigit.

XCIX. Defectionum vero causæ quum aliæ erant, tum vero præcipuæ, tributorum et navium reliquationes, et militiæ recusatio, si cui contigisset. Nam Athenienses hæc severe exigebant, et molesti erant, quum hominibus, nec assuetis nec volentibus ærumnas perpeti, necessitatem imponerent. (2) Erant autem etiam alioquin Athenienses non amplius pariter jucundi, postquam imperium tenebant, et neque ex æquo cum sociis militabant, et facile iis erat, eos, qui deficerent, in officium redigere. (3) Quarum acerbitatum ipsi socii fuerunt auctores. Nam ob hanc militandi pigritiam eorum plerique, ne domo abessent, pecunias navium loco ad sumptus faciendos pro rata portione conferre statuerunt. Atque Atheniensium quidem res navalis augebatur hoc sumptu, quem illi faciebant; ipsi vero, quoties defectionem facerent, imparati et imperiti bellum suscipiebant.

C. Post hæc autem Athenienses eorumque socii cum pedestre tum navale prœlium in Pamphylia ad flumen Eurymedontem cum Medis commiserunt; et eodem die Athenienses ex utroque victoriam, duce Cimone, Miltiadis filio, reportarunt, et Phœnicum triremes ceperunt et corruperunt in universum ad ducentas. (2) Postea vero accidit, ut Thasii ab iis deficerent, orta controversia de emporiis in adversa Thracia, et de metallis, quæ possidebant. Athenienses autem cum navibus in Thasum profecti, navali pugna vicerunt, et in terram descenderunt; (3) quumque sub idem tempus ad Strymonem decem millia colonorum, tum suorum, tum socialium misissent, ut sibi vindicarent oppidum, quod tunc quidem Noveminæ vocabatur, nunc vero Amphipolis, Novemviis quidem, quas Edoni tenebant, ipsi potiti sunt; sed in mediterranea Thraciæ loca progressi, ad Drabescum Edonicam profligati sunt ab universis Thracibus, quibus infestus erat locus ille, qui condebatur, Novemviæ appellatus.

CI. Thasii vero victi prœliis et obsessi Lacedæmoniorum auxilium implorabant, eosque hortabantur, ut, irruptione

ἐσβαλόντας ἐς τὴν Ἀττικήν. (2) Οἱ δὲ ὑπέσχοντο μὲν κρύφα τῶν Ἀθηναίων καὶ ἔμελλον, διεκωλύθησαν δὲ ὑπὸ τοῦ γενομένου σεισμοῦ, ἐν ᾧ καὶ οἱ Εἵλωτες αὐτοῖς καὶ τῶν περιοίκων Θουριᾶταί τε καὶ Αἰθεεῖς ἐς Ἰθώμην ἀπέστησαν. Πλεῖστοι δὲ τῶν Εἱλώτων ἐγένοντο οἱ τῶν παλαιῶν Μεσσηνίων τότε δουλωθέντων ἀπόγονοι· ᾗ καὶ Μεσσήνιοι ἐκλήθησαν οἱ πάντες. (3) Πρὸς μὲν οὖν τοὺς ἐν Ἰθώμῃ πόλεμος καθειστήκει Λακεδαιμονίοις, Θάσιοι δὲ τρίτῳ ἔτει πολιορκούμενοι ὡμολόγησαν Ἀθηναίοις τεῖχός τε καθελόντες καὶ ναῦς παραδόντες, χρήματά τε ὅσα ἔδει ἀποδοῦναι αὐτίκα ταξάμενοι καὶ τὸ λοιπὸν φέρειν, τήν τε ἤπειρον καὶ τὸ μέταλλον ἀφέντες.

CII. Λακεδαιμόνιοι δέ, ὡς αὐτοῖς πρὸς τοὺς ἐν Ἰθώμῃ ἐμηκύνετο ὁ πόλεμος, ἄλλους τε ἐπεκαλέσαντο ξυμμάχους καὶ Ἀθηναίους· οἱ δ' ἦλθον Κίμωνος στρατηγοῦντος πλήθει οὐκ ὀλίγῳ. (2) Μάλιστα δ' αὐτοὺς ἐπεκαλέσαντο ὅτι τειχομαχεῖν ἐδόκουν δυνατοὶ εἶναι, τοῖς δὲ πολιορκίας μακρᾶς καθεστηκυίας τούτου ἐνδεᾶ ἐφαίνετο· βίᾳ γὰρ ἂν εἷλον τὸ χωρίον. (3) Καὶ διαφορὰ ἐκ ταύτης τῆς στρατείας πρῶτον Λακεδαιμονίοις καὶ Ἀθηναίοις φανερὰ ἐγένετο. Οἱ γὰρ Λακεδαιμόνιοι, ἐπειδὴ τὸ χωρίον βίᾳ οὐχ ἡλίσκετο, δείσαντες τῶν Ἀθηναίων τὸ τολμηρὸν καὶ τὴν νεωτεροποιίαν, καὶ ἀλλοφύλους ἅμα ἡγησάμενοι, μή τι, ἢν παραμείνωσιν, ὑπὸ τῶν ἐν Ἰθώμῃ πεισθέντες νεωτερίσωσι, μόνους τῶν ξυμμάχων ἀπέπεμψαν, τὴν μὲν ὑποψίαν οὐ δηλοῦντες, εἰπόντες δ' ὅτι οὐδὲν προσδέονται αὐτῶν ἔτι. (4) Οἱ δ' Ἀθηναῖοι ἔγνωσαν οὐκ ἐπὶ τῷ βελτίονι λόγῳ ἀποπεμπόμενοι, ἀλλά τινος ὑπόπτου γενομένου· καὶ δεινὸν ποιησάμενοι καὶ οὐκ ἀξιώσαντες ὑπὸ Λακεδαιμονίων τοῦτο παθεῖν, εὐθὺς ἐπειδὴ ἀνεχώρησαν, ἀφέντες τὴν γενομένην ἐπὶ τῷ Μήδῳ ξυμμαχίαν πρὸς αὐτοὺς Ἀργείοις τοῖς ἐκείνων πολεμίοις ξύμμαχοι ἐγένοντο, καὶ πρὸς Θεσσαλοὺς ἅμα ἀμφοτέροις οἱ αὐτοὶ ὅρκοι καὶ ξυμμαχία κατέστη.

CIII. Οἱ δ' ἐν Ἰθώμῃ δεκάτῳ ἔτει, ὡς οὐκέτι ἐδύναντο ἀντέχειν, ξυνέβησαν πρὸς τοὺς Λακεδαιμονίους ἐφ' ᾧ τε ἐξίασιν ἐκ Πελοποννήσου ὑπόσπονδοι καὶ μηδέποτε ἐπιβήσονται αὐτῆς· (2) ἢν δέ τις ἁλίσκηται, τοῦ λαβόντος εἶναι δοῦλον. Ἦν δέ τι καὶ χρηστήριον τοῖς Λακεδαιμονίοις Πυθικὸν πρὸ τοῦ, τὸν ἱκέτην τοῦ Διὸς τοῦ Ἰθωμήτα ἀφιέναι. (3) Ἐξῆλθον δὲ αὐτοὶ καὶ παῖδες καὶ γυναῖκες, καὶ αὐτοὺς Ἀθηναῖοι δεξάμενοι κατ' ἔχθος ἤδη τὸ Λακεδαιμονίων ἐς Ναύπακτον κατῴκισαν, ἣν ἔτυχον ᾑρηκότες νεωστὶ Λοκρῶν τῶν Ὀζολῶν ἐχόντων. (4) Προσεχώρησαν δὲ καὶ Μεγαρῆς Ἀθηναίοις ἐς ξυμμαχίαν Λακεδαιμονίων ἀποστάντες, ὅτι αὐτοὺς Κορίνθιοι περὶ γῆς ὅρων πολέμῳ κατεῖχον· καὶ ἔσχον Ἀθηναῖοι Μέγαρα καὶ Πηγάς, καὶ τὰ μακρὰ τείχη ᾠκοδόμησαν Μεγαρεῦσι τὰ ἀπὸ τῆς πόλεως ἐς Νίσαιαν, καὶ ἐφρούρουν αὐτοί. Καὶ Κορινθίοις μὲν οὐχ ἥκιστα ἀπὸ τοῦδε τὸ σφοδρὸν μῖσος ἤρξατο πρῶτον ἐς Ἀθηναίους γενέσθαι.

in Atticam facta, opem sibi ferrent. (2) Illi vero se hoc facturos clam Atheniensibus promiserunt, ac facturi erant, sed terræ motu impediti sunt, in quo et Helotes et ex municipibus Thuriatæ et Ætheenses Ithomen secesserunt. Fuerunt autem ex Helotibus plurimi ab antiquis illis Messeniis, tunc in servitutem redactis, oriundi, quamobrem etiam omnes vocati sunt Messenii. (3) Adversus illos igitur, qui erant Ithomæ, bellum susceperant Lacedæmonii. Thasii vero tertio obsidionis anno Atheniensibus sese dediderunt his conditionibus, ut mœnia demolirentur, naves traderent, et imperatam pecuniam persolverent, tam eam, quam in præsentia eos numerare, quam eam, quam in posterum pendere oportebat, utque ipsis et continente et metallis cederent.

CII. Lacedæmonii vero, ut bellum adversus eos, qui Ithomæ erant, producebatur, cum alios socios tum etiam Athenienses auxilio vocaverunt. Illi vero, Cimone duce, cum non exiguis copiis venerunt; (2) potissimum autem illos evocarant, quod ad murorum oppugnationem idonei esse videbantur. Quum autem ipsis longa existeret obsidio, parum satisfaciebat iis ars illa; vi enim locum expugnassent. (3) Et ob hanc expeditionem dissensio tunc primum inter Lacedæmonios et Athenienses apparuit manifesta Lacedæmonii enim, quum oppidum per vim non caperetur, metuentes Atheniensium audaciam, et ingenium ad res novandas promptum, simul etiam illos alienigenas esse rati, ne quid novi, si diutius mansissent, ab iis, qui Ithomæ erant, im pulsi molirentur, solos eos ex sociis dimiserunt, suspicionem quidem nullam aperientes, sed se illorum auxiliis non amplius indigere dicentes. (4) Athenienses vero intellexerunt, se non bona de causa, sed aliqua suspicione orta dimitti. Quare rem atrocem et minime ferendam judicantes, statim simul ac domum redierunt, relicta societate, quam cum illis contra Medum contraxerant, novam cum Argivis illorum hostibus inierunt; simul etiam utrique, adhibito jurejurando, iisdem conditionibus societatem cum Thessalis fecerunt.

CIII. Illi vero, qui Ithomæ erant, decimo anno, quum diutius resistere non possent, compositionem cum Lacedæmoniis fecerunt, his conditionibus, ut fide publica tuti ex Peloponneso excederent, nec unquam amplius in eam reverterentur; si quis autem deprehenderetur, ejus, qui eum prehendisset, servus esset. (2) Erat etiam oraculum quoddam Pythium Lacedæmoniis ante redditum, ut Jovis Ithometæ supplicem dimitterent. (3) Exierunt autem ipsi et liberi et uxores; et Athenienses ipsos excipientes propter odium, quo jam Lacedæmonios persequebantur, Naupacti collocarunt, quam a Locris Ozolis occupatam nuper ceperant. (4) At Megarenses etiam, a Lacedæmoniis defectione facta, quod eos Corinthii propter agri fines bello premerent, Atheniensium partibus sese adjunxerunt; et Athenienses tenuerunt Megara, et Pegas; et longos muros Megarensibus ab urbe ad Nisæam usque ædificarunt, eosque ipsi tuebantur. Atque hinc præcipue natum est vehemens illud Corinthiorum odium in Athenienses.

CIV. Ἰνάρως δὲ ὁ Ψαμμητίχου, Λίβυς βασιλεὺς Λιβύων τῶν πρὸς Αἰγύπτῳ, ὁρμώμενος ἐκ Μαρείας τῆς ὑπὲρ Φάρου πόλεως ἀπέστησεν Αἰγύπτου τὰ πλέω ἀπὸ βασιλέως Ἀρτοξέρξου, καὶ αὐτὸς ἄρχων γενόμενος Ἀθηναίους ἐπηγάγετο. (2) Οἱ δὲ (ἔτυχον γὰρ ἐς Κύπρον στρατευόμενοι ναυσὶ διακοσίαις αὐτῶν τε καὶ τῶν ξυμμάχων) ἦλθον ἀπολιπόντες τὴν Κύπρον, καὶ ἀναπλεύσαντες ἀπὸ θαλάσσης ἐς τὸν Νεῖλον, τοῦ τε ποταμοῦ κρατοῦντες καὶ τῆς Μέμφιδος τῶν δύο μερῶν, πρὸς τὸ τρίτον μέρος ὃ καλεῖται Λευκὸν τεῖχος ἐπολέμουν· ἐνῆσαν δὲ αὐτόθι Περσῶν καὶ Μήδων οἱ καταφυγόντες καὶ Αἰγυπτίων οἱ μὴ ξυναποστάντες.

CV. Ἀθηναίοις δὲ ναυσὶν ἀποβᾶσιν ἐς Ἁλιὰς πρὸς Κορινθίους καὶ Ἐπιδαυρίους μάχη ἐγένετο, καὶ ἐνίκων Κορίνθιοι. Καὶ ὕστερον Ἀθηναῖοι ἐναυμάχησαν ἐπὶ Κεκρυφαλεία Πελοποννησίων ναυσὶν, καὶ ἐνίκων Ἀθηναῖοι. (2) Πολέμου δὲ καταστάντος πρὸς Αἰγινήτας Ἀθηναίοις μετὰ ταῦτα ναυμαχία γίγνεται ἐπ' Αἰγίνῃ μεγάλη Ἀθηναίων καὶ Αἰγινητῶν, καὶ οἱ ξύμμαχοι ἑκατέροις παρῆσαν, καὶ ἐνίκων Ἀθηναῖοι καὶ ναῦς ἑβδομήκοντα λαβόντες αὐτῶν ἐς τὴν γῆν ἀπέβησαν καὶ ἐπολιόρκουν, Λεωκράτους τοῦ Στροίβου στρατηγοῦντος. (3) Ἔπειτα Πελοποννήσιοι ἀμύνειν βουλόμενοι Αἰγινήταις ἐς μὲν τὴν Αἴγιναν τριακοσίους ὁπλίτας πρότερον Κορινθίων καὶ Ἐπιδαυρίων ἐπικούρους διεβίβασαν, τὰ δὲ ἄκρα τῆς Γερανίας κατέλαβον. (4) Καὶ ἐς τὴν Μεγαρίδα κατέβησαν Κορίνθιοι μετὰ τῶν ξυμμάχων, νομίζοντες ἀδυνάτους ἔσεσθαι Ἀθηναίους βοηθεῖν τοῖς Μεγαρεῦσιν ἔν τε Αἰγίνῃ ἀπούσης στρατιᾶς πολλῆς καὶ ἐν Αἰγύπτῳ· ἢν δὲ καὶ βοηθῶσιν, ἀπ' Αἰγίνης ἀναστήσεσθαι αὐτούς. (5) Οἱ δὲ Ἀθηναῖοι τὸ μὲν πρὸς Αἰγίνῃ στράτευμα οὐκ ἐκίνησαν, τῶν δ' ἐκ τῆς πόλεως ὑπολοίπων οἵ τε πρεσβύτατοι καὶ οἱ νεώτατοι ἀφικνοῦνται ἐς τὰ Μέγαρα Μυρωνίδου στρατηγοῦντος. (6) Καὶ μάχης γενομένης ἰσορρόπου πρὸς Κορινθίους διεκρίθησαν ἀπ' ἀλλήλων, καὶ ἐνόμισαν αὐτοὶ ἑκάτεροι οὐκ ἔλασσον ἔχειν ἐν τῷ ἔργῳ. (7) Καὶ οἱ μὲν Ἀθηναῖοι (ἐκράτησαν γὰρ ὅμως μᾶλλον) ἀπελθόντων τῶν Κορινθίων τροπαῖον ἔστησαν· οἱ δὲ Κορίνθιοι κακιζόμενοι ὑπὸ τῶν ἐν τῇ πόλει πρεσβυτέρων, καὶ παρασκευασάμενοι ἡμέρας ὕστερον δώδεκα μάλιστα, ἐλθόντες ἀνθίστασαν τροπαῖον καὶ αὐτοὶ ὡς νικήσαντες. Καὶ οἱ Ἀθηναῖοι ἐκβοηθήσαντες ἐκ τῶν Μεγάρων τούς τε τὸ τροπαῖον ἱστάντας διαφθείρουσι καὶ τοῖς ἄλλοις ξυμβαλόντες ἐκράτησαν.

CVI. Οἱ δὲ νικώμενοι ὑπεχώρουν, καί τι αὐτῶν μέρος οὐκ ὀλίγον προσβιασθὲν καὶ διαμαρτὸν τῆς ὁδοῦ ἐσέπεσεν ἔς του χωρίον ἰδιώτου, ᾧ ἔτυχεν ὄρυγμα μέγα περιεῖργον καὶ οὐκ ἦν ἔξοδος. (2) Οἱ δὲ Ἀθηναῖοι γνόντες κατὰ πρόσωπόν τε εἶργον τοῖς ὁπλίταις καὶ περιστήσαντες κύκλῳ τοὺς ψιλοὺς κατέλευσαν πάντας τοὺς ἐσελθόντας, καὶ πάθος μέγα τοῦτο Κορινθίοις ἐγένετο. Τὸ δὲ πλῆθος ἀπεχώρησεν αὐτοῖς τῆς στρατιᾶς ἐπ' οἴκου.

CIV. Inaros autem Psammetichi filius, Afer, rex Afrorum Ægypto finitimorum, ex urbe Marea, quæ supra Pharum est sita, profectus, majorem Ægypti partem ad defectionem a rege Artaxerxe faciendam impulit, et ipse dux creatus Athenienses accivit. (2) Illi vero (tunc enim forte cum ducentis navibus et suis et sociorum bellum Cypro intulerant) Cypro relicta venerunt, et ex mari Nilum ingressi, et flumine ipso et duabus Memphidis partibus potiti, ad tertiam partem, quæ Murus albus appellatur, bellum gerebant. Ibi autem inerant Persæ et Medi, qui eo confugerant, et quotquot ex Ægyptiis non defecerant.

CV. Athenienses vero navibus ad Halias egressi, prœlium cum Corinthiis et Epidauriis commiserunt, et Corinthii superiores erant. Posteaque Athenienses navali pugna ad Cecryphaleam cum Peloponnesiorum classe conflixerunt, et superiores erant Athenienses. (2) Postea autem, bello adversus Æginetas ab Atheniensibus moto, magnum navale prœlium ad Æginam inter Æginetas et Athenienses commissum est, et in eo socii utrisque aderant. Athenienses vero vincebant, captisque illorum septuaginta navibus, in terram descenderunt, et duce Leocrate Strœbi filio urbem obsidere cœperunt. (3) Deinde Peloponnesii, quum opem Æginetis ferre vellent, trecentos gravis armaturæ milites, qui Corinthiis et Epidauriis auxilium ante tulerant, in Æginam transmiserunt, et Geraneæ summa juga occuparunt. (4) Corinthii vero cum sociis in agrum Megarensem descenderunt, rati Athenienses propter absentiam magnarum copiarum, quæ partim in Ægina, partim in Ægypto erant, Megarensibus opem ferre non posse; et, etiam si opem illis ferrent, ex Ægina eos discessuros. (5) At Athenienses copias quidem, quæ ad Æginam erant, loco non moverunt, sed ex iis, qui domi relicti erant, tam seniores, quam juniores, duce Myronide, Megara se contulerunt. (6) Et, pugna æquo Marte cum Corinthiis commissa, alteri ab alteris dirempti sunt, et utrique non deteriore conditione rem in prœlio a se gestam existimarunt. (7) Et Athenienses quidem (nam fuerant tamen potius superiores) post Corinthiorum discessum tropæum statuerunt. Corinthii vero increpiti a senioribus, qui in urbe erant, copiis instructis duodecim ferme diebus post venerunt, et tropæum contra et ipsi tanquam victores statuebant. Sed Athenienses Megaris egressi et illos, qui tropæum erigebant, interficiunt, et ceteros aggressi vicerunt.

CVI. Illi vero inferiores recedebant; quædam eorum autem non exigua pars, quæ ab hoste insequente premebatur, et a via aberraverat, incidit in cujusdam hominis privati prædium, quod magna fossa undique cingebatur nec erat exitus ullus. (2) Athenienses vero, re cognita, oppositis a fronte gravis armaturæ militibus, exitu prohibebant, et, levis armaturæ militibus circa collocatis, eos omnes, qui ingressi erant, lapidibus obruerunt; atque clades hæc magna Corinthiis accidit. Reliqua vero illorum exercitus turba domum rediit.

CVII. Ἤρξαντο δὲ κατὰ τοὺς χρόνους τούτους καὶ τὰ μακρὰ τείχη ἐς θάλασσαν Ἀθηναῖοι οἰκοδομεῖν, τό τε Φαληρόνδε καὶ τὸ ἐς Πειραιᾶ. (2) Καὶ Φωκέων στρατευσάντων ἐς Δωριᾶς τὴν Λακεδαιμονίων μητρόπολιν, Βοιὸν καὶ Κυτίνιον καὶ Ἐρινεὸν, καὶ ἑλόντων ἓν τῶν πολισμάτων τούτων, οἱ Λακεδαιμόνιοι Νικομήδους τοῦ Κλεομβρότου ὑπὲρ Πειστοάνακτος τοῦ Παυσανίου βασιλέως νέου ὄντος ἔτι ἡγουμένου ἐβοήθησαν τοῖς Δωριεῦσιν ἑαυτῶν τε πεντακοσίοις καὶ χιλίοις ὁπλίταις καὶ τῶν ξυμμάχων μυρίοις, καὶ τοὺς Φωκέας ὁμολογίᾳ ἀναγκάσαντες ἀποδοῦναι τὴν πόλιν ἀπεχώρουν πάλιν. (3) Καὶ κατὰ θάλασσαν μὲν αὐτούς, διὰ τοῦ Κρισαίου κόλπου εἰ βούλοιντο περαιοῦσθαι, Ἀθηναῖοι ναυσὶ περιπλεύσαντες ἔμελλον κωλύσειν· διὰ δὲ τῆς Γερανίας οὐκ ἀσφαλὲς ἐφαίνετο αὐτοῖς Ἀθηναίων ἐχόντων Μέγαρα καὶ Πηγὰς πορεύεσθαι. Δύσοδός τε γὰρ ἡ Γερανία καὶ ἐφρουρεῖτο ἀεὶ ὑπὸ Ἀθηναίων· καὶ τότε ᾐσθάνοντο αὐτοὺς μέλλοντας καὶ ταύτῃ κωλύσειν. (4) Ἔδοξε δ' αὐτοῖς ἐν Βοιωτοῖς περιμείνασι σκέψασθαι ὅτῳ τρόπῳ ἀσφαλέστατα διαπορεύσονται. Τὸ δέ τι καὶ ἄνδρες τῶν Ἀθηναίων ἐπῆγον αὐτοὺς κρύφα, ἐλπίσαντες δῆμόν τε καταπαύσειν καὶ τὰ μακρὰ τείχη οἰκοδομούμενα. (5) Ἐβοήθησαν δ' ἐπ' αὐτοὺς οἱ Ἀθηναῖοι πανδημεὶ καὶ Ἀργείων χίλιοι καὶ τῶν ἄλλων ξυμμάχων ὡς ἕκαστοι· ξύμπαντες δὲ ἐγένοντο τετρακισχίλιοι καὶ μύριοι. (6) Νομίσαντες δὲ ἀπορεῖν ὅπῃ διέλθωσιν ἐπεστράτευσαν αὐτοῖς, καί τι καὶ τοῦ δήμου καταλύσεως ὑποψίᾳ. (7) Ἦλθον δὲ καὶ Θεσσαλῶν ἱππῆς τοῖς Ἀθηναίοις κατὰ τὸ ξυμμαχικόν, οἳ μετέστησαν ἐν τῷ ἔργῳ παρὰ τοὺς Λακεδαιμονίους.

CVIII. Γενομένης δὲ μάχης ἐν Τανάγρᾳ τῆς Βοιωτίας ἐνίκων Λακεδαιμόνιοι καὶ οἱ ξύμμαχοι, καὶ φόνος ἐγένετο ἀμφοτέρων πολύς. (2) Καὶ Λακεδαιμόνιοι μὲν ἐς τὴν Μεγαρίδα ἐλθόντες καὶ δενδροτομήσαντες πάλιν ἀπῆλθον ἐπ' οἴκου διὰ Γερανίας καὶ Ἰσθμοῦ· Ἀθηναῖοι δὲ δευτέρᾳ καὶ ἑξηκοστῇ ἡμέρᾳ μετὰ τὴν μάχην ἐστράτευσαν ἐς Βοιωτοὺς Μυρωνίδου στρατηγοῦντος, (3) καὶ μάχῃ ἐν Οἰνοφύτοις τοὺς Βοιωτοὺς νικήσαντες τῆς τε χώρας ἐκράτησαν τῆς Βοιωτίας καὶ Φωκίδος, καὶ Ταναγραίων τὸ τεῖχος περιεῖλον, καὶ Λοκρῶν τῶν Ὀπουντίων ἑκατὸν ἄνδρας ὁμήρους τοὺς πλουσιωτάτους ἔλαβον, τά τε τείχη τὰ ἑαυτῶν τὰ μακρὰ ἐπετέλεσαν. (4) Ὡμολόγησαν δὲ καὶ Αἰγινῆται μετὰ ταῦτα τοῖς Ἀθηναίοις, τείχη τε περιελόντες καὶ ναῦς παραδόντες φόρον τε ταξάμενοι ἐς τὸν ἔπειτα χρόνον. (5) Καὶ Πελοπόννησον περιέπλευσαν Ἀθηναῖοι Τολμίδου τοῦ Τολμαίου στρατηγοῦντος, καὶ τὸ νεώριον τὸ Λακεδαιμονίων ἐνέπρησαν, καὶ Χαλκίδα Κορινθίων πόλιν εἷλον, καὶ Σικυωνίους ἐν ἀποβάσει τῆς γῆς μάχῃ ἐκράτησαν.

CIX. Οἱ δ' ἐν τῇ Αἰγύπτῳ Ἀθηναῖοι καὶ οἱ ξύμμαχοι ἐπέμενον, καὶ αὐτοῖς πολλαὶ ἰδέαι πολέμων κατέστησαν. (2) Τὸ μὲν γὰρ πρῶτον ἐκράτουν τῆς Αἰγύπτου Ἀθηναῖοι, καὶ βασιλεὺς πέμπει ἐς Λακεδαίμονα Μεγάβαζον ἄνδρα Πέρσην χρήματα ἔχοντα, ὅπως ἐς τὴν

CVII. Sub eadem tempora Athenienses longos etiam muros ad mare usque cœperunt ædificare, alterum ad Phalerum usque, alterum ad Piræeum. (2) Quum autem Phocenses expeditionem suscepissent contra Dorienses, Lacedæmoniorum metropolin, Bœum et Cytinium et Erineum, quumque unum ex his oppidis cepissent, Lacedæmonii, duce Nicomede Cleombroti filio, pro Plistoanacte Pausaniæ regis filio, qui adhuc erat junior, Doriensibus opem tulerunt cum mille et quingentis militibus de suis et decem millibus sociorum; cumque Phocenses, deditione certis conditionibus facta, urbem reddere coegissent, domum redibant. (3) Eos autem, si per sinum Crissæum mari transire voluissent, Athenienses navibus circumvecti impedituri erant; per Geraneam vero transire non tutum ipsis esse videbatur, quod Athenienses Megara et Pegas tenerent; nam Geranea et transitu difficilis erat, et Atheniensium præsidio semper custodiebatur; tunc autem præsenserunt, fore ut illi hac quoque parte se prohiberent. (4) Quamobrem visum est ipsis, apud Bœotos subsistere, et dispicere, quanam ratione quam tutissime transire possent. Quinetiam Atheniensium nonnulli clam ipsos sollicitabant, quia democratiam, et longos muros, qui ædificabantur, tolli sperabant. (5) Athenienses vero prodierunt adversus eos publice omnes et Argivorum mille, et ceteri socii pro se quique; universorum autem fuerunt quatuordecim hominum millia. (6) Credentes autem eos nescire, qua transire possent, obviam illis processerunt, et erat etiam suspicio, ne popularem statum everterent. (7) Venerunt etiam Thessalorum equites ad Athenienses ex societatis jure, qui in ipso prœlio ad Lacedæmonios transierunt.

CVIII. Prœlio autem ad Tanagram Bœotiæ commisso, Lacedæmonii eorumque socii superiores erant; et utrinque magna strages est facta. (2) Et Lacedæmonii quidem in agrum Megarensem ingressi arboribus cæsis per Geraneam et Isthmum domum reverterunt. Athenienses vero altero et sexagesimo ab hac pugna die expeditionem in Bœotios, duce Myronide, susceperunt, (3) et apud Œnophyta Bœotis prœlio superatis et agrum Bœotium ac Phocensem in suam potestatem redegerunt, et Tanagræorum muros demoliti sunt, et Locrorum Opuntiorum centum viros opulentissimos obsides ceperunt, suosque longos muros absolverunt. (4) Post hæc Æginetæ quoque se Atheniensibus dediderunt, his conditionibus, ut et muros demolirentur et naves traderent et imperatum tributum in posterum penderent. (5) Peloponnesum etiam Athenienses navibus circumvecti sunt, duce Tolmida Tolmæi filio, et Lacedæmoniorum navalia incenderunt, et Chalcidem Corinthiorum urbem ceperunt, et exscensu e navibus in terram facto Sicyonios prœlio vicerunt.

CIX. Qui vero, in Ægypto erant Athenienses et socii, adhuc ibi manebant, et varia bellorum genera experti sunt. (2) Primo enim Athenienses Ægypto potiebantur, et Persarum rex misit Lacedæmona Megabazum, virum Persam,

HISTORIÆ LIB. I, 107 — 112.

Ἀττικὴν ἐσβαλεῖν πεισθέντων τῶν Πελοποννησίων ἀπ' Αἰγύπτου ἀπαγάγοι Ἀθηναίους. (3) Ὡς δ' αὐτῷ οὐ προὐχώρει καὶ τὰ χρήματα ἄλλως ἀναλοῦτο, ὁ μὲν Μεγάβαζος καὶ τὰ λοιπὰ τῶν χρημάτων πάλιν ἐς τὴν Ἀσίαν ἐκομίσθη, Μεγάβυζον δὲ τὸν Ζωπύρου πέμπει ἄνδρα Πέρσην μετὰ στρατιᾶς πολλῆς· (4) ὃς ἀφικόμενος κατὰ γῆν τούς τε Αἰγυπτίους καὶ τοὺς ξυμμάχους μάχῃ ἐκράτησεν, καὶ ἐκ τῆς Μέμφιδος ἐξήλασε τοὺς Ἕλληνας, καὶ τέλος ἐς Προσωπίτιδα τὴν νῆσον κατέκλῃσεν, καὶ ἐπολιόρκει ἐν αὐτῇ ἐνιαυτὸν καὶ ἓξ μῆνας, μέχρι οὗ ξηράνας τὴν διώρυχα καὶ παρατρέψας ἄλλῃ τὸ ὕδωρ τάς τε ναῦς ἐπὶ τοῦ ξηροῦ ἐποίησε καὶ τῆς νήσου τὰ πολλὰ ἤπειρον, καὶ διαβὰς εἷλε τὴν νῆσον πεζῇ.

CX. Οὕτω μὲν τὰ τῶν Ἑλλήνων πράγματα ἐφθάρη, ἐξ ἔτη πολεμήσαντα· καὶ ὀλίγοι ἀπὸ πολλῶν πορευόμενοι διὰ τῆς Λιβύης ἐς Κυρήνην ἐσώθησαν, οἱ δὲ πλεῖστοι ἀπώλοντο. (2) Αἴγυπτος δὲ πάλιν ὑπὸ βασιλέα ἐγένετο πλὴν Ἀμυρταίου τοῦ ἐν τοῖς ἕλεσι βασιλέως· τοῦτον δὲ διὰ μέγεθός τε τοῦ ἕλους οὐκ ἐδύναντο ἑλεῖν, καὶ ἅμα μαχιμώτατοί εἰσι τῶν Αἰγυπτίων οἱ ἕλειοι. (3) Ἰνάρως δὲ ὁ Λιβύων βασιλεύς, ὃς τὰ πάντα ἔπραξε περὶ τῆς Αἰγύπτου, προδοσίᾳ ληφθεὶς ἀνεσταυρώθη. (4) Ἐκ δὲ τῶν Ἀθηνῶν καὶ τῆς ἄλλης ξυμμαχίδος πεντήκοντα τριήρεις διάδοχοι πλέουσαι ἐς Αἴγυπτον ἔσχον κατὰ τὸ Μενδήσιον κέρας, οὐκ εἰδότες τῶν γεγενημένων οὐδέν· καὶ αὐτοῖς ἔκ τε γῆς ἐπιπεσόντες πεζοὶ καὶ ἐκ θαλάσσης Φοινίκων ναυτικὸν διέφθειραν τὰς πολλὰς τῶν νεῶν, αἱ δ' ἐλάσσους διέφυγον πάλιν. (5) Τὰ μὲν κατὰ τὴν μεγάλην στρατείαν Ἀθηναίων καὶ τῶν ξυμμάχων ἐς Αἴγυπτον οὕτως ἐτελεύτησεν.

CXI. Ἐκ δὲ Θεσσαλίας Ὀρέστης ὁ Ἐχεκρατίδου υἱὸς τοῦ Θεσσαλῶν βασιλέως φεύγων ἔπεισεν Ἀθηναίους ἑαυτὸν κατάγειν· καὶ παραλαβόντες Βοιωτοὺς καὶ Φωκέας ὄντας ξυμμάχους Ἀθηναῖοι ἐστράτευσαν πῆς Θεσσαλίας ἐπὶ Φάρσαλον. Καὶ τῆς μὲν γῆς ἐκράτουν ὅσα μὴ προϊόντες πολὺ ἐκ τῶν ὅπλων (οἱ γὰρ ἱππῆς τῶν Θεσσαλῶν εἶργον), τὴν δὲ πόλιν οὐχ εἷλον, οὐδ' ἄλλο προὐχώρει αὐτοῖς οὐδὲν ὧν ἕνεκα ἐστράτευσαν, ἀλλ' ἀπεχώρησαν πάλιν Ὀρέστην ἔχοντες ἄπρακτοι. (2) Μετὰ δὲ ταῦτα οὐ πολλῷ ὕστερον χίλιοι Ἀθηναίων ἐπὶ τὰς ναῦς τὰς ἐν Πηγαῖς ἐπιβάντες (εἶχον δ' αὐτοὶ τὰς Πηγάς) παρέπλευσαν ἐς Σικυῶνα Περικλέους τοῦ Ξανθίππου στρατηγοῦντος, καὶ ἀποβάντες Σικυωνίων τοὺς προσμίξαντας μάχῃ ἐκράτησαν. (3) Καὶ εὐθὺς παραλαβόντες Ἀχαιοὺς καὶ διαπλεύσαντες πέραν τῆς Ἀκαρνανίας ἐς Οἰνιάδας ἐστράτευσαν καὶ ἐπολιόρκουν, οὐ μέντοι εἷλόν γε, ἀλλ' ἀπεχώρησαν ἐπ' οἴκου.

CXII. Ὕστερον δὲ διαλιπόντων ἐτῶν τριῶν σπονδαὶ γίγνονται Πελοποννησίοις καὶ Ἀθηναίοις πενταετεῖς. (2) Καὶ Ἑλληνικοῦ μὲν πολέμου ἔσχον οἱ Ἀθηναῖοι, ἐς δὲ Κύπρον ἐστρατεύοντο ναυσὶ διακοσίαις αὐτῶν τε καὶ τῶν ξυμμάχων Κίμωνος στρατηγοῦντος. (3) Καὶ

cum pecuniis, ut, Peloponnesiis ad irruptionem in agrum Atticum faciendam impulsis, ab Ægypto Athenienses averteret. (3) Sed quum res ipsi non succederet, et pecuniæ frustra consumerentur, Megabazus quidem cum pecuniis, quæ reliquæ erant, in Asiam rediit; Megabyzum vero Zopyri filium, virum Persam, cum ingentibus copiis misit; (4) qui terrestri itinere profectus et Ægyptios et socios prœlio vicit, et Græcos Memphide expulit, tandemque in Prosopitide insula eos inclusit; atque in ea annum integrum et sex menses obsidebat donec, exsiccato fossæ alveo et aqua alio aversa, effecit, ut naves in sicco considerent, et magna insulæ pars continentis instar esset; insulamque cum peditatu eo trajiciens cepit.

CX. Sic igitur perierunt res Græcorum, qui bellum sex annos gesserant, et ex multis pauci per Africam transeuntes Cyrenen salvi pervenerunt; sed plerique perierant. (2) Ægyptus vero in Regis ditionem rediit, præter regem Amyrtæum, qui in paludibus regnabat; hunc enim propter paludis magnitudinem expugnare nequibant, simul etiam, qui paludes incolunt, sunt Ægyptiorum bellicosissimi. (3) Inaros vero Afrorum rex, qui fuerat auctor omnium harum rerum, quæ in Ægypto sunt gestæ, per proditionem captus in crucem est actus. (4) Athenienses vero aliique socii, qui quinquaginta triremibus vecti, suis successuri, in Ægyptum navigabant, rerum gestarum prorsus ignari ad Mendesium Nili cornu appulerunt. Quum autem et a terra pedites impressionem in ipsos fecissent, et a mari Phœnicum classis, plerasque naves illorum profligarunt; pauciores fuga se retro proripientes evaserunt. (5) Magna igitur illa Atheniensium et sociorum expeditio in Ægyptum facta hunc habuit exitum.

CXI. Orestes autem Echecratidæ Thessalorum regis filius, ex Thessalia profugus, Atheniensibus persuasit, ut se reducerent. Athenienses vero assumptis Bœotis et Phocensibus sociis expeditionem adversus Pharsalum Thessaliæ susceperunt; et agrum quidem in sua potestate eatenus habebant, ut a castris non longe procederent (Thessalorum enim equites prohibebant), urbem vero non ceperunt, nec aliud quicquam eorum, quorum causa illam expeditionem susceperant, ipsis succedebat, sed una cum Oreste redierunt re infecta. (2) Deinde vero non multo post mille Athenienses, navibus conscensis, quæ Pegis erant, (ipsi autem Pegas tenebant) duce Pericle Xanthippi filio contra Sicyonem navigarunt, et, exscensu e navibus in terram facto, Sicyonios, qui secum conflixerant, prœlio vicerunt. (3) Quumque statim Achæos assumpsissent et in ulteriores partes trajecissent, Œniadis Acarnaniæ civitati bellum intulerunt, eamque obsidebant; neque tamen ceperunt, sed domum reverterunt.

CXII. Postea vero, intermisso triennio, fœdera quinquennalia inter Peloponesios et Athenienses inita sunt. (2) Et Athenienses Græco quidem bello supersederunt; sed in Cyprum expeditionem faciebant cum ducentis tum suorum tum sociorum navibus Cimonis ductu. (3) Atque ex his sexa-

ἑξήκοντα μὲν νῆες ἐς Αἴγυπτον ἀπ' αὐτῶν ἔπλευσαν, Ἀμυρταίου μεταπέμποντος τοῦ ἐν τοῖς ἕλεσι βασιλέως, αἱ δὲ ἄλλαι Κίτιον ἐπολιόρκουν. (4) Κίμωνος δὲ ἀποθανόντος καὶ λιμοῦ γενομένου ἀπεχώρησαν ἀπὸ Κιτίου, καὶ πλεύσαντες ὑπὲρ Σαλαμῖνος τῆς ἐν Κύπρῳ Φοίνιξι καὶ Κίλιξιν ἐναυμάχησαν καὶ ἐπεζομάχησαν ἅμα, καὶ νικήσαντες ἀμφότερα ἀπεχώρησαν ἐπ' οἴκου, καὶ αἱ ἐξ Αἰγύπτου νῆες πάλιν αἱ ἐλθοῦσαι μετ' αὐτῶν. (5) Λακεδαιμόνιοι δὲ μετὰ ταῦτα τὸν ἱερὸν καλούμενον πόλεμον ἐστράτευσαν, καὶ κρατήσαντες τοῦ ἐν Δελφοῖς ἱεροῦ παρέδοσαν Δελφοῖς· καὶ αὖθις ὕστερον Ἀθηναῖοι ἀποχωρησάντων αὐτῶν στρατεύσαντες καὶ κρατήσαντες παρέδοσαν Φωκεῦσιν.

CXIII. Καὶ χρόνου ἐγγενομένου μετὰ ταῦτα Ἀθηναῖοι, Βοιωτῶν τῶν φευγόντων ἐχόντων Ὀρχομενὸν καὶ Χαιρώνειαν καὶ ἄλλ' ἄττα χωρία τῆς Βοιωτίας, ἐστράτευσαν ἑαυτῶν μὲν χιλίοις ὁπλίταις τῶν δὲ ξυμμάχων ὡς ἑκάστοις ἐπὶ τὰ χωρία ταῦτα πολέμια ὄντα, Τολμίδου τοῦ Τολμαίου στρατηγοῦντος. Καὶ Χαιρώνειαν ἑλόντες [καὶ ἀνδραποδίσαντες] ἀπεχώρουν φυλακὴν καταστήσαντες. (2) Πορευομένοις δ' αὐτοῖς ἐν Κορωνείᾳ ἐπιτίθενται οἵ τε ἐκ τῆς Ὀρχομενοῦ φυγάδες Βοιωτῶν καὶ Λοκροὶ μετ' αὐτῶν καὶ Εὐβοέων φυγάδες καὶ ὅσοι τῆς αὐτῆς γνώμης ἦσαν, καὶ μάχῃ κρατήσαντες τοὺς μὲν διέφθειραν τῶν Ἀθηναίων τοὺς δὲ ζῶντας ἔλαβον. (3) Καὶ τὴν Βοιωτίαν ἐξέλιπον Ἀθηναῖοι πᾶσαν, σπονδὰς ποιησάμενοι ἐφ' ᾧ τοὺς ἄνδρας κομιοῦνται. (4) Καὶ οἱ φεύγοντες Βοιωτῶν κατελθόντες καὶ οἱ ἄλλοι πάντες αὐτόνομοι πάλιν ἐγένοντο.

CXIV. Μετὰ δὲ ταῦτα οὐ πολλῷ ὕστερον Εὔβοια ἀπέστη ἀπὸ Ἀθηναίων, καὶ ἐς αὐτὴν διαβεβηκότος ἤδη Περικλέους στρατιᾷ Ἀθηναίων ἠγγέλθη αὐτῷ ὅτι Μέγαρα ἀφέστηκε καὶ Πελοποννήσιοι μέλλουσιν ἐσβαλεῖν ἐς τὴν Ἀττικὴν καὶ οἱ φρουροὶ Ἀθηναίων διεφθαρμένοι εἰσὶν ὑπὸ Μεγαρέων, πλὴν ὅσοι ἐς Νίσαιαν ἀπέφυγον· ἐπαγαγόμενοι δὲ Κορινθίους καὶ Σικυωνίους καὶ Ἐπιδαυρίους ἀπέστησαν οἱ Μεγαρῆς. Ὁ δὲ Περικλῆς πάλιν κατὰ τάχος ἐκόμιζε τὴν στρατιὰν ἐκ τῆς Εὐβοίας. (2) Καὶ μετὰ τοῦτο οἱ Πελοποννήσιοι τῆς Ἀττικῆς ἐς Ἐλευσῖνα καὶ Θριῶζε ἐσβαλόντες ἐδῄωσαν Πλειστοάνακτος τοῦ Παυσανίου βασιλέως Λακεδαιμονίων ἡγουμένου, καὶ τὸ πλέον οὐκέτι προελθόντες ἀπεχώρησαν ἐπ' οἴκου. (3) Καὶ Ἀθηναῖοι πάλιν ἐς Εὔβοιαν διαβάντες Περικλέους στρατηγοῦντος κατεστρέψαντο πᾶσαν, καὶ τὴν μὲν ἄλλην ὁμολογίᾳ κατεστήσαντο, Ἑστιαιᾶς δ' ἐξοικίσαντες αὐτοὶ τὴν γῆν ἔσχον.

CXV. Ἀναχωρήσαντες δὲ ἀπ' Εὐβοίας οὐ πολλῷ ὕστερον σπονδὰς ἐποιήσαντο πρὸς Λακεδαιμονίους καὶ τοὺς ξυμμάχους τριακοντούτεις, ἀποδόντες Νίσαιαν καὶ Πηγὰς καὶ Τροιζῆνα καὶ Ἀχαΐαν· ταῦτα γὰρ εἶχον Ἀθηναῖοι Πελοποννησίων.

2. Ἕκτῳ δὲ ἔτει Σαμίοις καὶ Μιλησίοις πόλεμος ἐγένετο περὶ Πριήνης, καὶ οἱ Μιλήσιοι ἐλασσούμενοι τῷ πολέμῳ παρ' Ἀθηναίους ἐλθόντες κατεβόων τῶν

ginta naves in Ægyptum navigarunt, quas Amyrtæus, qui in paludibus regnabat, accersebat; reliquæ vero Citium obsidebant. (4) Sed Cimone vita defuncto fameque exorta a Citio recesserunt, cursumque navigationis tenentes supra Salaminem, quæ est in Cypro, cum Phœnicibus et Cypriis et Cilicibus navalem ac pedestrem pugnam simul commiserunt; et victoria ex utroque prœlio reportata, domum redierunt, itemque naves ex Ægypto, quæ cum ipsis venerant. (5) Lacedæmonii vero post hæc bellum, quod sacrum appellatur, susceperunt; potitique templum, quod Delphis est, tradiderunt Delphis; Athenienses vero contra post illorum discessum cum exercitu profecti et potiti Phocensibus tradiderunt.

CXIII. Interjecto deinde tempore quum Bœotorum exsules Orchomenum et Chæroneam aliaque quædam Bœotiæ oppida tenerent, Athenienses cum mille gravis armaturæ militibus ex suis et ex sociis quot miserant pro se quique, in illa loca, quæ inimica erant, expeditionem Tolmidæ Tolmæi filii ductu susceperunt. Et, Chæronea capta [et in servitutem redacta] præsidio in ea collocato, discedebant. (2) Bœotorum vero exsules, et cum ipsis Locri, et Euboensium exsules, et alii quotquot earumdem partium erant, Orchomeno facta eruptione, illos iter facientes prope Coroneam invaserunt; cumque ipsos prœlio superassent, Atheniensium alios interfecerunt, alios vivos ceperunt. (3) Atque Bœotiam Athenienses totam reliquerunt, induciis ea conditione factis, ut captivos reciperent. (4) Et Bœotorum exsules in patrias reversi cæterique omnes rursus liberi, suisque legibus vixerunt.

CXIV. Neque multo post hæc Eubœa ab Atheniensibus defecit. Cum autem Pericles cum Atheniensium exercitu in eam jam trajecisset, ipsi nuntiatum est, Megara defectionem fecisse et Peloponnesios irruptionem in Atticam facturos et Atheniensium præsidiarios milites a Megarensibus cæsos, illis exceptis, qui Nisæam confugissent; defecerant autem Megarenses advocatis Corinthiis et Sicyoniis et Epidauriis. Pericles vero confestim copias ex Eubœa reducebat. (2) Quo facto Lacedæmonii, irruptione facta in Atticæ Eleusinem et Thriasios campos, eos vastarunt, duce Plistoanacte, Pausaniæ filio, Lacedæmoniorum rege, nec ulterius fere progressi domum redierunt. (3) Et Athenienses duce Pericle in Eubœam rursus trajecerunt, totamque subegerunt, et reliquas quidem ejus partes conditionibus in fidem receperunt, Hestiæenses vero sede sua expulerunt eorumque agrum tenuerunt.

CXV. Ex Eubœa autem reversi, non multo post cum Lacedæmoniis sociisque tricennalia fœdera percusserunt, redditis Nisæa, Achaia, Pegis, et Trœzene; hæc enim tenebant Athenienses Peloponnesi. (2) Sexto autem anno bellum inter Samios et Milesios de Priene est excitatum. Et Milesii, quum armis essent inferiores, ad Athenienses profecti, in Samios invehi cœperunt; adjuvabant autem eos

HISTORIÆ LIB. I, 113 — 117.

Σαμίων. Ξυνεπελαμβάνοντο δὲ καὶ ἐξ αὐτῆς τῆς Σάμου ἄνδρες ἰδιῶται νεωτερίσαι βουλόμενοι τὴν πολιτείαν. (3) Πλεύσαντες οὖν Ἀθηναῖοι ἐς Σάμον ναυσὶ τεσσαράκοντα δημοκρατίαν κατέστησαν, καὶ ὁμήρους ἔλαβον τῶν Σαμίων πεντήκοντα μὲν παῖδας ἴσους δὲ ἄνδρας, καὶ κατέθεντο ἐς Λῆμνον, καὶ φρουρὰν ἐγκαταλιπόντες ἀνεχώρησαν. (4) Τῶν δὲ Σαμίων (ἦσαν γάρ τινες οἳ οὐχ ὑπέμενον ἀλλ' ἔφυγον ἐς τὴν ἤπειρον) ξυνθέμενοι τῶν ἐν τῇ πόλει τοῖς δυνατωτάτοις καὶ Πισσούθνῃ τῷ Ὑστάσπου ξυμμαχίαν, ὃς εἶχε Σάρδεις τότε, ἐπικούρους τε ξυλλέξαντες ἐς ἑπτακοσίους διέβησαν ὑπὸ νύκτα ἐς τὴν Σάμον, (5) καὶ πρῶτον μὲν τῷ δήμῳ ἐπανέστησαν καὶ ἐκράτησαν τῶν πλείστων, ἔπειτα τοὺς ὁμήρους κλέψαντες ἐκ Λήμνου τοὺς αὑτῶν ἀπέστησαν, καὶ τοὺς φρουροὺς τοὺς Ἀθηναίων καὶ τοὺς ἄρχοντας οἳ ἦσαν παρὰ σφίσιν ἐξέδοσαν Πισσούθνῃ, ἐπί τε Μίλητον εὐθὺς παρεσκευάζοντο στρατεύειν. Ξυναπέστησαν δ' αὐτοῖς καὶ Βυζάντιοι.

CXVI. Ἀθηναῖοι δ' ὡς ᾔσθοντο, πλεύσαντες ναυσὶν ἑξήκοντα ἐπὶ Σάμου ταῖς μὲν ἑκκαίδεκα τῶν νεῶν οὐκ ἐχρήσαντο (ἔτυχον γὰρ αἱ μὲν ἐπὶ Καρίας ἐς προσκοπὴν τῶν Φοινισσῶν νεῶν οἰχόμεναι, αἱ δ' ἐπὶ Χίου καὶ Λέσβου περιαγγέλλουσαι βοηθεῖν), τεσσαράκοντα δὲ ναυσὶ καὶ τέσσαρσι Περικλέους δεκάτου αὐτοῦ στρατηγοῦντος ἐναυμάχησαν πρὸς Τραγίᾳ τῇ νήσῳ Σαμίων ναυσὶν ἑβδομήκοντα, ὧν ἦσαν αἱ εἴκοσι στρατιώτιδες· ἔτυχον δὲ αἱ πᾶσαι ἀπὸ Μιλήτου πλέουσαι. Καὶ ἐνίκων Ἀθηναῖοι. (2) Ὕστερον δ' αὐτοῖς ἐβοήθησαν ἐκ τῶν Ἀθηνῶν νῆες τεσσαράκοντα καὶ Χίων καὶ Λεσβίων πέντε καὶ εἴκοσι, καὶ ἀποβάντες καὶ κρατοῦντες τῷ πεζῷ ἐπολιόρκουν τρισὶ τείχεσι τὴν πόλιν, καὶ ἐκ θαλάσσης ἅμα. (3) Περικλῆς δὲ λαβὼν ἑξήκοντα ναῦς ἀπὸ τῶν ἐφορμουσῶν ᾤχετο κατὰ τάχος ἐπὶ Καύνου καὶ Καρίας, ἐσαγγελθέντων ὅτι Φοίνισσαι νῆες ἐπ' αὐτοὺς πλέουσιν· ᾤχετο γὰρ καὶ ἐκ τῆς Σάμου πέντε ναυσὶ Στησαγόρας καὶ ἄλλοι ἐπὶ τὰς Φοινίσσας.

CXVII. Ἐν τούτῳ δὲ οἱ Σάμιοι ἐξαπιναίως ἔκπλουν ποιησάμενοι ἀφράκτῳ τῷ στρατοπέδῳ ἐπιπεσόντες τάς τε προφυλακίδας ναῦς διέφθειραν καὶ ναυμαχοῦντες τὰς ἀνταναγομένας ἐνίκησαν, καὶ τῆς θαλάσσης τῆς καθ' ἑαυτοὺς ἐκράτησαν ἡμέρας περὶ τεσσαρασκαίδεκα, καὶ ἐσεκομίσαντο καὶ ἐξεκομίσαντο ἃ ἐβούλοντο. (2) Ἐλθόντος δὲ Περικλέους πάλιν ταῖς ναυσὶ κατεκλῄσθησαν. Καὶ ἐκ τῶν Ἀθηνῶν ὕστερον προσεβοήθησαν τεσσαράκοντα μὲν αἱ μετὰ Θουκυδίδου καὶ Ἅγνωνος καὶ Φορμίωνος νῆες, εἴκοσι δὲ αἱ μετὰ Τληπολέμου καὶ Ἀντικλέους, ἐκ δὲ Χίου καὶ Λέσβου τριάκοντα. (3) Καὶ ναυμαχίαν μέν τινα βραχεῖαν ἐποιήσαντο οἱ Σάμιοι, ἀδύνατοι δὲ ὄντες ἀντισχεῖν ἐξεπολιορκήθησαν ἐνάτῳ μηνὶ καὶ προσεχώρησαν ὁμολογίᾳ, τεῖχός τε καθελόντες καὶ ὁμήρους δόντες καὶ ναῦς παραδόντες καὶ χρήματα τὰ ἀναλωθέντα κατὰ χρόνους ταξάμενοι ἀποδοῦναι. Ξυνέβησαν δὲ καὶ Βυζάντιοι ὥσπερ καὶ πρότερον ὑπήκοοι εἶναι.

et ex ipsa Samo nonnulli homines privati, qui rerum novarum studio reipublicæ statum immutare cupiebant. (3) Athenienses igitur cum quadraginta navibus Samum profecti, statum popularem constituerunt, et obsides a Samiis acceperunt, quinquaginta pueros, totidemque viros, quos in Lemno deposuerunt; et præsidio ibi relicto discesserunt. (4) Quidam autem ex Samiis (nonnulli enim erant, qui ferre non potuerant, sed in continentem fugerant) cum potentissimis eorum, qui in urbe erant, et cum Pissuthne Hystaspis filio, qui tunc Sardibus præerat, inita societate, collectisque septingentis ferme auxiliariis militibus sub noctem in Samum trajecerunt. (5) Et primum quidem factionem popularem aggressi sunt et maximam ejus partem in suam potestatem redegerunt; deinde vero, obsidibus suis ex Lemno surreptis, suos, ut deficerent, perpulerunt; et præsidium Atheniensium et præfectos, quos penes se habebant, Pissuthnæ tradiderunt; atque expeditionem etiam in Miletum statim parare cœperunt. Cum illis autem et Byzantii defectionem fecerunt.

CXVI. Athenienses vero his auditis, cum sexaginta navibus adversus Samum profecti, harum quidem sexdecim navibus non sunt usi (aliæ enim in Cariam iverant, ut Phœnicum naves specularentur, aliæ vero in Chium et Lesbum, ut auxilia inde evocarent); quatuor vero et quadraginta navibus, Pericle duce cum novem collegis, ad insulam Tragiam cum Samiorum septuaginta navibus pugnarunt, in quarum numero erant viginti, quæ milites vehebant, omnes autem Mileto veniebant; et Athenienses victores erant. (2) Postea vero auxilium ipsis tulerunt quadraginta naves Athenis profectæ, et Chiorum ac Lesbiorum XXV. Et exscensu e navibus in terram facto, pugnaque pedestri victores, urbem tribus munitionibus et simul etiam a mari obsederunt. (3) Pericles vero sumptis sexaginta navibus ex iis, quæ erant in statione, Caunum versus et in Cariam quam celerrime contendit, quia nuntium acceperat, Phœnicum naves contra se navigare. Jam enim et Stesagoras Samo abierat cum quinque navibus et alii ad Phœnicum classem.

CXVII. Interea vero Samii, repentina eruptione navibus facta, castraque nullis munitionibus septa aggressi, naves, quæ pro castris in statione erant, profligarunt, et ceteras, quæ contra se in aciem educebantur, prælio navali superarunt; et mare finibus suis proximum per quatuordecim ferme dies in sua potestate tenuerunt; et quæcunque volebant, importarunt et exportarunt. (2) Sed reverso Pericle navibus iterum conclusi sunt. Postea vero Athenis et aliæ quadraginta naves cum Thucydide et Hagnone et Phormione suis subsidio venerunt; et viginti cum Tlepolemo et Anticle, et ex Chio ac Lesbo triginta. (3) Samii autem quandam quidem parvam navalem pugnam commiserunt; sed, cum resistere non possent, nono mense expugnati sunt, et Atheniensibus sese his conditionibus dediderunt, ut mœnia demolirentur, obsides darent, naves traderent, et pecunias, quæ erant impensæ, certis statisque temporibus persolverent, prout ipsis imperatum erat. Byzantii quoque compositionem ea conditione fecerunt, ut illorum imperio, sicut ante, parerent.

CXVIII. Μετὰ ταῦτα δὲ ἤδη γίγνεται οὐ πολλοῖς ἔτεσιν ὕστερον τὰ προειρημένα, τά τε Κερκυραϊκὰ καὶ τὰ Ποτιδαιατικὰ καὶ ὅσα πρόφασις τοῦδε τοῦ πολέμου κατέστη. (2) Ταῦτα δὲ ξύμπαντα ὅσα ἔπραξαν οἱ Ἕλληνες πρός τε ἀλλήλους καὶ τὸν βάρβαρον, ἐγένετο ἐν ἔτεσι πεντήκοντα μάλιστα μεταξὺ τῆς Ξέρξου ἀναχωρήσεως καὶ τῆς ἀρχῆς τοῦδε τοῦ πολέμου· ἐν οἷς Ἀθηναῖοι τήν τε ἀρχὴν ἐγκρατεστέραν κατεστήσαντο καὶ αὐτοὶ ἐπὶ μέγα ἐχώρησαν δυνάμεως, οἱ δὲ Λακεδαιμόνιοι αἰσθόμενοι οὔτε ἐκώλυον εἰ μὴ ἐπὶ βραχύ, ἡσύχαζόν τε τὸ πλέον τοῦ χρόνου, ὄντες μὲν καὶ πρὸ τοῦ μὴ ταχεῖς ἰέναι ἐς τοὺς πολέμους, εἰ μὴ ἀναγκάζοιντο, τὸ δέ τι καὶ πολέμοις οἰκείοις ἐξειργόμενοι, πρὶν δὴ ἡ δύναμις τῶν Ἀθηναίων σαφῶς ᾔρετο καὶ τῆς ξυμμαχίας αὐτῶν ἥπτοντο. Τότε δ᾽ οὐκέτι ἀνασχετὸν ἐποιοῦντο, ἀλλ᾽ ἐπιχειρητέα ἐδόκει εἶναι πάσῃ προθυμίᾳ καὶ καθαιρετέα ἡ ἰσχύς, ἢν δύνωνται, ἀραμένοις τόνδε τὸν πόλεμον. (3) Αὐτοῖς μὲν οὖν τοῖς Λακεδαιμονίοις διέγνωστο λελύσθαι τε τὰς σπονδὰς καὶ τοὺς Ἀθηναίους ἀδικεῖν, πέμψαντες δὲ ἐς Δελφοὺς ἐπηρώτων τὸν θεὸν εἰ πολεμοῦσιν ἄμεινον ἔσται· ὁ δὲ ἀνεῖλεν αὐτοῖς, ὡς λέγεται, κατὰ κράτος πολεμοῦσι νίκην ἔσεσθαι, καὶ αὐτὸς ἔφη ξυλλήψεσθαι καὶ παρακαλούμενος καὶ ἄκλητος.

CXIX. Αὖθις δὲ τοὺς ξυμμάχους παρακαλέσαντες ψῆφον ἐβούλοντο ἐπαγαγεῖν εἰ χρὴ πολεμεῖν. Καὶ ἐλθόντων τῶν πρέσβεων ἀπὸ τῆς ξυμμαχίας καὶ ξυνόδου γενομένης οἵ τε ἄλλοι εἶπον ἃ ἐβούλοντο, κατηγοροῦντες οἱ πλείους τῶν Ἀθηναίων καὶ τὸν πόλεμον ἀξιοῦντες γενέσθαι, καὶ οἱ Κορίνθιοι δεηθέντες μὲν καὶ κατὰ πόλεις πρότερον ἑκάστων ἰδίᾳ ὥστε ψηφίσασθαι τὸν πόλεμον, δεδιότες περὶ τῇ Ποτιδαίᾳ μὴ προδιαφθαρῇ, παρόντες δὲ καὶ τότε καὶ τελευταῖοι ἐπελθόντες ἔλεγον τοιάδε.

CXX. « Τοὺς μὲν Λακεδαιμονίους, ὦ ἄνδρες ξύμμαχοι, οὐκ ἂν ἔτι αἰτιασαίμεθα ὡς οὐ καὶ αὐτοὶ ἐψηφισμένοι τὸν πόλεμόν εἰσι καὶ ἡμᾶς ἐς τοῦτο νῦν ξυνήγαγον. Χρὴ γὰρ τοὺς ἡγεμόνας τὰ ἴδια ἐξ ἴσου νέμοντας τὰ κοινὰ προσκοπεῖν, ὥσπερ καὶ ἐν ἄλλοις ἐκ πάντων προτιμῶνται. (2) Ἡμῶν δὲ ὅσοι μὲν Ἀθηναίοις ἤδη ἐνηλλάγησαν, οὐχὶ διδαχῆς δέονται ὥστε φυλάξασθαι αὐτούς· τοὺς δὲ τὴν μεσόγειαν μᾶλλον καὶ μὴ ἐν πόρῳ κατῳκημένους εἰδέναι χρὴ ὅτι, τοῖς κάτω ἢν μὴ ἀμύνωσι, χαλεπωτέραν ἕξουσι τὴν κατακομιδὴν τῶν ὡραίων καὶ πάλιν ἀντίληψιν ὧν ἡ θάλασσα τῇ ἠπείρῳ δίδωσιν, καὶ τῶν νῦν λεγομένων μὴ κακοὺς κριτὰς ὡς μὴ προσηκόντων εἶναι, προσδέχεσθαι δέ ποτε, εἰ τὰ κάτω προεῖντο, κἂν μέχρι σφῶν τὸ δεινὸν προελθεῖν, καὶ περὶ αὑτῶν οὐχ ἧσσον νῦν βουλεύεσθαι. (3) Διόπερ καὶ μὴ ὀκνεῖν δεῖ αὐτοὺς τὸν πόλεμον ἀντ᾽ εἰρήνης μεταλαμβάνειν. Ἀνδρῶν γὰρ σωφρόνων μέν ἐστιν, εἰ μὴ ἀδικοῖντο, ἡσυχάζειν, ἀγαθῶν δὲ ἀδικουμένους ἐκ μὲν εἰρήνης πολεμεῖν, εὖ δὲ παρασχὸν ἐκ πολέμου πάλιν ξυμβῆναι, καὶ μήτε τῇ κατὰ πόλεμον εὐτυχίᾳ ἐπαίρεσθαι μήτε τῷ ἡσυχίῳ τῆς εἰρήνης ἡδόμενον ἀδικεῖ-

CXVIII. Jam vero non multis post hæc annis acciderunt ea, quæ supra commemoravi, de Corcyra et Potidæa et quæcunque hujus belli causa extiterunt. (2) Hæc autem omnia, quæ Græci vel inter se, vel adversus barbaros gesserunt, intra quinquaginta ferme annos gesta sunt a discessu Xerxis usque ad hujus belli initium; quorum annorum spatio Athenienses imperium confirmarunt, et ipsi in magnam potentiam provecti sunt. Lacedæmonii vero, quamvis hoc intelligerent, non impediebant, nisi aliquatenus, majoremque temporis partem ab armis abstinebant, quippe etiam antea ad bella suscipienda non admodum celeres, nisi cogerentur, tum etiam bellis domesticis impediti, priusquam Atheniensium potentia aperte exsurrexit suosque socios jam attrectabant. Tunc enim rem non amplius ferendam judicabant, sed conandum omni studio videbatur et potentia illorum frangenda, si possent, bello hoc suscepto. (3) Lacedæmonii igitur apud se quidem statuerant fœdera esse fracta, et Athenienses injuste facere; sed tamen, legatis Delphos missis, deum interrogarunt, essetne sibi res feliciter eventura, si bellum susciperent. Ille vero, ut aiunt, respondit ipsis, si totis viribus bellum gererent, victoriam eos secuturam, atque se ipsum dixit et vocatum et non vocatum adfuturum.

CXIX. Rursus autem socios accitos in suffragia mittere volebant, utrum bellum gerendum esset necne. Quum autem legati a sociis missi venissent, et concilium haberetur, quum alii dixerunt, quæ volebant, accusantes plerique Athenienses, et bellum suscipiendum censentes; tum etiam Corinthii, et antea singulas civitates separatim precati, ut suis suffragiis bellum decernerent, quia Potidææ metuebant, ne prius everteretur; tunc vero item præsentes, et postremo loco in medium prodeuntes, habuerunt hanc orationem:

CXX. « De Lacedæmoniis, o socii, non amplius conqueri possimus, quasi non et ipsi bellum decreverint, et nos nunc ad hoc convocarint. Decet enim duces, in suis rebus pari conditione usos, publica commoda præcipue spectare. (2) De nobis vero, quotquot commercium cum Atheniensibus jam habuerunt, non sunt admonendi, ut ab illis caveant; sed illos potius, qui loca mediterranea incolunt, nec in aditu aliquo habitant, scire oportet, nisi hominibus loca maritima incolentibus opem ferant, majore eos cum difficultate fructus, quos anni tempora ferunt, comportaturos, et vicissim eorum, quæ maris usus continenti suppeditat, perceptionem difficiliorem habituros; nec oportet eos malos esse judices rerum, quæ nunc dicuntur, quasi ad ipsos minime pertineant; sed exspectare, si res hominum oram maritimam incolentium neglexerint, calamitatem istam ad se quoque tandem perventuram; et se nunc de se ipsis non minus consultare. (3) Quamobrem etiam dubitandum iis non est, quin bellum pro pace sumant. Nam virorum quidem modestorum est, quiescere, si non lacessantur injuria, fortium vero, si injuria afficiantur, post pacem bellum gerere et si commode fieri possit, rursus in gratiam redire, et nec felici bellorum successu extolli, neque

σθαι. (4) Ὅ τε γὰρ διὰ τὴν ἡδονὴν ὀκνῶν τάχιστ᾽ ἂν ἀφαιρεθείη τῆς ῥᾳστώνης τὸ τερπνὸν δι᾽ ὅπερ ὀκνεῖ, εἰ ἡσυχάζοι, ὅ τε ἐν πολέμῳ εὐτυχίᾳ πλεονάζων οὐκ ἐντεθύμηται θράσει ἀπίστῳ ἐπαιρόμενος. (5) Πολλὰ γὰρ κακῶς γνωσθέντα ἀβουλοτέρων τῶν ἐναντίων τυχόντων κατωρθώθη, καὶ ἔτι πλέω ἃ καλῶς δοκοῦντα βουλευθῆναι ἐς τοὐναντίον αἰσχρῶς περιέστη· ἐνθυμεῖται γὰρ οὐδεὶς ὁμοῖα τῇ πίστει καὶ ἔργῳ ἐπεξέρχεται, ἀλλὰ μετ᾽ ἀσφαλείας μὲν δοξάζομεν, μετὰ δέους δὲ ἐν τῷ ἔργῳ ἐλλείπομεν.

CXXI. « Ἡμεῖς δὲ νῦν καὶ ἀδικούμενοι τὸν πόλεμον ἐγείρομεν καὶ ἱκανὰ ἔχοντες ἐγκλήματα, καὶ ὅταν ἀμυνώμεθα Ἀθηναίους, καταθησόμεθα αὐτὸν ἐν καιρῷ. (2) Κατὰ πολλὰ δὲ ἡμᾶς εἰκὸς ἐπικρατῆσαι, πρῶτον μὲν πλήθει προύχοντας καὶ ἐμπειρίᾳ πολεμικῇ, ἔπειτα ὁμοίως πάντας ἐς τὰ παραγγελλόμενα ἰόντας. (3) Ναυτικόν τε, ᾧ ἰσχύουσιν, ἀπὸ τῆς ὑπαρχούσης τε ἑκάστοις οὐσίας ἐξαρτυσόμεθα καὶ ἀπὸ τῶν ἐν Δελφοῖς καὶ Ὀλυμπίᾳ χρημάτων· δάνεισμα γὰρ ποιησάμενοι ὑπολαβεῖν οἷοί τ᾽ ἐσμὲν μισθῷ μείζονι τοὺς ξένους αὐτῶν ναυβάτας. Ὠνητὴ γὰρ Ἀθηναίων ἡ δύναμις μᾶλλον ἢ οἰκεία· ἡ δὲ ἡμετέρα ἧσσον ἂν τοῦτο πάθοι, τοῖς σώμασι τὸ πλέον ἰσχύουσα ἢ τοῖς χρήμασιν. (4) Μιᾷ τε νίκῃ ναυμαχίας κατὰ τὸ εἰκὸς ἁλίσκονται· εἰ δ᾽ ἀντίσχοιεν, μελετήσομεν καὶ ἡμεῖς ἐν πλέονι χρόνῳ τὰ ναυτικά, καὶ ὅταν τὴν ἐπιστήμην ἐς τὸ ἴσον καταστήσωμεν, τῇ γε εὐψυχίᾳ δή που περιεσόμεθα. Ὃ γὰρ ἡμεῖς ἔχομεν φύσει ἀγαθόν, ἐκείνοις οὐκ ἂν γένοιτο διδαχῇ· ὃ δ᾽ ἐκεῖνοι ἐπιστήμῃ προύχουσι, καθαιρετέον ἡμῖν ἐστι μελέτῃ. (5) Χρήματα δ᾽ ὥστ᾽ ἔχειν ἐς αὐτά, οἴσομεν· ἢ δεινὸν ἂν εἴη εἰ οἱ μὲν ἐκείνων ξύμμαχοι ἐπὶ δουλείᾳ τῇ αὑτῶν φέροντες οὐκ ἀπεροῦσιν, ἡμεῖς δ᾽ ἐπὶ τῷ τιμωρούμενοι τοὺς ἐχθροὺς καὶ αὐτοὶ ἅμα σώζεσθαι οὐκ ἄρα δαπανήσομεν, καὶ ἐπὶ τῷ μὴ ὑπ᾽ ἐκείνων αὐτὰ ἀφαιρεθέντες αὐτοῖς τούτοις κακῶς πάσχειν.

CXXII. « Ὑπάρχουσι δὲ καὶ ἄλλαι ὁδοὶ πολέμου ἡμῖν, ξυμμάχων τε ἀπόστασις, μάλιστα παραίρεσις οὖσα τῶν προσόδων αἷς ἰσχύουσιν, καὶ ἐπιτειχισμὸς τῇ χώρᾳ, ἄλλα τε ὅσα οὐκ ἄν τις νῦν προΐδοι. Ἥκιστα γὰρ πόλεμος ἐπὶ ῥητοῖς χωρεῖ, αὐτὸς δὲ ἀφ᾽ αὑτοῦ τὰ πολλὰ τεχνᾶται πρὸς τὸ παρατυγχάνον· ἐν ᾧ ὁ μὲν εὐοργήτως αὐτῷ προσομιλήσας βεβαιότερος, ὁ δ᾽ ὀργισθεὶς περὶ αὐτὸν οὐκ ἐλάσσω πταίει. (2) Ἐνθυμώμεθα δὲ καὶ ὅτι εἰ μὲν ἦσαν ἡμῶν ἑκάστοις πρὸς ἀντιπάλους περὶ γῆς ὅρων διαφοραί, οἰστὸν ἂν ἦν· νῦν δὲ πρὸς ξύμπαντάς τε ἡμᾶς Ἀθηναῖοι ἱκανοὶ καὶ κατὰ πόλιν ἔτι δυνατώτεροι, ὥστε εἰ μὴ καὶ ἁθρόοι καὶ κατὰ ἔθνη καὶ ἕκαστον ἄστυ μιᾷ γνώμῃ ἀμυνούμεθα αὐτούς, δίχα γε ὄντας ἡμᾶς ἀπόνως χειρώσονται. Καὶ τὴν ἧσσαν, εἰ καὶ δεινόν τῳ ἀκοῦσαι, ἴστω οὐκ ἄλλο τι φέρουσαν ἢ ἄντικρυς δουλείαν· (3) ὃ καὶ λόγῳ ἐνδοιασθῆναι αἰσχρὸν τῇ Πελοποννήσῳ, καὶ πόλεις τοσάσδε ὑπὸ μιᾶς κακοπαθεῖν. Ἐν ᾧ ἢ δικαίως δοκοῖμεν ἂν πάσχειν ἢ διὰ δειλίαν ἀνέχεσθαι, καὶ τῶν πατέρων χείρους φαίνε-

pacis tranquillitate delectatum injurias perferre. (4) Etenim et qui propter voluptatem dubitat, celerrime privabitur hac otii jucunditate, propter quam dubitat, si quiescat; et qui felici rerum successu in bellis abundat, is se audacia infida efferri non animadvertit. (5) Multa enim male consulta, quum hostes inconsultiores extitissent, felicem exitum habuerunt; et longe plura, quae recte consulta videbantur, contra turpiter ceciderunt. Destinat enim animi fiducia nemo eadem atque in ipso opere exsequitur, sed cum securitate opinamur, cum timore in opere deficimus.

CXXI. « Nos vero nunc et injuriam patientes bellum excitamus et idoneas habentes querendi causas, et postquam Athenienses ulti erimus, hoc deponemus in tempore. (2) Multis autem de causis verisimile est, nos fore superiores : primum quidem, quia et numero et rerum bellicarum peritia praestamus; deinde vero, quia pariter omnes ad Imperata faciendum imus; (3) et classem qua illi pollent, instruemus quum ex facultatibus, quae quibusque suppetunt, tum etiam ex Delphicis et Olympicis pecuniis. Nam mutuati pecuniam peregrinos illorum nautas majori mercede subducere possumus; emptae enim magis sunt Atheniensium copiae quam domesticae; sed nostris hoc minus contingit, siquidem plus corporibus, quam pecuniis pollent. (4) Quod si illi vel unico navali praelio superati fuerint, capi eos verisimile est; sin vero resistant, nos etiam interposito majori temporis spatio res nauticas meditabimur, et ubi parem scientiam erimus assecuti, animi certe fortitudine superiores erimus. Nam quod nos bonum natura insitum habemus, hoc illi disciplina nunquam adipiscentur; quo vero illi propter scientiam praestant, id evertendum nobis est meditatione. (5) Pecunias etiam conferemus, ut ad ea suppetant; aut vero indignum fuerit, si illorum quidem socii in hoc, ut servitutem suam tueantur, pecunias conferre non desistant, nos vero in hoc, ut hostes ulciscentes ipsi simul servemur, nullas pecunias consumere volemus; et in hoc, ne iis privati ab illis, his ipsis male mulctemur.

CXXII. « Adsunt nobis praeterea aliae quoque belli ge rendi viae, et sociorum sollicitatio, quae praecipua est eversio redituum, in quibus sita est ipsorum potentia ; et aedificatio munitionum, quae illorum agrum oppugnent; et multa alia, quae nemo nunc prospicere possit. Belli enim progressus omnium minime certis legibus fiunt, sed ipsum per se plerumque comminiscitur quae ad quemque eventum commoda sunt; in quo is quidem, qui in eo animo moderato se gerit, tutior existit ; is vero, qui in eo animi affectu abripitur, non leviter offendit. (2) Cogitemus autem, si singulis quidem nostrum cum paribus adversariis de agri finibus esset controversia, ferendum hoc erat; jam vero Athenienses et adversus nos universos satis virium habent, et adversus singulas civitates etiam potentiores sunt, ut nisi et universi et per nationes et per singulas civitates uno consensu ipsos propulsabimus, divisos nos sine labore in suam potestatem redigent, et cladem, licet hoc alicui sit grave auditu, sciat tamen nihil aliud, quam servitutem manifeste nobis allaturam; (3) quod vel dubia oratione commemorare turpe est Peloponneso, et tot urbes ab una vexari. Qua in re aut merito pati aut propter ignaviam haec perferre, et a majoribus, qui Graeciam liberaverunt, degenerare videbi-

σθαι, οἳ τὴν Ἑλλάδα ἠλευθέρωσαν· ἡμεῖς δὲ οὐδ᾽ ἡμῖν αὐτοῖς βεβαιοῦμεν αὐτό, τύραννον δὲ ἐῶμεν ἐγκαθεστάναι πόλιν, τοὺς δ᾽ ἐν μιᾷ μονάρχους ἀξιοῦμεν καταλύειν. (4) Καὶ οὐκ ἴσμεν ὅπως τάδε τριῶν τῶν μεγίστων ξυμφορῶν ἀπήλλακται, ἀξυνεσίας ἢ μαλακίας ἢ ἀμελείας. Οὐ γὰρ δὴ πεφευγότες ταῦτα ἐπὶ τὴν πλείστους δὴ βλάψασαν καταφρόνησιν κεχωρήκατε, ἢ ἐκ τοῦ πολλοὺς σφάλλειν τὸ ἐναντίον ὄνομα ἀφροσύνη μετωνόμασται.

CXXIII. « Τὰ μὲν οὖν προγεγενημένα τί δεῖ μακρότερον ἢ ἐς ὅσον τοῖς νῦν ξυμφέρει αἰτιᾶσθαι; περὶ δὲ τῶν ἔπειτα μελλόντων τοῖς παροῦσι βοηθοῦντας χρὴ ἐπιταλαιπωρεῖν· πάτριον γὰρ ἡμῖν ἐκ τῶν πόνων τὰς ἀρετὰς κτᾶσθαι· καὶ μὴ μεταβάλλειν τὸ ἔθος, εἰ ἄρα πλούτῳ τε νῦν καὶ ἐξουσίᾳ ὀλίγον προφέρετε (οὐ γὰρ δίκαιον ἃ τῇ ἀπορίᾳ ἐκτήθη τῇ περιουσίᾳ ἀπολέσθαι), ἀλλὰ θαρσοῦντας ἰέναι κατὰ πολλὰ ἐς τὸν πόλεμον, τοῦ τε θεοῦ χρήσαντος καὶ αὐτοῦ ὑποσχομένου ξυλλήψεσθαι καὶ τῆς ἄλλης Ἑλλάδος πάσης ξυναγωνιουμένης, τὰ μὲν φόβῳ τὰ δ᾽ ὠφελίᾳ. (2) Σπονδάς τε οὐ λύσετε πρότεροι, ἅς γε καὶ ὁ θεὸς κελεύων πολεμεῖν νομίζει παραβεβάσθαι, ἠδικημέναις δὲ μᾶλλον βοηθήσετε· λύουσι γὰρ οὐχ οἱ ἀμυνόμενοι ἀλλ᾽ οἱ πρότεροι ἐπιόντες.

CXXIV. « Ὥστε πανταχόθεν καλῶς ὑπάρχον ὑμῖν πολεμεῖν, καὶ ἡμῶν τάδε κοινῇ παραινούντων, εἴπερ βεβαιότατον τὸ ταῦτα ξυμφέροντα καὶ πόλεσι καὶ ἰδιώταις εἶναι, μὴ μέλλετε Ποτιδαιάταις τε ποιεῖσθαι τιμωρίαν οὖσι Δωριεῦσι καὶ ὑπὸ Ἰώνων πολιορκουμένοις, οὗ πρότερον ἦν τοὐναντίον, καὶ τῶν ἄλλων μετελθεῖν τὴν ἐλευθερίαν, (2) ὡς οὐκέτι ἐνδέχεται περιμένοντας τοὺς μὲν ἤδη βλάπτεσθαι, τοὺς δ᾽, εἰ γνωσθησόμεθα ξυνελθόντες μὲν ἀμύνεσθαι δὲ οὐ τολμῶντες, μὴ πολὺ ὕστερον τὸ αὐτὸ πάσχειν· ἀλλὰ νομίσαντες ἐπ᾽ ἀνάγκην ἀφῖχθαι, ὦ ἄνδρες ξύμμαχοι, καὶ ἅμα τάδε ἄριστα λέγεσθαι, ψηφίσασθε τὸν πόλεμον, μὴ φοβηθέντες τὸ αὐτίκα δεινόν, τῆς δ᾽ ἀπ᾽ αὐτοῦ διὰ πλείονος εἰρήνης ἐπιθυμήσαντες· ἐκ πολέμου μὲν γὰρ εἰρήνη μᾶλλον βεβαιοῦται, ἀφ᾽ ἡσυχίας δὲ μὴ πολεμῆσαι οὐχ ὁμοίως ἀκίνδυνον. (3) Καὶ τὴν καθεστηκυῖαν ἐν τῇ Ἑλλάδι πόλιν τύραννον ἡγησάμενοι ἐπὶ πᾶσιν ὁμοίως καθεστάναι, ὥστε τῶν μὲν ἤδη ἄρχειν τῶν δὲ διανοεῖσθαι, παραστησώμεθα ἐπελθόντες, καὶ αὐτοὶ ἀκινδύνως τὸ λοιπὸν οἰκῶμεν, καὶ τοὺς νῦν δεδουλωμένους Ἕλληνας ἐλευθερώσωμεν. » Τοιαῦτα οἱ Κορίνθιοι εἶπον.

CXXV. Οἱ δὲ Λακεδαιμόνιοι ἐπειδὴ ἀφ᾽ ἁπάντων ἤκουσαν γνώμην, ψῆφον ἐπήγαγον τοῖς ξυμμάχοις ἅπασιν ὅσοι παρῆσαν ἑξῆς, καὶ μείζονι καὶ ἐλάσσονι πόλει· καὶ τὸ πλῆθος ἐψηφίσαντο πολεμεῖν. (2) Δεδογμένον δὲ αὐτοῖς εὐθὺς μὲν ἀδύνατα ἦν ἐπιχειρεῖν ἀπαρασκεύοις οὖσιν, ἐκπορίζεσθαι δὲ ἐδόκει ἑκάστοις ἃ πρόσφορα ἦν καὶ μὴ εἶναι μέλλησιν. Ὅμως δὲ καθισταμένοις ὧν ἔδει ἐνιαυτὸς μὲν οὐ διετρίβη, ἔλασσον δέ, πρὶν ἐσβαλεῖν ἐς τὴν Ἀττικὴν καὶ τὸν πόλεμον ἄρασθαι φανερῶς.

CXXVI. Ἐν τούτῳ δὲ ἐπρεσβεύοντο τῷ χρόνῳ πρὸς

mur; nos vero ne nobis quidem ipsis hoc stabilimus, sed civitatem quidem inter nos tyrannum fieri sinimus; qui vero singuli in una civitate imperant, de medio tollere volumus. (4) Nec intelligimus quomodo hæc tribus maximis vitiis careant, imprudentia et ignavia et negligentia. Nec enim ab istis vitiis alieni accessistis ab contemptionem, quæ plurimos jam læsit; quæ quia multos in errorem induxit, contrario nomine stultitia est appellata.

CXXIII. « Sed quid opus est de præteritis conqueri pluribus, quam quatenus rebus præsentibus expedit? At futurorum causa rebus præsentibus opem ferre, et labores ultro subire oportet; patrium enim nobis est, virtutes laboribus parare; nec mores mutare, licet divitiis ac potentia nunc aliquantum superetis; (non enim æquum est, res per paupertatem partas per opulentiam perdi), sed confidentes ad bellum ire cum multis aliis de causis, tum propter dei oraculum et promissum, se nobis adfuturum, tum etiam quia tota reliqua Græcia, partim metu, partim utilitate nos adjuvabit. (2) Nec fœdera priores rumpetis, quæ quidem vel ipse deus bellum facere jubens violata censet, sed potius ruptis opem feretis. Non enim qui vim illatam propulsant, sed qui priores aliis vim inferunt, fœdera rumpunt.

CXXIV. « Quamobrem cum omnibus de causis bellum vobis honeste suscipere liceat, et nos communiter hæc suadeamus, si quidem certissimum est, hæc et rebus publicis et privatis conducere, ne cunctemini et Potidæatis, qui sunt Dorienses, et qui ab Ionibus obsidentur, quod olim contra fiebat, opem ferre, et reliquorum libertatem recuperare, (2) quia non amplius licet nos cunctando partim jam nunc injuriis affici, partim vero, si cognitum fuerit, nos concilium quidem habuisse, sed tamen injurias illatas propulsare non audere, non multo post idem pati; sed existimantes, viri socii, vos in necessitatem devenisse, simul etiam hæc quæ a nobis dicuntur, optima esse, bellum jam decernite, non metuentes præsentem asperitatem, sed pacis, quæ diuturnior ex eo est secutura, cupiditate moti; nam secundum bellum quidem pax magis confirmatur; at propter pacis cupiditatem bellum gerere nolle, non item periculo caret; (3) existimantes etiam civitatem, quæ in Græcia se tyrannum constituit, æqualiter in omnes esse constitutam, ita ut aliis quidem jam imperet, aliis vero imperare cogitet, eam armis illatis in potestatem nostram redigamus; et tum nos ipsi sine periculis in posterum vivamus, tum etiam Græcos, in servitutem nunc redactos, in libertatem vindicemus. » Corinthii quidem hæc dixerunt.

CXXV. Lacedæmonii vero, auditis omnium sententiis, omnibus sociis, qui aderant, ordine, majori pariter et minori civitati, suffragii ferendi potestatem fecerunt; et major illorum pars bellum gerendum esse decrevit. (2) Quamvis autem illi hoc apud se constituissent, statim tamen bellum suscipere non poterant quod erant imparati, sed singuli res, quæ forent utiles, parandas, nec ullam moram interponendam censuerunt. Verumtamen in hoc rerum necessariarum apparatu non integer annus est consumptus, sed minus, antequam in Atticam irrumperent et bellum aperte susciperent.

CXXVI. Interea vero legatos ad Athenienses miserant,

τοὺς Ἀθηναίους ἐγκλήματα ποιούμενοι, ὅπως σφίσιν ὅτι μεγίστη πρόφασις εἴη τοῦ πολεμεῖν, ἢν μή τι ἐσακούωσιν. (2) Καὶ πρῶτον μὲν πρέσβεις πέμψαντες οἱ Λακεδαιμόνιοι ἐκέλευον τοὺς Ἀθηναίους τὸ ἄγος ἐλαύνειν τῆς θεοῦ· τὸ δὲ ἄγος ἦν τοιόνδε. (3) Κύλων ἦν Ὀλυμπιονίκης ἀνὴρ Ἀθηναῖος τῶν πάλαι εὐγενής τε καὶ δυνατός, ἐγεγαμήκει δὲ θυγατέρα Θεαγένους Μεγαρέως ἀνδρός, ὃς κατ' ἐκεῖνον τὸν χρόνον ἐτυράννει Μεγάρων. (4) Χρωμένῳ δὲ τῷ Κύλωνι ἐν Δελφοῖς ἀνεῖλεν ὁ θεὸς ἐν τῇ τοῦ Διὸς τῇ μεγίστῃ ἑορτῇ καταλαβεῖν τὴν Ἀθηναίων ἀκρόπολιν. (5) Ὁ δὲ παρά τε τοῦ Θεαγένους δύναμιν λαβὼν καὶ τοὺς φίλους ἀναπείσας, ἐπειδὴ ἐπῆλθεν Ὀλύμπια τὰ ἐν Πελοποννήσῳ, κατέλαβε τὴν ἀκρόπολιν ὡς ἐπὶ τυραννίδι, νομίσας ἑορτήν τε τοῦ Διὸς μεγίστην εἶναι καὶ ἑαυτῷ τι προσήκειν Ὀλύμπια νενικηκότι. (6) Εἰ δὲ ἐν τῇ Ἀττικῇ ἢ ἀλλοθί που ἡ μεγίστη ἑορτὴ εἴρητο, οὔτε ἐκεῖνος ἔτι κατενόησε τό τε μαντεῖον οὐκ ἐδήλου (ἔστι γὰρ καὶ Ἀθηναίοις Διάσια ἃ καλεῖται Διὸς ἑορτὴ Μειλιχίου μεγίστη, ἔξω τῆς πόλεως, ἐν ᾗ πανδημεὶ θύουσι πολλοὶ οὐχ ἱερεῖα ἀλλὰ θύματα ἐπιχώρια), δοκῶν δὲ ὀρθῶς γιγνώσκειν ἐπεχείρησε τῷ ἔργῳ. (7) Οἱ δ' Ἀθηναῖοι αἰσθόμενοι ἐβοήθησάν τε πανδημεὶ ἐκ τῶν ἀγρῶν ἐπ' αὐτοὺς καὶ προσκαθεζόμενοι ἐπολιόρκουν. (8) Χρόνου δὲ ἐπιγιγνομένου οἱ Ἀθηναῖοι τρυχόμενοι τῇ προσεδρείᾳ ἀπῆλθον οἱ πολλοί, ἐπιτρέψαντες τοῖς ἐννέα ἄρχουσι τὴν φυλακὴν καὶ τὸ πᾶν αὐτοκράτορσι διαθεῖναι ᾗ ἂν ἄριστα διαγιγνώσκωσιν· τότε δὲ τὰ πολλὰ τῶν πολιτικῶν οἱ ἐννέα ἄρχοντες ἔπρασσον. (9) Οἱ δὲ μετὰ τοῦ Κύλωνος πολιορκούμενοι φλαύρως εἶχον σίτου τε καὶ ὕδατος ἀπορίᾳ. (10) Ὁ μὲν οὖν Κύλων καὶ ὁ ἀδελφὸς αὐτοῦ ἐκδιδράσκουσιν· οἱ δ' ἄλλοι ὡς ἐπιέζοντο καί τινες καὶ ἀπέθνῃσκον ὑπὸ τοῦ λιμοῦ, καθίζουσιν ἐπὶ τὸν βωμὸν ἱκέται τὸν ἐν τῇ ἀκροπόλει. (11) Ἀναστήσαντες δὲ αὐτοὺς οἱ τῶν Ἀθηναίων ἐπιτετραμμένοι τὴν φυλακήν, ὡς ἑώρων ἀποθνῄσκοντας ἐν τῷ ἱερῷ, ἐφ' ᾧ μηδὲν κακὸν ποιήσουσιν, ἀπαγαγόντες ἀπέκτειναν· καθεζομένους δέ τινας καὶ ἐπὶ τῶν σεμνῶν θεῶν ἐν τοῖς βωμοῖς ἐν τῇ παρόδῳ διεχρήσαντο. Καὶ ἀπὸ τούτου ἐναγεῖς καὶ ἀλιτήριοι τῆς θεοῦ ἐκεῖνοί τε ἐκαλοῦντο καὶ τὸ γένος τὸ ἀπ' ἐκείνων. (12) Ἤλασαν μὲν οὖν οἱ Ἀθηναῖοι τοὺς ἐναγεῖς τούτους, ἤλασε δὲ καὶ Κλεομένης ὁ Λακεδαιμόνιος ὕστερον μετὰ Ἀθηναίων στασιαζόντων, τούς τε ζῶντας ἐλαύνοντες καὶ τῶν τεθνεώτων τὰ ὀστᾶ ἀνελόντες ἐξέβαλον· κατῆλθον μέντοι ὕστερον, καὶ τὸ γένος αὐτῶν ἔστιν ἔτι ἐν τῇ πόλει.

CXXVII. Τοῦτο δὴ τὸ ἄγος οἱ Λακεδαιμόνιοι ἐλαύνειν ἐκέλευον δῆθεν τοῖς θεοῖς πρῶτον τιμωροῦντες, εἰδότες δὲ Περικλέα τὸν Ξανθίππου προσεχόμενον αὐτῷ κατὰ τὴν μητέρα, καὶ νομίζοντες ἐκπεσόντος αὐτοῦ ῥᾷον σφίσι προχωρεῖν τὰ ἀπὸ τῶν Ἀθηναίων. (2) Οὐ μέντοι τοσοῦτον ἤλπιζον παθεῖν ἂν αὐτὸν τοῦτο ὅσον διαβολὴν οἴσειν αὐτῷ πρὸς τὴν πόλιν ὡς καὶ διὰ τὴν ἐκείνου ξυμφορὰν τὸ μέρος ἔσται ὁ πόλεμος. (3) Ὢν

qui de illorum injuriis conquererentur, ut quam speciosissimam belli gerendi causam haberent, si illi nulla in re sibi morem gerere voluissent. (2) Ac primum quidem Lacedaemonii legatis ad Athenienses missis imperabant, ut piaculum deae pellerent. Piaculum vero hujusmodi fuit. (3) Cylo quidam Atheniensis fuit, vir, qui in ludis Olympiacis vicerat, inter veteres et generis nobilitate florens et opibus potens. Uxorem autem duxerat filiam Theagenis, viri Megarensis, qui tunc Megaris tyrannus erat. (4) Cum autem Cylo Delphis oraculum consuluisset, deus respondit, ut celeberrimo Jovis die festo Athenarum arcem occuparet. (5) Ille vero, acceptis a Theagene copiis, et amicis persuasis, ubi advenerunt Olympia, quae in Peloponneso celebrantur, urbis arcem occupavit, ut qui tyrannidem sibi pararet, ratus et esse hunc maximum illum Jovis diem festum, et cum ad se, qui in ludis Olympiacis victor fuisset, nonnihil pertinere. (6) Sed utrum in Attica, an uspiam alibi hic maximus dies festus dictus esset, nec ipse tunc animadverterat, neque oraculum declarabat (nam apud Athenienses quoque sunt Diasia, quae maximus Jovis Milichii dies festus vocantur, extra urbem, in quo omnis civitas sacrificant, multi non victimas, sed liba illic usitata), sed cum oraculum se recte intelligere existimaret, opus est aggressus. (7) Quod postquam Athenienses acceperunt, universi ex agris concurrentes opem contra istos tulerunt, et cinctos eos obsidere coeperunt. (8) Sed quum tempus protraheretur, Athenienses attriti diuturna obsidione, magna ex parte discesserunt, custodia imperiique summa novem Archontibus commissa, qui prout optimum fore judicarent, arbitratu suo rem administrarent. Tunc autem novem Archontes maximam rerum ad rempublicam pertinentium partem administrabant. (9) At qui cum Cylone obsidebantur, male se habebant, quia cibi et aquae inopia premebantur. (10) Itaque Cylo quidem ejusque frater aufugerunt; ceteri vero, cum premerentur, atque etiam nonnulli fame perirent, ad aram, quae est in arce, supplices consederunt. (11) Sed illi, quibus custodia ex Atheniensibus commissa erat, cum ipsos in templo morientes viderent, surgere jusserunt, ea conditione ut nullo malo ipsos afficerent; et tamen abductos interfecerunt, nonnullos etiam, qui apud venerandas deas in aris considebant, in transitu interemerunt. Atque hac de causa scelerati et impii, quod scelus ac piaculum in deam admissum, tam illi quam omnes ab illis oriundi appellabantur. (12) Athenienses igitur et ipsi eos, qui huic piaculo erant obnoxii, in exsilium pepulerunt; postea vero etiam Cleomenes Lacedaemonius una cum Atheniensibus seditione laborantibus expulit, pulsis qui superstites erant mortuorumque ossibus sublatis et extra fines projectis; postea tamen redierunt, eorumque genus est adhuc in civitate.

CXXVII. Hoc igitur piaculum Lacedaemonii exterminari jubebant, diis scilicet primum opem ferentes, sed scientes, Periclem Xanthippi filium huic piaculo propter maternum genus affinem esse, et credentes illo expulso, sibi facilius successuras res Athenienses. (2) Non tamen tam sperabant, hoc illi eventurum, quam hoc ipsum invidiam apud populum illi conflaturum, quasi ob illius labem ex parte hoc bellum esset futurum. (3) Nam quum potentissimus esset

γὰρ δυνατώτατος τῶν καθ' ἑαυτὸν καὶ ἄγων τὴν πολιτείαν ἠναντιοῦτο πάντα τοῖς Λακεδαιμονίοις, καὶ οὐκ εἴα ὑπείκειν ἀλλ' ἐς τὸν πόλεμον ὥρμα τοὺς Ἀθηναίους.

CXXVIII. Ἀντεκέλευον δὲ καὶ οἱ Ἀθηναῖοι τοὺς Λακεδαιμονίους τὸ ἀπὸ Ταινάρου ἄγος ἐλαύνειν· οἱ γὰρ Λακεδαιμόνιοι ἀναστήσαντές ποτε ἐκ τοῦ ἱεροῦ τοῦ Ποσειδῶνος ἀπὸ Ταινάρου τῶν Εἱλώτων ἱκέτας ἀπαγαγόντες διέφθειραν, διὸ δὴ καὶ σφίσιν αὐτοῖς νομίζουσι τὸν μέγαν σεισμὸν γενέσθαι ἐν Σπάρτῃ. (2) Ἐκέλευον δὲ καὶ τὸ τῆς Χαλκιοίκου ἄγος ἐλαύνειν αὐτούς· ἐγένετο δὲ τοιόνδε. (3) Ἐπειδὴ Παυσανίας ὁ Λακεδαιμόνιος τὸ πρῶτον μεταπεμφθεὶς ὑπὸ Σπαρτιατῶν ἀπὸ τῆς ἀρχῆς τῆς ἐν Ἑλλησπόντῳ καὶ κριθεὶς ὑπ' αὐτῶν ἀπελύθη μὴ ἀδικεῖν, δημοσίᾳ μὲν οὐκέτι ἐξεπέμφθη, ἰδίᾳ δὲ αὐτὸς τριήρη λαβὼν Ἑρμιονίδα ἄνευ Λακεδαιμονίων ἀφικνεῖται ἐς Ἑλλήσποντον, τῷ μὲν λόγῳ ἐπὶ τὸν Ἑλληνικὸν πόλεμον, τῷ δὲ ἔργῳ τὰ πρὸς βασιλέα πράγματα πράσσειν, ὥσπερ καὶ τὸ πρῶτον ἐπεχείρησεν, ἐφιέμενος τῆς Ἑλληνικῆς ἀρχῆς. (4) Εὐεργεσίαν δὲ ἀπὸ τοῦδε πρῶτον ἐς βασιλέα κατέθετο καὶ τοῦ παντὸς πράγματος ἀρχὴν ἐποιήσατο· (5) Βυζάντιον γὰρ ἑλὼν τῇ προτέρᾳ παρουσίᾳ μετὰ τὴν ἐκ Κύπρου ἀναχώρησιν (εἶχον δὲ Μῆδοι αὐτό, καὶ βασιλέως προσήκοντές τινες καὶ ξυγγενεῖς [οἳ] ἑάλωσαν ἐν αὐτῷ), τότε τούτους οὓς ἔλαβεν ἀποπέμπει βασιλεῖ κρύφα τῶν ἄλλων ξυμμάχων, τῷ δὲ λόγῳ ἀπέδρασαν αὐτόν. (6) Ἔπρασσε δὲ ταῦτα μετὰ Γογγύλου τοῦ Ἐρετριέως, ᾧπερ ἐπέτρεψε τό τε Βυζάντιον καὶ τοὺς αἰχμαλώτους. Ἔπεμψε δὲ καὶ ἐπιστολὴν τὸν Γόγγυλον φέροντα αὐτῷ· ἐνεγέγραπτο δὲ τάδε ἐν αὐτῇ, ὡς ὕστερον ἀνευρέθη. (7) « Παυσανίας ὁ ἡγεμὼν τῆς Σπάρτης τούσδε τέ σοι χαρίζεσθαι βουλόμενος ἀποπέμπει δορὶ ἑλών, καὶ γνώμην ποιοῦμαι, εἰ καὶ σοὶ δοκεῖ, θυγατέρα τε τὴν σὴν γῆμαι καί σοι Σπάρτην τε καὶ τὴν ἄλλην Ἑλλάδα ὑποχείριον ποιῆσαι. Δυνατὸς δὲ δοκῶ εἶναι ταῦτα πρᾶξαι μετὰ σοῦ βουλευόμενος. Εἰ οὖν τί σε τούτων ἀρέσκει, πέμπε ἄνδρα πιστὸν ἐπὶ θάλασσαν δι' οὗ τὸ λοιπὸν τοὺς λόγους ποιησόμεθα. »

CXXIX. Τοσαῦτα μὲν ἡ γραφὴ ἐδήλου, Ξέρξης δὲ ἥσθη τε τῇ ἐπιστολῇ καὶ ἀποστέλλει Ἀρτάβαζον τὸν Φαρνάκου ἐπὶ θάλασσαν, καὶ κελεύει αὐτὸν τήν τε Δασκυλῖτιν σατραπείαν παραλαβεῖν, Μεγαβάτην ἀπαλλάξαντα ὃς πρότερον ἦρχεν, καὶ παρὰ Παυσανίαν ἐς Βυζάντιον ἐπιστολὴν ἀντεπετίθει αὐτῷ ὡς τάχιστα διαπέμψαι καὶ τὴν σφραγῖδα ἀποδεῖξαι, καὶ ἤν τι αὐτῷ Παυσανίας παραγγέλλῃ περὶ τῶν ἑαυτοῦ πραγμάτων, πράσσειν ὡς ἄριστα καὶ πιστότατα. (2) Ὁ δὲ ἀφικόμενος τά τε ἄλλα ἐποίησεν ὥσπερ εἴρητο καὶ τὴν ἐπιστολὴν διέπεμψεν· ἀντεγέγραπτο δὲ τάδε. (3) « Ὧδε λέγει βασιλεὺς Ξέρξης Παυσανίᾳ· Καὶ τῶν ἀνδρῶν οὕς μοι πέραν θαλάσσης ἐκ Βυζαντίου ἔσωσας κεῖταί σοι εὐεργεσία ἐν τῷ ἡμετέρῳ οἴκῳ ἐσαεὶ ἀνάγραπτος, καὶ τοῖς λόγοις τοῖς ἀπὸ σοῦ ἀρέσκομαι. Καί σε μήτε νὺξ μήθ' ἡμέρα ἐπισχέτω ὥστε ἀνεῖναι πράσσειν τι ὧν

---

omnium suæ ætatis hominum, in republica administranda per omnia adversabatur Lacedæmoniis, nec sinebat Athenienses illis cedere, sed ad bellum eos incitabat.

CXXVIII. Athenienses vero et ipsi vicissim Lacedæmoniis imperabant, ut illos, qui piaculo ad Tænarum admisso tenebantur, ex urbe pellerent. Lacedæmonii enim cum olim Helotas supplices ex Neptuni templo a Tænaro excitassent, eos abductos interfecerunt, qua quidem causa et ipsi sibi magnum illum terræ motum Spartæ accidisse putant. (2) Jubebant præterea etiam piaculum Palladis Chalciœcæ pellere. Id vero hujusmodi fuit. (3) Postquam Pausanias Lacedæmonius a Spartanis primum revocatus ab imperio, quod in Hellesponto habebat, causaque apud illos dicta, ab ipsis est absolutus et innocens habitus, publice quidem ad nullam expeditionem postea amplius est emissus, sed ipse privatim sumpta triremi Hermionide, sine Lacedæmoniis abiit in Hellespontum, verbis quidem, ad Græcum bellum, re ipsa vero, quia negotia cum Rege transigere volebat, quemadmodum et initio conatus erat, Græciæ principatum affectans. (4) Beneficium autem ex hac re primum apud Regem collocavit, totiusque rei fecit initium. (5) Cum enim post suum e Cypro reditum, priore adventu Byzantium occupasset (tenebant autem Medi eam et quidam regis necessarii et cognati [qui] in ea capti erant), tunc hos, quos ceperat, clam ceteris sociis ad Regem remisit; sed verbo ex ipsius manibus aufugerant. (6) In his autem peragendis utebatur opera Gongyli Eretriensis, cujus fidei et Byzantium et captivos commiserat. Misit autem etiam epistolam, quam Gongylus ad ipsum ferret. Hæc autem in ea continebantur, ut postea compertum est. (7) « Pausanias dux Spartæ, et hos, tibi gratificari cupiens, remittit, quos armis cepit, et habeo in animo, si tibi quoque placet, filiam tuam in matrimonium ducere, et Spartam ceteramque Græciam sub tuam potestatem redigere. Existimo autem me posse hæc peragere, si tecum consilia communicem. Si quid igitur horum tibi placet, hominem fidum ad mare mittas face, per quem posthac colloquemur. »

CXXIX. Atque hæc sunt, quæ in illa epistola verbis disertis continebantur. Xerxes vero lætatus est hac epistola, et Artabazum Pharnaci filium ad mare misit, eumque jussit accipere provinciam Dascylitin, Megabate, qui ei ante præerat, dimisso; eique vicissim epistolam ad Pausaniam dedit, imperans, ut eam Byzantium quam celerrime mitteret, illique sigillum ostenderet; et, si quid Pausanias de suis negotiis mandaret, quam rectissime et quam fidelissime conficeret. (2) Ille vero profectus cum alia fecit, quemadmodum imperatum erat, tum etiam epistolam misit. Hoc autem responsum in ea scriptum erat. (3) « Sic respondet Xerxes rex Pausaniæ : Quum ob viros, quos mihi trans mare incolumes Byzantio remisisti, beneficii gratia in domo nostra tibi perpetuo manebit reposita, scriptisque nunquam delendis mandata; tum etiam tua verba mihi placent. Ac te neque nox neque dies remoretur, ita ut

μοὶ ὑπισχνῆ, μηδὲ χρυσοῦ καὶ ἀργύρου δαπάνῃ κεχω-
ρύσθω, μηδὲ στρατιᾶς πλήθει, εἴ ποι δεῖ παραγίγνε-
σθαι· ἀλλὰ μετ' Ἀρταβάζου ἀνδρὸς ἀγαθοῦ, ὃν σοι
ἔπεμψα, πρᾶσσε θαρσῶν καὶ τὰ ἐμὰ καὶ τὰ σὰ ὅπῃ κάλλιστα καὶ ἄριστα ἕξει ἀμφοτέροις. »

CXXX. Ταῦτα λαβὼν ὁ Παυσανίας τὰ γράμματα,
ὃν καὶ πρότερον ἐν μεγάλῳ ἀξιώματι ὑπὸ τῶν Ἑλλήνων διὰ τὴν Πλαταιᾶσιν ἡγεμονίαν, πολλῷ τότε μᾶλλον
ᾖρτο, καὶ οὐκέτι ἠδύνατο ἐν τῷ καθεστηκότι τρόπῳ
βιοτεύειν, ἀλλὰ σκευάς τε Μηδικὰς ἐνδυόμενος ἐκ τοῦ
Βυζαντίου ἐξῄει, καὶ διὰ τῆς Θρᾴκης πορευόμενον αὐτὸν Μῆδοι καὶ Αἰγύπτιοι ἐδορυφόρουν, (2) τράπεζάν
τε Περσικὴν παρετίθετο, καὶ κατέχειν τὴν διάνοιαν
οὐκ ἠδύνατο, ἀλλ' ἔργοις βραχέσι προυδήλου ἃ τῇ
γνώμῃ μειζόνως ἐσέπειτα ἔμελλε πράξειν. Δυσπρόσ-
οδόν τε αὑτὸν παρεῖχεν, καὶ τῇ ὀργῇ οὕτω χαλεπῇ
ἐχρῆτο ἐς πάντας ὁμοίως ὥστε μηδένα δύνασθαι προσ-
ιέναι· διόπερ καὶ πρὸς τοὺς Ἀθηναίους οὐχ ἥκιστα ἡ
ξυμμαχία μετέστη.

CXXXI. Οἱ δὲ Λακεδαιμόνιοι αἰσθόμενοι τό τε
πρῶτον δι' αὐτὰ ταῦτα ἀνεκάλεσαν αὐτόν, καὶ ἐπειδὴ
τῇ Ἑρμιονίδι νηῒ τὸ δεύτερον ἐκπλεύσας οὐ κελευσάντων αὐτῶν τοιαῦτα ἐφαίνετο ποιῶν, καὶ ἐκ τοῦ Βυζαντίου βίᾳ ὑπ' Ἀθηναίων ἐκπολιορκηθεὶς ἐς μὲν τὴν
Σπάρτην οὐκ ἐπανεχώρει, ἐς δὲ Κολωνὰς τὰς Τρῳάδας
ἱδρυθεὶς πράσσων τε ἐσηγγέλλετο αὐτοῖς πρὸς τοὺς βαρβάρους καὶ οὐκ ἐπ' ἀγαθῷ τὴν μονὴν ποιούμενος, οὕτω
δὴ οὐκέτι ἐπέσχον, ἀλλὰ πέμψαντες κήρυκα οἱ ἔφοροι
καὶ σκυτάλην εἶπον τοῦ κήρυκος μὴ λείπεσθαι, εἰ δὲ
μή, πόλεμον αὐτῷ Σπαρτιάτας προαγορεύειν. (2) Ὁ
δὲ βουλόμενος ὡς ἥκιστα ὕποπτος εἶναι καὶ πιστεύων
χρήμασι διαλύσειν τὴν διαβολὴν ἀνεχώρει τὸ δεύτερον
ἐς Σπάρτην. Καὶ ἐς μὲν τὴν εἱρκτὴν ἐσπίπτει τὸ πρῶτον ὑπὸ τῶν ἐφόρων (ἔξεστι δὲ τοῖς ἐφόροις τὸν βασιλέα
δρᾶσαι τοῦτο), ἔπειτα διαπραξάμενος ὕστερον ἐξῆλθε,
καὶ καθίστησιν ἑαυτὸν ἐς κρίσιν τοῖς βουλομένοις περὶ
αὐτοῦ ἐλέγχειν.

CXXXII. Καὶ φανερὸν μὲν εἶχον οὐδὲν οἱ Σπαρτιᾶται σημεῖον, οὔτε οἱ ἐχθροὶ οὔτε ἡ πᾶσα πόλις,
τῷ ἂν πιστεύσαντες βεβαίως ἐτιμωροῦντο ἄνδρα γένους
τε τοῦ βασιλείου ὄντα καὶ ἐν τῷ παρόντι τιμὴν ἔχοντα·
Πλείσταρχον γὰρ τὸν Λεωνίδου ὄντα βασιλέα καὶ νέον
ἔτι ἀνεψιὸς ὢν ἐπετρόπευεν· (2) ὑποψίας δὲ πολλὰς
παρεῖχε τῇ τε παρανομίᾳ καὶ ζηλώσει τῶν βαρβάρων
μὴ ἴσος βούλεσθαι εἶναι τοῖς παροῦσιν, τά τε ἄλλα
αὐτοῦ ἀνεσκόπουν, εἴ τί που ἐξεδεδιῄτητο τῶν καθεστώτων νομίμων, καὶ ὅτι ἐπὶ τὸν τρίποδά ποτε τὸν ἐν
Δελφοῖς, ὃν ἀνέθεσαν οἱ Ἕλληνες ἀπὸ τῶν Μήδων
ἀκροθίνιον, ἠξίωσεν ἐπιγράψασθαι αὐτὸς ἰδίᾳ τὸ ἐλεγεῖον τόδε,

Ἑλλήνων ἀρχηγὸς ἐπεὶ στρατὸν ὤλεσε Μήδων,
Παυσανίας Φοίβῳ μνῆμ' ἀνέθηκε τόδε.

(3) Τὸ μὲν οὖν ἐλεγεῖον οἱ Λακεδαιμόνιοι ἐξεκόλαψαν
εὐθὺς τότε ἀπὸ τοῦ τρίποδος τοῦτο, καὶ ἐπέγραψαν ὀνο-

remisse agas quicquam eorum, quæ mihi polliceris, neque auri et argenti impensis impediare, nec ulla copiarum multitudine, si quo sit veniendum; sed cum Artabazo viro probo, quem ad te misi, age confidenter meas tuasque res, prout maxime e dignitate et utilitate utriusque nostrum erit.

CXXX. His litteris Pausanias acceptis, quum magnam auctoritatem jam ante apud Græcos haberet, propter imperium ad Platæas gestum, tunc longe majores spiritus sumpsit nec amplius consuetis institutis vivere poterat, sed cultu Medico ornatus prodiit Byzantio, ejusque per Thraciam euntis latera Medi et Ægyptii satellites armati stipabant, (2) mensamque Persicam sibi apponi curabat, neque cogitationes suas amplius continere poterat, sed rebus levibus aperte prodebat, quæ apud animum suum magnificentius in posterum agere destinabat. Præterea se aditu difficilem præbebat, et iracundia adeo gravi in omnes pariter utebatur, ut nemo posset accedere. Quæ res etiam non minima causa fuit, cur socii ad Atheniensium partes transirent.

CXXXI. Lacedæmonii vero his auditis, propter hæc ipsa et primum eum revocarant, et postquam iterum Hermionide navi vectus ipsorum injussu hujusmodi facinora facere videbatur, et Byzantio ab Atheniensibus obsesso per vim pulsus, non Spartam revertebatur, sed sedibus apud Colonas in agro Trojano positis consilia cum barbaris agitare nunciabatur, neque bono consilio manere: ita demum non amplius se continuerunt, sed caduceatore misso ephori et scytala imperarunt, ne a caduceatore discederet; alioqui Spartanos ei bellum indicere. (2) Ille vero, quum quam minimum suspectus esse vellet, et crimen objectum se pecuniis diluere posse speraret, iterum Spartam redibat. Ac primum quidem ab ephoris in carcerem est conjectus, (ephoris enim regi hoc facere licet,) deinde vero perfecit ut exiret, seque reum constituit, si qui se coarguere vellent.

CXXXII. Spartani vero manifestum quidem indicium nullum habebant, neque ipsius inimici, neque universa civitas, quo sine dubitatione confisi supplicium sumerent de viro, qui et regio genere natus, et honore regio id temporis præditus erat (Plistarchi enim Leonidæ filii, quum rex et puer adhuc esset, ipse ejus consobrinus tutelam gerebat); (2) ceterum suspiciones multas præbebat morum insolentia et barbarorum æmulatione, se nolle in præsenti rerum statu acquiescere; et quum alias ejus actiones accurate considerabant, si qua in re a moribus receptis et patriis institutis recessisset, tum etiam quod olim in tripode Delphis quem Græci ex primitiis manubiarum Medis ablatarum dicaverant, hoc distichon ipse privatim inscribi voluisset,

Græcorum postquam dux agmina Medica fudit,
Phœbo Pausanias hæc monumenta dedit.

(3) Sed Lacedæmonii hoc epigramma jam tunc protinus ex tripode exsculpserant, et in eo singulas civitates nominatim

μαστὶ τὰς πόλεις ὅσαι ξυγκαθελοῦσαι τὸν βάρβαρον ἔστησαν τὸ ἀνάθημα· τοῦ μέντοι Παυσανίου ἀδίκημα καὶ τοῦτ᾽ ἐδόκει εἶναι, καὶ ἐπειδὴ ἐν τούτῳ καθειστήκει, πολλῷ μᾶλλον παρόμοιον πραχθῆναι ἐφαίνετο τῇ παρούσῃ διανοίᾳ. (4) Ἐπυνθάνοντο δὲ καὶ ἐς τοὺς Εἵλωτας πράσσειν τι αὐτόν, καὶ ἦν δὲ οὕτως· ἐλευθέρωσίν τε γὰρ ὑπισχνεῖτο αὐτοῖς καὶ πολιτείαν, ἢν ξυνεπαναστῶσι καὶ τὸ πᾶν ξυγκατεργάσωνται. (5) Ἀλλ᾽ οὐδ᾽ ὣς οὐδὲ τῶν Εἱλώτων μηνυταῖς τισὶ πιστεύσαντες ἠξίωσαν νεώτερόν τι ποιεῖν ἐς αὐτόν, χρώμενοι τῷ τρόπῳ ᾧπερ εἰώθασιν ἐς σφᾶς αὐτούς, μὴ ταχεῖς εἶναι περὶ ἀνδρὸς Σπαρτιάτου ἄνευ ἀναμφισβητήτων τεκμηρίων βουλεῦσαί τι ἀνήκεστον, πρίν γε δὴ αὐτοῖς, ὡς λέγεται, ὁ μέλλων τὰς τελευταίας βασιλεῖ ἐπιστολὰς πρὸς Ἀρτάβαζον κομιεῖν, ἀνὴρ Ἀργίλιος, παιδικά ποτε ὢν αὐτοῦ καὶ πιστότατος ἐκείνῳ, μηνυτὴς γίγνεται, δείσας κατὰ ἐνθύμησίν τινα ὅτι οὐδείς πω τῶν πρὸ ἑαυτοῦ ἀγγέλων πάλιν ἀφίκετο, καὶ παραποιησάμενος σφραγῖδα, ἵνα ἢν ψευσθῇ τῆς δόξης ἢ καὶ ἐκεῖνός τι μεταγράψαι αἰτήσῃ μὴ ἐπιγνῷ, λύει τὰς ἐπιστολάς, ἐν αἷς ὑπονοήσας τι τοιοῦτο προσεπεστάλθαι καὶ αὑτὸν εὗρεν ἐγγεγραμμένον κτείνειν.

CXXXIII. Τότε δὲ οἱ ἔφοροι δείξαντος αὐτοῦ τὰ γράμματα μᾶλλον μὲν ἐπίστευσαν, αὐτήκοοι δὲ βουληθέντες ἔτι γενέσθαι αὐτοῦ Παυσανίου τι λέγοντος, ἀπὸ παρασκευῆς τοῦ ἀνθρώπου ἐπὶ Ταίναρον ἱκέτου οἰχομένου καὶ σκηνησαμένου διπλῆν διαφράγματι καλύβην, ἐς ἣν τῶν τε ἐφόρων ἐντός τινας ἔκρυψε, καὶ Παυσανίου ὡς αὐτὸν ἐλθόντος καὶ ἐρωτῶντος τὴν πρόφασιν τῆς ἱκετείας ᾔσθοντο πάντα σαφῶς, αἰτιωμένου τοῦ ἀνθρώπου τά τε περὶ αὑτοῦ γραφέντα καὶ τἆλλ᾽ ἀποφαίνοντος καθ᾽ ἕκαστον, ὡς οὐδὲν πώποτε αὐτὸν ἐν ταῖς πρὸς βασιλέα διακονίαις παραβάλοιτο, προτιμηθείη δ᾽ ἐν ἴσῳ τοῖς πολλοῖς τῶν διακόνων ἀποθανεῖν, κἀκείνου αὐτὰ ταῦτα ξυνομολογοῦντος καὶ περὶ τοῦ παρόντος οὐκ ἐῶντος ὀργίζεσθαι, ἀλλὰ πίστιν ἐκ τοῦ ἱεροῦ διδόντος τῆς ἀναστάσεως καὶ ἀξιοῦντος ὡς τάχιστα πορεύεσθαι καὶ μὴ τὰ πρασσόμενα διακωλύειν.

CXXXIV. Ἀκούσαντες δὲ ἀκριβῶς τότε μὲν ἀπῆλθον οἱ ἔφοροι, βεβαίως δὲ ἤδη εἰδότες ἐν τῇ πόλει τὴν ξύλληψιν ἐποιοῦντο. Λέγεται δ᾽ αὐτὸν μέλλοντα ξυλληφθήσεσθαι ἐν τῇ ὁδῷ, ἑνὸς μὲν τῶν ἐφόρων τὸ πρόσωπον προσιόντος ὡς εἶδε, γνῶναι ἐφ᾽ ᾧ ἐχώρει, ἄλλου δὲ νεύματι ἀφανεῖ χρησαμένου καὶ δηλώσαντος εὐνοίᾳ πρὸς τὸ ἱερὸν τῆς Χαλκιοίκου χωρῆσαι δρόμῳ καὶ προκαταφυγεῖν· ἦν δ᾽ ἐγγὺς τὸ τέμενος. Καὶ ἐς οἴκημα οὐ μέγα ὃ ἦν τοῦ ἱεροῦ ἐσελθών, ἵνα μὴ ὑπαίθριος ταλαιπωροίη, ἡσύχαζεν. (2) Οἱ δὲ τὸ παραυτίκα μὲν ὑστέρησαν τῇ διώξει, μετὰ δὲ τοῦτο τοῦ τε οἰκήματος τὸν ὄροφον ἀφεῖλον καὶ τὰς θύρας ἔνδον ὄντα τηρήσαντες αὐτὸν καὶ ἀπολαβόντες εἴσω ἀπῳκοδόμησαν, προσκαθεζόμενοί τε ἐξεπολιόρκησαν λιμῷ. (3) Καὶ μέλλοντος αὐτοῦ ἀποψύχειν ὥσπερ εἶχεν ἐν τῷ οἰκήματι, αἰσθόμενοί τε ἐξάγουσιν ἐκ τοῦ ἱεροῦ ἔτι ἔμπνουν ὄντα, καὶ

inscripserant, quotquot participes victoriae de barbaro donum istud dicaverant; Pausaniae tamen et hoc ut injustum facinus imputabatur, et postquam in hoc statu res ejus esse coeperunt, multo etiam magis illud consentaneum factum videbatur consilio ei, quo nunc uteretur. (4) Quinetiam audiebant eum aliquid cum Helotis agitare, idque verum erat; etenim et libertatem ipsis pollicebatur et civitatem, si secum insurrexissent summamque rei secum transegissent. (5) Sed tamen ne sic quidem ullis servorum indiciis fide habita quicquam novi in ipsum statuere voluerunt, utentes more, quo consueverunt inter se ipsos, ut non sint celeres ad aliquid gravius de viro Spartano sine manifestissimis ac minime dubiis indiciis decernendum: donec tandem quidam, ut fertur, qui postremas epistolas Regi scriptas erat ad Artabazum perlaturus, vir Argilius, qui quondam ejus amasius fuerat idemque illi fidelissimus, indicium professus est, metu perculsus, quum ipsi in suspicionem venisset nullum de nuntiis ante se missis adhuc rediisse. Quare cum sigillum subditicium sibi effinxisset ut, si opinione falleretur, aut etiam si quid ille mutare voluisset, ne agnosceret, epistolas aperit, in quibus suspicatus aliquid hujusmodi praeterea mandatum esse, se quoque scriptum caedique destinatum invenit.

CXXXIII. Tum vero ephori, cum ille litteras ostendisset, vehementius illi quidem crediderunt, sed quia praeterea suis ipsorum auribus aliquid ipsius Pausaniae loquentis ore prolatum audire vellent, ex composito vir ille supplex ad Taenarum confugit, ibique tugurium construxit septo interposito disclusum, in quo quosdam de ephoris abscondidit; et quum Pausanias ad ipsum venisset, et supplicationis causam ex illo quaereret, omnia plane audiverunt, dum ille conquereretur de rebus in suam perniciem ab ipso scriptis, et reliqua singulatim declararet, quomodo nunquam in obeundis apud Regem ministeriis ipsum ullis periculis objecisset, et tamen dignus habitus esset, qui, aeque ac plurimi ipsius ministri, caederetur, et dum ille haec ipsa confiteretur, nec eum propter id, quod tunc acciderat, irasci vellet sed fidem ei daret de discessu ex templo et postularet, ut quam celerrime pergeret, neve impediret, quae agerentur.

CXXXIV. Tunc vero ephori, his diligenter auditis, abierunt, et rem plane jam compertam habentes eum in urbe comprehendere parabant. Fama autem est, ipsum, cum in via jam in eo esset, ut comprehenderetur, conspecto unius ephororum ad se accedentis vultu intellexisse qua de causa veniret; et cum alius pro benevolentia nutu clandestino rem significasset, ad templum Palladis Chalcioecae cursu se proripuisse et fuga antevertisse; erat autem fanum vicinum. Et in exiguam templi aediculam ingressus, ne sub dio agens tempestatis injurias pateretur, in ea se continebat. (2) Illi vero in praesenti quidem assequi non potuerunt; sed postea et aediculae tectum sustulerunt et valvas, cum eum intus esse observassent et ingressum circumdedissent, muro obstruxerunt; eumque obsidentes fame expugnarunt. (3) Et quum animam jam esset efflaturus, ut erat in aedicula, illi hoc videntes eum ex templo educunt adhuc spirantem et quum

ἐξαχθεὶς ἀπέθανε παραχρῆμα. (4) Καὶ αὐτὸν ἐμέλλησαν μὲν ἐς τὸν Καιάδαν, οὗπερ τοὺς κακούργους, ἐμβάλλειν· ἔπειτα ἔδοξε πλησίον που κατορύξαι. Ὁ δὲ θεὸς ὁ ἐν Δελφοῖς τόν τε τάφον ὕστερον ἔχρησε τοῖς Λακεδαιμονίοις μετενεγκεῖν οὗπερ ἀπέθανεν (καὶ νῦν κεῖται ἐν τῷ προτεμενίσματι, ὃ γραφῇ στῆλαι δηλοῦσιν)· καὶ ὡς ἄγος αὐτοῖς ὂν τὸ πεπραγμένον δύο σώματα ἀνθ᾽ ἑνὸς τῇ Χαλκιοίκῳ ἀποδοῦναι. Οἱ δὲ ποιησάμενοι χαλκοῦς ἀνδριάντας δύο ὡς ἀντὶ Παυσανίου ἀνέθεσαν.
CXXXV. Οἱ δὲ Ἀθηναῖοι, ὡς καὶ τοῦ θεοῦ ἄγος κρίναντος, ἀντεπέταξαν τοῖς Λακεδαιμονίοις ἐλαύνειν αὐτό. (2) Τοῦ δὲ μηδισμοῦ τοῦ Παυσανίου Λακεδαιμόνιοι πρέσβεις πέμψαντες παρὰ τοὺς Ἀθηναίους ξυνεπητιῶντο καὶ τὸν Θεμιστοκλέα, ὡς εὕρισκον ἐκ τῶν περὶ Παυσανίαν ἐλέγχων, ἠξίουν τε τοῖς αὐτοῖς κολάζεσθαι αὐτόν. (3) Οἱ δὲ πεισθέντες (ἔτυχε γὰρ ὠστρακισμένος καὶ ἔχων δίαιταν μὲν ἐν Ἄργει, ἐπιφοιτῶν δὲ καὶ ἐς τὴν ἄλλην Πελοπόννησον) πέμπουσι μετὰ τῶν Λακεδαιμονίων ἑτοίμων ὄντων ξυνδιώκειν ἄνδρας οἷς εἴρητο ἄγειν ὅπου ἂν περιτύχωσιν.
CXXXVI. Ὁ δὲ Θεμιστοκλῆς προαισθόμενος φεύγει ἐκ Πελοποννήσου ἐς Κέρκυραν, ὢν αὐτῶν εὐεργέτης. Δεδιέναι δὲ φασκόντων Κερκυραίων ἔχειν αὐτὸν ὥστε Λακεδαιμονίοις καὶ Ἀθηναίοις ἀπέχθεσθαι, διακομίζεται ὑπ᾽ αὐτῶν ἐς τὴν ἤπειρον τὴν καταντικρύ. (2) Καὶ διωκόμενος ὑπὸ τῶν προστεταγμένων κατὰ πύστιν ᾗ χωροίη, ἀναγκάζεται κατά τι ἄπορον παρὰ Ἄδμητον τὸν Μολοσσῶν βασιλέα ὄντα αὐτῷ οὐ φίλον καταλῦσαι. (3) Καὶ ὁ μὲν οὐκ ἔτυχεν ἐπιδημῶν, ὁ δὲ τῆς γυναικὸς ἱκέτης γενόμενος διδάσκεται ὑπ᾽ αὐτῆς τὸν παῖδα σφῶν λαβὼν καθίζεσθαι ἐπὶ τὴν ἑστίαν. Καὶ ἐλθόντος οὐ πολὺ ὕστερον τοῦ Ἀδμήτου δηλοῖ τε ὅς ἐστι, καὶ οὐκ ἀξιοῖ, εἴ τι ἄρα αὐτὸς ἀντεῖπεν αὐτῷ Ἀθηναίων δεομένῳ, φεύγοντα τιμωρεῖσθαι· καὶ γὰρ ἂν ὑπ᾽ ἐκείνου πολλῷ ἀσθενεστέρου ἐν τῷ παρόντι κακῶς πάσχειν, γενναῖον δὲ εἶναι τοὺς ὁμοίους ἀπὸ τοῦ ἴσου τιμωρεῖσθαι. Καὶ ἅμα αὐτὸς μὲν ἐκείνῳ χρείας τινὸς καὶ οὐκ ἐς τὸ σῶμα σώζεσθαι ἐναντιωθῆναι, ἐκεῖνον δ᾽ ἄν, εἰ ἐκδοίη αὐτόν, (εἰπὼν ὑφ᾽ ὧν καὶ ἐφ᾽ ᾧ διώκεται) σωτηρίας ἂν τῆς ψυχῆς ἀποστερῆσαι.
CXXXVII. Ὁ δὲ ἀκούσας ἀνίστησί τε αὐτὸν μετὰ τοῦ ἑαυτοῦ υἱέος, ὥσπερ καὶ ἔχων αὐτὸν ἐκαθέζετο, καὶ μέγιστον ἦν ἱκέτευμα τοῦτο, καὶ ὕστερον οὐ πολλῷ τοῖς Λακεδαιμονίοις καὶ Ἀθηναίοις ἐλθοῦσι καὶ πολλὰ εἰποῦσιν οὐκ ἐκδίδωσιν, ἀλλ᾽ ἀποστέλλει βουλόμενον ὡς βασιλέα πορευθῆναι ἐπὶ τὴν ἑτέραν θάλασσαν πεζῇ ἐς Πύδναν τὴν Ἀλεξάνδρου. (2) Ἐν ᾗ ὁλκάδος τυχὼν ἀναγομένης ἐπ᾽ Ἰωνίας καὶ ἐπιβὰς καταφέρεται χειμῶνι ἐς τὸ Ἀθηναίων στρατόπεδον, ὃ ἐπολιόρκει Νάξον. Καὶ (ἦν γὰρ ἀγνὼς τοῖς ἐν τῇ νηί) δείσας φράζει τῷ ναυκλήρῳ ὅστις ἐστὶ καὶ δι᾽ ἃ φεύγει, καὶ εἰ μὴ σώσει αὐτόν, ἔφη ἐρεῖν ὅτι χρήμασι πεισθεὶς αὐτὸν ἄγει· τὴν δὲ ἀσφάλειαν εἶναι μηδένα ἐκβῆναι ἐκ τῆς νεὼς μέχρι

eductus esset, obiit confestim. (4) Atque in Cæadem eum dejecturi erant, quo facinorosos homines dejicere solent; sed postea visum est eum in aliquo loco propinquo defodere. Sed dens Delphicus oraculum postea reddidit Lacedæmoniis, ut sepulcrum eo transferrent, ubi animam efflaverat; (et nunc in fani vestibulo situs est, quod columnæ literis incisis declarant;) et quia hoc ipsorum facinus piaculo non careret, ut duo corpora pro uno Palladi Chalciœcæ darent. Illi vero duas statuas æneas fecerunt, quas pro Pausania deæ consecrarunt.
CXXXV. Athenienses vero, quod vel ipse deus piaculum hoc judicasset, vicissim et ipsi Lacedæmoniis imperarunt, ut hoc exterminarent. (2) At Pausaniæ crimine, quod cum Medis sensisset, Lacedæmonii legatis ad Athenienses missis Themistoclem etiam arcessebant, ut ex indiciis quæstionis de Pausaniæ habitæ reperiebant, et petebant, ut ille iisdem suppliciis afficeretur. (3) Illi vero, fidem verbis illorum habentes (jam enim Themistocles patria per ostracismum pulsus erat, et Argis quidem habitabat, sed tamen et per ceteras Peloponnesi partes crebro commeabat) mittunt una cum Lacedæmoniis, ad illum simul persequendum paratis, quosdam cum mandatis, ut eum adducerent, ubicunque deprehenderent.
CXXXVI. Themistocles vero quum rem præsensisset, ex Peloponneso in Corcyram profugit, quippe qui de iis bene meritus esset. Sed quum illi dicerent, se extimescere eum ita tueri, ut in Lacedæmoniorum et Atheniensium odium incurrerent, transmittitur ab iis in oppositam continentem. (2) Et insequentibus illis, qui jussi erant sciscitari quo iret, aliquando consilii inops coactus est devertere ad Admetum, Molossorum regem, qui non erat ipsi amicus. (3) Atque ille quidem tunc forte domi non erat, hic vero ab illius uxore, ad quam supplex accessarat, edoctus monetur, ut sumpto ipsorum filio ad lares consideret. Quumque non multo post Admetus rediisset, ei indicavit quis esset, et indignum fore dixit, si quid forte ipse illi cum Atheniensibus agenti adversatus esset, profugum ulcisci; fieri enim posse, ut ab ipso, quamvis multo debilior in præsenti esset, mali aliquid pateretur; sed generosi esse animi pares in pari conditione ulcisci; simul etiam se quidem illi de commodo quodam, non autem de capite laboranti adversatum esse; illum vero, si se proderet, (quum dixisset, a quibus et qua de causa premeretur) se vitæ incolumitate privaturum.
CXXXVII. Ille vero his auditis, eum cum suo filio, ut illum tenens sedebat, surgere jussit; hoc autem maximum erat supplicandi genus; et non multo post quum Lacedæmonii et Athenienses advenissent et longa oratione usi essent, eum non prodidit sed dimisit, quum ad Regem pergere vellet, itinere pedestri ad alterum mare, ad urbem Pydnam, quæ erat Alexandri. (2) Ubi navem onerariam nactus, quæ in Ioniam proficiscebatur, eam conscendit, et tempestate delatus est in castra Atheniensium, qui Naxum obsidebant. Et (ignotus enim erat iis, qui in navi vehebantur) territus nauclero declaravit, quis esset, et qua de causa fugeret, et nisi se servaret, se dixit professurum, se ab eo pecuniis adducto duci; periculum autem vitari posse, si nullus ex navi exiret, donec idonea navigandi tempestas sese ipsis of-

πλοῦς γένηται· πειθομένῳ δ' αὐτῷ χάριν ἀπομνήσεσθαι ἀξίαν. Ὁ δὲ ναύκληρος ποιεῖ τε ταῦτα καὶ ἀποσαλεύσας ἡμέραν καὶ νύκτα ὑπὲρ τοῦ στρατοπέδου ὕστερον ἀφικνεῖται ἐς Ἔφεσον. (3) Καὶ ὁ Θεμιστοκλῆς ἐκεῖνόν τε ἐθεράπευσε χρημάτων δόσει (ἦλθε γὰρ αὐτῷ ὕστερον ἔκ τε Ἀθηνῶν παρὰ τῶν φίλων καὶ ἐξ Ἄργους ἃ ὑπεξέκειτο) καὶ μετὰ τῶν κάτω Περσῶν τινὸς πορευθεὶς ἄνω ἐσπέμπει γράμματα ὡς βασιλέα Ἀρτοξέρξην τὸν Ξέρξου νεωστὶ βασιλεύοντα. (4) Ἐδήλου δ' ἡ γραφὴ ὅτι « Θεμιστοκλῆς ἥκω παρὰ σέ, ὃς κακὰ μὲν πλεῖστα Ἑλλήνων εἴργασμαι τὸν ὑμέτερον οἶκον, ὅσον χρόνον τὸν σὸν πατέρα ἐπιόντα ἐμοὶ ἀνάγκῃ ἠμυνόμην, πολὺ δ' ἔτι πλείω ἀγαθά, ἐπειδὴ ἐν τῷ ἀσφαλεῖ μὲν ἐμοί, ἐκείνῳ δὲ ἐν ἐπικινδύνῳ πάλιν ἡ ἀποκομιδὴ ἐγίγνετο. Καί μοι εὐεργεσία ὀφείλεται (γράψας τὴν ἐκ Σαλαμῖνος προάγγελσιν τῆς ἀναχωρήσεως καὶ τὴν τῶν γεφυρῶν, ἣν ψευδῶς προσεποιήσατο, τότε δι' αὐτὸν οὐ διάλυσιν), καὶ νῦν ἔχων σε μεγάλα ἀγαθὰ δρᾶσαι πάρειμι, διωκόμενος ὑπὸ τῶν Ἑλλήνων διὰ τὴν σὴν φιλίαν. Βούλομαι δ' ἐνιαυτὸν ἐπισχὼν αὐτός σοι περὶ ὧν ἥκω δηλῶσαι. »

CXXXVIII. Βασιλεὺς δέ, ὡς λέγεται, ἐθαύμασέ τε αὐτοῦ τὴν διάνοιαν καὶ ἐκέλευε ποιεῖν οὕτως. Ὁ δ' ἐν τῷ χρόνῳ ὃν ἐπέσχε τῆς Περσίδος γλώσσης ὅσα ἠδύνατο κατενόησε καὶ τῶν ἐπιτηδευμάτων τῆς χώρας· (2) ἀφικόμενος δὲ μετὰ τὸν ἐνιαυτὸν γίγνεται παρ' αὐτῷ μέγας καὶ ὅσος οὐδείς πω Ἑλλήνων διά τε τὴν προϋπάρχουσαν ἀξίωσιν καὶ τοῦ Ἑλληνικοῦ ἐλπίδα, ἣν ὑπετίθει αὐτῷ δουλώσειν, μάλιστα δὲ ἀπὸ τοῦ πεῖραν διδοὺς ξυνετὸς φαίνεσθαι. (3) Ἦν γὰρ ὁ Θεμιστοκλῆς βεβαιότατα δὴ φύσεως ἰσχὺν δηλώσας καὶ διαφερόντως τι ἐς αὐτὸ μᾶλλον ἑτέρου ἄξιος θαυμάσαι· οἰκείᾳ γὰρ ξυνέσει, καὶ οὔτε προμαθὼν ἐς αὐτὴν οὐδὲν οὔτ' ἐπιμαθών, τῶν τε παραχρῆμα δι' ἐλαχίστης βουλῆς κράτιστος γνώμων καὶ τῶν μελλόντων ἐπὶ πλεῖστον τοῦ γενησομένου ἄριστος εἰκαστής. Καὶ ἃ μὲν μετὰ χεῖρας ἔχοι, καὶ ἐξηγήσασθαι οἷός τε, ὧν δ' ἄπειρος εἴη, κρῖναι ἱκανῶς οὐκ ἀπήλλακτο· τό τε ἄμεινον ἢ χεῖρον ἐν τῷ ἀφανεῖ ἔτι προεώρα μάλιστα. Καὶ τὸ ξύμπαν εἰπεῖν, φύσεως μὲν δυνάμει μελέτης δὲ βραχύτητι κράτιστος δὴ οὗτος αὐτοσχεδιάζειν τὰ δέοντα ἐγένετο. (4) Νοσήσας δὲ τελευτᾷ τὸν βίον· λέγουσι δέ τινες καὶ ἑκούσιον φαρμάκῳ ἀποθανεῖν αὐτόν, ἀδύνατον νομίσαντα εἶναι ἐπιτελέσαι βασιλεῖ ἃ ὑπέσχετο. (5) Μνημεῖον μὲν οὖν αὐτοῦ ἐν Μαγνησίᾳ ἐστὶ τῇ Ἀσιανῇ ἐν τῇ ἀγορᾷ· ταύτης γὰρ ἦρχε τῆς χώρας, δόντος βασιλέως αὐτῷ Μαγνησίαν μὲν ἄρτον, ἣ προσέφερε πεντήκοντα τάλαντα τοῦ ἐνιαυτοῦ, Λάμψακον δὲ οἶνον (ἐδόκει γὰρ πολυοινότατον τῶν τότε εἶναι), Μυοῦντα δὲ ὄψον. (6) Τὰ δὲ ὀστᾶ φασι κομισθῆναι αὐτοῦ οἱ προσήκοντες οἴκαδε κελεύσαντος ἐκείνου καὶ τεθῆναι κρύφα Ἀθηναίων ἐν τῇ Ἀττικῇ· οὐ γὰρ ἐξῆν θάπτειν ὡς ἐπὶ προδοσίᾳ φεύγοντος. (7) Τὰ μὲν κατὰ Παυσανίαν τὸν Λακεδαιμόνιον

ferret; quod si sibi morem gessisset, dixit se memori animo pro meriti magnitudine gratiam ei relaturum. Nauclerus hæc fecit, et quum diem ac noctem ad ancoras in salo stetisset supra castra, postea Ephesum pervenit. (3) Themistocles vero eum liberaliter est prosecutus, pecunias ei largitus (postea enim pecuniæ ad eum venerunt et Athenis ab amicis missæ, et Argis eæ, quæ depositæ erant), et cum quodam illorum Persarum, qui ad oram maritimam versabantur, in loca superiora profectus, literas misit ad regem Artaxerxem, Xerxis filium, qui nuper regnare cœperat. (4) Hoc autem in illis literis erat scriptum : « Themistocles ad te advenio, qui ex omnibus Græcis unus vestram familiam plurimis affeci malis, quamdiu necessitate compulsus patrem tuum, qui mihi bellum inferebat, propulsabam, sed longe pluribus etiam beneficiis, postquam mihi quidem tuta, illi vero periculosa reversio erat. Et beneficium mihi debetur; (scripserat autem quomodo et ante monuisset de receptu ex Salamine, et de pontibus tunc sua opera non solutis, quos solutum iri falso simulaverat) et nunc ego, qui magnis beneficiis te afficere possum, adsum, quem Græci persequuntur propter benevolentiam tuam. Anno autem supersedens, ipse coram adventus mei causam tibi declarare volo. »

CXXXVIII. Rex vero, ut aiunt, ejus animum est admiratus, eumque ita facere jussit. Hic vero unius anni spatio, quo supersedit, quicquid poterat et linguæ Persicæ et morum illius regionis, didicit; (2) exactoque anno apud eum magnam auctoritatem est adeptus, et quantam nullus unquam Græcorum, quum propter pristinam dignitatem, tum etiam propter spem de Græcis, quam ei præbebat fore, ut eos in potestatem suam redigeret; præcipue vero quod specimine sui dato prudens esse videretur. (3) Themistocles enim manifestam sui ingenii vim certissime demonstraverat, et hac in re multo majore admiratione, quam ullus alius, dignus erat; suapte enim innata prudentia neque procedente neque accedente ulla ad eam disciplina et rerum improvisarum cum brevissima deliberatione judex erat præstantissimus, et instantium in longissimum futuri temporis spatium optimus conjector; quæ autem in manibus haberet, ea etiam explicare poterat; quorum vero esset imperitus, ab his commode judicandis non erat alienus; et quid melius, quidve deterius esset in rebus abduc obscuris optime prospiciebat. Utque rem totam comprehendam, et naturæ bonitate, et meditationis celeritate vir iste maxime idoneus fuit ad explicandum ex tempore, quæ opus essent. (4) Morbo autem correptus vita est defunctus. Quidam autem aiunt eum sponte etiam hausto veneno decessisse, quod existimasset, se non posse præstare, quæ Regi promisisset. (5) Monumentum vero ejus exstat in foro urbis Magnesiæ, quæ est in Asia; nam huic regioni præerat, quum rex ipsi Magnesiam dedisset pro pane, quæ quotannis quinquaginta talenta pendebat; Lampsacum vero pro vino (hæc enim tum vini copia excellere videbatur); Myuntem vero pro opsonio. (6) Ejus autem ossa propinqui ipsius dicunt domum ipsius jussu reportata et clam Atheniensibus in agro Attico humata esse; non enim licebat sepelire, ut qui esset proditionis reus. (7) Pausanias igitur Lacedæ-

αὶ Θεμιστοκλέα τὸν Ἀθηναῖον, λαμπροτάτους γενομένους τῶν καθ᾽ ἑαυτοὺς Ἑλλήνων, οὕτως ἐτελεύτησεν.

CXXXIX. Λακεδαιμόνιοι δ᾽ ἐπὶ μὲν τῆς πρώτης πρεσβείας τοιαῦτα ἐπέταξάν τε καὶ ἀντεκελεύσθησαν περὶ τῶν ἐναγῶν τῆς ἐλάσεως· ὕστερον δὲ φοιτῶντες παρ᾽ Ἀθηναίους Ποτιδαίας τε ἀπανίστασθαι ἐκέλευον καὶ Αἴγιναν αὐτόνομον ἀφιέναι, καὶ μάλιστά γε πάντων καὶ ἐνδηλότατα προὔλεγον τὸ περὶ Μεγαρέων ψήφισμα ἀθελοῦσι μὴ ἂν γίγνεσθαι πόλεμον, ἐν ᾧ εἴρητο αὐτοὺς μὴ χρῆσθαι τοῖς λιμέσι τοῖς ἐν τῇ Ἀθηναίων ἀρχῇ μηδὲ ἢ Ἀττικῇ ἀγορᾷ. (2) Οἱ δ᾽ Ἀθηναῖοι οὔτε τἆλλα πήκουον οὔτε τὸ ψήφισμα καθήρουν, ἐπικαλοῦντες περγασίαν Μεγαρεῦσι τῆς γῆς τῆς ἱερᾶς καὶ τῆς ἀορίστου καὶ ἀνδραπόδων ὑποδοχὴν τῶν ἀφισταμένων. (3) Τέλος δὲ ἀφικομένων τῶν τελευταίων πρέσβεων ἐκ Λακεδαίμονος, Ῥαμφίου τε καὶ Μελησίππου καὶ Ἀγησάνδρου, καὶ λεγόντων ἄλλο μὲν οὐδὲν ὧν πρότερον εἰώθεσαν, αὐτὰ δὲ τάδε ὅτι Λακεδαιμόνιοι βούλονται τὴν εἰρήνην εἶναι, εἴη δ᾽ ἂν εἰ τοὺς Ἕλληνας αὐτονόμους ἀφεῖτε, ποιήσαντες ἐκκλησίαν οἱ Ἀθηναῖοι γνώμας σφίσιν αὐτοῖς προυτίθεσαν, καὶ ἐδόκει ἅπαξ περὶ ἁπάντων βουλευσαμένους ἀποκρίνασθαι. (4) Καὶ παριόντες ἄλλοι τε πολλοὶ ἔλεγον, ἐπ᾽ ἀμφότερα γιγνόμενοι ταῖς γνώμαις, καὶ ὡς χρὴ πολεμεῖν καὶ ὡς μὴ ἐμπόδιον εἶναι τὸ ψήφισμα εἰρήνης ἀλλὰ καθελεῖν, καὶ παρελθὼν Περικλῆς ὁ Ξανθίππου, ἀνὴρ κατ᾽ ἐκεῖνον τὸν χρόνον πρῶτος Ἀθηναίων, λέγειν τε καὶ πράσσειν δυνατώτατος, παρῄνει τοιάδε.

CXL. « Τῆς μὲν γνώμης ὦ Ἀθηναῖοι αἰεὶ τῆς αὐτῆς ἔχομαι, μὴ εἴκειν Πελοποννησίοις, καίπερ εἰδὼς τοὺς ἀνθρώπους οὐ τῇ αὐτῇ ὀργῇ ἀναπειθομένους τε πολεμεῖν καὶ ἐν τῷ ἔργῳ πράσσοντας, πρὸς δὲ τὰς ξυμφορὰς καὶ τὰς γνώμας τρεπομένους. Ὁρῶ δὲ καὶ νῦν ὁμοῖα καὶ παραπλήσια ξυμβουλευτέα μοι ὄντα, καὶ τοὺς ἀναπειθομένους ὑμῶν δικαιῶ τοῖς κοινῇ δόξασιν, ἢ ἄρα τι καὶ σφαλλώμεθα, βοηθεῖν ἢ μηδὲ κατορθοῦντας τῆς ξυνέσεως μεταποιεῖσθαι. Ἐνδέχεται γὰρ τὰς ξυμφορὰς τῶν πραγμάτων οὐχ ἧσσον ἀμαθῶς χωρῆσαι ἢ καὶ τὰς διανοίας τοῦ ἀνθρώπου· διόπερ καὶ τὴν τύχην, ὅσα ἂν παρὰ λόγον ξυμβῇ, εἰώθαμεν αἰτιᾶσθαι. (2) Λακεδαιμόνιοι δὲ πρότερόν τε δῆλοι ἦσαν ἐπιβουλεύοντες ἡμῖν καὶ νῦν οὐχ ἥκιστα. Εἰρημένον γὰρ δίκας μὲν τῶν διαφόρων ἀλλήλοις διδόναι καὶ δέχεσθαι, ἔχειν δὲ ἑκατέρους ἃ ἔχομεν, οὔτε αὐτοὶ δίκας πω ᾔτησαν οὔτε ἡμῶν διδόντων δέχονται, βούλονται δὲ πολέμῳ μᾶλλον ἢ λόγοις τὰ ἐγκλήματα διαλύεσθαι, καὶ ἐπιτάσσοντες ἤδη καὶ οὐκέτι αἰτιώμενοι πάρεισιν. (3) Ποτιδαίας τε γὰρ ἀπανίστασθαι κελεύουσι καὶ Αἴγιναν αὐτόνομον ἀφιέναι καὶ τὸ Μεγαρέων ψήφισμα καθαιρεῖν· οἱ δὲ τελευταῖοι οἵδε ἥκοντες καὶ τοὺς Ἕλληνας προαγορεύουσιν αὐτονόμους ἀφιέναι. (4) Ὑμῶν δὲ μηδεὶς νομίσῃ περὶ βραχέος ἂν πολεμεῖν, εἰ τὸ Μεγαρέων ψήφισμα μὴ καθέλομεν, ὅπερ μάλιστα προὔχονται, εἰ καθαιρεθείη, μὴ ἂν γίγνεσθαι τὸν πόλεμον· μηδ᾽ ἐν ὑμῖν αὐτοῖς αἰ-

monius, et Themistocles Atheniensis, viri omnium suae aetatis Graecorum nobilissimi, hunc exitum habuerunt.

CXXXIX. Lacedaemonii autem in prima quidem legatione haec de piaculis tollendis jusserunt, et vicissim jussi sunt; deinde vero ad Athenienses profecti, ut a Potidaeae obsidione recederent, postulabant, et Aeginam suis legibus vivere sinerent; et in primis quidem omnium et apertissime praedicebant, si decretum de Megarensibus factum rescinderent, bellum non fore, quo decreto interdictum erat iis, quominus uterentur portubus in Atheniensium ditione sitis, et foro Attico. (2) Sed Athenienses neque ceteris in rebus morem illis gerebant neque decretum illud rescindebant, crimini dantes Megarensibus, quod sacrum nullisque limitibus finitum solum colerent, quodque servos fugitivos reciperent. Tandem vero, cum postremi legati Lacedaemone venissent, Rhamphius et Melesippus et Agesander, neque aliud quidquam dicerent eorum, quae prius dicere consueverant, sed ipsa haec : « Lacedaemonii pacem esse volunt, erit autem, si Graecos liberos esse sinatis; » Athenienses, convocata concione, sibi ipsis sententias dicendi potestatem faciebant, et placebat, semel habita consultatione de summa rerum responderé (4) Tunc autem quum alii multi in medium progressi verba fecerunt in utramque partem sententiis discedentes et quod bellum gerere oporteat, et quod non debeat decretum illud officere paci, sed rescindi; tum etiam progressus Pericles Xanthippi filius, vir illis temporibus primus Atheniensium, et in dicendo et agendo praestantissimus, suadebat haec.

CXL. « In eadem sententia, Athenienses, semper permaneo, Peloponnesiis non esse cedendum, quamvis sciam, homines non eodem animi impetu adduci, ut bellum gerant, atque in ipso opere versari, sed pro variis rerum eventis sententias etiam mutare. Video autem etiam nunc similia et paria mihi suadenda esse, et ab iis inter vos, quibus haec probantur, jure meo exigo, ut iis quae publice decreta fuerint, etiam si qua forte in re offendamus, opem ferant, aut si res feliciter succedat, ne velint prudentiae laudis participes esse. Usu enim venire solet, ut rerum eventus aeque sint fallaces, atque hominum cogitationes; quamobrem etiam, si quid praeter rationem accidit, fortunam solemus accusare. (2) Lacedaemonios autem cum ante manifestum erat insidiari nobis, tum vel maxime nunc. Quum enim constitutum esset, ut de rebus controversis judicio vicissim inter nos disceptaretur, et utrique ea retineremus quae tenemus, tamen nec ipsi adhuc postularunt judicium, neque a nobis oblatum accipiunt, sed armis, quam verbis, crimina dilui malunt, et adsunt jam, ut imperent, nec amplius, ut expostulent. (3) Imperant enim ut a Potidaeae obsidione recedamus, et Aeginam suis legibus vivere sinamus, et decretum de Megarensibus rescindamus; quinetiam, qui postremi huc venerunt, praecipiunt, ut Graecos suis legibus vivere permittamus. (4) Nemo tamen vestrum existimet, bellum de re levi nos suscepturos, si decretum de Megarensibus factum non rescindamus, quod illi maxime jactant si rescindatur, bellum nullum fore; neve in animis

τίαν ὑπολίπησθε ὡς διὰ μικρὸν ἐπολεμήσατε. (5) Τὸ γὰρ βραχύ τι τοῦτο πᾶσαν ὑμῶν ἔχει τὴν βεβαίωσιν καὶ πεῖραν τῆς γνώμης. Οἷς εἰ ξυγχωρήσετε, καὶ ἄλλο τι μεῖζον εὐθὺς ἐπιταχθήσεσθε ὡς φόβῳ καὶ τοῦτο ὑπακούσαντες· ἀπισχυρισάμενοι δὲ σαφὲς ἂν καταστήσαιτε αὐτοῖς ἀπὸ τοῦ ἴσου ὑμῖν μᾶλλον προσφέρεσθαι.

CXLI. « Αὐτόθεν δὴ διανοήθητε ἢ ὑπακούειν πρίν τι βλαβῆναι, ἢ εἰ πολεμήσομεν, ὡς ἔμοιγε ἄμεινον δοκεῖ εἶναι, καὶ ἐπὶ μεγάλῃ καὶ ἐπὶ βραχείᾳ ὁμοίως προφάσει μὴ εἴξοντες μηδὲ ξὺν φόβῳ ἕξοντες ἃ κεκτήμεθα· τὴν γὰρ αὐτὴν δύναται δούλωσιν ἥ τε μεγίστη καὶ ἐλαχίστη δικαίωσις ἀπὸ τῶν ὁμοίων πρὸ δίκης τοῖς πέλας ἐπιτασσομένη. (2) Τὰ δὲ τοῦ πολέμου καὶ τῶν ἑκατέροις ὑπαρχόντων ὡς οὐκ ἀσθενέστερα ἕξομεν, γνῶτε καθ' ἕκαστον ἀκούοντες. (3) Αὐτουργοί τε γάρ εἰσι Πελοποννήσιοι καὶ οὔτε ἰδίᾳ οὔτ' ἐν κοινῷ χρήματά ἐστιν αὐτοῖς, ἔπειτα χρονίων πολέμων καὶ διαποντίων ἄπειροι διὰ τὸ βραχέως αὐτοὶ ἐπ' ἀλλήλους ὑπὸ πενίας ἐπιφέρειν. (4) Καὶ οἱ τοιοῦτοι οὔτε ναῦς πληροῦντες οὔτε πεζὰς στρατιὰς πολλάκις ἐκπέμπειν δύνανται, ἀπὸ τῶν ἰδίων τε ἅμα ἀπόντες καὶ ἀπὸ τῶν αὑτῶν δαπανῶντες καὶ προσέτι καὶ θαλάσσης εἰργόμενοι· (5) αἱ δὲ περιουσίαι τοὺς πολέμους μᾶλλον ἢ αἱ βίαιοι ἐσφοραὶ ἀνέχουσιν. Σώμασί τε ἑτοιμότεροι οἱ αὐτουργοὶ τῶν ἀνθρώπων ἢ χρήμασι πολεμεῖν, τὸ μὲν πιστὸν ἔχοντες ἐκ τῶν κινδύνων κἂν περιγενέσθαι, τὸ δὲ οὐ βέβαιον μὴ οὐ προαναλώσειν, ἄλλως τε κἂν παρὰ δόξαν, ὅπερ εἰκός, ὁ πόλεμος αὐτοῖς μηκύνηται. (6) Μάχῃ μὲν γὰρ μιᾷ πρὸς ἅπαντας Ἕλληνας δυνατοὶ Πελοποννήσιοι καὶ οἱ ξύμμαχοι ἀντισχεῖν, πολεμεῖν δὲ μὴ πρὸς ὁμοίαν ἀντιπαρασκευὴν ἀδύνατοι, ὅταν μήτε βουλευτηρίῳ ἑνὶ χρώμενοι παραχρῆμά τι ὀξέως ἐπιτελῶσιν, πάντες τε ἰσόψηφοι ὄντες καὶ οὐχ ὁμόφυλοι τὸ ἐφ' ἑαυτὸν ἕκαστος σπεύδῃ· ἐξ ὧν φιλεῖ μηδὲν ἐπιτελὲς γίγνεσθαι. (7) Καὶ γὰρ οἱ μὲν ὡς μάλιστα τιμωρήσασθαί τινα βούλονται, οἱ δὲ ὡς ἥκιστα τὰ οἰκεῖα φθεῖραι. Χρόνιοί τε ξυνιόντες ἐν βραχεῖ μὲν μορίῳ σκοποῦσί τι τῶν κοινῶν, τῷ δὲ πλέονι τὰ οἰκεῖα πράσσουσιν. Καὶ ἕκαστος οὐ παρὰ τὴν ἑαυτοῦ ἀμέλειαν οἴεται βλάψειν, μέλειν δέ τινι καὶ ἄλλῳ ὑπὲρ ἑαυτοῦ τι προϊδεῖν, ὥστε τῷ αὐτῷ ὑπὸ ἁπάντων ἰδίᾳ δοξάσματι λανθάνειν τὸ κοινὸν ἀθρόον φθειρόμενον.

CXLII. « Μέγιστον δὲ τῇ τῶν χρημάτων σπάνει κωλύσονται, ὅταν σχολῇ αὐτὰ ποριζόμενοι διαμέλλωσιν· τοῦ δὲ πολέμου οἱ καιροὶ οὐ μενετοί. (2) Καὶ μὴν οὐδ' ἡ ἐπιτείχισις οὐδὲ τὸ ναυτικὸν αὐτῶν ἄξιον φοβηθῆναι. (3) Τὴν μὲν γὰρ χαλεπὸν καὶ ἐν εἰρήνῃ πόλιν ἀντίπαλον παρασκευάσασθαι, ἦ που δὴ ἐν πολεμίᾳ τε καὶ οὐχ ἧσσον ἐκείνοις ἡμῶν ἀντεπιτετειχισμένων. (4) Φρούριον δ' εἰ ποιήσονται, τῆς μὲν γῆς βλάπτοιεν ἄν τι μέρος καταδρομαῖς καὶ αὐτομολίαις, οὐ μέντοι ἱκανόν γε ἔσται ἐπιτειχίζειν τε κωλύειν ἡμᾶς πλεύσαντας ἐς τὴν ἐκείνων καὶ ᾗπερ ἰσχύομεν ταῖς ναυσὶν ἀμύνεσθαι· (5) πλέον γὰρ ἡμεῖς ἔχομεν τοῦ κατὰ γῆν ἐκ τοῦ ναυτικοῦ

vestris criminationem hanc relinquatis, quasi levi de causa bellum susceperitis. (5) Nam levis hæc res omne documentum vestræ constantiæ et animi experimentum continet. Quibus si concedetis, etiam aliud quid majus protinus imperabitur, quasi metu perculsi hac quoque in re morem gessissetis; sed si fortiter responderitis, planum ipsis feceritis, ut ex æquo vobiscum potius agant.

CXLI. « Hinc igitur statuite vel imperata facere, antequam, ullam cladem accipiamus, vel num bellum geramus, id quod mihi satius esse videtur, nulla pariter nec magna nec parva de causa cessuri neque cum metu habituri ea, quæ possidemus. Nam eadem servitute constat, sive maxima, sive minima sint ea, quæ aliis ante judicium a paribus imperantur. (2) De belli vero apparatu et facultatibus quæ utrisque nostrum adsunt, non inferiores nos fore, intelligite singulatim de re quaque audientes. (3) Peloponnesi enim sunt inopes, nec privatim, nec publice pecunias habent: deinde diuturnorum ac maritimorum bellorum sunt imperiti, quia propter paupertatem ipsi bellum inter se ad exiguum temporis spatium gerunt. (4) Hujusmodi autem homines neque naves explere neque pedestres exercitus sæpe emittere possunt, quod simul et a re familiari absunt, et sumptus de suis privatis facultatibus faciunt, et præterea etiam maris usu prohibentur. (5) Atqui opes bella magis quam violentæ pecuniarum collationes sustinent. Homines autem inopes ad bellum gerendum corporibus, quam pecuniis sunt promptiores; nam illa quidem ex periculis evasura confidunt, has vero non certi sunt, fore ut non vel ante belli finem consumant, præsertim si, quod est verisimile, bellum præter ipsorum opinionem producatur. (6) Nam in uno quidem prœlio Peloponnesii eorumque socii Græcis omnibus resistere possunt; sed cum dissimili adversariorum apparatu bellum gerere non possunt, quando neque uno eodemque concilio utentes in tempore aliquid acriter conficere possunt, et omnes par suffragii ferendi jus habentes diversasque patrias suam quisque rem urgent, unde nihil ad finem perduci solet. (7) Alii enim nonnullos quam maxime cupiunt ulcisci, alii vero, res domesticas quam minime corrumpi. Quumque post longam cunctationem vix tandem in unum conveniant, exiguo tantum temporis momento de communibus rebus consultant, majorem vero temporis partem in rebus privatis curandis ponunt. Et unusquisque non per suam negligentiam stare putat, ut damnum fiat, sed et aliquem alium esse, qui sibi prospiciat, ut eadem ab omnibus privatim opinione universa respublica ipsis insciis perdatur.

CXLII. « Quod autem maximum est, pecuniarum inopia prohibebuntur, dum eas tarde expedientes cunctantur; sed belli occasiones non exspectant. (2) Neque vero magis illorum aut munitionum exstructio aut classis digna est, quæ metuatur. (3) Illas enim difficile est vel in pace ut paris potentiæ urbem exstruere, nedum in hostico, et cum nos adversus illos non minus muniti simus. (4) Præsidium autem sicubi collocabunt, aliquam quidem agri partem excursionibus et transfugiis affligent, sed tamen hoc non poterit nos circumvallare et impedire, ne in ipsorum agrum navigemus, et, qua re pollemus, navibus illos ulciscamur. (5) Nam ex usu rerum nauticarum plus peritiæ ad prœlia

πειρίας ἢ ἐκεῖνοι ἐκ τοῦ κατ᾽ ἤπειρον ἐς τὰ ναυτικά.) Τὸ δὲ τῆς θαλάσσης ἐπιστήμονας γενέσθαι οὐ ῥᾳδίως αὐτοῖς προσγενήσεται. (7) Οὐδὲ γὰρ ὑμεῖς μελετῶντες αὐτὸ εὐθὺς ἀπὸ τῶν Μηδικῶν ἐξείργασθε· οὓς δὴ ἄνδρες γεωργοὶ καὶ οὐ θαλάσσιοι, καὶ προσέτι δὲ μελετῆσαι ἐασόμενοι διὰ τὸ ὑφ᾽ ἡμῶν πολλαῖς ναυσὶν ἀεὶ ἐφορμεῖσθαι, ἄξιον ἄν τι δρῷεν; (8) Πρὸς μὲν γὰρ ὀλίγας ἐφορμούσας κἂν διακινδυνεύσειαν, πλήθει τὴν ἀμαθίαν θρασύνοντες, πολλαῖς δὲ εἰργόμενοι ἡσυχάσουσι καὶ ἐν τῷ μὴ μελετῶντι ἀξυνετώτεροι ἔσονται καὶ δι᾽ αὐτὸ καὶ ὀκνηρότεροι. (9) Τὸ δὲ ναυτικὸν τέχνης ἐστὶν ὥσπερ καὶ ἄλλο τι, καὶ οὐκ ἐνδέχεται, ὅταν τύχῃ, ἐκ παρέργου μελετᾶσθαι, ἀλλὰ μᾶλλον μηδὲν ἐκείνῳ πάρεργον ἄλλο γίγνεσθαι.

CXLIII. « Εἴ τε καὶ κινήσαντες τῶν Ὀλυμπίασιν ἢ Δελφοῖς χρημάτων μισθῷ μείζονι πειρῷντο ἡμῶν ὑπολαβεῖν τοὺς ξένους τῶν ναυτῶν, μὴ ὄντων μὲν ἡμῶν ἀντιπάλων, ἐσβάντων αὐτῶν τε καὶ τῶν μετοίκων, δεινὸν ἂν ἦν· νῦν δὲ τόδε τε ὑπάρχει, καὶ ὅπερ κράτιστον, κυβερνήτας ἔχομεν πολίτας καὶ τὴν ἄλλην ὑπηρεσίαν πλείους καὶ ἀμείνους ἢ πᾶσα ἡ ἄλλη Ἑλλάς. (2) Καὶ ἐπὶ τῷ κινδύνῳ οὐδεὶς ἂν δέξαιτο τῶν ξένων τήν τε αὑτοῦ φεύγειν καὶ μετὰ τῆς ἥσσονος ἅμα ἐλπίδος, ὀλίγων ἡμερῶν ἕνεκα μεγάλου μισθοῦ δόσεως, ἐκείνοις ξυναγωνίζεσθαι. (3) Καὶ τὰ μὲν Πελοποννησίων ἔμοιγε τοιαῦτα καὶ παραπλήσια δοκεῖ εἶναι, τὰ δὲ ἡμέτερα τούτων τε ὧνπερ ἐκείνοις ἐμεμψάμην ἀπηλλάχθαι καὶ ἄλλα οὐκ ἀπὸ τοῦ ἴσου μεγάλα ἔχειν. (4) Ἤν τ᾽ ἐπὶ τὴν χώραν ἡμῶν πεζῇ ἴωσιν, ἡμεῖς ἐπὶ τὴν ἐκείνων πλευσούμεθα, καὶ οὐκέτι ἐκ τοῦ ὁμοίου ἔσται Πελοποννήσου μέρος τι τμηθῆναι καὶ τὴν Ἀττικὴν ἅπασαν· οἱ μὲν γὰρ οὐχ ἕξουσιν ἄλλην ἀντιλαβεῖν μαχεί, ἡμῖν δ᾽ ἐστὶ γῆ πολλὴ καὶ ἐν νήσοις καὶ κατ᾽ ἤπειρον. Μέγα γὰρ τὸ τῆς θαλάσσης κράτος. (5) Σκέψασθε δέ· εἰ γὰρ ἦμεν νησιῶται, τίνες ἂν ἀληπτότεροι ἦσαν; καὶ νῦν χρὴ ὅτι ἐγγύτατα τούτου διανοηθέντας τὴν μὲν γῆν καὶ οἰκίας ἀφεῖναι, τῆς δὲ θαλάσσης καὶ πόλεως φυλακὴν ἔχειν, καὶ Πελοποννησίοις ὑπὲρ αὐτῶν ὀργισθέντας πολλῷ πλείοσι μὴ διαμάχεσθαι (κρατήσαντές τε γὰρ αὖθις οὐκ ἐλάσσοσι μαχούμεθα, καὶ ἢν σφαλῶμεν, τὰ τῶν ξυμμάχων, ὅθεν ἰσχύομεν, προσαπόλλυται· οὐ γὰρ ἡσυχάσουσι μὴ ἱκανῶν ἡμῶν ὄντων ἐπ᾽ αὐτοὺς στρατεύειν), τήν τε ὀλόφυρσιν μὴ οἰκιῶν καὶ γῆς ποιεῖσθαι, ἀλλὰ τῶν σωμάτων· οὐ γὰρ τάδε τοὺς ἄνδρας, ἀλλ᾽ οἱ ἄνδρες ταῦτα κτῶνται. Καὶ εἰ ᾤμην πείσειν ὑμᾶς, αὐτοὺς ἂν ἐξελθόντας ἐκέλευον τὰ δῃῶσαι καὶ δεῖξαι Πελοποννησίοις ὅτι τούτων γε ἕνεκα οὐχ ὑπακούσεσθε.

CXLIV. « Πολλὰ δὲ καὶ ἄλλα ἔχω ἐς ἐλπίδα τοῦ περιέσεσθαι, ἢν ἐθέλητε ἀρχήν τε μὴ ἐπικτᾶσθαι ἅμα πολεμοῦντες καὶ κινδύνους αὐθαιρέτους μὴ προστίθεσθαι· μᾶλλον γὰρ πεφόβημαι τὰς οἰκείας ἡμῶν ἁμαρτίας ἢ τὰς τῶν ἐναντίων διανοίας. (2) Ἀλλ᾽ ἐκεῖνα μὲν καὶ ἐν ἄλλῳ λόγῳ ἅμα τοῖς ἔργοις δηλωθήσεται· νῦν

terrestria habemus, quam illi ex usu militiæ terrestris ad pugnas navales. (6) Rerum vero maritimarum scientiam non facile poterunt adipisci. (7) Nam ne vos quidem his operam dantes statim a bello Medico perfecistis. Quonam igitur modo homines, qui agriculturæ, non autem rebus maritimis dant operam, et qui præterea ne facultatem quidem in hoc studio se exercendi habebunt propter assiduas nostræ classis incursiones, facinus aliquod dignum edent? (8) Nam adversus paucas quidem naves incursionem facientes periculum fortasse subeant, multitudine suam imperitiam audacius confirmantes; sed, si multis prohibeantur, quiescent, et dum se in his non exerceant, erunt imperitiores, et hac ipsa de causa etiam cunctantiores. (9) At res nauticæ si qua alia res, artem desiderant, nec fortuito subcisivis operis disci possunt, imo vero nullius alius rei subcisivum studium relinquunt.

CXLIII. « Atque etiam si pecunias, quæ sunt Olympiæ aut Delphis, moverint, et majore mercede nautas peregrinos a nobis conductos subtrahere conentur, hoc profecto grave esset, si nos, cum inquilinis nostris naves conscendentes, ipsis resistere non possemus; nunc vero simul et hoc nobis adest, et id quod est præstantissimum, gubernatores habemus cives, et alios ministros et plures et peritiores, quam reliqua omnis Græcia. (2) Nec vero ob impendens periculum quisquam externorum militum in animum induxerit, et a patria sua exsulare, et cum minore simul spe propter majoris stipendii in paucos dies pensionem illos in bello gerendo juvare. (3) Ac res quidem Peloponnesiorum tales, et his similes esse videntur; at nostræ, cum iis, quæ in illis reprehendi, carere, tum etiam alia longe majora habere. (4) Quod si pedestribus copiis nostrum agrum invaserint, nos in illorum agrum classe incursiones faciemus. Hic vero jactura non erit æqualis, si Peloponnesi aliqua pars, et Attica tota vastetur. Illi enim nullum alium agrum habebunt, quem pro altero sine prœlio occupent; nobis vero et in insulis et in continente amplus est ager. Magna enim res est maris imperium. (5) Considerate autem : si enim insulam incoleremus, quinam minus essent expugnabiles? Nunc autem oportet nos quam proxime ad istam rem cogitatione accedentes agrum quidem et ædificia missa facere, at mare urbemque tueri, neque cum Peloponnesiis, illorum causa iratos, si longe plures sint, prœlio dimicare (nam si vicerimus, et rursus cum non inferiore numero confligemus; et si quam cladem acceperimus, sociorum quoque auxilia, unde nostrum robur pendet, insuper perierint; nec enim quiescent, si nos bellum ipsis inferre nequeamus), nec villas et agros, sed hominum corpora deplorare; non enim res istæ viros, sed viri res istas parant. Et si existimarem, me vobis hoc persuasurum, suaderem, ut vos ipsi ex urbe exeuntes has res vastaretis, et demonstraretis Peloponnesiis, vos harum quidem rerum causa imperata non facturos.

CXLIV. « Quanquam et alia multa præterea habeo, quæ mihi magnam victoriæ spem afferunt, si modo voletis et imperium non propagare inter bellandum, et non voluntaria pericula addere; nam magis extimesco domestica nostrorum civium peccata quam adversariorum consilia. (2) Verum illa quidem etiam in alia oratione inter opus ipsum decla-

δὲ τούτοις ἀποκρινάμενοι ἀποπέμψωμεν, Μεγαρέας μὲν ὅτι ἐάσομεν ἀγορᾷ καὶ λιμέσι χρῆσθαι, ἢν καὶ Λακεδαιμόνιοι ξενηλασίας μὴ ποιῶσι μήτε ἡμῶν μήτε τῶν ἡμετέρων ξυμμάχων (οὔτε γὰρ ἐκεῖνο κωλύει ἐν ταῖς σπονδαῖς οὔτε τόδε), τὰς δὲ πόλεις ὅτι αὐτονόμους ἀφήσομεν, εἰ καὶ αὐτονόμους ἔχοντες ἐσπεισάμεθα, καὶ ὅταν κἀκεῖνοι ταῖς αὑτῶν ἀποδῶσι πόλεσι μὴ σφίσι τοῖς Λακεδαιμονίοις ἐπιτηδείως αὐτονομεῖσθαι, ἀλλ' αὐτοῖς ἑκάστοις ὡς βούλονται· δίκας δὲ ὅτι ἐθέλομεν δοῦναι κατὰ τὰς ξυνθήκας, πολέμου δὲ οὐκ ἄρξομεν, ἀρχομένους δὲ ἀμυνούμεθα. Ταῦτα γὰρ δίκαια καὶ πρέποντα ἅμα τῇδε τῇ πόλει ἀποκρίνασθαι. (3) Εἰδέναι δὲ χρὴ ὅτι ἀνάγκη πολεμεῖν· ἢν δὲ ἑκούσιοι μᾶλλον δεχώμεθα, ἧσσον ἐγκεισομένους τοὺς ἐναντίους ἕξομεν· ἔκ τε τῶν μεγίστων κινδύνων ὅτι καὶ πόλει καὶ ἰδιώτῃ μέγισται τιμαὶ περιγίγνονται. (4) Οἱ γοῦν πατέρες ἡμῶν ὑποστάντες Μήδους, καὶ οὐκ ἀπὸ τοσῶνδε ὁρμώμενοι ἀλλὰ καὶ τὰ ὑπάρχοντα ἐκλιπόντες, γνώμῃ τε πλείονι ἢ τύχῃ καὶ τόλμῃ μείζονι ἢ δυνάμει τόν τε βάρβαρον ἀπεώσαντο καὶ ἐς τάδε προήγαγον αὐτά. (5) Ὧν οὐ χρὴ λείπεσθαι, ἀλλὰ τούς τε ἐχθροὺς παντὶ τρόπῳ ἀμύνεσθαι καὶ τοῖς ἐπιγιγνομένοις πειρᾶσθαι αὐτὰ μὴ ἐλάσσω παραδοῦναι. »

CXLV. Ὁ μὲν Περικλῆς τοιαῦτα εἶπεν, οἱ δ' Ἀθηναῖοι νομίσαντες ἄριστα σφίσι παραινεῖν αὐτὸν ἐψηφίσαντο ἃ ἐκέλευεν, καὶ τοῖς Λακεδαιμονίοις ἀπεκρίναντο τῇ ἐκείνου γνώμῃ, καθ' ἕκαστά τε ὡς ἔφρασεν, καὶ τὸ ξύμπαν οὐδὲν κελευόμενοι ποιήσειν, δίκῃ δὲ κατὰ τὰς ξυνθήκας ἑτοῖμοι εἶναι διαλύεσθαι περὶ τῶν ἐγκλημάτων ἐπὶ ἴσῃ καὶ ὁμοίᾳ. Καὶ οἱ μὲν ἀπεχώρησαν ἐπ' οἴκου καὶ οὐκέτι ὕστερον ἐπρεσβεύοντο·

CXLVI. αἰτίαι δὲ αὗται καὶ διαφοραὶ ἐγένοντο ἀμφοτέροις πρὸ τοῦ πολέμου, ἀρξάμεναι εὐθὺς ἀπὸ τῶν ἐν Ἐπιδάμνῳ καὶ Κερκύρᾳ· ἐπεμίγνυντο δὲ ὅμως ἐν αὐταῖς καὶ παρ' ἀλλήλους ἐφοίτων, ἀκηρύκτως μέν, ἀνυπόπτως δὲ οὔ· σπονδῶν γὰρ ξύγχυσις τὰ γιγνόμενα ἦν καὶ πρόφασις τοῦ πολεμεῖν.

rabuntur; nunc autem hoc dato responso istos dimittamus: nos Megarensibus quidem esse permissuros usum mercatuum, si etiam Lacedæmonii peregrinorum exactiones non faciant neque contra nos, neque contra socios nostros (nam neque illud, neque hoc in fœderibus prohibetur); præterea nos etiam permissuros, ut civitates suis legibus vivant, si modo suis legibus viventes tunc habebamus, quum fœdus est initum: et si ipsi quoque civitatibus, quas in sua ditione habent, concedant, ut non in Lacedæmoniorum usum suis legibus vivant, sed suo quæque arbitratu; præterea nos ex fœderum pactis ad judicium subeundum paratos esse; nec belli initium nos facturos, at ab ipsis illatum propulsaturos. Hæc enim responsa sunt simul et justa et ex dignitate hujus reipublicæ. (3) Sciendum autem est, bellum geri necesse esse; quod si nostra sponte potius excipiamus, adversarios minus infestos habebimus; sciendum etiam, ex maximis periculis quum ad rempublicam, tum etiam ad homines privatos maximos honores redundare. (4) Itaque majores nostri, quum Medos sustinuerunt, nequaquam a tantis rebus profecti, sed etiam ea, quæ possidebant, re linquentes, consilio potius, quam fortunæ opibus, et con fidentia majore, quam potentia, quum ipsum barbarum rep pulerunt, tum etiam imperium ad tantam amplitudinem provexerunt. (5) A quibus degenerare non debemus, sed hostes omni ratione ulcisci, et operam dare, ut hoc imperium non diminutum posteris tradamus. »

CXLV. Atque Pericles quidem hæc dixit. Athenienses vero, rati optimum sibi consilium ab illo dari decreverun quæ jubebat; et Lacedæmoniis responderunt de illius con silio, quum singulatim, ut ille monuerat, tum etiam genera tim, se nihil facturos, quod juberentur; judicio vero se ex fœderum pactis paratos esse de controversiis pari jure pa rique conditione compositionem facere. Atque illi quider domum redierunt, nec ulla legatio amplius postea mitteba tur.

CXLVI. Hæ igitur querelæ et discordiæ inter utrosqu ante bellum exstiterunt, statim ex rebus ad Epidamnur et Corcyram gestis ortæ. Veruntamen inter has commerci inter se habebant, et alteri ad alteros ibant sine caduceator quidem, sed non sine suspicione. Nam quæ fiebant, eran fœderum perturbatio et belli prætextus.

ΒΙΒΛΙΟΝ Β.

Ἄρχεται δὲ ὁ πόλεμος ἐνθένδε ἤδη Ἀθηναίων καὶ Πελοποννησίων καὶ τῶν ἑκατέροις ξυμμάχων, ἐν ᾧ οὔτε ἐπεμίγνυντο ἔτι ἀκηρυκτὶ παρ' ἀλλήλους καταστάντες τε ξυνεχῶς ἐπολέμουν· γέγραπται δ' ἑξῆς ὡς ἕκαστα ἐγίγνετο κατὰ θέρος καὶ χειμῶνα.

II. Τέσσαρα μὲν γὰρ καὶ δέκα ἔτη ἐνέμειναν αἱ τριακοντούτεις σπονδαὶ αἳ ἐγένοντο μετ' Εὐβοίας ἅλωσιν· τῷ δὲ πέμπτῳ καὶ δεκάτῳ ἔτει, ἐπὶ Χρυσίδος ἐν Ἄργει τότε πεντήκοντα δυοῖν δέοντα ἔτη ἱερωμένης καὶ Αἰνησίου ἐφόρου ἐν Σπάρτῃ καὶ Πυθοδώρου ἔτι δύο μῆνας ἄρχοντος Ἀθηναίοις, μετὰ τὴν ἐν Ποτιδαίᾳ μάχην μηνὶ ἕκτῳ καὶ ἅμα ἦρι ἀρχομένῳ Θηβαίων ἄνδρες ὀλίγῳ πλείους τριακοσίων (ἡγοῦντο δὲ αὐτῶν βοιωταρχοῦντες Πυθάγγελός τε ὁ Φυλείδου καὶ Διέμπορος ὁ Ὀνητορίδου) ἐσῆλθον περὶ πρῶτον ὕπνον ξὺν ὅπλοις ἐς Πλάταιαν τῆς Βοιωτίας οὖσαν Ἀθηναίων ξυμμαχίδα. (2) Ἐπηγάγοντο δὲ καὶ ἀνέῳξαν τὰς πύλας Πλαταιῶν ἄνδρες Ναυκλείδης τε καὶ οἱ μετ' αὐτοῦ, βουλόμενοι ἰδίας ἕνεκα δυνάμεως ἄνδρας τε τῶν πολιτῶν τοὺς σφίσιν ὑπεναντίους διαφθεῖραι καὶ τὴν πόλιν Θηβαίοις προσποιῆσαι. (3) Ἔπραξαν δὲ ταῦτα δι' Εὐρυμάχου τοῦ Λεοντιάδου, ἀνδρὸς Θηβαίων δυνατωτάτου· προϊδόντες γὰρ οἱ Θηβαῖοι ὅτι ἔσοιτο ὁ πόλεμος, ἠβούλοντο τὴν Πλάταιαν ἀεὶ σφίσι διάφορον οὖσαν ἔτι ἐν εἰρήνῃ τε καὶ τοῦ πολέμου μήπω φανεροῦ καθεστῶτος προκαταλαβεῖν. Ἧ καὶ ῥᾷον ἔλαθον ἐσελθόντες, φυλακῆς οὐ προκαθεστηκυίας. (4) Θέμενοι δὲ ἐς τὴν ἀγορὰν τὰ ὅπλα τοῖς μὲν ἐπαγομένοις οὐκ ἐπείθοντο ὥστ' εὐθὺς ἔργου ἔχεσθαι καὶ ἰέναι ἐς τὰς οἰκίας τῶν ἐχθρῶν, γνώμῃ δ' ἐποιοῦντο κηρύγμασί τε χρήσασθαι ἐπιτηδείοις καὶ ἐς ξύμβασιν μᾶλλον καὶ φιλίαν τὴν πόλιν ἀγαγεῖν, καὶ ἀνεῖπεν ὁ κῆρυξ, εἴ τις βούλεται κατὰ τὰ πάτρια τῶν πάντων Βοιωτῶν ξυμμαχεῖν, τίθεσθαι παρ' αὐτοὺς τὰ ὅπλα, νομίζοντες σφίσι ῥᾳδίως τούτῳ τῷ τρόπῳ προσχωρήσειν τὴν πόλιν.

III. Οἱ δὲ Πλαταιῆς ὡς ᾔσθοντο ἔνδον τε ὄντας τοὺς Θηβαίους καὶ ἐξαπιναίως κατειλημμένην τὴν πόλιν, καταδείσαντες καὶ νομίσαντες πολλῷ πλείους ἐσεληλυθέναι (οὐ γὰρ ἑώρων ἐν τῇ νυκτί) πρὸς ξύμβασιν ἐχώρησαν καὶ τοὺς λόγους δεξάμενοι ἡσύχαζον, ἄλλως τε καὶ ἐπειδὴ ἐς οὐδένα οὐδὲν ἐνεωτέριζον. (2) Πράσσοντες δέ πως ταῦτα κατενόησαν οὐ πολλοὺς τοὺς Θηβαίους ὄντας καὶ ἐνόμισαν ἐπιθέμενοι ῥᾳδίως κρατήσειν· τῷ γὰρ πλήθει τῶν Πλαταιῶν οὐ βουλομένῳ ἦν τῶν Ἀθηναίων ἀφίστασθαι. (3) Ἐδόκει οὖν ἐπιχειρητέα εἶναι, καὶ ξυνελέγοντο διορύσσοντες τοὺς κοινοὺς τοίχους παρ' ἀλλήλους, ὅπως μὴ διὰ τῶν ὁδῶν φανεροὶ ὦσιν ἰόντες

LIBER II.

Hinc igitur jam incipit bellum inter Athenienses et Peloponnesios et utrorumque socios, in quo nullis inter se commerciis amplius sine caduceatore miscebantur, et semel armis captis continenter bellabant; scriptum autem est ordine, prout singula quæque acta sunt, per æstatem et hiemem.

II. Quatuor enim et decem annos duraverant tricennalia fœdera, quæ post captam Eubœam inita sunt; quinto autem et decimo anno, quum Chrysis sacerdos Argis duodequinquagesimum sacerdotii annum ageret, et Ænesias Spartæ ephorus esset, et Pythodoro, tunc Athenis archonti, duo menses adhuc superessent, sexto mense a pugna ad Potidæam commissa, statim ineunte vere, Thebanorum quidam paulo plures trecentis (præerant vero ipsis Bœotarchæ Pythangelus Phylidæ, et Diemporus Onetoridæ filius), ingressi sunt circa primum somnum cum armis Platæam Bœotiæ urbem, Atheniensium sociam. (2) Illos autem advocaverant et portas illis aperuerant quidam Platæenses, Nauclides, et qui cum eo erant; qui, ut privatam potentiam sibi pararent, cives sibi inimicos de medio tollere, urbemque Thebanis adjungere volebant. (3) Egerunt autem hæc per Eurymachum Leontiadæ filium, virum Thebanorum potentissimum. Thebani enim, quum bellum fore prævidissent, volebant Platæam, quæ simultates secum semper gerebat, rebus adhuc tranquillis belloque nondum palam moto, intercipere. Quamobrem etiam facilius clam ingressi sunt, nulla dum posita custodia. (4) Et quum in foro constitissent, illis quidem, a quibus inducti erant, morem non gerebant, ita ut statim rem aggrederentur, et in inimicorum ædes ingrederentur; sed decreverant et edictis humanis præconis voce promulgatis uti, et civitatem potius ad compositionem et amicitiam adducere. Quare præco edixit, si quis ex patriis Bœotorum universorum institutis belli societatem sequi vellet, apud ipsos arma poneret, rati sibi facile hoc modo adjunctum iri civitatem.

III. Platæenses vero, cum Thebanos et intus esse, et urbem repente occupatam sensissent, perterriti, et suspicati longe plures ingressos esse (nec enim per noctis caliginem eos cernere poterant), ad compositionem venerunt, et conditionibus acceptis, quiescebant, præsertim quum nihil novi in quemquam molirentur. (2) At dum hæc utique agunt, animadverterunt, non multos esse Thebanos, et si illos invaderent, a se facile superari posse existimarunt; nam Platæensis populus ab Atheniensibus deficiebat invitus. (3) Placebat igitur rem tentandam esse, et inter se coibant, perfossis communibus ædium parietibus, ne, si per vias

ἁμάξας τε ἄνευ τῶν ὑποζυγίων ἐς τὰς ὁδοὺς καθίστασαν, ἵν' ἀντὶ τείχους ᾖ, καὶ τἆλλα ἐξήρτυον ᾗ ἕκαστον ἐφαίνετο πρὸς τὰ παρόντα ξύμφορον ἔσεσθαι. (4) Ἐπεὶ δὲ ὡς ἐκ τῶν δυνατῶν ἑτοῖμα ἦν, φυλάξαντες ἔτι νύκτα καὶ αὐτὸ τὸ περίορθρον ἐχώρουν ἐκ τῶν οἰκιῶν ἐπ' αὐτούς, ὅπως μὴ κατὰ φῶς θαρσαλεωτέροις οὖσι προσφέρωνται καὶ σφίσιν ἐκ τοῦ ἴσου γίγνωνται, ἀλλ' ἐν νυκτὶ φοβερώτεροι ὄντες ἥσσους ὦσι τῆς σφετέρας ἐμπειρίας τῆς κατὰ τὴν πόλιν. Προσέβαλόν τε εὐθὺς καὶ ἐς χεῖρας ᾖεσαν κατὰ τάχος.

IV. Οἱ δ' ὡς ἔγνωσαν ἠπατημένοι, ξυνεστρέφοντό τε ἐν σφίσιν αὐτοῖς καὶ τὰς προσβολὰς ᾗ προσπίπτοιεν ἀπεωθοῦντο. (2) Καὶ δὶς μὲν ἢ τρὶς ἀπεκρούσαντο, ἔπειτα πολλῷ θορύβῳ αὐτῶν τε προσβαλλόντων καὶ τῶν γυναικῶν καὶ τῶν οἰκετῶν ἅμα ἀπὸ τῶν οἰκιῶν κραυγῇ τε καὶ ὀλολυγῇ χρωμένων, λίθοις τε καὶ κεράμῳ βαλλόντων, καὶ ὑετοῦ ἅμα διὰ νυκτὸς πολλοῦ ἐπιγενομένου, ἐφοβήθησαν καὶ τραπόμενοι ἔφυγον διὰ τῆς πόλεως, ἄπειροι μὲν ὄντες οἱ πλείους ἐν σκότῳ καὶ πηλῷ τῶν διόδων ᾗ χρὴ σωθῆναι (καὶ γὰρ τελευτῶντος τοῦ μηνὸς τὰ γιγνόμενα ἦν), ἐμπείρους δὲ ἔχοντες τοὺς διώκοντας τοῦ μὴ ἐκφεύγειν, ὥστε διεφθείροντο πολλοί. (3) Τῶν δὲ Πλαταιῶν τις τὰς πύλας ᾗ ἐσῆλθον καὶ αἵπερ ἦσαν ἀνεῳγμέναι μόναι, ἔκλησε στυρακίῳ ἀκοντίου ἀντὶ βαλάνου χρησάμενος ἐς τὸν μοχλόν, ὥστε μηδὲ ταύτῃ ἔτι ἔξοδον εἶναι (4) Διωκόμενοί τε κατὰ τὴν πόλιν οἱ μέν τινες αὐτῶν ἐπὶ τὸ τεῖχος ἀναβάντες ἔρριψαν ἐς τὸ ἔξω σφᾶς αὐτοὺς καὶ διεφθάρησαν οἱ πλείους, οἱ δὲ κατὰ πύλας ἐρήμους γυναικὸς δούσης πέλεκυν, λαθόντες καὶ διακόψαντες τὸν μοχλὸν ἐξῆλθον οὐ πολλοί (αἴσθησις γὰρ ταχεῖα ἐπεγένετο), ἄλλοι δὲ ἄλλῃ τῆς πόλεως σποράδην ἀπώλλυντο. (5) Τὸ δὲ πλεῖστον καὶ ὅσον μάλιστα ἦν ξυνεστραμμένον, ἐσπίπτουσιν ἐς οἴκημα μέγα, ὃ ἦν τοῦ τείχους καὶ αἱ πλησίον θύραι ἀνεῳγμέναι ἔτυχον αὐτοῦ, οἰόμενοι πύλας τὰς θύρας τοῦ οἰκήματος εἶναι καὶ ἄντικρυς δίοδον ἐς τὸ ἔξω. (6) Ὁρῶντες δ' αὐτοὺς οἱ Πλαταιῆς ἀπειλημμένους ἐβουλεύοντο εἴτε κατακαύσωσιν ὥσπερ ἔχουσιν, ἐμπρήσαντες τὸ οἴκημα, εἴτε τι ἄλλο χρήσωνται. (7) Τέλος δὲ οὗτοί τε καὶ ὅσοι ἄλλοι τῶν Θηβαίων περιῆσαν κατὰ τὴν πόλιν πλανώμενοι, ξυνέβησαν τοῖς Πλαταιεῦσι παραδοῦναι σφᾶς αὐτοὺς καὶ τὰ ὅπλα χρήσασθαι ὅ τι ἂν βούλωνται. Οἱ μὲν δὴ ἐν τῇ Πλαταίᾳ οὕτως ἐπεπράγεσαν.

V. οἱ δ' ἄλλοι Θηβαῖοι, οὓς ἔδει ἔτι τῆς νυκτὸς παραγενέσθαι πανστρατιᾷ, εἴ τι ἄρα μὴ προχωροίη τοῖς ἐσεληλυθόσιν, τῆς ἀγγελίας ἅμα καθ' ὁδὸν αὐτοῖς ῥηθείσης περὶ τῶν γεγενημένων ἐπεβοήθουν. (2) Ἀπέχει δ' ἡ Πλάταια τῶν Θηβῶν σταδίους ἑβδομήκοντα, καὶ τὸ ὕδωρ τὸ γενόμενον τῆς νυκτὸς ἐποίησε βραδύτερον αὐτοὺς ἐλθεῖν· ὁ γὰρ Ἀσωπὸς ποταμὸς ἐρρύη μέγας καὶ οὐ ῥᾳδίως διαβατὸς ἦν. (3) Πορευόμενοί τε ἐν ὑετῷ καὶ τὸν ποταμὸν μόλις διαβάντες ὕστερον παρεγένοντο, ἤδη τῶν ἀνδρῶν τῶν μὲν διεφθαρμένων

commearent, conspicerentur; plaustraque sine jumentis in viis statuebant, ut muri loco essent, et cetera parabant, prout quidque rebus præsentibus utile fore videbatur. (4) Postquam autem res pro facultate paratæ erant, tempore, quo nox adhuc erat, et ipso diluculi adventu observato, ex ædibus in ipsos invaserunt, ne in luce cum illis confidentioribus congrederentur, atque ita pari conditione secum essent, sed per tenebras magis perterrefacti, sua peritia, quam urbis locorum habebant, inferiores essent. Atque statim eos invaserunt, et ad manus celeriter venerunt.

IV. Illi vero ubi cognoverunt se opinione deceptos, inter se ipsos conglobabantur, et hostium impressionem, qua irruebant, propulsabant. (2) Ac bis terve eos repulerunt; postea, quum magno strepitu et ipsi irruerent, et mulieres atque servi simul ex ædibus clamore et ululatus ederent, eosque lapidibus et tegulis peterent, simul etiam quum illa nocte magna pluvia ingruisset, territi sunt, et dantes terga per urbem fugere cœperunt, quum quidem plurimi ignari essent viarum per tenebras et lutum, qua servari possent (nam sub ipsum mensis finem hæc accidebant), et bene gnaros hostes haberent insequentes, ne effugerent. Quamobrem peribant multi. (3) Quidam autem Platæensium portas, qua intrarant, et quæ solæ apertæ erant, jaculi spiculo pessuli loco usus, et in vectis seram injecto clausit; ita ut ne hac quidem exitus pateret. (4) Quum autem illos hostis persequeretur per urbem, quidam ex iis muros conscenderunt, et se foras dejecerunt, ac plerique interierunt; alii vero per portas desertas, quum mulier quædam securim ipsis dedisset, clam effracto vecte exiverunt non multi (cito enim rescitum est), alii vero alibi per urbem passim trucidabantur. (5) Maxima tamen pars, et qui præcipue conglobati erant, irruperunt in magnum ædificium, quod erat muro contiguum, cujus in propinquo fores erant apertæ, existimantes has hujus ædificii fores esse portas, et ex adverso exitum, qui extra ferret. (6) Platæenses vero, postquam eos conclusos viderunt, deliberare cœperunt, utrum eos, ita ut erant, incenso illo ædificio, concremarent, an aliud aliquod pœnæ genus in illos statuerent. (7) Tandem vero et hi et ceteri Thebani, qui supererant, per urbem vagantes, sese et arma Platæensibus dediderunt, ut quicquid illis visum fuerit, de se statuerent. Qui igitur Platææ erant, hunc rerum exitum habuerant.

V. Ceteri vero Thebani, quos in ipsa adhuc nocte cum omnibus copiis adesse oportuerat, siquid forte minus succederet illis, qui urbem intrarant, cum iis in ipso itinere nuntius de rebus gestis allatus esset, auxilio veniebant. (2) Abest autem Platæa a Thebis septuaginta stadia, et aqua, quæ illa nocte deciderat, effecit, ut iter tardius conficerent. Asopus enim fluvius multus fluxerat, nec facile transiri poterat. (3) Quare per pluviam iter facientes, fluvioque vix trajecto, sero venerunt, quum illorum milites partim jam es-

τῶν δὲ ζώντων ἐχομένων. (4) Ὡς δ᾽ ᾔσθοντο οἱ Θηβαῖοι τὸ γεγενημένον, ἐπεβούλευον τοῖς ἔξω τῆς πόλεως τῶν Πλαταιῶν· ἦσαν γὰρ καὶ ἄνθρωποι κατὰ τοὺς ἀγροὺς καὶ κατασκευὴ οἷα ἀπροσδοκήτου κακοῦ ἐν εἰρήνῃ γενομένου· ἐβούλοντο γὰρ σφίσιν, εἴ τινα λάβοιεν, ὑπάρχειν ἀντὶ τῶν ἔνδον, ἤν ἄρα τύχωσί τινες ἐζωγρημένοι. (5) Καὶ οἱ μὲν ταῦτα διενοοῦντο, οἱ δὲ Πλαταιῆς ἔτι διαβουλευομένων αὐτῶν ὑποτοπήσαντες τοιοῦτόν τι ἔσεσθαι καὶ δείσαντες περὶ τοῖς ἔξω κήρυκα ἐξέπεμψαν παρὰ τοὺς Θηβαίους, λέγοντες ὅτι οὔτε τὰ πεποιημένα ὁσίως δράσειαν ἐν σπονδαῖς σφῶν πειραθέντες καταλαβεῖν τὴν πόλιν, τά τε ἔξω ἔλεγον αὐτοῖς μὴ ἀδικεῖν. Εἰ δὲ μή, καὶ αὐτοὶ ἔφασαν αὐτῶν τοὺς ἄνδρας ἀποκτενεῖν οὓς ἔχουσι ζῶντας· ἀναχωρησάντων δὲ πάλιν ἐκ τῆς γῆς ἀποδώσειν αὐτοῖς τοὺς ἄνδρας. (6) Θηβαῖοι μὲν ταῦτα λέγουσι καὶ ἐπομόσαι φασὶν αὑτούς· Πλαταιῆς δ᾽ οὐχ ὁμολογοῦσι τοὺς ἄνδρας εὐθὺς ὑποσχέσθαι ἀποδώσειν, ἀλλὰ λόγων πρῶτον γενομένων ἤν τι ξυμβαίνωσιν, καὶ ἐπομόσαι οὔ φασιν. (7) Ἐκ δ᾽ οὖν τῆς γῆς ἀνεχώρησαν οἱ Θηβαῖοι οὐδὲν ἀδικήσαντες· οἱ δὲ Πλαταιῆς ἐπειδὴ τὰ ἐκ τῆς χώρας κατὰ τάχος ἐσεκομίσαντο, ἀπέκτειναν τοὺς ἄνδρας εὐθύς. Ἦσαν δὲ ὀγδοήκοντα καὶ ἑκατὸν οἱ ληφθέντες, καὶ Εὐρύμαχος εἷς αὐτῶν ἦν, πρὸς ὃν ἔπραξαν οἱ προδιδόντες.

VI. Τοῦτο δὲ ποιήσαντες ἔς τε τὰς Ἀθήνας ἄγγελον ἔπεμπον καὶ τοὺς νεκροὺς ὑποσπόνδους ἀπέδοσαν τοῖς Θηβαίοις, τά τ᾽ ἐν τῇ πόλει καθίσταντο πρὸς τὰ παρόντα ᾗ ἐδόκει αὐτοῖς. (2) Τοῖς δ᾽ Ἀθηναίοις ἠγγέλθη εὐθὺς τὰ περὶ τῶν Πλαταιῶν γεγενημένα, καὶ Βοιωτῶν τε παραχρῆμα ξυνέλαβον ὅσοι ἦσαν ἐν τῇ Ἀττικῇ καὶ ἐς τὴν Πλάταιαν ἔπεμψαν κήρυκα, κελεύοντες εἰπεῖν μηδὲν νεώτερον ποιεῖν περὶ τῶν ἀνδρῶν οὓς ἔχουσι Θηβαίων, πρὶν ἄν τι καὶ αὐτοὶ βουλεύσωσι περὶ αὐτῶν· (3) οὐ γὰρ ἠγγέλθη αὐτοῖς ὅτι τεθνηκότες εἶεν. Ἅμα γὰρ τῇ ἐσόδῳ γιγνομένῃ τῶν Θηβαίων ὁ πρῶτος ἄγγελος ἐξῄει, ὁ δὲ δεύτερος ἄρτι νενικημένων τε καὶ ξυνειλημμένων· καὶ τῶν ὕστερον οὐδὲν ᾔδεσαν. Οὕτω δὴ οὐκ εἰδότες οἱ Ἀθηναῖοι ἐπέστελλον· ὁ δὲ κῆρυξ ἀφικόμενος εὗρε τοὺς ἄνδρας διεφθαρμένους. (4) Καὶ μετὰ ταῦτα οἱ Ἀθηναῖοι στρατεύσαντες ἐς Πλάταιαν σῖτόν τε ἐσήγαγον καὶ φρουροὺς ἐγκατέλιπον, τῶν τε ἀνθρώπων τοὺς ἀχρειοτάτους ξὺν γυναιξὶ καὶ παισὶν ἐξεκόμισαν.

VII. Γεγενημένου δὲ τοῦ ἐν Πλαταιαῖς ἔργου καὶ λελυμένων λαμπρῶς τῶν σπονδῶν οἱ Ἀθηναῖοι παρεσκευάζοντο ὡς πολεμήσοντες. Παρεσκευάζοντο δὲ καὶ οἱ Λακεδαιμόνιοι καὶ οἱ ξύμμαχοι αὐτῶν, πρεσβείας τε μέλλοντες πέμπειν παρὰ βασιλέα καὶ ἄλλοσε ἐς τοὺς βαρβάρους, εἴ ποθέν τινα ὠφελίαν ἤλπιζον ἑκάτεροι προσλήψεσθαι, πόλεις τε ξυμμαχίδας ποιούμενοι ὅσαι ἦσαν ἐκτὸς τῆς ἑαυτῶν δυνάμεως. (2) Καὶ Λακεδαιμονίοις μὲν πρὸς ταῖς αὐτοῦ ὑπαρχούσαις ἐξ Ἰταλίας καὶ Σικελίας τοῖς τἀκείνων ἑλομένοις ναῦς ἐπετάχθη-

sent interfecti, partim vivi detinerentur. (4) Postquam vero Thebani intellexerunt id, quod acciderat, Plataeensibus, qui erant extra urbem, insidias struebant. Nam et homines in agris erant, et supellex, quippe quod hoc malum inopinatum pacis tempore contigisset. Volebant enim, si quem cepissent, eum sibi eorum loco esse, qui in urbe erant, si qui forte vivi capti essent. (5) Atque hi quidem haec in animo habebant. Plataeenses vero, cum illi adhuc consultarent, suspicati aliquid hujusmodi eventurum, sollicitique de civibus, qui foris erant, caduceatorem ad Thebanos emiserunt, dicentes, neque fas iis fuisse facere ea, quae facta erant, qui stante foedere suam urbem occupare conati essent; et quae foris erant, dicebant ne affligerent. Alioqui dicebant, fore, ut et ipsi illorum milites interficerent, quos vivos haberent; si vero ex suo agro recederent, hos illis redderent. (6) Thebani quidem haec dicunt, et illos etiam jusjurandum addidisse perhibent. Plataeenses vero negant, se statim pollicitos esse, ut captivos redderent, sed colloquio prius habito si quam compositionem inter se facere potuissent, et jusjurandum addidisse negant. (7) Recesserunt igitur Thebani ex illorum finibus, nulla injuria facta, Plataeenses vero, simul atque ex agris omnia in urbem comportarunt, confestim captivos interfecerunt. Erant autem numero centum et octoginta, qui capti erant, et ex illis unus erat Eurymachus, cum quo proditores egerant.

VI. His autem peractis, Athenas nuntium mittebant, et militum a se caesorum cadavera Thebanis per inducias reddiderunt; et res urbanas, pro praesenti rerum statu, arbitratu suo constituerunt. (2) Rerum autem a Plataeensibus gestarum nuntii statim ad Athenienses venerant, et Boeotos, quotquot erant in Attica, protinus comprehenderant; et praeconem Plataeam cum mandatis miserant, ut ipsis denuntiaret, nequid novi statuerent in Thebanos, quos habebant, antequam et ipsi aliquid de illis statuissent; (3) nondum enim illis nuntiatum erat, eos jam esse mortuos. Nam simul ac Thebani Plataeam sunt ingressi, primus nuntius exierat; secundus vero, illis modo victis et captis; et eorum nihil intellexerant, quae postea contigerunt. Sic igitur Athenienses, rerum istarum prorsus ignari, mittebant. Sed praeco quum Plataeam pervenisset, viros illos comperit interfectos. (4) Postea autem Athenienses cum exercitu Plataeam profecti et frumentum importarunt et praesidium in urbe reliquerunt, et hominum inutilissimos cum foeminis ac pueris exportarunt.

VII. Hoc autem facinore Plataeis patrato et foederibus aperte ruptis, Athenienses se parabant ad gerendum bellum; parabant se autem Lacedaemonii quoque eorumque socii et utrique legationes ad Regem et ad alios barbaros erant missuri, si quod auxilium alicunde se sibi adjuncturos sperabant; et societatem coibant cum civitatibus, quae erant extra ipsorum imperium. (2) Et Lacedaemonii quidem, praeter illas, quas ibi in sua ditione habebant, ex Italia et Sicilia iis, qui ipsorum partes sequebantur, imperarunt naves facere pro ci-

σαν ποιεῖσθαι κατὰ μέγεθος τῶν πόλεων, ὡς ἐς τὸν πάντα ἀριθμὸν πεντακοσίων νεῶν ἐσομένων, καὶ ἀργύριον ῥητὸν ἑτοιμάζειν, τά τ' ἄλλα ἡσυχάζοντας καὶ Ἀθηναίους δεχομένους μιᾷ νηὶ ἕως ἂν ταῦτα παρασκευασθῇ. (3) Ἀθηναῖοι δὲ τήν τε ὑπάρχουσαν ξυμμαχίαν ἐξήταζον καὶ ἐς τὰ περὶ Πελοπόννησον μᾶλλον χωρία ἐπρεσβεύοντο, Κέρκυραν καὶ Κεφαλληνίαν καὶ Ἀκαρνᾶνας καὶ Ζάκυνθον, ὁρῶντες, εἰ σφίσι φίλια ταῦτ' εἴη, βεβαίως πέριξ τὴν Πελοπόννησον καταπολεμήσοντες.

VIII. Ὀλίγον τε ἐπενόουν οὐδὲν ἀμφότεροι, ἀλλ' ἔρρωντο ἐς τὸν πόλεμον οὐκ ἀπεικότως· ἀρχόμενοι γὰρ πάντες ὀξύτερον ἀντιλαμβάνονται, τότε δὲ καὶ νεότης πολλὴ μὲν οὖσα ἐν τῇ Πελοποννήσῳ πολλὴ δ' ἐν ταῖς Ἀθήναις οὐκ ἀκουσίως ὑπὸ ἀπειρίας ἥπτετο τοῦ πολέμου, ἥ τε ἄλλη Ἑλλὰς πᾶσα μετέωρος ἦν ξυνιουσῶν τῶν πρώτων πόλεων. (2) Καὶ πολλὰ μὲν λόγια ἐλέγετο, πολλὰ δὲ χρησμολόγοι ᾖδον ἔν τε τοῖς μέλλουσι πολεμήσειν καὶ ἐν ταῖς ἄλλαις πόλεσιν. (3) Ἔτι δὲ Δῆλος ἐκινήθη ὀλίγον πρὸ τούτων, πρότερον οὔπω σεισθεῖσα ἀφ' οὗ Ἕλληνες μέμνηνται· ἐλέγετο δὲ καὶ ἐδόκει δὴ τοῖς μέλλουσι γενήσεσθαι σημῆναι. Εἴ τέ τι ἄλλο τοιουτότροπον ξυνέβη γενέσθαι, πάντα ἀνεζητεῖτο. (4) Ἡ δὲ εὔνοια παρὰ πολὺ ἐποίει τῶν ἀνθρώπων μᾶλλον ἐς τοὺς Λακεδαιμονίους, ἄλλως τε καὶ προειπόντων ὅτι τὴν Ἑλλάδα ἐλευθεροῦσιν. Ἔρρωτό τε πᾶς καὶ ἰδιώτης καὶ πόλις εἴ τι δύναιτο καὶ λόγῳ καὶ ἔργῳ ξυνεπιλαμβάνειν αὐτοῖς· ἐν τούτῳ τε κεκωλῦσθαι ἐδόκει ἑκάστῳ τὰ πράγματα ᾧ μή τις αὐτὸς παρέσται. (5) Οὕτως ὀργῇ εἶχον οἱ πλείους τοὺς Ἀθηναίους, οἱ μὲν τῆς ἀρχῆς ἀπολυθῆναι βουλόμενοι, οἱ δὲ μὴ ἀρχθῶσι φοβούμενοι.

IX. Παρασκευῇ μὲν οὖν καὶ γνώμῃ ὥρμηντο, πόλεις δ' ἑκάτεροι τάσδ' ἔχοντες ξυμμάχους ἐς τὸν πόλεμον καθίσταντο. (2) Λακεδαιμονίων μὲν οἵδε ξύμμαχοι, Πελοποννήσιοι μὲν οἱ ἐντὸς Ἰσθμοῦ πάντες πλὴν Ἀργείων καὶ Ἀχαιῶν (τούτοις δ' ἐς ἀμφοτέρους φιλία ἦν· Πελληνῆς δὲ Ἀχαιῶν μόνοι ξυνεπολέμουν τὸ πρῶτον, ἔπειτα δὲ ὕστερον καὶ ἅπαντες), ἔξω δὲ Πελοποννήσου Μεγαρῆς, Φωκῆς, Λοκροί, Βοιωτοί, Ἀμπρακιῶται, Λευκάδιοι, Ἀνακτόριοι. (3) Τούτων ναυτικὸν παρείχοντο Κορίνθιοι, Μεγαρῆς, Σικυώνιοι, Πελληνῆς, Ἠλεῖοι, Ἀμπρακιῶται, Λευκάδιοι, ἱππέας δὲ Βοιωτοί, Φωκῆς, Λοκροί· αἱ δ' ἄλλαι πόλεις πεζὸν παρεῖχον. Αὕτη Λακεδαιμονίων ξυμμαχία. (4) Ἀθηναίων δὲ Χῖοι, Λέσβιοι, Πλαταιῆς, Μεσσήνιοι οἱ ἐν Ναυπάκτῳ, Ἀκαρνάνων οἱ πλείους, Κερκυραῖοι, Ζακύνθιοι, καὶ ἄλλαι πόλεις αἱ ὑποτελεῖς οὖσαι ἐν ἔθνεσι τοσοῖσδε, Καρία ἡ ἐπὶ θαλάσσῃ, Δωριῆς Καρσὶ πρόσοικοι, Ἰωνία, Ἑλλήσποντος, τὰ ἐπὶ Θρᾴκης, νῆσοι ὅσαι ἐντὸς Πελοποννήσου καὶ Κρήτης πρὸς ἥλιον ἀνίσχοντα, πᾶσαι αἱ ἄλλαι Κυκλάδες πλὴν Μήλου καὶ Θήρας. (5) Τούτων ναυτικὸν παρείχοντο Χῖοι, Λέσβιοι, Κερκυραῖοι, οἱ δ' ἄλλοι πεζὸν καὶ χρήματα.

VIII. Utrique autem nihil parvum animis versabant, sed totis viribus in hoc bellum incumbebant, idque non injuria. Omnes enim mortales rerum initia ardentius capessere solent; tunc vero etiam magna juventutis copia, quae in Peloponneso, magna item, quae Athenis erat, propter rerum imperitiam non invita bellum suscipiebat, et reliqua Graecia tota animis erat erecta, quum primae civitates concurrerent. (2) Multa quoque oracula ferebantur, multa vates canebant, tam in iis civitatibus, quae bellum erant gesturae, quam in aliis. (3) Praeterea Delus etiam paulo ante haec tremuit, quae nunquam antea post Graecorum memoriam mota fuerat. Haec autem et dicebantur et videbantur esse rerum futurarum prodigia. Et, si qua alia hujusmodi signa forte contigissent, omnia conquirebantur. (4) Hominum autem benivolentia longe major ad Lacedaemonios inclinabat, praecipue quod illi Graeciam a se in libertatem vindicari praedicarant. Et pro se quisque et privati et civitates omni ope nitebantur, si quo modo illos aut verbis aut factis adjuvare possent; et in eo singuli moram rebus gerendis allatam arbitrabantur, si ipsi rebus non interessent. (5) Ea erat indignatio, qua plerique in Athenienses ferebantur, alii quod eorum imperio se liberari cupiebant, alii quod metuebant, ne illorum imperio parere cogerentur.

IX. Hoc igitur apparatu atque his animis ad bellum utrique concitati ferebantur; civitates autem utrisque hae sociae erant, quum bellum gerere coeperunt. (2) Lacedaemoniorum fuere socii omnes Peloponnesii, qui sunt intra Isthmum, praeter Argivos, et Achaeos; (his enim amicitia cum utrisque intercedebat; primo autem soli ex Achaeis Pellenenses in bello gerendo aderant, deinde postea et ceteri omnes); extra Peloponnesum autem Megarenses, Phocenses, Locri, Boeoti, Ampraciotae, Leucadii, Anactorii. (3) Ex his Corinthii, Megarenses, Sicyonii, Pellenenses, Elei, Ampraciotae, Leucadii praebebant classem; equitatum Boeoti, Phocenses, Locri; ceterae vero civitates peditatum praebebant. Atque hi quidem erant Lacedaemoniorum socii. (4) Atheniensium vero Chii, Lesbii, Plataeenses, Messenii, qui Naupactum incolebant, Acarnanum plerique, Corcyraei, Zacynthii, et aliae civitates, quae inter tot nationes erant vectigales: Caria, quae ad mare est sita, Dorienses Caribus finitimi, Ionia, Hellespontus, Thraciae urbes, et insularum quotquot intra Peloponnesum et Cretam ad solem orientem vergunt, et ceterae omnes Cyclades exceptis Melo et Thera. (5) Ex his naves praebebant Chii, Lesbii, Corcyraei; ceteri

(6) Ξυμμαχία μὲν αὕτη ἑκατέρων καὶ παρασκευὴ ἐς τὸν πόλεμον ἦν.

X. Οἱ δὲ Λακεδαιμόνιοι μετὰ τὰ ἐν Πλαταιαῖς εὐθὺς περιήγγελλον κατὰ τὴν Πελοπόννησον καὶ τὴν ἔξω ξυμμαχίαν στρατιὰν παρασκευάζεσθαι ταῖς πόλεσι τά τε ἐπιτήδεια οἷα εἰκὸς ἐπὶ ἔξοδον ἔκδημον ἔχειν, ὡς ἐσβαλοῦντες ἐς τὴν Ἀττικήν. (2) Ἐπειδὴ δὲ ἑκάστοις ἕτοιμα γίγνοιτο κατὰ τὸν χρόνον τὸν εἰρημένον, ξυνῇεσαν τὰ δύο μέρη ἀπὸ πόλεως ἑκάστης ἐς τὸν Ἰσθμόν. (3) Καὶ ἐπειδὴ πᾶν τὸ στράτευμα ξυνειλεγμένον ἦν, Ἀρχίδαμος ὁ βασιλεὺς τῶν Λακεδαιμονίων, ὅσπερ ἡγεῖτο τῆς ἐξόδου ταύτης, ξυγκαλέσας τοὺς στρατηγοὺς τῶν πόλεων πασῶν καὶ τοὺς μάλιστα ἐν τέλει καὶ ἀξιολογωτάτους παρεῖναι τοιάδ' ἔλεξεν.

XI. « Ἄνδρες Πελοποννήσιοι καὶ οἱ ξύμμαχοι, καὶ οἱ πατέρες ἡμῶν πολλὰς στρατείας καὶ ἐν αὐτῇ Πελοποννήσῳ καὶ ἔξω ἐποιήσαντο, καὶ αὐτῶν ἡμῶν οἱ πρεσβύτεροι οὐκ ἄπειροι πολέμων εἰσίν· ὅμως δὲ τῆσδε οὔπω μείζονα παρασκευὴν ἔχοντες ἐξήλθομεν, ἀλλὰ καὶ ἐπὶ πόλιν δυνατωτάτην νῦν ἐρχόμεθα καὶ αὐτοὶ πλεῖστοι καὶ ἄριστοι στρατεύοντες. (2) Δίκαιον οὖν ἡμᾶς μήτε τῶν πατέρων χείρους φαίνεσθαι μήτε ἡμῶν αὐτῶν τῆς δόξης ἐνδεεστέρους. Ἡ γὰρ Ἑλλὰς πᾶσα τῇδε τῇ ὁρμῇ ἐπῆρται καὶ προσέχει τὴν γνώμην, εὔνοιαν ἔχουσα διὰ τὸ Ἀθηναίων ἔχθος πρᾶξαι ἡμᾶς ἃ ἐπινοοῦμεν. (3) Οὔκουν χρή, εἴ τῳ καὶ δοκοῦμεν πλήθει ἐπιέναι καὶ ἀσφάλεια πολλὴ εἶναι μὴ ἂν ἐλθεῖν τοὺς ἐναντίους ἡμῖν διὰ μάχης, τούτου ἕνεκα ἀμελέστερόν τι παρεσκευασμένους χωρεῖν, ἀλλὰ καὶ πόλεως ἑκάστης ἡγεμόνα καὶ στρατιώτην τὸ καθ' αὑτὸν ἀεὶ προσδέχεσθαι ἐς κίνδυνόν τινα ἥξειν. (4) Ἄδηλα γὰρ τὰ τῶν πολέμων, καὶ ἐξ ὀλίγου τὰ πολλὰ καὶ δι' ὀργῆς αἱ ἐπιχειρήσεις γίγνονται· πολλάκις τε τὸ ἔλασσον πλῆθος δεδιὸς ἄμεινον ἡμύνατο τοὺς πλέονας διὰ τὸ καταφρονοῦντας ἀπαρασκεύους γενέσθαι. (5) Χρὴ δὲ ἀεὶ ἐν τῇ πολεμίᾳ τῇ μὲν γνώμῃ θαρσαλέους στρατεύειν, τῷ δ' ἔργῳ δεδιότας παρασκευάζεσθαι· οὕτω γὰρ πρός τε τὸ ἐπιέναι τοῖς ἐναντίοις εὐψυχότατοι ἂν εἶεν, πρός τε τὸ ἐπιχειρεῖσθαι ἀσφαλέστατοι. (6) Ἡμεῖς δὲ οὐδ' ἐπὶ ἀδύνατον ἀμύνεσθαι οὕτω πόλιν ἐρχόμεθα, ἀλλὰ τοῖς πᾶσιν ἄριστα παρεσκευασμένην, ὥστε χρὴ καὶ πάνυ ἐλπίζειν διὰ μάχης ἰέναι αὐτούς, εἰ μὴ καὶ νῦν ὥρμηνται ἐν ᾧ οὔπω πάρεσμεν, ἀλλ' ὅταν ἐν τῇ γῇ ὁρῶσιν ἡμᾶς δῃοῦντάς τε καὶ τἀκείνων φθείροντας. (7) Πᾶσι γὰρ ἐν τοῖς ὄμμασι καὶ ἐν τῷ παραυτίκα ὁρᾶν πάσχοντάς τι ἄηθες ὀργὴ προσπίπτει· καὶ οἱ λογισμῷ ἐλάχιστα χρώμενοι θυμῷ πλεῖστα ἐς ἔργον καθίστανται. (8) Ἀθηναίους δὲ καὶ πλέον τι τῶν ἄλλων εἰκὸς τοῦτο δρᾶσαι, οἳ ἄρχειν τε τῶν ἄλλων ἀξιοῦσι καὶ ἐπιόντες τὴν τῶν πέλας δῃοῦν μᾶλλον ἢ τὴν ἑαυτῶν ὁρᾶν. (9) Ὡς οὖν ἐπὶ τοσαύτην πόλιν στρατεύοντες, καὶ μεγίστην δόξαν οἰσόμενοι τοῖς τε προγόνοις καὶ ἡμῖν αὐτοῖς ἐπ' ἀμφότερα ἐκ τῶν ἀποβαινόντων, ἕπεσθ' ὅπῃ ἄν τις ἡγῆται, κόσμον καὶ φυλακὴν περὶ παντὸς ποιούμενοι

vero peditatum et pecuniis. (6) Atque hi erant utrorumque socii et apparatus ad bellum.

X. Lacedæmonii vero post res Platæis gestas continuo nuntiis missis circa Peloponnesum et agrum socialem, qui extra erat, imperabant civitatibus, ut pararent exercitum, et res necessarias; quemadmodum parare deceret ad expeditionem faciendam extra fines suos, quippe ut irruptionem in Atticam facturi. (2) Ubi autem res quibusque paratæ essent ad præstitutam diem, coibant ex singulis civitatibus duæ partes ad Isthmum. (3) Ac postquam omnis exercitus in unum locum coactus erat, Archidamus Lacedæmoniorum rex, hujus expeditionis dux, convocatis omnium civitatium prætoribus, et qui summa dignitate præditi erant, quosve maxime conveniebat adesse, in hunc modum est locutus.

XI. « Viri Peloponnesii et socii, majores quoque nostri multas expeditiones tum in ipsa Peloponneso, tum extra fecerunt, et de nobis ipsis qui ætate sunt proveciore, rerum bellicarum non sunt imperiti; veruntamen nunquam cum apparatu, qui esset hoc major, sumus egressi, sed et adversus potentissimam civitatem nunc proficiscimur, et nos ipsi cum maximo et robustissimo exercitu bellum illi inferimus. (2) Æquum igitur est, ut nos neque majoribus deteriores præbeamus neque ipsorum nostrum opinione inferiores. Nam universa Græcia hoc motu mentes expectatione erectas habet et animum advertit, et nobis benivola sperat propter odium, quo Athenienses persequitur, nos ex animi sententia rem gesturos. (3) Quamvis igitur alicui videamur vel maximo cum exercitu contra hostes proficisci, et certissima spes sit, eos nobiscum manus conserere non ausuros, non tamen ideo oportet nos negligentius instructos prodire, sed et uniuscujusque civitatis tam ducem quam militem exspectare semper pro se quemque ut in aliquod periculum veniat. (4) Nam incerti sunt bellorum casus, et parvis momentis res magnæ vertuntur et per animi impetum victoriæ occasiones præbentur; et sæpe minor manus, quæ timeret, majorem fortius propulsavit, quod propter contemptum esset imparata. (5) Oportet autem in hostili agro milites animis quidem semper esse confidentes, sed ad rem gerendam se cum metu parare; sic enim et ad invadendos hostes animis erunt paratissimi, et adversus hostium conatus tutissimi. (6) Nos vero adversus civitatem proficiscimur, quæ non est adeo infirma ad bellum propulsandum, sed quæ rebus omnibus est optime instructa; quare omnino credendum est, illos pugnam nobiscum esse commissuros, licet jam sese non moverint, quum nondum adsumus, at quum in agro nos videbunt prædam agentes et res suas perdentes. (7) Omnes enim, qui in conspectu suo repentinam aliquam et insolitam rerum suarum cladem cernunt, ira invadit: et qui ratione minimum utuntur, animi impetu plerumque rem aggrediuntur. (8) Athenienses autem omnium maxime hoc facturos, verisimile est, qui censent, se dignos esse, qui aliis imperent, et armis infestis aliorum agros vastent potius, quam suum cernant. (9) Quum igitur tantæ civitati bellum inferamus, et maximam famam tam nostris majoribus, quam nobis ipsis allaturi simus in utramque partem pro rerum eventu, sequimini quocunque vos aliquis duxerit, hoc præter cetera agentes, ut ordinem conservetis

καὶ τὰ παραγγελλόμενα ὀξέως δεχόμενοι· κάλλιστον γὰρ τόδε καὶ ἀσφαλέστατον, πολλοὺς ὄντας ἑνὶ κόσμῳ χρωμένους φαίνεσθαι. »

XII. Τοσαῦτα εἰπὼν καὶ διαλύσας τὸν ξύλλογον ὁ Ἀρχίδαμος Μελήσιππον πρῶτον ἀποστέλλει ἐς τὰς Ἀθήνας τὸν Διακρίτου ἄνδρα Σπαρτιάτην, εἴ τι ἄρα μᾶλλον ἐνδοῖεν οἱ Ἀθηναῖοι ὁρῶντες ἤδη σφᾶς ἐν ὁδῷ ὄντας. (2) Οἱ δὲ οὐ προσεδέξαντο αὐτὸν ἐς τὴν πόλιν οὐδ' ἐπὶ τὸ κοινόν· ἦν γὰρ Περικλέους γνώμη πρότερον νενικηκυῖα κήρυκα καὶ πρεσβείαν μὴ προσδέχεσθαι Λακεδαιμονίων ἐξεστρατευμένων· ἀποπέμπουσιν οὖν αὐτὸν πρὶν ἀκοῦσαι καὶ ἐκέλευον ἐκτὸς ὅρων εἶναι αὐθημερόν, τό τε λοιπὸν ἀναχωρήσαντας ἐπὶ τὰ σφέτερα αὐτῶν, ἤν τι βούλωνται, πρεσβεύεσθαι. Ξυμπέμπουσί τε τῷ Μελησίππῳ ἀγωγούς, ὅπως μηδενὶ ξυγγένηται. (3) Ὁ δ' ἐπειδὴ ἐπὶ τοῖς ὁρίοις ἐγένετο καὶ ἔμελλε διαλύσεσθαι, τοσόνδε εἰπὼν ἐπορεύετο ὅτι ἥδε ἡ ἡμέρα τοῖς Ἕλλησι μεγάλων κακῶν ἄρξει. (4) Ὡς δὲ ἀφίκετο ἐς τὸ στρατόπεδον καὶ ἔγνω ὁ Ἀρχίδαμος ὅτι οἱ Ἀθηναῖοι οὐδέν πω ἐνδώσουσιν, οὕτω δὴ ἄρας τῷ στρατῷ προυχώρει ἐς τὴν γῆν αὐτῶν. (5) Βοιωτοὶ δὲ μέρος μὲν τὸ σφέτερον καὶ τοὺς ἱππέας παρείχοντο Πελοποννησίοις ξυστρατεύειν, τοῖς δὲ λειπομένοις ἐς Πλάταιαν ἐλθόντες τὴν γῆν ἐδῄουν.

XIII. Ἔτι δὲ τῶν Πελοποννησίων ξυλλεγομένων τε ἐς τὸν Ἰσθμὸν καὶ ἐν ὁδῷ ὄντων, πρὶν ἐσβαλεῖν ἐς τὴν Ἀττικήν, Περικλῆς ὁ Ξανθίππου στρατηγὸς ὢν Ἀθηναίων δέκατος αὐτός, ὡς ἔγνω τὴν ἐσβολὴν ἐσομένην, ὑποτοπήσας, ὅτι Ἀρχίδαμος αὐτῷ ξένος ὢν ἐτύγχανε, μὴ πολλάκις ἢ αὐτὸς ἰδίᾳ βουλόμενος χαρίζεσθαι τοὺς ἀγροὺς αὐτοῦ παραλίπῃ καὶ μὴ δῃώσῃ, ἢ καὶ Λακεδαιμονίων κελευσάντων ἐπὶ διαβολῇ τῇ ἑαυτοῦ γένηται τοῦτο, ὥσπερ καὶ τὰ ἄγη ἐλαύνειν προεῖπον ἕνεκα ἐκείνου, προηγόρευε τοῖς Ἀθηναίοις ἐν τῇ ἐκκλησίᾳ ὅτι Ἀρχίδαμος μέν οἱ ξένος εἴη, οὐ μέντοι ἐπὶ κακῷ γε τῆς πόλεως γένοιτο, τοὺς δ' ἀγροὺς τοὺς ἑαυτοῦ καὶ οἰκίας ἢν ἄρα μὴ δῃώσωσιν οἱ πολέμιοι ὥσπερ καὶ τὰ τῶν ἄλλων, ἀφίησιν αὐτὰ δημόσια εἶναι καὶ μηδεμίαν οἱ ὑποψίαν κατὰ ταῦτα γίγνεσθαι. (2) Παρῄνει δὲ καὶ περὶ τῶν παρόντων ἅπερ καὶ πρότερον, παρασκευάζεσθαί τε ἐς τὸν πόλεμον καὶ τὰ ἐκ τῶν ἀγρῶν ἐσκομίζεσθαι, ἔς τε μάχην μὴ ἐπεξιέναι, ἀλλὰ τὴν πόλιν ἐσελθόντας φυλάσσειν, καὶ τὸ ναυτικὸν ᾗπερ ἰσχύουσιν ἐξαρτύεσθαι, τά τε τῶν ξυμμάχων διὰ χειρὸς ἔχειν, λέγων τὴν ἰσχὺν αὐτοῖς ἀπὸ τούτων εἶναι τῶν χρημάτων τῆς προσόδου, τὰ δὲ πολλὰ τοῦ πολέμου γνώμῃ καὶ χρημάτων περιουσίᾳ κρατεῖσθαι. (3) Θαρσεῖν τε ἐκέλευε προσιόντων μὲν ἑξακοσίων ταλάντων ὡς ἐπὶ τὸ πολὺ φόρου κατ' ἐνιαυτὸν ἀπὸ τῶν ξυμμάχων τῇ πόλει ἄνευ τῆς ἄλλης προσόδου, ὑπαρχόντων δ' ἐν τῇ ἀκροπόλει ἔτι τότε ἀργυρίου ἐπισήμου ἑξακισχιλίων ταλάντων (τὰ γὰρ πλεῖστα τριακοσίων ἀποδέοντα μύρια ἐγένετο, ἀφ' ὧν ἔς τε τὰ προπύλαια τῆς ἀκροπόλεως καὶ τἆλλα οἰκοδομήματα καὶ ἐς Ποτίδαιαν ἀπανηλώθη),

tutique sitis, et imperata alacriter excipientes ; pulcherrimum enim hoc est et tutissimum, si in magna multitudine omnes tamen eamdem disciplinam servantes cernantur. »

XII. Hæc locutus, dimisso concilio Archidamus primum Melesippum Diacriti filium, virum Spartanum, Athenas misit, si forte Athenienses de sua pertinacia remitterent, quum se in itinere jam viderent. (2) Illi vero nec in urbem, nec publice eum admiserunt; Periclis enim sententia jam ante obtinuerat, ut neque caduceatorem neque legatum Lacedæmoniorum admitterent, si exercitum eduxissent. Illum igitur remiserunt, antequam audirent, et illo ipso die finibus excedere jusserunt, et in posterum, in sua prius regressi, si quid vellent, legatos mitterent; addiderunt etiam Melesippo, qui eum deducerent, ne cum quoquam colloqueretur. (3) Ille vero, quum ad fines pervenisset, et jamjam discessurus esset, hoc tantum locutus abiit : hic dies ingentium malorum Græcis erit initium. (4) Quum autem ad castra redisset, et Archidamus cognovisset, Athenienses nondum quicquam remissuros, ita demum motis castris cum exercitu in ipsorum agrum est profectus. (5) Bœoti vero suam quidem militum partem et equites Peloponnesiis dederunt, ut illos ad bellum sequerentur; cum reliquis vero ad Platæam profecti, agrum vastare cœperunt.

XIII. Dum autem Peloponnesiorum copiæ in Isthmum adhuc coguntur et in ipso itinere sunt, antequam in Atticam irrumperent, Pericles, Xanthippi filius, Atheniensium dux decimus ipse, ut cognovit, irruptionem factum iri, suspicatus fore, ut Archidamus, qui ipsius erat hospes, aut ipse privatim sibi gratificans suos agros præteriret et non vastaret, aut etiam Lacedæmoniorum jussu, ad invidiam sibi conflandam, hoc fieret, quemadmodum etiam piacula tolli ante jusserant ipsius causa, prædixit Atheniensibus in concione, sibi hospitem esse Archidamum, non fore tamen id malo reipublicæ; se vero agros villasque suas, si non, ut ceterorum, ab hostibus vastarentur, velle reipublicæ esse; neve eo nomine se in ullam suspicionem vocarent. (2) Quod autem ad res præsentes attinebat, eadem, quæ et ante suadebat, ut se ad bellum pararent, et omnem supellectilem ex agris in urbem comportarent, neque ad prœlium egrederentur, sed urbem ingressi tuerentur; et classem, qua pollebant, instruerent, et sociorum res manu tenerent, docens potentiam ipsorum sitam esse in vectigalibus, quæ a sociis pendebantur, et plerasque belli partes consilio et pecuniarum copia obtineri. (3) Eosque confidere jubebat, tum quod propemodum sexcenta talenta quotannis a sociis pro tributo reipublicæ penderentur, præter alios proventus; tum etiam, quod vel tunc sex millia talentorum argenti signati in arce adhuc essent (nam maxima summa fuerant decem millia talentorum, trecentis minus, unde pars in arcis propylæa et alia ædificia et in Potidæam erat insumpta), (4) præterea vero auri et argenti non signati,

(4) χωρὶς δὲ χρυσίου ἀσήμου καὶ ἀργυρίου ἔν τε ἀναθήμασιν ἰδίοις καὶ δημοσίοις καὶ ὅσα ἱερὰ σκεύη περί τε τὰς πομπὰς καὶ τοὺς ἀγῶνας καὶ σκῦλα Μηδικὰ καὶ εἴ τι τοιουτότροπον, οὐκ ἐλάσσονος [ἦν] ἢ πεντακοσίων ταλάντων. (5) Ἔτι δὲ καὶ τὰ ἐκ τῶν ἄλλων ἱερῶν προσετίθει χρήματα οὐκ ὀλίγα, οἷς χρήσεσθαι αὐτούς, καὶ ἢν πάνυ ἐξείργωνται πάντων, καὶ αὐτῆς τῆς θεοῦ τοῖς περικειμένοις χρυσίοις· ἀπέφαινε δ᾽ ἔχον τὸ ἄγαλμα τεσσαράκοντα τάλαντα σταθμὸν χρυσίου ἀπέφθου, καὶ περιαιρετὸν εἶναι ἅπαν. Χρησαμένους τε ἐπὶ σωτηρίᾳ ἔφη χρῆναι μὴ ἐλάσσω ἀντικαταστῆσαι πάλιν. (6) Χρήμασι μὲν οὖν οὕτως ἐθάρσυνεν αὐτούς, ὁπλίτας δὲ τρισχιλίους καὶ μυρίους εἶναι ἄνευ τῶν ἐν τοῖς φρουρίοις καὶ τῶν παρ᾽ ἔπαλξιν ἑξακισχιλίων καὶ μυρίων. (7) Τοσοῦτοι γὰρ ἐφύλασσον τὸ πρῶτον ὁπότε οἱ πολέμιοι ἐσβάλοιεν, ἀπό τε τῶν πρεσβυτάτων καὶ τῶν νεωτάτων, καὶ μετοίκων ὅσοι ὁπλῖται ἦσαν. Τοῦ τε γὰρ Φαληρικοῦ τείχους στάδιοι ἦσαν πέντε καὶ τριάκοντα πρὸς τὸν κύκλον τοῦ ἄστεος, καὶ αὐτοῦ τοῦ κύκλου τὸ φυλασσόμενον τρεῖς καὶ τεσσαράκοντα· ἔστι δὲ αὐτοῦ ὃ καὶ ἀφύλακτον ἦν, τὸ μεταξύ τοῦ τε μακροῦ καὶ τοῦ Φαληρικοῦ. Τὰ δὲ μακρὰ τείχη πρὸς τὸν Πειραιᾶ τεσσαράκοντα σταδίων, ὧν τὸ ἔξωθεν ἐτηρεῖτο· καὶ τοῦ Πειραιῶς ξὺν Μουνυχίᾳ ἑξήκοντα μὲν σταδίων ὁ ἅπας περίβολος, τὸ δ᾽ ἐν φυλακῇ ἦν ἥμισυ τούτου. (8) Ἱππέας δ᾽ ἀπέφαινε διακοσίους καὶ χιλίους ξὺν ἱπποτοξόταις, ἑξακοσίους δὲ καὶ χιλίους τοξότας, καὶ τριήρεις τὰς πλοίμους τριακοσίας. (9) Ταῦτα γὰρ ὑπῆρχεν Ἀθηναίοις καὶ οὐκ ἐλάσσω ἕκαστα τούτων, ὅτε ἡ ἐσβολὴ τὸ πρῶτον ἔμελλε Πελοποννησίων ἔσεσθαι καὶ ἐς τὸν πόλεμον καθίσταντο. Ἔλεγε δὲ καὶ ἄλλα οἷάπερ εἰώθει Περικλῆς ἐς ἀπόδειξιν τοῦ περιέσεσθαι τῷ πολέμῳ.

XIV. Οἱ δὲ Ἀθηναῖοι ἀκούσαντες ἀνεπείθοντό τε καὶ ἐσεκομίζοντο ἐκ τῶν ἀγρῶν παῖδας καὶ γυναῖκας καὶ τὴν ἄλλην κατασκευὴν ᾗ κατ᾽ οἶκον ἐχρῶντο, καὶ αὐτῶν τῶν οἰκιῶν καθαιροῦντες τὴν ξύλωσιν· πρόβατα δὲ καὶ ὑποζύγια ἐς τὴν Εὔβοιαν διεπέμψαντο καὶ ἐς τὰς νήσους τὰς ἐπικειμένας. (2) Χαλεπῶς δὲ αὐτοῖς διὰ τὸ ἀεὶ εἰωθέναι τοὺς πολλοὺς ἐν τοῖς ἀγροῖς διαιτᾶσθαι ἡ ἀνάστασις ἐγίγνετο.

XV. Ξυνεβεβήκει δὲ ἀπὸ τοῦ πάνυ ἀρχαίου ἑτέρων μᾶλλον Ἀθηναίοις τοῦτο. Ἐπὶ γὰρ Κέκροπος καὶ τῶν πρώτων βασιλέων ἡ Ἀττικὴ ἐς Θησέα ἀεὶ κατὰ πόλεις ᾠκεῖτο πρυτανεῖά τε ἔχουσα καὶ ἄρχοντας, καὶ ὁπότε μή τι δείσειαν, οὐ ξυνῇεσαν βουλευσόμενοι ὡς τὸν βασιλέα, ἀλλ᾽ αὐτοὶ ἕκαστοι ἐπολιτεύοντο καὶ ἐβουλεύοντο· καί τινες καὶ ἐπολέμησάν ποτε αὐτῶν, ὥσπερ καὶ Ἐλευσίνιοι μετ᾽ Εὐμόλπου πρὸς Ἐρεχθέα. (2) Ἐπειδὴ δὲ Θησεὺς ἐβασίλευσε, γενόμενος μετὰ τοῦ ξυνετοῦ καὶ δυνατὸς τά τε ἄλλα διεκόσμησε τὴν χώραν, καὶ καταλύσας τῶν ἄλλων πόλεων τά τε βουλευτήρια καὶ τὰς ἀρχὰς ἐς τὴν νῦν πόλιν οὖσαν, ἓν βουλευτήριον ἀποδείξας καὶ πρυτανεῖον, ξυνῴ-

quum in privatis, tum in publicis donariis, et sacra vasa, quotquot vel pompis vel certaminibus serviebant, et Medica spolia, et si quid aliud hujusmodi erat, non miroris [erant], quam quingentorum talentorum. (5) Præterea addebat etiam ex aliis templis non exiguas pecunias, quibus eos usuros esse, et, si harum omnium usu omnino prohiberentur, aureis etiam ornamentis, quibus ipsius deæ simulacrum circumdatum erat; confirmabat autem illud simulacrum habere auri purissimi pondus quadraginta talentorum, totumque eximi posse. Et, si salutis causa usi fuissent, dicebat oportere non minus auri pondus restituere. (6) Pecuniis igitur hoc modo eos confidere jubebat; præterea militum gravis armaturæ esse tredecim millia præter illos, qui in præsidiis et in propugnaculis erant sexdecim millia. (7) Tot enim initio excubabant, ubi hostes irruptionem facerent, ex senioribus et junioribus, et inquilinorum quotquot erant gravis armaturæ. Nam et Phalerici muri longitudo erat triginta et quinque stadiorum usque ad urbis ambitum, et ipsius ambitus ea pars, quæ custodiebatur, erat trium et quadraginta stadiorum ; erat autem etiam aliqua ejus pars, quæ nullis custodiis servabatur, inter longum murum et Phalericum media. Longi vero muri ad Piræeum usque quadraginta stadiorum longitudinem habebant, quorum exterior pars custodiebatur; et ipsius Piræei una cum Munychia universus ambitus erat sexaginta stadiorum; pars autem, quæ custodiebatur, hujus erat dimidium. (8) Equites vero demonstrabat esse mille et ducentos cum equestribus sagittariis, præterea mille et sexcentos sagittarios, et trecentas expeditas triremes. (9) Hæc enim et non pauciora horum singula Atheniensibus suppetebant, quum Peloponnesii primum irruptionem erant facturi, et bellum suscipiebant. Alia quoque recensebat, quemadmodum consueverat Pericles, ut cives bello superiores fore demonstraret.

XIV. Athenienses vero, his auditis, ejus sententiæ accedebant et comportabant in urbem ex agris liberos et conjuges et reliquam supellectilem, qua domi utebantur, vel etiam ipsa ædificiorum destructorum tigna absportantes; pecora quoque et jumenta in Eubœam et circumjacentes insulas transmittebant. (2) Hæc autem migratio ipsis permolesta accidebat, propterea quod plerique in agris semper degere consueverant.

XV. Hæc autem consuetudo vel a pervetustis usque temporibus præter ceteros apud Athenienses invaluerat. Nam sub Cecrope primisque ad Theseum usque regibus Attica semper oppidatim incolebatur, curias et magistratus habens; et, quoties nihil timebant, ad regem non conveniebant, de republica consultaturi, sed pro se quique suam rempublicam administrabant, et consultabant; quinetiam bellum gesserunt eorum nonnulli, ut Eleusinii cum Eumolpo adversus Erechtheum. (2) Theseus vero, postquam regnare cœpit, quum esset vir non solum prudens, sed etiam potens, tum aliis in rebus hanc terram excoluit, tum etiam ceterorum oppidorum curias et magistratus sustulit, et una curia unoque consilio constituto in eam civitatem, quæ

κισε πάντας, καὶ νεμομένους τὰ αὑτῶν ἑκάστους ἅπερ καὶ πρὸ τοῦ ἠνάγκασε μιᾷ πόλει ταύτῃ χρῆσθαι, ἣ ἁπάντων ἤδη ξυντελούντων ἐς αὐτὴν μεγάλη γενομένη παρεδόθη ὑπὸ Θησέως τοῖς ἔπειτα· καὶ ξυνοίκια ἐξ ἐκείνου Ἀθηναῖοι ἔτι καὶ νῦν τῇ θεῷ ἑορτὴν δημοτελῆ ποιοῦσιν. (3) Τὸ δὲ πρὸ τούτου ἡ ἀκρόπολις ἡ νῦν οὖσα πόλις ἦν, καὶ τὸ ὑπ᾽ αὐτὴν πρὸς νότον μάλιστα τετραμμένον. (4) Τεκμήριον δέ· τὰ γὰρ ἱερὰ ἐν αὐτῇ τῇ ἀκροπόλει καὶ ἄλλων θεῶν ἐστὶ καὶ τὰ ἔξω πρὸς τοῦτο τὸ μέρος τῆς πόλεως μᾶλλον ἵδρυται, τό τε τοῦ Διὸς τοῦ Ὀλυμπίου καὶ τὸ Πύθιον καὶ τὸ τῆς Γῆς καὶ τὸ ἐν Λίμναις Διονύσου, ᾧ τὰ ἀρχαιότερα Διονύσια τῇ δωδεκάτῃ ποιεῖται ἐν μηνὶ Ἀνθεστηριῶνι, ὥσπερ καὶ οἱ ἀπ᾽ Ἀθηναίων Ἴωνες ἔτι καὶ νῦν νομίζουσιν. Ἵδρυνται δὲ καὶ ἄλλα ἱερὰ ταύτῃ ἀρχαῖα. (5) Καὶ τῇ κρήνῃ τῇ νῦν μὲν τῶν τυράννων οὕτω σκευασάντων Ἐννεακρούνῳ καλουμένῃ, τὸ δὲ πάλαι φανερῶν τῶν πηγῶν οὐσῶν Καλλιρρόῃ ὠνομασμένῃ, ἐκεῖνοί τε ἐγγὺς οὔσῃ τὰ πλείστου ἄξια ἐχρῶντο, καὶ νῦν ἔτι ἀπὸ τοῦ ἀρχαίου πρό τε γαμικῶν καὶ ἐς ἄλλα τῶν ἱερῶν νομίζεται τῷ ὕδατι χρῆσθαι. (6) Καλεῖται δὲ διὰ τὴν παλαιὰν ταύτῃ κατοίκησιν καὶ ἡ ἀκρόπολις μέχρι τοῦδε ἔτι ὑπ᾽ Ἀθηναίων πόλις.

XVI. Τῇ τε οὖν ἐπὶ πολὺ κατὰ τὴν χώραν αὐτονόμῳ οἰκήσει μετεῖχον οἱ Ἀθηναῖοι, καὶ ἐπειδὴ ξυνῳκίσθησαν, διὰ τὸ ἔθος ἐν τοῖς ἀγροῖς ὅμως οἱ πλείους τῶν ἀρχαίων καὶ τῶν ὕστερον μέχρι τοῦδε τοῦ πολέμου πανοικησίᾳ γενομενοί τε καὶ οἰκήσαντες οὐ ῥᾳδίως τὰς μεταναστάσεις ἐποιοῦντο, ἄλλως τε καὶ ἄρτι ἀνειληφότες τὰς κατασκευὰς μετὰ τὰ Μηδικά· (2) ἐβαρύνοντο δὲ καὶ χαλεπῶς ἔφερον οἰκίας τε καταλιπόντες καὶ ἱερὰ ἃ διὰ παντὸς ἦν αὐτοῖς ἐκ τῆς κατὰ τὸ ἀρχαῖον πολιτείας πάτρια, δίαιτάν τε μέλλοντες μεταβάλλειν καὶ οὐδὲν ἄλλο ἢ πόλιν τὴν αὑτοῦ ἀπολείπων ἕκαστος.

XVII. Ἐπειδή τε ἀφίκοντο ἐς τὸ ἄστυ, ὀλίγοις μέν τισιν ὑπῆρχον οἰκήσεις καὶ παρὰ φίλων τινὰς ἢ οἰκείων καταφυγή, οἱ δὲ πολλοὶ τά τε ἐρῆμα τῆς πόλεως ᾤκησαν καὶ τὰ ἱερὰ καὶ τὰ ἡρῷα πάντα πλὴν τῆς ἀκροπόλεως καὶ τοῦ Ἐλευσινίου καὶ εἴ τι ἄλλο βεβαίως κλῃστὸν ἦν· τό τε Πελασγικὸν καλούμενον τὸ ὑπὸ τὴν ἀκρόπολιν, ὃ καὶ ἐπάρατόν τε ἦν μὴ οἰκεῖν καί τι καὶ Πυθικοῦ μαντείου ἀκροτελεύτιον τοιόνδε διεκώλυε, λέγον ὡς τὸ Πελασγικὸν ἀργὸν ἄμεινον, ὅμως ὑπὸ τῆς παραχρῆμα ἀνάγκης ἐξῳκήθη. (2) Καί μοι δοκεῖ τὸ μαντεῖον τοὐναντίον ξυμβῆναι ἢ προσεδέχοντο· οὐ γὰρ διὰ τὴν παράνομον ἐνοίκησιν αἱ ξυμφοραὶ γενέσθαι τῇ πόλει, ἀλλὰ διὰ τὸν πόλεμον ἡ ἀνάγκη τῆς οἰκήσεως, ὃν οὐκ ὀνομάζον τὸ μαντεῖον προῄδει μὴ ἐπ᾽ ἀγαθῷ ποτὲ αὐτὸ κατοικισθησόμενον. (3) Κατεσκευάσαντο δὲ καὶ ἐν τοῖς πύργοις τῶν τειχῶν πολλοὶ καὶ ὡς ἕκαστός που ἐδύνατο· οὐ γὰρ ἐχώρησε ξυνελθόντας αὐτοὺς ἡ πόλις, ἀλλ᾽ ὕστερον δὴ τά τε μακρὰ τείχη ᾤκησαν κατανειμάμενοι καὶ τοῦ Πειραιῶς τὰ πολλά. (4) Ἅμα δὲ καὶ τῶν πρὸς τὸν πόλεμον ἥπτοντο, ξυμμάχους τε ἀγείροντες

nunc est, omnes coegit, et singulos, res suas, ut ante, possidentes, uti compulit hac una civitate, quam, quum omnes in eam jam contributi essent, Theseus magnis opibus auctam posteris tradidit. Et ab illo tempore Athenienses nunc etiam diem festum nomine Synœcia in deæ honorem publice agunt. (3) Antea enim illa, quæ nunc est arx, erat urbs, et ea pars, quæ sub ipsa ad austrum maxime spectat. (4) Hujus autem rei manifestum argumentum hoc est; in ipsa enim arce sunt aliorum quoque deorum delubra, et quæ sunt extra, ad hanc urbis partem magis sita sunt, Jovis Olympii, et Apollinis Pythii et Telluris, et Bacchi in Limnis, in cujus honorem vetustiora Bacchanalia celebrantur duodecimo die mensis Anthesterionis, quemadmodum nunc quoque apud Iones, ab Atheniensibus oriundos mos est. Sunt autem etiam alia vetusta templa hic ædificata. (5) Fonte etiam, qui nunc quidem, postquam a tyrannis sic structus est, Novemfistulæ appellatur, olim vero, quum ipsius venæ et scaturigines exstarent, Calirrhoe nominatus est, hoc et illi, quod arci vicinus esset, ad maxima quæque utebantur, et nunc etiam ab antiquo moribus est receptum, ut ante nuptias, et in aliis rebus sacris hac aqua utantur. (6) Et nunc etiam propter antiquam hanc habitationem ipsa quoque urbis arx ab Atheniensibus urbs appellatur.

XVI. Athenienses igitur et ante diu in agris suo jure ac liberi vivebant, et postquam in unam urbem contributi sunt, ob illum in agris agendi morem plerique tam priorum quam posteriorum ad hoc usque bellum cum tota familia in agris fuerant, et habitarant, eamque ob causam non facile migrabant, præsertim quum nuper demum post bellum Medicum suam supellectilem recepissent; (2) sed graviter et iniquo animo ferebant, quod et penates deseruissent et sacra, quæ plane ipsis a pristino statu suæ civitatis patria erant, et quod vitæ genus essent mutaturi, et nihil aliud quam relinquerent suam quisque patriam.

XVII. Postquam autem in urbem advenerunt, exiguo quidem eorum numero domus fuerunt, et locus apud aliquos amicos vel necessarios, quo se reciperent, plerique vero deserta urbis loca habitarunt et templa et omnia heroum sacella, præter arcem et Eleusinium, et si quid aliud bene clausum erat, et locus, qui Pelasgicum appellatur quod sub arcem est, et in quo ne habitaretur, diræ exsecrationes prohibebant et quoddam etiam oraculi Pythici carmen in extrema sui parte his verbis vetabat, « egisse Pelasgicon otia præstat, » tamen ob præsentem necessitatem habitatum est. (2) Et oraculum illud mihi videtur cecidisse contra, quam exspectabant; non enim propter impiam habitationem calamitates reipublicæ videntur accidisse, sed propter bellum ipsa inhabitandi necessitas, quod quum oraculum non nominatim indicasset, prævidebat tamen, locum illum haud fauste aliquando habitatum iri. (3) Multi etiam in ipsis murorum turribus domicilia sibi pararunt, et prout quisque ubique poterat; nec enim urbs omnes, qui eo convenerant, capere potuit; sed postea et longos muros incoluerunt, eos inter se partiti, et maximam Piræei partem. (4) Simul etiam res ad bellum necessarias parare cœperunt, et sociorum auxilia cogentes, et instruentes centum

καὶ τῇ Πελοποννήσῳ ἑκατὸν νεῶν ἐπίπλουν ἐξαρτύοντες. (5) Καὶ οἱ μὲν ἐν τούτῳ παρασκευῆς ἦσαν.

XVIII. Ὁ δὲ στρατὸς τῶν Πελοποννησίων προϊὼν ἀφίκετο τῆς Ἀττικῆς ἐς Οἰνόην πρῶτον, ᾗπερ ἔμελλον ἐσβαλεῖν. Καὶ ὡς ἐκαθέζοντο, προσβολὰς παρεσκευάζοντο τῷ τείχει ποιησόμενοι μηχαναῖς τε καὶ ἄλλῳ τρόπῳ· (2) ἡ γὰρ Οἰνόη οὖσα ἐν μεθορίοις τῆς Ἀττικῆς καὶ Βοιωτίας ἐτετείχιστο, καὶ αὐτῷ φρουρίῳ οἱ Ἀθηναῖοι ἐχρῶντο ὁπότε πόλεμος καταλάβοι. Τάς τε οὖν προσβολὰς ηὐτρεπίζοντο καὶ ἄλλως ἐνδιέτριψαν χρόνον περὶ αὐτήν. (3) Αἰτίαν τε οὐκ ἐλαχίστην Ἀρχίδαμος ἔλαβεν ἀπ᾽ αὐτοῦ, δοκῶν καὶ ἐν τῇ ξυναγωγῇ τοῦ πολέμου μαλακὸς εἶναι καὶ τοῖς Ἀθηναίοις ἐπιτήδειος, οὐ παραινῶν προθύμως πολεμεῖν· ἐπειδή τε ξυνελέγετο ὁ στρατός, ἥ τε ἐν τῷ Ἰσθμῷ ἐπιμονὴ γενομένη καὶ κατὰ τὴν ἄλλην πορείαν ἡ σχολαιότης διέβαλεν αὐτόν, μάλιστα δὲ ἡ ἐν τῇ Οἰνόῃ ἐπίσχεσις. (4) Οἱ γὰρ Ἀθηναῖοι ἐσεκομίζοντο ἐν τῷ χρόνῳ τούτῳ, καὶ ἐδόκουν οἱ Πελοποννήσιοι ἐπελθόντες ἂν διὰ τάχους πάντα ἔτι ἔξω καταλαβεῖν, εἰ μὴ διὰ τὴν ἐκείνου μέλλησιν. (5) Ἐν τοιαύτῃ μὲν ὀργῇ ὁ στρατὸς τὸν Ἀρχίδαμον ἐν τῇ καθέδρᾳ εἶχεν. Ὁ δὲ προσδεχόμενος, ὡς λέγεται, τοὺς Ἀθηναίους τῆς γῆς ἔτι ἀκεραίου οὔσης ἐνδώσειν τι καὶ κατοκνήσειν περιιδεῖν αὐτὴν τμηθεῖσαν, ἀνεῖχεν.

XIX. Ἐπειδὴ μέντοι προσβαλόντες τῇ Οἰνόῃ καὶ πᾶσαν ἰδέαν πειράσαντες οὐκ ἐδύναντο ἑλεῖν, οἵ τε Ἀθηναῖοι οὐδὲν ἐπεκηρυκεύοντο, οὕτω δὴ ὁρμήσαντες ἀπ᾽ αὐτῆς μετὰ τὰ ἐν Πλαταίᾳ τῶν ἐσελθόντων Θηβαίων γενόμενα ἡμέρᾳ ὀγδοηκοστῇ μάλιστα, τοῦ θέρους καὶ τοῦ σίτου ἀκμάζοντος, ἐσέβαλον ἐς τὴν Ἀττικήν· ἡγεῖτο δὲ Ἀρχίδαμος ὁ Ζευξιδάμου, Λακεδαιμονίων βασιλεύς. (2) Καὶ καθεζόμενοι ἔτεμνον πρῶτον μὲν Ἐλευσῖνα καὶ τὸ Θριάσιον πεδίον, καὶ τροπήν τινα τῶν Ἀθηναίων ἱππέων περὶ τοὺς Ῥείτους καλουμένους ἐποιήσαντο. Ἔπειτα προυχώρουν ἐν δεξιᾷ ἔχοντες τὸ Αἰγάλεων ὄρος διὰ Κρωπειᾶς, ἕως ἀφίκοντο ἐς Ἀχαρνάς, χωρίον μέγιστον τῆς Ἀττικῆς τῶν δήμων καλουμένων. Καὶ καθεζόμενοι ἐς αὐτὸ στρατόπεδόν τε ἐποιήσαντο χρόνον τε πολὺν ἐμμείναντες ἔτεμνον.

XX. Γνώμῃ δὲ τοιᾷδε λέγεται τὸν Ἀρχίδαμον περί τε τὰς Ἀχαρνὰς ὡς ἐς μάχην ταξάμενον μεῖναι καὶ ἐς τὸ πεδίον ἐκείνῃ τῇ ἐσβολῇ οὐ καταβῆναι. (2) Τοὺς γὰρ Ἀθηναίους ἤλπιζεν, ἀκμάζοντάς τε νεότητι πολλῇ καὶ παρεσκευασμένους ἐς πόλεμον ὡς οὔπω πρότερον, ἴσως ἂν ἐπεξελθεῖν καὶ τὴν γῆν οὐκ ἂν περιιδεῖν τμηθῆναι. (3) Ἐπειδὴ οὖν αὐτῷ ἐς Ἐλευσῖνα καὶ τὸ Θριάσιον πεδίον οὐκ ἀπήντησαν, πεῖραν ἐποιεῖτο περὶ τὰς Ἀχαρνὰς καθήμενος εἰ ἐπεξίασιν· (4) ἅμα μὲν γὰρ αὐτῷ ὁ χῶρος ἐπιτήδειος ἐφαίνετο ἐνστρατοπεδεῦσαι, ἅμα δὲ καὶ οἱ Ἀχαρνῆς μέγα μέρος ὄντες τῆς πόλεως (τρισχίλιοι γὰρ ὁπλῖται ἐγένοντο) οὐ περιόψεσθαι ἐδόκουν τὰ σφέτερα διαφθαρέντα, ἀλλ᾽ ὁρμήσειν καὶ τοὺς πάντας ἐς μάχην. Εἴ τε καὶ μὴ ἐπεξέλθοιεν ἐκείνῃ τῇ

navium classem, quæ Peloponnesum invaderet. (5) Atque hi quidem in hoc apparatu erant occupati.

XVIII. Exercitus vero Peloponnesiorum procedens tetigit Atticam primum ad Œnoen, qua erant irrupturi. Et ut considebant, ad oppugnandos sese parabant muros machinis, et alio modo. (2) Nam Œnoe, quæ est in Atticæ et Bœotiæ finibus, muris erat cincta, et Athenienses hoc propugnaculo utebantur, quoties bellum incidisset. Hujus igitur et oppugnationem parabant et alioqui circum ipsam tempus triverunt. (3) Et invidiam haud minimam Archidamus sibi conflavit ex hac re, quod videbatur et in movendo bello mollis esse et Atheniensium studiosus, qui ad bellum alacriter gerendum non adhortaretur; ac postquam copiæ in unum coactæ sunt, commoratio, qua ad Isthmum erat usus et in reliquo itinere faciendo tarditas in suspicionem adduxit eum, maxime vero ad Œnoen cunctatio. (4) Athenienses enim hoc tempóris spatio res suas in urbem importabant, et Peloponnesii, si celeriter eo ivissent, res omnes adhuc extra urbem deprehendere potuisse videbantur, si non per illius cunctationem stetisset. (5) Tali modo igitur exercitus Archidamo in illa mora succensebat. Ille vero, quum speraret, ut fertur, Athenienses, agro adhuc intacto, aliquid de pertinacia remissuros, ejusque vastationem tergiversanter passuros, inhibebat bellum.

XIX. Postquam tamen Œnoen adorti, omni oppugnationis genere tentato, expugnare non poterant, et Athenienses nullum caduceatorem mittebant, ita demum castris inde motis circiter octogesimum ferme diem ab iis quæ Plateæ Thebanis ingressis accidérant, vigente jam æstate, florentibusque frumentis, in Atticam irruperunt; dux vero erat Archidamus Zeuxidami filius, Lacedæmoniorum rex. (2) Castrisque positis vastabant primum quidem agrum Eleusinium et Thriasium campum, et nonnullos Atheniensium equites ad rivulum, qui Rheti vocantur, in fugam verterunt. Deinde vero procedebant ad dextram habentes Ægaleon montem per Cropiam, donec ad Acharnas pervenerunt, maximum locum Atticæ ex iis, qui pagi vocantur. Considentesque ad hoc oppidum castra fecerunt et diu illic commorati agrum vastabant.

XX. Consilio autem tali dicitur Archidamum circum Acharnas cum exercitu ad pugnam committendam instructo mansisse, nec illius irruptionis tempore in planitiem descendisse : (2) sperabat enim Athenienses, qui multa juventute florebant, et ad bellum, ut nunquam ante, instructi erant, fortasse obviam sibi prodituros, nec agrum vastari passuros. (3) Postquam igitur ad Thriasium campum ipsi non occurrerant, castris ad Acharnas positis tentabat, si contra se prodire auderent. (4) Simul enim hic locus stativis habendis opportunus ipsi videbatur, simul etiam Acharnenses, qui magna civitatis pars erant (fuerunt enim tria militum gravis armaturæ millia) non videbantur rerum suarum vastationem neglecturi, sed et ceteros ad prœlium committendum impulsuri. Atque etiam si Athenienses inter

ἐσβολῇ οἱ Ἀθηναῖοι, ἀδεέστερον ἤδη ἐς τὸ ὕστερον τὸ πεδίον τεμεῖν καὶ πρὸς αὐτὴν τὴν πόλιν χωρήσεσθαι· τοὺς γὰρ Ἀχαρνέας ἐστερημένους τῶν σφετέρων οὐχ ὁμοίως προθύμους ἔσεσθαι ὑπὲρ τῆς τῶν ἄλλων κινδυνεύειν, στάσιν δ᾽ ἐνέσεσθαι τῇ γνώμῃ. (5) Τοιαύτῃ μὲν διανοίᾳ ὁ Ἀρχίδαμος περὶ τὰς Ἀχαρνὰς ἦν.

XXI. Ἀθηναῖοι δέ, μέχρι μὲν οὗ περὶ Ἐλευσῖνα καὶ τὸ Θριάσιον πεδίον ὁ στρατὸς ἦν, καί τινα ἐλπίδα εἶχον ἐς τὸ ἐγγυτέρω αὐτοὺς μὴ προϊέναι, μεμνημένοι καὶ Πλειστοάνακτα τὸν Παυσανίου Λακεδαιμονίων βασιλέα, ὅτε ἐσβαλὼν τῆς Ἀττικῆς ἐς Ἐλευσῖνα καὶ Θριῶζε στρατῷ Πελοποννησίων πρὸ τοῦδε τοῦ πολέμου τέσσαρσι καὶ δέκα ἔτεσιν ἀνεχώρησε πάλιν ἐς τὸ πλεῖον οὐκέτι προελθών (διὸ δὴ καὶ ἡ φυγὴ αὐτῷ ἐγένετο ἐκ Σπάρτης δόξαντι χρήμασι πεισθῆναι τὴν ἀναχώρησιν)· (2) ἐπειδὴ δὲ περὶ Ἀχαρνὰς εἶδον τὸν στρατὸν ἑξήκοντα σταδίους τῆς πόλεως ἀπέχοντα, οὐκέτι ἀνασχετὸν ἐποιοῦντο, ἀλλ᾽ αὐτοῖς, ὡς εἰκός, γῆς τεμνομένης ἐν τῷ ἐμφανεῖ, ὃ οὔπω ἑωράκεσαν οἵ γε νεώτεροι, οὐδ᾽ οἱ πρεσβύτεροι πλὴν τὰ Μηδικά, δεινὸν ἐφαίνετο, καὶ ἐδόκει τοῖς τε ἄλλοις καὶ μάλιστα τῇ νεότητι ἐπεξιέναι καὶ μὴ περιορᾶν. Κατὰ ξυστάσεις τε γιγνόμενοι ἐν πολλῇ ἔριδι ἦσαν, οἱ μὲν κελεύοντες ἐξιέναι, οἱ δέ τινες οὐκ ἐῶντες. (3) Χρησμολόγοι τε ᾖδον χρησμοὺς παντοίους, ὧν ἀκροᾶσθαι ὡς ἕκαστος ὥργητο. Οἵ τε Ἀχαρνῆς οἰόμενοι παρὰ σφίσιν αὐτοῖς οὐκ ἐλαχίστην μοῖραν εἶναι Ἀθηναίων, ὡς αὐτῶν ἡ γῆ ἐτέμνετο, ἐνῆγον τὴν ἔξοδον μάλιστα. Παντί τε τρόπῳ ἀνηρέθιστο ἡ πόλις, καὶ τὸν Περικλέα ἐν ὀργῇ εἶχον, καὶ ὧν παρῄνεσε πρότερον ἐμέμνηντο οὐδέν, ἀλλ᾽ ἐκάκιζον ὅτι στρατηγὸς ὢν οὐκ ἐπεξάγοι, αἴτιόν τε σφίσιν ἐνόμιζον πάντων ὧν ἔπασχον.

XXII. Περικλῆς δὲ ὁρῶν μὲν αὐτοὺς πρὸς τὸ παρὸν χαλεπαίνοντας καὶ οὐ τὰ ἄριστα φρονοῦντας, πιστεύων δὲ ὀρθῶς γιγνώσκειν περὶ τοῦ μὴ ἐπεξιέναι, ἐκκλησίαν τε οὐκ ἐποίει αὐτῶν οὐδὲ ξύλλογον οὐδένα τοῦ μὴ ὀργῇ τι μᾶλλον ἢ γνώμῃ ξυνελθόντας ἐξαμαρτεῖν, τήν τε πόλιν ἐφύλασσε καὶ δι᾽ ἡσυχίας μάλιστα ὅσον ἐδύνατο εἶχεν. (2) Ἱππέας μέντοι ἐξέπεμπεν ἀεὶ τοῦ μὴ προδρόμους ἀπὸ τῆς στρατιᾶς ἐσπίπτοντας ἐς τοὺς ἀγροὺς τοὺς ἐγγὺς τῆς πόλεως κακουργεῖν· καὶ ἱππομαχία τις ἐνεγένετο βραχεῖα ἐν Φρυγίοις τῶν τε Ἀθηναίων τέλει ἑνὶ τῶν ἱππέων καὶ Θεσσαλοῖς μετ᾽ αὐτῶν πρὸς τοὺς Βοιωτῶν ἱππέας, ἐν ᾗ οὐκ ἔλασσον ἔσχον οἱ Ἀθηναῖοι καὶ Θεσσαλοί, μέχρι οὗ προσβοηθησάντων τοῖς Βοιωτοῖς τῶν ὁπλιτῶν τροπὴ ἐγένετο αὐτῶν καὶ ἀπέθανον τῶν Θεσσαλῶν καὶ Ἀθηναίων οὐ πολλοί· ἀνείλοντο μέντοι αὐτοὺς αὐθημερὸν ἀσπόνδους. Καὶ οἱ Πελοποννήσιοι τροπαῖον τῇ ὑστεραίᾳ ἔστησαν. (3) Ἡ δὲ βοήθεια αὕτη τῶν Θεσσαλῶν κατὰ τὸ παλαιὸν ξυμμαχικὸν ἐγένετο τοῖς Ἀθηναίοις, καὶ ἀφίκοντο παρ᾽ αὐτοὺς Λαρισαῖοι, Φαρσάλιοι, Παράσιοι, Κρανώνιοι, Πειράσιοι, Γυρτώνιοι, Φεραῖοι. Ἡγοῦντο δὲ αὐτῶν ἐκ μὲν Λαρίσης Πολυμήδης καὶ Ἀριστόνους, ἀπὸ τῆς στάσεως

illam irruptionem non prodirent, jam minore cum metu in posterum se et planitiem vastaturum, et ad ipsam urbem accessurum; Acharnenses enim suis rebus privatos, non ita promptos fore ad pericula pro aliis subeunda, ideoque discordias in civium animis futuras. (5) Tali igitur consilio Archidamus ad Acharnas manebat.

XXI. Athenienses vero, quamdiu quidem exercitus circum Eleusinem et Thriasium campum subsedit, tamdiu etiam reliquam spem habebant eos non propius progressuros; memoria tenentes Plistoanactem quoque Pausaniae filium, Lacedæmoniorum regem, quum in Atticam irrupisset ad Eleusinem et Thriasium campum cum Peloponnesiorum exercitu, quatuordecim ante hoc bellum annis, non ulterius progressum, rediisse (quamobrem etiam Sparta relegatus est, quod pecuniis inductus revertisse visus erat); (2) postquam vero exercitum circum Acharnas viderunt, sexaginta stadiis ab urbe distantem, rem non amplius ferendam censebant, sed cum in ipsorum conspectu, ut consentaneum est, ager vastaretur, quod nondum viderant juniores quidem, imo nec seniores nisi in bello Medico, res ipsis gravis videbatur, et placebat quum aliis, tum vero præcipue juventuti hosti obviam prodire nec rem negligere. Et quum in conciliabulis essent, inter se graviter altercabantur, alii quidem copias in hostem educendas censentes, alii vero hoc fieri non sinentes. (3) Vates quoque vaticinia omne genus canebant, quæ quisque audiebat, ut animo erat affectus. Et Acharnenses, quod existimarent, non minimam Atheniensium portionem apud se esse, postquam ipsorum ager vastari cœpit, ad eruptionem in hostes faciendam maxime urgebant; omnique modo civitas erat concitata, et Pericli irascebantur, nec memores erant ullarum rerum, quas ille prius suaserat, sed ei conviciabantur, quod quum imperator esset, copias in hostem non educeret, omniumque malorum, quæ patiebantur, eum auctorem sibi esse existimabant.

XXII. Pericles vero, quum eos ob præsentem rerum statum graviter indignari, nec optime de rebus sentire videret, quumque persuasum haberet, se de eruptione in hostem non facienda recte sentire, eos ad nullam concionem, nullumque cœtum convocabat, ne quid animi impetu potius, quam recto consilio congregati peccarent; et urbem tuebatur, et quam maxime poterat tranquillam regebat. (2) Semper tamen equites emittebat, ne antecursores ab exercitu irruentes in agros urbi vicinos, eos maleficiis afficerent; et leve quoddam equestre prœlium inter hæc in Phrygiis fuit uni Atheniensium equitum turmæ et Thessalis, qui ei erant adjuncti, adversus Bœotorum equites, in quo Athenienses et Thessali non erant inferiores, donec adjutis Bœotis gravis armaturæ agmine in fugam sunt versi, et perierunt Thessalorum Atheniensiumque non multi; verum tamen illo ipso die nullis ad hoc induciis factis illos susceperunt. Et Peloponnesii postero die tropæum statuerunt. (3) Hoc autem auxilium Thessali Atheniensibus ex vetusto societatis fœdere miserant; et venerunt ad eos Larisæi, Pharsalii, Parasii, Cranonii, Pirasii, Gyrtonii, Pheræi. Ipsis vero præerant ex Larisa Polymedes et Aristonous, diversæ uterque fa-

ἑκάτερος, ἐκ δὲ Φαρσάλου Μένων· ἦσαν δὲ καὶ τῶν ἄλλων κατὰ πόλεις ἄρχοντες.

XXIII. Οἱ δὲ Πελοποννήσιοι, ἐπειδὴ οὐκ ἐπεξῇεσαν αὐτοῖς οἱ Ἀθηναῖοι ἐς μάχην, ἄραντες ἐκ τῶν Ἀχαρνῶν ἐδῄουν τῶν δήμων τινὰς ἄλλους τῶν μεταξὺ Πάρνηθος καὶ Βριλησσοῦ ὄρους. (2) Ὄντων δὲ αὐτῶν ἐν τῇ γῇ οἱ Ἀθηναῖοι ἀπέστειλαν τὰς ἑκατὸν ναῦς περὶ Πελοπόννησον ἅσπερ παρεσκευάζοντο, καὶ χιλίους ὁπλίτας ἐπ' αὐτῶν καὶ τοξότας τετρακοσίους· ἐστρατήγει δὲ Καρκίνος τε ὁ Ξενοτίμου καὶ Πρωτέας ὁ Ἐπικλέους καὶ Σωκράτης ὁ Ἀντιγένους. Καὶ οἱ μὲν ἄραντες τῇ παρασκευῇ ταύτῃ περιέπλεον, (3) οἱ δὲ Πελοποννήσιοι χρόνον ἐμμείναντες ἐν τῇ Ἀττικῇ ὅσου εἶχον τὰ ἐπιτήδεια ἀνεχώρησαν διὰ Βοιωτῶν, οὐχ ᾗπερ ἐσέβαλον· παριόντες δὲ Ὠρωπὸν τὴν γῆν τὴν Πειραϊκὴν καλουμένην, ἣν νέμονται Ὠρώπιοι Ἀθηναίων ὑπήκοοι, ἐδῄωσαν. Ἀφικόμενοι δὲ ἐς Πελοπόννησον διελύθησαν κατὰ πόλεις ἕκαστοι.

XXIV. Ἀναχωρησάντων δὲ αὐτῶν οἱ Ἀθηναῖοι φυλακὰς κατεστήσαντο κατὰ γῆν καὶ κατὰ θάλασσαν, ὥσπερ δὴ ἔμελλον διὰ παντὸς τοῦ πολέμου φυλάξειν· καὶ χίλια τάλαντα ἀπὸ τῶν ἐν τῇ ἀκροπόλει χρημάτων ἔδοξεν αὐτοῖς ἐξαίρετα ποιησαμένοις χωρὶς θέσθαι καὶ μὴ ἀναλοῦν, ἀλλ' ἀπὸ τῶν ἄλλων πολεμεῖν· ἢν δέ τις εἴπῃ ἢ ἐπιψηφίσῃ κινεῖν τὰ χρήματα ταῦτα ἐς ἄλλο τι, ἢν μὴ οἱ πολέμιοι νηΐτῃ στρατῷ ἐπιπλέωσι τῇ πόλει καὶ δέῃ ἀμύνασθαι, θάνατον ζημίαν ἐπέθεντο. (2) Τριήρεις τε μετ' αὐτῶν ἑκατὸν ἐξαιρέτους ἐποιήσαντο κατὰ τὸν ἐνιαυτὸν ἕκαστον τὰς βελτίστας, καὶ τριηράρχους αὐταῖς, ὧν μὴ χρῆσθαι μηδεμιᾷ ἐς ἄλλο τι ἢ μετὰ τῶν χρημάτων περὶ τοῦ αὐτοῦ κινδύνου, ἢν δέῃ.

XXV. Οἱ δ' ἐν ταῖς ἑκατὸν ναυσὶ περὶ Πελοπόννησον Ἀθηναῖοι καὶ Κερκυραῖοι μετ' αὐτῶν, πεντήκοντα ναυσὶ προσβεβοηθηκότες, καὶ ἄλλοι τινὲς τῶν ἐκεῖ ξυμμάχων ἄλλα τε ἐκάκουν περιπλέοντες, καὶ ἐς Μεθώνην τῆς Λακωνικῆς ἀποβάντες τῷ τείχει προσέβαλον ὄντι ἀσθενεῖ καὶ ἀνθρώπων οὐκ ἐνόντων. (2) Ἔτυχε δὲ περὶ τοὺς χώρους τούτους Βρασίδας ὁ Τέλλιδος ἀνὴρ Σπαρτιάτης φρουρὰν ἔχων, καὶ αἰσθόμενος ἐβοήθει τοῖς ἐν τῷ χωρίῳ μετὰ ὁπλιτῶν ἑκατόν. Διαδραμὼν δὲ τὸ τῶν Ἀθηναίων στρατόπεδον ἐσκεδασμένον κατὰ τὴν χώραν καὶ πρὸς τὸ τεῖχος τετραμμένον ἐσπίπτει ἐς τὴν Μεθώνην, καὶ ὀλίγους τινὰς ἐν τῇ ἐσδρομῇ ἀπολέσας τῶν μεθ' ἑαυτοῦ τήν τε πόλιν περιεποίησε καὶ ἀπὸ τούτου τοῦ τολμήματος πρῶτος τῶν κατὰ τὸν πόλεμον ἐπῃνέθη ἐν Σπάρτῃ. (3) Οἱ δὲ Ἀθηναῖοι ἄραντες παρέπλεον, καὶ σχόντες τῆς Ἠλείας ἐς Φειὰν ἐδῄουν τὴν γῆν ἐπὶ δύο ἡμέρας, καὶ προσβοηθήσαντας τῶν ἐκ τῆς κοίλης Ἤλιδος τριακοσίους λογάδας καὶ τῶν αὐτόθεν ἐκ τῆς περιοικίδος Ἠλείων μάχῃ ἐκράτησαν. (4) Ἀνέμου δὲ κατιόντος μεγάλου χειμαζόμενοι ἐν ἀλιμένῳ χωρίῳ, οἱ μὲν πολλοὶ ἐπέβησαν ἐπὶ τὰς ναῦς καὶ περιέπλεον τὸν Ἰχθὺν καλούμενον τὴν ἄκραν ἐς τὸν ἐν τῇ Φειᾷ λιμένα, οἱ δὲ Μεσσήνιοι ἐν τούτῳ καὶ ἄλλοι τινὲς οἳ οὐ

ctionis; ex Pharsalo vero Meno; erant autem ceteri quoque ex singulis civitatibus sui cuique praefecti.

XXIII. Peloponnesii vero, quum Athenienses ad proelium cum ipsis committendum non prodirent, motis castris ab Acharnis nonnullos alios pagos vastabant, qui sunt inter Parnethem et Brilessum montes. (2) Dum autem isti in Attica sunt, Athenienses centum naves, quas instruxerant, et in his mille gravis armaturae milites et quadringentos sagittarios circa Peloponnesum miserunt. His autem praeerant Carcinus Xenotimi et Proteas Epiclis et Socrates Antigenis filius: atque hi quidem cum hoc apparatu e portu profecti circumvehebantur; (3) Peloponnesii vero tamdiu in Attica morati, quamdiu commeatus ipsis suppeditabat, per Boeotiam reverterunt, non ea qua irruptionem fecerant; et dum Oropum praetereant, regionem nomine Piraicen, quam Oropii Atheniensium imperio subjecti colunt, vastarunt. In Peloponnesum vero regressi, in suas quique urbes discesserunt.

XXIV. Athenienses autem post horum discessum praesidia terra marique disposuerunt, quemadmodum toto belli tempore custodias agere volebant; et mille talenta ex pecuniis, quae in arce erant, eximere iis placuit, et seponere, nec impendere, sed ex reliquis bellum gerere; quod si quis dixisset, aut decretum fecisset, ut pecuniae istae suo loco moverentur in alios usus, nisi si hostes classe ad urbem accessissent, et eos propulsare necesse esset, poenam capitalem ei proposuerunt. (2) Triremes etiam una cum his centum seposuerunt quotannis omnium praestantissimas, earumque praefectos, quarum nulla ad aliud quicquam, nisi cum his ipsis pecuniis ob idem periculum, si necesse esset, uterentur.

XXV. Qui autem cum centum navibus circa Peloponnesum erant Athenienses et cum ipsis Corcyraei, qui cum quinquaginta navibus auxilio ipsis venerant, et nonnulli alii in illis regionibus socii, quum alibi damna intulerunt praeternavigantes, tum etiam ad agri Laconici urbem Methonen exscensu facto adorti sunt muros ejus, qui erant infirmi, et intra quos defensores non erant. (2) Sed forte Brasidas Tellidis filius, vir Spartanus, circum illa loca cum praesidio erat, quumque rem sensisset, illis, qui in ea urbe erant, cum centum gravis armaturae militibus auxilio venit; quumque per medias Atheniensium copias, per agrum sparsas, et ad urbis muros conversas, cursu transisset, Methonen irrupit; et paucis quibusdam de suis militibus in ipsa irruptione amissis, et ipsam urbem servavit, et primus omnium, qui illi bello administrando interfuerunt, propter hoc audax facinus Spartae collaudatus est. (3) Athenienses vero inde solventes praeternavigabant; et quum ad Phiam Elidis urbem appulissent, agrum per biduum vastabant, et trecentos delectos, qui ex inferiori Elide suis auxilio venerant, aliosque Eleos e terra municipali, pugna vicerunt. (4) Ceterum exorto ingenti vento, quum in loco importuoso tempestate jactarentur, plerique quidem naves conscenderunt, et promontorium, quod Ichthys appellatur, circumvecti in portum, qui est Phiae, pervenerunt; Messenii vero interea et

5.

δυνάμενοι ἐπιβῆναι κατὰ γῆν χωρήσαντες τὴν Φειὰν αἱροῦσιν. (5) Καὶ ὕστερον αἵ τε νῆες περιπλεύσασαι ἀναλαμβάνουσιν αὐτοὺς καὶ ἐξανάγονται ἐκλιπόντες Φειάν, καὶ τῶν Ἠλείων ἡ πολλὴ ἤδη στρατιὰ προσεβεβοηθήκει. Παραπλεύσαντες δὲ οἱ Ἀθηναῖοι ἐπὶ ἄλλα χωρία ἐδῄουν.

XXVI. Ὑπὸ δὲ τὸν αὐτὸν χρόνον τοῦτον οἱ Ἀθηναῖοι τριάκοντα ναῦς ἐξέπεμψαν περὶ τὴν Λοκρίδα, καὶ Εὐβοίας ἅμα φυλακήν· (2) ἐστρατήγει δὲ αὐτῶν Κλεόπομπος ὁ Κλεινίου. Καὶ ἀποβάσεις ποιησάμενος τῆς τε παραθαλασσίου ἔστιν ἃ ἐδῄωσε καὶ Θρόνιον εἷλεν, ὁμήρους τε ἔλαβεν αὐτῶν, καὶ ἐν Ἀλόπῃ τοὺς βοηθήσαντας Λοκρῶν μάχῃ ἐκράτησεν.

XXVII. Ἀνέστησαν δὲ καὶ Αἰγινήτας τῷ αὐτῷ θέρει τούτῳ ἐξ Αἰγίνης Ἀθηναῖοι, αὐτούς τε καὶ παῖδας καὶ γυναῖκας, ἐπικαλέσαντες οὐχ ἥκιστα τοῦ πολέμου σφίσιν αἰτίους εἶναι· καὶ τὴν Αἴγιναν ἀσφαλέστερον ἐφαίνετο, τῇ Πελοποννήσῳ ἐπικειμένην, αὐτῶν πέμψαντας ἐποίκους ἔχειν. Καὶ ἐξέπεμψαν ὕστερον οὐ πολλῷ ἐς αὐτὴν τοὺς οἰκήτορας. (2) Ἐκπεσοῦσι δὲ τοῖς Αἰγινήταις οἱ Λακεδαιμόνιοι ἔδοσαν Θυρέαν οἰκεῖν καὶ τὴν γῆν νέμεσθαι, κατά τε τὸ Ἀθηναίων διάφορον καὶ ὅτι σφῶν εὐεργέται ἦσαν ὑπὸ τὸν σεισμὸν καὶ τῶν Εἱλώτων τὴν ἐπανάστασιν. Ἡ δὲ Θυρεᾶτις γῆ μεθορία τῆς Ἀργείας καὶ Λακωνικῆς ἐστίν, ἐπὶ θάλασσαν καθήκουσα. Καὶ οἱ μὲν αὐτῶν ἐνταῦθα ᾤκησαν, οἱ δ' ἐσπάρησαν κατὰ τὴν ἄλλην Ἑλλάδα.

XXVIII. Τοῦ δ' αὐτοῦ θέρους νουμηνίᾳ κατὰ σελήνην, ὥσπερ καὶ μόνον δοκεῖ εἶναι γίγνεσθαι δυνατόν, ὁ ἥλιος ἐξέλιπε μετὰ μεσημβρίαν καὶ πάλιν ἀνεπληρώθη, γενόμενος μηνοειδὴς καὶ ἀστέρων τινῶν ἐκφανέντων.

XXIX. Καὶ ἐν τῷ αὐτῷ θέρει Νυμφόδωρον τὸν Πύθεω, ἄνδρα Ἀβδηρίτην, οὗ εἶχε τὴν ἀδελφὴν Σιτάλκης, δυνάμενον παρ' αὐτῷ μέγα οἱ Ἀθηναῖοι πρότερον πολέμιον νομίζοντες πρόξενον ἐποιήσαντο καὶ μετεπέμψαντο, βουλόμενοι Σιτάλκην σφίσι τὸν Τήρεω, Θρᾳκῶν βασιλέα, ξύμμαχον γενέσθαι. (2) Ὁ δὲ Τήρης οὗτος ὁ τοῦ Σιτάλκου πατὴρ πρῶτος Ὀδρύσαις τὴν μεγάλην βασιλείαν ἐπὶ πλεῖον τῆς ἄλλης Θρᾴκης ἐποίησεν· πολὺ γὰρ μέρος καὶ αὐτόνομόν ἐστι Θρᾳκῶν. (3) Τηρεῖ δὲ τῷ Πρόκνην τὴν Πανδίονος ἀπ' Ἀθηνῶν σχόντι γυναῖκα προσήκει ὁ Τήρης οὗτος οὐδέν, οὐδὲ τῆς αὐτῆς Θρᾴκης ἐγένοντο, ἀλλ' ὁ μὲν ἐν Δαυλίᾳ τῆς Φωκίδος νῦν καλουμένης γῆς ὁ Τηρεὺς ᾤκει, τότε ὑπὸ Θρᾳκῶν οἰκουμένης, καὶ τὸ ἔργον τὸ περὶ τὸν Ἴτυν αἱ γυναῖκες ἐν τῇ γῇ ταύτῃ ἔπραξαν· πολλοῖς δὲ καὶ τῶν ποιητῶν ἐν ἀηδόνος μνήμῃ Δαυλιὰς ἡ ὄρνις ἐπωνόμασται. Εἰκὸς δὲ καὶ τὸ κῆδος Πανδίονα ξυνάψασθαι τῆς θυγατρὸς διὰ τοσούτου ἐπ' ὠφελίᾳ τῇ πρὸς ἀλλήλους μᾶλλον ἢ διὰ πολλῶν ἡμερῶν ἐς Ὀδρύσας ὁδοῦ. Τήρης δὲ οὔτε τὸ αὐτὸ ὄνομα ἔχων, βασιλεύς τε πρῶτος ἐν κράτει Ὀδρυσῶν ἐγένετο. (4) Οὗ δὴ ὄντα τὸν Σιτάλκην οἱ Ἀθηναῖοι ξύμμαχον ἐποιήσαντο, βουλόμενοι σφίσι τὰ ἐπὶ

alii nonnulli, qui naves conscendere nequiverant, terrestri itinere profecti Phiam ceperunt. (5) Postea vero naves circumvectae eos receperunt atque illinc in altum vela fecerunt relicta Phia; atque jam magno numero robur militum Eleorum subsidio advenerat. Athenienses autem, in alia loca navibus delati, ea vastabant.

XXVI. Atque sub hoc ipsum tempus Athenienses triginta naves emiserunt, ut Locridem obirent, simul etiam, ut Euboeam tuerentur; (2) his autem praeerat Cleopompus Cliniae filius. Et exscensu passim facto quum nonnulla maritima loca vastavit, tum etiam Thronium cepit et obsides ab illis accepit, et apud Alopen Locros, qui auxilio venerant, proelio superavit.

XXVII. Hac eadem aestate Athenienses etiam Æginetas ex Ægina, quum ipsos, tum etiam liberos et conjuges ejecerunt, crimini iis dantes, quod hujus belli contra se moti praecipui auctores essent; et tutius fore videbatur, si Æginam Peloponneso adjacentem colonia de suis missa tenerent. Nec multo post colonos in eam miserunt. (2) Æginetis autem ejectis Lacedaemonii Thyream incolendam et ejus agrum possidendum dederunt, tum ob odium, quo Athenienses persequebantur, tum etiam, quod de se bene meriti erant terrae motus tempore et Helotum rebellione. Thyreaticus vero ager est medius inter Argivum et Laconicum, et ad mare pertinet. Atque alii quidem eorum hic habitaverunt, alii vero per reliquam Graeciam dissipati sunt.

XXVIII. Eadem etiam aestate Calendis Lunaribus, quo quidem tempore solo hoc fieri posse videtur, sol defecit post meridiem, et ex lunata figura, qua tunc apparuit, quum nonnullae etiam stellae conspicuae fuissent, rursus ad pristinam sui orbis plenitudinem rediit.

XXIX. Atque eadem aestate Nymphodorum Pythis filium, Abderiten, cujus sororem Sitalces uxorem habebat, virum, qui magna auctoritate apud ipsum valebat, Athenienses, licet eum prius hostem esse judicassent, tamen hospitem publice fecerunt, eumque accessiverunt, quod Sitalcen Teris filium, Thracum regem, sibi societate adjungere cuperent. (2) Hic autem Teres, Sitalcis pater, primus Odrysis magnum hoc regnum in majorem Thraciae partem condidit; magna enim Thracum pars sui juris est. (3) Cum illo autem Tereo, qui Procnen Pandionis filiam ex Athenarum urbe uxorem duxerat, Teres iste nullo propinquitatis vinculo conjunctus est, nec ex eadem Thracia fuerunt, sed ille quidem Tereus habitabat in urbe Daulia, quae est in agro, qui nunc Phocensis appellatur, quem tunc Thraces incolebant; et in hoc agro mulieres facinus illud in Ityn perpetrarunt; quinetiam a multis poetis, qui lusciniae mentionem fecerunt, haec avis Daulias cognomento est appellata. Verisimile autem est, Pandionem affinitatem junxisse potius in tam parvo locorum intervallo mutui auxilii causa, quam in multorum dierum itinere ad Odrysas usque. Sed Teres nec idem nomen habuit, et primus rex potentia valens apud Odrysas fuit. (4) Hujus igitur filium Sitalcen Athenienses in societatem adsciverunt, Thraciae oppida, et Per-

Θράκης χωρία καὶ Περδίκκαν ξυνελεῖν αὐτόν. (5) Ἐλθών τε ἐς τὰς Ἀθήνας ὁ Νυμφόδωρος τήν τε τοῦ Σιτάλκου ξυμμαχίαν ἐποίησε καὶ Σάδοκον τὸν υἱὸν αὐτοῦ Ἀθηναῖον, τόν τε ἐπὶ Θράκης πόλεμον ὑπεδέχετο καταλύσειν· πείσειν γὰρ Σιτάλκην πέμψειν στρατιὰν Θρᾳκίαν Ἀθηναίοις ἱππέων τε καὶ πελταστῶν. (6) Ξυνεβίβασε δὲ καὶ τὸν Περδίκκαν τοῖς Ἀθηναίοις, καὶ Θέρμην αὐτῷ ἔπεισεν ἀποδοῦναι· ξυνεστράτευσέ τ' εὐθὺς Περδίκκας ἐπὶ Χαλκιδέας μετ' Ἀθηναίων καὶ Φορμίωνος. (7) Οὕτω μὲν Σιτάλκης τε ὁ Τήρεω Θρᾳκῶν βασιλεὺς ξύμμαχος ἐγένετο Ἀθηναίοις καὶ Περδίκκας ὁ Ἀλεξάνδρου Μακεδόνων βασιλεύς.

XXX. Οἱ δ' ἐν ταῖς ἑκατὸν ναυσὶν Ἀθηναῖοι ἔτι ὄντες περὶ Πελοπόννησον Σόλιόν τε Κορινθίων πόλισμα αἱροῦσι καὶ παραδιδόασι Παλαιρεῦσιν Ἀκαρνάνων μόνοις τὴν γῆν καὶ πόλιν νέμεσθαι· καὶ Ἄστακον, ἧς Εὔαρχος ἐτυράννει, λαβόντες κατὰ κράτος καὶ ἐξελάσαντες αὐτὸν τὸ χωρίον ἐς τὴν ξυμμαχίαν προσεποιήσαντο. (2) Ἐπί τε Κεφαλληνίαν τὴν νῆσον πλεύσαντες προσηγάγοντο ἄνευ μάχης· κεῖται δὲ ἡ Κεφαλληνία κατὰ Ἀκαρνανίαν καὶ Λευκάδα τετράπολις οὖσα, Παλῆς, Κράνιοι, Σαμαῖοι, Προνναῖοι. (3) Ὕστερον δ' οὐ πολλῷ ἀνεχώρησαν αἱ νῆες ἐς τὰς Ἀθήνας.

XXXI. Περὶ δὲ τὸ φθινόπωρον τοῦ θέρους τούτου Ἀθηναῖοι πανδημεί, αὐτοὶ καὶ οἱ μέτοικοι, ἐσέβαλον ἐς τὴν Μεγαρίδα Περικλέους τοῦ Ξανθίππου στρατηγοῦντος. Καὶ οἱ περὶ Πελοπόννησον Ἀθηναῖοι ἐν ταῖς ἑκατὸν ναυσίν (ἔτυχον γὰρ ἤδη ἐν Αἰγίνῃ ὄντες ἐπ' οἴκου ἀνακομιζόμενοι) ὡς ᾔσθοντο τοὺς ἐκ τῆς πόλεως πανστρατιᾷ ἐν Μεγάροις ὄντας, ἔπλευσαν παρ' αὐτοὺς καὶ ξυνεμίχθησαν. (2) Στρατόπεδόν τε μέγιστον δὴ τοῦτο ἀθρόον Ἀθηναίων ἐγένετο, ἀκμαζούσης ἔτι τῆς πόλεως καὶ οὔπω νενοσηκυίας· μυρίων γὰρ ὁπλιτῶν οὐκ ἐλάσσους ἦσαν αὐτοὶ Ἀθηναῖοι (χωρὶς δὲ αὐτοῖς οἱ ἐν Ποτιδαίᾳ τρισχίλιοι ἦσαν), μέτοικοι δὲ ξυνεσέβαλον οὐκ ἐλάσσους τρισχιλίων ὁπλιτῶν, χωρὶς δὲ ὁ ἄλλος ὅμιλος ψιλῶν οὐκ ὀλίγος. Δῃώσαντες δὲ τὰ πολλὰ τῆς γῆς ἀνεχώρησαν. (3) Ἐγένοντο δὲ καὶ ἄλλαι ὕστερον ἐν τῷ πολέμῳ κατὰ ἔτος ἕκαστον ἐσβολαὶ Ἀθηναίων ἐς τὴν Μεγαρίδα, καὶ ἱππέων καὶ πανστρατιᾷ, μέχρι οὗ Νίσαια ἑάλω ὑπ' Ἀθηναίων.

XXXII. Ἐτειχίσθη δὲ καὶ Ἀταλάντη ὑπ' Ἀθηναίων φρούριον τοῦ θέρους τούτου τελευτῶντος, ἡ ἐπὶ Λοκροῖς τοῖς Ὀπουντίοις νῆσος ἐρήμη πρότερον οὖσα, τοῦ μὴ λῃστὰς ἐκπλέοντας ἐξ Ὀποῦντος καὶ τῆς ἄλλης Λοκρίδος κακουργεῖν τὴν Εὔβοιαν.

2. Ταῦτα μὲν ἐν τῷ θέρει τούτῳ μετὰ τὴν Πελοποννησίων ἐκ τῆς Ἀττικῆς ἀναχώρησιν ἐγένετο.

XXXIII. Τοῦ δ' ἐπιγιγνομένου χειμῶνος Εὔαρχος ὁ Ἀκαρνὰν βουλόμενος ἐς τὴν Ἄστακον κατελθεῖν πείθει Κορινθίους τεσσαράκοντα ναυσὶ καὶ πεντακοσίοις καὶ χιλίοις ὁπλίταις ἑαυτὸν κατάγειν πλεύσαντας, καὶ αὐτὸς ἐπικούρους τινὰς προσεμισθώσατο· ἦρχον δὲ τῆς στρατιᾶς Εὐφαμίδας τε ὁ Ἀριστωνύμου καὶ Τιμόξενος ὁ

diccam hujus opera sibi adjungere cupientes. (5) Atque profectus Athenas Nymphodorus Sitalcis societatem iis conciliavit et Sadocum ipsius Sitalcis filium Atheniensem civem fecit et recepit bellum, quod in Thracia gerebatur, componendum; se enim Sitalci persuasurum, ut exercitum Thracum, Atheniensibus mitteret equitibus cetratisque constantem. (6) Perdiccam etiam Atheniensibus conciliavit, et ipsis persuasit, ut ei Thermen redderent. Et confestim Perdiccas cum Atheniensibus et Phormione arma Chalcidensibus intulit. (7) Sic igitur et Sitalces Teris filius, Thracum rex, et Perdiccas Alexandri filius, Macedonum rex, societatis foedus cum Atheniensibus fecerunt.

XXX. Qui vero Athenienses cum centum navibus circa Peloponnesum adhuc versabantur, Solium Corinthiorum oppidum ceperunt, idque cum agro solis Acarnanum Palærensibus incolendum tradiderunt; Astacum quoque, in qua Euarchus tyrannus erat, per vim ceperunt, ipsoque ejecto urbem in societatem adsciverunt. (2) Et in insulam Cephalleniam navibus profecti sine pugna eam in suam potestatem redegerunt; sita autem est Cephallenia e regione Acarnaniæ et Leucadis; et est quatuor civitatium commune, Palenses, Cranii, Samæi, Pronnæi. (3) Nec multo post hæ naves reverterunt Athenas.

XXXI. Sub hujus æstatis autumnum Athenienses publice quum ipsi, tum etiam inquilini, duce Pericle Xanthippi filio in agrum Megarensem irruptionem fecerunt. Et Athenienses, qui circa Peloponnesum cum centum navibus erant (forte enim jam in Ægina erant domum repetentes) quum audissent, suos cives cum universi populi copiis ex urbe profectos ad Megara esse, ad eos navigarunt, seque cum iis junxerunt. (2) Atque hic Atheniensium exercitus in unum collectus omnium maximus fuit, quum respublica adhuc floreret, nec dum morbo laborasset; nam ipsi Athenienses non pauciores erant, quam decem millia gravis armaturæ militum; (præterea vero iis etiam apud Potidæam erant tria militum milia), inquilini autem non pauciores tribus millibus gravis armaturæ militum cum ipsis ad illam expeditionem iverant; prætereaque alia non parva militum levis armaturæ turba. Vastata autem maxima illius agri parte se receperunt. (3) Fecerunt vero alias quoque multas irruptiones Athenienses procedente bello quotannis in agrum Megarensem modo cum equitatu, modo etiam cum universi populi copiis, donec Nisæam ceperunt.

XXXII. Muris etiam cincta est Atalante ab Atheniensibus castellum sub finem hujus æstatis quo est insula apud Locros Opuntios, prius deserta, ne prædones, ex urbe Opunte et reliqua Locride navigantes Euboeam maleficiis afficerent.

(2) Atque hæc quidem hac æstate post Peloponnesiorum ex Attica discessum gesta sunt.

XXXIII. Insequente autem hieme Euarchus Acarnan Astacum redire cupiens Corinthiis persuasit, ut cum quadraginta navibus et mille et quingentis gravis armaturæ militibus eo profecti se reducerent, et ipse quoque nonnullos alios milites mercenarios conduxerat. Præerant autem his copiis

Τιμοκράτους καὶ Εὔμαχος ὁ Χρύσιδος. (2) Καὶ πλεύσαντες κατήγαγον· καὶ τῆς ἄλλης Ἀκαρνανίας τῆς περὶ θάλασσαν ἔστιν ἃ χωρία βουλόμενοι προσποιήσασθαι καὶ πειραθέντες, ὡς οὐκ ἠδύναντο, ἀπέπλεον ἐπ' οἴκου. (3) Σχόντες δ' ἐν τῷ παράπλῳ ἐς Κεφαλληνίαν καὶ ἀπόβασιν ποιησάμενοι ἐς τὴν Κρανίων γῆν, ἀπατηθέντες ὑπ' αὐτῶν ἐξ ὁμολογίας τινὸς ἄνδρας τε ἀποβάλλουσι σφῶν αὐτῶν, ἐπιθεμένων ἀπροσδοκήτοις τῶν Κρανίων, καὶ βιαιότερον, ἀναγαγόμενοι ἐκομίσθησαν ἐπ' οἴκου.

XXXIV. Ἐν δὲ τῷ αὐτῷ χειμῶνι οἱ Ἀθηναῖοι τῷ πατρίῳ νόμῳ χρώμενοι δημοσίᾳ ταφὰς ἐποιήσαντο τῶν ἐν τῷδε τῷ πολέμῳ πρώτων ἀποθανόντων τρόπῳ τοιῷδε. (2) Τὰ μὲν ὀστᾶ προτίθενται τῶν ἀπογενομένων πρότριτα σκηνὴν ποιήσαντες, καὶ ἐπιφέρει τῷ αὑτοῦ ἕκαστος ἤν τι βούληται· (3) ἐπειδὰν δὲ ἡ ἐκφορὰ ᾖ, λάρνακας κυπαρισσίνας ἄγουσιν ἅμαξαι, φυλῆς ἑκάστης μίαν· ἔνεστι δὲ τὰ ὀστᾶ ἧς ἕκαστος ἦν φυλῆς. Μία δὲ κλίνη κενὴ φέρεται ἐστρωμένη τῶν ἀφανῶν, οἳ ἂν μὴ εὑρεθῶσιν ἐς ἀναίρεσιν. (4) Ξυνεκφέρει δὲ ὁ βουλόμενος καὶ ἀστῶν καὶ ξένων, καὶ γυναῖκες πάρεισιν αἱ προσήκουσαι ἐπὶ τὸν τάφον ὀλοφυρόμεναι. (5) Τιθέασιν οὖν ἐς τὸ δημόσιον σῆμα, ὅ ἐστιν ἐπὶ τοῦ καλλίστου προαστείου τῆς πόλεως, καὶ ἀεὶ ἐν αὐτῷ θάπτουσι τοὺς ἐκ τῶν πολέμων, πλήν γε τοὺς ἐν Μαραθῶνι· ἐκείνων δὲ διαπρεπῆ τὴν ἀρετὴν κρίναντες αὐτοῦ καὶ τὸν τάφον ἐποίησαν. (6) Ἐπειδὰν δὲ κρύψωσι γῇ, ἀνὴρ ᾑρημένος ὑπὸ τῆς πόλεως, ὃς ἂν γνώμῃ τε δοκῇ μὴ ἀξύνετος εἶναι καὶ ἀξιώσει προήκῃ, λέγει ἐπ' αὐτοῖς ἔπαινον τὸν πρέποντα· μετὰ δὲ τοῦτο ἀπέρχονται. (7) Ὧδε μὲν θάπτουσιν· καὶ διὰ παντὸς τοῦ πολέμου, ὁπότε ξυμβαίη αὐτοῖς, ἐχρῶντο τῷ νόμῳ. (8) Ἐπὶ δ' οὖν τοῖς πρώτοις τοῖσδε Περικλῆς ὁ Ξανθίππου ᾑρέθη λέγειν. Καὶ ἐπειδὴ καιρὸν ἐλάμβανε, προελθὼν ἀπὸ τοῦ σήματος ἐπὶ βῆμα ὑψηλὸν πεποιημένον, ὅπως ἀκούοιτο ὡς ἐπὶ πλεῖστον τοῦ ὁμίλου, ἔλεγε τοιάδε.

XXXV. « Οἱ μὲν πολλοὶ τῶν ἐνθάδε εἰρηκότων ἤδη ἐπαινοῦσι τὸν προσθέντα τῷ νόμῳ τὸν λόγον τόνδε, ὡς καλὸν ἐπὶ τοῖς ἐκ τῶν πολέμων θαπτομένοις ἀγορεύεσθαι αὐτόν. Ἐμοὶ δ' ἀρκοῦν ἂν ἐδόκει εἶναι ἀνδρῶν ἀγαθῶν ἔργῳ γενομένων ἔργῳ καὶ δηλοῦσθαι τὰς τιμάς, οἷα καὶ νῦν περὶ τὸν τάφον τόνδε δημοσίᾳ παρασκευασθέντα ὁρᾶτε, καὶ μὴ ἐν ἑνὶ ἀνδρὶ πολλῶν ἀρετὰς κινδυνεύεσθαι εὖ τε καὶ χεῖρον εἰπόντι πιστευθῆναι. (2) Χαλεπὸν γὰρ τὸ μετρίως εἰπεῖν ἐν ᾧ μόλις καὶ ἡ δόκησις τῆς ἀληθείας βεβαιοῦται. Ὅ τε γὰρ ξυνειδὼς καὶ εὔνους ἀκροατὴς τάχ' ἄν τι ἐνδεεστέρως πρὸς ἃ βούλεταί τε καὶ ἐπίσταται νομίσειε δηλοῦσθαι, ὅ τε ἄπειρος ἔστιν ἃ καὶ πλεονάζεσθαι, διὰ φθόνον, εἴ τι ὑπὲρ τὴν ἑαυτοῦ φύσιν ἀκούοι. Μέχρι γὰρ τοῦδε ἀνεκτοί οἱ ἔπαινοί εἰσι περὶ ἑτέρων λεγόμενοι, ἐς ὅσον ἂν καὶ αὐτὸς ἕκαστος οἴηται ἱκανὸς εἶναι δρᾶσαί τι ὧν ἤκουσεν· τῷ δ' ὑπερβάλλοντι αὐτῶν φθονοῦντες ἤδη καὶ ἀπιστοῦσιν. (3) Ἐπειδὴ δὲ τοῖς πάλαι οὕτως ἐδοκι-

άσθη ταῦτα καλῶς ἔχειν, χρὴ καὶ ἐμὲ ἑπόμενον· τῷ ὑμῷ πειρᾶσθαι ὑμῶν τῆς ἑκάστου βουλήσεώς τε καὶ ὄξης τυχεῖν ὡς ἐπὶ πλεῖστον.

XXXVI. « Ἄρξομαι δ᾽ ἀπὸ τῶν προγόνων πρῶτον· ἴκαιον γὰρ αὐτοῖς καὶ πρέπον δὲ ἅμα ἐν τῷ τοιῷδε ἦν τιμὴν ταύτην τῆς μνήμης δίδοσθαι· τὴν γὰρ χώραν εἰ οἱ αὐτοὶ οἰκοῦντες διαδοχῇ τῶν ἐπιγιγνομένων μέχρι οὐδὲ ἐλευθέραν δι᾽ ἀρετὴν παρέδοσαν. (2) Καὶ ἐκεῖνοί ε ἄξιοι ἐπαίνου καὶ ἔτι μᾶλλον οἱ πατέρες ἡμῶν· τησάμενοι γὰρ πρὸς οἷς ἐδέξαντο, ὅσην ἔχομεν ἀρχήν, ὀκ ἀπόνως ἡμῖν τοῖς νῦν προσκατέλιπον. (3) Τὰ δὲ λείω αὐτῆς αὐτοὶ ἡμεῖς οἴδε οἱ νῦν ἔτι ὄντες μάλιστα ν τῇ καθεστηκυίᾳ ἡλικίᾳ ἐπηυξήσαμεν, καὶ τὴν πόλιν οἷς πᾶσι παρεσκευάσαμεν καὶ ἐς πόλεμον καὶ ἐς εἰρή- ην αὐταρκεστάτην. (4) Ὧν ἐγὼ τὰ μὲν κατὰ πο- έμους ἔργα, οἷς ἕκαστα ἐκτήθη, ἢ εἴ τι αὐτοὶ ἢ οἱ ατέρες ἡμῶν βάρβαρον ἢ Ἕλληνα πόλεμον ἐπιόντα ροθύμως ἠμυνάμεθα, μακρηγορεῖν ἐν εἰδόσιν οὐ βου- όμενος ἐάσω· ἀπὸ δὲ οἵας τε ἐπιτηδεύσεως ἤλθομεν π᾽ αὐτὰ καὶ μεθ᾽ οἵας πολιτείας καὶ τρόπων ἐξ οἵων εγάλα ἐγένετο, ταῦτα δηλώσας πρῶτον εἶμι καὶ ἐπὶ ὸν τῶνδε ἔπαινον, νομίζων ἐπί τε τῷ παρόντι οὐκ ἂν πρεπῆ λεχθῆναι αὐτὰ καὶ τὸν πάντα ὅμιλον καὶ στῶν καὶ ξένων ξύμφορον εἶναι αὐτῶν ἐπακοῦσαι.

XXXVII. « Χρώμεθα γὰρ πολιτείᾳ οὐ ζηλούσῃ τοὺς ῶν πέλας νόμους, παράδειγμα δὲ μᾶλλον αὐτοὶ ὄντες ινὶ ἢ μιμούμενοι ἑτέρους. Καὶ ὄνομα μὲν, διὰ τὸ μὴ ς ὀλίγους ἀλλ᾽ ἐς πλείονας οἰκεῖν δημοκρατία κέκλη- αι· μέτεστι δὲ κατὰ μὲν τοὺς νόμους πρὸς τὰ ἴδια διά- ορα πᾶσι τὸ ἴσον, κατὰ δὲ τὴν ἀξίωσιν, ὡς ἕκαστος ἔν ῳ εὐδοκιμεῖ, οὐκ ἀπὸ μέρους τὸ πλεῖον ἐς τὰ κοινὰ ἢ π᾽ ἀρετῆς προτιμᾶται, οὐδ᾽ αὖ κατὰ πενίαν, ἔχων δέ ι ἀγαθὸν δρᾶσαι τὴν πόλιν, ἀξιώματος ἀφανείᾳ κεχώ- υται. (2) Ἐλευθέρως δὲ τά τε πρὸς τὸ κοινὸν πολι- εύομεν καὶ ἐς τὴν πρὸς ἀλλήλους τῶν καθ᾽ ἡμέραν πιτηδευμάτων ὑποψίαν, οὐ δι᾽ ὀργῆς τὸν πέλας, εἰ αθ᾽ ἡδονήν τι δρᾷ, ἔχοντες, οὐδὲ ἀζημίους μὲν λυπη- ὰς δὲ τῇ ὄψει ἀχθηδόνας προστιθέμενοι. (3) Ἀνεπα- ύδως δὲ τὰ ἴδια προσομιλοῦντες τὰ δημόσια διὰ δέος άλιστα οὐ παρανομοῦμεν, τῶν τε ἀεὶ ἐν ἀρχῇ ὄντων κροάσει καὶ τῶν νόμων, καὶ μάλιστα αὐτῶν ὅσοι τε π᾽ ὠφελίᾳ τῶν ἀδικουμένων κεῖνται καὶ ὅσοι ἄγραφοι ντες αἰσχύνην ὁμολογουμένην φέρουσιν.

XXXVIII. « Καὶ μὴν καὶ τῶν πόνων πλείστας ἀνα- παύλας τῇ γνώμῃ ἐπορισάμεθα, ἀγῶσι μέν γε καὶ θυ- ίαις διετησίοις νομίζοντες, ἰδίαις δὲ κατασκευαῖς ὐπρεπέσιν, ὧν καθ᾽ ἡμέραν ἡ τέρψις τὸ λυπηρὸν ἐκ- πλήσσει. (2) Ἐπεισέρχεται δὲ διὰ μέγεθος τῆς πόλεως ἐκ πάσης γῆς τὰ πάντα, καὶ ξυμβαίνει ἡμῖν μηδὲν οἰ- κειοτέρᾳ τῇ ἀπολαύσει τὰ αὐτοῦ ἀγαθὰ γιγνόμενα καρ- ποῦσθαι ἢ καὶ τὰ τῶν ἄλλων ἀνθρώπων.

XXXIX. « Διαφέρομεν δὲ καὶ ταῖς τῶν πολεμικῶν μελέταις τῶν ἐναντίων τοῖσδε. Τήν τε γὰρ πόλιν κοι- νὴν παρέχομεν, καὶ οὐκ ἔστιν ὅτε ξενηλασίαις ἀπείρ-

habere censuerunt, oportet me quoque legi huic obsequentem operam dare, ut quam maxime potero uniuscujusque vestrum et voluntati et opinioni satisfaciam.

XXXVI. « Initium autem a majoribus ducam; æquum enim est et simul etiam decorum, in hac tali re hunc honorem commemorationis ipsis tribui; regionem enim istam iidem semper incolentes, succedentibus posteris ad hoc usque tempus liberam sua virtute tradiderunt. (2) Itaque quum illi laude sunt digni, tum etiam magis patres nostri; nam quum addidissent, ad ea, quæ acceperant, tantum imperium quantum obtinemus, non sine labore id nobis, qui nunc sumus, reliquerunt. (3) Majorem vero hujus imperii partem nos ipsi hi, qui etiam nunc in media ferme ætate sumus, adauximus urbemque rebus omnibus instruximus et ad bellum et ad pacem expeditissimam. (4) Ex his ego præclara facinora bellica, quibus quæque parta sunt, aut si quid nos ipsi aut patres nostri, bellum a barbaris aut a Græcis illatum alacriter propulsantes fecimus, ne apud rerum gnaros prolixior sim, omittam; sed quibus studiis ad hoc imperium pervenerimus, et quo reipublicæ administrandæ genere, quibusve artibus sit auctum, hæc ubi prius declaravero, accedam etiam ad istorum laudationem, existimans et non indecora dictu fore ea in præsenti re et universum tam civium quam peregrinorum cœtum utile esse hæc audire.

XXXVII. « Utimur enim ea reipublicæ forma quæ aliarum civitatium leges non æmuletur, imo vero ipsi alicui potius exemplo sumus, quam alios imitamur. Et nomine quidem populare imperium vocatur propterea quod non ad paucos, sed ad plures rerum administratio pertinet; fruuntur vero ex legum præscriptio in privatis controversiis omnes æquo jure, sed quod ad æstimationem attinet, ut quisque aliqua in re bene audit, ita etiam non potius quod sit ex aliqua civium parte, quam virtutis gratia, in republica aliis anteponitur, neque etiam propter paupertatem quisquam, dummodo aliqua in re civitati prodesse possit, dignitatis obscuritate impeditur. (2) Liberaliter porro rempublicam ad ministramus, et quod attinet ad mutuam quotidianarum actionum suspicionem, non succensentes alteri, si quid animi causa agit; neque adhibentes ad molestias noxa quidem vacuas, visu tamen acerbas. (3) Sed privata negotia inter nos non importune agentes, ea, quæ ad rempublicam pertinent, per metum maxime non violamus; illis, qui quoque tempore sunt in magistratu, obtemperantes et legibus, iis potissimum, quæ latæ sunt, ut auxilio sint hominibus injuria affectis et quæ licet non sint scriptæ, confessam tamen ignominiam afferunt.

XXXVIII. « Quinetiam laborum creberrimas remissiones prudentia invenimus, certaminibus et sacrificiis anniversariis, quæ moribus ac institutis patriis sunt recepta, nos recreantes, et decoro privatorum apparatu, cujus quotidiana delectatio animi ægritudinem excutit. (2) Ad hæc autem importantur propter magnitudinem urbis ex omni terra omnia, contingitque nobis, ut non magis familiari usu nostris, quam aliorum etiam mortalium bonis perfruamur.

XXXIX.« Excellimus vero bellicarum quoque rerum studiis præ adversariis nostris his de causis. Etenim et urbem omnibus communem præbemus, nec ullis peregrinorum expulsio-

γομέν τινα ἢ μαθήματος ἢ θεάματος, ὃ μὴ κρυφθὲν ἄν τις τῶν πολεμίων ἰδὼν ὠφεληθείη, πιστεύοντες οὐ ταῖς πχρασκευαῖς τὸ πλέον καὶ ἀπάταις ἢ τῷ ἀφ' ἡμῶν αὐτῶν ἐς τὰ ἔργα εὐψύχῳ· καὶ ἐν ταῖς παιδείαις οἱ μὲν ἐπιπόνῳ ἀσκήσει εὐθὺς νέοι ὄντες τὸ ἀνδρεῖον μετέρχονται, ἡμεῖς δὲ ἀνειμένως διαιτώμενοι οὐδὲν ἧσσον ἐπὶ τοὺς ἰσοπαλεῖς κινδύνους χωροῦμεν. (2) Τεκμήριον δέ· οὔτε γὰρ Λακεδαιμόνιοι καθ' ἑκάστους, μετὰ πάντων δ' ἐς τὴν γῆν ἡμῶν στρατεύουσιν, τήν τε τῶν πέλας αὐτοὶ ἐπελθόντες οὐ χαλεπῶς ἐν τῇ ἀλλοτρίᾳ τοὺς περὶ τῶν οἰκείων ἀμυνομένους μαχόμενοι τὰ πλείω κρατοῦμεν. (3) Ἀθρόᾳ τε τῇ δυνάμει ἡμῶν οὐδείς πω πολέμιος ἐνέτυχε διὰ τὴν τοῦ ναυτικοῦ τε ἅμα ἐπιμέλειαν καὶ τὴν ἐν τῇ γῇ ἐπὶ πολλὰ ἡμῶν αὐτῶν ἐπίπεμψιν· ἢν δέ που μορίῳ τινὶ προσμίξωσιν, κρατήσαντές τέ τινας ἡμῶν πάντας αὐχοῦσιν ἀπεῶσθαι καὶ νικηθέντες ὑφ' ἁπάντων ἡσσῆσθαι. (4) Καίτοι εἰ ῥαθυμίᾳ μᾶλλον ἢ πόνων μελέτῃ καὶ μὴ μετὰ νόμων τὸ πλεῖον ἢ τρόπων ἀνδρίας ἐθέλομεν κινδυνεύειν, περιγίγνεται ἡμῖν τοῖς τε μέλλουσιν ἀλγεινοῖς μὴ προκάμνειν, καὶ ἐς αὐτὰ ἐλθοῦσι μὴ ἀτολμοτέρους τῶν ἀεὶ μοχθούντων φαίνεσθαι,

XL. « καὶ ἔν τε τούτοις τὴν πόλιν ἀξίαν εἶναι θαυμάζεσθαι καὶ ἔτι ἐν ἄλλοις. Φιλοκαλοῦμέν τε γὰρ μετ' εὐτελείας καὶ φιλοσοφοῦμεν ἄνευ μαλακίας, πλούτῳ τε ἔργου μᾶλλον καιρῷ ἢ λόγου κόμπῳ χρώμεθα, καὶ τὸ πένεσθαι οὐχ ὁμολογεῖν τινὶ αἰσχρόν, ἀλλὰ μὴ διαφεύγειν ἔργῳ αἴσχιον. (2) Ἔνι τε τοῖς αὐτοῖς οἰκείων ἅμα καὶ πολιτικῶν ἐπιμέλεια, καὶ ἑτέροις πρὸς ἔργα τετραμμένοις τὰ πολιτικὰ μὴ ἐνδεῶς γνῶναι· μόνοι γὰρ τόν τε μηδὲν τῶνδε μετέχοντα οὐκ ἀπράγμονα ἀλλ' ἀχρεῖον νομίζομεν, καὶ αὐτοὶ ἤτοι κρίνομέν γε ἢ ἐνθυμούμεθα ὀρθῶς τὰ πράγματα, οὐ τοὺς λόγους τοῖς ἔργοις βλάβην ἡγούμενοι, ἀλλὰ μὴ προδιδαχθῆναι μᾶλλον λόγῳ πρότερον ἢ ἐπὶ ἃ δεῖ ἔργῳ ἐλθεῖν. (3) Διαφερόντως γὰρ δὴ καὶ τόδε ἔχομεν ὥστε τολμᾶν τε οἱ αὐτοὶ μάλιστα καὶ περὶ ὧν ἐπιχειρήσομεν ἐκλογίζεσθαι· ὃ τοῖς ἄλλοις ἀμαθία μὲν θράσος, λογισμὸς δὲ ὄκνον φέρει. Κράτιστοι δ' ἂν τὴν ψυχὴν δικαίως κριθεῖεν οἱ τά τε δεινὰ καὶ ἡδέα σαφέστατα γιγνώσκοντες καὶ διὰ ταῦτα μὴ ἀποτρεπόμενοι ἐκ τῶν κινδύνων. (4) Καὶ τὰ ἐς ἀρετὴν ἠναντιώμεθα τοῖς πολλοῖς· οὐ γὰρ πάσχοντες εὖ ἀλλὰ δρῶντες κτώμεθα τοὺς φίλους. Βεβαιότερος δὲ ὁ δράσας τὴν χάριν ὥστε ὀφειλομένην δι' εὐνοίας ᾧ δέδωκε σώζειν· ὁ δ' ἀντοφείλων ἀμβλύτερος, εἰδὼς οὐκ ἐς χάριν ἀλλ' ἐς ὀφείλημα τὴν ἀρετὴν ἀποδώσων. (5) Καὶ μόνοι οὐ τοῦ ξυμφέροντος μᾶλλον λογισμῷ ἢ τῆς ἐλευθερίας τῷ πιστῷ ἀδεῶς τινὰ ὠφελοῦμεν.

XLI. « Ξυνελών τε λέγω τήν τε πᾶσαν πόλιν τῆς Ἑλλάδος παίδευσιν εἶναι, καὶ καθ' ἕκαστον δοκεῖν ἄν μοι τὸν αὐτὸν ἄνδρα παρ' ἡμῶν ἐπὶ πλεῖστ' ἂν εἴδη καὶ μετὰ χαρίτων μάλιστ' ἂν εὐτραπέλως τὸ σῶμα αὔταρκες παρέχεσθαι. (2) Καὶ ὡς οὐ λόγων ἐν τῷ παρόντι κόμπος τάδε μᾶλλον ἢ ἔργων ἐστὶν ἀλήθεια, αὐτὴ ἡ δύναμις τῆς πόλεως, ἣν ἀπὸ τῶνδε τῶν τρόπων

nibus quemquam unquam ab aliqua disciplina aut spectaculo arcemus, quod minime absconditum si quis ex hostibus viderit, utilitatem percipere possit, quippe confidentes non tam apparatibus et dolis, quam nostræ in rebus gerendis animi magnitudini; atque in disciplinis alii quidem statim ab ineunte ætate virtutem exercitatione laboriosa consectantur, nos vero, quamvis remisso vitæ genere utamur, nihilo tamen secius æqualia pericula subimus. (2) Hujus autem rei hoc est argumentum; neque enim Lacedæmonii per se, sed cum omnibus agrum nostrum invadunt, et nos aliorum agrum ipsi ingressi in alieno cum iis, qui pro laribus suis decertant, bellum gerentes, victoriam plerumque obtinemus. (3) Atque conjunctis in unum viribus nostris nullus adhuc hostis incidit propterea quod simul et rebus nauticis studemus et terrestres copias ex nobis in multa loca dimittimus; si autem uspiam cum aliqua nostrum particula manus conseruerint, quum aliquos de nostris superarunt, omnes jactant pulsos, et quum victi sunt, ab universis se victos esse. (4) Et vero si animo securo potius, quam laboriosa meditatione, nec virtute, quæ legibus magis quam indole nititur, pericula subire volumus, contingit nobis, ut et ærumnis futuris non ante fatigemur, et quum in ipsas jam venerimus, non minus audaces nos præbeamus, quam qui perpetuo se exercent,

XL. « atque ut in hisce rebus nostra civitas admiratione sit digna, et præterea in aliis. Nam elegantiæ quidem studemus cum frugalitate, et philosophamur sine mollitie, et divitiis potius in rerum gerendarum opportunitate utimur, quam ad inanem verborum jactationem, neque turpe cuiquam est paupertatem fateri; sed re ipsa eam non vitare turpius. (2) Et inest in iisdem hominibus simul et privatarum et publicarum rerum cura, et aliis, qui opificiis dant operam, hoc certe, ut reipublicæ administrandæ sufficiens sit peritia. Nos enim soli eum, qui rerum istarum nullam habet notitiam, non otiosum, sed inutilem esse ducimus, atque ipsi res aut judicamus, aut animo concipimus, non existimantes orationem rebus noxiam esse, sed potius hoc, si oratione non prius doceare, quam ad res, quæ sunt necessariæ, exsequendas accedas. (3) Nam hoc quoque præter ceteros eximium habemus, iidem ut et maxime audeamus, et quæ suscepturi simus, exputemus; quod contra aliis imperitia audaciam, consideratio tergiversationem affert. Præstantissimi autem animo illi sunt jure habendi, qui et aspera et jucunda planissime intelligunt, nec tamen ob hæc a periculis adeundis deterrentur. (4) Atque etiam ad virtutem nostra contraria atque plurimis ratio est; non enim accipientes beneficium sed ipsi facientes amicos nobis paramus. Is autem, qui fecerit, amicus est constantior, ut debitam sibi gratiam per benivolentiam in eo tueatur, cui beneficium dedit; sed qui pro beneficio gratiam debet, hebetior est, quia scit non in gratiam se, sed in debitam virtutem suam præbiturum. (5) Nos etiam soli non potius commodi nostri ratione, quam libertatis fiducia impavide aliquem juvamus.

XLI. « Atque ut rem totam complectar, dico et totam civitatem nostram esse Græciæ magistram, et singulatim videri mihi per disciplinam nostram unumquemque civem eundem et ad plurima rerum genera et cum gratia simul maxime dextere et versute corpus suum ad omnia idoneum præbere. (2) Non autem hæc, quæ in præsentia dicuntur, verborum magis inani jactatione, quam rerum veritate niti, ipsa hæc reipublicæ potentia, quam his artibus paravimus, declarat.

ἐκτησάμεθα, σημαίνει. (3) Μόνη γὰρ τῶν νῦν ἀκοῆς κρείσσων ἐς πεῖραν ἔρχεται, καὶ μόνη οὔτε τῷ πολεμίῳ ἐπελθόντι ἀγανάκτησιν ἔχει ὑφ' οἵων κακοπαθεῖ, οὔτε τῷ ὑπηκόῳ κατάμεμψιν ὡς οὐχ ὑπ' ἀξίων ἄρχεται. (4) Μετὰ μεγάλων δὲ σημείων καὶ οὐ δή τοι ἀμάρτυρόν γε τὴν δύναμιν παρασχόμενοι τοῖς τε νῦν καὶ τοῖς ἔπειτα θαυμασθησόμεθα, καὶ οὐδὲν προσδεόμενοι οὔτε Ὁμήρου ἐπαινέτου οὔτε ὅστις ἔπεσι μὲν τὸ αὐτίκα τέρψει, τῶν δ' ἔργων τὴν ὑπόνοιαν ἡ ἀλήθεια βλάψει, ἀλλὰ πᾶσαν μὲν θάλασσαν καὶ γῆν ἐσβατὸν τῇ ἡμετέρᾳ τόλμῃ καταναγκάσαντες γενέσθαι, πανταχοῦ δὲ μνημεῖα κακῶν τε κἀγαθῶν ἀΐδια ξυγκατοικίσαντες. (5) Περὶ τοιαύτης οὖν πόλεως οἵδε τε γενναίως, δικαιοῦντες μὴ ἀφαιρεθῆναι αὐτήν, μαχόμενοι ἐτελεύτησαν, καὶ τῶν λειπομένων πάντα τινὰ εἰκὸς ἐθέλειν ὑπὲρ αὐτῆς κάμνειν.

XLII. « Διὸ δὴ καὶ ἐμήκυνα τὰ περὶ τῆς πόλεως, διδασκαλίαν τε ποιούμενος μὴ περὶ ἴσου ἡμῖν εἶναι τὸν ἀγῶνα καὶ οἷς μηδὲν ὑπάρχει ὁμοίως, καὶ τὴν εὐλογίαν ἅμα ἐφ' οἷς νῦν λέγω φανερὰν σημείοις καθιστάς. (2) Καὶ εἴρηται αὐτῆς τὰ μέγιστα· ἃ γὰρ τὴν πόλιν ὕμνησα, αἱ τῶνδε καὶ τῶν τοιῶνδε ἀρεταὶ ἐκόσμησαν, καὶ οὐκ ἂν πολλοῖς τῶν Ἑλλήνων ἰσόρροπος ὥσπερ τῶνδε ὁ λόγος τῶν ἔργων φανείη. Δοκεῖ δὲ δηλοῦν ἀνδρὸς ἀρετὴν πρώτη τε μηνύουσα καὶ τελευταία βεβαιοῦσα ἡ νῦν τῶνδε καταστροφή. (3) Καὶ γὰρ τοῖς τἆλλα χείροσι δίκαιον τὴν ἐς τοὺς πολέμους ὑπὲρ τῆς πατρίδος ἀνδραγαθίαν προτίθεσθαι· ἀγαθῷ γὰρ κακὸν ἀφανίσαντες κοινῶς μᾶλλον ὠφέλησαν ἢ ἐκ τῶν ἰδίων ἔβλαψαν. (4) Τῶνδε δὲ οὔτε πλούτου τις τὴν ἔτι ἀπόλαυσιν προτιμήσας ἐμαλακίσθη, οὔτε πενίας ἐλπίδι, ὡς κἂν ἔτι διαφυγὼν αὐτὴν πλουτήσειεν, ἀναβολὴν τοῦ δεινοῦ ἐποιήσατο· τὴν δὲ τῶν ἐναντίων τιμωρίαν ποθεινοτέραν αὐτῶν λαβόντες, καὶ κινδύνων ἅμα τόνδε κάλλιστον νομίσαντες, ἐβουλήθησαν μετ' αὐτοῦ τοὺς μὲν τιμωρεῖσθαι τῶν δὲ ἐφίεσθαι, ἐλπίδι μὲν τὸ ἀφανὲς τοῦ κατορθώσειν ἐπιτρέψαντες, ἔργῳ δὲ περὶ τοῦ ἤδη ὁρωμένου σφίσιν αὐτοῖς ἀξιοῦντες πεποιθέναι, καὶ ἐν αὐτῷ τὸ ἀμύνεσθαι καὶ παθεῖν μᾶλλον ἡγησάμενοι ἢ τὸ ἐνδόντες σώζεσθαι, τὸ μὲν αἰσχρὸν τοῦ λόγου ἔφυγον, τὸ δ' ἔργον τῷ σώματι ὑπέμειναν, καὶ δι' ἐλαχίστου καιροῦ τύχης ἅμα ἀκμῇ τῆς δόξης μᾶλλον ἢ τοῦ δέους ἀπηλλάγησαν.

XLIII. « Καὶ οἵδε μὲν προσηκόντως τῇ πόλει τοιοίδε ἐγένοντο· τοὺς δὲ λοιποὺς χρὴ ἀσφαλεστέραν μὲν εὔχεσθαι, ἀτολμοτέραν δὲ μηδὲν ἀξιοῦν τὴν ἐς τοὺς πολεμίους διάνοιαν ἔχειν, σκοποῦντας μὴ λόγῳ μόνῳ τὴν ὠφελίαν, ἥν ἄν τις πρὸς οὐδὲν χεῖρον αὐτοὺς ὑμᾶς εἰδότας μηκύνοι, λέγων ὅσα ἐν τῷ τοὺς πολεμίους ἀμύνεσθαι ἀγαθὰ ἔνεστιν, ἀλλὰ μᾶλλον τὴν τῆς πόλεως δύναμιν καθ' ἡμέραν ἔργῳ θεωμένους καὶ ἐραστὰς γιγνομένους αὐτῆς, καὶ ὅταν ὑμῖν μεγάλη δόξῃ εἶναι, ἐνθυμουμένους ὅτι τολμῶντες καὶ γιγνώσκοντες τὰ δέοντα καὶ ἐν τοῖς ἔργοις αἰσχυνόμενοι ἄνδρες αὐτὰ ἐκτή-

(3) Sola enim earum, quae nunc sunt, famam superans in pericula vadit specimen sui datura; solaque nec hostibus sibi bellum inferentibus indignationem affert, quod a tali hominum genere malo afficiantur, neque populis subjectis ignominiam, quasi viris imperio indignis pareant. (4) Sed quoniam magnis cum documentis potentiam nostram nec testimoniis destitutam protulimus, et nostrae aetatis hominibus et posteris admirationi erimus, ita ut nec Homerum laudatorem desideremus, nec siquis alius carminibus quidem suis animos in praesentia demulcebit, cujus vero de rebus ipsis opinioni veritas nocebit, posteaquam omnia maria omnemque terram nostra audacia nobis pervia esse coegimus, et ubique tam malorum quam bonorum, quibus alios affecimus, sempiterna monumenta ereximus. (5) Pro tali igitur civitate et isti, quod se hac privari indignum ducerent, generose pugnantes occubuerunt, et quemlibet eorum, qui sunt reliqui, par est paratum esse labores pro ipsa subire.

XLII. « Quamobrem etiam orationem de republica longius produxi, ut docerem non de re pari certamen esse nobis atque aliis, quibus nihil horum aeque contigit; simul etiam, ut signis manifestis demonstrarem laudem eorum, super quibus nunc dico. (2) Atque explicata sunt ejus laudationis majora capita; propter quae enim urbem celebravi, his istorum istisque similium virtutes illam ornarunt, neque apud multos Graecorum facile, ut in istis, dicta factis exaequata appareant. Videtur autem mihi declarare viri virtutem istorum exitus, partim primum eam ostendens, partim postremo confirmans. (3) Nam etiam in iis, qui cetera deteriores sunt, justum est bellicam pro patria fortitudinem praecipuo loco poni; benefacto enim malefacti memoriam delentes, publice plus utilitatis universae civitati attulerunt, quam privatim suis vitiis eam laeserunt. (4) Istorum vero neque longiorem quisquam divitiarum fructum antenonendo in ignaviam resolutus est, neque spe paupertatis vitandae, quasi hac vitata dives vel posthac esset futurus, pericula detrectavit; sed quum hostium ultionem longe magis quam illa expetendam statuissent, et periculorum simul hoc omnium pulcherrimum existimarent, voluerunt hoc subeundo illos ulcisci, haec vero appetere, spei quidem incertum rei feliciter gerendae eventum committentes, in re ipsa vero de eo, quod jam cernebatur, in sua ipsorum virtute fiduciam reponendam censentes; atque in eo hostem propulsare et mortem obire potius esse rati quam cedendo salutem sibi parere, verborum quidem dedecus vitarunt, rem vero ipsam corpore sustinuerunt, et per brevissimam fortunae opportunitatem, dum in ipso rei discrimine judicio potius quam metu reguntur, de vita decesserunt.

XLIII. « Atque hi quidem, ut patria dignum erat, tales in patriam exstiterunt; reliquos vero oportet tutiorem quidem optare, sed nequaquam minus audacem in hostes animum praebendum censere, dum spectatis non verbo modo utilitatem, quam apud vos rerum non minus gnaros aliquis dicendo amplificare possit, recensens quot bona insint in hostium propulsatione, sed potius dum hujus reipublicae potentiam quotidie factis contemplamini ejusque amatores evaditis, et quum haec urbs vobis magna esse videbitur, illud cogitatis, fortes viros et intelligentes, quae facienda essent, in rebusque gerendis dedecoris timentes istam poten-

σαντο, καὶ ὁπότε καὶ πείρᾳ του σφαλεῖησαν, οὔκουν καὶ τὴν πόλιν γε τῆς σφετέρας ἀρετῆς ἀξιοῦντες στερίσκειν, κάλλιστον δὲ ἔρανον αὐτῇ προϊέμενοι. (2) Κοινῇ γὰρ τὰ σώματα διδόντες ἰδίᾳ τὸν ἀγήρων ἔπαινον ἐλάμβανον καὶ τὸν τάφον ἐπισημότατον, οὐκ ἐν ᾧ κεῖνται μᾶλλον, ἀλλ᾽ ἐν ᾧ ἡ δόξα αὐτῶν παρὰ τῷ ἐντυχόντι ἀεὶ καὶ λόγου καὶ ἔργου καιρῷ ἀείμνηστος καταλείπεται. (3) Ἀνδρῶν γὰρ ἐπιφανῶν πᾶσα γῆ τάφος, καὶ οὐ στηλῶν μόνον ἐν τῇ οἰκείᾳ σημαίνει ἐπιγραφή, ἀλλὰ καὶ ἐν τῇ μὴ προσηκούσῃ ἄγραφος μνήμη παρ᾽ ἑκάστῳ τῆς γνώμης μᾶλλον ἢ τοῦ ἔργου ἐνδιαιτᾶται. (4) Οὓς νῦν ὑμεῖς ζηλώσαντες, καὶ τὸ εὔδαιμον τὸ ἐλεύθερον τὸ δ᾽ ἐλεύθερον τὸ εὔψυχον κρίναντες, μὴ περιορᾶσθε τοὺς πολεμικοὺς κινδύνους. (5) Οὐ γὰρ οἱ κακοπραγοῦντες δικαιότερον ἀφειδοῖεν ἂν τοῦ βίου, οἷς ἐλπὶς οὐκ ἔστ᾽ ἀγαθοῦ, ἀλλ᾽ οἷς ἡ ἐναντία μεταβολὴ ἐν τῷ ζῆν ἔτι κινδυνεύεται καὶ ἐν οἷς μάλιστα μεγάλα τὰ διαφέροντα, ἤν τι πταίσωσιν. (6) Ἀλγεινοτέρα γὰρ ἀνδρί γε φρόνημα ἔχοντι ἡ ἔν τῳ μετὰ τοῦ μαλακισθῆναι κάκωσις ἢ ὁ μετὰ ῥώμης καὶ κοινῆς ἐλπίδος ἅμα γιγνόμενος ἀναίσθητος θάνατος.

XLIV. « Διόπερ καὶ τοὺς τῶνδε νῦν τοκέας, ὅσοι πάρεστε, οὐκ ὀλοφύρομαι μᾶλλον ἢ παραμυθήσομαι. Ἐν πολυτρόποις γὰρ ξυμφοραῖς ἐπίστανται τραφέντες· τὸ δ᾽ εὐτυχές, οἳ ἂν τῆς εὐπρεπεστάτης λάχωσιν, ὥσπερ οἵδε μὲν νῦν τελευτῆς, ὑμεῖς δὲ λύπης, καὶ οἷς ἐνευδαιμονῆσαί τε ὁ βίος ὁμοίως καὶ ἐντελευτῆσαι ξυνεμετρήθη. (2) Χαλεπὸν μὲν οὖν οἶδα πείθειν ὄν, ὧν καὶ πολλάκις ἕξετε ὑπομνήματα ἐν ἄλλων εὐτυχίαις, αἷς ποτὲ καὶ αὐτοὶ ἠγάλλεσθε· καὶ λύπη οὐχ ὧν ἄν τις μὴ πειρασάμενος ἀγαθῶν στερίσκηται, ἀλλ᾽ οὗ ἂν ἐθὰς γενόμενος ἀφαιρεθῇ. (3) Καρτερεῖν δὲ χρὴ καὶ ἄλλων παίδων ἐλπίδι, οἷς ἔτι ἡλικία τέκνωσιν ποιεῖσθαι· ἰδίᾳ γάρ τε τῶν οὐκ ὄντων λήθη οἱ ἐπιγιγνόμενοί τισιν ἔσονται, καὶ τῇ πόλει διχόθεν, ἔκ τε τοῦ μὴ ἐρημοῦσθαι καὶ ἀσφαλείᾳ, ξυνοίσει· οὐ γὰρ οἷόν τε ἴσον τι ἢ δίκαιον βουλεύεσθαι οἳ ἂν μὴ καὶ παῖδας ἐκ τοῦ ὁμοίου παραβαλλόμενοι κινδυνεύωσιν. (4) Ὅσοι δ᾽ αὖ παρηβήκατε, τόν τε πλείονα κέρδος ὃν εὐτυχεῖτε βίον ἡγεῖσθε καὶ τόνδε βραχὺν ἔσεσθαι, καὶ τῇ τῶνδε εὐκλείᾳ κουφίζεσθε. Τὸ γὰρ φιλότιμον ἀγήρων μόνον, καὶ οὐκ ἐν τῷ ἀχρείῳ τῆς ἡλικίας τὸ κερδαίνειν, ὥσπερ τινές φασι, μᾶλλον τέρπει, ἀλλὰ τὸ τιμᾶσθαι.

XLV. « Παισὶ δ᾽ αὖ ὅσοι τῶνδε πάρεστε ἢ ἀδελφοῖς ὁρῶ μέγαν τὸν ἀγῶνα· τὸν γὰρ οὐκ ὄντα ἅπας εἴωθεν ἐπαινεῖν, καὶ μόλις ἂν καθ᾽ ὑπερβολὴν ἀρετῆς οὐχ ὁμοῖοι ἀλλ᾽ ὀλίγῳ χείρους κριθείητε. Φθόνος γὰρ τοῖς ζῶσι πρὸς τὸ ἀντίπαλον, τὸ δὲ μὴ ἐμποδὼν ἀνανταγωνίστῳ εὐνοίᾳ τετίμηται. (2) Εἰ δέ με δεῖ καὶ γυναικείας τι ἀρετῆς, ὅσαι νῦν ἐν χηρείᾳ ἔσονται, μνησθῆναι, βραχείᾳ παραινέσει ἅπαν σημανῶ. Τῆς τε γὰρ ὑπαρχούσης φύσεως μὴ χείροσι γενέσθαι ὑμῖν μεγάλη ἡ δόξα, καὶ ἧς ἂν ἐπ᾽ ἐλάχιστον ἀρετῆς πέρι ἢ ψόγου ἐν τοῖς ἄρσεσι κλέος ᾖ.

tiam comparasse, et qui, si quando eos aliquis conatus fefellisset, non ideo etiam rempublicam sua virtute fraudandam censerent, sed pulcherrimam symbolam pro ea profunderent. (2) Publice enim vitas dantes, privatim gloriam non senescentem acceperunt, et sepulturam honorificentissimam non eam potius, in qua ipsi siti sunt, quam eam, in qua ipsorum gloria, in qualibet rerum vel dicendarum vel agendarum oblata occasione perpetuo celebranda relinquitur. (3) Nam virorum illustrium omnis terra sepulcrum est, neque sola cipporum in domestico inscriptio testimonio est, sed etiam in alieno solo memoria nullis mandata scriptis magis apud animum cujusque, quam apud sepulcri opus perpetuo manet. (4) Quos ipsi nunc imitandos vobis proponentes, et felicitatem existimantes esse libertatem, et libertatem esse animi generositatem, bellica pericula subire ne recusetis. (5) Nec enim homines calamitosi, quibus nulla boni spes adest, vitam potius profundere debent, quam illi, quibus, si diutius vivant, contraria fortunæ commutatio per pericula agitur, et in quibus potissimum magna sunt discrimina, si quid offenderint. (6) Acerbior enim viro, qui quidem magno sit animo, vexatio est, si cui cum mollitie juncta accidit, quam mors sensu carens, quæ cum fortitudine, et cum publica simul spe ipsi contingit.

XLIV. « Quamobrem etiam istorum nunc parentes, quotquot adestis, non magis defleo, quam consolabor. Inter varios enim casus intelligunt se adolevisse; beatum autem, si quibus honestissimus obtigit ut istis nunc vitæ finis, vobis vero mœror, et quibus datum est, ut eorum vita feliciter acta pariter et finita censeatur. (2) Scio autem difficile esse persuadere vobis, quorum monumenta vel sæpius in aliorum rebus secundis habebitis, quibus vos quoque quondam exsultabatis; nec dolor contingit, quum quis bonis, quæ nunquam est expertus, privatur, sed quum quis eo spoliatur, quo frui consueverat. (3) Hoc tamen tolerandum est spe aliorum quoque liberorum, si qui per ætatem liberos adhuc suscipere possunt; nam futura soboles et privatim defunctorum oblivionem nonnullis afferet, et reipublicæ bifariam proderit, tum ne deserta relinquatur, tum etiam quia ad ejus præsidium conferet; fieri enim non potest, ut, qui liberos non habent, quos pro patria pariter atque alii periculis objiciant, quicquam justum aut æquabile in commune consulant. (4) Quotquot vero ætate jam provecta estis, majorem vitæ partem, qua beati eratis, in lucro esse putate, et reliquam brevem fore, et istorum gloria dolorem levate. Solum enim laudis studium non senescit, et non in ætate inhabili quæstum facere, ut nonnulli dicunt, magis delectat, sed honore ornari.

XLV. « Liberis autem, et fratribus istorum, quotquot hic adestis, magnum certamen propositum esse video; eum enim, qui fato functus est, quilibet laudare solet, et ægre pro virtutis exsuperantia non dico pares illis, sed paulo inferiores judicemini. Nam livor est inter vivos adversus æmulos; sed id, quod nullis est impedimento, benevolentia non æmula colitur. (2) Si quam autem et de virtute mulierum, quæ in viduitate nunc erunt, mentionem me facere oportet, brevi adhortatione rem totam complectar. Nam et propria vestra natura non inferiores videri magna vobis gloria est, et si cujus de virtute aut vitio quam minimum rumoris inter mares disseminetur.

XLVI. « Εἴρηται καὶ ἐμοὶ λόγῳ κατὰ τὸν νόμον ὅσα εἶχον πρόσφορα, καὶ ἔργῳ οἱ θαπτόμενοι τὰ μὲν ἤδη κεκόσμηνται, τὰ δὲ αὐτῶν τοὺς παῖδας τὸ ἀπὸ τοῦδε δημοσίᾳ ἡ πόλις μέχρι ἥβης θρέψει, ὠφέλιμον στέφανον τοῖσδέ τε καὶ τοῖς λειπομένοις τῶν τοιῶνδε ἀγώνων προτιθεῖσα· ἆθλα γὰρ οἷς κεῖται ἀρετῆς μέγιστα, τοῖς δὲ καὶ ἄνδρες ἄριστοι πολιτεύουσιν. (2) Νῦν δὲ ἀπολοφυράμενοι ὃν προσήκει ἕκαστος ἄπιτε. »

XLVII. Τοιόσδε μὲν ὁ τάφος ἐγένετο ἐν τῷ χειμῶνι τούτῳ· καὶ διελθόντος αὐτοῦ πρῶτον ἔτος τοῦ πολέμου τοῦδε ἐτελεύτα. (2) Τοῦ δὲ θέρους εὐθὺς ἀρχομένου Πελοποννήσιοι καὶ οἱ ξύμμαχοι, τὰ δύο μέρη, ὥσπερ καὶ τὸ πρῶτον, ἐσέβαλον ἐς τὴν Ἀττικήν· ἡγεῖτο δὲ Ἀρχίδαμος ὁ Ζευξιδάμου Λακεδαιμονίων βασιλεύς. Καὶ καθεζόμενοι ἐδῄουν τὴν γῆν. (3) Καὶ ὄντων αὐτῶν οὐ πολλάς πω ἡμέρας ἐν τῇ Ἀττικῇ ἡ νόσος πρῶτον ἤρξατο γενέσθαι τοῖς Ἀθηναίοις, λεγόμενον μὲν καὶ πρότερον πολλαχόσε ἐγκατασκῆψαι καὶ περὶ Λῆμνον καὶ ἐν ἄλλοις χωρίοις, οὐ μέντοι τοσοῦτός γε λοιμὸς οὐδὲ φθορὰ οὕτως ἀνθρώπων οὐδαμοῦ ἐμνημονεύετο γενέσθαι. (4) Οὔτε γὰρ ἰατροὶ ἤρκουν τὸ πρῶτον θεραπεύοντες ἀγνοίᾳ, ἀλλ' αὐτοὶ μάλιστα ἔθνησκον ὅσῳ καὶ μάλιστα προσῇσαν, οὔτε ἄλλη ἀνθρωπεία τέχνη οὐδεμία· ὅσα τε πρὸς ἱεροῖς ἱκέτευσαν ἢ μαντείαις καὶ τοῖς τοιούτοις ἐχρήσαντο, πάντα ἀνωφελῆ ἦν, τελευτῶντές τε αὐτῶν ἀπέστησαν ὑπὸ τοῦ κακοῦ νικώμενοι.

XLVIII. Ἤρξατο δὲ τὸ μὲν πρῶτον, ὡς λέγεται, ἐξ Αἰθιοπίας τῆς ὑπὲρ Αἰγύπτου, ἔπειτα δὲ καὶ ἐς Αἴγυπτον καὶ Λιβύην κατέβη καὶ ἐς τὴν βασιλέως γῆν τὴν πολλήν. (2) Ἐς δὲ τὴν Ἀθηναίων πόλιν ἐξαπιναίως ἐνέπεσεν, καὶ τὸ πρῶτον ἐν τῷ Πειραιεῖ ἥψατο τῶν ἀνθρώπων, ὥστε καὶ ἐλέχθη ὑπ' αὐτῶν ὡς οἱ Πελοποννήσιοι φάρμακα ἐσβεβλήκοιεν ἐς τὰ φρέατα· κρῆναι γὰρ οὔπω ἦσαν αὐτόθι. Ὕστερον δὲ καὶ ἐς τὴν ἄνω πόλιν ἀφίκετο, καὶ ἔθνησκον πολλῷ μᾶλλον ἤδη. (3) Λεγέτω μὲν οὖν περὶ αὐτοῦ ὡς ἕκαστος γιγνώσκει καὶ ἰατρὸς καὶ ἰδιώτης, ἀφ' ὅτου εἰκὸς ἦν γενέσθαι αὐτό, καὶ τὰς αἰτίας ἅστινας νομίζει τοσαύτης μεταβολῆς ἱκανὰς εἶναι δύναμιν ἐς τὸ μεταστῆσαι σχεῖν· ἐγὼ δὲ οἷόν τε ἐγίγνετο λέξω, καὶ ἀφ' ὧν ἄν τις σκοπῶν, εἴ ποτε καὶ αὖθις ἐπιπέσοι, μάλιστ' ἂν ἔχοι τι προειδὼς μὴ ἀγνοεῖν, ταῦτα δηλώσω αὐτός τε νοσήσας καὶ αὐτὸς ἰδὼν ἄλλους πάσχοντας.

XLIX. Τὸ μὲν γὰρ ἔτος, ὡς ὡμολογεῖτο, ἐκ πάντων μάλιστα δὴ ἐκεῖνο ἄνοσον ἐς τὰς ἄλλας ἀσθενείας ἐτύγχανεν ὄν· εἰ δέ τις καὶ προέκαμνέ τι, ἐς τοῦτο πάντα ἀπεκρίθη. (2) Τοὺς δ' ἄλλους ἀπ' οὐδεμιᾶς προφάσεως ἀλλ' ἐξαίφνης ὑγιεῖς ὄντας πρῶτον μὲν τῆς κεφαλῆς θέρμαι ἰσχυραὶ καὶ τῶν ὀφθαλμῶν ἐρυθήματα καὶ φλόγωσις ἐλάμβανεν, καὶ τὰ ἐντός, ἥ τε φάρυγξ καὶ ἡ γλῶσσα, εὐθὺς αἱματώδη ἦν καὶ πνεῦμα ἄτοπον καὶ δυσῶδες ἠφίει· (3) ἔπειτα ἐξ αὐτῶν πταρμὸς καὶ βράγχος ἐπεγίγνετο, καὶ ἐν οὐ πολλῷ χρόνῳ κατέβαινεν ἐς τὰ στήθη ὁ πόνος μετὰ βηχὸς ἰσχυροῦ· καὶ ὁπότε ἐς τὴν καρδίαν

XLVI. « Exposui ego quoque oratione ex legis præscripto, quæcunque ad rem præsentem facere judicabam, et re ipsa qui sepeliuntur, partim jam sunt ornati, partim vero illorum liberos ab hoc tempore civitas publice alet ad pubertatem usque, utilem profecto et istis et posteris coronam hujusmodi certaminum proponens; nam apud quos maxima virtutis præmia proponuntur, in horum etiam civitate viri præstantissimi versantur. (2) Jam vero, postquam suos quique necessarios deploraveritis, abite. »

LXVII. Tali modo hoc funus factum est hac hieme; atque ea exacta primus hujus belli annus finiebatur. (2) Æstate autem statim ineunte Peloponnesiorum eorumque sociorum duæ partes ut et ante, in Atticam irruperunt; dux vero erat Archidamus Zeuxidami filius, Lacedæmoniorum rex. Castrisque positis agrum vastabant. (3) Cumque nondum multos dies in agro Attico mansissent, morbus primum cœpit aggredi Athenienses; quem quanquam et ante multis locis ingruisse ferebatur, et circa Lemnum, et in aliis regionibus, veruntamen neque tanta pestilentia, neque tot hominum interitus usquam accidisse memorabatur. (4) Nec enim in medici auxilium erat tunc primum ei medentibus ignorantia, sed ipsi maxime interibant, quo magis ad ægrotos accedebant, nec in ulla alia hominum arte; et omnes supplicationes ad templa factæ omnisque opera, qua aut in oraculis sciscitandis, aut in aliis hujusmodi rebus usi erant, omnia nullius erant usus, tandemque victi magnitudine mali hæc missa fecerunt.

XLVIII. Primum autem hic morbus, ut fertur, initium duxit ex Æthiopia, quæ est supra Ægyptum; deinde vero et in Ægyptum et Libyam descendit, et in magnam partem regionis regis Persarum, (2) In Atheniensium autem civitatem derepente incidit, et primum in Pyræeo homines temptavit, ita ut ab his etiam rumor disseminatus sit, venena a Peloponnesiis in puteos dejecta esse; fontes enim nondum erant illic. Deinde vero et in superiorem urbem processit, et jam longe plures moriebantur. (3) Pronunciet autem de eo, ut quisque sentit, tam artis medicæ peritus, quam imperitus, unde verisimile videatur eum exstitisse, et causas quas putet tantæ mutationis esse idoneas, ut vim ad rerum conversionem habuerint. Ego vero et cujusmodi fuerit, dicam, et ea, quæ sibi quisque proponens, si quando rursus etiam hic morbus ingruat, jam prædoctus aliquid habeat, ex quo præcipue eum cognoscat, hæc declarabo, qui et ipse hoc morbo laboravi, et alios eo laborantes ipse vidi.

XLIX. Nam annus quidem ille, ut vel omnium confessione constabat, ex omnibus maxime fuit immunis ab aliis morbis; quod si quis et ante aliquo morbo laborabat, omnes hi morbi in istum convertebantur. (2) Ceteros vero ex nulla manifesta causa, sed ex improviso, quum sani forent, primum quidem acres capitis fervores et oculorum rubores et inflammatio corripiebat, et interiora, guttur et lingua, continuo cruenta erant, et halitum tetrum et grave olentem emittebant. (3) Deinde vero ex his sternutatio et raucitas sequebatur; nec multo post in pectus descendebat hoc malum cum vehementi tussi. Ubi vero in corde hæsisset, et hoc ipsum

στηρίξαι, ἀνέστρεφέ τε αὐτὴν καὶ ἀποκαθάρσεις χολῆς πᾶσαι ὅσαι ὑπὸ ἰατρῶν ὠνομασμέναι εἰσὶν ἐπῄεσαν, καὶ αὗται μετὰ ταλαιπωρίας μεγάλης. (4) Λύγξ τε τοῖς πλείοσιν ἐνέπιπτε κενή, σπασμὸν ἐνδιδοῦσα ἰσχυρόν, τοῖς μὲν μετὰ ταῦτα λωφήσαντα, τοῖς δὲ καὶ πολλῷ ὕστερον. (5) Καὶ τὸ μὲν ἔξωθεν ἁπτομένῳ σῶμα οὔτ' ἄγαν θερμὸν ἦν οὔτε χλωρόν, ἀλλ' ὑπέρυθρον, πελιτνόν, φλυκταίναις μικραῖς καὶ ἕλκεσιν ἐξηνθηκός· τὰ δὲ ἐντὸς οὕτως ἐκάετο ὥστε μήτε τῶν πάνυ λεπτῶν ἱματίων καὶ σινδόνων τὰς ἐπιβολὰς μηδ' ἄλλο τι ἢ γυμνοὶ ἀνέχεσθαι, ἥδιστά τε ἂν ἐς ὕδωρ ψυχρὸν σφᾶς αὐτοὺς ῥίπτειν. Καὶ πολλοὶ τοῦτο τῶν ἠμελημένων ἀνθρώπων καὶ ἔδρασαν ἐς φρέατα, τῇ δίψῃ ἀπαύστῳ ξυνεχόμενοι· καὶ ἐν τῷ ὁμοίῳ καθειστήκει τό τε πλέον καὶ ἔλασσον ποτόν. (6) Καὶ ἡ ἀπορία τοῦ μὴ ἡσυχάζειν καὶ ἡ ἀγρυπνία ἐπέκειτο διὰ παντός. Καὶ τὸ σῶμα, ὅσονπερ χρόνον καὶ ἡ νόσος ἀκμάζοι, οὐκ ἐμαραίνετο ἀλλ' ἀντεῖχε παρὰ δόξαν τῇ ταλαιπωρίᾳ, ὥστε ἢ διεφθείροντο οἱ πλεῖστοι ἐναταῖοι καὶ ἑβδομαῖοι ὑπὸ τοῦ ἐντὸς καύματος, ἔτι ἔχοντές τι δυνάμεως, ἢ εἰ διαφύγοιεν, ἐπικατιόντος τοῦ νοσήματος ἐς τὴν κοιλίαν καὶ ἑλκώσεώς τε αὐτῇ ἰσχυρᾶς ἐγγιγνομένης καὶ διαρροίας ἅμα ἀκράτου ἐπιπιπτούσης οἱ πολλοὶ ὕστερον δι' αὐτὴν ἀσθενείᾳ ἀπεφθείροντο. (7) Διεξῄει γὰρ διὰ παντὸς τοῦ σώματος ἄνωθεν ἀρξάμενον τὸ ἐν τῇ κεφαλῇ πρῶτον ἱδρυθὲν κακόν, καὶ εἴ τις ἐκ τῶν μεγίστων περιγένοιτο, τῶν γε ἀκρωτηρίων ἀντίληψις αὐτοῦ ἐπεσήμαινεν· (8) κατέσκηπτε γὰρ ἐς αἰδοῖα καὶ ἐς ἄκρας χεῖρας καὶ πόδας, καὶ πολλοὶ στερισκόμενοι τούτων διέφευγον, εἰσὶ δ' οἳ καὶ τῶν ὀφθαλμῶν. Τοὺς δὲ καὶ λήθη ἐλάμβανε παραυτίκα ἀναστάντας τῶν πάντων ὁμοίως, καὶ ἠγνόησαν σφᾶς τε αὐτοὺς καὶ τοὺς ἐπιτηδείους.

L. Γενόμενον γὰρ κρεῖσσον λόγου τὸ εἶδος τῆς νόσου τά τε ἄλλα χαλεπωτέρως ἢ κατὰ τὴν ἀνθρωπείαν φύσιν προσέπιπτεν ἑκάστῳ, καὶ ἐν τῷδε ἐδήλωσε μάλιστα ἄλλο τι ὂν ἢ τῶν ξυντρόφων τι· τὰ γὰρ ὄρνεα καὶ τετράποδα ὅσα ἀνθρώπων ἅπτεται, πολλῶν ἀτάφων γιγνομένων ἢ οὐ προσῄει ἢ γευσάμενα διεφθείρετο. (2) Τεκμήριον δὲ τῶν μὲν τοιούτων ὀρνίθων ἐπίλειψις σαφὴς ἐγένετο, καὶ οὐχ ἑωρῶντο οὔτε ἄλλως οὔτε περὶ τοιοῦτον οὐδέν· οἱ δὲ κύνες μᾶλλον αἴσθησιν παρεῖχον τοῦ ἀποβαίνοντος διὰ τὸ ξυνδιαιτᾶσθαι.

LI. Τὸ μὲν οὖν νόσημα, πολλὰ καὶ ἄλλα παραλιπόντι ἀτοπίας, ὡς ἑκάστῳ ἐτύγχανέ τι διαφερόντως ἑτέρῳ πρὸς ἕτερον γιγνόμενον, τοιοῦτον ἦν ἐπὶ πᾶν τὴν ἰδέαν. Καὶ ἄλλο παρελύπει κατ' ἐκεῖνον τὸν χρόνον οὐδὲν τῶν εἰωθότων· ὃ δὲ καὶ γένοιτο, ἐς τοῦτο ἐτελεύτα. (2) Ἔθνησκον δὲ οἱ μὲν ἀμελείᾳ, οἱ δὲ καὶ πάνυ θεραπευόμενοι. Ἕν τε οὐδὲ ἓν κατέστη ἴαμα ὡς εἰπεῖν ὅ τι χρῆν προσφέροντας ὠφελεῖν· τὸ γάρ τῳ ξυνενεγκὸν ἄλλον τοῦτο ἔβλαπτεν. (3) Σῶμά τε αὔταρκες ὂν οὐδὲν διεφάνη πρὸς αὐτὸ ἰσχύος πέρι ἢ ἀσθενείας, ἀλλὰ πάντα ξυνῄρει καὶ τὰ πάσῃ διαίτῃ θεραπευόμενα. (4) Δεινότατον δὲ παντὸς ἦν τοῦ κακοῦ ἥ τε ἀθυμία ὁπότε τις

subvertebat, et omnes bilis ejectiones, quotquot a medicis nominatæ sunt, sequebantur, et ipsæ cum ingenti cruciatu. (4) Singultusque plerisque incidebat inanis, vehementem afferens convulsionem, in aliis quidem statim cessantem, in nonnullis multo serius. (5) Et corpus quidem exterius tangenti non erat admodum calidum, neque pallidum, sed subrubrum, lividum, parvis pustulis et ulceribus efflorescens; interiora vero ita flagrabant, ut neque tenuissimorum vestimentorum aut linteorum injectiones sustinerent, neque aliud quippiam præter nuditatem, et libentissime in aquas gelidas se conjicerent. Et multi eorum, qui neglecti erant, hoc ipsum etiam fecerunt, et in puteos se dejecerunt, siti insedabili subacti; et largior potus perinde erat ac parcior. (6) Et corporis vexatio, quæ quiescendi facultatem adimebat, et insomnia eos urgebant. Corpus etiam, quamdiu morbus vigebat, non languebat, sed præter opinionem cruciatui resistebat, ut plerique intra nonum aut etiam septimum diem propter internum ardorem interirent, aliquid virium adhuc retinentes, aut, si mortem effugissent, tamen, quia morbus in ventrem inferiorem descendebat, et exulceratio vehemens in ipso nascebatur, simul etiam, quia immoderatum alvi profluvium invadebat, plerique postea propter hoc debilitate perirent. (7) Pervadebat enim malum quum primas in capite sedes collocasset, per totum corpus, initio a summis partibus ducto, et si quis ex maximis illis periculis evasisset, extremas tamen corporis partes mali vis apprehendens se prodebat; (8) nam in ipsa quoque pudenda, et in summas manus summosque pedes prorumpebat, multique his membris capti mortem effugiebant, nonnulli etiam oculis privati. Alios etiam, simul atque ex morbo convaluerant, statim omnium rerum oblivio pariter cepit, ita ut neque se ipsos, neque necessarios agnoscerent.

L. Cum enim hoc morbi genus multo fuerit atrocius, quam quod oratione possit exprimi, et aliis in rebus gravius, quam ut humana natura ferre possit, singulos invasit, et hoc maxime declaravit, se aliud esse, quam aliquod familiarium; alites enim et quadrupedes, quotquot humanis cadaveribus vescuntur, quum multa jacerent insepulta, aut non accedebant, aut, si gustassent, interibant. (2) Argumento autem hoc est, quod hujusmodi avium manifestus fuit defectus; nec uspiam alibi, nec circum ulla hujusmodi cadavera visebantur; canes vero, propter consuetudinem, quam cum hominibus habent, majorem eventus significationem dabant.

LI. Hic igitur morbus, ut omittam multa alia inusitatæ atrocitatis, prout unicuique aliquid accidebat diversum ab eo, quod alteri contingebat, omnino specie talis fuit. Et aliud id temporis nullum ex consuetis malis homines infestabat; si quod autem exoreretur, in hoc desinebat. (2) Moriebantur autem alii per incuriam, alii vero vel diligentissime curati. Nec ullum prorsus dixerim unum remedium exstitit, quod adhibitum prodesset; quod enim alteri profuerat, hoc ipsum alteri nocebat. (3) Et corpus nullum repertum est, quod, sive firmæ sive infirmæ valetudinis esset, tanti mali violentiæ resistere posset, sed omnia pariter, et omni victus ratione utentia corripiebat. (4) Illud vero in toto hoc malo gravissimum erat, tum quod, simul

αἴσθοιτο κάμνων (πρὸς γὰρ τὸ ἀνέλπιστον εὐθὺς τραπόμενοι τῇ γνώμῃ πολλῷ μᾶλλον προΐεντο σφᾶς αὐτοὺς καὶ οὐκ ἀντεῖχον), καὶ ὅτι ἕτερος ἀφ' ἑτέρου θεραπείας ἀναπιμπλάμενοι ὥσπερ τὰ πρόβατα ἔθνησκον· καὶ τὸν πλεῖστον φθόρον τοῦτο ἐνεποίει. (5) Εἴτε γὰρ μὴ θέλοιεν δεδιότες ἀλλήλοις προσιέναι, ἀπώλλυντο ἐρῆμοι, καὶ οἰκίαι πολλαὶ ἐκενώθησαν ἀπορίᾳ τοῦ θεραπεύσοντος· εἴτε προσίοιεν, διεφθείροντο, καὶ μάλιστα οἱ ἀρετῆς τι μεταποιούμενοι· αἰσχύνῃ γὰρ ἠφείδουν σφῶν αὐτῶν, ἐσιόντες παρὰ τοὺς φίλους, ἐπεὶ καὶ τὰς ὀλοφύρσεις τῶν ἀπογιγνομένων τελευτῶντες καὶ οἱ οἰκεῖοι ἐξέκαμνον, ὑπὸ τοῦ πολλοῦ κακοῦ νικώμενοι. (6) Ἐπὶ πλέον δ' ὅμως οἱ διαπεφευγότες τόν τε θνήσκοντα καὶ τὸν πονούμενον ᾠκτίζοντο διὰ τὸ προειδέναι τε καὶ αὐτοὶ ἤδη ἐν τῷ θαρσαλέῳ εἶναι· δὶς γὰρ τὸν αὐτόν, ὥστε καὶ κτείνειν, οὐκ ἐπελάμβανεν. Καὶ ἐμακαρίζοντό τε ὑπὸ τῶν ἄλλων, καὶ αὐτοὶ τῷ παραχρῆμα περιχαρεῖ καὶ ἐς τὸν ἔπειτα χρόνον ἐλπίδος τι εἶχον κούφης μηδ' ἂν ὑπ' ἄλλου νοσήματός ποτε ἔτι διαφθαρῆναι.

LII. Ἐπίεσε δ' αὐτοὺς μᾶλλον πρὸς τῷ ὑπάρχοντι πόνῳ καὶ ἡ ξυγκομιδὴ ἐκ τῶν ἀγρῶν ἐς τὸ ἄστυ, καὶ οὐχ ἧσσον τοὺς ἐπελθόντας. (2) Οἰκιῶν γὰρ οὐχ ὑπαρχουσῶν, ἀλλ' ἐν καλύβαις πνιγηραῖς ὥρᾳ ἔτους διαιτωμένων ὁ φθόρος ἐγίγνετο οὐδενὶ κόσμῳ, ἀλλὰ καὶ νεκροὶ ἐπ' ἀλλήλοις ἀποθνήσκοντες ἔκειντο, καὶ ἐν ταῖς ὁδοῖς ἐκαλινδοῦντο καὶ περὶ τὰς κρήνας ἁπάσας ἡμιθνῆτες τοῦ ὕδατος ἐπιθυμίᾳ. (3) Τά τε ἱερὰ ἐν οἷς ἐσκήνηντο νεκρῶν πλέα ἦν, αὐτοῦ ἐναποθνησκόντων· ὑπερβιαζομένου γὰρ τοῦ κακοῦ οἱ ἄνθρωποι οὐκ ἔχοντες ὅ τι γένωνται, ἐς ὀλιγωρίαν ἐτράποντο καὶ ἱερῶν καὶ ὁσίων ὁμοίως. (4) Νόμοι τε πάντες συνεταράχθησαν οἷς ἐχρῶντο πρότερον περὶ τὰς ταφάς, ἔθαπτον δὲ ὡς ἕκαστος ἐδύνατο. Καὶ πολλοὶ ἐς ἀναισχύντους θήκας ἐτράποντο σπάνει τῶν ἐπιτηδείων διὰ τὸ συχνοὺς ἤδη προτεθνάναι σφίσιν· ἐπὶ πυρὰς γὰρ ἀλλοτρίας φθάσαντες τοὺς νήσαντας οἱ μὲν ἐπιτιθέντες τὸν ἑαυτῶν νεκρὸν ὑφῆπτον, οἱ δὲ καιομένου ἄλλου ἄνωθεν ἐπιβαλόντες ὃν φέροιεν ἀπῄεσαν.

LIII. Πρῶτόν τε ἦρξε καὶ ἐς τἆλλα τῇ πόλει ἐπὶ πλέον ἀνομίας τὸ νόσημα. Ῥᾷον γὰρ ἐτόλμα τις ἃ πρότερον ἀπεκρύπτετο μὴ καθ' ἡδονὴν ποιεῖν, ἀγχίστροφον τὴν μεταβολὴν ὁρῶντες τῶν τ' εὐδαιμόνων καὶ αἰφνιδίως θνησκόντων καὶ τῶν οὐδὲν πρότερον κεκτημένων, εὐθὺς δὲ τἀκείνων ἐχόντων. (2) Ὥστε ταχείας τὰς ἐπαυρέσεις καὶ πρὸς τὸ τερπνὸν ἠξίουν ποιεῖσθαι, ἐφήμερα τά τε σώματα καὶ τὰ χρήματα ὁμοίως ἡγούμενοι. (3) Καὶ τὸ μὲν προσταλαιπωρεῖν τῷ δόξαντι καλῷ οὐδεὶς πρόθυμος ἦν, ἄδηλον νομίζων εἰ πρὶν ἐπ' αὐτὸ ἐλθεῖν διαφθαρήσεται· ὅ τι δὲ ἤδη τε ἡδὺ καὶ πανταχόθεν τὸ ἐς αὐτὸ κερδαλέον, τοῦτο καὶ καλὸν καὶ χρήσιμον κατέστη. (4) Θεῶν δὲ φόβος ἢ ἀνθρώπων νόμος οὐδεὶς ἀπεῖργεν, τὸ μὲν κρίνοντες ἐν ὁμοίῳ καὶ σέβειν καὶ μὴ ἐκ τοῦ πάντας ὁρᾶν ἐν ἴσῳ ἀπολλυμένους, τῶν δὲ ἁμαρτημάτων οὐδεὶς ἐλπίζων μέχρι τοῦ δίκην γενέσθαι

ac quis se morbo correptum sensisset, animo consternaretur (statim enim animo ad salutis desperationem conversi, multo magis se ipsos projiciebant, neque resistebant), tum etiam, quod alter ex alterius curatione infecti tanquam pecudes morerentur; atque hæc fuit maxima stragis causa. (5) Sive enim noluissent ob metum mutuo se invisere, deserti interibant, multæque domus propter inopiam hominum, qui ægrotos curarent, exhaustæ sunt; sive alteri ad alteros adissent, interibant, et præcipue qui virtutis laudem sibi vindicabant; pudore enim sibi ipsis non parcebant, ad amicos intrantes, siquidem vel ipsi domestici tandem lamentationes de iis qui moriebantur, defatigati omittebant, mali violentia superati. (6) Illi tamen, qui evaserant, et eum, qui moriebatur, et eum, qui laborabat, magis miserabantur, tum quod hoc malum prius experti cognoscerent, tum etiam quod ipsi in tuto jam essent; bis enim eundem non corripiebat morbus, ita ut cum etiam interimeret. Et ab aliis beati censebantur, ipsique propter præsentem salutis insperatæ lætitiam exsultantes quandam etiam in futurum levem spem habebant, se ne alio quidem morbo amplius unquam absumptum iri.

LII. Pressit eos autem magis etiam præter laborem, quo jam vexabantur, ipsa quoque ex agris in urbem commigratio, et præcipue quidem eos, qui accesserant. (2) Quum enim ædes non suppeterent, sed in tuguriolis æstuosis ob anni tempus habitarent, strages edebatur nullo ordine, sed etiam mortui alii super alios qui peribant jacebant; et in viis volutabantur et circa fontes omnes semimortui aquæ desiderio. (3) Et templa, in quibus tabernacula habitandi causa fecerant, cadaveribus erant referta eorum, qui ibi moriebantur; mali enim violentia supra modum urgente, homines non habentes, quid se fieret, publica privataque sacra pariter negligere cœperunt. (4) Omnesque leges, quibus ante in sepultura utebantur, sunt conturbatæ, et sepeliebant, ut quisque poterat. Multique ad impudentia sepulcra se converterunt, quum justa deficerent propter multitudinem eorum, qui sibi ex suis jam ante mortui erant; in alienos enim rogos, antevertentes illos, qui eos exstruxerant, alii mortuum suum imponebant, igneque subjecto accendebant, alii vero, dum alterius cadaver arderet, suo cadavere, quod ipsi ferebant, superjecto, discedebant.

LIII. Atque primum aliis etiam in rebus civitati majoris improbitatis initium hic morbus fuit. Facilius enim quisque audebat facere, quæ prius occultabat, quin ex animi libidine pataret, quod repentinam rerum mutationem fieri viderent, quum homines quidem fortunati repente morerentur, illi vero, qui nihil ante possidebant, statim illorum bona haberent. (2) Itaque bonis illis celeriter perfruendum, operamque voluptatibus dandam censebant, quod pariter et corpora et bona momentanea esse existimarent (3) Et ad labores ultro tolerandos rei causa, quæ visa era honesta, nemo animo promptus erat, incertum existimanum priusquam ad illam pervenisset, interiret; sed quidquid jam voluptatem præbere aut quidquid undique ad eam comparandam lucrum esse videbatur, hoc etiam honestum, et utile judicatum esf. (4) Deorum autem metus aut hominum lex nulla arcebat; quippe illos quidem colere perinde esse judicabant ac non colere, quod omnes pariter mori viderent; delictorum vero nullus se tamdiu victurum spe-

βιοὺς ἂν τὴν τιμωρίαν ἀντιδοῦναι, πολὺ δὲ μείζω τὴν ἤδη κατεψηφισμένην σφῶν ἐπικρεμασθῆναι, ἣν πρὶν ἐμπεσεῖν εἰκὸς εἶναι τοῦ βίου τι ἀπολαῦσαι.

LIV. Τοιούτῳ μὲν πάθει οἱ Ἀθηναῖοι περιπεσόντες ἐπιέζοντο, ἀνθρώπων τ' ἔνδον θνησκόντων καὶ γῆς ἔξω δηουμένης. (2) Ἐν δὲ τῷ κακῷ, οἷα εἰκός, ἀνεμνήσθησαν καὶ τοῦδε τοῦ ἔπους, φάσκοντες οἱ πρεσβύτεροι πάλαι ᾄδεσθαι, « ἥξει Δωριακὸς πόλεμος, καὶ λοιμὸς ἅμ' αὐτῷ. » (3) Ἐγένετο μὲν οὖν ἔρις τοῖς ἀνθρώποις μὴ λοιμὸν ὠνομάσθαι ἐν τῷ ἔπει ὑπὸ τῶν παλαιῶν ἀλλὰ λιμόν, ἐνίκησε δὲ ἐπὶ τοῦ παρόντος εἰκότως λοιμὸν εἰρῆσθαι· οἱ γὰρ ἄνθρωποι πρὸς ἃ ἔπασχον τὴν μνήμην ἐποιοῦντο. Ἢν δέ γε οἶμαί ποτε ἄλλος πόλεμος καταλάβῃ Δωρικὸς τοῦδε ὕστερος καὶ ξυμβῇ γενέσθαι λιμόν, κατὰ τὸ εἰκὸς οὕτως ᾄσονται. (4) Μνήμη δὲ ἐγένετο καὶ τοῦ Λακεδαιμονίων χρηστηρίου τοῖς εἰδόσιν, ὅτε ἐπερωτῶσιν αὐτοῖς τὸν θεὸν εἰ χρὴ πολεμεῖν ἀνεῖλε κατὰ κράτος πολεμοῦσι νίκην ἔσεσθαι, καὶ αὐτὸς ἔφη ξυλλήψεσθαι. (5) Περὶ μὲν οὖν τοῦ χρηστηρίου τὰ γιγνόμενα ἤκαζον ὁμοῖα εἶναι, ἐσβεβληκότων δὲ τῶν Πελοποννησίων ἡ νόσος ἤρξατο εὐθύς. Καὶ ἐς μὲν Πελοπόννησον οὐκ ἐσῆλθεν, ὅ τι ἄξιον καὶ εἰπεῖν, ἐπενείματο δὲ Ἀθήνας μὲν μάλιστα, ἔπειτα δὲ καὶ τῶν ἄλλων χωρίων τὰ πολυανθρωπότατα. (6) Ταῦτα μὲν τὰ κατὰ τὴν νόσον γενόμενα.

LV. Οἱ δὲ Πελοποννήσιοι ἐπειδὴ ἔτεμον τὸ πεδίον, παρῆλθον ἐς τὴν Πάραλον γῆν καλουμένην μέχρι Λαυρίου, οὗ τὰ ἀργύρεια μέταλλά ἐστιν Ἀθηναίοις. Καὶ πρῶτον μὲν ἔτεμον ταύτην ᾗ πρὸς Πελοπόννησον ὁρᾷ, ἔπειτα δὲ τὴν πρὸς Εὔβοιάν τε καὶ Ἄνδρον τετραμμένην. (2) Περικλῆς δὲ στρατηγὸς ὢν καὶ τότε περὶ μὲν τοῦ μὴ ἐπεξιέναι τοὺς Ἀθηναίους τὴν αὐτὴν γνώμην εἶχεν ὥσπερ καὶ ἐν τῇ προτέρᾳ ἐσβολῇ·

LVI. ἔτι δ' αὐτῶν ἐν τῷ πεδίῳ ὄντων, πρὶν ἐς τὴν παραλίαν γῆν ἐλθεῖν, ἑκατὸν νεῶν ἐπίπλουν τῇ Πελοποννήσῳ παρεσκευάζετο, καὶ ἐπειδὴ ἕτοιμα ἦν, ἀνήγετο. (2) Ἦγε δ' ἐπὶ τῶν νεῶν ὁπλίτας Ἀθηναίων τετρακισχιλίους, καὶ ἱππέας τριακοσίους ἐν ναυσὶν ἱππαγωγοῖς πρῶτον τότε ἐκ τῶν παλαιῶν νεῶν ποιηθείσαις· ξυνεστρατεύοντο δὲ καὶ Χῖοι καὶ Λέσβιοι πεντήκοντα ναυσίν. (3) Ὅτε δὲ ἀνήγετο ἡ στρατιὰ αὕτη Ἀθηναίων, Πελοποννησίους κατέλιπον τῆς Ἀττικῆς ὄντας ἐν τῇ παραλίᾳ. (4) Ἀφικόμενοι δὲ ἐς Ἐπίδαυρον τῆς Πελοποννήσου ἔτεμον τῆς γῆς τὴν πολλήν, καὶ πρὸς τὴν πόλιν προσβαλόντες ἐς ἐλπίδα μὲν ἦλθον τοῦ ἑλεῖν, οὐ μέντοι προεχώρησέ γε. (5) Ἀναγαγόμενοι δὲ ἐκ τῆς Ἐπιδαύρου ἔτεμον τήν τε Τροιζηνίδα γῆν καὶ τὴν Ἁλιάδα καὶ τὴν Ἑρμιονίδα· ἔστι δὲ πάντα ταῦτα ἐπιθαλάσσια τῆς Πελοποννήσου. (6) Ἄραντες δὲ ἀπ' αὐτῶν ἀφίκοντο ἐς Πρασιὰς τῆς Λακωνικῆς πόλισμα ἐπιθαλάσσιον, καὶ τῆς τε γῆς ἔτεμον καὶ αὐτὸ τὸ πόλισμα εἷλον καὶ ἐπόρθησαν. (7) Ταῦτα δὲ ποιήσαντες ἐπ' οἴκου ἀνεχώρησαν. Τοὺς δὲ Πελοποννησίους οὐκέτι κατέλαβον ἐν τῇ Ἀττικῇ ὄντας ἀλλ' ἀνακεχωρηκότας.

rabat, dum instituto judicio pœnam daret, sed multo majorem hanc esse, quæ jam decreta sibi impenderet, quæ antequam ingrueret, par utique esse vita frui.

LIV. Tali igitur malo Athenienses correpti graviter premebantur, quum et homines intra muros morerentur, et foris ager vastaretur. (2) Dum autem hoc malo vexantur, quum alia, quæ par erat, memoria repetebant, tum hoc etiam carmen, quod seniores olim cantari dicebant,

Una Doriacum veniet cum peste duellum.

(3) Incidit igitur hominibus altercatio non pestem (λοιμόν) in isto carmine ab antiquis nominatam, sed famem (λιμόν); evicit autem in præsentia illud merito, pestilentiam significatam esse; homines enim ad mala, quæ patiebantur, memoriam accommodabant. Si vero unquam aliud Doricum bellum post hoc incesserit, et famem esse contigerit, probabile est, puto, hoc modo eos canturos. (4) Oraculum etiam Lacedæmoniis redditum ab illis, qui hoc noverant, memorabatur, quum ipsis oraculum consulentibus, bellumne movendum esset, Deus respondit, ipsos fore victores, si bellum totis viribus gererent, seque ipsis opem laturum dixit. (5) Quod igitur attinet ad oraculum, ea, quæ fiebant, cum ipso convenire statuebant; quum autem Peloponnesii irrupissent, statim hic morbus grassari cœpit. Et Peloponnesum quidem non invasit, ita quidem ut sit relatu dignum; depastus vero est Athenas præcipue, deinde ex aliis locis ea, quæ maxima populi frequentia erant referta. (6) Atque hæc quidem sunt ea, quæ in morbo evenerunt.

LV. Peloponnesii vero, postquam Atticæ planitiem vastarunt, in agrum, qui maritimus appellatur, processerunt usque ad Laurium, ubi sunt argenti fodinæ Atheniensibus. Ac primum quidem eam partem vastarunt, quæ Peloponnesum spectat, deinde vero eam, quæ ad Eubœam et Andrum vergit. (2) Pericles autem, qui tunc quoque dux erat, eandem sententiam habebat, quemadmodum et in superiore expeditione, non oportere Athenienses contra hostes exire;

LVI. quum autem in planitie adhuc essent, antequam ad oram maritimam venirent, centum navium classem Peloponneso bellum illaturus instruebat, et postquam omnia parata erant, solvit. (2) Ducebat autem in navibus quatuor millia gravis armaturæ militum Atheniensium, et trecentos equites in aliis navibus, quæ equis vehendis erant aptæ, quæ ex vetustis navigiis tunc primum factæ erant; ad eandem autem expeditionem et Chii et Lesbii cum quinquaginta navibus proficiscebantur. (3) Quum autem hic Atheniensium exercitus solvebat, Peloponnesios in Atticæ ora maritima versantes reliquerunt. (4) Quumque ad Epidaurum Peloponnesi urbem pervenissent, magnam agri partem vastarunt, et adorti urbem, in spem quidem ejus expugnandæ venerunt, non tamen res ipsis successit. Quum autem ab Epidauro solvissent, Trœzenium et Haliensem et Hermionensem agrum vastarunt : hæc autem omnia loca sunt in maritima Peloponnesi ora. (6) Hinc vero solventes, ad Prasias, agri Laconici oppidum maritimum, pervenerunt, ejusque agrum vastarunt et ipsum oppidum ceperunt ac diripuerunt. (7) His autem actis domum redierunt. Peloponnesios vero non amplius invenerunt in Attica versantes, sed domum reversos.

LVII. Ὅσον δὲ χρόνον οἵ τε Πελοποννήσιοι ἦσαν ἐν τῇ γῇ τῇ Ἀθηναίων καὶ οἱ Ἀθηναῖοι ἐστράτευον ἐπὶ τῶν νεῶν, ἡ νόσος ἔν τε τῇ στρατιᾷ τοὺς Ἀθηναίους ἔφθειρε καὶ ἐν τῇ πόλει, ὥστε καὶ ἐλέχθη τοὺς Πελοποννησίους δείσαντας τὸ νόσημα, ὡς ἐπυνθάνοντο τῶν αὐτομόλων ὅτι ἐν τῇ πόλει εἴη καὶ θάπτοντας ἅμα ᾐσθάνοντο, θᾶσσον ἐκ τῆς γῆς ἐξελθεῖν. (2) Τῇ δ' ἐσβολῇ ταύτῃ πλεῖστόν τε χρόνον ἔμειναν καὶ τὴν γῆν πᾶσαν ἔτεμον· ἡμέρας γὰρ τεσσαράκοντα μάλιστα ἐν τῇ γῇ τῇ Ἀττικῇ ἐγένοντο.

LVIII. Τοῦ δ' αὐτοῦ θέρους Ἄγνων ὁ Νικίου καὶ Κλεόπομπος ὁ Κλεινίου ξυστράτηγοι ὄντες Περικλέους, λαβόντες τὴν στρατιὰν ᾗπερ ἐκεῖνος ἐχρήσατο, ἐστράτευσαν εὐθὺς ἐπὶ Χαλκιδέας τοὺς ἐπὶ Θρᾴκης καὶ Ποτίδαιαν ἔτι πολιορκουμένην, ἀφικόμενοι δὲ μηχανάς τε τῇ Ποτιδαίᾳ προσέφερον καὶ παντὶ τρόπῳ ἐπειρῶντο ἑλεῖν. (2) Προυχώρει δὲ αὐτοῖς οὔτε ἡ αἵρεσις τῆς πόλεως οὔτε τἆλλα τῆς παρασκευῆς ἀξίως· ἐπιγενομένη γὰρ ἡ νόσος ἐνταῦθα δὴ πάνυ ἐπίεσε τοὺς Ἀθηναίους, φθείρουσα τὴν στρατιάν, ὥστε καὶ τοὺς προτέρους στρατιώτας νοσῆσαι τῶν Ἀθηναίων ἀπὸ τῆς ξὺν Ἄγνωνι στρατιᾶς, ἐν τῷ πρὸ τοῦ χρόνου ὑγιαίνοντας. Φορμίων δὲ καὶ οἱ ἑξακόσιοι καὶ χίλιοι οὐκέτι ἦσαν περὶ Χαλκιδέας. (3) Ὁ μὲν οὖν Ἄγνων ταῖς ναυσὶν ἀνεχώρησεν ἐς τὰς Ἀθήνας, ἀπὸ τετρακισχιλίων ὁπλιτῶν χιλίους καὶ πεντήκοντα τῇ νόσῳ ἀπολέσας ἐν τεσσαράκοντα μάλιστα ἡμέραις· οἱ δὲ πρότεροι στρατιῶται κατὰ χώραν μένοντες ἐπολιόρκουν τὴν Ποτίδαιαν.

LIX. Μετὰ δὲ τὴν δευτέραν ἐσβολὴν τῶν Πελοποννησίων οἱ Ἀθηναῖοι, ὡς ἥ τε γῆ αὐτῶν ἐτέτμητο τὸ δεύτερον καὶ ἡ νόσος ἐπέκειτο ἅμα καὶ ὁ πόλεμος, ἠλλοίωντο τὰς γνώμας, (2) καὶ τὸν μὲν Περικλέα ἐν αἰτίᾳ εἶχον ὡς πείσαντα σφᾶς πολεμεῖν καὶ δι' ἐκεῖνον ταῖς ξυμφοραῖς περιπεπτωκότες, πρὸς δὲ τοὺς Λακεδαιμονίους ὥρμηντο ξυγχωρεῖν. Καὶ πρέσβεις τινὰς πέμψαντες ὡς αὐτοὺς ἄπρακτοι ἐγένοντο. Πανταχόθεν τε τῇ γνώμῃ ἄποροι καθεστῶτες ἐνέκειντο τῷ Περικλεῖ. (3) Ὁ δὲ ὁρῶν αὐτοὺς πρὸς τὰ παρόντα χαλεπαίνοντας καὶ πάντα ποιοῦντας ἅπερ αὐτὸς ἤλπιζεν, ξύλλογον ποιήσας (ἔτι δ' ἐστρατήγει) ἐβούλετο θαρσῦναί τε καὶ ἀπαγαγὼν τὸ ὀργιζόμενον τῆς γνώμης πρὸς τὸ πιώτερον καὶ ἀδεέστερον καταστῆσαι. Παρελθὼν δὲ λέξε τοιάδε.

LX. « Καὶ προσδεχομένῳ μοι τὰ τῆς ὀργῆς ὑμῶν ἐμὲ γεγένηται (αἰσθάνομαι γὰρ τὰς αἰτίας), καὶ ἐκκλησίαν τούτου ἕνεκα ξυνήγαγον ὅπως ὑπομνήσω καὶ μέμψωμαι εἴ τι μὴ ὀρθῶς ἢ ἐμοὶ χαλεπαίνετε ἢ ταῖς ξυμφοραῖς εἴκετε. (2) Ἐγὼ γὰρ ἡγοῦμαι πόλιν πλείω ξύμπασαν ὀρθουμένην ὠφελεῖν τοὺς ἰδιώτας ἢ καθ' ἕκαστον τῶν πολιτῶν εὐπραγοῦσαν, ἀθρόαν δὲ σφαλλομένην. (3) Καλῶς μὲν γὰρ φερόμενος ἀνὴρ τὸ καθ' αὑτὸν διαφθειρομένης τῆς πατρίδος οὐδὲν ἧσσον ξυναπόλλυται, κακοτυχῶν δὲ ἐν εὐτυχούσῃ πολλῷ μᾶλλον ἀσώζεται. (4) Ὁπότε οὖν πόλις μὲν τὰς ἰδίας ξυμ-

LVII. Quamdiu autem Peloponnesii in Attica, et Athenienses in navali expeditione erant, morbus et militiæ et domi Athenienses absumebat; quamobrem etiam rumor fuit, Peloponnesios morbi metu, quum ex transfugis eum in urbe grassari intellexissent et simul etiam sepelientes viderent, citius inde discessisse. (2) Hac autem expeditione in agro hostili diutissime sunt commorati, totumque vastarunt; nam quadraginta ferme dies in Attica manserunt.

LVIII. Eadem æstate Hagno Niciæ et Cleopompus Cliniæ filius, Periclis in præturà collegæ, sumptis copiis, quibus ille usus erat, Chalcidensibus, qui sunt in Thracia, et Potidææ adhuc obsessæ bellum statim intulerunt. Quum autem venissent, machinas ei admovebant omnique ope expugnare conabantur. (2) Sed neque urbis expugnatio, neque cetera pro apparatus magnitudine ipsis succedebant; nam morbus superveniens hic Athenienses graviter afflixit, absumens exercitum, adeo ut et priores Atheniensium milites morbum contraxerint ex contagio copiarum, quæ cum Hagnone venerant, quamvis antea recte valerent. Phormio vero et ejus mille ac sexcenti milites apud Chalcidenses non amplius erant. (3) Hagno igitur cum navibus Athenas rediit, ex quatuor millibus militum mille et quinquaginta morbo amissis intra dies ferme quadraginta; priores vero milites in loco remanentes Potidæam obsidebant.

LIX. Post secundam vero Peloponnesiorum irruptionem Athenienses, quum ager ipsorum iterum esset vastatus, et morbus simul et bellum ipsos premeret, sententiam mutaverant; (2) et Periclem culpabant, quod sibi persuasisset, ut bellum hoc susciperent, et quod propter ipsum in has calamitates incidissent; cum Lacedæmoniis vero compositionem facere cupiebant. Quumque legatos ad ipsos misissent, nihil impetrare potuerunt. Atque undique ad consilii inopiam redacti Periclem urgebant. (3) Ille vero, quum ipsos præsentem rerum statum moleste ferre videret, omniaque facere, quæ ipse exspectabat, coacta concione (adhuc enim erat exercitus prætor), volebat iis fiduciam addere et ira ex animis sublata mitiores eos et metu vacuos reddere. Quamobrem in medium progressus hanc orationem habuit.

LX. « Et exspectanti mihi ira in me vestra accidit (intelligo enim causas), et propterea concionem coegi, ut vos commonefacerem et vobiscum expostularem, si quid vos haud recte vel mihi succensetis, vel rebus adversis ceditis. (2) Ego enim existimo, civitatem, cujus universus status manet erectus, majorem utilitatem privatis hominibus afferre, quam si singulorum civium felicitate privatim floreat, ipsa vero universa jaceat afflicta. (3) Qui enim privatim rem feliciter gerit, si patria evertatur, ipse quoque nihilominus una cum ea perit; si vero in republica florente rem infeliciter gerit, longe facilius conservatur. (4) Quandoquidem igitur respublica pri-

φοράς οἷά τε φέρειν, εἷς δ' ἕκαστος τὰς ἐκείνης ἀδύνατος, πῶς οὐ χρὴ πάντας ἀμύνειν αὐτῇ, καὶ μὴ ὃ νῦν ὑμεῖς δρᾶτε, ταῖς κατ' οἶκον κακοπραγίαις ἐκπεπληγμένοι τοῦ κοινοῦ τῆς σωτηρίας ἀφίεσθε, καὶ ἐμέ τε τὸν παραινέσαντα πολεμεῖν καὶ ὑμᾶς αὐτοὺς οἳ ξυνέγνωτε δι' αἰτίας ἔχετε. (5) Καίτοι ἐμοὶ τοιούτῳ ἀνδρὶ ὀργίζεσθε ὃς οὐδενὸς οἴομαι ἥσσων εἶναι γνῶναί τε τὰ δέοντα καὶ ἑρμηνεῦσαι ταῦτα, φιλόπολίς τε καὶ χρημάτων κρείσσων. (6) Ὅ τε γὰρ γνοὺς καὶ μὴ σαφῶς διδάξας ἐν ἴσῳ καὶ εἰ μὴ ἐνεθυμήθη· ὅ τ' ἔχων ἀμφότερα, τῇ δὲ πόλει δύσνους, οὐκ ἂν ὁμοίως τι οἰκείως φράζοι· προσόντος δὲ καὶ τοῦδε, χρήμασι δὲ νικωμένου, τὰ ξύμπαντα τούτου ἑνὸς ἂν πωλοῖτο. (7) Ὥστ' εἴ μοι καὶ μέσως ἡγούμενοι μᾶλλον ἑτέρων προσεῖναι αὐτὰ πολεμεῖν ἐπείσθητε, οὐκ ἂν εἰκότως νῦν τοῦ γε ἀδικεῖν αἰτίαν φεροίμην.

LXI. « Καὶ γὰρ οἷς μὲν αἵρεσις γεγένηται τἆλλα εὐτυχοῦσι, πολλὴ ἄνοια πολεμῆσαι· εἰ δ' ἀναγκαῖον ἦν ἢ εἴξαντας εὐθὺς τοῖς πέλας ὑπακοῦσαι ἢ κινδυνεύσαντας περιγενέσθαι, ὁ φυγὼν τὸν κίνδυνον τοῦ ὑποστάντος μεμπτότερος. (2) Καὶ ἐγὼ μὲν ὁ αὐτός εἰμι καὶ οὐκ ἐξίσταμαι· ὑμεῖς δὲ μεταβάλλετε, ἐπειδὴ ξυνέβη ὑμῖν πεισθῆναι μὲν ἀκεραίοις μεταμέλειν δὲ κακουμένοις, καὶ τὸν ἐμὸν λόγον ἐν τῷ ὑμετέρῳ ἀσθενεῖ τῆς γνώμης μὴ ὀρθὸν φαίνεσθαι, διότι τὸ μὲν λυποῦν ἔχει ἤδη τὴν αἴσθησιν ἑκάστῳ, τῆς δὲ ὠφελίας ἄπεστιν ἔτι ἡ δήλωσις ἅπασιν, καὶ μεταβολῆς μεγάλης, καὶ ταύτης ἐξ ὀλίγου, ἐμπεσούσης ταπεινὴ ὑμῶν ἡ διάνοια ἐγκαρτερεῖν ἃ ἔγνωτε. (3) Δουλοῖ γὰρ φρόνημα τὸ αἰφνίδιον καὶ ἀπροσδόκητον καὶ τὸ πλείστῳ παραλόγῳ ξυμβαῖνον· ὃ ὑμῖν πρὸς τοῖς ἄλλοις οὐχ ἥκιστα καὶ κατὰ τὴν νόσον γεγένηται. (4) Ὅμως δὲ πόλιν μεγάλην οἰκοῦντας καὶ ἐν ἤθεσιν ἀντιπάλοις αὐτῇ τεθραμμένους χρεὼν καὶ ξυμφοραῖς ταῖς μεγίσταις ἐθέλειν ὑφίστασθαι καὶ τὴν ἀξίωσιν μὴ ἀφανίζειν (ἐν ἴσῳ γὰρ οἱ ἄνθρωποι δικαιοῦσι τῆς τε ὑπαρχούσης δόξης αἰτιᾶσθαι ὅστις μαλακίᾳ ἐλλείπει καὶ τῆς μὴ προσηκούσης μισεῖν τὸν θρασύτητι ὀρεγόμενον), ἀπαλγήσαντας δὲ τὰ ἴδια τοῦ κοινοῦ τῆς σωτηρίας ἀντιλαμβάνεσθαι.

LXII. « Τὸν δὲ πόνον τὸν κατὰ τὸν πόλεμον, μὴ γένηταί τε πολὺς καὶ οὐδὲν μᾶλλον περιγενώμεθα, ἀρκείτω μὲν ὑμῖν καὶ ἐκεῖνα ἐν οἷς ἄλλοτε πολλάκις γε δὴ ἀπέδειξα οὐκ ὀρθῶς αὐτὸν ὑποπτευόμενον, δηλώσω δὲ καὶ τόδε, ὅ μοι δοκεῖτε οὔτ' αὐτοὶ πώποτε ἐνθυμηθῆναι ὑπάρχον ὑμῖν μεγέθους πέρι ἐς τὴν ἀρχήν οὔτ' ἐγὼ ἐν τοῖς πρὶν λόγοις· οὐδ' ἂν νῦν ἐχρησάμην κομπωδεστέραν ἔχοντι τὴν προσποίησιν, εἰ μὴ καταπεπληγμένους ὑμᾶς παρὰ τὸ εἰκὸς ἑώρων. (2) Οἴεσθε μὲν γὰρ τῶν ξυμμάχων μόνων ἄρχειν, ἐγὼ δὲ ἀποφαίνω δύο μερῶν τῶν ἐς χρῆσιν φανερῶν, γῆς καὶ θαλάσσης, τοῦ ἑτέρου ὑμᾶς παντὸς κυριωτάτους ὄντας, ἐφ' ὅσον τε νῦν νέμεσθε καὶ ἢν ἐπὶ πλέον βουληθῆτε· καὶ οὐκ ἔστιν ὅστις τῇ ὑπαρχούσῃ παρασκευῇ τοῦ ναυτικοῦ πλέοντας ὑμᾶς οὔτε βασιλεὺς κωλύσει οὔτε ἄλλο οὐδὲν ἔθνος τῶν ἐν τῷ παρόντι. (3) Ὥστε οὐ κατὰ

vatorum quidem calamitates sustinere potest, privati vero illius non possunt, quomodo non convenit universos operm ei ferre? non autem facere id, quod vos nunc facitis, qui domesticis jacturis attoniti, reipublicæ salutem deseritis, simulque et me, qui vobis suasi, ut bellum hoc susciperetis, atque adeo vos ipsos, qui mihi assensi estis, accusatis. (5) Atque mihi tali viro irascimini, qui me nulli secundum esse puto, aut in cognoscendis rebus, quæ sunt faciendæ, aut etiam in his explicandis, quique civitatis amans sum, et pecunia invictus. (6) Nam qui novit, neque aperte docet, perinde est, ac si nunquam cogitasset; et qui utrumque habet, sed reipublicæ est malivolus, is pariter non quicquam e re ipsius dicat; sed si hoc quoque adsit, pecunia autem vincatur, universa hanc unam ob rem venalia erunt. (7) Quare si mihi vel mediocriter hæc præter ceteros adesse existimantes me auctorem in hoc bello suscipiendo secuti estis, nullo meo merito nunc injuriæ quidem culpam sustineam.

LXI. « Quibus enim, dum ceteris in rebus fortuna secunda utuntur, optio datur, magna est stultitia, si bellum gerant; sed si necesse erat, aut cedentes finitimis statim parere, aut periculis exantlatis servari, is, qui periculum subterfugit, majorem reprehensionem meretur, quam ille, qui hoc fortiter sustinuit. (2) Atque ego quidem idem sum, nec a sententia discedo. Vos vero sententiam mutatis, postquam vobis accidit, ut rebus quidem integris de bello vobis persuaderetur, calamitosis autem rebus pœnitentia ducamini; meique consilii ratio propter animi vestri imbecillitatem non recta videatur, quia id quidem, quod molestiam affert, ab unoquoque vestrum jam percipitur, utilitatis vero abest adhuc sensus manifestus omnibus, et quia paulo major rerum conversio, eaque repente incidit, abjecto animo estis ad sustinenda ea, quæ constituistis. (3) Frangit enim spiritum repentinus et inexspectatus casus, et qui maxime præter opinionem accidit; id quod quum ceteris in rebus, tum vero præcipue in hoc morbo vobis accidit. (4) Tamen quum civitatem magnam incolatis, et in moribus ea non inferioribus sitis educati, decet etiam gravissimas calamitates excelsis animis sustinere, nec dignitatem obscurare (perinde enim homines damnare solent eum, qui per ignaviam deserit partam jam gloriam, et eum odisse, qui non debitam fastu affectat), sed deposito rerum privatarum dolore reipublicæ salutem tuendam capessere.

LXII. « Quod autem de belli labore timetis, ne nimius sit nec tamen ideo magis victoriam obtineamus, vobis et illa sufficiant, in quibus jam sæpe alias demonstravi, ipsum non recte suspectum esse; declarabo tamen hoc quoque, quod mihi videmini neque vos ipsi unquam antehac cogitasse vobis adesse, de magnitudine reip. ad imperium augendum, neque ego in superioribus meis orationibus, et ne nunc quidem hac oratione uterer, quæ quandam jactationis speciem habet, nisi vos præter rationem animis consternatos viderem. (2) Existimatis enim vos sociis tantum imperare; ego vero pronuntio de duobus elementis in usum datis, terra et mari, alterum totum in vestra maxime potestate esse, et quoad nunc tenetis et si longius progredi voletis; nec ullus est vel rex, vel alia gens earum, quæ nunc vivunt, quæ vos cum præsenti classis apparatu navigantes prohibere possit. (3)

τὴν τῶν οἰκιῶν καὶ τῆς γῆς χρείαν, ὧν μεγάλων νομίζετε ἐστερῆσθαι, αὕτη ἡ δύναμις φαίνεται· οὐδ' εἰκὸς χαλεπῶς φέρειν αὐτῶν μᾶλλον ἢ οὐ κηπίον καὶ ἐγκαλλώπισμα πλούτου πρὸς ταύτην νομίσαντας ὀλιγωρῆσαι, καὶ γνῶναι ἐλευθερίαν μέν, ἣν ἀντιλαμβανόμενοι αὐτῆς διασώσωμεν, ῥᾳδίως ταῦτα ἀναληψομένην, ἄλλων δ' ὑπακούσασι καὶ τὰ προσεκτημένα φιλεῖν ἐλασσοῦσθαι, τῶν τε πατέρων μὴ χείρους κατ' ἀμφότερα φανῆναι, οἳ μετὰ πόνων καὶ οὐ παρ' ἄλλων δεξάμενοι κατέσχον τε καὶ προσέτι διασώσαντες παρέδοσαν ἡμῖν αὐτά (αἴσχιον δὲ ἔχοντας ἀφαιρεθῆναι ἢ κτωμένους ἀτυχῆσαι), ἰέναι δὲ τοῖς ἐχθροῖς ὁμόσε μὴ φρονήματι μόνον ἀλλὰ καὶ καταφρονήματι. (4) Αὔχημα μὲν γὰρ καὶ ἀπὸ ἀμαθίας εὐτυχοῦς καὶ δειλῷ τινὶ ἐγγίγνεται, καταφρόνησις δὲ ὃς ἂν καὶ γνώμῃ πιστεύῃ τῶν ἐναντίων προέχειν, ὃ ἡμῖν ὑπάρχει. (5) Καὶ τὴν τόλμαν ἀπὸ τῆς ὁμοίας τύχης ἡ ξύνεσις ἐκ τοῦ ὑπέρφρονος ἐχυρωτέραν παρέχεται, ἐλπίδι τε ἧσσον πιστεύει, ἧς ἐν τῷ ἀπόρῳ ἡ ἰσχύς, γνώμῃ δὲ ἀπὸ τῶν ὑπαρχόντων, ἧς βεβαιοτέρα ἡ πρόνοια.

LXIII. « Τῆς τε πόλεως ὑμᾶς εἰκὸς τῷ τιμωμένῳ ἀπὸ τοῦ ἄρχειν, ᾧπερ ἅπαντες ἀγάλλεσθε, βοηθεῖν, καὶ μὴ φεύγειν τοὺς πόνους ἢ μηδὲ τὰς τιμὰς διώκειν· μηδὲ νομίσαι περὶ ἑνὸς μόνου, δουλείας ἀντ' ἐλευθερίας, ἀγωνίζεσθαι, ἀλλὰ καὶ ἀρχῆς στερήσεως καὶ κινδύνου ὧν ἐν τῇ ἀρχῇ ἀπήχθεσθε. (2) Ἧς οὐδ' ἐκστῆναι ἔτι ὑμῖν ἔστιν, εἴ τις καὶ τόδε ἐν τῷ παρόντι δεδιὼς ἀπραγμοσύνῃ ἀνδραγαθίζεται· ὡς τυραννίδα γὰρ ἤδη ἔχετε αὐτήν, ἣν λαβεῖν μὲν ἄδικον δοκεῖ εἶναι, ἀφεῖναι δ' ἐπικίνδυνον. (3) Τάχιστ' ἄν τε πόλιν οἱ τοιοῦτοι ἑτέρους τε πείσαντες ἀπολέσειαν, καὶ εἴ που ἐπὶ σφῶν αὐτῶν αὐτόνομοι οἰκήσειαν· τὸ γὰρ ἄπραγμον οὐ σώζεται μὴ μετὰ τοῦ δραστηρίου τεταγμένον, οὐδὲ ἐν ἀρχούσῃ πόλει ξυμφέρει ἀλλ' ἐν ὑπηκόῳ, ἀσφαλῶς δουλεύειν.

LXIV. « Ὑμεῖς δὲ μήτε ὑπὸ τῶν τοιῶνδε πολιτῶν ταράγεσθε μήτε ἐμὲ δι' ὀργῆς ἔχετε, ᾧ καὶ αὐτοὶ ξυνέγνωτε πολεμεῖν, εἰ καὶ ἐπελθόντες οἱ ἐναντίοι ἔδρασαν ἅπερ εἰκὸς ἦν μὴ ἐθελησάντων ὑμῶν ὑπακούειν, ἐπιγεγένηταί τε πέρα ὧν προσεδεχόμεθα ἡ νόσος ἥδε, πρᾶγμα μόνον δὴ τῶν πάντων ἐλπίδος κρεῖσσον γεγενημένον. Καὶ δι' αὐτὴν οἶδ' ὅτι μέρος τι μᾶλλον ἔτι μισοῦμαι, οὐ δικαίως, εἰ μὴ καὶ ὅταν παρὰ λόγον τι εὖ πράξητε ἐμοὶ ἀναθήσετε. (2) Φέρειν δὲ χρὴ τά τε δαιμόνια ἀναγκαίως τά τε ἀπὸ τῶν πολεμίων ἀνδρείως· ταῦτα γὰρ ἐν ἔθει τῇδε τῇ πόλει πρότερόν τε ἦν νῦν τε μὴ ἐν ὑμῖν κωλυθῇ. (3) Γνῶτε δὲ ὄνομα μέγιστον αὐτὴν ἔχουσαν ἐν πᾶσιν ἀνθρώποις διὰ τὸ ταῖς ξυμφοραῖς μὴ εἴκειν, πλεῖστα δὲ σώματα καὶ πόνους ἀνηλωκέναι πολέμῳ, καὶ δύναμιν μεγίστην δὴ μέχρι τοῦδε ἐκτημένην, ἧς ἐς ἀΐδιον τοῖς ἐπιγιγνομένοις, ἢν καὶ νῦν ὑπενδῶμέν ποτε (πάντα γὰρ πέφυκε καὶ ἐλασσοῦσθαι), μνήμη καταλείψεται, Ἑλλήνων τε ὅτι Ἕλληνες πλείστων δὴ ἤρξαμεν καὶ πολέμοις μεγίστοις ἀντέσχομεν πρός τε ξύμπαντας καὶ καθ' ἑκάστους, πο-

λιν τε τοῖς πᾶσιν εὐπορωτάτην καὶ μεγίστην ᾠκήσαμεν. (4) Καίτοι ταῦτα ὁ μὲν ἀπράγμων μέμψαιτ᾽ ἄν, ὁ δὲ δρᾶν τι βουλόμενος καὶ αὐτὸς ζηλώσει· εἰ δέ τις μὴ κέκτηται, φθονήσει. (5) Τὸ δὲ μισεῖσθαι καὶ λυπηροὺς εἶναι ἐν τῷ παρόντι πᾶσι μὲν ὑπῆρξε δὴ ὅσοι ἕτεροι ἑτέρων ἠξίωσαν ἄρχειν· ὅστις δ᾽ ἐπὶ μεγίστοις τὸ ἐπίφθονον λαμβάνει, ὀρθῶς βουλεύεται. Μῖσος μὲν γὰρ οὐκ ἐπὶ πολὺ ἀντέχει, ἡ δὲ παραυτίκα τε λαμπρότης καὶ ἐς τὸ ἔπειτα δόξα ἀείμνηστος καταλείπεται. (6) Ὑμεῖς δὲ ἔς τε τὸ μέλλον καλὸν προγνόντες ἔς τε τὸ αὐτίκα μὴ αἰσχρόν, τῷ ἤδη προθύμῳ ἀμφότερα κτήσασθε, καὶ Λακεδαιμονίοις μήτε ἐπικηρυκεύεσθε μήτε ἔνδηλοι ἔστε τοῖς παροῦσι πόνοις βαρυνόμενοι, ὡς οἵτινες πρὸς τὰς ξυμφορὰς γνώμῃ μὲν ἥκιστα λυποῦνται ἔργῳ δὲ μάλιστα ἀντέχουσιν, οὗτοι καὶ πόλεων καὶ ἰδιωτῶν κράτιστοί εἰσιν. »

LXV. Τοιαῦτα ὁ Περικλῆς λέγων ἐπειρᾶτο τοὺς Ἀθηναίους τῆς τε ἐπ᾽ αὐτὸν ὀργῆς παραλύειν καὶ ἀπὸ τῶν παρόντων δεινῶν ἀπάγειν τὴν γνώμην. (2) Οἱ δὲ δημοσίᾳ μὲν τοῖς λόγοις ἀνεπείθοντο καὶ οὔτε πρὸς τοὺς Λακεδαιμονίους ἔτι ἔπεμπον ἔς τε τὸν πόλεμον μᾶλλον ὥρμηντο, ἰδίᾳ δὲ τοῖς παθήμασιν ἐλυποῦντο, ὁ μὲν δῆμος ὅτι ἀπ᾽ ἐλασσόνων ὁρμώμενος ἐστέρητο καὶ τούτων, οἱ δὲ δυνατοὶ καλὰ κτήματα κατὰ τὴν χώραν οἰκοδομίαις τε καὶ πολυτελέσι κατασκευαῖς ἀπολωλεκότες, τὸ δὲ μέγιστον, πόλεμον ἀντ᾽ εἰρήνης ἔχοντες. (3) Οὐ μέντοι πρότερόν γε οἱ ξύμπαντες ἐπαύσαντο ἐν ὀργῇ ἔχοντες αὐτὸν πρὶν ἐζημίωσαν χρήμασιν. (4) Ὕστερον δ᾽ αὖθις οὐ πολλῷ, ὅπερ φιλεῖ ὅμιλος ποιεῖν, στρατηγὸν εἵλοντο καὶ πάντα τὰ πράγματα ἐπέτρεψαν, ὧν μὲν περὶ τὰ οἰκεῖα ἕκαστος ἤλγει, ἀμβλύτεροι ἤδη ὄντες, ὧν δὲ ξύμπασα ἡ πόλις προσεδεῖτο, πλείστου ἄξιον νομίζοντες εἶναι. (5) Ὅσον τε γὰρ χρόνον προὔστη τῆς πόλεως ἐν τῇ εἰρήνῃ, μετρίως ἐξηγεῖτο καὶ ἀσφαλῶς διεφύλαξεν αὐτήν, καὶ ἐγένετο ἐπ᾽ ἐκείνου μεγίστη· ἐπεί τε ὁ πόλεμος κατέστη, ὁ δὲ φαίνεται καὶ ἐν τούτῳ προγνοὺς τὴν δύναμιν. (6) Ἐπεβίω δὲ δύο ἔτη καὶ μῆνας ἕξ· καὶ ἐπειδὴ ἀπέθανεν, ἐπὶ πλέον ἔτι ἐγνώσθη ἡ πρόνοια αὐτοῦ ἡ ἐς τὸν πόλεμον. (7) Ὁ μὲν γὰρ ἡσυχάζοντάς τε καὶ τὸ ναυτικὸν θεραπεύοντας καὶ ἀρχὴν μὴ ἐπικτωμένους ἐν τῷ πολέμῳ μηδὲ τῇ πόλει κινδυνεύοντας ἔφη περιέσεσθαι· οἱ δὲ ταῦτά τε πάντα ἐς τοὐναντίον ἔπραξαν, καὶ ἄλλα ἔξω τοῦ πολέμου δοκοῦντα εἶναι κατὰ τὰς ἰδίας φιλοτιμίας καὶ ἴδια κέρδη κακῶς ἔς τε σφᾶς αὐτοὺς καὶ τοὺς ξυμμάχους ἐπολίτευσαν, ἃ κατορθούμενα μὲν τοῖς ἰδιώταις τιμὴ καὶ ὠφελία μᾶλλον ἦν, σφαλέντα δὲ τῇ πόλει ἐς τὸν πόλεμον βλάβη καθίστατο. (8) Αἴτιον δ᾽ ἦν ὅτι ἐκεῖνος μὲν δυνατὸς ὢν τῷ τε ἀξιώματι καὶ τῇ γνώμῃ, χρημάτων τε διαφανῶς ἀδωρότατος γενόμενος, κατεῖχε τὸ πλῆθος ἐλευθέρως, καὶ οὐκ ἤγετο μᾶλλον ὑπ᾽ αὐτοῦ ἢ αὐτὸς ἦγεν, διὰ τὸ μὴ κτώμενος ἐξ οὐ προσηκόντων τὴν δύναμιν πρὸς ἡδονήν τι λέγειν, ἀλλ᾽ ἔχων ἐπ᾽ ἀξιώσει καὶ πρὸς ὀργήν τι ἀντειπεῖν. (9) Ὁπότε γοῦν αἴσθοιτό τι αὐτοὺς παρὰ καιρὸν ὕβρει

instructissimam et frequentissimam incoluerimus. (4) Quanquam hæc is quidem, qui segnis est, vituperabit, sed qui est agendi studiosus, ipse quoque æmulabitur; si quis vero non possideat, invidebit. (5) Cæterum ut invisi et graves in præsentia essent, omnibus contigit, quotquot alteri alteris imperare voluerunt; qui vero maximarum rerum gratia suscipit invidiam, is quidem recte consulit. Odium enim non diu durat, sed et præsens splendor et gloria in posterum perpetuo celebranda relinquitur. (6) Vos igitur et quod in reliquum tempus honestum futurum est, animo prospicientes, et quod in præsenti non inhonestum est, præsenti animorum alacritate utrumque quærite, neque ullum caduceatorem ad Lacedæmonios mittatis, neque significationem detis, vos præsentibus incommodis premi; nam qui in calamitatibus animo minimum afflictantur, et re ipsa plurimum resistunt, hi et civitatium et privatorum omnium sunt præstantissimi. »

LXV. Talia Pericles dicens conabatur Atheniensium iram in se conceptam mitigare, animosque a præsentibus malis abducere. (2) Illi vero publice quidem ejus oratione flectebantur, nec legatos ad Lacedæmonios amplius mittebant, et in bellum animis impensius incumbebant, sed privatim calamitates, quibus premebantur, ægre ferebant, plebs quidem, quod, tenuiores facultates habens, bellum ingressa, et tamen his ipsis privata esset, illi vero, qui opibus pollebant, quod egregia in agris prædia villasque magnifice ædificatas et sumptuosa supellectile instructas amisissent; sed quod omnium erat gravissimum, quod pro pace bellum haberent. (3) Nec prius universi iram, quam in eum conceperant, deposuerant, quam eum pecunia mulctarunt. (4) Rursus tamen non multo post, id quod vulgus facere solet, belli ducem eum elegerunt, eique rerum omnium administrationem commiserunt, quod quæ in privatis rebus eos dolore afficiebant, eorum jam hebetior sensus erat, quæ vero universæ civitati opus erant, in iis illum plurimi faciendum judicabant. (5) Quamdiu enim reipublicæ præfuerat in pace, eam moderate regebat, atque constanter tutatus est, ejusque sub imperio ad maximam potentiam evecta est; et postquam bellum susceptum est, illum apparet etiam in hoc reipublicæ vires prævidisse. (6) Vixit autem postea duos annos et sex menses; et postquam obiit, magis etiam cognita est ejus in bello providentia. (7) Hic enim dicebat victores evasuros, si quiescerent, rebusque nauticis operam darent, neque novum imperium quærerent in hoc bello, neque rempublicam in discrimen vocarent; illi vero et hæc omnia contra egerunt, et alia, quæ ad hoc bellum pertinere non videbantur, ob privatam ambitionem et privatos quæstus in suam sociorumque perniciem administrarunt, quæ si feliciter succedebant, honor et fructus ad privatos potius redibat, si vero infeliciter succedebant, reipublicæ detrimentum in hoc bello afferebant. (8) Hujus autem rei hæc erat causa, quod quum ille et dignitate et consilio polleret, et manifeste adversus divitiarum dona integerrimus esset, plebem in officio liberaliter continebat, nec magis regebatur ab ea, quam ipse regebat, propterea quod non malis artibus potentiam quærendo ad multitudinis libidinem diceret, sed dignitatem tuendo etiam ad ejus iram obloqueretur. (9) Quoties igitur animadverteret eos in aliqua re intempestive

θαρσοῦντας, λέγων κατέπλησσεν ἐπὶ τὸ φοβεῖσθαι, καὶ δεδιότας αὖ ἀλόγως ἀντικαθίστη πάλιν ἐπὶ τὸ θαρσεῖν. Ἐγίγνετό τε λόγῳ μὲν δημοκρατία, ἔργῳ δὲ ὑπὸ τοῦ πρώτου ἀνδρὸς ἀρχή. (10) Οἱ δὲ ὕστερον ἴσοι αὐτοὶ μᾶλλον πρὸς ἀλλήλους ὄντες, καὶ ὀρεγόμενοι τοῦ πρῶτος ἕκαστος γίγνεσθαι, ἐτράποντο καθ' ἡδονὰς τῷ δήμῳ καὶ τὰ πράγματα ἐνδιδόναι. (11) Ἐξ ὧν ἄλλα τε πολλὰ ὡς ἐν μεγάλῃ πόλει καὶ ἀρχὴν ἐχούσῃ ἡμαρτήθη, καὶ ὁ ἐς Σικελίαν πλοῦς [ὃς] οὐ τοσοῦτον γνώμης ἁμάρτημα ἦν πρὸς οὓς ἐπῇεσαν, ὅσον οἱ ἐκπέμψαντες οὐ τὰ πρόσφορα τοῖς οἰχομένοις ἐπιγιγνώσκοντες ἀλλὰ κατὰ τὰς ἰδίας διαβολὰς περὶ τῆς τοῦ δήμου προστασίας τά τε ἐν τῷ στρατοπέδῳ ἀμβλύτερα ἐποίουν καὶ τὰ περὶ τὴν πόλιν πρῶτον ἐν ἀλλήλοις ἐταράχθησαν. (12) Σφαλέντες δ' ἐν Σικελίᾳ ἄλλῃ τε παρασκευῇ καὶ τοῦ ναυτικοῦ τῷ πλείονι μορίῳ, καὶ κατὰ τὴν πόλιν ἤδη ἐν στάσει ὄντες, ὅμως τρία μὲν ἔτη ἀντεῖχον τοῖς τε πρότερον ὑπάρχουσι πολεμίοις καὶ τοῖς ἀπὸ Σικελίας μετ' αὐτῶν, καὶ τῶν ξυμμάχων ἔτι τοῖς πλείοσιν ἀφεστηκόσι, Κύρῳ τε ὕστερον βασιλέως παιδὶ προσγενομένῳ, ὃς παρεῖχε χρήματα Πελοποννησίοις ἐς τὸ ναυτικόν· καὶ οὐ πρότερον ἐνέδοσαν ἢ αὐτοὶ ἐν σφίσι κατὰ τὰς ἰδίας διαφορὰς περιπεσόντες ἐσφάλησαν. (13) Τοσοῦτον τῷ Περικλεῖ ἐπερίσσευσε τότε ἀφ' ὧν αὐτὸς προέγνω καὶ πάνυ ἂν ῥᾳδίως περιγενέσθαι τῶν Πελοποννησίων αὐτῶν τῷ πολέμῳ.

LXVI. Οἱ δὲ Λακεδαιμόνιοι καὶ οἱ ξύμμαχοι τοῦ αὐτοῦ θέρους ἐστράτευσαν ναυσὶν ἑκατὸν ἐς Ζάκυνθον τὴν νῆσον, ἣ κεῖται ἀντιπέρας Ἤλιδος· εἰσὶ δὲ Ἀχαιῶν τῶν ἐκ Πελοποννήσου ἄποικοι καὶ Ἀθηναίοις ξυνεμάχουν. (2) Ἐπέπλεον δὲ Λακεδαιμονίων χίλιοι ὁπλῖται καὶ Κνῆμος Σπαρτιάτης ναύαρχος. Ἀποβάντες δὲ ἐς τὴν γῆν ἐδῄωσαν τὰ πολλά. Καὶ ἐπειδὴ οὐ ξυνεχώρουν, ἀπέπλευσαν ἐπ' οἴκου.

LXVII. Καὶ τοῦ αὐτοῦ θέρους τελευτῶντος Ἀριστεὺς Κορίνθιος καὶ Λακεδαιμονίων πρέσβεις Ἀνήριστος καὶ Νικόλαος καὶ Στρατόδημος καὶ Τεγεάτης Τιμαγόρας καὶ Ἀργεῖος ἰδίᾳ Πόλλις, πορευόμενοι ἐς τὴν Ἀσίαν ὡς βασιλέα, εἴ πως πείσειαν αὐτὸν χρήματά τε παρέχειν καὶ ξυμπολεμεῖν, ἀφικνοῦνται ὡς Σιτάλκην πρῶτον τὸν Τήρεω ἐς Θρᾴκην, βουλόμενοι πεῖσαί τε αὐτόν, εἰ δύναιντο, μεταστάντα τῆς Ἀθηναίων ξυμμαχίας στρατεῦσαι ἐπὶ τὴν Ποτίδαιαν, οὗ ἦν στράτευμα τῶν Ἀθηναίων πολιορκοῦν, καὶ ᾗπερ ὥρμηντο, δι' ἐκείνου πορευθῆναι πέραν τοῦ Ἑλλησπόντου ὡς Φαρνάκην τὸν Φαρναβάζου, ὃς αὐτοὺς ἔμελλεν ὡς βασιλέα ἀναπέμψειν. (2) Παρατυχόντες δὲ Ἀθηναίων πρέσβεις Λέαρχος Καλλιμάχου καὶ Ἀμεινιάδης Φιλήμονος παρὰ τῷ Σιτάλκῃ πείθουσι τὸν Σάδοκον τὸν γεγενημένον Ἀθηναῖον, Σιτάλκου υἱόν, τοὺς ἄνδρας ἐγχειρίσαι σφίσιν, ὅπως μὴ διαβάντες ὡς βασιλέα τὴν ἐκείνου πόλιν τὸ μέρος βλάψωσιν. (3) Ὁ δὲ πεισθεὶς πορευομένους αὐτοὺς διὰ τῆς Θρᾴκης ἐπὶ τὸ πλοῖον ᾧ ἔμελλον τὸν Ἑλλήσποντον περαιώσειν, πρὶν ἐσβαίνειν ξυλλαμβάνει, ἄλ-

per fastum audaces esse, dicendo iis incutiebat metum, et contra metuentes temere erigebat rursus ad fiduciam. Quare verbo quidem erat imperium populare, sed re ipsa penes primarium virum principatus erat. (10) Qui vero eum sunt sequuti, quum potius inter se dignitate pares essent, et eorum singuli principem in republica locum affectarent, eo conversi sunt, ut ad populi libidines res transmitterent. (11) Unde cum multa alia, ut in ampla civitate et principatum obtinente, peccata sunt, tum etiam expeditio in Siciliam facta [quae] non tam judicii error erat de iis, contra quos proficiscerentur, quam eorum culpa, qui, quum copias misissent, non cognoscebant, quae porro suis profectis conducerent, sed propter privatas simultates de populi principatu et res, quae militiae gerebantur, debiliores reddebant, et de rebus domesticis primum inter se turbis agitati sunt. (12) Quamvis autem in Sicilia rem infeliciter gessissent, et cum alium apparatum, tum etiam majorem classis partem amisissent, et in ipsa urbe seditione jam laborarent, tamen tres annos sustinebant et priores hostes, et Siculos, qui se illis adjunxerant, et praeterea etiam sociorum plerosque, qui defecerant, et, qui postea hostis accesserat, Cyrum, regis Persarum filium, qui pecunias Peloponnesiis ad classem praebebat, nec prius cesserunt, quam ipsi mutuis discordiis collisi conciderunt. (13) Tanta erant quae tunc Pericli adhuc superabant, et quorum ope ipse providebat se vel facili opera posse superiorem esse Peloponnesiis ipsis eo bello.

LXVI. Lacedaemonii vero eorumque socii, eadem aestate cum centum navibus profecti sunt in insulam Zacynthum, quae jacet e regione Elidis; sunt autem Zacynthii Achaeorum ex Peloponneso coloni, et Atheniensium erant socii. (2) Vehebantur autem adversus illos Lacedaemoniorum mille gravis armaturae milites, et Cnemus Spartanus, classis praefectus; exscensuque ex navibus in terram facto, magnam illius agri partem vastarunt. Cumque illi deditionem facere nollent, domum rediere.

LXVII. Et eadem aestate jam extrema Aristeus Corinthius et Lacedaemoniorum legati Aneristus et Nicolaus et Stratodemus et Tegeates Timagoras et suo nomine Pollis Argivus, dum iter faciunt in Asiam ad Regem, si qua ratione ei persuadere possent, ut sibi pecuniam praeberet bellique societatem secum iniret, primum in Thraciam ad Sitalcem Teris filium venerunt, cupientes, si possent, ei persuadere, ut relicta Atheniensium societate Potidaeae auxilio proficisceretur, ubi erat Atheniensium exercitus urbem obsidens; utque ipsi, qua via instituerant, illo adjuvante iter facere possent trans Hellespontum ad Pharnacem Pharnabazi filium, qui eos ad Regem erat deducturus. (2) Sed quum forte Atheniensium legati, Learchus Callimachi et Ameniades Philemonis filius, apud Sitalcem tunc adessent, Sadoco Sitalcae filio, qui civis Atheniensis factus erat, persuadent, ut eos sibi traderet, ne, si ad Regem transiissent, civitati ipsius hac re nocerent. (3) Ille vero his verbis adductus proficiscentes eos per Thraciam ad navigium, quo Hellespontum erant trajecturi, antequam id conscenderent, comprehendit, missis

λους ξυμπέμψας μετὰ τοῦ Λεάρχου καὶ Ἀμεινιάδου, καὶ ἐκέλευσεν ἐκείνοις παραδοῦναι· οἱ δὲ λαβόντες ἐκόμισαν ἐς τὰς Ἀθήνας. (4) Ἀφικομένων δὲ αὐτῶν δείσαντες οἱ Ἀθηναῖοι τὸν Ἀριστέα μὴ αὖθις σφᾶς ἔτι πλείω κακουργῇ διαφυγών, ὅτι καὶ πρὸ τούτων τὰ τῆς Ποτιδαίας καὶ τῶν ἐπὶ Θρᾴκης πάντ' ἐφαίνετο πράξας, ἀκρίτους καὶ βουλομένους ἔστιν ἃ εἰπεῖν αὐθημερὸν ἀπέκτειναν πάντας καὶ ἐς φάραγγας ἐσέβαλον, δικαιοῦντες τοῖς αὐτοῖς ἀμύνεσθαι οἷσπερ καὶ οἱ Λακεδαιμόνιοι ὑπῆρξαν, τοὺς ἐμπόρους οὓς ἔλαβον Ἀθηναίων καὶ τῶν ξυμμάχων ἐν ὁλκάσι περὶ Πελοπόννησον πλέοντας ἀποκτείναντες καὶ ἐς φάραγγας ἐσβαλόντες. Πάντας γὰρ δὴ κατ' ἀρχὰς τοῦ πολέμου οἱ Λακεδαιμόνιοι, ὅσους λάβοιεν ἐν τῇ θαλάσσῃ, ὡς πολεμίους διέφθειρον, καὶ τοὺς μετὰ Ἀθηναίων ξυμπολεμοῦντας καὶ τοὺς μηδὲ μεθ' ἑτέρων.

LXVIII. Κατὰ δὲ τοὺς αὐτοὺς χρόνους, τοῦ θέρους τελευτῶντος, καὶ Ἀμπρακιῶται αὐτοί τε καὶ τῶν βαρβάρων πολλοὺς ἀναστήσαντες ἐστράτευσαν ἐπ' Ἄργος τὸ Ἀμφιλοχικὸν καὶ τὴν ἄλλην Ἀμφιλοχίαν. (2) Ἔχθρα δὲ πρὸς τοὺς Ἀργείους ἀπὸ τοῦδε αὐτοῖς ἤρξατο πρῶτον γενέσθαι. (3) Ἄργος τὸ Ἀμφιλοχικὸν καὶ Ἀμφιλοχίαν τὴν ἄλλην ἔκτισε μετὰ τὰ Τρωϊκὰ οἴκαδε ἀναχωρήσας καὶ οὐκ ἀρεσκόμενος τῇ ἐν Ἄργει καταστάσει Ἀμφίλοχος ὁ Ἀμφιάρεω ἐν τῷ Ἀμπρακικῷ κόλπῳ, ὁμώνυμον τῇ ἑαυτοῦ πατρίδι Ἄργος ὀνομάσας. (4) Καὶ ἦν ἡ πόλις αὕτη μεγίστη τῆς Ἀμφιλοχίας καὶ τοὺς δυνατωτάτους εἶχεν οἰκήτορας. (5) Ὑπὸ ξυμφορῶν δὲ πολλαῖς γενεαῖς ὕστερον πιεζόμενοι Ἀμπρακιώτας ὁμόρους ὄντας τῇ Ἀμφιλοχικῇ ξυνοίκους ἐπηγάγοντο, καὶ ἑλληνίσθησαν τὴν νῦν γλῶσσαν τότε πρῶτον ἀπὸ τῶν Ἀμπρακιωτῶν ξυνοικησάντων· οἱ δὲ ἄλλοι Ἀμφίλοχοι βάρβαροί εἰσιν. (6) Ἐκβάλλουσιν οὖν τοὺς Ἀργείους οἱ Ἀμπρακιῶται χρόνῳ καὶ αὐτοὶ ἴσχουσι τὴν πόλιν. (7) Οἱ δ' Ἀμφίλοχοι γενομένου τούτου διδόασιν ἑαυτοὺς Ἀκαρνᾶσι, καὶ προσπαρακαλέσαντες ἀμφότεροι Ἀθηναίους, οἳ αὐτοῖς Φορμίωνά τε στρατηγὸν ἔπεμψαν καὶ ναῦς τριάκοντα. Ἀφικομένου δὲ τοῦ Φορμίωνος αἱροῦσι κατὰ κράτος Ἄργος καὶ τοὺς Ἀμπρακιώτας ἠνδραπόδισαν, κοινῇ τε ᾤκησαν αὐτὸ Ἀμφίλοχοι καὶ Ἀκαρνᾶνες. (8) Μετὰ δὲ τοῦτο ἡ ξυμμαχία ἐγένετο πρῶτον Ἀθηναίοις καὶ Ἀκαρνᾶσιν. (9) Οἱ δὲ Ἀμπρακιῶται τὴν μὲν ἔχθραν ἐς τοὺς Ἀργείους ἀπὸ τοῦ ἀνδραποδισμοῦ σφῶν αὐτῶν πρῶτον ἐποιήσαντο, ὕστερον δὲ ἐν τῷ πολέμῳ τήνδε τὴν στρατείαν ποιοῦνται αὐτῶν τε καὶ Χαόνων καὶ ἄλλων τινῶν τῶν πλησιοχώρων βαρβάρων· ἐλθόντες τε πρὸς τὸ Ἄργος τῆς μὲν χώρας ἐκράτουν, τὴν δὲ πόλιν ὡς οὐκ ἐδύναντο ἑλεῖν προσβαλόντες, ἀπεχώρησαν ἐπ' οἴκου καὶ διελύθησαν κατὰ ἔθνη. Τοσαῦτα μὲν ἐν τῷ θέρει ἐγένετο.

LXIX. Τοῦ δ' ἐπιγιγνομένου χειμῶνος Ἀθηναῖοι ναῦς ἔστειλαν εἴκοσι μὲν περὶ Πελοπόννησον καὶ Φορμίωνα στρατηγόν, ὃς ὁρμώμενος ἐκ Ναυπάκτου φυλακὴν εἶχε μήτ' ἐκπλεῖν ἐκ Κορίνθου καὶ τοῦ Κρισαίου κόλ-

aliis quibusdam cum Learcho et Ameniade, illosque his tradi jussit; hi vero eos acceptos Athenas detulerunt. (4) Qui cum eo pervenissent, Athenienses veriti, ne Aristeus, si evasisset, in posterum plus etiam mali sibi faceret, quia eum et antea rerum omnium, quæ ad Potidæam et in Thracia gestæ erant, auctorem fuisse constabat, indemnatos et quædam dicere volentes, omnes eodem die interfecerunt, et in profundas fossas dejecerunt, æquum esse censentes, eodem modo sibi prospicere, quo Lacedæmonii præivissent, qui negotiatores Atheniensium et sociorum, quos ceperant in onerariis navibus circa Peloponnesum navigantes, interfecerant, et in profundas fossas dejecerant. Omnes enim hujus belli initio Lacedæmonii, quos in mari cepissent, ut hostes trucidabant, tam Atheniensium socios, quam eos, qui neutrorum partes sequebantur.

LXVIII. Iisdem temporibus, extrema jam æstate, et Ambraciotæ, quum ipsi, tum etiam multi barbari, quos ex suis sedibus exciverant, expeditionem fecerunt adversus Argos Amphilochicum, ceteramque Amphilochiam. (2) Inimicitiæ autem, quæ ipsis cum Argivis intercedebant, hinc initium duxerunt. (3) Argos Amphilochicum, et reliquam Amphilochiam condidit post bellum Trojanum domum reversus et parum contentus rerum statu, qui Argis erat, Amphilochus Amphiarai filius in sinu Ambracico, de eodem patriæ suæ nomine Argos appellans. (4) Atque erat hæc urbs omnium in Amphilochia sitarum maxima, et potentissimos habebat incolas. (5) Sed multis post sæculis calamitatibus afflicti Ambraciotas agro Amphilochico finitimos in civitatis societatem arcessiverunt, linguamque Græcam, quæ nunc est in usu, tunc primum didicerunt ex Ambraciotis, qui in eadem urbe cum ipsis sedes fixerant; at reliqui Amphilochi barbari sunt. (6) Ambraciotæ igitur progressu temporis Argivos urbe pellunt ipsique retinent urbem. (7) Amphilochi vero, quum hoc accidisset, dediderunt sese Acarnanibus, et utrique Athenienses in auxilium advocarunt, qui Phormionem ducem et triginta naves ipsis miserunt. Quum autem Phormio eo pervenisset, Argos per vim ceperunt, et Ambraciotas in servitutem abstraxerunt, urbemque Amphilochi et Acarnanes communiter incoluerunt. (8) Postea vero societas inter Athenienses et Acarnanes primum est inita. (9) Ambraciotæ autem inimicitias cum Argivis primum propter servitutem sibi impositam susceperunt; postea vero in hoc bello hanc expeditionem fecerunt, exercitu ex suis militibus et Chaonibus et aliis quibusdam finitimis barbaris collecto; et ad Argos profecti agrum quidem in sua potestate habebant, sed urbem aggressi quum expugnare non possent, domum redierunt, et alii ab aliis dirempti ad suam quique gentem reverterunt. Atque hæc quidem æstate ista sunt gesta.

LXIX. Insequente autem hieme Athenienses naves miserunt viginti et Phormionem ducem circa Peloponnesum, qui ex belli sede, quam Naupacti habebat, proficiscens, diligenter observabat, ne quis Corintho et ex sinu Crisæo ena-

που μηδένα μήτ' ἐσπλεῖν, ἑτέρας δὲ ἐξ ἐπὶ Καρίας καὶ Λυκίας καὶ Μελήσανδρον στρατηγόν, ὅπως ταῦτά τε ἀργυρολογῶσι καὶ τὸ ληστικὸν τῶν Πελοποννησίων μὴ ἐῶσιν αὐτόθεν ὁρμώμενον βλάπτειν τὸν πλοῦν τῶν ὁλκάδων τῶν ἀπὸ Φασήλιδος καὶ Φοινίκης καὶ τῆς ἐκεῖθεν ἠπείρου. (2) Ἀναβὰς δὲ στρατιᾷ Ἀθηναίων τε τῶν ἀπὸ τῶν νεῶν καὶ τῶν ξυμμάχων ἐς τὴν Λυκίαν ὁ Μελήσανδρος ἀποθνῄσκει καὶ τῆς στρατιᾶς μέρος τι διέφθειρε νικηθεὶς μάχῃ.

LXX. Τοῦ δ' αὐτοῦ χειμῶνος οἱ Ποτιδαιᾶται ἐπειδὴ οὐκέτι ἐδύναντο πολιορκούμενοι ἀντέχειν, ἀλλ' αἵ τε ἐς τὴν Ἀττικὴν ἐσβολαὶ Πελοποννησίων οὐδὲν μᾶλλον ἀπανίστασαν τοὺς Ἀθηναίους, ὅ τε σῖτος ἐπελελοίπει, καὶ ἄλλα τε πολλὰ ἐπεγεγένητο αὐτόθι ἤδη βρώσεως πέρι ἀναγκαίας καί τινες καὶ ἀλλήλων ἐγέγευντο, οὕτω δὴ λόγους προσφέρουσι περὶ ξυμβάσεως τοῖς στρατηγοῖς τῶν Ἀθηναίων τοῖς ἐπὶ σφίσι τεταγμένοις, Ξενοφῶντί τε τῷ Εὐριπίδου καὶ Ἑστιοδώρῳ τῷ Ἀριστοκλείδου καὶ Φανομάχῳ τῷ Καλλιμάχου. (2) Οἱ δὲ προσεδέξαντο, ὁρῶντες μὲν τῆς στρατιᾶς τὴν ταλαιπωρίαν ἐν χωρίῳ χειμερινῷ, ἀναλωκυίας τε ἤδη τῆς πόλεως δισχίλια τάλαντα ἐς πολιορκίαν. (3) Ἐπὶ τοῖσδε οὖν ξυνέβησαν, ἐξελθεῖν αὐτοὺς καὶ παῖδας καὶ γυναῖκας καὶ τοὺς ἐπικούρους ξὺν ἑνὶ ἱματίῳ, γυναῖκας δὲ ξὺν δυοῖν, καὶ ἀργύριόν τι ῥητὸν ἔχοντας ἐφόδιον. (4) Καὶ οἱ μὲν ὑπόσπονδοι ἐξῆλθον ἐπὶ τὴν Χαλκιδικὴν καὶ ἕκαστος ᾗ ἐδύνατο· Ἀθηναῖοι δὲ τούς τε στρατηγοὺς ἐπῃτιάσαντο ὅτι ἄνευ αὐτῶν ξυνέβησαν (ἐνόμιζον γὰρ ἂν κρατῆσαι τῆς πόλεως ᾗ ἐβούλοντο), καὶ ὕστερον ἐποίκους ἑαυτῶν ἔπεμψαν ἐς τὴν Ποτίδαιαν καὶ κατῴκισαν. (5) Ταῦτα μὲν ἐν τῷ χειμῶνι ἐγένετο, καὶ τὸ δεύτερον ἔτος ἐτελεύτα τῷ πολέμῳ τῷδε ὃν Θουκυδίδης ξυνέγραψεν.

LXXI. Τοῦ δ' ἐπιγιγνομένου θέρους οἱ Πελοποννήσιοι καὶ οἱ ξύμμαχοι ἐς μὲν τὴν Ἀττικὴν οὐκ ἐσέβαλον, ἐστράτευσαν δ' ἐπὶ Πλάταιαν· ἡγεῖτο δὲ Ἀρχίδαμος ὁ Ζευξιδάμου Λακεδαιμονίων βασιλεύς. Καὶ καθίσας τὸν στρατὸν ἔμελλε δῃώσειν τὴν γῆν· οἱ δὲ Πλαταιῆς εὐθὺς πρέσβεις πέμψαντες πρὸς αὐτὸν ἔλεγον τοιάδε. (2) « Ἀρχίδαμε καὶ Λακεδαιμόνιοι, οὐ δίκαια ποιεῖτε οὐδ' ἄξια οὔτε ὑμῶν οὔτε πατέρων ὧν ἐστέ, ἐς γῆν τὴν Πλαταιῶν στρατεύοντες. Παυσανίας γὰρ ὁ Κλεόμβροτου Λακεδαιμόνιος ἐλευθερώσας τὴν Ἑλλάδα ἀπὸ τῶν Μήδων μετὰ Ἑλλήνων τῶν ἐθελησάντων ξυνάρασθαι τὸν κίνδυνον τῆς μάχης ἣ παρ' ἡμῖν ἐγένετο, θύσας ἐν τῇ Πλαταιῶν ἀγορᾷ Διῒ ἐλευθερίῳ ἱερὰ καὶ ξυγκαλέσας πάντας τοὺς ξυμμάχους ἀπεδίδου Πλαταιεῦσι γῆν καὶ πόλιν τὴν σφετέραν ἔχοντας αὐτονόμους οἰκεῖν, στρατεῦσαί τε μηδένα ποτὲ ἀδίκως ἐπ' αὐτοὺς μηδ' ἐπὶ δουλείᾳ, εἰ δὲ μή, ἀμύνειν τοὺς παρόντας ξυμμάχους κατὰ δύναμιν. (3) Τάδε μὲν ἡμῖν πατέρες οἱ ὑμέτεροι ἔδοσαν ἀρετῆς ἕνεκα καὶ προθυμίας τῆς ἐν ἐκείνοις τοῖς κινδύνοις γενομένης, ὑμεῖς δὲ τἀναντία δρᾶτε· μετὰ γὰρ Θηβαίων τῶν ἡμῖν ἐχθίστων ἐπὶ δουλείᾳ τῇ ἡμετέρᾳ ἥκετε. (4) Μάρτυρας δὲ θεοὺς

vigaret, neve eo intraret; alias autem sex in Cariam et Lyciam, et Melesandrum ducem, ut et pecunias ab istarum regionum incolis exigerent, neque permitterent, ut latrones Peloponnesii ex illis regionibus proficiscentes infestarent oneraria navigia ex Phaselide et Phœnice et ex illa continente proficiscentia. (2) Melesander autem cum exercitu et Atheniensium navibus advectus et sociorum in Lyciam progressus, prœlio superatus occidit, et partem copiarum amisit.

LXX. Eadem hieme Potidæatæ, quum diutius obsidionem tolerare non possent, et Peloponnesiorum irruptiones in Atticam factæ nihilo magis Athenienses removerent, et res frumentaria defecisset, et alia multa præterea pro necessario victu illic jam accidissent, quinetiam nonnulli mutuo se gustassent, ita demum ad colloquium de deditione venerunt cum Atheniensium ducibus, quibus ea urbis obsidendæ cura mandata erat, Xenophonte Euripidis et Hestiodoro Aristoclidæ et Phanomacho Callimachi filio. (2) Illi vero conditiones oblatas acceperunt, tum quod exercitum in loco frigido magna incommoda ferre animadverterent, tum etiam quod respublica duo talentorum millia in illam obsidionem jam impendisset. (3) His igitur conditionibus deditionem fecerunt, ut ipsi exirent et liberi et uxores et milites auxiliarii cum privis tunicis, fœminæ vero cum binis, cumque certa singuli ad viaticum pecunia. (4) Atque hi quidem interposita fide publica egressi abierunt in agrum Chalcidicum, et quo quisque poterat; Athenienses vero ducibus crimini dederunt, quod populi injussu compositionem fecissent (existimabant enim illos urbe potiri potuisse, quemadmodum vellent), et postea colonos ex se Potidæam miserunt eamque incoluerunt. (5) Atque hæc quidem hac hieme sunt gesta, et secundus hujus belli annus finiebatur, quod Thucydides conscripsit.

LXXI. Insequente æstate Peloponnesii eorumque socii in Atticam quidem nullam irruptionem fecerunt, sed adversus Platæam iverunt; dux autem erat Archidamus Zeuxidami filius, Lacedæmoniorum rex. Et castris positis agrum vastaturus erat; sed Platæenses legatis statim ad ipsum missis hæc dixerunt : (2) « Archidame et Lacedæmonii, neque juste neque ex dignitate vestra patrumque vestrorum facitis, qui agrum Platæensem invaditis. Pausanias enim Cleombroti filius, Lacedæmonius, qui Græciam Medorum dominatu liberavit, cum Græcis, qui prompti erant pugnæ apud nos commissæ idem periculum subire, quum victimas Jovi Liberatori in Platæensi foro immolasset, omnesque socios convocasset, Platæensibus et agrum et urbem reddebat, ut sua possidentes suis legibus viverent, et ne quis unquam injuste aut servitutis imponendæ causa bellum ipsis inferret; alioqui socios, qui aderant, pro viribus vim ab ipsis propulsaturos. (3) Hæc igitur patres vestri propter virtutem et animi alacritatem, quam in illis periculis demonstravimus, nobis tribuerunt; vos vero contraria facitis; nam cum Thebanis, qui nobis sunt inimicissimi, huc advenitis, ut nos in servitutem redigatis. (4) Deos autem contestati, et eos,

τούς τε ὅρκίους τότε γενομένους ποιούμενοι καὶ τοὺς ἡμετέρους πατρῴους καὶ ἡμετέρους ἐγχωρίους, λέγομεν ὑμῖν τὴν γῆν τὴν Πλαταιίδα μὴ ἀδικεῖν μηδὲ παραβαίνειν τοὺς ὅρκους, ἐᾶν δὲ οἰκεῖν αὐτονόμους καθάπερ Παυσανίας ἐδικαίωσεν. »

LXXII. Τοσαῦτα εἰπόντων Πλαταιῶν Ἀρχίδαμος ὑπολαβὼν εἶπε « Δίκαια λέγετε, ὦ ἄνδρες Πλαταιῆς, ἢν ποιῆτε ὁμοῖα τοῖς λόγοις. Καθάπερ γὰρ Παυσανίας ὑμῖν παρέδωκεν, αὐτοί τε αὐτονομεῖσθε καὶ τοὺς ἄλλους ξυνελευθεροῦτε, ὅσοι μετασχόντες τῶν τότε κινδύνων ὑμῖν τε ξυνώμοσαν καὶ εἰσὶ νῦν ὑπ' Ἀθηναίοις, παρασκευή τε τοσήδε καὶ πόλεμος γεγένηται αὐτῶν ἕνεκα καὶ τῶν ἄλλων ἐλευθερώσεως. Ἧς μάλιστα μὲν μετασχόντες καὶ αὐτοὶ ἐμμείνατε τοῖς ὅρκοις· εἰ δὲ μή, ἅπερ καὶ τὸ πρότερον ἤδη προυκαλεσάμεθα, ἡσυχίαν ἄγετε νεμόμενοι τὰ ὑμέτερα αὐτῶν, καὶ ἔστε μηδὲ μεθ' ἑτέρων, δέχεσθε δὲ ἀμφοτέρους φίλους, ἐπὶ πολέμῳ δὲ μηδετέρους. Καὶ τάδε ἡμῖν ἀρκέσει. » (2) Ὁ μὲν Ἀρχίδαμος τοσαῦτα εἶπεν· οἱ δὲ Πλαταιῶν πρέσβεις ἀκούσαντες ταῦτα ἐσῆλθον ἐς τὴν πόλιν, καὶ τῷ πλήθει τὰ ῥηθέντα κοινώσαντες ἀπεκρίναντο αὐτῷ ὅτι ἀδύνατα σφίσιν εἴη ποιεῖν ἃ προκαλεῖται ἄνευ Ἀθηναίων· παῖδες γὰρ σφῶν καὶ γυναῖκες παρ' ἐκείνοις εἴησαν· δεδιέναι δὲ καὶ περὶ τῇ πάσῃ πόλει μὴ ἐκείνων ἀποχωρησάντων Ἀθηναῖοι ἐλθόντες σφίσιν οὐκ ἐπιτρέπωσιν, ἢ Θηβαῖοι ὡς ἔνορκοι ὄντες κατὰ τὸ ἀμφοτέρους δέχεσθαι αὖθις σφῶν τὴν πόλιν πειράσωσι καταλαβεῖν. (3) Ὁ δὲ θαρσύνων αὐτοὺς πρὸς ταῦτα ἔφη « Ὑμεῖς δὲ πόλιν μὲν καὶ οἰκίας ἡμῖν παράδοτε τοῖς Λακεδαιμονίοις, καὶ γῆς ὅρους ἀποδείξατε, καὶ δένδρα ἀριθμῷ τὰ ὑμέτερα, καὶ ἄλλο εἴ τι δυνατὸν ἐς ἀριθμὸν ἐλθεῖν· αὐτοὶ δὲ μεταχωρήσατε ὅποι βούλεσθε, ἕως ἂν ὁ πόλεμος ᾖ. Ἐπειδὰν δὲ παρέλθῃ, ἀποδώσομεν ὑμῖν ἃ ἂν παραλάβωμεν. Μέχρι δὲ τοῦδε ἕξομεν παρακαταθήκην, ἐργαζόμενοι καὶ φορὰν φέροντες ἣ ἂν ὑμῖν μέλλῃ ἱκανὴ ἔσεσθαι. »

LXXIII. Οἱ δ' ἀκούσαντες ἐσῆλθον αὖθις ἐς τὴν πόλιν, καὶ βουλευσάμενοι μετὰ τοῦ πλήθους ἔλεξαν ὅτι βούλονται ἃ προκαλεῖται Ἀθηναίοις κοινῶσαι πρῶτον, καὶ ἢν πείθωσιν αὐτούς, ποιεῖν ταῦτα· μέχρι δὲ τούτου σπείσασθαι σφίσιν ἐκέλευον καὶ τὴν γῆν μὴ δῃοῦν. Ὁ δὲ ἡμέρας τε ἐσπείσατο ἐν αἷς εἰκὸς ἦν κομισθῆναι, καὶ τὴν γῆν οὐκ ἔτεμνεν. (2) Ἐλθόντες δὲ οἱ Πλαταιῆς πρέσβεις ὡς τοὺς Ἀθηναίους καὶ βουλευσάμενοι μετ' αὐτῶν πάλιν ἦλθον ἀπαγγέλλοντες τοῖς ἐν τῇ πόλει τοιάδε· « Οὔτ' ἐν τῷ πρὸ τοῦ χρόνῳ, ὦ ἄνδρες Πλαταιῆς, ἀφ' οὗ ξύμμαχοι ἐγενόμεθα, Ἀθηναῖοί φασιν ἐν οὐδενὶ ἡμᾶς προέσθαι ἀδικουμένους, οὔτε νῦν περιόψεσθαι, βοηθήσειν δὲ κατὰ δύναμιν. Ἐπισκήπτουσί τε ὑμῖν πρὸς τῶν ὅρκων οὓς οἱ πατέρες ὤμοσαν μηδὲν νεωτερίζειν περὶ τὴν ξυμμαχίαν. »

LXXIV. Τοιαῦτα τῶν πρέσβεων ἀπαγγειλάντων οἱ Πλαταιῆς ἐβουλεύσαντο Ἀθηναίους μὴ προδιδόναι, ἀλλ' ἀνέχεσθαι καὶ γῆν τεμνομένην, εἰ δεῖ, ὁρῶντας καὶ ἄλλο πάσχοντας ὅ τι ἂν ξυμβαίνῃ· ἐξελθεῖν τε μηδένα ἔτι,

qui jurisjurandi testes tunc fuerunt, et vestros patrios, et nostros indigenas, dicimus vobis, ne agrum Plataeensem laedatis, neve jusjurandum violetis, sed jure nostro nos vivere sinatis, quemadmodum Pausanias justum esse statuit. »

LXXII. Talia quum Plataeenses dixissent, Archidamus illorum orationem excipiens, haec respondit. « Æqua est vestra oratio, Viri Plataeenses, si verbis facta respondeant. Quemadmodum enim Pausanias vobis praestitit, et vos ipsi vestro jure vivite et ceteros pro vestra virili parte in libertatem vindicate, quotquot eadem pericula tunc vobiscum subierunt, et ejusdem jurisjurandi participes fuerunt, et qui nunc Atheniensibus serviunt; et tantus hic apparatus tantumque bellum susceptum est de eorum ceterorumque libertate. Cujus potissimum quidem est, ut vos quoque participes sitis, et sic jusjurandum et ipsi servetis; sin minus, ad quae ante etiam vos jam invitavimus, quiescite, res vestras possidentes, ac neutrorum partes sequimini, sed accipite utrosque amicitiae causa, neutros vero belli gratia. Atque haec quidem nobis sufficient. » (2) Archidamus igitur haec dixit; Plataeensium vero legati his auditis in urbem redierunt; quumque rem ad populum rettulissent, Archidamo responderunt: « Nihil a se eorum, quae ab ipso petebantur, sine Atheniensibus fieri posse. Suos quippe liberos, et conjuges apud illos esse; seque toti etiam civitati timere, ne post ipsorum discessum, Athenienses venirent, et illa non concederent, aut etiam Thebani, propterea quod pacto comprehensi essent de utrisque recipiendis, suam urbem rursus occupare conarentur. » (3) Ille vero eos bene sperare jubens, ad haec respondit: « Vos vero urbem et aedificia nobis Lacedaemoniis tradite, et fines agri demonstrate, et numerum vestrarum arborum, et quicquid aliud in numerum cadere potest; ipsi vero abite quocunque vultis, quamdiu bellum durarit. Ubi autem confectum fuerit, reddemus, quaecunque receperimus. Interea vero ut depositum servabimus, agrum colentes, et tributum pendentes, quod vobis suppetere possit. »

LXXIII. Illi vero his auditis in urbem redierunt, cumque his de rebus cum multitudine consultassent, responderunt: « Se velle conditiones sibi ab eo oblatas cum Atheniensibus prius communicare; et si illis persuadere possent, se ad haec facienda paratos esse. » Interea vero petebant, ut inducias secum faceret, et ab agro vastando sibi temperaret. Ille vero inducias fecit tot dierum, intra quot verisimile videbatur, responsum Athenis afferri posse, et ab agro vastando sibi temperavit. (2) Plataeenses vero legati ad Athenienses profecti, et agitato cum illis consilio, redierunt, haecque civitati retulerunt: (3) « Neque in superiore tempore, viri Plataeenses, ex quo societatem inivimus, Athenienses dicunt se passos esse nobis injuriam fieri, neque nunc passuros, sed pro viribus opem laturos; vobisque mandant, per jusjurandum, quod vestri patres jurarunt, ne quid novi in societate moliamini. »

LXXIV. Quum legati haec renuntiassent, Plataeenses decreverunt non deserere Athenienses, sed pati et agrum ante suos oculos vastari, si necesse esset, et perferre quicquid aliud contingere posset; nec quemquam amplius emittere,

ἀλλ' ἀπὸ τοῦ τείχους ἀποκρίνασθαι ὅτι ἀδύνατα σφίσι ποιεῖν ἐστὶν ἃ Λακεδαιμόνιοι προκαλοῦνται. (2) Ὡς δὲ ἀπεκρίναντο, ἐντεῦθεν δὴ πρῶτον μὲν ἐς ἐπιμαρτυρίαν καὶ θεῶν καὶ ἡρώων τῶν ἐγχωρίων Ἀρχίδαμος ὁ βασιλεὺς κατέστη, λέγων ὧδε· (3) « Θεοὶ ὅσοι γῆν τὴν Πλαταιΐδα ἔχετε καὶ ἥρωες, ξυνίστορές ἐστε ὅτι οὔτε τὴν ἀρχὴν ἀδίκως, ἐκλιπόντων τῶνδε πρότερον τὸ ξυνώμοτον, ἐπὶ γῆν τήνδε ἤλθομεν, ἐν ᾗ οἱ πατέρες ἡμῶν εὐξάμενοι ὑμῖν Μήδων ἐκράτησαν καὶ παρέσχετε αὐτὴν εὐμενῆ ἐναγωνίσασθαι τοῖς Ἕλλησιν, οὔτε νῦν, ἤν τι ποιῶμεν, ἀδικήσομεν· προκαλεσάμενοι γὰρ πολλὰ καὶ εἰκότα οὐ τυγχάνομεν. Ξυγγνώμονες δὲ ἔστε τῆς μὲν ἀδικίας κολάζεσθαι τοῖς ὑπάρχουσι προτέροις, τῆς δὲ τιμωρίας τυγχάνειν τοῖς ἐπιφέρουσι νομίμως. »

LXXV. Τοσαῦτα ἐπιθειάσας καθίστη ἐς πόλεμον τὸν στρατόν, καὶ πρῶτον μὲν περιεσταύρωσεν αὐτοὺς τοῖς δένδρεσιν ἃ ἔκοψαν, τοῦ μηδένα ἔτι ἐξιέναι, ἔπειτα χῶμα ἔχουν πρὸς τὴν πόλιν, ἐλπίζοντες ταχίστην αἵρεσιν ἔσεσθαι αὐτῶν στρατεύματος τοσούτου ἐργαζομένου. (2) Ξύλα μὲν οὖν τέμνοντες ἐκ τοῦ Κιθαιρῶνος παρῳκοδόμουν ἑκατέρωθεν, φορμηδὸν ἀντὶ τοίχων τιθέντες, ὅπως μὴ διαχέοιτο ἐπὶ πολὺ τὸ χῶμα· ἐφόρουν δὲ ὕλην ἐς αὐτὸ καὶ λίθους καὶ γῆν καὶ εἴ τι ἄλλο ἀνύτειν μέλλοι ἐπιβαλλόμενον. (3) Ἡμέρας δὲ ἔχουν ἑβδομήκοντα καὶ νύκτας ξυνεχῶς, διῃρημένοι κατ' ἀναπαύλας, ὥστε τοὺς μὲν φέρειν τοὺς δὲ ὕπνον τε καὶ σῖτον αἱρεῖσθαι· Λακεδαιμονίοις τε οἱ ξεναγοὶ ἑκάστης πόλεως ξυνεφεστῶτες ἠνάγκαζον ἐς τὸ ἔργον. (4) Οἱ δὲ Πλαταιῆς ὁρῶντες τὸ χῶμα αἰρόμενον, ξύλινον τεῖχος ξυνθέντες καὶ ἐπιστήσαντες τῷ ἑαυτῶν τείχει ᾗ προσεχοῦτο, ἐσῳκοδόμουν ἐς αὐτὸ πλίνθους ἐκ τῶν ἐγγὺς οἰκιῶν καθαιροῦντες. (5) Ξύνδεσμος δ' ἦν αὐτοῖς τὰ ξύλα τοῦ μὴ ὑψηλὸν γιγνόμενον ἀσθενὲς εἶναι τὸ οἰκοδόμημα. Καὶ προκαλύμματα εἶχε δέρρεις καὶ διφθέρας, ὥστε τοὺς ἐργαζομένους καὶ τὰ ξύλα μήτε πυρφόροις οἰστοῖς βάλλεσθαι ἐν ἀσφαλείᾳ τε εἶναι. (6) Ἤρετο δὲ τὸ ὕψος τοῦ τείχους μέγα, καὶ τὸ χῶμα οὐ σχολαίτερον ἀντανῄει αὐτῷ. Καὶ οἱ Πλαταιῆς τοιόνδε τι ἐπινοοῦσιν· διελόντες τοῦ τείχους ᾗ προσέπιπτε τὸ χῶμα, ἐσεφόρουν τὴν γῆν.

LXXVI. Οἱ δὲ Πελοποννήσιοι αἰσθόμενοι ἐν ταρσοῖς καλάμου πηλὸν ἐνείλλοντες ἐσέβαλλον ἐς τὸ διῃρημένον, ὅπως μὴ διαχεόμενον ὥσπερ ἡ γῆ φοροῖτο. (2) Οἱ δὲ ταύτῃ ἀποκλῃόμενοι τοῦτο μὲν ἐπέσχον, ὑπόνομον δ' ἐκ τῆς πόλεως ὀρύξαντες καὶ ξυντεκμηράμενοι ὑπὸ τὸ χῶμα ὑφεῖλκον αὖθις παρὰ σφᾶς τὸν χοῦν· καὶ ἐλάνθανον ἐπὶ πολὺ τοὺς ἔξω, ὥστ' ἐπιβάλλοντας ἧσσον ἀνύτειν ὑπαγομένου αὐτοῖς κάτωθεν τοῦ χώματος καὶ ἱζάνοντος ἀεὶ ἐπὶ τὸ κενούμενον. (3) Δεδιότες δὲ μὴ οὐδ' οὕτω δύνωνται ὀλίγοι πρὸς πολλοὺς ἀντέχειν, προσεπεξεῦρον τόδε· τὸ μὲν μέγα οἰκοδόμημα ἐπαύσαντο ἐργαζόμενοι τὸ κατὰ τὸ χῶμα, ἔνθεν δὲ καὶ ἔνθεν αὐτοῦ ἀρξάμενοι ἀπὸ τοῦ βραχέος τείχους ἐκ τοῦ ἐντὸς μηνοειδὲς ἐς τὴν πόλιν προσῳκοδόμουν, ὅπως εἰ τὸ μέγα τεῖχος

ἁλίσκοιτο, τοῦτ' ἀντέχοι, καὶ δέοι τοὺς ἐναντίους αὖθις πρὸς αὐτὸ χοῦν καὶ προχωροῦντας εἴσω διπλάσιόν τε πόνον ἔχειν καὶ ἐν ἀμφιβόλῳ μᾶλλον γίγνεσθαι. (4) Ἅμα δὲ τῇ χώσει καὶ μηχανὰς προσῆγον τῇ πόλει οἱ Πελοποννήσιοι, μίαν μὲν ἣ τοῦ μεγάλου οἰκοδομήματος κατὰ τὸ χῶμα προσαχθεῖσα ἐπὶ μέγα τε κατέσεισε καὶ τοὺς Πλαταιέας ἐφόβησεν, ἄλλας δὲ ἄλλῃ τοῦ τείχους, ἃς βρόχους τε περιβάλλοντες ἀνέκλων οἱ Πλαταιῆς, καὶ δοκοὺς μεγάλας ἀρτήσαντες ἁλύσεσι μακραῖς σιδηραῖς ἀπὸ τῆς τομῆς ἑκατέρωθεν ἀπὸ κεραιῶν δύο ἐπικεκλιμένων καὶ ὑπερτεινουσῶν ὑπὲρ τοῦ τείχους, ἀνελκύσαντες ἐγκαρσίας, ὁπότε προσπεσεῖσθαί πῃ μέλλοι ἡ μηχανή, ἀφίεσαν τὴν δοκὸν χαλαραῖς ταῖς ἁλύσεσι καὶ οὐ διὰ χειρὸς ἔχοντες· ἡ δὲ ῥύμῃ ἐμπίπτουσα ἀπεκαύλιζε τὸ προέχον τῆς ἐμβολῆς.

LXXVII. Μετὰ δὲ τοῦτο οἱ Πελοποννήσιοι, ὡς αἵ τε μηχαναὶ οὐδὲν ὠφέλουν καὶ τῷ χώματι τὸ ἀντιτείχισμα ἐγίγνετο, νομίσαντες ἄπορον εἶναι ἀπὸ τῶν παρόντων δεινῶν ἑλεῖν τὴν πόλιν πρὸς τὴν περιτείχισιν παρεσκευάζοντο. (2) Πρότερον δὲ πυρὶ ἔδοξεν αὐτοῖς πειρᾶσαι, εἰ δύναιντο πνεύματος γενομένου ἐπιφλέξαι τὴν πόλιν οὖσαν οὐ μεγάλην· πᾶσαν γὰρ δὴ ἰδέαν ἐπενόουν, εἴ πως σφίσιν ἄνευ δαπάνης καὶ πολιορκίας προσαχθείη. (3) Φοροῦντες δὲ ὕλης φακέλλους παρέβαλλον ἀπὸ τοῦ χώματος ἐς τὸ μεταξὺ πρῶτον τοῦ τείχους καὶ τῆς προσχώσεως, ταχὺ δὲ πλήρους γενομένου διὰ πολυχειρίαν ἐπιπαρένησαν καὶ τῆς ἄλλης πόλεως ὅσον ἐδύναντο ἀπὸ τοῦ μετεώρου πλεῖστον ἐπισχεῖν, (4) ἐμβαλόντες δὲ πῦρ ξὺν θείῳ καὶ πίσσῃ ἧψαν τὴν ὕλην. Καὶ ἐγένετο φλὸξ τοσαύτη ὅσην οὐδείς πω ἔς γ' ἐκεῖνον τὸν χρόνον χειροποίητον εἶδεν· ἤδη γὰρ ἐν ὄρεσιν ὕλη τριφθεῖσα ὑπ' ἀνέμων πρὸς αὐτὴν ἀπὸ ταὐτομάτου πῦρ καὶ φλόγα ἀπ' αὐτοῦ ἀνῆκεν. (5) Τοῦτο δὲ μέγα τε ἦν καὶ τοὺς Πλαταιέας τἆλλα διαφυγόντας ἐλαχίστου ἐδέησε διαφθεῖραι· ἐντὸς γὰρ πολλοῦ χωρίου τῆς πόλεως οὐκ ἦν πελάσαι, πνεῦμά τε εἰ ἐπεγένετο αὐτῇ ἐπίφορον, ὅπερ καὶ ἤλπιζον οἱ ἐναντίοι, οὐκ ἂν διέφυγον. (6) Νῦν δὲ καὶ τόδε λέγεται ξυμβῆναι, ὕδωρ ἐξ οὐρανοῦ πολὺ καὶ βροντὰς γενομένας σβέσαι τὴν φλόγα καὶ οὕτω παυθῆναι τὸν κίνδυνον.

LXXVIII. Οἱ δὲ Πελοποννήσιοι ἐπειδὴ καὶ τούτου διήμαρτον, μέρος μέν τι καταλιπόντες τοῦ στρατοπέδου, [τὸ δὲ πλέον ἀφέντες] περιετείχιζον τὴν πόλιν κύκλῳ, διελόμενοι κατὰ πόλεις τὸ χωρίον· τάφρος δὲ ἐντός τε ἦν καὶ ἔξωθεν, ἐξ ἧς ἐπλινθεύσαντο. (2) Καὶ ἐπειδὴ πᾶν ἐξείργαστο περὶ ἀρκτούρου ἐπιτολάς, καταλιπόντες φύλακας τοῦ ἡμίσεος τείχους (τὸ δὲ ἥμισυ Βοιωτοὶ ἐφύλασσον) ἀνεχώρησαν τῷ στρατῷ καὶ διελύθησαν κατὰ πόλεις. (3) Πλαταιῆς δὲ παῖδας μὲν καὶ γυναῖκας καὶ τοὺς πρεσβυτάτους τε καὶ πλῆθος τὸ ἀχρεῖον τῶν ἀνθρώπων πρότερον ἐκκεκομισμένοι ἦσαν ἐς τὰς Ἀθήνας, αὐτοὶ δ' ἐπολιορκοῦντο ἐγκαταλελειμμένοι τετρακόσιοι, Ἀθηναίων δὲ ὀγδοήκοντα, γυναῖκες δὲ δέκα καὶ ἑκατὸν σιτοποιοί. (4) Τοσοῦτοι ἦσαν οἱ

eosque novum aggerem ad eum rursus aggerere cogeret, et ulterius ad interiora procedentes duplicem laborem sustinere, et magis eo deduci, ubi ab utraque parte telorum ictibus pateret. (4) Peloponnesii vero dum aggerem jaciunt, simul etiam machinas urbi admovebant, unam quidem, quæ per aggerem admota magnum ingentis illius ædificii partem conquassavit et Plataeenses perterrefecit, alias vero ab alia muri parte, quas Plataeenses laqueis circumjectis retorquebant, et trabes ingentes, quas ab utroque capite longis ferreis catenis suspenderant, ex binis antennis inclinatis ac supra murum prominentibus transversas sursum trahebant, et quoties machina aliquam muri partem petitura erat, trabem laxatis catenis atque e manu remissis demittebant, illa vero cum impetu delata, prominentem arietis partem refringebat.

LXXVII. Postea vero Peloponnesii, quum machinæ nihil proficerent, et adversus aggerem munitio erigeretur, existimantes præsentibus terroribus urbem capi non posse, se ad eam muro cingendam parabant. (2) Prius tamen igne urbem temptare placuit, si possent coorto vento eam incendere, quod spatiosa non esset; nullum enim oppugnationis genus intemptatum prætermittebant, si forte sine sumptu et obsidione in suam potestatem redigere possent. (3) Comportantes igitur materiæ fasciculos conjiciebant eos ex aggere primum quidem in eam partem, quæ erat inter murum et aggerem, et quum propter tantam hominum manum celeriter esset repleta, propter reliquum etiam urbis spacium, quantum de loco superiore plurimum occupare poterant, materiam congesserunt, (4) eamque injecto igne, cum sulphure et pice incenderunt. Tantaque flamma excitata est, quantam nullus unquam ad illud usque tempus manu quidem excitatam viderat. Nam in montibus quidem jam silva arboribus vi ventorum inter se collisis sua sponte ignem flammamque ex hoc conceptam emisit. (5) Hoc vero incendium et magnum exstitit, et minimum aberat, quin Plataeenses, quum cetera vitassent, absumeret; a multo enim intra spacio urbis accedere non licebat, et ventus si accessisset secundus ad flammam augendam, id quod adversarii sperabant, effugere non potuissent. (6) Nunc vero hoc etiam accidisse fertur, ut magna vis aquæ de cœlo cum tonitruis effusa flammam restingueret, et ita periculo finem factum esse.

LXXVIII. Peloponnesii vero, cum hoc quoque conatu frustrati essent, quadam copiarum parte ibi relicta, [majore autem dimissa] muro urbem undique cingere cœperunt, ambitus spacio inter singulas civitates distributo. Fossa autem erat et interna et externa, ex qua lateres fecerunt. (2) Et postquam totum opus absolutum erat sub Arcturi ortum, præsidio ad dimidii muri custodiam relicto (nam alterum dimidium Bœoti custodiebant) cum exercitu redierunt et digressi in suas quique urbes se receperunt. (3) Plataeenses vero liberos et uxores et natu maximos et hominum nullius usus multitudinem jam ante Athenas exportarant; ipsi vero, qui relicti erant, obsidebantur numero quadringenti, Athenienses autem octoginta, et mulieres centum et decem, quæ panem faciebant. (4) Tot erant universi, quum obsidionem

ξύμπαντες ὅτε ἐς τὴν πολιορκίαν καθίσταντο, καὶ ἄλλος οὐδεὶς ἦν ἐν τῷ τείχει οὔτε δοῦλος οὔτ' ἐλεύθερος. Τοιαύτη μὲν ἡ Πλαταιῶν πολιορκία κατεσκευάσθη.

LXXIX. Τοῦ δ' αὐτοῦ θέρους, καὶ ἅμα τῇ τῶν Πλαταιῶν ἐπιστρατείᾳ, Ἀθηναῖοι δισχιλίοις ὁπλίταις ἑαυτῶν καὶ ἱππεῦσι διακοσίοις ἐστράτευσαν ἐπὶ Χαλκιδέας τοὺς ἐπὶ Θρᾴκης καὶ Βοττιαίους ἀκμάζοντος τοῦ σίτου· ἐστρατήγει δὲ Ξενοφῶν ὁ Εὐριπίδου τρίτος αὐτός. (2) Ἐλθόντες δὲ ὑπὸ Σπάρτωλον τὴν Βοττικὴν τὸν σῖτον διέφθειραν. Ἐδόκει δὲ καὶ προσχωρήσειν ἡ πόλις ὑπό τινων ἔνδοθεν πρασσόντων. Προσπεμψάντων δὲ ἐς Ὄλυνθον τῶν οὐ ταῦτα βουλομένων ὁπλῖταί τε ἦλθον καὶ στρατιὰ ἐς φυλακήν· ἧς ἐπεξελθούσης ἐκ τῆς Σπαρτώλου ἐς μάχην καθίστανται οἱ Ἀθηναῖοι πρὸς αὐτῇ τῇ πόλει. (3) Καὶ οἱ μὲν ὁπλῖται τῶν Χαλκιδέων καὶ ἐπίκουροί τινες μετ' αὐτῶν νικῶνται ὑπὸ τῶν Ἀθηναίων καὶ ἀναχωροῦσιν ἐς τὴν Σπάρτωλον, οἱ δὲ ἱππῆς τῶν Χαλκιδέων καὶ ψιλοὶ νικῶσι τοὺς τῶν Ἀθηναίων ἱππέας καὶ ψιλούς· (4) εἶχον δέ τινας οὐ πολλοὺς πελταστὰς ἐκ τῆς Κρουσίδος γῆς καλουμένης. Ἄρτι δὲ τῆς μάχης γεγενημένης ἐπιβοηθοῦσιν ἄλλοι πελτασταὶ ἐκ τῆς Ὀλύνθου. (5) Καὶ οἱ ἐκ τῆς Σπαρτώλου ψιλοὶ ὡς εἶδον, θαρσήσαντες τοῖς τε προσγιγνομένοις καὶ ὅτι πρότερον οὐχ ἡσσῶντο, ἐπιτίθενται αὖθις μετὰ τῶν Χαλκιδέων ἱππέων καὶ τῶν προσβοηθησάντων τοῖς Ἀθηναίοις· καὶ ἀναχωροῦσι πρὸς τὰς δύο τάξεις ἃς κατέλιπον παρὰ τοῖς σκευοφόροις. (6) Καὶ ὁπότε μὲν ἐπίοιεν οἱ Ἀθηναῖοι, ἐνεδίδοσαν, ἀποχωροῦσι δ' ἐνέκειντο καὶ ἐσηκόντιζον. Οἵ τε ἱππῆς τῶν Χαλκιδέων προσιππεύοντες ᾗ δοκοῖ ἐσέβαλλον, καὶ οὐχ ἥκιστα φοβήσαντες ἔτρεψαν τοὺς Ἀθηναίους καὶ ἐπεδίωξαν ἐπὶ πολύ. (7) Καὶ οἱ μὲν Ἀθηναῖοι ἐς τὴν Ποτίδαιαν καταφεύγουσιν, καὶ ὕστερον τοὺς νεκροὺς ὑποσπόνδους κομισάμενοι ἐς τὰς Ἀθήνας ἀναχωροῦσι τῷ περιόντι τοῦ στρατοῦ· ἀπέθανον δὲ αὐτῶν τριάκοντα καὶ τετρακόσιοι καὶ οἱ στρατηγοὶ πάντες. Οἱ δὲ Χαλκιδῆς καὶ οἱ Βοττιαῖοι τροπαῖόν τε ἔστησαν καὶ τοὺς νεκροὺς τοὺς αὑτῶν ἀνελόμενοι διελύθησαν κατὰ πόλεις.

LXXX. Τοῦ δ' αὐτοῦ θέρους, οὐ πολλῷ ὕστερον τούτων, Ἀμπρακιῶται καὶ Χάονες βουλόμενοι Ἀκαρνανίαν πᾶσαν καταστρέψασθαι καὶ Ἀθηναίων ἀποστῆσαι πείθουσι Λακεδαιμονίους ναυτικόν τε παρασκευάσασθαι ἐκ τῆς ξυμμαχίδος καὶ ὁπλίτας χιλίους πέμψαι ἐς Ἀκαρνανίαν, λέγοντες ὅτι ἢν ναυσὶ καὶ πεζῷ ἅμα μετὰ σφῶν ἔλθωσιν, ἀδυνάτων ὄντων ξυμβοηθεῖν τῶν ἀπὸ θαλάσσης Ἀκαρνάνων ῥᾳδίως ἂν Ἀκαρνανίαν σχόντες καὶ τῆς Ζακύνθου καὶ Κεφαλληνίας κρατήσουσι, καὶ ὁ περίπλους οὐκέτι ἔσοιτο Ἀθηναίοις ὁμοίως περὶ Πελοπόννησον· ἐλπίδα δ' εἶναι καὶ Ναύπακτον λαβεῖν. (2) Οἱ δὲ Λακεδαιμόνιοι πεισθέντες Κνῆμον μὲν ναύαρχον ἔτι ὄντα καὶ τοὺς ὁπλίτας ἐπὶ ναυσὶν ὀλίγαις εὐθὺς πέμπουσιν, τῷ δὲ ναυτικῷ περιήγγειλαν παρασκευασαμένῳ ὡς τάχιστα πλεῖν ἐς Λευκάδα. (3)

LXXIX. Eadem autem æstate, simul atque expeditio contra Plataeenses est suscepta, Athenienses cum duobus millibus ex se ipsis militum gravis armaturæ et ducentis equitibus bellum intulerunt Chalcidensibus, qui sunt in Thracia, et Bottiæis, frumento jam maturo. His vero praeerat Xenophon Euripidis filius, cum duobus collegis. (2) Quum autem ad Spartolum Botticam copias duxissent, frumentum corruperunt. Videbatur autem etiam urbs in deditionem ventura quorundam civium opera, qui hoc moliebantur. Sed quum ii, qui hæc nolebant, Olynthum ante misissent, gravis armaturæ milites venerunt, et reliquus exercitus ad urbis custodiam; qui quum Spartolo adversus hostem prodiisset, Athenienses prœlium ad ipsam urbem commiserunt. (3) Et Chalcidensium gravis armatura, et cum illis nonnulli auxiliarii milites ab Atheniensibus vincuntur et in urbem sese recipiunt; equitatus vero Chalcidensium ac levis armatura vincunt Atheniensium equitatum et levem armaturam; (4) habebant autem aliquot non multos cetratos ex agro, qui Crusis appellatur. Quum autem finitum modo esset prœlium, alia cetratorum manus Olyntho subsidio venit. (5) Tunc vero levis armaturæ milites, qui Spartoli erant, quum hoc vidissent, tum recentium copiarum accessione magis confirmati, tum etiam quod antea victi non essent, cum Chalcidensium equitatu et subsidiariis Athenienses iterum invadunt; et hi se recipiunt ad duas cohortes, quas ad impedimenta reliquerant. (6) Quoties autem Athenienses armis infestis eos petebant, illi recedebant; recedentibus vero instabant et tela conjiciebant. Et Chalcidensium equites adequitantes, qua commodum videretur, impressionem faciebant, et hi præcipue Athenienses perculsos in fugam verterunt, et longe sunt persecuti. (7) Atque Athenienses quidem fuga Potidæam se receperunt, posteaque, suorum cadaveribus fide publica interposita receptis, cum copiarum reliquiis Athenas reverterunt; ex eorum autem numero quadringenti et triginta perierant, et duces omnes. Chalcidenses vero et Bottiæi tropæum statuerunt, susceptisque suorum cadaveribus in suas quique urbes discesserunt.

LXXX. Eadem æstate non multo post hæc Ampraciotæ et Chaones cupientes totam Acarnaniam subigere et ab Atheniensibus alienare Lacedæmoniis persuaserunt, ut classem ex sociis civitatibus pararent, et mille gravis armaturæ milites in Acarnaniam mitterent; dicebant enim, illos, si cum navibus simul et peditatu secum venirent, quod Acarnanes, qui maritimam oram incolebant, copiis coactis opem suis ferre non possent, Acarnania facile politos, Zacynthum etiam et Cephalleniam in suam potestatem redacturos, ut non amplius ita libera Atheniensibus circum Peloponnesum navigatio esset; quinetiam Naupacti capiendæ spem esse. (2) Lacedæmonii vero illorum verbis adducti Cnemum, qui classis prætor adhuc erat, et gravis armaturæ milites cum paucis navibus e vestigio mittunt, nuntiis autem circummissis imperarunt sociis, ut classem expedirent et primo quoque tempore Leucadem venirent.

Ἦσαν δὲ Κορίνθιοι ξυμπροθυμούμενοι μάλιστα τοῖς Ἀμπρακιώταις ἀποίκοις οὖσιν. Καὶ τὸ μὲν ναυτικὸν ἔκ τε Κορίνθου καὶ Σικυῶνος καὶ τῶν ταύτῃ χωρίων ἐν παρασκευῇ ἦν, τὸ δ' ἐκ Λευκάδος καὶ Ἀνακτορίου καὶ Ἀμπρακίας πρότερον ἀφικόμενον ἐν Λευκάδι περιέμενεν. (4) Κνῆμος δὲ καὶ οἱ μετ' αὐτοῦ χίλιοι ὁπλῖται ἐπειδὴ ἐπεραιώθησαν λαθόντες Φορμίωνα, ὃς ἦρχε τῶν εἴκοσι νεῶν τῶν Ἀττικῶν αἳ περὶ Ναύπακτον ἐφρούρουν, εὐθὺς παρεσκευάζοντο τὴν κατὰ γῆν στρατείαν. (5) Καὶ αὐτῷ παρῆσαν Ἑλλήνων μὲν Ἀμπρακιῶται καὶ Λευκάδιοι καὶ Ἀνακτόριοι καὶ οὓς αὐτὸς ἔχων ἦλθε χίλιοι Πελοποννησίων, βάρβαροι δὲ Χάονες χίλιοι ἀβασίλευτοι, ὧν ἡγοῦντο ἐπ' ἐτησίῳ προστασίᾳ ἐκ τοῦ ἀρχικοῦ γένους Φώτυος καὶ Νικάνωρ. Ἐστρατεύοντο δὲ μετὰ Χαόνων καὶ Θεσπρωτοὶ ἀβασίλευτοι. (6) Μολοσσοὺς δὲ ἦγε καὶ Ἀτιντᾶνας Σαβύλινθος ἐπίτροπος ὢν Θάρυπος τοῦ βασιλέως ἔτι παιδὸς ὄντος, καὶ Παραυαίους Ὄροιδος βασιλεὺς ὤν. Ὀρέσται δὲ χίλιοι, ὧν ἐβασίλευεν Ἀντίοχος, μετὰ Παραυαίων ξυνεστρατεύοντο Ὀροίδῳ Ἀντιόχου ἐπιτρέψαντος. (7) Ἔπεμψε δὲ καὶ Περδίκκας κρύφα τῶν Ἀθηναίων χιλίους Μακεδόνων, οἳ ὕστερον ἦλθον. (8) Τούτῳ τῷ στρατῷ ἐπορεύετο Κνῆμος, οὐ περιμείνας τὸ ἀπὸ Κορίνθου ναυτικόν· καὶ διὰ τῆς Ἀργείας ἰόντες Λιμναίαν κώμην ἀτείχιστον ἐπόρθησαν. Ἀφικνοῦνταί τε ἐπὶ Στράτον πόλιν μεγίστην τῆς Ἀκαρνανίας, νομίζοντες, εἰ ταύτην πρώτην λάβοιεν, ῥᾳδίως ἂν σφίσι τἆλλα προσχωρήσειν.

LXXXI. Ἀκαρνᾶνες δὲ αἰσθόμενοι κατά τε γῆν πολλὴν στρατιὰν ἐσβεβληκυῖαν ἔκ τε θαλάσσης ναυσὶν ἅμα τοὺς πολεμίους παρεσομένους, οὔτε ξυνεβοήθουν ἐφύλασσόν τε τὰ αὑτῶν ἕκαστοι, παρά τε Φορμίωνα ἔπεμπον κελεύοντες ἀμύνειν· ὁ δὲ ἀδύνατος ἔφη εἶναι ναυτικοῦ ἐκ Κορίνθου μέλλοντος ἐκπλεῖν Ναύπακτον ἐρήμην ἀπολιπεῖν. (2) Οἱ δὲ Πελοποννήσιοι καὶ οἱ ξύμμαχοι τρία τέλη ποιήσαντες σφῶν αὐτῶν ἐχώρουν πρὸς τὴν τῶν Στρατίων πόλιν, ὅπως ἐγγὺς στρατοπεδευσάμενοι, εἰ μὴ λόγοις πείθοιεν, ἔργῳ πειρῷντο τοῦ τείχους. (3) Καὶ μέσον μὲν ἔχοντες προσῇσαν Χάονες καὶ οἱ ἄλλοι βάρβαροι, ἐκ δεξιᾶς δ' αὐτῶν Λευκάδιοι καὶ Ἀνακτόριοι καὶ οἱ μετὰ τούτων, ἐν ἀριστερᾷ δὲ Κνῆμος καὶ οἱ Πελοποννήσιοι καὶ Ἀμπρακιῶται· διεῖχον δὲ πολὺ ἀπ' ἀλλήλων καὶ ἔστιν ὅτε οὐδὲ ἑωρῶντο. (4) Καὶ οἱ μὲν Ἕλληνες τεταγμένοι τε προσῇεσαν καὶ διὰ φυλακῆς ἔχοντες, ἕως ἐστρατοπεδεύσαντο ἐν ἐπιτηδείῳ· οἱ δὲ Χάονες σφίσι τε αὐτοῖς πιστεύοντες καὶ ἀξιούμενοι ὑπὸ τῶν ἐκείνῃ ἠπειρωτῶν μαχιμώτατοι εἶναι οὔτ' ἐπέσχον τὸ στρατόπεδον καταλαβεῖν, χωρήσαντές τε ῥύμῃ μετὰ τῶν ἄλλων βαρβάρων ἐνόμισαν αὐτοβοεὶ ἂν τὴν πόλιν ἑλεῖν καὶ αὑτῶν τὸ ἔργον γενέσθαι. (5) Γνόντες δ' αὐτοὺς οἱ Στράτιοι ἔτι προσιόντας καὶ ἡγησάμενοι, μεμονωμένων εἰ κρατήσειαν, οὐκ ἂν ἔτι σφίσι τοὺς Ἕλληνας ὁμοίως προσελθεῖν, προλοχίζουσι τὰ περὶ τὴν πόλιν ἐνέδραις, καὶ ἐπειδὴ ἐγγὺς ἦσαν, ἔκ τε τῆς πόλεως ὁμόσε χωρήσαντες καὶ ἐκ τῶν ἐνεδρῶν προσπίπτουσιν. (6)

(3) Corinthii autem potissimum Ampraciotis colonis suis studiose favebant; et Corinthiorum quidem classis et Sicyoniorum et oppidorum in illa regione sitorum instruebatur, Leucadiorum autem et Anactoriorum et Ampraciotarum jam ante eo profecta ad Leucada mansit. (4) Cnemus vero et mille gravis armaturæ milites, quos secum ducebat, postquam mare trajecerunt clam Phormione, qui viginti navibus Atticis præerat, quæ circa Naupactum in præsidio erant, se confestim ad expeditionem itinere terrestri faciendam parare cœperunt. (5) Eique præsto erant ex Græcis quidem Ampraciotæ et Leucadii et Anactorii et mille Peloponnesii, quos ipse secum adduxerat, ex barbaris vero mille Chaones, qui regio dominatu non regebantur, quibus præerant annuum magistratum gerentes e principali familia Photyus et Nicanor; cum Chaonibus vero militabant et Thesproti, qui et ipsi dominatu regio non gubernabantur. (6) Molossos vero ducebat et Atintanas Sabylinthus, Tharypis regis adhuc pupilli tutelam gerens, et Parauæos Orœdus rex. Mille etiam Orestæ, permissu Antiochi, qui rex ipsorum erat, cum Parauæis et Orœdo ad eandem militiam proficiscebantur. (7) Miserat etiam Perdiccas clam Atheniensibus mille Macedonas, qui postea supervenerunt. (8) Cum hoc exercitu Cnemus proficiscebatur non exspectata Corinthiorum classe; et per agrum Argivum iter facientes, Limnæam pagum nullis cinctum muris diripuerunt. Et ad Stratum pervenerunt, maximam Acarnaniæ urbem, existimantes, si hanc primam cepissent, cetera etiam haud ægre in suam potestatem ventura.

LXXXI. Acarnanes vero, cum intellexissent et terra magnas copias irruptionem fecisse, et mari simul hostes cum classe venturos, copias non cogebant, ut suis laborantibus opem ferrent, sed suæ quique custodiebant, et ad Phormionem mittebant, rogantes, ut auxilium sibi ferret. Ille vero respondit, se non posse, quod classis Corintho esset ventura, Naupactum præsidio nudatam relinquere. (2) Peloponnesii vero eorumque socii, suas copias in tres acies partiti, ad urbem Stratiorum procedebant, ut castris prope illam positis, nisi verbis eos adducere possent, re ipsa muros temptarent. (3) Atque accedebant ita, ut medium agmen tenerent Chaones, et ceteri barbari, ad dextram vero ipsorum essent Leucadii et Anactorii et qui cum his veniebant, ad lævam Cnemus et Peloponnesii et Ampraciotæ; magno autem intervallo alii ab aliis distabant, quinetiam alicubi ne conspiciebant quidem inter se. (4) Et Græci quidem servatis ordinibus et caute procedebant, donec in opportuno loco castra posuerunt; Chaones vero, qui suis ipsorum viribus confiderent et ab illius continentis incolis bellicosissimi esse judicarentur, neque castris locum capere sustinuerunt, et impetu cum ceteris barbaris lati, urbem vel ipso clamore se capturos, atque hoc facinus sibi tributum iri existimarunt. (5) Stratii vero, cum eos adhuc accedentes vidissent, et existimassent, si eos a ceteris sejunctos superassent, Græcos non amplius pariter ad se accessuros, in locis urbi circumjectis insidias ante collocant, et postquam illi prope aderant, ex urbe pariter et ex insidiis prosilientes impressionem faciunt. (6) Atque timore perculsi, Chaones

Καὶ ἐς φόβον καταστάντων διαφθείρονταί τε πολλοὶ τῶν Χαόνων, καὶ οἱ ἄλλοι βάρβαροι ὡς εἶδον αὐτοὺς ἐνδόντας, οὐκέτι ὑπέμειναν, ἀλλ' ἐς φυγὴν κατέστησαν. (7) Τῶν δὲ Ἑλληνικῶν στρατοπέδων οὐδέτερον ᾔσθετο τῆς μάχης διὰ τὸ πολὺ προελθεῖν αὐτοὺς καὶ στρατόπεδον οἰηθῆναι καταληψομένους ἐπείγεσθαι. (8) Ἐπεὶ δ' ἐνέκειντο φεύγοντες οἱ βάρβαροι, ἀνελάμβανόν τε αὐτοὺς καὶ ξυναγαγόντες τὰ στρατόπεδα ἡσύχαζον αὐτοῦ τὴν ἡμέραν, ἐς χεῖρας μὲν οὐκ ἰόντων σφίσι τῶν Στρατίων διὰ τὸ μήπω τοὺς ἄλλους Ἀκαρνᾶνας ξυμβεβοηθηκέναι, ἄποθεν δὲ σφενδονώντων καὶ ἐς ἀπορίαν καθιστάντων· οὐ γὰρ ἦν ἄνευ ὅπλων κινηθῆναι. Δοκοῦσι δ' οἱ Ἀκαρνᾶνες κράτιστοι εἶναι τοῦτο ποιεῖν.

LXXXII. Ἐπειδὴ δὲ νὺξ ἐγένετο, ἀναχωρήσας ὁ Κνῆμος τῇ στρατιᾷ κατὰ τάχος ἐπὶ τὸν Ἄναπον ποταμόν, ὃς ἀπέχει σταδίους ὀγδοήκοντα Στράτου, τούς τε νεκροὺς κομίζεται τῇ ὑστεραίᾳ ὑποσπόνδους, καὶ Οἰνιαδῶν ξυμπαραγενομένων κατὰ φιλίαν ἀναχωρεῖ παρ' αὐτοὺς πρὶν τὴν ξυμβοήθειαν ἐλθεῖν. Κἀκεῖθεν ἐπ' οἴκου ἀπῆλθον ἕκαστοι. Οἱ δὲ Στράτιοι τροπαῖον ἔστησαν τῆς μάχης τῆς πρὸς τοὺς βαρβάρους.

LXXXIII. Τὸ δ' ἐκ τῆς Κορίνθου καὶ τῶν ἄλλων ξυμμάχων τῶν ἐκ τοῦ Κρισαίου κόλπου ναυτικόν, ὃ ἔδει παραγενέσθαι τῷ Κνήμῳ ὅπως μὴ ξυμβοηθῶσιν οἱ ἀπὸ θαλάσσης ἄνω Ἀκαρνᾶνες, οὐ παραγίγνεται, ἀλλ' ἠναγκάσθησαν περὶ τὰς αὐτὰς ἡμέρας τῆς ἐν Στράτῳ μάχης ναυμαχῆσαι πρὸς Φορμίωνα καὶ τὰς εἴκοσι ναῦς τῶν Ἀθηναίων αἳ ἐφρούρουν ἐν Ναυπάκτῳ. (2) Ὁ γὰρ Φορμίων παραπλέοντας αὐτοὺς ἔξω τοῦ κόλπου ἐτήρει, βουλόμενος ἐν τῇ εὐρυχωρίᾳ ἐπιθέσθαι. (3) Οἱ δὲ Κορίνθιοι καὶ οἱ ξύμμαχοι ἔπλεον μὲν οὐχ ὡς ἐπὶ ναυμαχίαν, ἀλλὰ στρατιωτικώτερον παρεσκευασμένοι ἐς τὴν Ἀκαρνανίαν, καὶ οὐκ ἂν οἰόμενοι πρὸς ἑπτὰ καὶ τεσσαράκοντα ναῦς τὰς σφετέρας τολμῆσαι τοὺς Ἀθηναίους εἴκοσι ταῖς ἑαυτῶν ναυμαχίαν ποιήσασθαι· ἐπειδὴ μέντοι ἀντιπαραπλέοντάς τε ἑώρων αὐτοὺς παρὰ γῆν σφῶν κομιζομένων, καὶ ἐκ Πατρῶν τῆς Ἀχαΐας πρὸς τὴν ἀντιπέρας ἤπειρον διαβαλλόντων ἐπ' Ἀκαρνανίας κατεῖδον τοὺς Ἀθηναίους ἀπὸ τῆς Χαλκίδος καὶ τοῦ Εὐήνου ποταμοῦ προσπλέοντας σφίσι καὶ οὐκ ἔλαθον νυκτὸς ὑφορμισάμενοι, οὕτω δὴ ἀναγκάζονται ναυμαχεῖν κατὰ μέσον τὸν πορθμόν. (4) Στρατηγοὶ δὲ ἦσαν μὲν καὶ κατὰ πόλεις ἑκάστων οἱ παρεσκευάζοντο, Κορινθίων δὲ Μαχάων καὶ Ἰσοκράτης καὶ Ἀγαθαρχίδας. (5) Καὶ οἱ μὲν Πελοποννήσιοι ἐτάξαντο κύκλον τῶν νεῶν ὡς μέγιστον οἷοί τ' ἦσαν μὴ διδόντες διέκπλουν, τὰς πρώρας μὲν ἔξω, εἴσω δὲ τὰς πρύμνας, καὶ τά τε λεπτὰ πλοῖα ἃ ξυνέπλει ἐντὸς ποιοῦνται καὶ πέντε ναῦς τὰς ἄριστα πλεούσας, ὅπως ἐκπλέοιεν διὰ βραχέος παραγιγνόμενοι, εἴ πῃ προσπίπτοιεν οἱ ἐναντίοι.

LXXXIV. Οἱ δ' Ἀθηναῖοι κατὰ μίαν ναῦν τεταγμένοι περιέπλεον αὐτοὺς κύκλῳ καὶ ξυνῆγον ἐς ὀλίγον, ἐν χρῷ ἀεὶ παραπλέοντες καὶ δόκησιν παρέχοντες αὐτίκα ἐμβαλεῖν· προείρητο δ' αὐτοῖς ὑπὸ Φορμίωνος μὴ

multi cæduntur, ceterique barbari, postquam eos cedentes animadverterunt, ne ipsi quidem amplius restiterunt sed in fugam se conjecerunt. (7) Neutrum autem Græcorum agmen hanc pugnam sensit, propterea quod illi longius processissent, eosque Græci ideo properare crederent, ut locum castris caperent. (8) Sed quum effusa fuga barbari ferrentur, eos ad se recipiebant, castrisque junctis in loco per diem quiescebant, quum Stratii iis ad manus non venirent, quia ceterorum Acarnanum auxilia ad ipsos nondum convenerant, sed hostem fundis eminus lacesserent, et ad inopiam consilii compellerent; nec enim sine gravis armaturæ militibus loco sese movere poterant. Acarnanes autem hoc pugnæ genere excellere existimantur.

LXXXII. Ubi vero nox advenit, Cnemus cum exercitu celeriter sese recipiens ad fluvium Anapum, octoginta stadiis a Strato distantem, postero die per inducias suorum cadavera recepit, cumque Œniadæ per amicitiam se illi adjunxissent, ad eos concessit, antequam ceterorum Acarnanum auxilia in unum convenirent. Atque illinc omnes domum redierunt. Stratii vero tropæum statuerunt prœlii cum barbaris commissi.

LXXXIII. Classis autem, quam Corintho et a ceteris sociis ex sinu Crisæo ad Cnemum venire oportuerat, ne Acarnanes, qui maritimam oram incolebant, una in loca superiora auxilio proficiscerentur, non venit, sed per illos ipsos dies prœlii ad Stratum facti coacti sunt navalem pugnam committere cum Phormione et viginti navibus Atheniensium, quæ Naupacti in statione erant. (2) Phormio enim eos terram legentes extra sinum observabat, eo consilio, ut in aperto mari eos aggrederetur. (3) Corinthii vero eorumque socii non ut ad navale prœlium, sed potius ad terrestrem militiam parati in Acarnaniam navigabant, simul etiam non rati Athenienses, qui viginti tantum naves habebant, cum suis septem et quadraginta navibus pugnam committere ausuros. Veruntamen postquam eos infesta classe contra se navigantes vident, dum ipsi maritimam oram legunt, et postquam, dum e Patris Achaiæ oppido ad oppositam continentem in Acarnaniam trajiciunt, animadverterunt Athenienses ab Chalcide et Eueno fluvio contra se tendentes, neque obscurum fuit, eos noctu in statione latuisse, ita demum in medio freto prœlium committere coguntur. (4) Duces autem et oppidatim omnium erant, qui se ad bellum parabant, Corinthiorum vero Machao et Isocrates et Agatharchidas. (5) Ac Peloponnesii quidem aciem instruxerunt, facto suarum navium orbe quam maximo poterant, non permittentes, ut hostium naves per mediam suam classem transcurrerent, et proris quidem extra, puppibus vero intro versis; parvaque navigia, quæ simul navigabant, intra orbem receperunt, et quinque naves celeritate præstantes, ut celeriter, si qua hostes irruerent, ipsæ præsto essent ad eruptionem in eos faciendam.

LXXXIV. Athenienses vero longa singularum navium acie instructa undique eos circumvehebantur et in angustum cogebant, strictim semper illorum naves præternavigantes, et impressionis jamjam faciendæ opinionem præ-

ἐπιχειρεῖν πρὶν ἂν αὐτὸς σημήνῃ. (2) Ἤλπιζε γὰρ αὐτῶν οὐ μενεῖν τὴν τάξιν ὥσπερ ἐν γῇ πεζήν, ἀλλὰ ξυμπεσεῖσθαι πρὸς ἀλλήλας τὰς ναῦς καὶ τὰ πλοῖα ταραχὴν παρέξειν, εἴ τ' ἐκπνεύσαι ἐκ τοῦ κόλπου τὸ πνεῦμα ὅπερ ἀναμένων τε περιέπλει καὶ εἰώθει γίγνεσθαι ἐπὶ τὴν ἕω, οὐδένα χρόνον ἡσυχάσειν αὐτούς· καὶ τὴν ἐπιχείρησιν ἐφ' ἑαυτῷ τε ἐνόμιζεν εἶναι ὁπόταν βούληται, τῶν νεῶν ἄμεινον πλεουσῶν, καὶ τότε καλλίστην γίγνεσθαι. (3) Ὡς δὲ τό τε πνεῦμα κατῄει καὶ αἱ νῆες ἐν ὀλίγῳ ἤδη οὖσαι ὑπ' ἀμφοτέρων, τοῦ τε ἀνέμου τῶν τε πλοίων, ἅμα προσκειμένων ἐταράσσοντο, καὶ ναῦς τε νηῒ προσέπιπτε καὶ τοῖς κοντοῖς διωθοῦντο, βοῇ τε χρώμενοι καὶ πρὸς ἀλλήλους ἀντιφυλακῇ τε καὶ λοιδορίᾳ οὐδὲν κατήκουον οὔτε τῶν παραγγελλομένων οὔτε τῶν κελευστῶν, καὶ τὰς κώπας ἀδύνατοι ὄντες ἐν κλυδωνίῳ ἀναφέρειν ἄνθρωποι ἄπειροι τοῖς κυβερνήταις ἀπειθεστέρας τὰς ναῦς παρεῖχον, τότε δὴ κατὰ τὸν καιρὸν τοῦτον σημαίνει, καὶ οἱ Ἀθηναῖοι προσπεσόντες πρῶτον μὲν καταδύουσι τῶν στρατηγίδων νεῶν μίαν, ἔπειτα δὲ καὶ πάσας ᾗ χωρήσειαν διέφθειρον, καὶ κατέστησαν ἐς ἀλκὴν μὲν μηδένα τρέπεσθαι αὐτῶν ὑπὸ τῆς ταραχῆς, φεύγειν δ' ἐς Πάτρας καὶ Δύμην τῆς Ἀχαΐας. (4) Οἱ δὲ Ἀθηναῖοι καταδιώξαντες καὶ ναῦς δώδεκα λαβόντες, τούς τε ἄνδρας ἐξ αὐτῶν τοὺς πλείστους ἀνελόμενοι, ἐς Μολύκρειον ἀπέπλεον, καὶ τροπαῖον στήσαντες ἐπὶ τῷ Ῥίῳ καὶ ναῦν ἀναθέντες τῷ Ποσειδῶνι ἀνεχώρησαν ἐς Ναύπακτον. (5) Παρέπλευσαν δὲ καὶ οἱ Πελοποννήσιοι εὐθὺς ταῖς περιλοίποις τῶν νεῶν ἐκ τῆς Δύμης καὶ Πατρῶν ἐς Κυλλήνην τὸ Ἠλείων ἐπίνειον· καὶ ἀπὸ Λευκάδος Κνῆμος καὶ αἱ ἐκεῖθεν νῆες, ἃς ἔδει ταύταις ξυμμῖξαι, ἀφικνοῦνται μετὰ τὴν ἐν Στράτῳ μάχην ἐς τὴν Κυλλήνην.

LXXXV. Πέμπουσι δὲ καὶ οἱ Λακεδαιμόνιοι τῷ Κνήμῳ ξυμβούλους ἐπὶ τὰς ναῦς Τιμοκράτην καὶ Βρασίδαν καὶ Λυκόφρονα, κελεύοντες ἄλλην ναυμαχίαν βελτίω κατασκευάζεσθαι καὶ μὴ ὑπ' ὀλίγων νεῶν εἴργεσθαι τῆς θαλάσσης. (2) Ἐδόκει γὰρ αὐτοῖς ἄλλως τε καὶ πρῶτον ναυμαχίας πειρασαμένοις πολὺς ὁ παράλογος εἶναι, καὶ οὐ τοσούτῳ ᾤοντο σφῶν τὸ ναυτικὸν λείπεσθαι, γεγενῆσθαι δέ τινα μαλακίαν, οὐκ ἀντιτιθέντες τὴν Ἀθηναίων ἐκ πολλοῦ ἐμπειρίαν τῆς σφετέρας δι' ὀλίγου μελέτης. Ὀργῇ οὖν ἀπέστελλον. (3) Οἱ δὲ ἀφικόμενοι μετὰ Κνήμου ναῦς τε περιήγγελλον κατὰ πόλεις καὶ τὰς προϋπαρχούσας ἐξηρτύοντο ὡς ἐπὶ ναυμαχίαν. (4) Πέμπει δὲ καὶ ὁ Φορμίων ἐς τὰς Ἀθήνας τήν τε παρασκευὴν αὐτῶν ἀγγελοῦντας καὶ περὶ τῆς ναυμαχίας ἣν ἐνίκησαν φράσοντας, καὶ κελεύων αὑτῷ ναῦς ὅτι πλείστας διὰ τάχους ἀποστεῖλαι, ὡς καθ' ἡμέραν ἑκάστην ἐλπίδος οὔσης ἀεὶ ναυμαχήσειν. (5) Οἱ δὲ ἀποπέμπουσιν εἴκοσι ναῦς αὐτῷ, τῷ δὲ κομίζοντι αὐτὰς προσεπέστειλαν ἐς Κρήτην πρῶτον ἀφικέσθαι. Νικίας γὰρ Κρὴς Γορτύνιος πρόξενος ὢν πείθει αὐτοὺς ἐπὶ Κυδωνίαν πλεῦσαι, φάσκων προσποιήσειν αὐτὴν οὖσαν πολεμίαν· ἐπῆγε δὲ Πολιχνίταις χαριζόμενος

δμόροις τῶν Κυδωνιατῶν. (6) Καὶ ὁ μὲν λαβὼν τὰς ναῦς ᾤχετο ἐς Κρήτην, καὶ μετὰ τῶν Πολιχνιτῶν ἐδῄου τὴν γῆν τῶν Κυδωνιατῶν, καὶ ὑπ᾽ ἀνέμων καὶ ὑπ᾽ ἀπλοίας ἐνδιέτριψεν οὐκ ὀλίγον χρόνον·

LXXXVI. οἱ δ᾽ ἐν τῇ Κυλλήνῃ Πελοποννήσιοι, ἐν τούτῳ ἐν ᾧ οἱ Ἀθηναῖοι περὶ Κρήτην κατείχοντο, παρεσκευασμένοι ὡς ἐπὶ ναυμαχίαν παρέπλευσαν ἐς Πάνορμον τὸν Ἀχαϊκόν, οὗπερ αὐτοῖς ὁ κατὰ γῆν στρατὸς τῶν Πελοποννησίων προσβεβοηθήκει. (2) Παρέπλευσε δὲ καὶ ὁ Φορμίων ἐπὶ τὸ Ῥίον τὸ Μολυκρικόν, καὶ ὡρμίσατο ἔξω αὐτοῦ ναυσὶν εἴκοσι αἷσπερ καὶ ἐναυμάχησεν. (3) Ἦν δὲ τοῦτο μὲν τὸ Ῥίον φίλιον τοῖς Ἀθηναίοις, τὸ δ᾽ ἕτερον Ῥίον ἐστὶν ἀντιπέρας, τὸ ἐν τῇ Πελοποννήσῳ· διείχετον δὲ ἀπ᾽ ἀλλήλων σταδίους μάλιστα ἑπτὰ τῆς θαλάσσης, τοῦ δὲ Κρισαίου κόλπου στόμα τοῦτό ἐστιν. (4) Ἐπὶ οὖν τῷ Ῥίῳ τῷ Ἀχαϊκῷ οἱ Πελοποννήσιοι, ἀπέχοντι οὐ πολὺ τοῦ Πανόρμου ἐν ᾧ αὐτοῖς ὁ πεζὸς ἦν, ὡρμίσαντο καὶ αὐτοὶ ναυσὶν ἑπτὰ καὶ ἑβδομήκοντα, ἐπειδὴ καὶ τοὺς Ἀθηναίους εἶδον. (5) Καὶ ἐπὶ μὲν ἓξ ἢ ἑπτὰ ἡμέρας ἀνθώρμουν ἀλλήλοις μελετῶντές τε καὶ παρασκευαζόμενοι τὴν ναυμαχίαν, γνώμην ἔχοντες οἱ μὲν μὴ ἐκπλεῖν ἔξω τῶν Ῥίων ἐς τὴν εὐρυχωρίαν, φοβούμενοι τὸ πρότερον πάθος, οἱ δὲ μὴ ἐσπλεῖν ἐς τὰ στενά, νομίζοντες πρὸς ἐκείνων εἶναι τὴν ἐν ὀλίγῳ ναυμαχίαν. (6) Ἔπειτα ὁ Κνῆμος καὶ ὁ Βρασίδας καὶ οἱ ἄλλοι τῶν Πελοποννησίων στρατηγοί, βουλόμενοι ἐν τάχει τὴν ναυμαχίαν ποιῆσαι πρίν τι καὶ ἀπὸ τῶν Ἀθηναίων ἐπιβοηθῆσαι, ξυνεκάλεσαν τοὺς στρατιώτας πρῶτον, καὶ ὁρῶντες αὐτῶν τοὺς πολλοὺς διὰ τὴν προτέραν ἧσσαν φοβουμένους καὶ οὐ προθύμους ὄντας παρεκελεύσαντο καὶ ἔλεξαν τοιάδε.

LXXXVII. « Ἡ μὲν γενομένη ναυμαχία, ὦ ἄνδρες Πελοποννήσιοι, εἴ τις ἄρα δι᾽ αὐτὴν ὑμῶν φοβεῖται τὴν μέλλουσαν, οὐχὶ δικαίαν ἔχει τέκμαρσιν τὸ ἐκφοβῆσαι. (2) Τῇ τε γὰρ παρασκευῇ ἐνδεὴς ἐγένετο, ὥπερ ἴστε, καὶ οὐχὶ ἐς ναυμαχίαν μᾶλλον ἢ ἐπὶ στρατείαν ἐπλέομεν· ξυνέβη δὲ καὶ τὰ ἀπὸ τῆς τύχης οὐκ ὀλίγα ἐναντιωθῆναι, καί πού τι καὶ ἡ ἀπειρία πρῶτον ναυμαχοῦντας ἐσφηλεν. (3) Ὥστε οὐ κατὰ τὴν ἡμετέραν κακίαν τὸ ἡσσῆσθαι προσεγένετο, οὐδὲ δίκαιον τῆς γνώμης τὸ μὴ κατὰ κράτος νικηθέν, ἔχον δέ τινα ἐν αὐτῷ ἀντιλογίαν, τῆς γε ξυμφορᾶς τῷ ἀποβάντι ἀμβλύνεσθαι, νομίσαι δὲ ταῖς μὲν τύχαις ἐνδέχεσθαι σφάλλεσθαι τοὺς ἀνθρώπους, ταῖς δὲ γνώμαις τοὺς αὐτοὺς ἀεὶ ἀνδρείους ὀρθῶς εἶναι, καὶ μὴ ἀπειρίαν τοῦ ἀνδρείου παρόντος προβαλλομένους εἰκότως ἂν ἔν τινι κακοὺς γενέσθαι. (4) Ὑμῶν δ᾽ οὐδ᾽ ἡ ἀπειρία τοσοῦτον λείπεται ὅσον τόλμῃ προέχετε· τῶνδε δὲ ἡ ἐπιστήμη, ἣν μάλιστα φοβεῖσθε, ἀνδρίαν μὲν ἔχουσα καὶ μνήμην ἕξει ἐν τῷ δεινῷ ἐπιτελεῖν ἃ ἔμαθεν, ἄνευ δὲ εὐψυχίας οὐδεμία τέχνη πρὸς τοὺς κινδύνους ἰσχύει. Φόβος γὰρ μνήμην ἐκπλήσσει, τέχνη δὲ ἄνευ ἀλκῆς οὐδὲν ὠφελεῖ. (5) Πρὸς μὲν οὖν τὸ ἐμπειρότερον αὐτῶν τὸ τολμηρότερον ἀντιτάξασθε, πρὸς δὲ τὸ διὰ τὴν ἧσσαν δεδιέναι τὸ ἀπαράσκευοι τότε

LXXXVI. Peloponnesii vero, qui ad Cyllenen erant, interea dum Athenienses circa Cretam detinentur, ad navale proelium instructi, ad Panormum Achaicum navigarunt, ubi erant terrestres Peloponnesiorum copiae in unum coactae, ut ipsis auxilium ferrent. (2) Ipse quoque Phormio ad Rhium Molycricum ivit, et extra ipsum cum viginti navibus iisdem in statione fuit, quibus in proelio navali usus erat. (3) Hoc autem Rhium Atheniensibus erat amicum; alterum vero Rhium, quod est in Peloponneso, est e regione; maris autem intervallo stadiorum ferme septem alterum ab altero distat, et hoc est Crisaei sinus os. (4) Peloponnesii igitur ad Rhium Achaicum, quod a Panormo non multum aberat, in quo erant pedestres eorum copiae, et ipsi, postquam et Athenienses conspexerunt, cum septem et septuaginta navibus appulsi castra posuerunt. (5) Et per sex quidem septemve dies adversas stationes habebant, proelium navale meditantes ac praeparantes, eo consilio hi quidem, ne extra haec Rhia in latum mare veherentur, superiorem cladem timentes, illi vero, ne in angustias intrarent, quia existimabant pro illis esse, si committeretur proelium in angustiis. (6) Deinde Cnemus et Brasidas, ceterique Peloponnesiorum duces, quum proelium navale primo quoque tempore committere vellent, priusquam nova classis Athenis missa istis subsidio veniret, primum milites convocarunt, quumque multos eorum propter superiorem cladem territos et non promptos animo animadverterent, adhortati eos sunt et dixerunt talia :

LXXXVII. « Superior quidem navalis pugna, viri Peloponnesii, siquis vestrum jam ob eam de instante timet, non praebet justum argumentum, ut vos terreat; (2) nam et apparatu fuit inferior, quemadmodum scitis, nec ad navale proelium potius, quam ad terrestrem expeditionem navigabamus; accidit etiam, ut a fortuna nobis non pauca adversarentur, et utique aliquid etiam rerum nauticarum imperitia nos tunc primum proelii navalis periculum facientes fefellit. (3) Itaque non per nostram ignaviam stetit, ut superaremur, neque convenit animos, qui per vim superati non sunt, et qui rationes aliquas habent, quas adversariis objiciant, calamitatis eventu debilitari, sed existimare, usu venire, ut rebus quidem fortuitis homines fallantur, sed eosdem semper animis fortes recte haberi, neque merito eos, qui, quum fortitudo adsit, imperitiam exhibent, ignavos in aliqua re videri. (4) Vos autem non tantum propter imperitiam estis inferiores, quantum propter audaciam superiores. Istorum vero scientia, quam maxime formidatis, si cum fortitudine sit conjuncta, memor etiam erit in periculis peragere ea, quae didicit; sed sine animi generositate nulla ars adversus pericula valet. Metus enim memoriam excutit, ars vero sine fortitudine nihil prodest. (5) Ergo majori illorum experientiae majorem audaciam opponite, timori vero propter cladem orto il-

τυχεῖν. (6) Περιγίγνεται δὲ ὑμῖν πλῆθός τε νεῶν καὶ πρὸς τῇ γῇ οἰκείᾳ οὔσῃ ὁπλιτῶν παρόντων ναυμαχεῖν· τὰ δὲ πολλὰ τῶν πλειόνων καὶ ἄμεινον παρεσκευασμένων τὸ κράτος ἐστίν. (7) Ὥστε οὐδὲ καθ᾽ ἓν εὑρίσκομεν εἰκότως ἂν ἡμᾶς σφαλλομένους. Καὶ ὅσα ἡμάρτομεν πρότερον, νῦν αὐτὰ ταῦτα προσγενόμενα διδασκαλίαν παρέξει. (8) Θαρσοῦντες οὖν καὶ κυβερνῆται καὶ ναῦται τὸ καθ᾽ ἑαυτὸν ἕκαστος ἕπεσθε, χώραν μὴ προλείποντες ᾗ ἄν τις προσταχθῇ. (9) Τῶν δὲ πρότερον ἡγεμόνων οὐ χείρων τὴν ἐπιχείρησιν ἡμεῖς παρασκευάσομεν, καὶ οὐκ ἐνδώσομεν πρόφασιν οὐδενὶ κακῷ γενέσθαι· ἢν δέ τις ἄρα καὶ βουληθῇ, κολασθήσεται τῇ πρεπούσῃ ζημίᾳ, οἱ δὲ ἀγαθοὶ τιμήσονται τοῖς προσήκουσιν ἄθλοις τῆς ἀρετῆς. »

LXXXVIII. Τοιαῦτα μὲν τοῖς Πελοποννησίοις οἱ ἄρχοντες παρεκελεύσαντο. Ὁ δὲ Φορμίων δεδιὼς καὶ αὐτὸς τὴν τῶν στρατιωτῶν ὀρρωδίαν, καὶ αἰσθόμενος ὅτι τὸ πλῆθος τῶν νεῶν κατὰ σφᾶς αὐτοὺς ξυνιστάμενοι ἐφοβοῦντο, ἐβούλετο ξυγκαλέσας θαρσῦναί τε καὶ παραίνεσιν ἐν τῷ παρόντι ποιήσασθαι. (2) Πρότερον μὲν γὰρ ἀεὶ αὐτοῖς ἔλεγε καὶ προπαρεσκεύαζε τὰς γνώμας ὡς οὐδὲν αὐτοῖς πλῆθος νεῶν τοσοῦτον, ἢν ἐπιπλέῃ, ὅ τι οὐχ ὑπομενετέον αὐτοῖς ἐστιν· καὶ οἱ στρατιῶται ἐκ πολλοῦ ἐν σφίσιν αὐτοῖς τὴν ἀξίωσιν ταύτην εἰλήφεσαν, μηδένα ὄχλον Ἀθηναῖοι ὄντες Πελοποννησίων νεῶν ὑποχωρεῖν. (3) Τότε δὲ πρὸς τὴν παροῦσαν ὄψιν ὁρῶν αὐτοὺς ἀθυμοῦντας ἐβούλετο ὑπόμνησιν ποιήσασθαι τοῦ θαρσεῖν, καὶ ξυγκαλέσας τοὺς Ἀθηναίους ἔλεξε τοιάδε.

LXXXIX. « Ὁρῶν ὑμᾶς, ὦ ἄνδρες στρατιῶται, πεφοβημένους τὸ πλῆθος τῶν ἐναντίων ξυνεκάλεσα, οὐκ ἀξιῶν τὰ μὴ δεινὰ ἐν ὀρρωδίᾳ ἔχειν. (2) Οὗτοι γὰρ πρῶτον μὲν διὰ τὸ προνενικῆσθαι καὶ μηδ᾽ αὐτοὶ οἴεσθαι ὁμοῖοι ἡμῖν εἶναι τὸ πλῆθος τῶν νεῶν καὶ οὐκ ἀπὸ τοῦ ἴσου παρεσκευάσαντο· ἔπειτα ᾧ μάλιστα πιστεύοντες προσέρχονται, ὡς προσῆκον σφίσιν ἀνδρείοις εἶναι, οὐ δι᾽ ἄλλο τι θαρσοῦσιν ἢ διὰ τὴν ἐν τῷ πεζῷ ἐμπειρίαν τὰ πλείω κατορθοῦντες, καὶ οἴονται σφίσι καὶ ἐν τῷ ναυτικῷ ποιήσειν τὸ αὐτό. (3) Τὸ δ᾽ ἐκ τοῦ δικαίου ἡμῖν μᾶλλον νῦν περιέσται, εἴπερ καὶ τούτοις ἐν ἐκείνῳ, ἐπεὶ εὐψυχίᾳ γε οὐδὲν προφέρουσιν, τῷ δὲ ἑκάτεροί τι ἐμπειρότεροι εἶναι θρασύτεροί ἐσμεν. (4) Λακεδαιμόνιοί τε ἡγούμενοι τῶν ξυμμάχων διὰ τὴν σφετέραν δόξαν ἄκοντας προσάγουσι τοὺς πολλοὺς ἐς τὸν κίνδυνον, ἐπεὶ οὐκ ἄν ποτε ἐπεχείρησαν ἡσσηθέντες παρὰ πολὺ αὖθις ναυμαχεῖν. (5) Μὴ δὴ αὐτῶν τὴν τόλμαν δείσητε. Πολὺ δὲ ὑμεῖς ἐκείνοις πλέω φόβον παρέχετε καὶ πιστότερον κατά τε τὸ προνενικηκέναι καὶ ὅτι οὐκ ἂν ἡγοῦνται μὴ μέλλοντάς τι ἄξιον τοῦ παρὰ πολὺ πράξειν ἀνθίστασθαι ὑμᾶς. (6) Ἀντίπαλοι μὲν γὰρ οἱ πλείους, ὥσπερ οὗτοι, τῇ δυνάμει τὸ πλέον πίσυνοι ἢ τῇ γνώμῃ ἐπέρχονται· οἱ δ᾽ ἐκ πολλῷ ὑποδεεστέρων, καὶ ἅμα οὐκ ἀναγκαζόμενοι, μέγα τι τῆς διανοίας τὸ βέβαιον ἔχοντες ἀντιτολμῶσιν. Ἃ λογιζόμενοι οὗτοι τῷ οὐκ εἰκότι πλέον πεφόβηνται ἡμᾶς ἢ τῇ κατὰ λόγον παρασκευῇ.

---

lud, quod imparatos tunc vos offenderunt. (6) Adest vobis autem insuper multitudo navium et quod præsentibus gravis armaturæ militibus in regione socia navale prœlium estis commissuri; plerumque vero victoria penes illos est, qui sunt et numero superiores et melius instructi. (7) Quamobrem nihil prorsus reperimus, cur credibile sit nos offensuros. Et quæcunque ante peccavimus, nunc hæc ipsa emendata disciplinam præbebunt. (8) Fidenti igitur animo et gubernatores et nautæ pro se quisque sequamini, locum non deserentes, quacunque imperatum fuerit. (9) Superioribus vero ducibus nos non deterius impetus commoditatem parabimus; neque cuiquam occasionem præbebimus, ut sit ignavus. Quod si quis voluerit, is debitis pœnis afficietur; fortes autem præmiis virtute dignis ornabuntur. »

LXXXVIII. His igitur verbis duces Peloponnesiorum suis militibus animos addiderunt. Phormio vero, timens et ipse suorum militum formidinem, et animadvertens eos concilia inter se habentes classis hostilis multitudinem formidare, volebat illis convocatis animos addere, et in præsentia adhortari. (2) Nam ante quidem illis semper dicebat, et ita animos illorum præparabat, nullum esse tantum navium numerum, cujus, si contra ipsos veniret, impetus ipsis non esset sustinendus; et ipsi milites jampridem hanc opinionem animis conceperant, ut, quia Athenienses essent, cum nulla quantumvis ingenti Peloponnesiorum classe pugnam detrectarent. (3) Tunc vero cernens eos, propter præsentiam hostis, qui erat in ipsorum conspectu, animo debilitatos, eos commonefacere voluit, ut fidentem animum haberent, et convocatis Atheniensibus hanc orationem habuit:

LXXXIX. « Quum vos animadvertam, viri milites, hostium multitudinem pertimescere, convocavi, quia non censeo extimescenda quæ minime sunt horrenda. (2) Hi enim primum quidem, quod a nobis ante victi sunt ipsique se nobis non opinantur pares, hunc navium numerum, nec æqualem compararunt. Deinde, quo potissimum freti contra nos tendunt, quasi fortitudo ad ipsos solos pertineat, nullam aliam ob causam audaces sunt, nisi quod ob pugnæ pedestris peritiam pleraque feliciter gerant, et eam sibi putant etiam in rebus nauticis idem præstaturam. (3) Sed hoc merito nostrum potius commodum nunc erit, quando et horum est in illo genere, quoniam animi quidem præstantia nequaquam excellunt, et hoc utrique, quod in aliqua re majorem peritiam habemus, sumus audaciores. (4) Præterea Lacedæmonii, qui sociis præsunt, suæ gloriæ causa plerosque in hoc periculum invitos adducunt; non enim temptassent, postquam longe inferiores discesserunt, rursus navale prœlium committere. (5) Illorum igitur audaciam ne formidetis. Multo enim vos majorem illis terrorem atque certiorem incutitis, tum quia eos jam ante vicistis, tum etiam quia putant vos contra se non staturos, nisi facinus aliquod maxime memorabile facere decreveritis. (6) Nam adversarii, qui numero sunt superiores, ut isti, viribus magis quam consilio freti hostem invadunt; qui vero sunt copiis longe inferiores, et qui simul non coguntur, magnam quandam animi firmitatem habentes adversus hostem ire audent. Quæ quum isti considerent, magis nos formidant ob id, quod præter rationem facimus, quam ob

(7) Πολλὰ δὲ καὶ στρατόπεδα ἤδη ἔπεσεν ὑπ' ἐλασσόνων τῇ ἀπειρίᾳ, ἔστι δὲ ἃ καὶ τῇ ἀτολμίᾳ· ὧν οὐδετέρου ἡμεῖς νῦν μετέχομεν. (8) Τὸν δὲ ἀγῶνα οὐκ ἐν τῷ κόλπῳ ἑκὼν εἶναι ποιήσομαι, οὐδ' ἐσπλεύσομαι ἐς αὐτόν. Ὁρῶ γὰρ ὅτι πρὸς πολλὰς ναῦς ἀνεπιστήμονας ὀλίγαις ναυσὶν ἐμπείροις καὶ ἄμεινον πλεούσαις ἡ στενοχωρία οὐ ξυμφέρει. Οὔτε γὰρ ἂν ἐπιπλεύσειέ τις ὡς χρὴ ἐς ἐμβολὴν μὴ ἔχων τὴν πρόσοψιν τῶν πολεμίων ἐκ πολλοῦ, οὔτ' ἂν ἀποχωρήσειεν ἐν δέοντι πιεζόμενος· διέκπλοι τε οὐκ εἰσὶν οὐδ' ἀναστροφαί, ἅπερ νεῶν ἄμεινον πλεουσῶν ἔργα ἐστίν, ἀλλ' ἀνάγκη ἂν εἴη τὴν ναυμαχίαν πεζομαχίαν καθίστασθαι, καὶ ἐν τούτῳ αἱ πλείους νῆες κρείσσους γίγνονται. (9) Τούτων μὲν οὖν ἐγὼ ἕξω τὴν πρόνοιαν κατὰ τὸ δυνατόν· ὑμεῖς δὲ εὔτακτοι παρὰ ταῖς τε ναυσὶ μένοντες τά τε παραγγελλόμενα ὀξέως δέχεσθε, ἄλλως τε καὶ δι' ὀλίγου τῆς ἐφορμήσεως οὔσης, καὶ ἐν τῷ ἔργῳ κόσμον καὶ σιγὴν περὶ πλείστου ἡγεῖσθε, ὃ ἔς τε τὰ πολλὰ τῶν πολεμικῶν ξυμφέρει καὶ ναυμαχίᾳ οὐχ ἥκιστα, ἀμύνασθε δὲ τούσδε ἀξίως τῶν προειργασμένων. (10) Ὁ δὲ ἀγὼν μέγας ὑμῖν, ἢ καταλῦσαι Πελοποννησίων τὴν ἐλπίδα τοῦ ναυτικοῦ, ἢ ἐγγυτέρω καταστῆσαι Ἀθηναίοις τὸν φόβον περὶ τῆς θαλάσσης. (11) Ἀναμιμνήσκω δ' αὖ ὑμᾶς ὅτι νενικήκατε αὐτῶν τοὺς πολλούς· ἡσσημένων δὲ ἀνδρῶν οὐκ ἐθέλουσιν αἱ γνῶμαι πρὸς τοὺς αὐτοὺς κινδύνους ὁμοῖαι εἶναι. »

XC. Τοιαῦτα δὲ καὶ ὁ Φορμίων παρεκελεύετο. Οἱ δὲ Πελοποννήσιοι, ἐπειδὴ αὐτοῖς οἱ Ἀθηναῖοι οὐκ ἐπέπλεον ἐς τὸν κόλπον καὶ τὰ στενά, βουλόμενοι ἄκοντας ἔσω προαγαγεῖν αὐτούς, ἀναγόμενοι ἅμα ἕῳ ἔπλεον, ἐπὶ τεσσάρων ταξάμενοι τὰς ναῦς, ἐπὶ τὴν ἑαυτῶν γῆν ἔσω ἐπὶ τοῦ κόλπου, δεξιῷ κέρᾳ ἡγουμένῳ, ὥσπερ καὶ ὥρμουν· (2) ἐπὶ δ' αὐτῷ εἴκοσι ἔταξαν τὰς ἄριστα πλεούσας, ὅπως εἰ ἄρα νομίσας ἐπὶ τὴν Ναύπακτον αὐτοὺς πλεῖν ὁ Φορμίων καὶ αὐτὸς ἐπιβοηθῶν ταύτῃ παραπλέοι, μὴ διαφύγοιεν πλέοντα τὸν ἐπίπλουν σφῶν οἱ Ἀθηναῖοι ἔξω τοῦ ἑαυτῶν κέρως, ἀλλ' αὗται αἱ νῆες περικλήσειαν. (3) Ὁ δέ, ὅπερ ἐκεῖνοι προσεδέχοντο, φοβηθεὶς περὶ τῷ χωρίῳ ἐρήμῳ ὄντι, ὡς ἑώρα ἀναγομένους αὐτούς, ἄκων καὶ κατὰ σπουδὴν ἐμβιβάσας ἔπλει παρὰ τὴν γῆν· καὶ ὁ πεζὸς ἅμα τῶν Μεσσηνίων παρεβοήθει. (4) Ἰδόντες δὲ οἱ Πελοποννήσιοι κατὰ μίαν ἐπὶ κέρως παραπλέοντας καὶ ἤδη ὄντας ἐντὸς τοῦ κόλπου τε καὶ πρὸς τῇ γῇ, ὅπερ ἐβούλοντο μάλιστα, ἀπὸ σημείου ἑνὸς ἄφνω ἐπιστρέψαντες τὰς ναῦς μετωπηδὸν ἔπλεον, ὡς εἶχε τάχους ἕκαστος, ἐπὶ τοὺς Ἀθηναίους, καὶ ἤλπιζον πάσας τὰς ναῦς ἀπολήψεσθαι. (5) Τῶν δὲ ἕνδεκα μὲν αἵπερ ἡγοῦντο ὑπεκφεύγουσι τὸ κέρας τῶν Πελοποννησίων καὶ τὴν ἐπιστροφὴν ἐς τὴν εὐρυχωρίαν· τὰς δὲ ἄλλας ἐπικαταλαβόντες ἐξέωσάν τε πρὸς τὴν γῆν ὑποφευγούσας καὶ διέφθειραν, ἄνδρας τε τῶν Ἀθηναίων ἀπέκτειναν ὅσοι μὴ ἐξένευσαν αὐτῶν. (6) Καὶ τῶν νεῶν τινὰς ἀναδούμενοι εἷλκον κενάς, μίαν δὲ αὐτοῖς ἀνδράσιν εἷλον· τὰς δέ τινας οἱ Μεσσήνιοι παραβοηθήσαντες καὶ ἐπεσβαίνοντες ξὺν τοῖς ὅπλοις ἐς

justum apparatum. (7) Multi autem exercitus jam a minoribus, propter imperitiam, nonnulli etiam propter ignaviam jam profligati sunt, a quo utroque vitio nos nunc alieni sumus. (8) Proelium vero in sinu mea sponte non committam, nec in eum navigabo. Video enim angustias non conducere paucis navibus peritis et agilioribus adversus multas naves imperitas. Nec enim quisquam invehi possit ad impressionem rostro faciendam ita ut oportet, nisi e longinquo hostes in conspectu habeat, neque, si prematur, commode se subducere queat. Neque per mediam classem percurrendi, aut recurrendi, facultas ulla datur, quæ navium agiliorum sunt opera, sed pro navali proelio pedestre fieri necesse fuerit, et in hoc major navium numerus meliore conditione pugnat. (9) Sed harum igitur rerum curam ego pro virili parte provide geram. Vos vero ordinem servantes et apud naves remanentes acriter attendite ad imperata, præsertim quum hostium stationes non longe absint, et in ipso proelio militarem disciplinam et silentium plurimi facite; hæc enim quum alibi plerumque in rebus bellicis, tum vero præcipue in pugna navali conducunt; istosque ut dignum est rebus ante gestis propulsate. (10) Magnum autem certamen vobis, aut omnem maritimæ potentiæ spem Peloponnesiis eripere, aut propiorem de mari metum Atheniensibus admovere. (11) Illud etiam vobis in memoriam revoco, plurimos eorum a vobis jam superatos esse; virorum vero, qui semel victi sunt, animi eadem pericula pari audacia subire non solent. »

XC. Hujusmodi verbis et ipse Phormio suos adhortabatur. Peloponnesii vero, postquam Athenienses non procedebant contra ipsos in sinum et angustias, quum eos invitos in sinum producere vellent, statim primo diluculo instructa classe in ordines, quorum singuli quaternas naves habebant, portu solventes, secundum suam terram introrsum sinum versus navigare coeperunt, dextro cornu procedente, sicut etiam in statione erant. (2) In hoc autem cornu viginti naves maximæ celeritatis constituerunt, ut, si forte Phormio, ratus eos Naupactum versus tendere, ipse quoque opem laturus hac præternavigaret, Athenienses paratam suarum navium impressionem extra suum cornu prætervehendo vitare non possent, sed hæ naves eos intercluderent. (3) Ille vero, id quod illi exspectabant, metuens oppido præsidiis nudato, postquam vidit eos navigantes, invitus, et festinanter militibus in naves impositis oram maritimam legebat; et simul etiam Messeniorum peditata oram maritimam secutus aderat, ut suis opem ferret. (4) Peloponnesii vero, quum eos singulis navibus longo agmine præter navigare et jam intra sinum et prope terram esse vidissent, id quod maxime cupiebant, uno omnibus signo repente dato naves convertentes, proris adversis in Athenienses ferri coeperunt, quanta maxima celeritate quisque poterat, omnesque naves se intercepturos sperabant. (5) At illarum undecim quidem quæ præcedebant, Peloponnesiorum cornu et conversionem vitantes, in apertum mare fugerunt; sed reliquas assecuti sunt, et fugientes ad terram compulerunt, et corruperunt, militesque Atheniensium, quotquot ex illis non enataverunt, interfecerunt. (6) Et nonnullas harum navium ex suis religantes vacuas trahebant; unam vero cum ipsis viris ceperunt; nonnullas etiam Messenii, subsidium ferentes, et cum ipsis armis in mare

τὴν θάλασσαν καὶ ἐπιβάντες, ἀπὸ τῶν καταστρωμάτων μαχόμενοι ἀφείλοντο ἑλκομένας ἤδη.

XCI. Ταύτῃ μὲν οὖν οἱ Πελοποννήσιοι ἐκράτουν τε καὶ ἔφθειραν τὰς Ἀττικὰς ναῦς· αἱ δὲ εἴκοσι νῆες αὐτῶν αἱ ἀπὸ τοῦ δεξιοῦ κέρως ἐδίωκον τὰς ἔνδεκα ναῦς τῶν Ἀθηναίων αἵπερ ὑπεξέφυγον τὴν ἐπιστροφὴν ἐς τὴν εὐρυχωρίαν. Καὶ φθάνουσιν αὐτοὺς πλὴν μιᾶς νεὼς προκαταφυγοῦσαι ἐς τὴν Ναύπακτον, καὶ ἴσχουσαι ἀντίπρωροι κατὰ Ἀπολλώνιον παρεσκευάζοντο ἀμυνούμενοι, ἢν ἐς τὴν γῆν ἐπὶ σφᾶς πλέωσιν. (2) Οἱ δὲ παραγενόμενοι ὕστερον ἐπαιώνιζόν τε ἅμα πλέοντες ὡς νενικηκότες, καὶ τὴν μίαν ναῦν τῶν Ἀθηναίων τὴν ὑπόλοιπον ἐδίωκε Λευκαδία ναῦς μία πολὺ πρὸ τῶν ἄλλων. (3) Ἔτυχε δὲ ὁλκὰς ὁρμοῦσα μετέωρος, περὶ ἣν ἡ Ἀττικὴ ναῦς φθάσασα τῇ Λευκαδίᾳ διωκούσῃ ἐμβάλλει μέσῃ καὶ καταδύει. (4) Τοῖς μὲν οὖν Πελοποννησίοις γενομένου τούτου ἀπροσδοκήτου τε καὶ παρὰ λόγον φόβος ἐμπίπτει· καὶ ἅμα ἀτάκτως διώκοντες διὰ τὸ κρατεῖν αἱ μέν τινες τῶν νεῶν καθεῖσαι τὰς κώπας ἐπέστησαν τοῦ πλοῦ, ἀξύμφορον δρῶντες πρὸς τὴν ἐξ ὀλίγου ἀντεξόρμησιν, βουλόμενοι τὰς πλείους περιμεῖναι, αἱ δὲ καὶ ἐς βράχεα ἀπειρίᾳ χωρίων ὤκειλαν.

XCII. Τοὺς δ' Ἀθηναίους ἰδόντας ταῦτα γιγνόμενα θάρσος τε ἔλαβεν, καὶ ἀπὸ ἑνὸς κελεύματος ἐμβοήσαντες ἐπ' αὐτοὺς ὥρμησαν. Οἱ δὲ διὰ τὰ ὑπάρχοντα ἁμαρτήματα καὶ τὴν παροῦσαν ἀταξίαν ὀλίγον μὲν χρόνον ὑπέμειναν, ἔπειτα δὲ ἐτράποντο ἐς τὸν Πάνορμον, ὅθενπερ ἀνηγάγοντο. (2) Ἐπιδιώκοντες δὲ οἱ Ἀθηναῖοι τάς τε ἐγγὺς οὔσας μάλιστα ναῦς ἔλαβον ἓξ καὶ τὰς ἑαυτῶν ἀφείλοντο, ἃς ἐκεῖνοι πρὸς τῇ γῇ διαφθείραντες τὸ πρῶτον ἀνεδήσαντο· ἄνδρας τε τοὺς μὲν ἀπέκτειναν, τινὰς δὲ καὶ ἐζώγρησαν. (3) Ἐπὶ δὲ τῆς Λευκαδίας νεώς, ἣ περὶ τὴν ὁλκάδα κατέδυ, Τιμοκράτης ὁ Λακεδαιμόνιος πλέων, ὡς ἡ ναῦς διεφθείρετο, ἔσφαξεν ἑαυτόν, καὶ ἐξέπεσεν ἐς τὸν Ναυπακτίων λιμένα. (4) Ἀναχωρήσαντες δὲ οἱ Ἀθηναῖοι τροπαῖον ἔστησαν, ὅθεν ἀναγόμενοι ἐκράτησαν· καὶ τοὺς νεκροὺς καὶ τὰ ναυάγια ὅσα πρὸς τῇ ἑαυτῶν ἦν ἀνείλοντο, καὶ τοῖς ἐναντίοις τὰ ἐκείνων ὑπόσπονδα ἀπέδοσαν. (5) Ἔστησαν δὲ καὶ οἱ Πελοποννήσιοι τροπαῖον ὡς νενικηκότες, τῆς τροπῆς, ἃς πρὸς τῇ γῇ ναῦς διέφθειραν· καὶ ἥνπερ ἔλαβον ναῦν, ἀνέθεσαν ἐπὶ τὸ Ῥίον τὸ Ἀχαϊκὸν παρὰ τὸ τροπαῖον. (6) Μετὰ δὲ ταῦτα φοβούμενοι τὴν ἀπὸ τῶν Ἀθηναίων βοήθειαν ὑπὸ νύκτα ἐσέπλευσαν ἐς κόλπον τὸν Κρισαῖον καὶ Κόρινθον πάντες πλὴν Λευκαδίων. (7) Καὶ οἱ ἐκ τῆς Κρήτης Ἀθηναῖοι ταῖς εἴκοσι ναυσίν, αἷς ἔδει πρὸ τῆς ναυμαχίας τῷ Φορμίωνι παραγενέσθαι, οὐ πολλῷ ὕστερον τῆς ἀναχωρήσεως τῶν νεῶν ἀφικνοῦνται ἐς τὴν Ναύπακτον. Καὶ τὸ θέρος ἐτελεύτα.

XCIII. Πρὶν δὲ διαλῦσαι τὸ ἐς Κόρινθόν τε καὶ τὸν Κρισαῖον κόλπον ἀναχωρῆσαν ναυτικόν, ὁ Κνῆμος καὶ ὁ Βρασίδας καὶ οἱ ἄλλοι ἄρχοντες τῶν Πελοποννησίων ἀρχομένου τοῦ χειμῶνος ἐβούλοντο διδαξάντων

ingressi, conscenderunt, et ex earum tabulatis pugnantes, hostibus, qui eas jam trahebant, eripuerunt.

XCI. Hac igitur parte Peloponnesii victores erant, et Atticas naves corruperunt; viginti autem eorum naves, quæ in dextro cornu collocatæ fuerant, undecim Atheniensium naves persequebantur, quæ navium conversionem vitantes in apertum mare fugerant. Et illæ Naupactum fuga se recipientes, præter unam, hostem prævertunt, quumque ad Apollinis fanum appulissent, proris contra hostes versis sese ad vim propulsandam accingebant, si illi ad terram contra se venirent. (2) Illi vero quum paulo post advenissent, inter navigandum pæana canebant tamquam victores, et unam Atheniensium navem, quæ reliqua erat, una Leucadia navis, ceteras longe antecedens, insequebatur. (3) Forte autem navis oneraria aliquantum procul a portu stabat ad ancoras, circa quam Attica navis occasione præcepta in mediam Leucadiæ persequentem incurrit, eamque demergit. (4) Peloponnesiis autem quum hæc res ex improviso et præter omnem exspectationem accidisset, metus incessit; et simul, quia non servatis ordinibus hostem persequebantur, quod jam victores essent, nonnullæ naves demissis remis navigationis cursum inhibuerant, rem non commodam facientes in tanta hostilis stationis propinquitate, propterea quod majorem navium numerum opperiri volebant; aliæ vero etiam propter loci imperitiam in brevia impegerant.

XCII. Athenienses autem, quum hæc fieri vidissent, audacia subiit, signoque simul omnibus dato et clamore sublato in eos impressionem fecerunt. Illi vero, quum propter superiora peccata, tum etiam propter præsentem rerum omnium confusionem, paulisper quidem hostium impetum sustinuerunt, deinde vero terga dantes Panormum redierunt, unde solverant. (2) Athenienses vero eos insecuti ceperunt sex naves, quæ maxime propinquæ erant, et suas recuperarunt, quas illi ad terram primum corruptas religaverant; hominum autem alios quidem interfecerunt, alios vero etiam vivos ceperunt. (3) In Leucadia vero navi, quæ circa onerariam est depressa, Timocrates Lacedæmonius vehebatur, et quum navis perderetur, gladio se transegit, et in Naupactiorum portum est delatus. (4) Athenienses autem reversi tropæum ibi statuerunt, unde profecti vicerunt; et cadavera naviumque fractarum tabulas, quæ ad ipsorum oram delatæ erant, susceperunt, hostibusque sua, interposita fide publica, reddiderunt. (5) Statuerunt autem Peloponnesii quoque tropæum tanquam victores, ob naves fugatas, quas ad terram corruperant; et navem, quam ceperant, in Achaico Rhio juxta tropæum deo consecrarunt. (6) Postea vero veriti, ne auxilia ab Atheniensibus missa supervenirent, noctu in Crisæum sinum Corinthumque omnes præter Leucadios vela fecerunt. (7) Et Athenienses ex Creta venientes cum viginti navibus, quas ante pugnam Phormioni adesse oportuerat, non multum post navium discessum Naupactum appellunt. Atque hæc æstas finiebatur.

XCIII. Prius tamen quam classis, quæ ad Corinthum et in Crisæum sinum recesserat, domum dimitterent, Cnemus et Brasidas et ceteri Peloponnesiorum duces ineunte hieme volebant, a Megarensibus hoc edocti, Piræeum

Μεγαρέων ἀποπειρᾶσαι τοῦ Πειραιῶς τοῦ λιμένος τῶν Ἀθηναίων· ἦν δὲ ἀφύλακτος καὶ ἄκληστος εἰκότως διὰ τὸ ἐπικρατεῖν πολὺ τῷ ναυτικῷ. (2) Ἐδόκει δὲ λαβόντα τῶν ναυτῶν ἕκαστον τὴν κώπην καὶ τὸ ὑπηρέσιον καὶ τὸν τροπωτῆρα πεζῇ ἰέναι ἐκ Κορίνθου ἐπὶ τὴν πρὸς Ἀθήνας θάλασσαν, καὶ ἀφικομένους κατὰ τάχος ἐς Μέγαρα, καθελκύσαντας ἐκ Νισαίας τοῦ νεωρίου αὐτῶν τεσσαράκοντα ναῦς αἳ ἔτυχον αὐτόθι οὖσαι, πλεῦσαι εὐθὺς ἐπὶ τὸν Πειραιᾶ· (3) οὔτε γὰρ ναυτικὸν ἦν προφυλάσσον ἐν αὐτῷ οὐδὲν οὔτε προσδοκία οὐδεμία μὴ ἄν ποτε οἱ πολέμιοι ἐξαπιναίως οὕτως ἐπιπλεύσειαν, ἐπεὶ οὔτ' ἀπὸ τοῦ προφανοῦς τολμῆσαι ἂν καθ' ἡσυχίαν, οὔτ' εἰ διενοοῦντο, μὴ οὐκ ἂν προαισθέσθαι. (4) Ὡς δὲ ἔδοξε αὐτοῖς, καὶ ἐχώρουν εὐθύς· καὶ ἀφικόμενοι νυκτὸς καὶ καθελκύσαντες ἐκ τῆς Νισαίας τὰς ναῦς ἔπλεον ἐπὶ μὲν τὸν Πειραιᾶ οὐκέτι, ὥσπερ διενοοῦντο, καταδείσαντες τὸν κίνδυνον (καί τις καὶ ἄνεμος λέγεται αὐτοὺς κωλῦσαι), ἐπὶ δὲ τῆς Σαλαμῖνος τὸ ἀκρωτήριον τὸ πρὸς Μέγαρα ὁρῶν· καὶ φρούριον ἐπ' αὐτοῦ ἦν καὶ νεῶν τριῶν φυλακὴ τοῦ μὴ ἐσπλεῖν Μεγαρεῦσι μηδ' ἐκπλεῖν μηδέν. Τῷ τε φρουρίῳ προσέβαλον καὶ τὰς τριήρεις ἀφεῖλκυσαν κενάς, τήν τε ἄλλην Σαλαμῖνα ἀπροσδοκήτοις ἐπιπεσόντες ἐπόρθουν.

XCIV. Ἐς δὲ τὰς Ἀθήνας φρυκτοί τε ἤροντο πολέμιοι καὶ ἔκπληξις ἐγένετο οὐδεμιᾶς τῶν κατὰ τὸν πόλεμον ἐλάσσων. Οἱ μὲν γὰρ ἐν τῷ ἄστει ἐς τὸν Πειραιᾶ ᾤοντο τοὺς πολεμίους ἐσπεπλευκέναι ἤδη, οἱ δ' ἐν τῷ Πειραιεῖ τήν τε Σαλαμῖνα ᾑρῆσθαι ἐνόμιζον καὶ παρὰ σφᾶς ὅσον οὐκ ἐσπλεῖν αὐτούς· ὅπερ ἄν, εἰ ἐβουλήθησαν μὴ κατοκνῆσαι, ῥᾳδίως ἂν ἐγένετο καὶ οὐκ ἂν ἄνεμος ἐκώλυσεν. (2) Βοηθήσαντες δὲ ἅμ' ἡμέρᾳ πανδημεὶ οἱ Ἀθηναῖοι ἐς τὸν Πειραιᾶ ναῦς τε καθεῖλκον, καὶ ἐσβάντες κατὰ σπουδὴν καὶ πολλῷ θορύβῳ ταῖς μὲν ναυσὶν ἐπὶ τὴν Σαλαμῖνα ἔπλεον, τῷ πεζῷ δὲ φυλακὰς τοῦ Πειραιῶς καθίσταντο. (3) Οἱ δὲ Πελοποννήσιοι ὡς ᾔσθοντο τὴν βοήθειαν, καταδραμόντες τῆς Σαλαμῖνος τὰ πολλὰ καὶ ἀνθρώπους καὶ λείαν λαβόντες καὶ τὰς τρεῖς ναῦς ἐκ τοῦ Βουδόρου τοῦ φρουρίου κατὰ τάχος ἐπὶ τῆς Νισαίας ἔπλεον· ἔστι γὰρ ὃ τι καὶ αἱ νῆες αὐτοὺς διὰ χρόνου καθελκυσθεῖσαι καὶ οὐδὲν στέγουσαι ἐφόβουν. Ἀφικόμενοι δὲ ἐς τὰ Μέγαρα πάλιν ἐπὶ τῆς Κορίνθου ἀπεχώρησαν πεζῇ. (4) Οἱ δ' Ἀθηναῖοι οὐκέτι καταλαβόντες πρὸς τῇ Σαλαμῖνι ἀπέπλευσαν καὶ αὐτοί, καὶ μετὰ τοῦτο φυλακὴν ἅμα τοῦ Πειραιῶς μᾶλλον τὸ λοιπὸν ἐποιοῦντο λιμένων τε κλήσει καὶ τῇ ἄλλῃ ἐπιμελείᾳ.

XCV. Ὑπὸ δὲ τοὺς αὐτοὺς χρόνους, τοῦ χειμῶνος τούτου ἀρχομένου, Σιτάλκης ὁ Τήρεω Ὀδρύσης Θρᾳκῶν βασιλεὺς ἐστράτευσεν ἐπὶ Περδίκκαν τὸν Ἀλεξάνδρου Μακεδονίας βασιλέα καὶ ἐπὶ Χαλκιδέας τοὺς ἐπὶ Θρᾴκης, δύο ὑποσχέσεις τὴν μὲν βουλόμενος ἀναπρᾶξαι, τὴν δὲ αὐτὸς ἀποδοῦναι. (2) Ὅ τε γὰρ Περδίκκας αὐτῷ ὑποσχόμενος, εἰ Ἀθηναίοις τε διαλλάξειεν ἑαυτὸν κατ' ἀρχὰς τῷ πολέμῳ πιεζόμενον καὶ Φίλιππον τὸν ἀδελφὸν

THUCYDIDES.

Atheniensium portum temptare; erat autem neque custoditus neque clausus, ut par erat, quum Athenienses classe longe superiores essent. (2) Placebat autem ut singuli nautæ cum singulis remis et singulis pulvinis, quos sibi remigantibus substernerent, et cum singulis strupis Corintho pedibus irent ad mare, quod Athenas spectat, atque illinc Megara quam celerrime profecti, deductis ex Nisæa, illorum navali, quadraginta navibus, quæ illic erant, confestim in Piræeum navigarent; (3) nec enim in eo ulla classis erat, quæ pro portu excubias ageret, nec ulla prorsus erat suspicio, ne quando hostes repente sic infesta classe eo venturi essent; quippe neque aperte hoc ausuros per otium, neque, si in animum inducerent, se non præsensuros. (4) Postquam autem hoc ipsis placitum est, statim etiam discedebant, quumque noctu advenissent, et naves ex Nisæa deduxissent, in Piræeum quidem non amplius navigabant, quemadmodum in animo habebant, periculum formidantes, (quanquam quidam etiam ventus eos impedivisse fertur), sed ad Salaminis promontorium, quod Megara spectat; ibi autem erat propugnaculum triumque navium præsidium, ne quid Megarensibus importaretur, neve quid exportaretur. Hoc propugnaculum adorti sunt et triremes vacuas deduxerunt et ceteram Salaminem ex improviso aggressi diripiebant.

XCIV. Sed Athenas versus ignes, quibus hostium adventus significabatur, sublati sunt et pavor incessit, quo nullus in eo bello major exstitit. Nam qui in urbe erant, hostes in Piræeum jam ingressos putabant, qui vero in Piræeo erant, et Salaminem jam captam et hostes tantum non contra se venturos existimabant; quod profecto si illi tergiversari noluissent, facile accidisset, neque ventus eos prohibuisset. (2) Athenienses vero simul ac dies illuxit, excita omni civitate in Piræeum auxilio congressi naves deducebant et quum eas festinanter et magno cum tumultu conscendissent, navibus quidem Salaminem petebant, peditatum vero in Piræeo relinquebant, ut ei esset præsidio. (3) Peloponnesii autem, postquam eos subsidio venire senserunt, magnam Salaminis partem excursionibus populati, captis hominibus prædaque et tribus illis navibus ex propugnaculo Budoro, celeriter in Nisæam se recipiebant; nonnihil enim et ipsæ naves, quæ post longum temporis intervallum in mare deductæ erant, nec aquarum vim ferre poterant, eos terrebant. Quum autem Megara pervenissent, Corinthum itinere pedestri redierunt. (4) Athenienses vero, quum eos ad Salaminem non amplius nacti essent, et ipsi discesserunt, atque ab eo tempore Piræeum jam accuratius in posterum custodire cœperunt et portuum claustris et reliqua cautione.

CXV. Sub eadem tempora, hujus hiemis initio, Sitalces Odryses, Teris filius, Thracum rex, expeditionem fecit adversus Perdiccam, Alexandri filium, Macedonum regem, et Chalcidenses, qui sunt in Thracia, de duobus promissis alterum exacturus, alterum ipse persoluturus. (2) Nam Perdiccas promisso ita obstrictus, si se Atheniensibus reconciliasset, a quibus initio bello premebatur, nec Philippum fratrem suum, eundemque hostem, in regnum

αὐτοῦ πολέμιον ὄντα μὴ καταγάγοι ἐπὶ βασιλείᾳ, ἃ ὑπεδέξατο οὐκ ἐπετέλει· τοῖς τε Ἀθηναίοις αὐτὸς ὡμολογήκει, ὅτε τὴν ξυμμαχίαν ἐποιεῖτο, τὸν ἐπὶ Θράκης Χαλκιδικὸν πόλεμον καταλύσειν. (3) Ἀμφοτέρων οὖν ἕνεκα τὴν ἔφοδον ἐποιεῖτο, καὶ τόν τε Φιλίππου υἱὸν Ἀμύνταν ὡς ἐπὶ βασιλείᾳ τῶν Μακεδόνων ἦγε καὶ τῶν Ἀθηναίων πρέσβεις, οἳ ἔτυχον παρόντες τούτων ἕνεκα, καὶ ἡγεμόνα Ἅγνωνα· ἔδει γὰρ καὶ τοὺς Ἀθηναίους ναυσί τε καὶ στρατιᾷ ὡς πλείστῃ ἐπὶ τοὺς Χαλκιδέας παραγενέσθαι.

XCVI. Ἀνίστησιν οὖν ἐκ τῶν Ὀδρυσῶν ὁρμώμενος πρῶτον μὲν τοὺς ἐντὸς τοῦ Αἵμου τε ὄρους καὶ τῆς Ῥοδόπης Θρᾷκας, ὅσων ἦρχε μέχρι θαλάσσης ἐς τὸν Εὔξεινόν τε πόντον καὶ τὸν Ἑλλήσποντον, ἔπειτα τοὺς ὑπερβάντι Αἷμον Γέτας, καὶ ὅσα ἄλλα μέρη ἐντὸς τοῦ Ἴστρου ποταμοῦ πρὸς θάλασσαν μᾶλλον τὴν τοῦ Εὐξείνου πόντου κατῴκητο· εἰσὶ δ' οἱ Γέται καὶ οἱ ταύτῃ ὅμοροί τε τοῖς Σκύθαις καὶ ὁμόσκευοι, πάντες ἱπποτοξόται. (2) Παρεκάλει δὲ καὶ τῶν ὀρεινῶν Θρᾳκῶν πολλοὺς τῶν αὐτονόμων καὶ μαχαιροφόρων, οἳ Δῖοι καλοῦνται, τὴν Ῥοδόπην οἱ πλεῖστοι οἰκοῦντες· καὶ τοὺς μὲν μισθῷ ἔπειθεν, οἱ δ' ἐθελονταὶ ξυνηκολούθουν. (3) Ἀνίστη δὲ καὶ Ἀγριᾶνας καὶ Λαιαίους καὶ ἄλλα ὅσα ἔθνη Παιονικὰ ὧν ἦρχεν· καὶ ἔσχατοι τῆς ἀρχῆς οὗτοι ἦσαν μέχρι Γρααίων Παιόνων καὶ τοῦ Στρυμόνος ποταμοῦ, ὃς ἐκ τοῦ Σκομίου ὄρους διὰ Γραάων καὶ Λαιαίων ῥεῖ, οὗ ὡρίζετο ἡ ἀρχὴ τὰ πρὸς Παίονας αὐτονόμους ἤδη. (4) Τὰ δὲ πρὸς Τριβαλλούς, καὶ τούτους αὐτονόμους, Τρῆρες ὥριζον καὶ Τιλαταῖοι· οἰκοῦσι δ' οὗτοι πρὸς βορέαν τοῦ Σκομίου ὄρους καὶ παρήκουσι πρὸς ἡλίου δύσιν μέχρι τοῦ Ὀσκίου ποταμοῦ· ῥεῖ δ' οὗτος ἐκ τοῦ ὄρους ὅθεν περ καὶ ὁ Νέστος καὶ ὁ Ἕβρος· ἔστι δὲ ἐρῆμον τὸ ὄρος καὶ μέγα, ἐχόμενον τῆς Ῥοδόπης.

XCVII. Ἐγένετο δὲ ἡ ἀρχὴ ἡ Ὀδρυσῶν μέγεθος ἐπὶ μὲν θάλασσαν καθήκουσα ἀπὸ Ἀβδήρων πόλεως ἐς τὸν Εὔξεινον πόντον τὸν μέχρι Ἴστρου ποταμοῦ· αὕτη περίπλους ἐστὶν ἡ γῆ τὰ ξυντομώτατα, ἢν ἀεὶ κατὰ πρύμναν ἱστῆται τὸ πνεῦμα, νηὶ στρογγύλῃ τεσσάρων ἡμερῶν καὶ ἴσων νυκτῶν· ὁδῷ δὲ τὰ ξυντομώτατα ἐξ Ἀβδήρων ἐς Ἴστρον ἀνὴρ εὔζωνος ἑνδεκαταῖος τελεῖ. (2) Τὰ μὲν πρὸς θάλασσαν τοσαύτη ἦν, ἐς ἤπειρον δὲ ἀπὸ Βυζαντίου ἐς Λαιαίους καὶ ἐπὶ τὸν Στρυμόνα (ταύτῃ γὰρ διὰ πλεῖστου ἀπὸ θαλάσσης ἄνω ἐγίγνετο) ἡμερῶν ἀνδρὶ εὐζώνῳ τριῶν καὶ δέκα ἀνύσαι. (3) Φόρος τε ἐκ πάσης τῆς βαρβάρου καὶ τῶν Ἑλληνίδων πόλεων, ὅσον προσῆξαν ἐπὶ Σεύθου, ὃς ὕστερον Σιτάλκου βασιλεύσας πλεῖστον δὴ ἐποίησεν, τετρακοσίων ταλάντων ἀργυρίου μάλιστα δύναμις, ἃ χρυσὸς καὶ ἄργυρος εἴη· καὶ δῶρα οὐκ ἐλάσσω τούτων χρυσοῦ τε καὶ ἀργύρου προσεφέρετο, χωρὶς δὲ ὅσα ὑφαντά τε καὶ λεῖα, καὶ ἡ ἄλλη κατασκευή, καὶ οὐ μόνον αὐτῷ ἀλλὰ καὶ τοῖς παραδυναστεύουσί τε καὶ γενναίοις Ὀδρυσῶν. (4) Κατεστήσαντο γὰρ τοὐναντίον τῆς Περσῶν βασιλείας τὸν νόμον, ὄντα μὲν καὶ τοῖς ἄλλοις Θρᾳξί, λαμβάνειν μᾶλ-

restituisset, ea quæ receperat, non præstabat; et ipse Sitalces Atheniensibus pollicitus erat, quum societatem cum ipsis inibat, se bello Chalcidensi finem impositurum. (3) Utraque igitur de causa bellum inferebat, et Amyntam Philippi filium in regnum Macedonum ducebat, et cum eo legatos Atheniensium, qui hujus rei causa tunc aderant, et Hagnonem ducem; oportebat enim Athenienses quoque cum navibus et quam maximo exercitu adversus Chalcidenses præsto esse.

XCVI. Ab Odrysis igitur proficiscens primum quidem ex suis sedibus excitat Thraces, qui intra montem Hæmum et Rhodopen habitant, quibus usque ad Pontum Euxinum, et Hellespontum imperabat; deinde vero Getas, qui superato Hæmo monte in ulterioribus partibus habitant, et quotquot alii populi cis Istrum fluvium ad Pontum Euxinum magis vergentes incolebant; sunt autem Getæ et qui regionem illam accolunt, Scythis finitimi et cultu similes, omnesque sagittarii equestres. (2) Advocabat præterea etiam multos Thracum montanorum, qui sui juris sunt et ensiferi, qui Dii vocantur, quorum maxima pars Rhodopen incolit; atque alios quidem mercede inducebat, alii vero voluntarii sequebantur. (3) Excibat etiam Agrianas et Læeos et ceteras gentes Pæonicas, quibus imperabat; atque hi imperii erant ultimi, usque ad Græos Pæonas, et Strymonem fluvium, qui ex Scomio monte per Græos et Læeos fluit, ubi erat terminus imperii ab ea parte, quæ spectat Pæonas, qui jam sui juris sunt. (4) At ab ea parte, quæ Triballos spectat, qui et ipsi sunt sui juris, Treres et Tilatæi terminabant imperium; hi autem ad septentrionales Scomii montis partes habitant, et a solis occidentis partibus pertingunt usque ad Oscium flumen: hoc autem fluit ex eodem monte, ex quo etiam Nestus et Hebrus; est autem desertus hic mons et magnus et Rhodopæ junctus.

XCVII. Fuit autem Odrysarum imperium magnitudine ad mare quidem pertingens ab urbe Abderis ad Pontum Euxinum, ad eam usque partem, qua Ister fluvius in ipsum influit; hæc ora, qua cursus compendiosissimus datur, navi rotunda, si ventus a puppi semper spiret, quatuor dierum et totidem noctium spatio potest ambiri; itinere vero terrestri, qua compendiosissimum est, ab Abderis ad Istrum vir expeditus intra undecim dies pervenire potest. (2) Atque mare quidem versus longitudo ejus hæc erat; per mediterranea vero loca a Byzantio ad Læeos et ad Strymonem (hinc enim longissimus est a mari tractus in loca mediterranea) viator expeditus intra tredecim dies iter conficere potest. (3) Tributum quoque ex toto barbarorum agro et ex Græcis civitatibus, quod colligebatur Seuthe regnante, qui post Sitalcem regno potitus id maxime auxit, omni auri et argenti pretio ad æstimationem pecuniarum revocato, quadringenta ferme talenta valebat; et dona non minora his auri et argenti offerebantur; et præterea opera textilia acu picta et lævia, aliaque supellex, neque ipsi soli, sed et aliis Odrysarum viris nobilibus, qui apud ipsum autoritate pollebant. (4) Legem enim, contra atque Persæ, hanc condiderunt, quæ apud alios quoque Thraces moribus est recepta, ut potius accipiant, quam dent, et turpius erat, si

ον ἢ διδόναι, καὶ αἴσχιον ἦν αἰτηθέντα μὴ δοῦναι ἢ αἰτήσαντα μὴ τυχεῖν· ὅμως δὲ κατὰ τὸ δύνασθαι ἐπὶ πλέον αὐτῷ ἐχρήσαντο· οὐ γὰρ ἦν πρᾶξαι οὐδὲν μὴ διδόντα δῶρα. (5) Ὥστε ἐπὶ μέγα ἦλθεν ἡ βασιλεία ἰσχύος. Τῶν γὰρ ἐν τῇ Εὐρώπῃ ὅσαι μεταξὺ τοῦ Ἰονίου κόλπου καὶ τοῦ Εὐξείνου πόντου μεγίστη ἐγένετο χρημάτων προσόδῳ καὶ τῇ ἄλλῃ εὐδαιμονίᾳ, ἰσχύϊ δὲ μάχης καὶ στρατοῦ πλήθει πολὺ δευτέρα μετὰ τὴν Σκυθῶν. (6) Ταύτῃ δὲ ἀδύνατα ἐξισοῦσθαι οὐχ ὅτι τὰ ἐν τῇ Εὐρώπῃ, ἀλλ' οὐδ' ἐν τῇ Ἀσίᾳ ἔθνος ἓν πρὸς ἓν οὐκ ἔστιν ὅ τι δυνατὸν Σκύθαις ὁμογνωμονοῦσι πᾶσιν ἀντιστῆναι. Οὐ μὴν οὐδ' ἐς τὴν ἄλλην εὐβουλίαν καὶ ξύνεσιν περὶ τῶν παρόντων ἐς τὸν βίον ἄλλοις ὁμοιοῦνται.

XCVIII. Σιτάλκης μὲν οὖν βασιλεύων χώρας τοσαύτης παρεσκευάζετο τὸν στρατόν. Καὶ ἐπειδὴ αὐτῷ ἑτοῖμα ἦν, ἄρας ἐπορεύετο ἐπὶ τὴν Μακεδονίαν πρῶτον μὲν διὰ τῆς αὐτοῦ ἀρχῆς, ἔπειτα διὰ Κερκίνης ἐρήμου ὄρους, ὅ ἐστι μεθόριον Σίντων καὶ Παιόνων· ἐπορεύετο δὲ δι' αὐτοῦ τῇ ὁδῷ ἣν πρότερον αὐτὸς ἐποιήσατο τεμὼν τὴν ὕλην, ὅτε ἐπὶ Παίονας ἐστράτευσεν. (2) Τὸ δὲ ὄρος ἐξ Ὀδρυσῶν διϊόντες ἐν δεξιᾷ μὲν εἶχον Παίονας, ἐν ἀριστερᾷ δὲ Σίντους καὶ Μαίδους. Διελθόντες δὲ ὑπὸ ἀφίκοντο ἐς Δόβηρον τὴν Παιονικήν. (3) Πορευομένῳ δὲ αὐτῷ ἀπεγίγνετο μὲν οὐδὲν τοῦ στρατοῦ εἰ μή τι νόσῳ, προσεγίγνετο δέ· πολλοὶ γὰρ τῶν αὐτονόμων Θρακῶν ἀπαράκλητοι ἐφ' ἁρπαγὴν ἠκολούθουν, ὥστε τὸ πᾶν πλῆθος λέγεται οὐκ ἔλασσον πεντεκαίδεκα μυριάδων γενέσθαι· (4) καὶ τούτου τὸ μὲν πλέον πεζὸν ἦν, τριτημόριον δὲ μάλιστα ἱππικόν. Τοῦ δ' ἱππικοῦ τὸ πλεῖστον αὐτοὶ Ὀδρύσαι παρείχοντο καὶ μετ' αὐτοὺς Γέται. Τοῦ δὲ πεζοῦ οἱ μαχαιροφόροι μαχιμώτατοι μὲν ἦσαν οἱ ἐκ τῆς Ῥοδόπης αὐτόνομοι καταβάντες, ὁ δὲ ἄλλος ὅμιλος ξύμμικτος πλήθει φοβερώτατος ἠκολούθει.

XCIX. Ξυνηθροίζοντο οὖν ἐν τῇ Δοβήρῳ καὶ παρεσκευάζοντο, ὅπως κατὰ κορυφὴν ἐσβαλοῦσιν ἐς τὴν κάτω Μακεδονίαν, ἧς ὁ Περδίκκας ἦρχεν. (2) Τῶν γὰρ Μακεδόνων εἰσὶ καὶ Λυγκησταὶ καὶ Ἐλειμιῶται καὶ ἄλλα ἔθνη ἐπάνωθεν, ἃ ξύμμαχα μέν ἐστι τούτοις καὶ ὑπήκοα, βασιλείας δ' ἔχει καθ' αὑτά. (3) Τὴν δὲ παρὰ θάλασσαν νῦν Μακεδονίαν Ἀλέξανδρος ὁ Περδίκκου πατὴρ καὶ οἱ πρόγονοι αὐτοῦ, Τημενίδαι τὸ ἀρχαῖον ὄντες ἐξ Ἄργους, πρῶτον ἐκτήσαντο καὶ ἐβασίλευσαν ἀναστήσαντες μάχῃ ἐκ μὲν Πιερίας Πίερας, οἳ ὕστερον ὑπὸ τὸ Πάγγαιον πέραν Στρυμόνος ᾤκησαν Φάγρητα καὶ ἄλλα χωρία (καὶ ἔτι καὶ νῦν Πιερικὸς κόλπος καλεῖται ἡ ὑπὸ τῷ Παγγαίῳ πρὸς θάλασσαν γῆ), ἐκ δὲ τῆς Βοττίας καλουμένης Βοττιαίους, οἳ νῦν ὅμοροι Χαλκιδέων οἰκοῦσιν· (4) τῆς δὲ Παιονίας παρὰ τὸν Ἀξιὸν ποταμὸν στενήν τινα καθήκουσαν ἄνωθεν μέχρι Πέλλης καὶ θαλάσσης ἐκτήσαντο, καὶ πέραν Ἀξιοῦ μέχρι Στρυμόνος τὴν Μυγδονίαν καλουμένην Ἠδῶνας ἐλάσαντες νέμονται. (5) Ἀνέστησαν δὲ καὶ ἐκ τῆς νῦν Ἐορδίας καλουμένης Ἐόρδους, ὧν οἱ μὲν πολλοὶ

quis rogatus non dedisset, quam si quis non impetrasset id, quod petisset; verumtamen hac lege, propter potentiam, qua valebant, magis sunt usi; nihil enim a quoquam negotii transigi poterat sine muneribus. (5) Itaque regnum illud ad magnam potentiam pervenit. Nam omnium, quæ sunt in Europa intra sinum Ionium et Pontum Euxinum, maximum fuit pecuniarum reditu et ceterarum rerum beata abundantia; sed certandi viribus et copiarum numero Scytharum imperio longe fuit inferius. (6) Huic enim non modo gentes, quæ sunt in Europa, æquari nequeunt, verum etiam in Asia si gens una uni opponatur, nulla est, quæ Scythis universis, si concordes inter se fuerint, resistere valeat; nec tamen ne in alia quidem solertia et prudentia de rebus iis, quæ ad vitam regendam pertinent, ceteris nationibus sunt similes.

XCVIII. Sitalces igitur, quum tantæ regionis regnum obtineret, exercitum parabat. Ac postquam res ipsi paratæ erant, profectus tendebat in Macedoniam, primo quidem per suum regnum, deinde vero per Cercinen, montem desertum, qui inter Sintos et Pæonas est medius; iter autem per eum faciebat via, quam ipse succisa materia prius fecerat, quum bellum Pæonibus intulit. (2) Hunc autem montem ex Odrysis pertranseuntes ad dextram quidem habebant Pæonas, ad sinistram vero Sintos et Mædos. Quem quum pertransissent, ad Doberum Pæonicam urbem pervenerunt. (3) Inter viam autem nulla quidem exercitus pars ei decedebat, nisi forte morbo, sed accedebat; multi enim ex liberis Thracibus non vocati prædæ causa sequebantur, ut tota multitudo dicatur non minor centum quinquaginta millibus exstitisse; (4) atque hujus quidem major pars erat pedestris, tertia vero ferme pars equestris. Maximam autem hujus equitatus partem ipsi Odrysæ, et post eos Getæ præbebant. In peditatu vero machærophori erant bellicosissimi, qui suis legibus vivebant, et ex Rhodope descenderant; cetera vero turba permixta ob multitudinem maxime formidabilis sequebatur.

XCIX. Doberum igitur omnes conveniebant et se parabant, ut per montium juga descendentes irruptionem facerent in inferiorem Macedoniam, quæ Perdiccæ imperio parebat. (2) Nam Macedonum sunt et Lyncestæ et Elimiotæ et aliæ gentes in locis superioribus, quæ illis quidem sunt sociæ et subjectæ, sed tamen regna singulæ separatim habent. (3) Illam vero maritimam Macedoniam, quæ nunc est, Alexander Perdiccæ pater et ejus majores, qui Temenidæ antiquitus erant, ex urbe Argis oriundi, primi possederunt, et regnarunt, quum prius prœlio superatos expulissent ex Pieria quidem Pieres, qui postea sub Pangæo trans Strymonem incoluerunt Phagretem et alia loca (et ad hoc usque tempus regio, quæ sub Pangæo jacens ad mare vergit, sinus Piericus appellatur), ex ea vero, quæ Bottia vocatur, Bottiæos, qui nunc agrum Chalcidensibus finitimum incolunt; (4) Pæoniæ autem secundum Axium fluvium, angustam quamdam regionem a locis montanis ad Pellam usque et mare pertingentem possederunt; et trans Axium ad Strymonem usque eam, quæ Mygdonia nominatur, ejectis Edonis incolunt. (5) Ex illa etiam, quæ nunc Eordia vocatur, ejecerunt Eordos, quorum plerique perie-

7.

ἐφθάρησαν, βραχὺ δέ τι αὐτῶν περὶ Φύσκαν κατῴκηται, καὶ ἐξ Ἀλμωπίας Ἀλμῶπας. (6) Ἐκράτησαν δὲ καὶ τῶν ἄλλων ἐθνῶν οἱ Μακεδόνες οὗτοι, ἃ καὶ νῦν ἔτι ἔχουσι, τόν τε Ἀνθεμοῦντα καὶ Γρηστωνίαν καὶ Βισαλτίαν καὶ Μακεδόνων αὐτῶν πολλήν. Τὸ δὲ ξύμπαν Μακεδονία καλεῖται, καὶ Περδίκκας Ἀλεξάνδρου βασιλεὺς αὐτῶν ἦν ὅτε Σιτάλκης ἐπῄει.

C. Καὶ οἱ μὲν Μακεδόνες οὗτοι ἐπιόντος πολλοῦ στρατοῦ ἀδύνατοι ὄντες ἀμύνεσθαι ἔς τε τὰ καρτερὰ καὶ τὰ τείχη, ὅσα ἦν ἐν τῇ χώρᾳ, ἐσεκομίσθησαν. (2) Ἦν δὲ οὐ πολλά, ἀλλ᾽ ὕστερον Ἀρχέλαος ὁ Περδίκκου υἱὸς βασιλεὺς γενόμενος τὰ νῦν ὄντα ἐν τῇ χώρᾳ ᾠκοδόμησε καὶ ὁδοὺς εὐθείας ἔτεμε καὶ τἆλλα διεκόσμησε τά τε κατὰ τὸν πόλεμον ἵπποις καὶ ὅπλοις καὶ τῇ ἄλλῃ παρασκευῇ κρείσσονι ἢ ξύμπαντες οἱ ἄλλοι βασιλῆς ὀκτὼ οἱ πρὸ αὐτοῦ γενόμενοι. (3) Ὁ δὲ στρατὸς τῶν Θρακῶν ἐκ τῆς Δοβήρου ἐσέβαλε πρῶτον μὲν ἐς τὴν Φιλίππου πρότερον οὖσαν ἀρχήν, καὶ εἷλεν Εἰδομένην μὲν κατὰ κράτος, Γορτυνίαν δὲ καὶ Ἀταλάντην καὶ ἄλλα ἄττα χωρία ὁμολογίᾳ διὰ τὴν Ἀμύντου φιλίαν προσχωροῦντα τοῦ Φιλίππου υἱέος παρόντος· Εὐρωπὸν δὲ ἐπολιόρκησαν μέν, ἑλεῖν δὲ οὐκ ἐδύναντο. (4) Ἔπειτα δὲ καὶ ἐς τὴν ἄλλην Μακεδονίαν προυχώρει τὴν ἐν ἀριστερᾷ Πέλλης καὶ Κύρρου. Ἔσω δὲ τούτων ἐς τὴν Βοττιαίαν καὶ Πιερίαν οὐκ ἀφίκοντο, ἀλλὰ τήν τε Μυγδονίαν καὶ Γρηστωνίαν καὶ Ἀνθεμοῦντα ἐδῄουν. (5) Οἱ δὲ Μακεδόνες πεζῷ μὲν οὐδὲ διενοοῦντο ἀμύνεσθαι, ἵππους δὲ προσμεταπεμψάμενοι ἀπὸ τῶν ἄνω ξυμμάχων, ὅπῃ δοκοῖ, ὀλίγοι πρὸς πολλοὺς ἐσέβαλλον ἐς τὸ στράτευμα τῶν Θρακῶν. (6) Καὶ ᾗ μὲν προσπέσοιεν, οὐδεὶς ὑπέμενεν ἄνδρας ἱππέας τε ἀγαθοὺς καὶ τεθωρακισμένους, ὑπὸ δὲ πλήθους περικληόμενοι αὐτοὺς πολλαπλασίῳ τῷ ὁμίλῳ ἐς κίνδυνον καθίστασαν, ὥστε τέλος ἡσυχίαν ἦγον, οὐ νομίζοντες ἱκανοὶ εἶναι πρὸς τὸ πλέον κινδυνεύειν.

CI. Ὁ δὲ Σιτάλκης πρός τε τὸν Περδίκκαν λόγους ἐποιεῖτο ὧν ἕνεκα ἐστράτευσεν, καὶ ἐπειδὴ οἱ Ἀθηναῖοι οὐ παρῆσαν ταῖς ναυσίν, ἀπιστοῦντες αὐτὸν μὴ ἥξειν, δῶρά τε καὶ πρέσβεις ἔπεμψαν αὐτῷ, ἔς τε τοὺς Χαλκιδέας καὶ Βοττιαίους μέρος τι τοῦ στρατοῦ πέμπει, καὶ τειχήρεις ποιήσας ἐδῄου τὴν γῆν. (2) Καθημένου δ᾽ αὐτοῦ περὶ τοὺς χώρους τούτους οἱ πρὸς νότον οἰκοῦντες Θεσσαλοὶ καὶ Μάγνητες καὶ οἱ ἄλλοι ὑπήκοοι Θεσσαλῶν καὶ οἱ μέχρι Θερμοπυλῶν Ἕλληνες ἐφοβήθησαν μὴ καὶ ἐπὶ σφᾶς ὁ στρατὸς χωρήσῃ, καὶ ἐν παρασκευῇ ἦσαν. (3) Ἐφοβήθησαν δὲ καὶ οἱ πέραν Στρυμόνος πρὸς βορέαν Θρᾷκες, ὅσοι πεδία εἶχον, Παναῖοι καὶ Ὀδόμαντοι καὶ Δρῶοι καὶ Δερσαῖοι· αὐτόνομοι δ᾽ εἰσὶ πάντες. (4) Παρέσχε δὲ λόγον καὶ ἐπὶ τοὺς τῶν Ἀθηναίων πολεμίους Ἕλληνας, μὴ ὑπ᾽ αὐτῶν ἀγόμενοι κατὰ τὸ ξυμμαχικὸν καὶ ἐπὶ σφᾶς χωρήσωσιν. (5) Ὁ δὲ τήν τε Χαλκιδικὴν καὶ Βοττικὴν καὶ Μακεδονίαν ἅμα ἐπέχων ἔφθειρεν· καὶ ἐπειδὴ αὐτῷ οὐδὲν ἐπράσσετο ὧν ἕνεκα ἐσέβαλε καὶ ἡ στρα-

runt, exigua tamen quædam ipsorum pars circa Physcam consedit, et ex Almopia Almopas. (6) Hi Macedones alias etiam gentes in suam potestatem redegerunt, quas nunc etiam in sua potestate habent, Anthemuntem et Grestoniam et Bisaltiam et magnam ipsorum Macedonum partem. Hæc autem universa Macedonia vocatur, et Perdiccas Alexandri filius horum erat rex, quo tempore Sitalces ipsi bellum inferebat.

C. Atque Macedones quidem hi, quum ingens exercitus appropinquaret, quod ei resistere non possent, se receperunt in loca natura firma et opere munita, quæ in eo agro erant. (2) Horum autem non magnus erat numerus, sed postea Archelaus Perdiccæ filius, regno potitus, ea, quæ nunc in ea regione exstant, ædificavit et vias rectas secuit et quum alia digessit tum etiam rem militarem equis et armis et reliquo apparatu longe melius quam ceteri omnes octo reges, qui eum antecesserant. (3) Exercitus vero Thracum Dobero profectus primum quidem irrupit in regnum, quæ Philippi prius erat, et Idomenen quidem per vim cepit, Gortyniam vero et Atalantam et alia quædam oppida in deditionem ac fidem recepit, quæ se ipsi adjunxerunt ob amicitiam Amyntæ, Philippi filii, qui ibi aderat. Europum autem oppugnarunt quidem, sed expugnare non poterant. 4) Deinde vero et in reliquam Macedoniam processit, quæ a Pella Cyrrhoque ad sinistram jacet. Atque intra hæc in Bottiæam et Pieriam non intrarunt, sed Mygdoniam et Grestoniam et Anthemuntem diripiebant. (5) Macedones vero peditatu ne cogitabant quidem resistere, sed accito equitatu a sociis, qui loca mediterranea incolebant, ubi videbatur commodum, pauci multos adorti, in ipsum Thracum exercitum impetu ferebantur. (6) Et qua impressionem faciebant, nullus illorum, utpote equitum egregiorum et loricatorum, impetum sustinebat; sed hostium multitudine circumventi, in discrimen se conjiciebant propter eorum multitudinem longe numerosiorem; quare tandem quiescere cœperunt, quod existimarent, se longe majori militum numero sine periculo resistere non posse.

CI. Sitalces vero et cum Perdicca agere cœpit de rebus, quarum causa bellum ipsi intulerat, et quoniam Athenienses cum classe non aderant, qui eum venturum non credebant et dona potius et legatos ad ipsum miserant, quandam suarum copiarum partem in Chalcidenses et Bottiæos misit, quumque illos intra muros compulisset, agrum eorum vastabat. (2) Dum autem castra stativa habet in his locis, Thessali, qui austrum versus habitant, et Magnetes et ceteri, qui Thessalorum imperio parent, et Græci ad Thermopylas usque timuerunt, ne exercitus iste contra se quoque veniret, et in armis erant. (3) Timuerunt etiam Thraces, qui trans Strymonem boream versus loca campestria incolebant, Panæi et Odomanti et Droi et Dersæi; omnes autem hi sui juris sunt. (4) Præbuit etiam occasionem rumoris inter Græcos Atheniensium hostes, ne per fœdus adducti ab iis barbari se quoque invaderent. (5) Ille vero Chalcidicum et Botticum et Macedonicum agrum simul complexus vastabat; et postquam nihil eorum, quorum causa infestis armis eo profectus erat, ipsi feliciter succedebat

διὰ σῖτόν τε οὐκ εἶχεν αὐτῷ καὶ ὑπὸ χειμῶνος ἐταλαιπώρει, ἀναπείθεται ὑπὸ Σεύθου τοῦ Σπαρδάκου, ἀδελφιδοῦ ὄντος καὶ μέγιστον μεθ' αὐτὸν δυναμένου, ὥστ' ἐν τάχει ἀπελθεῖν. Τὸν δὲ Σεύθην κρύφα Περδίκκας ὑποσχόμενος ἀδελφὴν ἑαυτοῦ δώσειν καὶ χρήματα ἐπ' αὐτῇ προσποιεῖται. (6) Καὶ ὁ μὲν πεισθείς, καὶ μείνας τριάκοντα τὰς πάσας ἡμέρας, τούτων δὲ ὀκτὼ ἐν Χαλκιδεῦσιν, ἀνεχώρησε τῷ στρατῷ κατὰ τάχος ἐπ' οἴκου· Περδίκκας δὲ ὕστερον Στρατονίκην τὴν ἑαυτοῦ ἀδελφὴν δίδωσι Σεύθῃ, ὥσπερ ὑπέσχετο. Τὰ μὲν κατὰ τὴν Σιτάλκου στρατείαν οὕτως ἐγένετο.

CII. Οἱ δὲ ἐν Ναυπάκτῳ Ἀθηναῖοι τοῦδε τοῦ χειμῶνος, ἐπειδὴ τὸ τῶν Πελοποννησίων ναυτικὸν διελύθη, Φορμίωνος ἡγουμένου ἐστράτευσαν παραπλεύσαντες ἐπ' Ἀστακοῦ, καὶ ἀποβάντες ἐς τὴν μεσόγειαν τῆς Ἀκαρνανίας τετρακοσίοις μὲν ὁπλίταις Ἀθηναίων τῶν ἀπὸ τῶν νεῶν, τετρακοσίοις δὲ Μεσσηνίων, ἔκ τε Στράτου καὶ Κορόντων καὶ ἄλλων χωρίων ἄνδρας οὐ δοκοῦντας βεβαίους εἶναι ἐξήλασαν, καὶ Κύνητα τὸν Θεολύτου ἐς Κόροντα καταγαγόντες ἀνεχώρησαν πάλιν ἐπὶ τὰς ναῦς. (2) Ἐς γὰρ Οἰνιάδας ἀεί ποτε πολεμίους ὄντας μόνους Ἀκαρνάνων οὐκ ἐδόκει δυνατὸν εἶναι χειμῶνος ὄντος στρατεύειν· ὁ γὰρ Ἀχελῷος ποταμὸς ῥέων ἐκ Πίνδου ὄρους διὰ Δολοπίας καὶ Ἀγραίων καὶ Ἀμφιλόχων καὶ διὰ τοῦ Ἀκαρνανικοῦ πεδίου, ἄνωθεν μὲν παρὰ Στράτου πόλιν, ἐς θάλασσαν δ' ἐξιεὶς παρ' Οἰνιάδας καὶ τὴν πόλιν αὐτοῖς περιλιμνάζων, ἄπορον ποιεῖ ὑπὸ τοῦ ὕδατος ἐν χειμῶνι στρατεύειν. (3) Κεῖνται δὲ καὶ τῶν νήσων τῶν Ἐχινάδων αἱ πολλαὶ καταντικρὺ Οἰνιαδῶν, τοῦ Ἀχελῴου τῶν ἐκβολῶν οὐδὲν ἀπέχουσαι, ὥστε μέγας ὢν ὁ ποταμὸς προσχοῖ ἀεί καὶ εἰσὶ τῶν νήσων αἳ ἠπείρωνται, ἐλπὶς δὲ καὶ πάσας οὐκ ἐν πολλῷ τινι ἂν χρόνῳ τοῦτο παθεῖν· (4) τό τε γὰρ ῥεῦμά ἐστι μέγα καὶ πολὺ καὶ θολερόν, αἵ τε νῆσοι πυκναί, καὶ ἀλλήλαις τῆς προσχώσεως τῷ μὴ σκεδάννυσθαι σύνδεσμοι γίγνονται, παραλλὰξ καὶ οὐ κατὰ στοῖχον κείμεναι, οὐδ' ἔχουσαι εὐθείας διόδους τοῦ ὕδατος ἐς τὸ πέλαγος. Ἐρῆμοι δ' εἰσὶ καὶ οὐ μεγάλαι. (5) Λέγεται δὲ καὶ Ἀλκμαίωνι τῷ Ἀμφιάρεω, ὅτε δὴ ἀλᾶσθαι αὐτὸν μετὰ τὸν φόνον τῆς μητρός, τὸν Ἀπόλλω ταύτην τὴν γῆν χρῆσαι οἰκεῖν, ὑπειπόντα οὐκ εἶναι λύσιν τῶν δειμάτων πρὶν ἂν εὑρὼν ἐν ταύτῃ τῇ χώρᾳ κατοικίσηται ἥτις ὅτε ἔκτεινε τὴν μητέρα μήπω ὑπὸ ἡλίου ἑωρᾶτο μηδὲ γῆ ἦν, ὡς τῆς γε ἄλλης αὐτῷ μεμιασμένης. (6) Ὁ δ' ἀπορῶν, ὥς φασι, μόλις κατενόησε τὴν πρόσχωσιν ταύτην τοῦ Ἀχελῴου, καὶ ἐδόκει αὐτῷ ἱκανὴ ἂν κεχῶσθαι δίαιτα τῷ σώματι ἀφ' οὗπερ κτείνας τὴν μητέρα οὐκ ὀλίγον χρόνον ἐπλανᾶτο. Καὶ κατοικισθεὶς ἐς τοὺς περὶ Οἰνιάδας τόπους ἐδυνάστευσέ τε καὶ ἀπὸ Ἀκαρνᾶνος παιδὸς ἑαυτοῦ τῆς χώρας τὴν ἐπωνυμίαν ἐγκατέλιπεν. Τὰ μὲν περὶ Ἀλκμαίωνα τοιαῦτα λεγόμενα παρελάβομεν.

CIII. Οἱ δὲ Ἀθηναῖοι καὶ ὁ Φορμίων ἄραντες ἐκ

et exercitus ejus commeatu deficiebatur et hiemis incommodis vexabatur, persuadetur ei ab Seuthe Spardaci filio, patrueli suo, qui apud ipsum potentia secundus erat, ut celeriter discederet. Seuthen autem Perdiccas sibi clam conciliaverat, pollicitus se in matrimonium ei sororem daturum, et cum ipsa pecunias etiam. (6) Itaque Sitalces quidem ita inductus, quum omnino triginta dies ibi commoratus esset et horum octo apud Chalcidenses, cum exercitu domum celeriter se recepit; Perdiccas vero postea Stratonicen sororem suam Seuthae uxorem dedit, ut promiserat. Hæc igitur Sitalcis expeditio hunc habuit exitum.

CII. Athenienses vero, qui Naupacti erant, eadem hieme post discessum Peloponnesiorum classis, duce Phormione secundum maritimam oram advecti Astaco bellum intulerunt exscensuque ex navibus in terram facto mediterranea Acarnaniæ loca petierunt, cum quadringentis suorum gravis armaturæ militum classiariorum, et cum totidem Messeniis et ex Strato et Corontis aliisque oppidis eos, qui videbantur dubiæ fidei homines, ejecerunt et Cynetem, Theolyti filium, in oppidum Coronta reduxerunt; quo facto ad suas naves redierunt. (2) Nam Œniadis, qui soli omnium Acarnanum Atheniensibus perpetuo erant hostes, propter hibernum anni tempus bellum nullo modo inferri posse videbatur; Achelous enim fluvius ex monte Pindo per Dolopiam et Agraos et Amphilochos et per Acarnanicam planitiem fluens et superne juxta urbem Stratum et ubi in mare effunditur prope Œniadas, ipsam etiam urbem paludibus circumdans, facit, ut difficile sit propter aquarum copiam hieme ibi bellum gerere. (3) Jacent autem et pleræque Echinadum insularum e regione Œniadarum, ab Acheloi ostio non procul distantes; quamobrem hic fluvius quando magnus est, limum semper aggerit et nonnullæ etiam illarum insularum factæ sunt continentis pars, et credibile est ceteris quoque non admodum longo temporis progressu idem eventurum; (4) nam et fluvii cursus est rapidus et multus et turbidus, et ipsæ insulæ sunt crebræ, et limum congestum ipsæ inter se eo, quod non diffunditur, cohibent, alternanter et non uno longo ordine sitæ, nec rectum aquis exitum in pelagus præbentes. Sunt autem desertæ, nec magnæ. (5) Fertur etiam Alcmæoni, Amphiarai filio, quo tempore post matris cædem vagaretur, Apollo oraculo reddito præcepisse, ut hanc terram incoleret, obscure significans eum terroribus liberatum non iri, priusquam locum habitandum reperisset in ea regione, quæ, quum matrem interfecit, a sole nondum conspiciebatur nec terra erat, quod omnem aliam terram polluisset. (6) Ille vero consilii inops, ut aiunt, vix tandem advertit hanc Acheloi fluminis alluvionem, istudque solum, quod limo congesto consolidatum erat ab eo tempore, quo matre cæsa non paucos annos erravit, ad sedes in eo sui corporis causa ponendas satis amplum esse videbatur. Quare quum in locis circum Œniadas sitis sedes collocasset, ibi regnavit, et ab Acarnane filio suo nomen regioni impositum reliquit. Quæ igitur de Alcmæone traduntur, hæc accepimus.

CIII. Athenienses vero et Phormio castris ex Acarnania

τῆς Ἀκαρνανίας καὶ ἀφικόμενοι ἐς τὴν Ναύπακτον ἅμα ἦρι κατέπλευσαν ἐς τὰς Ἀθήνας, τούς τε ἐλευθέρους τῶν αἰχμαλώτων ἐκ τῶν ναυμαχιῶν ἄγοντες, οἳ ἀνὴρ ἀντ' ἀνδρὸς ἐλύθησαν, καὶ τὰς ναῦς ἃς εἷλον. (2) Καὶ ὁ χειμὼν ἐτελεύτα οὗτος, καὶ τρίτον ἔτος τῷ πολέμῳ ἐτελεύτα τῷδε ὃν Θουκυδίδης ξυνέγραψεν.

motis et Naupactum profecti ineunte vere Athenas redierunt secumque duxerunt eos, quos liberos in proeliis navalibus ceperant, qui permutati singuli pro singulis dimissi sunt, et quas ceperant naves. (2) Atque hæc hiems finiebatur tertiusque annus hujus belli, quod Thucydides conscripsit.

ΒΙΒΛΙΟΝ Γ.

Τοῦ δ' ἐπιγιγνομένου θέρους Πελοποννήσιοι καὶ οἱ ξύμμαχοι ἅμα τῷ σίτῳ ἀκμάζοντι ἐστράτευσαν ἐς τὴν Ἀττικήν· ἡγεῖτο δὲ αὐτῶν Ἀρχίδαμος ὁ Ζευξιδάμου Λακεδαιμονίων βασιλεύς. Καὶ ἐγκαθεζόμενοι ἐδῄουν τὴν γῆν· καὶ προσβολαί, ὥσπερ εἰώθεσαν, ἐγίγνοντο τῶν Ἀθηναίων ἱππέων ὅπῃ παρείκοι, καὶ τὸν πλεῖστον ὅμιλον τῶν ψιλῶν εἶργον τὸ μὴ προεξιόντας τῶν ὅπλων τὰ ἐγγὺς τῆς πόλεως κακουργεῖν. (2) Ἐμμείναντες δὲ χρόνον οὗ εἶχον τὰ σιτία ἀνεχώρησαν καὶ διελύθησαν κατὰ πόλεις.

II. Μετὰ δὲ τὴν ἐσβολὴν τῶν Πελοποννησίων εὐθὺς Λέσβος πλὴν Μηθύμνης ἀπέστη ἀπ' Ἀθηναίων, βουληθέντες μὲν καὶ πρὸ τοῦ πολέμου, ἀλλ' οἱ Λακεδαιμόνιοι οὐ προσεδέξαντο, ἀναγκασθέντες δὲ καὶ ταύτην τὴν ἀπόστασιν πρότερον ἢ διενοοῦντο ποιήσασθαι. (2) Τῶν τε γὰρ λιμένων τὴν χῶσιν καὶ τειχῶν οἰκοδόμησιν καὶ νεῶν ποίησιν ἐπέμενον τελεσθῆναι, καὶ ὅσα ἐκ τοῦ Πόντου ἔδει ἀφικέσθαι, τοξότας τε καὶ σῖτον, καὶ ἃ μεταπεμπόμενοι ἦσαν. (3) Τενέδιοι γὰρ ὄντες αὐτοῖς διάφοροι καὶ Μηθυμναῖοι, καὶ αὐτῶν Μυτιληναίων ἰδίᾳ ἄνδρες κατὰ στάσιν, πρόξενοι Ἀθηναίων, μηνυταὶ γίγνονται τοῖς Ἀθηναίοις ὅτι ξυνοικίζουσί τε τὴν Λέσβον ἐς τὴν Μυτιλήνην βίᾳ καὶ τὴν παρασκευὴν ἅπασαν μετὰ Λακεδαιμονίων καὶ Βοιωτῶν ξυγγενῶν ὄντων ἐπὶ ἀποστάσει ἐπείγονται· καὶ εἰ μή τις προκαταλήψεται ἤδη, στερήσεσθαι αὐτοὺς Λέσβου.

III. Οἱ δ' Ἀθηναῖοι (ἦσαν γὰρ τεταλαιπωρημένοι ὑπό τε τῆς νόσου καὶ τοῦ πολέμου ἄρτι καθισταμένου καὶ ἀκμάζοντος) μέγα μὲν ἔργον ἡγοῦντο εἶναι Λέσβον προσπολεμώσασθαι ναυτικὸν ἔχουσαν ἀρετὴ καὶ δύναμιν ἀκέραιον, καὶ οὐκ ἀπεδέχοντο πρῶτον τὰς κατηγορίας, μεῖζον μέρος νέμοντες τῷ μὴ βούλεσθαι ἀληθῆ εἶναι· ἐπειδὴ μέντοι καὶ πέμψαντες πρέσβεις οὐκ ἔπειθον τοὺς Μυτιληναίους τήν τε ξυνοίκισιν καὶ τὴν παρασκευὴν διαλύειν, δείσαντες προκαταλαβεῖν ἐβούλοντο. (2) Καὶ πέμπουσιν ἐξαπιναίως τεσσαράκοντα ναῦς αἳ ἔτυχον περὶ Πελοπόννησον παρεσκευασμέναι πλεῖν· Κλεϊππίδης δὲ ὁ Δεινίου τρίτος αὐτὸς ἐστρατήγει. (3) Ἐσηγγέλθη γὰρ αὐτοῖς ὡς εἴη Ἀπόλλωνος Μαλόεντος ἔξω τῆς πόλεως ἑορτή, ἐν ᾗ πανδημεὶ Μυτιληναῖοι ἑορτάζουσιν, καὶ ἐλπίδα εἶναι ἐπειχθέντας ἐπιπεσεῖν ἄφνω, καὶ ἢν μὲν ξυμβῇ ἡ πεῖρα, εἰ δὲ μή, Μυτιληναίοις εἰπεῖν ναῦς τε παραδοῦναι καὶ τείχη καθελεῖν, μὴ πειθομένων δὲ πολεμεῖν. (4) Καὶ αἱ μὲν νῆες ᾤχοντο· τὰς δὲ τῶν Μυτιληναίων δέκα τριήρεις, αἳ ἔτυχον βοηθοὶ παρὰ σφᾶς κατὰ τὸ ξυμμαχικὸν παροῦσαι, κατέσχον οἱ Ἀθηναῖοι καὶ τοὺς ἄνδρας ἐξ αὐτῶν ἐς φυλακὴν ἐποιήσαντο. (5) Τοῖς δὲ Μυτι-

LIBER III.

Sequente autem æstate Peloponnesii eorumque socii frumento jam adulto cum infesto exercitu in Atticam profecti sunt; præerat iis autem Archidamus Zeuxidami filius, Lacedæmoniorum rex. Castrisque positis agrum vastabant, et impressiones, ut consueverant, faciebant Atheniensium equites, qua commodum erat, et plurimam militum levis armaturæ turbam prohibebant, ne a castris longius progressi loca suburbana vastarent. (2) Tamdiu autem commorati, quamdiu commeatus iis suppeditabat, recesserunt et in suam quique civitatem se receperunt.

II. Post hanc autem Peloponnesiorum irruptionem statim Lesbus præter Methymnam ab Atheniensibus defecit, quod illi voluerant quidem jam ante hoc bellum, sed Lacedæmonii eos recipere noluerant, tum vero vi necessitatis coacti hanc quoque defectionem maturius, quam secum ipsi constituerant, fecerunt. (2) Etenim et portuum munitionem, quos aggere cingebant, et murorum ædificationem naviumque fabricationem opperiebantur, donec ad finem essent perducta, item auxilia, quæ ex Ponto venire oportebat, sagittarios et frumentum, et quæ tunc ipsum adhuc accersebant. (3) Tenedii enim, qui iis erant inimici, et Methymnæi, atque etiam privatim quidam ex ipsis Mytilenæis homines propter factionem, quibus publicum erat cum Atheniensibus hospitium, Atheniensibus indicarunt, adduci ab iis omnes Lesbios per vim in Mytilenen omnemque apparatum cum Lacedæmoniis et Bœotis, qui gentis ejusdem erant, defectionis faciendæ causa urgeri et nisi quis illos jam antevertat, ipsos Lesbo privatum iri.

III. Athenienses vero (erant enim debilitati morbo et bello recens suscepto et vigente) rem quidem haud negligendam esse ducebant, si Lesbus quoque hostium socia existeret, quaclassem et vires integras haberet, et criminationes istas initio non admittebant, plus animi sui sententiæ tribuentes, quod mallent non vera esse. Postquam tamen missis etiam legatis non persuadebant Mytilenæis, ut et communis civitatis institutionem et belli apparatum omitterent, tunc metu perculsi eos antevertere volebant. (2) Et confestim miserunt quadraginta naves, quæ forte circa Peloponnesum erant ad navigandum paratæ; Cleippides autem Diniæ filius cum duobus collegis his navibus præerat. (3) Renuntiatum enim iis erat diem festum in Apollonis Maloentis honorem extra urbem celebrari, ad quem celebrandum Mytilenæi frequentes conveniunt, et spem esse, si properarent, subito eos posse illis supervenire, et si conatus iste feliciter ipsis successisset, (rem actam esse), sin minus, dicerent Mytilenæis, ut naves traderent murosque demolirentur; et, si imperata non facerent, bellum iis inferrent. (4) Atque illæ quidem naves abierunt; decem vero Mytilenæorum triremes, quæ ex fœderis pacto tunc apud ipsos auxilii ferendi causa forte aderant, retinuerunt Athenienses, virosque, qui in illis erant, in custodiam tradiderunt. (5) Mytilenæis

ληναίοις ἀνὴρ ἐκ τῶν Ἀθηνῶν διαβὰς ἐς Εὔβοιαν καὶ πεζῇ ἐπὶ Γεραιστὸν ἐλθών, ὁλκάδος ἀναγομένης ἐπιτυχών, πλῷ χρησάμενος καὶ τριταῖος ἐκ τῶν Ἀθηνῶν ἐς Μυτιλήνην ἀφικόμενος ἀγγέλλει τὸν ἐπίπλουν. (6) Οἱ δὲ οὔτε ἐς τὸν Μαλόεντα ἐξῆλθον, τά τε ἄλλα τῶν τειχῶν καὶ λιμένων περὶ τὰ ἡμιτέλεστα φραξάμενοι ἐφύλασσον.

IV. Καὶ οἱ Ἀθηναῖοι οὐ πολὺ ὕστερον καταπλεύσαντες ὡς ἑώρων, ἀπήγγειλαν μὲν οἱ στρατηγοὶ τὰ ἐπεσταλμένα, οὐκ ἐσακουόντων δὲ τῶν Μυτιληναίων ἐς πόλεμον καθίσταντο. (2) Ἀπαράσκευοι δὲ οἱ Μυτιληναῖοι καὶ ἐξαίφνης ἀναγκασθέντες πολεμεῖν, ἔκπλουν μέν τινα ἐποιήσαντο τῶν νεῶν ὡς ἐπὶ ναυμαχίᾳ ὀλίγον πρὸ τοῦ λιμένος, ἔπειτα καταδιωχθέντες ὑπὸ τῶν Ἀττικῶν νεῶν λόγους ἤδη προσέφερον τοῖς στρατηγοῖς, βουλόμενοι τὰς ναῦς τὸ παραυτίκα, εἰ δύναιντο, ὁμολογίᾳ τινὶ ἐπιεικεῖ ἀποπέμψασθαι. (3) Καὶ οἱ στρατηγοὶ τῶν Ἀθηναίων ἀπεδέξαντο καὶ αὐτοὶ φοβούμενοι μὴ οὐχ ἱκανοὶ ὦσι Λέσβῳ πάσῃ πολεμεῖν. (4) Καὶ ἀνακωχὴν ποιησάμενοι πέμπουσιν ἐς τὰς Ἀθήνας οἱ Μυτιληναῖοι τῶν τε διαβαλλόντων ἕνα, ᾧ μετέμελεν ἤδη, καὶ ἄλλους, εἴ πως πείσειαν τὰς ναῦς ἀπελθεῖν ὡς σφῶν οὐδὲν νεωτεριούντων. (5) Ἐν τούτῳ δὲ ἀποστέλλουσι καὶ ἐς τὴν Λακεδαίμονα πρέσβεις τριήρει, λαθόντες τὸ τῶν Ἀθηναίων ναυτικόν, οἳ ὥρμουν ἐν τῇ Μαλέᾳ πρὸς βορέαν τῆς πόλεως· οὐ γὰρ ἐπίστευον τοῖς ἀπὸ τῶν Ἀθηναίων προχωρήσειν. (6) Καὶ οἱ μὲν ἐς τὴν Λακεδαίμονα ταλαιπώρως διὰ τοῦ πελάγους κομισθέντες αὐτοῖς ἔπρασσον ὅπως τις βοήθεια ἥξει·

V. οἱ δ' ἐκ τῶν Ἀθηνῶν πρέσβεις ὡς οὐδὲν ἦλθον πράξαντες, ἐς πόλεμον καθίσταντο οἱ Μυτιληναῖοι καὶ ἡ ἄλλη Λέσβος πλὴν Μηθύμνης· οὗτοι δὲ τοῖς Ἀθηναίοις ἐβεβοηθήκεσαν, καὶ Ἴμβριοι καὶ Λήμνιοι καὶ τῶν ἄλλων ὀλίγοι τινὲς ξυμμάχων. (2) Καὶ ἔξοδον μέν τινα πανδημεὶ ἐποιήσαντο οἱ Μυτιληναῖοι ἐπὶ τὸ τῶν Ἀθηναίων στρατόπεδον, καὶ μάχη ἐγένετο, ἐν ᾗ οὐκ ἔλασσον ἔχοντες οἱ Μυτιληναῖοι οὔτε ἐπηυλίσαντο οὔτε ἐπίστευσαν σφίσιν αὐτοῖς, ἀλλ' ἀνεχώρησαν· (3) ἔπειτα οἱ μὲν ἡσύχαζον, ἐκ Πελοποννήσου καὶ μετ' ἄλλης παρασκευῆς βουλόμενοι εἰ προσγένοιτό τι κινδυνεύειν, (4) (καὶ γὰρ αὐτοῖς Μελέας Λάκων ἀφικνεῖται καὶ Ἑρμαιώνδας Θηβαῖος, οἳ προαπεστάλησαν μὲν τῆς ἀποστάσεως, φθάσαι δὲ οὐ δυνάμενοι τὸν τῶν Ἀθηναίων ἐπίπλουν κρύφα μετὰ τὴν μάχην ὕστερον ἐσπλέουσι τριήρει, καὶ παρῄνουν πέμπειν τριήρη ἄλλην καὶ πρέσβεις μεθ' αὑτῶν· καὶ ἐκπέμπουσιν·)

VI. οἱ δὲ Ἀθηναῖοι πολὺ ἐπιρρωσθέντες διὰ τὴν τῶν Μυτιληναίων ἡσυχίαν ξυμμάχους τε προσεκάλουν, οἳ πολὺ θᾶσσον παρῆσαν ὁρῶντες οὐδὲν ἰσχυρὸν ἀπὸ τῶν Λεσβίων, καὶ περιορμισάμενοι τὸ πρὸς νότον τῆς πόλεως ἐτείχισαν στρατόπεδα δύο ἑκατέρωθεν τῆς πόλεως, καὶ τοὺς ἐφόρμους ἐπ' ἀμφοτέροις τοῖς λιμέσιν ἐποιοῦντο. (2) Καὶ τῆς μὲν θαλάσσης εἶργον μὴ χρῆσθαι τοὺς Μυτιληναίους, τῆς δὲ γῆς τῆς μὲν ἄλλης

---

vero quidam, quum Athenis in Eubœam trajecisset et pedibus Geræstum ivisset, ibi navim onerariam tunc ipsum ancoras solventem nactus, secunda navigatione usus, et triduo postquam Athenis discessit, Mytilenen delatus, nuntiavit infestum Atticæ classis adventum. (6) Illi vero nec ad Maloentem exiverunt, et ceteras murorum portuumque partes, quæ semiperfectæ erant, præsidiis firmantes custodias egerunt.

IV. Nec multo post Athenienses classe eo appulsi, ut hæc viderent, denuntiarunt duces, quæ imperata erant; sed quum Mytilænei dicto audientes non essent, bellum illis facere cœperunt. (2) At Mytilænei imparati et ex improviso coacti bellum gerere, prodierunt illi quidem cum quodam navium numero aliquantum ante portum, ut prœlium navale committerent, sed postea ab Atticis navibus insequentibus fugati, cum Atticæ classis prætoribus jam colloquia conferebant, eo consilio, ut, si possent, in præsens naves illorum aliqua æqua conditione a se dimitterent. (3) Atheniensium vero duces hæc acceperunt, ipsi quoque veriti, ne non satis virium haberent ad bellum universæ Lesbo faciendum. (4) Induciisque factis Mytilenæi mittunt Athenas unum ex illis, qui detulerant indicium, quem facti jam pœnitebat, et alios, si forte impetrare possent, ut naves a se recederent quippe qui nihil rerum novarum molituri essent. (5) Interea vero et Lacedæmonem legatos triremi vectos mittunt, clam Atheniensium classe, qui ad septentrionalem urbis partem in Malea stationem habebant; nec enim credebant, quæ ab Atheniensibus impetrare cupiebant, ex voto sibi cessura. (6) Atque hi quidem aspera usi navigatione per pelagus Lacedæmonem delati agebant pro iis, ut aliquod auxilium veniret;

V. Athenis autem legati postquam re infecta redierunt, Mytilenæi bellum capessere cœperunt et cetera Lesbos præter Methymnam; hi enim Atheniensibus auxilio venerant et Imbrii et Lemnii et exigua quædam reliquorum sociorum manus. (2) Atque eruptionem quidem Mytilenæi totis viribus fecerunt in Atheniensium castra et prœlium etiam commissum est, in quo Mytilenæi non inferiores exstiterant, sed tamen nec prope pernoctare, nec suis viribus confidere sunt ausi, sed in urbem se receperunt. (3) Deinde vero ipsi quidem quiescebant, quia, si quid auxilii ex Peloponneso præterea venisset, et cum reliquo apparatu periclitari volebant; (4) (etenim Meleas Laco et Hermæondas Thebanus ad eos venerant, qui missi quidem erant ante defectionem, sed quum Atticæ classis infestum adventum antevertere non potuissent, post prœlium commissum in urbem triremi clam ingressi sunt et hortabantur, ut alteram triremem et legatos secum mitterent; illique miserunt;)

VI. Athenienses vero propter Mytilenæorum quietem, multo magis confirmati, socios accersebant, qui longe citius affuerunt, eo quod nihil virium apud Lesbios esse animadverterent, et quum australem urbis partem classe circumdedissent, bina castra ad urbem hinc et illinc muris struxerunt, et classis stationes ad utrumque portum habebant. (2) Ac maris quidem usu Mytilenæos prohibebant; terræ vero reliquam quidem partem omnem in potestate sua habe-

ἐκράτουν οἱ Μυτιληναῖοι καὶ οἱ ἄλλοι Λέσβιοι προσβεβοηθηκότες ἤδη, τὸ δὲ περὶ τὰ στρατόπεδα οὐ πολὺ κατεῖχον οἱ Ἀθηναῖοι, ναύσταθμον δὲ μᾶλλον ἦν αὐτοῖς πλοίων καὶ ἀγορᾶς ἡ Μαλέα. Καὶ τὰ μὲν περὶ Μυτιλήνην οὕτως ἐπολεμεῖτο.

VII. Κατὰ δὲ τὸν αὐτὸν χρόνον τοῦ θέρους τούτου Ἀθηναῖοι καὶ ἐς Πελοπόννησον ναῦς ἀπέστειλαν τριάκοντα καὶ Ἀσώπιον τὸν Φορμίωνος στρατηγόν, κελευσάντων Ἀκαρνάνων τῶν Φορμίωνός τινα σφίσι πέμψαι ἢ υἱὸν ἢ ξυγγενῆ ἄρχοντα. (2) Καὶ παραπλέουσαι αἱ νῆες τῆς Λακωνικῆς τὰ ἐπιθαλάσσια χωρία ἐπόρθησαν. (3) Ἔπειτα τὰς μὲν πλείους ἀποπέμπει τῶν νεῶν πάλιν ἐπ' οἴκου ὁ Ἀσώπιος, αὐτὸς δ' ἔχων δώδεκα ἀφικνεῖται ἐς Ναύπακτον, (4) καὶ ὕστερον Ἀκαρνᾶνας ἀναστήσας πανδημεὶ στρατεύει ἐπ' Οἰνιάδας, καὶ ταῖς τε ναυσὶ κατὰ τὸν Ἀχελῷον ἔπλευσε καὶ ὁ κατὰ γῆν στρατὸς ἐδῄου τὴν χώραν. (5) Ὡς δ' οὐ προσεχώρουν, τὸν μὲν πεζὸν ἀφίησιν, αὐτὸς δὲ πλεύσας ἐς Λευκάδα καὶ ἀπόβασιν ἐς Νήρικον ποιησάμενος ἀναχωρῶν διαφθείρεται αὐτός τε καὶ τῆς στρατιᾶς τι μέρος ὑπὸ τῶν αὐτόθεν τε ξυμβοηθησάντων καὶ φρουρῶν τινῶν ὀλίγων. (6) Καὶ ὕστερον ὑποσπόνδους τοὺς νεκροὺς ἀποπλεύσαντες οἱ Ἀθηναῖοι παρὰ τῶν Λευκαδίων ἐκομίσαντο.

VIII. Οἱ δὲ ἐπὶ τῆς πρώτης νεὼς ἐκπεμφθέντες Μυτιληναίων πρέσβεις, ὡς αὐτοῖς οἱ Λακεδαιμόνιοι εἶπον Ὀλυμπίαζε παρεῖναι, ὅπως καὶ οἱ ἄλλοι ξύμμαχοι ἀκούσαντες βουλεύσωνται, ἀφικνοῦνται ἐς τὴν Ὀλυμπίαν· ἦν δὲ Ὀλυμπιὰς ᾗ Δωριεὺς Ῥόδιος τὸ δεύτερον ἐνίκα. Καὶ ἐπειδὴ μετὰ τὴν ἑορτὴν κατέστησαν ἐς λόγους, εἶπον τοιάδε.

IX. « Τὸ μὲν καθεστὸς τοῖς Ἕλλησι νόμιμον, ὦ ἄνδρες Λακεδαιμόνιοι καὶ ξύμμαχοι, ἴσμεν· τοὺς γὰρ ἀφισταμένους ἐν τοῖς πολέμοις καὶ ξυμμαχίαν τὴν πρὶν ἀπολείποντας οἱ δεξάμενοι, καθ' ὅσον μὲν ὠφελοῦνται, ἐν ἡδονῇ ἔχουσιν, νομίζοντες δὲ εἶναι προδότας τῶν πρὸ τοῦ φίλων χείρους ἡγοῦνται. (2) Καὶ οὐκ ἄδικος αὕτη ἡ ἀξίωσίς ἐστιν, εἰ τύχοιεν πρὸς ἀλλήλους οἵ τε ἀφιστάμενοι καὶ ἀφ' ὧν διακρίνοιντο ἴσοι μὲν τῇ γνώμῃ ὄντες καὶ εὐνοίᾳ, ἀντίπαλοι δὲ τῇ παρασκευῇ καὶ δυνάμει, πρόφασίς τε ἐπιεικὴς μηδεμία ὑπάρχοι τῆς ἀποστάσεως· ὃ ἡμῖν καὶ Ἀθηναίοις οὐκ ἦν. Μηδέ τῳ χείρους δόξωμεν εἶναι εἰ ἐν τῇ εἰρήνῃ τιμώμενοι ὑπ' αὐτῶν ἐν τοῖς δεινοῖς ἀφιστάμεθα.

X. « Περὶ γὰρ τοῦ δικαίου καὶ ἀρετῆς πρῶτον ἄλλως τε καὶ ξυμμαχίας δεόμενοι τοὺς λόγους ποιησόμεθα, εἰδότες οὔτε φιλίαν ἰδιώταις βέβαιον γιγνομένην οὔτε κοινωνίαν πόλεσιν ἐς οὐδέν, εἰ μὴ μετ' ἀρετῆς δοκούσης ἐς ἀλλήλους γίγνοιντο καὶ τἆλλα ὁμοιότροποι εἶεν· ἐν γὰρ τῷ διαλλάσσοντι τῆς γνώμης καὶ αἱ διαφοραὶ τῶν ἔργων καθίστανται. (2) Ἡμῖν δὲ καὶ Ἀθηναίοις ξυμμαχία ἐγένετο πρῶτον ἀπολιπόντων μὲν ὑμῶν ἐκ τοῦ Μηδικοῦ πολέμου, παραμεινάντων δὲ ἐκείνων πρὸς τὰ ὑπόλοιπα τῶν ἔργων. (3) Ξύμμαχοι μέντοι ἐγενόμεθα οὐκ ἐπὶ καταδουλώσει τῶν Ἑλλήνων Ἀθηναίοις, ἀλλ'

bant Mytilenæi ceterique Lesbii, qui subsidio jam venerant, illam vero non magnam, quæ circum castra erat, Athenienses obtinebant, et navalia potius castra navium et mercatus agendi habebant in Malea. Atque ad Mytilenen quidem ita gerebatur bellum.

VII. Per idem autem hujus æstatis tempus Athenienses in Peloponnesum etiam triginta naves et Asopium Phormionis filium, earum ducem miserunt; Acarnanes enim eos oraverant, ut aliquem Phormionis vel filium vel cognatum ducem ad se mitterent. (2) Hæ autem naves, oram legentes, maritima agri Laconici oppida diripuerunt. (3) Deinde vero Asopius majorem harum navium partem domum remisit, ipse autem cum duodecim Naupactum ivit, (4) et postea, quum universas Acarnanum copias evocasset, Œniadis bellum intulit et simul navibus per Acheloum navigavit, et pedestres copiæ agrum vastabant. (5) Sed quum Œniadæ se ipsi non dederent, peditatum quidem dimisit, ipse vero in Leucadem navigavit, copiisque suis ad Nericum expositis, dum se recipit, quum ipse, tum etiam pars quædam ejus copiarum ab illius regionis incolis, qui ad opem suis ferendam convenerant, et a paucis quibusdam militibus præsidiariis cæditur, (6) atque postea Athenienses, quum inde solvissent, cadavera suorum a Leucadiis, fide publica interposita, receperunt.

VIII. Legati vero Mytilenæorum, qui in prima navi missi erant, ut eos Lacedæmonii jusserant, Olympiam venire, ut ceteri quoque socii illis auditis consultarent, Olympiam iverunt; erat autem Olympias, qua Dorieus Rhodius iterum vincebat. Quumque post solennem illius festi celebrationem in colloquium venissent, in hunc modum verba fecerunt.

IX. « Institutum, quod apud Græcos moribus est receptum, viri Lacedæmonii sociique, non ignoramus; qui enim recipiunt illos, qui in bellis deficiunt, et priorem societatem relinquunt, quatenus quidem aliquam utilitatem ex illis percipiunt, caros habent, sed quum eos superiorum amicorum proditores esse existiment, minus probos esse ducunt. (2) Atque hæc æstimatio non est iniqua, si et illi, qui deficiunt, et illi, a quibus defectionem faciunt, pares inter se sint voluntate benevolentiaque et æquales apparatu ac viribus, nec ulla justa defectionis causa subsit; quod in nobis et Atheniensibus non sic erat. Neve cuiquam ideo minus probi esse videamur, quod cum pacis tempore ab ipsis honorifice tractaremur, in periculis deficimus.

X. « De jure enim et virtute ante omnia, præsertim quum societatem vestram appetamus, verba faciemus, quia scimus, neque amicitiam inter privatos esse constantem neque communionem ullam ulla in re inter civitates, nisi id fiat cum mutua virtutis opinione, et in ceteris rebus morum similitudine consentiant, nam in animorum discrepantia factorum etiam controversiæ consistunt. (2) Nobis vero et Atheniensibus societas primum intercessit, quum vos quidem a belli Medici administratione destitistis, illi vero permanserunt ad belli reliquias persequendas. (3) Societatem tamen fecimus, non ut Græcos in Atheniensium potestatem

ἐπ' ἐλευθερώσει ἀπὸ τοῦ Μήδου τοῖς Ἕλλησιν. (4) Καὶ μέχρι μὲν ἀπὸ τοῦ ἴσου ἡγοῦντο, προθύμως εἱπόμεθα· ἐπειδὴ δὲ ἑωρῶμεν αὐτοὺς τὴν μὲν τοῦ Μήδου ἔχθραν ἀνιέντας, τὴν δὲ τῶν ξυμμάχων δούλωσιν ἐπαγομένους, οὐκ ἀδεεῖς ἔτι ἦμεν. (5) Ἀδύνατοι δὲ ὄντες καθ' ἓν γενόμενοι διὰ πολυψηφίαν ἀμύνασθαι οἱ ξύμμαχοι ἐδουλώθησαν πλὴν ἡμῶν καὶ Χίων· (6) ἡμεῖς δὲ αὐτόνομοι δὴ ὄντες καὶ ἐλεύθεροι τῷ ὀνόματι ξυνεστρατεύσαμεν. Καὶ πιστοὺς οὐκέτι εἴχομεν ἡγεμόνας Ἀθηναίους, παραδείγμασι τοῖς προγιγνομένοις χρώμενοι· οὐ γὰρ εἰκὸς ἦν αὐτοὺς οὓς μὲν μεθ' ἡμῶν ἐνσπόνδους ἐποιήσαντο καταστρέψασθαι, τοὺς δὲ ὑπολοίπους, εἴ ποτε ἄρα ἐδυνήθησαν, μὴ δρᾶσαι τοῦτο.

XI. « Καὶ εἰ μὲν αὐτόνομοι ἔτι ἦμεν ἅπαντες, βεβαιότεροι ἂν ἡμῖν ἦσαν μηδὲν νεωτεριεῖν· ὑποχειρίους δὲ ἔχοντες τοὺς πλείους, ἡμῖν δὲ ἀπὸ τοῦ ἴσου ὁμιλοῦντες, χαλεπώτερον εἰκότως ἔμελλον οἴσειν καὶ πρὸς τὸ πλεῖον ἤδη εἶχον τοῦ ἡμετέρου ἔτι μόνου ἀντισουμένου, ἄλλως τε καὶ ὅσῳ δυνατώτεροι αὐτοὶ αὑτῶν ἐγίγνοντο καὶ ἡμεῖς ἐρημότεροι. Τὸ δὲ ἀντίπαλον δέος μόνον πιστὸν ἐς ξυμμαχίαν· ὁ γὰρ παραβαίνειν τι βουλόμενος τῷ μὴ προέχων ἂν ἐπελθεῖν ἀποτρέπεται. (2) Αὐτόνομοί τε ἐλείφθημεν οὐ δι' ἄλλο τι ἢ ὅσον αὐτοῖς ἐς τὴν ἀρχὴν εὐπρεπείᾳ τε λόγου καὶ γνώμης μᾶλλον ἐφόδῳ ἢ ἰσχύος τὰ πράγματα ἐφαίνετο καταληπτά. (3) Ἅμα μὲν γὰρ μαρτυρίῳ ἐχρῶντο μὴ ἂν τούς γε ἰσοψήφους ἄκοντας, εἰ μή τι ἠδίκουν οἷς ἐπῇσαν, ξυστρατεύειν· ἐν τῷ αὐτῷ δὲ καὶ τὰ κράτιστα ἐπί τε τοὺς ὑποδεεστέρους πρώτους ξυνεπῆγον καὶ τὰ τελευταῖα λιπόντες τοῦ ἄλλου περιῃρημένου ἀσθενέστερα ἔμελλον ἕξειν. Εἰ δὲ ἀφ' ἡμῶν ἤρξαντο, ἐχόντων ἔτι τῶν πάντων αὐτῶν τε ἰσχὺν καὶ πρὸς ὅ τι χρὴ στῆναι, οὐκ ἂν ὁμοίως ἐχειρώσαντο. (4) Τό τε ναυτικὸν ἡμῶν παρεῖχέ τινα φόβον μή ποτε καθ' ἓν γενόμενον ἢ ὑμῖν ἢ ἄλλῳ τῳ προσθέμενον κίνδυνον σφίσι παράσχῃ. (5) Τὰ δὲ καὶ ἀπὸ θεραπείας τοῦ τε κοινοῦ αὐτῶν καὶ τῶν ἀεὶ προεστώτων περιεγιγνόμεθα. (6) Οὐ μέντοι ἐπὶ πολύ γ' ἂν ἐδοκοῦμεν δυνηθῆναι, εἰ μὴ ὁ πόλεμος ὅδε κατέστη, παραδείγμασι χρώμενοι τοῖς ἐς τοὺς ἄλλους.

XII. « Τίς οὖν αὕτη ἡ φιλία ἐγίγνετο ἢ ἐλευθερία πιστή, ἐν ᾗ παρὰ γνώμην ἀλλήλους ὑπεδεχόμεθα, καὶ οἱ μὲν ἡμᾶς ἐν τῷ πολέμῳ δεδιότες ἐθεράπευον, ἡμεῖς δὲ ἐκείνους ἐν τῇ ἡσυχίᾳ τὸ αὐτὸ ἐποιοῦμεν· ὅ τε τοῖς ἄλλοις μάλιστα εὔνοια πίστιν βεβαιοῖ, ἡμῖν τοῦτο ὁ φόβος ἐχυρὸν παρεῖχεν, δέει τε τὸ πλέον ἢ φιλίᾳ κατεχόμενοι ξύμμαχοι ἦμεν· καὶ ὁποτέροις θᾶσσον παράσχοι ἀσφάλεια θάρσος, οὗτοι πρότεροί τι καὶ παραβήσεσθαι ἔμελλον. (2) Ὥστε εἴ τῳ δοκοῦμεν ἀδικεῖν προαποστάντες διὰ τὴν ἐκείνων μέλλησιν τῶν ἐς ἡμᾶς δεινῶν, αὐτοὶ οὐκ ἀνταναμείναντες σαφῶς εἰδέναι εἴ τι αὐτῶν ἔσται, οὐκ ὀρθῶς σκοπεῖ. (3) Εἰ γὰρ δυνατοὶ ἦμεν ἐκ τοῦ ἴσου καὶ ἀντεπιβουλεῦσαι καὶ ἀντιμελλῆσαι, τί ἔδει ἡμᾶς ἐκ τοῦ ὁμοίου ἐπ' ἐκείνοις εἶναι; ἐπ'

redigeremus, sed ut Græcos a Medorum dominatu liberaremus. (4) Et quamdiu quidem ex æquo rebus præerant, alacri animo sequebamur; postquam autem animadvertebamus, ipsos Medi odium paulatim remittere, sociis vero jugum servitutis imponere properare, tunc non amplius sine timore eramus. (5) Sed quum propter multitudinem eorum, qui sententiam laturi erant, non possemus in unum coeuntes iis resistere, omnes socii, præter nos et Chios, in servitutem sunt redacti. (6) Nos vero, qui scilicet nostri juris eramus et liberi nomine, ad bella cum iis profecti sumus. Nec amplius pro ducibus fidelibus Athenienses habebamus, quia rebus ante gestis exemplis utebamur; nec enim verisimile videbatur, eos illis quidem servitutis jugum imposuisse, quos in eandem fœderis societatem nobiscum receperant, ceteris vero, si quando forte facultas oblata esset, idem non esse facturos.

XI. « Quod si jam omnes adhuc liberi nostrique juris essemus, certior nobis fides esset, non eos novi quidquam molituros esse; quum vero plerosque sociorum subegerint, nobiscum autem æquo adhuc jure vivant, consentaneum erat eos indignius esse laturos, quod nunc quoque, quamvis major pars jam illis cedat, nos soli æquum jus retinemus, idque tanto magis, quo magis ipsorum potentia aucta est et nostra solitudo. Sed mutui metus æqualitas societatem sola facit fidelem; qui enim aliquid præter jus facere vult, eo quod viribus non firmior impetum facturus esset, absterretur. (2) Ac liberi relicti sumus nulla alia de causa, nisi quatenus ad imperium quærendum, et specioso verborum prætextu, et consilii aggressione potius, quam armorum videbantur ipsis res obtineri posse. (3) Simul enim hoc etiam testimonii argumento utebantur, socios, qui idem jus suffragii ferendi haberent, ad eandem militiam cum ipsis nunquam invitos profecturos fuisse, nisi illi, quibus bellum inferrent, aliquod peccatum commisissent; eadem autem opera etiam potentissimos contra infirmiores primum secum adducebant, et futurum erat, ut illos quum ad extremum reservassent, reliquis ab omni parte detractis, imbecilliores haberent. Si contra a nobis initium duxissent, quoniam universi suas domesticas vires adhuc habebant, et alios, apud quos consistere poterant, haud ita facile socios subegissent. (4) Atque classis nostra metum aliquem ipsis incutiebat, ne forte in unum coacta aut vobis aut alicui alii adjuncta periculum iis crearet. (5) Partim vero etiam eo, quod eorum populum et eos qui quoque tempore reipublicæ principes erant, observabamus, præter reliquos liberi relinquebamur. (6) Nec tamen diu hoc videbamur efficere posse, nisi hoc bellum conflatum esset, exemplis edocti eorum, quæ reliquis acciderunt.

XII. « Quænam igitur erat hæc aut amicitia certa aut libertas, in qua alteri alteros alienis animis recipiebamus, et illi quidem nobis in bello præ metu blandiebantur, nos vero rebus pacatis idem vicissim ipsis faciebamus? et quod aliis fidem confirmat, benevolentia inquam, hoc ipsum timor firmum nobis præstabat, metuque magis quam amicitia retenti in societate persistebamus; et utris immunitas periculi audaciam citius erat præbitura, hi etiam priores aliquid præter jus facturi erant. (2) Quare si cui injuste facere videmur, quod ante defecerimus propter dilationem malorum, quibus illi nos erant affecturi, nec ipsi vicissim cunctati, dum plane sciremus, numquid eorum fieret, is non recte sentit. (3) Nam si pari potentia præditi, et insidias ipsis mutuo struere, et vicissim in aliud tempus eas differre possemus, quid necesse erat, nos in hac societatis æqualitate tamen in illorum potestate esse? In illorum vero potestate

ἐκείνοις δὲ ὄντος ἀεὶ τοῦ ἐπιχειρεῖν καὶ ἐφ' ἡμῖν εἶναι δεῖ τὸ προαμύνασθαι.

XIII. « Τοιαύτας ἔχοντες προφάσεις καὶ αἰτίας, ὦ Λακεδαιμόνιοι καὶ ξύμμαχοι, ἀπέστημεν, σαφεῖς μὲν τοῖς ἀκούουσι γνῶναι ὡς εἰκότως ἐδράσαμεν, ἱκανὰς δὲ ἡμᾶς ἐκφοβῆσαι καὶ πρὸς ἀσφάλειάν τινα τρέψαι, βουλομένους μὲν καὶ πάλαι, ὅτε ἔτι ἐν τῇ εἰρήνῃ ἐπέμψαμεν ὡς ὑμᾶς περὶ ἀποστάσεως, ὑμῶν δὲ οὐ προσδεξαμένων κωλυθέντας· νῦν δὲ ἐπειδὴ Βοιωτοὶ προυκαλέσαντο εὐθὺς ὑπηκούσαμεν, καὶ ἐνομίζομεν ἀποστήσεσθαι διπλῆν ἀπόστασιν, ἀπό τε τῶν Ἑλλήνων μὴ ξὺν κακῶς ποιεῖν αὐτοὺς μετ' Ἀθηναίων ἀλλὰ ξυνελευθεροῦν, ἀπό τε Ἀθηναίων μὴ αὐτοὶ διαφθαρῆναι ὑπ' ἐκείνων ἐν ὑστέρῳ ἀλλὰ προποιῆσαι. (2) Ἡ μέντοι ἀπόστασις ἡμῶν θᾶσσον γεγένηται καὶ ἀπαράσκευος· ᾗ καὶ μᾶλλον χρὴ ξυμμάχους δεξαμένους ἡμᾶς διὰ ταχέων βοήθειαν ἀποστέλλειν, ἵνα φαίνησθε ἀμύνοντές τε οἷς δεῖ καὶ ἐν τῷ αὐτῷ τοὺς πολεμίους βλάπτοντες. (3) Καιρὸς δὲ ὡς οὔπω πρότερον. Νόσῳ τε γὰρ ἐφθάραται Ἀθηναῖοι καὶ χρημάτων δαπάνῃ, νῆές τε αὐτοῖς αἱ μὲν περὶ τὴν ὑμετέραν εἰσὶν αἱ δ' ἐφ' ἡμῖν τετάχαται, (4) ὥστε οὐκ εἰκὸς αὐτοὺς περιουσίαν νεῶν ἔχειν, ἢν ὑμεῖς ἐν τῷ θέρει τῷδε ναυσί τε καὶ πεζῷ ἅμα ἐπεσβάλητε τὸ δεύτερον, ἀλλ' ἢ ὑμᾶς οὐκ ἀμυνοῦνται ἐπιπλέοντας ἢ ἀπ' ἀμφοτέρων ἀποχωρήσονται. (5) Νομίσῃ τε μηδεὶς ἀλλοτρίας γῆς πέρι οἰκεῖον κίνδυνον ἕξειν. ᾯ γὰρ δοκεῖ μακρὰν ἀπεῖναι ἡ Λέσβος, τὴν ὠφελίαν αὐτῷ ἐγγύθεν παρέξει. Οὐ γὰρ ἐν τῇ Ἀττικῇ ἔσται ὁ πόλεμος, ὥς τις οἴεται, ἀλλὰ δι' ἣν ἡ Ἀττικὴ ὠφελεῖται. (6) Ἔστι δὲ τῶν χρημάτων ἀπὸ τῶν ξυμμάχων ἡ πρόσοδος, καὶ ἔτι μείζων ἔσται, εἰ ἡμᾶς καταστρέψονται· οὔτε γὰρ ἀποστήσεται ἄλλος τά τε ἡμέτερα προσγενήσεται, πάθοιμέν τ' ἂν δεινότερα ἢ οἱ πρὶν δουλεύοντες. (7) Βοηθησάντων δὲ ὑμῶν προθύμως πόλιν τε προσλήψεσθε ναυτικὸν ἔχουσαν μέγα, οὗπερ ὑμῖν μάλιστα προσδεῖ, καὶ Ἀθηναίους ῥᾷον καθαιρήσετε ὑφαιροῦντες αὐτῶν τοὺς ξυμμάχους (θρασύτερον γὰρ πᾶς τις προσχωρήσεται), τήν τε αἰτίαν ἀποφεύξεσθε ἣν εἴχετε μὴ βοηθεῖν τοῖς ἀφισταμένοις. Ἢν δ' ἐλευθεροῦντες φαίνησθε, τὸ κράτος τοῦ πολέμου βεβαιότερον ἕξετε.

XIV. « Αἰσχυνθέντες οὖν τάς τε τῶν Ἑλλήνων ἐς ὑμᾶς ἐλπίδας καὶ Δία τὸν Ὀλύμπιον, ἐν οὗ τῷ ἱερῷ ἴσα καὶ ἱκέται ἐσμέν, ἐπαμύνατε Μυτιληναίοις ξύμμαχοι γενόμενοι, καὶ μὴ προῆσθε ἡμᾶς ἴδιον μὲν τὸν κίνδυνον τῶν σωμάτων παραβαλλομένους, κοινὴν δὲ τὴν ἐκ τοῦ κατορθῶσαι ὠφελίαν ἅπασι δώσοντας, ἔτι δὲ κοινοτέραν τὴν βλάβην, εἰ μὴ πεισθέντων ὑμῶν σφαλησόμεθα. (2) Γίγνεσθε δὲ ἄνδρες οἷουσπερ ὑμᾶς οἵ τε Ἕλληνες ἀξιοῦσι καὶ τὸ ἡμέτερον δέος βούλεται. »

XV. Τοιαῦτα μὲν οἱ Μυτιληναῖοι εἶπον. Οἱ δὲ Λακεδαιμόνιοι καὶ οἱ ξύμμαχοι ἐπειδὴ ἤκουσαν, προσδεξάμενοι τοὺς λόγους ξυμμάχους τε τοὺς Λεσβίους ἐποιήσαντο, καὶ τὴν ἐς τὴν Ἀττικὴν ἐσβολὴν τοῖς τε

quum semper sit, ut nos invadant, in nostra quoque esse debet, ut nobis ante caveamus.

XIII. « Tales igitur, Lacedæmonii ac socii, rationes et causas quum haberemus, defecimus, quæ satis et manifestæ sunt auditoribus, ut cognoscere possint, nos merito fecisse, et validæ, ut metum conciperemus et ad aliquod salutis nostræ præsidium nos converteremus, atque id volumus quidem jam multo tempore, quum rebus adhuc pacatis legatos ad vos misimus, qui de defectione vobiscum agerent; sed quia vos recipere nos noluistis, impediti sumus; nunc vero, ubi Bœoti nos excitarunt, confestim obtemperavimus, duplicemque defectionem nos facturos existimabamus, unam quidem a Græcis, ne una cum Atheniensibus ipsos maleficiis afficeremus, sed una in libertatem vindicaremus; alteram vero ab Atheniensibus, ne nos ipsi postea ab illis profligaremur, sed hoc prius illis faceremus. (2) Nostra tamen defectio subito facta est et imparata; quo etiam magis oportet vos nobis in societatem receptis auxilium quam celerrime mittere, ut appareat, vos et illis succurrere, quibus est succurrendum, et simul hostibus nocere. (3) Opportunitas autem qualis nunquam ante. Etenim et morbo attriti sunt Athenienses et pecuniarum impensis, et naves ipsorum partim quidem circa vestram regionem, partim vero contra nos sunt constitutæ; (4) quare non verisimile est, eos navium abunde habituros, si vos hac æstate cum navalibus pedestribusque copiis simul iterum irruptionem faciatis, sed aut vos contra se cum infesta classe venientes propulsare non poterunt, aut ab utrisque discedent. (5) Neque vero quispiam existimet, se domesticum periculum pro alieni agri defensione subiturum. Cui enim Lesbos procul abesse videtur, hæc tamen utilitatem ei ex propinquo præbebit. Nec enim, quemadmodum quis existimat, bellum in Attica terra geretur, sed in ea, unde Attica utilitatem percipit. (6) Est autem illi pecuniarum proventus a sociis, et longe major erit, si in suam potestatem nos redegerint; nam nec alius deficiet, et res nostræ illis accedent; et acerbiora mala pateremur, quam illi, qui jam ante iis serviebant. (7) Sed si vos alacriter succurratis, quum civitatem vobis adjungetis, quæ magnam classem habet, cujus in primis vos indigetis, tum etiam Atheniensium imperium facilius evertetis, subtrahentes eorum socios (quilibet enim se vobis confidentius adjunget), et sinistram opinionem vitabitis, quam sustinebatis, quod illis, qui deficiunt, opem non feratis. Sed si manifestum sit, illos a vobis in libertatem vindicari, victoriam belli certiorem habebitis.

XIV. « Reveriti igitur Græcorum spes, quas in vobis ponunt, ipsumque Jovem Olympium, in cujus templo supplicibus similes sumus, Mytilenæis in vestram societatem receptis opem ferte, neque nos deseratis, qui privato quidem periculo corpora objicimus, sed communem utilitatem, si rem feliciter geramus, omnibus allaturi sumus, magis vero commune damnum, si vobis non exoratis prostrati fuerimus. (2) Estote igitur viri, quales et Græci vos esse justum judicant, et noster metus desiderat. »

XV. Atque Mytilenæi quidem hæc dixerunt. Lacedæmonii vero eorumque socii quum hæc audissent eorumque postulata comprobassent, Lesbios in societatem receperunt, atque ad irruptionem in agrum Atticum faciendam et sociis,

ξυμμάχοις παροῦσι κατὰ τάχος ἔφραζον ἰέναι ἐς τὸν Ἰσθμὸν τοῖς δύο μέρεσιν ὡς ποιησόμενοι, καὶ αὐτοὶ πρῶτοι ἀφίκοντο, καὶ ὁλκοὺς παρεσκεύαζον τῶν νεῶν ἐν τῷ Ἰσθμῷ ὡς ὑπεροίσοντες ἐκ τῆς Κορίνθου ἐς τὴν πρὸς Ἀθήνας θάλασσαν καὶ ναυσὶ καὶ πεζῷ ἅμα ἐπιόντες. (2) Καὶ οἱ μὲν προθύμως ταῦτα ἔπρασσον, οἱ δὲ ἄλλοι ξύμμαχοι βραδέως τε ξυνελέγοντο καὶ ἐν καρποῦ ξυγκομιδῇ ἦσαν καὶ ἀρρωστίᾳ τοῦ στρατεύειν.

XVI. Αἰσθόμενοι δὲ αὐτοὺς οἱ Ἀθηναῖοι διὰ κατάγνωσιν ἀσθενείας σφῶν παρασκευαζομένους, δηλῶσαι βουλόμενοι ὅτι οὐκ ὀρθῶς ἐγνώκασιν ἀλλ' οἷοί τέ εἰσι μὴ κινοῦντες τὸ ἐπὶ Λέσβῳ ναυτικὸν καὶ τὸ ἀπὸ Πελοποννήσου ἐπιὸν ῥᾳδίως ἀμύνεσθαι, ἐπλήρωσαν ναῦς ἑκατὸν ἐσβάντες αὐτοί τε πλὴν ἱππέων καὶ πεντακοσιομεδίμνων καὶ οἱ μέτοικοι, καὶ παρὰ τὸν Ἰσθμὸν ἀναγαγόντες ἐπίδειξίν τε ἐποιοῦντο καὶ ἀποβάσεις τῆς Πελοποννήσου ᾗ δοκοῖ αὐτοῖς. (2) Οἱ δὲ Λακεδαιμόνιοι ὁρῶντες πολὺν τὸν παράλογον τά τε ὑπὸ τῶν Λεσβίων ῥηθέντα ἡγοῦντο οὐκ ἀληθῆ, καὶ ἄπορα νομίζοντες ὡς αὐτοῖς καὶ οἱ ξύμμαχοι ἅμα οὐ παρῆσαν καὶ ἠγγέλλοντο καὶ αἱ περὶ τὴν Πελοπόννησον τριάκοντα νῆες τῶν Ἀθηναίων τὴν περιοικίδα αὐτῶν πορθοῦσαι, ἀνεχώρησαν ἐπ' οἴκου. (3) Ὕστερον δὲ ναυτικὸν παρεσκεύαζον ὅ τι πέμψουσιν ἐς τὴν Λέσβον, καὶ κατὰ πόλεις ἐπήγγελλον τεσσαράκοντα νεῶν πλῆθος, καὶ ναύαρχον προσέταξαν Ἀλκίδαν, ὃς ἔμελλεν ἐπιπλεύσεσθαι. (4) Ἀνεχώρησαν δὲ καὶ οἱ Ἀθηναῖοι ταῖς ἑκατὸν ναυσίν, ἐπειδὴ καὶ ἐκείνους εἶδον.

XVII. Καὶ κατὰ τὸν χρόνον τοῦτον ὃν αἱ νῆες ἔπλεον ἐν τοῖς πλεῖσται δὴ νῆες ἅμ' αὐτοῖς ἐνεργοὶ κάλλει ἐγένοντο, παραπλήσιαι δὲ καὶ ἔτι πλείους ἀρχομένου τοῦ πολέμου. (2) Τήν τε γὰρ Ἀττικὴν καὶ Εὔβοιαν καὶ Σαλαμῖνα ἑκατὸν ἐφύλασσον, καὶ περὶ Πελοπόννησον ἕτεραι ἑκατὸν ἦσαν, χωρὶς δὲ αἱ περὶ Ποτίδαιαν καὶ ἐν τοῖς ἄλλοις χωρίοις, ὥστε αἱ πᾶσαι ἅμα ἐγίγνοντο ἐν ἑνὶ θέρει διακόσιαι καὶ πεντήκοντα. (3) Καὶ τὰ χρήματα τοῦτο μάλιστα ὑπανάλωσε μετὰ Ποτιδαίας. Τήν τε γὰρ Ποτίδαιαν δίδραχμοι ὁπλῖται ἐφρούρουν (αὑτῷ γὰρ καὶ ὑπηρέτῃ δραχμὴν ἐλάμβανε τῆς ἡμέρας), τρισχίλιοι μὲν οἱ πρῶτοι, ὧν οὐκ ἐλάσσους διεπολιόρκησαν, ἑξακόσιοι δὲ καὶ χίλιοι μετὰ Φορμίωνος, οἳ προαπῆλθον· νῆές τε αἱ πᾶσαι τὸν αὐτὸν μισθὸν ἔφερον. (4) Τὰ μὲν οὖν χρήματα οὕτως ὑπαναλώθη τὸ πρῶτον, καὶ νῆες τοσαῦται δὴ πλεῖσται ἐπληρώθησαν.

XVIII. Μυτιληναῖοι δὲ κατὰ τὸν αὐτὸν χρόνον ὃν οἱ Λακεδαιμόνιοι περὶ τὸν Ἰσθμὸν ἦσαν ἐπὶ Μήθυμναν ὡς προδιδομένην ἐστράτευσαν κατὰ γῆν αὐτοί τε καὶ οἱ ἐπίκουροι· καὶ προσβαλόντες τῇ πόλει, ἐπειδὴ οὐ προυχώρει ᾗ προσεδέχοντο, ἀπῆλθον ἐπ' Ἀντίσσης καὶ Πύρρας καὶ Ἐρέσσου, καὶ καταστησάμενοι τὰ ἐν ταῖς πόλεσι ταύταις βεβαιότερα καὶ τείχη κρατύναντες διὰ τάχους ἀπῆλθον ἐπ' οἴκου. (2) Ἐστράτευσαν δὲ καὶ οἱ Μηθυμναῖοι ἀναχωρησάντων αὐτῶν ἐπ' Ἄντισσαν,

qui aderant, edixerunt, ut primo quoque tempore cum duabus suarum copiarum partibus in Isthmum irent, ut facturi illam, et ipsi primi venerunt, et vehicula navium in Isthmo parabant, ut eas a Corintho in mare, quod Athenas spectat, transportarent, quippe qui et navalibus et pedestribus copiis simul impetum facturi essent. (2) Atque hi quidem alacriter hæc faciebant; ceteri vero socii lente conveniebant, et frugibus colligendis militiæque tædio detinebantur.

XVI. Athenienses vero, quum eos suæ imbecillitatis opinione adductos se instruere intellexissent, cumque declarare vellent, eos non recte opinatos esse, sed se non mota classe, quæ ad Lesbum erat, tamen et eam, quæ ex Peloponneso contra se veniebat, facile propulsare posse, centum naves instruxerunt, et cum ipsi exceptis equitibus et pentacosiomedimnis, tum etiam inquilini eas conscenderunt, et propter Isthmum provecti ostentationem sui faciebant et in quamcumque Peloponnesi partem ipsis placebat, ex navibus descendebant. (2) Lacedæmonii vero quum viderent rei eventum longe alium, quam ipsi exspectabant, et quæ a Lesbiis dicta erant, putabant non vera esse, et rem esse factu difficilem existimantes, quum simul ipsis neque socii adessent, et triginta etiam Atheniensium naves, quæ circa Peloponnesum erant, agrum ipsorum urbi subjectum vastare nuntiarentur, domum redierunt. (3) Postea vero classem parare cœperunt, quam in Lesbum mitterent, et sociis per civitates quadraginta naves imperarunt, et classis præfectum destinarunt Alcidam, qui eo profecturus erat. (4) Athenienses vero et ipsi cum suis centum navibus domum se receperunt, postquam illos quoque rediisse cognoverunt.

XVII. Atque eo tempore, quo naves istæ navigabant, facile plurimæ naves simul ipsis erant, usu formaque insignes, pares tamen numero vel etiam plures hujus belli initio. (2) Nam Atticam et Eubœam et Salaminem centum naves custodiebant, et aliæ centum circa Peloponnesum erant, præterea vero eæ, quæ ad Potidæam et aliis in locis erant, ut numerus omnium navium una æstate fuerit ducentarum et quinquaginta. (3) Atque hoc potissimum pecunias absumpsit una cum Potidæa. Nam et Potidæam obsidebant milites binas drachmas diurnas merentes (etenim sibi quisque unam, alteram pro famulo in diem accipiebat), ter mille quidem, qui primi ad eam obsidendam missi erant, nec pauciores, qui in ejus obsidione permanserunt, donec eam expugnarunt, sexcenti vero et mille cum Phormione, qui ante urbis expugnationem discesserunt; et universæ naves idem stipendium accipiebant. (4) Pecuniæ igitur ita primum consumptæ sunt, et tantus navium maximus numerus est instructus.

XVIII. Mytilenæi vero eodem tempore, quo Lacedæmonii circa Isthmum erant, quum ipsi tum etiam auxiliarii milites ad Methymnam, cujus per proditionem capiendæ spem conceperant, terra cum exercitu sunt profecti; et urbem adorti, quum res ipsis non succederet, quemadmodum exspectabant, Antissam et Pyrham et Eressum petierunt, et stabilitis harum civitatum rebus murisque firmatis domum celeriter se receperunt. (2) Methymnæi vero et ipsi post illorum discessum cum copiis adversus Antissam ive-

καὶ ἐκβοηθείας τινὸς γενομένης πληγέντες ὑπό τε τῶν Ἀντισσαίων καὶ τῶν ἐπικούρων ἀπέθανόν τε πολλοὶ καὶ ἀνεχώρησαν οἱ λοιποὶ κατὰ τάχος. (3) Οἱ δὲ Ἀθηναῖοι πυνθανόμενοι ταῦτα, τούς τε Μυτιληναίους τῆς γῆς κρατοῦντας καὶ τοὺς σφετέρους στρατιώτας οὐχ ἱκανοὺς ὄντας εἴργειν, πέμπουσι περὶ τὸ φθινόπωρον ἤδη ἀρχόμενον Πάχητα τὸν Ἐπικούρου στρατηγὸν καὶ χιλίους ὁπλίτας ἑαυτῶν. (4) Οἱ δὲ αὐτερέται πλεύσαντες τῶν νεῶν ἀφικνοῦνται καὶ περιτειχίζουσι Μυτιλήνην ἐν κύκλῳ ἁπλῷ τείχει· φρούρια δ᾽ ἔστιν ᾗ ἐπὶ τῶν καρτερῶν ἐγκατῳκοδόμηται. (5) Καὶ ἡ μὲν Μυτιλήνη κατὰ κράτος ἤδη ἀμφοτέρωθεν καὶ ἐκ γῆς καὶ ἐκ θαλάσσης εἴργετο, καὶ ὁ χειμὼν ἤρχετο γίγνεσθαι·

XIX. προσδεόμενοι δὲ οἱ Ἀθηναῖοι χρημάτων ἐς τὴν πολιορκίαν, καὶ αὐτοὶ ἐσενεγκόντες τότε πρῶτον ἐσφορὰν διακόσια τάλαντα, ἐξέπεμψαν καὶ ἐπὶ τοὺς ξυμμάχους ἀργυρολόγους ναῦς δώδεκα καὶ Λυσικλέα πέμπτον αὐτὸν στρατηγόν. (2) Ὁ δὲ ἄλλα τε ἠργυρολόγει καὶ περιέπλει, καὶ τῆς Καρίας ἐκ Μυοῦντος ἀναβὰς διὰ τοῦ Μαιάνδρου πεδίου μέχρι τοῦ Σανδίου λόφου, ἐπιθεμένων τῶν Καρῶν καὶ Ἀναιιτῶν αὐτός τε διαφθείρεται καὶ τῆς ἄλλης στρατιᾶς πολλοί.

XX. Τοῦ δ᾽ αὐτοῦ χειμῶνος οἱ Πλαταιῆς (ἔτι γὰρ ἐπολιορκοῦντο ὑπὸ τῶν Πελοποννησίων καὶ Βοιωτῶν) ἐπειδὴ τῷ τε σίτῳ ἐπιλιπόντι ἐπιέζοντο καὶ ἀπὸ τῶν Ἀθηνῶν οὐδεμία ἐλπὶς ἦν τιμωρίας οὐδὲ ἄλλη σωτηρία ἐφαίνετο, ἐπιβουλεύουσιν αὐτοί τε καὶ Ἀθηναίων οἱ ξυμπολιορκούμενοι πρῶτον μὲν πάντες ἐξελθεῖν καὶ ὑπερβῆναι τὰ τείχη τῶν πολεμίων, ἢν δύνωνται βιάσασθαι, ἐσηγησαμένου τὴν πεῖραν αὐτοῖς Θεαινέτου τε τοῦ Τολμίδου ἀνδρὸς μάντεως καὶ Εὐπομπίδου τοῦ Δαϊμάχου, ὃς καὶ ἐστρατήγει· (2) ἔπειτα οἱ μὲν ἡμίσεις ἀπώκνησάν πως τὸν κίνδυνον μέγαν ἡγησάμενοι, ἐς δὲ ἄνδρας διακοσίους καὶ εἴκοσι μάλιστα ἐνέμειναν τῇ ἐξόδῳ ἐθελονταὶ τρόπῳ τοιῷδε. (3) Κλίμακας ἐποιήσαντο ἴσας τῷ τείχει τῶν πολεμίων· ξυνεμετρήσαντο δὲ ταῖς ἐπιβολαῖς τῶν πλίνθων, ᾗ ἔτυχε πρὸς σφᾶς οὐκ ἐξαληλιμμένον τὸ τεῖχος αὐτῶν. Ἠριθμοῦντο δὲ πολλοὶ ἅμα τὰς ἐπιβολάς, καὶ ἔμελλον οἱ μέν τινες ἁμαρτήσεσθαι οἱ δὲ πλείους τεύξεσθαι τοῦ ἀληθοῦς λογισμοῦ, ἄλλως τε καὶ πολλάκις ἀριθμοῦντες καὶ ἅμα οὐ πολὺ ἀπέχοντες, ἀλλὰ ῥᾳδίως καθορωμένου ἐς ὃ ἐβούλοντο τοῦ τείχους. (4) Τὴν μὲν οὖν ξυμμέτρησιν τῶν κλιμάκων οὕτως ἔλαβον, ἐκ τοῦ πάχους τῆς πλίνθου εἰκάσαντες τὸ μέτρον.

XXI. τὸ δὲ τεῖχος ἦν τῶν Πελοποννησίων τοιόνδε τῇ οἰκοδομήσει. Εἶχε μὲν δύο τοὺς περιβόλους, πρός τε Πλαταιῶν καὶ εἴ τις ἔξωθεν ἀπ᾽ Ἀθηνῶν ἐπίοι, διεῖχον δὲ οἱ περίβολοι ἑκκαίδεκα πόδας μάλιστα ἀπ᾽ ἀλλήλων. (2) Τὸ οὖν μεταξὺ τοῦτο, οἱ ἑκκαίδεκα πόδες, τοῖς φύλαξιν οἰκήματα διανενεμημένα ᾠκοδόμητο, καὶ ἦν ξυνεχῆ ὥστε ἓν φαίνεσθαι τεῖχος παχὺ ἐπάλξεις ἔχον ἀμφοτέρωθεν. (3) Διὰ δέκα δὲ ἐπάλξεων πύργοι ἦσαν μεγάλοι καὶ ἰσοπλατεῖς τῷ τείχει, διήκοντες ἔς

runt, et quum ex urbe eruptio facta esset cladem acceperunt ab Antissæis et auxiliariis quibusdam militibus, multosque amiserunt, ceterique celeriter domum reverterunt. (3) Athenienses vero, quum hæc audirent, et Mytilenæos terra potiri, et suos milites non satis virium ad illos prohibendum habere, jam circiter autumni initium mittunt Pachetem Epicuri filium ducem, cum mille ex se ipsis militibus. (4) Hi vero remigum officium in navibus ipsi præstantes ad Mytilenen perveniunt, eamque simplici muro cingunt; nonnullis etiam in locis natura munitis castella ædificarunt. (5) Et Mytilene quidem utrinque et terra et mari acriter obsidebatur, et hiems appetebat;

XIX. ceterum Athenienses quum pecuniis ad obsidionem indigerent et ipsi pecunias tunc primum contulissent CC. talenta, dimiserunt etiam ad socios duodecim naves pecuniæ colligendæ gratia, et Lysiclem ducem cum quatuor collegis. (2) Ille vero, quum ex aliis locis pecunias exigebat et circuibat, tum etiam in Caria ex Myunte urbe per Mæandri campum usque ad Sandium collem ascendit, et quum a Caribus et Anæitis impetus in ipsum factus esset, periit et ipse et magnus reliqui exercitus numerus.

XX. Eadem hieme Platæenses (adhuc enim a Peloponnesiis et Bœotis obsidebantur) quum et penuria rei frumentariæ graviter laborarent, nec ullam subsidii Athenis ad se venturi spem haberent, nec ulla alia salutis ratio appareret, statuunt quum ipsi, tum Athenienses, qui cum ipsis obsidebantur, primo quidem omnes exire, et transcendere hostium muros si per vim hoc facere possent, auctoribus hujus conatus Theæneto Tolmidæ filio, qui vates erat, et Eupompida Daimachi filio, qui et dux erat; (2) deinde vero dimidia eorum pars, quod periculum ingens esse duceret, metu quodam territa destitit incepto, ducenti vero et viginti circiter in eadem eruptionis faciendæ sententia ultro permanserunt, in hunc modum. (3) Scalas hostilium murorum altitudine pares fecerunt. Hanc autem emensi sunt secundum laterum coagmentatorum ordines, qua parte murus ipsorum ad eos spectans tectorio carebat. Numerabant autem multi simul laterum coagmentatorum strata, et horum quidem par erat nonnullos a vera ratiocinatione aberrare, plures vero eam assequi, præsertim quia sæpius numerabant et simul non procul aberant, sed ea muri pars, ad quam tendebant, facile conspiciebatur. (4) Scalarum igitur convenientiam hoc modo sunt assecuti, ex laterum crassitudine mensuram conjectantes.

XXI. Murus autem Peloponnesiorum hac erat structura. Duplicem ambitum habebat, alterum quidem Platæas versus, alterum vero exteriorem, si quis forte ab Athenis invaderet; hi autem ambitus alter ab altero sexdecim ferme pedum intervallo distabant. (2) Hoc vero sexdecim pedum spatium tabernaculis inter custodes distributis erat occupatum eaque erant continua, ita ut unicus murus latus esse videretur, utrinque pinnas habens. (3) Ad decimam quamque pinnam autem turres erant ingentes, et ejusdem, qua murus, crassi-

τε τὸ ἔσω μέτωπον αὐτοῦ καὶ οἱ αὐτοὶ καὶ ἐς τὸ ἔξω, ὥστε πάροδον μὴ εἶναι παρὰ πύργον, ἀλλὰ δι' αὐτῶν μέσων διῄεσαν. (4) Τὰς οὖν νύκτας, ὁπότε χειμὼν εἴη νοτερός, τὰς μὲν ἐπάλξεις ἀπέλειπον, ἐκ δὲ τῶν πύργων ὄντων δι' ὀλίγου καὶ ἄνωθεν στεγανῶν τὴν φυλακὴν ἐποιοῦντο. Τὸ μὲν οὖν τεῖχος ᾧ περιεφρουροῦντο οἱ Πλαταιῆς τοιοῦτον ἦν·

XXII. οἱ δ', ἐπειδὴ παρεσκεύαστο αὐτοῖς, τηρήσαντες νύκτα χειμέριον ὕδατι καὶ ἀνέμῳ καὶ ἅμ' ἀσέληνον ἐξῄεσαν· ἡγοῦντο δὲ οἵπερ καὶ τῆς πείρας αἴτιοι ἦσαν. Καὶ πρῶτον μὲν τὴν τάφρον διέβησαν ἣ περιεῖχεν αὐτούς, ἔπειτα προσέμιξαν τῷ τείχει τῶν πολεμίων, λαθόντες τοὺς φύλακας, ἀνὰ τὸ σκοτεινὸν μὲν οὐ προϊδόντων αὐτῶν, ψόφῳ δὲ τῷ ἐκ τοῦ προσιέναι αὐτοὺς ἀντιπαταγοῦντος τοῦ ἀνέμου οὐ κατακουσάντων· (2) ἅμα δὲ καὶ διέχοντες πολὺ ᾖεσαν, ὅπως τὰ ὅπλα μὴ κρουόμενα πρὸς ἄλληλα αἴσθησιν παρέχοι. Ἦσαν δὲ εὐσταλεῖς τε τῇ ὁπλίσει καὶ τὸν ἀριστερὸν πόδα μόνον ὑποδεδεμένοι ἀσφαλείας ἕνεκα τῆς πρὸς τὸν πηλόν. (3) Κατὰ οὖν μεταπύργιον προσέμισγον πρὸς τὰς ἐπάλξεις, εἰδότες ὅτι ἐρῆμοί εἰσι, πρῶτον μὲν οἱ τὰς κλίμακας φέροντες, καὶ προσέθεσαν· ἔπειτα ψιλοὶ δώδεκα ξὺν ξιφιδίῳ καὶ θώρακι ἀνέβαινον, ὧν ἡγεῖτο Ἀμμέας ὁ Κοροίβου καὶ πρῶτος ἀνέβη. Μετὰ δὲ αὐτὸν οἱ ἑπόμενοι ἐξ ἐφ' ἑκάτερον τῶν πύργων ἀνέβαινον. Ἔπειτα ψιλοὶ ἄλλοι μετὰ τούτους ξὺν δορατίοις ἐχώρουν, οἷς ἕτεροι κατόπιν τὰς ἀσπίδας ἔφερον, ὅπως ἐκεῖνοι ῥᾷον προσβαίνοιεν, καὶ ἔμελλον δώσειν ὁπότε πρὸς τοῖς πολεμίοις εἴησαν. (4) Ὡς δὲ ἄνω πλείους ἐγένοντο, ᾔσθοντο οἱ ἐκ τῶν πύργων φύλακες· κατέβαλε γάρ τις τῶν Πλαταιῶν ἀντιλαμβανόμενος ἀπὸ τῶν ἐπάλξεων κεραμίδα, ἣ πεσοῦσα δοῦπον ἐποίησεν. Καὶ αὐτίκα βοὴ ἦν, (5) τὸ δὲ στρατόπεδον ἐπὶ τὸ τεῖχος ὥρμησεν· οὐ γὰρ ᾔδει ὅ τι ἦν τὸ δεινὸν σκοτεινῆς νυκτὸς καὶ χειμῶνος ὄντος, καὶ ἅμα οἱ ἐν τῇ πόλει τῶν Πλαταιῶν ὑπολελειμμένοι ἐξελθόντες προσέβαλον τῷ τείχει τῶν Πελοποννησίων ἐκ τοὔμπαλιν ἢ οἱ ἄνδρες αὐτῶν ὑπερέβαινον, ὅπως ἥκιστα πρὸς αὐτοὺς τὸν νοῦν ἔχοιεν. (6) Ἐθορυβοῦντο μὲν οὖν κατὰ χώραν μένοντες, βοηθεῖν δὲ οὐδεὶς ἐτόλμα ἐκ τῆς αὑτῶν φυλακῆς, ἀλλ' ἐν ἀπόρῳ ἦσαν εἰκάσαι τὸ γιγνόμενον. (7) Καὶ οἱ τριακόσιοι αὐτῶν, οἷς ἐτέτακτο παραβοηθεῖν εἴ τι δέοι, ἐχώρουν ἔξω τοῦ τείχους πρὸς τὴν βοήν. Φρυκτοί τε ᾔροντο ἐς τὰς Θήβας πολέμιοι. (8) Παρανῖσχον δὲ καὶ οἱ ἐκ τῆς πόλεως Πλαταιῆς ἀπὸ τοῦ τείχους φρυκτοὺς πολλοὺς πρότερον παρεσκευασμένους ἐς αὐτὸ τοῦτο, ὅπως ἀσαφῆ τὰ σημεῖα τῆς φρυκτωρίας τοῖς πολεμίοις ᾖ καὶ μὴ βοηθοῖεν, ἄλλο τι νομίσαντες τὸ γιγνόμενον εἶναι ἢ τὸ ὄν, πρὶν σφῶν οἱ ἄνδρες οἱ ἐξιόντες διαφύγοιεν καὶ τοῦ ἀσφαλοῦς ἀντιλάβοιντο.

XXIII. Οἱ δ' ὑπερβαίνοντες τῶν Πλαταιῶν ἐν τούτῳ, ὡς οἱ πρῶτοι αὐτῶν ἀναβεβήκεσαν καὶ τοῦ πύργου ἑκατέρου τοὺς φύλακας διαφθείραντες ἐκεκρατήκεσαν, τάς τε διόδους τῶν πύργων ἐνστάντες αὐτοὶ ἐφύλασσον

tudinis, et eædem ad interiorem et exteriorem ejus frontem pertingebant, ita ut transitus propter turrim non esset, sed per eas medias transibant. (4) Noctu vero, quoties tempestas humida esset, pinnas quidem relinquebant, e turribus vero, quæ parvo distabant ac superne tectæ erant, excubias agebant. Murus igitur, quo Platæenses ab hostium præsidiis cingebantur, hujusmodi erat.

XXII. Hi autem rebus paratis, observata nocte, quæ et pluvia et vento turbida, et præterea illunis esset, exierunt; præerant iis autem, qui et conatus hujus auctores erant. Ac primum quidem transierunt fossam, quæ ipsos ambibat; deinde hostium muro successerunt, clam illorum custodibus, quia inter tenebras custodes non prospexerant, strepitum vero, quem ipsi edebant in accedendo, propter ventum obstrepentem exaudire non potuerant; (2) simul etiam distantes intervallo satis magno vadebant, ne arma armis collisa rei significationem darent. Erant autem expediti armatura genere et sinistro tantum pede calceati, firmius ut consisterent in luto. (3) In intervallum igitur, quod erat inter turres, ad murorum pinnas accesserunt, quod eas desertas esse scirent, primo quidem illi, qui scalas ferebant; atque eas apposuerunt; deinde duodecim levis armaturæ cum pugione ac thorace ascendebant, quibus præerat Ammeas Corœbi filius, et primus ascendit. Post ipsum vero qui sequebantur, sex in utramque turrim ascendebant. Deinde post hos alii levis armaturæ cum jaculis vadebant, quibus alii a tergo scuta ferebant, ut illi facilius ascenderent, et ea erant illis tradituri, quum prope hostes ventum esset. (4) Postquam autem plures muros ascenderunt, custodes, qui excubias in turribus agebant, hoc senserunt; quidam enim Platæensis dum manu se sublevat, de pinnis dejecit tegulam, quæ lapsa strepitum edidit. Atque statim clamor erat, (5) et exercitus ad muros concurrebat; nec enim sciebat, quidnam esset periculi in nocte obscura et procellosa, et simul etiam Platæenses, qui in urbe relicti erant, egressi Peloponnesiorum murum invaserunt, a parte, quæ opposita erat illi, qua sui murum superabant, ut animum ad illos minime adverterent. (6) Itaque turbabantur quidem in suo quique loco manentes, auxilio vero accurrere ex sua custodia nemo audebat, sed animo dubio fluctuabantur, quid hoc rei esse statuerent, quod fiebat. (7) Et trecenti eorum milites, quibus mandatum erat, ut, si quid opus esset, ad opem ferendam præsto essent, e muro ad clamorem procedebant. Et faces hostiles adventus indices Thebas versus tollebantur; (8) Platæenses vero, qui in urbe erant, et ipsi ex suo muro multas faces tollebant, quæ ad hoc ipsum præparatæ erant, ut ignium signa hostibus essent incerta, utque suspicati aliquid aliud esse, quam quod res erat, opem non ferrent, prius quam sui, qui exierant, evasissent, et in loca tuta se recepissent.

XXIII. Qui autem muros conscendebant Platæensium, inter hæc, ubi primi suorum murum conscenderunt et utramque turrim custodibus occisis in suam potestatem redegerunt, ipsi et ad turrium transitus constiterunt eosque

μηδένα δι' αὐτῶν ἐπιβοηθεῖν, καὶ κλίμακας προσθέντες ἀπὸ τοῦ τείχους τοῖς πύργοις καὶ ἐπαναβιβάσαντες ἄνδρας πλείους, οἱ μὲν ἀπὸ τῶν πύργων τοὺς ἐπιβοηθοῦντας καὶ κάτωθεν καὶ ἄνωθεν εἶργον βάλλοντες, οἱ δ' ἐν τούτῳ οἱ πλείους πολλὰς προσθέντες κλίμακας ἅμα καὶ τὰς ἐπάλξεις ἀπώσαντες διὰ τοῦ μεταπυργίου ὑπερέβαινον. (2) Ὁ δὲ διακομιζόμενος ἀεὶ ἵστατο ἐπὶ τοῦ χείλους τῆς τάφρου, καὶ ἐντεῦθεν ἐτόξευόν τε καὶ ἠκόντιζον, εἴ τις παραβοηθῶν παρὰ τὸ τεῖχος κωλυτὴς γίγνοιτο τῆς διαβάσεως. (3) Ἐπεὶ δὲ πάντες διεπεπεραίωντο, οἱ ἀπὸ τῶν πύργων χαλεπῶς οἱ τελευταῖοι καταβαίνοντες ἐχώρουν ἐπὶ τὴν τάφρον, καὶ ἐν τούτῳ οἱ τριακόσιοι αὐτοῖς ἐπεφέροντο λαμπάδας ἔχοντες. (4) Οἱ μὲν οὖν Πλαταιῆς ἐκείνους ἑώρων μᾶλλον ἐκ τοῦ σκότους ἑστῶτες ἐπὶ τοῦ χείλους τῆς τάφρου, καὶ ἐτόξευόν τε καὶ ἐσηκόντιζον ἐς τὰ γυμνά, αὐτοὶ δὲ ἐν τῷ ἀφανεῖ ὄντες ἧσσον διὰ τὰς λαμπάδας καθεωρῶντο, (5) ὥστε φθάνουσι τῶν Πλαταιῶν καὶ οἱ ὕστατοι διαβάντες τὴν τάφρον, χαλεπῶς δὲ καὶ βιαίως· κρύσταλλός τε γὰρ ἐπεπήγει οὐ βέβαιος ἐν αὐτῇ ὥστ' ἐπελθεῖν, ἀλλ' οἷος ἀπηλιώτου ἢ βορέου ὑδατώδης μᾶλλον, καὶ ἡ νὺξ τοιούτῳ ἀνέμῳ ὑπονειφομένη πολὺ τὸ ὕδωρ ἐν αὐτῇ ἐπεποιήκει, ὃ μόλις ὑπερέχοντες ἐπεραιώθησαν. Ἐγένετο δὲ καὶ ἡ διάφευξις αὐτοῖς μᾶλλον διὰ τοῦ χειμῶνος τὸ μέγεθος.

XXIV. Ὁρμήσαντες δὲ ἀπὸ τῆς τάφρου οἱ Πλαταιῆς ἐχώρουν ἀθρόοι τὴν ἐς Θήβας φέρουσαν ὁδόν, ἐν δεξιᾷ ἔχοντες τὸ τοῦ Ἀνδροκράτους ἡρῷον, νομίζοντες ἥκιστα σφᾶς ταύτην αὐτοὺς ὑποτοπῆσαι τραπέσθαι τὴν ἐς τοὺς πολεμίους· καὶ ἅμα ἑώρων τοὺς Πελοποννησίους τὴν πρὸς Κιθαιρῶνα καὶ Δρυὸς κεφαλὰς τὴν ἐπ' Ἀθηνῶν φέρουσαν μετὰ λαμπάδων διώκοντας. (2) Καὶ ἐπὶ μὲν ἓξ ἢ ἑπτὰ σταδίους οἱ Πλαταιῆς τὴν ἐπὶ τῶν Θηβῶν ἐχώρησαν, ἔπειθ' ὑποστρέψαντες ᾖσαν τὴν πρὸς τὸ ὄρος φέρουσαν ὁδὸν ἐς Ἐρύθρας καὶ Ὑσιάς, καὶ λαβόμενοι τῶν ὀρῶν διαφεύγουσιν ἐς τὰς Ἀθήνας, ἄνδρες δώδεκα καὶ διακόσιοι ἀπὸ πλειόνων· εἰσὶ γάρ τινες αὐτῶν οἳ ἀπετράποντο ἐς τὴν πόλιν πρὶν ὑπερβαίνειν, εἷς δ' ἐπὶ τῇ ἔξω τάφρῳ τοξότης ἐλήφθη. (3) Οἱ μὲν οὖν Πελοποννήσιοι κατὰ χώραν ἐγένοντο τῆς βοηθείας παυσάμενοι· οἱ δ' ἐκ τῆς πόλεως Πλαταιῆς τῶν μὲν γεγενημένων εἰδότες οὐδέν, τῶν δὲ ἀποτραπομένων σφίσιν ἀπαγγειλάντων ὡς οὐδεὶς περίεστι, κήρυκα ἐκπέμψαντες, ἐπεὶ ἡμέρα ἐγένετο, ἐσπένδοντο ἀναίρεσιν τοῖς νεκροῖς, μαθόντες δὲ τὸ ἀληθὲς ἐπαύσαντο. Οἱ μὲν δὴ τῶν Πλαταιῶν ἄνδρες οὕτως ὑπερβάντες ἐσώθησαν.

XXV. Ἐκ δὲ τῆς Λακεδαίμονος τοῦ αὐτοῦ χειμῶνος τελευτῶντος ἐκπέμπεται Σάλαιθος ὁ Λακεδαιμόνιος ἐς Μυτιλήνην τριήρει. Καὶ πλεύσας ἐς Πύρραν καὶ ἐξ αὐτῆς πεζῇ κατὰ χαράδραν τινά, ᾗ ὑπερβατὸν ἦν τὸ περιτείχισμα, διαλαθὼν ἐσέρχεται ἐς τὴν Μυτιλήνην, καὶ ἔλεγε τοῖς προέδροις ὅτι ἐσβολή τε ἅμα ἐς τὴν Ἀττικὴν ἔσται καὶ αἱ τεσσαράκοντα νῆες παρέσονται ἃς ἔδει βοηθῆσαι αὐτοῖς, προαποπεμφθῆναί τε αὐτὸς

τούτων ἕνεκα καὶ ἅμα τῶν ἄλλων ἐπιμελησόμενος. (2) Καὶ οἱ μὲν Μυτιληναῖοι ἐθάρσουν τε καὶ πρὸς τοὺς Ἀθηναίους ἧσσον εἶχον τὴν γνώμην ὥστε ξυμβαίνειν. Ὅ τε χειμὼν ἐτελεύτα οὗτος, καὶ τέταρτον ἔτος τῷ πολέμῳ ἐτελεύτα τῷδε ὃν Θουκυδίδης ξυνέγραψεν.

XXVI. Τοῦ δ᾽ ἐπιγιγνομένου θέρους οἱ Πελοποννήσιοι ἐπειδὴ τὰς ἐς τὴν Μυτιλήνην δύο καὶ τεσσαράκοντα ναῦς ἀπέστειλαν ἔχοντα Ἀλκίδαν, ὃς ἦν αὐτοῖς ναύαρχος, προστάξαντες, αὐτοὶ ἐς τὴν Ἀττικὴν καὶ οἱ ξύμμαχοι ἐσέβαλον, ὅπως οἱ Ἀθηναῖοι ἀμφοτέρωθεν θορυβούμενοι ἧσσον ταῖς ναυσὶν ἐς τὴν Μυτιλήνην καταπλεούσαις ἐπιβοηθήσουσιν. (2) Ἡγεῖτο δὲ τῆς ἐσβολῆς ταύτης Κλεομένης ὑπὲρ Παυσανίου τοῦ Πλειστοάνακτος υἱέος βασιλέως ὄντος καὶ νεωτέρου ἔτι, πατρὸς δὲ ἀδελφὸς ὤν. (3) Ἐδῄωσαν δὲ τῆς Ἀττικῆς τά τε πρότερον τετμημένα [καὶ] εἴ τι ἐβεβλαστήκει, καὶ ὅσα ἐν ταῖς πρὶν ἐσβολαῖς παρελέλειπτο· καὶ ἡ ἐσβολὴ αὕτη χαλεπωτάτη ἐγένετο τοῖς Ἀθηναίοις μετὰ τὴν δευτέραν. (4) Ἐπιμένοντες γὰρ ἀεὶ ἀπὸ τῆς Λέσβου τι πεύσεσθαι τῶν νεῶν ἔργον ὡς ἤδη πεπεραιωμένων, ἐπεξῆλθον τὰ πολλὰ τέμνοντες. Ὡς δ᾽ οὐδὲν ἀπέβαινεν αὐτοῖς ὧν προσεδέχοντο καὶ ἐπελελοίπει ὁ σῖτος, ἀνεχώρησαν καὶ διελύθησαν κατὰ πόλεις.

XXVII. Οἱ δὲ Μυτιληναῖοι ἐν τούτῳ, ὡς αἵ τε νῆες αὐτοῖς οὐχ ἧκον ἀπὸ τῆς Πελοποννήσου ἀλλὰ ἐνεχρόνιζον καὶ ὁ σῖτος ἐπελελοίπει, ἀναγκάζονται ξυμβαίνειν πρὸς τοὺς Ἀθηναίους διὰ τάδε. (2) Ὁ Σάλαιθος καὶ αὐτὸς οὐ προσδεχόμενος ἔτι τὰς ναῦς, ὁπλίζει τὸν δῆμον πρότερον ψιλὸν ὄντα ὡς ἐπεξιὼν τοῖς Ἀθηναίοις· (3) οἱ δὲ ἐπειδὴ ἔλαβον ὅπλα, οὔτε ἠκροῶντο ἔτι τῶν ἀρχόντων, κατὰ ξυλλόγους τε γιγνόμενοι ἢ τὸν σῖτον ἐκέλευον τοὺς δυνατοὺς φέρειν ἐς τὸ φανερὸν καὶ διανέμειν ἅπασιν, ἢ αὐτοὶ ξυγχωρήσαντες πρὸς Ἀθηναίους ἔφασαν παραδώσειν τὴν πόλιν.

XXVIII. Γνόντες δὲ οἱ ἐν τοῖς πράγμασιν οὔτ᾽ ἀποκωλύσειν δυνατοὶ ὄντες, εἴ τ᾽ ἀπομονωθήσονται τῆς ξυμβάσεως κινδυνεύσοντες, ποιοῦνται κοινῇ ὁμολογίαν πρός τε Πάχητα καὶ τὸ στρατόπεδον, ὥστε Ἀθηναίοις μὲν ἐξεῖναι βουλεῦσαι περὶ Μυτιληναίων ὁποῖον ἄν τι βούλωνται καὶ τὴν στρατιὰν ἐς τὴν πόλιν δέχεσθαι αὐτούς, πρεσβείαν δὲ ἀποστεῖλαι ἐς τὰς Ἀθήνας Μυτιληναίους περὶ ἑαυτῶν· ἐν ὅσῳ δ᾽ ἂν πάλιν ἔλθωσι, Πάχητα μήτε δῆσαι Μυτιληναίων μηδένα μήτε ἀνδραποδίσαι μήτε ἀποκτεῖναι. (2) Ἡ μὲν ξύμβασις αὕτη ἐγένετο, οἱ δὲ πράξαντες πρὸς τοὺς Λακεδαιμονίους μάλιστα τῶν Μυτιληναίων περιδεεῖς ὄντες, ὡς ἡ στρατιὰ ἐσῆλθεν, οὐκ ἠνέσχοντο ἀλλ᾽ ἐπὶ τοὺς βωμοὺς ὅμως καθίζουσιν. Πάχης δ᾽ ἀναστήσας αὐτοὺς ὥστε μὴ ἀδικῆσαι, κατατίθεται ἐς Τένεδον μέχρι οὗ τοῖς Ἀθηναίοις τι δόξῃ. (3) Πέμψας δὲ καὶ ἐς τὴν Ἄντισσαν τριήρεις προσεκτήσατο, καὶ τἆλλα τὰ περὶ τὸ στρατόπεδον καθίστατο ᾗ αὐτῷ ἐδόκει.

XXIX. Οἱ δ᾽ ἐν ταῖς τεσσαράκοντα ναυσὶ Πελοποννήσιοι, οὓς ἔδει ἐν τάχει παραγενέσθαι, πλέοντες περὶ

que, ut hæc significaret et cetera curaret, præmissum esse. (2) Atque ita Mitylenæi confirmabantur et animis minus propendebant ad compositionem cum Atheniensibus faciendam. Atque hiems finiebatur hæc et quartus annus hujus belli finiebatur, quod Thucydides conscripsit.

XXVI. Insequente autem æstate Peloponnesii postquam quadraginta et duas naves Mytilenen miserunt, imperio Alcidæ mandato, qui [jam] erat iis navarchus, ipsi eorumque socii irruptionem in Atticam fecerunt, ut Athenienses utrimque turbati minus diligenter adversus naves Mytilenen proficiscentes subsidio venirent. (2) Præerat autem huic expeditioni pro rege Pausania, Plistoanactis filio, adhuc pupillo, Cleomenes patruus. (3) Vastarunt autem in Attica et alia, quæ prius cæsa erant, [et] si quid repullulasset, et quæcumque in superioribus expeditionibus prætermissa erant; atque hæc irruptio Atheniensibus post secundam fuit omnium acerbissima. (4) Nam Peloponnesii, quum semper exspectarent, donec a Lesbo aliquid novi de sua classe audirent, quippe quæ eo jam appulisset, passim discurrentes pleraque vastarunt. Sed quum nihil eorum, quæ speraverant, ipsis succederet, et res frumentaria defecisset, domum redierunt et in suam quique civitatem se receperunt.

XXVII. Mytilenæi vero interea, cum neque naves ex Peloponneso ad ipsos venirent, sed moras necterent, et res frumentaria defecisset, coguntur compositionem cum Atheniensibus facere his de causis. (2) Salæthus, ne ipse quidem naves amplius exspectans, populum armat, qui ante inermis erat, ut eruptionem in Athenienses facturus. (3) At illi postquam arma acceperunt, neque magistratus amplius audiebant et habitis inter se conciliis, aut jubebant frumenta potentes in medium proferre et viritim populo dividere, aut se ipsos compositione cum Atheniensibus facta, dicebant urbem iis dedituros.

XXVIII. Quæ ubi illi, qui reipublicæ præerant, intellexerunt, quoniam nec impedire poterant, et periculum instabat, si compositione excluderentur, communiter paciscuntur cum Pachete ejusque copiis, ut Atheniensibus arbitratu suo de Mytilenæis statuere liceret, ipsique exercitum in urbem reciperent, legationem autem Mytilenæi pro se ipsis Athenas mitterent; interea vero, dum redirent, Paches neminem Mytilenæorum neque in vincula conjiceret, neque in servitutem redigeret, neque occideret. (2) Atque compositio quidem hæc fuit. At illi Mytilenæorum qui potissimum cum Lacedæmoniis egerant, sibi vehementer metuentes, postquam exercitus est ingressus, non acquieverunt, sed tamen ad aras consederunt. Paches vero eos illinc excitatos, ne quid injuriæ iis fieret, in Tenedum custodiendos transmittit, donec Athenienses aliquid statuissent. (3) Triremibus etiam Antissam missis eam sibi adjunxit, et cetera, quæ ad exercitum pertinebant, arbitratu suo constituebat.

XXIX. Peloponnesii vero, qui quadraginta navibus vehebantur, quos celeriter venisse oportuerat, quum circa Pelo-

ε αὐτὴν τὴν Πελοπόννησον ἐνδιέτριψαν, καὶ κατὰ τὸν λλον πλοῦν σχολαῖοι κομισθέντες τοὺς μὲν ἐκ τῆς πόεως Ἀθηναίους λανθάνουσι, πρὶν δὴ τῇ Δήλῳ ἔσχον, ροσμίξαντες δ᾽ ἀπ᾽ αὐτῆς τῇ Ἰκάρῳ καὶ Μυκόνῳ πυνάνονται πρῶτον ὅτι ἡ Μυτιλήνη ἑάλωκεν. (2) Βουλόμενοι δὲ τὸ σαφὲς εἰδέναι κατέπλευσαν ἐς Ἔμβατον ῆς Ἐρυθραίας· ἡμέραι δὲ μάλιστα ἦσαν τῇ Μυτιλήνῃ ἁλωκυίᾳ ἑπτὰ ὅτ᾽ ἐς τὸ Ἔμβατον κατέπλευσαν. Πυόμενοι δὲ τὸ σαφὲς ἐβουλεύοντο ἐκ τῶν παρόντων, καὶ λεξεν αὐτοῖς Τευτίαπλος ἀνὴρ Ἠλεῖος τάδε.

XXX. « Ἀλκίδα καὶ Πελοποννησίων ὅσοι πάρεσμεν ἔρχοντες τῆς στρατιᾶς, ἐμοὶ δοκεῖ πλεῖν ἡμᾶς ἐπὶ Μυτιλήνην πρὶν ἐκπύστους γενέσθαι, ὥσπερ ἔχομεν. (2) Κατὰ γὰρ τὸ εἰκὸς ἀνδρῶν νεωστὶ πόλιν ἐχόντων πολὺ τὸ ἀφύλακτον εὑρήσομεν, κατὰ μὲν θάλασσαν καὶ πάνυ, ᾗ ἐκεῖνοί τε ἀνέλπιστοι ἐπιγενέσθαι ἄν τινα σφίσι πολέμιον καὶ ἡμῶν ἡ ἀλκὴ τυγχάνει μάλιστα οὖσα· εἰκὸς δὲ καὶ τὸ πεζὸν αὐτῶν κατ᾽ οἰκίας ἀμελέστερον ὡς κεκρατηκότων διεσπάρθαι. (3) Εἰ οὖν προσπέσοιμεν ἄφνω τε καὶ νυκτός, ἐλπίζω μετὰ τῶν ἔνδον, εἴ τις ἄρα ἡμῖν ἐστιν ὑπόλοιπος εὔνους, καταληφθῆναι ἂν τὰ πράγματα. (4) Καὶ μὴ ἀποκνήσωμεν τὸν κίνδυνον, νομίσαντες οὐκ ἄλλο τι εἶναι τὸ καινὸν τοῦ πολέμου ἢ τὸ τοιοῦτον, ὃ εἴ τις στρατηγὸς ἔν τε αὑτῷ φυλάσσοιτο καὶ τοῖς πολεμίοις ἐνορῶν ἐπιχειροίη, πλεῖστ᾽ ἂν ὀρθοῖτο. »

XXXI. Ὁ μὲν τοσαῦτα εἰπὼν οὐκ ἔπειθε τὸν Ἀλκίδαν· ἄλλοι δέ τινες τῶν ἀπ᾽ Ἰωνίας φυγάδων καὶ οἱ Λέσβιοι ξυμπλέοντες παρῄνουν, ἐπειδὴ τοῦτον τὸν κίνδυνον φοβεῖται, τῶν ἐν Ἰωνίᾳ πόλεων καταλαβεῖν τινὰ ἢ Κύμην τὴν Αἰολίδα, ὅπως ἐκ πόλεως ὁρμώμενοι τὴν Ἰωνίαν ἀποστήσωσιν (ἐλπίδα δ᾽ εἶναι· οὐδενὶ γὰρ ἀκουσίως ἀφῖχθαι), καὶ τὴν πρόσοδον ταύτην μεγίστην οὖσαν Ἀθηναίων ἢν ἀφέλωσι, καὶ ἅμα ἢν ἐφορμῶσιν αὐτοῖς δαπάνη σφίσι γίγνηται, πείσειν τε οἴεσθαι καὶ Πισσούθνην ὥστε ξυμπολεμεῖν. (2) Ὁ δὲ οὐδὲ ταῦτα ἐνεδέχετο, ἀλλὰ τὸ πλεῖστον τῆς γνώμης εἶχεν, ἐπειδὴ τῆς Μυτιλήνης ὑστερήκει, ὅτι τάχιστα τῇ Πελοποννήσῳ πάλιν προσμῖξαι.

XXXII. Ἄρας δὲ ἐκ τοῦ Ἐμβάτου παρέπλει, καὶ προσσχὼν Μυοννήσῳ τῇ Τηΐων τοὺς αἰχμαλώτους οὓς κατὰ πλοῦν εἰλήφει ἀπέσφαξε τοὺς πολλούς. (2) Καὶ ἐς τὴν Ἔφεσον καθορμισαμένου αὐτοῦ Σαμίων τῶν ἐξ Ἀναίων ἀφικόμενοι πρέσβεις ἔλεγον οὐ καλῶς τὴν Ἑλλάδα ἐλευθεροῦν αὐτόν, εἰ ἄνδρας διέφθειρεν οὔτε χεῖρας ἀνταιρομένους οὔτε πολεμίους, Ἀθηναίων δὲ ὑπ᾽ ἀνάγκης ξυμμάχους· εἴ τε μὴ παύσεται, ὀλίγους μὲν αὐτὸν τῶν ἐχθρῶν ἐς φιλίαν προσάξεσθαι, πολὺ δὲ πλείους τῶν φίλων πολεμίους ἕξειν. (3) Καὶ ὁ μὲν ἐπείσθη τε καὶ Χίων ἄνδρας ὅσους εἶχεν ἔτι ἀφῆκεν, καὶ τῶν ἄλλων τινάς· ὁρῶντες γὰρ τὰς ναῦς οἱ ἄνθρωποι οὐκ ἔφευγον ἀλλὰ προσεχώρουν μᾶλλον ὡς Ἀττικαῖς, καὶ ἐλπίδα οὐδὲ τὴν ἐλαχίστην εἶχον μή ποτε Ἀθηναίων τῆς θαλάσσης κρατούντων ναῦς Πελοποννησίων ἐς Ἰωνίαν παραβαλεῖν.

THUCYDIDES.

ponnesum ipsam navigantes tempus triverunt, tum etiam in reliquo navigationis cursu lente vecti, Athenienses quidem, qui in urbe erant, latuerunt, usque dum ad Delum appulissent; illinc vero ad Icarum et Myconum profecti cognoverunt primum Mytilenen captam esse. (2) Sed quum rem exploratam habere vellent, ad Embatum in insula Erythræa navigarunt; die autem a Mytilene capta circiter septimo ad Embatum sunt delati. Itaque re accurate cognita pro præsenti rerum statu, quid esset agendum, consultare cœperunt. Et Teutiaplus Eleus dixit iis hæc :

XXX. « Alcida, ceterique Peloponnesiorum, qui hic adsumus, copiarum duces, mihi videtur, Mytilenen nobis esse navigandum, ita ut jam sumus, antequam adventus noster divulgetur. (2) Nam, ut verisimile est, quum homines urbe recens sint potiti, magnam ipsorum in custodiis negligentiam offendemus, præcipue vero a mari, qua ex parte, quum ipsi nullum hostem contra se venturum sperant, tum etiam nostræ vires sunt firmissimæ; verisimile autem etiam est, ipsorum peditatum, quippe quod sint victores, negligentius per hospitia dispersum esse. (3) Si igitur ex improviso et noctu impetum in eos faciamus, spero fore, ut cum illis, qui sunt in urbe, si quis nobis benevolus adhuc superest, res illas in potestatem nostram redigamus. (4) Proinde ne tergiversemini periculum istud subire, reputantes, quæ nova in bello vocantur, nihil aliud esse, quam tale quid, a quo si quis dux sibi ipsi caveat, et hostes hujusmodi arrepta occasione adoriatur, res plurimas recte geret. »

XXXI. Hic quidem ita locutus Alcidæ non persuadebat. Alii vero nonnulli ex Ionia exsules, et qui Lesbii cum ipso navigabant, ei suadebant, ut, quandoquidem hoc periculum formidaret, aliquam in Ionia urbem aut Cumam Æolicam occuparet, ut ex urbe ut certa sede prodeuntes Ioniam ad defectionem impellerent; posse autem illud sperari, et quod nemini adventus suus contra voluntatem accidat, et præsertim si reditum ex his regionibus omnium maximum Atheniensibus intercipere, ac simul si illis cum classe parata contra se excubantibus insuper etiam sumptus faciendi necessitas existeret; atque se etiam sperare, Pissuthnen a se adductum iri, ut ad hujus belli societatem se adjungeret. (2) Sed Alcidas ne his quidem movebatur, sed potissimum ad eam sententiam animo inclinabat, ut, quoniam a Mytilenæ servandæ consilio tardiore adventu dejectus esset, in Peloponnesum quam celerrime se reciperet.

XXXII. Quamobrem Embato digressus littus legebat, et quum ad Teiorum Myonnesum appulisset, plerosque captivos, quos in navigationis cursu ceperat, trucidavit. (2) Et quum Ephesum appulisset, Samiorum, qui ex Anæis erant, legati ad eum venientes, non rite eum Græciam in libertatem asserere dixerunt, si illos necaret, qui nec arma contra tulissent, nec hostes essent, sed ob necessitatem Atheniensium socii; et, nisi finem faceret, ipsum paucorum quidem hostium amicitiam sibi conciliaturum, longe vero plures ex amicis hostes habiturum. (3) His ille persuasus, quotquot de Chiis adhuc penes se habebat, et ex aliis nonnullos dimisit. Nam homines, licet Peloponnesiorum naves conspicerent, non tamen fugiebant, sed potius, ut ad Atticas accedebant, et ne vel minimam quidem suspicionem habebant, quum Athenienses maris imperium obtinerent, Peloponnesiorum naves in Ioniam unquam trajecturas esse.

XXXIII. Ἀπὸ δὲ τῆς Ἐφέσου ὁ Ἀλκίδας ἔπλει κατὰ τάχος καὶ φυγὴν ἐποιεῖτο· ὤφθη γὰρ ὑπὸ τῆς Σαλαμινίας καὶ Παράλου ἔτι περὶ Ἴκαρον ὁρμῶν (αἱ δ' ἀπ' Ἀθηνῶν ἔτυχον πλέουσαι), καὶ δεδιὼς τὴν δίωξιν ἔπλει διὰ τοῦ πελάγους ὡς γῇ ἑκούσιος οὐ σχήσων ἄλλῃ ἢ Πελοποννήσῳ. (2) Τῷ δὲ Πάχητι καὶ τοῖς Ἀθηναίοις ἦλθε μὲν καὶ ἀπὸ τῆς Ἐρυθραίας ἀγγελία, ἀφικνεῖτο δὲ καὶ πανταχόθεν· ἀτειχίστου γὰρ οὔσης τῆς Ἰωνίας μέγα τὸ δέος ἐγένετο μὴ παραπλέοντες οἱ Πελοποννήσιοι, εἰ καὶ ὣς μὴ διενοοῦντο μένειν, πορθῶσιν ἅμα προσπίπτοντες τὰς πόλεις. Αὐτάγγελοι δ' αὐτὸν ἰδοῦσαι ἐν τῇ Ἰκάρῳ ἥ τε Πάραλος καὶ ἡ Σαλαμινία ἔφρασαν. (3) Ὁ δὲ ὑπὸ σπουδῆς ἐποιεῖτο τὴν δίωξιν· καὶ μέχρι μὲν Πάτμου τῆς νήσου ἐπεδίωξεν, ὡς δ' οὐκέτι ἐν καταλήψει ἐφαίνετο, ἐπανεχώρει. Κέρδος δὲ ἐνόμισεν, ἐπειδὴ οὐ μετεώροις περιέτυχεν, ὅτι οὐδαμοῦ ἐγκαταληφθεῖσαι ἠναγκάσθησαν στρατόπεδον ποιεῖσθαι καὶ φυλακὴν σφίσι καὶ ἐφόρμησιν παρασχεῖν.

XXXIV. Παραπλέων δὲ πάλιν ἔσχε καὶ ἐς Νότιον τὸ Κολοφωνίων, οὗ κατῴκηντο Κολοφώνιοι τῆς ἄνω πόλεως ἑαλωκυίας ὑπὸ Ἰταμάνους καὶ τῶν βαρβάρων κατὰ στάσιν ἰδίαν ἐπαχθέντων· ἑάλω δὲ μάλιστα αὕτη ὅτε ἡ δευτέρα Πελοποννησίων ἐσβολὴ ἐς τὴν Ἀττικὴν ἐγίγνετο. (2) Ἐν οὖν τῷ Νοτίῳ οἱ καταφυγόντες καὶ κατοικήσαντες αὐτόθι αὖθις στασιάσαντες, οἱ μὲν παρὰ Πισσούθνου ἐπικούρους Ἀρκάδων τε καὶ τῶν βαρβάρων ἐπαγόμενοι ἐν διατειχίσματι εἶχον, καὶ τῶν ἐκ τῆς ἄνω πόλεως Κολοφωνίων οἱ μηδίσαντες ξυνεσελθόντες ἐπολίτευον, οἱ δὲ ὑπεξελθόντες τούτους καὶ ὄντες φυγάδες τὸν Πάχητα ἐπάγονται. (3) Ὁ δὲ προκαλεσάμενος ἐς λόγους Ἱππίαν τὸν ἐν τῷ διατειχίσματι Ἀρκάδων ἄρχοντα, ὥστε ἢν μηδὲν ἀρέσκον λέγῃ, πάλιν αὐτὸν καταστήσειν ἐς τὸ τεῖχος σῶν καὶ ὑγιᾶ, ὁ μὲν ἐξῆλθε παρ' αὐτόν, ὁ δ' ἐκεῖνον μὲν ἐν φυλακῇ ἀδέσμῳ εἶχεν, αὐτὸς δὲ προσβαλὼν τῷ τειχίσματι ἐξαπιναίως καὶ οὐ προσδεχομένων αἱρεῖ, τούς τε Ἀρκάδας καὶ τῶν βαρβάρων ὅσοι ἐνῆσαν διαφθείρει· καὶ τὸν Ἱππίαν ὕστερον ἐσαγαγὼν ὥσπερ ἐσπείσατο, ἐπειδὴ ἔνδον ἦν, ξυλλαμβάνει καὶ κατατοξεύει. (4) Κολοφωνίοις δὲ Νότιον παραδίδωσι πλὴν τῶν μηδισάντων. Καὶ ὕστερον Ἀθηναῖοι οἰκιστὰς πέμψαντες κατὰ τοὺς ἑαυτῶν νόμους κατῴκισαν τὸ Νότιον, ξυναγαγόντες πάντας ἐκ τῶν πόλεων, εἴ πού τις ἦν Κολοφωνίων.

XXXV. Ὁ δὲ Πάχης ἀφικόμενος ἐς τὴν Μυτιλήνην τήν τε Πύρραν καὶ Ἔρεσσον παρεστήσατο, καὶ Σάλαιθον λαβὼν ἐν τῇ πόλει τὸν Λακεδαιμόνιον κεκρυμμένον ἀποπέμπει ἐς τὰς Ἀθήνας, καὶ τοὺς ἐκ τῆς Τενέδου Μυτιληναίων ἄνδρας ἅμα οὓς κατέθετο, καὶ εἴ τις ἄλλος αὐτῷ αἴτιος ἐδόκει εἶναι τῆς ἀποστάσεως· (2) ἀποπέμπει δὲ καὶ τῆς στρατιᾶς τὸ πλέον. Τοῖς δὲ λοιποῖς ὑπομένων καθίστατο τὰ περὶ τὴν Μυτιλήνην καὶ τὴν ἄλλην Λέσβον ᾗ αὐτῷ ἐδόκει.

XXXVI. Ἀφικομένων δὲ τῶν ἀνδρῶν καὶ τοῦ Σαλαίθου οἱ Ἀθηναῖοι τὸν μὲν Σάλαιθον εὐθὺς ἀπέκτειναν,

XXXIII. Ab Epheso vero Alcidas celeritate adhibita navigabat et tanquam fugiebat. Nam conspectus erat ab Salaminia et Paralo navibus, quum adhuc ad Clarum esset, (hæ autem tum forte ab Athenis cursum tenebant), et hostis insequentis adventum metuens per altum ferebatur, ut sua quidem sponte ad nullam aliam regionem nisi ad Peloponnesum appulsurus. (2) Pacheti vero Atheniensibusque et ex Erythræa hujus rei nuntius afferebatur et ab aliis undique locis; quum enim in Ionia nullæ munitiones essent, metus ingens fuit ne Peloponnesii maritimam oram navibus legentes, quamvis et sic in animo non haberent ibi manere, tamen in ipso impetu urbes diriperent. Paralus vero et Salaminia naves, quum ipsum Alcidam ad Clarum vidissent, rem nuntiarunt. (3) Ille vero eum magno studio persequebatur, et usque ad insulam Patmon eum est insecutus, sed quum Alcidas nusquam amplius appareret, ita ut eum prehendere posset, revertebatur. In lucro autem posuit, postquam hostium naves non assecutus est in alto, quod nusquam deprehensæ et coactæ essent castra munire et sibi excubias agendi obsidendique necessitatem præbere.

XXXIV. Dum autem in reditu maritimam oram legit, ad Notium Colophoniorum urbem appulit, ubi consederant Colophonii, quod urbs superior capta erat ab Itamane et barbaris inter domesticam seditionem accitis; capta autem est eo ferme tempore, quo Peloponnesii secundam irruptionem in Atticam faciebant. (2) In urbe igitur Notio, cum seditio rursus orta esset inter illos, qui eo confugerant et sedes fixerant, alii quidem a Pissuthne auxiliares copias Arcadum ac barbarorum accersebant et in munitionibus urbem intersepientibus habebant, et illi de Colophoniis ex urbe superiore huc traductis qui Medis faverant, simul eo ingressi cives erant; alii vero, qui clam istis aufugerant et exsules erant, Pachetem accersunt. (3) Is autem, quum Hippiam, Arcadum ducem, qui in munitionibus illis urbem intersepientibus erat, ad colloquium evocasset, ea conditione, ut, si nihil dixisset, quod sibi placeret, eum in suas munitiones rursus salvum et sanum restitueret, ille quidem ad eum processit, hic vero eum in custodia sine vinculis servari jussit, et munitiones adortus repente illisque nihil tale exspectantibus, capit eas, et Arcadas ac barbaros, quotquot intus erant, occidit. Et Hippiam postea introductum, sicuti factis induciis promiserat, postquam intus fuit, comprehendit, sagittisque confodit. (4) Colophoniis autem Notium restituit, illis exceptis, qui Medorum partibus faverant. Postea vero Athenienses coloni eo missis eam civitatem ex legibus institutisque suis constituerunt, omnibus Colophoniis, si quis usquam erat, ex civitatibus in unum coactis.

XXXV. Paches autem Mytilenen reversus Pyrrham et Eressum in deditionem redegit, captumque Salæthum Lacedæmonium in urbe latitantem Athenas mittit, simul etiam illos cives Mytilenæos, quos in Tenedum asservandos miserat, et si quis alius ipsi defectionis auctor fuisse videbatur; (2) majorem etiam exercitus partem dimittit. Cum reliquis vero ipse permanens Mytilenes et ceteras Lesbi res arbitratu suo constituebat.

XXXVI. Quum autem cives illi et Salæthus Athenas pervenissent, Athenienses Salæthum quidem confestim inter-

ἐστιν ἃ παρεχόμενον, τά τ' ἄλλα καὶ ἀπὸ Πλαταιῶν ἔτι γὰρ ἐπολιορκοῦντο) ἀπάξειν Πελοποννησίους· (2) περὶ δὲ τῶν ἀνδρῶν γνώμας ἐποιοῦντο, καὶ ὑπὸ ὀργῆς ἔδοξεν αὐτοῖς οὐ τοὺς παρόντας μόνον ἀποκτεῖναι ἀλλὰ καὶ τοὺς ἅπαντας Μυτιληναίους ὅσοι ἡβῶσιν, παῖδας δὲ καὶ γυναῖκας ἀνδραποδίσαι, ἐπικαλοῦντες τήν τε ἄλλην ἀπόστασιν ὅτι οὐκ ἀρχόμενοι ὥσπερ οἱ ἄλλοι ποιήσαντο, καὶ προσξυνεβάλετο οὐκ ἐλάχιστον τῆς ὁρμῆς αἱ Πελοποννησίων νῆες ἐς Ἰωνίαν ἐκείνοις βοηθοὶ τολμήσασαι παρακινδυνεῦσαι· οὐ γὰρ ἀπὸ βραχείας διανοίας ἐδόκουν τὴν ἀπόστασιν ποιήσασθαι. (3) Πέμπουσιν οὖν τριήρη ὡς Πάχητα ἄγγελον τῶν δεδογμένων, κατὰ τάχος κελεύοντες διαχρήσασθαι Μυτιληναίους. (4) Καὶ τῇ ὑστεραίᾳ μετάνοιά τις εὐθὺς ἦν αὐτοῖς καὶ ἀναλογισμὸς ὠμὸν τὸ βούλευμα καὶ μέγα ἐγνῶσθαι, πόλιν ὅλην διαφθεῖραι μᾶλλον ἢ οὐ τοὺς αἰτίους. (5) Ὡς δ' ᾔσθοντο τοῦτο τῶν Μυτιληναίων οἱ παρόντες πρέσβεις καὶ οἱ αὐτοῖς τῶν Ἀθηναίων ξυμπράσσοντες, παρεσκεύασαν τοὺς ἐν τέλει ὥστε αὖθις γνώμας προθεῖναι· καὶ ἔπεισαν ῥᾷον, διότι καὶ ἐκείνοις ἐνδῆλον ἦν βουλόμενον τὸ πλέον τῶν πολιτῶν αὖθίς τινας σφίσιν ἀποδοῦναι βουλεύσασθαι. (6) Καταστάσης δ' εὐθὺς ἐκκλησίας ἄλλαι τε γνῶμαι ἀφ' ἑκάστων ἐλέγοντο, καὶ Κλέων ὁ Κλεαινέτου, ὅσπερ καὶ τὴν προτέραν ἐνενικήκει ὥστε ἀποκτεῖναι, ὢν καὶ ἐς τὰ ἄλλα βιαιότατος τῶν πολιτῶν τῷ τε δήμῳ παρὰ πολὺ ἐν τῷ τότε πιθανώτατος, παρελθὼν αὖθις ἔλεγε τοιάδε·

XXXVII. « Πολλάκις μὲν ἤδη ἔγωγε καὶ ἄλλοτε ἔγνων δημοκρατίαν ὅτι ἀδύνατόν ἐστιν ἑτέρων ἄρχειν, μάλιστα δ' ἐν τῇ νῦν ὑμετέρᾳ περὶ Μυτιληναίων μεταμελείᾳ. (2) Διὰ γὰρ τὸ καθ' ἡμέραν ἀδεὲς καὶ ἀνεπιβούλευτον πρὸς ἀλλήλους καὶ ἐς τοὺς ξυμμάχους τὸ αὐτὸ ἔχετε, καὶ ὅτι ἂν ἢ λόγῳ πεισθέντες ὑπ' αὐτῶν ἁμάρτητε ἢ οἴκτῳ ἐνδῶτε, οὐκ ἐπικινδύνως ἡγεῖσθε ἐς ὑμᾶς καὶ οὐκ ἐς τὴν τῶν ξυμμάχων χάριν μαλακίζεσθαι, οὐ σκοποῦντες ὅτι τυραννίδα ἔχετε τὴν ἀρχὴν καὶ πρὸς ἐπιβουλεύοντας αὐτοὺς καὶ ἄκοντας ἀρχομένους, οἳ οὐκ ἐξ ὧν ἂν χαρίζησθε βλαπτόμενοι αὐτοὶ ἀκροῶνται ὑμῶν, ἀλλ' ἐξ ὧν ἂν ἰσχύϊ μᾶλλον ἢ τῇ ἐκείνων εὐνοίᾳ περιγένησθε. (3) Πάντων δὲ δεινότατον εἰ βέβαιον ἡμῖν μηδὲν καθεστήξει ὧν ἂν δόξῃ πέρι, μηδὲ γνωσόμεθα ὅτι χείροσι νόμοις ἀκινήτοις χρωμένη πόλις κρείσσων ἐστὶν ἢ καλῶς ἔχουσιν ἀκύροις, ἀμαθία τε μετὰ σωφροσύνης ὠφελιμώτερον ἢ δεξιότης μετὰ ἀκολασίας, οἵ τε φαυλότεροι τῶν ἀνθρώπων πρὸς τοὺς ξυνετωτέρους ὡς ἐπὶ τὸ πλεῖον ἄμεινον οἰκοῦσι τὰς πόλεις. (4) Οἱ μὲν γὰρ τῶν τε νόμων σοφώτεροι βούλονται φαίνεσθαι τῶν τε ἀεὶ λεγομένων ἐς τὸ κοινὸν περιγίγνεσθαι, ὡς ἐν ἄλλοις μείζοσιν οὐκ ἂν δηλώσαντες τὴν γνώμην, καὶ ἐκ τοῦ τοιούτου τὰ πολλὰ σφάλλουσι τὰς πόλεις· οἱ δ' ἀπιστοῦντες τῇ ἑαυτῶν ξυνέσει ἀμαθέστεροι μὲν τῶν νόμων ἀξιοῦσιν εἶναι, ἀδυνατώτεροι δὲ τοῦ καλῶς εἰπόντος μέμψασθαι λόγον, κριταὶ δὲ ὄντες ἀπὸ τοῦ ἴσου μᾶλλον ἢ ἀγωνισταὶ

fecerunt, licet proferentem quædam, ac præcipue quidem, Peloponnesios a Plataeis (adhuc enim obsidebantur) se abducturum. (2) De civibus vero consultare cœperunt, et præ ira censuerunt interficiendos non solum eos, qui aderant, sed etiam omnes Mytilenæos, quotquot puberes essent, impuberes vero ac fœminas in servitutem redigendas, dantes crimini quum reliquam defectionem, quod eam non eidem quo ceteri socii imperio subjecti fecissent, tum etiam permultum ad iram augendam contulit, quod Peloponnesiorum classis in Ioniam ad eorum auxilium ausa erat accedere et pariter periculum subire; nec enim parvo consilio defectionem fecisse videbantur. (3) Triremem igitur ad Pachetem mittunt, decretorum nuntiam, imperantes, ut primo quoque tempore Mytilenæos necaret. (4) Postero autem die confestim eos pœnitentia quædam subibat et cogitatio, sævum ac magnum decretum factum esse, quo tota civitas potius periret quam defectionis auctores evaderent. (5) At quum Mytilenæorum legati, qui aderant, et quotquot Athenienses iis studebant, hoc animadvertissent, subornarunt eos, qui in magistratu erant, ut hac de re iterum sententias rogarent; quod facilius persuaserunt, quia et illis hoc erat perspectum, majorem civium partem cupere hac de re iterum consultandi potestatem sibi per aliquos dari. (6) Quamobrem concione statim coacta, quum aliæ sententiæ a singulis sunt dictæ, tum Cleo Cleæneti filius, qui etiam in prioribus suffragiis evicerat, ut cædes fieret, omnium is quidem civium etiam ceteris in rebus violentissimus et apud plebem in tempore illo orator longe omnium maxime probatus, denuo in medium prodiit et hanc orationem habuit :

XXXVII. « Quum sæpe alias ego statum popularem intellexi minime aptum esse ad imperium in alios obtinendum, tum vero præcipue nunc in hac vestra de Mytilenæis pœnitentia. (2) Nam quia quotidiana hæc vestra inter vos consuetudo metu et insidiis caret, eandem fiduciam etiam in socios habetis, et quicquid vel oratione eorum adducti erraveritis vel misericordia remiseritis, non creditis hanc mollitiam vobis periculum, nec tamen apud socios gratiam craere, non considerantes, imperium, quod obtinetis, tyrannidem esse, eamque in homines, qui insidias vobis faciunt vestroque imperio inviti parent, et qui non pro eo, ut vos iis gratum feceritis vestro cum incommodo, obediunt vobis, sed pro eo, ut vos vi potius quam illorum benivolentia valueritis. (3) Omnium vero perniciosissimum, si ni hil eorum, quæ a nobis decreta fuerint, firmum mansurum est, nec intelligemus eam rempublicam, quæ malis quidem, sed immotis legibus utitur, præstantiorem esse illa, quæ bonis sed neglectis, et imperitiam cum continentia junctam, plus prodesse quam dexteritatem cum intemperantia junctam, mediocresque homines, si cum callidioribus conferantur, fere plerumque respublicas melius administrare. (4) Nam isti quidem et legibus sapientiores volunt videri, et quæ quoque tempore consuluntur in publicum, ea vincere, ut qui in aliis majoribus rebus ingenii præstantiam declarare non possint, atque ob tale studium respublicas plerumque evertunt; illi vero, quia suæ peritiæ diffidunt, legibus imperitiores esse sibi persuadent, et facultatem sibi non sufficere ad ejus, qui pulchre dixerit, reprehendendam rationem, sed quia rerum æqui potius judices sunt quam

ὀρθοῦνται τὰ πλείω. (5) Ὡς οὖν χρὴ καὶ ἡμᾶς ποιοῦντας, μὴ δεινότητι καὶ ξυνέσεως ἀγῶνι ἐπαιρομένους παρὰ δόξαν τῷ ὑμετέρῳ πλήθει παραινεῖν.

XXXVIII. « Ἐγὼ μὲν οὖν ὁ αὐτός εἰμι τῇ γνώμῃ καὶ θαυμάζω μὲν τῶν προθέντων αὖθις περὶ Μυτιληναίων λέγειν καὶ χρόνου διατριβὴν ἐμποιησάντων, ὅ ἐστι πρὸς τῶν ἠδικηκότων μᾶλλον (ὁ γὰρ παθὼν τῷ δράσαντι ἀμβλυτέρᾳ τῇ ὀργῇ ἐπεξέρχεται, ἀμύνασθαι δὲ τῷ παθεῖν ὅτι ἐγγυτάτω κείμενον ἀντίπαλον ὂν μάλιστα τὴν τιμωρίαν ἀναλαμβάνει), θαυμάζω δὲ καὶ ὅστις ἔσται ὁ ἀντερῶν καὶ ἀξιώσων ἀποφαίνειν τὰς μὲν Μυτιληναίων ἀδικίας ἡμῖν ὠφελίμους οὔσας, τὰς δ' ἡμετέρας ξυμφορὰς τοῖς ξυμμάχοις βλάβας καθισταμένας. (2) Καὶ δῆλον ὅτι ἢ τῷ λέγειν πιστεύσας τὸ πάνυ δοκοῦν ἀνταποφῆναι ὡς οὐκ ἔγνωσται ἀγωνίσαιτ' ἄν, ἢ κέρδει ἐπαιρόμενος τὸ εὐπρεπὲς τοῦ λόγου ἐκπονήσας παράγειν πειράσεται. (3) Ἡ δὲ πόλις ἐκ τῶν τοιῶνδε ἀγώνων τὰ μὲν ἆθλα ἑτέροις δίδωσιν, αὐτὴ δὲ τοὺς κινδύνους ἀναφέρει. (4) Αἴτιοι δ' ὑμεῖς κακῶς ἀγωνοθετοῦντες, οἵτινες εἰώθατε θεαταὶ μὲν τῶν λόγων γίγνεσθαι, ἀκροαταὶ δὲ τῶν ἔργων, τὰ μὲν μέλλοντα ἔργα ἀπὸ τῶν εὖ εἰπόντων σκοποῦντες ὡς δυνατὰ γίγνεσθαι, τὰ δὲ πεπραγμένα ἤδη, οὐ τὸ δρασθὲν πιστότερον ὄψει λαβόντες ἢ τὸ ἀκουσθὲν ἀπὸ τῶν λόγῳ καλῶς ἐπιτιμησάντων· (5) καὶ μετὰ καινότητος μὲν λόγου ἀπατᾶσθαι ἄριστοι, μετὰ δεδοκιμασμένου δὲ μὴ ξυνέπεσθαι ἐθέλειν, δοῦλοι ὄντες τῶν ἀεὶ ἀτόπων, ὑπερόπται δὲ τῶν εἰωθότων, (6) καὶ μάλιστα μὲν αὐτὸς εἰπεῖν ἕκαστος βουλόμενος δύνασθαι, εἰ δὲ μή, ἀνταγωνιζόμενοι τοῖς τοιαῦτα λέγουσι μὴ ὕστεροι ἀκολουθῆσαι δοκεῖν τῇ γνώμῃ, ὀξέως δέ τι λέγοντος προεπαινέσαι, καὶ προαισθέσθαι τε πρόθυμοι εἶναι τὰ λεγόμενα καὶ προνοῆσαι βραδεῖς τὰ ἐξ αὐτῶν ἀποβησόμενα· (7) ζητοῦντές τε ἄλλο τι ὡς εἰπεῖν ἢ ἐν οἷς ζῶμεν, φρονοῦντες δὲ οὐδὲ περὶ τῶν παρόντων ἱκανῶς· ἁπλῶς τε ἀκοῆς ἡδονῇ ἡσσώμενοι, καὶ σοφιστῶν θεαταῖς ἐοικότες καθημένοις μᾶλλον ἢ περὶ πόλεως βουλευομένοις.

XXXIX. « Ὧν ἐγὼ πειρώμενος ἀποτρέπειν ὑμᾶς, ἀποφαίνω Μυτιληναίους μάλιστα δὴ μίαν πόλιν ἠδικηκότας ὑμᾶς. (2) Ἐγὼ γάρ, οἵτινες μὲν μὴ δυνατοὶ φέρειν τὴν ὑμετέραν ἀρχὴν ἢ οἵτινες ὑπὸ τῶν πολεμίων ἀναγκασθέντες ἀπέστησαν, ξυγγνώμην ἔχω· νῆσον δὲ οἵτινες ἔχοντες μετὰ τειχῶν, καὶ κατὰ θάλασσαν μόνον φοβούμενοι τοὺς ἡμετέρους πολεμίους, ἐν ᾧ καὶ αὐτοὶ τριήρων παρασκευῇ οὐκ ἄφρακτοι ἦσαν πρὸς αὐτούς, αὐτόνομοί τε οἰκοῦντες καὶ τιμώμενοι ἐς τὰ πρῶτα ὑφ' ἡμῶν τοιαῦτα εἰργάσαντο, τί ἄλλο οὗτοι ἢ ἐπεβούλευσάν τε καὶ ἐπανέστησαν μᾶλλον ἢ ἀπέστησαν (ἀπόστασις μέν γε τῶν βίαιόν τι πασχόντων ἐστίν), ἐζήτησάν τε μετὰ τῶν πολεμιωτάτων ἡμᾶς στάντες διαφθεῖραι; καίτοι δεινότερόν ἐστιν ἢ εἰ καθ' αὑτοὺς δύναμιν κτώμενοι ἀντεπολέμησαν. (3) Παράδειγμα δὲ αὐτοῖς οὔτε αἱ τῶν πέλας ξυμφοραὶ ἐγένοντο, ὅσοι ἀποστάντες ἤδη ἡμῶν ἐχειρώθησαν, οὔτε ἡ παροῦσα εὐδαιμονία παρέ-

conceitatores, plerumque recte res gerunt. (5) Sic igitur oportet nos quoque facere, et non dicendi facultate et solertiæ æmulatione elatos præter sententiam vestræ multitudini suadere decet.

XXXVIII. « Itaque ego quidem permaneo in eadem sententia, atque illos miror, qui de Mytilenæis ad vos iterum retulerunt, et moram interposuerunt, quod id magis e re illorum est, qui injuriam fecerunt, (qui enim injuriam accepit, eum, qui fecit, ira languidiore persequitur, defensio autem, quæ injuriæ illatæ, si quam proxime jungitur, pari vi occurrit, optime pœnam repetit); miror etiam, quis ille futurus sit, qui contra dicet et sustinebit pronuntiare Mytilenæorum quidem injurias esse nobis utiles, nostros vero casus sociis detrimenta afferre. (2) Atque manifesto is aut dicendi facultate fretus hoc contendet, ut quod maxime placebat, contra demonstret decretum non esse, aut quæstu inductus speciosa oratione elaborata imponere vobis conabitur. (3) At respublica ab hujusmodi certaminibus præmia quidem aliis dat, ipsa vero pericula sustinet. (4) Culpa autem hujus rei penes vos est; eo quod malos vos arbitros certaminum præbetis, quippe qui consuestis verborum quidem spectatores, rerum gestarum vero auditores esse, res quidem futuras pro eo, ut quis optime dixerit, posse fieri æstimantes, de gestis vero rebus non ei, qua d actum est et quod oculis videtis, majorem fidem habentes, quam ei, quod auditum est, ab orationibus pendentes, quæ pulchre indignationem commoverint; (5) et novitatem quidem orationis si quis afferat, facillime vobis imponi sinitis, si vero sobriam rerum æstimationem, nullo modo sequi vultis, quippe servi semper rerum inusitatarum, contemptores vero consuetarum, (6) et potissimum quidem cupientes singuli pro se quisque posse de rebus publicis agere, sin minus, resistendo certe illis, qui hac laude excellunt, non tardiores videri illorum sententiam assecutos esse, sed si quis aliquid acute dicat, id jam ante comprobasse, et simul ad ea quæ dicuntur, ante intelligenda promptos esse, et tardos ad providenda ea, quæ ex his eventura sunt; (7) quippe desiderantes semper aliud quid, ut ita dicam, quam ea, in quibus vivimus, æstimantes autem ne de præsentibus quidem rebus satis recte; proinde denique aurium voluptati dediti et potius similes iis, qui sophistarum spectatores sedent, quam qui de republica consultant.

XXXIX. « A quibus ego vos avocare studens, pronuntio Mytilenæorum civitatem unam omnium maxime vobis injuriam fecisse. (2) Ego enim, si qui propterea, quod imperium vestrum ferre nequeunt, aut quod ab hostibus coacti sunt, defecerunt, veniam do; sed qui insulam tenebant et urbem muris cinctam, et qui a mari tantum nostros hostes metuebant, ubi et ipsi firmo classis apparatu adversus eos erant muniti, suisque legibus liberi vivebant, et ante omnes a nobis honorabantur, hi si talia facinora patrarunt, quid aliud, quam insidias fecerunt, et affectarunt potius imperium rebelles, quam defecerunt (defectio enim est illorum, qui vim aliquam patiuntur), operamque dederunt, ut juncti cum illis, qui nobis sunt hostes infensissimi nos perderent? Atqui hoc atrocius est, quam si per se comparatis copiis bellum nobis intulissent. (3) Documento autem ipsis neque calamitates aliorum fuerunt, qui post defectionem a nobis factam in servitutem jam sunt redacti, neque

σχεν ὄκνον μὴ ἐλθεῖν ἐς τὰ δεινά· γενόμενοι δὲ πρὸς τὸ μέλλον θρασεῖς καὶ ἐλπίσαντες μακρότερα μὲν τῆς δυνάμεως ἐλάσσω δὲ τῆς βουλήσεως, πόλεμον ἤραντο, ἰσχὺν ἀξιώσαντες τοῦ δικαίου προθεῖναι· ἐν ᾧ γὰρ ᾠήθησαν περιέσεσθαι, ἐπέθεντο ἡμῖν οὐκ ἀδικούμενοι. (4) Εἴωθε δὲ τῶν πόλεων αἷς ἂν μάλιστα καὶ δι᾽ ἐλαχίστου ἀπροσδόκητος εὐπραξία ἔλθῃ, ἐς ὕβριν τρέπειν· τὰ δὲ πολλὰ κατὰ λόγον τοῖς ἀνθρώποις εὐτυχοῦντα ἀσφαλέστερα ἢ παρὰ δόξαν, καὶ κακοπραγίαν ὡς εἰπεῖν ῥᾷον ἀπωθοῦνται ἢ εὐδαιμονίαν διασώζονται. (5) Χρῆν δὲ Μυτιληναίους καὶ πάλαι μηδὲν διαφέροντας τῶν ἄλλων ὑφ᾽ ἡμῶν τετιμῆσθαι, καὶ οὐκ ἂν ἐς τόδε ἐξύβρισαν· πέφυκε γὰρ καὶ ἄλλως ἄνθρωπος τὸ μὲν θεραπεῦον ὑπερφρονεῖν, τὸ δὲ μὴ ὑπεῖκον θαυμάζειν. Κολασθήτωσαν δὲ καὶ νῦν ἀξίως τῆς ἀδικίας, (6) καὶ μὴ τοῖς μὲν ὀλίγοις ἡ αἰτία προστεθῇ, τὸν δὲ δῆμον ἀπολύσητε. Πάντες γὰρ ἡμῖν γε ὁμοίως ἐπέθεντο, οἷς γ᾽ ἐξῆν ὡς ἡμᾶς τρεπομένοις νῦν πάλιν ἐν τῇ πόλει εἶναι. Ἀλλὰ τὸν μετὰ τῶν ὀλίγων κίνδυνον ἡγησάμενοι βεβαιότερον ξυναπέστησαν. (7) Τῶν τε ξυμμάχων, σκέψασθε, εἰ τοῖς τε ἀναγκασθεῖσιν ὑπὸ τῶν πολεμίων καὶ τοῖς ἑκοῦσιν ἀποστᾶσι τὰς αὐτὰς ζημίας προσθήσετε, τίνα οἴεσθε ὅντινα οὐ βραχείᾳ προφάσει ἀποστήσεσθαι, ὅταν ἢ κατορθώσαντι ἐλευθέρωσις ᾖ ἢ σφαλέντι μηδὲν παθεῖν ἀνήκεστον; (8) Ἡμῖν δὲ πρὸς ἑκάστην πόλιν ἀποκεκινδυνεύσεται τά τε χρήματα καὶ αἱ ψυχαί. Καὶ τυχόντες μὲν πόλιν ἐφθαρμένην παραλαβόντες τῆς ἔπειτα προσόδου, δι᾽ ἣν ἰσχύομεν, τὸ λοιπὸν στερήσεσθε, σφαλέντες δὲ πολεμίους πρὸς τοῖς ὑπάρχουσιν ἕξομεν, καὶ ὃν χρόνον τοῖς νῦν καθεστηκόσι δεῖ ἐχθροῖς ἀνθίστασθαι, τοῖς οἰκείοις ξυμμάχοις πολεμήσομεν.

XL. « Οὔκουν δεῖ προθεῖναι ἐλπίδα οὔτε λόγῳ πιστὴν οὔτε χρήμασιν ὠνητήν, ὡς ξυγγνώμην ἁμαρτεῖν ἀνθρωπίνως λήψονται. Ἄκοντες μὲν γὰρ οὐκ ἔβλαψαν, εἰδότες δὲ ἐπεβούλευσαν· ξύγγνωμον δ᾽ ἐστὶ τὸ ἀκούσιον. (2) Ἐγὼ μὲν οὖν καὶ τότε πρῶτον καὶ νῦν διαμάχομαι μὴ μεταγνῶναι ὑμᾶς τὰ προδεδογμένα, μηδὲ τρισὶ τοῖς ἀξυμφορωτάτοις τῇ ἀρχῇ, οἴκτῳ καὶ ἡδονῇ λόγων καὶ ἐπιεικείᾳ, ἁμαρτάνειν. (3) Ἔλεός τε γὰρ πρὸς τοὺς ὁμοίους δίκαιος ἀντιδίδοσθαι, καὶ μὴ πρὸς τοὺς οὔτ᾽ ἀντοικτιοῦντας ἐξ ἀνάγκης τε καθεστῶτας ἀεὶ πολεμίους· οἵ τε τέρποντες λόγῳ ῥήτορες ἕξουσι καὶ ἐν ἄλλοις ἐλάσσοσιν ἀγῶνα, καὶ μὴ ἐν ᾧ ἡ μὲν πόλις βραχέα ἡσθεῖσα μεγάλα ζημιώσεται, αὐτοὶ δὲ ἐκ τοῦ εὖ εἰπεῖν τὸ παθεῖν εὖ ἀντιλήψονται· καὶ ἡ ἐπιείκεια πρὸς τοὺς μέλλοντας ἐπιτηδείους καὶ τὸ λοιπὸν ἔσεσθαι μᾶλλον δίδοται ἢ πρὸς τοὺς ὁμοίους τε καὶ οὐδὲν ἧσσον πολεμίους ὑπολειπομένους. (4) Ἐν δὲ ξυνελὼν λέγω· πειθόμενοι μὲν ἐμοὶ τά τε δίκαια ἐς Μυτιληναίους καὶ τὰ ξύμφορα ἅμα ποιήσετε, ἄλλως δὲ γνόντες τοῖς μὲν οὐ χαριεῖσθε, ὑμᾶς δὲ αὐτοὺς μᾶλλον δικαιώσεσθε. Εἰ γὰρ οὗτοι ὀρθῶς ἀπέστησαν, ὑμεῖς ἂν οὐ χρεὼν ἄρχοιτε. Εἰ δὲ δὴ καὶ οὐ προσῆκον ὅμως ἀξιοῦτε τοῦτο δρᾶν, παρὰ τὸ εἰκός τοι καὶ τούσδε ξυμφόρως δεῖ κολάζεσθαι,

præsens felicitas eos a periculis adeunditus deterruit, sed facti audaces ad futura, et spe sua complexi res majores quidem facultate sua, minores tamen animi cupiditate, bellum susceperunt, armis potius quam jure disceptandum censentes; quo enim tempore se victores fore putarunt, nullis injuriis a nobis affecti nos invaserunt. (4) Solet autem evenire, ut civitates illæ, quibus nuper ac præter exspectationem felicitas contigit, hac ad insolentiam convertantur, illa vero felicitas, quæ secundum rationem hominibus contingit, est plerumque stabilior, quam quæ præter exspectationem accidit, et adversam fortunam, pæne dixerim, facilius propulsant, quam secundam tuentur. (5) Decuerat autem jam pridem Mytilenæos nullo peculiari honore præter ceteros a nobis affici, et eo petulantiæ progressi non essent; hoc enim et alioqui natura comparatum est, ut homo eum quidem contemnat, a quo colitur, eum vero admiretur, qui ipsi non cedit. Plectuntor igitur etiam nunc pro magnitudine injuriæ, (6) neque paucis quidem culpa tribuatur, plebs vero a vobis absolvatur. Nam universi nos quidem pariter invaserunt, quibus tamen licebat, si ad nos confugissent, nunc iterum in urbe sua degere. Sed tutius esse arbitrati eandem belli fortunam periclitari cum paucis, simul omnes defecerunt. (7) Considerate autem, si easdem pœnas infligatis et sociis illis, qui ab hostibus coacti, et illis, qui ultro defecerunt, quem tandem fore putatis, quin levissima de causa deficiat, si aut re feliciter gesta libertatem sit adepturus, aut re infeliciter gesta nihil gravius sit perpessurus? (8) Nos vero in singulis civitatibus et fortunarum et salutis periculum subibimus. Et si, re prospere gesta, urbem jam profligatam receperimus, proventibus, in quibus sita est nostra potentia, in posterum privabimini, si vero labamur, præter eos, quos jam habemus, novos etiam hostes habebimus, et quo tempore illis, qui nunc sunt hostes aperti, resistendum erit, eo propriis sociis bellum faciemus.

XL. « Non oportet igitur ullam iis spem relinquere aut verbis impetrabilem aut argento venalem, fore ut quasi humanitus peccarint, veniam a nobis impetrent. Nec enim inviti damnum attulerunt sed prudentes insidias fecerunt; venia autem datur ei quod præter voluntatem fit. (2) Itaque ego quidem et tunc primum, et nunc quoque contendo, ne pristinam sententiam mutantes decretum jam ante factum rescindatis, neve tribus rebus imperio perniciosissimis, misericordia, et verborum illecebris, et lenitate, adducti peccetis. (3) Nam misericordiam illis, qui sunt pares, vicissim tribui est æquum, non autem illis, qui neque mutuam miserationem habituri sunt, et qui necessario perpetuo nobis hostes sunt. Et oratores, qui sua oratione oblectant, in aliis etiam minoribus rebus certamen habebunt, non autem in qua civitas post brevem delectationem maximam jacturam faciet, ipsi vero pro causa bene acta beneficium accipient; et lenitas illis potius tribuitur, qui in posterum quoque amici sunt futuri, quam illis, qui semper sui similes et nihilo minus hostes relinquantur. (4) Unum autem rem totam complexus dico: si meam sententiam sequamini, ea facietis, quæ et justa in Mytilenæos sunt, et simul etiam utilia; si autem aliter statuatis, illis quidem nihil gratificabimini, vos vero ipsos vestro judicio magis damnabitis. Si enim isti merito defecerunt, vos certe contra jus iis imperare dicemini. Quod si vero vel contra, quam debetis, hoc vobis nihilominus faciendum censetis, oportet utique hos etiam

ἢ παύεσθαι τῆς ἀρχῆς καὶ ἐκ τοῦ ἀκινδύνου ἀνδραγαθίζεσθαι. (5) Τῇ τε αὐτῇ ζημίᾳ ἀξιώσατε ἀμύνασθαι καὶ μὴ ἀναλγητότεροι οἱ διαφεύγοντες τῶν ἐπιβουλευσάντων φανῆναι, ἐνθυμηθέντες ἃ εἰκὸς ἦν αὐτοὺς ποιῆσαι κρατήσαντας ὑμῶν, ἄλλως τε καὶ προϋπάρξαντας ἀδικίας. (6) Μάλιστα δὲ οἱ μὴ ξὺν προφάσει τινὰ κακῶς ποιοῦντες ἐπεξέρχονται καὶ διόλλυνται, τὸν κίνδυνον ὑφορώμενοι τοῦ ὑπολειπομένου ἐχθροῦ· ὁ γὰρ μὴ ξὺν ἀνάγκῃ τι παθὼν χαλεπώτερος διαφυγὼν τοῦ ἀπὸ τῆς ἴσης ἐχθροῦ. (7) Μὴ οὖν προδόται γένησθε ὑμῶν αὐτῶν, γενόμενοι δ' ὅτι ἐγγύτατα τῇ γνώμῃ τοῦ πάσχειν καὶ ὡς πρὸ παντὸς ἂν ἐτιμήσασθε αὐτοὺς χειρώσασθαι, νῦν ἀνταπόδοτε μὴ μαλακισθέντες πρὸς τὸ παρὸν αὐτίκα μηδὲ τοῦ ἐπικρεμασθέντος ποτὲ δεινοῦ ἀμνημονοῦντες. (8) Κολάσατε δὲ ἀξίως τούτους τε, καὶ τοῖς ἄλλοις ξυμμάχοις παράδειγμα σαφὲς καταστήσατε, ὃς ἂν ἀφιστῆται, θανάτῳ ζημιωσόμενον. Τόδε γὰρ ἢν γνῶσιν, ἧσσον τῶν πολεμίων ἀμελήσαντες τοῖς ὑμετέροις αὐτῶν μαχεῖσθε ξυμμάχοις. »

XLI. Τοιαῦτα μὲν ὁ Κλέων εἶπεν· μετὰ δ' αὐτὸν Διόδοτος ὁ Εὐκράτους, ὅσπερ καὶ ἐν τῇ προτέρᾳ ἐκκλησίᾳ ἀντέλεγε μάλιστα μὴ ἀποκτεῖναι Μυτιληναίους, παρελθὼν καὶ τότε ἔλεγε τοιάδε.

XLII. « Οὔτε τοὺς προθέντας τὴν διαγνώμην αὖθις περὶ Μυτιληναίων αἰτιῶμαι, οὔτε τοὺς μεμφομένους μὴ πολλάκις περὶ τῶν μεγίστων βουλεύεσθαι ἐπαινῶ, νομίζω δὲ δύο τὰ ἐναντιώτατα εὐβουλίᾳ εἶναι, τάχος τε καὶ ὀργήν, ὧν τὸ μὲν μετὰ ἀνοίας φιλεῖ γίγνεσθαι, τὸ δὲ μετὰ ἀπαιδευσίας καὶ βραχύτητος γνώμης. (2) Τοὺς τε λόγους ὅστις διαμάχεται μὴ διδασκάλους τῶν πραγμάτων γίγνεσθαι, ἢ ἀξύνετός ἐστιν ἢ ἰδίᾳ τι αὐτῷ διαφέρει, ἀξύνετος μέν, εἰ ἄλλῳ τινὶ ἡγεῖται περὶ τοῦ μέλλοντος δυνατὸν εἶναι καὶ μὴ ἐμφανοῦς φράσαι, διαφέρει δ' αὐτῷ, εἰ βουλόμενός τι αἰσχρὸν πεῖσαι εὖ μὲν εἰπεῖν οὐκ ἂν ἡγεῖται περὶ τοῦ μὴ καλοῦ δύνασθαι, εὖ δὲ διαβαλὼν ἐκπλῆξαι ἂν τούς τε ἀντεροῦντας καὶ τοὺς ἀκουσομένους. (3) Χαλεπώτατοι δὲ καὶ οἱ ἐπὶ χρήμασι προσκατηγοροῦντες ἐπίδειξίν τινα. Εἰ μὲν γὰρ ἀμαθίαν κατῃτιῶντο, ὁ μὴ πείσας ἀξυνετώτερος ἂν δόξας εἶναι ἢ ἀδικώτερος ἀπεχώρει· ἀδικίας δ' ἐπιφερομένης πείσας τε ὕποπτος γίγνεται καὶ μὴ τυχὼν μετὰ ἀξυνεσίας καὶ ἄδικος. (4) Ἥ τε πόλις οὐκ ὠφελεῖται ἐν τῷ τοιῷδε· φόβῳ γὰρ ἀποστερεῖται τῶν ξυμβούλων. Καὶ πλεῖστ' ἂν ὀρθοῖτο ἀδυνάτους λέγειν ἔχουσα τοὺς τοιούτους τῶν πολιτῶν· ἐλάχιστα γὰρ ἂν πεισθείησαν ἁμαρτάνειν. (5) Χρὴ δὲ τὸν μὲν ἀγαθὸν πολίτην μὴ ἐκφοβοῦντα τοὺς ἀντεροῦντας ἀλλ' ἀπὸ τοῦ ἴσου φαίνεσθαι ἄμεινον λέγοντα, τὴν δὲ σώφρονα πόλιν τῷ τε πλεῖστα εὖ βουλεύοντι μὴ προστιθέναι τιμήν, ἀλλὰ μηδ' ἐλασσοῦν τῆς ὑπαρχούσης, καὶ τὸν μὴ τυχόντα γνώμης οὐχ ὅπως ζημιοῦν ἀλλὰ μηδ' ἀτιμάζειν. (6) Οὕτω γὰρ ὅ τε κατορθῶν ἥκιστα ἂν ἐπὶ τῷ ἔτι μειζόνων ἀξιοῦσθαι παρὰ γνώμην τι καὶ πρὸς χάριν λέγοι, ὅ τε

praeter jus a vobis cum commodo vestro puniri, aut imperium vos deponere et in tuto viros bonos agere. (5) Atque eadem poena debetis vos defendere velle, neque vos, qui evasistis, animo lentiores vosmet ostendere, quam illi, qui insidias fecerunt, cogitantes, quae verisimile est ipsos facturos fuisse, si vos vicissent, praesertim quum illi priores vos injuria lacessiverint. (6) Maxime vero ii, qui nulla de causa aliquem maleficio afficiunt, hunc persequuntur, et funditus perditum eunt, quia periculum sibi impendens ab hoste, si superstes relinquatur, suspectum habent; qui enim injuriam aliquam accepit, a quo non oportuit, hic periculo vitato in eum acerbior esse solet, quam in eum, qui pariter extitit hostis. (7) Nolite igitur vestri ipsorum proditores esse, sed animo quam proxime accedentes ad mala, quae passuri eratis, et cogitantes, ut vos ceteris omnibus rebus antepositari fuissetis, eos in vestram potestatem redigere, nunc parem gratiam ipsis referte, non emolliti ob praesentem nunc ipsorum fortunam, nec periculi, quod vobis aliquando impendebat, obliti. (8) Plectite igitur pro meritis et hos, et reliquis sociis insigne exemplum praebete, ut intelligant eum, qui defectionem a vobis fecerit, morte mulctatum iri. Hoc enim si cognoverint, vos minus necesse erit neglectis hostibus cum vestris ipsorum sociis pugnare. »

LXI. Atque Cleo quidem haec dixit. Post eum vero Diodotus Eucratis filius, qui et in superiore concione maxime erat adversatus, ne Mytilenaei necarentur, tunc etiam in medium progressus haec verba fecit.

XLII. « Neque illos, qui de Mytilenaeis iterum ad consilium retulerunt, reprehendo, neque illos, qui maximis de rebus saepius consultari vetant, laudo, sed credo haec duo bonae consultationi maxime contraria esse, celeritatem et iram, quorum alterum quidem cum amentia conjunctum esse solet, alterum vero cum imperitia et consilii tenuitate. (2) Et qui orationem rerum agendarum magistram esse contentiose negat, aut amens est, aut privatim aliquid ipsius interest; amens quidem, si ulla alia ratione res futuras et non manifestas declarari posse putat; interest vero ipsius, si cupiens aliquid turpe persuadere, pulchre quidem dicere posse de eo, quod est turpe, non putet, posse vero pulchre calumniatum perterrefacere et eos, qui contra dicturi, et eos qui audituri sunt. (3) Illi vero sunt molestissimi, qui ultro etiam ob pecuniam criminantur aliquam ostentandi ingenii orationem exhiberi. Si enim imperitiam objicerent, is, qui rem persuadere non potuisset, imperitus potius quam injustus habitus discederet; sed si injustitia objiciatur, et si causam obtinuit, est suspectus, et si id non perfecit, non solum imperitus, sed etiam injustus existimatur. (4) Et respublica ex hujusmodi re nullum sane emolumentum capit; consultoribus enim propter metum destituitur. Atque praeclare cum ea ageretur, si tales cives privatos dicendi facultate haberet; minime enim ad peccandum reliqui impellerentur. (5) Atqui oportet bonum civem non eum se praebere, qui terreat adversarios contra ipsum dicturos, sed qui aequo certamine melius dicat, sapientem vero civitatem oportet et ei, qui in rebus plurimis bene consulit, non quidem adhere novum honorem, sed nec eum, quem jam habet, imminuere, et eum, qui opinione falsus est, non solum nulla poena, sed ne ignominia quidem afficere. (6) Ita enim et is, qui in dicendis sententiis praestat, minime adducatur majorum etiam honorum causa praeter sententiam aliquid et ad gratiam dicere,

κὴ ἐπιτυχὼν ὀρέγοιτο τῷ αὐτῷ χαριζόμενός τι καὶ αὐτὸς προσάγεσθαι τὸ πλῆθος.

XLIII. « Ὧν ἡμεῖς τἀναντία δρῶμεν, καὶ προσέτι ἤν τις καὶ ὑποπτεύηται κέρδους μὲν ἕνεκα τὰ βέλτιστα ὅμως λέγειν, φθονήσαντες τῆς οὐ βεβαίου δοκήσεως τῶν κερδῶν τὴν φανερὰν ὠφελίαν τῆς πόλεως ἀφαιρούμεθα. (2) Καθέστηκε δὲ τἀγαθὰ ἀπὸ τοῦ εὐθέος λεγόμενα μηδὲν ἀνυποπτότερα εἶναι τῶν κακῶν, ὥστε δεῖν ὁμοίως τόν τε τὰ δεινότατα βουλόμενον πεῖσαι ἀπάτῃ προσάγεσθαι τὸ πλῆθος καὶ τὸν τὰ ἀμείνω λέγοντα ψευσάμενον πιστὸν γενέσθαι. (3) Μόνην τε πόλιν διὰ τὰς περινοίας εὖ ποιῆσαι ἐκ τοῦ προφανοῦς μὴ ἐξαπατήσαντα ἀδύνατον· ὁ γὰρ διδοὺς φανερῶς τι ἀγαθὸν ἀνθυποπτεύεται ἀφανῶς πῃ πλέον ἕξειν. (4) Χρὴ δὲ πρὸς τὰ μέγιστα καὶ ἐν τῷ τοιῷδε ἀξιοῦντι ἡμᾶς περαιτέρω προνοοῦντας λέγειν ὑμῶν τῶν δι' ὀλίγου σκοπούντων, ἄλλως τε καὶ ὑπεύθυνον τὴν παραίνεσιν ἔχοντας πρὸς ἀνεύθυνον τὴν ὑμετέραν ἀκρόασιν. (5) Εἰ γὰρ ὅ τε πείσας καὶ ὁ ἐπισπόμενος ὁμοίως ἐβλάπτοντο, σωφρονέστερον ἂν ἐκρίνετε· νῦν δὲ πρὸς ὀργὴν ἥντινα τύχητε ἔστιν ὅτε σφαλέντες τὴν τοῦ πείσαντος μίαν γνώμην ζημιοῦτε, καὶ οὐ τὰς ὑμετέρας αὐτῶν, εἰ πολλαὶ οὖσαι ξυνεξήμαρτον.

XLIV. « Ἐγὼ δὲ παρῆλθον οὔτε ἀντερῶν περὶ Μυτιληναίων οὔτε κατηγορήσων. Οὐ γὰρ περὶ τῆς ἐκείνων ἀδικίας ἡμῖν ὁ ἀγών, εἰ σωφρονοῦμεν, ἀλλὰ περὶ τῆς ἡμετέρας εὐβουλίας. (2) Ἤν τε γὰρ ἀποφήνω πάνυ ἀδικοῦντας αὐτούς, οὐ διὰ τοῦτο καὶ ἀποκτεῖναι κελεύσω, εἰ μὴ ξυμφέρον· ἤν τε καὶ ἔχοντές τι ξυγγνώμης εἶεν, εἰ τῇ πόλει μὴ ἀγαθὸν φαίνοιτο. (3) Νομίζω δὲ περὶ τοῦ μέλλοντος ἡμᾶς μᾶλλον βουλεύεσθαι ἢ τοῦ παρόντος· καὶ τοῦτο ὃ μάλιστα Κλέων ἰσχυρίζεται, ἐς τὸ λοιπὸν ξυμφέρον ἔσεσθαι πρὸς τὸ ἧσσον ἀφίστασθαι θάνατον ζημίαν προθεῖσι, καὶ αὐτὸς περὶ τοῦ ἐς τὸ μέλλον καλῶς ἔχοντος ἀντισχυριζόμενος τἀναντία γιγνώσκω. (4) Καὶ οὐκ ἀξιῶ ὑμᾶς τῷ εὐπρεπεῖ τοῦ ἐκείνου λόγου τὸ χρήσιμον τοῦ ἐμοῦ ἀπώσασθαι. Δικαιότερος γὰρ ὢν αὐτοῦ ὁ λόγος πρὸς τὴν νῦν ὑμετέραν ὀργὴν ἐς Μυτιληναίους τάχ' ἂν ἐπισπάσαιτο· ἡμεῖς δὲ οὐ δικαζόμεθα πρὸς αὐτούς, ὥστε τῶν δικαίων δεῖν, ἀλλὰ βουλευόμεθα περὶ αὐτῶν, ὅπως χρησίμως ἕξουσι.

XLV. « Ἐν οὖν ταῖς πόλεσι πολλῶν θανάτου ζημία πρόκειται, καὶ οὐκ ἴσων τῷδε ἀλλ' ἐλασσόνων ἁμαρτημάτων· ὅμως δὲ τῇ ἐλπίδι ἐπαιρόμενοι κινδυνεύουσιν, καὶ οὐδείς πω καταγνοὺς ἑαυτοῦ μὴ περιέσεσθαι τῷ ἐπιβουλεύματι ἦλθεν ἐς τὸ δεινόν. (2) Πόλις τε ἀφισταμένη τίς πω ἥσσω τῇ δοκήσει ἔχουσα τὴν παρασκευὴν ἢ οἰκείαν ἢ ἄλλων ξυμμαχίᾳ τούτῳ ἐπεχείρησεν; (3) πεφύκασί τε ἅπαντες καὶ ἰδίᾳ καὶ δημοσίᾳ ἁμαρτάνειν, καὶ οὐκ ἔστι νόμος ὅστις ἀπείρξει τούτου, ἐπεὶ διεξεληλύθασί γε διὰ πασῶν τῶν ζημιῶν οἱ ἄνθρωποι προστιθέντες, εἴ πως ἧσσον ἀδικοῖντο ὑπὸ τῶν κακούργων. Καὶ εἰκὸς τὸ πάλαι τῶν μεγίστων ἀδι-

et qui rectum consilium dare non potuit, eadem opera minime studeat eo ut et ipse aliquid gratificetur, multitudinem sibi conciliare.

XLIII. « Quorum nos contraria facimus, et præterea, si quis in suspicionem venerit, eum lucri quidem causa, sed tamen optime dicere, invidentes ei propter incertam lucri suspicionem, manifestam utilitatem reipublicæ eripimus. (2) Solet autem usu venire, ut bonæ sententiæ, quæ recto animo dicuntur, non minus sint suspectæ, quam malæ, adeo ut oporteat pariter tam illum, qui reipublicæ pessimum consilium est daturus, fraude multitudinem capere, quam illum, qui optima suadet, mendacio suam causam probare. (3) Et solam rempublicam propter hujusmodi suspiciones nemo aperte nulla fraude adhibita beneficiis afficere potest; qui enim aperte beneficium dat, eum suspicio est occulte majus lucrum capturum. (4) Oportet autem, ubi commoda maxima aguntur, et in tali re hoc nos a nobis exigere, ut aliquanto longius prospicientes verba faciamus, quam vos, quibus breve tantum spatium ad cogitandum datur, præsertim quum nobis suasionis nostræ ratio reddenda sit, non autem vobis auditionis vestræ. (5) Nam si et ille, qui aliquid persuasit, et ille, qui ei obsecutus est, æque multarentur, profecto prudentius judicaretis; nunc vero ad quemlibet animi motum, quo repente fueritis abrepti, si quando forte in rebus judicandis lapsi estis, illius, qui, persuaserit, unam sententiam, nec vestras ipsorum plectitis, quamvis multæ sint, quæ simul peccarint.

XLIV. « Ego vero in medium processi neque pro Mytilenæis cuiquam sententiam contrariam dicturus, neque eos accusaturus. Non enim de illorum injuria nobis est certamen, si sapimus, sed de utili nobis consilio. (2) Nam etiam si ipsos injustissimum facinus fecisse pronuntiem, non tamen ideo eos etiam occidendos censebo, nisi hoc conducat; neque etiam, si qua venia sint digni, [dimittendos], nisi hoc ipsum e republica fore constiterit. (3) Credo autem de rebus futuris potius quam de præsentibus nos consultare; atque quod præcipue Cleo magna cum asseveratione contendit, in posterum utile vobis fore, ut minus facile socii deficiant, si capitale supplicium ipsis proponatis, ego contra de eo, quod in posterum vobis utile est futurum, non minore cum asseveratione contra sentio. (4) Et a vobis exigo, ne speciosa illius oratione meæ orationis utilitatem repellatis. Magis enim justa quum sit ejus oratio in vestra hac adversus Mytilenæos ira, forsitan vos abripiat; nos vero non jam pro jure disceptamus cum illis, ita ut de jure nobis sit quærendum : sed consultamus de iis, quonam modo nobis in posterum utiles esse possint.

XLV. « Jam igitur in rebus publicis capitis pœna proposita est in multa peccata, non solum huic paria sed etiam minora; nihilo minus tamen homines spe elati distrimen subeunt, neque quisquam unquam in periculum venit, qui se ex eo non pro voto evasurum crediderit. (2) Et civitas defectionem faciens quæ unquam exstitit, quæ justo minorem se ipsa existimans habere apparatum vel suum vel socialem, hoc aggredi auderet? (3) Omnibus enim natura insitum est, et privatim et publice, ut peccent, nec ulla lex est, quæ ab hoc prohibere valeat, siquidem homines per omnia pœnarum genera iverunt, eas paulatim augentes, si forte ita a facinorosis minus læderentur. Et verisimile est

χημάτων μαλακωτέρας κεῖσθαι αὐτάς, παραβαινομένων δὲ τῷ χρόνῳ ἐς τὸν θάνατον αἱ πολλαὶ ἀνήκουσιν· καὶ τοῦτο ὅμως παραβαίνεται. (4) Ἡ τοίνυν δεινότερόν τι τούτου δέος εὑρετέον ἐστὶν ἢ τόδε γε οὐδὲν ἐπίσχει, ἀλλ' ἡ μὲν πενία ἀνάγκῃ τὴν τόλμαν παρέχουσα, ἡ δ' ἐξουσία ὕβρει τὴν πλεονεξίαν καὶ φρονήματι, αἱ δ' ἄλλαι ξυντυχίαι ὀργῇ τῶν ἀνθρώπων, ὡς ἑκάστη τις κατέχεται ὑπ' ἀνηκέστου τινὸς κρείσσονος, ἐξάγουσιν ἐς τοὺς κινδύνους. (5) Ἥ τε ἐλπὶς καὶ ὁ ἔρως ἐπὶ παντί, ὁ μὲν ἡγούμενος ἡ δ' ἐφεπομένη, καὶ ὁ μὲν τὴν ἐπιβολὴν ἐκφροντίζων ἡ δὲ τὴν εὐπορίαν τῆς τύχης ὑποτιθεῖσα, πλεῖστα βλάπτουσιν, καὶ ὄντα ἀφανῆ κρείσσω ἐστὶ τῶν ὁρωμένων δεινῶν. (6) Καὶ ἡ τύχη ἐπ' αὐτοῖς οὐδὲν ἔλασσον ξυμβάλλεται ἐς τὸ ἐπαίρειν· ἀδοκήτως γὰρ ἔστιν ὅτε παρισταμένη καὶ ἐκ τῶν ὑποδεεστέρων κινδυνεύειν τινὰ προάγει, καὶ οὐχ ἧσσον τὰς πόλεις, ὅσῳ περὶ τῶν μεγίστων, ἐλευθερίας ἢ ἄλλων ἀρχῆς, καὶ μετὰ πάντων ἕκαστος ἀλογίστως ἐπὶ πλέον τι αὑτὸν ἐδόξασεν. (7) Ἁπλῶς τε ἀδύνατον καὶ πολλῆς εὐηθείας, ὅστις οἴεται τῆς ἀνθρωπείας φύσεως ὁρμωμένης προθύμως τι πρᾶξαι ἀποτροπήν τινα ἔχειν ἢ νόμων ἰσχύϊ ἢ ἄλλῳ τῳ δεινῷ.

XLVI. « Οὔκουν χρὴ οὔτε τοῦ θανάτου τῇ ζημίᾳ ὡς ἐχεγγύῳ πιστεύσαντας χεῖρον βουλεύσασθαι, οὔτε ἀνέλπιστον καταστῆσαι τοῖς ἀποστᾶσιν ὡς οὐκ ἔσται μεταγνῶναι καὶ ὅτι ἐν βραχυτάτῳ τὴν ἁμαρτίαν καταλῦσαι. (2) Σκέψασθε γὰρ ὅτι νῦν μέν, ἤν τις καὶ ἀποστᾶσα πόλις γνῷ μὴ περιεσομένη, ἔλθοι ἂν ἐς ξύμβασιν δυνατὴ οὖσα ἔτι τὴν δαπάνην ἀποδοῦναι καὶ τὸ λοιπὸν ὑποτελεῖν· ἐκείνως δὲ τίνα οἴεσθε ἥντινα οὐκ ἄμεινον μὲν ἢ νῦν παρασκευάσασθαι, πολιορκίᾳ τε παρατενεῖσθαι ἐς τοὔσχατον, εἰ τὸ αὐτὸ δύναται σχολῇ καὶ ταχὺ ξυμβῆναι; (3) ἡμῖν τε πῶς οὐ βλάβη δαπανᾶν καθημένοις διὰ τὸ ἀξύμβατον, καὶ ἢν ἕλωμεν πόλιν, ἐφθαρμένην παραλαβεῖν καὶ τῆς προσόδου τὸ λοιπὸν ἀπ' αὐτῆς στέρεσθαι; ἰσχύομεν δὲ πρὸς τοὺς πολεμίους τῷδε. (4) Ὥστε οὐ δικαστὰς ὄντας δεῖ ἡμᾶς μᾶλλον τῶν ἐξαμαρτανόντων ἀκριβεῖς βλάπτεσθαι ἢ ὁρᾶν ὅπως ἐς τὸν ἔπειτα χρόνον μετρίως κολάζοντες ταῖς πόλεσιν ἕξομεν ἐς χρημάτων λόγον ἰσχυούσαις χρῆσθαι, καὶ τὴν φυλακὴν μὴ ἀπὸ τῶν νόμων τῆς δεινότητος ἀξιοῦν ποιεῖσθαι, ἀλλ' ἀπὸ τῶν ἔργων τῆς ἐπιμελείας. (5) Οὗ νῦν τἀναντία δρῶντες, ἤν τινα ἐλεύθερον καὶ βίᾳ ἀρχόμενον εἰκότως πρὸς αὐτονομίαν ἀποστάντα χειρωσώμεθα, χαλεπῶς οἰόμεθα χρῆναι τιμωρεῖσθαι. (6) Χρὴ δὲ τοὺς ἐλευθέρους οὐκ ἀφισταμένους σφόδρα κολάζειν, ἀλλὰ πρὶν ἀποστῆναι σφόδρα φυλάσσειν καὶ προκαταλαμβάνειν ὅπως μηδ' ἐς ἐπίνοιαν τούτου ἴωσι, κρατήσαντάς τε ὅτι ἐπ' ἐλάχιστον τὴν αἰτίαν ἐπιφέρειν.

XLVII. « Ὑμεῖς δὲ σκέψασθε ὅσον ἂν καὶ τοῦτο ἁμαρτάνοιτε Κλέωνι πειθόμενοι. (2) Νῦν μὲν γὰρ ὑμῖν ὁ δῆμος ἐν πάσαις ταῖς πόλεσιν εὔνους ἐστί, καὶ ἢ οὐ ξυναφίσταται τοῖς ὀλίγοις ἢ ἐὰν βιασθῇ ὑπάρχει τοῖς

mitiores pœnas olim in maxima scelera constitutas fuisse, sed quum violarentur, temporis progressu ad mortem pleræque processerunt; et tamen hoc quoque violatur. (4) Aut igitur aliquis terror hoc vehementior est excogitandus, aut ne iste quidem coercet, sed vel paupertas, quæ audaciam ex necessitate præbet, vel potentia, quæ ex petulantia et superbia pluris habendi cupiditatem, vel aliæ sortes pro affectu hominum, ut in quaque intolerabilis aliqua vis vehementior dominatur, abripiunt in pericula. (5) Et spes et amor præter cetera omnia, hic quidem præiens, illa vero subsequens, itemque hic rei aggrediendæ rationem excogitans, illa fortunæ facilem successum suggerens, plurimum nocent, et quamvis sub aspectum minime cadant, majorem tamen vim habent, quam mala, quæ cernuntur. (6) Et præter ista ipsius quoque fortunæ non minores partes sunt in efferendis animis. Nam ex inopinato nonnunquam adstans aliquem vel infirmioribus opibus instructum adducit ad periclitandum, et magis etiam civitates, quanto de majoribus rebus periculum est, de libertate aut de imperio in alios obtinendo, et quia cum universis singuli temere de se plus æquo sentiunt. (7) Denique ut rem paucis complectar, hoc fieri non potest, et magnæ est stultitiæ, si quis existimat, ut humana natura feratur cum magno animi impetu ad aliquid agendum, se aliquam rationem habere, qua eam avertat aut legum vi aut aliquo alio terrore.

XLVI. « Quare non oportet nos neque mortis pœna, tanquam locuplete fidejussore fretos, minus recte de Mytilenæis statuere, neque omnem spem tollere illis, qui defecerint, fore, ut eorum pœnitentiæ aliquis locus detur, et tempore quam brevissimo peccatum ipsis eluere liceat. (2) Considerate enim, quod sic quidem, si qua civitas, quæ defectionem fecerit, intelligat, sibi rem non successuram, veniet ad compositionem, dum adhuc habet, unde impensas restituere et tributum in posterum persolverē possit; at illo modo quam tandem fore putatis, quæ non melius, quam nunc illa, se instruat, et diuturnam obsidionem ad extremum usque perlaturam sit, si idem valet, sero et cito compositionem facere? (3) Et nobis quomodo detrimentum non erit, quando propter sublatam compositionis faciendæ spem in longam obsidionem sumptus facere cogimur, et, si urbem capiamus, profligatam recipimus, et vectigalibus, quæ ex ea percipimus, in posterum privamur? Atqui hac ipsa re adversus hostes valemus. (4) Quapropter nobis non est committendum, ut eo, quod illorum, qui deliquerunt, judices sumus severi, detrimentum potius capiamus, quam videndum, quonam modo moderata punitione civitatibus validis a pecuniarum quidem vi in posterum uti possimus, neque existimandum legum atrocitate custodiam eorum agendam esse, sed actionum nostrarum accurata sobrietate. (5) Cujus rei nunc contrarium facientes, si quem liberum hominem et invitum alterius imperio parentem, qui ideo, ut par est, ad libertatem defecerit, subegerimus, eum atrocibus suppliciis afficiendum censemus. (6) Atqui liberos homines non quum deficiunt, acriter punire oportet, sed antequam defecerint, eos diligenter custodire, et antevertere, ut ne in cogitationem quidem hujus rei veniant, et, si eos in nostram potestatem redegerimus, delicti culpam quam paucissimis tribuere.

XLVII. « Vos autem considerate, quantopere hac etiam re peccaturi sitis, si Cleoni assentiamini. (2) Nunc enim plebs in omnibus civitatibus est vobis benevola, et aut non deficit cum nobilibus, aut, si deficere cogatur, statim hæc illis

ἀποστήσασι πολέμιος εὐθύς, καὶ τῆς ἀντικαθισταμένης πόλεως τὸ πλῆθος ξύμμαχον ἔχοντες ἐς πόλεμον ἐπέρχεσθε. (3) Εἰ δὲ διαφθερεῖτε τὸν δῆμον τὸν Μυτιληναίων, ὃς οὔτε μετέσχε τῆς ἀποστάσεως, ἐπειδή τε ὅπλων ἐκράτησεν, ἑκὼν παρέδωκε τὴν πόλιν, πρῶτον μὲν ἀδικήσετε τοὺς εὐεργέτας κτείνοντες, ἔπειτα καταστήσετε τοῖς δυνατοῖς τῶν ἀνθρώπων ὃ βούλονται μάλιστα· ἀφιστάντες γὰρ τὰς πόλεις τὸν δῆμον εὐθὺς ξύμμαχον ἕξουσι, προδειξάντων ὑμῶν τὴν αὐτὴν ζημίαν τοῖς τε ἀδικοῦσιν ὁμοίως κεῖσθαι καὶ τοῖς μή. (4) Δεῖ δὲ καὶ εἰ ἠδίκησαν μὴ προσποιεῖσθαι, ὅπως ὃ μόνον ἡμῖν ἔτι ξύμμαχόν ἐστι μὴ πολέμιον γένηται. (5) Καὶ τοῦτο πολλῷ ξυμφορώτερον ἡγοῦμαι ἐς τὴν κάθεξιν τῆς ἀρχῆς, ἑκόντας ἡμᾶς ἀδικηθῆναι, ἢ δικαίως οὓς μὴ δεῖ διαφθεῖραι· καὶ τὸ Κλέωνος τὸ αὐτὸ δίκαιον καὶ ξύμφορον τῆς τιμωρίας οὐχ εὑρίσκεται ἐν αὐτῷ δυνατὸν ὂν ἅμα γίγνεσθαι.

XLVIII. « Ὑμεῖς δὲ γνόντες ἀμείνω τάδε εἶναι, καὶ μήτε οἴκτῳ πλέον νείμαντες μήτ' ἐπιεικείᾳ, οἷς οὐδὲ ἐγὼ ἐῶ προσάγεσθαι, ἀπ' αὐτῶν δὲ τῶν παραινουμένων, πείθεσθέ μοι Μυτιληναίων οὓς μὲν Πάχης ἀπέπεμψεν ὡς ἀδικοῦντας κρῖναι καθ' ἡσυχίαν, τοὺς δ' ἄλλους ἐᾶν οἰκεῖν. (2) Τάδε γὰρ ἔς τε τὸ μέλλον ἀγαθὰ καὶ τοῖς πολεμίοις ἤδη φοβερά· ὅστις γὰρ εὖ βουλεύεται πρὸς τοὺς ἐναντίους, κρείσσων ἐστὶν ἢ μετ' ἔργων ἰσχύος ἀνοίᾳ ἐπιών. »

XLIX. Τοιαῦτα δὲ ὁ Διόδοτος εἶπεν. Ῥηθεισῶν δὲ τῶν γνωμῶν τούτων μάλιστα ἀντιπάλων πρὸς ἀλλήλας οἱ Ἀθηναῖοι ἦλθον μὲν ἐς ἀγῶνα ὅμως τῆς δόξης καὶ ἐγένοντο ἐν τῇ χειροτονίᾳ ἀγχώμαλοι, ἐκράτησε δὲ ἡ τοῦ Διοδότου. (2) Καὶ τριήρη εὐθὺς ἄλλην ἀπέστελλον κατὰ σπουδήν, ὅπως μὴ φθασάσης τῆς προτέρας εὕρωσι διεφθαρμένην τὴν πόλιν· προεῖχε δὲ ἡμέρᾳ καὶ νυκτὶ μάλιστα. (3) Παρασκευασάντων δὲ τῶν Μυτιληναίων πρέσβεων τῇ νηὶ οἶνον καὶ ἄλφιτα, καὶ μεγάλα ὑποσχομένων εἰ φθάσαιεν, ἐγένετο σπουδὴ τοῦ πλοῦ τοιαύτη ὥστε ἤσθιόν τε ἅμα ἐλαύνοντες οἴνῳ καὶ ἐλαίῳ ἄλφιτα πεφυραμένα, καὶ οἱ μὲν ὕπνον ᾑροῦντο κατὰ μέρος οἱ δὲ ἤλαυνον. (4) Κατὰ τύχην δὲ πνεύματος οὐδενὸς ἐναντιωθέντος, καὶ τῆς μὲν προτέρας νεὼς οὐ σπουδῇ πλεούσης ἐπὶ πρᾶγμα ἀλλόκοτον, ταύτης δὲ τοιούτῳ τρόπῳ ἐπειγομένης, ἡ μὲν ἔφθασε τοσοῦτον ὅσον Πάχητα ἀνεγνωκέναι τὸ ψήφισμα καὶ μέλλειν δράσειν τὰ δεδογμένα, ἡ δ' ὑστέρα αὐτῆς ἐπικατάγεται καὶ διεκώλυσε μὴ διαφθεῖραι. Παρὰ τοσοῦτον μὲν ἡ Μυτιλήνη ἦλθε κινδύνου.

L. Τοὺς δ' ἄλλους ἄνδρας οὓς ὁ Πάχης ἀπέπεμψεν ὡς αἰτιωτάτους ὄντας τῆς ἀποστάσεως Κλέωνος γνώμῃ διέφθειραν οἱ Ἀθηναῖοι· ἦσαν δὲ ὀλίγῳ πλείους χιλίων. Καὶ Μυτιληναίων τείχη καθεῖλον καὶ ναῦς παρέλαβον. (2) Ὕστερον δὲ φόρον μὲν οὐκ ἔταξαν Λεσβίοις, κλήρους δὲ ποιήσαντες τῆς γῆς πλὴν τῆς Μηθυμναίων τρισχιλίους τριακοσίους μὲν τοῖς θεοῖς ἱεροὺς ἐξεῖλον, ἐπὶ δὲ τοὺς ἄλλους σφῶν αὐτῶν κληρούχους

hostis adest, qui defecerunt, et vos adversariæ civitatis multitudinem vestri studiosam habentes ad bellum pergitis. (3) Sin vero Mytilenæorum plebem occidetis, quæ neque defectionis particeps fuit, et, postquam armorum potita est, urbem ultro tradidit, primum quidem injuste facietis, quia bene de vobis meritos occidetis, deinde vero exemplum constituetis, quod homines potentes maxime cupiunt; nam quum civitates ad defectionem impellunt, plebem statim sociam habebunt, quia vos eandem pœnam omnibus pariter, tam illis, qui deliquerint, quam illis, qui non deliquerint, propositam esse prius demonstraveritis. (4) Oportet autem, quamvis deliquerint, hoc dissimulare, ut ea pars, quæ sola adhuc rebus nostris favet, a nobis non alienetur. (5) Et hoc ad imperium retinendum longe utilius existimo, injuriam nobis volentibus fieri, quam a nobis summo cum jure eos occidi, quos non oportet. Atque id, quod est in Cleonis sententia, ultionem justam eamdemque utilem esse, id in eadem re simul fieri posse non reperitur.

XLVIII. « Vos autem quum intellexeritis, hanc meam sententiam meliorem esse, neque misericordiæ neque lenitati plus tribuentes, quibus ne ego quidem vos adduci sino, sed ex ipsis rebus, quæ vobis suadentur, obedite mihi, ut de Mytilenæis, quos Paches ut sontes misit, quæstionem per otium habeatis, ceteros vero habitare permittatis. (2) Hæc enim et in posterum bona sunt et hostibus jam formidabilia; quisquis enim recte consulit adversus hostes, is magis pollet, quam qui facto vim adhibens temere eos invadit. »

XLIX. Atque Diodotus hæc dixit. Prolatis vero horum sententiis inter se maxime contrariis, Athenienses sane quidem inter se contenderunt de decreto faciendo, et quum ad suffragia ventum est, par fere utrinque numerus fuit, vicit tamen Diodoti sententia. (2) Quare confestim alteram triremem magna festinatione miserunt, ne, si forte prior ante advenisset, civitatem jam exstinctam offenderent; antecesserat autem uno ferme die et nocte. (3) Quum autem Mytilenæorum legati huic navi vinum et panem hordeaceum præparassent, et magna præmia promisissent, si antevertissent, tanto studio cursum navigationis confecerunt, ut uno eodemque tempore et remigarent, et panem vino oleoque maceratum comederent, et per vices alii somnum caperent, alii remigarent. (4) Quum autem quodam fortunæ beneficio tunc nullus ventus contrarius spirasset, et prior navis haud magna festinatione navigaret ad negotium immane, hæc vero hunc in modum adeo properaret, illa quidem tantisper præcessit, ut Paches decretum legisset, et imperata tunc ipsum facturus esset, hæc vero post eam ad portum appulit, et impedivit, ne civitatem perderet. Tam exiguo intervallo Mytilene a periculo abfuit.

L. Ceteros vero, quos Paches ut præcipuos defectionis auctores miserat, Athenienses ex Cleonis sententia morte mulctarunt; erant autem numero paulo plures mille. Et Mytilenes muros demoliti sunt, et naves abduxerunt. (2) Postea vero tributum quidem nullum imposuerunt Lesbiis, sed agro, excepto Methymnæorum, in ter mille sortes diviso, trecentas quidem eximias dis consecrārunt, in reliquas vero colonos de suis facta sortitione miserunt; quibus pecu-

τοὺς λαχόντας ἀπέπεμψαν· οἷς ἀργύριον Λέσβιοι ταξάμενοι τοῦ κλήρου ἑκάστου τοῦ ἐνιαυτοῦ δύο μνᾶς φέρειν αὐτοὶ εἰργάζοντο τὴν γῆν. (3) Παρέλαβον δὲ καὶ τὰ ἐν τῇ ἠπείρῳ πολίσματα οἱ Ἀθηναῖοι ὅσων Μυτιληναῖοι ἐκράτουν, καὶ ὑπήκουον ὕστερον Ἀθηναίων. Τὰ μὲν κατὰ Λέσβον οὕτως ἐγένετο.

LI. Ἐν δὲ τῷ αὐτῷ θέρει μετὰ τὴν Λέσβου ἅλωσιν Ἀθηναῖοι Νικίου τοῦ Νικηράτου στρατηγοῦντος ἐστράτευσαν ἐπὶ Μινώαν τὴν νῆσον, ἣ κεῖται πρὸ Μεγάρων· ἐχρῶντο δὲ αὐτῇ πύργον ἐνοικοδομήσαντες οἱ Μεγαρῆς φρουρίῳ. (2) Ἐβούλετο δὲ Νικίας τὴν φυλακὴν αὐτόθεν δι᾽ ἐλάσσονος τοῖς Ἀθηναίοις καὶ μὴ ἀπὸ τοῦ Βουδόρου καὶ τῆς Σαλαμῖνος εἶναι, τούς τε Πελοποννησίους, ὅπως μὴ ποιῶνται ἔκπλους αὐτόθεν λανθάνοντες τριήρων τε, οἷον καὶ τὸ πρὶν γενόμενον, καὶ λῃστῶν ἐκπομπαῖς, τοῖς τε Μεγαρεῦσιν ἅμα μηδὲν ἐσπλεῖν. (3) Ἑλὼν οὖν ἀπὸ τῆς Νισαίας πρῶτον δύο πύργω προέχοντε μηχαναῖς ἐκ θαλάσσης, καὶ τὸν ἔσπλουν ἐς τὸ μεταξὺ τῆς νήσου ἐλευθερώσας, ἀπετείχιζε καὶ τὸ ἐκ τῆς ἠπείρου, ᾗ κατὰ γέφυραν διὰ τενάγους ἐπιβοήθεια ἦν τῇ νήσῳ οὐ πολὺ διεχούσῃ τῆς ἠπείρου. (4) Ὡς δὲ τοῦτο ἐξειργάσαντο ἐν ἡμέραις ὀλίγαις, ὕστερον δὴ καὶ ἐν τῇ νήσῳ τεῖχος ἐγκαταλιπὼν καὶ φρουρὰν ἀνεχώρησε τῷ στρατῷ.

LII. Ὑπὸ δὲ τοὺς αὐτοὺς χρόνους τοῦ θέρους τούτου καὶ οἱ Πλαταιῆς οὐκέτι ἔχοντες σῖτον οὐδὲ δυνάμενοι πολιορκεῖσθαι ξυνέβησαν τοῖς Πελοποννησίοις τοιῷδε τρόπῳ. (2) Προσέβαλον αὐτῶν τῷ τείχει, οἱ δὲ οὐκ ἐδύναντο ἀμύνεσθαι. Γνοὺς δὲ ὁ Λακεδαιμόνιος ἄρχων τὴν ἀσθένειαν αὐτῶν βίᾳ μὲν οὐκ ἐβούλετο ἑλεῖν (εἰρημένον γὰρ ἦν αὐτῷ ἐκ Λακεδαίμονος, ὅπως, εἰ σπονδαὶ γίγνοιντό ποτε πρὸς Ἀθηναίους καὶ ξυγχωροῖεν ὅσα πολέμῳ χωρία ἔχουσιν ἑκάτεροι ἀποδίδοσθαι, μὴ ἀνάδοτος εἴη ἡ Πλάταια ὡς αὐτοῖς ἑκόντων προσχωρησάντων), προσπέμπει δὲ αὐτοῖς κήρυκα λέγοντα εἰ βούλονται παραδοῦναι τὴν πόλιν ἑκόντες τοῖς Λακεδαιμονίοις καὶ δικασταῖς ἐκείνοις χρήσασθαι, τούς τε ἀδίκους κολάζειν, παρὰ δίκην δὲ οὐδένα. (3) Τοσαῦτα μὲν ὁ κῆρυξ εἶπεν· οἱ δέ (ἦσαν γὰρ ἤδη ἐν τῷ ἀσθενεστάτῳ) παρέδοσαν τὴν πόλιν. Καὶ τοὺς Πλαταιέας ἔτρεφον οἱ Πελοποννήσιοι ἡμέρας τινάς, ἐν ὅσῳ οἱ ἐκ τῆς Λακεδαίμονος δικασταὶ πέντε ἄνδρες ἀφίκοντο. (4) Ἐλθόντων δὲ αὐτῶν κατηγορία μὲν οὐδεμία προετέθη, ἠρώτων δὲ αὐτοὺς ἐπικαλεσάμενοι τοσοῦτον μόνον, εἴ τι Λακεδαιμονίους καὶ τοὺς ξυμμάχους ἐν τῷ πολέμῳ τῷ καθεστῶτι ἀγαθόν τι εἰργασμένοι εἰσίν. (5) Οἱ δ᾽ ἔλεγον, αἰτησάμενοι μακρότερα εἰπεῖν καὶ προτάξαντες σφῶν αὐτῶν Ἀστύμαχόν τε τὸν Ἀσωπολάου καὶ Λάκωνα τὸν Ἀειμνήστου πρόξενον ὄντα Λακεδαιμονίων. Καὶ ἐπελθόντες ἔλεγον τοιάδε.

LIII. « Τὴν μὲν παράδοσιν τῆς πόλεως ὦ Λακεδαιμόνιοι πιστεύσαντες ὑμῖν ἐποιησάμεθα, οὐ τοιάνδε δίκην οἰόμενοι ὑφέξειν, νομιμωτέραν δέ τινα ἔσεσθαι, καὶ ἐν δικασταῖς οὐκ ἐν ἄλλοις δεξάμενοι, ὥσπερ καὶ ἐσμέν,

niam Lesbii constitutam in singulas portiones duas minas ex pacto et convento quotannis persolventes agrum ipsi colebant. (3) Oppidis etiam in continente sitis, quotquot Mytilenæi in sua potestate habebant, Athenienses potiti sunt, quæ postea Atheniensium imperio parebant. Et apud Lesbum quidem ita res gestæ sunt.

LI. Eadem autem æstate post receptam Lesbum Athenienses, duce Nicia, Nicerati filio, adversus Minoam insulam Megaris adjacentem profecti sunt; utebantur autem ea Megarenses, turri ibi exstructa, pro propugnaculo. (2) Nicias autem volebat, ut Athenienses illinc breviore loci spatio, non autem a Budoro aut Salamine, hostes navium statione posita observarent, et Peloponnesii ne clam eruptiones illinc facerent vel triremibus, quemadmodum ante fecerant, vel prædonibus emissis, simul etiam ne quid Megarensibus importaretur. (3) Quum igitur ab ea parte primum, quæ Nisæam spectat, duas turres prominentes machinis e mari expugnasset, liberamque ibi inter insulam continentemque navigationem reddidisset, ab ea quoque continentis parte, qua ponte in vado exstructo auxilium insulæ a continente non ita multum distanti ferri poterat, munitionibus eam intersepsit. (4) Quum autem hoc opus intra paucos dies confecissent, postea in ipsa quoque insula castello et præsidio relicto cum exercitu domum rediit.

LII. Per eadem autem hujus æstatis tempora Platæenses quoque, quod nullum commeatum amplius haberent, nec obsidionem diutius fere possent, hunc in modum compositione facta Peloponnesiis se dediderunt. (2) Oppugnaverant urbis muros, illi vero ipsos propulsare non poterant. Quare dux Lacedæmonius quum eorum imbecillitatem cognovisset, per vim quidem eos capere noluit (hoc enim a Lacedæmoniorum magistratibus ei erat interdictum, ut, si fœdus aliquando cum Atheniensibus fieret, et utrique loca bello capta, quæ in sua potestate haberent, reddenda consentirent, Platæa ne inter reddenda esset, quod ipsi sua sponte se dedidissent), sed caduccatorem ad eos misit, qui diceret, nunquid se et urbem ultro Lacedæmoniis dedere, eorumque judicio stare vellent, ut de sontibus supplicium sumere, præter jus vero de nullo. (3) Atque tantum quidem caduccator dixit; illi vero (jam enim in extrema imbecillitate constituti erant) urbem ipsis dediderunt. Peloponnesii vero Platæenses per aliquot dies aluerunt, donec Lacedæmone quinque judices advenerunt. (4) Quum autem illi adessent, nullam quidem accusationem iis proposuerunt, sed accersitos hoc tantum interrogabant, nunquid in præsenti bello de Lacedæmoniis eorumque sociis aliquo modo bene meriti essent. (5) Illi vero, quum petissent, ut suam causam oratione prolixiore sibi agere liceret, responderunt, suæque causæ patronos constituentes Astymachum Asopolai, et Laconem Aimnesti filium, cui publicum erat cum Lacedæmoniis hospitium, atque in medium progressi in hunc modum verba fecerunt.

LIII. « Urbis deditionem, o Lacedæmonii, vestra æquitate freti fecimus, non existimantes, nos tale judicium subituros, sed legibus magis conveniens aliquod fore sperantes; et conditionem nobis oblatam accepimus, ut non

γενέσθαι ἢ ὑμῖν, ἡγούμενοι τὸ ἴσον μάλιστ' ἂν φέρεσθαι. (2) Νῦν δὲ φοβούμεθα μὴ ἀμφοτέρων ἅμα ἡμαρτήκαμεν· τόν τε γὰρ ἀγῶνα περὶ τῶν δεινοτάτων εἶναι εἰκότως ὑποπτεύομεν καὶ ὑμᾶς μὴ οὐ κοινοὶ ἀποβῆτε, τεκμαιρόμενοι προκατηγορίας τε ἡμῶν οὐ προγεγενημένης ᾗ χρὴ ἀντειπεῖν (ἀλλ' αὐτοὶ λόγον ᾐτησάμεθα), τό τε ἐπερώτημα βραχὺ ὄν, ᾧ τὰ μὲν ἀληθῆ ἀποκρίνασθαι ἐναντία γίγνεται, τὰ δὲ ψευδῆ ἔλεγχον ἔχει. (3) Πανταχόθεν δὲ ἄποροι καθεστῶτες ἀναγκαζόμεθα καὶ ἀσφαλέστερον δοκεῖ εἶναι εἰπόντας τι κινδυνεύειν· καὶ γὰρ ὁ μὴ ῥηθεὶς λόγος τοῖς ὧδ' ἔχουσιν αἰτίαν ἂν παράσχοι ὡς εἰ ἐλέχθη σωτήριος ἂν ἦν. (4) Χαλεπῶς δὲ ἔχει ἡμῖν πρὸς τοῖς ἄλλοις καὶ ἡ πειθώ. Ἀγνῶτες μὲν γὰρ ὄντες ἀλλήλων, ἐπεισενεγκάμενοι μαρτύρια ὧν ἄπειροι ἦτε ὠφελούμεθ' ἄν· νῦν δὲ πρὸς εἰδότας πάντα λελέξεται, καὶ δέδιμεν οὐχὶ μὴ προκαταγνόντες ἡμῶν τὰς ἀρετὰς ἥσσους εἶναι τῶν ὑμετέρων ἔγκλημα αὐτὸ ποιῆτε, ἀλλὰ μὴ ἄλλοις χάριν φέροντες ἐπὶ διεγνωσμένην κρίσιν καθιστώμεθα.

LIV. « Παρεχόμενοι δὲ ὅμως ἃ ἔχομεν δίκαια πρός τε τὰ Θηβαίων διάφορα καὶ ἐς ὑμᾶς καὶ τοὺς ἄλλους Ἕλληνας, τῶν εὖ δεδρασμένων ὑπόμνησιν ποιησόμεθα καὶ πείθειν πειρασόμεθα. (2) Φαμὲν γὰρ πρὸς τὸ ἐρώτημα τὸ βραχύ, εἴ τι Λακεδαιμονίους καὶ τοὺς ξυμμάχους ἐν τῷ πολέμῳ τῷδε ἀγαθόν τι πεποιήκαμεν, εἰ μὲν ὡς πολεμίους ἐρωτᾶτε, οὐκ ἀδικεῖσθαι ὑμᾶς μὴ εὖ παθόντας, φίλους δὲ νομίζοντας αὐτοὺς ἁμαρτάνειν μᾶλλον τοὺς ἡμῖν ἐπιστρατεύσαντας. (3) Τὰ δ' ἐν τῇ εἰρήνῃ καὶ πρὸς τὸν Μῆδον ἀγαθοὶ γεγενήμεθα, τὴν μὲν οὐ λύσαντες νῦν πρότεροι, τῷ δὲ ξυνεπιθέμενοι τότε ἐς ἐλευθερίαν τῆς Ἑλλάδος μόνοι Βοιωτῶν. (4) Καὶ γὰρ ἠπειρῶταί τε ὄντες ἐναυμαχήσαμεν ἐπ' Ἀρτεμισίῳ, μάχῃ τε τῇ ἐν τῇ ἡμετέρᾳ γῇ γενομένῃ παρεγενόμεθα ὑμῖν τε καὶ Παυσανίᾳ· εἴ τέ τι ἄλλο κατ' ἐκεῖνον τὸν χρόνον ἐγένετο ἐπικίνδυνον τοῖς Ἕλλησι, πάντων παρὰ δύναμιν μετέσχομεν. (5) Καὶ ὑμῖν ὦ Λακεδαιμόνιοι ἰδίᾳ, ὅτε περ δὴ μέγιστος φόβος περιέστη τὴν Σπάρτην μετὰ τὸν σεισμὸν τῶν ἐς Ἰθώμην Εἱλώτων ἀποστάντων, τὸ τρίτον μέρος ἡμῶν αὐτῶν ἐξεπέμψαμεν ἐς ἐπικουρίαν· ὧν οὐκ εἰκὸς ἀμνημονεῖν.

LV. « Καὶ τὰ μὲν παλαιὰ καὶ μέγιστα τοιοῦτοι ἠξιώσαμεν εἶναι, πολέμιοι δὲ ἐγενόμεθα ὕστερον. Ὑμεῖς δὲ αἴτιοι· δεομένων γὰρ ξυμμαχίας ὅτε Θηβαῖοι ἡμᾶς ἐβιάσαντο, ὑμεῖς ἀπεώσασθε καὶ πρὸς Ἀθηναίους ἐκελεύετε τραπέσθαι ὡς ἐγγὺς ὄντας, ὑμῶν δὲ μακρὰν ἀποικούντων. (2) Ἐν μέντοι τῷ πολέμῳ οὐδὲν ἐκπρεπέστερον ὑπὸ ἡμῶν οὔτε ἐπάθετε οὔτε ἐμελλήσατε. (3) Εἰ δ' ἀποστῆναι Ἀθηναίων οὐκ ἠθελήσαμεν ὑμῶν κελευσάντων, οὐκ ἠδικοῦμεν· καὶ γὰρ ἐκεῖνοι ἐβοήθουν ἡμῖν ἐναντία Θηβαίοις ὅτε ὑμεῖς ἀπωκνεῖτε, καὶ προδοῦναι αὐτοὺς οὐκέτι ἦν καλόν, ἄλλως τε καὶ οὓς εὖ παθών τις καὶ αὐτὸς δεόμενος προσηγάγετο ξυμμάχους καὶ πολιτείας μετέλαβεν, ἰέναι δὲ ἐς τὰ παραγγελλόμενα

apud alios, sed apud vos judices causam diceremus, quemadmodum etiam dicimus; sic enim potissimum nos æquum obtenturos arbitrabamur. (2) Nunc vero veremur, ne in utroque simul falsi simus; nam et de capite nostro ultimoque supplicio certamen esse merito suspicamur, et vos ne judices non utrique parti æqui existatis, conjecturam inde facientes, tum quia nulla accusatio ante facta est, cui respondendum esset (sed ipsi dicendi potestatem poposcimus), tum etiam quia vestra interrogatio perbrevis est, ad quam si vera respondeamus, in contraria vertuntur, sin falsa, mendacii facile argui possumus. (3) Sed quum maximis difficultatibus undique premamur, cogimur et tutius esse ducimus, non taciti periclitari. Quod enim dici potuit si dictum non fuerit, iis, qui in tali discrimine versantur, culpa imputari possit, quod hoc si dictum esset, salutem dare potuisset. (4) Sed præter alia etiam ipsa persuadendi ratio in difficili nobis est. Nam si ignoti inter nos essemus, allatis testimoniis rerum illarum, quas ignoraretis, causam nostram fortasse juvaremus; nunc autem apud eos, qui rerum sunt gnari, omnia dicentur, nec illud pertimescimus, ne propterea quod jam ante apud vos contra nos statueritis, merita nostra esse vestris inferiora, crimini hoc ipsum nobis vertatis, sed ne, dum aliis in nobis gratificamini, judicium jam peractum subeamus.

LIV. « Nihilo tamen minus proferentes quidquid juris habemus et adversus Thebanorum simultates et adversus vos reliquosque Græcos, beneficia nostra commemorabimus, et flectere vos conabimur. (2) Respondemus enim ad vestram illam perbrevem interrogationem, nunquid in hoc bello de Lacedæmoniis eorumque sociis aliquo modo bene meriti simus, si nos ut hostes interrogatis, nullam vobis injuriam fieri, quod nullis beneficiis affecti estis; amicos vero si nos ducitis, vos potius peccare, qui bellum nobis intuleritis. (3) Quod autem ad pacem attinet, et ad bellum contra Medos gestum, bonorum virorum officium fecimus, quippe qui illam quidem non violavimus nunc priores, hos vero tunc soli ex omnibus Bœotis una vobiscum pro libertate Græcorum aggressi sumus. (4) Nam, quamvis in locis mediterraneis habitaremus, tamen navale prælium ad Artemisium commisimus, et quum in agro nostro pugna commissa est, in ea vobis Pausaniæque adfuimus; et si qua alia res per id tempus periculum Græcis minaretur, omnium participes supra vires exstitimus. (5) Vobis etiam, Lacedæmonii, privatim, quum maximus terror Spartam circumstetit, post terræ motum, quo tempore Helotes defectione a vobis facta in Ithomen se receperant, tertiam nostræ civitatis partem auxilio misimus; quarum rerum nemoriam vos deponere non decet.

LV. « Atque in veteribus quidem et maximis rebus tales nos præstare non dubitavimus; postea vero facti sumus hostes. Sed vos in culpa fuistis; quum enim a vobis peteremus ut in vestram societatem nos reciperetis, tum quum Thebani vim nobis intulerant, nos rejecistis, et imperabatis, ut ad Athenienses nos converteremus, quod illi quidem essent vicini, vos vero in loco valde remoto habitaretis. (2) In bello tamen nullam insignem injuriam a nobis accepistis, nec acceptari eratis. (3) Si vero ab Atheniensibus vestro jussu deficere noluimus, non injuste faciebamus; illi enim contra Thebanos auxilium nobis ferebant, quum vos tergiversabamini, nec amplius honestum erat eos prodere, præsertim homines, quos quis accepto beneficio suis ipse precibus in societatem adduxit, et a quibus civitate donatus est; imo vero ire decebat ad illorum imperata alacriter facienda. (4) Sed

εἰκὸς ἦν προθύμως. (4) Ἃ δὲ ἑκάτεροι ἐξηγεῖσθε τοῖς ξυμμάχοις, οὐχ οἱ ἑπόμενοι αἴτιοι εἴ τι μὴ καλῶς ἐδρᾶτε, ἀλλ' οἱ ἄγοντες ἐπὶ τὰ μὴ ὀρθῶς ἔχοντα.

LVI. « Θηβαῖοι δὲ πολλὰ μὲν καὶ ἄλλα ἡμᾶς ἠδίκησαν, τὸ δὲ τελευταῖον αὐτοὶ ξύνιστε δι' ἅπερ καὶ τάδε πάσχομεν. (2) Πόλιν γὰρ αὐτοὺς τὴν ἡμετέραν καταλαμβάνοντας ἐν σπονδαῖς καὶ προσέτι ἱερομηνίᾳ ὀρθῶς ἐτιμωρησάμεθα κατὰ τὸν πᾶσι νόμον καθεστῶτα τὸν ἐπιόντα πολέμιον ὅσιον εἶναι ἀμύνεσθαι, καὶ νῦν οὐκ ἂν εἰκότως δι' αὐτοὺς βλαπτοίμεθα. (3) Εἰ γὰρ τῷ αὐτίκα χρησίμῳ ὑμῶν τε καὶ ἐκείνων πολεμίῳ τὸ δίκαιον λήψεσθε, τοῦ μὲν ὀρθοῦ φανεῖσθε οὐκ ἀληθεῖς κριταὶ ὄντες, τὸ δὲ ξυμφέρον μᾶλλον θεραπεύοντες. (4) Καίτοι εἰ νῦν ὑμῖν ὠφέλιμοι δοκοῦσιν εἶναι, πολὺ καὶ ἡμεῖς καὶ οἱ ἄλλοι Ἕλληνες μᾶλλον τότε ὅτε ἐν μείζονι κινδύνῳ ἦτε. Νῦν μὲν γὰρ ἑτέροις ὑμεῖς ἐπέρχεσθε δεινοί· ἐν ἐκείνῳ δὲ τῷ καιρῷ, ὅτε πᾶσι δουλείαν ἐπέφερεν ὁ βάρβαρος, οἵδε μετ' αὐτοῦ ἦσαν. (5) Καὶ δίκαιον ἡμῶν τῆς νῦν ἁμαρτίας, εἰ ἄρα ἡμάρτηται, ἀντιθεῖναι τὴν τότε προθυμίαν· καὶ μείζω τε πρὸς ἐλάσσω εὑρήσετε, καὶ ἐν καιροῖς οἷς σπάνιον ἦν τῶν Ἑλλήνων τινὰ ἀρετὴν τῇ Ξέρξου δυνάμει ἀντιτάξασθαι, ἐπῃνοῦντό τε μᾶλλον οἱ μὴ τὰ ξύμφορα πρὸς τὴν ἔφοδον αὐτοῖς ἐπ' ἀσφαλείᾳ πράσσοντες, ἐθέλοντες δὲ τολμᾶν μετὰ κινδύνων τὰ βέλτιστα. (6) Ὧν ἡμεῖς γενόμενοι καὶ τιμηθέντες ἐς τὰ πρῶτα νῦν ἐπὶ τοῖς αὐτοῖς δέδιμεν μὴ διαφθαρῶμεν, Ἀθηναίους ἑλόμενοι δικαίως μᾶλλον ἢ ὑμᾶς κερδαλέως. (7) Καίτοι χρὴ ταὐτὰ περὶ τῶν αὐτῶν ὁμοίως φαίνεσθαι γιγνώσκοντας, καὶ τὸ ξυμφέρον μὴ ἄλλο τι νομίσαι ἢ τῶν ξυμμάχων τοῖς ἀγαθοῖς, ὅταν ἀεὶ βέβαιον τὴν χάριν τῆς ἀρετῆς ἔχωσι καὶ τὸ παραυτίκα που ὑμῖν ὠφέλιμον καθιστῆται.

LVII. « Προσκέψασθέ τε ὅτι νῦν μὲν παράδειγμα τοῖς πολλοῖς τῶν Ἑλλήνων ἀνδραγαθίας νομίζεσθε· εἰ δὲ περὶ ἡμῶν γνώσεσθε μὴ τὰ εἰκότα (οὐ γὰρ ἀφανῆ κρινεῖτε τὴν δίκην τήνδε, ἐπαινούμενοι δὲ περὶ οὐδ' ἡμῶν μεμπτῶν), ὁρᾶτε ὅπως μὴ οὐκ ἀποδέξωνται ἀνδρῶν ἀγαθῶν πέρι αὐτοὺς ἀμείνους ὄντας ἀπρεπές τι ἐπιγνῶναι, οὐδὲ πρὸς ἱεροῖς τοῖς κοινοῖς σκῦλα ἀπὸ ἡμῶν τῶν εὐεργετῶν τῆς Ἑλλάδος ἀνατεθῆναι. (2) Δεινὸν δὲ δόξει εἶναι Πλάταιαν Λακεδαιμονίους πορθῆσαι, καὶ τοὺς μὲν πατέρας ἀναγράψαι ἐς τὸν τρίποδα τὸν ἐν Δελφοῖς δι' ἀρετὴν τὴν πόλιν, ὑμᾶς δὲ καὶ ἐκ παντὸς τοῦ Ἑλληνικοῦ πανοικησίᾳ διὰ Θηβαίους ἐξαλεῖψαι. (3) Ἐς τοῦτο γὰρ δὴ ξυμφορᾶς προκεχωρήκαμεν, οἵτινες Μήδων τε κρατησάντων ἀπωλλύμεθα καὶ νῦν ἐν ὑμῖν τοῖς πρὶν φιλτάτοις Θηβαίων ἡσσώμεθα, καὶ δύο ἀγῶνας τοὺς μεγίστους ὑπέστημεν, τότε μὲν τὴν πόλιν εἰ μὴ παρέδομεν, λιμῷ διαφθαρῆναι, νῦν δὲ θανάτου κρίνεσθαι. (4) Καὶ περιεώσμεθα ἐκ πάντων Πλαταιῆς οἱ παρὰ δύναμιν πρόθυμοι ἐς τοὺς Ἕλληνας ἔρημοι καὶ ἀτιμώρητοι· καὶ οὔτε τῶν τότε ξυμ-

quæ utrique pro imperio vestro præitis sociis, horum culpa non penes illos est, qui sequuntur, si quid non honeste faciebatis, sed penes illos, qui ad res pravas adducunt.

LVI. « Thebani vero quum alias multas injurias nobis intulerunt, tum postremum hoc quale sit, ipsi nobiscum scitis, eaque horum, quæ patimur, est causa. (2) Quum enim pacis tempore et ipsis etiam feriis menstruis urbem nostram occuparent, eos merito ulti sumus secundum legem ab omnibus receptam, quæ fas esse præcipit, hostem, qui nos invadit, propulsare; et illorum gratia nunc iniquum sit nos plecti. (3) Nam si ex præsenti utilitate vestra et ex hostili illorum odio de jure statuetis, ejus, quod rectum est, non veros vos judices esse, sed utilitati potius servire apparebit. (4) Quod si nunc isti vobis utiles videntur esse, profecto nos ceterique Græci tunc, quum in majori periculo eratis constituti, vobis multo magis utiles exstitimus. Vos enim nunc quidem alios invaditis formidolosi; sed illo tempore, quo barbarus jugum servitutis omnibus Græcis imponebat, isti cum barbaro erant. (5) Quare æquum est, ut huic nostro peccato, si quidem peccatum est, jam opponatis illud nostrum animi studium; et si utriusque collationem faciatis, studium quidem majus, peccatum vero minus reperietis, idque eo tempore, quo inter Græcos rarissimi reperiebantur, qui suam fortitudinem Xerxis potentiæ opponerent, et quo ii magis laudabantur, qui non utilia adversus incursum barbarorum pro suæ salutis commodo faciebant, sed qui vel maximo cum periculo res optimas alacriter agere volebant. (6) Ex quorum numero nos quum fuerimus, et quum honores præcipui nobis habiti sint, nunc tamen veremur, ne in pari causa perdamur, quod potius Atheniensium partes secuti sumus ex jure, quam vestras ex commodo. (7) Atqui de rebus iisdem idem pariter vos sentire decet, et existimare, utile vobis nihil aliud esse, quam sociis iis, qui strenue se gesserunt, si semper certam fortitudinis gratiam habeant, et simul præsentia negotia ex usu vestro constituantur.

LVII. « Illud etiam mature considerato, vos nunc quidem probitatis et æquitatis exemplar a plerisque Græcis existimari; sed si de nobis iniquam sententiam feretis (nec enim hoc judicium, quod de nostra causa facietis, erit obscurum; sed vos, qui bene auditis, de nobis, qui non male audimus, sententiam feretis) cavete, ne factum vestrum improbent, quod de bonis viris ipsi meliores aliquid præter decorum statueritis, et quod spolia de nobis, qui de Græcis universis bene meriti sumus, in publicis templis suspensa sint. (2) Facinus autem atrox esse videbitur, Lacedæmonios Platæas diripuisse, et patres quidem vestros nomen hujus civitatis in tripode Delphico virtutis ergo insculpsisse, vos vero ex universa Græcia propter Thebanos hoc ipsum delere. Nam huc calamitatis jam progressi sumus, quippe qui et ante, quum Medi vicissent, peribamus et nunc apud vos, qui nobis olim eratis amicissimi, a Thebanis superamur, et duo gravissima certamina subiimus, unum quidem tunc, quum periculum erat, ne fame necaremur, nisi urbem dedidissemus, alterum vero nunc, quum capitis causam dicimus. (4) Et nos illi Platæenses, qui supra vires optime meriti sumus de Græcis universis, deserti omnique auxilio destituti ab omnibus rejecti sumus; et neque eorum quisquam, qui tunc ejusdem periculi socii fuerunt, nunc opem

HISTORIÆ LIB. III, 56 — 59.

άγων ώφελεῖ ούδείς, ύμεῖς τε ὦ Λακεδαιμόνιοι, ἡ μόνη ἐλπίς, δέδιμεν μὴ οὐ βέβαιοι ἦτε.

LVIII. « Καίτοι ἀξιοῦμέν γε καὶ θεῶν ἔνεκα τῶν ξυμμαχικῶν ποτὲ γενομένων καὶ τῆς ἀρετῆς τῆς ἐς τοὺς Ἕλληνας καμφθῆναι ὑμᾶς, καὶ μεταγνῶναι εἴ τι ὑπὸ Θηβαίων ἐπείσθητε, τήν τε δωρεὰν ἀνταπαιτῆσαι αὐτοὺς μὴ κτείνειν οὓς μὴ ὑμῖν πρέπει, σώφρονά τε ἀντὶ αἰσχρᾶς κομίσασθαι χάριν, καὶ μὴ ἡδονὴν δόντας ἄλλοις κακίαν αὐτοὺς ἀντιλαβεῖν· (2) βραχὺ γὰρ τὸ τὰ ἡμέτερα σώματα διαφθεῖραι, ἐπίπονον δὲ τὴν δύσκλειαν αὐτοῦ ἀφανίσαι. Οὐκ ἐχθροὺς γὰρ ἡμᾶς εἰκότως τιμωρήσεσθε, ἀλλ᾽ εὔνους, κατ᾽ ἀνάγκην πολεμήσαντας. (3) Ὥστε καὶ τῶν σωμάτων ἄδειαν ποιοῦντες ὅσια ἂν δικάζοιτε, καὶ προνοοῦντες ὅτι ἑκόντας τε ἐλάβετε καὶ χεῖρας προϊσχομένους (ὁ δὲ νόμος τοῖς Ἕλλησι μὴ κτείνειν τούτους), ἔτι δὲ καὶ εὐεργέτας γεγενημένους διὰ παντός. (4) Ἀποβλέψατε γὰρ ἐς πατέρων τῶν μετέρων θήκας, οὓς ἀποθανόντας ὑπὸ Μήδων καὶ ταφέντας ἐν τῇ ἡμετέρᾳ ἐτιμῶμεν κατὰ ἔτος ἕκαστον δημοσίᾳ ἐσθήμασί τε καὶ τοῖς ἄλλοις νομίμοις, ὅσα τε γῆ ἡμῶν ἀνεδίδου ὡραῖα, πάντων ἀπαρχὰς ἐπιφέροντες, εὖνοι μὲν ἐκ φιλίας χώρας, ξύμμαχοι δὲ ὁμαίχμοις ποτὲ γενομένοις. Ὧν ὑμεῖς τοὐναντίον ἂν δράσαιτε μὴ ὀρθῶς γνόντες. (5) Σκέψασθε δέ· Παυσανίας μὲν γὰρ ἔθαπτεν αὐτοὺς νομίζων ἐν γῇ τε φιλίᾳ τιθέναι καὶ παρ᾽ ἀνδράσι τοιούτοις· ὑμεῖς δὲ εἰ κτενεῖτε ἡμᾶς καὶ χώραν τὴν Πλαταιΐδα Θηβαΐδα ποιήσετε, τί ἄλλο ἢ ἐν πολεμίᾳ τε καὶ παρὰ τοῖς αὐθένταις πατέρας τοὺς ἡμετέρους καὶ ξυγγενεῖς ἀτίμους γερῶν ὧν νῦν ἴσχουσι καταλείψετε; πρὸς δὲ καὶ γῆν ἐν ᾗ ἠλευθερώθησαν οἱ Ἕλληνες δουλώσετε, ἱερά τε θεῶν οἷς εὐξάμενοι Μήδων ἐκράτησαν ἐρημοῦτε, καὶ θυσίας τὰς πατρίους τῶν ἑσσαμένων καὶ κτισάντων ἀφαιρήσεσθε.

LIX. « Οὐ πρὸς τῆς ὑμετέρας δόξης ὦ Λακεδαιμόνιοι τάδε, οὔτε ἐς τὰ κοινὰ τῶν Ἑλλήνων νόμιμα καὶ ἐς τοὺς προγόνους ἁμαρτάνειν, οὔτε ἡμᾶς τοὺς εὐεργέτας ἀλλοτρίας ἕνεκα ἔχθρας μὴ αὐτοὺς ἀδικηθέντας διαφθεῖραι, φείσασθαι δὲ καὶ ἐπικλασθῆναι τῇ γνώμῃ οἴκτῳ σώφρονι λαβόντας, μὴ ὧν πεισόμεθα μόνον δεινότητα κατανοοῦντας, ἀλλ᾽ οἷοί τε ἂν ὄντες πάθοιμεν καὶ ὡς ἀστάθμητον τὸ τῆς ξυμφορᾶς, ᾧ τινί ποτ᾽ ἂν καὶ ἀναξίῳ ξυμπέσοι. (2) Ἡμεῖς τε, ὡς πρέπον ἡμῖν καὶ ὡς ἡ χρεία προάγει, αἰτούμεθα ὑμᾶς, θεοὺς τοὺς ὁμοβωμίους καὶ κοινοὺς τῶν Ἑλλήνων ἐπιβοώμενοι, πεῖσαι τάδε, προφερόμενοι ὅρκους οὓς οἱ πατέρες ὑμῶν ὤμοσαν μὴ ἀμνημονεῖν, ἱκέται γιγνόμεθα ὑμῶν τῶν πατρῴων τάφων, καὶ ἐπικαλούμεθα τοὺς κεκμηῶτας μὴ γενέσθαι ὑπὸ Θηβαίοις μηδὲ τοῖς ἐχθίστοις φίλτατοι ὄντες παραδοθῆναι. Ἡμέρας τε ἀναμιμνήσκομεν ἐκείνης ᾗ τὰ λαμπρότατα μετ᾽ αὐτῶν πράξαντες νῦν ἐν τῇδε τὰ δεινότατα κινδυνεύομεν παθεῖν. (3) Ὅπερ δὲ ἀναγκαῖόν τε καὶ χαλεπώτατον τοῖς ὧδε ἔχουσι, λόγου τελευτᾶν, διότι καὶ τοῦ βίου ὁ κίνδυνος ἐγγὺς μετ᾽ αὐτοῦ,

fert, et vos, Lacedæmonii, unica spes nostra, magnopere veremur, ne non constantes sitis.

LVIII. « Sed tamen quod vobis dignum est oramus, et per deos, qui nostræ societatis testes quondam fuerunt, et per virtutem, quam erga Græcos demonstravimus, ut flectamini, et sententiam mutetis, si quid forte vobis a Thebanis persuasum fuerit, utque hanc gratiam vicissim ab illis exigatis, ut ne illi vobis occidendi sint, quos a vobis occidi non decet, et honestum beneficium pro turpi ab illis reportetis, neve gaudio aliis dato infamiam ipsi contra subeatis; (2) nam brevis res est, corpora nostra morte mulctare, sed multi laboris erit, hujus facinoris infamiam delere. Non enim inimicos nos justo afficietis supplicio, sed amicos, qui necessitate compulsi bellum vobis fecimus. (3) Itaque si mortis metu nos liberetis, religiose hoc judicium exercere videamini, et si illud in primis cogitetis, nos volentes in vestram venisse potestatem, et more supplicum manus tendentes, (hujusmodi autem homines Græcorum lex occidi vetat), præterea nos perpetuo de vobis bene meritos esse. (4) Aspicite enim sepulcra patrum vestrorum, quos a Medis cæsos et in agro nostro sepultos quotannis publice cohonestabamus et indumentis et aliis inferiis, primitiasque fructuum, quoscunque ager noster quoque tempore ferebat, offerentes, amici ex amico agro, et socii illis, qui quondam commilitones fuerant. Quibus vos contraria feceritis, nos iniquo judicio damnantes. (5) Rem enim considerate; Pausanias quidem eos humabat, existimans, illos a se in agro amico, et apud amicos componi; vos vero, si nos occideritis et agrum Platæensem Thebanum feceritis, quid aliud, quam patres cognatosque vestros honoribus, quibus nunc afficiuntur, spoliatos, in hostili solo, et apud ipsos eorum interfectores relinquetis? Præterea vero et agrum, in quo Græci in libertatem vindicati sunt, in servitutem redigetis, et delubra deorum, ad quæ votis conceptis illi Medos superarunt, deserta patiemini, et patria sacrificia illorum, qui templa fundarunt et condiderunt, tolletis.

LIX. « Nequaquam hæc vobis, Lacedæmonii, in gloriam cedent, neque quod in publica Græcorum instituta et in majores vestros peccetis, neque quod nos de vobis bene meritos propter alienas inimicitias, quum vos ipsi nullam injuriam a nobis acceperitis, occidatis, sed illud potius, si nobis parcatis, animoque frangamini, honesta misericordia tacti, considerantes non solum atrocitatem supplicii, quo plectemur, sed etiam quales simus nos, qui hoc ipsum patiamur, et quam sit incertum, cuinam calamitas vel immerenti sit eventura. (2) Nos igitur, ut nos decet, utque necessitas ipsa nos cogit, vos imploramus, deos, qui iisdem aris a nobis æque coluntur, quique Græcis omnibus sunt communes, advocantes ut hæc vobis persuadeamus, proferentes jusjurandum, quod patres vestri jurarunt, cujus vos oblivisci non oportet, patrum vestrorum sepulcra suppliciter oramus, et vita defunctos imploramus, ne in Thebanorum potestatem redigamur, neve nos, qui vobis amicissimi sumus, inimicissimis tradamur. Illumque diem in memoriam vobis redigimus, quo die qui præclarissima facinora cum patribus vestris edidimus, nunc iidem hodierno die in gravissimo capitis periculo versamur. (3) Quod autem et necessarium et acerbissimum est hominibus in hujusmodi discrimine constitutis, dicendi finem facere, quod cum ipso

παυόμενοι λέγομεν ἤδη ὅτι οὐ Θηβαίοις παρέδομεν τὴν πόλιν (εἱλόμεθα γὰρ ἂν πρό γε τούτου τῷ αἰσχίστῳ ὀλέθρῳ λιμῷ τελευτῆσαι), ὑμῖν δὲ πιστεύσαντες προσήλθομεν. Καὶ δίκαιον, εἰ μὴ πείθομεν, ἐς τὰ αὐτὰ καταστήσαντας τὸν ξυντυχόντα κίνδυνον ἐᾶσαι ἡμᾶς αὐτοὺς ἑλέσθαι. (4) Ἐπισκήπτομέν τε ἅμα μὴ Πλαταιῆς ὄντες οἱ προθυμότατοι περὶ τοὺς Ἕλληνας γενόμενοι Θηβαίοις τοῖς ἡμῖν ἐχθίστοις ἐκ τῶν ὑμετέρων χειρῶν καὶ τῆς ὑμετέρας πίστεως, ἱκέται ὄντες, ὦ Λακεδαιμόνιοι, παραδοθῆναι, γενέσθαι δὲ σωτῆρας ἡμῶν καὶ μὴ τοὺς ἄλλους Ἕλληνας ἐλευθεροῦντας ἡμᾶς διολέσαι. »

LX. Τοιαῦτα μὲν οἱ Πλαταιῆς εἶπον. Οἱ δὲ Θηβαῖοι δείσαντες πρὸς τὸν λόγον αὐτῶν μὴ οἱ Λακεδαιμόνιοί τι ἐνδῶσιν, παρελθόντες ἔφασαν καὶ αὐτοὶ βούλεσθαι εἰπεῖν, ἐπειδὴ καὶ ἐκείνοις παρὰ γνώμην τὴν αὐτῶν μακρότερος λόγος ἐδόθη τῆς πρὸς τὸ ἐρώτημα ἀποκρίσεως. Ὡς δ' ἐκέλευσαν, ἔλεγον τοιάδε.

LXI. « Τοὺς μὲν λόγους οὐκ ἂν ᾐτησάμεθα εἰπεῖν, εἰ καὶ αὐτοὶ βραχέως τὸ ἐρωτηθὲν ἀπεκρίναντο καὶ μὴ ἐπὶ ἡμᾶς τραπόμενοι κατηγορίαν ἐποιήσαντο καὶ περὶ αὑτῶν ἔξω τῶν προχειμένων, καὶ ἅμα οὐδὲ ᾐτιαμένων, πολλὴν τὴν ἀπολογίαν καὶ ἔπαινον ὧν οὐδεὶς ἐμέμψατο. Νῦν δὲ πρὸς μὲν τὰ ἀντειπεῖν δεῖ, τῶν δὲ ἔλεγχον ποιήσασθαι, ἵνα μήτε ἡ ἡμετέρα αὐτοὺς κακία ὠφελῇ μήτε ἡ τούτων δόξα, τὸ δ' ἀληθὲς περὶ ἀμφοτέρων ἀκούσαντες κρίνητε. (2) Ἡμεῖς δὲ αὐτοῖς διάφοροι ἐγενόμεθα πρῶτον ὅτι ἡμῶν κτισάντων Πλάταιαν ὕστερον τῆς ἄλλης Βοιωτίας καὶ ἄλλα χωρία μετ' αὐτῆς, ἃ ξυμμίκτους ἀνθρώπους ἐξελάσαντες ἔσχομεν, οὐκ ἠξίουν οὗτοι, ὥσπερ ἐτάχθη τὸ πρῶτον, ἡγεμονεύεσθαι ὑφ' ἡμῶν, ἔξω δὲ τῶν ἄλλων Βοιωτῶν παραβαίνοντες τὰ πάτρια, ἐπειδὴ προσηναγκάζοντο, προσεχώρησαν πρὸς Ἀθηναίους καὶ μετ' αὐτῶν πολλὰ ἡμᾶς ἔβλαπτον, ἀνθ' ὧν καὶ ἀντέπασχον.

LXII. « Ἐπειδὴ δὲ καὶ ὁ βάρβαρος ἦλθεν ἐπὶ τὴν Ἑλλάδα, φασὶ μόνοι Βοιωτῶν οὐ μηδίσαι, καὶ τούτῳ μάλιστα αὐτοί τε ἀγάλλονται καὶ ἡμᾶς λοιδοροῦσιν. (2) Ἡμεῖς δὲ μηδίσαι μὲν αὐτοὺς οὔ φαμεν διότι οὐδ' Ἀθηναίους, τῇ μέντοι αὐτῇ ἰδέᾳ ὕστερον ἰόντων Ἀθηναίων ἐπὶ τοὺς Ἕλληνας μόνους αὖ Βοιωτῶν Ἀττικίσαι. (3) Καίτοι σκέψασθε ἐν οἵῳ εἴδει ἑκάτεροι ἡμῶν τοῦτο ἔπραξαν. Ἡμῖν μὲν γὰρ ἡ πόλις τότε ἐτύγχανεν οὔτε κατ' ὀλιγαρχίαν ἰσόνομον πολιτεύουσα οὔτε κατὰ δημοκρατίαν· ὅπερ δέ ἐστι νόμοις μὲν καὶ τῷ σωφρονεστάτῳ ἐναντιώτατον, ἐγγυτάτω δὲ τυράννου, δυναστεία ὀλίγων ἀνδρῶν εἶχε τὰ πράγματα. (4) Καὶ οὗτοι ἰδίας δυνάμεις ἐλπίσαντες ἔτι μᾶλλον σχήσειν εἰ τὰ τοῦ Μήδου κρατήσειεν, κατέχοντες ἰσχύι τὸ πλῆθος ἐπηγάγοντο αὐτόν· καὶ ἡ ξύμπασα πόλις οὐκ αὐτοκράτωρ οὖσα ἑαυτῆς τοῦτ' ἔπραξεν, οὐδ' ἄξιον αὐτῇ ὀνειδίσαι ὧν μὴ μετὰ νόμων ἥμαρτεν. (5) Ἐπειδὴ γοῦν ὅ τε Μῆδος ἀπῆλθε καὶ τοὺς νόμους ἔλαβεν, σκέψασθαι χρή, Ἀθηναίων ὕστερον ἐπιόντων τήν τε ἄλλην Ἑλ-

---

dicendi fine vitæ quoque finiendæ periculum sit proximum, desinentes illud jam dicimus, nos non Thebanis dedidisse urbem, (nam fame, turpissimo necis genere necari, quam hoc facere maluissemus) sed vobis, ad quos vestra æquitate freti accessimus. Et æquum est, si vos exorare non possimus, nos a vobis hoc saltem impetrare, ut in eundem locum, unde processimus, nos restituatis, et periculum, quodcunque sors tulerit, nos ipsos capessere sinatis. (4) Simul etiam obtestamur, ne nos Plataeenses, qui maximam animi alacritatem pro communi Graecorum salute demonstravimus, ex vestris manibus et ex vestra fide, quum simus vestri supplices, o Lacedæmonii, Thebanis, qui nobis sunt infensissimi, tradamur, sed ut nostri servatores sitis, neve, qui ceteros Græcos in libertatem vindicatis, iidem nos funditus perdatis. »

LX. Atque Plataeenses quidem hæc dixerunt. Thebani vero, veriti, ne Lacedæmonii, illorum verbis adducti, aliquid illis obsequerentur, in medium progressi et ipsi se verba facere velle dixerunt, quando illis quoque, præter suam opinionem, facta esset potestas oratione prolixiore respondendi quam pro questione prosposita. Quum autem Lacedæmonii permisissent, orationem habuerunt.

LXI. « Nunquam a vobis postulassemus, ut nobis dicendi potestatem faceretis, si et illi breviter ad interrogata respondissent, nec in nos conversi crimina nobis objecissent, nec de se ipsis extra propositum et simul in iis, que nequaquam crimini data sunt, multa defensione usi essent et multa laudatione eorum, quae nemo vituperavit. Nunc autem oportet nos ad alia respondere, alia vero coarguere, ut neque nostra improbitas, neque ipsorum gloria ipsis prosit, sed audita de utrisque veritate judicium faciatis. (2) Nos autem primum ipsis inimici facti sumus, quia, quum Plataeam omnium urbium, quæ sunt in Boeotia, postremam condidissemus, et alias urbes cum ea, quas expulsa mixta hominum colluvie tenuimus, isti non, ut primum erat constitutum, imperio nostro parere volebant, sed soli præter cæteros Boeotos patria instituta violantes, postquam necessitas iis adhibita est, a nobis ad Athenienses defecerunt, et illis adjuncti multa damna nobis dederunt, pro quibus et ipsi vicissim paria a nobis patiebantur.

LXII. « Postquam vero barbarus in Græciam venit, aiunt se solos ex omnibus Boeotis cum Medis non sensisse, atque hoc potissimum nomine quum ipsi glorientur, tum nobis conviciantur. (2) Nos vero fatemur quidem, illos cum Medis non sensisse, quia nec Athenienses, verum quum postea Athenienses eadem ratione adversus Græcos irent, solos eos rursus ex omnibus Boeotis cum Atheniensibus sensisse dicimus. (3) Atque considerate, in quo reipublicæ genere utrique nostrum versantes hoc fecerint. Nam nostra quidem civitas tunc neque legitimo paucorum dominatu, neque populari statu gubernabatur, sed id quod legibus et rectæ rationi maxime contrarium est, et quod ad tyrannidem proxime accedit, paucorum virorum potentia reipublicæ gubernacula tenebat. (4) Atque, hi quia speraverant fore, ut suas opes longe firmius fundatas retinerent, si Medi vicissent, vi plebem coercentes, illos acciverunt; et universa civitas, quum sui juris non erat, hoc fecit, nec decet ei exprobrare ea, quæ non salvis legibus peccavit. (5) At postquam et Medus discessit et leges recepit, considerare oportet, quum postea Athenienses grassacri cœpissent, et

λάδα καὶ τὴν ἡμετέραν χώραν πειρωμένων ὑφ᾽ αὑτοῖς ποιεῖσθαι καὶ κατὰ στάσιν ἤδη ἐχόντων αὐτῆς τὰ πολλά, εἰ μαχόμενοι ἐν Κορωνείᾳ καὶ νικήσαντες αὐτοὺς ἠλευθερώσαμεν τὴν Βοιωτίαν καὶ τοὺς ἄλλους νῦν προθύμως ξυνελευθεροῦμεν, ἵππους τε παρέχοντες καὶ παρασκευὴν ὅσην οὐκ ἄλλοι τῶν ξυμμάχων. (6) Καὶ τὰ μὲν ἐς τὸν μηδισμὸν τοσαῦτα ἀπολογούμεθα·

LXIII. « ὡς δὲ ὑμεῖς μᾶλλόν τε ἠδικήκατε τοὺς Ἕλληνας καὶ ἀξιώτεροί ἐστε πάσης ζημίας, πειρασόμεθα ἀποφαίνειν. (2) Ἐγένεσθε ἐπὶ τῇ ἡμετέρᾳ τιμωρίᾳ, ὡς φατέ, Ἀθηναίων ξύμμαχοι καὶ πολῖται. Οὐκοῦν χρῆν τὰ πρὸς ἡμᾶς μόνον ὑμᾶς ἐπάγεσθαι αὐτοὺς καὶ μὴ ξυνεπιέναι μετ᾽ αὐτῶν ἄλλοις, ὑπάρχον γε ὑμῖν, εἴ τι καὶ ἄκοντες προσήγεσθε ὑπ᾽ Ἀθηναίων, τῆς τῶν Λακεδαιμονίων τῶνδε ἤδη ἐπὶ τῷ Μήδῳ ξυμμαχίας γεγενημένης, ἣν αὐτοὶ μάλιστα προβάλλεσθε· ἱκανή γε ἦν ἡμᾶς τε ὑμῶν ἀποτρέπειν, καὶ τὸ μέγιστον, ἀδεῶς παρέχειν βουλεύεσθαι. Ἀλλ᾽ ἑκόντες καὶ οὐ βιαζόμενοι ἔτι εἵλεσθε μᾶλλον τὰ Ἀθηναίων. (3) Καὶ λέγετε ὡς αἰσχρὸν ἦν προδοῦναι τοὺς εὐεργέτας· πολὺ δέ γε αἴσχιον καὶ ἀδικώτερον τοὺς πάντας Ἕλληνας καταπροδοῦναι, οἷς ξυνωμόσατε, ἢ Ἀθηναίους μόνους, τοὺς μὲν καταδουλουμένους τὴν Ἑλλάδα, τοὺς δὲ ἐλευθεροῦντας. (4) Καὶ οὐκ ἴσην αὐτοῖς τὴν χάριν ἀνταπέδοτε, οὐδὲ αἰσχύνης ἀπηλλαγμένην· ὑμεῖς μὲν γὰρ ἀδικούμενοι αὐτούς, ὡς φατέ, ἐπηγάγεσθε, τοῖς δὲ ἀδικοῦσιν ἄλλους ξυνεργοὶ κατέστητε. Καίτοι τὰς ὁμοίας χάριτας μὴ ἀντιδιδόναι αἰσχρὸν μᾶλλον ἢ τὰς μετὰ δικαιοσύνης μὲν ὀφειληθείσας, ἐς ἀδικίαν δὲ ἀποδιδομένας.

LXIV. « Δῆλόν τε ἐποιήσατε οὐδὲ τότε τῶν Ἑλλήνων ἕνεκα μόνοι οὐ μηδίσαντες, ἀλλ᾽ ὅτι οὐδ᾽ Ἀθηναῖοι, ὑμεῖς δὲ τοῖς μὲν ταὐτὰ βουλόμενοι ποιεῖν τοῖς δὲ ἀναντία. (2) Καὶ νῦν ἀξιοῦτε, ἀφ᾽ ὧν δι᾽ ἑτέρους ἐγένεσθε ἀγαθοί, ἀπὸ τούτων ὠφελεῖσθαι. Ἀλλ᾽ οὐκ εἰκός, ὥσπερ δὲ Ἀθηναίους εἵλεσθε, τούτοις ξυναγωνίζεσθε, 3) καὶ μὴ προφέρετε τὴν τότε γενομένην ξυνωμοσίαν, ὡς χρὴ ἀπ᾽ αὐτῆς νῦν σώζεσθαι. Ἀπελίπετε γὰρ αὐτὴν καὶ παραβάντες ξυγκατεδουλοῦσθε μᾶλλον Αἰγινήτας καὶ ἄλλους τινὰς τῶν ξυνομοσάντων ἢ διεκωλύετε, καὶ ταῦτα οὔτε ἄκοντες ἔχοντές τε τοὺς νόμους οὕσπερ μέχρι τοῦ δεῦρο, καὶ οὐδενὸς ὑμᾶς βιασαμένου ὥσπερ ἡμᾶς. Τὴν τελευταίαν τε πρὶν περιτειχίζεσθαι πρόκλησιν ἡσυχίαν ὑμῶν, ὥστε μηδετέροις ἀμύνειν, οὐκ ἐδέχεσθε. (4) Τίνες ἂν οὖν ὑμῶν δικαιότερον πᾶσι τοῖς Ἕλλησι μισοῖντο, οἵτινες ἐπὶ τῷ ἐκείνων κακῷ ἀνδραγαθίαν προὔθεσθε; καὶ ἃ μέν ποτε χρηστοὶ ἐγένεσθε, ὡς φατέ, οὐ προσήκοντα νῦν ἐπεδείξατε, ἃ δὲ ἡ φύσις ἀεὶ ἐβούλετο, ἐξηλέγχθη ἐς τὸ ἀληθές· μετὰ γὰρ Ἀθηναίων ἄδικον ὁδὸν ἰόντων ἐχωρήσατε. (5) Τὰ μὲν οὖν ἐς τὸν ἡμέτερόν τε ἀκούσιον μηδισμὸν καὶ τὸν ὑμέτερον ἑκούσιον ἀττικισμὸν τοιαῦτα ἀποφαίνομεν·

LXV. « ἃ δὲ τελευταῖά φατε ἀδικηθῆναι (παρανόμως γὰρ ἐλθεῖν ἡμᾶς ἐν σπονδαῖς καὶ ἱερομηνίαις ἐπὶ τὴν

HISTORIÆ LIB. III, 60 — 65.

præter reliquam Græciam etiam nostram regionem in suam potestatem redigere conarentur, et propter intestinas discordias bonam ejus partem jam occupassent, nunquid pugna ad Coroneam commissa ipsisque superatis Bœotiam in libertatem vindicaverimus, et nunc alacriter Græciam cum ceteris liberemus, equitatum rerumque bellicarum apparatum tantum præbentes, quantum nulli alii de sociis. (6) Atque hæc quidem respondemus ad crimen objectum, quod cum Medis senserimus;

LXIII. « vos autem majorem injuriam Græciæ fecisse et quolibet supplicio digniores esse demonstrare conabimur. (2) Societatem, ut aitis, cum Atheniensibus iniistis, et cives illorum facti estis, ut nos ulcisceremini. Oportebat igitur vos adversus nos tantum illos adducere, neque una cum iis alios invadere, præsertim quum id vobis liceret, si quo forte inviti ab Atheniensibus ducebamini, quippe quibus horum Lacedæmoniorum societas jam tum contra Medum contracta aderat, quam vos ipsi tantopere jactatis; nam et vim nostram a vobis arcere, et, quod maximum est, sine metu deliberandi facultatem vobis præbere potuisset. Sed volentes, et non jam coacti Atheniensium partes sequi maluistis. (3) Et dictitatis, turpe fuisse, bene de vobis meritos prodere; imo vero longe turpius et iniquius erat, universos Græcos, cum quibus jurejurando adhibito societatem feceratis, quam solos Athenienses prodere, quum hi quidem Græciam in servitutem redigebant, illi vero eam in libertatem vindicabant. (4) Atque non parem, nec dedecoris expertem gratiam iis retulistis; vos enim, ut dicitis, eos ascivistis, quod injuriam pateremini; sed iisdem in injuria aliis facienda vos socios præstitistis. Atqui turpe potius est, parem gratiam non referre, quam referre eam, quæ juste quidem contracta est, sed tamen injuste refertur.

LXIV. « Atque planum fecistis, vos ne tunc quidem Græcorum causa solos a Medis non stetisse, sed, quia ne Athenienses quidem ab illis steterant, vos vero, cum illis quidem eadem facere velle, his vero contraria. (2) Nunc tamen postulatis, ut ea vobis prosint, quæ aliorum causa fortiter egistis. Sed hoc non est æquum, sed quemadmodum Athenienses elegistis, sic etiam una cum illis certate, (3) neque societatis tunc factæ jus proferte, quasi nunc ob eam servari vos oporteat. Eam enim deseruistis, ejusque jure violato quum Æginetas tum etiam nonnullos alios ex illis, quibuscum fœdus ac societatem interposito jurejurando feceratis, potius una cum Atheniensibus in servitutem redigebatis quam id impediebatis, idque neque inviti et leges salvas habentes quas adhuc habetis, neque, sicuti nos, ab ullo coacti. Atque novissimam adhortationem, qua antequam circumvallaremini, ad pacem invitabamini, ut neutris opem ferretis, admittere nolebatis. (4) Quos igitur omnes Græci odiis prosequantur justius, quam vos, qui in illorum perniciem strenui esse studuistis? Et præclara illa facinora, quæ quondam a vobis edita gloriamini, ad vos non pertinere, nunc demonstrastis, sed quæ vestrum ingenium semper expetebat, eorum nunc convicti estis ad verum; Athenienses enim iniquum iter ingressos secuti estis. (5) Quod igitur nos inviti cum Medis et vos volentes cum Atheniensibus sensimus, de eo hoc modo vobis respondemus;

LXV. « quas vero novissime vobis injurias factas dicitis (nos enim stantibus adhuc fœderibus, et sacro mensis die

ὑμετέραν πόλιν), οὐ νομίζομεν οὐδ' ἐν τούτοις ὑμῶν μᾶλλον ἁμαρτεῖν. (2) Εἰ μὲν γὰρ ἡμεῖς αὐτοὶ πρός τε τὴν πόλιν ἐλθόντες ἐμαχόμεθα καὶ τὴν γῆν ἐδῃοῦμεν ὡς πολέμιοι, ἀδικοῦμεν· εἰ δὲ ἄνδρες ὑμῶν οἱ πρῶτοι καὶ χρήμασι καὶ γένει, βουλόμενοι τῆς μὲν ἔξω ξυμμαχίας ὑμᾶς παῦσαι ἐς δὲ τὰ κοινὰ τῶν πάντων Βοιωτῶν πάτρια καταστῆσαι, ἐπεκαλέσαντο ἑκόντες, τί ἀδικοῦμεν; οἱ γὰρ ἄγοντες παρανομοῦσι μᾶλλον τῶν ἑπομένων. (3) Ἀλλ' οὔτ' ἐκεῖνοι, ὡς ἡμεῖς κρίνομεν, οὔθ' ἡμεῖς· πολῖται δὲ ὄντες ὥσπερ ὑμεῖς, καὶ πλείω παραβαλλόμενοι, τὸ ἑαυτῶν τεῖχος ἀνοίξαντες καὶ ἐς τὴν αὑτῶν πόλιν φιλίως, οὐ πολεμίως κομίσαντες, ἐβούλοντο τούς τε ὑμῶν χείρους μηκέτι μᾶλλον γενέσθαι τούς τε ἀμείνους τὰ ἄξια ἔχειν, σωφρονισταὶ ὄντες τῆς γνώμης, καὶ τῶν σωμάτων τὴν πόλιν οὐκ ἀλλοτριοῦντες ἀλλ' ἐς τὴν ξυγγένειαν οἰκειοῦντες, ἐχθροὺς οὐδενὶ καθιστάντες, ἅπασι δ' ὁμοίως ἐνσπόνδους.

LXVI. « Τεκμήριον δὲ ὡς οὐ πολεμίως ἐπράσσομεν· οὔτε γὰρ ἠδικήσαμεν οὐδένα, προείπομέν τε τὸν βουλόμενον κατὰ τὰ πάντων Βοιωτῶν πάτρια πολιτεύειν ἰέναι πρὸς ἡμᾶς. (2) Καὶ ὑμεῖς ἄσμενοι χωρήσαντες καὶ ξύμβασιν ποιησάμενοι τὸ μὲν πρῶτον ἡσυχάζετε, ὕστερον δὲ κατανοήσαντες ἡμᾶς ὀλίγους ὄντας, εἰ ἄρα καὶ ἐδοκοῦμέν τι ἀνεπιεικέστερον πρᾶξαι οὐ μετὰ τοῦ πλήθους ὑμῶν ἐσελθόντες, τὰ μὲν ὁμοῖα οὐκ ἀνταπέδοτε ἡμῖν, μήτε νεωτερίσαι ἔργῳ λόγοις τε πείσειν ὥστε ἐξελθεῖν, ἐπιθέμενοι δὲ παρὰ τὴν ξύμβασιν, οὓς μὲν ἐν χερσὶν ἀπεκτείνατε, οὐχ ὁμοίως ἀλγοῦμεν (κατὰ νόμον γὰρ δή τινα ἔπασχον), οὓς δὲ χεῖρας προϊσχομένους καὶ ζωγρήσαντες ὑποσχόμενοί τε ἡμῖν ὕστερον μὴ κτενεῖν παρανόμως διεφθείρατε, πῶς οὐ δεινὰ εἰργάσθε; (3) Καὶ ταῦτα τρεῖς ἀδικίας ἐν ὀλίγῳ πράξαντες, τήν τε λυθεῖσαν ὁμολογίαν καὶ τῶν ἀνδρῶν τὸν ὕστερον θάνατον καὶ τὴν περὶ αὐτῶν ἡμῖν μὴ κτείνειν ψευσθεῖσαν ὑπόθεσιν, ἢν τὰ ἐν τοῖς ἀγροῖς ὑμῖν μὴ ἀδικῶμεν, ὅμως φατὲ ἡμᾶς παρανομῆσαι καὶ αὐτοὶ ἀξιοῦτε μὴ ἀντιδοῦναι δίκην. (4) Οὐκ ἤν γε οὗτοι τὰ ὀρθὰ γιγνώσκωσιν· πάντων δὲ αὐτῶν ἕνεκα κολασθήσεσθε.

LXVII. « Καὶ ταῦτα ὦ Λακεδαιμόνιοι τούτου ἕνεκα ἐπεξήλθομεν, καὶ ὑπὲρ ὑμῶν καὶ ἡμῶν, ἵνα ὑμεῖς μὲν εἰδῆτε δικαίως αὐτῶν καταγνωσόμενοι, ἡμεῖς δὲ ἔτι ὁσιώτερον τετιμωρημένοι, (2) καὶ μὴ παλαιὰς ἀρετάς, εἴ τις ἄρα καὶ ἐγένετο, ἀκούοντες ἐπικλασθῆτε, ἃς χρὴ τοῖς μὲν ἀδικουμένοις ἐπικούρους εἶναι, τοῖς δὲ αἰσχρόν τι δρῶσι διπλασίας ζημίας, ὅτι οὐκ ἐκ προσηκόντων ἁμαρτάνουσιν. Μηδὲ ὀλοφυρμῷ καὶ οἴκτῳ ὠφελείσθωσαν, πατέρων τε τάφους τῶν ὑμετέρων ἐπιβοώμενοι καὶ τὴν σφετέραν ἐρημίαν. (3) Καὶ γὰρ ἡμεῖς ἀνταποφαίνομεν πολλῷ δεινότερα παθοῦσαν τὴν ὑπὸ τούτων ἡλικίαν ἡμῶν διεφθαρμένην, ὧν πατέρες οἱ μὲν πρὸς ὑμᾶς τὴν Βοιωτίαν ἄγοντες ἀπέθανον ἐν Κορωνείᾳ, οἱ δὲ πρεσβῦται λελειμμένοι καὶ οἰκίαι ἔρημοι πολλῷ δικαιοτέραν ὑμῶν ἱκετείαν ποιοῦνται τούσδε τιμωρήσασθαι. (4) Οἴκτου τε ἀξιώτεροι τυγχάνειν οἱ ἀπρεπές

in vestram urbem nefarie venisse) ne hac quidem in re nos gravius peccasse ducimus, quam vos. (2) Si enim nos ipsi et ad vestram urbem profecti vos oppugnassemus, et agrum vastassemus more hostili, injuriam profecto vobis fecissemus; sin vero vestræ civitatis quum opibus tum genere viri primarii, qui vos et ab externa societate avertere, et ad patria omnium Bœotorum jura reducere volebant, sua sponte nos accersiverunt, quid tandem injuriæ facimus? Qui enim ducunt, potius peccant, quam qui sequuntur. (3) Sed nec illi, ut nostra fert opinio, peccarunt, nec nos; quum enim cives essent, ut vos, et longe majores opes periculis objicerent, eo quod suæ urbis portas aperuerunt, et in suam urbem nos amice, non hostiliter introduxerunt, volebant eos, qui de vobis improbiores erant, non amplius etiam pejores fieri, et illos, qui meliores erant, quæ merebantur obtinere, quum quasi publici quidam moderatores essent animi vestri, et civitatem civibus non orbarent, sed in pristinam cum necessariis gratiam reducerent, nulliusque inimicitias sed omnium pariter societatem vobis conciliarent.

LXVI. « Quod autem non hostiliter hoc faciebamus, hinc aperte patet; etenim nec ulli vim attulimus, et prædiximus, ut, quisquis ex patriis Bœotorum institutis vivere vellet, ad nos transiret. (2) Et vos, quum libenter ad nos transissetis et compositionem fecissetis, primum quidem quiescebatis; postea vero, quum nostrorum militum paucitatem animadvertissetis, etiamsi forte iniquius aliquid egisse videbamur, quod præter vestræ plebis voluntatem ingressi eramus, parem gratiam nobis non retulistis, ut neque factis quicquam innovaretis, et verbis nos ad exeundum induceretis, sed contra compositionem nos invasistis, et illorum quidem, quos in congressu trucidastis, vicem non ita dolemus, (hoc enim illi quodam belli jure sunt passi), sed quos manus vobis tendentes et vivos cepistis et non interficere postea nobis polliciti tamen nefarie interemistis, in his quomodo atrocia facinora non patrastis? (3) Atque ita quum tres insignes injurias exiguo temporis intervallo nobis feceritis, quando et fœderis pacta fregistis, et cives nostros postea trucidastis, et de illis non occidendis, si ab omni rerum vestrarum, quæ in agris erant, maleficio temperaremus, fiduciam nostram fefellistis, tamen dicitis, nos jura violasse, vos vero dignos esse censetis, qui nullas pœnas luatis. (4) Sed profecto non ita erit, si modo isti rectam sententiam tulerint; sed horum omnium scelerum causa puniemini.

LXVII. « Atque hæc, o Lacedæmonii, ideo persecuti sumus, quum vestra tum nostra causa, ut vos quidem intelligatis, hos a vobis juste damnatum iri, nos vero, religiosius etiam ultionem nos exercuisse, (2) et ne priscas illorum virtutes, si modo aliquæ fuerint, audientes frangamini, quas illis quidem præsidium afferre oportet, qui patiuntur injuriam, iis vero, qui facinus aliquod turpe faciunt, duplam pœnam, quia contra, quam iis convenit, peccant. Neque lamentis ac miseratione quicquam proficiant, implorantes per patrum vestrorum sepulcra, suamque solitudinem. (3) Nos enim contra ostendimus, nostram juventutem, quæ ab istis trucidata est, mala longe graviora passam, cujus patres partim, dum Bœotiam ad vos adducunt, ad Coroneam obierunt, partim vero in senio deserti et familiæ desolatæ vos precibus multo justioribus obsecrant, ut de istis supplicium sumatis. (4) Homines enim, qui malum aliquod immerito patiuntur, misericordia sunt di-

τι πάσχοντες τῶν ἀνθρώπων· οἱ δὲ δικαίως, ὥσπερ οἵδε, τὰ ἐναντία ἐπίχαρτοι εἶναι. (5) Καὶ τὴν νῦν ἐρημίαν δι' ἑαυτοὺς ἔχουσιν· τοὺς γὰρ ἀμείνους ξυμμάχους ἑκόντες ἀπεώσαντο. Παρηνόμησάν τε οὐ προπαθόντες ὑφ' ἡμῶν, μίσει δὲ πλέον ἢ δίκη κρίναντες, καὶ οὐκ ἀνταποδόντες νῦν τὴν ἴσην τιμωρίαν (ἔννομα γὰρ πείσονται), καὶ οὐχὶ ἐκ μάχης χεῖρας προϊσχόμενοι, ὥσπερ φασίν, ἀλλ' ἀπὸ ξυμβάσεως ἐς δίκην σφᾶς αὐτοὺς παραδόντες. (6) Ἀμύνατε οὖν ὦ Λακεδαιμόνιοι καὶ τῷ τῶν Ἑλλήνων νόμῳ ὑπὸ τῶνδε παραβαθέντι, καὶ ἡμῖν ἄνομα παθοῦσιν ἀνταπόδοτε χάριν δικαίαν ὧν πρόθυμοι γεγενήμεθα, καὶ μὴ τοῖς τῶνδε λόγοις περιωσθῶμεν ἐν ὑμῖν, ποιήσατε δὲ τοῖς Ἕλλησι παράδειγμα οὐ λόγων τοὺς ἀγῶνας προθήσοντες ἀλλ' ἔργων, ὧν ἀγαθῶν μὲν ὄντων βραχεῖα ἡ ἀπαγγελία ἀρκεῖ, ἁμαρτανομένων δὲ λόγοι ἔπεσι κοσμηθέντες προκαλύμματα γίγνονται. (7) Ἀλλ' ἢν οἱ ἡγεμόνες, ὥσπερ νῦν ὑμεῖς, κεφαλαιώσαντες πρὸς τοὺς ξύμπαντας διαγνώμας ποιήσησθε, ἧσσόν τις ἐπ' ἀδίκοις ἔργοις λόγους καλοὺς ζητήσει. »

LXVIII. Τοιαῦτα δὲ οἱ Θηβαῖοι εἶπον. Οἱ δὲ Λακεδαιμόνιοι δικασταὶ νομίζοντες τὸ ἐπερώτημα σφίσιν ὀρθῶς ἕξειν, εἴ τι ἐν τῷ πολέμῳ ὑπ' αὐτῶν ἀγαθὸν πεπόνθασι, διότι τόν τε ἄλλον χρόνον ἠξίουν δῆθεν αὐτοὺς κατὰ τὰς παλαιὰς Παυσανίου μετὰ τὸν Μῆδον σπονδὰς ἡσυχάζειν, καὶ ὅτε ὕστερον ἃ πρὸ τοῦ περιτειχίζεσθαι προείχοντο αὐτοῖς, κοινοὺς εἶναι κατ' ἐκεῖνα, ὡς οὐκ ἐδέξαντο, ἡγούμενοι τῇ ἑαυτῶν δικαίᾳ βουλήσει ἔκσπονδοι ἤδη ὑπ' αὐτῶν κακῶς πεπονθέναι, αὖθις τὸ αὐτὸ ἕνα ἕκαστον παραγαγόντες καὶ ἐρωτῶντες, εἴ τι Λακεδαιμονίους καὶ τοὺς ξυμμάχους ἀγαθὸν ἐν τῷ πολέμῳ δεδρακότες εἰσίν, ὁπότε μὴ φαῖεν, ἀπάγοντες ἀπέκτεινον, καὶ ἐξαίρετον ἐποιήσαντο οὐδένα. (2) Διέφθειραν δὲ Πλαταιῶν μὲν αὐτῶν οὐκ ἐλάσσους διακοσίων, Ἀθηναίων δὲ πέντε καὶ εἴκοσιν, οἳ ξυνεπολιορκοῦντο· γυναῖκας δὲ ἠνδραπόδισαν. (3) Τὴν δὲ πόλιν ἐνιαυτόν μέν τινα Θηβαῖοι Μεγαρέων ἀνδράσι κατὰ στάσιν ἐκπεπτωκόσι, καὶ ὅσοι τὰ σφέτερα φρονοῦντες Πλαταιῶν περιῆσαν, ἔδοσαν ἐνοικεῖν· ὕστερον δὲ καθελόντες αὐτὴν ἐς ἔδαφος πᾶσαν ἐκ τῶν θεμελίων ᾠκοδόμησαν πρὸς τῷ Ἡραίῳ καταγώγιον διακοσίων ποδῶν πανταχῇ, κύκλῳ οἰκήματα ἔχον κάτωθεν καὶ ἄνωθεν, καὶ ὀροφαῖς καὶ θυρώμασι τοῖς τῶν Πλαταιῶν ἐχρήσαντο, καὶ τοῖς ἄλλοις ἃ ἦν ἐν τῷ τείχει ἔπιπλα, χαλκὸς καὶ σίδηρος, κλίνας κατασκευάσαντες ἀνέθεσαν τῇ Ἥρᾳ, καὶ νεὼν ἑκατόμπεδον λίθινον ᾠκοδόμησαν αὐτῇ. Τὴν δὲ γῆν δημοσιώσαντες ἀπεμίσθωσαν ἐπὶ δέκα ἔτη, καὶ ἐνέμοντο Θηβαῖοι. (4) Σχεδὸν δέ τι καὶ τὸ ξύμπαν περὶ Πλαταιῶν οἱ Λακεδαιμόνιοι οὕτως ἀποτετραμμένοι ἐγένοντο Θηβαίων ἕνεκα, νομίζοντες ἐς τὸν πόλεμον αὐτοὺς ἄρτι τότε καθισταμένους ὠφελίμους εἶναι. (5) Καὶ τὰ μὲν κατὰ Πλαταιὰν ἔτει τρίτῳ καὶ ἐνενηκοστῷ ἐπειδὴ Ἀθηναίων ξύμμαχοι ἐγένοντο οὕτως ἐτελεύτησεν.

LXIX. Αἱ δὲ τεσσαράκοντα νῆες τῶν Πελοποννησίων αἱ Λεσβίοις βοηθοὶ ἐλθοῦσαι, ὡς τότε φεύγουσαι

THUCYDIDES.

guiores; at qui merito, sicut isti, contra digniores sunt, quorum malis omnes gaudeant. (5) Et præsentem solitudinem sua ipsorum culpa habent; nam meliores socios sua sponte rejecerunt. Et nos contra jus violarunt, nullis injuriis a nobis lacessiti, sed odio potius, quam jure judicium facientes, neque parem pœnam jam rependentes, (nam legibus sancita patientur), nec ex prœlio manus vobis tendentes, ut aiunt, sed ex compositione se ipsos in judicium dedentes. (6) Succurrite igitur, Lacedæmonii, et legi Græcorum ab istis violatæ, et nobis, qui præter leges injuriam passi sumus, debitam gratiam referte pro studio, quod erga vos demonstravimus, neque propter istorum orationem apud vos spreti repulsam feramus, sed Græcis exemplum præbete, vos non verborum certamina sed factorum ipsis propositurus, quæ si bona sunt, brevis commemoratio satis est, sed si peccetur, longa oratio verborum ornatu exculta velamenti instar est. (7) Verum si duces, quales vos nunc estis, tota re in unam summam contracta sententiam adversus omnes simul tuleritis, minus homines orationem speciosam post injusta facinora quærent. »

LXVIII. Atque Thebani quidem hæc dixerunt. Lacedæmonii vero judices, existimantes suam interrogationem sibi recte processuram, num beneficium aliquod ab ipsis in hoc bello accepissent, quoniam et superiori tempore eos rogaverant, ut ex veteri Pausaniæ post bellum Medicum fœdere quiescerent, atque etiam conditiones, quas postea, antequam circumvallarentur, iis obtulerant, ut videlicet ex illius fœderis formula communes essent, accipere noluerant, rati, se propter sua justa postulata ab illis neglecta jam ut fœdere solutos ab illis violatos, singulos eorum productos, et eodem modo rursus interrogatos, num aliquo beneficio Lacedæmonios eorumque socios in hoc bello affecissent, quotiens negarent, illinc abductos interficiebant, et nullum exemerunt. (2) Necarunt autem ipsorum quidem Plataeensium non pauciores ducentis, Atheniensium vero viginti et quinque, qui una obsessi erant; fœminas autem in servitutem abduxerunt. (3) Urbem vero Thebani Megarensibus quibusdam, qui propter seditionem domo profugerant, et Plataeensibus, qui supererant, quique secum senserant, per annum circiter dederunt incolendam; postea vero quum eam totam funditus evertissent, prope Junonis templum exstruxerunt deversorium quoquoversus ducenum pedum, domiciliis infra supraque circumdatum, et tectis et januis ipsis Plataeensium usi sunt et e reliqua supellectile, quæ in mœnibus erat, ænea et ferrea, lectos construxerunt, quos Junoni consecrarunt, templumque lapideum centum pedum eidem ædificarunt. Agrum vero publicatum et ad decem annos locatum Thebani colebant. (4) Propemodum autem vel per omnia in Plataeensium rebus Lacedæmonii ita fuerunt aversi Thebanorum gratia, quod ipsos in bello, quod tum modo oriebatur, sibi utiles fore putarent. (5) Res igitur, quæ ad Plataeam gestæ sunt, nonagesimo tertio anno a societate cum Atheniensibus inita hunc exitum habuerunt.

LXIX. Quadraginta vero Peloponnesiorum naves, quæ Lesbiis subsidio profectæ erant, quum, ut supra dixi, per pe-

διὰ τοῦ πελάγους, ἔκ τε τῶν Ἀθηναίων ἐπιδιωχθεῖσαι καὶ πρὸς τῇ Κρήτῃ χειμασθεῖσαι καὶ ἀπ' αὐτῆς σποράδες, πρὸς τὴν Πελοπόννησον κατηνέχθησαν, καταλαμβάνουσιν ἐν τῇ Κυλλήνῃ τρεισκαίδεκα τριήρεις Λευκαδίων καὶ Ἀμπρακιωτῶν καὶ Βρασίδαν τὸν Τέλλιδος ξύμβουλον Ἀλκίδᾳ ἐπεληλυθότα. (2) Ἐβούλοντο γὰρ οἱ Λακεδαιμόνιοι, ὡς τῆς Λέσβου ἡμαρτήκεσαν, πλέον τὸ ναυτικὸν ποιήσαντες ἐς τὴν Κέρκυραν πλεῦσαι στασιάζουσαν, δώδεκα μὲν ναυσὶ μόναις παρόντων Ἀθηναίων περὶ Ναύπακτον, πρὶν δὲ πλέον τι ἐπιβοηθῆσαι ἐκ τῶν Ἀθηνῶν ναυτικόν, ὅπως προφθάσωσιν· καὶ παρεσκευάζοντο ὅ τε Βρασίδας καὶ ὁ Ἀλκίδας πρὸς ταῦτα.

LXX. Οἱ γὰρ Κερκυραῖοι ἐστασίαζον, ἐπειδὴ οἱ αἰχμάλωτοι ἦλθον αὐτοῖς οἱ ἐκ τῶν περὶ Ἐπίδαμνον ναυμαχιῶν ὑπὸ Κορινθίων ἀφεθέντες, τῷ μὲν λόγῳ ὀκτακοσίων ταλάντων τοῖς προξένοις διηγγυημένοι, ἔργῳ δὲ πεπεισμένοι Κορινθίοις Κέρκυραν προσποιῆσαι. Καὶ ἔπρασσον οὗτοι, ἕκαστον τῶν πολιτῶν μετιόντες, ὅπως ἀποστήσωσιν Ἀθηναίων τὴν πόλιν. (2) Καὶ ἀφικομένης Ἀττικῆς τε νεὼς καὶ Κορινθίας πρέσβεις ἀγουσῶν, καὶ ἐς λόγους καταστάντων, ἐψηφίσαντο Κερκυραῖοι Ἀθηναίοις μὲν ξύμμαχοι εἶναι κατὰ τὰ ξυγκείμενα, Πελοποννησίοις δὲ φίλοι ὥσπερ καὶ πρότερον. (3) Καὶ ἦν γὰρ Πειθίας ἐθελοπρόξενός τε τῶν Ἀθηναίων καὶ τοῦ δήμου προειστήκει, ὑπάγουσιν αὐτὸν οὗτοι οἱ ἄνδρες ἐς δίκην, λέγοντες Ἀθηναίοις τὴν Κέρκυραν καταδουλοῦν. (4) Ὁ δὲ ἀποφυγὼν ἀνθυπάγει αὐτῶν τοὺς πλουσιωτάτους πέντε ἄνδρας, φάσκων τέμνειν χάρακας ἐκ τοῦ τε Διὸς τεμένους καὶ τοῦ Ἀλκίνου· ζημία δὲ καθ' ἑκάστην χάρακα ἐπέκειτο στατήρ. (5) Ὀφλόντων δὲ αὐτῶν καὶ πρὸς τὰ ἱερὰ ἱκετῶν καθεζομένων διὰ πλῆθος τῆς ζημίας, ὅπως ταξάμενοι ἀποδῶσιν, ὁ Πειθίας (ἐτύγχανε γὰρ καὶ βουλῆς ὤν) πείθει ὥστε τῷ νόμῳ χρήσασθαι. (6) Οἱ δ' ἐπειδὴ τῷ τε νόμῳ ἐξείργοντο καὶ ἅμα ἐπυνθάνοντο τὸν Πειθίαν, ἕως ἔτι βουλῆς ἐστί, μέλλειν τὸ πλῆθος ἀναπείσειν τοὺς αὐτοὺς Ἀθηναίοις φίλους τε καὶ ἐχθροὺς νομίζειν, ξυνίσταντό τε καὶ λαβόντες ἐγχειρίδια, ἐξαπιναίως ἐς τὴν βουλὴν ἐσελθόντες, τόν τε Πειθίαν κτείνουσι καὶ ἄλλους τῶν τε βουλευτῶν καὶ ἰδιωτῶν ἐς ἑξήκοντα· οἱ δέ τινες τῆς αὐτῆς γνώμης τῷ Πειθίᾳ ὀλίγοι ἐς τὴν Ἀττικὴν τριήρη κατέφυγον ἔτι παροῦσαν.

LXXI. Δράσαντες δὲ τοῦτο καὶ ξυγκαλέσαντες Κερκυραίους εἶπον ὅτι ταῦτα καὶ βέλτιστα εἴη καὶ ἥκιστ' ἂν δουλωθεῖεν ὑπ' Ἀθηναίων, τό τε λοιπὸν μηδετέρους δέχεσθαι ἀλλ' ἢ μιᾷ νηὶ ἡσυχάζοντας, τὸ δὲ πλέον πολέμιον ἡγεῖσθαι. Ὡς δὲ εἶπον, καὶ ἐπικυρῶσαι ἠνάγκασαν τὴν γνώμην. (2) Πέμπουσι δὲ καὶ ἐς τὰς Ἀθήνας εὐθὺς πρέσβεις περί τε τῶν πεπραγμένων διδάξοντας ὡς ξυνέφερεν, καὶ τοὺς ἐκεῖ καταπεφευγότας πείσοντας μηδὲν ἀνεπιτήδειον πράσσειν, ὅπως μή τις ἐπιστροφὴ γένηται.

LXXII. Ἐλθόντων δὲ οἱ Ἀθηναῖοι τούς τε πρέσβεις ὡς νεωτερίζοντας ξυλλαβόντες, καὶ ὅσους ἔπεισαν, κα-

lagus fugientes, persequente Atheniensium classe et tempestate prope Cretam jactatae, et illinc palatae ad Peloponnesum appulissent, ad Cyllenen offendunt tredecim triremes Leucadiorum et Ampraciotarum, et Brasidam Tellidis filium, qui advenerat, ut Alcidae consiliarius esset. (2) Lacedaemonii enim in animo habebant, quum Lesbi conservandae spes eos fefellisset, parata majori classe in Corcyram seditione laborantem navigare, quod Athenienses cum duodecim duntaxat navibus ad Naupactum essent, antequam Athenis major aliquis navium numerus subsidio veniret, ut praeverterent; atque Brasidas et Alcidas in his parandis erant occupati.

LXX. Nam Corcyraei discordiis intestinis laborare coeperunt, ex quo illi, qui in proeliis navalibus circa Epidamnum capti erant, ad ipsos redierant, a Corinthiis dimissi, verbo quidem, talentis octingentis redempti, datis fidejussoribus hospitibus suis publicis; re vero ipsa, quod adducti erant, ut Corinthiis Corcyram adjungerent. Hi autem hoc agebant singulos cives solicitantes, ut civitatem ad defectionem ab Atheniensibus faciendam impellerent. (2) Et quum Attica navis, item et Corinthia venisset, utraque legatos vehens, quumque ventum esset in colloquium, Corcyraei decreverunt, ut Atheniensibus quidem, ex pacto socii, Peloponnesiis vero, quemadmodum et prius, amici essent. (3) Et Pithiam, hic enim erat voluntarius Atheniensium hospes et tunc populi princeps, isti viri in judicium vocant, crimini dantes, quod Corcyram in Atheniensium potestatem redigere moliretur. (4) Hic vero absolutus, vicissim reos facit quinque ex illis omnium ditissimos, crimini dans, quod ex Jovis et Alcini sacro agro vitium statumina praeciderent; pro singulis autem eorum singuli stateres erat mulcta constituta. (5) Quumque illi judicio mulctati essent, et ad templa consedissent supplices propter mulctae magnitudinem, ut, compositione facta, certis pensionibus mulctam irrogatam persolverent, Pithias (erat enim et senator) Corcyraeis persuasit, ut lege in eos agerent. (6) Illi vero, quum propter hanc legem curia prohiberentur, et simul etiam audirent, Pithiam, quamdiu senator esset, multitudini persuasurum, ut eosdem amicos hostesque duceret, quos Athenienses, facta conjuratorum manu, cum pugionibus in senatum ex improviso irrumpunt, et quum ipsum Pithiam, tum etiam alios tam senatorum quam privatorum hominum ad sexaginta interficiunt. Pauci vero quidam, qui cum Pithia sentiebant, ad Atticam triremem, quae adhuc aderat, confugerunt.

LXXI. Hoc facinore perpetrato, et convocatis Corcyraeis, dixerunt haec optima esse, atque hoc modo eos in servitutem ab Atheniensibus minime redactum iri, atque in posterum neutros, nisi si cum singulis navibus pacifici venirent, a Corcyraeis recipiendos; si vero cum pluribus, eos in hostium loco ducendos. Ut autem dixerunt, ita populum confirmare sententiam coegerunt. (2) Mittunt vero etiam statim legatos Athenas, qui et res gestas nuntiarent, ut ipsis commodum erat, et illis, qui eo confugerant, persuaderent, ut ne quid incommodum molirentur, ne qua turbatio mutatioque fieret.

LXXII. Quum autem legati Athenas pervenissent, Athenienses quum eos, ut res novas molientes, tum etiam alios,

τέθεντο ἐς Αἴγιναν. (2) Ἐν δὲ τούτῳ τῶν Κερκυραίων οἱ ἔχοντες τὰ πράγματα ἐλθούσης τριήρους Κορινθίας καὶ Λακεδαιμονίων πρέσβεων ἐπιτίθενται τῷ δήμῳ, καὶ μαχόμενοι ἐνίκησαν. (3) Ἀφικομένης δὲ νυκτὸς ὁ μὲν δῆμος ἐς τὴν ἀκρόπολιν καὶ τὰ μετέωρα τῆς πόλεως καταφεύγει, καὶ αὐτοῦ ξυλλεγεὶς ἱδρύθη, καὶ τὸν Ὑλλαϊκὸν λιμένα εἶχον· οἱ δὲ τήν τε ἀγορὰν κατέλαβον, οὗπερ οἱ πολλοὶ ᾤκουν αὐτῶν, καὶ τὸν λιμένα τὸν πρὸς αὐτῇ καὶ πρὸς τὴν ἤπειρον.

LXXIII. Τῇ δ᾽ ὑστεραίᾳ ἠκροβολίσαντό τε ὀλίγα, καὶ ἐς τοὺς ἀγροὺς περιέπεμπον ἀμφότεροι τοὺς δούλους παρακαλοῦντές τε καὶ ἐλευθερίαν ὑπισχνούμενοι· καὶ τῷ μὲν δήμῳ τῶν οἰκετῶν τὸ πλῆθος παρεγένετο ξύμμαχον, τοῖς δ᾽ ἑτέροις ἐκ τῆς ἠπείρου ἐπίκουροι ὀκτακόσιοι.

LXXIV. Διαλιπούσης δ᾽ ἡμέρας μάχη αὖθις γίγνεται, καὶ νικᾷ ὁ δῆμος χωρίῳ τε ἰσχύϊ καὶ πλήθει προέχων· αἵ τε γυναῖκες αὐτοῖς τολμηρῶς ξυνεπελάβοντο βάλλουσαι ἀπὸ τῶν οἰκιῶν τῷ κεράμῳ καὶ παρὰ φύσιν ὑπομένουσαι τὸν θόρυβον. (2) Γενομένης δὲ τῆς τροπῆς περὶ δείλην ὀψίαν, δείσαντες οἱ ὀλίγοι μὴ αὐτοβοεὶ ὁ δῆμος τοῦ τε νεωρίου κρατήσειεν ἐπελθὼν καὶ σφᾶς διαφθείρειεν, ἐμπιπρᾶσι τὰς οἰκίας τὰς ἐν κύκλῳ τῆς ἀγορᾶς καὶ τὰς ξυνοικίας, ὅπως μὴ ᾖ ἔφοδος, φειδόμενοι οὔτε οἰκείας οὔτε ἀλλοτρίας, ὥστε καὶ χρήματα πολλὰ ἐμπόρων κατεκαύθη καὶ ἡ πόλις ἐκινδύνευσε πᾶσα διαφθαρῆναι, εἰ ἄνεμος ἐπεγένετο τῇ φλογὶ ἐπίφορος ἐς αὐτήν. (3) Καὶ οἱ μὲν παυσάμενοι τῆς μάχης ὡς ἑκάτεροι ἡσυχάσαντες τὴν νύκτα ἐν φυλακῇ ἦσαν· καὶ ἡ Κορινθία ναῦς τοῦ δήμου κεκρατηκότος ὑπεξανήγετο, καὶ τῶν ἐπικούρων οἱ πολλοὶ ἐς τὴν ἤπειρον λαθόντες διεκομίσθησαν.

LXXV. Τῇ δ᾽ ἐπιγιγνομένῃ ἡμέρᾳ Νικόστρατος ὁ Διιτρέφους Ἀθηναίων στρατηγὸς παραγίγνεται βοηθῶν ἐκ Ναυπάκτου δώδεκα ναυσὶ καὶ Μεσσηνίων πεντακοσίοις ὁπλίταις· ξύμβασίν τε ἔπρασσε, καὶ πείθει ὥστε ξυγχωρῆσαι ἀλλήλοις δέκα μὲν ἄνδρας τοὺς αἰτιωτάτους κρῖναι, οἳ οὐκέτι ἔμειναν, τοὺς δ᾽ ἄλλους οἰκεῖν σπονδὰς πρὸς ἀλλήλους ποιησαμένους καὶ πρὸς Ἀθηναίους, ὥστε τοὺς αὐτοὺς ἐχθροὺς καὶ φίλους νομίζειν. (2) Καὶ ὁ μὲν ταῦτα πράξας ἔμελλεν ἀποπλεύσεσθαι· οἱ δὲ τοῦ δήμου προστάται πείθουσιν αὐτὸν πέντε μὲν ναῦς τῶν αὐτοῦ σφίσι καταλιπεῖν, ὅπως ἧσσόν τι ἐν κινήσει ὦσιν οἱ ἐναντίοι, ἴσας δὲ αὐτοὶ πληρώσαντες ἐκ σφῶν αὐτῶν ξυμπέμψειν. (3) Καὶ ὁ μὲν ξυνεχώρησεν, οἱ δὲ τοὺς ἐχθροὺς κατέλεγον ἐς τὰς ναῦς. Δείσαντες δὲ ἐκεῖνοι μὴ ἐς τὰς Ἀθήνας ἀποπεμφθῶσι καθίζουσιν ἐς τὸ τῶν Διοσκόρων ἱερόν. (4) Νικόστρατος δὲ αὐτοὺς ἀνίστη τε καὶ παρεμυθεῖτο. Ὡς δ᾽ οὐκ ἔπειθεν, ὁ δῆμος ὁπλισθεὶς ἐπὶ τῇ προφάσει ταύτῃ, ὡς οὐδὲν αὐτῶν ὑγιὲς διανοουμένων τῇ τοῦ μὴ ξυμπλεῖν ἀπιστίᾳ, τά τε ὅπλα αὐτῶν ἐκ τῶν οἰκιῶν ἔλαβεν, καὶ αὐτῶν τινὰς οἷς ἐπέτυχον, εἰ μὴ Νικόστρατος ἐκώλυσε, διέφθειραν ἄν. (5) Ὁρῶντες δ᾽ οἱ ἄλλοι τὰ γιγνόμενα καθίζουσιν ἐς τὸ

quibus persuaserant, corripuerunt et in Ægina custodiendos deposuerunt. (2) Interea vero Corcyræi, qui reipublicæ principes erant, Corinthiæ triremis et Spartanæ legationis adventu, plebem adoriuntur, pugnaque commissa vicerunt. (3) Sed noctis interventu plebs quidem in arcem et editiora urbis loca confugit, ibique castra frequens posuit, et Hyllaicum portum tenebat; illi vero forum occuparunt, ubi eorum plerique habitabant, et portum, qui in forum et in continentem spectat.

LXXIII. Postridie vero leve certamen inter se missilibus commiserunt, et circa agros utrique nuntios mittebant, servitia solicitantes, spe libertatis proposita, et plebi quidem servitiorum multitudo se sociam adjungebat, alteris vero octingenti milites ex continente subsidio venerunt.

LXXXIV. Uno autem die interjecto pugna rursus est commissa, et plebs vicit, quod et locorum munitione et hominum numero superior erat; mulieres etiam eos fortiter adjuverunt, hostem tegulis e summis ædium culminibus ferientes, et supra sexum suum tumultum sustinentes. (2) Facta autem sub crepusculum vespertinum fuga, optimates veriti, ne plebs primo statim clamore, navalibus poteretur impetu facto et se ipsos interficeret, ædes, quæ in foro circumcirca erant, et pauperum habitationes, nequa illinc in se fieret impressio, incendunt, neque suis, neque alienis parcentes; quamobrem et multa mercatorum bona cremata sunt, et paulum abfuit, quin urbs tota periret, si ventus ingruisset, qui flammam in ipsam sparsisset. (3) Atque illi quidem, facto pugnandi fine, quieti utrique noctem illam dispositis custodiis transegerunt, et Corinthiaca navis, quia plebs vicerat, clam discedebat, et militum auxiliarium plerique clam in continentem transverti sunt.

LXXV. Sequente vero die Nicostratus, Diitrephis filius, Atheniensium dux, cum duodecim navibus et quingentis gravis armaturæ militibus Messeniis, Naupacto ad opem ferendam venit; et de compositione inter illos facienda agere cœpit, illisque persuasit, ut inter eos conveniret, ut decem quidem homines, qui præcipui malorum auctores fuerant, in judicium vocarent, qui diutius ibi non manserunt, reliqui vero Corcyram incolerent icto inter se fœdere, itemque cum Atheniensibus, ut eosdem hostes et amicos ducerent. (2) Atque ille quidem his rebus gestis discessurus erat; sed plebis principes ei persuaserunt, ut sibi quinque de suis navibus relinqueret, ut adversarii minus se commoverent; se vero totidem naves civibus suis impletas cum eo missuros esse. (3) Atque ille quidem hoc concessit; hi vero suos adversarios delegerunt, quos naves conscendere jusserunt. Qui veriti, ne Athenas mitterentur, ad Dioscurorum fanum supplices consederunt. (4) At Nicostratus eos illinc excitabat et consolabatur. Sed, cum iis persuadere non posset, populus, armis hac de causa sumptis, quod existimaret, eos nihil sani in animo habere qui propter suam diffidentiam cum Nicostrato navigare nollent, et eorum arma ex ædibus absportavit, et nonnullos ipsorum, in quos inciderat, interfecisset, nisi Nicostratus impedivisset. (5) Reliqui vero cum hæc fieri viderent, ad Junonis templum supplices consederunt fueruntque non

9.

Ἡραῖον ἱκέται, καὶ γίγνονται οὐκ ἐλάσσους τετρακοσίων. Ὁ δὲ δῆμος δείσας μή τι νεωτερίσωσιν ἀνίστησί τε αὐτοὺς πείσας καὶ διακομίζει ἐς τὴν πρὸ τοῦ Ἡραίου νῆσον, καὶ τὰ ἐπιτήδεια ἐκεῖσε αὐτοῖς διεπέμπετο.

LXXVI. Τῆς δὲ στάσεως ἐν τούτῳ οὔσης, τετάρτῃ ἢ πέμπτῃ ἡμέρᾳ μετὰ τὴν τῶν ἀνδρῶν ἐς τὴν νῆσον διακομιδήν, αἱ ἐκ τῆς Κυλλήνης Πελοποννησίων νῆες μετὰ τὸν ἐκ τῆς Ἰωνίας πλοῦν ἔφορμοι οὖσαι παραγίγνονται τρεῖς καὶ πεντήκοντα· ἦρχε δὲ αὐτῶν Ἀλκίδας ὅσπερ καὶ πρότερον, καὶ Βρασίδας αὐτῷ ξύμβουλος ἐπέπλει. Ὁρμισάμενοι δὲ ἐς Σύβοτα λιμένα τῆς ἠπείρου ἅμα ἕῳ ἐπέπλεον τῇ Κερκύρᾳ.

LXXVII. Οἱ δὲ πολλῷ θορύβῳ, καὶ πεφοβημένοι τά τ' ἐν τῇ πόλει καὶ τὸν ἐπίπλουν, παρεσκευάζοντό τε ἅμα ἑξήκοντα ναῦς καὶ τὰς ἀεὶ πληρουμένας ἐξέπεμπον πρὸς τοὺς ἐναντίους, παραινούντων Ἀθηναίων σφᾶς τε ἐᾶσαι πρῶτον ἐκπλεῦσαι καὶ ὕστερον πάσαις ἅμα ἐκείνους ἐπιγενέσθαι. (2) Ὡς δὲ αὐτοῖς πρὸς τοῖς πολεμίοις ἦσαν σποράδες αἱ νῆες, δύο μὲν εὐθὺς ηὐτομόλησαν, ἐν ἑτέραις δὲ ἀλλήλοις οἱ ἐμπλέοντες ἐμάχοντο, ἦν δὲ οὐδεὶς κόσμος τῶν ποιουμένων. (3) Ἰδόντες δὲ οἱ Πελοποννήσιοι τὴν ταραχὴν εἴκοσι μὲν ναυσὶ πρὸς τοὺς Κερκυραίους ἐτάξαντο, ταῖς δὲ λοιπαῖς πρὸς τὰς δώδεκα ναῦς τῶν Ἀθηναίων, ὧν ἦσαν αἱ δύο Σαλαμινία καὶ Πάραλος.

LXXVIII. Καὶ οἱ μὲν Κερκυραῖοι κακῶς τε καὶ κατ' ὀλίγας προσπίπτοντες ἐταλαιπωροῦντο καθ' αὑτούς· οἱ δ' Ἀθηναῖοι φοβούμενοι τὸ πλῆθος καὶ τὴν περικύκλωσιν ἀθρόαις μὲν οὐ προσέπιπτον οὐδὲ κατὰ μέσον ταῖς ἐφ' ἑαυτοὺς τεταγμέναις, προσβαλόντες δὲ κατὰ κέρας καταδύουσι μίαν ναῦν. Καὶ μετὰ ταῦτα κύκλον ταξαμένων αὐτῶν περιέπλεον καὶ ἐπειρῶντο θορυβεῖν. (2) Γνόντες δὲ οἱ πρὸς τοῖς Κερκυραίοις, καὶ δείσαντες μὴ ὅπερ ἐν Ναυπάκτῳ γένοιτο, ἐπιβοηθοῦσιν· καὶ γενόμεναι ἀθρόαι αἱ νῆες ἅμα τὸν ἐπίπλουν τοῖς Ἀθηναίοις ἐποιοῦντο. (3) Οἱ δ' ὑπεχώρουν ἤδη πρύμναν κρουόμενοι, καὶ ἅμα τὰς τῶν Κερκυραίων ἐβούλοντο προκαταφυγεῖν ὅτι μάλιστα ἑαυτῶν σχολῇ τε ὑποχωρούντων καὶ πρὸς σφᾶς τεταγμένων τῶν ἐναντίων. (4) Ἡ μὲν οὖν ναυμαχία τοιαύτη γενομένη ἐτελεύτα ἐς ἡλίου δύσιν,

LXXIX. καὶ οἱ Κερκυραῖοι δείσαντες μὴ σφίσιν ἐπιπλεύσαντες ἐπὶ τὴν πόλιν ὡς κρατοῦντες οἱ πολέμιοι ἢ τοὺς ἐκ τῆς νήσου ἀναλάβωσιν ἢ καὶ ἄλλο τι νεωτερίσωσιν, τούς τε ἐκ τῆς νήσου πάλιν ἐς τὸ Ἡραῖον διεκόμισαν καὶ τὴν πόλιν ἐφύλασσον. (2) Οἱ δ' ἐπὶ μὲν τὴν πόλιν οὐκ ἐτόλμησαν πλεῦσαι κρατοῦντες τῇ ναυμαχίᾳ, τρεῖς δὲ καὶ δέκα ναῦς ἔχοντες τῶν Κερκυραίων ἀπέπλευσαν ἐς τὴν ἤπειρον, ὅθενπερ ἀνηγάγοντο. (3) Τῇ δ' ὑστεραίᾳ ἐπὶ μὲν τὴν πόλιν οὐδὲν μᾶλλον ἐπέπλεον, καίπερ ἐν πολλῇ ταραχῇ καὶ φόβῳ ὄντας, καὶ Βρασίδου παραινοῦντος, ὡς λέγεται, Ἀλκίδᾳ, ἰσοψήφου δὲ οὐκ ὄντος· ἐπὶ δὲ τὴν Λευκίμνην τὸ ἀκρωτήριον ἀποβάντες ἐπόρθουν τοὺς ἀγρούς.

pauciores quadringentis. Populus vero, veritus ne quid novi molirentur, verbis adductos illinc excitavit, et in insulam Junonis templo præjacentem transportavit, et quæ ad vitam sustentandam erant necessaria, illuc ad eos transmittebat.

LXXVI. Quum autem seditio in hoc statu esset, quarto quintove die, postquam isti in insulam transportati erant, tres et quinquaginta Peloponnesiorum naves ex Cyllene, ubi, post reditum ex Ionia, stationem habebant, advenerunt; his autem præerat Alcidas, ut et prius; et Brasidas consiliorum socius cum eo navigabat. Quum autem appulissent ad Sybota portum, qui est in continente, primo diluculo adversus Corcyram navigarunt.

LXXVII. Corcyræi vero magno cum tumultu, quum res urbanas, tum etiam classis hostilis adventum formidantes, sexaginta naves simul instruebant, et prout unamquamque rebus omnibus ad prœlium committendum necessariis explebant, eam adversus hostem emittebant, Athenienses quum iis suaderent, ut se primos exire sinerent, ipsi vero postea cum tota classe simul subsequerentur. (2) Sed quum ipsorum naves dispersæ ad hostes accederent, duæ quidem protinus ad eos transfugerunt; qui vero in aliis vehebantur, inter se prœliabantur; nihil autem ordine fiebat. (3) Animadversoque Peloponnesii tumultu cum viginti quidem navibus se Corcyræis opposuerunt, cum reliquis vero duodecim Atticis navibus, quarum duæ erant Salaminia et Paralus.

LXXVIII. Atque Corcyræi quidem, quia male navibusque raris impetum faciebant, in sua acie graviter laborabant; Athenienses vero, quia multitudinem metuebant, et ne circumvenirentur, in naves contra se instructas non quidem universas nec media acie impetum faciebant, sed in extremum cornu irruentes, unam navem demergunt. Postea vero illis in orbem instructis hostem circumeuntes turbare conabantur. (2) At qui adversus Corcyræos in acie stabant, hac re cognita, et veriti, ne idem accideret, quod ad Naupactum, auxilium ferunt; tunc vero naves confertæ simul in Athenienses impressionem faciebant. (3) Hi vero se subducere cœperunt, jam in puppim remigantes; et simul etiam volebant, Corcyræorum naves ante refugere quam maxime, dum ipsi et lente retrocederent, et hostes sibi oppositi essent. (4) Hoc igitur navale prœlium hoc modo gestum sub solis occasum finiebatur,

LXXIX. et Corcyræi, veriti, ne hostes ut victores infesta classe contra se ad urbem venirent, aut ex insula eos, qui ibi depositi erant, exportarent, aut aliud quidpiam novi molirentur, illos ex insula in Junonis templum rursus reportarunt, et urbem custodiebant. (2) Hostes vero, quamvis navali prœlio superiores essent, ad urbem tamen accedere non sunt ausi, sed cum tredecim Corcyræorum navibus, quas ceperant, in continentem navigarunt, unde venerant. (3) Postridie vero urbem nihilo magis infesta classe petierunt, licet ejus incolæ in magna perturbatione et trepidatione essent, et Brasidas, ut fertur, Alcidam ad hoc adhortaretur; non enim par erat ejus suffragii vis; sed in promontorium Leucimnam ex navibus egressi agros vastabant.

LXXX. Ὁ δὲ δῆμος τῶν Κερκυραίων ἐν τούτῳ, πε-
ριδεὴς γενόμενος μὴ ἐπιπλεύσωσιν αἱ νῆες, τοῖς τε ἱκέταις ᾖεσαν ἐς λόγους καὶ τοῖς ἄλλοις ὅπως σωθήσεται ἡ
πόλις. Καί τινας αὐτῶν ἔπεισαν ἐς τὰς ναῦς ἐσβῆναι·
ἐπλήρωσαν γὰρ ὅμως τριάκοντα [προσδεχόμενοι τὸν
ἐπίπλουν]. (2). Οἱ δὲ Πελοποννήσιοι μέχρι μέσου ἡμέρας δῃώσαντες τὴν γῆν ἀπέπλευσαν, καὶ ὑπὸ νύκτα
αὐτοῖς ἐφρυκτωρήθησαν ἑξήκοντα νῆες Ἀθηναίων προσ-
πλέουσαι ἀπὸ Λευκάδος· ἃς οἱ Ἀθηναῖοι πυνθανόμενοι
τὴν στάσιν καὶ τὰς μετ' Ἀλκίδου ναῦς ἐπὶ Κέρκυραν
μελλούσας πλεῖν ἀπέστειλαν καὶ Εὐρυμέδοντα τὸν
Θουκλέους στρατηγόν.
LXXXI. Οἱ μὲν οὖν Πελοποννήσιοι τῆς νυκτὸς εὐθὺς
κατὰ τάχος ἐκομίζοντο ἐπ' οἴκου παρὰ τὴν γῆν· καὶ
ὑπερενεγκόντες τὸν Λευκαδίων ἰσθμὸν τὰς ναῦς, ὅπως
μὴ περιπλέοντες ὀφθῶσιν, ἀποκομίζονται. (2) Κερκυραῖοι δὲ αἰσθόμενοι τάς τε Ἀττικὰς ναῦς προσπλεούσας
τάς τε πολεμίων οἰχομένας, λαβόντες τούς τε Μεσσηνίους ἐς τὴν πόλιν ἤγαγον πρότερον ἔξω ὄντας, καὶ
ναῦς περιπλεῦσαι κελεύσαντες ἃς ἐπλήρωσαν ἐς
τὸν Ὑλλαϊκὸν λιμένα, ἐν ὅσῳ περιεκομίζοντο, τῶν ἐ-
χθρῶν εἴ τινα λάβοιεν, ἀπέκτεινον· καὶ ἐκ τῶν νεῶν
ὅσους ἔπεισαν ἐσβῆναι ἐκβιβάζοντες ἀπεχώρησαν, ἐς τὸ
Ἡραῖόν τε ἐλθόντες τῶν ἱκετῶν ὡς πεντήκοντα ἄνδρας
δίκην ὑποσχεῖν ἔπεισαν καὶ κατέγνωσαν πάντων θάνατον. (3) Οἱ δὲ πολλοὶ τῶν ἱκετῶν, ὅσοι οὐκ ἐπείσθη-
σαν, ὡς ἑώρων τὰ γιγνόμενα, διέφθειρον αὐτοῦ ἐν τῷ
ἱερῷ ἀλλήλους, καὶ ἐκ τῶν δένδρων τινὲς ἀπήγχοντο,
οἱ δ' ὡς ἕκαστοι ἐδύναντο ἀνηλοῦντο. (4) Ἡμέρας τε
ἑπτά, ἃς ἀφικόμενος ὁ Εὐρυμέδων ταῖς ἑξήκοντα ναυσὶ
παρέμεινεν, Κερκυραῖοι σφῶν αὐτῶν τοὺς ἐχθροὺς δοκοῦντας εἶναι ἐφόνευον, τὴν μὲν αἰτίαν ἐπιφέροντες τοῖς
τὸν δῆμον καταλύουσιν, ἀπέθανον δὲ τινες καὶ ἰδίας
ἔχθρας ἕνεκα, καὶ ἄλλοι χρημάτων σφίσιν ὀφειλομένων
ὑπὸ τῶν λαβόντων· (5) πᾶσά τε ἰδέα κατέστη θανάτου,
καὶ οἷον φιλεῖ ἐν τῷ τοιούτῳ γίγνεσθαι, οὐδὲν ὅ τι οὐ
ξυνέβη, καὶ ἔτι περαιτέρω. Καὶ γὰρ πατὴρ παῖδα
ἀπέκτεινεν, καὶ ἀπὸ τῶν ἱερῶν ἀπεσπῶντο καὶ πρὸς
αὐτοῖς ἐκτείνοντο, οἱ δέ τινες καὶ περιοικοδομηθέντες
ἐν τοῦ Διονύσου τῷ ἱερῷ ἀπέθανον. (6) Οὕτως ὠμὴ
στάσις προυχώρησεν, καὶ ἔδοξε μᾶλλον, διότι ἐν τοῖς
πρώτη ἐγένετο,
LXXXII. ἐπεὶ ὕστερόν γε καὶ πᾶν ὡς εἰπεῖν τὸ
Ἑλληνικὸν ἐκινήθη, διαφορῶν οὐσῶν ἑκασταχοῦ τοῖς
τε τῶν δήμων προστάταις τοὺς Ἀθηναίους ἐπάγεσθαι
καὶ τοῖς ὀλίγοις τοὺς Λακεδαιμονίους, καὶ ἐν μὲν εἰρήνῃ οὐκ ἂν ἐχόντων πρόφασιν, οὐδ' ἑτοίμων παρακαλεῖν αὐτούς· πολεμουμένων δέ, καὶ ξυμμαχίας ἅμα
ἑκατέροις τῇ τῶν ἐναντίων κακώσει καὶ σφίσιν αὐτοῖς
ἐκ τοῦ αὐτοῦ προσποιήσει, ῥᾳδίως αἱ ἐπαγωγαὶ τοῖς
νεωτερίζειν τι βουλομένοις ἐπορίζοντο. (2) Καὶ ἐπέπεσε
πολλὰ καὶ χαλεπὰ κατὰ στάσιν ταῖς πόλεσι, γιγνόμενα
μὲν καὶ ἀεὶ ἐσόμενα ἕως ἂν ἡ αὐτὴ φύσις ἀνθρώπων
ᾖ, μᾶλλον δὲ καὶ ἡσυχαίτερα καὶ τοῖς εἴδεσι διηλλα-

LXXX. Interea vero Corcyraeorum populus, vehementer metuens, ne Peloponnesiorum classis urbem invaderet, cum supplicibus ceterisque in colloquium de civitate conservanda venerunt; et eorum nonnullis persuaserunt, ut naves conscenderent. Nam nihilo minus triginta naves instruxerant, [hostis adventum opperientes]. (2) At Peloponnesii ad meridiem usque agrum populati, discesserunt, et sub noctem ignibus accensis significatum est iis, sexaginta naves Atticas a Leucade venire, quas Athenienses certiores facti de Corcyraeorum seditione, deque classe cum Alcida adversus Corcyram itura miserant cum Eurymedonte Thuclis filio, qui ipsis praeerat.

LXXXI. Peloponnesii igitur ea nocte statim magna celeritate domum redierunt oram legentes; et navibus per Leucadium Isthmum transportatis, ne circumvehentes conspicerentur, se receperunt. (2) Corcyraei vero, quum et Atticas naves adventare, et hostiles discessisse intellexissent, Messenios receperunt, et in urbem introduxerunt, qui prius erant extra, jussisque navibus, quas instruxerant, in portum Hyllaicum circumire, dum illae circumvehuntur, si quem de inimicis cepissent, eum interficiebant; quinetiam eos omnes, quibus persuaserant, ut naves conscenderent, ex navibus ejicientes discesserunt, et ad Junonis templum profecti ex supplicibus circiter quinquaginta ad judicium subeundum verbis adduxerunt, omnesque capite damnaverunt. (3) Sed plerique supplicum, qui verbis illorum adduci non potuerant, quum viderent ea, quae gerebantur, ibidem in templo se mutuo interfecerunt; et nonnulli eorum ex arboribus se suspendebant, alii vero, quo quisque poterat, mortis genere peribant. (4) Et per septem dies, per quos Eurymedon cum sexaginta navibus eo profectus, ibi mansit, Corcyraei eos interfecerunt, quos inimicos esse ducebant, crimine quidem arcessentes eos, qui popularem statum everterent, sed nonnulli etiam ob inimicitias privatas interfecti sunt, alii etiam propter pecunias iis debitas ab iis, qui eas acceperant; (5) omnisque mortis species visebatur, et quemadmodum in hujusmodi rerum statu solet accidere, nihil erat, quod non contingeret, atque eo etiam amplius. Etenim pater filium occidit, et homines a templis abstrahebantur, et prope ipsa caedebantur; quinetiam nonnulli muro circumsepti in Bacchi templo perierunt. (6) Adeo in saevum erupit seditio, idque visa est etiam magis, propterea quod haec fere prima exstitit;

LXXXII. nam postea quidem propemodum vel universa, paene dicam, Graecia commota est, quum ubique discordiae essent inter plebis patronos, qui Athenienses, et optimates, qui Lacedaemonios accersere volebant, et in pace quidem nullam speciosam causam haberent, nec ad ipsos accersendos adeo prompti essent; bello vero coorto utrisque, qui rerum novarum erant cupidi, facile dabatur facultas accersendi socios auxiliares, ut simul et adversam factionem opprimerent, et exinde potentiam sibimet compararent. (2) Atque multae et graves calamitates inter seditionem civitatibus acciderunt, quae quidem accidere solent, et semper accident, quoad eadem hominum natura erit, sed tamen

γμένα, ὡς ἂν ἕκασται αἱ μεταβολαὶ τῶν ξυντυχιῶν ἐφιστῶνται. Ἐν μὲν γὰρ εἰρήνῃ καὶ ἀγαθοῖς πράγμασιν αἵ τε πόλεις καὶ οἱ ἰδιῶται ἀμείνους τὰς γνώμας ἔχουσι διὰ τὸ μὴ ἐς ἀκουσίους ἀνάγκας πίπτειν· ὁ δὲ πόλεμος ὑφελὼν τὴν εὐπορίαν τοῦ καθ' ἡμέραν βίαιος διδάσκαλος, καὶ πρὸς τὰ παρόντα τὰς ὀργὰς τῶν πολλῶν ὁμοιοῖ. (3) Ἐστασίαζέ τε οὖν τὰ τῶν πόλεων, καὶ τὰ ἐφυστερίζοντά που πύστει τῶν προγενομένων πολὺ ἐπέφερε τὴν ὑπερβολὴν τοῦ καινοῦσθαι τὰς διανοίας τῶν τ' ἐπιχειρήσεων περιτεχνήσει καὶ τῶν τιμωριῶν ἀτοπίᾳ. (4) Καὶ τὴν εἰωθυῖαν ἀξίωσιν τῶν ὀνομάτων ἐς τὰ ἔργα ἀντήλλαξαν τῇ δικαιώσει. Τόλμα μὲν γὰρ ἀλόγιστος ἀνδρία φιλέταιρος ἐνομίσθη, μέλλησις δὲ προμηθὴς δειλία εὐπρεπής, τὸ δὲ σῶφρον τοῦ ἀνάνδρου πρόσχημα, καὶ τὸ πρὸς ἅπαν ξυνετὸν ἐπὶ πᾶν ἀργόν. Τὸ δ' ἐμπλήκτως ὀξὺ ἀνδρὸς μοίρᾳ προσετέθη, ἀσφάλεια δὲ τὸ ἐπιβουλεύσασθαι, ἀποτροπῆς πρόφασις εὔλογος. (5) Καὶ ὁ μὲν χαλεπαίνων πιστὸς ἀεί, ὁ δ' ἀντιλέγων αὐτῷ ὕποπτος. Ἐπιβουλεύσας δέ τις τυχὼν ξυνετὸς καὶ ὑπονοήσας ἔτι δεινότερος· προβουλεύσας δὲ ὅπως μηδὲν αὐτῶν δεήσει, τῆς τε ἑταιρίας διαλυτὴς καὶ τοὺς ἐναντίους ἐκπεπληγμένος. Ἁπλῶς δὲ ὁ φθάσας τὸν μέλλοντα κακόν τι δρᾶν ἐπῃνεῖτο, καὶ ὁ ἐπικελεύσας τὸν μὴ διανοούμενον. (6.) Καὶ μὴν καὶ τὸ ξυγγενὲς τοῦ ἑταιρικοῦ ἀλλοτριώτερον ἐγένετο διὰ τὸ ἑτοιμότερον εἶναι ἀπροφασίστως τολμᾶν· οὐ γὰρ μετὰ τῶν κειμένων νόμων ὠφελίας αἱ τοιαῦται ξύνοδοι, ἀλλὰ παρὰ τοὺς καθεστῶτας πλεονεξίᾳ. Καὶ τὰς ἐς σφᾶς αὐτοὺς πίστεις οὐ τῷ θείῳ νόμῳ μᾶλλον ἐκρατύνοντο ἢ τῷ κοινῇ τι παρανομῆσαι. (7) Τά τε ἀπὸ τῶν ἐναντίων καλῶς λεγόμενα ἐνεδέχοντο ἔργων φυλακῇ, εἰ προύχοιεν, καὶ οὐ γενναιότητι. Ἀντιτιμωρήσασθαί τέ τινα περὶ πλείονος ἦν ἢ αὐτὸν μὴ προπαθεῖν. Καὶ ὅρκοι εἴ που ἄρα γένοιντο ξυναλλαγῆς, ἐν τῷ αὐτίκα πρὸς τὸ ἄπορον ἑκατέρῳ διδόμενοι ἴσχυον οὐκ ἐχόντων ἄλλοθεν δύναμιν· ἐν δὲ τῷ παρατυχόντι ὁ φθάσας θαρσῆσαι, εἰ ἴδοι ἄφρακτον, ἥδιον διὰ τὴν πίστιν ἐτιμωρεῖτο ἢ ἀπὸ τοῦ προφανοῦς, καὶ τό τε ἀσφαλὲς ἐλογίζετο καὶ ὅτι ἀπάτῃ περιγενόμενος ξυνέσεως ἀγώνισμα προσελάμβανεν. Ῥᾷον δ' οἱ πολλοὶ κακοῦργοι ὄντες δεξιοὶ κέκληνται ἢ ἀμαθεῖς ἀγαθοί, καὶ τῷ μὲν αἰσχύνονται, ἐπὶ δὲ τῷ ἀγάλλονται. (8) Πάντων δ' αὐτῶν αἴτιον ἀρχὴ ἡ διὰ πλεονεξίαν καὶ φιλοτιμίαν· ἐκ δ' αὐτῶν καὶ ἐς τὸ φιλονεικεῖν καθισταμένων τὸ πρόθυμον. Οἱ γὰρ ἐν ταῖς πόλεσι προστάντες μετ' ὀνόματος ἑκάτεροι εὐπρεποῦς, πλήθους τε ἰσονομίας πολιτικῆς καὶ ἀριστοκρατίας σώφρονος προτιμήσει, τὰ μὲν κοινὰ λόγῳ θεραπεύοντες ἆθλα ἐποιοῦντο, παντὶ δὲ τρόπῳ ἀγωνιζόμενοι ἀλλήλων περιγίγνεσθαι ἐτόλμησάν τε τὰ δεινότατα ἐπεξῆσάν τε τὰς τιμωρίας ἔτι μείζους, οὐ μέχρι τοῦ δικαίου καὶ τῇ πόλει ξυμφόρου προτιθέντες, ἐς δὲ τὸ ἑκατέροις που ἀεὶ ἡδονὴν ἔχον ὁρίζοντες, καὶ ἢ μετὰ ψήφου ἀδίκου καταγνώσεως ἢ χειρὶ κτώμενοι τὸ κρατεῖν ἕτοιμοι ἦσαν τὴν αὐτίκα φιλονεικίαν ἐκπιμπλάναι. Ὥστε εὐσεβείᾳ μὲν οὐδέτεροι

potius et sedatiores et genere diversae, prout singulae rerum fortunaeque mutationes incedant. Nam in pace quidem et rerum secundarum affluentia quum ipsae civitates, tum etiam homines privati mentes habent meliores, quod non in necessitates animo suo adversas incidunt; bellum vero, subducens paulatim rerum copiam, quae ad quotidianum vitae usum sunt necessariae, violentus est magister, et ad praesentium rerum similitudinem affectus plurimorum effingit. (3) Civitates igitur seditionibus agitabantur, et ubi id forte serius fiebat, ea quae alibi jam accidisse fama acceperant, longe superabant immoderato studio nova consilia reperiendi eximia inimicorum circumveniendorum solertia et inaudito suppliciorum genere. (4) Atque usitatam vocabulorum significationem pro ipsis rebus arbitratu suo immutavere. Nam audacia quidem inconsiderata fortitudo amicorum studiosa existimata est, consideratio vero cunctatio honesta timiditas, et continentia ignavia speciosa, et omnem rem moderans prudentia ad omnem rem inertia. At vesanus animi impetus viri virtuti tribuebatur; cautio vero in iteranda deliberatione vendibilis negotii detrectandi praetextus. (5) Et qui iracundus erat, is fide dignus semper habebatur, at qui verbis ei resistebat, hujus fides erat suspecta. Qui vero insidias aliis paraverat, si res successisset, prudens, et si insidias providisset, callidior etiam; qui vero prospexisset, ne ullis hujusmodi rebus opus esset, is amicitiae sodalium dissolutor, et adversariorum timens vocabatur. In summa, is laudabatur, qui alterum in injuria facienda praevertisset, et qui alium nihil tale cogitantem ad hoc ipsum ultro impulisset. (6) Quinetiam sodales cognatis anteponebantur, quod ad audendum sine ulla tergiversatione promptiores erant; nam hujusmodi sodaliciorum coetus non utilitatis causa, ex legum latarum praescripto, sed avaritiae gratia, contra praesentes leges fiebant. Et fidem inter se non tam divina lege confirmabant, quam eo, quod communiter leges violassent. (7) Et quae ab adversariis probe dicebantur, ea admittebant, ut actiones eorum caverent, si superiores essent, non autem ex generositate. Et unusquisque hoc pluris faciebat, si alium pro injuria illata ulcisci posset, quam si ipse nulla injuria ab alio lacesseretur. Et si forte reconciliandae gratiae causa jusjurandum aliquando interponebatur, id in praesentia propter rerum difficultatem datum valebat, dum vires aliunde non habebant; sed ad quamlibet rei peragendae occasionem oblatam, qui prior fiduciam recepisset, is si minus munitum alterum animadvertisset, lubentius propter fidem ulciscebatur, quam aperte; nam et tutum hoc esse reputabat, et, quod fraude superasset, prudentiae praemium praeterea consequebatur. Facilius autem plurimi, quum sint malefici, sollertes appellati sunt, quam tardi boni, atque hoc quidem erubescunt, illo vero gloriantur. (8) Horum autem omnium causa fuit principatus propter avaritiam et ambitionem quaesitus; et, id quod ex his causis, quum etiam in aemulationem adducuntur, nascitur, alacre animorum studium. Nam singularum civitatum principes, honesto et specioso utrique nomine, civilem populi aequabilitatem vel moderatam optimatum dominationem anteponentes, rempublicam quum verbo quidem curarent, tanquam suorum certaminum praemium sibi proponebant, omni autem modo contendentes, alii superarent alios, atrocissima quaeque facinora sunt ausi, et poenas etiam majores exigebant, non eas in tantum sibi proponentes, quantum aequitas et utilitas publica postulabat, sed usque eo, dum in quaque re alterutris volupe esset, terminum proferentes, et vel iniquis suffragiis damnando, vel manu potentiam sibi parantes, ad praesentis contentionis libidinem explendam erant parati. Itaque neutri religionis observantia utebantur; sed si quibus accidisset, ut sibi aliquo facinore invidiam contraherent, ob speciosam

ἐνόμιζον, εὐπρεπείᾳ δὲ λόγου οἷς ξυμβαίη ἐπιφθόνως τι διαπράξασθαι, ἄμεινον ἤκουον. Τὰ δὲ μέσα τῶν πολιτῶν ὑπ' ἀμφοτέρων, ἢ ὅτι οὐ ξυνηγωνίζοντο ἢ φθόνῳ τοῦ περιεῖναι, διεφθείροντο.

LXXXIII. Οὕτω πᾶσα ἰδέα κατέστη κακοτροπίας διὰ τὰς στάσεις τῷ Ἑλληνικῷ, καὶ τὸ εὔηθες, οὗ τὸ γενναῖον πλεῖστον μετέχει, καταγελασθὲν ἠφανίσθη, τὸ δὲ ἀντιτετάχθαι ἀλλήλοις τῇ γνώμῃ ἀπίστως ἐπὶ πολὺ διήνεγκεν· (2) οὐ γὰρ ἦν ὁ διαλύσων οὔτε λόγος ἐχυρὸς οὔτε ὅρκος φοβερός, κρείσσους δὲ ὄντες ἅπαντες λογισμῷ ἐς τὸ ἀνέλπιστον τοῦ βεβαίου μὴ παθεῖν μᾶλλον προεσκόπουν ἢ πιστεῦσαι ἐδύναντο. (3) Καὶ οἱ φαυλότεροι γνώμην ὡς τὰ πλείω περιεγίγνοντο· τῷ γὰρ δεδιέναι τό τε αὑτῶν ἐνδεὲς καὶ τὸ τῶν ἐναντίων ξυνετόν, μὴ λόγοις τε ἥσσους ὦσι καὶ ἐκ τοῦ πολυτρόπου αὐτῶν τῆς γνώμης φθάσωσι προεπιβουλευόμενοι, τολμηρῶς πρὸς τὰ ἔργα ἐχώρουν. (4) Οἱ δὲ καταφρονοῦντες κἂν προαισθέσθαι, καὶ ἔργῳ οὐδὲν σφᾶς δεῖν λαμβάνειν ἃ γνώμῃ ἔξεστιν, ἄφρακτοι μᾶλλον διεφθείροντο.

LXXXIV. [Ἐν δ' οὖν τῇ Κερκύρᾳ τὰ πολλὰ αὐτῶν προετολμήθη, καὶ ὁπόσα ὕβρει μὲν ἀρχόμενοι τὸ πλέον ἢ σωφροσύνῃ ὑπὸ τῶν τὴν τιμωρίαν παρασχόντων οἱ ἀνταμυνόμενοι δράσειαν, πενίας δὲ τῆς εἰωθυίας ἀπαλλαξείοντές τινες, μάλιστα δ' ἂν διὰ πάθους ἐπιθυμοῦντες τὰ τῶν πέλας ἔχειν, παρὰ δίκην γιγνώσκοιεν, οἵ τε μὴ ἐπὶ πλεονεξίᾳ ἀπὸ ἴσου δὲ μάλιστα ἐπιόντες, ἀπαιδευσίᾳ ὀργῆς πλεῖστον ἐκφερόμενοι, ὠμῶς καὶ ἀπαραιτήτως ἐπέλθοιεν. (2) Ξυνταραχθέντος τε τοῦ βίου ἐς τὸν καιρὸν τοῦτον τῇ πόλει, καὶ τῶν νόμων κρατήσασα ἡ ἀνθρωπεία φύσις, εἰωθυῖα καὶ παρὰ τοὺς νόμους ἀδικεῖν, ἀσμένη ἐδήλωσεν ἀκρατὴς μὲν ὀργῆς οὖσα, κρείσσων δὲ τοῦ δικαίου, πολεμία δὲ τοῦ προὔχοντος· οὐ γὰρ ἂν τοῦ τε ὁσίου τὸ τιμωρεῖσθαι προυτίθεσαν τοῦ τε μὴ ἀδικεῖν τὸ κερδαίνειν, ἐν ᾧ μὴ βλάπτουσαν ἰσχὺν εἶχε τὸ φθονεῖν. (3) Ἀξιοῦσί τε τοὺς κοινοὺς περὶ τῶν τοιούτων οἱ ἄνθρωποι νόμους, ἀφ' ὧν ἅπασιν ἐλπὶς ὑπόκειται σφαλεῖσι κἂν αὐτοὺς διασώζεσθαι, ἐν ἄλλων τιμωρίαις προκαταλύειν καὶ μὴ ὑπολείπεσθαι, εἴ ποτε ἄρα τις κινδυνεύσας τινὸς δεήσεται αὐτῶν.]

LXXXV. Οἱ μὲν οὖν κατὰ τὴν πόλιν Κερκυραῖοι τοιαύταις ὀργαῖς ταῖς πρώταις ἐς ἀλλήλους ἐχρήσαντο, καὶ ὁ Εὐρυμέδων καὶ οἱ Ἀθηναῖοι ἀπέπλευσαν ταῖς ναυσίν· (2) ὕστερον δὲ οἱ φεύγοντες τῶν Κερκυραίων (διεσώθησαν γὰρ αὐτῶν ἐς πεντακοσίους) τείχη τε λαβόντες, ἃ ἦν ἐν τῇ ἠπείρῳ, ἐκράτουν τῆς πέραν οἰκείας γῆς, καὶ ἐξ αὐτῆς ὁρμώμενοι ἐλῄζοντο τοὺς ἐν τῇ νήσῳ καὶ πολλὰ ἔβλαπτον, καὶ λιμὸς ἰσχυρὸς ἐγένετο ἐν τῇ πόλει. (3) Ἐπρεσβεύοντο δὲ καὶ ἐς τὴν Λακεδαίμονα καὶ Κόρινθον περὶ καθόδου· καὶ ὡς οὐδὲν αὐτοῖς ἐπράσσετο, ὕστερον χρόνῳ πλοῖα καὶ ἐπικούρους παρασκευασάμενοι διέβησαν ἐς τὴν νῆσον ἑξακόσιοι μάλιστα οἱ πάντες, (4) καὶ τὰ πλοῖα ἐμπρήσαντες, ὅπως ἀπόγνοια ᾖ τοῦ ἄλλο τι ἢ κρατεῖν τῆς γῆς, ἀναβάντες ἐς τὸ ὄρος

oratiouem melius audiebant. Cives vero, quotquot inter utrosque erant medii, vel quod illos non adjuvarent, vel propter invidiam, quod sic superessent, ab utraque factione perdebantur.

LXXXIII. Adeo omne malarum artium genus in Græcia passim propter seditiones exstitit, et simplicitas, cujus ipsa generositas est maxime particeps, per irrisionem funditus est deleta; perfide autem se ponere mentis cogitatione inter se adversarios, multum prævaluit; (2) neque enim ut inter se conciliarentur, aut oratio ulla satis firma aut jusjurandum formidabile erat, sed quum (adversus has res) omnes invicti essent, ratiocinatione sua pro eo, quod certi nihil sperari posset, illud potius prospiciebant, quomodo malum impendens vitarent, quam, ut cuiquam fiderent, adduci poterant. (3) Et qui prudentia minus valebant, plerumque superiores erant; quod enim et propter suam consilii inopiam et adversariorum prudentiam metuerent, ne vel illorum eloquentia superarentur, vel propter illorum ingenii versutiam præverterentur insidiis priores appetiti, audacter ad quælibet facinora suscipienda ferebantur. (4) Qui vero eos contemnentes putabant et insidias se præsensuros, nec sibi factis ullis opus esse ad occupanda ea, quæ consilio occupare licet, non muniti facilius opprimebantur.

LXXXIV. [In Corcyra igitur pleraque hujusmodi audaciæ facinora prius patrata sunt, et alia, quæcumque homines libidine potius gubernati quam continentia, oblatis ultionis occasionibus adducti, dum vicissim suas injurias persequuntur, facere possint, vel quæcumque aliqui, qui consueta rerum inopia se liberare gestiant, præcipue vero, qui magna cupiditate fortunas alienas occupare studeant, contra jus animo concipere possint, vel quæcumque ii, qui non, ut adversariis superiores sint, sed jam æquales maxime, eos invadunt, abrepti violentia sua, nulla disciplina coercita, crudeli et inexorabili animo ultionis causa patrare possint. (2) Atque quum perturbata esset id temporis vita omnis in illa urbe, et natura humana legum vim fregisset, quæ solet vel præter leges injuste facere, lubenter declaravit, se iræ quidem impotentem, at jure potentiorem, omnisque ejus, quod emineret, hostem esse. Aliter enim profecto homines pietati vindictam non anteponerent, neque innocentiæ quæstum, si quando non nocentem potentiam haberet invidia. (3) Et volunt homines communes leges de talibus rebus latas, in quibus spes omnibus est reposita, si ipsi in calamitates aliquas inciderint, fore ut et ipsi conserventur, in vindicandis aliis ante evertere, nec relinquere, si quis forte in periculum adductus aliqua illarum indigeat.]

LXXXV. Corcyræi igitur, qui in urbe erant, primi omnium tales iras inter se tunc exercuerunt, et Eurymedon et Athenienses cum classe discesserunt. (2) Postea vero Corcyræorum exsules (nam ad quingentos illorum evaserant) occupatis quibusdam munitionibus, quæ in continente erant, suo ulteriore agro potiti sunt, atque inde erumpentes populabantur agros illorum, qui erant in insula, magnisque detrimentis eos afficiebant, et in urbe fames ingens est exorta. (3) Iidem etiam legatos de suo reditu Lacedæmonem et Corinthum mittebant; et quum nihil proficerent, postea paratis navibus et militibus auxiliariis in insulam trajecerunt, numero universi circiter sexcenti, (4) atque navibus incensis, ut nulla spes alia relinqueretur quam agri occupandi, montem Istonen conscenderunt, et munitione illic exstructa,

τὴν Ἰστώνην, τεῖχος ἐνοικοδομησάμενοι ἔφθειρον τοὺς ἐν τῇ πόλει καὶ τῆς γῆς ἐκράτουν.

LXXXVI. Τοῦ δ' αὐτοῦ θέρους τελευτῶντος Ἀθηναῖοι εἴκοσι ναῦς ἔστειλαν ἐς Σικελίαν καὶ Λάχητα τὸν Μελανώπου στρατηγὸν αὐτῶν καὶ Χαροιάδην τὸν Εὐφιλήτου. (2) Οἱ γὰρ Συρακόσιοι καὶ Λεοντῖνοι ἐς πόλεμον ἀλλήλοις καθέστασαν. Ξύμμαχοι δὲ τοῖς μὲν Συρακοσίοις ἦσαν πλὴν Καμαριναίων αἱ ἄλλαι Δωρίδες πόλεις, αἵπερ καὶ πρὸς τὴν τῶν Λακεδαιμονίων τὸ πρῶτον ἀρχομένου τοῦ πολέμου ξυμμαχίαν ἐτάχθησαν, οὐ μέντοι ξυνεπολέμησάν γε, τοῖς δὲ Λεοντίνοις αἱ Χαλκιδικαὶ πόλεις καὶ Καμάρινα· τῆς δὲ Ἰταλίας Λοκροὶ μὲν Συρακοσίων ἦσαν, Ῥηγῖνοι δὲ κατὰ τὸ ξυγγενὲς Λεοντίνων. (3) Ἐς οὖν τὰς Ἀθήνας πέμψαντες οἱ τῶν Λεοντίνων ξύμμαχοι κατά τε παλαιὰν ξυμμαχίαν καὶ ὅτι Ἴωνες ἦσαν πείθουσι τοὺς Ἀθηναίους πέμψαι σφίσι ναῦς· ὑπὸ γὰρ τῶν Συρακοσίων τῆς τε γῆς εἴργοντο καὶ τῆς θαλάσσης. (4) Καὶ ἔπεμψαν οἱ Ἀθηναῖοι τῆς μὲν οἰκειότητος προφάσει, βουλόμενοι δὲ μήτε σῖτον ἐς τὴν Πελοπόννησον ἄγεσθαι αὐτόθεν, πρόπειράν τε ποιούμενοι εἰ σφίσι δυνατὰ εἴη τὰ ἐν τῇ Σικελίᾳ πράγματα ὑποχείρια γενέσθαι. (5) Καταστάντες οὖν ἐς Ῥήγιον τῆς Ἰταλίας τὸν πόλεμον ἐποιοῦντο μετὰ τῶν ξυμμάχων. Καὶ τὸ θέρος ἐτελεύτα.

LXXXVII. Τοῦ δ' ἐπιγιγνομένου χειμῶνος ἡ νόσος τὸ δεύτερον ἐπέπεσε τοῖς Ἀθηναίοις, ἐκλιποῦσα μὲν οὐδένα χρόνον τὸ παντάπασιν, ἐγένετο δέ τις ὅμως διακωγή. (2) Παρέμεινε δὲ τὸ μὲν ὕστερον οὐκ ἔλασσον ἐνιαυτοῦ, τὸ δὲ πρότερον καὶ δύο ἔτη, ὥστε Ἀθηναίων γε μὴ εἶναι ὅ τι μᾶλλον ἐκάκωσε τὴν δύναμιν· (3) τετρακοσίων γὰρ ὁπλιτῶν καὶ τετρακισχιλίων οὐκ ἐλάσσους ἀπέθανον ἐκ τῶν τάξεων καὶ τριακοσίων ἱππέων, τοῦ δὲ ἄλλου ὄχλου ἀνεξεύρετος ἀριθμός. (4) Ἐγένοντο δὲ καὶ οἱ πολλοὶ τότε σεισμοὶ τῆς γῆς, ἔν τε Ἀθήναις καὶ ἐν Εὐβοίᾳ καὶ ἐν Βοιωτοῖς καὶ μάλιστα ἐν Ὀρχομενῷ τῷ Βοιωτίῳ.

LXXXVIII. Καὶ οἱ μὲν ἐν Σικελίᾳ Ἀθηναῖοι καὶ Ῥηγῖνοι τοῦ αὐτοῦ χειμῶνος τριάκοντα ναυσὶ στρατεύουσιν ἐπὶ τὰς Αἰόλου νήσους καλουμένας· θέρους γὰρ δι' ἀνυδρίαν ἀδύνατα ἦν ἐπιστρατεύειν. (2) Νέμονται δὲ Λιπαραῖοι αὐτὰς Κνιδίων ἄποικοι ὄντες. Οἰκοῦσι δ' ἐν μιᾷ τῶν νήσων οὐ μεγάλῃ, καλεῖται δὲ Λιπάρα· τὰς δὲ ἄλλας ἐκ ταύτης ὁρμώμενοι γεωργοῦσι, Διδύμην καὶ Στρογγύλην καὶ Ἱεράν. (3) Νομίζουσι δὲ οἱ ἐκείνῃ ἄνθρωποι ἐν τῇ Ἱερᾷ ὡς ὁ Ἥφαιστος χαλκεύει, ὅτι τὴν νύκτα φαίνεται πῦρ ἀναδιδοῦσα πολὺ καὶ τὴν ἡμέραν καπνόν. Κεῖνται δὲ αἱ νῆσοι αὗται κατὰ τὴν Σικελῶν καὶ Μεσσηνίων γῆν, ξύμμαχοι δ' ἦσαν Συρακοσίων. (4) Τεμόντες δ' οἱ Ἀθηναῖοι τὴν γῆν, ὡς οὐ προσεχώρουν, ἀπέπλευσαν ἐς τὸ Ῥήγιον. Καὶ ὁ χειμὼν ἐτελεύτα· καὶ πέμπτον ἔτος τῷ πολέμῳ ἐτελεύτα τῷδε ὃν Θουκυδίδης ξυνέγραψεν.

LXXXIX. Τοῦ δ' ἐπιγιγνομένου θέρους Πελοποννή-

---

eos, qui in urbe erant, gravissime vexabant, agroque potiebantur.

LXXXVI. Hac eadem aestate extrema Athenienses viginti naves in Siciliam miserunt, et Lachetem Melanopi, et Charoeadam Euphileti filium harum praefectos. (2) Nam Syracusani et Leontini bellum inter se gerebant. Syracusanorum autem sociae erant exceptis Camarinaeis ceterae Dorienses civitates, quae quidem etiam in Lacedaemoniorum societatem hujus belli initio concesserant, non tamen juverant eos in bello; Leontinorum vero Chalcidicae civitates et Camarina; ex Italia autem Locri quidem Syracusanis, Rhegini vero propter cognationem Leontinis favebant. (3) Athenas igitur legatis missis Leontinorum socii quum propter antiquam societatem, tum etiam quod Iones essent, Atheniensibus persuaserunt, ut naves ad se mitterent; nam et terrae et maris usu a Syracusanis prohibebantur. (4) Athenienses vero naves miserunt, speciem quidem necessitudinis, sed re ipsa eo consilio, ut neque frumentum illinc in Peloponnesum exportaretur, utque temptarent, num res Siculas in suam potestatem redigere possent. (5) Quum igitur Rhegium Italiae appulissent, cum sociis bellum gerere coeperunt. Atque haec aestas finiebatur.

LXXXVII. At hieme insequente morbus Athenienses iterum invasit, qui nullo quidem tempore omnino desierat, sed tamen quaedam ejus quiescentis intermissio facta erat. (2) Quum autem eos rursus est aggressus, non minus anno integro est immoratus, prius vero vel per biennium, adeo ut nihil fuerit, quod Atheniensium magis vires afflixerit; (3) nam ex militibus gravis armaturae obierunt non pauciores quam quatuor millia et quadringenti, et ex equitibus trecenti; ceterae vero turbae numerus iniri non potest. (4) Tunc vero praeterea frequentes terrae motus exstiterunt, et Athenis et in Euboea et in Boeotia, praecipue vero in Boeotiae oppido Orchomeno.

LXXXVIII. Et qui in Sicilia erant, Athenienses ac Rhegini eadem hieme insulis, quae Aeoli vocantur, bellum cum triginta navibus intulerunt; aestate enim propter aquarum inopiam bellum iis inferri non poterat. (2) Incolunt eas autem Liparaei, qui sunt Cnidiorum coloni. Atque habitant in una ex istis insulis non magna, quae Lipara vocatur; reliquas autem hinc proficiscentes colunt, Didymen scilicet et Strongylen et Hieram. (3) Homines autem, qui sunt in illa regione, Vulcanum in Hiera fabrilem artem exercere putant, quia noctu quidem magnum ignem, interdiu vero fumum emittere cernitur. Hae autem insulae sitae sunt e regione agri Siculorum et Messeniorum, erantque Syracusanorum sociae. (4) Athenienses vero vastato illorum agro, quum illae se dedere nollent, Rhegium redierunt. Atque haec hiems finiebatur, et quintus annus hujus belli finiebatur, quod Thucydides conscripsit.

LXXXIX. Sequente vero aestate Peloponnesii eorumque

σιοι καὶ οἱ ξύμμαχοι μέχρι μὲν τοῦ Ἰσθμοῦ ἦλθον ὡς ἐς τὴν Ἀττικὴν ἐσβαλοῦντες, Ἄγιδος τοῦ Ἀρχιδάμου ἡγουμένου Λακεδαιμονίων βασιλέως, σεισμῶν δὲ γενομένων πολλῶν ἀπετράποντο πάλιν καὶ οὐκ ἐγένετο ἐσβολή. (2) Καὶ περὶ τούτους τοὺς χρόνους τῶν σεισμῶν κατεχόντων τῆς Εὐβοίας ἐν Ὀροβίαις ἡ θάλασσα ἐπελθοῦσα ἀπὸ τῆς τότε οὔσης γῆς καὶ κυματωθεῖσα ἐπῆλθε τῆς πόλεως μέρος τι, καὶ τὸ μὲν κατέκλυσε τὸ δ' ὑπενόστησεν, καὶ θάλασσα νῦν ἐστὶ πρότερον οὖσα γῆ· καὶ ἀνθρώπους διέφθειρεν ὅσοι μὴ ἐδύναντο φθῆναι πρὸς τὰ μετέωρα ἀναδραμόντες. (3) Καὶ περὶ Ἀταλάντην τὴν ἐπὶ Λοκροῖς τοῖς Ὀπουντίοις νῆσον παραπλησία γίγνεται ἐπίκλυσις, καὶ τοῦ τε φρουρίου τῶν Ἀθηναίων παρεῖλε καὶ δύο νεῶν ἀνειλκυσμένων τὴν ἑτέραν κατέαξεν. (4) Ἐγένετο δὲ καὶ ἐν Πεπαρήθῳ κύματος ἐπαναχώρησίς τις, οὐ μέντοι ἐπέκλυσέ γε· καὶ σεισμὸς τοῦ τείχους τι κατέβαλε καὶ τὸ πρυτανεῖον καὶ ἄλλας οἰκίας ὀλίγας. (5) Αἴτιον δ' ἔγωγε νομίζω τοῦ τοιούτου, ᾗ ἰσχυρότατος ὁ σεισμὸς ἐγένετο, κατὰ τοῦτο ἀποστέλλειν τε τὴν θάλασσαν καὶ ἐξαπίνης πάλιν ἐπισπωμένην βιαιότερον τὴν ἐπίκλυσιν ποιεῖν· ἄνευ δὲ σεισμοῦ οὐκ ἄν μοι δοκεῖ τὸ τοιοῦτο ξυμβῆναι γενέσθαι.

XC. Τοῦ δ' αὐτοῦ θέρους ἐπολέμουν μὲν καὶ ἄλλοι ὡς ἑκάστοις ξυνέβαινεν ἐν τῇ Σικελίᾳ, καὶ αὐτοὶ οἱ Σικελιῶται ἐπ' ἀλλήλους στρατεύοντες καὶ οἱ Ἀθηναῖοι ξὺν τοῖς σφετέροις ξυμμάχοις· ἃ δὲ λόγου μάλιστα ἄξια ἢ μετὰ τῶν Ἀθηναίων οἱ ξύμμαχοι ἔπραξαν ἢ πρὸς τοὺς Ἀθηναίους οἱ ἀντιπολέμιοι, τούτων μνησθήσομαι. (2) Χαροιάδου γὰρ ἤδη τοῦ Ἀθηναίων στρατηγοῦ τεθνηκότος ὑπὸ Συρακοσίων πολέμῳ, Λάχης ἅπασαν ἔχων τῶν νεῶν τὴν ἀρχὴν ἐστράτευσε μετὰ τῶν ξυμμάχων ἐπὶ Μύλας τὰς τῶν Μεσσηνίων. Ἔτυχον δὲ δύο φυλαὶ ἐν ταῖς Μύλαις τῶν Μεσσηνίων φρουροῦσαι καί τινα καὶ ἐνέδραν πεποιηκέναι τοῖς ἀπὸ τῶν νεῶν. (3) Οἱ δὲ Ἀθηναῖοι καὶ οἱ ξύμμαχοι, τούς τε ἐκ τῆς ἐνέδρας τρέπουσι καὶ διαφθείρουσι πολλούς, καὶ τῷ ἐρύματι προσβαλόντες ἠνάγκασαν ὁμολογίᾳ τήν τε ἀκρόπολιν παραδοῦναι καὶ ἐπὶ Μεσσήνην ξυστρατεῦσαι. (4) Καὶ μετὰ τοῦτο ἐπελθόντων οἱ Μεσσήνιοι τῶν τε Ἀθηναίων καὶ τῶν ξυμμάχων προσεχώρησαν καὶ αὐτοί, ὁμήρους τε δόντες καὶ τἆλλα πιστὰ παρασχόμενοι.

XCI. Τοῦ δ' αὐτοῦ θέρους οἱ Ἀθηναῖοι τριάκοντα μὲν ναῦς ἔστειλαν περὶ Πελοπόννησον, ὧν ἐστρατήγει Δημοσθένης τε ὁ Ἀλκισθένους καὶ Προκλῆς ὁ Θεοδώρου, ἑξήκοντα δὲ ἐς Μῆλον καὶ δισχιλίους ὁπλίτας· ἐστρατήγει δὲ αὐτῶν Νικίας ὁ Νικηράτου. (2) Τοὺς γὰρ Μηλίους ὄντας νησιώτας καὶ οὐκ ἐθέλοντας ὑπακούειν οὐδὲ ἐς τὸ αὑτῶν ξυμμαχικὸν ἰέναι ἐβούλοντο προσαγαγέσθαι. (3) Ὡς δὲ αὐτοῖς δῃουμένης τῆς γῆς οὐ προσεχώρουν, ἄραντες ἐκ τῆς Μήλου αὐτοὶ μὲν ἔπλευσαν ἐς Ὠρωπὸν τῆς πέραν γῆς, ὑπὸ νύκτα δὲ σχόντες εὐθὺς ἐπορεύοντο οἱ ὁπλῖται ἀπὸ τῶν νεῶν πεζῇ ἐς Τάναγραν τῆς Βοιωτίας. (4) Οἱ δ' ἐκ τῆς πόλεως πανδημεὶ Ἀθηναῖοι, Ἱππονίκου τε τοῦ Καλλίου στρατη-

socii, duce Agide, Archidami filio, Lacedæmoniorum rege, ad Isthmum usque processerunt, ut irruptionem in Atticam facturi; sed cum crebri terræ motus fierent, retro se receperunt, nec irruptio facta est. (2) Per hæc tempora terræ motibus Euboeam apud Orobios agitantibus, mare ab ea, quæ tunc erat tellus, magno cum fluctuum impetu veniens, quandam urbis partem invasit atque partim quidem terram demersit, partim rursus recessit, et quod antea tellus erat, id nunc est mare; hominesque perdidit, quotquot in editiora loca ocius cursu se conferre non poterant. (3) Huic autem similis alluvio exstitit circa Atalantam insulam apud Locros Opuntios, quæ ab Atheniensium castello partem abstraxit, et duarum navium, quæ subductæ erant, alteram diffregit. (4) In Peparetho quoque fuit quædam maris restagnatio, quæ tamen terram non submersit; et terræ motus muri partem diruit et Prytaneum et aliquot alias domos. (5) Hujus autem rei ego causam esse puto, quod terræ motus, qua parte vehementissimus exstitit, ab hac mare longe amandat, hoc vero repente rursus retroactum inundationem violentiorem facit; nam sine terræ-motu non videtur mihi hoc accidere potuisse.

XC. Eadem æstate quum alii, ut quibusque eveniebat, in Sicilia bellum inter se gesserunt, tum etiam ipsi Sicilienses, inter se sibi arma inferentes et Athenienses cum suis sociis; quæ autem maxime digna memoratu vel socii cum Atheniensibus, vel hostes adversus Athenienses gesserunt, horum mentionem faciam. (2) Quum enim jam Charœades Atheniensium dux a Syracusanis iṇ prœlio cæsus esset, Laches totum classis imperium penes se habens, cum sociis Mylis Messeniorum oppido bellum intulit. Mylis autem præsidio erant duæ Messeniorum tribus, quæ alicubi etiam insidias struxerant Atheniensium militibus e navibus egressis. (3) Sed Athenienses eorumque socii illos, qui iṅ insidiis collocati erant, in fugam vertunt multosque cædunt; et munitionem adorti eos compositione facta et arcem dedere et secum adversus Messanam militare coegerunt. (4) Et postea Messenii, quum Athenienses eorumque socii eos invasissent, ipsi quoque deditionem fecerunt, datis obsidibus, ceterisque fidei pignoribus præbitis.

XCI. Eadem æstate Athenienses triginta naves circa Peloponnesum miserunt, quibus præerant Demosthenes Alcisthenis et Procles Theodori filius, sexaginta vero in Melum cum duobus millibus gravis armaturæ militum; Nicias autem Nicerati filius ipsis præerat. (2) Melios enim, quod insulam incolerent, nec imperio parere neque in societatem suam accedere vellent, adjungere sibi volebant. (3) Sed quum illi agro vastato se ipsis minime dederent castris ex Melo motis, ipsi quidem ad Oropum, quod est e regione, navigarunt; quumque sub noctem eo appulissent, gravis armaturæ milites ex navibus egressi, ad Tanagram Brœotiæ itinere pedestri protinus ire cœperunt. (4) Athenienses vero, qui Athenis erant, universis copiis Hipponico Calliæ

γυοῦντος καὶ Εὐρυμέδοντος τοῦ Θουκλέους, ἀπὸ σημείου ἐς τὸ αὐτὸ κατὰ γῆν ἀπήντων. (5) Καὶ στρατοπεδευσάμενοι ταύτην τὴν ἡμέραν ἐν τῇ Τανάγρᾳ ἐδῄουν καὶ ἐνηυλίσαντο. Καὶ τῇ ὑστεραίᾳ μάχῃ κρατήσαντες τοὺς ἐπεξελθόντας τῶν Ταναγραίων καὶ Θηβαίων τινὰς προσβεβοηθηκότας καὶ ὅπλα λαβόντες καὶ τροπαῖον στήσαντες ἀνεχώρησαν, οἱ μὲν ἐς τὴν πόλιν, οἱ δὲ ἐπὶ τὰς ναῦς. (6) Καὶ παραπλεύσας ὁ Νικίας ταῖς ἑξήκοντα ναυσὶ τῆς Λοκρίδος τὰ ἐπιθαλάσσια ἔτεμε καὶ ἀνεχώρησεν ἐπ᾽ οἴκου.

XCII. Ὑπὸ δὲ τὸν χρόνον τοῦτον Λακεδαιμόνιοι Ἡράκλειαν τὴν ἐν Τραχινίαις ἀποικίαν καθίσταντο ἀπὸ τοιᾶσδε γνώμης. (2) Μηλιῆς οἱ ξύμπαντες εἰσὶ μὲν τρία μέρη, Παράλιοι, Ἱερῆς, Τραχίνιοι· τούτων δὲ οἱ Τραχίνιοι πολέμῳ ἐφθαρμένοι ὑπὸ Οἰταίων ὁμόρων ὄντων, τὸ πρῶτον μελλήσαντες Ἀθηναίοις προσθεῖναι σφᾶς αὐτούς, δείσαντες δὲ μὴ οὐ σφίσι πιστοὶ ὦσι, πέμπουσιν ἐς Λακεδαίμονα, ἑλόμενοι πρεσβευτὴν Τισαμενόν. (3) Ξυνεπρεσβεύοντο δὲ αὐτοῖς καὶ Δωριῆς, ἡ μητρόπολις τῶν Λακεδαιμονίων, τῶν αὐτῶν δεόμενοι· ὑπὸ γὰρ τῶν Οἰταίων καὶ αὐτοὶ ἐφθείροντο. (4) Ἀκούσαντες δὲ οἱ Λακεδαιμόνιοι γνώμην εἶχον τὴν ἀποικίαν ἐκπέμπειν, τοῖς τε Τραχινίοις βουλόμενοι καὶ τοῖς Δωριεῦσι τιμωρεῖν. Καὶ ἅμα τοῦ πρὸς Ἀθηναίους πολέμου καλῶς αὐτοῖς ἐδόκει ἡ πόλις καθίστασθαι· ἐπί τε γὰρ τῇ Εὐβοίᾳ ναυτικὸν παρασκευασθῆναι ἄν, ὥστ᾽ ἐκ βραχέος τὴν διάβασιν γίγνεσθαι, τῆς τε ἐπὶ Θρᾴκης παρόδου χρησίμως ἕξειν. Τό τε ξύμπαν ὥρμηντο τὸ χωρίον κτίζειν. (5) Πρῶτον μὲν οὖν ἐν Δελφοῖς τὸν θεὸν ἐπήροντο, κελεύοντος δὲ ἐξέπεμψαν τοὺς οἰκήτορας αὑτῶν τε καὶ τῶν περιοίκων, καὶ τῶν ἄλλων Ἑλλήνων τὸν βουλόμενον ἐκέλευον ἕπεσθαι πλήν γ᾽ Ἰώνων καὶ Ἀχαιῶν καὶ ἔστιν ὧν ἄλλων ἐθνῶν. Οἰκισταὶ δὲ τρεῖς Λακεδαιμονίων ἡγήσαντο, Λέων καὶ Ἀλκίδας καὶ Δαμάγων. (6) Καταστάντες δὲ ἐτείχισαν τὴν πόλιν ἐκ καινῆς, ἣ νῦν Ἡράκλεια καλεῖται, ἀπέχουσα Θερμοπυλῶν σταδίους μάλιστα τεσσαράκοντα, τῆς δὲ θαλάσσης εἴκοσι. Νεώριά τε παρεσκευάζοντο, καὶ ἤρξαντο κατὰ Θερμοπύλας κατ᾽ αὐτὸ τὸ στενόν, ὅπως εὐφύλακτα αὐτοῖς εἴη.

XCIII. Οἱ δὲ Ἀθηναῖοι τῆς πόλεως ταύτης ξυνοικιζομένης τὸ πρῶτον ἔδεισάν τε καὶ ἐνόμισαν ἐπὶ τῇ Εὐβοίᾳ μάλιστα καθίστασθαι, ὅτι βραχύς ἐστιν ὁ διάπλους πρὸς τὸ Κήναιον τῆς Εὐβοίας. Ἔπειτα μέντοι παρὰ δόξαν αὐτοῖς ἀπέβη· οὐ γὰρ ἐγένετο ἀπ᾽ αὐτῆς δεινὸν οὐδέν. (2) Αἴτιον δὲ ἦν· οἵ τε Θεσσαλοὶ ἐν δυνάμει ὄντες τῶν ταύτῃ χωρίων, καὶ ὧν ἐπὶ τῇ γῇ ἐκτίζετο, φοβούμενοι μὴ σφίσι μεγάλῃ ἰσχύϊ παροικῶσιν, ἔφθειρον καὶ διὰ παντὸς πολεμοῦντες ἀνθρώποις νεοκαταστάτοις, ἕως ἐξετρύχωσαν γενομένους τὸ πρῶτον καὶ πάνυ πολλούς (πᾶς γάρ τις Λακεδαιμονίων οἰκιζόντων θαρσαλέως ᾔει, βέβαιον νομίζων τὴν πόλιν)· (3) οὐ μέντοι ἥκιστα οἱ ἄρχοντες αὐτῶν τῶν Λακεδαιμονίων οἱ ἀφικνούμενοι τὰ πράγματά τε ἔφθειρον καὶ ἐς ὀλι-

γανθρωπίαν κατέστησαν, ἐκφοβήσαντες τοὺς πολλούς, χαλεπῶς τε καὶ ἔστιν ᾇ οὐ καλῶς ἐξηγούμενοι, ὥστε ῥᾷον ἤδη αὐτῶν οἱ πρόσοικοι ἐπεκράτουν.

XCIV. Τοῦ δ' αὐτοῦ θέρους, καὶ περὶ τὸν αὐτὸν χρόνον ὃν ἐν τῇ Μήλῳ οἱ Ἀθηναῖοι κατείχοντο, καὶ οἱ ἀπὸ τῶν τριάκοντα νεῶν Ἀθηναῖοι περὶ Πελοπόννησον, ὄντες πρῶτον ἐν Ἑλλομένῳ τῆς Λευκαδίας φρουρούς τινας λογήσαντες διέφθειραν, ἔπειτα ὕστερον ἐπὶ Λευκάδα μείζονι στόλῳ ἦλθον, Ἀκαρνᾶσί τε πᾶσιν, οἳ πανδημεὶ πλὴν Οἰνιαδῶν ξυνέσποντο, καὶ Ζακυνθίοις καὶ Κεφαλλῆσι καὶ Κερκυραίων πεντεκαίδεκα ναυσίν. (2) Καὶ οἱ μὲν Λευκάδιοι τῆς τε ἔξω γῆς δῃουμένης καὶ τῆς ἐντὸς τοῦ ἰσθμοῦ, ἐν ᾗ καὶ ἡ Λευκάς ἐστι καὶ τὸ ἱερὸν τοῦ Ἀπόλλωνος, πλήθει βιαζόμενοι ἡσύχαζον· οἱ δὲ Ἀκαρνᾶνες ἠξίουν Δημοσθένην τὸν στρατηγὸν τῶν Ἀθηναίων ἀποτειχίζειν αὐτούς, νομίζοντες ῥαδίως τ' ἂν ἐκπολιορκῆσαι πόλεώς τε ἀεὶ σφίσι πολεμίας ἀπαλλαγῆναι. (3) Δημοσθένης δ' ἀναπείθεται κατὰ τὸν χρόνον τοῦτον ὑπὸ Μεσσηνίων ὡς καλὸν αὐτῷ στρατιᾶς τοσαύτης ξυνειλεγμένης Αἰτωλοῖς ἐπιθέσθαι, Ναυπάκτῳ τε πολεμίοις οὖσι, καὶ ἢν κρατήσῃ αὐτῶν, ῥᾳδίως καὶ τὸ ἄλλο Ἠπειρωτικὸν τὸ ταύτῃ Ἀθηναίοις προσποιήσειν. (4) Τὸ γὰρ ἔθνος μέγα μὲν εἶναι τὸ τῶν Αἰτωλῶν καὶ μάχιμον, οἰκοῦν δὲ κατὰ κώμας ἀτειχίστους, καὶ ταύτας διὰ πολλοῦ, καὶ σκευῇ ψιλῇ χρώμενον οὐ χαλεπὸν ἀπέφαινον, πρὶν ξυμβοηθῆσαι, καταστραφῆναι. (5) Ἐπιχειρεῖν δ' ἐκέλευον πρῶτον μὲν Ἀποδωτοῖς, ἔπειτα δὲ Ὀφιονεῦσι καὶ μετὰ τούτους Εὐρυτᾶσιν, ὅπερ μέγιστον μέρος ἐστὶ τῶν Αἰτωλῶν, ἀγνωστότατοι δὲ γλῶσσαν καὶ ὠμοφάγοι εἰσίν, ὡς λέγονται· τούτων γὰρ ληφθέντων ῥᾳδίως καὶ τἆλλα προσχωρήσειν.

XCV. Ὁ δὲ τῶν Μεσσηνίων χάριτι πεισθείς, καὶ μάλιστα νομίσας ἄνευ τῆς τῶν Ἀθηναίων δυνάμεως τοῖς Ἠπειρώταις ξυμμάχοις μετὰ τῶν Αἰτωλῶν δύνασθαι ἂν κατὰ γῆν ἐλθεῖν ἐπὶ Βοιωτοὺς διὰ Λοκρῶν τῶν Ὀζολῶν ἐς Κυτίνιον τὸ Δωρικόν, ἐν δεξιᾷ ἔχων τὸν Παρνασσόν, ἕως καταβαίη ἐς Φωκέας, οἳ προθύμως ἐδόκουν κατὰ τὴν Ἀθηναίων ἀεί ποτε φιλίαν ξυστρατεύειν ἢ κἂν βίᾳ προσαχθῆναι· καὶ Φωκεῦσιν ἤδη ὅμορος ἡ Βοιωτία ἐστίν· ἄρας οὖν ξύμπαντι τῷ στρατεύματι ἀπὸ τῆς Λευκάδος ἀκόντων Ἀκαρνάνων παρέπλευσεν ἐς Σόλλιον. (2) Κοινώσας δὲ τὴν ἐπίνοιαν τοῖς Ἀκαρνᾶσιν, ὡς οὐ προσεδέξαντο διὰ τῆς Λευκάδος τὴν οὐ περιτείχισιν, αὐτὸς τῇ λοιπῇ στρατιᾷ, Κεφαλλῆσι καὶ Μεσσηνίοις καὶ Ζακυνθίοις καὶ Ἀθηναίων τριακοσίοις τοῖς ἐπιβάταις τῶν σφετέρων νεῶν (αἱ γὰρ πεντεκαίδεκα τῶν Κερκυραίων ἀπῆλθον νῆες), ἐστράτευσεν ἐπ' Αἰτωλούς. (3) Ὡρμᾶτο δὲ ἐξ Οἰνεῶνος τῆς Λοκρίδος. Οἱ δὲ Ὀζόλαι οὗτοι Λοκροὶ ξύμμαχοι ἦσαν, καὶ ἔδει αὐτοὺς πανστρατιᾷ ἀπαντῆσαι τοῖς Ἀθηναίοις ἐς τὴν μεσόγειαν· ὄντες γὰρ ὅμοροι τοῖς Αἰτωλοῖς καὶ ὁμόσκευοι μεγάλη ὠφελία ἐδόκουν εἶναι ξυστρατεύοντες μάχης τε ἐμπειρίᾳ τῆς ἐκείνων καὶ χωρίων.

pebant et urbem infrequentem reddiderunt, quod plurimos deterruerunt, asperius, et nonnullis in rebus non honeste imperio suo utentes; quamobrem populi finitimi facilius eos jam superabant.

XCIV. Eadem æstate et sub idem tempus, quo Athenienses in Melo detinebantur, illi quoque Athenienses, qui cum triginta navibus circa Peloponnesum erant, primum quidem ad Ellomenum Leucadiæ quosdam ex præsidiariis per insidias interfecerunt; deinde vero cum majore classis apparatu et cum omnibus Acarnanibus, qui cum universis copiis, exceptis Œniadis, eos comitabantur, præterea cum Zacynthiis et Cephalleniis et quindecim Corcyræorum navibus adversus Leucadem iverunt. (2) Atque Leucadii quidem, quum eorum ager tam extra isthmum vastaretur, quam intra, ubi et ipsa Leucas est sita et Apollinis templum, ob militum multitudinem necessario quiescebant; Acarnanes vero exigebant a Demosthene Atheniensium duce, ut eos circumvallaret, rati et facile urbem expugnari posse, seque civitate sibi semper inimica liberatum iri. (3) Sed Demosthenes hoc ipso tempore verbis Messeniorum adductus est, ut crederet e dignitate sua esse, tanto exercitu coacto, Ætolis bellum inferre, quod et Naupacto hostes essent, et si hos superasset, reliquas quoque civitates, quæ in illis Epiri partibus erant, in Atheniensium potestatem facile redacturum. (4) Ætolorum enim gentem magnam illam quidem, et bellicosam esse; quia tamen in vicis nullo muro cinctis, iisque longo intervallo inter se distantibus habitaret, et levi armatura uteretur, eam non difficulter ab eo subigi posse demonstrabant, antequam copias contra ipsum cogerent. (5) Suadebant autem, ut primum quidem invaderet Apodotos, deinde vero Ophionenses, post hos Eurytanes, quæ est maxima Ætolorum pars; sermone autem utuntur perquam intellectu difficili, et carnibus crudis vescuntur, ut dicitur; his enim captis ceteros etiam populos deditionem facile facturos.

XCV. Ille vero Messeniorum, qui in gratia apud eum erant, verbis adductus, præcipue vero, quia credidit, se sine Atheniensium copiis, cum solis Epiroticis sociis, et cum Ætolis posse itinere terrestri proficisci contra Bœotos, per Locros Ozolas ad Cytinium Doricum, Parnassum ad dextram habentem, donec descenderet ad Phocenses, qui propter amicitiam, quæ iis cum Atheniensibus perpetuo intercedebat, ad eandem militiam alacriter venire vel etiam per vim adduci posse videbantur; jam vero Phocensibus finitima est Bœotia; cum omnibus igitur copiis, invitis Acarnanibus, a Leucade solvens, oram maritimam legens ad Sollium navigavit. (2) Consilio autem cum Acarnanibus communicato, quum illi hoc non admisissent, quod Leucadem circumvallare noluisset, ipse cum reliquis copiis Cephalleniorum et Messeniorum et Zacynthiorum cum Atheniensium trecentis ex suis classiariis (nam Corcyræorum quindecim naves abierant) Ætolis bellum intulit. (3) Procedebat autem ex Œneone Locridis. Isti autem Locri Ozolæ erant socii, eosque cum omnibus suis copiis in loca mediterranea proficisci oportebat, ut illic Atheniensibus præsto essent; quum enim Ætolis essent finitimi et armorum genere similes, propter peritiam pugnæ, qua illi utebantur, et propter locorum notitiam, eorum auxilium in hac expeditione magno usui fore videbatur.

XCVI. Αὐλισάμενος δὲ τῷ στρατῷ ἐν τοῦ Διὸς τοῦ Νεμείου τῷ ἱερῷ, ἐν ᾧ Ἡσίοδος ὁ ποιητὴς λέγεται ὑπὸ τῶν ταύτῃ ἀποθανεῖν χρησθὲν αὐτῷ ἐν Νεμέᾳ τοῦτο παθεῖν, ἅμα τῇ ἕῳ ἄρας ἐπορεύετο ἐς τὴν Αἰτωλίαν. (2) Καὶ αἱρεῖ τῇ πρώτῃ ἡμέρᾳ Ποτιδανίαν καὶ τῇ δευτέρᾳ Κροκύλειον καὶ τῇ τρίτῃ Τείχιον, ἔμενέ τε αὐτοῦ καὶ τὴν λείαν ἐς Εὐπάλιον τῆς Λοκρίδος ἀπέπεμψεν· τὴν γὰρ γνώμην εἶχε τἆλλα καταστρεψάμενος οὕτως ἐπὶ Ὀφιονέας, εἰ μὴ βούλοιντο ξυγχωρεῖν, ἐς Ναύπακτον ἐπαναχωρήσας στρατεῦσαι ὕστερον. (3) Τοὺς δὲ Αἰτωλοὺς οὐκ ἐλάνθανεν αὕτη ἡ παρασκευὴ οὔτε ὅτε τὸ πρῶτον ἐπεβουλεύετο, ἐπειδή τε ὁ στρατὸς ἐσεσβεβλήκει, πολλῇ χειρὶ ἐπεβοήθουν πάντες, ὥστε καὶ οἱ ἔσχατοι Ὀφιονέων οἱ πρὸς τὸν Μηλιακὸν κόλπον καθήκοντες Βωμιῆς καὶ Καλλιῆς ἐβοήθησαν.

XCVII. Τῷ δὲ Δημοσθένει τοιόνδε τι οἱ Μεσσήνιοι παρῄνουν, ὅπερ καὶ τὸ πρῶτον· ἀναδιδάσκοντες αὐτὸν τῶν Αἰτωλῶν ὡς εἴη ῥᾳδία ἡ αἵρεσις, ἰέναι ἐκέλευον ὅτι τάχιστα ἐπὶ τὰς κώμας καὶ μὴ μένειν ἕως ἂν ξύμπαντες ἀθροισθέντες ἀντιτάξωνται, τὴν δ' ἐν ποσὶν ἀεὶ πειρᾶσθαι αἱρεῖν. (2) Ὁ δὲ τούτοις τε πεισθεὶς καὶ τῇ τύχῃ ἐλπίσας, ὅτι οὐδὲν αὐτῷ ἠναντιοῦτο, τοὺς Λοκροὺς οὐκ ἀναμείνας οὓς αὐτῷ ἔδει προσβοηθῆσαι (ψιλῶν γὰρ ἀκοντιστῶν ἐνδεὴς ἦν μάλιστα) ἐχώρει ἐπὶ Αἰγιτίου, καὶ κατὰ κράτος αἱρεῖ ἐπιών. Ὑπέφευγον γὰρ οἱ ἄνθρωποι καὶ ἐκάθηντο ἐπὶ τῶν λόφων τῶν ὑπὲρ τῆς πόλεως· ἦν γὰρ ἐφ' ὑψηλῶν χωρίων, ἀπέχουσα τῆς θαλάσσης ὀγδοήκοντα σταδίους μάλιστα. (3) Οἱ δὲ Αἰτωλοὶ (βεβοηθηκότες γὰρ ἤδη ἦσαν ἐπὶ τὸ Αἰγίτιον) προσέβαλλον τοῖς Ἀθηναίοις καὶ τοῖς ξυμμάχοις καταθέοντες ἀπὸ τῶν λόφων ἄλλοι ἄλλοθεν καὶ ἐσηκόντιζον, καὶ ὅτε μὲν ἐπίοι τὸ τῶν Ἀθηναίων στρατόπεδον, ὑπεχώρουν, ἀναχωροῦσι δὲ ἐπέκειντο. Καὶ ἦν ἐπὶ πολὺ τοιαύτη ἡ μάχη, διώξεις τε καὶ ὑπαγωγαί, ἐν οἷς ἀμφοτέροις ἥσσους ἦσαν οἱ Ἀθηναῖοι.

XCVIII. Μέχρι μὲν οὖν οἱ τοξόται εἶχόν τε τὰ βέλη αὐτοῖς καὶ οἷοί τε ἦσαν χρῆσθαι, οἱ δὲ ἀντεῖχον· τοξευόμενοι γὰρ οἱ Αἰτωλοὶ ἄνθρωποι ψιλοὶ ἀνεστέλλοντο· ἐπειδὴ δὲ τοῦ τε τοξάρχου ἀποθανόντος οὗτοι διεσκεδάσθησαν καὶ αὐτοὶ ἐκεκμήκεσαν [καὶ] ἐπὶ πολὺ τῷ αὐτῷ πόνῳ ξυνεχόμενοι, οἵ τε Αἰτωλοὶ ἐνέκειντο καὶ ἐσηκόντιζον, οὕτω δὴ τραπόμενοι ἔφευγον, καὶ ἐσπίπτοντες ἔς τε χαράδρας ἀνεκβάτους καὶ χωρία ὧν οὐκ ἦσαν ἔμπειροι διεφθείροντο· καὶ γὰρ ὁ ἡγεμὼν αὐτοῖς τῶν ὁδῶν, Χρόμων ὁ Μεσσήνιος, ἐτύγχανε τεθνηκώς. (2) Οἱ δὲ Αἰτωλοὶ ἐσακοντίζοντες πολλοὺς μὲν αὐτοῦ ἐν τῇ τροπῇ κατὰ πόδας αἱροῦντες ἄνθρωποι ποδώκεις καὶ ψιλοὶ διέφθειρον, τοὺς δὲ πλείους τῶν ὁδῶν ἁμαρτάνοντας καὶ ἐς τὴν ὕλην ἐσφερομένους, ὅθεν διέξοδοι οὐκ ἦσαν, πῦρ κομισάμενοι περιεπίμπρασαν· (3) πᾶσά τε ἰδέα κατέστη τῆς φυγῆς καὶ τοῦ ὀλέθρου τῷ στρατοπέδῳ τῶν Ἀθηναίων, μόλις τε ἐπὶ τὴν θάλασσαν καὶ τὸν Οἰνεῶνα τῆς Λοκρίδος, ὅθενπερ καὶ ὡρμήθησαν, οἱ περιγενόμενοι κατέφυγον. (4) Ἀπέθανον δὲ τῶν τε

XCVI. Quum autem pernoctasset cum exercitu in Jovis Nemei templo, in quo ab illius regionis incolis Hesiodus poeta interfectus esse dicitur, quum oraculum accepisset, hoc sibi in Nemea eventurum, sub auroram castris inde motis in Ætoliam proficiscebatur. (2) Atque primo die Potidaniam cepit et secundo Crocyleum et tertio Tichium, ibique substitit et prædam in Eupalium Locridis misit; nam in animo habebat, ubi cetera loca prius in suam potestatem redegisset, ita demum postea adversus Ophionenses, Naupactum reversus, nisi se dedere voluissent, cum suis copiis proficisci. (3) Sed hic apparatus Ætolos non latuit, neque tunc quum primum consilium inibatur, et postquam exercitus irruperat, omnes ingenti manu ei occurrebant, ita ut etiam illi, qui Ophionensium sunt extremi, qui ad Meliacum sinum pertingunt, Bomienses et Callienses, opem tulerint.

XCXII. Demostheni vero idem hoc Messenii suadebant, quod et initio, docentes eum, Ætolorum debellationem facilem esse, hortabantur, ut quam celerrime vicos illorum invaderet, nec exspectaret, donec universi, copiis in unum contractis, ei occurrerent, sed vicos, ut quisque proxime adjacebat, expugnare conaretur. (2) Ille vero his verbis adductus, et fortuna fretus, quod nulla in re ei adversaretur, Locros, quos ei auxilium ferre oportebat, non præstolatus (jaculatorum enim levis armaturæ opera potissimum indigebat) adversus Ægitium contendebat, et vi aggressus expugnat. Fuga enim se subducebant oppidani et considebant in tumulis oppido imminentibus; nam in locis excelsis erat situm, a mari distans octoginta ferme stadiis. (3) Ætoli vero (jam enim ad Ægitium opem laturi venerant) Athenienses eorumque socios invadebant, ex tumulis decurrentes alii aliunde et missilia ingerebant, et quoties Atheniensium exercitus accederet, ipsi pedem referebant; illis vero pedem referentibus instabant. Et hujusmodi pugna diu est commissa, ut vicissim insequerentur et se reciperent, quorum in utroque Athenienses erant inferiores.

XCVII. Quoad igitur sagittariis tela suppeditabant, hisque uti poterant, hi rem sustinebant; nam Ætoli, quod levi armatura utebantur quum sagittis peterentur, reprimebantur; at quum sagittariorum duce interfecto hi dispersi, et ipsi defessi essent, quippe qui diu eodem labore premerentur, et Ætoli instarent, et missilibus eos peterent, ita demum terga verterunt, fugæque se dederunt, et incidentes in torrentium alveos exitu carentes, et in loca, quorum erant ignari, perdebantur; nam Chromo Messenius, qui viæ dux iis erat, jam obierat. (2) Ætoli vero missilibus eos petentes, multos eorum illic in ipsa fuga pedibus assecuti, quod essent homines pedum velocitate præstantes et levi armatura, perdiderunt; sed longe plures, qui a viis aberraverant, et in silvam non perviam se contulerant, allato igne concremarunt; (3) denique fugæ et interitus omne genus in Atheniensium exercitu cernebatur, et ægre ii, qui superfuerunt, ad mare et Œneonem Locridis, unde profecti erant, fuga se recipere potuerunt. (4) Perierunt autem quum ex sociis

ξυμμάχων πολλοὶ καὶ αὐτῶν Ἀθηναίων ὁπλῖται περὶ εἴκοσι μάλιστα καὶ ἑκατόν, τοσοῦτοι μὲν τὸ πλῆθος καὶ ἡλικία ἡ αὐτή· οὗτοι βέλτιστοι, δὴ ἄνδρες ἐν τῷ πολέμῳ τῷδε ἐκ τῆς Ἀθηναίων πόλεως διεφθάρησαν. Ἀπέθανε δὲ καὶ ὁ ἕτερος στρατηγὸς Προκλῆς. (5) Τοὺς δὲ νεκροὺς ὑποσπόνδους ἀνελόμενοι παρὰ τῶν Αἰτωλῶν καὶ ἀναχωρήσαντες ἐς Ναύπακτον ὕστερον ἐς τὰς Ἀθήνας ταῖς ναυσὶν ἐκομίσθησαν. Δημοσθένης δὲ περὶ Ναύπακτον καὶ τὰ χωρία ταῦτα ὑπελείφθη, τοῖς πεπραγμένοις φοβούμενος τοὺς Ἀθηναίους.

XCIX. Κατὰ δὲ τοὺς αὐτοὺς χρόνους καὶ οἱ περὶ Σικελίαν Ἀθηναῖοι πλεύσαντες ἐς τὴν Λοκρίδα ἐν ἀποβάσει τέ τινι τοὺς προσβοηθήσαντας Λοκρῶν ἐκράτησαν, καὶ περιπόλιον αἱροῦσιν ὃ ἦν ἐπὶ τῷ Ἄληκι ποταμῷ.

C. Τοῦ δ' αὐτοῦ θέρους Αἰτωλοὶ προπέμψαντες πρότερον ἔς τε Κόρινθον καὶ ἐς Λακεδαίμονα πρέσβεις, Τόλοφόν τε τὸν Ὀφιονέα καὶ Βοριάδην τὸν Εὐρυτᾶνα καὶ Τίσανδρον τὸν Ἀπόδωτον, πείθουσιν ὥστε σφίσι πέμψαι στρατιὰν ἐπὶ Ναύπακτον διὰ τὴν τῶν Ἀθηναίων ἐπαγωγήν. (2) Καὶ ἐξέπεμψαν Λακεδαιμόνιοι περὶ τὸ φθινόπωρον τρισχιλίους ὁπλίτας τῶν ξυμμάχων. Τούτων ἦσαν πεντακόσιοι ἐξ Ἡρακλείας τῆς ἐν Τραχῖνι πόλεως τότε νεοκτίστου οὔσης· Σπαρτιάτης δ' ἦρχεν Εὐρύλοχος τῆς στρατιᾶς, καὶ ξυνηκολούθουν αὐτῷ Μακάριος καὶ Μενεδάϊος οἱ Σπαρτιᾶται.

CI. Ξυλλεγέντος δὲ τοῦ στρατεύματος ἐς Δελφοὺς ἐπεκηρυκεύετο Εὐρύλοχος Λοκροῖς τοῖς Ὀζόλαις· διὰ τούτων γὰρ ἡ ὁδὸς ἦν ἐς Ναύπακτον, καὶ ἅμα τῶν Ἀθηναίων ἐβούλετο ἀποστῆσαι αὐτούς. (2) Ξυνέπρασσον δὲ μάλιστα αὐτῷ τῶν Λοκρῶν Ἀμφισσῆς, διὰ τὸ τῶν Φωκέων ἔχθος δεδιότες· καὶ αὐτοὶ πρῶτον δόντες ὁμήρους καὶ τοὺς ἄλλους ἔπεισαν δοῦναι φοβουμένους τὸν ἐπιόντα στρατόν, πρῶτον μὲν οὖν τοὺς ὁμόρους αὐτοῖς Μυονέας (ταύτῃ γὰρ δυσεσβολώτατος ἡ Λοκρίς), ἔπειτα Ἰπνέας καὶ Μεσσαπίους καὶ Τριταιέας καὶ Χαλαίους καὶ Τολοφωνίους καὶ Ἡσσίους καὶ Οἰανθέας· οὗτοι καὶ ξυνεστράτευον πάντες. Ὀλπαῖοι δὲ ὁμήρους μὲν ἔδοσαν, ἠκολούθουν δὲ οὔ· καὶ Ὑαῖοι οὐκ ἔδοσαν ὁμήρους πρὶν αὐτῶν εἷλον κώμην Πόλιν ὄνομα ἔχουσαν.

CII. Ἐπειδὴ δὲ παρεσκεύαστο πάντα καὶ τοὺς ὁμήρους κατέθετο ἐς Κυτίνιον τὸ Δωρικόν, ἐχώρει τῷ στρατῷ ἐπὶ τὴν Ναύπακτον διὰ τῶν Λοκρῶν, καὶ πορευόμενος Οἰνεῶνα αἱρεῖ αὐτῶν καὶ Εὐπάλιον· οὐ γὰρ προσεχώρησαν. (2) Γενόμενοι δ' ἐν τῇ Ναυπακτίᾳ, καὶ οἱ Αἰτωλοὶ ἅμα ἤδη προσβεβοηθηκότες, ἐδῄουν τὴν γῆν καὶ τὸ προάστειον ἀτείχιστον ὂν εἷλον· ἐπί τε Μολύκρειον ἐλθόντες τὴν Κορινθίων μὲν ἀποικίαν Ἀθηναίων δὲ ὑπήκοον αἱροῦσιν. (3) Δημοσθένης δὲ ὁ Ἀθηναῖος (ἔτι γὰρ ἐτύγχανεν ὢν μετὰ τὰ ἐκ τῆς Αἰτωλίας περὶ Ναύπακτον) προαισθόμενος τοῦ στρατοῦ καὶ δείσας περὶ αὐτῆς, ἐλθὼν πείθει Ἀκαρνᾶνας, χαλεπῶς διὰ τὴν ἐκ τῆς Λευκάδος ἀναχώρησιν, βοηθῆσαι Ναυπάκτῳ. (4)

Καὶ πέμπουσι μετ᾽ αὐτοῦ ἐπὶ τῶν νεῶν χιλίους ὁπλίτας, οἳ ἐσελθόντες περιεποίησαν τὸ χωρίον· δεινὸν γὰρ ἦν μὴ μεγάλου ὄντος τοῦ τείχους, ὀλίγων δὲ τῶν ἀμυνομένων, οὐκ ἀντίσχωσιν. (5) Εὐρύλοχος δὲ καὶ οἱ μετ᾽ αὐτοῦ ὡς ᾔσθοντο τὴν στρατιὰν ἐσεληλυθυῖαν καὶ ἀδύνατον ὂν τὴν πόλιν βίᾳ ἑλεῖν, ἀνεχώρησαν, οὐκ ἐπὶ Πελοποννήσου, ἀλλ᾽ ἐς τὴν Αἰολίδα τὴν νῦν καλουμένην Καλυδῶνα καὶ Πλευρῶνα καὶ ἐς τὰ ταύτῃ χωρία καὶ ἐς Πρόσχιον τῆς Αἰτωλίας. (6) Οἱ γὰρ Ἀμπρακιῶται ἐλθόντες πρὸς αὐτοὺς πείθουσιν ὥστε μετὰ σφῶν Ἄργει τε τῷ Ἀμφιλοχικῷ καὶ Ἀμφιλοχίᾳ τῇ ἄλλῃ ἐπιχειρῆσαι καὶ Ἀκαρνανίᾳ ἅμα, λέγοντες ὅτι ἢν τούτων κρατήσωσι, πᾶν τὸ Ἠπειρωτικὸν Λακεδαιμονίοις ξύμμαχον καθεστήξει. (7) Καὶ ὁ μὲν Εὐρύλοχος πεισθεὶς καὶ τοὺς Αἰτωλοὺς ἀφεὶς ἡσύχαζε τῷ στρατῷ περὶ τοὺς χώρους τούτους, ἕως τοῖς Ἀμπρακιώταις ἐκστρατευσαμένοις περὶ τὸ Ἄργος δέοι βοηθεῖν. Καὶ τὸ θέρος ἐτελεύτα.

CIII. Οἱ δ᾽ ἐν τῇ Σικελίᾳ Ἀθηναῖοι τοῦ ἐπιγιγνομένου χειμῶνος ἐπελθόντες μετὰ τῶν Ἑλλήνων ξυμμάχων, καὶ ὅσοι Σικελῶν κατὰ κράτος ἀρχόμενοι ὑπὸ Συρακοσίων καὶ ξύμμαχοι ὄντες ἀποστάντες αὐτοῖς ἀπὸ Συρακοσίων ξυνεπολέμουν, ἐπ᾽ Ἴνησσαν τὸ Σικελικὸν πόλισμα, οὗ τὴν ἀκρόπολιν Συρακόσιοι εἶχον, προσέβαλον, καὶ ὡς οὐκ ἐδύναντο ἑλεῖν, ἀπῇσαν. (2) Ἐν δὲ τῇ ἀναχωρήσει ὑστέροις Ἀθηναίων τοῖς ξυμμάχοις ἀναχωροῦσιν ἐπιτίθενται οἱ ἐκ τοῦ τειχίσματος Συρακόσιοι, καὶ προσπεσόντες τρέπουσί τε μέρος τι τοῦ στρατοῦ καὶ ἀπέκτειναν οὐκ ὀλίγους. (3) Καὶ μετὰ τοῦτο ἀπὸ τῶν νεῶν ὁ Λάχης καὶ οἱ Ἀθηναῖοι ἐς τὴν Λοκρίδα ἀποβάσεις τινὰς ποιησάμενοι κατὰ τὸν Καϊκῖνον ποταμὸν τοὺς προσβοηθοῦντας Λοκρῶν μετὰ Προξένου τοῦ Καπάτωνος ὡς τριακοσίους μάχῃ ἐκράτησαν καὶ ὅπλα λαβόντες ἀπεχώρησαν.

CIV. Τοῦ δ᾽ αὐτοῦ χειμῶνος καὶ Δῆλον ἐκάθηραν Ἀθηναῖοι κατὰ χρησμὸν δή τινα. Ἐκάθηρε μὲν γὰρ καὶ Πεισίστρατος ὁ τύραννος πρότερον αὐτήν, οὐχ ἅπασαν ἀλλ᾽ ὅσον ἀπὸ τοῦ ἱεροῦ ἐφεωρᾶτο τῆς νήσου· τότε δὲ πᾶσα ἐκαθάρθη τοιῷδε τρόπῳ. (2) Θῆκαι ὅσαι ἦσαν τῶν τεθνεώτων ἐν Δήλῳ, πάσας ἀνεῖλον, καὶ τὸ λοιπὸν προεῖπον μήτε ἐναποθνήσκειν ἐν τῇ νήσῳ μήτε ἐντίκτειν, ἀλλ᾽ ἐς τὴν Ῥήνειαν διακομίζεσθαι. Ἀπέχει δὲ ἡ Ῥήνεια τῆς Δήλου οὕτως ὀλίγον ὥστε Πολυκράτης ὁ Σαμίων τύραννος, ἰσχύσας τινὰ χρόνον ναυτικῷ καὶ τῶν τε ἄλλων νήσων ἄρξας καὶ τὴν Ῥήνειαν ἑλών, ἀνέθηκε τῷ Ἀπόλλωνι τῷ Δηλίῳ ἁλύσει δήσας πρὸς τὴν Δῆλον. Καὶ τὴν πεντετηρίδα τότε πρῶτον μετὰ τὴν κάθαρσιν ἐποίησαν οἱ Ἀθηναῖοι, τὰ Δήλια. (3) Ἦν δέ ποτε καὶ τὸ πάλαι μεγάλη ξύνοδος ἐς τὴν Δῆλον τῶν Ἰώνων τε καὶ περικτιόνων νησιωτῶν· ξύν τε γὰρ γυναιξὶ καὶ παισὶν ἐθεώρουν, ὥσπερ νῦν ἐς τὰ Ἐφέσια Ἴωνες, καὶ ἀγὼν ἐποιεῖτο αὐτόθι καὶ γυμνικὸς καὶ μουσικός, χορούς τε ἀνῆγον αἱ πόλεις. (4) Δηλοῖ δὲ μάλιστα Ὅμηρος ὅτι τοιαῦτα ἦν ἐν τοῖς ἔπεσι τοῖσδε ἅ ἔστιν ἐκ προοιμίου Ἀπόλλωνος·

Naupacto subsidio venirent. (4) Et cum eo mille gravis armaturæ milites navibus vectos miserunt, qui urbem ingressi tutam reddiderunt; metus enim vehemens erat, ne, quum magnus esset murorum ambitus, et pauci propugnatores, resistere hi non possent. (5) Eurylochus vero, et qui cum eo erant, quum intellexissent, copias in urbem ingressas, eamque expugnari non posse, se receperunt, non in Peloponnesum, sed in Æolidem, quæ nunc vocatur, Calydonem et Pleuronem, et in alia illius regionis loca, et in Proschium Ætoliæ. (6) Nam Ampraciotæ ad eos profecti iis persuaserunt, ut secum Argos Amphilochicum et ceteram Amphilochiam, et simul Acarnaniam aggrederentur, demonstrantes fore, ut, si hæc in suam potestatem redegissent, tota Epirotica gens societatem cum Lacedæmoniis contraheret. (7) Atque Eurylochus quidem horum verbis adductus dimissis Ætolis circum illa loca cum exercitu quiescebat, donec Ampraciotis ad militiam profectis ad Argos subsidio venire oporteret. Atque hæc æstas finiebatur.

CIII. Sequente autem hieme Athenienses, qui in Sicilia erant, cum sociis Græcis, et Siculis barbaris, quotquot violento Syracusanorum imperio pressi iisque societate conjuncti defectione a Syracusanis facta, ipsos in hoc bello juvabant, Inessam Siculicum oppidum, cujus arcem Syracusani tenebant, aggressi sunt, et quum expugnare non possent, abibant. (2) In ipso autem receptu, Syracusani, qui in arce erant, Atheniensium socios, qui post illos regrediebantur, invaserunt, et impressione in eos facta, aliquam exercitus partem in fugam vertunt, et non paucos occidunt. (3) Postea vero Laches et Athenienses, exscensu e navibus in nonnulla Locridis loca facto, ad Caicinum fluvium Locros, qui cum Proxeno Capatonis filio ad vim arcendam occurrerant, circiter trecentos prœlio superarunt, armisque detractis abierunt.

CIV. Eadem hieme etiam Delum lustrarunt Athenienses ex oraculo quodam. Nam et antea quidem Pisistratus tyrannus eam lustraverat, non totam, sed tantum modo insulæ spatium, quantum a templo prospici poterat; tunc vero tota expiata est hoc modo. (2) Quæcunque in Delo defunctorum monumenta erant, omnia sustulerunt, et edixerunt, ne quis in posterum in insula moreretur, neve mulier in ea pareret, sed in Rheneam insulam transportarentur. Distat autem Rhenea tam parvo intervallo a Delo, ut Polycrates Samiorum tyrannus, qui quondam ad aliquod tempus et classe potens fuit et quum aliarum insularum imperium tenuit, tum etiam Rheneam cepit, hanc Apollini Delio consecraverit, ad Delum catena religatam. Tunc quoque primum Athenienses post lustrationem festum quinquennale Delia instituerunt. (3) Erat autem et priscis temporibus in Delo frequens Ionum et accolarum ex insulis circumjacentibus conventus; nam cum uxoribus et liberis ad spectacula conveniebant, ut nunc Iones ad Ephesia, et certamen illic fiebat et gymnicum et musicum, chorosque mittebant civitates. (4) Imprimis autem Homerus declarat, ita tum rem esse, his versibus, qui sunt ex hymno Apollinis:

Ἀλλ' ὅτε Δήλῳ, Φοῖβε, μάλιστά γε θυμὸν ἐτέρφθης,
ἔνθα τοι ἑλκεχίτωνες Ἰάονες ἠγερέθονται
σὺν σφοῖσιν τεκέεσσι γυναιξί τε σὴν ἐς ἀγυιάν·
ἔνθα σε πυγμαχίῃ τε καὶ ὀρχηστυῖ καὶ ἀοιδῇ
μνησάμενοι τέρπουσιν, ὅταν καθέσωσιν ἀγῶνα.

(5) Ὅτι δὲ καὶ μουσικῆς ἀγὼν ἦν καὶ ἀγωνιούμενοι ἐφοίτων, ἐν τοῖσδε αὖ δηλοῖ, ἅ ἐστιν ἐκ τοῦ αὐτοῦ προοιμίου· τὸν γὰρ Δηλιακὸν χορὸν τῶν γυναικῶν ὑμνήσας ἐτελεύτα τοῦ ἐπαίνου ἐς τάδε τὰ ἔπη, ἐν οἷς καὶ ἑαυτοῦ ἐπεμνήσθη·

Ἀλλ' ἀγεθ', ἱλήκοι μὲν Ἀπόλλων Ἀρτέμιδι ξύν,
χαίρετε δ' ὑμεῖς πᾶσαι. Ἐμεῖο δὲ καὶ μετόπισθεν
μνήσασθ', ὁππότε κέν τις ἐπιχθονίων ἀνθρώπων
ἐνθάδ' ἀνείρηται ταλαπείριος ἄλλος ἐπελθών
« ὦ κοῦραι, τίς δ' ὔμμιν ἀνὴρ ἥδιστος ἀοιδῶν
ἐνθάδε πωλεῖται, καὶ τέῳ τέρπεσθε μάλιστα; »
ὑμεῖς δ' εὖ μάλα πᾶσαι ὑποκρίνασθ' εὐφήμως
« τυφλὸς ἀνήρ, οἰκεῖ δὲ Χίῳ ἔνι παιπαλοέσσῃ. »

(6) Τοσαῦτα μὲν Ὅμηρος ἐτεκμηρίωσεν ὅτι ἦν καὶ τὸ πάλαι μεγάλη ξύνοδος καὶ ἑορτὴ ἐν τῇ Δήλῳ· ὕστερον δὲ τοὺς μὲν χοροὺς οἱ νησιῶται καὶ οἱ Ἀθηναῖοι μεθ' ἱερῶν ἔπεμπον, τὰ δὲ περὶ τοὺς ἀγῶνας καὶ τὰ πλεῖστα κατελύθη ὑπὸ ξυμφορῶν, ὡς εἰκός, πρὶν δὴ οἱ Ἀθηναῖοι τότε τὸν ἀγῶνα ἐποίησαν καὶ ἱπποδρομίας, ὃ πρότερον οὐκ ἦν.

CV. Τοῦ δ' αὐτοῦ χειμῶνος Ἀμπρακιῶται, ὥσπερ ὑποσχόμενοι Εὐρυλόχῳ τὴν στρατιὰν κατέσχον, ἐκστρατεύονται ἐπὶ Ἄργος τὸ Ἀμφιλοχικὸν τρισχιλίοις ὁπλίταις, καὶ ἐσβαλόντες ἐς τὴν Ἀργείαν καταλαμβάνουσιν Ὄλπας, τεῖχος ἐπὶ λόφου ἰσχυρὸν πρὸς τῇ θαλάσσῃ, ὅ ποτε Ἀκαρνᾶνες τειχισάμενοι κοινῷ δικαστηρίῳ ἐχρῶντο· ἀπέχει δὲ ἀπὸ τῆς Ἀργείων πόλεως ἐπιθαλασσίας οὔσης πέντε καὶ εἴκοσι σταδίους μάλιστα. (2) Οἱ δὲ Ἀκαρνᾶνες οἱ μὲν ἐς Ἄργος ξυνεβοήθουν, οἱ δὲ τῆς Ἀμφιλοχίας ἐν τούτῳ τῷ χωρίῳ ὃ Κρῆναι καλεῖται, φυλάσσοντες τοὺς μετὰ Εὐρυλόχου Πελοποννησίους μὴ λάθωσι πρὸς τοὺς Ἀμπρακιώτας διελθόντες, ἐστρατοπεδεύσαντο· (3) πέμπουσι δὲ καὶ ἐπὶ Δημοσθένην τὸν ἐς τὴν Αἰτωλίαν Ἀθηναίων στρατηγήσαντα, ὅπως σφίσιν ἡγεμὼν γίγνηται, καὶ ἐπὶ τὰς εἴκοσι ναῦς Ἀθηναίων αἳ ἔτυχον περὶ Πελοπόννησον οὖσαι, ὧν ἦρχεν Ἀριστοτέλης τε ὁ Τιμοκράτους καὶ Ἱεροφῶν ὁ Ἀντιμνήστου. (4) Ἀπέστειλαν δὲ καὶ ἄγγελον οἱ περὶ τὰς Ὄλπας Ἀμπρακιῶται ἐς τὴν πόλιν κελεύοντες σφίσι βοηθεῖν πανδημεί, δεδιότες μὴ οἱ μετ' Εὐρυλόχου οὐ δύνωνται διελθεῖν τοὺς Ἀκαρνᾶνας καὶ σφίσιν ἢ μονωθεῖσιν ἡ μάχη γένηται ἢ ἀναχωρεῖν βουλομένοις οὐκ ᾖ ἀσφαλές.

CVI. Οἱ μὲν οὖν μετ' Εὐρυλόχου Πελοποννήσιοι ὡς ᾔσθοντο τοὺς ἐν Ὄλπαις Ἀμπρακιώτας ἥκοντας, ἄραντες ἐκ τοῦ Προσχίου ἐβοήθουν κατὰ τάχος, καὶ διαβάντες τὸν Ἀχελῷον ἐχώρουν δι' Ἀκαρνανίας οὔσης ἐρήμου διὰ τὴν ἐς Ἄργος βοήθειαν, ἐν δεξιᾷ μὲν ἔχοντες τὴν Στρατίων πόλιν καὶ τὴν φρουρὰν αὐτῶν, ἐν ἀριστερᾷ δὲ τὴν ἄλλην Ἀκαρνανίαν. (2) Καὶ διελθόντες τὴν Στρατίων

Sed quum plurima mens tua gaudia cepit, Apollo, Deli cum natis ubi conjugibusque frequentes Iones in longa celebrant tua compita veste; illic cestibus et cantu gratisque choreis te oblectant memores posito certamine sacro.

(5) Fuisse autem musices etiam certamen et certaturos ventitasse, his item versibus indicat, qui sunt ex eodem Apollinis hymno; nam postquam Deliacum mulierum chorum celebravit, laudationem his versibus finiebat, in quibus et sui ipsius mentionem fecit :

Verum agedum, nobis adsis cum Phœbe Diana, vos etiam cunctæ me discedente valete, et memores estote mei posthac, homo si quis venerit huc alius peregre, dicatque : « Puellæ, quis vir in his versans unquam dulcissimus oris pectora præcipue demulsit vestra canendo? » vos uno assensu sic respondete faventes: « Vir qui luminibus captus Chion incolit altam. »

(6) Hæc igitur argumenta Homerus præbuit, etiam priscis temporibus ingentem conventum et celebritatem in Delo fieri consuevisse; postea vero Athenienses et insularum incolæ cœtus quidem saltatorum cum sacris eo mittebant, sed certamina et cetera pleraque, ut credibile est, adversis casibus exoluerunt, donec Athenienses certamen tunc instituerunt, et equorum etiam cursum, quod ante non fuerat.

CV. Eadem hieme Ampraciotæ expeditionem, qua Eurylocho promissa ejus exercitum retinuerant, adversus Argos Amphilochicum suscipiunt cum tribus millibus gravis armaturæ militum, et, irruptione in agrum Argivum facta, Olpas occupant, castellum in colle munitum prope mare, quod Acarnanes quondam quum munivissent, communi juridici conventus loco utebantur; ab Argivorum autem urbe, quæ est maritima, fere quinque et viginti stadiis distat. (2) Sed Acarnanes partim copiis coactis ad Argos suppetias ferebant, partim castra posuerunt in eo Amphilochiæ loco, qui Fontes vocatur, observantes Peloponnesios, qui cum Eurylocho erant, ne clam ad Ampraciotas transirent; (3) mittunt præterea et ad Demosthenem, qui Atheniensium copias in Ætoliam duxerat, ut sibi dux esset, et ad viginti Athenienses naves, quæ circa Peloponnesum erant, quibus præerat Aristoteles Timocratis, et Hierophon Antimnesti filius. (4) Mittunt vero etiam, qui apud Olpas erant, Ampraciotæ nuntium in urbem, rogantes, ut populus universis copiis auxilium sibi ferret, quia verebantur, ne Eurylochus et qui cum eo erant, Acarnaniam pertransire non possent, atque ita sibi vel solis relictis prœlium esset committendum, vel si domum redire voluissent, minime tutum esset.

CVI. Eurylochus igitur ac Peloponnesii, qui cum eo erant, simul atque Ampraciotas, qui apud Olpas erant, advenire intellexerunt, castris e Proschio motis ad opem iis ferendam confestim proficiscuntur, et Acheloo transmisso iter per Acarnaniam faciebant, quæ propter subsidium Argos missum præsidiis erat nudata, ad dextram quidem habentes Stratiorum urbem et ipsorum præsidium, ad sinistram vero reliquam Acarnaniam. (2) Quum autem Stratiorum agrum

γῆν ἐχώρουν διὰ τῆς Φυτίας καὶ αὖθις Μεδεῶνος παρ' ἔσχατα, ἔπειτα διὰ Λιμναίας· καὶ ἐπέβησαν τῆς Ἀγραίων, οὐκέτι Ἀκαρνανίας, φιλίας δὲ σφίσιν. (3) Λαβόμενοι δὲ τοῦ Θυάμου ὄρους, ὅ ἐστιν ἀγροῖκον, ἐχώρουν δι' αὐτοῦ καὶ κατέβησαν ἐς τὴν Ἀργείαν νυκτὸς ἤδη, καὶ διεξελθόντες μεταξὺ τῆς τε Ἀργείων πόλεως καὶ τῆς ἐπὶ Κρήναις Ἀκαρνάνων φυλακῆς ἔλαθον καὶ προσέμιξαν τοῖς ἐν Ὄλπαις Ἀμπρακιώταις.

CVII. Γενόμενοι δὲ ἀθρόοι ἅμα τῇ ἡμέρᾳ καθίζουσιν ἐπὶ τὴν Μητρόπολιν καλουμένην καὶ στρατόπεδον ἐποιήσαντο. Ἀθηναῖοι δὲ ταῖς εἴκοσι ναυσὶν οὐ πολλῷ ὕστερον παραγίγνονται ἐς τὸν Ἀμπρακικὸν κόλπον βοηθοῦντες τοῖς Ἀργείοις, καὶ Δημοσθένης Μεσσηνίων μὲν ἔχων διακοσίους ὁπλίτας, ἑξήκοντα δὲ τοξότας Ἀθηναίων. (2) Καὶ αἱ μὲν νῆες περὶ τὰς Ὄλπας τὸν λόφον ἐκ θαλάσσης ἐφώρμουν· οἱ δὲ Ἀκαρνᾶνες καὶ Ἀμφιλόχων ὀλίγοι (οἱ γὰρ πλείους ὑπὸ Ἀμπρακιωτῶν βίᾳ κατείχοντο) ἐς τὸ Ἄργος ἤδη ξυνεληλυθότες παρεσκευάζοντο ὡς μαχούμενοι τοῖς ἐναντίοις, καὶ ἡγεμόνα τοῦ παντὸς ξυμμαχικοῦ αἱροῦνται Δημοσθένη μετὰ τῶν σφετέρων στρατηγῶν. (3) Ὁ δὲ προσαγαγὼν ἐγγὺς τῆς Ὄλπης ἐστρατοπεδεύσατο, χαράδρα δ' αὐτοὺς μεγάλη διεῖργεν. Καὶ ἡμέρας μὲν πέντε ἡσύχαζον, τῇ δ' ἕκτῃ ἐτάσσοντο ἀμφότεροι ὡς ἐς μάχην. Καὶ μεῖζον γὰρ ἐγένετο καὶ περιέσχε τὸ τῶν Πελοποννησίων στρατόπεδον, ὁ Δημοσθένης δείσας μὴ κυκλωθῇ λοχίζει ἐς ὁδόν τινα κοίλην καὶ λοχμώδη ὁπλίτας καὶ ψιλοὺς ξυναμφοτέρους ἐς τετρακοσίους, ὅπως κατὰ τὸ ὑπερέχον τῶν ἐναντίων ἐν τῇ ξυνόδῳ αὐτῇ ἐξαναστάντες οὗτοι κατὰ νώτου γίγνωνται. (4) Ἐπεὶ δὲ παρεσκεύαστο ἀμφοτέροις, ᾖσαν ἐς χεῖρας, Δημοσθένης μὲν τὸ δεξιὸν κέρας ἔχων μετὰ Μεσσηνίων καὶ Ἀθηναίων ὀλίγων (τὸ δὲ ἄλλο Ἀκαρνᾶνες ὡς ἕκαστοι τεταγμένοι ἐπεῖχον, καὶ Ἀμφιλόχων οἱ παρόντες ἀκοντισταί), Πελοποννήσιοι δὲ καὶ Ἀμπρακιῶται ἀναμὶξ τεταγμένοι πλὴν Μαντινέων· οὗτοι δὲ ἐν τῷ εὐωνύμῳ μᾶλλον, καὶ οὐ τὸ κέρας ἄκρον ἔχοντες, ἀθρόοι ἦσαν, ἀλλ' Εὐρύλοχος ἔσχατον εἶχε τὸ εὐώνυμον καὶ οἱ μετ' αὐτοῦ, κατὰ Μεσσηνίους καὶ Δημοσθένην.

CVIII. Ὡς δ' ἐν χερσὶν ἤδη ὄντες περιέσχον τῷ κέρᾳ οἱ Πελοποννήσιοι καὶ ἐκυκλοῦντο τὸ δεξιὸν τῶν ἐναντίων, οἱ ἐκ τῆς ἐνέδρας Ἀκαρνᾶνες ἐπιγενόμενοι αὐτοῖς κατὰ νώτου προσπίπτουσί τε καὶ τρέπουσιν, ὥστε μήτε ἐς ἀλκὴν ὑπομεῖναι φοβηθέντας τε ἐς φυγὴν καὶ τὸ πλέον τοῦ στρατεύματος καταστῆσαι· ἐπειδὴ γὰρ εἶδον τὸ κατ' Εὐρύλοχον ἃ δ κράτιστον ἦν διαφθειρόμενον, πολλῷ μᾶλλον ἐφοβοῦντο. Καὶ οἱ Μεσσήνιοι ὄντες ταύτῃ μετὰ τοῦ Δημοσθένους τὸ πολὺ τοῦ ἔργου ἐξῆλθον. (2) Οἱ δὲ Ἀμπρακιῶται καὶ οἱ κατὰ τὸ δεξιὸν κέρας ἐνίκων τὸ καθ' ἑαυτοὺς καὶ πρὸς τὸ Ἄργος ἀπεδίωξαν· καὶ γὰρ μαχιμώτατοι τῶν περὶ ἐκεῖνα τὰ χωρία τυγχάνουσιν ὄντες. (3) Ἐπαναχωροῦντες δὲ ὡς ἑώρων τὸ πλέον νενικημένον καὶ οἱ ἄλλοι Ἀκαρνᾶνες σφίσι προσέκειντο, χαλεπῶς διεσῴζοντο ἐς τὰς Ὄλπας

pertransissent, ibant per Phytiam et rursus per Medeonem prope extremos fines, deinde per Limnæam, et illinc ingressi sunt in Agræorum terram, quæ non item Acarnaniæ pars est, sed ipsis amica. (3) Thyamum autem montem nacti, qui est incultus, per eum transibant, et in agrum Argivum descenderunt, quum jam nox esset, quumque inter Argivorum urbem et Acarnanum præsidium, quod erat ad Fontes, clam transissent, cum Ampraciotis, qui apud Olpas erant, se conjunxerunt.

CVII. Junctis autem castris simul atque illuxit, consistunt ante urbem, quæ Metropolis appellatur, ibique castra fecerunt. Athenienses vero non multo post cum viginti navibus ad sinum Ampracicum advenerunt opem Argivis laturi, et Demosthenes cum ducentis gravis armaturæ militibus Messeniis, et sexaginta sagittariis Atheniensibus. (2) Atque naves quidem ad Olpas collem a mari stationem habebant; Acarnanes vero, et Amphilochorum aliquot (nam eorum plerique ab Ampraciotis per vim detinebantur) quum Argos jam convenissent, ad prœlium cum adversariis committendum se præparabant, et Demosthenem totius socialis exercitus ducem cum suis prætoribus elegerunt. (3) Ille vero copiis ad Olpam adductis castra posuit; ingens autem terræ vorago utraque castra dirimebat. Et per quinque quidem dies quiescebant, sexto autem utrique ad prœlium se instruebant. Atque quum Peloponnesiorum acies major, et longe latiore circuitu esset, Demosthenes veritus, ne circumveniretur, in insidiis in via quadam cava et dumosa collocat ex gravi et ex levi armatura promisce ad quadringentos milites, ut ab ea parte, qua hostis acies latius porrigebatur, isti in ipso congressu surgentes ex insidiis eum a tergo aggrederentur. (4) Ubi vero utrique parati fuerunt, ad manus venerunt, Demosthenes quidem dextrum cornu obtinens cum Messeniis, et paucis Atheniensibus (reliquam vero aciem Acarnanes pro se quique et Amphilochorum jaculatores, qui aderant, obtinebant), Peloponnesii vero et Ampraciotæ promisce instructi exceptis Mantinensibus; hi enim in lævo potius, non tamen extremo in cornu conferti stabant; sed Eurylochus, et qui cum eo erant, e regione Messeniorum et Demosthenis, extremum lævum cornu tenebant.

CVIII. Quum autem, manibus inter se jam consertis, Peloponnesii cornu latius porrigerent et dextrum adversariorum circumvenirent, Acarnanes, qui in insidiis collocati erant, eos a tergo adoriuntur, factaque impressione in fugam vertunt, ita ut nec primum ipsorum impetum sustinuerint, et territi majorem exercitus partem in fugam conjecerint; postquam enim cornu, cui præerat Eurylochus, quod erat firmissimum, cædi viderunt, multo magis metuere cœperunt. Et Messenii, qui cum Demosthene ab ea parte in acie stabant, rem magna ex parte confecerunt. (2) At Ampraciotæ, et qui in dextro cornu collocati erant, hostilem aciem sibi oppositam vicerunt, et ad Argos usque sunt persecuti; etenim omnium, qui circum illa loca habitant, sunt pugnacissimi. (3) Sed quum se reciperent, postquam majorem suarum copiarum partem victam viderent, impetumque in eos ceteri Acarnanes faciebant, ad Olpâs ægre confugiebant,

ᾗ πολλοὶ ἀπέθανον αὐτῶν, ἀτάκτως καὶ οὐδενὶ κόσμῳ προσπίπτοντες πλὴν Μαντινέων· οὗτοι δὲ μάλιστα ξυντεταγμένοι παντὸς τοῦ στρατοῦ ἀνεχώρησαν. Καὶ ἡ μὲν μάχη ἐτελεύτα ἕως ὀψέ.

CIX. Μενεδαῖος δὲ τῇ ὑστεραίᾳ Εὐρυλόχου τεθνεῶτος καὶ Μακαρίου αὐτὸς παρειληφὼς τὴν ἀρχήν, καὶ ἀπορῶν μεγάλης ἥσσης γεγενημένης ὅτῳ τρόπῳ ἢ μένων πολιορκήσεται ἔκ τε γῆς καὶ ἐκ θαλάσσης ταῖς Ἀττικαῖς ναυσὶν ἀποκεκλημένος, ἢ καὶ ἀναχωρῶν διασωθήσεται, προσφέρει λόγον περὶ σπονδῶν καὶ ἀναχωρήσεως Δημοσθένει καὶ τοῖς Ἀκαρνάνων στρατηγοῖς, καὶ περὶ νεκρῶν ἅμα ἀναιρέσεως. (2) Οἱ δὲ νεκροὺς μὲν ἀπέδοσαν καὶ τροπαῖον αὐτοὶ ἔστησαν καὶ τοὺς ἑαυτῶν τριακοσίους μάλιστα ἀποθανόντας ἀνείλοντο, ἀναχώρησιν δὲ ἐκ μὲν τοῦ προφανοῦς οὐκ ἐσπείσαντο ἅπασιν, κρύφα δὲ Δημοσθένης μετὰ τῶν ξυστρατηγῶν Ἀκαρνάνων σπένδονται Μαντινεῦσι καὶ Μενεδαίῳ καὶ τοῖς ἄλλοις ἄρχουσι τῶν Πελοποννησίων καὶ ὅσοι αὐτῶν ἦσαν ἀξιολογώτατοι ἀποχωρεῖν κατὰ τάχος, βουλόμενος ψιλῶσαι τοὺς Ἀμπρακιώτας τε καὶ τὸν μισθοφόρον ὄχλον τὸν ξενικόν, μάλιστα δὲ Λακεδαιμονίους καὶ Πελοποννησίους διαβαλεῖν ἐς τοὺς ἐκείνῃ χρῄζων Ἕλληνας ὡς καταπροδόντες τὸ ἑαυτῶν προυργιαίτερον ἐποιήσαντο. Καὶ οἱ μὲν τούς τε νεκροὺς ἀνείλοντο καὶ διὰ τάχους ἔθαπτον, ὥσπερ ὑπῆρχεν, καὶ τὴν ἀποχώρησιν κρύφα οἷς ἐδέδοτο ἐπεβούλευον·

CX. τῷ δὲ Δημοσθένει καὶ τοῖς Ἀκαρνᾶσιν ἀγγέλλεται τοὺς Ἀμπρακιώτας τοὺς ἐκ τῆς πόλεως πανδημεὶ κατὰ τὴν πρώτην ἐκ τῶν Ὀλπῶν ἀγγελίαν ἐπιβοηθεῖν διὰ τῶν Ἀμφιλόχων, βουλομένους τοῖς ἐν Ὄλπαις ξυμμῖξαι, εἰδότας οὐδὲν τῶν γεγενημένων. (2) Καὶ πέμπει εὐθὺς τοῦ στρατοῦ μέρος τι τὰς ὁδοὺς προλοχιοῦντας καὶ τὰ καρτερὰ προκαταληψομένους, καὶ τῇ ἄλλῃ στρατιᾷ ἅμα παρεσκευάζετο βοηθεῖν ἐπ' αὐτούς.

CXI. Ἐν τούτῳ δ' οἱ Μαντινῆς καὶ οἷς ἔσπειστο, πρόφασιν ἐπὶ λαχανισμὸν καὶ φρυγάνων ξυλλογὴν ἐξελθόντες, ὑπαπῇεσαν κατ' ὀλίγους, ἅμα ξυλλέγοντες ἐφ' ἃ ἐξῆλθον δῆθεν. Προκεχωρηκότες δὲ ἤδη ἄπωθεν τῆς Ὄλπης θᾶσσον ἀπεχώρουν. (2) Οἱ δ' Ἀμπρακιῶται καὶ οἱ ἄλλοι, ὅσοι μὲν ἐτύγχανον οὕτως ἀθρόοι ξυνελθόντες, ὡς ἔγνωσαν ἀπιόντας, ὥρμησαν καὶ αὐτοὶ καὶ ἔθεον δρόμῳ, ἐπικαταλαβεῖν βουλόμενοι. (3) Οἱ δὲ Ἀκαρνᾶνες τὸ μὲν πρῶτον καὶ πάντας ἐνόμισαν ἀπιέναι ἀσπόνδους ὁμοίως, καὶ τοὺς Πελοποννησίους ἐπεδίωκον, καί τινας αὐτῶν τῶν στρατηγῶν κωλύοντας καὶ φάσκοντας ἐσπεῖσθαι αὐτοῖς ἠκόντισέ τις, νομίσας καταπροδίδοσθαι σφᾶς· ἔπειτα μέντοι τοὺς μὲν Μαντινέας καὶ τοὺς Πελοποννησίους ἀφίεσαν, τοὺς δ' Ἀμπρακιώτας ἔκτεινον. (4) Καὶ ἦν πολλὴ ἔρις καὶ ἄγνοια εἴτε Ἀμπρακιώτης τίς ἐστιν εἴτε Πελοποννήσιος. Καὶ ἐς διακοσίους μέν τινας αὐτῶν ἀπέκτειναν· οἱ δ' ἄλλοι διέφυγον ἐς τὴν Ἀγραΐδα ὅμορον οὖσαν, καὶ Σαλύνθιος αὐτοὺς ὁ βασιλεὺς τῶν Ἀγραίων φίλος ὢν ὑπεδέξατο.

CXII. Οἱ δ' ἐκ τῆς πόλεως Ἀμπρακιῶται ἀφικνοῦν-

et multi eorum obierunt, dum in Olpas perturbatis ordinibus et nulla rei militaris disciplina servata irruunt, præter Mantinenses; hi enim totius exercitus maxime compositi se receperunt. Atque pugna quidem finiebatur sub vesperum.

CIX. Menedæus, vero postridie defuncto Eurylocho et Macario, ipse imperium suscepit, et ob ingentem cladem acceptam dubitans, quonam modo aut obsidionem perferret, si maneret, terra marique navium Atticarum præsidiis circumseptus, aut etiam recedens evaderet, apud Demosthenem et Acarnanum duces sermonem infert de fœdere et discessu, et de recipiendis simul suis militibus in acie cæsis. (2) Illi vero milites quidem cæsos reddiderunt, ipsique tropæum statuerunt, et suos ferme ad trecentos, qui in prœlio ceciderant, susceperunt; abeundi vero facultatem non palam omnibus facto fœdere dederunt, sed clam Demosthenes cum Acarnanibus prætoribus, suis collegis, fœdus faciunt cum Mantinensibus et Menedæo et reliquis Peloponnesiorum ducibus, et quicunque inter illos dignitate maxime præstabant, ut quamprimum abirent, eo consilio, ut Ampraciotas turbamque militum mercede conductorum nudaret, præcipue vero, ut Lacedæmonios et Peloponnesios apud illius regionis Græcos in invidiam adduceret, quod illos prodidissent, et suo magis commodo prospexissent. (3) Atque hi quidem suorum cadavera receperunt, et pro præsenti rerum copia festinabundi ea sepelierunt, et reditum clam ii, quibus concessus erat, meditabantur.

CX. Demostheni autem et Acarnanibus nuntiatur, Ampraciotas, qui in sua urbe erant, primo illo nuntio, quem ex Olpis acceperant, excitos universis copiis per Amphilochiam ad opem suis ferendam venire, cupientes cum illis, qui in Olpis erant, se conjungere rerum ante gestarum prorsus ignaros. (2) Quamobrem confestim mittit aliquam copiarum partem ad vias insidiis obsidendas, et ad munitissima quæque loca præoccupanda, et simul cum reliquis copiis ad opem suis contra illos ferendam se parabat.

CXI. Interea vero Mantinenses et ceteri, quibus abeundi potestas pactis induciis data erat, per causam olerum et cremiorum colligendorum egressi, se subtrahebant rari, et colligentes inter abeundum ea, quorum causa scilicet exierant. Quum autem ab Olpa jam longe progressi essent, tunc se ocius proripiebant. (2) Ampraciotæ vero et reliqui, qui sic frequentes convenerant, quum suos abire animadvertissent, ipsi quoque magna contentione, cursuque concitato currere cœperunt, quod eos assequi vellent. (3) Acarnanes vero, primum quidem vel omnes pariter nullis induciis factis abire existimarunt, et ideo Peloponnesios persequebantur; quinetiam in quosdam e suis ducibus, insequi vetantes, ac dicentes, illos data fide abire, aliquis tela jaculatus est ratus se cum suis prodi; deinde tamen Mantinenses quidem et Peloponnesios dimittebant, Ampraciotas vero cædebant. (4) Eratque magna contentio, et ignoratio, num quis Ampraciota, an Peloponnesius esset. Atque ad ducentos fere eorum interfecerunt; ceteri vero in Agraidem, quæ finitima erat, diffugerunt, et Salynthius Agræorum Rex, qui eorum amicus esset, eos excepit.

CXII. Ampraciotæ vero, qui ex urbe veniebant, ad Ido-

ται ἐπ' Ἰδομένην. Ἐστὸν δὲ δύο λόφω ἡ Ἰδομένη ὑψηλώ· τούτοιν τὸν μὲν μείζω νυκτὸς ἐπιγενομένης οἱ προαποσταλέντες ὑπὸ τοῦ Δημοσθένους ἀπὸ τοῦ στρατοπέδου ἔλαθόν τε καὶ ἔφθασαν προκαταλαβόντες, τὸν δ' ἐλάσσω ἔτυχον οἱ Ἀμπρακιῶται προαναβάντες καὶ ηὐλίσαντο. (2) Ὁ δὲ Δημοσθένης δειπνήσας ἐχώρει καὶ τὸ ἄλλο στράτευμα ἀπὸ ἑσπέρας εὐθύς, αὐτὸς μὲν τὸ ἥμισυ ἔχων ἐπὶ τῆς ἐσβολῆς, τὸ δ' ἄλλο διὰ τῶν Ἀμφιλοχικῶν ὀρῶν. (3) Καὶ ἅμα ὄρθρῳ ἐπιπίπτει τοῖς Ἀμπρακιώταις ἔτι ἐν ταῖς εὐναῖς καὶ οὐ προῃσθημένοις τὰ γεγενημένα, ἀλλὰ πολὺ μᾶλλον νομίσασι τοὺς ἑαυτῶν εἶναι· (4) καὶ γὰρ τοὺς Μεσσηνίους πρώτους ἐπίτηδες ὁ Δημοσθένης προύταξε καὶ προσαγορεύειν ἐκέλευε, Δωρίδα τε γλῶσσαν ἱέντας καὶ τοῖς προφύλαξι πίστιν παρεχομένους, ἅμα καὶ οὐ καθορωμένους τῇ ὄψει νυκτὸς ἔτι οὔσης. (5) Ὡς οὖν ἐπέπεσε τῷ στρατεύματι αὐτῶν, τρέπουσι, καὶ τοὺς μὲν πολλοὺς αὐτοῦ διέφθειραν, οἱ δὲ λοιποὶ κατὰ τὰ ὄρη ἐς φυγὴν ὥρμησαν. (6) Προκατειλημμένων δὲ τῶν ὁδῶν, καὶ ἅμα τῶν μὲν Ἀμφιλόχων ἐμπείρων ὄντων τῆς ἑαυτῶν γῆς καὶ ψιλῶν πρὸς ὁπλίτας, τῶν δὲ ἀπείρων καὶ ἀνεπιστημόνων ὅπῃ τράπωνται, ἐσπίπτοντες ἔς τε χαράδρας καὶ τὰς προλελοχισμένας ἐνέδρας διεφθείροντο. (7) Καὶ ἐς πᾶσαν ἰδέαν χωρήσαντες τῆς φυγῆς ἐτράποντό τινες καὶ ἐς τὴν θάλασσαν οὐ πολὺ ἀπέχουσαν, καὶ ὡς εἶδον τὰς Ἀττικὰς ναῦς παραπλεούσας ἅμα τοῦ ἔργου τῇ ξυντυχίᾳ, προσένευσαν ἡγησάμενοι ἐν τῷ αὐτίκα φόβῳ κρεῖσσον εἶναι σφίσιν ὑπὸ τῶν ἐν ταῖς ναυσίν, εἰ δεῖ, διαφθαρῆναι ἢ ὑπὸ τῶν βαρβάρων καὶ ἐχθίστων Ἀμφιλόχων. (8) Οἱ μὲν οὖν Ἀμπρακιῶται τοιούτῳ τρόπῳ κακωθέντες ὀλίγοι ἀπὸ πολλῶν ἐσώθησαν ἐς τὴν πόλιν, Ἀκαρνᾶνες δὲ σκυλεύσαντες τοὺς νεκροὺς καὶ τροπαῖα στήσαντες ἀπεχώρησαν ἐς Ἄργος.

CXIII. Καὶ αὐτοῖς τῇ ὑστεραίᾳ ἦλθε κῆρυξ ἀπὸ τῶν ἐς Ἀγραίους καταφυγόντων ἐκ τῆς Ὄλπης Ἀμπρακιωτῶν ἀναίρεσιν αἰτήσων τῶν νεκρῶν οὓς ἀπέκτειναν ὕστερον τῆς πρώτης μάχης, ὅτε μετὰ τῶν Μαντινέων καὶ τῶν ὑποσπόνδων ξυνεξῄεσαν ἄσπονδοι. (2) Ἰδὼν δ' ὁ κῆρυξ τὰ ὅπλα τῶν ἀπὸ τῆς πόλεως Ἀμπρακιωτῶν ἐθαύμαζε τὸ πλῆθος· οὐ γὰρ ᾔδει τὸ πάθος, ἀλλ' ᾤετο τῶν μετὰ σφῶν εἶναι. (3) Καί τις αὐτὸν ἤρετο δ' τι θαυμάζοι καὶ ὁπόσοι αὐτῶν τεθνᾶσιν, οἰόμενος αὖ ὁ ἐρωτῶν εἶναι τὸν κήρυκα ἀπὸ τῶν ἐν Ἰδομέναις. Ὁ δ' ἔφη διακοσίους μάλιστα. (4) Ὑπολαβὼν δ' ὁ ἐρωτῶν εἶπεν « οὔκουν τὰ ὅπλα ταυτὶ φαίνεται, ἀλλὰ πλέον ἢ χιλίων. » Αὖθις δὲ εἶπεν ἐκεῖνος « οὐκ ἄρα τῶν μεθ' ἡμῶν μαχομένων ἐστίν. » Ὁ δ' ἀπεκρίνατο « εἴπερ γε ὑμεῖς ἐν Ἰδομένῃ χθὲς ἐμάχεσθε. » « Ἀλλ' ἡμεῖς γε οὐδενὶ ἐμαχόμεθα χθές, ἀλλὰ πρώην ἐν τῇ ἀποχωρήσει. » « Καὶ μὲν δὴ τούτοις γε ἡμεῖς χθὲς ἀπὸ τῆς πόλεως βοηθήσασι τῆς Ἀμπρακιωτῶν ἐμαχόμεθα. » (5) Ὁ δὲ κῆρυξ ὡς ἤκουσε καὶ ἔγνω ὅτι ἡ ἀπὸ τῆς πόλεως βοήθεια διέφθαρται, ἀνοιμώξας καὶ ἐκπλαγεὶς τῷ μεγέθει τῶν παρόντων κακῶν ἀπῆλθεν εὐθὺς ἄπρακτος

menen perveniunt. Sunt vero Idomene duo excelsi tumuli Horum alterum, qui major est, noctis adventu milites e castris a Demosthene praemissi, clam et prius hostibus prae occuparunt, alterum vero, qui minor est, Ampraciotae prio res ascenderunt, et in eo pernoctarunt. (2) Demosthene vero a coena primoque crepusculo statim cum reliquo exer citu viam ingreditur, dimidium quidem ejus secum retinen ad illam tumuli partem, qua aditus patebat, alterum ver dimidium per Amphilochicos montes iter faciebat. (3 Et sub aurorae ortum invadit Ampraciotas in cubilibus adhu jacentes, rerumque gestarum penitus ignaros; imo ver potius opinatos, suos adesse; (4) etenim Demosthene Messenios de industria primos in acie collocarat, et impera verat, ut Ampraciotas alloquerentur, Dorica lingua utentes et illis, qui pro castris erant in statione, fidem facientes simul etiam in conspectum non venientes; adhuc enim no erat. (5) Quum igitur illorum copias invasisset, eas fuga runt, et magnam illorum partem illic interfecerunt, reliqu vero in fugam versi cursu montes petere coeperunt. (6) Se quum itinera jam praeoccupata essent, simul etiam quur Amphilochi quidem suae regionis notitiam haberent, et expe diti essent adversus homines armis graves, hi vero locorun essent imperiti, nec scirent, quo se verterent, incidente aut in loca confragosa, aut in vias insidiis jam insessas profligabantur. (7) Et quum omne fugae genus tenptassent nonnulli ad mare etiam non longe distans se converterunt et quum conspexissent naves Atticas praeternavigantes i ipso cladis suae articulo, ad eas annatarunt, existimante in praesenti metu sibi satius esse ab illis, qui in navibu erant, si necesse esset, trucidari, quam a barbaris et infer sissimis hostibus Amphilochis. (8) Ampraciotae igitur ho modo profligati, e multis pauci in urbem evaserunt; Aca nanes vero, spoliatis cadaveribus et tropaeis erectis Argo redierunt.

CXIII. Et ad eos postero die venit caduceator missus a Ampraciotis, qui ex Olpa ad Agraeos confugerant, petitu rus, ut liceret suscipere cadavera suorum, quos post pri mum praelium interfecerant, quum una cum Mantinensi bus et ceteris, quibus abeundi potestas facta erat, ipsi null fide data egressi erant. (2) Caduceator autem intuitus arm Ampraciotarum, qui ex urbe prodierant, multitudinem ac mirabatur; cladis enim acceptae ignarus erat, sed ea opina batur eorum esse, qui cum ipsis fuerant. (3) Tunc ver aliquis eum interrogat, quidnam admiraretur, et quot e ipsis putaret periisse, quum quidem is, qui interrogabat rursus existimaret, istum caduceatorem ab illis missum qui apud Idomenas erant. Ille vero respondit ducento ferme. (4) Contra vero interrogans ait : « non igitur hae eorum arma esse apparet, sed plusquam mille hominum. Et ille rursus : « non ergo sunt eorum, qui nobiscum i acie steterunt. » Alter autem respondit : « siquidem vo apud Idomenen heri pugnabatis. » « Atqui nos heri cur nullo pugnabamus sed, nudius tertius inter redeundum. « At vero nos cum istis quidem heri, quum ex Ampra ciotarum urbe nobis occurrissent, pugnabamus. » (5 Quum autem caduceator hoc audisset et intellexisset auxi lium urbanum profligatum esse, ingemiscens et vehementc commotus praesentium malorum magnitudine, discessi confestim re infecta nec ulterius suorum cadavera flagitaba

καὶ οὐκέτι ἀπῄτει τοὺς νεκρούς. (6) Πάθος γὰρ τοῦτο μιᾷ πόλει Ἑλληνίδι ἐν ἴσαις ἡμέραις μέγιστον δὴ τῶν κατὰ τὸν πόλεμον τόνδε ἐγένετο. Καὶ ἀριθμὸν οὐκ ἔγραψα τῶν ἀποθανόντων, διότι ἄπιστον τὸ πλῆθος λέγεται ἀπολέσθαι ὡς πρὸς τὸ μέγεθος τῆς πόλεως. Ἀμπρακίαν μέντοι οἶδα ὅτι εἰ ἐβουλήθησαν Ἀκαρνᾶνες καὶ Ἀμφίλοχοι Ἀθηναίοις καὶ Δημοσθένει πειθόμενοι ἐξελεῖν, αὐτοβοεὶ ἂν εἷλον· νῦν δ' ἔδεισαν μὴ οἱ Ἀθηναῖοι ἔχοντες αὐτὴν χαλεπώτεροι σφίσι πάροικοι ὦσιν.

CXIV. Μετὰ δὲ ταῦτα τρίτον μέρος νείμαντες τῶν σκύλων τοῖς Ἀθηναίοις τὰ ἄλλα κατὰ τὰς πόλεις διείλοντο. Καὶ τὰ μὲν τῶν Ἀθηναίων πλέοντα ἑάλω, τὰ δὲ νῦν ἀνακείμενα ἐν τοῖς Ἀττικοῖς ἱεροῖς Δημοσθένει ἐξῃρέθησαν τριακόσιαι πανοπλίαι, καὶ ἄγων αὐτὰς κατέπλευσεν· καὶ ἐγένετο ἅμα αὐτῷ μετὰ τὴν τῆς Αἰτωλίας ξυμφορὰν ἀπὸ ταύτης τῆς πράξεως ἀδεεστέρα ἡ κάθοδος. (2) Ἀπῆλθον δὲ καὶ οἱ ἐν ταῖς εἴκοσι ναυσὶν Ἀθηναῖοι ἐς Ναύπακτον. Ἀκαρνᾶνες δὲ καὶ Ἀμφίλοχοι ἀπελθόντων Ἀθηναίων καὶ Δημοσθένους τοῖς ὡς Σαλύνθιον καὶ Ἀγραίους καταφυγοῦσιν Ἀμπρακιώταις καὶ Πελοποννησίοις ἀναχώρησιν ἐσπείσαντο ἐξ Οἰνιαδῶν, οἵπερ καὶ μετανέστησαν παρὰ Σαλυνθίου. (3) Καὶ ἐς τὸν ἔπειτα χρόνον σπονδὰς καὶ ξυμμαχίαν ἐποιήσαντο ἑκατὸν ἔτη Ἀκαρνᾶνες καὶ Ἀμφίλοχοι πρὸς Ἀμπρακιώτας ἐπὶ τοῖσδε ὥστε μήτε Ἀμπρακιώτας μετὰ Ἀκαρνάνων στρατεύειν ἐπὶ Πελοποννησίους μήτε Ἀκαρνᾶνας μετὰ Ἀμπρακιωτῶν ἐπ' Ἀθηναίους, βοηθεῖν δὲ τῇ ἀλλήλων, καὶ ἀποδοῦναι Ἀμπρακιώτας ὁπόσα ἢ χωρία ἢ ὁμήρους Ἀμφιλόχων ἔχουσι, καὶ ἐπὶ Ἀνακτόριον μὴ βοηθεῖν πολέμιον ὂν Ἀκαρνᾶσιν. (4) Ταῦτα ξυνθέμενοι διέλυσαν τὸν πόλεμον. Μετὰ δὲ ταῦτα Κορίνθιοι φυλακὴν ἑαυτῶν ἐς τὴν Ἀμπρακίαν ἀπέστειλαν, ἐς τριακοσίους ὁπλίτας, καὶ Ξενοκλείδαν τὸν Εὐθυκλέους ἄρχοντα· οἳ κομιζόμενοι χαλεπῶς διὰ τῆς Ἠπείρου ἀφίκοντο. Τὰ μὲν κατ' Ἀμπρακίαν οὕτως ἐγένετο.

CXV. Οἱ δ' ἐν τῇ Σικελίᾳ Ἀθηναῖοι τοῦ αὐτοῦ χειμῶνος ἔς τε τὴν Ἱμεραίαν ἀπόβασιν ἐποιήσαντο ἐκ τῶν νεῶν μετὰ τῶν Σικελιωτῶν ἄνωθεν ἐσβεβληκότων ἐς τὰ ἔσχατα τῆς Ἱμεραίας, καὶ ἐπὶ τὰς Αἰόλου νήσους ἔπλευσαν. (2) Ἀναχωρήσαντες δὲ ἐς Ῥήγιον Πυθόδωρον τὸν Ἰσολόχου Ἀθηναίων στρατηγὸν καταλαμβάνουσιν ἐπὶ τὰς ναῦς διάδοχον ὧν ὁ Λάχης ἦρχεν. (3) Οἱ γὰρ ἐν Σικελίᾳ ξύμμαχοι πλεύσαντες ἔπεισαν τοὺς Ἀθηναίους βοηθεῖν σφίσι πλείοσι ναυσίν· τῆς μὲν γὰρ γῆς αὐτῶν οἱ Συρακόσιοι ἐκράτουν, τῆς δὲ θαλάσσης ὀλίγαις ναυσὶν εἰργόμενοι παρεσκευάζοντο ναυτικὸν ξυναγείροντες ὡς οὐ περιοψόμενοι. (4) Καὶ ἐπλήρουν ναῦς τεσσαράκοντα οἱ Ἀθηναῖοι ὡς ἀποστελοῦντες αὐτοῖς, ἅμα μὲν ἡγούμενοι θᾶσσον τὸν ἐκεῖ πόλεμον καταλυθήσεσθαι, ἅμα δὲ βουλόμενοι μελέτην τοῦ ναυτικοῦ ποιεῖσθαι. Τὸν μὲν οὖν ἕνα τῶν στρατηγῶν ἀπέστειλαν Πυθόδωρον ὀλίγαις ναυσίν, Σοφοκλέα δὲ τὸν Σωστρατίδου καὶ Εὐρυμέδοντα τὸν Θουκλέους ἐπὶ τῶν πλειόνων νεῶν ἀποπέμψειν ἔμελλον. (5) Ὁ δὲ Πυθόδωρος ἤδη

(6) Haec enim clades uni Graecae civitati intra totidem dies maxima accidit omnium in hoc bello. Ac caesorum numerum non scripsi, quia multitudo, quae dicitur interiisse, fidem superat, pro magnitudine quidem civitatis. Ampraciam autem sat scio Acarnanes et Amphilochi, si Atheniensibus ac Demostheni morem gerentes expugnare voluissent, primo statim clamore expugnassent; nunc autem timuerunt, ne Athenienses, si eam tenuissent, molestiores sibi accolae essent.

CXIV. Postea vero tertia spoliorum parte Atheniensibus attributa, reliqua inter civitates diviserunt. Atque Atheniensium quidem spolia in ipso navigationis cursu intercepta sunt; quae autem nunc in templis Atticis affixa visuntur, trecentae solidae armaturae, Demostheni privatim honoris causa datae sunt, quas ille secum in navibus vehens domum profectus est; et simul ei post cladem in Aetolia acceptam ob has res gestas reditus in patriam tutior fuit. (2) Athenienses quoque, qui in viginti navibus erant, Naupactum rediere. Acarnanes vero et Amphilochi post Atheniensium et Demosthenis discessum, Ampraciotis et Peloponnesiis, qui ad Salynthium et Agraeos confugerant, fide publica interposita, ex Oeniadis abeundi potestatem dederunt, quo transierant a Salynthio. (3) In posterum vero tempus Acarnanes et Amphilochi foedus et societatem ad centum annos cum Ampraciotis coiverunt, his conditionibus, ut neque Ampraciotae cum Acarnanibus bellum Peloponnesiis inferrent, neque cum Ampraciotis Acarnanes Atheniensibus, sed mutuo sibi forent auxilio, utque Ampraciotae redderent, quotquot loca aut obsides Amphilochorum tenerent, neque subsidium mitterent Anactorium, quod Acarnanibus erat infestum. (4) Quum autem hoc modo inter eos convenisset, bellum deposuerunt. Post haec Corinthii praesidium ex suis ad trecentos gravis armaturae milites cum Xenoclide Euthyclis filio duce Ambraciam miserunt, qui itinere per Epirum facto aegre pervenerunt. Res igitur ad Ambraciam gestae hunc exitum habuerunt.

CXV. Eadem hieme Athenienses, qui in Sicilia erant, exscensum ex navibus in agrum Himeraeum fecerunt, una cum Siciliensibus, qui ex superioribus regionibus in extremos Himeraei agri fines irruperant, et in Aeoli insulas navigarunt. (2) Quum autem Rhegium se recepissent, Pythodorum Isolochi filium, Atheniensium ducem, Lachetis in classis praefectura successorem offendunt. (3) Nam qui erant in Sicilia socii ad Athenienses navibus profecti, ipsis persuaserunt, ut majore navium numero opem sibi ferrent; terra enim eorum Syracusani potiebantur; mari autem quum paucis illorum navibus prohiberentur, parabant classem et undique cogebant, quod hoc ferre nollent. (4) Athenienses igitur quadraginta naves instruebant, quas ad ipsos mittere, tum quod bellum illic celerius confectum iri sperarent, tum etiam quod suos in rebus navalibus exercere cuperent. Unum igitur e ducibus Pythodorum cum paucis navibus eo miserunt; Sophoclem vero Sostratidae et Eurymedontem Thuclis filium cum majore navium numero postea missuri erant. (5) Pythodorus vero, accepta jam

10.

ἔχων τὴν τοῦ Λάχητος τῶν νεῶν ἀρχὴν ἔπλευσε τελευτῶντος τοῦ χειμῶνος ἐπὶ τὸ Λοκρῶν φρούριον, ὃ πρότερον Λάχης εἷλεν· καὶ νικηθεὶς μάχῃ ὑπὸ τῶν Λοκρῶν ἀνεχώρησεν.

CXVI. Ἐρρύη δὲ περὶ αὐτὸ τὸ ἔαρ τοῦτο ὁ ῥύαξ τοῦ πυρὸς ἐκ τῆς Αἴτνης, ὥσπερ καὶ τὸ πρότερον, καὶ γῆν τινὰ ἔφθειρε τῶν Καταναίων, οἳ ἐπὶ τῇ Αἴτνῃ τῷ ὄρει οἰκοῦσιν, ὅπερ μέγιστόν ἐστιν ὄρος ἐν τῇ Σικελίᾳ. (2) Λέγεται δὲ πεντηκοστῷ ἔτει ῥυῆναι τοῦτο μετὰ τὸ πρότερον ῥεῦμα, τὸ δὲ ξύμπαν τρὶς γεγενῆσθαι τὸ ῥεῦμα ἀφ' οὗ Σικελία ὑπὸ Ἑλλήνων οἰκεῖται. (3) Ταῦτα μὲν κατὰ τὸν χειμῶνα τοῦτον ἐγένετο, καὶ ἕκτον ἔτος τῷ πολέμῳ ἐτελεύτα τῷδε ὃν Θουκυδίδης ξυνέγραψεν.

a Lachete praefectura classis sub extremam hiemem profectus est ad Locrorum castellum, quod Laches ante ceperat; proelioque victus a Locris discessit.

CXVI. Per idem hoc ver ignis rivus ex Ætna effluxit, uti prius quoque et vastavit partem agri Catanæorum, qui sub Ætna monte incolunt, qui omnium Siciliæ montium est maximus. (2) Dicitur autem hæc flammarum eructatio quinquagesimo post priorem ignis eructationem anno contigisse, omnino autem ter accidisse hoc profluvium, ex quo Sicilia a Græcis habitatur. (3) Atque hæc quidem hac hieme gesta sunt, et sextus annus hujus belli finiebatur, quod Thucydides conscripsit.

ΒΙΒΛΙΟΝ Δ.

I. Τοῦ δ' ἐπιγιγνομένου θέρους περὶ σίτου ἐκβολὴν Συρακοσίων δέκα νῆες πλεύσασαι καὶ Λοκρίδες ἴσαι Μεσσήνην τὴν ἐν Σικελίᾳ κατέλαβον, αὐτῶν ἐπαγαγομένων, καὶ ἀπέστη Μεσσήνη Ἀθηναίων. (2) Ἔπραξαν δὲ τοῦτο μάλιστα οἱ μὲν Συρακόσιοι ὁρῶντες προσβολὴν ἔχον τὸ χωρίον τῆς Σικελίας καὶ φοβούμενοι τοὺς Ἀθηναίους μὴ ἐξ αὐτοῦ ὁρμώμενοί ποτε σφίσι μείζονι παρασκευῇ ἐπέλθωσιν, οἱ δὲ Λοκροὶ κατὰ ἔχθος τὸ Ῥηγίνων, βουλόμενοι ἀμφοτέρωθεν αὐτοὺς καταπολεμεῖν. (3) Καὶ ἐσεβεβλήκεσαν ἅμα ἐς τὴν Ῥηγίνων οἱ Λοκροὶ πανστρατιᾷ, ἵνα μὴ ἐπιβοηθῶσι τοῖς Μεσσηνίοις, ἅμα δὲ καὶ ξυνεπαγόντων Ῥηγίνων φυγάδων, οἳ ἦσαν παρ' αὐτοῖς· τὸ γὰρ Ῥήγιον ἐπὶ πολὺν χρόνον ἐστασίαζεν, καὶ ἀδύνατα ἦν ἐν τῷ παρόντι τοὺς Λοκροὺς ἀμύνεσθαι, ᾗ καὶ μᾶλλον ἐπετίθεντο. (4) Δῃώσαντες δὲ οἱ μὲν Λοκροὶ τῷ πεζῷ ἀπεχώρησαν, αἱ δὲ νῆες Μεσσήνην ἐφρούρουν· καὶ ἄλλαι αἱ πληρούμεναι ἔμελλον αὐτόσε ἐγκαθορμισάμεναι τὸν πόλεμον ἐντεῦθεν ποιήσεσθαι.

II. Ὑπὸ δὲ τοὺς αὐτοὺς χρόνους τοῦ ἦρος, πρὶν τὸν σῖτον ἐν ἀκμῇ εἶναι, Πελοποννήσιοι καὶ οἱ ξύμμαχοι ἐσέβαλον ἐς τὴν Ἀττικήν (ἡγεῖτο δὲ Ἆγις ὁ Ἀρχιδάμου Λακεδαιμονίων βασιλεύς) καὶ ἐγκαθεζόμενοι ἐδῄουν τὴν γῆν. (2) Ἀθηναῖοι δὲ τάς τε τεσσαράκοντα ναῦς ἐς Σικελίαν ἀπέστειλαν, ὥσπερ παρεσκευάζοντο, καὶ στρατηγοὺς τοὺς ὑπολοίπους Εὐρυμέδοντα καὶ Σοφοκλέα· Πυθόδωρος γὰρ ὁ τρίτος αὐτῶν ἤδη προαφῖκτο ἐς Σικελίαν. (3) Εἶπον δὲ τούτοις καὶ Κερκυραίων ἅμα παραπλέοντας τῶν ἐν τῇ πόλει ἐπιμεληθῆναι, οἳ ἐλῃστεύοντο ὑπὸ τῶν ἐν τῷ ὄρει φυγάδων· καὶ Πελοποννησίων αὐτόσε νῆες ἑξήκοντα παρεπεπλεύκεσαν τοῖς ἐν τῷ ὄρει τιμωροί, καὶ λιμοῦ ὄντος μεγάλου ἐν τῇ πόλει νομίζοντες κατασχήσειν ῥᾳδίως τὰ πράγματα. (4) Δημοσθένει δὲ ὄντι ἰδιώτῃ μετὰ τὴν ἀναχώρησιν τὴν ἐξ Ἀκαρνανίας, αὐτῷ δεηθέντι εἶπον χρῆσθαι ταῖς ναυσὶ ταύταις, ἢν βούληται, περὶ τὴν Πελοπόννησον.

III. Καὶ ὡς ἐγένοντο πλέοντες κατὰ τὴν Λακωνικὴν καὶ ἐπυνθάνοντο ὅτι αἱ νῆες ἐν Κερκύρᾳ ἤδη εἰσὶ τῶν Πελοποννησίων, ὁ μὲν Εὐρυμέδων καὶ Σοφοκλῆς ἠπείγοντο ἐς τὴν Κέρκυραν, ὁ δὲ Δημοσθένης ἐς τὴν Πύλον πρῶτον ἐκέλευε σχόντας αὐτοὺς καὶ πράξαντας ἃ δεῖ τὸν πλοῦν ποιεῖσθαι· ἀντιλεγόντων δὲ κατὰ τύχην χειμὼν ἐπιγενόμενος κατήνεγκε τὰς ναῦς ἐς τὴν Πύλον. (2) Καὶ Δημοσθένης εὐθὺς ἠξίου τειχίζεσθαι τὸ χωρίον (ἐπὶ τούτῳ γὰρ ξυνεκπλεῦσαι), καὶ ἀπέφαινε πολλὴν εὐπορίαν ξύλων τε καὶ λίθων, καὶ φύσει καρτερὸν ὂν καὶ ἔρημον αὐτό τε καὶ ἐπὶ πολὺ τῆς χώρας· ἀπέχει γὰρ

LIBER IV.

I. Sequente vere, quum segetes jam spicas emittere inciperent, decem Syracusanorum naves, et totidem Locrorum profectæ, Messanam, quæ est in Sicilia, occuparunt, ab ipsis oppidanis accitæ, et Messana ab Atheniensibus defecit. (2) Egerunt hoc autem potissimum, Syracusani quidem, quod viderent, id oppidum ad invadendam Siciliam opportunum esse, et Athenienses metuerent, ne illinc ut ex belli sede excurrerent majore apparatu se invaderent; Locri vero propter odium in Rheginos, quia eos utrinque bello opprimere volebant. (3) Atque fecerant simul irruptionem Locri cum frequentibus copiis in Rheginorum agrum, ne hi Messeniis auxilium ferrent, simul etiam inducti ab exsulibus Rheginis, qui apud ipsos erant; Rhegium enim jam diu seditionibus agitabatur, nec in præsentia Locros arcere poterat, quo etiam magis hi instabant. (4) Quum autem agrum vastassent, Locri quidem cum peditatu domum redierunt, naves vero Messanæ præsidio remanebant; et aliæ, quæ instruebantur, debebant statione ibi capta bellum illinc gerere.

II. Sub eadem veris tempora, antequam frumenta essent matura, Peloponnesii eorumque socii irruptionem in Atticam fecerunt (præerat iis autem Agis Archidami filius, Lacedæmoniorum rex) et stativa ibi habentes agrum populabantur. (2) Athenienses vero et illas quadraginta naves, quas instruxerant, in Siciliam miserunt, et reliquos duces Eurymedontem et Sophoclem; nam Pythodorus, qui cum illis tertius erat dux, in Siciliam jam ante pervenerat. (3) His autem præceperunt, ut in transitu simul et curarent res Corcyræorum, qui in urbe erant, qui latrociniis ab exsulibus in monte degentibus infestabantur; et Peloponnesiorum sexaginta naves illuc navigaverant, ut opem illis ferrent, qui in monte erant; simul etiam quod propter ingentem famem, qua Corcyræorum civitas laborabat, res illas in suam potestatem facile redactum iri sperarent. (4) Mandarunt etiam Demostheni, qui post suum ex Acarnania reditum privatus erat, hoc ipsum flagitanti, ut his navibus, si vellet, circa Peloponnesum uteretur.

III. Quum autem inter navigandum e regione agri Laconici essent, et acciperent Peloponnesiorum naves ad Corcyram jam appulisse, Eurymedon quidem et Sophocles ad Corcyram tendere properabant, Demosthenes vero eos hortabatur, ut primum Pylum appellerent, deinde peractis rebus, quæ peragendæ essent, navigationis cursum conficerent; illis vero contradicentibus forte fortuna tempestas exorta classem Pylum detulit. (2) Atque statim Demosthenes postulabat, ut locus ille muniretur, (hac enim de causa se cum illis navigasse), et demonstrabat magnam esse lignorum lapidumque copiam, et locum natura munitum esse, et quum ipsum, tum etiam magnum illius agri tractum circumcirca desertum esse; distat enim Pylus a

σταδίους μάλιστα ἡ Πύλος τῆς Σπάρτης τετρακοσίους, καὶ ἔστιν ἐν τῇ Μεσσηνίᾳ ποτὲ οὔσῃ γῇ, καλοῦσι δὲ αὐτὴν οἱ Λακεδαιμόνιοι Κορυφάσιον. (2) Οἱ δὲ πολλὰς ἔφασαν εἶναι ἄκρας ἐρήμους τῆς Πελοποννήσου, ἣν βούληται καταλαμβάνων τὴν πόλιν δαπανᾶν. Τῷ δὲ διάφορόν τι ἐδόκει εἶναι τοῦτο τὸ χωρίον ἑτέρου μᾶλλον, λιμένος τε προσόντος, καὶ τοὺς Μεσσηνίους οἰκείους ὄντας αὐτῷ τὸ ἀρχαῖον καὶ ὁμοφώνους τοῖς Λακεδαιμονίοις πλεῖστ' ἂν βλάπτειν ἐξ αὐτοῦ ὁρμωμένους, καὶ βεβαίους ἅμα τοῦ χωρίου φύλακας ἔσεσθαι.

IV. Ὡς δὲ οὐκ ἔπειθεν οὔτε τοὺς στρατηγοὺς οὔτε τοὺς στρατιώτας, ὕστερον καὶ τοῖς ταξιάρχοις κοινώσας, ἡσύχαζεν ὑπὸ ἀπλοίας, μέχρι αὐτοῖς τοῖς στρατιώταις σχολάζουσιν ὁρμὴ ἐσέπεσε περιστᾶσιν ἐκτειχίσαι τὸ χωρίον. (2) Καὶ ἐγχειρήσαντες εἰργάζοντο, σιδήρια μὲν λιθουργὰ οὐκ ἔχοντες, λογάδην δὲ φέροντες λίθους, καὶ ξυνετίθεσαν ὡς ἕκαστόν τι ξυμβαίνοι· καὶ τὸν πηλόν, εἴ που δέοι χρῆσθαι, ἀγγείων ἀπορίᾳ ἐπὶ τοῦ νώτου ἔφερον, ἐγκεκυφότες τε ὡς μάλιστα μέλλοι ἐπιμένειν, καὶ τὼ χεῖρε ἐς τοὐπίσω ξυμπλέκοντες, ὅπως μὴ ἀποπίπτοι. (3) Παντί τε τρόπῳ ἠπείγοντο φθῆναι τοὺς Λακεδαιμονίους τὰ ἐπιμαχώτατα ἐξεργασάμενοι πρὶν ἐπιβοηθῆσαι· τὸ γὰρ πλέον τοῦ χωρίου αὐτὸ καρτερὸν ὑπῆρχε καὶ οὐδὲν ἔδει τείχους.

V. Οἱ δὲ ἑορτήν τινα ἔτυχον ἄγοντες, καὶ ἅμα πυνθανόμενοι ἐν ὀλιγωρίᾳ ἐποιοῦντο, ὡς ὅταν ἐξέλθωσιν ἢ οὐχ ὑπομενοῦντας σφᾶς ἢ ῥᾳδίως ληψόμενοι βίᾳ· καί τι καὶ αὐτοὺς ὁ στρατὸς ἔτι ἐν ταῖς Ἀθήναις ὢν ἐπέσχεν. (2) Τειχίσαντες δὲ οἱ Ἀθηναῖοι τοῦ χωρίου τὰ πρὸς ἤπειρον καὶ ἃ μάλιστα ἔδει ἐν ἡμέραις ἓξ τὸν μὲν Δημοσθένην μετὰ νεῶν πέντε αὐτοῦ φύλακα καταλείπουσιν, ταῖς δὲ πλείοσι ναυσὶ τὸν ἐς τὴν Κέρκυραν πλοῦν καὶ Σικελίαν ἠπείγοντο.

VI. Οἱ δ' ἐν τῇ Ἀττικῇ ὄντες Πελοποννήσιοι ὡς ἐπύθοντο τῆς Πύλου κατειλημμένης, ἀνεχώρουν κατὰ τάχος ἐπ' οἴκου, νομίζοντες μὲν οἱ Λακεδαιμόνιοι καὶ Ἆγις ὁ βασιλεὺς οἰκεῖον σφίσι τὸ περὶ τὴν Πύλον· ἅμα δὲ πρῲ ἐσβαλόντες καὶ τοῦ σίτου ἔτι χλωροῦ ὄντος ἐσπάνιζον τροφῆς τοῖς πολλοῖς, χειμών τε ἐπιγενόμενος μείζων παρὰ τὴν καθεστηκυῖαν ὥραν ἐπίεσε τὸ στράτευμα. (2) Ὥστε πολλαχόθεν ξυνέβη ἀναχωρῆσαί τε θᾶσσον αὐτοὺς καὶ βραχυτάτην γενέσθαι τὴν ἐσβολὴν ταύτην· ἡμέρας γὰρ πεντεκαίδεκα ἔμειναν ἐν τῇ Ἀττικῇ.

VII. Κατὰ δὲ τὸν αὐτὸν χρόνον Σιμωνίδης Ἀθηναίων στρατηγὸς Ἠιόνα τὴν ἐπὶ Θρᾴκης Μενδαίων ἀποικίαν, πολεμίαν δὲ οὖσαν, ξυλλέξας Ἀθηναίους τε ὀλίγους ἐκ τῶν φρουρίων καὶ τῶν ἐκείνῃ ξυμμάχων πλῆθος προδιδομένην κατέλαβεν. Καὶ παραχρῆμα ἐπιβοηθησάντων Χαλκιδέων καὶ Βοττιαίων ἐξεκρούσθη τε καὶ ἀπέβαλε πολλοὺς τῶν στρατιωτῶν.

VIII. Ἀναχωρησάντων δὲ τῶν ἐκ τῆς Ἀττικῆς Πελοποννησίων οἱ Σπαρτιᾶται αὐτοὶ μὲν καὶ οἱ ἐγγύτατα τῶν περιοίκων εὐθὺς ἐβοήθουν ἐπὶ τὴν Πύλον, τῶν δὲ

Sparta stadia circiter quadringenta, et sita est in eo agro, qui olim erat Messenius; Lacedæmonii autem Coryphasion vocant. (3) Illi vero dicebant, multa esse Peloponnesi promontoria deserta, si in iis occupandis civitatem exhaurire velit. Huic autem locus iste longe commodior quam ullus alius esse videbatur, tum quod ei portus adjaceret, tum etiam Messenios, quibus hæc terra antiquitus domestica esset, et qui eadem, qua Lacedæmonii, lingua uterentur, illinc prodeuntes plurima damna iis inferre posse, et simul eos certos illius loci custodes futuros.

IV. Sed quum neque ducibus neque militibus rem persuadere posset, quam postea etiam cum ordinum præfectis communicarat, propter navigandi difficultatem quiescebat, donec ipsos milites otium agentes, sententia mutata cupiditas invasit locum muniendi. (2) Itaque manus ad opus faciendum admoverunt, nulla ferramenta ad lapides cædendos habentes, sed eos cum delectu comportantes; et ubi quisque apte quadrare poterat, coagmentabant; et lutum, sicubi opus illo esset, ob vasorum penuriam humeris portabant, corpore ita inclinato, ut commodissime in dorso permanere posset, et manibus a tergo consertis, ne deflueret. (3) Omnique ratione properabant Lacedæmonios antevertere, et illas munitionum partes, quæ oppugnationi maxime opportunæ erant, prius absolvere, quam illi ad opem loco ferendam venirent; nam major loci pars suopte situ munita erat, muroque non indigebat.

V. Illi vero tunc forte diem festum agebant, et quum hoc audirent, parvi faciebant, quod simul atque exercitum eduxissent, aut hostes suum adventum non exspectaturos, aut oppidum a se per vim facile receptam iri putarent; nonnihil eos etiam exercitus, qui in agro Attico adhuc erat, retardavit. (2) Athenienses vero communito intra sex dies loco, qua continentem spectat et ubi maxime oportebat, Demosthenem quidem cum quinque navibus ibi reliquerunt, ut ei præsidio esset; cum ceteris autem, quorum major erat numerus, cursum in Corcyram et Siciliam urgebant.

VI. At Peloponnesii, qui in Attica erant, accepto nuntio de Pylo occupata, domum celeriter se recipiebant; Lacedæmonii enim, et Agis ipsorum rex, id quod Pylo contigerat, ad se potissimum pertinere ducebant; simul etiam quia mature irruptionem fecerant, et frumento adhuc viridi plerisque commeatus deerat; et præterea frigus acrius, quam illud anni tempus ferret, exercitum pressit. (2) Quare, multis de causis contigit, ut celerius se receperint, et in hac expeditione minimum commorati sint; nam quindecim dies in Attica manserant.

VII. Per idem tempus Simonides Atheniensium dux, coacta paucorum Atheniensium, qui in præsidiis erant, et magna sociorum illic habitantium manu, Eionem, quæ est in Thracia, Mendæorum coloniam, sed Atheniensium hostem, per proditionem occupavit. Quum autem Chalcidenses et Bottiæi confestim opem tulissent, inde expulsus est, multosque milites amisit.

VIII. Quum autem Peloponnesii ex Attica domum rediissent, Spartani quidem quum ipsi tum proximi municipum opem Pylo celeriter ferebant, ceterorum vero Lacedæmo-

ἄλλων Λακεδαιμονίων βραδυτέρα ἐγίγνετο ἡ ἔφοδος ἄρτι ἀφιγμένων ἀφ᾽ ἑτέρας στρατείας. (2) Περιήγγελλον δὲ καὶ κατὰ τὴν Πελοπόννησον βοηθεῖν ὅτι τάχιστα ἐπὶ Πύλον, καὶ ἐπὶ τὰς ἐν τῇ Κερκύρᾳ ναῦς σφῶν τὰς ἑξήκοντα ἔπεμψαν, αἳ ὑπερενεχθεῖσαι τὸν Λευκαδίων ἰσθμὸν καὶ λαθοῦσαι τὰς ἐν Ζακύνθῳ Ἀττικὰς ναῦς ἀφικνοῦνται ἐπὶ Πύλον· παρῆν δὲ ἤδη καὶ ὁ πεζὸς στρατός. (3) Δημοσθένης δὲ προσπλεόντων ἔτι τῶν Πελοποννησίων ὑπεκπέμπει φθάσας δύο ναῦς ἀγγεῖλαι Εὐρυμέδοντι καὶ τοῖς ἐν ταῖς ναυσὶν ἐν Ζακύνθῳ Ἀθηναίοις παρεῖναι ὡς τοῦ χωρίου κινδυνεύοντος. (4) Καὶ αἱ μὲν νῆες κατὰ τάχος ἔπλεον κατὰ τὰ ἐπεσταλμένα ὑπὸ Δημοσθένους· οἱ δὲ Λακεδαιμόνιοι παρεσκευάζοντο ὡς τῷ τειχίσματι προσβαλοῦντες κατά τε γῆν καὶ κατὰ θάλασσαν, ἐλπίζοντες ῥᾳδίως αἱρήσειν οἰκοδόμημα διὰ ταχέων εἰργασμένον καὶ ἀνθρώπων ὀλίγων ἐνόντων. (5) Προσδεχόμενοι δὲ καὶ τὴν ἀπὸ Ζακύνθου τῶν Ἀττικῶν νεῶν βοήθειαν ἐν νῷ εἶχον, ἢν ἄρα μὴ πρότερον ἕλωσι, καὶ τοὺς ἔσπλους τοῦ λιμένος ἐμφράξαι, ὅπως μὴ ᾖ τοῖς Ἀθηναίοις ἐφορμίσασθαι ἐς αὐτόν. (6) Ἡ γὰρ νῆσος ἡ Σφακτηρία καλουμένη τόν τε λιμένα παρατείνουσα καὶ ἐγγὺς ἐπικειμένη ἐχυρὸν ποιεῖ καὶ τοὺς ἔσπλους στενούς, τῇ μὲν δυοῖν νεοῖν διάπλουν κατὰ τὸ τείχισμα τῶν Ἀθηναίων καὶ τὴν Πύλον, τῇ δὲ πρὸς τὴν ἄλλην ἤπειρον ὀκτὼ ἢ ἐννέα· ὑλώδης τε καὶ ἀτριβὴς πᾶσα ὑπ᾽ ἐρημίας ἦν, καὶ μέγεθος περὶ πεντεκαίδεκα σταδίους μάλιστα. (7) Τοὺς μὲν οὖν ἔσπλους ταῖς ναυσὶν ἀντιπρῴροις βύζην κλῄσειν ἔμελλον· τὴν δὲ νῆσον ταύτην φοβούμενοι μὴ ἐξ αὐτῆς τὸν πόλεμον σφίσι ποιῶνται, ὁπλίτας διεβίβασαν ἐς αὐτήν, καὶ παρὰ τὴν ἤπειρον ἄλλους ἔταξαν. (8) Οὕτω γὰρ τοῖς Ἀθηναίοις τήν τε νῆσον πολεμίαν ἔσεσθαι τήν τε ἤπειρον, ἀπόβασιν οὐκ ἔχουσαν· τὰ γὰρ αὐτῆς τῆς Πύλου ἔξω τοῦ ἔσπλου πρὸς τὸ πέλαγος ἀλίμενα ὄντα οὐχ ἕξειν ὅθεν ὁρμώμενοι ὠφελήσουσι τοὺς αὑτῶν, σφεῖς δὲ ἄνευ τε ναυμαχίας καὶ κινδύνου ἐκπολιορκήσειν τὸ χωρίον κατὰ τὸ εἰκός, σίτου τε οὐκ ἐνόντος καὶ δι᾽ ὀλίγης παρασκευῆς κατειλημμένου. (9) Ὡς δ᾽ ἐδόκει αὐτοῖς ταῦτα, καὶ διεβίβαζον ἐς τὴν νῆσον τοὺς ὁπλίτας, ἀποκληρώσαντες ἀπὸ πάντων τῶν λόχων. Καὶ διέβησαν μὲν καὶ ἄλλοι πρότερον κατὰ διαδοχήν, οἱ δὲ τελευταῖοι καὶ ἐγκαταληφθέντες εἴκοσι καὶ τετρακόσιοι ἦσαν, καὶ Εἵλωτες οἱ περὶ αὐτούς· ἦρχε δ᾽ αὐτῶν Ἐπιτάδας ὁ Μολόβρου.

IX. Δημοσθένης δὲ ὁρῶν τοὺς Λακεδαιμονίους μέλλοντας προσβάλλειν ναυσί τε ἅμα καὶ πεζῷ παρεσκευάζετο καὶ αὐτός, καὶ τὰς τριήρεις αἵπερ ἦσαν αὐτῷ ἀπὸ τῶν καταλειφθεισῶν ἀνασπάσας ὑπὸ τὸ τείχισμα προσεσταύρωσεν, καὶ τοὺς ναύτας ἐξ αὐτῶν ὥπλισεν ἀσπίσι τε φαύλαις καὶ οἰσυΐναις ταῖς πολλαῖς· οὐ γὰρ ἦν ὅπλα ἐν χωρίῳ ἐρήμῳ πορίσασθαι, ἀλλὰ καὶ ταῦτα ἐκ λῃστρικῆς Μεσσηνίων τριακοντόρου καὶ κέλητος ἔλαβον, οἳ ἔτυχον παραγενόμενοι. Ὁπλῖταί τε τῶν Μεσσηνίων τούτων ὡς τεσσαράκοντα ἐγένοντο, οἷς

niorum adversus hostem profectio tardior erat, quod ex altera expeditione modo revertissent. (2) Sed nuntiis etiam per Peloponnesum circummissis imperabant, ut ad opem Pylo ferendam primo quoque tempore concurrerent, et ad suas sexaginta naves, quae apud Corcyram erant, nuntium miserunt; quae per Leucadium Isthmum transportatae, quum Atticam classem, quae ad Zacynthum erat, latuissent, ad Pylum pervenerunt; atque aderant jam etiam copiae pedestres. (3) Demosthenes vero, quum Peloponnesii navigationis cursum eo adhuc tenerent, duas naves clam ocius emisit, quae nuntiarent Eurymedonti et ceteris Atheniensibus, qui cum classe ad Zacynthum erant, ut celeriter venirent, quod locus in discrimine versaretur. (4) Et illae quidem duae naves, prout Demosthenes mandarat, magnam in navigando celeritatem adhibebant; Lacedaemonii vero se ad illius loci munitionem terra marique oppugnandam parabant, sperantes facile se capturos opus properanter factum, et in quo pauci propugnatores essent, (5) Ceterum cum etiam Atticarum navium e Zacyntho auxilia ventura exspectarent, in animo habebant, nisi forte prius munitionem expugnassent, ipsas etiam portus fauces obstruere, ne Atheniensibus in eo consistere liceret. (6) Insula enim nomine Sphacteria ante portum porrecta et prope adjacens efficit et portum tutum et introitus angustos, ut hac quidem, qua ad Atheniensium munitionem et Pylum vergit, bina navigia, illac vero, qua vergit ad reliquam continentem, octona vel novena transire possint; totaque silvestris et propter solitudinem invia, et quindecim ferme stadiorum magnitudine erat. (7) Portus igitur ostia navibus confertim collocatis, ita ut proras hostibus adversas haberent, obstruere statuerant; in hanc insulam autem, timentes, ne ex ea bellum sibi facerent, gravis armaturae milites transportarunt, et alios in continente collocarunt. (8) Ita enim existimabant et ipsam insulam Atheniensibus hostem fore, atque etiam continentem, utpote quae nullum haberet locum ad exscensum faciendum; nam quum illa ipsius Pyli ora, quae extra portus ostium erat, et quae altum spectabat, importuosa esset, sciebant eos non habituros, unde proficiscerentur ad suos adjuvandos; se vero sine proelio navali et sine periculo locum expugnaturos, ut quidem erat verisimile, quod nullus in eo commeatus esset, et quod ab exiguo apparatu occupatus esset. (9) Quum autem hanc sententiam comprobassent, milites in insulam transportabant, ex omnibus lochis sortiti. Atque primo quidem etiam alii subinde per vices eo trajecerunt; postremi vero, qui etiam illic deprehensi sunt, erant quadringenti et viginti, praeter Helotas, qui circum ipsos erant; praeerat iis autem Epitadas Molobri filius.

IX. Demosthenes vero, cernens Lacedaemonios cum navalibus simul et pedestribus copiis aggressuros, ipse quoque se praeparabat, et naves, quae ipsi relictae adhuc aderant, subduxit, easque vallis etiam munitas sub munitione collocavit, et earum nautas scutis infirmis et plerisque vimineis armavit; nec enim in loco deserto arma sibi comparare poterant, quinetiam haec ipsa ceperant ex piratica triremi et actuario navigio Messeniorum, qui forte eo appulerant. Et inter istos Messenios fuerunt ad quadraginta gravis armaturae milites, quibus Demosthenes una cum reliquis utebatur. (2)

ἐχρῆτο μετὰ τῶν ἄλλων. (2) Τοὺς μὲν οὖν πολλοὺς τῶν τε ἀόπλων καὶ ὡπλισμένων ἐπὶ τὰ τετειχισμένα μάλιστα καὶ ἐχυρὰ τοῦ χωρίου πρὸς τὴν ἤπειρον ἔταξε, προειπὼν ἀμύνασθαι τὸν πεζόν, ἢν προσβάλλῃ· αὐτὸς δὲ ἀπολεξάμενος ἐκ πάντων ἑξήκοντα ὁπλίτας καὶ τοξότας ὀλίγους ἐχώρει ἔξω τοῦ τείχους ἐπὶ τὴν θάλασσαν, ᾗ μάλιστα ἐκείνους προσεδέχετο πειράσειν ἀποβαίνειν ἐς χωρία μὲν χαλεπὰ καὶ πετρώδη πρὸς τὸ πέλαγος τετραμμένα, σφίσι δὲ τοῦ τείχους ταύτῃ ἀσθενεστάτου ὄντος ἐπισπάσασθαι αὐτοὺς ἡγεῖτο προθυμήσεσθαι· (3) οὔτε γὰρ αὐτοὶ ἐλπίζοντές ποτε ναυσὶ κρατηθήσεσθαι οὐκ ἰσχυρὸν ἐτείχιζον, ἐκείνοις τε βιαζομένοις τὴν ἀπόβασιν ἁλώσιμον τὸ χωρίον γίγνεσθαι. (4) Κατὰ τοῦτο οὖν πρὸς αὐτὴν τὴν θάλασσαν χωρήσας ἔταξε τοὺς ὁπλίτας ὡς εἴρξων ἢν δύνηται, καὶ παρεκελεύσατο τοιάδε.

X. « Ἄνδρες οἱ ξυναράμενοι τοῦδε τοῦ κινδύνου, μηδεὶς ὑμῶν ἐν τῇ τοιᾷδε ἀνάγκῃ ξυνετὸς βουλέσθω δοκεῖν εἶναι, ἐκλογιζόμενος ἅπαν τὸ περιεστὸς ἡμᾶς δεινόν, μᾶλλον ἢ ἀπερισκέπτως εὔελπις ὁμόσε χωρῆσαι τοῖς ἐναντίοις, καὶ ἐκ τούτων ἂν περιγενόμενος. Ὅσα γὰρ ἐς ἀνάγκην ἀφῖκται ὥσπερ τάδε, λογισμὸν ἥκιστα ἐνδεχόμενα κινδύνου τοῦ ταχίστου προσδεῖται. (2) Ἐγὼ δὲ καὶ τὰ πλείω ὁρῶ πρὸς ἡμῶν ὄντα, ἢν ἐθέλωμέν τε μεῖναι καὶ μὴ τῷ πλήθει αὐτῶν καταπλαγέντες τὰ ὑπάρχοντα ἡμῖν κρείσσω καταπροδοῦναι. (3) Τοῦ τε γὰρ χωρίου τὸ δυσέμβατον ἡμέτερον νομίζω, ὃ μενόντων ἡμῶν ξύμμαχον γίγνεται, ὑποχωρήσασι δὲ καίπερ χαλεπὸν ὂν εὔπορον ἔσται μηδενὸς κωλύοντος, καὶ τὸν πολέμιον δεινότερον ἕξομεν μὴ ῥᾳδίας αὐτῷ πάλιν οὔσης τῆς ἀναχωρήσεως, ἢν καὶ ὑφ' ἡμῶν βιάζηται· ἐπὶ γὰρ ταῖς ναυσὶ ῥᾷστοί εἰσιν ἀμύνεσθαι, ἀποβάντες δὲ ἐν τῷ ἴσῳ ἤδη. (4) Τό τε πλῆθος αὐτῶν οὐκ ἄγαν δεῖ φοβεῖσθαι· κατ' ὀλίγον γὰρ μαχεῖται καίπερ πολὺ ὂν ἀπορίᾳ τῆς προσορμίσεως, καὶ οὐκ ἐν γῇ στρατός ἐστιν ἐκ τοῦ ὁμοίου μείζων, ἀλλ' ἀπὸ νεῶν, αἷς πολλὰ τὰ καίρια δεῖ ἐν τῇ θαλάσσῃ ξυμβῆναι. (5) Ὥστε τὰς τούτων ἀπορίας ἀντιπάλους ἡγοῦμαι τῷ ἡμετέρῳ πλήθει, καὶ ἅμα ἀξιῶ ὑμᾶς Ἀθηναίους ὄντας καὶ ἐπισταμένους ἐμπειρίᾳ τὴν ναυτικὴν ἐπ' ἄλλους ἀπόβασιν, ὅτι εἴ τις ὑπομένοι καὶ μὴ φόβῳ ῥοθίου καὶ νεῶν δεινότητος κατάπλου ὑποχωροίη, οὐκ ἄν ποτε βιάζοιτο, καὶ αὐτοὺς νῦν μεῖναί τε καὶ ἀμυνομένους παρ' αὐτὴν τὴν ῥαχίαν σώζειν ὑμᾶς τε αὐτοὺς καὶ τὸ χωρίον. »

XI. Τοσαῦτα τοῦ Δημοσθένους παρακελευσαμένου οἱ Ἀθηναῖοι ἐθάρσησάν τε μᾶλλον καὶ ἐπικαταβάντες ἐτάξαντο παρ' αὐτὴν τὴν θάλασσαν. (2) Οἱ δὲ Λακεδαιμόνιοι ἄραντες τῷ τε κατὰ γῆν στρατῷ προσέβαλλον τῷ τειχίσματι καὶ ταῖς ναυσὶν ἅμα, οὔσαις τεσσαράκοντα καὶ τρισίν· ναύαρχος δὲ αὐτῶν ἐπέπλει Θρασυμηλίδας ὁ Κρατησικλέους Σπαρτιάτης. Προσέβαλλε δὲ ᾗπερ ὁ Δημοσθένης προσεδέχετο, (3) καὶ οἱ μὲν Ἀθηναῖοι ἀμφοτέρωθεν, ἔκ τε γῆς καὶ ἐκ θαλάσσης, ἠμύνοντο· οἱ δὲ κατ' ὀλίγας ναῦς διελόμενοι, διότι οὐκ

Itaque plerosque tam inermium quam armatorum, qua maxime muro munitus firmatusque locus erat, continentem versus disposuit; præcipiens, ut peditatum propulsarent, si aggrederetur; ipse vero delectis ex omnibus sexaginta gravis armaturæ militibus et aliquot sagittariis, extra murum ad mare profectus est, qua potissimum illos ex navibus in terram exscensum facere conaturos existimabat ad loca quidem aspera et saxosa ad mare conversa, sed tamen, quia ab hac parte suæ munitionis murus infirmissimus erat, putabat, ut eos illuc deduceret, ipsos studiose expetituros esse; (3) non enim firmius ibi muniverant, existimantes neque se unquam navibus devictum iri, et ab illis, si per vim in terram escenderent, castellum facili negotio capi posse. (4) In hac igitur parte, quæ ipsum mare spectabat, progressus milites disposuit, ut hostem arceret, si posset, eosque his verbis est adhortatus.

X. « Viri, qui mihi ejusdem periculi nunc estis socii, nemo vestrum reputando omnes difficultates, quæ nos circumsteterunt, callidus videri velit potius quam inconsulto bonæ spei plenus adversarios invadere, et ut qui ex his incolumis evadere possit. Nam quæcunque res ut hæ nostræ ad necessitatem sunt redactæ, earum minime iniri ratio potest, sed periclitatione celerrima opus habent. (2) Quamquam ego pleraque nobiscum facere video, si et impetum hostium sustinere, neque potiora commoda, quæ nobis ad rem feliciter gerendam adsunt, illorum multitudine deterriti fœde prodere velimus. (3) Quod enim locus accessu difficilis est, hoc pro nobis facere duco, quippe qui nobis quidem illorum impetum sustinentibus auxilio sit; sed si recesserimus, nullo prohibente accessu facilis erit, quantumvis alioqui difficilis; et hostem graviorem habebimus, quia non facile se recipere poterit, si nos etiam ipsum urgeamus; dum enim hostes sunt in navibus, facillime propulsari possunt, sed si in terram escenderint, tunc vero nobiscum æqua conditione pugnabunt. (4) Et ipsorum multitudo non admodum est extimescenda; quamvis enim sit ingens, tamen propter difficultatem loci, quo appellere possit, exigua manu pugnabit, atque non in terra habemus adversum exercitum, in æqua conditione numero majorem, sed e navibus pugnantem, quibus multæ opportunitates in mari contingant est necesse. (5) Quare difficultates istorum nostræ paucitati pares esse duco, et simul vestrum esse statuo, qui Athenienses estis, et qui experientia novistis, nauticum in alios exscensum si quis resistat, nec gravi fluctuum illisorum strepitu et minaci navium incurrentium impetu territus recedat, non facile posse per vim perfici, ut nunc ipsi quoque persistatis, atque arcentes hostem ad ipsum littoris salebrosi dorsum et vos ipsos et locum conservetis. »

XI. Tali oratione quum Demosthenes Atheniensibus adhortatus esset, illi majorem fiduciam animo conceperunt, et quum ad ipsum mare descendissent, ibi aciem instruxerunt. (2) Lacedæmonii vero, motis castris et terrestri exercitu et simul navibus numero XLIII munitiones oppugnabant; illorum autem classis præfectus erat Trasymelidas Cratesiclis filius, Spartanus. Oppugnabat autem ab ea parte, qua Demosthenes sperabat; (3) atque Athenienses quidem utrinque et a terra et a mari hostem propulsabant. Illi vero classem partiti, cum exiguo navium numero, quod cum

ἦν πλείοσι προσσχεῖν, καὶ ἀναπαύοντες ἐν τῷ μέρει τοὺς ἐπίπλους ἐποιοῦντο, προθυμίᾳ τε πάσῃ χρώμενοι καὶ παρακελευσμῷ, εἴ πως ὠσάμενοι ἕλοιεν τὸ τείχισμα. (4) Πάντων δὲ φανερώτατος Βρασίδας ἐγένετο. Τριηραρχῶν γὰρ καὶ ὁρῶν τοῦ χωρίου χαλεποῦ ὄντος τοὺς τριηράρχους καὶ κυβερνήτας, εἴ πῃ καὶ δοκοίη δυνατὸν εἶναι σχεῖν, ἀποκνοῦντας καὶ φυλασσομένους τῶν νεῶν μὴ ξυντρίψωσιν, ἐβόα λέγων ὡς οὐκ εἰκὸς εἴη ξύλων φειδομένους τοὺς πολεμίους ἐν τῇ χώρᾳ περιιδεῖν τεῖχος πεποιημένους, ἀλλὰ τάς τε σφετέρας ναῦς βιαζομένους τὴν ἀπόβασιν καταγνύναι ἐκέλευεν, καὶ τοὺς ξυμμάχους μὴ ἀποκνῆσαι ἀντὶ μεγάλων εὐεργεσιῶν τὰς ναῦς τοῖς Λακεδαιμονίοις ἐν τῷ παρόντι ἐπιδοῦναι, ὀκείλαντας δὲ καὶ παντὶ τρόπῳ ἀποβάντας τῶν τε ἀνδρῶν καὶ τοῦ χωρίου κρατῆσαι.

XII. Καὶ ὁ μὲν τούς τε ἄλλους τοιαῦτα ἐπέσπερχεν, καὶ τὸν ἑαυτοῦ κυβερνήτην ἀναγκάσας ὀκεῖλαι τὴν ναῦν ἐχώρει ἐπὶ τὴν ἀποβάθραν· καὶ πειρώμενος ἀποβαίνειν ἀνεκόπη ὑπὸ τῶν Ἀθηναίων, καὶ τραυματισθεὶς πολλὰ ἐλειποψύχησέ τε, καὶ πεσόντος αὐτοῦ ἐς τὴν παρεξειρεσίαν ἡ ἀσπὶς περιερρύη ἐς τὴν θάλασσαν, καὶ ἐξενεχθείσης αὐτῆς ἐς τὴν γῆν οἱ Ἀθηναῖοι ἀνελόμενοι ὕστερον πρὸς τὸ τροπαῖον ἐχρήσαντο ὃ ἔστησαν τῆς προσβολῆς ταύτης. (2) Οἱ δ' ἄλλοι προυθυμοῦντο μὲν ἀδύνατοι δ' ἦσαν ἀποβῆναι τῶν τε χωρίων χαλεπότητι καὶ τῶν Ἀθηναίων μενόντων καὶ οὐδὲν ὑποχωρούντων. (3) Ἐς τοῦτό τε περιέστη ἡ τύχη ὥστε Ἀθηναίους μὲν ἐκ γῆς τε καὶ ταύτης Λακωνικῆς ἀμύνεσθαι ἐκείνους ἐπιπλέοντας, Λακεδαιμονίους δὲ ἐκ νεῶν τε καὶ ἐς τὴν ἑαυτῶν πολεμίαν οὖσαν ἐπ' Ἀθηναίους ἀποβαίνειν· ἐπὶ πολὺ γὰρ ἐποίει τῆς δόξης ἐν τῷ τότε τοῖς μὲν ἠπειρώταις μάλιστα εἶναι καὶ τὰ πεζὰ κρατίστοις, τοῖς δὲ θαλασσίοις τε καὶ ταῖς ναυσὶ πλεῖστον προέχειν.

XIII. Ταύτην μὲν οὖν τὴν ἡμέραν καὶ τῆς ὑστεραίας μέρος τι προσβολὰς ποιησάμενοι ἐπέπαυντο· καὶ τῇ τρίτῃ ἐπὶ ξύλα ἐς μηχανὰς παρέπεμψαν τῶν νεῶν τινὰς ἐς Ἀσίνην, ἐλπίζοντες τὸ κατὰ τὸν λιμένα τεῖχος ὕψος μὲν ἔχειν, ἀποβάσεως δὲ μάλιστα οὔσης ἑλεῖν μηχαναῖς. (2) Ἐν τούτῳ δὲ αἱ ἐκ τῆς Ζακύνθου νῆες τῶν Ἀθηναίων παραγίγνονται τεσσαράκοντα· προσεβοήθησαν γὰρ τῶν τε φρουρίδων τινὲς αὐτοῖς τῶν ἐκ Ναυπάκτου καὶ Χῖαι τέσσαρες. (3) Ὡς δὲ εἶδον τήν τε ἤπειρον ὁπλιτῶν περίπλεων τήν τε νῆσον, ἔν τε τῷ λιμένι οὔσας τὰς ναῦς καὶ οὐκ ἐκπλεούσας, ἀπορήσαντες ὅπῃ καθορμίσωνται, τότε μὲν ἐς Πρώτην τὴν νῆσον, ἣ οὐ πολὺ ἀπέχει ἐρῆμος οὖσα, ἔπλευσαν καὶ ηὐλίσαντο, τῇ δ' ὑστεραίᾳ παρασκευασάμενοι ὡς ἐπὶ ναυμαχίαν ἀνήγοντο, ἢν μὲν ἀντεκπλεῖν ἐθέλωσι σφίσιν ἐς τὴν εὐρυχωρίαν, εἰ δὲ μή, ὡς αὐτοὶ ἐπεσπλευσούμενοι. (4) Καὶ οἱ μὲν οὔτε ἀντανήγοντο οὔτε ἃ διενοήθησαν, φράξαι τοὺς ἔσπλους, ἔτυχον ποιήσαντες, ἡσυχάζοντες δ' ἐν τῇ γῇ τάς τε ναῦς ἐπλήρουν καὶ παρεσκευάζοντο, ἢν ἐσπλέῃ τις, ὡς ἐν τῷ λιμένι ὄντι οὐ σμικρῷ ναυμαχήσοντες.

majore ad littus appellere non possent, et dividentes quietis vices impetum faciebant, omnique animi contentione et adhortatione utentes, si quo modo rejectis hostibus munitionem capere possent. (4) Brasidas autem omnium maxime conspicuus exstitit. Quum enim esset unus e trierarchis, et videret propter loci et accessus difficultatem trierarchos et gubernatores, si quam etiam ad partem accedi posse videbatur, formidantes et caventes, ne naves confringerent, vociferabatur, dicens non decere ipsos, dum lignis parcunt, munitionem in suo agro ab hostibus exstructam pati, imo jubebat eos, dum ex navibus in littus per vim exscenderent, naves confringere, et socios, ne pro magnis beneficiis suas naves in praesentia Lacedaemoniis largiri dubitarent, sed navibus in littus impactis, et quavis ratione exscensu ex illis in terram facto, et viros et locum in suam potestatem redigerent.

XII. Atque ipse quidem his verbis alios instigabat, et quum suum gubernatorem navem in littus impingere coegisset, ad navis pontem pergebat, et dum descendere conatur, ab Atheniensibus est rejectus, multisque vulneribus acceptis animi deliquium passus est, eoque collapso in illud spatium, quod est inter ipsos remiges et proram, clypeus ejus in mare decidit, qui quum in terram delatus esset, Athenienses eum susceperunt, et postea in tropaeum adhibuerunt, quod de hac hostium oppugnatione erexerunt. (2) Ceteri vero magna quidem animi alacritate exscendere conabantur, sed non poterant, quum propter locorum difficultatem, tum etiam quod Athenienses hostium impressionem sustinebant, neque loco cedebant. (3) Atque tanta fortunae commutatio facta est, ut Athenienses quidem ex terra eaque Laconica Lacedaemonios navibus infestis contra se venientes propulsarent, Lacedaemonii vero ex navibus et in suum agrum tunc hostilem contra Athenienses descendere conarentur; praecipue enim gloriam hoc addebat eo tempore his quidem, quod maxime mediterranei pedestribusque praeliis praestantissimi essent, illis vero, quod maritimi essent rerumque nauticarum peritia longe praestarent.

XIII. Hoc igitur die et sequentis parte Lacedaemonii quum aliquoties hostis munitionem adorti essent, destiterant; et tertio die naves aliquot Asinam dimiserunt ad comparandam materiam machinis faciendis, quod eam muri partem, quae portum spectabat, et quae alta quidem erat, sed tamen praecipue locum excensioni in terram faciendae opportunum habebat, machinis a se captum iri sperarent. (2) Interea vero quadraginta Atheniensium naves ex Zacyntho advenerunt; nam accesserant illis auxilio aliquot praesidiariae, quae Naupacti erant, et quatuor Chiae. (3) Sed quum vidissent et ipsam continentem et insulam militibus armatis refertam, et naves, quae in portu erant, non prodire, ambigentes quonam appellerent, tunc quidem ad Proten insulam desertam, quae non multum distat, contenderunt, ibique castris positis pernoctarunt; postero autem die, ut ad navale praelium instructi, in altum vela fecerunt, si contra se in apertum mare venire voluissent; sin minus, ut ipsi in portum ingrederentur. (4) Atque illi quidem nec obviam iis in altum processerunt, neque, quod facere constituerant, ut portus ostia obstruerent, id jam perfecerant, sed in terra se continentes, naves complebant, seque ad navale praelium in portu non parvo committendum parabant, siquis ingredi voluisset.

XIV. Οἱ δ' Ἀθηναῖοι γνόντες καθ' ἑκάτερον τὸν ἔσπλουν ὥρμησαν ἐπ' αὐτούς, καὶ τὰς μὲν πλείους καὶ μετεώρους ἤδη τῶν νεῶν καὶ ἀντιπρώρους προσπεσόντες ἐς φυγὴν κατέστησαν, καὶ ἐπιδιώκοντες ὡς διὰ βραχέος ἔτρωσαν μὲν πολλάς, πέντε δ' ἔλαβον, καὶ μίαν τούτων αὐτοῖς ἀνδράσιν· ταῖς δὲ λοιπαῖς ἐν τῇ γῇ καταπεφευγυίαις ἐνέβαλλον. Αἱ δὲ καὶ πληρούμεναι ἔτι πρὶν ἀνάγεσθαι ἐκόπτοντο· καί τινας καὶ ἀναδούμενοι κενὰς εἷλκον τῶν ἀνδρῶν ἐς φυγὴν ὡρμημένων. (2) Ἃ ὁρῶντες οἱ Λακεδαιμόνιοι καὶ περιαλγοῦντες τῷ πάθει, ὅτιπερ αὐτῶν οἱ ἄνδρες ἀπελαμβάνοντο ἐν τῇ νήσῳ, παρεβοήθουν, καὶ ἐπεσβαίνοντες ἐς τὴν θάλασσαν ξὺν τοῖς ὅπλοις ἀνθεῖλκον ἐπιλαμβανόμενοι τῶν νεῶν, καὶ ἐν τούτῳ κεκωλῦσθαι ἐδόκει ἕκαστος ᾧ μή τινι καὶ αὐτὸς ἔργῳ παρῆν. (3) Ἐγένετό τε ὁ θόρυβος μέγας καὶ ἀντηλλαγμένος τοῦ ἑκατέρων τρόπου περὶ τὰς ναῦς· οἵ τε γὰρ Λακεδαιμόνιοι ὑπὸ προθυμίας καὶ ἐκπλήξεως ὡς εἰπεῖν ἄλλο οὐδὲν ἢ ἐκ γῆς ἐναυμάχουν, οἵ τε Ἀθηναῖοι κρατοῦντες καὶ βουλόμενοι τῇ παρούσῃ τύχῃ ὡς ἐπὶ πλεῖστον ἐπεξελθεῖν ἀπὸ νεῶν ἐπεζομάχουν. (4) Πολύν τε πόνον παρασχόντες ἀλλήλοις καὶ τραυματίσαντες διεκρίθησαν, καὶ οἱ Λακεδαιμόνιοι τὰς κενὰς ναῦς πλὴν τῶν τὸ πρῶτον ληφθεισῶν διέσωσαν. (5) Καταστάντες δὲ ἑκάτεροι ἐς τὸ στρατόπεδον οἱ μὲν τροπαῖόν τε ἔστησαν καὶ νεκροὺς ἀπέδοσαν καὶ ναυαγίων ἐκράτησαν, καὶ τὴν νῆσον εὐθὺς περιέπλεον καὶ ἐν φυλακῇ εἶχον ὡς τῶν ἀνδρῶν ἀπειλημμένων· οἱ δ' ἐν τῇ ἠπείρῳ Πελοποννήσιοι καὶ ἀπὸ πάντων ἤδη βεβοηθηκότες ἔμενον κατὰ χώραν ἐπὶ τῇ Πύλῳ.

XV. Ἐς δὲ τὴν Σπάρτην ὡς ἠγγέλθη τὰ γεγενημένα περὶ Πύλον, ἔδοξεν αὐτοῖς ὡς ἐπὶ ξυμφορᾷ μεγάλῃ τὰ τέλη καταβάντας ἐς τὸ στρατόπεδον βουλεύειν παραχρῆμα ὁρῶντας ὅ τι ἂν δοκῇ. (2) Καὶ ὡς εἶδον ἀδύνατον ὂν τιμωρεῖν τοῖς ἀνδράσι καὶ κινδυνεύειν οὐκ ἐβούλοντο ἢ ὑπὸ λιμοῦ τι παθεῖν αὐτοὺς ἢ ὑπὸ πλήθους βιασθέντας κρατηθῆναι, ἔδοξεν αὐτοῖς πρὸς τοὺς στρατηγοὺς τῶν Ἀθηναίων, ἢν ἐθέλωσι, σπονδὰς ποιησαμένους τὰ περὶ Πύλον, ἀποστεῖλαι ἐς τὰς Ἀθήνας πρέσβεις περὶ ξυμβάσεως, καὶ τοὺς ἄνδρας ὡς τάχιστα πειρᾶσθαι κομίσασθαι.

XVI. Δεξαμένων δὲ τῶν στρατηγῶν τὸν λόγον ἐγίγνοντο σπονδαὶ τοιαίδε, Λακεδαιμονίους μὲν τὰς ναῦς ἐν αἷς ἐναυμάχησαν καὶ τὰς ἐν τῇ Λακωνικῇ πάσας, ὅσαι ἦσαν μακραί, παραδοῦναι κομίσαντας ἐς Πύλον Ἀθηναίοις, καὶ ὅπλα μὴ ἐπιφέρειν τῷ τειχίσματι μήτε κατὰ γῆν μήτε κατὰ θάλασσαν, Ἀθηναίους δὲ τοῖς ἐν τῇ νήσῳ ἀνδράσι σῖτον ἐᾶν τοὺς ἐν τῇ ἠπείρῳ Λακεδαιμονίους ἐκπέμπειν τακτὸν καὶ μεμαγμένον, δύο χοίνικας ἑκάστῳ Ἀττικὰς ἀλφίτων καὶ δύο κοτύλας οἴνου καὶ κρέας, θεράποντι δὲ τούτων ἡμίσεα· ταῦτα δὲ δρώντων τῶν Ἀθηναίων ἐσπέμπειν καὶ πλοῖον μηδὲν ἐσπλεῖν λάθρᾳ· φυλάσσειν δὲ καὶ τὴν νῆσον Ἀθηναίους μηδὲν ἧσσον, ὅσα μὴ ἀποβαίνοντας, καὶ ὅπλα μὴ ἐπιφέρειν τῷ Πελοποννησίων στρατῷ μήτε κατὰ γῆν μήτε κατὰ

XIV. Athenienses vero hac re cognita ab utroque portus ostio in eos invecti sunt et, facto impetu, plerasque naves a terra jam provectas et adversis proris venientes, in fugam verterunt, et insecuti pro spatii brevitate multas quidem fregerunt, quinque autem ceperunt et harum unam cum ipsis viris; in ceteras vero, quae ad terram confugerant, impressionem fecerunt. Aliae vero etiam dum adhuc instruuntur, antequam in altum proveherentur, quassabantur; et nonnullas etiam vacuas suis navibus alligantes traxerunt, quum ex iis homines se in fugam dedissent. (2) Quae conspicientes Lacedaemonii et cladem istam aegerrime ferentes, quod utique ipsorum cives in insula intercipiebantur, auxilio accurrebant et armati in mare ingredientes, suas naves manibus apprehendebant, et ad se retrahebant, et in eo unusquisque existimabat res impeditas esse, quibus gerendis non et ipse interfuisset. (3) Et tumultus exstitit ingens circa naves et contrarius quam pro utrorumque instituto; nam Lacedaemonii prae studio et formidine nihil aliud, ut ita loquar, quam e terra proelium navale faciebant, et Athenienses, qui victores erant, et qui praesentem fortunam quam longissime persequi volebant, ex navibus pedestrem pugnam committebant. (4) Quum autem multo labore inter se fatigati essent et vulnerati, dirempti sunt, et Lacedaemonii naves inanes, illis exceptis, quae initio captae erant, servarunt. (5) Quum autem utrique in sua castra se recepissent, illi quidem tropaeum erexerunt et caesorum cadavera restituerunt, naviumque fractarum tabulis sunt potiti, insulamque protinus classe circumibant et custodiebant, quod viri in ea intercepti essent; Peloponnesii vero, qui in continente erant, jam ex omnibus gentibus ad opem suis ferendam conjuncti ad Pylum in loco manebant.

XV. Quum autem rerum ad Pylum gestarum nuntius Spartam allatus esset, placuit ipsis, ut tamquam in magna calamitate summi magistratus in castra se conferrent, et in re praesenti viderent et constituerent, quicquid agendum videretur. (2) Atque quum animadvertissent nulla ratione suis succurri posse, nec in discrimen illos adducere vellent, ne vel fame premerentur, vel multitudine oppressi in hostium potestatem redigerentur, placuit, induciis factis cum Atheniensium ducibus, si vellent, de rebus ad Pylum spectantibus, legatos Athenas de compositione mittere, et operam dare, ut suos cives primo quoque tempore reciperent.

XVI. Quum autem Athenienses duces conditionem oblatam accepissent, has inducias fecerunt, ut Lacedaemonii quidem naves, in quibus pugnaverant, omnesque, quotquot in ora Laconica longae erant, Pylum delatas Atheniensibus traderent, nec arma munitionibus inferrent neque a terra neque a mari, Athenienses vero permitterent Lacedaemoniis, qui in continente erant, ut suis civibus in insula interceptis afferrent frumentum praescriptum ac molitum, binas farinae choenicas Atticas, totidem vini cotylas et carnis frustum viritim, servis vero dimidium horum; utque haec ipsa Atheniensibus inspectantibus mitterent, neve navigium ullum furtim illuc ingrederetur; interea vero Athenienses insulam nihilo minus custodirent, ita tamen, ut in eam non descenderent, nec Peloponnesiorum copiis vel terra vel mari arma

θάλασσαν. (2) Ὅ τι δ' ἂν τούτων παραβαίνωσιν ἑκάτεροι καὶ ὁτιοῦν, τότε λελύσθαι τὰς σπονδάς. Ἐσπεῖσθαι δὲ αὐτὰς μέχρι οὗ ἐπανέλθωσιν οἱ ἐκ τῶν Ἀθηνῶν Λακεδαιμονίων πρέσβεις· ἀποστεῖλαι δὲ αὐτοὺς τριήρει Ἀθηναίους καὶ πάλιν κομίσαι. Ἐλθόντων δὲ τάς τε σπονδὰς λελύσθαι ταύτας καὶ τὰς ναῦς ἀποδοῦναι Ἀθηναίους ὁμοίας οἷασπερ ἂν παραλάβωσιν. (3) Αἱ μὲν σπονδαὶ ἐπὶ τούτοις ἐγένοντο, καὶ αἱ νῆες παρεδόθησαν οὖσαι περὶ ἑξήκοντα, καὶ οἱ πρέσβεις ἀπεστάλησαν. Ἀφικόμενοι δὲ ἐς τὰς Ἀθήνας ἔλεξαν τοιάδε.

XVII. « Ἔπεμψαν ἡμᾶς Λακεδαιμόνιοι ὦ Ἀθηναῖοι περὶ τῶν ἐν τῇ νήσῳ ἀνδρῶν πράξοντας ὅ τι ἂν ὑμῖν τε ὠφέλιμον ὂν τὸ αὐτὸ πείθωμεν καὶ ἡμῖν ἐς τὴν ξυμφορὰν ὡς ἐκ τῶν παρόντων κόσμον μάλιστα μέλλῃ οἴσειν. (2) Τοὺς δὲ λόγους μακροτέρους οὐ παρὰ τὸ εἰωθὸς μηκυνοῦμεν, ἀλλ' ἐπιχώριον ὂν ἡμῖν οὗ μὲν βραχεῖς ἀρκῶσι μὴ πολλοῖς χρῆσθαι, πλείοσι δὲ ἐν ᾧ ἂν καιρὸς ᾖ διδάσκοντάς τι τῶν προὔργου λόγοις τὸ δέον πράσσειν. (3) Λάβετε δὲ αὐτοὺς μὴ πολεμίως μηδ' ὡς ἀξύνετοι διδασκόμενοι, ὑπόμνησιν δὲ τοῦ καλῶς βουλεύσασθαι πρὸς εἰδότας ἡγησάμενοι. (4) Ὑμῖν γὰρ εὐτυχίαν τὴν παροῦσαν ἔξεστι καλῶς θέσθαι, ἔχουσι μὲν ὧν κρατεῖτε, προσλαβοῦσι δὲ τιμὴν καὶ δόξαν, καὶ μὴ παθεῖν ὅπερ οἱ ἀήθως τι ἀγαθὸν λαμβάνοντες τῶν ἀνθρώπων· ἀεὶ γὰρ τοῦ πλέονος ἐλπίδι ὀρέγονται διὰ τὸ καὶ τὰ παρόντα ἀδοκήτως εὐτυχῆσαι. (5) Οἷς δὲ πλεῖσται μεταβολαὶ ἐπ' ἀμφότερα ξυμβεβήκασιν, δίκαιοί εἰσι καὶ ἀπιστότατοι εἶναι ταῖς εὐπραγίαις. Ὃ τῇ τε ὑμετέρᾳ πόλει δι' ἐμπειρίαν καὶ ἡμῖν μάλιστ' ἂν ἐκ τοῦ εἰκότος προσείη.

XVIII. « Γνῶτε δὲ καὶ ἐς τὰς ἡμετέρας νῦν ξυμφορὰς ἀπιδόντες, οἵτινες ἀξίωμα μέγιστον τῶν Ἑλλήνων ἔχοντες ἥκομεν παρ' ὑμᾶς, πρότερον αὐτοὶ κυριώτεροι νομίζοντες εἶναι δοῦναι ἐφ' ἃ νῦν ἀφιγμένοι ὑμᾶς αἰτούμεθα. (2) Καίτοι οὔτε δυνάμεως ἐνδείᾳ ἐπάθομεν αὐτὸ οὔτε μείζονος προσγενομένης ὑβρίσαντες, ἀπὸ δὲ τῶν ἀεὶ ὑπαρχόντων γνώμῃ σφαλέντες, ἐν ᾧ πᾶσι τὸ αὐτὸ ὁμοίως ὑπάρχει. (3) Ὥστε οὐκ εἰκὸς ὑμᾶς διὰ τὴν παροῦσαν νῦν ῥώμην πόλεώς τε καὶ τῶν προσγεγενημένων καὶ τὸ τῆς τύχης οἴεσθαι ἀεὶ μεθ' ὑμῶν ἔσεσθαι. (4) Σωφρόνων δὲ ἀνδρῶν οἵτινες τἀγαθὰ ἐς ἀμφίβολον ἀσφαλῶς ἔθεντο· καὶ ταῖς ξυμφοραῖς οἱ αὐτοὶ εὐξυνετώτερον ἂν προσφέροιντο, τόν τε πόλεμον νομίσωσι μὴ καθ' ὅσον ἄν τις αὐτοῦ μέρος βούληται μεταχειρίζειν, τούτῳ ξυνεῖναι, ἀλλ' ὡς ἂν αἱ τύχαι αὐτῶν ἡγήσωνται. Καὶ ἐλάχιστ' ἂν οἱ τοιοῦτοι πταίοντες, διὰ τὸ μὴ τῷ ὀρθουμένῳ αὐτοῦ πιστεύοντες ἐπαίρεσθαι, ἐν τῷ εὐτυχεῖν ἂν μάλιστα καταλύοιντο. (5) Ὃ νῦν ὑμῖν ὦ Ἀθηναῖοι καλῶς ἔχει πρὸς ἡμᾶς πρᾶξαι, καὶ μή ποτε ὕστερον, ἢν ἄρα μὴ πειθόμενοι σφαλῆτε, ἃ πολλὰ ἐνδέχεται, νομισθῆναι τύχῃ καὶ τὰ νῦν προχωρήσαντα κρατῆσαι, ἐξὸν ἀκίνδυνον δόκησιν ἰσχύος καὶ ξυνέσεως ἐς τὸ ἔπειτα καταλιπεῖν.

XIX. « Λακεδαιμόνιοι δὲ ὑμᾶς προκαλοῦνται ἐς

inferrent. (2) Quicquid autem horum vel tantillum alterutri transgrederentur, tunc induciae ruptae censerentur. Ratae vero essent, donec Lacedaemoniorum legati rediissent; Athenienses autem eos triremi Athenas portarent, et inde reportarent. Illis vero reversis hae induciae solutae essent, utque Athenienses naves ejusmodi restituerent, cujusmodi accepissent. (3) His igitur conditionibus induciae factae, navesque circiter sexaginta traditae, legatique missi sunt. Hi autem quum Athenas pervenissent, haec verba fecerunt.

XVII. « Miserunt nos huc Lacedaemonii, o Athenienses, de viris illis, qui sunt in insula, transacturos, quicquid et vobis simul utile esse persuaserimus, et nobis in hoc calamitoso casu ut pro praesenti rerum statu decus maxime allaturum. (2) Neque vero longiorem orationem praeter consuetudinem habebimus, sed ut patrium nobis est institutum, ubi pauca verba sufficiunt, non uti multis, rursus vero pluribus, quoties tempus postulat, ut docentes aliquid eorum, quae conficiuntur verbis, officium agamus. (3) Haec autem ne hostili animo accipiatis, neque credentes quasi rerum ignaros vos doceri, sed quasi gnaros admoneri, ut recte consultetis. (4) Vobis enim licet praesentem prosperitatem praeclare administrare retinendo quae in potestate sunt, comparandoque praeterea honorem et gloriam, nec admittere, quod accidere solet hominibus, qui praeter consuetudinem aliquid boni sunt adepti; semper enim majora spe elati appetunt, quod et in praesentia praeter opinionem res ipsis feliciter cesserit. (5) At quibus plurimae alternantis fortunae vicissitudines contigerunt, eos secundis rerum eventis minime confidere aequum est. Quod quidem et vestrae civitati propter experientiam et nostrae praecipue merito adesse debet.

XVIII. « Hoc autem cognoscatis nostros praesentes casus intuentes, qui quum simus summae inter Graecos dignitatis, tamen ad vos advenimus, antea quidem nos ipsos existimantes plus potestatis habere concedendi ea, quae nunc huc profecti vos rogamus. (2) Neque tamen vel quod defuerit nobis potentia, vel quod ob ejus incrementum insolentes facti simus, haec nobis acciderunt, sed in pristina potentia consilio decepti, qua in re omnibus idem pariter contingere potest. (3) Quare non oportet vos nunc praesentibus civitatis vestrae viribus et aliarum rerum accessione fretos opinari fortunam etiam vobiscum perpetuo futuram. (4) Illi autem inter viros sapientes numerandi sunt, qui rebus secundis, dum earum ambiguitatem considerant, tuto usi sunt; atque adversas iidem sapientius ferre possint; et de bello ita statuant, non in quantum quis id tractare velit, uti se eo posse, sed ita, ut eventa ipsos duxerint. Et quum hujusmodi homines minimum labantur, propterea quod non rebus feliciter evenientibus confisi efferuntur, in bona potissimum fortuna bellum component. (5) Quod nunc, Athenienses, vos decet erga nos facere, et ita cavere, ne forte posthac, si vos a nobis non exorati adversi aliquid patiamini, qualia multa accidere possunt, existimemini istos etiam rerum progressu fortunae favore consecuti esse, quum liceat vobis non periculosam potentiae atque prudentiae opinionem in posterum relinquere.

XIX. « Lacedaemonii autem vos ad foedera et ad belli

σπονδὰς καὶ διάλυσιν πολέμου, διδόντες μὲν εἰρήνην καὶ ξυμμαχίαν καὶ ἄλλην φιλίαν πολλὴν καὶ οἰκειότητα ἐς ἀλλήλους ὑπάρχειν, ἀνταιτοῦντες δὲ τοὺς ἐκ τῆς νήσου ἄνδρας, καὶ ἄμεινον ἡγούμενοι ἀμφοτέροις μὴ διακινδυνεύεσθαι, εἴτε βίᾳ διαφύγοιεν παρατυχούσης τινὸς σωτηρίας εἴτε καὶ ἐκπολιορκηθέντες μᾶλλον ἂν χειρωθεῖεν. (2) Νομίζομέν τε τὰς μεγάλας ἔχθρας μάλιστ' ἂν διαλύεσθαι βεβαίως οὐκ ἢν ἀνταμυνόμενός τις καὶ ἐπικρατήσας τὰ πλέω τοῦ πολέμου κατ' ἀνάγκην ὅρκοις ἐγκαταλαμβάνων μὴ ἀπὸ τοῦ ἴσου ξυμβῇ, ἀλλ' ἢν παρὸν τὸ αὐτὸ δρᾶσαι πρὸς τὸ ἐπιεικὲς καὶ ἀρετῇ αὐτὸ νικήσας, παρὰ ἃ προσεδέχετο, μετρίως ξυναλλαγῇ. (3) Ὀφείλων γὰρ ἤδη ὁ ἐναντίος μὴ ἀνταμύνεσθαι ὡς βιασθεὶς ἀλλ' ἀνταποδοῦναι ἀρετήν, ἑτοιμότερός ἐστιν αἰσχύνῃ ἐμμένειν οἷς ξυνέθετο. (4) Καὶ μᾶλλον πρὸς τοὺς μείζονας ἐχθροὺς τοῦτο δρῶσιν οἱ ἄνθρωποι ἢ πρὸς τοὺς τὰ μέτρια διενεχθέντας· πεφύκασί τε τοῖς μὲν ἑκουσίως ἐνδοῦσιν ἀνθησσᾶσθαι μεθ' ἡδονῆς, πρὸς δὲ τὰ ὑπεραυχοῦντα καὶ παρὰ γνώμην διακινδυνεύειν.

XX. « Ἡμῖν δὲ καλῶς, εἴπερ ποτέ, ἔχει ἀμφοτέροις ἡ ξυναλλαγή, πρίν τι ἀνήκεστον διὰ μέσου γενόμενον ἡμᾶς καταλαβεῖν, ἐν ᾧ ἀνάγκη ἀΐδιον ὑμῖν ἔχθραν πρὸς τῇ κοινῇ καὶ ἰδίαν ἔχειν, ὑμᾶς δὲ στερηθῆναι ὧν νῦν προκαλούμεθα. (2) Ἔτι δ' ὄντων ἀκρίτων, καὶ ὑμῖν μὲν δόξης καὶ ἡμετέρας φιλίας προσγιγνομένης, ἡμῖν δὲ πρὸ αἰσχροῦ τινὸς ξυμφορᾶς μετρίως καταιτημένης, διαλλαγῶμεν, καὶ αὐτοί τε ἀντὶ πολέμου εἰρήνην ἑλώμεθα καὶ τοῖς ἄλλοις Ἕλλησιν ἀνάπαυσιν κακῶν ποιήσωμεν· οἳ καὶ ἐν τούτῳ ὑμᾶς αἰτιωτέρους ἡγήσονται. Πολεμοῦνται μὲν γὰρ ἀσαφῶς ὁποτέρων ἀρξάντων· καταλύσεως δὲ γιγνομένης, ἧς νῦν ὑμεῖς τὸ πλέον κύριοί ἐστε, τὴν χάριν ὑμῖν προσθήσουσιν. (3) Ἤν τε γνῶτε, Λακεδαιμονίοις ἔξεστιν ὑμῖν φίλους γενέσθαι βεβαίως, αὐτῶν τε προκαλεσαμένων, χαρισαμένοις τε μᾶλλον ἢ βιασαμένοις. (4) Καὶ ἐν τούτῳ τὰ ἐνόντα ἀγαθὰ σκοπεῖτε ὅσα εἰκὸς εἶναι· ἡμῶν γὰρ καὶ ὑμῶν ταὐτὰ λεγόντων τό γε ἄλλο Ἑλληνικὸν ἴστε ὅτι ὑποδεέστερον ὂν τὰ μέγιστα τιμήσει. »

XXI. Οἱ μὲν οὖν Λακεδαιμόνιοι τοσαῦτα εἶπον, νομίζοντες τοὺς Ἀθηναίους ἐν τῷ πρὶν χρόνῳ σπονδῶν μὲν ἐπιθυμεῖν σφῶν δὲ ἐναντιουμένων κωλύεσθαι, διδομένης δὲ εἰρήνης ἀσμένως δέξεσθαί τε καὶ τοὺς ἄνδρας ἀποδώσειν. (2) Οἱ δὲ τὰς μὲν σπονδάς, ἔχοντες τοὺς ἄνδρας ἐν τῇ νήσῳ, ἤδη σφίσιν ἐνόμιζον ἑτοίμους εἶναι ὁπόταν βούλωνται ποιεῖσθαι πρὸς αὐτούς, τοῦ δὲ πλέονος ὠρέγοντο. (3) Μάλιστα δὲ αὐτοὺς ἐνῆγε Κλέων ὁ Κλεαινέτου, ἀνὴρ δημαγωγὸς κατ' ἐκεῖνον τὸν χρόνον ὢν καὶ τῷ πλήθει πιθανώτατος· καὶ ἔπεισεν ἀποκρίνασθαι ὡς χρὴ τὰ μὲν ὅπλα καὶ σφᾶς αὐτοὺς τοὺς ἐν τῇ νήσῳ παραδόντας πρῶτον κομισθῆναι Ἀθήναζε, ἐλθόντων δὲ ἀποδόντας Λακεδαιμονίους Νίσαιαν καὶ Πηγὰς καὶ Τροιζῆνα καὶ Ἀχαΐαν, ἃ οὐ πολέμῳ ἔλαβον ἀλλ' ἀπὸ τῆς προτέρας ξυμβάσεως Ἀθηναίων ξυγχωρησάντων κατὰ ξυμφορὰς καὶ ἐν τῷ τότε δεομένων τι μᾶλ-

compositionem provocant, offerentes pacem et societatem aliamque magnam amicitiam et necessitudinem mutuo futuram, poscentes vero pro his viros, qui sunt in insula, et utrisque satius fore ducentes, belli fortunam non periclitari, sive illi per vim effugiant oblata aliqua salutis occasione, sive etiam potius expugnati capiantur. (2) Graves enim inimicitias ita demum omnino dissolvi putamus, non si quis bellum illatum propulsans et in eo longe superior hostem per vim ad jusjurandum adigens, compositionem iniquis conditionibus cum eo faciat, sed si, quum ei liceat hoc ipsum facere, propter animi aequitatem, et benignitate illud vincens contra quam exspectabatur, moderatis conditionibus reconcilietur. (3) Sic enim adversarius debito obstrictus non hoc, ut mutuo ulciscatur, quasi vim passus fuerit, sed hoc, ut mutuam gratiam referat, promptior est prae pudore ad observanda ea quae convenerunt. (4) Homines autem hoc agunt erga majores hostes potius, quam erga mediocres inimicos; et natura ita comparatum habent, ut iis, quae sua sponte cesserint, libenter et ipsi vicissim concedant, illa vero, quae superbe se efferant vel praeter rationem cum periculo resistant.

XX. « Nobis vero utrisque, si unquam alias, nunc profecto gratiae reconciliatio est peropportuna, priusquam gravius aliquod malum interea nos opprimat, cujus causa necesse sit praeter publicas adversus vos privatas etiam inimicitias easque sempiternas suscipere, vos vero rebus privari, ad quas nunc vos provocamus. (2) Quare dum belli eventus adhuc est anceps, vos quidem, cum gloriae nostraeque amicitiae accessione, nos vero, antequam dedecus aliquod nobis accidat, cum mediocri jactura in gratiam redeamus, et quum ipsi bello pacem anteponamus, tum etiam ceteris Graecis malorum requiem demus; qui hujus quoque rei vos praecipuos auctores existimabunt. Bello enim vexantur nescientes, utri nostrum belli fuerint auctores; sed si gratiae reconciliatio fiat, cujus nunc penes vos major est potestas, hoc beneficium vobis acceptum referent. (3) Et si rem perspiciatis, facultas vobis adest, Lacedaemonios firmos vobis amicos efficiendi ita ut et ipsi ad hoc vos provocarint, et vos gratia potius quam vi usi sitis. (4) Hac autem in re quot bona inesse credibile sit, considerate; nobis enim vobisque eadem dicentibus scitis ceteros quidem Graecos, quod sunt inferiores, iis quae summa sunt, honorem habituros. »

XXI. Haec igitur Lacedaemonii dixerunt, existimantes, Athenienses superiore tempore foederum quidem cupidos fuisse, sed se resistentibus impeditos esse, oblatam vero pacem libenter accepturos, virosque reddituros. (2) Illi vero, quod viros in insula tenerent interceptos, existimabant sibi jam in promptu esse foedera cum ipsis facere, quotiescumque vellent, sed majora affectabant. (3) Maxime autem eos instigabat Cleo Cleaeneti filius, qui id temporis vir popularis et in dicendo multitudini acceptissimus erat; hic persuasit, ut responderent oportere primum quidem eos, qui in insula essent, et arma et se ipsos tradere et Athenas portari; si vero advenissent, Lacedaemonios reddere Nisaeam et Pegas et Troezena et Achaiam, quae non bello acceperant, sed ex superiore compositione Atheniensium concessu, qui propter clades acceptas foederibus tunc

λον σπονδῶν, κομίσασθαι τοὺς ἄνδρας καὶ σπονδὰς ποιήσασθαι ὁπόσον ἂν δοκῇ χρόνον ἀμφοτέροις.

XXII. Οἱ δὲ πρὸς μὲν τὴν ἀπόκρισιν οὐδὲν ἀντεῖπον, ξυνέδρους δὲ σφίσιν ἐκέλευον ἑλέσθαι, οἵτινες λέγοντες καὶ ἀκούοντες περὶ ἑκάστου ξυμβήσονται κατὰ ἡσυχίαν ὅ τι ἂν πείθωσιν ἀλλήλους. (2) Κλέων δὲ ἐνταῦθα δὴ πολὺς ἐνέκειτο, λέγων γιγνώσκειν μὲν καὶ πρότερον οὐδὲν ἐν νῷ ἔχοντας δίκαιον αὐτούς, σαφὲς δ᾽ εἶναι καὶ νῦν, οἵτινες τῷ μὲν πλήθει οὐδὲν ἐθέλουσιν εἰπεῖν, ὀλίγοις δὲ ἀνδράσι ξύνεδροι βούλονται γίγνεσθαι· ἀλλὰ εἴ τι ὑγιὲς διανοοῦνται, λέγειν ἐκέλευσεν ἅπασιν. (3) Ὁρῶντες δὲ οἱ Λακεδαιμόνιοι οὔτε σφίσιν οἷόν τε ὂν ἐν πλήθει εἰπεῖν, εἴ τι καὶ ὑπὸ τῆς ξυμφορᾶς ἐδόκει αὐτοῖς ξυγχωρεῖν, μὴ ἐς τοὺς ξυμμάχους διαβληθῶσιν εἰπόντες καὶ οὐ τυχόντες, οὔτε τοὺς Ἀθηναίους ἐπὶ μετρίοις ποιήσοντας ἃ προυκαλοῦντο, ἀνεχώρησαν ἐκ τῶν Ἀθηνῶν ἄπρακτοι.

XXIII. Ἀφικομένων δὲ αὐτῶν διελύοντο εὐθὺς αἱ σπονδαὶ αἱ περὶ Πύλον, καὶ τὰς ναῦς οἱ Λακεδαιμόνιοι ἀπῄτουν, καθάπερ ξυνέκειτο· οἱ δ᾽ Ἀθηναῖοι ἐγκλήματα ἔχοντες ἐπιδρομήν τε τῷ τειχίσματι παράσπονδον καὶ ἄλλα οὐκ ἀξιόλογα δοκοῦντα εἶναι οὐκ ἀπεδίδοσαν, ἰσχυριζόμενοι ὅτι δὴ εἴρητο, ἐὰν καὶ ὁτιοῦν παραβαθῇ, λελύσθαι τὰς σπονδάς. Οἱ δὲ Λακεδαιμόνιοι ἀντέλεγόν τε, καὶ ἀδίκημα ἐπικαλέσαντες τὸ τῶν νεῶν ἀπελθόντες ἐς πόλεμον καθίσταντο. (2) Καὶ τὰ περὶ Πύλον ὑπ᾽ ἀμφοτέρων κατὰ κράτος ἐπολεμεῖτο, Ἀθηναῖοι μὲν δυοῖν ἐναντίαιν ἀεὶ τὴν νῆσον περιπλέοντες τῆς ἡμέρας, (τῆς δὲ νυκτὸς καὶ ἅπασαι περιώρμουν, πλὴν τὰ πρὸς τὸ πέλαγος, ὁπότε ἄνεμος εἴη· καὶ ἐκ τῶν Ἀθηνῶν αὐτοῖς εἴκοσι νῆες ἀφίκοντο ἐς τὴν φυλακήν, ὥστε αἱ πᾶσαι ἑβδομήκοντα ἐγένοντο)· Πελοποννήσιοι δὲ ἐν τῇ ἠπείρῳ στρατοπεδευόμενοι καὶ προσβολὰς ποιούμενοι τῷ τείχει, σκοποῦντες καιρὸν εἴ τις παραπέσοι ὥστε τοὺς ἄνδρας σῶσαι.

XXIV. Ἐν τούτῳ δὲ οἱ ἐν τῇ Σικελίᾳ Συρακόσιοι καὶ οἱ ξύμμαχοι, πρὸς ταῖς ἐν Μεσσήνῃ φρουρούσαις ναυσὶ τὸ ἄλλο ναυτικὸν ὃ παρεσκευάζοντο προσκομίσαντες, τὸν πόλεμον ἐποιοῦντο ἐκ τῆς Μεσσήνης. (2) Καὶ μάλιστα ἐνῆγον οἱ Λοκροὶ τῶν Ῥηγίνων κατὰ ἔχθραν, καὶ αὐτοὶ δὲ ἐσβεβλήκεσαν πανδημεὶ ἐς τὴν γῆν αὐτῶν. (3) Καὶ ναυμαχίας ἀποπειρᾶσθαι ἐβούλοντο, ὁρῶντες τοῖς Ἀθηναίοις τὰς μὲν παρούσας ὀλίγας ναῦς, ταῖς δὲ πλείοσι καὶ μελλούσαις ἥξειν πυνθανόμενοι τὴν νῆσον πολιορκεῖσθαι. (4) Εἰ γὰρ κρατήσειαν τῷ ναυτικῷ, τὸ Ῥήγιον ἤλπιζον πεζῇ τε καὶ ναυσὶν ἐφορμοῦντες ῥᾳδίως χειρώσασθαι, καὶ ἤδη σφῶν ἰσχυρὰ τὰ πράγματα γίγνεσθαι· ξύνεγγυς γὰρ κειμένου τοῦ τε Ῥηγίου ἀκρωτηρίου τῆς Ἰταλίας τῆς τε Μεσσήνης τῆς Σικελίας, τοῖς Ἀθηναίοις τε οὐκ ἂν εἶναι ἐφορμεῖν καὶ τοῦ πορθμοῦ κρατεῖν. (5) Ἔστι δὲ ὁ πορθμὸς ἡ μεταξὺ Ῥηγίου θάλασσα καὶ Μεσσήνης, ᾗπερ βραχύτατον Σικελία τῆς ἠπείρου ἀπέχει· καὶ ἔστιν ἡ Χάρυβδις κληθεῖσα τοῦτο, ᾗ Ὀδυσσεὺς λέγεται

multo magis indigerent, et suos cives recipere, et fœdera facere, quam diuturna utrisque placuisset.

XXII. Lacedæmonii vero ad hoc responsum nihil contradixerunt, sed petebant, ut sibi darentur in commune consilium viri delecti, qui dicentes et audientes de singulis rebus pacate convenirent in iis, quæ alteri alteris persuasissent. (2) Tunc vero Cleo multus instare cœpit, dicens, se jam et antea intellexisse ipsos nihil æqui in animo habere, nunc vero etiam manifestum esse, quippe qui apud multitudinem nihil dicere, sed cum paucis viris concilium habere vellent; at si quid sani cogitarent, dicere eos apud universos jussit. (3) Lacedæmonii vero cernentes, neque fieri posse ut apud multitudinem loquerentur, quamvis propter cladem acceptam iis aliquid concedere placeret, quin apud socios male audirent, si dixissent, nec impetrassent, neque Athenienses moderate se gesturos in iis, ad quæ provocarentur, infecto negotio Athenis discesserunt.

XXIII. Adventu autem eorum induciæ ad Pylum factæ confestim solutæ sunt, et Lacedæmonii naves repetebant, quemadmodum convenerat; Athenienses vero criminandi materiam habentes incursionem præter induciarum pacta in munitionem factam aliaque, quæ non magni momenti esse videbantur, naves non reddebant, hac ratione nixi, quod in conventis dictum erat, si vel minima eorum pars violata esset, inducias ruptas fore. Lacedæmonii vero contradicebant, et crimini dabant, quod præter jus naves retinerent; deinde digressi, bellum denuo gerere cœperunt. (2) Atque bellum totis viribus ab utrisque ad Pylum administrabatur, dum Athenienses quidem binis navibus adversis insulam interdiu semper circumeunt, (noctu vero etiam omnes naves circumcirca erant in statione, exceptis iis partibus, quæ pelagus spectabant, quoties ventus spiraret; et viginti aliæ naves ad eos Athenis ad custodiam venerunt, ita ut universæ numero essent septuaginta), Peloponnesii vero in continente castra habent et munitionem subinde oppugnant observantes occasionem, si qua forte sese ipsis offerret, ut suos cives liberarent.

XXIV. Interea vero in Sicilia Syracusani eorumque socii præter naves præsidiarias, quæ apud Messanam erant, cetera classe, quam pararant, advecta bellum e Messana gerebant. (2) Eosque ad hoc Locri maxime solicitabant ob odium, quo Rheginos prosequebantur, ipsique cum universis copiis in illorum agrum irruptionem fecerant. (3) Volebant autem navale prœlium experiri, quod naves, quæ tunc Atheniensibus aderant, paucas esse animadverterent, majore autem illarum parte, quæ venturæ erant, insulam obsideri audirent. (4) Si enim classe vicissent, Rhegium terra marique obsessum in suam potestatem redactum iri, suasque res ita demum firmas fore sperabant; quum enim Rhegium Italiæ promontorium, et Messana, quæ est in Sicilia, in proximo sint, Athenienses facultatem non habituros, ut ibi in statione essent fretoque poterentur. (5) Hoc autem fretum est mare inter Rhegium et Messanam, qua brevissimo intervallo Sicilia distat a continente; atque hæc est, quæ Charybdis appellatur, qua Ulysses transisse

διαπλεῦσαι. Διὰ στενότητα δὲ καὶ ἐκ μεγάλων πελαγῶν, τοῦ τε Τυρσηνικοῦ καὶ τοῦ Σικελικοῦ, ἐσπίπτουσα ἡ θάλασσα ἐς αὐτὸ καὶ ῥοώδης οὖσα εἰκότως χαλεπὴ ἐνομίσθη.

XXV. Ἐν τούτῳ οὖν τῷ μεταξὺ οἱ Συρακόσιοι καὶ οἱ ξύμμαχοι ναυσὶν ὀλίγῳ πλείοσιν ἢ τριάκοντα ἠναγκάσθησαν ὀψὲ τῆς ἡμέρας ναυμαχῆσαι περὶ πλοίου διαπλέοντος, ἀντεπαναγόμενοι πρός τε Ἀθηναίων ναῦς ἑκκαίδεκα καὶ Ῥηγίνας ὀκτώ. (2) Καὶ νικηθέντες ὑπὸ τῶν Ἀθηναίων διὰ τάχους ἀπέπλευσαν, ὡς ἕκαστοι ἔτυχον, ἐς τὰ οἰκεῖα στρατόπεδα, τό τε ἐν τῇ Μεσσήνῃ καὶ ἐν τῷ Ῥηγίῳ, μίαν ναῦν ἀπολέσαντες· καὶ νὺξ ἐπεγένετο τῷ ἔργῳ. (3) Μετὰ δὲ τοῦτο οἱ μὲν Λοκροὶ ἀπῆλθον ἐκ τῆς Ῥηγίνων, ἐπὶ δὲ τὴν Πελωρίδα τῆς Μεσσήνης συλλεγεῖσαι αἱ τῶν Συρακοσίων καὶ ξυμμάχων νῆες ὥρμουν καὶ ὁ πεζὸς αὐτοῖς παρῆν. (4) Προσπλεύσαντες δὲ οἱ Ἀθηναῖοι καὶ Ῥηγῖνοι ὁρῶντες τὰς ναῦς κενὰς ἐνέβαλον, καὶ χειρὶ σιδηρᾷ ἐπιβληθείσῃ μίαν ναῦν αὐτοῖς ἀπώλεσαν τῶν ἀνδρῶν ἀποκολυμβησάντων. (5) Καὶ μετὰ τοῦτο τῶν Συρακοσίων ἐσβάντων ἐς τὰς ναῦς καὶ παραπλεόντων ἀπὸ κάλω ἐς τὴν Μεσσήνην, αὖθις προσβαλόντες οἱ Ἀθηναῖοι, ἀποσιμωσάντων ἐκείνων καὶ προεμβαλόντων, ἑτέραν ναῦν ἀπολύουσιν. (6) Καὶ ἐν τῷ παράπλῳ καὶ τῇ ναυμαχίᾳ τοιουτοτρόπῳ γενομένῃ οὐκ ἔλασσον ἔχοντες οἱ Συρακόσιοι παρεκομίσθησαν ἐς τὸν ἐν τῇ Μεσσήνῃ λιμένα. (7) Καὶ οἱ μὲν Ἀθηναῖοι Καμαρίνης ἀγγελθείσης προδίδοσθαι Συρακοσίοις ὑπ' Ἀρχίου καὶ τῶν μετ' αὐτοῦ ἔπλευσαν ἐκεῖσε. Μεσσήνιοι δ' ἐν τούτῳ πανδημεὶ κατὰ γῆν καὶ ταῖς ναυσὶν ἅμα ἐστράτευσαν ἐπὶ Νάξον τὴν Χαλκιδικὴν ὅμορον οὖσαν. (8) Καὶ τῇ πρώτῃ ἡμέρᾳ τειχήρεις ποιήσαντες τοὺς Ναξίους ἐδῄουν τὴν γῆν, τῇ δ' ὑστεραίᾳ ταῖς μὲν ναυσὶ περιπλεύσαντες κατὰ τὸν Ἀκεσίνην ποταμὸν τὴν γῆν ἐδῄουν, τῷ δὲ πεζῷ πρὸς τὴν πόλιν ἐσέβαλλον. (9) Ἐν τούτῳ δὲ οἱ Σικελοὶ ὑπὲρ τῶν ἄκρων πολλοὶ κατέβαινον βοηθοῦντες ἐπὶ τοὺς Μεσσηνίους. Καὶ οἱ Νάξιοι ὡς εἶδον, θαρσήσαντες καὶ παρακελευόμενοι ἐν ἑαυτοῖς ὡς οἱ Λεοντῖνοι σφίσι καὶ ἄλλοι Ἕλληνες ξύμμαχοι ἐς τιμωρίαν ἐπέρχονται, ἐκδραμόντες ἄφνω ἐκ τῆς πόλεως προσπίπτουσι τοῖς Μεσσηνίοις, καὶ τρέψαντες ἀπέκτεινάν τε ὑπὲρ χιλίους καὶ οἱ λοιποὶ χαλεπῶς ἀπεχώρησαν ἐπ' οἴκου· καὶ γὰρ οἱ βάρβαροι ἐν ταῖς ὁδοῖς ἐπιπεσόντες τοὺς πλείστους διέφθειραν. (10) Καὶ αἱ νῆες σχοῦσαι ἐς τὴν Μεσσήνην ὕστερον ἐπ' οἴκου ἕκασται διεκρίθησαν. Λεοντῖνοι δὲ εὐθὺς καὶ οἱ ξύμμαχοι μετὰ Ἀθηναίων ἐς τὴν Μεσσήνην ὡς κεκακωμένην ἐστράτευον, καὶ προσβάλλοντες οἱ μὲν Ἀθηναῖοι κατὰ τὸν λιμένα ταῖς ναυσὶν ἐπείρων, ὁ δὲ πεζὸς πρὸς τὴν πόλιν. (11) Ἐπεκδρομὴν δὲ ποιησάμενοι οἱ Μεσσήνιοι καὶ Λοκρῶν τινες μετὰ τοῦ Δημοτέλους, οἳ μετὰ τὸ πάθος ἐγκατελείφθησαν φρουροί, ἐξαπιναίως προσπεσόντες τρέπουσι τοῦ στρατεύματος τῶν Λεοντίνων τὸ πολὺ καὶ ἀπέκτειναν πολλούς. Ἰδόντες δὲ οἱ Ἀθηναῖοι καὶ ἀποβάντες ἀπὸ τῶν νεῶν ἐβοή-

fertur. Propter loci autem angustias, et ex ingentibus pelagis, Tyrrheno et Siculo, mare in ipsum fretum irrumpens, et æstuosum existens, jure difficile existimatum est.

XXV. In hoc igitur medio spatio Syracusani eorumque socii cum navibus paulo plus triginta sub serum diei prœlium navale committere coacti sunt de navigio cursum illac tenente, obviam prodeuntes adversus sexdecim Atticas et octo Rheginas naves. (2) Et victi ab Atheniensibus celeriter se receperunt, ut quibusque licuit, in castra sua et ad Messanam et ad Rhegium, una navi amissa; noxque suo interventu prœlium diremit. (3) Postea vero Locri quidem ex Rheginorum agro discesserunt, Syracusanorum vero sociorumque naves ad Peloridem, quæ est agri Messanensis, coactæ stationem habebant, iisque peditatus aderat. (4) Advecti vero Athenienses et Rhegini, quum naves vacuas animadverterent, impressionem in eas fecerunt manuque ferrea injecta unam navem eorum depresserunt, viris ex ea natando elapsis. (5) Postea vero, quum Syracusani naves ingressi essent et ad Messanam remulco tracti veherentur, Athenienses impetu rursus in eos facto, illis in gyrum conversis et prius aggressis, alteram navem amiserunt. (6) Syracusani autem, quum in hac prætervectione, prœlioque navali, quod hujusmodi fuit, rem non deteriore conditione gessissent, in Messanæ portum se receperunt. (7) Atque Athenienses quidem, quum per nuntios intellexissent, Camarinam Syracusanis ab Archia ejusque sociis prodi, eo navigarunt. Messanenses vero interea cum omnibus totius populi copiis terra marique simul expeditionem susceperunt adversus Naxum Chalcidicam, quæ finitima erat. (8) Primoque die Naxiis intra mœnia conclusis, agrum vastabant; postero vero die classe circumvecti per fluvium Acesinen agrum vastabant, cum peditatu autem ad urbem oppugnandam accesserunt. (9) Interea vero Siculi multi, qui in montibus habitabant, ad opem Naxiis contra Messanenses ferendam descenderunt. Quos ut conspexere Naxii, sumptis animis mutuo se adhortantur, quod Leontini ceterique socii Græci ad opem sibi ferendam adventarent, ex urbe subito erumpentes impetum in Messanenses fecerunt, illisque in fugam versis supra mille interfecerunt, ceterique domum ægre se receperunt; nam etiam barbari in viis impetum in eos fecerunt et maximam partem perdiderunt. (10) Et naves, quæ ad Messanam appularant, postea diversæ domum se receperunt. Leontini autem sociique cum Atheniensibus statim adversus Messanam, ut bello attritam, bellum suscipiebant, et oppugnantes eam, Athenienses quidem cum classe ad portum, peditatus vero ad urbem rem temptabant. (11) Sed eruptione facta Messanenses et ex Locris aliquot cum Demotele, qui post cladem acceptam urbis præsidio relicti erant, repente adorti exercitus Leontinorum magnam partem in fugam verterunt multosque interfecerunt. Quod quum vidissent Athenienses et ex navibus exscensum in terram fecissent, opem ferebant,

θουν, καὶ κατεδίωξαν τοὺς Μεσσηνίους πάλιν ἐς τὴν πόλιν, τεταραγμένοις ἐπιγενόμενοι· καὶ τροπαῖον στήσαντες ἀνεχώρησαν ἐς τὸ Ῥήγιον. (12) Μετὰ δὲ τοῦτο οἱ μὲν ἐν τῇ Σικελίᾳ Ἕλληνες ἄνευ τῶν Ἀθηναίων κατὰ γῆν ἐστράτευον ἐπ᾽ ἀλλήλους.

XXVI. Ἐν δὲ τῇ Πύλῳ ἔτι ἐπολιόρκουν τοὺς ἐν τῇ νήσῳ Λακεδαιμονίους οἱ Ἀθηναῖοι, καὶ τὸ ἐν τῇ ἠπείρῳ στρατόπεδον τῶν Πελοποννησίων κατὰ χώραν ἔμενεν. (2) Ἐπίπονος δ᾽ ἦν τοῖς Ἀθηναίοις ἡ φυλακὴ σίτου τε ἀπορίᾳ καὶ ὕδατος· οὐ γὰρ ἦν κρήνη ὅτι μὴ μία ἐν αὐτῇ τῇ ἀκροπόλει τῆς Πύλου, καὶ αὕτη οὐ μεγάλη, ἀλλὰ διαμώμενοι τὸν κάχληκα οἱ πλεῖστοι ἐπὶ τῇ θαλάσσῃ ἔπινον οἷον εἰκὸς ὕδωρ. (3) Στενοχωρία τε ἐν ὀλίγῳ στρατοπεδευομένοις ἐγίγνετο, καὶ τῶν νεῶν οὐκ ἐχουσῶν ὅρμον αἱ μὲν σῖτον ἐν τῇ γῇ ᾑροῦντο κατὰ μέρος, αἱ δὲ μετέωροι ὥρμουν. (4) Ἀθυμίαν τε πλείστην ὁ χρόνος παρεῖχε παρὰ λόγον ἐπιγιγνόμενος, οὓς ᾤοντο ἡμερῶν ὀλίγων ἐκπολιορκήσειν ἐν νήσῳ τε ἐρήμῃ καὶ ὕδατι ἁλμυρῷ χρωμένους. (5) Αἴτιον δὲ ἦν οἱ Λακεδαιμόνιοι προειπόντες ἐς τὴν νῆσον ἐσάγειν σῖτόν τε τὸν βουλόμενον ἀληλεσμένον καὶ οἶνον καὶ τυρὸν καὶ εἴ τι ἄλλο βρῶμα, οἷον ἂν ἐς πολιορκίαν ξυμφέρῃ, τάξαντες ἀργυρίου πολλοῦ, καὶ τῶν Εἱλώτων τῷ ἐσαγαγόντι ἐλευθερίαν ὑπισχνούμενοι. (6) Καὶ ἐσῆγον ἄλλοι τε παρακινδυνεύοντες καὶ μάλιστα οἱ Εἵλωτες, ἀπαίροντες ἀπὸ τῆς Πελοποννήσου ὁπόθεν τύχοιεν καὶ καταπλέοντες ἔτι νυκτὸς ἐς τὰ πρὸς τὸ πέλαγος τῆς νήσου. (7) Μάλιστα δὲ ἐτήρουν ἀνέμῳ καταφέρεσθαι· ῥᾷον γὰρ τὴν φυλακὴν τῶν τριήρων ἐλάνθανον, ὁπότε πνεῦμα ἐκ πόντου εἴη· ἄπορον γὰρ ἐγίγνετο περιορμεῖν, τοῖς δὲ ἀφειδὴς ὁ κατάπλους καθειστήκει· ἐπώκελλον γὰρ τὰ πλοῖα τετιμημένα χρημάτων, καὶ οἱ ὁπλῖται περὶ τὰς κατάρσεις τῆς νήσου ἐφύλασσον. Ὅσοι δὲ γαλήνῃ κινδυνεύσειαν, ἡλίσκοντο. (8) Ἐσένεον δὲ καὶ κατὰ τὸν λιμένα κολυμβηταὶ ὕφυδροι, καλωδίῳ ἐν ἀσκοῖς ἐφέλκοντες μήκωνα μεμελιτωμένην καὶ λίνου σπέρμα κεκομμένον· ὧν τὸ πρῶτον λανθανόντων φυλακαὶ ὕστερον ἐγένοντο. (9) Παντί τε τρόπῳ ἑκάτεροι ἐτεχνῶντο οἱ μὲν ἐσπέμπειν τὰ σιτία, οἱ δὲ μὴ λανθάνειν σφᾶς.

XXVII. Ἐν δὲ ταῖς Ἀθήναις πυνθανόμενοι περὶ τῆς στρατιᾶς ὅτι ταλαιπωρεῖται καὶ σῖτος τοῖς ἐν τῇ νήσῳ ὅτι ἐσπλεῖ, ἠπόρουν καὶ ἐδεδοίκεσαν μὴ σφῶν χειμὼν τὴν φυλακὴν ἐπιλάβοι, ὁρῶντες τῶν τε ἐπιτηδείων τὴν περὶ τὴν Πελοπόννησον κομιδὴν ἀδύνατον ἐσομένην ἅμα ἐν χωρίῳ ἐρήμῳ καὶ οὐδ᾽ ἐν θέρει οἷοί τε ὄντες ἱκανὰ περιπέμπειν, τόν τε ἔφορμον χωρίων ἀλιμένων ὄντων οὐκ ἐσόμενον, ἀλλ᾽ ἢ σφῶν ἀνέντων τὴν φυλακὴν περιγενήσεσθαι τοὺς ἄνδρας, ἢ τοῖς πλοίοις ἃ τὸν σῖτον αὐτοῖς ἦγε χειμῶνα τηρήσαντας ἐκπλεύσεσθαι. (2) Πάντων δὲ ἐφοβοῦντο μάλιστα τοὺς Λακεδαιμονίους, ὅτι ἔχοντάς τι ἰσχυρὸν αὐτοὺς ἐνόμιζον οὐκέτι σφίσιν ἐπικηρυκεύεσθαι· καὶ μετεμέλοντο τὰς σπονδὰς οὐ δεξάμενοι. (3) Κλέων δὲ γνοὺς αὐτῶν τὴν ἐς αὑτὸν ὑποψίαν περὶ τῆς κωλύμης τῆς ξυμβάσεως οὐ

et Messanenses insecuti intra urbis muros concluserunt, eos perturbatos aggressi; erectoque tropæo Rhegium reverterunt. (12) Post hæc Græci, qui erant in Sicilia, sine Atheniensibus alii alios mutuo bello terra infestabant.

XXVI. Ad Pylum vero adhuc obsidebant Lacedæmonios in insula interceptos Athenienses, et Peloponnesii, qui in continente stativa habebant, in suo loco se continebant. (2) Atheniensibus autem custodia admodum laboriosa erat propter commeatus et aquæ inopiam; nullus enim erat fons, præter unum, in ipsa Pyli arce, eumque non magnum; sed plerique glaream ad mare suffodientes, qualem credibile est aquam potabant. (3) Erant præterea loci angustiæ, quod in exiguo castra habebant; et quia naves nullam stationem habebant, harum quidem aliæ per vices cibum in terra sumebant, aliæ vero in alto ad ancoras stabant. (4) Et mora, quæ præter opinionem accidebat, maximam animis molestiam afferebat, quod homines in insula deserta interceptos, et aqua salsa utentes intra paucos dies a se expugnatum iri putarant. (5) Cujus rei causa erant Lacedæmonii, qui edixerant, ut quisquis vellet, frumentum molitum et vinum et caseum et si quid aliud esculentum esset, quod ad obsidionem tolerandam utile esset, in insulam importaret, hoc ingenti pretio æstimantes, et illi ex Helotibus, qui importasset, libertatem promittentes. (6) Quare quum alii non sine gravi periculo comportabant, tum vero præcipue Helotes, solventes ex qualibet Peloponnesi parte, et dum nox adhuc esset, appellentes ad eam insulæ partem, quæ pelagus spectabat. (7) Potissimum autem observabant, ut vento ad insulam deferrentur: facilius enim triremium custodiam latebant, quoties ventus a mari spirabat; nam ita res ardua erat, stationem circum insulam tenere, illi vero in appellendo navibus non parcebant; navigia enim pecuniis æstimata in littus impingebant, et milites ad illas insulæ partes, ad quas commode naves appellere poterant, excubias agebant. Quotquot vero mari tranquillo periculum subiissent, intercipiebantur. (8) Illuc etiam per portum adnatabant urinatores sub aquis natantes, funiculo papaver mellitum linique semen contusum in utribus attrahentes; qui quum initio fefellissent, postea observari cœpti sunt. (9) Et quavis ratione utrique machinabantur, hi quidem, ut commeatus transmitterent, hi vero, ne se lateret.

XXVII. Athenis vero quum intelligeretur, exercitum variis incommodis affligi, et commeatus ad illos, qui in insula erant, transportari, consilii inopes erant, et verebantur, ne hiems suum præsidium opprimeret, videntes nullam facultatem fore res necessarias circa Peloponnesum advehendi, quum simul et in loco deserto necessitas major esset et ne æstate quidem satis commeatuum circummittere possent; et præterea certam stationem classi illic non futuram, quod loca essent importuosa, sed aut custodia a se remissa hostes incolumes obsidionem perlaturos aut navigiis, quæ commeatus importabant, tempestate observata erupturos. (2) Sed quod omnium maxime formidabant, illud erat, quod Lacedæmonios certa causa nixos nullum caduceatorem de pace acturum ad se posthac missuros arbitrarentur, eosque pœnitebat, quod fœdera non admisissent. (3) Cleo vero quum intelligeret, in se tendere suspicionem de fœdere im-

τἀληθῆ ἔφη λέγειν τοὺς ἐξαγγέλλοντας. Παραινούντων δὲ τῶν ἀφιγμένων, εἰ μὴ σφίσι πιστεύουσι, κατασκόπους τινὰς πέμψαι, ᾑρέθη κατάσκοπος αὐτὸς μετὰ Θεογένους ὑπὸ Ἀθηναίων. (4) Καὶ γνοὺς ὅτι ἀναγκασθήσεται ἢ ταὐτὰ λέγειν οἷς διέβαλλεν ἢ τἀναντία εἰπὼν ψευδὴς φανήσεσθαι, παρῄνει τοῖς Ἀθηναίοις, ὁρῶν αὐτοὺς καὶ ὡρμημένους τι τὸ πλέον τῇ γνώμῃ στρατεύειν, ὡς χρὴ κατασκόπους μὲν μὴ πέμπειν μηδὲ διαμέλλειν καιρὸν παριέντας, εἰ δὲ δοκεῖ αὐτοῖς ἀληθῆ εἶναι τὰ ἀγγελλόμενα, πλεῖν ἐπὶ τοὺς ἄνδρας. (5) Καὶ ἐς Νικίαν τὸν Νικηράτου στρατηγὸν ὄντα ἀπεσήμαινεν, ἐχθρὸς ὢν καὶ ἐπιτιμῶν, ῥᾴδιον εἶναι παρασκευῇ, εἰ ἄνδρες εἶεν οἱ στρατηγοί, πλεύσαντας λαβεῖν τοὺς ἐν τῇ νήσῳ, καὶ αὐτός γ' ἄν, εἰ ἦρχεν, ποιῆσαι τοῦτο.

XXVIII. Ὁ δὲ Νικίας τῶν τε Ἀθηναίων τι ὑποθορυβησάντων ἐς τὸν Κλέωνα, ὅτι οὐ καὶ νῦν πλεῖ, εἰ ῥᾴδιόν γε αὐτῷ φαίνεται, καὶ ἅμα ὁρῶν αὐτὸν ἐπιτιμῶντα, ἐκέλευεν ἥν τινα βούλεται δύναμιν λαβόντα τὸ ἐπὶ σφᾶς εἶναι ἐπιχειρεῖν. (2) Ὁ δὲ τὸ μὲν πρῶτον οἰόμενος αὐτὸν λόγῳ μόνον ἕτοιμος ἦν, γνοὺς δὲ τῷ ὄντι παραδωσείοντα ἀνεχώρει καὶ οὐκ ἔφη αὐτὸς ἀλλ' ἐκεῖνον στρατηγεῖν, δεδιὼς ἤδη καὶ οὐκ ἂν οἰόμενός οἱ αὐτὸν τολμῆσαι ὑποχωρῆσαι. (3) Αὖθις δὲ ὁ Νικίας ἐκέλευε, καὶ ἐξίστατο τῆς ἐπὶ Πύλῳ ἀρχῆς, καὶ μάρτυρας τοὺς Ἀθηναίους ἐποιεῖτο. Οἱ δέ, οἷον ὄχλος φιλεῖ ποιεῖν, ὅσῳ μᾶλλον ὁ Κλέων ὑπέφευγε τὸν πλοῦν καὶ ἐξανεχώρει τὰ εἰρημένα, τόσῳ ἐπεκελεύοντο τῷ Νικίᾳ παραδιδόναι τὴν ἀρχὴν καὶ ἐκείνῳ ἐπεβόων πλεῖν. (4) Ὥστε οὐκ ἔχων ὅπως τῶν εἰρημένων ἔτι ἐξαπαλλαγῇ, ὑφίσταται τὸν πλοῦν, καὶ παρελθὼν οὔτε φοβεῖσθαι ἔφη Λακεδαιμονίους πλεύσεσθαί τε λαβὼν ἐκ μὲν τῆς πόλεως οὐδένα, Λημνίους δὲ καὶ Ἰμβρίους τοὺς παρόντας, καὶ πελταστὰς οἳ ἦσαν ἔκ τε Αἴνου βεβοηθηκότες καὶ ἄλλοθεν τοξότας τετρακοσίους· ταῦτα δὲ ἔχων ἔφη πρὸς τοῖς ἐν Πύλῳ στρατιώταις ἐντὸς ἡμερῶν εἴκοσιν ἢ ἄξειν Λακεδαιμονίους ζῶντας ἢ αὐτοῦ ἀποκτενεῖν. (5) Τοῖς δὲ Ἀθηναίοις ἐνέπεσε μέν τι καὶ γέλωτος τῇ κουφολογίᾳ αὐτοῦ, ἀσμένοις δ' ὅμως ἐγίγνετο τοῖς σώφροσι τῶν ἀνθρώπων, λογιζομένοις δυοῖν ἀγαθοῖν τοῦ ἑτέρου τεύξεσθαι, ἢ Κλέωνος ἀπαλλαγήσεσθαι, ὃ μᾶλλον ἤλπιζον, ἢ σφαλεῖσι γνώμης Λακεδαιμονίους σφίσι χειρώσασθαι.

XXIX. Καὶ πάντα διαπραξάμενος ἐν τῇ ἐκκλησίᾳ, καὶ ψηφισαμένων Ἀθηναίων αὐτῷ τὸν πλοῦν, τῶν τε ἐν Πύλῳ στρατηγῶν ἕνα προσελόμενος Δημοσθένην, τὴν ἀγωγὴν διὰ τάχους ἐποιεῖτο. (2) Τὸν δὲ Δημοσθένην προσέλαβε πυνθανόμενος τὴν ἀπόβασιν αὐτὸν ἐς τὴν νῆσον διανοεῖσθαι. Οἱ γὰρ στρατιῶται κακοπαθοῦντες τοῦ χωρίου τῇ ἀπορίᾳ καὶ μᾶλλον πολιορκούμενοι ἢ πολιορκοῦντες ὥρμηντο διακινδυνεῦσαι. (3) Καὶ αὐτῷ ἔτι ῥώμην καὶ ἡ νῆσος ἐμπρησθεῖσα παρέσχεν. Πρότερον μὲν γὰρ αὐτῆς οὔσης ὑλώδους ἐπὶ

---

p edito, negabat verum dicere eos, qui nuntios afferebant. Quum autem illi, qui nuntios attulerant, suaderent, ut si fidem sibi non haberent, aliquos exploratores eo mitterent, ipse cum Theogene explorator ab Atheniensibus electus est. (4) Ille vero quum intelligeret, se coactum iri vel eadem dicere, quæ illi, quos criminabatur, vel, si contraria dixisset, se mendacem visum iri, suadebat Atheniensibus, quod eos ad bellum vel majore mole gerendum animis propensos esse videret, ut nullos quidem exploratores mitterent, neque cunctando occasionem prætermitterent, sed, si vera ipsis viderentur ea, quæ nuntiabantur, cum classe proficiscerentur contra viros illos. (5) Et Niciam Nicerati filium, qui tunc dux erat, obscure designabat, inimicus ei et cum exprobratione prædicans, facile esse paratis copiis, si duces viros se præberent, eo profectos capere viros in insula interceptos, hocque se facturum, si in imperio esset.

XXVIII. At Nicias, quum Athenienses aliquantulum tumultuati essent adversus Cleonem, quod non vel nunc etiam, si res facilis ipsi videretur, navigaret, simul etiam, quum videret eum ignaviam sibi exprobrantem, jussit ipsum assumptis quibus vellet copiis, quod quidem ad se collegasque attineret, rem aggredi. (2) Hic vero primo quidem existimans, eum verbotenus hoc concedere, paratus erat; sed ubi cognovit, ipsum revera cupere imperium tradere, tergiversari cœpit, et illum, non se, prætoria dignitate præditum esse dixit, timore jam perculsus, et ratus eum sibi cedere non ausurum. (3) Nicias vero rursus idem jubebat, et prætura ad Pylum cedebat, et Athenienses testabatur. Illi vero, quemadmodum vulgus facere solet, quo magis Cleo navigationem subterfugiebat ac deserebat dicta sua, eo magis Niciæ imperabant, ut prætura traderet, illique acclamabant, ut navigaret. (4) Quamobrem Cleo, quum non posset amplius se expedire ex iis, quæ dixerat, expeditionem suscipit, et in medium progressus dixit se non timere Lacedæmonios, et se navigaturum nullo de civium numero secum ducto, sed cum Lemniis et Imbriis, qui aderant, et peltatis, qui ex Æno venerant auxilio, et aliunde sagittariis quadringentis. Cum his copiis, dixit, additis ad milites, qui ad Pylum erant, intra viginti dies aut Lacedæmonios vivos adducturum, aut illic interfecturum. (5) Tunc autem Atheniensibus inanis ejus oratio risum aliquo modo movit, jucunda tamen nihilominus res accidit viris prudentibus, considerantibus se alterum e duobus bonis adepturos, aut se a Cleone liberatum iri, id quod magis sperabant, aut, si opinione sua frustrati essent, illum Lacedæmonios in suam potestatem redacturum.

XXIX. Quum autem res omnes ad expeditionem necessarias in concione peregisset, et Athenienses expeditionem ei decrevissent, ipseque ex ducibus, qui ad Pylum erant, unum Demosthenem sibi collegam adjunxisset, e vestigio discessit. (2) Demosthenem autem ideo collegam sibi adjunxit, quod audiret eum in animo habere, exscensum ex navibus in insulam facere. Milites enim loci inopia graviter pressi, et obsessi potius quam obsidentes, ad periclitandam belli fortunam animis erant propensi. (3) Præterea ei ipsa insula incendium passa vires addidit. Nam quum prius esset magna ex parte silvosa et invia, propter

τὸ πολὺ καὶ ἀτριβοῦς διὰ τὴν ἀεὶ ἐρημίαν ἐφοβεῖτο, καὶ πρὸς τῶν πολεμίων τοῦτο ἐνόμιζε μᾶλλον εἶναι· πολλῷ γὰρ ἂν στρατοπέδῳ ἀποβάντι ἐξ ἀφανοῦς χωρίου προσβάλλοντας αὐτοὺς βλάπτειν. Σφίσι μὲν γὰρ τὰς ἐκείνων ἁμαρτίας καὶ παρασκευὴν ὑπὸ τῆς ὕλης οὐκ ἂν ὁμοίως δῆλα εἶναι, τοῦ δὲ αὑτῶν στρατοπέδου καταφανῆ ἂν εἶναι πάντα τὰ ἁμαρτήματα, ὥστε προσπίπτειν ἂν αὐτοὺς ἀπροσδοκήτως ᾗ βούλοιντο· ἐπ' ἐκείνοις γὰρ ἂν εἶναι τὴν ἐπιχείρησιν. (4) Εἰ δ' αὖ ἐς δασὺ χωρίον βιάζοιτο ὁμόσε ἰέναι, τοὺς ἐλάσσους ἐμπείρους δὲ τῆς χώρας κρείττους ἐνόμιζε τῶν πλεόνων ἀπείρων· λανθάνειν τε ἂν τὸ ἑαυτῶν στρατόπεδον πολὺ ὂν διαφθειρόμενον, οὐκ οὔσης τῆς προόψεως ᾗ χρῆν ἀλλήλοις ἐπιβοηθεῖν.

XXX. Ἀπὸ δὲ τοῦ Αἰτωλικοῦ πάθους, ὃ διὰ τὴν ὕλην μέρος τι ἐγένετο, οὐχ ἥκιστα αὐτὸν ταῦτα ἐσῄει. (2) Τῶν δὲ στρατιωτῶν ἀναγκασθέντων διὰ τὴν στενοχωρίαν τῆς νήσου τοῖς ἐσχάτοις προσίσχοντας ἀριστοποιεῖσθαι διὰ προφυλακῆς, καὶ ἐμπρήσαντός τινος κατὰ μικρὸν τῆς ὕλης ἄκοντος καὶ ἀπὸ τούτου πνεύματος ἐπιγενομένου, τὸ πολὺ αὐτῆς ἔλαθε κατακαυθέν. (3) Οὕτω δὴ τούς τε Λακεδαιμονίους μᾶλλον κατιδὼν πλείους ὄντας, ὑπονοῶν πρότερον ἐλάσσοσι τὸν σῖτον αὐτοῦ ἐσπέμπειν, τότε ὡς ἐπ' ἀξιόχρεων τοὺς Ἀθηναίους μᾶλλον σπουδὴν ποιεῖσθαι, τήν τε νῆσον εὐαποβατωτέραν οὖσαν, τὴν ἐπιχείρησιν παρεσκευάζετο στρατιάν τε μεταπέμπων ἐκ τῶν ἐγγὺς ξυμμάχων καὶ τὰ ἄλλα ἑτοιμάζων. (4) Κλέων δὲ ἐκείνῳ τε προπέμψας ἄγγελον ὡς ἥξων, καὶ ἔχων στρατιὰν ἣν ᾐτήσατο, ἀφικνεῖται ἐς Πύλον. Καὶ ἅμα γενόμενοι πέμπουσι πρῶτον ἐς τὸ ἐν τῇ ἠπείρῳ στρατόπεδον κήρυκα, προκαλούμενοι εἰ βούλοιντο ἄνευ κινδύνου τοὺς ἐν τῇ νήσῳ ἄνδρας σφίσι τά τε ὅπλα καὶ σφᾶς αὐτοὺς κελεύειν παραδοῦναι, ἐφ' ᾧ φυλακῇ τῇ μετρίᾳ τηρήσονται, ἕως ἄν τι περὶ τοῦ πλέονος ξυμβαθῇ.

XXXI. Οὐ προσδεξαμένων δὲ αὐτῶν μίαν μὲν ἡμέραν ἐπέσχον, τῇ δ' ὑστεραίᾳ ἀνηγάγοντο μὲν νυκτὸς ἐπ' ὀλίγας ναῦς τοὺς ὁπλίτας πάντας ἐπιβιβάσαντες, πρὸ δὲ τῆς ἕω ὀλίγον ἀπέβαινον τῆς νήσου ἑκατέρωθεν, ἔκ τε τοῦ πελάγους καὶ πρὸς τοῦ λιμένος, ὀκτακόσιοι μάλιστα ὄντες ὁπλῖται, καὶ ἐχώρουν δρόμῳ ἐπὶ τὸ πρῶτον φυλακτήριον τῆς νήσου. (2) Ὧδε γὰρ διετετάχατο. Ἐν ταύτῃ μὲν τῇ πρώτῃ φυλακῇ ὡς τριάκοντα ἦσαν ὁπλῖται, μέσον δὲ καὶ ὁμαλώτατόν τε καὶ περὶ τὸ ὕδωρ οἱ πλεῖστοι αὐτῶν καὶ Ἐπιτάδας ὁ ἄρχων εἶχεν, μέρος δέ τι οὐ πολὺ αὐτὸ τοὔσχατον ἐφύλασσε τῆς νήσου τὸ πρὸς τὴν Πύλον, ὃ ἦν ἔκ τε θαλάσσης ἀπόκρημνον καὶ ἐκ τῆς γῆς ἥκιστα ἐπίμαχον· καὶ γὰρ τι καὶ ἔρυμα αὐτόθι ἦν παλαιὸν λίθων λογάδην πεποιημένον, ὃ ἐνόμιζον σφίσιν ὠφέλιμον ἂν εἶναι, εἰ καταλαμβάνοι ἀναχώρησις βιαιοτέρα. Οὕτω μὲν τεταγμένοι ἦσαν,

XXXII. οἱ δὲ Ἀθηναῖοι τοὺς μὲν πρώτους φύλακας, οἷς ἐπέδραμον, εὐθὺς διαφθείρουσιν ἔν τε ταῖς εὐναῖς ἔτι ἀναλαμβάνοντας τὰ ὅπλα καὶ λαθόντες τὴν ἀπόβα-

THUCYDIDES.

perpetuam solitudinem, eam formidabat, atque hoc pro hostibus magis facere putabat; nam in magnas copias ex navibus in terram egressas illos ex locis abditis irruptionem faciendo multa detrimenta inferre posse. Nam sibi quidem illorum errata et apparatum propter silvam non perinde perspicua fore; suarum vero copiarum omnia peccata hostibus manifesta fore; quamobrem illos ex improviso, quacunque vellent, impressionem in se facturos; penes illos enim hostem invadendi arbitrium futurum. (4) Rursus si manus in locis densis per vim conserere contenderet, illos, qui essent pauciores, sed locorum periti, longe meliore conditione rem gesturos arbitrabatur, quam illos, qui numero superiores essent, sed locorum imperiti; præterea suum exercitum, qui numerosus erat, clam profligatum iri, erepta suis facultate prospiciendi, qua parte alii aliis mutuam opem ferre possent.

XXX. Hæc autem potissimum ob cladem Ætolicam, quam ex parte propter silvam acceperat, in mentem ei veniebant. (2) Quum autem milites propter insulæ angustias ad extremas ejus oras prandii causa adhibita custodia accedere coacti essent, et quidam silvam paulatim incendisset invitus, posteaque ventus excitatus esset, magna ejus pars hostibus insciis est cremata. (3) Sic igitur facilius conspicatus Lacedæmonios, et plures esse animadvertens, quum suspicaretur se prius commeatum ad pauciores illuc transmisisse, tunc ut ad rem dignam, cui Athenienses majorem diligentiam adhiberent, et in insulam faciliore aditu patefactam, expeditionem parabat, sociales copias ex locis vicinis accersens, et cetera præparans. (4) Cleo igitur nuntio ad illum præmisso, per quem illi significaret se venturum, cum copiis, quas petierat, Pylum pervenit. Et quum in unum locum convenissent, ante omnia caduceatorem ad hostium castra in continente posita miserunt, ut illos provocarent, si vellent citra periculum imperare suis militibus in insula interceptis, ut et arma et se ipsos sibi traderent, ea conditione, ut custodia tolerabili servarentur, donec aliquid de rerum summa transactum esset.

XXXI. Sed quum illi conditionem non accepissent, unum quidem diem se continuerunt; postridie vero noctu discesserunt, omnibus militibus in paucas naves impositis; ac paulo ante auroram, ab utraque insulæ parte, et a pelago et a portu, ex navibus in terram descenderunt, gravis armaturæ milites circiter octingenti, cursuque ad primum hostium præsidium in insula collocatum contenderunt. (2) Sic enim Lacedæmoniorum milites erant dispositi; in hoc primo præsidio milites erant circiter triginta; præsidium vero in media et planissima parte et prope aquam collocatum illorum plerique cum Epitada duce tenebant; quædam vero non magna manus custodiebat ipsam extremam insulæ partem, quæ Pylum spectabat, quæ pars et a mari prærupta erat, et a terra minime oppugnari poterat; nam et castellum quoddam vetustum ex saxis passim lectis constructum illic erat, quod sibi profuturum putabant, si qua majore vi se recipere cogerentur. Atque ita quidem dispositi erant;

XXXII. Athenienses vero primos quidem custodes, in quos incurrerant, confestim interfecerunt, in cubilibus adhuc arma capientes et exscensu in terram ex navibus clam con-

σιν οἰομένων αὐτῶν τὰς ναῦς κατὰ τὸ ἔθος ἐς ἔφορμον τῆς νυκτὸς πλεῖν. (2) Ἅμα δὲ ἕῳ γιγνομένῃ καὶ ὁ ἄλλος στρατὸς ἀπέβαινον, ἐκ μὲν νεῶν ἑβδομήκοντα καὶ ὀλίγῳ πλειόνων πάντες πλὴν θαλαμίων, ὡς ἕκαστοι ἐσκευασμένοι, τοξόται τε ὀκτακόσιοι καὶ πελτασταὶ οὐκ ἐλάσσους τούτων, Μεσσηνίων τε οἱ βεβοηθηκότες καὶ ἄλλοι ὅσοι περὶ Πύλον κατεῖχον, πάντες πλὴν τῶν ἐπὶ τοῦ τείχους φυλάκων. (3) Δημοσθένους δὲ τάξαντος διέστησαν κατὰ διακοσίους τε καὶ πλείους, ἔστι δ' ᾗ ἐλάσσους, τῶν χωρίων τὰ μετεωρότατα λαβόντες, ὅπως ὅτι πλείστη ἀπορία ᾖ τοῖς πολεμίοις πανταχόθεν κεκυκλωμένοις, καὶ μὴ ἔχωσι πρὸς ὅ τι ἀντιτάξωνται, ἀλλ' ἀμφίβολοι γίγνωνται τῷ πλήθει, εἰ μὲν τοῖς πρόσθεν ἐπίοιεν, ὑπὸ τῶν κατόπιν βαλλόμενοι, εἰ δὲ τοῖς πλαγίοις, ὑπὸ τῶν ἑκατέρωθεν παρατεταγμένων. (4) Κατὰ νώτου τε ἀεὶ ἔμελλον αὐτοῖς, ᾗ χωρήσειαν, οἱ πολέμιοι ἔσεσθαι ψιλοὶ καὶ οἱ ἀπορώτατοι, τοξεύμασι καὶ ἀκοντίοις καὶ λίθοις καὶ σφενδόναις ἐκ πολλοῦ ἔχοντες ἀλκήν, οἷς μηδὲ ἐπελθεῖν οἷόν τε ἦν· φεύγοντές τε γὰρ ἐκράτουν καὶ ἀναχωροῦσιν ἐπέκειντο. (5) Τοιαύτῃ μὲν γνώμῃ ὁ Δημοσθένης τό τε πρῶτον τὴν ἀπόβασιν ἐπενόει καὶ ἐν τῷ ἔργῳ ἔταξεν.

XXXIII. Οἱ δὲ περὶ τὸν Ἐπιτάδαν, καὶ ὅπερ ἦν πλεῖστον τῶν ἐν τῇ νήσῳ, ὡς εἶδον τό τε πρῶτον φυλακτήριον διεφθαρμένον καὶ στρατὸν σφίσιν ἐπιόντα, ξυνετάξαντο καὶ τοῖς ὁπλίταις τῶν Ἀθηναίων ἐπῇσαν, βουλόμενοι ἐς χεῖρας ἐλθεῖν· ἐξ ἐναντίας γὰρ οὗτοι καθεστήκεσαν, ἐκ πλαγίου δὲ οἱ ψιλοὶ καὶ κατὰ νώτου. (2) Τοῖς μὲν οὖν ὁπλίταις οὐκ ἠδυνήθησαν προσμῖξαι οὐδὲ τῇ σφετέρᾳ ἐμπειρίᾳ χρήσασθαι· οἱ γὰρ ψιλοὶ ἑκατέρωθεν βάλλοντες εἶργον, καὶ ἅμα ἐκεῖνοι οὐκ ἀντεπῇεσαν ἀλλ' ἡσύχαζον· τοὺς δὲ ψιλούς, ᾗ μάλιστα αὐτοῖς προσθέοντες προσκέοιντο, ἔτρεπον, καὶ οἱ ὑποστρέφοντες ἠμύνοντο, ἄνθρωποι κούφως τε ἐσκευασμένοι καὶ προλαμβάνοντες ῥᾳδίως τῆς φυγῆς χωρίων τε χαλεπότητι καὶ ὑπὸ τῆς πρὶν ἐρημίας τραχέων ὄντων, ἐν οἷς οἱ Λακεδαιμόνιοι οὐκ ἠδύναντο διώκειν ὅπλα ἔχοντες.

XXXIV. Χρόνον μὲν οὖν τινὰ ὀλίγον οὕτω πρὸς ἀλλήλους ἠκροβολίσαντο· τῶν δὲ Λακεδαιμονίων οὐκέτι ὀξέως ἐπεκθεῖν ᾗ προσπίπτοιεν δυναμένων, γνόντες αὐτοὺς οἱ ψιλοὶ βραδυτέρους ἤδη ὄντας τῷ ἀμύνασθαι, καὶ αὐτοὶ τῇ τε ὄψει τοῦ θαρσεῖν τὸ πλεῖστον εἰληφότες πολλαπλάσιοι φαινόμενοι, καὶ ξυνειθισμένοι μᾶλλον μηκέτι δεινοὺς αὐτοὺς ὁμοίως σφίσι φαίνεσθαι, ὅτι οὐκ εὐθὺς ἄξια τῆς προσδοκίας ἐπεπόνθεσαν, ὥσπερ ὅτε πρῶτον ἀπέβαινον τῇ γνώμῃ δεδουλωμένοι ὡς ἐπὶ Λακεδαιμονίους, καταφρονήσαντες καὶ ἐμβοήσαντες ἁθρόοι ὥρμησαν ἐπ' αὐτούς, καὶ ἔβαλλον λίθοις τε καὶ τοξεύμασι καὶ ἀκοντίοις, ὡς ἕκαστός τι πρόχειρον εἶχεν. (2) Γενομένης δὲ τῆς βοῆς ἅμα τῇ ἐπιδρομῇ ἔκπληξίς τε ἐνέπεσεν ἀνθρώποις ἀήθεσι τοιαύτης μάχης, καὶ ὁ κονιορτὸς τῆς ὕλης νεωστὶ κεκαυμένης ἐχώρει πολὺς

fecto, illis opinantibus naves ex consuetudine ad stationem noctu commeare. (2) Sed simul atque dies illuxit, reliquus etiam exercitus in terram descendit, ex navibus paulo pluribus quam septuaginta, omnes præter thalamios, pro suo quique genere armati; et octingenti sagittarii, et peltastæ his non pauciores, et Messenii, qui auxilium tulerant, et ceteri omnes, quotquot circa Pylum erant, exceptis custodibus, qui in munitionibus erant. (3) Hi autem a Demosthene intervallis interpositis instructi sunt, ita ut in quoque loco duceni, et plures, in nonnullis etiam pauciores essent, occupatis locis superioribus, ut hostes quam maxima dubitatione undique circumventi premerentur, nec haberent, adversus quam partem instructi in aciem prodirent, sed undique telis expositi essent multitudinis, si in frontem procurrerent, a tergo petiti, si in latera, ab alterutra parte. (4) A tergo autem levis hostium armatura, et adversus quos minime ratio aliqua reperiri poterat, ipsis, quocunque se vertissent, semper hæsuri erant, sagittis et jaculis et lapidibus et fundis eminus multum valentes, quos ne persequi quidem licebat; nam et fugiendo adversarios vincebant, et cedentibus instabant. (5) Tali igitur consilio Demosthenes et ante copias in insulam exponere cogitarat, et in ipsa re gerenda instruxit;

XXXIII. at Epitadas et quæ maxima erat militum in insula interceptorum manus, quum vidissent et primum præsidium profligatum, et exercitum contra se venientem, aciem instruxerunt et in gravem Atheniensium armaturam ire contendebant, eo consilio, ut ad manus venirent; hæc enim a fronte erat collocata, a latere autem levis armatura et a tergo. (2) Sed cum gravis armaturæ militibus non potuerunt manus conserere, neque sua pugnæ peritia uti; levis enim armaturæ milites eos utrinque telis petentes prohibebant, simul etiam illi contra eos non procurrebant, sed in suo loco se continebant; levem autem armaturam, quacunque impetu facto eos maxime infestabat, in fugam conjiciebant; hæc vero iterum conversa eos propulsabat, quod homines essent expediti, et qui facile fugam capesserent, antequam hostis eos assequeretur, idque ob locorum difficultatem, et ob eorumdem asperitatem a pristina solitudine manantem, per quæ Lacedæmonii, quod arma gestarent, insequi non poterant.

XXXIV. Sic igitur illi aliquantisper inter se levi certamine pugnarunt; sed quum Lacedæmonii non amplius acriter procurrere possent, qua impetum fecissent, milites expediti, ubi eos propter assiduum hostis propulsandi laborem jam tardiores esse animadverterunt, atque ipsi et ex rei specie animos maxime confirmarunt, quod longe majorem suum numerum cernebant, et jam assueti magis, ut illi non amplius pariter formidabiles sibi viderentur, quia non continuo tam gravia perpessi erant, quam exspectaverant, atque visi erant antea, quum primum in terram egressi sunt, animis dejecti, quippe qui contra Lacedæmonios irent, tum contemptu sumpto et sublato clamore impetum in eos conferti fecerunt, et lapidibus et sagittis telisque, quæ quisque ad manum habebat, eos petebant. (2) Clamore autem sublato et impetu simul facto, terror homines hujusmodi pugnæ insuetos invasit, et silvæ nuper com-

ἄνω, ἄπορόν τε ἦν ἰδεῖν τὸ πρὸ αὐτοῦ ὑπὸ τῶν τοξευμάτων καὶ λίθων ἀπὸ πολλῶν ἀνθρώπων μετὰ τοῦ κονιορτοῦ ἅμα φερομένων. (3) Τό τε ἔργον ἐνταῦθα χαλεπὸν τοῖς Λακεδαιμονίοις καθίστατο· οὔτε γὰρ οἱ πῖλοι ἔστεγον τὰ τοξεύματα, δοράτιά τε ἐναποκέκλαστο βαλλομένων, εἶχόν τε οὐδὲν σφίσιν αὐτοῖς χρήσασθαι ἀποκεκλημένοι μὲν τῇ ὄψει τοῦ προορᾶν, ὑπὸ δὲ τῆς μείζονος βοῆς τῶν πολεμίων τὰ ἐν αὐτοῖς παραγγελλόμενα οὐκ ἐσακούοντες, κινδύνου τε πανταχόθεν περιεστῶτος, καὶ οὐκ ἔχοντες ἐλπίδα καθ' ὅ τι χρὴ ἀμυνομένους σωθῆναι.

XXXV. Τέλος δὲ τραυματιζομένων ἤδη πολλῶν διὰ τὸ ἀεὶ ἐν τῷ αὐτῷ ἀναστρέφεσθαι, ξυγκλήσαντες ἐχώρησαν ἐς τὸ ἔσχατον ἔρυμα τῆς νήσου, ὃ οὐ πολὺ ἀπεῖχεν, καὶ τοὺς ἑαυτῶν φύλακας. (2) Ὡς δὲ ἐνέδοσαν, ἐνταῦθα ἤδη πολλῷ ἔτι πλέονι βοῇ τεθαρσηκότες οἱ ψιλοὶ ἐπέκειντο, καὶ τῶν Λακεδαιμονίων ὅσοι μὲν ὑποχωροῦντες ἐγκατελαμβάνοντο, ἀπέθνησκον, οἱ δὲ πολλοὶ διαφυγόντες ἐς τὸ ἔρυμα μετὰ τῶν ταύτῃ φυλάκων ἐτάξαντο παρὰ πᾶν ὡς ἀμυνούμενοι ᾗπερ ἦν ἐπίμαχον. (3) Καὶ οἱ Ἀθηναῖοι ἐπισπόμενοι περίοδον μὲν αὐτῶν καὶ κύκλωσιν χωρίου ἰσχύϊ οὐκ εἶχον, προσιόντες δὲ ἐξ ἐναντίας ὤσασθαι ἐπειρῶντο. (4) Καὶ χρόνον μὲν πολὺν καὶ τῆς ἡμέρας τὸ πλεῖστον ταλαιπωρούμενοι ἀμφότεροι ὑπό τε τῆς μάχης καὶ δίψους καὶ ἡλίου ἀντεῖχον, πειρώμενοι οἱ μὲν ἐξελάσασθαι ἐκ τοῦ μετεώρου, οἱ δὲ μὴ ἐνδοῦναι· ῥᾷον δ' οἱ Λακεδαιμόνιοι ἠμύνοντο ἢ ἐν τῷ πρίν, οὐκ οὔσης σφῶν τῆς κυκλώσεως ἐς τὰ πλάγια.

XXXVI. Ἐπειδὴ δὲ ἀπέραντον ἦν, προσελθὼν ὁ τῶν Μεσσηνίων στρατηγὸς Κλέωνι καὶ Δημοσθένει ἄλλως ἔφη πονεῖν σφᾶς· εἰ δὲ βούλονται ἑαυτῷ δοῦναι τῶν τοξοτῶν μέρος τι καὶ τῶν ψιλῶν περιιέναι κατὰ νώτου αὐτοῖς ὁδῷ ᾗ ἂν αὐτὸς εὕρῃ, δοκεῖν βιάσασθαι τὴν ἔφοδον. (2) Λαβὼν δὲ ἃ ᾐτήσατο, ἐκ τοῦ ἀφανοῦς ὁρμήσας ὥστε μὴ ἰδεῖν ἐκείνους, κατὰ τὸ ἀεὶ παρεῖχον τοῦ κρημνώδους τῆς νήσου προβαίνων, καὶ ᾗ οἱ Λακεδαιμόνιοι χωρίου ἰσχύϊ πιστεύσαντες οὐκ ἐφύλασσον, χαλεπῶς τε καὶ μόλις περιελθὼν ἔλαθεν, καὶ ἐπὶ τοῦ μετεώρου ἐξαπίνης ἀναφανεὶς κατὰ νώτου αὐτῶν τοὺς μὲν τῷ ἀδοκήτῳ ἐξέπληξεν, τοὺς δὲ ἃ προσεδέχοντο ἰδόντας πολλῷ μᾶλλον ἐπέρρωσεν. (3) Καὶ οἱ Λακεδαιμόνιοι βαλλόμενοί τε ἀμφοτέρωθεν ἤδη καὶ γιγνόμενοι ἐν τῷ αὐτῷ ξυμπτώματι, ὡς μικρὸν μεγάλῳ εἰκάσαι, τῷ ἐν Θερμοπύλαις, ἐκεῖνοί τε γὰρ τῇ ἀτραπῷ περιελθόντων τῶν Περσῶν διεφθάρησαν, οὗτοί τε ἀμφίβολοι ἤδη ὄντες οὐκέτι ἀντεῖχον, ἀλλὰ πολλοῖς τε καὶ ὀλίγοι μαχόμενοι καὶ ἀσθενείᾳ σωμάτων διὰ τὴν σιτοδείαν ὑπεχώρουν, καὶ οἱ Ἀθηναῖοι ἐκράτουν ἤδη τῶν ἐφόδων.

XXXVII. Γνοὺς δὲ ὁ Κλέων καὶ ὁ Δημοσθένης ὅτι εἰ καὶ ὁποσονοῦν μᾶλλον ἐνδώσουσι, διαφθαρησομένους αὐτοὺς ὑπὸ τῆς σφετέρας στρατιᾶς, ἔπαυσαν τὴν μάχην καὶ τοὺς ἑαυτῶν ἀπεῖρξαν, βουλόμενοι ἀγαγεῖν αὐτοὺς

bustæ multus pulvis in sublime ferebatur, et propter sagittas ac lapides, qui ab ingenti hominum multitudine jaciebantur, et una cum pulvere ferebantur, unusquisque spatium ante suos pedes positum haud facile prospicere poterat. (3) Tunc vero prœlium Lacedæmoniis asperius esse cœpit. Nam neque ipsorum armatura sagittis amplius resistere poterat, et hastæ, quibus petebantur, in ea fractæ inhærebant, neque se ipsis quid facerent habebant, tum quod eorum oculis erepta esset facultas prospiciendi, tum quod propter majorem clamorem ad hostibus sublatum exaudire non possent, quæ ipsis præciperentur, tum etiam quod periculum undique circumsisteret, nec ullam spem haberent excogitandæ rationis, qua hostem propulsando servarentur.

XXXV. Tandem vero quum multi jam sauciati essent, quod semper in eodem loci spatio versarentur, conglobati ad extremam insulæ munitionem non multum distantem custodesque suos iverunt. (2) Ubi autem cesserunt, tum vero etiam majore longe clamore sublato confidenter iis expediti milites instare cœperunt, et quotquot de Lacedæmoniis, dum se recipiunt, intercipiebantur, ab hoste cædebantur, sed plerique ad suam munitionem elapsi cum custodibus, qui illic erant, se instruxerunt secundum totam munitionem, ut hostem propulsarent, qua parte oppugnari poterat. (3) Atque Athenienses insecuti circumvenire quidem eos et circumdare non poterant propter loci situm natura munitum, sed ab adversa fronte aggressi pulsare conabantur. (4) Diuque et maximam diei partem utrique pugna et siti et sole graviter fatigati resistebant, hoc agentes alteri quidem ut ex superiore loco detruderent, alteri vero ne cederent; facilius autem, quam ante, Lacedæmonii se defenderunt, quod non a lateribus circumveniri poterant.

XXXVI. Sed quum res nullum haberet exitum, Messeniorum dux ad Cleonem et Demosthenem accedens, eos frustra laborare dixit; sed si sagittariorum et levis armaturæ aliquam partem sibi dare velint, ad illos a tergo circumveniendos via, quamcunque ipse invenisset, putare aditum per vim aperiri posse. (2) Quum autem accepisset, quæ petierat, ex occulto iter ingressus, ne ab illis conspiceretur, procedens qua in quoque loco prærupta insulæ natura pedem figere permitteret, et ad eam partem, quam Lacedæmonii loci situ freti non custodiebant, difficulter et ægre illis insciis munitionem circumiit, atque repente in loco superiore a tergo hostium conspectus illos quidem ob inopinatum casum metu consternavit; hos vero, qui cernebant, quod exspectabant, multo magis confirmavit. (3) Quare Lacedæmonii, quum utrinque telis jam peterentur, et in eadem fortuna constituti essent, ut parva magnis conferam, quæ erat suorum ad Thermopylas, nam et illi semita a Persis circumventi perierunt, et hi jam undique telis expositi diutius resistere non poterant, sed pauci cum multis dimicantes, et ob inediam corpore languentes, cedere cœperunt, et Athenienses omni accessu jam potiebantur.

XXXVII. Quum autem Cleo et Demosthenes animadverterent, illos, si vel tantillum magis cederent, a suis copiis interfectum iri, pugnam sedarunt suosque prohibuerunt, quod illos vivos Atheniensibus ducere cupiebant, si forte

II.

Ἀθηναίοις ζῶντας, εἴ πως τοῦ κηρύγματος ἀκούσαντες ἐπικλασθεῖεν τῇ γνώμῃ τὰ ὅπλα παραδοῦναι καὶ ἡσσηθεῖεν τοῦ παρόντος δεινοῦ. (2) Ἐκήρυξάν τε εἰ βούλοιντο τὰ ὅπλα παραδοῦναι καὶ σφᾶς αὐτοὺς Ἀθηναίοις ὥστε βουλεῦσαι ὅ τι ἂν ἐκείνοις δοκῇ.

XXXVIII. Οἱ δὲ ἀκούσαντες παρῆκαν τὰς ἀσπίδας οἱ πλεῖστοι καὶ τὰς χεῖρας ἀνέσεισαν, δηλοῦντες προσίεσθαι τὰ κεκηρυγμένα. Μετὰ δὲ ταῦτα γενομένης τῆς ἀνακωχῆς ξυνῆλθον ἐς λόγους ὅ τε Κλέων καὶ ὁ Δημοσθένης καὶ ἐκείνων Στύφων ὁ Φάρακος, τῶν προτέρων ἀρχόντων τοῦ μὲν πρώτου τεθνηκότος Ἐπιτάδου, τοῦ δὲ μετ' αὐτὸν Ἱππαγρέτου ἐφῃρημένου ἐν τοῖς νεκροῖς ἔτι ζῶντος κειμένου ὡς τεθνεῶτος, αὐτὸς τρίτος ἐφῃρημένος ἄρχειν κατὰ νόμον, εἴ τι ἐκεῖνοι πάσχοιεν. (2) Ἔλεγε δὲ ὁ Στύφων καὶ οἱ μετ' αὐτοῦ ὅτι βούλονται διακηρυκεύσασθαι πρὸς τοὺς ἐν τῇ ἠπείρῳ Λακεδαιμονίους ὅ τι χρὴ σφᾶς ποιεῖν. (3) Καὶ ἐκείνων μὲν οὐδένα ἀφέντων, αὐτῶν δὲ τῶν Ἀθηναίων καλούντων ἐκ τῆς ἠπείρου κήρυκας καὶ γενομένων ἐπερωτήσεων δὶς ἢ τρίς, ὁ τελευταῖος διαπλεύσας αὐτοῖς ἀπὸ τῶν ἐκ τῆς ἠπείρου Λακεδαιμονίων ἀνὴρ ἀπήγγειλεν ὅτι οἱ Λακεδαιμόνιοι κελεύουσιν ὑμᾶς αὐτοὺς περὶ ὑμῶν αὐτῶν βουλεύεσθαι, μηδὲν αἰσχρὸν ποιοῦντας. Οἱ δὲ καθ' ἑαυτοὺς βουλευσάμενοι τὰ ὅπλα παρέδοσαν καὶ σφᾶς αὐτούς. (4) Καὶ ταύτην μὲν τὴν ἡμέραν καὶ τὴν ἐπιοῦσαν νύκτα ἐν φυλακῇ εἶχον αὐτοὺς οἱ Ἀθηναῖοι· τῇ δ' ὑστεραίᾳ οἱ μὲν Ἀθηναῖοι τροπαῖον στήσαντες ἐν τῇ νήσῳ τἆλλα διεσκευάζοντο ὡς ἐς πλοῦν, καὶ τοὺς ἄνδρας τοῖς τριηράρχοις διεδίδοσαν ἐς φυλακήν, οἱ δὲ Λακεδαιμόνιοι κήρυκα πέμψαντες τοὺς νεκροὺς διεκομίσαντο. (5) Ἀπέθανον δ' ἐν τῇ νήσῳ καὶ ζῶντες ἐλήφθησαν τοσοίδε· εἴκοσι μὲν ὁπλῖται διέβησαν καὶ τετρακόσιοι οἱ πάντες· τούτων ζῶντες ἐκομίσθησαν ὀκτὼ ἀποδέοντες τριακόσιοι, οἱ δὲ ἄλλοι ἀπέθανον. Καὶ Σπαρτιᾶται τούτων ἦσαν τῶν ζώντων περὶ εἴκοσι καὶ ἑκατόν. Ἀθηναίων δὲ οὐ πολλοὶ διεφθάρησαν· ἡ γὰρ μάχη οὐ σταδία ἦν.

XXXIX. Χρόνος δὲ ὁ ξύμπας ἐγένετο, ὅσον οἱ ἄνδρες οἱ ἐν τῇ νήσῳ ἐπολιορκήθησαν ἀπὸ τῆς ναυμαχίας μέχρι τῆς ἐν τῇ νήσῳ μάχης, ἑβδομήκοντα ἡμέραι καὶ δύο. (2) Τούτων περὶ εἴκοσιν ἡμέρας, ἐν αἷς οἱ πρέσβεις περὶ τῶν σπονδῶν ἀπῇσαν, ἐσιτοδοτοῦντο, τὰς δὲ ἄλλας τοῖς ἐσπλέουσι λάθρᾳ διετρέφοντο. Καὶ ἦν σῖτος ἐν τῇ νήσῳ καὶ ἄλλα βρώματα ἐγκατελήφθη· ὁ γὰρ ἄρχων Ἐπιτάδας ἐνδεεστέρως ἑκάστῳ παρεῖχεν ἢ πρὸς τὴν ἐξουσίαν. (3) Οἱ μὲν δὴ Ἀθηναῖοι καὶ οἱ Πελοποννήσιοι ἀνεχώρησαν τῷ στρατῷ ἐκ τῆς Πύλου ἑκάτεροι ἐπ' οἴκου, καὶ τοῦ Κλέωνος καίπερ μανιώδης οὖσα ἡ ὑπόσχεσις ἀπέβη· ἐντὸς γὰρ εἴκοσιν ἡμερῶν ἤγαγε τοὺς ἄνδρας, ὥσπερ ὑπέστη.

XL. Παρὰ γνώμην τε δὴ μάλιστα τῶν κατὰ τὸν πόλεμον τοῦτο τοῖς Ἕλλησιν ἐγένετο· τοὺς γὰρ Λακεδαιμονίους οὔτε λιμῷ οὔτ' ἀνάγκῃ οὐδεμιᾷ ἠξίουν τὰ ὅπλα παραδοῦναι, ἀλλὰ ἔχοντας καὶ μαχομένους ὡς

audita caduceatoris voce, frangerentur animis ad arma tradenda, et præsenti calamitatis gravitate vincerentur. (2) Et per præconem edixerunt : si arma et se ipsos Atheniensibus dedere vellent ea conditione, ut Athenienses arbitratu suo de ipsis statuerent.

XXXVIII. Illi vero audito hoc edicto plerique clypeos deposuerunt et manus quassarunt, significantes, se accipere conditiones sibi per præconis vocem oblatas. Post hæc vero pugna inhibita in colloquium venerunt Cleo et Demosthenes, et ex illis Stypho Pharacis filius, quod ex superioribus ducibus primus Epitadas jam defunctus erat, et alter Hippagretas, qui in ejus locum erat suffectus adhuc superstes inter defunctos tanquam mortuus jacebat, ipse tertius designatus, qui ex lege imperium obtineret, si quid illis accidisset. (2) Stypho autem et qui cum eo erant, dixerunt, se velle per præcones agere cum Lacedæmoniis, qui in continente erant, quid sibi faciendum esset. (3) Quum autem illorum quidem nullum proficisci permisissent, sed ipsi Athenienses ex continente caduceatores evocarent, et bis terve percunctationes factæ essent, postremus, qui a Lacedæmoniis ex continente missus ad eos navigavit, hæc renunciavit : Lacedæmonii jubent vos ipsos vobis consulere citra dedecus. Illi vero consilio inter se inito arma et se ipsos dediderunt. (4) Illum autem diem et noctem insequentem Athenienses eos in custodia tenuerunt; postridie vero Athenienses tropæo in insula statuto cetera ut ad navigationem parabant, et captivos trierarchis asservandos distribuebant; Lacedæmonii vero misso caduceatore suorum cadavera receperunt. (5) Qui autem in insula obierunt aut vivi capti sunt, tot fuerunt : universi quidem, qui in insulam transierant, erant quadringenti et viginti gravis armaturæ milites; ex hoc numero Athenas vivi delati sunt trecenti minus octo; ceteri perierant. Inter vivos autem adhuc erant Spartani ad centum et viginti. Ex Atheniensibus vero non multi perierant; pugna enim non stataria erat.

XXXIX. Tempus autem universum, quo illi in insula sunt obsessi, a pugna navali usque ad prœlium in insula commissum, fuerunt duo et septuaginta dies. (2) Ex his dierum spatio circiter viginti, quibus legati fœderum causa abierant, frumentum accipiebant, reliquis vero, ab illis, qui clam navigabant, nutriebantur. Et erat adhuc frumentum in insula aliaque esculenta deprehensa sunt; nam Epitadas dux unicuique parcius hæc quam pro copia præbebat. (3) Athenienses igitur et Peloponnesii cum suis utrique copiis e Pylo domum redierunt, et Cleonis promissio quamvis insana effectum est consecuta; nam intra viginti dies, quemadmodum receperat, hostes adduxit.

XL. Hoc autem omnium, quæ in hoc bello contigerunt, maxime præter opinionem Græcis accidit; Lacedæmonios enim decere existimabant, nec fame nec ulla necessitate compulsos arma tradere, sed hæc retinentes et quoad pos-

ἐδύναντο ἀποθνήσκειν. (2) Ἀπιστοῦντές τε μὴ εἶναι τοὺς παραδόντας τοῖς τεθνεῶσιν ὁμοίους, καί τινος ἐρομένου ποτὲ ὕστερον τῶν Ἀθηναίων ξυμμάχων δι' ἀχθηδόνα ἕνα τῶν ἐκ τῆς νήσου αἰχμαλώτων εἰ οἱ τεθνεῶτες αὐτῶν καλοὶ κἀγαθοί, ἀπεκρίνατο αὐτῷ πολλοῦ ἂν ἄξιον εἶναι τὸν ἄτρακτον, λέγων τὸν οἰστόν, εἰ τοὺς ἀγαθοὺς διεγίγνωσκεν, δήλωσιν ποιούμενος ὅτι ὁ ἐντυγχάνων τοῖς τε λίθοις καὶ τοξεύμασιν διεφθείρετο.

XLI. Κομισθέντων δὲ τῶν ἀνδρῶν οἱ Ἀθηναῖοι ἐβούλευσαν δεσμοῖς μὲν αὐτοὺς φυλάσσειν μέχρι οὗ τι ξυμβῶσιν, ἢν δ' οἱ Πελοποννήσιοι πρὸ τούτου ἐς τὴν γῆν ἐσβάλλωσιν, ἐξαγαγόντες ἀποκτεῖναι. (2) Τῆς δὲ Πύλου φυλακὴν κατεστήσαντο, καὶ οἱ ἐκ τῆς Ναυπάκτου Μεσσήνιοι ὡς ἐς πατρίδα ταύτην (ἔστι γὰρ ἡ Πύλος τῆς Μεσσηνίδος ποτὲ οὔσης γῆς) πέμψαντες σφῶν αὐτῶν τοὺς ἐπιτηδειοτάτους ἐλῄζόν τε τὴν Λακωνικὴν καὶ πλεῖστα ἔβλαπτον ὁμόφωνοι ὄντες. (3) Οἱ δὲ Λακεδαιμόνιοι ἀμαθεῖς ὄντες ἐν τῷ πρὶν χρόνῳ λῃστείας καὶ τοιούτου πολέμου, τῶν τε Εἱλώτων αὐτομολούντων καὶ φοβούμενοι μὴ καὶ ἐπὶ μακρότερον σφίσι τι νεωτερισθῇ τῶν κατὰ τὴν χώραν, οὐ ῥᾳδίως ἔφερον, ἀλλὰ καίπερ οὐ βουλόμενοι ἔνδηλοι εἶναι τοῖς Ἀθηναίοις ἐπρεσβεύοντο παρ' αὐτοὺς καὶ ἐπειρῶντο τήν τε Πύλον καὶ τοὺς ἄνδρας κομίζεσθαι. (4) Οἱ δὲ μειζόνων τε ὠρέγοντο καὶ πολλάκις φοιτώντων αὐτοὺς ἀπράκτους ἀπέπεμπον. Ταῦτα μὲν τὰ περὶ Πύλου γενόμενα.

XLII. Τοῦ δ' αὐτοῦ θέρους μετὰ ταῦτα εὐθὺς Ἀθηναῖοι ἐς τὴν Κορινθίαν ἐστράτευσαν ναυσὶν ὀγδοήκοντα καὶ δισχιλίοις ὁπλίταις ἑαυτῶν καὶ ἐν ἱππαγωγοῖς ναυσὶ διακοσίοις ἱππεῦσιν· ἠκολούθουν δὲ καὶ τῶν ξυμμάχων Μιλήσιοι καὶ Ἄνδριοι καὶ Καρύστιοι, ἐστρατήγει δὲ Νικίας ὁ Νικηράτου τρίτος αὐτός. (2) Πλέοντες δὲ ἅμα ἕῳ ἔσχον μεταξὺ Χερσονήσου τε καὶ Ῥείτου ἐς τὸν αἰγιαλὸν τοῦ χωρίου ὑπὲρ οὗ ὁ Σολύγιος λόφος ἐστίν, ἐφ' ὃν Δωριῆς τὸ πάλαι ἱδρυθέντες τοῖς ἐν τῇ πόλει Κορινθίοις ἐπολέμουν οὖσιν Αἰολεῦσιν· καὶ κώμη νῦν ἐπ' αὐτοῦ Σολύγεια καλουμένη ἐστίν. Ἀπὸ δὲ τοῦ αἰγιαλοῦ τούτου, ἔνθα αἱ νῆες κατέσχον, ἡ μὲν κώμη αὕτη δώδεκα σταδίους ἀπέχει, ἡ δὲ Κορινθίων πόλις ἑξήκοντα, ὁ δὲ Ἰσθμὸς εἴκοσι. Κορίνθιοι δὲ προπυθόμενοι ἐξ Ἄργους ὅτι ἡ στρατιὰ ἥξει τῶν Ἀθηναίων ἐκ πλείονος, ἐβοήθησαν ἐς Ἰσθμὸν πάντες πλὴν τῶν ἔξω Ἰσθμοῦ· καὶ ἐν Ἀμπρακίᾳ καὶ ἐν Λευκαδίᾳ ἀπῆσαν αὐτῶν πεντακόσιοι φρουροί· οἱ δ' ἄλλοι πανδημεὶ ἐπετήρουν τοὺς Ἀθηναίους οἷ κατασχήσουσιν. (4) Ὡς δὲ αὐτοὺς ἔλαθον νυκτὸς καταπλεύσαντες καὶ τὰ σημεῖα αὐτοῖς ἤρθη, καταλιπόντες τοὺς ἡμίσεις αὐτῶν ἐν Κεγχρειᾷ, ἢν ἄρα οἱ Ἀθηναῖοι ἐπὶ τὸν Κρομμυῶνα ἴωσιν, ἐβοήθουν κατὰ τάχος.

XLIII. Καὶ Βάττος μὲν ὁ ἕτερος τῶν στρατηγῶν (δύο γὰρ ἦσαν ἐν τῇ μάχῃ οἱ παρόντες) λαβὼν λόχον ἦλθεν ἐπὶ τὴν Σολύγειαν κώμην φυλάξων ἀτείχιστον οὖσαν, Λυκόφρων δὲ τοῖς ἄλλοις ξυνέβαλλεν. (2) Καὶ πρῶτον μὲν τῷ δεξιῷ κέρᾳ τῶν Ἀθηναίων εὐθὺς ἀπο-

---

sent dimicantes mortem oppetere. (2) Et quum adduci non possent, ut crederent, illos, qui se tradidissent, iis esse similes, qui cecidissent, et postea aliquando quidam de Atheniensium sociis quemdam captivorum ex insula ob insultationem interrogasset, nunquid illi, qui ex ipsis mortem oppetissent, honesti fortesque viri fuissent, hic ipsi respondit, magni profecto faciendum esse atracton, sagittam dicens, si viros fortes dignosceret, declarans eos, quibus forte contingeret, per lapides ac sagittas occubuisse.

XLI. Quum autem captivi Athenas delati essent, Athenienses eos in vinculis asservare decreverunt, donec aliquam compositionem facerent; sed si Peloponnesii prius in agrum suum irrupissent, eos eductos occidere. (2) In Pylo autem praesidium collocarunt, et Messenii, qui Naupacti erant, huc ut in patriam suam (Pylus enim est in eo agro, qui quondam Messeniorum fuit) ex suorum civium numero missis, qui maxime idonei erant, agrum Laconicum latrociniis infestabant, maximisque damnis afficiebant, quod eadem lingua uterentur. (3) Lacedaemonii vero, quod superiore tempore latrociniorum et hujusmodi belli nescii erant, simul etiam quod Helotes ad hostem transfugiebant, et veriti, ne gravior aliqua rerum novarum molitio contra se in suo agro fieret, haec non facile ferebant, sed quamvis Atheniensibus manifesti esse nollent, tamen legatos ad eos mittebant, et Pylum et captivos recipere conabantur. (4) At illi majora affectabant, et quum saepius ad eos proficiscerentur, ipsos re infecta remittebant. Atque haec quidem circa Pylum gesta sunt.

XLII. Eadem aestate statim post haec Athenienses in agrum Corinthium profecti sunt cum octoginta navibus, et duobus millibus gravis armaturae militum nominis Attici, et cum ducentis equitibus, qui in hippaginibus vehebantur; eos autem comitabantur ex sociis Milesii et Andrii et Carystii; praeerat autem Nicias Nicerati filius, cum duobus collegis. (2) Primo autem diluculo navigantes inter Chersonesum et Rhitum appulerunt ad littus loci, super quem situs est Solygius collis, in quo Dorienses olim sedibus positis bellum faciebant Corinthiis, qui in urbe habitabant et Æolenses erant; et super ipsum nunc exstat pagus nomine Solygia. Ab hoc autem littore, ad quod naves appulerunt, hic pagus distat duodecim stadiis, Corinthus vero sexaginta, Isthmus vero viginti. (3) Corinthii autem, cum multo ante de classis Atticae adventu nuntios Argis allatos accepissent, omnes praeter illos, qui sunt extra Isthmum, ad Isthmum tutandum convenerunt; et praeterea ex eorum numero quingenti praesidiarii milites in Ampraciam et Leucadiam abierant; reliqui vero universis copiis observabant, quonam Athenienses essent appulsuri. (4) Sed quum illi noctu clam appulissent, et signa ipsis sublata essent, relicta suorum dimidia parte ad Cenchream, si forte Athenienses adversus Crommyonem irent, propere contra eos auxilio proficiscebantur.

XLIII. Et Battus quidem, alter e ducibus (duo enim proelio intererant) assumpta cohorte contendit ad Solygiam pagum tutaturus illum, quod nullis muris erat cinctus; cum reliquis vero Lycophro manus cum hoste conseruit. (2) Et primum quidem Corinthii in dextrum Atheniensium

βεβηκότι πρὸ τῆς Χερσονήσου οἱ Κορίνθιοι ἐπέκειντο, ἔπειτα δὲ καὶ τῷ ἄλλῳ στρατεύματι. Καὶ ἦν ἡ μάχη καρτερὰ καὶ ἐν χερσὶ πᾶσα. (3) Καὶ τὸ μὲν δεξιὸν κέρας τῶν Ἀθηναίων καὶ Καρυστίων (οὗτοι γὰρ παρατεταγμένοι ἦσαν ἔσχατοι) ἐδέξαντό τε τοὺς Κορινθίους καὶ ἐώσαντο μόλις· οἱ δὲ ὑποχωρήσαντες πρὸς αἱμασιάν (ἦν γὰρ τὸ χωρίον πρόσαντες πᾶν) βάλλοντες τοῖς λίθοις καθύπερθεν ὄντες καὶ παιωνίσαντες ἐπῆεσαν αὖθις, δεξαμένων δὲ τῶν Ἀθηναίων ἐν χερσὶν ἦν πάλιν ἡ μάχη. (4) Λόχος δέ τις τῶν Κορινθίων ἐπιβοηθήσας τῷ εὐωνύμῳ κέρᾳ ἑαυτῶν ἔτρεψε τῶν Ἀθηναίων τὸ δεξιὸν κέρας καὶ ἐπεδίωξεν ἐς τὴν θάλασσαν· πάλιν δὲ ἀπὸ τῶν νεῶν ἀνέστρεψαν οἵ τε Ἀθηναῖοι καὶ οἱ Καρύστιοι. (5) Τὸ δὲ ἄλλο στρατόπεδον ἀμφοτέρωθεν ἐμάχετο συνεχῶς, μάλιστα δὲ τὸ δεξιὸν κέρας τῶν Κορινθίων, ἐφ' ᾧ ὁ Λυκόφρων ὢν κατὰ τὸ εὐώνυμον τῶν Ἀθηναίων ἠμύνετο· ἤλπιζον γὰρ αὐτοὺς ἐπὶ τὴν Σολύγειαν κώμην πειράσειν.

XLIV. Χρόνον μὲν οὖν πολὺν ἀντεῖχον οὐκ ἐνδιδόντες ἀλλήλοις· ἔπειτα (ἦσαν γὰρ τοῖς Ἀθηναίοις οἱ ἱππῆς ὠφέλιμοι ξυμμαχόμενοι, τῶν ἑτέρων οὐκ ἐχόντων ἵππους) ἐτράποντο οἱ Κορίνθιοι καὶ ὑπεχώρησαν πρὸς τὸν λόφον καὶ ἔθεντο τὰ ὅπλα καὶ οὐκέτι κατέβαινον ἀλλ' ἡσύχαζον. (2) Ἐν δὲ τῇ τροπῇ ταύτῃ κατὰ τὸ δεξιὸν κέρας οἱ πλεῖστοί τε αὐτῶν ἀπέθανον καὶ Λυκόφρων ὁ στρατηγός. Ἡ δὲ ἄλλη στρατιὰ τούτῳ τῷ τρόπῳ οὐ κατὰ δίωξιν πολλὴν οὐδὲ ταχείας φυγῆς γενομένης, ἐπεὶ ἐβιάσθη, ἐπαναχωρήσασα πρὸς τὰ μετέωρα ἱδρύθη. (3) Οἱ δὲ Ἀθηναῖοι, ὡς οὐκέτι αὐτοῖς ἐπῆεσαν ἐς μάχην, τούς τε νεκροὺς ἐσκύλευον καὶ τοὺς ἑαυτῶν ἀνῃροῦντο, τροπαῖόν τε εὐθέως ἔστησαν. (4) Τοῖς δ' ἡμίσεσι τῶν Κορινθίων, οἳ ἐν τῇ Κεγχρειᾷ ἐκάθηντο φύλακες μὴ ἐπὶ τὸν Κρομμυῶνα πλεύσωσιν, τούτοις οὐ κατάδηλος ἡ μάχη ἦν ὑπὸ τοῦ ὄρους τοῦ Ὀνείου· κονιορτὸν δὲ ὡς εἶδον καὶ ὡς ἔγνωσαν, ἐβοήθουν εὐθύς. Ἐβοήθησαν δὲ καὶ οἱ ἐκ τῆς πόλεως πρεσβύτεροι τῶν Κορινθίων, αἰσθόμενοι τὸ γεγενημένον. (5) Ἰδόντες δὲ οἱ Ἀθηναῖοι ξύμπαντας αὐτοὺς ἐπιόντας, καὶ νομίσαντες τῶν ἐγγὺς ἀστυγειτόνων Πελοποννησίων βοήθειαν ἐπιέναι, ἀνεχώρουν κατὰ τάχος ἐπὶ τὰς ναῦς, ἔχοντες τὰ σκυλεύματα καὶ τοὺς ἑαυτῶν νεκροὺς πλὴν δυοῖν οὓς ἐγκατέλιπον οὐ δυνάμενοι εὑρεῖν. (6) Καὶ ἀναβάντες ἐπὶ τὰς ναῦς ἐπεραιώθησαν ἐς τὰς ἐπικειμένας νήσους, ἐκ δ' αὐτῶν ἐπικηρυκευσάμενοι τοὺς νεκροὺς οὓς ἐγκατέλιπον ὑποσπόνδους ἀνείλοντο. Ἀπέθανον δὲ Κορινθίων μὲν ἐν τῇ μάχῃ δώδεκα καὶ διακόσιοι, Ἀθηναίων δὲ ὀλίγῳ ἐλάσσους πεντήκοντα.

XLV. Ἄραντες δὲ ἐκ τῶν νήσων οἱ Ἀθηναῖοι ἔπλευσαν αὐθημερὸν ἐς Κρομμυῶνα τῆς Κορινθίας· ἀπέχει δὲ τῆς πόλεως εἴκοσι καὶ ἑκατὸν σταδίους. Καὶ καθορμισάμενοι τήν τε γῆν ἐδῄωσαν καὶ τὴν νύκτα ηὐλίσαντο. (2) Τῇ δ' ὑστεραίᾳ παραπλεύσαντες ἐς τὴν Ἐπιδαυρίαν πρῶτον καὶ ἀπόβασίν τινα ποιησάμενοι ἀφίκοντο ἐς Μεθώνην τὴν μεταξὺ Ἐπιδαύρου καὶ Τροι-

cornu, quod statim ante Chersonesum in terram descenderat, impetum faciebant, deinde vero et in reliquas eorum copias. Asperumque prœlium totumque cominus commissum. (3) Et dextrum quidem Atheniensium et Carystiorum cornu (hi enim in acie postremi erant) Corinthios exceperunt ægreque reppulerunt; illi vero quum ad maceriam se recepissent (totus enim ille locus acclivis erat) superne lapidibus hostem petebant, et pæana exorsi rursus invadebant; quum autem Athenienses eos excepissent, pugna iterum cominus committebatur. (4) Quædam autem Corinthiorum cohors sinistro suorum cornu subsidio profecta dextrum Atheniensium cornu in fugam vertit et ad mare usque persecuta est; rursus autem a navibus reverterunt et Athenienses et Carystii. (5) Reliquus vero exercitus utrinque continenter dimicabat; præcipue vero dextrum Corinthiorum cornu, in quo stans Lycophro sinistro Atheniensium resistebat; suspicabantur enim eos Solygiam pagum temptaturos.

XLIV. Diu igitur pugnæ laborem sustinebant, neutri alteris cedentes; deinde vero (Atheniensibus enim equites, qui in ipsa pugna eos juvabant, magno usui erant, quum alteri nullum equitatum haberent) Corinthii in fugam versi sunt, et in collem se receperunt, ibique constiterunt nec amplius descendebant, sed quiescebant. (2) In hac autem fuga ad dextrum cornu eorum quum omnino plurimi obierunt, tum et Lycophro dux. Reliquus vero exercitus hoc modo hoste non vehementer insequente, neque effusa fuga, postquam per vim coactus est, in excelsa loca se recepit ibique consedit. (3) Athenienses vero, quum hostes ad prœlium contra ipsos non amplius prodirent, illorum cadavera spoliabant, et suorum suscipiebant et tropæum continuo statuerunt. (4) Sed illi dimidiæ Corinthiorum parti, quæ in Cenchrea præsidii causa manebat, ne Athenienses adversus Crommyonem navigarent, hoc prœlium non erat manifestum propter montem Oneum; ubi autem pulverem conspexere et rem cognovere, opem suis confestim ferebant. Venerunt etiam auxilio ex urbe Corinthii natu majores, quum intellexissent id quod acciderat. (5) Quos universos conspicati Athenienses in se tendentes, ratique auxilium a vicinis Peloponnesiorum civitatibus missum contra se venire, celeriter ad naves se receperunt, habentes spolia et suorum cadavera, duobus exceptis, quæ reliquerunt, quod ea reperire non poterant. (6) Quum autem naves conscendissent, ad insulas adjacentes trajecerunt, et hinc misso caduceatore suorum cadavera, quæ reliquerant, fide publica interposita receperunt. In hoc prœlio ex Corinthiis quidem ceciderunt ducenti et duodecim, ex Atheniensibus vero paulo minus quinquaginta.

XLV. Athenienses autem ex istis insulis profecti eodem die ad agri Corinthii Crommyonem navigarunt; abest autem ab urbe centum et viginti stadiis. Et quum ibi stationem cepissent, agrum vastarunt et pernoctarunt. (2) Postridie vero maritimam oram legentes primum in Epidaurium agrum iverunt, et aliquo exscensu ex navibus facto Methonen venerunt, quæ inter Epidaurum et Trœzenem est sita,

ζῆνος, καὶ ἀπολαβόντες τὸν τῆς χερσονήσου ἰσθμὸν ἐτείχισαν, ἐν ᾧ ἡ Μεθώνη ἐστί, καὶ φρούριον καταστησάμενοι ἐλῄστευον τὸν ἔπειτα χρόνον τήν τε Τροιζηνίαν γῆν καὶ Ἁλιάδα καὶ Ἐπιδαυρίαν. Ταῖς δὲ ναυσίν, ἐπειδὴ ἐξετείχισαν τὸ χωρίον, ἀπέπλευσαν ἐπ' οἴκου.

XLVI. Κατὰ δὲ τὸν αὐτὸν χρόνον ταῦτα ἐγίγνετο, καὶ Εὐρυμέδων καὶ Σοφοκλῆς, ἐπειδὴ ἐκ τῆς Πύλου ἀπῆραν ἐς τὴν Σικελίαν ναυσὶν Ἀθηναίων, ἀφικόμενοι ἐς Κέρκυραν ἐστράτευσαν μετὰ τῶν ἐκ τῆς πόλεως ἐπὶ τοὺς ἐν τῷ ὄρει τῆς Ἰστώνης Κερκυραίων καθιδρυμένους, οἳ τότε μετὰ τὴν στάσιν διαβάντες ἐκράτουν τε τῆς γῆς καὶ πολλὰ ἔβλαπτον. (2) Προσβαλόντες δὲ τὸ μὲν τείχισμα εἷλον, οἱ δὲ ἄνδρες καταπεφευγότες ἀθρόοι πρὸς μετέωρόν τι ξυνέβησαν ὥστε τοὺς μὲν ἐπικούρους παραδοῦναι, περὶ δὲ σφῶν τὰ ὅπλα παραδόντων τὸν Ἀθηναίων δῆμον διαγνῶναι. (3) Καὶ αὐτοὺς ἐς τὴν νῆσον οἱ στρατηγοὶ τὴν Πτυχίαν ἐς φυλακὴν διεκόμισαν ὑποσπόνδους, μέχρι οὗ Ἀθήναζε πεμφθῶσιν, ὥστε ἄν τις ἁλῷ ἀποδιδράσκων ἅπασι λελύσθαι τὰς σπονδάς. (4) Οἱ δὲ τοῦ δήμου προστάται τῶν Κερκυραίων, δεδιότες μὴ οἱ Ἀθηναῖοι τοὺς ἐλθόντας οὐκ ἀποκτείνωσι, μηχανῶνται τοιόνδε τι. (5) Τῶν τε ἐν τῇ νήσῳ πείθουσί τινας ὀλίγους, ὑποπέμψαντες φίλους καὶ διδάξαντες ὡς κατ' εὔνοιαν δὴ λέγειν ὅτι κράτιστον αὐτοῖς εἴη ὡς τάχιστα ἀποδρᾶναι, πλοῖον δέ τι αὐτοὶ ἑτοιμάσειν· μέλλειν γὰρ δὴ τοὺς στρατηγοὺς τῶν Ἀθηναίων παραδώσειν αὐτοὺς τῷ δήμῳ τῶν Κερκυραίων.

XLVII. Ὡς δὲ ἔπεισαν καὶ μηχανησαμένων τὸ πλοῖον ἐκπλέοντες ἐλήφθησαν, ἐλέλυντό τε αἱ σπονδαὶ καὶ τοῖς Κερκυραίοις παρεδέδοντο οἱ πάντες. (2) Ξυνελάβοντο δὲ τοῦ τοιούτου οὐχ ἥκιστα, ὥστε ἀκριβῆ τὴν πρόφασιν γενέσθαι καὶ τοὺς τεχνησαμένους ἀδεέστερον ἐγχειρῆσαι, οἱ στρατηγοὶ τῶν Ἀθηναίων, κατάδηλοι ὄντες τοὺς ἄνδρας μὴ ἂν βούλεσθαι ὑπ' ἄλλων κομισθέντας, διότι αὐτοὶ ἐς Σικελίαν ἔπλεον, τὴν τιμὴν τοῖς ἄγουσι προσποιῆσαι. (3) Παραλαβόντες δὲ αὐτοὺς οἱ Κερκυραῖοι ἐς οἴκημα μέγα καθεῖρξαν, καὶ ὕστερον ἐξάγοντες κατὰ εἴκοσιν ἄνδρας διῆγον διὰ δυοῖν στοίχοιν ὁπλιτῶν ἑκατέρωθεν παρατεταγμένων, δεδεμένους τε πρὸς ἀλλήλους καὶ παιομένους καὶ κεντουμένους ὑπὸ τῶν παρατεταγμένων, εἴ πού τίς τινα ἴδοι ἐχθρὸν ἑαυτοῦ· μαστιγοφόροι τε παριόντες ἐπετάχυνον τῆς ὁδοῦ τοὺς σχολαίτερον προσιόντας.

XLVIII. Καὶ ἐς μὲν ἄνδρας ἑξήκοντα ἔλαθον τοὺς ἐν τῷ οἰκήματι τούτῳ τῷ τρόπῳ ἐξαγαγόντες καὶ διαφθείραντες (ᾤοντο γὰρ αὐτοὺς μεταστήσαντάς ποι ἄλλοσε ἄγειν)· ὡς δὲ ᾔσθοντο καί τις αὐτοῖς ἐδήλωσεν, τούς τε Ἀθηναίους ἐπεκαλοῦντο καὶ ἐκέλευον σφᾶς, εἰ βούλονται, αὐτοὺς διαφθείρειν, ἔκ τε τοῦ οἰκήματος οὐκέτι ἤθελον ἐξιέναι, οὐδ' ἐσιέναι ἔφασαν κατὰ δύναμιν περιόψεσθαι οὐδένα. (2) Οἱ δὲ Κερκυραῖοι κατὰ μὲν τὰς θύρας οὐδ' αὐτοὶ διενοοῦντο βιάζεσθαι, ἀναβάντες δὲ ἐπὶ τὸ τέγος τοῦ οἰκήματος καὶ διελόντες τὴν ὀροφὴν

et chersonesi isthmum, in quo est Methone, ab utraque littoris parte complexi muro cinxerunt impositoque praesidio postea Troezenium et Haliensem et Epidaurium agrum latrociniis infestabant. Navibus autem postquam absoluto muro locum illum muniverunt, domum redierunt.

XLVI. Per idem tempus, quo haec gerebantur, etiam Eurymedon et Sophocles, qui e Pylo cum Atheniensium classe in Siciliam proficiscebantur, quum Corcyram pervenissent, una cum urbis incolis bellum intulerunt Corcyraeis iis, qui sedes in Istone monte posuerant, qui post seditionem, ut dixi, eo profecti agro potiebantur et multa damna dabant. (2) Illos igitur adorti, munitionem quidem cepe runt; homines vero conglobati in editum quemdam locum fuga se receperunt, et compositionem hac conditione fecerunt, ut auxiliarios quidem milites ipsis traderent, de se vero armis traditis Atheniensium populus arbitratu suo statueret. (3) Duces autem Atheniensium ipsos fide publica interposita in insulam Ptychiam asservandos transportarunt, donec Athenas mitterentur, ita ut, si quis aufugiens deprehenderetur, fides, quae data erat, omnibus esset irrita. (4) Verum primores populi Corcyraei, veriti, ne Athenienses hos Athenas profectos non interficerent, hujusmodi fraudem moliuntur. (5) Illorum, qui in insula servabantur, aliquibus paucis persuadent, submissis amicis et monitis, ut quasi per benevolentiam dicerent, e re ipsorum maxime esse primo quoque tempore fugam capessere, se vero navigium aliquod praeparaturos; Atheniensium enim duces ipsos populo Corcyraeo tradere statuisse.

XLVII. Quod quum illis persuasissent, et navigium per insidias parassent, illi discedentes intercepti sunt, atque fides data tunc irrita et universi populo Corcyraeo traditi erant. (2) Ad hanc autem rem peragendam in primis adjuverunt, ut minime dubius praetextus videretur et fraudem commenti confidentius conata perficerent, ipsi Atheniensium duces, quos manifestum erat nolle viros istos captivos ab aliis Athenas delatos, quoniam ipsi in Siciliam navigabant, decus et gloriam illis comparare, qui eos illuc deportarent. (3) Hos autem acceptos Corcyraei in magno aedificio concluserunt, et postea eos eductos vicenos traducebant medios per binos ordines militum armatorum, qui hinc inde instructi erant, et qui eos inter se colligatos caesim punctimque vulnerabant, sicubi quis suum inimicum aliquem aspexisset; et lorarii prosequentes eos urgebant, qui tardius progrederentur.

XLVIII. Atque hunc in modum eductos trucidarunt ad sexaginta, illis ignaris, qui in carcere reliqui erant (existimabant enim, suos socios ab inimicis ex carcere eductos alio traduci); quum autem rem sensissent, et ex quodam intellexissent, Athenienses implorabant et hortabantur, ut, si voluntas eorum ferret, se occiderent, nec amplius ex carcere exire volebant, et dicebant, se pro viribus non permissuros, ut quisquam ingrederetur. (2) Corcyrai vero per fores ne ipsi quidem irrumpere in animo habebant, sed carceris tectum conscenderunt, et lacunari

ἔβαλλον τῷ κεράμῳ καὶ ἐτόξευον κάτω. (3) Οἱ δὲ ἐφυλάσσοντό τε ὡς ἠδύναντο, καὶ ἅμα οἱ πολλοὶ σφᾶς αὐτοὺς διέφθειρον, οἰστούς τε οὓς ἀφίεσαν ἐκεῖνοι ἐς τὰς σφαγὰς καθιέντες, καὶ ἐκ κλινῶν τινῶν αἳ ἔτυχον αὐτοῖς ἐνοῦσαι τοῖς σπάρτοις, καὶ ἐκ τῶν ἱματίων παραιρήματα ποιοῦντες, ἀπαγχόμενοι, παντὶ τρόπῳ τὸ πολὺ τῆς νυκτός (ἐπεγένετο γὰρ νὺξ τῷ παθήματι) ἀναλοῦντες σφᾶς αὐτοὺς καὶ βαλλόμενοι ὑπὸ τῶν ἄνω διεφθάρησαν. (4) Καὶ αὐτοὺς οἱ Κερκυραῖοι, ἐπειδὴ ἡμέρα ἐγένετο, φορμηδὸν ἐπὶ ἁμάξας ἐπιβαλόντες ἀπήγαγον ἔξω τῆς πόλεως. Τὰς δὲ γυναῖκας, ὅσαι ἐν τῷ τειχίσματι ἑάλωσαν, ἠνδραποδίσαντο. (5) Τοιούτῳ μὲν τρόπῳ οἱ ἐκ τοῦ ὄρους Κερκυραῖοι ὑπὸ τοῦ δήμου διεφθάρησαν, καὶ ἡ στάσις πολλὴ γενομένη ἐτελεύτησεν ἐς τοῦτο, ὅσα γε κατὰ τὸν πόλεμον τόνδε· οὐ γὰρ ἔτι ἦν ὑπόλοιπον τῶν ἑτέρων ὅ τι καὶ ἀξιόλογον. (6) Οἱ δὲ Ἀθηναῖοι ἐς τὴν Σικελίαν, ἵναπερ τὸ πρῶτον ὥρμηντο, ἀποπλεύσαντες μετὰ τῶν ἐκεῖ ξυμμάχων ἐπολέμουν.

XLIX. Καὶ οἱ ἐν τῇ Ναυπάκτῳ Ἀθηναῖοι καὶ Ἀκαρνᾶνες ἅμα τελευτῶντος τοῦ θέρους στρατευσάμενοι Ἀνακτόριον Κορινθίων πόλιν, ἣ κεῖται ἐπὶ τῷ στόματι τοῦ Ἀμπρακικοῦ κόλπου, ἔλαβον προδοσίᾳ· καὶ ἐκπέμψαντες Κορινθίους αὐτοὶ Ἀκαρνᾶνες οἰκήτορες ἀπὸ πάντων ἔσχον τὸ χωρίον. Καὶ τὸ θέρος ἐτελεύτα.

L. Τοῦ δ' ἐπιγιγνομένου χειμῶνος Ἀριστείδης ὁ Ἀρχίππου, εἷς τῶν ἀργυρολόγων νεῶν Ἀθηναίων στρατηγός, αἳ ἐξεπέμφθησαν πρὸς τοὺς ξυμμάχους, Ἀρταφέρνην ἄνδρα Πέρσην παρὰ βασιλέως πορευόμενον ἐς Λακεδαίμονα ξυλλαμβάνει ἐν Ἠιόνι τῇ ἐπὶ Στρυμόνι. (2) Καὶ αὐτοῦ κομισθέντος οἱ Ἀθηναῖοι τὰς μὲν ἐπιστολὰς μεταγραψάμενοι ἐκ τῶν Ἀσσυρίων γραμμάτων ἀνέγνωσαν, ἐν αἷς πολλῶν γεγραμμένων κεφάλαιον ἦν πρὸς Λακεδαιμονίους οὐ γιγνώσκειν ὅ τι βούλονται· πολλῶν γὰρ ἐλθόντων πρέσβεων οὐδένα ταὐτὰ λέγειν· εἰ οὖν βούλονται σαφὲς λέγειν, πέμψαι μετὰ τοῦ Πέρσου ἄνδρας ὡς αὐτόν. (3) Τὸν δὲ Ἀρταφέρνην ὕστερον οἱ Ἀθηναῖοι ἀποστέλλουσι τριήρει ἐς Ἔφεσον, καὶ πρέσβεις ἅμα· οἱ πυθόμενοι αὐτόθι βασιλέα Ἀρτοξέρξην τὸν Ξέρξου νεωστὶ τεθνηκότα (κατὰ γὰρ τοῦτον τὸν χρόνον ἐτελεύτησεν) ἐπ' οἴκου ἀνεχώρησαν.

LI. Τοῦ δ' αὐτοῦ χειμῶνος καὶ Χῖοι τὸ τεῖχος περιεῖλον τὸ καινὸν κελευσάντων Ἀθηναίων καὶ ὑποπτευσάντων ἐς αὐτούς τι νεωτεριεῖν, ποιησάμενοι μέντοι πρὸς Ἀθηναίους πίστεις καὶ βεβαιότητα ἐκ τῶν δυνατῶν μηδὲν περὶ σφᾶς νεώτερον βουλεύσειν. (2) Καὶ ὁ χειμὼν ἐτελεύτα, καὶ ἕβδομον ἔτος τῷ πολέμῳ ἐτελεύτα τῷδε ὃν Θουκυδίδης ξυνέγραψεν.

LII. Τοῦ δ' ἐπιγιγνομένου θέρους εὐθὺς τοῦ τε ἡλίου ἐκλιπές τι ἐγένετο περὶ νουμηνίαν καὶ τοῦ αὐτοῦ μηνὸς ἱσταμένου ἔσεισεν. (2) Καὶ οἱ Μυτιληναίων φυγάδες καὶ τῶν ἄλλων Λεσβίων, οἱ πολλοὶ ἐκ τῆς ἠπείρου, καὶ μισθωσάμενοι ἔκ τε Πελοποννήσου ἐπικουρικὸν καὶ αὐτόθεν ξυναγείραντες, αἱροῦσι Ῥοίτειον·

revulso, tegulis et sagittis eos petebant, qui infra erant. (3) Illi vero se protegebant ut poterant, et simul eorum plerique ipsi sibi manus inferebant, partim sagittas ab hoste missas jugulis imprimentes, partim lectorum suorum, qui forte illic ipsis erant, funibus, partim restibus, quas ex suis vestibus a se laceratis fecerant, se strangulantes, omni denique ratione magnam partem noctis (nox enim huic cladi intervenit) se ipsos absumentes et ab illis, qui in superiore ædificii parte stabant, telis petiti, penitus perierunt. (4) Quum autem dies illuxisset, Corcyræi eos acervatim in plaustra conjectos extra urbem portarunt. Mulieres vero, quotquot in munitione captæ erant, in servitutem redegerunt. (5) Hoc igitur modo Corcyræi, qui sedes in monte posuerant, a populo funditus perditi sunt, et seditio, quæ magna fuit, hunc habuit exitum, quatenus ad hoc bellum pertinet; nihil enim fere reliquum erat ex altera parte, quod quidem mentione dignum sit. (6) Athenienses autem, quum in Siciliam, quo primum navigationem instituerant, pervenissent, cum illius loci sociis bellum administrabant.

XLIX. Athenienses vero, qui Naupacti erant, et Acarnanes, æstate jam extrema cum exercitu profecti Anactorium Corinthiorum urbem, in ipso Ambracii sinus ostio sitam, per proditionem ceperunt; Corinthiis autem illinc ejectis, ipsi Acarnanes locum tenuerunt, colonis ex omnibus Acarnaniæ partibus eo missis. Et hæc æstas exibat.

L. Sequente hieme Aristides, Archippi filius, unus e ducibus Atticæ classis ad socios pecuniæ cogendæ causa missæ, Artaphernem virum Persam, qui a Persarum rege missus Lacedæmonem proficiscebatur, ad Eionem, quæ ad Strymonem est sita, comprehendit. (2) Quo Athenas deducto, Athenienses epistolas ex Assyriis litteris conversas legerunt, quarum, inter alia multa ad Lacedæmonios scripta summa hæc erat, nescire se quid vellent; nam quum multi legati venissent, nullum eadem dicere; si quid igitur aperte dicere vellent, cum hoc Persa viros ad se mitterent. (3) Artaphernem vero postea Athenienses triremi vectum Ephesum miserunt una cum legatis; qui quum illic intellexissent Artaxerxem Xerxis filium nuper obiisse (nam per id tempus decesserat), domum redierunt.

LI. Eadem hieme Chii novum murum Atheniensium jussu demoliti sunt, quod eos aliquid novi contra se moliri suspicarentur; hoc tamen fecerunt adhibita firma cautione, quantum fieri poterat, ne Athenienses quicquam de pristino suæ civitatis statu innovarent. (2) Atque hæc hiems finiebatur, et simul etiam belli septimus annus finiebatur quod Thucydides conscripsit.

LII. Æstatis autem insequentis initio statim circa novilunium sol ex parte defecit, ejusdemque mensis initio terræ motus exstitit. (2) Et Mytilenæi aliique Lesbii exsules, quorum plerique ex continente veniebant, auxiliis ex Peloponneso mercede conductis, et manu illinc apud se ipsos collecta, Rhœtium occupant; et acceptis duobus Phocia

καὶ λαβόντες δισχιλίους στατῆρας Φωκαΐτας ἀπέδοσαν πάλιν, οὐδὲν ἀδικήσαντες. (3) Καὶ μετὰ τοῦτο ἐπὶ Ἄντανδρον στρατεύσαντες προδοσίας γενομένης λαμβάνουσι τὴν πόλιν. Καὶ ἦν αὐτῶν ἡ διάνοια τάς τε ἄλλας πόλεις τὰς Ἀκταίας καλουμένας, ἃς πρότερον Μυτιληναίων νεμομένων Ἀθηναῖοι εἶχον, ἐλευθεροῦν, καὶ πάντων μάλιστα τὴν Ἄντανδρον, καὶ κρατυνάμενοι αὐτὴν, ναῦς τε γὰρ εὐπορία ἦν ποιεῖσθαι αὐτόθεν ξύλων ὑπαρχόντων καὶ τῆς Ἴδης ἐπικειμένης, καὶ τῇ ἄλλῃ παρασκευῇ ῥᾳδίως ἀπ' αὐτῆς ὁρμώμενοι τήν τε Λέσβον ἐγγὺς οὖσαν κακώσειν καὶ τὰ ἐν τῇ ἠπείρῳ Αἰολικὰ πολίσματα χειρώσασθαι. (4) Καὶ οἱ μὲν ταῦτα παρασκευάζεσθαι ἔμελλον.

LIII. Ἀθηναῖοι δὲ ἐν τῷ αὐτῷ θέρει ἑξήκοντα ναυσὶ καὶ δισχιλίοις ὁπλίταις ἱππεῦσί τε ὀλίγοις, καὶ τῶν ξυμμάχων Μιλησίους καὶ ἄλλους τινὰς ἀγαγόντες, ἐστράτευσαν ἐπὶ Κύθηρα· ἐστρατήγει δὲ αὐτῶν Νικίας ὁ Νικηράτου καὶ Νικόστρατος ὁ Διοτρέφους καὶ Αὐτοκλῆς ὁ Τολμαίου. (2) Τὰ δὲ Κύθηρα νῆσός ἐστιν, ἐπίκειται δὲ τῇ Λακωνικῇ κατὰ Μαλέαν· Λακεδαιμόνιοι δ' εἰσὶ τῶν περιοίκων, καὶ κυθηροδίκης ἀρχὴ ἐκ τῆς Σπάρτης διέβαινεν αὐτόσε κατὰ ἔτος, ὁπλιτῶν τε φρουρὰν διέπεμπον ἀεὶ καὶ πολλὴν ἐπιμέλειαν ἐποιοῦντο. (3) Ἦν γὰρ αὐτοῖς τῶν τε ἀπ' Αἰγύπτου καὶ Λιβύης ὁλκάδων προσβολή, καὶ λῃσταὶ ἅμα τὴν Λακωνικὴν ἧσσον ἐλύπουν ἐκ θαλάσσης, ᾗπερ μόνον οἷόν τ' ἦν κακουργεῖσθαι· πᾶσα γὰρ ἀνέχει πρὸς τὸ Σικελικὸν καὶ Κρητικὸν πέλαγος.

LIV. Κατασχόντες οὖν οἱ Ἀθηναῖοι τῷ στρατῷ, δέκα μὲν ναυσὶ καὶ δισχιλίοις Μιλησίων ὁπλίταις τὴν ἐπὶ θαλάσσῃ πόλιν Σκάνδειαν καλουμένην αἱροῦσι, τῷ δὲ ἄλλῳ στρατεύματι ἀποβάντες τῆς νήσου ἐς τὰ πρὸς Μαλέαν τετραμμένα ἐχώρουν ἐπὶ τὴν ἐπὶ θαλάσσῃ πόλιν τῶν Κυθηρίων, καὶ εὗρον εὐθὺς αὐτοὺς ἐστρατοπεδευμένους ἅπαντας. (2) Καὶ μάχης γενομένης ὀλίγον μέν τινα χρόνον ὑπέστησαν οἱ Κυθήριοι, ἔπειτα τραπόμενοι κατέφυγον ἐς τὴν ἄνω πόλιν, καὶ ὕστερον ξυνέβησαν πρὸς Νικίαν καὶ τοὺς ξυνάρχοντας Ἀθηναίοις ἐπιτρέψαι περὶ σφῶν αὐτῶν πλὴν θανάτου. (3) Ἦσαν δέ τινες καὶ γενόμενοι τῷ Νικίᾳ λόγοι πρότερον πρός τινας τῶν Κυθηρίων, δι' ὃ καὶ θᾶσσον καὶ ἐπιτηδειότερον τό τε παραυτίκα καὶ τὸ ἔπειτα τὰ τῆς ὁμολογίας ἐπράχθη αὐτοῖς· ἀνέστησαν γὰρ ἂν οἱ Ἀθηναῖοι Κυθηρίους Λακεδαιμονίους τε ὄντας καὶ ἐπὶ τῇ Λακωνικῇ τῆς νήσου οὕτως ἐπικειμένης. (4) Μετὰ δὲ τὴν ξύμβασιν οἱ Ἀθηναῖοι τήν τε Σκάνδειαν τὸ ἐπὶ τῷ λιμένι πόλισμα παραλαβόντες καὶ τῶν Κυθήρων φυλακὴν ποιησάμενοι ἔπλευσαν ἔς τε Ἀσίνην καὶ Ἕλος καὶ τὰ πλεῖστα τῶν περὶ θάλασσαν, καὶ ἀποβάσεις ποιούμενοι καὶ ἐναυλιζόμενοι τῶν χωρίων οὗ καιρὸς εἴη ἐδῄουν τὴν γῆν ἡμέρας μάλιστα ἑπτά.

LV. Οἱ δὲ Λακεδαιμόνιοι ἰδόντες μὲν τοὺς Ἀθηναίους τὰ Κύθηρα ἔχοντας, προσδεχόμενοι δὲ καὶ ἐς τὴν γῆν σφῶν ἀποβάσεις τοιαύτας ποιήσεσθαι, ἀθρόᾳ

eorum staterum millibus rursus reddiderunt, nulla injuria facta. (3) Et postea quum copias adversus Antandrum duxissent, urbem interveniente proditione capiunt. Atque propositum eorum erat, quum ceteras civitates, quæ Actææ vocantur, quas prius possessas a Mytilenæis Athenienses tenebant, in libertatem vindicare, tum vero omnium maxime Antandrum, atque ubi eam munissent, nam et ædificandarum navium facultas erat propter lignorum illic copiam Idamque montem prope adjacentem, et collecto reliquo etiam apparatu inde proficiscentes Lesbum vicinam infestare, et in suam potestatem redigere Æolica oppida, quæ in continente erant. (4) Et hi quidem hæc paraturi erant.

LIII. Athenienses vero eadem æstate cum LX navibus et duobus militum millibus et aliquot equitibus, et cum Milesiis et aliis quibusdam ex sociis secum adductis bellum Cytheris intulerunt; præerat iis autem Nicias Nicerati et Nicostratus Diotrephis et Autocles Tolmæi filius. (2) Cythera autem insula est, quæ agro Laconico adjacet e regione Maleæ promontorii; incolæ vero sunt Lacedæmonii e numero municipum, et Cytherodices magistratus Sparta quotannis eo transibat, et militum gravis armaturæ præsidium in eam semper transmittebant, ejusque curam ingentem gerebant. (3) Erat enim iis portus, ad quem appellabant onerariæ naves, quæ ex Ægypto et Africa veniebant, et piratæ simul Laconicam oram a mari, qua parte sola infestari poterat, minus infestabant. Tota enim insula consurgens ad Siculum et Creticum mare porrigitur.

LIV. Athenienses igitur quum appulissent cum suis copiis, decem navibus et duobus Milesiorum millibus urbem maritimam, nomine Scandeam, capiunt; cum reliquo vero exercitu in insulæ partes, quæ Maleam spectant, exscensu e navibus facto ad maritimam Cytheriorum urbem iverunt, ejusque incolas statim omnes sub armis stantes offenderunt. (2) Prœlioque commisso Cytherii paulisper impetum sustinuerunt, deinde in fugam versi, in superiorem urbem confugerunt et postea cum Nicia ejusque collegis compositionem fecerunt ea conditione, ut omne de se statuendi arbitrium Atheniensibus permitterent, nisi mortis. (3) Quædam autem colloquia et ante inter Niciam et Cytheriorum quosdam habita erant, quamobrem etiam citius et commodius et in præsentia et insequente tempore, quæ ad compositionem pertinebant, inter eos transacta sunt; Athenienses enim Cytherios ex suis sedibus in alias transtulissent, tum quod essent Lacedæmonii, tum etiam quod insula agro Laconico adeo vicina esset. (4) Post compositionem vero Athenienses accepta Scandea, urbe ad portum sita, et præsidio Cytheris imposito, navigarunt ad Asinen et Helos et ad plurima loca maritima, et exscensu ex navibus in ea facto et commorantes, ubicunque opportunum videbatur, regionem per dies circiter septem vastarunt.

LV. Lacedæmonii vero, quum Cythera ab Atheniensibus teneri viderent, et exspectarent illos in suum etiam agrum exscensiones hujusmodi facturos, cum frequen-

μὲν οὐδαμοῦ τῇ δυνάμει ἀντετάξαντο, κατὰ δὲ τὴν χώραν φρουρὰς διέπεμψαν, ὁπλιτῶν πλῆθος, ὡς ἑκασταχόσε ἔδει, καὶ τὰ ἄλλα ἐν φυλακῇ πολλῇ ἦσαν, φοβούμενοι μὴ σφίσι νεώτερόν τι γένηται τῶν περὶ τὴν κατάστασιν, γεγενημένου μὲν τοῦ ἐπὶ τῇ νήσῳ πάθους ἀνελπίστου καὶ μεγάλου, Πύλου δὲ ἐχομένης καὶ Κυθήρων, καὶ πανταχόθεν σφᾶς περιεστῶτος πολέμου ταχέος καὶ ἀπροφυλάκτου, (2) ὥστε παρὰ τὸ εἰωθὸς ἱππέας τετρακοσίους κατεστήσαντο καὶ τοξότας, ἔς τε τὰ πολεμικά, εἴπερ ποτέ, μάλιστα δὴ ὀκνηρότεροι ἐγένοντο, ξυνεστῶτες παρὰ τὴν ὑπάρχουσαν σφῶν ἰδέαν τῆς παρασκευῆς ναυτικῷ ἀγῶνι, καὶ τούτῳ πρὸς Ἀθηναίους, οἷς τὸ μὴ ἐπιχειρούμενον ἀεὶ ἐλλιπὲς ἦν τῆς δοκήσεώς τι πράξειν. (3) Καὶ ἅμα τὰ τῆς τύχης πολλὰ καὶ ἐν ὀλίγῳ ξυμβάντα παρὰ λόγον αὐτοῖς ἔκπληξιν μεγίστην παρεῖχεν, καὶ ἐδεδίεσαν μή ποτε αὖθις ξυμφορά τις αὐτοῖς περιτύχῃ οἵα καὶ ἐν τῇ νήσῳ. (4) Ἀτολμότεροι δὲ δι' αὐτὸ ἐς τὰς μάχας ἦσαν, καὶ πᾶν ὅ τι κινήσειαν ᾤοντο ἁμαρτήσεσθαι διὰ τὸ τὴν γνώμην ἀνεχέγγυον γεγενῆσθαι ἐκ τῆς πρὶν ἀηθείας τοῦ κακοπραγεῖν.

LVI. Τοῖς δ' Ἀθηναίοις τότε τὴν παραθαλάσσιον δῃοῦσι τὰ μὲν πολλὰ ἡσύχασαν, ὡς καθ' ἑκάστην φρουρὰν γίγνοιτό τις ἀπόβασις, πλήθει τε ἐλάσσους ἕκαστοι ἡγούμενοι εἶναι καὶ ἐν τῷ τοιούτῳ· μία δὲ φρουρά, ἥπερ καὶ ἠμύνατο περὶ Κοτύρταν καὶ Ἀφροδισίαν, τὸν μὲν ὄχλον τῶν ψιλῶν ἐσκεδασμένον ἐφόβησεν ἐπιδρομῇ, τῶν δὲ ὁπλιτῶν δεξαμένων ὑπεχώρησε πάλιν, καὶ ἄνδρες τέ τινες ἀπέθανον αὐτῶν ὀλίγοι καὶ ὅπλα ἐλήφθη, τροπαῖόν τε στήσαντες οἱ Ἀθηναῖοι ἀπέπλευσαν ἐς Κύθηρα. (2) Ἐκ δὲ αὐτῶν περιέπλευσαν ἐς Ἐπίδαυρον τὴν Λιμηράν, καὶ δῃώσαντες μέρος τι τῆς γῆς ἀφικνοῦνται ἐπὶ Θυρέαν, ἥ ἐστι μὲν τῆς Κυνοσουρίας γῆς καλουμένης, μεθορία δὲ τῆς Ἀργείας καὶ Λακωνικῆς· νεμόμενοι δὲ αὐτὴν ἔδοσαν Λακεδαιμόνιοι Αἰγινήταις ἐκπεσοῦσιν ἐνοικεῖν διά τε τὰς ὑπὸ τὸν σεισμὸν σφίσι γενομένας καὶ τῶν Εἱλώτων τὴν ἐπανάστασιν εὐεργεσίας, καὶ ὅτι Ἀθηναίων ὑπακούοντες ὅμως πρὸς τὴν ἐκείνων γνώμην ἀεὶ ἕστασαν.

LVII. Προσπλεόντων οὖν ἔτι τῶν Ἀθηναίων οἱ Αἰγινῆται τὸ μὲν ἐπὶ τῇ θαλάσσῃ ὃ ἔτυχον οἰκοδομοῦντες τεῖχος ἐκλείπουσιν, ἐς δὲ τὴν ἄνω πόλιν, ἐν ᾗ ᾤκουν, ἀπεχώρησαν, ἀπέχουσαν σταδίους μάλιστα δέκα τῆς θαλάσσης. (2) Καὶ αὐτοῖς τῶν Λακεδαιμονίων φρουρὰ μία τῶν περὶ τὴν χώραν, ἥπερ καὶ ξυνετείχιζε, ξυνεσελθεῖν μὲν ἐς τὸ τεῖχος οὐκ ἠθέλησαν δεομένων τῶν Αἰγινητῶν, ἀλλ' αὐτοῖς κίνδυνος ἐφαίνετο ἐς τὸ τεῖχος κατακλῄεσθαι· ἀναχωρήσαντες δὲ ἐπὶ τὰ μετέωρα, ὡς οὐκ ἐνόμιζον ἀξιόμαχοι εἶναι, ἡσύχαζον. (3) Ἐν τούτῳ δὲ οἱ Ἀθηναῖοι κατασχόντες καὶ χωρήσαντες εὐθὺς πάσῃ τῇ στρατιᾷ αἱροῦσιν τὴν Θυρέαν. Καὶ τήν τε πόλιν κατέκαυσαν καὶ τὰ ἐνόντα ἐξεπόρθησαν, τούς τε Αἰγινήτας, ὅσοι μὴ ἐν χερσὶ διεφθάρησαν, ἄγοντες ἀφίκοντο ἐς τὰς Ἀθήνας, καὶ τὸν ἄρχοντα ὃς

παρ' αὐτοῖς ἦν τῶν Λακεδαιμονίων, Τάνταλον τὸν Πατροκλέους· ἐζωγρήθη γὰρ τετρωμένος. (4) Ἦγον δέ τινας καὶ ἐκ τῶν Κυθήρων ἄνδρας ὀλίγους, οὓς ἐδόκει ἀσφαλείας ἕνεκα μεταστῆσαι. Καὶ τούτους μὲν οἱ Ἀθηναῖοι ἐβουλεύσαντο καταθέσθαι ἐς τὰς νήσους, καὶ τοὺς ἄλλους Κυθηρίους οἰκοῦντας τὴν ἑαυτῶν φόρον τέσσαρα τάλαντα φέρειν, Αἰγινήτας δὲ ἀποκτεῖναι πάντας ὅσοι ἑάλωσαν διὰ τὴν προτέραν ἀεί ποτε ἔχθραν, Τάνταλον δὲ παρὰ τοὺς ἄλλους τοὺς ἐν τῇ νήσῳ Λακεδαιμονίους καταδῆσαι.

LVIII. Τοῦ δ' αὐτοῦ θέρους ἐν Σικελίᾳ Καμαριναίοις καὶ Γελῴοις ἐκεχειρία γίγνεται πρῶτον πρὸς ἀλλήλους· εἶτα καὶ οἱ ἄλλοι Σικελιῶται ξυνελθόντες ἐς Γέλαν, ἀπὸ πασῶν τῶν πόλεων πρέσβεις, ἐς λόγους κατέστησαν ἀλλήλοις, εἴ πως ξυναλλαγεῖεν. Καὶ ἄλλαι τε πολλαὶ γνῶμαι ἐλέγοντο ἐπ' ἀμφότερα, διαφερομένων καὶ ἀξιούντων, ὡς ἕκαστοί τι ἐλασσοῦσθαι ἐνόμιζον· καὶ Ἑρμοκράτης ὁ Ἕρμωνος Συρακόσιος, ὅσπερ καὶ ἔπεισε μάλιστα αὐτούς, ἐς τὸ κοινὸν τοιούτους δὴ λόγους εἶπεν.

LIX. « Οὔτε πόλεως ὢν ἐλαχίστης ὦ Σικελιῶται τοὺς λόγους ποιήσομαι, οὔτε πονουμένης μάλιστα τῷ πολέμῳ, ἐς κοινὸν δὲ τὴν δοκοῦσάν μοι βελτίστην γνώμην εἶναι ἀποφαινόμενος τῇ Σικελίᾳ πάσῃ. (2) Καὶ περὶ μὲν τοῦ πολεμεῖν, ὡς χαλεπόν, τί ἄν τις πᾶν τὸ ἐνὸν ἐκλέγων ἐν εἰδόσι μακρηγοροίη; Οὐδεὶς γὰρ οὔτε ἀμαθίᾳ ἀναγκάζεται αὐτὸ δρᾶν, οὔτε φόβῳ, ἢν οἴηταί τι πλέον σχήσειν, ἀποτρέπεται. Ξυμβαίνει δὲ τοῖς μὲν τὰ κέρδη μείζω φαίνεσθαι τῶν δεινῶν, οἱ δὲ τοὺς κινδύνους ἐθέλουσιν ὑφίστασθαι πρὸ τοῦ αὐτίκα τι ἐλασσοῦσθαι· (3) αὐτὰ δὲ ταῦτα εἰ μὴ καιρῷ τύχοιεν ἑκάτεροι πράσσοντες, αἱ παραινέσεις τῶν ξυναλλαγῶν ὠφέλιμοι. (4) Ὃ καὶ ἡμῖν ἐν τῷ παρόντι πειθομένοις πλείστου ἂν ἄξιον γένοιτο· τὰ γὰρ ἴδια ἕκαστοι εὖ βουλευόμενοι δὴ θέσθαι τό τε πρῶτον ἐπολεμήσαμεν καὶ νῦν πρὸς ἀλλήλους δι' ἀντιλογιῶν πειρώμεθα καταλλαγῆναι, καὶ ἢν ἄρα μὴ προχωρήσῃ ἴσον ἑκάστῳ ἔχοντι ἀπελθεῖν, πάλιν πολεμήσομεν.

LX. « Καίτοι γνῶναι χρὴ ὅτι οὐ περὶ τῶν ἰδίων μόνον, εἰ σωφρονοῦμεν, ἡ ξύνοδος ἔσται, ἀλλ' εἰ ἐπιβουλευομένην τὴν πᾶσαν Σικελίαν, ὡς ἐγὼ κρίνω, ὑπ' Ἀθηναίων δυνησόμεθα ἔτι διασῶσαι· καὶ διαλλακτὰς πολὺ τῶν ἐμῶν λόγων ἀναγκαιοτέρους περὶ τῶνδε Ἀθηναίους νομίσαι, οἳ δύναμιν ἔχοντες μεγίστην τῶν Ἑλλήνων τάς τε ἁμαρτίας ἡμῶν τηροῦσιν, ὀλίγαις ναυσὶ παρόντες, καὶ ὀνόματι ἐννόμῳ ξυμμαχίας τὸ φύσει πολέμιον εὐπρεπῶς ἐς τὸ ξυμφέρον καθίστανται. (2) Πόλεμον γὰρ αἱρομένων ἡμῶν καὶ ἐπαγομένων αὐτούς, ἄνδρας οἳ καὶ τοὺς μὴ ἐπικαλουμένους αὐτοὶ ἐπιστρατεύουσιν, κακῶς τε ἡμᾶς αὐτοὺς ποιούντων τέλεσι τοῖς οἰκείοις, καὶ τῆς ἀρχῆς ἅμα προκοπτόντων ἐκείνοις, εἰκός, ὅταν γνῶσιν ἡμᾶς τετρυχωμένους, καὶ πλέονί ποτε στόλῳ ἐλθόντας αὐτοὺς τάδε πάντα πειράσασθαι ὑπὸ σφᾶς ποιεῖσθαι.

troclis filium, qui apud illos ex Lacedæmoniis magistratus erat; quum enim vulneratus esset, vivus captus est. (4) Nonnullos etiam ex Cytheris abducebant, quos periculi vitandi causa alio transferre placebat. Atque hos quidem Athenienses in insulis collocare decreverunt, et ceteros Cytherios suum agrum colentes, tributum quaterna talenta pendere, Æginetas vero omnes, quotquot capti erant, interficere, propter priorem perpetuam simultatem, Tantalum vero præter ceteros Lacedæmonios in insula captos in vincula conjicere.

LVIII. Eadem æstate in Sicilia induciæ a Camarinæis et Gelois initæ sunt, primo inter ipsos; mox etiam ceteri Sicilienses Gelam convenerunt et legatis ex omnibus civitatibus eo missis, in colloquium venerunt, si forte in pristinam gratiam redire possent. Et quum multæ aliæ sententiæ in utramque partem dicebantur inter dissentientes et suum jus agentes, ut quique in aliqua re commodo se fraudatos existimabant; tum etiam Hermocrates Hermonis filius Syracusanus, qui quidem etiam præcipue eos movit, ad legatos a Siciliæ communi missos hujusmodi verba fecit:

LIX. « Non ex ea civitate, viri Sicilienses, quæ aut minima sit, aut bello maxime laboret, ego ortus verba faciam, sed sententiam proponens eam, quæ in totius Siciliæ commune bonum optima esse mihi videtur. (2) Ac bellum quidem quam tristis sit res, cur quis omnia mala, quæ in eo insunt, inter scientes enumerans oratione prolixa utatur? Nemo enim aut propter imperitiam hoc agere cogitur, aut metu deterretur, et si quid amplius commodi se adepturum speret. Sed usu venit, ut his quidem lucra majora, quam pericula esse videantur, illi vero quodvis discrimen adire, quam ullam in præsenti jacturam facere maluunt; (3) hæc ipsa autem si non forte alterutri opportune faciant, admonitiones de facienda gratiæ reconciliatione sunt utiles. (4) De quo si nobis quoque in præsentia persuadeatur, plurimi faciendum erit; quod enim suis quique rebus privatim bene consulere meditabamur, et prius bellum suscepimus, et nunc inter nos disceptando operam damus, ut in pristinam gratiam redeamus, et, si non successerit, ut unusquisque nostrum suum jus obtinens hinc discedat, iterum ad arma redibimus.

LX. « Quanquam hoc nobis est sciendum, non solum de privatis rebus, si sapimus, coactum esse concilium, sed universam Siciliam, quæ, ut ego judico, Atheniensium insidiis appetitur, num conservare possimus; et pacificatores in his rebus longe meis verbis magis necessarii Athenienses existimandi sunt, qui, quum maximam omnium Græcorum potentiam obtineant, paucis navibus hic præsto sunt ad observanda nostra peccata, et legitimo societatis nomine id, quod natura ipsis hostile est, sub honesta specie ad suam utilitatem accommodant. (2) Quum enim bellum suscipiamus, et hos accersamus, homines, qui vel illis, qui eos non accersunt, bellum inferant, quumque nos ipsos domesticis sumptibus vexemus, et simul paulatim aditum illis ad hoc imperium occupandum patefaciamus, consentaneum est, ipsos sua sponte, ubi nos afflictos cognoverint, olim cum majore classe venturos, et hæc omnia in suam potestatem redigere conaturos.

LXI. « Καίτοι τῇ ἑαυτῶν ἑκάστους, εἰ σωφρονοῦμεν, χρὴ τὰ μὴ προσήκοντα ἐπικτωμένους μᾶλλον ἢ τὰ ἕτοιμα βλάπτοντας ξυμμάχους τε ἐπάγεσθαι καὶ τοὺς κινδύνους προσλαμβάνειν, νομίσαι τε στάσιν μάλιστα φθείρειν τὰς πόλεις καὶ τὴν Σικελίαν, ἧς γε οἱ ἔνοικοι ξύμπαντες μὲν ἐπιβουλευόμεθα, κατὰ πόλεις δὲ διέσταμεν. (2) Ἃ χρὴ γνόντας καὶ ἰδιώτην ἰδιώτῃ καταλλαγῆναι καὶ πόλιν πόλει, καὶ πειρᾶσθαι κοινῇ σώζειν τὴν πᾶσαν Σικελίαν, παρεστάναι δὲ μηδενὶ ὡς οἱ μὲν Δωριῆς ἡμῶν πολέμιοι τοῖς Ἀθηναίοις, τὸ δὲ Χαλκιδικὸν τῇ Ἰάδι ξυγγενείᾳ ἀσφαλές. (3) Οὐ γὰρ τοῖς ἔθνεσιν, ὅτι δίχα πέφυκε, τοῦ ἑτέρου ἔχθει ἐπίασιν, ἀλλὰ τῶν ἐν τῇ Σικελίᾳ ἀγαθῶν ἐφιέμενοι, ἃ κοινῇ κεκτήμεθα. (4) Ἐδήλωσαν δὲ νῦν ἐν τῇ τοῦ Χαλκιδικοῦ γένους παρακλήσει· τοῖς γὰρ οὐδεπώποτε σφίσι κατὰ τὸ ξυμμαχικὸν προσβοηθήσασιν αὐτοὶ τὸ δίκαιον μᾶλλον τῆς ξυνθήκης προθύμως παρέσχοντο. (5) Καὶ τοὺς μὲν Ἀθηναίους ταῦτα πλεονεκτεῖν τε καὶ προνοεῖσθαι πολλὴ ξυγγνώμη, καὶ οὐ τοῖς ἄρχειν βουλομένοις μέμφομαι ἀλλὰ τοῖς ὑπακούειν ἑτοιμοτέροις οὖσιν· πέφυκε γὰρ τὸ ἀνθρώπειον διὰ παντὸς ἄρχειν μὲν τοῦ εἴκοντος, φυλάσσεσθαι δὲ τὸ ἐπιόν. (6) Ὅσοι δὲ γιγνώσκοντες αὐτὰ μὴ ὀρθῶς προσκοποῦμεν, μηδὲ τοῦτό τις πρεσβύτατον ἥκει κρίνας τὸ κοινῶς φοβερὸν ἅπαντας εὖ θέσθαι, ἁμαρτάνομεν. (7) Τάχιστα δ' ἂν ἀπαλλαγὴ αὐτοῦ γένοιτο, εἰ πρὸς ἀλλήλους ξυμβαῖμεν· οὐ γὰρ ἀπὸ τῆς αὑτῶν ὁρμῶνται Ἀθηναῖοι, ἀλλ' ἐκ τῆς τῶν ἐπικαλεσαμένων. (8) Καὶ οὕτως οὐ πόλεμος πολέμῳ, εἰρήνη δὲ διαφοραὶ ἀπραγμόνως παύονται, οἵ τ' ἐπίκλητοι εὐπρεπῶς ἄδικοι ἐλθόντες εὐλόγως ἄπρακτοι ἀπίασιν.

LXII. « Καὶ τὸ μὲν πρὸς τοὺς Ἀθηναίους τοσοῦτον ἀγαθὸν εὖ βουλευομένοις εὑρίσκεται· (2) τὴν δὲ ὑπὸ πάντων ὁμολογουμένην ἄριστον εἶναι εἰρήνην πῶς οὐ χρὴ καὶ ἐν ἡμῖν αὐτοῖς ποιήσασθαι; ἢ δοκεῖτε, εἴ τῳ τι ἔστιν ἀγαθὸν ἢ εἴ τῳ τὰ ἐναντία, οὐχ ἡσυχία μᾶλλον ἢ πόλεμος τὸ μὲν παῦσαι ἂν ἑκατέρῳ, τὸ δὲ ξυνδιασώσαι, καὶ τὰς τιμὰς καὶ λαμπρότητας ἀκινδυνοτέρας ἔχειν τὴν εἰρήνην, ἄλλα τε ὅσα ἐν μήκει λόγων ἄν τις διέλθοι ὥσπερ περὶ τοῦ πολεμεῖν; ἃ χρὴ σκεψαμένους μὴ τοὺς ἐμοὺς λόγους ὑπεριδεῖν, τὴν δὲ αὑτοῦ τινα σωτηρίαν μᾶλλον ἀπ' αὐτῶν προϊδεῖν. (3) Καὶ εἴ τις βεβαίως τι ἢ τῷ δικαίῳ ἢ βίᾳ πράξειν οἴεται, τῷ παρ' ἐλπίδα μὴ χαλεπῶς σφαλλέσθω, γνοὺς ὅτι πλείους ἤδη καὶ τιμωρίαις μετιόντες τοὺς ἀδικοῦντας καὶ ἐλπίσαντες ἕτεροι δυνάμει τινὶ πλεονεκτήσειν, οἱ μὲν οὐχ ὅσον οὐκ ἠμύναντο ἀλλ' οὐδ' ἐσώθησαν, τοῖς δ' ἀντὶ τοῦ πλέον ἔχειν προσκαταλιπεῖν τὰ αὑτῶν ξυνέβη. (4) Τιμωρία γὰρ οὐκ εὐτυχεῖ δικαίως, ὅτι καὶ ἀδικεῖται· οὐδὲ ἰσχὺς βέβαιον, διότι καὶ εὔελπι. Τὸ δὲ ἀστάθμητον τοῦ μέλλοντος ὡς ἐπὶ πλεῖστον κρατεῖ, πάντων τε σφαλερώτατον ὂν ὅμως καὶ χρησιμώτατον φαίνεται· ἐξ ἴσου γὰρ δεδιότες προμηθίᾳ μᾶλλον ἐπ' ἀλλήλους ἐρχόμεθα.

LXIII. « Καὶ νῦν τοῦ ἀφανοῦς τε τούτου διὰ τὸ ἀτέκμαρτον δέος καὶ διὰ τὸ ἤδη φοβεροὺς παρόντας Ἀθη-

LXI. « Atqui, si sapimus, oportet unumquemque nostrum potius, ut suis rebus aliena adjungat, quam ut jam paratas lædat, socios accersere et pericula insuper subire, et existimare seditionem maxime perniciosam esse quum singulis civitatibus, tum etiam universæ Siciliæ, cujus nos incolæ universi insidiis appetimur, et tamen pro singularum civitatum dissensionibus divisi sumus. (2) Quibus rebus intellectis oportet et privatum cum privato et civitatem cum civitate in gratiam redire, et operam dare, ut omnes simul universam Siciliam servemus, nec in mentem venire cuipiam, eos quidem, qui de nobis sunt Dorienses, Atheniensium hostes esse; Chalcidenses vero, propter cognationem Ionicam, a periculis tutos esse. (3) Neque enim gentibus propterea, quod ab origine sint divisæ, alterius odio moti bellum inferunt, sed cupiditate bonorum Siciliæ, quæ communiter possidemus. (4) Hoc autem nunc declararunt in ista Chalcidensium evocatione; illis enim, qui ex fœderis societate nullum auxilium iis unquam tulerunt, ipsi potius fœderis jus libenter præstiterunt. (5) Atque Atheniensibus quidem hæc affectantibus, et provide perficere conantibus multam veniam dandam esse censeo, nec eos, qui imperium affectant, vitupero, sed eos, qui ad imperata faciendum sunt propensiores; ita enim nati sunt homines, ut semper illos imperio premant, qui cedunt, ab illis vero sibi caveant, qui arma ipsis inferunt. (6) Nos vero peccamus, quotquot, quum hæc habeamus perspecta, non recte prospicimus, neque singuli hoc antiquissimum esse judicamus, ut commune periculum universi recte administremus. (7) Hoc autem celerrime liberabimur, si compositionem inter nos faciamus; Athenienses enim non ex sui agri finibus profecti nos invadunt, sed ex illorum agro, qui eos accersiverunt. (8) Atque ita non bellum bello, sed pace discordiæ nullo negotio sedantur; et qui evocati sunt, et qui specioso prætextu injusti huc venerunt, jure optimo re infecta abibunt.

LXII. « Atque commodum quidem, quod ad Athenienses attinet, tantum esse comperitur, si rebus nostris recte consulamus; (2) pacem vero, quam omnium confessione summum bonum esse constat, cur etiam inter nos ipsos facere non oporteat? An existimatis, si quid boni alicui adest, aut si cui contraria, non potiorem esse pacem quam bellum, tum ad liberandum alterutrum his malis, tum etiam ad illud bonum conservandum, et pacem habere honores et dignitates a periculo remotiores, atque alia, quæ quis oratione longa persequi posset, quemadmodum de bello? Quibus rebus consideratis non oportet contemnere mea verba, sed potius unumquemque his admonitum suæ saluti prospicere. (3) Et si quis vel suæ causæ æquitate vel sua potentia fretus certam de rei alicujus successu spem conceperit, is caveat, ne præter spem graviter labatur, illud intelligens, plures jam ultionibus persequentes illos, a quibus injurias acceperant, alios etiam sperantes se suas facultates aliqua potentia amplificaturos, hanc sortem habuisse, ut illi quidem non solum suas injurias ulti non sint, sed ne salutem quidem suam retinere potuerint; hi vero pro amplificatione etiam jacturam suarum rerum fecerint. (4) Ultio enim non ut jus erat, feliciter succedit propterea quod quis injuriam ab altero patitur; neque etiam potentia ideo est certa, quod homines bona spe complet. Sed incertus futuri eventus plerumque plus valet, qui quum sit res omnium maxime lubrica, tamen utilissima videtur; utrique enim pariter timentes circumspectius alii alios invadimus.

LXIII. « Quare nunc quoque simul et ob inexploratum hujus incerti rerum eventus metum et ob Atheniensium

ναίους, κατ' ἀμφότερα ἐκπλαγέντες, καὶ τὸ ἐλλιπὲς τῆς γνώμης, ὧν ἕκαστός τι ᾠήθημεν πράξειν, ταῖς κωλύμαις ταύταις ἱκανῶς νομίσαντες εἰρχθῆναι, τοὺς πολεμίους ἐκ τῆς χώρας ἀποπέμπωμεν, καὶ αὐτοὶ μάλιστα μὲν ἐς ἀΐδιον ξυμβῶμεν, εἰ δὲ μή, χρόνον ὡς πλεῖστον σπεισάμενοι τὰς ἰδίας διαφορὰς ἐς αὖθις ἀναβαλώμεθα. (2) Τὸ ξύμπαν τε δὴ γνῶμεν πειθόμενοι μὲν ἐμοὶ πόλιν ἕξοντες ἕκαστος ἐλευθέραν, ἀφ' ἧς αὐτοκράτορες ὄντες τὸν εὖ καὶ κακῶς δρῶντα ἐξ ἴσου ἀρετῇ ἀμυνούμεθα· ἢν δ' ἀπιστήσαντες ἄλλοις ὑπακούσωμεν, οὐ περὶ τοῦ τιμωρήσασθαί τινα, ἀλλὰ καὶ ἄγαν εἰ τύχοιμεν, φίλοι μὲν ἂν τοῖς ἐχθίστοις, διάφοροι δὲ οἷς οὐ χρὴ κατ' ἀνάγκην γιγνόμεθα.

LXIV. « Καὶ ἐγὼ μέν, ἅπερ καὶ ἀρχόμενος εἶπον, πόλιν τε μεγίστην παρεχόμενος καὶ ἐπιών τῳ μᾶλλον ἢ ἀμυνούμενος ἀξιῶ προειδόμενος αὐτῶν ξυγχωρεῖν, καὶ μὴ τοὺς ἐναντίους οὕτω κακῶς δρᾶν ὥστε αὐτὸς τὰ πλείω βλάπτεσθαι, μηδὲ μωρίᾳ φιλονεικῶν ἡγεῖσθαι τῆς τε οἰκείας γνώμης ὁμοίως αὐτοκράτωρ εἶναι καὶ ἧς οὐκ ἄρχω τύχης, ἀλλ' ὅσον εἰκὸς ἡσσᾶσθαι. (2) Καὶ τοὺς ἄλλους δικαιῶ ταυτό μοι ποιῆσαι, ὑφ' ὑμῶν αὐτῶν καὶ μὴ ὑπὸ τῶν πολεμίων τοῦτο παθεῖν. (3) Οὐδὲν γὰρ αἰσχρὸν οἰκείους οἰκείων ἡσσᾶσθαι, ἢ Δωριέα τινὰ Δωριέως ἢ Χαλκιδέα τῶν ξυγγενῶν, τὸ δὲ ξύμπαν γείτονας ὄντας καὶ ξυνοίκους μιᾶς χώρας καὶ περιρρύτου, καὶ ὄνομα ἓν κεκλημένους Σικελιώτας· οἳ πολεμήσομέν τε, οἶμαι, ὅταν ξυμβῇ, καὶ ξυγχωρησόμεθά γε πάλιν καθ' ἡμᾶς αὐτοὺς λόγοις κοινοῖς χρώμενοι. (4) Τοὺς δὲ ἀλλοφύλους ἐπελθόντας ἀθρόοι ἀεί, ἢν σωφρονῶμεν, ἀμυνούμεθα, εἴπερ καὶ καθ' ἑκάστους βλαπτόμενοι ξύμπαντες κινδυνεύομεν· ξυμμάχους δὲ οὐδέποτε τὸ λοιπὸν ἐπαξόμεθα οὐδὲ διαλλακτάς. (5) Τάδε γὰρ ποιοῦντες ἔν τε τῷ παρόντι δυοῖν ἀγαθοῖν οὐ στερήσομεν τὴν Σικελίαν, Ἀθηναίων τε ἀπαλλαγῆναι καὶ οἰκείου πολέμου, καὶ ἐς τὸ ἔπειτα καθ' ἡμᾶς αὐτοὺς ἐλευθέραν νεμούμεθα καὶ ὑπὸ ἄλλων ἧσσον ἐπιβουλευομένην. »

LXV. Τοιαῦτα τοῦ Ἑρμοκράτους εἰπόντος πειθόμενοι οἱ Σικελιῶται αὐτοὶ μὲν κατὰ σφᾶς αὐτοὺς ξυνηνέχθησαν γνώμῃ ὥστε ἀπαλλάσσεσθαι τοῦ πολέμου ἔχοντες ἃ ἕκαστοι ἔχουσιν, τοῖς δὲ Καμαριναίοις Μοργαντίνην εἶναι ἀργύριον τακτὸν τοῖς Συρακοσίοις ἀποδοῦσιν· (2) οἱ δὲ τῶν Ἀθηναίων ξύμμαχοι παρακαλέσαντες αὐτῶν τοὺς ἐν τέλει ὄντας εἶπον ὅτι ξυμβήσονται καὶ αἱ σπονδαὶ ἔσονται κἀκείνοις κοιναί. Ἐπαινεσάντων δὲ αὐτῶν ἐποιοῦντο τὴν ὁμολογίαν, καὶ αἱ νῆες τῶν Ἀθηναίων ἀπέπλευσαν μετὰ ταῦτα ἐκ Σικελίας. (3) Ἐλθόντας δὲ τοὺς στρατηγοὺς οἱ ἐν τῇ πόλει Ἀθηναῖοι τοὺς μὲν φυγῇ ἐζημίωσαν, Πυθόδωρον καὶ Σοφοκλέα, τὸν δὲ τρίτον Εὐρυμέδοντα χρήματα ἐπράξαντο, ὡς ἐξὸν αὐτοῖς τὰ ἐν Σικελίᾳ καταστρέψασθαι δώροις πεισθέντες ἀποχωρήσειαν. (4) Οὕτω τῇ παρούσῃ εὐτυχίᾳ χρώμενοι ἠξίουν σφίσι μηδὲν ἐναντιοῦσθαι, ἀλλὰ καὶ τὰ δυνατὰ ἐν ἴσῳ καὶ τὰ ἀπορώτερα

præsentiam, qui formidolosi jam adsunt, utroque nomine territi, et existimantes pro consilii imbecillitate iis, quorum quisque nostrum aliquid se perfecturum credidit, per hæc impedimenta jam satis nos prohibitos esse, hostes imminentes ex nostra regione amandemus, et inter nos ipsi potissimum quidem æternum fœdus ineamus, sin minus, induciis in quam longissimum tempus factis, discordias privatas in aliud tempus differamus. (2) In summa vero intelligamus, si mihi assentiamini, futurum, ut unusquisque nostrum suam civitatem liberam obtineat, unde nostro utentes arbitrio illis, qui aut bene aut male de nobis meriti sint, ex æquo per virtutem gratiam parem referemus. At si non adhibita mihi fide aliis obediverimus, non ad ulciscendum aliquem, sed etiam, si præclare nobiscum fortuna egerit, amici inimicissimis et adversarii iis quibus non convenit, per necessitatem fiemus.

LXIV. « Atque ego quidem, ut initio dixi, maximæ civitatis nomine agens, et bellum aliis inferre potius quam illatum propulsare paratus, meum tamen esse arbitror, his provisis aliquid concedere et non adversarios ita maleficiis afficere, ut ipse longe pluribus detrimentis afficiar, neque per stultam æmulationem existimare et proprii me consilii pariter arbitrum esse et fortunæ, in quam nullum imperium habeo, sed me et aliis obnoxium esse, quatenus par est. (2) Et æquum esse censeo, ceteros idem facere, quod ego, vestra sponte, et non ab hostibus ad hoc compelli. (3) Nec enim turpe est domesticos domesticis cedere, aut Doriensem aliquem Doriensi, aut Chalcidensem suo gentili, in universum denique eos, qui vicini sumus et ejusdem regionis incolæ, idque regionis, quæ mari undique alluitur, et uno nomine Siculi vocamur; qui, ut opinor, et bellum geremus, quum res ita tulerit, et in mutuam gratiam rursus redibimus, colloquiis communibus inter nos ipsos utentes. (4) Alienigenas vero contra nos profectos universi semper, si sapimus, propulsabimus, siquidem vel quum singuli læduntur, universi periclitamur; socios vero numquam posthac accersemus, neque pacificatores. (5) Hæc igitur si faciamus, et in præsentia duobus bonis Siciliam non fraudabimus, ut et Atheniensibus et bello domestico liberetur, et in posterum nos soli liberam et aliorum insidiis minus obnoxiam incolemus. »

LXV. Talia quum Hermocrates dixisset, Siculi quidem ejus verbis adducti inter se animis consenserunt, ut ab armis discederent, sua quique retinentes, quæ jam possidebant, Camarinæis vero Morgantina concederetur, si certam pecuniæ summam Syracusanis penderent; (2) Atheniensium vero socii advocatis illorum ducibus dixerunt se pacem facturos, et fœdera cum illis quoque communia fore. Quod quum illi approbassent, compositionem faciebant; et Atheniensium naves discesserunt post hæc e Sicilia. (3) Earum autem duces domum reversos populus Atheniensis mulctavit, exsilio quidem Pythodorum et Sophoclem, pecunia vero tertium, Eurymedontem, quasi quum penes eos fuisset res Siculas in suam potestatem redigere, muneribus adducti discessissent. (4) Hoc modo præsenti rerum prosperitate utentes nihil sibi præter animi sententiam succedere, sed æque et quæ fieri poterant et quæ ardiora essent,

μεγάλῃ τε ὁμοίως καὶ ἐνδεεστέρᾳ παρασκευῇ κατεργάζεσθαι. Αἰτία δ' ἦν ἡ παρὰ λόγον τῶν πλειόνων εὐπραγία αὐτοῖς ὑποτιθεῖσα ἰσχὺν τῆς ἐλπίδος.

LXVI. Τοῦ δ' αὐτοῦ θέρους Μεγαρῆς οἱ ἐν τῇ πόλει πιεζόμενοι ὑπό τε Ἀθηναίων τῷ πολέμῳ, ἀεὶ κατὰ ἔτος ἕκαστον δὶς ἐσβαλλόντων πανστρατιᾷ ἐς τὴν χώραν, καὶ ὑπὸ τῶν σφετέρων φυγάδων τῶν ἐκ Πηγῶν, οἳ στασιασάντων ἐκπεσόντες ὑπὸ τοῦ πλήθους χαλεποὶ ἦσαν λῃστεύοντες, ἐποιοῦντο λόγους ἐν ἀλλήλοις ὡς χρὴ δεξαμένους τοὺς φεύγοντας μὴ ἀμφοτέρωθεν τὴν πόλιν φθείρειν. (2) Οἱ δὲ φίλοι τῶν ἔξω τὸν θροῦν αἰσθόμενοι φανερῶς μᾶλλον ἢ πρότερον καὶ αὐτοὶ ἠξίουν τούτου τοῦ λόγου ἔχεσθαι. (3) Γνόντες δὲ οἱ τοῦ δήμου προστάται οὐ δυνατὸν τὸν δῆμον ἐσόμενον ὑπὸ τῶν κακῶν μετὰ σφῶν καρτερεῖν, ποιοῦνται λόγους δείσαντες πρὸς τοὺς τῶν Ἀθηναίων στρατηγούς, Ἱπποκράτην τε τὸν Ἀρίφρονος καὶ Δημοσθένην τὸν Ἀλκισθένους, βουλόμενοι ἐνδοῦναι τὴν πόλιν, καὶ νομίζοντες ἐλάσσω σφίσι τὸν κίνδυνον ἢ τοὺς ἐκπεσόντας ὑπὸ σφῶν κατελθεῖν. (4) Ξυνέβησάν τε πρῶτα μὲν τὰ μακρὰ τείχη ἑλεῖν Ἀθηναίους (ἦν δὲ σταδίων μάλιστα ὀκτὼ ἀπὸ τῆς πόλεως ἐπὶ τὴν Νίσαιαν τὸν λιμένα αὐτῶν), ὅπως μὴ ἐπιβοηθήσωσιν ἐκ τῆς Νισαίας οἱ Πελοποννήσιοι, ἐν ᾗ αὐτοὶ μόνοι ἐφρούρουν βεβαιότητος ἕνεκα τῶν Μεγάρων, ἔπειτα δὲ καὶ τὴν ἄνω πόλιν πειρᾶσθαι ἐνδοῦναι· ῥᾷον δ' ἤδη ἔμελλον προσχωρήσειν τούτου γεγενημένου.

LXVII. Οἱ οὖν Ἀθηναῖοι, ἐπειδὴ ἀπό τε τῶν ἔργων καὶ τῶν λόγων παρεσκεύαστο ἀμφοτέροις, ὑπὸ νύκτα πλεύσαντες ἐς Μίνωαν τὴν Μεγαρέων νῆσον ὁπλίταις ἑξακοσίοις ὧν Ἱπποκράτης ἦρχεν, ἐν ὀρύγματι ἐκαθέζοντο, ὅθεν ἐπλίνθευον τὰ τείχη καὶ ἀπεῖχεν οὐ πολύ· (2) οἱ δὲ μετὰ τοῦ Δημοσθένους τοῦ ἑτέρου στρατηγοῦ Πλαταιῆς τε ψιλοὶ καὶ ἕτεροι περίπολοι ἐνήδρευσαν ἐς τὸν Ἐνυάλιον, ὅ ἐστιν ἔλασσον ἄποθεν. Καὶ ᾔσθετο οὐδεὶς εἰ μὴ οἱ ἄνδρες οἷς ἐπιμελὲς ἦν εἰδέναι τὴν νύκτα ταύτην. (3) Καὶ ἐπειδὴ ἕως ἔμελλε γίγνεσθαι, οἱ προδιδόντες τῶν Μεγαρέων οὗτοι τοιόνδε ἐποίησαν. Ἀκάτιον ἀμφηρικὸν ὡς λῃσταί, ἐκ πολλοῦ τεθεραπευκότες τὴν ἄνοιξιν τῶν πυλῶν, εἰώθεσαν ἐπὶ ἁμάξῃ, πείθοντες τὸν ἄρχοντα, διὰ τῆς τάφρου κατακομίζειν τῆς νυκτὸς ἐπὶ τὴν θάλασσαν καὶ ἐκπλεῖν· καὶ πρὶν ἡμέραν εἶναι, πάλιν αὐτὸ τῇ ἁμάξῃ κομίσαντες ἐς τὸ τεῖχος κατὰ τὰς πύλας ἐσῆγον, ὅπως τοῖς ἐκ τῆς Μινῴας Ἀθηναίοις ἀφανὴς δὴ εἴη ἡ φυλακὴ μὴ ὄντος ἐν τῷ λιμένι πλοίου φανεροῦ μηδενός. (4) Καὶ τότε πρὸς ταῖς πύλαις ἤδη ἦν ἡ ἅμαξα, καὶ ἀνοιχθεισῶν κατὰ τὸ εἰωθὸς ὡς τῷ ἀκατίῳ οἱ Ἀθηναῖοι (ἐγίγνετο γὰρ ἀπὸ ξυνθήματος τὸ τοιοῦτον) ἰδόντες ἔθεον δρόμῳ ἐκ τῆς ἐνέδρας, βουλόμενοι φθάσαι πρὶν ξυγκληθῆναι πάλιν τὰς πύλας καὶ ἕως ἔτι ἡ ἅμαξα ἐν αὐταῖς ἦν κώλυμα οὖσα προσθεῖναι· καὶ αὐτοῖς ἅμα καὶ οἱ ξυμπράσσοντες Μεγαρῆς τοὺς κατὰ πύλας φύλακας κτείνουσιν. (5) Καὶ πρῶτον μὲν οἱ περὶ τὸν Δημοσθένην

---

sive magno sive parvo apparatu pariter conficere volebant. Cujus rei causa erat inopinata in plerisque rebus felicitas, quae spei vires iis subministrabat.

LXVI. Eadem aestate Megarenses, qui in urbe erant, quum et ab Atheniensibus bello premerentur, qui quotannis semper cum frequentibus copiis irruptionem in eorum agrum bis faciebant, et a suis exsulibus, qui propter civium seditionem a populo expulsi ex Pegis latrociniis urbanos graviter infestabant, consultabant inter se et censebant exsules recipiendos, ne utrinque civitas perderetur. (2) Exsulum vero amici, quum istum rumorem sensissent, ipsi quoque apertius, quam ante, postulare coeperunt, ut in isto consilio perseverarent. (3) Sed quum populi principes animadvertissent, populum malis afflictum secum nullo modo posse tolerare, metu compulsi, cum Hippocrate Ariphronis et Demosthene Alcisthenis filio, Atheniensium ducibus, agere instituebant, eo consilio ut urbem dederent et existimantes, minus periculum sibi sic impendere, quam si illi, qui ab iis ejecti erant, rediissent. (4) Atque inter eos ita convenit, ut Athenienses primo quidem caperent muros longos (erant autem hi octo ferme stadiorum ab urbe ad Nisaeam ipsorum portum), ne Peloponnesii opem ex Nisaea ferrent, in qua ipsi soli praesidium habebant, ut Megara firmius tenerent; deinde vero et superiorem urbem dedere conarentur; hoc enim facto jam facilius deditionem facturi erant.

LXVII. Athenienses igitur, postquam omnia et facta et dicta utrinque erant, quae ad negotium conficiendum erant necessaria, sub noctem ad Minoam Megarensium insulam profecti cum sexcentis gravis armaturae militibus, quibus Hippocrates praeerat, in fossa consederunt, quae non multum illinc distabat, unde Megarenses lateres ad muros exstruendos sumebant. (2) Plataeenses vero expediti aliique circumitores, qui cum Demosthene altero duce erant, ad Martis templum, quod minus remotum erat ab urbe, in insidiis consederunt. Et nullus Megarensium rem sensit, praeter illos, quibus scire curae erat, in hac nocte. (3) Et quum crepusculum matutinum adventaret, isti Megarenses, qui proditionem moliebantur, hujusmodi fraudem excogitarunt. Navigiolum, quod utrinque singulis remis agebatur, veluti latrones, quum jam pridem officiis suis perfecissent, ut portae sibi aperirentur, plaustro impositum, conciliato sibi ad hoc magistratu noctu per fossam ad mare transportare et enavigare consueverant; et antequam dies illucesceret, idem plaustro vectum in urbem per portas rursus importabant, ut Atheniensium custodia, quam e Minoa agebant, falsa esset, quod nullum in portu navigium prorsus appareret. (4) Tunc autem hoc plaustrum ad portas jam erat, et quum hae ex more ut emittendo navigiolo apertae essent (fiebat enim hoc ex composito), Athenienses hoc animadverso ex insidiis cursu contenderunt, quod eo ocius pervenire vellent, antequam portae rursus clauderentur, et donec plaustrum in ipsis adhuc esset, et impediret, ne reponerentur; et una cum iis Megarenses, qui eorum partibus favebant, interfecerunt custodes, qui ad portas erant. (5) Et primum quidem Plataeenses et circuitores, qui circa Demo-

Πλαταιῆς τε καὶ περίπολοι ἐσέδραμον οὗ νῦν τὸ τροπαῖόν ἐστι, καὶ εὐθὺς ἐντὸς τῶν πυλῶν (ᾔσθοντο γὰρ οἱ ἐγγύτατα Πελοποννήσιοι) μαχόμενοι τοὺς προσβοηθοῦντας οἱ Πλαταιῆς ἐκράτησαν, καὶ τοῖς τῶν Ἀθηναίων ὁπλίταις ἐπιφερομένοις βεβαίους τὰς πύλας παρέσχον·

LXVIII. ἔπειτα δὲ καὶ τῶν Ἀθηναίων ἤδη ὁ ἀεὶ ἐντὸς γιγνόμενος χωρεῖ ἐπὶ τὸ τεῖχος. (2) Καὶ οἱ Πελοποννήσιοι φρουροὶ τὸ μὲν πρῶτον ἀντισχόντες ἠμύνοντο ὀλίγοι, καὶ ἀπέθανόν τινες αὐτῶν, οἱ δὲ πλείους ἐς φυγὴν κατέστησαν φοβηθέντες ἐν νυκτί τε πολεμίων προσπεπτωκότων καὶ τῶν προδιδόντων Μεγαρέων ἀντιμαχομένων, νομίσαντες τοὺς ἅπαντας σφᾶς Μεγαρέας προδεδωκέναι. (3) Ξυνέπεσε γὰρ καὶ τὸν τῶν Ἀθηναίων κήρυκα ἀφ' ἑαυτοῦ γνώμης κηρῦξαι τὸν βουλόμενον ἰέναι Μεγαρέων μετὰ Ἀθηναίων θησόμενον τὰ ὅπλα. Οἱ δ' ὡς ἤκουσαν, οὐκέτι ἀνέμενον, ἀλλὰ τῷ ὄντι νομίσαντες κοινῇ πολεμεῖσθαι κατέφυγον ἐς τὴν Νίσαιαν. (4) Ἅμα δὲ ἕῳ, ἑαλωκότων ἤδη τῶν τειχῶν καὶ τῶν ἐν τῇ πόλει Μεγαρέων θορυβουμένων, οἱ πρὸς τοὺς Ἀθηναίους πράξαντες καὶ ἄλλοι μετ' αὐτῶν, πλῆθος δ' ξυνῄδει, ἔφασαν χρῆναι ἀνοίγειν τὰς πύλας καὶ ἐπεξιέναι ἐς μάχην. (5) Ξυνέκειτο δὲ αὐτοῖς τῶν πυλῶν ἀνοιχθεισῶν ἐσπίπτειν τοὺς Ἀθηναίους, αὐτοὶ δὲ διάδηλοι ἔμελλον ἔσεσθαι· λίπα γὰρ ἀλείψεσθαι, ὅπως μὴ ἀδικῶνται. Ἀσφάλεια δὲ αὐτοῖς μᾶλλον ἐγίγνετο τῆς ἀνοίξεως· καὶ γὰρ οἱ ἀπὸ τῆς Ἐλευσῖνος κατὰ τὸ ξυγκείμενον τετρακισχίλιοι ὁπλῖται τῶν Ἀθηναίων καὶ ἱππῆς ἑξακόσιοι οἱ τὴν νύκτα πορευόμενοι παρῆσαν. (6) Ἀληλιμμένων δὲ αὐτῶν καὶ ὄντων ἤδη περὶ τὰς πύλας καταγορεύει τις ξυνειδὼς τοῖς ἑτέροις τὸ ἐπιβούλευμα. Καὶ οἱ ξυστραφέντες ἀθρόοι ἦλθον καὶ οὐκ ἔφασαν χρῆναι οὔτε ἐπεξιέναι (οὐδὲ γὰρ πρότερόν πω τοῦτο ἰσχύοντες μᾶλλον τολμῆσαι) οὔτε ἐς κίνδυνον φανερὸν τὴν πόλιν καταγαγεῖν· εἴ τε μὴ πείσεταί τις, αὐτοῦ τὴν μάχην ἔσεσθαι. Ἐδήλουν δὲ οὐδὲν ὅτι ἴσασι τὰ πρασσόμενα, ἀλλ' ὡς τὰ βέλτιστα βουλεύοντες ἰσχυρίζοντο, καὶ ἅμα περὶ τὰς πύλας παρέμενον φυλάσσοντες, ὥστε οὐκ ἐγένετο τοῖς ἐπιβουλεύουσι πρᾶξαι ὃ ἔμελλον.

LXIX. Γνόντες δὲ οἱ τῶν Ἀθηναίων στρατηγοὶ ὅτι ἐναντίωμά τι ἐγένετο καὶ τὴν πόλιν βίᾳ οὐχ οἷοί τε ἔσονται λαβεῖν, τὴν Νίσαιαν εὐθὺς περιετείχιζον, νομίζοντες, εἰ πρὶν ἐπιβοηθῆσαί τινας ἐξέλοιεν, θᾶσσον ἂν καὶ τὰ Μέγαρα προσχωρῆσαι, (2) (παρεγένετο δὲ σίδηρός τε ἐκ τῶν Ἀθηνῶν ταχὺ καὶ λιθουργοὶ καὶ τἆλλα ἐπιτήδεια,) ἀρξάμενοι δ' ἀπὸ τοῦ τείχους ὃ εἶχον, καὶ διοικοδομήσαντες τὸ πρὸς Μεγαρέας ἀπ' ἐκείνου ἑκατέρωθεν ἐς θάλασσαν τῆς Νισαίας, τάφρον τε καὶ τείχη διελομένη ἡ στρατιά, ἔκ τε τοῦ προαστείου λίθοις καὶ πλίνθοις χρώμενοι, καὶ κόπτοντες τὰ δένδρα καὶ ὕλην ἀπεσταύρουν εἴ πῃ δέοιτό τι· καὶ αἱ οἰκίαι τοῦ προαστείου ἐπάλξεις λαμβάνουσαι αὐταὶ ὑπῆρχον ἔρυμα. (3) Καὶ ταύτην μὲν τὴν ἡμέραν ὅλην εἰργάζοντο· τῇ δ' ὑστεραίᾳ περὶ δείλην τὸ τεῖχος ὅσον οὐκ

sthenem erant, irruperunt, ubi tropæum nunc exstat, et statim intra portas (Peloponnesii enim, qui proxime erant, rem senserunt) Platæenses pugnando superarunt eos, qui ad opem ferendam veniebant, et gravi Atheniensium armaturæ advenienti portas tutas præstiterunt.

LXVIII. Deinde vero jam Atheniensium unusquisque, prout deinceps intrabat, ad murum contendebat. (2) Et Peloponnesii præsidiarii primo quidem pauci resistentes vim propulsabant, et nonnulli eorum ceciderunt, sed plerique in fugam se conjecerunt, tum quod hostes noctu irruperant, tum etiam quod a Megarensibus proditoribus oppugnabantur, rati se ab universis Megarensibus proditos. (3) Accidit enim simul etiam, ut Atheniensium præco sua sponte ediceret, ut quisquis vellet Megarensium iret arma cum Atheniensibus juncturus; quod illi quum audissent, nullam moram amplius interposuerunt, sed re vera se ab utrisque oppugnari existimantes, in Nisæam fuga se receperunt. (4) Prima autem luce muris jam captis, et Megarensibus, qui in urbe erant, metu trepidantibus, illi, qui Atheniensibus faverant, et alii cum ipsis, tota multitudo, quæ proditionis erat conscia, portas aperiendas, et ad prœlium adversus hostem prodeundum dicebant. (5) Inter eos autem convenerat, ut portis apertis Athenienses irrumperent, ipsi autem ut internoscerentur, prospecturi erant; nam oleo se uncturi erant, ne læderentur. Fiebat autem, ut tutius possent portas aperire; nam, ut inter eos convenerat, quatuor millia peditum gravis armaturæ et sexcenti equites Athenienses, qui noctu iter fecerant, ab Eleusine aderant. (6) Et quum illi quncti essent et jam ad portas pervenissent, quidam ex consciis insidias alteris indicat. Illi vero agmine facto frequentes venerunt, et dixerunt, nec exeundum adversus hostes (nam ne ante quidem unquam, quamvis essent potentiores, hoc facere se ausos esse), nec civitatem in manifestum periculum adducendam, et si quis non pareret, illic in loco pugnam commissum iri. Nullo autem modo significabant, se scire, quæ agerentur, sed velut optimum factu consulentes in sententia perseverabant, et simul ad portas permanebant easque custodiebant, ut non liceret insidiatoribus ea peragere, quæ statuerant.

LXIX. Atheniensium autem duces quum sensissent aliquid impedimenti accidisse, nec urbem a se per vim capi posse, Nisæam protinus circumvallare cœperunt, existimantes, si prius quam aliqui opem ferrent, eam expugnassent, Megara etiam citius in deditionem ventura, (2) (celeriter autem Athenis allata sunt ferramenta, lapicidæ, et ceteræ res necessariæ,) initio autem facto ab illo muro, quem ipsi tenebant, muroque transverso Megara versus exstructo, ab illo in utraque Nisææ parte usque ad mare, copiæ et fossæ et murorum faciendorum opus inter se partitæ et lapidibus atque lateribus ex suburbano sumptis utentes, et arbores et materiam aliam cædentes, Nisæam vallo claudebant, si qua pars alicubi munitione egeret. Ædes etiam, quæ erant in suburbano, pinnis impositis, usum munitionis præbebant. (3) Et hunc quidem diem totum opus faciebant; postridie vero circa vesperam murus tantum non absolutus erat;

ἀποτετέλεστο, καὶ οἱ ἐν τῇ Νισαίᾳ δείσαντες, σίτου τε ἀπορίᾳ (ἐφ' ἡμέραν γὰρ ἐκ τῆς ἄνω πόλεως ἐχρῶντο) καὶ τοὺς Πελοποννησίους οὐ νομίζοντες ταχὺ ἐπιβοηθήσειν, τούς τε Μεγαρέας πολεμίους ἡγούμενοι, ξυνέβησαν τοῖς Ἀθηναίοις ῥητοῦ μὲν ἕκαστον ἀργυρίου ἀπολυθῆναι ὅπλα παραδόντας, τοῖς δὲ Λακεδαιμονίοις, τῷ τε ἄρχοντι καὶ εἴ τις ἄλλος ἐνῆν, χρῆσθαι Ἀθηναίους ὅ τι ἂν βούλωνται. (4) Ἐπὶ τούτοις ὁμολογήσαντες ἐξῆλθον. Καὶ οἱ Ἀθηναῖοι τὰ μακρὰ τείχη ἀπορρήξαντες ἀπὸ τῆς τῶν Μεγαρέων πόλεως καὶ τὴν Νίσαιαν παραλαβόντες τἆλλα παρεσκευάζοντο.

LXX. Βρασίδας δὲ ὁ Τέλλιδος Λακεδαιμόνιος κατὰ τοῦτον τὸν χρόνον ἐτύγχανε περὶ Σικυῶνα καὶ Κόρινθον ὤν, ἐπὶ Θρᾴκης στρατιὰν παρασκευαζόμενος. Καὶ ὡς ᾔσθετο τῶν τειχῶν τὴν ἅλωσιν, δείσας περί τε τοῖς ἐν τῇ Νισαίᾳ Πελοποννησίοις καὶ μὴ τὰ Μέγαρα ληφθῇ, πέμπει ἔς τε τοὺς Βοιωτοὺς κελεύων κατὰ τάχος στρατιᾷ ἀπαντῆσαι ἐπὶ Τριποδίσκον (ἔστι δὲ κώμη τῆς Μεγαρίδος ὄνομα τοῦτο ἔχουσα ὑπὸ τῷ ὄρει τῇ Γερανίᾳ), καὶ αὐτὸς ἔχων ἦλθεν ἑπτακοσίους μὲν καὶ δισχιλίους Κορινθίων ὁπλίτας, Φλιασίων δὲ τετρακοσίους, Σικυωνίων δὲ ἑξακοσίους, καὶ τοὺς μεθ' αὑτοῦ ὅσοι ἤδη ξυνειλεγμένοι ἦσαν, οἰόμενος τὴν Νίσαιαν ἔτι καταλήψεσθαι ἀνάλωτον. (2) Ὡς δὲ ἐπύθετο (ἔτυχε γὰρ νυκτὸς ἐπὶ τὸν Τριποδίσκον ἐξελθών), ἀπολέξας τριακοσίους τοῦ στρατοῦ, πρὶν ἔκπυστος γενέσθαι, προσῆλθε τῇ τῶν Μεγαρέων πόλει λαθὼν τοὺς Ἀθηναίους ὄντας περὶ τὴν θάλασσαν, βουλόμενος μὲν τῷ λόγῳ καὶ ἅμα εἰ δύναιτο, ἔργῳ τῆς Νισαίας πειρᾶσαι, τὸ δὲ μέγιστον, τὴν τῶν Μεγαρέων πόλιν εἰσελθὼν βεβαιώσασθαι. Καὶ ἠξίου δέξασθαι σφᾶς, λέγων ἐν ἐλπίδι εἶναι ἀναλαβεῖν Νίσαιαν.

LXXI. Αἱ δὲ τῶν Μεγαρέων στάσεις φοβούμεναι, οἱ μὲν μὴ τοὺς φεύγοντας σφίσιν ἐσαγαγὼν αὐτοὺς ἐκβάλῃ, οἱ δὲ μὴ αὐτὸ τοῦτο ὁ δῆμος δείσας ἐπιθῆται σφίσι καὶ ἡ πόλις ἐν μάχῃ καθ' αὑτὴν οὖσα ἐγγὺς ἐφεδρευόντων Ἀθηναίων ἀπόληται, οὐκ ἐδέξαντο, ἀλλ' ἀμφοτέροις ἐδόκει ἡσυχάσασι τὸ μέλλον περιιδεῖν· (2) ἤλπιζον γὰρ καὶ μάχην ἑκάτεροι ἔσεσθαι τῶν τε Ἀθηναίων καὶ τῶν προσβοηθησάντων, καὶ οὕτω σφίσιν ἀσφαλεστέρως ἔχειν, οἷς τις εἴη εὔνους, κρατήσασι προσχωρῆσαι. (3) Ὁ δὲ Βρασίδας ὡς οὐκ ἔπειθεν, ἀνεχώρησε πάλιν ἐς τὸ ἄλλο στράτευμα.

LXXII. Ἅμα δὲ τῇ ἕῳ οἱ Βοιωτοὶ παρῆσαν, διανενοημένοι μὲν καὶ πρὶν Βρασίδαν πέμψαι βοηθεῖν ἐπὶ τὰ Μέγαρα ὡς οὐκ ἀλλοτρίου ὄντος τοῦ κινδύνου, καὶ ἤδη ὄντες πανστρατιᾷ ἐν Πλαταιαῖς· ἐπειδὴ δὲ καὶ ἦλθεν ὁ ἄγγελος, πολλῷ μᾶλλον ἐρρώσθησαν, καὶ ἀποστείλαντες διακοσίους καὶ δισχιλίους ὁπλίτας καὶ ἱππέας ἑξακοσίους τοῖς πλείοσιν ἀπῆλθον πάλιν. (2) Παρόντος δὲ ἤδη ξύμπαντος τοῦ στρατεύματος, ὁπλιτῶν οὐκ ἔλασσον ἑξακισχιλίων, καὶ τῶν Ἀθηναίων τῶν μὲν ὁπλιτῶν περὶ τὴν Νίσαιαν ὄντων καὶ τὴν θάλασσαν ἐν τάξει, τῶν δὲ ψιλῶν ἀνὰ τὸ πεδίον ἐσκεδασμένων, οἱ ἱππῆς

LXX. quare, qui in Nisæa erant, metu perculsi, quum ob commeatus inopiam (eo enim ex urbe superiore devecto in diem utentes vivebant) tum quod existimarent, Peloponnesios haud celeriter opem sibi laturos, tum etiam quod Megarenses hostes esse ducerent, cum Atheniensibus compositionem fecerunt, his conditionibus, ut singuli quidem traditis armis certa pecuniæ summa persoluta dimitterentur; de Lacedæmoniis vero et eorum duce, et si quis alius intus esset, Athenienses arbitratu suo statuerent. (4) His igitur conditionibus compositione facta exierunt. Athenienses autem, quum longos muros ab urbe Megarensium abrupissent, et Nisæam per deditionem accepissent, reliqua parabant.

LXX. Brasidas vero Tellidis filius, Lacedæmonius, per idem tempus forte circa Sicyonem et Corinthum agebat, exercitum comparans, quem in Thraciam duceret. Quumque muros captos intellexisset, metuens et Peloponnesiis, qui erant in Nisæa, et ne Megara caperentur, mittit ad Bœotos, jubens eos cum copiis sibi occurrere ad Tripodiscum (est autem vicus agri Megarensis hoc nomen habens, sub monte Gerania situs) et ipse eo venit cum duobus millibus et septingentis Corinthiorum militibus, Phliasiorum quadringentis, Sicyoniorum sexcentis, et cum iis, quos jam collectos secum habebat, existimans, se Nisæam adhuc inventurum inexpugnatam. (2) Sed quum rem audisset (noctu enim erat egressus ad Tripodiscum), cum delecta trecentorum manu, ante quam rumor de ipsius adventu ad hostium aures pervenisset, ad Megarensium urbem accessit, clam Atheniensibus, qui ad mare erant, cupiens, ut præ se ferebat, atque adeo re ipsa, si posset, Nisæam attemptare, sed in primis Megarensium urbem ingressus confirmare. Quare a Megarensibus exigebat, ut se reciperent, dicens se de Nisæa recipienda spem habere.

LXXI. Sed Megarensium factiones veritæ, alii quidem ne exsulibus contra se reductis, se ipsos expelleret, alii vero, ne populus hoc ipsum metuens in se faceret impetum, et civitas bello domestico pressa Atheniensibus e propinquo insidiantibus periret, eum non receperunt, sed utrisque placuit, ut quiescentes eventum rei circumspicerent; (2) sperabant enim utrique, pugnam commissum iri inter Athenienses et illos, qui ad opem ferendam venerant, atque ita sibi fore tutius partes sequi victorum, quibus quisque benevolus esset. (3) Brasidas vero quum rem iis persuadere non posset, ad reliquum exercitum retro rediit.

LXXII. At primo statim diluculo Bœoti aderant, qui in animo quidem habuerant, vel ante quam Brasidas nuntium mitteret, Megaris succurrere, quod hoc periculum a se non alienum esse ducerent; et jam cum frequentibus copiis ad Platæas profecti, quum etiam nuntius venisset, multo magis animati sunt, et duobus millibus gravis armaturæ militum, et ducentis præterea, equitibusque sexcentis ad Brasidam missis, cum majore copiarum parte domum reverterunt. (2) Quum autem omnes copiæ militum gravis armaturæ non minus sex millium jam adessent, et Athenienses suorum gravis armaturæ militum aciem instructam haberent ad Nisæam et ad mare, et levis eorum armatura per campos' vagaretur, Bœotorum equitatus, impressione

τῶν Βοιωτῶν ἀπροσδοκήτοις ἐπιπεσόντες τοῖς ψιλοῖς ρεψαν ἐπὶ τὴν θάλασσαν· ἐν γὰρ τῷ πρὸ τοῦ οὐδεμία ηθειά πω τοῖς Μεγαρεῦσιν οὐδαμόθεν ἐπῆλθεν. (3) ντεπεξελάσαντες δὲ καὶ οἱ τῶν Ἀθηναίων ἐς χεῖρας σαν, καὶ ἐγένετο ἱππομαχία ἐπὶ πολύ, ἐν ᾗ ἀξιοῦσιν άτεροι οὐχ ἥσσους γενέσθαι. (4) Τὸν μὲν γὰρ ἵππαρχον τῶν Βοιωτῶν καὶ ἄλλους τινὰς οὐ πολλοὺς πρὸς τὴν Νίσαιαν προσελάσαντες οἱ Ἀθηναῖοι καὶ ποκτείναντες ἐσκύλευσαν, καὶ τῶν τε νεκρῶν τούτων ρατήσαντες ὑποσπόνδους ἀπέδοσαν καὶ τροπαῖον ἔστησαν· οὐ μέντοι ἔν γε τῷ παντὶ ἔργῳ βεβαίως οὐδέτεροι λευτήσαντες ἀπεκρίθησαν, ἀλλ' οἱ μὲν Βοιωτοὶ πρὸς ὡς ἑαυτῶν, οἱ δὲ ἐπὶ τὴν Νίσαιαν.

LXXIII. Μετὰ δὲ τοῦτο Βρασίδας καὶ τὸ στράευμα ἐχώρουν ἐγγυτέρω τῆς θαλάσσης καὶ τῆς τῶν εγαρέων πόλεως, καὶ καταλαβόντες χωρίον ἐπιτήιον παραταξάμενοι ἡσύχαζον, οἰόμενοι σφίσιν ἐπιέναι ὺς Ἀθηναίους, καὶ τοὺς Μεγαρέας ἐπιστάμενοι περιομένους ὁποτέρων ἡ νίκη ἔσται. (2) Καλῶς δὲ ἐνόιζον σφίσιν ἀμφότερα ἔχειν, ἅμα μὲν τὸ μὴ ἐπιχειρεῖν ροτέρους μηδὲ μάχης καὶ κινδύνου ἑκόντας ἄρξαι, τειδή γε ἐν φανερῷ ἔδειξαν ἑτοῖμοι ἀμύνεσθαι, καὶ τοῖς ὥσπερ ἀκονιτὶ τὴν νίκην δικαίως ἂν τίθεσθαι, τῷ αὐτῷ δὲ καὶ πρὸς τοὺς Μεγαρέας ὀρθῶς ξυμχίνειν. (3) Εἰ μὲν γὰρ μὴ ὤφθησαν ἐλθόντες, οὐκ ἐν τύχῃ γίγνεσθαι σφίσιν, ἀλλὰ σαφῶς ἂν ὥσπερ σηθέντων στερηθῆναι εὐθὺς τῆς πόλεως· νῦν δὲ κᾶν χεῖν αὐτοὺς Ἀθηναίους μὴ βουληθέντας ἀγωνίζεσθαι, στε ἀμαχεὶ ἂν περιγενέσθαι αὐτοῖς ὧν ἕνεκα ἦλθον.) Ὅπερ καὶ ἐγένετο. Οἱ γὰρ Μεγαρῆς, ὡς οἱ Ἀθηαῖοι ἐτάξαντο μὲν παρὰ τὰ μακρὰ τείχη ἐξελθόντες, σύχαζον δὲ καὶ αὐτοὶ μὴ ἐπιόντων, λογιζόμενοι καὶ οἱ ξείνων στρατηγοὶ μὴ ἀντίπαλον εἶναι σφίσι τὸν κίνδυον, ἐπειδὴ καὶ τὰ πλείω αὐτοῖς προεκεχωρήκει, ἄρξασι άχης πρὸς πλείονας αὐτῶν ἢ λαβεῖν νικήσαντας Μέχρα ἢ σφαλέντας τῷ βελτίστῳ τοῦ ὁπλιτικοῦ βλαθῆναι, τοῖς δὲ ξυμπάσης τῆς δυνάμεως καὶ τῶν παόντων μέρος ἕκαστον κινδυνεύειν εἰκότως ἐθέλειν ολμᾶν, χρόνον δὲ ἐπισχόντες, καὶ ὡς οὐδὲν ἀφ' ἑκαέρων ἐπεχειρεῖτο, ἀπῆλθον πρότερον οἱ Ἀθηναῖοι ἐς ἣν Νίσαιαν καὶ αὖθις οἱ Πελοποννήσιοι ὅθενπερ ὡρήθησαν.

LXXIV. Οὕτω δὴ τῷ μὲν Βρασίδᾳ αὐτῷ καὶ τοῖς πὸ τῶν πόλεων ἄρχουσιν οἱ τῶν φευγόντων φίλοι Ιεγαρῆς, ὡς ἐπικρατήσαντι καὶ τῶν Ἀθηναίων οὐκέτι θελησάντων μάχεσθαι, θαρσοῦντες μᾶλλον ἀνοίγουσί τε ὰς πύλας καὶ δεξάμενοι καταπεπληγμένων ἤδη τῶν ρὸς τοὺς Ἀθηναίους πραξάντων ἐς λόγους ἔρχονται. ζαὶ ὕστερον ὁ μὲν διαλυθέντων τῶν ξυμμάχων κατὰ τόλεις ἐπανελθὼν καὶ αὐτὸς ἐς τὴν Κόρινθον τὴν ἐπὶ Θρᾴκης στρατείαν παρεσκεύαζεν, ἵναπερ καὶ τὸ πρῶ ον ὥρμητο· (2) οἱ δὲ ἐν τῇ πόλει Μεγαρῆς ἀποχωησάντων καὶ τῶν Ἀθηναίων ἐπ' οἴκου, ὅσοι μὲν τῶν ραγμάτων πρὸς τοὺς Ἀθηναίους μάλιστα μετέσχον,

THUCYDIDES.

in hanc ex improviso facta, in fugam vertit, et ad mare reppulit; nam ante illum diem nulla auxilia ex ullo loco Megarensibus venerant. (3) Sed quum et ipsi Atheniensium equites illis obviam procurrissent, ad manus venerunt, et equestre proelium ad multum diei spatium est commissum, in quo utrique se non inferiores fuisse contendunt. (4) Nam equitatus Bœoti præfectum, et aliquot alios ad ipsam Nisæam provecti Athenienses interfectos spoliarunt, et corpora etiam ipsorum potiti per inducias reddiderunt, et tropæum statuerunt; neutri tamen in hoc toto prœlio certum minimeque dubium adepti pugnæ eventum dirempti sunt, sed Bœoti quidem ad suos, Athenienses vero ad Nisæam se receperunt.

LXXIII. Postea vero Brasidas ejusque copiæ propius mare et Megara urbem accesserunt, et occupato loco idoneo acie instructa quiescebant, existimantes fore, ut Athenienses contra se venirent, et scientes Megarenses circumspicere, utrorum esset futura victoria. (2) Utrumque autem opportune sibi cadere existimabant, simul quidem, si ipsi hostem priores non aggrederentur, nec prœlii periculosi initium sua sponte facerent, siquidem aperte demonstraverant, se ad hostem propulsandum paratos esse, sibique quodammodo sine pulvere et labore victoriam merito tribui, simul etiam, quod ad Megarenses attineret, rem sibi feliciter cessuram. (3) Si enim in illorum conspectum non venissent, rem nullo modo in fortunæ arbitrio futuram, sed procul dubio se urbem quasi victos protinus amissuros fuisse; nunc vero illud etiam fortasse eventurum, ut ipsi Athenienses prœlium detrectarent, atque ita res eæ, quarum causa venerant, sibi sine prœlio contingerent. (4) Quod etiam evenit. Megarenses enim, quum Athenienses ex Nisæa egressi aciem quidem ad longos muros instruxissent, sed tamen ipsi quoque quiescerent, Peloponnesiis eos non invadentibus, quum quidem horum quoque duces reputarent, sibi periculum non esse par; nam quum pleraque feliciter sibi jam successissent, si priores prœlium adversus copias suis majores inirent, aut victores se Megara capturos, aut victos amissa præstantissima totius exercitus parte, cladem accepturos, illos vero, quod exercitum ex omnibus Peloponnesii civitatibus collectum haberent, cum singulis etiam singularum civitatum partibus merito paratos esse audere belli fortunam periclitari; quum autem aliquandiu in armis commorati essent, et neutra acies alteram aggrederetur, discesserunt, prius Athenienses in Nisæam, deinde vero Peloponnesii eo, unde venerant.

LXXIV. Sic igitur Megarenses exsulum amici et ipsi Brasidæ et ducibus ex civitatibus animo magis confirmati, quod ille superior fuisset et Athenienses non item pugnare voluissent, portas aperiunt, et eo recepto in colloquium veniunt, illis jam timore perculsis, qui Atheniensium partes sequuti erant. Et postea hic quidem sociis in urbes suas dimissis et ipse Corinthum reversus expeditionem in Thraciam parabat, quo et ante cogitarat; (2) Megarenses vero, qui in urbe erant, quum Athenienses quoque domum rediissent, quotquot rerum cum Atheniensibus actarum maxime participes fuerant, quia sciebant, se conspecto

εἰδότες ὅτι ὤφθησαν εὐθὺς ὑπεξῆλθον, οἱ δὲ ἄλλοι κοινολογησάμενοι τοῖς τῶν φευγόντων φίλοις κατάγουσι τοὺς ἐκ Πηγῶν, ὁρκώσαντες πίστεσι μεγάλαις μηδὲν μνησικακήσειν, βουλεύσειν δὲ τῇ πόλει τὰ ἄριστα. (3) Οἱ δὲ ἐπειδὴ ἐν ταῖς ἀρχαῖς ἐγένοντο καὶ ἐξέτασιν ὅπλων ἐποιήσαντο, διαστήσαντες τοὺς λόχους ἐξελέξαντο τῶν τε ἐχθρῶν καὶ οἳ ἐδόκουν μάλιστα ξυμπρᾶξαι τὰ πρὸς τοὺς Ἀθηναίους ἄνδρας ὡς ἑκατόν, καὶ τούτων πέρι ἀναγκάσαντες τὸν δῆμον ψῆφον φανερὰν διενεγκεῖν, ὡς κατεγνώσθησαν, ἔκτειναν, καὶ ἐς ὀλιγαρχίαν τὰ μάλιστα κατέστησαν τὴν πόλιν. (4) Καὶ πλεῖστον δὴ χρόνον αὕτη ὑπ' ἐλαχίστων γενομένη ἐκ στάσεως μετάστασις ξυνέμεινεν.

LXXV. Τοῦ δ' αὐτοῦ θέρους τῆς Ἀντάνδρου ὑπὸ τῶν Μυτιληναίων, ὥσπερ διενοοῦντο, μελλούσης κατασκευάζεσθαι, οἱ τῶν ἀργυρολόγων Ἀθηναίων στρατηγοὶ Δημόδοκος καὶ Ἀριστείδης, ὄντες περὶ Ἑλλήσποντον (ὁ γὰρ τρίτος αὐτῶν Λάμαχος δέκα ναυσὶν ἐς τὸν Πόντον ἐσεπεπλεύκει) ὡς ᾐσθάνοντο τὴν παρασκευὴν τοῦ χωρίου καὶ ἐδόκει αὐτοῖς δεινὸν εἶναι μὴ ὥσπερ τὰ Ἄναια ἐπὶ τῇ Σάμῳ γένηται, ἔνθα οἱ φεύγοντες τῶν Σαμίων καταστάντες τούς τε Πελοποννησίους ὠφέλουν ἐς τὰ ναυτικὰ κυβερνήτας πέμποντες καὶ τοὺς ἐν τῇ πόλει Σαμίους ἐς ταραχὴν καθίστασαν καὶ τοὺς ἐξιόντας ἐδέχοντο, οὕτω δὴ ξυναγείραντες ἀπὸ τῶν ξυμμάχων στρατιὰν καὶ πλεύσαντες, μάχῃ τε νικήσαντες τοὺς ἐκ τῆς Ἀντάνδρου ἐπεξελθόντας, ἀναλαμβάνουσι τὸ χωρίον πάλιν. (2) Καὶ οὐ πολὺ ὕστερον ἐς τὸν Πόντον ἐσπλεύσας Λάμαχος, ἐν τῇ Ἡρακλεώτιδι ὁρμήσας ἐς τὸν Κάληκα ποταμόν, ἀπόλλυσι τὰς ναῦς ὕδατος ἄνωθεν γενομένου καὶ κατελθόντος αἰφνιδίου τοῦ ῥεύματος. Αὐτός τε καὶ ἡ στρατιὰ πεζῇ διὰ Βιθυνῶν Θρᾳκῶν, οἵ εἰσι πέραν ἐν τῇ Ἀσίᾳ, ἀφικνεῖται ἐς Χαλκηδόνα τὴν ἐπὶ τῷ στόματι τοῦ Πόντου Μεγαρέων ἀποικίαν.

LXXVI. Ἐν δὲ τῷ αὐτῷ θέρει καὶ Δημοσθένης Ἀθηναίων στρατηγὸς τεσσαράκοντα ναυσὶν ἀφικνεῖται ἐς Ναύπακτον, εὐθὺς μετὰ τὴν ἐκ τῆς Μεγαρίδος ἀναχώρησιν. (2) Τῷ γὰρ Ἱπποκράτει καὶ ἐκείνῳ τὰ Βοιώτια πράγματα ἀπό τινων ἀνδρῶν ἐν ταῖς πόλεσιν ἐπράσσετο, βουλομένων μεταστῆσαι τὸν κόσμον καὶ ἐς δημοκρατίαν ὥσπερ οἱ Ἀθηναῖοι τρέψαι· καὶ Πτοιοδώρου μάλιστ' ἀνδρὸς φυγάδος ἐκ Θηβῶν ἐσηγουμένου τάδε αὐτοῖς παρεσκευάσθη. (3) Σίφας μὲν ἔμελλόν τινες προδώσειν· αἱ δὲ Σῖφαί εἰσι τῆς Θεσπικῆς γῆς ἐν τῷ Κρισαίῳ κόλπῳ ἐπιθαλασσίδιοι. Χαιρώνειαν δέ, ἣ ἐς Ὀρχομενὸν τὸν Μινύειον πρότερον καλούμενον νῦν δὲ Βοιώτιον ξυντελεῖ, ἄλλοι ἐξ Ὀρχομενοῦ ἐνεδίδοσαν, καὶ οἱ Ὀρχομενίων φυγάδες ξυνέπρασσον τὰ μάλιστα, καὶ ἄνδρας ἐμισθοῦντο ἐκ Πελοποννήσου· ἔστι δὲ ἡ Χαιρώνεια ἔσχατον τῆς Βοιωτίας πρὸς τῇ Φανότιδι τῆς Φωκίδος, καὶ Φωκέων μετεῖχόν τινες. (4) Τοὺς δὲ Ἀθηναίους ἔδει Δήλιον καταλαβεῖν τὸ ἐν τῇ Ταναγραίᾳ πρὸς Εὔβοιαν τετραμμένον Ἀπόλλωνος ἱερόν, ἅμα δὲ

αὖτα ἐν ἡμέρᾳ ῥητῇ γίγνεσθαι, ὅπως μὴ ξυμβοηθῶσιν ἐπὶ τὸ Δήλιον οἱ Βοιωτοὶ ἀθρόοι, ἀλλ' ἐπὶ τὰ σφέτερα αὐτῶν ἕκαστοι κινούμενα. (5) Καὶ εἰ κατορθοῖτο ἡ πεῖρα καὶ τὸ Δήλιον τειχισθείη, ῥᾳδίως ἤλπιζον, εἰ καὶ μὴ παραυτίκα νεωτερίζοι τι τῶν κατὰ τὰς πολιτείας τοῖς Βοιωτοῖς, ἐχομένων τούτων τῶν χωρίων καὶ ᾐστευομένης τῆς γῆς καὶ οὔσης ἑκάστοις διὰ βραχέος ἀποστροφῆς οὗ μενεῖν κατὰ χώραν τὰ πράγματα, ἀλλὰ χρόνῳ τῶν Ἀθηναίων μὲν προσιόντων τοῖς ἀφεστηκόσι, οἷς δὲ οὐκ οὔσης ἀθρόας τῆς δυνάμεως, καταστήσειν αὐτὰ ἐς τὸ ἐπιτήδειον. (6) Ἡ μὲν οὖν ἐπιβουλὴ τοιαύτη παρεσκευάζετο.

LXXVII. Ὁ δὲ Ἱπποκράτης αὐτὸς μὲν ἐκ τῆς πόλεως δύναμιν ἔχων, ὁπότε καιρὸς εἴη, ἔμελλε στρατεύειν ἐς τοὺς Βοιωτούς, τὸν δὲ Δημοσθένην προαπέστειλε ταῖς τεσσαράκοντα ναυσὶν ἐς τὴν Ναύπακτον, ὅπως ἐξ ἐκείνων τῶν χωρίων στρατὸν ξυλλέξας Ἀκαρνάνων τε καὶ τῶν ἄλλων ξυμμάχων πλέοι ἐπὶ τὰς Σίφας ὡς προδοθησομένας· ἡμέρα δ' αὐτοῖς εἴρητο ᾗ δεῖ ἅμα ταῦτα πράσσειν. (2) Καὶ ὁ μὲν Δημοσθένης ἀφικόμενος, Οἰνιάδας δὲ ὑπό τε Ἀκαρνάνων πάντων καταναγκασμένους καταλαβὼν ἐς τὴν Ἀθηναίων ξυμμαχίαν, καὶ αὐτὸς ἀναστήσας τὸ ξυμμαχικὸν τὸ ἐκείνῃ πᾶν, ἐπὶ Σαλύνθιον καὶ Ἀγραίους στρατεύσας πρῶτον καὶ προσποιησάμενος τἆλλα ἡτοιμάζετο ὡς ἐπὶ τὰς Σίφας, ὅταν δέῃ, ἀπαντησόμενος.

LXXVIII. Βρασίδας δὲ κατὰ τὸν αὐτὸν χρόνον τοῦ θέρους πορευόμενος ἑπτακοσίοις καὶ χιλίοις ὁπλίταις ἐς τὰ ἐπὶ Θρᾴκης ἐπειδὴ ἐγένετο ἐν Ἡρακλείᾳ τῇ ἐν Τραχῖνι, καὶ προπέμψαντος αὐτοῦ ἄγγελον ἐς Φάρσαλον παρὰ τοὺς ἐπιτηδείους, ἀξιούντος διάγειν ἑαυτὸν καὶ τὴν στρατιάν, ἦλθον ἐς Μελιτίαν τῆς Ἀχαΐας Πάναιρός τε καὶ Δῶρος καὶ Ἱππολοχίδας καὶ Τορύλαος καὶ Στρόφακος πρόξενος ὢν Χαλκιδέων, τότε δὴ ἐπορεύετο. (2) Ἦγον δὲ καὶ ἄλλοι Θεσσαλῶν αὐτὸν καὶ ἐκ Λαρίσης Νικονίδας Περδίκκᾳ ἐπιτήδειος ὤν. Τὴν γὰρ Θεσσαλίαν ἄλλως τε οὐκ εὔπορον ἦν διιέναι ἄνευ ἀγωγοῦ, καὶ μετὰ ὅπλων γε δὴ καὶ τοῖς πᾶσί γε ὁμοίως Ἕλλησιν ὕποπτον καθεστήκει τὴν τῶν πέλας μὴ πείσαντας διιέναι· τοῖς τε Ἀθηναίοις ἀεί ποτε τὸ πλῆθος τῶν Θεσσαλῶν εὔνουν ὑπῆρχεν. Ὥστε εἰ μὴ δυναστείᾳ μᾶλλον ἢ ἰσονομίᾳ ἐχρῶντο τὸ ἐγχώριον οἱ Θεσσαλοί, οὐκ ἄν ποτε προῆλθεν, (3) ἐπεὶ καὶ τότε πορευομένῳ αὐτῷ ἀπαντήσαντες ἄλλοι τῶν τἀναντία τούτοις βουλομένων ἐπὶ τῷ Ἐνιπεῖ ποταμῷ ἐκώλυον, καὶ ἀδικεῖν ἔφασαν ἄνευ τοῦ πάντων κοινοῦ πορευόμενον. (4) Οἱ δὲ ἄγοντες οὔτε ἀκόντων ἔφασαν διάξειν, αἰφνίδιόν τε παραγενόμενον ξένοι ὄντες κομίζειν. Ἔλεγε δὲ καὶ αὐτὸς ὁ Βρασίδας τῇ Θεσσαλῶν γῇ καὶ αὐτοῖς φίλος ὢν ἰέναι, καὶ Ἀθηναίοις πολεμίοις οὖσι καὶ οὐκ ἐκείνοις ὅπλα ἐπιφέρειν, Θεσσαλοῖς τε οὐκ εἰδέναι καὶ Λακεδαιμονίοις ἔχθραν οὖσαν ὥστε τῇ ἀλλήλων γῇ μὴ χρῆσθαι, νῦν τε ἀκόντων ἐκείνων οὐκ ἂν προελθεῖν (οὐδὲ γὰρ ἂν δύνασθαι), οὐ μέντοι ἀξιοῦν γε εἴργεσθαι. (5) Καὶ οἱ

die, ne Bœoti frequentibus copiis ad opem Delio ferendam undique concurrerent, sed ad suas quique ipsorum res motas proficiscerentur. (5) Et si conatus iste feliciter successisset et Delium muro clausum esset, facile sperabant, etiam si non protinus aliquid innovaretur in rerumpublicarum Bœotiarum statu, si hæc loca occupata essent et ager latrociniis infestaretur et singulis brevi locorum spatio perfugium esset, res in eodem statu non permansuras, sed temporis progressu Athenienses, si se adjunxissent iis, qui defecissent, illi vero non frequentes copias haberent, res illas in statum sibi commodum adducturos. (6) Hæc igitur consilia tali modo agitabantur;

LXXVII. Hippocrates autem cum urbanis copiis, quum tempus opportunum afforet, ipse quidem bellum Bœotis illaturus erat, Demosthenem vero cum quadraginta navibus Naupactum præmiserat, ut coacto ex illis locis exercitu Acarnanum et ceterorum sociorum ad Siphas navigaret, quippe proditione eas capturus; dies autem inter eos constituta erat, qua hæc confici oportebat. (2) Demosthenes autem quum eo pervenisset, et Œniadas ab universis Acarnanibus in Atheniensium societatem adactos repperisset et ipse omnia sociorum, qui in illa regione erant, auxilia evocasset, adversus Salynthium et Agræos primum cum exercitu profectus, ceterisque rebus in suam potestatem redactis, sese præparabat, ut, quando opus esset, ad Siphas occurreret.

LXXVIII. Brasidas autem per hoc ipsum æstatis tempus cum mille et septingentis gravis armaturæ militibus ad obeundas res Thraciæ pergens quum pervenisset Heracleam, quæ est in agro Trachinio, et, præmisso Pharsalum ad amicos nuncio cum mandato, ut se exercitumque suum per Thessaliam deducerent, accessissent ad eum Melitiam Achaiæ oppidum Panærus et Dorus et Hippolochidas et Torylaus et Strophacus Chalcidensium publicus hospes, ita demum tunc ire perrexit. (2) Deducebant eum autem quum alii Thessali, tum ex Larissa Niconidas, Perdiccæ amicus. Nam et alioqui Thessaliam sine duce pertransire difficile erat, et cum armis quidem etiam omnibus pariter Græcis res erat suspecta, per finitimorum regionem venia non impetrata transire; perpetuoque Thessalorum plebs Atheniensibus erat benivola. Quare nisi Thessali ex patrio instituto paucorum dominatu potius, quam juris æquabilitate usi essent, profecto nunquam ulterius processisset, (3) siquidem vel tunc alii contrariæ factionis Thessali ei iter facienti ad flumen Enipeum obviam facti obstabant et injuste facere dicebant, quod sine publica totius gentis auctoritate transiret. (4) Ii vero, qui deducebant, dixerunt, se nec ipsis invitis eum traducturos, et quum ad se repente advenisset, se pro hospitii necessitudine, quæ sibi cum eo intercederet, eum deducere. Dicebat etiam Brasidas ipse, se Thessalorum agro ipsisque amicum transire, et Atheniensibus hostibus suis, non autem illis arma inferre, nec ullas scire inter Thessalos et Lacedæmonios inimicitias esse, propter quas alteri alterorum solo non uterentur; seque nunc invitis ipsis non progressurum (nec etiam ejus rei sibi facultatem fore), neque tamen

μὲν ἀκούσαντες ταῦτα ἀπῆλθον, ὁ δὲ κελευόντων τῶν ἀγωγῶν, πρίν τι πλέον ξυστῆναι τὸ κωλῦσον, ἐχώρει οὐδὲν ἐπισχὼν δρόμῳ. Καὶ ταύτῃ μὲν τῇ ἡμέρᾳ, ᾗ ἐκ τῆς Μελιτίας ἀφώρμησεν, ἐς Φάρσαλόν τε ἐτέλεσε καὶ ἐστρατοπεδεύσατο ἐπὶ τῷ Ἀπιδανῷ ποταμῷ, ἐκεῖθεν δὲ ἐς Φάκιον, καὶ ἐξ αὐτοῦ ἐς Περαιβίαν. (6) Ἀπὸ δὲ τούτου ἤδη οἱ μὲν τῶν Θεσσαλῶν ἀγωγοὶ πάλιν ἀπῆλθον, οἱ δὲ Περαιβοὶ αὐτὸν ὑπήκοοι ὄντες Θεσσαλῶν κατέστησαν ἐς Δῖον τῆς Περδίκκου ἀρχῆς, ὃ ὑπὸ τῷ Ὀλύμπῳ Μακεδονίας πρὸς Θεσσαλοὺς πόλισμα κεῖται.

LXXIX. Τούτῳ τῷ τρόπῳ Βρασίδας Θεσσαλίαν φθάσας διέδραμε πρίν τινα κωλύειν παρασκευάσασθαι, καὶ ἀφίκετο ὡς Περδίκκαν καὶ ἐς τὴν Χαλκιδικήν. (2) Ἐκ γὰρ τῆς Πελοποννήσου, ὡς τὰ τῶν Ἀθηναίων εὐτύχει, δείσαντες οἵ τε ἐπὶ Θρᾴκης ἀφεστῶτες Ἀθηναίων καὶ Περδίκκας ἐξήγαγον τὸν στρατόν, οἱ μὲν Χαλκιδῆς νομίζοντες ἐπὶ σφᾶς πρῶτον ὁρμήσειν τοὺς Ἀθηναίους (καὶ ἅμα αἱ πλησιόχωροι πόλεις αὐτῶν αἱ οὐκ ἀφεστηκυῖαι ξυνεπῆγον κρύφα), Περδίκκας δὲ πολέμιος μὲν οὐκ ὢν ἐκ τοῦ φανεροῦ, φοβούμενος δὲ καὶ αὐτὸς τὰ παλαιὰ διάφορα τῶν Ἀθηναίων καὶ μάλιστα βουλόμενος· Ἀρριβαῖον τὸν Λυγκηστῶν βασιλέα παραστήσασθαι. (3) Ξυνέβη δὲ αὐτοῖς, ὥστε ῥᾷον ἐκ τῆς Πελοποννήσου στρατὸν ἐξαγαγεῖν, ἡ τῶν Λακεδαιμονίων ἐν τῷ παρόντι κακοπραγία.

LXXX. Τῶν γὰρ Ἀθηναίων ἐγκειμένων τῇ Πελοποννήσῳ καὶ οὐχ ἥκιστα τῇ ἐκείνων γῇ ἤλπιζον ἀποστρέψαι αὐτοὺς μάλιστα, εἰ ἀντιπαραλυποῖεν πέμψαντες ἐπὶ τοὺς ξυμμάχους αὐτῶν στρατιάν, ἄλλως τε καὶ ἑτοίμων ὄντων τρέφειν τε καὶ ἐπὶ ἀποστάσει σφᾶς ἐπικαλουμένων. (2) Καὶ ἅμα τῶν Εἱλώτων βουλομένοις ἦν ἐπὶ προφάσει ἐκπέμψαι, μή τι πρὸς τὰ παρόντα τῆς Πύλου ἐχομένης νεωτερίσωσιν, (3) ἐπεὶ καὶ τόδε ἔπραξαν φοβούμενοι αὐτῶν τὴν σκαιότητα καὶ τὸ πλῆθος· ἀεὶ γὰρ τὰ πολλὰ Λακεδαιμονίοις πρὸς τοὺς Εἵλωτας τῆς φυλακῆς πέρι μάλιστα καθεστήκει. Προεῖπον αὐτῶν ὅσοι ἀξιοῦσιν ἐν τοῖς πολεμίοις γεγενῆσθαι σφίσιν ἄριστοι, κρίνεσθαι, ὡς ἐλευθερώσοντες, πεῖραν ποιούμενοι καὶ ἡγούμενοι τούτους σφίσιν ὑπὸ φρονήματος, οἵπερ καὶ ἠξίωσαν πρῶτος ἕκαστος ἐλευθεροῦσθαι, μάλιστα ἂν καὶ ἐπιθέσθαι. (4) Καὶ προκρίναντες ἐς δισχιλίους, οἱ μὲν ἐστεφανώσαντό τε καὶ τὰ ἱερὰ περιῆλθον ὡς ἠλευθερωμένοι, οἱ δὲ οὐ πολλῷ ὕστερον ἠφάνισάν τε αὐτοὺς καὶ οὐδεὶς ᾔσθετο ὅτῳ τρόπῳ ἕκαστος διεφθάρη. (5) Καὶ τότε προθύμως τῷ Βρασίδᾳ αὐτῶν ξυνέπεμψαν ἑπτακοσίους ὁπλίτας, τοὺς δ' ἄλλους ἐκ τῆς Πελοποννήσου μισθῷ πείσας ἐξήγαγεν. (6) Αὐτόν τε Βρασίδαν βουλόμενον μάλιστα Λακεδαιμόνιοι ἀπέστειλαν.

LXXXI. προυθυμήθησαν δὲ καὶ οἱ Χαλκιδῆς, ἄνδρα ἔν τε τῇ Σπάρτῃ δοκοῦντα δραστήριον εἶναι ἐς τὰ πάντα καὶ ἐπειδὴ ἐξῆλθε πλείστου ἄξιον Λακεδαιμονίοις γενόμενον. (2) Τό τε γὰρ παραυτίκα ἑαυτὸν πα-

æquum putare, si prohiberetur. (5) Atque illi quidem his auditis abierunt, ipse autem hortatu ductorum, ante quam plures ad prohibendum convenirent, nusquam subsistens cursu pergebat. Et hoc quidem die, quo Melitia discesserat, Pharsalum pervenit, et ad flumen Apidanum castra posuit; illinc vero ad Phacium et inde in Peræbiam. (6) Hinc vero jam Thessalorum quidem ductores domum reverterunt, Peræbi vero, qui Thessalorum imperio parent, ad Dium usque eum deduxerunt, quod oppidum in Perdiccæ ditione sub Olympo Macedoniæ monte Thessaliam versus est situm.

LXXIX. Hoc igitur modo Brasidas Thessaliam cursu celeriter transivit, antequam ullus ad impediendum paratus esset et ad Perdiccam et in agrum Chalcidensem pervenit. (2) Nam qui in Thracia ab Atheniensibus defecerant, et Perdiccas, quoniam res Atheniensium secundæ erant, sibi metuentes exercitum ex Peloponneso accessiverant, Chalcidenses quidem, quod Athenienses primum contra se venturos suspicarentur (simul autem [et finitimæ iis civitates, quæ non defecerant, occulte illos accessebant,) Perdiccas vero non quod aperte hostis esset, sed quod et ipse pristinas cum Atheniensibus discordias reformidaret, præcipue vero, quod Arrhibæum Lyncestarum regem in suam potestatem redigere cuperet. (3) Præsens autem Lacedæmoniorum calamitas eis opportune cecidit ad exercitum ex Peloponneso facilius educendum.

LXXX. Quum enim Athenienses Peloponneso et maxime ipsorum Lacedæmoniorum agro imminerent, hi sperabant fore ut præcipue hoc modo eos averterent, si vicissim illos incommodo afficerent, copiis ad eorum socios missis, præsertim quum hi parati essent ad exercitum alendum et ipsos etiam ad defectionem faciendam accerserent. (2) Simul etiam Helotum partem ipsis commodum accidebat sub aliqua causa emittere poterant, ne propter præsentem rerum statum Pylo occupata aliquid novi molirentur, (3) quando quidem hoc quoque fecerunt sinistrum eorum animum et multitudinem reformidantes; semper enim apud Lacedæmonios pleraque de Helotibus instituta ad cavendas maxime eorum insidias pertinebant. Edixerunt, ut, quotquot ex iis se fortissime contra hostes pugnasse persuasum haberent, secernerentur, quod eos libertate donare statuissent, hoc modo mentem illorum explorantes, et existimantes, prout se primus quisque libertate dignum esse censuisset, sic etiam hos ipsos potissimum præ animi elatione impetum in se facturos. (4) Quare quum ad duo millia delegissent, hi quidem templa coronati circumiverunt, ut libertate donati; illi vero non multo post ex hominum conspectu eos sustulerunt, nec quisquam sensit, quonam modo eorum quisque perisset. (5) Atque tunc quoque septingentos ex iis gravi armaturæ adscriptos cum Brasida libenter dimiserunt; ceteros vero Brasidas ex Peloponneso mercede conductos eduxit. (6) Ipsum autem Brasidam Lacedæmonii eundi maxime cupidum eo miserunt;

LXXXI. et vero Chalcidenses quoque eum propensis animis expetiverunt, qui vir et Spartæ consilio manuque ad omnia promptus habebatur, et ex quo illinc egressus est, Lacedæmoniis se utilissimum præstitit. (2) Quod enim

ρασχὼν δίκαιον καὶ μέτριον ἐς τὰς πόλεις ἀπέστησε τὰ πολλά, τὰ δὲ προδοσίᾳ εἷλε τῶν χωρίων, ὥστε τοῖς Λακεδαιμονίοις γίγνεσθαι ξυμβαίνειν τε βουλομένοις, ὅπερ ἐποίησαν, ἀνταπόδοσιν καὶ ἀποδοχὴν χωρίων, καὶ τοῦ πολέμου ἀπὸ τῆς Πελοποννήσου λώφησιν· ἔς τε τὸν χρόνῳ ὕστερον μετὰ τὰ ἐκ Σικελίας πόλεμον ἡ τότε Βρασίδου ἀρετὴ καὶ ξύνεσις, τῶν μὲν πείρᾳ αἰσθομένων τῶν δὲ ἀκοῇ νομισάντων, μάλιστα ἐπιθυμίαν ἐνεποίει τοῖς Ἀθηναίων ξυμμάχοις ἐς τοὺς Λακεδαιμονίους. (3) Πρῶτος γὰρ ἐξελθὼν καὶ δόξας εἶναι κατὰ πάντα ἀγαθὸς ἐλπίδα ἐγκατέλιπε βέβαιον ὡς καὶ οἱ ἄλλοι τοιοῦτοί εἰσιν.

LXXXII. Τότε δ' οὖν ἀφικομένου αὐτοῦ ἐς τὰ ἐπὶ Θρᾴκης οἱ Ἀθηναῖοι πυθόμενοι τόν τε Περδίκκαν πολέμιον ποιοῦνται, νομίσαντες αἴτιον εἶναι τῆς παρόδου, καὶ τῶν ταύτῃ ξυμμάχων φυλακὴν πλέονα κατεστήσαντο.

LXXXIII. Περδίκκας δὲ Βρασίδαν καὶ τὴν στρατιὰν εὐθὺς λαβὼν μετὰ τῆς ἑαυτοῦ δυνάμεως στρατεύει ἐπὶ Ἀρριβαῖον τὸν Βρομεροῦ Λυγκηστῶν Μακεδόνων βασιλέα ὅμορον ὄντα, διαφορᾶς τε αὐτῷ οὔσης καὶ βουλόμενος καταστρέψασθαι. (2) Ἐπεὶ δὲ ἐγένετο τῷ στρατῷ μετὰ τοῦ Βρασίδου ἐπὶ τῇ ἐσβολῇ τῆς Λύγκου, Βρασίδας λόγοις ἔφη βούλεσθαι πρῶτον ἐλθὼν πρὸ πολέμου Ἀρριβαῖον ξύμμαχον Λακεδαιμονίων, ἢν δύνηται, ποιῆσαι. (3) Καὶ γάρ τι καὶ Ἀρριβαῖος ἐπεκηρυκεύετο, ἕτοιμος ὢν Βρασίδᾳ μέσῳ δικαστῇ ἐπιτρέπειν· καὶ οἱ Χαλκιδέων πρέσβεις ξυμπαρόντες ἐδίδασκον αὐτὸν μὴ ὑπεξελεῖν τῷ Περδίκκᾳ τὰ δεινά, ἵνα προθυμοτέρῳ ἔχοιεν καὶ ἐς τὰ ἑαυτῶν χρῆσθαι. (4) Ἅμα δέ τι καὶ εἰρήκεσαν τοιοῦτον οἱ παρὰ τοῦ Περδίκκου ἐν τῇ Λακεδαίμονι, ὡς πολλὰ αὐτοῖς τῶν περὶ αὑτὸν χωρίων ξύμμαχα ποιήσοι, ὥστε ἐκ τοῦ τοιούτου κοινῇ μᾶλλον ὁ Βρασίδας τὰ τοῦ Ἀρριβαίου ἠξίου πράσσειν. (5) Περδίκκας δὲ οὔτε δικαστήν ἔφη Βρασίδαν τῶν σφετέρων διαφορῶν ἀγαγεῖν, μᾶλλον δὲ καθαιρέτην ὧν ἂν αὐτὸς ἀποφαίνῃ πολεμίων, ἀδικήσειν τε εἰ αὐτοῦ τρέφοντος τὸ ἥμισυ τοῦ στρατοῦ ξυνέσται Ἀρριβαίῳ. (6) Ὁ δὲ ἄκοντος καὶ ἐκ διαφορᾶς ξυγγίγνεται, καὶ πεισθεὶς τοῖς λόγοις ἀπήγαγε τὴν στρατιὰν πρὶν ἐσβαλεῖν ἐς τὴν χώραν. Περδίκκας δὲ μετὰ τοῦτο τρίτον μέρος ἀνθ' ἡμίσεος τῆς τροφῆς ἐδίδου, νομίζων ἀδικεῖσθαι.

LXXXIV. Ἐν δὲ τῷ αὐτῷ θέρει εὐθὺς ὁ Βρασίδας, ἔχων καὶ Χαλκιδέας, ἐπὶ Ἄκανθον τὴν Ἀνδρίων ἀποικίαν ὀλίγον πρὸ τρυγήτου ἐστράτευσεν. (2) Οἱ δὲ περὶ τοῦ δέχεσθαι αὐτὸν κατ' ἀλλήλους ἐστασίαζον, οἵ τε μετὰ τῶν Χαλκιδέων ξυνεπάγοντες καὶ ὁ δῆμος. Ὅμως δὲ διὰ τοῦ καρποῦ τὸ δέος ἔτι ἔξω ὄντος πεισθὲν τὸ πλῆθος ὑπὸ τοῦ Βρασίδου δέξασθαί τε αὐτὸν μόνον καὶ ἀκούσαντες βουλεύσασθαι δέχεται· καὶ καταστὰς ἐπὶ τὸ πλῆθος (ἦν δὲ οὐδὲ ἀδύνατος, ὡς Λακεδαιμόνιος, εἰπεῖν) ἔλεγε τοιάδε.

LXXXV. « Ἡ μὲν ἔκπεμψίς μου καὶ τῆς στρατιᾶς ὑπὸ Λακεδαιμονίων, ὦ Ἀκάνθιοι, γεγένηται τὴν αἰτίαν

statim in præsenti se justum et moderatum erga civitates præbuit, pleraque loca ad defectionem impulit, alia vero per proditionem cepit, ex quo Lacedæmoniis evenit, ut, si ad compositionem, quod et fecerunt, descendere vellent, reddere et vicissim recipere oppida possent, et ex Peloponneso bellum amoliri; atque multo post in bello, quod res in Sicilia gestas est insecutum, illa Brasidæ virtus et prudentia, qua tunc est usus, quod alii quidem eam re ipsa experti erant, alii vero fama judicabant, Atheniensium socios amicitiæ Lacedæmoniorum maxime cupidos effecit. (3) Nam quum primus illinc prodiisset, et omnibus in rebus vir bonus visus esset, firmam spem reliquit, ceteros quoque ejus esse similes.

LXXXII. Tunc igitur postquam in Thraciam pervenit, Athenienses re cognita Perdiccam hostem judicant, eum rati hujus adventus auctorem esse, et apud socios, qui in illa regione erant, firmiora præsidia collocarunt.

LXXXIII. Perdiccas autem assumpto statim Brasida ejusque exercitu cum suis copiis Arrhibæo Bromeri filio, Lyncestarum Macedonum regi, sibi finitimo, bellum intulit, et propter controversiam, quæ ipsi cum eo intercedebat, et quod eum in suam potestatem redigere cupiebat. (2) Ubi autem cum suis copiis et Brasida ad Lynci ingressum pervenit, Brasidas dixit, se velle, priusquam bellum Arrhibæo inferretur, eum convenire, verbisque, si posset, ad societatem cum Lacedæmoniis faciendam adducere. (3) Nam et ipse Arrhibæus per caduceatorem rem transigere temptabat, paratus controversiam Brasidæ arbitrio committere, et Chalcidensium legati, qui una aderant, ipsum commonefaciebant, ne Perdiccæ eximeret ea, quæ timeret, ut ad suas etiam res constituendas ejus opera promptiore uti possent. (4) Et vero simul etiam Perdiccæ legati Lacedæmonem missi tale quiddam jactaverant, multa ipsum ex sibi finitimis circa locis ad illorum societatem adducturum; his igitur de causis Brasidas communi magis utriusque studio res Arrhibæi tractare volebat. (5) Perdiccas vero dicebat neque tamquam judicem suarum controversiarum Brasidam a se accersitum esse, sed potius tamquam hostium destructorem, quos ipse denuntiasset, et eum injuste facturum, si se dimidium ejus exercitus alente, cum Arrhibæo congrederetur. (6) Brasidas tamen, Perdicca invito ac repugnante, convenit Arrhibæum, ejusque verbis adductus exercitum abduxit, priusquam in ejus agrum irruptionem fecisset. Perdiccas vero ab eo tempore pro dimidia tertiam stipendii partem dedit, quod injuriam sibi fieri putaret.

LXXXIV. Eadem æstate continuo Brasidas secum ducens et Chalcidenses, paulo ante vindemiæ tempus Acantho Andriorum coloniæ bellum intulit. (2) Acanthii vero de eo recipiendo inter se tumultuabantur, et plebs et ii, qui una cum Chalcidensibus eum adductum erant. Veruntamen propter metum fructuum, qui foris adhuc erant, multitudo Brasidæ verbis adducta, ut ipsum solum in urbem reciperent et audito ipso consultarent, eum recepit; atque progressus ad concionem (erat autem non indisertus, ut Lacedæmonius) hæc verba fecit:

LXXXV. « Quod ego atque exercitus, viri Acanthii, a Lacedæmoniis huc emissi sumus, aperte declarat veram

ἐπαληθεύουσα ἦν ἀρχόμενοι τοῦ πολέμου προείπομεν Ἀθηναίοις, ἐλευθεροῦντες τὴν Ἑλλάδα πολεμήσειν· (2) εἰ δὲ χρόνῳ ἐπήλθομεν, σφαλέντες τῆς ἀπὸ τοῦ ἐκεῖ πολέμου δόξης, ᾗ διὰ τάχους αὐτοὶ ἄνευ τοῦ ὑμετέρου κινδύνου ἠλπίσαμεν Ἀθηναίους καθαιρήσειν, μηδεὶς μεμφθῇ· νῦν γὰρ ὅτε παρέσχεν ἀφιγμένοι καὶ μετὰ ὑμῶν πειρασόμεθα κατεργάζεσθαι αὐτούς. (3) Θαυμάζω δὲ τῇ τε ἀποκλήσει μου τῶν πυλῶν, καὶ εἰ μὴ ἀσμένοις ὑμῖν ἀφῖγμαι. (4) Ἡμεῖς μὲν γὰρ οἱ Λακεδαιμόνιοι οἰόμενοί τε παρὰ ξυμμάχους, καὶ πρὶν ἔργῳ ἀφικέσθαι, τῇ γοῦν γνώμῃ ἥξειν καὶ βουλομένοις ἔσεσθαι, κίνδυνόν τε τοσόνδε ἀνερρίψαμεν διὰ τῆς ἀλλοτρίας πολλῶν ἡμερῶν ὁδὸν ἰόντες καὶ πᾶν τὸ πρόθυμον παρεχόμενοι· (5) ὑμεῖς δὲ εἴ τι ἄλλο ἐν νῷ ἔχετε, ἢ εἰ ἐναντιώσεσθε τῇ τε ὑμετέρᾳ αὐτῶν ἐλευθερίᾳ καὶ τῶν ἄλλων Ἑλλήνων, δεινὸν ἂν εἴη. (6) Καὶ γὰρ οὐ μόνον ὅτι αὐτοὶ ἀνθίστασθε, ἀλλὰ καὶ οἷς ἂν ἐπίω, ἧσσόν τις ἐμοὶ πρόσεισι, δυσχερὲς ποιούμενοι εἰ ἐπὶ οὓς πρῶτον ἦλθον ὑμᾶς, καὶ πόλιν ἀξιόχρεων παρεχομένους καὶ ξύνεσιν δοκοῦντας ἔχειν, μὴ ἐδέξασθε· καὶ τὴν αἰτίαν οὐχ ἕξω πιστὴν ἀποδεικνύναι, ἀλλ' ἢ ἄδικον τὴν ἐλευθερίαν ἐπιφέρειν, ἢ ἀσθενὴς καὶ ἀδύνατος τιμωρῆσαι τὰ πρὸς Ἀθηναίους, ἢν ἐπίωσιν, ἀφῖχθαι. (7) Καίτοι στρατιᾷ γε τῇδ' ἣν νῦν ἐγὼ ἔχω ἐπὶ Νίσαιαν ἐμοῦ βοηθήσαντος οὐκ ἠθέλησαν Ἀθηναῖοι πλέονες ὄντες προσμῖξαι, ὥστε οὐκ εἰκὸς νηΐτῃ γε αὐτοὺς τῷ ἐν Νισαίᾳ στρατῷ ἴσον πλῆθος ἐφ' ὑμᾶς ἀποστεῖλαι.

LXXXVI. « Αὐτός τε οὐκ ἐπὶ κακῷ, ἐπ' ἐλευθερώσει δὲ τῶν Ἑλλήνων παρελήλυθα, ὅρκοις τε Λακεδαιμονίων καταλαβὼν τὰ τέλη τοῖς μεγίστοις ἦ μὴν οὓς ἂν ἔγωγε προσαγάγωμαι ξυμμάχους ἔσεσθαι αὐτονόμους, καὶ ἅμα οὐχ ἵνα ξυμμάχους ὑμᾶς ἔχωμεν ἢ βίᾳ ἢ ἀπάτῃ προσλαβόντες, ἀλλὰ τοὐναντίον ὑμῖν δεδουλωμένοις ὑπὸ Ἀθηναίων ξυμμαχήσοντες. (2) Οὔκουν ἀξιῶ οὔτ' αὐτὸς ὑποπτεύεσθαι, πίστεις γε διδοὺς τὰς μεγίστας, οὔτε τιμωρὸς ἀδύνατος νομισθῆναι, προσχωρεῖν δὲ ὑμᾶς θαρσήσαντας. (3) Καὶ εἴ τις ἰδίᾳ τινὰ δεδιὼς ἄρα, μὴ ἐγώ τισι προσθῶ τὴν πόλιν, ἀπρόθυμός ἐστι, πάντων μάλιστα πιστευσάτω. (4) Οὐ γὰρ συστασιάσων ἥκω, οὐδὲ ἀσαφῆ τὴν ἐλευθερίαν νομίζω ἐπιφέρειν, εἰ τὸ πάτριον παρεὶς τὸ πλέον τοῖς ὀλίγοις ἢ τὸ ἔλασσον τοῖς πᾶσι δουλώσαιμι. (5) Χαλεπωτέρα γὰρ ἂν τῆς ἀλλοφύλου ἀρχῆς εἴη, καὶ ἡμῖν τοῖς Λακεδαιμονίοις οὐκ ἂν ἀντὶ πόνων χάρις καθίσταιτο, ἀντὶ δὲ τιμῆς καὶ δόξης αἰτία μᾶλλον· οἷς τε τοὺς Ἀθηναίους ἐγκλήμασι καταπολεμοῦμεν, αὐτοὶ ἂν φαινοίμεθα ἐχθίονα ἢ ὁ μὴ ὑποδείξας ἀρετὴν κατακτώμενοι. (6) Ἀπάτῃ γὰρ εὐπρεπεῖ αἴσχιον τοῖς γε ἐν ἀξιώματι πλεονεκτῆσαι ἢ βίᾳ ἐμφανεῖ· τὸ μὲν γὰρ ἰσχύος δικαιώσει, ἣν ἡ τύχη ἔδωκεν, ἐπέρχεται, τὸ δὲ γνώμης ἀδίκου ἐπιβουλῇ. Οὕτω πολλὴν περιωπὴν τῶν ἡμῖν ἐς τὰ μέγιστα διαφόρων ποιούμεθα.

LXXXVII. « Καὶ οὐκ ἂν μείζω πρὸς τοῖς ὅρκοις βεβαίωσιν λάβοιτε ἢ οἷς τὰ ἔργα ἐκ τῶν λόγων ἀνα-

esse causam, quam belli initio prædiximus Atheniensibus, nos ut Græciam in libertatem vindicemus, bellum esse gesturos; (2) si autem sero venimus, decepti opinione belli, quod in illis regionibus geritur, qua speravimus fore, ut sine vestro periculo Athenienses debellaremus, nemo reprehendat; nunc enim, quando facultas est data, venimus, et vobiscum operam dabimus, ut eos debellemus. (3) Miror vero, quod portas mihi clauseritis, et si meus adventus vobis ingratus accidit. (4) Nos enim Lacedæmonii, existimantes nos venturos ad eos, qui vel priusquam re ipsa advenisssemus, animo saltem socii essent, et nostrum adventum exoptatum fore, tantum periculum subiimus, per alienum agrum iter multorum dierum facientes summumque studium exhibentes; (5) vos vero, si quid aliud in animo habetis, aut si vestræ ipsorum et ceterorum Græcorum libertati obsistatis, grave hoc fuerit. (6) Nam non solum vos ipsi obsistitis, verum etiam ceteri Græci, quos adibo, se mihi minus adjungent, hac difficultate permoti, quod vos, ad quos primum accessi, qui et urbem opibus et auctoritate florentem obtinetis, et qui prudentes habemini, me non receperitis; neque facere potero, ut adventus mei causa fide digna videatur, sed videbor aut injustam libertatem afferre, aut huc venisse imbecillis et invalidus ad propulsandam Atheniensium vim, si invaserint. (7) Atqui cum hoc ipso exercitu, quem nunc habeo, quum ad Nisæam profectus sum, ut opem ei ferrem, Athenienses, quamvis numero superiores confligere non sunt ausi; quamobrem haud verisimile videtur, ipsos tantum copiarum contra vos esse missuros, quantus erat classiarius exercitus ad Nisæam.

LXXXVI. « Et ipse non ut ullo maleficio vos afficiam, sed ut Græcos in libertatem vindicem, huc adveni, Lacedæmoniorum magistratus religiosissimo jurejurando obstrictos habens, socios, quoscunque ego ipsis adjunxero, sui juris fore, et simul non ut vos armorum socios habeamus, aut per vim aut per fraudem adjunctos, sed contra ut vobis ad Atheniensibus in servitutem redactis socii simus. (2) Quapropter æquum esse censeo, ut neque suspectus sim, qui maximam fidem vobis dem, neque vindex infirmus existimer, sed ut vos mihi bono animo accedatis. (3) Quod si quis forte privatim sibi ab aliquo metuens, ne ego civitatem aliquibus tradam, minus mihi favet, is omnium maxime confidat. (4) Neque enim venio, ut factionibus me immisceam, neque ambiguam in animo habeo vobis libertatem offerre, ita quidem, si patrio instituto neglecto aut plebem nobilitati, aut nobilitatem plebi in servitutem addicerem. (5) Nam gravior esset ea libertas, quam hominum alienigenarum imperium, nobisque Lacedæmoniis pro laboribus susceptis nulla gratia constaret, sed pro honore et gloria potius culpa; et propter quæ crimina Athenienses bello persequimur, ea odiosiora nos, quam qui virtutem non præ se tulit, videamur nobis contrahere. (6) Nam illis saltem, qui dignitate sunt præditi, turpius est fraude speciosa res domesticas amplificare, quam vi aperta; nam vis quidem jure potentiæ, quam fortuna dedit, infertur, fraus vero injusti animi insidiis. Adeo magnam circumspectionem adhibemus in iis, quæ nostra maxime intersunt.

LXXXVII. « Neque vero præter jusjurandum majorem fidem accipere possitis, quam si quibus res ipsæ secundum

ρούμενα δόκησιν ἀναγκαίαν παρέχεται ὡς καὶ ξυμφέρει μοίως ὡς εἶπον. (2) Εἰ δ᾽ ἐμοῦ ταῦτα προϊσχομένου δυνατοὶ μὲν φήσετε εἶναι, εὖνοι δ᾽ ὄντες ἀξιώσετε μὴ ἀκούμενοι διωθεῖσθαι καὶ τὴν ἐλευθερίαν μὴ ἀκίνδυνον μῖν φαίνεσθαι, δίκαιόν τε εἶναι, οἷς καὶ δυνατὸν δέεσθαι αὐτήν, τούτοις καὶ ἐπιφέρειν, ἄκοντα δὲ μηδένα ροσαναγκάζειν, μάρτυρας μὲν θεοὺς καὶ ἥρωας τοὺς γχωρίους ποιήσομαι ὡς ἐπ᾽ ἀγαθῷ ἥκων οὐ πείθω, ἣν δὲ τὴν ὑμετέραν δηῶν πειράσομαι βιάζεσθαι,) καὶ οὐκ ἀδικεῖν ἔτι νομιῶ, προσεῖναι δέ τί μοι καὶ ατὰ δύο ἀνάγκας τὸ εὔλογον, τῶν μὲν Λακεδαιμονίων, πως μὴ τῷ ὑμετέρῳ εὔνῳ, εἰ μὴ προσαχθήσεσθε, οἷς ἀπὸ ὑμῶν χρήμασι φερομένοις παρ᾽ Ἀθηναίους λάπτωνται, οἱ δὲ Ἕλληνες ἵνα μὴ κωλύωνται ὑφ᾽ μῶν δουλείας ἀπαλλαγῆναι. (4) Οὐ γὰρ δὴ εἰκότως ἂν τάδε πράσσοιμεν, οὐδὲ ὀφείλομεν οἱ Λακεδαιμόιοι μὴ κοινοῦ τινος ἀγαθοῦ αἰτίᾳ τοὺς μὴ βουλομένους λευθεροῦν. (5) Οὐδ᾽ αὖ ἀρχῆς ἐφιέμεθα, παῦσαι δὲ ἄλλον ἑτέρους σπεύδοντες τοὺς πλείους δὴ ἀδικοῖμεν ξύμπασιν αὐτονομίαν ἐπιφέροντες ὑμᾶς τοὺς ἐναντιουμένους περιίδοιμεν. (6) Πρὸς ταῦτα βουλεύεσθε ε, καὶ ἀγωνίσασθε τοῖς τε Ἕλλησιν ἄρξαι πρῶτοι λευθερίας καὶ ἀΐδιον δόξαν καταθέσθαι, καὶ αὐτοὶ τά ε ἴδια μὴ βλαφθῆναι καὶ ξυμπάσῃ τῇ πόλει τὸ κάλλιστον ὄνομα περιθεῖναι. »

LXXXVIII. Ὁ μὲν Βρασίδας τοσαῦτα εἶπεν· οἱ ἱ Ἀκάνθιοι πολλῶν λεχθέντων πρότερον ἐπ᾽ ἀμφότερα, ρύφα διαψηφισάμενοι, διά τε τὸ ἐπαγωγὰ εἰπεῖν τὸν ρασίδαν καὶ περὶ τοῦ καρποῦ φόβῳ ἔγνωσαν οἱ πλείους φίστασθαι Ἀθηναίων, καὶ πιστώσαντες αὐτὸν τοῖς ὅροις οὓς τὰ τέλη τῶν Λακεδαιμονίων ὁμόσαντα αὐτὸν ἐπεμψαν, ἦ μὴν ἔσεσθαι ξυμμάχους αὐτονόμους οὓς ν προσαγάγηται, οὕτω δέχονται τὸν στρατόν. (2) αὶ οὐ πολλῷ ὕστερον καὶ Στάγειρος Ἀνδρίων ἀποικία ναπέστη. Ταῦτα μὲν οὖν ἐν τῷ θέρει τούτῳ ἐγένετο.

LXXXIX. Τοῦ δ᾽ ἐπιγιγνομένου χειμῶνος εὐθὺς ἀρομένου, ὡς τῷ Ἱπποκράτει καὶ Δημοσθένει στρατηγοῖς οὖσιν Ἀθηναίων τὰ ἐν τοῖς Βοιωτοῖς ἐνεδίδοτο, αὶ ἔδει τὸν μὲν Δημοσθένην ταῖς ναυσὶν ἐς τὰς Σίφας παντῆσαι τὸν δ᾽ ἐπὶ τὸ Δήλιον, γενομένης διαμαρτίας ῶν ἡμερῶν ἐς ἃς ἔδει ἀμφοτέρους στρατεύειν, ὁ μὲν ημοσθένης πρότερον πλεύσας πρὸς τὰς Σίφας, καὶ χων ἐν ταῖς ναυσὶν Ἀκαρνᾶνας καὶ τῶν ἐκεῖ πολλοὺς μμάχων, ἄπρακτος γίγνεται μηνυθέντος τοῦ ἐπιβουεύματος ὑπὸ Νικομάχου ἀνδρὸς Φωκέως ἐκ Φανοτέως, ς Λακεδαιμονίοις εἶπεν, ἐκεῖνοι δὲ Βοιωτοῖς· (2) καὶ οηθείας γενομένης πάντων Βοιωτῶν (οὐ γάρ πω Ἱπποκράτης παρελύπει ἐν τῇ γῇ ὤν) προκαταλαμβάονται αἵ τε Σῖφαι καὶ ἡ Χαιρώνεια. Ὡς δὲ ᾔσθοντο ἱ πράσσοντες τὸ ἁμάρτημα, οὐδὲν ἐκίνησαν τῶν ἐν αῖς πόλεσιν.

XC. Ὁ δὲ Ἱπποκράτης ἀναστήσας Ἀθηναίους πανημεί, αὐτούς τε καὶ τοὺς μετοίκους καὶ ξένους ὅσοι παῆσαν, ὕστερος ἀφικνεῖται ἐπὶ τὸ Δήλιον, ἤδη τῶν

verba consideratæ famam necessariam præbent, e re eorum etiam esse plane ut dixerint. (2) Quod si me vobis ista proponente dicetis facultatem vobis deesse, sed tamen, quod nobis benevoli sitis, exigetis, ut vobis citra damnum vestrum nos rejicere liceat, et ut ne periculo nobis carere libertas videatur, et dicetis æquum esse, eam illis offerre, qui etiam eam accipere possint, nullum vero invitum cogere, deos et heroas indigenas testabor, quod bono vestro veniens nihil verbis proficio, agrumque vestrum pervastando vos cogere conabor, (3) nec amplius existimabo me injuste facere, sed vel duabus de causis necessariis æquitatem a me stare, partim quidem propter Lacedæmonios, ne hac vestra benevolentia, si nobis non adducemini, lædantur pecuniis, quas Atheniensibus penditis; partim vero propter Græcos omnes, ne a vobis impediantur servituti se subtrahere. (4) Nec enim vero decenter hæc faceremus, nec officium hoc nostrum est Lacedæmoniorum, ut invitos in libertatem asseramus, nisi alicujus boni publici causa. (5) Neque vero dominatum affectamus, sed potius quum alios dominatu dejicere studeamus, plerisque injuriam faceremus, si dum libertatem universis afferimus, vos resistentes toleraremus. (6) De his recte consultate et hoc certamen inite, ut et Græcis libertatis capessendæ principes existatis, et sempiternam gloriam paretis, et simul ipsi vestrarum privatarum rerum nullam jacturam faciatis, et universæ civitati pulcherrimum nomen faciatis. »

LXXXVIII. Atque Brasidas quidem hæc verba fecit; Acanthii vero multis prius in utramque partem dictis, quum propter Brasidæ verba ad persuadendum apposita, tum etiam fructuum amittendorum metu, suffragiis clam latis, plerique defectionem ab Atheniensibus faciendam censuerunt, et quum ipsum ad illud jusjurandum adegissent, quo summi Lacedæmoniorum magistratus jurato eum emiserant, fore socios sui juris, quoscunque adjungeret, ita demum ejus exercitum receperunt. (2) Nec multo post Stagirus etiam, Andriorum colonia, defecit. Atque hæc quidem hac æstate facta sunt.

LXXXIX. Sequentis autem hiemis initio statim, quum Hippocrati et Demostheni Atheniensium imperatoribus res Bœotorum proderentur, et oporteret Demosthenem quidem cum classe ad Siphas occurrere, illum vero ad Delium, facto dierum errore, ad quos utrumque cum suis copiis proficisci oportebat, Demosthenes quidem quum prius ad Siphas appulisset, et Acarnanas multosque ex illis locis socios in sua classe haberet, voto frustratus est, insidiis per Nicomachum, virum Phocensem ex Phanoteo, detectis, qui rem Lacedæmoniis indicavit, illi vero Bœotis; (2) quumque omnes Bœoti ad opem ferendam undique concurrissent (nondum enim Hippocrates ab altera parte eos calamitate afficiebat in eorum terram profectus), Siphæ et Chæronea ante occupantur. Quum autem illi, qui res novas moliebantur, erratum animadvertissent, in civitatibus nihil moverunt.

XC. Hippocrates vero excitato omni Atheniensi populo, civibus ipsis et inquilinis et e peregrinis quotquot aderant, posterior ad Delium pervenit, quum Bœoti a Siphis jam re-

Βοιωτῶν ἀνακεχωρηκότων ἀπὸ τῶν Σιφῶν· καὶ καθίσας τὸν στρατὸν Δήλιον ἐτείχιζε τοιῷδε τρόπῳ, τὸ ἱερὸν τοῦ Ἀπόλλωνος. (2) Τάφρον μὲν κύκλῳ περὶ τὸ ἱερὸν καὶ τὸν νεὼν ἔσκαπτον, ἐκ δὲ τοῦ ὀρύγματος ἀνέβαλλον ἀντὶ τείχους τὸν χοῦν, καὶ σταυροὺς παρακαταπηγνύντες, ἄμπελον κόπτοντες τὴν περὶ τὸ ἱερὸν ἐσέβαλλον, καὶ λίθους ἅμα καὶ πλίνθον ἐκ τῶν οἰκοπέδων τῶν ἐγγὺς καθαιροῦντες, καὶ παντὶ τρόπῳ ἐμετεώριζον τὸ ἔρυμα. Πύργους τε ξυλίνους κατέστησαν ᾗ καιρὸς ἦν καὶ τοῦ ἱεροῦ οἰκοδόμημα οὐδὲν ὑπῆρχεν· ᾗπερ γὰρ ἦν στοά, καταπεπτώκει. (3) Ἡμέρᾳ δὲ ἀρξάμενοι τρίτῃ ὡς οἴκοθεν ὥρμησαν, ταύτην τε εἰργάζοντο καὶ τὴν τετάρτην καὶ τῆς πέμπτης μέχρι ἀρίστου. (4) Ἔπειτα, ὡς τὰ πλεῖστα ἀπετετέλεστο, τὸ μὲν στρατόπεδον προαπεχώρησεν ἀπὸ τοῦ Δηλίου οἷον δέκα σταδίους ὡς ἐπ' οἴκου πορευόμενον, καὶ οἱ μὲν ψιλοὶ οἱ πλεῖστοι εὐθὺς ἐχώρουν, οἱ δ' ὁπλῖται θέμενοι τὰ ὅπλα ἡσύχαζον· Ἱπποκράτης δὲ ὑπομένων ἔτι καθίστατο φυλακάς τε καὶ τὰ περὶ τὸ προτείχισμα, ὅσα ἦν ὑπόλοιπα, ὡς χρῆν ἐπιτελέσαι.

XCI. Οἱ δὲ Βοιωτοὶ ἐν ταῖς ἡμέραις ταύταις ξυνελέγοντο ἐς τὴν Τάναγραν· καὶ ἐπειδὴ ἀπὸ πασῶν τῶν πόλεων παρῆσαν καὶ ᾐσθάνοντο τοὺς Ἀθηναίους προχωροῦντας ἐπ' οἴκου, τῶν ἄλλων βοιωταρχῶν, οἵ εἰσιν ἕνδεκα, οὐ ξυνεπαινούντων μάχεσθαι, ἐπειδὴ οὐκ ἐν τῇ Βοιωτίᾳ ἔτι εἰσίν (μάλιστα γὰρ ἐν μεθορίοις τῆς Ὠρωπίας οἱ Ἀθηναῖοι ἦσαν, ὅτε ἔθεντο τὰ ὅπλα), Παγώνδας ὁ Αἰολάδου βοιωταρχῶν ἐκ Θηβῶν μετ' Ἀριανθίδου τοῦ Λυσιμαχίδου, καὶ ἡγεμονίας οὔσης αὐτοῦ, βουλόμενος τὴν μάχην ποιῆσαι καὶ νομίζων ἄμεινον εἶναι κινδυνεῦσαι, προσκαλῶν ἑκάστους κατὰ λόχους, ὅπως μὴ ἀθρόοι ἐκλίποιεν τὰ ὅπλα, ἔπειθε τοὺς Βοιωτοὺς ἰέναι ἐπὶ τοὺς Ἀθηναίους καὶ τὸν ἀγῶνα ποιεῖσθαι, λέγων τοιάδε.

XCII. « Χρῆν μὲν ὦ ἄνδρες Βοιωτοὶ μηδ' ἐς ἐπίνοιάν τινα ἡμῶν ἐλθεῖν τῶν ἀρχόντων ὡς οὐκ εἰκὸς Ἀθηναίοις, ἢν ἄρα μὴ ἐν τῇ Βοιωτίᾳ ἔτι καταλάβωμεν αὐτούς, διὰ μάχης ἐλθεῖν. Τὴν γὰρ Βοιωτίαν, ἐκ τῆς ὁμόρου ἐλθόντες, τεῖχος ἐνοικοδομησάμενοι μέλλουσι φθείρειν, καὶ εἰσὶ δή που πολέμιοι, ἐν ᾧ τε ἂν χωρίῳ καταληφθῶσι καὶ ὅθεν ἐπελθόντες πολέμια ἔδρασαν. (2) Νυνὶ δ' εἴ τῳ καὶ ἀσφαλέστερον ἔδοξεν εἶναι, μεταγνώτω. Οὐ γὰρ τὸ προμηθές, οἷς ἂν ἄλλος ἐπίῃ, περὶ τῆς σφετέρας ὁμοίως ἐνδέχεται λογισμόν, καὶ ὅστις τὰ μὲν ἑαυτοῦ ἔχει, τοῦ πλείονος δὲ ὀρεγόμενος ἑκών τινι ἐπέρχεται. (3) Πάτριόν τε ὑμῖν στρατὸν ἀλλόφυλον ἐπελθόντα καὶ ἐν τῇ οἰκείᾳ καὶ ἐν τῇ τῶν πέλας ὁμοίως ἀμύνεσθαι. Ἀθηναίους δὲ καὶ προσέτι ὁμόρους ὄντας πολλῷ μάλιστα δεῖ. (4) Πρός τε γὰρ τοὺς ἀστυγείτονας πᾶσι τὸ ἀντίπαλον καὶ ἐλεύθερον καθίσταται, καὶ πρὸς τούτους γε δή, οἳ καὶ μὴ τοὺς ἐγγὺς ἀλλὰ καὶ τοὺς ἄποθεν πειρῶνται δουλοῦσθαι, πῶς οὐ χρὴ καὶ ἐπὶ τὸ ἔσχατον ἀγῶνος ἐλθεῖν; (Παράδειγμα δὲ ἔχομεν τούς τε ἀντιπέρας Εὐβοέας καὶ τῆς ἄλλης Ἑλλάδος τὸ

vertissent; ibique positis castris Delium hoc modo munire cœpit, Apollinis sacrum. (2) Fossam circa templum et fanum ducebant, et humum ex ipsa fossa egestum pro muro aggerebant, et vallos utrinque defigentes excisa vinea, quæ circa templum erat, injiciebant simul et lapides et lateres ex proximis ædificiis detrahentes, et omni ratione munitionem illam excitabant. Turresque ligneas posuerunt, ubi locus opportunus erat fanique nullum erat ædificium ; nam quæ fuerat porticus, collapsa erat. (3) Quum autem tertio die, ex quo domo discesserant, opus aggressi essent, quum hunc ipsum diem, tum etiam quartum in opere faciendo consumpserunt et quintum usque ad prandii tempus. (4) Deinde, quum maxima pars esset absoluta, exercitus quidem a Delio decem ferme stadia recessit, ut domum revertens, statimque levis armaturæ milites plerique discedebant ; at gravis armaturæ milites subsistentes ibi quiescebant; Hippocrates vero in Delio adhuc remanens et custodias et quicquid reliquum erat, quod circa propugnacula conficiendum esset, constituebat.

XCI. Per hos autem dies Bœoti Tanagram conveniebant; et postquam ex omnibus civitatibus aderant et cognoscebant Athenienses procedere, ut domum se reciperent, ceteris Bœotarchis, qui sunt undecim, non ad bellum gerendum adhortantibus, quod Athenienses in Bœotia non amplius essent (Athenienses enim, quum castra posuerunt, erant fere in Oropiæ confiniis), Pagondas Æoladæ filius, qui Thebarum nomine Bœotarchus erat cum Arianthide Lysimachidæ filio, quod imperium tunc penes ipsum esset, prœlium committere cupiens et existimans satius esse belli fortunam periclitari, singulas cohortes adhortatus, ne frequentes aciem desererent, Bœotis persuadebat, ut adversus Athenienses irent et prœlium committerent, talibus verbis.

XCII. « Debebat quidem, viri Bœoti, ne in mentem quidem venire cuiquam nostrum, qui magistratum gerimus, non esse rationi consentaneum, nos cum Atheniensibus confligere, si eos non in Bœotia adhuc deprehenderimus. Bœotiam enim, munitionibus in ea exstructis, ex agro finitimo profecti, sunt vastaturi, atque opinor hostes sunt, quocunque in loco deprehensi fuerint, et undecunque profecti hostilia facinora patrarunt. (2) Nunc vero si cui non pugnare tutius esse videbatur, is mutet sententiam. Nec enim providentia considerationem æque patitur in iis, quos alius invadit, et quorum ager in discrimen vocatur, atque in eo, qui sua quidem possidet, sed plura affectans ultro bellum aliis infert. (3) Vobisque patrium est externum exercitum vos invadentem pariter et in vestro et in alieno solo propulsare. Athenienses vero, qui præterea finitimi sunt, multo magis propulsare necesse est. (4) Nam si adversus finitimos libertas omnibus in eo posita est, ut illis æmula virtute obsistant, adversus hos utique, qui etiam non modo finitimos, sed et remotos in servitutem redigere conantur, quo modo non vel in extremam dimicationem descendendum sit? (Exemplum autem ob oculos positum habemus

πολὺ ὡς αὐτοῖς διάκειται) καὶ γνῶναι ὅτι τοῖς μὲν ἄλλοις οἱ πλησιόχωροι περὶ γῆς ὅρων τὰς μάχας ποιοῦνται, ἡμῖν δὲ ἐς πᾶσαν, ἢν νικηθῶμεν, εἷς ὅρος οὐκ ἀντίλεκτος παγήσεται. Εἰσελθόντες γὰρ βίᾳ τὰ ἡμέτερα ἕξουσιν. (5) Τοσούτῳ ἐπικινδυνοτέραν ἑτέρων τὴν παροίκησιν τῶνδε ἔχομεν. Εἰώθασί τε οἱ ἰσχύος που θράσει τοῖς πέλας, ὥσπερ Ἀθηναῖοι νῦν, ἐπιόντες τὸν μὲν ἡσυχάζοντα καὶ ἐν τῇ ἑαυτοῦ μόνον ἀμυνόμενον ἀδεέστερον ἐπιστρατεύειν, τὸν δὲ ἔξω ὅρων προσαπαντῶντα καὶ ἢν καιρὸς ᾖ πολέμου ἄρχοντα ἧσσον ἑτοίμως κατέχειν. (6) Πεῖραν δὲ ἔχομεν ἡμεῖς αὐτοῦ ἐς τούσδε· νικήσαντες γὰρ ἐν Κορωνείᾳ αὐτούς, ὅτε τὴν γῆν ἡμῶν στασιαζόντων κατέσχον, πολλὴν ἄδειαν τῇ Βοιωτίᾳ μέχρι τοῦδε κατεστήσαμεν. (7) Ὧν χρὴ μνησθέντας ἡμᾶς τούς τε πρεσβυτέρους ὁμοιωθῆναι τοῖς πρὶν ἔργοις, τούς τε νεωτέρους πατέρων τῶν τότε ἀγαθῶν γενομένων παῖδας πειρᾶσθαι μὴ αἰσχῦναι τὰς προσηκούσας ἀρετάς, πιστεύσαντας δὲ τῷ θεῷ πρὸς ἡμῶν ἔσεσθαι, οὗ τὸ ἱερὸν ἀνόμως τειχίσαντες νέμονται, καὶ τοῖς ἱεροῖς ἃ ἡμῖν θυσαμένοις καλὰ φαίνεται, ὁμόσε χωρῆσαι τοῖσδε, καὶ δεῖξαι ὅτι, ὧν μὲν ἐφίενται, πρὸς τοὺς μὴ ἀμυνομένους ἐπιόντες κτάσθωσαν, οἷς δὲ γενναῖον τήν τε αὑτῶν ἀεὶ ἐλευθεροῦν μάχῃ καὶ τὴν ἄλλων μὴ δουλοῦσθαι ἀδίκως, ἀνανταγώνιστοι ἀπ' αὐτῶν οὐκ ἀπίασιν. »

XCIII. Τοιαῦτα ὁ Παγώνδας τοῖς Βοιωτοῖς παραινέσας ἔπεισεν ἰέναι ἐπὶ τοὺς Ἀθηναίους, καὶ κατὰ τάχος ἀναστήσας ἦγε τὸν στρατόν· ἤδη γὰρ καὶ τῆς ἡμέρας ὀψὲ ἦν. Ἐπεὶ δὲ προσέμιξεν ἐγγὺς τοῦ στρατεύματος αὐτῶν, ἐς χωρίον καθίσας ὅθεν λόφου ὄντος μεταξὺ οὐκ ἐθεώρουν ἀλλήλους, ἔτασσέ τε καὶ παρεσκευάζετο ὡς ἐς μάχην. (2) Τῷ δὲ Ἱπποκράτει ὄντι περὶ τὸ Δήλιον ὡς αὐτῷ ἠγγέλθη ὅτι Βοιωτοὶ ἐπέρχονται, πέμπει ἐς τὸ στράτευμα κελεύων ἐς τάξιν καθίστασθαι, καὶ αὐτὸς οὐ πολλῷ ὕστερον ἐπῆλθε, καταλιπὼν ὡς τριακοσίους ἱππέας περὶ τὸ Δήλιον, ὅπως φύλακές τε ἅμα εἶεν εἴ τις ἐπίοι αὐτῷ, καὶ τοῖς Βοιωτοῖς καιρὸν φυλάξαντες ἐπιγένοιντο ἐν τῇ μάχῃ. (3) Βοιωτοὶ δὲ πρὸς τούτους ἀντικατέστησαν τοὺς ἀμυνομένους, καὶ ἐπειδὴ καλῶς αὐτοῖς εἶχεν, ὑπερεφάνησαν τοῦ λόφου καὶ ἔθεντο τὰ ὅπλα τεταγμένοι ὥσπερ ἔμελλον, ὁπλῖται ἑπτακισχίλιοι μάλιστα καὶ ψιλοὶ ὑπὲρ μυρίους, ἱππῆς δὲ χίλιοι καὶ πελτασταὶ πεντακόσιοι. (4) Εἶχον δὲ δεξιὸν μὲν κέρας Θηβαῖοι καὶ οἱ ξύμμοροι αὐτοῖς, μέσοι δὲ Ἁλιάρτιοι καὶ Κορωναῖοι καὶ Κωπαιῆς καὶ οἱ ἄλλοι οἱ περὶ τὴν λίμνην· τὸ δὲ εὐώνυμον εἶχον Θεσπιῆς καὶ Ταναγραῖοι καὶ Ὀρχομένιοι. Ἐπὶ δὲ τῷ κέρᾳ ἑκατέρῳ οἱ ἱππῆς καὶ ψιλοὶ ἦσαν. Ἐπ' ἀσπίδας δὲ πέντε μὲν καὶ εἴκοσι Θηβαῖοι ἐτάξαντο, οἱ δὲ ἄλλοι ὡς ἕκαστοι ἔτυχον. (5) Αὕτη μὲν Βοιωτῶν παρασκευὴ καὶ διακόσμος ἦν,

XCIV. Ἀθηναῖοι δὲ οἱ μὲν ὁπλῖται ἐπὶ ὀκτὼ πᾶν τὸ στρατόπεδον ἐτάξαντο, ὄντες πλήθει ἰσοπαλεῖς τοῖς ἐναντίοις, ἱππῆς δὲ ἐφ' ἑκατέρῳ τῷ κέρᾳ. Ψιλοὶ δὲ ἐκ

quum Euboenses trans fretum sitos, tum etiam ceteræ Græciæ magnam partem, quo modo erga eos sit affecta) et intelligendum, ceteros quidem de agri finibus cum gentibus finitimis dimicare, nobis vero si vincamur, unicum minime dubium finem de universa terra statutum iri. Nam in eam ingressi, rebus nostris per vim potientur. (5) Tanto istorum accolarum propinquitas nobis magis, quam aliis, est periculosa. Qui enim potentiæ confidentia, ut nunc Athenienses, arma vicinis inferunt, illum quidem, qui est quietus et qui in suo agro tantum se defendit, confidentius invadere consueverunt, eum vero, qui extra fines occurrit, et qui, si occasio fuerit, belli facit initium, minus prompte bello premere. (6) Hujus autem rei experimentum adversus istos habemus; quum enim eos ad Coroneam vicissemus, quo tempore propter nostras seditiones agrum nostrum occupatum tenebant, magnam Bœotiæ securitatem ad hoc usque tempus præstitimus. (7) Quorum nos memores operam dare oportet, ut et majores natu rebus olim gestis pares simus, et minores natu patrum illorum, qui tunc viri fortes fuerunt, filii, ne domesticas virtutes dedecorent, sed persuasum habentes, deum a nobis futurum, cujus fanum isti nefarie muro septum tenent, et sacrificiis freti, quæ nobis immolantibus lætum ac felicem rerum eventum promittunt, adversus hos tendamus, et demonstremus, ut ea, quæ concupiscunt, bellum non propulsantibus inferendo comparent, illos vero, quorum patria generositas fert, ut et suum ipsorum agrum semper liberent pugnando, nec alienum in servitutem injuste redigant, non permissuros, ut isti e suis finibus sine certamine discedant. »

XCIII. Pagondas his verbis Bœotos adhortatus persuasit, ut irent adversus Athenienses, confestimque motis castris exercitum eduxit; jam enim et serum die erat. Quum autem ad eorum castra prope accessisset, in loco subsistens, unde colle interjecto alteri alteros conspicere non poterant, aciem instruebat et ut ad prœlium se præparabat. (2) Hippocrates autem, qui apud Delium erat, quum ei nuntiatum esset Bœotos accedere, mittit ad exercitum imperans, ut in suo quisque ordine consisterent, nec multo post ipse adfuit, relictis ferme trecentis equitibus circa Delium, tum ad loci custodiam, si qua manus eum adoreretur, tum etiam ut occasione observata Bœotos in ipso prœlio a tergo aggrederentur. (3) Bœoti vero his opposuerunt, qui vim eorum propulsarent, et quum omnes ipsorum res recte haberent, in summo colle apparuerunt, et cum armis ibi substiterunt acie instructa, ut pugnaturi erant, septem ferme gravis armaturæ millia, levis vero supra decem millia, equites mille et peltati quingenti. (4) Dextrum autem cornu tenebant Thebani eorumque contributi, medii vero erant Haliartii et Coronæi et Copæenses, ceterique lacus accolæ; sinistrum vero tenebant Thespienses et Tanagræi et Orchomenii. In cornu autem utroque erat equitatus, et levis armatura. Et Thebani quidem milites in quinos et vicenos in altitudinem digesserant, reliqui vero ut quibusque contigit. (5) Atque hic quidem erat Bœotorum apparatus hæcque aciei instructæ ratio;

XCIV. Athenienses vero, qui hostibus numero pares erant, totum gravis armaturæ exercitum in octonos tantum milites in altitudinem digesserunt, equitatus vero in

παρασκευῆς μὲν ὡπλισμένοι οὔτε τότε παρῆσαν οὔτε ἐγένοντο τῇ πόλει· οἵπερ δὲ ξυνεσέβαλον ὄντες πολλαπλάσιοι τῶν ἐναντίων, ἄοπλοί τε πολλοὶ ἠκολούθησαν ἅτε πανστρατιᾶς ξένων τῶν παρόντων καὶ ἀστῶν γενομένης, καὶ ὡς τὸ πρῶτον ὥρμησαν ἐπ᾽ οἴκου, οὐ παρεγένοντο ὅτι μὴ ὀλίγοι. (2) Καθεστώτων δὲ ἐς τὴν τάξιν καὶ ἤδη μελλόντων ξυνιέναι, Ἱπποκράτης ὁ στρατηγὸς ἐπιπαριὼν τὸ στρατόπεδον τῶν Ἀθηναίων παρεκελεύετό τε καὶ ἔλεγε τοιάδε.

XCV. « Ὦ Ἀθηναῖοι, δι᾽ ὀλίγου μὲν ἡ παραίνεσις γίγνεται, τὸ ἴσον δὲ πρός τε τοὺς ἀγαθοὺς ἄνδρας δύναται καὶ ὑπόμνησιν μᾶλλον ἔχει ἢ ἐπικέλευσιν. (2) Παραστῇ δὲ μηδενὶ ὑμῶν ὡς ἐν τῇ ἀλλοτρίᾳ οὐ προσῆκον τοσόνδε κίνδυνον ἀναρριπτοῦμεν. Ἐν γὰρ τῇ τούτων ὑπὲρ τῆς ἡμετέρας ὁ ἀγὼν ἔσται· καὶ ἢν νικήσωμεν, οὐ μή ποτε ὑμῖν Πελοποννήσιοι ἐς τὴν χώραν ἄνευ τῆς τῶνδε ἵππου ἐσβάλωσιν, ἐν δὲ μιᾷ μάχῃ τήνδε τε προσκτᾶσθε καὶ ἐκείνην μᾶλλον ἐλευθεροῦτε. (3) Χωρήσατε οὖν ἀξίως ἐς αὐτοὺς τῆς τε πόλεως, ἣν ἕκαστος πατρίδα ἔχων πρώτην ἐν τοῖς Ἕλλησιν ἀγάλλεται καὶ τῶν πατέρων, οἳ τούσδε μάχῃ κρατοῦντες μετὰ Μυρωνίδου ἐν Οἰνοφύτοις τὴν Βοιωτίαν ποτὲ ἔσχον. »

XCVI. Τοιαῦτα τοῦ Ἱπποκράτους παρακελευομένου, καὶ μέχρι μὲν μέσου τοῦ στρατοπέδου ἐπελθόντος τὸ δὲ πλέον οὐκέτι φθάσαντος, οἱ Βοιωτοί, παρακελευσαμένου καὶ σφίσιν ὡς διὰ ταχέων καὶ ἐνταῦθα Παγώνδου, παιωνίσαντες ἐπῇσαν ἀπὸ τοῦ λόφου. Ἀντεπῇσαν δὲ καὶ οἱ Ἀθηναῖοι καὶ προσέμιξαν δρόμῳ. (2) Καὶ ἑκατέρων τῶν στρατοπέδων τὰ ἔσχατα οὐκ ἦλθεν ἐς χεῖρας, ἀλλὰ τὸ αὐτὸ ἔπαθεν· ῥύακες γὰρ ἐκώλυσαν. Τὸ δὲ ἄλλο καρτερᾷ μάχῃ καὶ ὠθισμῷ ἀσπίδων ξυνεστήκει. (3) Καὶ τὸ μὲν εὐώνυμον τῶν Βοιωτῶν καὶ μέχρι μέσου ἡσσᾶτο ὑπὸ τῶν Ἀθηναίων, καὶ ἐπίεσαν τούς τε ἄλλους ταύτῃ καὶ οὐχ ἥκιστα τοὺς Θεσπιέας. Ὑποχωρησάντων γὰρ αὐτοῖς τῶν παρατεταγμένων, καὶ κυκλωθέντων ἐν ὀλίγῳ, οἵπερ διεφθάρησαν Θεσπιέων, ἐν χερσὶν ἀμυνόμενοι κατεκόπησαν· καί τινες καὶ τῶν Ἀθηναίων διὰ τὴν κύκλωσιν ταραχθέντες ἠγνόησάν τε καὶ ἀπέκτειναν ἀλλήλους. (4) Τὸ μὲν οὖν ταύτῃ ἡσσᾶτο τῶν Βοιωτῶν καὶ πρὸς τὸ μαχόμενον κατέφυγεν· τὸ δὲ δεξιόν, ᾗ οἱ Θηβαῖοι ἦσαν, ἐκράτει τῶν Ἀθηναίων, καὶ ὠσάμενοι κατὰ βραχὺ τὸ πρῶτον ἐπηκολούθουν. (5) Καὶ ξυνέβη Παγώνδου περιπέμψαντος δύο τέλη τῶν ἱππέων ἐκ τοῦ ἀφανοῦς περὶ τὸν λόφον, ὡς ἐπόνει τὸ εὐώνυμον αὐτῶν, καὶ ὑπερφανέντων αἰφνιδίως, τὸ νικῶν τῶν Ἀθηναίων κέρας νομίσαν ἄλλο στράτευμα ἐπιέναι ἐς φόβον καταστῆναι· (6) καὶ ἀμφοτέρωθεν ἤδη, ὑπό τε τοῦ τοιούτου καὶ ὑπὸ τῶν Θηβαίων ἐφεπομένων καὶ παραρρηγνύντων, φυγὴ καθειστήκει παντὸς τοῦ στρατοῦ τῶν Ἀθηναίων. (7) Καὶ οἱ μὲν πρὸς τὸ Δήλιόν τε καὶ τὴν θάλασσαν ὥρμησαν, οἱ δὲ ἐπὶ τοῦ Ὠρωποῦ, ἄλλοι δὲ πρὸς Πάρνηθα τὸ ὄρος, οἱ δὲ ὡς ἕκαστοί τινα εἶχον ἐλπίδα σωτηρίας. (8) Βοιωτοὶ δὲ ἐφεπόμενοι ἔκτεινον, καὶ μάλιστα οἱ ἱππῆς οἵ τε αὐτῶν

utroque cornu erat. Sed levis armaturæ milites, consulto quidem ad hoc instructi, nec ulli tunc aderant, nec urbi fuerunt; qui autem cum Hippocrate ad istam expeditionem exierant, numero quidem hostibus longe superiores, magna ex parte inermes erant, quippe quod totus exercitus promisce ex peregrinis qui aderant, et civibus, collectus esset, et simul atque primum domum ire cœperunt, non affuerunt nisi pauci. (2) Quum autem in acie jam starent, et concursuri essent, Hippocrates dux secundum ordines jam jamque accedens Atheniensium exercitum adhortabatur, et dicebat hæc fere :

XCV. « Brevis quidem erit, o Athenienses, hæc adhortatio, sed apud viros fortes idem valet, et memoriam potius revocat quam proponit imperium. (2) Nemini autem vestrum in mentem veniat, non recte nos in alieno solo tantum periculum subire. Nam in istorum agro pro nostro certamen est futurum; et si vicerimus, Peloponnesii sine istorum equitatu in vestrum agrum nunquam irrumpent, uno autem prœlio et hunc vobis adjungitis, et illum in majorem libertatem vindicatis. (3) In eos igitur impetum facite e dignitate civitatis, quam unusquisque vestrum patriam habens inter Græcas civitates principem esse gloriatur, et vestrorum majorum, qui duce Myronide istis ad Œnophyta prœlio superatis Bœotiam quondam tenuerunt. »

XCVI. Quum autem Hippocrates his verbis suos adhortaretur, et ad mediam usque exercitus aciem progressus esset, nec majorem ejus partem ocius adire amplius posset, Bœoti, quum eos et ipsos tum quoque Pagondas celeriter adhortatus esset, pœana canere exorsi de colle signis infestis incedebant. Athenienses vero et ipsi in eos e diverso prodibant, cursuque conflixerunt. (2) Atque utriusque aciei extremæ partes ad manus non venerunt, sed idem incommodum sunt passæ; nam aquarum rivi impediverunt. Cetera vero acies constitit pugnans acriter, et clypeis inter se connitens. (3) Et sinistrum quidem Bœotorum cornu vel ad mediam usque partem, ab Atheniensibus vincebatur, qui quum alios illic collocatos, tum vero præcipue Thespienses graviter presserunt. Nam quum milites, qui prope hos erant instructi, se recepissent, et in angusto circumventi essent, qui quidem ex Thespiensibus perierunt, ii in ipso conflictu se defendentes concisi sunt; atque etiam nonnulli Athenienses, in hoste circumveniendo perturbati se mutuis vulneribus interfecerunt, quod se non internoscerent. (4) Ab hac igitur parte Bœotorum exercitus vincebatur, et ad eam, quæ pugnabat, confugit; dextrum vero cornu, in quo Thebani erant, Atheniensibus superabat, et quum eos repulisset, primo paulatim insequebantur. (5) Atque accidit, ut, quum duæ equitum turmæ a Pagonda circum collem clam circummissæ, dum sinistrum ipsorum cornu laborat, supra collem repente apparuissent, Atheniensium cornu, quod vincebat, existimanti alium exercitum contra se venire, timor incederet; (6) atque utrinque jam et propter hunc talem casum et propter Thebanos, qui instabant et ordines dissolvebant, universus Atheniensium exercitus in fugam se conjecit. (7) Et alii quidem ad Delium et mare cursu contenderunt, alii vero ad Oropum, alii ad Parnetha montem, alii vero alio, ut cuique erat aliqua salutis spes. (8) Bœoti autem eos insequentes cædebant, ac præcipue equites, et ipsorum et Lo-

καὶ οἱ Λοκροί, βεβοηθηκότες ἄρτι τῆς τροπῆς γιγνομένης· νυκτὸς δὲ ἐπιλαβούσης τὸ ἔργον ῥᾷον τὸ πλῆθος τῶν φευγόντων διεσώθη. (9) Καὶ τῇ ὑστεραίᾳ οἵ τ' ἐκ τοῦ Ὠρωποῦ καὶ οἱ ἐκ τοῦ Δηλίου φυλακὴν ἐγκαταλιπόντες (εἶχον γὰρ αὐτὸ ὅμως ἔτι) ἀπεκομίσθησαν κατὰ θάλασσαν ἐπ' οἴκου.

XCVII. Καὶ οἱ Βοιωτοὶ τροπαῖον στήσαντες καὶ τοὺς ἑαυτῶν ἀνελόμενοι νεκρούς, τούς τε τῶν πολεμίων σκυλεύσαντες, καὶ φυλακὴν καταλιπόντες, ἀνεχώρησαν ἐς τὴν Τάναγραν καὶ τῷ Δηλίῳ ἐπεβούλευον ὡς προσβαλοῦντες. (2) Ἐκ δὲ τῶν Ἀθηναίων κῆρυξ πορευόμενος ἐπὶ τοὺς νεκροὺς ἀπαντᾷ κήρυκι Βοιωτῷ, ὅς αὐτὸν ἀποστρέψας καὶ εἰπὼν ὅτι οὐδὲν πράξει πρὶν ἂν αὐτὸς ἀναχωρήσῃ πάλιν, καταστὰς ἐπὶ Ἀθηναίους ἔλεγε τὰ παρὰ τῶν Βοιωτῶν, ὅτι οὐ δικαίως δράσειαν παραβαίνοντες τὰ νόμιμα τῶν Ἑλλήνων· (3) πᾶσι γὰρ εἶναι καθεστηκὸς ἰόντας ἐπὶ τὴν ἀλλήλων ἱερῶν τῶν ἐνόντων ἀπέχεσθαι, Ἀθηναίους δὲ Δήλιον τειχίσαντας ἐνοικεῖν, καὶ ὅσα ἄνθρωποι ἐν βεβήλῳ δρῶσιν, πάντα γίγνεσθαι αὐτόθι, ὕδωρ τε ὃ ἦν ἄψαυστον σφίσι πλὴν πρὸς τὰ ἱερὰ χέρνιβι χρῆσθαι, ἀνασπάσαντας ὑδρεύεσθαι· (4) ὥστε ὑπέρ τε τοῦ θεοῦ καὶ ἑαυτῶν Βοιωτούς, ἐπικαλουμένους τοὺς ὁμωχέτας δαίμονας καὶ τὸν Ἀπόλλω, προαγορεύειν αὐτοὺς ἐκ τοῦ ἱεροῦ ἀπιόντας ἀποφέρεσθαι τὰ σφέτερα αὐτῶν.

XCVIII. Τοσαῦτα τοῦ κήρυκος εἰπόντος οἱ Ἀθηναῖοι πέμψαντες παρὰ τοὺς Βοιωτοὺς ἑαυτῶν κήρυκα τοῦ μὲν ἱεροῦ οὔτε ἀδικῆσαι ἔφασαν οὐδὲν οὔτε τοῦ λοιποῦ ἑκόντες βλάψειν· οὐδὲ γὰρ τὴν ἀρχὴν ἐσελθεῖν ἐπὶ τούτῳ, ἀλλ' ἵνα ἐξ αὐτοῦ τοὺς ἀδικοῦντας μᾶλλον σφᾶς ἀμύνωνται. (2) Τὸν δὲ νόμον τοῖς Ἕλλησιν εἶναι, ὧν ἂν ᾖ τὸ κράτος τῆς γῆς ἑκάστης ἤν τε πλέονος ἤν τε βραχυτέρας, τούτων καὶ τὰ ἱερὰ ἀεὶ γίγνεσθαι, τρόποις θεραπευόμενα οἷς ἂν πρὸς τοῖς εἰωθόσι καὶ δύνωνται. (3) Καὶ γὰρ Βοιωτοὺς καὶ τοὺς πολλοὺς τῶν ἄλλων, ὅσοι ἐξαναστήσαντές τινα βίᾳ νέμονται γῆν, ἀλλοτρίοις ἱεροῖς τὸ πρῶτον ἐπελθόντας οἰκεῖα νῦν κεκτῆσθαι. (4) Καὶ αὐτοὶ εἰ μὲν ἐπὶ πλέον δυνηθῆναι τῆς ἐκείνων κρατῆσαι, τοῦτ' ἂν ἔχειν· νῦν δ' ἐν ᾧ μέρει εἰσίν, ἑκόντες εἶναι ὡς ἐκ σφετέρου οὐκ ἀπιέναι. (5) Ὕδωρ τε ἐν τῇ ἀνάγκῃ κινῆσαι, ἣν οὐκ αὐτοὶ ὕβρει προσθέσθαι, ἀλλ' ἐκείνους προτέρους ἐπὶ τὴν σφετέραν ἐλθόντας ἀμυνόμενοι βιάζεσθαι χρῆσθαι. (6) Πᾶν δ' εἰκὸς εἶναι τῷ πολέμῳ καὶ δεινῷ τινι κατειργόμενον ξύγγνωμόν τι γίγνεσθαι καὶ πρὸς τοῦ θεοῦ. Καὶ γὰρ τῶν ἀκουσίων ἁμαρτημάτων καταφυγὴν εἶναι τοὺς βωμούς, παρανομίαν τε ἐπὶ τοῖς μὴ ἀνάγκῃ κακοῖς ὀνομασθῆναι, καὶ οὐκ ἐπὶ τοῖς ἀπὸ τῶν ξυμφορῶν τι τολμήσασιν. (7) Τούς τε νεκροὺς πολὺ μειζόνως ἐκείνους ἀντὶ ἱερῶν ἀξιοῦντας ἀποδιδόναι ἀσεβεῖν ἢ τοὺς μὴ ἐθέλοντας ἱεροῖς τὰ μὴ πρέποντα κομίζεσθαι. (8) Σαφῶς τε ἐκέλευον σφίσιν εἰπεῖν μὴ ἀπιοῦσιν ἐκ τῆς Βοιωτῶν γῆς (οὐ γὰρ ἐν τῇ ἐκείνων ἔτι εἶναι, ἐν ᾗ

cri, qui illis modo auxilio venerant, quum fuga fiebat; sed quum nox suo interventu prœlium impedisset, fugientium turba facilius dilapsa salutem sibi peperit. (9) Postridie vero, quum ii, qui erant Oropi, tum etiam ii, qui erant in Delio, præsidio ibi relicto (nam id tamen adhuc tenebant), domum mari revecti sunt.

XCVII. Et Bœoti erecto tropæo suorumque cadaveribus susceptis hostiumque spoliatis et præsidio relicto Tanagram redierunt et consilia de oppugnando Delio inibant. (2) Caduceator vero ab Atheniensibus missus, ut eorum cadavera repeteret, iter faciens obviam fit Bœotorum caduceatori, qui quum ipsum avertisset, dicens eum nihil acturum, priusquam ipse domum revertisset, coram Atheniensibus progressus exposuit mandata Bœotorum, eos non juste facere, qui jura Græcorum violarent; (3) omnium enim esse institutum, ut inter se agrum invadentes a templis, quæ in eo sint, abstineant; Athenienses vero Delium communisse et incolere, et quæcunque in profano loco homines facere soleant, hæc omnia in illo fano fieri, et aquam, quam sibi Thebani attrectare nefas duxissent nisi in sacrificiorum usu ad manus abluendas, extractam haurire; (4) quare quum dei tum sua ipsorum causa Bœotos, invocantes dæmonas, communes agri sui præsides, et Apollinem, edicere, ut e templo excedant sua secum absportantes.

XCVIII. Hæc quum caduceator dixisset, Athenienses suo caduceatore ad Bœotos misso, negarunt se ullam injuriam templo fecisse, nec in posterum sua sponte se ullo modo id læsuros; nam ne initio quide m se hac de causa id ingressos esse, sed potius, ut illinc eos, qui injuriam sibi facerent, ulciscerentur. (2) Esse autem Græcorum institutum, ut penes quos fuerit imperium cujusque regionis, sive magnæ, sive parvæ, penes eosdem semper etiam templa sint, iis ceremoniis culta, quibus coli possint præter eas, quæ moribus jam sunt receptæ. (3) Etenim et Bœotos, et ceterorum plerosque, quotquot agrum aliquem pristinis colonis per vim expulsis incolant, aliena templa primum invasisse, et nunc ea pro suis possidere. (4) Quare se quoque, si ampliorem illorum agri partem in suam potestatem redigere possent, eam retenturos; nunc vero se ex ea parte, in qua essent, utpote ex suo agro, nequaquam sua quidem sponte discessuros. (5) Aquam etiam se necessitate coactos movisse, quam non per insolentiam sibi imposuissent, sed ab illis qui priores in suum agrum irrupissent, inter defensionem se ea uti coactos esse. (6) Consentaneum autem esse, veniam aliquam vel ab ipso deo dari omnibus, quæ propter bellum aut aliquam aliam periculi necessitatem committerentur. Nam et delictis non voluntariis aras deorum esse refugium, scelerisque nomen impositum illis flagitiis, quæ quis nulla necessitatis vi compulsus admittat, non autem illis, quæ homines rebus adversis coacti committere ausi sint. (7) Ipsosque multo magis impie facere, qui pro templis cadavera militum restituere vellent, quam eos, qui templorum precio nollent sibi parare ea, quæ non deceret. (8) Atque jubebant eos aperte sibi dicere non quidem hac conditione, ut abirent e Bœotorum terra (non enim se jam in illorum terra esse, sed in ea, quam belli jure possedissent) imo po-

δὲ δορὶ ἐκτήσαντο) ἀλλὰ κατὰ τὰ πάτρια τοὺς νεκροὺς σπένδουσιν ἀναιρεῖσθαι.

XCIX. Οἱ δὲ Βοιωτοὶ ἀπεκρίναντο, εἰ μὲν ἐν τῇ Βοιωτίᾳ εἰσίν, ἀπιόντας ἐκ τῆς ἑαυτῶν ἀποφέρεσθαι τὰ σφέτερα, εἰ δὲ ἐν τῇ ἐκείνων, αὐτοὺς γιγνώσκειν τὸ ποιητέον, νομίζοντες τὴν μὲν Ὠρωπίαν, ἐν ᾗ τοὺς νεκροὺς ἐν μεθορίοις τῆς μάχης γενομένης κεῖσθαι ξυνέβη, Ἀθηναίων κατὰ τὸ ὑπήκοον εἶναι, καὶ οὐκ ἂν αὐτοὺς βίᾳ σφῶν κρατῆσαι αὐτῶν· οὐδ᾽ αὖ ἐσπένδοντο δῆθεν ὑπὲρ τῆς ἐκείνων· τὸ δὲ « ἐκ τῆς ἑαυτῶν » εὐπρεπὲς εἶναι ἀποκρίνασθαι « ἀπιόντας καὶ ἀπολαβεῖν ἃ « ἀπαιτοῦσιν. » Ὁ δὲ κῆρυξ τῶν Ἀθηναίων ἀκούσας ἀπῆλθεν ἄπρακτος.

C. Καὶ οἱ Βοιωτοὶ εὐθὺς μεταπεμψάμενοι ἔκ τε τοῦ Μηλιέως κόλπου ἀκοντιστὰς καὶ σφενδονήτας, καὶ βεβοηθηκότων αὐτοῖς μετὰ τὴν μάχην Κορινθίων τε δισχιλίων ὁπλιτῶν καὶ τῶν ἐκ Νισαίας ἐξεληλυθότων Πελοποννησίων φρουρῶν καὶ Μεγαρέων ἅμα, ἐστράτευσαν ἐπὶ τὸ Δήλιον καὶ προσέβαλον τῷ τειχίσματι, ἄλλῳ τε τρόπῳ πειράσαντες καὶ μηχανῇ προσήγαγον, ἥπερ εἷλεν αὐτό, τοιάνδε. (2) Κεραίαν μεγάλην δίχα πρίσαντες ἐκοίλαναν ἅπασαν, καὶ ξυνήρμοσαν πάλιν ἀκριβῶς ὥσπερ αὐλόν, καὶ ἐπ᾽ ἄκραν λέβητά τε ἤρτησαν ἁλύσεσι, καὶ ἀκροφύσιον ἀπὸ τῆς κεραίας σιδηροῦν ἐς αὐτὸν νεῦον καθεῖτο, καὶ ἐσεσιδήρωτο ἐπὶ μέγα καὶ τοῦ ἄλλου ξύλου. (3) Προσῆγον δὲ ἐκ πολλοῦ ἁμάξαις τῷ τείχει, ᾗ μάλιστα τῇ ἀμπέλῳ καὶ τοῖς ξύλοις ᾠκοδόμητο· καὶ ὁπότε εἴη ἐγγύς, φύσας μεγάλας ἐσθέντες ἐς τὸ πρὸς ἑαυτῶν ἄκρον τῆς κεραίας ἐφύσων. (4) Ἡ δὲ πνοὴ ἰοῦσα στεγανῶς ἐς τὸν λέβητα, ἔχοντα ἄνθρακάς τε ἡμμένους καὶ θεῖον καὶ πίσσαν, φλόγα ἐποίει μεγάλην καὶ ἧψε τοῦ τείχους, ὥστε μηδένα ἔτι ἐπ᾽ αὐτοῦ μεῖναι, ἀλλὰ ἀπολιπόντας ἐς φυγὴν καταστῆναι καὶ τὸ τείχισμα τούτῳ τῷ τρόπῳ ἁλῶναι. (5) Τῶν δὲ φρουρῶν οἱ μὲν ἀπέθανον, διακόσιοι δὲ ἐλήφθησαν. Τῶν δὲ ἄλλων πλῆθος ἐς τὰς ναῦς ἐσβὰν ἀπεκομίσθη ἐπ᾽ οἴκου.

CI. Τοῦ δὲ Δηλίου ἑπτακαιδεκάτῃ ἡμέρᾳ ληφθέντος μετὰ τὴν μάχην, καὶ τοῦ ἀπὸ τῶν Ἀθηναίων κήρυκος οὐδὲν ἐπισταμένου τῶν γεγενημένων ἐλθόντος οὐ πολὺ ὕστερον αὖθις περὶ τῶν νεκρῶν, ἀπέδοσαν οἱ Βοιωτοὶ καὶ οὐκέτι ταὐτὰ ἀπεκρίναντο. (2) Ἀπέθανον δὲ Βοιωτῶν μὲν ἐν τῇ μάχῃ ὀλίγῳ ἐλάσσους πεντακοσίων, Ἀθηναίων δὲ ὀλίγῳ ἐλάσσους χιλίων καὶ Ἱπποκράτης ὁ στρατηγός, ψιλῶν δὲ καὶ σκευοφόρων πολὺς ἀριθμός. (3) Μετὰ δὲ τὴν μάχην ταύτην καὶ ὁ Δημοσθένης ὀλίγῳ ὕστερον, ὡς αὐτῷ τότε πλεύσαντι τὰ περὶ τὰς Σίφας τῆς προδοσίας πέρι οὐ προυχώρησεν, ἔχων τὸν στρατὸν ἐπὶ τῶν νεῶν τῶν τε Ἀκαρνάνων καὶ Ἀγραίων καὶ Ἀθηναίων τετρακοσίους ὁπλίτας, ἀπόβασιν ἐποιήσατο ἐς τὴν Σικυωνίαν. (4) Καὶ πρὶν πάσας τὰς ναῦς καταπλεῦσαι βοηθήσαντες οἱ Σικυώνιοι τοὺς ἀποβεβηκότας ἔτρεψαν καὶ κατεδίωξαν ἐς τὰς ναῦς, καὶ

tius ex patriis institutis per inducias ut cadavera suorum recipiant.

XCIX. Bœoti vero responderunt, siquidem Athenienses in Bœotia essent, ex suo agro discederent et res suas absportarent; sin in illorum, ipsos scire quid faciendum sit, rati illi agrum Oropium, in quo contigerat, ut illorum milites, pugna in confiniis commissa, cæsi jacerent, Atheniensium quidem esse, quod illorum imperio subjectus esset, neque tamen eos unquam, se invitis, suorum cadaveribus potiri posse; pro agro autem, qui illorum scilicet esset, nullas inducias faciendas censebant; honestam vero speciem habere, si responderent : ex suo agro si illi abirent, et recepturos ea, quæ repeterent. Atheniensium autem caduceator his auditis re infecta discessit.

C. Et Bœoti protinus accersitis ex sinu Meliaco jaculatoribus et funditoribus, quum duo quoque gravis armaturæ militum Corinthiorum millia post prœlium commissum auxilio iis venissent, et præsidiarii Peloponnesiorum milites, qui ex Nisæa discesserant, et Megarenses una cum iis, adversus Delium profecti sunt, et munitionem oppugnare cœperunt, et quum alio oppugnationis genere eam temptassent, tum etiam machinam, quæ eam cepit, admoverunt, hunc in modum factam. (2) Ingentem antennam in duas partes dissectam totam excavarunt, eamque rursus ut fistulam apte commiserunt, et in ea extrema lebetem catenis appenderunt, et fistula ferrea ad flatum ciendum ex antenna prominens in ipsum lebetem demissa erat et antenna magnam etiam reliqui ligni partem ferro præmunitam habebat. (3) Hanc autem machinam ex longinquo spatio carris advectam admovebant muro, qua parte potissimum vitibus lignisque constructus erat; et quum prope murum esset, grandibus follibus ad antennæ caput, quod ad ipsos spectabat, applicitis flatum ciebant. (4) Flatus autem, qui per foramen in lebetem, habentem prunas incensas et sulphur et picem, ferebatur, ingentem flammam excitabat, et murum incendit, ita ut nullus super eum amplius consistere posset, sed omnes, eo deserto, in fugam sese darent, et munitio hoc modo caperetur. (5) Præsidiariorum autem alii quidem ceciderunt, ducenti vero capti sunt. Ceterorum multitudo naves conscendit, domumque se recepit.

CI. Quum autem decimo septimo die a pugna commissa Delium captum esset, et caduceator Atheniensis rerum gestarum prorsus ignarus non multo post iterum venisset cæsorum causa, Bœoti eos reddiderunt, nec amplius idem quod ante responderunt. (2) In illa autem pugna perierunt ex Bœotis quidem paulo pauciores quam quingenti, ex Atheniensibus vero paulo pauciores quam mille, et Hippocrates eorum imperator; levis armaturæ autem et lixarum magnus numerus.

(3) Post hanc pugnam etiam Demosthenes paulo post, quum ipsi tunc, ut dixi, de Sipharum proditione res non successisset, cum Acarnanum et Agræorum exercitu et Atheniensium quadringentis gravis armaturæ militibus, quos in sua classe habebat, egressus est in agrum Sicyonium. (4) Et priusquam omnes ejus naves eo appulissent, Sicyonii ad sua tutanda celeriter profecti, eos, qui in terram egressi erant, fugaverunt et ad naves usque perse-

τοὺς μὲν ἀπέκτειναν τοὺς δὲ ζῶντας ἔλαβον. Τροπαῖον δὲ στήσαντες τοὺς νεκροὺς ὑποσπόνδους ἀπέδοσαν.

(5) Ἀπέθανε δὲ καὶ Σιτάλκης Ὀδρυσῶν βασιλεὺς ὑπὸ τὰς αὐτὰς ἡμέρας τοῖς ἐπὶ Δηλίῳ, στρατεύσας ἐπὶ Τριβαλλοὺς καὶ νικηθεὶς μάχῃ. Σεύθης δὲ ὁ Σπαραδόκου ἀδελφιδοῦς ὢν αὐτοῦ ἐβασίλευσεν Ὀδρυσῶν τε καὶ τῆς ἄλλης Θρᾴκης ἧσπερ καὶ ἐκεῖνος.

CII. Τοῦ δ' αὐτοῦ χειμῶνος Βρασίδας ἔχων τοὺς ἐπὶ Θρᾴκης ξυμμάχους ἐστράτευσεν ἐς Ἀμφίπολιν τὴν ἐπὶ Στρυμόνι ποταμῷ Ἀθηναίων ἀποικίαν. (2) Τὸ δὲ χωρίον τοῦτο ἐφ' οὗ νῦν ἡ πόλις ἐστὶν ἐπείρασε μὲν πρότερον καὶ Ἀρισταγόρας ὁ Μιλήσιος φεύγων βασιλέα Δαρεῖον κατοικίσαι ἀλλὰ ὑπὸ Ἠδώνων ἐξεκρούσθη, ἔπειτα δὲ καὶ οἱ Ἀθηναῖοι ἔτεσι δύο καὶ τριάκοντα ὕστερον, ἐποίκους μυρίους σφῶν τε αὐτῶν καὶ τῶν ἄλλων τὸν βουλόμενον πέμψαντες, οἳ διεφθάρησαν ἐν Δραβήσκῳ ὑπὸ Θρᾳκῶν. (3) Καὶ αὖθις ἑνὸς δέοντι τριακοστῷ ἔτει ἐλθόντες οἱ Ἀθηναῖοι, Ἄγνωνος τοῦ Νικίου οἰκιστοῦ ἐκπεμφθέντος, Ἠδῶνας ἐξελάσαντες ἔκτισαν τὸ χωρίον τοῦτο, ὅπερ πρότερον Ἐννέα ὁδοὶ ἐκαλοῦντο. (4) Ὡρμῶντο δὲ ἐκ τῆς Ἠιόνος, ἣν αὐτοὶ εἶχον ἐμπόριον ἐπὶ τῷ στόματι τοῦ ποταμοῦ ἐπιθαλάσσιον, πέντε καὶ εἴκοσι σταδίους ἀπέχον ἀπὸ τῆς νῦν πόλεως, ἣν Ἀμφίπολιν Ἄγνων ὠνόμασεν, ὅτι ἐπ' ἀμφότερα περιρρέοντος τοῦ Στρυμόνος, διὰ τὸ περιέχειν αὐτήν, τείχει μακρῷ ἀπολαβὼν ἐκ ποταμοῦ ἐς ποταμὸν περιφανῆ ἐς θάλασσάν τε καὶ τὴν ἤπειρον ᾤκισεν.

CIII. Ἐπὶ ταύτην οὖν ὁ Βρασίδας ἄρας ἐξ Ἀρνῶν τῆς Χαλκιδικῆς ἐπορεύετο τῷ στρατῷ. Καὶ ἀφικόμενος περὶ δείλην ἐπὶ τὸν Αὐλῶνα καὶ Βρομίσκον ᾗ ἡ Βόλβη λίμνη ἐξίησιν ἐς θάλασσαν, καὶ δειπνοποιησάμενος ἐχώρει τὴν νύκτα. (2) Χειμὼν δὲ ἦν καὶ ὑπένειφεν· ᾗ καὶ μᾶλλον ὥρμησε, βουλόμενος λαθεῖν τοὺς ἐν τῇ Ἀμφιπόλει πλὴν τῶν προδιδόντων. (3) Ἦσαν γὰρ Ἀργιλίων τε ἐν αὐτῇ οἰκήτορες (εἰσὶ δὲ οἱ Ἀργίλιοι Ἀνδρίων ἄποικοι) καὶ ἄλλοι οἳ ξυνέπρασσον ταῦτα, οἱ μὲν Περδίκκᾳ πειθόμενοι, οἱ δὲ Χαλκιδεῦσιν. (4) Μάλιστα δὲ οἱ Ἀργίλιοι ἐγγύς τε προσοικοῦντες καὶ ἀεί ποτε τοῖς Ἀθηναίοις ὄντες ὕποπτοι καὶ ἐπιβουλεύοντες τῷ χωρίῳ, ἐπειδὴ παρέτυχεν ὁ καιρὸς καὶ Βρασίδας ἦλθεν, ἔπραξάν τε ἐκ πλείονος πρὸς τοὺς ἐμπολιτεύοντας σφῶν ἐκεῖ ὅπως ἐνδοθήσεται ἡ πόλις, καὶ τότε δεξάμενοι αὐτὸν τῇ πόλει καὶ ἀποστάντες τῶν Ἀθηναίων ἐκείνῃ τῇ νυκτὶ κατέστησαν τὸν στρατὸν πρὸ ἕω ἐπὶ τὴν γέφυραν τοῦ ποταμοῦ. (5) Ἀπέχει δὲ τὸ πόλισμα πλέον τῆς διαβάσεως, καὶ οὐ καθεῖτο τείχη ὥσπερ νῦν, φυλακὴ δέ τις βραχεῖα καθειστήκει· ἣν βιασάμενος ῥᾳδίως ὁ Βρασίδας ἅμα μὲν τῆς προδοσίας οὔσης, ἅμα δὲ καὶ χειμῶνος ὄντος καὶ ἀπροσδοκήτοις προσπεσών, διέβη τὴν γέφυραν, καὶ τὰ ἔξω τῶν Ἀμφιπολιτῶν οἰκούντων κατὰ πᾶν τὸ χωρίον εὐθὺς εἶχεν.

CIV. Τῆς δὲ διαβάσεως αὐτοῦ ἄφνω τοῖς ἐν τῇ πόλει γεγενημένης, καὶ τῶν ἔξω πολλῶν μὲν ἁλισκομέ-

cuti sunt, et eorum alios interfecerunt, alios vivos ceperunt. Et tropæo erecto cæsos suis pace sequestra reddiderunt.

(5) Sub eosdem dies, quibus res ad Delium gestæ sunt, Sitalces etiam Odrysarum rex, quum bellum Triballis intulisset, et prœlio victus esset, excessit vita. Seuthes vero Sparadoci filius, qui erat ipsius ex fratre nepos, Odrysarum, et ceteræ Thraciæ, cui et ille imperaverat regnum obtinuit.

CII. Eadem hieme Brasidas cum sociis, quos habebat in Thracia, Amphipoli ad Strymonem fluvium sitæ, Atheniensium coloniæ, bellum intulit. (2) Hunc autem locum, in quo nunc urbs est sita, primum quidem et Aristagoras Milesius, quum regem Dareum fugeret, colonia deducta condere temptavit, sed ab Edonis expulsus est; deinde vero et Athenienses duobus et triginta post annis huc missis decem millibus incolarum, tum suorum tum aliorum, quotquot ire voluerant, qui apud Drabescum a Thracibus interfecti sunt. (3) Rursus etiam Athenienses undetricesimo anno eo profecti Hagnone Niciæ filio coloniæ duce emisso, expulsis Edonis hanc urbem condiderunt, quæ prius Novem viæ vocabantur. (4) Eione autem ut belli sede proficiscebantur, quam ipsi maritimum emporium in fluvii ostio situm tenebant, quinque et viginti stadiis distans ab urbe, quæ nunc est, quam Hagno vocavit Amphipolin, quod quum a Strymone allueretur ab utroque latere, muro longo a fluvio ad fluvium ducto, quia ab eo tota cingebatur, circumseptam, et ad mare versus et ad continentem conspicuam condidit.

CIII. Adversus hanc igitur Brasidas castris ex Arnis agri Chalcidensis urbe motis cum suis copiis proficiscebatur. Et quum circa solis occasum ad Aulonem pervenisset et Bromiscum, qua Bolbe stagnum in mare ingreditur, cœnatus noctu ire pergebat. (2) Cœlum autem erat turbidum, et subningebat; quo etiam lubentius iter fecit, quod eos, qui Amphipoli erant, præter proditores, latere vellet. (3) Nam in ea erant quum Argiliorum nonnulli coloni (Argilii autem sunt Andriorum coloni), tum etiam alii, qui proditionis hujus erant socii, partim quidem a Perdicca, partim vero a Chalcidensibus inducti. (4) Sed potissimum Argilii, qui et proxime habitabant, et Atheniensibus semper erant suspecti, et huic urbi insidiantes, postquam occasio oblata est et Brasidas advenit, et multo ante jam egerunt cum iis ex se, qui illic cives erant, ut urbs dederetur, et tunc urbe eum receperunt, et illa nocte defectione ab Atheniensibus facta, Brasidæ copias ad fluvii pontem deduxerunt. (5) Urbs autem inde distat amplius, quam transitus, nec muri erant eo deducti, quemadmodum nunc, sed quoddam modicum præsidium ibi collocatum erat. Quod cum facile Brasidas reppulisset, simul proditionis, simul tempestatis, simul etiam adventus repentini beneficio, pontem transiit, et Amphipolitanorum res, quæ extra urbem erant, per totam illam regionem statim in suam potestatem redegit.

CIV. Quum autem ejus transitus illis, qui in urbe erant, subito accidisset, et eorum, qui extra erant, multi cape-

νων τῶν δὲ καὶ καταφευγόντων ἐς τὸ τεῖχος, οἱ Ἀμφιπολῖται ἐς θόρυβον μέγαν κατέστησαν, ἄλλως τε καὶ ἀλλήλοις ὕποπτοι ὄντες. (2) Καὶ λέγεται Βρασίδαν, εἰ ἠθέλησε μὴ ἐφ' ἁρπαγὴν τῷ στρατῷ τραπέσθαι ἀλλ' εὐθὺς χωρῆσαι πρὸς τὴν πόλιν, δοκεῖν ἂν ἑλεῖν. (3) Νῦν δὲ ὁ μὲν ἱδρύσας τὸν στρατὸν ἐπὶ τὰ ἔξω ἐπέδραμεν, καὶ ὡς οὐδὲν αὐτῷ ἀπὸ τῶν ἔνδον ὡς προσεδέχετο ἀπέβαινεν, ἡσύχαζεν· (4) οἱ δ' ἐναντίοι τοῖς προδιδοῦσι, κρατοῦντες τῷ πλήθει ὥστε μὴ αὐτίκα τὰς πύλας ἀνοίγεσθαι, πέμπουσι μετὰ Εὐκλέους τοῦ στρατηγοῦ, ὃς ἐκ τῶν Ἀθηναίων παρῆν αὐτοῖς φύλαξ τοῦ χωρίου, ἐπὶ τὸν ἕτερον στρατηγὸν τῶν ἐπὶ Θρᾴκης, Θουκυδίδην τὸν Ὀλόρου, ὃς τάδε ξυνέγραψεν, ὄντα περὶ Θάσον (ἔστι δὲ ἡ νῆσος Παρίων ἀποικία, ἀπέχουσα τῆς Ἀμφιπόλεως ἡμισείας ἡμέρας μάλιστα πλοῦν), κελεύοντες σφίσι βοηθεῖν. (5) Καὶ ὁ μὲν ἀκούσας κατὰ τάχος ἑπτὰ ναυσὶν αἳ ἔτυχον παροῦσαι ἔπλει, καὶ ἐβούλετο φθάσαι μάλιστα μὲν οὖν τὴν Ἀμφίπολιν, πρίν τι ἐνδοῦναι, εἰ δὲ μή, τὴν Ἠϊόνα προκαταλαβών.

CV. Ἐν τούτῳ δὲ ὁ Βρασίδας δεδιὼς καὶ τὴν ἀπὸ τῆς Θάσου τῶν νεῶν βοήθειαν, καὶ πυνθανόμενος τὸν Θουκυδίδην κτῆσίν τε ἔχειν τῶν χρυσείων μετάλλων ἐργασίας ἐν τῇ περὶ ταῦτα Θρᾴκῃ καὶ ἀπ' αὐτοῦ δύνασθαι ἐν τοῖς πρώτοις τῶν ἠπειρωτῶν, ἠπείγετο προκατασχεῖν, εἰ δύναιτο, τὴν πόλιν, μὴ ἀφικνουμένου αὐτοῦ τὸ πλῆθος τῶν Ἀμφιπολιτῶν, ἐλπίσαν ἐκ θαλάσσης ξυμμαχικὸν καὶ ἀπὸ τῆς Θρᾴκης ἀγείραντα αὐτὸν περιποιήσειν σφᾶς, οὐκέτι προσχωροῖ. (2) Καὶ τὴν ξύμβασιν μετρίαν ἐποιεῖτο, κήρυγμα τόδε ἀνειπών, Ἀμφιπολιτῶν καὶ Ἀθηναίων τῶν ἐνόντων τὸν μὲν βουλόμενον ἐπὶ τοῖς ἑαυτοῦ τῆς ἴσης καὶ ὁμοίας μετέχοντα μένειν, τὸν δὲ μὴ ἐθέλοντα ἀπιέναι τὰ ἑαυτοῦ ἐκφερόμενον πέντε ἡμερῶν.

CVI. Οἱ δὲ πολλοὶ ἀκούσαντες ἀλλοιότεροι ἐγένοντο τὰς γνώμας, ἄλλως τε καὶ βραχὺ μὲν Ἀθηναίων ἐμπολιτεῦον, τὸ δὲ πλεῖον ξύμμικτον. Καὶ τῶν ἔξω ληφθέντων συχνοὶ οἰκεῖοι ἔνδον ἦσαν· καὶ τὸ κήρυγμα πρὸς τὸν φόβον δίκαιον εἶναι ἐλάμβανον, οἱ μὲν Ἀθηναῖοι διὰ τὸ ἄσμενοι ἂν ἐξελθεῖν, ἡγούμενοι οὐκ ἐν ὁμοίῳ σφίσιν εἶναι τὰ δεινὰ καὶ ἅμα οὐ προσδεχόμενοι βοήθειαν ἐν τάχει, ὁ δὲ ἄλλος ὅμιλος πόλεώς τε ἐν τῷ ἴσῳ οὐ στερισκόμενοι καὶ κινδύνου παρὰ δόξαν ἀφιέμενοι. (3) Ὥστε τῶν πρασσόντων τῷ Βρασίδᾳ ἤδη καὶ ἐκ τοῦ φανεροῦ διαδικαιούντων αὐτά, ἐπειδὴ καὶ τὸ πλῆθος ἑώρων τετραμμένον καὶ τοῦ παρόντος Ἀθηναίων στρατηγοῦ οὐκέτι ἀκροώμενον, ἐγένετο ἡ ὁμολογία καὶ προσεδέξαντο ἐφ' οἷς ἐκήρυξεν. (3) Καὶ οἱ μὲν τὴν πόλιν τοιούτῳ τρόπῳ παρέδοσαν, ὁ δὲ Θουκυδίδης καὶ αἱ νῆες ταύτῃ τῇ ἡμέρᾳ ὀψὲ κατέπλεον ἐς τὴν Ἠϊόνα. Καὶ τὴν μὲν Ἀμφίπολιν Βρασίδας ἄρτι εἶχεν, τὴν δὲ Ἠϊόνα παρὰ νύκτα ἐγένετο λαβεῖν· εἰ γὰρ μὴ ἐβοήθησαν αἱ νῆες διὰ τάχους, ἅμα ἕῳ ἂν εἴχετο.

CVII. Μετὰ δὲ τοῦτο ὁ μὲν τὰ ἐν τῇ Ἠϊόνι καθίστατο, ὅπως καὶ τὸ αὐτίκα, ἢν ἐπίῃ ὁ Βρασίδας,

rentur, alii vero intra muros fuga se reciperent, Amphipolitanis magna trepidatio incessit, præsertim quod mutuo inter se suspecti essent. (2) Et sunt qui dicant, Brasidam, si cum suis copiis ad prædam se convertere noluisset, sed ad urbem subito contendisset, videri eam fuisse capturum. (3) Nunc autem ille castris ibi positis in ea, quæ extra erant, excursiones fecit, et quum per eos, qui intus erant, nihil ipsi succederet, quemadmodum exspectabat, quiescebat. (4) Qui vero proditoribus erant adversarii, numero majore valentes adeo ut non statim urbis portæ aperirentur, nuntios miserunt cum Eucle duce, qui ab Atheniensibus missus ad urbis præsidium apud ipsos erat, ad alterum copiarum in Thracia ducem Thucydidem Olori filium, qui hæc conscripsit, in Thaso agentem, (est autem insula Pariorum colonia, ab Amphipoli distans ferem dimidia diei navigatione) rogantes, ut opem sibi ferret. (5) Ille vero hac re audita, celeritate adhibita cum septem navibus, quæ forte aderant, avehebatur et volebat potissimum quidem Amphipolin, antequam ulla deditio fieret, sin minus, Eionem certe præoccupare.

CV. Interea vero Brasidas, metuens et naves e Thaso auxilio venientes, et audiens, Thucydidem in illa Thraciæ parte secturas aureas et officinas aurarias possidere, atque hinc opibus valere inter primores eorum, qui continentem incolebant, studiose agebat, ut urbem, si posset, anticiparet, ne, si ille eo perveniret, plebs Amphipolitana sperans ipsum et e mari et ex Thracia auxiliis coactis se conservaturum, jam sese dedere recusaret. (2) Quare deditionis conditiones modicas offerebat, edicto per præconem in hæc verba facto, ut Amphipolitanorum et Atheniensium, qui in urbe essent, quisquis vellet, pari similique civitatis jure fruens, in suis bonis maneret; qui vero nollet, is abiret suas fortunas exportans intra quinque dies.

CVI. Plebs vero, hoc audito, magis aliquanto animo alienata est, præsertim quod Atheniensium quidem in urbe habitantium exiguus esset numerus, major vero pars esset turba promiscua. Atque etiam multi intus erant propinquis illorum, qui extra capti erant, et pro metu suo edictum æquum esse existimabant, Athenienses quidem, quod illinc exire vehementer cuperent, tum quia non paria pericula sibi imminere ducebant, tum etiam quia auxilium sibi non celeriter latum iri putabant; cetera vero multitudo, quod æquabili civitatis jure non privarentur, et quod præter opinionem periculo liberarentur. (2) Quare quum illi, qui cum Brasida sentiebant, jam vel palam affirmarent æquas esse conditiones, postquam animadverterunt ipsam quoque plebem mutasse sententiam, neque Atheniensium duci, qui aderat, aures amplius præbere, facta est conventio, et Brasidam receperunt iis conditionibus, quas per præconem edixerat. (3) Atque illi quidem hoc modo urbem dediderunt, Thucydides vero ejusque naves eodem die sero Eionem appulerunt. Et Amphipolin quidem Brasidas modo occupaverat, Eionem vero quin occuparet, per unam duntaxat noctem stetit; nisi enim naves ad opem ei ferendam celeriter venissent, simul atque dies illuxisset, in ejus potestatem redacta esset.

CVII. Postea vero Thucydides quidem res Eione constituebat, ut et in præsentia, si Brasidas eam invaderet, et in

καὶ τὸ ἔπειτα ἀσφαλῶς ἕξει, δεξάμενος τοὺς ἐθελήσαντας ἐπιχωρῆσαι ἄνωθεν κατὰ τὰς σπονδάς· (2) ὁ δὲ πρὸς μὲν τὴν Ἠιόνα κατά τε τὸν ποταμὸν πολλοῖς πλοίοις ἄφνω καταπλεύσας, εἴ πως τὴν προύχουσαν ἄκραν ἀπὸ τοῦ τείχους λαβὼν κρατοίη τοῦ ἔσπλου, καὶ κατὰ γῆν ἀποπειράσας ἅμα, ἀμφοτέρωθεν ἀπεκρούσθη, τὰ δὲ περὶ τὴν Ἀμφίπολιν ἐξηρτύετο. (3) Καὶ Μύρκινός τε αὐτῷ προσεχώρησεν Ἠδωνικὴ πόλις, Πιττακοῦ τοῦ Ἠδώνων βασιλέως ἀποθανόντος ὑπὸ τῶν Γοάξιος παίδων καὶ Βραυροῦς τῆς γυναικὸς αὐτοῦ, καὶ Γαληψὸς οὐ πολλῷ ὕστερον καὶ Οἰσύμη· εἰσὶ δὲ αὗται Θασίων ἀποικίαι. Παρὼν δὲ καὶ Περδίκκας εὐθὺς μετὰ τὴν ἅλωσιν ξυγκαθίστη ταῦτα.

CVIII. Ἐχομένης δὲ τῆς Ἀμφιπόλεως οἱ Ἀθηναῖοι ἐς μέγα δέος κατέστησαν, ἄλλως τε καὶ ὅτι ἡ πόλις αὐτοῖς ἦν ὠφέλιμος ξύλων τε ναυπηγησίμων πομπῇ καὶ χρημάτων προσόδῳ, καὶ ὅτι μέχρι μὲν τοῦ Στρυμόνος ἦν πάροδος Θεσσαλῶν διαγόντων ἐπὶ τοὺς ξυμμάχους σφῶν τοῖς Λακεδαιμονίοις, τῆς δὲ γεφύρας μὴ κρατούντων, ἄνωθεν μὲν μεγάλης οὔσης ἐπὶ πολὺ λίμνης τοῦ ποταμοῦ, τὰ δὲ πρὸς Ἠιόνα τριήρεσι τηρουμένων, οὐκ ἂν δύνασθαι προελθεῖν· τότε δὲ ῥᾴδια ἤδη ἐνόμιζον γεγενῆσθαι. (2) Καὶ τοὺς ξυμμάχους ἐφοβοῦντο μὴ ἀποστῶσιν. Ὁ γὰρ Βρασίδας ἔν τε τοῖς ἄλλοις μέτριον ἑαυτὸν παρεῖχεν, καὶ ἐν τοῖς λόγοις πανταχοῦ ἐδήλου ὡς ἐλευθερώσων τὴν Ἑλλάδα ἐκπεμφθείη. (3) Καὶ αἱ πόλεις πυνθανόμεναι αἱ τῶν Ἀθηναίων ὑπήκοοι τῆς τε Ἀμφιπόλεως τὴν ἅλωσιν καὶ ἃ παρέχεται, τήν τε ἐκείνου πραότητα, μάλιστα δὴ ἐπήρθησαν ἐς τὸ νεωτερίζειν καὶ ἐπεκηρυκεύοντο πρὸς αὐτὸν κρύφα, ἐπιπαριέναι τε κελεύοντες καὶ βουλόμενοι αὐτοὶ ἕκαστοι πρῶτοι ἀποστῆναι. (4) Καὶ γὰρ καὶ ἄδεια ἐφαίνετο αὐτοῖς, ἐψευσμένοις μὲν τῆς Ἀθηναίων δυνάμεως ἐπὶ τοσοῦτον ὅση ὕστερον διεφάνη, τὸ δὲ πλέον βουλήσει κρίνοντες ἀσαφεῖ ἢ προνοίᾳ ἀσφαλεῖ, εἰωθότες οἱ ἄνθρωποι, οὗ μὲν ἐπιθυμοῦσιν, ἐλπίδι ἀπερισκέπτῳ διδόναι, ὃ δὲ μὴ προσίενται, λογισμῷ αὐτοκράτορι διωθεῖσθαι. (5) Ἅμα δὲ τῶν Ἀθηναίων ἐν τοῖς Βοιωτοῖς νεωστὶ πεπληγμένων, καὶ τοῦ Βρασίδου ἐφολκὰ καὶ οὐκ ὄντα λέγοντος, ὡς αὐτῷ ἐπὶ Νίσαιαν τῇ ἑαυτοῦ μόνῃ στρατιᾷ οὐκ ἠθέλησαν οἱ Ἀθηναῖοι ξυμβαλεῖν, ἐθάρσουν, καὶ ἐπίστευον μηδένα ἂν ἐπὶ σφᾶς βοηθῆσαι. (6) Τὸ δὲ μέγιστον, διὰ τὸ ἡδονὴν ἔχον ἐν τῷ αὐτίκα, καὶ ὅτι τὸ πρῶτον Λακεδαιμονίων ὀργώντων ἔμελλον πειράσεσθαι, κινδυνεύειν παντὶ τρόπῳ ἕτοιμοι ἦσαν. (7) Ὧν αἰσθόμενοι οἱ μὲν Ἀθηναῖοι φυλακάς, ὡς ἐξ ὀλίγου καὶ ἐν χειμῶνι, διέπεμπον ἐς τὰς πόλεις, ὁ δὲ ἐς τὴν Λακεδαίμονα ἐφιέμενος στρατιάν τε προσαποστέλλειν ἐκέλευε καὶ αὐτὸς ἐν τῷ Στρυμόνι ναυπηγίαν τριήρων παρεσκευάζετο. (8) Οἱ δὲ Λακεδαιμόνιοι τὰ μὲν καὶ φθόνῳ ἀπὸ τῶν πρώτων ἀνδρῶν οὐχ ὑπηρέτησαν αὐτῷ, τὰ δὲ καὶ βουλόμενοι μᾶλλον τούς τε ἄνδρας τοὺς ἐκ τῆς νήσου κομίσασθαι καὶ τὸν πόλεμον καταλῦσαι.

posterum quoque tuta esset, receptis iis, qui secundum fœdus ex superioribus locis huc accedere voluerant; (2) ille vero, quum ad Eionem secundo flumine cum multis navigiis repente vectus esset, si forte lingula, quæ a muris excurrit, occupata, fluminis ostio poteretur, quum eam simul etiam a terra temptasset, utrinque est repulsus; sed ad res Amphipolitanas instruendas incumbebat. (3) Et ad eum defecit Myrcinus civitas Edonensis, Pittaco Edonorum Rege a Goaxis liberis et Brauroe ipsius uxore cæso, nec multo post et Galepsus et Œsyme; sunt autem istæ Thasiorum coloniæ. Perdiccas autem, qui statim post Amphipolin captam aderat, Brasidam in his rebus constituendis adjuvabat.

CVIII. Amphipoli autem capta, Athenienses magnus terror incessit, præsertim quod hæc civitas ipsis esset perutilis, tum propter materiam ad naves ædificandas aptam, quæ illinc mittebatur, tum propter pecuniarum reditum, tum etiam quod ad Strymonem quidem usque Thessalis deducentibus accessus Lacedæmoniis non pateret, adversus socios suos patefactus esset; jam vero si illi pontem in sua potestate non haberent, quod et a superiore pontis parte ingens longeque patens fluminis palus esset, et illa pars, quæ Eionem spectabat, classe sua servaretur, illos haudquaquam ulterius progredi posse; tunc vero jam hoc quoque illis facile arbitrabantur factum esse. (2) Et de sociis in metu erant, ne deficerent. Nam Brasidas quum in ceteris rebus se moderatum præbebat, tum vero verbis ubique declarabat, se ad Græciam liberandam emissum. (3) Atque civitates, quæ Atheniensium imperio parebant, quum audirent et Amphipolin captam, et quæ ille præstaret, ejusque mansuetudinem, tunc ad res novandas maxime erectæ sunt, et caduceatores ad eum clam mittebant, rogantes, ut ad se accederet, et pro se quique ad illum primi deficere cupientes. (4) Etenim et impunitas iis fore videbatur, partim quidem, quod in æstimanda Atheniensium potentia tanto magis falsi erant, quanto illa major postea apparuit, partim vero, quod incerta voluntate magis, quam certa providentia judicarent, ut solent homines id quod cupiunt, inconsiderata spe amplecti, quod vero non cupiunt, judicii licentia rejicere. (5) Præterea quod Athenienses cladem in Bœotia recens accepissent et quod Brasidas verbis ad animos hominum alliciendos appositis uteretur, nec vera referret, ut Athenienses secum apud Nisæam, ubi suum exercitum solum haberet, non ausi sint confligere, fiduciam sumebant, nec quemquam contra se venturum credebant. (6) Sed id quod maximum erat, propter rerum novarum studium, quod in præsentia voluptatem afferre solet, et quod tunc primum Lacedæmoniorum toto animo bello intentorum experimentum essent facturi, ad quodvis discrimen adeundum erant parati. (7) Quæ quum intellexisset utrique,, Athenienses quidem, ut in illis temporum angustiis et hieme licebat, præsidia in urbes dimittebant, ille vero, quum nuntium Lacedæmonem misisset, alias copias submitti jubebat, et ipse ad Strymonem naves struere parabat. (8) Lacedæmonii vero, partim quidem propter invidiam, qua civitatis principes ejus gloriæ invidebant, partim vero, quia suos cives in insula captos recuperare bellumque finire malebant, ei non obedierunt.

CIX. Τοῦ δ' αὐτοῦ χειμῶνος Μεγαρῆς τά τε μακρὰ τείχη, ἃ σφῶν οἱ Ἀθηναῖοι εἶχον, κατέσκαψαν ἑλόντες ἐς ἔδαφος, καὶ Βρασίδας μετὰ τὴν Ἀμφιπόλεως ἅλωσιν ἔχων τοὺς ξυμμάχους στρατεύει ἐπὶ τὴν Ἀκτὴν καλουμένην. (2) Ἔστι δὲ ἀπὸ τοῦ βασιλέως διορύγματος ἔσω προύχουσα, καὶ ὁ Ἄθως αὐτῆς ὄρος ὑψηλὸν τελευτᾷ ἐς τὸ Αἰγαῖον πέλαγος. (3) Πόλεις δὲ ἔχει Σάνην μὲν Ἀνδρίων ἀποικίαν παρ' αὐτὴν τὴν διώρυχα, ἐς τὸ πρὸς Εὔβοιαν πέλαγος τετραμμένην, τὰς δὲ ἄλλας Θύσσον καὶ Κλεωνὰς καὶ Ἀκροθώους καὶ Ὀλόφυξον καὶ Δῖον· (4) αἳ οἰκοῦνται ξυμμίκτοις ἔθνεσι βαρβάρων διγλώσσων, καί τι καὶ Χαλκιδικὸν ἔνι βραχύ, τὸ δὲ πλεῖστον Πελασγικόν, τῶν καὶ Λῆμνόν ποτε καὶ Ἀθήνας Τυρσηνῶν οἰκησάντων, καὶ Βισαλτικὸν καὶ Κρηστωνικὸν καὶ Ἠδωνες· κατὰ δὲ μικρὰ πολίσματα οἰκοῦσιν. (5) Καὶ οἱ μὲν πλείους προσεχώρησαν τῷ Βρασίδᾳ, Σάνη δὲ καὶ Δῖον ἀντέστη καὶ αὐτῶν τὴν χώραν ἐμμείνας τῷ στρατῷ ἐδῄου.

CX. Ὡς δ' οὐκ ἐσήκουον, εὐθὺς στρατεύει ἐπὶ Τορώνην τὴν Χαλκιδικήν, κατεχομένην ὑπὸ Ἀθηναίων· καὶ αὐτὸν ἄνδρες ὀλίγοι ἐπήγοντο, ἑτοῖμοι ὄντες τὴν πόλιν παραδοῦναι. Καὶ ἀφικόμενος νυκτὸς ἔτι καὶ περὶ ὄρθρον τῷ στρατῷ ἐκαθέζετο πρὸς τὸ Διοσκούρειον, ὃ ἀπέχει τῆς πόλεως τρεῖς μάλιστα σταδίους. (2) Τὴν μὲν οὖν ἄλλην πόλιν τῶν Τορωναίων καὶ τοὺς Ἀθηναίους τοὺς ἐμφρουροῦντας ἔλαθεν· οἱ δὲ πράσσοντες αὐτῷ εἰδότες ὅτι ἥξοι, καὶ προελθόντες τινὲς αὐτῶν λάθρα ὀλίγοι, ἐτήρουν τὴν πρόσοδον, καὶ ὡς ᾔσθοντο παρόντα, ἐσκομίζουσι παρ' αὑτοὺς ἐγχειρίδια ἔχοντας ἄνδρας ψιλοὺς ἑπτά (τοσοῦτοι γὰρ μόνοι ἀνδρῶν εἴκοσι τὸ πρῶτον ταχθέντων οὐ κατέδεισαν ἐσελθεῖν· ἦρχε δὲ αὐτῶν Λυσίστρατος Ὀλύνθιος), οἳ διαδύντες διὰ τοῦ πρὸς τὸ πέλαγος τείχους καὶ λαθόντες τούς τε ἐπὶ τοῦ ἀνώτατα φυλακτηρίου φρουρούς, οὔσης τῆς πόλεως πρὸς λόφον, ἀναβάντες διέφθειραν καὶ τὴν κατὰ Καναστραῖον πυλίδα διήρουν.

CXI. Ὁ δὲ Βρασίδας τῷ μὲν ἄλλῳ στρατῷ ἡσύχαζεν ὀλίγον προελθών, ἑκατὸν δὲ πελταστὰς προπέμπει, ὅπως ὁπότε πύλαι τινὲς ἀνοιχθεῖεν καὶ τὸ σημεῖον ἀρθείη ὃ ξυνέκειτο, πρῶτοι ἐσδράμοιεν. (2) Καὶ οἱ μὲν χρόνου ἐγγιγνομένου καὶ θαυμάζοντες κατὰ μικρὸν ἔτυχον ἐγγὺς τῆς πόλεως προσελθόντες· οἱ δὲ τῶν Τορωναίων ἔνδοθεν παρασκευάζοντες μετὰ τῶν ἐσεληλυθότων, ὡς αὐτοῖς ἥ τε πυλὶς διῄρητο καὶ αἱ κατὰ τὴν ἀγορὰν πύλαι τοῦ μοχλοῦ διακοπέντος ἀνεῴγοντο, πρῶτον μὲν κατὰ τὴν πυλίδα τινὰς περιαγαγόντες ἐσεκόμισαν, ὅπως κατὰ νώτου καὶ ἀμφοτέρωθεν τοὺς ἐν τῇ πόλει οὐδὲν εἰδότας ἐξαπίνης φοβήσειαν, ἔπειτα τὸ σημεῖόν τε τοῦ πυρός, ὡς εἴρητο, ἀνέσχον, καὶ διὰ τῶν κατὰ τὴν ἀγορὰν πυλῶν τοὺς λοιποὺς ἤδη τῶν πελταστῶν ἐσεδέχοντο.

CXII. Καὶ ὁ Βρασίδας ἰδὼν τὸ ξύνθημα ἔθει δρόμῳ, ἀναστήσας τὸν στρατὸν ἐμβοήσαντά τε ἀθρόον καὶ ἔκπληξιν πολλὴν τοῖς ἐν τῇ πόλει παρασχόντα. (2) Καὶ

CIX. Eadem hieme Megarenses, quum longos muros, quos Athenienses tenebant, recuperassent, eos æquarunt solo, et Brasidas post Amphipolin captam cum sociorum exercitu profectus est in regionem, quæ Acte appellatur. (2) Hæc autem a regis fossa introrsus prominet, et Athos ipsius mons excelsus ad Ægæum pelagus terminatur. (3) Urbes vero continet Sanen, Andriorum coloniam ad ipsam fossam, qua ad mare Euboicum spectat, et præterea Thyssum et Cleonas et Acrothoos et Olophyxum et Dium; (4) quæ a promiscis barbarorum bilinguium gentibus habitantur, atque etiam exigua quædam gentis Chalcidicæ pars inest, sed maxima pars est Pelasgica, ex illis Tyrrhenis, qui Lemnum quoque et Athenas quondam incoluerunt, et præterea Bisaltica et Crestonica et Edonica; habitant autem in parvis oppidulis. (5) Harum pleræque ad Brasidam defecerunt; sed Sane et Dion restitit, et ideo illic habens stativa regionem earum vastabat.

CX. Sed quum imperata facere nollent, continuo castra movit adversus Toronam Chalcidicam, quam Athenienses tenebant; atque eum pauci quidam, qui urbem dedere parati erant, accersebant. Et quum eo pervenisset noctu adhuc et circa primum diluculum, cum exercitu consedit ad Castoris et Pollucis templum, quod ab urbe tribus ferme stadiis distat. (2) Atque ceteris quidem Toronæis, qui in urbe erant, et Atheniensibus, qui ibi præsidio erant, ejus adventus erat ignotus; sed qui cum eo de urbis proditione egerant, quum eum venturum scirent, et aliquot ex ipsis ad eum clam accessissent, ejus adventum observabant, et quum eum jam adesse sensissent, ad se deducunt septem viros, qui nulla alia arma præter pugiones habebant (tot enim duntaxat ex viginti viris, quibus primo negotium datum erat, ingredi non dubitarunt; ducebat vero ipsos Lysistratus Olynthius), qui quum per murum ad mare vergentem furtim essent introgressi, et in summum præsidium (urbs enim in colle sita erat) ascendissent, milites ibi excubias agentes interfecerunt, et portulam, quæ Canastræum versus erat, perfringebant.

CXI. Brasidas vero cum ceteris quidem copiis aliquantulum progressus, quiescebat, sed centum peltatos præmisit, ut, simul ac portæ aliquæ apertæ essent, et signum, quod convenerat, sublatum esset, primi irrumperent. (2) Atque hi quidem, quum mora fieret, et mirarentur, paulatim ad urbem accedebant; Toronæi vero, qui cum militibus jam ingressis in urbe rem adornabant, quum portulam perfregissent, et portas, quæ ad forum ducebant, diffracto vecte aperuissent, primum quidem quosdam per portulam circumductos introduxerunt, ut oppidanos, rerum prorsus ignaros, et a tergo et ab utroque latere repente aggressi terrerent; deinde vero et ignis signum, quod condictum erat, sustulerunt, et per portas, quæ ad forum ducebant, jam reliquos peltatos recipiebant.

CXII. Atque Brasidas signo, de quo convenerat, conspecto, cursu contendit, excitatis copiis suis, quæ clamore simul sublato metum ingentem oppidanis incusserunt.

ἷ μὲν κατὰ τὰς πύλας εὐθὺς ἐσέπιπτον, οἱ δὲ κατὰ δοκοὺς τετραγώνους, αἳ ἔτυχον τῷ τείχει πεπτωκότι καὶ οἰκοδομουμένῳ πρὸς λίθων ἀνολκὴν προσκείμεναι. (3) Βρασίδας μὲν οὖν καὶ τὸ πλῆθος εὐθὺς ἄνω καὶ ἐπὶ τὰ μετέωρα τῆς πόλεως ἐτράπετο, βουλόμενος κατ᾽ ἄκρας καὶ βεβαίως ἑλεῖν αὐτήν· ὁ δὲ ἄλλος ὅμιλος κατὰ πάντα ὁμοίως ἐσκεδάννυντο.

CXIII. Τῶν δὲ Τορωναίων γιγνομένης τῆς ἁλώσεως ὁ μὲν πολὺ οὐδὲν εἰδὸς ἐθορυβεῖτο, οἱ δὲ πράσσοντες καὶ οἷς ταῦτα ἤρεσκε μετὰ τῶν εἰσελθόντων εὐθὺς ἦσαν. 2) Οἱ δὲ Ἀθηναῖοι (ἔτυχον γὰρ ἐν τῇ ἀγορᾷ ὁπλῖται καθεύδοντες ὡς πεντήκοντα) ἐπειδὴ ᾔσθοντο, οἱ μέν τινες ὀλίγοι διαφθείρονται ἐν χερσὶν αὐτῶν, τῶν δὲ λοιπῶν οἱ μὲν πεζῇ οἱ δὲ ἐς τὰς ναῦς, αἳ ἐφρούρουν δύο, καταφυγόντες διασώζονται ἐς τὴν Ληκυθον τὸ φρούριον, ὃ εἶχον αὐτοὶ καταλαβόντες ἄκρον τῆς πόλεως ἐς τὴν θάλασσαν ἀπειλημμένον ἐν στενῷ ἰσθμῷ. (3) Κατέφυγον δὲ καὶ τῶν Τορωναίων ἐς αὐτοὺς ὅσοι ἦσαν σφίσιν ἐπιτήδειοι.

CXIV. Γεγενημένης δὲ ἡμέρας ἤδη καὶ βεβαίως τῆς πόλεως ἐχομένης ὁ Βρασίδας τοῖς μὲν μετὰ τῶν Ἀθηναίων Τορωναίοις καταπεφευγόσι κήρυγμα ἐποιήσατο τὸν βουλόμενον ἐπὶ τὰ ἑαυτοῦ ἐξελθόντα ἀδεῶς πολιτεύειν, τοῖς δὲ Ἀθηναίοις κήρυκα προσπέμψας ἐξιέναι ἐκέλευσεν ἐκ τῆς Ληκύθου ὑποσπόνδους καὶ τὰ ἑαυτῶν ἔχοντας ὡς οὔσης Χαλκιδέων. (2) Οἱ δὲ ἐκλείψειν μὲν οὐκ ἔφασαν, σπείσασθαι δὲ σφίσιν ἐκέλευον ἡμέραν τοὺς νεκροὺς ἀνελέσθαι. Ὁ δὲ ἐσπείσατο δύο. Ἐν ταύταις δὲ αὐτός τε τὰς ἐγγὺς οἰκίας ἐκρατύνατο καὶ Ἀθηναῖοι τὰ σφέτερα. (3) Καὶ ξύλλογον τῶν Τορωναίων ποιήσας ἔλεξε τοῖς ἐν τῇ Ἀκάνθῳ παραπλήσια, ὅτι οὐ δίκαιον εἴη οὔτε τοὺς πράξαντας πρὸς αὐτὸν τὴν λῆψιν τῆς πόλεως χείρους οὐδὲ προδότας ἡγεῖσθαι (οὐδὲ γὰρ ἐπὶ δουλείᾳ οὐδὲ χρήμασι πεισθέντας δρᾶσαι τοῦτο, ἀλλ᾽ ἐπ᾽ ἀγαθῷ καὶ ἐλευθερίᾳ τῆς πόλεως) οὔτε τοὺς μὴ μετασχόντας οἴεσθαι μὴ τῶν αὐτῶν τεύξεσθαι· ἀφῖχθαι γὰρ οὐ διαφθερῶν οὔτε πόλιν οὔτε ἰδιώτην οὐδένα. (4) Τὸ δὲ κήρυγμα ποιήσασθαι τούτου ἕνεκα τοῖς παρ᾽ Ἀθηναίους καταπεφευγόσιν, ὡς ἡγούμενος οὐδὲν χείρους τῇ ἐκείνων φιλίᾳ· οὐδ᾽ ἂν σφῶν πειρασαμένους αὐτοὺς τῶν Λακεδαιμονίων δοκεῖν ἧσσον, ἀλλὰ πολλῷ μᾶλλον, ὅσῳ δικαιότερα πράσσουσιν, εὔνους ἂν σφίσι γενέσθαι, ἀπειρίᾳ δὲ νῦν πεφοβῆσθαι. (5) Τούς τε πάντας παρασκευάζεσθαι ἐκέλευσεν ὡς βεβαίους τε ἐσομένους ξυμμάχους, καὶ τὸ ἀπὸ τοῦδε ἤδη ὅ τι ἂν ἁμαρτάνωσιν αἰτίαν ἕξοντας· τὰ δὲ πρότερα οὐ σφεῖς ἀδικεῖσθαι, ἀλλ᾽ ἐκείνους μᾶλλον ὑπ᾽ ἄλλων κρεισσόνων, καὶ ξυγγνώμην εἶναι εἴ τι ἠναντιοῦντο.

CXV. Καὶ ὁ μὲν τοιαῦτα εἰπὼν καὶ παραθαρσύνας διελθουσῶν τῶν σπονδῶν τὰς προσβολὰς ἐποιεῖτο τῇ Ληκύθῳ· οἱ δὲ Ἀθηναῖοι ἠμύναντό τε ἐκ φαύλου τειχίσματος καὶ ἀπ᾽ οἰκιῶν ἐπάλξεις ἐχουσῶν. (2) Καὶ μίαν μὲν ἡμέραν ἀπεκρούσαντο· τῇ δ᾽ ὑστεραίᾳ μηχανῆς μελλούσης προσάξεσθαι αὐτοῖς ἀπὸ τῶν ἐναντίων, ἀφ᾽

THUCYDIDES.

(2) Atque alii quidem protinus per portas irruperunt, alii vero per trabes quadrangulares, quæ muro collapso, qui reficiebatur, ad saxa tollenda erant appositæ. (3) Itaque Brasidas quidem et pleraque multitudo confestim ad superiorem et eminentiorem urbis partem se convertit, quod eam a summo et firmiter occupare vellet; reliqua vero turba per omnes partes nullo discrimine discurrebat.

CXIII. At Toronæorum, dum urbs caperetur, major quidem pars rerum ignara tumultuabatur, proditionis vero auctores, et quibus hæc placebant, statim se conjunxerunt cum iis, qui ingressi erant. (2) Athenienses vero (erant enim gravis armaturæ milites ad quinquaginta, qui in foro dormiebant) quum hoc sensissent, aliquot quidem ipsorum, qui in eorum manus incidarant, cæsi sunt, reliqui vero partim itinere pedestri, partim ad duas naves, quæ excubias agebant, fuga se recipientes, evaserunt in Lecythum præsidium, quod ipsi summum urbis occupatum tenebant ad mare versus in angusto isthmo conclusum. (3) Confugerunt autem ad eos et Toronæorum, quotquot eorum erant studiosi.

CXIV. Quum autem dies jam illuxisset et urbs firmiter teneretur, Brasidas Toronæis quidem, qui ad Athenienses confugerant, et cum iis erant, per caduceatorem edixit, ut, quisquis vellet, ad sua egressus sine metu in civitate versaretur, Atheniensibus vero caduceatore ad eos misso jussit publica fide et sua absportantes Lecytho, quippe quod Chalcidensium esset, exire. (2) Illi vero se locum quidem non deserturos dixerunt, sed postularunt, ut sibi per unius diei spatium ad suorum cadavera suscipienda fidem daret. Hic vero fide publica interposita duos dies iis concessit. His autem diebus et ipse vicina ædificia firmavit, et Athenienses sua. (3) Et concilio Toronæorum coacto similibus verbis apud ipsos, quibus et apud Acanthios, est usus, non esse æquum, aut eos, qui secum de urbe dedenda transegissent, existimari ceteris deteriores vel proditores esse (nec enim servitutis imponendæ causa neque pecuniis inductos hoc fecisse, sed boni publici et libertatis causa) aut eos, qui participes non exstitissent, existimare se non eadem commoda percepturos; venisse enim se non ut perderet aut civitatem aut aliquem privatum. (4) Idcirco autem se edictum proposuisse illis, qui ad Athenienses confugerant, quod eos ceteris haud deteriores censeret ob amicitiam, quæ iis cum illis intercessisset; neque se existimare eos, ubi experimentum fecerint ipsorum Lacedæmoniorum, minus benevolos his fore, sed multo magis, quanto magis se viros æquos præstent; nunc, vero illos propter ignorationem in terrore esse. (5) Universos autem hortabatur, ut se præpararent, ut qui constantes socii futuri essent, et jam posthac omnium eorum, quæ peccarent, culpam subituri; nam quod ad res præteritas attineret, nulla injuria se affectos esse, sed illos potius ab aliis potentioribus, et si quid essent adversati, venia dignum esse.

CXV. Hic igitur quum hæc dixisset eosque bono animo esse jussisset, ubi induciarum tempus præteriit, Lecythum oppugnare cœpit; Athenienses vero e munitione parum firma et ex ædificiis pinnas habentibus sese defendebant. (2) Et unum quidem diem propulsarunt; postridie vero quum adversarii machinam iis essent admoturi, ex qua ignem

ἧς πῦρ ἐνήσειν διενοοῦντο ἐς τὰ ξύλινα παραφράγματα, καὶ προσιόντος ἤδη τοῦ στρατεύματος, ᾗ ᾤοντο μάλιστα αὐτοὺς προσκομιεῖν τὴν μηχανὴν καὶ ἦν ἐπιμαχώτατον, πύργον ξύλινον ἐπ᾽ οἴκημα ἀντέστησαν, καὶ ὕδατος ἀμφορέας πολλοὺς καὶ πίθους ἀνεφόρησαν καὶ λίθους μεγάλους, ἄνθρωποί τε πολλοὶ ἀνέβησαν. (3) Τὸ δὲ οἴκημα λαβὸν μεῖζον ἄχθος ἐξαπίνης κατερράγη, καὶ ψόφου πολλοῦ γενομένου τοὺς μὲν ἐγγὺς καὶ ὁρῶντας τῶν Ἀθηναίων ἐλύπησε μᾶλλον ἢ ἐφόβησεν, οἱ δὲ ἄποθεν, καὶ μάλιστα οἱ διὰ πλείστου, νομίσαντες ταύτῃ ἑαλωκέναι ἤδη τὸ χωρίον φυγῇ ἐς τὴν θάλασσαν καὶ τὰς ναῦς ὥρμησαν.

CXVI. Καὶ ὁ Βρασίδας ὡς ᾔσθετο αὐτοὺς ἀπολείποντάς τε τὰς ἐπάλξεις καὶ τὸ γιγνόμενον ὁρῶν, ἐπιφερόμενος τῷ στρατῷ εὐθὺς τὸ τείχισμα λαμβάνει, καὶ ὅσους ἐγκατέλαβε διέφθειρεν. (2) Καὶ οἱ μὲν Ἀθηναῖοι τοῖς τε πλοίοις καὶ ταῖς ναυσὶ τούτῳ τῷ τρόπῳ ἐκλιπόντες τὸ χωρίον ἐς Παλλήνην διεκομίσθησαν· ὁ δὲ Βρασίδας (ἔστι γὰρ ἐν τῇ Ληκύθῳ Ἀθηνᾶς ἱερόν, καὶ ἔτυχε κηρύξας, ὅτε ἔμελλε βάλλειν, τῷ ἐπιβάντι πρώτῳ τοῦ τείχους τριάκοντα μνᾶς ἀργυρίου δώσειν) νομίσας ἄλλῳ τινὶ τρόπῳ ἢ ἀνθρωπείῳ τὴν ἅλωσιν γενέσθαι, τάς τε τριάκοντα μνᾶς τῇ θεῷ ἀπέδωκεν ἐς τὸ ἱερὸν καὶ τὴν Λήκυθον καθελὼν καὶ ἀνασκευάσας τέμενος ἀνῆκεν ἅπαν. (3) Καὶ ὁ μὲν τὸ λοιπὸν τοῦ χειμῶνος ἅ τε εἶχε τῶν χωρίων καθίστατο καὶ τοῖς ἄλλοις ἐπεβούλευεν, καὶ τοῦ χειμῶνος διελθόντος ὄγδοον ἔτος ἐτελεύτα τῷ πολέμῳ.

CXVII. Λακεδαιμόνιοι δὲ καὶ Ἀθηναῖοι ἅμα ἦρι τοῦ ἐπιγιγνομένου θέρους εὐθὺς ἐκεχειρίαν ἐποιήσαντο ἐνιαύσιον, νομίσαντες Ἀθηναῖοι μὲν οὐκ ἂν ἔτι τὸν Βρασίδαν σφῶν προσαποστῆσαι οὐδὲν πρὶν παρασκευάσαιντο καθ᾽ ἡσυχίαν, καὶ ἅμα εἰ καλῶς σφίσιν ἔχοι, καὶ ξυμβῆναι τὰ πλείω, Λακεδαιμόνιοι δὲ ταῦτα τοὺς Ἀθηναίους ἡγούμενοι ἅπερ ἔδεισαν φοβεῖσθαι, καὶ γενομένης ἀνακωχῆς κακῶν καὶ ταλαιπωρίας μᾶλλον ἐπιθυμήσειν αὐτοὺς πειρασαμένους ξυναλλαγῆναί τε καὶ τοὺς ἄνδρας σφίσιν ἀποδόντας σπονδὰς ποιήσασθαι καὶ ἐς τὸν πλείω χρόνον. (2) Τοὺς γὰρ δὴ ἄνδρας περὶ πλείονος ἐποιοῦντο κομίσασθαι, ὡς ἔτι Βρασίδας εὐτύχει· καὶ ἔμελλον ἐπὶ μεῖζον χωρήσαντος αὐτοῦ καὶ ἀντίπαλα καταστήσαντος τῶν μὲν στέρεσθαι, τοῖς δ᾽ ἐκ τοῦ ἴσου ἀμυνόμενοι κινδυνεύειν καὶ κρατήσειν. (3) Γίγνεται οὖν ἐκεχειρία αὐτοῖς τε καὶ τοῖς ξυμμάχοις ἥδε.

CXVIII. « Περὶ μὲν τοῦ ἱεροῦ καὶ τοῦ μαντείου τοῦ Ἀπόλλωνος τοῦ Πυθίου δοκεῖ ἡμῖν χρῆσθαι τὸν βουλόμενον ἀδόλως καὶ ἀδεῶς κατὰ τοὺς πατρίους νόμους. (2) Τοῖς μὲν Λακεδαιμονίοις ταῦτα δοκεῖ καὶ τοῖς ξυμμάχοις τοῖς παροῦσιν· Βοιωτοὺς δὲ καὶ Φωκέας πείσειν φασὶν ἐς δύναμιν προσκηρυκευόμενοι. (3) Περὶ δὲ τῶν χρημάτων τῶν τοῦ θεοῦ ἐπιμελεῖσθαι ὅπως τοὺς ἀδικοῦντας ἐξευρήσομεν, ὀρθῶς καὶ δικαίως τοῖς πατρίοις νόμοις χρώμενοι καὶ ἡμεῖς καὶ ὑμεῖς καὶ τῶν ἄλλων οἱ βουλόμενοι, τοῖς πατρίοις νόμοις χρώμενοι πάντες. (4)

in ligneas munitiones injicere in animo habebant, quumque exercitus jam accederet ad eam partem, ad quam potissimum machinam ab iis admotum iri putabant, et qua munitio facillime expugnari poterat, ligneam turrim aedificio impositam opposuerunt, et multas aquae amphoras et dolia et ingentia saxa eo comportarunt, hominesque multi illuc ascenderunt. (3) Ædificium autem, quod onus suscepisset gravius, quam quod sustinere posset, repente collapsum est, editoque ingenti fragore Athenienses quidem, qui prope erant et rem cernebant, majore dolore, quam metu affecit; qui vero procul aberant, praecipue vero remotissimi, existimantes, munitionem ab illa parte jam esse captam, fuga ad mare et ad naves contenderunt.

CXVI. Brasidas vero quum animadvertisset eos propugnaculi pinnas deserere, et videret id quod accidebat, cum suis copiis irruens munitionem confestim capit, et quotquot in ea deprehendit, interfecit. (2) Atque Athenienses quidem quum hoc modo locum illum deseruissent, navigiis navibusque Pallenen se receperunt; Brasidas vero (est enim in Lecytho Palladis templum, et, quum eam esset oppugnaturus, per praeconis vocem edixerat, se triginta argenti minas ei daturum, qui primus murum conscendisset) ratus illum locum aliqua alia quam humana ratione captum, quum illas triginta minas deae in templi usum dedit, tum etiam eversa Lecytho et refecta totum ejus solum illi dicavit. (3) Atque hic quidem reliquum hiemis tempus consumpsit tum in locis, quae tenebat, stabiliendis, tum in clandestinis consiliis ineundis, quibus alia in suam potestatem redigeret, et exacta hac hieme octavus belli annus finiebatur.

CXVII. Ineunte autem sequentis aestatis vere Lacedaemonii et Athenienses statim annuas inducias fecerunt. Athenienses quidem, quod existimarent, Brasidam nullam praeterea suorum sociorum civitatem ad defectionem faciendam amplius impulsurum, priusquam ad bellum se per otium comparassent, simul etiam, si res sibi feliciter succederet, se compositionem diuturniorem facturos; Lacedaemonii vero, quod putarent Athenienses ea metuere, quae reapse metuebant, datoque malorum ac miseriarum laxamento, ubi pacem experti essent, majore desiderio paratos fore redire secum in gratiam et restitutis sibi viris pacem vel diuturniorem facere. (2) Cives enim suos plurimi faciebant recuperare, quando Brasidas adhuc rem feliciter gereret; et si ipse majores progressus fecisset, et res aequasset, futurum putabant, ut his quidem privarentur, cum illis vero aequis viribus certantes belli fortunam periclitarentur. (3) Induciae igitur inter ipsos ipsorumque socios factae sunt in haec verba.

CXVIII. « De templo atque oraculo Apollinis Pythii nobis placet, ut qui velit, sine fraude et sine metu ex patriis institutis eo utatur. (2) Lacedaemoniis quidem haec placent et sociis eorum, qui adsunt; Boeotis vero et Phocensibus haec persuasuros se dicunt pro facultate, caduceatoribus ad eos missis. (3) De pecunia autem dei operam dare, ut sontes comperiamus, recte et juste patriis institutis utentes et nos et vos et ex aliis quicunque voluerint, omnes patriis institutis utentes. (4) De his igitur placuit Lacedaemoniis eo-

Περὶ μὲν οὖν τούτων ἔδοξε Λακεδαιμονίοις καὶ τοῖς
ξυμμάχοις, ἐὰν σπονδὰς ποιῶνται οἱ Ἀθηναῖοι, ἐπὶ τῆς
αὑτῶν μένειν ἑκατέρους ἔχοντας ἅπερ νῦν ἔχομεν, τοὺς
μὲν ἐν τῷ Κορυφασίῳ ἐντὸς τῆς Βουφράδος καὶ τοῦ
Τομέως μένοντας, τοὺς δὲ ἐν Κυθήροις μὴ ἐπιμισγομένους ἐς τὴν ξυμμαχίαν, μήτε ἡμᾶς πρὸς αὐτοὺς μήτε
αὐτοὺς πρὸς ἡμᾶς, τοὺς δὲ ἐν Νισαίᾳ καὶ Μινῴᾳ μὴ
περβαίνοντας τὴν ὁδὸν τὴν ἀπὸ τῶν πυλῶν τῶν παρὰ
τοῦ Νίσου ἐπὶ τὸ Ποσειδώνιον, ἀπὸ δὲ τοῦ Ποσειδωνίου
εὐθὺς ἐπὶ τὴν γέφυραν τὴν ἐς Μίνωαν (μηδὲ Μεγαρέας
καὶ τοὺς ξυμμάχους ὑπερβαίνειν τὴν ὁδὸν ταύτην) καὶ
τὴν νῆσον, ἥνπερ ἔλαβον οἱ Ἀθηναῖοι, ἔχοντας, μήτε
ἐπιμισγομένους μηδετέρους μηδετέρωσε, καὶ τὰ ἐν
Τροιζῆνι, ὅσαπερ νῦν ἔχουσι καὶ οἷα ξυνέθεντο πρὸς
Ἀθηναίους· (5) καὶ τῇ θαλάσσῃ χρωμένους, ὅσα ἂν κατὰ
τὴν ἑαυτῶν καὶ κατὰ τὴν ξυμμαχίαν. Λακεδαιμονίους
καὶ τοὺς ξυμμάχους πλεῖν μὴ μακρᾷ νηΐ, ἄλλῳ δὲ κω-
πήρει πλοίῳ, ἐς πεντακόσια τάλαντα ἄγοντι μέτρα. (6)
κήρυκι δὲ καὶ πρεσβείᾳ καὶ ἀκολούθοις, ὁπόσοις ἂν
δοκῇ, περὶ καταλύσεως τοῦ πολέμου καὶ δικῶν ἐς Πελοπόννησον καὶ Ἀθήναζε σπονδὰς εἶναι ἰοῦσι καὶ ἀπιοῦσι
καὶ κατὰ γῆν καὶ κατὰ θάλασσαν. (7) Τοὺς δὲ αὐτομόλους μὴ δέχεσθαι ἐν τούτῳ τῷ χρόνῳ, μήτε ἐλεύθερον μήτε δοῦλον, μήτε ἡμᾶς μήτε ὑμᾶς. (8) Δίκας τε
διδόναι ὑμᾶς τε ἡμῖν καὶ ἡμᾶς ὑμῖν κατὰ τὰ πάτρια,
τὰ ἀμφίλογα δίκῃ διαλύοντας ἄνευ πολέμου. (9) Τοῖς
μὲν Λακεδαιμονίοις καὶ τοῖς ξυμμάχοις ταῦτα δοκεῖ· εἰ
δέ τι ὑμῖν εἴτε κάλλιον εἴτε δικαιότερον τούτων δοκεῖ
εἶναι, ἰόντες ἐς Λακεδαίμονα διδάσκετε· οὐδενὸς γὰρ
ἀποστήσονται, ὅσα ἂν δίκαια λέγητε, οὔτε οἱ Λακεδαιμόνιοι οὔτε οἱ ξύμμαχοι. (10) Οἱ δὲ ἰόντες τέλος
ἔχοντες ἰόντων, ᾗπερ καὶ ὑμεῖς ἡμᾶς κελεύετε. Αἱ δὲ
σπονδαὶ ἐνιαυτὸν ἔσονται. (11) Ἔδοξε τῷ δήμῳ. Ἀκα-
μαντὶς ἐπρυτάνευεν, Φαίνιππος ἐγραμμάτευεν, Νικιά-
δης ἐπεστάτει. Λάχης εἶπε, τύχῃ ἀγαθῇ τῇ Ἀθηναίων,
ποιεῖσθαι τὴν ἐκεχειρίαν καθὰ ξυγχωροῦσι Λακεδαιμόνιοι
καὶ οἱ ξύμμαχοι αὐτῶν· καὶ ὡμολόγησαν ἐν τῷ δήμῳ
τὴν ἐκεχειρίαν εἶναι ἐνιαυτόν, (12) ἄρχειν δὲ τήνδε τὴν
ἡμέραν, τετράδα ἐπὶ δέκα τοῦ Ἐλαφηβολιῶνος μηνός.
(13) Ἐν τούτῳ τῷ χρόνῳ ἰόντας ὡς ἀλλήλους πρέσβεις
καὶ κήρυκας ποιεῖσθαι τοὺς λόγους, καθ᾽ ὅ τι ἔσται
κατάλυσις τοῦ πολέμου. (14) Ἐκκλησίαν δὲ ποιήσαντας τοὺς στρατηγοὺς καὶ τοὺς πρυτάνεις πρῶτον
περὶ τῆς εἰρήνης βουλεύσασθαι Ἀθηναίους καθ᾽ ὅ τι ἂν
ἐσίῃ ἡ πρεσβεία περὶ τῆς καταλύσεως τοῦ πολέμου.
σπείσασθαι δὲ αὐτίκα μάλα τὰς πρεσβείας ἐν τῷ δήμῳ
τὰς παρούσας ἦ μὴν ἐμμενεῖν ἐν ταῖς σπονδαῖς τὸν ἐνιαυτόν. »

CXIX. Ταῦτα ξυνέθεντο Λακεδαιμόνιοι, καὶ ὡμολόγησαν καὶ οἱ ξύμμαχοι, Ἀθηναίοις καὶ τοῖς ξυμμάχοις
τοῖς ἐν Λακεδαίμονι Γεραστίου δωδεκάτῃ. (2) Ξυνέθεντο δὲ καὶ ἐσπένδοντο Λακεδαιμονίων μὲν οἵδε,
Ταῦρος Ἐχετιμίδα, Ἀθήναιος Περικλείδα, Φιλοχαρίδας Ἐρυξιδαΐδα, Κορινθίων δὲ Αἰνέας Ὠκύτου, Εὐφα-

rumque sociis, si Athenienses pacem faciant, ut utrique in suo maneant, retinentes ea, quæ nunc habemus, alteri quidem in Coryphasio inter Buphradem et Tomeum manentes, alteri vero in Cytheris, non commeantes in terram sociatem, neque nos ipsis, neque ipsi nobis, qui vero sunt in Nisæa et Minoa, non transeuntes viam, quæ est a portis inde a Nisi sacello ad Neptuni delubrum, et a Neptuni delubro ad pontem, qui proxime Minoam spectat (neque Megarenses eorumque socii hanc viam transeant), et insulam, quam Athenienses ceperunt, retinentes, neutrique cum alteris ultro citroque commercium habentes, et quæcunque in Trœzene nunc habent, et de quibuscunque inter ipsos (Trœzenios) et Athenienses convenit; (5) atque mari utentes, quatenus ad agrum proprium et socialem pertinet. Lacedæmonii eorumque socii ne navi longa navigent, sed alio navigio, quod remis agatur, et ad quingentorum talentorum pondus vehat. (6) Item ut caduceatori et legatis eorumque pedisequis, quotcunque ipsis placuerit, belli finiendi et controversiarum causa in Peloponnesum aut Athenas euntibus ac redeuntibus, terra marique fœdera sint. (7) Interea vero neutri transfugas neque liberum neque servum recipiant. (8) Item ut et a vobis apud nos et a nobis apud vos causa dicatur ex patriis institutis, ut controversiæ jure, sine bello dirimantur. (9) Atque Lacedæmoniis quidem eorumque sociis hæc placent; si quid vero aut honestius aut justius his vobis videtur, Lacedæmonem profecti docete; nihil enim eorum, quæ justa esse demonstraritis, neque Lacedæmonii neque eorum socii recusabunt. (10) Qui autem proficiscentur, proficiscantur cum plena potestate, quemadmodum vos quoque nos facere jubetis. Hæc autem fœdera ad annum durabunt. (11) Ita placuit populo. Senatores Acamantidis tribus Prytanes erant, Phænippus scriba erat, Niciades epistates. Laches rogationem tulit, quod felix faustumque sit Atheniensi populo, inducias fieri, prout Lacedæmonii eorumque socii consentiunt; et convenit in concione populi, inducias annuas esse, (12) initium autem fieri ab hoc die, qui est decimus quartus mensis Elaphebolionis. (13) Hoc interim tempore utrorumque legatos atque caduceatores invicem adeuntes tractare, qua ratione bellum sedari possit. (14) Concione autem ab imperatoribus et prætoribus advocata, primum populum Atheniensem de pace consultare, prout ad ipsum legatio de bello sedando venerit. Et primo quoque tempore legatos, qui adsunt, factis induciis apud populum spondere, se annum integrum induciarum conventis staturos. »

CXIX. De his convenerunt Lacedæmonii, et consenserunt eorum socii, cum Atheniensibus eorumque sociis, Gerastii apud Lacedæmonios mensis die duodecimo. (2) Faciebant autem hæc pacta et conventa ex Lacedæmoniis hi, Taurus Echetimidæ, Athenæus Periclidæ, Philocharidas Eryxidaidæ, ex Corinthiis autem Æneas Ocytæ, Euphamidas Aristo-

13.

μίδας Ἀριστωνύμου, Σικυωνίων δὲ Δαμότιμος Ναυκράτους, Ὀνάσιμος Μεγακλέους, Μεγαρέων δὲ Νίκασος Κεκάλου, Μενεκράτης Ἀμφιδώρου, Ἐπιδαυρίων δὲ Ἀμφίας Εὐπαΐδα, Ἀθηναίων δὲ οἱ στρατηγοὶ Νικόστρατος Διιτρέφους, Νικίας Νικηράτου, Αὐτοκλῆς Τολμαίου. (3) Ἡ μὲν δὴ ἐκεχειρία αὕτη ἐγένετο, καὶ ξυνῄεσαν ἐν αὐτῇ περὶ τῶν μειζόνων σπονδῶν διὰ παντὸς ἐς λόγους.

CXX. Περὶ δὲ τὰς ἡμέρας ταύτας αἷς ἐπήρχοντο, Σκιώνη ἐν τῇ Πελλήνῃ πόλις ἀπέστη ἀπ᾽ Ἀθηναίων πρὸς Βρασίδαν. Φασὶ δὲ οἱ Σκιωναῖοι Πελληνῆς μὲν εἶναι ἐκ Πελοποννήσου, πλέοντας δ᾽ ἀπὸ Τροίας σφῶν τοὺς πρώτους κατενεχθῆναι ἐς τὸ χωρίον τοῦτο τῷ χειμῶνι ᾧ ἐχρήσαντο Ἀχαιοί, καὶ αὐτοῦ οἰκῆσαι. (2) Ἀποστᾶσι δ᾽ αὐτοῖς ὁ Βρασίδας διέπλευσε νυκτὸς ἐς τὴν Σκιώνην, τριήρει μὲν φιλίᾳ προπλεούσῃ, αὐτὸς δὲ ἐν κελητίῳ ἄποθεν ἐφεπόμενος, ὅπως εἰ μέν τινι τοῦ κέλητος μείζονι πλοίῳ περιτυγχάνοι, ἡ τριήρης ἀμύνοι αὐτῷ, ἀντιπάλου δὲ ἄλλης τριήρους ἐπιγενομένης οὐ πρὸς τὸ ἔλασσον νομίζων τρέψεσθαι ἀλλ᾽ ἐπὶ τὴν ναῦν, καὶ ἐν τούτῳ αὐτὸν διασώσειν. (3) Περαιωθεὶς δὲ καὶ ξύλλογον ποιήσας τῶν Σκιωναίων ἔλεγεν ἅ τε ἐν τῇ Ἀκάνθῳ καὶ Τορώνῃ, καὶ προσέτι φάσκων ἀξιωτάτους αὐτοὺς εἶναι ἐπαίνου, οἵτινες τῆς Πελλήνης ἐν τῷ ἰσθμῷ ἀπειλημμένης ὑπὸ τῶν Ἀθηναίων Ποτίδαιαν ἐχόντων, καὶ ὄντες οὐδὲν ἄλλο ἢ νησιῶται, αὐτεπάγγελτοι ἐχώρησαν πρὸς τὴν ἐλευθερίαν καὶ οὐκ ἀνέμειναν ἀτολμίᾳ ἀνάγκην σφίσι προσγενέσθαι περὶ τοῦ φανεροῦ οἰκείου ἀγαθοῦ· σημεῖόν τ᾽ εἶναι τοῦ καὶ ἄλλο τι ἂν αὐτοὺς τῶν μεγίστων ἀνδρείως ὑπομεῖναι, εἰ τεθήσεται κατὰ νοῦν τὰ πράγματα· πιστοτάτους τε τῇ ἀληθείᾳ ἡγήσεσθαι αὐτοὺς Λακεδαιμονίων φίλους καὶ τἆλλα τιμήσειν.

CXXI. Καὶ οἱ μὲν Σκιωναῖοι ἐπήρθησάν τε τοῖς λόγοις, καὶ θαρσήσαντες πάντες ὁμοίως, καὶ οἷς πρότερον μὴ ἤρεσκε τὰ πρασσόμενα, τόν τε πόλεμον διενοοῦντο προθύμως οἴσειν καὶ τὸν Βρασίδαν τά τ᾽ ἄλλα καλῶς ἐδέξαντο καὶ δημοσίᾳ μὲν χρυσῷ στεφάνῳ ἀνέδησαν ὡς ἐλευθεροῦντα τὴν Ἑλλάδα, ἰδίᾳ δὲ ἐταινίουν τε καὶ προσήρχοντο ὥσπερ ἀθλητῇ. (2) Ὁ δὲ τό τε παραυτίκα φυλακήν τινα αὐτοῖς ἐγκαταλιπὼν διέβη πάλιν, καὶ ὕστερον οὐ πολλῷ στρατιὰν πλείω ἐπεραίωσεν, βουλόμενος μετ᾽ αὐτῶν τῆς τε Μένδης καὶ τῆς Ποτιδαίας ἀποπειράσαι, ἡγούμενος καὶ τοὺς Ἀθηναίους βοηθῆσαι ἂν ὡς ἐς νῆσον, καὶ βουλόμενος φθάσαι· καί τι αὐτῷ καὶ ἐπράσσετο ἐς τὰς πόλεις ταύτας προδοσίας πέρι. Καὶ ὁ μὲν ἔμελλεν ἐγχειρήσειν ταῖς πόλεσι ταύταις,

CXXII. ἐν τούτῳ δὲ τριήρει οἱ τὴν ἐκεχειρίαν περιαγγέλλοντες ἀφικνοῦνται παρ᾽ αὐτόν, Ἀθηναίων μὲν Ἀριστώνυμος, Λακεδαιμονίων δὲ Ἀθήναιος. (2) Καὶ ἡ μὲν στρατιὰ πάλιν διέβη ἐς Τορώνην, οἱ δὲ τῷ Βρασίδᾳ ἀνήγγελλον τὴν ξυνθήκην, καὶ ἐδέξαντο πάντες οἱ ἐπὶ Θρᾴκης ξύμμαχοι Λακεδαιμονίων τὰ πεπραγμένα. (3) Ἀριστώνυμος δὲ τοῖς μὲν ἄλλοις κατῄνει, Σκιωναίους δὲ

nymi, ex Sicyoniis Damotimus Naucratis, Onasimus Megaclis, ex Megarensibus Nicasus Cecali, Menecrates Amphidori, ex Epidauriis Amphias Eupaidæ, ex Atheniensibus imperatores Nicostratus Diitrephis, Nicias Nicerati, Autocles Tolmæi filius. (3) Atque hæ quidem induciæ factæ sunt, et quamdiu durarunt, veniebant perpetuo in colloquium de majoribus fœderibus.

CXX. Per hos autem dies, quibus alteri ad alteros adibant, Scione apud Pellenen civitas ab Atheniensibus ad Brasidam defecit. Dicunt autem Scionæi se Pellenenses quidem esse ex Peloponneso oriundos, sed suos majores, quum a Troja navigarent, tempestate, qua Achivi jactati sunt, in eum locum delatos esse, ibique sedes posuisse. (2) Quum autem illi defecissent, Brasidas noctu Scionen trajecit, trireme quidem socia præeunte, ipse vero celoce vectus eminus sub sequens, ut si forte in aliquod navigium celoce majus incideret, triremis opem ipsi ferret, si vero alia pari magnitudine triremis advenisset, existimabat illam non recta venturam contra minus navigium, sed contra triremem, et se interea saluti suæ consulturum. (3) Quum autem eo trajecisset, Scionæorum concione advocata dixit eadem, quæ et Acanthi et Toronæ, et addebat præterea, ipsos maxima laude dignos esse, qui quum Pellene in isthmo ab Atheniensibus Potidæam tenentibus sit intercepta, quumque nihil aliud sint, quam insulani, tamen sua sponte ad libertatem transierint, neque per ignaviam exspectarint, ut sibi necessitas admoveretur in manifesto domestico bono. Ho autem argumento esse, ipsos vel ad quodvis aliud summum discrimen fortiter subeundum paratos fore, si res ex animi sententia constituantur; ac re vera se fidelissimos Lacedæmoniorum amicos illos existimaturum esse et aliis honoribus affecturum.

CXXI. Scionæi autem his verbis elati sunt omnesque pariter animis confirmati, vel illi quibus ante res, quæ gerebantur, minime placebant, et bellum alacriter ferre constituerunt, et Brasidam quum aliis rebus honorifice acceperunt tum etiam publice quidem aurea corona redimierunt, ut Græciæ liberatorem, privatim vero tæniis coronabant, et ad ipsum ut ad athletam victorem accedebant. (2) Ille vero confestim et in præsenti præsidio aliquo apud ipsos relicto retro abiit, nec multo post exercitum majorem e trajecit, quod Menden et Potidæam cum iis temptare voluit, existimans et Athenienses ad opem ipsis ferendam venturos, quippe quod insulam incolerent, eosque antevertere cupiens; atque etiam nonnullos in his civitatibus ad proditionem solicitabat. Atque ille quidem has civitates aggressurus erat;

CXXII. sed interea cum trireme ii, qui circumeuntes ī ducias renunciabant, ad eum veniunt, ex Atheniensibus Aristonymus, ex Lacedæmoniis Athenæus. (2) Atque exercitus quidem Toronam revertit, legati vero conventa Brasidæ renunciabant, et universi Lacedæmoniorum socii, qui in Thracia erant, res actas comprobarunt. (3) Aristonymus autem ceteris quidem assentiebatur, sed Scionæos, quos

ἰσθόμενος ἐκ λογισμοῦ τῶν ἡμερῶν ὅτι ὕστερον ἀφεστή-
οιεν, οὐκ ἔφη ἐνσπόνδους ἔσεσθαι. Βρασίδας δὲ ἀντέ-
εγε πολλά, ὡς πρότερον, καὶ οὐκ ἀφίει τὴν πόλιν. (4)
Ὡς δ' ἀπήγγειλεν ἐς τὰς Ἀθήνας ὁ Ἀριστώνυμος περὶ
ὐτῶν, οἱ Ἀθηναῖοι εὐθὺς ἑτοῖμοι ἦσαν στρατεύειν ἐπὶ
ὴν Σκιώνην. Οἱ δὲ Λακεδαιμόνιοι πρέσβεις πέμ-
ναντες παραβήσεσθαι ἔφασαν αὐτοὺς τὰς σπονδάς, καὶ
ἧς πόλεως ἀντεποιοῦντο Βρασίδᾳ πιστεύοντες, δίκῃ τε
τοῖμοι ἦσαν περὶ αὐτῆς κρίνεσθαι. (5) Οἱ δὲ δίκῃ
ιὲν οὐκ ἤθελον κινδυνεύειν, στρατεύειν δὲ ὡς τάχιστα,
ργὴν ποιούμενοι εἰ καὶ οἱ ἐν ταῖς νήσοις ἤδη ὄντες
ξιοῦσι σφῶν ἀφίστασθαι, τῇ κατὰ γῆν Λακεδαιμονίων
σχύϊ ἀνωφελεῖ πιστεύοντες. (6) Εἶχε δὲ καὶ ἡ ἀλήθεια
ερὶ τῆς ἀποστάσεως μᾶλλον ᾗ οἱ Ἀθηναῖοι ἐδικαίουν·
ύο γὰρ ἡμέραις ὕστερον ἀπέστησαν οἱ Σκιωναῖοι.
Ψήφισμά τ' εὐθὺς ἐποιήσαντο, Κλέωνος γνώμῃ πει-
θέντες, Σκιωναίους ἐξελεῖν τε καὶ ἀποκτεῖναι· καὶ
ἄλλα ἡσυχάζοντες ἐς τοῦτο παρεσκευάζοντο.

CXXIII. Ἐν τούτῳ δὲ Μένδη ἀφίσταται αὐτῶν,
τόλις ἐν τῇ Παλλήνῃ, Ἐρετριῶν ἀποικία. Καὶ αὐτοὺς
δέξατο ὁ Βρασίδας, οὐ νομίζων ἀδικεῖν, ὅτι ἐν τῇ ἐκε-
ειρίᾳ φανερῶς προσεχώρησαν· ἔστι γὰρ ᾗ καὶ αὐτὸς
νεκάλει τοῖς Ἀθηναίοις παραβαίνειν τὰς σπονδάς. (2)
Διὸ καὶ οἱ Μενδαῖοι μᾶλλον ἐτόλμησαν, τήν τε τοῦ
Βρασίδου γνώμην ὁρῶντες ἑτοίμην, τεκμαιρόμενοι καὶ
ἀπὸ τῆς Σκιώνης ὅτι οὐ προυδίδου, καὶ ἅμα τῶν πρασ-
όντων σφίσιν ὀλίγων τε ὄντων καὶ ὡς τότε ἐμέλλησαν
ὐκέτι ἀνέντων ἀλλὰ περὶ σφίσιν αὐτοῖς φοβουμένων τὸ
ατάδηλον καὶ καταβιασαμένων παρὰ γνώμην τοὺς
ολλούς. (3) Οἱ δὲ Ἀθηναῖοι εὐθὺς πυθόμενοι, πολλῷ
τι μᾶλλον ὀργισθέντες, παρεσκευάζοντο ἐπ' ἀμφοτέρας
ὰς πόλεις. (4) Καὶ Βρασίδας προσδεχόμενος τὸν ἐπί-
λουν αὐτῶν ὑπεκκομίζει ἐς Ὄλυνθον τὴν Χαλκιδικὴν
αῖδας καὶ γυναῖκας τῶν Σκιωναίων καὶ Μενδαίων,
αὶ τῶν Πελοποννησίων αὐτοῖς πεντακοσίους ὁπλίτας
ιέπεμψε καὶ πελταστὰς τριακοσίους Χαλκιδέων, ἄρ-
οντά τε τῶν ἁπάντων Πολυδαμίδαν. Καὶ οἱ μὲν τὰ
ερὶ σφᾶς αὐτοὺς ὡς ἐν τάχει παρεσομένων τῶν Ἀθη-
αίων κοινῇ εὐτρεπίζοντο.

CXXIV. Βρασίδας δὲ καὶ Περδίκκας ἐν τούτῳ
τρατεύουσιν ἅμα ἐπὶ Ἀρριβαῖον τὸ δεύτερον ἐς Λύγ-
ον. Καὶ ἦγον ὁ μὲν ὧν ἐκράτει Μακεδόνων τὴν δύ-
αμιν, καὶ τῶν ἐνοικούντων Ἑλλήνων ὁπλίτας, ὁ δὲ
ρὸς τοῖς αὐτοῦ περιλοίποις τῶν Πελοποννησίων Χαλ-
ιδέας καὶ Ἀκανθίους καὶ τῶν ἄλλων κατὰ δύναμιν
κάστων. Ξύμπαν δὲ τὸ ὁπλιτικὸν τῶν Ἑλλήνων
ρισχίλιοι μάλιστα, ἱππῆς δ' οἱ πάντες ἠκολούθουν
Ιακεδόνων ξὺν Χαλκιδεῦσιν ὀλίγου δέω χιλίους, καὶ ἄλ-
ος ὅμιλος τῶν βαρβάρων πολύς. (2) Ἐσβαλόντες δὲ
ς τὴν Ἀρριβαίου καὶ εὑρόντες ἀντεστρατοπεδευμένους
ὑτοῖς τοὺς Λυγκηστὰς ἀντεκαθέζοντο καὶ αὐτοί. (3)
αὶ ἐχόντων τῶν μὲν πεζῶν λόφου ἑκατέρωθεν, πεδίου
ὲ τοῦ μέσου ὄντος, οἱ ἱππῆς ἐς αὐτὸ καταδραμόντες
πομάχησαν πρῶτα ἀμφοτέρων, ἔπειτα δὲ καὶ ὁ Βρα-

dierum supputatione post initas inducias defecisse animadvertebat, foederis participes fore negabat. Brasidas vero contra multis verbis affirmabat, prius defecisse, nec urbem dimittebat. (4) Quum autem Aristonymus de his Athenas renunciasset, Athenienses ad bellum Scionae inferendum confestim erant parati. Lacedaemonii vero legatis missis, dicebant ipsos foedera violaturos, urbemque sibi vendicabant, fidem Brasidae habentes, et parati erant judicio de ipsa disceptare. (5) Illi vero judicii quidem periculum adire non volebant, sed primo quoque tempore bellum facere, rem ira dignam censentes, si jam vel insularum incolae hoc sibi sumerent, ut a se defectionem faciendam putarent, terrestri Lacedaemoniorum potentia nihil ipsis profutura freti. (6) Et vero etiam de defectione res ita potius habebat, ut Athenienses contendebant; duobus enim diebus post factas inducias Scionaei defecerant. Confestim autem in Cleonis sententiam decretum fecerunt, ut expugnarentur et occiderentur Scionaei; et cetera quiescentes ad hoc se praeparabant.

CXXIII. Interea vero Mende urbs deficit ab iis, sita in Pallene, Eretriensium colonia. Brasidas autem ipsos in fidem suam recepit, non existimans se injuste facere, quod Mendaei induciarum factarum tempore aperte ad se accessissent; habebat enim et ipse, quae vicissim crimini daret Atheniensibus de foederibus violatis. (2) Quamobrem etiam Mendaei magis rem ausi sunt, tum quia propensum Brasidae animum videbant, ejus conjecturam facientes ex ipsa Scione, quia eam non prodebat, tum etiam, quia, qui proditionem apud ipsos moliebantur, et pauci erant, et quum rem moliri coepissent, non amplius intermiserant, sed sibi ipsis, si patefacti essent, metuebant et vi coegerant multitudinem contra ejus sententiam. (3) Athenienses autem quum protinus haec accepissent, multo magis irritati se adversus utramque civitatem instruebant. (4) Et Brasidas quum infestum ipsorum classis adventum exspectaret, Scionaeorum et Mendaeorum liberos et conjuges in Chalcidicam Olynthum subduxit, et ad ipsos misit quingentos gravis armaturae milites Peloponnesios et trecentos peltatos Chalcidenses, cum Polydamida universorum praefecto. Atque hi quidem, ut Atheniensibus propediem adfuturis, res suas communiter adornabant.

CXXIV. Brasidas vero et Perdiccas interea copiis conjunctis bellum Arrhibaeo rursus ad Lyncum intulerunt. Et ducebant hic quidem copias Macedonum, quibus imperabat, et Graecorum in Macedonia habitantium milites, ille vero praeter Peloponnesiorum quos illic reliquos habebat, Chalcidenses et Acanthios et ex aliis populis pro cujusque facultate. Universarum autem Graecarum copiarum gravis armaturae erant fere tria millia, equites vero universi, qui sequebantur, Macedonum cum Chalcidensibus erant paulo minus mille, et barbarorum alia manus permulta. (2) Quum autem in Arrhibaei regionem irrupissent, et Lyncestas castra sibi opposita habentes invenissent, ipsi quoque castra illis opposita fecerunt. (3) Et quum pedites quidem utrinque collem haberent et medium spacium planum esset, equites huc decurrentes, utrinque primum equestre proelium

σίδας καὶ ὁ Περδίκκας, προελθόντων πρότερον ἀπὸ τοῦ λόφου μετὰ τῶν ἱππέων τῶν Λυγκηστῶν ὁπλιτῶν καὶ ἑτοίμων ὄντων μάχεσθαι, ἀντεπαγαγόντες καὶ αὐτοὶ ξυνέβαλον, καὶ ἔτρεψαν τοὺς Λυγκηστάς, καὶ πολλοὺς μὲν διέφθειραν, οἱ δὲ λοιποὶ διαφεύγοντες πρὸς τὰ μετέωρα ἡσύχαζον. (4) Μετὰ δὲ τοῦτο τροπαῖον στήσαντες δύο μὲν ἢ τρεῖς ἡμέρας ἐπέσχον, τοὺς Ἰλλυριοὺς μένοντες, οἳ ἔτυχον τῷ Περδίκκᾳ μισθοῦ μέλλοντες ἥξειν· ἔπειτα ὁ Περδίκκας ἐβούλετο προϊέναι ἐπὶ τὰς τοῦ Ἀρριβαίου κώμας καὶ μὴ καθῆσθαι, Βρασίδας δὲ τῆς τε Μένδης περιορώμενος μὴ τῶν Ἀθηναίων πρότερον ἐπιπλευσάντων τι πάθῃ, καὶ ἅμα τῶν Ἰλλυριῶν οὐ παρόντων, οὐ πρόθυμος ἦν, ἀλλὰ ἀναχωρεῖν μᾶλλον.

CXXV. Καὶ ἐν τούτῳ διαφερομένων αὐτῶν ἠγγέλθη ὅτι οἱ Ἰλλυριοὶ μετ' Ἀρριβαίου προδόντες Περδίκκαν γεγένηνται· ὥστε ἤδη ἀμφοτέροις μὲν δοκοῦν ἀναχωρεῖν διὰ τὸ δέος αὐτῶν ὄντων ἀνθρώπων μαχίμων, κυρωθὲν δὲ οὐδὲν ἐκ τῆς διαφορᾶς ὁπηνίκα χρὴ ὁρμᾶσθαι, νυκτός τε ἐπιγενομένης, οἱ μὲν Μακεδόνες καὶ τὸ πλῆθος τῶν βαρβάρων εὐθὺς φοβηθέντες, ὅπερ φιλεῖ μεγάλα στρατόπεδα ἀσαφῶς ἐκπλήγνυσθαι, καὶ νομίσαντες πολλαπλασίους μὲν ἢ ἦλθον ἐπιέναι, ὅσον δὲ οὔπω παρεῖναι, καταστάντες ἐς αἰφνίδιον φυγὴν ἐχώρουν ἐπ' οἴκου, καὶ τὸν Περδίκκαν τὸ πρῶτον οὐκ αἰσθανόμενον, ὡς ἔγνω, ἠνάγκασαν πρὶν τὸν Βρασίδαν ἰδεῖν (ἄποθεν γὰρ πολὺ ἀλλήλων ἐστρατοπεδεύοντο) προαπελθεῖν. (2) Βρασίδας δὲ ἅμα τῇ ἕῳ ὡς εἶδε τοὺς Μακεδόνας προκεχωρηκότας τούς τε Ἰλλυριοὺς καὶ τὸν Ἀρριβαῖον μέλλοντας ἐπιέναι, ξυναγαγὼν καὶ αὐτὸς ἐς τετράγωνον τάξιν τοὺς ὁπλίτας καὶ τὸν ψιλὸν ὅμιλον ἐς μέσον λαβὼν διενοεῖτο ἀναχωρεῖν. (3) Ἐκδρόμους δέ, εἴ πῃ προσβάλλοιεν αὐτοῖς, ἔταξε τοὺς νεωτάτους, καὶ αὐτὸς λογάδας ἔχων τριακοσίους τελευταῖος γνώμην εἶχεν ὑποχωρῶν τοῖς τῶν ἐναντίων πρώτοις προσκεισομένοις ἀνθιστάμενος ἀμύνεσθαι. (4) Καὶ πρὶν τοὺς πολεμίους ἐγγὺς εἶναι, ὡς διὰ ταχέων παρεκελεύσατο τοῖς στρατιώταις τοιάδε.

CXXVI. « Εἰ μὲν μὴ ὑπώπτευον, ἄνδρες Πελοποννήσιοι, ὑμᾶς τῷ τε μεμονῶσθαι καὶ ὅτι βάρβαροι οἱ ἐπιόντες καὶ πολλοὶ ἔκπληξιν ἔχειν, οὐκ ἂν ὁμοίως διδαχὴν ἅμα τῇ παρακελεύσει ἐποιούμην· νῦν δὲ πρὸς μὲν τὴν ἀπόλειψιν τῶν ἡμετέρων καὶ τὸ πλῆθος τῶν ἐναντίων βραχεῖ ὑπομνήματι καὶ παραινέσει τὰ μέγιστα πειράσομαι πείθειν. (2) Ἀγαθοῖς γὰρ εἶναι ὑμῖν προσήκει τὰ πολέμια οὐ διὰ ξυμμάχων παρουσίαν ἑκάστοτε ἀλλὰ δι' οἰκείαν ἀρετήν, καὶ μηδὲν πλῆθος πεφοβῆσθαι ἑτέρων, οἵ γε μηδὲ ἀπὸ πολιτειῶν τοιούτων ἥκετε, ἐν αἷς οὐ πολλοὶ ὀλίγων ἄρχουσιν, ἀλλὰ πλειόνων μᾶλλον ἐλάσσους, οὐκ ἄλλῳ τινὶ κτησάμενοι τὴν δυναστείαν ἢ τῷ μαχόμενοι κρατεῖν. (3) Βαρβάρους δέ, οὓς νῦν ἀπειρίᾳ δέδιτε, μαθεῖν χρή, ἐξ ὧν τε προηγώνισθε τοῖς Μακεδόσιν αὐτῶν καὶ ἀφ' ὧν ἐγὼ εἰκάζω τε καὶ ἄλλων ἀκοῇ ἐπίσταμαι, οὐ δεινοὺς ἐσομένους. (4) Καὶ γὰρ ὅσα μὲν τῷ ὄντι ἀσθενῆ ὄντα

commiserunt, deinde vero et Brasidas et Perdiccas, quum Lyncestarum gravis armaturæ milites cum equitibus ex suo colle priores processissent, et ad prœlium committendum essent parati, et ipsi vicissim suis copiis adversus eos productis conflixerunt et Lyncestas fugarunt, et multos quidem interfecerunt, ceteri vero in editiora loca fuga perlapsi quiescebant. (4) Postea vero erecto tropæo biduum triduumve substiterunt opperientes Illyrios, qui a Perdicca mercede conducti tum forte venturi erant; deinde Perdiccas adversus Arrhibæi pagos progredi, neque desidere volebat, Brasidas vero de Mende solicitus, ne si prius Athenienses infesta classe illuc appulissent, aliquam cladem acciperet, et simul quod Illyrii non adessent, non ad progrediendum, sed ad regrediendum potius erat animo paratus.

CXXV. Interea vero dum ipsi inter se contendunt, nunciatum est Illyrios, prodito Perdicca, cum Arrhibæo se conjunxisse. Quare quum utrisque propter eorum metum, quod essent homines bellicosi, recedere jam placeret, sed a contentione nihil certi constitutum esset, quando inde discedendum esset, quumque nox intervenisset, Macedones quidem et barbarorum multitudo, subito timore perculsi, id quod magnis exercitibus contingere consuevit, ut incertis de causis animis consternentur, et existimantes, longe plures hostes contra se venire, quam reapse veniebant, ac jam jamque adfore, se in repentinam fugam conjicientes domum tendebant, et Perdiccam, qui rem initio non senserat, ubi rescivit, antequam Brasidam videret (alter enim ab altero castra valde procul habebat), ocius abire coegerunt. (2) Brasidas vero simul ac dies illuxit, quum animadvertisset Macedones jam discessisse, atque Illyrios et Arrhibæum contra se venturos, ipse quoque gravis armaturæ militibus in agmen quadratum coactis et levis armaturæ militibus in medium agmen receptis recedere cogitabat. (3) Juniores autem disposuit ad excursiones faciendas, siqua hostes se invaderent, ipse vero cum delecta trecentorum manu in animo habebat postremus subsequens et hostium primis, qui impressionem in suos facturi erant, resistens se defendere. (4) Et antequam hostes appropinquarent, pro temporis angustiis milites suos adhortatus est his fere verbis:

CXXVI. « Nisi ego suspicarer, viri Peloponnesii, terrore vos esse perculsos, tum quod soli derelicti simus, tum etiam quod barbari sunt iique magno numero, qui contra nos veniunt, non item vos docerem pariter in adhortando; nunc vero quod ad nostrorum desertionem et ad hostium multitudinem attinet, vobis, quæ maxima sunt, brevi admonitione et adhortatione persuadere conabor. (2) Strenuos enim vos esse in rebus bellicis convenit non propter socios, quoties adsunt, sed propter propriam virtutem, nec ullam aliorum multitudinem extimescere, quippe qui venitis ex ejusmodi rebuspublicis, in quibus non multi paucis, sed potius pauciores pluribus imperant, nulla illi alia ratione principatum adepti, quam prœliando superantes. (3) Barbaros autem, quos nunc propter ignorationem formidatis, quum ex certaminibus, quæ antea cum iis inter illos, qui Macedones sunt, habuistis, tum ex iis, quæ ego partim conjectura, partim fama intelligo, scire debetis non fore formidabiles. (4)

τῶν πολεμίων δόκησιν ἔχει ἰσχύος, διδαχὴ ἀληθὴς προσγενομένη περὶ αὐτῶν ἐθάρσυνε μᾶλλον τοὺς ἀμυνομένους· οἷς δὲ βεβαίως τι πρόσεστιν ἀγαθόν, μὴ προειδώς τις ἂν αὐτοῖς τολμηρότερον προσφέροιτο. (5) Οὗτοι δὲ τὴν μέλλησιν μὲν ἔχουσι τοῖς ἀπείροις φοβεράν· καὶ γὰρ πλήθει ὄψεως δεινοὶ καὶ βοῆς μεγέθει ἀφόρητοι, ἥ τε διὰ κενῆς ἐπανάσεισις τῶν ὅπλων ἔχει τινὰ δήλωσιν ἀπειλῆς. Προσμῖξαι δὲ τοῖς ὑπομένουσιν αὐτὰ οὐχ ὁμοῖοι· οὔτε γὰρ τάξιν ἔχοντες αἰσχυνθεῖεν ἂν λιπεῖν τινα χώραν βιαζόμενοι, ἥ τε φυγὴ καὶ ἡ ἔφοδος αὐτῶν ἴσην ἔχουσα δόξαν τοῦ καλοῦ ἀνεξέλεγκτον καὶ τὸ ἀνδρεῖον ἔχει. Αὐτοκράτωρ δὲ μάχη μάλιστ᾽ ἂν καὶ πρόφασιν τοῦ σώζεσθαί τινι πρεπόντως πορίσειεν. Τοῦ τε ἐς χεῖρας ἐλθεῖν πιστότερον τὸ ἐκφοβήσειν ὑμᾶς ἀκινδύνως ἡγοῦνται· ἐκείνῳ γὰρ ἂν πρὸ τούτου ἐχρῶντο. (6) Σαφῶς τε πᾶν τὸ προϋπάρχον δεινὸν ἀπ᾽ αὐτῶν ὁρᾶτε ἔργῳ μὲν βραχὺ ὄν, ὄψει δὲ καὶ ἀκοῇ κατασπέρχον. Ὃ ὑπομείναντες ἐπιφερόμενον, καὶ ὅταν καιρὸς ᾖ, κόσμῳ καὶ τάξει αὖθις ὑπαγαγόντες, ἔς τε τὸ ἀσφαλὲς θᾶσσον ἀφίξεσθε, καὶ γνώσεσθε τὸ λοιπὸν ὅτι οἱ τοιοῦτοι ὄχλοι τοῖς μὲν τὴν πρώτην ἔφοδον δεξαμένοις ἄποθεν ἀπειλαῖς τὸ ἀνδρεῖον μελλήσει ἐπικομποῦσιν, οἱ δ᾽ ἂν εἴξωσιν αὐτοῖς, κατὰ πόδας τὸ εὔψυχον ἐν τῷ ἀσφαλεῖ ὀξεῖς ἐνδείκνυνται. »

CXXVII. Τοιαῦτα ὁ Βρασίδας παραινέσας ὑπῆγε τὸ στράτευμα. Οἱ δὲ βάρβαροι ἰδόντες πολλῇ βοῇ καὶ θορύβῳ προσέκειντο, νομίσαντες φεύγειν τε αὐτὸν καὶ καταλαβόντες διαφθείρειν. (2) Καὶ ὡς αὐτοῖς αἵ τε ἐκδρομαὶ ὅπῃ προσπίπτοιεν ἀπήντων, καὶ αὐτὸς ἔχων τοὺς λογάδας ἐπικειμένους ὑφίστατο, τῇ τε πρώτῃ ὁρμῇ παρὰ γνώμην ἀντέστησαν καὶ τὸ λοιπὸν ἐπιφερομένους μὲν δεχόμενοι ἠμύνοντο ἡσυχαζόντων δὲ αὐτοὶ ὑπεχώρουν, τότε δὴ τῶν μετὰ τοῦ Βρασίδου Ἑλλήνων ἐν τῇ εὐρυχωρίᾳ οἱ πολλοὶ τῶν βαρβάρων ἀπέσχοντο, μέρος δέ τι καταλιπόντες αὐτοῖς ἐπακολουθοῦν προσβάλλειν, οἱ λοιποὶ χωρήσαντες δρόμῳ ἐπί τε τοὺς φεύγοντας τῶν Μακεδόνων, οἷς ἐντύχοιεν, ἔκτεινον, καὶ τὴν ἐσβολήν, ἥ ἐστι μεταξὺ δυοῖν λόφοιν στενὴ ἐς τὴν Ἀρριβαίου, φθάσαντες προκατέλαβον, εἰδότες οὐκ οὖσαν ἄλλην τῷ Βρασίδᾳ ἀναχώρησιν. Καὶ προσιόντος αὐτοῦ ἐς αὐτὸ ἤδη τὸ ἄπορον τῆς ὁδοῦ κυκλοῦνται ὡς ἀποληψόμενοι.

CXXVIII. Ὁ δὲ γνοὺς προεῖπε τοῖς μεθ᾽ αὑτοῦ τριακοσίοις, ὃν ᾤετο μᾶλλον ἂν ἑλεῖν τῶν λόφων, χωρήσαντας πρὸς αὐτὸν δρόμῳ, ὡς τάχιστα ἕκαστος δύναται, ἄνευ τάξεως, πειρᾶσαι ἀπ᾽ αὐτοῦ ἐκκροῦσαι τοὺς ἤδη ἐπιόντας βαρβάρους, πρὶν καὶ τὴν πλείονα κύκλωσιν σφῶν αὐτόσε προσμῖξαι. (2) Καὶ οἱ μὲν προσπεσόντες ἐκράτησάν τε τῶν ἐπὶ τοῦ λόφου, καὶ ἡ πλείων ἤδη στρατιὰ τῶν Ἑλλήνων ῥᾷον πρὸς αὐτὸν ἐπορεύοντο· οἱ γὰρ βάρβαροι καὶ ἐφοβήθησαν τῆς τροπῆς αὐτοῖς ἐνταῦθα γενομένης σφῶν ἀπὸ τοῦ μετεώρου, καὶ ἐς τὸ πλεῖον οὐκέτ᾽ ἐπηκολούθουν, νομίζοντες καὶ ἐν μεθορίοις εἶναι αὐτοὺς ἤδη καὶ διαπεφευγέναι. (3)

Etenim quaecumque in hostibus quum re vera infirma sint, roboris tamen speciem habent, si vera de illis experientia accedat, adversarios magis confirmant; quibus vero aliqua fortitudo constanter adest, si quis eam ante non noverit, in eos audacius feratur. (5) Isti vero quamdiu nondum proelium ineunt, illis sunt formidabiles, qui eos non sunt experti; nam et ipso multitudinis aspectu sunt terribiles, et vociferationis magnitudine sunt intolerabiles, et inanis illa armorum concussio quandam minarum significationem habet. Sed in ipso conflictu adversus eos, qui res istas fortiter sustinent, haud tales se praestant; quum enim nullum ordinem habeant, haudquaquam eos pudebit locum deserere, si premantur, et quum fuga aeque honesta et gloriosa ipsis videatur atque aggressio, etiam fortitudinem relinquit incertam. Pugna autem, in qua unusquisque rem arbitratu suo gerit, cuivis etiam salutis sub decora specie quaerendae occasionem facillime praebeat. Tutiusque existimant, nos sine periculo suo terrefacere, quam nobiscum ad manus venire; alioquin enim hac potius quam illa ratione uterentur. (6) Denique quicquid terroris hactenus vobis ab iis incussum est, manifeste videtis re quidem ipsa leve esse, sed aspectu tantum et auditu incessere. Quod ingruens si sustinueritis, et quum tempus fuerit, militari disciplina ordinibusque servatis, retro vos subduxeritis, et in loca tuta citius pervenietis, et cognoscetis in posterum, hujusmodi turbas illis quidem, qui primum impetum sustinuerint, inani minarum strepitu fortitudinem ante conflictum eminus ostentare, illis vero, qui ipsis cesserint, animi strenuitatem non nisi insequentes citra periculum acres exhibere. »

CXXVII. Brasidas suos his verbis adhortatus, exercitum pedetentim reducebat. Barbari autem hoc animadverso magna vociferatione ac tumultu ingruebant, existimantes eum fugere, et a se, si eum assecuti essent, interfectum iri. (2) Sed quum et excursores, quacunque impressionem facerent, iis occurrerent, et ipse cum delecta manu eos invadentes sustineret, ac praeter ipsorum opinionem adversus primum impetum restitissent, et quum deinceps ipsorum quidem irruentium impetum excipientes propulsarent, ipsi vero cessantibus pedem referrent, tunc vero plerique barbarorum a Graecis, qui cum Brasida in locis patentibus erant, abstinuerunt, sed quadam suarum copiarum parte relicta, quae eos abeuntes insectaretur, ceteri cursu contenderunt in fugientes Macedonas, quorum ut in quemque incidebant, eum trucidabant, et angustas fauces inter duos colles sitas, qua patet aditus in Arrhibaei fines, ocius praeoccuparunt, quia sciebant, nullam aliam esse viam, qua Brasidas se recipere posset. Atque quum accederet jam ad ipsam transitus difficultatem ut intercepturi circumsistunt.

CXXVIII. Ille vero, hac re cognita, trecentis illis, quos secum ducebat, praecepit, ut in eum collem, quem facilius a se captum iri putabat, cursu contendentes, quanta maxima quisque celeritate posset, nullo ordine servato barbaros jam contra se venientes illinc deturbare conarentur, priusquam major numerus barbarorum, qui suos circumventurus erat, eo conflueret. (2) Atque illi quidem eos qui in colle erant, impressione facta superarunt, atque reliquus Graecorum exercitus in eum collem jam facilius ibat; barbari enim territi sunt, suis illic in fugam ex editiore loco dejectis, nec ulterius Graecos sunt persecuti, quod eos in agri amici confiniis jam esse, et evasisse arbitrarentur. (3)

Βρασίδας δὲ ὡς ἀντελάβετο τῶν μετεώρων, κατὰ ἀσφάλειαν μᾶλλον ἰὼν αὐθημερὸν ἀφικνεῖται ἐς Ἄρνισσαν πρῶτον τῆς Περδίκκου ἀρχῆς. (4) Καὶ αὐτοὶ ὀργιζόμενοι οἱ στρατιῶται τῇ προαναχωρήσει τῶν Μακεδόνων, ὅσοις ἐνέτυχον κατὰ τὴν ὁδὸν ζεύγεσιν αὐτῶν βοεικοῖς, ἢ εἴ τινι σκεύει ἐκπεπτωκότι, οἷα ἐν νυκτερινῇ καὶ φοβερᾷ ἀναχωρήσει εἰκὸς ἦν ξυμβῆναι, τὰ μὲν ὑπολύοντες κατέκοπτον, τῶν δὲ οἰκείωσιν ἐποιοῦντο. (5) Ἀπὸ τούτου τε πρῶτον Περδίκκας Βρασίδαν τε πολέμιον ἐνόμισε καὶ ἐς τὸ λοιπὸν Πελοποννησίων τῇ μὲν γνώμῃ δι' Ἀθηναίους οὐ ξύνηθες μῖσος εἶχεν, τῶν δὲ ἀναγκαίων ξυμφόρων διαναστὰς ἔπρασσεν ὅτῳ τρόπῳ τάχιστα τοῖς μὲν ξυμβήσεται τῶν δὲ ἀπαλλάξεται.

CXXIX. Βρασίδας δὲ ἀναχωρήσας ἐκ Μακεδονίας ἐς Τορώνην καταλαμβάνει Ἀθηναίους Μένδην ἤδη ἔχοντας, καὶ αὐτοῦ ἡσυχάζων ἐς μὲν τὴν Παλλήνην ἀδύνατος ἤδη ἐνόμιζεν εἶναι διαβὰς τιμωρεῖν, τὴν δὲ Τορώνην ἐν φυλακῇ εἶχεν. (2) Ὑπὸ γὰρ τὸν αὐτὸν χρόνον τοῖς ἐν τῇ Λύγκῳ ἐξέπλευσαν ἐπί τε τὴν Μένδην καὶ τὴν Σκιώνην οἱ Ἀθηναῖοι, ὥσπερ παρεσκευάζοντο, ναυσὶ μὲν πεντήκοντα, ὧν ἦσαν δέκα Χῖαι, ὁπλίταις δὲ χιλίοις ἑαυτῶν καὶ τοξόταις ἑξακοσίοις καὶ Θρᾳξὶ μισθωτοῖς χιλίοις καὶ ἄλλοις τῶν αὐτόθεν ξυμμάχων πελτασταῖς· ἐστρατήγει δὲ Νικίας ὁ Νικηράτου καὶ Νικόστρατος ὁ Διιτρέφους. (3) Ἄραντες δὲ ἐκ Ποτιδαίας ταῖς ναυσὶ καὶ σχόντες κατὰ τὸ Ποσειδώνιον ἐχώρουν ἐς τοὺς Μενδαίους. Οἱ δ' αὐτοί τε καὶ Σκιωναίων τριχόσιοι βεβοηθηκότες Πελοποννησίων τε οἱ ἐπίκουροι, ξύμπαντες δὲ ἑπτακόσιοι ὁπλῖται, καὶ Πολυδαμίδας ὁ ἄρχων αὐτῶν, ἔτυχον ἐξεστρατοπεδευμένοι ἔξω τῆς πόλεως ἐπὶ λόφου καρτεροῦ. (4) Καὶ αὐτοῖς Νικίας μὲν Μεθωναίους τε ἔχων εἴκοσι καὶ ἑκατὸν ψιλοὺς καὶ λογάδας τῶν Ἀθηναίων ὁπλιτῶν ἑξήκοντα καὶ τοὺς τοξότας ἅπαντας κατὰ ἀτραπόν τινα τοῦ λόφου πειρώμενος προσβῆναι, καὶ τραυματιζόμενος ὑπ' αὐτῶν, οὐκ ἠδυνήθη βιάσασθαι· Νικόστρατος δὲ ἄλλῃ ἐφόδῳ ἐκ πλείονος παντὶ τῷ ἄλλῳ στρατοπέδῳ ἐπιὼν τῷ λόφῳ ὄντι δυσπροσβάτῳ καὶ πάνυ ἐθορυβήθη, καὶ ἐς ὀλίγον ἀφίκετο πᾶν τὸ στράτευμα τῶν Ἀθηναίων νικηθῆναι. (5) Καὶ ταύτῃ μὲν τῇ ἡμέρᾳ, ὡς οὐκ ἐνέδοσαν οἱ Μενδαῖοι καὶ οἱ ξύμμαχοι, οἱ Ἀθηναῖοι ἀναχωρήσαντες ἐστρατοπεδεύσαντο, καὶ οἱ Μενδαῖοι νυκτὸς ἐπελθούσης ἐς τὴν πόλιν ἀπῆλθον.

CXXX. Τῇ δ' ὑστεραίᾳ οἱ μὲν Ἀθηναῖοι περιπλεύσαντες ἐς τὸ πρὸς Σκιώνης τό τε προάστειον εἷλον καὶ τὴν ἡμέραν ἅπασαν ἐδῄουν τὴν γῆν οὐδενὸς ἐπεξιόντος (ἦν γάρ τι καὶ στασιασμοῦ ἐν τῇ πόλει), οἱ δὲ τριακόσιοι τῶν Σκιωναίων τῆς ἐπιούσης νυκτὸς ἀπεχώρησαν ἐπ' οἴκου. (2) Καὶ τῇ ἐπιγιγνομένῃ ἡμέρᾳ Νικίας μὲν τῷ ἡμίσει τοῦ στρατοῦ προϊὼν ἅμα ἐς τὰ μεθόρια τῶν Σκιωναίων τὴν γῆν ἐδῄου, Νικόστρατος δὲ τοῖς λοιποῖς κατὰ τὰς ἄνω πύλας, ᾗ ἐπὶ Ποτιδαίας ἔρχονται, προσεκάθητο τῇ πόλει. (3) Ὁ δὲ Πολυδαμίδας (ἔτυχε γὰρ ταύτῃ τοῖς Μενδαίοις καὶ ἐπικούροις ἐντὸς

Brasidas autem, ubi loca superiora nactus est, iter tutius faciens, eodem die primum pervenit Arnissam in Perdiccæ imperio. (4) Ipsique milites irati, quod Macedones priores recesserant, ut in quæque incidebant inter eundum vel plaustra boum, quæ ad illos pertinebant, vel sarcinas, si quæ deciderant, ut in nocturno et pavoris pleno receptu contigisse credibile erat, illa quidem concidebant solventes, has vero sibi vendicabant. (5) Atque hinc primum Perdiccas Brasidam hostem judicavit, et in posterum animo concepit odium in Peloponnesios, non consuetum illud quidem propter Athenienses, sed necessariis suis commodis derelictis agebat, quo modo quam primum cum illis quidem compositionem faceret, ab his vero dissociaretur.

CXXIX. Brasidas vero ex Macedonia Toronen reversus, offendit Menden ab Atheniensibus jam occupatam. Ibique subsidens in Pallenen quidem propter virium imbecillitatem ad opem ferendam tunc se trajicere non posse ducebat, sed Toronen præsidio tuebatur. (2) Nam sub idem tempus, quo res apud Lyncum gestæ sunt, Athenienses navalem expeditionem adversus Menden et Scionen susceperunt, ad quam se prius accingebant, cum quinquaginta navibus, quarum decem erant Chiæ, et cum mille gravis armaturæ militibus de suis popularibus, et sexcentis sagittariis, et mille Thracibus mercede conductis, aliisque peltatis, quos illinc ex suis sociis collegerant; præerat autem Nicias Nicerati, et Nicostratus Diitrephis filius. (3) Quum autem a Potidæa cum classe solvissent, et ad eam partem appulissent, ubi erat Neptuni templum, adversus Mendæos contendebant. Hi autem et ipsi et Scionæorum trecenti, qui iis auxilio venerant, et Peloponnesiorum auxiliarii milites, universi septingenti gravis armaturæ milites, et Polydamidas ipsorum dux, extra urbem in colle natura munito castra posuerant. (4) Et Nicias quidem cum centum et viginti Methonæis expeditis et delectis sexaginta gravis armaturæ militibus Atheniensibus omnibusque sagittariis, quos secum ducebat, per quandam collis semitam ad illos accedere conatus, sed ab iis vulneratus, deturbare eos vi non potuit; Nicostratus vero quum alio itinere a longiore intervallo cum omni reliquo exercitu collem accessu difficilem subiret, vehementissime conturbatus est paulumque abfuit, quin totus Atheniensium exercitus vinceretur. (5) Atque eo quidem die, quum Mendæi eorumque socii loco non cessissent, Athenienses illinc regressi castra metati sunt, et Mendæi quum nox advenisset, in urbem abierunt.

CXXX. Postridie vero Athenienses quidem classe circumvecti ad eam partem, quæ Scionen spectabat, et suburbana ceperunt, totumque diem illum in agro vastando consumpserunt, nullo contra prodeunte (erat enim et nonnihil seditionis intra urbem), illi vero trecenti Scionæi proxima nocte domum abierunt. (2) Postridie autem Nicias quidem uno eodemque tempore cum dimidio copiarum parte ad.confinia progressus Scionæorum agrum vastabat, Nicostratus vero cum reliquis copiis a superioribus portis, qua Potidæam itur, urbem obsidebat. (3) Polydamidas autem (forte enim ad hanc urbis partem intra muros stationem habebant Men-

τοῦ τείχους τὰ ὅπλα κείμενα) διατάσσει τε ὡς ἐς μάχην, καὶ παρῄνει τοῖς Μενδαίοις ἐπεξιέναι. (4) Καί τινος αὐτῷ τῶν ἀπὸ τοῦ δήμου ἀντειπόντος κατὰ τὸ στασιωτικὸν ὅτι οὐκ ἐπέξεισιν οὐδὲ δέοιτο πολεμεῖν, καὶ ὡς ἀντεῖπεν ἐπισπασθέντος τῇ χειρὶ ὑπ' αὐτοῦ καὶ θορυβηθέντος, ὁ δῆμος εὐθὺς ἀναλαβὼν τὰ ὅπλα περιοργὴς ἐχώρει ἐπί τε Πελοποννησίους καὶ τοὺς τὰ ἐναντία σφίσι μετ' αὐτῶν πράξαντας. (5) Καὶ προσπεσόντες τρέπουσιν, ἅμα μὲν μάχῃ αἰφνιδίῳ, ἅμα δὲ τοῖς Ἀθηναίοις τῶν πυλῶν ἀνοιγομένων φοβηθέντων· ᾠήθησαν γὰρ ἀπὸ προειρημένου τινὸς αὐτοῖς τὴν ἐπιχείρησιν γενέσθαι. (6) Καὶ οἱ μὲν ἐς τὴν ἀκρόπολιν, ὅσοι μὴ αὐτίκα διεφθάρησαν, κατέφυγον, ᾕπερ καὶ τὸ πρότερον αὐτοὶ εἶχον· οἱ δὲ Ἀθηναῖοι (ἤδη γὰρ καὶ ὁ Νικίας ἐπαναστρέψας πρὸς τῇ πόλει ἦν) ἐσπεσόντες ἐς τὴν Μένδην πόλιν ἅτε οὐκ ἀπὸ ξυμβάσεως ἀνοιχθεῖσαν ἁπάσῃ τῇ στρατιᾷ, ὡς κατὰ κράτος ἑλόντες διήρπασαν, καὶ μόλις οἱ στρατηγοὶ κατέσχον ὥστε μὴ καὶ τοὺς ἀνθρώπους διαφθείρεσθαι. (7) Καὶ τοὺς μὲν Μενδαίους μετὰ ταῦτα πολιτεύειν ἐκέλευον ὥσπερ εἰώθεσαν, αὐτοὺς κρίναντας ἐν σφίσιν αὐτοῖς εἴ τινας ἡγοῦνται αἰτίους εἶναι τῆς ἀποστάσεως· τοὺς δ' ἐν τῇ ἀκροπόλει ἀπετείχισαν ἑκατέρωθεν τείχει ἐς θάλασσαν, καὶ φυλακὴν ἐπεκαθίσαντο. Ἐπειδὴ δὲ τὰ περὶ τὴν Μένδην κατέσχον, ἐπὶ τὴν Σκιώνην ἐχώρουν.

CXXXI. Οἱ δὲ ἀντεπεξελθόντες αὐτοί τε καὶ Πελοποννήσιοι ἱδρύθησαν ἐπὶ λόφου καρτεροῦ πρὸ τῆς πόλεως, ὃν εἰ μὴ ἕλοιεν οἱ ἐναντίοι, οὐκ ἐγίγνετο σφῶν περιτείχισις. (2) Προσβαλόντες δ' αὐτῷ κατὰ κράτος οἱ Ἀθηναῖοι, καὶ μάχῃ ἐκκρούσαντες τοὺς ἐπόντας, ἐστρατοπεδεύσαντό τε καὶ ἐς τὸν περιτειχισμὸν τροπαῖον στήσαντες παρεσκευάζοντο. (3) Καὶ αὐτῶν οὐ πολὺ ὕστερον ἤδη ἐν ἔργῳ ὄντων οἱ ἐκ τῆς ἀκροπόλεως ἐν τῇ Μένδῃ πολιορκούμενοι ἐπίκουροι βιασάμενοι παρὰ θάλασσαν τὴν φυλακὴν νυκτὸς ἀφικνοῦνται, καὶ διαφυγόντες οἱ πλεῖστοι τὸ ἐπὶ τῇ Σκιώνῃ στρατόπεδον ἐσῆλθον ἐς αὐτήν.

CXXXII. Περιτειχιζομένης δὲ τῆς Σκιώνης Περδίκκας τοῖς τῶν Ἀθηναίων στρατηγοῖς ἐπικηρυκευσάμενος ὁμολογίαν ποιεῖται πρὸς τοὺς Ἀθηναίους διὰ τὴν τοῦ Βρασίδου ἔχθραν περὶ τῆς ἐκ τῆς Λύγκου ἀναχωρήσεως, εὐθὺς τότε ἀρξάμενος πράσσειν. (2) Καὶ ἐτύγχανε γὰρ τότε Ἰσχαγόρας ὁ Λακεδαιμόνιος στρατιὰν μέλλων πεζῇ πορεύσειν ὡς Βρασίδαν· ὁ δὲ Περδίκκας ἅμα μὲν κελεύοντος τοῦ Νικίου, ἐπειδὴ ξυνεβεβήκει, ἔνδηλόν τι ποιεῖν τοῖς Ἀθηναίοις βεβαιότητος πέρι, ἅμα δ' αὐτὸς οὐκέτι βουλόμενος Πελοποννησίους ἐς τὴν αὑτοῦ ἀφικνεῖσθαι, παρασκευάσας τοὺς ἐν Θεσσαλίᾳ ξένους, χρώμενος ἀεὶ τοῖς πρώτοις, διεκώλυσε τὸ στράτευμα καὶ τὴν παρασκευήν, ὥστε μηδὲ πειρᾶσθαι Θεσσαλῶν. (3) Ἰσχαγόρας μέντοι καὶ Ἀμεινίας καὶ Ἀριστεὺς αὐτοί τε ὡς Βρασίδαν ἀφίκοντο, ἐπιδεῖν πεμψάντων Λακεδαιμονίων τὰ πράγματα, καὶ τῶν ἡβώντων αὐτῶν παρανόμως ἄνδρας ἐξῆγον ἐκ Σπάρτης ὥστε τῶν πό-

λεὼν ἄρχοντας καθιστάναι καὶ μὴ τοῖς ἐντυχοῦσιν ἐπιτρέπειν. Καὶ Κλεαρίδαν μὲν τὸν Κλεωνύμου καθίστησιν ἐν Ἀμφιπόλει, Ἐπιτελίδαν δὲ τὸν Ἡγησάνδρου ἐν Τορώνῃ.

CXXXIII. Ἐν δὲ τῷ αὐτῷ θέρει Θηβαῖοι Θεσπιέων τεῖχος περιεῖλον, ἐπικαλέσαντες ἀττικισμόν, βουλόμενοι μὲν καὶ ἀεί, παρεστηκὸς δὲ ῥᾷον ἐπειδὴ καὶ ἐν τῇ πρὸς Ἀθηναίους μάχῃ ὅ τι ἦν αὐτῶν ἄνθος ἀπολώλει. (2) Καὶ ὁ νεὼς τῆς Ἥρας τοῦ αὐτοῦ θέρους ἐν Ἄργει κατεκαύθη, Χρυσίδος τῆς ἱερείας λύχνον τινὰ θείσης ἡμμένον πρὸς τὰ στέμματα καὶ ἐπικαταδαρθούσης, ὥστε ἔλαθεν ἀφθέντα πάντα καὶ καταφλεχθέντα. (3) Καὶ ἡ Χρυσὶς μὲν εὐθὺς τῆς νυκτὸς δείσασα τοὺς Ἀργείους ἐς Φλιοῦντα φεύγει· οἱ δὲ ἄλλην ἱέρειαν ἐκ τοῦ νόμου τοῦ προκειμένου κατεστήσαντο Φαεινίδα ὄνομα. Ἔτη δὲ ἡ Χρυσὶς τοῦ πολέμου τοῦδε ἐπέλαβεν ὀκτώ, καὶ ἔνατον ἐκ μέσου, ὅτε ἐπεφεύγει. (4) Καὶ ἡ Σκιώνη τοῦ θέρους ἤδη τελευτῶντος περιετετείχιστό τε παντελῶς, καὶ οἱ Ἀθηναῖοι ἐπ' αὐτῇ φυλακὴν καταλιπόντες ἀνεχώρησαν τῷ ἄλλῳ στρατῷ.

CXXXIV. Ἐν δὲ τῷ ἐπιόντι χειμῶνι τὰ μὲν Ἀθηναίων καὶ Λακεδαιμονίων ἡσύχαζε διὰ τὴν ἐκεχειρίαν, Μαντινῆς δὲ καὶ Τεγεᾶται καὶ οἱ ξύμμαχοι ἑκατέρων ξυνέβαλον ἐν Λαοδικίῳ τῆς Ὀρεσθίδος, καὶ νίκη ἀμφιδήριτος ἐγένετο· κέρας γὰρ ἑκάτεροι τρέψαντες τὸ καθ' αὑτοὺς τροπαῖά τε ἀμφότεροι ἔστησαν καὶ σκῦλα ἐς Δελφοὺς ἀπέπεμψαν. (2) Διαφθαρέντων μέντοι πολλῶν ἑκατέροις καὶ ἀγχωμάλου τῆς μάχης γενομένης καὶ ἀφελομένης νυκτὸς τὸ ἔργον οἱ Τεγεᾶται μὲν ἐπηυλίσαντό τε καὶ εὐθὺς ἔστησαν τροπαῖον, Μαντινῆς δὲ ἀπεχώρησάν τε ἐς Βουκολιῶνα καὶ ὕστερον ἀντέστησαν.

CXXXV. Ἀπεπείρασε δὲ τοῦ αὐτοῦ χειμῶνος καὶ ὁ Βρασίδας τελευτῶντος καὶ πρὸς ἔαρ ἤδη Ποτιδαίας. Προσελθὼν γὰρ νυκτὸς καὶ κλίμακα προσθεὶς μέχρι μὲν τούτου ἔλαθε· τοῦ γὰρ κώδωνος παρενεχθέντος οὕτως ἐς τὸ διάκενον, πρὶν ἐπανελθεῖν τὸν παραδιδόντα αὐτόν, ἡ πρόσθεσις ἐγένετο· ἔπειτα μέντοι εὐθὺς αἰσθομένων, πρὶν προσβῆναι, ἀπήγαγε πάλιν κατὰ τάχος τὴν στρατιὰν καὶ οὐκ ἀνέμεινεν ἡμέραν γενέσθαι. (2) Καὶ ὁ χειμὼν ἐτελεύτα, καὶ ἔνατον ἔτος τῷ πολέμῳ ἐτελεύτα τῷδε ὃν Θουκυδίδης ξυνέγραψεν.

Sparta secum eduxerunt, ut eos civitatibus præficerent, neque eas iis, qui forte adessent, permitterent. Et Clearidam quidem Cleonymi filium Amphipoli præfecit, Epitelidam vero Hegesandri filium Toronæ.

CXXXIII. Eadem æstate Thebani muros Thespiensium diruerunt, crimini dantes Atticarum partium studium, quod illi quum semper facere vellent, tunc contigit, ut facilius possent, postquam in pugna cum Atheniensibus commissa omnis illorum juventutis flos peri erat. (2) Templum quoque Junonis eadem æstate Argis crematum est, quod Chrysis sacerdos lucernam quandam vittis admovisset incensam, et interim somno correpta esset; unde accidit, ut ea non sentiente omnia accensa conflagrarent. (3) Atque Chrysis quidem metuens Argivos protinus illa nocte Phliuntem confugit; illi vero aliam sacerdotem, nomine Phaenidem, ex civitatis instituto constituerunt. Chrysis autem octavum hujus belli annum, et nonum medium attigerat, quum profugit. (4) Et Scione æstate jam extrema penitus circumvallata erat, et Athenienses præsidio adversus eam relicto cum reliquis copiis domum abierunt.

CXXXIV. In sequente hieme Athenienses quidem et Lacedæmonii quieverunt propter inducias; sed Mantinenses et Tegeatæ et utrorumque socii ad Laodicium, quæ est in Oresthide, conflixerunt, et victoria anceps exstitit, utrique enim cornu sibi opposito in fugam verso tropæum erexerunt, et Delphos spolia miserunt. (2) Quum tamen utrinque multi cæsi essent, et eventus anceps fuisset noxque prœlium diremisset, Tegeatæ quidem in loco pernoctarunt, statimque tropæum excitarunt, Mantinenses vero ad Bucolionem discesserunt, et postea vicissim et ipsi tropæum statuerunt.

CXXXV. Eadem hieme exeunte et vere jam appropinquante, Brasidas Potidæam temptavit. Quum enim noctu accessisset et scalam muris admovisset, hactenus quidem custodes latuit; quum enim tintinnabulum præteriisset, ita demum ad vacuum murorum spatium inter duas stationes interjectum, antequam ille, qui tintinnabulum alteri traditurus erat, rediisset, scalæ admotæ sunt, deinde tamen quum custodes statim strepitum sensissent, priusquam accederet, exercitum celeriter retro reduxit, nec exspectavit, donec dies illucesceret. (2) Atque hæc hiems finiebatur hujusque belli nonus annus finiebatur, quod Thucydides conscripsit.

ΒΙΒΛΙΟΝ Ε.

Τοῦ δ' ἐπιγιγνομένου θέρους αἱ μὲν ἐνιαύσιοι σπονδαὶ διελέλυντο μέχρι Πυθίων, καὶ ἐν τῇ ἐκεχειρίᾳ Ἀθηναῖοι Δηλίους ἀνέστησαν ἐκ Δήλου, ἡγησάμενοι κατὰ παλαιάν τινα αἰτίαν οὐ καθαροὺς ὄντας ἱερῶσθαι, καὶ ἅμα ἐλλιπὲς σφίσιν εἶναι τοῦτο τῆς καθάρσεως, ᾗ πρότερόν μοι δεδήλωται ὡς ἀνελόντες τὰς θήκας τῶν τεθνεώτων ὀρθῶς ἐνόμισαν ποιῆσαι. Καὶ οἱ μὲν Δήλιοι Ἀτραμύττιον Φαρνάκου δόντος αὐτοῖς ἐν τῇ Ἀσίᾳ ᾤκησαν, οὕτως ὡς ἕκαστος ὥρμητο.

II. Κλέων δὲ Ἀθηναίους πείσας ἐς τὰ ἐπὶ Θρᾴκης χωρία ἐξέπλευσε μετὰ τὴν ἐκεχειρίαν, Ἀθηναίων μὲν ὁπλίτας ἔχων διακοσίους καὶ χιλίους καὶ ἱππέας τριακοσίους, τῶν δὲ ξυμμάχων πλείους, ναῦς δὲ τριάκοντα. (2) Σχὼν δὲ ἐς Σκιώνην πρῶτον ἔτι πολιορκουμένην, καὶ προσλαβὼν αὐτόθεν ὁπλίτας τῶν φρουρῶν, κατέπλευσεν ἐς τὸν Κολοφωνίων λιμένα τῶν Τορωναίων ἀπέχοντα οὐ πολὺ τῆς πόλεως. (3) Ἐκ δ' αὐτοῦ, αἰσθόμενος ὑπ' αὐτομόλων ὅτι οὔτε Βρασίδας ἐν τῇ Τορώνῃ οὔτε οἱ ἐνόντες ἀξιόμαχοι εἶεν, τῇ μὲν στρατιᾷ τῇ πεζῇ ἐχώρει ἐς τὴν πόλιν, ναῦς δὲ περιέπεμψε δέκα ἐς τὸν λιμένα περιπλεῖν. (4) Καὶ πρὸς τὸ περιτείχισμα πρῶτον ἀφικνεῖται, ὃ προσπεριέβαλε τῇ πόλει ὁ Βρασίδας ἐντὸς βουλόμενος ποιῆσαι τὸ προάστειον, καὶ διελὼν τοῦ παλαιοῦ τείχους μίαν αὐτὴν ἐποίησε πόλιν.

III. Βοηθήσαντες δὲ ἐς αὐτὸ Πασιτελίδας τε ὁ Λακεδαιμόνιος ἄρχων καὶ ἡ παροῦσα φυλακὴ προσβαλόντων τῶν Ἀθηναίων ἠμύνοντο. Καὶ ὡς ἐβιάζοντο καὶ αἱ νῆες ἅμα περιέπλεον ἐς τὸν λιμένα περιπεμφθεῖσαι, δείσας ὁ Πασιτελίδας μὴ αἵ τε νῆες φθάσωσι λαβοῦσαι ἐρῆμον τὴν πόλιν καὶ τοῦ τειχίσματος ἁλισκομένου ἐγκαταληφθῇ, ἀπολιπὼν αὐτὸ δρόμῳ ἐχώρει ἐς τὴν πόλιν. (2) Οἱ δὲ Ἀθηναῖοι φθάνουσιν οἵ τε ἀπὸ τῶν νεῶν ἑλόντες τὴν Τορώνην, καὶ ὁ πεζὸς ἐπισπόμενος αὐτοβοεὶ κατὰ τὸ διῃρημένον τεῖχος τοῦ παλαιοῦ ξυνεσπεσών. Καὶ τοὺς μὲν ἀπέκτειναν τῶν Πελοποννησίων καὶ Τορωναίων εὐθὺς ἐν χερσί, τοὺς δὲ ζῶντας ἔλαβον, καὶ Πασιτελίδαν τὸν ἄρχοντα. (3) Βρασίδας δὲ ἐβοήθει μὲν τῇ Τορώνῃ, αἰσθόμενος δὲ καθ' ὁδὸν ἑαλωκυῖαν ἀνεχώρησεν, ἀποσχὼν τεσσαράκοντα μάλιστα σταδίους μὴ φθάσαι ἐλθών. (4) Ὁ δὲ Κλέων καὶ οἱ Ἀθηναῖοι τροπαῖά τε ἔστησαν δύο, τὸ μὲν κατὰ τὸν λιμένα τὸ δὲ πρὸς τῷ τειχίσματι, καὶ τῶν Τορωναίων γυναῖκας μὲν καὶ παῖδας ἠνδραπόδισαν, αὐτοὺς δὲ καὶ Πελοποννησίους καὶ εἴ τις ἄλλος Χαλκιδέων ἦν, ξύμπαντας ἐς ἑπτακοσίους, ἀπέπεμψαν ἐς τὰς Ἀθήνας· καὶ αὐτοῖς τὸ μὲν Πελοποννήσιον ὕστερον ἐν ταῖς γενομέναις σπονδαῖς ἀπῆλθεν, τὸ δὲ ἄλλο ἐκομίσθη ὑπ'

LIBER V.

Insequente autem æstate induciæ in spatium annuum ad Pythia usque factæ solutæ erant, ac per illud induciarum tempus Athenienses e Delo Delios summoverunt, quod existimarunt, eos quum ob quoddam vetus piaculi crimen polluti essent, deo esse consecratos, et simul hanc sibi deesse partem expiationis, qua a me superius est declaratum ut sublatis defunctorum monumentis se recte fecisse censuerint. Atque Delii quidem Atramyttium in Asia situm, quod Pharnaces iis dedit, incoluerunt, prout quisque se eo conferre voluerat.

II. Cleo vero post exactas inducias quum rem Atheniensibus persuasisset, in Thraciam navigavit, secum ducens mille et ducentos gravis armaturæ milites Athenienses et trecentos equites, et ex sociis longe plures, naves autem triginta. (2) Qui quum primum ad Scionen appulisset, quæ adhuc obsidebatur, et quum illinc gravis armaturæ milites ex præsidiariis assumpsisset, in Colophoniorum portum, a Toronæorum urbe non multum distantem, navigavit. (3) Quum autem illic intellexisset ex transfugis, neque Brasidam Torones esse, neque eos, qui intus erant, ad resistendum pares esse, cum exercitu quidem pedestri ad urbem contendit, naves vero decem circummisit, ut in Torones portum circumveherentur. (4) Ac primum quidem venit ad munitionem, quam Brasidas urbi circumdederat, quod suburbana includere vellet, et diruta veteris muri parte unam urbem effecerat.

III. Quum autem Athenienses eam adorti essent, Pasitelidas Lacedæmonius dux et præsidium, quod illic aderat, ei succurrens, hostibus resistebant. Sed quum vi urgerentur, et simul naves, quæ circummissæ erant, in portum circumveherentur, Pasitelidas veritus, ne naves urbem desertam præoccuparent, et munitione capta ipse interciperetur, ea relicta cursu ad urbem contendit. (2) Sed anteverterunt eum Athenienses et ii, qui navibus vehebantur, Torone præoccupata, et peditatus cum vociferatione e vestigio insecutus, et simul irrumpens per illam veteris muri partem, quæ diruta erat. Et Peloponnesios quidem ac Toronæos, qui repugnabant, statim interfecerunt, alios vero vivos ceperunt, inter quos et Pasitelidam ducem. (3) Brasidas vero veniebat quidem ad opem Toronæ ferendam, sed quum in itinere eam captam intellexisset, se illinc recepit, quum quidem quadraginta circiter stadiis abesset, quominus prior adesset. (4) At Cleo et Athenienses duo tropæa erexerunt, unum quidem in portu, alterum vero ad munitionem et Toronæorum quidem mulieres et liberos in servitutem abstraxerunt, ipsos vero, et Peloponnesios, et si quis alius Chalcidensium aderat, cunctos ad septingentos numero, Athenas miserunt; atque Peloponesii quidem postea, quum fœdus initum est, ab iis dimissi sunt, ceteri vero facta capitum permutatione, ut singula

Ὀλυνθίων, ἀνὴρ ἀντ᾽ ἀνδρὸς λυθείς. (5) Εἷλον δὲ καὶ Πάνακτον Ἀθηναίων ἐν μεθορίοις τεῖχος Βοιωτοὶ ὑπὸ τὸν αὐτὸν χρόνον προδοσίᾳ. (6) Καὶ ὁ μὲν Κλέων, φυλακὴν καταστησάμενος τῆς Τορώνης, ἄρας περιέπλει τὸν Ἄθων ὡς ἐπὶ τὴν Ἀμφίπολιν.

IV. Φαίαξ δὲ ὁ Ἐρασιστράτου τρίτος αὐτὸς Ἀθηναίων πεμπόντων ναυσὶ δύο ἐς Ἰταλίαν καὶ Σικελίαν πρεσβευτὴς ὑπὸ τὸν αὐτὸν χρόνον ἐξέπλευσεν. (2) Λεοντῖνοι γὰρ ἀπελθόντων Ἀθηναίων ἐκ Σικελίας μετὰ τὴν ξύμβασιν πολίτας τε ἐπεγράψαντο πολλοὺς καὶ ὁ δῆμος τὴν γῆν ἐπενόει ἀναδάσασθαι. (3) Οἱ δὲ δυνατοὶ αἰσθόμενοι Συρακοσίους τε ἐπάγονται καὶ ἐκβάλλουσι τὸν δῆμον. Καὶ οἱ μὲν ἐπλανήθησαν ὡς ἕκαστοι, οἱ δὲ δυνατοὶ ὁμολογήσαντες Συρακοσίοις καὶ τὴν πόλιν ἐκλιπόντες καὶ ἐρημώσαντες Συρακούσας ἐπὶ πολιτείᾳ ᾤκησαν. (4) Καὶ ὕστερον πάλιν αὐτῶν τινες διὰ τὸ μὴ ἀρέσκεσθαι ἀπολιπόντες ἐκ τῶν Συρακουσῶν Φωκαίας τε τῆς πόλεώς τι τῆς Λεοντίνων χωρίου καλούμενον καταλαμβάνουσι καὶ Βρικιννίας ὃν ἔρυμα ἐν τῇ Λεοντίνῃ. Καὶ τῶν τοῦ δήμου τότε ἐκπεσόντων οἱ πολλοὶ ἦλθον ὡς αὐτούς, καὶ καταστάντες ἐκ τῶν τειχῶν ἐπολέμουν. (5) Ἃ πυνθανόμενοι οἱ Ἀθηναῖοι τὸν Φαίακα πέμπουσιν, εἴ πως πείσαντες τοὺς σφίσιν ὄντας αὐτόθι ξυμμάχους καὶ τοὺς ἄλλους, ἢν δύνωνται, Σικελιώτας κοινῇ ὡς Συρακοσίων δύναμιν περιποιουμένων ἐπιστρατεῦσαι, διασώσειαν τὸν δῆμον τῶν Λεοντίνων. (6) Ὁ δὲ Φαίαξ ἀφικόμενος τοὺς μὲν Καμαριναίους πείθει καὶ Ἀκραγαντίνους, ἐν δὲ Γέλᾳ ἀντιστάντος αὐτῷ τοῦ πράγματος οὐκέτι ἐπὶ τοὺς ἄλλους ἔρχεται, αἰσθόμενος οὐκ ἂν πείθειν αὐτούς, ἀλλ᾽ ἀναχωρήσας διὰ τῶν Σικελῶν ἐς Κατάνην, καὶ ἅμα ἐν τῇ παρόδῳ καὶ ἐς τὰς Βρικιννίας ἐλθὼν καὶ παραθαρσύνας, ἀπέπλει.

V. Ἐν δὲ τῇ παρακομιδῇ τῇ ἐς τὴν Σικελίαν καὶ πάλιν ἀναχωρήσει καὶ ἐν τῇ Ἰταλίᾳ τισὶ πόλεσιν ἐχρημάτισε περὶ φιλίας τοῖς Ἀθηναίοις, καὶ Λοκρῶν ἐντυγχάνει τοῖς ἐκ Μεσσήνης ἐποίκοις ἐκπεπτωκόσιν, οἳ μετὰ τὴν τῶν Σικελιωτῶν ὁμολογίαν στασιασάντων Μεσσηνίων καὶ ἐπαγομένων τῶν ἑτέρων Λοκροὺς ἔποικοι ἐξεπέμφθησαν, καὶ ἐγένετο Μεσσήνη Λοκρῶν τινὰ χρόνον. (2) Τούτοις οὖν ὁ Φαίαξ ἐντυχὼν τοῖς κομιζομένοις οὐκ ἠδίκησεν· ἐγεγένητο γὰρ τοῖς Λοκροῖς πρὸς αὐτὸν ὁμολογία ξυμβάσεως πέρι πρὸς τοὺς Ἀθηναίους. (3) Μόνοι γὰρ τῶν ξυμμάχων, ὅτε Σικελιῶται ξυνηλλάσσοντο, οὐκ ἐσπείσαντο Ἀθηναίοις· οὐδ᾽ ἂν τότε, εἰ μὴ αὐτοὺς κατεῖχεν ὁ πρὸς Ἰτωνέας καὶ Μελαίους πόλεμος ὁμόρους τε ὄντας καὶ ἀποίκους. Καὶ ὁ μὲν Φαίαξ ἐς τὰς Ἀθήνας χρόνῳ ὕστερον ἀφίκετο.

VI. Ὁ δὲ Κλέων ὡς ἀπὸ τῆς Τορώνης τότε περιέπλευσεν ἐπὶ τὴν Ἀμφίπολιν, ὁρμώμενος ἐκ τῆς Ἠιόνος Σταγείρῳ μὲν προσβάλλει Ἀνδρίων ἀποικίᾳ, καὶ οὐχ εἷλεν, Γαληψὸν δὲ τὴν Θασίων ἀποικίαν λαμβάνει κατὰ κράτος. (2) Καὶ πέμψας ὡς Περδίκκαν πρέσβεις, ὅπως παραγένοιτο στρατιᾷ κατὰ τὸ ξυμμαχικόν, καὶ ἐς τὴν Θρᾴκην ἄλλους παρὰ Πολλῆν τὸν Ὀδομάντων βασιλέα,

pro singulis darentur, ab Olynthiis redempti sunt. (5) Sub idem tempus Bœoti Panactum Atheniensium castellum in confiniis situm per proditionem ceperunt. (6) Cleo autem præsidio Toronæ imposito, motis inde castris Athon montem classe circumvectus adversus Amphipolin ivit.

IV. Phæax vero Erasistrati filius cum duobus collegis ab Atheniensibus missus duabus navibus in Italiam atque Siciliam legatus sub idem tempus transmisit. (2) Quum enim Athenienses post compositionem inter Sicilienses factam ex Sicilia discessissent, Leontini multos ad civitatis jus admiserunt, et plebs agrum viritim dividere in animo habebat. (3) Sed potentes quum hoc sensissent, Syracusanos accersunt plebemque expellunt. Et illi quidem vagi erraverunt, quo quemque sors tulit; at potentes inito cum Syracusanis fœdere et urbe sua relicta et vastata, Syracusas civitate donati incoluerunt. (4) Postea vero quod præsentem rerum statum non probarent, relictis Syracusis locum quemdam Leontinorum urbis, nomine Phocæas, occuparunt, et Bricinnias, arcem in agro Leontino munitam. Et plebeiorum antea expulsorum permulti ad eos iverunt, et statim e loco munito bellum gerere cœperunt. (5) Quæ audientes Athenienses Phæacem mittunt, si quo modo adductis suis sociis, qui illic erant, ceterisque Siciliensibus, si possent, ad bellum communiter inferendum Syracusanis, qui potentiam sibi compararent, plebem Leontinam conservarent. (6) Phæax autem quum eo pervenisset, Camarinæis quidem et Acragantinis rem persuasit; Gelæ vero quum res ei non successisset, ad ceteros non item perrexit, quod intelligebat, se rem iis non persuasurum, sed per Siculos Catanam reversus, simul etiam obiter ad Bricinnias profectus, et adhortatus eos, ut bono essent animo, navibus discedebat.

V. Dum autem in Siciliam pervehitur, et rursus inde revertitur, etiam cum nonnullis Italiæ civitatibus egit de amicitia cum Atheniensibus ineunda; et incidit etiam in Locros, qui Messana, quam incoluerant, expulsi erant, et qui post compositionem inter Sicilienses factam, quum Messanenses seditione laborarent, et eorum altera factio Locros accivisset, coloni submissi sunt, et fuit Messana aliquandiu in Locrorum potestate. (2) In hos igitur quum Phæax domum redeuntes incidisset, eos nulla injuria affecit; Locri enim cum ipso transegerant de compositione cum Atheniensibus facienda. (3) Soli enim omnium sociorum, quo tempore Sicilienses gratiæ reconciliationem inter se fecerunt, cum Atheniensibus fœdus inire noluerunt; et ne tunc quidem id fecissent, nisi bellum, quod cum Itoneatis et Melæis, finitimis et colonis suis, gerebant, ipsos tenuisset occupatos. Et Phæax quidem postea Athenas rediit.

VI. Cleo vero, ubi a Torone solvens, ut dixi, adversus Amphipolin classe circumvectus est, profectus Eione, quam belli sedem delegerat, Stagirum Andriorum coloniam invasit, nec cepit, sed Galepsum Thasiorum coloniam vi expugnavit. (2) Missisque ad Perdiccam legatis, ut ex societatis jure cum copiis ad se veniret, aliis etiam in Thraciam missis ad Pollen Odomantum regem, qui quam plurimos

ἄξοντα μισθοῦ Θρᾷκας ὡς πλείστους, αὐτὸς ἡσύχαζε περιμένων ἐν τῇ Ἠϊόνι. (3) Βρασίδας δὲ πυνθανόμενος ταῦτα ἀντεκάθητο καὶ αὐτὸς ἐπὶ τῷ Κερδυλίῳ· ἔστι δὲ τὸ χωρίον τοῦτο Ἀργιλίων ἐπὶ μετεώρου πέραν τοῦ ποταμοῦ, οὐ πολὺ ἀπέχον τῆς Ἀμφιπόλεως, καὶ κατεφαίνετο πάντα αὐτόθεν, ὥστε οὐκ ἂν ἔλαθεν αὐτόθεν ὁρμώμενος ὁ Κλέων τῷ στρατῷ· ὅπερ προσεδέχετο ποιήσειν αὐτόν, ἐπὶ τὴν Ἀμφίπολιν, ὑπεριδόντα σφῶν τὸ πλῆθος, τῇ παρούσῃ στρατιᾷ ἀναβήσεσθαι. (4) Ἅμα δὲ καὶ παρεσκευάζετο Θρᾷκάς τε μισθωτοὺς πεντακοσίους καὶ χιλίους, καὶ τοὺς Ἠδῶνας πάντας παρακαλῶν, πελταστὰς καὶ ἱππέας· καὶ Μυρκινίων καὶ Χαλκιδέων χιλίους πελταστὰς εἶχε πρὸς τοῖς ἐν Ἀμφιπόλει. (5) Τὸ δ' ὁπλιτικὸν ξύμπαν ἠθροίσθη δισχίλιοι μάλιστα, καὶ ἱππῆς Ἕλληνες τριακόσιοι. Τούτων Βρασίδας μὲν ἔχων ἐπὶ Κερδυλίῳ ἐκάθητο ἐς πεντακοσίους καὶ χιλίους, οἱ δ' ἄλλοι ἐν Ἀμφιπόλει μετὰ Κλεαρίδου ἐτετάχατο.

VII. Ὁ δὲ Κλέων τέως μὲν ἡσύχαζεν, ἔπειτα ἠναγκάσθη ποιῆσαι ὅπερ ὁ Βρασίδας προσεδέχετο. (2) Τῶν γὰρ στρατιωτῶν ἀχθομένων μὲν τῇ ἕδρᾳ, ἀναλογιζομένων δὲ τὴν ἐκείνου ἡγεμονίαν πρὸς οἵαν ἐμπειρίαν καὶ τόλμαν μετὰ οἵας ἀνεπιστημοσύνης καὶ μαλακίας γενήσοιτο, καὶ οἴκοθεν ὡς ἄκοντες αὐτῷ ξυνῆλθον, αἰσθόμενος τὸν θροῦν, καὶ οὐ βουλόμενος αὐτοὺς διὰ τὸ ἐν τῷ αὐτῷ καθημένους βαρύνεσθαι, ἀναλαβὼν ἦγεν. (3) Καὶ ἐχρήσατο τῷ τρόπῳ ᾧπερ καὶ ἐς τὴν Πύλον εὐτυχήσας ἐπίστευσέ τι φρονεῖν· ἐς μάχην μὲν γὰρ οὐδὲ ἤλπισέν οἱ ἐπεξιέναι οὐδένα, κατὰ θέαν δὲ μᾶλλον ἔφη ἀναβαίνειν τοῦ χωρίου, καὶ τὴν μείζω παρασκευὴν περιέμενεν, οὐχ ὡς τῷ ἀσφαλεῖ, ἢν ἀναγκάζηται, περισχήσων, ἀλλ' ὡς κύκλῳ περιστὰς βίᾳ αἱρήσων τὴν πόλιν. (4) Ἐλθών τε καὶ καθίσας ἐπὶ λόφου καρτεροῦ πρὸ τῆς Ἀμφιπόλεως τὸν στρατὸν αὐτὸς ἐθεᾶτο τὸ λιμνῶδες τοῦ Στρυμόνος καὶ τὴν θέσιν τῆς πόλεως ἐπὶ τῇ Θρᾴκῃ ὡς ἔχοι. (5) Ἀπιέναι τε ἐνόμιζεν, ὁπόταν βούληται, ἀμαχεί· καὶ γὰρ οὐδὲ ἐφαίνετο οὔτ' ἐπὶ τοῦ τείχους οὐδεὶς οὔτε κατὰ πύλας ἐξῄει, κεκλημέναι τε ἦσαν πᾶσαι. Ὥστε καὶ μηχανὰς ὅτι οὐ κατῆλθεν ἔχων, ἁμαρτεῖν ἐδόκει· ἑλεῖν γὰρ ἂν τὴν πόλιν διὰ τὸ ἔρημον.

VIII. Ὁ δὲ Βρασίδας εὐθὺς ὡς εἶδε κινουμένους τοὺς Ἀθηναίους, καταβὰς καὶ αὐτὸς ἀπὸ τοῦ Κερδυλίου ἐσέρχεται ἐς τὴν Ἀμφίπολιν. (2) Καὶ ἐπέξοδον μὲν καὶ ἀντίταξιν οὐκ ἐποιήσατο πρὸς τοὺς Ἀθηναίους, δεδιὼς τὴν αὑτοῦ παρασκευὴν καὶ νομίζων ὑποδεεστέρους εἶναι, οὐ τῷ πλήθει (ἀντίπαλα γάρ πως ἦν) ἀλλὰ τῷ ἀξιώματι (τῶν γὰρ Ἀθηναίων ὅπερ ἐστράτευε, καθαρὸν ἐξῆλθε, καὶ Λημνίων καὶ Ἰμβρίων τὸ κράτιστον), τέχνῃ δὲ παρεσκευάζετο ἐπιθησόμενος. (3) Εἰ γὰρ δείξειεν τοῖς ἐναντίοις τό τε πλῆθος καὶ τὴν ὅπλισιν ἀναγκαίαν οὖσαν τῶν μεθ' ἑαυτοῦ, οὐκ ἂν ἡγεῖτο μᾶλλον περιγενέσθαι ἢ ἄνευ προόψεώς τε αὐτῶν καὶ μὴ ἀπὸ τοῦ ὄντος καταφρονήσεως. (4) Ἀπολεξάμενος οὖν αὐτὸς πεντήκοντα καὶ ἑκατὸν ὁπλίτας, καὶ τοὺς ἄλλους Κλεαρίδᾳ προστάξας, ἐβουλεύετο ἐπιχειρεῖν αἰφνιδίως πρὶν ἀπελθεῖν τοὺς

Thraces mercede conduceret, ipse ad Eionem per otium exspectabat. (3) Brasidas autem his auditis ipse quoque ad Cerdylium castra hostibus opposita fecit; est autem hic locus Argiliorum trans flumen editus, ab Amphipoli non procul distans, unde omnia prospici poterant. Quare Cleo cum suis copiis clam illinc discedere non potuisset; quod quidem Brasidas ipsum exspectabat facturum, ut contempta suorum paucitate adversus Amphipolin cum præsentibus copiis adscenderet. (4) Simul autem etiam se præparabat, mille et quingentos Thraces mercede conductos, et Edones omnes, peltatos et equites evocans; habebat præterea Myrciniorum et Chalcidensium, præter eos, qui apud Amphipolin erant, mille peltatos. (5) Universorum autem militum gravis armaturæ summa erat duo ferme millia et trecenti Græcorum equites. Ex his Brasidas cum mille et quingentis ad Cerdylium castra habebat, ceteri vero intra Amphipolin cum Clearida duce instructi erant.

VII. Cleo vero primo quidem quiescebat, deinde vero coactus est facere, quod Brasidas exspectabat. (2) Quum enim milites diuturnum illud otium moleste ferrent, et reputarent, quale futurum esset illius imperium, quanta cum imperitia et ignavia conjunctum adversus quantam peritiam et audaciam, et domo jam ut eum inviti secuti essent, ille quum rumorem istum sensisset ipsosque, quod in eodem loco desiderent, gravari nollet, motis castris discedebat. (3) Et usus est eadem ratione, qua quum apud Pylum rem feliciter gessisset, aliquid se sapere putavit; ad pugnam enim ne exspectavit quidem, ut quis contra se prodiret, sed potius se adscendere dicebat, ut locum inspiceret, et majorem apparatum exspectabat, non ut firmissimo copiarum præsidio, si cogeretur, hostem circumfunderet, sed ut urbem copiis undique circumdatam vi expugnaret. (4) Profectus igitur, castrisque in colle natura munito ante Amphipolin positis, ipse contemplabatur Strymonis stagna, et qualis esset urbis situs Thraciam versus. (5) Et existimabat, se, quotiescunque voluisset, sine certamine illinc discessurum; nemo enim vel supra muros conspiciebatur, vel portis exibat, omnesque clausæ erant. Quamobrem etiam existimabat se peccasse, quod sine machinis eo venisset; capturum enim se urbem fuisse, quod esset deserta.

VIII. Brasidas vero simul atque Athenienses castra movere videt, et ipse degressus a Cerdylio Amphipolin intravit. (2) Et eruptionem quidem aut prœlii potestatem Atheniensibus numquam fecit, de apparatu suo metuens et suos ratus impares hosti esse, non numero (nam propemodum pares erant), sed dignitate (nam in illa expeditione militabat electus ipsorum Atheniensium flos, et Lemniorum atque Imbriorum robur), sed parabat eos dolo aggredi. (3) Si enim suorum numerum et vilem armaturam, quam ipsa necessitas ministrarat, hostibus ostendisset, existimabat se non facilius victorem fore, quam si ab iis ante conflictum conspectus non esset, neque propter id, quod res erat, in ipsorum contemptionem venisset. (4) Brasidas igitur quum centum et quinquaginta gravis armaturæ milites delegisset, et reliquos Clearidæ ducendos commisis-

Ἀθηναίους, οὐκ ἂν νομίζων αὐτοὺς ὁμοίως ἀπολαβεῖν αὖθις μεμονωμένους, εἰ τύχοι ἐλθοῦσα αὐτοῖς ἡ βοήθεια. (5) Ξυγκαλέσας δὲ τοὺς πάντας στρατιώτας, καὶ βουλόμενος παραθαρσῦναί τε καὶ τὴν ἐπίνοιαν φράσαι, ἔλεγε τοιάδε.

IX. « Ἄνδρες Πελοποννήσιοι, ἀπὸ μὲν οἵας χώρας ἥκομεν, ὅτι ἀεὶ διὰ τὸ εὔψυχον ἐλευθέρας, καὶ ὅτι Δωριῆς μέλλετε Ἴωσι μάχεσθαι, ὧν εἰώθατε κρείσσους εἶναι, ἀρκείτω βραχέως δεδηλωμένον· (2) τὴν δὲ ἐπιχείρησιν ᾧ τρόπῳ διανοοῦμαι ποιεῖσθαι, διδάξω, ἵνα μὴ τό [τε] κατ' ὀλίγον καὶ μὴ ἅπαντας κινδυνεύειν ἐνδεὲς φαινόμενον ἀτολμίαν παράσχῃ. (3) Τοὺς γὰρ ἐναντίους εἰκάζω καταφρονήσει τε ἡμῶν καὶ οὐκ ἂν ἐλπίσαντας ὡς ἂν ἐπεξέλθοι τις αὐτοῖς ἐς μάχην, ἀναβῆναί τε πρὸς τὸ χωρίον καὶ νῦν ἀτάκτως κατὰ θέαν τετραμμένους ὀλιγωρεῖν. (4) Ὅστις δὲ τὰς τοιαύτας ἁμαρτίας τῶν ἐναντίων κάλλιστα ἰδὼν καὶ ἅμα πρὸς τὴν ἑαυτοῦ δύναμιν τὴν ἐπιχείρησιν ποιεῖται μὴ ἀπὸ τοῦ προφανοῦς μᾶλλον καὶ ἀντιπαραταχθέντος ἢ ἐκ τοῦ πρὸς τὸ παρ' ὂν ξυμφέροντος, πλεῖστ' ἂν ὀρθοῖτο· (5) καὶ τὰ κλέμματα ταῦτα καλλίστην δόξαν ἔχει ἃ τὸν πολέμιον μάλιστ' ἄν τις ἀπατήσας τοὺς φίλους μέγιστ' ἂν ὠφελήσειεν. (6) Ἕως οὖν ἔτι ἀπαράσκευοι θαρσοῦσι καὶ τοῦ ὑπαπιέναι πλέον ἢ τοῦ μένοντος, ἐξ ὧν ἐμοὶ φαίνονται, τὴν διάνοιαν ἔχουσιν, ἐν τῷ ἀνειμένῳ αὐτῶν τῆς γνώμης καὶ πρὶν ξυνταχθῆναι μᾶλλον τὴν δόξαν, ἐγὼ μὲν ἔχων τοὺς μετ' ἐμαυτοῦ καὶ φθάσας, ἢν δύνωμαι, προσπεσοῦμαι δρόμῳ κατὰ μέσον τὸ στράτευμα· (7) σὺ δὲ Κλεαρίδα ὕστερον, ὅταν ἐμὲ ὁρᾷς ἤδη προσκείμενον καὶ κατὰ τὸ εἰκὸς φοβοῦντα αὐτούς, τοὺς μετὰ σεαυτοῦ τούς τ' Ἀμφιπολίτας καὶ τοὺς ἄλλους ξυμμάχους ἄγων, αἰφνιδίως τὰς πύλας ἀνοίξας ἐπεκθεῖν, καὶ ἐπείγεσθαι ὡς τάχιστα ξυμμίξαι. (8) Ἐλπὶς γὰρ μάλιστα αὐτοὺς οὕτω φοβηθῆναι· τὸ γὰρ ἐπιὸν ὕστερον δεινότερον τοῖς πολεμίοις τοῦ παρόντος καὶ μαχομένου. (9) Καὶ αὐτός τε ἀνὴρ ἀγαθὸς γίγνου, ὥσπερ σε εἰκὸς ὄντα Σπαρτιάτην, καὶ ὑμεῖς ὦ ἄνδρες ξύμμαχοι ἀκολουθήσατε ἀνδρείως, καὶ νομίσατε εἶναι τοῦ καλῶς πολεμεῖν τὸ ἐθέλειν καὶ αἰσχύνεσθαι καὶ τοῖς ἄρχουσι πείθεσθαι, καὶ τῇδε ὑμῖν τῇ ἡμέρᾳ ἢ ἀγαθοῖς γενομένοις ἐλευθερίαν τε ὑπάρχειν καὶ Λακεδαιμονίων ξυμμάχοις κεκλῆσθαι, ἢ Ἀθηναίων τε δούλοις, ἢν τὰ ἄριστα ἄνευ ἀνδραποδισμοῦ ἢ θανατώσεως πράξητε, καὶ δουλείαν χαλεπωτέραν ἢ πρὶν εἴχετε, τοῖς δὲ λοιποῖς Ἕλλησι κωλυταῖς γενέσθαι ἐλευθερώσεως. (10) Ἀλλὰ μήτε ὑμεῖς μαλακισθῆτε, ὁρῶντες περὶ ὅσων ὁ ἀγών ἐστιν, ἐγώ τε δείξω οὐ παραινέσαι οἷός τε ὢν μᾶλλον τοῖς πέλας ἢ καὶ αὐτὸς ἔργῳ ἐπεξελθεῖν. »

X. Ὁ μὲν Βρασίδας τοσαῦτα εἰπὼν τήν τε ἔξοδον παρεσκευάζετο αὐτὸς καὶ τοὺς ἄλλους μετὰ τοῦ Κλεαρίδα καθίστη ἐπὶ τὰς Θρᾳκίας καλουμένας τῶν πυλῶν, ὅπως ὥσπερ εἴρητο ἐπεξίοιεν. (2) Τῷ δὲ Κλέωνι, φανεροῦ γενομένου αὐτοῦ ἀπὸ τοῦ Κερδυλίου καταβάντος καὶ ἐν τῇ πόλει ἐπιφανεῖ οὔσῃ ἔξωθεν περὶ τὸ ἱερὸν τῆς

set, repente Athenienses, priusquam abirent, adoriri cogitabat, existimans illos non pariter nudatos a se iterum interceptum iri, si auxilia ad ipsos venissent. (5) Convocatis autem militibus universis, quod eorum animos confirmare suumque consilium iis aperire vellet, hæc verba fecit.

IX. « Viri Peloponnesii, e quali terra profecti simus, et eam propter animi generositatem perpetuo liberam esse et vos Dorienses cum Ionibus prœlium commissuros esse, quibus superiores esse consuevistis, paucis a me declaratum sufficiat; (2) qua autem ratione hostes aggredi statuerim, docebo, ne, quod cum paucis, non autem cum universis belli fortunam periclitamur, minus tutum vobis videatur, et timorem incutiat. (3) Conjicio enim hostes contemptione nostri, et quod non speraverint quemquam ad prœlium contra se proditurum, locum illum conscendisse, et nunc nullis ordinibus servatis ad locorum contemplationem conversos securos esse. (4) Quisquis autem hæc hostium peccata optime animadvertit, et simul pro viribus eos aggreditur, non tam aperte et acie palam contra ipsos instructa, quam pro eo, quod pro præsenti rerum statu utilitas flagitat, is ut plurimum ex animi sententia rem gerat; (5) hæc autem belli furta pulcherrimam gloriam habent, quibus quis hostem maxime fallens, amicis plurimum prosit. (6) Dum igitur adhuc imparati confidunt, et se subducere potius, quantum ego conjicere possum ex iis, quæ video, quam remanere cogitant, dum sunt remissis animis, et priusquam consilium magis componant, ego quidem cum iis, quos mecum habeo, antevertens, si possim, in medium eorum agmen cursu citato irruam; (7) tu vero Clearida mox, ubi me jam iis inhærere conspexeris, atque, ut credibile est, eos terrentem, cum tuis et Amphipolitanis ceterisque sociis repente portis apertis eruptionem facias, operamque des, ut quam celerrime prœlio intersis. (8) Spes enim est, eos sic maxime territum iri; qui enim pugnæ postea superveniunt, sunt hostibus formidabiliores, quam qui jam adsunt, et pugnant. (9) Et quum ipse te virum fortem præbeas, ut te facere par est, virum Spartanum, tum etiam vos viri socii fortiter sequamini, et existimetis boni militis esse, animo prompto esse et pudoris pleno, et ducibus obtemperare, atque hodierno die fore, ut aut, si rem fortiter gesseritis, libertas vobis contingat, et ut socii Lacedæmoniorum appellemini, aut et Atheniensium servi, siquidem optima conditione vobiscum actum fuerit, ita ut in servitutem non abstrahamini, aut capitali supplicio afficiamini, et servitutem duriorem experiamini, quam ante habebatis, ceterisque Græcis impedimento sitis, quo minus in libertatem asserantur. (10) Quamobrem et vos rem ne ignaviter geratis, animadvertentes quantis de rebus certamen sit, et ego ostendam, me eum esse, qui non magis alios officii sui moneam, quam ipse factis præstem eadem, ad quæ verbis illos adhortor. »

X. Brasidas quidem quum hæc dixisset, et eruptionem parabat ipse, et reliquos cum Clearida ad portas, quæ Thraciæ vocantur, collocabat, ut, quemadmodum constitutum erat, post se erumperent. (2) Cleoni autem, quum ipse Brasidas conspectus esset, dum de Cerdylio descendit, et in urbe, quæ extrinsecus manifeste conspici poterat,

Ἀθηνᾶς θυομένου καὶ ταῦτα πράσσοντος, ἀγγέλλεται (προυκεχωρήκει γὰρ τότε κατὰ τὴν θέαν) ὅτι ἥ τε στρατιὰ ἅπασα φανερὰ τῶν πολεμίων ἐν τῇ πόλει, καὶ ὑπὸ τὰς πύλας ἵππων τε πόδες πολλοὶ καὶ ἀνθρώπων ὡς ἐξιόντων ὑποφαίνονται. (3) Ὁ δὲ ἀκούσας ἐπῆλθεν· καὶ ὡς εἶδεν, οὐ βουλόμενος μάχῃ διαγωνίσασθαι πρὶν οἱ καὶ τοὺς βοηθοὺς ἥκειν, καὶ οἰόμενος φθήσεσθαι ἀπελθών, σημαίνειν τε ἅμα ἐκέλευεν ἀναχώρησιν καὶ παρήγγειλε τοῖς ἀπιοῦσιν ἐπὶ τὸ εὐώνυμον κέρας, ὥσπερ μόνον οἷόν τ' ἦν, ὑπάγειν ἐπὶ τῆς Ἠιόνος. (4) Ὡς δ' αὐτῷ ἐδόκει σχολὴ γίγνεσθαι, αὐτὸς ἐπιστρέψας τὸ δεξιὸν καὶ τὰ γυμνὰ πρὸς τοὺς πολεμίους δοὺς ἀπῆγε τὴν στρατιάν. 5) Κἂν τούτῳ Βρασίδας ὡς ὁρᾷ τὸν καιρὸν καὶ τὸ στράτευμα τῶν Ἀθηναίων κινούμενον, λέγει τοῖς μεθ' ἑαυτοῦ καὶ τοῖς ἄλλοις ὅτι «οἱ ἄνδρες ἡμᾶς οὐ μένουσιν. Δῆλοι δὲ τῶν τε δοράτων τῇ κινήσει καὶ τῶν κεφαλῶν· οἷς γὰρ ἂν τοῦτο γίγνηται, οὐκ εἰώθασι μένειν τοὺς ἐπιόντας. Ἀλλὰ τάς τε πύλας τις ἀνοιγέτω ἐμοὶ ἃς εἴρηται, καὶ ἐπεξίωμεν ὡς τάχιστα θαρσοῦντες.» (6) Καὶ ὁ μὲν κατὰ τὰς ἐπὶ τὸ σταύρωμα πύλας καὶ τὰς πρώτας τοῦ μακροῦ τείχους τότε ὄντος ἐξελθὼν ἔθει δρόμῳ τὴν ὁδὸν ταύτην εὐθεῖαν, ᾗπερ νῦν κατὰ τὸ καρτερώτατον τοῦ χωρίου ἰόντι τροπαῖον ἕστηκεν, καὶ προσβαλὼν τοῖς Ἀθηναίοις πεφοβημένοις τε ἅμα τῇ σφετέρᾳ ἀταξίᾳ καὶ τὴν τόλμαν αὐτοῦ ἐκπεπληγμένοις κατὰ μέσον τὸ στράτευμα τρέπει. (7) Καὶ ὁ Κλεαρίδας, ὥσπερ εἴρητο, ἅμα κατὰ τὰς Θρᾳκίας πύλας ἐπεξελθὼν τῷ στρατῷ ἐπεφέρετο. Ξυνέβη τε τῷ ἀδοκήτῳ καὶ ἐξαίφνης ἀμφοτέρωθεν τοὺς Ἀθηναίους θορυβηθῆναι, (8) καὶ τὸ μὲν εὐώνυμον κέρας αὐτῶν, τὸ πρὸς τὴν Ἠιόνα, ὅπερ δὴ καὶ προκεχωρήκει, εὐθὺς ἀπορραγὲν ἔφυγεν· καὶ ὁ Βρασίδας ὑποχωροῦντος ἤδη αὐτοῦ ἐπιπαριὼν τῷ δεξιῷ τιτρώσκεται, καὶ πεσόντα αὐτὸν οἱ μὲν Ἀθηναῖοι οὐκ αἰσθάνονται, οἱ δὲ πλησίον ἄραντες ἀπήνεγκαν. (9) Τὸ δὲ δεξιὸν τῶν Ἀθηναίων ἔμενέ τε μᾶλλον, καὶ ὁ μὲν Κλέων, ὡς τὸ πρῶτον οὐ διενοεῖτο μένειν, εὐθὺς φεύγων καὶ καταληφθεὶς ὑπὸ Μυρκινίου πελταστοῦ ἀποθνήσκει, οἱ δὲ αὐτοῦ συστραφέντες ὁπλῖται ἐπὶ τὸν λόφον τόν τε Κλεαρίδαν ἠμύνοντο καὶ δὶς ἢ τρὶς προσβαλόντα, καὶ οὐ πρότερον ἐνέδοσαν πρὶν ἥ τε Μυρκινία καὶ ἡ Χαλκιδικὴ ἵππος καὶ οἱ πελτασταὶ περιστάντες καὶ ἐσακοντίζοντες αὐτοὺς ἔτρεψαν. (10) Οὕτω δὲ τὸ στράτευμα πᾶν ἤδη τῶν Ἀθηναίων φυγὸν χαλεπῶς καὶ πολλὰς ὁδοὺς τραπόμενοι κατὰ ὄρη, ὅσοι μὴ διεφθάρησαν ἢ αὐτίκα ἐν χερσὶν ἢ ὑπὸ τῆς Χαλκιδικῆς ἵππου καὶ τῶν πελταστῶν, οἱ λοιποὶ ἀπεκομίσθησαν ἐς τὴν Ἠιόνα. (11) Οἱ δὲ τὸν Βρασίδαν ἄραντες ἐκ τῆς μάχης καὶ διασώσαντες ἐς τὴν πόλιν ἔτι ἔμπνουν ἐσεκόμισαν· καὶ ᾔσθετο μὲν ὅτι νικῶσιν οἱ μεθ' ἑαυτοῦ, οὐ πολὺ δὲ διαλιπὼν ἐτελεύτησεν. (12) Καὶ ἡ ἄλλη στρατιὰ ἀναχωρήσασα μετὰ τοῦ Κλεαρίδου ἐκ τῆς διώξεως νεκρούς τε ἐσκύλευσε καὶ τροπαῖον ἔστησεν.

XI. Μετὰ δὲ ταῦτα τὸν Βρασίδαν οἱ ξύμμαχοι πάντες ξὺν ὅπλοις ἐπισπόμενοι δημοσίᾳ ἔθαψαν ἐν τῇ πό-

ad Palladis templum sacra facit et hæc agit, nuntiatur (tunc enim ad loci contemplationem processerat) et omnem hostium exercitum in urbe manifeste conspici posse, et sub portis multa equorum hominumque tanquam exeuntium vestigia apparere. (3) Ille vero quum hæc audisset, accessit, atque ubi rem vidit, quia prœlio decernere nolebat ante auxiliorum adventum, putans se discedere posse antevertentem hostium impetum, uno eodemque tempore et signum receptui dari jubebat, et abeuntibus præcepit, ut sinistro cornu præeunte, qua sola ratione fieri poterat, Eionem versus se subducerent. (4) Sed quum hoc ei lentius fieri videretur, ipse dextro cornu converso, et nudo latere hostibus objecto exercitum abducebat. (5) Et in hoc tempore Brasidas, quum opportunitatem adesse et Atheniensium exercitum moveri animadverteret, militibus, quos secum ducebat, ceterisque dixit. « Isti nos non exspectant; hoc ex lancearum capitumque motu perspicuum est; qui enim hoc faciunt, ii invadentes exspectare non consueverunt. Quare nunc aliquis mihi portas aperiat, quas dictum est, et quam celerrime eruptionem confidenter faciamus.» (6) Atque ipse quidem per illas portas, quæ ad vallum ducebant, perque primas longi muri, qui tunc exstabat, egressus, cursu contendit recta per illam viam, ubi nunc per firmissimam illius loci munitionem eunti tropæum erectum visitur; et aggresssus Athenienses simul et sua confusione territos, et ipsius audaciam extimescentes, per medium agmen in fugam vertit. (7) Et Clearidas, ut constitutum erat, eodem tempore per Thracias portas eruptione facta cum exercitu in hostem ferebatur. Accidit autem, ut hac inopinata et repentina eruptione Athenienses utrinque perturbati trepidarent; (8) ac sinistrum quidem eorum cornu, quod erat Eionem versus, quod quidem jam processerat, statim divulsum fugere cœpit; et Brasidas, hoc jam fugiente, secundum dextrum procedens, vulneratus est, atque Athenienses quidem eum cadentem non animadverterunt, sed qui proximi stabant, sublatum absportarunt. (9) At dextrum Atheniensium cornu magis manebat, et Cleo quidem, ita ut principio non manere constituerat, statim fugit, et a Myrcinio peltato exceptus, ab eo interfectus est; ejus vero gravis armaturæ milites, facto globo in collem conversi Clearidam bis terve irruentem propulsabant, nec prius cesserunt, quam Myrciniorum et Chalcidensium equitatus et peltati circumsistentes atque jaculis petentes in fugam eos verterunt. (10) Quum autem sic universus Atheniensium exercitus jam ægre diffugisset, et ipsorum multi per montes ad varias vias se convertissent, quotquot non perierunt aut statim in ipso congressu aut a Chalcidensium equitatu ac peltatis, reliqui Eionem se receperunt. (11) Qui vero Brasidam ex prœlio exportarant et servarant, adhuc spirantem in urbem importarunt, et cognovit ille quidem suos vicisse, sed non multo spatio interjecto animam efflavit. (12) Reliquus autem exercitus, qui cum Clearida erat, quum a persequendis hostibus rediisset, cadavera spoliavit, et tropæum erexit.

XI. Postea vero universi socii Brasidam cum armis prosecuti publice sepelierunt in urbe ante forum, quod nunc

λει πρὸ τῆς νῦν ἀγορᾶς οὔσης· καὶ τὸ λοιπὸν οἱ Ἀμφιπολῖται, περιέρξαντες αὐτοῦ τὸ μνημεῖον, ὡς ἥρωΐ τε ἐντέμνουσι καὶ τιμὰς δεδώκασιν ἀγῶνας καὶ ἐτησίους θυσίας, καὶ τὴν ἀποικίαν ὡς οἰκιστῇ προσέθεσαν, καταβαλόντες τὰ Ἁγνώνεια οἰκοδομήματα καὶ ἀφανίσαντες εἴ τι μνημόσυνόν που ἔμελλεν αὐτοῦ τῆς οἰκίσεως περιέσεσθαι, νομίσαντες τὸν μὲν Βρασίδαν σωτῆρά τε σφῶν γεγενῆσθαι καὶ ἐν τῷ παρόντι ἅμα τὴν τῶν Λακεδαιμονίων ξυμμαχίαν φόβῳ τῶν Ἀθηναίων θεραπεύοντες, τὸν δὲ Ἅγνωνα κατὰ τὸ πολέμιον τῶν Ἀθηναίων οὐκ ἂν ὁμοίως σφίσι ξυμφόρως οὐδ᾽ ἂν ἡδέως τὰς τιμὰς ἔχειν. (2) Καὶ τοὺς νεκροὺς τοῖς Ἀθηναίοις ἀπέδοσαν. Ἀπέθανον δὲ Ἀθηναίων μὲν περὶ ἑξακοσίους, τῶν δ᾽ ἐναντίων ἑπτά, διὰ τὸ μὴ ἐκ παρατάξεως ἀπὸ δὲ τοιαύτης ξυντυχίας καὶ προεκφοβήσεως τὴν μάχην μᾶλλον γενέσθαι. (3) Μετὰ δὲ τὴν ἀναίρεσιν οἱ μὲν ἐπ᾽ οἴκου ἀπέπλευσαν, οἱ δὲ μετὰ τοῦ Κλεαρίδου τὰ περὶ τὴν Ἀμφίπολιν καθίσταντο.

XII. Καὶ ὑπὸ τοὺς αὐτοὺς χρόνους τοῦ θέρους τελευτῶντος Ῥαμφίας καὶ Αὐτοχαρίδας καὶ Ἐπικυδίδας Λακεδαιμόνιοι ἐς τὰ ἐπὶ Θρᾴκης χωρία βοήθειαν ἦγον ἐνακοσίων ὁπλιτῶν, καὶ ἀφικόμενοι ἐς Ἡράκλειαν τὴν ἐν Τραχῖνι καθίσταντο δ᾽ τι αὐτοῖς ἐδόκει μὴ καλῶς ἔχειν. (2) Ἐνδιατριβόντων δὲ αὐτῶν ἔτυχεν ἡ μάχη αὕτη γενομένη, καὶ τὸ θέρος ἐτελεύτα.

XIII. Τοῦ δ᾽ ἐπιγιγνομένου χειμῶνος εὐθὺς μέχρι μὲν Πιερίου τῆς Θεσσαλίας διῆλθον οἱ περὶ τὸν Ῥαμφίαν, κωλυόντων δὲ τῶν Θεσσαλῶν, καὶ ἅμα Βρασίδου τεθνεῶτος ᾧπερ ἦγον τὴν στρατιάν, ἀπετράποντο ἐπ᾽ οἴκου, νομίσαντες οὐδένα καιρὸν εἶναι ἔτι τῶν τε Ἀθηναίων ἥσσῃ ἀπεληλυθότων καὶ οὐκ ἀξιόχρεων αὐτῶν ὄντων δρᾶν τι ὧν κἀκεῖνος ἐπενόει. (2) Μάλιστα δὲ ἀπῆλθον εἰδότες τοὺς Λακεδαιμονίους, ὅτε ἐξῆεσαν, πρὸς τὴν εἰρήνην μᾶλλον τὴν γνώμην ἔχοντας.

XIV. Ξυνέβη τε εὐθὺς μετὰ τὴν ἐν Ἀμφιπόλει μάχην καὶ τὴν Ῥαμφίου ἀναχώρησιν ἐκ Θεσσαλίας ὥστε πολέμου μὲν μηδὲν ἔτι ἅψασθαι μηδετέρους, πρὸς δὲ τὴν εἰρήνην μᾶλλον τὴν γνώμην εἶχον, οἱ μὲν Ἀθηναῖοι πληγέντες ἐπὶ τῷ Δηλίῳ καὶ δι᾽ ὀλίγου αὖθις ἐν Ἀμφιπόλει, καὶ οὐκ ἔχοντες τὴν ἐλπίδα τῆς ῥώμης πιστὴν ἔτι, ᾗπερ οὐ προσεδέχοντο πρότερον τὰς σπονδάς, δοκοῦντες τῇ παρούσῃ εὐτυχίᾳ καθυπέρτεροι γενήσεσθαι· (2) καὶ τοὺς ξυμμάχους ἅμα ἐδεδίεσαν σφῶν μὴ διὰ τὰ σφάλματα ἐπαιρόμενοι ἐπὶ πλέον ἀποστῶσιν, μετεμέλοντό τε ὅτι μετὰ τὰ ἐν Πύλῳ καλῶς παρασχὸν οὐ ξυνέβησαν· (3) οἱ δ᾽ αὖ Λακεδαιμόνιοι παρὰ γνώμην μὲν ἀποβαίνοντος σφίσι τοῦ πολέμου, ἐν ᾧ ᾤοντο ὀλίγων ἐτῶν καθαιρήσειν τὴν τῶν Ἀθηναίων δύναμιν, εἰ τὴν γῆν τέμνοιεν, περιπεσόντες δὲ τῇ ἐν τῇ νήσῳ ξυμφορᾷ, οἵα οὔπω ἐγεγένητο τῇ Σπάρτῃ, καὶ λῃστευομένης τῆς χώρας ἐκ τῆς Πύλου καὶ Κυθήρων, αὐτομολούντων τε τῶν Εἱλώτων, καὶ ἀεὶ προσδοκίας οὔσης μή τι καὶ οἱ ὑπομένοντες τοῖς ἔξω πίσυνοι πρὸς τὰ παρόντα σφίσιν ὥσπερ καὶ πρότερον νεωτερίσωσιν. (4) Ξυνέ-

est; et ex eo tempore Amphipolitani, quum ipsius monumentum septo circumdedissent, ut heroi parentant, et honores tribuerunt certamina et sacrificia anniversaria, et coloniam etiam ipsi, ut ejus conditori, attribuerunt, dejectis Hagnonis ædificiis, omnique monumento deleto, si quid forte superaret, quod coloniæ ab eo deductæ memoriam conservare posset, existimantes, Brasidam quidem suum servatorem exstitisse, simul etiam in præsentia, propter Atheniensium metum, Lacedæmoniorum societatem colentes, Hagnonem vero propter Atheniensium hostium inimicitias non æque ex usu suo his honoribus a se affectum neque etiam iis delectatum iri. (2) Mortuos tamen Atheniensibus reddiderunt. Obierunt autem ex Atheniensibus quidem ad sexcentos, ex adversariis vero septem, quia non acie instructa justum prœlium commissum erat, sed potius ejusmodi casu, metuque prius incusso. (3) Quum autem Athenienses suorum cadavera sustulissent, ipsi quidem domum classe vecti redierunt, illi vero cum Clearida res Amphipolitanas constituebant.

XII. Sub eadem æstatis extremæ tempora Rhamphias et Autocharidas et Epicydidas Lacedæmonii nongentorum gravis armaturæ militum supplementum in Thraciam ducebant, et quum Heracleam, quæ est in agro Trachinio, pervenissent, quicquid iis non recte se habere videbatur, constituebant. (2) Sed quum ibi morarentur, hoc prœlium interea commissum est, et æstas finiebatur.

XIII. Insequentis autem hiemis initio statim Ramphias, et qui cum eo erant, ad Pierium usque Thessaliæ montem progressi sunt; sed quum Thessali eos transire prohiberent, simul etiam quum Brasidas obiisset, ad quem has copias ducebant, domum reverterunt, existimantes haudquaquam amplius tempus opportunum esse, tum quod Athenienses prœlio victi discessissent, tum quod idonei ipsi non essent ad peragendum aliquid eorum, quæ Brasidas animo conceperat. (2) Præcipue vero discesserunt, quod scirent, quum domo exibant, Lacedæmonios ad pacem magis animos habuisse propensos.

XIV. Accidit etiam, ut statim post prœlium ad Amphipolin commissum et Rhamphiæ ex Thessalia reversionem neutri ullam belli partem amplius attingerent, sed animos ad pacem potius propensos haberent, Athenienses quidem, quod et apud Delium et paulo post rursus ad Amphipolin cladem accepissent, nec certam virium spem amplius haberent, qua freti fœdera prius admittere noluerant, existimantes, se propter præsentem felicitatem superiores evasuros; (2) et simul socios suos reformidabant, ne propter belli offensiones elati magis a se deficerent, eosque pœnitebat, quod post res ad Pylum gestas idoneam occasionem nacti compositionem non fecissent; (3) Lacedæmonios vero vicissim, quod bellum ipsis præter opinionem evenerat, in quo intra paucos annos Atheniensium potentiam se eversuros putarant, si eorum agrum vastarent, et quod contra in illam calamitatem incidissent, quam in insula acceperant, qualis nunquam ante Spartæ contigerat, quum simul et ager latrociniis infestaretur ab illis, qui e Pylo et Cytheris prodibant, et Helotes ad hostes transfugerent, et suspicio semper esset, ne et illi, qui domi remanebant, confisi iis, qui extra erant, pro præsenti rerum suarum statu, sicut et

αινε δὲ καὶ πρὸς τοὺς Ἀργείους αὐτοῖς τὰς τριακοντατεις σπονδὰς ἐπ' ἐξόδῳ εἶναι, καὶ ἄλλας οὐκ ἤθελον πένδεσθαι οἱ Ἀργεῖοι εἰ μή τις αὐτοῖς τὴν Κυνοσουρίαν γῆν ἀποδώσει, ὥστ' ἀδύνατα εἶναι ἐφαίνετο Ἀργείοις αἱ Ἀθηναίοις ἅμα πολεμεῖν. Τῶν τε ἐν Πελοποννήσῳ πόλεων ὑπώπτευόν τινας ἀποστήσεσθαι πρὸς τοὺς Ἀργείους· ὅπερ καὶ ἐγένετο.

XV. Ταῦτ' οὖν ἀμφοτέροις αὐτοῖς λογιζομένοις δόκει ποιητέα εἶναι ἡ ξύμβασις, καὶ οὐχ ἧσσον τοῖς Λακεδαιμονίοις, ἐπιθυμίᾳ τῶν ἀνδρῶν τῶν ἐκ τῆς νήσου κομίσασθαι· ἦσαν γὰρ οἱ Σπαρτιᾶται αὐτῶν πρῶτοί τε καὶ ὁμοίως σφίσι ξυγγενεῖς. (2) Ἤρξαντο μὲν οὖν καὶ εὐθὺς μετὰ τὴν ἅλωσιν αὐτῶν πράσσειν, ἀλλ' Ἀθηναῖοι οὔπω ἤθελον, εὖ φερόμενοι, ἐπὶ τῇ ἴσῃ καταλύεσθαι. Σφαλέντων δὲ αὐτῶν ἐπὶ τῷ Δηλίῳ παραχρῆμα οἱ Λακεδαιμόνιοι, γνόντες νῦν μᾶλλον ἂν ἐνδεξομένους, ποιοῦνται τὴν ἐνιαύσιον ἐκεχειρίαν, ἐν ᾗ δει ξυνιόντας καὶ περὶ τοῦ πλείονος χρόνου βουλεύεσθαι.

XVI. Ἐπειδὴ δὲ καὶ ἡ ἐν Ἀμφιπόλει ἧσσα τοῖς Ἀθηναίοις ἐγεγένητο καὶ ἐτεθνήκει Κλέων τε καὶ Βρασίδας, οἵπερ ἀμφοτέρωθεν μάλιστα ἠναντιοῦντο τῇ εἰρήνῃ, ὁ μὲν διὰ τὸ εὐτυχεῖν τε καὶ τιμᾶσθαι ἐκ τοῦ πολεμεῖν, ὁ δὲ γενομένης ἡσυχίας καταφανέστερος νομίζων εἶναι κακουργῶν καὶ ἀπιστότερος διαβάλλων, τότε δὴ ἑκατέρᾳ τῇ πόλει σπεύδοντες τὰ μάλιστα τὴν ἡγεμονίαν Πλειστοάναξ τε ὁ Παυσανίου βασιλεὺς Λακεδαιμονίων καὶ Νικίας ὁ Νικηράτου, πλεῖστα τῶν τότε εὖ φερόμενος ἐν στρατηγίαις, πολλῷ δὴ μᾶλλον προεθυμοῦντο, Νικίας μὲν βουλόμενος, ἐν ᾧ ἀπαθὴς ἦν καὶ ἠξιοῦτο, διασώσασθαι τὴν εὐτυχίαν, καὶ ἔς τε τὸ αὐτίκα πόνων πεπαῦσθαι καὶ αὐτὸς καὶ τοὺς πολίτας παῦσαι, καὶ τῷ μέλλοντι χρόνῳ καταλιπεῖν ὄνομα ὡς οὐδὲν σφήλας τὴν πόλιν διεγένετο, νομίζων ἐκ τοῦ ἀκινδύνου τοῦτο ξυμβαίνειν καὶ ὅστις ἐλάχιστα τύχῃ αὑτὸν παραδίδωσι, τὸ δὲ ἀκίνδυνον τὴν εἰρήνην παρέχειν, Πλειστοάναξ δὲ ὑπὸ τῶν ἐχθρῶν διαβαλλόμενος περὶ τῆς καθόδου, καὶ ἐς ἐνθυμίαν τοῖς Λακεδαιμονίοις ἀεὶ προβαλλόμενος ὑπ' αὐτῶν, ὁπότε τι πταίσειαν, ὡς διὰ τὴν ἐκείνου κάθοδον παρανομηθεῖσαν ταῦτα ξυμβαίνοι.

2) Τὴν γὰρ πρόμαντιν τὴν ἐν Δελφοῖς ἐπῃτιῶντο αὐτὸν πεῖσαι μετ' Ἀριστοκλέους τοῦ ἀδελφοῦ ὥστε χρῆσαι Λακεδαιμονίοις ἐπὶ πολὺ τάδε θεωροῖς ἀφικνουμένοις, Διὸς υἱοῦ ἡμιθέου τὸ σπέρμα ἐκ τῆς ἀλλοτρίας ἐς τὴν ἑαυτῶν ἀναφέρειν, εἰ δὲ μή, ἀργυρέᾳ εὐλάκᾳ εὐλαξεῖν· (3) χρόνῳ δὲ προτρέψαι τοὺς Λακεδαιμονίους φεύγοντα αὐτὸν ἐς Λύκαιον διὰ τὴν ἐκ τῆς Ἀττικῆς ποτε μετὰ δώρων δοκοῦσαν ἀναχώρησιν, καὶ ἥμισυ τῆς οἰκίας τοῦ ἱεροῦ τότε τοῦ Διὸς οἰκοῦντα φόβῳ τῷ Λακεδαιμονίων, ἔτει ἑνὸς δέοντι εἰκοστῷ τοῖς ὁμοίοις χοροῖς καὶ θυσίαις καταγαγεῖν ὥσπερ ὅτε τὸ πρῶτον Λακεδαίμονα κτίζοντες τοὺς βασιλέας καθίσταντο.

XVII. Ἀχθόμενος οὖν τῇ διαβολῇ ταύτῃ, καὶ νο-

prius, aliquas res novas molirentur. (4) Huc accedebat, quod tricennale fœdus cum Argivis ictum jam exibat, nec aliud Argivi inire volebant, nisi ager Cynosurius sibi restitueretur; itaque putabant, se non posse simul bellum cum Argivis et Atheniensibus gerere. Quinetiam nonnullas Peloponnesi civitates a se ad Argivos defectionem facturas suspicabantur; id quod etiam accidit.

XV. Hæc igitur utrisque reputantibus compositio facienda videbatur, et præcipue Lacedæmoniis, virorum, qui in insula capti erant, recipiendorum desiderio; qui enim ipsorum erant Spartani, ii et viri primarii, et item cum primariis cognatione conjuncti. (2) Quamobrem etiam statim post eos captos agere cœperant, sed Athenienses, quod rem feliciter gererent, bellum nondum æquis conditionibus deponere volebant. Sed quum cladem ad Delium accepissent, confestim Lacedæmonii, quod scirent tunc facilius admissuros, annuas inducias fecerunt, per quarum tempus oportebat colloquia habentes de longiore pacis tempore consultare.

XVI. Postea vero quam et ad Amphipolin Athenienses cladem acceperunt, et Cleo et Brasidas mortem oppetierunt, qui utrinque paci maxime adversabantur, hic quidem, quod rem in bello feliciter gereret et honores ideo consequeretur, ille vero, quod rebus pacatis sua flagitia manifestiora fore, suamque autoritatem in obtrectando imminutum iri putaret, tunc vero in utraque civitate duo, qui ad principatum maxime properabant, Plistoanax Pausaniæ filius, Lacedæmoniorum rex, et Nicias Nicerati filius, qui eorum, qui tunc vivebant, in re militari longe illustrissimus erat, multo magis animis erant propensi, Nicias quidem, quod interea, dum cladium expers et erat et habebatur, felicitatem conservare, et quum in præsentia tam ipse laboribus liber esse quam cives liberare, tum etiam posteritati nomen relinquere vellet, quod omni vita rempublicam in nullum discrimen unquam adduxisset, existimans, hoc ita demum contingere posse, si nullum periculum adiretur, et si quis se ipsum fortunæ minime committeret; hanc vero periculorum immunitatem a pace præberi; Plistoanax vero, quod propter suum ab exilio reditum ab inimicis per obtrectationem accusaretur, et Lacedæmoniorum animis, quotiescunque cladem aliquam accepissent, ab illis quasi religio semper objiceretur, quod propter ipsius reditum contra leges ipsi concessum hæc acciderent. (2) Criminabantur enim ipsum cum fratre Aristocle vatem, quæ Delphis erat, induxisse, ut Lacedæmoniorum sacris legatis hæc diu responderet, ut Jove sati semidei prolem ex alieno solo in suum reducerent; alioqui argenteo vomere araturos; (3) tandem vero eam Lacedæmonios impulisse, ut eum, qui in Lycæum confugerat, propter suum ex Attica reditum, ad quem muneribus adductus videbatur, et qui dimidiatas ædes templi Jovis Lacedæmoniorum metu tunc incolebat, undevicesimo post anno ejusmodi choris atque sacrificiis reducerent, quibus, quum primum Lacedæmonem condiderunt, reges creatos prosequebantur.

XVII. Plistoanax igitur hanc criminationem graviter fe-

μίζων ἐν εἰρήνῃ μὲν οὐδενὸς σφάλματος γιγνομένου καὶ ἅμα τῶν Λακεδαιμονίων τοὺς ἄνδρας κομιζομένων κἂν αὐτὸς τοῖς ἐχθροῖς ἀνεπίληπτος εἶναι, πολέμου δὲ καθεστῶτος ἀεὶ ἀνάγκην εἶναι τοὺς προύχοντας ἀπὸ τῶν ξυμφορῶν διαβάλλεσθαι, προυθυμήθη τὴν ξύμβασιν. (2) Καὶ τόν τε χειμῶνα τοῦτον ἦσαν ἐς λόγους, καὶ πρὸς τὸ ἔαρ ἤδη παρασκευή τε προεπανεσείσθη ἀπὸ τῶν Λακεδαιμονίων περιαγγελλομένη κατὰ πόλεις ὡς ἐπὶ τειχισμόν, ὅπως οἱ Ἀθηναῖοι μᾶλλον ἐσακούοιεν, καὶ ἐπειδὴ ἐκ τῶν συνόδων ἅμα πολλὰς δικαιώσεις προενεγκόντων ἀλλήλοις ξυνεχωρεῖτο ὥστε ἃ ἑκάτεροι πολέμῳ ἔσχον ἀποδόντας τὴν εἰρήνην ποιεῖσθαι, Νίσαιαν δ' ἔχειν Ἀθηναίους (ἀνταπαιτούντων γὰρ Πλάταιαν οἱ Θηβαῖοι ἔφασαν οὐ βίᾳ ἀλλ' ὁμολογίᾳ αὐτῶν προσχωρησάντων καὶ οὐ προδόντων ἔχειν τὸ χωρίον, καὶ οἱ Ἀθηναῖοι τῷ αὐτῷ τρόπῳ τὴν Νίσαιαν), τότε δὴ παρακαλέσαντες τοὺς ἑαυτῶν ξυμμάχους οἱ Λακεδαιμόνιοι, καὶ ψηφισαμένων πλὴν Βοιωτῶν καὶ Κορινθίων καὶ Ἠλείων καὶ Μεγαρέων τῶν ἄλλων ὥστε καταλύεσθαι (τούτοις δὲ οὐκ ἤρεσκε τὰ πρασσόμενα), ποιοῦνται τὴν ξύμβασιν καὶ ἐσπείσαντο πρὸς τοὺς Ἀθηναίους καὶ ὤμοσαν, ἐκεῖνοί τε πρὸς τοὺς Λακεδαιμονίους, τάδε.

XVIII. « Σπονδὰς ἐποιήσαντο Ἀθηναῖοι καὶ Λακεδαιμόνιοι καὶ οἱ ξύμμαχοι κατὰ τάδε, καὶ ὤμοσαν κατὰ πόλεις. (2) Περὶ μὲν τῶν ἱερῶν τῶν κοινῶν, θύειν καὶ ἰέναι καὶ μαντεύεσθαι καὶ θεωρεῖν κατὰ τὰ πάτρια τὸν βουλόμενον καὶ κατὰ γῆν καὶ κατὰ θάλασσαν ἀδεῶς. Τὸ δ' ἱερὸν καὶ τὸν νεὼν τὸν ἐν Δελφοῖς τοῦ Ἀπόλλωνος καὶ Δελφοὺς αὐτονόμους εἶναι καὶ αὐτοτελεῖς καὶ αὐτοδίκους καὶ αὑτῶν καὶ τῆς γῆς τῆς ἑαυτῶν κατὰ τὰ πάτρια. (3) Ἔτη δὲ εἶναι τὰς σπονδὰς πεντήκοντα Ἀθηναίοις καὶ τοῖς ξυμμάχοις τοῖς Ἀθηναίων καὶ Λακεδαιμονίοις καὶ τοῖς ξυμμάχοις τοῖς Λακεδαιμονίων ἀδόλους καὶ ἀβλαβεῖς καὶ κατὰ γῆν καὶ κατὰ θάλασσαν. (4) Ὅπλα δὲ μὴ ἐξέστω ἐπιφέρειν ἐπὶ πημονῇ μήτε Λακεδαιμονίους καὶ τοὺς ξυμμάχους ἐπ' Ἀθηναίους καὶ τοὺς ξυμμάχους μήτε Ἀθηναίους καὶ τοὺς ξυμμάχους ἐπὶ Λακεδαιμονίους καὶ τοὺς ξυμμάχους, μήτε τέχνῃ μήτε μηχανῇ μηδεμιᾷ. Ἢν δέ τι διάφορον ᾖ πρὸς ἀλλήλους, δικαίῳ χρήσθων καὶ ὅρκοις, καθ' ὅ τι ἂν ξυνθῶνται. (5) Ἀποδόντων δὲ Ἀθηναίοις Λακεδαιμόνιοι καὶ οἱ ξύμμαχοι Ἀμφίπολιν. Ὅσας δὲ πόλεις παρέδοσαν Λακεδαιμόνιοι Ἀθηναίοις, ἐξέστω ἀπιέναι ὅποι ἂν βούλωνται αὐτοὺς καὶ τὰ ἑαυτῶν ἔχοντας· τὰς δὲ πόλεις φερούσας τὸν φόρον ἐπ' Ἀριστείδου αὐτονόμους εἶναι. Ὅπλα δὲ μὴ ἐξέστω ἐπιφέρειν Ἀθηναίους μηδὲ τοὺς ξυμμάχους ἐπὶ κακῷ, ἀποδιδόντων τὸν φόρον, ἐπειδὴ αἱ σπονδαὶ ἐγένοντο. Εἰσὶ δὲ αἵδε, Ἄργιλος, Στάγειρος, Ἄκανθος, Σκῶλος, Ὄλυνθος, Σπάρτωλος. Ξυμμάχους δ' εἶναι μηδετέρων, μήτε Λακεδαιμονίων μήτε Ἀθηναίων· ἢν δὲ Ἀθηναῖοι πείθωσι τὰς πόλεις, βουλομένας ταύτας ἐξέστω ξυμμάχους ποιεῖσθαι αὐτοὺς Ἀθηναίοις. (6) Μηκυβερναίους δὲ καὶ Σαναίους καὶ Σιγγαίους οἰκεῖν τὰς πόλεις τὰς ἑαυτῶν, καθάπερ Ὀλύν-

rens, et existimans, in pace quidem nulla calamitate interveniente et simul Lacedæmoniis suos recipientibus se quoque inimicorum criminationibus minus obnoxium fore, sed belli tempore semper necesse esse civitatis principes calamitatum nomine criminationibus obnoxios esse, ad compositionem animo fuit propenso. (2) Atque per illam hiemem in colloquium ibant, et vere jam instante apparatus hostilis a Lacedæmoniis minaciter illis ante intemptatus est, qui nuntiis per civitates circummissis indicebatur ut ad munitiones obsidionis causa exstruendas pertinens, quo facilius Athenienses dicto audientes essent, et postquam in conciliis post multa postulata ultro citroque ab utrisque in medium prolata conveniebat, ut pax fieret ea conditione, ut utrique redderent ea, quæ bello cepissent, Nisæam vero Athenienses retinerent (quum enim Platæam vicissim repeterent, Thebani dixerunt, se hanc urbem tenere neque vi neque proditione, sed deditione ab ipsis facta, et Athenienses quoque eodem modo Nisæam a se teneri dixerunt), tunc igitur Lacedæmonii, sociis suis advocatis, quum ceteri omnes præter Bœotos et Corinthios et Eleos et Megarenses (his enim quæ fiebant haud placebant) bellum finiendum censuissent, compositionem fecerunt et fœdus cum Atheniensibus percusserunt, et jurejurando confirmarunt, et vicissim illi apud Lacedæmonios, hæc.

XVIII. « Fœdera fecerunt Athenienses et Lacedæmonii, et socii in has conditiones, et in singulis civitatibus hæc jurejurando rata habuerunt. (2) Quod attinet ad publica sacra, licere cuilibet tuto terra marique eo proficisci et immolare et oracula consulere et sacros legatos mittere patrio instituto. Fanum vero templumque Apollinis, quod est Delphis, ipsosque Delphos liberos esse, ita ut utantur suis legibus et suis vectigalibus et suis judiciis et inter se et in terra sua patrio instituto. (3) Esse porro fœdera annos quinquaginta Atheniensibus et Atheniensium sociis ac Lacedæmoniis et Lacedæmoniorum sociis sine dolo malo et sine noxa terra marique. (4) Item ne arma inferre liceat ob damnum faciendum neque Lacedæmoniis eorumque sociis adversus Athenienses eorumque socios, neque Atheniensibus eorumque sociis adversus Lacedæmonios eorumque socios, neque arte ulla neque machinatione. Si qua vero controversia inter eos oriatur, jure agant et jurejurando, et conventis, quæ fecerint. (5) Lacedæmonii vero eorumque socii Amphipolin Atheniensibus reddant. Incolis vero civitatum, quascunque Lacedæmonii Atheniensibus tradiderunt, cum suis facultatibus abire liceat, quocunque voluerint; ipsæ vero civitates liberæ sint, ita tamen, ut pendant tributum, quod Aristidis tempore impositum pendebant. Arma vero illis inferre nocendi causa ne liceat Atheniensibus eorumque sociis, si tributum pendant, ex quo fœdus factum est. Sunt autem civitates hæ, Argilus, Stagirus, Acanthus, Scolus, Olynthus, Spartolus. Neutrorum vero sociæ sint, neque Lacedæmoniorum neque Atheniensium; si tamen Athenienses his civitatibus persuadere possint, Atheniensibus societatem cum iis volentibus facere liceat. (6) Mecybernæi vero et Sanæi et Singæi urbes suas incolant, quemadmodum Olynthii et Acanthii. (7) Lace-

θιοι καὶ Ἀκάνθιοι. (7) Ἀποδόντων δὲ Ἀθηναίοις Λακεδαιμόνιοι καὶ οἱ ξύμμαχοι Πάνακτον. Ἀποδόντων δὲ καὶ Ἀθηναῖοι Λακεδαιμονίοις Κορυφάσιον καὶ Κύθηρα καὶ Μεθώνην καὶ Πτελεὸν καὶ Ἀταλάντην, καὶ τοὺς ἄνδρας ὅσοι εἰσὶ Λακεδαιμονίων ἐν τῷ δημοσίῳ τῷ Ἀθηναίων ἢ ἀλλοθί που ὅσης Ἀθηναῖοι ἄρχουσιν ἐν δημοσίῳ· καὶ τοὺς ἐν Σκιώνῃ πολιορκουμένους Πελοποννησίων ἀφεῖναι, καὶ τοὺς ἄλλους ὅσοι Λακεδαιμονίων ξύμμαχοι ἐν Σκιώνῃ εἰσὶ καὶ ὅσους Βρασίδας ἐσέπεμψεν, καὶ εἴ τις τῶν ξυμμάχων τῶν Λακεδαιμονίων ἐν Ἀθήναις ἐστὶν ἐν τῷ δημοσίῳ ἢ ἀλλοθί που ἧς Ἀθηναῖοι ἄρχουσιν ἐν δημοσίῳ. Ἀποδόντων δὲ καὶ οἱ Λακεδαιμόνιοι καὶ οἱ ξύμμαχοι οὕστινας ἔχουσιν Ἀθηναίων καὶ τῶν ξυμμάχων κατὰ ταὐτά. (8) Σκιωναίων δὲ καὶ Τορωναίων καὶ Σερμυλίων καὶ εἴ τινα ἄλλην πόλιν ἔχουσιν Ἀθηναῖοι, Ἀθηναίους βουλεύεσθαι περὶ αὐτῶν καὶ τῶν ἄλλων πόλεων ὅ τι ἂν δοκῇ αὐτοῖς. (9) Ὅρκους δὲ ποιήσασθαι Ἀθηναίους πρὸς Λακεδαιμονίους καὶ τοὺς ξυμμάχους κατὰ πόλεις. Ὀμνύντων δὲ τὸν ἐπιχώριον ὅρκον ἑκάτεροι τὸν μέγιστον ἐξ ἑκάστης πόλεως. Ὁ δ᾽ ὅρκος ἔστω ὅδε· « ἐμμενῶ ταῖς ξυνθήκαις καὶ ταῖς σπονδαῖς ταῖσδε δικαίως καὶ ἀδόλως. » Ἔστω δὲ Λακεδαιμονίοις καὶ τοῖς ξυμμάχοις κατὰ ταὐτὰ ὅρκος πρὸς Ἀθηναίους, (10) τὸν δὲ ὅρκον ἀνανεοῦσθαι κατ᾽ ἐνιαυτὸν ἀμφοτέρους. Στήλας δὲ στῆσαι Ὀλυμπίασι καὶ Πυθοῖ καὶ Ἰσθμῷ καὶ ἐν Ἀθήναις ἐν πόλει καὶ ἐν Λακεδαίμονι ἐν Ἀμυκλαίῳ. (11) Εἰ δέ τι ἀμνημονοῦσιν ὁποτεροιοῦν καὶ ὅτου πέρι, λόγοις δικαίοις χρωμένοις εὔορκον εἶναι ἀμφοτέροις ταύτῃ μεταθεῖναι ὅπῃ ἂν δοκῇ ἀμφοτέροις, Ἀθηναίοις καὶ Λακεδαιμονίοις. »

XIX. Ἄρχει δὲ τῶν σπονδῶν ἔφορος Πλειστόλας Ἀρτεμισίου μηνὸς τετάρτῃ φθίνοντος, ἐν δὲ Ἀθήναις ἄρχων Ἀλκαῖος Ἐλαφηβολιῶνος μηνὸς ἕκτῃ φθίνοντος. (2) Ὤμνυον δὲ οἵδε καὶ ἐσπένδοντο, Λακεδαιμονίων μὲν Πλειστόλας, Δαμάγητος, Χίονις, Μεταγένης, Ἄκανθος, Δάϊθος, Ἰσχαγόρας, Φιλοχαρίδας, Ζευξίδας, Ἄντιππος, Τέλλις, Ἀλκινίδας, Ἐμπεδίας, Μηνᾶς, Λάμφιλος, Ἀθηναίων δὲ οἵδε, Λάμπων, Ἰσθμιόνικος, Νικίας, Λάχης, Εὐθύδημος, Προκλῆς, Πυθόδωρος, Ἅγνων, Μυρτίλος, Θρασυκλῆς, Θεογένης, Ἀριστοκοίτης, Ἰώλκιος, Τιμοκράτης, Λέων, Λάμαχος, Δημοσθένης.

XX. Αὗται αἱ σπονδαὶ ἐγένοντο τελευτῶντος τοῦ χειμῶνος ἅμα ἦρι, ἐκ Διονυσίων εὐθὺς τῶν ἀστικῶν, αὐτόδεκα ἐτῶν διελθόντων καὶ ἡμερῶν ὀλίγων παρενεγκουσῶν ἢ ὡς τὸ πρῶτον ἡ ἐσβολὴ ἡ ἐς τὴν Ἀττικὴν καὶ ἡ ἀρχὴ τοῦ πολέμου τοῦδε ἐγένετο. (2) Σκοπείτω δέ τις κατὰ τοὺς χρόνους, καὶ μὴ τῶν ἑκασταχοῦ ἢ ἀρχόντων ἢ ἀπὸ τιμῆς τινὸς τὴν ἀπαρίθμησιν τῶν ὀνομάτων ἐς τὰ προγεγενημένα σημαινόντων πιστεύσας μᾶλλον. Οὐ γὰρ ἀκριβές ἐστιν, οἷς καὶ ἀρχομένοις καὶ μεσοῦσι, καὶ ὅπως ἔτυχέ τῳ, ἐπεγένετό τι. (3) Κατὰ θέρη δὲ καὶ χειμῶνας ἀριθμῶν, ὥσπερ γέγραπται, εὑρήσει ἐξ ἡμισείας ἑκατέρου τοῦ ἐνιαυτοῦ τὴν δύναμιν ἔχοντος,

dæmonii vero eorumque socii Panactum Atheniensibus reddant. Et vicissim Athenienses reddant Lacedæmoniis Coryphasium et Cythera et Methonen et Pteleum et Atalanten et quoscunque Lacedæmoniorum captivos in carcere, vel Athenis, vel alibi intra suæ ditionis fines habent; item dimittant Peloponnesios, qui Scionæ obsidentur, ceterosque Lacedæmoniorum socios, quotquot sunt Scionæ, et quotquot Brasidas eo misit, et si quis Lacedæmoniorum socius vel Athenis in carcere est vel alibi intra fines imperii, quod Athenienses habent, in carcere. Vicissim etiam Lacedæmonii eorumque socii eodem modo reddant quoscunque Atheniensium sociorumve penes se habent. (8) De Scionæis vero et Toronæis et Sermyliis, et si quam aliam civitatem habent Athenienses, Athenienses de ipsis et de reliquis civitatibus arbitratu suo statuant. (9) Jusjurandum vero præstent Athenienses apud Lacedæmonios eorumque socios per singulas civitates. Utrique autem jusjurandum more patrio receptum, quod in utraque civitate maximum habetur, jurent. Jusjurandum autem in hæc verba juretur: « Stabo his pactis atque his fœderibus juste et sine dolo. » Lacedæmonii autem eorumque socii jusjurandum eodem modo apud Athenienses jurent, (10) hoc autem utrique quotannis renovent. Et cippos erigant Olympiæ et Pythone et in Isthmo et Athenis in arce, et Lacedæmone in Amyclæo. (11) Si quid autem per oblivionem præterierint utricunque de re quacunque, id justis rationibus utentibus per jusjurandum liceat utrisque ita mutare, ut videatur utrisque, Atheniensibus et Lacedæmoniis. »

XIX. Magistratus autem est in fœderibus faciendis Plistolas ephorus Artemisii mensis quarto ante finem die, Athenis vero archon Alcæus, Elaphebolionis mensis sexto ante finem die. (2) Jurabant autem fœdusque percutiebant Lacedæmonii quidem Plistolas, Damagetus, Chionis, Metagenes, Acanthus, Daithus, Ischagoras, Philocharidas, Zeuxidas, Antippus, Tellis, Alcinidas, Empedias, Menas, Lamphilus, ex Atheniensibus vero isti, Lampo, Isthmionicus, Nicias, Laches, Euthydemus, Procles, Pythodorus, Hagno, Myrtilus, Thrasycles, Theogenes, Aristocœtes, Iolcius, Timocrates, Leon, Lamachus, Demosthenes.

XX. Hæc fœdera facta sunt extrema jam hieme sub veris initium, statim ab urbanis Dionysiis, integro decennio exacto, si a paucis aliquot diebus discesseris, a prima irruptione in Atticam facta et ab hujus belli principio. (2) Spectet autem aliquis secundum tempora, et non secundum eorum, qui singulis in civitatibus aut magistratus gerant aut aliquo honore fungantur, enumerationem nominum, quæ rerum ante gestarum notæ sint, magis fidem habens. Illa enim ratio non est accurata, dicere quibus vel ineuntibus vel gerentibus medium magistratum, vel qualibet alia ratione, res quæque gesta sit. (3) Sed si per æstates et hiemes numeret, ut scriptum est, ex his ambabus dimidiatis anni par-

14.

δέκα μὲν θέρη ἴσους δὲ χειμῶνας τῷ πρώτῳ πολέμῳ τῷδε γεγενημένους.

XXI. Λακεδαιμόνιοι δὲ (ἔλαχον γὰρ πρότεροι ἀποδιδόναι ἃ εἶχον) τούς τε ἄνδρας εὐθὺς τοὺς παρὰ σφίσιν αἰχμαλώτους ἀφίεσαν, καὶ πέμψαντες ἐς τὰ ἐπὶ Θρᾴκης πρέσβεις Ἰσχαγόραν καὶ Μηνᾶν καὶ Φιλοχαρίδαν ἐκέλευον τὸν Κλεαρίδαν τὴν Ἀμφίπολιν παραδιδόναι τοῖς Ἀθηναίοις, καὶ τοὺς ἄλλους τὰς σπονδάς, ὡς εἴρητο ἑκάστοις, δέχεσθαι. (2) Οἱ δ' οὐκ ἤθελον, νομίζοντες οὐκ ἐπιτηδείας εἶναι· οὐδὲ ὁ Κλεαρίδας παρέδωκε τὴν πόλιν, χαριζόμενος τοῖς Χαλκιδεῦσιν, λέγων ὡς οὐ δυνατὸς εἴη βίᾳ ἐκείνων παραδιδόναι. (3) Ἐλθὼν δὲ αὐτὸς κατὰ τάχος μετὰ πρέσβεων αὐτόθεν ἀπολογησόμενός τε ἐς τὴν Λακεδαίμονα, ἢν κατηγορῶσιν οἱ περὶ τὸν Ἰσχαγόραν ὅτι οὐκ ἐπείθετο, καὶ ἅμα βουλόμενος εἰδέναι εἰ ἔτι μετακινητὴ εἴη ἡ ὁμολογία, ἐπειδὴ εὗρε κατειλημμένας, αὐτὸς μὲν πάλιν πεμπόντων τῶν Λακεδαιμονίων καὶ κελευόντων μάλιστα μὲν καὶ τὸ χωρίον παραδοῦναι, εἰ δὲ μή, ὁπόσοι Πελοποννησίων ἔνεισιν ἐξαγαγεῖν, κατὰ τάχος ἐπορεύετο.

XXII. Οἱ δὲ ξύμμαχοι ἐν τῇ Λακεδαίμονι αὐτοὶ ἔτυχον ὄντες, καὶ αὐτῶν τοὺς μὴ δεξαμένους τὰς σπονδὰς ἐκέλευον οἱ Λακεδαιμόνιοι ποιεῖσθαι. Οἱ δέ, τῇ αὐτῇ προφάσει ᾗπερ καὶ τὸ πρῶτον ἀπεώσαντο, οὐκ ἔφασαν δέξασθαι, ἢν μή τινας δικαιοτέρας τούτων ποιῶνται. (2) Ὡς δ' αὐτῶν οὐκ ἐσήκουον, ἐκείνους μὲν ἀπέπεμψαν, αὐτοὶ δὲ πρὸς τοὺς Ἀθηναίους ξυμμαχίαν ἐποιοῦντο, νομίζοντες ἥκιστα ἂν σφίσι τούς τε Ἀργείους, ἐπειδὴ οὐκ ἤθελον Ἀμπελίδου καὶ Λίχου ἐλθόντων ἐπισπένδεσθαι, νομίσαντες αὐτοὺς ἄνευ Ἀθηναίων οὐ δεινοὺς εἶναι, καὶ τὴν ἄλλην Πελοπόννησον μάλιστ' ἂν ἡσυχάζειν· πρὸς γὰρ ἂν τοὺς Ἀθηναίους, εἰ ἐξῆν, χωρεῖν. (3) Παρόντων οὖν πρέσβεων ἀπὸ τῶν Ἀθηναίων καὶ γενομένων λόγων ξυνέβησαν, καὶ ἐγένοντο ὅρκοι καὶ ξυμμαχία ἥδε κατὰ τάδε.

XXIII. « Ξύμμαχοι ἔσονται Λακεδαιμόνιοι πεντήκοντα ἔτη. Ἢν δέ τινες ἴωσιν ἐς τὴν γῆν πολέμιοι τὴν Λακεδαιμονίων καὶ κακῶς ποιῶσι Λακεδαιμονίους, ὠφελεῖν Ἀθηναίους Λακεδαιμονίους τρόπῳ ὁποίῳ ἂν δύνωνται ἰσχυροτάτῳ κατὰ τὸ δυνατόν· ἢν δὲ δῃώσαντες οἴχωνται, πολεμίαν εἶναι ταύτην τὴν πόλιν Λακεδαιμονίοις καὶ Ἀθηναίοις καὶ κακῶς πάσχειν ὑπὸ ἀμφοτέρων, καταλύειν δὲ ἅμα ἄμφω τὼ πόλεε. Ταῦτα δ' εἶναι δικαίως καὶ προθύμως καὶ ἀδόλως. (2) Καὶ ἢν τινες ἐς τὴν Ἀθηναίων γῆν ἴωσι πολέμιοι καὶ κακῶς ποιῶσιν Ἀθηναίους, ὠφελεῖν Λακεδαιμονίους τρόπῳ ὅτῳ ἂν δύνωνται ἰσχυροτάτῳ κατὰ τὸ δυνατόν· ἢν δὲ δῃώσαντες οἴχωνται, πολεμίαν εἶναι ταύτην τὴν πόλιν Λακεδαιμονίοις καὶ Ἀθηναίοις καὶ κακῶς πάσχειν ὑπ' ἀμφοτέρων, καταλύειν δὲ ἅμα ἄμφω τὼ πόλεε. Ταῦτα δ' εἶναι δικαίως καὶ προθύμως καὶ ἀδόλως. (3) Ἢν δὲ ἡ δουλεία ἐπανιστῆται, ἐπικουρεῖν Ἀθηναίους Λακεδαιμονίοις παντὶ σθένει κατὰ τὸ δυνατόν. (4) Ὀμοῦνται

tibus, quæ annum conficiunt, hoc primum bellum decem æstates ac totidem hiemes habuisse comperiet.

XXI. Lacedæmonii vero (ipsis enim sorte obtigit, ut priores redderent ea, quæ habebant) et captivos omnes confestim, quos penes se habebant, dimittebant, et legatis in Thraciam missis Ischagora et Mena et Philocharida, jubebant Clearidam Amphipolin tradere Atheniensibus, et ceteros fœdera, ut quibusque ex convento præceptum erat, admittere. (2) Illi vero hæc admittere nolebant, quod nequaquam commoda esse ducerent, neque Clearidas urbem tradidit, Chalcidensibus gratificans, dicens, se non posse illis invitis tradere. (3) Verum ipse celeriter cum legatis illinc assumptis Lacedæmonem profectus, et ut se purgaret, si ab Ischagora ejusque collegis accusaretur, quod non paruisset, et simul eo consilio, ut videret, si forte pacis conditiones adhuc immutari possent, postquam eas confirmatas repperit, ipse quidem quum Lacedæmonii eum remitterent et juberent, potissimum quidem urbem tradere, sin minus, omnes Peloponnesios, quotquot illic essent, educere, celeriter eo proficiscebatur.

XXII. Socii vero forte ipsi erant Lacedæmone, et Lacedæmonii eos, qui fœdera non admiserant, id facere jubebant. Illi vero per eandem causam, per quam ea etiam primum rejecerant, negarunt, se accepturos, nisi aliqua his æquiora facerent. (2) Sed quum eos audire nollent, illos quidem remiserunt, ipsi vero societatem cum Atheniensibus faciebant, existimantes, Argivos, quando per Ampelidam et Licham illuc missos fœdus renovare noluerant, eos igitur rati sine Atheniensibus minime formidabiles sibi fore, ceteramque Peloponnesum maxime quieturam; alioqui enim hos ad Athenienses accessuros, si liceret. (3) Præsentibus igitur Atheniensium legatis habitisque colloquiis compositionem fecerunt, et adhibito jurejurando societatem hanc his conditionibus inierunt.

XXIII. « Socii erunt Lacedæmonii annos quinquaginta. Si qui vero hostes in Lacedæmoniorum agrum invadant et Lacedæmonios maleficiis afficiant, Athenienses ratione quam poterunt acerrima Lacedæmoniis opem pro facultate ferant; si vero agrum populati discesserint, hæc civitas a Lacedæmoniis et Atheniensibus pro hoste habeatur, et ab utrisque malo afficiatur, et de deponendo bello statuant simul ambæ civitates. Hæc autem juste et alacriter et sine dolo fiant. (2) Et vicissim si qui hostes in Atheniensium agrum invadant, et Athenienses maleficiis afficiant, Lacedæmonii ratione quam poterunt acerrima Atheniensibus opem pro facultate ferant; si vero agrum populati discesserint, hæc civitas a Lacedæmoniis et Atheniensibus pro hoste habeatur, et ab utrisque malo afficiatur, et de deponendo bello statuant simul ambæ civitates. Hæc autem juste et alacriter et sine dolo fiant. (3) Quod si servitia insurgant, Athenienses Lacedæmoniis opem totis viribus pro facultate ferant. (4) Hæc autem fœ-

δὲ ταῦτα οἵπερ καὶ τὰς ἄλλας σπονδὰς ὤμνυον ἑκατέρων. Ἀνανεοῦσθαι δὲ κατ' ἐνιαυτὸν Λακεδαιμονίους μὲν ἰόντας ἐς Ἀθήνας πρὸς τὰ Διονύσια, Ἀθηναίους δὲ ἰόντας ἐς Λακεδαίμονα πρὸς τὰ Ὑακίνθια. (5) Στήλην δὲ ἑκατέρους στῆσαι, τὴν μὲν ἐν Λακεδαίμονι παρ' Ἀπόλλωνι ἐν Ἀμυκλαίῳ, τὴν δὲ ἐν Ἀθήναις ἐν πόλει παρ' Ἀθηνᾷ. (6) Ἢν δέ τι δοκῇ Λακεδαιμονίοις καὶ Ἀθηναίοις προσθεῖναι καὶ ἀφελεῖν περὶ τῆς ξυμμαχίας, ὅ τι ἂν δοκῇ, εὔορκον ἀμφοτέροις εἶναι.»

XXIV. Τὸν δὲ ὅρκον ὤμνυον Λακεδαιμονίων μὲν οἵδε, Πλειστοάναξ, Ἆγις, Πλειστόλας, Δαμάγητος, Χίονις, Μεταγένης, Ἄκανθος, Δάϊθος, Ἰσχαγόρας, Φιλοχαρίδας, Ζευξίδας, Ἄντιππος, Ἀλκινάδας, Τέλλις, Ἐμπεδίας, Μηνᾶς, Λάφιλος, Ἀθηναίων δὲ Λάμπων, Ἰσθμιόνικος, Λάχης, Νικίας, Εὐθύδημος, Προκλῆς, Πυθόδωρος, Ἅγνων, Μυρτίλος, Θρασυκλῆς, Θεαγένης, Ἀριστοκράτης, Ἰώλκιος, Τιμοκράτης, Λέων, Λάμαχος, Δημοσθένης.

(2) Αὕτη ἡ ξυμμαχία ἐγένετο μετὰ τὰς σπονδὰς οὐ πολλῷ ὕστερον, καὶ τοὺς ἄνδρας τοὺς ἐκ τῆς νήσου ἀπέδοσαν οἱ Ἀθηναῖοι τοῖς Λακεδαιμονίοις, καὶ τὸ θέρος ἦρχε τοῦ ἑνδεκάτου ἔτους. Ταῦτα δὲ τὰ δέκα ἔτη ὁ πρῶτος πόλεμος ξυνεχῶς γενόμενος γέγραπται.

XXV. Μετὰ δὲ τὰς σπονδὰς καὶ τὴν ξυμμαχίαν τῶν Λακεδαιμονίων καὶ τῶν Ἀθηναίων, αἳ ἐγένοντο μετὰ τὸν δεκαετῆ πόλεμον ἐπὶ Πλειστόλα μὲν ἐν Λακεδαίμονι ἐφόρου Ἀλκαίου δ' ἄρχοντος Ἀθήνησι, τοῖς μὲν δεξαμένοις αὐτὰς εἰρήνη ἦν, οἱ δὲ Κορίνθιοι καὶ τῶν ἐν Πελοποννήσῳ πόλεών τινες διεικύουν τὰ πεπραγμένα, καὶ εὐθὺς ἄλλη ταραχὴ καθίστατο τῶν ξυμμάχων πρὸς τὴν Λακεδαίμονα. (2) Καὶ ἅμα καὶ τοῖς Ἀθηναίοις οἱ Λακεδαιμόνιοι προϊόντος τοῦ χρόνου ὕποπτοι ἐγένοντο, ἔστιν ἐν οἷς οὐ ποιοῦντες ἐκ τῶν ξυγκειμένων ἃ εἴρητο. (3) Καὶ ἐπὶ ἓξ ἔτη μὲν καὶ δέκα μῆνας ἀπέσχοντο μὴ ἐπὶ τὴν ἑκατέρων γῆν στρατεῦσαι, ἔξωθεν δὲ μετ' ἀνακωχῆς οὐ βεβαίου ἔβλαπτον ἀλλήλους τὰ μάλιστα· ἔπειτα μέντοι καὶ ἀναγκασθέντες λῦσαι τὰς μετὰ τὰ δέκα ἔτη σπονδὰς αὖθις ἐς πόλεμον φανερὸν κατέστησαν.

XXVI. Γέγραφε δὲ καὶ ταῦτα ὁ αὐτὸς Θουκυδίδης Ἀθηναῖος ἑξῆς, ὡς ἕκαστα ἐγένετο, κατὰ θέρη καὶ χειμῶνας, μέχρι οὗ τήν τε ἀρχὴν κατέπαυσαν τῶν Ἀθηναίων Λακεδαιμόνιοι καὶ οἱ ξύμμαχοι, καὶ τὰ μακρὰ τείχη καὶ τὸν Πειραιᾶ κατέλαβον. Ἔτη δὲ ἐς τοῦτο τὰ ξύμπαντα ἐγένετο τῷ πολέμῳ ἑπτὰ καὶ εἴκοσι. (2) Καὶ τὴν διὰ μέσου ξύμβασιν εἴ τις μὴ ἀξιώσει πόλεμον νομίζειν, οὐκ ὀρθῶς δικαιώσει. Τοῖς τε γὰρ ἔργοις ὡς διήρηται ἀθρείτω, καὶ εὑρήσει οὐκ εἰκὸς ὂν εἰρήνην αὐτὴν κριθῆναι, ἐν ᾗ οὔτε ἀπέδοσαν πάντα οὔτ' ἀπεδέξαντο ἃ ξυνέθεντο, ἔξω τε τούτων πρὸς τὸν Μαντινικὸν καὶ Ἐπιδαύριον πόλεμον καὶ ἐς ἄλλα ἀμφοτέροις ἁμαρτήματα ἐγένοντο, καὶ οἱ ἐπὶ Θρᾴκης ξύμμαχοι οὐδὲν ἧσσον πολέμιοι ἦσαν, Βοιωτοί τε ἐκεχειρίαν δεχήμερον ἦγον. (3) Ὥστε ξὺν τῷ πρώτῳ πολέμῳ τῷ δεκαετεῖ καὶ τῇ μετ' αὐτὸν ὑπόπτῳ ἀνακωχῇ καὶ τῷ

dera jurabunt iidem, qui et superiora utrorumque jurarunt. Et quotannis hæc renovabunt, Lacedæmonii quidem Athenas ad Dionysia proficiscentes, Athenienses vero Lacedæmonem ad Hyacinthia proficiscentes. (5) Cippos autem utrique statuant, unum quidem Lacedæmone juxta Apollinem in Amyclæo, alterum vero Athenis in arce juxta Minervam. (6) Si quid autem visum fuerit Lacedæmoniis et Atheniensibus vel addere vel demere circa hanc societatem, quicquid visum fuerit, per jusjurandum utrisque liceat.»

XXIV. Hoc autem jusjurandum jurabant ex Lacedæmoniis quidem isti, Plistoanax, Agis, Plistolas, Damagetus, Chionis, Metagenes, Acanthus, Daithus, Ischagoras, Philocharidas, Zeuxidas, Antippus, Alcinadas, Tellis, Empedias, Menas, Laphilus, ex Atheniensibus vero Lampo, Isthmionicus, Laches, Nicias, Euthydemus, Procles, Pythodorus, Hagno, Myrtilus, Thrasycles, Theogenes, Aristocrates, Iolcius, Timocrates, Leon, Lamachus, Demosthenes.

(2) Hæc societas inita est non multo post fœdera, et Athenienses Lacedæmoniis reddiderunt captivos, quos in insula ceperant, et æstas undecimi anni incipiebat. Per decem igitur hos annos continenter gestum primum bellum conscriptum est.

XXV. Post fœdera autem et societatem Lacedæmoniorum, quæ post decenne bellum inita est, quum Plistolas Lacedæmone ephorus esset et Alcæus Athenis archon, apud illos quidem, qui hæc fœdera acceperant, pax erat, Corinthii vero et quædam Peloponnesi civitates, quæ acta erant, concutiebant, et confestim alius sociorum motus existebat adversus Lacedæmonios. (2) Atque simul etiam Lacedæmonii progressu temporis Atheniensibus in suspicionem venerunt, quod quædam non præstarent ex conventis, quæ in fœderum conditionibus continebantur. (3) Et ad sex quidem annos decemque menses sibi temperarunt, ne alteri in alterorum agrum cum exercitu infesto proficiscerentur, sed extra per inducias minime firmas se mutuo maximis detrimentis afficiebant; deinde vero etiam illa post decem annos fœdera rumpere coacti rursus ad apertum bellum venerunt.

XXVI. Atque hæc quoque idem Thucydides Atheniensis, prout quæque gesta sunt, per æstates et hiemes ordine conscripsit, eo usque, donec Lacedæmonii eorumque socii Atheniensibus imperium eripuerunt, et longos muros et Piræeum ceperunt. Anni autem istius belli huc usque fuerunt in summa septem et viginti. (2) Quod si quis compositionem, quæ intercessit, belli spatio non adscribendam putarit, is haud recte judicaverit. Hæc enim ipsis rebus gestis quomodo disjuncta sint spectet, et repperiet non esse consentaneum eam judicari pacem, in qua neque reddiderunt neque receperunt omnia, de quibus convenerat, et præter hæc utrique peccarunt in Mantinensi et Epidaurio bello, et in aliis, et socii, qui erant in Thracia, nihilominus hostes erant, et Bœoti decemdiales inducias agebant. (3) Itaque conjuncto primo decenni bello et suspectis post illud induciis et insecuto has posteriore bello tot quis annos,

ὕστερον ἐξ αὐτῆς πολέμῳ εὑρήσει τις τοσαῦτα ἔτη, λογιζόμενος κατὰ τοὺς χρόνους, καὶ ἡμέρας οὐ πολλὰς παρενεγκούσας, καὶ τοῖς ἀπὸ χρησμῶν τι ἰσχυρισαμένοις μόνον δὴ τοῦτο ἐχυρῶς ξυμβάν· (4) ἀεὶ γὰρ ἔγωγε μέμνημαι, καὶ ἀρχομένου τοῦ πολέμου καὶ μέχρι οὗ ἐτελεύτησεν, προφερόμενον ὑπὸ πολλῶν ὅτι τρὶς ἐννέα ἔτη δέοι γενέσθαι αὐτόν. (5) Ἐπεβίων δὲ διὰ παντὸς αὐτοῦ, αἰσθανόμενός τε τῇ ἡλικίᾳ, καὶ προσέχων τὴν γνώμην, ὅπως ἀκριβές τι εἴσομαι· καὶ ξυνέβη μοι φεύγειν τὴν ἐμαυτοῦ ἔτη εἴκοσι μετὰ τὴν ἐς Ἀμφίπολιν στρατηγίαν, καὶ γενομένῳ παρ' ἀμφοτέροις τοῖς πράγμασι, καὶ οὐχ ἧσσον τοῖς Πελοποννησίων διὰ τὴν φυγήν, καθ' ἡσυχίαν τι αὐτῶν μᾶλλον αἰσθέσθαι. (6) Τὴν οὖν μετὰ τὰ δέκα ἔτη διαφοράν τε καὶ ξύγχυσιν τῶν σπονδῶν καὶ τὰ ἔπειτα ὡς ἐπολεμήθη ἐξηγήσομαι.

XXVII. Ἐπειδὴ γὰρ αἱ πεντηκοντούτεις σπονδαὶ ἐγένοντο καὶ ὕστερον αἱ ξυμμαχίαι, καὶ αἱ ἀπὸ τῆς Πελοποννήσου πρεσβεῖαι, αἵπερ παρεκλήθησαν ἐς αὐτά, ἀνεχώρουν ἐκ τῆς Λακεδαίμονος. (2) Καὶ οἱ μὲν ἄλλοι ἐπ' οἴκου ἀπῆλθον, Κορίνθιοι δὲ ἐς Ἄργος τραπόμενοι πρῶτον λόγους ποιοῦνται πρός τινας τῶν ἐν τέλει ὄντων Ἀργείων ὡς χρή, ἐπειδὴ Λακεδαιμόνιοι οὐκ ἐπ' ἀγαθῷ ἀλλ' ἐπὶ καταδουλώσει τῆς Πελοποννήσου σπονδὰς καὶ ξυμμαχίαν πρὸς Ἀθηναίους τοὺς πρὶν ἐχθίστους πεποίηνται, ὁρᾶν τοὺς Ἀργείους ὅπως σωθήσεται ἡ Πελοπόννησος, καὶ ψηφίσασθαι τὴν βουλομένην πόλιν τῶν Ἑλλήνων, ἥτις αὐτόνομός τέ ἐστι καὶ δίκας ἴσας καὶ ὁμοίας δίδωσι, πρὸς Ἀργείους ξυμμαχίαν ποιεῖσθαι ὥστε τῇ ἀλλήλων ἐπιμαχεῖν, ἀποδεῖξαι δὲ ἄνδρας ὀλίγους ἀρχὴν αὐτοκράτορας, καὶ μὴ πρὸς τὸν δῆμον τοὺς λόγους εἶναι, τοῦ μὴ καταφανεῖς γίγνεσθαι τοὺς μὴ πείσαντας τὸ πλῆθος· ἔφασαν δὲ πολλοὺς προσχωρήσεσθαι μίσει τῶν Λακεδαιμονίων. (3) Καὶ οἱ μὲν Κορίνθιοι διδάξαντες ταῦτα ἀνεχώρησαν ἐπ' οἴκου·

XXVIII. οἱ δὲ τῶν Ἀργείων ἄνδρες ἀκούσαντες ἐπειδὴ ἀνήνεγκαν τοὺς λόγους ἔς τε τὰς ἀρχὰς καὶ τὸν δῆμον, ἐψηφίσαντο Ἀργεῖοι, καὶ ἄνδρας εἵλοντο δώδεκα πρὸς οὓς τὸν βουλόμενον τῶν Ἑλλήνων ξυμμαχίαν ποιεῖσθαι πλὴν Ἀθηναίων καὶ Λακεδαιμονίων· τούτων δὲ μηδετέροις ἐξεῖναι ἄνευ τοῦ δήμου τοῦ Ἀργείων σπείσασθαι. (2) Ἐδέξαντό τε ταῦτα οἱ Ἀργεῖοι μᾶλλον ὁρῶντες τόν τε τῶν Λακεδαιμονίων σφίσι πόλεμον ἐσόμενον (ἐπ' ἐξόδῳ γὰρ πρὸς αὐτοὺς αἱ σπονδαὶ ἦσαν) καὶ ἅμα ἐλπίσαντες τῆς Πελοποννήσου ἡγήσεσθαι· κατὰ γὰρ τὸν χρόνον τοῦτον ἥ τε Λακεδαίμων μάλιστα δὴ κακῶς ἤκουσε καὶ ὑπερώφθη διὰ τὰς ξυμφοράς, οἵ τε Ἀργεῖοι ἄριστα ἔσχον τοῖς πᾶσιν, οὐ ξυναράμενοι τοῦ Ἀττικοῦ πολέμου, ἀμφοτέροις δὲ μᾶλλον ἔνσπονδοι ὄντες ἐκκαρπωσάμενοι. (3) Οἱ μὲν οὖν Ἀργεῖοι οὕτως ἐς τὴν ξυμμαχίαν προσεδέχοντο τοὺς ἐθέλοντας τῶν Ἑλλήνων,

XXIX. Μαντινῆς δ' αὐτοῖς καὶ οἱ ξύμμαχοι αὐτῶν πρῶτοι προσεχώρησαν, δεδιότες τοὺς Λακεδαιμονίους. Τοῖς γὰρ Μαντινεῦσι μέρος τι τῆς Ἀρκαδίας κατέστρα-

quot dixi, repperiet, si tempora computet, et dies præterea paucos in discrimine positos, et ex iis, qui aliquid ex oraculis affirmarunt, hoc unum eventum fidem eorum non fefellisse; (4) semper enim equidem memini, vel ab ipso hujus belli initio usque ad ejus finem vulgo prædicari solitum, hoc bellum ter novenos annos geri necesse esse. (5) Superstes autem fui per totum bellum et cognoscens pro ætate, et animum diligenter advertens, ut aliquid certi scirem; et accidit mihi, ut post præturam ad Amphipolin gestam patria annos viginti exsularem, et ut, quod apud utrosque fuerim, maximeque apud Peloponnesios propter exsilium, facilius aliquanto res gestas per otium cognoverim. (6) Ergo controversias, quæ post decennale bellum exstiterunt, et fœderum perturbationem et res deinceps in bello gestas, prout gestæ sunt, enarrabo.

XXVII. Postquam enim quinquaginta annorum fœdera facta sunt et mox societates, etiam legationes, quæ ex Peloponneso ad hæc accitæ erant, Lacedæmone discedebant. (2) Et ceteri quidem domum abierunt; Corinthii vero primum Argos profecti, cum quibusdam Argivorum principibus sermones conferunt, quandoquidem Lacedæmonii non propter utilitatem Peloponnesi, sed ut eam in servitutem redigerent, fœdera societatemque fecerint cum Atheniensibus, qui prius iis fuerint inimicissimi, Argivis provide operam esse dandam, ut Peloponnesus servetur, et decretum faciendum, ut quæcunque Græca civitas vellet, quæ suis legibus viveret, et judicia paria et similia præberet, ei societatem cum Argivis facere liceat, ita ut alteri alteris auxilium mutuo ferant, paucos autem viros cum summa potestate deligendos, quorum arbitrio res tota permittatur, neque verba hac de re apud populum facienda, ne ii, qui multitudinem in suam sententiam pertrahere non potuerint, detegantur; dixerunt autem multos odio Lacedæmoniorum accessuros esse. (3) Atque Corinthii quidem quum hæc demonstrassent, domum redierunt;

XXVIII. Argivorum autem viri, qui hæc audiverant, quum sermonem illum ad magistratus populumque retulissent, decretum fecerunt Argivi, et duodecim viros delegerunt, cum quibus societatem faceret de Græcis, quisquis vellet, præter Athenienses et Lacedæmonios; cum horum autem neutris injussu populi Argivi fœdus facere licere. (2) Argivi autem hæc eo facilius admiserant, quod et Lacedæmoniorum bellum sibi impendere viderent (nam fœdera cum illis inita jam exibant) et simul quod se Peloponnesi principatum adepturos sperarent; hoc enim tempore et Lacedæmon pessime audiebat, et propter acceptas clades contemnebatur, et Argivi omnibus rebus optime se habebant, quod cum ceteris bellum Atticum non susceperant, sed potius fœdere cum utrisque conjuncti fructus percepissent. (3) Sic igitur Argivi Græcos, quicumque volebant, in societatem recipiebant;

XXIX. Mantinei vero eorumque socii, quia Lacedæmonios metuebant, primi se iis adjunxerunt. Mantinei enim quandam Arcadiæ partem subegerant, quæ iis adhuc

πτο ὑπήκοον ἔτι τοῦ πρὸς Ἀθηναίους πολέμου ὄντος, καὶ ἐνόμιζον οὐ περιόψεσθαι σφᾶς τοὺς Λακεδαιμονίους ἄρχειν, ἐπειδὴ καὶ σχολὴν ἦγον· ὥστε ἄσμενοι πρὸς τοὺς Ἀργείους ἐτράποντο, πόλιν τε μεγάλην νομίζοντες καὶ Λακεδαιμονίοις ἀεὶ διάφορον, δημοκρατουμένην τε ὥσπερ καὶ αὐτοί. (2) Ἀποστάντων δὲ τῶν Μαντινέων καὶ ἡ ἄλλη Πελοπόννησος ἐς θροῦν καθίστατο ὡς καὶ σφίσι ποιητέον τοῦτο, νομίσαντες πλέον τέ τι εἰδότας μεταστῆναι αὐτούς, καὶ τοὺς Λακεδαιμονίους ἅμα δι' ὀργῆς ἔχοντες, ἐν ἄλλοις τε καὶ ὅτι ἐν ταῖς σπονδαῖς ταῖς Ἀττικαῖς ἐγέγραπτο εὔορκον εἶναι προσθεῖναι καὶ ἀφελεῖν ὅ τι ἂν ἀμφοῖν τοῖν πολέοιν δοκῇ, Λακεδαιμονίοις καὶ Ἀθηναίοις. (3) Τοῦτο γὰρ τὸ γράμμα μάλιστα τὴν Πελοπόννησον διεθορύβει καὶ ἐς ὑποψίαν καθίστη μὴ μετὰ Ἀθηναίων σφᾶς βούλωνται Λακεδαιμόνιοι δουλώσασθαι· δίκαιον γὰρ εἶναι πᾶσι τοῖς ξυμμάχοις γεγράφθαι τὴν μετάθεσιν. (4) Ὥστε φοβούμενοι οἱ πολλοὶ ὥρμηντο πρὸς τοὺς Ἀργείους καὶ αὐτοὶ ἕκαστοι ξυμμαχίαν ποιεῖσθαι.

XXX. Λακεδαιμόνιοι δὲ αἰσθόμενοι τὸν θροῦν τοῦτον ἐν τῇ Πελοποννήσῳ καθεστῶτα καὶ τοὺς Κορινθίους διδασκάλους τε γενομένους καὶ αὐτοὺς μέλλοντας σπείσασθαι πρὸς τὸ Ἄργος, πέμπουσι πρέσβεις ἐς τὴν Κόρινθον βουλόμενοι προκαταλαβεῖν τὸ μέλλον, καὶ ᾐτιῶντο τήν τε ἐσήγησιν τοῦ παντός, καὶ εἰ Ἀργείοις σφῶν ἀποστάντες ξύμμαχοι ἔσονται, παραβήσεσθαί τε ἔφασαν αὐτοὺς τοὺς ὅρκους, καὶ ἤδη ἀδικεῖν ὅτι οὐ δέχονται τὰς Ἀθηναίων σπονδάς, εἰρημένον κύριον εἶναι ὅ τι ἂν τὸ πλῆθος τῶν ξυμμάχων ψηφίσηται, ἢν μή τι θεῶν ἢ ἡρώων κώλυμα ᾖ. (2) Κορίνθιοι δὲ παρόντων σφίσι τῶν ξυμμάχων, ὅσοι οὐδ' αὐτοὶ ἐδέξαντο τὰς σπονδάς (παρεκάλεσαν δὲ αὐτοὺς αὐτοὶ πρότερον), ἀντέλεγον τοῖς Λακεδαιμονίοις, ἃ μὲν ἠδικοῦντο, οὐ δηλοῦντες ἄντικρυς, ὅτι οὔτε Σόλλειον σφίσιν ἀπέλαβον παρ' Ἀθηναίων οὔτε Ἀνακτόριον, εἴ τέ τι ἄλλο ἐνόμιζον ἐλασσοῦσθαι, πρόσχημα δὲ ποιούμενοι τοὺς ἐπὶ Θρᾴκης μὴ προδώσειν· ὀμόσαι γὰρ αὐτοῖς ὅρκους ἰδίᾳ τε, ὅτε μετὰ Ποτιδαιατῶν τὸ πρῶτον ἀφίσταντο, καὶ ἄλλους ὕστερον. (3) Οὔκουν παραβαίνειν τοὺς τῶν ξυμμάχων ὅρκους ἔφασαν οὐκ ἐσιόντες ἐς τὰς τῶν Ἀθηναίων σπονδάς· θεῶν γὰρ πίστεις ὀμόσαντες ἐκείνοις οὐκ ἂν εὐορκεῖν προδιδόντες αὐτούς. Εἰρῆσθαι δ' ὅτι ἢν μὴ θεῶν ἢ ἡρώων κώλυμα ᾖ· φαίνεσθαι οὖν σφίσι κώλυμα θεῖον τοῦτο. (4) Καὶ περὶ μὲν τῶν παλαιῶν ὅρκων τοσαῦτα εἶπον, περὶ δὲ τῆς Ἀργείων ξυμμαχίας μετὰ τῶν φίλων βουλευσάμενοι ποιήσειν ὅ τι ἂν δίκαιον ᾖ. (5) Καὶ οἱ μὲν Λακεδαιμονίων πρέσβεις ἀνεχώρησαν ἐπ' οἴκου, ἔτυχον δὲ παρόντες ἐν Κορίνθῳ καὶ Ἀργείων πρέσβεις, οἳ ἐκέλευον τοὺς Κορινθίους ἰέναι ἐς τὴν ξυμμαχίαν καὶ μὴ μέλλειν· οἱ δὲ ἐς τὸν ὕστερον ξύλλογον αὐτοῖς τὸν παρὰ σφίσι προεῖπον ἥκειν.

XXXI. Ἦλθε δὲ καὶ Ἠλείων πρεσβεία εὐθύς, καὶ ποιήσαντε πρὸς Κορινθίους ξυμμαχίαν πρῶτον, ἔπειτα ἐκεῖθεν ἐς Ἄργος ἐλθόντες, καθάπερ προείρητο, Ἀρ-

obediebat, dum bellum cum Atheniensibus gerebatur, et existimabant, Lacedaemonios, praesertim otiosos, sibi non permissuros, ut imperium retinerent; libenter igitur ad Argivos se converterunt, quod illorum civitatem potentem esse ducerent, et Lacedaemoniis semper inimicam, et popularis status administratione utentem, quemadmodum et ipsi. (2) Quum autem Mantinei defecissent, cetera etiam Peloponnesus mussare cœpit, idem sibi quoque faciendum esse, quippe quod existimarent, accuratiore aliqua rerum cognitione illos defecisse, simul etiam quod Lacedaemoniis essent infensi quum aliis de causis, tum etiam quod in fœderibus Atticis scriptum erat, fas esse addere et demere quicquid utrique civitati visum esset, Lacedaemoniis et Atheniensibus. (3) Haec enim conditio adscripta Peloponnesios maxime perturbabat, et in suspicionem adducebat, ne Lacedaemonii una cum Atheniensibus se in servitutem redigere vellent; aequum enim fuisse, ut haec immutandarum conditionum facultas omnibus sociis adscriberetur. (4) Quamobrem metu commoti plerique animum ad Argivos appulerant, ut et ipsi pro se quique societatem cum illis facerent.

XXX. Lacedaemonii vero quum intellexissent hunc rumorem per Peloponnesum pervagatum esse, et Corinthios auctores fuisse, ipsosque cum Argivis fœdus facere parare, legatos Corinthum miserunt, ut id, quod futurum erat, anteverterent, et expostulabant quum de eo, quod totius rei auctores fuissent, tum de eo, quod a se deficere, et cum Argivis societatem facere statuissent, eosque jusjurandum violaturos dicebant, atque jam nunc injuste facere, quod fœdera cum Atheniensibus percussa non acciperent, quum dictum sit, ut id ratum habeatur, quod major sociorum pars decreverit, nisi vel deorum vel heroum aliquod impedimentum intercesserit. (2) Corinthii vero praesentibus apud eos sociis, quotquot et ipsi fœdera non admiserant (hos enim ipsi prius advocaverant), Lacedaemoniis contradicebant, injurias quidem, quibus afficerentur, palam non declarantes, quod neque Sollium ab Atheniensibus recepissent, neque Anactorium, et si qua alia re se fraudari putabant, sed speciosam causam praetendentes, se non prodituros eos, qui erant in Thracia; se enim et privatim jurejurando interposito suam fidem ipsis dedisse, quo tempore primum una cum Potidaeatis ab Atheniensibus defecerant, et iterum postea. (3) Negabant igitur, se sociorum jusjurandum violaturos, quod fœdera cum Atheniensibus inire nollent; quum enim jurejurando interposito, cujus dii testes fuissent, illis fidem dedissent, non bene jusjurandum servaturos, si illos proderent. Dictum autem esse, nisi vel deorum, vel heroum impedimentum intercederet; hoc autem sibi divinum impedimentum videri. (4) Atque de veteri quidem jurejurando haec tantum responderunt, de societate autem cum Argivis ineunda se cum amicis deliberaturos, et quicquid justum esset, facturos. (5) Et Lacedaemoniorum quidem legati domum redierunt. Corinthi vero forte praesentes erant et Argivorum legati, qui Corinthios ad societatem secum ineundam, et ad omnem cunctationem abjiciendam adhortabantur; illi vero iis responderunt, ut ad proximum concilium apud se habendum venirent.

XXXI. Confestim autem et Eleorum legatio venit, ac primum cum Corinthiis societatem fecit; deinde illinc Argos profecti, quemadmodum edictum erat, Argivorum socii

γείων ξύμμαχοι ἐγένοντο. Διαφερόμενοι γὰρ ἐτύγχανον τοῖς Λακεδαιμονίοις περὶ Λεπρέου. (2) Πολέμου γὰρ γενομένου ποτὲ πρὸς Ἀρκάδων τινὰς Λεπρεάταις, καὶ Ἠλείων παρακληθέντων ὑπὸ Λεπρεατῶν ἐς ξυμμαχίαν ἐπὶ τῇ ἡμισείᾳ τῆς γῆς καὶ λυσάντων τὸν πόλεμον, Ἠλεῖοι τὴν γῆν νεμομένοις αὐτοῖς τοῖς Λεπρεάταις τάλαντον ἔταξαν τῷ Διὶ τῷ Ὀλυμπίῳ ἀποφέρειν. (3) Καὶ μέχρι τοῦ Ἀττικοῦ πολέμου ἀπέφερον, ἔπειτα παυσαμένων διὰ πρόφασιν τοῦ πολέμου οἱ Ἠλεῖοι ἐπηνάγκαζον, οἱ δ' ἐτράποντο πρὸς τοὺς Λακεδαιμονίους. Καὶ δίκης Λακεδαιμονίοις ἐπιτραπείσης ὑποτοπήσαντες οἱ Ἠλεῖοι μὴ ἴσον ἕξειν, ἀνέντες τὴν ἐπιτροπὴν Λεπρεατῶν τὴν γῆν ἔτεμον. (4) Οἱ δὲ Λακεδαιμόνιοι οὐδὲν ἧσσον ἐδίκασαν αὐτονόμους εἶναι Λεπρεατας καὶ ἀδικεῖν Ἠλείους, καὶ ὡς οὐκ ἐμμεινάντων τῇ ἐπιτροπῇ φρουρὰν ὁπλιτῶν ἐσέπεμψαν ἐς Λέπρεον. (5) Οἱ δὲ Ἠλεῖοι νομίζοντες πόλιν σφῶν ἀφεστηκυῖαν δέξασθαι τοὺς Λακεδαιμονίους, καὶ τὴν ξυνθήκην προφέροντες ἐν ᾗ εἴρητο, ἃ ἔχοντες ἐς τὸν Ἀττικὸν πόλεμον καθίσταντό τινες, ταῦτα ἔχοντας καὶ ἐξελθεῖν, ὡς οὐκ ἴσον ἔχοντες ἀφίστανται πρὸς τοὺς Ἀργείους, καὶ τὴν ξυμμαχίαν, ὥσπερ προείρητο, καὶ οὗτοι ἐποιήσαντο. (6) Ἐγένοντο δὲ καὶ οἱ Κορίνθιοι εὐθὺς μετ' ἐκείνους καὶ οἱ ἐπὶ Θρᾴκης Χαλκιδῆς Ἀργείων ξύμμαχοι. Βοιωτοὶ δὲ καὶ Μεγαρῆς τὸ αὐτὸ λέγοντες ἡσύχαζον, περιορώμενοι ὑπὸ τῶν Λακεδαιμονίων, καὶ νομίζοντες σφίσι τὴν Ἀργείων δημοκρατίαν αὐτοῖς ὀλιγαρχουμένοις ἧσσον ξύμφορον εἶναι τῆς Λακεδαιμονίων πολιτείας.

XXXII. Περὶ δὲ τοὺς αὐτοὺς χρόνους τοῦ θέρους τούτου Σκιωναίους μὲν Ἀθηναῖοι ἐκπολιορκήσαντες ἀπέκτειναν τοὺς ἡβῶντας, παῖδας δὲ καὶ γυναῖκας ἠνδραπόδισαν, καὶ τὴν γῆν Πλαταιεῦσιν ἔδοσαν νέμεσθαι, Δηλίους δὲ κατήγαγον πάλιν ἐς Δῆλον, ἐνθυμούμενοι τάς τε ἐν ταῖς μάχαις ξυμφορὰς καὶ τοῦ ἐν Δελφοῖς θεοῦ χρήσαντος. (2) Καὶ Φωκῆς καὶ Λοκροὶ ἤρξαντο πολεμεῖν. (3) Καὶ Κορίνθιοι καὶ Ἀργεῖοι ἤδη ξύμμαχοι ὄντες ἔρχονται ἐς Τέγεαν ἀποστήσοντες Λακεδαιμονίων, ὁρῶντες μέγα μέρος ὄν, καὶ εἰ σφίσι προσγένοιτο, νομίζοντες ἅπασαν ἂν ἔχειν Πελοπόννησον. (4) Ὡς δὲ οὐδὲν ἂν ἔφασαν ἐναντιωθῆναι οἱ Τεγεᾶται Λακεδαιμονίοις, οἱ Κορίνθιοι μέχρι τούτου προθύμως πράσσοντες ἀνεῖσαν τῆς φιλονεικίας, καὶ ὠρρώδησαν μὴ οὐδεὶς σφίσιν ἔτι τῶν ἄλλων προσχωρῇ. (5) Ὅμως δὲ ἐλθόντες ἐς τοὺς Βοιωτοὺς ἐδέοντο σφῶν τε καὶ Ἀργείων γίγνεσθαι ξυμμάχους, καὶ τἆλλα κοινῇ πράσσειν· τάς τε δεχημέρους ἐπισπονδάς, αἳ ἦσαν Ἀθηναίοις καὶ Βοιωτοῖς πρὸς ἀλλήλους οὐ πολλῷ ὕστερον γενόμεναι τούτων τῶν πεντηκονταετίδων σπονδῶν, ἐκέλευον οἱ Κορίνθιοι τοὺς Βοιωτοὺς ἀκολουθήσαντας Ἀθήναζε καὶ σφίσι ποιῆσαι, ὥσπερ Βοιωτοὶ εἶχον, μὴ δεχομένων δὲ Ἀθηναίων ἀπειπεῖν τὴν ἐκεχειρίαν καὶ τὸ λοιπὸν μὴ σπένδεσθαι ἄνευ αὐτῶν. (6) Βοιωτοὶ δὲ δεομένων τῶν Κορινθίων περὶ μὲν τῆς Ἀργείων ξυμμαχίας ἐπισχεῖν αὐτοὺς ἐκέλευον, ἐλθόντες δὲ Ἀθήναζε μετὰ Κορινθίων

facti sunt. Forte enim cum Lacedaemoniis de Lepreo contendebant. (2) Nam quum Lepreatis bellum quondam cum quibusdam Arcadibus ortum esset et Elei ad illius belli societatem a Lepreatis acciti essent, ea conditione, ut dimidiam partem agri obtinerent, et bellum composuissent, Elei ita, ut ipsi Lepreatae agrum illum colerent, talentum iis imposuerunt, quod Olympio Jovi quotannis penderent. (3) Et ad bellum usque Atticum persolvebant; deinde quum desiissent, causati bellum, Elei eos cogebant, illi vero ad Lacedaemonios se converterunt. Et quum hujus controversiae cognitio Lacedaemoniis commissa esset, Elei suspicati, se suum jus non obtenturos, omisso arbitrio Lepreatarum agrum vastarunt. (4) Lacedaemonii vero nihilo minus Lepreatas liberos esse, et Eleos injuste facere pronunciarunt, et quod arbitrio sibi commisso stare noluissent, praesidium gravis armaturae militum Lepreum miserunt. (5) Elei vero existimantes urbem, quae a se defecisset, Lacedaemonios recepisse, et pacis conditionem proferentes, in qua dictum erat, ut singuli quae belli Attici initio possidebant, haec retinentes etiam e bello discederent, ut iniquo arbitrio damnati ad Argivos defecerunt, societatemque cum illis, sicut praedictum erat, hi quoque fecerunt. (6) Statim autem post illos et Corinthii et Chalcidenses, qui sunt in Thracia, societatem cum Argivis inierunt. Boeoti vero et Megarenses, quamvis idem dicerent, quod a Lacaedemoniis contemnerentur, tamen quiescebant, quod popularem Argivorum statum sibi, qui paucorum dominatu regerentur, minus quam Lacedaemoniorum rempublicam putarent profuturam.

XXXII. Circa eadem hujus aestatis tempora Athenienses quum Scionaeos expugnassent, puberes interfecerunt, et pueros ac mulieres in servitutem redegerunt, agrumque Plataeensibus colendum dederunt; Delios autem rursus in Delum reduxerunt, reputantes et clades in proeliis acceptas, et dei Delphici oraculum. (2) Et Phocenses et Locri bellum gerere coeperunt. (3) Et Corinthii et Argivi, quum jam essent socii, Tegeam iverunt, ut eam a Lacedaemoniorum societate averterent, quod eam magnam Peloponnesi portionem esse cernerent, ac, si ea sibi accessisset, se totam Peloponnesum habituros sperarent. (4) Sed quum Tegeatae respondissent, se Lacedaemoniis non adversaturos, Corinthii, qui hactenus in eam rem acerrime incubuerant, de contentione remiserunt, et veriti sunt, ne nullus ex aliis ad se posthac accederet. (5) Veruntamen ad Boeotos profecti, eos orabant, ut secum et cum Argivis societatem inirent, ceteraque communiter administrarent; ad haec illas decem dierum inducias, quae non multo post ista quinquaginta annorum foedera inter Athenienses et Boeotos mutuo factae erant, Corinthii suadebant Boeotis, ut Athenas secuti sibi quoque impetrarent eodem modo factas, quo Boeoti eas habebant; si vero Athenienses recusarent, inducias ipsi quoque renunciarent, et in posterum sine se nullum foedus facerent. (6) Boeoti vero rogantibus Corinthiis de societate Argivorum quidem eos rem differre jubebant, Athenas vero cum Corinthiis profecti decem

οὐχ εὗροντο τὰς δεχημέρους σπονδάς, ἀλλ' ἀπεκρίναντο οἱ Ἀθηναῖοι Κορινθίοις εἶναι σπονδάς, εἴπερ Λακεδαιμονίων εἰσὶ ξύμμαχοι. (7) Βοιωτοὶ μὲν οὖν οὐδὲν μᾶλλον ἀπεῖπον τὰς δεχημέρους, ἀξιούντων καὶ αἰτιωμένων Κορινθίων ξυνθέσθαι σφίσιν· Κορινθίοις δὲ ἀνακωχὴ ἄσπονδος ἦν πρὸς Ἀθηναίους.

XXXIII. Λακεδαιμόνιοι δὲ τοῦ αὐτοῦ θέρους πανδημεὶ ἐστράτευσαν, Πλειστοάνακτος τοῦ Παυσανίου Λακεδαιμονίων βασιλέως ἡγουμένου, τῆς Ἀρκαδίας ἐς Παρρασίους, Μαντινέων ὑπηκόους ὄντας, κατὰ στάσιν ἐπικαλεσαμένων σφᾶς, ἅμα δὲ καὶ τὸ ἐν Κυψέλοις τεῖχος ἀναιρήσοντες, ἢν δύνωνται, ὃ ἐτείχισαν Μαντινῆς καὶ αὐτοὶ ἐφρούρουν, ἐν τῇ Παρρασικῇ κείμενον, ἐπὶ τῇ Σκιρίτιδι τῆς Λακωνικῆς. (2) Καὶ οἱ μὲν Λακεδαιμόνιοι τὴν γῆν τῶν Παρρασίων ἐδῄουν, οἱ δὲ Μαντινῆς τὴν πόλιν Ἀργείοις φύλαξι παραδόντες αὐτοὶ τὴν ξυμμαχίαν ἐφρούρουν· ἀδύνατοι δ' ὄντες διασῶσαι τό τε ἐν Κυψέλοις τεῖχος καὶ τὰς ἐν Παρρασίοις πόλεις ἀπῆλθον. (3) Λακεδαιμόνιοι δὲ τούς τε Παρρασίους αὐτονόμους ποιήσαντες καὶ τὸ τεῖχος καθελόντες ἀνεχώρησαν ἐπ' οἴκου.

XXXIV. Καὶ τοῦ αὐτοῦ θέρους ἤδη ἡκόντων αὐτοῖς τῶν ἀπὸ Θρᾴκης μετὰ Βρασίδου ἐξελθόντων στρατιωτῶν, οὓς ὁ Κλεαρίδας μετὰ τὰς σπονδὰς ἐκόμισεν, οἱ Λακεδαιμόνιοι ἐψηφίσαντο τοὺς μὲν μετὰ Βρασίδου Εἵλωτας μαχεσαμένους ἐλευθέρους εἶναι καὶ οἰκεῖν ὅπου ἂν βούλωνται, καὶ ὕστερον οὐ πολλῷ αὐτοὺς μετὰ τῶν νεοδαμωδῶν ἐς Λέπρεον κατέστησαν, κείμενον ἐπὶ τῆς Λακωνικῆς καὶ τῆς Ἠλείας, ὄντες ἤδη διάφοροι Ἠλείοις· (2) τοὺς δ' ἐκ τῆς νήσου ληφθέντας σφῶν καὶ τὰ ὅπλα παραδόντας, δείσαντες μή τι διὰ τὴν ξυμφορὰν νομίσαντες ἐλασσωθήσεσθαι καὶ ὄντες ἐπίτιμοι νεωτερίσωσιν, ἤδη καὶ ἀρχάς τινας ἔχοντας ἀτίμους ἐποίησαν, ἀτιμίαν δὲ τοιάνδε ὥστε μήτε ἄρχειν μήτε πριαμένους τι ἢ πωλοῦντας κυρίους εἶναι. Ὕστερον δὲ αὖθις χρόνῳ ἐπίτιμοι ἐγένοντο.

XXXV. Τοῦ δ' αὐτοῦ θέρους καὶ Θύσσον τὴν ἐν τῇ Ἄθῳ Δικτιδιῆς εἷλον, Ἀθηναίων οὖσαν ξύμμαχον.

(2) Καὶ τὸ θέρος τοῦτο πᾶν ἐπιμιξίαι μὲν ἦσαν τοῖς Ἀθηναίοις καὶ Πελοποννησίοις, ὑπώπτευον δὲ ἀλλήλους εὐθὺς μετὰ τὰς σπονδὰς οἵ τε Ἀθηναῖοι καὶ Λακεδαιμόνιοι κατὰ τὴν τῶν χωρίων ἀλλήλοις οὐκ ἀπόδοσιν. (3) Τὴν γὰρ Ἀμφίπολιν πρότεροι λαχόντες οἱ Λακεδαιμόνιοι ἀποδιδόναι καὶ τἆλλα οὐκ ἀποδεδώκεσαν, οὐδὲ τοὺς ἐπὶ Θρᾴκης παρεῖχον ξυμμάχους τὰς σπονδὰς δεχομένους, οὐδὲ Βοιωτούς, οὐδὲ Κορινθίους, λέγοντες ἀεὶ ὡς μετ' Ἀθηναίων τούτους, ἢν μὴ θέλωσι, κοινῇ ἀναγκάσουσιν· χρόνους τε προὔθεντο ἄνευ ξυγγραφῆς, ἐν οἷς χρὴ τοὺς μὴ ἐσιόντας ἀμφοτέροις πολεμίους εἶναι. (4) Τούτων οὖν ὁρῶντες οἱ Ἀθηναῖοι οὐδὲν ἔργῳ γιγνόμενον, ὑπετόπευον τοὺς Λακεδαιμονίους μηδὲν δίκαιον διανοεῖσθαι, ὥστε οὔτε Πύλον ἀπαιτούντων αὐτῶν ἀπεδίδοσαν, ἀλλὰ καὶ τοὺς ἐκ τῆς νήσου δεσμώτας μετεμέλοντο ἀποδεδωκότες, τά τε ἄλλα χωρία εἶχον,

dierum inducias non impetrarunt, sed Athenienses responderunt, Corinthiis esse foedera, si quidem Lacedaemoniorum essent socii. (7) Boeoti vero ideo non magis decem dierum induciis renunciare voluerunt, quamvis Corinthii hoc flagitarent, et cum expostulatione dicerent, ita inter se convenisse; Corinthiis autem induciae sine foedere cum Atheniensibus erant.

XXXIII. Eadem aestate Lacedaemonii cum universis copiis duce Plistoanacte Pausaniae filio, Lacedaemoniorum rege, expeditionem susceperunt adversus Parrhasios, qui sunt in Arcadia, Mantineorum imperio parentes, ab ipsis sedione laborantibus acciti, simul etiam eversuri, si possent, munitionem, quam Mantinei in Cypselis exstruxerant, et ipsi suo praesidio tenebant, in agro Parrhasico sitam, prope Sciritidem, quae est agri Laconici. (2) Et Lacedaemonii quidem agrum Parrhasiorum vastabant, Mantinei vero urbis custodia Argivis praesidiariis tradita ipsi socios suo praesidio tutabantur; quum autem et munitionem in Cypselis exstructam et urbes in agro Parrhasico sitas conservare non possent, abierunt. (3) Lacedaemonii vero, quum Parrhasios in libertatem asseruissent et munitionem illam evertissent, domum redierunt.

XXXIV. Atque eadem aestate Lacedaemonii, quum ad eos jam ex Thracia rediissent milites, qui cum Brasida illuc profecti erant, quos post inita foedera Clearidas reduxerat, decreverunt, servos quidem, qui cum Brasida proelio interfuissent, liberos esse, et habitare ubicumque vellent, nec multo post ipsos cum iis, quos recenter in civium jus adsciverant, in Lepreo collocarunt, quod ad Laconicum et Eleum agrum situm erat, quum jam Eleorum hostes essent; (2) eos vero qui in insula capti erant, et qui arma hosti tradiderant, veriti, ne aliquid rerum novarum molirentur, existimantes, se propter cladem acceptam, etiam si pleno jure essent, deteriore conditione futuros, quum nonnulli jam magistratus gererent, ignominia notarunt, et hoc quidem ignominiae genere, ut nullum magistratum gererent, utque nullam haberent potestatem aut emendi aut vendendi. Postea tamen rursus in integrum restituti sunt.

XXXV. Eadem aestate Dictidienses Thysson in monte Atho sitam, Atheniensium sociam, ceperunt.

(2) Atque hac tota aestate commercia quidem inter Athenienses et Peloponnesios fuerunt, sed suspecti erant inter se statim post inita foedera et Athenienses et Lacedaemonii, quod neutri loca alteris restituerent. (3) Nam Lacedaemonii, quibus sortito obtigerat, ut priores redderent, nec Amphipolin, nec cetera reddiderant, nec socios, qui erant in Thracia, ad foedera recipienda adegerant, ac ne Boeotos quidem neque Corinthios, perpetuo dicentes se, si foedera accipere non vellent, una cum Atheniensibus eos coacturos; temporaque sine syngrapha praestituerant, intra quae qui foedera secum non iniissent, utrisque hostes esse oporteret. (4) Quum igitur Athenienses nihil horum re ipsa praestari viderent, Lacedaemonios nihil aequi animo agitare suspicabantur; quamobrem ipsis neque Pylum repetentibus reddiderunt, sed etiam eos poenitebat, quod capti-

μένοντες ἕως σφίσι κἀκεῖνοι ποιήσειαν τὰ εἰρημένα. (5) Λακεδαιμόνιοι δὲ τὰ μὲν δυνατὰ ἔφασαν πεποιηκέναι· τοὺς γὰρ παρὰ σφίσι δεσμώτας ὄντας Ἀθηναίων ἀποδοῦναι, καὶ τοὺς ἐπὶ Θρᾴκης στρατιώτας ἀπαγαγεῖν, καὶ εἴ του ἄλλου ἐγκρατεῖς ἦσαν· Ἀμφιπόλεως δὲ οὐκ ἔφασαν κρατεῖν ὥστε παραδοῦναι, Βοιωτοὺς δὲ πειράσεσθαι καὶ Κορινθίους ἐς τὰς σπονδὰς ἐσαγαγεῖν καὶ Πάνακτον ἀπολαβεῖν, καὶ Ἀθηναίων ὅσοι ἦσαν ἐν Βοιωτοῖς αἰχμάλωτοι, κομιεῖν. (6) Πύλον μέντοι ἠξίουν σφίσιν ἀποδοῦναι· εἰ δὲ μή, Μεσσηνίους γε καὶ τοὺς Εἵλωτας ἐξαγαγεῖν, ὥσπερ καὶ αὐτοὶ τοὺς ἀπὸ Θρᾴκης, Ἀθηναίους δὲ φρουρεῖν τὸ χωρίον αὐτούς, εἰ βούλονται. (7) Πολλάκις δὲ καὶ πολλῶν λόγων γενομένων ἐν τῷ θέρει τούτῳ ἔπεισαν τοὺς Ἀθηναίους ὥστε ἐξαγαγεῖν ἐκ Πύλου Μεσσηνίους καὶ τοὺς ἄλλους Εἵλωτάς τε καὶ ὅσοι ηὐτομολήκεσαν ἐκ τῆς Λακωνικῆς· καὶ κατῴκισαν αὐτοὺς ἐν Κρανίοις τῆς Κεφαλληνίας. (8) Τὸ μὲν οὖν θέρος τοῦτο ἡσυχία ἦν καὶ ἔφοδοι παρ' ἀλλήλους.

XXXVI. Τοῦ δ' ἐπιγιγνομένου χειμῶνος (ἔτυχον γὰρ ἔφοροι ἕτεροι καὶ οὐκ ἐφ' ὧν αἱ σπονδαὶ ἐγένοντο ἄρχοντες ἤδη, καί τινες αὐτῶν καὶ ἐναντίοι σπονδαῖς) ἐλθουσῶν πρεσβειῶν ἀπὸ τῆς ξυμμαχίδος, καὶ παρόντων Ἀθηναίων καὶ Βοιωτῶν καὶ Κορινθίων, καὶ πολλὰ ἐν ἀλλήλοις εἰπόντων καὶ οὐδὲν ξυμβάντων, ὡς ἀπῇεσαν ἐπ' οἴκου, τοῖς Βοιωτοῖς καὶ Κορινθίοις Κλεόβουλος καὶ Ξενάρκης, οὗτοι οἵπερ τῶν ἐφόρων ἐβούλοντο μάλιστα διαλῦσαι τὰς σπονδάς, λόγους ποιοῦνται ἰδίους, παραινοῦντες ὅτι μάλιστα ταῦτά τε καὶ γιγνώσκειν καὶ πειρᾶσθαι Βοιωτούς, Ἀργείων γενομένους πρῶτον αὐτοὺς ξυμμάχους, αὖθις μετὰ Βοιωτῶν Ἀργείους Λακεδαιμονίοις ποιῆσαι ξυμμάχους· οὕτω γὰρ ἥκιστα ἀναγκασθῆναι Βοιωτοὺς ἐς τὰς Ἀττικὰς σπονδὰς ἐσελθεῖν· ἑλέσθαι γὰρ Λακεδαιμονίους πρὸ τῆς Ἀθηναίων ἔχθρας καὶ διαλύσεως τῶν σπονδῶν Ἀργείους σφίσι φίλους καὶ ξυμμάχους γενέσθαι. Τὸ γὰρ Ἄργος ἀεὶ ἠπίσταντο ἐπιθυμοῦντας τοὺς Λακεδαιμονίους καλῶς σφίσι φίλιον γενέσθαι, ἡγούμενοι τὸν ἔξω Πελοποννήσου πόλεμον ῥᾴω ἂν εἶναι. (2) Τὸ μέντοι Πάνακτον ἐδέοντο Βοιωτοὺς ὅπως παραδῶσι Λακεδαιμονίοις, ἵνα ἀντ' αὐτοῦ Πύλον, ἢν δύνωνται, ἀπολαβόντες ῥᾷον καθιστῶνται Ἀθηναίοις ἐς πόλεμον.

XXXVII. Καὶ οἱ μὲν Βοιωτοὶ καὶ Κορίνθιοι ταῦτα ἐπεσταλμένοι ἀπό τε τοῦ Ξενάρους καὶ Κλεοβούλου καὶ ὅσοι φίλοι ἦσαν αὐτοῖς τῶν Λακεδαιμονίων ὥστε ἀπαγγεῖλαι ἐπὶ τὰ κοινά, ἑκάτεροι ἀνεχώρουν. (2) Ἀργείων δὲ δύο ἄνδρες τῆς ἀρχῆς τῆς μεγίστης ἐπετήρουν ἀπιόντας αὐτοὺς καθ' ὁδόν, καὶ ξυγγενόμενοι ἐς λόγους ἦλθον, εἴ πως οἱ Βοιωτοὶ σφίσι ξύμμαχοι γένοιντο ὥσπερ Κορίνθιοι καὶ Ἠλεῖοι καὶ Μαντινῆς· νομίζειν γὰρ ἂν τούτου προχωρήσαντος ῥᾳδίως ἤδη καὶ πολεμεῖν καὶ σπένδεσθαι καὶ πρὸς Λακεδαιμονίους, εἰ βούλοιντο, κοινῷ λόγῳ χρωμένους, καὶ εἴ τινα πρὸς ἄλλον δέοι. (3) Τοῖς δὲ τῶν Βοιωτῶν πρέσβεσιν ἀκούουσιν ἤρεσκεν·

vos ex insula reddidissent, et cetera loca retinebant, exspectantes donec et illi præstarent, quæ promiserant. (5) Lacedæmonii vero dicebant, se præstitisse, quæ præstari possent; se enim Atheniensibus reddidisse omnes, qui ex ipsis apud se in vinculis fuissent, et milites e Thracia abduxisse, et si quid aliud in sua potestate habuissent; sed Amphipolin in sua potestate non esse dicebant, ita ut traderent, Bœotos vero et Corinthios se operam daturos, ut in fœdera adducerent utque Panactum reciperent, et ut Athenienses, quotquot apud Bœotos essent captivi, recuperarent. (6) Pylum autem postulabant ut sibi restituerent; sin minus, Messenios certe et servitia educerent, quemadmodum et ipsi ex Thracia suos abduxissent, utque locum illum Athenienses ipsi, si vellent, custodirent. (7) Sæpe autem multisque sermonibus per hanc æstatem habitis Atheniensibus persuaserunt, ut e Pylo educerent Messenios ceterosque Helotas, et quotquot ex agro Laconico fugerant; ipsosque in Craniis Cephalleniæ insulæ urbe collocarunt. (8) Hac igitur æstate a bello quies erat et ultro citroque inter se commeabant.

XXXVI. Insequente autem hieme (jam enim alii ephori magistratum gerebant, nec ii, quibus magistratum gerentibus fœdera percussa erant, atque horum etiam nonnulli fœderibus erant adversarii) quum legationes ex sociorum terra venissent, et Athenienses et Bœoti et Corinthii præsentes adessent, et ultro citroque multa verba facta essent, nec quicquam inter eos convenisset, quum domum redirent, Cleobulus et Xenarces, ii, qui ex ephoris fœdera frangere potissimum volebant, cum Bœotis et Corinthiis privatim sermones habent, admonentes, ut quam maxime et hæc probarent et operam darent, ut Bœoti, ubi prius ipsi societatem cum Argivis iniissent, postea cum Bœotis Argivos Lacedæmoniis socios adjungerent; sic enim Bœotos fœdus cum Atheniensibus inire minime coactum iri; Lacedæmonios enim Atheniensium inimicitiis ac fœderis cum ipsis initorum violationi amicitiam et societatem Argivorum anteposituros. Habebant enim exploratum, Lacedæmonios perpetuo cupere, civitatem Argivorum recte sibi amicam esse, quod bellum extra Peloponnesum ita levius sibi fore ducerent. (2) Panactum vero rogabant Bœotos, ut Lacedæmoniis traderent, ut pro hoc, si possent, Pylo recepta ad bellum adversus Athenienses commodius descenderent.

XXXVII. Atque Bœoti et Corinthii cum his mandatis, quæ acceperant a Xenare et Cleobulo, et quotquot ex Lacedæmoniis erant iis amici, ut ad suas respublicas referrent, utrique abierunt. (2) Argivorum vero viri duo e summo magistratu eos abeuntes in ipsa via observabant, congressique cum eis in colloquium venerunt, si quo pacto Bœoti societatem secum inire possent, quemadmodum Corinthii et Elei et Mantinei; se enim existimare, si res ista sibi successisset, facile jam sibi fore et bellum gerere et pacem facere et cum Lacedæmoniis, si vellent, et cum quibuscunque aliis opus esset, de publico consensu agentibus. (3) Hæc Bœotorum legatis audita placebant; nam forte

κατὰ τύχην γὰρ ἐδέοντο τούτων ὧνπερ καὶ οἱ ἐκ τῆς Λακεδαίμονος αὐτοῖς φίλοι ἐπεστάλκεσαν. Καὶ οἱ τῶν Ἀργείων ἄνδρες ὡς ᾔσθοντο αὐτοὺς δεχομένους τὸν λόγον, εἰπόντες ὅτι πρέσβεις πέμψουσιν ἐς Βοιωτοὺς ἀπῆλθον. (4) Ἀφικόμενοι δὲ οἱ Βοιωτοὶ ἀπήγγειλαν τοῖς βοιωτάρχαις τά τε ἐκ τῆς Λακεδαίμονος καὶ τὰ ἀπὸ τῶν ξυγγενομένων Ἀργείων· καὶ οἱ βοιωτάρχαι ἠρέσκοντό τε καὶ πολλῷ προθυμότεροι ἦσαν, ὅτι ἀμφοτέρωθεν ξυνεβεβήκει αὐτοῖς τούς τε φίλους τῶν Λακεδαιμονίων τῶν αὐτῶν δεῖσθαι καὶ τοὺς Ἀργείους ἐς τὰ ὁμοῖα σπεύδειν. (5) Καὶ οὐ πολλῷ ὕστερον πρέσβεις παρῆσαν Ἀργείων τὰ εἰρημένα προκαλούμενοι· καὶ αὐτοὺς ἀπέπεμψαν ἐπαινέσαντες τοὺς λόγους οἱ βοιωτάρχαι, καὶ πρέσβεις ὑποσχόμενοι ἀποστελεῖν περὶ τῆς ξυμμαχίας ἐς Ἄργος.

XXXVIII. Ἐν δὲ τούτῳ ἐδόκει πρῶτον τοῖς βοιωτάρχαις καὶ Κορινθίοις καὶ Μεγαρεῦσι καὶ τοῖς ἀπὸ Θρᾴκης πρέσβεσιν ὀμόσαι ὅρκους ἀλλήλοις ἦ μὴν ἔν τε τῷ παρατυχόντι ἀμυνεῖν τῷ δεομένῳ καὶ μὴ πολεμήσειν τῳ μηδὲ ξυμβήσεσθαι ἄνευ κοινῆς γνώμης, καὶ οὕτως ἤδη τοὺς Βοιωτοὺς καὶ Μεγαρέας (τὸ γὰρ αὐτὸ ἐποίουν) πρὸς τοὺς Ἀργείους σπένδεσθαι. (2) Πρὶν δὲ τοὺς ὅρκους γενέσθαι οἱ βοιωτάρχαι ἐκοίνωσαν ταῖς τέσσαρσι βουλαῖς τῶν Βοιωτῶν ταῦτα, αἵπερ ἅπαν τὸ κῦρος ἔχουσιν, καὶ παρῄνουν γενέσθαι ὅρκους ταῖς πόλεσιν, ὅσαι βούλονται ἐπ' ὠφελίᾳ σφίσι ξυνομνύναι. (3) Οἱ δ' ἐν ταῖς βουλαῖς τῶν Βοιωτῶν ὄντες οὐ προσδέχονται τὸν λόγον, δεδιότες μὴ ἐναντία Λακεδαιμονίοις ποιήσωσι, τοῖς ἐκείνων ἀφεστῶσι Κορινθίοις ξυνομνύντες· οὐ γὰρ εἶπον αὐτοῖς οἱ βοιωτάρχαι τὰ ἐκ τῆς Λακεδαίμονος, ὅτι τῶν τε ἐφόρων Κλεόβουλος καὶ Ξενάρης καὶ οἱ φίλοι παραινοῦσιν Ἀργείων πρῶτον καὶ Κορινθίων γενομένους ξυμμάχους ὕστερον μετὰ τῶν Λακεδαιμονίων γίγνεσθαι, οἰόμενοι τὴν βουλήν, κἂν μὴ εἴπωσιν, οὐκ ἄλλα ψηφιεῖσθαι ἢ ἃ σφίσι προδιαγνόντες παραινοῦσιν. (4) Ὡς δὲ ἀντέστη τὸ πρᾶγμα, οἱ μὲν Κορίνθιοι καὶ οἱ ἀπὸ Θρᾴκης πρέσβεις ἄπρακτοι ἀπῆλθον, οἱ δὲ βοιωτάρχαι μέλλοντες πρότερον, εἰ ταῦτα ἔπεισαν, καὶ τὴν ξυμμαχίαν πειράσεσθαι πρὸς Ἀργείους ποιεῖν, οὐκέτι ἐσήνεγκαν περὶ Ἀργείων ἐς τὰς βουλάς, οὐδὲ ἐς τὸ Ἄργος τοὺς πρέσβεις οὓς ὑπέσχοντο ἔπεμπον, ἀμέλεια δέ τις ἐνῆν καὶ διατριβὴ τῶν πάντων.

XXXIX. Καὶ ἐν τῷ αὐτῷ χειμῶνι τούτῳ Μηκύβερναν Ὀλύνθιοι, Ἀθηναίων φρουρούντων, ἐπιδραμόντες εἷλον. (2) Μετὰ δὲ ταῦτα (ἐγίγνοντο γὰρ ἀεὶ λόγοι τοῖς τε Ἀθηναίοις καὶ Λακεδαιμονίοις περὶ ὧν εἶχον ἀλλήλων) ἐλπίζοντες οἱ Λακεδαιμόνιοι, εἰ Πάνακτον Ἀθηναῖοι παρὰ Βοιωτῶν ἀπολάβοιεν, κομίσασθαι ἂν αὐτοὶ Πύλον, ἦλθον ἐς τοὺς Βοιωτοὺς πρεσβευόμενοι καὶ ἐδέοντο σφίσι Πάνακτόν τε καὶ τοὺς Ἀθηναίων δεσμώτας παραδοῦναι, ἵν' ἀντ' αὐτῶν Πύλον κομίσωνται. (3) Οἱ δὲ Βοιωτοὶ οὐκ ἔφασαν ἀποδώσειν, ἢν μὴ σφίσι ξυμμαχίαν ἰδίαν ποιήσωνται ὥσπερ Ἀθηναίοις. Λακεδαιμόνιοι δὲ

accidit, ut ea peterent, quæ etiam amici, qui Lacedæmone erant, ipsis mandarant. Quum autem illi duo Argivi suum sermonem ab iis probari animadvertissent, dixerunt, se legatos in Bœotiam missuros, et abierunt. (4) Bœoti vero domum reversi ad bœotarchas detulerunt et ea, quæ Lacedæmone, et ea, quæ ex Argivis in congressu audiverant; et bœotarchæ ea probabant, et multo promptiores erant, quod ipsis utrinque contigisset, ut et illi ex Lacedæmoniis, quos sibi amicos habebant, eadem peterent, et Argivi ad similia properarent. (5) Nec multo post Argivorum legati venerunt, ut eos sollicitarent ad transigenda ea, quæ promiserant, et bœotarchæ probatis postulatis ipsos remiserunt, polliciti, se legationem Argos de societate missuros.

XXXVIII. Interea vero bœotarchis et Corinthiis et Megarensibus et legatis ex Thracia missis primum placebat, ut jurejurando interposito fidem sibi mutuo darent, quotiescunque res hoc flagitaret, opem ei se laturos, qui ope indigeret, nec se bellum cuiquam illaturos neque compositionem facturos, nisi de communi sententia, et ita nunc jam Bœoti et Megarenses (idem enim faciebant) cum Argivis fœdus facere. (2) Verum antequam jusjurandum juraretur, bœotarchæ rem communicarunt cum quatuor Bœotorum consiliis, quæ summam rerum Bœoticarum potestatem habent, et suadebant, ut jurejurando interposito fœdus cum illis civitatibus iniretur, quæcunque mutui auxilii gratia secum fœdus adhibito jurejurando facere vellent. (3) At Bœoti, qui in illis consiliis erant, rem non probarunt, veriti, ne Lacedæmoniis adversarentur, si cum Corinthiis, qui ab illis defecerant, interposito jurejurando fœdus facerent; neque enim bœotarchæ ipsis dixerant ea, quæ Lacedæmone allata erant, et ex ephoris Cleobulum et Xenarem, et alios amicos suadere, ut prius cum Argivis et Corinthiis societatem inirent, deinde cum Lacedæmoniis eandem facerent, rati, illos qui erant in consilio, quamvis hæc non dixissent, tamen nihil aliud decreturos, quam quod ipsi a se prius deliberatum iis suasissent. (4) Sed quum res contra cecidisset, Corinthii quidem et legati ex Thracia missi infecto negotio abierunt; bœotarchæ vero, qui, si hæc persuadere potuissent, operam dare statuerant, ut etiam cum Argivis societatem inirent, nec de Argivis quicquam amplius ad consilia retulerunt, nec legatos, quos se missuros promiserant, Argos miserunt, sed incuria quædam incedebat et rerum omnium procrastinatio.

XXXIX. Atque hac eadem hieme Mecybernam, ubi erat Atheniensium præsidium, Olynthii subito adorti ceperunt.

(2) Posthæc vero (nam inter Lacedæmonios et Athenienses assidua colloquia fiebant de locis, quæ alteri alterorum tenebant) existimantes Lacedæmonii, si Athenienses Panactum a Bœotis recepissent, fore, ut ipsi Pylum reciperent, Bœotos per legationem adierunt et orarunt, ut Panactum, et quotquot ex Atheniensibus in vinculis haberent, traderent, ut pro his ipsi Pylum reciperent. (3) Bœoti vero negarunt, se hæc reddituros, nisi secum, quemadmodum cum Atheniensibus, societatem privatim coirent. Lacedæmonii

εἰδότες μὲν ὅτι ἀδικήσουσιν Ἀθηναίους, εἰρημένον ἄνευ ἀλλήλων μήτε σπένδεσθαί τῳ μήτε πολεμεῖν, βουλόμενοι δὲ καὶ τὸ Πάνακτον παραλαβεῖν ὡς τὴν Πύλον ἀντ' αὐτοῦ κομιούμενοι, καὶ ἅμα τῶν ξυγχέαι σπευδόντων τὰς σπονδὰς προθυμουμένων τὰ ἐς Βοιωτούς, ἐποιήσαντο τὴν ξυμμαχίαν τοῦ χειμῶνος τελευτῶντος ἤδη καὶ πρὸς ἔαρ· καὶ τὸ Πάνακτον εὐθὺς καθῃρεῖτο. Καὶ ἑνδέκατον ἔτος τῷ πολέμῳ ἐτελεύτα.

XL. Ἅμα δὲ τῷ ἦρι εὐθὺς τοῦ ἐπιγιγνομένου θέρους οἱ Ἀργεῖοι, ὡς οἵ τε πρέσβεις τῶν Βοιωτῶν οὓς ἔφασαν πέμψειν οὐχ ἧκοντο, τό τε Πάνακτον ᾔσθοντο καθαιρούμενον καὶ ξυμμαχίαν ἰδίαν γεγενημένην τοῖς Βοιωτοῖς πρὸς τοὺς Λακεδαιμονίους, ἔδεισαν μὴ μονωθῶσι καὶ ἐς Λακεδαιμονίους πᾶσα ἡ ξυμμαχία χωρήσῃ· (2) τοὺς γὰρ Βοιωτοὺς ᾤοντο πεπεῖσθαι ὑπὸ Λακεδαιμονίων τό τε Πάνακτον καθελεῖν καὶ ἐς τὰς Ἀθηναίων σπονδὰς ἐσιέναι, τούς τε Ἀθηναίους εἰδέναι ταῦτα, ὥστε οὐδὲ πρὸς Ἀθηναίους ἔτι σφίσιν εἶναι ξυμμαχίαν ποιήσασθαι, πρότερον ἐλπίζοντες ἐκ τῶν διαφορῶν, εἰ μὴ μείνειαν αὐτοῖς αἱ πρὸς Λακεδαιμονίους σπονδαί, τοῖς γοῦν Ἀθηναίοις ξύμμαχοι ἔσεσθαι. (3) Ἀποροῦντες οὖν ταῦτα οἱ Ἀργεῖοι, καὶ φοβούμενοι μὴ Λακεδαιμονίοις καὶ Τεγεάταις, Βοιωτοῖς καὶ Ἀθηναίοις ἅμα πολεμῶσιν, πρότερον οὐ δεχόμενοι τὰς Λακεδαιμονίων σπονδάς, ἀλλ' ἐν φρονήματι ὄντες τῆς Πελοποννήσου ἡγήσεσθαι, ἔπεμπον ὡς ἐδύναντο τάχιστα ἐς τὴν Λακεδαίμονα πρέσβεις Εὔστροφον καὶ Αἴσωνα, οἳ ἐδόκουν προσφιλέστατοι αὐτοῖς εἶναι, ἡγούμενοι ἐκ τῶν παρόντων κράτιστα πρὸς Λακεδαιμονίους σπονδὰς ποιησάμενοι, ὅπῃ ἂν ξυγχωρῇ, ἡσυχίαν ἔχειν.

XLI. Καὶ οἱ πρέσβεις ἀφικόμενοι αὐτῶν λόγους ἐποιοῦντο πρὸς τοὺς Λακεδαιμονίους ἐφ' ᾧ ἂν σφίσιν αἱ σπονδαὶ γίγνοιντο. (2) Καὶ τὸ μὲν πρῶτον οἱ Ἀργεῖοι ἠξίουν δίκης ἐπιτροπὴν σφίσι γενέσθαι ἢ ἐς πόλιν τινὰ ἢ ἰδιώτην περὶ τῆς Κυνοσουρίας γῆς, ἧς ἀεὶ πέρι διαφέρονται μεθορίας οὔσης (ἔχει δὲ ἐν αὐτῇ Θυρέαν καὶ Ἀνθήνην πόλιν, νέμονται δ' αὐτὴν Λακεδαιμόνιοι)· ἔπειτα δ' οὐκ ἐώντων Λακεδαιμονίων μεμνῆσθαι περὶ αὐτῆς, ἀλλ' εἰ βούλονται σπένδεσθαι ὥσπερ πρότερον, ἑτοῖμοι εἶναι, οἱ Ἀργεῖοι πρέσβεις τάδε ὅμως ἐπηγάγοντο τοὺς Λακεδαιμονίους ξυγχωρῆσαι, ἐν μὲν τῷ παρόντι σπονδὰς ποιήσασθαι ἔτη πεντήκοντα, ἐξεῖναι δ' ὁποτεροισοῦν προκαλεσαμένοις, μήτε νόσου οὔσης μήτε πολέμου Λακεδαίμονι καὶ Ἄργει, διαμάχεσθαι περὶ τῆς γῆς ταύτης, ὥσπερ καὶ πρότερόν ποτε ὅτε αὐτοὶ ἑκάτεροι ἠξίωσαν νικᾶν, διώκειν δὲ μὴ ἐξεῖναι περαιτέρω τῶν πρὸς Ἄργος καὶ Λακεδαίμονα ὅρων. (3) Τοῖς δὲ Λακεδαιμονίοις τὸ μὲν πρῶτον ἐδόκει μωρία εἶναι ταῦτα, ἔπειτα (ἐπεθύμουν γὰρ τὸ Ἄργος πάντως φίλιον ἔχειν) ξυνεχώρησαν ἐφ' οἷς ἠξίουν, καὶ ξυνεγράψαντο. Ἐκέλευσαν δ' οἱ Λακεδαιμόνιοι, πρὶν τέλος τι αὐτῶν ἔχειν, ἐς τὸ Ἄργος πρῶτον ἐπαναχωρήσαντας αὐτοὺς δεῖξαι τῷ πλήθει, καὶ ἢν ἀρέσκοντα ᾖ, ἥκειν ἐς

vero, quamvis scirent, se Atheniensibus injuriam facturos, quod cautum esset, ne sine communi consensu vel fœdus cum quoquam fieret vel bellum gereretur, quia tamen Panactum recipere cupiebant, ut Pylum pro ipso recuperarent, simul etiam quod illi, qui fœdera confundere properabant, ad fœdus cum Bœotis ineundum propensiores erant, societatem cum iis fecerunt hieme jam extrema et sub vere; statimque Panactum evertebatur. Et undecimus hujus belli annus finiebatur.

XL. Ineunte autem statim vere insequentis æstatis Argivi quum Bœotorum legati, quos se missuros dixerant, non venissent, et Panactum ab illis everti intellexissent, et societatem inter Bœotos et Lacedæmonios privatim factam, extimuerunt, ne soli relinquerentur, omnesque socii se Lacedæmoniis adjungerent; (2) existimabant enim Bœotos a Lacedæmoniis inductos esse, ut et Panactum everterent et Atheniensium fœdera acciperent, Atheniensesque harum rerum conscios esse, ita ut ne cum Atheniensibus quidem societatem facere sibi amplius integrum esset, quum antea sperassent, si propter controversias ea fœdera, quæ cum Lacedæmoniis inierant, frangerentur, Atheniensium certe quidem se socios futuros. (3) Argivi igitur, quum his difficultatibus premerentur et vererentur, ne simul cum Lacedæmoniis et Tegeatis, Bœotis et Atheniensibus bellum sibi gerendum esset, qui prius Lacedæmoniorum fœdera non acciperent, sed animis elati Peloponnesi principatum se adepturos sperarent, quamprimum poterant, legatos Lacedæmonem mittebant, Eustrophum et Æsonem, qui apud illos maxime gratiosi esse videbantur, existimantes, pro præsenti rerum statu optimum esse, facto cum Lacedæmoniis fœdere, quacunque fieri posset, quietem agere.

XLI. Atque legati eorum profecti sermones habebant cum Lacedæmoniis, quibus conditionibus fœdera sibi fieri possent. (2) Ac primo quidem Argivi postulabant, ut vel civitatis vel privati alicujus arbitrio permitteretur controversia de agro Cynosurio, de quo in confiniis posito semper contendunt (hic autem ager continet Thyream et Anthenam urbem, eumque Lacedæmonii possident); deinde vero quum Lacedæmonii nullam de eo mentionem fieri sinerent, sed se, si vellent illi fœdus ex pristina formula facere, ad hoc paratos esse dicerent, Argivi legati tamen Lacedæmonios ad hæc sibi concedenda induxerunt, ut in præsentia quidem fœdus annorum quinquaginta facerent, quotiescumque vero utrilibet alteros provocassent, dummodo neque morbo neque bello vel Lacedæmoniorum vel Argivorum civitas implicita esset, de hoc agro armis decernere liceret, quemadmodum et ante quondam, quum utrique se victores discessisse judicarunt; persequi autem ne liceret ulterius, quam vel ad Argorum vel ad Lacedæmonis terminos. (3) Lacedæmoniis vero primo quidem hæc stultitiæ plena esse videbantur; deinde (Argos enim quavis ratione amicum habere cupiebant) assensi sunt iis conditionibus, quibus illi postulabant, et syngrapham fecerunt. Jubebant autem Lacedæmonii legatos, priusquam quicquam eorum ratum fieret, Argos reversos populo ostendere, qui si probasset,

τὰ Ὑακίνθια τοὺς ὅρκους ποιησομένους. Καὶ οἱ μὲν ἀνεχώρησαν·

XLII. ἐν δὲ τῷ χρόνῳ τούτῳ ᾧ οἱ Ἀργεῖοι ταῦτα ἔπρασσον, οἱ πρέσβεις τῶν Λακεδαιμονίων Ἀνδρομέδης καὶ Φαίδιμος καὶ Ἀντιμενίδας, οὓς ἔδει τὸ Πάνακτον καὶ τοὺς ἄνδρας τοὺς παρὰ Βοιωτῶν παραλαβόντας Ἀθηναίοις ἀποδοῦναι, τὸ μὲν Πάνακτον ὑπὸ τῶν Βοιωτῶν αὐτῶν καθῃρημένον εὗρον, ἐπὶ προφάσει ὡς ἦσάν ποτε Ἀθηναίοις καὶ Βοιωτοῖς ἐκ διαφορᾶς περὶ αὐτοῦ ὅρκοι παλαιοὶ μηδετέρους οἰκεῖν τὸ χωρίον ἀλλὰ κοινῇ νέμειν, τοὺς δ' ἄνδρας οὓς εἶχον αἰχμαλώτους Βοιωτοὶ Ἀθηναίων, παραλαβόντες οἱ περὶ τὸν Ἀνδρομέδην ἐκόμισαν τοῖς Ἀθηναίοις καὶ ἀπέδοσαν, τοῦ τε Πανάκτου τὴν καθαίρεσιν ἔλεγον αὐτοῖς, νομίζοντες καὶ τοῦτο ἀποδιδόναι· πολέμιον γὰρ οὐκέτι ἐν αὐτῷ Ἀθηναίοις οἰκήσειν οὐδένα. (2) Λεγομένων δὲ τούτων οἱ Ἀθηναῖοι δεινὰ ἐποίουν, νομίζοντες ἀδικεῖσθαι ὑπὸ Λακεδαιμονίων τοῦ τε Πανάκτου τῇ καθαιρέσει ὃ ἔδει ὀρθὸν παραδοῦναι, καὶ πυνθανόμενοι ὅτι καὶ Βοιωτοῖς ἰδίᾳ ξυμμαχίαν πεποίηνται, φάσκοντες πρότερον κοινῇ τοὺς μὴ δεχομένους τὰς σπονδὰς προσαναγκάσειν. Τά τε ἄλλα ἐσκόπουν ὅσα ἐξελελοίπεσαν τῆς ξυνθήκης, καὶ ἐνόμιζον ἐξηπατῆσθαι, ὥστε χαλεπῶς πρὸς τοὺς πρέσβεις ἀποκρινάμενοι ἀπέπεμψαν.

XLIII. Κατὰ τοιαύτην δὴ διαφορὰν ὄντων τῶν Λακεδαιμονίων πρὸς τοὺς Ἀθηναίους, οἱ ἐν ταῖς Ἀθήναις αὖ βουλόμενοι λῦσαι τὰς σπονδὰς εὐθὺς ἐνέκειντο. (2) Ἦσαν δὲ ἄλλοι τε καὶ Ἀλκιβιάδης ὁ Κλεινίου, ἀνὴρ ἡλικίᾳ μὲν ὢν ἔτι τότε νέος ὡς ἐν ἄλλῃ πόλει, ἀξιώματι δὲ προγόνων τιμώμενος· ᾧ ἐδόκει καὶ ἄμεινον εἶναι πρὸς τοὺς Ἀργείους μᾶλλον χωρεῖν, οὐ μέντοι ἀλλὰ καὶ φρονήματι φιλονεικῶν ἠναντιοῦτο, ὅτι Λακεδαιμόνιοι διὰ Νικίου καὶ Λάχητος ἔπραξαν τὰς σπονδάς, αὐτὸν κατά τε τὴν νεότητα ὑπεριδόντες καὶ κατὰ τὴν παλαιὰν προξενίαν ποτὲ οὖσαν οὐ τιμήσαντες, ἣν τοῦ πάππου ἀπειπόντος αὐτὸς τοὺς ἐκ τῆς νήσου αὐτῶν αἰχμαλώτους θεραπεύων διενοεῖτο ἀνανεώσασθαι. (3) Πανταχόθεν τε νομίζων ἐλασσοῦσθαι τό τε πρῶτον ἀντεῖπεν, οὐ βεβαίους φάσκων εἶναι Λακεδαιμονίους, ἀλλ' ἵνα Ἀργείους σφίσι σπεισάμενοι ἐξέλωσι καὶ αὖθις ἐπ' Ἀθηναίους μόνους ἴωσι, τούτου ἕνεκα σπένδεσθαι αὐτούς· καὶ τότε, ἐπειδὴ ἡ διαφορὰ ἐγεγένητο, πέμπει εὐθὺς ἐς Ἄργος ἰδίᾳ κελεύων ὡς τάχιστα ἐπὶ τὴν ξυμμαχίαν προκαλουμένους ἥκειν μετὰ Μαντινέων καὶ Ἠλείων, ὡς καιροῦ ὄντος καὶ αὐτὸς ξυμπράξων τὰ μάλιστα.

XLIV. Οἱ δὲ Ἀργεῖοι ἀκούσαντες τῆς τε ἀγγελίας, καὶ ἐπειδὴ ἔγνωσαν οὐ μετ' Ἀθηναίων πραχθεῖσαν τὴν τῶν Βοιωτῶν ξυμμαχίαν, ἀλλ' ἐς διαφορὰν μεγάλην καθεστῶτας αὐτοὺς πρὸς τοὺς Λακεδαιμονίους, τῶν μὲν ἐν Λακεδαίμονι πρέσβεων, οἵ σφίσι περὶ τῶν σπονδῶν ἔτυχον ἀπόντες, ἠμέλουν, πρὸς δὲ τοὺς Ἀθηναίους μᾶλλον τὴν γνώμην εἶχον, νομίζοντες πόλιν τε σφίσι

φιλίαν ἀπὸ παλαιοῦ καὶ δημοκρατουμένην ὥσπερ καὶ αὐτοὶ καὶ δύναμιν μεγάλην ἔχουσαν τὴν κατὰ θάλασσαν ξυμπολεμήσειν σφίσιν, ἣν καθιστῶνται ἐς πόλεμον. (2) Ἔπεμπον οὖν εὐθὺς πρέσβεις ὡς τοὺς Ἀθηναίους περὶ τῆς ξυμμαχίας· ξυνεπρεσβεύοντο δὲ καὶ οἱ Ἠλεῖοι καὶ Μαντινῆς. (3) Ἀφίκοντο δὲ καὶ Λακεδαιμονίων πρέσβεις κατὰ τάχος, δοκοῦντες ἐπιτήδειοι εἶναι τοῖς Ἀθηναίοις, Φιλοχαρίδας καὶ Λέων καὶ Ἔνδιος, δείσαντες μὴ τήν τε ξυμμαχίαν ὀργιζόμενοι πρὸς τοὺς Ἀργείους ποιήσωνται, καὶ ἅμα Πύλον ἀπαιτήσοντες ἀντὶ Πανάκτου, καὶ περὶ τῆς Βοιωτῶν ξυμμαχίας ἀπολογησόμενοι, ὡς οὐκ ἐπὶ κακῷ τῶν Ἀθηναίων ἐποιήσαντο.

XLV. Καὶ λέγοντες ἐν τῇ βουλῇ περί τε τούτων, καὶ ὡς αὐτοκράτορες ἥκουσι περὶ πάντων ξυμβῆναι τῶν διαφόρων, τὸν Ἀλκιβιάδην ἐφόβουν μὴ ἢν ἐς τὸν δῆμον ταῦτα λέγωσιν, ἐπαγάγωνται τὸ πλῆθος καὶ ἀπωσθῇ ἡ Ἀργείων ξυμμαχία. (2) Μηχανᾶται δὲ πρὸς αὐτοὺς τοιόνδε τι ὁ Ἀλκιβιάδης· τοὺς Λακεδαιμονίους πείθει, πίστιν αὐτοῖς δούς, ἢν μὴ ὁμολογήσωσιν ἐν τῷ δήμῳ αὐτοκράτορες ἥκειν, Πύλον τε αὐτοῖς ἀποδώσειν (πείσειν γὰρ αὐτὸς Ἀθηναίους, ὥσπερ καὶ νῦν ἀντιλέγειν) καὶ τἆλλα ξυναλλάξειν. (3) Βουλόμενος δὲ αὐτοὺς Νικίου τε ἀποστῆσαι ταῦτα ἔπραττεν, καὶ ὅπως ἐν τῷ δήμῳ διαβαλὼν αὐτοὺς ὡς οὐδὲν ἀληθὲς ἐν νῷ ἔχουσιν οὐδὲ λέγουσιν οὐδέποτε ταὐτά, τοὺς Ἀργείους καὶ Ἠλείους καὶ Μαντινέας ξυμμάχους ποιήσῃ. Καὶ ἐγένετο οὕτως. (4) Ἐπειδὴ γὰρ ἐς τὸν δῆμον παρελθόντες καὶ ἐπερωτώμενοι οὐκ ἔφασαν ὥσπερ ἐν τῇ βουλῇ αὐτοκράτορες ἥκειν, οἱ Ἀθηναῖοι οὐκέτι ἠνείχοντο, ἀλλὰ τοῦ Ἀλκιβιάδου πολλῷ μᾶλλον ἢ πρότερον καταβοῶντος τῶν Λακεδαιμονίων ἐσήκουόν τε καὶ ἕτοιμοι ἦσαν εὐθὺς παραγαγόντες τοὺς Ἀργείους καὶ τοὺς μετ' αὐτῶν ξυμμάχους ποιεῖσθαι· σεισμοῦ δὲ γενομένου πρίν τι ἐπικυρωθῆναι, ἡ ἐκκλησία αὕτη ἀνεβλήθη.

XLVI. Τῇ δ' ὑστεραίᾳ ἐκκλησίᾳ ὁ Νικίας, καίπερ τῶν Λακεδαιμονίων αὐτῶν ἠπατημένων καὶ αὐτὸς ἐξηπατημένος περὶ τοῦ μὴ αὐτοκράτορας ὁμολογῆσαι ἥκειν, ὅμως τοῖς Λακεδαιμονίοις ἔφη χρῆναι φίλους μᾶλλον γίγνεσθαι, καὶ ἐπισχόντας τὰ πρὸς Ἀργείους πέμψαι ἔτι ὡς αὐτοὺς καὶ εἰδέναι ὅ τι διανοοῦνται, λέγων ἐν μὲν τῷ σφετέρῳ καλῷ ἐν δὲ τῷ ἐκείνων ἀπρεπεῖ τὸν πόλεμον ἀναβάλλεσθαι· σφίσι μὲν γὰρ εὖ ἑστώτων τῶν πραγμάτων ὡς ἐπὶ πλεῖστον ἄριστον εἶναι διασώσασθαι τὴν εὐπραγίαν, ἐκείνοις δὲ δυστυχοῦσιν ὅτι τάχιστα εὕρημα εἶναι διακινδυνεῦσαι. (2) Ἔπεισέ τε πέμψαι πρέσβεις, ὧν καὶ αὐτὸς ἦν, κελεύσοντας Λακεδαιμονίους, εἴ τι δίκαιον διανοοῦνται, Πάνακτόν τε ὀρθὸν ἀποδιδόναι καὶ Ἀμφίπολιν, καὶ τὴν Βοιωτῶν ξυμμαχίαν ἀνεῖναι, ἢν μὴ ἐς τὰς σπονδὰς ἐσίωσι, καθάπερ εἴρητο ἄνευ ἀλλήλων μηδενὶ ξυμβαίνειν. (3) Εἰπεῖν τε ἐκέλευον ὅτι καὶ σφεῖς, εἰ ἐβούλοντο ἀδικεῖν, ἤδη ἂν Ἀργείους ξυμμάχους πεποιῆσθαι, ὡς παρεῖναί γ' αὐτοὺς αὐτοῦ τούτου ἕνεκα. Εἴ τέ τι ἄλλο ἐνεκάλουν, πάντα ἐπιστείλαντες ἀπέπεμψαν τοὺς περὶ τὸν Νικίαν πρέσβεις.

quemadmodum et sua civitas, regeretur, et quæ magnam in mari potentiam haberet, sibi, si bellum susciperent, in hoc auxilium esse laturam. (2) Confestim igitur legatos de societate acturos ad Athenienses mittebant; illos autem Eleorum et Mantineorum legati comitabantur. (3) Venerunt vero statim etiam Lacedæmoniorum legati, qui Atheniensibus accepti esse videbantur, Philocharidas et Leon et Endius, veriti, ne sibi irati societatem cum Argivis facerent, et simul Pylum pro Panacto repetituri, et societatem cum Bœotis initam purgaturi, quod eam non incommodi Atheniensium causa fecissent.

XLV. Quum autem et his de rebus in senatu verba facerent, et se cum summa potestate de componendis omnibus controversiis venisse dicerent, Alcibiadi metum incutiebant, ne, si ad populum quoque hæc rettulissent, plebem allicerent, et Argivorum societas repudiaretur. (2) Sed machinatur Alcibiades hujusmodi fraudem adversus ipsos; Lacedæmoniis, fide ipsis data, persuadet, ne coram populo fateantur, se cum summa potestate venisse, quod si fecerint, se Pylum iis redditurum, (se enim hoc Atheniensibus persuasurum, quemadmodum et nunc se adversari dicebat) et ceteras controversias compositurum. (3) Hæc autem eo consilio agebat, ut eos a Nicia alienaret, utque apud populum ipsos criminatus, quod nihil sinceri in animo haberent, nec eadem unquam dicerent, Argivorum et Eleorum et Mantineorum societatem conciliaret. Et ita evenit. (4) Nam quum legati ad populum processissent, et interrogati non dixissent, ut in senatu, se cum summa potestate venisse, tunc vero Athenienses haud amplius rem ferendam putabant, sed Alcibiadem multo vehementioribus, quam ante, clamoribus Lacedæmonios insectantem audiebant, animisque propensi erant, statim Argivos illorumque comites in concionem introductos socios facere; sed facto terræ motu, priusquam quicquam constitueretur, hæc concio dilata est.

XLVI. In concione vero, quæ postridie convocata est Nicias, quamvis ipsi Lacedæmonii decepti essent, ipse etiam deceptus de eo, quod negassent, se cum summa potestate venisse, tamen dixit oportere cum Lacedæmoniis potius societatem inire, et dilato Argivorum negotio, ad ipsos iterum mittere, et explorare, quid in animo haberent, docens hanc belli dilationem sibi quidem honestam, illis vero turpem fore; nam sibi quidem maxime expedire, florente jam republica fortunam hanc florentem quam diutissime conservare, illis vero in afflicta fortuna versantibus loco lucri fore, primo quoque tempore belli fortunam periclitari. (2) Atque persuasit ut legatos mitterent, in quorum numero et ipse erat, qui juberent Lacedæmonios, si quid sinceri in animo haberent, Panactum erectum et Amphipolin restituere, et Bœotorum societatem missam facere, si fœdus accipere non vellent, quemadmodum cautum erat, ut neutri sine mutuo consensu cum ullo pasciscerentur. (3) Imperarunt etiam, ut dicerent, se quoque, si injuriam facere voluissent, societatem cum Argivis jam facere potuisse, quod Argivi hac ipsa de causa adessent. Et si quid aliud crimini dabant, omnia in mandatis dantes Niciam ejusque

(4) Καὶ ἀφικομένων αὐτῶν καὶ ἀπαγγειλάντων τά τε ἄλλα καὶ τέλος εἰπόντων ὅτι εἰ μὴ τὴν ξυμμαχίαν ἀνήσουσι Βοιωτοῖς μὴ ἐσιοῦσιν ἐς τὰς σπονδάς, ποιήσονται καὶ αὐτοὶ Ἀργείους καὶ τοὺς μετ' αὐτῶν ξυμμάχους, τὴν μὲν ξυμμαχίαν οἱ Λακεδαιμόνιοι Βοιωτοῖς οὐκ ἔφασαν ἀνήσειν, ἐπικρατούντων τῶν περὶ τὸν Ξενάρη τὸν ἔφορον ταῦτα γίγνεσθαι, καὶ ὅσοι ἄλλοι τῆς αὐτῆς γνώμης ἦσαν, τοὺς δὲ ὅρκους δεομένου Νικίου ἀνενεώσαντο· ἐφοβεῖτο γὰρ μὴ πάντα ἀτελῆ ἔχων ἀπέλθῃ καὶ διαβληθῇ, ὅπερ καὶ ἐγένετο, αἴτιος δοκῶν εἶναι τῶν πρὸς Λακεδαιμονίους σπονδῶν. (5) Ἀναχωρήσαντός τε αὐτοῦ ὡς ἤκουσαν οἱ Ἀθηναῖοι οὐδὲν ἐκ τῆς Λακεδαίμονος πεπραγμένον, εὐθὺς δι' ὀργῆς εἶχον, καὶ νομίζοντες ἀδικεῖσθαι (ἔτυχον γὰρ παρόντες οἱ Ἀργεῖοι καὶ οἱ ξύμμαχοι, παραγαγόντος Ἀλκιβιάδου) ἐποιήσαντο σπονδὰς καὶ ξυμμαχίαν πρὸς αὐτοὺς τήνδε.

XLVII. « Σπονδὰς ἐποιήσαντο ἑκατὸν Ἀθηναῖοι τη καὶ Ἀργεῖοι καὶ Μαντινῆς καὶ Ἠλεῖοι, ὑπὲρ σφῶν αὐτῶν καὶ τῶν ξυμμάχων ὧν ἄρχουσιν ἑκάτεροι, ἀδόλους καὶ ἀβλαβεῖς, καὶ κατὰ γῆν καὶ κατὰ θάλασσαν. 2) Ὅπλα δὲ μὴ ἐξέστω ἐπιφέρειν ἐπὶ πημονῇ μήτε Ἀργείους καὶ Ἠλείους καὶ Μαντινέας καὶ τοὺς ξυμμάχους ἐπὶ Ἀθηναίους καὶ τοὺς ξυμμάχους ὧν ἄρχουσιν Ἀθηναῖοι, μήτε Ἀθηναίους καὶ τοὺς ξυμμάχους ἐπὶ Ἀργείους καὶ Ἠλείους καὶ Μαντινέας καὶ τοὺς ξυμμάχους, τέχνῃ μηδὲ μηχανῇ μηδεμιᾷ. (3) Κατὰ τάδε ξυμμάχους εἶναι Ἀθηναίους καὶ Ἀργείους καὶ Ἠλείους καὶ Μαντινέας ἑκατὸν ἔτη. Ἢν πολέμιοι ἴωσιν ἐς τὴν γῆν τὴν Ἀθηναίων, βοηθεῖν Ἀργείους καὶ Ἠλείους καὶ Μαντινέας Ἀθήναζε, καθ' ὅ τι ἂν ἐπαγγέλλωσιν Ἀθηναῖοι, τρόπῳ ὁποίῳ ἂν δύνωνται ἰσχυροτάτῳ κατὰ τὸ δυνατόν· ἢν δὲ δῃώσαντες οἴχωνται, πολεμίαν εἶναι αὐτὴν τὴν πόλιν Ἀργείοις καὶ Μαντινεῦσι καὶ Ἠλείοις καὶ Ἀθηναίοις καὶ κακῶς πάσχειν ὑπὸ πασῶν τῶν πόλεων τούτων· καταλύειν δὲ μὴ ἐξεῖναι τὸν πόλεμον πρὸς ταύτην τὴν πόλιν μηδεμιᾷ τῶν πόλεων, ἢν μὴ πάσαις δοκῇ. (4) Βοηθεῖν δὲ καὶ Ἀθηναίους ἐς Ἄργος καὶ Μαντίνειαν καὶ Ἦλιν, ἢν πολέμιοι ἴωσιν ἐπὶ τὴν γῆν τὴν Ἠλείων ἢ τὴν Μαντινέων ἢ τὴν Ἀργείων, καθ' ὅ τι ἂν ἐπαγγέλλωσιν αἱ πόλεις αὗται, τρόπῳ ποίῳ ἂν δύνωνται ἰσχυροτάτῳ κατὰ τὸ δυνατόν· ἢν δὲ δῃώσαντες οἴχωνται, πολεμίαν εἶναι ταύτην τὴν πόλιν Ἀθηναίοις καὶ Ἀργείοις καὶ Μαντινεῦσι καὶ Ἠλείοις καὶ κακῶς πάσχειν ὑπὸ πασῶν τούτων τῶν πόλεων· καταλύειν δὲ μὴ ἐξεῖναι τὸν πόλεμον πρὸς αὐτὴν τὴν πόλιν, ἢν μὴ ἁπάσαις δοκῇ ταῖς πόλεσιν.) Ὅπλα δὲ μὴ ἐᾶν ἔχοντας διιέναι ἐπὶ πολέμῳ διὰ ἧς γῆς τῆς σφετέρας αὐτῶν καὶ τῶν ξυμμάχων ὧν ἂν ἄρχωσιν ἕκαστοι, μηδὲ κατὰ θάλασσαν, ἢν μὴ ψηφισαμένων τῶν πόλεων ἁπασῶν τὴν δίοδον εἶναι, Ἀθηναίων καὶ Ἀργείων καὶ Μαντινέων καὶ Ἠλείων. (6) Τοῖς δὲ βοηθοῦσιν ἡ πόλις ἡ πέμπουσα παρεχέτω μέχρι μὲν τριάκοντα ἡμερῶν σῖτον, ἐπὴν ἔλθῃ ἐς τὴν πόλιν τὴν παγγείλασαν βοηθεῖν, καὶ ἀπιοῦσι κατὰ ταὐτά· ἢν δὲ

collegas dimiserunt. (4) Atque hi postquam pervenerunt, et denuntiarunt quum cetera, tum etiam ad extremum dixerunt, si societatem cum Bœotis initam non dirimerent, donec quidem hi fœderi accedere nollent, se quoque cum Argivis eorumque sociis societatem facturos, Lacedæmonii responderunt, se societatem quidem cum Bœotis initam non dirempturos; Xenares enim ephorus et alii, quotquot ejusdem factionis erant, evincebant, ut hæc fierent; fœderis tamen jusjurandum Nicia rogante renovarunt; verebatur enim, ne rebus omnibus prorsus infectis abiret, ac male audiret, quod etiam accidit, quippe qui fœderum cum Lacedæmoniis factorum auctor esse videretur. (5) Reverso autem eo quum Athenienses audissent, nihil apud Lacedæmonios transactum esse, confestim indignari cœperunt, et injuriam sibi fieri putantes, cum Argivis eorumque sociis (aderant enim illi, ab Alcibiade introducti) fœdera ac societatem fecerunt hanc.

XLVII. « Fœdera fecerunt Athenienses in centum annos et Argivi et Mantinei et Elei, pro se ipsis et pro sociis, quibus utrique imperant, sine dolo malo et sine noxa, tam terra quam mari. (2) Nefas autem sit Argivos et Eleos et Mantineos eorumque socios Atheniensibus ac sociis, quibus Athenienses imperant, arma detrimenti causa inferre, aut Athenienses eorumque socios Argivis et Eleis et Mantineis eorumque sociis, ulla vel fraude vel machinatione. (3) His conditionibus Athenienses et Argivi et Elei et Mantinei sint socii centum annos. Si hostes in Atheniensium agrum invadant, Argivi et Elei et Mantinei Athenas ad opem ferendam veniant, prout Athenienses denunciaverint, ratione quam acerrima poterunt pro viribus; si autem agrum populati discesserint, hæc civitas ab Argivis et Mantineis et Eleis et Atheniensibus pro hoste habeatur, et a cunctis his civitatibus malo afficiatur; nulli vero harum civitatum bellum adversus istam civitatem susceptum deponere liceat, nisi cunctis videatur. (4) Vicissim autem Athenienses quoque Argos et Mantineam et Elin ad opem ferendam proficiscantur, si hostes invadant in agrum Eleorum aut Mantineorum aut Argivorum, prout hæ civitates ipsis denunciaverint, ratione quam acerrima poterunt pro viribus; si vero agrum populati discesserint, hæc civitas ab Atheniensibus et Argivis et Mantineis et Eleis pro hoste habeatur, et a cunctis his civitatibus malo afficiatur. Bellum autem adversus hanc civitatem susceptum deponere nefas sit, nisi cunctis civitatibus videatur. (5) Præterea nulla harum civitatum per agrum suum, aut sociorum, quibus quæque imperat aut per mare, homines armatos inferendi belli gratia transire sinat, nisi universæ civitates, Atheniensis et Argiva et Mantinea et Elea, de communi sententia, ut transitus sit, decreverint. (6) Illis autem, qui opem ferent, civitas, quæ illos mittet, commeatum præbeat ad dies triginta, ab eo die, quo auxilia in eam civitatem ingressa fuerint, quæ opem sibi ferendam significaverit, et abeunti-

πλέονα βούλωνται χρόνον τῇ στρατιᾷ χρῆσθαι, ἡ πόλις ἡ μεταπεμψαμένη διδότω σῖτον, τῷ μὲν ὁπλίτῃ καὶ ψιλῷ καὶ τοξότῃ τρεῖς ὀβολοὺς Αἰγιναίους τῆς ἡμέρας ἑκάστης, τῷ δ᾽ ἱππεῖ δραχμὴν Αἰγιναίαν. (7) Ἡ δὲ πόλις ἡ μεταπεμψαμένη τὴν ἡγεμονίαν ἐχέτω, ὅταν ἐν τῇ αὑτῆς ὁ πόλεμος ᾖ· ἢν δέ ποι δόξῃ ταῖς πόλεσι κοινῇ στρατεύεσθαι, τὸ ἴσον τῆς ἡγεμονίας μετεῖναι πάσαις ταῖς πόλεσιν. (8) Ὀμόσαι δὲ τὰς σπονδὰς Ἀθηναίους μὲν ὑπέρ τε σφῶν αὐτῶν καὶ τῶν ξυμμάχων, Ἀργεῖοι δὲ καὶ Μαντινῆς καὶ Ἠλεῖοι καὶ οἱ ξύμμαχοι τούτων κατὰ πόλεις ὀμνύντων. Ὀμνύντων δὲ τὸν ἐπιχώριον ὅρκον ἕκαστοι τὸν μέγιστον κατὰ ἱερῶν τελείων. Ὁ δὲ ὅρκος ἔστω ὅδε· «ἐμμενῶ τῇ ξυμμαχίᾳ κατὰ τὰ ξυγκείμενα δικαίως καὶ ἀβλαβῶς καὶ ἀδόλως, καὶ οὐ παραβήσομαι τέχνῃ οὐδὲ μηχανῇ οὐδεμιᾷ.» (9) Ὀμνύντων δὲ Ἀθήνησι μὲν ἡ βουλὴ καὶ αἱ ἔνδημοι ἀρχαί, ἐξορκούντων δὲ οἱ πρυτάνεις. Ἐν Ἄργει δὲ ἡ βουλὴ καὶ οἱ ὀγδοήκοντα καὶ αἱ ἀρτῦναι, ἐξορκούντων δὲ οἱ ὀγδοήκοντα· ἐν δὲ Μαντινείᾳ οἱ δημιουργοὶ καὶ ἡ βουλὴ καὶ αἱ ἄλλαι ἀρχαί, ἐξορκούντων δὲ οἱ θεωροὶ καὶ οἱ πολέμαρχοι· ἐν δὲ Ἤλιδι οἱ δημιουργοὶ καὶ οἱ τὰ τέλη ἔχοντες καὶ οἱ ἑξακόσιοι, ἐξορκούντων δὲ οἱ δημιουργοὶ καὶ οἱ θεσμοφύλακες. (10) Ἀνανεοῦσθαι δὲ τοὺς ὅρκους Ἀθηναίους μὲν ἰόντας ἐς Ἦλιν καὶ ἐς Μαντίνειαν καὶ ἐς Ἄργος τριάκοντα ἡμέραις πρὸ Ὀλυμπίων, Ἀργείους δὲ καὶ Ἠλείους καὶ Μαντινέας ἰόντας Ἀθήναζε δέκα ἡμέραις πρὸ Παναθηναίων τῶν μεγάλων. (11) Τὰς δὲ ξυνθήκας τὰς περὶ τῶν σπονδῶν καὶ τῶν ὅρκων καὶ τῆς ξυμμαχίας ἀναγράψαι ἐν στήλῃ λιθίνῃ Ἀθηναίους μὲν ἐν πόλει, Ἀργείους δὲ ἐν ἀγορᾷ ἐν τοῦ Ἀπόλλωνος τῷ ἱερῷ, Μαντινέας δὲ ἐν τοῦ Διὸς τῷ ἱερῷ ἐν τῇ ἀγορᾷ· καταθέντων δὲ καὶ Ὀλυμπίασι στήλην χαλκῆν κοινῇ Ὀλυμπίοις τοῖς νυνί. (12) Ἐὰν δέ τι δοκῇ ἄμεινον εἶναι ταῖς πόλεσι ταύταις προσθεῖναι πρὸς τοῖς ξυγκειμένοις, ὅ τι [δ᾽] ἂν δόξῃ ταῖς πόλεσιν ἁπάσαις κοινῇ βουλευομέναις, τοῦτο κύριον εἶναι.»

XLVIII. Αἱ μὲν σπονδαὶ καὶ αἱ ξυμμαχίαι οὕτως ἐγένοντο, καὶ αἱ τῶν Λακεδαιμονίων καὶ Ἀθηναίων οὐκ ἀπείρηντο τούτου ἕνεκα οὐδ᾽ ὑφ᾽ ἑτέρων. (2) Κορίνθιοι δὲ Ἀργείων ὄντες ξύμμαχοι οὐκ ἐσῆλθον ἐς αὐτάς, ἀλλὰ καὶ γενομένης πρὸ τούτου Ἠλείοις καὶ Ἀργείοις καὶ Μαντινεῦσι ξυμμαχίας, τοῖς αὐτοῖς πολεμεῖν καὶ εἰρήνην ἄγειν, οὐ ξυνώμοσαν, ἀρκεῖν δ᾽ ἔφασαν σφίσι τὴν πρώτην γενομένην ἐπιμαχίαν, ἀλλήλοις βοηθεῖν, ξυνεπιστρατεύειν δὲ μηδενί. (3) Οἱ μὲν Κορίνθιοι οὕτως ἀπέστησαν τῶν ξυμμάχων, καὶ πρὸς τοὺς Λακεδαιμονίους πάλιν τὴν γνώμην εἶχον.

XLIX. Ὀλύμπια δ᾽ ἐγένετο τοῦ θέρους τούτου, οἷς Ἀνδροσθένης Ἀρκὰς παγκράτιον τὸ πρῶτον ἐνίκα· καὶ Λακεδαιμόνιοι τοῦ ἱεροῦ ὑπὸ Ἠλείων εἴρχθησαν ὥστε μὴ θύειν μηδ᾽ ἀγωνίζεσθαι, οὐκ ἐκτίνοντες τὴν δίκην αὐτοῖς ἣν ἐν τῷ Ὀλυμπιακῷ νόμῳ Ἠλεῖοι κατεδικάσαντο αὐτῶν φάσκοντες σφᾶς ἐπὶ Φύρκον τε τεῖχος ὅπλα ἐπενεγκεῖν καὶ ἐς Λέπρεον αὐτῶν ὁπλίτας ἐν ταῖς Ὀλυμ-

bus eodem modo ; si autem copiis diutius uti velint, illa civitas, quæ eas acciverit, commeatum præbeat, singulis quidem gravis ac levis armaturæ militibus atque sagittariis quotidie ternos obolos Æginæos, equiti vero singulas drachmas Æginæas. (7) Ea autem civitas, quæ copias acciverit, imperii summam obtineat, si bellum in ejus finibus geratur; si vero universis civitatibus aliquo conjunctis copiis proficisci visum fuerit, omnes civitates in hac expeditione par imperium participent. (8) Hæc autem fœdera Athenienses quidem pro se ipsis et pro sociis jurent, Argivi vero et Mantinei et Elei eorumque socii per singulas civitates jurent. Jurent autem id quique jusjurandum, quod moribus patriis maximum est, super majores hostias. Jusjurandum autem in hæc verba juretur : «Perstabo in societate ex pactis et conventis juste et innocue et sincere ; nec eam ulla vel fallacia vel machinatione violabo.» (9) Jurent autem Athenis quidem Senatus et magistratus urbani, Prytanes autem ad jusjurandum adigant. Argis vero Senatus et Octoginta viri et Artynæ, adigant vero Octoginta viri; Mantineæ vero Demiurgi et Senatus et ceteri Magistratus; adigant vero Theori et Polemarchi ; Elide vero Demiurgi et Quæstores ærarii et Sexcenti viri, adigant vero Demiurgi et Thesmophylaces. (10) Hoc autem jusjurandum renovent Athenienses quidem euntes Elin et Mantineam et Argos triginta diebus ante Olympia, Argivi vero et Elei et Mantinei euntes Athenas decem diebus ante magna Panathenæa. (11) Hæc autem fœderum et jurisjurandi et societatis pacta in lapideo cippo inscribant Athenienses quidem in arce, Argivi vero in foro in Apollinis templo, Mantinei vero in Jovis templo in foro. Cippum etiam æneum communi sumptu factum statuant Olympiæ, in ludis Olympiacis, qui nunc fiunt. (12) Quod si quid his civitatibus videatur melius esse, quod addant pactis et conventis, quicquid his universis civitatibus consilio una communicato visum fuerit, id ratum sit.»

XLVIII. Hæc igitur fœdera et societates hunc in modum initæ sunt, nec tamen ideo illa, quæ inter Lacedæmonios et Athenienses inita erant, ab alterutris renuntiata erant. (2) Corinthii vero, quamvis essent Argivorum socii, hæc tamen inire noluerunt, quinetiam quum paulo ante societas inter Eleos et Argivos et Mantineos inita esset, ea conditione, ut cum iisdem bellum gererent et pacem agerent, hujus societatis participes esse noluerunt, sed dixerunt sufficere sibi superiorem illam subsidiariam societatem, quam inter se inierant, ut alteri alteris mutuam opem ferrent, at nulli bellum communiter inferrent. (3) Atque ita Corinthii ab illorum societate recesserunt, et animum ad Lacedæmonios iterum conversum habebant.

XLIX. Hac autem æstate Olympia fuerunt, in quibus Androsthenes Arcas primum in pancratii certamine victor erat; et Lacedæmonii aditu ad templum ab Eleis prohibiti sunt, ne sacrificium facerent, neve certarent, quod ipsis non persolverent multam, quam Elei iis ex lege Olympiaca damnatis irrogaverant ; dicebant enim, illos in munitionem Phyrcum arma intulisse, et milites ex suis armatos

πιακαῖς σπονδαῖς ἐσπέμψαι. Ἡ δὲ καταδίκη δισχίλιαι μναῖ ἦσαν, κατὰ τὸν ὁπλίτην ἕκαστον δύο μναῖ, ὥσπερ ὁ νόμος ἔχει. (2) Λακεδαιμόνιοι δὲ πρέσβεις πέμψαντες ἀντέλεγον μὴ δικαίως σφῶν καταδεδικάσθαι, λέγοντες μὴ ἐπηγγέλθαι πω ἐς Λακεδαίμονα τὰς σπονδάς, ὅτ' ἐσέπεμψαν τοὺς ὁπλίτας. (3) Ἠλεῖοι δὲ τὴν παρ' αὑτοῖς ἐκεχειρίαν ἤδη ἔφασαν εἶναι (πρώτοις γὰρ σφίσιν αὐτοῖς ἐπαγγέλλουσιν), καὶ ἡσυχαζόντων σφῶν καὶ οὐ προσδεχομένων, ὡς ἐν σπονδαῖς, αὐτοὺς λαθεῖν ἀδικήσαντας. (4) Οἱ δὲ Λακεδαιμόνιοι ὑπελάμβανον οὐ χρεὼν εἶναι αὐτοὺς ἐπαγγεῖλαι ἔτι ἐς Λακεδαίμονα, εἰ ἀδικεῖν γε δὴ ἐνόμιζον αὐτούς, ἀλλ' οὐχ ὡς νομίζοντας τοῦτο δρᾶσαι, καὶ ὅπλα οὐδαμόσε ἔτι αὐτοῖς ἐπενεγκεῖν. (5) Ἠλεῖοι δὲ τοῦ αὐτοῦ λόγου εἴχοντο, ὡς μὲν οὐκ ἀδικοῦσι μὴ ἂν πεισθῆναι, εἰ δὲ βούλονται σφίσι Λέπρεον ἀποδοῦναι, τό τε αὑτῶν μέρος ἀφιέναι τοῦ ἀργυρίου, καὶ ὃ τῷ θεῷ γίγνεται αὐτοὶ ὑπὲρ ἐκείνων ἐκτίσειν.

L. Ὡς δ' οὐκ ἐσήκουον, αὖθις τάδε ἠξίουν, Λέπρεον μὲν μὴ ἀποδοῦναι, εἰ μὴ βούλονται, ἀναβάντας δὲ ἐπὶ τὸν βωμὸν τοῦ Διὸς τοῦ Ὀλυμπίου, ἐπειδὴ προθυμοῦνται χρῆσθαι τῷ ἱερῷ, ἀπομόσαι ἐναντίον τῶν Ἑλλήνων ἦ μὴν ἀποδώσειν ὕστερον τὴν καταδίκην. (2) Ὡς δὲ οὐδὲ ταῦτα ἤθελον, Λακεδαιμόνιοι μὲν εἴργοντο τοῦ ἱεροῦ, θυσίας καὶ ἀγώνων, καὶ οἴκοι ἔθυον, οἱ δὲ ἄλλοι Ἕλληνες ἐθεώρουν πλὴν Λεπρεατῶν. (3) Ὅμως δὲ οἱ Ἠλεῖοι δεδιότες μὴ βίᾳ θύσωσι, ξὺν ὅπλοις τῶν νεωτέρων φυλακὴν εἶχον· ἦλθον δὲ αὐτοῖς καὶ Ἀργεῖοι καὶ Μαντινῆς, χίλιοι ἑκατέρων, καὶ Ἀθηναίων ἱππῆς, οἳ ἐν Ἁρπείῳ ὑπέμενον τὴν ἑορτήν. (4) Δέος δ' ἐγένετο τῇ πανηγύρει μέγα μὴ ξὺν ὅπλοις ἔλθωσιν οἱ Λακεδαιμόνιοι, ἄλλως τε καὶ ἐπειδὴ καὶ Λίχας ὁ Ἀρκεσιλάου Λακεδαιμόνιος ἐν τῷ ἀγῶνι ὑπὸ τῶν ῥαβδούχων πληγὰς ἔλαβεν, ὅτι νικῶντος τοῦ ἑαυτοῦ ζεύγους καὶ ἀνακηρυχθέντος Βοιωτῶν δημοσίου κατὰ τὴν οὐκ ἐξουσίαν τῆς ἀγωνίσεως προελθὼν ἐς τὸν ἀγῶνα ἀνέδησε τὸν ἡνίοχον, βουλόμενος δηλῶσαι ὅτι ἑαυτοῦ ἦν τὸ ἅρμα· ὥστε πολλῷ δὴ μᾶλλον ἐπεφόβηντο πάντες καὶ ἐδόκει τι νέον ἔσεσθαι. Οἱ μέντοι Λακεδαιμόνιοι ἡσύχασάν τε καὶ ἡ ἑορτὴ αὐτοῖς οὕτω διῆλθεν. (5) Ἐς δὲ Κόρινθον μετὰ τὰ Ὀλύμπια Ἀργεῖοί τε καὶ οἱ ξύμμαχοι ἀφίκοντο δεησόμενοι αὐτῶν παρὰ σφᾶς ἐλθεῖν. Καὶ Λακεδαιμονίων πρέσβεις ἔτυχον παρόντες, καὶ πολλῶν λόγων γενομένων τέλος οὐδὲν ἐπράχθη, ἀλλὰ σεισμοῦ γενομένου διελύθησαν ἕκαστοι ἐπ' οἴκου. Καὶ τὸ θέρος ἐτελεύτα.

LI. Τοῦ δ' ἐπιγιγνομένου χειμῶνος Ἡρακλεώταις τοῖς ἐν Τραχῖνι μάχη ἐγένετο πρὸς Αἰνιᾶνας καὶ Δόλοπας καὶ Μηλιέας καὶ Θεσσαλῶν τινάς. (2) Προσοικοῦντα γὰρ τὰ ἔθνη ταῦτα τῇ πόλει πολέμια ἦν· οὐ γὰρ ἐπ' ἄλλῃ τινὶ γῇ ἢ τῇ τούτων τὸ χωρίον ἐτειχίσθη. Καὶ εὐθύς τε καθισταμένῃ τῇ πόλει ἠναντιοῦντο ἐς ὅσον ἐδύναντο φθείροντες, καὶ τότε τῇ μάχῃ ἐνίκησαν τοὺς Ἡρακλεώτας, καὶ Ξενάρης ὁ Κνίδιος Λακεδαιμόνιος ἄρχων αὐτῶν ἀπέθανεν, διεφθάρησαν δὲ καὶ ἄλλοι τῶν

in Lepreum immisisse Olympiaci fœderis tempore. Multa autem erat duo millia minarum, in singulos milites armatos binæ minæ, quemadmodum lege continetur. (2) Lacedæmonii vero missis legatis contradicebant, negantes, se juste condemnatos, quippe quod fœdus Lacedæmoniis nondum denuntiatum esset, quum suos milites armatos illuc immiserunt. (3) Elei autem dicebant inducias apud se jam fuisse (sibi enim ipsis primis eos indicunt), et se quiescentibus, neque tale quid exspectantibus, utpote fœderis tempore, illos clam injuriam sibi fecisse. (4) Lacedæmonii vero excipiebant, Eleos non amplius oportuisse inducias Lacedæmoniis denuntiare, si quidem jam tunc injuriam sibi ab ipsis fieri putarent, non autem ita, quasi hoc crederent, eos illud fecisse et arma se nusquam postea ipsis intulisse. (5) Elei vero in eadem sententia perstabant, dicentes, se nunquam adductum iri, ut sibi nullam injuriam fieri crederent; sed si Lepreum sibi restituere vellent, suam multæ partem remissuros, et partem, quæ deo deberetur, se pro ipsis persolutoros.

L. Sed quum Lacedæmonii audire nollent, Elei rursus hæc postularunt, ut Lepreum quidem, si nollent, non restituerent, verum adscenderent ad Jovis Olympii aram, quandoquidem templo uti exoptarent, ut coram Græcis jurarent, se multam in posterum persoluturos. (2) Sed quum ne ista quidem facere vellent, Lacedæmonii quidem a sacro, sacrificiis et certaminibus, prohibiti sunt, domique sacrificium faciebant; ceteri vero Græci, præter Lepreatas, sacras legationes mittebant. (3) Elei tamen veriti, ne Lacedæmonii per vim sacrificium facerent, cum juventute armata excubias agebant; ad ipsos autem venerunt et Argivi et Mantinei, ex utrisque milleni, et Atheniensium equites, qui dierum festorum celebrationem Argis præstolabantur. (4) Nam omnem illius cœtus frequentiam ingens timor invaserat, ne Lacedæmonii armati eo venirent, præsertim postea quam Lichas Arcesilai filius Lacedæmonius virgis a lictoribus in stadio cæsus erat, quod quum ipsius bigæ vicissent, et per præconis vocem renunciatum esset Bœotorum commune ut victor, quod Lacedæmoniis interdictum erat certaminibus, ipse in stadium progressus aurigam coronasset, cupiens indicare currum illum suum esse; quamobrem multo magis omnes tunc timuerunt, et aliquid novi fore videbatur. Lacedæmonii tamen quieverunt, atque illa dierum festorum celebratio sic is præteriit. (5) Post Olympia autem Argivi eorumque socii Corinthum iverunt, oraturi Corinthios, ut ad se transirent. Aderant autem et Lacedæmoniorum legati, et quamvis multi sermones habiti essent, ad extremum tamen nihil confectum est, sed facto terræ motu in suam quique urbem discesserunt. Atque hæc æstas finiebatur.

LI. Ineunte autem hieme Heracleotæ, qui sunt in agro Trachinio, cum Ænianibus et Dolopibus et Meliensibus et nonnullis Thessalis prœlium commiserunt. (2) Nam hæ gentes, quæ Heracleotarum urbi finitimæ erant, ei hostes erant; hæc enim urbs non adversus ullum alium, quam istarum gentium agrum condita erat. Et simul atque condi cœpta est, statim ei adversari cœperunt, eam pro viribus atterentes, et tunc Heracleotas prœlio superarunt, et Xenares, Cnidis filius, Lacedæmonius ipsorum dux in eo ce-

Ἡρακλεωτῶν. Καὶ ὁ χειμὼν ἐτελεύτα, καὶ δωδέκατον ἔτος τῷ πολέμῳ ἐτελεύτα.

LII. Τοῦ δ' ἐπιγιγνομένου θέρους εὐθὺς ἀρχομένου τὴν Ἡράκλειαν, ὡς μετὰ τὴν μάχην κακῶς ἐφθείρετο, Βοιωτοὶ παρέλαβον, καὶ Ἡγησιππίδαν τὸν Λακεδαιμόνιον ὡς οὐ καλῶς ἄρχοντα ἐξέπεμψαν. Δείσαντες δὲ παρέλαβον τὸ χωρίον μὴ Λακεδαιμονίων τὰ κατὰ Πελοπόννησον θορυβουμένων Ἀθηναῖοι λάβωσιν· Λακεδαιμόνιοι μέντοι ὠργίζοντο αὐτοῖς.

(2) Καὶ τοῦ αὐτοῦ θέρους Ἀλκιβιάδης ὁ Κλεινίου στρατηγὸς ὢν Ἀθηναίων, Ἀργείων καὶ τῶν ξυμμάχων ξυμπρασσόντων, ἐλθὼν ἐς Πελοπόννησον μετ' ὀλίγων Ἀθηναίων ὁπλιτῶν καὶ τοξοτῶν, καὶ τῶν αὐτόθεν ξυμμάχων παραλαβών, τά τε ἄλλα ξυγκαθίστη περὶ τὴν ξυμμαχίαν διαπορευόμενος Πελοπόννησον τῇ στρατιᾷ, καὶ Πατρέας τε τείχη καθεῖναι ἔπεισεν ἐς θάλασσαν, καὶ αὐτὸς ἕτερον διενοεῖτο τειχίσαι ἐπὶ τῷ Ῥίῳ τῷ Ἀχαϊκῷ. Κορίνθιοι δὲ καὶ Σικυώνιοι, καὶ οἷς ἦν ἐν βλάβῃ τειχισθέν, βοηθήσαντες διεκώλυσαν.

LIII. Τοῦ δ' αὐτοῦ θέρους Ἐπιδαυρίοις καὶ Ἀργείοις πόλεμος ἐγένετο, προφάσει μὲν περὶ τοῦ θύματος τοῦ Ἀπόλλωνος τοῦ Πυθέως, ὃ δέον ἀπαγαγεῖν οὐκ ἀπέπεμπον ὑπὲρ βοταμίων Ἐπιδαύριοι (κυριώτατοι δὲ τοῦ ἱεροῦ ἦσαν Ἀργεῖοι)· ἐδόκει δὲ καὶ ἄνευ τῆς αἰτίας τὴν Ἐπίδαυρον τῷ τε Ἀλκιβιάδῃ καὶ τοῖς Ἀργείοις προσλαβεῖν, ἢν δύνωνται, τῆς τε Κορίνθου ἕνεκα ἡσυχίας, καὶ ἐκ τῆς Αἰγίνης βραχυτέραν ἔσεσθαι τὴν βοήθειαν ἢ Σκύλλαιον περιπλεῖν τοῖς Ἀθηναίοις. Παρεσκευάζοντο οὖν οἱ Ἀργεῖοι ὡς αὐτοὶ ἐς τὴν Ἐπίδαυρον διὰ τοῦ θύματος τὴν ἔσπραξιν ἐσβαλοῦντες.

LIV. Ἐξεστράτευσαν δὲ καὶ οἱ Λακεδαιμόνιοι κατὰ τοὺς αὐτοὺς χρόνους πανδημεὶ ἐς Λεῦκτρα τῆς ἑαυτῶν μεθορίας πρὸς τὸ Λύκαιον, Ἄγιδος τοῦ Ἀρχιδάμου βασιλέως ἡγουμένου· ᾔδει δὲ οὐδεὶς ὅποι στρατεύουσιν, οὐδὲ αἱ πόλεις ἐξ ὧν ἐπέμφθησαν. (2) Ὡς δ' αὐτοῖς τὰ διαβατήρια θυομένοις οὐ προυχώρει, αὐτοί τε ἀπῆλθον ἐπ' οἴκου καὶ τοῖς ξυμμάχοις περιήγγειλαν μετὰ τὸν μέλλοντα (Κάρνειος δ' ἦν μήν, ἱερομηνία Δωριεῦσι) παρασκευάζεσθαι ὡς στρατευσομένους. (3) Ἀργεῖοι δ' ἀναχωρησάντων αὐτῶν τοῦ πρὸ τοῦ Καρνείου μηνὸς ἐξελθόντες τετράδι φθίνοντος, καὶ ἄγοντες τὴν ἡμέραν ταύτην πάντα τὸν χρόνον, ἐσέβαλον ἐς τὴν Ἐπιδαυρίαν καὶ ἐδῄουν. (4) Ἐπιδαύριοι δὲ τοὺς ξυμμάχους ἐπεκαλοῦντο· ὧν τινὲς οἱ μὲν τὸν μῆνα προυφασίσαντο, οἱ δὲ καὶ ἐς μεθορίαν τῆς Ἐπιδαυρίας ἐλθόντες ἡσύχαζον.

LV. Καὶ καθ' ὃν χρόνον ἐν τῇ Ἐπιδαύρῳ οἱ Ἀργεῖοι ἦσαν, ἐς Μαντίνειαν πρεσβεῖαι ἀπὸ τῶν πόλεων ξυνῆλθον, Ἀθηναίων παρακαλεσάντων. Καὶ γιγνομένων λόγων Εὐφαμίδας ὁ Κορίνθιος οὐκ ἔφη τοὺς λόγους τοῖς ἔργοις ὁμολογεῖν· σφεῖς μὲν γὰρ περὶ εἰρήνης ξυγκαθῆσθαι, τοὺς δ' Ἐπιδαυρίους καὶ τοὺς ξυμμάχους καὶ τοὺς Ἀργείους μεθ' ὅπλων ἀντιτετάχθαι· διαλῦσαι οὖν πρῶτον χρῆναι ἀφ' ἑκατέρων ἐλθόντας τὰ στρατόπεδα,

cidit; et alii etiam Heracleotæ perierunt. Atque illa hiems finiebatur et duodecimus hujus belli annus finiebatur.

LII. Insequentis autem æstatis initio statim Heracleam, quod post prœlium graviter infestaretur, Bœoti in fidem receperunt, et Hegesippidam Lacedæmonium ut perperam res illas administrantem expulerunt. Hanc autem urbem receperunt veriti, ne Lacedæmoniis Peloponnesi tumultu turbatis, Athenienses eam occuparent. Lacedæmonii tamen ipsis erant irati.

(2) Eadem æstate Alcibiades Cliniæ filius, Atheniensium dux, Argivis ac sociis, eum adjuvantibus, in Peloponnesum profectus, cum paucis gravis armaturæ militibus Atheniensibus et sagittariis, et sociis, quos illinc assumpserat, tum alia quæ ad societatem pertinebant, constituebat, per mediam Peloponnesum cum copiis iter faciens, tum etiam Patrensibus persuasit, ut muros ad mare usque perducerent, et ipse alteram munitionem Rhium Achaicum versus exstruere in animo habebat. Sed Corinthii et Sicyonii et alii, quibus hi muri exstructi damnum daturi erant, auxilio accurrentes impediverunt.

LIII. Eadem æstate bellum inter Epidaurios et Argivos gestum est, prætextu quidem hostiæ, quam ad Apollinem Pythium Epidaurii pascuorum nomine adducere debuerant, nec tamen mittebant (ipsum autem templum erat potissimum in Argivorum potestate); sed vel sine ista causa Alcibiades et Argivi Epidaurum, si possent, occupare statuerant, tum ut Corinthus esset pacata, tum etiam quod Athenienses auxilium ex Ægina Argivis itinere compendiosiore latum iri putarent, quam si Scyllæum circumveherentur. Argivi igitur se præparabant ad irruptionem in Epidaurum faciendam, ut ipsimet hostiam exigerent.

LIV. Per eadem autem tempora Lacedæmonii quoque cum universis copiis ad Leuctra in agri sui confiniis sita adversus Lycæum duce Agide Archidami filio, rege suo, profecti sunt; nemo autem sciebat, quonam proficiscerentur, et ne ipsæ quidem civitates, unde milites emissi erant. (2) Sed quum pro transitu sacrificia facientes litare non potuissent, et ipsi domum redierunt, et sociis per nuncios circummissos edixerunt, ut post insequentem mensem (Carneus vero mensis erat, in quo stata sacra apud Dorienses celebrantur) se præpararent, ut ad militiam profecturi. (3) Illis autem domum reversis Argivi quarto die a fine mensis exeuntis ante mensem Carneum ex suis finibus egressi, quamvis perpetuo illum diem festum agerent, tamen in agrum Epidaurium irruperunt, eumque vastabant. (4) Epidaurii vero sociorum auxilium implorabant; horum vero nonnulli quidem hunc mensem causabantur, nonnulli etiam ad ipsa agri Epidaurii confinia profecti quiescebant.

LV. Et quo tempore Argivi in agro Epidaurio erant, legationes ex sociis civitatibus ab Atheniensibus excitæ Mantineam venerunt. Et quum in colloquium ventum esset, Euphamidas Corinthius verba cum factis congruere negavit; nam ipsos quidem de pace acturos consedisse, Epidaurios vero eorumque socios et Argivos armatos castra opposita habere; primum igitur ab utrisque missos debere exercitus dirimere, atque ita demum de pace verba rursus facienda.

καὶ οὕτω πάλιν λέγειν περὶ τῆς εἰρήνης. (2) Καὶ πεισθέντες ᾤχοντο καὶ τοὺς Ἀργείους ἀπήγαγον ἐκ τῆς Ἐπιδαυρίας. Ὕστερον δὲ ἐς τὸ αὐτὸ ξυνελθόντες οὐδ' ὣς ἐδυνήθησαν ξυμβῆναι, ἀλλ' οἱ Ἀργεῖοι πάλιν ἐς τὴν Ἐπιδαυρίαν ἐσέβαλον καὶ ἐδῄουν. (3) Ἐξεστράτευσαν δὲ καὶ οἱ Λακεδαιμόνιοι ἐς Καρύας, καὶ ὡς οὐδ' ἐνταῦθα τὰ διαβατήρια αὐτοῖς ἐγένετο, ἐπανεχώρησαν. (4) Ἀργεῖοι δὲ τεμόντες τῆς Ἐπιδαυρίας ὡς τὸ τρίτον μέρος ἀπῆλθον ἐπ' οἴκου. Καὶ Ἀθηναίων αὐτοῖς χίλιοι ἐβοήθησαν ὁπλῖται καὶ Ἀλκιβιάδης στρατηγός· πυθόμενοι δὲ τοὺς Λακεδαιμονίους ἐξεστρατεῦσθαι, καὶ ὡς οὐδὲν ἔτι αὐτῶν ἔδει, ἀπῆλθον. Καὶ τὸ θέρος οὕτω διῆλθεν.

LVI. Τοῦ δ' ἐπιγιγνομένου χειμῶνος Λακεδαιμόνιοι λαθόντες Ἀθηναίους φρουρούς τε τριακοσίους καὶ Ἀγησιππίδαν ἄρχοντα κατὰ θάλασσαν ἐς Ἐπίδαυρον ἐσέπεμψαν. (2) Ἀργεῖοι δ' ἐλθόντες παρ' Ἀθηναίους ἐπεκάλουν ὅτι γεγραμμένον ἐν ταῖς σπονδαῖς διὰ τῆς ἑαυτῶν ἑκάστους μὴ ἐᾶν πολεμίους διϊέναι, ἐάσειαν κατὰ θάλασσαν παραπλεῦσαι· καὶ εἰ μὴ κἀκεῖνοι ἐς Πύλον κομιοῦσιν ἐπὶ Λακεδαιμονίους τοὺς Μεσσηνίους καὶ Εἵλωτας, ἀδικήσεσθαι αὐτοί. (3) Ἀθηναῖοι δὲ Ἀλκιβιάδου πείσαντος τῇ μὲν Λακωνικῇ στήλῃ ὑπέγραψαν ὅτι οὐκ ἐνέμειναν οἱ Λακεδαιμόνιοι τοῖς ὅρκοις, ἐς δὲ Πύλον ἐκόμισαν τοὺς ἐκ Κρανίων Εἵλωτας λῄζεσθαι, τὰ δ' ἄλλα ἡσύχαζον. (4) Τὸν δὲ χειμῶνα τοῦτον πολεμούντων Ἀργείων καὶ Ἐπιδαυρίων μάχη μὲν οὐδεμία ἐγένετο ἐκ παρασκευῆς, ἐνέδραι δὲ καὶ καταδρομαί, ἐν αἷς ὡς τύχοιεν ἑκατέρων τινὲς διεφθείροντο. (5) Καὶ τελευτῶντος τοῦ χειμῶνος πρὸς ἔαρ ἤδη κλίμακας ἔχοντες οἱ Ἀργεῖοι ἦλθον ἐπὶ τὴν Ἐπίδαυρον, ὡς ἐρήμου οὔσης διὰ τὸν πόλεμον βίᾳ αἱρήσοντες· καὶ ἄπρακτοι ἀπῆλθον. Καὶ ὁ χειμὼν ἐτελεύτα, καὶ τρίτον καὶ δέκατον ἔτος τῷ πολέμῳ ἐτελεύτα.

LVII. Τοῦ δ' ἐπιγιγνομένου θέρους μεσοῦντος Λακεδαιμόνιοι, ὡς αὐτῶν οἵ τε Ἐπιδαύριοι ξύμμαχοι ὄντες ἐταλαιπώρουν καὶ τἆλλα ἐν τῇ Πελοποννήσῳ τὰ μὲν ἀφεστήκει τὰ δ' οὐ καλῶς εἶχεν, νομίσαντες, εἰ μὴ καταλήψονται ἐν τάχει, ἐπὶ πλέον χωρήσεσθαι αὐτά, ἐστράτευον αὐτοὶ καὶ οἱ Εἵλωτες πανδημεὶ ἐπ' Ἄργος· ἡγεῖτο δὲ Ἆγις ὁ Ἀρχιδάμου Λακεδαιμονίων βασιλεύς. (2) Ξυνεστράτευον δ' αὐτοῖς Τεγεᾶται καὶ ὅσοι ἄλλοι Ἀρκάδων Λακεδαιμονίοις ξύμμαχοι ἦσαν. Οἱ δ' ἐκ τῆς ἄλλης Πελοποννήσου ξύμμαχοι καὶ οἱ ἔξωθεν ἐς Φλιοῦντα ξυνελέγοντο, Βοιωτοὶ μὲν πεντακισχίλιοι ὁπλῖται καὶ τοσοῦτοι ψιλοὶ καὶ ἱππῆς πεντακόσιοι καὶ ἄμιπποι ἴσοι, Κορίνθιοι δὲ δισχίλιοι ὁπλῖται, οἱ δ' ἄλλοι ὡς ἕκαστοι, Φλιάσιοι δὲ πανστρατιᾷ, ὅτι ἐν τῇ ἐκείνων ἦν τὸ στράτευμα.

LVIII. Ἀργεῖοι δὲ προαισθόμενοι τό τε πρῶτον τὴν παρασκευὴν τῶν Λακεδαιμονίων, καὶ ἐπειδὴ ἐς τὸν Φλιοῦντα βουλόμενοι τοῖς ἄλλοις προσμῖξαι ἐχώρουν, τότε δὴ ἐξεστράτευσαν καὶ αὐτοί· ἐβοήθησαν δ' αὐτοῖς καὶ Μαντινῆς, ἔχοντες τοὺς σφετέρους ξυμμάχους, καὶ

(2) His autem verbis adducti abierunt et Argivos ex agro Epidaurio abduxerunt. Postea vero quum in eundem locum rursus convenissent, ne sic quidem quicquam communiter transigere potuerunt, sed Argivi rursus in agrum Epidaurium irruperunt, eumque vastabant. (3) Lacedaemonii vero et ipsi cum suis copiis adversus Caryas profecti sunt, et quum ne hic quidem sacrificia pro transitu facientes litare potuissent, domum redierunt. (4) Argivi vero tertia fere agri Epidaurii parte vastata domum reverterunt. Ipsis autem mille gravis armaturae milites Athenienses duce Alcibiade auxilium tulerunt, quum autem Lacedaemonios cum copiis ex suis finibus egressos audissent, et quum opera sua non amplius opus esset, abierunt. Atque aestas ita exacta est.

LVI. Sequentis hiemis initio Lacedaemonii clam Atheniensibus praesidium trecentorum militum et Agesippidam ducem per mare Epidaurum immiserunt. (2) Argivi vero ad Athenienses profecti cum iis expostularunt, quod, quum in foederibus scriptum esset, ut nulli per agrum suum hostes transire sinerent, per mare Lacedaemonios transire permisissent; et nisi ipsi quoque Messenios et servitia adversus Lacedaemonios Pylum reduxissent, se ab iis injuria affectum iri. (3) Athenienses vero auctore Alcibiade cippo Laconico subscripserunt, Lacedaemonios in foedere non perstitisse, et Pylum e Craniis servitia reduxerunt, ut latrocinarentur; cetera vero quiescebant. (4) Per hanc autem hiemem, quum Argivi et Epidaurii bellum inter se gererent, tamen nullum quidem proelium acie palam instructa commissum est, sed insidiae et incursiones tantum factae sunt, in quibus, prout casus tulit, ex utrisque nonnulli peribant. (5) Atque extrema hieme, vere jam instante, Argivi cum scalis adversus Epidaurum iverunt, ut propter bellum defensoribus denudatam expugnaturi; sed infecto negotio discesserunt. Et hiems finiebatur et decimus tertius hujus belli annus finiebatur.

LVII. Insequente aestate jam media Lacedaemonii, quum Epidaurii ipsorum socii graviter vexarentur, et aliae Peloponnesi civitates partim quidem defecissent, partim non commodo statu essent, rati, nisi celeriter eas praeoccuparent, ulterius progressuras esse, in bellum proficiscebantur ipsi et Helotes cum universis copiis adversus Argos; praeerat autem Agis Archidami filius, Lacedaemoniorum rex. (2) Cum iis autem ad hanc militiam proficiscebantur Tegeatae, et alii Arcades, quotquot erant Lacedaemoniorum socii. Ceteri autem socii, qui in Peloponneso et extra erant, ad Phliuntem cogebantur, Boeotorum quidem quinque millia gravis armaturae militum et totidem levis armaturae et quingenti equites, et totidem alii pedites equitibus mixti, Corinthiorum vero duo gravis armaturae millia, et ceterorum pro cujusque viribus numerus erat, sed Phliasii cum omnibus suis copiis venerant, quod exercitus in ipsorum agro esset.

LVIII. Argivi autem quum et initio Lacedaemoniorum apparatum praesensissent, et postea quam Phliuntem ibant, ut cum ceteris se conjungerent, tunc demum et ipsi cum exercitu prodierunt; auxilium autem tulerunt iis et Mantinei cum suis sociis, et Eleorum tria gravis armaturae

Ἠλείων τρισχίλιοι ὁπλῖται. (2) Καὶ προϊόντες ἀπαντῶσι τοῖς Λακεδαιμονίοις ἐν Μεθυδρίῳ τῆς Ἀρκαδίας, καὶ καταλαμβάνουσιν ἑκάτεροι λόφον. Καὶ οἱ μὲν Ἀργεῖοι ὡς μεμονωμένοις τοῖς Λακεδαιμονίοις παρεσκευάζοντο μάχεσθαι, ὁ δὲ Ἆγις τῆς νυκτὸς ἀναστήσας τὸν στρατὸν καὶ λαθὼν ἐπορεύετο ἐς Φλιοῦντα παρὰ τοὺς ἄλλους ξυμμάχους. (3) Καὶ οἱ Ἀργεῖοι αἰσθόμενοι ἅμα ἕῳ ἐχώρουν, πρῶτον μὲν ἐς Ἄργος, ἔπειτα ᾗ προσεδέχοντο μετὰ τῶν ξυμμάχων τοὺς Λακεδαιμονίους καταβήσεσθαι, τὴν κατὰ Νεμέαν ὁδόν. (4) Ἆγις δὲ ταύτην μὲν ἣν προσεδέχοντο οὐκ ἐτράπετο, παραγγείλας δὲ τοῖς Λακεδαιμονίοις καὶ Ἀρκάσι καὶ Ἐπιδαυρίοις ἄλλην ἐχώρησε χαλεπήν, καὶ κατέβη ἐς τὸ Ἀργείων πεδίον· καὶ Κορίνθιοι καὶ Πελληνῆς καὶ Φλιάσιοι ὄρθιον ἑτέραν ἐπορεύοντο· τοῖς δὲ Βοιωτοῖς καὶ Μεγαρεῦσι καὶ Σικυωνίοις εἴρητο τὴν ἐπὶ Νεμέας ὁδὸν καταβαίνειν, ᾗ οἱ Ἀργεῖοι καθῆντο, ὅπως εἰ οἱ Ἀργεῖοι ἐπὶ σφᾶς ἰόντες ἐς τὸ πεδίον βοηθοῖεν, ἐφεπόμενοι τοῖς ἵπποις χρῷντο. (5) Καὶ ὁ μὲν οὕτω διατάξας καὶ ἐσβαλὼν ἐς τὸ πεδίον ἐδῄου Σάμινθόν τε καὶ ἄλλα·

LIX. οἱ δὲ Ἀργεῖοι γνόντες ἐβοήθουν ἡμέρας ἤδη ἐκ τῆς Νεμέας, καὶ περιτυχόντες τῷ Φλιασίων καὶ Κορινθίων στρατοπέδῳ τῶν μὲν Φλιασίων ὀλίγους ἀπέκτειναν, ὑπὸ δὲ τῶν Κορινθίων αὐτοὶ οὐ πολλῷ πλείους διεφθάρησαν. (2) Καὶ οἱ Βοιωτοὶ καὶ οἱ Μεγαρῆς καὶ οἱ Σικυώνιοι ἐχώρουν, ὥσπερ εἴρητο αὐτοῖς, ἐπὶ τῆς Νεμέας, καὶ τοὺς Ἀργείους οὐκέτι κατέλαβον, ἀλλὰ καταβάντες, ὡς ἑώρων τὰ ἑαυτῶν δῃούμενα, ἐς μάχην παρετάσσοντο. Ἀντιπαρεσκευάζοντο δὲ καὶ οἱ Λακεδαιμόνιοι. (3) Ἐν μέσῳ δὲ ἀπειλημμένοι ἦσαν οἱ Ἀργεῖοι· ἐκ μὲν γὰρ τοῦ πεδίου οἱ Λακεδαιμόνιοι εἶργον τῆς πόλεως καὶ οἱ μετ' αὐτῶν, καθύπερθε δὲ Κορίνθιοι καὶ Φλιάσιοι καὶ Πελληνῆς, τὸ δὲ πρὸς Νεμέας Βοιωτοὶ καὶ Σικυώνιοι καὶ Μεγαρῆς. Ἵπποι δὲ αὐτοῖς οὐ παρῆσαν· οὐ γάρ πω οἱ Ἀθηναῖοι μόνοι τῶν ξυμμάχων ἧκον. (4) Τὸ μὲν οὖν πλῆθος τῶν Ἀργείων καὶ τῶν ξυμμάχων οὐχ οὕτω δεινὸν τὸ παρὸν ἐνόμιζον, ἀλλ' ἐν καλῷ ἐδόκει ἡ μάχη ἔσεσθαι, καὶ τοὺς Λακεδαιμονίους ἀπειληφέναι ἐν τῇ αὑτῶν τε καὶ πρὸς τῇ πόλει. (5) Τῶν δὲ Ἀργείων δύο ἄνδρες, Θράσυλλός τε τῶν πέντε στρατηγῶν εἷς ὢν καὶ Ἀλκίφρων πρόξενος Λακεδαιμονίων, ἤδη τῶν στρατοπέδων ὅσον οὐ ξυνιόντων προσελθόντε Ἄγιδι διελεγέσθην μὴ ποιεῖν μάχην· ἑτοίμους γὰρ εἶναι Ἀργείους δίκας δοῦναι καὶ δέξασθαι ἴσας καὶ ὁμοίας, εἴ τι ἐπικαλοῦσιν Ἀργείοις Λακεδαιμόνιοι, καὶ τὸ λοιπὸν εἰρήνην ἄγειν σπονδὰς ποιησαμένους.

LX. Καὶ οἱ μὲν ταῦτα εἰπόντες τῶν Ἀργείων ἀφ' ἑαυτῶν καὶ οὐ τοῦ πλήθους κελεύσαντος εἶπον· καὶ ὁ Ἆγις δεξάμενος τοὺς λόγους αὐτός, καὶ οὐ μετὰ τῶν πλειόνων οὐδὲ αὐτὸς βουλευσάμενος ἀλλ' ἢ ἑνὶ ἀνδρὶ κοινώσας τῶν ἐν τέλει ξυστρατευομένων, σπένδεται τέσσαρας μῆνας ἐν οἷς ἔδει ἐπιτελέσαι αὐτοὺς τὰ ῥηθέντα. Καὶ ἀπήγαγε τὸν στρατὸν εὐθύς, οὐδενὶ

millia. (2) Et progressi occurrunt, Lacedæmoniis ad Methydrium Arcadiæ oppidum et utrique collem occupant. Et Argivi quidem ad prœlium cum Lacedæmoniis ut sociorum auxilio nudatis committendum sese præparabant; Agis vero castris noctu motis et clam Argivis Phliuntem ad ceteros socios contendebat. (3) Quod quum Argivi cognovissent, primo diluculo statim discedebant, primo quidem Argos, deinde vero ad illam viam, quæ ad Nemeam ducit, qua Lacedæmonios cum sociis descensuros exspectabant. (4) Agis vero non convertit se ad illud iter, qua exspectabant, sed re Lacedæmoniis et Arcadibus et Epidauriis denuntiata aliud asperum iniit, et in Argivorum planitiem descendit; et Corinthii et Pellenenses et Phliasii alia ardua via iter faciebant; Bœotis vero et Megarensibus et Sicyoniis præceptum erat, ut via, quæ ducit ad Nemeam, descenderent, ubi consederant Argivi, ut si Argivi contra ipsos in planitiem ad vim arcendam venirent, illi equis uterentur eos a tergo insequentes. (5) Atque Agis quidem exercitu sic disposito et irruptione in planitiem facta Saminthum et alia vastabat;

LIX. Argivi vero hac re cognita, quum dies jam illuxisset, ex Nemea ad opem agro suo ferendam veniebant, et quum in Phliasiorum et Corinthiorum exercitum incidissent, ex Phliasiis quidem paucos interfecerunt, ipsi vero non multo plures ex suis a Corinthiis cæsos amiserunt. (2) Et Bœoti et Megarenses et Sicyonii, ut iis præceptum erat, ad Nemeam perrexerunt, nec Argivos amplius illic invenerunt, qui quum in planitiem descendissent, et res suas vastari animadvertissent, ad pugnam se præparabant. Vicissim vero et Lacedæmonii aciem adversus illos instruebant. (3) Ceterum Argivi undique interclusi erant; nam a planitie quidem Lacedæmonii eorumque socii ipsos ab urbe arcebant, ex locis superioribus vero Corinthii et Phliasii et Pellenenses obstabant, ab illa vero parte, quæ Nemeam spectabat, Bœoti et Sicyonii et Megarenses. Ipsis vero Argivis nulli equites præsto erant; soli namque ex sociis Athenienses nondum advenerant. (4) Argivorum autem et sociorum reliquus exercitus præsentem rerum statum non adeo periculosum esse ducebat, sed opportune prœlium commissum iri videbatur, et Lacedæmonios in suo agro et prope suam urbem a se interceptos. (5) At quum exercitus jamjam essent concursuri, viri duo ex Argivis, Thrasyllus e quinque ducibus unus, et Alciphro publicus Lacedæmoniorum hospes, ad Agidem accesserunt, et cum eo sermonem habuerunt, ne prœlium faceret; Argivos enim paratos esse æquo stare judicio, siquid Argivis Lacedæmonii crimini darent, pacemque fœderibus ictis in posterum colere.

LX. Atque hi quidem Argivi sua sponte, non autem populi jussu hæc dixerunt; et Agis quum has conditiones accepisset ipse, et non cum pluribus ne ipse quidem consultasset, sed cum uno tantum, qui inter illius militiæ socios præturam gerebat, has communicasset, quatuor mensium fœdus cum iis fecit, intra quos oportebat eos ea conficere, quæ dixerant. Atque exercitum confestim abduxit, nulli

φράσας τῶν ἄλλων ξυμμάχων. (2) Οἱ δὲ Λακεδαιμόνιοι καὶ οἱ ξύμμαχοι εἵποντο μὲν ὡς ἡγεῖτο διὰ τὸν νόμον, ἐν αἰτίᾳ δ' εἶχον κατ' ἀλλήλους πολλῇ τὸν Ἆγιν, νομίζοντες ἐν καλῷ παρατυχὸν σφίσι ξυμβαλεῖν, καὶ πανταχόθεν αὐτῶν ἀποκεκλημένων καὶ ὑπὸ ἱππέων καὶ πεζῶν, οὐδὲν δράσαντες ἄξιον τῆς παρασκευῆς ἀπιέναι. (3) Στρατόπεδον γὰρ δὴ τοῦτο κάλλιστον Ἑλληνικὸν τῶν μέχρι τοῦδε ξυνῆλθεν· ὤφθη δὲ μάλιστα ἕως ἔτι ἦν ἁθρόον ἐν Νεμέᾳ, ἐν ᾧ Λακεδαιμόνιοί τε πανστρατιᾷ ἦσαν καὶ Ἀρκάδες καὶ Βοιωτοὶ καὶ Κορίνθιοι καὶ Σικυώνιοι καὶ Πελληνῆς καὶ Φλιάσιοι καὶ Μεγαρῆς, καὶ οὗτοι πάντες λογάδες ἀφ' ἑκάστων, ἀξιόμαχοι δοκοῦντες εἶναι οὐ τῇ Ἀργείων μόνον ξυμμαχίᾳ ἀλλὰ καὶ ἄλλῃ ἔτι προσγενομένῃ. (4) Τὸ μὲν οὖν στρατόπεδον οὕτως ἐν αἰτίᾳ ἔχοντες τὸν Ἆγιν ἀνεχώρουν τε καὶ διελύθησαν ἐπ' οἴκου ἕκαστοι, (5) Ἀργεῖοι δὲ καὶ αὐτοὶ ἔτι ἐν πολλῷ πλείονι αἰτίᾳ εἶχον τοὺς σπεισαμένους ἄνευ τοῦ πλήθους, νομίζοντες κἀκεῖνοι μὴ ἂν σφίσι ποτὲ κάλλιον παρασχὸν Λακεδαιμονίους διαπεφευγέναι· πρός τε γὰρ τῇ σφετέρᾳ πόλει καὶ μετὰ πολλῶν καὶ ἀγαθῶν ξυμμάχων τὸν ἀγῶνα ἂν γίγνεσθαι. (6) Τόν τε Θράσυλλον ἀναχωρήσαντες ἐν τῷ Χαράδρῳ, οὗπερ τὰς ἀπὸ στρατιᾶς δίκας πρὶν ἐσιέναι κρίνουσιν, ἤρξαντο λεύειν. Ὁ δὲ καταφυγὼν ἐπὶ τὸν βωμὸν περιγίγνεται· τὰ μέντοι χρήματα ἐδήμευσαν αὐτοῦ.

LXI. Μετὰ δὲ τοῦτο Ἀθηναίων βοηθησάντων χιλίων ὁπλιτῶν καὶ τριακοσίων ἱππέων, ὧν ἐστρατήγουν Λάχης καὶ Νικόστρατος, οἱ Ἀργεῖοι (ὅμως γὰρ τὰς σπονδὰς ὤκνουν λῦσαι πρὸς τοὺς Λακεδαιμονίους) ἀπιέναι ἐκέλευον αὐτούς, καὶ πρὸς τὸν δῆμον οὐ προσῆγον βουλομένους χρηματίσαι, πρὶν ἢ Μαντινῆς καὶ Ἠλεῖοι (ἔτι γὰρ παρῆσαν) κατηνάγκασαν δεόμενοι. (2) Καὶ ἔλεγον οἱ Ἀθηναῖοι, Ἀλκιβιάδου πρεσβευτοῦ παρόντος, ἔν τε τοῖς Ἀργείοις καὶ ξυμμάχοις ταῦτα, ὅτι οὐκ ὀρθῶς αἱ σπονδαὶ ἄνευ τῶν ἄλλων ξυμμάχων καὶ γένοιντο, καὶ νῦν (ἐν καιρῷ γὰρ παρεῖναι σφεῖς) ἅπτεσθαι χρῆναι τοῦ πολέμου. (3) Καὶ πείσαντες ἐκ τῶν λόγων τοὺς ξυμμάχους εὐθὺς ἐχώρουν ἐπὶ Ὀρχομενὸν τὸν Ἀρκαδικὸν πάντες πλὴν Ἀργείων· οὗτοι δὲ ὅμως καὶ πεισθέντες ὑπελείποντο πρῶτον, ἔπειτα δ' ὕστερον καὶ οὗτοι ἦλθον. (4) Καὶ προσκαθεζόμενοι τὸν Ὀρχομενὸν πάντες ἐπολιόρκουν καὶ προσβολὰς ἐποιοῦντο, βουλόμενοι ἄλλως τε προσγενέσθαι σφίσι, καὶ ὅμηροι ἐκ τῆς Ἀρκαδίας ἦσαν αὐτόθι ὑπὸ Λακεδαιμονίων κείμενοι. (5) Οἱ δὲ Ὀρχομένιοι δείσαντες τήν τε τοῦ τείχους ἀσθένειαν καὶ τοῦ στρατοῦ τὸ πλῆθος, καὶ ὡς οὐδεὶς αὐτοῖς ἐβοήθει, μὴ προαπόλωνται, ξυνέβησαν ὥστε ξύμμαχοί τε εἶναι καὶ ὁμήρους σφῶν τε αὐτῶν δοῦναι Μαντινεῦσι, καὶ οὓς κατέθεντο Λακεδαιμόνιοι, παραδοῦναι.

LXII. Μετὰ δὲ τοῦτο ἔχοντες ἤδη τὸν Ὀρχομενὸν ἐβουλεύοντο οἱ ξύμμαχοι ἐφ' ὅ τι χρὴ πρῶτον ἰέναι τῶν λοιπῶν. Καὶ Ἠλεῖοι μὲν ἐπὶ Λέπρεον ἐκέλευον, Μαντινῆς δὲ ἐπὶ Τέγεαν· καὶ προσέθεντο οἱ Ἀργεῖοι καὶ Ἀθηναῖοι τοῖς Μαντινεῦσιν. (2) Καὶ οἱ μὲν Ἠλεῖοι

ceterorum sociorum re declarata. (2) Lacedaemonii vero sociique sequebantur quidem propter legem, prout ducebat, sed tamen inter se graviter eum incusabant, quod, quum sibi opportune cecidisset, ut possent confligere hostibus undique et ab equitatu et peditatu circumventis, tamen nulla re gesta tanto apparatu digna se discedere putarent. (3) Hic enim Graecorum exercitus omnium, qui ad eam usque diem exstitissent, pulcherrimus convenerat; maxime autem spectatus est, donec adhuc totus in Nemea erat, quo tempore et Lacedaemonii cum universis copiis aderant et Arcades et Boeoti et Corinthii et Sicyonii et Pellenenses et Phliasii et Megarenses, atque hi omnes ex singulis delecti, qui non solum Argivis eorumque sociis, sed et aliis praeterea copiis, quae se ipsis adjunxissent, virtute pares esse videbantur. (4) Hic igitur exercitus sic Agidi succensens abiit et diversi in suam quique patriam se receperunt; (5) Argivi vero et ipsi multo etiam magis succensebant illis, qui populi injussu foedus fecerant, existimantes illi quoque Lacedaemonios evasisse, ea occasione sibi oblata, qua nullam aliam commodiorem sibi unquam oblatum iri putabant; nam et prope suam urbem et cum multis fortibusque sociis certamen futurum fuisse. (6) Itaque reversi Thrasyllum apud Charadrum, quo in loco antequam urbem ingrediuntur, de causis militaribus judicant, lapidare coeperunt. Ille vero ad aram confugiens evasit; bona tamen ejus publicaverunt.

LXI. Postea vero quum Atheniensium auxilio iis venissent mille gravis armaturae milites et trecenti equites, quibus Laches et Nicostratus praeerant, Argivi (nihilominus enim foedera cum Lacedaemoniis inita rumpere non audebant) ipsos abire jubebant, nec cum populo agere volentes produxerunt, priusquam Mantinei et Elei (adhuc enim aderant) precibus extorserunt. (2) Athenienses autem praesente Alcibiade legato apud Argivos eorumque socios haec dixerunt, nec recte foedera sine ceteris sociis facta esse, et nunc (se enim opportune adesse) bellum suscipiendum esse. (3) Et quum hac oratione rem sociis persuasissent, confestim omnes adversus Orchomenum Arcadicum contendebant praeter Argivos; hi enim quamvis et ipsis persuasum esset, tamen primo remanebant, deinde postea et ipsi iverunt. (4) Castrisque ad Orchomenum positis universi obsidebant, et oppugnabant, in suam potestatem redigere cupientes quum aliis de causis, tum vero, quod Arcadum obsides illic erant a Lacedaemoniis depositi. (5) Orchomenii vero, quod et murorum infirmitatem et hostilis exercitus multitudinem metuerent, et quum nemo opem ipsis ferret, ne prius perirent, deditionem ea conditione fecerunt, ut in societatem reciperentur, obsidesque et ex suorum numero darent Mantineis, et illos etiam traderent, quos Lacedaemonii deposuissent.

LXII. Postea vero quum Orchomenum jam tenerent, socii consultabant, adversus quamnam ex reliquis primum ire oporteret. Et Elei quidem suadebant, adversus Lepreum, Mantinei vero adversus Tegeam; et Argivi et Athenienses in Mantineorum sententiam iverunt. (2) Atque Elei quidem

ὀργισθέντες ὅτι οὐκ ἐπὶ Λέπρεον ἐψηφίσαντο ἀνεχώρησαν ἐπ' οἴκου, οἱ δὲ ἄλλοι ξύμμαχοι παρεσκευάζοντο ἐν τῇ Μαντινείᾳ ὡς ἐπὶ Τέγεαν ἰόντες. Καί τινες αὐτοῖς καὶ αὐτῶν Τεγεατῶν ἐν τῇ πόλει ἐνεδίδοσαν τὰ πράγματα.

LXIII. Λακεδαιμόνιοι δὲ ἐπειδὴ ἀνεχώρησαν ἐξ Ἄργους τὰς τετραμήνους σπονδὰς ποιησάμενοι, Ἆγιν ἐν μεγάλῃ αἰτίᾳ εἶχον οὐ χειρωσάμενον σφίσιν Ἄργος, παρασχὸν καλῶς ὡς οὔπω πρότερον αὐτοὶ ἐνόμιζον· ἁθρόους γὰρ τοσούτους ξυμμάχους καὶ τοιούτους οὐ ῥᾴδιον εἶναι λαβεῖν. (2) Ἐπειδὴ δὲ καὶ περὶ Ὀρχομενοῦ ἠγγέλλετο ἑαλωκέναι, πολλῷ δὴ μᾶλλον ἐχαλέπαινον, καὶ ἐβούλευον εὐθὺς ὑπ' ὀργῆς παρὰ τὸν τρόπον τὸν ἑαυτῶν ὡς χρὴ τήν τε οἰκίαν αὐτοῦ κατασκάψαι καὶ δέκα μυριάσι δραχμῶν ζημιῶσαι. (3) Ὁ δὲ παρῃτεῖτο μηδὲν τούτων δρᾶν· ἔργῳ γὰρ ἀγαθῷ ῥύσεσθαι τὰς αἰτίας στρατευσάμενος, ἢ τότε ποιεῖν αὐτοὺς ὅ τι βούλονται. (4) Οἱ δὲ τὴν μὲν ζημίαν καὶ τὴν κατασκαφὴν ἐπέσχον, νόμον δὲ ἔθεντο ἐν τῷ παρόντι, ὃς οὔπω πρότερον ἐγένετο αὐτοῖς· δέκα γὰρ ἄνδρας Σπαρτιατῶν προσείλοντο αὐτῷ ξυμβούλους, ἄνευ ὧν μὴ κύριον εἶναι ἀπάγειν στρατιὰν ἐκ τῆς πόλεως.

LXIV. Ἐν τούτῳ δ' ἀφικνεῖται αὐτοῖς ἀγγελία παρὰ τῶν ἐπιτηδείων ἐκ Τεγέας ὅτι εἰ μὴ παρέσονται ἐν τάχει, ἀποστήσεται αὐτῶν Τέγεα πρὸς Ἀργείους καὶ τοὺς ξυμμάχους, καὶ ὅσον οὐκ ἀφέστηκεν. (2) Ἐνταῦθα δὴ βοήθεια τῶν Λακεδαιμονίων γίγνεται αὐτῶν τε καὶ τῶν Εἱλώτων πανδημεὶ ὀξεῖα καὶ οἵα οὔπω πρότερον. (3) Ἐχώρουν δὲ ἐς Ὀρέσθειον τῆς Μαιναλίας· καὶ τοῖς μὲν Ἀρκάδων σφετέροις οὖσι ξυμμάχοις προεῖπον ἀθροισθεῖσιν ἰέναι κατὰ πόδας αὐτῶν ἐς Τέγεαν, αὐτοὶ δὲ μέχρι μὲν τοῦ Ὀρεσθείου πάντες ἐλθόντες, ἐκεῖθεν δὲ τὸ ἕκτον μέρος σφῶν αὐτῶν ἀποπέμψαντες ἐπ' οἴκου, ἐν ᾧ τὸ πρεσβύτερόν τε καὶ τὸ νεώτερον ἦν, ὥστε τὰ οἴκοι φρουρεῖν, τῷ λοιπῷ στρατεύματι ἀφικνοῦνται ἐς Τέγεαν. Καὶ οὐ πολλῷ ὕστερον οἱ ξύμμαχοι ἀπ' Ἀρκάδων παρῆσαν. (4) Πέμπουσι δὲ καὶ ἐς τὴν Κόρινθον καὶ Βοιωτοὺς καὶ Φωκέας καὶ Λοκρούς, βοηθεῖν κελεύοντες κατὰ τάχος ἐς Μαντίνειαν. Ἀλλὰ τοῖς μὲν ἐξ ὀλίγου τε ἐγίγνετο, καὶ οὐ ῥᾴδιον ἦν μὴ ἁθρόοις καὶ ἀλλήλους περιμείνασι διελθεῖν τὴν πολεμίαν· ξυνέκλῃε γὰρ διὰ μέσου· ὅμως δὲ ἠπείγοντο. (5) Λακεδαιμόνιοι δὲ ἀναλαβόντες τοὺς παρόντας Ἀρκάδων ξυμμάχους ἐσέβαλον ἐς τὴν Μαντινικήν, καὶ στρατοπεδευσάμενοι πρὸς τῷ Ἡρακλείῳ ἐδῄουν τὴν γῆν.

LXV. Οἱ δ' Ἀργεῖοι καὶ οἱ ξύμμαχοι ὡς εἶδον αὐτούς, καταλαβόντες χωρίον ἐρυμνὸν καὶ δυσπρόσοδον παρετάξαντο ὡς ἐς μάχην. (2) Καὶ οἱ Λακεδαιμόνιοι εὐθὺς αὐτοῖς ἐπῇσαν· καὶ μέχρι μὲν λίθου καὶ ἀκοντίου βολῆς ἐχώρησαν, ἔπειτα τῶν πρεσβυτέρων τις Ἄγιδι ἐπεβόησεν, ὁρῶν πρὸς χωρίον καρτερὸν ἰόντας σφᾶς, ὅτι διανοεῖται κακὸν κακῷ ἰᾶσθαι, δηλῶν τῆς ἐξ Ἄργους ἐπαιτίου ἀναχωρήσεως τὴν παροῦσαν ἄκαιρον προθυμίαν ἀνάληψιν βουλομένην εἶναι. (3) Ὁ δέ, εἴτε καὶ

διὰ τὸ ἐπιβόημα εἴτε καὶ αὐτῷ ἄλλο τι ἢ κατὰ τὸ αὐτὸ δόξαν ἐξαίφνης, πάλιν τὸ στράτευμα κατὰ τάχος πρὶν ξυμμῖξαι ἀπῆγεν. (4) Καὶ ἀφικόμενος πρὸς τὴν Τεγεᾶτιν τὸ ὕδωρ ἐξέτρεπεν ἐς τὴν Μαντινικήν, περὶ οὗπερ ὡς τὰ πολλὰ βλάπτοντος ὁποτέρωσε ἂν ἐσπίπτῃ Μαντινῆς καὶ Τεγεᾶται πολεμοῦσιν. Ἐβούλετο δὲ τοὺς ἀπὸ τοῦ λόφου βοηθοῦντας ἐπὶ τὴν τοῦ ὕδατος ἐκτροπήν, ἐπειδὰν πύθωνται, καταβιβάσαι τοὺς Ἀργείους καὶ τοὺς ξυμμάχους, καὶ ἐν τῷ ὁμαλῷ τὴν μάχην ποιεῖσθαι. (5) Καὶ ὁ μὲν τὴν ἡμέραν ταύτην μείνας αὐτοῦ περὶ τὸ ὕδωρ ἐξέτρεπεν· οἱ δ' Ἀργεῖοι καὶ οἱ ξύμμαχοι τὸ μὲν πρῶτον καταπλαγέντες τῇ ἐξ ὀλίγου αἰφνιδίῳ αὐτῶν ἀναχωρήσει οὐκ εἶχον ὅ τι εἰκάσωσιν· εἶτ' ἐπειδὴ ἀναχωροῦντες ἐκεῖνοί τε ἀπέκρυψαν καὶ σφεῖς ἡσύχαζον καὶ οὐκ ἐπηκολούθουν, ἐνταῦθα τοὺς ἑαυτῶν στρατηγοὺς αὖθις ἐν αἰτίᾳ εἶχον, τό τε πρότερον καλῶς ληφθέντας πρὸς Ἄργει Λακεδαιμονίους ἀφεῖθῆναι, καὶ νῦν ὅτι ἀποδιδράσκοντας οὐδεὶς ἐπιδιώκει, ἀλλὰ καθ' ἡσυχίαν οἱ μὲν σώζονται σφεῖς δὲ προδίδονται. (6) Οἱ δὲ στρατηγοὶ ἐθορυβήθησαν μὲν τὸ παραυτίκα, ὕστερον δὲ ἀπάγουσιν αὐτοὺς ἀπὸ τοῦ λόφου, καὶ προελθόντες ἐς τὸ ὁμαλὸν ἐστρατοπεδεύσαντο ὡς ἰόντες ἐπὶ τοὺς πολεμίους.

LXVI. Τῇ δ' ὑστεραίᾳ οἵ τε Ἀργεῖοι καὶ οἱ ξύμμαχοι ξυνετάξαντο, ὡς ἔμελλον μαχεῖσθαι, ἢν περιτύχωσιν· οἵ τε Λακεδαιμόνιοι ἀπὸ τοῦ ὕδατος πρὸς τὸ Ἡράκλειον πάλιν ἐς τὸ αὐτὸ στρατόπεδον ἰόντες ὁρῶσι δι' ὀλίγου τοὺς ἐναντίους ἐν τάξει τε ἤδη πάντας καὶ ἀπὸ τοῦ λόφου προεληλυθότας. (2) Μάλιστα δὴ Λακεδαιμόνιοι, ἐς ὃ ἐμέμνηντο, ἐν τούτῳ τῷ καιρῷ ἐξεπλάγησαν. Διὰ βραχείας γὰρ μελλήσεως ἡ παρασκευὴ αὐτοῖς ἐγίγνετο, καὶ εὐθὺς ὑπὸ σπουδῆς καθίσταντο ἐς κόσμον τὸν ἑαυτῶν, Ἄγιδος τοῦ βασιλέως ἕκαστα ἐξηγουμένου κατὰ τὸν νόμον. (3) Βασιλέως γὰρ ἄγοντος ὑπ' ἐκείνου πάντα ἄρχεται, καὶ τοῖς μὲν πολεμάρχοις αὐτὸς φράζει τὸ δέον, οἱ δὲ τοῖς λοχαγοῖς, ἐκεῖνοι δὲ τοῖς πεντηκοντῆρσιν, αὖθις δ' οὗτοι τοῖς ἐνωμοτάρχαις καὶ οὗτοι τῇ ἐνωμοτίᾳ. (4) Καὶ αἱ παραγγέλσεις, ἤν τι βούλωνται, κατὰ τὰ αὐτὰ χωροῦσι καὶ ταχεῖαι ἐπέρχονται· σχεδὸν γάρ τι πᾶν πλὴν ὀλίγου τὸ στρατόπεδον τῶν Λακεδαιμονίων ἄρχοντες ἀρχόντων εἰσί, καὶ τὸ ἐπιμελὲς τοῦ δρωμένου πολλοῖς προσήκει.

LXVII. Τότε δὲ κέρας μὲν εὐώνυμον Σκιρῖται αὐτοῖς καθίσταντο, ἀεὶ ταύτην τὴν τάξιν μόνοι Λακεδαιμονίων ἐπὶ σφῶν αὐτῶν ἔχοντες· παρὰ δ' αὐτοῖς οἱ ἐπὶ Θρᾴκης Βρασίδειοι στρατιῶται, καὶ νεοδαμώδεις μετ' αὐτῶν· ἔπειτ' ἤδη Λακεδαιμόνιοι αὐτοὶ ἑξῆς καθίστασαν τοὺς λόχους, καὶ παρ' αὐτοὺς Ἀρκάδων Ἡραιῆς, μετὰ δὲ τούτους Μαινάλιοι, καὶ ἐπὶ τῷ δεξιῷ κέρᾳ Τεγεᾶται καὶ Λακεδαιμονίων ὀλίγοι τὸ ἔσχατον ἔχοντες, καὶ οἱ ἱππῆς αὐτῶν ἐφ' ἑκατέρῳ τῷ κέρᾳ. Λακεδαιμόνιοι μὲν οὕτως ἐτάξαντο· (2) οἱ δ' ἐναντίοι αὐτοῖς, δεξιὸν μὲν κέρας Μαντινῆς εἶχον, ὅτι ἐν τῇ ἐκείνων τὸ ἔργον ἐγίγνετο, παρὰ δ' αὐτοὺς οἱ ξύμμαχοι

sive etiam quod repente sententiam mutasset, iterum celeriter copias, antequam manus consererent, retro abducebat. (4) Et quum in agrum Tegeaticum pervenisset, aquam in agrum Mantinicum avertere cœpit, de qua quod magna damna dat, utram in partem cursu defertur, Mantinei et Tegeatæ bellum inter se gerunt. Volebat enim Argivos eorumque socios a colle auxilio venire, ne aqua averteretur, ubi rem intellexissent, et ita eos deducere et prœlium in planitie facere. (5) Atque ille quidem, diem hunc ibi ad aquam mansit, eam avertens; Argivi vero eorumque socii primo quidem obstupefacti repentino illorum receptu e propinquo loco non habebant, quid conjectarent; deinde vero quum et illi sese recipientes e conspectu discessissent, et ipsi quiescerent, nec insequerentur, tunc vero suos duces rursus incusare cœperunt, quod et prius Lacedæmonii prope Argos opportune intercepti dimissi essent, et nunc aufugientes nullus insequeretur, sed per otium illi quidem incolumes evaderent, ipsi vero proderentur. (6) Duces igitur primo quidem turbati sunt; deinde vero suos a colle abduxerunt, et in planitiem progressi castra posuerunt, ut in hostem ituri.

LXVI. Postero autem die et Argivi eorumque socii aciem ita instruxerunt, ut pugnaturi erant, si in hostem incidissent, et Lacedæmonii, dum ab aqua rursus ad Herculis templum in eadem castra revertuntur, adversarios brevi intervallo omnes jam in acie stantes, et a colle progressos conspiciunt. (2) Tunc igitur Lacedæmonii re repentina adeo perculsi sunt, ut nunquam ante, quod ipsi meminissent. Nam perexiguum temporis spatium iis ad aciem instruendam dabatur, et præ festinatione in suum quique ordinem confestim se recipiebant, Agide omnia præeunte, ut lex jubet. (3) Quum enim rex exercitum ducit, omnia ab illo incipiunt, et Polemarchis quidem ipse indicat ea, quæ sunt facienda, hi vero Lochagis, illi vero Pentecontoribus, rursus vero hi Enomotarchis, et hi Enomotiæ. (4) Et imperia, si quid reges fieri velint, eodem ordine progrediuntur, citoque per exercitum permeant; nam propemodum totus Lacedæmoniorum exercitus, exceptis paucis, sunt duces ducum, et rerum gerendarum cura ad multos pertinet.

LXVII. Tunc autem in sinistro quidem ipsorum cornu collocati erant Sciritæ, qui soli ex Lacedæmoniis hunc ordinem pro se ipsi semper obtinent; juxta hos Brasidiani milites ex Thracia reversi, et cum illis neodamodes; deinde jam ipsi Lacedæmonii deinceps lochos constituebant, et juxta eos ex Arcadibus Heræenses; post hos Mænalii, et in dextro cornu Tegeatæ et pauci Lacedæmoniorum, qui extremam ejus partem tenebant, et ipsorum equitatus in utroque cornu collocatus. Atque Lacedæmonii quidem sic erant instructi; (2) hostium vero iis oppositorum dextrum quidem cornu Mantinei tenebant, quod in eorum terra res gereretur; juxta ipsos vero erant socii ex Arcadia pro-

Ἀρκάδων ἦσαν, ἔπειτα Ἀργείων οἱ χίλιοι λογάδες, οἷς ἡ πόλις ἐκ πολλοῦ ἄσκησιν τῶν ἐς τὸν πόλεμον δημοσίᾳ παρεῖχεν, καὶ ἐχόμενοι αὐτῶν οἱ ἄλλοι Ἀργεῖοι, καὶ μετ' αὐτοὺς οἱ ξύμμαχοι αὐτῶν, Κλεωναῖοι καὶ Ὀρνεᾶται, ἔπειτα Ἀθηναῖοι ἔσχατοι τὸ εὐώνυμον κέρας ἔχοντες, καὶ ἱππῆς μετ' αὐτῶν οἱ οἰκεῖοι.

LXVIII. Τάξις μὲν ἥδε καὶ παρασκευὴ ἀμφοτέρων ἦν, τὸ δὲ στρατόπεδον τῶν Λακεδαιμονίων μεῖζον ἐφάνη. (2) Ἀριθμὸν δὲ γράψαι, ἢ καθ' ἑκάστους ἑκατέρων ἢ ξύμπαντας, οὐκ ἂν ἐδυνάμην ἀκριβῶς· τὸ μὲν γὰρ Λακεδαιμονίων πλῆθος διὰ τῆς πολιτείας τὸ κρυπτὸν ἠγνοεῖτο, τῶν δ' αὖ διὰ τὸ ἀνθρώπειον κομπῶδες ἐς τὰ οἰκεῖα πλήθη ἠπιστεῖτο. Ἐκ μέντοι τοιοῦδε λογισμοῦ ἔξεστί τῳ σκοπεῖν τὸ Λακεδαιμονίων τότε παραγενόμενον πλῆθος. (3) Λόχοι μὲν γὰρ ἐμάχοντο ἑπτὰ ἄνευ Σκιριτῶν ὄντων ἑξακοσίων, ἐν δὲ ἑκάστῳ λόχῳ πεντηκοστύες ἦσαν τέσσαρες, καὶ ἐν τῇ πεντηκοστύϊ ἐνωμοτίαι τέσσαρες. Τῆς τε ἐνωμοτίας ἐμάχοντο ἐν τῷ πρώτῳ ζυγῷ τέσσαρες· ἐπὶ δὲ βάθος ἐτάξαντο μὲν οὐ πάντες ὁμοίως, ἀλλ' ὡς λοχαγὸς ἕκαστος ἐβούλετο, ἐπὶ πᾶν δὲ κατέστησαν ἐπὶ ὀκτώ. Παρὰ δὲ ἅπαν πλὴν Σκιριτῶν τετρακόσιοι καὶ δυοῖν δέοντες πεντήκοντα ἄνδρες ἡ πρώτη τάξις ἦν.

LXIX. Ἐπεὶ δὲ ξυνιέναι ἔμελλον ἤδη, ἐνταῦθα καὶ παραινέσεις καθ' ἑκάστους ὑπὸ τῶν οἰκείων στρατηγῶν τοιαίδε ἐγίγνοντο, Μαντινεῦσι μὲν ὅτι ὑπέρ τε πατρίδος ἡ μάχη ἔσται καὶ ὑπὲρ ἀρχῆς ἅμα καὶ δουλείας, τὴν μὲν μὴ πειρασαμένοις ἀφαιρεθῆναι, τῆς δὲ μὴ αὖθις πειρᾶσθαι· Ἀργείοις δὲ ὑπὲρ τῆς τε παλαιᾶς ἡγεμονίας, καὶ τῆς ἐν Πελοποννήσῳ ποτὲ ἰσομοιρίας μὴ διὰ παντὸς στερισκομένους ἀνέχεσθαι, καὶ ἄνδρας ἅμα ἐχθροὺς καὶ ἀστυγείτονας ὑπὲρ πολλῶν ἀδικημάτων ἀμύνασθαι· τοῖς δὲ Ἀθηναίοις καλὸν εἶναι μετὰ πολλῶν καὶ ἀγαθῶν ξυμμάχων ἀγωνιζομένους μηδενὸς λείπεσθαι, καὶ ὅτι ἐν Πελοποννήσῳ Λακεδαιμονίους νικήσαντες τήν τε ἀρχὴν βεβαιοτέραν καὶ μείζω ἕξουσιν, καὶ οὐ μή ποτέ τις αὐτοῖς ἄλλος ἐς τὴν γῆν ἔλθῃ. (2) Τοῖς μὲν Ἀργείοις καὶ ξυμμάχοις τοιαῦτα παρῃνέθη, Λακεδαιμόνιοι δὲ καθ' ἑκάστους τε καὶ μετὰ τῶν πολεμικῶν νόμων ἐν σφίσιν αὐτοῖς ὧν ἠπίσταντο τὴν παρακέλευσιν τῆς μνήμης ἀγαθοῖς οὖσιν ἐποιοῦντο, εἰδότες ἔργων ἐκ πολλοῦ μελέτην πλείω σώζουσαν ἢ λόγων δι' ὀλίγου καλῶς ῥηθεῖσαν παραίνεσιν.

LXX. Καὶ μετὰ ταῦτα ἡ ξύνοδος ἦν, Ἀργεῖοι μὲν καὶ οἱ ξύμμαχοι ἐντόνως καὶ ὀργῇ χωροῦντες, Λακεδαιμόνιοι δὲ βραδέως καὶ ὑπὸ αὐλητῶν πολλῶν νόμῳ ἐγκαθεστώτων, οὐ τοῦ θείου χάριν, ἀλλ' ἵνα ὁμαλῶς μετὰ ῥυθμοῦ βαίνοντες προέλθοιεν καὶ μὴ διασπασθείη αὐτοῖς ἡ τάξις, ὅπερ φιλεῖ τὰ μεγάλα στρατόπεδα ἐν ταῖς προσόδοις ποιεῖν.

LXXI. Ξυνιόντων δ' ἔτι Ἆγις ὁ βασιλεὺς τοιόνδε ἐβουλεύσατο δρᾶσαι. Τὰ στρατόπεδα ποιεῖ μὲν καὶ ἅπαντα τοῦτο· ἐπὶ τὰ δεξιὰ κέρατα αὐτῶν ἐν ταῖς ξυνόδοις μᾶλλον ἐξωθεῖται, καὶ περιίσχουσι κατὰ τὸ τῶν

fecti, deinde Argivorum mille delecti, quibus jampridem civitas in rebus bellicis sese exercendi facultatem præbebat, et prope ipsos erant ceteri Argivi, et post eos ipsorum socii, Cleonæi et Orneatæ, deinde Athenienses postremi, sinistrum cornu tenentes, et domesticus cum ipsis equitatus.

LXVIII. Atque hic quidem ordo et hic apparatus utrumque erat, Lacedæmoniorum vero exercitus major esse visus est. (2) Quantus autem utrorumque vel sinaulorum populorum vel universorum numerus exstiterit, accurate scribere non poteram; nam Lacedæmoniorum quidem numerus ignorabatur propter institutum illius civitatis, quæ res suas occultat, ceterorum vero propter jactationem, qua homines in efferenda suorum multitudine uti consueverunt, credibilis non erat. Ex ista tamen ratiocinatione cuilibet licet inire numerum Lacedæmoniorum, qui tunc illic adfuerunt. (3) Nam lochi septem pugnabant, præter Sciritas, qui erant sexcenti; in singulis autem lochis erant quatuor pentecostyes, et in unaquaque pentecostye erant quatuor euomotiæ. Atque enomotiæ in primo jugo quaterni milites pugnabant; altitudo vero non erat omnium in acie collocatorum ubique æqualis, sed pro arbitrio cujusque lochagi; in universum autem altitudo erat octonorum militum. In latitudinem vero prima acies quadringentos et duodequinquaginta milites, præter Sciritas, continebat.

LXIX. Quum autem acies jamjam essent concursuræ, tunc vero singulorum duces adhortationibus talibus apud suos utebantur, apud Mantineos quidem, prœlium commissum iri et pro patria, simul et pro principatu et pro servitute, illo quidem, cujus periculum ante fecissent, ne spoliarentur, hanc vero ne rursus experirentur; apud Argivos vero, et pro pristino principatu, et pro pari dignitate, quam in Peloponneso quondam obtinuissent, ne se his per omnia privari paterentur, simul etiam ut hostes, eosque finitimos, pro multis injuriis ulciscerentur; apud Athenienses vero, pulchrum esse, cum multis ac fortibus sociis certamen subeuntes in prœlio nullis virtute cedere, et si Lacedæmonios in Peloponneso vicissent, se suum imperium et magis stabilituros et amplificaturos, nec ullum alium posthac in suum agrum venturum. (2) Atque Argivis quidem eorumque sociis tales cohortationes propositæ sunt; Lacedæmonii vero, pro se quique separatim et per militares cantus inter se ipsos ut inter fortes viros mutua adhortatione utebantur, ut quæ cognita haberent, reminiscerentur, scientes rerum ipsarum diuturnum studium ad salutem parandam plus valere, quam verborum brevi tempore pulchre dictam cohortationem.

LXX. Atque post hæc concurrebatur; et Argivi quidem eorumque socii magno impetu iraque concitati ferebantur, Lacedæmonii vero lente et ad cantum multorum tibicinum, qui ex lege inter ipsos erant interpositi, non rei divinæ gratia, sed ut ad numerum æquabili gradu incedentes progrederentur, et ne acies distraheretur, quod magni exercitus in ipso concursu facere solent.

LXXI. Interea vero dum acies adhuc congrediuntur, rex Agis hujusmodi ratione uti constituit. Omnes enim exercitus hoc faciunt, ut in ipso conflictu in dextra cornua magis properent et utrique suo dextro cornu sinistrum hostium

HISTORIÆ LIB. V, 68 -- 73.

ἐναντίων εὐώνυμον ἀμφότεροι τῷ δεξιῷ, διὰ τὸ φοβουμένους προστέλλειν τὰ γυμνὰ ἕκαστον ὡς μάλιστα τῇ τοῦ ἐν δεξιᾷ παρατεταγμένου ἀσπίδι, καὶ νομίζειν τὴν πυκνότητα τῆς ξυγκλήσεως εὐσκεπαστότατον εἶναι· καὶ ἡγεῖται μὲν τῆς αἰτίας ταύτης ὁ πρωτοστάτης τοῦ δεξιοῦ κέρως, προθυμούμενος ἐξαλλάττειν ἀεὶ τῶν ἐναντίων τὴν ἑαυτοῦ γύμνωσιν, ἕπονται δὲ διὰ τὸν αὐτὸν φόβον καὶ οἱ ἄλλοι. (2) Καὶ τότε περιέσχον μὲν οἱ Μαντινῆς πολὺ τῷ κέρᾳ τῶν Σκιριτῶν, ἔτι δὲ πλέον οἱ Λακεδαιμόνιοι καὶ Τεγεᾶται τῶν Ἀθηναίων, ὅσῳ μεῖζον τὸ στράτευμα εἶχον. (3) Δείσας δὲ Ἆγις μὴ σφῶν κυκλωθῇ τὸ εὐώνυμον, καὶ νομίσας ἄγαν περιέχειν τοὺς Μαντινέας, τοῖς μὲν Σκιρίταις καὶ Βρασιδείοις ἐσήμηνεν ἐπεξαγόντας ἀπὸ σφῶν ἐξισῶσαι τοῖς Μαντινεῦσιν, ἐς δὲ τὸ διάκενον τοῦτο παρήγγελλεν ἀπὸ τοῦ δεξιοῦ κέρως δύο λόχους τῶν πολεμάρχων Ἱππονοίδᾳ καὶ Ἀριστοκλεῖ ἔχουσι παρελθεῖν καὶ ἐσβαλόντας πληρῶσαι, νομίζων τῷ θ' ἑαυτῶν δεξιῷ ἔτι περιουσίαν ἔσεσθαι καὶ τὸ κατὰ τοὺς Μαντινέας βεβαιότερον τετάξεσθαι.

LXXII. Ξυνέβη οὖν αὐτῷ, ἅτε ἐν αὐτῇ τῇ ἐφόδῳ καὶ ἐξ ὀλίγου παραγγείλαντι, τόν τε Ἀριστοκλέα καὶ τὸν Ἱππονοίδαν μὴ θελῆσαι παρελθεῖν, ἀλλὰ καὶ διὰ τοῦτο τὸ αἰτίαμα ὕστερον φεύγειν ἐκ Σπάρτης δόξαντας μαλακισθῆναι, καὶ τοὺς πολεμίους φθάσαι τῇ προσμίξει, καὶ κελεύσαντος αὐτοῦ ἐπὶ τοὺς Σκιρίτας ὡς οὐ παρῆλθον οἱ λόχοι, πάλιν αὖ σφίσι προσμῖξαι μὴ δυνηθῆναι ἔτι, μηδὲ τούτους ξυγκλῇσαι. (2) Ἀλλὰ μάλιστα δὴ κατὰ πάντα τῇ ἐμπειρίᾳ Λακεδαιμόνιοι ἐλασσωθέντες τότε τῇ ἀνδρίᾳ ἔδειξαν οὐχ ἧσσον περιγινόμενοι. (3) Ἐπειδὴ γὰρ ἐν χερσὶν ἐγίγνοντο τοῖς ἐναντίοις, τὸ μὲν τῶν Μαντινέων δεξιὸν τρέπει αὐτῶν τοὺς Σκιρίτας καὶ τοὺς Βρασιδείους, καὶ ἐσπεσόντες οἱ Μαντινῆς καὶ οἱ ξύμμαχοι αὐτῶν, καὶ τῶν Ἀργείων οἱ χίλιοι λογάδες, κατὰ τὸ διάκενον καὶ οὐ ξυγκλησθὲν τοὺς Λακεδαιμονίους διέφθειρον καὶ κυκλωσάμενοι ἔτρεψαν καὶ ἐξέωσαν ἐς τὰς ἀμάξας, καὶ τῶν πρεσβυτέρων τῶν ἐπιτεταγμένων ἀπέκτεινάν τινας. (4) Καὶ ταύτῃ μὲν ἡσσῶντο οἱ Λακεδαιμόνιοι· τῷ δ' ἄλλῳ στρατοπέδῳ, καὶ μάλιστα τῷ μέσῳ, ᾗπερ ὁ βασιλεὺς Ἆγις ἦν καὶ περὶ αὐτὸν οἱ τριακόσιοι ἱππῆς καλούμενοι, προσπεσόντες τῶν τε Ἀργείων τοῖς πρεσβυτέροις καὶ πέντε λόχοις ὀνομασμένοις καὶ Κλεωναίοις καὶ Ὀρνεάταις καὶ Ἀθηναίων τοῖς παρατεταγμένοις, ἔτρεψαν οὐδὲ ἐς χεῖρας τοὺς πολλοὺς ὑπομείναντας ἀλλ' ὡς ἐπῇσαν οἱ Λακεδαιμόνιοι, εὐθὺς ἐνδόντας καὶ ἔστιν οὓς καὶ καταπατηθέντας τοῦ μὴ φθῆναι τὴν ἐγκατάληψιν.

LXXIII. Ὡς δὲ ταύτῃ ἐνεδεδώκει τὸ τῶν Ἀργείων καὶ ξυμμάχων στράτευμα, παρερρήγνυντο ἤδη ἅμα καὶ ἐφ' ἑκάτερα, καὶ ἅμα τὸ δεξιὸν τῶν Λακεδαιμονίων καὶ Τεγεατῶν ἐκυκλοῦτο τῷ περιέχοντι σφῶν τοὺς Ἀθηναίους, καὶ ἀμφοτέρωθεν αὐτοὺς κίνδυνος περιειστήκει, τῇ μὲν κυκλουμένους τῇ δὲ ἤδη ἡσσημένους.

sibi oppositum circumveniant, quia singuli sibi metuentes nudas corporis partes quam maxime admovere student clypeo illius, qui ad dextram suam in acie collocatus est, student, et existimant, istam conjunctionis densitatem adversus hostium irruptionem esse tutissimam; atque hujus causæ initium nascitur ab eo, qui primus stat in dextro cornu, assidue studens, nudam sui corporis partem hostibus subducere, et propter eundem metum ceteri quoque eum sequuntur. (2) Itaque tunc Mantinei quidem suo dextro cornu sinistrum Sciritarum multum circumvenerunt, Lacedæmonii vero et Tegeatæ multo magis sinistrum Atheniensium cornu, quo majorem exercitum habebant. (3) Agis igitur veritus, ne sinistrum suorum cornu circumdaretur, et existimans, Mantineos aciem valde exporrectam habere ad suos circumveniendum, Sciritis et Brasidianis imperavit, ut longius a se ad sinistram exporrecti suum cornu Mantineis exæquarent; Hipponoidæ vero et Aristocli polemarchis præcepit, ut in medium spatium vacuum, quod ita oriebatur, cum duobus lochis ex dextro cornu transirent et iis interpositis locum explerent, existimans et dextrum suorum cornu vel sic satis magnam militum copiam habiturum, et sinistrum, quod Mantineis erat oppositum, ita tutius constitutum fore.

LXXII. Accidit autem ipsi, quippe quod in ipso concursu ac repente hæc imperasset, ut Aristocles et Hipponoidas eo transire nollent, sed etiam hac ipsa de causa postea Sparta pellerentur, quia per ignaviam hoc admisisse videbantur, et ut hostes manus ocius consererent, et ut, postquam tum, quum jusserat, lochi ad Sciritas non accesserunt, deinde fieri non amplius posset, ut illi reversi se rursus cum reliqua acie conjungerent, aut hæc disjunctos ordines coarctarent. (2) Sed Lacedæmonii, quamvis omnibus in rebus tunc peritia longe inferiores fuissent, nihilominus virtute sua se superiores fuisse demonstrarunt. (3) Nam ubi cum hostibus ad manus venerunt, dextrum quidem Mantineorum cornu in fugam vertit ipsorum Sciritas ac Brasidianos, et quum irrupissent Mantinei eorumque socii, et illi mille Argivorum delecti, ibi ubi acies interrupta et non coartata erat, Lacedæmonios cædebant, eosque circumdatos in fugam verterunt, et ad plaustra repulerunt, et aliquot de senioribus, qui post aciem instructi erant, interfecerunt. (4) Atque hac quidem in parte Lacedæmonii inferiores erant; reliquo autem exercitu, et præcipue medio, ubi rex Agis erat, et circa eum illi trecenti, qui equites vocantur, impetu facto in Argivorum seniores lochosque quinque legitimos et in Cleonæos et Orneatas et Atheniensium eos, qui juxta illos in acie collocati erant, in fugam verterunt, ita ut eorum plerique ne ad manus quidem venire ausi fuerint, sed simul atque Lacedæmonii in eos invaserunt, statim cesserint, et nonnulli etiam conculcati sint, quominus ab hostibus ocius deprehensi interciperentur.

LXXIII. Quum autem hac in parte Argivorum et sociorum copiæ cessissent, tunc vero simul et in utroque latere abrumpebantur et simul etiam Lacedæmoniorum ac Tegeatarum dextrum cornu superante suorum copia Athenienses circumdabat, et periculum eos utrinque circumsteterat, quod hinc quidem circumvenirentur, illinc vero jam essent

Καὶ μάλιστ᾽ ἂν τοῦ στρατεύματος ἐταλαιπώρησαν, εἰ μὴ οἱ ἱππῆς παρόντες αὐτοῖς ὠφέλιμοι ἦσαν. (2) Καὶ ξυνέβη τὸν Ἆγιν, ὡς ᾔσθετο τὸ εὐώνυμον σφῶν πονοῦν τὸ κατὰ τοὺς Μαντινέας καὶ τῶν Ἀργείων τοὺς χιλίους, παραγγεῖλαι παντὶ τῷ στρατεύματι χωρῆσαι ἐπὶ τὸ νικώμενον. (3) Καὶ γενομένου τούτου οἱ μὲν Ἀθηναῖοι ἐν τούτῳ, ὡς παρῆλθε καὶ ἐξέκλινεν ἀπὸ σφῶν τὸ στράτευμα, καθ᾽ ἡσυχίαν ἐσώθησαν, καὶ τῶν Ἀργείων μετ᾽ αὐτῶν τὸ ἡσσηθέν· οἱ δὲ Μαντινῆς καὶ οἱ ξύμμαχοι καὶ τῶν Ἀργείων οἱ λογάδες οὐκέτι πρὸς τὸ ἐγκεῖσθαι τοῖς ἐναντίοις τὴν γνώμην εἶχον, ἀλλ᾽ ὁρῶντες τούς τε σφετέρους νενικημένους καὶ τοὺς Λακεδαιμονίους ἐπιφερομένους ἐς φυγὴν ἐτράποντο. (4) Καὶ τῶν μὲν Μαντινέων καὶ πλείους διεφθάρησαν, τῶν δὲ Ἀργείων λογάδων τὸ πολὺ ἐσώθη. Ἡ μέντοι φυγὴ καὶ ἀποχώρησις οὐ βίαιος οὐδὲ μακρὰ ἦν· οἱ γὰρ Λακεδαιμόνιοι μέχρι μὲν τοῦ τρέψαι χρονίους τὰς μάχας καὶ βεβαίους τῷ μένειν ποιοῦνται, τρέψαντες δὲ βραχείας καὶ οὐκ ἐπὶ πολὺ τὰς διώξεις.

LXXIV. Καὶ ἡ μὲν μάχη τοιαύτη καὶ ὅτι ἐγγύτατα τούτων ἐγένετο, πλείστου δὴ χρόνου μεγίστη [δὴ] τῶν Ἑλληνικῶν καὶ ὑπὸ ἀξιολογωτάτων πόλεων ξυνελθοῦσα. (2) Οἱ δὲ Λακεδαιμόνιοι προθέμενοι τῶν πολεμίων νεκρῶν τὰ ὅπλα τροπαῖον εὐθὺς ἵστασαν καὶ τοὺς νεκροὺς ἐσκύλευον, καὶ τοὺς αὑτῶν ἀνείλοντο καὶ ἀπήγαγον ἐς Τέγεαν, οὗπερ ἐτάφησαν, καὶ τοὺς τῶν πολεμίων ὑποσπόνδους ἀπέδοσαν. (3) Ἀπέθανον δὲ Ἀργείων μὲν καὶ Ὀρνεατῶν καὶ Κλεωναίων ἑπτακόσιοι, Μαντινέων δὲ διακόσιοι, καὶ Ἀθηναίων ξὺν Αἰγινήταις διακόσιοι καὶ οἱ στρατηγοὶ ἀμφότεροι. Λακεδαιμονίων δὲ οἱ μὲν ξύμμαχοι οὐκ ἐταλαιπώρησαν ὥστε καὶ ἀξιόλογόν τι ἀπογενέσθαι· αὐτῶν δὲ χαλεπὸν μὲν ἦν τὴν ἀλήθειαν πυθέσθαι, ἐλέγοντο δὲ περὶ τριακοσίους ἀποθανεῖν.

LXXV. Τῆς δὲ μάχης μελλούσης ἔσεσθαι καὶ Πλειστοάναξ ὁ ἕτερος βασιλεὺς ἔχων τούς τε πρεσβυτέρους καὶ νεωτέρους ἐβοήθησεν, καὶ μέχρι μὲν Τεγέας ἀφίκετο, πυθόμενος δὲ τὴν νίκην ἀπεχώρησεν. (2) Καὶ τοὺς ἀπὸ Κορίνθου καὶ ἔξω Ἰσθμοῦ ξυμμάχους ἀπέστρεψαν πέμψαντες οἱ Λακεδαιμόνιοι, καὶ αὐτοὶ ἀναχωρήσαντες καὶ τοὺς ξυμμάχους ἀφέντες (Κάρνεια γὰρ αὐτοῖς ἐτύγχανον ὄντα) τὴν ἑορτὴν ἦγον. (3) Καὶ τὴν ὑπὸ τῶν Ἑλλήνων τότε ἐπιφερομένην αἰτίαν ἔς τε μαλακίαν διὰ τὴν ἐν τῇ νήσῳ ξυμφορὰν καὶ ἐς τὴν ἄλλην ἀβουλίαν τε καὶ βραδυτῆτα ἑνὶ ἔργῳ τούτῳ ἀπελύσαντο, τύχῃ μέν, ὡς ἐδόκουν, κακιζόμενοι, γνώμῃ δὲ οἱ αὐτοὶ ἔτι ὄντες. (4) Τῇ δὲ προτέρᾳ ἡμέρᾳ ξυνέβη τῆς μάχης ταύτης καὶ τοὺς Ἐπιδαυρίους πανδημεὶ ἐσβαλεῖν ἐς τὴν Ἀργείαν ὡς ἐρῆμον οὖσαν, καὶ τοὺς ὑπολοίπους φύλακας τῶν Ἀργείων ἐξελθόντων διαφθεῖραι πολλούς. (5) Καὶ Ἠλείων τρισχιλίων ὁπλιτῶν βοηθησάντων Μαντινεῦσιν ὕστερον τῆς μάχης, καὶ Ἀθηναίων χιλίων πρὸς τοῖς προτέροις, ἐστράτευσαν ἅπαντες οἱ ξύμμαχοι οὗτοι

victi. Et præter ceteros omnes, qui erant in exercitu, maximam cladem accepissent, nisi equites, qui aderant, iis auxilio fuissent. (2) Accidit etiam, ut Agis, quum sinistrum cornu suorum Mantineis et Argivorum mille delectis oppositum laborare cognovisset, universo exercitui præciperet, ut tenderet ad cornu, quod vincebatur. (3) Hoc autem facto, Athenienses quidem interea, quum Lacedæmoniorum exercitus præteriisset et ab ipsis declinasset, per otium evaserunt, et una cum iis Argivi, qui victi erant; Mantineis vero eorumque sociis et mille Argivorum delectis non amplius ad instandum hostibus animus erat, sed quum et suos jam profligatos, et Lacedæmonios contra se tendentes animadverterent, in fugam se conjecerunt. (4) Et Mantineorum quidem plerique cæsi sunt, Argivorum vero delectorum major pars evasit. Fuga tamen et receptus nec præceps nec in longum spatium fuit; nam Lacedæmonii diu quidem et acriter in acie perstantes pugnant, donec hostem in fugam verterint; ubi vero eum in fugam verterunt, neque diu neque procul insequuntur.

LXXIV. Ac prœlium quidem istud hujusmodi fuit, et quam proxime ad hæc accedens, et maximum omnium, quæ inter Græcos jam a longissimo tempore gesta sunt, et in quo maximi nominis civitates inter se concurrerunt. (2) Lacedæmonii vero, cæsorum hostium armis in conspicuo loco positis tropæum statim erigebant ipsaque cadavera spoliabant, suorumque sustulerunt et ad Tegeam absportarunt, ubi sepulta sunt, hostiumque cadavera fide publica interposita reddiderunt. (3) Occubuerunt autem ex Argivis quidem et Orneatis et Cleonæis septingenti, ex Mantineis vero ducenti, totidem etiam ex Atheniensibus cum Æginetis, et uterque dux. Lacedæmoniorum vero socii ab hoste non adeo pressi erant, ut eorum numerus aliquis memoratu dignus desideraretur; ex ipsis vero difficile quidem erat verum cognoscere, dicebantur tamen ad trecentos obiisse.

LXXV. Ceterum quum prœlium jam instaret, Plistoanax etiam regum alter cum senioribus ac junioribus subsidio suis ivit, et ad Tegeam quidem usque profectus est; sed quum victoriam audisset, rediit. (2) Item Lacedæmonii auxilia et e Corintho et ab sociis, qui extra Isthmum erant, venientia per nuntios remiserunt, ipsique reversi, sociis dimissis, quum Carneorum tempus apud ipsos tunc erat, dies festos agebant. (3) Atque hoc uno prœlio deleverunt infamiæ notam sibi a Græcis tunc inustam, quum ignaviæ nomine, propter cladem in insula Sphacteria acceptam, tum etiam propter consilii inopiam et tarditatem aliis in rebus demonstratam, quum fortunæ quidem iniquitate, ut videbantur, male rem gererent, animo vero iidem adhuc essent.

(4) Pridie autem, quam hoc prœlium committeretur, accidit, ut et Epidaurii cum universis copiis in agrum Argivum, quasi præsidio nudatum, irruptionem facerent, et illorum, qui ad agri custodiam relicti erant, ceteris Argivis ad bellum profectis, multos occiderent. (5) Et quum Eleorum tria millia gravis armaturæ et Atheniensium mille præter priores post prœlium commissum Mantineis subsidio venissent, hi

εὐθὺς ἐπὶ Ἐπίδαυρον, ἕως οἱ Λακεδαιμόνιοι Κάρνεια ἦγον, καὶ διελόμενοι τὴν πόλιν περιετείχιζον. (6) Καὶ οἱ μὲν ἄλλοι ἐξεπαύσαντο, Ἀθηναῖοι δέ, ὥσπερ προσετάχθησαν, τὴν ἄκραν τὸ Ἡραῖον εὐθὺς ἐξειργάσαντο. Καὶ ἐν τούτῳ ξυγκαταλιπόντες ἅπαντες τῷ τειχίσματι φρουρὰν ἀνεχώρησαν κατὰ πόλεις ἕκαστοι. Καὶ τὸ θέρος ἐτελεύτα.

LXXVI. Τοῦ δ' ἐπιγιγνομένου χειμῶνος ἀρχομένου εὐθὺς οἱ Λακεδαιμόνιοι, ἐπειδὴ τὰ Κάρνεια ἤγαγον ἐξεστράτευσαν, καὶ ἀφικόμενοι ἐς Τέγεαν λόγους προύπεμπον ἐς τὸ Ἄργος ξυμβατηρίους. (2) Ἦσαν δὲ αὐτοῖς πρότερόν τε ἄνδρες ἐπιτήδειοι καὶ βουλόμενοι τὸν δῆμον τὸν ἐν Ἄργει καταλῦσαι· καὶ ἐπειδὴ ἡ μάχη ἐγεγένητο, πολλῷ μᾶλλον ἐδύναντο πείθειν τοὺς πολλοὺς ἐς τὴν ὁμολογίαν. Ἐβούλοντο δὲ πρῶτον σπονδὰς ποιήσαντες πρὸς τοὺς Λακεδαιμονίους αὖθις ὕστερον καὶ ξυμμαχίαν, καὶ οὕτως ἤδη τῷ δήμῳ ἐπιτίθεσθαι. (3) Καὶ ἀφικνεῖται πρόξενος ὢν Ἀργείων Λίχας ὁ Ἀρκεσιλάου παρὰ τῶν Λακεδαιμονίων δύο λόγω φέρων ἐς τὸ Ἄργος, τὸν μὲν καθ' ὅ τι εἰ βούλονται πολεμεῖν, τὸν δ' ὡς εἰ εἰρήνην ἄγειν. Καὶ γενομένης πολλῆς ἀντιλογίας (ἔτυχε γὰρ καὶ ὁ Ἀλκιβιάδης παρών) οἱ ἄνδρες οἱ τοῖς Λακεδαιμονίοις πράσσοντες, ἤδη καὶ ἐκ τοῦ φανεροῦ τολμῶντες, ἔπεισαν τοὺς Ἀργείους προσδέξασθαι τὸν ξυμβατήριον λόγον. Ἔστι δὲ ὅδε.

LXXVII. « Καττάδε δοκεῖ τᾷ ἐκκλησίᾳ τῶν Λακεδαιμονίων ξυμβαλέσθαι ποττὼς Ἀργείως, ἀποδιδόντας τὼς παῖδας τοῖς Ὀρχομενίοις καὶ τὼς ἄνδρας τοῖς Μαιναλίοις, καὶ τὼς ἄνδρας τὼς ἐν Μαντινείᾳ τοῖς Λακεδαιμονίοις ἀποδιδόντας, καὶ ἐξ Ἐπιδαύρω ἐκβῶντας καὶ τὸ τεῖχος ἀναιροῦντας. (2) Αἰ δέ κα μὴ εἴκωντι τοὶ Ἀθηναῖοι ἐξ Ἐπιδαύρω, πολεμίους εἶμεν τοῖς Ἀργείοις καὶ τοῖς Λακεδαιμονίοις καὶ τοῖς τῶν Λακεδαιμονίων ξυμμάχοις καὶ τοῖς τῶν Ἀργείων ξυμμάχοις. (3) Καὶ αἴ τινα τοὶ Λακεδαιμόνιοι παῖδα ἔχωντι, ἀποδόμεν ταῖς πολίεσι πάσαις. (4) Περὶ δὲ τῶ σιῶ σύματος ἐμενλῆν τοῖς Ἐπιδαυρίοις ὅρκον, δόμεν δὲ αὐτοὺς ὀμόσαι. (5) Τὰς δὲ πόλιας τὰς ἐν Πελοποννάσῳ, καὶ μικρὰς καὶ μεγάλας, αὐτονόμους εἶμεν πάσας καττὰ πάτρια. (6) Αἰ δέ κα τῶν ἐκτὸς Πελοποννάσου τις ἐπὶ τὰν Πελοπόννασον γᾶν ἴῃ ἐπὶ κακῷ, ἀλεξέμεναι ἁμοθεὶ βουλευσαμένους, ὅπᾳ κα δικαιότατα δοκῇ τοῖς Πελοποννασίοις. (7) Ὅσοι δ' ἐκτὸς Πελοποννάσω τῶν Λακεδαιμονίων ξύμμαχοι ἐντι, ἐν τῷ αὐτῷ ἐσοῦνται ἐν τῷπερ καὶ τοὶ Λακεδαιμόνιοι καὶ τοὶ τῶν Ἀργείων ξύμμαχοί ἐντι, τὰν αὐτῶν ἔχοντες. (8) Ἐπιδείξαντας δὲ τοῖς ξυμμάχοις ξυμβαλέσθαι, αἴ κα αὐτοῖς δοκῇ. Αἰ δέ τι δοκῇ τοῖς ξυμμάχοις, οἴκαδ' ἀπιάλλην. »

LXXVIII. Τοῦτον μὲν τὸν λόγον προσεδέξαντο πρῶτον οἱ Ἀργεῖοι, καὶ τῶν Λακεδαιμονίων τὸ στράτευμα ἀνεχώρησεν ἐκ τῆς Τεγέας ἐπ' οἴκου· μετὰ δὲ τοῦτο ἐπιμιξίας οὔσης ἤδη παρ' ἀλλήλους, οὐ πολλῷ ὕστερον ἔπραξαν αὖθις οἱ αὐτοὶ ἄνδρες ὥστε τὴν Μαντινέων καὶ τὴν Ἀθηναίων καὶ Ἠλείων ξυμμαχίαν

socii universi confestim adversus Epidaurum contenderunt, dum Lacedaemonii Carnea celebrabant, et urbem circumvallabant opus inter se partiti. (6) Ac ceteri quidem opus facere cessarunt, Athenienses vero, ut jussi erant, arcem, in qua Junonis templum erat, absolverunt. Atque in hac arce praesidio, quod ex omnium copiis collectum erat, relicto, in suam quique urbem abierunt. Atque haec aestas finiebatur.

LXXVI. Hiemis autem insequentis initio statim Lacedaemonii, postea quam Carnea celebrarunt, in expeditionem exierunt, et quum Tegeam pervenissent, Argos praemittebant pacis conditiones. (2) Erant enim et jampridem Argis nonnulli eorum studiosi, qui popularem Argivorum dominatum abolere cupiebant, et hoc proelio commisso multo facilius populum ad compositionem faciendam inducere poterant. Volebant autem primo quidem foedera, deinde vero et societatem cum Lacedaemoniis inire, atque ita demum populum aggredi. (3) Atque venit Lichas Arcesilai filius, Argivorum publicus hospes, a Lacedaemoniis missus Argos, duas conditiones ferens, unam quidem de bello, si bellum gerere vellent, alteram vero, de pace, si pacem colere mallent. Quum autem Argis magna exstitisset altercatio (nam et Alcibiades aderat), illi, qui Lacedaemoniorum partibus favebant, jam vel palam audentes, Argivis persuaserunt, ut compositionis formulam admitterent. Est autem haec.

LXXVII. « Placet concilio Lacedaemoniorum, his conditionibus compositionem facere cum Argivis, ut pueros Orchomeniis reddant et viros Maenaliis, et illos, qui sunt Mantineae, Lacedaemoniis, utque ex agro Epidaurio excedant, et munitionem evertant. (2) Si vero Athenienses Epidauro non excedant, pro hostibus habeantur ab Argivis et Lacedaemoniis, et a Lacedaemoniorum sociis et ab Argivorum sociis. (3) Et si quem puerum Lacedaemonii penes se habent, eum suae civitati restituant. (4) De dei autem sacrificio esse velle Epidauriis jusjurandum ; praeire vero ipsos formulam, ex qua jurent. (5) Item ut tam parvae quam magnae civitates, quae sunt in Peloponneso, omnes liberae sint, patriis institutis utentes. (6) Si quis vero illorum, qui sunt extra Peloponnesum, in agrum Peloponnesiacum maleficii causa veniat, ad arcendam vim hostilem accurrant initis una consiliis, ea ratione, quae Peloponnesiis rectissima videbitur. (7) Quotquot autem extra Peloponnesum sunt socii Lacedaemoniorum, eadem conditione erunt, qua sunt et Lacedaemoniorum et Argivorum socii, suum agrum obtinentes. (8) Ubi vero haec sociis ostenderint, si assentiantur, compositionem faciant. Quod si quid aliud visum fuerit sociis, domum eos dimittant. »

LXXVIII. Hanc igitur conditionem Argivi primum admiserunt, et Lacedaemoniorum exercitus a Tegea domum revertit. Postea vero, quum mutuum commercium inter illos jam esset, non multo post iidem viri rursus effecerunt, ut Argivi relicta Mantineorum et Eleorum et Atheniensium so-

ἀφέντας Ἀργείους σπονδὰς καὶ ξυμμαχίαν ποιήσασθαι πρὸς Λακεδαιμονίους. Καὶ ἐγένοντο αἵδε.

LXXIX. « Καττάδε ἔδοξε τοῖς Λακεδαιμονίοις καὶ Ἀργείοις σπονδὰς καὶ ξυμμαχίαν εἶμεν πεντήκοντα ἔτη, ἐπὶ τοῖς ἴσοις καὶ ὁμοίοις, δίκας διδόντας καττὰ πάτρια· ταὶ δὲ ἄλλαι πόλιες ταὶ ἐν Πελοποννάσῳ κοινανεόντων τᾶν σπονδᾶν καὶ τᾶς ξυμμαχίας αὐτόνομοι καὶ αὐτοπόλιες, τὰν αὐτῶν ἔχοντες, καττὰ πάτρια δίκας διδόντες τὰς ἴσας καὶ ὁμοίας. (2) Ὅσοι δὲ ἔξω Πελοποννάσω Λακεδαιμονίοις ξύμμαχοί ἐντι, ἐν τοῖς αὐτοῖς ἐσοῦνται τοῖσπερ καὶ τοὶ Λακεδαιμόνιοι· καὶ τοὶ τῶν Ἀργείων ξύμμαχοι ἐν τῷ αὐτῷ ἐσοῦνται τῷπερ καὶ τοὶ Ἀργεῖοι, τὰν αὐτῶν ἔχοντες. (3) Αἰ δέ ποι στρατιᾶς δέῃ κοινᾶς, βουλεύεσθαι Λακεδαιμονίως καὶ Ἀργείως ὅπᾳ κα δικαιότατα κρίναντας τοῖς ξυμμάχοις. (4) Αἰ δέ τινι τᾶν πολίων ᾖ ἀμφίλογα, ἢ τᾶν ἐντὸς ἢ τᾶν ἐκτὸς Πελοποννάσου, αἴτε περὶ ὅρων αἴτε περὶ ἄλλου τινός, διακριθῆμεν. Αἰ δέ τις τῶν ξυμμάχων πόλις πόλει ἐρίζοι, ἐς πόλιν ἐλθεῖν ἄν τινα ἴσαν ἀμφοῖν ταῖς πολίεσι δοκείοι. Τοῖς δὲ ἔταις καττὰ πάτρια δικάζεσθαι. »

LXXX. Αἱ μὲν σπονδαὶ καὶ ἡ ξυμμαχία αὕτη ἐγεγένητο· καὶ ὁπόσα ἀλλήλων πολέμῳ ἢ εἴ τι ἄλλο εἶχον, διελύσαντο. Κοινῇ δὲ ἤδη τὰ πράγματα τιθέμενοι ἐψηφίσαντο κήρυκα καὶ πρεσβείαν παρ' Ἀθηναίων μὴ προσδέχεσθαι, ἢν μὴ ἐκ Πελοποννήσου ἐξίωσι τὰ τείχη ἐκλιπόντες, καὶ μὴ ξυμβαίνειν τῳ μηδὲ πολεμεῖν ἀλλ' ἢ ἅμα. (2) Καὶ τά τε ἄλλα θυμῷ ἔφερον καὶ ἐς τὰ ἐπὶ Θρᾴκης χωρία καὶ ὡς Περδίκκαν ἔπεμψαν ἀμφότεροι πρέσβεις, καὶ ἀνέπεισαν Περδίκκαν ξυνομόσαι σφίσιν. Οὐ μέντοι εὐθύς γε ἀπέστη τῶν Ἀθηναίων, ἀλλὰ διενοεῖτο, ὅτι καὶ τοὺς Ἀργείους ἑώρα· ἦν δὲ καὶ αὐτὸς τὸ ἀρχαῖον ἐξ Ἄργους. Καὶ τοῖς Χαλκιδεῦσι τούς τε παλαιοὺς ὅρκους ἀνενεώσαντο καὶ ἄλλους ὤμοσαν. (3) Ἔπεμψαν δὲ καὶ παρὰ τοὺς Ἀθηναίους οἱ Ἀργεῖοι πρέσβεις, τὸ ἐξ Ἐπιδαύρου τεῖχος κελεύοντες ἐκλιπεῖν. Οἱ δ' ὁρῶντες ὀλίγοι πρὸς πλείους ὄντες τοὺς ξυμφύλακας, ἔπεμψαν Δημοσθένην τοὺς σφετέρους ἐξάξοντα. Ὁ δὲ ἀφικόμενος καὶ ἀγῶνά τινα πρόφασιν γυμνικὸν ἔξω τοῦ φρουρίου ποιήσας, ὡς ἐξῆλθε τὸ ἄλλο φρούριον, ἀπέκλῃσε τὰς πύλας· καὶ ὕστερον Ἐπιδαυρίοις ἀνανεωσάμενοι τὰς σπονδὰς αὐτοὶ οἱ Ἀθηναῖοι ἀπέδοσαν τὸ τείχισμα.

LXXXI. Μετὰ δὲ τὴν τῶν Ἀργείων ἀπόστασιν ἐκ τῆς ξυμμαχίας καὶ οἱ Μαντινῆς, τὸ μὲν πρῶτον ἀντέχοντες, ἔπειτ' οὐ δυνάμενοι ἄνευ τῶν Ἀργείων, ξυνέβησαν καὶ αὐτοὶ τοῖς Λακεδαιμονίοις καὶ τὴν ἀρχὴν ἀφεῖσαν τῶν πόλεων. (2) Καὶ Λακεδαιμόνιοι καὶ Ἀργεῖοι, χίλιοι ἑκάτεροι, ξυστρατεύσαντες, τά τ' ἐν Σικυῶνι ἐς ὀλίγους μᾶλλον κατέστησαν αὐτοὶ οἱ Λακεδαιμόνιοι ἐλθόντες, καὶ μετ' ἐκεῖνα ξυναμφότεροι ἤδη καὶ τὸν ἐν Ἄργει δῆμον κατέλυσαν, καὶ ὀλιγαρχία ἐπιτηδεία τοῖς Λακεδαιμονίοις κατέστη. Καὶ πρὸς ἔαρ ἤδη ταῦτα ἦν τοῦ χειμῶνος λήγοντος, καὶ τέταρτον καὶ δέκατον ἔτος τῷ πολέμῳ ἐτελεύτα.

LXXXII. Τοῦ δ' ἐπιγιγνομένου θέρους Δικτιδῆς τε

cietate fœdera societatemque cum Lacedæmoniis inirent. Atque facta sunt in hæc verba.

LXXIX. « Lacedæmoniis et Argivis placuit, ut fœdera et societatem inter se habeant in annos quinquaginta, conditionibus paribus et similibus, judicia subeuntes patriis moribus. Ceteræ vero civitates, quæ sunt in Peloponneso, horum fœderum atque hujus societatis participes sunto liberæ suique juris, suum agrum obtinentes, et patriis institutis judicium pari similique jure subeuntes. (2) Quotquot vero extra Peloponnesum socii sunt Lacedæmoniorum, iisdem erunt conditionibus, quibus et Lacedæmonii; et Argivorum socii eodem jure erunt, quo et Argivi, suum agrum obtinentes. (3) Si quo autem communis expeditio sit facienda, Lacedæmonii et Argivi consultent, de sociorum causa, quam æquissime fieri poterit, judicantes. (4) Si quæ vero controversiæ ortæ fuerint inter aliquas socias civitates, vel earum, quæ sunt intra Peloponnesum, vel earum, quæ sunt extra, sive de agri finibus, sive aliqua alia de re, judicio dirimantur. Si qua autem socialis civitas cum alia contendat, ad civitatem aliquam eat, quamcunque utrisque civitatibus æquam esse visum fuerit. Civibus autem jus patrio ritu dicatur. »

LXXX. Hæc igitur fœdera atque hæc societas inita erat, et quæcunque alteri alterorum bello capta, aut si quid aliud habebant, diluerunt. Jamque communiter res administrantes decreverunt caduceatorem et legationem ab Atheniensibus non recipiendam, nisi ex Peloponneso excederent relictis munitionibus, neque cum ullo compositionem faciendam aut bellum gerendum, nisi communiter. (2) Et quum alia impetu quodam animi administrabant, tum etiam utrique legatos in Thraciam et ad Perdiccam miserunt, eique persuaserunt, ut societatem jurejurando interposito secum iniret. Non tamen statim ab Atheniensibus defecit, sed in animo habebat, quod et Argivorum exemplum videret; erat autem et ipse antiquitus ex Argivorum urbe oriundus. Præterea vetustum jusjurandum cum Chalcidensibus renovarunt, et aliud jurarunt. (3) Argivi etiam legatos ad Athenienses miserunt, imperantes, ut munitionem in agro Epidaurio factam relinquerent. Illi vero, quum animadverterent, suos paucos esse præ ceteris ejus loci præsidiariis militibus, quorum numerus major erat, Demosthenem miserunt, ut suos educeret. Ille vero quum eo pervenisset et quoddam gymnicum certamen extra munitionem se editurum simulasset, ubi reliquum præsidium egressum est, portas clausit; et postea Athenienses ipsi fœdere renovato munitionem illam Epidauriis restituerunt.

LXXXI. Post Argivorum defectionem ab Atheniensium societate factam Mantinei quoque, quamvis primo quidem restitissent, deinde tamen, quod sine Argivis resistere non possent, et ipsi compositionem cum Lacedæmoniis fecerunt, et civitatum suæ ditionis imperium dimiserunt. (2) Lacedæmonii autem et Argivi cum mille de suis utrique communem expeditionem susceperunt, et Sicyone statum popularem ipsi Lacedæmonii soli eo profecti in paucorum dominatum magna ex parte converterunt, et post hæc utrique jam etiam popularem dominatum, qui Argis erat, sustulerunt, et paucorum dominatus Lacedæmoniorum reipublicæ commodus constitutus est. Atque hæc sub extremam hiemem vere jam appropinquante gesta sunt, et decimus quartus hujus belli annus finiebatur.

LXXXII. Insequente vero et Dictidienses, qui in Atho

οἱ ἐν Ἄθῳ ἀπέστησαν Ἀθηναίων πρὸς Χαλκιδέας, καὶ Λακεδαιμόνιοι τὰ ἐν Ἀχαΐᾳ οὐκ ἐπιτηδείως πρότερον ἔχοντα καθίσταντο. (2) Καὶ Ἀργείων ὁ δῆμος κατ' ὀλίγον ξυνιστάμενός τε καὶ ἀναθαρσήσας ἐπέθεντο τοῖς ὀλίγοις, τηρήσαντες αὐτὰς τὰς γυμνοπαιδίας τῶν Λακεδαιμονίων· καὶ μάχης γενομένης ἐν τῇ πόλει ἐπεκράτησεν ὁ δῆμος, καὶ τοὺς μὲν ἀπέκτεινε τοὺς δὲ ἐξήλασεν. (3) Οἱ δὲ Λακεδαιμόνιοι, ἕως μὲν αὐτοὺς μετεπέμποντο οἱ φίλοι, οὐκ ἦλθον ἐκ πλείονος, ἀναβαλόμενοι δὲ τὰς γυμνοπαιδίας ἐβοήθουν. Καὶ ἐν Τεγέᾳ πυθόμενοι ὅτι νενίκηνται οἱ ὀλίγοι, προελθεῖν μὲν οὐκέτι ἠθέλησαν δεομένων τῶν διαπεφευγότων, ἀναχωρήσαντες δὲ ἐπ' οἴκου τὰς γυμνοπαιδίας ἦγον. (4) Καὶ ὕστερον ἐλθόντων πρέσβεων ἀπό τε τῶν ἐν τῇ πόλει [ἀγγέλων] καὶ τῶν ἔξω Ἀργείων, παρόντων τε τῶν ξυμμάχων καὶ ῥηθέντων πολλῶν ἀφ' ἑκατέρων ἔγνωσαν μὲν ἀδικεῖν τοὺς ἐν τῇ πόλει καὶ ἔδοξεν αὐτοῖς στρατεύειν ἐς Ἄργος, διατριβαὶ δὲ καὶ μελλήσεις ἐγίγνοντο. (5) Ὁ δὲ δῆμος τῶν Ἀργείων ἐν τούτῳ, φοβούμενος τοὺς Λακεδαιμονίους καὶ τὴν τῶν Ἀθηναίων ξυμμαχίαν πάλιν προσαγόμενός τε καὶ νομίζων μέγιστον ἂν σφᾶς ὠφελήσειν, τειχίζει μακρὰ τείχη ἐς θάλασσαν, ὅπως ἢν τῆς γῆς εἴργωνται, ἡ κατὰ θάλασσαν σφᾶς μετὰ τῶν Ἀθηναίων ἐπαγωγὴ τῶν ἐπιτηδείων ὠφελῇ. (6) Ξυνῄδεσαν δὲ τὸν τειχισμὸν καὶ τῶν ἐν Πελοποννήσῳ τινὲς πόλεων. Καὶ οἱ μὲν Ἀργεῖοι πανδημεί, καὶ αὐτοὶ καὶ γυναῖκες καὶ οἰκέται, ἐτείχιζον· καὶ ἐκ τῶν Ἀθηνῶν αὐτοῖς ἦλθον τέκτονες καὶ λιθουργοί. Καὶ τὸ θέρος ἐτελεύτα.

LXXXIII. Τοῦ δ' ἐπιγιγνομένου χειμῶνος Λακεδαιμόνιοι ὡς ᾔσθοντο τειχιζόντων, ἐστράτευσαν ἐς τὸ Ἄργος αὐτοί τε καὶ οἱ ξύμμαχοι πλὴν Κορινθίων· ὑπῆρχε δέ τι αὐτοῖς καὶ τοῦ Ἄργους αὐτόθεν πρασσόμενον. Ἦγε δὲ τὴν στρατιὰν Ἆγις ὁ Ἀρχιδάμου Λακεδαιμονίων βασιλεύς. (2) Καὶ τὰ μὲν ἐκ τῆς πόλεως δοκοῦντα προϋπάρχειν οὐ προυχώρησεν ἔτι· τὰ δὲ οἰκοδομούμενα τείχη ἑλόντες καὶ καταβαλόντες, καὶ Ὑσιὰς χωρίον τῆς Ἀργείας λαβόντες καὶ τοὺς ἐλευθέρους ἅπαντας οὓς ἔλαβον ἀποκτείναντες, ἀνεχώρησαν καὶ διελύθησαν κατὰ πόλεις. (3) Ἐστράτευσαν δὲ μετὰ τοῦτο καὶ Ἀργεῖοι ἐς τὴν Φλιασίαν καὶ δῃώσαντες ἀπῆλθον, ὅτι σφῶν τοὺς φυγάδας ὑπεδέχοντο· οἱ γὰρ πολλοὶ αὐτῶν ἐνταῦθα κατῴκηντο. (4) Κατέκλῃσαν δὲ τοῦ αὐτοῦ χειμῶνος καὶ Μακεδονίας Ἀθηναῖοι Περδίκκαν, ἐπικαλοῦντες τήν τε πρὸς Ἀργείους καὶ Λακεδαιμονίους γενομένην ξυνωμοσίαν, καὶ ὅτι παρασκευασαμένων αὐτῶν στρατιὰν ἄγειν ἐπὶ Χαλκιδέας τοὺς ἐπὶ Θρᾴκης καὶ Ἀμφίπολιν Νικίου τοῦ Νικηράτου στρατηγοῦντος ἔψευστο τὴν ξυμμαχίαν καὶ ἡ στρατιὰ μάλιστα διελύθη ἐκείνου ἀπάραντος· πολέμιος οὖν ἦν. Καὶ ὁ χειμὼν ἐτελεύτα οὕτως, καὶ πέμπτον καὶ δέκατον ἔτος τῷ πολέμῳ ἐτελεύτα.

LXXXIV. Τοῦ δ' ἐπιγιγνομένου θέρους Ἀλκιβιάδης τε πλεύσας ἐς Ἄργος ναυσὶν εἴκοσιν Ἀργείων τοὺς δοκοῦν-

habitant, ab Atheniensibus ad Chalcidenses desciverunt, et Lacedæmonii in Achaia res, quæ prius ipsis commodæ non erant, constituebant. (2) Et Argiva plebs paulatim inter se coiens, animis resumptis, optimates aggressa est, observato illo ipso tempore, quo Lacedæmonii gymnopædias festum celebrabant; prœlioque intra urbem commisso plebs vicit; et alios quidem interfecit, alios vero expulit. (3) Lacedæmonii vero donec eos amici accersebant, diu non iverunt, sed postea dilatis gymnopædiis in viam se dederunt, ut opem illis ferrent. At quum Tegeæ audissent optimates victos, ulterius progredi noluerunt, quamvis illi, qui effugerant, eos orarent, sed domum reversi gymnopædias agebant. (4) Postea vero quum legati tam ab Argivis, qui in urbe erant, quam ab illis, qui exsulabant, missi venissent, quumque præsentes socii essent et multa ab utrisque dicta essent, Lacedæmonii pronuntiarunt quidem illos, qui in urbe erant, injuste fecisse, et cum exercitu Argos sibi petendum censuerunt, sed moræ et cunctationes interponebantur. (5) Interea vero populus Argivus Lacedæmonios metuens, et Atheniensium societatem rursus sibi concilians, et existimans, se maximam utilitatem ex ea percepturum, longos ad mare usque muros duxit, ut, si terra prohiberentur, Atheniensium auxiliis commeatus in urbem a mari invectus sibi utilis esset. (6) Horum autem murorum ab Argivis exstructorum nonnullæ etiam Peloponnesi civitates consciæ erant. Quicquid autem hominum Argis erat, et viri et mulieres et servi in his exstruendis occupati erant; et fabri, et lapicidæ Athenis ad eos venerunt. Et hæc æstas finiebatur.

LXXXIII. Insequente hieme Lacedæmonii quum muros exstrui intellexissent, expeditionem adversus Argivos susceperunt quum ipsi tum socii præter Corinthios; atque habebant etiam aliquod ab Argis auxilium, quod in ipsa urbe struebatur. Ducebat vero exercitum Agis Archidami filius Lacedæmoniorum rex. (2) Verum illæ quidem res, quæ in urbe jam præparatæ esse videbantur, nequaquam successerunt, sed muros, qui adhuc ædificabantur, ceperunt et diruerunt, et Hysias agri Argivi oppidum ceperunt, et ingenuis omnibus, quos ceperunt, interfectis abierunt, et in suam quique civitatem se receperunt. (3) Post hæc et Argivi copias in agrum Phliasium duxerunt, eoque vastato abierunt, quia suos exsules receperant; illic enim eorum plerique domicilium fixerant. (4) Eadem hieme Athenienses Perdiccam in Macedonia intercluserunt, crimini dantes, et quod cum Argivis atque Lacedæmoniis societatem jurejurando interposito fecisset, et quod exercitu ab ipsis præparato, qui duceretur adversus Chalcidenses in Thracia habitantes et Amphipolin, Nicia Nicerati filio duce, societatem fefellisset, et quod exercitus ille potissimum propter ipsius discessum dissipatus esset; his igitur de causis hostis erat. Atque hæc hiems sic finiebatur et quintus decimus hujus belli annus finiebatur.

LXXXIV. Insequentis æstatis initio Alcibiades cum viginti navibus Argos profectus trecentos Argivos, qui adhuc su-

τὰς ἔτι ὑπόπτους εἶναι καὶ τὰ Λακεδαιμονίων φρονεῖν ἔλαβε τριακοσίους ἄνδρας, καὶ κατέθεντο αὐτοὺς Ἀθηναῖοι ἐς τὰς ἐγγὺς νήσους ὧν ἦρχον· καὶ ἐπὶ Μῆλον τὴν νῆσον Ἀθηναῖοι ἐστράτευσαν ναυσὶν ἑαυτῶν μὲν τριάκοντα, Χίαις δὲ ἕξ, Λεσβίαιν δὲ δυοῖν, καὶ ὁπλίταις ἑαυτῶν μὲν διακοσίοις καὶ χιλίοις καὶ τοξόταις τριακοσίοις καὶ ἱπποτοξόταις εἴκοσι, τῶν δὲ ξυμμάχων καὶ νησιωτῶν ὁπλίταις μάλιστα πεντακοσίοις καὶ χιλίοις. (2) Οἱ δὲ Μήλιοι Λακεδαιμονίων μέν εἰσιν ἄποικοι, τῶν δ' Ἀθηναίων οὐκ ἤθελον ὑπακούειν ὥσπερ οἱ ἄλλοι νησιῶται, ἀλλὰ τὸ μὲν πρῶτον οὐδετέρων ὄντες ἡσύχαζον, ἔπειτα ὡς αὐτοὺς ἠνάγκαζον οἱ Ἀθηναῖοι δῃοῦντες τὴν γῆν, ἐς πόλεμον φανερὸν κατέστησαν. (3) Στρατοπεδευσάμενοι οὖν ἐς τὴν γῆν αὐτῶν τῇ παρασκευῇ ταύτῃ οἱ στρατηγοὶ Κλεομήδης τε ὁ Λυκομήδους καὶ Τισίας ὁ Τισιμάχου, πρὶν ἀδικεῖν τι τῆς γῆς, λόγους πρῶτον ποιησομένους ἔπεμψαν πρέσβεις. Οὓς οἱ Μήλιοι πρὸς μὲν τὸ πλῆθος οὐκ ἤγαγον, ἐν δὲ ταῖς ἀρχαῖς καὶ τοῖς ὀλίγοις λέγειν ἐκέλευον περὶ ὧν ἥκουσιν. Οἱ δὲ τῶν Ἀθηναίων πρέσβεις ἔλεγον τοιάδε.

LXXXV. « Ἐπειδὴ οὐ πρὸς τὸ πλῆθος οἱ λόγοι γίγνονται, ὅπως δὴ μὴ ξυνεχεῖ ῥήσει οἱ πολλοὶ ἐπαγωγὰ καὶ ἀνέλεγκτα ἐσάπαξ ἀκούσαντες ἡμῶν ἀπατηθῶσιν (γιγνώσκομεν γὰρ ὅτι τοῦτο φρονεῖ ὑμῶν ἡ ἐς τοὺς ὀλίγους ἀγωγή), ὑμεῖς οἱ καθήμενοι ἔτι ἀσφαλέστερον ποιήσατε. Καθ' ἕκαστον γὰρ καὶ μηδ' ὑμεῖς ἑνὶ λόγῳ, ἀλλὰ πρὸς τὸ μὴ δοκοῦν ἐπιτηδείως λέγεσθαι εὐθὺς ὑπολαμβάνοντες κρίνετε. Καὶ πρῶτον, εἰ ἀρέσκει ὡς λέγομεν, εἴπατε. »

LXXXVI. Οἱ δὲ τῶν Μηλίων ξύνεδροι ἀπεκρίναντο « ἡ μὲν ἐπιείκεια τοῦ διδάσκειν καθ' ἡσυχίαν ἀλλήλους οὐ ψέγεται, τὰ δὲ τοῦ πολέμου παρόντα ἤδη καὶ οὐ μέλλοντα διαφέροντα αὐτοῦ φαίνεται. Ὁρῶμεν γὰρ αὐτούς τε κριτὰς ἥκοντας ὑμᾶς τῶν λεχθησομένων, καὶ τὴν τελευτὴν ἐξ αὐτοῦ κατὰ τὸ εἰκὸς περιγενομένοις μὲν τῷ δικαίῳ καὶ δι' αὐτὸ μὴ ἐνδοῦσι πόλεμον ἡμῖν φέρουσαν, πεισθεῖσι δὲ δουλείαν. »

LXXXVII. ΑΘ. Εἰ μὲν τοίνυν ὑπονοίας τῶν μελλόντων λογιούμενοι ἢ ἄλλο τι ξυνήκετε ἢ ἐκ τῶν παρόντων καὶ ὧν ὁρᾶτε περὶ σωτηρίας βουλεύσοντες τῇ πόλει, παυοίμεθ' ἄν· εἰ δ' ἐπὶ τοῦτο, λέγοιμεν ἄν.

LXXXVIII. ΜΗΛ. Εἰκὸς μὲν καὶ ξυγγνώμη ἐν τῷ τοιῷδε καθεστῶτας ἐπὶ πολλὰ καὶ λέγοντας καὶ δοκοῦντας τρέπεσθαι· ἡ μέντοι ξύνοδος καὶ περὶ σωτηρίας ἤδε πάρεστιν, καὶ ὁ λόγος ᾧ προκαλεῖσθε τρόπῳ, εἰ δοκεῖ, γιγνέσθω.

LXXXIX. ΑΘ. Ἡμεῖς τοίνυν οὔτε αὐτοὶ μετ' ὀνομάτων καλῶν, ὡς ἢ δικαίως τὸν Μῆδον καταλύσαντες ἄρχομεν ἢ ἀδικούμενοι νῦν ἐπεξερχόμεθα, λόγων μῆκος ἄπιστον παρέξομεν, οὔθ' ὑμᾶς ἀξιοῦμεν ἢ ὅτι Λακεδαιμονίων ἄποικοι ὄντες οὐ ξυνεστρατεύσατε ἢ ὡς ἡμᾶς οὐδὲν ἠδικήκατε λέγοντας οἴεσθαι πείσειν, τὰ δυνατὰ δ' ἐξ ὧν ἑκάτεροι ἀληθῶς φρονοῦμεν διαπράσεσθαι, ἐπισταμένους πρὸς εἰδότας ὅτι δίκαια μὲν ἐν

---

specti erant et cum Lacedæmoniis sentire videbantur, comprehendit, et deposuerunt eos Athenienses in proximis insulis, quibus imperabant; et adversus Melum insulam Athenienses navigaverunt cum triginta suis navibus, et sex Chiis, et duabus Lesbiis, et cum militibus ex suis mille et ducentis gravis armaturæ et trecentis sagittariis et viginti hippotoxotis, sociorum vero et illorum, qui insulas incolebant, ferme mille et quingentorum armatorum manu. (2) Sunt autem Melii Lacedæmoniorum coloni, et Atheniensibus parere nolebant, ut ceteri insularum incolæ, sed initio quidem neutris partibus adjuncti quiescebant; postea vero, quum Athenienses eos cogerent agrum ipsorum vastantes, bellum aperte gerere cœperunt. (3) Quum igitur Atheniensium duces Cleomedes Lycomedis et Tisias Tisimachi filius cum hoc apparatu castra in eorum agro posuissent, antequam ullo maleficio agrum afficerent, legatos primum ad colloquia habenda miserunt. Quos Melii ad populum quidem non produxerunt, sed apud magistratus et optimates ea dicere jubebant, quorum causa venissent. Atheniensium vero legati hæc verba fecerunt.

LXXXV. « Quoniam non apud populum verba a nobis fiunt, ne multitudo, si nos perpetua oratione utamur, et verba ad animos alliciendos apta, et quæ a nullo refelli queant, faciamus, nobis semel auditis decipiatur (intelligimus enim nos ad paucos eo consilio nunc a vobis adductos esse), vos igitur, qui estis in isto consessu, tutius etiam agite. Singulatim enim et ne vos quidem perpetua oratione utentes, sed ut quidque non commode a nobis dici videbitur, continuo respondentes judicate. Ac primum quidem declarate, placeat ne facere, ut dicimus. »

LXXXVI. Meliorum vero consessus respondit : « Æquitas quidem inter se per otium docendi non vituperatur, sed bellum quod jam præsens est et non futurum, ab hac re manifesto discrepat. Videmus enim et vos ipsos eorum, quæ dicentur, judices venisse, et hujus colloquii exitum, si, ut par est, jure quidem vobis superiores fuerimus, et propterea vobis non cesserimus, bellum nobis allaturum, si vero obediamus, servitutem. »

LXXXVII. ATH. Si igitur rerum futurarum suspiciones, aut aliquid aliud enumeraturi convenistis potius, quam pro statu rerum præsentium, et quas cernitis, de civitatis salute consultaturi, finem dicendi faciemus; sin ad hoc venistis, loquemur.

LXXXVIII. MEL. Rationi quidem consentaneum veniaque dignum est, homines, qui in hujusmodi rerum statu sunt constituti, in varias partes se et dicendo et opinando convertere; hic tamen conventus et de salute institutus est, et colloquium eo modo, quo postulatis, si placet, fiat.

LXXXIX. ATH. Nos igitur neque ipsi speciosis nominibus utentes longam et parum plausibilem orationem afferemus, ut probemus vel imperium jure a nobis obtineri, quod Medum debellarimus, vel quod injuriis affecti eas nunc ulciscamur, neque censemus propterea quod Lacedæmoniorum coloni quum sitis, tamen non et ipsi bellum adversus nos gesseritis, neque injuriam ullam nobis feceritis, existimandum vobis esse fore ut nobis persuadeatis, sed potius ea vobis agenda esse, quæ possunt fieri pro iis, quæ utrique revera in animo habemus, qua in re et nos scimus et

τῷ ἀνθρωπείῳ λόγῳ ἀπὸ τῆς ἴσης ἀνάγκης κρίνεται, δυνατὰ δὲ οἱ προὔχοντες πράσσουσι καὶ οἱ ἀσθενεῖς ξυγχωροῦσιν.

XC. ΜΗΛ. Ἡμεῖς δὴ νομίζομέν γε χρήσιμον (ἀνάγκη γάρ, ἐπειδὴ ὑμεῖς οὕτω παρὰ τὸ δίκαιον τὸ ξυμφέρον λέγειν ὑπέθεσθε) μὴ καταλύειν ὑμᾶς τὸ κοινὸν ἀγαθόν, ἀλλὰ τῷ ἀεὶ ἐν κινδύνῳ γιγνομένῳ εἶναι τὰ εἰκότα δίκαια, καί τι καὶ ἐντὸς τοῦ ἀκριβοῦς πείσαντά τινα ὠφεληθῆναι. Καὶ πρὸς ὑμῶν οὐχ ἧσσον τοῦτο, ὅσῳ καὶ ἐπὶ μεγίστῃ τιμωρίᾳ σφαλέντες ἂν τοῖς ἄλλοις παράδειγμα γένοισθε.

XCI. ΑΘ. Ἡμεῖς δὲ τῆς ἡμετέρας ἀρχῆς, ἢν καὶ παυθῇ, οὐκ ἀθυμοῦμεν τὴν τελευτήν· οὐ γὰρ οἱ ἄρχοντες ἄλλων, ὥσπερ καὶ Λακεδαιμόνιοι, οὗτοι δεινοὶ τοῖς νικηθεῖσιν. Ἔστι δὲ οὐ πρὸς Λακεδαιμονίους ἡμῖν ὁ ἀγών, ἀλλ᾽ ἢν οἱ ὑπήκοοί που τῶν ἀρξάντων αὐτοὶ ἐπιθέμενοι κρατήσωσιν. (2) Καὶ περὶ μὲν τούτου ἡμῖν ἀφείσθω κινδυνεύεσθαι· ὡς δὲ ἐπ᾽ ὠφελίᾳ τε πάρεσμεν τῆς ἡμετέρας ἀρχῆς καὶ ἐπὶ σωτηρίᾳ νῦν τοὺς λόγους ἐροῦμεν τῆς ὑμετέρας πόλεως, ταῦτα δηλώσομεν, βουλόμενοι ἀπόνως μὲν ὑμῶν ἄρξαι, χρησίμως δ᾽ ὑμᾶς ἀμφοτέροις σωθῆναι.

XCII. ΜΗΛ. Καὶ πῶς χρήσιμον ἂν ξυμβαίη ἡμῖν δουλεῦσαι, ὥσπερ καὶ ὑμῖν ἄρξαι;

XCIII. ΑΘ. Ὅτι ὑμῖν μὲν πρὸ τοῦ τὰ δεινότατα παθεῖν ὑπακοῦσαι ἂν γένοιτο, ἡμεῖς δὲ μὴ διαφθείραντες ὑμᾶς κερδαίνοιμεν ἄν.

XCIV. ΜΗΛ. Ὥστε δὲ ἡσυχίαν ἄγοντας ὑμᾶς φίλους μὲν εἶναι ἀντὶ πολεμίων, ξυμμάχους δὲ μηδετέρων, οὐκ ἂν δέξαισθε;

XCV. ΑΘ. Οὐ γὰρ τοσοῦτον ἡμᾶς βλάπτει ἡ ἔχθρα ὑμῶν ὅσον ἡ φιλία μὲν ἀσθενείας τὸ δὲ μῖσος δυνάμεως παράδειγμα τοῖς ἀρχομένοις δηλούμενον.

XCVI. ΜΗΛ. Σκοποῦσι δ᾽ ὑμῶν οὕτως οἱ ὑπήκοοι τὸ εἰκός, ὥστε τούς τε μὴ προσήκοντας, καὶ ὅσοι ἄποικοι ὄντες οἱ πολλοὶ καὶ ἀποστάντες τινὲς κεχείρωνται, ἐς τὸ αὐτὸ τιθέασιν;

XCVII. ΑΘ. Δικαιώματι γὰρ οὐδετέρους ἐλλείπειν ἡγοῦνται, κατὰ δύναμιν δὲ τοὺς μὲν περιγίγνεσθαι, ἡμᾶς δὲ φόβῳ οὐκ ἐπιέναι· ὥστε ἔξω καὶ τοῦ πλεόνων ἄρξαι, καὶ τὸ ἀσφαλὲς ἡμῖν διὰ τὸ καταστραφῆναι ἂν παράσχοιτε, ἄλλως τε καὶ νησιῶται ναυκρατόρων, καὶ ἀσθενέστεροι ἑτέρων ὄντες, εἰ μὴ περιγένοισθε.

XCVIII. ΜΗΛ. Ἐν δ᾽ ἐκείνῳ οὐ νομίζετε ἀσφάλειαν; δεῖ γὰρ αὖ καὶ ἐνταῦθα, ὥσπερ ὑμεῖς τῶν δικαίων λόγων ἡμᾶς ἐκβιβάσαντες τῷ ὑμετέρῳ ξυμφόρῳ ὑπακούειν πείθετε, καὶ ἡμᾶς τὸ ἡμῖν χρήσιμον διδάσκοντας, εἰ τυγχάνει καὶ ὑμῖν τὸ αὐτὸ ξυμβαῖνον, πειρᾶσθαι πείθειν. Ὅσοι γὰρ νῦν μηδετέροις ξυμμαχοῦσιν, πῶς οὐ πολεμώσεσθε αὐτούς, ὅταν ἐς τάδε βλέψαντες ἡγήσωνταί ποτε ὑμᾶς καὶ ἐπὶ σφᾶς ἥξειν; κἂν τούτῳ τί ἄλλο ἢ τοὺς μὲν ὑπάρχοντας πολεμίους μεγαλύνετε, τοὺς δὲ μηδὲ μελλήσοντας γενέσθαι ἄκοντας ἐπάγεσθε;

XCIX. ΑΘ. Οὐ γὰρ νομίζομεν ἡμῖν τούτους δεινο-

XC. MEL. Atqui nos utile quidem censemus (necesse enim est, quandoquidem vos ita, præterita æquitate, sermonem de utilitate instituistis) id quod omnibus est commune bonum, a vobis non everti, sed ei, qui quoque tempore in periculo versatur, ea justa haberi, quæ æqua sunt, atque eum etiam præter id, quod accuratissima ratione justum est, si alteri persuadere possit, commodum aliquod percipere. Hoc autem eo magis e re vestra futurum est, quo etiam vos majore proposita pœna, si offenderitis, ceteris mortalibus exemplo eritis.

XCI. ATH. Nos vero nostri imperii, etiam si deletum fuerit, finem non extimescimus; neque enim, qui aliis imperant, ut Lacedæmonii, ii sunt formidabiles victis (in præsentia autem nullum cum Lacedæmoniis nobis est certamen), sed si alicubi illi, qui aliorum imperio paruerint, ipsi eos aggressi superaverint. (2) Sed hac quidem de re periclitari nobis permittatur; illud vero declarabimus, nos et ob utilitatem nostri imperii adesse, et ob vestræ civitatis salutem verba nunc facturos, quippe qui cupimus et sine labore vobis imperare et vos ex usu utrorumque salvos esse.

XCII. MEL. Sed qui fieri potest, ut ita nobis ex usu sit, servire, ut vobis imperare?

XCIII. ATHEN. Quia vobis quidem continget, ut, antequam mala extrema patiamini, imperata faciatis, nobis vero si vos non perdiderimus, lucrum erit.

XCIV. MEL. Hoc vero, ut pacem agentes pro hostibus amici simus, neutris vero socii, non accipietis?

XCV. ATH. Neque enim vestra inimicitia tantum detrimentum nobis affert, quantum amicitia quidem vestra imbecillitatis nostræ, odium vero vestrum potentiæ nostræ manifestum argumentum erit illis, qui nostro imperio parent.

XCVI. MEL. At vero, qui vestro imperio sunt subjecti, num ita perpendunt æquitatem, ut eodem loco habeant eos, qui nihil ad vos attinent, atque eos, qui, quum magna ex parte vestri coloni essent, et nonnulli facta a vobis defectione, subacti sunt?

XCVII. ATH. Neutris enim deesse putant rationes, quibus suam causam tueantur, sed illos quidem, propter potentiam liberos manere, nos vero, præ metu illos non aggredi; quare præterquam quod imperium in plures obtinebimus, incolumitatem etiam majorem nobis præbebitis, si subacti fueritis, præsertim quum sitis insulani, et aliis infirmiores, si maris dominis non superiores evadatis.

XCVIII. MEL. In illa vero ratione nihil præsidii esse putatis? Oportet enim vicissim hic etiam, quemadmodum vos ex juris disceptatione nos extrusistis et suadetis, ut vestræ utilitati morem geramus, nos quoque docere vos id, quod nobis est utile, et si idem etiam vobis utile esse demonstretur, operam dare, ut vobis de eo persuadeamus. Quomodo enim hostes vobis non reddetis illos, quotquot nunc neutras partes sequentur, quum hæc, quæ nunc facitis, intuentes vos contra se quoque aliquando venturos existimabunt? Hac vero ratione quid aliud quam pristinos quidem hostes augetis, illos vero, qui ne unquam quidem vobis hostes futuri erant, invitos adjungitis?

XCIX. ATH. Neque enim magis pertimescendos nobis

τέρους ὅσοι ἠπειρῶταί που ὄντες τῷ ἐλευθέρῳ πολλὴν τὴν διαμέλλησιν τῆς πρὸς ἡμᾶς φυλακῆς ποιήσονται, ἀλλὰ τοὺς νησιώτας τέ που ἀνάρκτους, ὥσπερ ὑμᾶς, καὶ τοὺς ἤδη τῆς ἀρχῆς τῷ ἀναγκαίῳ παροξυνομένους. Οὗτοι γὰρ πλεῖστ' ἂν τῷ ἀλογίστῳ ἐπιτρέψαντες σφᾶς τε αὐτοὺς καὶ ἡμᾶς ἐς προῦπτον κίνδυνον καταστήσειαν.

C. ΜΗΛ. Ἦ που ἄρα, εἰ τοσαύτην γε ὑμεῖς τε μὴ πκυθῆναι ἀρχῆς καὶ οἱ δουλεύοντες ἤδη ἀπαλλαγῆναι τὴν παρακινδύνευσιν ποιοῦνται, ἡμῖν γε τοῖς ἔτι ἐλευθέροις πολλὴ κακότης καὶ δειλία μὴ πᾶν πρὸ τοῦ δουλεῦσαι ἐπεξελθεῖν.

CI. ΑΘ. Οὐκ ἤν γε σωφρόνως βουλεύησθε· οὐ γὰρ περὶ ἀνδραγαθίας ὁ ἀγὼν ἀπὸ τοῦ ἴσου ὑμῖν, μὴ αἰσχύνην ὀφλεῖν, περὶ δὲ σωτηρίας μᾶλλον ἡ βουλή, πρὸς τοὺς κρείσσονας πολλῷ μὴ ἀνθίστασθαι.

CII. ΜΗΛ. Ἀλλ' ἐπιστάμεθα τὰ τῶν πολέμων ἔστιν ὅτε κοινοτέρας τὰς τύχας λαμβάνοντα ἢ κατὰ τὸ διαφέρον ἑκατέρων πλῆθος. Καὶ ἡμῖν τὸ μὲν εἶξαι εὐθὺς ἀνέλπιστον, μετὰ δὲ τοῦ δρωμένου ἔτι καὶ στῆναι ἐλπὶς ὀρθῶς.

CIII. ΑΘ. Ἐλπὶς δὲ κινδύνῳ παραμύθιον οὖσα τοὺς μὲν ἀπὸ περιουσίας χρωμένους αὐτῇ, κἂν βλάψῃ, οὐ καθεῖλεν· τοῖς δ' ἐς ἅπαν τὸ ὑπάρχον ἀναρριπτοῦσι (δάπνος γὰρ φύσει) ἅμα τε γιγνώσκεται σφαλέντων, καὶ ἐν ὅτῳ ἔτι φυλάξεταί τις αὐτὴν γνωρισθεῖσαν, οὐκ ἐλλείπει. (2) Ὁ ὑμεῖς ἀσθενεῖς τε καὶ ἐπὶ ῥοπῆς μιᾶς ὄντες μὴ βούλεσθε παθεῖν, μηδὲ ὁμοιωθῆναι τοῖς πολλοῖς, οἷς πκρὸν ἀνθρωπείως ἔτι σώζεσθαι, ἐπειδὰν πιεζομένους αὐτοὺς ἐπιλίπωσιν αἱ φανεραὶ ἐλπίδες, ἐπὶ τὰς ἀφανεῖς καθίστανται, μαντικήν τε καὶ χρησμοὺς καὶ ὅσα τοιαῦτα μετ' ἐλπίδων λυμαίνεται.

CIV. ΜΗΛ. Χαλεπὸν μὲν καὶ ἡμεῖς (εὖ ἴστε) νομίζομεν πρὸς δύναμίν τε τὴν ὑμετέραν καὶ τὴν τύχην, εἰ μὴ ἀπὸ τοῦ ἴσου ἔσται, ἀγωνίζεσθαι· ὅμως δὲ πιστεύομεν τῇ μὲν τύχῃ ἐκ τοῦ θείου μὴ ἐλασσώσεσθαι, ὅτι ὅσιοι πρὸς οὐ δικαίους ἱστάμεθα, τῆς δὲ δυνάμεως τῷ ἐλλείποντι τὴν Λακεδαιμονίων ἡμῖν ξυμμαχίαν προσέσεσθαι, ἀνάγκην ἔχουσαν, καὶ εἰ μή του ἄλλου, τῆς γε ξυγγενείας ἕνεκα καὶ αἰσχύνῃ βοηθεῖν. Καὶ οὐ παντάπασιν οὕτως ἀλόγως θρασυνόμεθα.

CV. ΑΘ. Τῆς μὲν τοίνυν πρὸς τὸ θεῖον εὐμενείας οὐδ' ἡμεῖς οἰόμεθα λελείψεσθαι· οὐδὲν γὰρ ἔξω τῆς ἀνθρωπείας τῶν μὲν ἐς τὸ θεῖον νομίσεως τῶν δ' ἐς σφᾶς αὐτοὺς βουλήσεως δικαιοῦμεν ἢ πράσσομεν. (2) Ἡγούμεθα γὰρ τό τε θεῖον δόξῃ τὸ ἀνθρώπειόν τε σαφῶς διὰ παντὸς ὑπὸ φύσεως ἀναγκαίας, οὗ ἂν κρατῇ, ἄρχειν· καὶ ἡμεῖς οὔτε θέντες τὸν νόμον οὔτε κειμένῳ πρῶτοι χρησάμενοι, ὄντα δὲ παραλαβόντες καὶ ἐσόμενον ἐς ἀεὶ κκταλείψοντες χρώμεθα αὐτῷ, εἰδότες καὶ ὑμᾶς ἂν καὶ ἄλλους ἐν τῇ αὐτῇ δυνάμει ἡμῖν γενομένους δρῶντας ἂν αὐτό. (3) Καὶ πρὸς μὲν τὸ θεῖον οὕτως ἐκ τοῦ εἰκότος οὐ φοβούμεθα ἐλασσώσεσθαι· τῆς δὲ ἐς Λακεδαιμονίους δόξης, ἣν διὰ τὸ αἰσχρὸν δὴ βοηθήσειν ὑμῖν πιστεύετε

existimamus illos, quicunque usquam continentem incolentes propter libertatem multa cunctatione prohibebuntur, quominus sibi a nobis caveant, sed insularum incolas, qui usquam sunt nullius imperio subjecti, quemadmodum vos, et illos, qui jam irritantur propter imperii necessitatem. Hi enim, inconsultis affectibus plurimum indulgentes et se ipsos et nos in apertum periculum adduxerint.

C. Mel. Profecto igitur, si et vos, ne imperio spoliemini, et illi, qui vestro imperio jam serviunt, ut liberentur, tantum discrimen adeunt, nobis quidem, qui adhuc liberi sumus, magna nequitia et ignavia imputanda sit, si non ad omnia prius descenderimus quam serviamus.

CI. Ath. Non, siquidem sapienter consultetis; neque enim vobis ex æquo nobiscum est de virorum virtute certamen, ne in dedecus incurratis, sed potius de salute consultatio, ne multo potentioribus resistatis.

CII. Mel. Sed scimus, res bellicas interdum exitus habere magis communes, quam pro diversa utrorumque multitudine. Et nobis, si statim quidem cesserimus, nulla spes superest, sed si rem geramus, spes adhuc est fore ut recte consistamus.

CIII. Ath. Spes vero, quæ periculi est solatium, illos quidem, qui in ea magna opum abundantia utuntur, quamvis damno afficiat, non tamen evertit; ab illis autem, qui de summa suarum fortunarum aleam jaciunt (nam spes natura prodiga est), simul et cognoscitur post eorum calamitatem, et cognitam eam si qua in re adhuc cavere poterit, non deficit. (2) Quare vos, qui infirmi estis et in unico rerum momento positi, hoc ne velitis accidere vobis, neve vulgo hominum similes esse, qui, quum humanis subsidiis conservandæ salutis facultas adhuc adsit, postquam certæ spes eos ab hoste pressos destituerunt, ad incertas confugiunt, ad divinationem et oracula, et quæ alia hujus generis inter sperandum damna afferunt.

CIV. Mel. Arduum quidem nos quoque (hoc probe sciatis) ducimus esse, et cum vestra potentia et cum fortuna, si non ex æquo utrisque erit, certare; veruntamen confidimus fortuna quidem ob divinum auxilium nos non inferiores futuros, quia pii haud justis obsistimus; ad potentiæ vero tenuitatem Lacedæmoniorum societatem nobis adfuturam, quæ si nulla alia re, saltem cognatione et pudore adducta opem ferre cogetur. Quare non plane per temeritatem sic audaces sumus.

CV. Ath. Deorum quidem benevolentiam ne nos quidem nobis defuturam arbitramur; nihil enim aut pro jure usurpamus aut agimus præter ea, quæ humanitus aut diis tribuunt homines aut pro se ipsis volunt. (2) Existimamus enim deos ex opinione hominum, et homines manifesto naturæ necessitate per omnia ei imperare, quem in sua potestate tenent; atque nos hanc legem neque tulimus, neque ea lata primi usi sumus, sed jam constitutam accepimus et in perpetuum futuram relicturi ea utimur, scientes et vos et ceteros, si eadem, qua nos, potentia præditi essetis, idem esse facturos. (3) Quod igitur ad deos quidem attinet, sic, ut par est, non extimescimus, ne vobis inferiores futuri simus; quod vero attinet ad opinionem, quam de

αὐτούς, μακαρίσαντες ὑμῶν τὸ ἀπειρόκακον οὐ ζηλοῦμεν τὸ ἄφρον. (4) Λακεδαιμόνιοι γὰρ πρὸς σφᾶς μὲν αὐτοὺς καὶ τὰ ἐπιχώρια νόμιμα πλεῖστα ἀρετῇ χρῶνται· πρὸς δὲ τοὺς ἄλλους πολλὰ ἄν τις ἔχων εἰπεῖν ὡς προσφέρονται, ξυνελὼν μάλιστ᾽ ἂν δηλώσειεν ὅτι ἐπιφανέστατα ὧν ἴσμεν τὰ μὲν ἡδέα καλὰ νομίζουσι, τὰ δὲ ξυμφέροντα δίκαια. Καίτοι οὐ πρὸς τῆς ὑμετέρας νῦν ἀλόγου σωτηρίας ἡ τοιαύτη διάνοια.

CVI. ΜΗΛ. Ἡμεῖς δὲ κατ᾽ αὐτὸ τοῦτο ἤδη καὶ μάλιστα πιστεύομεν τῷ ξυμφέροντι αὐτῶν, Μηλίους ἀποίκους ὄντας μὴ βουλήσεσθαι προδόντας τοῖς μὲν εὔνοις τῶν Ἑλλήνων ἀπίστους καταστῆναι, τοῖς δὲ πολεμίοις ὠφελίμους.

CVII. ΑΘ. Οὔκουν οἴεσθε τὸ ξυμφέρον μὲν μετ᾽ ἀσφαλείας εἶναι, τὸ δὲ δίκαιον καὶ καλὸν μετὰ κινδύνου δρᾶσθαι· ὃ Λακεδαιμόνιοι ἥκιστα ὡς ἐπὶ τὸ πολὺ τολμῶσιν.

CVIII. ΜΗΛ. Ἀλλὰ καὶ τοὺς κινδύνους τε ἡμῶν ἕνεκα μᾶλλον ἡγούμεθ᾽ ἂν ἐγχειρίσασθαι αὐτούς, καὶ βεβαιοτέρους ἢ ἐς ἄλλους νομιεῖν, ὅσῳ πρὸς μὲν τὰ ἔργα τῆς Πελοποννήσου ἐγγὺς κείμεθα, τῆς δὲ γνώμης τῷ ξυγγενεῖ πιστότεροι ἑτέρων ἐσμέν.

CIX. ΑΘ. Τὸ δ᾽ ἐχυρόν γε τοῖς ξυναγωνιουμένοις οὐ τὸ εὔνουν τῶν ἐπικαλεσαμένων φαίνεται, ἀλλ᾽ ἢν τῶν ἔργων τις δυνάμει πολὺ προύχῃ· ὃ Λακεδαιμόνιοι καὶ πλεῖόν τι τῶν ἄλλων σκοποῦσιν. Τῆς γοῦν οἰκείας παρασκευῆς ἀπιστίᾳ καὶ μετὰ ξυμμάχων πολλῶν τοῖς πέλας ἐπέρχονται, ὥστε οὐκ εἰκὸς ἐς νῆσόν γε αὐτοὺς ἡμῶν ναυκρατόρων ὄντων περαιωθῆναι.

CX. ΜΗΛ. Οἱ δὲ καὶ ἄλλους ἂν ἔχοιεν πέμψαι· πολὺ δὲ τὸ Κρητικὸν πέλαγος, δι᾽ οὗ τῶν κρατούντων ἀπορώτερος ἡ λῆψις ἢ τῶν λαθεῖν βουλομένων ἡ σωτηρία. (2) Καὶ εἰ τοῦδε σφάλλοιντο, τράποιντ᾽ ἂν καὶ ἐς τὴν γῆν ὑμῶν καὶ ἐπὶ τοὺς λοιποὺς τῶν ξυμμάχων, ὅσους μὴ Βρασίδας ἐπῆλθεν· καὶ οὐ περὶ τῆς μὴ προσηκούσης μᾶλλον ἢ τῆς οἰκειοτέρας ξυμμαχίδος τε καὶ γῆς ὁ πόνος ὑμῖν ἔσται.

CXI. ΑΘ. Τούτων μὲν καὶ πεπειραμένοις ἄν τι γένοιτο καὶ ὑμῖν, καὶ οὐκ ἀνεπιστήμοσιν ὅτι οὐδ᾽ ἀπὸ μιᾶς πώποτε πολιορκίας Ἀθηναῖοι δι᾽ ἄλλων φόβον ἀπεχώρησαν. (2) Ἐνθυμούμεθα δὲ ὅτι φήσαντες περὶ σωτηρίας βουλεύσειν οὐδὲν ἐν τοσούτῳ λόγῳ εἰρήκατε ᾧ ἄνθρωποι ἂν πιστεύσαντες νομίσειαν σωθήσεσθαι, ἀλλ᾽ ὑμῶν τὰ μὲν ἰσχυρότατα ἐλπιζόμενα μέλλεται, τὰ δὲ ὑπάρχοντα βραχέα πρὸς τὰ ἤδη ἀντιτεταγμένα περιγίγνεσθαι. Πολλήν τε ἀλογίαν τῆς διανοίας παρέχετε, εἰ μὴ μεταστησάμενοι ἔτι ἡμᾶς ἄλλο τι τῶνδε σωφρονέστερον γνώσεσθε. (3) Οὐ γὰρ δὴ ἐπί γε τὴν ἐν τοῖς αἰσχροῖς καὶ προὔπτοις κινδύνοις πλεῖστα διαφθείρουσαν ἀνθρώπους αἰσχύνην τρέψεσθε. Πολλοῖς γὰρ προορωμένοις ἔτι ἐς οἷα φέρονται τὸ αἰσχρὸν καλούμενον ὀνόματος ἐπαγωγοῦ δυνάμει ἐπεσπάσατο, ἡσσηθεῖσι τοῦ ῥήματος, ἔργῳ ξυμφοραῖς ἀνηκέστοις ἑκόντας περιπεσεῖν, καὶ αἰσχύνην αἰσχίω μετ᾽ ἀνοίας ἢ τύχης προσ-

THUCYDIDES.

Lacedaemoniis habetis, qua freti confiditis, eos pudore adductos opem vobis laturos, vestram quidem simplicitatem laudamus, sed non invidemus stultitiam. (4) Lacedaemonii enim erga se quidem ipsos et in domesticis institutis virtute plurimum utuntur; erga alios vero quales se praestent, quamvis multa quis commemorare possit, ita tamen fu summa rem optime declaraverit, eos omnium quos noverimus, apertissime jucunda quidem pro honestis, utilia vero pro justis habere. Quamobrem hujusmodi exspectatio saluti vestrae, cujus nulla ratio est, non convenit.

CVI. MEL. Nos vero ob hoc ipsum jam vel maxime in eorum utilitate hanc fiduciam ponimus, nolle eos proditis Meliis, qui sunt ipsorum coloni, amicis quidem Graecis se infidos praestare, hostibus vero utiles.

CVII. ATH. Ergo non creditis utile id tantum esse, quod tutum est, justum vero etiam cum periculo facere pulchrum esse, id quod Lacedaemonii omnium minime plerumque audent.

CVIII. MEL. Imo vero existimamus ipsos nostri causa eo facilius pericula suscepturos, et ea in nobis subire quam in aliis tutius esse credituros, quo ad res quidem gerendas Peloponneso propius habitamus, ad animorum vero fidem propter cognationem certiores quam alii sumus.

CIX. ATH. At quid tutum sit, illi, qui suppetias laturi sunt, non pro benevolentia eorum, a quibus evocati fuerint, judicant, sed pro potentia, qua quis ad res gerendas est instructior; id quod Lacedaemonii multo etiam magis quam ceteri spectare solent. Atque ideo apparatus domestici diffidentia et cum magnis sociorum copiis finitimos invadunt : ut non verisimile sit, eos in insulam certe, nobis maris imperium obtinentibus, trajecturos.

CX. MEL. Illi vero etiam alios mittere poterunt; amplum autem est Creticum pelagus, in quo iis, qui maris imperium tenent, difficilius est intercipere, quam illis, qui latere voluerint, saluti suae consulere. (2) Et si hoc assequi nequeant, convertant arma et in vestrum agrum, et in reliquos vestros socios, quos Brasidas non invasit; atque ita non de alieno potius quam de vestro ipsorum ac sociorum agro labor vobis erit subeundus.

CXI. ATH. Horum quidem laborum vobis quoque fortasse quippiam acciderit ita, ut rem experti sitis nec ignoretis Athenienses a nulla unquam obsidione propter aliorum metum recessisse. (2) Animadvertimus autem, vos, quamvis de salute vestra vos consultaturos dixeritis, nullam tamen in tanto sermone mentionem ullius rei fecisse, qua homines freti se servatum iri arbitrarentur, sed ea quidem, in quibus firmissimum vestrae salutis praesidium collocatis, in spe et cunctatione posita sunt, praesentes vero opes parvae sunt ad vos tutandos adversus opes jam contra vos instructas. Quapropter magnam declaratis consilii amentiam, nisi nobis semotis aliquid aliud his prudentius adhuc decernatis. (3) Non autem certe quidem ad verecundiam, quae in foedis et apertis periculis homines plerumque perdit, jam vos convertetis. Multos enim, quamvis adhuc manifeste cernerent, in qualia ferrentur, tamen ea, quae turpitudo vocatur, vi nominis animos allicientis, quum verbo superati essent, eo adduxit, ut re ipsa sua sponte in gravissimas calamitates inciderent, et dedecus turpius propter suam stultitiam potius quam propter fortunam acciperent. (4)

16

λαβεῖν. (4) Ὁ ὑμεῖς, ἢν εὖ βουλεύησθε, φυλάξεσθε, καὶ οὐκ ἀπρεπὲς νομιεῖτε πόλεώς τε τῆς μεγίστης ἡσσᾶσθαι μέτρια προκαλουμένης, ξυμμάχους γενέσθαι ἔχοντας τὴν ὑμετέραν αὐτῶν ὑποτελεῖς, καὶ δοθείσης αἱρέσεως πολέμου πέρι καὶ ἀσφαλείας μὴ τὰ χείρω φιλονεικῆσαι· ὡς οἵτινες τοῖς μὲν ἴσοις μὴ εἴκουσι, τοῖς δὲ κρείσσοσι καλῶς προσφέρονται, πρὸς δὲ τοὺς ἥσσους μέτριοί εἰσιν, πλεῖστ᾽ ἂν ὀρθοῖντο. (5) Σκοπεῖτε οὖν καὶ μεταστάντων ἡμῶν, καὶ ἐνθυμεῖσθε πολλάκις ὅτι περὶ πατρίδος βουλεύεσθε, ἣν μιᾶς πέρι καὶ ἐς μίαν βουλὴν τυχοῦσάν τε καὶ μὴ κατορθώσασαν ἔσται. »

CXII. Καὶ οἱ μὲν Ἀθηναῖοι μετεχώρησαν ἐκ τῶν λόγων· οἱ δὲ Μήλιοι κατὰ σφᾶς αὐτοὺς γενόμενοι, ὡς ἔδοξεν αὐτοῖς παραπλήσια καὶ ἀντέλεγον, ἀπεκρίναντο τάδε. (2) « Οὔτε ἄλλα δοκεῖ ἡμῖν ἢ ἅπερ καὶ τὸ πρῶτον, ὦ Ἀθηναῖοι, οὔτ᾽ ἐν ὀλίγῳ χρόνῳ πόλεως ἑπτακόσια ἔτη ἤδη οἰκουμένης τὴν ἐλευθερίαν ἀφαιρησόμεθα, ἀλλὰ τῇ τε μέχρι τοῦδε σῳζούσῃ τύχῃ ἐκ τοῦ θείου αὐτὴν καὶ τῇ ἀπὸ τῶν ἀνθρώπων καὶ Λακεδαιμονίων τιμωρίᾳ πιστεύοντες πειρασόμεθα σῴζεσθαι. (3) Προκαλούμεθα δὲ ὑμᾶς φίλοι μὲν εἶναι, πολέμιοι δὲ μηδετέροις, καὶ ἐκ τῆς γῆς ἡμῶν ἀναχωρῆσαι σπονδὰς ποιησαμένους αἵτινες δοκοῦσιν ἐπιτήδειοι εἶναι ἀμφοτέροις. »

CXIII. Οἱ μὲν δὴ Μήλιοι τοσαῦτα ἀπεκρίναντο· οἱ δὲ Ἀθηναῖοι διαλυόμενοι ἤδη ἐκ τῶν λόγων ἔφασαν « ἀλλ᾽ οὖν μόνοι γε ἀπὸ τούτων τῶν βουλευμάτων, ὡς ἡμῖν δοκεῖτε, τὰ μὲν μέλλοντα τῶν δρωμένων σαφέστερα κρίνετε, τὰ δὲ ἀφανῆ τῷ βούλεσθαι ὡς γιγνόμενα ἤδη θεᾶσθε, καὶ Λακεδαιμονίοις καὶ τύχῃ καὶ ἐλπίσι πλεῖστον δὴ παραβεβλημένοι καὶ πιστεύσαντες πλεῖστον καὶ σφαλήσεσθε. »

CXIV. Καὶ οἱ μὲν Ἀθηναίων πρέσβεις ἀνεχώρησαν ἐς τὸ στράτευμα· οἱ δὲ στρατηγοὶ αὐτῶν, ὡς οὐδὲν ὑπήκουον οἱ Μήλιοι, πρὸς πόλεμον εὐθὺς ἐτράποντο καὶ διελόμενοι κατὰ πόλεις περιετείχισαν κύκλῳ τοὺς Μηλίους. (2) Καὶ ὕστερον φυλακὴν σφῶν τε αὐτῶν καὶ τῶν ξυμμάχων καταλιπόντες οἱ Ἀθηναῖοι καὶ κατὰ γῆν καὶ κατὰ θάλασσαν ἀνεχώρησαν τῷ πλείονι τοῦ στρατοῦ. Οἱ δὲ λειπόμενοι παραμένοντες ἐπολιόρκουν τὸ χωρίον.

CXV. Καὶ Ἀργεῖοι κατὰ τὸν χρόνον τὸν αὐτὸν ἐσβαλόντες ἐς τὴν Φλιασίαν, καὶ λοχισθέντες ὑπό τε Φλιασίων καὶ τῶν σφετέρων φυγάδων, διεφθάρησαν ὡς ὀγδοήκοντα. (2) Καὶ οἱ ἐκ τῆς Πύλου Ἀθηναῖοι Λακεδαιμονίων πολλὴν λείαν ἔλαβον· καὶ Λακεδαιμόνιοι δι᾽ αὐτὸ τὰς μὲν σπονδὰς οὐδ᾽ ὣς ἀφέντες ἐπολέμουν αὐτοῖς, ἐκήρυξαν δὲ εἴ τις βούλεται παρὰ σφῶν Ἀθηναίους λῄζεσθαι. (3) Καὶ Κορίνθιοι ἐπολέμησαν ἰδίων τινῶν διαφόρων ἕνεκα τοῖς Ἀθηναίοις· οἱ δ᾽ ἄλλοι Πελοποννήσιοι ἡσύχαζον. (4) Εἷλον δὲ καὶ οἱ Μήλιοι τῶν Ἀθηναίων τοῦ περιτειχίσματος τὸ κατὰ τὴν ἀγορὰν προσβαλόντες νυκτός, καὶ ἄνδρας τε ἀπέκτειναν καὶ ἐσενεγκάμενοι σῖτόν τε καὶ ὅσα πλεῖστα ἐδύναντο χρήσιμα

Quod vos, si recte consultaveritis, cavebitis, nec indecorum censebitis potentissimae civitati cedere, quae commodis conditionibus provocat, ut socii sitis, et vestrum agrum retinentes, tributum pendatis, neve, belli et incolumitatis optione data, contentionis studio deteriora sequamini; nam qui paribus quidem non cedunt, erga superiores vero recte se gerunt, et inferioribus se moderatos praebent, ii plerumque res bene gesserint. (5) Considerate igitur etiam nobis semotis, et saepius vobiscum cogitate, vos de patria consultare, quae una est [et cujus salus] in una hac consultatione, prout haec vel felix fuerit vel rem male gesserit, vertetur. »

CXII. Post haec Athenienses quidem ex colloquio discesserunt; Melii vero quum soli remansissent, postquam ipsis eadem, atque contra dixerant, visa sunt, haec responderunt. (2) « Neque alia nobis quam initio videntur, Athenienses, neque brevi temporis spatio urbi, quae jam per septingentos annos habitatur, libertatem eripiemus, sed et fortuna, quae divinitus eam huc usque conservavit, et auxiliis hominum Lacedaemoniorumque freti, nostram salutem tueri conabimur. (3) Vos tamen provocamus, ut amici quidem simus, hostes vero neutris, utque foederibus initis, quae utrisque commoda videbuntur, ex agro nostro discedatis. »

CXIII. Melii igitur haec responsa dederunt; Athenienses vero e colloquio jam digredientes dixerunt « enimvero vos soli ut nobis videmini, his vestris consiliis res quidem futuras certiores esse judicatis, quam quae cernuntur, res vero occultas eo quod eas cupitis, ut praesentes jam spectatis, et quoniam Lacedaemoniis et fortunae et spei jam plurimum vos commisistis et credidistis, plurimum etiam labemini. »

CXIV. Atque Atheniensium quidem legati ad castra redierunt; duces vero eorum, quum Melii nullo modo morem iis gerere vellent, ad bellum continuo se converterunt, et opus inter se per civitates partiti Melios vallo circumdederunt. (2) Post haec Athenienses praesidio quum ex suis tum ex sociorum copiis et a mari et a terra relicto cum majore copiarum parte domum redierunt. Reliqui autem in obsidione urbis manebant.

CXV. Sub idem tempus Argivi irruptione in agrum Phliasium facta et a Phliasiis et a suis exsulibus per insidias excepti circiter octoginta perierunt. (2) Et Athenienses, qui Pyli erant, magnam Lacedaemoniorum praedam ceperunt, et Lacedaemonii ideo ne sic quidem solutis foederibus bellum iis faciebant; edicto tamen permiserunt cuilibet de suis, ut praedam ex Atheniensium finibus ageret. (3) Et Corinthii privatarum quarumdam controversiarum causa bellum Atheniensibus intulerunt; ceteri autem Peloponnesii quiescebant. (4) Ceperunt vero etiam Melii munitionis ab Atheniensibus exstructae eam partem, quae forum spectabat, noctu eam aggressi, et nonnullos viros interfecerunt, e frumentum aliumque commeatum quam plurimum potue

ἀναχωρήσαντες ἡσύχαζον· καὶ οἱ Ἀθηναῖοι ἄμεινον τὴν φυλακὴν τὸ ἔπειτα παρεσκευάζοντο. Καὶ τὸ θέρος ἐτελεύτα.

CXVI. Τοῦ δ' ἐπιγιγνομένου χειμῶνος Λακεδαιμόνιοι μελλήσαντες ἐς τὴν Ἀργείαν στρατεύειν, ὡς αὐτοῖς τὰ διαβατήρια ἱερὰ ἐν τοῖς ὁρίοις οὐκ ἐγίγνετο, ἀνεχώρησαν. Καὶ Ἀργεῖοι διὰ τὴν ἐκείνων μέλλησιν τῶν ἐν τῇ πόλει τινὰς ὑποτοπήσαντες τοὺς μὲν ξυνέλαβον, οἱ δ' αὐτοὺς καὶ διέφυγον. (2) Καὶ οἱ Μήλιοι περὶ τοὺς αὐτοὺς χρόνους αὖθις καθ' ἕτερόν τι τοῦ περιτειχίσματος εἷλον τῶν Ἀθηναίων, παρόντων οὐ πολλῶν τῶν φυλάκων. (3) Καὶ ἐλθούσης στρατιᾶς ὕστερον ἐκ τῶν Ἀθηνῶν ἄλλης, ὡς ταῦτα ἐγίγνετο, ἧς ἦρχε Φιλοκράτης ὁ Δημέου, καὶ κατὰ κράτος ἤδη πολιορκούμενοι, γενομένης καὶ προδοσίας τινὸς ἀφ' ἑαυτῶν, ξυνεχώρησαν τοῖς Ἀθηναίοις ὥστ' ἐκείνους περὶ αὐτῶν βουλεῦσαι. (4) Οἱ δὲ ἀπέκτειναν Μηλίων ὅσους ἡβῶντας ἔλαβον, παῖδας δὲ καὶ γυναῖκας ἠνδραπόδισαν. Τὸ δὲ χωρίον αὐτοὶ ᾤκησαν, ἀποίκους ὕστερον πεντακοσίους πέμψαντες.

runt, in urbem importantes se receperunt, et deinde quiescebant; et Athenienses postea diligentius excubias agebant. Et hæc æstas finiebatur.

CXVI. Insequentis hiemis initio Lacedæmonii copias in agrum Argivum educere statuerant, sed quum in finibus sacrificium pro transitu facientes litare non potuissent, domum reverterunt. Argivi vero, quod illi in suum agrum invadere statuissent, de nonnullis, qui in urbe erant, suspicionem susceperunt, et eorum alios quidem comprehenderunt, alii vero ex ipsorum manibus elapsi profugerunt. (2) Sub idem quoque tempus Melii rursus Atheniensium munitionem ab alia parte aggressi, ubi non multi custodes aderant, eam partem ceperunt. (3) Quum autem mox post has res gestas alius exercitus Athenis venisset, cui præerat Philocrates Demeæ filius, et Melii gravi jam obsidione premerentur, quadam etiam proditione a quibusdam ipsorum civibus facta, Atheniensibus sese dediderunt, ea conditione, ut illi de se arbitratu suo statuerent. (4) Athenienses vero, Meliorum quoscunque puberes ceperunt, interfecerunt, pueros autem et mulieres in servitutem abstraxerunt. Urbem vero ipsi incoluerunt, quingentis postea colonis eo missis.

ΒΙΒΛΙΟΝ Ζ.

LIBER VI.

Τοῦ δ' αὐτοῦ χειμῶνος Ἀθηναῖοι ἐβούλοντο αὖθις μείζονι παρασκευῇ τῆς μετὰ Λάχητος καὶ Εὐρυμέδοντος ἐπὶ Σικελίαν πλεύσαντες καταστρέψασθαι, εἰ δύναιντο, ἄπειροι οἱ πολλοὶ ὄντες τοῦ μεγέθους τῆς νήσου καὶ τῶν ἐνοικούντων τοῦ πλήθους καὶ Ἑλλήνων καὶ βαρβάρων, καὶ ὅτι οὐ πολλῷ τινὶ ὑποδεέστερον πόλεμον ἀνῃροῦντο ἢ τὸν πρὸς Πελοποννησίους. (2) Σικελίας γὰρ περίπλους μέν ἐστιν ὁλκάδι οὐ πολλῷ τινὶ ἔλασσον ἢ ὀκτὼ ἡμερῶν, καὶ τοσαύτη οὖσα ἐν εἴκοσι σταδίων μάλιστα μέτρῳ τῆς θαλάσσης διείργεται τὸ μὴ ἤπειρος οὖσα.

II. ᾠκίσθη δὲ ὧδε τὸ ἀρχαῖον, καὶ τοσάδε ἔθνη ἔσχε τὰ ξύμπαντα. Παλαίτατοι μὲν λέγονται ἐν μέρει τινὶ τῆς χώρας Κύκλωπες καὶ Λαιστρυγόνες οἰκῆσαι, ὧν ἐγὼ οὔτε γένος ἔχω εἰπεῖν οὔτε ὁπόθεν ἐσῆλθον ἢ ὅποι ἀπεχώρησαν· ἀρκείτω δὲ ὡς ποιηταῖς τε εἴρηται καὶ ὡς ἕκαστός πη γιγνώσκει περὶ αὐτῶν. (2) Σικανοὶ δὲ μετ' αὐτοὺς πρῶτοι φαίνονται ἐνοικισάμενοι, ὡς μὲν αὐτοί φασι, καὶ πρότεροι διὰ τὸ αὐτόχθονες εἶναι, ὡς δὲ ἡ ἀλήθεια εὑρίσκεται, Ἴβηρες ὄντες καὶ ἀπὸ τοῦ Σικανοῦ ποταμοῦ τοῦ ἐν Ἰβηρίᾳ ὑπὸ Λιγύων ἀναστάντες. Καὶ ἀπ' αὐτῶν Σικανία τότε ἡ νῆσος ἐκαλεῖτο, πρότερον Τρινακρία καλουμένη· οἰκοῦσι δὲ ἔτι καὶ νῦν τὰ πρὸς ἑσπέραν τὴν Σικελίαν. (3) Ἰλίου δὲ ἁλισκομένου τῶν Τρώων τινὲς διαφυγόντες Ἀχαιοὺς πλοίοις ἀφικνοῦνται πρὸς τὴν Σικελίαν, καὶ ὅμοροι τοῖς Σικανοῖς οἰκήσαντες ξύμπαντες μὲν Ἔλυμοι ἐκλήθησαν, πόλεις δ' αὐτῶν Ἔρυξ τε καὶ Ἔγεστα. Προσξυνῴκησαν δὲ αὐτοῖς καὶ Φωκέων τινὲς τῶν ἀπὸ Τροίας τότε χειμῶνι ἐς Λιβύην πρῶτον, ἔπειτα ἐς Σικελίαν ἀπ' αὐτῆς κατενεχθέντες. (4) Σικελοὶ δ' ἐξ Ἰταλίας (ἐνταῦθα γὰρ ᾤκουν) διέβησαν ἐς Σικελίαν, φεύγοντες Ὀπικάς, ὡς μὲν εἰκὸς καὶ λέγεται, ἐπὶ σχεδιῶν τηρήσαντες τὸν πορθμὸν κατιόντος τοῦ ἀνέμου, τάχα ἂν δὲ καὶ ἄλλως πως ἐσπλεύσαντες. Εἰσὶ δὲ καὶ νῦν ἔτι ἐν τῇ Ἰταλίᾳ Σικελοί, καὶ ἡ χώρα ἀπὸ Ἰταλοῦ βασιλέως τινὸς Σικελῶν, τοὔνομα τοῦτο ἔχοντος, οὕτως Ἰταλία ἐπωνομάσθη. (5) Ἐλθόντες δὲ ἐς τὴν Σικελίαν στρατὸς πολύς, τούς τε Σικανοὺς κρατοῦντες μάχῃ ἀνέστειλαν πρὸς τὰ μεσημβρινὰ καὶ ἑσπέρια αὐτῆς, καὶ ἀντὶ Σικανίας Σικελίαν τὴν νῆσον ἐποίησαν καλεῖσθαι, καὶ τὰ κράτιστα τῆς γῆς ᾤκησαν ἔχοντες, ἐπεὶ διέβησαν, ἔτη ἐγγὺς τριακόσια πρὶν Ἕλληνας ἐς Σικελίαν ἐλθεῖν· ἔτι δὲ καὶ νῦν τὰ μέσα καὶ τὰ πρὸς βορρᾶν τῆς νήσου ἔχουσιν. (6) Ὤκουν δὲ καὶ Φοίνικες περὶ πᾶσαν μὲν τὴν Σικελίαν ἄκρας τε ἐπὶ τῇ θαλάσσῃ ἀπολαβόντες καὶ τὰ ἐπικείμενα νησίδια ἐμπορίας ἕνε-

Hac eadem hieme Athenienses volebant cum majore apparatu, quam erat is, quem cum Lachete et Eurymedonte miserant, rursus in Siciliam navigare et eam, si possent, subigere, quum quidem ipsorum plerique ignari essent magnitudinis illius insulæ ac multitudinis et Græcorum et barbarorum in ea habitantium, et bellum se suscipere haud multo minus, quam quod adversus Peloponnesios susceperant. (2) Nam Siciliæ ambitus est non multo minor octo dierum circumnaviganti nave oneraria, et tanta quum sit, viginti tantum stadiorum ad summum maritimo spatio discluditur, ne sit continens.

II. Sic autem antiquitus habitata est ac tot gentes in universum eam tenuerunt. Antiquissimi quidem in quadam illius regionis parte feruntur habitasse Cyclopes atque Læstrygones, quorum ego neque genus dicere habeo, neque unde venerint, neque quo abierint; sufficiant autem ea, quæ a poetis dicta sunt, et quæ unusquisque de iis sentit. (2) Sicani vero post eos primi sedes hic posuisse putantur, et ut ipsi quidem prædicant vel priores, quod essent indigenæ, sed ut veritas comperitur, Iberi origine et a Sicano Iberiæ flumine per Ligyes expulsi. Et ab iis hæc insula tunc Sicania vocabatur, quum prius Trinacria nominaretur; et nunc etiam Siciliæ partes ad occasum vergentes incolunt. (3) Ilio autem capto quidam Trojani, qui Achæos effugerant, navibus ad Siciliam appulerunt, sedibusque positis ad Sicanorum fines, universi vocati sunt Elymi, urbesque eorum Eryx et Egesta. His autem accolæ accesserunt Phocenses quoque nonnulli ex eorum numero, qui a Troja tunc in Libyam tempestate delati primum, deinde ex Libya in Siciliam transmisere. (4) Siculi vero ex Italia (illic enim habitabant) in Siciliam trajecerunt, fugientes Opicos, ut et credibile est et fama fertur, ratibus vecti observato freto quum ventus secundus flabat, aut fortasse etiam aliqua alia ratione eo navigantes. Sunt autem nunc etiam in Italia Siculi, et illa regio a quodam Italo Siculorum rege, qui nomen hoc habebat, sic Italia cognominata est. (5) Quum autem in Siciliam trajecissent ingenti agmine, et Sicanos prœlio victos in meridionales et occidentales insulæ partes amandarunt et auctores fuerunt, ut hæc insula pro Sicania vocaretur Sicilia, et ferocissimas illius agri partes, postquam eo trajecerunt, retinentes incoluerunt, annis prope trecentis ante Græcorum in Siciliam adventum; et nunc quoque tenent mediterraneas ejus insulæ partes, et eas, quæ ad aquilonem vergunt. (6) Phœnices præterea per eandem passim habitaverunt occupatis ad mare promontoriis et parvis insulis adjacentibus, ut cum Siculis negotiarentur; et postquam

ν τῆς πρὸς τοὺς Σικελούς· ἐπειδὴ δὲ οἱ Ἕλληνες ἀλλοὶ κατὰ θάλασσαν ἐπεσέπλεον, ἐκλιπόντες τὰ πλείω οτύην καὶ Σολόεντα καὶ Πάνορμον ἐγγὺς τῶν Ἐλύ-ων ξυνοικίσαντες ἐνέμοντο, ξυμμαχίᾳ τε πίσυνοι τῇ ὃν Ἐλύμων, καὶ ὅτι ἐντεῦθεν ἐλάχιστον πλοῦν Καρ-,δὼν Σικελίας ἀπέχει. Βάρβαροι μὲν οὖν τοσοίδε κελίαν καὶ οὕτως ᾤκησαν.

III. Ἑλλήνων δὲ πρῶτοι Χαλκιδῆς ἐξ Εὐβοίας ιεύσαντες μετὰ Θουκλέους οἰκιστοῦ Νάξον ᾤκισαν, ὶ Ἀπόλλωνος ἀρχηγέτου βωμὸν ὅστις νῦν ἔξω τῆς ιλεώς ἐστιν ἱδρύσαντο, ἐφ᾽ ᾧ, ὅταν ἐκ Σικελίας θεω-ὶ πλέωσι, πρῶτον θύουσιν. (2) Συρακούσας δὲ τοῦ ομένου ἔτους Ἀρχίας τῶν Ἡρακλειδῶν ἐκ Κορίνθου ιτισεν, Σικελοὺς ἐξελάσας πρῶτον ἐκ τῆς νήσου ἐν ᾗ ν οὐκέτι περικλυζομένῃ ἡ πόλις ἡ ἐντός ἐστιν· ὕστε-ι δὲ χρόνῳ καὶ ἡ ἔξω προστειχισθεῖσα πολυάνθρωπος ένετο. (3) Θουκλῆς δὲ καὶ οἱ Χαλκιδῆς ἐκ Νάξου μηθέντες ἔτει πέμπτῳ μετὰ Συρακούσας οἰκισθείσας ιοντίνους τε πολέμῳ τοὺς Σικελοὺς ἐξελάσαντες οἰκί-υσιν, καὶ μετ᾽ αὐτοὺς Κατάνην· οἰκιστὴν δὲ αὐτοὶ χταναῖοι ἐποιήσαντο Εὔαρχον.

IV. Κατὰ δὲ τὸν αὐτὸν χρόνον καὶ Λάμις ἐκ Μεγά-ν ἀποικίαν ἄγων ἐς Σικελίαν ἀφίκετο, καὶ ὑπὲρ Παν-κύου τε ποταμοῦ Τρωτίλόν τι ὄνομα χωρίον οἰκίσας, ὶ ὕστερον αὐτόθεν τοῖς Χαλκιδεῦσιν ἐς Λεοντίνους ὀλί-ν χρόνον ξυμπολιτεύσας καὶ ὑπὸ αὐτῶν ἐκπεσὼν καὶ άψον οἰκίσας αὐτὸς μὲν ἀποθνῄσκει, οἱ δ᾽ ἄλλοι ἐκ ς Θάψου ἀναστάντες Ὑβλωνος βασιλέως Σικελοῦ ,οδόντος τὴν χώραν καὶ καθηγησαμένου Μεγαρέας ισαν τοὺς Ὑβλαίους κληθέντας. (2) Καὶ ἔτη οἰκή-ντες πέντε καὶ τεσσαράκοντα καὶ διακόσια ὑπὸ Γέ-νος τυράννου Συρακοσίων ἀνέστησαν ἐκ τῆς πόλεως ὶ χώρας. Πρὶν δὲ ἀναστῆναι, ἔτεσιν ὕστερον ἑκα-ν ᾗ αὐτοὺς οἰκῆσαι, Πάμιλλον πέμψαντες Σελινοῦντα ἴζουσι, καὶ ἐκ Μεγάρων τῆς μητροπόλεως οὔσης αὐ-ς ἐπελθὼν ξυγκατῴκισεν. (3) Γέλαν δὲ Ἀντίφημος Ῥόδου καὶ Ἔντιμος ἐκ Κρήτης ἐποίκους ἀγαγόντες νῇ ἔκτισαν, ἔτει πέμπτῳ καὶ τεσσαρακοστῷ μετὰ ρακουσῶν οἴκισιν. Καὶ τῇ μὲν πόλει ἀπὸ τοῦ Γέ-ποταμοῦ τοὔνομα ἐγένετο, τὸ δὲ χωρίον οὗ νῦν ἡ ἠλις ἐστὶ καὶ ὃ πρῶτον ἐτειχίσθη Λίνδιοι καλεῖται· μιμα δὲ Δωρικὰ ἐτέθη αὐτοῖς. (4) Ἔτεσι δὲ ἐγγύ-τα ὀκτὼ καὶ ἑκατὸν μετὰ τὴν σφετέραν οἴκισιν Γε-ῖοι Ἀκράγαντα ᾤκισαν, τὴν μὲν πόλιν ἀπὸ τοῦ Ἀκρά-ντος ποταμοῦ ὀνομάσαντες, οἰκιστὰς δὲ ποιήσαντες ριστόνουν καὶ Πυστίλον, νόμιμα δὲ τὰ Γελῴων δόν-. (5) Ζάγκλη δὲ τὴν μὲν ἀρχὴν ἀπὸ Κύμης τῆς ἐν πικίᾳ Χαλκιδικῆς πόλεως λῃστῶν ἀφικομένων ᾠκί-η, ὕστερον δὲ καὶ ἀπὸ Χαλκίδος καὶ τῆς ἄλλης Εὐ-ίας πλῆθος ἐλθὸν ξυγκατενείμαντο τὴν γῆν· καὶ κισταὶ Περιήρης καὶ Κραταιμένης ἐγένοντο αὐτῆς, ὁ ν ἀπὸ Κύμης, ὁ δὲ ἀπὸ Χαλκίδος. Ὄνομα δὲ τὸ ν πρῶτον Ζάγκλη ἦν ὑπὸ τῶν Σικελῶν κληθεῖσα, ι δρεπανοειδὲς τὴν ἰδέαν τὸ χωρίον ἐστί, τὸ δὲ δρεπα-

permulti Graecorum cum navibus eo trajecerunt, relictis plerisque insulae partibus Motyam et Soloentem et Panormum, oppida Elymis finitima, in unum coeuntes incolebant, et societate Elymorum freti, et quod Carthago perexiguo trajectu illinc a Sicilia distat. Tot igitur numero barbari atque hoc modo Siciliam habitaverunt.

III. Graecorum autem primi Chalcidenses ex Euboea navigantes cum Thucle coloniae duce Naxum condiderunt, et Apollinis Archegetae aram, quae nunc extra urbem exstat, exstruxerunt, supra quam quoties sacri legati e Sicilia solvunt, primum sacrificium faciunt. (2) Syracusas autem insequente anno Archias, Heraclidarum unus, Corintho profectus condidit, Siculis ex insula prius expulsis, in qua nunc non amplius mari circumflua urbs sita est interior; postea vero et urbs ea, quae est extra hanc insulam, muro alteri urbi adjuncta, populo frequens facta est. (3) Thucles autem et Chalcidenses Naxo profecti anno quinto post Syracusas conditas et Leontinos, ejectis bello Siculis, condiderunt, et post ipsos Catanam; ipsi vero Catanaei Euarchum coloniae deducendae ducem crearunt.

IV. Per idem vero tempus et Lamis coloniam Megaris ducens in Siciliam pervenit, et super Pantaciam flumen locum quemdam nomine Trotilum condidit, et illinc postea digressus et apud Leontinos aliquandiu in republica una cum Chalcidensibus versatus, deinde ab Leontinis ejectus Thapsum condidit et ipse quidem obiit; ceteri vero Thapso expulsi, quum Hyblo rex Siculus terram iis prodidisset et viam monstrasset, Megara, quae Hyblaea vocata sunt, condiderunt. (2) Et cum hic ducentos et quadraginta quinque annos habitassent, a Gelone Syracusarum rege ex urbe et agro expulsi sunt. Sed antequam expellerentur, anno centesimo post urbem ab ipsis conditam, Selinuntem, Pamillo illuc misso, condiderunt. Hic autem e Megaris ipsorum metropoli eo profectus, urbem illam cum ceteris sociis condidit. (3) Gelam vero Antiphemus e Rhodo et Entimus ex Creta suam uterque coloniam ducentes communiter condiderunt anno quadragesimo quinto post Syracusas habitari coeptas. Atque urbi quidem a Gela flumine nomen impositum est; locus vero, ubi nunc urbs est sita, et qui primus muro munitus est, Lindii vocatur; jura autem Dorica iis constituta sunt. (4) Anno autem propemodum centesimo octavo ab urbe sua condita Geloi Acragantem condiderunt, urbe ab Acragante fluvio nominata, ducibus autem coloniae ducendae creatis Aristonoo et Pystilo, legibusque Geloorum coloniae datis. (5) Zancle vero initio quidem a latronibus, qui e Cumis, urbe Chalcidica in agro Opico sita, venerant, condita est; postea vero multitudo, quae ex Chalcide et ex reliqua Euboea venerat, agrum communiter possedit; ejusque coloniae duces fuerunt Perieres atque Crataemenes, alter e Cumis, alter e Chalcide. Nomine autem urbs primo quidem a Siculis Zancle vocata erat, quod locus ille speciem falcis habeat; falcem autem Siculi zanclon

νον οἱ Σικελοὶ Ζάγκλον καλοῦσιν· ὕστερον δ᾽ αὐτοὶ μὲν ὑπὸ Σαμίων καὶ ἄλλων Ἰώνων ἐκπίπτουσιν, οἳ Μήδους φεύγοντες προσέβαλον Σικελίᾳ,

V. τοὺς δὲ Σαμίους Ἀναξίλας Ῥηγίνων τύραννος οὐ πολλῷ ὕστερον ἐκβαλὼν καὶ τὴν πόλιν αὐτὸς ξυμμίκτων ἀνθρώπων οἰκίσας Μεσσήνην ἀπὸ τῆς ἑαυτοῦ τὸ ἀρχαῖον πατρίδος ἀντωνόμασεν. (2) Καὶ Ἱμέρα ἀπὸ Ζάγκλης ᾠκίσθη ὑπὸ Εὐκλείδου καὶ Σίμου καὶ Σάκωνος, καὶ Χαλκιδῆς μὲν οἱ πλεῖστοι ἦλθον ἐς τὴν ἀποικίαν, ξυνῴκησαν δὲ αὐτοῖς καὶ ἐκ Συρακουσῶν φυγάδες στάσει νικηθέντες, οἱ Μυλητίδαι καλούμενοι· καὶ φωνὴ μὲν μεταξὺ τῆς τε Χαλκιδέων καὶ Δωρίδος ἐκράθη, νόμιμα δὲ τὰ Χαλκιδικὰ ἐκράτησεν. (3) Ἄκραι δὲ καὶ Κασμέναι ὑπὸ Συρακοσίων ᾠκίσθησαν, Ἄκραι μὲν ἑβδομήκοντα ἔτεσι μετὰ Συρακούσας, Κασμέναι δ᾽ ἐγγὺς εἴκοσι μετὰ Ἄκρας. (4) Καὶ Καμάρινα τὸ πρῶτον ὑπὸ Συρακοσίων ᾠκίσθη, ἔτεσιν ἐγγύτατα πέντε καὶ τριάκοντα καὶ ἑκατὸν μετὰ Συρακουσῶν κτίσιν· οἰκισταὶ δὲ ἐγένοντο αὐτῆς Δάσκων καὶ Μενέκωλος. Ἀναστάτων δὲ Καμαριναίων γενομένων πολέμῳ ὑπὸ Συρακοσίων δι᾽ ἀπόστασιν, χρόνῳ Ἱπποκράτης ὕστερον Γέλας τύραννος, λύτρα ἀνδρῶν Συρακοσίων αἰχμαλώτων λαβὼν τὴν γῆν τὴν Καμαριναίων, αὐτὸς οἰκιστὴς γενόμενος κατῴκισε Καμάριναν. Καὶ αὖθις ὑπὸ Γέλωνος ἀνάστατος γενομένη τὸ τρίτον κατῳκίσθη ὑπὸ Γέλωνος.

VI. Τοσαῦτα ἔθνη Ἑλλήνων καὶ βαρβάρων Σικελίαν ᾤκει, καὶ ἐπὶ τοσήνδε οὖσαν αὐτὴν οἱ Ἀθηναῖοι στρατεύειν ὥρμηντο, ἐφιέμενοι μὲν τῇ ἀληθεστάτῃ προφάσει τῆς πάσης ἄρξειν, βοηθεῖν δὲ ἅμα εὐπρεπῶς βουλόμενοι τοῖς ἑαυτῶν ξυγγενέσι καὶ τοῖς προσγεγενημένοις ξυμμάχοις. (2) Μάλιστα δ᾽ αὐτοὺς ἐξώρμησαν Ἐγεσταίων τε πρέσβεις παρόντες καὶ προθυμότερον ἐπικαλούμενοι. Ὅμοροι γὰρ ὄντες τοῖς Σελινουντίοις ἐς πόλεμον καθέστασαν περί τε γαμικῶν τινῶν καὶ περὶ γῆς ἀμφισβητήτου, καὶ οἱ Σελινούντιοι Συρακοσίους ἐπαγόμενοι ξυμμάχους κατεῖργον αὐτοὺς τῷ πολέμῳ· καὶ κατὰ γῆν καὶ κατὰ θάλασσαν· ὥστε τὴν γενομένην ἐπὶ Λάχητος καὶ τοῦ προτέρου πολέμου Λεοντίνων οἱ Ἐγεσταῖοι ξυμμαχίαν ἀναμιμνήσκοντες τοὺς Ἀθηναίους ἐδέοντο σφίσι ναῦς πέμψαντας ἐπαμῦναι, λέγοντες ἄλλα τε πολλὰ καὶ κεφάλαιον, εἰ Συρακόσιοι Λεοντίνους τε ἀναστήσαντες ἀτιμώρητοι γενήσονται καὶ τοὺς λοιποὺς ἔτι ξυμμάχους αὐτῶν διαφθείροντες αὐτοὶ τὴν ἅπασαν δύναμιν τῆς Σικελίας σχήσουσι, κίνδυνον εἶναι μή ποτε μεγάλῃ παρασκευῇ Δωριῆς τε Δωριεῦσι κατὰ τὸ ξυγγενὲς καὶ ἅμα ἄποικοι τοῖς ἐκπέμψασι Πελοποννησίοις βοηθήσαντες καὶ τὴν ἐκείνων δύναμιν ξυγκαθέλωσιν· σῶφρον δ᾽ εἶναι μετὰ τῶν ὑπολοίπων ἔτι ξυμμάχων ἀντέχειν τοῖς Συρακοσίοις, ἄλλως τε καὶ χρήματα σφῶν παρεξόντων ἐς τὸν πόλεμον ἱκανά. (3) Ὧν ἀκούοντες οἱ Ἀθηναῖοι ἐν ταῖς ἐκκλησίαις τῶν τε Ἐγεσταίων πολλάκις λεγόντων καὶ τῶν ξυναγορευόντων αὐτοῖς, ἐψηφίσαντο πρέσβεις πέμψαι

appellant; postea vero ipsi quidem a Samiis et aliis Ionibus, qui Medos fugientes ad Siciliam appulerant, expulsi sunt;

V. Samios vero Anaxilas, Rheginorum tyrannus, non multo post ejecit et urbem hominibus mixtis frequentem reddidit, et nomine mutato Messenen a sua antiqua patria nominavit. (2) Atque Himera e Zancle colonia ab Euclide et Simo et Sacone condita est, et Chalcidenses quidem maximo numero in istam coloniam venerunt, sed una cum iis habitaverunt et Syracusani exsules, a contraria factione superati, qui Myletidae vocantur; et lingua quidem istorum est medium quoddam genus ex Chalcidica et Dorica mixtum, leges vero Chalcidenses obtinuerunt. (3) Acrae autem et Casmenae a Syracusanis conditae sunt, et Acrae quidem septuaginta annis post Syracusas, Casmenae vero viginti circiter post Acras. (4) Et Camarina primum a Syracusanis condita est, ferme centum et triginta quinque annis post Syracusas conditas; conditores ejus vero fuerunt Dascon et Menecolus. Quum autem Camarinaei a Syracusanis propter defectionem bello ex suis sedibus expulsi essent, non multo post Hippocrates, Gelae tyrannus, quum pro Syracusanorum captivorum redemptione Camarinaeum agrum accepisset, ipse coloniae dux Camarinam condidit. Et rursus quum a Gelone deleta esset, tertium condita est a Gelone.

VI. Tot igitur gentes Graecorum et barbarorum Siciliam incolebant, et tantae huic insulae Athenienses impetu quodam animi bellum inferre statuerant, cupientes quidem quae verissima erat causa, totius imperio potiri, simul vero quodam honesto praetextu cognatis suis et qui iis praeterea accesserant sociis opem ferre volentes. (2) Maxime autem impulerunt eos Egestaeorum legati, qui illic aderant et enixius auxilium implorabant. Quum enim Selinuntiis essent finitimi, bellum adversus eos susceperant propter quasdam res, quae ad connubia spectabant, et propter agrum controversum, et Selinuntii, accitis Syracusanis sociis, bello eos terra marique premebant; quamobrem Egestaei Atheniensibus in memoriam revocantes societatem Lachete duce et superioris Leontinorum belli tempore factam orabant eos ut sibi missa classe succurrerent, et quum alia multa dicebant, tum vero, quod caput erat, si Syracusani impune ferrent, quod Leontinos suis sedibus expulissent, et si ceteri Atheniensium sociis praeterea attritis ipsi omnem Siciliae potentiam in suam potestatem redigerent, periculum esse ne forte aliquando cum magno apparatu Dorienses Doriensibus propter cognationem et simul etiam eorum coloni Peloponnesiis, a quibus essent emissi, auxilium ferente ipsorum etiam imperium una demolirentur; prudentius autem esse, cum reliquis adhuc sociis obsistere Syracusanis praesertim quum ipsi Egestaei satis pecuniae ad bellum essent collaturi. (3) Quae quum audirent Athenienses in concionibus saepenumero et ab Egestaeis tractata et ab illis, qui iis patrocinabantur, decreverunt legatos primum Egesta-

πρῶτον ἐς τὴν Ἔγεσταν περί τε τῶν χρημάτων σκεψομένους εἰ ὑπάρχει ὥσπερ φασὶν ἐν τῷ κοινῷ καὶ ἐν τοῖς ἱεροῖς, καὶ τὰ τοῦ πολέμου ἅμα πρὸς τοὺς Σελινουντίους ἐν ὅτῳ ἐστὶν εἰσομένους.

VII. Καὶ οἱ μὲν πρέσβεις τῶν Ἀθηναίων ἀπεστάλησαν ἐς τὴν Σικελίαν· Λακεδαιμόνιοι δὲ τοῦ αὐτοῦ χειμῶνος καὶ οἱ ξύμμαχοι πλὴν Κορινθίων στρατεύσαντες ἐς τὴν Ἀργείαν τῆς τε γῆς ἔτεμον οὐ πολλὴν καὶ σῖτον ἀνεχομίσαντό τινα ζεύγη κομίσαντες, καὶ ἐς Ὀρνεὰς κατοικίσαντες τοὺς Ἀργείων φυγάδας καὶ τῆς ἄλλης στρατιᾶς παρακαταλιπόντες αὐτοῖς ὀλίγους, καὶ σπεισάμενοί τινα χρόνον ὥστε μὴ ἀδικεῖν Ὀρνεάτας καὶ Ἀργείους τὴν ἀλλήλων, ἀπεχώρησαν τῷ στρατῷ ἐπ᾽ οἴκου. (2) Ἐλθόντων δὲ Ἀθηναίων οὐ πολλῷ ὕστερον ναυσὶ τριάκοντα καὶ ἑξακοσίοις ὁπλίταις, οἱ Ἀργεῖοι μετὰ τῶν Ἀθηναίων πανστρατιᾷ ἐξελθόντες τοὺς ἐν Ὀρνεαῖς μίαν ἡμέραν ἐπολιόρκουν· ὑπὸ δὲ νύκτα αὐλισαμένου τοῦ στρατεύματος ἄποθεν ἐκδιδράσκουσιν οἱ ἐκ τῶν Ὀρνεῶν. Καὶ τῇ ὑστεραίᾳ οἱ Ἀργεῖοι ὡς ᾔσθοντο κατασκάψαντες τὰς Ὀρνεὰς ἀνεχώρησαν, καὶ οἱ Ἀθηναῖοι ὕστερον ταῖς ναυσὶν ἐπ᾽ οἴκου. (3) Καὶ ἐς Μεθώνην τὴν ὅμορον Μακεδονίᾳ ἱππέας κατὰ θάλασσαν κομίσαντες Ἀθηναῖοι σφῶν τε αὐτῶν καὶ Μακεδόνων τοὺς παρὰ σφίσι φυγάδας ἐκακούργουν τὴν Περδίκκου. (4) Λακεδαιμόνιοι δὲ πέμψαντες παρὰ Χαλκιδέας τοὺς ἐπὶ Θρᾴκης, ἄγοντας πρὸς Ἀθηναίους δεχημέρους σπονδάς, ξυμπολεμεῖν ἐκέλευον Περδίκκᾳ· οἱ δ᾽ οὐκ ἤθελον. Καὶ ὁ χειμὼν ἐτελεύτα, καὶ ἕκτον καὶ δέκατον ἔτος ἐτελεύτα τῷ πολέμῳ τῷδε ὃν Θουκυδίδης ξυνέγραψεν.

VIII. Τοῦ δ᾽ ἐπιγιγνομένου θέρους ἅμα ἦρι οἱ τῶν Ἀθηναίων πρέσβεις ἧκον ἐκ τῆς Σικελίας, καὶ οἱ Ἐγεσταῖοι μετ᾽ αὐτῶν ἄγοντες ἑξήκοντα τάλαντα ἀσήμου ἀργυρίου ὡς ἐς ἑξήκοντα ναῦς μηνὸς μισθόν, ἃς ἔμελλον δεήσεσθαι πέμπειν. (2) Καὶ οἱ Ἀθηναῖοι ἐκκλησίαν ποιήσαντες καὶ ἀκούσαντες τῶν τε Ἐγεσταίων καὶ τῶν σφετέρων πρέσβεων τά τε ἄλλα ἐπαγωγὰ καὶ οὐκ ἀληθῆ, καὶ περὶ τῶν χρημάτων ὡς εἴη ἑτοῖμα ἔν τε τοῖς ἱεροῖς πολλὰ καὶ ἐν τοῖς κοινοῖς, ἐψηφίσαντο ναῦς ἑξήκοντα πέμπειν ἐς Σικελίαν καὶ στρατηγοὺς αὐτοκράτορας Ἀλκιβιάδην τε τὸν Κλεινίου καὶ Νικίαν τὸν Νικηράτου καὶ Λάμαχον τὸν Ξενοφάνους, βοηθοὺς μὲν Ἐγεσταίοις πρὸς Σελινουντίους, ξυγκατοικίσαι δὲ καὶ Λεοντίνους, ἢν τι περιγίγνηται αὐτοῖς τοῦ πολέμου, καὶ τἆλλα τὰ ἐν τῇ Σικελίᾳ πρᾶξαι ὅπῃ ἂν γιγνώσκωσιν ἄριστα Ἀθηναίοις. (3) Μετὰ δὲ τοῦτο ἡμέρᾳ πέμπτῃ ἐκκλησία αὖθις ἐγίγνετο, καθ᾽ ὅ τι χρὴ τὴν παρασκευὴν ταῖς ναυσὶ τάχιστα γίγνεσθαι, καὶ τοῖς στρατηγοῖς, εἴ του προσδέοιντο ψηφισθῆναι ἐς τὸν ἔκπλουν. (4) Καὶ ὁ Νικίας ἀκούσιος μὲν ᾑρημένος ἄρχειν, νομίζων δὲ τὴν πόλιν οὐκ ὀρθῶς βεβουλεῦσθαι, ἀλλὰ προφάσει βραχείᾳ καὶ εὐπρεπεῖ τῆς Σικελίας ἁπάσης, μεγάλου ἔργου, ἐφίεσθαι, παρελθὼν ἀποτρέψαι ἐβούλετο, καὶ παρῄνει τοῖς Ἀθηναίοις τοιάδε.

---

mittere, qui explorarent, num pecuniam, ut dicerent, in ærario et in templis haberent, et qui simul cognoscerent, quo in statu esset bellum, quod cum Selinuntiis gerebant.

VII. Et legati quidem Atheniensium in Siciliam missi sunt; Lacedæmonii vero eadem hieme eorumque socii præter Corinthios cum exercitu in agrum Argivum profecti non magnam agri partem vastarunt, et frumenti aliquid absportarunt plaustris secum adductis, et Argivos exsules Orneis collocarunt, et paucos ex reliquo exercitu apud eos reliquerunt, initisque fœderibus ad certum tempus, ut per id Orneatæ et Argivi se invicem non læderent, cum reliquis copiis domum redierunt. (2) Quum autem non multo post Athenienses cum triginta navibus et sexcentis gravis armaturæ militibus venissent, Argivi cum Atheniensibus, universo suorum exercitu educto, unum quidem diem Orneas oppugnabant; sed sub noctem quum procul castra haberent, ii qui Orneis erant, illinc effugerunt. Quod ubi sensere postero die Argivi, Orneis solo æquitatis redierunt, et mox Athenienses etiam cum classe domum reverterunt. (3) Atque Methonen etiam Macedoniæ finitimam quum equites mari transportassent partim ex suis partim ex Macedonibus apud se exsulantibus, Perdiccæ terram maleficiis infestabant. (4) Lacedæmonii vero missis nunciis ad Chalcidenses in Thracia incolentes, qui decem dierum inducias cum Atheniensibus habebant, eos suis auxiliis Perdiccam in bello adjuvare jubebant; at illi nolebant. Atque hæc hiems finiebatur et hujus belli, quod Thucydides conscripsit, decimus sextus annus finiebatur.

VIII. Insequenti æstate vere ineunte Atheniensium legati ex Sicilia redierunt et Egestæi cum ipsis, ferentes sexaginta talenta argenti non signati, menstruum sexaginta navium stipendium, quæ ut mitterentur erant oraturi. (2) Et Athenienses advocata concione, auditisque et Egestæis et suis legatis, cum alia dicentibus ad persuadendum apposita et falsa, tum vero de pecunia renuntiantibus, multam et in templis et in ærario paratam esse, decreverunt sexaginta naves in Siciliam mittere et duces summa potestate præditos, Alcibiadem Cliniæ et Niciam Nicerati et Lamachum Xenophanis filium, qui opem quidem Egestæis contra Selinuntios ferrent, sed et Leontinos in suis pristinis sedibus collocarent, si quod temporis spatium ipsis in bello superesset, atque res ceteras in Sicilia gererent, ut reipublicæ Atheniensium maxime expedire judicarent. (3) Quinto post hæc die concio rursus habebatur de eo, qua ratione oporteret quam celerrime classem apparare, et decernere, si qua re ducibus ad hanc expeditionem opus esset. (4) Atque Nicias qui et invitus dux creatus erat et existimaret cives non bonum consilium cepisse, sed exigua et speciosa de causa Siciliæ totius imperium, rem arduam, affectare, in medium progressus, a proposito revocare volebat et suadebat Atheniensibus talia.

IX. « Ἡ μὲν ἐκκλησία περὶ παρασκευῆς τῆς ἡμετέρας ἥδε ξυνελέγη, καθ' ὅ τι χρὴ ἐς Σικελίαν ἐκπλεῖν· ἐμοὶ μέντοι δοκεῖ καὶ περὶ αὐτοῦ τούτου ἔτι χρῆναι σκέψασθαι, εἰ ἄμεινόν ἐστιν ἐκπέμπειν τὰς ναῦς, καὶ μὴ οὕτω βραχείᾳ βουλῇ περὶ μεγάλων πραγμάτων ἀνδράσιν ἀλλοφύλοις πειθομένους πόλεμον οὐ προσήκοντα ἄρασθαι. (2) Καίτοι ἔγωγε καὶ τιμῶμαι ἐκ τοῦ τοιούτου καὶ ἧσσον ἑτέρων περὶ τῷ ἐμαυτοῦ σώματι ὀρρωδῶ, νομίζων ὁμοίως ἀγαθὸν πολίτην εἶναι ὃς ἂν καὶ τοῦ σώματός τι καὶ τῆς οὐσίας προνοῆται· μάλιστα γὰρ ἂν ὁ τοιοῦτος καὶ τὰ τῆς πόλεως δι' ἑαυτὸν βούλοιτο ὀρθοῦσθαι. Ὅμως δὲ οὔτε ἐν τῷ πρότερον χρόνῳ διὰ τὸ προτιμᾶσθαι εἶπον παρὰ γνώμην οὔτε νῦν, ἀλλὰ ᾗ ἂν γιγνώσκω βέλτιστα, ἐρῶ. (3) Καὶ πρὸς μὲν τοὺς τρόπους τοὺς ὑμετέρους ἀσθενὴς ἄν μου ὁ λόγος εἴη, εἰ τά τε ὑπάρχοντα σώζειν παραινοίην καὶ μὴ τοῖς ἑτοίμοις περὶ τῶν ἀφανῶν καὶ μελλόντων κινδυνεύειν· ὡς δὲ οὔτε ἐν καιρῷ σπεύδετε οὔτε ῥᾴδιά ἐστι κατασχεῖν ἐφ' ἃ ὥρμησθε, ταῦτα διδάξω.

X. « Φημὶ γὰρ ὑμᾶς πολεμίους πολλοὺς ἐνθάδε ὑπολιπόντας καὶ ἑτέρους ἐπιθυμεῖν ἐκεῖσε πλεύσαντας δεῦρο ἐπαγαγέσθαι. (2) Καὶ οἴεσθε ἴσως τὰς γενομένας ὑμῖν σπονδὰς ἔχειν τι βέβαιον, αἳ ἡσυχαζόντων μὲν ὑμῶν ὀνόματι σπονδαὶ ἔσονται (οὕτω γὰρ ἐνθένδε τε ἄνδρες ἔπραξαν αὐτὰς καὶ ἐκ τῶν ἐναντίων), σφαλέντων δέ που ἀξιοχρέῳ δυνάμει ταχεῖαν τὴν ἐπιχείρησιν ἡμῖν οἱ ἐχθροὶ ποιήσονται, οἷς πρῶτον μὲν διὰ ξυμφορῶν ἡ ξύμβασις καὶ ἐκ τοῦ αἰσχίονος ἢ ἡμῖν κατ' ἀνάγκην ἐγένετο, ἔπειτα ἐν αὐτῇ ταύτῃ πολλὰ τὰ ἀμφισβητούμενα ἔχομεν. (3) Εἰσὶ δ' οἳ οὐδὲ ταύτην πω τὴν ὁμολογίαν ἐδέξαντο, καὶ οὐχ οἱ ἀσθενέστατοι· ἀλλ' οἱ μὲν ἄντικρυς πολεμοῦσιν, οἱ δὲ καὶ διὰ τὸ Λακεδαιμονίους ἔτι ἡσυχάζειν δεχημέροις σπονδαῖς καὶ αὐτοὶ κατέχονται. (4) Τάχα δ' ἂν ἴσως, εἰ δίχα ἡμῶν τὴν δύναμιν λάβοιεν, ὅπερ νῦν σπεύδομεν, καὶ πάνυ ἂν ξυνεπιθεῖντο μετὰ Σικελιωτῶν, οὓς πρὸ πολλῶν ἂν ἐτιμήσαντο ξυμμάχους γενέσθαι ἐν τῷ πρὶν χρόνῳ. (5) Ὥστε χρὴ σκοπεῖν τινὰ αὐτά, καὶ μὴ μετεώρῳ τε πόλει ἀξιοῦν κινδυνεύειν, καὶ ἀρχῆς ἄλλης ὀρέγεσθαι πρὶν ἣν ἔχομεν βεβαιωσώμεθα, εἰ Χαλκιδῆς γε οἱ ἐπὶ Θρᾴκης ἔτη τοσαῦτα ἀφεστῶτες ἀφ' ἡμῶν ἔτι ἀχείρωτοί εἰσι καὶ ἄλλοι τινὲς κατὰ τὰς ἠπείρους ἐνδοιαστῶς ἀκροῶνται. Ἡμεῖς δὲ Ἐγεσταίοις δὴ οὖσι ξυμμάχοις ὡς ἀδικουμένοις ὀξέως βοηθοῦμεν· ὑφ' ὧν δ' αὐτοὶ πάλαι ἀφεστώτων ἀδικούμεθα, ἔτι μέλλομεν ἀμύνεσθαι.

XI. « Καίτοι τοὺς μὲν κατεργασάμενοι κἂν κατάσχοιμεν· τῶν δ' εἰ καὶ κρατήσαιμεν, διὰ πολλοῦ γε καὶ πολλῶν ὄντων χαλεπῶς ἂν ἄρχειν δυναίμεθα. Ἀνόητον δ' ἐπὶ τοιούτους ἰέναι ὧν κρατήσας τε μὴ κατασχήσει τις καὶ μὴ κατορθώσας μὴ ἐν τῷ ὁμοίῳ καὶ πρὶν ἐπιχειρῆσαι ἔσται. (2) Σικελιῶται δ' ἄν μοι δοκοῦσιν, ὥς γε νῦν ἔχουσι, καὶ ἔτι ἂν ἧσσον δεινοὶ ἡμῖν γενέσθαι, εἰ ἄρξειαν αὐτῶν Συρακόσιοι· ὅπερ οἱ Ἐγεσταῖοι μάλιστα ἡμᾶς ἐκφοβοῦσιν. (3) Νῦν μὲν γὰρ

IX. « Hæc quidem concio de nostræ classis apparatu est coacta, quonam modo in Siciliam navigare oporteat; mihi vero adhuc de hoc ipso etiam consultandum videtur, num satius sit classem emittere, nec tam brevi consultatione de rebus magnis, viris alienigenis fide habita, bellum suscipiendum, quod ad nos nihil pertinet. (2) Quamquam ego quidem ex hujusmodi re honorem consequor, et meo ipsius corpori minus quam ceteri metuo, quamvis putans pariter bonum esse civem, qui et sibi ipsi aliquid et suis fortunis prospicit; hujusmodi enim vir maxime et rempublicam propter se ipsum bene geri volet. Verum ut nec unquam ante propter honores mihi delatos quicquam aliter, quam sentiebam, dixi, sic ne nunc quidem alia dicam quam quæ optima esse sentio. (3) Atque pro ingeniis quidem vestris parum ponderis oratio mea sit habitura, si suadeam, ut et res præsentes conservetis, neve de iis, quæ parata sunt, propter ea, quæ incerta dubiaque sunt, periclitemini; sed neque tempestive vos festinare, neque facile obtineri posse ea, ad quæ contenditis, hæc docebo.

X. « Etenim dico vos multis hostibus hic relictis alios etiam illuc trajiciendo cupere huc attrahere. (2) Et opinamini fortasse fœdera, quæ inistis, aliquid firmitudinis habere, quæ quidem verbo tenus, dum vos nihil movebitis, fœdera erunt (sic enim ut fierent, et quidam ex nostris et ex adversariis egerunt), sed si quis justus exercitus noster aliquam cladem accipiat, hostes celeriter nos invadent, quippe qui primum quidem propter clades vi necessitatis coacti cum majore, quam nos, dedecore compositionem fecerunt; deinde vero in hac ipsa compositione multa controversa habemus. (3) Præterea sunt etiam, qui ne has quidem pactiones admiserunt, iique non infirmissimi; sed alii quidem palam bellum gerunt, alii vero, quod Lacedæmonii adhuc quiescunt, ipsi quoque decem dierum induciis adhuc se continent. (4) Sed fortasse, si nostras opes distractas deprehenderint, id quod nunc urgemus, vel libentissime nos adorientur una cum Siciliensibus, quorum societatem sibi adjunctam ante plurimi æstimassent. (5) Quamobrem hæc quispiam considerare debet, et non suspensis nostræ reipublicæ rebus pericula subire, neque aliud imperium affectare, priusquam id, quod habemus, stabiliverimus, si quidem Chalcidenses, qui sunt in Thracia, quamvis tot annos a nobis jam defecerint, tamen in nostram potestatem nondum sunt redacti, et alii nonnulli in variis continentis partibus dubie parent. Nos vero Egestæis scilicet sociis ut injuriam patientibus alacriter succurrimus; a quibus autem propter defectionem jampridem violamur, illos ulcisci adhuc cunctamur.

XI. « Atqui hos quidem si in nostram potestatem redegerimus, facile retinere poterimus; illis vero, quamvis superiores fuerimus, quia longo intervallo distant et quia permulti sunt, ægre poterimus imperare. Amentia vero est, bellum iis inferre, quos, si viceris, in potestate tua retinere nequeas, et si rem non feliciter gesseris, eamdem eos invadendi facultatem, quam prius, non sis habiturus. (2) Siciliensibus autem, ut quidem nunc se habent, mihi videntur multo etiam minus nobis formidabiles fore, si Syracusani iis imperent; qua re potissimum Egestæi nos territant.

κἂν ἔλθοιεν ἴσως Λακεδαιμονίων ἕκαστοι χάριτι, ἐκείνως δ' οὐκ εἰκὸς ἀρχὴν ἐπὶ ἀρχὴν στρατεῦσαι· ᾧ γὰρ ἂν τρόπῳ τὴν ἡμετέραν μετὰ Πελοποννησίων ἀφέλωνται, εἰκὸς ὑπὸ τῶν αὐτῶν καὶ τὴν σφετέραν διὰ τοῦ αὐτοῦ καθαιρεθῆναι. (4) Ἡμᾶς δ' ἂν οἱ ἐκεῖ Ἕλληνες μάλιστα μὲν ἐκπεπληγμένοι εἶεν εἰ μὴ ἀφικοίμεθα, ἔπειτα δὲ καὶ εἰ δείξαντες τὴν δύναμιν δι' ὀλίγου ἀπέλθοιμεν· εἰ δὲ σφαλείημέν τι, τάχιστ' ἂν ὑπεριδόντες μετὰ τῶν ἐνθάδε ἐπιθεῖντο. Τὰ γὰρ διὰ πλείστου πάντες ἴσμεν θαυμαζόμενα, καὶ τὰ πεῖραν ἥκιστα τῆς δόξης δόντα. (5) Ὅπερ νῦν ὑμεῖς ὦ Ἀθηναῖοι ἐς Λακεδαιμονίους καὶ τοὺς ξυμμάχους πεπόνθατε· διὰ τὸ παρὰ γνώμην αὐτῶν πρὸς ἃ ἐφοβεῖσθε τὸ πρῶτον περιγεγενῆσθαι, καταφρονήσαντες ἤδη καὶ Σικελίας ἐφίεσθε. (6) Χρὴ δὲ μὴ πρὸς τὰς τύχας τῶν ἐναντίων ἐπαίρεσθαι, ἀλλὰ τὰς διανοίας κρατήσαντας θαρρεῖν· μηδὲ Λακεδαιμονίους ἄλλο τι ἡγήσασθαι ἢ διὰ τὸ αἰσχρὸν σκοπεῖν ὅτῳ τρόπῳ ἔτι καὶ νῦν, ἢν δύνωνται, σφήλαντες ἡμᾶς τὸ σφέτερον ἀπρεπὲς εὖ θήσονται, ὅσῳ καὶ περὶ πλείστου καὶ διὰ πλείστου δόξαν ἀρετῆς μελετῶσιν. Ὥστε οὐ περὶ τῶν ἐν Σικελίᾳ Ἐγεσταίων ἡμῖν, ἀνδρῶν βαρβάρων, ὁ ἀγών, εἰ σωφρονοῦμεν, ἀλλ' ὅπως πόλιν δι' ὀλιγαρχίας ἐπιβουλεύουσαν ὀξέως φυλαξόμεθα.

XII. « Καὶ μεμνῆσθαι χρὴ ἡμᾶς ὅτι νεωστὶ ἀπὸ νόσου μεγάλης καὶ πολέμου βραχύ τι λελωφήκαμεν, ὥστε καὶ χρήμασι καὶ τοῖς σώμασιν ηὐξῆσθαι· καὶ ταῦτα ὑπὲρ ἡμῶν δίκαιον ἐνθάδε εἶναι ἀναλοῦν, καὶ μὴ ὑπὲρ ἀνδρῶν φυγάδων τῶνδε ἐπικουρίας δεομένων, οἷς τό τε ψεύσασθαι καλῶς χρήσιμον, καὶ τῷ τοῦ πέλας κινδύνῳ, αὐτῶν λόγους μόνον παρασχομένους, ἢ κατορθώσαντας χάριν μὴ ἀξίαν εἰδέναι ἢ πταίσαντάς που τοὺς φίλους ξυναπολέσαι. (2) Εἴ τέ τις ἀρχεῖν ἄσμενος αἱρεθεὶς παραινεῖ ὑμῖν ἐκπλεῖν, τὸ ἑαυτοῦ μόνον σκοπῶν, ἄλλως τε καὶ νεώτερος ἔτι ὢν ἐς τὸ ἄρχειν, ὅπως θαυμασθῇ μὲν ἀπὸ τῆς ἱπποτροφίας, διὰ δὲ πολυτέλειαν καὶ ὠφεληθῇ τι ἐκ τῆς ἀρχῆς, μηδὲ τούτῳ ἐμπαράσχητε τῷ τῆς πόλεως κινδύνῳ ἰδίᾳ ἐλλαμπρύνεσθαι, νομίσατε δὲ τοὺς τοιούτους τὰ μὲν δημόσια ἀδικεῖν τὰ δὲ ἴδια ἀναλοῦν, καὶ τὸ πρᾶγμα μέγα εἶναι καὶ μὴ οἷον νεωτέρῳ βουλεύσασθαί τε καὶ ὀξέως μεταχειρίσαι.

XIII. « Οὓς ἐγὼ ὁρῶν νῦν ἐνθάδε τῷ αὐτῷ ἀνδρὶ παρακελευστοὺς καθημένους φοβοῦμαι, καὶ τοῖς πρεσβυτέροις ἀντιπαρακελεύομαι μὴ καταισχυνθῆναι, εἴ τῷ τις παρακάθηται τῶνδε, ὅπως μὴ δόξει, ἂν μὴ ψηφίζηται πολεμεῖν, μαλακὸς εἶναι, μηδ' ὅπερ ἂν αὐτοὶ πάθοιεν, δυσέρωτας εἶναι τῶν ἀπόντων, γνόντας ὅτι ἐπιθυμίᾳ μὲν ἐλάχιστα κατορθοῦνται προνοίᾳ δὲ πλεῖστα, ἀλλ' ὑπὲρ τῆς πατρίδος ὡς μέγιστον δὴ τῶν πρὶν κίνδυνον ἀναρριπτούσης ἀντιχειροτονεῖν, καὶ ψηφίζεσθαι τοὺς μὲν Σικελιώτας οἷσπερ νῦν ὅροις χρωμένους πρὸς ἡμᾶς, οὐ μεμπτοῖς, τῷ τε Ἰονίῳ κόλπῳ παρὰ γῆν ἢν τις πλέῃ, καὶ τῷ Σικελικῷ διὰ πελάγους, τὰ αὑτῶν νεμομένους καθ' αὑτοὺς καὶ ξυμφέρεσθαι· (2) τοῖς δ'

(3) Nunc enim fortasse veniant, ut quique Lacedaemoniorum favore ducuntur; at illo modo verisimile non est, fore, ut imperium imperio bellum inferat; quo enim modo cum Peloponnesiis nostrum imperium nobis eripuerint, verisimile est, ab iisdem Peloponnesiis ipsorum etiam imperium eodem modo eversum iri. (4) Porro Graeci, qui illic sunt, maxime quidem nos extimescent, si eo non transmiserimus; deinde vero, si ostentatis nostris opibus brevi discesserimus : sed si quam cladem acceperimus, illi celerrime spiritu sumpto una cum iis, qui hic sunt, nos adorientur. Quae enim a nobis longissime distant, et quae famae nullum specimen dederunt, omnes haec admirationi esse scimus. (5) Id quod nunc vobis, Athenienses, in Lacedaemoniis eorumque sociis accidit, qui, quoniam praeter opinionem eos superastis in illis rebus, in quibus eos antea formidabatis, jam illis contemptis, Siciliam etiam affectatis. (6) Atqui oportet non propter adversariorum casus animos extollere, sed animos cohibendo confidere; neque existimare, Lacedaemonios quicquam aliud quam propter acceptae cladis ignominiam speculari, quanam ratione vel nunc quoque, si possint, labefactatis nobis, suam ignominiam deleant, idque tanto magis, quanto illi maximo et studio et tempore virtutis opinionem obtinere meditantur. Quare non de Egestaeis in Sicilia, viris barbaris, certamen nobis est, si sapimus, sed ut civitatem, quae per oligarchiam nobis insidiatur, strenue caveamus.

XII. « Atque meminisse debemus nos nuper admodum e gravi morbo et bello paululum esse recreatos, ita ut et pecuniae vi et hominum numero aucti simus; et aequum esse, haec pro nobis ipsis hic impendi, non autem pro istis viris exsulibus, qui nostrum auxilium implorant, quibus et pulchre mentiri conducit, et aliorum periculo, quum ipsi nihil nisi verba conferant, aut re feliciter gesta gratiam non dignam habere, aut aliqua clade accepta amicos in perniciem secum trahere. (2) Quod si quis lubens creatus imperator vos ad hanc navalem expeditionem hortatur, suarum tantum rerum rationem habens, praesertim si minore adhuc aetate sit quam pro imperio, ut et admirationi sit propter sumptus, quos in alendis equis facit, et propter magnitudinem sumptuum aliquem etiam fructum ex hoc imperio percipiat, ne huic quidem permittatis, ut reipublicae periculo privatim se magnificum ostentet, sed existimate, hujusmodi cives rem quidem publicam laedere, rem vero privatam absumere, et hoc negotium arduum esse, nec de quo adolescens consultare, quodque strenue tractare possit.

XIII. « Quamobrem ego quoniam video nunc hic eidem viro adhortatores assidere, metus mihi incedit, et vicissim ipse quoque seniores adhortor, ne, si cui eorum ex illis aliquis assidet, pudore contineatur, ne scilicet videatur ignavus esse, nisi bellum suo suffragio comprobarit, et ne , quo quidem morbo illi laboraverint, infausto amore absentia amplectantur, hoc intelligentes, cupiditate quidem res paucissimas, providentia vero plurimas feliciter geri, sed pro patria, quae maximum omnium superiorum periculum capessit, sententiam ferant, ac decernant, ut Sicilienses quidem iisdem quibus nunc finibus utentes, non illis poenitendis, Ionico sinu, si quis navigando terram legat, et Siculo, si quis per altum feratur, sua possidentes res item suas inter se componant; (2) Egestaeis autem ut separatim re-

Ἐγεσταίοις ἰδίᾳ εἰπεῖν, ἐπειδὴ ἄνευ Ἀθηναίων καὶ ξυνῆψαν πρὸς Σελινουντίους τὸ πρῶτον πόλεμον, μετὰ σφῶν αὐτῶν καὶ καταλύεσθαι· καὶ τὸ λοιπὸν ξυμμάχους μὴ ποιεῖσθαι ὥσπερ εἰώθαμεν, οἷς κακῶς μὲν πράξασιν ἀμυνοῦμεν, ὠφελίας δ᾽ αὐτοὶ δεηθέντες οὐ τευξόμεθα.

XIV. « Καὶ σὺ ὦ πρύτανι ταῦτα, εἴπερ ἡγεῖ σοι προσήκειν κήδεσθαί τε τῆς πόλεως καὶ βούλει γενέσθαι πολίτης ἀγαθός, ἐπιψήφιζε, καὶ γνώμας προτίθει αὖθις Ἀθηναίοις, νομίσας, εἰ ὀρρωδεῖς τὸ ἀναψηφίσαι, τὸ μὲν λύειν τοὺς νόμους μὴ μετὰ τοσῶνδ᾽ ἂν μαρτύρων αἰτίαν σχεῖν, τῆς δὲ πόλεως βουλευσαμένης ἰατρὸς ἂν γενέσθαι, καὶ τὸ καλῶς ἄρξαι τοῦτ᾽ εἶναι, ὃς ἂν τὴν πατρίδα ὠφελήσῃ ὡς πλεῖστα ἢ ἑκὼν εἶναι μηδὲν βλάψῃ. »

XV. Ὁ μὲν Νικίας τοιαῦτα εἶπεν, τῶν δὲ Ἀθηναίων παριόντες οἱ μὲν πλεῖστοι στρατεύειν παρῄνουν καὶ τὰ ἐψηφισμένα μὴ λύειν, οἱ δέ τινες καὶ ἀντέλεγον. (2) Ἐνῆγε δὲ προθυμότατα τὴν στρατείαν Ἀλκιβιάδης ὁ Κλεινίου, βουλόμενος τῷ τε Νικίᾳ ἐναντιοῦσθαι, ὧν καὶ ἐς τἆλλα διάφορος τὰ πολιτικὰ καὶ ὅτι αὐτοῦ διαβόλως ἐμνήσθη, καὶ μάλιστα στρατηγῆσαί τε ἐπιθυμῶν καὶ ἐλπίζων Σικελίαν τε δι᾽ αὐτοῦ καὶ Καρχηδόνα λήψεσθαι καὶ τὰ ἴδια ἅμα εὐτυχήσας χρήμασί τε καὶ δόξῃ ὠφελήσειν. (3) Ὢν γὰρ ἐν ἀξιώματι ὑπὸ τῶν ἀστῶν, ταῖς ἐπιθυμίαις μείζοσιν ἢ κατὰ τὴν ὑπάρχουσαν οὐσίαν ἐχρῆτο ἔς τε τὰς ἱπποτροφίας καὶ τὰς ἄλλας δαπάνας· ὅπερ καὶ καθεῖλεν ὕστερον τὴν τῶν Ἀθηναίων πόλιν οὐχ ἥκιστα. (4) Φοβηθέντες γὰρ αὐτοῦ οἱ πολλοὶ τὸ μέγεθος τῆς τε κατὰ τὸ ἑαυτοῦ σῶμα παρανομίας ἐς τὴν δίαιταν, καὶ τῆς διανοίας ὧν καθ᾽ ἓν ἕκαστον ἐν ὅτῳ γίγνοιτο ἔπρασσεν, ὡς τυραννίδος ἐπιθυμοῦντι πολέμιοι καθέστασαν, καὶ δημοσίᾳ κράτιστα διαθέντι τὰ τοῦ πολέμου ἰδίᾳ ἕκαστοι τοῖς ἐπιτηδεύμασιν αὐτοῦ ἀχθεσθέντες, καὶ ἄλλοις ἐπιτρέψαντες, οὐ διὰ μακροῦ ἔσφηλαν τὴν πόλιν. (5) Τότε δ᾽ οὖν παρελθὼν τοῖς Ἀθηναίοις παρῄνει τοιάδε.

XVI. « Καὶ προσήκει μοι μᾶλλον ἑτέρων ὦ Ἀθηναῖοι ἄρχειν (ἀνάγκη γὰρ ἐντεῦθεν ἄρξασθαι, ἐπειδή μου Νικίας καθήψατο), καὶ ἄξιος ἅμα νομίζω εἶναι. Ὧν γὰρ πέρι ἐπιβόητός εἰμι, τοῖς μὲν προγόνοις μου καὶ ἐμοὶ δόξαν φέρει ταῦτα, τῇ δὲ πατρίδι καὶ ὠφελίαν. (2) Οἱ γὰρ Ἕλληνες καὶ ὑπὲρ δύναμιν μείζω ἡμῶν τὴν πόλιν ἐνόμισαν τῷ ἐμῷ διαπρεπεῖ τῆς Ὀλυμπίαζε θεωρίας, πρότερον ἐλπίζοντες αὐτὴν καταπεπολεμῆσθαι, διότι ἅρματα μὲν ἑπτὰ καθῆκα, ὅσα οὐδείς πω ἰδιώτης πρότερον, ἐνίκησα δὲ καὶ δεύτερος καὶ τέταρτος ἐγενόμην, καὶ τἆλλα ἀξίως τῆς νίκης παρεσκευασάμην. Νόμῳ μὲν γὰρ τιμὴ τὰ τοιαῦτα, ἐκ δὲ τοῦ δρωμένου καὶ δύναμις ἅμα ὑπονοεῖται. (3) Καὶ ὅσα αὖ ἐν τῇ πόλει χορηγίαις ἢ ἄλλῳ τῳ λαμπρύνομαι, τοῖς μὲν ἀστοῖς φθονεῖται φύσει, πρὸς δὲ τοὺς ξένους καὶ αὕτη ἰσχὺς φαίνεται. Καὶ οὐκ ἄχρηστος ἡ διάνοια, ὃς ἂν τοῖς ἰδίοις τέλεσι μὴ ἑαυτὸν μόνον ἀλλὰ

spondeamus, ut, quandoquidem sine Atheniensibus primum bellum contra Selinuntios susceperunt, id etiam per se ipsos deponant; nec posthac societatem quemadmodum consuevimus, cum iis faciamus, quibus calamitate quidem pressis auxilium feramus, sed si ipsi auxilio indigeamus, impetraturi non simus.

IV. « Tu vero, prytani, si modo ad munus tuum pertinere ducis, reipublicae aliquam curam habere, et si bonum te civem praestare vis, de his, quae dixi, ad populum refer et Athenienses iterum sententias roga, persuasum habens, si sententias iterum rogare reformidas, tibi, siquidem leges solvas, in tanta testium frequentia rem istam crimini datum non iri, sed te civitatis, quae malum consilium ceperit, medicum fore, atque id demum esse recte magistratu fungi, si quis patriam quam plurimis beneficiis affecerit, aut saltem, quantum in se est, nullum detrimentum ei attulerit. »

XV. Nicias quidem haec verba fecit. Atheniensium vero plerique in medium progressi expeditionem suscipiendam censebant, nec ea rescindenda, quae decreta essent, nonnulli vero etiam contradicebant. (2) Summo autem studio urgebat expeditionem Alcibiades Cliniae filius, Niciae adversari cupiens, quum quidem ei etiam ceteris in rebus ad reipublicae administrationem pertinentibus adversarius esset, et quod Nicias sui mentionem criminose fecisset, et praecipue, quia imperator esse cupiebat, et se, si imperium gereret, Siciliam atque Carthaginem capturum sperabat; et simul se si rem feliciter gessisset, rem privatam et pecunia et gloria amplificaturum. (3) Quum enim auctoritate inter urbanos emineret, majora appetebat, quam ferre possent ejus facultates, quum in alendis equis, tum in aliis sumptibus, id quod etiam postea rempublicam Atheniensium evertit. (4) Multi enim metuentes eum propter corporis cultum, victusque lautitiam, qua praeter modum et praeter patrium institutum utebatur, et propter animi magnitudinem in singulis rebus, quascunque gerendas suscepisset, ei ut tyrannidem affectanti inimici fiebant, et quum publice res bellicas praeclarissime administrasset, privatim tamen singuli studiis ejus infensi, aliisque rerum administratione commissa, non multo post rempublicam everterunt. (5) Tunc igitur Alcibiades in medium progressus, haec Atheniensibus suadebat.

XVI. « Et pertinet ad me magis quam ad ceteros, viri Athenienses, ut imperium geram (hinc enim me dicendi initium facere necesse est, quia Nicias me perstrinxit), et simul me dignum eo esse censeo. Nam propter quae in voculas hominum incurri, majoribus quidem meis et mihi ipsi ea gloriam afferunt, patriae vero etiam utilitatem. (2) Graeci enim rempublicam nostram vel longe potentiorem quam pro facultate esse judicarunt propter insignem meum pompae Olympicae splendorem, quum antea sperarent eam debellatam esse, quia septem currus dimisi, quot nullus privatus unquam ante, et victor exstiti, et secunda et quarta praemia tuli, et cetera apparavi pro victoriae dignitate. Haec enim et legitimum habent honorem, et ex iis, quae fiunt, simul etiam potentia suspicione praecipitur. (3) Reliquus etiam meus domesticus splendor in publicis muneribus aliisve rebus, apud urbanos quidem invidiam natura parit, sed apud hospites et hoc robur habetur. Neque vero inutile est hoc hominis institutum, si quis suis sumptibus non solum de se ipso, sed etiam de sua patria bene mereatur.

καὶ τὴν πόλιν ὠφελῇ. (4) Οὐδέ γε ἄδικον ἐφ' ἑαυτῷ μέγα φρονοῦντα μὴ ἴσον εἶναι, ἐπεὶ καὶ ὁ κακῶς πράσσων πρὸς οὐδένα τῆς ξυμφορᾶς ἰσομοιρεῖ· ἀλλ' ὥσπερ δυστυχοῦντες οὐ προσαγορευόμεθα, ἐν τῷ ὁμοίῳ τις ἀνεχέσθω καὶ ὑπὸ τῶν εὐπραγούντων ὑπερφρονούμενος, ἢ τὰ ἴσα νέμων τὰ ὁμοῖα ἀνταξιούτω. (5) Οἶδα δὲ τοὺς τοιούτους, καὶ ὅσοι ἔν τινος λαμπρότητι προέσχον, ἐν μὲν τῷ κατ' αὐτοὺς βίῳ λυπηροὺς ὄντας, τοῖς ὁμοίοις μὲν μάλιστα, ἔπειτα δὲ καὶ τοῖς ἄλλοις ξυνόντας, τῶν δὲ ἔπειτα ἀνθρώπων προσποίησίν τε ξυγγενείας τισὶ καὶ μὴ οὖσαν καταλιπόντας, καὶ ἧς ἂν ὦσι πατρίδος, ταύτῃ αὔχησιν ὡς οὐ περὶ ἀλλοτρίων οὐδ' ἁμαρτόντων, ἀλλ' ὡς περὶ σφετέρων τε καὶ καλὰ πραξάντων. (6) Ὧν ἐγὼ ὀρεγόμενος, καὶ διὰ ταῦτα τὰ ἴδια ἐπιβοώμενος, τὰ δημόσια σκοπεῖτε εἴ του χεῖρον μεταχειρίζω. Πελοποννήσου γὰρ τὰ δυνατώτατα ξυστήσας ἄνευ μεγάλου ὑμῖν κινδύνου καὶ δαπάνης Λακεδαιμονίους ἐς μίαν ἡμέραν κατέστησα ἐν Μαντινείᾳ περὶ τῶν ἁπάντων ἀγωνίσασθαι· ἐξ οὗ καὶ περιγενόμενοι τῇ μάχῃ οὐδέπω καὶ νῦν βεβαίως θαρσοῦσιν.

XVII. « Καὶ ταῦτα ἡ ἐμὴ νεότης καὶ ἄνοια παρὰ φύσιν δοκοῦσα εἶναι ἐς τὴν Πελοποννησίων δύναμιν λόγοις τε πρέπουσιν ὡμίλησε καὶ ὀργῇ πίστιν παρασχομένη ἔπεισεν. Καὶ νῦν μὴ πεφόβησθε αὐτήν, ἀλλ' ἕως ἐγώ τε ἔτι ἀκμάζω μετ' αὐτῆς καὶ ὁ Νικίας εὐτυχὴς δοκεῖ εἶναι, ἀποχρήσασθε τῇ ἑκατέρου ἡμῶν ὠφελίᾳ. (2) Καὶ τὸν ἐς τὴν Σικελίαν πλοῦν μὴ μεταγιγνώσκετε ὡς ἐπὶ μεγάλην δύναμιν ἐσόμενον. Ὄχλοις τε γὰρ ξυμμίκτοις πολυανδροῦσιν αἱ πόλεις, καὶ ῥᾳδίας ἔχουσι τῶν πολιτειῶν τὰς μεταβολὰς καὶ ἐπιδοχάς. (3) Καὶ οὐδεὶς δι' αὐτὸ ὡς περὶ οἰκείας πατρίδος οὔτε τὰ περὶ τὸ σῶμα ὅπλοις ἐξήρτυται οὔτε τὰ ἐν τῇ χώρᾳ νομίμοις κατασκευαῖς· ὅ τι δὲ ἕκαστος ἢ ἐκ τοῦ λέγων πείθειν οἴεται ἢ στασιάζων ἀπὸ τοῦ κοινοῦ λαβὼν ἄλλην γῆν, μὴ κατορθώσας, οἰκήσειν, ταῦτα ἑτοιμάζεται. (4) Καὶ οὐκ εἰκὸς τὸν τοιοῦτον ὅμιλον οὔτε λόγου μιᾷ γνώμῃ ἀκροᾶσθαι οὔτε ἐς τὰ ἔργα κοινῶς τρέπεσθαι· ταχὺ δ'. ἂν ὡς ἕκαστοι, εἴ τι καθ' ἡδονὴν λέγοιτο, προσχωροῖεν, ἄλλως τε καὶ εἰ στασιάζουσιν, ὥσπερ πυνθανόμεθα. (5) Καὶ μὴν οὐδ' ὁπλῖται οὔτ' ἐκείνοις ὅσοιπερ κομποῦνται, οὔτε οἱ ἄλλοι Ἕλληνες διεφάνησαν τοσοῦτοι ὄντες ὅσοι ἕκαστοι σφᾶς αὐτοὺς ἠρίθμουν, ἀλλὰ μέγιστον δὴ αὐτοὺς ἐψευσμένη ἡ Ἑλλὰς μόλις ἐν τῷδε τῷ πολέμῳ ἱκανῶς ὡπλίσθη. (6) Τά τε οὖν ἐκεῖ, ἐξ ὧν ἐγὼ ἀκοῇ αἰσθάνομαι, τοιαῦτα καὶ ἔτι εὐπορώτερα ἔσται· βαρβάρους [τε] γὰρ πολλοὺς ἕξομεν οἳ Συρακοσίων μίσει ξυνεπιθήσονται αὐτοῖς· καὶ τὰ ἐνθάδε οὐκ ἐπικωλύσει, ἢν ὑμεῖς ὀρθῶς βουλεύησθε. (7) Οἱ γὰρ πατέρες ἡμῶν τοὺς αὐτοὺς τούτους οὕσπερ νῦν φασι πολεμίους ὑπολείποντας ἂν ἡμᾶς πλεῖν καὶ προσέτι τὸν Μῆδον ἐχθρὸν ἔχοντες τὴν ἀρχὴν ἐκτήσαντο, οὐκ ἄλλῳ τινὶ ἢ τῇ περιουσίᾳ τοῦ ναυτικοῦ ἰσχύοντες. (8) Καὶ νῦν οὔτε ἀνέλπιστοί πω μᾶλλον Πελοποννήσιοι ἐς ἡμᾶς ἐγένοντο, εἴ τε καὶ πάνυ ἔρρων-

(4) Neque etiam iniquum est, si quis de se ipso magnifice sentiens ceteris par esse nolit, siquidem et is, qui premitur adversa fortuna, nullum habet suæ calamitatis socium; sed quemadmodum quum calamitatibus premimur, ne salutamur quidem, sic etiam patiatur aliquis, a fortunatis viris se contemni, aut idem aliis tribuens idem ab illis repetat. (5) Scio autem hujusmodi homines et alios, quotquot in alicujus rei splendore antecellunt, inter æquales quidem suos invidia premi, præcipue quidem a paribus, deinde vero et ab aliis, quibuscum versantur, posterorum vero aliquibus studium hoc reliquisse, ut eorum cognationem sibi vindicent, licet ea nulla esset, et patriæ, unde sunt oriundi, gloriationem, non quasi de alienigenis aut iis, qui flagitiose vixerint, sed ut de suis, et qui res præclaras gesserint. (6) Quarum rerum quum ego sim desiderio captus ideoque incurrerim propter res meas privatas in hominum voculas, videte jam res publicas num deterius ullo alio administrem. Quum enim potentissimas Peloponnesi civitates inter se conjunxissem sine magno aut periculo aut sumptu vestro, Lacedæmonios uno die de summa rerum ad Mantineam decernere coegi; ex quo licet victores pugna discesserint, tamen ne nunc quidem suis rebus plane confidunt.

XVII. « Atque has res mea juventus et amentia, quæ præter naturam videtur esse, apud potentissimas Peloponnesiorum civitates verbis decentibus usa transegit, et animi impetu fidem faciens persuasit. Atque nunc quoque nolite eam extimescere, sed quamdiu ego cum ea floreo, et Nicias felix videtur esse, utriusque nostrum utilitate abutamini. (2) Neque sententiam de expeditione in Siciliam facienda revocetis, quasi adversus magnam potentiam sit futura. Nam urbes varia advenarum colluvie sunt frequentes, et suum statum facile mutant et alium recipiunt. (3) Atque hac ipsa de causa nemo inter illos tanquam pro sua patria aut armis ad suum corpus protegendum est instructus, aut in ipsa regione justis apparatibus; sed quicquid unusquisque sperat, se vel verbis persuadendo vel seditione a se excitata ex ærario rapturum, ut eo, si domi male rem gesserit, alibi sedes ponat, hoc sibi comparat. (4) Neque verisimile est hujusmodi turbam aut unanimi consensu orationem audire, aut communiter ad res gerendas se convertere; sed celeriter pro se quique, si quid dicatur, quod iis sit gratum, se nobis dedent, præsertim si seditione laborant, quemadmodum audimus. (5) Quinetiam ne milites quidem gravis armaturæ neque illis tot sunt, quot prædicantur, neque etiam ceteros Græcos tot esse apparuit, quot se quique ipsi numerabant, sed quum maximo de iis mendacio decepta esset Græcia, vix tandem in hoc bello justum militum numerum comparavit. (6) Itaque et illic rerum status, quantum ego sentio ex iis, quæ audivi, talis atque facilior etiam erit; nam [et] barbaros multos habebimus, qui propter odium, quo Syracusanos prosequuntur, nobiscum eos invadent; et hic rerum domesticarum status non impediet, si vos recte consultaritis. (7) Nam majores nostri, quamvis hos ipsos hostes, quibus nos hic nunc relictis navigare prædicant, et præterea Medos hostes haberent, tamen imperium comparaverunt, nulla alia re quam magnitudine classis pollentes. (8) Et pro præsenti rerum statu Peloponnesii neque unquam ante minus spei

ται, τὸ μὲν ἐς τὴν γῆν ἡμῶν ἐσβάλλειν, κἂν μὴ ἐκπλεύσωμεν, ἱκανοί εἰσιν, τῷ δὲ ναυτικῷ οὐκ ἂν δύναιντο βλάπτειν· ὑπόλοιπον γὰρ ἡμῖν ἐστὶν ἀντίπαλον ναυτικόν.

XVIII. « Ὥστε τί ἂν λέγοντες εἰκὸς ἢ αὐτοὶ ἀποκνοῖμεν ἢ πρὸς τοὺς ἐκεῖ ξυμμάχους σκηπτόμενοι μὴ βοηθοῖμεν; οἷς χρεών, ἐπειδή γε καὶ ξυνωμόσαμεν, ἐπαμύνειν, καὶ μὴ ἀντιτιθέναι ὅτι οὐδὲ ἐκεῖνοι ἡμῖν. Οὐ γὰρ ἵνα δεῦρο ἀντιβοηθῶσι προσεθέμεθα αὐτούς, ἀλλ' ἵνα τοῖς ἐκεῖ ἐχθροῖς ἡμῶν λυπηροὶ ὄντες δεῦρο κωλύωσιν αὐτοὺς ἐπιέναι. (2) Τήν τε ἀρχὴν οὕτως ἐκτησάμεθα καὶ ἡμεῖς καὶ ὅσοι δὴ ἄλλοι ἦρξαν, παραγιγνόμενοι προθύμως τοῖς ἀεὶ ἢ βαρβάροις ἢ Ἕλλησιν ἐπικαλουμένοις, ἐπεὶ εἴγε ἡσυχάζοιεν πάντες ἢ φυλοκρινοῖεν οἷς χρεὼν βοηθεῖν, βραχὺ ἄν τι προσκτώμενοι αὐτῇ περὶ αὐτῆς ἂν ταύτης μᾶλλον κινδυνεύοιμεν. Τὸν γὰρ προύχοντα οὐ μόνον ἐπιόντα τις ἀμύνεται, ἀλλὰ καὶ μὴ ὅπως ἔπεισι προκαταλαμβάνει. (3) Καὶ οὐκ ἔστιν ἡμῖν ταμιεύεσθαι ἐς ὅσον βουλόμεθα ἄρχειν, ἀλλ' ἀνάγκη, ἐπειδήπερ ἐν τῷδε καθέσταμεν, τοῖς μὲν ἐπιβουλεύειν τοὺς δὲ μὴ ἀνιέναι, διὰ τὸ ἀρχθῆναι ἂν ὑφ' ἑτέρων αὐτοῖς κίνδυνον εἶναι, εἰ μὴ αὐτοὶ ἄλλων ἄρχοιμεν. Καὶ οὐκ ἐκ τοῦ αὐτοῦ ἐπισκεπτέον ὑμῖν τοῖς ἄλλοις τὸ ἥσυχον, εἰ μὴ καὶ τὰ ἐπιτηδεύματα ἐς τὸ ὁμοῖον μεταλήψεσθε. (4) Λογισάμενοι οὖν τάδε μᾶλλον αὐξήσειν, ἐπ' ἐκεῖνα ἢν ἴωμεν, ποιώμεθα τὸν πλοῦν, ἵνα Πελοποννησίων τε στορέσωμεν τὸ φρόνημα, εἰ δόξομεν ὑπεριδόντες τὴν ἐν τῷ παρόντι ἡσυχίαν καὶ ἐπὶ Σικελίαν πλεῦσαι· καὶ ἅμα ἢ τῆς Ἑλλάδος τῶν ἐκεῖ προσγενομένων πάσης τῷ εἰκότι ἄρξομεν, ἢ κακώσομέν γε Συρακοσίους, ἐν ᾧ καὶ αὐτοὶ καὶ οἱ ξύμμαχοι ὠφελησόμεθα. (5) Τὸ δὲ ἀσφαλές, καὶ μένειν, ἤν τι προσχωρῇ, καὶ ἀπελθεῖν, αἱ νῆες παρέξουσιν· ναυκράτορες γὰρ ἐσόμεθα καὶ ξυμπάντων Σικελιωτῶν. (6) Καὶ μὴ ὑμᾶς ἡ Νικίου τῶν λόγων ἀπραγμοσύνη καὶ διάστασις τοῖς νέοις ἐς τοὺς πρεσβυτέρους ἀποστρέψῃ, τῷ δὲ εἰωθότι κόσμῳ, ὥσπερ καὶ οἱ πατέρες ἡμῶν ἅμα νέοι γεραιτέροις βουλεύοντες ἐς τάδε ἦραν αὐτά, καὶ νῦν τῷ αὐτῷ τρόπῳ πειρᾶσθε προαγαγεῖν τὴν πόλιν, καὶ νομίσατε νεότητα μὲν καὶ γῆρας ἄνευ ἀλλήλων μηδὲν δύνασθαι, ὁμοῦ δὲ τό τε φαῦλον καὶ τὸ μέσον καὶ τὸ πάνυ ἀκριβὲς ἂν ξυγκραθὲν μάλιστ' ἂν ἰσχύειν, καὶ τὴν πόλιν, ἂν μὲν ἡσυχάζῃ, τρίψεσθαί τε αὐτὴν περὶ αὑτὴν ὥσπερ καὶ ἄλλο τι, καὶ πάντων τὴν ἐπιστήμην ἐγγηράσεσθαι, ἀγωνιζομένην δὲ ἀεὶ προσλήψεσθαί τε τὴν ἐμπειρίαν καὶ τὸ ἀμύνεσθαι οὐ λόγῳ ἀλλ' ἔργῳ μᾶλλον ξύνηθες ἕξειν. (7) Παράπαν τε γιγνώσκω πόλιν μὴ ἀπράγμονα τάχιστ' ἄν μοι δοκεῖν ἀπραγμοσύνης μεταβολῇ διαφθαρῆναι, καὶ τῶν ἀνθρώπων ἀσφαλέστατα τούτους οἰκεῖν οἳ ἂν τοῖς παροῦσιν ἤθεσι καὶ νόμοις, ἢν καὶ χείρω ᾖ, ἥκιστα διαφόρως πολιτεύωσιν. »

XIX. Τοιαῦτα μὲν ὁ Ἀλκιβιάδης εἶπεν· οἱ δ' Ἀθηναῖοι ἀκούσαντες ἐκείνου τε καὶ τῶν Ἐγεσταίων καὶ Λεοντίνων φυγάδων, οἳ παρελθόντες ἐδέοντό τε καὶ τῶν

de nobis superandis habuerunt, et, si vel maxime animos sumpserint, terra quidem irruptionem in agrum nostrum facere, etiam si hanc navalem expeditionem non susceperimus, tamen possunt, classe autem nihil nobis nocere queant; reliqua enim nobis est classis quæ illis par sit.

XVIII. « Quid igitur rationi consentaneum reputantes aut nos ipsi tergiversemur aut quid prætendentes sociis, qui illic sunt, non succurramus? quibus, quandoquidem vel jurejurando interposito societatem fecimus, opem ferre oportet, nec objicere, quod ne illi quidem nobis opem ferant. Neque enim eos nobis adjunximus, ut huc vicissim opem nobis ferant, sed ut hostibus, quos illic habemus, negotium facessentes, eos impediant, ne contra nos huc veniant. (2) Sic enim imperium paravimus et nos et quotquot alii rerum potiti sunt, impigre succurrendo semper iis, qui nostrum auxilium implorarent, sive barbaris sive Græcis, quoniam si omnes quiescant, aut gentium delectum habeant, quibus auxilium sit ferendum, exiguum quoddam incrementum imperio nostro adjungentes de hoc ipso potius periclitabimur. Eum enim, qui præpotens est, non solum contra se venientem propulsare solent, sed etiam antevertere, ne contra veniat. (3) Neque nobis licet ratione deducta imperium habere in quantum volumus, sed necessitas cogit, quando in hoc loco constituti sumus, aliis insidiari, alios non missos facere, quod periculum nobis ipsis immineat, ne aliorum imperio pareamus, nisi ipsi aliis imperemus. Neque eodem modo nobis, quo ceteris, ratio quietis est habenda, nisi etiam studia vestra in illorum similitudinem commutabitis. (4) Considerantes igitur fore ut has res magis augeamus, si ad illas proficiscamur, hanc expeditionem suscipiamus, ut Peloponnesiorum spiritus deprimamus, si contempta videbimur præsenti quiete in Siciliam etiam trajicere; et simul etiam aut Græciæ totius, ut probabile est, imperium obtinebimus, rebus illis in nostram potestatem redactis, aut saltem malo Syracusanos afficiemus, unde et nos ipsi et socii utilitatem percipiemus. (5) Tuto autem et manendi, si quis se nobis dedat, et abeundi facultatem naves præstabunt; maris enim imperium etiam in universos Sicilienses obtinebimus. (6) Neque vero Niciæ oratio, quæ quietem vobis suadet, et dissidium inter juvenes et senes excitat, vos avertat, sed consueto ordine quemadmodum et majores nostri res in hunc statum extulerunt, dum juniores una cum senioribus consultant, nunc etiam eadem ratione rempublicam amplificare conemini, et existimetis, juventutem ac senectutem, alteram sine altera, nihil posse, sed si nequior ætas et media et maxime circumspecta sint simul permixtæ, maximas iis vires esse, et rempublicam, si quiescat, ipsam per se attritum iri, ut alias res, et futurum, ut omnium disciplina consenescat, sed si bella gerat, peritiam sibi semper adjuncturam, et usum adepturam, quo non verbis, sed factis potius se tueri possit. (7) In summa ita sentio, civitatem negotiosam, si negotium cum otio commutet, meo judicio confestim everti, et illos homines tutissime degere vitam, qui præsentibus institutis legibusque, quamvis sint deteriores, in civitatibus minime discordes vivunt. »

IX. Atque Alcibiades quidem hæc dixit; Athenienses vero, quum audissent et illum et Egestæos et Leontinos exsules, qui in medium progressi orabant, et fœderis jusjurandum

ὁρκίων ὑπομιμνήσκοντες ἱκέτευον βοηθῆσαι σφίσι, πολλῷ μᾶλλον ἢ πρότερον ὥρμηντο στρατεύειν. (2) Καὶ ὁ Νικίας γνοὺς ὅτι ἀπὸ μὲν τῶν αὐτῶν λόγων οὐκ ἂν ἔτι ἀποτρέψειεν, παρασκευῆς δὲ πλήθει, εἰ πολλὴν ἐπιτάξειεν, τάχ᾽ ἂν μεταστήσειεν αὐτούς, παρελθὼν αὖθις ἔλεγε τοιάδε.

XX. « Ἐπειδὴ πάντως ὁρῶ ὑμᾶς ὦ Ἀθηναῖοι ὡρμημένους στρατεύειν, ξυνενέγκοι μὲν ταῦτα ὡς βουλόμεθα, ἐπὶ δὲ τῷ παρόντι ἃ γιγνώσκω σημανῶ. (2) Ἐπὶ γὰρ πόλεις, ὡς ἐγὼ ἀκοῇ αἰσθάνομαι, μέλλομεν ἰέναι μεγάλας καὶ οὔθ᾽ ὑπηκόους ἀλλήλων οὔτε δεομένας μεταβολῆς, ᾗ ἂν ἐκ βιαίου τις δουλείας ἄσμενος ἐς ῥᾴω μετάστασιν χωροίη, οὐδ᾽ ἂν τὴν ἀρχὴν τὴν ἡμετέραν εἰκότως ἀντ᾽ ἐλευθερίας προσδεξαμένας, τό τε πλῆθος ὡς ἐν μιᾷ νήσῳ πολλὰς τὰς Ἑλληνίδας. (3) Πλὴν γὰρ Νάξου καὶ Κατάνης, ἃς ἐλπίζω ἡμῖν κατὰ τὸ Λεοντίνων ξυγγενὲς προσέσεσθαι, ἄλλαι εἰσὶν ἑπτά, καὶ παρεσκευασμέναι τοῖς πᾶσιν ὁμοιοτρόπως μάλιστα τῇ ἡμετέρᾳ δυνάμει, καὶ οὐχ ἥκιστα ἐπὶ ἃς μᾶλλον πλέομεν, Σελινοῦς καὶ Συρακούσαι. (4) Πολλοὶ μὲν γὰρ ὁπλῖται ἔνεισι καὶ τοξόται καὶ ἀκοντισταί, πολλαὶ δὲ τριήρεις καὶ ὄχλος ὁ πληρώσων αὐτάς. Χρήματά τ᾽ ἔχουσι τὰ μὲν ἴδια, τὰ δὲ καὶ ἐν τοῖς ἱεροῖς ἐστὶ Σελινουντίοις· Συρακοσίοις δὲ καὶ ἀπὸ βαρβάρων τινῶν ἀπαρχὴ ἐσφέρεται. Ὧ δὲ μάλιστα ἡμῶν προέχουσιν, ἵππους τε πολλοὺς κέκτηνται καὶ σίτῳ οἰκείῳ καὶ οὐκ ἐπακτῷ χρῶνται.

XXI. « Πρὸς οὖν τοιαύτην δύναμιν οὐ ναυτικῆς καὶ φαύλου στρατιᾶς μόνον δεῖ, ἀλλὰ καὶ πεζὸν πολὺν ξυμπλεῖν, εἴπερ βουλόμεθα ἄξιον τῆς διανοίας δρᾶν καὶ μὴ ὑπὸ ἱππέων πολλῶν εἴργεσθαι τῆς γῆς, ἄλλως τε καὶ εἰ ξυστῶσιν αἱ πόλεις φοβηθεῖσαι, καὶ μὴ ἀντιπαράσχωσιν ἡμῖν φίλοι τινὲς γενόμενοι, ἄλλοι ἢ Ἐγεσταῖοι, ᾧ ἀμυνούμεθα ἱππικόν. (2) Αἰσχρὸν δὲ βιασθέντας ἀπελθεῖν ἢ ὕστερον ἐπιμεταπέμπεσθαι, τὸ πρῶτον ἀσκέπτως βουλευσαμένους· αὐτόθεν δὲ παρασκευῇ ἀξιόχρεῳ ἐπιέναι, γνόντας ὅτι πολύ τε ἀπὸ τῆς ἡμετέρας αὐτῶν μέλλομεν πλεῖν καὶ οὐκ ἐν τῷ ὁμοίῳ στρατευσόμενοι καὶ [οὐκ] ἐν τοῖς τῇδε ὑπηκόοις ξύμμαχοι ἤλθετε ἐπί τινα, ὅθεν ῥᾴδιαι αἱ κομιδαὶ ἐκ τῆς φιλίας ὧν προσέδει, ἀλλ᾽ ἐς ἀλλοτρίαν πᾶσαν ἀπαρτήσαντες, ἐξ ἧς μηνῶν οὐδὲ τεσσάρων τῶν χειμερινῶν ἄγγελον ῥᾴδιον ἐλθεῖν.

XXII. « Ὁπλίτας τε οὖν πολλούς μοι δοκεῖ χρῆναι ἡμᾶς ἄγειν καὶ ἡμῶν αὐτῶν καὶ τῶν ξυμμάχων, τῶν τε ὑπηκόων καὶ ἤν τινα ἐκ Πελοποννήσου δυνώμεθα ἢ πεῖσαι ἢ μισθῷ προσαγαγέσθαι, καὶ τοξότας πολλοὺς καὶ σφενδονήτας, ὅπως πρὸς τὸ ἐκείνων ἱππικὸν ἀντέχωσιν, ναυσί τε καὶ πολὺ περιεῖναι, ἵνα καὶ τὰ ἐπιτήδεια ῥᾷον ἐσκομιζώμεθα, τὸν δὲ καὶ αὐτόθεν σῖτον ἐν ὁλκάσι, πυροὺς καὶ πεφρυγμένας κριθάς, ἄγειν, καὶ σιτοποιοὺς ἐκ τῶν μυλώνων πρὸς μέρος ἠναγκασμένους ἐμμίσθους, ἵνα ἤν που ὑπὸ ἀπλοίας ἀπολαμβανώμεθα ἔχῃ ἡ στρατιὰ τὰ ἐπιτήδεια (πολλὴ γὰρ οὖσα οὐ πάσης ἔσται

XX. « Quoniam vos ad hanc militiam obeundam, Athenienses, prorsus animatos video, eveniant hæc, ut cupimus; in præsentia tamen quæ sentiam, exponam. (2) Etenim adversus civitates, quantum ego audiendo didici, magnas ituri sumus, quæ neque aliarum imperio parent, neque mutationem desiderant, qua quis ex dura servitute in meliorem rerum statum lubens transeat, et quas non verisimile est suam libertatem cum nostro imperio esse commutaturas, et quæ, ut in una insula, sunt numero multæ eæque Græcæ civitates. (3) Nam præter Naxum et Catanam, quas propter Leontinorum cognationem ad nos spero transituras, aliæ sunt septem, quæ rebus omnibus sunt instructæ prorsus eodem modo, quo noster exercitus, et præcipue illæ, adversus quas potissimum tendimus, Selinus et Syracusæ. (4) Nam in iis sunt et multi gravis armaturæ milites et sagittarii et jaculatores, et multæ triremes, et hominum multitudo illas impletura. Habent etiam pecuniam partim privatam, partim ea etiam in templis est Seliauntiis; Syracusanis vero etiam tributum a nonnullis barbaris penditur. At quo nobis præcipue præstant, magnam equorum copiam habent, et frumento domi nato, nec importato utuntur.

XXI. « Adversus igitur talem potentiam non solum navalibus et infirmis copiis est opus, sed etiam multum terrestrem exercitum nobiscum navigare oportet, si modo aliquid cogitatis dignum agere volumus, nec a magno equitatu terra prohiberi, præsertim si civitates nostri metu conspirent, nec ulli alii, quam Egestæi, amici nobis facti, equitatum, quo hostibus resistamus, vicissim suppeditent. (2) Turpe autem est, nos vi repulsos discedere, aut postea novas copias arcessere, quod primo consilium prudens non inierimus; sed ex hoc ipso loco oportet nos cum firmissimo apparatu bellum illis inferre, reputato, et procul a finibus nostris nos esse navigaturos, neque bellum gesturos eodem modo, quo in regionibus hic nobis parentibus socii aliquem bello petivistis, ubi facilis subvectio eorum, quibus opus erat, ut ex agro sociali, sed in terram digressos totam alienam, unde quatuor hibernorum mensium spatio ne nuntius quidem huc facile venire possit.

XXII. « Ego igitur censeo, oportere nobiscum ducere multos gravis armaturæ milites quum ex nostris civibus tum ex sociis, tum etiam ex iis, qui nostro imperio parent, et si quem e Peloponneso aut verbis aut mercede nobis adjungere possumus, et præterea multos sagittarios et funditores, ut illorum equitatui resistant; navium vero numero etiam longe nos superiores esse, ut res ad victum necessarias illuc facilius importemus, et frumentum etiam, quod hic paratum est, triticum et hordeum tostum, hinc navibus onerariis eo convehere, et pistores ex pistrinis quibusque pro rata parte, necessitate adhibita, mercede conductos, ut si quo in loco tempestatibus intercepti teneamur, exercitus res ad victum necessarias habeat (qui quum ingens sit,

πόλεως ὑποδέξασθαι), τά τε ἄλλα ὅσον δυνατὸν ἑτοιμάσασθαι, καὶ μὴ ἐπὶ ἑτέροις γίγνεσθαι, μάλιστα δὲ χρήματα αὐτόθεν ὡς πλεῖστα ἔχειν. Τὰ δὲ παρ' Ἐγεσταίων, ἃ λέγεται ἐκεῖ ἑτοῖμα, νομίσατε καὶ λόγῳ ἂν μάλιστα ἑτοῖμα εἶναι.

XXIII. « Ἢν γὰρ αὐτοὶ ἔλθωμεν ἐνθένδε μὴ ἀντίπαλον μόνον παρασκευασάμενοι, πλήν γε πρὸς τὸ μάχιμον αὐτῶν τὸ ὁπλιτικόν, ἀλλὰ καὶ ὑπερβάλλοντες τοῖς πᾶσι, μόλις οὕτως οἷοί τε ἐσόμεθα τῶν μὲν κρατεῖν τὰ δὲ καὶ διασῶσαι. (2) Πόλιν τε νομίσαι χρὴ ἐν ἀλλοφύλοις καὶ πολεμίοις οἰκιοῦντας ἰέναι, οὓς πρέπει τῇ πρώτῃ ἡμέρᾳ ᾗ ἂν κατάσχωσιν εὐθὺς κρατεῖν τῆς γῆς, ἢ εἰδέναι ὅτι ἢν σφάλλωνται πάντα πολέμια ἕξουσιν. (3) Ὅπερ ἐγὼ φοβούμενος, καὶ εἰδὼς πολλὰ μὲν ἡμᾶς δέον βουλεύσασθαι, ἔτι δὲ πλείω εὐτυχῆσαι (χαλεπὸν δὲ ἀνθρώπους ὄντας), ὅτι ἐλάχιστα τῇ τύχῃ παραδοὺς ἐμαυτὸν βούλομαι ἐκπλεῖν, παρασκευῇ δὲ ἀπὸ τῶν εἰκότων ἀσφαλὴς ἐκπλεῦσαι. (4) Ταῦτα γὰρ τῇ τε ξυμπάσῃ πόλει βεβαιότατα ἡγοῦμαι καὶ ἡμῖν τοῖς στρατευσομένοις σωτήρια. Εἰ δέ τῳ ἄλλως δοκεῖ, παρίημι αὐτῷ τὴν ἀρχήν. »

XXIV. Ὁ μὲν Νικίας τοσαῦτα εἶπε νομίζων τοὺς Ἀθηναίους τῷ πλήθει τῶν πραγμάτων ἢ ἀποτρέψειν, ἢ εἰ ἀναγκάζοιτο στρατεύεσθαι, μάλιστα οὕτως ἀσφαλῶς ἐκπλεύσαι· (2) οἱ δὲ τὸ μὲν ἐπιθυμοῦν τοῦ πλοῦ οὐκ ἐξῃρέθησαν ὑπὸ τοῦ ὀχλώδους τῆς παρασκευῆς, πολὺ δὲ μᾶλλον ὥρμηντο, καὶ τοὐναντίον περιέστη αὐτῷ· εὖ τε γὰρ παραινέσαι ἔδοξε καὶ ἀσφάλεια νῦν δὴ καὶ πολλὴ ἔσεσθαι. (3) Καὶ ἔρως ἐνέπεσε τοῖς πᾶσιν ὁμοίως ἐκπλεῦσαι· τοῖς μὲν γὰρ πρεσβυτέροις ὡς ἢ καταστρεψομένοις ἐφ' ἃ ἔπλεον ἢ οὐδὲν ἂν σφαλεῖσαν μεγάλην δύναμιν, τοῖς δ' ἐν τῇ ἡλικίᾳ τῆς τε ἀπούσης πόθῳ ὄψεως καὶ θεωρίας, καὶ εὐέλπιδες ὄντες σωθήσεσθαι· ὁ δὲ πολὺς ὅμιλος καὶ στρατιώτης ἔν τε τῷ παρόντι ἀργύριον οἴσειν καὶ προσκτήσασθαι δύναμιν ὅθεν ἀίδιον μισθοφορὰν ὑπάρξειν. (4) Ὥστε διὰ τὴν ἄγαν τῶν πλειόνων ἐπιθυμίαν, εἴ τῳ ἄρα καὶ μὴ ἤρεσκεν, δεδιὼς μὴ ἀντιχειροτονῶν κακόνους δόξειεν εἶναι τῇ πόλει ἡσυχίαν ἦγεν.

XXV. Καὶ τέλος παρελθών τις τῶν Ἀθηναίων καὶ παρακαλέσας τὸν Νικίαν οὐκ ἔφη χρῆναι προφασίζεσθαι οὐδὲ διαμέλλειν, ἀλλ' ἐναντίον ἁπάντων ἤδη λέγειν ἥντινα αὐτῷ παρασκευὴν Ἀθηναῖοι ψηφίσωνται. (2) Ὁ δὲ ἄκων μὲν εἶπεν ὅτι καὶ μετὰ τῶν ξυναρχόντων καθ' ἡσυχίαν μᾶλλον βουλεύσοιτο, ὅσα μέντοι ἤδη δοκεῖν αὐτῷ, τριήρεσι μὲν οὐκ ἐλάσσοσιν ἢ ἑκατὸν πλευστέα εἶναι (αὐτῶν δ' Ἀθηναίων ἔσεσθαι ὁπλιταγωγοὺς ὅσαι ἂν δοκῶσιν, καὶ ἄλλας ἐκ τῶν ξυμμάχων μεταπεμπτέας εἶναι), ὁπλίταις δὲ τοῖς ξύμπασιν Ἀθηναίων καὶ τῶν ξυμμάχων πεντακισχιλίων μὲν οὐκ ἐλάσσοσιν, ἢν δέ τι δύνωνται, καὶ πλείοσιν· τὴν δὲ ἄλλην παρασκευὴν ὡς κατὰ λόγον καὶ τοξοτῶν τῶν αὐτόθεν καὶ ἐκ Κρήτης, καὶ σφενδονητῶν, καὶ ἢν τι ἄλλο πρέπον δοκῇ εἶναι, ἑτοιμασάμενοι ἄξειν.

eum non quælibet civitas excipere poterit), ceterasque res pro viribus præparare, neque nostræ salutis præsidium in aliorum auxilio collocare, inprimis vero pecuniam quam plurimam hinc afferre. Nam quæ ab Egestæis prædicatur illic in promptu esse, eam verbo tenus in promptu fore putetis.

XXIII. « Nam si nos hinc discedamus cum exercitu, quem non solum hostili parem præparaverimus, excepto gravis armaturæ robore, quod habent, sed etiam cum eo, qui rebus omnibus longe sit instructior, tamen et sic vix poterimus res partim in potestatem nostram redigere, partim conservare. (2) Et existimandum est proficisci nos ut urbem inter alienigenas et hostes condituros, quos primo die, quo appulerint, confestim agro potiri oportet, aut persuasum habere, si cladem aliquam patiantur, fore, ut omnia habeant hostilia. (3) Quod ego formidans, et compertum habens, oportere nos multa prospicere et plura etiam feliciter gerere (quod arduum est, quia sumus homines), ad hanc expeditionem proficisci volo quam minimum memet fortunæ committens, sed apparatu eo, quo me tutum fore probabile sit. (4) Hæc enim et universæ reipublicæ tutissima, et nobis ad militiam profecturis salutaria fore duco. Quod si quis aliter sentit, huic ego magistratu cedo. »

XXIV. Atque Nicias quidem hæc dixit, sperans se Athenienses vel rerum multitudine de sententia deducturum, vel si cogeretur ad hanc expeditionem proficisci, sic saltem se tuto profecturum; (2) illis vero cupiditas quidem expeditionis ex animis non exempta est ob apparatus molem, sed multo magis studio efferebantur, et res ipsi cecidit contra ac sperabat; nam et bonum consilium dedisse visus est, et res nunc demum tutissima fore. (3) Et desiderium navigandi omnes pariter invasit; ac seniores quidem, quod vel in suam potestatem se redacturos sperarent ea, ad quæ pergerent, vel saltem exercitum, qui tantus esset, nullam cladem accepturum; illis vero, qui erant ætate integra, quod peregrinam regionem visere et spectare cuperent, et bonam spem animo conciperent, fore ut incolumes reverterentur; vulgi autem turba ac miles et in præsenti sperabant se pecuniam accepturos, et potentiam se addituros, unde perpetuum stipendium sibi suppeditaturum esset. (4) Quamobrem propter nimiam plurimorum cupiditatem, si cui forte res ista minus placeret, veritus, ne ceteris refragando reipublicæ malevolus esse videretur, silentium agebat.

XXV. Tandem vero quidam ex Atheniensibus in medium progressus Nicia advocato dixit, non oportere amplius prætextus aut moras interponere, sed in omnium conspectu jam declarare, quemnam apparatum ab Atheniensibus sibi decerni vellet. (2) Ille vero invitus dixit, se etiam cum collegis per otium hac de re accuratius consultaturum, quantum tamen jam nunc intelligeret, non paucioribus quam centum triremibus navigandum esse (ipsorum autem Atheniensium fore naves militibus vehendis aptas tot, quot placeret, aliasque ex sociis accessendas), militibus autem gravis armaturæ universis tam Atheniensium, quam sociorum, non minus quinque millibus, sed amplius etiam, si possent; reliquum vero apparatum pro exercitus magnitudine, et sagittariorum illinc et ex Creta assumptorum, et funditorum, et si quid aliud opportunum esse videretur, præparaturos et ducturos.

XXVI. Ἀκούσαντες δ' οἱ Ἀθηναῖοι ἐψηφίσαντο εὐθὺς αὐτοκράτορας εἶναι καὶ περὶ στρατιᾶς πλήθους καὶ περὶ τοῦ παντὸς πλοῦ τοὺς στρατηγοὺς πράσσειν ᾗ ἂν αὐτοῖς δοκῇ ἄριστα εἶναι Ἀθηναίοις. (2) Καὶ μετὰ ταῦτα ἡ παρασκευὴ ἐγίγνετο, καὶ ἔς τε τοὺς ξυμμάχους ἔπεμπον καὶ αὐτόθεν καταλόγους ἐποιοῦντο. Ἄρτι δ' ἀνειλήφει ἡ πόλις ἑαυτὴν ἀπὸ τῆς νόσου καὶ τοῦ ξυνεχοῦς πολέμου ἔς τε ἡλικίας πλῆθος ἐπιγεγενημένης καὶ ἐς χρημάτων ἄθροισιν διὰ τὴν ἐκεχειρίαν, ὥστε ῥᾷον πάντα ἐπορίζετο. Καὶ οἱ μὲν ἐν παρασκευῇ ἦσαν.

XXVII. Ἐν δὲ τούτῳ, ὅσοι Ἑρμαῖ ἦσαν λίθινοι ἐν τῇ πόλει τῇ Ἀθηναίων (εἰσὶ δὲ κατὰ τὸ ἐπιχώριον, ἡ τετράγωνος ἐργασία, πολλοὶ καὶ ἐν ἰδίοις προθύροις καὶ ἐν ἱεροῖς), μιᾷ νυκτὶ οἱ πλεῖστοι περιεκόπησαν τὰ πρόσωπα. (2) Καὶ τοὺς δράσαντας ᾔδει οὐδείς, ἀλλὰ μεγάλοις μηνύτροις δημοσίᾳ οὗτοί τε ἐζητοῦντο, καὶ προσέτι ἐψηφίσαντο καὶ εἴ τις ἄλλο τι οἶδεν ἀσέβημα γεγενημένον, μηνύειν ἀδεῶς τὸν βουλόμενον καὶ ἀστῶν καὶ ξένων καὶ δούλων. (3) Καὶ τὸ πρᾶγμα μειζόνως ἐλάμβανον· τοῦ τε γὰρ ἔκπλου οἰωνὸς ἐδόκει εἶναι, καὶ ἐπὶ ξυνωμοσίᾳ ἅμα νεωτέρων πραγμάτων καὶ δήμου καταλύσεως γεγενῆσθαι.

XXVIII. Μηνύεται οὖν ἀπὸ μετοίκων τέ τινων καὶ ἀκολούθων περὶ μὲν τῶν Ἑρμῶν οὐδέν, ἄλλων δὲ ἀγαλμάτων περικοπαί τινες πρότερον ὑπὸ νεωτέρων μετὰ παιδιᾶς καὶ οἴνου γεγενημέναι, καὶ τὰ μυστήρια ἅμα ὡς ποιεῖται ἐν οἰκίαις ἐφ' ὕβρει· (2) ὧν καὶ τὸν Ἀλκιβιάδην ἐπῃτιῶντο. Καὶ αὐτὰ ὑπολαμβάνοντες οἱ μάλιστα τῷ Ἀλκιβιάδῃ ἀχθόμενοι ἐμποδὼν ὄντι σφίσι μὴ αὐτοῖς τοῦ δήμου βεβαίως προεστάναι, καὶ νομίσαντες, εἰ αὐτὸν ἐξελάσειαν, πρῶτοι ἂν εἶναι, ἐμεγάλυνον, καὶ ἐβόων ὡς ἐπὶ δήμου καταλύσει τά τε μυστικὰ καὶ ἡ τῶν Ἑρμῶν περικοπὴ γένοιτο, καὶ οὐδὲν εἴη αὐτῶν ὅ τι οὐ μετ' ἐκείνου ἐπράχθη, ἐπιλέγοντες τεκμήρια τὴν ἄλλην αὐτοῦ ἐς τὰ ἐπιτηδεύματα οὐ δημοτικὴν παρανομίαν.

XXIX. Ὁ δ' ἔν τε τῷ παρόντι πρὸς τὰ μηνύματα ἀπελογεῖτο, καὶ ἑτοῖμος ἦν πρὶν ἐκπλεῖν κρίνεσθαι, εἴ τι τούτων εἰργασμένος ἦν (ἤδη γὰρ καὶ τὰ τῆς παρασκευῆς ἐπεπόριστο), καὶ εἰ μὲν τούτων τι εἴργαστο, δίκην δοῦναι, εἰ δ' ἀπολυθείη, ἄρχειν. (2) Καὶ ἐπεμαρτύρετο μὴ ἀπόντος περὶ αὐτοῦ διαβολὰς ἀποδέχεσθαι, ἀλλ' ἤδη ἀποκτείνειν εἰ ἀδικεῖ, καὶ ὅτι σωφρονέστερον εἴη μὴ μετὰ τοιαύτης αἰτίας, πρὶν διαγνῶσιν, πέμπειν αὐτὸν ἐπὶ τοσούτῳ στρατεύματι. (3) Οἱ δ' ἐχθροὶ δεδιότες τό τε στράτευμα μὴ εὔνουν ἔχῃ, ἢν ἤδη ἀγωνίζηται, ὅ τε δῆμος μὴ μαλακίζηται θεραπεύων ὅτι δι' ἐκεῖνον οἵ τ' Ἀργεῖοι ξυνεστράτευον καὶ τῶν Μαντινέων τινές, ἀπέτρεπον καὶ ἀπέσπευδον, ἄλλους ῥήτορας ἐνιέντες οἳ ἔλεγον νῦν μὲν πλεῖν αὐτὸν καὶ μὴ κατασχεῖν τὴν ἀγωγήν, ἐλθόντα δὲ κρίνεσθαι ἐν ἡμέραις ῥηταῖς, βουλόμενοι ἐκ μείζονος διαβολῆς, ἣν ἔμελλον ῥᾷον αὐτοῦ ἀπόντος ποριεῖν, μετάπεμπτον

XXVI. Quum autem Athenienses hæc audissent, confestim ipsis imperatoribus summam imperii potestatem facto decreto dederunt, ut arbitratu suo et de copiarum numero, et de universæ navigationis ratione transigerent, prout ipsis ex usu reipublicæ Atheniensis maxime fore videretur. (2) Post hæc autem hic apparatus parari cœpit, et quum ad socios mittebant, tum etiam ex suo ipsorum agro milites conscribebant. Jam enim modo se civitas et a morbo et ab assiduo bello recreaverat, ita ut et civium ætate militari præditorum, qui adoleverant, numero floreret, et pecunia coacta abundaret propter inducias; quamobrem omnia facilius suppeditabantur. Atque hi quidem in apparatu erant.

XXVII. Interea vero quotquot lapidea Mercurii simulacra Athenis erant (sunt autem more patrio, forma quadrata, multa quum in privatarum ædium vestibulis, tum in templis), una nocte pleraque vultu circumcisa sunt. (2) Cujus facinoris auctores nemo sciebat, sed et isti magnis præmiis pro indicio propositis publice quærebantur, et præterea decreverunt, ut, si quis aliquod aliud piaculum admissum sciret, quilibet sive civis sive peregrinus sive servus hoc sine timore indicaret. (3) Atque rem in majus interpretabantur; nam et expeditionis omen esse videbatur, et simul etiam per conjurationem factum esse rerum novandarum statusque popularis evertendi causa.

XXVIII. A quibusdam igitur inquilinis et pedisequis de Mercurii quidem simulacris nihil indicatum est, sed de quibusdam aliis statuis ab adolescentibus per lusum ac temulentiam jampridem concisis, et sacra arcana in domibus fieri lasciviæ causa; (2) quarum rerum etiam Alcibiadem insimulabant. Atque hæc arripientes ii, qui Alcibiadi maxime infensi erant, quod sibi impedimento esset, quo minus in administranda republica principem locum constanter obtinerent, et rati, si eum expulissent, se principes futuros, rem exaggerabant, vociferabanturque, ad popularis status eversionem spectare et mystica illa sacra et concisa Mercurii simulacra, eorumque nihil sine illo factum esse, addentes argumentorum loco reliquam ejus vitæ licentiam, qua in victu cultuque corporis præter populare institutum utebatur.

XXIX. Ille vero et in præsentia adversus indicia se purgabat, et, antequam discederet, judicium subire paratus erat, si quid horum admisisset (jam enim quæ ad illum apparatus spectabant, confecta erant), et si quid horum commisisset, pœnas dare, sin absolutus esset, imperium gerere. (2) Et obtestabatur, ne de se absente crimina reciperent, sed jam, si deliquisset, morte mulctarent, et sapientius esse, non se talis criminis reum, priusquam causam cognovissent, tanti exercitus imperatorem mittere. (3) Sed ejus inimici veriti, ne, si jam tum judicium subiret, exercitum sibi benevolum haberet, neve plebs animo remissiore esset, colens eum propterea, quod propter ipsum et Argivi et ex Mantineis nonnulli ad hanc expeditionem proficiscerentur, hoc dissuadebant et eum studiose abigebant, submissis aliis oratoribus, qui dicebant, nunc quidem navigaret, neque profectionem retardaret, sed reversus ad diem dictam judicium subiret; volebant enim eum majore cum invidia, quam

κομισθέντα αὐτὸν ἀγωνίσασθαι. Καὶ ἔδοξε πλεῖν τὸν Ἀλκιβιάδην.

XXX. Μετὰ δὲ ταῦτα θέρους μεσοῦντος ἤδη ἡ ἀναγωγὴ ἐγίγνετο ἐς τὴν Σικελίαν. Τῶν μὲν οὖν ξυμμάχων τοῖς πλείστοις καὶ ταῖς σιταγωγοῖς ὁλκάσι καὶ τοῖς πλοίοις, καὶ ὅση ἄλλη παρασκευὴ ξυνείπετο, πρότερον εἴρητο ἐς Κέρκυραν ξυλλέγεσθαι ὡς ἐκεῖθεν ἁθρόοις ἐπ᾽ ἄκραν Ἰαπυγίαν τὸν Ἰόνιον διαβαλοῦσιν· αὐτοὶ δ᾽ Ἀθηναῖοι, καὶ εἴ τινες τῶν ξυμμάχων παρῆσαν, ἐς τὸν Πειραιᾶ καταβάντες ἐν ἡμέρᾳ ῥητῇ ἅμα ἕῳ ἐπλήρουν τὰς ναῦς ὡς ἀναξόμενοι. (2) Ξυγκατέβη δὲ καὶ ὁ ἄλλος ὅμιλος ἅπας ὡς εἰπεῖν ὁ ἐν τῇ πόλει, καὶ ἀστῶν καὶ ξένων, οἱ μὲν ἐπιχώριοι τοὺς σφετέρους αὐτῶν ἕκαστοι προπέμποντες, οἱ μὲν ἑταίρους οἱ δὲ ξυγγενεῖς οἱ δὲ υἱεῖς, καὶ μετ᾽ ἐλπίδος τε ἅμα ἰόντες καὶ ὀλοφυρμῶν, τὰ μὲν ὡς κτήσοιντο, τοὺς δ᾽ εἴ ποτε ὄψοιντο, ἐνθυμούμενοι ὅσον πλοῦν ἐκ τῆς σφετέρας ἀπεστέλλοντο.

XXXI. Καὶ ἐν τῷ παρόντι καιρῷ, ὡς ἤδη ἔμελλον μετὰ κινδύνων ἀλλήλους ἀπολιπεῖν, μᾶλλον αὐτοὺς ἐσῄει τὰ δεινὰ ἢ ὅτε ἐψηφίζοντο πλεῖν· ὅμως δὲ τῇ παρούσῃ ῥώμῃ, διὰ τὸ πλῆθος ἑκάστων ὧν ἑώρων, τῇ ὄψει ἀνεθάρσουν. Οἱ δὲ ξένοι καὶ ὁ ἄλλος ὄχλος κατὰ θέαν ἧκεν ὡς ἐπ᾽ ἀξιόχρεων καὶ ἄπιστον διάνοιαν. Παρασκευὴ γὰρ αὕτη πρώτη ἐκπλεύσασα μιᾶς πόλεως δυνάμει Ἑλληνικῇ πολυτελεστάτη δὴ καὶ εὐπρεπεστάτη τῶν ἐς ἐκεῖνον τὸν χρόνον ἐγένετο. (2) Ἀριθμῷ δὲ νεῶν καὶ ὁπλιτῶν καὶ ἡ ἐς Ἐπίδαυρον μετὰ Περικλέους καὶ ἡ αὐτὴ ἐς Ποτίδαιαν μετὰ Ἅγνωνος οὐκ ἐλάσσων ἦν· τετράκις γὰρ χίλιοι ὁπλῖται αὐτῶν Ἀθηναίων καὶ τριακόσιοι ἱππῆς καὶ τριήρεις ἑκατόν, καὶ Λεσβίων καὶ Χίων πεντήκοντα, καὶ ξύμμαχοι ἔτι πολλοὶ ξυνέπλευσαν. (3) Ἀλλ᾽ ἐπί τε βραχεῖ πλῷ ὡρμήθησαν καὶ παρασκευῇ φαύλῃ, οὗτος δὲ ὁ στόλος ὡς χρόνιός τε ἐσόμενος καὶ κατ᾽ ἀμφότερα, οὗ ἂν δέῃ, καὶ ναυσὶ καὶ πεζῷ ἅμα ἐξαρτυθείς, τὸ μὲν ναυτικὸν μεγάλαις δαπάναις τῶν τε τριηράρχων καὶ τῆς πόλεως ἐκπονηθέν, τοῦ μὲν δημοσίου δραχμὴν τῆς ἡμέρας τῷ ναύτῃ ἑκάστῳ διδόντος καὶ ναῦς παρασχόντος κενὰς ἑξήκοντα μὲν ταχείας τεσσαράκοντα δὲ ὁπλιταγωγούς, καὶ ὑπηρεσίας ταύταις τὰς κρατίστας τῶν τριηράρχων, ἐπιφοράς τε πρὸς τῷ ἐκ δημοσίου μισθῷ διδόντων τοῖς θρανίταις τῶν ναυτῶν καὶ ταῖς ὑπηρεσίαις, καὶ τἄλλα σημείοις καὶ κατασκευαῖς πολυτελέσι χρησαμένων, καὶ ἐς τὰ μακρότατα προθυμηθέντος ἑνὸς ἑκάστου ὅπως αὐτῷ τινι εὐπρεπείᾳ τε ἡ ναῦς μάλιστα προέξει καὶ τῷ ταχυναυτεῖν, τὸ δὲ πεζὸν καταλόγοις τε χρηστοῖς ἐκκριθὲν καὶ ὅπλων καὶ τῶν περὶ τὸ σῶμα σκευῶν μεγάλῃ σπουδῇ πρὸς ἀλλήλους ἁμιλληθέν. (4) Ξυνέβη δὲ πρός τε σφᾶς αὐτοὺς ἅμα ἔριν γενέσθαι, ᾧ τις ἕκαστος προσετάχθη, καὶ ἐς τοὺς ἄλλους Ἕλληνας ἐπίδειξιν μᾶλλον εἰκασθῆναι τῆς δυνάμεως καὶ ἐξουσίας ἢ ἐπὶ πολεμίους παρασκευήν. (5) Εἰ γάρ τις ἐλογίσατο τήν τε τῆς πόλεως ἀνάλωσιν δημοσίαν καὶ τῶν στρατευο-

---

absenti facilius conflaturi erant, revocatum et reversum judicio contendere. Quare placuit, ut Alcibiades abiret.

XXX. Postea vero aestate jam media classis solvebat in Siciliam. Plerisque autem sociis et onerariis navibus commeatum vecturis et minoribus navigiis, et quicunque praeterea apparatus comitabatur, ante praeceptum erat, ut Corcyram convenirent, ut illinc omnes simul per Ionium sinum ad Japygiam promontorium transmitterent; ipsi autem Athenienses, et si qui sociorum aderant, quum ad dictam diem in Piraeeum descendissent, primo diluculo naves implere coeperunt, ut in altum ferrentur. (2) Cum quibus una descendit omnis prope dixerim turba, quae in urbe erat, et civium et peregrinorum, indigenae quidem, ut suos quique prosequerentur, alii sodales, alii cognatos, alii filios, et cum spe pariter ac lamentis incedentes, quod res quidem illas in suam potestatem redactum iri sperarent, homines vero dubitarent, si unquam essent visuri, quia secum ipsi reputabant, quam procul a suis finibus mitterentur.

XXXI. Et in praesentia quum alii alios cum periculis jam mutuo relicturi essent, timores tunc in mentem iis magis veniebant, quam quum hanc expeditionem decernebant; verumtamen in praesenti potentia propter multitudinem rerum singularum, quas cernebant, visu animos recolligebant. Peregrini vero et cetera multitudo ad spectaculum aderat ut ad rem visu dignam et opinione majorem. Hic enim apparatus, qui primus ex una civitate cum Graecorum copiis profectus est, sumptuosissimus atque magnificentissimus omnium usque ad illam diem fuit. (2) Nam navium et gravis armaturae militum numero et ille apparatus, qui cum Pericle in agrum Epidaurium, et ille, qui cum Hagnone ad Potidaeam missus est, non erat inferior; quattuor enim ex ipsis Atheniensibus millia militum gravis armaturae et trecenti equites et centum triremes, et Lesbiorum atque Chiorum quinquaginta, et praeterea multi socii cum illis profecti erant. (3) Sed in brevem expeditionem et cum tenui apparatu solverant; sed haec expeditio, quippe quod diuturna futura esset, utraque ratione, utra opus ei fuisset, et navibus simul et peditatu, erat instructa; et classis quidem magnis trierarchorum et reipublicae sumptibus erat laboriose parata, quum respublica quidem singulas drachmas singulis nautis quotidie daret, et naves inanes sexaginta veloces, quadraginta ad gravis armaturae milites vehendos suppeditasset, trierarchi vero praestantissimos ministros his et praeter publicum stipendium etiam extraordinarium adderent illis nautis, qui thranitae vocantur, et ministris, et ceteris etiam in rebus signis et artificiis sumptuosis naves instruxissent, et eorum unusquisque summum studium ad hoc adhibuisset, ut sua navis inter ceteras et aliquo decore et celeritate longe praestaret; peditatus vero conscriptus erat delectu accuratissimo habito, et magno studio inter se certaverant armorum et vestitus elegantia. (4) Contigit autem, ut simul et illi inter se certarent de eo, quod cuique erat negotii assignatum, et apud ceteros Graecos hoc potentiae potius ac magnarum opum ostentatio videretur, quam adversus hostem apparatus. (5) Si quis enim rationem iniisset et sumptuum, quos civitas publice et unusquisque militum privatim fecerat, tum ea, quae civitas jam ante erogaverat,

ένων την ιδίαν, της μεν πόλεως όσα τε ήδη προσετετε-λέκει και ά έχοντας τούς στρατηγούς απέστελλεν, τών ιδιωτών ά τε περί τό σώμά τις και τριήραρχος ές ην ναύν άναλώκει και όσα έτι έμελλεν αναλώσειν, χωρίς δ' ά εικός ήν και άνευ του εκ του δημοσίου μισθού πάντα τινά παρασκευάσασθαι εφόδιον ως επί χρόνιον στρατείαν, και όσα επί μεταβολή τις ή στρατιώτης έμπορος έχων έπλει, πολλά άν τάλαντα εύρέθη εκ της πόλεως τά πάντα εξαγόμενα. (6) Και ό στόλος ούχ ήσσον τόλμης τε θάμβει και όψεως λαμπρότητι περιβόητος εγένετο ή στρατιάς προς ούς επήεσαν ύπεροχή, και ότι μέγιστος ήδη διάπλους από της οικείας και επί μεγίστη ελπίδι τών μελλόντων προς τά υπάρχοντα επεγειρήθη.

XXXII. Επειδή δε αί νήες πλήρεις ήσαν και εσέκειτο πάντα ήδη όσα έχοντες έμελλον ανάξεσθαι, τή μεν σάλπιγγι σιωπή ύπεσημάνθη, ευχάς δε τάς νομιζομένας προ της αναγωγής ού κατά ναύν εκάστην ξύμπαντες δε υπό κήρυκος εποιούντο, κρατήράς τε κεράσαντες παρ' άπαν τό στράτευμα και εκπώμασι χρυσοίς τε και άργυροίς οί τε επιβάται και οί άρχοντες σπένδοντες. (2) Ξυνεπεύχοντο δε και ό άλλος όμιλος ό εκ της γης τών τε πολιτών και εί τις άλλος εύνους παρήν σφίσιν. Παιωνίσαντες δε και τελεώσαντες τάς σπονδάς άνήγοντο, και επί κέρως τό πρώτον εκπλεύσαντες άμιλλαν ήδη μέχρι Αιγίνης εποιούντο. Και οί μεν ές την Κέρκυραν, ένθαπερ και τό άλλο στράτευμα τών ξυμμάχων ξυνελέγετο, ηπείγοντο αφικέσθαι.

(3) Ές δε τάς Συρακούσας ηγγέλλετο μεν πολλαχόθεν τά περί του επίπλου, ού μέντοι επιστεύετο επί πολύν χρόνον ουδέν, αλλά και γενομένης εκκλησίας ελέχθησαν τοιοίδε λόγοι από τε άλλων, τών μεν πιστευόντων τά περί της στρατείας της τών Αθηναίων, τών δε τά εναντία λεγόντων, και Ερμοκράτης ό Έρμωνος παρελθών αυτοίς, ώς σαφώς οιόμενος ειδέναι τά περί αυτών, έλεγε και παρήνει τοιάδε.

XXXIII. " Άπιστα μεν ίσως, ώσπερ και άλλοι τινές, δόξω ύμίν περί του επίπλου της αληθείας λέγειν, και γιγνώσκω ότι οί τά μη πιστά δοκούντα είναι ή λέγοντες ή απαγγέλλοντες ού μόνον ού πείθουσιν αλλά και άφρονες δοκούσιν είναι· όμως δε ού καταφοβηθείς ησυχάσω κινδυνευούσης της πόλεως, πείθων γε εμαυτόν σαφέστερόν τι ετέρου ειδώς λέγειν. (2) Αθηναίοι γάρ εφ' ημάς, ό πάνυ θαυμάζετε, πολλή στρατιά ώρμηνται και ναυτική και πεζή, πρόφασιν μεν Εγεσταίων ξυμμαχία και Λεοντίνων κατοικίσει, τό δε αληθές Σικελίας επιθυμία, μάλιστα δε της ημετέρας πόλεως, ηγούμενοι, εί ταύτην σχοίεν, ραδίως και τάλλα έξειν. (3) ως ούν εν τάχει παρεσομένων, οράτε από τών υπαρχόντων ότω τρόπω κάλλιστα αμυνείσθε αυτούς, και μήτε καταφρονήσαντες άφρακτοι ληφθήσεσθε μήτε απιστήσαντες του ξύμπαντος αμελήσετε. (4) Εί δέ τω και πιστά, την τόλμαν αυτών και δύναμιν μη εκπλαγή. ούτε γάρ βλάπτειν ημάς πλείω οίοί τ' έσονται ή πά-

THUCYDIDES.

tum ea, quæ imperatoribus, quos mittebat, secum absportanda dederat, tum etiam ea, quæ unusquisque privatorum in corporis cultum, et trierarchus in suam navem impenderat, aut quæ præterea erat in posterum impensurus, et separatim ea, quæ verisimile erat unumquemque præter publicum stipendium præparasse viatici causa, quippe quod ad diuturnam militiam iturus esset, item quæcunque vel miles vel mercator negotiationis gratia secum tulit, is profecto permultorum talentorum summam ex urbe tunc exportatam esse comperisset. (6) Atque hæc expeditio non minus ob admirandam audaciam et spectaculi splendorem celebris erat, quam ob exercitus magnitudinem illis superiorem, adversus quos proficiscebantur; præterea quod hæc navigatio ab agro domestico longissime et rerum adipiscendarum proposita spe longe maxima pro præsentibus opibus tunc suscepta esset.

XXXII. Quum autem naves viris impletæ essent omniaque jam imposita, quæ secum erant laturi, tuba silentium indictum est, et vota consueta ante profectionem non in singulis navibus, sed universi per præconis vocem nuncupabant, et crateras miscentes secundum omnem exercitum et aureis argenteisque poculis omnes et navium defensores et duces libantes. (2) Simul autem vota faciebat et cetera turba, quæ erat in terra et civium et si quis alius benevolus iis aderat. Quum autem pæana cecinissent et libationes peregissent, e portu solvebant et primo longa navium serie navigantes jam ad Æginam usque cursum certatim tenebant. Atque hi quidem Corcyram, quo et reliquus sociorum exercitus conveniebat, pervenire properabant.

(3) Syracusas vero ex variis quidem locis nuntii de infesto hujus classis adventu afferebantur, nec tamen diu quicquam eorum credebatur, sed etiam convocata concione hujusmodi sententiæ dictæ sunt quum ab aliis, quorum partim quidem credebant ea, quæ de Atheniensium expeditione nuntiabantur, partim contraria dicebant, tum etiam Hermocrates Hermonis filius in medium progressus, quippe qui sibi videretur accurate scire, quæ de illis rebus ferebantur, dicebat et suadebat hæc :

XXXIII. " Incredibilia quidem, quemadmodum et alii nonnulli, fortasse et ego apud vos dicere videbor de eo, num certus sit classis hostilis adventus, et probe novi, eos, qui vel dicunt vel nuntiant res, quæ fide non digna habentur, non solum non persuadere, verum etiam amentes videri; nihilominus tamen, quum reipublicæ periculum impendeat, non idcirco deterritus me continebo, quia mihi persuadeo me scire aliquid exploratius dicere, quam quemvis alium. (2) Athenienses enim adversus nos, quod vehementer admiramini, cum ingenti exercitu et navali et pedestri venire tendunt, hoc quidem prætextu, ut Egestæis sociis auxilium ferant, et Leontinos in suas sedes restituant, sed re vera Siciliæ, præcipue vero nostræ urbis cupiditate, existimantes, si hanc obtinerent, se cetera etiam facile obtenturos. (3) Quoniam igitur propediem huc sunt appulsuri, videte, qua ratione pro viribus eos rectissime propulsare possitis, et neque per hostium contemptionem, imparati opprimi, neque nuntiis fidem non habentes rerum summam negligere. (4) Quod si cui etiam res hæ credibiles sint, illorum audaciam ac potentiam is ne reformidet; nam neque magis nos lædere, quam a nobis lædi poterunt, ne-

σχεῖν, οὔθ' ὅτι μεγάλῳ στόλῳ ἐπέρχονται, ἀνωφελεῖς, ἀλλὰ πρός τε τοὺς ἄλλους Σικελιώτας πολὺ ἄμεινον (μᾶλλον γὰρ ἐθελήσουσιν ἐκπλαγέντες ἡμῖν ξυμμαχεῖν), καὶ ἢν ἄρα ἢ κατεργασώμεθα αὐτοὺς ἢ ἀπράκτους ὧν ἐφίενται ἀπώσωμεν (οὐ γὰρ δὴ μὴ τύχωσί γε ὧν προσδέχονται φοβοῦμαι), κάλλιστον δὴ ἔργων ἡμῖν ξυμβήσεται, καὶ οὐκ ἀνέλπιστον ἔμοιγε. (5) Ὀλίγοι γὰρ δὴ στόλοι μεγάλοι ἢ Ἑλλήνων ἢ βαρβάρων πολὺ ἀπὸ τῆς ἑαυτῶν ἀπάραντες κατώρθωσαν. Οὔτε γὰρ πλείους τῶν ἐνοικούντων καὶ ἀστυγειτόνων ἔρχονται (πάντα γὰρ ὑπὸ δέους ξυνίσταται), ἤν τε δι' ἀπορίαν τῶν ἐπιτηδείων ἐν ἀλλοτρίᾳ γῇ σφαλῶσι, τοῖς ἐπιβουλευθεῖσιν ὄνομα, κἂν περὶ σφίσιν αὐτοῖς τὰ πλείω πταίωσιν, ὅμως καταλείπουσιν. (6) Ὅπερ καὶ Ἀθηναῖοι αὐτοὶ οὗτοι, τοῦ Μήδου παρὰ λόγον πολλὰ σφαλέντος, ἐπὶ τῷ ὀνόματι ὡς ἐπ' Ἀθήνας ᾔει ηὐξήθησαν, καὶ ἡμῖν οὐκ ἀνέλπιστον τὸ τοιοῦτο ξυμβῆναι.

XXXIV. « Θαρσοῦντες οὖν τά τε αὐτοῦ παρασκευαζώμεθα, καὶ ἐς τοὺς Σικελοὺς πέμποντες τοὺς μὲν μᾶλλον βεβαιωσώμεθα, τοῖς δὲ φιλίαν καὶ ξυμμαχίαν πειρώμεθα ποιεῖσθαι, ἔς τε τὴν ἄλλην Σικελίαν πέμπωμεν πρέσβεις δηλοῦντες ὡς κοινὸς ὁ κίνδυνος, καὶ ἐς τὴν Ἰταλίαν, ὅπως ἢ ξυμμαχίαν ποιώμεθα ἡμῖν ἢ μὴ δέχωνται Ἀθηναίους. (2) Δοκεῖ δέ μοι καὶ ἐς Καρχηδόνα ἄμεινον εἶναι πέμψαι· οὐ γὰρ ἀνέλπιστον αὐτοῖς, ἀλλ' ἀεὶ διὰ φόβου εἰσὶ μή ποτε Ἀθηναῖοι αὐτοῖς ἐπὶ τὴν πόλιν ἔλθωσιν, ὥστε τάχ' ἂν ἴσως νομίσαντες, εἰ τάδε προήσονται, κἂν σφεῖς ἐν πόνῳ εἶναι, ἐθελήσειαν ἡμῖν ἤτοι κρύφα γε ἢ φανερῶς ἢ ἐξ ἑνός γέ του τρόπου ἀμῦναι. Δυνατοὶ δ' εἰσὶ μάλιστα τῶν νῦν, βουληθέντες· χρυσὸν γὰρ καὶ ἄργυρον πλεῖστον κέκτηνται, ὅθεν ὅ τε πόλεμος καὶ τἆλλα εὐπορεῖ. (3) Πέμπωμεν δὲ καὶ ἐς τὴν Λακεδαίμονα καὶ ἐς Κόρινθον δεόμενοι δεῦρο κατὰ τάχος βοηθεῖν καὶ τὸν ἐκεῖ πόλεμον κινεῖν. (4) Ὃ δὲ μάλιστα ἐγώ τε νομίζω ἐπίκαιρον ὑμεῖς τε διὰ τὸ ξύνηθες ἥσυχον ἥκιστ' ἂν ὀξέως πείθοισθε, ὅμως εἰρήσεται. Σικελιῶται γὰρ εἰ θέλοιμεν ξύμπαντες, εἰ δὲ μή, ὅτι πλεῖστοι μεθ' ἡμῶν, καθελκύσαντες ἅπαν τὸ ὑπάρχον ναυτικὸν μετὰ δυοῖν μηνοῖν τροφῆς ἀπαντῆσαι Ἀθηναίοις ἐς Τάραντα καὶ ἄκραν Ἰαπυγίαν, καὶ δῆλον ποιῆσαι αὐτοῖς ὅτι οὐ περὶ τῇ Σικελίᾳ πρότερον ἔσται ὁ ἀγὼν ἢ τοῦ ἐκείνους περαιωθῆναι τὸν Ἰόνιον, μάλιστ' ἂν αὐτοὺς ἐκπλήξαιμεν καὶ ἐς λογισμὸν καταστήσαιμεν ὅτι ὁρμώμεθα μὲν ἐκ φιλίας χώρας φύλακες (ὑποδέχεται γὰρ ἡμᾶς Τάρας), τὸ δὲ πέλαγος αὐτοῖς πολὺ περαιοῦσθαι μετὰ πάσης τῆς παρασκευῆς, χαλεπὸν δὲ διὰ πλοῦ μῆκος ἐν τάξει μεῖναι, καὶ ἡμῖν ἂν εὐεπίθετος εἴη βραδεῖά τε καὶ κατ' ὀλίγον προσπίπτουσα. (5) Εἰ δ' αὖ τῷ ταχυναυτοῦντι ἀθροωτέρῳ κουφίσαντες προσβάλοιεν, εἰ μὲν κώπαις χρήσαιντο, ἐπιθείμεθ' ἂν κεκμηκόσιν, εἰ δὲ μὴ δοκοίη, ἔστι καὶ ὑποχωρῆσαι ἡμῖν ἐς Τάραντα· οἱ δὲ μετ' ὀλίγων ἐφοδίων ὡς ἐπὶ ναυμαχίᾳ περαιωθέντες ἀποροῖεν ἂν κατὰ χωρία ἐρῆμα, καὶ ἢ μένοντες πολιορκοῖντο ἂν ἢ πειρώμενοι παραπλεῖν τήν τε ἄλλην παρασκευὴν

que quod cum magna classe veniunt, incommodum est; imo vero id et apud ceteros Sicilienses nobis erit longe melius (facilius enim territi se nobis socios adjungere volent), et si forte vel subegerimus ipsos, vel ea, quæ cupiunt, non adeptos repulerimus (non enim id quidem vereor, ne consequantur, quod exspectant), præclarissimi facinoris gloria nobis continget, quod futurum equidem haud despero. (5) Paucæ enim aut Græcorum aut barbarorum magnæ classes procul ab agro domestico profectæ rem feliciter gesserunt. Nam neque veniunt numero superiores incolis et vicinis (omnes enim hi præ metu congregantur), et si propter inopiam rerum necessariarum in alieno solo rem male gesserint, quamvis ipsimet magna ex parte sibi cladem invexerint, tamen nominis gloriam illis relinquunt, quibus insidiati fuerint. (6) Qua ratione etiam hi ipsi Athenienses, quod Medus præter exspectationem multas calamitates passus est, propter hoc nomen, quod Athenas bello peteret, incrementa ceperunt, et nobis simile quiddam eventurum non est desperandum.

XXXIV. « Confidenter igitur et res in hoc ipso loco præparemus, et nuntiis ad Siculos missis alios magis confirmemus, cum aliis vero amicitiam atque societatem inire studeamus, et in reliquas Siciliæ partes legatos mittamus hoc periculum commune esse docentes, et in Italiam, ut aut societatem nobiscum faciant aut ne recipiant Athenienses. (2) Existimo autem utile esse Carthaginem quoque legatos mittere; non enim res inexspectata iis accidit, sed in perpetuo metu sunt, ne quando Athenienses contra suam urbem veniant; quamobrem facile illi fortasse, rati, si has res neglexerint, se quoque laboraturos, aut clam aut palam aut aliquo denique modo nobis opem ferre voluerint; et profecto hoc poterunt vel maxime omnium, qui nunc sunt, si velint; auri enim argentique vim maximam possident, unde et bellum et cetera commode administrantur. (3) Mittamus etiam Lacedæmonem et Corinthum, orantes, ut celeriter auxilium huc mittant, et bellum illic moveant. (4) Quod autem et ego maxime opportunum arbitror, et vos propter solitam desidiam minime prompte vobis persuaderi patiemini, tamen a me dicetur. Sicilienses enim si velimus universi, aut sin minus, quam plurimi nobiscum, deducta omni præsente classe cum duorum mensium cibariis Atheniensibus ad Tarentum et ad Japygiam promontorium occurrere, iisque demonstrare, non de Sicilia prius iis certamen fore, quam de Ionio mari ab iis trajiciendo, maxime eos terrebimus, et cogemus considerare, nos quidem ex agro amico regionis nostræ custodes proficisci (Tarentum enim nos excipiet), ipsis vero cum toto classis apparatu pelagus ingens esse transeundum, et propter navigationis longitudinem difficile esse ordinem servare, nobis vero facile fuerit eorum classem lente navigantem et raram paullatim contra nos venientem invadere. (5) Quod si frequentiore ea parte classis, quæ celeritate præstat, navibus exoneratis nos adoriantur, si quidem remis utentur, defessos aggrediemur; sin id non placebit, Tarentum etiam nosmet recipere licet, illi vero cum exiguo commeatu ut ad navale prœlium mare transgressi inopia laborabunt in locis desertis, et aut manentes obsidebuntur, aut prætervehi conantes et ceterum apparatum relinquent et incerti, num

ἀπολίποιεν ἂν καὶ τὰ τῶν πόλεων οὐκ ἂν βέβαια ἔχοντες, εἰ ὑποδέξοιντο, ἀθυμοῖεν. (6) Ὥστ' ἔγωγε τούτῳ τῷ λογισμῷ ἡγοῦμαι ἀποκληρομένους αὐτοὺς οὐδ' ἂν ἀπᾶραι ἀπὸ Κερκύρας, ἀλλ' ἢ διαβουλευσαμένους καὶ κατασκοπαῖς χρωμένους, ὁπόσοι τ' ἐσμὲν καὶ ἐν ᾧ χωρίῳ, ἐξωσθῆναι ἂν τῇ ὥρᾳ ἐς χειμῶνα, ἢ καταπλαγέντας τῷ ἀδοκήτῳ καταλῦσαι ἂν τὸν πλοῦν, ἄλλως τε καὶ τοῦ ἐμπειροτάτου τῶν στρατηγῶν, ὡς ἐγὼ ἀκούω, ἄκοντος ἡγουμένου καὶ ἀσμένου ἂν πρόφασιν λαβόντος, εἴ τι ἀξιόχρεων ἀφ' ἡμῶν ὀφθείη. (7) Ἀγγελλοίμεθα δ' ἂν (εὖ οἶδ' ὅτι) ἐπὶ τὸ πλεῖον· τῶν δ' ἀνθρώπων πρὸς τὰ λεγόμενα καὶ αἱ γνῶμαι ἵστανται, καὶ τοὺς προεπιχειροῦντας ἢ τοῖς γε ἐπιχειροῦσι προδηλοῦντας ὅτι ἀμυνοῦνται μᾶλλον πεφόβηνται, ἰσοκινδύνους ἡγούμενοι. (8) Ὅπερ ἂν νῦν Ἀθηναῖοι πάθοιεν. Ἐπέρχονται γὰρ ἡμῖν ὡς οὐκ ἀμυνουμένοις, δικαίως κατεγνωκότες ὅτι αὐτοὺς οὐ μετὰ Λακεδαιμονίων ἐφθείρομεν· εἰ δ' ἴδοιεν παρὰ γνώμην τολμήσαντας, τῷ ἀδοκήτῳ μᾶλλον ἂν καταπλαγεῖεν ἢ τῇ ἀπὸ τοῦ ἀληθοῦς δυνάμει. (9) Πείθεσθε οὖν, μάλιστα μὲν ταῦτα τολμήσαντες, εἰ δὲ μή, ὅτι τάχιστα τἆλλα ἐς τὸν πόλεμον ἑτοιμάζειν, καὶ παραστῆναι παντὶ τὸ μὲν καταφρονεῖν τοὺς ἐπιόντας ἐν τῶν ἔργων τῇ ἀλκῇ δείκνυσθαι, τὸ δ' ἤδη τὰς μετὰ φόβου παρασκευὰς ἀσφαλεστάτας νομίσαντας ὡς ἐπὶ κινδύνου πράσσειν χρησιμώτατον ἂν ξυμβῆναι. Οἱ δὲ ἄνδρες καὶ ἐπέρχονται καὶ ἐν πλῷ (εὖ οἶδ' ὅτι) ἤδη εἰσὶ καὶ ὅσον οὔπω πάρεισιν. »

XXXV. Καὶ ὁ μὲν Ἑρμοκράτης τοσαῦτα εἶπεν, τῶν δὲ Συρακοσίων ὁ δῆμος ἐν πολλῇ πρὸς ἀλλήλους ἔριδι ἦσαν, οἱ μὲν ὡς οὐδενὶ ἂν τρόπῳ ἔλθοιεν οἱ Ἀθηναῖοι, οὐδ' ἀληθῆ ἐστιν ἃ λέγει, τοῖς δέ, εἰ καὶ ἔλθοιεν, τί ἂν δράσειαν αὐτοὺς ὅ τι οὐκ ἂν μεῖζον ἀντιπάθοιεν. Ἄλλοι δὲ καὶ πάνυ καταφρονοῦντες ἐς γέλωτα ἔτρεπον τὸ πρᾶγμα. Ὀλίγον δ' ἦν τὸ πιστεῦον τῷ Ἑρμοκράτει καὶ φοβούμενον τὸ μέλλον. (2) Παρελθὼν δ' αὐτοῖς Ἀθηναγόρας, ὃς δήμου τε προστάτης ἦν καὶ ἐν τῷ παρόντι πιθανώτατος τοῖς πολλοῖς, ἔλεγε τοιάδε.

XXXVI. « Τοὺς μὲν Ἀθηναίους ὅστις μὴ βούλεται οὕτω κακῶς φρονῆσαι καὶ ὑποχειρίους ἡμῖν γενέσθαι ἐνθάδε ἐλθόντας, ἢ δειλός ἐστιν ἢ τῇ πόλει οὐκ εὔνους· τοὺς δ' ἀγγέλλοντας τὰ τοιαῦτα καὶ περιφόβους ὑμᾶς ποιοῦντας τῆς μὲν τόλμης οὐ θαυμάζω, τῆς δὲ ἀξυνεσίας, εἰ μὴ οἴονται ἔνδηλοι εἶναι. (2) Οἱ γὰρ δεδιότες διά τι βούλονται τὴν πόλιν ἐς ἔκπληξιν καθιστάναι, ὅπως τῷ κοινῷ φόβῳ τὸ σφέτερον ἐπηλυγάζωνται. Καὶ νῦν αὗται αἱ ἀγγελίαι τοῦτο δύνανται· οὐκ ἀπὸ ταὐτομάτου, ἐκ δὲ ἀνδρῶν οἵπερ ἀεὶ τάδε κινοῦσι ξύγκεινται. (3) Ὑμεῖς δὲ ἢν εὖ βουλεύησθε, οὐκ ἐξ ὧν οὗτοι ἀγγέλλουσι σκοποῦντες λογιεῖσθε τὰ εἰκότα, ἀλλ' ἐξ ὧν ἂν ἄνθρωποι δεινοὶ καὶ πολλῶν ἔμπειροι, ὥσπερ ἐγὼ Ἀθηναίους ἀξιῶ, δράσειαν. (4) Οὐ γὰρ αὐτοὺς εἰκὸς Πελοποννησίους τε ὑπολιπόντας καὶ τὸν ἐκεῖ πόλεμον μήπω βεβαίως καταλελυμένους ἐπ' ἄλλον πόλεμον οὐκ ἐλάσσω ἑκόντας ἐλθεῖν, ἐπεὶ ἔγωγε ἀγαπᾶν οἴομαι αὐ-

eos aliquae civitates sint recepturae, animis consternabuntur. (6) Quamobrem ego quidem arbitror eos hac ratiocinatione deterritos ne soluturos quidem ex Corcyra, sed aut consilia inuentes et explorationem instituentes, quot numero simus, et quo in loco, anni tempestate in hiemem extractum iri, aut inopinata re perculsos navigationem desituros, praesertim quum, quantum ego audio, peritissimus illorum dux exercitum invitus ducat, et lubenter occasionem sit arrepturus, si quae copiae pares ad resistendum a nobis ostendantur. (7) Illud autem certo scio, rumorem de nostris viribus in majus emanaturum, quales autem sunt rumores, tales etiam sunt hominum opiniones; et eos, qui priores invadunt, aut eos, qui invadentibus mature significant, se ad vim propulsandam paratos esse, magis timent, quod eos discrimini pares putant. (8) Id quod Atheniensibus nunc accidet. Nos enim ut non repugnaturos invadunt, merito tam contemptim de nobis sentientes, quod eos cum Lacedaemoniis conjuncti non profligarimus; si vero praeter opinionem nos audentes viderint, ie inopinata magis terrebuntur, quam vero nostrae potentiae apparatu. (9) Obedite mihi igitur, potissimum quidem haec audentes, sin minus, saltem in eo, ut ceteras res ad bellum necessarias primo quoque tempore praeparetis, cuilibet autem appareat, contemptionem quidem invadentium in ipsarum rerum robore demonstrari, si qui vero, apparatus eos, qui cum metu fiant, firmissimos rati, ut jam in periculo constituti agant, id utilissimum evenire. Hostes vero et contra nos veniunt, et in ipso itinere (quod probe scio) jam sunt, et jam jamque aderunt. »

XXXV. Atque Hermocrates quidem haec dixit; inter populum vero Syracusanum ingens altercatio erat, quod alii quidem Athenienses nullo modo venturos dicerent, et quae ille dixerat, non vera esse, alii vero dicerent, etiam si illi veniant, quid se facere possint, quo non et ipsi vicissim gravius malum sint accepturi. Quinetiam alii rem istam prorsus contemnebant et in risum convertebant. Pauci vero erant, qui Hermocrati fidem haberent, et futurum formidarent. (2) Progressus autem ad eos Athenagoras, qui populi princeps, et id temporis propter popularem facundiam apud plebem gratiosissimus erat, dicebat haec :

XXXVI. « Quisquis non cupit Athenienses quidem eo dementiae progredi, ut huc profecti in nostram potestatem redigantur, is aut timidus est aut reipublicae non benevolus; illorum vero, qui res hujusmodi nuntiant magnumque metum vobis incutiunt, audaciam quidem non miror, sed imprudentiam, si sua consilia patere non putant. (2) Qui enim privatim aliquid formidant, rempublicam in magno timore constituere volunt, ut publico metu suum occultent. Et nunc isti rumores eo spectant; neque enim sua sponte, sed ab hominibus, qui semper talia movent, composita sunt. (3) Vos vero, si recte consultetis, non ex rerum, quas isti nuntiant, consideratione deliberabitis de rebus, quas facere decet, sed ex iis, quae viri prudentes et multarum rerum periti, quales ego Athenienses esse puto, facerent. (4) Non est enim credibile, eos Peloponnesiis relictis belloque nondum illic plane composito ad alterum bellum non minus ultro venire, siquidem ego existimo, eos contentos

17.

τοὺς ὅτι οὐχ ἡμεῖς ἐπ' ἐκείνους ἐρχόμεθα, πόλεις τοσαῦται καὶ οὕτω μεγάλαι.

XXXVII. « Εἰ δὲ δὴ ὥσπερ λέγονται ἔλθοιεν, ἱκανωτέραν ἡγοῦμαι Σικελίαν Πελοποννήσου διαπολεμῆσαι ὅσῳ κατὰ πάντα ἄμεινον ἐξήρτυται, τὴν δὲ ἡμετέραν πόλιν αὐτὴν τῆς νῦν στρατιᾶς ὡς φασὶν ἐπιούσης, καὶ εἰ δὶς τοσαύτη ἔλθοι, πολὺ κρείσσω εἶναι, οἷς γ' ἐπίσταμαι οὔθ' ἵππους ἀκολουθήσοντας, οὐδ' αὐτόθεν ποριοθησομένους εἰ μὴ ὀλίγους τινὰς παρ' Ἐγεσταίων, οὔθ' ὁπλίτας ἰσοπληθεῖς τοῖς ἡμετέροις ἐπὶ νεῶν γε ἐλθόντας· μέγα γὰρ τὸ καὶ αὐταῖς ταῖς ναυσὶ κούφαις τοσοῦτον πλοῦν δεῦρο κομισθῆναι, τήν τε ἄλλην παρασκευὴν ὅσην δεῖ ἐπὶ πόλιν τοσήνδε πορισθῆναι, οὐκ ὀλίγην οὖσαν. (2) Ὥστε, παρὰ τοσοῦτον γιγνώσκω, μόλις ἄν μοι δοκοῦσιν, εἰ πόλιν ἑτέραν τοσαύτην ὅσαι Συρακοῦσαί εἰσιν ἔλθοιεν ἔχοντες καὶ ὅμορον οἰκήσαντες τὸν πόλεμον ποιοῖντο, οὐκ ἂν παντάπασι διαφθαρῆναι, ἤπού γε δὴ ἐν πάσῃ πολεμίᾳ Σικελίᾳ (ξυστήσεται γὰρ) στρατοπέδῳ τε ἐκ νεῶν ἱδρυθέντι, καὶ ἐκ σκηνιδίων καὶ ἀναγκαίας παρασκευῆς οὐκ ἐπὶ πολὺ ὑπὸ τῶν ἡμετέρων ἱππέων ἐξιόντες. Τὸ δὲ ξύμπαν οὐδ' ἂν κρατῆσαι αὐτοὺς τῆς γῆς ἡγοῦμαι· τοσούτῳ τὴν ἡμετέραν παρασκευὴν κρείσσω νομίζω.

XXXVIII. « Ἀλλὰ ταῦτα, ὥσπερ ἐγὼ λέγω, οἵ τε Ἀθηναῖοι γιγνώσκοντες τὰ σφέτερα αὐτῶν (εὖ οἶδ' ὅτι) σῴζουσιν, καὶ ἐνθένδε ἄνδρες οὔτε ὄντα οὔτε ἂν γενόμενα λογοποιοῦσιν, (2) οὓς ἐγὼ οὐ νῦν πρῶτον ἀλλ' ἀεὶ ἐπίσταμαι ἤτοι λόγοις γε τοιοῖσδε καὶ ἔτι τούτων κακουργοτέροις ἢ ἔργοις βουλομένους καταπλήξαντας τὸ ὑμέτερον πλῆθος αὐτοὺς τῆς πόλεως ἄρχειν. Καὶ δέδοικα μέντοι μή ποτε πολλὰ πειρῶντες καὶ κατορθώσωσιν· ἡμεῖς δὲ κακοί, πρὶν ἐν τῷ παθεῖν ὦμεν, προφυλάξασθαί τε καὶ αἰσθόμενοι ἐπεξελθεῖν. (3) Τοιγάρτοι δι' αὐτὰ ἡ πόλις ἡμῶν ὀλιγάκις μὲν ἡσυχάζει, στάσεις δὲ πολλὰς καὶ ἀγῶνας οὐ πρὸς τοὺς πολεμίους πλείονας ἢ πρὸς αὑτὴν ἀναιρεῖται, τυραννίδας δὲ ἔστιν ὅτε καὶ δυναστείας ἀδίκους. (4) Ὧν ἐγὼ πειράσομαι, ἤν γε ὑμεῖς ἐθέλητε ἕπεσθαι, μή ποτε ἐφ' ἡμῶν τι περιιδεῖν γενέσθαι, ὑμᾶς μὲν τοὺς πολλοὺς πείθων, τοὺς δὲ τὰ τοιαῦτα μηχανωμένους κολάζων, μὴ μόνον αὐτοφώρους (χαλεπὸν γὰρ ἐπιτυγχάνειν) ἀλλὰ καὶ ὧν βούλονται μὲν δύνανται δ' οὔ (τὸν γὰρ ἐχθρὸν οὐχ ὧν δρᾷ μόνον ἀλλὰ καὶ τῆς διανοίας προαμύνεσθαι χρή, εἴπερ καὶ μὴ προφυλαξάμενός τις προπείσεται), τοὺς δ' αὖ ὀλίγους τὰ μὲν ἐλέγχων τὰ δὲ φυλάσσων, τὰ δὲ καὶ διδάσκων· μάλιστα γὰρ δοκῶ ἄν μοι οὕτως ἀποτρέπειν τῆς κακουργίας. (5) Καὶ δῆτα, ὃ πολλάκις ἐσκεψάμην, τί καὶ βούλεσθε, ὦ νεώτεροι; πότερον ἄρχειν ἤδη; ἀλλ' οὐκ ἔννομον· ὁ δὲ νόμος ἐκ τοῦ μὴ δύνασθαι ὑμᾶς μᾶλλον ἢ δυναμένους ἐτέθη ἀτιμάζειν. Ἀλλὰ δὴ μὴ μετὰ πολλῶν ἰσονομεῖσθαι; καὶ πῶς δίκαιον τοὺς αὐτοὺς μὴ τῶν αὐτῶν ἀξιοῦσθαι;

XXXIX. « Φήσει τις δημοκρατίαν οὔτε ξυνετὸν οὔτ' ἴσον εἶναι, τοὺς δ' ἔχοντας τὰ χρήματα καὶ ἄρχειν ἄριστα

esse, quod nos, qui tot atque tam magnæ civitates sumus, bellum ipsis non inferamus.

XXXVII. « Jam vero etiam si venerint, ut fertur, existimo Siciliam plus virium habere ad eos debellandos, quam Peloponnesum, quo est omnis generis apparatu instructior, nostramque civitatem solam hoc exercitu, qui, ut dicunt, nunc contra nos venit, vel si bis tantus esset, longe superiorem esse, quippe quos intelligo neque equitatum secum adducturos, neque ex hac ipsa regione comparaturos, nisi perexiguum quemdam ab Egestæis, neque gravis armaturæ militum numerum nostro parem, quia navibus vecti sunt; arduum enim fuerit vel solis navibus expeditis tantum navigationis cursum huc usque conficere, et ceterum apparatum, quantum adversus tantam civitatem oportet, suppeditare, qui profecto non parvus est. (2) Quamobrem ab hac opinione ego adeo dissentio, ut, si venirent aliam urbem tantam, quantæ sunt Syracusæ, hic obtinentes et si eam finitimam nobis incolentes bellum facerent, vix videantur mihi impedire posse, quin internecione cædantur, atque multo certe minus, ubi in hostili tota Sicilia (conspirabit enim contra illos) et castra posuerint, qualia rebus ad id e navibus adductis fieri possunt, et ubi a tentoriolis necessarioque apparatu propter equites nostros non longe procedant. In summa, ne terra quidem eos potituros puto; tanto nostrum apparatum præstantiorem duco.

XXXVIII. « At vero hæc, ut ego dico, et Athenienses intelligentes res suas (quod probe novi) conservant, et quidam hujus civitatis homines ea, quæ neque sunt, neque futura sunt, comminiscuntur, (2) quos ego non nunc primum sed semper scio aut hujuscemodi rumoribus et aliis, qui sunt istis magis etiam nefarii, aut factis vestræ multitudini terrorem incutere, ut ita ipsi civitatis imperio potiantur. Et vero metuo, ne multa temptantibus aliquando etiam res succedat; nos vero ignavi sumus, quamdiu nondum in calamitatem incidimus, tum ad præcavendas istorum insidias, tum ad eas ulciscendas, ubi senserimus. (3) His autem de causis nostra civitas raro quidem quiescit, sæpe vero seditione laborat, et certamina non plura contra hostes quam contra se ipsam sustinet, et vero interdum etiam tyrannides et iniquos dominatus. (4) Quarum rerum, si modo vos meam sententiam sequi velitis, ego nullam unquam nostra ætate neglectam esse sinam, vestram quidem multitudinem verbis in meam sententiam adducens, illos vero, qui talia machinantur, pœna coercens non solum in ipso facinore deprehensos, (arduum enim fuerit eos deprehendere) sed etiam ob ea, quæ volunt quidem, sed tamen non possunt, (hostis enim non solum pro maleficiis sed etiam pro consiliis est prius ulciscendus, siquidem etiam qui illius insidias non præcavit, prior opprimetur), rursus vero oligarchos partim coarguens, partim observans, partim etiam docens; sic enim potissimum existimo fore, ut hos a maleficio deterream. (5) Sed agite, quod sæpe mecum ipse consideravi, quid vero vultis, adolescentes? utrum rerum jam potiri? at hoc non est legitimum; lex autem lata potius est propterea, quod facultas vobis deest, quam ut facultate præditos ignominia afficiat. An vero vultis non pari jure cum plebe vivere? at quo pacto justum fuerit, eosdem non iisdem dignos censeri?

XXXIX. « Dixerit quispiam, popularem statum rem esse neque consultam neque æquabilem, sed eos, qui pecuniæ

τὰ βελτίστους. Ἐγὼ δέ φημι πρῶτα μὲν δῆμον ξύμπαν ὠνομάσθαι, ὀλιγαρχίαν δὲ μέρος, ἔπειτα φύλακας μὲν ἀρίστους εἶναι χρημάτων τοὺς πλουσίους, βουλεῦσαι δ' ἂν βέλτιστα τοὺς ξυνετούς, κρῖναι δ' ἂν ἀκούσαντας ἄριστα τοὺς πολλούς, καὶ ταῦτα ὁμοίως καὶ κατὰ μέρη καὶ ξύμπαντα ἐν δημοκρατίᾳ ἰσομοιρεῖν. (2) Ὀλιγαρχία δὲ τῶν μὲν κινδύνων τοῖς πολλοῖς μεταδίδωσιν, τῶν δ' ὠφελίμων οὐ πλεονεκτεῖ μόνον, ἀλλὰ καὶ ξύμπαν ἀφελομένη ἔχει· ἃ ὑμῶν οἵ τε δυνάμενοι καὶ οἱ νέοι προθυμοῦνται, ἀδύνατα ἐν μεγάλῃ πόλει κατασχεῖν. Ἀλλ' ἔτι καὶ νῦν, ὦ πάντων ἀξυνετώτατοι, εἰ μὴ μανθάνετε κακὰ σπεύδοντες, ἢ ἀμαθέστατοί ἐστε ὧν ἐγὼ οἶδα Ἑλλήνων, ἢ ἀδικώτατοι, εἰ εἰδότες τολμᾶτε.

XL. « Ἀλλ' ἤτοι μαθόντες γε ἢ μεταγνόντες τὸ τῆς πόλεως ξύμπασι κοινὸν αὔξετε, ἡγησάμενοι τοῦτο μὲν ἂν καὶ ἴσον καὶ πλέον οἱ ἀγαθοὶ ὑμῶν ἤπερ τὸ τῆς πόλεως πλῆθος μετασχεῖν, εἰ δ' ἄλλα βουλήσεσθε, καὶ τοῦ παντὸς κινδυνεῦσαι στερηθῆναι· καὶ τῶν τοιῶνδε ἀγγελιῶν ὡς πρὸς αἰσθομένους καὶ μὴ ἐπιτρέψοντας ἀπαλλάγητε. (2) Ἡ γὰρ πόλις ἥδε, καὶ εἰ ἔρχονται Ἀθηναῖοι, ἀμυνεῖται αὐτοὺς ἀξίως αὑτῆς, καὶ στρατηγοί εἰσιν ἡμῖν οἳ σκέψονται αὐτά· καὶ εἰ μή τι αὐτῶν ἀληθές ἐστιν, ὥσπερ οὐκ οἴομαι, οὐ πρὸς τὰς ὑμετέρας ἀγγελίας καταπλαγεῖσα καὶ ἑλομένη ὑμᾶς ἄρχοντας αὐθαίρετον δουλείαν ἐπιβαλεῖται, αὐτὴ δ' ἐφ' αὑτῆς σκοποῦσα τούς τε λόγους ἀφ' ὑμῶν ὡς ἔργα δυναμένους κρινεῖ καὶ τὴν ὑπάρχουσαν ἐλευθερίαν οὐχὶ ἐκ τοῦ ἀκούειν ἀφαιρεθήσεται, ἐκ δὲ τοῦ ἔργῳ φυλασσομένη μὴ ἐπιτρέπειν πειράσεται σώζειν. »

XLI. Τοιαῦτα μὲν Ἀθηναγόρας εἶπεν, τῶν δὲ στρατηγῶν εἷς ἀναστὰς ἄλλον μὲν οὐδένα ἔτι εἴασε παρελθεῖν, αὐτὸς δὲ πρὸς τὰ παρόντα ἔλεξε τοιάδε. (2) Διαβολὰς μὲν οὐ σῶφρον οὔτε λέγειν τινὰς ἐς ἀλλήλους οὔτε τοὺς ἀκούοντας ἀποδέχεσθαι, πρὸς δὲ τὰ ἐσαγγελλόμενα μᾶλλον ὁρᾶν, ὅπως εἷς τε ἕκαστος καὶ ξύμπασα πόλις καλῶς τοὺς ἐπιόντας παρασκευασόμεθα ἀμυνεῖσθαι. (3) Καὶ ἢν ἄρα μηδὲν δεήσῃ, οὐδεμία βλάβη τοῦ γε τὸ κοινὸν κοσμηθῆναι καὶ ἵπποις καὶ ὅπλοις καὶ τοῖς ἄλλοις οἷς ὁ πόλεμος ἀγάλλεται. (4) Τὴν δ' ἐπιμέλειαν καὶ ἐξέτασιν αὐτῶν ἡμεῖς ἕξομεν, καὶ τῶν πρὸς τὰς πόλεις διαπομπῶν ἅμα ἔς τε κατασκοπὴν καὶ ἤν τι ἄλλο φαίνηται ἐπιτήδειον. Τὰ δὲ καὶ ἐπιμεμελήμεθα ἤδη, καὶ ὅ τι ἂν αἰσθώμεθα ἐς ὑμᾶς οἴσομεν. » (5) Καὶ οἱ μὲν Συρακόσιοι τοσαῦτα εἰπόντος τοῦ στρατηγοῦ διελύθησαν ἐκ τοῦ ξυλλόγου.

XLII. Οἱ δ' Ἀθηναῖοι ἤδη ἐν τῇ Κερκύρᾳ αὐτοί τε καὶ οἱ ξύμμαχοι ἅπαντες ἦσαν. Καὶ πρῶτον μὲν ἐξέτασιν τοῦ στρατεύματος καὶ ξύνταξιν, ὥσπερ ἔμελλον ὁρμιεῖσθαί τε καὶ στρατοπεδεύεσθαι, οἱ στρατηγοὶ ἐποιήσαντο, καὶ τρία μέρη νείμαντες ἐν ἑκάστῳ ἐκλήρωσαν, ἵνα μήτε ἅμα πλέοντες ἀπορῶσιν ὕδατος καὶ λιμένων καὶ τῶν ἐπιτηδείων ἐν ταῖς καταγωγαῖς, πρός τε τἆλλα εὐκοσμότεροι καὶ ῥᾴους ἄρχειν ὦσι,

vim possident, optimos etiam esse ad optime imperandum. Ego vero respondeo primum quidem populi nomen universam rempublicam complecti, paucorum vero potentiam partem, deinde custodes quidem optimos pecuniarum esse locupletes, sed consultores præstantissimos esse viros prudentes, judicem vero optimum, postquam res audierit, esse multitudinem; atque hæc omnia pariter et per partes et simul universa in statu populari juris æquabilitate frui. (2) Sed paucorum dominatus pericula quidem multitudini impertit, commodorum vero non solum majorem partem capit, verum etiam universa ceteris erepta retinet; quas res illi, qui inter vos sunt et potentes et juvenes, obtinere student, quod fieri non potest in ampla civitate. At nunc etiam, omnium stultissimi, nisi animadvertitis, vos rem perniciosam affectare, aut omnium Græcorum, quos ego novi, estis imperitissimi, aut injustissimi, si scientes audetis.

XL. « Verum aut re intellecta aut mutata sententia, quod ad universæ reipublicæ bonum spectat, id augete, hoc vobis persuasum habentes, fore, ut illi, qui de vobis boni sunt cives, ejus parem, atque adeo majorem partem obtineant, quam cetera civitatis multitudo; si vero alia affectaritis, vos in periculum venturos, ne et rebus omnibus priveminī: et ab hujusmodi nuntiis ut inter intelligentes rem nec neglecturos abstinete. (2) Hæc enim civitas, ut etiam veniant Athenienses, pro sua dignitate eos propulsabit, et sunt nobis imperatores, qui hæc videbunt; atque si nihil horum verum fuerit, prout ego suspicor, nequaquam vestris nuntiis exterrita civitas vos duces eliget suaque sponte sibi servitutis jugum imponet, sed ipsa per se consultans, et de rumoribus a vobis disseminatis, quasi idem valeant ac facta, quæstionem habebit, et præsente libertate non propter auditionem privabitur, sed factis sibi cavendo et non indulgendo eam conservare conabitur. »

XLI. Atque hæc quidem Athenagoras dixit; unus autem e ducibus surgens, nullum quidem alium ad dicendum prodire passus est, sed ipse pro præsenti rerum statu hæc verba fecit : (2) « Obtrectationes quidem non sapiens est neque dicere aliquos inter se neque audientes admittere, sed potius pro rebus, quæ nuntiantur, videre, quanam ratione quum privatim tum publice ex dignitate nos instruamus ad eos propulsandos, qui contra nos veniunt. (3) Et si forte nihil opus fuerit, nulla jactura fiet, si respublica ornetur et equis et armis et ceteris rebus, quibus bellum gaudet. (4) Curam vero et lustrationem istarum nos geremus, et dimittendorum simul ad civitates hominum, et explorandi causa et si quid aliud commodum esse videatur. Sunt etiam, quæ jam curavimus, et quicquid senserimus, id ad vos referemus. » (5) Atque Syracusani quidem, quum dux hæc verba fecisset, ex concilio discesserunt.

XLII. Athenienses vero quum ipsi tum eorum socii omnes apud Corcyram jam erant. Atque primum quidem duces copias iterum recensuerunt et instruxerunt eo ordine, quo portum capturi castraque posituri erant, et classe in tres partes distributa singulas singulis sorte attribuerunt, ut neque, si conjunctim navigarent, aquæ et portuum et rerum ad victum necessariarum in stationibus ubi appellerent, inopia laborarent, et ut ceteris etiam in rebus magis ordine instructi essent, et a ducibus facilius regi possent, in singulis

κατὰ τέλη στρατηγῷ προστεταγμένοι· (2) ἔπειτα δὲ προὔπεμψαν καὶ ἐς τὴν Ἰταλίαν καὶ Σικελίαν τρεῖς ναῦς εἰσομένας αἵτινες σφᾶς τῶν πόλεων δέξονται. Καὶ εἴρητο αὐταῖς προαπαντᾶν, ὅπως ἐπιστάμενοι καταπλέωσιν.

XLIII. Μετὰ δὲ ταῦτα τοσῇδε ἤδη τῇ παρασκευῇ Ἀθηναῖοι ἄραντες ἐκ τῆς Κερκύρας ἐς τὴν Σικελίαν ἐπεραιοῦντο, τριήρεσι μὲν ταῖς πάσαις τέσσαρσι καὶ τριάκοντα καὶ ἑκατόν, καὶ δυοῖν Ῥοδίοιν πεντηκοντόροιν (τούτων Ἀττικαὶ μὲν ἦσαν ἑκατόν, ὧν αἱ μὲν ἑξήκοντα ταχεῖαι αἱ δ' ἄλλαι στρατιώτιδες, τὸ δὲ ἄλλο ναυτικὸν Χίων καὶ τῶν ἄλλων ξυμμάχων), ὁπλίταις δὲ τοῖς ξύμπασιν ἑκατὸν καὶ πεντακισχιλίοις (καὶ τούτων Ἀθηναίων μὲν αὐτῶν ἦσαν πεντακόσιοι μὲν καὶ χίλιοι ἐκ καταλόγου, ἑπτακόσιοι δὲ θῆτες ἐπιβάται τῶν νεῶν, ξύμμαχοι δὲ οἱ ἄλλοι ξυνεστράτευον, οἱ μὲν τῶν ὑπηκόων, οἱ δ' Ἀργείων πεντακόσιοι καὶ Μαντινέων καὶ μισθοφόρων πεντήκοντα καὶ διακόσιοι), τοξόταις δὲ τοῖς πᾶσιν ὀγδοήκοντα καὶ τετρακοσίοις (καὶ τούτων Κρῆτες οἱ ὀγδοήκοντα ἦσαν) καὶ σφενδονήταις Ῥοδίων ἑπτακοσίοις, καὶ Μεγαρεῦσι ψιλοῖς φυγάσιν εἴκοσι καὶ ἑκατόν, καὶ ἱππαγωγῷ μιᾷ τριάκοντα ἀγούσῃ ἱππέας.

XLIV. Τοσαύτη ἡ πρώτη παρασκευὴ πρὸς τὸν πόλεμον διέπλει. Τούτοις δὲ τὰ ἐπιτήδεια ἄγουσαι ὁλκάδες μὲν τριάκοντα σιταγωγοί, καὶ τοὺς σιτοποιοὺς ἔχουσαι καὶ λιθολόγους καὶ τέκτονας καὶ ὅσα ἐς τειχισμὸν ἐργαλεῖα, πλοῖα δὲ ἑκατόν, ἃ ἐξ ἀνάγκης μετὰ τῶν ὁλκάδων ξυνέπλει· πολλὰ δὲ καὶ ἄλλα πλοῖα καὶ ὁλκάδες ἑκούσιοι ξυνηκολούθουν τῇ στρατιᾷ ἐμπορίας ἕνεκα· ἃ τότε πάντα ἐκ τῆς Κερκύρας ξυνδιέβαλλε τὸν Ἰόνιον κόλπον. (2) Καὶ προσβαλοῦσα ἡ πᾶσα παρασκευὴ πρός τε ἄκραν Ἰαπυγίαν καὶ πρὸς Τάραντα καὶ ὡς ἕκαστοι εὐπόρησαν, παρεκομίζοντο τὴν Ἰταλίαν, τῶν μὲν πόλεων οὐ δεχομένων αὐτοὺς ἀγορᾷ οὐδὲ ἄστει, ὕδατι δὲ καὶ ὅρμῳ, Τάραντος δὲ καὶ Λοκρῶν οὐδὲ τούτοις, ἕως ἀφίκοντο ἐς Ῥήγιον τῆς Ἰταλίας ἀκρωτήριον. (3) Καὶ ἐνταῦθα ἤδη ἠθροίζοντο, καὶ ἔξω τῆς πόλεως, ὡς αὐτοὺς εἴσω οὐκ ἐδέχοντο, στρατόπεδόν τε κατεσκευάσαντο ἐν τῷ τῆς Ἀρτέμιδος ἱερῷ, οὗ αὐτοῖς καὶ ἀγορὰν παρεῖχον, καὶ τὰς ναῦς ἀνελκύσαντες ἡσύχασαν. Καὶ πρός τε τοὺς Ῥηγίνους λόγους ἐποιήσαντο, ἀξιοῦντες Χαλκιδέας ὄντας Χαλκιδεῦσιν οὖσι Λεοντίνοις βοηθεῖν· οἱ δὲ οὐδὲ μεθ' ἑτέρων ἔφασαν ἔσεσθαι, ἀλλ' ὅ τι ἂν καὶ τοῖς ἄλλοις Ἰταλιώταις ξυνδοκῇ, τοῦτο ποιήσειν. (4) Οἱ δὲ πρὸς τὰ ἐν τῇ Σικελίᾳ πράγματα ἐσκόπουν ὅτῳ τρόπῳ ἄριστα προσοίσονται· καὶ τὰς προπλους ναῦς ἐκ τῆς Ἐγέστης ἅμα προσέμενον, βουλόμενοι εἰδέναι περὶ τῶν χρημάτων εἰ ἔστιν ἃ ἔλεγον ἐν ταῖς Ἀθήναις οἱ ἄγγελοι.

XLV. Τοῖς δὲ Συρακοσίοις ἐν τούτῳ πολλαχόθεν τε ἤδη καὶ ἀπὸ τῶν κατασκόπων σαφῆ ἠγγέλλετο ὅτι ἐν Ῥηγίῳ αἱ νῆές εἰσιν καὶ ὡς ἐπὶ τούτοις παρεσκευάζοντο πάσῃ τῇ γνώμῃ καὶ οὐκέτι ἠπίστουν. Καὶ ἔς τε τοὺς Σικελοὺς περιέπεμπον, ἔνθα μὲν φύλακας,

---

agminibus attributi suo quique duci; (2) deinde vero præmiserunt et in Italiam et in Siciliam tres naves, ut explorarent, quænam civitates se essent recepturæ. Atque his præceptum erat, ut classi occurrerent, ut rerum gnari appellerent.

XLIII. Post hæc Athenienses jam e Corcyra solventes in Siciliam trajiciebant apparatu tanto: cum triremibus universis numero centum et triginta quatuor, et duabus Rhodiis navibus, quæ quinquaginta remis agebantur (harum erant Atticæ centum, quarum sexaginta erant veloces, ceteræ milites vehebant, reliqua vero classis erat Chiorum et ceterorum sociorum), militibus autem gravis armaturæ universis quinquies mille et centum (atque inter hos ex ipsis quidem Atheniensibus erant mille et quingenti milites legitime conscripti, et septingenti ex infimi ordinis civibus navium defensores; reliqui vero milites erant socii, partim quidem ex populis ipsorum imperio subjectis, partim vero ex Argivis quingenti, et ex Mantineis atque mercenariis ducenti et quinquaginta), sagittariis vero universis quadringentis et octoginta (quorum Cretenses erant octoginta), et Rhodiorum funditoribus septingentis, et Megarensibus exsulibus levis armaturæ centum viginti, et una nave hippagoga, quæ triginta equites vehebat.

XLIV. Tantus hic primus apparatus ad bellum trajiciebat. His autem triginta onerariæ naves commeatum vehebant et pistores et lapidum structores et fabros omniaque instrumenta, quæ ad munitiones exstruendas erant necessaria, navigia vero centum, quæ naves onerarias necessario comitabantur; multa etiam alia navigia et naves onerariæ simul navigantes exercitum ultro negotiationis causa sequebantur; quæ omnes e Corcyra tunc sinum Ionium simul transmittebant. (2) Totusque apparatus partim ad promontorium Japygiam, partim Tarentum appulsus, partim etiam alio, prout quibusque facultas data est, oram Italiæ legentes prætervehebantur, et civitates nec ad mercatum eos admittebant nec in urbem, sed ad aquæ et stationis usum, Tarentum vero Locrique ne ad hæc quidem, donec ad Rhegium Italiæ promontorium pervenerunt. (3) Atque hic jam congregabantur et extra urbem (quia Rhegini eos intra [muros non recipiebant) castra fecerunt ad Dianæ templum, ubi etiam Rhegini mercatum iis præbebant; subductisque navibus quieverunt. Et apud Rheginos verba fecerunt, postulantes, ut ipsi Chalcidenses Leontinis Chalcidensibus auxilium ferrent; illi vero dixerunt, se neutris affuturos, sed quicquid ceteris Italis communiter placeret, id facturos. (4) Isti vero animum ad res Siculas conversos habebant, considerantes, quanam ratione in illis optime se gererent; simul etiam præcursorias naves ab Egesta præstolabantur, quia scire cupiebant de pecunia, si ita esset, quæ legati Athenis prædicassent.

XLV. Interea vero Syracusanis quum ex multis aliis locis, tum etiam ab exploratoribus jam certo nuntiabatur, naves ad Rhegium esse, et ut contra has omni studio se præparabant nec amplius dubitabant. Et ad Siculos mittebant quoquo versus, ad alios præsidia, ad alios legationes,

πρὸς δὲ τοὺς πρέσβεις, καὶ ἐς τὰ περιπόλια τὰ ἐν τῇ χώρᾳ φρουρὰς ἐσεκόμιζον τά τε ἐν τῇ πόλει ὅπλων ἐξετάσει καὶ ἵππων ἐσκόπουν εἰ ἐντελῆ ἐστίν, καὶ τἆλλα ὡς ἐπὶ ταχεῖ πολέμῳ καὶ ὅσον οὐ παρόντι καθίσταντο.

XLVI. Αἱ δ' ἐκ τῆς Ἐγέστης τρεῖς νῆες αἱ πρόπλοι παραγίγνονται τοῖς Ἀθηναίοις ἐς τὸ Ῥήγιον, ἀγγέλλουσαι ὅτι τἆλλα μὲν οὐκ ἔστι χρήματα ἃ ὑπέσχοντο, τριάκοντα δὲ τάλαντα μόνα φαίνεται. (2) Καὶ οἱ στρατηγοὶ εὐθὺς ἐν ἀθυμίᾳ ἦσαν, ὅτι αὐτοῖς τοῦτό τε πρῶτον ἀντεκεκρούκει καὶ οἱ Ῥηγῖνοι οὐκ ἐθελήσαντες ξυστρατεύειν, οὓς πρῶτον ἤρξαντο πείθειν καὶ εἰκὸς ἦν μάλιστα, Λεοντίνων τε ξυγγενεῖς ὄντας καὶ σφίσιν ἀεὶ ἐπιτηδείους. Καὶ τῷ μὲν Νικίᾳ προσδεχομένῳ ἦν τὰ παρὰ τῶν Ἐγεσταίων, τοῖν δὲ ἑτέροιν καὶ ἀλογώτερα. (3) Οἱ δὲ Ἐγεσταῖοι τοιόνδε τι ἐξετεχνήσαντο τότε ὅτε οἱ πρῶτοι πρέσβεις τῶν Ἀθηναίων ἦλθον αὐτοῖς ἐς τὴν κατασκοπὴν τῶν χρημάτων. Ἔς τε τὸ ἐν Ἔρυκι ἱερὸν τῆς Ἀφροδίτης ἀγαγόντες αὐτοὺς ἐπέδειξαν τὰ ἀναθήματα, φιάλας τε καὶ οἰνοχόας καὶ θυμιατήρια καὶ ἄλλην κατασκευὴν οὐκ ὀλίγην, ἃ ὄντα ἀργυρᾶ πολλῷ πλείω τὴν ὄψιν ἀπ' ὀλίγης δυνάμεως χρημάτων παρείχετο· καὶ ἰδίᾳ ξενίσεις ποιούμενοι τῶν τριηριτῶν τά τε ἐξ αὐτῆς Ἐγέστης ἐκπώματα καὶ χρυσᾶ καὶ ἀργυρᾶ ξυλλέξαντες καὶ τὰ ἐκ τῶν ἐγγὺς πόλεων καὶ Φοινικικῶν καὶ Ἑλληνίδων αἰτησάμενοι ἐσέφερον ἐς τὰς ἑστιάσεις ὡς οἰκεῖα ἕκαστοι. (4) Καὶ πάντων ὡς ἐπὶ τὸ πολὺ τοῖς αὐτοῖς χρωμένων καὶ πανταχοῦ πολλῶν φαινομένων μεγάλην τὴν ἔκπληξιν τοῖς ἐκ τῶν τριήρων Ἀθηναίοις παρεῖχεν, καὶ ἀφικόμενοι ἐς τὰς Ἀθήνας διεθρόησαν ὡς χρήματα πολλὰ ἴδοιεν. (5) Καὶ οἱ μὲν αὐτοί τε ἀπατηθέντες καὶ τοὺς ἄλλους τότε πείσαντες, ἐπειδὴ διῆλθεν ὁ λόγος ὅτι οὐκ εἴη ἐν τῇ Ἐγέστῃ τὰ χρήματα, πολλὴν τὴν αἰτίαν εἶχον ὑπὸ τῶν στρατιωτῶν· οἱ δὲ στρατηγοὶ πρὸς τὰ παρόντα ἐβουλεύοντο,

XLVII. καὶ Νικίου μὲν ἦν γνώμη πλεῖν ἐπὶ Σελινοῦντα πάσῃ τῇ στρατιᾷ, ἐφ' ὅπερ μάλιστα ἐπέμφθησαν, καὶ ἢν μὲν παρέχωσι χρήματα παντὶ τῷ στρατεύματι Ἐγεσταῖοι, πρὸς ταῦτα βουλεύεσθαι, εἰ δὲ μή, ταῖς ἑξήκοντα ναυσὶν, ὅσασπερ ᾐτήσαντο, ἀξιοῦν διδόναι αὐτοὺς τροφήν, καὶ παραμείναντας Σελινουντίους ἢ βίᾳ ἢ ξυμβάσει διαλλάξαι αὐτοῖς, καὶ οὕτω παραπλεύσαντας τὰς ἄλλας πόλεις καὶ ἐπιδείξαντας μὲν τὴν δύναμιν τῆς Ἀθηναίων πόλεως, δηλώσαντας δὲ τὴν ἐς τοὺς φίλους καὶ ξυμμάχους προθυμίαν, ἀποπλεῖν οἴκαδε, ἢν μή τι δι' ὀλίγου καὶ ἀπὸ τοῦ ἀδοκήτου ἢ Λεοντίνους οἷοί τε ὦσιν ὠφελῆσαι ἢ τῶν ἄλλων τινὰ πόλεων προσαγαγέσθαι, καὶ τῇ πόλει δαπανῶντας τὰ οἰκεῖα μὴ κινδυνεύειν.

XLVIII. Ἀλκιβιάδης δὲ οὐκ ἔφη χρῆναι τοσαύτῃ δυνάμει ἐκπλεύσαντας αἰσχρῶς καὶ ἀπράκτως ἀπελθεῖν, ἀλλ' ἔς τε τὰς πόλεις ἐπικηρυκεύεσθαι πλὴν Σελινοῦντος καὶ Συρακουσῶν τὰς ἄλλας, καὶ πειρᾶσθαι καὶ τοὺς Σικελοὺς τοὺς μὲν ἀφιστάναι ἀπὸ τῶν Συρακοσίων τοὺς δὲ φίλους ποιεῖσθαι, ἵνα σῖτον καὶ στρατιὰν ἔχω-

et in castella, quæ in regione circumcirca erant, præsidia immittebant, et quæ intra urbem erant, si absoluta essent, explorabant, recensentes arma et equos, et cetera constituebant, ut in imminente et tantum non jam præsente bello.

XLVI. Illæ vero tres præcursoriæ naves ab Egesta Rhegium ad Athenienses advenerunt, et renuntiarunt ceteram quidem pecuniam, quam promiserant, nullam esse, sed tantum triginta talenta apparere. (2) Atque duces statim animos despondere cœperunt, quod iis et hoc primum præter exspectationem incommode cecidisset, quodque Rhegini una secum militare recusavissent, quibus primis suadere cœperant, et maxime credibile videbatur, quod essent Leontinorum cognati et eorum semper studiosi. Atque Niciæ quidem hæc exspectanti ab Egestæis contigerunt, duobus vero reliquis vel maxime præter opinionem. (3) Egestæi autem hujusmodi fraudem excogitarant tunc, quum primi Atheniensium legati eos adierunt ad explorandas pecunias. Adductis illis in Veneris fanum, quod est in Eryce, ostenderunt donaria, phialas et trullas et thuribula ceteramque non paucam supellectilem, quæ quum essent argentea, longe majorem speciem pro exiguo pretio præbebant; atque etiam privatim exceptis hospitio illis, qui triremibus advecti erant, et ex ipsa Egesta aurea argenteaque pocula collecta, et ex vicinis Phœnicum Græcumque urbibus corrogata in conviviis ut suam quique domesticam supellectilem exhibebant. (4) Et quum omnes iisdem plerumque uterentur et multa ubique conspicerentur, ingentem stuporem afferebant Atheniensibus, qui triremibus advecti erant, et Athenas reversi divulgarant, se magnam pecuniæ vim conspexisse. (5) Atque illi quidem, qui et ipsi decepti erant, et aliis tunc hoc persuaserant, postquam hic rumor dimanavit, pecunias illas Egestæ non esse, graviter a militibus accusabantur; duces autem pro præsenti rerum statu consultabant;

XLVII. et Niciæ quidem sententia erat, ut cum omnibus copiis adversus Selinuntem navigaretur, cujus rei causa potissimum missi essent, et si quidem Egestæi pecunias universo exercitui suppeditarent, pro pecuniæ summa consilium caperetur; sin minus, ab iis postularetur, ut sexaginta navibus, quas petissent, cibaria suppeditarent, atque permanerent, donec Selinuntios cum illis vel vi vel pactione reconciliassent, et ita ceteras civitates obirent, et ubi Atheniensis reipublicæ potentiam iis ostendissent, et suum in amicos sociosque studium demonstrassent, domum redirent, nisi forte brevi et ex inopinato facultas aliqua offerretur, vel Leontinos juvandi vel aliquam reliquarum civitatum sibi adjungendi, neque facultates domesticas consumentes rempublicam in periculum adducerent.

XLVIII. Alcibiades vero dicebat, non oportere cum tantis copiis emissos turpiter et infecto negotio abire, sed ad omnes civitates, præter Selinuntem et Syracusas, legatos mittendos et operam dandam, ut et Siculos partim ad defectionem a Syracusanis faciendam solicitarent, partim amicos sibi facerent, ut et commeatum et copias haberent;

σιν, πρῶτον δὲ πείθειν Μεσσηνίους (ἐν πόρῳ γὰρ μάλιστα καὶ προσβολῇ εἶναι αὐτοὺς τῆς Σικελίας, καὶ λιμένα καὶ ἐφόρμησιν τῇ στρατιᾷ ἱκανωτάτην ἔσεσθαι)· προσαγαγομένους δὲ τὰς πόλεις, εἰδότας μεθ' ὧν τις πολεμήσει, οὕτως ἤδη Συρακούσαις καὶ Σελινοῦντι ἐπιχειρεῖν, ἢν μὴ οἱ μὲν Ἐγεσταίοις ξυμβαίνωσιν, οἱ δὲ Λεοντίνους ἐῶσι κατοικίζειν.

XLIX. Λάμαχος δὲ ἄντικρυς ἔφη χρῆναι πλεῖν ἐπὶ Συρακούσας καὶ πρὸς τῇ πόλει ὡς τάχιστα τὴν μάχην ποιεῖσθαι, ἕως ἔτι ἀπαράσκευοί τ' εἰσὶ καὶ μάλιστα ἐκπεπληγμένοι. (2) Τὸ γὰρ πρῶτον πᾶν στράτευμα δεινότατον εἶναι· ἢν δὲ χρονίσῃ πρὶν ἐς ὄψιν ἐλθεῖν, τῇ γνώμῃ ἀναθαρσοῦντας ἀνθρώπους καὶ τῇ ὄψει καταφρονεῖν μᾶλλον. Αἰφνίδιον δὲ ἢν προσπέσωσιν, ἕως ἔτι περιδεεῖς προσδέχονται, μάλιστ' ἂν σφεῖς περιγενέσθαι καὶ κατὰ πάντα ἂν αὐτοὺς ἐκφοβῆσαι, τῇ τε ὄψει (πλεῖστοι γὰρ ἂν νῦν φανῆναι) καὶ τῇ προσδοκίᾳ ὧν πείσονται, μάλιστα δ' ἂν τῷ αὐτίκα κινδύνῳ τῆς μάχης. (3) Εἰκὸς δὲ εἶναι καὶ ἐν τοῖς ἀγροῖς πολλοὺς ἀπολειφθῆναι ἔξω διὰ τὸ ἀπιστεῖν σφᾶς μὴ ἥξειν, καὶ ἐσκομιζομένων αὐτῶν τὴν στρατιὰν οὐκ ἀπορήσειν χρημάτων, ἢν πρὸς τῇ πόλει κρατοῦσα καθέζηται. (4) Τούς τε ἄλλους Σικελιώτας οὕτως ἤδη μᾶλλον καὶ ἐκείνοις οὐ ξυμμαχήσειν καὶ σφίσι προσιέναι, καὶ οὐ διαμελλήσειν περισκοποῦντας ὁπότεροι κρατήσουσιν. Ναύσταθμον δὲ ἐπαναχωρήσαντας καὶ ἐφορμηθέντας Μέγαρα ἔφη χρῆναι ποιεῖσθαι, ἃ ἦν ἐρῆμα, ἀπέχοντα Συρακουσῶν οὔτε πλοῦν πολὺν οὔτε ὁδόν.

L. Λάμαχος μὲν ταῦτα εἰπὼν ὅμως προσέθετο καὶ αὐτὸς τῇ Ἀλκιβιάδου γνώμῃ. Μετὰ δὲ τοῦτο Ἀλκιβιάδης τῇ αὐτοῦ νηὶ διαπλεύσας ἐς Μεσσήνην καὶ λόγους ποιησάμενος περὶ ξυμμαχίας πρὸς αὐτούς, ὡς οὐκ ἔπειθεν ἀλλ' ἀπεκρίναντο πόλει μὲν ἂν οὐ δέξασθαι, ἀγορὰν δ' ἔξω παρέξειν, ἀπέπλει ἐς τὸ Ῥήγιον. (2) Καὶ εὐθὺς ξυμπληρώσαντες ἑξήκοντα ναῦς ἐκ πασῶν οἱ στρατηγοὶ καὶ τὰ ἐπιτήδεια λαβόντες παρέπλεον ἐς Νάξον, τὴν ἄλλην στρατιὰν ἐν Ῥηγίῳ καταλιπόντες καὶ ἕνα σφῶν αὐτῶν. (3) Ναξίων δὲ δεξαμένων τῇ πόλει παρέπλεον ἐς Κατάνην. Καὶ ὡς αὐτοὺς οἱ Καταναῖοι οὐκ ἐδέχοντο (ἐνῆσαν γὰρ αὐτόθι ἄνδρες τὰ Συρακοσίων βουλόμενοι), ἐκομίσθησαν ἐπὶ τὸν Τηρίαν ποταμόν, (4) καὶ αὐλισάμενοι τῇ ὑστεραίᾳ ἐπὶ Συρακούσας ἔπλεον ἐπὶ κέρως, ἔχοντες τὰς ἄλλας ναῦς. Δέκα δὲ τῶν νεῶν προύπεμψαν ἐς τὸν μέγαν λιμένα πλεῦσαί τε καὶ κατασκέψασθαι εἴ τι ναυτικόν ἐστι καθειλκυσμένον, καὶ κηρῦξαι ἀπὸ τῶν νεῶν προσπλεύσαντας ὅτι Ἀθηναῖοι ἥκουσι Λεοντίνους ἐς τὴν ἑαυτῶν κατοικιοῦντες κατὰ ξυμμαχίαν καὶ ξυγγένειαν· τοὺς οὖν ὄντας ἐν Συρακούσαις Λεοντίνων ὡς παρὰ φίλους καὶ εὐεργέτας Ἀθηναίους ἀδεῶς ἀπιέναι. (5) Ἐπεὶ δ' ἐκηρύχθη καὶ κατεσκέψαντο τήν τε πόλιν καὶ τοὺς λιμένας καὶ τὰ περὶ τὴν χώραν ἐξ ἧς αὐτοῖς ὁρμωμένοις πολεμητέα ἦν, ἀπέπλευσαν πάλιν ἐς Κατάνην.

LI. Καὶ ἐκκλησίας γενομένης τὴν μὲν στρατιὰν οὐκ

ac primum quidem Messanenses adducendos (hos enim potissimum in trajectu et opportuno loco, quo ad Siciliam appelli posset, sitos esse, et portum atque stationem excitui eam commodissimam fore); civitatibus autem in amicitiam adductis, ubi nossent, quos belli socios essent habituri, ita demum Syracusas et Selinuntem aggrediendas, nisi hi quidem compositionem cum Egestæis facerent, illi vero Leontinos in suas pristinas sedes redire sinerent.

XLIX. Lamachus vero recta dicebat adversus Syracusas navigandum esse, et primo quoque tempore prœlium ad urbem committendum, dum adhuc imparati essent et maxime perterriti. (2) Omnem enim exercitum principio maximum terrorem afferre; sed si moram interponat, antequam in conspectum veniat, homines ex pavore se colligentes etiam visu magis contemnere. Sed si repente invaserint, dum illi adhuc metu perculsi in exspectatione essent, facillime se superiores illis futuros, omnibusque rebus terrorem illis incussuros, tum adspectu (plurimos enim nunc se numero visum iri) tum exspectatione cladium, quas essent accepturi, præcipue vero subito prœlii periculo. (3) Verisimile autem esse, in agris etiam multos extra urbem remansisse, quod non crederent se venturos, quibus res suas in urbem comportantibus exercitum, si victor urbem obsideret, satis pecuniarum habiturum. (4) Præterea reliquos Sicilienses sic jam facilius et illorum societati non accessuros, et ad se transituros, minimeque cunctaturos circumspiciendo, utri victores essent futuri. Stationem autem navium reversis, et ad portum appulsis Megara dicebat facienda esse, quæ deserta essent et a Syracusis neque mari multum neque terra distarent.

L. Lamachus autem quamvis hæc dixisset, tamen et ipse in Alcibiadis sententiam ivit. Postea vero Alcibiades sua navi Messanam profectus de societate ineunda apud Messanenses verba fecit, et quum rem iis persuadere non posset, sed illi respondissent, in urbem quidem se nequaquam recepturos, forum tamen rerum venalium iis præbituros, ad Rhegium redibat. (2) Duces autem quum ex omni numero sexaginta naves confestim implevissent et res necessarias assumpsissent, reliquo exercitu cum uno de se ipsis ad Rhegium relicto, classe prætervecti Naxum petebant. (3) Quum autem Naxii eos urbe recepissent, illinc oram legentes ad Catanam navigabant. Et quum Catanæi eos non recepissent (illic enim aderant quidam, qui Syracusanorum partibus favebant), ad flumen Teriam delati sunt, (4) et quum illic pernoctassent, postero die Syracusas versus navigarunt, agmine longo ceteris navibus instructis. Decem vero naves præmiserunt, ut in magnum portum navigarent et explorarent, si quid navium deductum esset, utque accedentes ex navibus per præconis vocem significarent, Athenienses venire, ut Leontinos in suas pristinas sedes restituerent propter societatis atque cognationis jus; Leontini igitur, quotquot Syracusis essent, intrepide transirent ad Athenienses ut ad amicos et de ipsis bene meritos. (5) Postquam autem per præconis vocem hoc illis denuntiatum est, et urbis portuumque situm, omnemque circa regionem, unde sibi ad bellum faciendum prodeundum esset, contemplati sunt, rursus Catanam redierunt.

LI. Catanæi vero convocata concione copias quidem urbe

ἐδέχοντο οἱ Καταναῖοι, τοὺς δὲ στρατηγοὺς ἐσελθόντας ἐκέλευον εἴ τι βούλονται εἰπεῖν. Καὶ λέγοντος τοῦ Ἀλκιβιάδου, καὶ τῶν ἐν τῇ πόλει πρὸς τὴν ἐκκλησίαν τετραμμένων, οἱ στρατιῶται πυλίδα τινὰ ἐνῳκοδομημένην κακῶς ἔλαθον διελόντες, καὶ ἐσελθόντες ἠγόραζον ἐς τὴν πόλιν. (2) Τῶν δὲ Καταναίων οἱ μὲν τὰ τῶν Συρακοσίων φρονοῦντες, ὡς εἶδον τὸ στράτευμα ἔνδον, εὐθὺς περιδεεῖς γενόμενοι ὑπεξῆλθον οὐ πολλοί τινες, οἱ δὲ ἄλλοι ἐψηφίσαντό τε ξυμμαχίαν τοῖς Ἀθηναίοις καὶ τὸ ἄλλο στράτευμα ἐκέλευον ἐκ Ῥηγίου κομίζειν. (3) Μετὰ δὲ τοῦτο διαπλεύσαντες οἱ Ἀθηναῖοι ἐς τὸ Ῥήγιον, πάσῃ ἤδη τῇ στρατιᾷ ἄραντες ἐς τὴν Κατάνην, ἐπειδὴ ἀφίκοντο, κατεσκευάζοντο τὸ στρατόπεδον.

LII. Ἐσηγγέλλετο δὲ αὐτοῖς ἔκ τε Καμαρίνης ὡς εἰ ἔλθοιεν προσχωροῖεν ἄν, καὶ ὅτι Συρακόσιοι πληροῦσι ναυτικόν. Ἁπάσῃ οὖν τῇ στρατιᾷ παρέπλευσαν πρῶτον μὲν ἐπὶ Συρακούσας· καὶ ὡς οὐδὲν εὗρον ναυτικὸν πληρούμενον, παρεκομίζοντο αὖθις ἐπὶ Καμαρίνης, καὶ σχόντες ἐς τὸν αἰγιαλὸν ἐπεκηρυκεύοντο. Οἱ δ' οὐκ ἐδέχοντο, λέγοντες σφίσι τὰ ὅρκια εἶναι μιᾷ νηΐ καταπλεόντων Ἀθηναίων δέχεσθαι, ἢν μὴ αὐτοὶ πλείους μεταπέμπωσιν. (2) Ἄπρακτοι δὲ γενόμενοι ἀπέπλεον· καὶ ἀποβάντες κατά τι τῆς Συρακοσίας καὶ ἁρπαγὴν ποιησάμενοι, καὶ τῶν Συρακοσίων ἱππέων βοηθησάντων καὶ τῶν ψιλῶν τινὰς ἐσκεδασμένους διαφθειράντων, ἀπεκομίσθησαν ἐς Κατάνην.

LIII. Καὶ καταλαμβάνουσι τὴν Σαλαμινίαν ναῦν ἐκ τῶν Ἀθηνῶν ἥκουσαν ἐπί τε Ἀλκιβιάδην ὡς κελεύσοντας ἀποπλεῖν ἐς ἀπολογίαν ὧν ἡ πόλις ἐνεκάλει, καὶ ἐπ' ἄλλους τινὰς τῶν στρατιωτῶν τῶν μετ' αὐτοῦ μεμηνυμένων περὶ τῶν μυστηρίων ὡς ἀσεβούντων, τῶν δὲ καὶ περὶ τῶν Ἑρμῶν. (2) Οἱ γὰρ Ἀθηναῖοι, ἐπειδὴ ἡ στρατιὰ ἀπέπλευσεν, οὐδὲν ἧσσον ζήτησιν ἐποιοῦντο τῶν περὶ τὰ μυστήρια καὶ τῶν περὶ τοὺς Ἑρμᾶς δρασθέντων, καὶ οὐ δοκιμάζοντες τοὺς μηνυτὰς ἀλλὰ πάντας ὑπόπτως ἀποδεχόμενοι, διὰ πονηρῶν ἀνθρώπων πίστιν πάνυ χρηστοὺς τῶν πολιτῶν ξυλλαμβάνοντες κατέδουν, χρησιμώτερον ἡγούμενοι εἶναι βασανίσαι τὸ πρᾶγμα καὶ εὑρεῖν ἢ διὰ μηνυτοῦ πονηρίαν τινὰ καὶ χρηστὸν δοκοῦντα εἶναι αἰτιαθέντα ἀνέλεγκτον διαφυγεῖν. (3) Ἐπιστάμενος γὰρ ὁ δῆμος ἀκοῇ τὴν Πεισιστράτου καὶ τῶν παίδων τυραννίδα χαλεπὴν τελευτῶσαν γενομένην, καὶ προσέτι οὐδ' ὑφ' ἑαυτῶν καὶ Ἁρμοδίου καταλυθεῖσαν ἀλλ' ὑπὸ Λακεδαιμονίων, ἐφοβεῖτο ἀεὶ καὶ πάντα ὑπόπτως ἐλάμβανεν.

LIV. Τὸ γὰρ Ἀριστογείτονος καὶ Ἁρμοδίου τόλμημα δι' ἐρωτικὴν ξυντυχίαν ἐπεχειρήθη, ἣν ἐγὼ ἐπὶ πλέον διηγησάμενος ἀποφανῶ οὔτε τοὺς ἄλλους οὔτε αὐτοὺς Ἀθηναίους περὶ τῶν σφετέρων τυράννων οὐδὲ περὶ τοῦ γενομένου ἀκριβές τι λέγοντας. (2) Πεισιστράτου γὰρ γηραιοῦ τελευτήσαντος ἐν τῇ τυραννίδι οὐχ Ἵππαρχος, ὥσπερ οἱ πολλοὶ οἴονται, ἀλλ' Ἱππίας πρεσβύτατος ὢν ἔσχε τὴν ἀρχήν. Γενομένου δὲ Ἁρμοδίου ὥρᾳ ἡλικίας λαμπροῦ Ἀριστογείτων ἀνὴρ τῶν ἀστῶν, μέσος

non recipiebant, sed duces ingressos dicere jubebant, si quid vellent. Quum autem Alcibiades orationem haberet et oppidani in illam concionem essent conversi, milites quandam portulam male obstructam clam diruta aedificii materia aperuerunt et in urbem ingressi in foro versabantur. (2) Catanaeorum vero ii, qui cum Syracusanis sentiebant, quum exercitum in urbe animadvertissent, confestim terrore perculsi clam profugerunt non admodum multi; ceteri vero decreverunt societatem cum Atheniensibus, et reliquum exercitum a Rhegio acciri jubebant. (3) Postea vero Athenienses ad Rhegium reversi jam cum omnibus copiis solventes Catanam postquam pervenerunt, castra faciebant.

LII. Ad ipsos autem nuntii Camarina afferebantur, si illuc proficiscerentur, eos deditionem facturos, et Syracusanos classem instruere. Cum omnibus igitur copiis primo quidem adversus Syracusas profecti sunt, et quum nullam classem ab illis instrui repperissent, rursus Camarinam versus oram legentes se recipiebant, et ad littus appulsi per caduceatorem agere coeperunt. Illi vero eos non recipiebant, dicentes, jurisjurandi religione obstrictos esse, ut Athenienses cum una navi appellentes reciperent, nisi ipsi plures ab iis accersissent. (2) Quamobrem Athenienses re infecta discedebant; et quum excensum e navibus in quandam agri Syracusani partem fecissent, et praedas egissent, et Syracusanorum equites accurrissent, et nonnullos levis armaturae milites Athenienses palatos interfecissent, Catanam se receperunt.

LIII. Illic autem offendunt Salaminiam navem Athenis missam, et adversus Alcibiadem, ut, qui in ea vehebantur, juberent eum redire ad respondendum criminibus, quorum publice insimulabatur, et adversus quosdam alios milites, de quibus simul cum eo indicium delatum erat, quod impie mysteria polluissent, partim vero etiam, quod Mercurii simulacra violassent. (2) Athenienses enim post classis discessum nihilo minus quaestionem habebant de mysteriis pollutis et de violatis Mercurii simulacris, et quoniam non explorabant indices, sed omnes suspiciose admittebant, ob fidem improbis hominibus habitam ex civibus optimos comprehensos in vincula conjiciebant, satius esse judicantes, rem accurate explorare et reperire, quam propter aliquam indicis improbitatem aliquem, licet vir probus esse videretur, accusatum nulla quaestione habita evadere. (3) Populus enim, qui fama acceperat Pisistrati ac filiorum tyrannidem extremis ejus temporibus gravem fuisse, praeterea ne a se quidem neque ab Harmodio, sed a Lacedaemoniis eversam, semper metuebat et omnia suspiciose accipiebat.

LIV. Nam audax illud Aristogitonis et Harmodii facinus propter rei cujusdam ad amores pertinentis casum susceptum est, qua re ego fusius narrata demonstrabo, neque alios neque ipsos Athenienses de suis tyrannis aut de re gesta quicquam certi dicere. (2) Quum enim Pisistratus senex in tyrannide decessisset, non Hipparchus, ut vulgo arbitrantur, sed Hippias, quod erat natu maximus, obtinuit principatum. Quum autem Harmodius aetatis flore insignis esset, Aristogito, quidam e civibus, mediae conditio-

πολίτης, ἐραστὴς ὢν εἶχεν αὐτόν. (3) Πειραθεὶς δὲ ὁ Ἁρμόδιος ὑπὸ Ἱππάρχου τοῦ Πεισιστράτου καὶ οὐ πεισθεὶς καταγορεύει τῷ Ἀριστογείτονι. Ὁ δὲ ἐρωτικῶς περιαλγήσας, καὶ φοβηθεὶς τὴν Ἱππάρχου δύναμιν μὴ βίᾳ προσαγάγηται αὐτόν, ἐπιβουλεύει εὐθὺς ὡς ἀπὸ τῆς ὑπαρχούσης ἀξιώσεως κατάλυσιν τῇ τυραννίδι. (4) Καὶ ἐν τούτῳ ὁ Ἵππαρχος ὡς αὖθις πειράσας οὐδὲν μᾶλλον ἔπειθε τὸν Ἁρμόδιον, βίαιον μὲν οὐδὲν ἐβούλετο δρᾶν, ἐν τόπῳ δέ τινι ἀφανεῖ ὡς οὐ διὰ τοῦτο δὴ παρεσκευάζετο προπηλακιῶν αὐτόν. (5) Οὐδὲ γὰρ τὴν ἄλλην ἀρχὴν ἐπαχθὴς ἦν ἐς τοὺς πολλούς, ἀλλ᾽ ἀνεπιφθόνως κατεστήσατο· καὶ ἐπετήδευσαν ἐπὶ πλεῖστον δὴ τύραννοι οὗτοι ἀρετὴν καὶ ξύνεσιν, καὶ Ἀθηναίους εἰκοστὴν μόνον πρασσόμενοι τῶν γιγνομένων τήν τε πόλιν αὐτῶν καλῶς διεκόσμησαν καὶ τοὺς πολέμους διέφερον καὶ ἐς τὰ ἱερὰ ἔθυον. (6) Τὰ δὲ ἄλλα αὐτὴ ἡ πόλις τοῖς πρὶν κειμένοις νόμοις ἐχρῆτο, πλὴν καθ᾽ ὅσον ἀεί τινα ἐπεμέλοντο σφῶν αὐτῶν ἐν ταῖς ἀρχαῖς εἶναι. Καὶ ἄλλοι τε αὐτῶν ἦρξαν τὴν ἐνιαυσίαν Ἀθηναίοις ἀρχήν, καὶ Πεισίστρατος ὁ Ἱππίου τοῦ τυραννεύσαντος υἱός, τοῦ πάππου ἔχων τοὔνομα, [ὃς] τῶν δώδεκα θεῶν βωμὸν τὸν ἐν τῇ ἀγορᾷ ἄρχων ἀνέθηκε καὶ τὸν τοῦ Ἀπόλλωνος ἐν Πυθίῳ. (7) Καὶ τῷ μὲν ἐν τῇ ἀγορᾷ προσοικοδομήσας ὕστερον ὁ δῆμος Ἀθηναίων μεῖζον μῆκος τοῦ βωμοῦ ἠφάνισε τοὐπίγραμμα· τοῦ δ᾽ ἐν Πυθίου ἔτι καὶ νῦν δῆλόν ἐστιν ἀμυδροῖς γράμμασι λέγον τάδε·

Μνῆμα τόδ᾽ ἧς ἀρχῆς Πεισίστρατος Ἱππίου υἱὸς
θῆκεν Ἀπόλλωνος Πυθίου ἐν τεμένει.

LV. Ὅτι δὲ πρεσβύτατος ὢν Ἱππίας ἦρξεν, εἰδὼς μὲν καὶ ἀκοῇ ἀκριβέστερον ἄλλων ἰσχυρίζομαι, γνοίη δ᾽ ἄν τις καὶ αὐτῷ τούτῳ· παῖδες γὰρ αὐτῷ μόνῳ φαίνονται τῶν γνησίων ἀδελφῶν γενόμενοι, ὡς ὅ τε βωμὸς σημαίνει καὶ ἡ στήλη περὶ τῆς τῶν τυράννων ἀδικίας, ἡ ἐν τῇ Ἀθηναίων ἀκροπόλει σταθεῖσα, ἐν ᾗ Θεσσαλοῦ μὲν οὐδ᾽ Ἱππάρχου οὐδεὶς παῖς γέγραπται, Ἱππίου δὲ πέντε, οἳ αὐτῷ ἐκ Μυρρίνης τῆς Καλλίου τοῦ Ὑπερεχίδου θυγατρὸς ἐγένοντο· εἰκὸς γὰρ ἦν τὸν πρεσβύτατον πρῶτον γῆμαι. (2) Καὶ ἐν τῇ πρώτῃ στήλῃ πρῶτος γέγραπται μετὰ τὸν πατέρα, οὐδὲ τοῦτο ἀπεοικότως διὰ τὸ πρεσβεύειν τε ἀπ᾽ αὐτοῦ καὶ τυραννεῦσαι. (3) Οὐ μὴν οὐδ᾽ ἂν κατασχεῖν μοι δοκεῖ ποτὲ Ἱππίας τὸ παραχρῆμα ῥᾳδίως τὴν τυραννίδα, εἰ Ἵππαρχος μὲν ἐν τῇ ἀρχῇ ὢν ἀπέθανεν, αὐτὸς δὲ αὐθημερὸν καθίστατο· ἀλλὰ καὶ διὰ τὸ πρότερον ξύνηθες τοῖς μὲν πολίταις φοβερόν, ἐς δὲ τοὺς ἐπικούρους ἀκριβές, πολλῷ τῷ περιόντι τοῦ ἀσφαλοῦς κατεκράτησεν, καὶ οὐχ ὡς ἀδελφὸς νεώτερος ὢν ἠπόρησεν ἐν ᾧ οὐ πρότερον ξυνεχῶς ὡμιλήκει τῇ ἀρχῇ. (4) Ἱππάρχῳ δὲ ξυνέβη τοῦ πάθους τῇ δυστυχίᾳ ὀνομασθέντα καὶ τὴν δόξαν τῆς τυραννίδος ἐς τὰ ἔπειτα προσλαβεῖν.

LVI. Τὸν δ᾽ οὖν Ἁρμόδιον ἀπαρνηθέντα τὴν πείρασιν, ὥσπερ διενοεῖτο, προυπηλάκισεν· ἀδελφὴν γὰρ αὐτοῦ κόρην ἐπαγγείλαντες ἥκειν κανοῦν οἴσουσαν ἐν

nis vir, eum ut amator habebat. (3) Hic autem Harmodius ab Hipparcho, Pisistrati filio, temptatus morem ei non gessit et rem ad Aristogitonem detulit. Hic vero more amatorum ingenti dolore concepto et Hipparchi potentiam extimescens, ne per vim Harmodium ad se pertraheret, protinus ita, ut in sua dignitate poterat, tyrannidem per insidias evertere conatur. (4) Interea vero Hipparchus quum Harmodium rursus solicitasset, et nihilo magis inducere posset, nihil quidem violenti intentare destinabat, sed in loco quodam obscuro, veluti non hac de causa, eum contumelia afficere parabat. (5) Quippe neque cetero ejus principatu multitudini gravis erat, sed citra invidiam se gesserat; et vero plurimum hi tyranni virtutem et prudentiam coluerunt, et proventuum vicesimam tantum ab Atheniensibus exigentes et urbem eorum egregie exornarunt et bella administrabant et in templis sacrificia faciebant. (6) In ceteris vero rebus civitas legibus ante latis utebatur, præterquam quod operam provide dabant, ut semper aliquis de suo ipsorum numero imperium gereret. Et quum alii ex iis annuum imperium apud Athenienses obtinuerunt, tum Pisistratus, Hippiæ ejus, qui tyrannus fuerat, filius, avi nomen ferens, [qui] quum esset archon, aram duodecim deorum in foro dedicavit, et illam, quæ est Apollinis in Pythii templo. (7) Postea vero populus Atheniensis quum amplificasset aram, quæ erat in foro, inscriptionem delevit; illius vero, quæ in Pythii templo erat, etiamnum tota exstat literis evanidis pæne in hæc verba:

In Pythii Phœbi Pisistratus æde locavit
imperii Hippiades hæc monumenta sui.

LV. Hippiam igitur imperasse, quod natu maximus esset, et sciens e fama mihi tradita accuratius quam alii, confirmo et intelligat aliquis vel ex hoc ipso: hunc enim solum inter legitimos fratres liberos suscepisse constat, ut et ara indicat, et columna in Athenarum arce erecta cum inscriptione sceleris a tyrannis perpetrati, in qua nullus Thessali aut Hipparchi filius est scriptus, sed quinque Hippiæ, quos ille ex Myrrhine Calliæ Hyperichidæ filia susceperat; par enim erat, maximum natu uxorem primum ducere. (2) Deinde in prima columna primus ille scriptus est post parentem, ne hoc quidem abs re, quippe quod et ab eo natu maximus esset, et tyrannidem obtinuisset. (3) Quin nec Hippias mihi videtur ita facile et vestigio tyrannidem retenturus fuisse, si Hipparchus in imperio constitutus decessisset, et ipse eodem die tyrannus exsisteret; sed propter pristinum solitumque civium metum, et diligentiam, qua in satellitum præsidio utebatur, imperium multis abundans firmis subsidiis retinuit, et non ut frater natu minor, consilii inops fuit, quod si fuisset, non antea continenter imperii particeps fuisset. (4) Hipparcho vero hoc evenit, uti propter calamitatem, in quam inciderat, nobilitatus hanc etiam tyrannidis famam apud posteros assumeret.

LVI. Harmodium igitur, quod sibi eum solicitanti morem gerere noluisset, ut in animo habebat, contumelia affecit; sororem enim ejus virginem quum ad gestandum in

πομπῇ τινί, ἀπήλασαν λέγοντες οὐδὲ ἐπαγγεῖλαι τὴν ἀρχὴν διὰ τὸ μὴ ἀξίαν εἶναι. (2) Χαλεπῶς δὲ ἐνεγκόντος τοῦ Ἁρμοδίου πολλῷ δὴ μᾶλλον δι᾽ ἐκεῖνον καὶ ὁ Ἀριστογείτων παρωξύνετο. Καὶ αὐτοῖς τὰ μὲν ἄλλα πρὸς τοὺς ξυνεπιθησομένους τῷ ἔργῳ ἐπέπρακτο, περιέμενον δὲ Παναθήναια τὰ μεγάλα, ἐν ᾗ μόνον ἡμέρᾳ οὐχ ὕποπτον ἐγίγνετο ἐν ὅπλοις τῶν πολιτῶν τοὺς τὴν πομπὴν πέμψαντας ἀθρόους γενέσθαι· καὶ ἔδει ἄρξαι μὲν αὐτούς, ξυνεπαμύνειν δὲ εὐθὺς τὰ πρὸς τοὺς δορυφόρους ἐκείνους. (3) Ἦσαν δὲ οὐ πολλοὶ οἱ ξυνομωμοκότες ἀσφαλείας οὕνεκα· ἤλπιζον γὰρ καὶ τοὺς μὴ προειδότας, εἰ καὶ ὁποσοιοῦν τολμήσειαν, ἐκ τοῦ παραχρῆμα ἔχοντάς γε ὅπλα ἐθελήσειν σφᾶς αὐτοὺς ξυνελευθεροῦν.

LVII. Καὶ ὡς ἐπῆλθεν ἡ ἑορτή, Ἱππίας μὲν ἔξω ἐν τῷ Κεραμεικῷ καλουμένῳ μετὰ τῶν δορυφόρων διεκόσμει ὡς ἕκαστα ἐχρῆν τῆς πομπῆς προϊέναι, ὁ δὲ Ἁρμόδιος καὶ ὁ Ἀριστογείτων ἔχοντες ἤδη τὰ ἐγχειρίδια ἐς τὸ ἔργον προῄεσαν. (2) Καὶ ὡς εἶδόν τινα τῶν ξυνωμοτῶν σφίσι διαλεγόμενον οἰκείως τῷ Ἱππίᾳ (ἦν δὲ πᾶσιν εὐπρόσοδος ὁ Ἱππίας), ἔδεισαν καὶ ἐνόμισαν μεμηνῦσθαί τε καὶ ὅσον οὐκ ἤδη ξυλληφθήσεσθαι. (3) Τὸν λυπήσαντα οὖν σφᾶς, καὶ δι᾽ ὅνπερ πάντα ἐκινδύνευον, ἐβούλοντο πρότερον, εἰ δύναιντο, προτιμωρήσεσθαι, καὶ ὥσπερ εἶχον ὥρμησαν εἴσω τῶν πυλῶν, καὶ περιέτυχον τῷ Ἱππάρχῳ παρὰ τὸ Λεωκόριον καλούμενον, καὶ εὐθὺς ἀπερισκέπτως προσπεσόντες καὶ ὡς ἂν μάλιστα δι᾽ ὀργῆς ὁ μὲν ἐρωτικῆς, ὁ δὲ ὑβρισμένος, ἔτυπτον, καὶ ἀποκτείνουσιν αὐτόν. (4) Καὶ ὁ μὲν τοὺς δορυφόρους τὸ αὐτίκα διαφεύγει ὁ Ἀριστογείτων, ξυνδραμόντος τοῦ ὄχλου, καὶ ὕστερον ληφθεὶς οὐ ῥᾳδίως διετέθη· Ἁρμόδιος δὲ αὐτοῦ παραχρῆμα ἀπόλλυται.

LVIII. Ἀγγελθέντος δὲ Ἱππίᾳ ἐς τὸν Κεραμεικόν, οὐκ ἐπὶ τὸ γενόμενον ἀλλ᾽ ἐπὶ τοὺς πομπέας τοὺς ὁπλίτας, πρότερον ἢ αἰσθέσθαι αὐτοὺς ἄποθεν ὄντας, εὐθὺς ἐχώρησεν, καὶ ἀδήλως τῇ ὄψει πλασάμενος πρὸς τὴν ξυμφορὰν ἐκέλευσεν αὐτούς, δείξας τι χωρίον, ἀπελθεῖν ἐς αὐτὸ ἄνευ τῶν ὅπλων. (2) Καὶ οἱ μὲν ἀνεχώρησαν οἰόμενοί τι ἐρεῖν αὐτόν, ὁ δὲ τοῖς ἐπικούροις φράσας τὰ ὅπλα ὑπολαβεῖν ἐξελέγετο εὐθὺς οὓς ἐπῃτιᾶτο καὶ εἴ τις εὑρέθη ἐγχειρίδιον ἔχων· μετὰ γὰρ ἀσπίδος καὶ δόρατος εἰώθεσαν τὰς πομπὰς ποιεῖν.

LIX. Τοιούτῳ μὲν τρόπῳ δι᾽ ἐρωτικὴν λύπην ἥ τε ἀρχὴ τῆς ἐπιβουλῆς καὶ ἡ ἀλόγιστος τόλμα ἐκ τοῦ παραχρῆμα περιδεοῦς Ἁρμοδίῳ καὶ Ἀριστογείτονι ἐγένετο. (2) Τοῖς δὲ Ἀθηναίοις χαλεπωτέρα μετὰ τοῦτο ἡ τυραννὶς κατέστη, καὶ ὁ Ἱππίας διὰ φόβου ἤδη μᾶλλον ὢν τῶν τε πολιτῶν πολλοὺς ἔκτεινε καὶ πρὸς τὰ ἔξω ἅμα διεσκοπεῖτο, εἴ ποθεν ἀσφάλειάν τινα ὁρῴη μεταβολῆς γενομένης ὑπάρχουσάν οἱ. (3) Ἱππόκλου γοῦν τοῦ Λαμψακηνοῦ τυράννου Αἰαντίδῃ τῷ παιδὶ θυγατέρα ἑαυτοῦ μετὰ ταῦτα Ἀρχεδίκην Ἀθηναῖος ὢν Λαμψακηνῷ ἔδωκεν, αἰσθανόμενος αὐτοὺς μέγα παρὰ βασιλεῖ Δαρείῳ

LVII. Quum autem festum advenisset, Hippias quidem extra urbem in loco, qui Ceramicus vocatur, cum satellitibus res ad pompam spectantes ornabat, prout singulas procedere oportebat, Harmodius vero et Aristogito pugiones jam habentes ad facinus faciendum prodibant. (2) Et ut quemdam ex conjuratis cum Hippia familiariter colloquentem conspexere (aditus autem ad Hippiam omnibus erat facilis), extimuerunt, et existimarunt, rem patefactam esse, seque jamjam comprehensum iri. (3) Quamobrem illum, a quo læsi erant, et cujus causa de summa rerum suarum periclitabantur, primum ulcisci volebant, si possent, atque ut erant, impetu portas urbis introiverunt, et Hipparchum nacti sunt in eo loco, qui Leocorium vocatur, protinus ex improviso irruentes, et ut qui vehementissime ira impulsi, hic quidem ex amore concepta, ille vero propter contumeliam, quam acceperat, ictus dabant et eum occidunt. (4) Et Aristogito quidem per satellites in præsenti fuga evasit, facto multitudinis concursu, et postea comprehensus, haud leniter tractatus est; Harmodius vero in loco statim cæditur.

LVIII. Quum autem nuntius ad Hippiam in Ceramicum allatus esset, non ad id, quod accidit, sed ad pompæ ductores armatos, priusquam illi rem resciscerent longiuscule remoti, confestim se convertit, vultuque ad calamitatem dissimulandam composito, locum quemdam ostendit, et in illum abscedere jussit sine armis. (2) Et hi quidem eo se receperunt, existimantes, eum aliquid dicturum; ille vero negotio satellitibus dato, ut arma subtraherent, protinus eos eligebat, quos insimulabat, et si quis cum pugione deprehensus esset; nam cum scuto et hasta pompas prosequi consueverant.

LIX. Hoc igitur modo propter amatoriam indignationem et conjurationis initium factum est et inconsideratum illud facinus propter repentinum metum ab Harmodio et Aristogitone susceptum est. (2) Atheniensibus vero postea tyrannis asperior extitit, et Hippias jam sibi metuens vehementius multos cives interficiebat, et simul ad externa auxilia respiciebat, si quid alicubi præsidii cerneret, quod sibi mutato rerum statu suppeteret. (3) Post hæc igitur Æantidæ Hippocli Lampsacenorum tyranni filio Archedicen filiam suam, Atheniensis Lampsaceno, quod eos apud regem Dareum

δύνασθαι. Καὶ αὐτῆς σῆμα ἐν Λαμψάκῳ ἐστὶν ἐπίγραμμα ἔχον τόδε·

> Ἀνδρὸς ἀριστεύσαντος ἐν Ἑλλάδι τῶν ἐφ᾽ ἑαυτοῦ
> Ἱππίου Ἀρχεδίκην ἥδε κέκευθε κόνις,
> ἣ πατρός τε καὶ ἀνδρὸς ἀδελφῶν τ᾽ οὖσα τυράννων
> παίδων τ᾽ οὐκ ἤρθη νοῦν ἐς ἀτασθαλίην.

(4) Τυραννεύσας δὲ ἔτη τρία Ἱππίας ἔτι Ἀθηναίων, καὶ παυθεὶς ἐν τῷ τετάρτῳ ὑπὸ Λακεδαιμονίων καὶ Ἀλκμαιωνιδῶν τῶν φευγόντων, ἐχώρει ὑπόσπονδος ἔς τε Σίγειον καὶ παρ᾽ Αἰαντίδην ἐς Λάμψακον, ἐκεῖθεν δὲ ὡς βασιλέα Δαρεῖον, ὅθεν καὶ ὁρμώμενος ἐς Μαραθῶνα ὕστερον ἔτει εἰκοστῷ ἤδη γέρων ὢν μετὰ Μήδων ἐστράτευσεν.

LX. Ὧν ἐνθυμούμενος ὁ δῆμος ὁ τῶν Ἀθηναίων, καὶ μιμνησκόμενος ὅσα ἀκοῇ περὶ αὐτῶν ἠπίστατο, χαλεπὸς ἦν τότε καὶ ὑπόπτης ἐς τοὺς περὶ τῶν μυστικῶν τὴν αἰτίαν λαβόντας, καὶ πάντα αὐτοῖς ἐδόκει ἐπὶ ξυνωμοσίᾳ ὀλιγαρχικῇ καὶ τυραννικῇ πεπρᾶχθαι. (2) Καὶ ὡς αὐτῶν διὰ τὸ τοιοῦτον ὀργιζομένων πολλοί τε καὶ ἀξιόλογοι ἄνθρωποι ἤδη ἐν τῷ δεσμωτηρίῳ ἦσαν, καὶ οὐκ ἐν παύλῃ ἐφαίνετο ἀλλὰ καθ᾽ ἡμέραν ἐπεδίδοσαν μᾶλλον ἐς τὸ ἀγριώτερόν τε καὶ πλείους ἔτι ξυλλαμβάνειν, ἐνταῦθα ἀναπείθεται εἷς τῶν δεδεμένων, ὅσπερ ἐδόκει αἰτιώτατος εἶναι, ὑπὸ τῶν ξυνδεσμωτῶν τινος εἴτε ἄρα καὶ τὰ ὄντα μηνῦσαι εἴτε καὶ οὔ· ἐπ᾽ ἀμφότερα γὰρ εἰκάζεται, τὸ δὲ σαφὲς οὐδεὶς οὔτε τότε οὔτε ὕστερον ἔχει εἰπεῖν περὶ τῶν δρασάντων τὸ ἔργον. (3) Λέγων δὲ ἔπεισεν αὐτὸν ὡς χρή, εἰ μὴ καὶ δέδρακεν, αὑτόν τε ἄδειαν ποιησάμενον σῶσαι καὶ τὴν πόλιν τῆς παρούσης ὑποψίας παῦσαι· βεβαιοτέραν γὰρ αὐτῷ σωτηρίαν εἶναι ὁμολογήσαντι μετ᾽ ἀδείας ἢ ἀρνηθέντι διὰ δίκης ἐλθεῖν. (4) Καὶ ὁ μὲν αὐτός τε καθ᾽ ἑαυτοῦ καὶ κατ᾽ ἄλλων μηνύει τὸ τῶν Ἑρμῶν· ὁ δὲ δῆμος ὁ τῶν Ἀθηναίων ἄσμενος λαβών, ὡς ᾤετο, τὸ σαφές, καὶ δεινὸν ποιούμενος πρότερον εἰ τοὺς ἐπιβουλεύοντας σφῶν τῷ πλήθει μὴ εἴσονται, τὸν μὲν μηνυτὴν εὐθὺς καὶ τοὺς ἄλλους μετ᾽ αὐτοῦ ὅσων μὴ κατηγορήκει ἔλυσαν, τοὺς δὲ καταιτιαθέντας κρίσεις ποιήσαντες τοὺς μὲν ἀπέκτειναν, ὅσοι ξυνελήφθησαν, τῶν δὲ διαφυγόντων θάνατον καταγνόντες ἐπανεῖπον ἀργύριον τῷ ἀποκτείναντι. (5) Κἀν τούτῳ οἱ μὲν παθόντες ἄδηλον ἦν εἰ ἀδίκως ἐτετιμώρηντο, ἡ μέντοι ἄλλη πόλις ἐν τῷ παρόντι περιφανῶς ὠφέλητο.

LXI. Περὶ δὲ τοῦ Ἀλκιβιάδου ἐναγόντων τῶν ἐχθρῶν, οἵπερ καὶ πρὶν ἐκπλεῖν αὐτὸν ἐπέθεντο, χαλεπῶς οἱ Ἀθηναῖοι ἐλάμβανον· καὶ ἐπειδὴ τὸ τῶν Ἑρμῶν ᾤοντο σαφὲς ἔχειν, πολὺ δὴ μᾶλλον καὶ τὰ μυστικά, ὧν ἐπαίτιος ἦν, μετὰ τοῦ αὐτοῦ λόγου καὶ τῆς ξυνωμοσίας ἐπὶ τῷ δήμῳ ἀπ᾽ ἐκείνου ἐδόκει πραχθῆναι. (2) Καὶ γάρ τις καὶ στρατιὰ Λακεδαιμονίων οὐ πολλὴ ἔτυχε κατὰ τὸν καιρὸν τοῦτον, ἐν ᾧ περὶ ταῦτα ἐθορυβοῦντο, μέχρι Ἰσθμοῦ παρελθοῦσα, πρὸς Βοιωτούς τι πράσσοντες. Ἐδόκει οὖν ἐκείνου πράξαντος καὶ οὐ Βοιωτῶν ἕνεκα ἀπὸ ξυνθήματος ἥκειν, καὶ εἰ μὴ ἔφθασαν δὴ

---

auctoritate multum pollere sciret, nuptum dedit. Atque monumentum ejus Lampsaci exstat, cum inscriptione ista:

> Hippiæ, apud Græcos qui primus vir fuit ævi,
> hic pulvis prolem contegit Archedicen,
> cui pater et vir erant, fratres natique tyranni,
> nec tamen in fastum sustulit illa animos.

(4) Hippias autem quum tres deinceps annos tyrannidem apud Athenienses obtinuisset et quarto a Lacedæmoniis, et Alcmæonidis exsulibus imperio spoliatus esset, fide publica impetrata Sigeum et inde Lampsacum ad Æantiden discedebat, illinc vero ad regem Dareum, unde postea profectus anno vicesimo jam senex cum Medis ad Marathonem militavit.

LX. Quæ reputans populus Atheniensis, et memoria repetens, quæcunque de illis fama acceperat, tunc acerbus erat et suspiciosus in eos, qui de mysteriis insimulati erant, atque omnia iis videbantur eo consilio facta, ut dominatus paucorum vel regum a conjuratis constitueretur. (2) Et quum irascentibus iis ob hanc rem multi clari viri in carcere jam essent, neque ulla rei intermissio appareret, sed in dies longius eveherentur, ita ut et sævitia augeretur et longe plures comprehenderent, interea quidam, qui cum aliis in vinculis erat, cuidam item in vincula conjecto, qui maxime affinis crimini esse videbatur, persuasit, ut rem indicaret, sive ita ut erat, sive non; nam utrinque sunt conjecturæ, certi vero nemo quicquam de illius facinoris auctoribus neque tunc neque postea afferre potuit. (3) Persuasit autem dicens, oportere ipsum, quamvis hoc facinus non perpetrasset, tamen comparata sibi impunitate, et se ipsum servare, et civitatem præsente suspicione liberare; salutem enim ipsi certiorem fore, si impunitate impetrata rem fassus esset, quam si negans judicium subiret. (4) Quamobrem hic et contra se et contra alios indicium professus est de Mercurii simulacris; populus vero Atheniensis lubenter cognita, ut putabat, rei veritate, quum prius indignissime ferret, si eos, qui suæ multitudini insidiabantur, cognoscere non posset, confestim dimisit et ipsum indicem et ceteros cum eo, quos non accusaverat; illorum vero, qui delati erant, constitutis judiciis alios quidem occiderunt, quotquot comprehensi erant, alios vero fuga dilapsos morte damnaverunt, præmio publice proposito ei, qui eos interfecisset. (5) Interea vero non constabat, num ii, qui capitali supplicio affecti erant, injuria puniti essent; reliqua tamen civitas in præsenti manifeste commodum ex hac re perceperat.

LXI. De Alcibiade vero instigantibus inimicis iisdem, qui etiam prius eum quam discederet, aggressi erant, Athenienses delationem iratis animis accipiebant; et quando quidem de violatis Mercurii simulacris rem compertam se habere existimabant, tunc vero multo magis etiam mysteria, de quibus accusabatur, ab illo polluta esse videbantur eodem consilio et cum conjuratione adversus statum popularem. (2) Nam et quidam non magnus Lacedæmoniorum exercitus in hoc ipso forte tempore, quo Athenienses propter istas res perturbabantur, ad Isthmum usque progressus est, cum Bœotis clandestinum aliquod consilium agitans. Videbatur igitur illo sollicitante, non autem Bœotorum causa ex composito venisse, et nisi ipsi per indicium homines il-

αὐτοὶ κατὰ τὸ μήνυμα ξυλλαβόντες τοὺς ἄνδρας, προδοθῆναι ἂν ἡ πόλις. Καί τινα μίαν νύκτα καὶ κατέδαρθον ἐν Θησείῳ τῷ ἐν πόλει ἐν ὅπλοις. (3) Οἵ τε ξένοι τοῦ Ἀλκιβιάδου οἱ ἐν Ἄργει κατὰ τὸν αὐτὸν χρόνον ὑπωπτεύθησαν τῷ δήμῳ ἐπιτίθεσθαι, καὶ τοὺς ὁμήρους τῶν Ἀργείων τοὺς ἐν ταῖς νήσοις κειμένους οἱ Ἀθηναῖοι τότε παρέδοσαν τῷ Ἀργείων δήμῳ διὰ ταῦτα διαχρήσασθαι. (4) Πανταχόθεν τε περιεστήκει ὑποψία ἐς τὸν Ἀλκιβιάδην. Ὥστε βουλόμενοι αὐτὸν ἐς κρίσιν ἀγαγόντες ἀποκτεῖναι, πέμπουσιν οὕτω τὴν Σαλαμινίαν ναῦν ἐς τὴν Σικελίαν ἐπί τε ἐκεῖνον καὶ ὧν πέρι ἄλλων ἐμεμήνυτο. (5) Εἴρητο δὲ προειπεῖν αὐτῷ ἀπολογησομένῳ ἀκολουθεῖν, ξυλλαμβάνειν δὲ μή, θεραπεύοντες τό τε πρὸς τοὺς ἐν τῇ Σικελίᾳ στρατιώτας τε σφετέρους καὶ πολεμίους μὴ θορυβεῖν, καὶ οὐχ ἥκιστα τοὺς Μαντινέας καὶ Ἀργείους βουλόμενοι παραμεῖναι, δι' ἐκείνου νομίζοντες πεισθῆναι σφᾶς ξυστρατεύειν. (6) Καὶ ὁ μὲν ἔχων τὴν ἑαυτοῦ ναῦν καὶ οἱ ξυνδιαβεβλημένοι ἀπέπλεον μετὰ τῆς Σαλαμινίας ἐκ τῆς Σικελίας ὡς ἐς τὰς Ἀθήνας· καὶ ἐπειδὴ ἐγένοντο ἐν Θουρίοις, οὐκέτι ξυνείποντο ἀλλ' ἀπελθόντες ἀπὸ τῆς νεὼς οὐ φανεροὶ ἦσαν, δείσαντες τὸ ἐπὶ διαβολῇ ἐς δίκην καταπλεῦσαι. (7) Οἱ δ' ἐκ τῆς Σαλαμινίας τέως μὲν ἐζήτουν τὸν Ἀλκιβιάδην καὶ τοὺς μετ' αὐτοῦ, ὡς δ' οὐδαμοῦ φανεροὶ ἦσαν, ᾤχοντο ἀποπλέοντες. Ὁ δὲ Ἀλκιβιάδης ἤδη φυγὰς ὢν οὐ πολὺ ὕστερον ἐπὶ πλοίου ἐπεραιώθη ἐς Πελοπόννησον ἐκ τῆς Θουρίας· οἱ δ' Ἀθηναῖοι ἐρήμῃ δίκῃ θάνατον κατέγνωσαν αὐτοῦ τε καὶ τῶν μετ' ἐκείνου.

LXII. Μετὰ δὲ ταῦτα οἱ λοιποὶ τῶν Ἀθηναίων στρατηγοὶ ἐν τῇ Σικελίᾳ, δύο μέρη ποιήσαντες τοῦ στρατεύματος καὶ λαχὼν ἑκάτερος, ἔπλεον ξὺν παντὶ ἐπὶ Σελινοῦντος καὶ Ἐγέστης, βουλόμενοι μὲν εἰδέναι τὰ χρήματα εἰ δώσουσιν οἱ Ἐγεσταῖοι, κατασκέψασθαι δὲ καὶ τῶν Σελινουντίων τὰ πράγματα καὶ τὰ διάφορα μαθεῖν τὰ πρὸς Ἐγεσταίους. (2) Παραπλέοντες δ' ἐν ἀριστερᾷ τὴν Σικελίαν, τὸ μέρος τὸ πρὸς τὸν Τυρσηνικὸν κόλπον, ἔσχον ἐς Ἱμέραν, ἥπερ μόνη ἐν τούτῳ τῷ μέρει τῆς Σικελίας Ἑλλὰς πόλις ἐστίν· ὡς δ' οὐκ ἐδέχοντο αὐτούς, παρεκομίζοντο. (3) Καὶ ἐν τῷ παράπλῳ αἱροῦσιν Ὕκκαρα πόλισμα Σικανικὸν μέν, Ἐγεσταίοις δὲ πολέμιον· ἦν δὲ παραθαλασσίδιον. Καὶ ἀνδραποδίσαντες τὴν πόλιν παρέδοσαν Ἐγεσταίοις (παρεγένοντο γὰρ αὐτῶν ἱππῆς), αὐτοὶ δὲ πάλιν τῷ μὲν πεζῷ ἐχώρουν διὰ τῶν Σικελῶν ἕως ἀφίκοντο ἐς Κατάνην, αἱ δὲ νῆες περιέπλευσαν τὰ ἀνδράποδα ἄγουσαι. (4) Νικίας δὲ εὐθὺς ἐξ Ὑκκάρων ἐπὶ Ἐγέστης παραπλεύσας, καὶ τἆλλα χρηματίσας καὶ λαβὼν τάλαντα τριάκοντα παρῆν ἐς τὸ στράτευμα· καὶ τἀνδράποδα ἀπέδοσαν, καὶ ἐγένοντο ἐξ αὐτῶν εἴκοσι καὶ ἑκατὸν τάλαντα. (5) Καὶ ἐς τοὺς τῶν Σικελῶν ξυμμάχους περιέπλευσαν, στρατιὰν κελεύοντες πέμπειν· τῇ τε ἡμισείᾳ τῆς ἑαυτῶν ἦλθον ἐπὶ Ὕβλαν τὴν Γελεᾶτιν πολεμίαν οὖσαν, καὶ οὐχ εἷλον. Καὶ τὸ θέρος ἐτελεύτα.

LXIII. Τοῦ δ' ἐπιγιγνομένου χειμῶνος εὐθὺς τὴν

los mature comprehendissent, futurum fuisse, ut civitas proderetur. Unde etiam unam quandam noctem apud Thesei templum, quod est in urbe, sub armis pernoctarunt. (3) Atque etiam Alcibiadis hospites, qui Argis erant, per idem tempus in suspicionem venerunt, quod populo insidiarentur, et Argivorum obsides, qui collocati erant in insulis, Athenienses tunc Argivo populo his de causis interficiendos tradiderunt. (4) Denique suspiciones Alcibiadem undique circumstabant. Quamobrem quod eum adductum ad judicium morte mulctare vellent, ita demum mittunt Salaminiam navem in Siciliam et illius causa et aliorum, de quibus indicia delata erant. (5) Mandatum autem erat, ut ei præciperent, ut se purgaturus sequeretur, non tamen ipsum comprehenderent, caventes, ne ea res apud milites suos in Sicilia aut apud hostes turbas daret, præcipue vero cupientes Mantineos et Argivos permanere, quod existimarent, eos illius opera inductos esse ad hanc militiæ societatem. (6) Atque ille quidem habens suam navem, itemque ii, qui una insimulati erant, ex Sicilia cum navi Salaminia, tanquam Athenas ituri, discesserunt; et quum Thurios advenissent, non amplius sunt secuti, sed ex navi egressi non comparebant, metuentes in criminatione sibi facta ad judicium proficisci. (7) Qui vero navi Salaminia vehebantur, aliquamdiu quidem quærebant Alcibiadem ejusque socios, sed quum nusquam comparerent, navigationis cursum conficere perrexerunt. Alcibiades vero, quum jam exsul esset, non multo post ex agro Thurio in Peloponnesum navigio vectus transmisit; Athenienses vero illum et eos, qui cum illo erant, deserto judicio, capite condemnarunt.

LXII. Postea vero ceteri Atheniensium duces, qui erant in Sicilia, quum exercitum in duas partes divisissent, et uterque suam partem sortito accepisset, cum omnibus copiis Seluntem et Egestam versus navigarunt, partim quidem, quod scire vellent, num Egestæi pecunias daturi essent, partim vero etiam, ut Selinuntiorum res explorarent et controversias cognoscerent, quæ iis cum Egestæis intercedebant. (2) Siciliæ autem oram a sinistra legentes ab ea parte, quæ ad sinum Tyrrhenum vergit, Himeram appulerunt, quæ sola in hac Siciliæ parte est Græca civitas; quæ quum eos non reciperet, prætervehebantur. (3) Et prætervehendo ceperunt Hyccara, oppidum Sicanicum quidem, sed Egestæis hostile; erat autem maritimum. Quum autem incolas in servitutem abstraxissent, oppidum Egestæis tradiderunt (ipsorum enim equitatus adfuerat), ipsi vero rursus cum peditatu quidem per Siculorum agrum iter fecerunt, donec Catanam pervenerunt; naves vero, quæ captivos vehebant, circumvectæ sunt. (4) Nicias autem ex Hyccaris Egestam confestim prætervectus, quum de ceteris rebus egisset et triginta talenta accepisset, ad exercitum aderat; et captivos vendiderunt et ex iis confecta sunt centum et viginti talenta. (5) Illinc autem circumvecti ad socios Siculorum iverunt, imperantes, ut exercitum mitterent; et cum dimidia sui exercitus parte adversus Hyblam Geleatin, quæ hostilis erat, profecti sunt, nec expugnarunt. Et æstas finiebatur.

LXIII. Insequente hieme statim Athenienses sese præpa-

ἔφοδον οἱ Ἀθηναῖοι ἐπὶ Συρακούσας παρεσκευάζοντο, οἱ δὲ Συρακόσιοι καὶ αὐτοὶ ὡς ἐπ᾽ ἐκείνους ἰόντες. (2) Ἐπειδὴ γὰρ αὐτοῖς πρὸς τὸν πρῶτον φόβον καὶ τὴν προσδοκίαν οἱ Ἀθηναῖοι οὐκ εὐθὺς ἐπέκειντο, κατά τε τὴν ἡμέραν ἑκάστην προϊοῦσαν ἀνεθάρσουν μᾶλλον, καὶ ἐπειδὴ πλέοντες τά τε ἐπέκεινα τῆς Σικελίας πολὺ ἀπὸ σφῶν ἐφαίνοντο καὶ πρὸς τὴν Ὕβλαν ἐλθόντες καὶ πειράσαντες οὐχ εἷλον βίᾳ, ἔτι πλέον κατεφρόνησαν, καὶ ἠξίουν τοὺς στρατηγούς, οἷον δὴ ὄχλος φιλεῖ θαρσήσας, ποιεῖν, ἄγειν σφᾶς ἐπὶ Κατάνην, ἐπειδὴ οὐκ ἐκεῖνοι ἐφ᾽ ἑαυτοὺς ἔρχονται. (3) Ἱππῆς τε προσελαύνοντες ἀεὶ κατάσκοποι τῶν Συρακοσίων πρὸς τὸ στράτευμα τῶν Ἀθηναίων ἐφύβριζον ἄλλα τε καὶ εἰ ξυνοικήσοντες σφίσιν αὐτοὶ μᾶλλον ἥκοιεν ἐν τῇ ἀλλοτρίᾳ ἢ Λεοντίνους ἐς τὴν οἰκείαν κατοικιοῦντες.

LXIV. Ἃ γιγνώσκοντες οἱ στρατηγοὶ τῶν Ἀθηναίων, καὶ βουλόμενοι αὐτοὺς ἄγειν πανδημεὶ ἐκ τῆς πόλεως ὅτι πλεῖστον, αὐτοὶ δὲ ταῖς ναυσὶν ἐν τοσούτῳ ὑπὸ νύκτα παραπλεύσαντες στρατόπεδον καταλαβεῖν ἐν ἐπιτηδείῳ καθ᾽ ἡσυχίαν, εἰδότες οὐκ ἂν ὁμοίως δυνηθέντες καὶ εἰ ἐκ τῶν νεῶν πρὸς παρεσκευασμένους ἐκβιβάζοιεν ἢ κατὰ γῆν ἰόντες γνωσθείησαν (τοὺς γὰρ ἂν ψιλοὺς τοὺς σφῶν καὶ τὸν ὄχλον τῶν Συρακοσίων τοὺς ἱππέας πολλοὺς ὄντας, σφίσι δ᾽ οὐ παρόντων ἱππέων, βλάπτειν ἂν μεγάλα, οὕτω δὲ λήψεσθαι χωρίον ὅθεν ὑπὸ τῶν ἱππέων οὐ βλάψονται ἄξια λόγου· ἐδίδασκον δ᾽ αὐτοὺς περὶ τοῦ πρὸς τῷ Ὀλυμπιείῳ χωρίου, ὅπερ καὶ κατέλαβον, Συρακοσίων φυγάδες, οἳ ξυνείποντο), τοιόνδε τι οὖν πρὸς ἃ ἐβούλοντο οἱ στρατηγοὶ μηχανῶνται. (2) Πέμπουσιν ἄνδρα σφίσι μὲν πιστόν, τοῖς δὲ τῶν Συρακοσίων στρατηγοῖς τῇ δοκήσει οὐχ ἧσσον ἐπιτήδειον· ἦν δὲ Καταναῖος ὁ ἀνήρ, καὶ ἀπ᾽ ἀνδρῶν ἐκ τῆς Κατάνης ἥκειν ἔφη ὧν ἐκεῖνοι τὰ ὀνόματα ἐγίγνωσκον καὶ ἠπίσταντο ἐν τῇ πόλει ἔτι ὑπολοίπους ὄντας τῶν σφίσιν εὐνόων. (3) Ἔλεγε δὲ τοὺς Ἀθηναίους αὐλίζεσθαι ἀπὸ τῶν ὅπλων ἐν τῇ πόλει, καὶ εἰ βούλονται ἐκεῖνοι πανδημεὶ ἐν ἡμέρᾳ ῥητῇ ἅμα ἕῳ ἐπὶ τὸ στράτευμα ἐλθεῖν, αὐτοὶ μὲν ἀποκλήσειν αὐτοὺς παρὰ σφίσι καὶ τὰς ναῦς ἐμπρήσειν, ἐκείνους δὲ ῥᾳδίως τὸ στράτευμα προσβαλόντας τῷ σταυρώματι αἱρήσειν· εἶναι δὲ ταῦτα τοὺς ξυνδράσοντας πολλοὺς Καταναίων, καὶ ἡτοιμάσθαι ἤδη, ἀφ᾽ ὧν αὐτὸς ἥκειν.

LXV. Οἱ δὲ στρατηγοὶ τῶν Συρακοσίων, μετὰ τοῦ καὶ ἐς τὰ ἄλλα θαρσεῖν καὶ εἶναι ἐν διανοίᾳ καὶ ἄνευ τούτων ἰέναι παρεσκευάσθαι ἐπὶ Κατάνην, ἐπίστευσάν τε τῷ ἀνθρώπῳ πολλῷ ἀπερισκεπτότερον, καὶ εὐθὺς ἡμέραν ξυνθέμενοι ᾗ παρέσονται ἀπέστειλαν αὐτόν, καὶ αὐτοί (ἤδη γὰρ καὶ τῶν ξυμμάχων· Σελινούντιοι καὶ ἄλλοι τινὲς παρῆσαν) προεῖπον πανδημεὶ πᾶσιν ἐξιέναι Συρακοσίοις. Ἐπεὶ δὲ ἕτοιμα αὐτοῖς καὶ τὰ τῆς παρασκευῆς ἦν καὶ αἱ ἡμέραι ἐν αἷς ξυνέθεντο ἥξειν ἐγγὺς ἦσαν, πορευόμενοι ἐπὶ Κατάνης ηὐλίσαντο ἐπὶ τῷ Συμαίθῳ ποταμῷ ἐν τῇ Λεοντίνῃ. (2) Οἱ δ᾽ Ἀθηναῖοι ὡς ᾔσθοντο αὐτοὺς προσιόντας, ἀναλαβόντες τό τε στρά-

rare cœperunt ad invadendas Syracusas, Syracusani vero et ipsi vicissim, ut adversus illos ituri. (2) Quod enim ad primum eorum pavorem et exspectationem Athenienses non protinus eos invaserant, quotidie temporis progressu magis ac magis se ipsos colligebant; item quod ad ulteriorem navigantes Siciliæ oram valde procul ab ipsis abesse videbantur, et Hyblam profecti eamque aggressi non expugnarant, multo magis eos contempserunt, et postulabant, quemadmodum vulgus animis sumptis facere solet, ut duces se Catanam versus ducerent, quandoquidem illi contra se non venirent. (3) Quinetiam equites Syracusani, qui ad speculandum assidue usque ad Atheniensium castra provehebantur, quum alia probra per contumeliam in eos ingerebant, tum vero illud percontabantur, num potius secum in alieno agro habitaturi venissent, quam Leontinos in propria sede collocaturi.

LXIV. Quæ quum cognoscerent Atheniensium duces, et vellent illos cum universo populo ab urbe quam longissime abducere, ipsi vero interea sub noctem cum classe prætervecti locum castris idoneum per otium occupare, scientes ejus rei se haud perinde facultatem habituros, si ex navibus adversus hostes jam præparatos descenderent, aut itinere terrestri euntes ab illis animadverterentur (suæ enim levi armaturæ et multitudini, quod nullus equitatus ipsis adesset, Syracusanorum equitatum, qui multus erat, magna detrimenta daturum; ita vero se locum capturos, unde ab hostium equitatu nullum memoratu dignum damnum essent accepturi; monebant eos autem de loco ad Olympieum sito, quem etiam occuparunt, Syracusanorum exsules, qui ipsos sequebantur), hujusmodi igitur conatum ad perficienda ea quæ cupiebant, duces machinati sunt. (2) Mittunt quemdam fidei sibi probatæ virum et Syracusanorum ducibus pro existimatione sua non minus amicum; erat autem Catanæus hic vir, et a quibusdam Catanæis se venire dicebat, quorum illi nomina noverant, et quos suæ factionis studiosos in urbe adhuc superesse sciebant. (3) Dicebat autem Athenienses in urbe procul a castris pernoctare, et si illi certa die primo diluculo ad exercitum cum universo populo venire vellent, se quidem interclusuros eos, qui essent apud se, et naves incensuros, illos vero vallum adortos exercitum Atheniensem facile capturos; fore autem Catanæorum permultos ad rem gerendam adjutores, et jam paratos esse, a quibus ipse veniret.

LXV. Syracusanorum autem duces quum et alioqui ceteris quoque in rebus essent confidentiores, et in animo haberent, vel sine his nuntiis adversus Catanam cum apparatu proficisci, longe etiam inconsideratius fidem huic homini habuerunt, statimque constituta die, ad quam adessent, eum remiserunt, ipsique (jam enim etiam Selinuntii et alii nonnulli ex sociis aderant) Syracusanis omnibus edixerunt, ut conjunctis universis copiis exirent. Quum autem res omnes ad illam expeditionem necessarias præparassent, et dies adventaret, ad quam se venturos constituerant, iter ingressi, ut Catanam versus proficiscerentur, ad Symæthum flumen in agro Leontino castra posuerunt. (2) Athenienses vero quum intellexissent, eos adventare, assumptis omni-

τευμα άπαν τό εαυτών καί όσοι Σικελών αύτοϊς ή άλλος τις προσεληλύθει, καί επιβιβάσαντες επί τάς ναύς καί τά πλοία, υπό νύκτα έπλεον επί τάς Συρακούσας. (3) Καί οί τε Αθηναίοι άμα έω εξέβαινον ες τον κατά τό Όλυμπιεϊον ώς τό στρατόπεδον καταληψόμενοι, καί οί ίππης οί Συρακοσίων πρώτοι προσελάσαντες ες τήν Κατάνην, καί αισθόμενοι ότι τό στράτευμα άπαν άνήκται, άποστρέψαντες άγγέλλουσι τοϊς πεζοϊς, καί ξύμπαντες ήδη άποτρεπόμενοι εβοήθουν επί τήν πόλιν.

LXVI. Έν τούτω δ' οί Αθηναίοι, μακράς ούσης τής όδοΰ αύτοϊς, καθ' ήσυχίαν καθίσαν τό στράτευμα ες χωρίον επιτήδειον, καί εν ώ μάχης τε άρξειν έμελλον οπότε βούλοιντο, καί οί ίππης τών Συρακοσίων ήκιστ' άν αύτούς καί εν τώ έργω καί πρό αύτοΰ λυπήσειν· τή μέν γάρ τειχία τε καί οικίαι είργον καί δένδρα καί λίμνη, παρά δέ τό κρημνοί. (2) Καί τά εγγύς δένδρα κόψαντες καί κατενεγκόντες επί τήν θάλασσαν παρά τε τάς ναύς σταύρωμα έπηξαν, καί επί τώ Δάσκωνι έρυμά τε, ή εφοδώτατον ήν τοϊς πολεμίοις, λίθοις λογάδην καί ξύλοις διά ταχέων ώρθωσαν, καί τήν τοΰ Άνάπου γέφυραν έλυσαν. (3) Παρασκευαζομένων δέ εκ μέν τής πόλεως ούδείς εξιών εκώλυε, πρώτοι δέ οί ίππης Συρακοσίων προσεβοήθησαν, έπειτα δέ ύστερον καί τό πεζόν άπαν ξυνελέγη. Καί προσήλθον μέν έγγύς τοΰ στρατεύματος τών Αθηναίων τό πρώτον, έπειτα δέ ώς ούκ άντιπροήεσαν αύτοϊς, άναχωρήσαντες καί διαβάντες τήν Έλωρίνην οδόν ηύλίσαντο.

LXVII. Τή δ' υστεραία οί Αθηναίοι καί οί ξύμμαχοι παρεσκευάζοντο ώς ες μάχην, καί ξυνετάξαντο ώδε. Δεξιόν μέν κέρας Άργεΐοι εϊχον καί Μαντινής, Αθηναίοι δέ τό μέσον, τά δέ άλλο οί ξύμμαχοι οί άλλοι. Καί τό μέν ήμισυ αύτοϊς τοΰ στρατεύματος εν τώ πρόσθεν ήν τεταγμένον επί οκτώ, τό δέ ήμισυ επί ταϊς εύναϊς εν πλαισίω, επί οκτώ καί τούτο τεταγμένον· οίς είρητο, ή άν τού στρατεύματος τι πονή μάλιστα, εφορώντας παραγίγνεσθαι. Καί τούς σκευοφόρους εντός τούτων τών επιτάκτων εποιήσαντο. (2) Οί δέ Συρακόσιοι έταξαν τούς μέν οπλίτας εφ' εκκαίδεκα, όντας πανδημεί Συρακοσίους καί όσοι ξύμμαχοι παρήσαν (έβοήθησαν δέ αύτοϊς Σελινούντιοι μέν μάλιστα, έπειτα δέ καί Γελώων ίππης, τό ξύμπαν ες διακοσίους, καί Καμαριναίων ίππης όσον είκοσι καί τοξόται ώς πεντήκοντα), τούς δέ ιππέας επετάξαντο επί τώ δεξιώ, ούκ έλασσον όντας ή διακοσίους καί χιλίους, παρά δ' αύτούς καί τούς άκοντιστάς. (3) Μέλλουσι δέ τοϊς Αθηναίοις προτέροις επιχειρήσειν ό Νικίας κατά τε έθνη επιπαριών έκαστα καί ξύμπασι τοιάδε παρεκελεύετο.

LXVIII. « Πολλή μέν παραινέσει ώ άνδρες τί δει χρήσθαι, οϊ πάρεσμεν επί τον αυτόν αγώνα; αύτή γάρ ή παρασκευή ικανωτέρα μοι δοκεϊ είναι θάρσος παρασχεϊν ή καλώς λεχθέντες λόγοι μετά άσθενοΰς στρατοπέδου. (2) Όπου γάρ Άργεϊοι καί Μαντινής καί Αθηναίοι καί νησιωτών οί πρώτοί εσμεν, πώς ού χρή μετά τοιώνδε καί τοσώνδε ξυμμάχων πάντα τινά μεγάλην

bus copiis et suorum et Siculorum, et quotquot praeterea accesserant, eisque in naves et navigia impositis sub noctem Syracusas versus contenderunt. (3) Et Athenienses simul atque dies illuxit, egressi sunt in locum, qui erat juxta Olympieum, ibi castra metaturi, et eodem tempore Syracusanorum equites, qui primi ad Catanam accesserant, quum cognovissent totum exercitum classe vectum discessisse, reversi rem peditatui nunciant; tunc vero cuncti regressi ad suppetias urbi ferendas accurrebant.

LXVI. Interea vero Athenienses, quod longum iis iter esset, per otium castra posuerunt in opportuno loco, et in quo proelii initium erant facturi, quotiescumque vellent, et vel in ipsa munitione vel ante eam ab equitatu Syracusanorum minime infestari poterant; ab una enim parte munitiones et aedificia et arbores et stagnum hostes prohibebant, ab altera vero loca praerupta. (2) Caesisque vicinis arboribus et ad mare delatis et juxta naves vallum fixerunt, et in Dascone simul et munitionem ab ea parte, qua aditu hostibus erat facillima, e saxis electis lignisque constructam celeriter erexerunt, et Anapi pontem solverunt. (3) Dum autem haec parant, ex urbe quidem nemo egressus eos impediebat, sed primi Syracusanorum equites ad opem suis rebus ferendam procurrerunt, deinde postea et universus peditatus convenit. Et primo quidem ad Atheniensium castra prope accesserunt, deinde vero, quum illi contra eos non item prodirent, regressi ac via Helorina transmissa castra posuerunt.

LXVII. Insequenti vero die Athenienses eorumque socii ut ad proelium se praeparabant, et aciem hoc modo instruxerunt. Dextrum quidem cornu tenebant Argivi et Mantinei, Athenienses vero medium agmen, alterum vero cornu ceteri socii. Et dimidium quidem eorum exercitus sic erat instructum, ut altitudo octonorum militum esset; dimidium vero acie oblonga ad tentoria et ipsum octonis militibus erat instructum; quibus praeceptum erat, ut qua maxime parte exercitus laboraret, observantes se conferrent. Atque intra hos, qui in subsidiis collocati erant, impedimenta posuerunt. (2) Syracusani vero gravis armaturae milites in altitudinem sedecim virorum instruxerunt, qui erant omnis Syracusanorum populus et socii, quotquot aderant (auxilio autem iis venerant in primis quidem Selinuntii, mox vero et Geloi equites, universi ad ducentos, et Camarinaeorum equites ad viginti et sagittarii circiter quinquaginta), equites autem in dextro cornu collocarunt, non minus mille ac ducentos; juxta eos autem et jaculatores. (3) Quum autem Athenienses proelium priores inituri essent, Nicias suos et per singulas gentes, ut quamque adibat, et universos hujusmodi verbis adhortabatur :

LXVIII. « Longa adhortatione, viri, quid opus est uti, qui ad idem certamen adsumus ? ipse enim hic apparatus ad confidentiam vobis praebendam magis valere mihi videtur, quam verba praeclare facta, quae copiarum firmitate careant. (2) Ubi enim sumus Argivi et Mantinei et Athenienses et praecipui inter insularum incolas, quomodo non oportet quemlibet cum talibus totque sociis magnam de victoria

τὴν ἐλπίδα τῆς νίκης ἔχειν, ἄλλως τε καὶ πρὸς ἄνδρας πανδημεί τε ἀμυνομένους καὶ οὐκ ἀπολέκτους ὥσπερ καὶ ἡμᾶς, καὶ προσέτι Σικελιώτας, οἳ ὑπερφρονοῦσι μὲν ἡμᾶς, ὑπομενοῦσι δ' οὒ διὰ τὸ τὴν ἐπιστήμην τῆς τόλμης ἥσσω ἔχειν. (3) Παραστήτω δέ τινι καὶ τόδε, πολύ τε ἀπὸ τῆς ἡμετέρας αὐτῶν εἶναι καὶ πρὸς γῇ οὐδεμιᾷ φιλίᾳ, ἥντινα μὴ αὐτοὶ μαχόμενοι κτήσεσθε. Καὶ τοὐναντίον ὑπομιμνήσκω ὑμᾶς ἢ οἱ πολέμιοι σφίσιν αὐτοῖς εὖ οἶδ' ὅτι παρακελεύονται· οἱ μὲν γὰρ ὅτι περὶ πατρίδος ἔσται ὁ ἀγών, ἐγὼ δὲ ὅτι οὐκ ἐν πατρίδι, ἐξ ἧς κρατεῖν δεῖ ἢ μὴ ῥᾳδίως ἀποχωρεῖν· οἱ γὰρ ἱππῆς πολλοὶ ἐπικείσονται. (4) Τῆς τε οὖν ὑμετέρας αὐτῶν ἀξίας μνησθέντες ἐπέλθετε τοῖς ἐναντίοις προθύμως, καὶ τὴν παροῦσαν ἀνάγκην καὶ ἀπορίαν φοβερωτέραν ἡγησάμενοι τῶν πολεμίων. »

LXIX. Ὁ μὲν Νικίας τοιαῦτα παρακελευσάμενος ἐπῆγε τὸ στρατόπεδον εὐθύς, οἱ δὲ Συρακόσιοι ἀπροσδόκητοι μὲν ἐν τῷ καιρῷ τούτῳ ἦσαν ὡς ἤδη μαχούμενοι, καί τινες αὐτοῖς ἐγγὺς τῆς πόλεως οὔσης καὶ ἀπεληλύθεσαν· οἱ δὲ καὶ διὰ σπουδῆς προσβοηθοῦντες δρόμῳ ὑστέριζον μέν, ὡς δὲ ἕκαστός πη τοῖς πλείοσι προσμίξειεν καθίσταντο. Οὐ γὰρ δὴ προθυμίᾳ ἐλλιπεῖς ἦσαν οὐδὲ τόλμῃ οὔτ' ἐν ταύτῃ τῇ μάχῃ οὔτ' ἐν ταῖς ἄλλαις, ἀλλὰ τῇ μὲν ἀνδρίᾳ οὐχ ἥσσους ἐς ὅσον ἡ ἐπιστήμη ἀντέχοι, τῷ δὲ ἐλλείποντι αὐτῆς καὶ τὴν βούλησιν ἄκοντες προυδίδοσαν. Ὅμως δὲ οὐκ ἂν οἰόμενοι σφίσι τοὺς Ἀθηναίους προτέρους ἐπελθεῖν, καὶ διὰ τάχους ἀναγκαζόμενοι ἀμύνασθαι, ἀναλαβόντες τὰ ὅπλα εὐθὺς ἀντεπῇσαν. (2) Καὶ πρῶτον μὲν αὐτῶν ἑκατέρων οἵ τε λιθοβόλοι καὶ σφενδονῆται καὶ τοξόται προυμάχοντο, καὶ τροπὰς οἵας εἰκὸς ψιλοὺς ἀλλήλων ἐποίουν· ἔπειτα δὲ μάντεις τε σφάγια προύφερον τὰ νομιζόμενα καὶ σαλπιγκταὶ ξύνοδον ἐπώτρυνον τοῖς ὁπλίταις, (3) οἱ δ' ἐχώρουν, Συρακόσιοι μὲν περί τε πατρίδος μαχούμενοι καὶ τῆς ἰδίας ἕκαστος τὸ μὲν αὐτίκα σωτηρίας τὸ δὲ μέλλον ἐλευθερίας, τῶν δ' ἐναντίων Ἀθηναῖοι μὲν περί τε τῆς ἀλλοτρίας οἰκείαν σχεῖν καὶ τὴν οἰκείαν μὴ βλάψαι ἡσσώμενοι, Ἀργεῖοι δὲ καὶ τῶν ξυμμάχων οἱ αὐτόνομοι ξυγκτήσασθαί τε ἐκείνοις ἐφ' ἃ ἦλθον, καὶ τὴν ὑπάρχουσαν σφίσι πατρίδα νικήσαντες πάλιν ἐπιδεῖν· τὸ δ' ὑπήκοον τῶν ξυμμάχων μέγιστον μὲν περὶ τῆς αὐτίκα ἀνελπίστου σωτηρίας, ἢν μὴ κρατῶσι, τὸ πρόθυμον εἶχον, ἔπειτα δὲ ἐν παρέργῳ καὶ εἴ τι ἄλλο ξυγκαταστρεψαμένοις ῥᾷον αὐτοῖς ὑπακούσεται.

LXX. Γενομένης δ' ἐν χερσὶ τῆς μάχης ἐπὶ πολὺ ἀντεῖχον ἀλλήλοις, καὶ ξυνέβη βροντάς τε ἅμα τινὰς γενέσθαι καὶ ἀστραπὰς καὶ ὕδωρ πολύ, ὥστε τοῖς μὲν πρῶτον μαχομένοις καὶ ἐλάχιστα πολέμῳ ὡμιληκόσι καὶ τοῦτο ξυνεπιλαβέσθαι τοῦ φόβου, τοῖς δ' ἐμπειροτέροις τὰ μὲν γιγνόμενα καὶ ὥρᾳ ἔτους περαίνεσθαι δοκεῖν, τοὺς δὲ ἀνθεστῶτας πολὺ μείζω ἔκπληξιν μὴ νικωμένους παρέχειν. (2) Ὠσαμένων δὲ τῶν Ἀργείων πρῶτον τὸ εὐώνυμον κέρας τῶν Συρακοσίων, καὶ μετ' αὐτοὺς τῶν Ἀθηναίων τὸ κατὰ σφᾶς αὐτούς, παρερρή-

spem habere? præsertim adversus homines, qui cum universo populo pugnant et non delecti, quales nos sumus, et præterea Sicilienses, qui nos quidem contemnunt, sed non sustinebunt, quod plus audaciæ quam peritiæ habent. (3) Illud etiam in mentem unicuique veniat, nos et procul a nostræ patriæ finibus abesse, et in nullo amico solo, nisi quod ipsi pugnando quæsieritis. Atque ego vos contrarium admoneo, quam quo hostes, certo scio, se ipsos adhortantur; illi enim quod pro patria certamen sit futurum, ego vero quod in alieno solo, e quo necesse nos vincere aut difficilem reditum habere; equites enim permulti nobis instabunt. (4) Vestræ igitur ipsorum dignitatis memores, hostes invadite alacriter et rati præsentem necessitatem atque difficultatem terribiliorem esse quam adversarios. »

LXIX. Nicias tali adhortatione usus copias confestim adversus hostem duxit; Syracusani vero tunc quidem non exspectabant, sibi jam dimicandum esse; quinetiam eorum nonnulli in urbem, quæ vicina erat, abierant; alii vero festinabundi ad suos adjuvandos accurrentes, tardius quidem perveniebant, verumtamen ut singuli ad aliquos exercitus ordines accedebant, in iis sese collocabant. Nam nec in isto prœlio nec in aliis aut alacritate aut audacia hostibus inferiores fuerunt, sed virtute quidem non inferiores illis, quatenus rei militaris scientia suppeteret, quotiens hæc deficeret, alacritatem etiam inviti prodebant. Verumtamen quum non opinarentur Athenienses priores contra se venturos et subito cogerentur se defendere, sumptis armis confestim obviam prodierunt. (2) Ac primo quidem utriusque exercitus velites, qui lapides manu jaculabantur, et funditores et sagittarii ante pugnabant, et alii alios in fugam vicissim vertebant, ut fere fit inter levis armaturæ milites; deinde vero et vates proferebant hostias more receptas, et tubicines ad congressum milites incitabant; (3) illi vero procedebant, Syracusani quidem, pro patria pugnaturi, et unusquisque in præsentia pro sua salute, et pro libertate in posterum, ex hostibus vero Athenienses quidem pro alieno solo ut proprium haberent, neve domesticum victi detrimento afficerent, Argivi vero et qui ex sociis liberi erant, ut et illos adjuvarent in quærendis rebus illis, quarum causa venerant, utque suam quique patriam victores reviserent; qui vero ex sociis non sui juris erant, præcipue quidem animum alacrem habebant propterea, quod in præsenti salus sperari non poterat, nisi vicissent, deinde vero obiter etiam, si forte, ubi etiam aliam quam gentem una cum Atheniensibus subegissent, ipsis levior esset parendi necessitas.

LXX. Quum autem ad manus ventum esset, diu alteri alteris resistebant, et contigit, ut simul et aliquot tonitrua et fulgura et ingens pluvia existerent, quamobrem illis quidem, qui tunc primum pugnabant et in bellis minime versati erant, hoc etiam terrorem augebat; iis vero, qui peritiores erant, ea quæ fiebant, propter anni tempus fieri videbantur, sed illud ipsis majorem terrorem incutiebat, quod adversarii non vincerentur. (2) Quum autem primi Argivi lævum Syracusanorum cornu pepulissent, et post eos Athenienses agmen sibi oppositum, tunc et reliquus

γνυτο ήδη καὶ τὸ ἄλλο στράτευμα τῶν Συρακοσίων καὶ ἐς φυγὴν κατέστη. (3) Καὶ ἐπὶ πολὺ μὲν οὐκ ἐδίωξαν οἱ Ἀθηναῖοι (οἱ γὰρ ἱππῆς τῶν Συρακοσίων πολλοὶ ὄντες καὶ ἀήσσητοι εἶργον, καὶ ἐσβαλόντες ἐς τοὺς ὁπλίτας αὐτῶν, εἴ τινας προδιώκοντας ἴδοιεν, ἀνέστελλον), ἐπακολουθήσαντες δὲ ἀθρόοι ὅσον ἀσφαλῶς εἶχε πάλιν ἐπανεχώρουν καὶ τροπαῖον ἵστασαν. (4) Οἱ δὲ Συρακόσιοι ἀθροισθέντες ἐς τὴν Ἑλωρινὴν ὁδὸν καὶ ὡς ἐκ τῶν παρόντων ξυνταξάμενοι ἔς τε τὸ Ὀλυμπιεῖον ὅμως σφῶν αὐτῶν παρέπεμψαν φυλακήν, δείσαντες μὴ οἱ Ἀθηναῖοι τῶν χρημάτων ἃ ἦν αὐτόθι κινήσωσιν, καὶ οἱ λοιποὶ ἐπανεχώρησαν ἐς τὴν πόλιν.

LXXI. Οἱ δὲ Ἀθηναῖοι πρὸς μὲν τὸ ἱερὸν οὐκ ἦλθον, ξυγκομίσαντες δὲ τοὺς ἑαυτῶν νεκροὺς καὶ ἐπὶ πυρὰν ἐπιθέντες ηὐλίσαντο αὐτοῦ. Τῇ δ᾽ ὑστεραίᾳ τοῖς μὲν Συρακοσίοις ἀπέδοσαν ὑποσπόνδους τοὺς νεκροὺς (ἀπέθανον δὲ αὐτῶν καὶ τῶν ξυμμάχων περὶ ἑξήκοντα καὶ διακοσίους), τῶν δὲ σφετέρων τὰ ὀστᾶ ξυνέλεξαν (ἀπέθανον δὲ αὐτῶν καὶ τῶν ξυμμάχων ὡς πεντήκοντα), καὶ τὰ τῶν πολεμίων σκῦλα ἔχοντες ἀπέπλευσαν ἐς Κατάνην. (2) χειμών τε γὰρ ἦν, καὶ τὸν πόλεμον αὐτόθεν ποιεῖσθαι οὔπω ἐδόκει δυνατὸν εἶναι, πρὶν ἂν ἱππέας τε μεταπέμψωσιν ἐκ τῶν Ἀθηνῶν καὶ ἐκ τῶν αὐτόθεν ξυμμάχων ἀγείρωσιν, ὅπως μὴ παντάπασιν ἱπποκρατῶνται, καὶ χρήματα δὲ ἅμα αὐτόθεν τε ξυλλέξωνται καὶ παρ᾽ Ἀθηναίων ἔλθῃ, τῶν τε πόλεών τινας προσαγάγωνται, ἃς ἤλπιζον μετὰ τὴν μάχην μᾶλλον σφῶν ὑπακούσεσθαι, τά τε ἄλλα καὶ σῖτον καὶ ὅσων δέοι παρασκευάσωνται ὡς ἐς τὸ ἔαρ ἐπιχειρήσοντες ταῖς Συρακούσαις.

LXXII. Καὶ οἱ μὲν ταύτῃ τῇ γνώμῃ ἀπέπλευσαν ἐς τὴν Νάξον καὶ Κατάνην διαχειμάσοντες, Συρακόσιοι δὲ τοὺς σφετέρους αὐτῶν νεκροὺς θάψαντες ἐκκλησίαν ἐποίουν. (2) Καὶ παρελθὼν αὐτοῖς Ἑρμοκράτης ὁ Ἕρμωνος, ἀνὴρ καὶ ἐς τἆλλα ξύνεσιν οὐδενὸς λειπόμενος καὶ κατὰ τὸν πόλεμον ἐμπειρίᾳ τε ἱκανὸς γενόμενος καὶ ἀνδρίᾳ ἐπιφανής, ἐθάρσυνέ τε καὶ οὐκ εἴα τῷ γεγενημένῳ ἐνδιδόναι· (3) τὴν μὲν γὰρ γνώμην αὐτῶν οὐχ ἡσσῆσθαι, τὴν δὲ ἀταξίαν βλάψαι. Οὐ μέντοι τοσοῦτόν γε λειφθῆναι ὅσον εἰκὸς εἶναι, ἄλλως τε τοῖς πρώτοις τῶν Ἑλλήνων ἐμπειρίᾳ ἰδιώτας ὡς εἰπεῖν χειροτέχνας ἀνταγωνισαμένους. (4) Μέγα δὲ βλάψαι καὶ τὸ πλῆθος τῶν στρατηγῶν καὶ τὴν πολυαρχίαν (ἦσαν γὰρ πεντεκαίδεκα οἱ στρατηγοὶ αὐτοῖς) τῶν τε πολλῶν τὴν ἀξύντακτον ἀναρχίαν. Ἢν δὲ ὀλίγοι τε στρατηγοὶ γένωνται ἔμπειροι καὶ ἐν τῷ χειμῶνι τούτῳ παρασκευάσωσι τὸ ὁπλιτικόν, οἷς τε ὅπλα μὴ ἔστιν ἐκπορίζοντες, ὅπως ὡς πλεῖστοι ἔσονται, καὶ τῇ ἄλλῃ μελέτῃ προσαναγκάζοντες, ἔφη κατὰ τὸ εἰκὸς κρατήσειν σφᾶς τῶν ἐναντίων, ἀνδρίας μὲν σφίσιν ὑπαρχούσης, εὐταξίας δ᾽ ἐς τὰ ἔργα προσγενομένης· ἐπιδώσειν γὰρ ἀμφότερα αὐτά, τὴν μὲν μετὰ κινδύνων μελετωμένην, τὴν δ᾽ εὐψυχίαν αὐτὴν ἑαυτῆς μετὰ τοῦ πιστοῦ τῆς ἐπιστήμης θαρσαλεωτέραν ἔσεσθαι. (5) Τούς τε στρα-

Syracusanorum exercitus perrumpebatur et fugere cœpit. (3) Sed Athenienses non longe persecuti sunt (nam Syracusanorum equites, qui permulti iique invicti erant, prohibebant, et impressione facta in gravem ipsorum armaturam, si quos longius insequentes animadvertissent, eos reprimebant), sed conferti, quoad tuto poterant, persecuti, retro se recipiebant et tropæum statuebant. (4) Syracusani vero, in via Helorina congregati et pro præsenti rerum facultate in acie constituti, præsidium tamen e suorum numero ad Olympieum miserunt, veriti ne Athenienses pecunias, quæ illic erant, amoverent, et ceteri in urbem redierunt.

LXXI. Athenienses vero ad templum quidem non iverunt, sed congestis suorum cadaveribus ac pyræ impositis in loco pernoctarunt. Postero vero die Syracusanis quidem sua cadavera fide publica interposita reddiderunt (perierunt vero eorum et sociorum ad ducentos et sexaginta), suorum vero ossa collegerunt (perierunt vero eorum et sociorum ad quinquaginta), et cum hostium spoliis Catanam navigarunt; (2) nam et erat hiems, et bellum illinc nondum administrari posse videbatur, priusquam et equites arcesserent Athenis, et ex sociis illic incolentibus cogerent, ne prorsus equitatu superarentur, et vero pecunias simul et illic colligerent et aliæ Athenis afferrentur, civitatesque aliquas sibi adjungerent, quas post hanc pugnam sibi facilius obtemperaturas sperabant, itemque quum alia, tum etiam commeatum et cetera, quibus opus esset, præparassent, quod ineunte vere Syracusas aggredi statuissent.

LXXII. Atque hi quidem hoc consilio Naxum et Catanam navigarunt, ut illic hibernarent; Syracusani vero suis mortuis sepultis concionem cogebant. (2) Atque in medium progresus Hermocrates, Hermonis filius, vir quum ceteris in rebus prudentia nulli secundus, tum etiam rerum bellicarum peritia satis instructus et fortitudine insignis confirmabat eos, neque propter id, quod acciderat, animum despondere sinebat; (3) non enim animum eorum superatum esse, sed ordinum confusionem nocuisse. Neque tamen eos adeo superatos esse, ut verisimile fuerit, præsertim quod idiotæ ac propemodum operarii cum iis pugnassent, qui rei militaris peritia primi Græcorum censerentur. (4) Magnum vero damnum attulisse etiam ducum multitudinem et imperatorum turbam (erant enim iis quindecim duces) et confusam multorum manum, nullius imperio parentem. Quod si pauci iique periti imperatores essent, atque per eam hiemem gravis armaturæ milites præpararent, et arma subministrantes iis, quibus deessent, ut quam maximus esset militum gravis armaturæ numerus, et in ceteris rei bellicæ studiis eos sese exercere cogerent, affirmabat, ipsos verisimile esse adversariis superiores futuros, quod fortitudo quidem iis jam adesset, ordinis vero conservatio in rebus gerendis esset accessura; hæc enim ambo progressus esse factura, hanc quidem, quod inter pericula addisceretur, animi vero præsentiam conjunctam cum fiducia scientiæ confidentiorem quam antea fore. (5) Imperatores vero et paucos et cum

τηγοὺς καὶ ὀλίγους καὶ αὐτοκράτορας χρῆναι ἑλέσθαι, καὶ ὀμόσαι αὐτοῖς τὸ ὅρκιον ἦ μὴν ἐάσειν ἄρχειν ὅπη ἂν ἐπίστωνται· οὕτω γὰρ ἅ τε κρύπτεσθαι δεῖ μᾶλλον ἂν στέγεσθαι, καὶ τἆλλα κατὰ κόσμον καὶ ἀπροφασίστως παρασκευασθῆναι.

LXXIII. Καὶ οἱ Συρακόσιοι αὐτοῦ ἀκούσαντες ἐψηφίσαντό τε πάντα ὡς ἐκέλευεν, καὶ στρατηγὸν αὐτόν τε εἵλοντο τὸν Ἑρμοκράτην καὶ Ἡρακλείδην τὸν Λυσιμάχου καὶ Σικανὸν τὸν Ἐξηκέστου, τούτους τρεῖς, (2) καὶ ἐς τὴν Κόρινθον καὶ ἐς τὴν Λακεδαίμονα πρέσβεις ἀπέστειλαν, ὅπως ξυμμαχία τε αὐτοῖς παραγένηται καὶ τὸν πρὸς Ἀθηναίους πόλεμον βεβαιότερον πείθωσι ποιεῖσθαι ἐκ τοῦ προφανοῦς ὑπὲρ σφῶν τοὺς Λακεδαιμονίους, ἵνα ἢ ἀπὸ τῆς Σικελίας ἀπαγάγωσιν αὐτοὺς ἢ πρὸς τὸ ἐν Σικελίᾳ στράτευμα ἧσσον ὠφελίαν ἄλλην ἐπιπέμπωσιν.

LXXIV. Τὸ δ' ἐν τῇ Κατάνῃ στράτευμα τῶν Ἀθηναίων ἔπλευσεν εὐθὺς ἐπὶ Μεσσήνην ὡς προδοθησομένην. Καὶ ἃ μὲν ἐπράσσετο οὐκ ἐγένετο· Ἀλκιβιάδης γὰρ ὅτ' ἀπῄει ἐκ τῆς ἀρχῆς ἤδη μετάπεμπτος, ἐπιστάμενος ὅτι φεύξοιτο, μηνύει τοῖς τῶν Συρακοσίων φίλοις τοῖς ἐν τῇ Μεσσήνῃ ξυνειδὼς τὸ μέλλον· οἱ δὲ τούς τε ἄνδρας διέφθειραν πρότερον, καὶ τότε στασιάζοντες καὶ ἐν ὅπλοις ὄντες ἐπεκράτουν μὴ δέχεσθαι τοὺς Ἀθηναίους οἱ ταῦτα βουλόμενοι. (2) Ἡμέρας δὲ μείναντες περὶ τρεισκαίδεκα οἱ Ἀθηναῖοι ὡς ἐχειμάζοντο καὶ τὰ ἐπιτήδεια οὐκ εἶχον καὶ προυχώρει οὐδέν, ἀπελθόντες ἐς Νάξον καὶ σταύρωμα περὶ τὸ στρατόπεδον ποιησάμενοι αὐτοῦ διεχείμαζον· καὶ τριήρη ἀπέστειλαν ἐς τὰς Ἀθήνας ἐπί τε χρήματα καὶ ἱππέας, ὅπως ἅμα τῷ ἦρι παραγένωνται.

LXXV. Ἐτείχιζον δὲ καὶ οἱ Συρακόσιοι ἐν τῷ χειμῶνι πρός τε τῇ πόλει, τὸν Τεμενίτην ἐντὸς ποιησάμενοι, τεῖχος παρὰ πᾶν τὸ πρὸς τὰς Ἐπιπολὰς ὁρῶν, ὅπως μὴ δι' ἐλάσσονος εὐαποτείχιστοι ὦσιν ἢν ἄρα σφάλλωνται, καὶ τὰ Μέγαρα φρούριον, καὶ ἐν τῷ Ὀλυμπιείῳ ἄλλο· καὶ τὴν θάλασσαν προεσταύρωσαν πανταχῇ ᾗ ἀποβάσεις ἦσαν. (2) Καὶ τοὺς Ἀθηναίους εἰδότες ἐν τῇ Νάξῳ χειμάζοντας ἐστράτευσαν πανδημεὶ ἐπὶ τὴν Κατάνην, καὶ τῆς τε γῆς αὐτῶν ἔτεμον καὶ τὰς τῶν Ἀθηναίων σκηνὰς καὶ τὸ στρατόπεδον ἐμπρήσαντες ἀνεχώρησαν ἐπ' οἴκου. (3) Καὶ πυνθανόμενοι τοὺς Ἀθηναίους ἐς τὴν Καμάριναν κατὰ τὴν ἐπὶ Λάχητος γενομένην ξυμμαχίαν πρεσβεύεσθαι, εἴ πως προσαγάγοιντο αὐτούς, ἀντεπρεσβεύοντο καὶ αὐτοί· ἦσαν γὰρ ὕποπτοι αὐτοῖς οἱ Καμαριναῖοι μὴ προθύμως σφίσι μήτ' ἐπὶ τὴν πρώτην μάχην πέμψαι ἃ ἔπεμψαν, ἔς τε τὸ λοιπὸν μὴ οὐκέτι βούλωνται ἀμύνειν ὁρῶντες τοὺς Ἀθηναίους ἐν τῇ μάχῃ εὖ πράξαντας, προσχωρῶσι δ' αὐτοῖς κατὰ τὴν προτέραν φιλίαν πεισθέντες. (4) Ἀφικομένων οὖν ἐκ μὲν Συρακουσῶν Ἑρμοκράτους καὶ ἄλλων ἐς τὴν Καμάριναν, ἀπὸ δὲ τῶν Ἀθηναίων Εὐφήμου μεθ' ἑτέρων, ὁ Ἑρμοκράτης ξυλλόγου γενομένου τῶν Καμαριναίων βουλόμενος προδιαβαλεῖν τοὺς Ἀθηναίους ἔλεγε τοιάδε·

summa potestate creandos, et religioso jurejurando promittendum iis, fore, ut populus eos imperare sinat ita, ut ipsorum intelligentia ferret; sic enim et ea, quæ sint celanda, facilius celatum iri, et cetera recte atque ordine et sine ulla tergiversatione præparatum iri.

LXXIII. Atque Syracusani quum eum audissent, omnia in ejus sententiam decreverunt, imperatoremque crearunt et ipsum Hermocratem et Heraclidem Lysimachi et Sicanum Execesti filium, hos tres, (2) Corinthumque et Lacedæmonem legatos miserunt, ut auxilia sibi mitterentur, utque Lacedæmoniis persuaderent, ut bellum adversus Athenienses majore studio propalam pro se administrarent, quo eos vel a Sicilia abducerent vel ad exercitum, qui in Sicilia erat, aliud auxilium mittere minus possent.

LXXIV. Classis autem Atheniensium, quæ ad Catanam erat, Messanam versus continuo navigavit, quod eam per proditionem captum iri sperarent. Et quæ struebantur, non successerunt; Alcibiades enim quum jam abiret imperio revocatus, sciens se exsulem fore, Syracusanorum amicis, qui Messanæ erant, futuram urbis proditionem, cujus erat conscius, indicavit; illi vero et homines interfecerunt prius, et tunc, quum ob seditionem ortam in armis essent, ii qui hoc volebant, obtinebant, ne Athenienses reciperentur. (2) Athenienses vero castris illic tredecim circiter dies habitis quum tempestate jactarentur neque commeatum haberent neque quicquam succederet, Naxum reversi classe vallo munita illic hibernarunt; et triremem Athenas miserunt pecuniarum et equitatus gratia, ut hæc primo vere statim adessent.

LXXV. Per eam hiemem Syracusani quoque murum excitabant et prope urbem a tota illa parte, quæ Epipolas spectat, Temeniten complexi, ne, si forte cladem aliquam accepissent, propter angustiorem urbis ambitum facile circumvallarentur, et Megara castellum muniebant, et alterum in Olympieo, et mare etiam, quacumque ex parte excsusio e navibus fieri poterat, vallo præclusum muniverunt. (2) Et quum scirent Athenienses apud Naxum hibernare, cum universis copiis expeditionem adversus Catanam susceperunt, et agrum eorum vastarunt, et Atheniensium tentoriis castrisque incensis domum redierunt. (3) Præterea quum intellexissent, Athenienses Camarinam legatos misisse pro jure societatis sub Lachete duce initæ, si quo pacto eos sibi adjungere possent, ipsi quoque vicissim per legatos agebant; Camarinæi enim iis erant suspecti, ne non alacriter sibi neque ea misissent, quæ ad superiorem pugnam miserant, et ne deinceps opem ferre recusarent, quum viderent, Athenienses in prœlio rem feliciter gessisse, sed veteris amicitiæ jure adducti se iis adjungerent. (4) Quum igitur Syracusis quidem Hermocrates aliique Camarinam pervenissent, ab Atheniensibus vero Euphemus cum aliis, Hermocrates coacto Camarinæorum concilio invidiam Atheniensibus ante conflare volens, hanc habuit orationem:

LXXVI. « Οὐ τὴν παροῦσαν δύναμιν τῶν Ἀθηναίων, ὦ Καμαριναῖοι, μὴ αὐτὴν καταπλαγῆτε, δείσαντες ἐπρεσβευσάμεθα, ἀλλὰ μᾶλλον τοὺς μέλλοντας ἀπ᾽ αὐτῶν λόγους, πρίν τι καὶ ἡμῶν ἀκοῦσαι, μὴ ὑμᾶς πείσωσιν. (2) Ἥκουσι γὰρ ἐς τὴν Σικελίαν προφάσει μὲν ᾗ πυνθάνεσθε, διανοίᾳ δὲ ἣν πάντες ὑπονοοῦμεν· καί μοι δοκοῦσιν οὐ Λεοντίνους βούλεσθαι κατοικίσαι ἀλλ᾽ ἡμᾶς μᾶλλον ἐξοικίσαι. Οὐ γὰρ δὴ εὔλογον τὰς μὲν ἐκεῖ πόλεις ἀναστάτους ποιεῖν, τὰς δὲ ἐνθάδε κατοικίζειν, καὶ Λεοντίνων μὲν Χαλκιδέων ὄντων κατὰ τὸ ξυγγενὲς κήδεσθαι, Χαλκιδέας δὲ τοὺς ἐν Εὐβοίᾳ, ὧν οἵδε ἄποικοί εἰσι, δουλωσαμένους ἔχειν. (3) Τῇ δὲ αὐτῇ ἰδέᾳ ἐκεῖνά τε ἔσχον καὶ τὰ ἐνθάδε νῦν πειρῶνται· ἡγεμόνες γὰρ γενόμενοι ἑκόντων τῶν τε Ἰώνων, καὶ ὅσοι ἀπὸ σφῶν ἦσαν ξύμμαχοι ὡς ἐπὶ τοῦ Μήδου τιμωρίᾳ, τοὺς μὲν λιποστρατίαν, τοὺς δ᾽ ἐπ᾽ ἀλλήλους στρατεύειν, τοῖς δ᾽ ὡς ἑκάστοις τινὰ εἶχον αἰτίαν εὐπρεπῆ ἐπενεγκόντες κατεστρέψαντο. (4) Καὶ οὐ περὶ τῆς ἐλευθερίας ἄρα οὔτε οὗτοι τῶν Ἑλλήνων οὔθ᾽ οἱ Ἕλληνες τῆς ἑαυτῶν τῷ Μήδῳ ἀντέστησαν, περὶ δὲ οἱ μὲν σφίσιν ἀλλὰ μὴ ἐκείνῳ καταδουλώσεως, οἱ δ᾽ ἐπὶ δεσπότου μεταβολῇ οὐκ ἀξυνετωτέρου κακοξυνετωτέρου δέ.

LXXVII. « Ἀλλ᾽ οὐ γὰρ δὴ τὴν τῶν Ἀθηναίων εὐκατηγόρητον οὖσαν πόλιν νῦν ἥκομεν ἀποφανοῦντες ἐν εἰδόσιν ὅσα ἀδικεῖ, πολὺ δὲ μᾶλλον ἡμᾶς αὐτοὺς αἰτιασόμενοι ὅτι ἔχοντες παραδείγματα τῶν τ᾽ ἐκεῖ Ἑλλήνων ὡς ἐδουλώθησαν οὐκ ἀμύνοντες σφίσιν αὐτοῖς, καὶ νῦν ἐφ᾽ ἡμᾶς ταὐτὰ παρόντα σοφίσματα, Λεοντίνων τε ξυγγενῶν κατοικίσεις καὶ Ἐγεσταίων ξυμμάχων ἐπικουρίας, οὐ ξυστραφέντες βουλόμεθα προθυμότερον δεῖξαι αὐτοῖς ὅτι οὐκ Ἴωνες τάδε εἰσὶν οὐδ᾽ Ἑλλησπόντιοι καὶ νησιῶται, οἳ δεσπότην ἢ Μῆδον ἢ ἕνα γέ τινα ἀεὶ μεταβάλλοντες δουλοῦνται, ἀλλὰ Δωριῆς ἐλεύθεροι ἀπ᾽ αὐτονόμου τῆς Πελοποννήσου τὴν Σικελίαν οἰκοῦντες. (2) Ἢ μένομεν ἕως ἂν ἕκαστοι κατὰ πόλεις ληφθῶμεν, εἰδότες ὅτι ταύτῃ μόνῃ ἁλωτοί ἐσμεν καὶ ὁρῶντες αὐτοὺς ἐπὶ τοῦτο τὸ εἶδος τρεπομένους ὥστε τοὺς μὲν λόγοις ἡμῶν διιστάναι, τοὺς δὲ ξυμμάχων ἐλπίδι ἐκπολεμοῦν πρὸς ἀλλήλους, τοῖς δὲ ὡς ἑκάστοις τι προσηνὲς λέγοντες δύνανται κακουργεῖν; καὶ οἰόμεθα τοῦ ἄποθεν ξυνοίκου προαπολλυμένου οὐ καὶ ἐς αὐτόν τινα ἥξειν τὸ δεινόν, πρὸ δὲ αὐτοῦ μᾶλλον τὸν πάσχοντα καθ᾽ αὑτὸν δυστυχεῖν;

LXXVIII. « Καὶ εἴ τῳ ἄρα παρέστηκε τὸν μὲν Συρακόσιον, ἑαυτὸν δ᾽ οὐ πολέμιον εἶναί τῷ Ἀθηναίῳ, καὶ δεινὸν ἡγεῖται ὑπέρ γε τῆς ἐμῆς κινδυνεύειν, ἐνθυμηθήτω οὐ περὶ τῆς ἐμῆς μᾶλλον, ἐν ἴσῳ δὲ καὶ τῆς ἑαυτοῦ ἅμα ἐν τῇ ἐμῇ μαχούμενος, τοσούτῳ δὲ καὶ ἀσφαλέστερον ὅσῳ οὐ προδιεφθαρμένου ἐμοῦ ἔχων δὲ ξύμμαχον ἐμὲ καὶ οὐκ ἔρημος ἀγωνιεῖται· τόν τε Ἀθηναῖον μὴ τὴν τοῦ Συρακοσίου ἔχθραν κολάσασθαι, τῇ δ᾽ ἐμῇ προφάσει τὴν ἐκείνου φιλίαν οὐχ ἧσσον βεβαιώσασθαι βούλεσθαι. (2) Εἴ τέ τις φθονεῖ μὲν ἢ καὶ φο-

LXXVI. « Non ideo legati ad vos sumus, viri Camarinæi, quod vereamur, ne præsentibus Atheniensium copiis terreamini, sed potius ne orationibus illorum, quibus usuri sunt, priusquam aliquid a nobis quoque dictum audieritis, vobis persuadeant. (2) Venerunt enim in Siciliam prætextu quidem eo, quem audistis, consilio vero eo, quod omnes suspicamur; et mihi videntur non Leontinos velle in suas sedes restituere, sed potius nos ex nostris expellere. Nec enim rationi consentaneum videtur, eas quidem urbes, quæ illic sunt, evertere, eas vero, quæ hic sunt, condere, et de Leontinis quidem, qui sunt Chalcidenses, propter cognationis jus solicitos esse, Chalcidenses vero, qui sunt in Eubœa, quorum isti sunt coloni, servitute oppressos habere. (3) Sed eadem ratione et illas res occuparunt, et has nunc occupare conantur; quum enim et Iones ceterique socii, quotquot eorum erant coloni, imperium ad eos ultro detulissent, ut scilicet Medum ulciscerentur, eorum alios desertæ militiæ crimine, alios, quod inter se bellum gererent, alios alio objecto specioso crimine, ut in quibusque reperire poterant, in servitutem redegerunt. (4) Ergo non pro libertate neque hi pro Græcorum neque Græci pro sua Medis restiterunt, sed alii quidem, ut sibi non autem illis servirentur, alii vero, ut domino mutato alium haberent, cujus non minor sed pejor prudentia esset.

LXXVII. « Quanquam non propterea nunc venimus, ut quanta criminum copia suppetat adversus Atheniensium civitatem demonstremus, inter scientes, quot sint ejus injuriæ, sed multo magis ut nosmet ipsos accusemus, quod quum habeamus ob oculos exempla Græcorum, qui illic sunt, quomodo in servitutem ab iis redacti sint, dum sibi ipsis opem non ferunt, et nunc eadem ista fraudulenta commenta nobis admota, Leontinorum cognatorum in suam civitatem restitutiones, et Egestæorum sociorum suppetias, tamen nolumus conspirantes alacriter iis ostendere, non esse hic Iones neque Hellespontios insulanosque, qui dominum aut Medum aut aliquem unum semper commutantes serviunt, sed Dorienses, qui liberi ex libera Peloponneso profecti Siciliam incolunt. (2) An exspectamus, donec oppidatim singuli capti simus, quum sciamus, nos non nisi hac una ratione capi posse, et animadvertamus eos ad hanc artem animos appellere, ut alios quidem de nobis oratione dissocient, alios spe societatis ad mutuum bellum concitent, aliis denique, prout quibusque possunt aliquid blandi dicentes, damnum faciant? et existimamus, si ejusdem terræ incola, qui remotior est, prius pereat, calamitatem ad quemlibet alium de nobis non perventuram, sed potius qui ante se in calamitatem incidat, eum solum infelicem fore?

LXXVIII. « Quod si cui forte in mentem venit, Syracusanum quidem, at non se ipsum Atheniensium esse hostem, et durum sibi putat esse pro mea patria periclitari, is cogitet, se non magis pro mea, sed pariter simul et pro sua ipsius in mea pugnaturum, idque etiam eo tutius, quod me non prius everso, sed me socium habens nec ope destitutus, pugnaturus est; Atheniensemque nolle Syracusanorum inimicitias ulcisci, sed hoc de me prætextu sumpto alterius amicitiam non minus confirmare velle. (2) Verum si quis invidet nobis, aut etiam nos metuit, (qui enim sunt potentiores,

18

δεῖται (ἀμφότερα γὰρ τάδε πάσχει τὰ μείζω), διὰ δὲ αὐτὰ τὰς Συρακούσας κακωθῆναι μὲν ἵνα σωφρονισθῶμεν βούλεται, περιγενέσθαι δὲ ἕνεκα τῆς αὐτοῦ ἀσφαλείας, οὐκ ἀνθρωπίνης δυνάμεως βούλησιν ἐλπίζει· οὐ γὰρ οἷόν τε ἅμα τῆς τε ἐπιθυμίας καὶ τῆς τύχης τὸν αὐτὸν ὁμοίως ταμίαν γενέσθαι. (3) Καὶ εἰ γνώμη ἁμάρτοι, τοῖς αὑτοῦ κακοῖς ὀλοφυρθεὶς τάχ᾽ ἂν ἴσως καὶ τοῖς ἐμοῖς ἀγαθοῖς ποτὲ βουληθείη αὖθις φθονῆσαι. Ἀδύνατον δὲ προεμένῳ καὶ μὴ τοὺς αὐτοὺς κινδύνους, οὐ περὶ τῶν ὀνομάτων ἀλλὰ περὶ τῶν ἔργων, ἐθελήσαντι προσλαβεῖν· λόγῳ μὲν γὰρ τὴν ἡμετέραν δύναμιν σώζοι ἄν τις, ἔργῳ δὲ τὴν αὑτοῦ σωτηρίαν. (4) Καὶ μάλιστα εἰκὸς ἦν ὑμᾶς, ὦ Καμαριναῖοι, ὁμόρους ὄντας καὶ τὰ δεύτερα κινδυνεύσοντας προορᾶσθαι αὐτὰ καὶ μὴ μαλακῶς ὥσπερ νῦν ξυμμαχεῖν, αὐτοὺς δὲ πρὸς ἡμᾶς μᾶλλον ἰόντας, ἅπερ εἰ ἐς τὴν Καμαριναίαν πρῶτον ἀφίκοντο οἱ Ἀθηναῖοι δεόμενοι ἂν ἐπεκαλεῖσθε, ταῦτα ἐκ τοῦ ὁμοίου καὶ νῦν παρακελευομένους, ὅπως μηδὲν ἐνδώσομεν, φαίνεσθαι. Ἀλλ᾽ οὔθ᾽ ὑμεῖς νῦν γέ πω οὔθ᾽ οἱ ἄλλοι ἐπὶ ταῦτα ὥρμησθε.

LXXIX. « Δειλίᾳ δὲ ἴσως τὸ δίκαιον πρός τε ἡμᾶς καὶ πρὸς τοὺς ἐπιόντας θεραπεύσετε, λέγοντες ξυμμαχίαν εἶναι ὑμῖν πρὸς Ἀθηναίους· ἣν γε οὐκ ἐπὶ τοῖς φίλοις ἐποιήσασθε, τῶν δὲ ἐχθρῶν ἤν τις ἐφ᾽ ὑμᾶς ἴῃ, καὶ τοῖς γε Ἀθηναίοις βοηθεῖν, ὅταν ὑπ᾽ ἄλλων καὶ μὴ αὐτοὶ ὥσπερ νῦν τοὺς πέλας ἀδικῶσιν, (2) ἐπεὶ οὐδ᾽ οἱ Ῥηγῖνοι ὄντες Χαλκιδῆς Χαλκιδέας ὄντας Λεοντίνους ἐθέλουσι ξυγκατοικίζειν. Καὶ δεινὸν εἰ ἐκεῖνοι μὲν τὸ ἔργον τοῦ καλοῦ δικαιώματος ὑποπτεύοντες ἀλόγως σωφρονοῦσιν, ὑμεῖς δ᾽ εὐλόγῳ προφάσει τοὺς μὲν φύσει πολεμίους βούλεσθε ὠφελεῖν, τοὺς δὲ ἔτι μᾶλλον φύσει ξυγγενεῖς μετὰ τῶν ἐχθίστων διαφθεῖραι. (3) Ἀλλ᾽ οὐ δίκαιον, ἀμύνειν δὲ καὶ μὴ φοβεῖσθαι τὴν παρασκευὴν αὐτῶν· οὐ γὰρ ἢν ἡμεῖς ξυστῶμεν πάντες δεινή ἐστιν, ἀλλ᾽ ἢν ὅπερ οὗτοι σπεύδουσι τἀναντία διαστῶμεν, ἐπεὶ οὐδὲ πρὸς ἡμᾶς μόνους ἐλθόντες καὶ μάχῃ περιγενόμενοι ἔπραξαν ἃ ἠβούλοντο, ἀπῆλθον δὲ διὰ τάχους.

LXXX. « Ὥστε οὐκ ἀθρόους γε ὄντας εἰκὸς ἀθυμεῖν, ἰέναι δὲ ἐς τὴν ξυμμαχίαν προθυμότερον, ἄλλως τε καὶ ἀπὸ Πελοποννήσου παρεσομένης ὠφελίας, οἳ τῶν δε κρείσσους εἰσὶ τὸ παράπαν τὰ πολέμια· καὶ μὴ ἐκείνην τὴν προμήθειαν δοκεῖν τῳ ἡμῖν μὲν ἴσην εἶναι ὑμῖν δὲ ἀσφαλῆ, τὸ μηδετέροις δὴ ὡς καὶ ἀμφοτέρων ὄντας ξυμμάχους βοηθεῖν. (2) Οὐ γὰρ ἔργῳ ἴσον ὥσπερ τῷ δικαιώματί ἐστιν. Εἰ γὰρ δι᾽ ὑμᾶς μὴ ξυμμαχήσαντας ὅ τε παθὼν σφαλήσεται καὶ ὁ κρατῶν περιέσται, τί ἄλλο ἢ τῇ αὐτῇ ἀπουσίᾳ τοῖς μὲν οὐκ ἠμύνατε σωθῆναι, τοὺς δὲ οὐκ ἐκωλύσατε κακοὺς γενέσθαι; καίτοι κάλλιον τοῖς ἀδικουμένοις καὶ ἅμα ξυγγενέσι προσθεμένους τήν τε κοινὴν ὠφελίαν τῇ Σικελίᾳ φυλάξαι καὶ τοὺς Ἀθηναίους φίλους δὴ ὄντας μὴ ἐᾶσαι ἁμαρτεῖν. (3) Ξυνελόντες τε λέγομεν οἱ Συρακόσιοι ἐκδιδάσκειν μὲν οὐδὲν ἔργον εἶναι σαφῶς οὔτε ὑμᾶς οὔτε τοὺς ἄλλους περὶ ὧν αὐτοὶ οὐδὲν χεῖρον γιγνώσκετε· δεόμεθα

utroque hoc incommodo premuntur), et ideo Syracusas damno quidem affici cupit, ut simus modestiores, superstites tamen esse propter suam ipsius incolumitatem, is spem ponit in quadam consilii temperatione, quae non cadit in humanam potentiam; fieri enim non potest, ut idem simul et cupiditatis et fortunae pariter sit arbiter. (3) Quare si frustretur opinione, suorum malorum dolore demersus etiam cupiverit forsitan, ut meis bonis aliquando rursus invidere possit. Sed hujus rei nulla facultas est ei, qui nos deseruerit, et qui non eadem pericula, eaque non de verbis sed de rebus, nobiscum suscipere voluerit; nam nomine quidem nostram potentiam, sed re ipsa suam ipsius salutem tuebitur. (4) Et sane praecipue vos decebat, Camarinaei, qui estis finitimi et secundo loco periclitaturi, ea prospicere, neque segniter, ut nunc, auxilium nobis ferre, sed potius ipsos ad nos venire et quae a nobis, si Athenienses in Camarinaeum agrum primum venissent, pro necessitate vestra postulavissetis, ad ea pariter nunc quoque nos adhortari, ne quid concedamus. Sed neque vos adhuc neque ceteri has cogitationes suscepistis.

LXXIX. « Fortasse vero propter ignaviam et erga nos et erga adventantes hostes aequitatem coletis, dicentes, societatem esse vobis cum Atheniensibus; quam profecto non adversus amicos contraxistis, sed adversus hostes, si quis contra vos veniat, et Atheniensibus vero ut succurratis, quoties ab aliis injuriam accipiant, non autem quoties ipsi, ut nunc, injuriam aliis faciant, (2) quando quidem ne Rhegini quidem Chalcidenses Leontinos Chalcidenses in suas sedes una cum illis restituere volunt. Et sane indignum est, si illi quidem factum ipsum, quod honestae petitionis specie velatur, suspectum habentes praeter id, quod rationi consentaneum videtur, sapiunt, vos vero causa vendibili illos quidem, qui natura sunt hostes, juvare vultis, eos vero, qui vel multo magis natura sunt cognati, una cum inimicissimis funditus perdere. (3) Atqui hoc minime aequum est, sed repellere eos nec apparatum eorum formidare; nec enim, si conjungamur omnes, est formidabilis, sed si, id quod isti efficere student, contra disjungamur, siquidem quamvis contra nos solos venerint et proelio superiores discesserint, tamen non peregerunt quae cupiebant, sed celeriter abierunt.

LXXX. « Quamobrem, si omnes quidem in unum coeamus, non decet animos dejicere, sed ad belli societatem accedere alacrius, praesertim quum auxilium nobis ex Peloponneso sit venturum, qui sunt istis in re bellica longe praestantiores; neque existimandum est, illam religionem nobis quidem aequam, vobis vero tutam esse, quod videlicet neutris opem ferre velitis, quia utrorumque socii sitis. (2) Neque enim re ipsa id ita aequum est, ut juris obtentu. Nam si propterea quod vos auxilium non tuleritis, et victus calamitatem habebit et victor victoriam, quid aliud feceritis, nisi ut propter eamdem vestram absentiam alteris quidem nullum auxilium tuleritis, quo servari possent, alteros vero, ne mali essent, non prohibueritis? Quamquam honestius utique est, cum illis, qui injuriam patiuntur et praeterea cognati vobis sunt, conjunctos et commune Siciliae commodum tueri, et Athenienses in rem amici vestri sunt non sinere peccare. (3) Sed ut rem totam paucis comprehensam expediamus, nos Syracusani dicimus, nullius quidem esse negotii plane docere aut vos aut alios de rebus illis

δέ, καὶ μαρτυρόμεθα ἄμα, εἰ μὴ πείσομεν, ὅτι ἐπιβουλευόμεθα μὲν ὑπὸ Ἰώνων ἀεὶ πολεμίων, προδιδόμεθα δὲ ὑπὸ ὑμῶν Δωριῆς Δωριέων. (4) Καὶ εἰ καταστρέψονται ἡμᾶς Ἀθηναῖοι, ταῖς μὲν ὑμετέραις γνώμαις κρατήσουσιν, τῷ δ' αὐτῶν ὀνόματι τιμηθήσονται, καὶ τῆς νίκης οὐκ ἄλλον τινὰ ἄθλον ἢ τὸν τὴν νίκην παρασχόντα λήψονται· καὶ εἰ αὖ ἡμεῖς περιεσόμεθα, τῆς αἰτίας τῶν κινδύνων οἱ αὐτοὶ τὴν τιμωρίαν ὑφέξετε. (5) Σκοπεῖτε οὖν καὶ αἱρεῖσθε ἤδη ἢ τὴν αὐτίκα ἀκινδύνως δουλείαν, ἢ κἂν περιγενόμενοι μεθ' ἡμῶν τούσδε τε μὴ αἰσχρῶς δεσπότας λαβεῖν καὶ τὴν πρὸς ἡμᾶς ἔχθραν μὴ ἂν βραχεῖαν γενομένην διαφυγεῖν. »

LXXXI. Τοιαῦτα μὲν ὁ Ἑρμοκράτης εἶπεν, ὁ δ' Εὔφημος ὁ τῶν Ἀθηναίων πρεσβευτὴς μετ' αὐτὸν τοιάδε.

LXXXII. « Ἀφικόμεθα μὲν ἐπὶ τῆς πρότερον οὔσης ξυμμαχίας ἀνανεώσει, τοῦ δὲ Συρακοσίου καθαψαμένου ἀνάγκη καὶ περὶ τῆς ἀρχῆς εἰπεῖν ὡς εἰκότως ἔχομεν. (2) Τὸ μὲν οὖν μέγιστον μαρτύριον αὐτὸς εἶπεν, ὅτι οἱ Ἴωνες ἀεί ποτε πολέμιοι τοῖς Δωριεῦσιν εἰσίν. Ἔχει δὲ καὶ οὕτως· ἡμεῖς γὰρ Ἴωνες ὄντες Πελοποννησίοις Δωριεῦσι καὶ πλείοσιν οὖσι καὶ παροικοῦσιν ἐσκεψάμεθα ὅτῳ τρόπῳ ἥκιστα αὐτῶν ὑπακουσόμεθα, (3) καὶ μετὰ τὰ Μηδικὰ ναῦς κτησάμενοι τῆς μὲν Λακεδαιμονίων ἀρχῆς καὶ ἡγεμονίας ἀπηλλάγημεν, οὐδὲν προσῆκον μᾶλλόν τι ἐκείνους ἡμῖν ἢ καὶ ἡμᾶς ἐκείνοις ἐπιτάσσειν, πλὴν καθ' ὅσον ἐν τῷ παρόντι μεῖζον ἴσχυον, αὐτοὶ δὲ τῶν ὑπὸ βασιλεῖ πρότερον ὄντων ἡγεμόνες καταστάντες οἰκοῦμεν, νομίζοντες ἥκιστ' ἂν ὑπὸ Πελοποννησίοις οὕτως εἶναι, δύναμιν ἔχοντες ᾗ ἀμυνούμεθα, καὶ ἐς τὸ ἀκριβὲς εἰπεῖν οὐδὲ ἀδίκως καταστρεψάμενοι τούς τε Ἴωνας καὶ νησιώτας οὓς ξυγγενεῖς φασὶν ὄντας ἡμᾶς Συρακόσιοι δεδουλῶσθαι. (4) Ἦλθον γὰρ ἐπὶ τὴν μητρόπολιν ἐφ' ἡμᾶς μετὰ τοῦ Μήδου, καὶ οὐκ ἐτόλμησαν ἀποστάντες τὰ οἰκεῖα φθεῖραι, ὥσπερ ἡμεῖς ἐκλιπόντες τὴν πόλιν, δουλείαν δὲ αὐτοί τε ἐβούλοντο καὶ ἡμῖν τὸ αὐτὸ ἐπενεγκεῖν.

LXXXIII. « Ἀνθ' ὧν ἄξιοί τε ὄντες ἅμα ἄρχομεν, ὅτι τε ναυτικὸν πλεῖστόν τε καὶ προθυμίαν ἀπροφάσιστον παρεσχόμεθα ἐς τοὺς Ἕλληνας, καὶ διότι καὶ τῷ Μήδῳ ἑτοίμως τοῦτο δρῶντες οὗτοι ἡμᾶς ἔβλαπτον, ἅμα δὲ τῆς πρὸς Πελοποννησίους ἰσχύος ὀρεγόμενοι. (2) Καὶ οὐ καλλιεπούμεθα ὡς ἢ τὸν βάρβαρον μόνοι καθελόντες εἰκότως ἄρχομεν, ἢ ἐπ' ἐλευθερίᾳ τῇ τῶνδε μᾶλλον ἢ τῶν ξυμπάντων τε καὶ τῇ ἡμετέρᾳ αὐτῶν κινδυνεύσαντες. Πᾶσι δὲ ἀνεπίφθονον τὴν προσήκουσαν σωτηρίαν ἐκπορίζεσθαι. Καὶ νῦν τῆς ἡμετέρας ἀσφαλείας ἕνεκα καὶ ἐνθάδε παρόντες ὁρῶμεν καὶ ὑμῖν ταῦτα ξυμφέροντα. (3) Ἀποφαίνομεν δὲ ἐξ ὧν οἵδε τε διαβάλλουσι καὶ ὑμεῖς μάλιστα ἐπὶ τὸ φοβερώτερον ὑπονοεῖτε, εἰδότες τοὺς περιδεῶς ὑποπτεύοντάς τι λόγου μὲν ἡδονῇ τὸ παραυτίκα τερπομένους, τῇ δ' ἐγχειρήσει ὕστερον τὰ ξυμφέροντα πράσσοντας. (4) Τήν τε γὰρ ἐκεῖ ἀρχὴν εἰρήκαμεν διὰ δέος ἔχειν, καὶ τὰ ἐνθάδε

quas vos ipsi non minus intelligitis; precamur vero, et testificamur simul, si vobis non persuaserimus, nos insidiis appeti ab Ionibus, perpetuis hostibus, et prodi a vobis, Dorienses ad Doriensibus. (4') Et si Athenienses nos subegerint, ob vestra quidem consilia victores evadent, sed suo ipsorum nomine honorem habebunt, et pro victoriæ præmio nullum alium, quam illum ipsum, qui victoriam iis subministrarit, accipient; et rursus si apud nos victoria fuerit, iidem vos pro eo, quod causa fuistis periculorum, etiam pœnam sustinebitis. (5) Quare rem considerate, atque eligite jam nunc aut præsentem sine periculo servitutem, aut ut victoria nobiscum parta et turpem illorum dominatum et nostras inimicitias haud sane breves futuras devitetis. »

LXXXI. Hæc quidem Hermocrates dixit, Euphemus vero, Atheniensium legatus, post eum hæc :

LXXXII. « Veneramus quidem, ut pristinam societatem renovaremus, sed quoniam Syracusanus nos incessit, necessarium est etiam de imperio nostro verba facere, ut hoc a nobis jure obtineri demonstremus. (2) Maximum igitur hujus rei testimonium ipse dixit hoc, quod Iones Doriensium hostes semper sint. Et vero res ita se habet : nos enim, qui sumus Iones, rationem iniimus, qua Peloponnesiis, qui sunt Dorienses et plures, quam nos, et iidem accolæ, minime obediremus, (3) et post Medicum bellum parata classe Lacedæmoniorum imperio et principatu liberati sumus, quia non magis decebat illos nobis, quam etiam nos illis imperare, nisi quatenus id temporis nobis potentiores erant, et contra nos ipsi eorum, qui regis imperio prius parebant, duces extitimus et sic nunc agimus, existimantes, ita nos in Peloponnesiorum potestatem minime venturos esse, quum potentiam habeamus, qua vim propulsemus, et, ut dicam quod res est, non injuria in nostram potestatem Iones et insularium incolas redegerimus, quos Syracusani a nobis in servitutem redactos aiunt, quamvis iis simus cognati. (4) Nam adversus nos, metropolin suam, cum Medo venerant, nec ausi erant defectione a Medo facta res domesticas profligare, quemadmodum nos, qui urbem deseruimus, sed et ipsi servitutem pati, et nobis idem imponere volebant.

LXXXIII. « Quamobrem et simul quod digni sumus, hoc imperio potimur, tum quia maximum navium numerum, tum quia promptum studium sine tergiversatione Græcis præstitimus, tum etiam, quia isti idem studium alacriter Medo præstantes incommoda nobis afferebant; et simul etiam quod potentiam adversus Peloponnesios nobis comparare cupimus. (2) Nec verbis magnificis utimur, quod aut propterea, quia soli barbarum profligaverimus, jure nostro imperium obtineamus, aut propterea quia pro libertate istorum magis quam ceterorum omnium et nostra ipsorum pericula susceperimus. Non est autem cuiquam invidendum, si salutem suam quærat. Et nunc etiam quum nostræ incolumitatis gratia huc venerimus, hoc ipsum vobis quoque conducere videmus. (3) Demonstramus autem hoc et ex iis, quæ isti criminantur, et ex iis, quæ vos ipsi potissimum cum vehementiore metu suspicamini, quia compertum habemus, eos, qui cum vehementi metu aliquid suspicantur, in præsenti quidem orationis illecebris capi, postea vero, quum ad rem gerendam veniunt, facere quæ sibimet conducunt. (4) Etenim et illic nos imperium propter metum obtinere diximus, et propter eumdem huc venisse, ut res,

διὰ τὸ αὐτὸ ἥκειν μετὰ τῶν φίλων ἀσφαλῶς καταστησόμενοι, καὶ οὐ δουλωσόμενοι, μὴ παθεῖν δὲ μᾶλλον τοῦτο κωλύσοντες.

LXXXIV. « Ὑπολάβῃ δὲ μηδεὶς ὡς οὐδὲν προσῆκον ὑμῶν κηδόμεθα, γνοὺς ὅτι σωζομένων ὑμῶν, καὶ διὰ τὸ μὴ ἀσθενεῖς ὑμᾶς ὄντας ἀντέχειν Συρακοσίοις, ἧσσον ἂν τούτων πεμψάντων τινὰ δύναμιν Πελοποννησίοις ἡμεῖς βλαπτοίμεθα. (2) Καὶ ἐν τούτῳ προσήκετε ἤδη ἡμῖν τὰ μέγιστα. Διόπερ καὶ τοὺς Λεοντίνους εὔλογον κατοικίζειν μὴ ὑπηκόους ὥσπερ τοὺς ξυγγενεῖς αὐτῶν τοὺς ἐν Εὐβοίᾳ, ἀλλ' ὡς δυνατωτάτους, ἵνα ἐκ τῆς σφετέρας ὅμοροι ὄντες τοῖσδε ὑπὲρ ἡμῶν λυπηροὶ ὦσιν. (3) Τὰ μὲν γὰρ ἐκεῖ καὶ αὐτοὶ ἀρκοῦμεν πρὸς τοὺς πολεμίους, καὶ ὁ Χαλκιδεύς, ὃν ἀλόγως ἡμᾶς φησὶ δουλωσαμένους τοὺς ἐνθάδε ἐλευθεροῦν, ξύμφορος ἡμῖν ἀπαράσκευος ὢν καὶ χρήματα μόνον φέρων, τὰ δὲ ἐνθάδε καὶ Λεοντῖνοι καὶ οἱ ἄλλοι φίλοι ὅτι μάλιστα αὐτονομούμενοι.

LXXXV. « Ἀνδρὶ δὲ τυράννῳ ἢ πόλει ἀρχὴν ἐχούσῃ οὐδὲν ἄλογον ὅ τι ξυμφέρον οὐδ' οἰκεῖον ὅ τι μὴ πιστόν· πρὸς ἕκαστα δὲ δεῖ ἢ ἐχθρὸν ἢ φίλον μετὰ καιροῦ γίγνεσθαι. Καὶ ἡμᾶς τοῦτο ὠφελεῖ ἐνθάδε, οὐκ ἢν τοὺς φίλους κακώσωμεν, ἀλλ' ἢν οἱ ἐχθροὶ διὰ τὴν τῶν φίλων ῥώμην ἀδύνατοι ὦσιν. (2) Ἀπιστεῖν δὲ οὐ χρή· καὶ γὰρ τοὺς ἐκεῖ ξυμμάχους ὡς ἕκαστοι χρήσιμοι ἐξηγούμεθα, Χίους μὲν καὶ Μηθυμναίους νεῶν παροχῇ αὐτονόμους, τοὺς δὲ πολλοὺς χρημάτων βιαιότερον φορᾷ, ἄλλους δὲ καὶ πάνυ ἐλευθέρως ξυμμαχοῦντας, καίπερ νησιώτας ὄντας καὶ εὐλήπτους, διότι ἐν χωρίοις ἐπικαίροις εἰσὶ περὶ τὴν Πελοπόννησον. (3) Ὥστε καὶ τἀνθάδε εἰκὸς πρὸς τὸ λυσιτελοῦν, καὶ ὃ λέγομεν ἐς Συρακοσίους δέος, καθίστασθαι. Ἀρχῆς γὰρ ἐφίενται ὑμῶν, καὶ βούλονται ἐπὶ τῷ ἡμετέρῳ ξυστήσαντες ὑμᾶς ὑπόπτῳ, βίᾳ ἢ καὶ κατ' ἐρημίαν, ἀπράκτων ἡμῶν ἀπελθόντων, αὐτοὶ ἄρξαι τῆς Σικελίας. Ἀνάγκη δέ, ἢν ξυστῆτε πρὸς αὐτούς· οὔτε γὰρ ἡμῖν ἔτι ἔσται ἰσχὺς τοσαύτη ἐς ἓν ξυστᾶσα εὐμεταχείριστος, οὔθ' οἵδ' ἀσθενεῖς ἂν ἡμῶν μὴ παρόντων πρὸς ὑμᾶς εἶεν.

LXXXVI. « Καὶ ὅτῳ ταῦτα μὴ δοκεῖ, αὐτὸ τὸ ἔργον ἐλέγχει. Τὸ γὰρ πρότερον ἡμᾶς ἐπηγάγεσθε οὐκ ἄλλον τινὰ προσείοντες φόβον ἢ εἰ περιοψόμεθα ὑμᾶς ὑπὸ Συρακοσίοις γενέσθαι, ὅτι καὶ αὐτοὶ κινδυνεύσομεν. (2) Καὶ νῦν οὐ δίκαιον, ᾧπερ καὶ ἡμᾶς ἠξιοῦτε λόγῳ πείθειν, τῷ αὐτῷ ἀπιστεῖν, οὐδ' ὅτι δυνάμει μείζονι πρὸς τὴν τῶνδε ἰσχὺν πάρεσμεν ὑποπτεύεσθαι, πολὺ δὲ μᾶλλον τοῖσδε ἀπιστεῖν. (3) Ἡμεῖς μέν γε οὔτε ἐμμεῖναι δυνατοὶ μὴ μεθ' ὑμῶν, εἴ τε καὶ γενόμενοι κακοὶ κατεργασαίμεθα, ἀδύνατοι κατασχεῖν διὰ μῆκός τε πλοῦ καὶ ἀπορίᾳ φυλακῆς πόλεων μεγάλων καὶ τῇ παρασκευῇ ἠπειρωτίδων· οἵδε δὲ οὐ στρατοπέδῳ πόλει δὲ μείζονι τῆς ἡμετέρας παρουσίας ἐποικοῦντες ὑμῖν ἀεί τε ἐπιβουλεύουσιν, καὶ ὅταν καιρὸν λάβωσιν ἑκάστου, οὐκ ἀνιᾶσιν (4) (ἔδειξαν δὲ καὶ ἄλλα ἤδη καὶ τὰ ἐς Λεοντίνους), καὶ νῦν τολμῶσιν ἐπὶ τοὺς ταῦτα κωλύοντας καὶ ἀνέχοντας

LXXXIV. « Neque vero quisquam opinetur, nulla justa necessitudinis causa nos de vobis esse solicitos, illud compertum habens, vobis salvis et vires habentibus ad resistendum Syracusanis, nos minoribus incommodis affectum iri propter illorum copias, quas Peloponnesiis mittere possint. (2) Et ob istam causam maxima necessitudine jam nobiscum estis conjuncti. Quamobrem etiam rationi consentaneum est, Leontinos a nobis in suas sedes restitui, non ut imperio nostro subjectos, quemadmodum ipsorum cognati in Euboea sed ut quam potentissimos, ut ex suo agro, quia sunt finitimi Syracusanis, his pro nobis sint infesti. (3) Quod enim attinet ad res domesticas, vel nos ipsi satis virium habemus ad hostes propulsandos, et Chalcidensis, quo nos præter rationem in servitutem redacto ait nunc eos, qui hic sunt, in libertatem vindicare, utilis est nobis eo, quod nullo bellico apparatu sit instructus, et pecuniam tantum pendat, sed in hujus terræ rebus et Leontini et ceteri amici eo nobis utiles sunt, si in summa libertate degant.

LXXXV. « Viro autem tyrannidem aut civitati principatum obtinenti nihil, quod utile sit, a ratione est alienum, nihil etiam cognatum, nisi fidum; sed pro cujusque rei natura in tempore vel inimicum vel amicum fieri oportet. Atque hoc nobis hic est commodum, non ut amicos maleficiis afficiamus, sed ut propter amicorum potentiam inimici reddantur infirmi. (2) Non est autem de nostra fide dubitandum. Nam sociis, qui illic sunt, prout singuli nobis sunt utiles, ita imperamus, Chiis quidem et Methymnæis, ut classem præbeant, at liberi vivant; plerisque vero sic, ut tributum severius exigamus; aliis vero, ut plane etiam liberi nobis in bello ferant auxilium, quamvis insulas colant et facile subigi possint, quia sunt in locis circa Peloponnesum opportunis. (3) Quamobrem consentaneum est res etiam, quæ hic sunt, a nobis constitui, prout nobis conducit, et ut dicimus propter metum de Syracusanis. Nam imperium in vos affectant, et istis suspicionibus, quas contra nos spargunt, vos ad societatem secum ineundam solicitare volunt, ut vel per vim, vel propter solitudinem vestram, si nos re infecta abierimus, ipsi Siciliæ principatum obtineant. Necesse hoc autem est, si cum iis vos conjungatis; nam neque nobis amplius facile erit adversus tantas copias in unum conjunctas bellum administrare, neque isti nobis absentibus erunt infirmi contra vos.

LXXXVI. « Cui autem hæc non ita videntur, eum ipsa res arguit. Prius enim nos arcessistis nullum alium metum nobis incutientes, nisi quod, si per nostram negligentiam vos in Syracusanorum potestatem venire sineremus, nos quoque pericula subituri essemus. (2) Et nunc non est æquum vos eidem rationi fidem habere nolle, qua nobis persuadere volebatis, neque in suspicionem venire, quod cum majoribus copiis adversus istorum potentiam huc venerimus, imo potius istis nullam habere fidem. (3) Nos enim neque consistere hic possumus, nisi vobiscum, et si etiam perfidia inducti vos subigeremus, retinere tamen non possemus propter navigationis longitudinem et difficultatem custodiendi urbes magnas et quarum potentia est terrestris; isti vero non castris, sed in urbe majore his nostris copiis adducticiis accolunt vobis, et assidue insidiantur, et ut in quemque occasionem nacti erunt, eam non omittent (4) (id quod quum in aliis, tum etiam in Leontinis jam declararunt), et tamen nunc audent adversus eos, qui hæc impediunt, et qui ab

τὴν Σικελίαν μέχρι τοῦδε μὴ ὑπ' αὐτοὺς εἶναι παρακαλεῖν ὑμᾶς ὡς ἀναισθήτους. (5) Πολὺ δὲ ἐπὶ ἀληθεστέραν γε σωτηρίαν ἡμεῖς ἀντιπαρακαλοῦμεν, δεόμενοι τὴν ὑπάρχουσαν ἀπ' ἀλλήλων ἀμφοτέροις μὴ προδιδόναι, νομίσαι τε τοῖσδε μὲν καὶ ἄνευ ξυμμάχων ἀεὶ ἐφ' ὑμᾶς ἑτοίμην διὰ τὸ πλῆθος εἶναι ὁδόν, ὑμῖν δ' οὐ πολλάκις παρασχήσειν μετὰ τοσῆσδε ἐπικουρίας ἀμύνασθαι· ἣν εἰ τῷ ὑπόπτῳ ἢ ἄπρακτον ἐάσετε ἀπελθεῖν ἢ καὶ σφαλεῖσαν, ἔτι βουλήσεσθε καὶ πολλοστὸν μόριον αὐτῆς ἰδεῖν, ὅτε οὐδὲν ἔτι περανεῖ παραγενόμενον ὑμῖν.

LXXXVII. « Ἀλλὰ μήτε ὑμεῖς ὦ Καμαριναῖοι ταῖς τῶνδε διαβολαῖς ἀναπείθεσθε μήτε οἱ ἄλλοι· εἰρήκαμεν δ' ὑμῖν πᾶσαν τὴν ἀλήθειαν περὶ ὧν ὑποπτευόμεθα, καὶ ἔτι ἐν κεφαλαίοις ὑπομνήσαντες ἀξιώσομεν πείθειν. (2) Φαμὲν γὰρ ἄρχειν μὲν τῶν ἐκεῖ ἵνα μὴ ὑπακούωμεν ἄλλου, ἐλευθεροῦν δὲ τὰ ἐνθάδε ὅπως μὴ ὑπ' αὐτῶν βλαπτώμεθα, πολλὰ δ' ἀναγκάζεσθαι πράσσειν διότι καὶ πολλὰ φυλασσόμεθα, ξύμμαχοι δὲ καὶ νῦν καὶ πρότερον τοῖς ἐνθάδε ὑμῶν ἀδικουμένοις οὐκ ἄκλητοι παρακληθέντες δὲ ἥκειν. (3) Καὶ ὑμεῖς μήθ' ὡς δικασταὶ γενόμενοι τῶν ἡμῖν ποιουμένων μήθ' ὡς σωφρονισταί, ὃ χαλεπὸν ἤδη, ἀποτρέπειν πειρᾶσθε, καθ' ὅσον δέ τι ὑμῖν τῆς ἡμετέρας πολυπραγμοσύνης καὶ τρόπου τὸ αὐτὸ ξυμφέρει, τούτῳ ἀπολαβόντες χρήσασθε, καὶ νομίσατε μὴ πάντας ἐν ἴσῳ βλάπτειν αὐτά, πολὺ δὲ πλείους τῶν Ἑλλήνων καὶ ὠφελεῖν· (4) ἐν παντὶ γὰρ πᾶς χωρίῳ, καὶ ᾧ μὴ ὑπάρχομεν, ὅ τε οἰόμενος ἀδικήσεσθαι καὶ ὁ ἐπιβουλεύων διὰ τὸ ἑτοίμην ὑπεῖναι ἐλπίδα τῷ μὲν ἀντιτυχεῖν ἐπικουρίας ἀφ' ἡμῶν, τῷ δὲ εἰ ἥξομεν μὴ ἀδεεῖς εἶναι κινδυνεύειν, ἀμφότεροι ἀναγκάζονται ὁ μὲν ἄκων σωφρονεῖν ὁ δ' ἀπραγμόνως σώζεσθαι. (5) Ταύτην οὖν τὴν κοινὴν τῷ τε δεομένῳ καὶ ὑμῖν νῦν παροῦσαν ἀσφάλειαν μὴ ἀπώσησθε, ἀλλ' ἐξισώσαντες τοῖς ἄλλοις μεθ' ἡμῶν τοῖς Συρακοσίοις, ἀντὶ τοῦ ἀεὶ φυλάσσεσθαι αὐτούς, καὶ ἀντεπιβουλεῦσαί ποτε ἐκ τοῦ ὁμοίου μεταλάβετε. »

LXXXVIII. Τοιαῦτα δὲ ὁ Εὔφημος εἶπεν. Οἱ δὲ Καμαριναῖοι ἐπεπόνθεσαν τοιόνδε. Τοῖς μὲν Ἀθηναίοις εὖνοι ἦσαν, πλὴν καθ' ὅσον εἰ τὴν Σικελίαν ᾤοντο αὐτοὺς δουλώσεσθαι, τοῖς δὲ Συρακοσίοις ἀεὶ κατὰ τὸ ὅμορον διάφοροι· δεδιότες δ' οὐχ ἧσσον τοὺς Συρακοσίους ἐγγὺς ὄντας μὴ καὶ ἄνευ σφῶν περιγένωνται, τό τε πρῶτον αὐτοῖς τοὺς ὀλίγους ἱππέας ἔπεμψαν καὶ τὸ λοιπὸν ἐδόκει αὐτοῖς ὑπουργεῖν μὲν τοῖς Συρακοσίοις μᾶλλον ἔργῳ, ὡς ἂν δύνωνται μετριώτατα, ἐν δὲ τῷ παρόντι, ἵνα μηδὲ τοῖς Ἀθηναίοις ἔλασσον δοκῶσι νεῖμαι, ἐπειδὴ καὶ ἐπικρατέστεροι τῇ μάχῃ ἐγένοντο, λόγῳ ἀποκρίνασθαι ἴσα ἀμφοτέροις. (2) Καὶ οὕτω βουλευσάμενοι ἀπεκρίναντο, ἐπειδὴ τυγχάνει ἀμφοτέροις οὖσι ξυμμάχοις σφῶν πρὸς ἀλλήλους πόλεμος ὤν, εὔορκον δοκεῖν εἶναι σφίσιν ἐν τῷ παρόντι μηδετέροις ἀμύνειν. Καὶ οἱ πρέσβεις ἑκατέρων ἀπῆλθον.

hunc usque diem Siciliam sustinent, ne in ipsorum potestatem redigatur, vos ut ingenio tardos provocare. (5) Nos vero contra ad salutem longe certiorem vos provocamus, orantes, ne eam, quae utrisque nostrum ope mutua parata est, prodatis, sed existimetis, istis quidem vel sine sociorum auxiliis propter multitudinem viam adversus vos semper expeditam esse, vobis vero non saepe futuram facultatem cum tot auxiliaribus copiis eos propulsandi; quas si ob suspicionem infecto negotio discedere sinatis, vel etiam calamitate affectas, aliquando optabitis profecto vel minimam earum partem videre, quum ejus ad vos adventus nihil amplius vobis prodesse poterit.

LXXXVII. « Sed neque vos, Camarinaei, criminationibus istorum adducamini, neque ceteri; declaravimus autem vobis omnem veritatem, de quibus simus suspecti, et jam etiam iisdem in vestram memoriam per capita revocatis postulabimus, ut vobis persuaderi patiamini. (2) Dicimus enim nos iis quidem, qui illic sunt, imperare, ne alterius imperio pareamus, eos vero, qui hic sunt, in libertatem asserere, ne ab ipsis laedamur, multa autem agitare nos cogi, quia sunt etiam multa, quae caveamus, socios vero et nunc et prius huc venisse non nostra sponte, sed arcessitos, ut opem feramus illis de vobis, qui hic injuria afficiuntur. (3) Quare vos neque tanquam constituti judices rerum, quae a nobis geruntur, neque tanquam morum magistri quod factu jam est difficile, deterrere conemini, sed quatenus aliquid ex hoc, quod multa agitamus, et ex ingenii nostri indole vobis item utile est, id accipite et eo utimini, et existimate, haec non omnibus aeque nocere, verum longe pluribus e Graecis prodesse; (4) quilibet enim in qualibet regione, vel in ea, in qua non imperamus, et is, qui sibi ab injuria timet, et is, qui alteri insidiatur, quod in promptu sit spes, illi quidem fore, ut auxilium contra alterum a nobis impetret, huic vero, fore, ut, si venerimus, metu periculi non vacet, ambo coguntur hic quidem, invitus ab injuria alteri facienda sibi temperare, ille vero nullo negotio salutem consequi. (5) Hoc igitur salutis praesidium, quod omnibus, qui eo indigent, est commune, et quod vobis nunc praesto est, ne rejiciatis, sed ceterorum exemplum imitati nobiscum Syracusanis, pro eo, quod ipsorum insidias semper cavetis, vos etiam nunc tandem pari modo insidias tendere vicissim incipiatis. »

LXXXVIII. Atque haec contra Euphemum dixit. Camarinaei vero sic animis erant affecti. Atheniensibus quidem erant benevoli, nisi quatenus eos subacturos Siciliam suspicabantur, cum Syracusanis vero semper pro agrorum vicinate controversias habebant; quum tamen Syracusanos, qui vicini erant, non minus formidarent, ne vel sine suis auxiliis superiores evaderent, et antea paucos illos equites iis miserant, et in posterum auxilia quidem subministrare placebat potius Syracusanis re ipsa, quam parcissime possent, in praesentia vero ne Atheniensibus minus tribuisse viderentur, praesertim quod ex proelio victores discessissent, verbis responsum par utrisque dare. (2) Quum autem sic statuissent, responderunt: quoniam bellum geratur inter illos, qui utrique sibi socii sint, videri sibi aequum esse, in praesentia neutris opem ferre. Atque utrorumque legati sic abierunt.

(3) Καὶ οἱ μὲν Συρακόσιοι τὰ καθ᾽ ἑαυτοὺς ἐξηρτύοντο ἐς τὸν πόλεμον, οἱ δ᾽ Ἀθηναῖοι ἐν τῇ Νάξῳ ἐστρατοπεδευμένοι τὰ πρὸς τοὺς Σικελοὺς ἔπρασσον, ὅπως αὐτοῖς ὡς πλεῖστοι προσχωρήσονται. (4) Καὶ οἱ μὲν πρὸς τὰ πεδία μᾶλλον τῶν Σικελῶν ὑπήκοοι ὄντες τῶν Συρακοσίων οἱ πολλοὶ ἀφεστήκεσαν· τῶν δὲ τὴν μεσόγαιαν ἐχόντων αὐτόνομοι οὖσαι καὶ πρότερον ἀεὶ αἱ οἰκήσεις εὐθύς, πλὴν ὀλίγοι, μετὰ τῶν Ἀθηναίων ἦσαν, καὶ σῖτόν τε κατεκόμιζον τῷ στρατεύματι καὶ εἰσὶν οἳ καὶ χρήματα. (5) Ἐπὶ δὲ τοὺς μὴ προσχωροῦντας οἱ Ἀθηναῖοι στρατεύοντες τοὺς μὲν προσηνάγκαζον, τοὺς δὲ καὶ ὑπὸ τῶν Συρακοσίων φρουρούς τε πεμπόντων καὶ βοηθούντων ἀπεκωλύοντο. Τόν τε χειμῶνα μεθορμισάμενοι ἐκ τῆς Νάξου ἐς τὴν Κατάνην, καὶ τὸ στρατόπεδον ὃ κατεκαύθη ὑπὸ τῶν Συρακοσίων αὖθις ἀνορθώσαντες, διεχείμαζον. (6) Καὶ ἔπεμψαν μὲν ἐς Καρχηδόνα τριήρη περὶ φιλίας, εἰ δύναιντό τι ὠφελεῖσθαι, ἔπεμψαν δὲ καὶ ἐς Τυρσηνίαν, ἔστιν ὧν πόλεων ἐπαγγελλομένων καὶ αὐτῶν ξυμπολεμεῖν. Περιήγγελλον δὲ καὶ τοῖς Σικελοῖς καὶ ἐς τὴν Ἔγεσταν πέμψαντες ἐκέλευον ἵππους σφίσιν ὡς πλείστους πέμπειν, καὶ τἆλλα ἐς τὸν περιτειχισμόν, πλινθία καὶ σίδηρον, ἡτοίμαζον, καὶ ὅσα ἔδει, ὡς ἅμα τῷ ἦρι ἐξόμενοι τοῦ πολέμου.

(7) Οἱ δ᾽ ἐς τὴν Κόρινθον καὶ Λακεδαίμονα τῶν Συρακοσίων ἀποσταλέντες πρέσβεις τούς τε Ἰταλιώτας ἅμα παραπλέοντες ἐπειρῶντο πείθειν μὴ περιορᾶν τὰ γιγνόμενα ὑπὸ τῶν Ἀθηναίων ὡς καὶ ἐκείνοις ὁμοίως ἐπιβουλευόμενα, καὶ ἐπειδὴ ἐν τῇ Κορίνθῳ ἐγένοντο, λόγους ἐποιοῦντο ἀξιοῦντες σφίσι κατὰ τὸ ξυγγενὲς βοηθεῖν. (8) Καὶ οἱ Κορίνθιοι εὐθὺς ψηφισάμενοι αὐτοὶ πρῶτοι ὥστε πάσῃ προθυμίᾳ ἀμύνειν, καὶ ἐς τὴν Λακεδαίμονα ξυναπέστελλον αὐτοῖς πρέσβεις, ὅπως καὶ ἐκείνους ξυναναπείθοιεν τόν τε αὐτοῦ πόλεμον σαφέστερον ποιεῖσθαι πρὸς τοὺς Ἀθηναίους καὶ ἐς τὴν Σικελίαν ὠφελίαν τινὰ πέμπειν. (9) Καὶ οἵ τε ἐκ τῆς Κορίνθου πρέσβεις παρῆσαν ἐς τὴν Λακεδαίμονα καὶ Ἀλκιβιάδης μετὰ τῶν ξυμφυγάδων, περαιωθεὶς τότ᾽ εὐθὺς ἐπὶ πλοίου φορτηγικοῦ ἐκ τῆς Θουρίας ἐς Κυλλήνην τῆς Ἠλείας πρῶτον, ἔπειτα ὕστερον ἐς τὴν Λακεδαίμονα αὐτῶν τῶν Λακεδαιμονίων μεταπεμψάντων ὑπόσπονδος ἐλθών· ἐφοβεῖτο γὰρ αὐτοὺς διὰ τὴν περὶ τῶν Μαντινικῶν πρᾶξιν. (10) Καὶ ξυνέβη ἐν τῇ ἐκκλησίᾳ τῶν Λακεδαιμονίων τούς τε Κορινθίους καὶ Συρακοσίους τὰ αὐτὰ καὶ τὸν Ἀλκιβιάδην δεομένους πείθειν τοὺς Λακεδαιμονίους. Καὶ διανοουμένων τῶν τε ἐφόρων καὶ τῶν ἐν τέλει ὄντων πρέσβεις πέμπειν ἐς Συρακούσας κωλύοντας μὴ ξυμβαίνειν Ἀθηναίοις, βοηθεῖν δὲ οὐ προθύμων ὄντων, παρελθὼν ὁ Ἀλκιβιάδης παρώξυνέ τε τοὺς Λακεδαιμονίους καὶ ἐξώρμησε λέγων τοιάδε·

LXXXIX. « Ἀναγκαῖον περὶ τῆς ἐμῆς διαβολῆς πρῶτον ἐς ὑμᾶς εἰπεῖν, ἵνα μὴ χεῖρον τὰ κοινὰ τῷ ὑπόπτῳ μου ἀκροάσησθε. (2) Τῶν δ᾽ ἡμῶν προγόνων τὴν

προξενίαν ύμων κατά τι έγκλημα άπειπόντων αύτος έγω πάλιν άναλαμβάνων έθεράπευον ύμας άλλα τε καὶ περὶ τὴν έκ Πύλου ξυμφοράν. Καὶ διατελοῦντός μου προθύμου ύμεῖς προς Άθηναίους καταλλασσόμενοι τοῖς μὲν έμοῖς έχθροῖς δύναμιν δι' έκείνων πράξαντες, έμοὶ δὲ άτιμίαν περιέθετε. (3) Καὶ διὰ ταῦτα δικαίως ὑπ' έμοῦ πρός τε τὰ Μαντινέων καὶ Άργείων τραπομένου καὶ όσα άλλα ήναντιούμην ὑμῖν ἐβλάπτεσθε· καὶ νῦν, εἴ τις καὶ τότε έν τῷ πάσχειν ούκ εἰκότως ώργίζετό μοι, μετὰ τοῦ ἀληθοῦς σκοπῶν ἀναπειθέσθω· ἢ εἴ τις, διότι καὶ τῷ δήμῳ προσεκείμην μᾶλλον, χείρω με ἐνόμιζεν, μηδ' ούτως ήγήσηται όρθῶς άχθεσθαι. (4) Τοῖς γὰρ τυράννοις ἀεί ποτε διάφοροί ἐσμεν, πᾶν δὲ τὸ έναντιούμενον τῷ δυναστεύοντι δῆμος ὠνόμασται· καὶ άπ' ἐκείνου ξυμπαρέμεινεν ή προστασία ήμῖν τοῦ πλήθους. Άμα δὲ τῆς πόλεως δημοκρατουμένης τὰ πολλὰ ἀνάγκη ἦν τοῖς παροῦσιν ἔπεσθαι. (5) Τῆς δὲ ὑπαρχούσης ἀκολασίας ἐπειρώμεθα μετριώτεροι ἐς τὰ πολιτικὰ εἶναι. Άλλοι δ' ἦσαν καὶ ἐπὶ τῶν πάλαι καὶ νῦν οἵ ἐπὶ τὰ πονηρότερα ἐξῆγον τὸν ὄχλον· οἵπερ καὶ ἐμὲ ἐξήλασαν. (6) Ήμεῖς δὲ τοῦ ξύμπαντος προέστημεν, δικαιοῦντες ἐν ᾧ σχήματι μεγίστη ή πόλις ἐτύγχανε καὶ ἐλευθερωτάτη οὖσα, καὶ ὅπερ ἐδέξατό τις, τοῦτο ξυνδιασώζειν, ἐπεὶ δημοκρατίαν γε καὶ ἐγιγνώσκομεν οἱ φρονοῦντές τι, καὶ αὐτὸς οὐδενὸς ἂν χεῖρον, ὅσῳ καὶ λοιδορήσαιμι. Άλλὰ περὶ ὁμολογουμένης ἀνοίας οὐδὲν ἂν καινὸν λέγοιτο· καὶ τὸ μεθιστάναι αὐτὴν οὐκ ἐδόκει ήμῖν ἀσφαλὲς εἶναι ὑμῶν πολεμίων προσκαθημένων.

XC. « Καὶ τὰ μὲν ἐς τὰς ἐμὰς διαβολὰς τοιαῦτα ξυνέβη· περὶ δὲ ὧν ὑμῖν τε βουλευτέον καὶ ἐμοί, εἴ τι πλέον οἶδα, ἐσηγητέον, μάθετε ἤδη. (2) Ἐπλεύσαμεν ἐς Σικελίαν πρῶτον μέν, εἰ δυναίμεθα, Σικελιώτας καταστρεφόμενοι,. μετὰ δ' ἐκείνους αὖθις καὶ Ἰταλιώτας, ἔπειτα καὶ τῆς Καρχηδονίων ἀρχῆς καὶ αὐτῶν ἀποπειράσοντες. (3) Εἰ δὲ προχωρήσειε ταῦτα ἢ πάντα ἢ καὶ τὰ πλείω, ἤδη τῇ Πελοποννήσῳ ἐμέλλομεν ἐπιχειρήσειν, κομίσαντες ξύμπασαν μὲν τὴν ἐκεῖθεν προσγενομένην δύναμιν τῶν Ελλήνων, πολλοὺς δὲ βαρβάρους μισθωσάμενοι, καὶ Ίβηρας καὶ ἄλλους τῶν ἐκεῖ ὁμολογουμένως νῦν [βαρβάρων] μαχιμωτάτους, τριήρεις τε πρὸς ταῖς ἡμετέραις πολλὰς ναυπηγησάμενοι ἐχούσης τῆς Ίταλίας ξύλα ἄφθονα, αἷς τὴν Πελοπόννησον πέριξ πολιορκοῦντες, καὶ τῷ πεζῷ ἅμα ἐκ γῆς ἐφορμαῖς τῶν πόλεων τὰς μὲν βίᾳ λαβόντες τὰς δ' ἐντειχισάμενοι, ῥᾳδίως ἠλπίζομεν καταπολεμήσειν καὶ μετὰ ταῦτα καὶ τοῦ ξύμπαντος Ελληνικοῦ ἄρξειν. (4) Χρήματα δὲ καὶ σῖτον, ὥστε εὐπορώτερον γίγνεσθαί τι αὐτῶν, αὐτὰ τὰ προσγενόμενα ἐκεῖθεν χωρία ἔμελλε διαρκῆ ἄνευ τῆς ἐνθένδε προσόδου παρέξειν.

XCI. « Τοιαῦτα μὲν περὶ τοῦ νῦν οἰχομένου στόλου παρὰ τοῦ τὰ ἀκριβέστατα εἰδότος ὡς διενοήθημεν ἀκηκόατε· καὶ ὅσοι ὑπόλοιποι στρατηγοί, ἢν δύνωνται, ὁμοίως αὐτὰ πράξουσιν. Ὡς δὲ εἰ μὴ βοηθήσετε οὐ περιέσται τἀκεῖ, μάθετε ἤδη. (2) Σικελιῶται γὰρ

Quamvis enim mei majores publicum vestræ civitatis hospitium ob querelam aliquam vobis renuntiassent, ego ipse id rursus instaurans officia vobis præstabam quum alia, tum vero in clade, quam ad Pylum accepistis. Et quum in hoc ego studio perseverarem, vos de compositione cum Atheniensibus agentes inimicis quidem meis, re per ipsos temptata, potentiam, mihi vero ignominiam conciliastis. (3) Et ob ea jure a me, quum et ad Mantineorum et Argivorum partes transirem, et in ceteris rebus vobis adversarer, lædebamini; et nunc, etiam si quis tunc, dum damnum accipiebatis, immerito mihi irascebatur, rem cum veritate examinans sententiam mutet : aut si quis, quod factionem popularem potius sectarer, ideo me deteriorem esse putabat, ne sic quidem se recte mihi infensum esse ducat. (4) Tyrannis enim semper infesti sumus; quicquid autem tyrannis adversatur, populus nominatur; et ex eo nobis popularium partium principatus permansit. Simul quod civitas imperio populari plerumque regitur, necesse erat res præsentes sequi. (5) Sed tamen in administranda republica conati sumus nos moderatius gerere, quam pro intemperantia, quæ apud nos invaluerat. Alii vero erant et majorum memoria et nunc, qui plebem ad deteriora concitabant, qui quidem me quoque ejecerunt. (6) Nos vero universæ reipublicæ præfuimus, æquum esse censentes, in qua forma civitas maxima atque liberrima fuisset, et quam quis accepisset, hanc etiam conservare, quandoquidem popularem quidem statum satis noramus qualis esset, quum omnes, qui aliquid existimare possunt, tum ego etiam magis, quo eum magis objurgare possim. Sed de vecordia, de qua inter omnes constat, nihil novi dici possit; eam immutare autem non videbatur nobis esse tutum, dum vos hostes nobis instaretis.

XC. « Quæ igitur ad meas criminationes pertinent, talia exstiterunt; jam vero ea de quibus et vobis est consultandum, et mihi, si quid melius novi, sententia proponenda, cognoscite. (2) In Siciliam eo animo trajecimus, primum quidem, ut Sicilienses, si possemus, in nostram potestatem redigeremus, mox vero post illos, et Italos, deinde ut etiam illos, qui Carthaginiensium imperio parent, atque adeo ipsos temptaremus. (3) Quod si hæc nobis successissent aut omnia aut etiam pleraque, tunc vero Peloponnesum aggredi statueramus, universis Græcorum copiis, quas nobis illinc adjunxissemus, adductis, multisque barbaris mercede conductis, et Iberis et aliis, qui omnium [barbarorum] in illis regionibus habitantium sine controversia bellicosissimi nunc habentur, ædificatis etiam permultis triremibus, præter nostras, quod Italia magnam materiæ copiam habet, quibus Peloponnesum circumcirca obsidentes, et peditatu pariter a terra impetu facto, urbium aliis quidem per vim captis, aliis vero circumvallatis, sperabamus fore, ut eam facile debellaremus, postea vero totius etiam Græciæ imperio potiremur. (4) Pecuniam autem et commeatum, ut res illas commodius perageremus, ipsa regionum illarum oppida nobis adjuncta, sine hujus regionis proventu, nobis erant abunde suppeditatura.

XCI. « Quæ igitur fuerint nostra consilia de classe nunc profecta, ex homine, qui res istas exploratissimas habet, audistis, et qui reliqui sunt duces, pariter hæc, si possint, peragent. Res autem illas salvas non fore, nisi succurratis, jam discite. (2) Sicilienses enim sunt illi quidem minus periti, sed

ἀπειρότεροι μέν εἰσιν, ὅμως δ' ἂν ξυστραφέντες ἀθρόοι καὶ νῦν ἔτι περιγένοιντο. Συρακόσιοι δὲ μόνοι μάχῃ τε ἤδη πανδημεὶ ἡσσημένοι καὶ ναυσὶν ἅμα κατειργόμενοι ἀδύνατοι ἔσονται τῇ νῦν Ἀθηναίων ἐκεῖ παρασκευῇ ἀντισχεῖν. (3) Καὶ εἰ αὕτη ἡ πόλις ληφθήσεται, ἔχεται καὶ ἡ πᾶσα Σικελία, καὶ εὐθὺς καὶ Ἰταλία· καὶ ὃν ἄρτι κίνδυνον ἐκεῖθεν προεῖπον, οὐκ ἂν διὰ μακροῦ ὑμῖν ἐπιπέσοι. (4) Ὥστε μὴ περὶ τῆς Σικελίας τις οἰέσθω μόνον βουλεύειν, ἀλλὰ καὶ περὶ τῆς Πελοποννήσου, εἰ μὴ ποιήσετε τάδε ἐν τάχει, στρατιάν τε ἐπὶ νεῶν πέμψετε τοιαύτην ἐκεῖσε οἵτινες αὐτερέται κομισθέντες καὶ ὁπλιτεύσουσιν εὐθύς, καὶ ὃ τῆς στρατιᾶς ἔτι χρησιμώτερον εἶναι νομίζω, ἄνδρα Σπαρτιάτην ἄρχοντα, ὡς ἂν τούς τε παρόντας ξυντάξῃ καὶ τοὺς μὴ θέλοντας προσαναγκάσῃ· οὕτω γὰρ οἵ τε ὑπάρχοντες ὑμῖν φίλοι θαρσήσουσι μᾶλλον καὶ οἱ ἐνδοιάζοντες ἀδεέστερον προσίασιν. (5) Καὶ τὰ ἐνθάδε χρὴ ἅμα φανερώτερον ἐκπολεμεῖν, ἵνα Συρακόσιοί τε νομίζοντες ὑμᾶς ἐπιμελεῖσθαι μᾶλλον ἀντέχωσι καὶ Ἀθηναῖοι τοῖς ἑαυτῶν ἧσσον ἄλλην ἐπικουρίαν πέμπωσιν. (6) Τειχίζειν δὲ χρὴ Δεκέλειαν τῆς Ἀττικῆς, ὅπερ Ἀθηναῖοι μάλιστα ἀεὶ φοβοῦνται, καὶ μόνου νομίζουσι τῶν ἐν τῷ πολέμῳ οὐ διαπεπειρᾶσθαι. Βεβαιότατα δ' ἄν τις οὕτω τοὺς πολεμίους βλάπτοι, εἰ ἃ μάλιστα δεδιότας αὐτοὺς αἰσθάνοιτο, ταῦτα σαφῶς πυνθανόμενος ἐπιφέροι· εἰκὸς γὰρ αὐτοὺς ἀκριβέστατα ἑκάστους τὰ σφέτερα αὐτῶν δεινὰ ἐπισταμένους φοβεῖσθαι. (7) Ἃ δ' ἐν τῇ ἐπιτειχίσει αὐτοὶ ὠφελούμενοι τοὺς ἐναντίους κωλύσετε, πολλὰ παρεὶς τὰ μέγιστα κεφαλαιώσω. Οἷς τε γὰρ ἡ χώρα κατεσκεύασται, τὰ πολλὰ πρὸς ὑμᾶς τὰ μὲν ληφθέντα τὰ δ' αὐτόματα ἥξει καὶ τὰς τοῦ Λαυρίου τῶν ἀργυρείων μετάλλων προσόδους, καὶ ὅσα ἀπὸ γῆς καὶ δικαστηρίων νῦν ὠφελοῦνται, εὐθὺς ἀποστερήσονται, μάλιστα δὲ τῆς ἀπὸ τῶν ξυμμάχων προσόδου ἧσσον διαφορουμένης, οἳ τὰ παρ' ὑμῶν νομίσαντες ἤδη κατὰ κράτος πολεμεῖσθαι ὀλιγωρήσουσιν.

XCII. « Γίγνεσθαι δέ τι αὐτῶν καὶ ἐν τάχει καὶ προθυμότερον ἐν ὑμῖν ἐστίν, ὦ Λακεδαιμόνιοι, ἐπεὶ ὥς γε δυνατά (καὶ οὐχ ἁμαρτήσεσθαι οἶμαι γνώμης) πάνυ θαρσῶ. (2) Καὶ χείρων οὐδενὶ ἀξιῶ δοκεῖν ὑμῶν εἶναι, εἰ τῇ ἐμαυτοῦ μετὰ τῶν πολεμιωτάτων φιλόπολίς ποτε δοκῶν εἶναι νῦν ἐγκρατῶς ἐπέρχομαι, οὐδὲ ὑποπτεύεσθαί μου ἐς τὴν φυγαδικὴν προθυμίαν τὸν λόγον. (3) Φυγάς τε γάρ εἰμι τῆς τῶν ἐξελασάντων πονηρίας, καὶ οὐ τῆς ὑμετέρας, ἢν πείθησθέ μοι, ὠφελίας· καὶ πολεμιώτεροι οὐχ οἱ τοὺς πολεμίους που βλάψαντες ὑμεῖς ἢ οἱ τοὺς φίλους ἀναγκάσαντες πολεμίους γενέσθαι. (4) Τό τε φιλόπολι οὐκ ἐν ᾧ ἀδικοῦμαι ἔχω, ἀλλ' ἐν ᾧ ἀσφαλῶς ἐπολιτεύθην. Οὐδ' ἐπὶ πατρίδα οὖσαν ἔτι ἡγοῦμαι νῦν ἰέναι, πολὺ δὲ μᾶλλον τὴν οὐκ οὖσαν ἀνακτᾶσθαι. Καὶ φιλόπολις οὗτος ὀρθῶς, οὐχ ὃς ἂν τὴν ἑαυτοῦ ἀδίκως ἀπολέσας μὴ ἐπίῃ, ἀλλ' ὃς ἂν ἐκ παντὸς τρόπου διὰ τὸ ἐπιθυμεῖν πειραθῇ αὐτὴν ἀναλαβεῖν. (5) Οὕτως ἐμοί τε ἀξιῶ ὑμᾶς καὶ ἐς κίνδυνον καὶ ἐς τα-

tamen, si frequentes in unum coeant, nunc etiam superstites esse poterunt. Syracusani vero soli et prœlio cum universis copiis jam victi et classe simul obsessi non poterunt Atheniensium apparatui, qui nunc illic est, resistere. (3) Et hæc urbs si capietur, tenetur omnis etiam Sicilia, et mox etiam Italia; atque periculum, quod illinc vobis impendere modo prædixi, non multo post in vos irruat. (4) Quare nemo de Sicilia tantum, sed etiam de Peloponneso se consultare putet, nisi hæc celeriter facietis, scilicet et exercitum in naves impositum illuc mittetis, ita ut qui ipsi remigantes transvecti fuerint, deinde statim milites sint, et, quod ipso exercitu longe utilius esse puto, virum Spartanum imperatorem, ut et eos, qui adsunt, ordine componat, et illos, qui adesse recusant, ad officium compellat; ita enim et qui vobis amici sunt, majorem habebunt fiduciam, et qui animo sunt dubio, minus timide accedent. (5) Et quod attinet ad hujus regionis loca, oportet vos simul hinc apertius bellum inferre, ut et Syracusani existimantes, vos de se solicitos esse, acrius resistant, et Athenienses aliud auxilium suis in Siciliam minus mittant. (6) Munire autem oportet Deceleam, quæ est in Attica, quod Athenienses præter cetera perpetuo formidant et hoc solum contra se in bello non temptatum esse putant. Et sane quis ita certissimis damnis hostes afficiat, si quæ maxime ipsos formidare senserit, hæc ipse plane comperta habens iis inferat; par est enim optime sua quemque ipsum mala, unde periculum aliquod impendeat, cognoscere ac formidare. (7) Commoda autem, quæ ex hac munitione exstructa vos ipsi percipietis, et quibus adversarios frui prohibebitis, ut multa omittam, ea, quæ maxima sunt, summatim dicam. Nam et ea, quibus ipsorum ager est instructus, pleraque partim capta, partim sua sponte in vestram potestatem venient, et proventibus, quos percipiunt ex argenti secturis, quæ sunt in Laurio monte, et commodis, quæcumque nunc ex agro judiciisque capiunt, statim privabuntur, maxime quum a sociis vectigalia non afferentur, qui existimantes, bellum a vobis acriter jam administrari, illos contemnent.

XCII. « Quarum rerum ut aliquid mature et impigre fiat, in vobis est situm, Lacedæmonii, quando fieri quidem hæc posse (existimo autem fore, ut opinione minime fallar) prorsus confido. (2) Et a vobis peto, ut ne cui vestrum deterior esse videar, si adversus patriam meam cum infestissimis ejus hostibus ego, qui quondam patriæ amans habitus sum, jam acerrime venio, neve oratio mea veniat in suspicionem nomine cupiditatis, quæ exsulum propria sit. (3) Exsul enim sum improbitatis illorum, qui me expulerunt, sed non vestræ, si mihi credideritis, utilitatis; neque vero vos, qui nobis hostibus aliquando nocuistis, magis pro hostibus estis habendi, quam qui amicos coegerunt hostes fieri. (4) Et amorem in patriam non quum injuriam accipio, habeo, sed quum in republica tuto vixi. Neque existimo, me bellum inferre ei, quæ adhuc patria mihi sit, imo vero potius eam, quæ mihi nulla est, recuperare. Atque is vere est patriæ amans, non qui suam, quam injuste amisit, non invadit, sed qui eam quavis ratione propter illius desiderium recuperare conatur. (5) Quamobrem, Lacedæmonii, jure meo a vobis peto, ut opera mea et in periculis et in

λαιπωρίαν πᾶσαν ἀδεῶς χρῆσθαι, ὦ Λακεδαιμόνιοι, γνόντας τοῦτον δὴ τὸν ὑφ' ἁπάντων προβαλλόμενον λόγον, ὡς εἰ πολέμιός γε ὢν σφόδρα ἔβλαπτον, κἂν φίλος ὢν ἱκανῶς ὠφελοίην, ὅσῳ τὰ μὲν Ἀθηναίων οἶδα τὰ δ' ὑμέτερα ᾔκαζον· καὶ αὐτοὺς νῦν νομίσαντας περὶ μεγίστων δὴ τῶν διαφερόντων βουλεύεσθαι μὴ ἀποκνεῖν τὴν ἐς τὴν Σικελίαν τε καὶ ἐς τὴν Ἀττικὴν στρατείαν, ἵνα τά τε ἐκεῖ βραχεῖ μορίῳ ξυμπαραγενόμενοι μεγάλα σώσητε καὶ Ἀθηναίων τήν τε οὖσαν καὶ τὴν μέλλουσαν δύναμιν καθέλητε, καὶ μετὰ ταῦτα αὐτοί τε ἀσφαλῶς οἰκῆτε καὶ τῆς ἁπάσης Ἑλλάδος ἑκούσης καὶ οὐ βίᾳ κατ' εὔνοιαν δὲ ἡγῆσθε. »

XCIII. Ὁ μὲν Ἀλκιβιάδης τοσαῦτα εἶπεν, οἱ δὲ Λακεδαιμόνιοι διανοούμενοι μὲν καὶ αὐτοὶ πρότερον στρατεύειν ἐπὶ τὰς Ἀθήνας, μέλλοντες δ' ἔτι καὶ περιορώμενοι, πολλῷ μᾶλλον ἐπερρώσθησαν διδάξαντος ταῦτα ἕκαστα αὐτοῦ, καὶ νομίσαντες παρὰ τοῦ σαφέστατα εἰδότος ἀκηκοέναι· (2) ὥστε τῇ ἐπιτειχίσει τῆς Δεκελείας προσεῖχον ἤδη τὸν νοῦν καὶ τὸ παραυτίκα καὶ τοῖς ἐν τῇ Σικελίᾳ πέμπειν τινὰ τιμωρίαν. Καὶ Γύλιππον τὸν Κλεανδρίδου προστάξαντες ἄρχοντα τοῖς Συρακοσίοις ἐκέλευον μετ' ἐκείνων καὶ τῶν Κορινθίων βουλευόμενον ποιεῖν ὅπη ἐκ τῶν παρόντων μάλιστα καὶ τάχιστά τις ὠφελία ἥξει τοῖς ἐκεῖ. (3) Ὁ δὲ δύο μὲν ναῦς τοὺς Κορινθίους ἤδη ἐκέλευέν οἱ πέμπειν ἐς Ἀσίνην, τὰς δὲ λοιπὰς παρασκευάζεσθαι ὅσας διανοοῦνται πέμπειν, καὶ ὅταν καιρὸς ᾖ, ἑτοίμας εἶναι πλεῖν. Ταῦτα δὲ ξυνθέμενοι ἀνεχώρουν ἐκ τῆς Λακεδαίμονος.

(4) Ἀφίκετο δὲ καὶ ἡ ἐκ τῆς Σικελίας τριήρης τῶν Ἀθηναίων, ἣν ἀπέστειλαν οἱ στρατηγοὶ ἐπί τε χρήματα καὶ ἱππέας. Καὶ οἱ Ἀθηναῖοι ἀκούσαντες ἐψηφίσαντο τήν τε τροφὴν πέμπειν τῇ στρατιᾷ καὶ τοὺς ἱππέας. Καὶ ὁ χειμὼν ἐτελεύτα, καὶ ἕβδομον καὶ δέκατον ἔτος τῷ πολέμῳ ἐτελεύτα τῷδε ὃν Θουκυδίδης ξυνέγραψεν.

XCIV. Ἅμα δὲ τῷ ἦρι εὐθὺς ἀρχομένῳ τοῦ ἐπιγιγνομένου θέρους οἱ ἐν τῇ Σικελίᾳ Ἀθηναῖοι ἄραντες ἐκ τῆς Κατάνης παρέπλευσαν ἐπὶ Μεγάρων τῶν ἐν τῇ Σικελίᾳ, οὓς ἐπὶ Γέλωνος τοῦ τυράννου, ὥσπερ καὶ πρότερόν μοι εἴρηται, ἀναστήσαντες Συρακόσιοι αὐτοὶ ἔχουσι τὴν γῆν. (2) Ἀποβάντες δὲ ἐδῄωσαν τούς τε ἀγρούς, καὶ ἐλθόντες ἐπὶ ἔρυμά τι τῶν Συρακοσίων καὶ οὐχ ἑλόντες, αὖθις καὶ πεζῇ καὶ ναυσὶ παρακομισθέντες ἐπὶ τὸν Τηρέαν ποταμόν τό τε πεδίον ἀναβάντες ἐδῄουν καὶ τὸν σῖτον ἐνεπίμπρασαν, καὶ τῶν Συρακοσίων περιτυχόντες τισὶν οὐ πολλοῖς καὶ ἀποκτείναντές τέ τινας καὶ τροπαῖον στήσαντες ἀνεχώρησαν ἐπὶ τὰς ναῦς. (3) Καὶ ἀποπλεύσαντες ἐς Κατάνην, ἐκεῖθεν δὲ ἐπισιτισάμενοι, πάσῃ τῇ στρατιᾷ ἐχώρουν ἐπὶ Κεντόριπα Σικελῶν πόλισμα, καὶ προσαγαγόμενοι ὁμολογίᾳ ἀπῇσαν, πιμπράντες ἅμα τὸν σῖτον τῶν τε Ἰνησσαίων καὶ τῶν Ὑβλαίων. (4) Καὶ ἀφικόμενοι ἐς Κατάνην καταλαμβάνουσι τούς τε ἱππέας ἥκοντας ἐκ τῶν Ἀθηνῶν πεντήκοντα καὶ διακοσίους, ἄνευ τῶν ἵππων μετὰ σκευῆς, ὡς αὐτόθεν ἵππων πορισθησομένων, καὶ

omnibus laboribus intrepide utamini, reputantes id, quod ab omnibus passim jactatur, si hostis vobis vehementer nocebam, me etiam amicum multum vobis prodesse posse, idque eo magis, quo magis res quidem Atheniensium cognitas habeo, vestras vero conjecturis assequebar; atque ut vos ipsi nunc, credentes de maximi momenti rebus consultari, ne tergiversemini expeditionem in Siciliam atque in Atticam suscipere, ut exigua manu auxilio profecti res magnas, quæ illic sunt, conservetis, et Atheniensium potentiam et præsentem et futuram evertatis, et in posterum ipsi tuto agatis, et universæ Græciæ non invitæ, sed voluntariæ et per benevolentiam imperium obtineatis. »

XCIII. Alcibiades quidem hæc dixit; Lacedæmonii vero quum et ipsi jam antea bellum Athenis inferre cogitarent, sed adhuc cunctarentur et occasionem observarent, tunc multo magis confirmati sunt, postquam ille hæc singula docuit, quod existimarent, se audisse ab eo, qui planissime nosset; (2) quamobrem animum jam advertebant ad muniendam Deceleam, et in præsenti etiam ad Siculos, ut iis aliquod auxilium mitterent. Et Gylippum, Cleandridæ filium, Syracusanis ducem assignatum jubebant cum illis et Corinthiis consultare operamque dare, ut pro præsenti rerum facultate certissime et celerrime aliquod auxilium Siculis mitteretur. (3) Ille vero Corinthiis imperabat, ut duas quidem naves jam tum Asinen ad se mitterent, reliquas vero præpararent, quascumque mittere destinarent, utque, quum tempus adesset, ad navigandum esse paratæ. His autem constitutis discedebant Lacedæmone.

(4) Atheniensium etiam triremis, quam duces ad pecunias et equites adducendos miserant, Athenas ex Sicilia pervenit. Athenienses vero, quum postulata audissent, et commeatum et equitatum exercitui mittere decreverunt. Atque hæc hiems finiebatur, et hujus belli, quod Thucydides conscripsit, decimus septimus annus finiebatur.

XCIV. Insequentis autem æstatis vere statim ineunte Athenienses, qui erant in Sicilia, castris e Catana motis navigarunt adversus Megara, quæ sunt in Sicilia, unde, quemadmodum et prius a me commemoratum est, Syracusani pulsis sub Gelone tyranno cultoribus agrum ipsi habent. (2) Exscensu autem ex navibus in terram facto et agros vastarunt, et ad quamdam Syracusanorum munitionem profecti, quum eam non expugnassent, rursus et pedestri itinere et navibus ad Teream fluvium se receperunt, et quum in campestria adscendissent, ea vastabant, et frumentum incendebant, et quum incidissent in nonnullos Syracusanos, quorum numerus non erat magnus, et eorum aliquot interfecissent, et tropæum erexissent, ad classem redierunt (3) Et Catanam reversi assumptis illinc cibariis cum omnibus copiis adversus Centoripa, Siculorum oppidum, accedebant, eoque per deditionem certis conditionibus factam in suam potestatem redacto, discedebant, et dum iter faciunt, segetes Inessæorum et Hyblæorum incendebant. (4) Catanam autem reversi offendunt equites ducentos quinquaginta Athenis missos sine equis, ac cum illorum cultu, quod

ἱπποτοξότας τριάκοντα καὶ τάλαντα ἀργυρίου τριακόσια.

XCV. Τοῦ δ' αὐτοῦ ἦρος καὶ ἐπ' Ἄργος στρατεύσαντες Λακεδαιμόνιοι μέχρι μὲν Κλεωνῶν ἦλθον, σεισμοῦ δὲ γενομένου ἀπεχώρησαν. Καὶ Ἀργεῖοι μετὰ ταῦτα ἐσβαλόντες ἐς τὴν Θυρεᾶτιν ὅμορον οὖσαν λείαν τῶν Λακεδαιμονίων πολλὴν ἔλαβον, ἣ ἐπράθη ταλάντων οὐκ ἔλασσον πέντε καὶ εἴκοσι. (2) Καὶ ὁ Θεσπιέων δῆμος ἐν τῷ αὐτῷ θέρει, οὐ πολὺ ὕστερον, ἐπιθέμενος τοῖς τὰς ἀρχὰς ἔχουσιν οὐ κατέσχεν, ἀλλὰ βοηθησάντων Θηβαίων οἱ μὲν ξυνελήφθησαν οἱ δ' ἐξέπεσον Ἀθήναζε.

XCVI. Καὶ οἱ Συρακόσιοι τοῦ αὐτοῦ θέρους, ὡς ἐπύθοντο τούς τε ἱππέας ἥκοντας τοῖς Ἀθηναίοις καὶ μέλλοντας ἤδη ἐπὶ σφᾶς ἰέναι, νομίσαντες, ἐὰν μὴ τῶν Ἐπιπολῶν κρατήσωσιν οἱ Ἀθηναῖοι, χωρίου ἀποκρήμνου τε καὶ ὑπὲρ τῆς πόλεως εὐθὺς κειμένου, οὐκ ἂν ῥᾳδίως σφᾶς οὐδ' εἰ κρατοῖντο μάχῃ ἀποτειχισθῆναι, διενοοῦντο τὰς προσβάσεις αὐτῶν φυλάσσειν, ὅπως μὴ κατὰ ταύτας λάθωσι σφᾶς ἀναβάντες οἱ πολέμιοι· οὐ γὰρ ἂν ἄλλῃ γε αὐτοὺς δυνηθῆναι. (2) Ἐξήρτηται γὰρ τὸ ἄλλο χωρίον, καὶ μέχρι τῆς πόλεως ἐπικλινές τ' ἐστὶ καὶ ἐπιφανὲς πᾶν εἴσω· καὶ ὠνόμασται ὑπὸ τῶν Συρακοσίων διὰ τὸ ἐπιπολῆς τοῦ ἄλλου εἶναι Ἐπιπολαί. (3) Καὶ οἱ μὲν ἐξελθόντες πανδημεὶ ἐς τὸν λειμῶνα παρὰ τὸν Ἄναπον ποταμὸν ἅμα τῇ ἡμέρᾳ (ἐτύγχανον γὰρ αὐτοῖς καὶ οἱ περὶ τὸν Ἑρμοκράτην στρατηγοὶ ἄρτι παρειληφότες τὴν ἀρχήν) ἐξέτασίν τε ὅπλων ἐποιοῦντο καὶ ἑξακοσίους λογάδας τῶν ὁπλιτῶν ἐξέκριναν πρότερον, ὧν ἦρχε Διόμιλος φυγὰς ἐξ Ἄνδρου, ὅπως τῶν τε Ἐπιπολῶν εἴησαν φύλακες, καὶ ἢν ἐς ἄλλο τι δέῃ, ταχὺ ξυνεστῶτες παραγίγνωνται.

XCVII. Οἱ δὲ Ἀθηναῖοι ταύτης τῆς νυκτὸς τῇ ἐπιγιγνομένῃ ἡμέρᾳ ἐξητάζοντο, καὶ ἔλαθον αὐτοὺς παντὶ ἤδη τῷ στρατεύματι ἐκ τῆς Κατάνης σχόντες κατὰ τὸν Λέοντα καλούμενον, ὃς ἀπέχει τῶν Ἐπιπολῶν ἓξ ἢ ἑπτὰ σταδίους, καὶ τοὺς πεζοὺς ἀποβιβάσαντες, ταῖς τε ναυσὶν ἐς τὴν Θάψον καθορμισάμενοι· ἔστι δὲ χερσόνησος μὲν ἐν στενῷ ἰσθμῷ προύχουσα ἐς τὸ πέλαγος, τῆς δὲ Συρακοσίων πόλεως οὔτε πλοῦν οὔτε ὁδὸν πολλὴν ἀπέχει. (2) Καὶ ὁ μὲν ναυτικὸς στρατὸς τῶν Ἀθηναίων ἐν τῇ Θάψῳ διασταυρωσάμενος τὸν ἰσθμὸν ἡσύχαζεν· ὁ δὲ πεζὸς ἐχώρει εὐθὺς δρόμῳ πρὸς τὰς Ἐπιπολάς, καὶ φθάνει ἀναβὰς κατὰ τὸν Εὐρύηλον πρὶν τοὺς Συρακοσίους αἰσθομένους ἐκ τοῦ λειμῶνος καὶ τῆς ἐξετάσεως παραγενέσθαι. (3) Ἐβοήθουν δὲ οἵ τε ἄλλοι, ὡς ἕκαστος τάχους εἶχεν, καὶ οἱ περὶ τὸν Διόμιλον ἑξακόσιοι· στάδιοι δὲ πρὶν προσμῖξαι ἐκ τοῦ λειμῶνος ἐγίγνοντο αὐτοῖς οὐκ ἔλασσον ἢ πέντε καὶ εἴκοσι. (4) Προσπεσόντες οὖν αὐτοῖς τοιούτῳ τρόπῳ ἀτακτότερον καὶ μάχῃ νικηθέντες οἱ Συρακόσιοι ἐπὶ ταῖς Ἐπιπολαῖς ἀνεχώρησαν ἐς τὴν πόλιν· καὶ ὅ τε Διόμιλος ἀποθνήσκει καὶ τῶν ἄλλων ὡς τριακόσιοι. (5) Καὶ μετὰ τοῦτο οἱ Ἀθηναῖοι τροπαῖόν τε στήσαντες καὶ τοὺς νεκροὺς ὑποσπόνδους ἀποδόντες τοῖς Συρακοσίοις, πρὸς τὴν πόλιν αὐτὴν

ipsam Siciliam equos suppeditaturam putarent, et equestres sagittarios triginta, et trecenta argenti talenta.

XCV. Eodem vere Lacedæmonii expeditione adversus Argos suscepta progressi quidem sunt ad Cleonas usque, sed facto terræ motu domum redierunt. Postea vero Argivi irruptione in agrum Thyreaticum suo finitimum facta magnam Lacedæmoniorum prædam ceperunt, quæ talentis non minus viginti quinque vendita est. (2) Neque multo post eadem æstate populus Thespiensis impetu facto in magistratus rerum non est potitus, sed quum Thebani illis opem tulissent, partim quidem comprehensi sunt, partim Athenas confugerunt.

XCVI. Eadem æstate Syracusani quum intellexissent, Atheniensibus venisse equites, et jam eos adversus se ire statuisse, existimantes, si Athenienses non occupassent Epipolas, locum præruptum et urbi prope imminentem, se non facile circumvallatum iri, ne si prœlio quidem superati essent, aditus, qui ad Epipolas patebant, tueri parabant, ne per hos clam se hostes adscenderent; nulla enim alia parte eos illuc adscendere posse. (2) Nam reliquæ illius collis partes sunt altæ et ad urbem usque declives et introrsus omnino patentes, et locus a Syracusanis ideo vocatus est Epipolæ, quod supra cetera loca eminet. (3) Atque hi quidem cum universis populi copiis, simulac dies illuxit, in pratum juxta Anapum fluvium egressi (jam enim Hermocrates imperator ejusque collegæ imperium acceperant) exercitum recensebant, et prius ex omni gravis armaturæ numero sexcentos electos exemerunt, quibus præerat Diomilus, Andrius exsul, ut et Epipolis essent præsidio, et si ad aliquid aliud opus esset, in unum congregati celeriter adessent.

XCVII. Postridie autem hujus noctis Athenienses exercitum lustrabant, et clam illis jam cum universis copiis e Catana profecti ad locum nomine Leontem, ab Epipolis sex septemve stadiis distantem, appulerunt, et peditatum in terram exposuerunt et cum classe Thapsum subierunt; est autem peninsula, quæ angusto terræ limite in mare prominet, neque mari neque terra multum a Syracusis distans. (2) Et nauticus quidem Atheniensium exercitus in Thapso, angusto ejus terræ limite circumvallato, quiescebat, peditatus vero cursu confestim ad Epipolas contendebat et per Euryelum ocius adscendit, priusquam Syracusani e prato, ubi recensio fiebat, re cognita adessent. (3) Accurrebant autem ad opem Epipolis ferendam quum ceteri, quanta maxima quisque celeritate poterat, tum etiam illi sexcenti, quibus Diomilus præerat; interjacebat autem inter pratum et locum, ubi cum hoste manus consererent, spatium non minus quinque ac viginti stadiorum. (4) Hoc igitur modo perturbatis fere ordinibus Syracusani impressione in eos facta ad Epipolas prœlio victi sunt et in urbem redierunt; et quum Diomilus, tum etiam ex ceteris circiter trecenti ceciderunt. (5) Atque post hæc Athenienses quum et tropæum erexissent et fide publica interposita Syracusanis mortuos reddidissent, postridie ad ipsam urbem descenderunt,

τῇ ὑστεραίᾳ ἐπικαταβάντες, ὡς οὐκ ἐπεξῄεσαν αὐτοῖς, ἐπαναχωρήσαντες φρούριον ἐπὶ τῷ Λαβδάλῳ ᾠκοδόμησαν, ἐπ᾽ ἄκροις τοῖς κρημνοῖς τῶν Ἐπιπολῶν, ὁρῶν πρὸς τὰ Μέγαρα, ὅπως εἴη αὐτοῖς, ὁπότε προΐοιεν ἢ μαχούμενοι ἢ τειχιοῦντες, τοῖς τε σκεύεσι καὶ τοῖς χρήμασιν ἀποθήκη.

XCVIII. Καὶ οὐ πολλῷ ὕστερον αὐτοῖς ἦλθον ἔκ τε Ἐγέστης ἱππῆς τριακόσιοι καὶ Σικελῶν καὶ Ναξίων καὶ ἄλλων τινῶν ὡς ἑκατόν· καὶ Ἀθηναίων ὑπῆρχον πεντήκοντα καὶ διακόσιοι, οἷς ἵππους τοὺς μὲν παρ᾽ Ἐγεσταίων καὶ Καταναίων ἔλαβον τοὺς δ᾽ ἐπρίαντο, καὶ ξύμπαντες πεντήκοντα καὶ ἑξακόσιοι ἱππῆς ξυνελέγησαν. (2) Καὶ καταστήσαντες ἐν τῷ Λαβδάλῳ φυλακὴν ἐχώρουν πρὸς τὴν Συκῆν οἱ Ἀθηναῖοι, ἵναπερ καθεζόμενοι ἐτείχισαν τὸν κύκλον διὰ τάχους. Καὶ ἔκπληξιν τοῖς Συρακοσίοις παρέσχον τῷ τάχει τῆς οἰκοδομίας· καὶ ἐπεξελθόντες μάχην διενοοῦντο ποιεῖσθαι καὶ μὴ περιορᾶν. (3) Καὶ ἤδη ἀντιπαρατασσομένων ἀλλήλοις οἱ τῶν Συρακοσίων στρατηγοὶ ὡς ἑώρων σφίσι τὸ στράτευμα διεσπασμένον τε καὶ οὐ ῥᾳδίως ξυντασσόμενον ἀνήγαγον πάλιν ἐς τὴν πόλιν πλὴν μέρους τινὸς τῶν ἱππέων· οὗτοι δὲ ὑπομένοντες ἐκώλυον τοὺς Ἀθηναίους λιθοφορεῖν τε καὶ ἀποσκίδνασθαι μακροτέραν. (4) Καὶ τῶν Ἀθηναίων φυλὴ μία τῶν ὁπλιτῶν καὶ οἱ ἱππῆς μετ᾽ αὐτῶν πάντες ἐτρέψαντο τοὺς τῶν Συρακοσίων ἱππέας προσβαλόντες, καὶ ἀπέκτεινάν τέ τινας καὶ τροπαῖον τῆς ἱππομαχίας ἔστησαν.

XCIX. Καὶ τῇ ὑστεραίᾳ οἱ μὲν ἐτείχιζον τῶν Ἀθηναίων τὸ πρὸς βορέαν τοῦ κύκλου τεῖχος, οἱ δὲ λίθους καὶ ξύλα ξυμφοροῦντες παρέβαλλον ἐπὶ τὸν Τρωγίλον καλούμενον ἀεί, ᾗπερ βραχύτατον ἐγίγνετο αὐτοῖς ἐκ τοῦ μεγάλου λιμένος ἐπὶ τὴν ἑτέραν θάλασσαν τὸ ἀποτείχισμα. (2) Οἱ δὲ Συρακόσιοι οὐχ ἥκιστα Ἑρμοκράτους τῶν στρατηγῶν ἐσηγησαμένου μάχαις μὲν πανδημεὶ πρὸς Ἀθηναίους οὐκέτι ἐβούλοντο διακινδυνεύειν, ὑποτειχίζειν δὲ ἄμεινον ἐδόκει εἶναι ᾗ ἐκεῖνοι ἔμελλον ἄξειν τὸ τεῖχος, καὶ εἰ φθάσειαν, ἀποκλήσεις γίγνεσθαι, καὶ ἅμα καὶ ἐν τούτῳ εἰ ἐπιβοηθοῖεν, μέρος ἀντιπέμπειν αὐτοῖς τῆς στρατιᾶς καὶ φθάνειν αὐτοὶ προκαταλαμβάνοντες τοῖς σταυροῖς τὰς ἐφόδους, ἐκείνους δὲ ἂν παυομένους τοῦ ἔργου πάντας ἂν πρὸς σφᾶς τρέπεσθαι. (3) Ἐτείχιζον οὖν ἐξελθόντες ἀπὸ τῆς σφετέρας πόλεως ἀρξάμενοι, κάτωθεν τοῦ κύκλου τῶν Ἀθηναίων ἐγκάρσιον τεῖχος ἄγοντες, τάς τε ἐλάας ἐκκόπτοντες τοῦ τεμένους καὶ πύργους ξυλίνους καθιστάντες. (4) Αἱ δὲ νῆες τῶν Ἀθηναίων οὔπω ἐκ τῆς Θάψου περιεπεπλεύκεσαν ἐς τὸν μέγαν λιμένα, ἀλλ᾽ ἔτι οἱ Συρακόσιοι ἐκράτουν τῶν περὶ τὴν θάλασσαν, κατὰ γῆν δ᾽ ἐκ τῆς Θάψου οἱ Ἀθηναῖοι τὰ ἐπιτήδεια ἐπήγοντο.

C. Ἐπειδὴ δὲ τοῖς Συρακοσίοις ἀρκούντως ἐδόκει ἔχειν ὅσα τε ἐσταυρώθη καὶ ᾠκοδομήθη τοῦ ὑποτειχίσματος, καὶ οἱ Ἀθηναῖοι αὐτοὺς οὐκ ἦλθον κωλύσοντες, φοβούμενοι μὴ σφίσι δίχα γιγνομένοις ῥᾷον μάχωνται, καὶ ἅμα τὴν καθ᾽ αὑτοὺς περιτείχισιν ἐπειγόμενοι, οἱ

sed quum Syracusani adversus eos non prodissent, regressi castellum ad Labdalum in summa Epipolarum crepidine Megara versus spectans excitarunt, ut ipsis locus esset, in quo instrumenta et pecunias reponerent, quotiescumque vel ad pugnandum vel ad munitionem exstruendam prodirent.

XCVIII. Nec multo post ad eos venerunt cum ex Egesta trecenti equites, tum Siculorum et Naxiorum et aliorum quorumdam circiter centum; et Atheniensium aderant ducenti et quinquaginta, quibus partim ab Egestaeis et Catanaeis equos sumptos dederunt, partim vero coemerunt, et universorum equitum, qui collecti erant, summa exstitit sexcentorum et quinquaginta. (2) Athenienses igitur quum praesidium in Labdalo collocassent, adversus Sycam iverunt, ubi considentes murorum ambitum celeriter aedificarunt. Hac autem aedificationis celeritate terrorem Syracusanis incusserunt; qui adversus hostem progressi proelium committere neque rem negligere in animo habebant. (3) Et quum utrinque acies inter se adversae jam instruerentur, Syracusanorum duces animadvertentes, suum exercitum esse distractum nec in ordinem facile redigi posse, eum in urbem reduxerunt excepta quadam equitum parte; hi vero remanentes impediebant Athenienses, ne lapides ferrent neve longius vagarentur. (4) Sed Atheniensium una gravis armaturae cohors et cum ea omnes equites impressione in Syracusanorum equitatum facta, eum in fugam verterunt, et nonnullos interfecerunt, equestrisque proelii tropaeum statuerunt.

XCIX. Postridie vero Atheniensium alii quidem ambitum muri boream versus spectantis exstruebant; alii vero lapides et ligna comportabant, et in loco, qui Trogilus vocatur, semper deponebant, qua parte a magno portu usque ad alterum mare muri aedificatio ipsis erat brevissima. (2) Syracusani vero Hermocratis potissimum ducis suasu cum omnibus totius populi viribus cum Atheniensibus pugnare bellique fortuna periclitari non amplius volebant, sed videbatur satius esse murum contra illos intra struere, qua parte illi suum erant ducturi, et qua, si illi se antevertissent, futurum erat, ut ipsi intercluderentur, et simul etiam, si interea illi contra venissent, adversus eos partem exercitus mittere et aditus mature praeoccupare vallisque munire; illos vero ita opere intermisso universos in se aversum iri. (3) Egressi igitur murum aedificare coeperunt, quem initio ab urbe sua facto sub ambitu muri ab Atheniensibus exstructi transversum ducebant, excisis oleis fani, et ligneis turribus erectis. (4) Naves vero Atheniensium in magnum portum ex Thapso circumvectae nondum pervenerant, sed Syracusani maris imperium in locis urbi suae vicinis adhuc obtinebant; Athenienses vero res necessarias itinere terrestri ex Thapso afferebant.

C. Quum autem Syracusanis vallum murique substructio satis firma esse viderentur, nec Athenienses ad eos impediendos venissent, veriti, ne se bifariam divisos facilius oppugnarent, simul etiam suam circumvallationem properantes, Syracusani quidem, una cohorte ad munitionis

μὲν Συρακόσιοι φυλὴν μίαν καταλιπόντες φύλακα τοῦ οἰκοδομήματος ἀνεχώρησαν ἐς τὴν πόλιν, οἱ δὲ Ἀθηναῖοι τούς τε ὀχετοὺς αὐτῶν, οἳ ἐς τὴν πόλιν ὑπονομηδὸν ποτοῦ ὕδατος ἠγμένοι ἦσαν, διέφθειραν, καὶ τηρήσαντες τούς τε ἄλλους Συρακοσίους κατὰ σκηνὰς ὄντας ἐν μεσημβρίᾳ καί τινας καὶ ἐς τὴν πόλιν ἀποκεχωρηκότας καὶ τοὺς ἐν τῷ σταυρώματι ἀμελῶς φυλάσσοντας, τριακοσίους μὲν σφῶν αὐτῶν λογάδας καὶ τῶν ψιλῶν τινὰς ἐκλεκτοὺς ὡπλισμένους προὔταξαν θεῖν δρόμῳ ἐξαπιναίως πρὸς τὸ ὑποτείχισμα, ἡ δ᾽ ἄλλη στρατιὰ δίχα, ἡ μὲν μετὰ τοῦ ἑτέρου στρατηγοῦ πρὸς τὴν πόλιν, εἰ ἐπιβοηθοῖεν, ἐχώρουν, ἡ δὲ μετὰ τοῦ ἑτέρου πρὸς τὸ σταύρωμα τὸ παρὰ τὴν πυλίδα. (2) Καὶ προσβαλόντες οἱ τριακόσιοι αἱροῦσι τὸ σταύρωμα· καὶ οἱ φύλακες αὐτὸ ἐκλιπόντες κατέφυγον ἐς τὸ προτείχισμα τὸ περὶ τὸν Τεμενίτην. Καὶ αὐτοῖς ξυνεσέπεσον οἱ διώκοντες, καὶ ἐντὸς γενόμενοι βίᾳ ἐξεκρούσθησαν πάλιν ὑπὸ τῶν Συρακοσίων, (3) καὶ τῶν Ἀργείων τινὲς αὐτόθι καὶ τῶν Ἀθηναίων οὐ πολλοὶ διεφθάρησαν. Καὶ ἐπαναχωρήσασα ἡ πᾶσα στρατιὰ τήν τε ὑποτείχισιν καθεῖλον καὶ τὸ σταύρωμα ἀνέσπασαν καὶ διεφόρησαν τοὺς σταυροὺς παρ᾽ ἑαυτοὺς καὶ τροπαῖον ἔστησαν.

CI. Τῇ δ᾽ ὑστεραίᾳ ἀπὸ τοῦ κύκλου ἐτείχιζον οἱ Ἀθηναῖοι τὸν κρημνὸν τὸν ὑπὲρ τοῦ ἕλους, ὃς τῶν Ἐπιπολῶν ταύτῃ πρὸς τὸν μέγαν λιμένα ὁρᾷ, καὶ ᾗπερ αὐτοῖς βραχύτατον ἐγίγνετο καταβᾶσι διὰ τοῦ ὁμαλοῦ καὶ τοῦ ἕλους ἐς τὸν λιμένα τὸ περιτείχισμα. (2) Καὶ οἱ Συρακόσιοι ἐν τούτῳ ἐξελθόντες καὶ αὐτοὶ ἀπεσταύρουν αὖθις ἀρξάμενοι ἀπὸ τῆς πόλεως διὰ μέσου τοῦ ἕλους· καὶ τάφρον ἅμα παρώρυσσον, ὅπως μὴ οἷόν τε ᾖ τοῖς Ἀθηναίοις μέχρι τῆς θαλάσσης ἀποτειχίσαι. (3) Οἱ δ᾽, ἐπειδὴ τὸ πρὸς τὸν κρημνὸν αὐτοῖς ἐξείργαστο, ἐπιχειροῦσιν αὖθις τῷ τῶν Συρακοσίων σταυρώματι καὶ τάφρῳ, τὰς μὲν ναῦς κελεύσαντες περιπλεῦσαι ἐκ τῆς Θάψου ἐς τὸν μέγαν λιμένα τὸν τῶν Συρακοσίων, αὐτοὶ δὲ περὶ ὄρθρον καταβάντες ἀπὸ τῶν Ἐπιπολῶν ἐς τὸ ὁμαλόν, καὶ διὰ τοῦ ἕλους, ᾗ πηλῶδες ἦν καὶ στεριφώτατον, θύρας καὶ ξύλα πλατέα ἐπιθέντες καὶ ἐπ᾽ αὐτῶν διαβαδίσαντες, αἱροῦσιν ἅμα ἕῳ τό τε σταύρωμα πλὴν ὀλίγου καὶ τὴν τάφρον, καὶ ὕστερον καὶ τὸ ὑπολειφθὲν εἷλον. (4) Καὶ μάχη ἐγένετο, καὶ ἐν αὐτῇ ἐνίκων οἱ Ἀθηναῖοι· καὶ τῶν Συρακοσίων οἱ μὲν τὸ δεξιὸν κέρας ἔχοντες πρὸς τὴν πόλιν ἔφευγον, οἱ δ᾽ ἐπὶ τῷ εὐωνύμῳ παρὰ τὸν ποταμόν. Καὶ αὐτοὺς βουλόμενοι ἀποκλῄσασθαι τῆς διαβάσεως οἱ τῶν Ἀθηναίων τριακόσιοι λογάδες δρόμῳ ἠπείγοντο πρὸς τὴν γέφυραν. (5) Δείσαντες δὲ οἱ Συρακόσιοι (ἦσαν γὰρ καὶ τῶν ἱππέων αὐτοῖς οἱ πολλοὶ ἐνταῦθα) ὁμόσε χωροῦσι τοῖς τριακοσίοις τούτοις, καὶ τρέπουσί τε αὐτοὺς καὶ ἐσβάλλουσιν ἐς τὸ δεξιὸν κέρας τῶν Ἀθηναίων· καὶ προσπεσόντων αὐτῶν ξυνεφοβήθη καὶ ἡ πρώτη φυλακὴ τοῦ κέρως. (6) Ἰδὼν δὲ ὁ Λάμαχος παρεβοήθει ἀπὸ τοῦ εὐωνύμου τοῦ ἑαυτῶν μετὰ τοξοτῶν τε οὐ πολλῶν καὶ τοὺς Ἀργείους παραλαβών, καὶ ἐπιδιαβὰς τάφρον

custodiam relicta in urbem redierunt; Athenienses vero ipsorum aquæ ductus fistulas, quæ per cuniculos aquam potabilem in urbem ducebant, interciderunt, et quum observassent ceteros Syracusanos meridianis horis intra tentoria se continentes, nonnullos vero etiam in urbem reversos, et illos, qni intra vallum erant, negligenter id custodientes, trecentos ex suis electos et nonnullos ex levi armatura delectos armatos præmiserunt, ut ad subjectam munitionem cursu repente contenderent, reliquus vero exercitus bifariam partim quidem cum altero duce ad urbem contendebat, si forte illi contra se accurrerent, partim cum altero duce ad vallum portulæ vicinum. (2) Et impetu facto trecenti illi vallum capiunt; et custodes eo deserto in exteriorem urbis munitionem, quæ erat in Temenite, confugiunt. Et qui eos persequebantur, una cum ipsis illuc irruperunt, jamque ingressi per vim a Syracusanis rursus ejecti sunt, (3) ibique nonnulli Argivi et Athenienses non multi occisi sunt. Universæ autem Atheniensium copiæ reversæ et munitionem intra structam diruerunt, et vallum revulserunt, et vallos apud se transportarunt, et tropæum erexerunt.

CI. Postridie vero ejus diei Athenienses a muri ambitu procedentes rupem paludi imminentem munire cœperunt, quæ ab hac Epipolarum parte magnum portum versus vergit, et qua ipsis degressis per locum planum et paludem in portum brevissimus muri ambitus erat futurus. (2) Interea vero Syracusani egressi et ipsi vallum iterum ducere cœperunt, inchoantes ab urbe per mediam paludem; et fossam simul prope vallum ducebant, ne Atheniensibus murum ad mare usque producere liceret. (3) Illi vero postquam munitionem in Epipolarum rupe cœptam absolverunt, iterum aggrediuntur Syracusanorum vallum fossamque, classe quidem ex Thapso in magnum Syracusanorum portum circumvehi jussa, ipsi vero sub auroram ab Epipolis in planum degressi; et quum per paludem qua cœnosa et maxime solida erat, supra fores asseresque substratos transissent, sub ipsum diluculum capiunt et vallum, præter exiguam partem, et fossam, et postea etiam illam partem, quæ reliqua erat. (4) Et ibi prœlium commissum est, et in eo superiores erant Athenienses; et Syracusani, qui dextrum cornu tenebant, ad urbem fugerunt, qui vero in sinistro erant, ad fluvium. Atque eos quum trecenti illi Atheniensium delecti milites transitu intercludere vellent, ad pontem cursu contendebant. (5) Quod veriti Syracusani (hic enim et plerique equites iis aderant) cum his trecentis manus conserunt, eosque in fugam vertunt, et impressionem in dextrum Atheniensium cornu faciunt; et impressione facta simul etiam prima illius cornu statio perterrita est. (6) Quod quum Lamachus animadvertisset, a suo sinistro cornu cum non multis sagittariis, assumptis etiam Argivis, ad opem suis ferendam accurrebat, et fossam quamdam

τινὰ καὶ μονωθεὶς μετ' ὀλίγων τῶν ξυνδιαβάντων ἀποθνήσκει αὐτός τε καὶ πέντε ἢ ἓξ τῶν μετ' αὐτοῦ. Καὶ τούτους μὲν οἱ Συρακόσιοι εὐθὺς κατὰ τάχος φθάνουσιν ἁρπάσαντες πέραν τοῦ ποταμοῦ ἐς τὸ ἀσφαλές, αὐτοὶ δὲ ἐπιόντος ἤδη καὶ τοῦ ἄλλου στρατεύματος τῶν Ἀθηναίων ἀπεχώρουν.

CII. Ἐν τούτῳ δὲ οἱ πρὸς τὴν πόλιν αὐτῶν τὸ πρῶτον καταφυγόντες ὡς ἑώρων ταῦτα γιγνόμενα, αὐτοί τε πάλιν ἀπὸ τῆς πόλεως ἀναθαρσήσαντες ἀντετάξαντο πρὸς τοὺς κατὰ σφᾶς Ἀθηναίους, καὶ μέρος τι αὑτῶν πέμπουσιν ἐπὶ τὸν κύκλον τὸν ἐπὶ ταῖς Ἐπιπολαῖς, ἡγούμενοι ἐρῆμον αἱρήσειν. (2) Καὶ τὸ μὲν δεκάπλεθρον προτείχισμα αὐτῶν αἱροῦσι καὶ διεπόρθησαν, αὐτὸν δὲ τὸν κύκλον Νικίας διεκώλυσεν (ἔτυχε γὰρ ἐν αὐτῷ δι' ἀσθένειαν ὑπολελειμμένος)· τὰς γὰρ μηχανὰς καὶ ξύλα ὅσα πρὸ τοῦ τείχους ἦν καταβεβλημένα, ἐμπρῆσαι τοὺς ὑπηρέτας ἐκέλευσεν, ὡς ἔγνω ἀδυνάτους ἐσομένους ἐρημίᾳ ἀνδρῶν ἄλλῳ τρόπῳ περιγενέσθαι. (3) Καὶ ξυνέβη οὕτως· οὐ γὰρ ἔτι προσῆλθον οἱ Συρακόσιοι διὰ τὸ πῦρ, ἀλλ' ἀπεχώρουν πάλιν. Καὶ γὰρ πρός τε τὸν κύκλον βοήθεια ἤδη κάτωθεν τῶν Ἀθηναίων ἀποδιωξάντων τοὺς ἐκεῖ ἐπανῄει, καὶ αἱ νῆες ἅμ' αὐτῶν ἐκ τῆς Θάψου, ὥσπερ εἴρητο, κατέπλεον ἐς τὸν μέγαν λιμένα. (4) Ἃ ὁρῶντες οἱ ἄνωθεν κατὰ τάχος ἀπῇσαν, καὶ ἡ ξύμπασα στρατιὰ τῶν Συρακοσίων ἐς τὴν πόλιν, νομίσαντες μὴ ἂν ἔτι ἀπὸ τῆς παρούσης σφίσι δυνάμεως ἱκανοὶ γενέσθαι κωλῦσαι τὸν ἐπὶ τὴν θάλασσαν τειχισμόν.

CIII. Μετὰ δὲ τοῦτο οἱ Ἀθηναῖοι τροπαῖον ἔστησαν, καὶ τοὺς νεκροὺς ὑποσπόνδους ἀπέδοσαν τοῖς Συρακοσίοις, καὶ τοὺς μετὰ Λαμάχου καὶ αὐτὸν ἐκομίσαντο. Καὶ παρόντος ἤδη σφίσι παντὸς τοῦ στρατεύματος καὶ τοῦ ναυτικοῦ καὶ τοῦ πεζοῦ, ἀπὸ τῶν Ἐπιπολῶν καὶ τοῦ κρημνώδους ἀρξάμενοι ἀπετείχιζον μέχρι τῆς θαλάσσης τείχει διπλῷ τοὺς Συρακοσίους. (2) Τὰ δ' ἐπιτήδεια τῇ στρατιᾷ ἐσήγετο ἐκ τῆς Ἰταλίας πανταχόθεν. Ἦλθον δὲ καὶ τῶν Σικελῶν πολλοὶ ξύμμαχοι τοῖς Ἀθηναίοις, οἳ πρότερον περιεωρῶντο, καὶ ἐκ τῆς Τυρσηνίας νῆες πεντηκόντοροι τρεῖς. Καὶ τἆλλα προυχώρει αὐτοῖς ἐς ἐλπίδας. (3) Καὶ γὰρ οἱ Συρακόσιοι πολέμῳ μὲν οὐκέτι ἐνόμιζον ἂν περιγενέσθαι, ὡς αὐτοῖς οὐδὲ ἀπὸ τῆς Πελοποννήσου ὠφελία οὐδεμία ἧκεν, τοὺς δὲ λόγους ἔν τε σφίσιν αὐτοῖς ἐποιοῦντο ξυμβατικοὺς καὶ πρὸς τὸν Νικίαν· οὗτος γὰρ δὴ μόνος εἶχε Λαμάχου τεθνεῶτος τὴν ἀρχήν. (4) Καὶ κύρωσις μὲν οὐδεμία ἐγίγνετο, οἷα δὲ εἰκὸς ἀνθρώπων ἀπορούντων καὶ μᾶλλον ἢ πρὶν πολιορκουμένων, πολλὰ ἐλέγετο πρός τε ἐκεῖνον καὶ πλείω ἔτι κατὰ τὴν πόλιν. Καὶ γάρ τινα καὶ ὑποψίαν ὑπὸ τῶν παρόντων κακῶν ἐς ἀλλήλους εἶχον, καὶ τοὺς στρατηγούς τε ἐφ' ὧν αὐτοῖς ταῦτα ξυνέβη ἔπαυσαν ὡς ἢ δυστυχίᾳ ἢ προδοσίᾳ τῇ ἐκείνων βλαπτόμενοι, καὶ ἄλλους ἀνθείλοντο, Ἡρακλείδην καὶ Εὐκλέα καὶ Τελλ'αν.

CIV. Ἐν δὲ τούτῳ Γύλιππος ὁ Λακεδαιμόνιος καὶ

---

transgressus, et cum paucis una transgressis solus deprehensus occubuit, et ex iis, qui cum eo erant, quinque aut sex. Et hos quidem Syracusani, antevertentes hostem, maxima celeritate arreptos trans fluvium in locum tutum transportarunt, ipsi vero, quum jam et reliquus Atheniensium exercitus adversus eos veniret, recedebant.

CII. Interea vero illi ex iis, qui initio ad urbem confugerant, quum hæc fieri viderent, et ipsi sumptis animis ab urbe rursus aciem adversus Athenienses sibi oppositos instruxerunt, et quamdam suorum partem miserunt ad muri ambitum, qui Epipolas cingebat, existimantes fore, ut eum desertum caperent. (2) Et exteriorem quidem decem jugerum munitionem, quam Athenienses fecerant, ceperunt ac diripuerunt; ipsum vero muri ambitum ne occuparent Nicias impedivit (forte enim ob infirmam valetudinem in eo relictus erat); is enim machinas omnemque materiam, quæ ante murum erat dejecta, a suis ministris incendi jussit, postquam animadvertit, suos propter virorum solitudinem nullam aliam vincendi facultatem habituros. (3) Atque res ita cecidit; Syracusani enim propter incendium propius accedere non sunt ausi, sed se retro recipiebant. Nam etiam ex locis inferioribus, subsidium Atheniensium, qui Syracusanos illuc progressos insecuti erant, ad ambitum jam succedebat, et simul classis eorum ex Thapso, ut præceptum erat, in magnum portum navigabat. (4) Quæ cernentes illi Syracusani, qui in superioribus locis erant, celeriter abierunt, et reliquus eorum omnis exercitus in urbem rediit, quod existimarent, jam sibi non satis virium adesse ad impediendam muri ad mare pertinentis structuram.

CIII. Postea vero Athenienses tropæum erexerunt, mortuosque Syracusanis interposita fide publica reddiderunt, et Lamachi comites ipsumque receperunt. Et quum jam omnis iis exercitus navalis pariter et pedestris præsto adesset, ab Epipolis et præruptis earum partibus initio ducto ad mare usque duplici muro Syracusanos cingebant. (2) Commeatus autem ad eorum exercitum ex Italia undique comportabatur. Venerunt autem etiam ex Siculis multi ad Athenienses socii, qui prius belli eventum circumspiciebant, et ex Hetruria tres naves, quæ singulæ quinquaginta remis agebantur. Denique cetera quoque iis pro spe sua succedebant. (3) Etenim Syracusani non amplius existimabant, bello se superiores evasuros, quod ne ex Peloponneso quidem ullum auxilium ad eos veniebat, et quum inter se ipsos de compositione facienda agere cœperunt, tum etiam cum Nicia; hic enim defuncto Lamacho imperium solus habebat. (4) Et nihil quidem transigebatur, sed, ut fieri solet inter homines consilii inopes et obsidione arctius quam antea pressos, multa et apud illum agebantur et plura etiam in urbe. Etenim et quædam mutua suspicio propter præsentia mala inter ipsos erat orta, ideoque et ducibus, quorum ductu hæc iis acciderant, quasi propter illorum vel infelicitatem vel proditionem clades acciperent, imperium abrogarunt, et alios in illorum locum surrogarunt, Heraclidem et Euclem et Telliam.

CIV. Interea vero Gylippus Lacedæmonius, et naves Co-

αἱ ἀπὸ τῆς Κορίνθου νῆες περὶ Λευκάδα ἤδη ἦσαν, βουλόμενοι ἐς τὴν Σικελίαν διὰ τάχους βοηθῆσαι. Καὶ ὡς αὐτοῖς αἱ ἀγγελίαι ἐφοίτων δειναὶ καὶ πᾶσαι ἐπὶ τὸ αὐτὸ ἐψευσμέναι ὡς ἤδη παντελῶς ἀποτετειχισμέναι αἱ Συράκουσαί εἰσιν, τῆς μὲν Σικελίας οὐκέτι ἐλπίδα οὐδεμίαν εἶχεν ὁ Γύλιππος, τὴν δὲ Ἰταλίαν βουλόμενος περιποιῆσαι αὐτὸς μὲν καὶ Πυθὴν ὁ Κορίνθιος ναυσὶ δυοῖν μὲν Λακωνικαῖν δυοῖν δὲ Κορινθίαιν ὅτι τάχιστα ἐπεραιώθησαν τὸν Ἰόνιον ἐς Τάραντα, οἱ δὲ Κορίνθιοι πρὸς ταῖς σφετέραις δέκα Λευκαδίας δύο καὶ Ἀμπρακιώτιδας τρεῖς προσπληρώσαντες ὕστερον ἔμελλον πλεύσεσθαι. (2) Καὶ ὁ μὲν Γύλιππος ἐκ τοῦ Τάραντος ἐς τὴν Θουρίαν πρῶτον πρεσβευσάμενος καὶ τὴν τοῦ πατρὸς ἀνανεωσάμενος πολιτείαν καὶ οὐ δυνάμενος αὐτοὺς προσαγαγέσθαι, ἄρας παρέπλει τὴν Ἰταλίαν, καὶ ἁρπασθεὶς ὑπ' ἀνέμου κατὰ τὸν Τεριναῖον κόλπον, ὃς ἐκπνεῖ ταύτῃ μέγας κατὰ βορέαν ἑστηκώς, ἀποφέρεται ἐς τὸ πέλαγος, καὶ πάλιν χειμασθεὶς ἐς τὰ μάλιστα τῷ Τάραντι προσμίσγει· καὶ τὰς ναῦς, ὅσαι ἐπόνησαν ὑπὸ τοῦ χειμῶνος, ἀνελκύσας ἐπεσκεύαζεν. (3) Ὁ δὲ Νικίας πυθόμενος αὐτὸν προσπλέοντα ὑπερεῖδε τὸ πλῆθος τῶν νεῶν, ὅπερ καὶ οἱ Θούριοι ἔπαθον, καὶ λῃστικώτερον ἔδοξε παρεσκευασμένους πλεῖν, καὶ οὐδεμίαν φυλακήν πω ἐποιεῖτο.

CV. Κατὰ δὲ τοὺς αὐτοὺς χρόνους τούτου τοῦ θέρους καὶ Λακεδαιμόνιοι ἐς τὸ Ἄργος ἐσέβαλον αὐτοί τε καὶ οἱ ξύμμαχοι, καὶ τῆς γῆς τὴν πολλὴν ἐδῄωσαν, καὶ Ἀθηναῖοι Ἀργείοις τριάκοντα ναυσὶν ἐβοήθησαν· αἵπερ τὰς σπονδὰς φανερώτατα τὰς πρὸς τοὺς Λακεδαιμονίους αὐτοῖς ἔλυσαν. (2) Πρότερον μὲν γὰρ λῃστείαις ἐκ Πύλου καὶ περὶ τὴν ἄλλην Πελοπόννησον μᾶλλον ἢ ἐς τὴν Λακωνικὴν ἀποβαίνοντες μετά τε Ἀργείων καὶ Μαντινέων ξυνεπολέμουν, καὶ πολλάκις Ἀργείων κελευόντων ὅσον σχόντας μόνον ξὺν ὅπλοις ἐς τὴν Λακωνικὴν καὶ τὸ ἐλάχιστον μετὰ σφῶν δῃώσαντας ἀπελθεῖν οὐκ ἤθελον· τότε δὲ Πυθοδώρου καὶ Λαισποδίου καὶ Δημαράτου ἀρχόντων ἀποβάντες ἔς τε Ἐπίδαυρον τὴν Λιμηρὰν καὶ Πρασιὰς καὶ ὅσα ἄλλα ἐδῄωσαν τῆς γῆς, καὶ τοῖς Λακεδαιμονίοις ἤδη εὐπροφάσιστον μᾶλλον τὴν αἰτίαν ἐς τοὺς Ἀθηναίους τοῦ ἀμύνεσθαι ἐποίησαν. (3) Ἀναχωρησάντων δὲ τῶν Ἀθηναίων ἐκ τοῦ Ἄργους ταῖς ναυσὶ καὶ τῶν Λακεδαιμονίων οἱ Ἀργεῖοι ἐσβαλόντες ἐς τὴν Φλιασίαν τῆς τε γῆς αὐτῶν ἔτεμον καὶ ἀπέκτεινάν τινας, καὶ ἀπῆλθον ἐπ' οἴκου.

rinthiacæ Leucadem jam appulerant eo animo, ut quam celerrime in Siciliam ad opem ferendam trajicerent. Quum autem atroces nuntii iis afferrentur, omnesque in eumdem modum ementiti, Syracusas jam omnino circumvallatas esse, Gylippus Siciliæ quidem nullam spem amplius habebat, Italiam vero conservare cupiens, ipse et Pythen Corinthius cum duabus Laconicis navibus totidemque Corinthiacis quam velocissime transmisso Ionico Tarentum pervenerunt; Corinthii vero præter suas decem duabus Leucadiis et tribus Ampracioticis instructis, postea navigare constituerant. (2) Et Gylippus quidem Tarento primum in agrum Thurium ut legatus profectus, et renovato civitatis jure, quod pater ejus quondam illic habuerat, quum eos sibi socios adjungere non posset, solvens illinc Italiæ oram legebat, et prope sinum Terinæum abreptus a vento, qui hac in parte prorumpit vehemens et constanter ut boreas spirans, in altum defertur, et rursus acerrima tempestate jactatus Tarentum appellit, et naves, quotquot tempestate quassatæ erant, subductas reficiebat. (3) Nicias vero quum eum adventare audisset, navium paucitatem contempsit, quod et Thurii fecerant, et credebat eos magis prædonum ritu instructos navigare, neque custodiam ullam adhuc adhibebat.

CV. Per eadem hujus æstatis tempora etiam Lacedæmonii quum ipsi tum socii irruptionem in agrum Argivum fecerunt, ejusque magnam partem vastarunt, et Athenienses Argivis cum triginta navibus auxilio venerunt; quæ naves fœdera ipsis cum Lacedæmoniis intercedentia manifestissime ruperunt. (2) Prius enim latrociniorum causa e Pylo et in ceteram Peloponnesum potius, quam in Laconicam exscendentes cum Argivis et Mantineis communiter bellum gerebant, et sæpe quum Argivi eos rogassent, ut armata manu vel appellerent solum ad Laconicam, et minima illius parte secum vastata discederent, non volebant; tunc vero Pythodoro et Læspodio et Demarato ducibus exscensu ex navibus facto in Epidauri Limeræ et Prasiarum agrum et in alia quædam loca, eorum agrum vastarunt, et effecerunt, ut Lacedæmonii jam multo honestiorem adversus Athenienses causam belli gerendi haberent. (3) Quum autem et Athenienses ex agro Argivo cum classe domum revertissent, et Lacedæmonii, Argivi irruptione in agrum Phliasium facta ejus partem vastarunt et nonnullos interfecerunt, domumque redierunt.

ΒΙΒΛΙΟΝ Η.

Ὁ δὲ Γύλιππος καὶ ὁ Πυθὴν ἐκ τοῦ Τάραντος, ἐπεὶ ἐπεσκεύασαν τὰς ναῦς, παρέπλευσαν ἐς Λοκροὺς τοὺς Ἐπιζεφυρίους· καὶ πυνθανόμενοι σαφέστερον ἤδη ὅτι οὐ παντελῶς πω ἀποτετειχισμέναι αἱ Συράκουσαί εἰσιν, ἀλλ' ἔτι οἷόν τε κατὰ τὰς Ἐπιπολὰς στρατιᾷ ἀφικομένους ἐσελθεῖν, ἐβουλεύοντο εἴτ' ἐν δεξιᾷ λαβόντες τὴν Σικελίαν διακινδυνεύσωσιν ἐσπλεῦσαι, εἴτ' ἐν ἀριστερᾷ ἐς Ἱμέραν πρῶτον πλεύσαντες καὶ αὐτούς τε ἐκείνους καὶ στρατιὰν ἄλλην προσλαβόντες, οὓς ἂν πείθωσι, κατὰ γῆν ἔλθωσιν. (2) Καὶ ἔδοξεν αὐτοῖς ἐπὶ τῆς Ἱμέρας πλεῖν, ἄλλως τε καὶ τῶν Ἀττικῶν τεσσάρων νεῶν οὔπω παρουσῶν ἐν τῷ Ῥηγίῳ, ἃς ὁ Νικίας ὅμως πυνθανόμενος αὐτοὺς ἐν Λοκροῖς εἶναι ἀπέστειλεν. Φθάσαντες δὲ τὴν φυλακὴν ταύτην περαιοῦνται διὰ τοῦ πορθμοῦ, καὶ σχόντες Ῥηγίῳ καὶ Μεσσήνῃ ἀφικνοῦνται ἐς Ἱμέραν. (3) Ἐκεῖ δὲ ὄντες τούς τε Ἱμεραίους ἔπεισαν ξυμπολεμεῖν καὶ αὐτούς τε ἕπεσθαι καὶ τοῖς ἐκ τῶν νεῶν τῶν σφετέρων ναύταις ὅσοι μὴ εἶχον ὅπλα παρασχεῖν (τὰς γὰρ ναῦς ἀνείλκυσαν ἐν Ἱμέρᾳ), καὶ τοὺς Σελινουντίους πέμψαντες ἐκέλευον ἀπαντᾶν πανστρατιᾷ ἔς τι χωρίον. (4) Πέμψειν δέ τιν' αὐτοῖς ὑπέσχοντο στρατιὰν οὐ πολλὴν καὶ οἱ Γελῷοι καὶ τῶν Σικελῶν τινές, οἳ πολὺ προθυμότερον προσχωρεῖν ἕτοιμοι ἦσαν τοῦ τε Ἀρχωνίδου νεωστὶ τεθνηκότος, ὃς τῶν ταύτῃ Σικελῶν βασιλεύων τινῶν καὶ ὢν οὐκ ἀδύνατος τοῖς Ἀθηναίοις φίλος ἦν, καὶ τοῦ Γυλίππου ἐκ Λακεδαίμονος προθύμως δοκοῦντος ἥκειν. (5) Καὶ ὁ μὲν Γύλιππος ἀναλαβὼν τῶν τε σφετέρων ναυτῶν καὶ ἐπιβατῶν τοὺς ὡπλισμένους ἑπτακοσίους μάλιστα, Ἱμεραίους δὲ ὁπλίτας καὶ ψιλοὺς ξυναμφοτέρους χιλίους καὶ ἱππέας ἑκατόν, καὶ Σελινουντίων τέ τινας ψιλοὺς καὶ ἱππέας καὶ Γελῴων ὀλίγους, Σικελῶν τε ἐς χιλίους τοὺς πάντας, ἐχώρει πρὸς τὰς Συρακούσας.

II. οἱ δ' ἐκ τῆς Λευκάδος Κορίνθιοι ταῖς τε ἄλλαις ναυσὶν ὡς εἶχον τάχους ἐβοήθουν, καὶ Γόγγυλος, εἷς τῶν Κορινθίων ἀρχόντων, μιᾷ νηὶ τελευταῖος ὁρμηθεὶς πρῶτος μὲν ἀφικνεῖται ἐς τὰς Συρακούσας, ὀλίγον δὲ πρὸ Γυλίππου, καὶ καταλαβὼν αὐτοὺς περὶ ἀπαλλαγῆς τοῦ πολέμου μέλλοντας ἐκκλησιάσειν διεκώλυσέ τε καὶ παρεθάρσυνε, λέγων ὅτι νῆές τε ἄλλαι ἔτι προσπλέουσι καὶ Γύλιππος ὁ Κλεανδρίδου Λακεδαιμονίων ἀποστειλάντων ἄρχων. (2) Καὶ οἱ μὲν Συρακόσιοι ἐπερρώσθησάν τε καὶ τῷ Γυλίππῳ εὐθὺς πανστρατιᾷ ὡς ἀπαντησόμενοι ἐξῆλθον· ἤδη γὰρ καὶ ἐγγὺς ὄντα ᾐσθάνοντο αὐτόν. (3) Ὁ δὲ Γέτα τό τε τεῖχος ἐν τῇ παρόδῳ τῶν Σικελῶν ἑλών, καὶ ξυνταξάμενος ὡς ἐς μάχην, ἀφικνεῖται πρὸς τὰς Ἐπιπολάς· καὶ ἀναβὰς κατὰ τὸν Εὐρύη-

THUCYDIDES.

LIBER VII.

Gylippus autem et Python, postquam naves refecerunt, Tarento ad Locros Epizephyrios navigarunt; et quum jam certius comperirent, Syracusas nondum undique circumvallatas esse, sed adhuc licere cum exercitu venientibus per Epipolas introire, consultabant, utrum a dextro Siciliæ latere navigantes introitum periclitarentur, an vero sinistrum latus sequentes Himeram primum peterent, et ipsis Himeræis aliisque copiis assumptis, si quos inducere possent, itinere terrestri proficiscerentur. (2) Et placuit iis Himeram proficisci, præsertim quod quatuor Atticæ naves nondum Rhegium appulerant, quas Nicias tamen miserat quum eos apud Locros esse intellexisset. Sed illi custodiam prævertentes per fretum trajiciunt, et quum Rhegium ac Messanam appulissent, Himeram perveniunt. (3) Quum autem illic essent, Himeræis persuaserunt, ut una secum bellum gererent et non ipsi solum se sequerentur, sed etiam suorum navium nautis arma, quibus deerant, præberent (naves enim Himeræ subduxerant), et Selinuntiis missis nuntiis ad certum quemdam locum cum omnibus copiis obviam venire jubebant. (4) Nonnullas etiam copias non magnas se missuros ad eos promiserunt et Geloi et Siculorum nonnulli, qui longe alacrius jam ad illorum societatem sequendam erant parati, quod et Archonides nuper decesserat, qui in ea Siciliæ parte regnans et haud contemnenda potentia valens Atheniensibus amicus erat, et quod Gylippus Lacedæmone alacri animo adesse videbatur. (5) Atque Gylippus quidem assumptis e suorum nautarum et epibatarum numero iis, quos armaverat, ad septingentos, et Himeræorum tam gravis quam levis armaturæ ex utrisque promisce ad mille, et equitibus centum, et Selinuntiorum nonnullis levi armatura et equitibus, et Geloorum paucis, Siculorumque omnino mille militibus, Syracusas pergebat.

II. Corinthii autem a Leucade solventes cum reliquis navibus, celeritate quanta maxima poterant, ad opem ferendam veniebant, et Gongylus, unus e ducibus Corinthiorum, qui postremus cum una navi profectus erat, primus et paulo ante Gylippum Syracusas appulit, et quum deprehenderet cives in eo jam versantes, ut de bello componendo concionem habituri essent, prohibuit eos, animosque confirmabat, dicens et naves alias etiam adventare, et Gylippum, Cleandridæ filium, ducem a Lacedæmoniis missum. (2) Quamobrem Syracusani animis confirmati sunt, et confestim Gylippo cum omnibus copiis obviam ituri prodierunt; jam enim eum intellexerant adventare. (3) Ille vero quum et Geta Siculorum munitionem ex itinere cepisset, et aciem ut ad proelium instruxisset, ad Epipolas

19

λον, ἥπερ καὶ οἱ Ἀθηναῖοι τὸ πρῶτον, ἐχώρει μετὰ τῶν Συρακοσίων ἐπὶ τὸ τείχισμα τῶν Ἀθηναίων. (4) Ἔτυχε δὲ κατὰ τοῦτο καιροῦ ἐλθὼν ἐν ᾧ ἑπτὰ μὲν ἢ ὀκτὼ σταδίων ἤδη ἀπετετέλεστο τοῖς Ἀθηναίοις ἐς τὸν μέγαν λιμένα διπλοῦν τεῖχος, πλὴν κατὰ βραχύ τι τὸ πρὸς τὴν θάλασσαν· τοῦτο δ' ἔτι ᾠκοδόμουν. Τῷ δὲ ἄλλῳ τοῦ κύκλου πρὸς τὸν Τρώγιλον ἐπὶ τὴν ἑτέραν θάλασσαν λίθοι τε παραβεβλημένοι τῷ πλέονι ἤδη ἦσαν, καὶ ἔστιν ἃ καὶ ἡμίεργα, τὰ δὲ καὶ ἐξειργασμένα κατελείπετο. Παρὰ τοσοῦτον μὲν Συράκουσαι ἦλθον κινδύνου.

III. Οἱ δὲ Ἀθηναῖοι αἰφνιδίως τοῦ τε Γυλίππου καὶ τῶν Συρακοσίων σφίσιν ἐπιόντων ἐθορυβήθησαν μὲν τὸ πρῶτον, παρετάξαντο δέ. Ὁ δὲ θέμενος τὰ ὅπλα ἐγγὺς κήρυκα προπέμπει αὐτοῖς λέγοντα, εἰ βούλονται ἐξιέναι ἐκ τῆς Σικελίας πέντε ἡμερῶν λαβόντες τὰ σφέτερα αὐτῶν, ἕτοιμος εἶναι σπένδεσθαι. (2) Οἱ δ' ἐν ὀλιγωρίᾳ τε ἐποιοῦντο καὶ οὐδὲν ἀποκρινάμενοι ἀπέπεμψαν. Καὶ μετὰ τοῦτο ἀντιπαρεσκευάζοντο ἀλλήλοις ὥς ἐς μάχην. (3) Καὶ ὁ Γύλιππος ὁρῶν τοὺς Συρακοσίους ταρασσομένους, καὶ οὐ ῥᾳδίως ξυντασσομένους, ἐπανῆγε τὸ στρατόπεδον ἐς τὴν εὐρυχωρίαν μᾶλλον. Καὶ ὁ Νικίας οὐκ ἐπῆγε τοὺς Ἀθηναίους, ἀλλ' ἡσύχαζε πρὸς τῷ ἑαυτοῦ τείχει. Ὡς δ' ἔγνω ὁ Γύλιππος οὐ προσιόντας αὐτούς, ἀπήγαγε τὴν στρατιὰν ἐπὶ τὴν ἄκραν τὴν Τεμενῖτιν καλουμένην, καὶ αὐτοῦ ηὐλίσαντο. (4) Τῇ δ' ὑστεραίᾳ ἄγων τὴν μὲν πλείστην τῆς στρατιᾶς παρέταξε πρὸς τὰ τείχη τῶν Ἀθηναίων, ὅπως μὴ ἐπιβοηθοῖεν ἄλλοσε, μέρος δέ τι πέμψας πρὸς τὸ φρούριον τὸν Λάβδαλον αἱρεῖ, καὶ ὅσους ἔλαβεν ἐν αὐτῷ πάντας ἀπέκτεινεν· ἦν δὲ οὐκ ἐπιφανὲς τοῖς Ἀθηναίοις τὸ χωρίον. (5) Καὶ τριήρης τῇ αὐτῇ ἡμέρᾳ ἁλίσκεται τῶν Ἀθηναίων ὑπὸ τῶν Συρακοσίων ἐφορμοῦσα τῷ μεγάλῳ λιμένι.

IV. Καὶ μετὰ ταῦτα ἐτείχιζον οἱ Συρακόσιοι καὶ οἱ ξύμμαχοι διὰ τῶν Ἐπιπολῶν ἀπὸ τῆς πόλεως ἀρξάμενοι ἄνω πρὸς τὸ ἐγκάρσιον τεῖχος ἁπλοῦν, ὅπως οἱ Ἀθηναῖοι, εἰ μὴ δύναιντο κωλῦσαι, μηκέτι οἷοί τε ὦσιν ἀποτειχίσαι. (2) Καὶ οἵ τε Ἀθηναῖοι ἀναβεβήκεσαν ἤδη ἄνω, τὸ ἐπὶ θαλάσσῃ τεῖχος ἐπιτελέσαντες, καὶ ὁ Γύλιππος (ἦν γάρ τι τοῖς Ἀθηναίοις τοῦ τείχους ἀσθενές) νυκτὸς ἀναλαβὼν τὴν στρατιὰν ἐπῄει πρὸς αὐτό. (3) Οἱ δ' Ἀθηναῖοι (ἔτυχον γὰρ ἔξω αὐλιζόμενοι) ὡς ᾔσθοντο, ἀντεπῄεσαν· ὁ δὲ γνοὺς κατὰ τάχος ἀπήγαγε τοὺς σφετέρους πάλιν. Ἐποικοδομήσαντες δὲ αὐτὸ οἱ Ἀθηναῖοι ὑψηλότερον αὐτοὶ μὲν ταύτῃ ἐφύλασσον, τοὺς δὲ ἄλλους ξυμμάχους κατὰ τὸ ἄλλο τείχισμα ἤδη διέταξαν, ᾗπερ ἔμελλον ἕκαστοι φρουρεῖν.

(4) Τῷ δὲ Νικίᾳ ἐδόκει τὸ Πλημμύριον καλούμενον τειχίσαι· ἔστι δὲ ἄκρα ἀντιπέρας τῆς πόλεως, ἥπερ προὔχουσα τοῦ μεγάλου λιμένος τὸ στόμα στενὸν ποιεῖ, καὶ εἰ τειχισθείη, ῥᾷον αὐτῷ ἐφαίνετο ἡ ἐσκομιδὴ τῶν ἐπιτηδείων ἔσεσθαι· δι' ἐλάσσονος γὰρ πρὸς τῷ λιμένι τῷ τῶν Συρακοσίων ἐφορμήσειν σφᾶς, καὶ οὐχ ὥσπερ νῦν ἐκ μυχοῦ τοῦ λιμένος τὰς ἐπαναγωγὰς ποιήσεσθαι, ἤν τι ναυτικῷ κινῶνται. Προσεῖχέ τε ἤδη μᾶλλον τῷ

contendit; et quum per Euryelum adscendisset, qua etiam Athenienses prius adscenderant, cum Syracusanis adversus Atheniensium munitionem pergebat. (4) Forte autem id temporis eo venit, quo duplex murus septem octove stadiorum longitudine jam ab Atheniensibus ad magnum portum perfectus erat, excepta exigua quadam ejus parte, quæ mare versus spectabat; hanc vero tum adhuc ædificabant. In reliqua vero ambitus parte Trogilum versus ad alterum mare, lapides jam in plerisque locis comportati jacebant, et in nonnullis opus jam semiperfectum, in aliis etiam perfectum erat relictum. Eo periculi Syracusæ venerant.

III. Athenienses vero quum repente Gylippus et Syracusani signa inferrent, primo quidem turbati sunt, aciem tamen instruxerunt. Ille vero in loco propinquo agmen sistens caduceatorem ad eos præmittit, qui diceret, si intra quinque dies ex Sicilia discedere vellent, sumptis suis rebus, se paratum esse ad fœdus cum iis faciendum. (2) Illi vero hæc parvi pendebant, nulloque responso reddito caduceatorem remiserunt. Postea vero utrique aciem aciei adversam ut ad prœlium instruxerunt. (3) Atque Gylippus animadvertens, Syracusanos perturbari, nec facile in suos ordines redigi, copias in locum patentiorem reduxit. Et Nicias Athenienses adversus hostem non ducebat, sed prope suam munitionem se continebat. Gylippus autem quum animadvertisset eos contra se non venire, exercitum abduxit in verticem nomine Temeniten, ibique castris positis pernoctarunt. (4) Postridie vero majorem copiarum partem acie instructa ad Atheniensium muros duxit, ne alio ad opem ferendam irent, aliquam autem partem ad castellum Labdalum misit et id cepit, et quotquot in eo comprehendit, omnes interfecit; erat autem is locus Atheniensibus non in conspectu situs. (5) Eodem die triremis etiam Atheniensium a Syracusanis capta est, quæ ad magnum portum in statione erat.

IV. Postea vero Syracusani et socii murum exstruere cœperunt, initio ab urbe facto, eum per Epipolas sursum versus ducentes ad transversum simplicem murum, ut Athenienses,'si eos impedire non possent, circumvallandi facultatem non amplius haberent. (2) Atque jam et Athenienses muro ad mare absoluto in loca superiora ascenderant, et Gylippus (erat enim quædam illius muri ab Atheniensibus exstructi pars infirma) noctu copiis assumptis ad illam contendebat. (3) Athenienses vero (nam extra vallum stationem habebant) quum hoc sensissent, obviam ei prodibant; ille vero, quum hoc animadvertisset, celeriter suos reduxit. Athenienses autem hoc muro sublimius excitato, ipsi quidem hic excubias agebant, reliquos vero socios in reliquis illius munitionis partibus ubi quique excubias agerent, jam disposuerunt.

(4) Niciæ vero videbatur muniendus esse locus, quem Plemyrium vocant; est autem promontorium e regione urbis, quod in magnum portum prominens ejus fauces coarctat, quod si munitum esset, commeatum in castra facilius importatum iri judicabat; breviore enim intervallo se prope Syracusanorum portum stationem habituros, neque, quemadmodum tunc, ex angulo portus subvectiones facturos, si quid illi classe molirentur. Quamobrem animum ad

κατὰ θάλασσαν πολέμῳ, ὁρῶν τὰ ἐκ τῆς γῆς σφίσιν ἐπειδὴ Γύλιππος ἧκεν ἀνελπιστότερα ὄντα. (5) Διακομίσας οὖν στρατιὰν καὶ τὰς ναῦς ἐξετείχιζε τρία φρούρια· καὶ ἐν αὐτοῖς τά τε σκεύη τὰ πλεῖστα ἔκειτο καὶ τὰ πλοῖα ἤδη ἐκεῖ τὰ μεγάλα ὥρμει καὶ αἱ ταχεῖαι νῆες. (6) Ὥστε καὶ τῶν πληρωμάτων οὐχ ἥκιστα τότε πρῶτον κάκωσις ἐγένετο· τῷ τε γὰρ ὕδατι σπανίῳ χρώμενοι καὶ οὐκ ἐγγύθεν, καὶ ἐπὶ φρυγανισμὸν ἅμα ὁπότε ἐξέλθοιεν οἱ ναῦται, ὑπὸ τῶν ἱππέων τῶν Συρακοσίων κρατούντων τῆς γῆς οἱ πολλοὶ διεφθείροντο· τρίτον γὰρ μέρος τῶν ἱππέων τοῖς Συρακοσίοις διὰ τοὺς ἐν τῷ Πλημυρίῳ, ἵνα μὴ κακουργήσοντες ἐξίοιεν, ἐπὶ τῇ ἐν τῷ Ὀλυμπιείῳ πολίχνῃ ἐτετάχατο. (7) Ἐπυνθάνετο δὲ καὶ τὰς λοιπὰς τῶν Κορινθίων ναῦς προσπλεούσας ὁ Νικίας· καὶ πέμπει ἐς φυλακὴν αὐτῶν εἴκοσι ναῦς, αἷς εἴρητο περί τε Λοκροὺς καὶ Ῥήγιον καὶ τὴν προσβολὴν τῆς Σικελίας ναυλοχεῖν αὐτάς.

V. Ὁ δὲ Γύλιππος ἅμα μὲν ἐτείχιζε τὸ διὰ τῶν Ἐπιπολῶν τεῖχος, τοῖς λίθοις χρώμενος οὓς οἱ Ἀθηναῖοι προπαρεβάλοντο σφίσιν, ἅμα δὲ παρέτασσεν ἐξάγων ἀεὶ πρὸ τοῦ τειχίσματος τοὺς Συρακοσίους καὶ τοὺς ξυμμάχους· καὶ οἱ Ἀθηναῖοι ἀντιπαρετάσσοντο. (2) Ἐπειδὴ δὲ ἔδοξε τῷ Γυλίππῳ καιρὸς εἶναι, ἦρχε τῆς ἐφόδου· καὶ ἐν χερσὶ γενόμενοι ἐμάχοντο μεταξὺ τῶν τειχισμάτων, ᾗ τῆς ἵππου τῶν Συρακοσίων οὐδεμία χρῆσις ἦν. (3) Καὶ νικηθέντων τῶν Συρακοσίων καὶ τῶν ξυμμάχων καὶ νεκροὺς ὑποσπόνδους ἀνελομένων, καὶ τῶν Ἀθηναίων τροπαῖον στησάντων, ὁ μὲν Γύλιππος ξυγκαλέσας τὸ στράτευμα οὐκ ἔφη τὸ ἁμάρτημα ἐκείνων ἀλλ' ἑαυτοῦ γενέσθαι· τῆς γὰρ ἵππου καὶ τῶν ἀκοντιστῶν τὴν ὠφελίαν τῇ τάξει ἐντὸς λίαν τῶν τειχῶν ποιήσας ἀφελέσθαι· νῦν οὖν αὖθις ἐπάξειν. (4) Καὶ διανοεῖσθαι οὕτως ἐκέλευεν αὐτοὺς ὡς τῇ μὲν παρασκευῇ οὐκ ἐλάσσον' ἕξοντας, τῇ δὲ γνώμῃ οὐκ ἀνεκτὸν ἐσόμενον εἰ μὴ ἀξιώσουσι Πελοποννήσιοί τε ὄντες καὶ Δωριῆς Ἰώνων καὶ νησιωτῶν καὶ ξυγκλύδων ἀνθρώπων κρατήσαντες ἐξελάσασθαι ἐκ τῆς χώρας.

VI. Καὶ μετὰ ταῦτα, ἐπειδὴ καιρὸς ἦν, αὖθις ἐπῆγεν αὐτούς. Ὁ δὲ Νικίας καὶ οἱ Ἀθηναῖοι νομίζοντες, καὶ εἰ ἐκεῖνοι μὴ ἐθέλοιεν μάχης ἄρχειν ἀναγκαῖον σφίσιν εἶναι μὴ περιορᾶν παροικοδομούμενον τὸ τεῖχος (ἤδη γὰρ καὶ ὅσον οὐ παρεληλύθει τὴν τῶν Ἀθηναίων τοῦ τείχους τελευτὴν ἡ ἐκείνων τείχισις, καὶ εἰ προέλθοι, ταὐτὸν ἤδη ἐποίει αὐτοῖς νικᾶν τε μαχομένοις διὰ παντὸς καὶ μηδὲ μάχεσθαι), ἀντεπῇσαν οὖν τοῖς Συρακοσίοις. (2) Καὶ ὁ Γύλιππος τοὺς μὲν ὁπλίτας ἔξω τῶν τειχῶν μᾶλλον ἢ πρότερον προαγαγὼν ξυνέμισγεν αὐτοῖς, τοὺς δ' ἱππέας καὶ τοὺς ἀκοντιστὰς ἐκ πλαγίου τάξας τῶν Ἀθηναίων κατὰ τὴν εὐρυχωρίαν, ᾗ τῶν τειχῶν ἀμφοτέρων αἱ ἐργασίαι ἔληγον. (3) Καὶ προσβαλόντες οἱ ἱππῆς ἐν τῇ μάχῃ τῷ εὐωνύμῳ κέρᾳ τῶν Ἀθηναίων, ὅπερ κατ' αὐτοὺς ἦν, ἔτρεψαν· καὶ δι' αὐτὸ καὶ τὸ ἄλλο στράτευμα νικηθὲν ὑπὸ τῶν Συρακοσίων κατηράχθη ἐς τὰ τειχίσματα. (4) Καὶ τῇ ἐπιούσῃ νυκτὶ ἔφθασαν

bellum maritimum jam magis appellabat, quod post adventum Gylippi minorem spem de rebus terrestribus sibi concipiendam esse videret. (5) Copiis igitur et navibus eo traductis tria propugnacula exstruebat; et in his pleraque instrumenta reposita erant, et magna navigia navesque veloces illic in statione jam manebant. (6) Quamobrem etiam tunc præcipue primum classiariorum militum jactura facta est; nam quum et aqua rara uterentur neque ea e loco propinquo, et simul quoties lignatum nautæ prodirent, ab equitatu Syracusanorum, qui terram obtinebat, plerique interficiebantur; tertia enim equitatus pars a Syracusanis ad oppidulum, quod est in Olympieo, collocata erat propter illos, qui erant in Plemyrio, ne ad agrum maleficiis infestandum prodirent. (7) Præterea Nicias reliquas etiam Corinthiorum naves adventare audiebat; quare viginti naves custodiæ causa misit quibus mandatum erat, ut circa Locros et Rhegium et loca, per quæ accessus ad Siciliam patebat, illis insidiarentur.

V. Gylippus vero simul et murum, quem per Epipolas ducebat, exstruebat, utens lapidibus, quos Athenienses in usum suum aggesserant, simul et Syracusanos sociosque in aciem extra munitionem producebat; et Athenienses aciem illis oppositam instruebant. (2) Postquam autem Gylippo tempus opportunum adesse visum est, prior impetum dabat, et quum ad manus venissent, pugnabant in eo spatio, quod inter munitiones erat, ubi equitatus Syracusanorum nullus usus erat. (3) Et quum Syracusani et socii victi essent, suorumque cadavera fide publica interposita sustulissent, et Athenienses tropæum erexissent, Gylippus convocatis copiis non illarum, sed suam culpam fuisse dixit; se enim equitatus ac velitum usum ipsis eripuisse, quod nimis intra munitiones aciem instruxisset; nunc autem se rursus educturum. (4) Et jubebat illos ita secum cogitare, apparatu quidem se inferiores non futuros, animis vero minime tolerabile ducendum, si non hoc sibi sumerent, ut qui Peloponnesii et Dorienses essent, Iones et insularum incolas et convenas homines superatos ex sua regione ejicerent.

VI. Atque post hæc, quum tempus erat, eos rursus producebat. Nicias vero et Athenienses, existimantes, quamvis illi initium prœlii facere nollent, sibi tamen necesse esse, non pati murum prope ædificari (jam enim murus, qui ab illis ædificabatur, propemodum vel ultra extremitatem muri ab Atheniensibus exstructi processerat, et si longius processisset, effecturus erat, ut plane nihil amplius sua interesset sive pugnantes vincerent, sive omnino non pugnarent), in aciem igitur contra Syracusanos procedebant. (2) Et Gylippus gravis armaturæ militibus extra munitiones longius quam ante productis manus cum iis conserebat; equitatum vero et velites a latere Atheniensium in loco spatioso collocaverat, ubi utrarumque munitionum opera desinebant. (3) Atque equites in prœlio impressione facta in sinistrum Atheniensium cornu, quod iis erat oppositum, id in fugam verterunt; et ob eam rem reliquus etiam exercitus a Syracusanis victus in suas munitiones præceps est compulsus. (4) Et insequente nocte murum propter

19.

παρῳκοδομήσαντες [καὶ παρελθόντες τὴν τῶν Ἀθηναίων οἰκοδομίαν], ὥστε μηκέτι μήτε αὐτοὶ κωλύεσθαι ὑπ' αὐτῶν, ἐκείνους τε καὶ παντάπασιν ἀπεστερηκέναι, εἰ καὶ κρατοῖεν, μὴ ἂν ἔτι σφᾶς ἀποτειχίσαι.

VII. Μετὰ δὲ τοῦτο αἵ τε τῶν Κορινθίων νῆες καὶ Ἀμπρακιωτῶν καὶ Λευκαδίων ἐσέπλευσαν αἱ ὑπόλοιποι δώδεκα, λαθοῦσαι τὴν τῶν Ἀθηναίων φυλακήν (ἦρχε δ' αὐτῶν Ἐρασινίδης Κορίνθιος), καὶ ξυνετείχισαν τὸ λοιπὸν τοῖς Συρακοσίοις μέχρι τοῦ ἐγκαρσίου τείχους. (2) Καὶ ὁ Γύλιππος ἐς τὴν ἄλλην Σικελίαν ἐπὶ στρατιάν τε ᾤχετο, καὶ ναυτικὴν καὶ πεζὴν ξυλλέξων, καὶ τῶν πόλεων ἅμα προσαξόμενος εἴ τις ἢ μὴ πρόθυμος ἦν ἢ παντάπασιν ἔτι ἀφεστήκει τοῦ πολέμου. (3) Πρέσβεις τε ἄλλοι τῶν Συρακοσίων καὶ Κορινθίων ἐς Λακεδαίμονα καὶ Κόρινθον ἀπεστάλησαν, ὅπως στρατιὰ ἔτι περαιωθῇ τρόπῳ ᾧ ἂν [ἐν ὁλκάσιν ἢ πλοίοις ἢ ἄλλως ὅπως ἂν] προχωρῇ, ὡς καὶ τῶν Ἀθηναίων ἐπιμεταπεμπομένων. (4) Οἵ τε Συρακόσιοι ναυτικὸν ἐπλήρουν καὶ ἀνεπειρῶντο ὡς καὶ τούτῳ ἐπιχειρήσοντες, καὶ ἐς τἆλλα πολὺ ἐπέρρωντο.

VIII. Ὁ δὲ Νικίας αἰσθόμενος τοῦτο, καὶ ὁρῶν καθ' ἡμέραν ἐπιδιδοῦσαν τήν τε τῶν πολεμίων ἰσχὺν καὶ τὴν σφετέραν ἀπορίαν, ἔπεμπε καὶ αὐτὸς ἐς τὰς Ἀθήνας ἀγγέλλων πολλάκις μὲν καὶ ἄλλοτε καθ' ἕκαστα τῶν γιγνομένων, μάλιστα δὲ καὶ τότε, νομίζων ἐν δεινοῖς τε εἶναι, καὶ εἰ μὴ ὡς τάχιστα ἢ σφᾶς μεταπέμψουσιν ἢ ἄλλους μὴ ὀλίγους ἀποστελοῦσιν, οὐδεμίαν εἶναι σωτηρίαν. (2) Φοβούμενος δὲ μὴ οἱ πεμπόμενοι ἢ κατὰ τοῦ λέγειν ἀδυνασίαν ἢ καὶ μνήμης ἐλλιπεῖς γιγνόμενοι ἢ τῷ ὄχλῳ πρὸς χάριν τι λέγοντες οὐ τὰ ὄντα ἀπαγγέλλωσιν, ἔγραψεν ἐπιστολήν, νομίζως οὕτως ἂν μάλιστα τὴν αὑτοῦ γνώμην μηδὲν ἐν τῷ ἀγγέλῳ ἀφανισθεῖσαν μαθόντας τοὺς Ἀθηναίους βουλεύσασθαι περὶ τῆς ἀληθείας. (3) Καὶ οἱ μὲν ᾤχοντο φέροντες, οὓς ἀπέστειλε, τὰ γράμματα καὶ ὅσα ἔδει αὐτοὺς εἰπεῖν· ὁ δὲ κατὰ τὸ στρατόπεδον διὰ φυλακῆς μᾶλλον ἤδη ἔχων ἢ δι' ἑκουσίων κινδύνων ἐπεμελεῖτο.

IX. Ἐν δὲ τῷ αὐτῷ θέρει τελευτῶντι καὶ Εὐετίων στρατηγὸς Ἀθηναίων μετὰ Περδίκκου στρατεύσας ἐπ' Ἀμφίπολιν Θρᾳξὶ πολλοῖς τὴν μὲν πόλιν οὐχ εἷλεν, ἐς δὲ τὸν Στρυμόνα περικομίσας τριήρεις ἐκ τοῦ ποταμοῦ ἐπολιόρκει ὁρμώμενος ἐξ Ἱμεραίου. Καὶ τὸ θέρος ἐτελεύτα.

X. Τοῦ δ' ἐπιγιγνομένου χειμῶνος ἥκοντες ἐς τὰς Ἀθήνας οἱ παρὰ τοῦ Νικίου ὅσα τε ἀπὸ γλώσσης εἴρητο αὐτοῖς εἶπον, καὶ εἴ τίς τι ἐπηρώτα ἀπεκρίνοντο, καὶ τὴν ἐπιστολὴν ἀπέδοσαν. Ὁ δὲ γραμματεὺς ὁ τῆς πόλεως παρελθὼν ἀνέγνω τοῖς Ἀθηναίοις δηλοῦσαν τοιάδε.

XI. « Τὰ μὲν πρότερον πραχθέντα ὦ Ἀθηναῖοι ἐν ἄλλαις [πολλαῖς] ἐπιστολαῖς ἴστε· νῦν δὲ καιρὸς οὐχ ἧσσον μαθόντας ὑμᾶς ἐν ᾧ ἐσμὲν βουλεύσασθαι. (2) Κρατησάντων γὰρ ἡμῶν μάχαις ταῖς πλείοσι Συρακοσίους ἐφ' οὓς ἐπέμφθημεν, καὶ τὰ τείχη οἰκοδομησα-

hostilem ocius ædificarunt [et munitionem Atheniensium prætergressi sunt], ita ut jam neque ipsi ab iis amplius impediri possent, et illis vel omnem in posterum sui circumvallandi facultatem, quamvis vincerent, eripuissent.

VII. Postea vero Corinthiorum et Ampraciotarum et Leucadiorum naves, quæ reliquæ erant, numero duodecim advenerunt clam Atheniensium custodia (præerat iis autem Erasinides Corinthius) et in reliqua muri parte ædificanda usque ad transversum murum Syracusanos adjuverunt. (2) Et Gylippus ceteram Siciliam obibat, ut navales pedestresque copias colligeret, simul etiam ut civitates ad societatem secum ineundam solicitaret, si qua aut propensa non erat, aut a bello prorsus adhuc abstinebat. (3) Alii quoque Syracusanorum et Corinthiorum legati Lacedæmonem et Corinthum missi sunt, ut novus exercitus trajiceretur, quocunque modo [sive navibus onerariis, sive quacumque alia ratione] commode fieri posset, quod et Athenienses alias copias arcesserent. (4) Et Syracusani classem instruebant, ejusque exercitia factitabant, ut hac quoque rem gesturi, et in ceteris quoque rebus multo majores animos sumpserant.

VIII. Nicias vero, quum hoc intellexisset, et hostium quidem potentiam, suam vero penuriam in dies crescere videret, mittebat et ipse Athenas sæpe quidem et alias nuncians de singulis rebus, quæ gerebantur, sed tunc vel maxime, quod existimaret res suas in maximum discrimen adductas esse, et nisi primo quoque tempore aut se revocarent, aut alios non paucos mitterent, nullam superesse spem salutis. (2) Veritus autem, ne ii, qui mittebantur, vel propter facundiæ inopiam, vel etiam memoria destituti, vel aliquid ad populi voluntatem dicentes, non quod res esset, renunciarent, epistolam scripsit, existimans fore, ut hoc potissimum modo suam sententiam per nuncium minime occultatam Athenienses cognoscerent, et de rebus veris deliberarent. (3) Atque illi quidem, quos misit, cum literis, quas ferebant, et cum mandatis, quæ eos exponere oportebat, abierunt. Nicias vero castris jam magis custodiam agendo quam sua sponte pericula adeundo prospiciebat.

IX. Eadem autem æstate exeunte Euetio etiam, Atheniensium dux, cum Perdicca multisque Thracibus Amphipoli bellum inferens urbem quidem non expugnavit, sed triremibus in Strymonem circumductis ab ipso fluvio urbem obsidebat, ex Himeræo proficiscens. Atque hæc æstas finiebatur.

X. Hieme autem ineunte, qui a Nicia missi erant, Athenas pervenerunt, et omnia ore mandata, quæ ab illo acceperant, exposuerunt, et si quis aliquid præterea percontatur, respondebant, epistolamque reddiderunt. Civitatis autem scriba in medium progressus eam Atheniensibus recitavit, cujus hæc erant verba :

XI. « Res quidem ante gestas, Athenienses, ex [multis] aliis meis epistolis cognovistis; nunc vero tempus postulat longe magis, quam ante, ut in quo statu sint res nostræ, cognoscatis, et de eo deliberetis. (2) Quum enim Syracusanos, adversus quos missi sumus, majore prœliorum parte superassemus, et munitiones exstruxissemus, in qui-

μένων ἐν οἷσπερ νῦν ἐσμέν, ἦλθε Γύλιππος Λακεδαιμόνιος στρατιὰν ἔχων ἔκ τε Πελοποννήσου καὶ τῶν ἐν Σικελίᾳ πόλεων ἔστιν ὧν. Καὶ μάχῃ τῇ μὲν πρώτῃ νικᾶται ὑφ' ἡμῶν, τῇ δ' ὑστεραίᾳ ἱππεῦσί τε πολλοῖς καὶ ἀκοντισταῖς βιασθέντες ἀνεχωρήσαμεν ἐς τὰ τείχη. (3) Νῦν οὖν ἡμεῖς μὲν παυσάμενοι τοῦ περιτειχισμοῦ διὰ τὸ πλῆθος τῶν ἐναντίων ἡσυχάζομεν (οὐδὲ γὰρ ξυμπάσῃ τῇ στρατιᾷ δυναίμεθ' ἂν χρήσασθαι ἀπαναλωκυίας τῆς φυλακῆς τῶν τειχῶν μέρος τι τοῦ ὁπλιτικοῦ), οἱ δὲ παρῳκοδομήκασιν ἡμῖν τεῖχος ἁπλοῦν, ὥστε μὴ εἶναι ἔτι περιτειχίσαι αὐτούς, ἢν μή τις τὸ παρατείχισμα τοῦτο πολλῇ στρατιᾷ ἐπελθὼν ἕλῃ. (4) Ξυμβέβηκέ τε πολιορκεῖν δοκοῦντας ἡμᾶς ἄλλους αὐτοὺς μᾶλλον, ὅσα γε κατὰ γῆν, τοῦτο πάσχειν· οὐδὲ γὰρ τῆς χώρας ἐπὶ πολὺ διὰ τοὺς ἱππέας ἐξερχόμεθα.

XII. « Πεπόμφασι δὲ καὶ ἐς Πελοπόννησον πρέσβεις ἐπ' ἄλλην στρατιάν, καὶ ἐς τὰς ἐν Σικελίᾳ πόλεις Γύλιππος οἴχεται, τὰς μὲν καὶ πείσων ξυμπολεμεῖν ὅσαι νῦν ἡσυχάζουσιν, ἀπὸ δὲ τῶν ἔτι καὶ στρατιὰν πεζὴν καὶ ναυτικοῦ παρασκευήν, ἢν δύνηται, ἄξων. (2) Διανοοῦνται γάρ, ὡς ἐγὼ πυνθάνομαι, τῷ τε πεζῷ ἅμα τῶν τειχῶν ἡμῶν πειρᾶν καὶ ταῖς ναυσὶ κατὰ θάλασσαν. (3) Καὶ δεινὸν μηδενὶ ὑμῶν δόξῃ εἶναι ὅτι καὶ κατὰ θάλασσαν. Τὸ γὰρ ναυτικὸν ἡμῶν, ὅπερ κἀκεῖνοι πυνθάνονται, τὸ μὲν πρῶτον ἤκμαζε καὶ τῶν νεῶν τῇ ξηρότητι καὶ τῶν πληρωμάτων τῇ σωτηρίᾳ· νῦν δὲ αἵ τε νῆες διάβροχοι τοσοῦτον χρόνον ἤδη θαλασσεύουσαι, καὶ τὰ πληρώματα ἔφθαρται. (4) Τὰς μὲν γὰρ ναῦς οὐκ ἔστιν ἀνελκύσαντας διαψῦξαι διὰ τὸ ἀντιπάλους τῷ πλήθει καὶ ἔτι πλείους τὰς τῶν πολεμίων οὔσας ἀεὶ προσδοκίαν παρέχειν ὡς ἐπιπλεύσονται. (5) Φανεραὶ δ' εἰσὶν ἀναπειρώμεναι, καὶ αἱ ἐπιχειρήσεις ἐπ' ἐκείνοις, καὶ ἀποξηρᾶναι τὰς σφετέρας μᾶλλον ἐξουσία· οὐ γὰρ ἐφορμοῦσιν ἄλλοις.

XIII. « Ἡμῖν δ' ἐκ πολλῆς ἂν περιουσίας νεῶν μόλις τοῦτο ὑπῆρχεν, καὶ μὴ ἀναγκαζομένοις ὥσπερ νῦν πάσαις φυλάσσειν· εἰ γὰρ ἀφαιρήσομέν τι καὶ βραχὺ τῆς τηρήσεως, τὰ ἐπιτήδεια οὐχ ἕξομεν, παρὰ τὴν ἐκείνων πόλιν χαλεπῶς καὶ νῦν ἐσκομιζόμενοι. (2) Τὰ δὲ πληρώματα διὰ τόδε ἐφθάρη τε ἡμῖν καὶ ἔτι νῦν φθείρεται, τῶν ναυτῶν τῶν μὲν διὰ φρυγανισμὸν καὶ ἁρπαγὴν καὶ ὑδρείαν μακρὰν ὑπὸ τῶν ἱππέων ἀπολλυμένων· οἱ δὲ θεράποντες, ἐπειδὴ ἐς ἀντίπαλα καθεστήκαμεν, αὐτομολοῦσιν, καὶ οἱ ξένοι οἱ μὲν ἀναγκαστοὶ ἐσβάντες εὐθὺς κατὰ τὰς πόλεις ἀποχωροῦσιν, οἱ δ' ὑπὸ μεγάλου μισθοῦ τὸ πρῶτον ἐπαρθέντες καὶ οἰόμενοι χρηματιεῖσθαι μᾶλλον ἢ μαχεῖσθαι, ἐπειδὴ παρὰ γνώμην ναυτικόν τε δὴ καὶ τἆλλα ἀπὸ τῶν πολεμίων ἀνθεστῶτα ὁρῶσιν, οἱ μὲν ἐπ' αὐτομολίας προφάσει ἀπέρχονται, οἱ δ' ὡς ἕκαστοι δύνανται· πολλὴ δ' ἡ Σικελία· εἰσὶ δ' οἳ καὶ αὐτοὶ ἐμπορευόμενοι, ἀνδράποδα Ὑκκαρικὰ ἀντεμβιβάσαι ὑπὲρ σφῶν πείσαντες τοὺς τριηράρχους, τὴν ἀκρίβειαν τοῦ ναυτικοῦ ἀφῄρηνται.

XIV. « Ἐπισταμένοις δ' ὑμῖν γράφω ὅτι βραχεῖα

bus nunc sumus, venit Gylippus Lacedæmonius cum exercitu, quem ex Peloponneso duxit et ex quibusdam Siciliæ civitatibus. Et primo quidem prœlio a nobis superatus est, postridie vero ab equitum velitumque multitudine per vim coacti in munitiones nos recepimus. (3) Nunc igitur nos quidem propter adversariorum multitudinem omissa urbis circumvallatione quiescimus (nec enim omnibus nostris copiis uti possemus, quod munitionum custodia magnam gravis armaturæ partem absumit), hostes vero murum simplicem juxta nostrum excitaverunt, ita ut eos amplius circumvallare nequeamus, nisi quis hanc munitionem nostris vicinam cum magnis copiis adortus expugnet. (4) Atque factum est, ut nos, qui alios obsidere videbamur, ipsi potius, saltem quod ad terram attinet, hoc patiamur; nec enim in regionem circumjectam propter hostium equitatum procul progredimur.

XII. « Præterea legatos in Peloponnesum miserunt ad alias copias arcessendas, et ad urbes Siciliæ Gylippus discessit, ut earum alias quidem ad belli societatem pelliciat, quotquot nunc quiescunt, ex aliis vero novas pedestres navalesque copias, si possit, adducat. (2) Nam, ut ego audio, in animo habent peditatu simul munitiones nostras temptare et navibus per mare. (3) Neque cuiquam vestrum res indigna esse videatur, quod etiam per mare. Nam nostra classis, id quod illi quoque sentiunt, initio quidem et navium siccitate, et hominum incolumitate florebat; nunc vero et naves, quod tamdiu jam in mari manserunt, sunt putrefactæ, et viri, qui eas explebant, sunt absumpti. (4) Naves enim subducere et siccari non licet, quod hostium naves, quæ nostris sunt numero pares, atque adeo plures, perpetuo suspicionem præbent, ne invadant. (5) Manifestum autem est, eas ad hoc exerceri, et impetus faciendi rationes in illarum potestate sunt, et naves exsiccandi major illis facultas; nec enim in statione adversus alios sunt.

XIII. « Nobis vero, quamvis magno navium numero abundassemus, vix tamen hoc licebat, etsi non, ut nunc, excubias cum tota classe agere cogeremur; nam si vel modicam custodiæ partem detrahemus, commeatum non habebimus, quem nunc quoque juxta illorum urbem prætervecti ægre in castra importamus. (2) Homines vero nautici hac de causa et perierunt nobis, et nunc etiam pereunt, quod nautæ partim quidem propter longinquam lignationem et populationem et aquationem ab equitibus cæduntur; servitia vero, postquam utrorumque vires exæquatæ sunt, transfugiunt, et peregrinorum alii, qui coacti naves conscenderunt, in urbes continuo dilabuntur, alii, qui primo mercedis magnitudine erecti erant et opinabantur, se quæstum potius facturos, quam pugnaturos, postquam præter opinionem et classem et cetera jam nobis ab hostibus adversari vident, partim transfugiendi causa discedunt, partim ut quibusque facultas offertur; Sicilia autem est ampla; quidam etiam dum ipsi mercaturam factitant, trierarchis persuaserunt, ut Hyccarica mancipia pro se in naves imponerent, atque hoc modo exactam rei nauticæ disciplinam sustulerunt.

XIV. « Vobis autem, qui hoc probe nostis, scribo, rarum

ἀκμὴ πληρώματος καὶ ὀλίγοι τῶν ναυτῶν οἱ ἐξορμῶντές τε ναῦν καὶ ξυνέχοντες τὴν εἰρεσίαν. (2) Τούτων δὲ πάντων ἀπορώτατον τό τε μὴ οἷόν τε εἶναι ταῦτα ἐμοὶ κωλῦσαι τῷ στρατηγῷ (χαλεπαὶ γὰρ αἱ ὑμέτεραι φύσεις ἄρξαι) καὶ ὅτι οὐδ' ὁπόθεν ἐπιπληρωσόμεθα τὰς ναῦς ἔχομεν, ὃ τοῖς πολεμίοις πολλαχόθεν ὑπάρχει, ἀλλ' ἀνάγκη ἀφ' ὧν ἔχοντες ἤλθομεν τά τε ὄντα καὶ ἀπαναλισκόμενα γίγνεσθαι· αἱ γὰρ νῦν οὖσαι πόλεις ξύμμαχοι ἀδύνατοι Νάξος καὶ Κατάνη. (3) Εἰ δὲ προσγενήσεται ἔν ἔτι τοῖς πολεμίοις, ὥστε τὰ τρέφοντα ἡμᾶς χωρία τῆς Ἰταλίας, ὁρῶντας ἐν ᾧ τ' ἐσμὲν καὶ ὑμῶν μὴ ἐπιβοηθούντων, πρὸς ἐκείνους χωρῆσαι, διαπεπολεμήσεται αὐτοῖς ἀμαχεὶ ἐκπολιορκηθέντων ἡμῶν ὁ πόλεμος.

(4) « Τούτων ἐγὼ ἡδίω μὲν ἂν εἶχον ὑμῖν ἕτερα ἐπιστέλλειν, οὐ μέντοι χρησιμώτερά γε, εἰ δεῖ σαφῶς εἰδότας τὰ ἐνθάδε βουλεύσασθαι. Καὶ ἅμα τὰς φύσεις ἐπιστάμενος ὑμῶν, βουλομένων μὲν τὰ ἥδιστα ἀκούειν, αἰτιωμένων δὲ ὕστερον ἤν τι ὑμῖν ἀπ' αὐτῶν μὴ ὁμοῖον ἐκβῇ, ἀσφαλέστερον ἡγησάμην τὸ ἀληθὲς δηλῶσαι.

XV. « Καὶ νῦν ὡς ἐφ' ἃ μὲν ἤλθομεν τὸ πρῶτον καὶ τῶν στρατιωτῶν καὶ τῶν ἡγεμόνων ὑμῖν μὴ μεμπτῶν γεγενημένων, οὕτω τὴν γνώμην ἔχετε· ἐπειδὴ δὲ Σικελία τε ἅπασα ξυνίσταται καὶ ἐκ Πελοποννήσου ἄλλη στρατιὰ προσδόκιμος αὐτοῖς, βουλεύεσθε ἤδη ὡς τῶν γ' ἐνθάδε μηδὲ τοῖς παροῦσιν ἀνταρκούντων, ἀλλ' ἢ τούτους μεταπέμπειν δέον ἢ ἄλλην στρατιὰν μὴ ἐλάσσω ἐπιπέμπειν καὶ πεζὴν καὶ ναυτικήν, καὶ χρήματα μὴ ὀλίγα, ἐμοὶ δὲ διάδοχόν τινα, ὡς ἀδύνατός εἰμι διὰ νόσον νεφρῖτιν παραμένειν. (2) Ἀξιῶ δ' ὑμῶν ξυγγνώμης τυγχάνειν· καὶ γὰρ ὅτ' ἐρρώμην πολλὰ ἐν ἡγεμονίαις ὑμᾶς εὖ ἐποίησα. Ὅ τι δὲ μέλλετε, ἅμα τῷ ἦρι εὐθὺς καὶ μὴ ἐς ἀναβολὰς πράσσετε, ὡς τῶν πολεμίων τὰ μὲν ἐν Σικελίᾳ δι' ὀλίγου ποριουμένων, τὰ δ' ἐκ Πελοποννήσου σχολαίτερον μέν, ὅμως δ', ἢν μὴ προσέχητε τὴν γνώμην, τὰ μὲν λήσουσιν ὑμᾶς ὥσπερ καὶ πρότερον, τὰ δὲ φθήσονται.

XVI. Ἡ μὲν τοῦ Νικίου ἐπιστολὴ τοσαῦτα ἐδήλου, οἱ δὲ Ἀθηναῖοι ἀκούσαντες αὐτῆς τὸν μὲν Νικίαν οὐ παρέλυσαν τῆς ἀρχῆς, ἀλλ' αὐτῷ, ἕως ἂν ἕτεροι ξυνάρχοντες αἱρεθέντες ἀφίκωνται, τῶν αὐτοῦ ἐκεῖ δύο προσείλοντο Μένανδρον καὶ Εὐθύδημον, ὅπως μὴ μόνος ἐν ἀσθενείᾳ ταλαιπωροίη, στρατιὰν δὲ ἄλλην ἐψηφίσαντο πέμπειν ναυτικήν τε καὶ πεζήν, Ἀθηναίων τε ἐκ καταλόγου καὶ τῶν ξυμμάχων. Καὶ ξυνάρχοντας αὐτῷ εἵλοντο Δημοσθένην τε τὸν Ἀλκισθένους καὶ Εὐρυμέδοντα τὸν Θουκλέους. (2) Καὶ τὸν μὲν Εὐρυμέδοντα εὐθὺς περὶ ἡλίου τροπὰς τὰς χειμερινὰς ἀποπέμπουσιν ἐς τὴν Σικελίαν μετὰ δέκα νεῶν, ἄγοντα εἴκοσι τάλαντα ἀργυρίου, καὶ ἅμα ἀγγελοῦντα τοῖς ἐκεῖ ὅτι ἥξει βοήθεια καὶ ἐπιμέλεια αὐτῶν ἔσται·

XVII. ὁ δὲ Δημοσθένης ὑπομένων παρεσκευάζετο τὸν ἔκπλουν ὡς ἅμα τῷ ἦρι ποιησόμενος, στρατιάν τε ἐπαγγέλλων ἐς τοὺς ξυμμάχους καὶ χρήματα αὐτόθεν

esse classiariæ multitudinis vigorem, paucosque nautas reperiri, qui et navem agere et remigium moderari norint. (2) Sed horum omnium incommodorum hoc est maximum, tum quod ego imperator hæc prohibere non possum (nam vestra ingenia non facile reguntur), tum etiam quod non habemus, unde navium supplementum parare possimus, id quod hosti multis ex locis facere licet, sed necesse est, et ea, quibus utimur adhuc, et ea, quæ absumuntur, ex illis esse, quæ huc venientes habuimus; quæ enim civitates nunc nobis sunt sociæ, Naxus et Catana, parum validæ sunt. (3) Quod si hoc unum præterea hostibus accesserit, ut Italiæ loca, quæ nos alunt, cognito rerum statu, in quo sumus, vobisque nullum auxilium ad nos mittentibus, se illis adjungant, profecto nobis obsidione expugnatis sine prœlio bellum ab ipsis confectum erit.

(4) « His autem ego jucundiora quidem scribere potuissem, non tamen utiliora, siquidem necesse est, vos manifeste cognoscere rerum harum statum, ut de iis consultetis. Simul etiam quia vestra ingenia probe nota habeo, qui jucundissima quidem audire vultis, sed imputatis, si quid postea vobis contigerit, quod jucunditati illi minus respondeat, tutius esse duxi, declarare, quod verum est.

XV. « Atque nunc hoc quidem persuasum habeatis, et milites vestros et duces se ita gessisse in iis rebus, quarum causa primum huc venimus, ut reprehendi nequeant; sed quia nunc et universa Sicilia conspirat, et alius exercitus ex Peloponneso ab iis exspectatur, decernite jam, hoc vobis persuadentes, eos qui hic adsunt, ne præsentibus quidem rebus pares esse, sed aut hos necesse esse revocare, aut alium et pedestrem et navalem exercitum non minorem præterea mittendum, et pecuniam non paucam, mihi vero successorem aliquem, quia ex renibus laborans permanere nequeo. (2) Meo autem jure postulo, ut veniam a vobis impetrem; etenim quum recte valebam, obeundis imperatoris muneribus sæpe de vobis bene sum meritus. Quicquid autem facturi estis, id ineunte statim vere, nec ulla procrastinatione utentes faciatis, quia hostes res quidem Siculas brevi comparabunt, quæ vero ex Peloponneso, tardius quidem, sed tamen, nisi animum advertatis, partim ut et ante, vos latebunt, partim prævertent.

XVI. Hæc igitur sunt, quæ Niciæ epistola declarabat; Athenienses vero, his auditis, ipsi quidem imperium non abrogarunt, sed donec alii collegæ delecti ad eum pervenirent, duos eorum, qui illic apud eum erant, Menandrum et Euthydemum, delectos ei adjunxerunt, ne solus in valetudine infirma vexaretur; exercitum vero alium præterea censuere mittendum et nauticarum et pedestrium copiarum tam ex Atheniensium propriis militibus, quam ex sociis. Et Demosthenem Alcisthenis, Eurymedontem Thuclis filium collegas delectos ei miserunt. (2) Atque Eurymedontem quidem statim circa hibernum solstitium in Siciliam miserunt cum decem navibus et viginti argenti talentis, simul etiam ut iis, qui illic erant, auxilium venturum, ipsosque civitati curæ futuros nuntiaret;

XVII. Demosthenes vero remanens adhuc adornabat profectionem, ut primo statim vere discederet, milites imperans sociis, et pecunias illinc et naves et gravis armaturæ

καὶ ναῦς καὶ ὁπλίτας ἑτοιμάζων. (2) Πέμπουσι δὲ καὶ περὶ τὴν Πελοπόννησον οἱ Ἀθηναῖοι εἴκοσι ναῦς, ὅπως φυλάσσοιεν μηδένα ἀπὸ Κορίνθου καὶ τῆς Πελοποννήσου ἐς τὴν Σικελίαν περαιοῦσθαι. (3) Οἱ γὰρ Κορίνθιοι, ὡς αὐτοῖς οἱ πρέσβεις ἧκον καὶ τὰ ἐν τῇ Σικελίᾳ βελτίω ἤγγελλον, νομίσαντες οὐκ ἄκαιρον καὶ τὴν προτέραν πέμψιν τῶν νεῶν ποιήσασθαι, πολλῷ μᾶλλον ἐπέρρωντο, καὶ ἐν ὁλκάσι παρεσκευάζοντο αὐτοί τε ἀποστελοῦντες ὁπλίτας ἐς τὴν Σικελίαν, καὶ ἐκ τῆς ἄλλης Πελοποννήσου οἱ Λακεδαιμόνιοι τῷ αὐτῷ τρόπῳ πέμψοντες. (4) Ναῦς τε οἱ Κορίνθιοι πέντε καὶ εἴκοσιν ἐπλήρουν, ὅπως ναυμαχίας τε ἀποπειράσωσι πρὸς τὴν ἐν τῷ Ναυπάκτῳ φυλακήν, καὶ τὰς ὁλκάδας αὐτῶν ἧσσον οἱ ἐν τῷ Ναυπάκτῳ Ἀθηναῖοι κωλύοιεν ἀπαίρειν, πρὸς τὴν σφετέραν ἀντίταξιν τῶν τριήρων τὴν φυλακὴν ποιούμενοι.

XVIII. Παρεσκευάζοντο δὲ καὶ τὴν ἐς τὴν Ἀττικὴν ἐσβολὴν οἱ Λακεδαιμόνιοι, ὥσπερ τε προεδέδοκτο αὐτοῖς, καὶ τῶν Συρακοσίων καὶ Κορινθίων ἐναγόντων, ἐπειδὴ ἐπυνθάνοντο τὴν ἀπὸ τῶν Ἀθηναίων βοήθειαν ἐς τὴν Σικελίαν, ὅπως δὴ ἐσβολῆς γενομένης διακωλυθῇ. Καὶ ὁ Ἀλκιβιάδης προσκείμενος ἐδίδασκε τὴν Δεκέλειαν τειχίζειν καὶ μὴ ἀνιέναι τὸν πόλεμον. (2) Μάλιστα δὲ τοῖς Λακεδαιμονίοις ἐγεγένητό τις ῥώμη, διότι τοὺς Ἀθηναίους ἐνόμιζον διπλοῦν τὸν πόλεμον ἔχοντας, πρός τε σφᾶς καὶ Σικελιώτας, εὐκαθαιρετωτέρους ἔσεσθαι, καὶ ὅτι τὰς σπονδὰς προτέρους λελυκέναι ἡγοῦντο αὐτούς· ἐν γὰρ τῷ προτέρῳ πολέμῳ σφέτερον τὸ παρανόμημα μᾶλλον γενέσθαι, ὅτι τε ἐς Πλάταιαν ἧλθον Θηβαῖοι ἐν σπονδαῖς, καὶ εἰρημένον ἐν ταῖς πρότερον ξυνθήκαις ὅπλα μὴ ἐπιφέρειν ἢν δίκας ἐθέλωσι διδόναι, αὐτοὶ οὐχ ὑπήκουον ἐς δίκας προκαλουμένων τῶν Ἀθηναίων. Καὶ διὰ τοῦτο εἰκότως δυστυχεῖν τε ἐνόμιζον, καὶ ἐνεθυμοῦντο τήν τε περὶ Πύλον ξυμφορὰν καὶ εἴ τις ἄλλη αὐτοῖς ἐγένοιτο. (3) Ἐπειδὴ δὲ οἱ Ἀθηναῖοι ταῖς τριάκοντα ναυσὶν ἐξ Ἄργους ὁρμώμενοι Ἐπιδαύρου τέ τι καὶ Πρασιῶν καὶ ἄλλα ἐδῄωσαν καὶ ἐκ Πύλου ἅμα ἐλῄστευον, καὶ ὁσάκις περὶ του διαφοραὶ γένοιντο τῶν κατὰ τὰς σπονδὰς ἀμφισβητουμένων, ἐς δίκας προκαλουμένων τῶν Λακεδαιμονίων οὐκ ἤθελον ἐπιτρέπειν, τότε δὴ οἱ Λακεδαιμόνιοι νομίσαντες τὸ παρανόμημα, ὅπερ καὶ σφίσι πρότερον ἡμάρτητο, αὖθις ἐς τοὺς Ἀθηναίους τὸ αὐτὸ περιεστάναι, πρόθυμοι ἦσαν ἐς τὸν πόλεμον. (4) Καὶ ἐν τῷ χειμῶνι τούτῳ σίδηρόν τε περιήγγελλον κατὰ τοὺς ξυμμάχους καὶ τἆλλα ἐργαλεῖα ἡτοίμαζον ἐς τὸν ἐπιτειχισμόν, καὶ τοῖς ἐν τῇ Σικελίᾳ ἅμα ὡς ἀποπέμψοντες ἐν ταῖς ὁλκάσιν ἐπικουρίαν αὐτοί τε ἐπόριζον καὶ τοὺς ἄλλους Πελοποννησίους προσηνάγκαζον. Καὶ χειμὼν ἐτελεύτα, καὶ ὄγδοον καὶ δέκατον ἔτος τῷ πολέμῳ ἐτελεύτα τῷδε ὃν Θουκυδίδης ξυνέγραψεν.

XIX. Τοῦ δ' ἐπιγιγνομένου ἦρος εὐθὺς ἀρχομένου πρῳαίτατα δὴ οἱ Λακεδαιμόνιοι καὶ οἱ ξύμμαχοι ἐς τὴν Ἀττικὴν ἐσέβαλον· ἡγεῖτο δὲ Ἆγις ὁ Ἀρχιδάμου Λα-

milites comparans. (2) Mittunt autem Athenienses etiam circa Peloponnesum viginti naves, ut observarent, ne quis e Corintho et ex Peloponneso trajiceret in Siciliam. (3) Nam Corinthii, postquam legati ad eos venerunt, et res in Sicilia meliore conditione esse nunciaverunt, existimantes, et priorem classem non intempestive a se missam esse, multo magis animo confirmabantur, et quum ipsi gravis armaturæ milites in onerariis navibus in Siciliam mittere parabant, tum etiam Lacedæmonii eodem modo ex cetera Peloponneso. (4) Et Corinthii viginti quinque naves instruxerunt, ut pugnam navalem experirentur adversus speculatorias illas, quæ stabant ad Naupactum, utque Athenienses, qui Naupacti erant, onerariarum ipsorum navium profectionem minus impedirent, si id modo agerent, ut hostilem triremium Corinthiarum aciem observarent.

XVIII. Apparabant vero etiam expeditionem in Atticam Lacedæmonii, ut et ante placuerat iis, et Syracusanorum atque Corinthiorum instinctu, postquam audierunt, auxilium ab Atheniensibus in Siciliam mitti, ut irruptione facta impediretur. Et Alcibiades instabat, docens Deceleam muniendam esse nec bellum remittendum. (2) Præcipue vero quoddam animi robur Lacedæmoniis ex eo accesserat, quod existimabant, Athenienses, dum duplex bellum gererent, contra se et Sicilienses, a se facilius debellatum iri, et quod eos fœdera priores fregisse ducebant; nam in superiore bello suum potius peccatum fuisse, quod Thebani fœderum tempore Platæam invasissent, et, quum in prioribus pactionibus cautum esset, ne arma inferrentur, si judicium subire vellent, ipsi ad judicium ab Atheniensibus provocati venire noluissent. Et propterea se merito adversa fortuna usos existimabant et quum illam cladem, quam ad Pylum acceperant, tum etiam, si qua alia iis contigerat, animo volutantes religioni vertebant. (3) At postquam Athenienses cum triginta navibus Argis profecti agri Epidaurii partem et Prasiarum et alia loca vastarunt, et simul etiam Pylo prodeuntes latrocinia exercebant, et quoties orta esset controversia de aliqua conditionum, quæ in fœderibus erant dubiæ, ad judicium a Lacedæmoniis provocati rem eis permittere nolebant, tunc vero Lacedæmonii, existimantes, peccatum illud, quod ipsi quoque prius commisissent, idem in Athenienses recidisse, ad bellum animis erant propensi. (4) Atque nuntiis ad socios hac hieme circummissis ferrum imperabant, et cetera instrumenta ad murorum exstructionem præparabant, et simul etiam et ipsi parabant et ceteros Peloponnesios adigebant, ut illis, qui erant in Sicilia, auxilium in onerariis navibus mitterent. Atque hæc hiems finiebatur, et hujus belli, quod Thucydides conscripsit, duodevigesimus annus finiebatur.

XIX. Veris autem insequentis statim initio maturrime Lacedæmonii sociique irruptionem in Atticam fecerunt; præerat vero Agis, Archidami filius, Lacedæmoniorum

κεδαιμονίων βασιλεύς. Καὶ πρῶτον μὲν τῆς χώρας τὰ περὶ τὸ πεδίον ἐδῄωσαν, ἔπειτα Δεκέλειαν ἐτείχιζον, κατὰ πόλεις διελόμενοι τὸ ἔργον. (2) Ἀπέχει δὲ ἡ Δεκέλεια σταδίους μάλιστα τῆς τῶν Ἀθηναίων πόλεως εἴκοσι καὶ ἑκατόν, παραπλήσιον δὲ καὶ οὐ πολλῷ πλέον καὶ ἀπὸ τῆς Βοιωτίας. Ἐπὶ δὲ τῷ πεδίῳ καὶ τῆς χώρας τοῖς κρατίστοις ἐς τὸ κακουργεῖν ᾠκοδομεῖτο τὸ τεῖχος, ἐπιφανὲς μέχρι τῆς τῶν Ἀθηναίων πόλεως. (3) Καὶ οἱ μὲν ἐν τῇ Ἀττικῇ Πελοποννήσιοι καὶ οἱ ξύμμαχοι ἐτείχιζον, οἱ δ' ἐν τῇ Πελοποννήσῳ ἀπέστελλον περὶ τὸν αὐτὸν χρόνον ταῖς ὁλκάσι τοὺς ὁπλίτας ἐς τὴν Σικελίαν, Λακεδαιμόνιοι μὲν τῶν τε Εἱλώτων ἐπιλεξάμενοι τοὺς βελτίστους καὶ τῶν νεοδαμωδῶν, ξυναμφοτέρων ἐς ἑξακοσίους ὁπλίτας, καὶ Ἔκκριτον Σπαρτιάτην ἄρχοντα, Βοιωτοὶ δὲ τριακοσίους ὁπλίτας, ὧν ἦρχον Ξένων τε καὶ Νίκων Θηβαῖοι καὶ Ἡγήσανδρος Θεσπιεύς. (4) Οὗτοι μὲν οὖν ἐν τοῖς πρῶτοι ὁρμήσαντες ἀπὸ τοῦ Ταινάρου τῆς Λακωνικῆς ἐς τὸ πέλαγος ἀφῆκαν· μετὰ δὲ τούτους Κορίνθιοι οὐ πολλῷ ὕστερον πεντακοσίους ὁπλίτας, τοὺς μὲν ἐξ αὐτῆς Κορίνθου, τοὺς δὲ προσμισθωσάμενοι Ἀρκάδων, καὶ ἄρχοντα Ἀλέξαρχον Κορίνθιον προστάξαντες ἀπέπεμψαν. Ἀπέστειλαν δὲ καὶ Σικυώνιοι διακοσίους ὁπλίτας ὁμοῦ τοῖς Κορινθίοις, ὧν ἦρχε Σαργεὺς Σικυώνιος. (5) Αἱ δὲ πέντε καὶ εἴκοσι νῆες τῶν Κορινθίων αἱ τοῦ χειμῶνος πληρωθεῖσαι ἀνθώρμουν ταῖς ἐν τῇ Ναυπάκτῳ εἴκοσιν Ἀττικαῖς, ἕωσπερ αὐτοῖς οὗτοι οἱ ὁπλῖται ταῖς ὁλκάσιν ἀπὸ τῆς Πελοποννήσου ἀπῆραν· οὗπερ ἕνεκα καὶ τὸ πρῶτον ἐπληρώθησαν, ὅπως μὴ οἱ Ἀθηναῖοι πρὸς τὰς ὁλκάδας μᾶλλον ἢ πρὸς τὰς τριήρεις τὸν νοῦν ἔχωσιν.

XX. Ἐν δὲ τούτῳ καὶ οἱ Ἀθηναῖοι ἅμα τῆς Δεκελείας τῷ τειχισμῷ καὶ τοῦ ἦρος εὐθὺς ἀρχομένου περί τε Πελοπόννησον ναῦς τριάκοντα ἔστειλαν καὶ Χαρικλέα τὸν Ἀπολλοδώρου ἄρχοντα, ᾧ εἴρητο καὶ ἐς Ἄργος ἀφικομένῳ κατὰ τὸ ξυμμαχικὸν παρακαλεῖν Ἀργείων τε ὁπλίτας ἐπὶ τὰς ναῦς, (2) καὶ τὸν Δημοσθένην ἐς τὴν Σικελίαν, ὥσπερ ἔμελλον, ἀπέστελλον ἑξήκοντα μὲν ναυσὶν Ἀθηναίων καὶ πέντε Χίαις, ὁπλίταις δὲ ἐκ καταλόγου Ἀθηναίων διακοσίοις καὶ χιλίοις, καὶ νησιωτῶν ὅσοις ἑκασταχόθεν οἷόν τ' ἦν πλείστοις χρήσασθαι, καὶ ἐκ τῶν ἄλλων ξυμμάχων τῶν ὑπηκόων, εἴ ποθέν τι εἶχον ἐπιτήδειον ἐς τὸν πόλεμον, ξυμπορίσαντες. Εἴρητο δ' αὐτῷ πρῶτον μετὰ τοῦ Χαρικλέους ἅμα περιπλέοντα ξυστρατεύεσθαι περὶ τὴν Λακωνικήν. (3) Καὶ ὁ μὲν Δημοσθένης ἐς τὴν Αἴγιναν πλεύσας τοῦ στρατεύματός τε εἴ τι ὑπελείπετο περιέμενε, καὶ τὸν Χαρικλέα τοὺς Ἀργείους παραλαβεῖν.

XXI. Ἐν δὲ τῇ Σικελίᾳ ὑπὸ τοὺς αὐτοὺς χρόνους τούτου τοῦ ἦρος καὶ ὁ Γύλιππος ἧκεν ἐς τὰς Συρακούσας, ἄγων ἀπὸ τῶν πόλεων ὧν ἔπεισε στρατιὰν ὅσην ἑκασταχόθεν πλείστην ἐδύνατο. (2) Καὶ ξυγκαλέσας τοὺς Συρακοσίους ἔφη χρῆναι πληροῦν ναῦς ὡς δύνανται πλείστας καὶ ναυμαχίας ἀπόπειραν λαμβάνειν·

rex. Ac primo quidem agri planitiem circumjacentem vastarunt, deinde vero Deceleam munire cœperunt, opere inter civitates partito. (2) Abest autem Decelea ab Athenis circiter centum ac viginti stadiis, tantumdem vero etiam, nec multo plus a Bœotia. Hæc autem munitio Athenas usque conspicua contra planitiem et regionis partes optimas ad maleficia exercenda exstruebatur. (3) Atque Peloponnesii quidem ac socii, qui in Attica erant, hanc munitionem exstruebant; qui vero in Peloponneso erant, mittebant circa idem tempus navibus onerariis gravis armaturæ milites in Siciliam, quum Lacedæmonii quidem præstantissimos servorum ac libertorum in civitatem nuper adscriptorum ex utrisque promisce sexcentos gravis armaturæ milites delegissent et Eccritum ducem Spartanum, Bœoti vero trecentos gravis armaturæ milites, quibus præerant Xeno et Nico Thebani et Hegesander Thespiensis. (4) Isti igitur primi fere a Tænaro Laconiæ profecti in altum vela fecerunt; post hos autem Corinthii non multo post miserunt quingentos gravis armaturæ milites, alios quidem ex ipsa Corintho, alios præterea ex Arcadibus mercede conductos, et Alexarchum Corinthium, quem iis ducem præfecerant. Miserunt vero Sicyonii quoque cum Corinthiis ducentos gravis armaturæ milites, quibus præerat Sargeus Sicyonius. (5) Illæ autem quinque et viginti Corinthiorum naves, quæ per hiemem instructæ erant, e regione viginti Atticarum navium, quæ ad Naupactum stabant, in statione erant, donec isti gravis armaturæ milites navibus onerariis ex Peloponneso profecti essent; cujus etiam rei causa et initio erant instructæ, ne Athenienses ad onerarias naves potius, quam ad triremes animum adverterent.

XX. Interea vero, dum Decelea munitur, veris initio statim et Athenienses circa Peloponnesum triginta naves, duce Charicle, Apollodori filio, miserunt, cui mandatum erat, ut et Argos profectus ex jure societatis Argivos ad naves militibus armatis explendas advocaret, (2) et Demosthenem, quemadmodum statuerant, in Siciliam mittebant cum sexaginta navibus Atheniensium et quinque Chiorum, quæ mille et ducentos proprios Atheniensium milites gravis armaturæ ferebant, et ex insularum incolis quam potuerant undique plurimos contrahere, et ex aliis suæ ditionis sociis, sicunde aliquid ad rem militarem idoneum contrahere potuerant. Ipsi autem præceptum erat, ut primum copiis cum Chariclis exercitu conjunctis simul oram Laconicam circumvectus infestaret. (3) Et Demosthenes quidem, in Æginam profectus, ibi suarum copiarum reliquias, si quæ erant, et Chariclem, donec Argivos assumpsisset, opperiebatur.

XXI. In Sicilia vero sub eadem hujus veris tempora et Gylippus Syracusas redierat adducens ex civitatibus, quibus persuaserat, exercitum quantum maximum undique potuerat. (2) Et convocatis Syracusanis dixit, quam plurimas possent naves armandas esse, pugnæque navalis periculum faciendum; se enim sperare, si hoc temptarent, in hoc

ἐλπίζειν γὰρ ἀπ' αὐτοῦ τι ἔργον ἄξιον τοῦ κινδύνου ἐς τὸν πόλεμον κατεργάσασθαι. (3) Ξυνέπειθε δὲ καὶ ὁ Ἑρμοκράτης οὐχ ἥκιστα τοῦ ταῖς ναυσὶ μὴ ἀθυμεῖν ἐπιχειρήσειν πρὸς τοὺς Ἀθηναίους, λέγων οὐδ' ἐκείνους πάτριον τὴν ἐμπειρίαν οὐδ' ἀΐδιον τῆς θαλάσσης ἔχειν, ἀλλ' ἠπειρώτας μᾶλλον τῶν Συρακοσίων ὄντας καὶ ἀναγκασθέντας ὑπὸ Μήδων ναυτικοὺς γενέσθαι. Καὶ πρὸς ἄνδρας τολμηρούς, οἵους καὶ Ἀθηναίους, τοὺς ἀντιτολμῶντας ναυτικοὺς χαλεπωτάτους [ἂν] αὐτοῖς φαίνεσθαι· ᾧ γὰρ ἐκεῖνοι τοὺς πέλας, οὐ δυνάμει ἔστιν ὅτε προύχοντες, τῷ δὲ θράσει ἐπιχειροῦντες καταφοβοῦσιν, καὶ σφᾶς ἂν τὸ αὐτὸ ὁμοίως τοῖς ἐναντίοις ὑποσχεῖν. (4) Καὶ Συρακοσίους εὖ εἰδέναι ἔφη τῷ τολμῆσαι ἀπροσδοκήτως πρὸς τὸ Ἀθηναίων ναυτικὸν ἀντιστῆναι πλέον τι διὰ τὸ τοιοῦτον ἐκπλαγέντων αὐτῶν περιγενησομένους ἢ Ἀθηναίους τῇ ἐπιστήμῃ τὴν Συρακοσίων ἀπειρίαν βλάψοντας. Ἰέναι οὖν ἐκέλευεν ἐς τὴν πεῖραν τοῦ ναυτικοῦ καὶ μὴ ἀποκνεῖν. (5) Καὶ οἱ μὲν Συρακόσιοι, τοῦ τε Γυλίππου καὶ Ἑρμοκράτους καὶ εἴ του ἄλλου πειθόντων, ὥρμηντό τε ἐς τὴν ναυμαχίαν καὶ τὰς ναῦς ἐπλήρουν·

XXII. ὁ δὲ Γύλιππος ἐπειδὴ παρεσκευάσατο τὸ ναυτικόν, ἀγαγὼν ὑπὸ νύκτα πᾶσαν τὴν στρατιὰν τὴν πεζὴν αὐτὸς μὲν τοῖς ἐν τῷ Πλημμυρίῳ τείχεσι κατὰ γῆν ἔμελλε προσβαλεῖν, αἱ δὲ τριήρεις τῶν Συρακοσίων ἅμα καὶ ἀπὸ ξυνθήματος πέντε μὲν καὶ τριάκοντα ἐκ τοῦ μεγάλου λιμένος ἐπέπλεον, αἱ δὲ πέντε καὶ τεσσαράκοντα ἐκ τοῦ ἐλάσσονος, οὗ ἦν καὶ τὸ νεώριον αὐτοῖς, περιέπλεον βουλόμενοι πρὸς τὰς ἐντὸς προσμῖξαι καὶ ἅμα ἐπιπλεῖν τῷ Πλημμυρίῳ, ὅπως οἱ Ἀθηναῖοι ἀμφοτέρωθεν θορυβῶνται. (2) Οἱ δ' Ἀθηναῖοι διὰ τάχους ἀντιπληρώσαντες ἑξήκοντα ναῦς ταῖς μὲν πέντε καὶ εἴκοσι πρὸς τὰς πέντε καὶ τριάκοντα τῶν Συρακοσίων τὰς ἐν τῷ μεγάλῳ λιμένι ἐναυμάχουν, ταῖς δ' ἐπιλοίποις ἀπήντων ἐπὶ τὰς ἐκ τοῦ νεωρίου περιπλεούσας. Καὶ εὐθὺς πρὸ τοῦ στόματος τοῦ μεγάλου λιμένος ἐναυμάχουν, καὶ ἀντεῖχον ἀλλήλοις ἐπὶ πολύ, οἱ μὲν βιάσασθαι βουλόμενοι τὸν ἔσπλουν, οἱ δὲ κωλύειν.

XXIII. Ἐν τούτῳ δ' ὁ Γύλιππος τῶν ἐν τῷ Πλημμυρίῳ Ἀθηναίων πρὸς τὴν θάλασσαν ἐπικαταβάντων καὶ τῇ ναυμαχίᾳ τὴν γνώμην προσεχόντων φθάνει προσπεσὼν ἅμα τῇ ἕῳ αἰφνιδίως τοῖς τείχεσιν, καὶ αἱρεῖ τὸ μέγιστον πρῶτον, ἔπειτα δὲ καὶ τὰ ἐλάσσω δύο, οὐχ ὑπομεινάντων τῶν φυλάκων, ὡς εἶδον τὸ μέγιστον ῥᾳδίως ληφθέν. (2) Καὶ ἐκ μὲν τοῦ πρώτου ἁλόντος χαλεπῶς οἱ ἄνθρωποι, ὅσοι καὶ ἐς τὰ πλοῖα καὶ ὁλκάδα τινὰ κατέφυγον, ἐς τὸ στρατόπεδον ἐξεκομίζοντο· τῶν γὰρ Συρακοσίων ταῖς ἐν τῷ μεγάλῳ λιμένι ναυσὶ κρατούντων τῇ ναυμαχίᾳ ὑπὸ τριήρους μιᾶς καὶ εὖ πλεούσης ἐπεδιώκοντο· ἐπειδὴ δὲ τὰ δύο τειχίσματα ἡλίσκετο, ἐν τούτῳ καὶ οἱ Συρακόσιοι ἐτύγχανον ἤδη νικώμενοι καὶ οἱ ἐξ αὐτῶν φεύγοντες ῥᾷον παρέπλευσαν. (3) Αἱ γὰρ τῶν Συρακοσίων αἱ πρὸ τοῦ στόματος νῆες ναυμα-

bello facinus aliquod periculo dignum edituros. (3) Una vero etiam Hermocrates potissimum hortabatur, ne res navales adversus Athenienses aggredi dubitarent, dicens, ne illos quidem hanc rerum nauticarum peritiam hæreditariam aut perpetuam habere, sed mediterraneos esse magis, quam Syracusanos, et a Medis coactos rebus nauticis operam dare cœpisse. Atque adversus viros audaces, quales et Athenienses essent, eos haud dubie, qui parem audaciam exhiberent, accidere gravissimos; qua enim ratione illi aliis, quum quidem aliquando potentia non præstent, sed animi fiducia impetum faciant, terrorem injicere soleant, ita se quoque posse idem pariter auxilium adversus adversarios adhibere. (4) Et illud se dicebat probe scire, Syracusanos, si Atheniensium classi ex insperato obviam ire auderent, propter hujusmodi facinus illis consternatis plus profecturos, quam Athenienses propter scientiam Syracusanorum imperitiæ obfuturos. Hortabatur igitur, ut rei nauticæ periculum facerent, nec eam reformidarent. (5) Atque Syracusani quidem quum et Gylippus et Hermocrates, et si quis alius eos incitarent, animos ad navale prœlium promptos habebant et naves instruebant;

XXII. Gylippus vero, postquam classis instructa erat, omnes pedestres copias sub noctem eduxit, et ipse quidem a terra munitiones in Plemyrio exstructas aggressurus erat, triremium vero Syracusanorum eodem tempore signo dato quinque quidem et triginta ex magno portu provehebantur, aliæ vero quinque et quadraginta ex minore, ubi etiam erant ipsorum navalia, circumvehebantur, eo consilio, ut se conjungerent cum illis navibus, quæ intus erant, et simul Plemyrium invaderent, ut Athenienses utrinque turbarentur. (2) Sed Athenienses celeriter instructis sexaginta navibus, cum quinque et viginti adversus illas quinque et triginta Syracusanorum naves pugnabant, quæ erant in magno portu, cum reliquis vero occurrebant iis, quæ ex navalibus circumvehebantur. Et statim ante magni portus ostium confligebant, et diu alteri alteros sustinebant, quum hi quidem in portum per vim ingredi conarentur, illi vero impedire.

XXIII. Interea vero quum Athenienses, qui erant in Plemyrio, ad mare descendissent, et animos ad pugnam navalem intentos haberent, Gylippus prima luce illorum munitiones repente invasit, ac primum quidem maximam cepit, deinde vero et duas minores; custodes enim, cum maximam facile captam animadvertissent, resistere non sunt ausi. (2) Atque ex prima quidem munitione, quæ capta erat, homines, quotquot et in navigia et in quamdam onerariam navem confugerant, ægre in sua castra se recipiebant; quum enim Syracusani cum suis navibus, quas in magno portu habebant, navali prœlio superiores essent, una illorum velox triremis eos insequebatur; postquam autem reliquæ duæ munitiones capiebantur, interea et Syracusani jam prœlio navali vincebantur, et qui ex munitionibus fugiebant, facilius prætervecti sunt. (3) Nam Syracusanorum naves, quæ

χοῦσαι βιασάμεναι τὰς τῶν Ἀθηναίων ναῦς οὐδενὶ κόσμῳ ἐσέπλεον, καὶ ταραχθεῖσαι περὶ ἀλλήλας παρέδοσαν τὴν νίκην τοῖς Ἀθηναίοις· ταύτας τε γὰρ ἔτρεψαν καὶ ὑφ' ὧν τὸ πρῶτον ἐνικῶντο ἐν τῷ λιμένι. (4) Καὶ ἕνδεκα μὲν ναῦς τῶν Συρακοσίων κατέδυσαν, καὶ τοὺς πολλοὺς τῶν ἀνθρώπων ἀπέκτειναν, πλὴν ὅσον ἐκ τριῶν νεῶν οὓς ἐζώγρησαν· τῶν δὲ σφετέρων τρεῖς νῆες διεφθάρησαν. Τὰ δὲ ναυάγια ἀνελκύσαντες τῶν Συρακοσίων, καὶ τροπαῖον ἐν τῷ νησιδίῳ στήσαντες τῷ πρὸ τοῦ Πλημυρίου, ἀνεχώρησαν ἐς τὸ ἑαυτῶν στρατόπεδον.

XXIV. Οἱ δὲ Συρακόσιοι κατὰ μὲν τὴν ναυμαχίαν οὕτως ἐπεπράγεσαν, τὰ δ' ἐν τῷ Πλημυρίῳ τείχη εἶχον, καὶ τροπαῖα ἔστησαν αὐτῶν τρία. Καὶ τὸ μὲν ἕτερον τοῖν δυοῖν τειχοῖν ὕστερον ληφθέντοιν κατέβαλον, τὰ δὲ δύο ἐπισκευάσαντες ἐφρούρουν. (2) Ἄνθρωποι δ' ἐν τῶν τειχῶν τῇ ἁλώσει ἀπέθανον καὶ ἐζωγρήθησαν πολλοί, καὶ χρήματα πολλὰ τὰ ξύμπαντα ἑάλω· ἅτε γὰρ ταμιείῳ χρωμένων τῶν Ἀθηναίων τοῖς τείχεσι πολλὰ μὲν ἐμπόρων χρήματα καὶ σῖτος ἐνῆν πολλὰ δὲ καὶ τριηράρχων, ἐπεὶ καὶ ἱστία τεσσαράκοντα τριήρων καὶ τἆλλα σκεύη ἐγκατελήφθη καὶ τριήρεις ἀνειλκυσμέναι τρεῖς. (3) Μέγιστον δὲ καὶ ἐν τοῖς πρῶτον ἐκάκωσε τὸ στράτευμα τὸ τῶν Ἀθηναίων ἡ τοῦ Πλημυρίου λῆψις· οὐ γὰρ ἔτι οὐδ' οἱ ἔσπλοι ἀσφαλεῖς ἦσαν τῆς ἐπαγωγῆς τῶν ἐπιτηδείων (οἱ γὰρ Συρακόσιοι ναυσὶν αὐτόθι ἐφορμοῦντες ἐκώλυον, καὶ διὰ μάχης ἤδη ἐγίγνοντο αἱ ἐσκομιδαί), ἔς τε τἆλλα κατάπληξιν παρέσχε καὶ ἀθυμίαν τῷ στρατεύματι.

XXV. Μετὰ δὲ τοῦτο ναῦς τε ἐκπέμπουσι δώδεκα οἱ Συρακόσιοι καὶ Ἀγάθαρχον ἐπ' αὐτῶν Συρακόσιον ἄρχοντα· Καὶ αὐτῶν μία μὲν ἐς Πελοπόννησον ᾤχετο, πρέσβεις ἄγουσα οἵπερ τά τε σφέτερα φράσωσιν ὅτι ἐν ἐλπίσιν εἰσὶ καὶ τὸν ἐκεῖ πόλεμον ἔτι μᾶλλον ἐποτρύνωσι γίγνεσθαι· αἱ δ' ἕνδεκα νῆες πρὸς τὴν Ἰταλίαν ἔπλευσαν, πυνθανόμεναι πλοῖα τοῖς Ἀθηναίοις γέμοντα χρημάτων προσπλεῖν. (2) Καὶ τῶν τε πλοίων ἐπιτυχοῦσαι τὰ πολλὰ διέφθειραν καὶ ξύλα ναυπηγήσιμα ἐν τῇ Καυλωνιάτιδι κατέκαυσαν, ἃ τοῖς Ἀθηναίοις ἑτοῖμα ἦν. (3) Ἔς τε Λοκροὺς μετὰ ταῦτα ἦλθον, καὶ ὁρμουσῶν αὐτῶν κατέπλευσε μία τῶν ὁλκάδων τῶν ἀπὸ Πελοποννήσου ἄγουσα Θεσπιέων ὁπλίτας· (4) καὶ ἀναλαβόντες αὐτοὺς οἱ Συρακόσιοι ἐπὶ τὰς ναῦς παρέπλεον ἐπ' οἴκου. Φυλάξαντες δ' αὐτοὺς οἱ Ἀθηναῖοι εἴκοσι ναυσὶ πρὸς τοῖς Μεγάροις μίαν μὲν ναῦν λαμβάνουσιν αὐτοῖς ἀνδράσιν, τὰς δ' ἄλλας οὐκ ἐδυνήθησαν, ἀλλ' ἀποφεύγουσιν ἐς τὰς Συρακούσας.

(5) Ἐγένετο δὲ καὶ περὶ τῶν σταυρῶν ἀκροβολισμὸς ἐν τῷ λιμένι, οὓς οἱ Συρακόσιοι πρὸ τῶν παλαιῶν νεωσοίκων κατέπηξαν ἐν τῇ θαλάσσῃ, ὅπως αὐτοῖς αἱ νῆες ἐντὸς ὁρμοῖεν καὶ οἱ Ἀθηναῖοι ἐπιπλέοντες μὴ βλάπτοιεν ἐμβάλλοντες. (6) Προσαγαγόντες γὰρ ναῦν μυριοφόρον αὐτοῖς οἱ Ἀθηναῖοι, πύργους τε ξυλίνους ἔχουσαν καὶ παραφράγματα, ἔκ τε τῶν ἀκάτων ὤνευον

ante portus ostium pugnabant, quum Atheniensium naves per vim loco pepulissent, nullo ordine intro navigabant, et per confusionem inter se collisae victoriam Atheniensibus praebuerunt; nam et has in fugam verterunt, et illas, a quibus initio in ipso portu superabantur. (4) Atque undecim quidem Syracusanorum naves depresserunt, et majorem hominum partem interfecerunt, exceptis illis, qui erant in tribus navibus, quos vivos ceperunt; ipsorum vero tres naves profligatae sunt. Quum autem Syracusanorum naufragia subduxissent, et tropaeum erexissent in parva insula ante Plemyrium sita, in sua castra redierunt.

XXIV. Atque Syracusani in navali quidem proelio ita rem gesserant, munitiones autem in Plemyrio sitas obtinebant, et tria de iis tropaea statuerunt. Atque alteram quidem e duabus munitionibus posterius captis diruerunt, duas vero refecerunt, et imposito praesidio tuebantur. (2) Homines autem in hac istarum munitionum expugnatione multi perierunt vivique capti sunt, praeterea et res universae, quae multae erant, captae sunt; quum enim Athenienses his munitionibus ut aerario uterentur, multae quidem negotiatorum res et frumentum inerat, multae etiam trierarcharum, siquidem et quadraginta triremium vela, et cetera instrumenta illic deprehensa sunt, et tres triremes subductae. (3) Maxime autem et vel praecipue haec Plemyrii expugnatio Atheniensium copias afflixit; jam enim nec commeatus in castra tuto amplius importari poterant (nam Syracusani, qui cum suis navibus illic stationem habebant, prohibebant, jamque importabantur tantum proelio commisso), et ceteris etiam in rebus illa clades terrorem animique demissionem exercitui attulit.

XXV. Postea vero Syracusani naves duodecim cum Agatharcho Syracusano, earum praefecto, miserunt. Atque harum una quidem in Peloponnesum ivit, legatos vehens, qui rerum suarum statum, et spes de eo conceptas declararent, et ad bellum illic acrius administrandum incitarent; ceterae vero undecim naves Italiam versus navigarunt, quod audiebant, navigia pecunia onusta ad Athenienses cursum tenere. (2) Atque et haec navigia deprehenderunt eorumque pleraque corruperunt, et materiam ad aedificandas naves idoneam, quae Atheniensibus erat praeparata, in Cauloniatide concremarunt. (3) Et ad Locros postea iverunt, et quum illic in statione essent, una oneraria navis ex Peloponneso, Thespiensium gravis armaturae milites vehens, illuc appulit. (4) quibus Syracusani in suas naves receptis, domum redibant. Sed Athenienses, quum eos cum viginti navibus ad Megara observassent, unam quidem illorum navem cum ipsis viris interceperunt, ceteras vero capere non potuerunt, sed Syracusas elapsae sunt.

(5) Accidit autem etiam de vallis in portu leve certamen, quos Syracusani ante vetera navalia in mari defixerant, ut ipsorum naves intra hos stationem haberent, utque Athenienses, si contra navigarent, nocere non possent, quum in ipsos impressionem facerent. (6) Athenienses enim, quum ad hos vallos admovissent ingentem navem, quae decem millia urnarum ferre poterat, et ligneas turres habebat, et

ἀναδούμενοι τοὺς σταυροὺς καὶ ἀνέκλων καὶ κατακολυμβῶντες ἐξέπριον. Οἱ δὲ Συρακόσιοι ἀπὸ τῶν νεωσοίκων ἔβαλλον· οἱ δ᾽ ἐκ τῆς ὁλκάδος ἀντέβαλλον, καὶ τέλος τοὺς πολλοὺς τῶν σταυρῶν ἀνεῖλον οἱ Ἀθηναῖοι. (7) Χαλεπωτάτη δ᾽ ἦν τῆς σταυρώσεως ἡ κρύφιος· ἦσαν γὰρ τῶν σταυρῶν οὓς οὐχ ὑπερέχοντας τῆς θαλάσσης κατέπηξαν, ὥστε δεινὸν ἦν προσπλεῦσαι, μὴ οὐ προϊδών τις ὥσπερ περὶ ἕρμα περιβάλῃ τὴν ναῦν. Ἀλλὰ καὶ τούτους κολυμβηταὶ δυόμενοι ἐξέπριον μισθοῦ. Ὅμως δ᾽ αὖθις οἱ Συρακόσιοι ἐσταύρωσαν. (8) Πολλὰ δὲ καὶ ἄλλα πρὸς ἀλλήλους οἷον εἰκὸς τῶν στρατοπέδων ἐγγὺς ὄντων καὶ ἀντιτεταγμένων ἐμηχανῶντο, καὶ ἀκροβολισμοῖς καὶ πείραις παντοίαις ἐχρῶντο.

(9) Ἔπεμψαν δὲ καὶ ἐς τὰς πόλεις πρέσβεις οἱ Συρακόσιοι Κορινθίων καὶ Ἀμπρακιωτῶν καὶ Λακεδαιμονίων, ἀγγέλλοντας τήν τε τοῦ Πλημυρίου λῆψιν καὶ τῆς ναυμαχίας πέρι ὡς οὐ τῇ τῶν πολεμίων ἰσχύϊ μᾶλλον ἢ τῇ σφετέρᾳ ταραχῇ ἡσσηθεῖεν, τά τε ἄλλα αὖ δηλώσοντας ὅτι ἐν ἐλπίσιν εἰσί, καὶ ἀξιώσοντας ξυμβοηθεῖν ἐπ᾽ αὐτοὺς καὶ ναυσὶ καὶ πεζῷ ὡς καὶ τῶν Ἀθηναίων προσδοκίμων ὄντων ἄλλῃ στρατιᾷ, καὶ ἢν φθάσωσιν αὐτοὶ πρότερον διαφθείραντες τὸ παρὸν στράτευμα αὐτῶν, διαπεπολεμησόμενον. Καὶ οἱ μὲν ἐν τῇ Σικελίᾳ ταῦτ᾽ ἔπρασσον.

XXVI. Ὁ δὲ Δημοσθένης, ἐπεὶ ξυνελέγη αὐτῷ τὸ στράτευμα ὃ ἔδει ἔχοντα ἐς τὴν Σικελίαν βοηθεῖν, ἄρας ἐκ τῆς Αἰγίνης καὶ πλεύσας πρὸς τὴν Πελοπόννησον τῷ τε Χαρικλεῖ καὶ ταῖς τριάκοντα ναυσὶ τῶν Ἀθηναίων ξυμμίσγει, καὶ παραλαβόντες τῶν Ἀργείων ὁπλίτας ἐπὶ τὰς ναῦς ἔπλεον ἐς τὴν Λακωνικήν, (2) καὶ πρῶτον μὲν τῆς Ἐπιδαύρου τι τῆς Λιμηρᾶς ἐδῄωσαν, ἔπειτα σχόντες ἐς τὰ καταντικρὺ Κυθήρων τῆς Λακωνικῆς, ἔνθα τὸ ἱερὸν τοῦ Ἀπόλλωνός ἐστι, τῆς τε γῆς ἔστιν ἃ ἐδῄωσαν, καὶ ἐτείχισαν ἰσθμῶδές τι χωρίον, ἵνα δὴ οἵ τε Εἵλωτες τῶν Λακεδαιμονίων αὐτόσε αὐτομολῶσι καὶ ἅμα λῃσταὶ ἐξ αὐτοῦ ὥσπερ ἐκ τῆς Πύλου ἁρπαγὴν ποιῶνται. (3) Καὶ ὁ μὲν Δημοσθένης εὐθὺς ἐπειδὴ ξυγκατέλαβε τὸ χωρίον παρέπλει ἐπὶ τῆς Κερκύρας, ὅπως καὶ τῶν ἐκεῖθεν ξυμμάχων παραλαβὼν τὸν ἐς τὴν Σικελίαν πλοῦν ὅτι τάχιστα ποιῆται· ὁ δὲ Χαρικλῆς περιμείνας ἕως τὸ χωρίον ἐξετείχισε, καὶ καταλιπὼν φυλακὴν αὐτοῦ, ἀπεκομίζετο καὶ αὐτὸς ὕστερον ταῖς τριάκοντα ναυσὶν ἐπ᾽ οἴκου, καὶ οἱ Ἀργεῖοι ἅμα.

XXVII. Ἀφίκοντο δὲ καὶ Θρᾳκῶν τῶν μαχαιροφόρων τοῦ Διακοῦ γένους ἐς τὰς Ἀθήνας πελτασταὶ ἐν τῷ αὐτῷ θέρει τούτῳ τριακόσιοι καὶ χίλιοι, οὓς ἔδει τῷ Δημοσθένει ἐς τὴν Σικελίαν ξυμπλεῖν. (2) Οἱ δ᾽ Ἀθηναῖοι, ὡς ὕστερον ἧκον, διενοοῦντο αὐτοὺς πάλιν ὅθεν ἦλθον ἐς Θρᾴκην ἀποπέμπειν. Τὸ γὰρ ἔχειν πρὸς τὸν ἐκ τῆς Δεκελείας πόλεμον αὐτοὺς πολυτελὲς ἐφαίνετο· δραχμὴν γὰρ τῆς ἡμέρας ἕκαστος ἐλάμβανεν. (3) Ἐπειδὴ γὰρ ἡ Δεκέλεια τὸ μὲν πρῶτον ὑπὸ πάσης τῆς στρατιᾶς ἐν τῷ θέρει τούτῳ τειχισθεῖσα, ὕ-

pluteis munita erat, naviculis conscensis circumagebant hinc vallos sucula religatos et evellebant, et urinantes eos serra secabant. Syracusani vero ex navalibus illos missilibus petebant, illi vero vicissim ex oneraria navi tela jaciebant, et ad extremum Athenienses magnam vallorum partem evulserunt. (7) Sed omnium vallorum illi, qui occulti erant, maximum negotium facessebant; nam nonnullos supra aquam non eminentes defixerant, ut periculosum esset accedere, ne quis, re non prævisa, navem ut in scopulum impingeret. Sed hos quoque vallos urinatores mercede conducti aquam subeuntes, serra secabant. Syracusani tamen alios vallos rursus defixerunt. (8) Multas etiam alias nocendi rationes alteri adversus alteros excogitabant, ut inter vicinos exercitus et castra opposita habentes fieri consentaneum est, et levia prœlia committebant, et nihil intentatum relinquebant.

(9) Præterea Syracusani legatos ex Corinthiis et Ampraciotis et Lacedæmoniis delectos in Siciliæ civitates miserunt, ut nunciarent et Plemyrium captum, et de navali pugna, non tam hostium viribus, quam sua confusione se in ea superatos esse, et ut de ceteris etiam rebus declararent, se spem habere, eosque permoverent, ut conjunctis viribus ad se classe pariter ac peditatu auxilio adessent, quod et Athenienses cum aliis copiis exspectarentur, et si ipsi antea præsentem illorum exercitum profligarent, debellatum fore. Atque illi quidem, qui erant in Sicilia, hæc agebant.

XXVI. Demosthenes vero, postquam exercitum collegit, cum quo in Siciliam ad opem suis ferendam erat trajecturus, Ægina digressus in Peloponnesum navigavit, et cum Charicle et triginta Atheniensium navibus se conjunxit, et Argivorum militibus in naves assumptis, agrum Laconicum petebant; (2) ac primum quidem Epidauri Limeræ agrum in quadam parte vastarunt, deinde appulsi ad agri Laconici oram, quæ est e regione Cytherorum, ubi est Apollinis templum, nonnulla illius agri loca vastarunt, et quemdam locum isthmo similem muniverunt, ut et Lacedæmoniorum servitia illuc transfugerent, et inde latrones, ut ex Pylo, prædatum irent. (3) Atque Demosthenes quidem statim postquam eum locum conjuncta opera cepit, in Corcyram trajiciebat, ut assumptis illius quoque regionis sociis in Siciliam quam celerrime navigaret; Charicles vero remansit, donec locum munivisset, et præsidio illic relicto postea et ipse cum triginta navibus se domum recipiebat, et Argivi simul.

XXVII. Hac eadem æstate ex Thracibus etiam machærophoris, qui sunt ex Diaco genere, mille ac trecenti peltati Athenas venerunt, quos in Siciliam cum Demosthene navigare oportuerat. (2) Athenienses vero, quod serius venissent, eos in Thraciam, unde venerant, remittere cogitabant. Nam eos retinere illius belli causa, quod ex Decelea gerebatur, sumptuosum videbatur; singuli enim quotidie singulas drachmas accipiebant. (3) Decelea enim postquam primum quidem hac æstate ab universis copiis hostium munita, deinde vero præsidiis a civitatibus certo temporis or-

στερον δὲ φρουραῖς ἀπὸ τῶν πόλεων κατὰ διαδοχὴν χρόνου ἐπιούσαις τῇ χώρᾳ ἐπῳκεῖτο, πολλὰ ἔβλαπτε τοὺς Ἀθηναίους, καὶ ἔν τοῖς πρῶτον χρημάτων τ' ὀλέθρῳ καὶ ἀνθρώπων φθορᾷ ἐκάκωσε τὰ πράγματα. (4) Πρότερον μὲν γὰρ βραχεῖαι γιγνόμεναι αἱ ἐσβολαὶ τὸν ἄλλον χρόνον τῆς γῆς ἀπολαύειν οὐκ ἐκώλυον· τότε δὲ ξυνεχῶς ἐπικαθημένων, καὶ ὁτὲ μὲν καὶ πλεόνων ἐπιόντων, ὁτὲ δ' ἐξ ἀνάγκης τῆς ἴσης φρουρᾶς καταθεούσης τε τὴν χώραν καὶ λῃστείας ποιουμένης, βασιλέως τε παρόντος τοῦ τῶν Λακεδαιμονίων Ἄγιδος, ὃς οὐκ ἐκ παρέργου τὸν πόλεμον ἐποιεῖτο, μεγάλα οἱ Ἀθηναῖοι ἐβλάπτοντο. (5) Τῆς τε γὰρ χώρας ἁπάσης ἐστέρηντο, καὶ ἀνδραπόδων πλέον ἢ δύο μυριάδες ηὐτομολήκεσαν, καὶ τούτων τὸ πολὺ μέρος χειροτέχναι, πρόβατά τε πάντα ἀπωλώλει καὶ ὑποζύγια· ἵπποι τε, ὁσημέραι ἐξελαυνόντων τῶν ἱππέων πρός τε τὴν Δεκέλειαν καταδρομὰς ποιουμένων καὶ κατὰ τὴν χώραν φυλασσόντων, οἱ μὲν ἀπεχωλοῦντο ἐν γῇ ἀποκρότῳ τε καὶ ξυνεχῶς ταλαιπωροῦντες, οἱ δ' ἐτιτρώσκοντο.

XXVIII. Ἥ τε τῶν ἐπιτηδείων παρακομιδὴ ἐκ τῆς Εὐβοίας, πρότερον ἐκ τοῦ Ὠρωποῦ κατὰ γῆς διὰ τῆς Δεκελείας θᾶσσον οὖσα, περὶ Σούνιον κατὰ θάλασσαν πολυτελὴς ἐγίγνετο· τῶν τε πάντων ὁμοίως ἐπακτῶν ἐδεῖτο ἡ πόλις, καὶ ἀντὶ τοῦ πόλις εἶναι φρούριον κατέστη. (2) Πρὸς γὰρ τῇ ἐπάλξει τὴν μὲν ἡμέραν κατὰ διαδοχὴν οἱ Ἀθηναῖοι φυλάσσοντες, τὴν δὲ νύκτα καὶ ξύμπαντες πλὴν τῶν ἱππέων οἱ μὲν ἐφ' ὅπλοις ποιούμενοι οἱ δ' ἐπὶ τοῦ τείχους, καὶ θέρους καὶ χειμῶνος ἐταλαιπωροῦντο. (3) Μάλιστα δ' αὐτοὺς ἐπίεζεν ὅτι δύο πολέμους ἅμα εἶχον, καὶ ἐς φιλονεικίαν καθέστασαν τοιαύτην ἣν πρὶν γενέσθαι ἠπίστησεν ἄν τις ἀκούσας. Τὸ γὰρ αὐτοὺς πολιορκουμένους ἐπιτειχισμῷ ὑπὸ Πελοποννησίων μηδ' ὣς ἀποστῆναι ἐκ Σικελίας ἀλλ' ἐκεῖ Συρακούσας τῷ αὐτῷ τρόπῳ ἀντιπολιορκεῖν, πόλιν οὐδὲν ἐλάσσω αὐτήν γε καθ' αὑτὴν τῆς Ἀθηναίων, καὶ τὸν παράλογον τοσοῦτον ποιῆσαι τοῖς Ἕλλησι τῆς δυνάμεως καὶ τόλμης, ὅσον κατ' ἀρχὰς τοῦ πολέμου οἱ μὲν ἐνιαυτόν, οἱ δὲ δύο, οἱ δὲ τριῶν γε ἐτῶν οὐδεὶς πλείω χρόνον ἐνόμιζον περιοίσειν αὐτούς, εἰ οἱ Πελοποννήσιοι ἐσβάλοιεν ἐς τὴν χώραν, ὥστε ἔτει ἑπτακαιδεκάτῳ μετὰ τὴν πρώτην ἐσβολὴν ἦλθον ἐς Σικελίαν ἤδη τῷ πολέμῳ κατὰ πάντα τετρυχωμένοι, καὶ πόλεμον οὐδὲν ἐλάσσω προσανείλοντο τοῦ πρότερον ὑπάρχοντος ἐκ Πελοποννήσου. (4) Δι' ἃ καὶ τότε ὑπό τε τῆς Δεκελείας πολλὰ βλαπτούσης καὶ τῶν ἄλλων ἀναλωμάτων μεγάλων προσπιπτόντων ἀδύνατοι ἐγένοντο τοῖς χρήμασιν. Καὶ τὴν εἰκοστὴν ὑπὸ τοῦτον τὸν χρόνον τῶν κατὰ θάλασσαν ἀντὶ τοῦ φόρου τοῖς ὑπηκόοις ἐποίησαν, πλείω νομίζοντες ἂν σφίσι χρήματα οὕτω προσιέναι. Αἱ μὲν γὰρ δαπάναι οὐχ ὁμοίως καὶ πρὶν ἀλλὰ πολλῷ μείζους καθέστασαν, ὅσῳ καὶ μείζων ὁ πόλεμος ἦν· αἱ δὲ πρόσοδοι ἀπώλλυντο.

XXIX. Τοὺς οὖν Θρᾷκας τοὺς τῷ Δημοσθένει ὑστερήσαντας διὰ τὴν παροῦσαν ἀπορίαν τῶν χρημάτων

dine sibi succedentibus in ipsa regione obtinebatur, Athenienses magnis detrimentis afficiebat et in primis res illorum afflixit et pecuniarum jactura et hominum interitu. (4) Nam ante quidem irruptiones, quum non diuturnæ essent, non impediebant, quominus reliqua anni parte fructus ex agro suo perciperent; tunc vero, quum hostes continenter assiderent, et modo cum majoribus copiis eum invaderent, modo cogente pari necessitate præsidium regionem incursionibus infestaret, et prædas ageret, quumque Agis, Lacedæmoniorum rex, adesset, qui non negligenter bellum administrabat, Athenienses magnis detrimentis afficiebantur. (5) Nam et universo agro privati erant, et servitiorum amplius quam viginti millia ad hostes transierant, iique magnam partem opifices, et oves omnes amissæ erant et jumenta; et equi, quod equites quotidie tum ad Deceleam excursiones faciebant, tum regionem custodiebant, partim quidem claudi fiebant, quum et in aspero solo et assidue vexarentur, partim vero sauciabantur.

XXVIII. Et commeatus ex Eubœa subvectio quum prius ex Oropo itinere terrestri per Deceleam brevior esset, circa Sunium itinere maritimo magnis sumptibus fiebat, et necesse erat omnibus pariter rebus advecticiis civitas uteretur, et quæ prius urbs erat, tunc in castellum commutata est. (2) Athenienses enim, quod interdiu quidem excubias ad murorum pinnas per vices agerent, noctu vero et universi, præter equites, partim quidem in statione, ubi arma in promptu habebant, partim vero supra muros æstate pariter et hieme excubias agerent, laboribus conficiebantur. (3) Sed illud potissimum eos premebat, quod duo bella simul sustinebant, atque pervicaciam induebant talem, quam haud facile, antequam accidit, quisquam si audiret, credidisset. Nam eos a Peloponnesiis munitione circumsessos tamen ne sic quidem ex Sicilia decedere, sed illic eodem modo vicissim obsidere Syracusas, urbem ipsam per se Athenis non minorem, adeoque Græcorum opinionem fefellisse, quam hujus belli initio de ipsorum potentia et audacia conceperant, quando alii quidem annum, alii biennium, alii tribus certe annis nullo modo diutius eos bellum toleraturos putabant, si Peloponnesii irruptionem in ipsorum agrum fecissent, ut anno decimo septimo post primam irruptionem in Siciliam proficiscerentur, bello jam prorsus attriti, et alterum bellum præterea susciperent non levius priore, quod a Peloponnesiis instabat (id vero nemo credidisset.) (4) Propter quæ tunc etiam et detrimentis multis, quæ a Decelea accipiebant, et reliquis sumptibus, qui magni iis accidebant, ad maximam pecuniæ inopiam redacti sunt. Et per id tempus tributi loco vicesimam mercium, quæ mari vehebantur, populis imperio suo subjectis imperarunt, sperantes, se majorem pecuniæ vim hac ratione confecturos. Nam impensæ quidem, non quales ante, sed longe majores fiebant, quo etiam majus bellum existebat; reditus vero peribant.

XXIX. Thraces igitur, qui ad Demosthenem non satis mature venerant, propter præsentem inopiam pecuniæ,

οὗ βουλόμενοι δαπανᾶν εὐθὺς ἀπέπεμπον, προστάξαντες κομίσαι αὐτοὺς Διιτρέφει, καὶ εἰπόντες ἅμα ἐν τῷ παράπλῳ (ἐπορεύοντο γὰρ δι' Εὐρίπου) καὶ τοὺς πολεμίους, ἤν τι δύνηται, ἀπ' αὐτῶν βλάψαι. (2) Ὁ δὲ ἔς τε τὴν Τάναγραν ἀπεβίβασεν αὐτοὺς καὶ ἁρπαγήν τινα ἐποιήσατο διὰ τάχους, καὶ ἐκ Χαλκίδος τῆς Εὐβοίας ἀφ' ἑσπέρας διέπλευσε τὸν Εὔριπον καὶ ἀποβιβάσας ἐς τὴν Βοιωτίαν ἦγεν αὐτοὺς ἐπὶ Μυκαλησσόν. (3) Καὶ τὴν μὲν νύκτα λαθὼν πρὸς τῷ Ἑρμαίῳ ηὐλίσατο (ἀπέχει δὲ τῆς Μυκαλησσοῦ ἑκκαίδεκα μάλιστα σταδίους), ἅμα δὲ τῇ ἡμέρᾳ τῇ πόλει προσέκειτο οὔσῃ οὐ μεγάλῃ, καὶ αἱρεῖ ἀφυλάκτοις τε ἐπιπεσὼν καὶ ἀπροσδοκήτοις μὴ ἄν ποτέ τινα σφίσιν ἀπὸ θαλάσσης τοσοῦτον ἐπαναβάντα ἐπιθέσθαι, τοῦ τείχους ἀσθενοῦς ὄντος καὶ ἔστιν ᾗ καὶ πεπτωκότος, τοῦ δὲ βραχέος ᾠκοδομημένου, καὶ πυλῶν ἅμα διὰ τὴν ἄδειαν ἀνεῳγμένων. (4) Ἐσπεσόντες δὲ οἱ Θρᾷκες ἐς τὴν Μυκαλησσὸν τάς τε οἰκίας καὶ τὰ ἱερὰ ἐπόρθουν, καὶ τοὺς ἀνθρώπους ἐφόνευον φειδόμενοι οὔτε πρεσβυτέρας οὔτε νεωτέρας ἡλικίας, ἀλλὰ πάντας ἑξῆς, ὅτῳ ἐντύχοιεν, καὶ παῖδας καὶ γυναῖκας κτείνοντες, καὶ προσέτι καὶ ὑποζύγια καὶ ὅσα ἄλλα ἔμψυχα ἴδοιεν· τὸ γὰρ γένος τὸ τῶν Θρᾳκῶν ὁμοῖα τοῖς μάλιστα τοῦ βαρβαρικοῦ, ἐν ᾧ ἂν θαρσήσῃ, φονικώτατόν ἐστιν. (5) Καὶ τότε ἄλλη τε ταραχὴ οὐκ ὀλίγη καὶ ἰδέα πᾶσα καθεστήκει ὀλέθρου, καὶ ἐπιπεσόντες διδασκαλείῳ παίδων, ὅπερ μέγιστον ἦν αὐτόθι καὶ ἄρτι ἔτυχον οἱ παῖδες ἐσεληλυθότες, κατέκοψαν πάντας· καὶ ξυμφορὰ τῇ πόλει πάσῃ οὐδεμιᾶς ἥσσων μᾶλλον ἑτέρας ἀδόκητός τε ἐπέπεσεν αὕτη καὶ δεινή.

XXX. Οἱ δὲ Θηβαῖοι αἰσθόμενοι ἐβοήθουν, καὶ καταλαβόντες προκεχωρηκότας ἤδη τοὺς Θρᾷκας οὐ πολὺ τήν τε λείαν ἀφείλοντο καὶ αὐτοὺς φοβήσαντες καταδιώκουσιν ἐπὶ τὸν Εὔριπον καὶ τὴν θάλασσαν, οὗ αὐτοῖς τὰ πλοῖα ἃ ἤγαγεν ὥρμει. (2) Καὶ ἀποκτείνουσιν αὐτῶν ἐν τῇ ἐσβάσει τοὺς πλείστους, οὔτε ἐπισταμένους νεῖν, τῶν τε ἐν τοῖς πλοίοις, ὡς ἑώρων τὰ ἐν τῇ γῇ, ὁρμισάντων ἔξω τοῦ ζεύγματος τὰ πλοῖα, ἐπεὶ ἔν γε τῇ ἄλλῃ ἀναχωρήσει οὐκ ἀτόπως οἱ Θρᾷκες πρὸς τὸ τῶν Θηβαίων ἱππικόν, ὅπερ πρῶτον προσέκειτο, προεκθέοντές τε καὶ ξυστρεφόμενοι ἐν ἐπιχωρίῳ τάξει τὴν φυλακὴν ἐποιοῦντο, καὶ ὀλίγοι αὐτῶν ἐν τούτῳ διεφθάρησαν. Μέρος δέ τι καὶ ἐν τῇ πόλει αὐτῇ δι' ἁρπαγὴν ἐγκαταληφθὲν ἀπώλετο. Οἱ δὲ ξύμπαντες τῶν Θρᾳκῶν πεντήκοντα καὶ διακόσιοι ἀπὸ τριακοσίων καὶ χιλίων ἀπέθανον. (3) Διέφθειραν δὲ καὶ τῶν Θηβαίων καὶ τῶν ἄλλων οἳ ξυνεβοήθησαν ἐς εἴκοσι μάλιστα ἱππέας τε καὶ ὁπλίτας ὁμοῦ, καὶ Θηβαίων τῶν βοιωταρχῶν Σκιρφώνδαν· τῶν δὲ Μυκαλησσίων μέρος τι ἀπαναλώθη. (4) Τὰ μὲν κατὰ τὴν Μυκαλησσὸν πάθει χρησαμένων οὐδενὸς ὡς ἐπὶ μεγέθει τῶν κατὰ τὸν πόλεμον ἧσσον ὀλοφύρασθαι ἀξίῳ τοιαῦτα ξυνέβη.

XXXI. Ὁ δὲ Δημοσθένης τότε ἀποπλέων ἐπὶ τῆς Κερκύρας μετὰ τὴν ἐκ τῆς Λακωνικῆς τείχισιν, ὁλκάδα

quum sumptus facere nollent, statim dimittebant, eosque deducendi negotium Diitrephi dederunt, eique praeceperunt, ut simul in ipsa praetervectione (nam per Euripum transibant) hostibus etiam, si qua ratione possent, illorum opera usus noceret. (2) Hic autem eos et ad Tanagram exposuit et praedae nonnihil raptim egit, et ex Chalcide Euboeae sub vesperam trajecit Euripum, et eos in Boeotiam expositos adversus Mycalessum ducebat. (3) Et illam quidem noctem ad Mercurii fanum clam subsidens transegit (distat id autem a Mycalesso sedecim circiter stadia), prima autem luce urbem non amplam invadebat, et eam capit, quum et nudatos custodum praesidio homines invasisset, et non exspectantes, ullos unquam tanto itinere a mari in loca mediterranea facto sibi bellum illaturos, quum etiam murus infirmus esset, et partim quoque collapsus, partim vero humiliter aedificatus, et simul etiam portae propter securitatem essent apertae. (4) Thraces igitur in hanc urbem irruentes, et privatas et sacras aedes diripiebant, et homines interficiebant, nec senili nec juvenili aetati parcentes, sed omnes deinceps, ut in quemque incidebant, et pueros et feminas interficientes, et praeterea etiam jumenta, et quascumque alias animantes vidissent; nam Thracum gens, plane ut qui maxime ex genere barbarico, quum fiduciam animo concepit, caedis est avidissima. (5) Et tunc quum alia pertubatio non exigua exstitit et omne caedis genus, tum etiam irruentes in puerorum ludum, qui maximus illic erat, et pueri in eum modo erant ingressi, omnes conciderunt; atque ista clades universae civitati omni alia gravior et magis quam ulla alia praeter opinionem accidit et atrox.

XXX. Thebani vero quum rem cognovissent, ad opem urbi ferendam accurrebant, et nacti Thraces jam progressos non longe, et praedam iis eripuerunt, et perterrefactos persecuti sunt ad Euripum usque et mare, ubi stabant eorum naves, quae eos vexerant. (2) Et caedunt ex iis plurimos, dum naves conscendunt, quum neque natandi periti essent et ii, qui in navibus erant, quum vidissent ea, quae in terra gerebantur, naves extra Euripi pontem in altum eduxissent; nam in reliquo quidem receptu Thraces non incomposite adversus Thebanorum equitatum, qui primus eos invaserat, et procurrentes et conglobati ordinem patrio more servantes, sese defendebant, et ibi pauci eorum perierunt. Quaedam vero pars, quae in urbe, dum praedatur, deprehensa erat, interiit. In summa vero ex mille et trecentis Thracibus omnino ducenti et quinquaginta ceciderunt. (3) Interfecerunt vero etiam ex Thebanis et ceteris, qui ad opem ferendam convenerant, viginti circiter tam equites quam gravis simul armaturae milites, una cum Scirphonda Thebano, uno ex Boeotarchis; Mycalessiorum vero pars aliqua plane absumpta est. (4) Atque hic quidem fuit exitus cladis, quam Mycalessus accepit, quae pro civitatis magnitudine non minus est deploranda, quam ulla alia, quae in hoc bello acciderit.

XXXI. Demosthenes vero tunc vectus ad Corcyram post illam munitionem in agro Laconico factam, onerariam navem

ὁρμοῦσαν ἐν Φειᾷ τῇ Ἠλείων [εὑρών], ἐν ᾗ οἱ Κορίνθιοι ὁπλῖται ἐς τὴν Σικελίαν ἔμελλον περαιοῦσθαι, αὐτὴν μὲν διαφθείρει, οἱ δ' ἄνδρες ἀποφυγόντες ὕστερον λαβόντες ἄλλην ἔπλεον. (2) Καὶ μετὰ τοῦτο ἀφικόμενος ὁ Δημοσθένης ἐς τὴν Ζάκυνθον καὶ Κεφαλληνίαν ὁπλίτας τε παρέλαβε καὶ ἐκ τῆς Ναυπάκτου τῶν Μεσσηνίων μετεπέμψατο, καὶ ἐς τὴν ἀντιπέρας ἤπειρον τῆς Ἀκαρνανίας διέβη, ἐς Ἀλυζίαν τε καὶ Ἀνακτόριον, ὃ αὐτοὶ εἶχον. (3) Ὄντι δ' αὐτῷ περὶ ταῦτα ὁ Εὐρυμέδων ἀπαντᾷ ἐκ τῆς Σικελίας ἀποπλέων, ὃς τότε τοῦ χειμῶνος τὰ χρήματα ἄγων τῇ στρατιᾷ ἀπεπέμφθη, καὶ ἀγγέλλει τά τε ἄλλα καὶ ὅτι πύθοιτο κατὰ πλοῦν ἤδη ὢν τὸ Πλημύριον ὑπὸ τῶν Συρακοσίων ἑαλωκός. (4) Ἀφικνεῖται δὲ καὶ Κόνων παρ' αὐτούς, ὃς ἦρχε Ναυπάκτου, ἀγγέλλων ὅτι αἱ πέντε καὶ εἴκοσι νῆες τῶν Κορινθίων αἱ σφίσιν ἀνθορμοῦσαι οὔτε καταλύουσι τὸν πόλεμον ναυμαχεῖν τε μέλλουσιν· πέμπειν οὖν ἐκέλευεν αὐτοὺς ναῦς, ὡς οὐχ ἱκανὰς οὔσας δυοῖν δεούσας εἴκοσι τὰς ἑαυτῶν πρὸς τὰς ἐκείνων πέντε καὶ εἴκοσι ναυμαχεῖν. (5) Τῷ μὲν οὖν Κόνωνι δέκα ναῦς ὁ Δημοσθένης καὶ ὁ Εὐρυμέδων τὰς ἄριστα σφίσι πλεούσας ἀφ' ὧν αὐτοὶ εἶχον ξυμπέμπουσι πρὸς τὰς ἐν τῇ Ναυπάκτῳ· αὐτοὶ δὲ τὰ περὶ τῆς στρατιᾶς τὸν ξύλλογον ἡτοιμάζοντο. Εὐρυμέδων μὲν ἐς τὴν Κέρκυραν πλεύσας καὶ πεντεκαίδεκά τε ναῦς πληροῦν κελεύσας αὐτοὺς καὶ ὁπλίτας καταλεγόμενος (ξυνῆρχε γὰρ ἤδη Δημοσθένει ἀποτραπόμενος, ὥσπερ καὶ ᾑρέθη), Δημοσθένης δ' ἐκ τῶν περὶ τὴν Ἀκαρνανίαν χωρίων σφενδονήτας τε καὶ ἀκοντιστὰς ξυναγείρων.

XXXII. Οἱ δ' ἐκ τῶν Συρακουσῶν τότε μετὰ τὴν τοῦ Πλημυρίου ἅλωσιν πρέσβεις οἰχόμενοι ἐς τὰς πόλεις ἐπειδὴ ἔπεισάν τε καὶ ξυναγείραντες ἔμελλον ἄξειν τὸν στρατόν, ὁ Νικίας προπυθόμενος πέμπει ἐς τῶν Σικελῶν τοὺς τὴν δίοδον ἔχοντας καὶ σφίσι ξυμμάχους, Κεντόριπάς τε καὶ Ἀλικυαίους καὶ ἄλλους, ὅπως μὴ διαφρήσουσι τοὺς πολεμίους ἀλλὰ ξυστραφέντες κωλύσουσι διελθεῖν· ἄλλῃ γὰρ αὐτοὺς οὐδὲ πειράσειν Ἀκραγαντῖνοι γὰρ οὐκ ἐδίδοσαν διὰ τῆς ἑαυτῶν ὁδόν. (2) Πορευομένων δ' ἤδη τῶν Σικελιωτῶν οἱ Σικελοί, καθάπερ ἐδέοντο οἱ Ἀθηναῖοι, ἐνέδραν τινὰ [τριχῇ] ποιησάμενοι, ἀφυλάκτοις τε καὶ ἐξαίφνης ἐπιγενόμενοι διέφθειραν ἐς ὀκτακοσίους μάλιστα, καὶ τοὺς πρέσβεις πλὴν ἑνὸς τοῦ Κορινθίου πάντας· οὗτος δὲ τοὺς διαφυγόντας ἐς πεντακοσίους καὶ χιλίους ἐκόμισεν ἐς τὰς Συρακούσας.

XXXIII. Καὶ περὶ τὰς αὐτὰς ἡμέρας καὶ οἱ Καμαριναῖοι ἀφικνοῦνται αὐτοῖς βοηθοῦντες, πεντακόσιοι μὲν ὁπλῖται, τριακόσιοι δὲ ἀκοντισταὶ καὶ τοξόται τριακόσιοι. Ἔπεμψαν δὲ καὶ οἱ Γελῷοι ναυτικόν τε ἐς πέντε ναῦς καὶ ἀκοντιστὰς τετρακοσίους καὶ ἱππέας διακοσίους. (2) Σχεδὸν γάρ τι ἤδη πᾶσα ἡ Σικελία πλὴν Ἀκραγαντίνων (οὗτοι δ' οὐδὲ μεθ' ἑτέρων ἦσαν), οἱ δ' ἄλλοι ἐπὶ τοὺς Ἀθηναίους μετὰ τῶν Συρακοσίων οἱ πρότερον περιορώμενοι ξυστάντες ἐβοήθουν.

XXXII. Phiæ Eleorum in statione positam [nactus], in qua gravis armaturæ milites Corinthii in Siciliam erant trajecturi, ipsam quidem corrupit, viri vero elapsi, et mox aliam nacti transmiserunt. (2) Et postea Demosthenes in Zacynthum profectus et in Cephalleniam, et illinc gravis armaturæ milites assumpsit, et Messenios Naupacto arcessivit, atque in oppositam Acarnaniæ continentem trajecit, et Alyziam et Anactorium, quod ipsi Athenienses tenebant. (3) Versanti autem ei circa hæc loca occurrit Eurymedon, ex Sicilia remeans, qui hieme, ut prædixi, cum pecunia, quam ad exercitum ferebat, missus erat, et nuntiat quum reliqua, tum etiam, se jam in ipso navigationis cursu audisse Plemyrium a Syracusanis receptum. (4) Præterea advenit etiam ad eos, qui Naupacto præerat, nuntians, quinque illas et viginti Corinthiorum naves, quæ in statione sibi opposita stabant, neque bello desistere et prœlium navale commissuras esse; quare eos naves ad se mittere jubebat, quod suæ duodeviginti impares essent ad confligendum cum hostium quinque et viginti navibus. (5) Demosthenes igitur et Eurymedon decem velocissimas ex iis, quas ipsi habebant, cum Conone miserunt ad illas, quæ Naupacti erant; ipsi vero in copiis cogendis versabantur; atque Eurymedon quidem in Corcyram profectus jussit ipsos instruere quindecim naves, et gravis armaturæ milites legebat (jam enim una cum Demosthene imperium gerebat reversus, quemadmodum etiam delectus erat), Demosthenes vero ex locis, quæ circum Acarnaniam erant, funditores et jaculatores cogebat.

XXXII. At Syracusanorum legati, qui, ut prædixi, post Plemyrium expugnatum civitates adierant, quum quod petebant, iis persuasissent, et copias, quas collegerant, Syracusas essent ducturi, Nicias, quum rem præsensisset, mittit ad illos Siculos, qui transitum tenebant et sibi socii erant, Centoripas et Alicyæos et alios, ne hostibus iter præbeant sed congregati prohibeant; alia enim via eos transire ne conaturos quidem; Agrigentini enim iter iis per suum agrum non dabant. (2) Quum autem Sicilienses jam in via essent, Siculi, quemadmodum ab Atheniensibus orabantur, [tribus in locis] insidias collocarunt, et illos incautos et ex improviso aggressi ad octingentos ferme occiderunt, omnesque legatos, præter unum Corinthium; hic vero eos, qui elapsi sunt, ad mille et quingentos Syracusas deduxit.

XXXIII. Et per eosdem dies Camarinæi etiam adveniunt, qui opem iis ferebant, quingenti gravis armaturæ milites, et trecenti jaculatores, totidemque sagittarii. Miserunt et Geloi remiges ad quinque naves sufficientes, et jaculatores quadringentos et equites ducentos. (2) Jam enim omnis propemodum Sicilia præter Agrigentinos (hi enim in neutrorum partibus erant) adjunctis etiam ceteris contra Athenienses Syracusanorum societati, qui antea rei eventum speculabantur, auxilium ferebant.

(3) Καὶ οἱ μὲν Συρακόσιοι, ὡς αὐτοῖς τὸ ἐν τοῖς Σικελοῖς πάθος ἐγένετο, ἐπέσχοντο εὐθέως τοῖς Ἀθηναίοις ἐπιχειρεῖν· ὁ δὲ Δημοσθένης καὶ Εὐρυμέδων, ἑτοίμης ἤδη τῆς στρατιᾶς οὔσης ἔκ τε τῆς Κερκύρας καὶ ἀπὸ τῆς ἠπείρου, ἐπεραιώθησαν ξυμπάσῃ τῇ στρατιᾷ τὸν Ἰόνιον ἐπ᾽ ἄκραν Ἰαπυγίαν· (4) καὶ ὁρμηθέντες αὐτόθεν κατίσχουσιν ἐς τὰς Χοιράδας νήσους Ἰαπυγίας, καὶ ἀκοντιστάς τέ τινας τῶν Ἰαπύγων πεντήκοντα καὶ ἑκατὸν τοῦ Μεσσαπίου ἔθνους ἀναβιβάζονται ἐπὶ τὰς ναῦς, καὶ τῷ Ἄρτᾳ, ὅσπερ καὶ τοὺς ἀκοντιστὰς δυνάστης ὢν παρέσχεν αὐτοῖς, ἀνανεωσάμενοί τινα παλαιὰν φιλίαν ἀφικνοῦνται ἐς Μεταπόντιον τῆς Ἰταλίας. (5) Καὶ τοὺς Μεταποντίους πείσαντες κατὰ τὸ ξυμμαχικὸν ἀκοντιστάς τε ξυμπέμπειν τριακοσίους καὶ τριήρεις δύο, καὶ ἀναλαβόντες ταῦτα, παρέπλευσαν ἐς Θουρίαν. Καὶ καταλαμβάνουσι νεωστὶ στάσει τοὺς τῶν Ἀθηναίων ἐναντίους ἐκπεπτωκότας· (6) καὶ βουλόμενοι τὴν στρατιὰν αὐτόθι πᾶσαν ἀθροίσαντες εἴ τις ὑπολέλειπτο ἐξετάσαι, καὶ τοὺς Θουρίους πεῖσαι σφίσι ξυστρατεύειν τε ὡς προθυμότατα, καὶ ἐπειδήπερ ἐν τούτῳ τύχης εἰσίν, τοὺς αὐτοὺς ἐχθροὺς καὶ φίλους τοῖς Ἀθηναίοις νομίζειν, περιέμενον ἐν τῇ Θουρίᾳ καὶ ἔπρασσον ταῦτα.

XXXIV. Οἱ δὲ Πελοποννήσιοι περὶ τὸν αὐτὸν χρόνον τοῦτον οἱ ἐν ταῖς πέντε καὶ εἴκοσι ναυσίν, οἵπερ τῶν ὁλκάδων ἕνεκα τῆς ἐς Σικελίαν κομιδῆς ἀνθώρμουν πρὸς τὰς ἐν Ναυπάκτῳ ναῦς, παρασκευασάμενοι ὡς ἐπὶ ναυμαχίᾳ καὶ προσπληρώσαντες ἔτι ναῦς ὥστε ὀλίγῳ ἐλάσσους εἶναι αὐτοῖς τῶν Ἀττικῶν νεῶν, ὁρμίζονται κατὰ Ἐρινεὸν τῆς Ἀχαΐας ἐν τῇ Ῥυπικῇ. (2) Καὶ αὐτοῖς τοῦ χωρίου μηνοειδοῦς ὄντος ἐφ᾽ ᾧ ὥρμουν, ὁ μὲν πεζὸς ἑκατέρωθεν προσβεβοηθηκὼς τῶν τε Κορινθίων καὶ τῶν αὐτόθεν ξυμμάχων ἐπὶ ταῖς προανεχούσαις ἄκραις παρετέτακτο, αἱ δὲ νῆες τὸ μεταξὺ εἶχον ἐμφράξασαι· ἦρχε δὲ τοῦ ναυτικοῦ Πολυάνθης Κορίνθιος. (3) Οἱ δ᾽ Ἀθηναῖοι ἐκ τῆς Ναυπάκτου τριάκοντα ναυσὶ καὶ τρισίν (ἦρχε δ᾽ αὐτῶν Δίφιλος) ἐπέπλευσαν αὐτοῖς. (4) Καὶ οἱ Κορίνθιοι τὸ μὲν πρῶτον ἡσύχαζον, ἔπειτα ἀρθέντος αὐτοῖς τοῦ σημείου, ἐπεὶ καιρὸς ἐδόκει εἶναι, ὥρμησαν ἐπὶ τοὺς Ἀθηναίους καὶ ἐναυμάχουν. Καὶ χρόνον ἀντεῖχον πολὺν ἀλλήλοις. (5) Καὶ τῶν μὲν Κορινθίων τρεῖς νῆες διαφθείρονται, τῶν δ᾽ Ἀθηναίων κατέδυ μὲν οὐδεμία ἁπλῶς, ἑπτὰ δέ τινες ἄπλοι ἐγένοντο ἀντίπρωροι ἐμβαλλόμεναι καὶ ἀναρραγεῖσαι τὰς παρεξειρεσίας ὑπὸ τῶν Κορινθίων νεῶν ἐπ᾽ αὐτὸ τοῦτο παχυτέρας τὰς ἐπωτίδας ἐχουσῶν. (6) Ναυμαχήσαντες δὲ ἀντίπαλα μὲν καὶ ὡς αὐτοὺς ἑκατέρους ἀξιοῦν νικᾶν, ὅμως δὲ τῶν ναυαγίων κρατησάντων τῶν Ἀθηναίων διά τε τὴν τοῦ ἀνέμου ἄπωσιν αὐτῶν ἐς τὸ πέλαγος καὶ διὰ τὴν τῶν Κορινθίων οὐκέτι ἐπαναγωγήν, διεκρίθησαν ἀπ᾽ ἀλλήλων, καὶ δίωξις οὐδεμία ἐγένετο, οὐδ᾽ ἄνδρες οὐδετέρων ἑάλωσαν· οἱ μὲν γὰρ Κορίνθιοι καὶ Πελοποννήσιοι πρὸς τῇ γῇ ναυμαχοῦντες ῥᾳδίως διεσώζοντο, τῶν δὲ Ἀθη-

(3) Atque Syracusani quidem, quum cladem apud Siculos accepissent, ab Atheniensibus protinus invadendis abstinuerunt; Demosthenes vero et Eurymedon, quum exercitus et e Corcyra et ex continente collectus jam paratus esset, universis copiis Ionium trajecerunt ad promontorium Iapygiam; (4) et hinc profecti ad Chœradas Iapygiæ insulas appellunt, et aliquos Iapygum jaculatores Messapiæ gentis centum et quinquaginta in naves imponunt, et renovata vetusta quadam amicitia cum Arta, qui illis in locis tum imperitans jaculatores etiam iis præbuerat, perveniunt ad Metapontium, Italiæ urbem. (5) Et quum Metapontinos induxissent, ut ex societatis jure trecentos jaculatores secum mitterent et duas triremes, his acceptis, in agrum Thurium prætervecti sunt. Et ibi deprehendunt Atheniensium adversarios per seditionem nuper ejectos; (6) et cupientes omnibus copiis in unum ibi contractis, si quis relictus esset, lustrare, et Thuriis persuadere, ut quam alacerrime ad eamdem militiam secum proficiscerentur, et quando eo fortunæ venissent, eosdem atque Athenienses pro hostibus et pro amicis haberent, in agro Thurio subsidebant, atque hæc agebant.

XXXIV. Peloponnesii vero, qui in quinque et viginti navibus erant, qui onerariarum navium in Siciliam tendentium causa habebant stationes oppositas navibus, quæ erant Naupacti, sub idem tempus sese ad navale prœlium præparaverant, aliisque navibus præter eas, quas jam paratas habebant, instructis, adeo ut Atticis non multo pauciores haberent, ad Erineum, Achaiæ oppidum, in agro Rhypico situm, appulsi stationem occupant. (2) Quoniam autem locus ille, in quo stationem habebant, in lunæ speciem curvatus erat, peditatus quidem auxilio profectus tum Corinthiorum, tum sociorum, qui ex illis locis convenerant, utrinque in eminentibus promontoriis dispositus erat, naves vero medium spatium obstructum tenebant; præfectus autem erat classis Polyanthes Corinthius. (3) Athenienses vero cum tribus et triginta navibus, (præerat autem Diphilus) Naupacto solventes adversus eos contenderunt. (4) Et Corinthii principio quidem quiescebant, deinde signo iis dato quum tempus idoneum adesse videbatur, impetu Atheniensibus occurrerunt et prœlium committebant. Et diu alteri alteros sustinebant. (5) Et Corinthiorum quidem tres naves profligantur, Atheniensium vero nulla quidem prorsus est depressa, sed septem fere ad navigandum inutiles factæ sunt, quod Corinthiarum navium adversis proris petitæ, et in ipsis frontibus, ubi nullum est remigium, perruptæ erant a Corinthiorum navibus, quæ ad hoc ipsum crassiores epotidas habebant. (6) Quum autem prœlium commisissent, ancipiti quidem Marte, et ita, ut utrique victoriam sibi vindicarent, Athenienses tamen naufragiis poterantur, quod et ventus in altum ea propulisset, et quod Corinthii impetum non amplius renovarent, alteri ab alteris dirempti sunt, et neutri alteros persecuti, nec ulli ex alterutris capti; nam Corinthii et Peloponnesii facile evadebant, quia prœlium prope terram committebant; Atheniensium vero nulla navis est de-

ναίων οὐδεμία κατέδυ ναῦς. (7) Ἀποπλευσάντων δὲ τῶν Ἀθηναίων ἐς τὴν Ναύπακτον οἱ Κορίνθιοι εὐθὺς τροπαῖον ἔστησαν ὡς νικῶντες, ὅτι πλείους τῶν ἐναντίων ναῦς ἄπλους ἐποίησαν, καὶ νομίσαντες δι' αὐτὸ οὐχ ἡσσᾶσθαι δι' ὅπερ οὐδ' οἱ ἕτεροι νικᾶν· οἵ τε γὰρ Κορίνθιοι ἡγήσαντο κρατεῖν εἰ μὴ καὶ πολὺ ἐκρατοῦντο, οἵ τ' Ἀθηναῖοι ἐνόμιζον ἡσσᾶσθαι ὅτι οὐ πολὺ ἐνίκων. (8) Ἀποπλευσάντων δὲ τῶν Πελοποννησίων καὶ τοῦ πεζοῦ διαλυθέντος οἱ Ἀθηναῖοι ἔστησαν τροπαῖον καὶ αὐτοὶ ἐν τῇ Ἀχαΐᾳ ὡς νικήσαντες, ἀπέχον τοῦ Ἐρινεοῦ, ἐν ᾧ οἱ Κορίνθιοι ὥρμουν, ὡς εἴκοσι σταδίους. Καὶ ἡ μὲν ναυμαχία οὕτως ἐτελεύτα.

XXXV. Ὁ δὲ Δημοσθένης καὶ Εὐρυμέδων, ἐπειδὴ ξυστρατεύειν αὐτοῖς οἱ Θούριοι παρεσκευάσθησαν ἑπτακοσίοις μὲν ὁπλίταις τριακοσίοις δὲ ἀκοντισταῖς, τὰς μὲν ναῦς παραπλεῖν ἐκέλευον ἐπὶ τῆς Κροτωνιάτιδος, αὐτοὶ δὲ τὸν πεζὸν πάντα ἐξετάσαντες πρῶτον ἐπὶ τῷ Συβάρει ποταμῷ ἦγον διὰ τῆς Θουριάδος γῆς. (2) Καὶ ὡς ἐγένοντο ἐπὶ τῷ Ὑλίᾳ ποταμῷ, καὶ αὐτοῖς οἱ Κροτωνιᾶται προσπέμψαντες εἶπον οὐκ ἂν σφίσι βουλομένοις εἶναι διὰ τῆς γῆς σφῶν τὸν στρατὸν ἰέναι, ἐπικαταβάντες ηὐλίσαντο πρὸς τὴν θάλασσαν καὶ τὴν ἐκβολὴν τοῦ Ὑλίου· καὶ αἱ νῆες αὐτοῖς ἐς τὸ αὐτὸ ἀπήντων. Τῇ δ' ὑστεραίᾳ ἀναβιβασάμενοι παρέπλεον, ἴσχοντες πρὸς ταῖς πόλεσι πλὴν Λοκρῶν ἕως ἀφίκοντο ἐπὶ Πέτραν τῆς Ῥηγίνης.

XXXVI. Οἱ δὲ Συρακόσιοι ἐν τούτῳ πυνθανόμενοι αὐτῶν τὸν ἐπίπλουν αὖθις ταῖς ναυσὶν ἀποπειρᾶσαι ἐβούλοντο καὶ τῇ ἄλλῃ παρασκευῇ τοῦ πεζοῦ, ἥνπερ ἐπ' αὐτὸ τοῦτο πρὶν ἐλθεῖν αὐτοὺς φθάσαι βουλόμενοι ξυνέλεγον. (2) Παρεσκευάσαντο δὲ τό τε ἄλλο ναυτικὸν ὡς ἐκ τῆς προτέρας ναυμαχίας τι πλέον ἐνεῖδον σχήσοντες, καὶ τὰς πρῴρας τῶν νεῶν ξυντεμόντες ἐς ἔλασσον στεριφωτέρας ἐποίησαν, καὶ τὰς ἐπωτίδας ἐπέθεσαν ταῖς πρῴραις παχείας, καὶ ἀντηρίδας ἀπ' αὐτῶν ὑπέτειναν πρὸς τοὺς τοίχους ὡς ἐπὶ ἓξ πήχεις ἐντός τε καὶ ἔξωθεν, ᾧπερ τρόπῳ καὶ οἱ Κορίνθιοι πρὸς τὰς ἐν τῇ Ναυπάκτῳ ναῦς ἐπισκευασάμενοι πρῴραθεν ἐναυμάχουν. (3) Ἐνόμισαν γὰρ οἱ Συρακόσιοι πρὸς τὰς τῶν Ἀθηναίων ναῦς οὐχ ὁμοίως ἀντινεναυπηγημένας, ἀλλὰ λεπτὰ τὰ πρῴραθεν ἐχούσας διὰ τὸ μὴ ἀντιπρῴροις μᾶλλον αὐτοὺς ἢ ἐκ περίπλου ταῖς ἐμβολαῖς χρῆσθαι, οὐκ ἔλασσον σχήσειν, καὶ τὴν ἐν τῷ μεγάλῳ λιμένι ναυμαχίαν, οὐκ ἐν πολλῷ πολλαῖς ναυσὶν οὖσαν, πρὸς ἑαυτῶν ἔσεσθαι· ἀντίπρῳροι γὰρ ταῖς ἐμβολαῖς χρώμενοι ἀναρρήξειν τὰ πρῴραθεν αὐτοῖς, στερίφοις καὶ παχέσι πρὸς κοῖλα καὶ ἀσθενῆ παίοντες τοῖς ἐμβόλοις. (4) Τοῖς δὲ Ἀθηναίοις οὐκ ἔσεσθαι σφῶν ἐν στενοχωρίᾳ οὔτε περίπλουν οὔτε διέκπλουν, ᾧπερ τῆς τέχνης μάλιστα ἐπίστευον· αὐτοὶ γὰρ κατὰ τὸ δυνατὸν τὸ μὲν οὐ δώσειν διεκπλεῖν, τὸ δὲ τὴν στενοχωρίαν κωλύσειν ὥστε μὴ περιπλεῖν. (5) Τῇ τε πρότερον ἀμαθίᾳ τῶν κυβερνητῶν δοκούσῃ εἶναι, τὸ ἀντίπρῳρον ξυγκροῦσαι, μάλιστ' ἂν αὐτοὶ χρήσασθαι· πλεῖστον

pressa. (7) Quum autem Athenienses se Naupactum recepissent, Corinthii statim tropæum ut victores erexerunt, quod plures hostilium navium ad navigationem inutiles reddidissent, et rati se propter hoc ipsum vicisse, propter quod neutri victores essent; nam et Corinthii se victores crediderunt, nisi longe victi essent, et Athenienses existimabant se victos esse, nisi longe vicissent. (8) Quum autem Peloponnesii discessissent, et peditatus dilapsus esset, Athenienses et ipsi tanquam victores tropæum in Achaia statuerunt, quod aberat ab Erineo, ubi Corinthii suæ classis stationem habebant, viginti ferme stadiis. Atque pugna quidem navalis hunc exitum habebat.

XXXV. Demosthenes vero et Eurymedon, posteaquam Thurii parati fuerunt ad illius militiæ societatem sequendam cum septingentis gravis armaturæ militibus et trecentis jaculatoribus, classem quidem in oram Crotoniatidem prætervehi jubebant, ipsi vero peditatum omnem, quum lustrassent, primo ad fluvium Sybarin ducebant per agrum Thurium. (2) Et quum ad Hyliam fluvium pervenissent, et Crotoniatæ ad eos præmisissent, qui dicerent; non sibi volentibus fore, si per suum agrum exercitus transiret, ad mare descenderunt, et ad Hyliæ ostium pernoctarunt; et naves in eundem locum iis occurrebant. Postridie vero, quum eas conscendissent, oram legentes discedebant, et ad urbes, præter Locros, appellebant, donec Petram Rhegini agri pervenerunt.

XXXVI. Syracusani vero interea quum eos contra se venire audirent, belli fortunam classe rursus experiri volebant, et reliquo peditatus apparatu, quem ad hoc ipsum ante eorum adventum, præcipere occasionem cupientes, cogebant. (2) Instruxerunt autem classem quum aliis rebus ita, ut ex superiore navali prœlio se fore meliore conditione colligebant, tum etiam navium proras in exiguum spacium coactas firmiores reddiderunt, et epotidas crassas proris imposuerunt, iisque tigna obliqua, quibus eæ sustinerentur, junxerunt ad navium parietes pertingentia, spatio fere senum cubitorum et intus et extra, quo modo et Corinthii adversus naves, quæ ad Naupactum erant, per proras pugnaverant. (3) Existimarunt enim Syracusani, adversus Atheniensium naves, quæ contra non eodem modo erant ædificatæ, sed circa proram graciles erant, quod illi non tam adversis proris, quam navibus circumactis incurrere consuevissent, se non deteriore conditione futuros, et navale prœlium, quod in magno portu a multis navibus in non magno spatio committendum erat, e re sua factum iri; se enim adversis proris incurrentes diffracturos illorum proras, si solidis crassisque rostris vacuas et infirmas quaterent; (4) Atheniensibus vero in angusto loci spatio nullam fore facultatem aut naves circumagendi, aut eas per mediam suam classem educendi, qua artificii parte potissimum illi confiderent; se ipsos enim pro viribus hoc quidem præstituros, ut nullam ipsis per mediam suam classem transeundi facultatem darent; illud vero ab ipsis loci angustiis impediturum iri, ne naves circumagerent. (5) Quæ autem prius gubernatorum inscitia esse videbatur, quod adversis proris confligerent, ea

ἀρ ἐν αὐτῷ σχήσειν· τὴν γὰρ ἀνάκρουσιν οὐκ ἔσεσθαι τοῖς Ἀθηναίοις ἐξωθουμένοις ἄλλοσε ἢ ἐς τὴν γῆν, καὶ αὐτὴν δι' ὀλίγου καὶ ἐς ὀλίγον, κατ' αὐτὸ τὸ στρατόπεδον τὸ ἑαυτῶν. Τοῦ δ' ἄλλου λιμένος αὐτοὶ κρατήσειν, (6) καὶ ξυμφερομένους αὐτούς, ἤν πῃ βιάζωνται, ἐς ὀλίγον τε καὶ πάντας ἐς τὸ αὐτό, προσπίπτοντας ἀλλήλοις ταράξεσθαι· ὅπερ καὶ ἔβλαπτε μάλιστα τοὺς Ἀθηναίους ἐν ἁπάσαις ταῖς ναυμαχίαις, οὐκ οὔσης αὐτοῖς ἐς πάντα τὸν λιμένα τῆς ἀνακρούσεως, ὥσπερ τοῖς Συρακοσίοις. Περιπλεῦσαι δὲ ἐς τὴν εὐρυχωρίαν, σφῶν ἐχόντων τὴν ἐπίπλευσιν ἀπὸ τοῦ πελάγους τε καὶ ἀνάκρουσιν, οὐ δυνήσεσθαι αὐτούς, ἄλλως τε καὶ τοῦ Πλημυρίου πολεμίου τε αὐτοῖς ἐσομένου καὶ τοῦ στόματος οὐ μεγάλου ὄντος τοῦ λιμένος.

XXXVII. Τοιαῦτα οἱ Συρακόσιοι πρὸς τὴν ἑαυτῶν πιστήμην τε καὶ δύναμιν ἐπινοήσαντες, καὶ ἅμα τεθαρσηκότες μᾶλλον ἤδη ἀπὸ τῆς προτέρας ναυμαχίας, ἐπεχείρουν τῷ τε πεζῷ ἅμα καὶ ταῖς ναυσίν. (2) Καὶ τὸν μὲν πεζὸν ὀλίγῳ πρότερον, τὸν ἐκ τῆς πόλεως, Γύλιππος προεξαγαγὼν προσῆγε τῷ τείχει τῶν Ἀθηναίων, καθ' ὅσον πρὸς τὴν πόλιν αὐτοῦ ἑώρα· καὶ οἱ ἀπὸ τοῦ Ὀλυμπιείου, οἵ τε ὁπλῖται ὅσοι ἐκεῖ ἦσαν καὶ οἱ ἱππῆς καὶ ἡ γυμνητία τῶν Συρακοσίων ἐκ τοῦ ἐπὶ θάτερα προσῄει τῷ τείχει· αἱ δὲ νῆες μετὰ τοῦτο εὐθὺς ἐπεξέπλεον τῶν Συρακοσίων καὶ ξυμμάχων. (3) Καὶ οἱ Ἀθηναῖοι τὸ πρῶτον αὐτοὺς οἰόμενοι τῷ πεζῷ μόνῳ πειράσειν, ὁρῶντες δὲ καὶ τὰς ναῦς ἐπιφερομένας ἄφνω ἐθορυβοῦντο, καὶ οἱ μὲν ἐπὶ τὰ τείχη καὶ πρὸ τῶν τειχῶν τοῖς προσιοῦσιν ἀντιπαρετάσσοντο, οἱ δὲ πρὸς τοὺς ἀπὸ τοῦ Ὀλυμπιείου καὶ τῶν ἔξω κατὰ τάχος χωροῦντας ἱππέας τε πολλοὺς καὶ ἀκοντιστὰς ἀντεπεξῄεσαν, ἄλλοι δὲ τὰς ναῦς ἐπλήρουν καὶ ἅμα ἐπὶ τὸν αἰγιαλὸν παρεβοήθουν, καὶ ἐπειδὴ πλήρεις ἦσαν, ἀνταγῆγον πέντε καὶ ἑβδομήκοντα ναῦς· καὶ τῶν Συρακοσίων ἦσαν ὀγδοήκοντα μάλιστα.

XXXVIII. Τῆς δὲ ἡμέρας ἐπὶ πολὺ προσπλέοντες καὶ ἀνακρουόμενοι καὶ πειράσαντες ἀλλήλων, καὶ οὐδέτεροι δυνάμενοι ἄξιόν τι λόγου παραλαβεῖν, εἰ μὴ ναῦν μίαν ἢ δύο τῶν Ἀθηναίων οἱ Συρακόσιοι καταδύσαντες, διεκρίθησαν· καὶ ὁ πεζὸς ἅμα ἀπὸ τῶν τειχῶν ἀπῆλθεν. (2) Τῇ δ' ὑστεραίᾳ οἱ μὲν Συρακόσιοι ἡσύχαζον, οὐδὲν δηλοῦντες ὁποῖόν τι τὸ μέλλον ποιήσουσιν· ὁ δὲ Νικίας ἰδὼν ἀντίπαλα τὰ τῆς ναυμαχίας γενόμενα, καὶ ἐλπίζων αὐτοὺς αὖθις ἐπιχειρήσειν, τούς τε τριηράρχους ἠνάγκαζεν ἐπισκευάζειν τὰς ναῦς, εἴ τίς τι ἐπεπονήκει, καὶ ὁλκάδας προώρμισε πρὸ τοῦ σφετέρου σταυρώματος, ὃ αὐτοῖς πρὸ τῶν νεῶν ἀντὶ λιμένος κλῃστοῦ ἐν τῇ θαλάσσῃ ἐπεπήγει. (3) Διαλειπούσας δὲ τὰς ὁλκάδας ὅσον δύο πλέθρα ἀπ' ἀλλήλων κατέστησεν, ὅπως εἴ τις βιάζοιτο ναῦς, εἴη κατάφευξις ἀσφαλὴς καὶ πάλιν καθ' ἡσυχίαν ἔκπλους. Παρασκευαζόμενοι δὲ ταῦτα ὅλην τὴν ἡμέραν διετέλεσαν οἱ Ἀθηναῖοι μέχρι νυκτός.

XXXIX. Τῇ δ' ὑστεραίᾳ οἱ Συρακόσιοι τῆς μὲν ὥρας πρῳαίτερον, τῇ δ' ἐπιχειρήσει τῇ αὐτῇ τοῦ τε

THUCYDIDES.

maxime se ipsos usuros; hac enim ratione se optima conditione futuros; Atheniensibus enim, si a se propellerentur, non fore facultatem retrocedendi alio, nisi ad terram, idque ab exiguo spacio et in exiguum spacium, juxta ipsa sua castra. Cetero vero portu se ipsos potituros, (6) et illos, sicubi premerentur, confertos in exiguum spacium et omnes in unum, collisos inter se perturbatum iri, id quod etiam in omnibus navalibus proeliis plurimum Atheniensibus nocebat, quod iis non in omnem portum, ut Syracusanis, retrocedere liceret. In apertum vero mare navibus circumactis evadendi facultatem illos non habituros, quod penes se futurum esset, a pelago et invadere et retrocedere, praecipue vero, quod et Plemyrium illis infestum esse futurum, et quod portus ostium non amplum esset.

XXXVII. Talia quum Syracusani pro ea, quae erat, peritia et potentia excogitassent, et simul etiam ex superiore navali proelio majorem jam fidentiam concepissent, pedestribus simul et maritimis copiis impetum faciebant. (2) Et peditatum quidem, qui ex urbe procedebat, Gylippus paulo prius eductum admovit ad Atheniensium munitionem ibi, qua prospectus in urbem patebat; item qui apud Olympieum erant et gravis armaturae milites, qui illic erant, et equites et levis armatura Syracusanorum, ad munitionem ab altera parte accedebant; naves vero postea confestim Syracusanorum sociorumque prodibant. (3) Atque Athenienses primo quidem eos rati solo peditatu conflicturos quum naves quoque subito contra se venientes viderent, perturbabantur, et alii quidem supra munitiones et ante munitiones adversus hostes accedentes consistebant, alii vero adversus equites et jaculatores, qui multi partim ex Olympieo partim ex aliis locis extra sitis magna celeritate veniebant, contra prodibant; alii vero naves instruebant, et simul ad littus occurrebant, et postquam instructae erant, quinque et septuaginta naves educebant; et Syracusanorum erant circiter octoginta.

XXXVIII. Quum autem ad multum illius diei spatium et invadendo et recedendo mutuo se temptassent et neutri aliquod memorabile detrimentum alteris inferre possent, nisi quod Syracusani unam aut alteram Atheniensium navem depresserunt, proelio dirempto discesserunt; et peditatus simul a munitionibus abscessit.

(2) Postridie vero Syracusani quidem quiescebant, nullo modo declarantes, quidnam essent acturi; Nicias vero cernens, aequales fuisse in navali proelio vires et existimans, eos rursus impetum facturos, et trierarchos cogebat, ut naves reficerent, si qua damnum aliquod accepisset, et onerarias produxit ante suum vallum, quod ante naves suas, ut portus clausi loco esset, in mari defixum erat. (3) Distantes vero onerarias binum circiter jugerum spatio alteram ab altera collocavit, ut si qua navis premeretur, tutum esset refugium, et rursus per otium exeundi facultas. Athenienses autem in his apparandis rebus totum diem ad noctem usque perstiterunt.

XXXIX. Postridie vero Syracusani maturius quidem tempore sed eodem et peditatus et classis conatu cum Athe-

20

πεζοῦ καὶ τοῦ ναυτικοῦ προσέμισγον τοῖς Ἀθηναίοις, (2) καὶ ἀντικαταστάντες ταῖς ναυσὶ τὸν αὐτὸν τρόπον αὖθις ἐπὶ πολὺ διῆγον τῆς ἡμέρας πειρώμενοι ἀλλήλων, πρὶν δὴ Ἀρίστων ὁ Πυρρίχου Κορίνθιος, ἄριστος ὢν κυβερνήτης τῶν μετὰ Συρακοσίων, πείθει τοὺς σφετέρους τοῦ ναυτικοῦ ἄρχοντας, πέμψαντας ὡς τοὺς ἐν τῇ πόλει ἐπιμελομένους, κελεύειν ὅτι τάχιστα τὴν ἀγορὰν τῶν πωλουμένων μεταναστήσαντας ἐπὶ τὴν θάλασσαν κομίσαι, καὶ ὅσα τις ἔχει ἐδώδιμα, πάντας ἐκεῖσε φέροντας ἀναγκάσαι πωλεῖν, ὅπως αὐτοῖς ἐκβιβάσαντες τοὺς ναύτας εὐθὺς παρὰ τὰς ναῦς ἀριστοποιήσονται, καὶ δι' ὀλίγου αὖθις καὶ αὐθημερὸν ἀπροσδοκήτοις τοῖς Ἀθηναίοις ἐπιχειρῶσιν.

XL. Καὶ οἱ μὲν πεισθέντες ἔπεμψαν ἄγγελον, καὶ ἡ ἀγορὰ παρεσκευάσθη, καὶ οἱ Συρακόσιοι ἐξαίφνης πρύμναν κρουσάμενοι πάλιν πρὸς τὴν πόλιν ἔπλευσαν, καὶ εὐθὺς ἐκβάντες αὐτοῦ ἄριστον ἐποιοῦντο· (2) οἱ δ' Ἀθηναῖοι νομίσαντες αὐτοὺς ὡς ἡσσημένους σφῶν πρὸς τὴν πόλιν ἀνακρούσασθαι, καθ' ἡσυχίαν ἐκβάντες τά τε ἄλλα διεπράσσοντο καὶ τὰ ἀμφὶ τὸ ἄριστον ὡς τῆς γε ἡμέρας ταύτης οὐκέτι οἰόμενοι ἂν ναυμαχῆσαι. (3) Ἐξαίφνης δ' οἱ Συρακόσιοι πληρώσαντες τὰς ναῦς ἐπέπλεον αὖθις· οἱ δὲ διὰ πολλοῦ θορύβου, καὶ ἄσιτοι οἱ πλείους, οὐδενὶ κόσμῳ ἐσβάντες μόλις ποτὲ ἀντανήγοντο. (4) Καὶ χρόνον μέν τινα ἀπέσχοντο ἀλλήλων φυλασσόμενοι· ἔπειτ' οὐκ ἐδόκει τοῖς Ἀθηναίοις ὑπὸ σφῶν αὐτῶν διαμέλλοντας κόπῳ ἁλίσκεσθαι ἀλλ' ἐπιχειρεῖν ὅτι τάχιστα, καὶ ἐπιφερόμενοι ἐκ παρακελεύσεως ἐναυμάχουν. (5) Οἱ δὲ Συρακόσιοι δεξάμενοι καὶ ταῖς τε ναυσὶν ἀντιπρῴροις χρώμενοι, ὥσπερ διενοήθησαν, τῶν ἐμβόλων τῇ παρασκευῇ ἀνερρήγνυσαν τὰς τῶν Ἀθηναίων ναῦς ἐπὶ πολὺ τῆς παρεξειρεσίας, καὶ οἱ ἀπὸ τῶν καταστρωμάτων αὐτοῖς ἀκοντίζοντες μεγάλα ἔβλαπτον τοὺς Ἀθηναίους, πολὺ δ' ἔτι μείζω οἱ ἐν τοῖς λεπτοῖς πλοίοις περιπλέοντες τῶν Συρακοσίων καὶ ἔς τε τοὺς ταρσοὺς ὑποπίπτοντες τῶν πολεμίων νεῶν καὶ ἐς τὰ πλάγια παραπλέοντες καὶ ἐξ αὐτῶν ἐς τοὺς ναύτας ἀκοντίζοντες.

XLI. Τέλος δὲ τούτῳ τῷ τρόπῳ κατὰ κράτος ναυμαχοῦντες οἱ Συρακόσιοι ἐνίκησαν, καὶ οἱ Ἀθηναῖοι τραπόμενοι διὰ τῶν ὁλκάδων τὴν κατάφευξιν ἐποιοῦντο ἐς τὸν ἑαυτῶν ὅρμον. (2) Αἱ δὲ τῶν Συρακοσίων νῆες μέχρι μὲν τῶν ὁλκάδων ἐπεδίωκον· ἔπειτ' αὐτοὺς αἱ κεραῖαι ὑπὲρ τῶν ἔσπλων αἱ ἀπὸ τῶν ὁλκάδων δελφινοφόροι ἠρμέναι ἐκώλυον. (3) Δύο δὲ νῆες τῶν Συρακοσίων ἐπαιρόμεναι τῇ νίκῃ προσέμιξαν αὐτῶν ἐγγὺς καὶ διεφθάρησαν, καὶ ἡ ἑτέρα αὐτοῖς ἀνδράσιν ἑάλω. (4) Καταδύσαντες δ' οἱ Συρακόσιοι τῶν Ἀθηναίων ἑπτὰ ναῦς καὶ κατατραυματίσαντες πολλάς, ἄνδρας τε τοὺς μὲν ζωγρήσαντες, τοὺς δὲ ἀποκτείναντες ἀπεχώρησαν, καὶ τροπαῖά τε ἀμφοτέρων τῶν ναυμαχιῶν ἔστησαν, καὶ τὴν ἐλπίδα ἤδη ἐχυρὰν εἶχον ταῖς μὲν ναυσὶ καὶ πολὺ κρείσσους εἶναι, ἐδόκουν δὲ καὶ τὸν πεζὸν χειρώσεσθαι.

niensibus confligebant, (2) et commisso navibus prœlio eodem modo rursus magnam illius diei partem se invicem lacessendo consumebant, donec Aristo, Pyrrhichi filius, Corinthius, omnium, qui cum Syracusanis erant, optimus gubernator, persuasit suæ classis ducibus, ut missis nunciis ad eos, quibus in urbe hujus rei cura commissa erat, imperarent iis, ut quam celerrime rerum venalium forum mutarent, et ad mare transferrent, et quæcumque quis esculenta haberet, omnes cogerent illuc ferre et vendere, ut nautas suos statim juxta naves exponerent et facerent prandium, et intra breve spatium rursus et eodem die Athenienses nihil hujusmodi exspectantes aggrederentur.

XL. Atque hi quidem hujus verbis adducti nuntium miserunt, et mercatus apparatus est, et Syracusani repente in puppim remigantes urbem versus navigando se receperunt, et statim exscensu facto in loco prandium sumebant; (2) Athenienses vero existimantes, eos ut a se victos ad urbem in puppim remigasse, per otium in litus egressi, quum ad alia, tum ad prandium expediendum se contulerunt, quod nullum navale prœlium amplius eo die se commissuros putarent. (3) At repente Syracusani navibus instructis rursus invehebantur; illi vero magno cum tumultu, et plerique jejuni, nullo ordine naves conscendebant, et ægre tandem obviam occurrebant. (4) Et aliquamdiu quidem sibi caventes a se mutuo abstinebant; postea vero non placebat Atheniensibus, se a se ipsis, dum cunctarentur, per lassitudinem confici, sed quam celerrime hostes aggredi; quamobrem dato signo ingruentes pugnare cœperunt. (5) Syracusani vero quum eos excepissent, et adversis navium proris utentes, quemadmodum statuerant, rostris ad id paratis lacerabant Atheniensium naves per magnam prorarum partem, ubi nullum est remigium, et qui ex tabulatis eorum jacula conjiciebant, vehementer Atheniensibus nocebant; sed longe magis etiam illi ex Syracusanis, qui exiguis navigiis circumvehentes et seriem remorum hostilium navium subibant, et ad earum latera prætervehebantur, et illinc in nautas missilia jaciebant.

XLI. Tandem autem Syracusani totis viribus hoc modo pugnantes vicerunt, et Athenienses in fugam versi, inter onerarias naves in suam stationem perfugiebant. (2) Syracusanorum vero naves usque ad illas onerarias naves quidem insequebantur; deinde antennæ, quæ ex onerariis navibus super introitus suspensæ delphines portabant, eos progredi prohibebant. (3) Duæ vero Syracusanorum naves, victoria feroces, ad illas propius accesserunt, atque profligatæ sunt; et earum altera una cum ipsis viris capta est. (4) At Syracusani septem navibus Atheniensium depressis, multisque laceratis, virisque partim captis partim occisis, abierunt, et utriusque pugnæ navalis tropœa erexerunt, certamque jam spem animo conceperant, se classe longe superiores fore; existimabant autem, ipsum etiam peditatum a se subactum iri.

Καὶ οἱ μὲν ὡς ἐπιθησόμενοι κατ᾽ ἀμφότερα παρεσκευάζοντο αὖθις,

XLII. ἐν τούτῳ δὲ Δημοσθένης καὶ Εὐρυμέδων ἔχοντες τὴν ἀπὸ τῶν Ἀθηνῶν βοήθειαν παραγίγνονται, ναῦς τε τρεῖς καὶ ἑβδομήκοντα μάλιστα ξὺν ταῖς ξενικαῖς καὶ ὁπλίτας περὶ πεντακισχιλίους ἑαυτῶν τε καὶ τῶν ξυμμάχων, ἀκοντιστάς τε βαρβάρους καὶ Ἕλληνας οὐκ ὀλίγους, καὶ σφενδονήτας καὶ τοξότας καὶ τὴν ἄλλην παρασκευὴν ἱκανήν. (2) Καὶ τοῖς μὲν Συρακοσίοις καὶ ξυμμάχοις κατάπληξις ἐν τῷ αὐτίκα οὐκ ὀλίγη ἐγένετο, εἰ πέρας μηδὲν ἔσται σφίσι τοῦ ἀπαλλαγῆναι τοῦ κινδύνου, ὁρῶντες οὔτε διὰ τὴν Δεκέλειαν τειχιζομένην οὐδὲν ἧσσον στρατὸν ἴσον καὶ παραπλήσιον τῷ προτέρῳ ἐπεληλυθότα, τήν τε τῶν Ἀθηναίων δύναμιν πανταχόσε πολλὴν φαινομένην· τῷ δὲ προτέρῳ στρατεύματι τῶν Ἀθηναίων ὡς ἐκ κακῶν ῥώμη τις ἐγεγένητο. (3) Ὁ δὲ Δημοσθένης ἰδὼν ὡς εἶχε τὰ πράγματα, καὶ νομίσας οὐχ οἷόν τ᾽ εἶναι διατρίβειν οὐδὲ παθεῖν ὅπερ ὁ Νικίας ἔπαθεν (ἀφικόμενος γὰρ τὸ πρῶτον ὁ Νικίας φοβερός, ὡς οὐκ εὐθὺς προσέκειτο ταῖς Συρακούσαις ἀλλ᾽ ἐν Κατάνῃ διεχείμαζεν, ὑπερώφθη τε καὶ ἔφθασεν αὐτὸν ἐκ τῆς Πελοποννήσου στρατιᾷ ὁ Γύλιππος ἀφικόμενος, ἣν οὐδ᾽ ἂν μετέπεμψαν οἱ Συρακόσιοι, εἰ ἐκεῖνος εὐθὺς ἐπέκειτο· ἱκανοὶ γὰρ αὐτοὶ οἰόμενοι εἶναι ἅμα τ᾽ ἂν ἔμαθον ἥσσους ὄντες καὶ ἀποτετειχισμένοι ἂν ἦσαν, ὥστε μηδ᾽ εἰ μετέπεμψαν ἔτι ὁμοίως ἂν αὐτοὺς ὠφελεῖν), ταῦτα οὖν ἀνασκοπῶν ὁ Δημοσθένης, καὶ γιγνώσκων ὅτι καὶ αὐτὸς ἐν τῷ παρόντι τῇ πρώτῃ ἡμέρᾳ μάλιστα δεινότατός ἐστι τοῖς ἐναντίοις, ἐβούλετο ὅτι τάχος ἀποχρήσασθαι τῇ παρούσῃ τοῦ στρατεύματος ἐκπλήξει. (4) Καὶ ὁρῶν τὸ παρατείχισμα τῶν Συρακοσίων, ᾧ ἐκώλυσαν περιτειχίσαι σφᾶς τοὺς Ἀθηναίους, ἁπλοῦν ὄν, καὶ εἰ ἐπικρατήσειέ τις τῶν τε Ἐπιπολῶν τῆς ἀναβάσεως καὶ αὖθις τοῦ ἐν αὐταῖς στρατοπέδου, ῥᾳδίως ἂν αὐτὸ ληφθέν (οὐδὲ γὰρ ὑπομεῖναι ἂν σφᾶς οὐδένα), ἠπείγετο ἐπιθέσθαι τῇ πείρᾳ, (5) καὶ οἱ ξυντομωτάτην ἡγεῖτο διαπολέμησιν· ἢ γὰρ κατορθώσας ἕξειν Συρακούσας, ἢ ἀπάξειν τὴν στρατιὰν καὶ οὐ τρίψεσθαι ἄλλως Ἀθηναίους τε τοὺς ξυστρατευομένους καὶ τὴν ξύμπασαν πόλιν. (6) Πρῶτον μὲν οὖν τήν τε γῆν ἐξελθόντες τῶν Συρακοσίων ἔτεμον οἱ Ἀθηναῖοι περὶ τὸν Ἄναπον, καὶ τῷ στρατεύματι ἐπεκράτουν ὥσπερ τὸ πρῶτον, τῷ τε πεζῷ καὶ ταῖς ναυσίν (οὐδὲ γὰρ καθ᾽ ἕτερα οἱ Συρακόσιοι ἀντεπεξῇσαν ὅτι μὴ τοῖς ἱππεῦσι καὶ ἀκοντισταῖς ἀπὸ τοῦ Ὀλυμπιείου)·

XLIII. ἔπειτα μηχαναῖς ἔδοξε τῷ Δημοσθένει πρότερον ἀποπειρᾶσαι τοῦ παρατειχίσματος. Ὡς δὲ αὐτῷ προσαγαγόντι κατεκαύθησάν τε ὑπὸ τῶν ἐναντίων ἀπὸ τοῦ τείχους ἀμυνομένων αἱ μηχαναί, καὶ τῇ ἄλλῃ στρατιᾷ πολλαχῇ προσβάλλοντες ἀπεκρούοντο, οὐκέτι ἐδόκει διατρίβειν, ἀλλὰ πείσας τόν τε Νικίαν καὶ τοὺς ἄλλους ξυνάρχοντας, ὡς ἐπενόει, τὴν ἐπιχείρησιν τῶν Ἐπιπολῶν ἐποιεῖτο. (2) Καὶ ἡμέρας μὲν ἀδύνατα ἐδόκει εἶναι λαθεῖν προσελθόντας τε καὶ ἀναβάντας,

Atque hi quidem, ut hoste mutrinque rursus aggressuri, sese præparabant;

XLII. interea vero Demosthenes et Eurymedon cum auxilio, quod Athenis adducebant, adveniunt, navibus ferme tribus et septuaginta, una cum peregrinis, et fere cum quinque millibus gravis armaturæ militum, tam ex suis popularibus, quam ex sociis, præterea cum jaculatoribus barbaris et Græcis non paucis, et funditoribus et sagittariis, et reliquo apparatu, quanto opus erat. (2) Atque Syracusanis quidem et sociis non exiguus pavor tunc incessit, si nullus periculi devitandi finis sibi futurus esset, quum viderent, quamvis Decelea esset munita, ideo tamen nihilo minus exercitum parem atque similem priori contra se venisse, et Atheniensium vires undique magnas apparere; priori vero Atheniensium exercitui, ut post mala, quoddam animi robur accesserat. (3) Demosthenes autem quum vidisset, quo in statu res essent, et existimasset, nullo modo licere tempus terere, nec committendum, quod Nicias commiserat (Nicias enim quum initio formidabilis illuc appulisset, quia Syracusas non protinus adoriebatur, sed Catanæ hibernabat, in contemptionem venit, eumque Gylippus cum copiis ex Peloponneso antevertit, quas ne accessissent quidem Syracusani, si ille confestim invasisset; nam quum ipsi se satis virium habere putarent, uno eodemque tempore se inferiores esse cognovissent, et circumvallati essent; quare ne si arcessissent quidem, ipsos amplius æque juvare potuisset), hæc igitur quum consideraret Demosthenes, et sciret, se quoque in præsentia primo potissimum die maxime formidabilem hostibus esse, præsenti suarum copiarum terrore quam celerrime ab uti volebat. (4) Et quum animadverteret, Syracusanorum murum secundum suas munitiones exstructum, quo se ab Atheniensibus circumvallari prohibuerant, simplicem esse, et si quis occupasset et Epipolarum aditum, et castra, quæ in iis erant, illum facile captum iri, (nullum enim fore qui suorum impetum auderet sustinere), rem aggredi, periculumque facere properabat, (5) brevissimamque hanc esse putabat debellandi rationem; aut enim re feliciter gesta Syracusis se potiturum aut copias abducturum et non attriturum frustra Athenienses tam eos, qui una militarent, quam universam civitatem. (6) Primum igitur egressi Athenienses Syracusanorum agrum, qui circum Anapum erat, vastarunt, et pedestribus navalibusque copiis, ut ante, superiores erant (adversus neutras enim Syracusani prodibant, nisi cum equitibus et jaculatoribus ex Olympieo);

XLIII. deinde Demostheni prius illam munitionem machinis temptare placuit, quæ secundum suam erat. Sed quum machinæ ab eo admotæ, crematæ essent ab adversariis, qui ex muris se defendebant, et quum ceteræ quoque ejus copiæ, quæ munitionem multifariam oppugnabant, repellerentur, tempus non amplius terendum esse censebat, sed quum rem Niciæ ceterisque collegis persuasisset, Epipolas, ut cogitabat, aggrediebatur. (2) Atque interdiu quidem nullo modo fieri posse videbatur, ut clam accede-

20.

παραγγείλας δὲ πένθ' ἡμερῶν σιτία, καὶ τοὺς λιθολόγους καὶ τέκτονας πάντας λαβὼν καὶ ἄλλην παρασκευὴν τοξευμάτων τε καὶ ὅσα ἔδει ἦν κρατῶσι τειχίζοντας ἕξειν, αὐτὸς μὲν ἀπὸ πρώτου ὕπνου καὶ Εὐρυμέδων καὶ Μένανδρος ἀναλαβὼν τὴν πᾶσαν στρατιὰν ἐχώρει πρὸς τὰς Ἐπιπολάς, Νικίας δ' ἐν τοῖς τείχεσιν ὑπελείπετο. (3) Καὶ ἐπειδὴ ἐγένοντο πρὸς αὐταῖς κατὰ τὸν Εὐρύηλον, ᾖπερ καὶ ἡ προτέρα στρατιὰ τὸ πρῶτον ἀνέβη, λανθάνουσί τε τοὺς φύλακας τῶν Συρακοσίων, καὶ προσβάντες τὸ τείχισμα ὃ ἦν αὐτόθι τῶν Συρακοσίων αἱροῦσι, καὶ ἄνδρας τῶν φυλάκων ἀποκτείνουσιν. (4) Οἱ δὲ πλείους διαφυγόντες εὐθὺς πρὸς τὰ στρατόπεδα, ἃ ἦν ἐπὶ τῶν Ἐπιπολῶν τρία, ἐν μὲν τῶν Συρακοσίων, ἓν δὲ τῶν ἄλλων Σικελιωτῶν, ἓν δὲ τῶν ξυμμάχων, ἀγγέλλουσι τὴν ἔφοδον, καὶ τοῖς ἑξακοσίοις τῶν Συρακοσίων, οἳ καὶ πρῶτοι κατὰ τοῦτο τὸ μέρος τῶν Ἐπιπολῶν φύλακες ἦσαν, ἔφραζον. (5) Οἱ δ' ἐβοήθουν τ' εὐθύς, καὶ αὐτοῖς ὁ Δημοσθένης καὶ οἱ Ἀθηναῖοι ἐντυχόντες ἀμυνομένους προθύμως ἔτρεψαν. Καὶ αὐτοὶ μὲν εὐθὺς ἐχώρουν ἐς τὸ πρόσθεν, ὅπως τῇ παρούσῃ ὁρμῇ τοῦ περαίνεσθαι ὧν ἕνεκα ἦλθον μὴ βραδεῖς γένωνται· ἄλλοι δὲ τὸ ἀπὸ τῆς πρώτης παρατείχισμα τῶν Συρακοσίων, οὐχ ὑπομενόντων τῶν φυλάκων, ᾕρουν τε καὶ τὰς ἐπάλξεις ἀπέσυρον. (6) Οἱ δὲ Συρακόσιοι καὶ οἱ ξύμμαχοι καὶ ὁ Γύλιππος καὶ οἱ μετ' αὐτοῦ ἐβοήθουν ἐκ τῶν προτειχισμάτων, καὶ ἀδοκήτου τοῦ τολμήματος σφίσιν ἐν νυκτὶ γενομένου προσέβαλόν τε τοῖς Ἀθηναίοις ἐκπεπληγμένοι, καὶ βιασθέντες ὑπ' αὐτῶν τὸ πρῶτον ὑπεχώρησαν. (7) Προϊόντων δὲ τῶν Ἀθηναίων ἐν ἀταξίᾳ μᾶλλον ἤδη ὡς κεκρατηκότων, καὶ βουλομένων διὰ παντὸς τοῦ μήπω μεμαχημένου τῶν ἐναντίων ὡς τάχιστα διελθεῖν, ἵνα μὴ ἀνέντων σφῶν τῆς ἐφόδου αὖθις ξυστραφῶσιν, οἱ Βοιωτοὶ πρῶτοι αὐτοῖς ἀντέσχον, καὶ προσβαλόντες ἔτρεψάν τε καὶ ἐς φυγὴν κατέστησαν.

XLIV. Καὶ ἐνταῦθα ἤδη ἐν πολλῇ ταραχῇ καὶ ἀπορίᾳ ἐγίγνοντο οἱ Ἀθηναῖοι, ἣν οὐδὲ πυθέσθαι ῥᾴδιον ἦν οὐδ' ἀφ' ἑτέρων ὅτῳ τρόπῳ ἕκαστα ξυνηνέχθη. Ἐν μὲν γὰρ ἡμέρᾳ σαφέστερα μέν, ὅμως δὲ οὐδὲ ταῦτα οἱ παραγενόμενοι πάντα πλὴν τὸ καθ' ἑαυτὸν ἕκαστος μόλις οἶδεν· ἐν δὲ νυκτομαχίᾳ, ἣ μόνη δὴ στρατοπέδων μεγάλων ἕν γε τῷδε τῷ πολέμῳ ἐγένετο, πῶς ἄν τις σαφῶς τι ᾔδει; (2) Ἦν μὲν γὰρ σελήνη λαμπρά, ἑώρων δὲ οὕτως ἀλλήλους ὡς ἐν σελήνῃ εἰκὸς τὴν μὲν ὄψιν τοῦ σώματος προορᾶν, τὴν δὲ γνῶσιν τοῦ οἰκείου ἀπιστεῖσθαι. Ὁπλῖται δὲ ἀμφοτέρων οὐκ ὀλίγοι ἐν στενοχωρίᾳ ἀνεστρέφοντο. (3) Καὶ τῶν Ἀθηναίων οἱ μὲν ἤδη ἐνικῶντο, οἱ δ' ἔτι τῇ πρώτῃ ἐφόδῳ ἀήσσητοι ἐχώρουν. Πολὺ δὲ καὶ τοῦ ἄλλου στρατεύματος αὐτοῖς τὸ μὲν ἄρτι ἀναβεβήκει τὸ δ' ἔτι προσανῄει, ὥστ' οὐκ ἠπίσταντο πρὸς ὅ τι χρὴ χωρῆσαι. Ἤδη γὰρ τὰ πρόσθεν τῆς τροπῆς γεγενημένης ἐτετάρακτο πάντα καὶ χαλεπὰ ἦν ὑπὸ τῆς βοῆς διαγνῶναι. (4) Οἵ τε γὰρ Συρακόσιοι καὶ οἱ ξύμμαχοι κρατοῦντες παρεκελεύοντό τε κραυγῇ οὐκ ὀλίγῃ χρώμενοι, ἀδύνατον ὂν ἐν νυκτὶ ἄλλῳ τῳ

rent et adscenderent, sed quum edixisset quinque dierum cibaria secum ferre et ædium structores omnesque fabros assumpsisset, et ceterum missilium apparatum, quæcumque ad munitiones exstruendas, si loco poterentur, necessaria erant, ipse quidem a primo somno, et Eurymedon et Menander, omnibus copiis assumptis, ad Epipolas contendit, Nicias vero in munitionibus remanebat. (3) Et postquam prope eas advenerunt per Euryelum, qua etiam prior exercitus primum adscenderat, et latent Syracusanorum custodes et aggressi Syracusanorum munitionem, quæ illic erat, capiunt, et nonnullos de custodibus interficiunt. (4) Sed eorum plerique, qui confestim diffugerant ad castra, quæ in ipsis Epipolis erant terna, una Syracusanorum, altera ceterorum Siciliensium, et tertia sociorum, hostium adventum nuntiarunt, et sexcentis illis Syracusanis, qui etiam primi in hac Epipolarum parte excubabant, rem significabant. (5) Hi vero confestim occurrerunt, et Demosthenes Athenienses que quum in eos incidissent, quamvis strenue resistentes fugarunt. Atque ipsi quidem confestim ulterius ire pergebant, ne in præsenti illo animorum ardore perficiendi res, quarum causa venerant, lenti essent; alii vero proximam munitionem Syracusanorum a custodibus desertam capiebant pinnasque detrahebant. (6) Syracusani vero et socii et Gylippus, ejusque milites opem ex propugnaculis ferebant, et quum iis præter opinionem hic audax conatus noctu accidisset, invaserunt Athenienses timore perculsi, et ab iis repulsi, primo pedem retulerunt. (7) Dum autem Athenienses jam ordine minus servato progrediuntur quasi victores, et omnes hostium munitiones nondum oppugnatas perrumpere quam celerrime volunt, ne se de impressione remittentibus, illi rursus conglobarentur, primi Bœoti iis restiterunt, aggressique eos fuderunt et in fugam conjecerunt.

XLIV. Hic vero Athenienses jam in magna perturbatione et consilii inopia esse cœperunt, quam ex neutris ne comperire quidem facile erat, quo quidque modo contigisset. Nam interdiu quidem quæ fiunt, magis perspicua sunt, sed tamen ne hæc quidem omnia illi, qui interfuerunt, sed vix unus quisque novit res in ea parte gestas, in qua ipse fuit; in nocturna vero pugna, quæ sola in hoc bello inter magnos exercitus tunc est commissa, qua ratione quis aliquid certo sciret? (2) Nam luna quidem fulgebat, sed ita se invicem conspiciebant, ut ad lunam credibile est, ipsam quidem corporis speciem ut prospicerent, sed in agnoscendo amico diffiderent. Utrorumque vero haud pauci gravis armaturæ milites in angusto loci spatio versabantur. (3) Et Atheniensium alii quidem jam vincebantur, alii vero sua prima impressione adhuc invicti pergebant. Multi autem etiam ex reliquo exercitu ad eos partim jam adscenderant, partim adhuc adventabant, adeo ut nescirent, quonam tenderent. Jam enim primæ agminis partes, quum fuga facta esset, totæ perturbatæ erant, et propter clamorem difficile dignosci poterant. (4) Nam et Syracusani et socii, qui vincebant, adhortabantur inter se, clamore haud parvo utentes, quod

μῆναι, καὶ ἅμα τοὺς προσφερομένους ἐδέχοντο· οἵ τε
ἠναῖοι ἐζήτουν τε σφᾶς αὐτοὺς καὶ πᾶν τὸ ἐξ ἐναν-
ς, καὶ εἰ φίλιον εἴη τῶν ἤδη πάλιν φευγόντων, πο-
μιον ἐνόμιζον, καὶ τοῖς ἐρωτήμασι τοῦ ξυνθήματος
κνοῖς χρώμενοι διὰ τὸ μὴ εἶναι ἄλλῳ τῳ γνωρίσαι
ἴσι τε αὐτοῖς θόρυβον πολὺν παρεῖχον, ἅμα πάντες
υτῶντες, καὶ τοῖς πολεμίοις σαφὲς αὐτὸ κατέστησαν·
τὸ δ' ἐκείνων οὐχ ὁμοίως ἠπίσταντο διὰ τὸ κρατοῦν-
ς αὐτοὺς καὶ μὴ διεσπασμένους ἧσσον ἀγνοεῖσθαι,
τ' εἰ μὲν ἐντύχοιέν τισι κρείσσους ὄντες τῶν πολεμίων,
φευγον αὐτοὺς ἅτε ἐκείνων ἐπιστάμενοι τὸ ξύνθημα,
δ' αὐτοὶ μὴ ἀποκρίνοιντο, διεφθείροντο. (6) Μέγι-
ον δὲ καὶ οὐχ ἥκιστα ἔβλαψεν ὁ παιωνισμός· ἀπὸ
ρ ἀμφοτέρων παραπλήσιος ὢν ἀπορίαν παρεῖχεν. Οἱ
γὰρ Ἀργεῖοι καὶ οἱ Κερκυραῖοι καὶ ὅσον Δωρικὸν
τ' Ἀθηναίων ἦν, ὁπότε παιωνίσειαν, φόβον παρεῖχε
ἷς Ἀθηναίοις, οἵ τε πολέμιοι ὁμοίως. (7) Ὥστε τέ-
ς ξυμπεσόντες αὐτοῖς κατὰ πολλὰ τοῦ στρατοπέδου,
εἰ ἅπαξ ἐταράχθησαν, φίλοι τε φίλοις καὶ πολῖται
λίταις, οὐ μόνον ἐς φόβον κατέστησαν, ἀλλὰ καὶ ἐς
ῖρας ἀλλήλοις ἐλθόντες μόλις ἀπελύοντο. (8) Καὶ
ωκόμενοι κατά τε τῶν κρημνῶν οἱ πολλοὶ ῥίπτοντες
υτοὺς ἀπώλλυντο, στενῆς οὔσης τῆς ἀπὸ τῶν Ἐπιπο-
ὶν πάλιν καταβάσεως, καὶ ἐπειδὴ ἐς τὸ ὁμαλὸν οἱ
ζόμενοι ἄνωθεν καταβαῖεν, οἱ μὲν πολλοὶ αὐτῶν, καὶ
οἱ ἦσαν τῶν προτέρων στρατιωτῶν, ἐμπειρίᾳ μᾶλλον
ἰς χώρας ἐς τὸ στρατόπεδον διεφύγγανον, οἱ δὲ ὕστε-
ν ἥκοντες εἰσὶν οἳ διαμαρτόντες τῶν ὁδῶν κατὰ τὴν
ὥραν ἐπλανήθησαν· οὓς, ἐπειδὴ ἡμέρα ἐγένετο, οἱ ἱπ-
ῆς τῶν Συρακοσίων περιελάσαντες διέφθειραν.

XLV. Τῇ δ' ὑστεραίᾳ οἱ μὲν Συρακόσιοι δύο τρο-
αῖα ἔστησαν, ἐπί τε ταῖς Ἐπιπολαῖς ᾗ ἡ πρόσβασις
αὶ κατὰ τὸ χωρίον ᾗ οἱ Βοιωτοὶ πρῶτον ἀντέστησαν,
δ' Ἀθηναῖοι τοὺς νεκροὺς ὑποσπόνδους ἐκομίσαντο.
) Ἀπέθανον δὲ οὐκ ὀλίγοι αὐτῶν τε καὶ τῶν ξυμμάχων,
τλα μέντοι ἔτι πλείω ἢ κατὰ τοὺς νεκροὺς ἐλήφθη· οἱ
ὰρ κατὰ τῶν κρημνῶν βιασθέντες ἄλλεσθαι ψιλοὶ ἄνευ
ῶν ἀσπίδων οἱ μὲν ἀπώλλυντο οἱ δ' ἐσώθησαν.

XLVI. Μετὰ δὲ τοῦτο οἱ μὲν Συρακόσιοι ὡς ἐπὶ
προσδοκήτῳ εὐπραγίᾳ πάλιν αὖ ἀναρρωσθέντες, ὥσπερ
αὶ πρότερον, ἐς μὲν Ἀκράγαντα στασιάζοντα πεντε-
αίδεκα ναυσὶ Σικανὸν ἀπέστειλαν, ὅπως ὑπαγάγοιτο
ὴν πόλιν, εἰ δύναιτο· Γύλιππος δὲ κατὰ γῆν ἐς τὴν
λλην Σικελίαν ᾤχετο αὖθις, ἄξων στρατιὰν ἔτι, ὡς ἐν
λπίδι ὢν καὶ τὰ τείχη τῶν Ἀθηναίων αἱρήσειν βίᾳ,
τειδὴ τὰ ἐν ταῖς Ἐπιπολαῖς οὕτω ξυνέβη.

XLVII. Οἱ δὲ τῶν Ἀθηναίων στρατηγοὶ ἐν τούτῳ
βουλεύοντο πρός τε τὴν γεγενημένην ξυμφορὰν καὶ
ρὸς τὴν παροῦσαν ἐν τῷ στρατοπέδῳ κατὰ πάντα ἀ-
ωστίαν. Τοῖς τε γὰρ ἐπιχειρήμασιν ἑώρων οὐ κατορ-
οῦντες καὶ τοὺς στρατιώτας ἀχθομένους τῇ μονῇ· (2)
όσῳ τε γὰρ ἐπιέζοντο κατ' ἀμφότερα, τῆς τε ὥρας τοῦ
νιαυτοῦ ταύτης οὔσης ἐν ᾗ ἀσθενοῦσιν ἄνθρωποι μά-
ιστα, καὶ τὸ χωρίον ἅμα ἐν ᾧ ἐστρατοπεδεύοντο ἑλῶ-

alia ratione noctu quidquam significare non possent, et
simul eorum, qui se ferebant obviam, impetum sustinebant; et Athenienses se ipsos quærebant, et quoslibet
oppositos, quamvis essent amici ex illis, qui fuga se jam
recipiebant, hostes esse ducebant, et dum crebris interrogationibus tesseram sciscitantur, quod nulla alia ratione suos
dignoscere poterant, et sibi ipsis ingentem perturbationem
præbebant, quum simul omnes sciscitarentur, et hostibus
eam prodiderunt; (5) contra illorum tesseram non item
intelligebant, quia illi vincentes, nec dissipati, minus inter
se ignoti erant; quare, si in aliquos hostes incidissent,
quamvis plus virium haberent, tamen illi elabebantur, quod
eorum tesseram nossent; ipsi vero si non responderent,
trucidabantur. (6) Quod autem maxime atque præcipue
nocuit, fuit pæanis modulatio; quæ quum utrorumque
similis esset, dubitationem afferebat. Nam et Argivi et
Corcyræi, et quicquid Doricæ gentis cum Atheniensibus
erat, quoties pæana canerent, Atheniensibus timorem incutiebant, et hostes pariter. (7) Quamobrem ad extremum,
postquam semel perturbati erant, in plerisque agminis partibus inter se ipsos concurrentes, et amici cum amicis, et
cives cum civibus, non solum metum sibi incusserunt,
sed etiam ad manus inter se venerunt, et ægre dirimebantur. (8) Atque hostibus insequentibus multi se ex rupibus
præcipitantes interemerunt, quod artus esset ex Epipolis
ad regrediendum descensus, et postquam ii, qui ex locis
superioribus incolumes evaserant, in planitiem descendissent, eorum plerique, et quotquot erant ex priore exercitu,
propter majorem regionis notitiam, in sua castra perfugiebant, ex iis vero, qui posterius venerant, nonnulli ab itine-
ribus aberrantes per agrum passim errarunt, quos, ubi dies
illuxit, Syracusanorum equitatus circumfusus profligavit.

XLV. Postridie vero Syracusani quidem duo tropæa statuerunt, ad Epipolas, qua ascensus erat, et eo loco, ubi
primum Bœoti restiterant; Athenienses vero suorum cadavera fide publica interposita receperunt. (2) Non pauci
autem et ipsorum et sociorum perierant; arma vero longe
plura, quam pro cæsorum numero, capta sunt; qui enim
ex rupibus desilire coacti erant, inermes sine scutis partim
peribant, partim evaserunt.

XLVI. Postea vero Syracusani quidem propter insperatum rei feliciter gestæ successum animis rursus confirmati
ut ante, Agrigentum, quod seditione laborabat, Sicanum
cum quindecim navibus miserunt, ut illam urbem, si posset, in suam potestatem redigeret; Gylippus autem itinere
terrestri reliquam Siciliam iterum obibat, ut novas copias
adduceret, quod spem conceperat, fore, ut et munitiones
Atheniensium vi expugnaret, quandoquidem apud Epipolas
res ita contigisset.

XLVII. Atheniensium vero duces interea consultabant et
de clade, quam acceperant, et de afflicta omnibus in rebus
fortuna, in qua totus exercitus tunc erat constitutus. Videbant enim conata sibi sua non succedere, et milites man-
sione gravari; (2) nam et morbo premebantur, duabus de
causis, quod et id erat anni tempus, quo potissimum homines ægrotant, et quod locus, in quo castra habebant,
palustris ac gravis erat; et de ceteris rebus quod iis nulla

ἐες καὶ χαλεπὸν ἦν, τά τε ἄλλα ὅτι ἀνέλπιστα αὐτοῖς ἐφαίνετο. (3) Τῷ οὖν Δημοσθένει οὐκ ἐδόκει ἔτι χρῆναι μένειν, ἀλλ' ἅπερ καὶ διανοηθεὶς ἐς τὰς Ἐπιπολὰς διακινδυνεῦσαι, ἐπειδὴ ἔσφαλτο, ἀπιέναι ἐψηφίζετο καὶ μὴ διατρίβειν, ἕως ἔτι τὸ πέλαγος οἷόν τε περαιοῦσθαι καὶ τοῦ στρατεύματος ταῖς γοῦν ἐπελθούσαις ναυσὶ κρατεῖν. (4) Καὶ τῇ πόλει ὠφελιμώτερον ἔφη εἶναι πρὸς τοὺς ἐν τῇ χώρᾳ σφῶν ἐπιτειχίζοντας τὸν πόλεμον ποιεῖσθαι ἢ Συρακοσίους, οὓς οὐκέτι ῥᾴδιον εἶναι χειρώσασθαι· οὐδ' αὖ ἄλλως χρήματα πολλὰ δαπανῶντας εἰκὸς εἶναι προσκαθῆσθαι. Καὶ ὁ μὲν Δημοσθένης τοιαῦτα ἐγίγνωσκεν·

XLVIII. ὁ δὲ Νικίας ἐνόμιζε μὲν καὶ αὐτὸς πονηρὰ σφῶν τὰ πράγματα εἶναι, τῷ δὲ λόγῳ οὐκ ἐβούλετο αὐτὰ ἀσθενῆ ἀποδεικνύναι, οὐδ' ἐμφανῶς σφᾶς ψηφιζομένους μετὰ πολλῶν τὴν ἀναχώρησιν τοῖς πολεμίοις καταγγέλτους γίγνεσθαι· λαθεῖν γὰρ ἄν, ὁπότε βούλοιντο, τοῦτο ποιοῦντες πολλῷ ἧσσον. (2) Τὸ δέ τι καὶ τὰ τῶν πολεμίων, ἀφ' ὧν ἐπὶ πλέον ἢ οἱ ἄλλοι ᾐσθάνετο αὐτῶν, ἐλπίδος τι ἔτι παρεῖχε πονηρότερα τῶν σφετέρων ἔσεσθαι, ἢν καρτερῶσι προσκαθήμενοι· χρημάτων γὰρ ἀπορίᾳ αὐτοὺς ἐκτρυχώσειν, ἄλλως τε καὶ ἐπὶ πλέον ἤδη ταῖς ὑπαρχούσαις ναυσὶ θαλασσοκρατούντων. Καὶ ἦν γάρ τι καὶ ἐν ταῖς Συρακούσαις βουλόμενον τοῖς Ἀθηναίοις τὰ πράγματα ἐνδοῦναι, ἐπεκηρυκεύετο ὡς αὐτὸν καὶ οὐκ εἴα ἀπανίστασθαι. (3) Ἃ ἐπιστάμενος τῷ μὲν ἔργῳ ἔτι ἐπ' ἀμφότερα ἔχων καὶ διασκοπῶν ἀνεῖχεν, τῷ δ' ἐμφανεῖ τότε λόγῳ οὐκ ἔφη ἀπάξειν τὴν στρατιάν. Εὖ γὰρ εἰδέναι ὅτι Ἀθηναῖοι σφῶν ταῦτα οὐκ ἀποδέξονται, ὥστε μὴ αὐτῶν ψηφισαμένων ἀπελθεῖν. Καὶ γὰρ οὐ τοὺς αὐτοὺς ψηφιεῖσθαί τε περὶ σφῶν [αὐτῶν] καὶ τὰ πράγματα ὥσπερ καὶ αὐτοὶ δρῶντας καὶ οὐκ ἄλλων ἐπιτιμήσει ἀκούσαντας γνώσεσθαι, ἀλλ' ἐξ ὧν ἄν τις λέγων διαβάλλοι, ἐκ τούτων αὐτοὺς πείσεσθαι. (4) Τῶν τε παρόντων στρατιωτῶν πολλοὺς καὶ τοὺς πλείους ἔφη, οἳ νῦν βοῶσιν ὡς ἐν δεινοῖς ὄντες, ἐκεῖσε ἀφικομένους τἀναντία βοήσεσθαι ὡς ὑπὸ χρημάτων καταπροδόντες οἱ στρατηγοὶ ἀπῆλθον. Οὔκουν βούλεσθαι αὐτός γε ἐπιστάμενος τὰς Ἀθηναίων φύσεις ἐπ' αἰσχρᾷ τε αἰτίᾳ καὶ ἀδίκως ὑπ' Ἀθηναίων ἀπολέσθαι μᾶλλον ἢ ὑπὸ τῶν πολεμίων, εἰ δεῖ, κινδυνεύσας τοῦτο παθεῖν ἰδίᾳ. (5) Τά τε Συρακοσίων ἔφη ὅμως ἔτι ἥσσω τῶν σφετέρων εἶναι· χρήμασι γὰρ αὐτοὺς ξενοτροφοῦντας καὶ ἐν περιπολίοις ἅμα ἀναλίσκοντας, καὶ ναυτικὸν πολὺ ἔτι ἐνιαυτὸν ἤδη βόσκοντας, τὰ μὲν ἀπορεῖν τὰ δ' ἔτι ἀμηχανήσειν· δισχίλιά τε γὰρ τάλαντα ἤδη ἀναλωκέναι καὶ ἔτι πολλὰ προσοφείλειν, ἤν τε καὶ ὁτιοῦν ἐκλίπωσι τῆς νῦν παρασκευῆς τῷ μὴ διδόναι τροφήν, φθερεῖσθαι αὐτῶν τὰ πράγματα ἐπικουρικὰ μᾶλλον ἢ δι' ἀνάγκης ὥσπερ τὰ σφέτερα ὄντα. (6) Τρίβειν οὖν ἔφη χρῆναι προσκαθημένους, καὶ μὴ χρήμασιν, ὧν πολὺ κρείσσους εἰσί, νικηθέντας ἀπιέναι.

XLIX. Ὁ μὲν Νικίας τοσαῦτα λέγων ἰσχυρίζετο, αἰσθόμενος τὰ ἐν ταῖς Συρακούσαις ἀκριβῶς, καὶ τὴν

amplius spes ostenderetur. (3) Demostheni igitur non videbatur diutius manendum esse, sed quando spes illa, qua adductus belli fortunam apud Epipolas tentavisset, eum fefellisset, abeundum esse censebat nec amplius morandum, donec adhuc mare trajiciendi facultas esset et e suo exercitu earum certe navium ope, quæ postea advenissent, vincere possent. (4) Et reipublicæ magis conducere dicebat, bellum cum illis gerere, qui in suo agro munitiones adversus se exstruerent, quam cum Syracusanis, quos expugnare nequaquam amplius facile esset; neque etiam rationi consentaneum esse, magnam pecuniæ vim in obsidione frustra consumere. Atque Demosthenis quidem hæc erat sententia.

XLVIII. Nicias vero credebat quidem et ipse, res suas afflictas esse, verbis tamen earum infirmitatem declarare non volebat, neque etiam se ipsos, dum palam cum multis sententias ferrent de reditu, rem hostibus prodere; nam si hoc facerent, multo minus, quotiescumque voluissent, clam discedere posse. (2) Præterea vero etiam hostium res, pro eo quod earum majorem quam ceteri notitiam habebat, nonnihil spei adhuc ei præbebant, fore, ut deteriore conditione essent, quam suæ, si in obsidione perseverarent; illos enim pecuniarum inopia a se exhaustum iri, præsertim quod ipsi jam latius præsentibus navibus maris imperium obtinerent. Atque etiam, quoniam et Syracusis erant nonnulli, qui res Atheniensibus dedere volebant, hi nuntios ad ipsum mittebant, nec discedere sinebant. (3) Quæ quum sciret, re quidem ipsa in utramque partem adhuc nutans et ancipitem cogitationem habens hærebat, verbis vero, quibus tunc palam utebatur, se copias abducturum negabat. Se enim probe scire, hæc ab Atheniensibus minime probatum iri, si sine ipsorum decreto discederent. Non enim, eosdem fore, et qui de se [ipsis] sententias ferant et qui res gestas, ut ipsi, suis oculis videndo et non ex aliorum conviciis audiendo cognoscant, sed potius prout quis pulchre dicens invidiam faceret, ita eos fidem habituros. (4) Et multos atque adeo plerosque præsentium militum, qui nunc vociferarentur, se in gravibus malis versari, illuc reversos contraria vociferaturos, duces pecunia ad proditionem adductos discessisse. Non igitur se quidem, qui nosset Atheniensium ingenia, velle ob turpem causam et injuste ab Atheniensibus potius morte mulctari, quam ab hostibus, si necesse esset, hoc ipsum non sine certaminis periculo pati privatim. (5) Et res Syracusanorum dicebat tamen nunc quoque deteriore conditione esse, quam suas; illos enim, quod sua pecunia mercenarios milites alerent, simul etiam, quod alios sumptus facerent in alenda præsidia in castellis circum urbem sitis disposita, præterea, quod magnam etiam classem jam per annum alerent, partim quidem rei pecuniariæ inopia jam premi, partim vero postea in angustiis fore; duo enim talentorum millia jam consumpsisse, et præterea multa etiam debere, et, si vel minimum de præsenti apparatu detraherent eo quod stipendium dare cessarent, res eorum perituras, quippe quæ copiis auxiliaribus potius continerentur, quam necessitate, ut res suas, constare. (6) Quamobrem dicebat oportere se in obsidione perseverare, neque, quasi illi pecunia longe superiores essent, victos abire.

XLIX. Nicias quidem hæc cum asseveratione dicebat, quia rerum Syracusanarum statum plane compertum habe-

τῶν χρημάτων ἀπορίαν, καὶ ὅτι ἦν αὐτόθι [που] τὸ βουλόμενον τοῖς Ἀθηναίοις γίγνεσθαι τὰ πράγματα καὶ ἐπικηρυκευόμενον πρὸς αὐτὸν ὥστε μὴ ἀπανίστασθαι, καὶ ἅμα ταῖς γοῦν ναυσὶν ἢ πρότερον θαρσήσει κρατήσειν. (2) Ὁ δὲ Δημοσθένης περὶ μὲν τοῦ προσκαθῆσθαι οὐδ' ὁπωσοῦν ἐνεδέχετο· εἰ δὲ δεῖ μὴ ἀπάγειν τὴν στρατιὰν ἄνευ Ἀθηναίων ψηφίσματος ἀλλὰ τρίβειν αὐτοῦς, ἔφη χρῆναι ἢ ἐς τὴν Θάψον ἀναστάντας τοῦτο ποιεῖν ἢ ἐς τὴν Κατάνην, ὅθεν τῷ τε πεζῷ ἐπὶ πολλὰ τῆς χώρας ἐπιόντες θρέψονται πορθοῦντες τὰ τῶν πολεμίων καὶ ἐκείνους βλάψουσιν, ταῖς τε ναυσὶν ἐν πελάγει καὶ οὐκ ἐν στενοχωρίᾳ ἢ πρὸς τῶν πολεμίων μᾶλλόν ἐστι, τοὺς ἀγῶνας ποιήσονται, ἀλλ' ἐν εὐρυχωρίᾳ, ἐν ᾗ τά τε τῆς ἐμπειρίας χρήσιμα σφῶν ἔσται, καὶ ἀναχωρήσεις καὶ ἐπίπλους οὐκ ἐκ βραχέος καὶ περιγραπτοῦ ὁρμώμενοί τε καὶ καταίροντες ἕξουσιν. (3) Τό τε ξύμπαν εἰπεῖν, οὐδενὶ τρόπῳ οἱ ἔφη ἀρέσκειν ἐν τῷ αὐτῷ ἔτι μένειν, ἀλλ' ὅτι τάχιστα ἤδη καὶ μὴ μέλλειν ἐξανίστασθαι. Καὶ ὁ Εὐρυμέδων αὐτῷ ταῦτα ξυνηγόρευεν. 4) Ἀντιλέγοντος δὲ τοῦ Νικίου ὄκνος τις καὶ μέλλησις ἐνεγένετο, καὶ ἅμα ὑπόνοια μή τι καὶ πλέον εἰδὼς ὁ Νικίας ἰσχυρίζηται. Καὶ οἱ μὲν Ἀθηναῖοι τούτῳ τῷ τρόπῳ διεμέλλησάν τε καὶ κατὰ χώραν ἔμενον.

L. Ὁ δὲ Γύλιππος καὶ ὁ Σικανὸς ἐν τούτῳ παρῆσαν ἐς τὰς Συρακούσας, ὁ μὲν Σικανὸς ἁμαρτὼν τοῦ Ἀκράγαντος (ἐν Γέλᾳ γὰρ ὄντος αὐτοῦ ἔτι ἡ τοῖς Συρακοσίοις στάσις ἐς φίλια ἐξεπεπτώκει)· ὁ δὲ Γύλιππος ἄλλην τε στρατιὰν πολλὴν ἔχων ἦλθεν ἀπὸ τῆς Σικελίας καὶ τοὺς ἐκ τῆς Πελοποννήσου τοῦ ἦρος ἐν ταῖς ὁλκάσιν ὁπλίτας ἀποσταλέντας, ἀφικομένους ἀπὸ τῆς Λιβύης ἐς Σελινοῦντα. (2) Ἀπενεχθέντες γὰρ ἐς Λιβύην, καὶ δόντων Κυρηναίων τριήρεις δύο καὶ τοῦ πλοῦ ἡγεμόνας, καὶ ἐν τῷ παράπλῳ Εὐεσπερίταις πολιορκουμένοις ὑπὸ Λιβύων ξυμμαχήσαντες καὶ νικήσαντες τοὺς Λίβυς, καὶ αὐτόθεν παραπλεύσαντες ἐς Νέαν πόλιν Καρχηδονιακὸν ἐμπόριον, ὅθεν πρὸς Σικελίαν ἐλάχιστον δυοῖν ἡμερῶν καὶ νυκτὸς πλοῦν ἀπέχει, καὶ ἀπ' αὐτοῦ περαιωθέντες ἀφίκοντο ἐς Σελινοῦντα. (3) Καὶ οἱ μὲν Συρακόσιοι εὐθὺς αὐτῶν ἐλθόντων παρεσκευάζοντο ὡς ἐπιθησόμενοι κατ' ἀμφότερα αὖθις τοῖς Ἀθηναίοις, καὶ ναυσὶ καὶ πεζῷ· οἱ δὲ τῶν Ἀθηναίων στρατηγοὶ ὁρῶντες στρατιάν τε ἄλλην προσγεγενημένην αὐτοῖς, καὶ τὰ ἑαυτῶν ἅμα οὐκ ἐπὶ τὸ βέλτιον χωροῦντα ἀλλὰ καθ' ἡμέραν τοῖς πᾶσι χαλεπώτερον ἴσχοντα, μάλιστα δὲ τῇ ἀσθενείᾳ τῶν ἀνθρώπων πιεζόμενα, μετεμέλοντό τε πρότερον οὐκ ἀναστάντες, καὶ ὡς αὐτοῖς οὐδὲ ὁ Νικίας ἔτι ὁμοίως ἠναντιοῦτο ἀλλ' ἢ μὴ φανερῶς γε ἀξιοῦν ψηφίζεσθαι, προεῖπον ὡς ἠδύναντο ἀδηλότατα ἔκπλουν ἐκ τοῦ στρατοπέδου πᾶσιν, καὶ παρασκευάσασθαι ὅταν τις σημήνῃ. (4) Καὶ μελλόντων αὐτῶν, ἐπειδὴ ἕτοιμα ἦν, ἀποπλεῖν ἡ σελήνη ἐκλείπει· ἐτύγχανε γὰρ πασσέληνος οὖσα. Καὶ οἱ Ἀθηναῖοι οἵ τε πλείους ἐπισχεῖν ἐκέλευον τοὺς στρατηγοὺς ἐνθύμιον ποιούμενοι, καὶ ὁ Νικίας (ἦν γάρ τι καὶ ἄγαν θειασμῷ

bat, et pecuniarum inopiam, et esse illic quosdam, qui res in Atheniensium potestatem venire cuperent, et qui nuntios ad se mitterent, ne discederet; simul etiam quia naves certe eum jam magis quam antea fiducia commovebant. (2) Demosthenes vero de remanendo in obsidione nullo modo assentiebatur; si autem sine Atheniensium decreto non liceret exercitum abducere, sed ibi perstandum esset, dicebat id aut Thapsum translatis castris faciendum esse, aut Catanam, unde et peditatu plerasque agri circumjecti partes invadentes et res hostium diripientes victum sibi paraturi illisque damnum illaturi essent, et navibus in alto, nec in angustiis, quæ pro hostibus magis facerent, prœlia commissuri essent, sed in amplo spatio, ubi ex sua peritia fructum perciperent, et se recipiendi et hostem invadendi liberam facultatem haberent, non ex brevi circumscriptoque spatio provehentes et revertentes. (3) In summa nullo modo sibi placere dicebat, in eodem loco diutius manere, sed quam celerrime jam et sine ulla cunctatione castris motis abire. Et Eurymedon ejus orationem comprobabat. (4) Sed contradicente Nicia segnities quædam et cunctatio incedebat, et simul etiam suspicio, ne Nicias, quod aliquid amplius nosset, hæc affirmaret. Hunc in modum Athenienses quidem cunctati sunt et in loco permanserunt.

L. Gylippus vero et Sicanus interea Syracusas redierant, Sicanus quidem infecto Agrigenti negotio (nam quum adhuc Gelæ esset, illa factio, quæ in Syracusanorum gratiam amicitiam cum iis constituere voluerat, in exilium ejecta erat); Gylippus vero rediit secum adducens quum alium magnum exercitum ex Sicilia collectum, tum etiam illos gravis armaturæ milites, qui vere in onerariis navibus ex Peloponneso missi venerant ex Africa Selinuntem. (2) Quum enim in Africam delati essent, et duas triremes et navigationis duces a Cyrenæis datos accepissent, et in ipsa prætervectione Euesperitis, qui ab Afris obsidebantur, opem tulissent, Afrosque superassent, et illinc prætervecti Neapolim petiissent, Carthaginiense emporium, unde in Siciliam brevissimus est trajectus, duorum omnino dierum et unius noctis navigatione, illinc trajecti Selinuntem pervenerunt. (3) Et Syracusani quidem statim post illorum adventum sese præparabant, ut Athenienses utrinque rursus invaderent, et navalibus et pedestribus copiis; Atheniensium vero duces quum et alium exercitum iis accessisse viderent, et res suas non in melius progredi, sed quotidie ex omni parte pejus se habere, præcipue vero infirma hominum valetudine premi, et pœnitebat, quod non antea motis castris abiissent, et quum ne Nicias quidem amplius æque iis adversaretur, nisi quod palam certe suffragia ferri nollet, omnibus abitionem ex castris edixerunt, quam occultissime poterant, utque expediti essent, quum quis signum daret. (4) Et jam discessuris iis, postquam res paratæ erant, luna deficit; erat enim forte plenilunium. Atque Athenienses et plerique omnes hortabantur duces ad subsistendum, rem in religionem trahentes, et Nicias (erat enim vel nimium omini-

τε καὶ τῷ τοιούτῳ προσκείμενος) οὐδ᾽ ἂν διαβουλεύσασθαι ἔτι ἔφη, πρίν, ὡς οἱ μάντεις ἐξηγοῦντο, τρὶς ἐννέα ἡμέρας μεῖναι, ὅπως ἂν πρότερον κινηθείη. Καὶ τοῖς μὲν Ἀθηναίοις μελλήσασι διὰ τοῦτο ἡ μονὴ ἐγεγένητο.

LI. Οἱ δὲ Συρακόσιοι καὶ αὐτοὶ τοῦτο πυθόμενοι πολλῷ μᾶλλον ἐγηγερμένοι ἦσαν μὴ ἀνιέναι τὰ τῶν Ἀθηναίων, ὡς καὶ αὐτῶν κατεγνωκότων ἤδη μηκέτι κρείσσόνων εἶναι σφῶν μήτε ταῖς ναυσὶ μήτε πεζῷ (οὐ γὰρ ἂν τὸν ἔκπλουν ἐπιβουλεῦσαι), καὶ ἅμα οὐ βουλόμενοι αὐτοὺς ἄλλοσέ ποι τῆς Σικελίας καθεζομένους χαλεπωτέρους εἶναι προσπολεμεῖν, ἀλλ᾽ αὐτοῦ ὡς τάχιστα, καὶ ἐν ᾧ σφίσι ξυμφέρει, ἀναγκάσαι αὐτοὺς ναυμαχεῖν. (2) Τὰς οὖν ναῦς ἐπλήρουν καὶ ἀνεπειρῶντο ἡμέρας ὅσαι αὐτοῖς ἐδόκουν ἱκαναὶ εἶναι. Ἐπειδὴ δὲ καιρὸς ἦν, τῇ μὲν προτεραίᾳ πρὸς τὰ τείχη τῶν Ἀθηναίων προσέβαλον, καὶ ἐπεξελθόντος μέρους τινὸς οὐ πολλοῦ καὶ τῶν ὁπλιτῶν καὶ τῶν ἱππέων κατά τινας πύλας ἀπολαμβάνουσί τε τῶν ὁπλιτῶν τινὰς καὶ τρεψάμενοι καταδιώκουσιν· οὔσης δὲ στενῆς τῆς ἐσόδου οἱ Ἀθηναῖοι ἵππους τε ἑβδομήκοντα ἀπολλύασι καὶ τῶν ὁπλιτῶν οὐ πολλούς.

LII. Καὶ ταύτῃ μὲν τῇ ἡμέρᾳ ἀπεχώρησεν ἡ στρατιὰ τῶν Συρακοσίων· τῇ δ᾽ ὑστεραίᾳ ταῖς τε ναυσὶν ἐκπλέουσιν οὔσαις ἓξ καὶ ἑβδομήκοντα, καὶ τῷ πεζῷ ἅμα πρὸς τὰ τείχη ἐχώρουν. Οἱ δ᾽ Ἀθηναῖοι ἀντανῆγον ναυσὶν ἓξ καὶ ὀγδοήκοντα καὶ προσμίξαντες ἐναυμάχουν. (2) Καὶ τὸν Εὐρυμέδοντα ἔχοντα τὸ δεξιὸν κέρας τῶν Ἀθηναίων καὶ βουλόμενον περικλῄσασθαι τὰς ναῦς τῶν ἐναντίων, καὶ ἐπεξαγαγόντα τῷ πλῷ πρὸς τὴν γῆν μᾶλλον, νικήσαντες οἱ Συρακόσιοι καὶ οἱ ξύμμαχοι τὸ μέσον πρῶτον τῶν Ἀθηναίων, ἀπολαμβάνουσι κἀκεῖνον ἐν τῷ κοίλῳ καὶ μυχῷ τοῦ λιμένος καὶ αὐτόν τε διαφθείρουσι καὶ τὰς μετ᾽ αὐτοῦ ναῦς ἑπισπομένας· ἔπειτα δὲ καὶ τὰς πάσας ἤδη ναῦς τῶν Ἀθηναίων κατεδίωκόν τε καὶ ἐξεώθουν ἐς τὴν γῆν.

LIII. Ὁ δὲ Γύλιππος ὁρῶν τὰς ναῦς τῶν πολεμίων νικωμένας καὶ ἔξω τῶν σταυρωμάτων καὶ τοῦ ἑαυτῶν στρατοπέδου καταφερομένας, βουλόμενος διαφθείρειν τοὺς ἐκβαίνοντας καὶ τὰς ναῦς ῥᾷον τοὺς Συρακοσίους ἀφέλκειν τῆς γῆς φιλίας οὔσης, παρεβοήθει ἐπὶ τὴν χηλὴν μέρος τι ἔχων τῆς στρατιᾶς. (2) Καὶ αὐτοὺς οἱ Τυρσηνοὶ (οὗτοι γὰρ ἐφύλασσον τοῖς Ἀθηναίοις ταύτῃ) ὁρῶντες ἀτάκτως προσφερομένους, ἐπεκβοηθήσαντες καὶ προσπεσόντες τοῖς πρώτοις τρέπουσι καὶ ἐσβάλλουσιν ἐς τὴν λίμνην τὴν Λυσιμέλειαν καλουμένην. (3) Ὕστερον δὲ πλείονος ἤδη τοῦ στρατεύματος παρόντος τῶν Συρακοσίων καὶ ξυμμάχων καὶ οἱ Ἀθηναῖοι ἐπιβοηθήσαντες καὶ δείσαντες περὶ ταῖς ναυσὶν ἐς μάχην τε κατέστησαν πρὸς αὐτοὺς καὶ νικήσαντες ἐπεδίωξαν, καὶ ὁπλίτας τε οὐ πολλοὺς ἀπέκτειναν καὶ τὰς ναῦς τὰς μὲν πολλὰς διέσωσάν τε καὶ ξυνήγαγον κατὰ τὸ στρατόπεδον, δυοῖν δὲ δεούσαις εἴκοσιν οἱ Συρακόσιοι καὶ οἱ ξύμμαχοι ἔλαβον αὐτῶν, καὶ τοὺς ἄνδρας πάντας ἀπέκτειναν. (4) Καὶ ἐπὶ τὰς λοιπάς, ἐμπρῆσαι

bus et rebus hujusmodi deditus) dixit, se ne permissurum quidem amplius, ut de castris ante movendis deliberaretur, priusquam ter novem dies mansissent, ut vates præcipiebant. Atque Atheniensibus quidem, quum moram interposuissent, hanc ab causam accidit, ut permanerent.

LI. Syracusani vero quum hoc et ipsi intellexissent, animis multo magis erecti erant, ne remissius agerent adversus Athenienses, quod vel ipsi jam dejectis animis agnoscerent, se neque classe neque peditatu Syracusanis amplius superiores esse (alioquin enim eos furtivam abitionem non molituros fuisse), et simul quod nollent eos in aliqua alia Siciliæ parte considere, ubi oppugnatu difficiliores essent, sed illic primo quoque tempore et in loco sibi commodo eos ad prœlium navale committendum adigere. (2) Naves igitur instruere cœperunt, et aliquot dies, quot iis satis esse videbantur, se exercebant. Postquam vero tempus opportunum aderat, priore quidem die Atheniensium munitiones oppugnabant, quumque quædam non magna manus et gravis armaturæ militum et equitum per quasdam portas eruptionem in eos fecisset, nonnullos gravis armaturæ milites interceperunt, et ceteros in fugam versos persecuti sunt; quum autem angustus esset introitus, Athenienses amiserunt septuaginta equos, et milites non multos.

LII. Atque hoc quidem die Syracusanorum exercitus se recepit; postero vero die et navibus prodierunt, quæ sex et septuaginta erant, et peditatu simul ad munitiones pergebant. Athenienses vero cum sex et octoginta navibus obviam iis occurrebant, et quum ad manus venissent, prœlium navale committebant. (2) Et Eurymedontem, qui dextrum Atheniensium cornu tenebat, quum adversariorum naves circumcludere vellet, et ideo navium agmen produxisset propius terram, Syracusani sociique quum primo mediam Atheniensium aciem vicissent, illum quoque in concavo portus atque intimo ejus recessu interceperunt, et quum ipsum, tum etiam naves, quæ eum sequebantur, profligarunt; deinde vero reliquam etiam Atheniensium classem jam insequebantur et in terram elidebant.

LIII. Gylippus vero, cernens hostium classem jam superari, et extra vallum et castra sua deferri, cupiens eos profligare, qui in terram egrederentur, et efficere ut Syracusani naves facilius retraherent, quod ab amicis terra teneretur, ad portus crepidinem cum quadam copiarum parte accurrit. (2) Atque Hetrusci (hi enim Atheniensibus illic excubabant) quum eos incomposite adventantes animadverterent, in eos eruptionem fecerunt, et impressione in primos facta, eos in fugam conjecerunt, et in paludem nomine Lysimeleam deturbarunt. (3) Postea vero quum major jam Syracusanorum sociorumque manus advenisset, ipsi quoque Athenienses subsidio venerunt, suis navibus timentes, et cum iis prœlium commiserunt, victosque persecuti sunt, et gravis armaturæ milites non multos interfecerunt, et navium majorem quidem partem conservarunt et in castra reduxerunt, sed earum duodeviginti Syracusani sociique ceperunt, omnesque viros interfecerunt. (4) Et in ceteras, quas con

βουλόμενοι, ὁλκάδα παλαιὰν κληματίδων καὶ δᾳδὸς γεμίσαντες (ἦν γὰρ ἐπὶ τοὺς Ἀθηναίους ὁ ἄνεμος οὔριος) ἀφεῖσαν τὴν ναῦν πῦρ ἐμβαλόντες. Καὶ οἱ Ἀθηναῖοι δείσαντες περὶ ταῖς ναυσὶν ἀντεμηχανήσαντό τε σβεστήρια κωλύματα, καὶ παύσαντες τὴν φλόγα καὶ τὸ μὴ προσελθεῖν ἐγγὺς τὴν ὁλκάδα τοῦ κινδύνου ἀπηλλάγησαν.

LIV. Μετὰ δὲ τοῦτο Συρακόσιοι μὲν τῆς τε ναυμαχίας τροπαῖον ἔστησαν καὶ τῆς ἄνω τῆς πρὸς τῷ τείχει ἀπολήψεως τῶν ὁπλιτῶν, ὅθεν καὶ τοὺς ἵππους ἔλαβον, Ἀθηναῖοι δὲ ἧς τε οἱ Τυρσηνοὶ τροπῆς ἐποιήσαντο τῶν πεζῶν ἐς τὴν λίμνην καὶ ἧς αὐτοὶ τῷ ἄλλῳ στρατοπέδῳ.

LV. Γεγενημένης δὲ τῆς νίκης τοῖς Συρακοσίοις λαμπρᾶς ἤδη καὶ τοῦ ναυτικοῦ (πρότερον μὲν γὰρ ἐφοβοῦντο τὰς μετὰ τοῦ Δημοσθένους ναῦς ἐπελθούσας) οἱ μὲν Ἀθηναῖοι ἐν παντὶ δὴ ἀθυμίας ἦσαν καὶ ὁ παράλογος αὐτοῖς μέγας ἦν, πολὺ δὲ μείζων ἔτι τῆς στρατείας ὁ μετάμελος. (2) Πόλεσι γὰρ ταύταις μόναις ἤδη ὁμοιοτρόποις ἐπελθόντες, δημοκρατουμέναις τε ὥσπερ καὶ αὐτοί, καὶ ναῦς καὶ ἵππους καὶ μεγέθη ἐχούσαις, οὐ δυνάμενοι ἐπενεγκεῖν οὔτ' ἐκ πολιτείας τι μεταβολῆς τὸ διάφορον αὐτοῖς ᾧ προσήγοντο ἄν, οὔτ' ἐκ παρασκευῆς πολλῷ κρείσσους ὄντες, σφαλλόμενοι δὲ τὰ πλείω, τά τε πρὸ αὐτῶν ἠπόρουν, καὶ ἐπειδή γε καὶ ταῖς ναυσὶν ἐκρατήθησαν, ὃ οὐκ ἂν ᾤοντο, πολλῷ δὴ μᾶλλον ἔτι.

LVI. Οἱ δὲ Συρακόσιοι τόν τε λιμένα εὐθὺς παρέπλεον ἀδεῶς καὶ τὸ στόμα αὐτοῦ διενοοῦντο κλῄσειν, ὅπως μηκέτι μηδ' εἰ βούλοιντο λάθοιεν αὐτοὺς οἱ Ἀθηναῖοι ἐκπλεύσαντες. (2) Οὐ γὰρ περὶ τοῦ αὐτοὶ σωθῆναι μόνον ἔτι τὴν ἐπιμέλειαν ἐποιοῦντο, ἀλλὰ καὶ ὅπως ἐκείνους κωλύσωσι, νομίζοντες ὅπερ ἦν, ἀπό τε τῶν παρόντων πολὺ σφῶν καθυπέρτερα τὰ πράγματα εἶναι, καὶ εἰ δύναιντο κρατῆσαι Ἀθηναίων τε καὶ τῶν ξυμμάχων καὶ κατὰ γῆν καὶ κατὰ θάλασσαν, καλὸν σφίσιν ἐς τοὺς Ἕλληνας τὸ ἀγώνισμα φανεῖσθαι· τούς τε γὰρ ἄλλους Ἕλληνας εὐθὺς τοὺς μὲν ἐλευθεροῦσθαι τοὺς δὲ φόβου ἀπολύεσθαι (οὐ γὰρ ἔτι δυνατὴν ἔσεσθαι τὴν ὑπόλοιπον Ἀθηναίων δύναμιν τὸν ὕστερον ἐπενεχθησόμενον πόλεμον ἐνεγκεῖν), καὶ αὐτοὶ δόξαντες αὐτῶν αἴτιοι εἶναι ὑπό τε τῶν ἄλλων ἀνθρώπων καὶ ὑπὸ τῶν ἔπειτα πολὺ θαυμασθήσεσθαι. (3) Καὶ ἦν δὲ ἄξιος ὁ ἀγὼν κατά τε ταῦτα καὶ ὅτι οὐχὶ Ἀθηναίων μόνον περιεγίγνοντο ἀλλὰ καὶ τῶν ἄλλων πολλῶν ξυμμάχων, καὶ οὐδ' αὐτοὶ αὖ μόνον ἀλλὰ καὶ μετὰ τῶν ξυμβοηθησάντων σφίσιν, ἡγεμόνες τε γενόμενοι μετὰ Κορινθίων καὶ Λακεδαιμονίων, καὶ τὴν σφετέραν πόλιν ἐμπαρασχόντες προκινδυνεῦσαί τε καὶ τοῦ ναυτικοῦ μέγα μέρος προκόψαντες. (4) Ἔθνη γὰρ πλεῖστα δὴ ἐπὶ μίαν πόλιν ταύτην ξυνῆλθε, πλήν γε δὴ τοῦ ξύμπαντος λόγου τοῦ ἐν τῷδε τῷ πολέμῳ πρὸς τὴν Ἀθηναίων τε πόλιν καὶ Λακεδαιμονίων.

LVII. Τοσοίδε γὰρ ἑκάτεροι ἐπὶ Σικελίαν τε καὶ

cremare cupiebant, navem onerariam vetustam, quam sarmentis ac taedis onerarant (erat autem ventus in Atheniensses secundus) igne injecto dimiserunt. Atque Athenienses suae classi timentes remedia ad ignem restinguendum idonea excogitarunt, restinctaque flamma, et impedito navis onerariae cursu, ne propius accederet, hoc periculo sunt liberati.

LIV. Postea vero Syracusani quidem tropaeum erexerunt, et navalis victoriae, et gravis armaturae militum prius ante munitiones interceptorum, unde etiam equos ceperant, Athenienses vero et peditatus ab Hetruscis fugati et in paludem compulsi, et eorum, quos ipsi cum reliquis copiis in fugam conjecerant.

LV. Quum autem Syracusanis insignis victoria jam etiam de navalibus copiis contigisset (prius enim reformidabant classem, quae cum Demosthene advenerat), Athenienses quidem maximum animi moerorem conceperunt, et vehementer sibi opinione falsi esse videbantur; longe autem magis etiam belli eos poenitebat. (2) Quod enim illis solis civitatibus bellum jam intulissent, quae iisdem institutis uterentur, et quae populari dominatu, ut et ipsi, regerentur, et quae classem et equitatum et potentiam possiderent, quum etiam facultatem nullam haberent neque mutanda reipublicae forma dissidioque excitando aliquos sibi adjungendi, neque bellico apparatu, quippe quod illi multo superiores essent, sed quum in plerisque rebus sui conatus infeliciter sibi cederent, ut antea jam inopes erant consilii, ita tunc quidem multo etiam magis, postquam navali quoque proelio superati sunt, quod nunquam putassent.

LVI. At Syracusani statim portum praevehebantur intrepide et ejus ostium claudere cogitabant, ne Athenienses jam, etiam si vellent, clam iis exire possent. (2) Nec enim jam id modo, ut ipsi salvi essent, curae habebant, sed etiam ut illos salutem sibi parere impedirent, existimantes, id quod res erat, et pro praesenti rerum suarum statu longe superiores suas vires esse, et si Athenienses sociosque et terra et mari superare possent, praeclarum sibi certamen hoc apud Graecos visum iri; nam et ceteros Graecos confestim partim servitute, partim metu liberatum iri (reliquam enim Atheniensium potentiam nequaquam amplius satis virium habituram ad sustinendum bellum, quod iis postea inferretur), se autem, quod horum auctores fuisse viderentur, et apud ceteros mortales et apud posteros magnae admirationi futuros. (3) Et profecto dignum erat gloria certamen illud quum his de causis, tum etiam, quod non solum Athenienses vincebant, sed etiam multos alios eorum socios, neque rursus ipsi tantum, sed etiam una cum illis, qui auxilio iis venerant, quum et duces extitissent cum Corinthiis et Lacedaemoniis et suam urbem in propugnandi pericula objecissent, et rem navalem multum promovissent. (4) Etenim plurimae gentes ad hanc unam urbem tunc confluxerant, nulla quidem eorum ratione deducta, qui omnino in hoc bello vel Atheniensium vel ad Lacedaemoniorum urbem convenerant.

LVII. Tot enim in utraque parte vel contra Siciliam vel

περὶ Σικελίας, τοῖς μὲν ξυγκτησόμενοι τὴν χώραν ἐλθόντες τοῖς δὲ ξυνδιασώσοντες, ἐπὶ Συρακούσας ἐπολέμησαν, οὐ κατὰ δίκην τι μᾶλλον οὐδὲ κατὰ ξυγγένειαν μετ' ἀλλήλων στάντες, ἀλλ' ὡς ἑκάστοις τῆς ξυντυχίας ἢ κατὰ τὸ ξυμφέρον ἢ ἀνάγκῃ ἔσχεν. (2) Ἀθηναῖοι μὲν αὐτοὶ Ἴωνες ἐπὶ Δωριέας Συρακοσίους ἑκόντες ἦλθον, καὶ αὐτοῖς τῇ αὐτῇ φωνῇ καὶ νομίμοις ἔτι χρώμενοι Λήμνιοι καὶ Ἴμβριοι καὶ Αἰγινῆται, οἳ τότε Αἴγιναν εἶχον, καὶ ἔτι Ἑστιαιῆς οἱ ἐν Εὐβοίᾳ Ἑστίαιαν οἰκοῦντες, ἄποικοι ὄντες ξυνεστράτευσαν. (3) Τῶν δ' ἄλλων οἱ μὲν ὑπήκοοι, οἱ δ' ἀπὸ ξυμμαχίας αὐτόνομοι, εἰσὶ δὲ καὶ οἳ μισθοφόροι ξυνεστράτευον. (4) Καὶ τῶν μὲν ὑπηκόων καὶ φόρου ὑποτελῶν Ἐρετριῆς καὶ Χαλκιδῆς καὶ Στυρῆς καὶ Καρύστιοι ἀπ' Εὐβοίας ἦσαν, ἀπὸ δὲ νήσων Κεῖοι καὶ Ἄνδριοι καὶ Τήνιοι, ἐκ δ' Ἰωνίας Μιλήσιοι καὶ Σάμιοι καὶ Χῖοι. Τούτων Χῖοι οὐχ ὑποτελεῖς ὄντες φόρου, ναῦς δὲ παρέχοντες αὐτόνομοι ξυνέσποντο. Καὶ τὸ πλεῖστον Ἴωνες ὄντες οὗτοι πάντες καὶ ἀπ' Ἀθηναίων πλὴν Καρυστίων (οὗτοι δ' εἰσὶ Δρύοπες), ὑπήκοοι δ' ὄντες καὶ ἀνάγκῃ ὅμως Ἴωνές τε ἐπὶ Δωριέας ἠκολούθουν. (5) Πρὸς δ' αὐτοῖς Αἰολῆς, Μηθυμναῖοι μὲν ναυσὶ καὶ οὐ φόρῳ ὑπήκοοι, Τενέδιοι δὲ καὶ Αἴνιοι ὑποτελεῖς. Οὗτοι δὲ Αἰολῆς Αἰολεῦσι τοῖς κτίσασι Βοιωτοῖς τοῖς μετὰ Συρακοσίων κατ' ἀνάγκην ἐμάχοντο, Πλαταιῆς δὲ καταντικρὺ Βοιωτοὶ Βοιωτοῖς μόνοι εἰκότως κατὰ τὸ ἔχθος. (6) Ῥόδιοι δὲ καὶ Κυθήριοι Δωριῆς ἀμφότεροι, οἱ μὲν Λακεδαιμονίων ἄποικοι Κυθήριοι ἐπὶ Λακεδαιμονίους τοὺς ἅμα Γυλίππῳ μετ' Ἀθηναίων ὅπλα ἔφερον, Ῥόδιοι δὲ Ἀργεῖοι γένος Συρακοσίοις μὲν Δωριεῦσι Γελῴοις δὲ καὶ ἀποίκοις ἑαυτῶν οὖσι μετὰ Συρακοσίων στρατευομένοις ἠναγκάζοντο πολεμεῖν. (7) Τῶν τε περὶ Πελοπόννησον νησιωτῶν Κεφαλλῆνες μὲν καὶ Ζακύνθιοι αὐτόνομοι μέν, κατὰ δὲ τὸ νησιωτικὸν μᾶλλον κατειργόμενοι, ὅτι θαλάσσης ἐκράτουν οἱ Ἀθηναῖοι, ξυνείποντο· Κερκυραῖοι δὲ οὐ μόνον Δωριῆς ἀλλὰ καὶ Κορίνθιοι σαφῶς ἐπὶ Κορινθίους τε καὶ Συρακοσίους, τῶν μὲν ἄποικοι ὄντες τῶν δὲ ξυγγενεῖς, ἀνάγκῃ μὲν ἐκ τοῦ εὐπρεποῦς, βουλήσει δὲ κατὰ ἔχθος τὸ Κορινθίων οὐχ ἧσσον εἴποντο. (8) Καὶ οἱ Μεσσήνιοι νῦν καλούμενοι ἐκ Ναυπάκτου καὶ ἐκ Πύλου τότε ὑπ' Ἀθηναίων ἐχομένης ἐς τὸν πόλεμον παρελήφθησαν. Καὶ ἔτι Μεγαρέων φυγάδες οὐ πολλοὶ Μεγαρεῦσι Σελινουντίοις οὖσι κατὰ ξυμφορὰν ἐμάχοντο. (9) Τῶν δὲ ἄλλων ἑκούσιος μᾶλλον ἢ στρατεία ἐγίγνετο ἤδη. Ἀργεῖοι μὲν γὰρ οὐ τῆς ξυμμαχίας ἕνεκα μᾶλλον ἢ τῆς Λακεδαιμονίων τε ἔχθρας καὶ τῆς παραυτίκα ἕκαστοι ἰδίας ὠφελίας Δωριῆς ἐπὶ Δωριέας μετὰ Ἀθηναίων Ἰώνων ἠκολούθουν, Μαντινῆς δὲ καὶ ἄλλοι Ἀρκάδων μισθοφόροι ἐπὶ τοὺς ἀεὶ πολεμίους σφίσιν ἀποδεικνυμένους εἰωθότες ἰέναι καὶ τότε τοὺς μετὰ Κορινθίων ἐλθόντας Ἀρκάδας οὐδὲν ἧσσον διὰ κέρδος ἡγούμενοι πολεμίους, Κρῆτες δὲ καὶ Αἰτωλοὶ μισθῷ καὶ οὗτοι πεισθέντες· ξυνέβη δὲ τοῖς Κρησὶ τὴν Γέλαν Ῥοδίοις ξυγκτίσαντας μὴ ξὺν τοῖς

pro Sicilia bellum ad Syracusas gesserunt, qui alteros ut in subigenda terra, alteros ut in servanda juvarent, eo profecti sunt, non magis juris aliqua aut cognationis ratione inter se conjuncti, sed ut quique vel casu vel utilitate vel necessitate adducti erant. (2) Atque ipsi quidem Athenienses, qui erant Iones, contra Syracusanos, qui erant Dorienses, ultro venerant, et cum iis eadem lingua et iisdem praeterea institutis utentes Lemnii et Imbrii et Æginetæ, qui tunc Æginam tenebant, et praeterea Hestiæenses, qui Hestiæam in Euboea sitam incolunt, eorum coloni, ejusdem militiæ socii fuerunt. (3) Ex ceteris vero, qui ad eamdem expeditionem cum iis iverant, alii erant subditi, alii socii, qui suis legibus vivebant, nonnulli etiam mercede conducti. (4) Atque ex subditis quidem et tributariis Eretrienses et Chalcidenses et Styrenses et Carystii ex Euboea erant; ex insulis vero Cei et Andrii et Tenii; ex Ionia vero Milesii et Samii et Chii. Inter hos autem Chii, tributorum immunes, et tantum navibus suppeditandis obnoxii, liberi secuti erant. Atque horum plerique omnes Iones sunt, et ab Atheniensibus oriundi, praeter Carystios (hi vero sunt Dryopes), quum autem subditi essent, etiam necessitate, Iones contra Dorienses sequebantur. (5) Praeter hos autem Æolenses, Methymnæi quidem, (qui naves tantum, nullum vero tributum pendebant, Tenedii vero et Ænii vectigales. Hi vero Æolenses cum Boeotis Æolensibus, et suarum coloniarum conditoribus, qui cum Syracusanis se conjunxerant, necessitate coacti pugnabant; Plataeenses vero soli Boeoti manifestissime contra Boeotos ut consentaneum erat pro eorum odio. (6) Rhodii vero et Cytherii, Dorienses utrique, alteri quidem Cytherii Lacedaemoniorum coloni, contra Lacedaemonios, qui cum Gylippo erant, cum Atheniensibus arma ferebant; Rhodii vero, qui ab Argivis erant oriundi, Syracusanis Doriensibus, quinetiam Geloïs suis colonis, qui cum Syracusanis militabant, bellum facere cogebantur. (7) Et ex insularum incolis, qui circa Peloponnesum erant, Cephallenenses et Zacynthii, liberi illi quidem, quia tamen insulas incolebant, coacti potius, quod Athenienses maris imperium obtinebant, sequebantur; at Corcyraei aperte non solum Dorienses, sed etiam Corinthii, adversus Corinthios atque Syracusanos, quamvis illorum quidem coloni, horum vero cognati, necessitate quidem, si speciosum praetextum spectes, sin animum, vel magis etiam propter odium in Corinthios sequebantur. (8) Messenii quoque, qui nunc sic appellantur, ex Naupacto et ex Pylo, quae tunc ab Atheniensibus tenebatur, ad hoc bellum assumpti erant. Item Megarensium exsules multi cum Selinuntiis Megarensibus propter calamitatem suam pugnabant. (9) Jam vero ceteri sua sponte potius hanc expeditionem sequebantur. Nam Argivi quidem non magis societatis gratia, quam propter suum in Lacedaemonios odium, et propter suum privatum quisque ac praesens commodum Dorienses adversus Dorienses comitabantur Athenienses Iones; Mantinei vero etiam, et alii ex Arcadibus mercenarii, qui adversus quoslibet, quicumque sibi hostes proponerentur, in bellum proficisci consueverant, tunc quoque illos Arcades, qui cum Corinthiis venerant, nihilo minus lucri gratia hostium loco habebant; Cretenses vero et Ætoli mercede et ipsi adducti; accidit autem, ut Cretenses, qui cum Rhodiis Gelam condiderant,

ἀποίκοις ἀλλ' ἐπὶ τοὺς ἀποίκους ἄκοντας μετὰ μισθοῦ ἐλθεῖν. (10) Καὶ Ἀκαρνάνων τινὲς ἅμα μὲν κέρδει, τὸ δὲ πλέον Δημοσθένους φιλίᾳ καὶ Ἀθηναίων εὐνοίᾳ ξύμμαχοι ὄντες ἐπεχούρησαν. (11) Καὶ οἵδε μὲν τῷ Ἰονίῳ κόλπῳ ὁριζόμενοι, Ἰταλιωτῶν δὲ Θούριοι καὶ Μεταπόντιοι ἐν τοιαύταις ἀνάγκαις τότε στασιωτικῶν καιρῶν κατειλημμένων ξυνεστράτευον, καὶ Σικελιωτῶν Νάξιοι καὶ Καταναῖοι, βαρβάρων δὲ Ἐγεσταῖοι, οἵπερ ἐπηγάγοντο, καὶ Σικελῶν τὸ πλέον, καὶ τῶν ἔξω Σικελίας Τυρσηνῶν τέ τινες κατὰ διαφορὰν Συρακοσίων καὶ Ἰάπυγες μισθοφόροι. Τοσάδε μὲν μετὰ Ἀθηναίων ἔθνη ἐστράτευον,

LVIII. Συρακοσίοις δὲ ἀντεβοήθησαν Καμαριναῖοι μὲν ὅμοροι ὄντες καὶ Γελῷοι οἰκοῦντες μετ' αὐτούς, ἔπειτα Ἀκραγαντίνων ἡσυχαζόντων ἐν τῷ ἐπέκεινα ἱδρυμένοι Σελινούντιοι. (2) Καὶ οἵδε μὲν τῆς Σικελίας τὸ πρὸς Λιβύην μέρος τετραμμένον νεμόμενοι, Ἱμεραῖοι δ' ἀπὸ τοῦ πρὸς τὸν Τυρσηνικὸν πόντον μορίου, ἐν ᾧ καὶ μόνοι Ἕλληνες οἰκοῦσιν· οὗτοι δὲ καὶ ἐξ αὐτοῦ μόνοι ἐβοήθησαν. (3) Καὶ Ἑλληνικὰ μὲν ἔθνη τῶν ἐν Σικελίᾳ τοσάδε, Δωριῆς τε καὶ [οἱ] αὐτόνομοι πάντες, ξυνεμάχουν, βαρβάρων δὲ Σικελοὶ μόνοι, ὅσοι μὴ ἀφέστασαν πρὸς τοὺς Ἀθηναίους· τῶν δ' ἔξω Σικελίας Ἑλλήνων Λακεδαιμόνιοι μὲν ἡγεμόνα Σπαρτιάτην παρεχόμενοι, νεοδαμώδεις δὲ τοὺς ἄλλους καὶ Εἵλωτας (δύναται δὲ τὸ νεοδαμῶδες ἐλεύθερον ἤδη εἶναι), Κορίνθιοι δὲ καὶ ναυσὶ καὶ πεζῷ μόνοι παραγενόμενοι, καὶ Λευκάδιοι καὶ Ἀμπρακιῶται κατὰ τὸ ξυγγενές, ἐκ δὲ Ἀρκαδίας μισθοφόροι ὑπὸ Κορινθίων ἀποσταλέντες, καὶ Σικυώνιοι ἀναγκαστοὶ στρατεύοντες, καὶ τῶν ἔξω Πελοποννήσου Βοιωτοί. (4) Πρὸς δὲ τοὺς ἐπελθόντας τούτους οἱ Σικελιῶται αὐτοὶ πλῆθος πλέον κατὰ πάντα παρέσχοντο ἅτε μεγάλας πόλεις οἰκοῦντες· καὶ γὰρ ὁπλῖται πολλοὶ καὶ νῆες καὶ ἵπποι καὶ ἄλλος ὅμιλος ἄφθονος ξυνελέγη. Καὶ πρὸς ἅπαντας αὖθις ὡς εἰπεῖν τοὺς ἄλλους Συρακόσιοι αὐτοὶ πλείω ἐπορίσαντο διὰ μέγεθός τε πόλεως καὶ ὅτι ἐν μεγίστῳ κινδύνῳ ἦσαν.

LIX. Καὶ αἱ μὲν ἑκατέρων ἐπικουρίαι τοσαίδε ξυνελέγησαν, καὶ τότε ἤδη πᾶσαι ἀμφοτέροις παρῆσαν καὶ οὐκέτι οὐδὲν οὐδετέροις ἐπῆλθεν. (2) Οἵ τε οὖν Συρακόσιοι καὶ οἱ ξύμμαχοι εἰκότως ἐνόμισαν καλὸν ἀγώνισμα σφίσιν εἶναι ἐπὶ τῇ γεγενημένῃ νίκῃ τῆς ναυμαχίας ἑλεῖν τε τὸ στρατόπεδον ἅπαν τῶν Ἀθηναίων τοσοῦτον ὄν, καὶ μηδὲ καθ' ἕτερα αὐτούς, μήτε διὰ θαλάσσης μήτε τῷ πεζῷ, διαφυγεῖν. (3) Ἔκλῃον οὖν τόν τε λιμένα εὐθὺς τὸν μέγαν, ἔχοντα τὸ στόμα ὀκτὼ σταδίων μάλιστα, τριήρεσι πλαγίαις καὶ πλοίοις καὶ ἀκάτοις, ἐπ' ἀγκυρῶν ὁρμίζοντες, καὶ τἆλλα, ἢν ἔτι ναυμαχεῖν οἱ Ἀθηναῖοι τολμήσωσι, παρεσκευάζοντο, καὶ ὀλίγον οὐδὲν ἐς οὐδὲν ἐπενόουν.

LX. Τοῖς δὲ Ἀθηναίοις τήν τε ἀπόκλῃσιν δρῶσι καὶ τὴν ἄλλην διάνοιαν αὐτῶν αἰσθομένοις βουλευτέα ἐδόκει. (2) Καὶ ξυνελθόντες οἵ τε στρατηγοὶ καὶ οἱ ταξίαρχοι πρὸς τὴν παροῦσαν ἀπορίαν τῶν τε ἄλλων καὶ

non a suis colonis starent sed contra suos colonos invitos mercede allecti militarent. (10) Acarnanum quoque nonnulli simul lucri causa, multo tamen magis propter gratiam Demosthenis et benevolentiam in Athenienses, quorum socii erant, auxilium tulerunt. (11) Atque hi quidem sunt, qui intra sinus Ionii fines habitabant; ex Italicis vero populis Thurii et Metapontini, quum in hujusmodi necessitatibus tunc temporum plenorum seditionibus deprehensi essent, militiam sequebantur, et ex Siciliensibus Naxii et Catanæi, barbarorum vero Egestæi, qui etiam Athenienses arcessiverant, et Siculorum major pars, et ex iis, qui extra Siciliam habitabant, Hetruscorum nonnulli, propter inimicitias, quas cum Syracusanis gerebant, et Iapyges mercenarii. Atque tot quidem gentes cum Atheniensibus militabant;

LVIII. Contra autem Syracusanis opem tulerunt Camarinæi, qui erant iis finitimi, et Geloi, qui post hos habitabant; deinde, Agrigentinis quiescentibus, Selinuntii, qui sedes supra illos habent. (2) Atque hi quidem incolebant eam Siciliæ partem, quæ Africam versus spectat; Himeræi vero ab ea parte, quæ mare Tyrrhenum spectat, in qua etiam soli ex Græcis habitant; hi vero etiam soli illinc auxilio venerant. (3) Atque tot quidem nominis Græci gentes, quæ in Sicilia sedes habebant, et Dorienses et omnes sui juris, in hoc bello Syracusanos adjuvabant; ex barbaris vero soli Siculi, quotquot non ad Athenienses defecerant; ex Græcis vero, qui sunt extra Siciliam, Lacedæmonii quidem ducem Spartanum præbentes, reliquos vero ex neodamodibus et Helotibus (neodamodum autem nomine significantur ii, qui jam liberi sunt), Corinthii vero soli simul et classe et peditatu, et Leucadii et Ambraciotæ propter cognationem profecti illuc; ex Arcadia vero mercenarii milites a Corinthiis missi, et Sicyonii per necessitatem militantes, et ex illis, qui sunt extra Peloponnesum, Bœoti. (4) Sed ad istas adventitias copias ipsi Sicilienses multitudinem longe majorem per omnia contulerunt, quippe qui magnas urbes incolerent; etenim et multi gravis armaturæ milites, et naves, et equi, et alia maxima multitudo collecta est. Et ad ceteros omnes prope dixerim rursus ipsi Syracusani plus copiarum suppeditaverunt, et propter urbis magnitudinem, et quod in maximo discrimine versabantur.

LIX. Atque hæc quidem utrorumque auxilia convenerant, et tunc jam omnia utrisque præsto erant, nec ullum præterea auxilium aut ad hos aut ad illos venit.

(2) Syracusani igitur sociique merito præclarum certamen sibi propositum esse duxerunt, si post navalem victoriam, quam adepti erant, universum etiam Atheniensium exercitum, qui tantus esset, debellassent, et illi neutra ratione, neque mari neque terra effugerent. (3) Itaque continuo magnum portum claudebant, qui octo ferme stadiorum ostium habebat, transversis triremibus et navigiis et scaphis, ancoris eas stabilientes, et cetera, si Athenienses navale prœlium adhuc committere auderent, præparabant nec in ulla re quicquam parvum animo agitabant.

LX. Athenienses autem quum hanc portus obstructionem viderent, et cetera illorum consilia intellexissent, consultandum esse censebant, (2) et congregati duces et centuriones ad præsentes difficultates quum ceterarum rerum, tum

ὅτι τὰ ἐπιτήδεια οὔτε αὐτίκα ἔτι εἶχον (προπέμψαντες γὰρ ἐς Κατάνην, ὡς ἐκπλευσόμενοι ἀπεῖπον μὴ ἐπάγειν) οὔτε τὸ λοιπὸν ἔμελλον ἕξειν εἰ μὴ ναυκρατήσουσιν, ἐβουλεύσαντο τὰ μὲν τείχη τὰ ἄνω ἐκλιπεῖν, πρὸς δ' αὐταῖς ταῖς ναυσὶν ἀπολαβόντες διατειχίσματι ὅσον οἷόν τ' ἐλάχιστον τοῖς τε σκεύεσι καὶ τοῖς ἀσθενοῦσιν ἱκανὸν γενέσθαι, τοῦτο μὲν φρουρεῖν, ἀπὸ δὲ τοῦ ἄλλου πεζοῦ τὰς ναῦς ἁπάσας, ὅσαι ἦσαν καὶ δυναταὶ καὶ ἀπλώτεραι, πάντα τινὰ ἐσβιβάζοντες πληρῶσαι, καὶ διαναυμαχήσαντες, ἢν μὲν νικῶσιν, ἐς Κατάνην κομίζεσθαι, ἢν δὲ μή, ἐμπρήσαντες τὰς ναῦς πεζῇ ξυνταξάμενοι ἀποχωρεῖν ᾗ ἂν τάχιστα μέλλωσί τινος χωρίου ἢ βαρβαρικοῦ ἢ Ἑλληνικοῦ φιλίου ἀντιλήψεσθαι. (3) Καὶ οἱ μέν, ὡς ἔδοξεν αὐτοῖς ταῦτα, καὶ ἐποίησαν· ἔκ τε γὰρ τῶν ἄνω τειχῶν ὑποκατέβησαν καὶ τὰς ναῦς ἐπλήρωσαν πάσας, ἀναγκάσαντες ἐσβαίνειν ὅστις καὶ ὁπωσοῦν ἐδόκει ἡλικίας μετέχων ἐπιτήδειος εἶναι. (4) Καὶ ξυνεπληρώθησαν νῆες αἱ πᾶσαι δέκα μάλιστα καὶ ἑκατόν· τοξότας τε ἐπ' αὐτὰς πολλοὺς καὶ ἀκοντιστὰς τῶν τε Ἀκαρνάνων καὶ τῶν ἄλλων ξένων ἐσεβίβαζον, καὶ τἆλλα ὡς οἷόν τ' ἦν ἐξ ἀναγκαίου τε καὶ τοιαύτης διανοίας ἐπορίσαντο. (5) Ὁ δὲ Νικίας, ἐπειδὴ τὰ πολλὰ ἑτοῖμα ἦν, ὁρῶν τοὺς στρατιώτας τῷ τε παρὰ τὸ εἰωθὸς πολὺ ταῖς ναυσὶ κρατηθῆναι ἀθυμοῦντας καὶ διὰ τὴν τῶν ἐπιτηδείων σπάνιν ὡς τάχιστα βουλομένους διακινδυνεύειν, ξυγκαλέσας ἅπαντας παρεκελεύσατό τε πρῶτον καὶ ἔλεξε τοιάδε.

LXI. " Ἄνδρες στρατιῶται Ἀθηναίων τε καὶ τῶν ἄλλων ξυμμάχων, ὁ μὲν ἀγὼν ὁ μέλλων ὁμοίως κοινὸς ἅπασιν ἔσται, περί τε σωτηρίας καὶ πατρίδος ἑκάστοις οὐχ ἧσσον ἢ τοῖς πολεμίοις· ἢν γὰρ κρατήσωμεν νῦν ταῖς ναυσίν, ἔστι τῳ τὴν ὑπάρχουσάν που οἰκείαν πόλιν ἐπιδεῖν. (2) Ἀθυμεῖν δὲ οὐ χρὴ οὐδὲ πάσχειν ὅπερ οἱ ἀπειρότατοι τῶν ἀνθρώπων, οἳ τοῖς πρώτοις ἀγῶσι σφαλέντες ἔπειτα διὰ παντὸς τὴν ἐλπίδα τοῦ φόβου ὁμοίαν ταῖς ξυμφοραῖς ἔχουσιν. (3) Ἀλλ' ὅσοι τε Ἀθηναίων πάρεστε, πολλῶν ἤδη πολέμων ἔμπειροι ὄντες, καὶ ὅσοι τῶν ξυμμάχων, ξυστρατευόμενοι ἀεί, μνήσθητε τῶν ἐν τοῖς πολέμοις παραλόγων, καὶ τὸ τῆς τύχης κἂν μεθ' ἡμῶν ἐλπίσαντες στῆναι καὶ ὡς ἀναμαχούμενοι ἀξίως τοῦδε τοῦ πλήθους, ὅσον αὐτοὶ ὑμῶν αὐτῶν ἐφορᾶτε, παρασκευάζεσθε.

LXII. " Ἃ δὲ ἀρωγὰ ἐνείδομεν ἐπὶ τῇ τοῦ λιμένος στενότητι πρὸς τὸν μέλλοντα ὄχλον τῶν νεῶν ἔσεσθαι καὶ πρὸς τὴν ἐκείνων ἐπὶ τῶν καταστρωμάτων παρασκευήν, οἷς πρότερον ἐβλαπτόμεθα, πάντα καὶ ἡμῖν νῦν ἐκ τῶν παρόντων μετὰ τῶν κυβερνητῶν ἐσκεμμένα ἡτοίμασται. (2) Καὶ γὰρ τοξόται πολλοὶ καὶ ἀκοντισταὶ ἐπιβήσονται καὶ ὄχλος, ᾧ ναυμαχίαν μὲν ποιούμενοι ἐν πελάγει οὐκ ἂν ἐχρώμεθα διὰ τὸ βλάπτειν ἂν τὸ τῆς ἐπιστήμης τῇ βαρύτητι τῶν νεῶν, ἐν δὲ τῇ ἐνθάδε ἠναγκασμένῃ ἀπὸ τῶν νεῶν πεζομαχίᾳ πρόσφορα ἔσται. (3) Εὕρηται δ' ἡμῖν ὅσα χρὴ ἀντιναυπηγῆσαι, καὶ πρὸς τὰς τῶν ἐπωτίδων αὐτοῖς παχύτητας, ᾧπερ

vero, quod commeatum nec in præsenti amplius haberent, (nam nuntiis Catanam præmissis, quippe discessuri, interdixerant, ne advoherent) nec in posterum habituri essent, nisi classe superarent, statuerunt superiores quidem munitiones deserere, prope ipsas vero naves munimento quam possent minimum loci concludere, tantum quod ad utensilia et ægrotos capiendos satis esset, atque hoc quidem præsidio tueri, reliquo vero peditatu naves omnes et validas et minus ad navigandum idoneas explere, ita ut quoslibet in eas imponerent, et navali prœlio commisso, si vincerent, Catanam se recipere, sin secus, incensa classe, pedestri itinere, agmine composito abire, qua celerrime locum aliquem aut barbaricum aut Græcum, qui amicus esset, adipisci possent. (3) Atque hi quidem, ut hæc placuerunt, sic fecerunt; nam et ex superioribus munitionibus ad littus descenderunt, omnesque naves compleverunt; cunctis eas ingredi coactis, quicumque per ætatem quoquo modo idonei esse videbantur. (4) Universæ autem naves ad centum ac decem completæ sunt; et sagittarios in eas multos jaculatoresque et Acarnanum et ceterorum peregrinorum imposuerunt, et cetera, prout in re angusta et hujus modi consilio fieri poterat, compararunt. (5) Nicias autem, rebus magna ex parte jam paratis, videns, milites animo consternatos esse, quod præter solitum navali prœlio longe superati essent, et propter commeatus inopiam velle quam celerrime belli fortunam periclitari, omnes convocatos primum est adhortatus, et dixit hæc :

LXI. " Viri milites Atheniensium et sociorum, certamen quidem, quod nobis est ineundum, pariter commune omnibus erit et de salute et patria unicuique non minus, quam hostibus; nam si vicerimus nunc navali prœlio, suam cuique civitatem revisere licebit. (2) Animum vero abjicere non oportet, nec pati idem, quod imperitissimis hominibus accidere solet, qui si primis in prœliis rem infeliciter gesserint, deinde per omnia e timore natam expectationem similem calamitatibus suis habent. (3) Sed et quotquot Athenienses adestis, qui multa jam bella experti estis, et quotquot socii, qui semper commilitones nostri estis, estote memores, bellorum eventus incertos esse, et fortunam a nobis quoque aliquando staturam sperantes, ad pugnam priori altera compensandam, prout decet tantam vestrum multitudinem, quantam vos ipsi videtis, vos parate.

LXII. " Quæ autem in his portus angustiis nobis profutura cognovimus adversus futuram navium turbam et adversus illorum apparatum in navium tabulatis instructum, unde prius damno afficiebamur, omnia ea nobis quoque nunc pro præsenti rerum facultate cum gubernatoribus prospecta et parata sunt. (2) Nam sagittarii multi et jaculatores in tabulata adscendent, et multitudo, qua, si navale prœlium in alto committeremus, non uteremur, quia navium onus rei nauticæ disciplinam impediret; sed hic in pedestri prœlio, quod ex navibus committere cogimur, utilis erit. (3) Præterea excogitavimus etiam, quæ adversus hostes in navium structura erant paranda, et adversus epotidum crassitudi

δὴ μάλιστα ἐβλαπτόμεθα, χειρῶν σιδηρῶν ἐπιβολαί, αἳ σχήσουσι τὴν πάλιν ἀνάκρουσιν τῆς προσπεσούσης νεώς, ἢν τὰ ἐπὶ τούτοις οἱ ἐπιβάται ὑπουργῶσιν. (4) Ἐς τοῦτο γὰρ δὴ ἠναγκάσμεθα ὥστε πεζομαχεῖν ἀπὸ τῶν νεῶν, καὶ τὸ μήτ᾽ αὐτοὺς ἀνακρούεσθαι μήτ᾽ ἐκείνους ἐᾶν ὠφέλιμον φαίνεται, ἄλλως τε καὶ τῆς γῆς, πλὴν ὅσον ἂν ὁ πεζὸς ἡμῶν ἐπέχῃ, πολεμίας οὔσης.

LXIII. « Ὧν χρὴ μεμνημένους διαμάχεσθαι ὅσον ἂν δύνησθε, καὶ μὴ ἐξωθεῖσθαι ἐς αὐτήν, ἀλλὰ ξυμπεσούσης νηὶ νεὼς μὴ πρότερον ἀξιοῦν ἀπολύεσθαι ἢ τοὺς ἀπὸ τοῦ πολεμίου καταστρώματος ὁπλίτας ἀπαράξητε. (2) Καὶ ταῦτα τοῖς ὁπλίταις οὐχ ἧσσον τῶν ναυτῶν παρακελεύομαι, ὅσῳ τῶν ἄνωθεν μᾶλλον τὸ ἔργον τοῦτο· ὑπάρχει δ᾽ ἡμῖν ἔτι νῦν γε τὰ πλείω τῷ πεζῷ ἐπικρατεῖν. (3) Τοῖς δὲ ναύταις παραινῶ, καὶ ἐν τῷ αὐτῷ τῷδε καὶ δέομαι, μὴ ἐκπεπλῆχθαί τι ταῖς ξυμφοραῖς ἄγαν, τήν τε παρασκευὴν ἀπὸ τῶν καταστρωμάτων βελτίω νῦν ἔχοντας καὶ τὰς ναῦς πλείους, ἐκείνην τε τὴν ἡδονὴν ἐνθυμεῖσθαι ὡς ἀξία ἐστὶ διασώσασθαι, οἳ τέως Ἀθηναῖοι νομιζόμενοι καὶ μὴ ὄντες ὑμῶν τῆς τε φωνῆς τῇ ἐπιστήμῃ καὶ τῶν τρόπων τῇ μιμήσει ἐθαυμάζεσθε κατὰ τὴν Ἑλλάδα, καὶ τῆς ἀρχῆς τῆς ἡμετέρας οὐκ ἔλασσον κατὰ τὸ ὠφελεῖσθαι, ἔς τε τὸ φοβερὸν τοῖς ὑπηκόοις καὶ τὸ μὴ ἀδικεῖσθαι πολὺ πλεῖον μετείχετε. (4) Ὥστε κοινωνοὶ μόνοι ἐλευθέρως ἡμῖν τῆς ἀρχῆς ὄντες δικαίως αὐτὴν νῦν μὴ καταπροδίδοτε, καταφρονήσαντες δὲ Κορινθίων τε, οὓς πολλάκις νενικήκατε, καὶ Σικελιωτῶν, ὧν οὐδ᾽ ἀντιστῆναι οὐδεὶς ἕως ἤκμαζε τὸ ναυτικὸν ἡμῖν ἠξίωσεν, ἀμύνασθε αὐτούς, καὶ δείξατε ὅτι καὶ μετ᾽ ἀσθενείας καὶ ξυμφορῶν ἡ ὑμετέρα ἐπιστήμη κρείσσων ἐστὶν ἑτέρας εὐτυχούσης ῥώμης.

LXIV. « Τούς τε Ἀθηναίους ὑμῶν πάλιν αὖ καὶ τάδε ὑπομιμνήσκω, ὅτι οὔτε ναῦς ἐν τοῖς νεωσοίκοις ἄλλας ὁμοίας ταῖσδε οὔτε ὁπλιτῶν ἡλικίαν ὑπελίπετε, εἴ τε ξυμβήσεταί τι ἄλλο ἢ τὸ κρατεῖν ὑμῖν, τούς τ᾽ ἐνθάδε πολεμίους εὐθὺς ἐπ᾽ ἐκεῖνα πλευσουμένους καὶ τοὺς ἐκεῖ ὑπολοίπους ἡμῶν ἀδυνάτους ἐσομένους τούς τ᾽ αὐτοῦ καὶ τοὺς ἐπελθόντας ἀμύνασθαι. Καὶ οἱ μὲν ἂν ὑπὸ Συρακοσίοις εὐθὺς γίγνοισθε, οἷς αὐτοὶ ἴστε οἵᾳ γνώμῃ ἐπήλθετε, οἱ δ᾽ ἐκεῖ ὑπὸ Λακεδαιμονίοις. (2) Ὥστε ἐν ἑνὶ τῷδε ὑπὲρ ἀμφοτέρων ἀγῶνι καθεστῶτες καρτερήσατε, εἴπερ ποτέ, καὶ ἐνθυμεῖσθε καθ᾽ ἑκάστους τε καὶ ξύμπαντες ὅτι οἱ ἐν ταῖς ναυσὶν ὑμῶν νῦν ἐσόμενοι καὶ πεζοὶ τοῖς Ἀθηναίοις εἰσὶ καὶ νῆες καὶ ἡ ὑπόλοιπος πόλις καὶ τὸ μέγα ὄνομα τῶν Ἀθηνῶν, περὶ ὧν εἴ τίς τι ἕτερος ἑτέρου προφέρει ἢ ἐπιστήμῃ ἢ εὐψυχίᾳ, οὐκ ἂν ἐν ἄλλῳ μᾶλλον καιρῷ ἀποδειξάμενος αὐτός τε αὑτῷ ὠφέλιμος γένοιτο καὶ τοῖς ξύμπασι σωτήριος. »

LXV. Ὁ μὲν Νικίας τοσαῦτα παρακελευσάμενος εὐθὺς ἐκέλευε πληροῦν τὰς ναῦς. Τῷ δὲ Γυλίππῳ καὶ τοῖς Συρακοσίοις παρῆν μὲν αἰσθάνεσθαι, ὁρῶσι καὶ αὐτὴν τὴν παρασκευήν, ὅτι ναυμαχήσουσιν οἱ Ἀθηναῖοι, προηγγέλθη δ᾽ αὐτοῖς καὶ ἡ ἐπιβολὴ τῶν σιδηρῶν χειρῶν, (2) καὶ πρός τε τἆλλα ἐξηρτύσαντο ὡς ἕκαστα καὶ

nem, quæ res præcipue nobis damno erat, ferrearum manuum injectiones, quæ navem hostilem, quum invaserit, retinebunt, ne retro se recipiat, si modo vectores ea, quæ præterea opus sunt, exsequantur. (4) In eam enim necessitatem jam adducti sumus, ut pedestre prœlium ex navibus committamus; atque ut neque ipsi ab hostili classe resiliamus, neque illos resilire permittamus, utile esse apparet, præsertim quum terra sit hostilis, præter eam, quam noster peditatus obtinuerit.

LXIII. « Quorum vos memores oportet totis viribus certamen inire, nec ad eam propelli, sed quum navis cum navi confligere cœperit, non prius permittere vobis ut ab hoste dirimamini, quam de hostili tabulato milites deturbaritis. (2) Atque ad hæc non minus milites, quam nautas adhortor, quo magis eorum, qui desuper pugnant, hoc officium est ; adest autem nobis nunc quoque facultas, ut magis peditatu victoriam consequamur. (3) Nautas vero adhortor, et simul obsecro, ne propter clades acceptas animo nimis consternato sitis, quum et firmiorem apparatum ex tabulatis nunc habeatis, et naves plures, et ut diligenter apud animos vestros consideretis, quam operæ pretium sit illam voluptatem conservare, quotquot de vobis antea Athenienses habiti, quamvis non essetis, et ob nostræ linguæ peritiam et ob institutorum imitationem in Græcia suspiciebamini, et imperii nostri, quod utilitatem quidem attinet, non minus, quod vero metum apud subjectos et injuriarum immunitatem, multo etiam magis participes eratis. (4) Itaque quum soli libere socii sitis imperii nostri, merito nunc illud ne prodatis, et contemptis Corinthiis, quos sæpe superastis, et Siciliensibus, quorum nullus, quamdiu nostra classis vigebat, nobis resistere est ausus, propulsate eos et ostendite vel in imbecillitate et calamitatibus vestram peritiam aliorum robore, quod secunda fortuna utitur, potentiorem esse.

LXIV. « Et Atheniensibus qui sunt inter vos, rursus hæc in memoriam redigo, neque naves alias his similes in navalibus, neque militum juventutem a vobis domi relictam esse, et si quid aliud, quam victoria, vobis eveniat, et hostes, qui hic sunt, protinus illuc navigaturos, et qui de nobis illic sunt reliqui, nequaquam satis virium habituros ad propulsandos et eos, qui illic sunt, et eos, qui præterea venient. Et alteri quidem Syracusanis statim subjecti eritis, contra quos qua mente veneritis, vos ipsi nostis, alteri vero, qui illic sunt, Lacedæmoniis. (2) Quare quum in hoc uno certamine pro utrisque constituti sitis, fortiter, si unquam alias, perdurate atque apud animos vestros reputate et pro se quique, et universi, eos, qui nunc vestrum in navibus erunt, et peditatum esse Atheniensium et classem, et reliquam civitatem, et magnum illud Athenarum nomen, pro quibus, si qua in re alius alii præstat vel peritia vel anim robore, is nunquam alias opportunius sese ostentans et sibi ipsi utilis fuerit, et universis salutaris. »

LXV. Nicias igitur, his suos adhortatus, statim imperavit, ut naves conscenderent. Gylippo autem et Syracusanis, quippe quod ipsum etiam hostium apparatum cernerent, præsentire quidem licebat, Athenienses navale prœlium inituros esse, sed certiores facti erant etiam de ferreis manibus injiciendis ; (2) et quum adversus cetera omnia se

πρὸς τοῦτο· τὰς γὰρ πρώρας καὶ τῆς νεὼς ἄνω ἐπὶ πολὺ κατεβύρσωσαν, ὅπως ἂν ἀπολισθάνοι καὶ μὴ ἔχοι ἀντιλαβὴν ἡ χεὶρ ἐπιβαλλομένη. (3) Καὶ ἐπειδὴ ἑτοῖμα πάντα ἦν, παρεκελεύσαντο ἐκείνοις οἵ τε στρατηγοὶ καὶ Γύλιππος καὶ ἔλεξαν τοιάδε.

LXVI. « Ὅτι μὲν καλὰ τὰ προειργασμένα καὶ ὑπὲρ καλῶν τῶν μελλόντων ὁ ἀγὼν ἔσται, ὦ Συρακόσιοι καὶ ξύμμαχοι, οἵ τε πολλοὶ δοκεῖτέ ἡμῖν εἰδέναι (οὐδὲ γὰρ ἂν οὕτως αὐτῶν προθύμως ἀντελάβεσθε), καὶ εἴ τις μὴ ἐπὶ ὅσον δεῖ ᾔσθηται, σημανοῦμεν. (2) Ἀθηναίους γὰρ ἐς τὴν χώραν τήνδε ἐλθόντας πρῶτον μὲν ἐπὶ τῆς Σικελίας καταδουλώσει, ἔπειτ᾽ εἰ κατορθώσειαν, καὶ τῆς Πελοποννήσου καὶ τῆς ἄλλης Ἑλλάδος, καὶ ἀρχὴν τὴν ἤδη μεγίστην τῶν τε πρὶν Ἑλλήνων καὶ τῶν νῦν κεκτημένους, πρῶτοι ἀνθρώπων ὑποστάντες τῷ ναυτικῷ, ᾧπερ πάντα κατέσχον, τὰς μὲν νενικήκατε ἤδη ναυμαχίαις, τὴν δ᾽ ἐκ τοῦ εἰκότος νῦν νικήσετε. (3) Ἄνδρες γὰρ ἐπειδὰν ᾧ ἀξιοῦσι προύχειν κολουθῶσι, τό γ᾽ ὑπόλοιπον αὐτῶν τῆς δόξης ἀσθενέστερον αὐτὸ ἑαυτοῦ ἐστιν ἢ εἰ μηδ᾽ ᾠήθησαν τὸ πρῶτον, καὶ τῷ παρ᾽ ἐλπίδα τοῦ αὐχήματος σφαλλόμενοι καὶ παρὰ ἰσχὺν τῆς δυνάμεως ἐνδιδόασιν· ὃ νῦν Ἀθηναίους εἰκὸς πεπονθέναι.

LXVII. « Ἡμῶν δὲ τό τε ὑπάρχον πρότερον, ᾧπερ καὶ ἀνεπιστήμονες ἔτι ὄντες ἀπετολμήσαμεν, βεβαιότερον νῦν, καὶ τῆς δοκήσεως προσγεγενημένης αὐτῷ, τὸ κρατίστους εἶναι εἰ τοὺς κρατίστους ἐνικήσαμεν, διπλασία ἑκάστου ἡ ἐλπίς· τὰ δὲ πολλὰ πρὸς τὰς ἐπιχειρήσεις· ἡ μεγίστη ἐλπὶς μεγίστην καὶ τὴν προθυμίαν παρέχεται. (2) Τά τε τῆς ἀντιμιμήσεως αὐτῶν τῆς παρασκευῆς ἡμῶν τῷ μὲν ἡμετέρῳ τρόπῳ ξυνήθη τέ ἐστι καὶ οὐκ ἀνάρμοστοι πρὸς ἕκαστον αὐτῶν ἐσόμεθα· οἱ δ᾽, ἐπειδὰν πολλοὶ μὲν ὁπλῖται ἐπὶ τῶν καταστρωμάτων παρὰ τὸ καθεστηκὸς ὦσιν, πολλοὶ δὲ καὶ ἀκοντισταὶ χερσαῖοι ὡς εἰπεῖν Ἀκαρνᾶνές τε καὶ ἄλλοι ἐπὶ ναῦς ἀναβάντες, οἳ οὐδ᾽ ὅπως καθεζομένους χρὴ τὸ βέλος ἀφεῖναι εὑρήσουσιν, πῶς οὐ σφαλοῦσί τε τὰς ναῦς καὶ ἐν σφίσιν αὐτοῖς πάντες, οὐκ ἐν τῷ αὐτῶν τρόπῳ κινούμενοι, ταράξονται; (3) ἐπεὶ καὶ τῷ πλήθει τῶν νεῶν οὐκ ὠφελήσονται, εἴ τις καὶ τόδε ὑμῶν, ὅτι οὐκ ἴσαις ναυμαχήσει, πεφόβηται· ἐν ὀλίγῳ γὰρ πολλαὶ ἀργότεραι μὲν ἐς τὸ δρᾶν τι ὧν βούλονται ἔσονται, ῥᾷσται δὲ ἐς τὸ βλάπτεσθαι ἀφ᾽ ὧν ἡμῖν παρεσκεύασται. (4) Τὸ δ᾽ ἀληθέστατον γνῶτε ἐξ ὧν ἡμεῖς οἰόμεθα σαφῶς πεπύσθαι· ὑπερβαλλόντων γὰρ αὐτοῖς τῶν κακῶν καὶ βιαζόμενοι ὑπὸ τῆς παρούσης ἀπορίας ἐς ἀπόνοιαν καθεστήκασιν, οὐ παρασκευῆς πίστει μᾶλλον ἢ τύχης ἀποκινδυνεύσει οὕτως ὅπως δύνανται, ἵν᾽ ἢ βιασάμενοι ἐκπλεύσωσιν ἢ κατὰ γῆν μετὰ τοῦτο τὴν ἀποχώρησιν ποιῶνται, ὡς τῶν γε παρόντων οὐκ ἂν πράξαντες χεῖρον.

LXVIII. « Πρὸς οὖν ἀταξίαν τε τοιαύτην καὶ τύχην ἀνδρῶν ἑαυτὴν παραδεδωκυῖαν πολεμιωτάτων ὀργῇ προσμίξωμεν, καὶ νομίσωμεν ἅμα μὲν νομιμώτατον εἶναι πρὸς τοὺς ἐναντίους οἳ ἂν ὡς ἐπὶ τιμωρίᾳ τοῦ

instruxerunt singulatim, tum etiam adversus hoc; proras enim et superiores navium partes coriis longe lateque contexerunt, ut manus injecta laberetur, nec quicquam nancisceretur, quod apprehenderet. (3) Et postquam omnia præparata erant, duces eorum ac Gylippus eos adhortati sunt, et hanc orationem habuerunt.

LXVI. « Præclaras quidem esse res ante gestas et de præclaris rebus mox etiam certamen futurum, Syracusani et socii, et plerique nobis intelligere videmini (nec enim tanto studio res illas gerendas suscepissetis), et si quis non in quantum debet, intellexit, nos declarabimus. (2) Athenienses enim in hanc regionem profectos primum quidem, ut Siciliam subigerent, deinde vero, si rem feliciter gessissent, ut Peloponnesum etiam ceteramque Græciam, et imperium jam nunc maximum omnium tam superioris quam nostræ memoriæ Græcorum obtinentes, vos mortalium primi sustinuistis classe, qua illi cuncta obtinuerunt, et eos ceteris quidem navalibus prœliis jam vicistis, hoc vero, ut verisimile videtur, nunc vincetis. (3) Homines enim, postquam eorum vires in ea re, qua præstare putant, fractæ fuerint, multo minorem in posterum de se ipsis opinionem concipiunt, quam si nunquam antea quicquam de se tale sensissent, et præter spem superbiæ suæ frustrati etiam infra potentiæ vires succumbunt; id quod nunc Atheniensibus accidisse credibile est.

LXVII. Apud nos vero et pristina nostra virtus, qua, licet adhuc essemus imperiti, belli fortunam temptavimus, nunc validior est, et quia existimatio jam ad eam accessit, fortissimos nos esse, si fortissimos vicimus, spes uniuscujusque duplo major est; plerumque autem ad res gerendas maxima spes maximam etiam animorum alacritatem addit. (2) Atque quæ illi imitati sunt ex nostro apparatu, ea nostræ quidem consuetudini familiaria sunt, nec imparati adversus rem quamque erimus; illi vero, quando multi quidem gravis armaturæ milites præter ipsorum institutum supra tabulata steterint, multi etiam terrestres jaculatores, ut ita loquar, et Acarnanes, et alii in naves ingressi, qui ne reperient quidem, quomodo sedentes telum emittere possint, qui fieri poterit, ut ipsas naves in periculum non conjiciant, et omnes inter se ipsos perturbationem non excitent, dum non suo more sese movebunt? (3) Siquidem ne multitudo quidem navium iis proderit, si quis vestrum hoc etiam formidat, quod non cum pari navium numero sit pugnaturus; nam in exiguo spatio multæ erunt tardiores ad exsequenda ea, quæ volunt, opportunissimæ autem ad damna inferenda iis rebus, quæ nobis comparatæ sunt. (4) Quod autem verissimum est, cognoscite ex iis, quæ nos certo intellexisse arbitramur; nimia enim malorum magnitudine fracti, et præsentis difficultatis vi coacti in desperatione sunt constituti, non apparatu freti potius, quam temeritate fortunæ, quam, quoquo modo possunt, periclitari volunt, ut aut per vim navibus elabantur, aut deinde itinere terrestri se recipiant, quippe qui pejore conditione nunquam sint futuri, quam nunc sunt.

LXVIII. « Adversus igitur talem confusionem et infestissimorum hominum fortunam, quæ se ipsam tradidit, iratis animis contendentes pugnam conseramus, et existimemus, simul quidem æquissimum esse in adversarios, si qui in

προσπεσόντος δικαιώσωσιν ἀποπλῆσαι τῆς γνώμης τὸ θυμούμενον, ἅμα δ' ἐχθροὺς ἀμύνασθαι ἐκγενησόμενον ἡμῖν καὶ τὸ λεγόμενόν που ἥδιστον εἶναι. (2) Ὡς δ' ἐχθροὶ καὶ ἔχθιστοι, πάντες ἴστε, οἵ γ' ἐπὶ τὴν ἡμετέραν ἦλθον δουλωσόμενοι, ἐν ᾧ, εἰ κατώρθωσαν, ἀνδράσι μὲν ἂν τἄλγιστα προσέθεσαν, παισὶ δὲ καὶ γυναιξὶ τὰ ἀπρεπέστατα, πόλει δὲ τῇ πάσῃ τὴν αἰσχίστην ἐπίκλησιν. (3) Ἀνθ' ὧν μὴ μαλακισθῆναί τινα πρέπει, μηδὲ τὸ ἀκινδύνως ἀπελθεῖν αὐτοὺς κέρδος νομίσαι. Τοῦτο μὲν γὰρ καὶ ἐὰν κρατήσωσιν ὁμοίως δράσουσιν· τὸ δὲ πραξάντων ἐκ τοῦ εἰκότος ἃ βουλόμεθα τούσδε τε κολασθῆναι καὶ τῇ πάσῃ Σικελίᾳ καρπουμένῃ καὶ πρὶν ἐλευθερίαν βεβαιοτέραν παραδοῦναι, καλὸς ὁ ἀγών. Καὶ κίνδυνοι οὗτοι σπανιώτατοι οἳ ἂν ἐλάχιστα ἐκ τοῦ σφαλῆναι βλάπτοντες πλεῖστα διὰ τὸ εὐτυχῆσαι ὠφελῶσιν. »

LXIX. Καὶ οἱ μὲν τῶν Συρακοσίων στρατηγοὶ καὶ Γύλιππος τοιαῦτα καὶ αὐτοὶ τοῖς σφετέροις στρατιώταις παρακελευσάμενοι ἀντεπλήρουν τὰς ναῦς εὐθὺς ἐπειδὴ καὶ τοὺς Ἀθηναίους ᾐσθάνοντο. (2) Ὁ δὲ Νικίας ὑπὸ τῶν παρόντων ἐκπεπληγμένος καὶ ὁρῶν οἷος ὁ κίνδυνος καὶ ὡς ἐγγὺς ἤδη ἦν, ἐπειδὴ καὶ ὅσον οὐκ ἔμελλον ἀνάγεσθαι, καὶ νομίσας, ὅπερ πάσχουσιν ἐν τοῖς μεγάλοις ἀγῶσιν, πάντα τε ἔργῳ ἔτι σφίσιν ἐνδεᾶ εἶναι καὶ λόγῳ αὐτοῖς οὔπω ἱκανὰ εἰρῆσθαι, αὖθις τῶν τριηράρχων ἕνα ἕκαστον ἀνεκάλει, πατρόθεν τε ἐπονομάζων καὶ αὐτοὺς ὀνομαστὶ καὶ φυλήν, ἀξιῶν τό τε καθ' ἑαυτόν, ᾧ ὑπῆρχε λαμπρότητός τι, μὴ προδιδόναι τινά, καὶ τὰς πατρικὰς ἀρετάς, ὧν ἐπιφανεῖς ἦσαν οἱ πρόγονοι, μὴ ἀφανίζειν, πατρίδος τε τῆς ἐλευθερωτάτης ὑπομιμνήσκων καὶ τῆς ἐν αὐτῇ ἀνεπιτάκτου πᾶσιν ἐς τὴν δίαιταν ἐξουσίας, ἄλλα τε λέγων ὅσα ἐν τῷ τοιούτῳ ἤδη τοῦ καιροῦ ὄντες ἄνθρωποι οὐ πρὸς τὸ δοκεῖν τινι ἀρχαιολογεῖν φυλαξάμενοι εἴποιεν ἄν, καὶ ὑπὲρ ἁπάντων παραπλήσια ἔς τε γυναῖκας καὶ παῖδας καὶ θεοὺς πατρῴους προφερόμενα, ἀλλ' ἐπὶ τῇ παρούσῃ ἐκπλήξει ὠφέλιμα νομίζοντες ἐπιβοῶνται. (3) Καὶ ὁ μὲν οὐχ ἱκανὰ μᾶλλον ἢ ἀναγκαῖα νομίσας παρῃνῆσθαι, ἀποχωρήσας ἦγε τὸν πεζὸν πρὸς τὴν θάλασσαν καὶ παρέταξεν ὡς ἐπὶ πλεῖστον ἐδύνατο, ὅπως ὅτι μεγίστη τοῖς ἐν ταῖς ναυσὶν ὠφελία ἐς τὸ θαρσεῖν γίγνοιτο· (4) ὁ δὲ Δημοσθένης καὶ Μένανδρος καὶ Εὐθύδημος (οὗτοι γὰρ ἐπὶ τὰς ναῦς τῶν Ἀθηναίων στρατηγοὶ ἐπέβησαν) ἄραντες ἀπὸ τοῦ ἑαυτῶν στρατοπέδου εὐθὺς ἔπλεον πρὸς τὸ ζεῦγμα τοῦ λιμένος καὶ τὸν παραλειφθέντα διέκπλουν, βουλόμενοι βιάσασθαι ἐς τὸ ἔξω.

LXX. Προεξαγαγόμενοι δὲ οἱ Συρακόσιοι καὶ οἱ ξύμμαχοι ναυσὶ παραπλησίαις τὸν ἀριθμὸν καὶ πρότερον, κατὰ τε τὸν ἔκπλουν μέρει αὐτῶν ἐφύλασσον καὶ κατὰ τὸν ἄλλον κύκλῳ λιμένα, ὅπως πανταχόθεν ἅμα προσπίπτοιεν τοῖς Ἀθηναίοις καὶ ὁ πεζὸς ἅμα αὐτοῖς παραβοηθοίη ᾗπερ καὶ αἱ νῆες κατίσχοιεν. Ἦρχον δὲ τοῦ ναυτικοῦ τοῖς Συρακοσίοις Σικανὸς μὲν καὶ Ἀγάθαρχος, κέρας ἑκάτερος τοῦ παντὸς ἔχων, Πυθὴν δὲ καὶ

ulciscendo nimirum eo, qui se invaserit, jure se suo putent animi iram saturare, simul vero etiam penes nos futurum inimicos propulsare, quod vel etiam proverbio dicitur suavissimum esse. (2) Inimicos autem illos atque adeo inimicissimos esse, omnes nostis, si quidem in nostram regionem nos in servitutem redacturi venerunt, quam rem si feliciter gessissent, viros quidem acerbissimis cruciatibus, liberos vero et uxores summa turpitudine affecissent, universam vero rempublicam turpissima cognomenti infamia. (3) Quibus pro rebus neminem rem molliter gerere decet, neque pro lucro ducere, si illi sine nostro periculo abeant. Hoc enim etiam si vicerint, non minus facient; si vero gestis, ut par est, rebus iis, quas volumus, et isti puniantur, et universae Siciliae libertatem, qua prius etiam fruebatur, firmiorem tradamus, hoc vero praeclarum certamen est. Atque ea pericula sunt rarissima, quae, si offendas, minimum damnum, si rem feliciter geras, maximas utilitates afferant. »

LXIX. Atque Syracusanorum quidem duces et Gylippus his verbis et ipsi suos milites adhortati vicissim naves suas statim implere coeperunt, postquam animadverterunt, Athenienses idem facere. (2) Nicias vero propter praesentem rerum statum animo perculsus, et animadvertens, quantum periculum, et quam vicinum jam esset, quando jamjamque hosti erant occursuri, et existimans, id quod hominibus in magnis certaminibus accidere solet, sua omnia neque re ipsa jam satis parata neque verbis satis explicata esse, iterum unumquemque trierarchorum vocabat, singulos et patrum et tribuum et propriis nominibus appellans, exigens, ut et pro se quisque, cui aliquid splendoris inesset, id ne proderet, neve illi, quorum majores illustres essent, patrias virtutes obscurarent, patriae etiam eos admonens, quae liberrima esset, et in qua unicuique arbitratu suo citra praescriptum vitam instituere liceret, et alia praeterea commemorans, quaecumque homines in hujusmodi temporis articulo jam constituti dixerint, non caventes, ne cui inculcare res obsoletas videantur, et quae similia pro universis, de uxoribus et de liberis et de diis patriis, proferri consueverunt, sed ea in praesenti pavore utilia dictu putantes, alta voce pronuntiant. (3) Atque hic quidem non tam quod satis esset quam quod necessarium ad milites admonendos a se dictum esse ratus, ex concione digressus peditatum ad mare ducebat, et instruxit aciem quam latissime potuit, ut iis, qui in navibus erant, hoc quam maximum esset ad fiduciam animo concipiendam adjumentum; (4) Demosthenes vero et Menander et Euthydemus (hi enim duces in Atheniensium naves adscenderant) a suorum castrorum statione solventes, sine mora navigarunt ad portus claustra et exitum in iis relictum, ut per vim erumperent.

LXX. Syracusani vero sociique quum provecti essent navibus tot numero, quot et ante habebant, et ad portus exitum cum earum parte excubias agebant, et in reliquo portu circumcirca, ut undique simul impressionem in Athenienses facerent, et peditatus simul sibi subsidio veniret, quacumque naves appellerent. Praeerant autem classi apud Syracusanos Sicanus et Agatharchus, uterque unum totius aciei cornu tenens, Pythen vero et Corinthii medium tene-

οἱ Κορίνθιοι τὸ μέσον. (2) Ἐπειδὴ δ' οἱ Ἀθηναῖοι προσέμισγον τῷ ζεύγματι, τῇ μὲν πρώτῃ ῥύμῃ ἐπιπλέοντες ἐκράτουν τῶν τεταγμένων νεῶν πρὸς αὐτῷ καὶ ἐπειρῶντο λύειν τὰς κλῄσεις· μετὰ δὲ τοῦτο πανταχόθεν σφίσι τῶν Συρακοσίων καὶ ξυμμάχων ἐπιφερομένων οὐ πρὸς τῷ ζεύγματι ἔτι μόνον ἡ ναυμαχία ἀλλὰ καὶ κατὰ τὸν λιμένα ἐγίγνετο, καὶ ἦν καρτερὰ καὶ οἵα οὐχ ἑτέρα τῶν προτέρων. (3) Πολλὴ μὲν γὰρ ἑκατέροις προθυμία ἀπὸ τῶν ναυτῶν ἐς τὸ ἐπιπλεῖν ὁπότε κελευσθείη ἐγίγνετο, πολλὴ δὲ ἡ ἀντιτέχνησις τῶν κυβερνητῶν καὶ ἀγωνισμὸς πρὸς ἀλλήλους· οἵ τ' ἐπιβάται ἐθεράπευον, ὅτε προσπέσοι ναῦς νηί, μὴ λείπεσθαι τὰ ἀπὸ τοῦ καταστρώματος τῆς ἄλλης τέχνης· πᾶς τέ τις ἐν ᾧ προσετέτακτο αὐτὸς ἕκαστος ἠπείγετο πρῶτος φαίνεσθαι. (4) Ξυμπεσουσῶν δὲ ἐν ὀλίγῳ πολλῶν νεῶν (πλεῖσται γὰρ δὴ αὗται ἐν ἐλαχίστῳ ἐναυμάχησαν· βραχὺ γὰρ ἀπέλιπον ξυναμφότεραι διακόσιαι γενέσθαι) αἱ μὲν ἐμβολαὶ διὰ τὸ μὴ εἶναι τὰς ἀνακρούσεις καὶ διέκπλους ὀλίγαι ἐγίγνοντο, αἱ δὲ προσβολαί, ὡς τύχοι ναῦς νηί προσπεσοῦσα ἢ διὰ τὸ φεύγειν ἢ ἄλλη ἐπιπλέουσα, πυκνότεραι ἦσαν. (5) Καὶ ὅσον μὲν χρόνον προσφέροιτο ναῦς, οἱ ἀπὸ τῶν καταστρωμάτων τοῖς ἀκοντίοις καὶ τοξεύμασι καὶ λίθοις ἀφθόνως ἐπ' αὐτὴν ἐχρῶντο· ἐπειδὴ δὲ προσμίξειαν, οἱ ἐπιβάται ἐς χεῖρας ἰόντες ἐπειρῶντο ταῖς ἀλλήλων ναυσὶν ἐπιβαίνειν. (6) Ξυνετύγχανέ τε πολλαχοῦ διὰ τὴν στενοχωρίαν τὰ μὲν ἄλλοις ἐμβεβληκέναι τὰ δ' αὐτοὺς ἐμβεβλῆσθαι, δύο τε περὶ μίαν καὶ ἔστιν ᾗ καὶ πλείους ναῦς κατ' ἀνάγκην ξυνηρτῆσθαι, καὶ τοῖς κυβερνήταις τῶν μὲν φυλακὴν τῶν δ' ἐπιβουλήν, μὴ καθ' ἓν ἕκαστον κατὰ πολλὰ δὲ πανταχόθεν, περιεστάναι, καὶ τὸν κτύπον μέγαν ἀπὸ πολλῶν [τῶν] νεῶν ξυμπιπτουσῶν ἔκπληξίν τε ἅμα καὶ ἀποστέρησιν τῆς ἀκοῆς ὧν οἱ κελευσταὶ φθέγγοιντο παρέχειν. (7) Πολλὴ γὰρ δὴ ἡ παρακέλευσις καὶ βοὴ ἀφ' ἑκατέρων τοῖς κελευσταῖς κατά τε τὴν τέχνην καὶ πρὸς τὴν αὐτίκα φιλονεικίαν ἐγίγνετο, τοῖς μὲν Ἀθηναίοις βιάζεσθαί τε τὸν ἔκπλουν ἐπιβοῶντες καὶ περὶ τῆς ἐς τὴν πατρίδα σωτηρίας νῦν, εἴ ποτε καὶ αὖθις, προθύμως ἀντιλαβέσθαι, τοῖς δὲ Συρακοσίοις καὶ ξυμμάχοις καλὸν εἶναι κωλῦσαί τε αὐτοὺς διαφυγεῖν καὶ τὴν οἰκείαν ἑκάστους πατρίδα νικήσαντες ἐπαυξῆσαι. (8) Καὶ οἱ στρατηγοὶ προσέτι ἑκατέρων, εἴ τινά που ὁρῷεν μὴ κατ' ἀνάγκην πρύμναν κρουόμενον, ἀνακαλοῦντες ὀνομαστὶ τὸν τριήραρχον ἠρώτων, οἱ μὲν Ἀθηναῖοι εἰ τὴν πολεμιωτάτην γῆν οἰκειοτέραν ἤδη τῆς οὐ δι' ὀλίγου πόνου κεκτημένης θαλάσσης ἡγούμενοι ὑποχωροῦσιν, οἱ δὲ Συρακόσιοι εἰ οὓς σαφῶς ἴσασι προθυμουμένους Ἀθηναίους παντὶ τρόπῳ διαφυγεῖν, τούτους αὐτοὶ φεύγοντας φεύγουσιν.

LXXI. Ὅ τε ἐκ τῆς γῆς πεζὸς ἀμφοτέρων ἰσορρόπου τῆς ναυμαχίας καθεστηκυίας πολὺν τὸν ἀγῶνα καὶ ξύστασιν τῆς γνώμης εἶχεν, φιλονεικῶν μὲν ὁ αὐτόθεν περὶ τοῦ πλείονος ἤδη καλοῦ, δεδιότες δὲ οἱ ἐπελθόντες μὴ τῶν παρόντων ἔτι χείρω πράξωσιν. (2) Πάντων γὰρ δὴ ἀνακειμένων τοῖς Ἀθηναίοις ἐς τὰς ναῦς ὅ τε

bant. (2) Postquam autem Athenienses ad claustra accesserunt, primo quidem impetu naves ad ea collocatas impressione facta superabant, et juncturas solvere conabantur; postea vero, quum Syracusani sociique in eos undique inveherentur, non amplius ad claustra tantum, sed etiam in ipso portu prœlium fiebat, et erat atrox, et quale nullum superiorum. (3) Magnam enim animorum alacritatem adhibebant utriusque classis nautæ ad impetum faciendum, quotiescumque jussi essent, magnamque artem gubernatores et æmulationem inter se; militesque præsidio navibus additi operam dabant, quoties navis impressionem in navem fecisset, ne ii, qui ex tabulatis pugnabant, cetero artificio inferiores essent; nec erat, qui non in munere sibi assignato ipse quisque contenderet primus apparere. (4) Quum autem concurrissent in exiguo spatio naves multæ (nam maximo hæ naves numero in angustissimo spatio pugnarunt; haud multum enim aberat, quin universæ utriusque classis ducentæ essent) incursiones quidem paucæ fiebant, quia nec retrocedendi nec perrumpendi ulla facultas dabatur, concursus vero frequentiores erant, prout quæque navis in navem incidisset, vel quod fugeret, vel impressionem in aliam faciens. (5) Et quamdiu quidem navis invaderet, qui ex tabulatis pugnabant, jaculis et sagittis et lapidibus abunde adversus alteram utebantur; ubi autem jam concurrissent, propugnatores manus conserentes utrinque in alienas naves ingredi conabantur. (6) Multis autem in partibus contingebat propter loci angustias, ut simul et alios invasissent et ipsi invasi essent, et ut duæ, et alicubi etiam plures naves circa unam necessario hærerent, gubernatoresque has quidem vitandi, illas vero per insidias invadendi curæ circumsisterent, idque non sigillatim, sed conjunctim undique, utque strepitus ingens, qui a multis navibus concurrentibus edebatur, simul et pavorem afferret, et auditum adimeret eorum, quæ ab hortatoribus præcipiebantur. (7) Multa enim adhortatio multusque clamor utrinque hortatorum audiebatur et ex arte et propter præsentem vincendi contentionem, quum Atheniensibus quidem, ut per vim eruptionem facerent, ac clamarent, utque nunc, si unquam alias, alacriter de salvo in patriam reditu contenderent; Syracusanis vero et socii, præclarum esse illorum fugam impedire, partaque victoria suam quemque patriam incrementis augere. (8) Præterea utriusque classis duces, sicubi aliquem animadvertissent præter necessitatem cum sua navi cessim ire, accitum nominatim ejus trierarchum percontabantur, Athenienses quidem, num retrocederent, quod infensissimorum hostium agrum ipso mari, cujus imperium non exiguo labore obtinuissent, jam amiciorem putarent; Syracusani vero, num quos Athenienses plane scirent vehementer cupere quavis ratione effugere, hos fugientes ipsi fugerent.

LXXI. Atque peditatus utrorumque in terra positus, quum navale prœlium ancipiti Marte committeretur, magnum animi certamen et contentionem sustinebat, quum is quidem, qui illinc oriundus erat, æmulo studio jam pro majore gloria sibi comparanda contenderet, ii vero, qui hostes illuc profecti erant, metuerent, ne in fortunam præsenti etiam deteriorem delaberentur. (2) Quum enim omnes suas fortunas Athenienses in navibus posuissent, et timor de futuro

ρόβος ἦν ὑπὲρ τοῦ μέλλοντος οὐδενὶ ἐοικώς, καὶ διὰ τὸ ἀνώμαλον καὶ τὴν ἔποψιν τῆς ναυμαχίας ἐκ τῆς γῆς ἠναγκάζοντο ἔχειν. (3) Δι' ὀλίγου γὰρ οὔσης τῆς θέας καὶ οὐ πάντων ἅμα ἐς τὸ αὐτὸ σκοπούντων, εἰ μέν τινες ἴδοιέν πῃ τοὺς σφετέρους ἐπικρατοῦντας, ἀνεθάρσησάν τε ἂν καὶ πρὸς ἀνάκλησιν θεῶν μὴ στερῆσαι σφᾶς τῆς σωτηρίας ἐτρέποντο, οἱ δ' ἐπὶ τὸ ἡσσώμενον βλέψαντες ὀλοφυρμῷ τε ἅμα μετὰ βοῆς ἐχρῶντο καὶ ἀπὸ τῶν δρωμένων τῆς ὄψεως καὶ τὴν γνώμην μᾶλλον τῶν ἐν τῷ ἔργῳ ἐδουλοῦντο. Ἄλλοι δὲ καὶ πρὸς ἀντίπαλόν τι τῆς ναυμαχίας ἀπιδόντες, διὰ τὸ ἀκρίτως ξυνεχὲς τῆς ἁμίλλης καὶ τοῖς σώμασιν αὐτοῖς ἴσα τῇ δόξῃ περιδεῶς ξυναπονεύοντες ἐν τοῖς χαλεπώτατα διῆγον· ἀεὶ γὰρ παρ' ὀλίγον ἢ διέφευγον ἢ ἀπώλλυντο. (4) Ἦν τε ἐν τῷ αὐτῷ στρατεύματι τῶν Ἀθηναίων, ἕως ἀγχώμαλα ἐναυμάχουν, πάντα ὁμοῦ ἀκοῦσαι, ὀλοφυρμὸς βοή, νικῶντες κρατούμενοι, ἄλλα ὅσα ἐν μεγάλῳ κινδύνῳ μέγα στρατόπεδον πολυειδῆ ἀναγκάζοιτο φθέγγεσθαι. (5) Παραπλήσια δὲ καὶ οἱ ἐπὶ τῶν νεῶν αὐτοῖς ἔπασχον, πρίν γε ἢ οἱ Συρακόσιοι καὶ οἱ ξύμμαχοι ἐπὶ πολὺ ἀντισχούσης τῆς ναυμαχίας ἔτρεψάν τε τοὺς Ἀθηναίους καὶ ἐπικείμενοι λαμπρῶς, πολλῇ κραυγῇ καὶ διακελευσμῷ χρώμενοι, κατεδίωκον ἐς τὴν γῆν. (6) Τότε δὲ ὁ μὲν ναυτικὸς στρατὸς ἄλλος ἄλλῃ, ὅσοι μὴ μετέωροι ἑάλωσαν, κατενεχθέντες ἐξέπεσον ἐς τὸ στρατόπεδον· ὁ δὲ πεζὸς οὐκέτι διαφόρως ἀλλ' ἀπὸ μιᾶς ὁρμῆς οἰμωγῇ τε καὶ στόνῳ πάντες δυσανασχετοῦντες τὰ γιγνόμενα, οἱ μὲν ἐπὶ τὰς ναῦς παρεβοήθουν, οἱ δὲ πρὸς τὸ λοιπὸν τοῦ τείχους ἐς φυλακήν, ἄλλοι δὲ καὶ οἱ πλεῖστοι ἤδη περὶ σφᾶς αὐτοὺς καὶ ὅπῃ σωθήσονται διεσκόπουν. (7) Ἦν τε ἐν τῷ παραυτίκα οὐδεμιᾶς δὴ τῶν ξυμπασῶν ἐλάσσων ἔκπληξις. Παραπλήσιά τε πεπόνθεσαν καὶ ἐδράσαν αὐτοὶ ἐν Πύλῳ· διαφθαρεισῶν γὰρ τῶν νεῶν τοῖς Λακεδαιμονίοις προσαπώλλυντο αὐταῖς καὶ οἱ ἐν τῇ νήσῳ ἄνδρες διαβεβηκότες, καὶ τότε τοῖς Ἀθηναίοις ἀνέλπιστον ἦν τὸ κατὰ γῆν σωθήσεσθαι, ἢν μή τι παράλογον γίγνηται.

LXXII. Γενομένης δ' ἰσχυρᾶς τῆς ναυμαχίας καὶ πολλῶν νεῶν ἀμφοτέροις καὶ ἀνθρώπων ἀπολομένων οἱ Συρακόσιοι καὶ οἱ ξύμμαχοι ἐπικρατήσαντες τά τε ναυάγια καὶ τοὺς νεκροὺς ἀνείλοντο, καὶ ἀποπλεύσαντες πρὸς τὴν πόλιν τροπαῖον ἔστησαν. (2) οἱ δ' Ἀθηναῖοι ὑπὸ μεγέθους τῶν παρόντων κακῶν νεκρῶν μὲν πέρι ἢ ναυαγίων οὐδ' ἐπενόουν αἰτῆσαι ἀναίρεσιν, τῆς δὲ νυκτὸς ἐβούλοντο εὐθὺς ἀναχωρεῖν. (3) Δημοσθένης δὲ Νικίᾳ προσελθὼν γνώμην ἐποιεῖτο πληρώσαντας ἔτι τὰς λοιπὰς τῶν νεῶν βιάσασθαι, ἢν δύνωνται, ἅμα ἕῳ τὸν ἔκπλουν, λέγων ὅτι πλείους ἔτι αἱ λοιπαί εἰσι νῆες χρήσιμαι σφίσιν ἢ τοῖς πολεμίοις· ἦσαν γὰρ τοῖς μὲν Ἀθηναίοις περίλοιποι ὡς ἑξήκοντα, τοῖς δ' ἐναντίοις ἐλάσσους ἢ πεντήκοντα. (4) Καὶ ξυγχωροῦντος Νικίου τῇ γνώμῃ καὶ βουλομένων πληροῦν αὐτῶν οἱ ναῦται οὐκ ἤθελον ἐσβαίνειν διὰ τὸ καταπεπλῆχθαι τῇ ἥσσῃ καὶ

nulli similis erat, et hac ipsa de causa vario etiam animi affectu navale proelium ex terra necessario spectabant. (3) Namquum spectaculum esset e propinquo, nec omnes pariter eodem spectarent, si qui suos alicubi vincentes adspexissent, se ipsos colligebant, et ad implorandam deorum fidem se convertebant, ne se salute fraudarent; alii vero, qui suos vinci vidissent, planctu simul et vociferatione utebantur, et ex visu eorum, quae fiebant, animis etiam multo magis frangebantur, quam qui in ipso proelio versabantur. Alii vero oculis in aliquam ancipitem proelii partem conversi, quod simul et dubio discrimine et diuturna erat contentio, ipsis etiam corporibus pro animi affectu ut in proelio per metum declinantes, facile vehementissime cruciabantur; semper enim exiguo discrimine aut evadebant, aut peribant. (4) Atque licebat in eodem Atheniensium exercitu, quamdiu aequo Marte pugnabatur, omnia simul audire, lamenta, clamores, vincentes, victos, alia, quaecumque magnus exercitus in magno discrimine multifariam proferre cogatur. (5) Similia autem, atque his, etiam illis, qui in navibus erant, accidebant, donec tandem Syracusani sociique, quum navale proelium diu utrinque sustinuissent, Athenienses in fugam verterunt, et minime dubie fugientibus instantes, magno clamore et cohortatione utentes, terram versus eos persequi coeperunt. (6) Tunc vero nauticus quidem exercitus, alius alio, quotquot in alto capti non erant, delati, in sua castra ruerunt; peditatus vero, non amplius in diversum, sed uno universi impetu cum ploratu gemituque nimiam calamitatem conquerentes partim quidem ad opem navibus ferendam accurrebant, partim ad reliquam munitionum partem, ut eam tutarentur, alii vero et plurimi se ipsos jam, et qua sibi saluti parerent, circumspiciebant. (7) Eratque in praesenti nulla alia ex omnibus inferior consternatio. Similiaque jam passi erant atque quae fecerant ipsi ad Pylum; quum enim Lacedaemoniorum classis illic profligata esset, simul etiam cum ea viri, qui in insulam trajecerant, peribant; et tunc quoque Atheniensibus nulla spes erat, fore ut itinere terrestri salvi evaderent, nisi si ex insperato aliquid accideret.

LXXII. Itaque quum acris pugna fuisset et multae naves utrisque multique mortales perissent, Syracusani sociique victoriam adepti navium fractarum reliquias et caesorum corpora sustulerunt, et ad urbem reversi tropaeum statuerunt; (2) Athenienses vero prae magnitudine praesentium malorum, de suorum cadaveribus quidem aut naviumque fragmentis ne cogitabant quidem aut ea suscipienda fidem publicam petere, sed volebant de nocte protinus abire. (3) Demosthenes autem ad Niciam accessit et sententiam proponebat, ut instructis iterum reliquis navibus per vim, si possent, sub auroram eruptionem temptarent, docens plures adhuc naves ad navigationem idoneas sibi superesse, quam hostibus; Atheniensibus enim naves circiter sexaginta supererant, hostibus vero pauciores quam quinquaginta. (4) Et quum Nicias ei assentiretur, et naves implere vellent, nautae illas conscendere nolebant, quod adverso proelio perterriti essent, nec amplius se superiores fore sperarent.

μὴ ἂν ἔτι οἴεσθαι κρατῆσαι. Καὶ οἱ μὲν ὡς κατὰ γῆν ἀναχωρήσοντες ἤδη ξύμπαντες τὴν γνώμην εἶχον,

LXXIII. Ἑρμοκράτης δὲ ὁ Συρακόσιος ὑπονοήσας αὐτῶν τὴν διάνοιαν, καὶ νομίσας δεινὸν εἶναι εἰ τοσαύτη στρατιὰ κατὰ γῆν ὑποχωρήσασα καὶ καθεζομένη ποι τῆς Σικελίας βουλήσεται αὖθις σφίσι τὸν πόλεμον ποιεῖσθαι, ἐσηγεῖται ἐλθὼν τοῖς ἐν τέλει οὖσιν ὡς οὐ χρεὼν ἀποχωρῆσαι τῆς νυκτὸς αὐτοὺς περιιδεῖν, λέγων ταῦτα ἃ καὶ αὐτῷ ἐδόκει, ἀλλὰ ἐξελθόντας ἤδη πάντας Συρακοσίους καὶ τοὺς ξυμμάχους τάς τε ὁδοὺς ἀποικοδομῆσαι καὶ τὰ στενόπορα τῶν χωρίων διαλαβόντας φυλάσσειν. (2) Οἱ δὲ ξυνεγίγνωσκον μὲν καὶ αὐτοὶ οὐχ ἧσσον ταῦτα ἐκείνου, καὶ ἐδόκει ποιητέα εἶναι, τοὺς δὲ ἀνθρώπους ἄρτι ἀσμένους ἀπὸ ναυμαχίας τε μεγάλης ἀναπεπαυμένους, καὶ ἅμα ἑορτῆς οὔσης (ἔτυχε γὰρ αὐτοῖς Ἡρακλεῖ ταύτην τὴν ἡμέραν θυσία οὖσα), οὐ δοκεῖν ἂν ῥᾳδίως ἐθελῆσαι ὑπακοῦσαι· ὑπὸ γὰρ τοῦ περιχαροῦς τῆς νίκης πρὸς πόσιν τετράφθαι τοὺς πολλοὺς ἐν τῇ ἑορτῇ, καὶ πάντα μᾶλλον ἐλπίζειν ἂν σφῶν πείθεσθαι αὐτοὺς ἢ ὅπλα λαβόντας ἐν τῷ παρόντι ἐξελθεῖν. (3) Ὡς δὲ τοῖς ἄρχουσι ταῦτα λογιζομένοις ἐφαίνετο ἄπορα καὶ οὐκέτι ἔπειθεν αὐτοὺς ὁ Ἑρμοκράτης, αὐτὸς ἐπὶ τούτοις τάδε μηχανᾶται, δεδιὼς μὴ οἱ Ἀθηναῖοι καθ' ἡσυχίαν προφθάσωσιν ἐν τῇ νυκτὶ διελθόντες τὰ χαλεπώτατα τῶν χωρίων. Πέμπει τῶν ἑταίρων τινὰς τῶν ἑαυτοῦ μετὰ ἱππέων πρὸς τὸ τῶν Ἀθηναίων στρατόπεδον, ἡνίκα ξυνεσκόταζεν· οἳ προσελάσαντες ἐξ ὅσου τις ἔμελλεν ἀκούσεσθαι, καὶ ἀνακαλεσάμενοί τινας ὡς ὄντες τῶν Ἀθηναίων ἐπιτήδειοι (ἦσαν γάρ τινες τῷ Νικίᾳ διάγγελοι τῶν ἔνδοθεν) ἐκέλευον φράζειν Νικίᾳ μὴ ἀπάγειν τῆς νυκτὸς τὸ στράτευμα ὡς Συρακοσίων τὰς ὁδοὺς φυλασσόντων, ἀλλὰ καθ' ἡσυχίαν τῆς ἡμέρας παρασκευασάμενον ἀποχωρεῖν. (4) Καὶ οἱ μὲν εἰπόντες ἀπῆλθον, καὶ οἱ ἀκούσαντες διήγγειλαν τοῖς στρατηγοῖς τῶν Ἀθηναίων·

LXXIV. οἱ δὲ πρὸς τὸ ἄγγελμα ἐπέσχον τὴν νύκτα, νομίσαντες οὐκ ἀπάτην εἶναι. Καὶ ἐπειδὴ καὶ ὡς οὐκ εὐθὺς ὥρμησαν, ἔδοξεν αὐτοῖς καὶ τὴν ἐπιοῦσαν ἡμέραν περιμεῖναι, ὅπως ξυσκευάσαιντο ὡς ἐκ τῶν δυνατῶν οἱ στρατιῶται ὅτι χρησιμώτατα, καὶ τὰ μὲν ἄλλα πάντα καταλιπεῖν, ἀναλαβόντες δὲ αὐτὰ ὅσα περὶ τὸ σῶμα ἐς δίαιταν ὑπῆρχεν ἐπιτήδεια ἀφορμᾶσθαι. (2) Συρακόσιοι δὲ καὶ Γύλιππος τῷ μὲν πεζῷ προεξελθόντες τάς τε ὁδοὺς τὰς κατὰ τὴν χώραν, ᾗ εἰκὸς ἦν τοὺς Ἀθηναίους ἰέναι, ἀπεφράγνυσαν, καὶ τῶν ῥείθρων καὶ ποταμῶν τὰς διαβάσεις ἐφύλασσον, καὶ ἐς ὑποδοχὴν τοῦ στρατεύματος ὡς κωλύσοντες ᾗ ἐδόκει ἐτάσσοντο· ταῖς δὲ ναυσὶ προσπλεύσαντες τὰς ναῦς τῶν Ἀθηναίων ἀπὸ τοῦ αἰγιαλοῦ ἀφεῖλκον, ἐνέπρησαν δέ τινας ὀλίγας, ὥσπερ διενοήθησαν αὐτοὶ οἱ Ἀθηναῖοι, τὰς δ' ἄλλας καθ' ἡσυχίαν οὐδενὸς κωλύοντος ὡς ἑκάστην ποι ἐκπεπτωκυῖαν ἀναδησάμενοι ἐκόμιζον ἐς τὴν πόλιν.

Atque hi quidem universi jam itinere terrestri se recipere in animo habebant;

LXXIII. Hermocrates vero Syracusanus, suspicatus, quid illi in animo haberent, et ratus, atrocem rem fore, si tantus exercitus itinere terrestri sese reciperet, et in aliqua Siciliæ parte subsideret, unde rursus bellum sibi facere vellet, magistratus adit, eosque monet, hostibus minime permittendum esse, ut noctu abirent, dicens hæc, quæ ipsi videbantur; sed omnibus Syracusanis sociisque jam exeundum, et vias obstruendas, et locorum angustias partitis copiis custodiendas. (2) Illi vero hæc et ipsi non minus, quam ille, sentiebant, et facienda censebant; sed vixdum homines lætos et ex navali magno prœlio quiescentes, et simul etiam diem festum agentes (forte enim tunc apud eos hoc die Herculi sacra fiebant), haud facile videri paratos fore imperata facere; nam præ ingenti victoriæ gaudio plerosque per eum diem festum sese ad potationem convertisse et se existimare, illis omnia potius a se persuaderi posse, quam ut in præsentia sumptis armis exirent. (3) Sed quum magistratibus hæc reputantibus difficilia factu esse viderentur, et Hermocrates iis persuadere non posset, postea ipse hæc machinatur, veritus, ne Athenienses nullo prohibente difficillima loca noctu transeundo præverterent. Mittit nonnullos e suis sodalibus cum equitibus, quum jam advesperasceret, ad Atheniensium castra; qui eo usque provecti, unde quis exaudiri posset, et quibusdam evocatis, quasi Atheniensium essent amici (erant enim nonnulli internuntii, qui Niciam de rebus urbanis certiorem faciebant), imperabant, ut Niciæ significarent, ne ea nocte copias abduceret, quod Syracusani vias obsedissent, sed postridie copiis per otium instructis abiret. (4) Atque illi quidem quum hæc dixissent, discesserunt, et qui ea audierant, ducibus Atheniensium renuntiarunt;

LXXIV. hi vero ob istum nuntium ea nocte restiterunt, nullam scilicet esse fraudem rati. Et quando ne sic quidem statim discessissent, placuit iis insequentem quoque diem remanere, ut milites pro præsenti facultate convasarent quam commodissime possent, et cetera quidem omnia relinquere, solis vero assumptis rebus, quotquot ad corporis victum ac vestitum essent necessariæ, abire. (2) Syracusani vero et Gylippus cum peditatu quidem prius egressi et vias per suam regionem, qua verisimile erat Athenienses iter facturos, obstruxerunt, et rivorum et fluviorum transitus custodiebant, et in locis ad excipiendum exercitum opportunis, ut eum iis prohiberent, qua videbatur, acie instructa stabant; navibus autem advecti Atheniensium naves a littore abstrahebant; paucas aliquot vero concremarunt, quod vel ipsi Athenienses facere in animo habuerant, ceteras autem trahebant per otium, nullo prohibente, ut quæque forte aliquo delata erat, religatas in urbem.

LXXV. Μετὰ δὲ τοῦτο, ἐπειδὴ ἐδόκει τῷ Νικίᾳ καὶ τῷ Δημοσθένει ἱκανῶς παρεσκευάσθαι, καὶ ἡ ἀνάστασις ἤδη τοῦ στρατεύματος τρίτῃ ἡμέρᾳ ἀπὸ τῆς ναυμαχίας ἐγίγνετο. (2) Δεινὸν οὖν ἦν οὐ καθ' ἓν μόνον τῶν πραγμάτων, ὅτι τάς τε ναῦς ἀπολωλεκότες πάσας ἀπεχώρουν καὶ ἀντὶ μεγάλης ἐλπίδος καὶ αὐτοὶ καὶ ἡ πόλις κινδυνεύοντες, ἀλλὰ καὶ ἐν τῇ ἀπολείψει τοῦ στρατοπέδου ξυνέβαινε τῇ τε ὄψει ἑκάστῳ ἀλγεινὰ καὶ τῇ γνώμῃ αἰσθέσθαι. (3) Τῶν τε γὰρ νεκρῶν ἀτάφων ὄντων, ὁπότε τις ἴδοι τινὰ τῶν ἐπιτηδείων κείμενον, ἐς λύπην μετὰ φόβου καθίστατο, καὶ οἱ ζῶντες καταλειπόμενοι τραυματίαι τε καὶ ἀσθενεῖς πολὺ τῶν τεθνεώτων τοῖς ζῶσι λυπηρότεροι ἦσαν καὶ τῶν ἀπολωλότων ἀθλιώτεροι. (4) Πρὸς γὰρ ἀντιβολίαν καὶ ὀλοφυρμὸν τραπόμενοι ἐς ἀπορίαν καθίστασαν, ἄγειν τε σφᾶς ἀξιοῦντες καὶ ἕνα ἕκαστον ἐπιβοώμενοι, εἴ τινά πού τις ἴδοι ἢ ἑταίρων ἢ οἰκείων, τῶν τε ξυσκήνων ἤδη ἀπιόντων ἐκκρεμαννύμενοι καὶ ἐπακολουθοῦντες ἐς ὅσον δύναιντο, εἴ τῳ δὲ προλίποι ἡ ῥώμη καὶ τὸ σῶμα, οὐκ ἄνευ ὀλίγων ἐπιθειασμῶν καὶ οἰμωγῆς ὑπολειπόμενοι, ὥστε δάκρυσι πᾶν τὸ στράτευμα πλησθὲν καὶ ἀπορίᾳ τοιαύτῃ μὴ ῥᾳδίως ἀφορμᾶσθαι, καίπερ ἐκ πολεμίας τε καὶ μείζω ἢ κατὰ δάκρυα τὰ μὲν πεπονθότας ἤδη, τὰ δὲ περὶ τῶν ἐν ἀφανεῖ δεδιότας μὴ πάθωσιν. (5) Κατήφειά τέ τις ἅμα καὶ κατάμεμψις σφῶν αὐτῶν πολλὴ ἦν. Οὐδὲν γὰρ ἄλλο ἢ πόλει ἐκπεπολιορκημένῃ ἐῴκεσαν ὑποφευγούσῃ, καὶ ταύτῃ οὐ σμικρᾷ· μυριάδες γὰρ τοῦ ξύμπαντος ὄχλου οὐκ ἐλάσσους τεσσάρων ἅμα ἐπορεύοντο. Καὶ τούτων οἵ τε ἄλλοι ἔφερον πάντες ὅ τι τις ἐδύνατο ἕκαστον χρήσιμον, καὶ οἱ ὁπλῖται καὶ οἱ ἱππῆς παρὰ τὸ εἰωθὸς αὐτοὶ τὰ σφέτερα αὐτῶν σιτία ὑπὸ τοῖς ὅπλοις, οἱ μὲν ἀπορίᾳ ἀκολούθων οἱ δὲ ἀπιστίᾳ· ἀπηυτομολήκεσαν γὰρ πάλαι τε καὶ οἱ πλεῖστοι παραχρῆμα. Ἔφερον δὲ οὐδὲ ταῦτα ἱκανά· σῖτος γὰρ οὐκέτι ἦν ἐν τῷ στρατοπέδῳ. (6) Καὶ μὴν ἡ ἄλλη αἰκία καὶ ἡ ἰσομοιρία τῶν κακῶν, ἔχουσά τινα ὅμως τὸ μετὰ πολλῶν κούφισιν, οὐδ' ὣς ῥᾳδία ἐν τῷ παρόντι ἐδοξάζετο, ἄλλως τε καὶ ἀπὸ οἵας λαμπρότητος καὶ αὐχήματος τοῦ πρώτου ἐς οἵαν τελευτὴν καὶ ταπεινότητα ἀφῖκτο. (7) Μέγιστον γὰρ δὴ τὸ διάφορον τοῦτο Ἑλληνικῷ στρατεύματι ἐγένετο, οἷς ἀντὶ μὲν τοῦ ἄλλους δουλωσομένους ἥκειν αὐτοὺς τοῦτο μᾶλλον δεδιότας μὴ πάθωσι ξυνέβη ἀπιέναι, ἀντὶ δ' εὐχῆς τε καὶ παιάνων, μεθ' ὧν ἐξέπλεον, πάλιν τούτοις τοῖς ἐναντίοις ἐπιφημίσμασιν ἀφορμᾶσθαι, πεζούς τε ἀντὶ ναυβατῶν πορευομένους καὶ ὁπλιτικῷ προσέχοντας μᾶλλον ἢ ναυτικῷ. Ὅμως δὲ ὑπὸ μεγέθους τοῦ ἐπικρεμαμένου ἔτι κινδύνου πάντα ταῦτα αὐτοῖς οἰστὰ ἐφαίνετο.

LXXVI. Ὁρῶν δὲ ὁ Νικίας τὸ στράτευμα ἀθυμοῦν καὶ ἐν μεγάλῃ μεταβολῇ ὄν, ἐπιπαριὼν ὡς ἐκ τῶν ὑπαρχόντων ἐθάρσυνέ τε καὶ παρεμυθεῖτο, βοῇ τε χρώμενος ἔτι μᾶλλον ἑκάστοις καθ' οὓς γίγνοιτο ὑπὸ προθυμίας, καὶ βουλόμενος ὡς ἐπὶ πλεῖστον γεγωνίσκων ὠφελεῖν τι.

LXXV. Postea vero, ubi Niciæ et Demostheni res satis præparatæ esse visæ sunt, jam etiam discedere exercitus tertio a navali pugna die cœpit. (2) Acerba igitur res erat non tantum, si in unum contracta calamitatum summa spectetur, quod et amissa classe universa discedebant, idque pro magna spe et ipsi et universa civitas in salutis discrimen adducti, sed etiam in castris deserendis unicuique ingerebantur et oculis et menti, quæ doloris plena essent. (3) Nam quum et mortui essent insepulti, quoties quis aliquem necessariorum jacentem conspexisset, mœrore simul et metu afficiebatur, et qui vivi relinquebantur, vulnerati et ægroti, multo majorem mœrorem, quam mortui, vivis afferebant, et multo miseriores erant, quam interfecti. (4) Nam ad preces et lamentationes conversi ceteros ad consilii inopiam adigebant, quum postularent, ut se abducerent, et uniuscujusque fidem implorarent, sicubi quis aliquem aut sodalium aut familiarium animadvertisset, et ex contubernalium jam abeuntium cervicibus penderent, et, quousque possent, insequerentur, si quem autem corporis vires defecissent, non sine multis obtestationibus ac ploratibus remanerent, adeo ut omnis exercitus lacrymis repletus et hujusmodi consilii inopia non facile discedere posset, quamvis et ex hostico discederent et jam vel majora quam quæ lacrymis defleri possent, aut passi essent, aut ne paterentur in posterum, pro futuræ sortis obscuritate metuerent. (5) Et animis simul dejecti erant et sibi ipsis irati vehementer. Nihil enim aliud, quam expugnatæ civitati profugienti similes erant, eique non parvæ; universa enim multitudo simul proficiscentium non erat infra numerum quadraginta millium. Atque horum quum ceteri omnes, quod quisque poterat utile sibi, tum etiam gravis armaturæ milites et equites præter consuetudinem ipsi sua cibaria sub armis ferebant, alii propter servorum inopiam, alii propter diffidentiam; transfugerant enim et jampridem et plerique tunc ipsum. Atque ne hæc quidem, quæ ferebant, sufficere poterant; nullus enim commeatus in castris amplius erat. (6) Et vero reliqua ignominia, et æqualis malorum portio, quamquam aliquod levamentum habebat ex eo, quod multorum communis esset, tamen ne sic quidem in præsenti facilis videbatur, præsertim cogitantibus, quanto ex splendore et gloriæ dignitate, qua initio præditi fuissent, in quem exitum et in quam humilitatem devenissent. (7) Maxima enim hæc rerum commutatio illi Græcorum exercitui contigit; qui enim venerant, ut alios in servitutem redigerent, iis accidit, ut ipsi hoc potius metuentes abscederent, et pro votis lætisque carminibus, cum quibus domo profecti erant, rursus cum ominis mali vocibus, quæ his erant contrariæ, discederent, idque ita, ut pedestres facti ex nauticis iter facerent, animumque potius ad gravem armaturam, quam ad classem appellerent. Nihilominus tamen propter periculi adhuc impendentis magnitudinem hæc omnia iis tolerabilia videbantur.

LXXVI. Nicias autem cernens exercitum animo consternatum, et in magna commutatione constitutum, secundum ordines procedens, ut fieri poterat in præsenti rerum statu, eos confirmabat et consolabatur, et clamore etiam magis utebatur, ut ad quosque accederet, propter animi studium, quod vocem suam quam longissime exaudiri et milites juvare cuperet.

LXXVII. « Καὶ ἐκ τῶν παρόντων ὦ Ἀθηναῖοι καὶ ξύμμαχοι ἐλπίδα χρὴ ἔχειν· ἤδη τινὲς καὶ ἐκ δεινοτέρων ἢ τοιῶνδε ἐσώθησαν· μηδὲ καταμέμφεσθαι ὑμᾶς ἄγαν αὐτοὺς μήτε ταῖς ξυμφοραῖς μήτε ταῖς παρὰ τὴν ἀξίαν νῦν κακοπαθείαις. (2) Κἀγώ τοι οὐδενὸς ὑμῶν οὔτε ῥώμῃ προφέρων (ἀλλ᾽ ὁρᾶτε δὴ ὡς διάκειμαι ὑπὸ τῆς νόσου) οὔτ᾽ εὐτυχίᾳ δοκῶν που ὕστερός του εἶναι κατά τε τὸν ἴδιον βίον καὶ ἐς τἆλλα, νῦν ἐν τῷ αὐτῷ κινδύνῳ τοῖς φαυλοτάτοις αἰωροῦμαι· καίτοι πολλὰ μὲν ἐς θεοὺς νόμιμα δεδιῄτημαι, πολλὰ δὲ ἐς ἀνθρώπους δίκαια καὶ ἀνεπίφθονα. (3) Ἀνθ᾽ ὧν ἡ μὲν ἐλπὶς ὅμως θρασεῖα τοῦ μέλλοντος, αἱ δὲ ξυμφοραὶ οὐ κατ᾽ ἀξίαν δὴ φοβοῦσιν. Τάχα δ᾽ ἂν καὶ λωφήσειαν· ἱκανὰ γὰρ τοῖς τε πολεμίοις εὐτύχηται, καὶ εἴ τῳ θεῶν ἐπίφθονοι ἐστρατεύσαμεν, ἀποχρώντως ἤδη τετιμωρήμεθα. (4) Ἦλθον γάρ που καὶ ἄλλοι τινὲς ἤδη ἐφ᾽ ἑτέρους, καὶ ἀνθρώπεια δράσαντες ἀνεκτὰ ἔπαθον. Καὶ ἡμᾶς εἰκὸς νῦν τά τε ἀπὸ τοῦ θεοῦ ἐλπίζειν ἠπιώτερα ἕξειν· οἴκτου γὰρ ἀπ᾽ αὐτῶν ἀξιώτεροι ἤδη ἐσμὲν ἢ φθόνου· καὶ ὁρῶντες ὑμᾶς αὐτοὺς οἷοι ὁπλῖται ἅμα καὶ ὅσοι ξυντεταγμένοι χωρεῖτε, μὴ καταπέπληχθε ἄγαν, λογίζεσθε δὲ ὅτι αὐτοί τε πόλις εὐθύς ἐστε ὅποι ἂν καθέζησθε, καὶ ἄλλη οὐδεμία ὑμᾶς τῶν ἐν Σικελίᾳ οὔτ᾽ ἂν ἐπιόντας δέξαιτο ῥᾳδίως οὔτ᾽ ἂν ἱδρυθέντας που ἐξαναστήσειεν. (5) Τὴν δὲ πορείαν ὥστ᾽ ἀσφαλῆ καὶ εὔτακτον εἶναι αὐτοὶ φυλάξατε, μὴ ἄλλο τι ἡγησάμενοι ἕκαστος ἢ ἐν ᾧ ἂν ἀναγκασθῇ χωρίῳ μάχεσθαι, τοῦτο καὶ πατρίδα καὶ τεῖχος κρατήσας ἕξειν. (6) Σπουδὴ δὲ ὁμοίως καὶ νύκτα καὶ ἡμέραν ἔσται τῆς ὁδοῦ· τὰ γὰρ ἐπιτήδεια βραχέα ἔχομεν, καὶ ἢν ἀντιλαβώμεθά του φιλίου χωρίου τῶν Σικελῶν (οὗτοι γὰρ ἡμῖν διὰ τὸ Συρακοσίων δέος ἔτι βέβαιοί εἰσίν), ἤδη νομίζετε ἐν τῷ ἐχυρῷ εἶναι. Προπέπεμπται δ᾽ ὡς αὐτούς, καὶ ἀπαντᾶν εἰρημένον καὶ σιτία ἄλλα κομίζειν. (7) Τὸ δὲ ξύμπαν γνῶτε, ὦ ἄνδρες στρατιῶται, ἀναγκαῖόν τε ὂν ὑμῖν ἀνδράσιν ἀγαθοῖς γίγνεσθαι ὡς μὴ ὄντος χωρίου ἐγγὺς ὅποι ἂν μαλακισθέντες σωθείητε, καὶ ἢν νῦν διαφύγητε τοὺς πολεμίους, οἵ τε ἄλλοι τευξόμενοι ὧν ἐπιθυμεῖτέ που ἐπιδεῖν, καὶ οἱ Ἀθηναῖοι τὴν μεγάλην δύναμιν τῆς πόλεως καίπερ πεπτωκυῖαν ἐπανορθώσοντες· ἄνδρες γὰρ πόλις, καὶ οὐ τείχη οὐδὲ νῆες ἀνδρῶν κεναί. »

LXXVIII. Ὁ μὲν Νικίας τοιάδε παρακελευόμενος ἅμα ἐπῄει τὸ στράτευμα, καὶ εἴ πῃ ὁρῴη διεσπασμένον καὶ μὴ ἐν τάξει χωροῦν, ξυνάγων καὶ καθιστάς, καὶ ὁ Δημοσθένης οὐδὲν ἧσσον τοῖς καθ᾽ ἑαυτὸν τοιαῦτά τε καὶ παραπλήσια λέγων. (2) Τὸ δὲ ἐχώρει ἐν πλαισίῳ τεταγμένον, πρῶτον μὲν ἡγούμενον τὸ Νικίου, ἐφεπόμενον δὲ τὸ Δημοσθένους· τοὺς δὲ σκευοφόρους καὶ τὸν πλεῖστον ὄχλον ἐντὸς εἶχον οἱ ὁπλῖται. (3) Καὶ ἐπειδή τε ἐγένοντο ἐπὶ τῇ διαβάσει τοῦ Ἀνάπου ποταμοῦ, εὗρον ἐπ᾽ αὐτῷ παρατεταγμένους τῶν Συρακοσίων καὶ ξυμμάχων, καὶ τρεψάμενοι αὐτοὺς καὶ κρατήσαντες τοῦ πόρου ἐχώρουν ἐς τὸ πρόσθεν· οἱ δὲ

LXXVII. « Vel in praesenti rerum statu, Athenienses ac socii, spem oportet habere; jam aliqui etiam ex asperioribus malis, quam sunt ista, incolumes evaserunt; neque supra modum vobismetipsis succensere vel propter clades, vel propter molestias, quae praeter dignitatem nunc premunt. (2) Ego quoque, qui utique neque corporis viribus valentior sim, quam ullus de vobis, (et vero videtis, ut morbo sim affectus) neque felicitate cuiquam secundus esse videar et in privata vita et in ceteris rebus, nunc in eodem periculo cum nequissimis jactor; et ego tamen omni vita multa in deos legitime feci, multa in homines justa et invidia carentia. (3) Pro quibus rebus spes quidem de eo quod imminet, nihilominus audax est, calamitates vero non sane pro merito terrorem injiciunt. Sed eae facile etiam cessaverint; satis enim est, et quod hostibus felicitatis contigit, et si cui deorum invisi bellum hoc suscepimus, satis poenarum jam dedimus. (4) Etenim et alii jam bellum alteris intulerunt, qui cum humanitus peccassent, poenas tamen tolerabiles dederunt. Et nos quoque nunc par est sperare, deum nos magis propitium habituros; jam enim misericordia eorum sumus digniores quam invidia; et quum videatis vos ipsos, quales et quot gravis armaturae milites acie instructa pergatis, ne nimis consternemini, sed cogitate, vos ipsos, ubicumque consederitis, protinus esse civitatem, quam nulla Siciliensis civitas aut excipiat facile, si invadatis, aut, si sedes alicubi fixeritis, expellat. (5) Iter autem ut tuto et ordine fiat, ipsi operam date, nihil aliud unusquisque secum ipse reputans, nisi, quocunque in loco pugnare coactus fuerit, hunc, si victoria potiatur, et patriam et urbem sibi futurum. (6) Festinanter autem et noctu pariter et interdiu iter faciendum erit; commeatus enim exiguos habemus, et si quod amicum oppidum Siculorum nacti fuerimus (hi enim propter Syracusanorum metum adhuc erga nos in fide constantes sunt), tum jam existimate vos in tuto esse. Praemissi autem ad eos nuncii sunt, et praeceptum, ut nobis obviam veniant et alios commeatus afferant. (7) In summa vero hoc sciatis, milites, et necesse esse vos viros fortes praestare, quod nullus sit locus propinquus, quo, si ignave vos gesseritis, salvi pervenire possitis; et si nunc hostes devitaritis, ceteros quidem inter vos ea consecuturos, quae revisere concupiscitis; Athenienses vero magnam vestrae civitatis potentiam, etsi collapsam, erecturos; viri enim sunt civitas, non autem muri neque naves viris vacuae. »

LXXVIII. His Nicias exercitum cohortans simul obibat, et sicubi disjunctum nec ordine servato procedentem videret, cogebat et in ordinem redigebat, et Demosthenes nihilo minus eadem, aut his similia, apud suos dicebat. (2) Incedebat vero exercitus agmine quadrato, primo quidem praeunte Nicia cum suis, et subsequente Demosthene; calones vero et plurimam turbam gravis armaturae milites in medium receperant. (3) Postquam autem ad Anapi fluminis transitum pervenerunt, Syracusanorum ac sociorum manum illic instructam invenerunt, quibus fugatis, et transitu occupato ultra procedebant; Syracusanorum autem et

Συρακόσιοι παριππεύοντές τε προσέκειντο καὶ ἐσακοντίζοντες οἱ ψιλοί. (4) Καὶ ταύτῃ μὲν τῇ ἡμέρᾳ προελθόντες σταδίους ὡς τεσσαράκοντα ηὐλίσαντο πρὸς λόφῳ τινὶ οἱ Ἀθηναῖοι· τῇ δ' ὑστεραίᾳ πρῲ ἐπορεύοντο καὶ προῆλθον ὡς εἴκοσι σταδίους, καὶ κατέβησαν ἐς χωρίον ἄπεδόν τι καὶ αὐτοῦ ἐστρατοπεδεύσαντο, βουλόμενοι ἔκ τε τῶν οἰκιῶν λαβεῖν τι ἐδώδιμον (ᾠκεῖτο γὰρ ὁ χῶρος) καὶ ὕδωρ μετὰ σφῶν αὐτῶν φέρεσθαι αὐτόθεν· ἐν γὰρ τῷ πρόσθεν ἐπὶ πολλὰ στάδια, ᾗ ἔμελλον ἰέναι, οὐκ ἄφθονον ἦν. (5) Οἱ δὲ Συρακόσιοι ἐν τούτῳ προελθόντες τὴν δίοδον τὴν ἐν τῷ πρόσθεν ἀπετείχιζον· ἦν δὲ λόφος καρτερὸς καὶ ἑκατέρωθεν αὐτοῦ χαράδρα κρημνώδης, ἐκαλεῖτο δὲ Ἀκραῖον λέπας. (6) Τῇ δ' ὑστεραίᾳ οἱ Ἀθηναῖοι προῄεσαν, καὶ οἱ τῶν Συρακοσίων καὶ ξυμμάχων αὐτοὺς ἱππῆς καὶ ἀκοντισταὶ ὄντες πολλοὶ ἑκατέρωθεν ἐκώλυον καὶ ἐσηκόντιζόν τε καὶ παρίππευον. (7) Καὶ χρόνον μὲν πολὺν ἐμάχοντο οἱ Ἀθηναῖοι, ἔπειτα ἀνεχώρησαν πάλιν ἐς τὸ αὐτὸ στρατόπεδον. Καὶ τὰ ἐπιτήδεια οὐκέτι ὁμοίως εἶχον· οὐ γὰρ ἔτι ἀποχωρεῖν ἦν οἷόν τ' ὑπὸ τῶν ἱππέων.

LXXIX. Πρῲ δὲ ἄραντες ἐπορεύοντο αὖθις, καὶ ἐβιάσαντο πρὸς τὸν λόφον ἐλθεῖν τὸν ἀποτετειχισμένον, καὶ εὗρον πρὸ ἑαυτῶν ὑπὲρ τοῦ ἀποτειχίσματος τὴν πεζὴν στρατιὰν παρατεταγμένην οὐκ ἐπ' ὀλίγων ἀσπίδων· στενὸν γὰρ ἦν τὸ χωρίον. (2) Καὶ προσβαλόντες οἱ Ἀθηναῖοι ἐτειχομάχουν, καὶ βαλλόμενοι ὑπὸ πολλῶν ἀπὸ τοῦ λόφου ἐπάντους ὄντος (διικνοῦντο γὰρ ῥᾷον οἱ ἄνωθεν) καὶ οὐ δυνάμενοι βιάσασθαι ἀνεχώρουν πάλιν καὶ ἀνεπαύοντο. (3) Ἔτυχον δὲ καὶ βρονταί τινες ἅμα γενόμεναι καὶ ὕδωρ, οἷα τοῦ ἔτους πρὸς μετόπωρον ἤδη ὄντος φιλεῖ γίγνεσθαι· ἀφ' ὧν οἱ Ἀθηναῖοι μᾶλλον ἔτι ἠθύμουν, καὶ ἐνόμιζον ἐπὶ τῷ σφετέρῳ ὀλέθρῳ καὶ ταῦτα πάντα γίγνεσθαι. (4) Ἀναπαυομένων δ' αὐτῶν ὁ Γύλιππος καὶ οἱ Συρακόσιοι πέμπουσι μέρος τι τῆς στρατιᾶς ἀποτειχιοῦντας αὖ ἐκ τοῦ ὄπισθεν αὐτοὺς ᾗ προεληλύθεσαν· ἀντιπέμψαντες δὲ κἀκεῖνοι σφῶν αὐτῶν τινὰς διεκώλυσαν. (5) Καὶ μετὰ τοῦτο πάσῃ τῇ στρατιᾷ ἀναχωρήσαντες πρὸς τὸ πεδίον μᾶλλον οἱ Ἀθηναῖοι ηὐλίσαντο. Τῇ δ' ὑστεραίᾳ προυχώρουν, καὶ οἱ Συρακόσιοι προσέβαλλόν τε πανταχῇ αὐτοῖς κύκλῳ καὶ πολλοὺς κατετραυμάτιζον, καὶ εἰ μὲν ἐπίοιεν οἱ Ἀθηναῖοι, ὑπεχώρουν, εἰ δ' ἀναχωροῖεν, ἐπέκειντο, καὶ μάλιστα τοῖς ὑστάτοις προσπίπτοντες, εἴ πως κατὰ βραχὺ τρεψάμενοι πᾶν τὸ στράτευμα φοβήσειαν. (6) Καὶ ἐπὶ πολὺ μὲν τοιούτῳ τρόπῳ ἀντεῖχον οἱ Ἀθηναῖοι, ἔπειτα προελθόντες πέντε ἢ ἓξ σταδίους ἀνεπαύοντο ἐν τῷ πεδίῳ· ἀνεχώρησαν δὲ καὶ οἱ Συρακόσιοι ἀπ' αὐτῶν ἐς τὸ ἑαυτῶν στρατόπεδον.

LXXX. Τῆς δὲ νυκτὸς τῷ Νικίᾳ καὶ Δημοσθένει ἐδόκει, ἐπειδὴ κακῶς σφίσι τὸ στράτευμα εἶχε τῶν τε ἐπιτηδείων πάντων ἀπορίᾳ ἤδη, καὶ κατατετραυματισμένοι ἦσαν πολλοὶ ἐν πολλαῖς προσβολαῖς τῶν πολεμίων γεγενημέναις, πυρὰ καύσαντες ὡς πλεῖστα ἀπάγειν τὴν στρατιάν, μηκέτι τὴν αὐτὴν ὁδὸν ᾗ διενοήθη-

equites obequitantes illis instabant, et levis armaturæ milites, jaculis eos incessentes. (4) Atque hac quidem die Athenienses, stadia circiter quadraginta progressi, castris ad quemdam collem positis pernoctarunt; postridie vero diluculo iter ingressi sunt, et viginti circiter stadia processerunt, et in quemdam campestrem locum descenderunt, bique castra posuerunt, eo consilio ut et aliquid cibariorum sumerent ex domibus illis (is enim locus habitabatur) et aquam secum illinc ferrent; nam ultra locum illum ad multa stadia, qua transituri erant, non erat magna aquæ copia. (5) Intera vero Syracusani prægressi transitum ulteriorem muro cingebant: erat autem collis natura munitus, et ab utraque ejus parte erat torrentis alveus rupibus præceps; vocabatur autem Acræum lepas. (6) Postridie vero Athenienses progrediebantur, et Syracusanorum ac sociorum equites et jaculatores, qui multi erant, utrimque eos prohibebant, et jaculis incessebant et obequitantes infestabant. (7) Et diu quidem Athenienses pugnabant, tandem vero in eadem castra rursus se receperunt. Atque commeatus jam non parem copiam habebant; nam propter hostium equitatum non poterant amplius illinc recedere.

LXXIX. Mane tamen motis castris rursus iter ingrediebantur, et ad collem muro cinctum vi sibi viam fecerunt, et ante se invenerunt pedestrem hostium exercitum supra collis munitionem instructum acie non paucorum scutatorum in altitudinem; locus enim arctus erat. (2) Et Athenienses impetu facto munitionem oppugnabant, et quum telis ex colle, qui erat acclivis, a multis peterentur (pertingebant enim facilius ex loco superiore), nec eo possent perrumpere, retro se recipiebant, atque quiescebant. (3) Atque forte etiam tonitrua aliqua simul et imbres tunc exstiterunt, ut eo æstatis tempore, quod ad autumnum jam accedebat, fieri solet; quamobrem Athenienses magis etiam animos despondebant et putabant hæc quoque omnia in suum exitium fieri. (4) Dum autem quiescunt, Gylippus et Syracusani partem quamdam copiarum miserunt, quæ eos item a tergo muro intercluderent, qua venerant; illi vero et ipsi quosdam de suis miserunt, et rem impediverunt. (5) Atque postea Athenienses omnibus copiis propius planitiem reversi pernoctarunt. Postridie vero procedebant, et Syracusani eos undique circumfusi adoriebantur, multosque sauciabant; et quoties Athenienses impressionem in eos facerent, ipsi se subducebant; quoties vero recederent, instabant, præcipue novissimum agmen carpentes, si forte aliqua parte in fugam versa, universum exercitum perterrefacerent. (6) Et diu quidem hoc modo Athenienses sustinebant; deinde, quinque sexve stadia progressi in planitie conquiescebant; recesserunt vero etiam Syracusani ab iis in sua castra.

LXXX. Noctu vero Niciæ et Demostheni videbatur, quoniam exercitus male se habebat, quod et omnium jam rerum inopia laborabant et multi in multis incursionibus ab hoste factis vulnerati erant, quam plurimis ignibus accensis abducere copias, non tamen amplius eadem via, qua constitue-

σαν, ἀλλὰ τοὐναντίον ἢ οἱ Συρακόσιοι ἐτήρουν, πρὸς τὴν θάλασσαν. (2) Ἦν δὲ ἡ ξύμπασα ὁδὸς αὕτη οὐκ ἐπὶ Κατάνης τῷ στρατεύματι, ἀλλὰ κατὰ τὸ ἕτερον μέρος τῆς Σικελίας τὸ πρὸς Καμάριναν καὶ Γέλαν καὶ τὰς ταύτῃ πόλεις καὶ Ἑλληνίδας καὶ βαρβάρους. (3) Καύσαντες οὖν πυρὰ πολλὰ ἐχώρουν ἐν τῇ νυκτί. Καὶ αὐτοῖς, οἷον φιλεῖ καὶ πᾶσι στρατοπέδοις, μάλιστα δὲ τοῖς μεγίστοις φόβοι καὶ δείματα ἐγγίγνεσθαι, ἄλλως τε καὶ ἐν νυκτί τε καὶ διὰ πολεμίας καὶ ἀπὸ πολεμίων οὐ πολὺ ἀπεχόντων ἰοῦσιν, ἐμπίπτει ταραχή· (4) καὶ τὸ μὲν Νικίου στράτευμα, ὥσπερ ἡγεῖτο, ξυνέμενέ τε καὶ προὔλαβε πολλῷ, τὸ δὲ Δημοσθένους, τὸ ἥμισυ μάλιστα καὶ πλέον, ἀπεσπάσθη τε καὶ ἀτακτότερον ἐχώρει. (5) Ἅμα δὲ τῇ ἕῳ ἀφικνοῦνται ὅμως πρὸς τὴν θάλασσαν, καὶ ἐσβάντες ἐς τὴν ὁδὸν τὴν Ἑλωρινὴν καλουμένην ἐπορεύοντο, ὅπως ἐπειδὴ γένοιντο ἐπὶ τῷ ποταμῷ τῷ Κακυπάρει, παρὰ τὸν ποταμὸν ἴοιεν ἄνω διὰ μεσογείας· ἤλπιζον γὰρ καὶ τοὺς Σικελοὺς ταύτῃ, οὓς μετεπέμψαντο, ἀπαντήσεσθαι. (6) Ἐπειδὴ δ᾽ ἐγένοντο ἐπὶ τῷ ποταμῷ, εὗρον καὶ ἐνταῦθα φυλακήν τινα τῶν Συρακοσίων ἀποτειχίζουσάν τε καὶ ἀποσταυροῦσαν τὸν πόρον. Καὶ βιασάμενοι αὐτὴν διέβησάν τε τὸν ποταμὸν καὶ ἐχώρουν αὖθις πρὸς ἄλλον ποταμὸν τὸν Ἐρινεόν· ταύτῃ γὰρ οἱ ἡγεμόνες ἐκέλευον.

LXXXI. Ἐν τούτῳ δ᾽ οἱ Συρακόσιοι καὶ οἱ ξύμμαχοι, ὡς ἥ τε ἡμέρα ἐγένετο καὶ ἔγνωσαν τοὺς Ἀθηναίους ἀπεληλυθότας, ἐν αἰτίᾳ τε οἱ πολλοὶ τὸν Γύλιππον εἶχον ἑκόντα ἀφεῖναι τοὺς Ἀθηναίους, καὶ κατὰ τάχος διώκοντες, ᾗ οὐ χαλεπῶς ᾐσθάνοντο κεχωρηκότας, καταλαμβάνουσι περὶ ἀρίστου ὥραν. (2) Καὶ ὡς προσέμιξαν τοῖς μετὰ τοῦ Δημοσθένους ὑστέροις τ᾽ οὖσι καὶ σχολαίτερον καὶ ἀτακτότερον χωροῦσιν, ὡς τῆς νυκτὸς τότε ξυνεταράχθησαν, εὐθὺς προσπεσόντες ἐμάχοντο, καὶ οἱ ἱππῆς τῶν Συρακοσίων ἐκυκλοῦντό τε ῥᾷον αὐτοὺς δίχα δὴ ὄντας καὶ ξυνῆγον ἐς ταὐτό. (3) Τὸ δὲ Νικίου στράτευμα ἀπεῖχε ἐν τῷ πρόσθεν καὶ πεντήκοντα σταδίους· θᾶσσόν τε γὰρ ὁ Νικίας ἦγε, νομίζων οὐ τὸ ὑπομένειν ἐν τῷ τοιούτῳ ἑκόντας εἶναι καὶ μάχεσθαι σωτηρίαν, ἀλλὰ τὸ ὡς τάχιστα ὑποχωρεῖν, τοσαῦτα μαχομένους ὅσα ἀναγκάζονται. (4) Ὁ δὲ Δημοσθένης ἐτύγχανέ τε τὰ πλείω ἐν πόνῳ ξυνεχεστέρῳ ὢν διὰ τὸ ὑστέρῳ ἀναχωροῦντι αὐτῷ πρώτῳ ἐπικεῖσθαι τοὺς πολεμίους, καὶ τότε γνοὺς τοὺς Συρακοσίους διώκοντας οὐ προυχώρει μᾶλλον ἢ ἐς μάχην ξυνετάσσετο, ἕως ἐνδιατρίβων κυκλοῦταί τε ὑπ᾽ αὐτῶν, καὶ ἐν πολλῷ θορύβῳ αὐτός τε καὶ οἱ μετ᾽ αὐτοῦ Ἀθηναῖοι ἦσαν· ἀνειληθέντες γὰρ ἔς τι χωρίον ᾧ κύκλῳ μὲν τειχίον περιῆν, ὁδὸς δὲ ἔνθεν τε καὶ ἔνθεν, ἐλάας δὲ οὐκ ὀλίγας εἶχεν, ἐβάλλοντο περισταδόν. (5) Τοιαύταις δὲ προσβολαῖς καὶ οὐ ξυσταδὸν μάχαις οἱ Συρακόσιοι εἰκότως ἐχρῶντο· τὸ γὰρ ἀποκινδυνεύειν πρὸς ἀνθρώπους ἀπονενοημένους οὐ πρὸς ἐκείνων μᾶλλον ἦν ἔτι ἢ πρὸς τῶν Ἀθηναίων, καὶ ἅμα φειδώ τέ τις ἐγίγνετο ἐπ᾽ εὐπραγίᾳ ἤδη σαφεῖ μὴ

rant, sed alia contraria ei, quam Syracusani observabant, mare versus. (2) Totum autem hoc iter, quod exercitus faciebat, non ad Catanam ducebat, sed in alteram Siciliæ partem, Camarinam versus et Gelam, aliasque illic sitas et Græcas et barbaras urbes. (3) Accensis igitur multis ignibus, per noctem proficiscebantur. Sed quemadmodum in omnibus, præcipue vero maximis exercitibus, præsertim et noctu et per hosticum, et hoste non procul distante, iter facientibus metus et pavor excitari solet, incessit eos trepidatio; (4) et Niciæ quidem copiæ, quemadmodum præibant, in unum manebant longeque præcesserunt; Demosthenis vero pars, quæ erat dimidia ferme atque adeo major, distracta est, et ordinibus non servatis pergebat. (5) Prima autem luce tamen ad mare perveniunt, et viam, nomine Helorinam, ingressi, ire pergebant, ut ubi ad Cacyparim fluvium devenissent, secundum ipsum fluvium per mediterranea in superiora loca se conferrent. Sperabant enim, etiam Siculos hac, quos arcessiverant, obviam sibi venturos. (6) Sed quum ad fluvium venissent, hic quoque Syracusanorum aliquod præsidium invenerunt, quod muris valloque transitum præcludebat. Et id per vim depulerunt, fluviumque trajecerunt, et contendebant rursus ad alium fluvium, nomine Erineum; hac enim duces iter facere jubebant.

LXXXI. Interea vero Syracusani ac socii, ubi dies illuxit, et Athenienses abisse cognoverunt, plerique Gylippum insimulabant, quod Athenienses de industria dimisisset, et celeriter persequentes, qua eos progressos haud difficile sentiebant, deprehendunt eos circa prandii horam. (2) Et quum assequuti essent Demosthenis milites, qui postremi erant, et tarde et incomposite iter faciebant, quod noctu, ut dixi, perturbati erant, confestim impetu facto pugnam conserebant, et equites Syracusanorum eos facilius circumveniebant quippe disjunctos, et in unum cogebant. (3) Niciæ autem exercitus ulterius progressus aberat vel quinquaginta stadia; Nicias enim agmen ocius ducebat, quod existimaret, minime salutare esse, in hujusmodi tempore cunctari ultro et dimicare, sed quam celerrime sese recipere, non sæpius pugnantes, quam cogerentur. (4) Demosthenes vero et frequentius labore magis continuo premebatur, quod posterius digressum eum priorem urgebant hostes, et tunc, quum Syracusanos insequi animadvertisset, non tam progrediebatur, quam ad prœlium ordines instruebat, donec cunctatus ab iis circumvenitur; atque et ipse et Athenienses eum sequentes in magna perturbatione erant; compressi enim intra quemdam locum, qui muro circumdatus erat, et viam hinc et inde, et non paucas oleas habebat, missilibus undique petebantur. (5) Hujusmodi autem assultibus, non autem stataria pugna haud abs re Syracusani utebantur; nam adversus homines desperatos periculum subire, non amplius tam e re illorum quam Atheniensium erat, et simul etiam Syracusani nonnihil iis parcebant, ne in manifesto jam rei successu, ante tempus illi absume-

προαναλωθῆναί τῳ, καὶ ἐνόμιζον καὶ ὡς ταύτῃ τῇ ἰδέᾳ καταδαμασάμενοι λήψεσθαι αὐτούς.

LXXXII. Ἐπειδὴ γοῦν δι' ἡμέρας βάλλοντες πανταχόθεν τοὺς Ἀθηναίους καὶ ξυμμάχους ἑώρων ἤδη τεταλαιπωρημένους τοῖς τε τραύμασι καὶ τῇ ἄλλῃ κακώσει, κήρυγμα ποιοῦνται Γύλιππος καὶ Συρακόσιοι καὶ οἱ ξύμμαχοι πρῶτον μὲν τῶν νησιωτῶν εἴ τις βούλεται ἐπ' ἐλευθερίᾳ ὡς σφᾶς ἀπιέναι· καὶ ἀπεχώρησάν τινες πόλεις οὐ πολλαί. (2) Ἔπειτα δ' ὕστερον καὶ πρὸς τοὺς ἄλλους ἅπαντας τοὺς μετὰ Δημοσθένους ὁμολογία γίγνεται ὥστε ὅπλα τε παραδοῦναι καὶ μὴ ἀποθανεῖν μηδένα μήτε βιαίως μήτε δεσμοῖς μήτε τῆς ἀναγκαιοτάτης ἐνδείᾳ διαίτης. (3) Καὶ παρέδοσαν οἱ πάντες σφᾶς αὐτοὺς ἑξακισχίλιοι, καὶ τὸ ἀργύριον ὃ εἶχον ἅπαν κατέθεσαν ἐσβαλόντες ἐς ἀσπίδας ὑπτίας, καὶ ἐνέπλησαν ἀσπίδας τέσσαρας. Καὶ τούτους μὲν εὐθὺς ἀπεκόμιζον ἐς τὴν πόλιν· Νικίας δὲ καὶ οἱ μετ' αὐτοῦ ταύτῃ τῇ ἡμέρᾳ ἀφικνοῦνται ἐπὶ τὸν ποταμὸν τὸν Ἐρινεόν, καὶ διαβὰς πρὸς μετέωρόν τι καθῖσε τὴν στρατιάν.

LXXXIII. Οἱ δὲ Συρακόσιοι τῇ ὑστεραίᾳ καταλαβόντες αὐτὸν ἔλεγον ὅτι οἱ μετὰ Δημοσθένους παραδεδώκοιεν σφᾶς αὐτούς, κελεύοντες κἀκεῖνον τὸ αὐτὸ δρᾶν· ὁ δ' ἀπιστῶν σπένδεται ἱππέα πέμψαι σκεψόμενον. (2) Ὡς δ' οἰχόμενος ἀπήγγειλε πάλιν παραδεδωκότας, ἐπικηρυκεύεται Γυλίππῳ καὶ Συρακοσίοις εἶναι ἕτοιμος ὑπὲρ Ἀθηναίων ξυμβῆναι, ὅσα ἀνάλωσαν χρήματα Συρακόσιοι ἐς τὸν πόλεμον ταῦτ' ἀποδοῦναι ὥστε τὴν μετ' αὐτοῦ στρατιὰν ἀφεῖναι αὐτούς· μέχρι οὗ δ' ἂν τὰ χρήματα ἀποδοθῇ, ἄνδρας δώσειν Ἀθηναίων ὁμήρους, ἕνα κατὰ τάλαντον. (3) Οἱ δὲ Συρακόσιοι καὶ Γύλιππος οὐ προσεδέχοντο τοὺς λόγους, ἀλλὰ προσπεσόντες καὶ περιστάντες πανταχόθεν ἔβαλλον καὶ τούτους μέχρι ὀψέ. (4) Εἶχον δὲ καὶ οὗτοι πονήρως σίτου τε καὶ τῶν ἐπιτηδείων ἀπορίᾳ. Ὅμως δὲ τῆς νυκτὸς φυλάξαντες τὸ ἡσυχάζον ἔμελλον πορεύεσθαι. Καὶ ἀναλαμβάνουσί τε τὰ ὅπλα, καὶ οἱ Συρακόσιοι αἰσθάνονται καὶ ἐπαιώνισαν. (5) Γνόντες δὲ οἱ Ἀθηναῖοι ὅτι οὐ λανθάνουσιν, κατέθεντο πάλιν πλὴν τριακοσίων μάλιστα ἀνδρῶν· οὗτοι δὲ διὰ τῶν φυλάκων βιασάμενοι ἐχώρουν τῆς νυκτὸς ᾗ ἐδύναντο.

LXXXIV. Νικίας δ' ἐπειδὴ ἡμέρα ἐγένετο ἦγε τὴν στρατιάν· οἱ δὲ Συρακόσιοι καὶ οἱ ξύμμαχοι προσέκειντο τὸν αὐτὸν τρόπον πανταχόθεν βάλλοντές τε καὶ κατακοντίζοντες. (2) Καὶ οἱ Ἀθηναῖοι ἠπείγοντο πρὸς τὸν Ἀσσίναρον ποταμόν, ἅμα μὲν βιαζόμενοι ὑπὸ τῆς πανταχόθεν προσβολῆς ἱππέων τε πολλῶν καὶ τοῦ ἄλλου ὄχλου, οἰόμενοι ῥᾷόν τι σφίσιν ἔσεσθαι ἢν διαβῶσι τὸν ποταμόν, ἅμα δ' ὑπὸ τῆς ταλαιπωρίας καὶ τοῦ πιεῖν ἐπιθυμίᾳ. (3) Ὡς δὲ γίγνονται ἐπ' αὐτῷ, ἐσπίπτουσιν οὐδενὶ κόσμῳ ἔτι, ἀλλὰ πᾶς τέ τις διαβῆναι αὐτὸς πρῶτος βουλόμενος καὶ οἱ πολέμιοι ἐπικείμενοι χαλεπὴν ἤδη τὴν διάβασιν ἐποίουν· ἀθρόοι γὰρ ἀναγκαζόμενοι χωρεῖν ἐπέπιπτόν τε ἀλλήλοις καὶ κατεπάτουν, περί τε τοῖς δορατίοις καὶ σκεύεσιν οἱ μὲν

rentur, et existimabant, vel sic hoc pugnae genere illos a se perdomitos captum iri.

LXXXII. Quum igitur per diem undique telis conjectis animadverterent Athenienses sociosque vulneribus ceterisque calamitatibus graviter afflictos esse, per praeconis vocem edicunt Gylippus et Syracusani sociique, primo quidem, si quis ex insularum incolis ad se transire vellet, ea conditione, ut liber esset; et discesserunt quaedam non multae civitates. (2) Postea vero et cum ceteris omnibus, qui cum Demosthene erant, composito fit ea lege, ut arma traderent, et eorum nullus mortem obiret neque per vim neque in vinculis, neque inopia rerum ad victum maxime necessariarum. (3) Atque dediderunt se universi numero sex millia, omnemque pecuniam, quam habebant, deposuerunt in scuta supina conjectam et quatuor scuta repleverunt. Atque hos quidem confestim in urbem abducebant; Nicias vero ejusque milites eodem die ad fluvium Erineum pervenerunt, eoque trajecto in edito quodam loco cum copiis consedit.

LXXXIII. Postridie vero Syracusani eum adepti dicebant, Demosthenis milites sese dedidisse, et ipsum quoque idem facere jubebant; ille vero, quod his fidem non haberet, inducias facit, ut equitem mitteret, qui rem exploraret. (2) Quum autem eques reversus renuntiasset illos se dedidisse, per caduceatorem Gylippo Syracusanisque respondet, se paratum esse ad transigendum pro Atheniensibus, ut quos sumptus in bellum Syracusani fecissent, hos restituerent, ea conditione, ut ipsi suum exercitum dimitterent; donec autem pecunia persolveretur, se daturum obsides viros ex Atheniensibus, singulos pro singulis talentis. (3) At Syracusani et Gylippus has conditiones non accipiebant, sed impressione in eos facta et undique circumfusi hos etiam ad vesperum usque telis petebant. (4) Laborabant autem hi quoque graviter ob commeatus et rerum omnium inopiam. Sed tamen observato noctis silentio discedere parabant. Atque arma capiunt; sed simul Syracusani rem sentiunt, et ad arma conclamarunt. (5) Athenienses vero quum cognovissent, se non latere, arma rursus deposuerunt, exceptis ferme viris trecentis; hi vero per praesidia perrumpentes noctu vadebant, qua poterant.

LXXXIV. Nicias vero quum dies illuxisset, exercitum abducebat; Syracusani vero et socii urgebant eodem modo, undique telis et jaculis eos petentes. (2) Atque Athenienses properabant ad flumen Assinarum, simul quod undique graviter urgerentur multorum equitum ceteraeque multitudinis incursionibus, rati minus asperas sibi res fore, si fluvium trajecissent, simul etiam lassitudine bibendique desiderio. (3) Ut autem perveniunt ad eum, irrumpunt nullo jam ordine servato, sed pro se quisque primus transire cupiens, atque hostes instantes difficilem jam transitum reddebant; quum enim iter conferti facere cogerentur, alii super alios cadebant, et se conculcabant, et circa tela et vasa alii con-

εὐθὺς διεφθείροντο οἱ δὲ ἐμπαλασσόμενοι κατέρρεον. (4) Ἐς τὰ ἐπὶ θάτερά τε τοῦ ποταμοῦ παραστάντες οἱ Συρακόσιοι (ἦν δὲ κρημνῶδες) ἔβαλλον ἄνωθεν τοὺς Ἀθηναίους, πίνοντάς τε τοὺς πολλοὺς ἀσμένους καὶ ἐν κοίλῳ ὄντι τῷ ποταμῷ ἐν σφίσιν αὐτοῖς ταρασσομένους. (5) Οἵ τε Πελοποννήσιοι ἐπικαταβάντες τοὺς ἐν τῷ ποταμῷ μάλιστα ἔσφαζον. Καὶ τὸ ὕδωρ εὐθὺς διέφθαρτο, ἀλλ' οὐδὲν ἧσσον ἐπίνετό τε ὁμοῦ τῷ πηλῷ ἡματωμένον καὶ περιμάχητον ἦν τοῖς πολλοῖς.

LXXXV. Τέλος δὲ νεκρῶν τε πολλῶν ἐπ' ἀλλήλοις ἤδη κειμένων ἐν τῷ ποταμῷ, καὶ διεφθαρμένου τοῦ στρατεύματος τοῦ μὲν κατὰ τὸν ποταμόν, τοῦ δέ, καὶ εἴ τι διαφύγοι, ὑπὸ τῶν ἱππέων, Νικίας Γυλίππῳ ἑαυτὸν παραδίδωσι, πιστεύσας μᾶλλον αὐτῷ ἢ τοῖς Συρακοσίοις· καὶ ἑαυτῷ μὲν χρῆσθαι ἐκέλευεν ἐκεῖνόν τε καὶ Λακεδαιμονίους ὅ τι βούλονται, τοὺς δὲ ἄλλους στρατιώτας παύσασθαι φονεύοντας. (2) Καὶ ὁ Γύλιππος μετὰ τοῦτο ζωγρεῖν ἤδη ἐκέλευεν· καὶ τούς τε λοιποὺς, ὅσους μὴ ἀπεκρύψαντο (πολλοὶ δὲ οὗτοι ἐγένοντο), ξυνεκόμισαν ζῶντας, καὶ ἐπὶ τοὺς τριακοσίους, οἳ τὴν φυλακὴν διεξῆλθον τῆς νυκτός, πέμψαντες τοὺς διωξομένους ξυνέλαβον. (3) Τὸ μὲν οὖν ἀθροισθὲν τοῦ στρατεύματος ἐς τὸ κοινὸν οὐ πολὺ ἐγένετο, τὸ δὲ διακλαπὲν πολύ, καὶ διεπλήσθη πᾶσα Σικελία αὐτῶν ἅτε οὐκ ἀπὸ ξυμβάσεως ὥσπερ τῶν μετὰ Δημοσθένους ληφθέντων. (4) Μέρος δέ τι οὐκ ὀλίγον καὶ ἀπέθανεν· πλεῖστος γὰρ δὴ φόνος οὗτος καὶ οὐδενὸς ἐλάσσων τῶν ἐν τῷ Σικελικῷ πολέμῳ τούτῳ ἐγένετο. Καὶ ἐν ταῖς ἄλλαις προσβολαῖς ταῖς κατὰ τὴν πορείαν συχναῖς γενομέναις οὐκ ὀλίγοι ἐτεθνήκεσαν. Πολλοὶ δὲ ὅμως καὶ διέφυγον, οἱ μὲν καὶ παραυτίκα, οἱ δὲ καὶ δουλεύσαντες καὶ διαδιδράσκοντες ὕστερον· τούτοις δ' ἦν ἀναχώρησις ἐς Κατάνην.

LXXXVI. Ξυναθροισθέντες δὲ οἱ Συρακόσιοι καὶ οἱ ξύμμαχοι, τῶν τε αἰχμαλώτων ὅσους ἐδύναντο πλείστους καὶ τὰ σκῦλα ἀναλαβόντες, ἀνεχώρησαν ἐς τὴν πόλιν. (2) Καὶ τοὺς μὲν ἄλλους Ἀθηναίων καὶ τῶν ξυμμάχων ὁπόσους ἔλαβον κατεβίβασαν ἐς τὰς λιθοτομίας, ἀσφαλεστάτην εἶναι νομίσαντες τήρησιν, Νικίαν δὲ καὶ Δημοσθένην ἄκοντος τοῦ Γυλίππου ἀπέσφαξαν. Ὁ γὰρ Γύλιππος καλὸν τὸ ἀγώνισμα ἐνόμιζέν οἱ εἶναι ἐπὶ τοῖς ἄλλοις καὶ τοὺς ἀντιστρατήγους κομίσαι Λακεδαιμονίοις. (3) Ξυνέβαινε δὲ τὸν μὲν πολεμιώτατον αὐτοῖς εἶναι, Δημοσθένην, διὰ τὰ ἐν τῇ νήσῳ καὶ Πύλῳ, τὸν δὲ διὰ τὰ αὐτὰ ἐπιτηδειότατον· τοὺς γὰρ ἐκ τῆς νήσου ἄνδρας τῶν Λακεδαιμονίων ὁ Νικίας προυθυμήθη, σπονδὰς πείσας τοὺς Ἀθηναίους ποιήσασθαι, ὥστε ἀφεθῆναι. (4) Ἀνθ' ὧν οἵ τε Λακεδαιμόνιοι ἦσαν αὐτῷ προσφιλεῖς, κἀκεῖνος οὐχ ἥκιστα διὰ τοῦτο πιστεύσας ἑαυτὸν τῷ Γυλίππῳ παρέδωκεν. Ἀλλὰ τῶν Συρακοσίων τινές, ὡς ἐλέγετο, οἱ μὲν δείσαντες, ὅτι πρὸς αὐτὸν ἐκεκοινολόγηντο, μὴ βασανιζόμενος διὰ τὸ τοιοῦτο ταραχὴν σφίσιν ἐν εὐπραγίᾳ ποιήσῃ, ἄλλοι δέ, καὶ οὐχ ἥκιστα οἱ Κορίνθιοι, μὴ χρήμασι δὴ πείσας τινάς,

festim peribant, alii elisi delabebantur. (4) Et in ulteriorem fluminis ripam transgressi Syracusani (erat autem praeceps) e superiore loco Athenienses telis petebant, qui et plerique avide potabant et inter se ipsos in cavo fluminis alveo perturbabantur. (5) Et Peloponnesii ultro etiam descendentes trucidabant eos praecipue, qui erant in fluvio. Atque aqua confestim corrupta erat, sed nihilo minus bibebatur et coeno simul et sanguine polluta, et plerique de ea digladiabantur.

LXXXV. Tandem vero quum multa cadavera alia super alia in flumine jacerent, et exercitus profligatus esset, partim apud amnem, partim, si quis etiam effugeret, ab equitibus, Nicias se Gylippo dedidit, quod ei majorem, quam Syracusanis, fidem haberet; et de se quidem facere jubebat illum et Lacedaemonios quidquid vellent, reliquorum vero militum caede jam abstinere. (2) Et Gylippus post haec jam vivos capi jubebat; atque ceteros, quotquot a Syracusanis nondum occultati erant (multi autem hi fuerunt), vivos abduxerunt, et trecentos illos, qui noctu per praesidia elapsi erant, missis, qui eos persequerentur, comprehenderunt. (3) Verum hujus exercitus ea quidem pars, quae in unum publice contracta est, haud magna fuit, ea vero, quae surrepta erat, magna, et tota Sicilia iis repleta est, quippe quod non ex pacto ut illi, qui cum Demosthene erant, capti erant. (4) Quaedam etiam non exigua pars interiit; maxima enim caedes haec nec ulla minor earum omnium fuit, quae in hoc Siculo bello acciderunt. Et in ceteris incursionibus, quae in itinere frequentes factae erant, non pauci obierant. Multi tamen etiam evaserunt, partim in ipsa re praesenti, partim etiam tolerata servitute postea fuga elapsi; his vero in Catanam erat receptus.

LXXXVI. Congregati autem Syracusani et socii assumptis quam plurimis poterant captivis et spoliis in urbem redierunt. (2) Et ceteros quidem Atheniensium et sociorum, quoscumque ceperant, in lapicidinas demiserunt, eam custodiam tutissimam esse ducentes; Niciam vero et Demosthenem, invito Gylippo, necaverunt. Gylippus enim praeclarum sibi certamen post cetera fore putabat, si ipsos etiam hostium duces ad Lacedaemonios portaret. (3) Contingebat autem, ut alter quidem, Demosthenes, esset iis invisissimus propter res in insula et ad Pylum gestas, Nicias vero ob has ipsas res amicissimus; illi enim qui ex insula de Lacedaemoniis capti erant, Nicias studiose contenderat inductis Atheniensibus ad foedera cum Lacedaemoniis facienda, ut dimitterentur. (4) Pro quibus rebus et Lacedaemonii in ejus amorem erant propensi, et ipse idcirco praecipue confisus Gylippo se dediderat. Sed Syracusanorum quidam, ut ferebatur, alii veriti, ne ille, quod colloquia cum eo habuissent, ob eam rem quaestione habita felicem rerum suarum statum perturbaret; alii, et praecipue Corinthii, ne aliquibus pecunia adductis, quia dives erat, aufugeret, atque

ὅτι πλούσιος ἦν, ἀποδρᾷ καὶ αὖθις σφίσι νεώτερόν τι ἀπ' αὐτοῦ γένηται, πείσαντες τοὺς ξυμμάχους ἀπέκτειναν αὐτόν. (5) Καὶ ὁ μὲν τοιαύτῃ ἢ ὅτι ἐγγύτατα τούτων αἰτίᾳ ἐτεθνήκει, ἥκιστα δὴ ἄξιος ὢν τῶν γ' ἐπ' ἐμοῦ Ἑλλήνων ἐς τοῦτο δυστυχίας ἀφικέσθαι διὰ τὴν πᾶσαν ἐς ἀρετὴν νενομισμένην ἐπιτήδευσιν.

LXXXVII. Τοὺς δ' ἐν ταῖς λιθοτομίαις οἱ Συρακόσιοι χαλεπῶς τοὺς πρώτους χρόνους μετεχείρισαν. Ἐν γὰρ κοίλῳ χωρίῳ ὄντας καὶ ὀλίγῳ πολλοὺς οἵ τε ἥλιοι τὸ πρῶτον καὶ τὸ πνῖγος ἔτι ἐλύπει διὰ τὸ ἀστέγαστον, καὶ αἱ νύκτες ἐπιγιγνόμεναι τοὐναντίον μετοπωριναὶ καὶ ψυχραὶ τῇ μεταβολῇ ἐς ἀσθένειαν ἐνεωτέριζον, (2) πάντα τε ποιούντων αὐτῶν διὰ στενοχωρίαν ἐν τῷ αὐτῷ καὶ προσέτι τῶν νεκρῶν ὁμοῦ ἐπ' ἀλλήλοις ξυννενημένων, οἳ ἔκ τε τῶν τραυμάτων καὶ διὰ τὴν μεταβολὴν καὶ τὸ τοιοῦτον ἀπέθνησκον, καὶ ὀσμαὶ ἦσαν οὐκ ἀνεκτοί, καὶ λιμῷ ἅμα καὶ δίψει ἐπιέζοντο· ἐδίδοσαν γὰρ αὐτῶν ἑκάστῳ ἐπὶ ὀκτὼ μῆνας κοτύλην ὕδατος καὶ δύο κοτύλας σίτου. Ἄλλα τε ὅσα εἰκὸς ἐν τοιούτῳ χωρίῳ ἐμπεπτωκότας κακοπαθῆσαι, οὐδὲν ὅ τι οὐκ ἐπεγένετο αὐτοῖς. (3) Καὶ ἡμέρας μὲν ἑβδομήκοντά τινας οὕτω διῃτήθησαν ἁθρόοι· ἔπειτα πλὴν Ἀθηναίων καὶ εἴ τινες Σικελιωτῶν ἢ Ἰταλιωτῶν ξυνεστράτευσαν, τοὺς ἄλλους ἀπέδοντο. (4) Ἐλήφθησαν δὲ οἱ ξύμπαντες, ἀκριβείᾳ μὲν χαλεπὸν ἐξειπεῖν, ὅμως δὲ οὐκ ἐλάσσους ἑπτακισχιλίων. (5) Ξυνέβη τε ἔργον τοῦτο Ἑλληνικὸν τῶν κατὰ τὸν πόλεμον τόνδε μέγιστον γενέσθαι, δοκεῖν δ' ἔμοιγε καὶ ὧν ἀκοῇ Ἑλληνικῶν ἴσμεν, καὶ τοῖς τε κρατήσασι λαμπρότατον καὶ τοῖς διαφθαρεῖσι δυστυχέστατον· (6) κατὰ πάντα γὰρ πάντως νικηθέντες καὶ οὐδὲν ὀλίγον ἐς οὐδὲν κακοπαθήσαντες, πανωλεθρίᾳ δὴ τὸ λεγόμενον καὶ πεζὸς καὶ νῆες καὶ οὐδὲν ὅ τι οὐκ ἀπώλετο, καὶ ὀλίγοι ἀπὸ πολλῶν ἐπ' οἴκου ἀπενόστησαν. Ταῦτα μὲν τὰ περὶ Σικελίαν γενόμενα.

rursus aliquid rerum novarum in ipsos moliretur, sociis inductis, eum interfecerunt. (5) Atque hic quidem ob talem aut huic quam proximam causam perierat, vir profecto omnium mea quidem ætate Græcorum minime dignus, qui eo infelicitatis deveniret, propter omne studium, quo observandis legibus institutisque et quidquid inter homines jus esset, virtutem colebat.

LXXXVII. Captivos autem, qui erant in lapicidinis, Syracusani duriter initio tractarunt. Quum enim in loco cavo essent, multique in exiguo, et soles primo gravesque præterea æstus vehementer eos infestabant, quia nullo tecto tegebantur, et quæ insequebantur noctes contra autumnales ac frigidæ, propter mutationem novos iis morbos afferebant, (2) quum et facerent omnia propter angustias in eodem loco, et præterea mortui simul alii super alios jacerent coacervati, qui propter vulnera et propter aeris mutationem et hujusmodi causas exspirabant, et odores erant intolerabiles, et fame simul et siti premebantur; dabant enim eorum singulis Syracusani per octo menses unam aquæ cotylam, et duas frumenti cotylas. Denique quæcumque alia mala credibile est homines in hujusmodi locum detrusos perpeti, eorum nullum fuit, quin iis accideret. (3) Atque septuaginta quidem dies vitam sic egerunt una constipati; deinde vero præter Athenienses, et si qui Sicilienses aut Itali cum illis militaverant, ceteros omnes divendiderunt. (4) Capti autem erant in universum, quamquam accurate quidem definire numerum difficile est, verumtamen non minus septem millibus. (5) Et factum est, ut hæc clades Græcis illata earum omnium, quæ in hoc bello acciderunt, maxima esset, atque adeo, ut mihi quidem videtur, etiam omnium aliarum, quas Græcis illatas fama accepimus, eademque et victoribus splendidissima et victis calamitosissima; (6) nam per omnia omnino victi, nec ulla in re ullum leve malum passi, sed ad unum omnes, ut dici solet, eversi sunt, et peditatus et classis; denique nihil fuit, quod non periret, et pauci e multis domum redierunt. Hæ quidem sunt res in Sicilia gestæ.

ΒΙΒΛΙΟΝ Θ.

LIBER VIII.

Ἐς δὲ τὰς Ἀθήνας ἐπειδὴ ἠγγέλθη, ἐπὶ πολὺ μὲν ἠπίστουν καὶ τοῖς πάνυ τῶν στρατιωτῶν ἐξ αὐτοῦ τοῦ ἔργου διαπεφευγόσι καὶ σαφῶς ἀγγέλλουσι, μὴ οὕτω γε ἄγαν πασσυδὶ διεφθάρθαι· ἐπειδὴ δὲ ἔγνωσαν, χαλεποὶ μὲν ἦσαν τοῖς ξυμπροθυμηθεῖσι τῶν ῥητόρων τὸν ἔκπλουν ὥσπερ οὐκ αὐτοὶ ψηφισάμενοι, ὠργίζοντο δὲ καὶ τοῖς χρησμολόγοις τε καὶ μάντεσι καὶ ὁπόσοι τι τότε αὐτοὺς θειάσαντες ἐπήλπισαν ὡς λήψονται Σικελίαν. (2) Πάντα δὲ πανταχόθεν αὐτοὺς ἐλύπει τε, καὶ περιειστήκει ἐπὶ τῷ γεγενημένῳ φόβος τε καὶ κατάπληξις μεγίστη δή. Ἅμα μὲν γὰρ στερόμενοι καὶ ἰδίᾳ ἕκαστος καὶ ἡ πόλις ὁπλιτῶν τε πολλῶν καὶ ἱππέων καὶ ἡλικίας οἵαν οὐχ ἑτέραν ἑώρων ὑπάρχουσαν ἐβαρύνοντο· ἅμα δὲ ναῦς οὐχ ὁρῶντες ἐν τοῖς νεωσοίκοις ἱκανὰς οὐδὲ χρήματα ἐν τῷ κοινῷ οὐδ' ὑπηρεσίας ταῖς ναυσὶν ἀνέλπιστοι ἦσαν ἐν τῷ παρόντι σωθήσεσθαι, τούς τε ἀπὸ τῆς Σικελίας πολεμίους εὐθὺς σφίσιν ἐνόμιζον τῷ ναυτικῷ ἐπὶ τὸν Πειραιᾶ πλευσεῖσθαι ἄλλως τε καὶ τοσοῦτον κρατήσαντας, καὶ τοὺς αὐτόθεν πολεμίους τότε δὴ καὶ διπλασίως πάντα παρεσκευασμένους κατὰ κράτος ἤδη καὶ ἐκ γῆς καὶ ἐκ θαλάσσης ἐπικείσεσθαι, καὶ τοὺς ξυμμάχους σφῶν μετ' αὐτῶν, ἀποστάντας. (3) Ὅμως δέ, ὡς ἐκ τῶν ὑπαρχόντων, ἐδόκει χρῆναι μὴ ἐνδιδόναι ἀλλὰ παρασκευάζεσθαι καὶ ναυτικόν, ὅθεν ἂν δύνωνται, ξύλα ξυμπορισαμένους καὶ χρήματα, καὶ τὰ τῶν ξυμμάχων ἐς ἀσφάλειαν ποιεῖσθαι, καὶ μάλιστα τὴν Εὔβοιαν, τῶν τε κατὰ τὴν πόλιν τι ἐς εὐτέλειαν σωφρονίσαι, καὶ ἀρχήν τινα πρεσβυτέρων ἀνδρῶν ἑλέσθαι, οἵτινες περὶ τῶν παρόντων ὡς ἂν καιρὸς ᾖ προβουλεύσουσιν. (4) Πάντα τε πρὸς τὸ παραχρῆμα περιδεές, ὅπερ φιλεῖ δῆμος ποιεῖν, ἑτοῖμοι ἦσαν εὐτακτεῖν. Καὶ ὡς ἔδοξεν αὐτοῖς, καὶ ἐποίουν ταῦτα, καὶ τὸ θέρος ἐτελεύτα.

II. Τοῦ δ' ἐπιγιγνομένου χειμῶνος πρὸς τὴν ἐκ τῆς Σικελίας τῶν Ἀθηναίων μεγάλην κακοπραγίαν εὐθὺς οἱ Ἕλληνες πάντες ἐπηρμένοι ἦσαν, οἱ μὲν μηδετέρων ὄντες ξύμμαχοι ὡς ἤν τις καὶ μὴ παρακαλῇ σφᾶς, οὐκ ἀποστατέον ἔτι τοῦ πολέμου εἴη ἀλλ' ἐθελοντὶ ἰτέον ἐπὶ τοὺς Ἀθηναίους, νομίσαντες κἂν ἐπὶ σφᾶς ἕκαστοι ἐλθεῖν αὐτοὺς εἰ τὰ ἐν τῇ Σικελίᾳ κατώρθωσαν, καὶ ἅμα βραχὺν ἔσεσθαι τὸν λοιπὸν πόλεμον, οὗ μετασχεῖν καλὸν εἶναι, οἱ δ' αὖ τῶν Λακεδαιμονίων ξύμμαχοι ξυμπροθυμηθέντες ἐπὶ πλέον ἢ πρὶν ἀπαλλάξεσθαι διὰ τάχους πολλῆς ταλαιπωρίας. (2) Μάλιστα δὲ οἱ τῶν Ἀθηναίων ὑπήκοοι ἑτοῖμοι ἦσαν καὶ παρὰ δύναμιν αὐτῶν ἀφίστασθαι, διὰ τὸ ὀργῶντες κρίνειν τὰ πράγματα καὶ μηδ' ὑπολείπειν λόγον αὐτοῖς ὡς τό γ' ἐπιὸν θέρος

Athenas autem postquam hic nuncius allatus est diu quidem fidem non habebant ne præcipuis quidem militibus, qui ex ipso certamine evaserant, et rem compertam nuntiabant, certe quidem non sic funditus omnia eversa credentes; sed postquam cognoverunt, infensi erant oratoribus, qui cum ceteris studiose egerant, ut susciperetur expeditio, quasi eam non ipsi decrevissent, atque irascebantur etiam ariolis et vatibus, et quotquot tunc eos rebus divinis in spem erexerant, fore ut caperent Siciliam. (2) Omnia autem ab omnibus partibus molesta iis accidebant, et incesserat undique super casum illum pavor animique consternatio maxima. Simul enim orbati et privatim pro se quisque, et publice multo et peditatu et equitatu, et juventutis flore, qualem alteram non videbant superesse, graviter ferebant; simul etiam, quod navium videbant non satis esse in navalibus, nec satis pecuniæ in ærario, nec ministeriorum ad nauticos usus, spem nullam habebant in præsentia fore ut salvi essent, et hostes ex Sicilia cum classe confestim in Piræeum adversus se venturos arbitrabantur, præsertim tanta victoria potitos, et simul hostes, qui illic apud se erant, tunc certe cum bellico rerum omnium apparatu duplo majore jam totis viribus terra marique sibi instauros, et una cum iis socios suos, ad illos deficientes. (3) Verumtamen, ut in præsenti rerum statu facultas dabatur, videbatur oportere non cedere malis, sed et classem parare, materia et pecunia, undecunque possent, comparata, et socios præsidiis firmare, et præcipue Eubœam, et res urbanas aliquanto sapientius in parsimoniam temperare, et creare aliquem magistratum virorum seniorum, qui de præsenti rerum statu, ut temporis opportunitas ferret, ante populum consultarent. (4) Denique in rebus omnibus propter præsentis metus magnitudinem, ut in populari statu fieri solet, parati erant, se modestos et obedientes præbere. Et ut hæc iis visa sunt, sic etiam faciebant; atque hæc æstas finiebatur.

II. Insequente autem hieme propter magnam calamitatem ab Atheniensibus in Sicilia acceptam protinus universi Græci animis erecti erant, illi quidem, qui neutrorum erant socii, quod, etiam si nemo eos advocaret, a bello nequaquam amplius abstinendum esse, sed ultro adversus Athenienses eundum censerent, rati pro se quique, etiam adversus se venturos fuisse illos, si rem in Sicilia feliciter gessissent, et simul reliquum bellum breve futurum, cujus socios fuisse gloriosum esse; qui vero Lacedæmoniorum erant socii, quod conjuncto studio longe magis, quam ante, multis ærumnis celeriter liberari cuperent. (2) Præcipue vero Atheniensium imperio subjecti parati erant vel supra vires ab iis deficere, quod animi impetu de rebus judicarent, et ne hoc quidem iis in ratione subducenda relinquerent, fieri posse, ut proxima

οἷοί τ᾽ ἔσονται περιγενέσθαι. (3) Ἡ δὲ τῶν Λακεδαιμονίων πόλις πᾶσί τε τούτοις ἐθάρσει, καὶ μάλιστα ὅτι οἱ ἐκ τῆς Σικελίας αὐτοῖς ξύμμαχοι πολλῇ δυνάμει κατ᾽ ἀνάγκην ἤδη, τοῦ ναυτικοῦ προσγεγενημένου, ἅμα τῷ ἦρι ὡς εἰκὸς παρέσεσθαι ἔμελλον. (4) Πανταχόθεν δ᾽ εὐέλπιδες ὄντες ἀπροφασίστως ἅπτεσθαι διενοοῦντο τοῦ πολέμου, λογιζόμενοι καλῶς τελευτήσαντος αὐτοῦ κινδύνων τε τοιούτων ἀπηλλάχθαι ἂν τὸ λοιπὸν οἷος καὶ ὁ ἀπὸ τῶν Ἀθηναίων περιέστη ἂν αὐτοὺς εἰ τὸ Σικελικὸν προσέλαβον, καὶ καθελόντες ἐκείνους αὐτοὶ τῆς πάσης Ἑλλάδος ἤδη ἀσφαλῶς ἡγήσεσθαι.

III. Εὐθὺς οὖν Ἄγις μὲν ὁ βασιλεὺς αὐτῶν ἐν τῷ χειμῶνι τούτῳ ὁρμηθεὶς στρατῷ τινὶ ἐκ Δεκελείας τά τε τῶν ξυμμάχων ἠργυρολόγησεν ἐς τὸ ναυτικόν, καὶ τραπόμενος ἐπὶ τοῦ Μηλιῶς κόλπου Οἰταίοις τε κατὰ τὴν παλαιὰν ἔχθραν τῆς λείας τὴν πολλὴν ἀπολαβὼν χρήματα ἐπράξατο, καὶ Ἀχαιοὺς τοὺς Φθιώτας καὶ τοὺς ἄλλους τοὺς ταύτῃ Θεσσαλῶν ὑπηκόους μεμφομένων καὶ ἀκόντων τῶν Θεσσαλῶν ὁμήρους τέ τινας ἠνάγκασε δοῦναι καὶ χρήματα, καὶ κατέθετο τοὺς ὁμήρους ἐς Κόρινθον, ἔς τε τὴν ξυμμαχίαν ἐπειρᾶτο προσάγειν. (2) Λακεδαιμόνιοι δὲ τὴν πρόσταξιν ταῖς πόλεσιν ἑκατὸν νεῶν τῆς ναυπηγίας ἐποιοῦντο, καὶ ἑαυτοῖς μὲν καὶ Βοιωτοῖς πέντε καὶ εἴκοσιν ἑκατέροις ἔταξαν, Φωκεῦσι δὲ καὶ Λοκροῖς πεντεκαίδεκα, καὶ Κορινθίοις πεντεκαίδεκα, Ἀρκάσι δὲ καὶ Πελληνεῦσι καὶ Σικυωνίοις δέκα, Μεγαρεῦσι δὲ καὶ Τροιζηνίοις καὶ Ἐπιδαυρίοις καὶ Ἑρμιονεῦσι δέκα· τά τε ἄλλα παρεσκευάζοντο ὡς εὐθὺς πρὸς τὸ ἔαρ ἐξόμενοι τοῦ πολέμου.

IV. Παρεσκευάζοντο δὲ καὶ Ἀθηναῖοι, ὥσπερ διενοήθησαν, ἐν τῷ αὐτῷ χειμῶνι τούτῳ τήν τε ναυπηγίαν, ξύλα ξυμπορισάμενοι, καὶ Σούνιον τειχίσαντες, ὅπως αὐτοῖς ἀσφάλεια ταῖς σιταγωγοῖς ναυσὶν εἴη τοῦ περίπλου, καὶ τό τε ἐν τῇ Λακωνικῇ τείχισμα ἐκλιπόντες ὃ ἐνῳκοδόμησαν παραπλέοντες ἐς Σικελίαν, καὶ τἆλλα, εἴ πού τι ἐδόκει ἀχρεῖον ἀναλίσκεσθαι, ξυστελλόμενοι ἐς εὐτέλειαν, μάλιστα δὲ τὰ τῶν ξυμμάχων διασκοποῦντες ὅπως μὴ σφῶν ἀποστήσονται.

V. Πρασσόντων δὲ ταῦτα ἀμφοτέρων καὶ ὄντων οὐδὲν ἄλλο ἢ ὥσπερ ἀρχομένων ἐν κατασκευῇ τοῦ πολέμου, πρῶτοι Εὐβοῆς ὡς Ἄγιν περὶ ἀποστάσεως τῶν Ἀθηναίων ἐπρεσβεύσαντο ἐν τῷ χειμῶνι τούτῳ. Ὁ δὲ προσδεξάμενος τοὺς λόγους αὐτῶν μεταπέμπεται ἐκ Λακεδαίμονος Ἀλκαμένη τὸν Σθενελαΐδου καὶ Μέλανθον ἄρχοντας ὡς ἐς τὴν Εὔβοιαν· οἱ δ᾽ ἦλθον ἔχοντες τῶν νεοδαμωδῶν ὡς τριακοσίους, καὶ παρεσκεύαζεν αὐτοῖς τὴν διάβασιν. (2) Ἐν τούτῳ δὲ καὶ Λέσβιοι ἦλθον βουλόμενοι καὶ αὐτοὶ ἀποστῆναι· καὶ ξυμπρασσόντων αὐτοῖς τῶν Βοιωτῶν ἀναπείθεται Ἄγις ὥστε Εὐβοίας μὲν πέρι ἐπισχεῖν, τοῖς δὲ Λεσβίοις παρεσκεύαζε τὴν ἀπόστασιν, Ἀλκαμένη τε ἁρμοστὴν διδούς, ὃς ἐς Εὔβοιαν πλεῖν ἔμελλε, καὶ δέκα μὲν Βοιωτοὶ ναῦς ὑπέσχοντο δέκα δὲ Ἄγις. (3) Καὶ ταῦτα ἄνευ τῆς Λακεδαιμονίων πόλεως ἐπράσσετο· ὁ γὰρ Ἄγις ὅσον χρόνον

certe æstate hostes sustinerent. (3) Lacedæmoniorum vero civitas, quum propter hæc omnia fiduciam concipiebat, tum vero præcipue, quod Siculi socii jam necessario cum magnis copiis, classis accessione facta, ineunte statim vere, ut erat verisimile, sibi præsto futuri essent. (4) Itaque, quum undique bonam spem haberent, abjecta omni cunctatione bellum capessere statuebant, reputantes secum, si hoc bellum felicem exitum habuisset, se in posterum et hujusmodi periculis liberatos fore, cujusmodi fuisset et illud, quod sibi ab Atheniensibus creatum fuisset, si res Siculas in suam potestatem redegissent; et illis eversis futurum, ut ipsi totius Græciæ imperium tuto jam obtinerent.

III. Confestim igitur Agis, eorum rex, hac hieme cum copiis nonnullis ex Decelea profectus, pecuniam a sociis ad classem comparandam exegit, et ad Meliacum sinum deflectens ob vetustas inimicitias abactis Œtæorum plerisque pecoribus pecuniam collegit, et Achæos Phthiotas, ceterosque populos, qui Thessalorum imperio in illa regione parebant, conquerentibus et invitis Thessalis, obsides aliquot ac pecuniam dare coegit; et obsides Corinthi deposuit, et illos in societatem adducere conabatur. (2) Lacedæmonii vero centum naves ædificandas sociis civitatibus imperabant; atque sibi quidem ipsis ac Bœotis quinas et vicenas utrisque faciendas assignarunt, Phocensibus vero et Locris quindecim, et Corinthiis quindecim, Arcadibus et Pellenensibus et Sicyoniis decem, Megarensibus et Trœzeniis et Epidauriis et Hermionensibus decem; et cetera quoque comparabant, ut statim sub veris initium strenue bellum gesturi.

IV. Comparabant autem Athenienses quoque, quemadmodum constituerant, in eadem hac hieme navium confectionem, materia comportata et Sunio munito, ut naves, quæ commeatum sibi subveherent, tuto circumveherentur; itemque munitione etiam in agro Laconico deserta, quam in Siciliam trajicientes exstruxerant, ceterisque rebus, sicubi aliqua impensa videtur inutilis esse, in parsimoniam compositis, maxime vero cura de sociis suscepta, ne a se deficerent.

V. Dum autem hæc utrique agunt, et in bello parando versantur plane ut si tunc primum id inciperent, primi Eubœenses ad Agin legatos de defectione ab Atheniensibus facienda miserunt in hac hieme. Ille vero quum eorum orationem admisisset, accersit Lacedæmone Alcamenem, Sthenelaidæ filium, et Melanthum, tamquam præfectos, qui in Eubœam mitterentur; illi vero cum trecentis libertis in civitatem nuper adscriptis venerunt, et Agis transitum iis præparabat. (2) Interea vero etiam Lesbii venerunt, et ipsi cupientes defectionem facere; et quum Bœoti eos adjuvarent, Agis adducitur, ut de Eubœa quidem rem differret, Lesbios vero in defectione facienda juvabat, Alcamene iis harmosta dato, qui in Eubœam navigaturus erat, atque Bœoti iis decem naves polliciti sunt, et Agis item decem. (3) Hæc autem ignara civitate Lacedæmoniorum agebantur; Agis enim, quamdiu cum suis copiis apud Deceleam erat,

ἣν περὶ Δεκέλειαν ἔχων τὴν μεθ᾽ ἑαυτοῦ δύναμιν, κύριος ἦν καὶ ἀποστέλλειν εἴ ποί τινα ἐβούλετο στρατιὰν καὶ ξυναγείρειν καὶ χρήματα πράσσειν. Καὶ πολὺ μᾶλλον ὡς εἰπεῖν κατὰ τοῦτον τὸν καιρὸν αὐτοῦ οἱ ξύμμαχοι ὑπήκουον ἢ τῶν ἐν τῇ πόλει Λακεδαιμονίων· δύναμιν γὰρ ἔχων εὐθὺς ἑκασταχόσε δεινὸς παρῆν. (4) Καὶ ὁ μὲν τοῖς Λεσβίοις ἔπρασσεν, Χῖοι δὲ καὶ Ἐρυθραῖοι ἀποστῆναι καὶ αὐτοὶ ἑτοῖμοι ὄντες πρὸς μὲν Ἆγιν οὐκ ἐτράποντο, ἐς δὲ τὴν Λακεδαίμονα. Καὶ παρὰ Τισσαφέρνους, ὃς βασιλεῖ Δαρείῳ τῷ Ἀρτοξέρξου στρατηγὸς ἦν τῶν κάτω, πρεσβευτὴς ἅμα μετ᾽ αὐτῶν παρῆν· (5) ἐπήγετο γὰρ καὶ ὁ Τισσαφέρνης τοὺς Πελοποννησίους, καὶ ὑπισχνεῖτο τροφὴν παρέξειν. Ὑπὸ βασιλέως γὰρ νεωστὶ ἐτύγχανε πεπραγμένος τοὺς ἐκ τῆς ἑαυτοῦ ἀρχῆς φόρους, οὓς δι᾽ Ἀθηναίους ἀπὸ τῶν Ἑλληνίδων πόλεων οὐ δυνάμενος πράσσεσθαι ἐπωφείλησεν· τούς τε οὖν φόρους μᾶλλον ἐνόμιζε κομιεῖσθαι κακώσας τοὺς Ἀθηναίους, καὶ ἅμα βασιλεῖ ξυμμάχους Λακεδαιμονίους ποιήσειν, καὶ Ἀμόργην τὸν Πισσούθνου υἱὸν νόθον, ἀφεστῶτα περὶ Καρίαν, ὥσπερ αὐτῷ προσέταξε βασιλεύς, ἢ ζῶντα ἄξειν ἢ ἀποκτεῖναι. Οἱ μὲν οὖν Χῖοι καὶ Τισσαφέρνης κοινῇ κατὰ τὸ αὐτὸ ἔπρασσον,

VI. Καλλίγειτος δὲ ὁ Λαοφῶντος Μεγαρεὺς καὶ Τιμαγόρας ὁ Ἀθηναγόρου Κυζικηνός, φυγάδες τῆς ἑαυτῶν ἀμφότεροι παρὰ Φαρναβάζῳ τῷ Φαρνάκου κατοικοῦντες, ἀφικνοῦνται περὶ τὸν αὐτὸν καιρὸν ἐς τὴν Λακεδαίμονα πέμψαντος Φαρναβάζου, ὅπως ναῦς κομίσειαν ἐς τὸν Ἑλλήσποντον, καὶ αὐτός, εἰ δύναιτο, ἅπερ ὁ Τισσαφέρνης προυθυμεῖτο, τάς τ᾽ ἐν τῇ ἑαυτοῦ ἀρχῇ πόλεις ἀποστήσειε τῶν Ἀθηναίων διὰ τοὺς φόρους, καὶ ἀφ᾽ ἑαυτοῦ βασιλεῖ τὴν ξυμμαχίαν τῶν Λακεδαιμονίων ποιήσειεν. (2) Πρασσόντων δὲ ταῦτα χωρὶς ἑκατέρων, τῶν τε ἀπὸ τοῦ Φαρναβάζου καὶ τῶν ἀπὸ τοῦ Τισσαφέρνους, πολλὴ ἅμιλλα ἐγίγνετο τῶν ἐν τῇ Λακεδαίμονι, ὅπως οἱ μὲν ἐς τὴν Ἰωνίαν καὶ Χίον οἱ δ᾽ ἐς τὸν Ἑλλήσποντον πρότερον ναῦς καὶ στρατιὰν πείσουσι πέμπειν. (3) Οἱ μέντοι Λακεδαιμόνιοι τὰ τῶν Χίων καὶ Τισσαφέρνους παρὰ πολὺ προσεδέξαντο μᾶλλον· ξυνέπρασσε γὰρ αὐτοῖς καὶ Ἀλκιβιάδης, Ἐνδίῳ ἐφορεύοντι πατρικὸς ἐς τὰ μάλιστα ξένος ὤν, ὅθεν καὶ τοὔνομα Λακωνικὸν ἡ οἰκία αὐτῶν κατὰ τὴν ξενίαν ἔσχεν· Ἔνδιος γὰρ Ἀλκιβιάδου ἐκαλεῖτο. (4) Ὅμως δ᾽ οἱ Λακεδαιμόνιοι πρῶτον κατάσκοπον ἐς τὴν Χίον πέμψαντες Φρῦνιν ἄνδρα περίοικον, εἰ αἵ τε νῆες αὐτοῖς εἰσὶν ὅσασπερ ἔλεγον καὶ τἆλλα ἡ πόλις ἱκανή ἐστι πρὸς τὴν λεγομένην δόξαν, ἀπαγγείλαντος αὐτοῖς ὡς εἴη ταῦτα ἀληθῆ ἅπερ ἤκουον, τούς τε Χίους καὶ τοὺς Ἐρυθραίους εὐθὺς ξυμμάχους ἐποιήσαντο, καὶ τεσσαράκοντα ναῦς ἐψηφίσαντο αὐτοῖς πέμπειν ὡς ἐκεῖ οὐκ ἔλασσον ἢ ἑξήκοντα ἀφ᾽ ὧν οἱ Χῖοι ἔλεγον ὑπαρχουσῶν. (5) Καὶ τὸ μὲν πρῶτον δέκα τούτων αὐτοῖς ἔμελλον πέμπειν, καὶ Μελαγχρίδαν, ὃς αὐτοῖς ναύαρχος ἦν· ἔπειτα σεισμοῦ γενομένου ἀντὶ τοῦ Μελαγχρίδου Χαλκιδέα ἔπεμπον

jus habebat et copias mittendi, si quo vellet, et contrahendi, et pecunias exigendi. Atque multo magis pene dixerim id temporis ei socii parebant, quam Lacedæmoniis, qui in urbe erant; quod enim exercitum secum haberet, quocumque se contulisset, formidabilis aderat. (4) Et hic quidem Lesbiis operam dabat; Chii autem et Erythræi, quum et ipsi ad defectionem faciendam essent parati, non ad Agin, sed Lacedæmonem se converterunt. Et a Tissaphorne, qui regis Darei, Artoxerxis filii, prætor inferioris provinciæ erat, simul cum illis legatus aderat; (5) nam et Tissaphernes Peloponnesios incitabat, et pollicebatur, se stipendium præbiturum. Rex enim nuper forte exegerat ab eo tributa suæ provinciæ, quæ regi debuerat, quod ea propter Athenienses a Græcis civitatibus exigere non potuisset; existimabat igitur, se et tributa facilius recepturum, si Athenienses bello vexasset, et simul se Lacedæmoniorum societatem regi conciliaturum, et Amorgen, Pissuthnæ filium nothum, qui defectionem circa Cariam fecerat, quemadmodum rex ei imperaverat, aut vivum adducturum, aut interfecturum. Chii igitur et Tissaphernes communi hac in re consilio agebant;

VI. Calligetus autem, Laophontis filius, Megarensis, et Timagoras, Athenagoræ filius, Cyzicenus, sua uterque patria extorris, qui apud Pharnabazum, Pharnacis filium, habitabant, circa idem tempus venerunt Lacedæmonem a Pharnabazo missi, ut naves in Hellespontum transportarent, et ut ipse, si posset, id quod Tissaphernes contendebat, et civitates in sua provincia sitas ab Atheniensibus alienaret propter tributa, et sua opera Lacedæmoniorum societatem regi conciliaret. (2) Quum autem hæc separatim utrique agerent, et qui a Pharnabazo, et qui a Tissapherne missi erant, ingens concertatio apud Lacedæmonios erat, quum alteri, ut in Ioniam et Chium, alteri ut in Hellespontum classis et exercitus prius mitteretur persuadere studerent. (3) Lacedæmonii tamen Chiorum et Tissaphernis postulata multo lubentius admiserunt; eos enim etiam Alcibiades adjuvabat, qui Endio, tunc ephori magistratum gerenti, erat hospes paternus conjunctissimus, unde etiam nomen Laconicum familia illorum propter hospitium obtinuit; Endius enim Alcibiadis appellabatur. (4) Lacedæmonii tamen prius Phrynin, hominem municipem, in Chium miserunt, ut exploraret, num et naves tot ipsis essent, quot dicebant, et ceteris rebus civitas illa haud inferior esset fama, quæ de ea ferretur; et quum ille iis renuntiasset, hæc vera esse, quæ audirent, et Chios et Erythræos confestim in societatem receperunt, et quadraginta naves iis mittendas decreverunt, quod non minus, quam sexaginta, illic essent comparatæ, unde Chii dicebant. (5) Atque primum quidem decem harum erant missuri, et Melancridam, qui iis nauarchus erat; deinde quum terræ motus extitisset, pro Melancrida Chalcideum mittebant, et pro decem navibus quinque in

καὶ ἀντὶ τῶν δέκα νεῶν πέντε παρεσκευάζοντο ἐν τῇ Λακωνικῇ. Καὶ ὁ χειμὼν ἐτελεύτα, καὶ ἑνὸς δέον εἰκοστὸν ἔτος τῷ πολέμῳ ἐτελεύτα τῷδε ὃν Θουκυδίδης ξυνέγραψεν.

VII. Ἅμα δὲ τῷ ἦρι τοῦ ἐπιγιγνομένου θέρους εὐθὺς ἐπειγομένων τῶν Χίων ἀποστεῖλαι τὰς ναῦς, καὶ δεδιότων μὴ οἱ Ἀθηναῖοι τὰ πρασσόμενα αἴσθωνται (πάντες γὰρ κρύφα αὐτῶν ἐπρεσβεύοντο), ἀποπέμπουσιν οἱ Λακεδαιμόνιοι ἐς Κόρινθον ἄνδρας Σπαρτιάτας τρεῖς, ὅπως ἀπὸ τῆς ἑτέρας θαλάσσης ὡς τάχιστα ἐπὶ τὴν πρὸς Ἀθήνας ὑπερενεγκόντες τὰς ναῦς τὸν Ἰσθμὸν κελεύσωσι πλεῖν ἐς Χίον πάσας, καὶ ἃς ὁ Ἆγις παρεσκεύαζεν ἐς τὴν Λέσβον καὶ τὰς ἄλλας· ἦσαν δὲ αἱ ξύμπασαι τῶν ξυμμαχίδων νῆες αὐτόθι μιᾶς δέουσαι τεσσαράκοντα.

VIII. Ὁ μὲν οὖν Καλλίγειτος καὶ Τιμαγόρας ὑπὲρ τοῦ Φαρναβάζου οὐκ ἐκοινοῦντο τὸν στόλον ἐς τὴν Χίον, οὐδὲ τὰ χρήματα ἐδίδοσαν ἃ ἦλθον ἔχοντες ἐς τὴν ἀποστολὴν πέντε καὶ εἴκοσι τάλαντα, ἀλλ᾽ ὕστερον ἐφ᾽ ἑαυτῶν διενοοῦντο ἄλλῳ στόλῳ πλεῖν· (2) ὁ δὲ Ἆγις ἐπειδὴ ἑώρα τοὺς Λακεδαιμονίους ἐς τὴν Χίον πρῶτον ὡρμημένους, οὐδ᾽ αὐτὸς ἄλλο τι ἐγίγνωσκεν, ἀλλὰ ξυνελθόντες ἐς Κόρινθον οἱ ξύμμαχοι ἐβουλεύοντο, καὶ ἔδοξε πρῶτον ἐς Χίον αὐτοῖς πλεῖν ἄρχοντα ἔχοντας Χαλκιδέα, ὃς ἐν τῇ Λακωνικῇ τὰς πέντε ναῦς παρεσκεύαζεν, ἔπειτ᾽ ἐς Λέσβον καὶ Ἀλκαμένην ἄρχοντα, ὅνπερ καὶ Ἆγις διενοεῖτο, τὸ τελευταῖον δὲ ἐς τὸν Ἑλλήσποντον ἀφικέσθαι (προσετέτακτο δὲ ἐς αὐτὸν ἄρχων Κλέαρχος ὁ Ῥαμφίου), (3) διαφέρειν δὲ τὸν Ἰσθμὸν τὰς ἡμισείας τῶν νεῶν πρῶτον, καὶ εὐθὺς ταύτας ἀποπλεῖν, ὅπως μὴ οἱ Ἀθηναῖοι πρὸς τὰς ἀφορμωμένας τὸν νοῦν μᾶλλον ἔχωσιν ἢ τὰς ὕστερον ἐπιδιαφερομένας. (4) Καὶ γὰρ τὸν πλοῦν ταύτῃ ἐκ τοῦ προφανοῦς ἐποιοῦντο, καταφρονήσαντες τῶν Ἀθηναίων ἀδυνασίαν, ὅτι ναυτικὸν οὐδὲν αὐτῶν πολύ πω ἐφαίνετο. Ὡς δὲ ἔδοξεν αὐτοῖς, καὶ διεκόμισαν εὐθὺς μίαν καὶ εἴκοσι ναῦς.

IX. Οἱ δὲ Κορίνθιοι, ἐπειγομένων αὐτοῖς τὸν πλοῦν, οὐ προυθυμήθησαν ξυμπλεῖν πρὶν τὰ Ἴσθμια, ἃ τότε ἦν, διεορτάσωσιν. Ἆγις δὲ αὐτοῖς ἕτοιμος ἦν ἐκείνους μὲν μὴ λύειν δὴ τὰς Ἰσθμιάδας σπονδάς, ἑαυτοῦ δὲ τὸν στόλον ἴδιον ποιήσασθαι. (2) Οὐ ξυγχωρούντων δὲ τῶν Κορινθίων ἀλλὰ διατριβῆς ἐγγιγνομένης οἱ Ἀθηναῖοι ᾐσθάνοντο τὰ τῶν Χίων μᾶλλον, καὶ πέμψαντες ἕνα τῶν στρατηγῶν Ἀριστοκράτην ἐπῃτιῶντο αὐτούς, καὶ ἀρνουμένων τῶν Χίων τὸ πιστὸν ναῦς σφίσι ξυμπέμπειν ἐκέλευον ἐς τὸ ξυμμαχικόν· οἱ δ᾽ ἔπεμψαν ἑπτά. (3) Αἴτιον δ᾽ ἐγένετο τῆς ἀποστολῆς τῶν νεῶν οἱ μὲν πολλοὶ τῶν Χίων οὐκ εἰδότες τὰ πρασσόμενα, οἱ δ᾽ ὀλίγοι καὶ ξυνειδότες τό τε πλῆθος οὐ βουλόμενοί πω πολέμιον ἔχειν, πρίν τι καὶ ἰσχυρὸν λάβωσι, καὶ τοὺς Πελοποννησίους οὐκέτι προσδεχόμενοι ἥξειν, ὅτι διέτριβον.

X. Ἐν δὲ τούτῳ τὰ Ἴσθμια ἐγίγνετο, καὶ οἱ Ἀθηναῖοι (ἐπηγγέλθησαν γὰρ αἱ σπονδαί) ἐθεώρουν ἐς αὐτά,

Laconica præparabant. Et hæc hiems finiebatur, hujusque belli, quod Thucydides conscripsit, undevicesimus annus finiebatur.

VII. Ineunte autem sequentis æstatis vere statim Chiis instantibus, ut naves mitterentur, et metuentibus, ne Athenienses resciscerent, quæ agebantur, (omnes enim clam illis legatos miserant) Lacedæmonii mittunt tres viros Spartanos Corinthum, ut quam celerrime ab altero mari in id, quod Athenas spectat, navibus per Isthmum transvectis, omnes in Chium navigare juberent, et eas, quas Agis præparaverat in Lesbum mittendas, et reliquas; erant autem illic universæ sociarum civitatum naves numero undequadraginta.

VIII. Quamobrem Calligetus quidem et Timagoras, Pharnabazi legati, hujus classis in Chium proficiscentis participes esse nolebant, neque pecunias dabant, quas secum attulerant, ut classis mitteretur, quinque et viginti talenta, sed postea per se cogitabant parata alia classe navigare; (2) Agis autem, quum videret Lacedæmonios primum in Chium tendere, ne ipse quidem aliud censebat; sed socii, quum Corinthum convenissent, consultare cœperunt, et placuit iis primum in Chium navigare duce Chalcideo, qui quinque illas naves in Laconica præparabat; deinde in Lesbum, duce Alcamene, quem etiam Agis destinabat; postremo vero in Hellespontum proficisci, (ei autem Clearchus Rhamphiæ filius, dux creatus erat), (3) transportare autem per Isthmum primum dimidiam navium partem et iis confestim proficisci, ne Athenienses animum potius adverterent ad eas, quæ tunc proficiscerentur, quam ad eas, quæ postea illuc transportarentur. (4) Etenim ab hac parte propalam navigare statuebant, contemptis Atheniensibus ut invalidis, quod eorum nulla magna classis usquam adhuc apparebat. Ut autem hoc iis placuit, confestim etiam unam et viginti naves transportarunt.

IX. Corinthii vero, quamvis illi navigationem urgerent, non potuerunt in animum inducere, ut et ipsi navigarent, antequam omnes Isthmiorum dies festos, qui tunc erant, celebrassent. Agis vero iis paratum se præbebat permittere illis quidem, ut sacras Isthmiorum inducias non solverent, ipse vero suo nomine expeditionem suscipere. (2) Quod quum non concederent Corinthii, sed mora interponeretur, Athenienses consilia Chiorum facilius senserunt, et Aristocrate, uno e ducibus, misso, illos insimulabant, et quum Chii rem negarent, illi iis, id quod fidem faceret, naves secum mittere ad sociorum auxilia imperabant; Chii vero miserunt septem. (3) Causa autem, cur mitterent naves, hæc fuit, quod plerique quidem Chiorum ignorarent ea, quæ clam agitabantur, pauci vero ii, qui conscii erant, neque plebem jam hostilem habere vellent, priusquam aliquod firmum præsidium adepti essent, et Peloponnesios non amplius venturos exspectarent, quia morabantur.

X. Interea vero Isthmici ludi committebantur, et Athenienses (indictæ enim erant iis induciæ) sacram legationem

καὶ κατάδηλα μᾶλλον αὐτοῖς τὰ τῶν Χίων ἐφάνη. Καὶ ἐπειδὴ ἀνεχώρησαν, παρεσκευάζοντο εὐθὺς ὅπως μὴ λήσουσιν αὐτοὺς αἱ νῆες ἐκ τῶν Κεγχρειῶν ἀφορμηθεῖσαι. (2) Οἱ δὲ μετὰ τὴν ἑορτὴν ἀνήγοντο μιᾷ καὶ εἴκοσι ναυσὶν ἐς τὴν Χίον, ἄρχοντα Ἀλκαμένην ἔχοντες. Καὶ αὐτοῖς οἱ Ἀθηναῖοι τὸ πρῶτον ἴσαις ναυσὶ προσπλεύσαντες ὑπῆγον ἐς τὸ πέλαγος. Ὡς δ' ἐπὶ πολὺ οὐκ ἐπηκολούθησαν οἱ Πελοποννήσιοι ἀλλ' ἀπετράποντο, ἐπανεχώρησαν καὶ οἱ Ἀθηναῖοι· τὰς γὰρ τῶν Χίων ἑπτὰ ναῦς ἐν τῷ ἀριθμῷ μετὰ σφῶν ἔχοντες οὐ πιστὰς ἐνόμιζον, (3) ἀλλ' ὕστερον ἄλλας προσπληρώσαντες ἑπτὰ καὶ τριάκοντα παραπλέοντας αὐτοὺς καταδιώκουσιν ἐς Πειραιὸν τῆς Κορινθίας· ἔστι δὲ λιμὴν ἐρῆμος καὶ ἔσχατος πρὸς τὰ μεθόρια τῆς Ἐπιδαυρίας. Καὶ μίαν μὲν ναῦν ἀπολλύασι μετέωρον οἱ Πελοποννήσιοι, τὰς δὲ ἄλλας ξυναγαγόντες ὁρμίζουσιν. (4) Καὶ προσβαλόντων τῶν Ἀθηναίων καὶ κατὰ θάλασσαν ταῖς ναυσὶ καὶ ἐς τὴν γῆν ἀποβάντων θόρυβός τε ἐγένετο πολὺς καὶ ἄτακτος, καὶ τῶν τε νεῶν τὰς πλείους καταυματίζουσιν ἐν τῇ γῇ οἱ Ἀθηναῖοι καὶ τὸν ἄρχοντα Ἀλκαμένην ἀποκτείνουσιν· καὶ αὐτῶν τινες ἀπέθανον.

XI. Διακριθέντες δὲ πρὸς μὲν τὰς πολεμίας ναῦς ἐπέταξαν ἐφορμεῖν ἱκανάς, ταῖς δὲ λοιπαῖς ἐς τὸ νησίδιον ὁρμίζονται ἐν ᾧ οὐ πολὺ ἀπέχοντι ἐστρατοπεδεύοντο, καὶ ἐς τὰς Ἀθήνας ἐπὶ βοήθειαν ἔπεμπον. (2) Παρῆσαν γὰρ καὶ τοῖς Πελοποννησίοις τῇ ὑστεραίᾳ οἵ τε Κορίνθιοι βοηθοῦντες ἐπὶ τὰς ναῦς, καὶ οὐ πολλῷ ὕστερον καὶ οἱ ἄλλοι πρόσχωροι. Καὶ ὁρῶντες τὴν φυλακὴν ἐν χωρίῳ ἐρήμῳ ἐπίπονον οὖσαν ἠπόρουν, καὶ ἐπενόησαν μὲν κατακαῦσαι τὰς ναῦς, ἔπειτα δὲ ἔδοξεν αὐτοῖς ἀνελκῦσαι καὶ τῷ πεζῷ προσκαθημένους φυλακὴν ἔχειν, ἕως ἄν τις παρατύχῃ διαφυγὴ ἐπιτηδεία. Ἔπεμψε δ' αὐτοῖς καὶ Ἆγις αἰσθόμενος ταῦτα ἄνδρα Σπαρτιάτην Θέρμωνα. (3) Τοῖς δὲ Λακεδαιμονίοις πρῶτον μὲν ἠγγέλθη ὅτι αἱ νῆες ἀνηγμέναι εἰσὶν ἐκ τοῦ Ἰσθμοῦ (εἴρητο γάρ, ὅταν γένηται τοῦτο, Ἀλκαμένει ὑπὸ τῶν ἐφόρων ἱππέα πέμψαι), καὶ εὐθὺς τὰς παρὰ σφῶν πέντε ναῦς καὶ Χαλκιδέα ἄρχοντα καὶ Ἀλκιβιάδην μετ' αὐτοῦ ἐβούλοντο πέμπειν· ἔπειτα ὡρμημένων αὐτῶν τὰ περὶ τὴν ἐν τῷ Πειραιῷ τῶν νεῶν καταφυγὴν ἠγγέλθη, καὶ ἀθυμήσαντες, ὅτι πρῶτον ἁπτόμενοι τοῦ Ἰωνικοῦ πολέμου ἔπταισαν, τὰς ἐκ τῆς ἑαυτῶν οὐκέτι διενοοῦντο πέμπειν ἀλλὰ καί τινας προανηγμένας μετακαλεῖν.

XII. Γνοὺς δὲ ὁ Ἀλκιβιάδης πείθει αὖθις Ἔνδιον καὶ τοὺς ἄλλους ἐφόρους μὴ ἀποκνῆσαι τὸν πλοῦν, λέγων ὅτι φθήσονταί τε πλεύσαντες πρὶν τὴν τῶν νεῶν ξυμφορὰν Χίους αἰσθέσθαι, καὶ αὐτὸς ὅτι ἢν προσβάλῃ Ἰωνίᾳ ῥᾳδίως, πείσει τὰς πόλεις ἀφίστασθαι, τήν τε τῶν Ἀθηναίων ἀσθένειαν λέγων καὶ τὴν τῶν Λακεδαιμονίων προθυμίαν· πιστότερος γὰρ ἄλλων φανεῖσθαι. (2) Ἐνδίῳ τε αὐτῷ ἰδίᾳ ἔλεγε καλὸν εἶναι δι' ἐκείνου ἀποστῆσαί τε Ἰωνίαν καὶ βασιλέα ξύμμαχον ποιῆσαι

eo mittebant, et ita Chiorum consilia multo manifestius deprehenderunt. Et postquam illinc discesserunt, confestim sese præparabant, ut se fallere non possent naves, si ex Cenchreis proficiscerentur. (2) Illi vero post ludos vela faciebant cum una et viginti navibus Chium versus, quibus præerat Alcamenes. Et Athenienses, quum initio totidem navibus adversus eos processissent, in altum se subducebant. Quum autem longe provectos Peloponnesii sequi noluissent, sed retro cessissent, Athenienses quoque recesserunt; nam septem Chiorum naves, quas in eo numero secum habebant, nequaquam fideles existimabant, (3) sed postea aliis septem et triginta instructis, eos terram legentes persecuti sunt ad Piræum agri Corinthii; est autem portus desertus, et extremus ad agri Epidaurici confinia situs, atque unam navem Peloponnesii in alto amiserunt, ceteras vero contractas in portu statuunt. (4) Et quum Athenienses et a mari navibus eos adorti essent, et in terram descendissent, ingens tumultus ac perturbatio incessit, et plerasque naves Athenienses in terra laceraverunt, et Alcamenem ducem interfecerunt; et ipsorum quoque nonnulli obierunt.

XI. Dirempto autem prœlio naves quidem, quot satis esse videbantur, disposuerunt, quæ stationem adversus hostiles obtinerent; cum reliquis vero in parvulæ insulæ stationem se receperunt, in qua non multum illinc distante castra posuerunt, et nuntium Athenas ad subsidium arcessendum mittebant. (2) Nam aderant etiam Peloponnesiis postero die et Corinthii ad opem navibus ferendam, et paulo post etiam reliqui finitimi. Et quum animadverterent, hanc navium custodiam in loco deserto sibi laboriosam fore, consilii inopes erant, et inclinabant quidem eo, ut naves incenderent, deinde vero statuerunt eas subducere, et peditatu assidentes agere excubias, donec aliqua commoda effugiendi facultas offerretur. Agis etiam, his cognitis, Thermonem, virum Spartanum, iis misit. (3) Lacedæmoniis autem primo quidem nunciatum erat, naves solvisse ab Isthmo, (Alcameni enim ab ephoris imperatum erat, ut, quum hoc fieret, equitem mitteret); et statim quinque naves, quas ipsi præbebant, et Chalcideum ducem, et Alcibiadem cum eo mittere volebant; deinde vero, jam iis rem urgentibus, allatus est nuntius de navibus, quæ in Piræum fuga se receperant; quamobrem animis consternati, quod in ipso initio Ionici belli offendissent, naves e suo paratas non jam volebant mittere, imo etiam nonnullas, quæ jam discesserant, revocare.

XII. Quod quum intellexisset Alcibiades, persuadet rursus Endio ceterisque ephoris, ne per metum a classe mittenda desisterent, dicens, se prius illuc venturos, quam Chii classis cladem sentirent, et se, ubi ad Ioniam appulisset, facile civitatibus persuasurum, ut deficerent, et Atheniensium imbecillitatem commemorando et Lacedæmoniorum studium; majorem enim sibi, quam aliis, fidem habitum iri. (2) Et ipsi Endio privatim dicebat, præclarum fore, si per ipsum et Ionia deficeret, et regis societas

Λακεδαιμονίοις, καὶ μὴ Ἄγιδος τὸ ἀγώνισμα τοῦτο γενέσθαι· ἐτύγχανε γὰρ τῷ Ἄγιδι αὐτὸς διάφορος ὤν. (3) Καὶ ὁ μὲν πείσας τούς τε ἄλλους ἐφόρους καὶ Ἔνδιον ἀνήγετο ταῖς πέντε ναυσὶ μετὰ Χαλκιδέως τοῦ Λακεδαιμονίου, καὶ διὰ τάχους τὸν πλοῦν ἐποιοῦντο.

XIII. Ἀνεκομίζοντο δὲ ὑπὸ τὸν αὐτὸν χρόνον τοῦτον καὶ ἀπὸ τῆς Σικελίας Πελοποννησίων ἑκκαίδεκα νῆες αἱ μετὰ Γυλίππου ξυνδιαπολεμήσασαι· καὶ περὶ τὴν Λευκαδίαν ἀποληφθεῖσαι καὶ κοπεῖσαι ὑπὸ τῶν Ἀττικῶν ἑπτὰ καὶ εἴκοσι νεῶν, ὧν ἦρχεν Ἱπποκλῆς Μενίππου φυλακὴν ἔχων τῶν τῆς Σικελίας νεῶν, αἱ λοιπαὶ πλὴν μιᾶς διαφυγοῦσαι τοὺς Ἀθηναίους κατέπλευσαν ἐς τὴν Κόρινθον.

XIV. Ὁ δὲ Χαλκιδεὺς καὶ ὁ Ἀλκιβιάδης πλέοντες ὅσοις τ' ἐπιτύχοιεν ξυνελάμβανον τοῦ μὴ ἐξάγγελτοι γενέσθαι, καὶ προσβαλόντες πρῶτον Κωρύκῳ τῆς ἠπείρου καὶ ἀφέντες ἐνταῦθα αὐτοὺς αὐτοὶ μὲν προξυγγενόμενοι τῶν ξυμπρασσόντων Χίων τισί, καὶ κελευόντων καταπλεῖν μὴ προειπόντας ἐς τὴν πόλιν, ἀφικνοῦνται αἰφνίδιοι τοῖς Χίοις. (2) Καὶ οἱ μὲν πολλοὶ ἐν θαύματι ἦσαν καὶ ἐκπλήξει· τοῖς δ' ὀλίγοις παρεσκεύαστο ὥστε βουλήν τε τυχεῖν ξυλλεγομένην, καὶ γενομένων λόγων ἀπό τε τοῦ Χαλκιδέως καὶ Ἀλκιβιάδου ὡς ἄλλαι τε νῆες πολλαὶ προσπλέουσι, καὶ τὰ περὶ τῆς πολιορκίας τῶν ἐν τῷ Πειραιῷ νεῶν οὐ δηλωσάντων, ἀφίστανται Χῖοι καὶ αὖθις Ἐρυθραῖοι Ἀθηναίων. (3) Καὶ μετὰ ταῦτα τρισὶ ναυσὶ πλεύσαντες καὶ Κλαζομενὰς ἀφιστᾶσιν. Διαβάντες τε οἱ Κλαζομένιοι εὐθὺς ἐς τὴν ἤπειρον τὴν Πολίχναν ἐτείχιζον, εἴ τι δέοι, σφίσιν αὐτοῖς ἐκ τῆς νησίδος ἐν ᾗ οἰκοῦσι πρὸς ἀναχώρησιν. Καὶ οἱ μὲν ἀφεστῶτες ἐν τειχισμῷ τε πάντες ἦσαν καὶ παρασκευῇ πολέμου,

XV. ἐς δὲ τὰς Ἀθήνας ταχὺ ἀγγελία τῆς Χίου ἀφικνεῖται· καὶ νομίσαντες μέγαν ἤδη καὶ σαφῆ τὸν κίνδυνον σφᾶς περιεστάναι, καὶ τοὺς λοιποὺς ξυμμάχους οὐκ ἐθελήσειν τῆς μεγίστης πόλεως μεθεστηκυίας ἡσυχάζειν, τά τε χίλια τάλαντα, ὧν διὰ παντὸς τοῦ πολέμου ἐγλίχοντο μὴ ἄψασθαι, εὐθὺς ἔλυσαν τὰς ἐπικειμένας ζημίας τῷ εἰπόντι ἢ ἐπιψηφίσαντι ὑπὸ τῆς παρούσης ἐκπλήξεως, καὶ ἐψηφίσαντο κινεῖν καὶ ναῦς πληροῦν οὐκ ὀλίγας, τῶν τε ἐν τῷ Πειραιῷ ἐφορμουσῶν τὰς μὲν ὀκτὼ ἤδη πέμπειν, αἳ ἀπολιποῦσαι τὴν φυλακὴν τὰς μετὰ Χαλκιδέως διώξασαι καὶ οὐ καταλαβοῦσαι ἀνακεχωρήκεσαν (ἦρχε δ' αὐτῶν Στρομβιχίδης Διοτίμου), ἄλλας δὲ οὐ πολὺ ὕστερον βοηθεῖν δώδεκα μετὰ Θρασυκλέους, ἀπολιπούσας καὶ ταύτας τὴν ἐφόρμησιν. (2) Τάς τε τῶν Χίων ἑπτὰ ναῦς, αἳ αὐτοῖς ξυνεπολιόρκουν τὰς ἐν τῷ Πειραιῷ, ἀπαγαγόντες τοὺς μὲν δούλους ἐξ αὐτῶν ἠλευθέρωσαν τοὺς δ' ἐλευθέρους κατέδησαν. Ἑτέρας δ' ἀντὶ πασῶν τῶν ἀπελθουσῶν νεῶν ἐς τὴν ἐφόρμησιν τῶν Πελοποννησίων διὰ τάχους πληρώσαντες ἀντέπεμψαν, καὶ ἄλλας διενοοῦντο τριάκοντα πληροῦν. Καὶ πολλὴ ἦν ἡ προ-

Lacedæmoniis conciliaretur, nec Agidis hæc certaminis gloria esset; Agidi enim ipse erat inimicus. (3) Hic igitur quum et ceteris ephoris et Endio rem persuasisset, solvebat cum quinque navibus et Chalcideo Lacedæmonio, et celeritate adhibita navigationis cursum faciebant.

XIII. Redibant autem per hoc idem tempus etiam ex Sicilia sexdecim illæ Peloponnesiorum naves, quæ duce Gylippo una cum Syracusanis debellaverant, atque circa Leucadiam deprehensæ et afflictæ a septem et viginti Atticis navibus, quibus præerat Hippocles, Menippi filius, qui classis ex Sicilia redeuntis reditum observabat, præter unam ceteræ omnes elapsæ sunt Atheniensibus et Corinthum appulerant.

XIV. Chalcideus autem et Alcibiades inter navigandum omnes, in quos incidissent, comprehendebant, ne navigatio palam fieret, et quum ad Corycum in continente situm appulissent, et illos hic dimisissent, ipsi quidem prius congressi cum nonnullis Chiorum, qui conjurationis erant socii, quum hi juberent re nulli prius declarata ad urbem navigare, ad Chios ex improviso advenerunt. (2) Et Chiorum quidem plebs admirabunda et attonita erat; optimates vero operam dederant, ut tunc ipsum senatus cogeretur, et quum agi cœptum esset a Chalcideo et Alcibiade, affirmantibus multas alias naves adventare, nec ullam de navium apud Piræum obsidione mentionem fecissent, Chii et mox Erythræi ab Atheniensibus deficiunt. (3) Et post hæc cum tribus navibus profecti etiam Clazomenas ad defectionem faciendam inducunt. Clazomenii autem confestim in continentem transgressi Polichnam muniebant, si forte opus foret, ut eo sibi ex parva insula, quam incolebant, receptus esset. Et hi quidem, qui defecerant, omnes et muniendo et bello parando erant occupati;

XV. Athenas autem celeriter de Chio nuntius pervenit; et existimantes, magnum jam ac manifestum periculum se circumstare, neque ceteros socios ultra quieturos post maximæ civitatis defectionem, et illa mille talenta, quæ per totum belli tempus intacta esse cupiebant, confestim abrogata lege, quæ pœnas proponebat ei, qui vel de his tangendis legem rogasset vel in suffragium misisset, ob præsentem terrorem placuit movere, navesque non paucas instruere et illarum navium, quæ ad Piræum excubabant, octo quidem statim mittere, quæ relicta custodia eas, quas Chalcideus secum ducebat, insecutæ, nec assecutæ, redierant, (his autem præerat Strombichides, Diotimi filius), et contra non multo post alias duodecim ad opem ferendam mittere duce Thrasycle, quæ et ipsæ stationem reliquerunt. (2) Atque Chiorum septem naves, quæ cum iis Piræo inclusas obsidebant, abduxerunt, et servos quidem, qui in eis erant, libertate donarunt, liberos vero in vincula conjecerunt. Alteras autem in locum earum omnium, quæ discesserant, ad obsidendam Peloponnesiorum classem celeriter instructas miserunt, et alias triginta armare in animo habebant. Atque magna erat animorum alacritas, et nihil

θυμία, καὶ ὀλίγον ἐπράσσετο οὐδὲν ἐς τὴν βοήθειαν τὴν ἐπὶ τὴν Χίου.

XVI. Ἐν δὲ τούτῳ Στρομβιχίδης ταῖς ὀκτὼ ναυσὶν ἀφικνεῖται ἐς Σάμον, καὶ προσλαβὼν Σαμίαν μίαν ἔπλευσεν ἐς Τέων καὶ ἡσυχάζειν ἠξίου αὐτούς. Ἐκ δὲ τῆς Χίου ἐς τὴν Τέων καὶ ὁ Χαλκιδεὺς μετὰ τριῶν καὶ εἴκοσι νεῶν ἐπέπλει, καὶ ὁ πεζὸς ἅμα ὁ τῶν Κλαζομενίων καὶ Ἐρυθραίων παρῄει. (2) Προαισθόμενος δὲ ὁ Στρομβιχίδης ἐξανήγετο, καὶ μετεωρισθεὶς ἐν τῷ πελάγει ὡς ἑώρα τὰς ναῦς πολλὰς τὰς ἀπὸ τῆς Χίου, φυγὴν ἐποιεῖτο ἐπὶ τῆς Σάμου· αἱ δ' ἐδίωκον. (3) Τὸν δὲ πεζὸν οἱ Τήϊοι τὸ πρῶτον οὐκ ἐσδεχόμενοι, ὡς ἔφυγον οἱ Ἀθηναῖοι, ἐσηγάγοντο. Καὶ ἐπέσχον μὲν οἱ πεζοί, καὶ Χαλκιδέα ἐκ τῆς διώξεως περιμένοντες· ὡς δ' ἐχρόνιζε, καθῄρουν αὐτοί τε τὸ τεῖχος ὃ ἀνῳκοδόμησαν οἱ Ἀθηναῖοι τῆς Τηΐων πόλεως τὸ πρὸς ἤπειρον, ξυγκαθῄρουν δὲ αὐτοῖς καὶ τῶν βαρβάρων ἐπελθόντες οὐ πολλοί, ὧν ἦρχεν Ὀτάγης ὕπαρχος Τισσαφέρνους.

XVII. Χαλκιδεὺς δὲ καὶ Ἀλκιβιάδης ὡς κατεδίωξαν ἐς Σάμον Στρομβιχίδην, ἐκ μὲν τῶν ἐκ Πελοποννήσου νεῶν τοὺς ναύτας ὁπλίσαντες ἐν Χίῳ καταλιμπάνουσιν, ἀντιπληρώσαντες δὲ ταύτας τε ἐκ Χίου καὶ ἄλλας εἴκοσιν ἔπλεον ἐς Μίλητον ὡς ἀποστήσοντες· (2) ἐβούλετο γὰρ ὁ Ἀλκιβιάδης, ὧν ἐπιτήδειος τοῖς προεστῶσι τῶν Μιλησίων, φθάσαι τὰς ἀπὸ τῆς Πελοποννήσου ναῦς προσαγόμενος αὐτούς, καὶ τοῖς Χίοις καὶ ἑαυτῷ καὶ Χαλκιδεῖ καὶ τῷ ἀποστείλαντι Ἐνδίῳ, ὥσπερ ὑπέσχετο, τὸ ἀγώνισμα προσθεῖναι, ὅτι πλείστας τῶν πόλεων μετὰ τῆς Χίων δυνάμεως καὶ Χαλκιδέως ἀποστήσας. (3) Λαθόντες οὖν τὸ πλεῖστον τοῦ πλοῦ, καὶ φθάσαντες οὐ πολὺ τόν τε Στρομβιχίδην καὶ τὸν Θρασυκλέα, ὃς ἔτυχεν ἐκ τῶν Ἀθηνῶν δώδεκα ναυσὶν ἄρτι παρὼν καὶ ξυνδιώκων, ἀφιστᾶσι τὴν Μίλητον. Καὶ οἱ Ἀθηναῖοι κατὰ πόδας μιᾷ δεούσαις εἴκοσι ναυσὶν ἐπιπλεύσαντες, ὡς αὐτοὺς οὐκ ἐδέχοντο οἱ Μιλήσιοι, ἐν Λάδῃ τῇ ἐπικειμένῃ νήσῳ ἐφώρμουν. (4) Καὶ ἡ πρὸς βασιλέα ξυμμαχία Λακεδαιμονίοις ἡ πρώτη Μιλησίων εὐθὺς ἀποστάντων διὰ Τισσαφέρνους καὶ Χαλκιδέως ἐγένετο ἥδε.

XVIII. « Ἐπὶ τοῖσδε ξυμμαχίαν ἐποιήσαντο πρὸς βασιλέα καὶ Τισσαφέρνην Λακεδαιμόνιοι καὶ οἱ ξύμμαχοι. Ὁπόσην χώραν καὶ πόλεις βασιλεὺς ἔχει καὶ οἱ πατέρες οἱ βασιλέως εἶχον, βασιλέως ἔστω· καὶ ἐκ τούτων τῶν πόλεων ὁπόσα Ἀθηναίοις ἐφοίτα χρήματα ἢ ἄλλο τι, κωλυόντων κοινῇ βασιλεὺς καὶ Λακεδαιμόνιοι καὶ οἱ ξύμμαχοι ὅπως μήτε χρήματα λαμβάνωσιν Ἀθηναῖοι μήτ' ἄλλο μηδέν. (2) Καὶ τὸν πόλεμον τὸν πρὸς Ἀθηναίους κοινῇ πολεμούντων βασιλεὺς καὶ Λακεδαιμόνιοι καὶ οἱ ξύμμαχοι· καὶ κατάλυσιν τοῦ πολέμου πρὸς Ἀθηναίους μὴ ἐξέστω ποιεῖσθαι, ἢν μὴ ἀμφοτέροις δοκῇ, βασιλεῖ καὶ Λακεδαιμονίοις καὶ τοῖς ξυμμάχοις. (3) Ἢν δέ τινες ἀφιστῶνται ἀπὸ βασιλέως, πολέμιοι

---

parvum moliebantur, ut ad Chium recuperandam adessent.

XVI. Interea vero Strombichides cum octo navibus in Samum pervenit, et assumpta una Samia, in Teum navigavit, ipsosque pro eo ac jus esset, quiescere jubebat. Sed ex Chio in Teum etiam Chalcideus cum tribus et viginti navibus trajiciebat et peditatus simul Clazomeniorum et Erythraeorum accedebat. (2) Quod quum Strombichides praesensisset, inde solvebat et in altum profectus, ubi videt naves multas esse illas, quae ex Chio veniebant, in fugam se dabat Samum versus; illae vero eum insequebantur. (3) Peditatum autem Teii, quum initio recipere noluissent, post Atheniensium fugam introduxerunt. Et diu quidem pedites se continuerunt, exspectantes, donec et Chalcideus ab insequendis hostibus reverteretur; sed quum ille diutius moraretur, ipsi muros demoliebantur, quos Athenienses exstruxerant urbis Teiae, qua parte continentem respicit, et adjuvabant eos in demoliendo aliquot etiam barbari non multi, qui supervenerant, quibus praeerat Otages, Tissaphernis propraetor.

XVII. Chalcideus vero et Alcibiades, quum Strombichidem ad Samum usque insecuti essent, nautas quidem ex Peloponneso navibus advectos armarunt, et in Chio reliquerunt; illas vero aliasque viginti Chiis nautis, in Peloponnesiorum locum substitutis, complentes, Miletum petebant, ut eam ad defectionem faciendam inducerent; (2) volebat enim Alcibiades, cui necessitudo, cum Milesiorum primoribus intercederet, illos ad societatem prius adducere, quam classis ex Peloponneso veniret, et Chiis et sibi ipsi et Chalcideo et qui se miserat, Endio, quemadmodum promiserat, hanc certaminis gloriam conciliare, quod quam plurimas civitates cum Chiorum copiis et Chalcideo ad defectionem induxisset. (3) Quum igitur maximam navigationis partem clam confecissent, et prius non multo advenissent quam Strombichides et Thrasycles, qui cum duodecim navibus tunc Athenis modo veniens aderat, et simul illos persequebatur, Miletum ad defectionem inducunt. Atque Athenienses cum undeviginti navibus continuo post eos advecti, quum Milesii eos recipere nollent, ad Ladam insulam Mileto adjacentem in statione consistebant. (4) Et tunc prima societas, per Tisssaphernem et Chalcideum inter regem et Lacedaemonios post Milesiorum defectionem statim inita est haec.

XVIII. « Lacedaemonii sociique societatem cum rege et Tissapherne his conditionibus fecerunt. Quamcumque regionem et quascumque urbes rex habet, et regis majores habebant, regis sunto; et ex his urbibus quicquid pecuniarum, aut quicquid aliud ad Athenienses redibat, communiter rex et Lacedaemonii et socii prohibento, ne aut pecunias, aut quicquam aliud Athenienses accipiant. (2) Item bellum adversus Athenienses rex et Lacedaemonii et socii communiter administranto; et compositionem belli cum Atheniensibus facere ne liceat, nisi utrisque, regi et Lacedaemoniis sociisque visum fuerit. (3) Quod si qui defectionem a

ἔστωσαν καὶ Λακεδαιμονίοις καὶ τοῖς ξυμμάχοις· καὶ ἤν τινες ἀφιστῶνται ἀπὸ Λακεδαιμονίων καὶ τῶν ξυμμάχων, πολέμιοι ἔστωσαν βασιλεῖ κατὰ ταὐτά.»

XIX. Ἡ μὲν ξυμμαχία αὕτη ἐγένετο, μετὰ δὲ τοῦτο οἱ Χῖοι εὐθὺς δέκα ἑτέρας πληρώσαντες ναῦς ἔπλευσαν ἐς Ἄναια, βουλόμενοι περί τε τῶν ἐν Μιλήτῳ πυθέσθαι καὶ τὰς πόλεις ἅμα ἀφιστάναι. (2) Καὶ ἐλθούσης παρὰ Χαλκιδέως ἀγγελίας αὐτοῖς ἀποπλεῖν πάλιν, καὶ ὅτι Ἀμόργης παρέσται κατὰ γῆν στρατιᾷ, ἔπλευσαν ἐς Διὸς ἱερόν· καὶ καθορῶσιν ἑκκαίδεκα ναῦς ἃς ὕστερον ἔτι Θρασυκλέους Διομέδων ἔχων ἀπ' Ἀθηνῶν προσέπλει. (3) Καὶ ὡς εἶδον, ἔφευγον μιᾷ μὲν νηὶ ἐς Ἔφεσον, αἱ δὲ λοιπαὶ ἐπὶ τῆς Τέω. Καὶ τέσσαρας μὲν κενὰς οἱ Ἀθηναῖοι λαμβάνουσι, τῶν ἀνδρῶν ἐς τὴν γῆν φθασάντων· αἱ δ' ἄλλαι ἐς τὴν Τηΐων πόλιν καταφεύγουσιν. (4) Καὶ οἱ μὲν Ἀθηναῖοι ἐπὶ τῆς Σάμου ἀπέπλευσαν, οἱ δὲ Χῖοι ταῖς λοιπαῖς ναυσὶν ἀναγαγόμενοι, καὶ ὁ πεζὸς μετ' αὐτῶν, Λέβεδον ἀπέστησαν καὶ αὖθις Ἐράς. Καὶ μετὰ τοῦτο ἕκαστοι ἐπ' οἴκου ἀπεκομίσθησαν, καὶ ὁ πεζὸς καὶ αἱ νῆες.

XX. Ὑπὸ δὲ τοὺς αὐτοὺς χρόνους αἱ ἐν τῷ Πειραιῷ εἴκοσι νῆες τῶν Πελοποννησίων, καταδιωχθεῖσαι τότε καὶ ἐφορμούμεναι ἴσῳ ἀριθμῷ ὑπὸ Ἀθηναίων, ἐπέκπλουν ποιησάμεναι αἰφνίδιον καὶ κρατήσασαι ναυμαχίᾳ τέσσαράς τε ναῦς λαμβάνουσι τῶν Ἀθηναίων καὶ ἀποπλεύσασαι ἐς Κεγχρειὰς τὸν ἐς τὴν Χίον καὶ τὴν Ἰωνίαν πλοῦν αὖθις παρεσκευάζοντο. Καὶ ναύαρχος αὐτοῖς ἐκ Λακεδαίμονος Ἀστύοχος ἐπῆλθεν, ᾧπερ ἐγίγνετο ἤδη πᾶσα ἡ ναυαρχία. (2) Ἀναχωρήσαντος δὲ τοῦ ἐκ τῆς Τέω πεζοῦ καὶ Τισσαφέρνης αὐτὸς στρατιᾷ παραγενόμενος, καὶ ἐπικαθελὼν τὸ ἐν τῇ Τέῳ τεῖχος, εἴ τι ὑπελείφθη, ἀνεχώρησεν. Καὶ Διομέδων ἀπελθόντος αὐτοῦ οὐ πολὺ ὕστερον δέκα ναυσὶν Ἀθηναίων ἀφικόμενος ἐσπείσατο Τηΐοις ὥστε δέχεσθαι καὶ σφᾶς. Καὶ παραπλεύσας ἐπὶ Ἐρὰς καὶ προσβαλών, ὡς οὐκ ἐλάμβανε τὴν πόλιν, ἀπέπλευσεν.

XXI. Ἐγένετο δὲ κατὰ τὸν χρόνον τοῦτον καὶ ἡ ἐν Σάμῳ ἐπανάστασις ὑπὸ τοῦ δήμου τοῖς δυνατοῖς μετὰ Ἀθηναίων, οἳ ἔτυχον ἐν τρισὶ ναυσὶ παρόντες. Καὶ ὁ δῆμος ὁ Σαμίων ἐς διακοσίους μέν τινας τοὺς πάντας τῶν δυνατῶν ἀπέκτεινεν, τετρακοσίους δὲ φυγῇ ζημιώσαντες καὶ αὐτοὶ τὴν γῆν αὐτῶν καὶ οἰκίας νειμάμενοι, Ἀθηναίων τε σφίσιν αὐτονομίαν μετὰ ταῦτα ὡς βεβαίοις ἤδη ψηφισαμένων, τὰ λοιπὰ διῴκουν τὴν πόλιν, καὶ τοῖς γεωμόροις μετεδίδοσαν οὔτε ἄλλου οὐδενός, οὔτε ἐκδοῦναι οὐδ' ἀγαγέσθαι παρ' ἐκείνων οὐδ' ἐς ἐκείνους οὐδενὶ ἔτι τοῦ δήμου ἐξῆν.

XXII. Μετὰ δὲ ταῦτα τοῦ αὐτοῦ θέρους οἱ Χῖοι, ὥσπερ ἤρξαντο, οὐδὲν ἀπολείποντες προθυμίας, ἄνευ τε Πελοποννησίων πλήθει παρόντες ἀποστῆσαι τὰς πόλεις, καὶ βουλόμενοι ἅμα ὡς πλείστους σφίσι ξυγκινδυνεύειν, στρατεύονται αὐτοί τε τρισκαίδεκα ναυσὶν ἐπὶ τὴν Λέσβον, ὥσπερ εἴρητο ὑπὸ τῶν Λακεδαιμονίων

rege fecerint, hostes Lacedæmoniis et sociis sunto; et si qui a Lacedæmoniis, sociisque defecerint, hostes eodem modo regi sunto.»

XIX. Hunc igitur in modum hæc societas inita est. Postea vero confestim Chii, decem aliis navibus instructis, ad Anæa navigaverunt, eo animo, ut et de rerum Milesiarum statu certiores fierent, et simul civitates ad defectionem solicitarent. (2) Et quum nuntium a Chalcideo missum accepissent, quo redire jubebantur, quoniam Amorges itinere terrestri cum suis copiis adesset, ad Jovis templum navigarunt, et illic conspiciunt sexdecim naves, cum quibus Diomedon post Thrasyclem Athenis adventabat. (3) Quas quum vidissent, in fugam se dabant cum una quidem navi Ephesum, cum reliquis vero in oram Teiam et earum quatuor quidem vacuas Athenienses ceperunt, hominibus in terram prius elapsis; reliquæ vero in Teiorum urbem confugiunt. (4) Et Athenienses quidem in Samum navigarunt; Chii autem cum reliquis navibus in altum profecti, et peditatus cum iis, Lebedum ad defectionem induxerunt, et item Eras. Quibus rebus gestis utrique domum redierunt, et pedestres et navales copiæ.

XX. Sub eadem tempora viginti Peloponnesiorum in Piræeo naves, quas Athenienses pari numero antea, ut dixi, insecuti erant et obsidebant, repentina eruptione facta, quum navali prœlio superiores essent, et ceperunt quatuor naves Atticas, et ad Cenchreas profectæ rursus ad navigationis cursum in Chium et Ioniam conficiendum se parabant. Et nauarchus iis Lacedæmone Astyochus advenit, penes quem totum illius classis imperium jam erat.

(2) Quum autem peditatus ex Teo discessisset, ipse quoque Tissaphernes cum copiis illuc profectus, et si quid murorum in urbe Teo reliquum erat, demolitus, discessit. Nec multo post ejus discessum Diomedon cum decem Atticis navibus illuc profectus pactionem cum Teiis fecit, ut se quoque reciperent. Et illinc adversus Eras profectus, et adortus, quum urbem expugnare non potuisset, discessit.

XXI. Accidit autem per hoc tempus etiam seditio apud Samum a plebe adversus optimates excitata una cum Atheniensibus, qui cum tribus navibus aderant. Et plebs Samiorum ad ducentos omnino optimatum interfecit; quadringentos autem exsilio mulctarunt; quorum quum ipsi agros et domos inter se distribuissent, et post hæc Athenienses iis, ut jam fidis, libertatem decrevissent, reliquas rei publicæ partes soli administrabant, et cum geomoris (sive optimatibus) neque aliud quidquam communicabant, nec connubium, ut nec dare illis in matrimonium filiam neque ducere ex illis cuiquam jam e populo liceret.

XXII. Post hæc autem eadem æstate Chii, quemadmodum cœperant, nihil de suo studio remittentes, et sine Peloponnesiis magno ipsi numero ubique præsentes ad civitates ab Atheniensibus alienandas, cupientesque simul quam plurimos periculi socios habere, et ipsi cum tredecim navibus in expeditionem adversus Lesbum sunt profecti,

δεύτερον ἐπ᾽ αὐτὴν ἰέναι καὶ ἐκεῖθεν ἐπὶ τὸν Ἑλλήσποντον, καὶ ὁ πεζὸς ἅμα Πελοποννησίων τε τῶν παρόντων καὶ τῶν αὐτόθεν ξυμμάχων παρῄει ἐπὶ Κλαζομενῶν τε καὶ Κύμης· ἦρχε δ᾽ αὐτοῦ Εὐάλας Σπαρτιάτης, τῶν δὲ νεῶν Δεινιάδας περίοικος. (2) Καὶ αἱ μὲν νῆες καταπλεύσασαι Μήθυμναν πρῶτον ἀφιστᾶσιν, καὶ καταλείπονται τέσσαρες νῆες ἐν αὐτῇ· καὶ αὖθις αἱ λοιπαὶ Μυτιλήνην ἀφιστᾶσιν.

XXIII. Ἀστύοχος δὲ ὁ Λακεδαιμόνιος ναύαρχος τέσσαρσι ναυσίν, ὥσπερ ὥρμητο, πλέων ἐκ τῶν Κεγχρειῶν ἀφικνεῖται ἐς Χίον. Καὶ τρίτην ἡμέραν αὐτοῦ ἥκοντος αἱ Ἀττικαὶ νῆες πέντε καὶ εἴκοσιν ἔπλεον ἐς Λέσβον, ὧν ἦρχε Λέων καὶ Διομέδων· Λέων γὰρ ὕστερον δέκα ναυσὶ προσεβοήθησεν ἐκ τῶν Ἀθηνῶν. (2) Ἀναγαγόμενος δὲ καὶ ὁ Ἀστύοχος τῇ αὐτῇ ἡμέρᾳ ἐς ὀψέ, καὶ προσλαβὼν Χίαν ναῦν μίαν, ἔπλει ἐς τὴν Λέσβον, ὅπως ὠφελοίη, εἴ τι δύναιτο. Καὶ ἀφικνεῖται ἐς τὴν Πύρραν, ἐκεῖθεν δὲ τῇ ὑστεραίᾳ ἐς Ἔρεσσον, ἔνθα πυνθάνεται ὅτι ἡ Μυτιλήνη ὑπὸ τῶν Ἀθηναίων αὐτοβοεὶ ἑάλωκεν· (3) οἱ γὰρ Ἀθηναῖοι, ὥσπερ ἔπλεον, ἀπροσδόκητοι κατασχόντες ἐς τὸν λιμένα τῶν τε Χίων νεῶν ἐκράτησαν, καὶ ἀποβάντες τοὺς ἀντιστάντας μάχῃ νικήσαντες τὴν πόλιν ἔσχον. (4) Ἃ πυνθανόμενος ὁ Ἀστύοχος τῶν τε Ἐρεσσίων καὶ τῶν ἐκ τῆς Μηθύμνης μετ᾽ Εὐβούλου Χίων νεῶν, αἳ τότε καταλειφθεῖσαι καὶ ὡς ἡ Μυτιλήνη ἑάλω φεύγουσαι περιέτυχον αὐτῷ τρεῖς (μία γὰρ ἑάλω ὑπὸ τῶν Ἀθηναίων), οὐκέτι ἐπὶ τὴν Μυτιλήνην ὥρμησεν, ἀλλὰ τὴν Ἔρεσσον ἀποστήσας καὶ ὁπλίσας, καὶ τοὺς ἀπὸ τῶν ἑαυτοῦ νεῶν ὁπλίτας πεζῇ παραπέμπει ἐπὶ τὴν Ἄντισσαν καὶ Μήθυμναν, ἄρχοντα Ἐτεόνικον προστάξας· καὶ αὐτὸς ταῖς τε μεθ᾽ ἑαυτοῦ ναυσὶ καὶ ταῖς τρισὶ ταῖς Χίαις παρέπλει, ἐλπίζων τοὺς Μηθυμναίους θαρσήσειν τε ἰδόντας σφᾶς καὶ ἐμμενεῖν τῇ ἀποστάσει. (5) Ὡς δὲ αὐτῷ τὰ ἐν τῇ Λέσβῳ πάντα ἠναντιοῦτο ἀπέπλευσε τὸν ἑαυτοῦ στρατὸν πεζὸν ἀναλαβὼν ἐς τὴν Χίον. Ἀπεκομίσθη δὲ πάλιν κατὰ πόλεις καὶ ὁ ἀπὸ τῶν νεῶν πεζός, ὃς ἐπὶ τὸν Ἑλλήσποντον ἐμέλλησεν ἰέναι. Καὶ ἀπὸ τῶν ἐν Κεγχρειᾷ ξυμμαχίδων Πελοποννησίων νεῶν ἀφικνοῦνται αὐτοῖς ἓξ μετὰ ταῦτα ἐς τὴν Χίον. (6) Οἱ δὲ Ἀθηναῖοι τά τ᾽ ἐν τῇ Λέσβῳ πάλιν κατεστήσαντο, καὶ πλεύσαντες ἐξ αὐτῆς, Κλαζομενίων τὴν ἐν τῇ ἠπείρῳ Πολίχναν τειχιζομένην ἑλόντες, διεκόμισαν πάλιν αὐτοὺς ἐς τὴν ἐν τῇ νήσῳ πόλιν, πλὴν τῶν αἰτίων τῆς ἀποστάσεως· οὗτοι δὲ ἐς Δαφνοῦντα ἀπῆλθον. Καὶ αὖθις Κλαζομεναὶ προσεχώρησαν Ἀθηναίοις.

XXIV. Τοῦ δ᾽ αὐτοῦ θέρους οἵ τ᾽ ἐπὶ Μίλητον Ἀθηναῖοι ταῖς εἴκοσι ναυσὶν ἐν τῇ Λάδῃ ἐφορμοῦντες ἀπόβασιν ποιησάμενοι ἐς Πάνορμον τῆς Μιλησίας Χαλκιδέα τε τὸν Λακεδαιμόνιον ἄρχοντα μετ᾽ ὀλίγων παραβοηθήσαντα ἀποκτείνουσι καὶ τροπαῖον τρίτῃ ἡμέρᾳ ὕστερον διαπλεύσαντες ἔστησαν, ὃ οἱ Μιλήσιοι ὡς οὐ μετὰ κράτους τῆς γῆς σταθὲν ἀνεῖλον· (2) καὶ Λέων καὶ Διο-

---

quemadmodum a Lacedæmoniis dictum erat, ut secundo loco in eam impetus fieret, et illinc in Hellespontum, et simul Peloponnesiorum, qui aderant, et indigenarum sociorum peditatus Clazomenas et Cumam accedebat; ejus autem præfectus erat Eualas Spartanus, navium vero Diniadas ex Spartanorum municipibus. (2) Et naves quidem in Lesbum profectæ Methymnam primum ad defectionem impulerunt, ad quam relictæ sunt naves quatuor; et reliquæ item Mytilenen ad defectionem impulerunt.

XXIII. Astyochus vero, Lacedæmonius nauarchus, cum quatuor navibus, ut destinaverat, e Cenchreis navigans in Chium pervenit, et tertio die, quam pervenit, Atticæ naves quinque et viginti ad Lesbum appulerunt, quibus præerat Leon et Diomedon; Leon enim postea profectus cum aliis decem navibus Athenis ad opem suis ferendam venerat. (2) Sed et Astyochus eodem die, jam advesperascente portu solvit et assumpta una Chia nave navigaba in Lesbum, ut auxilium ferret, si qua posset, et perveni Pyrrham, et illinc postero die Eressum, ubi intellexit, My tilenen ab Atheniensibus primo impetu captam esse; (3) nam Athenienses, ut veniebant, ex improviso ad portum appulsi et Chiis navibus potiti erant, et in terram egressi, iis, qui obstiterant, prœlio victis, urbem in suam potestatem redegerant. (4) Quæ quum intelligeret Astyochus et ex Eressiis, et ex Chiis navibus, a Methymna cum Eubulo venientibus, quæ antea, ut dixi ibi relictæ, sed, quum Mytilene capta est, elapsæ in eum inciderant numero tres (una enim capta erat ab Atheniensibus), haud ampliu Mytilenen contendit, sed quum Eressum ad defectionem fa ciendam impulisset et armasset, misit et suarum navium milites Antissam et Methymnam versus itinere terrestri Eteonico duce iis præposito; et ipse quoque cum suis na vibus et tribus Chiis eodem oram legens contendebat, sperans Methymnæos, conspectis suis copiis, fiduciam animo concepturos et in defectione permansuros. (5) Sed quum in Lesbo omnia adversarentur, copiis suis in naves receptis in Chium rediit. Redierunt etiam in suas quique urbes pedites illi a navibus separati, qui in Hellespontum trajecturi erant. Post hæc autem ex sociali Peloponnesiorum classe, quæ ad Cenchream stabat, sex naves in Chium ad eos venerunt. (6) Athenienses vero res in Lesbo rursus constituerunt, et illinc profecti Clazomeniorum urbem nomine Polichnam, quam in continente muniebant, cepe runt, eosque rursus in urbem in insula sitam transporta runt, præter defectionis auctores; hi enim Daphnunten abierant. Et denuo Clazomenæ in Atheniensium ditionem concesserunt.

XXIV. Eadem æstate illi etiam Athenienses, qui ad Mi letum cum viginti navibus apud Ladam stationem habebant copiis in terram expositis ad Panormum, agri Milesii oppidum, et Chalcideum Lacedæmonium ducem cum pauci occurrentem interfecerunt, et tertio post die digressi tropæum erexerunt, quod Milesii sustulerunt, ut ab illis erectum qui agrum in suam potestatem nequaquam redegissent; (2)

μέδων ἔχοντες τὰς ἐκ Λέσβου Ἀθηναίων ναῦς, ἔκ τε Οἰνουσσῶν τῶν πρὸ Χίου νήσων καὶ ἐκ Σιδούσσης καὶ ἐκ Πτελεοῦ, ἃ ἐν τῇ Ἐρυθραίᾳ εἶχον τείχη, καὶ ἐκ τῆς Λέσβου ὁρμώμενοι τὸν πρὸς τοὺς Χίους πόλεμον ἀπὸ τῶν νεῶν ἐποιοῦντο· εἶχον δ' ἐπιβάτας τῶν ὁπλιτῶν ἐκ καταλόγου ἀναγκαστούς. (3) Καὶ ἔν τε Καρδαμύλῃ ἀποβάντες καὶ ἐν Βολίσσῳ τοὺς προσβοηθήσαντας τῶν Χίων μάχῃ νικήσαντες καὶ πόλλους διαφθείραντες ἀνάστατα ἐποίησαν τὰ ταύτῃ χωρία, καὶ ἐν Φάναις αὖθις ἄλλῃ μάχῃ ἐνίκησαν, καὶ τρίτῃ ἐν Λευκωνίῳ. Καὶ μετὰ τοῦτο οἱ μὲν Χῖοι ἤδη οὐκέτι ἐπεξῇεσαν, οἱ δὲ τὴν χώραν καλῶς κατεσκευασμένην καὶ ἀπαθῆ οὖσαν ἀπὸ τῶν Μηδικῶν μέχρι τότε διεπόρθησαν. (4) Χῖοι γὰρ μόνοι μετὰ Λακεδαιμονίους ὧν ἐγὼ ᾐσθόμην εὐδαιμονήσαντες ἅμα καὶ ἐσωφρόνησαν, καὶ ὅσῳ ἐπεδίδου ἡ πόλις αὐτοῖς ἐπὶ τὸ μεῖζον, τόσῳ καὶ ἐκοσμοῦντο ἐχυρώτερον. (5) Καὶ οὐδ' αὐτὴν τὴν ἀπόστασιν, εἰ τοῦτο δοκοῦσι παρὰ τὸ ἀσφαλέστατον πρᾶξαι, πρότερον ἐτόλμησαν ποιήσασθαι ἢ μετὰ πολλῶν τε κἀγαθῶν ξυμμάχων ἔμελλον ξυγκινδυνεύσειν, καὶ τοὺς Ἀθηναίους ᾐσθάνοντο οὐδ' αὐτοὺς ἀντιλέγοντας ἔτι μετὰ τὴν Σικελικὴν ξυμφορὰν ὡς οὐ πάνυ πονηρὰ σφῶν βεβαίως τὰ πράγματ' εἴη· εἰ δέ τι ἐν τοῖς ἀνθρωπείοις τοῦ βίου παραλόγοις ἐσφάλησαν, μετὰ πολλῶν οἷς ταὐτὰ ἔδοξε, τὰ τῶν Ἀθηναίων ταχὺ ξυναναιρεθήσεσθαι, τὴν ἁμαρτίαν ξυνέγνωσαν. (6) Εἰργομένοις οὖν αὐτοῖς τῆς θαλάσσης καὶ κατὰ γῆν πορθουμένοις ἐνεχείρησάν τινες πρὸς Ἀθηναίους ἀγαγεῖν τὴν πόλιν· οὓς αἰσθόμενοι οἱ ἄρχοντες αὐτοὶ μὲν ἡσύχασαν, Ἀστύοχον δὲ ἐξ Ἐρυθρῶν τὸν ναύαρχον μετὰ τεσσάρων νεῶν, αἳ παρῆσαν αὐτῷ, κομίσαντες ἐσκόπουν ὅπως μετριώτατα ἢ ὁμήρων λήψει ἢ ἄλλῳ τῳ τρόπῳ καταπαύσουσι τὴν ἐπιβουλήν. Καὶ οἱ μὲν ταῦτ' ἔπρασσον.

XXV. Ἐκ δὲ τῶν Ἀθηνῶν τοῦ αὐτοῦ θέρους τελευτῶντος χίλιοι ὁπλῖται Ἀθηναίων καὶ πεντακόσιοι καὶ χίλιοι Ἀργείων (τοὺς γὰρ πεντακοσίους τῶν Ἀργείων ψιλοὺς ὄντας ὥπλισαν οἱ Ἀθηναῖοι) καὶ χίλιοι τῶν ξυμμάχων ναυσὶ δυοῖν δεούσαις πεντήκοντα, ὧν ἦσαν καὶ ὁπλιταγωγοί, Φρυνίχου καὶ Ὀνομακλέους καὶ Σκιρωνίδου στρατηγούντων κατέπλευσαν ἐς Σάμον, καὶ διαβάντες ἐς Μίλητον ἐστρατοπεδεύσαντο. (2) Μιλήσιοι δὲ ἐξελθόντες αὐτοί τε, ὀκτακόσιοι ὁπλῖται, καὶ οἱ μετὰ Χαλκιδέως ἐλθόντες Πελοποννήσιοι καὶ Τισσαφέρνους τι [ξενικὸν] ἐπικουρικόν, καὶ αὐτὸς Τισσαφέρνης παρὼν καὶ ἡ ἵππος αὐτοῦ, ξυνέβαλον τοῖς Ἀθηναίοις καὶ τοῖς ξυμμάχοις. (3) Καὶ οἱ μὲν Ἀργεῖοι τῷ σφετέρῳ αὐτῶν κέρα προεξᾴξαντες καὶ καταφρονήσαντες, ὡς ἐπ' Ἴωνάς τε καὶ οὐ δεξομένους, ἀτακτότερον χωροῦντες, νικῶνται ὑπὸ τῶν Μιλησίων, καὶ διαφθείρονται αὐτῶν ὀλίγῳ ἐλάσσους τριακοσίων ἀνδρῶν· (4) Ἀθηναῖοι δὲ τούς τε Πελοποννησίους πρώτους νικήσαντες καὶ τοὺς βαρβάρους καὶ τὸν ἄλλον ὄχλον ὠσάμενοι, τοῖς Μιλησίοις οὐ ξυμμίξαντες, ἀλλ' ὑποχωρησάντων αὐτῶν ἀπὸ τῆς τῶν Ἀργείων τροπῆς ἐς τὴν πόλιν ὡς ἑώρων τὸ

et Leon et Diomedon cum Atheniensium navibus, quas ex Lesbo secum duxerant, ex Œnussis insulis Chio adjacentibus et ex Sidussa et Pteleo, quas urbes in agro Erythræo obtinebant, atque ex Lesbo proficiscentes, ex navibus bellum adversus Chios administrabant; habebant autem milites navales e gravi ipsorum civium armatura assumptos et ad hanc militiam coactos. (3) Et ad Cardamylam expositis in terram copiis, et ad Bolissum quum Chios sibi obviam progressos prœlio vicissent multosque cecidissent, oppida in hac parte sita everterunt, et ad Phanas rursus altero prœlio vicerunt, et tertio ad Leuconium. Postea vero Chii quidem jam adversus Athenienses non amplius prodire audebant, illi vero regionem egregie instructam, et a bello Medico ad id usque tempus illæsam, diripuerunt. (4) Chii enim soli omnium, quos ego cognovi, post Lacedæmonios, simul et beati et continentes exstiterunt, et quanto crescebat eorum civitas in majus, tanto etiam adornabant res suas in majorem firmitatem. (5) Et ne ipsam quidem defectionem, si hoc præter id, quod tutissimum erat, fecisse videntur, prius facere sunt ausi, quam ubi una cum multis iisque fortibus sociis periculum adituri erant, et intellexerunt, ne ipsos quidem Athenienses amplius negare post cladem in Sicilia acceptam, quin vehementer afflictæ sine controversia res suæ essent; si vero, ut solent multa in humana vita præter rationem accidere, aliquando falsi sunt, una cum multis, qui et ipsi statuerunt, res Atheniensium celeriter eversum iri, hunc judicii errorem communiter commiserunt. (6) Quum igitur et maris usu prohiberentur, et terra diriperentur, quidam conati sunt urbem Atheniensibus tradere; quorum consilia quum magistratus sensissent, ipsi quidem quieverunt, sed Astyochum nauarchum cum quatuor navibus, quæ ei præsto erant, Erythris accesciverunt et consultabant, quomodo quam moderatissime vel obsidibus accipiendis vel alio aliquo modo insidias compescerent. Et hi quidem hæc agebant.

XXV. Athenis autem eadem æstate extrema mille gravis armaturæ milites Atheniensium, et mille et quingenti Argivorum (quingentos enim Argivorum levis armaturæ milites justis armis instruxerant Athenienses) et sociorum mille cum navibus duodequinquaginta, quarum aliquot erant ad armatos portandos, ducibus Phrynicho et Onomacle et Scironida in Samum trajecerunt, et in Miletum transgressi castra posuerunt. (2) Milesii vero adversus eos egressi, quum ipsi numero octingenti gravis armaturæ milites, tum Peloponnesii, qui cum Chalcideo venerant, atque etiam quædam [peregrina] Tissaphernis auxilia, quinetiam ipse Tissaphernes præsens, et ejus equitatus prœlium cum Atheniensibus sociisque commiserunt. (3) Et Argivi quidem, qui suo cornu proruperant et spiritus sumpserant ut adversus Iones, et suum impetum non excepturos, quum turbatius incedunt, vincuntur a Milesiis, et cæduntur eorum paulo minus trecentis; (4) Athenienses vero, quum initio Peloponnesios vicissent, et barbaros ac ceteram turbam loco pepulissent, cum Milesiis non sunt congressi, sed quum hi post fugatos Argivos in urbem se recepissent, quod videbant reliquum suum exercitum superatum, Athenienses

22.

ἄλλο σφῶν ἡσσώμενον, πρὸς αὐτὴν τὴν πόλιν τῶν Μιλησίων κρατοῦντες ἤδη τὰ ὅπλα τίθενται. (5) Καὶ ξυνέβη ἐν τῇ μάχῃ ταύτῃ τοὺς Ἴωνας ἀμφοτέρωθεν τῶν Δωριῶν κρατῆσαι· τούς τε γὰρ κατὰ σφᾶς Πελοποννησίους οἱ Ἀθηναῖοι ἐνίκων καὶ τοὺς Ἀργείους οἱ Μιλήσιοι. Στήσαντες δὲ τροπαῖον, τὸν περιτειχισμὸν ἰσθμώδους ὄντος τοῦ χωρίου οἱ Ἀθηναῖοι παρεσκευάζοντο, νομίζοντες, εἰ προσαγάγοιντο Μίλητον, ῥᾳδίως ἂν σφίσι καὶ τἆλλα προσχωρήσειν.

XXVI. Ἐν τούτῳ δὲ περὶ δείλην ἤδη ὀψίαν ἀγγέλλεται αὐτοῖς τὰς ἀπὸ Σικελίας καὶ Πελοποννήσου πέντε καὶ πεντήκοντα ναῦς ὅσον οὐ παρεῖναι. Τῶν τε γὰρ Σικελιωτῶν, Ἑρμοκράτους τοῦ Συρακοσίου μάλιστα ἐνάγοντος ξυνεπιλαβέσθαι καὶ τῆς ὑπολοίπου Ἀθηναίων καταλύσεως, εἴκοσι νῆες Συρακοσίων ἦλθον καὶ Σελινούντιαι δύο, αἵ τε ἐκ Πελοποννήσου, ἃς παρεσκευάζοντο, ἑτοῖμαι ἤδη οὖσαι, καὶ Θηριμένει τῷ Λακεδαιμονίῳ ξυναμφότεραι ὡς Ἀστύοχον τὸν ναύαρχον προσταχθεῖσαι κομίσαι, κατέπλευσαν ἐς Λέρον πρῶτον τὴν πρὸ Μιλήτου νῆσον· (2) ἔπειτα ἐκεῖθεν, αἰσθόμενοι ἐπὶ Μιλήτῳ ὄντας Ἀθηναίους, ἐς τὸν Ἰασικὸν κόλπον πρότερον πλεύσαντες ἐβούλοντο εἰδέναι τὰ περὶ τῆς Μιλήτου. (3) Ἐλθόντος δὲ Ἀλκιβιάδου ἵππῳ ἐς Τειχιοῦσαν τῆς Μιλησίας, οἵπερ τοῦ κόλπου πλεύσαντες ηὐλίσαντο, πυνθάνονται τὰ περὶ τῆς μάχης· παρῆν γὰρ ὁ Ἀλκιβιάδης καὶ ξυνεμάχετο τοῖς Μιλησίοις καὶ Τισσαφέρνει, καὶ αὐτοῖς παρῄνει, εἰ μὴ βούλονται τά τε ἐν Ἰωνίᾳ καὶ τὰ ξύμπαντα πράγματα διολέσαι, ὡς τάχιστα βοηθεῖν Μιλήτῳ καὶ μὴ περιιδεῖν ἀποτειχισθεῖσαν.

XXVII. Καὶ οἱ μὲν ἅμα τῇ ἕῳ ἔμελλον βοηθήσειν· Φρύνιχος δὲ ὁ τῶν Ἀθηναίων στρατηγός, ὡς ἀπὸ τῆς Λέρου ἐπύθετο τὰ τῶν νεῶν σαφῶς, βουλομένων τῶν ξυναρχόντων ὑπομείναντας διαναυμαχεῖν, οὐκ ἔφη οὔτ' αὐτὸς ποιήσειν τοῦτο οὔτ' ἐκείνοις οὐδ' ἄλλῳ οὐδενὶ ἐς δύναμιν ἐπιτρέψειν. (2) Ὅπου γὰρ ἔξεστιν ἐν ὑστέρῳ, σαφῶς εἰδότας πρὸς ὁπόσας τε ναῦς πολεμίας καὶ ὅσας πρὸς αὐτὰς ταῖς σφετέραις, ἱκανῶς καὶ καθ' ἡσυχίαν παρασκευασαμένοις [ἔσται] ἀγωνίσασθαι, οὐδέποτε τῷ αἰσχρῷ ὀνείδει εἴξας ἀλόγως διακινδυνεύσειν. (3) Οὐ γὰρ αἰσχρὸν εἶναι Ἀθηναίους ναυτικῷ μετὰ καιροῦ ὑποχωρῆσαι, ἀλλὰ καὶ μετὰ ὁτουοῦν τρόπου αἴσχιον ξυμβήσεσθαι ἢν ἡσσηθῶσιν· καὶ τὴν πόλιν οὐ μόνον τῷ αἰσχρῷ ἀλλὰ καὶ τῷ μεγίστῳ κινδύνῳ περιπίπτειν, ᾗ μόλις ἐπὶ ταῖς γεγενημέναις ξυμφοραῖς ἐνδέχεσθαι μετὰ βεβαίου παρασκευῆς καθ' ἑκουσίαν, ἢ πάνυ γε ἀνάγκῃ, προτέρᾳ ποι ἐπιχειρεῖν, ποῦ δὴ μὴ βιαζομένῃ γε πρὸς αὐθαιρέτους κινδύνους ἰέναι. (4) Ὡς τάχιστα δὲ ἐκέλευε τούς τε τραυματίας ἀναλαβόντας καὶ τὸν πεζὸν καὶ τῶν σκευῶν ὅσα ἦλθον ἔχοντες, ἃ δ' ἐκ τῆς πολεμίας εἰλήφασι καταλιπόντας ὅπως κοῦφαι ὦσιν αἱ νῆες, ἀποπλεῖν ἐς Σάμον, κἀκεῖθεν ἤδη ξυναγαγόντας πάσας τὰς ναῦς τοὺς ἐπίπλους, ἤν που καιρὸς ᾖ, ποιεῖσθαι. (5) Ὡς δ' ἔπεισε, καὶ ἔδρασε ταῦτα· καὶ ἔδοξεν οὐκ ἐν τῷ

ac ipsam Milesiorum urbem jam victores consistunt. (5) Et in hoc prœlio contigit, ut Iones utrinque Doriensibus superiores essent; nam et Peloponnesios in acie sibi oppositos Athenienses vincebant, et Argivos Milesii. Erecto autem tropæo Athenienses ad urbem circumvallandam sese præparabant, quod locus ille in isthmi modum esset angustus, existimantes, si Miletum in suam potestatem redegissent, cetera quoque in suam ditionem facile ventura.

XXVI. Interea vero jam sub vespertinum crepusculum nuntiatur iis quinque et quinquaginta naves e Sicilia et Peloponneso naves tantum non adesse. Nam et a Siciliensibus, Hermocrate Syracusano potissimum instigante, ut adjuncta sua opera perficerent, quod superesset ad Atheniensium imperium evertendum, viginti naves Syracusanorum venerunt et duæ Selinuntiæ; et e Peloponneso naves, quæ instruebantur, jam paratæ erant, et utrosque Therimenes Lacedæmonius jussus erat ad Astyochum nauarchum deducere, quæ primo ad Lerum insulam Mileto adjacentem appulerunt; (2) deinde illinc, quum intellexissent Athenienses ad Miletum esse, in Iasicum sinum navigarunt, quod prius scire vellent, quid rerum apud Miletum gereretur. (3) Quum autem Alcibiades equo vectus ad Tichiussam, agri Milesii castellum, venisset, ad quam sinus partem appulsi stationem habebant, cognoscunt prœlii eventum; adfuerat enim in eo Alcibiades et cum Milesiis et Tissapherne in acie steterat; et suadebat iis, ut, nisi et Ionicas et ceteras omnes res perdere vellent, opem quam celerrime Mileto ferrent, neve eam circumvallari paterentur.

XXVII. Atque illi quidem prima luce auxilio venturi erant; Phrynichus vero, Atheniensium dux, ubi ex Lero de classe hostili nuncios accepit, quum ejus collegæ remanere et navale prœlium committere vellent, negavit aut se hoc facturum, aut, quoad posset, illis aut alii cuiquam hoc facere permissurum. (2) Quando enim liceret aliquanto post, plane cognito, adversus quot hostiles naves, et quot suis pugnarent, et rebus omnibus satis et per otium paratis certamen subire, nunquam se turpi probro tantum tributurum, ut temere belli fortunam periclitaretur. (3) Nec enim turpe esse, Athenienses cum classe in tempore cedere, sed longe turpius fore, si, quomodocumque res contingeret, vincerentur; et rempublicam non solum in dedecus, sed etiam in maximum periculum incidere, quippe cui post clades acceptas vix liceat cum firmo apparatu sua sponte, aut etiam in magna necessitate prius usquam aggredi, nedum, si non cogeretur, pericula sua sponte suscipere. (4) Itaque jubebat illos assumptis sauciis et peditatu omnique instrumento, quod secum attulerant, ceteris vero rebus, quas ex hostico cepissent, relictis, quo naves expeditæ essent, in Samum quam velocissime navigare, et illinc jam navibus in unum contractis impetus facere, sicubi tempus opportunum foret. (5) Ut autem Phrynichus hæc suis persuasit, ita etiam fecit, et visus est non magis in

αὐτίκα μᾶλλον ἢ ὕστερον, οὐκ ἐς τοῦτο μόνον ἀλλὰ καὶ ἐς ὅσα ἄλλα Φρύνιχος κατέστη, οὐκ ἀξύνετος εἶναι. (6) Καὶ οἱ μὲν Ἀθηναῖοι ἀφ᾽ ἑσπέρας εὐθὺς τούτῳ τῷ τρόπῳ ἀτελεῖ τῇ νίκῃ ἀπὸ τῆς Μιλήτου ἀνέστησαν, καὶ οἱ Ἀργεῖοι κατὰ τάχος καὶ πρὸς ὀργὴν τῆς ξυμφορᾶς ἀπέπλευσαν ἐκ τῆς Σάμου ἐπ᾽ οἴκου·

XXVIII. οἱ δὲ Πελοποννήσιοι ἅμα τῇ ἕῳ ἐκ τῆς Τειχιούσσης ἄραντες ἐπικατάγονται, καὶ μείναντες ἡμέραν μίαν, τῇ ὑστεραίᾳ καὶ τὰς Χίας ναῦς προσλαβόντες τὰς μετὰ Χαλκιδέως τὸ πρῶτον ξυγκαταδιωχθείσας, ἐβούλοντο πλεῦσαι ἐπὶ τὰ σκεύη ἃ ἐξείλοντο ἐς Τειχιοῦσσαν πάλιν. (2) Καὶ ὡς ἦλθον, Τισσαφέρνης τῷ πεζῷ παρελθὼν πείθει αὐτοὺς ἐπὶ Ἴασον, ἐν ᾗ Ἀμόργης πολέμιος ὢν κατεῖχε, πλεῦσαι. Καὶ προσβαλόντες τῇ Ἰάσῳ αἰφνίδιοι, καὶ οὐ προσδεχομένων ἀλλ᾽ ἢ Ἀττικὰς τὰς ναῦς εἶναι, αἱροῦσιν· καὶ μάλιστα ἐν τῷ ἔργῳ οἱ Συρακόσιοι ἐπῃνέθησαν. (3) Καὶ τόν τε Ἀμόργην ζῶντα λαβόντες, Πισσούθνου νόθον υἱόν, ἀφεστῶτα δὲ βασιλέως, παραδιδόασιν οἱ Πελοποννήσιοι Τισσαφέρνει ἀπαγαγεῖν, εἰ βούλεται, βασιλεῖ, ὥσπερ αὐτῷ προσέταξεν, καὶ τὴν Ἴασον διεπόρθησαν, καὶ χρήματα πάνυ πολλὰ ἡ στρατιὰ ἔλαβεν· παλαιόπλουτον γὰρ ἦν τὸ χωρίον. (4) Τούς τ᾽ ἐπικούρους τοὺς περὶ τὸν Ἀμόργην παρὰ σφᾶς αὐτοὺς κομίσαντες καὶ οὐκ ἀδικήσαντες ξυνέταξαν, ὅτι ἦσαν οἱ πλεῖστοι ἐκ Πελοποννήσου· τό τε πόλισμα Τισσαφέρνει παραδόντες καὶ ἀνδράποδα πάντα, καὶ δοῦλα καὶ ἐλεύθερα, ὧν καθ᾽ ἕκαστον στατῆρα Δαρεικὸν παρ᾽ αὐτοῦ ξυνέθησαν λαβεῖν, ἔπειτα ἀνεχώρησαν ἐς τὴν Μίλητον. (5) Καὶ Πεδάριτόν τε τὸν Λέοντος ἐς τὴν Χίον ἄρχοντα Λακεδαιμονίων πεμψάντων ἀποστέλλουσι πεζῇ μέχρι Ἐρυθρῶν, ἔχοντα τὸ παρὰ Ἀμόργου ἐπικουρικόν, καὶ ἐς τὴν Μίλητον αὐτοῦ Φίλιππον καθιστᾶσιν. Καὶ τὸ θέρος ἐτελεύτα.

XXIX. Τοῦ δ᾽ ἐπιγιγνομένου χειμῶνος, ἐπειδὴ τὴν Ἴασον κατεστήσατο ὁ Τισσαφέρνης ἐς φυλακήν, παρῆλθεν ἐς τὴν Μίλητον, καὶ μηνὸς μὲν τροφήν, ὥσπερ ὑπέστη ἐν τῇ Λακεδαίμονι, ἐς δραχμὴν Ἀττικὴν ἑκάστῳ πάσαις ταῖς ναυσὶ διέδωκεν, τοῦ δὲ λοιποῦ χρόνου ἐβούλετο τριώβολον διδόναι, ἕως ἂν βασιλέα ἐπέρηται· ἢν δὲ κελεύῃ, δώσειν ἔφη ἐντελῆ τὴν δραχμήν. (2) Ἑρμοκράτους δὲ ἀντειπόντος τοῦ Συρακοσίου στρατηγοῦ (ὁ γὰρ Θηριμένης οὐ ναύαρχος ὢν ἀλλ᾽ Ἀστυόχῳ παραδοῦναι τὰς ναῦς ξυμπλέων μαλακὸς ἦν περὶ τοῦ μισθοῦ) ὅμως δὲ παρὰ πέντε ναῦς πλέον ἀνδρὶ ἑκάστῳ ἢ τρεῖς ὀβολοὶ ὡμολογήθησαν. Ἐς γὰρ πέντε ναῦς τρία τάλαντα ἐδίδου τοῦ μηνός· καὶ τοῖς ἄλλοις, ὅσῳ πλείους νῆες ἦσαν τούτου τοῦ ἀριθμοῦ, κατὰ τὸν αὐτὸν λόγον τοῦτον ἐδίδοτο.

XXX. Τοῦ δ᾽ αὐτοῦ χειμῶνος τοῖς ἐν τῇ Σάμῳ Ἀθηναίοις προσαφιγμέναι γὰρ ἦσαν καὶ οἴκοθεν ἄλλαι νῆες πέντε καὶ τριάκοντα καὶ στρατηγοὶ Χαρμῖνος καὶ Στρομβιχίδης καὶ Εὐκτήμων, καὶ τὰς ἀπὸ Χίου καὶ τὰς ἄλλας πάσας ξυναγαγόντες, ἐβούλοντο διακληρω-

---

præsentia, quam postea, nec in hoc tantum, sed etiam in omnibus aliis negotiis, quæ ei delegata sunt, non imprudens esse. (6) Hunc igitur in modum Athenienses statim sub vesperam imperfecta victoria a Mileto discessere; et Argivi propter cladem acceptam irati ex Samo domum celeriter abierunt;

XXVIII. Peloponnesii autem ipso statim diluculo e Tichiussa profecti post illos ad Miletum appellunt, et unum diem morati, postridie assumptis etiam navibus Chiis, quas cum Chalcideo venientes hostium classis ante erat insecuta, volebant retro navigare ad impedimenta arcessenda, quæ ad Tichiussam exposuerant. (2) Et quum illuc pervenissent, Tissaphernes cum suo peditatu adfuit iisque persuasit, ut adversus Iasum, ubi Amorges, qui hostis erat, se continebat, navigarent. Et Iasum repente aggressi, et ipsis nihil exspectantibus nisi Atticas naves esse, ceperunt; et præcipua fuit in hoc opere Syracusanorum laus. (3) Quum igitur et Amorgen, Pissuthnæ filium nothum, qui a rege defecerat, vivum cepissent, Tissaphierni tradiderunt, ut eum, si vellet, ad regem abduceret, quemadmodum ei imperaverat, et Iasum diripuerunt, et magnam pecuniæ vim exercitus cepit; veteri enim fortunæ locuples erat is locus. (4) Atque auxilia, quæ Amorges circa se habuerat, ad se ipsos traducta, nulloque maleficio affecta, suis ordinibus admiscuerunt, quod plerique erant e Peloponneso; et oppidum Tissapherni tradiderunt, universosque captivos, tam servos, quam liberos, pactione cum illo facta, ut in singula capita singulos stateres Daricos sibi numeraret; quibus rebus gestis Miletum redierunt. (5) Et Pedaritum, Leontis filium, quem Lacedæmonii magistratum in Chium miserant, ad Erythras usque itinere pedestri mittunt, cum iis copiis auxiliaribus, quas circa se Amorges habuerat, et Philippum illic Mileto præficiunt. Atque hæc æstas finiebatur.

XXIX. Insequente autem hieme Tissaphernes, posteaquam Iasum præsidio munivit, Miletum advenit, et, quemadmodum Lacedæmone promiserat, menstruum stipendium navibus omnibus numeravit, singulas drachmas Atticas viritim; in reliquum vero tempus ternos obolos dare volebat, donec regem consuluisset qui si juberet, daturum se dicebat integram drachmam. (2) Verum Hermocrate Syracusanorum duce contradicente (Therimenes enim, quod non erat nauarchus, sed ad tradendam Astyocho classem cum illis navigabat, in stipendii exactione remissior erat) tamen inter eos convenit, ut ratione per quinas quasque naves inita plus quam terni oboli viritim persolverentur. Nam quinis navibus terna talenta in singulos menses dabat; ceterisque navibus, quæ non cadebant in hunc numerum, ad eamdem hanc rationem solvebatur.

XXX. Eadem autem hieme Athenienses, qui apud Samum agebant, quoniam ad eos præterea et domo venerant aliæ quinque et triginta naves, et earum duces Charminus et Strombichides et Euctemon, et navibus ex Chio reliquisque omnibus in unum contractis, volebant belli provincias inter

σάμενοι ἐπὶ μὲν τῇ Μιλήτῳ τῷ ναυτικῷ ἐφορμεῖν, πρὸς δὲ τὴν Χίον καὶ ναυτικὸν καὶ πεζὸν πέμψαι. Καὶ ἐποίησαν οὕτως· (2) Στρομβιχίδης μὲν γὰρ καὶ Ὀνομακλῆς καὶ Εὐκτήμων τριάκοντα ναῦς ἔχοντες, καὶ τῶν ἐς Μίλητον ἐλθόντων χιλίων ὁπλιτῶν μέρος ἀγαγόντες ἐν ναυσὶν ὁπλιταγωγοῖς, ἐπὶ Χίον λαχόντες ἔπλεον, οἱ δ᾿ ἄλλοι ἐν Σάμῳ μένοντες τέσσαρσι καὶ ἑβδομήκοντα ναυσὶν ἐθαλασσοκράτουν καὶ ἐπίπλουν τῇ Μιλήτῳ ἐποιοῦντο.

XXXI. Ὁ δ᾿ Ἀστύοχος ὡς τότ᾿ ἐν τῇ Χίῳ ἔτυχε διὰ τὴν προδοσίαν τοὺς ὁμήρους καταλεγόμενος, τούτου μὲν ἐπέσχεν ἐπειδὴ ᾔσθετο τάς τε μετὰ Θηριμένους ναῦς ἡκούσας καὶ τὰ περὶ τὴν ξυμμαχίαν βελτίω ὄντα, λαβὼν δὲ ναῦς τάς τε Πελοποννησίων δέκα καὶ Χίας δέκα ἀνάγεται, (2) καὶ προσβαλὼν Πτελεῷ καὶ οὐχ ἑλὼν παρέπλευσεν ἐπὶ Κλαζομενάς, καὶ ἐκέλευεν αὐτῶν τοὺς τὰ Ἀθηναίων φρονοῦντας ἀνοικίζεσθαι ἐς τὸν Δαφνοῦντα καὶ προσχωρεῖν σφίσιν· ξυνεκέλευε δὲ καὶ Ταμὼς Ἰωνίας ὕπαρχος ὤν. (3) Ὡς δ᾿ οὐκ ἐσήκουον, ἐσβολὴν ποιησάμενος τῇ πόλει οὔσῃ ἀτειχίστῳ, καὶ οὐ δυνάμενος ἑλεῖν, ἀπέπλευσεν ἀνέμῳ μεγάλῳ, αὐτὸς μὲν ἐς Φώκαιαν καὶ Κύμην, αἱ δὲ ἄλλαι νῆες κατῆραν ἐς τὰς ἐπικειμένας ταῖς Κλαζομεναῖς νήσους, Μαραθοῦσσαν καὶ Πήλην καὶ Δρύμουσσαν. (4) Καὶ ὅσα ὑπεξέκειτο αὐτόθι τῶν Κλαζομενίων, ἡμέρας ἐμμείναντες διὰ τοὺς ἀνέμους ὀκτὼ τὰ μὲν διήρπασαν καὶ ἀνάλωσαν, τὰ δ᾿ ἐσβαλόμενοι ἀπέπλευσαν ἐς Φώκαιαν καὶ Κύμην ὡς Ἀστύοχον.

XXXII. Ὄντος δ᾿ αὐτοῦ ἐνταῦθα Λεσβίων ἀφικνοῦνται πρέσβεις βουλόμενοι αὖθις ἀποστῆναι· καὶ αὐτὸν μὲν πείθουσιν, ὡς δ᾿ οἵ τε Κορίνθιοι καὶ οἱ ἄλλοι ξύμμαχοι ἀπρόθυμοι ἦσαν διὰ τὸ πρότερον σφάλμα, ἄρας ἔπλει ἐπὶ τῆς Χίου. Καὶ χειμασθεισῶν τῶν νεῶν ὕστερον ἀφικνοῦνται ἄλλαι ἄλλοθεν ἐς τὴν Χίον. (2) Καὶ μετὰ τοῦτο Πεδάριτος, τότε παριὼν πεζῇ ἐκ τῆς Μιλήτου, γενόμενος ἐν Ἐρυθραῖς διαπεραιοῦται αὐτός τε καὶ ἡ στρατιὰ ἐς Χίον· ὑπῆρχον δ᾿ αὐτῷ καὶ ἐκ τῶν πέντε νεῶν στρατιῶται ὑπὸ Χαλκιδέως ὡς ἐς πεντακοσίους ξὺν ὅπλοις καταλειφθέντες. (3) Ἐπαγγελλομένων δέ τινων Λεσβίων τὴν ἀπόστασιν, προσφέρει τῷ τε Πεδαρίτῳ καὶ τοῖς Χίοις ὁ Ἀστύοχος τὸν λόγον ὡς χρὴ παραγενομένους ταῖς ναυσὶν ἀποστῆσαι τὴν Λέσβον· ἢ γὰρ ξυμμάχους πλείους σφᾶς ἕξειν, ἢ τοὺς Ἀθηναίους, ἤν τι σφάλλωνται, κακώσειν. Οἱ δ᾿ οὐκ ἐσήκουον, οὐδὲ τὰς ναῦς ὁ Πεδάριτος ἔφη τῶν Χίων αὐτῷ προήσειν.

XXXIII. Κἀκεῖνος λαβὼν τάς τε τῶν Κορινθίων πέντε καὶ ἕκτην Μεγαρίδα καὶ μίαν Ἑρμιονίδα καὶ ἃς αὐτὸς Λακωνικὰς ἦλθεν ἔχων, ἔπλει ἐπὶ τῆς Μιλήτου πρὸς τὴν ναυαρχίαν, πολλὰ ἀπειλήσας τοῖς Χίοις ἦ μὴν μὴ ἐπιβοηθήσειν ἤν τι δέωνται. (2) Καὶ προσβαλὼν Κωρύκῳ τῆς Ἐρυθραίας ἐνηυλίσατο. Οἱ δ᾿ ἀπὸ τῆς Σάμου Ἀθηναῖοι ἐπὶ τὴν Χίον πλέοντες τῇ στρατιᾷ καὶ αὐτοὶ ἐκ τοῦ ἐπὶ θάτερα λόφου διείργοντο καὶ κα-

se sortiti, simul et Miletum navalibus copiis obsidere et adversus Chium navales una cum pedestribus copiis mittere. Itaque fecerunt; (2) nam Strombichides quidem et Onomacles et Euctemon cum triginta navibus, et cum parte gravis armaturæ militum, qui ad Miletum venerant, actuariis navigiis ad eos vehendos usi, in Chium sortito navigabant; ceteri vero apud Samum remanentes cum quatuor et septuaginta navibus maris imperium obtinebant, et classis incursionibus Miletum infestabant.

XXXI. Astyochus autem, ubi, ut dixi, apud Chium obsides propter proditionis metum deligere cœpit, ab hac quidem re abstinuit, postquam intellexit, classem cum Therimene adesse, et sociorum certiorem fidem esse: sed navibus et decem Peloponnesiacis et totidem Chiis in altum vela fecit, (2) et Pteleum adortus, quum id non expugnasset, perrexit Clazomenas et jubebat ex ipsis eos, qui cum Atheniensibus sentiebant, Daphnuntem migrare, et ad suas partes transire; simul autem idem jubebat etiam Tamos, Ioniæ proprætor. (3) Sed quum illi imperata facere nollent, urbem nullis muris cinctam adortus est, et quum eam expugnare non posset, ipse quidem Phocæam et Cumam ingenti vento delatus petiit, ceteræ vero naves ad insulas Clazomeniis adjacentes Marathussam et Pelen et Drymussam appulerunt. (4) Quum autem dies octo propter ventos illic morati essent, res omnes Clazomeniorum, quæcumque illic erant depositæ, partim diripuerunt et consumpserunt, partim in naves imposuerunt, et Phocæam et Cumam ad Astyochum redierunt.

XXXII. Qui dum hic versatur, Lesbiorum legati veniunt, qui defectionem rursus facere volebant. Et ipsi quidem rem persuadent; sed quum et Corinthii et ceteri socii, propter superiorem cladem minus essent prompti, illinc solvens in Chium navigabat. Et quum naves tempestate disjectæ essent, postea aliæ aliunde in Chium pervenerunt. (2) Deinde vero Pedaritus, qui antea, ut dixi, itinere pedestri ex Mileto oram legebat, quum Erythras venisset, trajicit et ipse et exercitus in Chium; habebat autem etiam ex quinque navibus ad quingentos milites cum armis a Chalcideo relictos. (3) Quum igitur quidam Lesbiorum se defectionem facturos pollicerentur, Astyochus rem cum Pedarito Chiisque communicat, oportere in Lesbum cum classe proficisci eamque ad defectionem faciendam inducere; fore enim, ut vel plus sociorum sibi compararent, vel certe, si quid minus succederet, Athenienses vexarent. Sed illi morem ei gerere nolebant, negavitque Pedaritus, se Chiorum naves ipsi permissurum.

XXXIII. Ille vero assumptis quinque Corinthiacis navibus et sexta Megarica et una Hermionica et Laconicis illis, quas ipse secum duxerat, Miletum ad suam nauarchiam abiit, multa Chiis minatus, se vero nunquam iis opem esse laturum, si qua indigerent. (2) Quum autem ad Corycum oræ Erythrææ appulisset, illic stationem habuit. Athenienses vero, qui cum copiis ex Samo in Chium navigabant, ipsi quoque ad alteram collis partem appulerant, quo ab hoste

ἱωρμίσαντο, καὶ ἐλελήθεσαν ἀλλήλους. (3) Ἐλθούσης δὲ παρὰ Πεδαρίτου ὑπὸ νύκτα ἐπιστολῆς ὡς Ἐρυθραίων ἄνδρες αἰχμάλωτοι ἐκ Σάμου ἐπὶ προδοσίᾳ ἐς Ἐρυθρὰς ἥκουσιν ἀφειμένοι, ἀνάγεται ὁ Ἀστύοχος εὐθὺς ἐς τὰς Ἐρυθρὰς πάλιν, καὶ παρὰ τοσοῦτον ἐγένετ' αὐτῷ μὴ περιπεσεῖν τοῖς Ἀθηναίοις. (4) Διαπλεύσας δὲ καὶ ὁ Πεδάριτος πρὸς αὐτόν, καὶ ἀναζητήσαντες τὰ περὶ τῶν δοκούντων προδιδόναι, ὡς εὗρον ἅπαν ἐπὶ σωτηρίᾳ τῶν ἀνθρώπων ἐκ τῆς Σάμου προφασισθέν, ἀπολύσαντες τῆς αἰτίας ἀπέπλευσαν ὁ μὲν ἐς τὴν Χίον, ὁ δ' ἐς τὴν Μίλητον ἐκομίσθη, ὥσπερ διενοεῖτο.

XXXIV. Ἐν τούτῳ δὲ καὶ ἡ τῶν Ἀθηναίων στρατιὰ ταῖς ναυσὶν ἐκ τοῦ Κωρύκου περιπλέουσα κατ' Ἀργῖνον ἐπιτυγχάνει τρισὶ ναυσὶ τῶν Χίων μακραῖς, καὶ ὡς εἶδον, ἐδίωκον· καὶ χειμών τε μέγας ἐπιγίγνεται, καὶ αἱ μὲν τῶν Χίων μόλις καταφεύγουσιν ἐς τὸν λιμένα, αἱ δὲ τῶν Ἀθηναίων αἱ μὲν μάλιστα ὁρμήσασαι τρεῖς διαφθείρονται καὶ ἐκπίπτουσι πρὸς τὴν πόλιν τῶν Χίων, καὶ ἄνδρες οἱ μὲν ἁλίσκονται οἱ δ' ἀποθνήσκουσιν, αἱ δ' ἄλλαι καταφεύγουσιν ἐς τὸν ὑπὸ τῷ Μίμαντι λιμένα Φοινικοῦντα καλούμενον. Ἐντεῦθεν δ' ὕστερον ἐς τὴν Λέσβον καθορμισάμενοι παρεσκευάζοντο ἐς τὸν τειχισμόν.

XXXV. Ἐκ δὲ τῆς Πελοποννήσου τοῦ αὐτοῦ χειμῶνος Ἱπποκράτης ὁ Λακεδαιμόνιος ἐκπλεύσας δέκα μὲν Θουρίαις ναυσίν, ὧν ἦρχε Δωριεὺς ὁ Διαγόρου τρίτος αὐτός, μιᾷ δὲ Λακωνικῇ, μιᾷ δὲ Συρακοσίᾳ, καταπλεῖ ἐς Κνίδον· ἡ δ' ἀφεστήκει ἤδη ὑπὸ Τισσαφέρνους. (2) Καὶ αὐτοὺς οἱ ἐν τῇ Μιλήτῳ, ὡς ᾔσθοντο, ἐκέλευον ταῖς μὲν ἡμισείαις τῶν νεῶν Κνίδον φυλάσσειν, ταῖς δὲ περὶ Τριόπιον οὔσαις τὰς ἀπ' Αἰγύπτου ὁλκάδας προσβαλλούσας ξυλλαμβάνειν· ἔστι δὲ τὸ Τριόπιον ἄκρα τῆς Κνιδίας προὔχουσα, Ἀπόλλωνος ἱερόν. (3) Πυθόμενοι δ' οἱ Ἀθηναῖοι καὶ πλεύσαντες ἐκ τῆς Σάμου λαμβάνουσι τὰς ἐπὶ τῷ Τριοπίῳ φρουρούσας ἓξ ναῦς· οἱ δ' ἄνδρες ἀποφεύγουσιν ἐξ αὐτῶν. Καὶ μετὰ τοῦτο ἐς τὴν Κνίδον καταπλεύσαντες, καὶ προσβαλόντες τῇ πόλει ἀτειχίστῳ οὔσῃ, ὀλίγου εἷλον. (4). Τῇ δ' ὑστεραίᾳ αὖθις προσέβαλλον, καὶ ὡς ἄμεινον φραξαμένων αὐτῶν ὑπὸ νύκτα καὶ ἐπεισελθόντων αὐτοῖς τῶν ἀπὸ τοῦ Τριοπίου ἐκ τῶν νεῶν διαφυγόντων οὐκέθ' ὁμοίως ἔβλαπτον, ἀπελθόντες καὶ δηώσαντες τὴν τῶν Κνιδίων γῆν ἐς τὴν Σάμον ἀπέπλευσαν.

XXXVI. Ὑπὸ δὲ τὸν αὐτὸν χρόνον Ἀστυόχῳ ἥκοντος ἐς τὴν Μίλητον ἐπὶ τὸ ναυτικὸν οἱ Πελοποννήσιοι εὐπόρως ἔτι εἶχον ἅπαντα τὰ κατὰ τὸ στρατόπεδον· καὶ γὰρ μισθὸς ἐδίδοτο ἀρκούντως, καὶ τὰ ἐκ τῆς Ἰάσου μεγάλα χρήματα διαρπασθέντα ὑπῆν τοῖς στρατιώταις, οἵ τε Μιλήσιοι προθύμως τὰ τοῦ πολέμου ἔφερον. (2) Πρὸς δὲ τὸν Τισσαφέρνην ἐδόκουν ὅμως τοῖς Πελοποννησίοις αἱ πρῶται ξυνθῆκαι αἱ πρὸς Χαλκιδέα γενόμεναι ἐνδεεῖς εἶναι καὶ οὐ πρὸς σφῶν μᾶλλον, καὶ ἄλλας ἔτι Θηριμένους παρόντος ἐποιοῦντο· καὶ εἰσὶν αἵδε.

dirimebantur, et alteri alteros latebant. (3) Quum autem allatæ essent litteræ a Pedarito, quosdam Erythræos captivos ex Samo dimissos Erythras ad moliendam proditionem venisse, confestim Astyochus Erythras est revectus, et tam prope abfuit, quin incideret in Athenienses. (4) Trajecit autem etiam Pedaritus ad eum, et habita quæstione de iis, qui proditionem moliri videbantur, ubi compertum habuerunt, rem totam a captivis, qui ad Samum detinebantur, suæ salutis causa confictam esse, illis crimine liberatis, alter in Chium rediit, alter Miletum profectus est, quemadmodum destinarat.

XXXIV. Interea vero et Atheniensium classis ex Coryco circumvehens prope Arginum incidit in tres naves longas Chiorum, et simul atque eas conspexerunt, insequi cœperunt; et ingens simul tempestas exoritur, et Chiorum quidem naves ægre confugiunt in portum, Atheniensium vero tres naves, quæ longissime procurrerant, pereunt et ad Chiorum urbem ejiciuntur, virique partim capiuntur, partim interficiuntur; ceteræ vero confugiunt in portum Mimanti subjectum, nomine Phœnicuntem. Postea vero hinc ad Lesbum appulsi, ad munitiones excitandas se præparabant.

XXXV. E Peloponneso autem eadem hieme Hippocrates Lacedæmonius profectus cum decem navibus Thuriis, quibus præerat Dorieus, Diagoræ filius, cum duobus collegis, item cum una Laconica et una Syracusana, in Cnidum trajecit; hæc autem ad defectionem jam adducta erat a Tissapherne. (2) Qui autem apud Miletum erant, quum horum adventum sensissent, jubebant dimidia navium parte Cnidum tueri, reliquis vero ad Triopium stare et onerarias ex Ægypto venientes impetu facto comprehendere; est autem Triopium prominens oræ Cnidiæ promontorium, Apollini sacrum. (3) Athenienses vero, quum hoc audissent, ex Samo profecti sex naves, quæ præsidii causa stationem ad Triopium habebant, ceperunt; homines tamen ex iis aufugerunt. Postea vero quum ad Cnidum appulissent, urbem nullis muris munitam adorti prope abfuit, quin caperent. (4) Postridie vero rursus eam oppugnarunt, et quum non amplius æque nocere possent, quod illi per noctem melius urbem obsepserant, et præterea ii, qui ad Triopium ex navibus diffugerant, ad eos accesserant, digressi Cnidiorumque agrum populati in Samum redierunt.

XXXVI. Per idem tempus quum Astyochus Miletum ad classem venisset, Peloponnesiis res omnes, quæ ad copias alendas sunt necessariæ, abunde adhuc suppetebant; nam et stipendium, quantum satis erat, suppeditabatur, et præterea magna pecuniæ ex Iaso direptæ vis militibus supererat, et Milesii alacriter onera belli sustinebant. (2) Verumtamen cum Tissapherne videbantur Peloponnesiis illa superiora fœdera, quæ a Chalcideo facta erant, manca et minus e re sua esse, et propterea alia Therimene adhuc præsente faciebant; et sunt talia:

XXXVII. « Ξυνθῆκαι Λακεδαιμονίων καὶ τῶν ξυμμάχων πρὸς βασιλέα Δαρεῖον καὶ τοὺς παῖδας τοὺς βασιλέως καὶ Τισσαφέρνην, σπονδὰς εἶναι καὶ φιλίαν κατὰ τάδε. (2) Ὁπόση χώρα καὶ πόλεις βασιλέως εἰσὶ Δαρείου ἢ τοῦ πατρὸς ἦσαν ἢ τῶν προγόνων, ἐπὶ ταύτας μὴ ἰέναι ἐπὶ πολέμῳ μηδὲ κακῷ μηδενὶ μήτε Λακεδαιμονίους μήτε τοὺς ξυμμάχους τοὺς Λακεδαιμονίων, μηδὲ φόρους πράσσεσθαι ἐκ τῶν πόλεων τούτων μήτε Λακεδαιμονίους μήτε τοὺς ξυμμάχους τῶν Λακεδαιμονίων· μηδὲ Δαρεῖον βασιλέα μηδὲ ὧν βασιλεὺς ἄρχει ἐπὶ Λακεδαιμονίους μηδὲ τοὺς ξυμμάχους ἰέναι ἐπὶ πολέμῳ μηδὲ κακῷ μηδενί. (3) Ἢν δέ τι δέωνται Λακεδαιμόνιοι ἢ οἱ ξύμμαχοι βασιλέως ἢ βασιλεὺς Λακεδαιμονίων ἢ τῶν ξυμμάχων, ὅ τι ἂν πείθωσιν ἀλλήλους, τοῦτο ποιοῦσι καλῶς ἔχειν. (4) Τὸν δὲ πόλεμον τὸν πρὸς Ἀθηναίους καὶ τοὺς ξυμμάχους κοινῇ ἀμφοτέρους πολεμεῖν· ἢν δὲ κατάλυσιν ποιῶνται, κοινῇ ἀμφοτέρους ποιεῖσθαι. Ὁπόση δ' ἂν στρατιὰ ἐν τῇ χώρᾳ τῇ βασιλέως ἢ μεταπεμψαμένου βασιλέως, τὴν δαπάνην βασιλέα παρέχειν. (5) Ἢν δέ τις τῶν πόλεων ὁπόσαι ξυνέθεντο βασιλεῖ ἐπὶ τὴν βασιλέως ἴῃ χώραν, τοὺς ἄλλους κωλύειν καὶ ἀμύνειν βασιλεῖ κατὰ τὸ δυνατόν· καὶ ἤν τις τῶν ἐν τῇ βασιλέως χώρᾳ, ἢ ὅσης βασιλεὺς ἄρχει, ἐπὶ τὴν Λακεδαιμονίων ἴῃ ἢ τῶν ξυμμάχων, βασιλεὺς κωλυέτω καὶ ἀμυνέτω κατὰ τὸ δυνατόν. »

XXXVIII. Μετὰ δὲ ταύτας τὰς ξυνθήκας Θηριμένης μὲν παραδοὺς Ἀστυόχῳ τὰς ναῦς ἀποπλέων ἐν κέλητι ἀφανίζεται, (2) οἱ δ' ἐκ τῆς Λέσβου Ἀθηναῖοι ἤδη διαβεβηκότες ἐς τὴν Χίον τῇ στρατιᾷ καὶ κρατοῦντες καὶ γῆς καὶ θαλάσσης Δελφίνιον ἐτείχιζον, χωρίον ἄλλως τε ἐκ γῆς καρτερὸν καὶ λιμένας ἔχον καὶ τῆς τῶν Χίων πόλεως οὐ πολὺ ἀπέχον. (3) Οἱ δὲ Χῖοι ἐν πολλαῖς ταῖς πρὶν μάχαις πεπληγμένοι, καὶ ἄλλως ἐν σφίσιν αὐτοῖς οὐ πάνυ εὖ διακείμενοι, ἀλλὰ καὶ τῶν μετὰ Τυδέως τοῦ Ἴωνος ἤδη ὑπὸ Πεδαρίτου ἐπ' ἀττικισμῷ τεθνεώτων καὶ τῆς ἄλλης πόλεως κατ' ἀνάγκην ἐς ὀλίγον κατεχομένης ὑπόπτως διακείμενοι ἀλλήλοις ἡσύχαζον, καὶ οὔτ' αὐτοὶ διὰ ταῦτα οὔθ' οἱ μετὰ Πεδαρίτου ἐπίκουροι ἀξιόμαχοι αὐτοῖς ἐφαίνοντο. (4) Ἐς μέντοι τὴν Μίλητον ἔπεμψαν κελεύοντες σφίσι τὸν Ἀστύοχον βοηθεῖν· ὡς δ' οὐκ ἐσήκουεν, ἐπιστέλλει περὶ αὐτοῦ ἐς τὴν Λακεδαίμονα Πεδάριτος ὡς ἀδικοῦντος. (5) Καὶ τὰ μὲν ἐν τῇ Χίῳ ἐς τοῦτο καθεστήκει τοῖς Ἀθηναίοις· αἱ δ' ἐκ τῆς Σάμου νῆες αὐτοῖς ἐπίπλους μὲν ἐποιοῦντο ταῖς ἐν τῇ Μιλήτῳ, ἐπεὶ δὲ μὴ ἀντανάγοιεν, ἀναχωροῦντες πάλιν ἐς τὴν Σάμον ἡσύχαζον.

XXXIX. Ἐκ δὲ τῆς Πελοποννήσου ἐν τῷ αὐτῷ χειμῶνι αἱ τῷ Φαρναβάζῳ ὑπὸ Καλλιγείτου τοῦ Μεγαρέως καὶ Τιμαγόρου τοῦ Κυζικηνοῦ πρασσόντων παρασκευασθεῖσαι ὑπὸ Λακεδαιμονίων ἑπτὰ καὶ εἴκοσι νῆες ἄρασαι ἔπλεον ἐπὶ Ἰωνίας περὶ ἡλίου τροπάς, καὶ ἄρχων ἐπέπλει αὐτῶν Ἀντισθένης Σπαρτιάτης. (2)

XXXVII. « Pactiones inter Lacedæmonios, sociosque, et regem Dareum, regisque filios, et Tissaphernem, ut fœdera sint et amicitia his conditionibus. (2) Quæcumque regio, et urbes sunt regis Darei, aut patris aut majorum ejus erant, adversus has ne eant, neque ad bellum gerendum neque ad malum ullum inferendum, neque Lacedæmonii neque Lacedæmoniorum socii; neve tributa exigant ex his urbibus neque Lacedæmonii neque Lacedæmoniorum socii. Neve vicissim rex Dareus, neque ii, quibus rex imperat, nec adversus Lacedæmonios nec eorum socios eat, ad bellum gerendum neque ad malum ullum inferendum. (3) Si qua autem in re Lacedæmonii vel eorum socii regis opera indigeant, aut rex Lacedæmoniorum vel sociorum, quicquid alteri alteris mutuo persuaserint, hoc si faciant, bene sit. (4) Bellum autem, quod cum Atheniensibus illorumque sociis geritur, utrique communiter administrent; quod si id componere placuerit, communiter utrique id faciant. Quicunque autem exercitus in regis ditione fuerit, si rex eum accesserit, rex ei stipendium præbeat. (5) Si qua autem civitatum, quæ pactionem cum rege fecerunt, in regis ditionem invaserit, ceteri prohibeant, regique pro viribus opem ferant; rursus si quis eorum, qui sunt in regis agro, aut eo, cuirex imperat, in Lacedæmoniorum aut sociorum agrum invaserit, rex prohibeat, et pro viribus opem ferat. »

XXXVIII. Post has pactiones Therimenes quidem, traditis Astyocho navibus, actuario navigio occulte discessit. (2) Athenienses vero ex Lesbo jam ad Chium cum suis copiis appulsi, et terra ac mari potiti, Delphinium munivierunt, locum et alioqui a terra munitum, et portus habentem, nec procul a Chiorum urbe distantem. (3) Chii vero, quum multis superioribus prœliis afflicti essent, et alioqui inter se ipsos animis non admodum bene affecti, sed etiam, ob Tydeum Ionis filium ejusque socios Atticismi nomine a Pedarito jam morte mulctatos, et reliquam civitatem necessario in paucorum voluntatem temperatam, inter se sibi suspecti essent, quiescebant, et neque ipsi sibi his de causis, nec illæ auxiliares copiæ, quæ cum Pedarito erant, satis firmæ videbantur ad prœlium committendum. (4) Miletum tamen mittebant, orantes Astyochum, ut sibi succurreret; sed quum ille morem iis gerere nollet, Pedaritus de illo, ut rempublicam lædente, Lacedæmonem scribit. (5) Atque Chias quidem res in hoc statu constitutas habebant Athenienses; eæ autem naves eorum, quæ apud Samum stationem habebant, incursionibus quidem infestabant eas, quæ apud Miletum stabant; sed ubi hæ prodire nollent obviam, in Samum rursus sese recipientes quiescebant.

XXXIX. E Peloponneso autem per eamdem hiemem illæ septem et viginti naves, quæ Calligeti Megarensis et Timagoræ Cyziceni opera Pharnabazo a Lacedæmoniis præparatæ erant, profectæ circa brumam in Ioniam trajiciebant, et præfectus iis aderat Antisthenes Spartanus. (2) Cum hoc

Ξυνέπεμψαν δὲ οἱ Λακεδαιμόνιοι καὶ ἕνδεκα ἄνδρας Σπαρτιατῶν ξυμβούλους Ἀστυόχῳ, ὧν εἷς ἦν Λίχας ὁ Ἀρχεσιλάου· καὶ εἴρητο αὐτοῖς ἐς Μίλητον ἀφικομένους τῶν τε ἄλλων ξυνεπιμελεῖσθαι ᾗ μέλλει ἄριστα ἕξειν, καὶ τὰς ναῦς ταύτας ἢ αὐτὰς ἢ πλείους ἢ καὶ ἐλάσσους ἐς τὸν Ἑλλήσποντον ὡς Φαρνάβαζον, ἢν δοκῇ, ἀποπέμπειν, Κλέαρχον τὸν Ῥαμφίου, ὃς ξυνέπλει, ἄρχοντα προστάξαντας, καὶ Ἀστύοχον, ἢν δοκῇ τοῖς ἕνδεκα ἀνδράσι, παύειν τῆς ναυαρχίας, Ἀντισθένην δὲ καθιστάναι· πρὸς γὰρ τὰς τοῦ Πεδαρίτου ἐπιστολὰς ὑπώπτευον αὐτόν. (3) Πλέουσαι οὖν αἱ νῆες ἀπὸ Μαλέας πελάγιαι Μήλῳ προσέβαλον, καὶ περιτυχόντες ναυσὶ δέκα Ἀθηναίων τὰς τρεῖς λαμβάνουσι κενὰς καὶ κατακαίουσιν. Μετὰ δὲ τοῦτο δεδιότες μὴ αἱ διαφυγοῦσαι τῶν Ἀθηναίων ἐκ τῆς Μήλου νῆες, ὅπερ ἐγένετο, μηνύσωσι τοῖς ἐν τῇ Σάμῳ τὸν ἐπίπλουν αὐτῶν, πρὸς τὴν Κρήτην πλεύσαντες καὶ πλείω τὸν πλοῦν διὰ φυλακῆς ποιησάμενοι ἐς τὴν Καῦνον τῆς Ἀσίας κατῆραν. (4) Ἐντεῦθεν δή, ὡς ἐν ἀσφαλεῖ ὄντες, ἀγγελίαν ἔπεμπον ἐπὶ τὰς ἐν τῇ Μιλήτῳ ναῦς τοῦ ξυμπαρακομισθῆναι.

XL. Οἱ δὲ Χῖοι καὶ Πεδάριτος κατὰ τὸν αὐτὸν χρόνον οὐδὲν ἧσσον, καίπερ διαμέλλοντα, τὸν Ἀστύοχον πέμποντες ἀγγέλους ἠξίουν σφίσι πολιορκουμένοις βοηθῆσαι ἁπάσαις ταῖς ναυσίν, καὶ μὴ περιιδεῖν τὴν μεγίστην τῶν ἐν Ἰωνίᾳ ξυμμαχίδων πόλεων ἔκ τε θαλάσσης εἰργομένην καὶ κατὰ γῆν λῃστείαις πορθουμένην. (2) Οἱ γὰρ οἰκέται τοῖς Χίοις πολλοὶ ὄντες καὶ μιᾷ γε πόλει πλὴν Λακεδαιμονίων πλεῖστοι γενόμενοι, καὶ ἅμα διὰ τὸ πλῆθος χαλεπωτέρως ἐν ταῖς ἀδικίαις κολαζόμενοι, ὡς ἡ στρατιὰ τῶν Ἀθηναίων βεβαίως ἔδοξε μετὰ τείχους ἱδρῦσθαι, εὐθὺς αὐτομολίᾳ τε ἐχώρησαν οἱ πολλοὶ πρὸς αὐτούς, καὶ τὰ πλεῖστα κακὰ ἐπιστάμενοι τὴν χώραν οὗτοι ἔδρασαν. (3) Ἔφασαν οὖν χρῆναι οἱ Χῖοι, ἕως ἔτι ἐλπὶς καὶ δυνατὸν κωλῦσαι τειχιζομένου τοῦ Δελφινίου καὶ ἀτελοῦς ὄντος, καὶ στρατοπέδῳ καὶ ναυσὶν ἐρύματος μείζονος προσπεριβαλλομένου, βοηθῆσαι σφίσιν. Ὁ δὲ Ἀστύοχος καίπερ οὐ διανοούμενος διὰ τὴν τότε ἀπειλήν, ὡς ἑώρα καὶ τοὺς ξυμμάχους προθύμους ὄντας, ὥρμητο ἐς τὸ βοηθεῖν.

XLI. Ἐν τούτῳ δ' ἐκ τῆς Καύνου παραγίγνεται ἀγγελία ὅτι αἱ ἑπτὰ καὶ εἴκοσι νῆες καὶ οἱ τῶν Λακεδαιμονίων ξύμβουλοι πάρεισιν· καὶ νομίσας πάντα ὕστερα εἶναι τἆλλα πρὸς τὸ ναῦς τε, ὅπως θαλασσοκρατοῖεν μᾶλλον, τοσαύτας ξυμπαρακομίσαι, καὶ τοὺς Λακεδαιμονίους, οἳ ἧκον κατάσκοποι αὐτοῦ, ἀσφαλῶς περαιωθῆναι, εὐθὺς ἀφεὶς τὸ ἐς τὴν Χίον ἔπλει ἐς τὴν Καῦνον. (2) Καὶ ἐς Κῶν τὴν Μεροπίδα ἐν τῷ παράπλῳ ἀποβὰς τήν τε πόλιν ἀτείχιστον οὖσαν καὶ ὑπὸ σεισμοῦ, ὃς αὐτοῖς ἔτυχε μέγιστός γε δὴ ὧν μεμνήμεθα γενόμενος, ξυμπεπτωκυῖαν ἐκπορθεῖ, τῶν ἀνθρώπων ἐς τὰ ὄρη πεφευγότων, καὶ τὴν χώραν καταδρομαῖς λείαν ἐποιεῖτο, πλὴν τῶν ἐλευθέρων· τούτους δὲ ἀφίει. (3) Ἐκ δὲ τῆς Κῶ ἀφικόμενος ἐς τὴν Κνίδον νυκτὸς ἀναγκάζεται

ὑπὸ τῶν Κνιδίων παραινούντων μὴ ἐκβιβάσαι τοὺς ναύτας, ἀλλ᾽ ὥσπερ εἶχεν πλεῖν εὐθὺς ἐπὶ τὰς τῶν Ἀθηναίων ναῦς εἴκοσιν, ἃς ἔχων Χαρμῖνος εἷς τῶν ἐκ Σάμου στρατηγῶν ἐφύλασσε ταύτας τὰς ἑπτὰ καὶ εἴκοσι ναῦς ἐκ τῆς Πελοποννήσου προσπλεούσας, ἐφ᾽ ἅσπερ καὶ ὁ Ἀστύοχος παρέπλει. (4) Ἐπύθοντο δὲ οἱ ἐν τῇ Σάμῳ ἐκ τῆς Μήλου τὸν ἐπίπλουν αὐτῶν, καὶ ἡ φυλακὴ τῷ Χαρμίνῳ περὶ τὴν Σύμην καὶ Χάλκην καὶ Ῥόδον καὶ περὶ τὴν Λυκίαν ἦν· ἤδη γὰρ ᾐσθάνετο καὶ ἐν τῇ Καύνῳ οὔσας αὐτάς.

XLII. Ἐπέπλει οὖν ὥσπερ εἶχε πρὸς τὴν Σύμην ὁ Ἀστύοχος, πρὶν ἔκπυστος γενέσθαι, εἴ πως περιλάβοι που μετεώρους τὰς ναῦς. Καὶ αὐτῷ ὑετός τε καὶ τὰ ἐκ τοῦ οὐρανοῦ ξυννέφελα ὄντα πλάνησιν τῶν νεῶν ἐν τῷ σκότει καὶ ταραχὴν παρέσχεν. (2) Καὶ ἅμα τῇ ἕῳ διεσπασμένου τοῦ ναυτικοῦ, καὶ τοῦ μὲν φανεροῦ ἤδη ὄντος τοῖς Ἀθηναίοις τοῦ εὐωνύμου κέρως, τοῦ δὲ ἄλλου περὶ τὴν νῆσον ἔτι πλανωμένου, ἐπανάγονται κατὰ τάχος ὁ Χαρμῖνος καὶ οἱ Ἀθηναῖοι ἐλάσσοσιν ἢ ταῖς εἴκοσι ναυσί, νομίσαντες, ἅσπερ ἐφύλασσον ναῦς τὰς ἀπὸ τῆς Καύνου, ταύτας εἶναι. (3) Καὶ προσπεσόντες εὐθὺς κατέδυσάν τε τρεῖς καὶ κατετραυμάτισαν ἄλλας, καὶ ἐν τῷ ἔργῳ ἐπεκράτουν, μέχρι οὗ ἐπεφάνησαν αὐτοῖς παρὰ δόξαν αἱ πλείους τῶν νεῶν καὶ πανταχόθεν ἀπεκλῄοντο. (4) Ἔπειτα δὲ ἐς φυγὴν καταστάντες ἓξ μὲν ναῦς ἀπολλύασιν, ταῖς δὲ λοιπαῖς καταφεύγουσιν ἐς τὴν Τευτλουσσαν νῆσον, ἐντεῦθεν δὲ ἐς Ἁλικαρνασσόν. (5) Μετὰ δὲ τοῦτο οἱ μὲν Πελοποννήσιοι ἐς Κνίδον κατάραντες, καὶ ξυμμιγεισῶν τῶν ἐκ τῆς Καύνου ἑπτὰ καὶ εἴκοσι νεῶν αὐτοῖς, ξυμπάσαις πλεύσαντες καὶ τροπαῖον ἐν τῇ Σύμῃ στήσαντες πάλιν ἐς τὴν Κνίδον καθωρμίσαντο·

XLIII. οἱ δὲ Ἀθηναῖοι ταῖς ἐκ τῆς Σάμου ναυσὶ πάσαις, ὡς ᾔσθοντο τὰ τῆς ναυμαχίας, πλεύσαντες ἐς τὴν Σύμην, καὶ ἐπὶ μὲν τὸ ἐν τῇ Κνίδῳ ναυτικὸν οὐχ ὁρμήσαντες, οὐδ᾽ ἐκεῖνοι ἐπ᾽ ἐκείνους, λαβόντες δὲ τὰ ἐν τῇ Σύμῃ σκεύη τῶν νεῶν, καὶ Λωρύμοις τοῖς ἐν τῇ ἠπείρῳ προσβαλόντες, ἀπέπλευσαν ἐς τὴν Σάμον.

(2) Ἅπασαι δ᾽ ἤδη οὖσαι ἐν τῇ Κνίδῳ αἱ τῶν Πελοποννησίων νῆες ἐπεσκευάζοντό τε εἴ τε ἔδει, καὶ πρὸς τὸν Τισσαφέρνην (παρεγένετο γὰρ) λόγους ἐποιοῦντο οἱ ἕνδεκα ἄνδρες τῶν Λακεδαιμονίων περί τε τῶν ἤδη πεπραγμένων, εἴ τι μὴ ἤρεσκεν αὐτοῖς, καὶ περὶ τοῦ μέλλοντος πολέμου, ὅτῳ τρόπῳ ἄριστα καὶ ξυμφορώτατα ἀμφοτέροις πολεμήσεται. (3) Μάλιστα δὲ ὁ Λίχας ἐσκόπει τὰ ποιούμενα, καὶ τὰς σπονδὰς οὐδετέρας, οὔτε τὰς Χαλκιδέως οὔτε τὰς Θηριμένους ἔφη καλῶς ξυγκεῖσθαι, ἀλλὰ δεινὸν εἶναι εἰ χώρας ὅσης βασιλεὺς καὶ οἱ πρόγονοι ἦρξαν πρότερον, ταύτης καὶ νῦν ἀξιώσει κρατεῖν· ἐνεῖναι γὰρ καὶ νήσους ἁπάσας πάλιν δουλεύειν καὶ Θεσσαλίαν καὶ Λοκροὺς καὶ τὰ μέχρι Βοιωτῶν, καὶ ἀντ᾽ ἐλευθερίας ἂν Μηδικὴν ἀρχὴν τοῖς Ἕλλησι τοὺς Λακεδαιμονίους περιθεῖναι. (4) Ἑτέρας οὖν ἐκέλευε βελτίους σπένδεσθαι, ἢ ταύταις γε οὐ χρήσεσθαι, οὐδὲ τῆς τροφῆς ἐπὶ τούτοις δεῖσθαι οὐδέν. Ἀγανακτῶν

---

adhortatione, nautas non exponere, sed, ut erat, confestim navigare adversus viginti Atheniensium naves, cum quibus Charminus, unus e ducibus, qui apud Samum agebant, observabat has septem et viginti naves, ex Peloponneso venientes, ad quas et Astyochus navigabat. (4) Resciverant autem ii, qui in Samo erant, ex Melo hujus classis adventum, et Charminus custodiam agebat circa Symam et Chalcen et Rhodum et circa Lyciam; jam enim etiam sentiebat eas in Cauno esse.

XLII. Astyochus igitur, ut habebat, ad Symam protinus tendebat, antequam adventus sui fama vulgaretur, si forte classem hostilem in alto circumvenire posset. Sed imber cœlumque nubilum effecit, ut vagæ errarent ejus naves per tenebras et perturbarentur. (2) Et simul ac dies illuxit, quum classis esset dispersa, et sinistrum quidem cornu jam in Atheniensium conspectu esset, alterum vero circum insulam adhuc vagaretur, confestim Charminus et Athenienses cum navibus, quæ pauciores erant quam viginti, contra tendunt, existimantes, has esse naves illas, quas ex Cauno venientes observabant. (3) Et impressione in eas statim facta tres depresserunt, aliasque lacerarunt, et in prœlio superiores erant, donec supervenit iis præter opinionem major navium numerus et undique intercludebantur. (4) Tunc vero fugam capessentes sex naves amiserunt, cum ceteris autem in insulam Teutlussam confugerunt, et inde Halicarnassum. (5) Postea vero Peloponnesii quum ad Cnidum appulissent, et septem ac viginti naves ex Cauno profectas sibi adjunxissent, cum universa classe Symam petierunt, ibique tropæo statuto in Cnidi stationem redierunt;

XLIII. Athenienses vero cum omnibus navibus, quæ ad Samum stabant, postquam de navali prœlio commisso nuncium acceperunt, in Symam iverunt, et quum nec ipsi classem, quæ ad Cnidum stabat, invasissent, nec illi illos, sed navium armamenta, quæ erant in Syma, sumpsissent, et Loryma, quæ sunt in continente, oppugnassent, Samum redierunt.

(2) Quum autem jam universæ Peloponnesiorum naves in Cnido essent, reficiebantur, si quid oportebat, et cum Tissapherne (aderat enim) undecim illi Lacedæmoniorum viri agebant et de rebus jam transactis, si quid iis non placeret, et de futuro bello, qua ratione optime et maxime ex utrorumque utilitate gerendum esset. (3) Præcipue vero Lichas considerabat ea, quæ fiebant, et neutrum fœdus, neque a Chalcideo, neque a Therimene factum, bene habere dicebat, sed vero nimium esse, si, cuicumque provinciæ rex ejusque majores prius imperassent, huic nunc etiam imperare vellet; ita enim licere etiam, ut insulæ omnes et Thessalia et Locri et regiones usque ad Bœotorum fines pertinentes in servitutem rursus redirent, et Lacedæmonios pro libertate imperium Medorum Græciæ imponere. (4) Alia igitur fœdera meliora fieri jubebat, aut istis quidem se non usurum, nec stipendium se his conditionibus requi-

δὲ ὁ μὲν Τισσαφέρνης ἀπεχώρησεν ἀπ' αὐτῶν δι' ὀργῆς καὶ ἄπρακτος,

XLIV. οἱ δ' ἐς τὴν Ῥόδον ἐπικηρυκευομένων ἀπὸ τῶν δυνατωτάτων ἀνδρῶν τὴν γνώμην εἶχον πλεῖν, ἐλπίζοντες νῆσόν τε οὐκ ἀδύνατον καὶ ναυβατῶν πλήθει καὶ πεζῷ προσάξεσθαι, καὶ ἅμα ἡγούμενοι αὐτοὶ ἀπὸ τῆς ὑπαρχούσης ξυμμαχίας δυνατοὶ ἔσεσθαι Τισσαφέρνην μὴ αἰτοῦντες χρήματα τρέφειν τὰς ναῦς. (2) Πλεύσαντες οὖν εὐθὺς ἐν τῷ αὐτῷ χειμῶνι ἐκ τῆς Κνίδου, καὶ προσβαλόντες Καμείρῳ τῆς Ῥοδίας πρώτῃ ναυσὶ τέσσαρσι καὶ ἐνενήκοντα, ἐξεφόβησαν μὲν τοὺς πολλοὺς οὐκ εἰδότας τὰ πρασσόμενα, καὶ ἔφευγον, ἄλλως τε καὶ ἀτειχίστου οὔσης τῆς πόλεως· εἶτα ξυγκαλέσαντες οἱ Λακεδαιμόνιοι τούτους τε καὶ τοὺς ἐκ τῶν δυοῖν πολέοιν, Λίνδου καὶ Ἰηλυσοῦ, Ῥοδίους ἔπεισαν ἀποστῆναι Ἀθηναίων. Καὶ προσεχώρησε Ῥόδος Πελοποννησίοις. (3) Οἱ δ' Ἀθηναῖοι κατὰ τὸν καιρὸν τοῦτον ταῖς ἐκ τῆς Σάμου ναυσὶν αἰσθόμενοι ἔπλευσαν μὲν βουλόμενοι φθάσαι καὶ ἐφάνησαν πελάγιοι, ὑστερήσαντες δὲ οὐ πολλῷ τὸ μὲν παραχρῆμα ἀπέπλευσαν ἐς Χάλκην, ἐντεῦθεν δ' ἐς Σάμον, ὕστερον δ' ἐκ τῆς Χάλκης καὶ ἐκ τῆς Κῶ καὶ ἐκ τῆς Σάμου τοὺς ἐπίπλους ποιούμενοι ἐπὶ τὴν Ῥόδον ἐπολέμουν. (4) Οἱ δὲ χρήματα μὲν ἐξέλεξαν ἐς δύο καὶ τριάκοντα τάλαντα οἱ Πελοποννήσιοι παρὰ τῶν Ῥοδίων, τὰ δ' ἄλλα ἡσύχαζον ἡμέρας ὀγδοήκοντα, ἀνελκύσαντες τὰς ναῦς.

XLV. Ἐν δὲ τούτῳ καὶ ἔτι πρότερον, πρὶν ἐς τὴν Ῥόδον αὐτοὺς ἀναστῆναι, τάδε ἐπράσσετο· Ἀλκιβιάδης μετὰ τὸν Χαλκιδέως θάνατον καὶ τὴν ἐν Μιλήτῳ μάχην τοῖς Πελοποννησίοις ὕποπτος ὤν, καὶ ἀπ' αὐτῶν ἀφικομένης ἐπιστολῆς πρὸς Ἀστύοχον ἐκ Λακεδαίμονος ὥστ' ἀποκτεῖναι (ἦν γὰρ καὶ τῷ Ἄγιδι ἐχθρὸς καὶ ἄλλως ἄπιστος ἐφαίνετο), πρῶτον μὲν ὑποχωρεῖ δείσας παρὰ Τισσαφέρνην, ἔπειτα ἐκάκου πρὸς αὐτὸν ὅσον ἐδύνατο μάλιστα τῶν Πελοποννησίων τὰ πράγματα, (2) καὶ διδάσκαλος πάντων γιγνόμενος τήν τε μισθοφορὰν ξυνέτεμεν, ἀντὶ δραχμῆς Ἀττικῆς ὥστε τριώβολον, καὶ τοῦτο μὴ ξυνεχῶς, δίδοσθαι, λέγειν κελεύων τὸν Τισσαφέρνην πρὸς αὐτοὺς ὡς Ἀθηναῖοι ἐκ πλείονος χρόνου ἐπιστήμονες ὄντες τοῦ ναυτικοῦ τριώβολον τοῖς ἑαυτῶν διδόασιν, οὐ τοσοῦτον πενίᾳ ὅσον ἵνα αὐτῶν μὴ οἱ ναῦται ἐκ περιουσίας ὑβρίζοντες οἱ μὲν τὰ σώματα χείρω ἔχωσιν, δαπανῶντες ἐς τοιαῦτα ἀφ' ὧν ἡ ἀσθένεια ξυμβαίνει, οἱ δὲ τὰς ναῦς ἀπολείπωσιν οὐχ ὑπολιπόντες ἐς ὁμηρείαν τὸν προσοφειλόμενον μισθόν· (3) καὶ τοὺς τριηράρχους καὶ τοὺς στρατηγοὺς τῶν πόλεων ἐδίδασκεν ὥστε δόντα χρήματα αὐτὸν πεῖσαι, ὥστε ξυγχωρῆσαι ταῦτα ἑαυτῷ, πλὴν τῶν Συρακοσίων· τούτων δὲ Ἑρμοκράτης [τε] ἠναντιοῦτο μόνος ὑπὲρ τοῦ παντὸς ξυμμαχικοῦ. (4) Τάς τε πόλεις δεομένας χρημάτων ἀπήλασεν αὐτὸς ἀντιλέγων ὑπὲρ τοῦ Τισσαφέρνους ὡς οἱ μὲν Χῖοι ἀναίσχυντοι εἶεν πλουσιώτατοι ὄντες τῶν Ἑλλήνων, ἐπικουρίᾳ δ' ὅμως σωζόμενοι ἀξιοῦσι καὶ τοῖς σώμασι καὶ τοῖς χρήμασιν ἄλλους ὑπὲρ τῆς ἐκείνων

XLIV. illi vero in Rhodum, primorum virorum nomine arcessiti, navigare in animo habebant, sperantes fore, ut insulam et navalibus et pedestribus copiis validam sibi adjungerent, et simul existimantes, praesentem societatem suffecturam, ut ipsi nullam pecuniam a Tissapherne petentes, navales copias alerent. (2) Protinus igitur eadem hieme ex Cnido profecti, et ad Camirum orae Rhodiae primum appulsi cum quatuor et nonaginta navibus, multitudini quidem terrorem injecerunt, ignarae eorum, quae agebantur, et ideo profugiebant, praesertim quod urbs nullis muris esset munita; deinde Lacedaemonii quum et hos et duarum civitatum, Lindi et Ielysi, cives Rhodios convocassent, persuaserunt iis, ut ab Atheniensibus deficerent. Atque Rhodus se Peloponnesiis adjunxit. (3) Athenienses vero in eo tempore, quum rem intellexissent, cum classe e Samo solverunt, defectionem antevertere cupientes, et conspecti sunt in alto; sed quum serius paulo venissent, in praesentia quidem ad Chalcen, et hinc ad Samum abierunt; postea vero et ex Chalce et ex Co et ex Samo incursiones in Rhodum facientes bellum gerebant. (4) Peloponnesii autem pecunias ad duo et triginta talenta a Rhodiis exegerunt, cetera vero quiescebant per octoginta dies navibus subductis.

XLV. Interea vero, atque prius etiam, antequam Rhodum versus moverant, haec agebantur. Alcibiades quum post Chalcidei necem et proelium commissum ad Miletum in suspicionem Peloponnesiis venisset, et ab iis epistola de eo interficiendo ad Astyochum Lacedaemone missa esset, (erat enim et Agidi inimicus, et alioqui infidus videbatur), metuens primum quidem ad Tissaphernem secessit; deinde apud eum, quam maxime poterat, Peloponnesiorum rebus nocebat, (2) et eum omnia docens, stipendium imminuit, ita ut pro drachma Attica terni oboli, nec ii constanter solverentur, Tissaphernem hortans, ut illis diceret, Athenienses, qui longiore temporis spatio rei navalis peritiam haberent, ternos obolos suis numerare, non tam propter paupertatem, quam ne nautae, propter affluentiam stipendii insolentius viventes, partim quidem corpora imbecilliora haberent, sumptus facientes in ea, unde corporum imbecillitas contingit, partim vero naves desererent, qui non relinquerent stipendii partem pignoris loco adhuc debitam; (3) idem eum edocuit, ut trierarchos et civitatum duces pecunia data ad hanc rem sibi concedendam induceret, exceptis Syracusanis; ex his enim Hermocrates solus universae socialis classis nomine adversabatur. (4) Civitates quoque pecuniam petentes abegit ipse respondens Tissaphernis nomine, Chios quidem impudentes esse, qui, quum essent omnium Graecorum ditissimi, tamen dum auxiliarium copiarum beneficio servarentur, postularent, ut alii et corporibus et pecuniis pro illorum libertate pericula subirent; (5) ceteras

ἐλευθερίας κινδυνεύειν· (5) τὰς δ᾽ ἄλλας πόλεις ἔφη ἀδικεῖν, αἳ ἐς Ἀθηναίους πρότερον ἢ ἀποστῆναι ἀνάλουν, εἰ μὴ καὶ νῦν καὶ τοσαῦτα καὶ ἔτι πλείω ὑπὲρ σφῶν αὐτῶν ἐθελήσουσιν ἐσφέρειν. (6) Τόν τε Τισσαφέρνην ἀπέφαινε νῦν μέν, τοῖς ἰδίοις χρήμασι πολεμοῦντα, εἰκότως φειδόμενον, ἢν δέ ποτε τροφὴ καταβῇ παρὰ βασιλέως, ἐντελῆ αὐτοῖς ἀποδώσειν τὸν μισθὸν καὶ τὰς πόλεις τὰ εἰκότα ὠφελήσειν.

XLVI. Παρῄνει δὲ καὶ τῷ Τισσαφέρνει μὴ ἄγαν ἐπείγεσθαι διαλῦσαι τὸν πόλεμον, μηδὲ βουληθῆναι κομίσαντα ἢ ναῦς Φοινίσσας ἅσπερ παρεσκευάζετο, ἢ Ἕλλησι πλείοσι μισθὸν πορίζοντα, τοῖς αὐτοῖς τῆς τε γῆς καὶ τῆς θαλάσσης τὸ κράτος δοῦναι, ἔχειν δ᾽ ἀμφοτέρους ἐᾶν δίχα τὴν ἀρχήν, καὶ βασιλεῖ ἐξεῖναι ἀεὶ ἐπὶ τοὺς αὐτοῦ λυπηροὺς τοὺς ἑτέρους ἐπάγειν. (2) Γενομένης δ᾽ ἂν καθ᾽ ἓν τῆς ἐς γῆν καὶ θάλασσαν ἀρχῆς, ἀπορεῖν ἂν αὐτὸν οἷς τοὺς κρατοῦντας ξυγκαθαιρήσει, ἢν μὴ αὐτὸς βούληται μεγάλῃ δαπάνῃ καὶ κινδύνῳ ἀναστάς ποτε διαγωνίσασθαι. Εὐτελέστερα δὲ τὰ δεινὰ βραχεῖ μορίῳ τῆς δαπάνης, καὶ ἅμα μετὰ τῆς ἑαυτοῦ ἀσφαλείας, αὐτοὺς περὶ ἑαυτοὺς τοὺς Ἕλληνας κατατρίψαι. (3) Ἐπιτηδειοτέρους τ᾽ ἔφη τοὺς Ἀθηναίους εἶναι κοινωνοὺς αὐτῷ τῆς ἀρχῆς· ἧσσον γὰρ τῶν κατὰ γῆν ἐφίεσθαι, τὸν λόγον τε ξυμφορώτατον καὶ τὸ ἔργον ἔχοντας πολεμεῖν· τοὺς μὲν γὰρ ξυγκαταδουλοῦν ἂν σφίσι τε αὐτοῖς τὸ τῆς θαλάσσης μέρος καὶ ἐκείνῳ ὅσοι ἐν τῇ βασιλέως Ἕλληνες οἰκοῦσιν, τοὺς δὲ τοὐναντίον ἐλευθερώσοντας ἥκειν, καὶ οὐκ εἰκὸς εἶναι Λακεδαιμονίους ἀπὸ μὲν σφῶν [τῶν Ἑλλήνων] ἐλευθεροῦν νῦν τοὺς Ἕλληνας, ἀπὸ δ᾽ ἐκείνων [τῶν βαρβάρων], ἢν μή ποτε αὐτοὺς μὴ ἐξέλωσι, μὴ ἐλευθερῶσαι. (4) Τρίβειν οὖν ἐκέλευε πρῶτον ἀμφοτέρους, καὶ ἀποτεμόμενον ὡς μέγιστα ἀπὸ τῶν Ἀθηναίων ἔπειτ᾽ ἤδη τοὺς Πελοποννησίους ἀπαλλάξαι ἐκ τῆς χώρας. (5) Καὶ διενοεῖτο τὸ πλέον οὕτως ὁ Τισσαφέρνης, ὅσα γε ἀπὸ τῶν ποιουμένων ἦν εἰκάσαι. Τῷ γὰρ Ἀλκιβιάδῃ διὰ ταῦτα, ὡς εὖ περὶ τούτων παραινοῦντι, προσθεὶς ἑαυτὸν ἐς πίστιν τήν τε τροφὴν κακῶς ἐπόριζε τοῖς Πελοποννησίοις καὶ ναυμαχεῖν οὐκ εἴα, ἀλλὰ καὶ τὰς Φοινίσσας φάσκων ναῦς ἥξειν καὶ ἐκ περιόντος ἀγωνιεῖσθαι ἔφθειρε τὰ πράγματα, καὶ τὴν ἀκμὴν τοῦ ναυτικοῦ αὐτῶν ἀφείλετο γενομένην καὶ πάνυ ἰσχυράν, τά τε ἄλλα καταφανέστερον ἢ ὥστε λανθάνειν οὐ προθύμως ξυνεπολέμει.

XLVII. Ὁ δὲ Ἀλκιβιάδης ταῦτα ἅμα μὲν τῷ Τισσαφέρνει καὶ βασιλεῖ, ὢν παρ᾽ ἐκείνοις, ἄριστα εἶναι νομίζων παρῄνει, ἅμα δὲ τὴν ἑαυτοῦ κάθοδον ἐς τὴν πατρίδα ἐπιθεραπεύων, εἰδώς, εἰ μὴ διαφθερεῖ αὐτήν, ὅτι ἔσται ποτὲ αὐτῷ πείσαντι κατελθεῖν· πεῖσαι δ᾽ ἂν ἐνόμιζε μάλιστα ἐκ τοῦ τοιούτου, εἰ Τισσαφέρνης φαίνοιτο αὐτῷ ἐπιτήδειος ὤν. (2) Ὅπερ καὶ ἐγένετο. Ἐπειδὴ γὰρ ᾔσθοντο αὐτὸν ἰσχύοντα παρ᾽ αὐτῷ οἱ ἐν τῇ Σάμῳ Ἀθηναίων στρατιῶται, τὰ μὲν καὶ Ἀλκιβιάδου προσπέμψαντος λόγους ἐς τοὺς δυνατωτάτους αὐτῶν ἄνδρας ὥστε μνησθῆναι περὶ αὐτοῦ ἐς τοὺς βελτίστους

τῶν ἀνθρώπων ὅτι ἐπ' ὀλιγαρχία βούλεται καὶ οὐ πονηρία οὐδὲ δημοκρατία τῇ ἑαυτὸν ἐκβαλούσῃ κατελθὼν καὶ παρασχὼν Τισσαφέρνην φίλον αὐτοῖς ξυμπολιτεύειν, τὸ δὲ πλέον καὶ ἀπὸ σφῶν αὐτῶν οἱ ἐν τῇ Σάμῳ τριήραρχοί τε τῶν Ἀθηναίων καὶ δυνατώτατοι ὥρμηντο ἐς τὸ καταλῦσαι τὴν δημοκρατίαν.

XLVIII. Καὶ ἐκινήθη πρότερον ἐν τῷ στρατοπέδῳ τοῦτο, καὶ ἐς τὴν πόλιν ἐντεῦθεν ὕστερον ἦλθεν. Τῷ τε Ἀλκιβιάδη διαβάντες τινὲς ἐκ τῆς Σάμου ἐς λόγους ἦλθον, καὶ ὑποτείνοντος αὐτοῦ Τισσαφέρνην μὲν πρῶτον ἔπειτα δὲ καὶ βασιλέα φίλον ποιήσειν εἰ μὴ δημοκρατοῖντο (οὕτω γὰρ ἂν πιστεῦσαι μᾶλλον βασιλέα), πολλὰς ἐλπίδας εἶχον αὐτοί θ' ἑαυτοῖς οἱ δυνατοὶ τῶν πολιτῶν τὰ πράγματα, οἵπερ καὶ ταλαιπωροῦνται μάλιστα, ἐς αὑτοὺς περιποιήσειν καὶ τῶν πολεμίων ἐπικρατήσειν. (2) Ἔς τε τὴν Σάμον ἐλθόντες ξυνίστασάν τε τῶν ἀνθρώπων τοὺς ἐπιτηδείους ἐς ξυνωμοσίαν, καὶ ἐς τοὺς πολλοὺς φανερῶς ἔλεγον ὅτι βασιλεὺς σφίσι φίλος ἔσοιτο καὶ χρήματα παρέξοι Ἀλκιβιάδου τε κατελθόντος καὶ μὴ δημοκρατουμένων. (3) Καὶ ὁ μὲν ὄχλος, εἰ καί τι παραυτίκα ἤχθετο τοῖς πρασσομένοις, διὰ τὸ εὔπορον τῆς ἐλπίδος τοῦ παρὰ βασιλέως μισθοῦ ἡσύχαζεν· οἱ δὲ ξυνιστάντες τὴν ὀλιγαρχίαν ἐπειδὴ τῷ πλήθει ἐκοινώσαν, αὖθις καὶ σφίσιν αὐτοῖς καὶ τοῦ ἑταιρικοῦ τῷ πλέονι τὰ ἀπὸ τοῦ Ἀλκιβιάδου ἐσκόπουν. (4) Καὶ τοῖς μὲν ἄλλοις ἐφαίνετο εὔπορα καὶ πιστά, Φρυνίχῳ δὲ στρατηγῷ ἔτι ὄντι οὐδὲν ἤρεσκεν, ἀλλ' ὅ τε Ἀλκιβιάδης, ὅπερ καὶ ἦν, οὐδὲν μᾶλλον ὀλιγαρχίας ἢ δημοκρατίας δεῖσθαι ἐδόκει αὐτῷ, οὐδ' ἄλλο τι σκοπεῖσθαι ἢ ὅτῳ τρόπῳ ἐκ τοῦ παρόντος κόσμου τὴν πόλιν μεταστήσας ὑπὸ τῶν ἑταίρων παρακληθεὶς κάτεισιν, σφίσι δὲ περιοπτέον εἶναι τοῦτο μάλιστα ὅπως μὴ στασιάσωσιν· [τῷ] βασιλεῖ τε οὐκ εὔπορον εἶναι καὶ Πελοποννησίων ἤδη ὁμοίως ἐν τῇ θαλάσσῃ ὄντων, καὶ πόλεις ἐχόντων ἐν τῇ αὐτοῦ ἀρχῇ οὐ τὰς ἐλαχίστας, Ἀθηναίοις προσθέμενον, οἷς οὐ πιστεύει, πράγματα ἔχειν, ἐξὸν Πελοποννησίους, ὑφ' ὧν κακὸν οὐδέν πω πέπονθε, φίλους ποιήσασθαι. (5) Τάς τε ξυμμαχίδας πόλεις, αἷς ὑπεσχῆσθαι δὴ σφᾶς ὀλιγαρχίαν, ὅτι δὴ καὶ αὐτοὶ οὐ δημοκρατήσονται, εὖ εἰδέναι ἔφη ὅτι οὐδὲν μᾶλλον σφίσιν οὔθ' αἱ ἀφεστηκυῖαι προσχωρήσονται οὔθ' αἱ ὑπάρχουσαι βεβαιότεραι ἔσονται· οὐ γὰρ βουλήσεσθαι αὐτοῖς μετ' ὀλιγαρχίας ἢ δημοκρατίας δουλεύειν μᾶλλον ἢ μεθ' ὁποτέρου ἂν τύχωσι τούτων ἐλευθέρους εἶναι, (6) τούς τε καλοὺς κἀγαθοὺς ὀνομαζομένους οὐκ ἐλάσσω αὐτοὺς νομίζειν σφίσι πράγματα παρέξειν τοῦ δήμου, ποριστὰς ὄντας καὶ ἐσηγητὰς τῶν κακῶν τῷ δήμῳ, ἐξ ὧν τὰ πλείω αὐτοὺς ὠφελεῖσθαι· καὶ τὸ μὲν ἐπ' ἐκείνοις εἶναι, καὶ ἄκριτοι ἂν καὶ βιαιότερον ἀποθνήσκειν, τὸν δὲ δῆμον σφῶν τε καταφυγὴν εἶναι καὶ ἐκείνων σωφρονιστήν. (7) Καὶ ταῦτα παρ' αὐτῶν τῶν ἔργων ἐπισταμένας τὰς πόλεις σαφῶς αὐτὸς εἰδέναι ὅτι οὕτω νομίζουσιν. Οὔκουν ἑαυτῷ γε τῶν ἀπ' Ἀλκιβιάδου καὶ ἐν τῷ παρόντι πρασσομένων ἀρέσκειν οὐδέν.

et dicerent, se velle redire, ea conditione, ut penes paucos summa rerum esset, non autem penes homines abjectos et plebeios, qui se urbe ejecissent, et Tissaphernis amicitia illis conciliata, una cum illis rempublicam administrare; partim vero, idque magis, sua sponte trierarchi Atheniensium, qui in Samo erant, et viri potentissimi animis erant propensis ad evertendum statum popularem.

XLVIII. Haec autem res in castris prius agitata est, et hinc postea in urbem est propagata. Et nonnulli ex Samo trajicientes in colloquium cum Alcibiade venerunt, qui quum hanc spem ostenderet, se primum quidem Tissaphernis, deinde vero regis etiam amicitiam iis conciliaturum, si non populari imperio uterentur (sic enim regem magis confisurum), civitatis principes magnam spem concipiebant, fore, ut et ad se ipsos, qui malis maxime premerentur, reipublicae administrationem transferrent, et hostes superarent. (2) Et Samum reversi homines idoneos sibi conciliantes conjurationem conflabant et apud multitudinem propalam dicebant, regem sibi amicum fore, et pecuniam praebiturum, si Alcibiades restitueretur, et popularis status tolleretur. (3) Et vulgus quidem, quamquam in praesentia aegre ferebat ea, quae agebantur, ob paratam tamen stipendii regii spem quiescebat; illi vero, qui paucorum imperium constituere cupiebant, postquam rem cum multitudine communicarunt, rursus etiam inter se ipsos et majorem sodalium partem illa Alcibiadis promissa expendebant. (4) Et ceteris quidem haec factu facilia et fide digna videbantur; Phrynicho autem, qui adhuc erat dux, nihil horum placebat, sed et Alcibiades (id quod res erat) nihilo magis paucorum dominatum quam popularem statum affectare ei videbatur, nec aliud quicquam spectare, nisi qua ratione, immutata praesenti civitatis disciplina, a sodalibus accessitus reverti posset, sibi vero hoc praecipue prospiciendum esse, ne inter se dissiderent; et regi non sane facile factu esse, quum Peloponnesii jam aeque in mari versarentur, et urbes tenerent non minimas in illius imperio, Atheniensibus se adjungere, quibus diffideret, et ita negotia habere, quum ei liceret amicitiam cum Peloponnesiis inire, a quibus nullo maleficio affectus esset. (5) Quod autem attineret ad socias civitates, quibus jam promisissent paucorum imperium, quod ne ipsi quidem amplius populari statu essent usuri, dicebat, se probe scire, non ideo magis nec illas, quae defecissent, in suam potestatem redituras, nec illas, quae sibi superessent, constantiores futuras; non enim hunc eos animum habituros, ut sub paucorum dominatu aut in populari statu servitutem pati potius vellent, quum in utrocunque statu libertate frui, (6) et eos, qui honesti bonique viri vocentur, videri illis non minus negotii, quam ipsum popularem statum, sibi exhibituros, quum duces et auctores plebi essent maleficiorum ex quibus ipsi pleraque commoda consequerentur; et quantum quidem in illorum potestate esset, se et indicta causa et crudelius morte mulctatum iri, popularem vero statum suum esse perfugium, et illorum moderatorem. (7) Atque haec civitates ipsa experientia edoctas ita existimare, sibi ipsi plane compertum esse. Nequaquam igitur sibi quidem quicquam eorum, quae et in praesentia ab Alcibiade gerantur, placere.

XLIX. Οἱ δὲ ξυλλεγέντες τῶν ἐν τῇ ξυμμαχίᾳ, ὥσπερ καὶ τὸ πρῶτον αὐτοῖς ἐδόκει, τά τε παρόντα ἐδέχοντο καὶ ἐς τὰς Ἀθήνας πρέσβεις Πείσανδρον καὶ ἄλλους παρεσκευάζοντο πέμπειν, ὅπως περί τε τῆς τοῦ Ἀλκιβιάδου καθόδου πράσσοιεν καὶ τῆς τοῦ ἐκεῖ δήμου καταλύσεως, καὶ τὸν Τισσαφέρνην φίλον τοῖς Ἀθηναίοις ποιήσειαν.

L. Γνοὺς δὲ ὁ Φρύνιχος ὅτι ἔσοιτο περὶ τῆς τοῦ Ἀλκιβιάδου καθόδου λόγος καὶ ὅτι Ἀθηναῖοι ἐνδέξονται αὐτήν, δείσας πρὸς τὴν ἐναντίωσιν τῶν ὑφ' αὑτοῦ λεχθέντων μή ἦν κατέλθῃ ὡς κωλυτὴν ὄντα κακῶς δρᾷ, τρέπεται ἐπὶ τοιόνδε τι. (2) Πέμπει ὡς τὸν Ἀστύοχον τὸν Λακεδαιμονίων ναύαρχον, ἔτι ὄντα τότε περὶ τὴν Μίλητον, κρύφα ἐπιστείλας ὅτι Ἀλκιβιάδης αὐτῶν τὰ πράγματα φθείρει Τισσαφέρνην Ἀθηναίοις φίλον ποιῶν, καὶ τἄλλα σαφῶς ἐγγράψας· ξυγγνώμην δ' εἶναι ἑαυτῷ περὶ ἀνδρὸς πολεμίου καὶ μετὰ τοῦ τῆς πόλεως ἀξυμφόρου κακόν τι βουλεύειν. (3) Ὁ δὲ Ἀστύοχος τὸν μὲν Ἀλκιβιάδην ἄλλως τε καὶ οὐκέτι ὁμοίως ἐς χεῖρας ἰόντα οὐδὲ διενοεῖτο τιμωρεῖσθαι, ἀνελθὼν δὲ παρ' αὐτὸν ἐς Μαγνησίαν καὶ παρὰ Τισσαφέρνην ἅμα λέγει τε αὐτοῖς τὰ ἐπισταλέντα ἐκ τῆς Σάμου καὶ γίγνεται αὐτοῖς μηνυτής, προσέθηκέ τε, ὡς ἐλέγετο, ἐπὶ ἰδίοις κέρδεσι Τισσαφέρνει ἑαυτὸν, καὶ περὶ τούτων καὶ περὶ τῶν ἄλλων κοινοῦσθαι· διόπερ καὶ περὶ τῆς μισθοφορᾶς οὐκ ἐντελοῦς οὔσης μαλακωτέρως ἀνθήπτετο. (4) Ὁ δὲ Ἀλκιβιάδης εὐθὺς πέμπει κατὰ Φρυνίχου γράμματα ἐς τὴν Σάμον πρὸς τοὺς ἐν τέλει ὄντας οἷα δέδρακεν, καὶ ἀξιῶν αὐτὸν ἀποθνήσκειν. (5) Θορυβούμενος δὲ ὁ Φρύνιχος, καὶ πάνυ ἐν τῷ μεγίστῳ κινδύνῳ ὢν διὰ τὸ μήνυμα, ἀποστέλλει αὖθις πρὸς τὸν Ἀστύοχον, τά τε πρότερα μεμφόμενος ὅτι οὐ καλῶς ἐκρύφθη, καὶ νῦν ὅτι ὅλον τὸ στράτευμα τὸ τῶν Ἀθηναίων ἑτοῖμος εἴη τὸ ἐν τῇ Σάμῳ παρασχεῖν αὐτοῖς διαφθεῖραι, γράψας καθ' ἕκαστα, ἀτειχίστου οὔσης Σάμου ᾧ ἂν τρόπῳ αὐτὰ πράξειεν, καὶ ὅτι ἀνεπίφθονόν οἱ ἤδη εἴη περὶ τῆς ψυχῆς δι' ἐκείνους κινδυνεύοντι καὶ τοῦτο καὶ ἄλλο πᾶν δρᾶσαι μᾶλλον ἢ ὑπὸ τῶν ἐχθίστων αὐτὸν διαφθαρῆναι. Ὁ δ' Ἀστύοχος μηνύει καὶ ταῦτα τῷ Ἀλκιβιάδῃ.

LI. Καὶ ὡς προῄσθετο αὐτὸν ὁ Φρύνιχος ἀδικοῦντα καὶ ὅσον οὐ παροῦσαν ἀπὸ τοῦ Ἀλκιβιάδου περὶ τούτων ἐπιστολήν, αὐτὸς προφθάσας τῷ στρατεύματι ἐξάγγελος γίγνεται ὡς οἱ πολέμιοι μέλλουσιν ἀτειχίστου οὔσης τῆς Σάμου καὶ ἅμα τῶν νεῶν οὐ πασῶν ἔνδον ὁρμουσῶν ἐπιθήσεσθαι τῷ στρατοπέδῳ, καὶ ταῦτα σαφῶς πεπυσμένος εἴη, καὶ χρῆναι τειχίζειν τε Σάμον ὡς τάχιστα καὶ τἄλλα ἐν φυλακῇ ἔχειν· ἐστρατήγει δὲ καὶ κύριος ἦν αὐτὸς πράσσων ταῦτα. (2) Καὶ οἱ μὲν τὸν τειχισμόν τε παρεσκευάζοντο, καὶ ἐκ τοῦ τοιούτου καὶ ὡς μέλλουσα Σάμος θᾶσσον ἐτειχίσθη· αἱ δὲ παρὰ τοῦ Ἀλκιβιάδου ἐπιστολαὶ οὐ πολὺ ὕστερον ἧκον ὅτι προδίδοταί τε τὸ στράτευμα ὑπὸ Φρυνίχου καὶ οἱ πολέμιοι μέλλουσιν ἐπιθήσεσθαι. (3) Δόξας δὲ ὁ Ἀλκιβιάδης οὐ

πιστὸς εἶναι ἀλλὰ τὰ ἀπὸ τῶν πολεμίων προειδὼς τῷ Φρυνίχῳ ὡς ξυνειδότι κατ' ἔχθραν ἀνατιθέναι, οὐδὲν ἔβλαψεν αὐτόν, ἀλλὰ καὶ ξυνεμαρτύρησε μᾶλλον ταῦτα ἐσαγγείλας.

LII. Μετὰ δὲ τοῦτο Ἀλκιβιάδης μὲν Τισσαφέρνην παρεσκεύαζε καὶ ἀνέπειθεν ὅπως φίλος ἔσται τοῖς Ἀθηναίοις, δεδιότα μὲν τοὺς Πελοποννησίους, ὅτι πλείοσι ναυσὶ τῶν Ἀθηναίων παρῆσαν, βουλόμενον δὲ ὅμως, εἰ δύναιτό πως, πεισθῆναι, ἄλλως τε καὶ ἐπειδὴ τὴν ἐν τῇ Κνίδῳ διαφορὰν περὶ τῶν Θηριμένους σπονδῶν ᾔσθετο τῶν Πελοποννησίων (ἤδη γὰρ κατὰ τοῦτον τὸν καιρὸν ἐν τῇ Ῥόδῳ ὄντων αὐτῶν ἐγεγένητο), ἐν ᾗ τὸν τοῦ Ἀλκιβιάδου λόγον πρότερον εἰρημένον περὶ τοῦ ἐλευθεροῦν τοὺς Λακεδαιμονίους τὰς ἁπάσας πόλεις ἐπηλήθευσεν ὁ Λίχας, οὐ φάσκων ἀνεκτὸν εἶναι ξυγκεῖσθαι κρατεῖν βασιλέα τῶν πόλεων ὧν ποτὲ καὶ πρότερον ἢ αὐτὸς ἢ οἱ πατέρες ἦρχον. Καὶ ὁ μὲν Ἀλκιβιάδης, ἅτε περὶ μεγάλων ἀγωνιζόμενος, προθύμως τὸν Τισσαφέρνην θεραπεύων προσέκειτο·

LIII. οἱ δὲ μετὰ τοῦ Πεισάνδρου πρέσβεις τῶν Ἀθηναίων ἀποσταλέντες ἐκ τῆς Σάμου, ἀφικόμενοι ἐς τὰς Ἀθήνας, λόγους ἐποιοῦντο ἐν τῷ δήμῳ κεφαλαιοῦντες ἐκ πολλῶν, μάλιστα δὲ ὡς ἐξείη αὐτοῖς Ἀλκιβιάδην καταγαγοῦσι καὶ μὴ τὸν αὐτὸν τρόπον δημοκρατουμένοις βασιλέα τε ξύμμαχον ἔχειν καὶ Πελοποννησίων περιγενέσθαι. (2) Ἀντιλεγόντων δὲ πολλῶν καὶ ἄλλων περὶ τῆς δημοκρατίας, καὶ τῶν Ἀλκιβιάδου ἅμα ἐχθρῶν διαβοώντων ὡς δεινὸν εἴη, εἰ τοὺς νόμους βιασάμενος κάτεισιν, καὶ Εὐμολπιδῶν καὶ Κηρύκων περὶ τῶν μυστικῶν δι' ἅπερ ἔφυγε μαρτυρομένων καὶ ἐπιθειαζόντων μὴ κατάγειν, ὁ Πείσανδρος παρελθὼν πρὸς πολλὴν ἀντιλογίαν καὶ σχετλιασμὸν ἠρώτα ἕνα ἕκαστον παράγων τῶν ἀντιλεγόντων, εἴ τινα ἐλπίδα ἔχει σωτηρίας τῇ πόλει Πελοποννησίων ναῦς τε οὐκ ἐλάσσους σφῶν ἐν τῇ θαλάσσῃ ἀντιπρῴρους ἐχόντων καὶ πόλεις ξυμμαχίδας πλείους, βασιλέως τε αὐτοῖς καὶ Τισσαφέρνους χρήματα παρεχόντων, σφίσι τε οὐκέτι ὄντων, εἰ μή τις πείσει βασιλέα μεταστῆναι παρὰ σφᾶς. (3) Ὁπότε δὲ μὴ φαῖεν ἐρωτώμενοι, ἐνταῦθα δὴ σαφῶς ἔλεγεν αὐτοῖς ὅτι « τοῦτο τοίνυν οὐκ ἔστιν ἡμῖν γενέσθαι, εἰ μὴ πολιτεύσομέν τε σωφρονέστερον καὶ ἐς ὀλίγους μᾶλλον τὰς ἀρχὰς ποιήσομεν, ἵνα πιστεύῃ ἡμῖν βασιλεύς, καὶ μὴ περὶ πολιτείας τὸ πλέον βουλεύσομεν ἐν τῷ παρόντι ἢ περὶ σωτηρίας (ὕστερον γὰρ ἐξέσται ἡμῖν καὶ μεταθέσθαι, ἢν μή τι ἀρέσκῃ), Ἀλκιβιάδην τε κατάξομεν, ὃς μόνος τῶν νῦν οἷός τε τοῦτο κατεργάσασθαι. »

LIV. Ὁ δὲ δῆμος τὸ μὲν πρῶτον ἀκούων χαλεπῶς ἔφερε τὸ περὶ τῆς ὀλιγαρχίας· σαφῶς δὲ διδασκόμενος ὑπὸ τοῦ Πεισάνδρου μὴ εἶναι ἄλλην σωτηρίαν, δείσας καὶ ἅμα ἐπελπίζων ὡς καὶ μεταβαλεῖται, ἐνέδωκεν. (2) Καὶ ἐψηφίσαντο πλεύσαντα τὸν Πείσανδρον καὶ δέκα ἄνδρας μετ' αὐτοῦ πράσσειν ὅπῃ ἂν αὐτοῖς δοκοίη ἄριστα ἕξειν τά τε πρὸς τὸν Τισσαφέρνην καὶ τὸν Ἀλ-

jam ante comperta Phrynicho, ut conscio, per inimicitias attribuere, nihil huic nocuit, imo vero, quod hæc indicasset, suo testimonio eum potius adjuvit.

LII. Postea vero Alcibiades quidem Tissaphernem monebat et inducebat, ut amicus esset Atheniensibus, timentem quidem Peloponnesios, quod majori cum classe, quam Athenienses, adessent, cupientem tamen, si qua ratione posset, fidem habere, præsertim postquam sensit Peloponnesiorum apud Cnidum de fœderibus per Therimenem factis dissensionem (nam hoc tempore quum illi apud Rhodum essent, jam exstiterat), in qua illum priorem Alcibiadis sermonem de eo, quod Lacedæmonii civitates omnes in libertatem assererent, Lichas verum esse demonstravit, negans hanc pactionem tolerandam esse, ut rex eas civitates obtineret, quibus vel prius aliquando aut ipse aut ejus majores imperassent. Et Alcibiades quidem, utpote qui magnis de rebus contenderet, Tissaphernem officiis studiose demerens rem urgebat;

LIII. Atheniensium vero legati, qui cum Pisandro ex Samo missi erant, quum Athenas pervenissent, apud populum verba faciebant, in summam multa colligentes, præcipue vero demonstrantes, facile iis esse, si Alcibiadem restituerent, nec amplius eodem modo populari statu uterentur, et regem socium habere et Peloponnesios superare. (2) Sed quum et alii multi de populari statu contradicerent, et simul Alcibiadis inimici vociferarentur, indignum facinus esse, si, legibus vi facta, rediret, et Eumolpidæ et Ceryces de mysticis, propter quæ profugerat, testimonium dicerent, et per res divinas obtestarentur, ne reducerent, Pisander in medium progressus, inter multam adversationem et indignationem quemvis unum eorum, qui contradicebant, in medium producens interrogabat, num quam salutis publicæ spem haberet, quum Peloponnesii non pauciores, quam ipsi, naves contra se in acie stantes in mari haberent, et socias civitates plures, præterea quum rex et Tissaphernes pecunias iis suppeditaret, ipsis vero nullæ amplius essent, nisi quis regi persuaderet, ut ad se transiret. (3) Ubi autem interrogati illi spem esse negarent, tunc vero palam dicebat iis : « Hoc igitur nobis contingere non potest, nisi rempublicam administrabimus sapientius, et magistratus ad pauciores deferamus, ut rex fidem nobis habeat, neque de republicæ forma magis consultabimus in præsentia, quam de salute (nam et postea nobis licebit hæc mutare, si quid displicuerit), Alcibiademque reducemus, qui solus omnium, qui nunc vivunt, hoc conficere potest. »

LIV. Populus vero primo quidem hæc audiens de paucorum dominatu graviter ferebat; sed quum a Pisandro plane doceretur, non esse aliam salutis rationem, metu perculsus et simul etiam sperans, fore aliquando, ut res immutaretur, cessit. (2) Et decreverunt, ut Pisander cum decem collegis proficisceretur ad rem cum Tissapherne et Alcibiade transigendam, ut e republica maxime fore ipsis vide-

κιβιάδην. (3) Ἅμα τε διαβαλόντος καὶ Φρύνιχον τοῦ Πεισάνδρου παρέλυσεν ὁ δῆμος τῆς ἀρχῆς καὶ τὸν ξυνάρχοντα Σκιρωνίδην, ἀντέπεμψαν δὲ στρατηγοὺς ἐπὶ τὰς ναῦς Διομέδοντα καὶ Λέοντα. Τὸν δὲ Φρύνιχον ὁ Πείσανδρος φάσκων Ἴασον προδοῦναι καὶ Ἀμόργην διέβαλεν, οὐ νομίζων ἐπιτήδειον εἶναι τοῖς πρὸς τὸν Ἀλκιβιάδην πρασσομένοις. (4) Καὶ ὁ μὲν Πείσανδρος τάς τε ξυνωμοσίας, αἵπερ ἐτύγχανον πρότερον ἐν τῇ πόλει οὖσαι ἐπὶ δίκαις καὶ ἀρχαῖς, ἁπάσας ἐπελθών, καὶ παρακελευσάμενος ὅπως ξυστραφέντες καὶ κοινῇ βουλευσάμενοι καταλύσουσι τὸν δῆμον, καὶ τἆλλα παρασκευάσας ἐπὶ τοῖς παροῦσιν ὥστε μηκέτι διαμέλλεσθαι, αὐτὸς μετὰ τῶν δέκα ἀνδρῶν τὸν πλοῦν ὡς τὸν Τισσαφέρνην ποιεῖται.

LV. Ὁ δὲ Λέων καὶ Διομέδων ἐν τῷ αὐτῷ χειμῶνι ἀφιγμένοι ἤδη ἐπὶ τὰς τῶν Ἀθηναίων ναῦς ἐπίπλουν τῇ Ῥόδῳ ἐποιήσαντο. Καὶ τὰς μὲν ναῦς καταλαμβάνουσιν ἀνειλκυσμένας τῶν Πελοποννησίων, ἐς δὲ τὴν γῆν ἀπόβασίν τινα ποιησάμενοι καὶ τοὺς προσβοηθήσαντας Ῥοδίων νικήσαντες μάχῃ ἀπεχώρησαν ἐς τὴν Χάλκην, καὶ τὸν πόλεμον ἐντεῦθεν μᾶλλον ἢ ἐκ τῆς Κῶ ἐποιοῦντο· εὐφυλακτότερα γὰρ αὐτοῖς ἐγίγνετο, εἴ ποι ἀπαίροι τὸ τῶν Πελοποννησίων ναυτικόν. (2) Ἦλθε δ' ἐς τὴν Ῥόδον καὶ Ξενοφαντίδας Λάκων παρὰ Πεδαρίτου ἐκ Χίου, λέγων ὅτι τὸ τεῖχος τῶν Ἀθηναίων ἤδη ἐπιτετέλεσται, καὶ εἰ μὴ βοηθήσουσι πάσαις ταῖς ναυσίν, ἀπολεῖται τὰ ἐν Χίῳ πράγματα. Οἱ δὲ διενοοῦντο βοηθήσειν. (3) Ἐν τούτῳ δὲ ὁ Πεδάριτος αὐτός τε καὶ τὸ περὶ αὐτὸν ἐπικουρικὸν ἔχων καὶ τοὺς Χίους πανστρατιᾷ προσβαλὼν τῶν Ἀθηναίων τῷ περὶ τὰς ναῦς ἐρύματι αἱρεῖ τέ τι αὐτοῦ καὶ νεῶν τινῶν ἀνειλκυσμένων ἐκράτησεν· ἐπεκβοηθησάντων δὲ τῶν Ἀθηναίων καὶ τρεψαμένων τοὺς Χίους πρώτους νικᾶται καὶ τὸ ἄλλο τὸ περὶ τὸν Πεδάριτον, καὶ αὐτὸς ἀποθνήσκει καὶ τῶν Χίων πολλοί, καὶ ὅπλα ἐλήφθη πολλά.

LVI. Μετὰ δὲ ταῦτα οἱ μὲν Χῖοι ἔκ τε γῆς καὶ θαλάσσης ἔτι μᾶλλον ἢ πρότερον ἐπολιορκοῦντο, καὶ ὁ λιμὸς αὐτόθι ἦν μέγας· οἱ δὲ περὶ τὸν Πείσανδρον Ἀθηναίων πρέσβεις ἀφικόμενοι ὡς τὸν Τισσαφέρνην λόγους ποιοῦνται περὶ τῆς ὁμολογίας. (2) Ἀλκιβιάδης δὲ (οὐ γὰρ αὐτῷ πάνυ τὰ ἀπὸ Τισσαφέρνους βέβαια ἦν, φοβουμένου τοὺς Πελοποννησίους μᾶλλον, καὶ ἔτι βουλομένου, καθάπερ καὶ ὑπ' ἐκείνου ἐδιδάσκετο, τρίβειν ἀμφοτέρους) τρέπεται ἐπὶ τοιόνδε εἶδος ὥστε τὸν Τισσαφέρνην ὡς μέγιστα αἰτοῦντα παρὰ τῶν Ἀθηναίων μὴ ξυμβῆναι. (3) Δοκεῖ δέ μοι καὶ ὁ Τισσαφέρνης τὸ αὐτὸ βουληθῆναι, αὐτὸς μὲν διὰ τὸ δέος, ὁ δ' Ἀλκιβιάδης, ἐπειδὴ ἑώρα ἐκεῖνον καὶ ὣς οὐ ξυμβασείοντα, δοκεῖν τοῖς Ἀθηναίοις ἐβούλετο μὴ ἀδύνατος εἶναι πεῖσαι, ἀλλ' ὡς πεπεισμένῳ Τισσαφέρνει καὶ βουλομένῳ προσχωρῆσαι τοὺς Ἀθηναίους μὴ ἱκανὰ διδόναι. (4) Ἤτει γὰρ τοσαῦτα ὑπερβάλλων ὁ Ἀλκιβιάδης, λέγων αὐτὸς ὑπὲρ παρόντος Τισσαφέρνους, ὥστε

τῶν Ἀθηναίων, καίπερ ἐπὶ πολὺ ὅτι αἰτίοη ξυγχω-
ούντων, ὅμως αἴτιον γενέσθαι · Ἰωνίαν τε γὰρ πᾶσαν
ξίουν δίδοσθαι καὶ αὖθις νήσους τε τὰς ἐπικειμένας
καὶ ἄλλα, οἷς οὐκ ἐναντιουμένων τῶν Ἀθηναίων τέλος
τῇ τρίτῃ ἤδη ξυνόδῳ, δείσας μὴ πάνυ φωραθῇ ἀδύ-
ατος ὤν, ναῦς ἠξίου ἐᾶν βασιλέα ποιεῖσθαι καὶ παρα-
λεῖν τὴν ἑαυτοῦ γῆν ὅπῃ ἂν καὶ ὅσαις ἂν βούληται.
Ἐνταῦθα δὴ οὐκέτι, ἀλλ' ἄπορα νομίσαντες οἱ Ἀθηαῖοι καὶ ὑπὸ τοῦ Ἀλκιβιάδου ἐξηπατῆσθαι, δι' ὀργῆς
τελθόντες κομίζονται ἐς τὴν Σάμον.

LVII. Τισσαφέρνης δὲ εὐθὺς μετὰ ταῦτα καὶ ἐν τῷ
ὐτῷ χειμῶνι παρέρχεται ἐς τὴν Καῦνον, βουλόμενος
οὺς Πελοποννησίους πάλιν τε κομίσαι ἐς τὴν Μίλητον,
αὶ ξυνθήκας ἔτι ἄλλας ποιησάμενος, ἃς ἂν δύνηται,
οοφήν τε παρέχειν καὶ μὴ παντάπασιν ἐκπεπολεμῶ-
δαι, δεδιὼς μὴ ἢν ἀπορῶσι πολλαῖς ναυσὶ τῆς τρο-
ῆς, ἢ τοῖς Ἀθηναίοις ἀναγκασθέντες ναυμαχεῖν ἡσση-
ῶσιν, ἢ κενωθεισῶν τῶν νεῶν ἄνευ ἑαυτοῦ γένηται τοῖς
Ἀθηναίοις ἃ βούλονται. Ἔτι δὲ ἐφοβεῖτο μάλιστα
ὴ τῆς τροφῆς ζητήσει πορθήσωσι τὴν ἤπειρον. (2)
άντων οὖν τούτων λογισμῷ καὶ προνοίᾳ, ὥσπερ ἐβούλετο ἐπανισοῦν τοὺς Ἕλληνας πρὸς ἀλλήλους, μετα-
εμψάμενος οὖν τοὺς Πελοποννησίους τροφήν τε αὐτοῖς
δωσι καὶ σπονδὰς τρίτας τάσδε σπένδεται.

LVIII. « Τρίτῳ καὶ δεκάτῳ ἔτει Δαρείου βασιλεύ-
ντος, ἐφορεύοντος δὲ Ἀλεξιππίδα ἐν Λακεδαίμονι, ξυν-
ῆκαι ἐγένοντο ἐν Μαιάνδρου πεδίῳ Λακεδαιμονίων καὶ
ῶν ξυμμάχων πρὸς Τισσαφέρνην καὶ Ἱεραμένην καὶ
οὺς Φαρνάκου παῖδας περὶ τῶν βασιλέως πραγμάτων
αὶ Λακεδαιμονίων καὶ τῶν ξυμμάχων. (2) Χώραν
ἣν βασιλέως, ὅση τῆς Ἀσίας ἐστί, βασιλέως εἶναι · καὶ
ερὶ τῆς χώρας τῆς ἑαυτοῦ βουλευέτω βασιλεὺς ὅπως
ούλεται. (3) Λακεδαιμονίους δὲ καὶ τοὺς ξυμμάχους
ὴ ἰέναι ἐπὶ χώραν τὴν βασιλέως ἐπὶ κακῷ μηδενί, μηδὲ
ασιλέα ἐπὶ τὴν Λακεδαιμονίων μηδὲ τῶν ξυμμάχων
τι κακῷ μηδενί. (4) Ἢν δέ τις Λακεδαιμονίων ἢ τῶν
υμμάχων ἐπὶ κακῷ ἴῃ ἐπὶ τὴν βασιλέως χώραν, Λα-
εδαιμονίους καὶ τοὺς ξυμμάχους κωλύειν · καὶ ἤν τις ἐκ
ῆς βασιλέως ἴῃ ἐπὶ κακῷ ἐπὶ Λακεδαιμονίους ἢ τοὺς
υμμάχους, βασιλεὺς κωλυέτω. (5) Τροφὴν δὲ ταῖς
αυσὶ ταῖς νῦν παρούσαις Τισσαφέρνην παρέχειν κατὰ
ὰ ξυγκείμενα μέχρι ἂν αἱ νῆες αἱ βασιλέως ἔλθωσιν ·
) Λακεδαιμονίους δὲ καὶ τοὺς ξυμμάχους, ἐπὴν αἱ
ασιλέως νῆες ἀφίκωνται, τὰς ἑαυτῶν ναῦς ἢν βούλων-
αι τρέφειν, ἐφ' ἑαυτοῖς εἶναι. Ἢν δὲ παρὰ Τισσα-
έρνους λαμβάνειν ἐθέλωσι τὴν τροφήν, Τισσαφέρνην
αρέχειν, Λακεδαιμονίους δὲ καὶ τοὺς ξυμμάχους τε-
ευτῶντος τοῦ πολέμου τὰ χρήματα Τισσαφέρνει ἀπο-
ῦναι, ὁπόσα ἂν λάβωσιν. (7) Ἐπὴν δὲ αἱ βασιλέως
ῆες ἀφίκωνται, αἵ τε Λακεδαιμονίων νῆες καὶ αἱ τῶν
υμμάχων καὶ αἱ βασιλέως κοινῇ τὸν πόλεμον πολε-
ούντων, καθ' ὅ τι ἂν Τισσαφέρνει δοκῇ καὶ Λακεδαι-
ονίοις καὶ τοῖς ξυμμάχοις. Ἢν δὲ καταλύειν βούλων-
αι πρὸς Ἀθηναίους, ἐν ὁμοίῳ καταλύεσθαι. »

THUCYDIDES.

vis Athenienses magnam partem rerum, quas postulabat,
concederent, tamen rei impedimentum ab illorum parte fuerit; nam et omnem Ioniam volebant tradi, et præterea insulas adjacentes, et alia, quibus quum Athenienses non
adversarentur, tandem in tertio congressu, veritus, ne jam
plane deprehenderetur ad rem peragendam invalidus, postulabat, ut naves sinerent regem ædificare, et secundum
suam terram navigare quacumque et quotcumque navibus
libuisset. Tunc vero Athenienses non jam aliter statuentes,
nisi fieri ea nulla ratione posse, et se ab Alcibiade deceptos
esse, per iram digressi Samum reverterunt.

LVII. Tissaphernes autem statim post hæc et eadem
hieme in Caunum se contulit, quia volebat Peloponnesios
Miletum rursus reducere, aliisque rursus factis pactionibus,
quascumque posset, stipendium præbere, nec sibi prorsus
hostes fieri, veritus ne, si in multis navibus laborarent inopia stipendii, aut coacti navale prœlium cum Atheniensibus
committere, superarentur, aut classe hominibus nudata
Atheniensibus sine se res ex animi sententia succederent.
Præterea vero maxime metuebat, ne illi stipendii quærendi
gratia continentem popularentur. (2) Harum igitur omnium
rerum rationem et curam habens, volebat quodam modo
Græcos inter se coæquare; itaque Peloponnesiis accitis stipendium numerat, et fœdera cum iis tertia facit, in hæc verba.

LVIII. « Tertio decimo regni Darei anno, Alexippida Lacedæmone ephoro, pactiones factæ sunt in Mæandri planitie
inter Lacedæmonios et socios ac Tissaphernem et Hierame-
nem et Pharnaci liberos, de regis et Lacedæmoniorum sociorumque negotiis. (2) Quæcumque regio regis est in Asia,
regis esto; et de sua regione rex arbitratu suo statuat. (3)
Lacedæmonii vero sociique in regis regionem ne eunto ullius
maleficii causa, neque rex in Lacedæmoniorum sociorumve
regionem ullius maleficii causa. (4) Si quis autem Lacedæmoniorum aut sociorum in regis regionem maleficii causa
iverit, Lacedæmonii sociique prohibento; et si quis e ditione
regis ad Lacedæmonios aut socios maleficii causa ierit, rex
prohibeto. (5) Stipendium autem classi, quæ nunc adest,
ex pactis Tissaphernes suppeditato, donec regia classis venerit. (6) Ubi autem regia classis advenerit, si Lacedæmonii sociique suam classem alere velint, hoc iis liceat. Sin
a Tissapherne stipendium accipere velint, Tissaphernes
præbeto, Lacedæmonii vero sociique, finito bello, pecunias
Tissapherni reddunto, quascumque acceperint. (7) Postquam autem classis regia venerit, Lacedæmoniorum et sociorum et regis naves communiter bellum gerunto, prout
Tissapherni et Lacedæmoniis et sociis videbitur. Quod si
pacem cum Atheniensibus facere velint, pari utrique modo
faciunto. »

LIX. Αἱ μὲν σπονδαὶ τοιαῦται ἐγένοντο, καὶ μετὰ ταύτας παρεσκευάζετο Τισσαφέρνης τάς τε Φοινίσσας ναῦς ἄξων, ὥσπερ εἴρητο, καὶ τἆλλα ὅσαπερ ὑπέσχετο, καὶ ἐβούλετο παρασκευαζόμενος γοῦν δῆλος εἶναι·

LX. Βοιωτοὶ δὲ τελευτῶντος ἤδη τοῦ χειμῶνος Ὠρωπὸν εἷλον προδοσίᾳ Ἀθηναίων ἐμφρουρούντων. Ξυνέπραξαν δὲ Ἐρετριέων τε ἄνδρες καὶ αὐτῶν Ὠρωπίων, ἐπιβουλεύοντες ἀπόστασιν τῆς Εὐβοίας· ἐπὶ γὰρ τῇ Ἐρετρίᾳ τὸ χωρίον ὂν ἀδύνατα ἦν Ἀθηναίων ἐχόντων μὴ οὐ μεγάλα βλάπτειν καὶ Ἐρέτριαν καὶ τὴν ἄλλην Εὔβοιαν. (2) Ἔχοντες οὖν ἤδη τὸν Ὠρωπὸν ἀφικνοῦνται ἐς Ῥόδον οἱ Ἐρετριῆς, ἐπικαλούμενοι ἐς τὴν Εὔβοιαν τοὺς Πελοποννησίους. Οἱ δὲ πρὸς τὴν τῆς Χίου κακουμένης βοήθειαν μᾶλλον ὥρμηντο, καὶ ἄραντες πάσαις ταῖς ναυσὶν ἐκ τῆς Ῥόδου ἔπλεον. (3) Καὶ γενόμενοι περὶ Τριόπιον καθορῶσι τὰς τῶν Ἀθηναίων ναῦς πελαγίας ἀπὸ τῆς Χάλκης πλεούσας· καὶ ὡς οὐδέτεροι ἀλλήλοις ἐπέπλεον, ἀφικνοῦνται οἱ μὲν ἐς τὴν Σάμον οἱ δ' ἐς τὴν Μίλητον, καὶ ἑώρων οὐκέτι ἄνευ ναυμαχίας οἷόν τ' εἶναι ἐς τὴν Χίον βοηθῆσαι. Καὶ ὁ χειμὼν ἐτελεύτα οὗτος, καὶ εἰκοστὸν ἔτος τῷ πολέμῳ ἐτελεύτα τῷδε ὃν Θουκυδίδης ξυνέγραψεν.

LXI. Τοῦ δ' ἐπιγιγνομένου θέρους ἅμα τῷ ἦρι εὐθὺς ἀρχομένῳ Δερκυλίδας τε ἀνὴρ Σπαρτιάτης στρατιὰν ἔχων οὐ πολλὴν παρεπέμφθη πεζῇ ἐφ' Ἑλλησπόντου Ἄβυδον ἀποστήσων (εἰσὶ δὲ Μιλησίων ἄποικοι), καὶ οἱ Χῖοι, ἐν ὅσῳ αὐτοῖς ὁ Ἀστύοχος ἠπόρει ὅπως βοηθήσοι, ναυμαχῆσαι πιεζόμενοι τῇ πολιορκίᾳ ἠναγκάσθησαν. (2) Ἔτυχον δ' ἔτι ἐν Ῥόδῳ ὄντος Ἀστυόχου ἐκ τῆς Μιλήτου Λέοντά τε ἄνδρα Σπαρτιάτην, ὃς Ἀντισθένει ἐπιβάτης ξυνεξῆλθε, τοῦτον κεκομισμένοι μετὰ τὸν Πεδαρίτου θάνατον ἄρχοντα, καὶ ναῦς δώδεκα αἳ ἔτυχον φύλακες Μιλήτου οὖσαι, ὧν ἦσαν Θούριαι πέντε καὶ Συρακόσιαι τέσσαρες καὶ μία Ἀναιῖτις καὶ μία Μιλησία καὶ Λέοντος μία. (3) Ἐπεξελθόντων δὲ τῶν Χίων πανδημεὶ καὶ καταλαβόντων τι ἐρυμνὸν χωρίον, καὶ τῶν νεῶν αὐτοῖς ἅμα ἓξ καὶ τριάκοντα ἐπὶ τὰς τῶν Ἀθηναίων δύο καὶ τριάκοντα ἀναγαγομένων, ἐναυμάχησαν· καὶ καρτερᾶς γενομένης ναυμαχίας οὐκ ἔλασσον ἔχοντες ἐν τῷ ἔργῳ οἱ Χῖοι καὶ οἱ ξύμμαχοι (ἤδη γὰρ καὶ ὀψὲ ἦν) ἀνεχώρησαν ἐς τὴν πόλιν.

LXII. Μετὰ δὲ τοῦτο εὐθὺς τοῦ Δερκυλίδου πεζῇ ἐκ τῆς Μιλήτου παρεξελθόντος Ἄβυδος ἐν τῷ Ἑλλησπόντῳ ἀφίσταται πρὸς Δερκυλίδαν καὶ Φαρνάβαζον, καὶ Λάμψακος δυοῖν ἡμέραιν ὕστερον. (2) Στρομβιχίδης δ' ἐκ τῆς Χίου, πυθόμενος, κατὰ τάχος βοηθήσας ναυσὶν Ἀθηναίων τέσσαρσι καὶ εἴκοσιν, ὧν καὶ στρατιώτιδες ἦσαν ὁπλίτας ἄγουσαι, ἐπεξελθόντων τῶν Λαμψακηνῶν μάχῃ κρατήσας καὶ αὐτοβοεὶ Λάμψακον ἀτείχιστον οὖσαν ἑλών, καὶ σκεύη μὲν καὶ ἀνδράποδα ἁρπαγὴν ποιησάμενος, τοὺς δ' ἐλευθέρους πάλιν κατοικίσας, ἐπ' Ἄβυδον ἦλθεν. (3) Καὶ ὡς οὔτε προσεχώρουν οὔτε προσβάλλων ἐδύνατο ἑλεῖν, ἐς τὸ ἀντιπέρας τῆς Ἀβύδου ἀποπλεύσας Σηστὸν πόλιν τῆς Χερσονήσου, ἥν ποτε

LIX. Foedera quidem haec talia fuerunt, et secundum ea Tissaphernes praeparabat naves Phoenissas, ut eas, quemadmodum dictum erat, adduceret, et cetera, quaecunque promiserat, et volebat certe quidem quidem praeparationem suam manifestam esse.

LX. Boeoti autem exeunte jam hieme Oropum, in quo erat Atheniensium praesidium, per proditionem ceperunt. Simul autem haec egerant nonnulli Eretriensium et ipsorum Oropiorum, qui operam clandestine dabant, ut Euboeam ad defectionem inducerent; fieri enim non poterat, quin hoc oppidum, quod Eretriae imminebat, Atheniensibus hoc tenentibus, magnis detrimentis et Eretriam et ceteram Euboeam afficeret. (2) Eretrienses igitur, Oropo jam potiti, in Rhodum iverunt, ut Peloponnesios in Euboeam accirent. Illi vero magis ad auxilium Chio ferendum intenti erant, et cum omni classe e Rhodo solventes eo navigabant. (3) Et quum ad Triopium pervenissent, Atheniensium classem, quae ex Chalce veniebat, in alto navigantem prospexerunt; et quum neutri in alteros incursionem classe facerent, alteri Samum, alteri Miletum se receperunt, et videbant non amplius Chiis sine navali proelio opem ferri posse. Atque haec hiems finiebatur, hujusque belli vicesimus annus finiebatur, quod Thucydides conscripsit.

LXI. Insequentis autem aestatis vere statim ineunte, et Dercylidas, vir Spartanus, cum non magna militum manu itinere pedestri in Hellespontum missus est, ut Abydum ad defectionem adduceret (sunt autem Milesiorum coloni), et Chii, dum Astyochus dubitabat, qua ratione iis opem ferret, quum obsidione premerentur, navale proelium committere coacti sunt. (2) Quum autem Astyochus apud Rhodum adhuc esset, Leontem, virum Spartanum Mileto profectum, qui cum Antisthene illuc eadem navi vectus venerat, post Pedariti mortem ducem acceperant, et duodecim naves, quae praesidii causa Mileti stabant, quarum erant quinque Thuriae et Syracusanae quatuor et una Anaeitis et una Milesia et Leontis una. (3) Quum igitur Chii cum universis copiis prodissent et quemdam locum munitum occupassent, et simul ipsorum sex et triginta adversus duas et triginta Atheniensium naves in altum solvissent, proelium navale commiserunt; et atroci pugna commissa Chii et socii, quum non inferiores pugna essent (jam enim etiam vesper erat), in urbem redierunt.

LXII. Postea vero statim quum Dercylidas itinere pedestri Mileto discessisset, Abydus in Hellesponto ad Dercylidam et Phanabazum defecit, et Lampsacus duobus post diebus. (2) Strombichides vero ex Chio, re cognita, celeriter cum quatuor et viginti Atheniensium navibus, inter quas erant etiam militares gravis armaturae milites vehentes auxilio profectus, quum Lampsacenos, qui obviam ei prodierant, proelio superasset, et Lampsacum nullis muris cinctam primo impetu cepisset, et vasa quidem ac mancipia diripienda suis dedisset, liberos autem in suas pristinas sedes restituisset, Abydum petiit. (3) Et quum neque deditionem facerent neque urbem aggressus expugnare posset, in regionem Abydo oppositam trajecit, et Sestum urbem in

Μῆδοι εἶχον, καθίστατό φρούριον καὶ φυλακὴν τοῦ παντὸς Ἑλλησπόντου.

LXIII. Ἐν τούτῳ δὲ οἱ Χῖοί τε θαλασσοκράτορες μᾶλλον ἐγένοντο, καὶ οἱ ἐν τῇ Μιλήτῳ καὶ ὁ Ἀστύοχος πυθόμενος τὰ περὶ τῆς ναυμαχίας καὶ τὸν Στρομβιχίδην καὶ τὰς ναῦς ἀπεληλυθότα ἐθάρσησεν. (2) Καὶ παραπλεύσας δυοῖν νεοῖν Ἀστύοχος ἐς Χίον κομίζει ὑπόθεν τὰς ναῦς, καὶ ξυμπάσαις ἤδη ἐπίπλουν ποιεῖται ἐπὶ τὴν Σάμον· καὶ ὡς αὐτῷ διὰ τὸ ἀλλήλοις ὑπόπτως ἔχειν οὐκ ἀντανήγοντο, ἀπέπλευσε πάλιν ἐς τὴν Μίλητον. (3) Ὑπὸ γὰρ τοῦτον τὸν χρόνον καὶ ἔτι πρότερον ἐν ταῖς Ἀθήναις δημοκρατία κατελέλυτο. Ἐπειδὴ γὰρ οἱ περὶ τὸν Πείσανδρον πρέσβεις παρὰ τοῦ Τισσαφέρνους ἐς τὴν Σάμον ἦλθον, τά τ' ἐν αὐτῷ τῷ στρατεύματι ἔτι βεβαιότερον κατέλαβον, καὶ αὐτῶν τῶν Σαμίων προυτρέψαντο τοὺς δυνατοὺς ὥστε πειρᾶσθαι μετὰ σφῶν ὀλιγαρχηθῆναι, καίπερ ἐπαναστάντας αὐτοὺς ἀλλήλοις ἵνα μὴ ὀλιγαρχῶνται. (4) Καὶ ἐν σφίσιν αὐτοῖς ἅμα οἱ ἐν τῇ Σάμῳ τῶν Ἀθηναίων κοινολογούμενοι ἐσκέψαντο Ἀλκιβιάδην μέν, ἐπειδήπερ οὐ βούεται, ἐᾶν (καὶ γὰρ οὐκ ἐπιτήδειον αὐτὸν εἶναι ἐς ὀλιγαρχίαν ἐλθεῖν), αὐτοὺς δὲ ἐπὶ σφῶν αὐτῶν, ὡς ἤδη καὶ κινδυνεύοντας, ὁρᾶν ὅτῳ τρόπῳ μὴ ἀνεθήσεται τὰ πράγματα, καὶ τὰ τοῦ πολέμου ἅμα ἀντέχειν, καὶ ἐσφέρειν αὐτοὺς ἐκ τῶν ἰδίων οἴκων προθύμως χρήματα καὶ ἤν τι ἄλλο δέῃ, ὡς οὐκέτι ἄλλοις ἢ σφίσιν αὐτοῖς ταλαιπωροῦντας.

LXIV. Παρακελευσάμενοι οὖν τοιαῦτα τὸν μὲν Πείσανδρον εὐθὺς τότε καὶ τῶν πρέσβεων τοὺς ἡμίσεις ἀπέστελλον ἐπ' οἴκου πράξοντας τἀκεῖ, καὶ εἴρητο αὐτοῖς τῶν ὑπηκόων πόλεων αἷς ἂν προσίσχωσιν ὀλιγαρχίαν καθιστάναι· τοὺς δ' ἡμίσεις ἔς τ' ἄλλα τὰ ὑπήκοα χωρία ἄλλους ἄλλῃ διέπεμπον, (2) καὶ Διοτρέφην ὄντα περὶ Χίον, ᾑρημένον δὲ ἐς τὰ ἐπὶ Θρᾴκης ἄρχειν, ἀπέστελλον ἐπὶ τὴν ἀρχήν. Καὶ ἀφικόμενος ἐς τὴν Θάσον τὸν δῆμον κατέλυσεν. (3) Καὶ ἀπελθόντος αὐτοῦ οἱ Θάσιοι δευτέρῳ μηνὶ μάλιστα τὴν πόλιν ἐτείχιζον, ὡς τῆς μὲν μετ' Ἀθηναίων ἀριστοκρατίας οὐδὲν ἔτι προσδεόμενοι, τὴν δ' ἀπὸ Λακεδαιμονίων ἐλευθερίαν ὁσημέραι προσδεχόμενοι· (4) καὶ γὰρ καὶ φυγὴ αὐτῶν ἔξω ἦν ὑπὸ τῶν Ἀθηναίων παρὰ τοῖς Πελοποννησίοις, καὶ αὕτη μετὰ τῶν ἐν τῇ πόλει ἐπιτηδείων κατὰ κράτος ἔπρασσε ναῦς τε κομίσαι καὶ τὴν Θάσον ἀποστῆσαι. Συνέβη οὖν αὐτοῖς μάλιστα ἃ ἐβούλοντο, τὴν πόλιν τε ἀκινδύνως ὀρθοῦσθαι καὶ τὸν ἐναντιωσόμενον δῆμον καταλελύσθαι. (5) Περὶ μὲν οὖν τὴν Θάσον τἀναντία τοῖς τὴν ὀλιγαρχίαν καθιστᾶσι τῶν Ἀθηναίων ἐγένετο, δοκεῖν δ' ἔμοι καὶ ἐν ἄλλοις πολλοῖς τῶν ὑπηκόων· σωφροσύνην γὰρ λαβοῦσαι αἱ πόλεις καὶ ἄδειαν τῶν πρασσομένων ἐχώρησαν ἐπὶ τὴν ἄντικρυς ἐλευθερίαν, τὴν ἀπὸ τῶν Ἀθηναίων ὕπουλον αὐτονομίαν οὐ προτιμήσαντες.

LXV. Οἱ δ' ἀμφὶ τὸν Πείσανδρον παραπλέοντές τε, ὥσπερ ἐδέδοκτο, τοὺς δήμους ἐν ταῖς πόλεσι κατέλυον, καὶ ἅμα ἔστιν ἀφ' ὧν χωρίων καὶ ὁπλίτας ἔχοντες σφίσιν

Chersoneso sitam, quam olim Medi tenuerant, totius Hellesponti praesidium et custodiam constituit.

LXIII. Interea vero et Chii maris majorem potestatem obtinuerant, et qui Mileti erant, et Astyochus, quum nuncium de proelio navali accepisset et de Strombichide cum navibus digresso, fiduciam animo concepit. (2) Quamobrem Astyochus cum duabus navibus in Chium profectus, naves illinc deduxit, et jam cum universa classe adversus Samum contendit; et quum hostes, quod inter se suspecti essent, obviam ei non prodirent, Miletum rursus rediit. (3) Nam per id tempus atque etiam prius popularis status Athenis sublatus erat. Postquam enim Pisander ejusque legationis collegae a Tissapherne Samum redierunt, et res in castris longe firmius obstrinxerunt, et ipsorum Samiorum viros potentes hortati sunt, ut secum paucorum dominatu uti conarentur, quamvis orta inter ipsos seditione, ne paucorum dominatu regerentur. (4) Et Athenienses simul, qui Sami erant, inter se consilia conferentes statuerunt, Alcibiadem quidem (quippe eum non animo ita comparatum esse, ut se paucorum imperio adjungeret) missum facere, sed ipsi per se, quod jam etiam in periculo versarentur, dispicere, quonam modo res suae non perderentur, et simul bellum strenue sustineretur, ipsique pecuniam ex suis privatis bonis alacriter conferrent, et si quid aliud opus esset, quandoquidem non amplius aliorum, quam sua ipsorum causa labores ferrent.

LXIV. Tali modo igitur inter se adhortati Pisandrum tunc statim et dimidiam legatorum partem domum dimiserunt ut res illic agerent, et mandatum iis erat, ut in subditorum civitatibus, ad quas appellerent, paucorum dominatum constituerent; alteram vero dimidiam legatorum partem et in alia subditorum oppida, alium alio dimiserunt, (2) et Diotrephem, circa Chium agentem, qui delectus erat, ut Thraciam gubernaret, ad provinciam suam mittebant. Qui quum Thasum pervenisset, statum popularem sustulit. (3) Post ejus autem discessum altero ferme mense Thasii urbem muris cingebant, quippe nequaquam jam desiderantes optimatum statum in Atheniensium societate, sed quotidie libertatem a Lacedaemoniis exspectantes; (4) nam eorum etiam exsules, ab Atheniensibus urbe pulsi, foris apud Peloponnesios erant, atque hi cum necessariis, qui in urbe erant, totis viribus operam dabant, ut et naves illuc adducerent, et Thasum ad defectionem impellerent. Accidit iis igitur, quod maxime cupiebant, ut et sine periculo civitas rem feliciter gereret, et popularis status tolleretur, qui adversaturus fuisset. (5) In Thaso igitur res cecidit contra vota illorum Atheniensium, qui paucorum dominatum constituebant, atque, ut mihi quidem videtur, etiam apud multos alios subditos; animorum enim sobrietate civitatibus data et immunitate eorum, quae agerentur, converterunt se ad apertam libertatem, fallaci illo sui juris usu, quem Athenienses concedebant, non praelato.

LXV. At Pisander et ejus collegae, dum praetervehuntur, quemadmodum statutum erat, in urbibus statum popularem tollebant; quinetiam ex nonnullis urbibus gravis armaturae

23.

αὐτοῖς ξυμμάχους ἦλθον ἐς τὰς Ἀθήνας. (2) Καὶ καταλαμβάνουσι τὰ πλεῖστα τοῖς ἑταίροις προειργασμένα. Καὶ γὰρ Ἀνδροκλέα τέ τινα τοῦ δήμου μάλιστα προεστῶτα ξυστάντες τινὲς τῶν νεωτέρων κρύφα ἀποκτείνυσιν, ὅσπερ καὶ τὸν Ἀλκιβιάδην οὐχ ἥκιστα ἐξήλασεν, καὶ αὐτὸν κατ' ἀμφότερα, τῆς τε δημαγωγίας ἕνεκα καὶ οἰόμενοι τῷ Ἀλκιβιάδῃ ὡς κατιόντι καὶ τὸν Τισσαφέρνην φίλον ποιήσοντι χαριεῖσθαι, μᾶλλόν τι διέφθειραν· καὶ ἄλλους τινὰς ἀνεπιτηδείους τῷ αὐτῷ τρόπῳ κρύφα ἀνάλωσαν. (3) Λόγος τε ἐκ τοῦ φανεροῦ προσείργαστο αὐτοῖς ὡς οὔτε μισθοφορητέον εἴη ἄλλους ἢ τοὺς στρατευομένους, οὔτε μεθεκτέον τῶν πραγμάτων πλείοσιν ἢ πεντακισχιλίοις, καὶ τούτοις οἳ ἂν μάλιστα τοῖς τε χρήμασι καὶ τοῖς σώμασιν ὠφελεῖν οἷοί τε ὦσιν.

LXVI. Ἦν δὲ τοῦτο εὐπρεπὲς πρὸς τοὺς πλείους, ἐπεὶ ἕξειν γε τὴν πόλιν οἵπερ καὶ μεθίστασαν ἔμελλον. Δῆμος μέντοι ὅμως ἔτι καὶ βουλὴ ἡ ἀπὸ τοῦ κυάμου ξυνελέγετο· ἐβούλευον δὲ οὐδὲν ὅ τι μὴ τοῖς ξυνεστῶσι δοκοίη, ἀλλὰ καὶ οἱ λέγοντες ἐκ τούτων ἦσαν καὶ τὰ ῥηθησόμενα πρότερον αὐτοῖς προύσκεπτο. (2) Ἀντέλεγέ τε οὐδεὶς ἔτι τῶν ἄλλων, δεδιὼς καὶ ὁρῶν πολὺ τὸ ξυνεστηκός· εἰ δέ τις καὶ ἀντείποι, εὐθὺς ἐκ τρόπου τινὸς ἐπιτηδείου τεθνήκει, καὶ τῶν δρασάντων οὔτε ζήτησις οὔτ' εἰ ὑποπτεύοιντο δικαίωσις ἐγίγνετο, ἀλλ' ἡσυχίαν εἶχεν ὁ δῆμος καὶ κατάπληξιν τοιαύτην ὥστε κέρδος ὁ μὴ πάσχων τι βίαιον, εἰ καὶ σιγῴη, ἐνόμιζεν. (3) Καὶ τὸ ξυνεστηκὸς πολὺ πλέον ἡγούμενοι εἶναι ἢ ὅσον ἐτύγχανεν ὂν ἡσσῶντο ταῖς γνώμαις, καὶ ἐξευρεῖν αὐτὸ ἀδύνατοι ὄντες διὰ τὸ μέγεθος τῆς πόλεως καὶ διὰ τὴν ἀλλήλων ἀγνωσίαν οὐκ εἶχον. (4) Κατὰ δὲ ταὐτὸ τοῦτο καὶ προσολοφύρασθαί τινι ἀγανακτήσαντα, ὥστε ἀμύνασθαι ἐπιβουλεύσαντα, ἀδύνατον ἦν· ἢ γὰρ ἀγνῶτα ἂν εὗρεν ᾧ ἐρεῖ, ἢ γνώριμον ἄπιστον. (5) Ἀλλήλοις γὰρ ἅπαντες ὑπόπτως προσῇεσαν οἱ τοῦ δήμου, ὡς μετέχοντά τινα τῶν γιγνομένων. Ἐνῆσαν γὰρ καὶ οὓς οὐκ ἄν ποτέ τις ᾤετο ἐς ὀλιγαρχίαν τραπέσθαι· καὶ τὸ ἄπιστον οὗτοι μέγιστον πρὸς τοὺς πολλοὺς ἐποίησαν καὶ πλεῖστα ἐς τὴν τῶν ὀλίγων ἀσφάλειαν ὠφέλησαν, βέβαιον τὴν ἀπιστίαν τῷ δήμῳ πρὸς ἑαυτὸν καταστήσαντες.

LXVII. Ἐν τούτῳ οὖν τῷ καιρῷ οἱ περὶ τὸν Πείσανδρον ἐλθόντες εὐθὺς τῶν λοιπῶν εἴχοντο. Καὶ πρῶτον μὲν τὸν δῆμον ξυλλέξαντες εἶπον γνώμην δέκα ἄνδρας ἑλέσθαι ξυγγραφέας αὐτοκράτορας, τούτους δὲ ξυγγράψαντας ἀνενεγκεῖν ἐς τὸν δῆμον ἐς ἡμέραν ῥητὴν καθ' ὅ τι ἄριστα ἡ πόλις οἰκήσεται· (2) ἔπειτα ἐπειδὴ ἡ ἡμέρα ἐφῆκεν, ξυνέκλησαν τὴν ἐκκλησίαν ἐς τὸν Κολωνόν (ἔστι δὲ ἱερὸν Ποσειδῶνος ἔξω πόλεως, ἀπέχον σταδίους μάλιστα δέκα), καὶ ἐσήνεγκαν οἱ ξυγγραφῆς ἄλλο μὲν οὐδέν, αὐτὸ δὲ τοῦτο, ἐξεῖναι μὲν Ἀθηναίων ἀνειπεῖν γνώμην ἣν ἄν τις βούληται· ἢν δέ τις τὸν εἰπόντα ἢ γράψηται παρανόμων ἢ ἄλλῳ τῳ τρόπῳ βλάψῃ, μεγάλας ζημίας ἐπέθεσαν. (3) Ἐνταῦθα δὴ λαμπρῶς ἐλέγετο ἤδη μήτε ἀρχὴν ἄρχειν μηδεμίαν ἔτι ἐκ τοῦ αὐτοῦ κόσμου μήτε μισθοφορεῖν, προέδρους

milites sibi socios adjunxerunt, quos secum ducentes Athenas reverterunt, (2) et pleraque a conjuratis, jam confecta deprehenderunt. Etenim Androclem quemdam, acerrimum status popularis propugnatorem, qui etiam inter primos exstiterat auctor Alcibiadis expellendi, quidam ex junioribus, conspiratione facta, clam interfecerunt, eumque duabus de causis, quod et populum suis concionibus ductaret, et quod eum Alcibiadi, tanquam reversuro et Tissaphernis amicitiam conciliaturo, gratificaturum existimarent, præcipuo quodam studio perdiderunt; et alios nonnullos non admodum secum sentientes eodem modo clam sustulerunt. (3) Et orationem præterea propalam elaboraverant, stipendium non esse dandum ullis aliis, nisi iis, qui militarent, nec plures, quam quinque hominum millia, ad reipublicæ administrationem admittendos esse, et quidem eos, qui et pecuniis et corporibus maxime utiles esse possent.

LXVI. Hæc autem res apud plerosque speciosum prætextum habebat, siquidem rempublicam qui erant immutaturi, iidem etiam administraturi erant. Verumtamen et populus adhuc et senatus fabis creatus congregabatur; sed consultabant de nulla re, quæ non conjuratis placeret, atque etiam illi, qui concionabantur, erant ex horum numero, et quæ dicenda essent, prius ab iis deliberatum erat. (2) Nec jam amplius contradicebat quisquam ex reliquis, quod magnum conjuratorum numerum metueret ac videret; et si quis etiam contradixisset, confestim aliquo idoneo modo necabatur; et de cædis auctoribus neque inquirebatur, neque, si suspecti erant, supplicium sumebatur; sed populus quiescebat, adeoque perterrefactus erat, ut, si cui nulla vis afferretur, is in lucro poneret, etiam si taceret. (3) Et quum longe majorem conjuratorum numerum esse ducerent, quam erat, fracti erant animis; enim compertum habere non poterant, tum propter civitatis magnitudinem, tum propter mutuam ignorationem. (4) Quinetiam hac ipsa de causa non licebat cuiquam apud alium lamentari ira concepta, ita ut ulcisceretur eum, qui sibi insidias struxisset; aut enim ignotum invenisset, cui diceret, aut notum fidei dubium. (5) Inter se enim universi, qui erant de populo, cum suspicione coibant, ut si alter quisque particeps esset rerum, quæ agebantur. Nam socii erant etiam, quos nemo unquam suspicatus fuisset se ad paucorum dominatum conversuros, et hi in primis effecerunt, ut diffidentia populo incederet, et plurimum contulerunt ad confirmandum paucorum dominatum, quod certam causam diffidentiæ mutuæ populo præbuerant.

LXVII. In hoc igitur tempore Pisander ejusque collegæ reversi confestim ceteris peragendis operam dare cœperunt. Ac primum quidem, populo coacto, sententiam dixerunt, decem viros legum conscribendarum causa deligerent, qui summam hujus rei potestatem haberent; hi vero rogationem conscriptam ad populum intra certam diem ferrent, qua ratione respublica optime administrari posset. (2) Deinde postquam ea dies advenit, concionem incluserunt in Colonum, (est autem locus Neptuno sacer, extra urbem decem ferme stadiis ab ea distans;) atque hi legum scriptores nihil quidem aliud promulgarunt, sed hoc ipsum, ut cuivis Atheniensium liceret sententiam pronuntiare, quamcumque vellet; si quis autem aut legum violatarum accusasset, aut quoquo modo læsisset eum, qui sententiam pronuntiasset, graves pœnas proposuerunt. (3) Tum vero aperte jam dicebatur nec ullum magistratum amplius ex pristino instituto geri oportere, nec stipendium dari, sed quinque

τε ἑλέσθαι πέντε ἄνδρας, τούτους δ᾽ ἑλέσθαι ἑκατὸν ἄνδρας, καὶ τῶν ἑκατὸν ἕκαστον πρὸς ἑαυτὸν τρεῖς· ἐλθόντας δὲ αὐτοὺς τετρακοσίους ὄντας ἐς τὸ βουλευτήριον ἄρχειν ὅπῃ ἂν ἄριστα γιγνώσκωσιν αὐτοκράτορας, καὶ τοὺς πεντακισχιλίους δὲ ξυλλέγειν ὁπόταν αὐτοῖς δοκῇ.

LXVIII. Ἦν δὲ ὁ μὲν τὴν γνώμην ταύτην εἰπὼν Πείσανδρος, καὶ τἆλλα ἐκ τοῦ προφανοῦς προθυμότατα ξυγκαταλύσας τὸν δῆμον· ὁ μέντοι ἅπαν τὸ πρᾶγμα ξυνθείς, ὅτῳ τρόπῳ κατέστη ἐς τοῦτο, καὶ ἐκ πλείστου ἐπιμεληθεὶς Ἀντιφῶν ἦν, ἀνὴρ Ἀθηναίων τῶν καθ᾽ ἑαυτὸν ἀρετῇ τε οὐδενὸς ὕστερος καὶ κράτιστος ἐνθυμηθῆναι γενόμενος καὶ ἃ ἂν γνοίη εἰπεῖν, καὶ ἐς μὲν δῆμον οὐ παριὼν οὐδ᾽ ἐς ἄλλον ἀγῶνα ἑκούσιος οὐδένα, ἀλλ᾽ ὑπόπτως τῷ πλήθει διὰ δόξαν δεινότητος διακείμενος, τοὺς μέντοι ἀγωνιζομένους καὶ ἐν δικαστηρίῳ καὶ ἐν δήμῳ πλεῖστα εἷς ἀνήρ, ὅστις ξυμβουλεύσαιτό τι, δυνάμενος ὠφελεῖν. (2) Καὶ αὐτός τε, ἐπειδὴ τὰ τῶν τετρακοσίων ἐν ὑστέρῳ μεταπεσόντα ὑπὸ τοῦ δήμου ἐκακοῦτο, ἄριστα φαίνεται τῶν μέχρι ἐμοῦ ὑπὲρ αὐτῶν τούτων αἰτιαθείς, ὡς ξυγκατέστησε, θανάτου δίκην ἀπολογησάμενος. (3) Παρέσχε δὲ καὶ ὁ Φρύνιχος ἑαυτὸν πάντων διαφερόντως προθυμότατον ἐς τὴν ὀλιγαρχίαν, δεδιὼς τὸν Ἀλκιβιάδην καὶ ἐπιστάμενος εἰδότα αὐτὸν ὅσα ἐν τῇ Σάμῳ πρὸς τὸν Ἀστύοχον ἔπραξεν, νομίζων οὐκ ἄν ποτε αὐτὸν κατὰ τὸ εἰκὸς ὑπ᾽ ὀλιγαρχίας κατελθεῖν· πολύ τε πρὸς τὰ δεινά, ἐπειδήπερ ὑπέστη, φερεγγυώτατος ἐφάνη. (4) Καὶ Θηραμένης ὁ τοῦ Ἅγνωνος ἐν τοῖς ξυγκαταλύουσι τὸν δῆμον πρῶτος ἦν, ἀνὴρ οὔτ᾽ εἰπεῖν οὔτε γνῶναι ἀδύνατος. Ὥστε ἀπ᾽ ἀνδρῶν πολλῶν καὶ ξυνετῶν πραχθὲν τὸ ἔργον οὐκ ἀπεικότως καίπερ μέγα ὂν προυχώρησεν· χαλεπὸν γὰρ ἦν τὸν Ἀθηναίων δῆμον ἐπ᾽ ἔτει ἑκατοστῷ μάλιστα ἐπειδὴ οἱ τύραννοι κατελύθησαν ἐλευθερίας παῦσαι, καὶ οὐ μόνον μὴ ὑπήκοον ὄντα, ἀλλὰ καὶ ὑπὲρ ἥμισυ τοῦ χρόνου τούτου αὐτὸν ἄλλων ἄρχειν εἰωθότα.

LXIX. Ἐπειδὴ δὲ ἡ ἐκκλησία οὐδενὸς ἀντειπόντος ἀλλὰ κυρώσασα ταῦτα διελύθη, τοὺς τετρακοσίους ἤδη ὕστερον τρόπῳ τοιῷδε ἐς τὸ βουλευτήριον ἐσήγαγον. Ἦσαν [δ᾽] Ἀθηναῖοι πάντες ἀεὶ οἱ μὲν ἐπὶ τείχει οἱ δ᾽ ἐν τάξει, τῶν ἐν Δεκελείᾳ πολεμίων ἕνεκα, ἐφ᾽ ὅπλοις. (2) Τῇ οὖν ἡμέρᾳ ἐκείνῃ τοὺς μὲν μὴ ξυνειδότας εἴασαν ὥσπερ εἰώθεσαν ἀπελθεῖν, τοῖς δ᾽ ἐν τῇ ξυνωμοσίᾳ εἴρητο ἡσυχῇ μὴ ἐπ᾽ αὐτοῖς τοῖς ὅπλοις ἀλλ᾽ ἄποθεν περιμένειν, καὶ ἤν τις ἐνιστῆται τοῖς ποιουμένοις, λαβόντας τὰ ὅπλα μὴ ἐπιτρέπειν. (3) Ἦσαν δὲ καὶ Ἄνδριοι καὶ Τήνιοι καὶ Καρυστίων τριακόσιοι καὶ Αἰγινητῶν τῶν ἐποίκων, οὓς Ἀθηναῖοι ἔπεμψαν οἰκήσοντας, ἐπ᾽ αὐτὸ τοῦτο ἥκοντες ἐν τοῖς ἑαυτῶν ὅπλοις, οἷς ταῦτα προείρητο. (4) Τούτων δὲ διατεταγμένων οὕτως ἐλθόντες οἱ τετρακόσιοι, μετὰ ξιφιδίου ἀφανοῦς ἕκαστος, καὶ οἱ εἴκοσι καὶ ἑκατὸν μετ᾽ αὐτῶν [Ἕλληνες] νεανίσκοι, οἷς ἐχρῶντο εἴ τί που δέοι χειρουργεῖν, ἐπέστησαν τοῖς ἀπὸ τοῦ κυάμου βουλευταῖς οὖσιν ἐν τῷ βουλευτηρίῳ,

LXVIII. Qui autem hanc quidem sententiam dixit, erat Pisander, qui etiam ceteris in rebus propalam maximo studio cum sociis popularem statum evertit; qui vero totum negotium composuerat, et jampridem præmeditatus erat rationem, qua res in eum statum devenit, fuit Antiphon, vir Atheniensium sui temporis nulli secundus, et in rebus excogitandis, et in iis, quæ sensisset, exprimendis præstantissimus, qui in populi quidem concionem non prodibat neque alibi sua sponte ad certamen ullum, sed qui propter eloquentiæ vim multitudini suspectus esset, eos tamen, qui vel in judicio vel apud populum certabant, quisquis eum aliqua de re consuluisset, hic unus vir plurimum juvare poterat. (2) Atque et hic ipse, postquam quadringenti viri rebus commutatis a populo vexabantur, quum in judicium vocatus esset harum ipsarum rerum causa, quod earum constituendarum socius fuisset, optime omnium, ad meam usque memoriam, capitis causam dixisse videtur. (3) Præbuit se autem Phrynichus etiam omnium longe studiosissimum in paucorum dominatu constituendo, Alcibiadem metuens et intelligens eum scire, quæcunque Sami cum Astyocho tractasset, existimans, eum numquam, quantum probabile esset, a paucorum dominatu reductum iri; atque in periculis sustinendis, postquam semel ea suscepit, longe fortissimus est visus. (4) At Theramenes Hagnonis filius, vir nec infacundus, nec imprudens, inter illos, qui popularem statum everterunt, primus fuit. Quamobrem res a multis et prudentibus viris tractata, quamvis esset magna, tamen haud immerito successit. Arduum enim erat, populum Atheniensem centesimo fere ab exactis tyrannis anno libertate privare, qui non solum nullius imperio parebat, sed etiam plus quam hujus temporis dimidio ipse aliis imperare consueverat.

LXIX. Postquam autem concio, nullo refragante, hæc rata habuit et dimissa est, aliquanto post illos quadringentos in curiam hoc modo introduxerunt. Erant [autem] Athenienses omnes, partim in muris, partim in stationibus propter hostes apud Deceleam agentes, semper ad arma. (2) Illo igitur die eos quidem, qui conjurationis conscii non erant, abire permiserunt, quemadmodum consueverant; sociis vero clam præceptum erat, ad arma ipsa permanerent, sed procul ab his, et, si quis iis, quæ fierent, adversaretur, sumptis armis ne concederent. (3) Quibus autem hæc præcepta erant, et qui ad hoc ipsum cum suis armis venerant, erant et Andrii, et Tenii, et Carystiorum trecenti, et ex Æginetis illi coloni, quos Athenienses illic habitaturos miserant. (4) His autem ita dispositis, illi quadringenti viri, cum occulto quisque pugione profecti, comitantibus centum et viginti [Græcis] adolescentibus, quibus utebantur, sicubi aliquid manu faciendum erat, senatores fabis creatos, qui in curia erant, circumsteterunt, eosque

καὶ εἶπον αὐτοῖς ἐξιέναι λαβοῦσι τὸν μισθόν· ἔφερον δὲ αὐτοῖς τοῦ ὑπολοίπου χρόνου παντὸς αὐτοί, καὶ ἐξιοῦσιν ἐδίδοσαν.

LXX. Ὡς δὲ τούτῳ τῷ τρόπῳ ἥ τε βουλὴ οὐδὲν ἀντειποῦσα ὑπεξῆλθε καὶ οἱ ἄλλοι πολῖται οὐδὲν ἐνεωτέριζον ἀλλ᾽ ἡσύχαζον, οἱ [δὲ] τετρακόσιοι ἐσελθόντες ἐς τὸ βουλευτήριον τότε μὲν πρυτάνεις τε σφῶν αὐτῶν ἀπεκλήρωσαν, καὶ ὅσα πρὸς τοὺς θεούς, εὐχαῖς καὶ θυσίαις καθιστάμενοι ἐς τὴν ἀρχὴν ἐχρήσαντο, ὕστερον δὲ πολὺ μεταλλάξαντες τῆς τοῦ δήμου διοικήσεως πλὴν τοὺς φεύγοντας οὓς κατῆγον τοῦ Ἀλκιβιάδου ἕνεκα, τὰ δὲ ἄλλα ἔνεμον κατὰ κράτος τὴν πόλιν. (2) Καὶ ἄνδρας τέ τινας ἀπέκτειναν οὐ πολλούς, οἳ ἐδόκουν ἐπιτήδειοι εἶναι ὑπεξαιρεθῆναι, καὶ ἄλλους ἔδησαν, τοὺς δὲ καὶ μετεστήσαντο· πρός τε Ἆγιν τὸν Λακεδαιμονίων βασιλέα ὄντα ἐν τῇ Δεκελείᾳ ἐπεκηρυκεύοντο, λέγοντες διαλλαγῆναι βούλεσθαι, καὶ εἰκὸς εἶναι αὐτὸν σφίσι καὶ οὐκέτι τῷ ἀπίστῳ δήμῳ μᾶλλον ξυγχωρεῖν.

LXXI. Ὁ δὲ νομίζων τὴν πόλιν οὐχ ἡσυχάζειν, οὐδ᾽ εὐθὺς οὕτω τὸν δῆμον τὴν παλαιὰν ἐλευθερίαν παραδώσειν, εἴ τε στρατιὰν πολλὴν ἴδοι σφῶν, οὐκ ἂν ἡσυχάσειν, οὐδ᾽ ἐν τῷ παρόντι πάνυ τι πιστεύων μὴ οὐκέτι ταράττεσθαι αὐτούς, τοῖς μὲν ἀπὸ τῶν τετρακοσίων ἐλθοῦσιν οὐδὲν ξυμβατικὸν ἀπεκρίνατο, προσμεταπεμψάμενος δὲ ἐκ Πελοποννήσου στρατιὰν πολλὴν οὐ πολλῷ ὕστερον καὶ αὐτὸς τῇ ἐκ τῆς Δεκελείας φρουρᾷ μετὰ τῶν ἐλθόντων κατέβη πρὸς αὐτὰ τὰ τείχη τῶν Ἀθηναίων, ἐλπίσας ἢ ταραχθέντας αὐτοὺς μᾶλλον ἂν χειρωθῆναι σφίσιν ᾗ βούλονται, ἢ καὶ αὐτοβοεὶ ἂν διὰ τὸν ἔνδοθέν τε καὶ ἔξωθεν κατὰ τὸ εἰκὸς γενησόμενον θόρυβον· τῶν γὰρ μακρῶν τειχῶν διὰ τὴν κατ᾽ αὐτὰ ἐρημίαν λήψεως οὐκ ἂν ἁμαρτεῖν. (2) Ὡς δὲ προσέμιξέ τε ἐγγὺς καὶ οἱ Ἀθηναῖοι τὰ μὲν ἔνδοθεν οὐδ᾽ ὁπωστιοῦν ἐκίνησαν, τοὺς δ᾽ ἱππέας ἐκπέμψαντες καὶ μέρος τι τῶν ὁπλιτῶν καὶ ψιλῶν καὶ τοξοτῶν ἄνδρας τε κατέβαλον αὐτῶν διὰ τὸ ἐγγὺς προσελθεῖν καὶ ὅπλων τινῶν καὶ νεκρῶν ἐκράτησαν, οὕτω δὴ γνοὺς ἀπήγαγε πάλιν τὴν στρατιάν. (3) Καὶ αὐτὸς μὲν καὶ οἱ μετ᾽ αὐτοῦ κατὰ χώραν ἐν τῇ Δεκελείᾳ ἔμενον, τοὺς δ᾽ ἐπελθόντας ὀλίγας τινὰς ἡμέρας ἐν τῇ γῇ μείναντας ἀπέπεμψεν ἐπ᾽ οἴκου. Μετὰ δὲ τοῦτο παρά τε τὸν Ἆγιν ἐπρεσβεύοντο οἱ τετρακόσιοι οὐδὲν ἧσσον, κἀκείνου μᾶλλον ἤδη προσδεχομένου καὶ παραινοῦντος ἐκπέμπουσι καὶ ἐς τὴν Λακεδαίμονα περὶ ξυμβάσεως πρέσβεις, βουλόμενοι διαλλαγῆναι.

LXXII. Πέμπουσι δὲ καὶ ἐς τὴν Σάμον δέκα ἄνδρας παραμυθησομένους τὸ στρατόπεδον, καὶ διδάξοντας ὡς οὐκ ἐπὶ βλάβῃ τῆς πόλεως καὶ τῶν πολιτῶν ἡ ὀλιγαρχία κατέστη ἀλλ᾽ ἐπὶ σωτηρίᾳ τῶν ξυμπάντων πραγμάτων, πεντακισχίλιοί τε ὅτι εἶεν καὶ οὐ τετρακόσιοι μόνον οἱ πράσσοντες· καίτοι οὐ πώποτε Ἀθηναίους διὰ τὰς στρατείας καὶ τὴν ὑπερόριον ἀσχολίαν ἐς οὐδὲν πρᾶγμα οὕτω μέγα ἐλθεῖν βουλεύσοντας ἐν ᾧ πεντακισχιλίους ξυνελθεῖν. (2) Ἄλλα τ᾽ ἐπιστείλαντες τὰ

sumpta sua mercede exire jusserunt, attulerant autem ipsi mercedem reliqui totius temporis, iisque exeuntibus dabant.

LXX. Quum igitur hoc modo senatus nihil refragatus ex curia se subduxisset, et ceteri cives nihil innovarent, sed quiescerent, illi quadringenti, in curiam ingressi, tunc quidem prytanes e suo corpore sortito constituerunt, et quaecumque ad deos pertinent, votis atque sacrificiis magistratum ineuntes usi sunt, postea vero valde immutata reipublicae administrandae ratione, qua populus ante utebatur, praeterquam quod exsules non reducebant propter Alcibiadem, ceteris in rebus civitatem imperiose regebant. (2) Aliquot etiam viros haud multos interfecerunt, quos utile videbatur de medio tollere, alios etiam in vincula conjecerunt, et nonnullos relegaverunt, et cum Agide quoque, Lacedaemoniorum rege, qui erat apud Deceleam, per caduceatores agebant, dicentes se pacem facere velle, et consentaneum esse eum sibi, et non jam infido populo, facilius assentiri.

LXXI. Ille vero existimans, civitatem non quietam esse, nec sic subito populum antiquam libertatem traditurum, nec quieturum, si magnum suorum exercitum conspexisset, et ne in praesentia quidem admodum credens eos non amplius turbari, illis quidem, qui a quadringentis missi erant, nihil quod ad compositionem spectaret, respondit, sed quum praeterea magnum exercitum ex Peloponneso arcessisset, non multo post et ipse cum illo praesidio, quod ad Deceleam erat, et cum copiis, quae venerant, ad ipsa Atheniensium moenia descendit, sperans, vel ipsos, dum essent turbati, in suam potestatem arbitratu suo facilius venturos, vel etiam primo statim impetu propter tumultum, quem intra pariter et extra fore credibile esset; nam longos muros, propter solitudinem, quae esset in iis, vix fieri posse ut non caperet. (2) Sed ubi et prope accessit et Athenienses in ipsa quidem urbe ne vel minimum quidem moverunt sed emisso equitatu ac parte quadam gravis et levis armaturae et sagittariorum, nonnullos hostium prostraverunt, quod ab urbem propius accessissent, et armis quibusdam et cadaveribus potiti sunt, ita demum Agis re perspecta rursus exercitum reduxit. (3) Atque ipse quidem, et qui cum eo erant, apud Deceleam in loco manebant, illos vero, qui praeterea venerant, aliquot dies in agro commoratos domum remisit. Postea vero quadringenti viri per legatos agebant cum Agide nihilo minus, et quum ille jam facilius eorum verba admitteret, adhortatu ejus Lacedaemonem etiam legatos de compositione emiserunt, pacem facere cupientes.

LXXII. Mittunt autem etiam Samum decem viros, ut milites delinirent, ac docerent, non in perniciem reipublicae atque civium, paucorum dominatum constitutum esse, sed ad universae reipublicae salutem, et esse quinque millia civium, non autem quadringentos tantum, qui rempublicam administrarent, quum tamen Athenienses nunquam antea propter expeditiones et in exteris regionibus occupationes ad ullam consultationem de re quantumvis ardua accessisse, ad quam quinque millia civium convenissent. (2) Quum au-

πρέποντ' εἰπεῖν ἀπέπεμψαν αὐτοὺς εὐθὺς μετὰ τὴν ἑαυτῶν κατάστασιν, δείσαντες μή, ὅπερ ἐγένετο, ναυτικὸς ὄχλος οὔτ' αὐτὸς μένειν ἐν τῷ ὀλιγαρχικῷ κόσμῳ ἐθέλῃ, σφᾶς τε μὴ ἐκεῖθεν ἀρξαμένου τοῦ κακοῦ μεταστήσωσιν.

LXXIII. Ἐν γὰρ τῇ Σάμῳ ἐνεωτερίζετο ἤδη τὰ περὶ τὴν ὀλιγαρχίαν, καὶ ξυνέβη τοιάδε γενέσθαι ὑπ' αὐτὸν τὸν χρόνον τοῦτον ὅνπερ οἱ τετρακόσιοι ξυνίσταντο. (2) Οἱ γὰρ τότε τῶν Σαμίων ἐπαναστάντες τοῖς δυνατοῖς καὶ ὄντες δῆμος, μεταβαλλόμενοι αὖθις καὶ πεισθέντες ὑπό τε τοῦ Πεισάνδρου, ὅτ' ἦλθεν, καὶ τῶν ἐν τῇ Σάμῳ ξυνεστώτων Ἀθηναίων, ἐγένοντό τε ἐς τριακοσίους ξυνωμόται καὶ ἔμελλον τοῖς ἄλλοις ὡς δήμῳ ὄντι ἐπιθήσεσθαι. (3) Καὶ Ὑπέρβολόν τέ τινα τῶν Ἀθηναίων, μοχθηρὸν ἄνθρωπον ὠστρακισμένον οὐ διὰ δυνάμεως καὶ ἀξιώματος φόβον ἀλλὰ διὰ πονηρίαν καὶ αἰσχύνην τῆς πόλεως, ἀποκτείνουσι μετὰ Χαρμίνου τε ἑνὸς τῶν στρατηγῶν καί τινων τῶν παρὰ σφίσιν Ἀθηναίων, πίστιν διδόντες αὐτοῖς, καὶ ἄλλα μετ' αὐτῶν τοιαῦτα ξυνέπραξαν, τοῖς τε πλείοσιν ὥρμηντο ἐπιτίθεσθαι. (4) Οἱ δὲ αἰσθόμενοι τῶν τε στρατηγῶν Λέοντι καὶ Διομέδοντι (οὗτοι γὰρ οὐχ ἑκόντες διὰ τὸ τιμᾶσθαι ὑπὸ τοῦ δήμου ἔφερον τὴν ὀλιγαρχίαν) τὸ μέλλον σημαίνουσι, καὶ Θρασυβούλῳ καὶ Θρασύλῳ τῷ μὲν τριηραρχοῦντι τῷ δὲ ὁπλιτεύοντι, καὶ ἄλλοις οἳ ἐδόκουν ἀεὶ μάλιστα ἐναντιοῦσθαι τοῖς ξυνεστῶσιν· καὶ οὐκ ἠξίουν περιιδεῖν αὐτοὺς σφᾶς τε διαφθαρέντας καὶ Σάμον Ἀθηναίοις ἀλλοτριωθεῖσαν, δι' ἣν μόνον ἡ ἀρχὴ αὐτοῖς ἐς τοῦτο ξυνέμεινεν. (5) Οἱ δὲ ἀκούσαντες τῶν τε στρατιωτῶν ἕνα ἕκαστον μετῄεσαν μὴ ἐπιτρέπειν, καὶ οὐχ ἥκιστα τοὺς Παράλους, ἄνδρας Ἀθηναίους τε καὶ ἐλευθέρους πάντας ἐν τῇ νηὶ πλέοντας καὶ ἀεὶ δή ποτε ὀλιγαρχίᾳ καὶ μὴ παρούσῃ ἐπικειμένους· ὅ τε Λέων καὶ ὁ Διομέδων αὐτοῖς ναῦς τινας, ὁπότε ποι πλέοιεν, κατέλειπον φύλακας. (6) Ὥστ' ἐπειδὴ αὐτοῖς ἐπετίθεντο οἱ τριακόσιοι, βοηθησάντων πάντων τούτων, μάλιστα δὲ τῶν Παράλων, περιεγένοντο οἱ τῶν Σαμίων πλείονες, καὶ τριάκοντα μέν τινας ἀπέκτειναν τῶν τριακοσίων, τρεῖς δὲ τοὺς αἰτιωτάτους φυγῇ ἐζημίωσαν· τοῖς δ' ἄλλοις οὐ μνησικακοῦντες δημοκρατούμενοι τὸ λοιπὸν ξυνεπολίτευον.

LXXIV. Τὴν δὲ Πάραλον ναῦν καὶ Χαιρέαν ἐπ' αὐτῆς τὸν Ἀρχεστράτου, ἄνδρα Ἀθηναῖον γενόμενον ἐς τὴν μετάστασιν πρόθυμον, ἀποπέμπουσιν οἵ τε Σάμιοι καὶ οἱ στρατιῶται κατὰ τάχος ἐς τὰς Ἀθήνας ἀπαγγελοῦντα τὰ γεγενημένα· οὐ γὰρ ᾔδεσάν πω τοὺς τετρακοσίους ἄρχοντας. (2) Καὶ καταπλευσάντων αὐτῶν εὐθέως τῶν μὲν Παράλων τινὰς οἱ τετρακόσιοι, δύο ἢ τρεῖς, ἔδησαν, τοὺς δ' ἄλλους ἀφελόμενοι τὴν ναῦν καὶ μετεμβιβάσαντες ἐς ἄλλην στρατιῶτιν ναῦν ἔταξαν φρουρεῖν περὶ Εὔβοιαν. (3) Ὁ δὲ Χαιρέας εὐθὺς διαλαθών πως, ὡς εἶδε τὰ παρόντα, πάλιν ἐς τὴν Σάμον ἐλθὼν ἀγγέλλει τοῖς στρατιώταις ἐπὶ τὸ μεῖζον πάντα δεινώσας τὰ ἐκ τῶν Ἀθηνῶν, ὡς πληγαῖς τε πάντας

tem et alia quæ dicere decebat, legatis præcepissent, eos dimiserunt statim post imperii sui constitutionem, veriti, id quod accidit, ne nautica multitudo nec ipsa in paucorum dominatu statu manere vellet, et se ipsos, malo illic initium sumente, de statu dejicerent.

LXXIII. Apud Samum enim jam de rebus novandis contra paucorum dominatum agebatur; et contigit, ut per idem tempus, quo illi quadringenti constituebantur, hæc fierent. (2) Qui enim ex Samiis antea, ut dixi, in proceres insurrexerant, et erant pars popularis, rursus immutati, et inducti a Pisandro, quum venit, iisque Atheniensibus, qui Sami erant conjurati, ad trecentos conjurationem fecerunt, et ceteros, ut factionem popularem, aggredi parabant. (3) Et Hyperbolum quemdam, civem Atheniensem, abjectum hominem, qui non propter potentiæ ac dignitatis metum, sed propter improbitatem et dedecus civitatis in exsilium per ostracismum pulsus erat, interficiunt, adjuvantibus Charmino, uno e ducibus, et quibusdam Atheniensibus, qui apud eos erant, quibus fidem dederant; et alia hujusmodi facinora cum iis perpetrarunt, et factioni populari insidias facere properabant. (4) Hi vero, quum rem sensissent, et e ducibus Leonti et Diomedonti (hi enim, quod a populari factione colerentur, inviti paucorum dominatum ferebant,) id, quod futurum erat, significant, et Thrasybulo et Thrasylo, quorum alter erat trierarchus, alter vero in gravi armatura atque etiam aliis, ut quisque maxime videbatur adversari conjuratis; et postulabant ab iis, ne negligerent se afflictos et Samum ab Atheniensibus alienatam, propter quam unam ipsorum imperium ad id usque tempus in eo statu permansisset. (5) Illi vero, his auditis, singulos milites adibant, hortantes ne hoc fieri permitterent, præcipue vero Paralos, homines Athenienses atque liberos omnes, in Paralo navi vehentes, qui paucorum dominatum, etiam si in præsentia nullus esset, semper insectabantur; atque Leon et Diomedon, quoties aliquo navigarent, aliquot naves relinquebant, quæ iis præsidio essent. (6) Quare quum trecenti illi eos invaderent, quoniam hi omnes, præcipue vero Parali, opem iis tulerunt, Samii ii, qui factionem popularem sequebantur, victores exstiterunt, et e trecentorum numero ad triginta interfecerunt, tres vero præcipuos auctores exsilio mulctarunt; ceteris vero, deposita injuriarum acceptarum memoria, ignoverunt, et restituto populari statu rempublicam postea communiter administrabant.

LXXIV. Paralum autem navem, et in ea Chæream, Archestrati filium, virum Atheniensem, qui statui mutando egregiam operam navaverat, et Samii et milites confestim Athenas miserunt, res gestas nuntiaturum; nondum enim resciverant, quadringentos viros imperio potitos. (2) Quum autem illi Athenas pervenissent, statim quadringenti nonnullos de Paralis, duos aut tres, in vincula conjecerunt, ceteros vero, quum navem iis abstulissent, et eos in aliam militarem navem imposuissent, circum Eubœam agere custodiam jusserunt. (3) Chæreas vero, simul atque animadvertit præsentem rerum statum, confestim clandestina quadam ratione se subducens, Samum reversus, retulit militibus, quæ fierent Athenis, omnia in majus et atrocius,

ζημιοῦσι καὶ ἀντειπεῖν ἔστιν οὐδὲν πρὸς τοὺς ἔχοντας τὴν πολιτείαν, καὶ ὅτι αὐτῶν καὶ γυναῖκες καὶ παῖδες ὑβρίζονται, καὶ διανοοῦνται, ὁπόσοι ἐν Σάμῳ στρατεύονται μὴ ὄντες τῆς σφετέρας γνώμης, τούτων πάντων τοὺς προσήκοντας λαβόντες εἴρξειν, ἵνα ἢν μὴ ὑπακούωσι τεθνήκωσιν· καὶ ἄλλα πολλὰ ἐπικαταψευδόμενος ἔλεγεν.

LXXV. Οἱ δ᾽ ἀκούσαντες ἐπὶ τοὺς τὴν ὀλιγαρχίαν μάλιστα ποιήσαντας καὶ ἐπὶ τῶν ἄλλων τοὺς μετασχόντας τὸ μὲν πρῶτον ὥρμησαν βάλλειν, ἔπειτα μέντοι ὑπὸ τῶν διὰ μέσου κωλυθέντες, καὶ διδαχθέντες μὴ τῶν πολεμίων ἀντιπρῴρων ἐγγὺς ἐφορμούντων ἀπολέσωσι τὰ πράγματα, ἐπαύσαντο. (2) Μετὰ δὲ τοῦτο λαμπρῶς ἤδη ἐς δημοκρατίαν βουλόμενοι μεταστῆσαι τὰ ἐν τῇ Σάμῳ ὅ τε Θρασύβουλος ὁ τοῦ Λύκου καὶ Θράσυλος (οὗτοι γὰρ μάλιστα προεστήκεσαν τῆς μεταβολῆς) ὥρκωσαν πάντας τοὺς στρατιώτας τοὺς μεγίστους ὅρκους, καὶ αὐτοὺς τοὺς ἐκ τῆς ὀλιγαρχίας μάλιστα, ἦ μὴν δημοκρατηθήσεσθαί τε καὶ ὁμονοήσειν, καὶ τὸν πρὸς Πελοποννησίους πόλεμον προθύμως διοίσειν, καὶ τοῖς τετρακοσίοις πολέμιοί τ᾽ ἔσεσθαι καὶ οὐδὲν ἐπικηρυκεύεσθαι. (3) Ξυνώμνυσαν δὲ καὶ Σαμίων πάντες τὸν αὐτὸν ὅρκον οἱ ἐν τῇ ἡλικίᾳ, καὶ τὰ πράγματα πάντα καὶ τὰ ἀποβησόμενα ἐκ τῶν κινδύνων ξυνεκοινώσαντο οἱ στρατιῶται τοῖς Σαμίοις, νομίζοντες οὔτ᾽ ἐκείνοις ἀποστροφὴν σωτηρίας οὔτε σφίσιν εἶναι, ἀλλ᾽ ἐάν τε οἱ τετρακόσιοι κρατήσωσιν ἐάν τε οἱ ἐκ Μιλήτου πολέμιοι, διαφθαρήσεσθαι.

LXXVI. Ἐς φιλονεικίαν τε καθέστασαν τὸν χρόνον τοῦτον οἱ μὲν τὴν πόλιν ἀναγκάζοντες δημοκρατεῖσθαι, οἱ δὲ τὸ στρατόπεδον ὀλιγαρχεῖσθαι. (2) Ἐποίησαν δὲ καὶ ἐκκλησίαν εὐθὺς οἱ στρατιῶται, ἐν ᾗ τοὺς μὲν προτέρους στρατηγούς, καὶ εἴ τινα τῶν τριηράρχων ὑπετόπευον, ἔπαυσαν, ἄλλους δὲ ἀνθείλοντο καὶ τριηράρχους καὶ στρατηγούς, ὧν Θρασύβουλός τε καὶ Θράσυλος ὑπῆρχον. (3) Καὶ παραινέσεις ἄλλας τ᾽ ἐποιοῦντο ἐν σφίσιν αὐτοῖς ἀνιστάμενοι, καὶ ὡς οὐ δεῖ ἀθυμεῖν ὅτι ἡ πόλις αὐτῶν ἀφέστηκεν· τοὺς γὰρ ἐλάσσους ἀπὸ σφῶν τῶν πλεόνων καὶ ἐς πάντα ποριμωτέρων μεθεστάναι. (4) Ἐχόντων γὰρ σφῶν τὸ πᾶν ναυτικόν, τὰς ἄλλας πόλεις ὧν ἄρχουσιν ἀναγκάσειν τὰ χρήματα ὁμοίως διδόναι καὶ εἰ ἐκεῖθεν ὡρμῶντο. Πόλιν τε γὰρ σφίσιν ὑπάρχειν Σάμον οὐκ ἀσθενῆ, ἀλλ᾽ ἣ παρ᾽ ἐλάχιστον δὴ ἦλθε τὸ Ἀθηναίων κράτος τῆς θαλάσσης, ὅτε ἐπολέμησεν, ἀφελέσθαι, τούς τε πολεμίους ἐκ τοῦ αὐτοῦ χωρίου ἀμύνεσθαι οὗπερ καὶ πρότερον. Καὶ δυνατώτεροι εἶναι σφεῖς ἔχοντες τὰς ναῦς πορίζεσθαι τὰ ἐπιτήδεια τῶν ἐν τῇ πόλει. (5) Καὶ δι᾽ ἑαυτούς τε ἐν τῇ Σάμῳ προκαθημένους καὶ πρότερον αὐτοὺς κρατεῖν τοῦ ἐς τὸν Πειραιᾶ ἔσπλου, καὶ νῦν ἐς τοιοῦτον καταστήσονται μὴ βουλομένων σφίσι πάλιν τὴν πολιτείαν ἀποδοῦναι, ὥστε αὐτοὶ δυνατώτεροι εἶναι εἴργειν ἐκείνους τῆς θαλάσσης ἢ ὑπ᾽ ἐκείνων εἴργεσθαι. (6) Βραχύ τέ τι εἶναι καὶ οὐδενὸς ἄξιον, ᾧ πρὸς τὸ περιγίγνεσθαι τῶν πολεμίων

LXXV. Milites autem, his auditis, primo quidem eos, qui præcipue paucorum dominatum constituerant, et ceteros, qui participes fuerant, impetu abrepti ferire volebant; deinde tamen ab iis, qui inter partes medii erant, impediti, et edocti, ne hostibus cum infesta classe stationem in propinquo habentibus res perderent, destiterunt. (2) Postea vero jam aperte res Samiorum in populare imperium reducere parantes Thrasybulus, Lyci filius, et Thrasylus, hi enim hujus mutationis præcipui auctores erant) adegerunt omnes milites sanctissimis jurisjurandi formulis, et præcipue eos ipsos, qui ex paucorum dominatu erant, se populari statu in reipublicæ administratione usuros et concordes futuros, et bellum adversus Peloponnesios alacriter gesturos, et quadringentis hostes futuros, nec ulla de re per caduceatorem cum illis acturos. (3) Simul autem etiam Samii omnes ætatis militaris idem jusjurandum juraverunt, et negotia omnia et quæ ex periculis eventura forent, milites cum Samiis communicaverunt, existimantes, nec illis nec sibi salutis refugium esse, sed utrosque perituros, sive quadringenti vicissent, sive hostes, qui Mileti erant.

LXXVI. Atque in contentionem descendebant hoc tempore, quum alteri urbem ad populi, alteri exercitum ad paucorum imperium vi reducere vellent. (2) Confestim etiam milites concionem coegerunt, in qua superiores duces, et si quem trierarchorum suspectum habebant, magistratu amoverunt, et in eorum locum alios suffecerunt et trierarchos et duces, quo in numero erant Thrasybulus et Thrasylus. (3) Et surgentes cum aliis adhortationibus se mutuo adhortabantur, tum etiam dicebant, animum non esse abjiciendum, quod civitas a se defecisset; pauciores enim numero a se, qui numero plures essent, et qui majore rerum omnium copia abundarent, secessionem fecisse. (4) Se enim, qui totam classem haberent, ceteras civitates suo imperio subjectas adacturos ad pendendas pecunias, æque ac si illinc proficiscerentur. Nam et urbem sibi adesse Samum, haud invalidam, sed quæ minimum abfuerit, quin Athenienses suo maritimo imperio spoliaret, quum bellum gereret, et hostium impetum se ex eodem, quo et ante, loco propulsare. Quinetiam se, quod penes se classem haberent, majorem commeatus comparandi facultatem habere quam illos, qui Athenis essent. (5) Præterea se ipsos per se, e longinquo apud Samum obsidentes, et jam antea introitum in Piræeum in sua potestate habuisse, et nunc [etiam magis habituros, quum omnia sibi supersint, quibus] eo rem adducere possint, si illi rempublicam sibi restituere non vellent, ut ipsi facilius illos maris usu prohiberent, quam ab illis prohiberentur. (6) Atque tenue et nullius pretii esse adjumentum, quod ad superandos hostes

ἡ πόλις σφίσι χρήσιμος ἦν, καὶ οὐδὲν ἀπολωλεκέναι, οἵ γε μήτε ἀργύριον εἶχον ἔτι πέμπειν, ἀλλ' αὐτοὶ ἐπορίζοντο οἱ στρατιῶται, μήτε βούλευμα χρηστόν, οὗπερ ἕνεκα πόλις στρατοπέδων κρατεῖ· ἀλλὰ καὶ ἐν τούτοις τοὺς μὲν ἡμαρτηκέναι τοὺς πατρίους νόμους καταλύσαντας, αὐτοὶ δὲ σώζειν καὶ ἐκείνους πειράσεσθαι προσαναγκάζειν, ὥστε οὐδὲ τούτους, οἵπερ ἂν βουλεύοιέν τι χρηστόν, παρὰ σφίσι χείρους εἶναι. (7) Ἀλκιβιάδην τε, ἢν αὐτῷ ἄδειάν τε καὶ κάθοδον ποιήσωσιν, ἄσμενον τὴν παρὰ βασιλέως ξυμμαχίαν παρέξειν. Τό τε μέγιστον, ἢν ἁπάντων σφάλλωνται, εἶναι αὐτοῖς τοσοῦτον ἔχουσι ναυτικὸν πολλὰς τὰς ἀποχωρήσεις ἐν αἷς καὶ πόλεις καὶ γῆν εὑρήσουσιν.

LXXVII. Τοιαῦτα ἐν ἀλλήλοις ἐκκλησιάσαντες καὶ παραθαρσύναντες σφᾶς αὐτούς, καὶ τὰ τοῦ πολέμου παρεσκευάζοντο οὐδὲν ἧσσον. Οἱ δ' ἀπὸ τῶν τετρακοσίων πεμφθέντες ἐς τὴν Σάμον, οἱ δέκα πρεσβευταί, ὡς ταῦτα ἐν τῇ Δήλῳ ἤδη ὄντες ᾐσθάνοντο, ἡσύχαζον αὐτοῦ.

LXXVIII. Ὑπὸ δὲ τὸν χρόνον τοῦτον καὶ οἱ ἐν τῇ Μιλήτῳ τῶν Πελοποννησίων ἐν τῷ ναυτικῷ στρατιῶται κατὰ σφᾶς αὐτοὺς διεβόων ὡς ὑπό τε Ἀστυόχου καὶ Τισσαφέρνους φθείρεται τὰ πράγματα, τοῦ μὲν οὐκ ἐθέλοντος οὔτε πρότερον ναυμαχεῖν, ἕως ἔτι αὐτοί τε ἐρρωντο μᾶλλον καὶ τὸ ναυτικὸν τῶν Ἀθηναίων ὀλίγον ἦν, οὔτε νῦν, ὅτε στασιάζειν τε λέγονται καὶ αἱ νῆες αὐτῶν οὐδέπω ἐν τῷ αὐτῷ εἰσίν, ἀλλὰ τὰς παρὰ Τισσαφέρνους Φοινίσσας ναῦς μένοντες, ἄλλως ὄνομα καὶ οὐκ ἔργον, κινδυνεύσειν διατριβῆναι· τὸν δ' αὖ Τισσαφέρνην τάς τε ναῦς ταύτας οὐ κομίζειν, καὶ τροφὴν ὅτι οὐ ξυνεχῶς οὐδ' ἐντελῆ διδοὺς κακοῖ τὸ ναυτικόν. Οὔκουν ἔφασαν χρῆναι μέλλειν ἔτι, ἀλλὰ ναυμαχεῖν. Καὶ μάλιστα οἱ Συρακόσιοι ἐνῆγον.

LXXIX. Αἰσθόμενοι δὲ οἱ ξύμμαχοι καὶ ὁ Ἀστύοχος τὸν θροῦν, καὶ δόξαν αὐτοῖς ἀπὸ ξυνόδου ὥστε διαναυμαχεῖν, ἐπειδὴ καὶ ἐσηγγέλλετο αὐτοῖς ἡ ἐν τῇ Σάμῳ ταραχή, ἄραντες ταῖς ναυσὶ πάσαις οὔσαις δώδεκα καὶ ἑκατόν, καὶ τοὺς Μιλησίους πεζῇ κελεύσαντες ἐπὶ τῆς Μυκάλης παριέναι, ἔπλεον ὡς πρὸς τὴν Μυκάλην. (2) Οἱ δ' Ἀθηναῖοι ταῖς ἐκ Σάμου ναυσὶ δυοῖν καὶ ὀγδοήκοντα, αἳ ἔτυχον ἐν Γλαύκῃ τῆς Μυκάλης ὁρμοῦσαι (διέχει δ' ὀλίγον ταύτῃ ἡ Σάμος τῆς ἠπείρου πρὸς τὴν Μυκάλην), ὡς εἶδον τὰς τῶν Πελοποννησίων ναῦς προσπλεούσας, ὑπεχώρησαν ἐς τὴν Σάμον, οὐ νομίσαντες τῷ πλήθει διακινδυνεῦσαι περὶ τοῦ παντὸς ἱκανοὶ εἶναι. (3) Καὶ ἅμα (προῄσθοντο γὰρ αὐτοὺς ἐκ τῆς Μιλήτου ναυμαχησείοντας) προσεδέχοντο καὶ τὸν Στρομβιχίδην ἐκ τοῦ Ἑλλησπόντου σφίσι ταῖς ἐκ τῆς Χίου ναυσὶν ἐπ' Ἀβύδου ἀφικομέναις προσβοηθήσειν· προυπέπεμπτο γὰρ αὐτῷ ἄγγελος. (4) Καὶ οἱ μὲν οὕτως ἐπὶ τῆς Σάμου ἀνεχώρησαν, οἱ δὲ Πελοποννήσιοι καταπλεύσαντες ἐπὶ τῆς Μυκάλης ἐστρατοπεδεύσαντο, καὶ τῶν Μιλησίων καὶ τῶν πλησιοχώρων ὁ πεζός. (5) Καὶ τῇ ὑστεραίᾳ μελλόντων αὐτῶν ἐπιπλεῖν τῇ Σάμῳ

civitas sibi præbuisset, seque ideo nihil amisisse, quandoquidem illi jam neque pecuniam mittere possent, quam potius milites sibi ipsi compararent, neque salubre consilium, cujus causa civitas imperium in exercitus obtineret; sed etiam hac in re illos quidem peccasse, quod patrias leges sustulissent, se vero eas servare, et præterea se operam daturos, ut illos etiam ad id cogerent; quare ne hos quidem, qui aliquod salubre consilium dare possent, apud se illis inferiores esse. (7) Alcibiadem quoque, si impunitatem ac restitutionem ei decrevissent, regis societatem sibi lubenter conciliaturum. Quod autem maximum esset, si omnibus rebus frustrarentur, patere sibi, tantam classem habentibus, multas vias, quibus et urbes et agrum invenirent.

LXXVII. Tali modo igitur quum inter se in concionibus egissent et se ipsos animis confirmassent, res etiam ad bellum necessarias nihilo segnius apparabant. Illi vero decem legati, qui a quadringentis Samum missi erant, postquam hæc senserunt, quum jam in Delo essent, illic se continebant.

LXXVIII. Per idem autem tempus et illi classiarii Peloponnesiorum milites, qui Mileti erant, voces inter se spargebant, res suas ab Astyocho et Tissaphere perdi, quod ille quidem nec antea navale prœlium committere voluisset, donec adhuc et ipsi vires majores haberent, et Atheniensium classis parva esset, neque nunc vellet, dum illi seditione laborare dicerentur, necdum omnes eorum naves in eodem loco essent; sed se ipsos Phœnissas naves a Tissapherne expectando, nomen inane et non rem certam, in periculum venturos, ne plane mora perderentur; Tissaphernem vero et naves istas non adducere, et stipendium nec assidue nec integrum persolvendo rem navalem perditum ire. Non igitur diutius cunctandum dicebant, sed navali prœlio dimicandum esse. Et præcipue Syracusani instigabant.

LXXIX. Socii vero et Astyochus, quum rumorem istum sensissent, habitoque concilio prœlium navale committere statuissent, quandoquidem iis et seditio, quæ Sami erat, nuntiabatur, solventes cum omnibus navibus, quæ numero centum ac duodecim erant, et Milesiis jussis itinere pedestri ad Mycalen proficisci, navigabant Mycalen versus. (2) Athenienses vero cum duabus et octoginta navibus Samiis, quæ in Glauce agri Mycalesii stationem habebant, (ab hac autem parte, quæ Mycalen spectat, Samus a continente non longe distat), quum Peloponnesiorum naves contra se venientes vidissent, in Samum se receperunt, existimantes, suarum numerum non satis esse firmum ad belli fortunam de summa rerum periclitandam. (3) Et simul (præsenserant enim, eos qui Mileto veniebant, prœlium navale committere cupientes) exspectabant etiam Strombichidem ex Hellesponto cum ea classe, quæ ex Chio Abydum profecta erat, auxilio sibi venturum; nuntius enim ad eum præmissus erat. (4) Atque illi quidem sic in Samum se receperunt; Peloponnesii vero, classe ad Mycalen appulsa, castra posuerunt, et cum iis Milesiorum et accolarum peditatus. (5) Et postridie quum adversus Samum navigare vellent,

ἀγγέλεται ὁ Στρομβιχίδης ταῖς ἀπὸ τοῦ Ἑλλησπόντου ναυσὶν ἀφιγμένος· καὶ εὐθὺς ἀπέπλεον πάλιν ἐπὶ τῆς Μιλήτου. (6) Οἱ δ᾽ Ἀθηναῖοι προσγενομένων σφίσι τῶν νεῶν ἐπίπλουν αὐτοὶ ποιοῦνται τῇ Μιλήτῳ ναυσὶν ὀκτὼ καὶ ἑκατόν, βουλόμενοι ναυμαχῆσαι· καὶ ὡς οὐδεὶς αὐτοῖς ἀντανήγετο, ἀπέπλευσαν πάλιν ἐς τὴν Σάμον.

LXXX. Ἐν δὲ τῷ αὐτῷ θέρει μετὰ τοῦτο εὐθὺς οἱ Πελοποννήσιοι, ἐπειδὴ ἁθρόαις ταῖς ναυσὶν οὐκ ἀξιόμαχοι νομίσαντες εἶναι οὐκ ἀντανήγοντο, ἀπορήσαντες ὁπόθεν τοσαύταις ναυσὶ χρήματα ἕξουσιν, ἄλλως τε καὶ Τισσαφέρνους κακῶς διδόντος, ἀποστέλλουσιν ὡς τὸν Φαρνάβαζον, ὥσπερ καὶ τὸ πρῶτον ἐκ τῆς Πελοποννήσου προσετάχθη, Κλέαρχον τὸν Ῥαμφίου ἔχοντα ναῦς τεσσαράκοντα. (2) Ἐπεκαλεῖτό τε γὰρ αὐτοὺς ὁ Φαρνάβαζος καὶ τροφὴν ἑτοῖμος ἦν παρέχειν, καὶ ἅμα καὶ τὸ Βυζάντιον ἐπεκηρυκεύετο αὐτοῖς ἀποστῆναι. (3) Καὶ αἱ μὲν τῶν Πελοποννησίων αὗται νῆες ἀπάρασαι ἐς τὸ πέλαγος, ὅπως λάθοιεν ἐν τῷ πλῷ τοὺς Ἀθηναίους, χειμασθεῖσαι, καὶ αἱ μὲν Δήλου λαβόμεναι αἱ πλείους μετὰ Κλεάρχου καὶ ὕστερον πάλιν ἐλθοῦσαι ἐς Μίλητον (Κλέαρχος δὲ κατὰ γῆν αὖθις ἐς τὸν Ἑλλήσποντον κομισθεὶς ἦρχεν), αἱ δὲ μετὰ Ἑλίξου τοῦ Μεγαρέως στρατηγοῦ δέκα ἐς τὸν Ἑλλήσποντον διασωθεῖσαι Βυζάντιον ἀφιστᾶσιν. (4) Καὶ μετὰ ταῦτα οἱ ἐκ τῆς Σάμου πέμπουσιν αἰσθόμενοι νεῶν βοήθειαν καὶ φυλακὴν ἐς τὸν Ἑλλήσποντον, καί τις καὶ ναυμαχία βραχεῖα γίγνεται πρὸ τοῦ Βυζαντίου ναυσὶν ὀκτὼ πρὸς ὀκτώ.

LXXXI. Οἱ δὲ προεστῶτες ἐν τῇ Σάμῳ, καὶ μάλιστα Θρασύβουλος, ἀεί τε τῆς αὐτῆς γνώμης ἐχόμενος, ἐπειδὴ μετέστησε τὰ πράγματα, ὥστε κατάγειν Ἀλκιβιάδην, καὶ τέλος ἐπ᾽ ἐκκλησίας ἔπεισε τὸ πλῆθος τῶν στρατιωτῶν, καὶ ψηφισαμένων αὐτῶν Ἀλκιβιάδη κάθοδον καὶ ἄδειαν πλεύσας ὡς τὸν Τισσαφέρνη κατήγεν ἐς τὴν Σάμον τὸν Ἀλκιβιάδην, νομίζων μόνην σωτηρίαν εἰ Τισσαφέρνην αὐτοῖς μεταστήσειεν ἀπὸ Πελοποννησίων. (2) Γενομένης δὲ ἐκκλησίας τήν τε ἰδίαν ξυμφορὰν τῆς φυγῆς ἐπῃτιάσατο καὶ ἀνωλοφύρατο ὁ Ἀλκιβιάδης, καὶ περὶ τῶν πολιτικῶν πολλὰ εἰπὼν ἐς ἐλπίδας αὐτοὺς οὐ σμικρὰς τῶν τε μελλόντων καθίστη, καὶ ὑπερβάλλων ἐμεγάλυνε τὴν ἑαυτοῦ δύναμιν παρὰ τῷ Τισσαφέρνει, ἵν᾽ οἵ τε οἴκοι τὴν ὀλιγαρχίαν ἔχοντες φοβοῖντο αὐτὸν καὶ μᾶλλον αἱ ξυνωμοσίαι διαλυθεῖεν, καὶ οἱ ἐν τῇ Σάμῳ τιμιώτερόν τε αὐτὸν ἄγοιεν καὶ αὐτοὶ ἐπὶ πλεῖον θαρσοῖεν, οἵ τε πολέμιοι τῷ Τισσαφέρνει ὡς μάλιστα διαβάλλοιντο καὶ ἀπὸ τῶν ὑπαρχουσῶν ἐλπίδων ἐκπίπτοιεν. (3) Ὑπισχνεῖτο δ᾽ οὖν τάδε μέγιστα ἐπικομπῶν ὁ Ἀλκιβιάδης, ὡς Τισσαφέρνης αὐτῷ ὑπεδέξατο ἦ μήν, ἕως ἄν τι τῶν ἑαυτοῦ λείπηται, ἢν Ἀθηναίοις πιστεύσῃ, μὴ ἀπορήσειν αὐτοὺς τροφῆς, οὐδ᾽ ἢν δέῃ τελευτῶντα τὴν ἑαυτοῦ στρωμνὴν ἐξαργυρῶσαι, τάς τε ἐν Ἀσπένδῳ ἤδη οὔσας Φοινίκων ναῦς κομιεῖν Ἀθηναίοις καὶ οὐ Πελοποννησίοις· πιστεῦσαι δ᾽

nuntiatur Strombichides ex Hellesponto cum sua classe advenisse; quare confestim Miletum redibant. (6) Sed Athenienses, post alterius classis accessionem, ipsi ultro cum centum et octo navibus Miletum accedunt, eo animo, ut navali proelio dimicarent, et quum nullus iis obviam prodiret, rursus in Samum se receperunt.

LXXX. Eadem autem æstate post hæc statim Peloponnesii, postquam cum omnibus suis navibus obviam hostibus non prodierant, existimantes, se non satis virium habere ad proelium committendum, inopes consilii, unde pecunias tot navibus suppeditarent, præsertim quod Tissaphernes male persolveret, mittunt ad Pharnabazum, quemadmodum et initio ex Peloponneso præceptum erat, Clearchum, Rhamphiæ filium, cum quadraginta navibus. (2) Nam et advocabat eos ultro Pharnabazus, et stipendium præbere paratus erat, et simul per legatos iis significabant Byzantini, se defectionem facturos. (3) Et hæ quidem Peloponnesiorum naves, quum e portu in altum solvissent, ut Athenienses in conficiendo navigationis cursu laterent, tempestate jactatæ, atque aliæ quidem, eæque numero plures, cum Clearcho Delum tenuerunt, et postea Miletum redierunt (Clearchus autem in Hellespontum itinere terrestri reversus, imperium obtinebat), aliæ vero numero decem, quibus Helixus Megarensis præerat, quum in Hellespontum evasissent, Byzantium ad defectionem adducunt. (4) Ac postea Athenienses e Samo quum hoc intellexissent, auxilio atque præsidio loci classem in Hellespontum miserunt, atque etiam leve quoddam navale proelium ante Byzantium commissum est navibus octo adversus octo.

LXXXI. Qui autem apud Samum rebus præerant, et præcipue Thrasybulus, quum semper in eadem sententia perstaret, postquam reipublicæ statum immutavit, ut Alcibiadem reduceret, tum postremo etiam in concione oratione habita rem persuasit militum multitudini et quum reditum et impunitatem Alcibiadi decrevissent, ad Tissaphernem profectus, Alcibiadem Samum deducebat existimans, unam esse salutis spem, si Alcibiades Tissaphernem, a Peloponnesiis alienatum, ad se traduceret. (2) Concione autem coacta, Alcibiades et privatam exsilii sui calamitatem questus est ac deploravit, et de republica multis agens iis spes haud parvas de rebus futuris præbebat, et supra modum suam apud Tissaphernem potentiam amplificabat, ut et illi, qui domi paucorum dominatum habebant, se formidarent, et conjurationes magis dissolverentur, et qui Sami erant, se magis honorarent, ipsique majorem fiduciam animis conciperent; utque Tissaphernis hostes in maximam invidiam incurrerent, et ex spe, quam conceperant dejicerentur. (3) Alcibiades igitur maxima cum jactatione hæc pollicebatur, Tissaphernem sibi recepisse, quoad aliquid suarum facultatum reliquum foret, si modo Atheniensibus confideret, eos nulla stipendii inopia laboraturos, ne si oporteret quidem ad extremum suum ipsius lectum ad pecuniam inde cogendam vendere; et naves Phœnicum, quæ jam Aspendi essent, ad Athenienses, non ad Peloponnesios, adducturum; fidem autem se ita de-

ἂν μόνως Ἀθηναίοις, εἰ αὐτὸς κατελθὼν αὐτῷ ἀναδέξαιτο.

LXXXII. Οἱ δ' ἀκούσαντες ταῦτά τε καὶ ἄλλα πολλὰ στρατηγόν τε αὐτὸν εὐθὺς εἵλοντο μετὰ τῶν προτέρων καὶ τὰ πράγματα πάντα ἀνετίθεσαν, τήν τε παραυτίκα ἐλπίδα ἕκαστος τῆς τε σωτηρίας καὶ τῆς τῶν τετρακοσίων τιμωρίας οὐδενὸς ἂν ἠλλάξαντο, καὶ ἑτοῖμοι ἤδη ἦσαν κατὰ τὸ αὐτίκα τούς τε παρόντας πολεμίους ἐκ τῶν λεχθέντων καταφρονεῖν καὶ πλεῖν ἐπὶ τὸν Πειραιᾶ. (2) Ὁ δὲ τὸ μὲν ἐπὶ τὸν Πειραιᾶ πλεῖν τοὺς ἐγγυτέρω πολεμίους ὑπολιπόντας καὶ πάνυ διεκώλυσε, πολλῶν ἐπειγομένων· τὰ δὲ τοῦ πολέμου πρῶτον ἔφη, ἐπειδὴ καὶ στρατηγὸς ᾕρητο, πλεύσας ὡς Τισσαφέρνην πράξειν. (3) Καὶ ἀπὸ ταύτης τῆς ἐκκλησίας εὐθὺς ᾤχετο, ἵνα δοκῇ πάντα μετ' ἐκείνου κοινοῦσθαι, καὶ ἅμα βουλόμενος αὐτῷ τιμιώτερός τε εἶναι καὶ ἐνδείκνυσθαι ὅτι καὶ στρατηγὸς ἤδη ᾕρηται καὶ εὖ καὶ κακῶς οἷός τ' ἐστὶν αὐτὸν [ἤδη] ποιεῖν. Ξυνέβαινε δὲ τῷ Ἀλκιβιάδῃ τῷ μὲν Τισσαφέρνει τοὺς Ἀθηναίους φοβεῖν, ἐκείνοις δὲ τὸν Τισσαφέρνην.

LXXXIII. Οἱ δὲ Πελοποννήσιοι ἐν τῇ Μιλήτῳ πυνθανόμενοι τὴν Ἀλκιβιάδου κάθοδον, καὶ πρότερον τῷ Τισσαφέρνει ἀπιστοῦντες πολλῷ δὴ μᾶλλον ἔτι διεβέβληντο. (2) Ξυνηνέχθη γὰρ αὐτοῖς μετὰ τὸν ἐπὶ τὴν Μίλητον τῶν Ἀθηναίων ἐπίπλουν, ὡς οὐκ ἠθέλησαν ἀνταναγαγόντες ναυμαχῆσαι, πολλῷ ἐς τὴν μισθοδοσίαν τὸν Τισσαφέρνην ἀρρωστότερον γενόμενον καὶ ἐς τὸ μισεῖσθαι ὑπ' αὐτῶν πρότερον ἔτι τούτων διὰ τὸν Ἀλκιβιάδην ἐπιδεδωκέναι. (3) Καὶ ξυνιστάμενοι κατ' ἀλλήλους οἷάπερ καὶ πρότερον οἱ στρατιῶται ἀνελογίζοντο, καί τινες καὶ τῶν ἄλλων τῶν ἀξίων λόγου ἀνθρώπων καὶ οὐ μόνον τὸ στρατιωτικόν, ὡς οὔτε μισθὸν ἐντελῆ πώποτε λάβοιεν, τό τε διδόμενον βραχύ, καὶ οὐδὲ τοῦτο ξυνεχῶς· καὶ εἰ μή τις ἢ διαναυμαχήσει ἢ ἀπαλλάξεται ὅθεν τροφὴν ἕξει, ἀπολείψειν τοὺς ἀνθρώπους τὰς ναῦς· πάντων τε Ἀστυόχου εἶναι αἴτιον, ἐπιφέροντα ὀργὰς Τισσαφέρνει διὰ ἴδια κέρδη.

LXXXIV. Ὄντων δ' αὐτῶν ἐν τοιούτῳ ἀναλογισμῷ ξυνηνέχθη καὶ τοιόσδε τις θόρυβος περὶ τὸν Ἀστύοχον. (2) Τῶν γὰρ Συρακοσίων καὶ Θουρίων ὅσῳ μάλιστα καὶ ἐλεύθεροι ἦσαν τὸ πλῆθος οἱ ναῦται, τοσούτῳ καὶ θρασύτατα προσπεσόντες τὸν μισθὸν ἀπῄτουν. Ὁ δὲ αὐθαδέστερόν τέ τι ἀπεκρίνατο καὶ ἠπείλησεν, καὶ τῷ γε Δωριεῖ ξυναγορεύοντι τοῖς ἑαυτοῦ ναύταις καὶ ἐπανήρατο τὴν βακτηρίαν. (3) Τὸ δὲ πλῆθος τῶν στρατιωτῶν ὡς εἶδον, οἷα δὴ ναῦται, ὥρμησαν ἐγκρατεύσαντες ἐπὶ τὸν Ἀστύοχον ὥστε βάλλειν· ὁ δὲ προϊδὼν καταφεύγει ἐπὶ βωμόν τινα. Οὐ μέντοι ἐβλήθη γε, ἀλλὰ διελύθησαν ἀπ' ἀλλήλων. (4) Ἔλαβον δὲ καὶ τὸ ἐν τῇ Μιλήτῳ ἐνῳκοδομημένον τοῦ Τισσαφέρνους φρούριον οἱ Μιλήσιοι λάθρα ἐπιπεσόντες, καὶ τοὺς ἐνόντας φύλακας αὐτοῦ ἐκβάλλουσιν· ξυνεδόκει δὲ καὶ τοῖς ἄλλοις ξυμμάχοις ταῦτα, καὶ οὐχ ἥκιστα τοῖς Συρακο-

---

mum Atheniensibus habiturum, si ipse reversus sibi sponsor fieret.

LXXXII. Illi vero, quum et hæc et alia multa audissent, confestim et ipsum in superiorum imperatorum collegium cooptaverunt, et res omnes ad illos deferebant, et quam quisque in præsenti spem et de sua salute et de quadringentis ulciscendis conceperat, eam cum nulla re commutassent, paratique jam erant in illo temporis momento et præsentes hostes ob ea quæ dicta erant, contemnere et in Piræeum navigare. (2) Ille vero navigationem quidem in Piræeum, propioribus hostibus a tergo relictis, vel maxime impedivit, quamvis multi instarent; sed belli negotia dicebat, quandoquidem et imperator creatus esset, se primo loco ad Tissaphernem profectum confecturum. (3) Confestim autem post istam concionem abiit, ut videretur omnia cum illo communicare, et simul quod apud illum in majore honore esse cuperet, et ostentare, se etiam imperatorem jam creatum esse, illique et prodesse et obesse [jam] posse. Contingebat autem Alcibiadi, ut per Tissaphernem quidem Athenienses terrefaceret, per illos vero Tissaphernem.

LXXXIII. Peloponnesii autem Mileti audientes Alcibiadis reditum, quum et antea Tissapherni diffiderent, tunc vero multo magis ei obtrectare cœperunt. (2) Accidit enim iis, ut quum post infestum Atheniensium ad Miletum adventum, quo tempore occurrere illis et navale prœlium committere noluerant, ad stipendium persolvendum Tissaphernes longe languidior factus esset, simul etiam odium, quod in eum jam ante hæc conceperant, propter Alcibiadem auctum esset. (3) Et coeuntes inter se, ut etiam antea, milites reputabant, atque etiam alii quidam auctoritatis non contemnendæ viri, nec soli milites, quod nec integrum stipendium unquam accepissent, et quod daretur, exiguum esset, et ne hoc quidem assidue, et nisi quis aut navali prœlio dimicaret, aut discederet eo, unde stipendium habiturus esset, naves ab hominibus desertum iri, omniumque Astyochum auctorem esse, qui spiritus adderet Tissapherni ob privatum lucrum.

LXXXIV. Dum autem hi secum ita ratiocinantur, quidam etiam hujusmodi tumultus in Astyochum concitatus est. (2) Nam Syracusanorum ac Thuriorum nautæ, quanto maxime libera multitudo erat, tanto etiam ferocissime irruentes stipendium reposcebant. Ille vero, quoddam arrogantius responsum reddidit, et in Dorieum quidem suis nautis patrocinantem etiam baculum sustulit. (3) Multitudo autem militum quum hoc animadvertisset, ut nautæ, clamore simul sublato in Astyochum impetu ferebantur, ut eum ferirent; quod ille prævidens ad aram quamdam confugit. Non tamen percussus est, sed alii ab aliis dirempti sunt. (4) Atque ceperunt etiam castellum Tissaphernis Mileti exstructum Milesii clam aggressi, et præsidium ejus, quod illic erat, ejiciunt; hæc autem etiam reliquis sociis placebant, et præcipue Syracu-

σίοις. (6) Ὁ μέντοι Λίχας οὔτε ἠρέσκετο αὐτοῖς, ἔφη τε χρῆναι Τισσαφέρνει καὶ δουλεύειν Μιλησίους καὶ τοὺς ἄλλους τοὺς ἐν τῇ βασιλέως τὰ μέτρια καὶ ἐπιθεραπεύειν, ἕως ἂν τὸν πόλεμον εὖ θῶνται. Οἱ δὲ Μιλήσιοι ὠργίζοντό τε αὐτῷ, καὶ διὰ ταῦτα καὶ ἄλλα τοιουτότροπα καὶ νόσῳ ὕστερον ἀποθανόντα αὐτὸν οὐκ εἴασαν θάψαι οὗ ἐβούλοντο οἱ παρόντες τῶν Λακεδαιμονίων.

LXXXV. Κατὰ δὴ τοιαύτην διαφορὰν ὄντων αὐτοῖς τῶν πραγμάτων πρός τε τὸν Ἀστύοχον καὶ τὸν Τισσαφέρνην, Μίνδαρος διάδοχος τῆς Ἀστυόχου ναυαρχίας ἐκ Λακεδαίμονος ἐπῆλθε, καὶ παραλαμβάνει τὴν ἀρχήν· ὁ δὲ Ἀστύοχος ἀπέπλει. (2) Ξυνέπεμψε δὲ καὶ Τισσαφέρνης αὐτῷ πρεσβευτὴν τῶν παρ' ἑαυτοῦ, Γαυλίτην ὄνομα, Κᾶρα δίγλωσσον, κατηγορήσοντα τῶν τε Μιλησίων περὶ τοῦ φρουρίου καὶ περὶ αὐτοῦ ἅμα ἀπολογησόμενον, εἰδὼς τούς τε Μιλησίους πορευομένους ἐπὶ καταβοῇ τῇ αὐτοῦ μάλιστα καὶ τὸν Ἑρμοκράτην μετ' αὐτῶν, ὃς ἔμελλε τὸν Τισσαφέρνην ἀποφαίνειν φθείροντα τῶν Πελοποννησίων τὰ πράγματα μετὰ Ἀλκιβιάδου καὶ ἐπαμφοτερίζοντα. (3) Ἔχθρα δὲ πρὸς αὐτὸν ἦν αὐτῷ ἀεί ποτε περὶ τοῦ μισθοῦ τῆς ἀποδόσεως· καὶ τὰ τελευταῖα φυγόντος ἐκ Συρακουσῶν τοῦ Ἑρμοκράτους καὶ ἑτέρων ἡκόντων ἐπὶ τὰς ναῦς τῶν Συρακοσίων ἐς τὴν Μίλητον στρατηγῶν, Ποτάμιδος καὶ Μύσκωνος καὶ Δημάρχου, ἐνέκειτο ὁ Τισσαφέρνης φυγάδι ὄντι ἤδη τῷ Ἑρμοκράτει πολλῷ ἔτι μᾶλλον, καὶ κατηγόρει ἄλλα τε καὶ ὡς χρήματά ποτε αἰτήσας αὐτὸν καὶ οὐ τυχὼν τὴν ἔχθραν οἱ προθεῖτο. (4) Ὁ μὲν οὖν Ἀστύοχος καὶ οἱ Μιλήσιοι καὶ ὁ Ἑρμοκράτης ἀπέπλευσαν ἐς τὴν Λακεδαίμονα, ὁ δ' Ἀλκιβιάδης διεβεβήκει πάλιν ἤδη παρὰ τοῦ Τισσαφέρνους ἐς τὴν Σάμον.

LXXXVI. Καὶ οἱ ἐκ τῆς Δήλου ἀπὸ τῶν τετρακοσίων πρεσβευταί, οὓς τότε ἔπεμψαν παραμυθησομένους καὶ ἀναδιδάξοντας τοὺς ἐν τῇ Σάμῳ, ἀφικνοῦνται παρόντος τοῦ Ἀλκιβιάδου, καὶ ἐκκλησίας γενομένης λέγειν ἐπεχείρουν. (2) Οἱ δὲ στρατιῶται τὸ μὲν πρῶτον οὐκ ἤθελον ἀκούειν, ἀλλ' ἀποκτείνειν ἐβόων τοὺς τὸν δῆμον καταλύοντας, ἔπειτα μέντοι μόλις ἡσυχάσαντες ἤκουσαν. (3) Οἱ δ' ἀπήγγελλον ὡς οὔτ' ἐπὶ διαφθορᾷ τῆς πόλεως ἡ μετάστασις γίγνοιτο ἀλλ' ἐπὶ σωτηρίᾳ, οὔθ' ἵνα τοῖς πολεμίοις παραδοθῇ (ἐξεῖναι γάρ, ὅτε ἐσέβαλον ἤδη σφῶν ἀρχόντων, τοῦτο ποιῆσαι), τῶν τε πεντακισχιλίων ὅτι πάντες ἐν τῷ μέρει μεθέξουσιν, οἵ τε οἰκεῖοι αὐτῶν οὔθ' ὑβρίζονται, ὥσπερ Χαιρέας διαβάλλων ἀπήγγειλεν, οὔτε κακὸν ἔχουσιν οὐδέν, ἀλλ' ἐπὶ τοῖς σφετέροις αὐτῶν ἕκαστοι κατὰ χώραν μένουσιν. (4) Ἄλλα τε πολλὰ εἰπόντων οὐδὲν μᾶλλον ἐσήκουον, ἀλλ' ἐχαλέπαινον καὶ γνώμας ἄλλοι ἄλλας ἔλεγον, μάλιστα δ' ἐπὶ τὸν Πειραιᾶ πλεῖν. Καὶ ἐδόκει Ἀλκιβιάδης πρῶτον τότε καὶ οὐδενὸς ἔλασσον τὴν πόλιν ὠφελῆσαι· ὡρμημένων γὰρ τῶν ἐν Σάμῳ Ἀθηναίων πλεῖν ἐπὶ σφᾶς αὐτούς, ἐν ᾧ σαφέστατα Ἰωνίαν καὶ Ἑλλή-

sanis. (5) Lichæ tamen hæc displicebant, et dicebat, oportere Milesios et ceteros, qui essent in regis ditione, Tissapherni inservire in iis, quæ moderata essent, et ultro officia præstare, donec bellum feliciter administrassent. Milesii vero ei succensebant et ob ista et ob alia hujusmodi, et postea eum morbo defunctum humari non permiserunt in eo loco, ubi Lacedæmonii, qui aderant, volebant.

LXXXV. Quum igitur res in hujusmodi controversia adversus Astyochum et Tissaphernem exorta constitutas haberent, Mindarus Astyochi nauarchiæ successor Lacedæmone supervenit, et imperium accepit; Astyochus vero decedebat. (2) Cum eo autem Tissaphernes quemdam ex iis, quos secum habebat, Gauliten nomine, Carem utriusque linguæ gnarum, legatum misit, qui Milesios de castello accusaret, et simul se purgaret, quum sciret, et Milesios illuc proficisci eo potissimum animo, ut in se inveherentur, et Hermocratem cum iis, qui demonstraturus erat, Tissaphernem cum Alcibiade res Peloponnesiorum labefactare, et ancipitis fidei esse. (3) Inimicitiæ autem ei cum illo semper intercedebant propter stipendii solutionem; ac tandem, quum Hermocrates Syracusis exsul factus esset aliique duces Miletum ad Syracusanorum classem venissent, Potamis et Mysco et Demarchus, instabat Tissaphernes Hermocrati jam exsulanti multo etiam acrius, eique quum alia crimini dabat, tum vero, quod, quum aliquando pecuniam a se postulasset, nec impetrasset, inimicitias secum ideo suscepisset. (4) Itaque Astyochus quidem et Milesii et Hermocrates Lacedæmonem petierunt, Alcibiades vero jam a Tissapherne Samum redierat.

LXXXVI. Legati autem, quos quadringenti ante, ut dixi, miserant ad deliniendos et accurate docendos eos, qui Sami erant, præsente Alcibiade ex Delo advenerunt, et coacta concione verba facere conabantur. (2) Milites vero primo quidem eos audire nolebant, sed interficiendos eos, qui popularem statum sustulissent, vociferabantur; deinde tamen, ægre sedato tumultu, eos audierunt. (3) Illi vero renuntiabant, rerum immutationem neque in reipublicæ perniciem, sed salutis causa factam esse, nec ut civitas hostibus proderetur (licuisse enim, quum irruptio fieret se jam in imperio constitutis, id facere), et futurum, ut, quotquot e quinque millium numero essent, per vices dignitatis participes essent; et propinquos ipsorum neque contumeliam pati, quemadmodum Chæreas criminando retulisset, neque ullo malo affici, sed apud sua quemque in loco manere. (4) Quum autem et alia multa commemorassent, nihilo magis tamen iis favebant, sed indignabantur, et alii alias sententias dicebant, præcipue vero ut ad Piræeum navigaretur. Et videbatur Alcibiades primum tunc et ita, ut nemo magis, de republica bene meritus esse; quum enim Athenienses, qui Sami erant, adversus se ipsos animi quodam impetu navigare statuissent, quod si fecissent, manifestissimum erat hostes confestim Ioniam et Hellespon-

σποντον εὐθὺς εἶχον οἱ πολέμιοι, κωλυτῆς γενέσθαι.

(5) Καὶ ἐν τῷ τότε ἄλλος μὲν οὐδεὶς ἂν ἱκανὸς ἐγένετο κατασχεῖν τὸν ὄχλον, ἐκεῖνος δὲ τοῦ τ' ἐπίπλου ἔπαυσε καὶ τοὺς ἰδίᾳ τοῖς πρέσβεσιν ὀργιζομένους λοιδορῶν ἀπέτρεπεν. (6) Αὐτὸς δὲ ἀποκρινάμενος αὐτοῖς ἀπέπεμπεν ὅτι τοὺς μὲν πεντακισχιλίους οὐ κωλύοι ἄρχειν, τοὺς μέντοι τετρακοσίους ἀπαλλάσσειν ἐκέλευεν αὐτούς, καὶ καθιστάναι τὴν βουλὴν ὥσπερ καὶ πρότερον, τοὺς πεντακοσίους· εἰ δὲ ἐς εὐτέλειάν τι ξυντέτμηνται ὥστε τοὺς στρατευομένους μᾶλλον ἔχειν τροφήν, πάνυ ἐπαινεῖν. (7) Καὶ τἆλλα ἐκέλευεν ἀντέχειν καὶ μηδὲν ἐνδιδόναι τοῖς πολεμίοις· πρὸς μὲν γὰρ σφᾶς αὐτοὺς σωζομένης τῆς πόλεως πολλὴν ἐλπίδα εἶναι καὶ ξυμβῆναι, εἰ δ' ἅπαξ τὸ ἕτερον σφαλήσεται, ἢ τὸ ἐν Σάμῳ ἢ κεῖνοι, οὐδ' ὅτῳ διαλλαγήσεταί τις ἔτι ἔσεσθαι.

(8) Παρῆσαν δὲ καὶ Ἀργείων πρέσβεις, ἐπαγγελλόμενοι τῷ ἐν τῇ Σάμῳ τῶν Ἀθηναίων δήμῳ ὥστε βοηθεῖν· ὁ δὲ Ἀλκιβιάδης ἐπαινέσας αὐτοὺς καὶ εἰπὼν ὅταν τις καλῇ παρεῖναι οὕτως ἀπέπεμπεν. (9) Ἀφίκοντο δὲ οἱ Ἀργεῖοι μετὰ τῶν Παράλων, οἳ τότε ἐτάχθησαν ἐν τῇ στρατιώτιδι νηὶ ὑπὸ τῶν τετρακοσίων περιπλεῖν Εὔβοιαν, καὶ ἄγοντες Ἀθηναίων ἐς Λακεδαίμονα ἀπὸ τῶν τετρακοσίων [πεμπτοὺς] πρέσβεις Λαισποδίαν καὶ Ἀριστοφῶντα καὶ Μελησίαν, [οἳ] ἐπειδὴ ἐγένοντο πλέοντες κατ' Ἄργος, τοὺς μὲν πρέσβεις ξυλλαβόντες τοῖς Ἀργείοις παρέδοσαν ὡς τῶν οὐχ ἥκιστα καταλυσάντων τὸν δῆμον ὄντας, αὐτοὶ δὲ οὐκέτι ἐς τὰς Ἀθήνας ἀφίκοντο, ἀλλ' ἄγοντες ἐκ τοῦ Ἄργους ἐς τὴν Σάμον τοὺς πρέσβεις ἀφικνοῦνται ᾗπερ εἶχον τριήρει.

LXXXVII. Τοῦ δ' αὐτοῦ θέρους Τισσαφέρνης, κατὰ τὸν καιρὸν τοῦτον ἐν ᾧ μάλιστα διά τε τἆλλα καὶ διὰ τὴν Ἀλκιβιάδου κάθοδον ἤχθοντο αὐτῷ οἱ Πελοποννήσιοι ὡς φανερῶς ἤδη ἀττικίζοντι, βουλόμενος, ὡς ἐδόκει δή, ἀπολύεσθαι πρὸς αὐτοὺς τὰς διαβολάς, παρεσκευάζετο πορεύεσθαι ἐπὶ τὰς Φοινίσσας ναῦς ἐς Ἄσπενδον καὶ τὸν Λίχαν ξυμπορεύεσθαι ἐκέλευεν· τῇ δὲ στρατιᾷ προστάξειν ἔφη Ταμὼν ἑαυτοῦ ὕπαρχον, ὥστε τροφὴν ἐν ὅσῳ ἂν αὐτὸς ἀπῇ διδόναι. (2) Λέγεται δὲ οὐ κατὰ ταὐτό, οὐδὲ ῥᾴδιον εἰδέναι τίνι γνώμῃ παρῆλθεν ἐς τὴν Ἄσπενδον καὶ παρελθὼν οὐκ ἤγαγε τὰς ναῦς. (3) Ὅτι μὲν γὰρ αἱ Φοίνισσαι νῆες ἑπτὰ καὶ τεσσαράκοντα καὶ ἑκατὸν μέχρι Ἀσπένδου ἀφίκοντο σαφές ἐστιν, διότι δὲ οὐκ ἦλθον πολλαχῇ εἰκάζεται. Οἱ μὲν γὰρ ἵνα διατρίβῃ ἀπελθών, ὥσπερ καὶ διενοήθη, τὰ τῶν Πελοποννησίων (τροφὴν γοῦν οὐδὲν βέλτιον ἀλλὰ καὶ χεῖρον ὁ Ταμώς, ᾧ προσετάχθη, παρεῖχεν), οἱ δὲ ἵνα τοὺς Φοίνικας προαγαγὼν ἐς τὴν Ἄσπενδον ἐκχρηματίσαιτο ἀφείς (καὶ γὰρ ὡς αὐτοῖς οὐδὲν ἔμελλε χρήσεσθαι), ἄλλοι δ' ὡς καταβοῆς ἕνεκα τῆς ἐς Λακεδαίμονα, τῷ λέγεσθαι ὡς οὐκ ἀδικεῖ ἀλλὰ καὶ σαφῶς οἴχεται ἐπὶ τὰς ναῦς ἀληθῶς πεπληρωμένας. (4) Ἐμοὶ μέντοι δοκεῖ σαφέστατον εἶναι τριβῆς ἕνεκα καὶ ἀνακωχῆς τῶν Ἑλληνικῶν τὸ ναυτικὸν οὐκ ἀγαγεῖν, φθορᾶς μέν, ἐν ὅσῳ παρῄει ἐκεῖσε καὶ διέμελλεν, ἀνισώσεως δέ, ὅπως μηδετέρους προσθέ-

tum in suam potestatem redacturos fuisse, ille rem videbatur impedivisse. (5) Et in illo quidem tempore nemo alius multitudinem compescere potuisset, ille vero et navigationis infestæ studium sedavit, et eos, qui legatis privatim irascebantur, increpans deterrebat. (6) Ipse autem eos hoc responso dato dimittebat, se non impedire, quin quinque millia civium imperium obtinerent, quadringentos vero ut amoverent, imperabat, et senatum restituerent, quemadmodum et prius fuisset, quingentorum; si quos autem sumptus, parsimoniæ studentes, contraxissent, ut milites stipendium facilius haberent, se magnopere probare. (7) Et de ceteris hortabatur, ut hostibus fortiter resisterent, nec ullo modo cederent; nam inter se ipsos quidem, si civitas incolumis staret, magnam spem esse, fore, ut compositio fieret, si vero semel altera pars succumberet, aut exercitus in Samo aut illi, nullum amplius fore, cum quo quis in mutuam gratiam rediret.

(8) Aderant autem et Argivorum legati, qui Atheniensium populo, qui Sami erat, se opem laturos pollicebantur; Alcibiades autem eos collaudatos, et quum quis eos vocaret, ut adessent, rogatos, ita dimisit. (9) Venerant autem Argivi cum Paralis, qui ante, ut dixi, in militarem navem traducti a quadringentis viris jussi erant Eubœam circumvehi, et Atheniensium legatos a quadringentis [missos], Læspodiam et Aristophontem et Melesiam, Lacedæmonem deducere, [qui] quum in cursu ad Argos pervenissent, legatos quidem comprehensos Argivis tradiderunt, quippe quod essent ex numero illorum, qui in primis popularem statum sustulissent, ipsi vero non jam Athenas redierunt, sed legatos Argis Samum adducentes, ea, quam habebant, triremi advenerunt.

LXXXVII. Eadem autem æstate Tissaphernes, hoc in tempore, quo Peloponnesii longe maxime quum ob reliqua tum vero propter Alcibiadis restitutionem ei infensi erant ut Atheniensium partibus aperte jam faventi, cupiens, ut saltem videbatur, has criminationes apud eos diluere, præparabat profectionem ad classem Phœnissam, quæ ad Aspendum stabat, Lichamque secum venire jubebat; exercitui autem se præfecturum dixit Tamon, suum propræctorem, ut stipendium, quamdiu ipse abesset, præberet. (2) Varie autem res narratur, nec facile sciri potest, qua mente accesserit Aspendum, et quum accessisset, tamen classem non adduxerit. (3) Nam hoc quidem constat, centum quadraginta septem Phœnissas naves Aspendum usque pervenisse; cur vero ad Peloponnesios non iverint, variæ sunt conjecturæ. Alii enim hoc ab illo ideo factum conjiciunt, ut suo discessu, quemadmodum constituerat, Peloponnesiorum res morando attereret; (Tamos enim, cui negotium datum erat, stipendium nihilo melius, sed etiam pejus, præbebat;) alii vero, ut Phœnicibus Aspendum usque perductis, facta redeundi potestate pecuniam extorqueret, (nam vel sic quoque iis uti non statuerat); alii vero, ob criminationem de se Lacedæmonem delatam, ut diceretur, eum non injuste facere, sed vel manifesto ire ad classem re vera instructam. (4) Mihi vero manifestissimum videtur esse, classem non adduxisse, ut res Græcorum morando attereret, suspensasque teneret, quippe damnum facturus, dum illuc proficisceretur et cunctaretur, et partes exæquaturus, ut neutros se adjuncto potentiores redderet, quando

μενος ἰσχυροτέρους ποιήσῃ, ἐπεὶ εἴ γε ἐβουλήθη διαπολεμῆσαι, ἐπιφανὲς δήπου οὐκ ἐνδοιαστῶς· κομίσας γὰρ ἂν Λακεδαιμονίοις τὴν νίκην κατὰ τὸ εἰκὸς ἔδωκεν, οἵ γε καὶ ἐν τῷ παρόντι ἀντιπάλως μᾶλλον ἢ ὑποδεεστέρως τῷ ναυτικῷ ἀνθώρμουν. (5) Καταφωρᾷ δὲ μάλιστα καὶ ἣν εἶπε πρόφασιν οὐ κομίσας τὰς ναῦς. Ἔφη γὰρ αὐτὰς ἐλάσσους ἢ ὅσας βασιλεὺς ἔταξε ξυλλεγῆναι· ὁ δὲ χάριν ἂν δήπου ἐν τούτῳ μείζω ἔτι ἔσχεν, οὔτ' ἀναλώσας πολλὰ τῶν βασιλέως, τά τε αὐτὰ ἀπ' ἐλασσόνων πράξας. (6) Ἐς δ' οὖν τὴν Ἄσπενδον ᾑτινιδὴ γνώμῃ ὁ Τισσαφέρνης ἀφικνεῖται καὶ τοῖς Φοίνιξι ξυγγίγνεται· καὶ οἱ Πελοποννήσιοι ἔπεμψαν ὡς ἐπὶ τὰς ναῦς, κελεύσαντος αὐτοῦ, Φίλιππον ἄνδρα Λακεδαιμόνιον δύο τριήρεσιν.

LXXXVIII. Ἀλκιβιάδης δὲ ἐπειδὴ καὶ τὸν Τισσασαφέρνην ᾔσθετο παριόντα ἐπὶ τῆς Ἀσπένδου, ἔπλει καὶ αὐτὸς λαβὼν τρεισκαίδεκα ναῦς, ὑποσχόμενος τοῖς ἐν τῇ Σάμῳ ἀσφαλῆ καὶ μεγάλην χάριν (ἢ γὰρ αὐτὸς ἄξειν Ἀθηναίοις τὰς Φοινίσσας ναῦς, ἢ Πελοποννησίοις γε κωλύσειν ἐλθεῖν), εἰδώς, ὡς εἰκός, ἐκ πλείονος τὴν Τισσαφέρνους γνώμην ὅτι οὐκ ἄξειν ἔμελλεν, καὶ βουλόμενος αὐτὸν τοῖς Πελοποννησίοις ἐς τὴν ἑαυτοῦ καὶ Ἀθηναίων φιλίαν ὡς μάλιστα διαβάλλειν, ὅπως μᾶλλον δι' αὐτὸ σφίσιν ἀναγκάζοιτο προσχωρεῖν. Καὶ ὁ μὲν ἄρα· εὐθὺ τῆς Φασηλίδος καὶ Καύνου ἄνω τὸν πλοῦν ἐποιεῖτο.

LXXXIX. Οἱ δ' ἐκ τῆς Σάμου ἀπὸ τῶν τετρακοσίων πεμφθέντες πρέσβεις ἐπειδὴ ἀφικόμενοι ἐς τὰς Ἀθήνας ἀπήγγειλαν τὰ παρὰ τοῦ Ἀλκιβιάδου, ὡς κελεύει τε ἀντέχειν καὶ μηδὲν ἐνδιδόναι τοῖς πολεμίοις, ἐλπίδας τε ὅτι πολλὰς ἔχει κἀκείνοις τὸ στράτευμα διαλλάξειν καὶ Πελοποννησίων περιέσεσθαι, ἀχθομένους καὶ πρότερον τοὺς πολλοὺς τῶν μετεχόντων τῆς ὀλιγαρχίας, καὶ ἡδέως ἂν ἀπαλλαγέντας πῃ ἀσφαλῶς τοῦ πράγματος, πολλῷ δὴ μᾶλλον ἐπέρρωσαν. (2) Καὶ ξυνίσταντό τε ἤδη καὶ τὰ πράγματα διεμέμφοντο, ἔχοντες ἡγεμόνας τῶν πάνυ στρατηγῶν τῶν ἐν τῇ ὀλιγαρχίᾳ καὶ ἐν ἀρχαῖς ὄντων, οἷον Θηραμένην τε τὸν Ἅγνωνος καὶ Ἀριστοκράτην τὸν Σκελλίου καὶ ἄλλους, οἳ μετέσχον μὲν ἐν τοῖς πρώτοις τῶν πραγμάτων, φοβούμενοι δ', ὡς ἔφασαν, τό τ' ἐν τῇ Σάμῳ στράτευμα καὶ τὸν Ἀλκιβιάδην σπουδῇ πάνυ, τούς τε ἐς τὴν Λακεδαίμονα πρεσβευομένους, ἔπεμπον, μή τι ἄνευ τῶν πλειόνων κακὸν δράσωσι τὴν πόλιν, οὐ τὸ ἀπαλλάξειν τοῦ ἄγαν ἐς ὀλίγους ἐλθεῖν, ἀλλὰ τοὺς πεντακισχιλίους ἔργῳ καὶ μὴ ὀνόματι χρῆναι ἀποδεικνύναι, καὶ τὴν πολιτείαν ἰσαιτέραν καθιστάναι. (3) Ἦν δὲ τοῦτο μὲν σχῆμα πολιτικὸν τοῦ λόγου αὐτοῖς, κατ' ἰδίας δὲ φιλοτιμίας οἱ πολλοὶ αὐτῶν τῷ τοιούτῳ προσέκειντο ἐν ᾧπερ καὶ μάλιστα ὀλιγαρχία ἐκ δημοκρατίας γενομένη ἀπόλλυται· πάντες γὰρ αὐθημερὸν ἀξιοῦσιν οὐχ ὅπως ἴσοι, ἀλλὰ καὶ πολὺ πρῶτος αὐτὸς ἕκαστος εἶναι· ἐκ δὲ δημοκρατίας αἱρέσεως γιγνομένης ῥᾷον τὰ ἀποβαίνοντα ὡς οὐκ ἀπὸ τῶν ὁμοίων ἐλασσούμενός τις φέρει. (4) Σαφέστατα δ' αὐτοὺς ἐπῆρε τὰ ἐν τῇ Σάμῳ

quidem si voluisset debellare, manifestum profecto est, eum id sine ulla dubitatione facturum fuisse; nam si classem adduxisset, Lacedæmoniis victoriam, ut probabile est, præbuisset, quippe qui vel tunc pari potius quam inferiori classe adversus hostem in statione essent. (5) Arguit eum autem maxime etiam causa, quam ipse protulit, quum classem non adduxisset. Dixit enim, eam minori numero, quam rex jussisset, contractam esse; sed is gratiam utique majorem etiam sic iniisset, si neque magnam regiæ pecuniæ vim consumpsisset, et eadem tamen negotia minoribus sumptibus confecisset. (6) Aspendum igitur quocumque tandem consilio motus Tissaphernes advenit et cum Phœnicibus congreditur; et Peloponnesii, illius jussu, Philippum, virum Lacedæmonium, cum duabus triremibus, ut ad classem, miserunt.

LXXXVIII. Alcibiades vero, postquam audivit Tissaphernem Aspendum petere, ipse quoque tredecim navibus assumptis eo navigabat, pollicitus iis, qui Sami erant, certum magnumque beneficium (aut enim se Phœnissam classem ad Athenienses adducturum, aut saltem ad Peloponnesios venire prohibiturum), quippe qui, ut erat verisimile, jam diutius cognitam haberet Tissaphernis mentem, quod adducturus non esset, simul etiam, quod quam maximam invidiam illi apud Peloponnesios ob ejus in se et Athenienses studium conflare vellet, quo major ei ob hoc necessitas esset ad se accedendi: Et hic quidem digressus recta Phaselidem et Caunum versus per altum cursum tenebat.

LXXXIX. Legati autem a quadringentis viris missi, quum e Samo regressi Athenas Alcibiadis mandata renuntiassent, hortari eum, ut hostibus resisterent, nulloque modo cederent, maximamque eum spem habere, fore, ut et illis exercitum reconciliaret, et Peloponnesios superaret, his verbis plerosque eorum, qui paucorum dominatus erant participes, qui jam antea animis essent infensis et lubenter vellent aliquo modo se tuto ex illo negotio expedire, tunc multo magis corroborarunt. (2) Atque coibant jam et de illo rerum statu conquerebantur, duces habentes ex præcipuis imperatoribus, qui in paucorum dominatu et in magistratibus erant, veluti Theramenem Hagnonis, et Aristocratem Scellii filium, et alios, qui inter primos quidem rerum participes fuerant, sed, ut aiebant, ideo, quod metuerent exercitum Samium, et Alcibiadem, et eos, qui per legatos cum Lacedæmoniis agerent, Samum misissent, ne illi sine majore civium parte malo aliquo civitatem afficerent, non quidem professi se impedituros, ne res in nimis paucorum dominatum concederent, sed quinque millia re, non autem nomine, oportere creare, et æquabiliorem reipublicæ formam constituere. (3) Erat autem hoc speciosum quoddam orationis genus, quo publice uterentur, privatim vero ob ambitionem plerique eorum tale consilium amplectebantur, qua potissimum ratione interit paucorum dominatus ex populari statu constitutus; omnes enim tantum abest ut pares inter se esse velint, ut primo quoque die se quisque ipsum longe omnium principem esse æquum judicet; contra in populari statu, in quo electio fit, quæ ex eo eveniunt, facilius quisque fert, ut non a paribus suis commodo privatus. (4) Manifestissime

τοῦ Ἀλκιβιάδου ἰσχυρὰ ὄντα, καὶ ὅτι αὐτοῖς οὐκ ἐδόκει μόνιμον τὸ τῆς ὀλιγαρχίας ἔσεσθαι· ἠγωνίζετο οὖν εἷς ἕκαστος αὐτὸς πρῶτος προστάτης τοῦ δήμου γενέσθαι.

XC. Οἱ δὲ τῶν τετρακοσίων μάλιστα ἐναντίοι ὄντες τῷ τοιούτῳ εἴδει καὶ προεστῶτες Φρύνιχός τε, ὃς καὶ στρατηγήσας ἐν τῇ Σάμῳ [ποτὲ] τῷ Ἀλκιβιάδῃ τότε διηνέχθη, καὶ Ἀρίσταρχος ἀνὴρ ἐν τοῖς μάλιστα καὶ ἐκ πλείστου ἐναντίος τῷ δήμῳ καὶ Πείσανδρος καὶ Ἀντιφῶν καὶ ἄλλοι οἱ δυνατώτατοι, πρότερόν τε, ἐπεὶ τάχιστα κατέστησαν καὶ ἐπειδὴ τὰ ἐν τῇ Σάμῳ σφῶν ἐς δημοκρατίαν ἀπέστη, πρέσβεις τε ἀπέστελλον σφῶν ἐς τὴν Λακεδαίμονα καὶ τὴν ὁμολογίαν προυθυμοῦντο, καὶ τὸ ἐν τῇ Ἠετιωνίᾳ καλουμένῃ τεῖχος ἐποιοῦντο, πολλῷ τε μᾶλλον ἔτι, ἐπειδὴ καὶ οἱ ἐκ τῆς Σάμου πρέσβεις σφῶν ἦλθον, ὁρῶντες τούς τε πολλοὺς καὶ σφῶν τοὺς δοκοῦντας πρότερον πιστοὺς εἶναι μεταβαλλομένους. (2) Καὶ ἀπέστειλαν μὲν Ἀντιφῶντα καὶ Φρύνιχον καὶ ἄλλους δέκα κατὰ τάχος, φοβούμενοι καὶ τὰ αὐτοῦ καὶ τὰ ἐκ τῆς Σάμου, ἐπιστείλαντες παντὶ τρόπῳ, ὅστις καὶ ὁπωσοῦν ἀνεκτός, ξυναλλαγῆναι πρὸς τοὺς Λακεδαιμονίους, (3) ᾠκοδόμουν δὲ ἔτι προθυμότερον τὸ ἐν τῇ Ἠετιωνίᾳ τεῖχος. Ἦν δὲ τοῦ τείχους ἡ γνώμη αὕτη, ὡς ἔφη Θηραμένης καὶ οἱ μετ' αὐτοῦ, οὐχ ἵνα τοὺς ἐν Σάμῳ, ἢν βίᾳ ἐπιπλέωσι, μὴ δέξωνται ἐς τὸν Πειραιᾶ, ἀλλ' ἵνα τοὺς πολεμίους μᾶλλον, ὅταν βούλωνται, καὶ ναυσὶ καὶ πεζῷ δέξωνται. (4) Χηλὴ γάρ ἐστι τοῦ Πειραιῶς ἡ Ἠετιωνία, καὶ παρ' αὐτὴν εὐθὺς ὁ ἔσπλους ἐστίν. Ἐτειχίζετο οὖν οὕτω ξὺν τῷ πρότερον πρὸς ἤπειρον ὑπάρχοντι τείχει, ὥστε καθεζομένων ἐς αὐτὸ ἀνθρώπων ὀλίγων ἄρχειν τοῦ γε ἔσπλου· ἐπ' αὐτὸν γὰρ τὸν ἐπὶ τῷ στόματι τοῦ λιμένος στενοῦ ὄντος τὸν ἕτερον πύργον ἐτελεύτα τό τε παλαιὸν τὸ πρὸς ἤπειρον καὶ τὸ ἐντὸς τὸ καινὸν τεῖχος τειχιζόμενον πρὸς θάλασσαν. (5) Διῳκοδόμησαν δὲ καὶ στοάν, ἥπερ ἦν μεγίστη καὶ ἐγγύτατα τούτου εὐθὺς ἐχομένη ἐν τῷ Πειραιεῖ, καὶ ἦρχον αὐτοὶ αὐτῆς, ἐς ἣν καὶ τὸν σῖτον ἠνάγκαζον πάντας τὸν ὑπάρχοντά τε καὶ τὸν ἐσπλέοντα ἐξαιρεῖσθαι καὶ ἐντεῦθεν προαιρουμένους πωλεῖν.

XCI. Ταῦτ' οὖν ἐκ πλείονός τε ὁ Θηραμένης διεθρόει καὶ ἐπειδὴ οἱ ἐκ τῆς Λακεδαίμονος πρέσβεις οὐδὲν πράξαντες ἀνεχώρησαν τοῖς ξύμπασι ξυμβατικόν, φάσκων κινδυνεύσειν τὸ τεῖχος τοῦτο καὶ τὴν πόλιν διαφθεῖραι. (2) Ἅμα γὰρ καὶ ἐκ τῆς Πελοποννήσου ἐτύγχανον Εὐβοέων ἐπικαλουμένων κατὰ τὸν αὐτὸν χρόνον τοῦτον δύο καὶ τεσσαράκοντα νῆες, ὧν ἦσαν καὶ ἐκ Τάραντος καὶ Λοκρῶν Ἰταλιώτιδες καὶ Σικελικαί τινες, ὁρμοῦσαι ἤδη ἐπὶ Λᾷ τῆς Λακωνικῆς καὶ παρασκευαζόμεναι τὸν ἐς τὴν Εὔβοιαν πλοῦν· ἦρχε δ' αὐτῶν Ἀγησανδρίδας Ἀγησάνδρου Σπαρτιάτης· ἃς ἔφη Θηραμένης οὐκ Εὐβοίᾳ μᾶλλον ἢ τοῖς τειχίζουσι τὴν Ἠετιωνίαν προσπλεῖν, καὶ εἰ μή τις ἤδη φυλάξεται, λήσειν διαφθαρέντας. (3) Ἦν δέ τι καὶ τοιοῦτον ἀπὸ τῶν τὴν κατηγορίαν ἐχόντων, καὶ οὐ πάνυ διαβολῇ μόνον τοῦ λόγου. Ἐκεῖνοι γὰρ μάλιστα μὲν ἐβούλοντο ὀλιγαρχούμενοι ἄρχειν καὶ τῶν ξυμ-

μάχων, εἰ δὲ μή, τάς τε ναῦς καὶ τὰ τείχη ἔχοντες αὐτονομεῖσθαι, ἐξειργόμενοι δὲ καὶ τούτου μὴ οὖν ὑπὸ τοῦ δήμου γε αὖθις γενομένου αὐτοὶ πρὸ τῶν ἄλλων μάλιστα διαφθαρῆναι, ἀλλὰ καὶ τοὺς πολεμίους ἐσαγαγόμενοι ἄνευ τειχῶν καὶ νεῶν ξυμβῆναι καὶ ὁπωσοῦν τὰ τῆς πόλεως ἔχειν, εἰ τοῖς γε σώμασι σφῶν ἄδεια ἔσται.

XCII. Διόπερ καὶ τὸ τεῖχος τοῦτο, καὶ πυλίδας ἔχον καὶ ἐσόδους καὶ ἐπεσαγωγὰς τῶν πολεμίων, ἐτείχιζόν τε προθύμως καὶ φθῆναι ἐβούλοντο ἐξεργασάμενοι. (2) Πρότερον μὲν οὖν κατ' ὀλίγους τε καὶ κρύφα μᾶλλον τὰ λεγόμενα ἦν· ἐπειδὴ δὲ ὁ Φρύνιχος ἥκων ἐκ τῆς ἐς Λακεδαίμονα πρεσβείας, πληγεὶς ὑπ' ἀνδρὸς τῶν περιπόλων τινὸς ἐξ ἐπιβουλῆς ἐν τῇ ἀγορᾷ πληθούσῃ καὶ οὐ πολὺ ἀπὸ τοῦ βουλευτηρίου ἀπελθὼν ἀπέθανε παραχρῆμα, καὶ ὁ μὲν πατάξας διέφυγεν, ὁ δὲ ξυνεργὸς Ἀργεῖος ἄνθρωπος ληφθεὶς καὶ βασανιζόμενος ὑπὸ τῶν τετρακοσίων οὐδενὸς ὄνομα τοῦ κελεύσαντος εἶπεν, οὐδὲ ἄλλο τι ἢ ὅτι εἰδείη πολλοὺς ἀνθρώπους καὶ ἐς τοῦ περιπολάρχου καὶ ἄλλοσε κατ' οἰκίας ξυνιόντας, τότε δὴ οὐδενὸς γεγενημένου ἀπ' αὐτοῦ νεωτέρου καὶ ὁ Θηραμένης ἤδη θρασύτερον καὶ Ἀριστοκράτης, καὶ ὅσοι ἄλλοι τῶν τετρακοσίων αὐτῶν καὶ τῶν ἔξωθεν ἦσαν ὁμογνώμονες, ἤεσαν ἐπὶ τὰ πράγματα. (3) Ἅμα γὰρ καὶ ἀπὸ τῆς Λᾶς αἱ νῆες ἤδη περιπεπλευκυῖαι καὶ ὁρμισάμεναι ἐς τὴν Ἐπίδαυρον τὴν Αἴγιναν καταδεδραμήκεσαν· καὶ οὐκ ἔφη ὁ Θηραμένης εἰκὸς εἶναι ἐπ' Εὔβοιαν πλεούσας αὐτὰς ἐς Αἴγιναν κατακολπίσαι καὶ πάλιν ἐν Ἐπιδαύρῳ ὁρμεῖν, εἰ μὴ παρακληθεῖσαι ἥκοιεν ἐφ' οἷσπερ καὶ αὐτὸς ἀεὶ κατηγόρει· οὐκέτι οὖν οἷόν τε εἶναι ἡσυχάζειν. (4) Τέλος δὲ πολλῶν καὶ στασιωτικῶν λόγων καὶ ὑποψιῶν προσγενομένων καὶ ἔργῳ ἤδη ἥπτοντο τῶν πραγμάτων· οἱ γὰρ ἐν τῷ Πειραιεῖ τὸ τῆς Ἠετιωνίας τεῖχος ὁπλῖται οἰκοδομοῦντες, ἐν οἷς καὶ Ἀριστοκράτης ἦν ταξιαρχῶν καὶ τὴν ἑαυτοῦ φυλὴν ἔχων, ξυλλαμβάνουσιν Ἀλεξικλέα στρατηγὸν ὄντα ἐκ τῆς ὀλιγαρχίας καὶ μάλιστα πρὸς τοὺς ἑταίρους τετραμμένον, καὶ ἐς οἰκίαν ἀγαγόντες εἶρξαν. (5) Ξυνεπελάβοντο δὲ αὐτοῖς ἅμα καὶ ἄλλοι καὶ Ἕρμων τις τῶν περιπόλων τῶν Μουνυχίασι τεταγμένων ἄρχων· τὸ δὲ μέγιστον, τῶν ὁπλιτῶν τὸ στῖφος ταῦτα ἐβούλετο. (6) Ὡς δ' ἐσηγγέλθη τοῖς τετρακοσίοις (ἔτυχον δ' ἐν τῷ βουλευτηρίῳ ξυγκαθήμενοι), εὐθύς, πλὴν ὅσοις μὴ βουλομένοις ταῦτ' ἦν, ἑτοῖμοι ἦσαν ἐς τὰ ὅπλα ἰέναι, καὶ τῷ Θηραμένει καὶ τοῖς μετ' αὐτοῦ ἠπείλουν. Ὁ δ' ἀπολογούμενος ἕτοιμος ἔφη εἶναι ξυναφαιρησόμενος ἰέναι ἤδη. Καὶ παραλαβὼν ἕνα τῶν στρατηγῶν ὃς ἦν αὐτῷ ὁμογνώμων, ἐχώρει ἐς τὸν Πειραιᾶ· ἐβοήθει δὲ καὶ Ἀρίσταρχος καὶ τῶν ἱππέων νεανίσκοι. (7) Ἦν δὲ θόρυβος πολὺς καὶ ἐκπληκτικός· οἵ τε γὰρ ἐν τῷ ἄστει ἤδη ᾤοντο τόν τε Πειραιᾶ κατειλῆφθαι καὶ τὸν ξυνειλημμένον τεθνάναι, οἵ τ' ἐν τῷ Πειραιεῖ τοὺς ἐκ τοῦ ἄστεος ὅσον οὔπω ἐπὶ σφᾶς παρεῖναι. (8) Μόλις δὲ τῶν τε πρεσβυτέρων διακωλυόντων τοὺς ἐν τῷ ἄστει διαθέοντας καὶ ἐπὶ τὰ ὅπλα φερομένους, καὶ Θουκυδίδου

τοῦ Φαρσαλίου τοῦ προξένου τῆς πόλεως παρόντες καὶ προθύμως ἐμποδών τε ἑκάστοις γιγνομένου καὶ ἐπιβοωμένου μὴ ἐφεδρευόντων ἔτι τῶν πολεμίων ἀπολέσαι τὴν πατρίδα, ἡσύχασάν τε καὶ σφῶν αὐτῶν ἀπέσχοντο. 9) Καὶ ὁ μὲν Θηραμένης ἐλθὼν ἐς τὸν Πειραιᾶ (ἦν δὲ καὶ αὐτὸς στρατηγός), ὅσον καὶ ἀπὸ βοῆς ἕνεκα, ὠργίζετο τοῖς ὁπλίταις· ὁ δ᾽ Ἀρίσταρχος καὶ οἱ ἐναντίοι τῷ ἀληθεῖ ἐχαλέπαινον. (10) Οἱ δὲ ὁπλῖται ὁμόσε τε χωροῦσι οἱ πλεῖστοι τῷ ἔργῳ καὶ οὐ μετεμέλοντο, καὶ τὸν Θηραμένην ἠρώτων εἰ δοκεῖ αὐτῷ ἐπ᾽ ἀγαθῷ τὸ τεῖχος οἰκοδομεῖσθαι, καὶ εἰ ἄμεινον εἶναι καθαιρεθέν. Ὁ δέ, εἴπερ καὶ ἐκείνοις δοκεῖ καθαιρεῖν, καὶ ἑαυτῷ φη ξυνδοκεῖν. Καὶ ἐντεῦθεν εὐθὺς ἀναβάντες οἵ τε ὁπλῖται καὶ πολλοὶ τῶν ἐκ τοῦ Πειραιῶς ἀνθρώπων κατέσκαπτον τὸ τείχισμα. (11) Ἦν δὲ πρὸς τὸν ὄχλον ἡ παράκλησις ὡς χρή, ὅστις τοὺς πεντακισχιλίους βούλεται ἄρχειν ἀντὶ τῶν τετρακοσίων, ἰέναι ἐπὶ τὸ ἔργον. Ἐπεκρύπτοντο γὰρ ὅμως ἔτι τῶν πεντακισχιλίων τῷ ὀνόματι, μὴ ἄντικρυς δῆμον ὅστις βούλεται ἄρχειν ὀνομάζειν, φοβούμενοι μὴ τῷ ὄντι ὦσι καὶ πρός τινα εἰπών τίς τι ἀγνοίᾳ σφαλῇ. Καὶ οἱ τετρακόσιοι διὰ τοῦτο οὐκ ἤθελον τοὺς πεντακισχιλίους οὔτ᾽ εἶναι οὔτε μὴ ὄντας δήλους εἶναι, τὸ μὲν καταστῆσαι μετόχους τοσούτους ἄντικρυς ἂν δῆμον ἡγούμενοι, τὸ δ᾽ αὖ ἀφάνες φόβον ἐς ἀλλήλους παρέξειν.

XCIII. Τῇ δ᾽ ὑστεραίᾳ οἱ μὲν τετρακόσιοι ἐς τὸ βουλευτήριον ὅμως καὶ τεθορυβημένοι ξυνελέγοντο· οἱ δ᾽ ἐν τῷ Πειραιεῖ ὁπλῖται τόν τε Ἀλεξικλέα ὃν ξυνέλαβον ἀφέντες καὶ τὸ τείχισμα καθελόντες, ἐς τὸ πρὸς τῇ Μουνυχίᾳ Διονυσιακὸν θέατρον ἐλθόντες καὶ θέμενοι τὰ ὅπλα ἐξεκλησίασαν, καὶ δόξαν αὐτοῖς εὐθὺς ἐχώρουν ἐς τὸ ἄστυ καὶ ἔθεντο ἐν τῷ Ἀνακείῳ τὰ ὅπλα. (2) Ἐλθόντες δὲ ἀπὸ τῶν τετρακοσίων τινὲς ᾑρημένοι πρὸς αὐτοὺς ἀνὴρ ἀνδρὶ διελέγοντό τε, καὶ ἔπειθον οὓς ἴδοιεν ἀνθρώπους ἐπιεικεῖς αὐτούς τε ἡσυχάζειν καὶ τοὺς ἄλλους παρακατέχειν, λέγοντες τούς τε πεντακισχιλίους ἀποφανεῖν, καὶ ἐκ τούτων ἐν μέρει, ᾗ ἂν τοῖς πεντακισχιλίοις δοκῇ, τοὺς τετρακοσίους ἔσεσθαι, τέως δὲ τὴν πόλιν μηδενὶ τρόπῳ διαφθείρειν μηδ᾽ ἐς τοὺς πολεμίους ἀνῶσαι. (3) Τὸ δὲ πᾶν πλῆθος τῶν ὁπλιτῶν ἀπὸ πολλῶν καὶ πρὸς πολλοὺς λόγων γιγνομένων ἠπιώτερον ἦν ἢ πρότερον, καὶ ἐφοβεῖτο μάλιστα περὶ τοῦ παντὸς πολιτικοῦ· ξυνεχώρησάν τε ὥστ᾽ ἐς ἡμέραν ῥητὴν ἐκκλησίαν ποιῆσαι ἐν τῷ Διονυσίῳ περὶ ὁμονοίας.

XCIV. Ἐπειδὴ δὲ ἐπῆλθεν ἡ ἐν Διονύσου ἐκκλησία καὶ ὅσον οὐ ξυνειλεγμένοι ἦσαν, ἀγγέλλονται αἱ δύο καὶ τεσσαράκοντα νῆες καὶ ὁ Ἀγησανδρίδας ἀπὸ τῶν Μεγάρων τὴν Σαλαμῖνα παραπλεῖν· καὶ πᾶς τις τῶν πολιτῶν αὐτὸ τοῦτο ἐνόμιζεν εἶναι τὸ πάλαι λεγόμενον ὑπὸ Θηραμένους καὶ τῶν μετ᾽ αὐτοῦ, ὡς ἐς τὸ τείχισμα πλέον αἱ νῆες, καὶ χρησίμως ἐδόκει καταπεπτωκέναι. Ὁ δὲ Ἀγησανδρίδας τάχα μέν τι καὶ ἀπὸ ξυγκειμένου λόγου περί τε τὴν Ἐπίδαυρον καὶ ταύτῃ ἀνεφέρετο, εἰκὸς δ᾽ αὐτὸν καὶ πρὸς τὸν παρόντα στασια-

THUCYDIDES.

ferebantur, et Thucydides Pharsalius, urbis hospes publicus, adesset, et studiose quibusque obsisteret et inclamaret, ne hostibus prope adhuc insidiantibus patriam perderent, quieverunt, et a manibus mutuo sibi afferendis adstinuerunt. (9) Ac Theramenes quidem quum in Piraeeum pervenisset (erat autem et ipse imperator), voce tenus gravis armaturae militibus irascebatur; Aristarchus vero, et qui multitudini adversarii erant, indignabantur. (10) Sed gravis armaturae milites porro pergebant plerique ad opus, nec mutabant sententiam, et Theramenem interrogabant, numquid ei videretur haec munitio publici boni causa exstrui, et num satius esset eam demoliri. Ille vero, si et illis eam demoliri placeret, sibi quoque placere respondit. Atque hinc e vestigio ascendentes et milites, et multi hominum eorum, qui erant ex Piraeeo, munitionem dejiciebant. (11) Erat autem adhortatio ad vulgus haec, oporteret eum, quicumque quinque millia civium quadringentorum loco reipublicae praeesse vellet, ad opus accedere. Nam adhuc tamen occultabant se quinque millium nomine, ne aperte dicerent, quicumque vellet populum reipublicae praeesse, quia metuebant, ne forte re vera essent quinque millia, neve quis apud aliquem dicens aliquid per inscitiam offenderet. Et quadringenti propterea neque volebant, illos quinquies mille cives esse; neque constare, eos non esse, quod existimabant, tot rerum participes constituere plane jam imperium populare esse; contra rei obscuritatem metum mutuum civibus allaturam.

XCIII. Postridie autem quadringenti, etsi animis perturbati, in curiam tamen conveniebant; milites vero, qui in Piraeeo erant, quum Alexiclem dimissuri, quem comprehenderant, ac munitionem demoliti essent, et ad Dionysiacum theatrum prope Munychiam situm concessissent, ibi cum armis constiterunt et concionem habuerunt, et capto consilio confestim in urbem pergebant et cum armis in Anaceo constiterunt. (2) Venerunt autem a quadringentis quidam electi ad eos et singuli cum singulis agebant, et persuadebant iis, quos animadvertissent homines esse moderatos, ut et ipsi quiescerent, et ceteros continerent, dicentes fore, ut quinque millia civium designarent; et ex horum numero per vices, prout quinque millibus placeret, quadringenti constituerentur; interim vero se nullo modo civitatem perdere, neque eam hostibus tradere. (3) Ita universa militum multitudo, quum a multis et ad multos sermones fierent, placatior erat, quam ante, ac de universo reipublicae statu maxime timebat; et inter eos convenit, ut intra certam diem in Bacchi templo concilium de concordia haberetur.

XCIV. Quum autem concilii in Bacchi templo habendi dies advenisset, et tantum non concio jam coacta esset, nuntiatur, illas duas et quadraginta naves cum Agesandrida Megaris venientes Salaminem cursum tenere, et quilibet ex gravis armaturae militibus hoc illud ipsum esse ducebat, quod jampridem a Theramene, et ab iis, qui cum eo erant, dicebatur, classem ad illam munitionem venire, et utile videbatur, quod diruta esset. (2) Agesandridas autem fortasse quidem etiam ex composito et circum Epidaurum et circum illa loca versabatur; credibile tamen videtur, eum etiam propter praesentem Atheniensium seditionem, et sperantem

σμὸν τῶν Ἀθηναίων, δι' ἐλπίδος ὡς κἂν ἐς δέον πκραγένοιτο, ταύτῃ ἀνέχειν. (3) Οἱ δ' αὖ Ἀθηναῖοι, ὡς ἠγγέλθη αὐτοῖς, εὐθὺς δρόμῳ ἐς τὸν Πειραιᾶ πανδημεὶ ἐχώρουν ὡς τοῦ ἰδίου πολέμου μείζονος [ἢ] ἀπὸ τῶν πολεμίων οὐχ ἑκὰς ἀλλὰ πρὸς τῷ λιμένι ὄντος. Καὶ οἱ μὲν ἐς τὰς παρούσας ναῦς ἐσέβαινον, οἱ δὲ ἄλλας καθεῖλκον, οἱ δέ τινες ἐπὶ τὰ τείχη καὶ τὸ στόμα τοῦ λιμένος παρεβοήθουν.

XCV. Αἱ δὲ τῶν Πελοποννησίων νῆες παραπλεύσασαι καὶ περιβαλοῦσαι Σούνιον ὁρμίζονται μεταξὺ Θορικοῦ τε καὶ Πρασιῶν, ὕστερον δὲ ἀφικνοῦνται ἐς Ὠρωπόν. (2) Ἀθηναῖοι δὲ κατὰ τάχος καὶ ἀξυγκροτήτοις πληρώμασιν ἀναγκασθέντες χρήσασθαι, οἷα πόλεώς τε στασιαζούσης καὶ περὶ τοῦ μεγίστου ἐν τάχει βουλόμενοι βοηθῆσαι (Εὔβοια γὰρ αὐτοῖς ἀποκεκλημένης τῆς Ἀττικῆς πάντα ἦν), πέμπουσι Θυμοχάρην στρατηγὸν καὶ ναῦς ἐς Ἐρέτριαν, (3) ὧν ἀφικομένων ξὺν ταῖς πρότερον ἐν Εὐβοίᾳ οὔσαις ἓξ καὶ τριάκοντα ἐγένοντο. Καὶ εὐθὺς ναυμαχεῖν ἠναγκάζοντο· ὁ γὰρ Ἀγησανδρίδας ἀριστοποιησάμενος ἐκ τοῦ Ὠρωποῦ ἀνῆγε τὰς ναῦς, ἀπέχει δὲ μάλιστα ὁ Ὠρωπὸς τῆς τῶν Ἐρετριῶν πόλεως θαλάσσης μέτρον ἑξήκοντα σταδίους. (4) Ὡς οὖν ἐπέπλει, εὐθὺς ἐπλήρουν καὶ οἱ Ἀθηναῖοι τὰς ναῦς, οἰόμενοι σφίσι παρὰ ταῖς ναυσὶ τοὺς στρατιώτας εἶναι· οἱ δ' ἔτυχον οὐκ ἐκ τῆς ἀγορᾶς ἄριστον ἐπισιτιζόμενοι (οὐδὲν γὰρ ἐπωλεῖτο ἀπὸ προνοίας τῶν Ἐρετριέων), ἀλλ' ἐκ τῶν ἐπ' ἔσχατα τοῦ ἄστεος οἰκιῶν, ὅπως σχολῇ πληρουμένων φθάσειαν οἱ πολέμιοι προσπεσόντες καὶ ἀναγκάσειαν τοὺς Ἀθηναίους οὕτως ὅπως τύχοιεν ἀνάγεσθαι. Σημεῖον δ' αὐτοῖς ἐς τὸν Ὠρωπὸν ἐκ τῆς Ἐρετρίας, ὁπότε χρὴ ἀνάγεσθαι, ἤρθη. (5) Διὰ τοιαύτης δὴ παρασκευῆς οἱ Ἀθηναῖοι ἀναγόμενοι, καὶ ναυμαχήσαντες ὑπὲρ τοῦ λιμένος τῶν Ἐρετριέων, ὀλίγον μέν τινα χρόνον ὅμως καὶ ἀντέσχον, ἔπειτ' ἐς φυγὴν τραπόμενοι καταδιώκονται ἐς τὴν γῆν. (6) Καὶ ὅσοι μὲν αὐτῶν πρὸς τὴν πόλιν τῶν Ἐρετριέων ὡς φιλίαν καταφεύγουσι, χαλεπώτατα ἔπραξαν φονευόμενοι ὑπ' αὐτῶν· οἱ δὲ ἐς τὸ τείχισμα τὸ ἐν τῇ Ἐρετριαίᾳ, ὃ εἶχον αὐτοί, περιγίγνονται, καὶ ὅσαι ἐς Χαλκίδα ἀφικνοῦνται τῶν νεῶν. (7) Λαβόντες δ' οἱ Πελοποννήσιοι δύο καὶ εἴκοσι ναῦς τῶν Ἀθηναίων, καὶ ἄνδρας τοὺς μὲν ἀποκτείναντες τοὺς δὲ ζωγρήσαντες, τροπαῖον ἔστησαν. Καὶ ὕστερον οὐ πολλῷ Εὔβοιάν τε ἅπασαν ἀποστήσαντες πλὴν Ὠρεοῦ (ταύτην δὲ αὐτοὶ Ἀθηναῖοι εἶχον) καὶ τἄλλα τὰ περὶ αὐτὴν καθίσταντο.

XCVI. Τοῖς δ' Ἀθηναίοις ὡς ἦλθε τὰ περὶ τὴν Εὔβοιαν γεγενημένα, ἔκπληξις μεγίστη δὴ τῶν πρὶν παρέστη. Οὔτε γὰρ ἡ ἐν Σικελίᾳ ξυμφορά, καίπερ μεγάλη τότε δόξασα εἶναι, οὔτ' ἄλλο οὐδέν πω οὕτως ἐφόβησεν. (2) Ὅπου γὰρ στρατοπέδου τε τοῦ ἐν Σάμῳ ἀφεστηκότος, ἄλλων τε νεῶν οὐκ οὐσῶν οὐδὲ τῶν ἐσβησομένων, αὐτῶν [τε] στασιαζόντων, καὶ ἄδηλον ὂν ὁπότε σφίσιν αὐτοῖς ξυρράξουσι, τοσαύτη ἡ ξυμφορὰ ἐπεγε-

fieri posse, ut forte opportuno tempore adveniret, illic substitisse. (3) Athenienses vero, postquam hoc iis nuntiatum est, confestim universi citato cursu in Piræeum contendebant, quod bello domestico majus aliud ab hostibus illatum, non procul, sed ad ipsum portum esset. Quamobrem alii naves, quæ aderant, conscendebant, pars alias deducebant, nonnulli etiam ad muros et portus ostium auxilio accurrebant.

XCV. Sed Peloponnesiorum classis præterlata et Sunium circumvecta, consistit inter Thoricum et Prasias, postea vero appellit Oropum. (2) Athenienses autem raptim, et inexercitatis nautis uti coacti, quippe quod civitas seditione laboraret, et in maximo discrimine positi, celeriter hostes arcere vellent (nam Attica interclusa omnia iis in Eubœa erant), Thymocharem ducem cum navibus in Eretriam mittunt, (3) quæ cum illuc pervenissent, cum iis quæ prius in Eubœa erant, sex et triginta fuerunt. Et protinus prælio navali dimicare cogebantur; Agesandridas enim prandio sumpto ab Oropo producebat classem; abest autem Oropus ab Eretriensium urbe, stadiis fere sexaginta, maris tractu (4) Ut igitur ille advehebatur, statim Athenienses quoque naves instruebant, existimantes, suos milites apud naves esse; sed illi tum forte non ex foro cibaria in prandium mercabantur (nihil enim vendebatur, quod ab Eretriensibus consulto factum erat), sed ex ædibus in extrema urbe sitis, ut, dum cunctanter naves instruerentur, hostes prius impressionem in eos facerent, et cogerent Athenienses sic, ut forte possent, in altum prodire. Signum autem ex Eretria Oropum versus iis sublatum erat, quando in altum provehi deberent. (5) Hoc igitur modo instructi Athenienses in altum provecti, navali prœlio supra portum Eretriensem commisso, tamen aliquantisper etiam hosti restiterunt; deinde in fugam versi compelluntur ad littus. (6) Et quotquot eorum ad Eretriensium urbem, ut amicam, confugerunt, de iis pessime actum erat, quia ab illis interficiebantur; alii vero in munitionem, quam ipsi in Eretria tenebant, incolumes evaserunt, itemque naves, quotquot in Chalcidem pervenerunt. (7) Captis autem Peloponnesii duabus et viginti Atheniensium navibus virisque partim interfectis, partim captis, tropæum statuerunt. Nec multo post, quum totam Eubœam ad defectionem compulissent, præter Oreum (hanc enim ipsi Athenienses tenebant) ceteras quoque re in ea componebant.

XCVI. Atheniensibus autem quum res ad Eubœam gestæ nuntiatæ essent, pavor omnium ad illum usque diem maximus incessit. Nam nec in Sicilia accepta clades, quamvis tunc ingens visa esset, nec aliud quicquam eos unquam adeo terruerat. (2) Quippe quum eo tempore, quo exercitus Samius defecerat, et aliæ naves non superarent nec homines, qui eas conscenderent, et ipsi seditione laborabant, et incertum erat, quando inter se ipsi concursuri essent, tanta illa calamitas accessisset, qua et classem,

γένητο ἐν ᾗ ναῦς τε καὶ τὸ μέγιστον Εὔβοιαν ἀπολω-
λέκεσαν, ἐξ ἧς πλείω ἢ τῆς Ἀττικῆς ὠφελοῦντο, πῶς
οὐκ εἰκότως ἠθύμουν; (3) Μάλιστα δ' αὐτοὺς καὶ δι'
ἐγγυτάτου ἐθορύβει, εἰ οἱ πολέμιοι τολμήσουσι νενικηκότες εὐθὺς σφῶν ἐπὶ τὸν Πειραιᾶ ἐρῆμον ὄντα νεῶν
πλεῖν· καὶ ὅσον οὐκ ἤδη ἐνόμιζον αὐτοὺς παρεῖναι. (4)
Ὅπερ ἄν, εἰ τολμηρότεροι ἦσαν, ῥᾳδίως ἂν ἐποίησαν,
καὶ ἢ διέστησαν ἂν ἔτι μᾶλλον τὴν πόλιν ἐφορμοῦντες,
ἢ εἰ ἐπολιόρκουν μένοντες, καὶ τὰς ἀπ' Ἰωνίας ναῦς
ἠνάγκασαν ἂν καίπερ πολεμίας οὔσας τῇ ὀλιγαρχίᾳ τοῖς
σφετέροις οἰκείοις καὶ τῇ ξυμπάσῃ πόλει βοηθῆσαι, καὶ
ἐν τούτῳ Ἑλλήσποντός τε ἂν ἦν αὐτοῖς καὶ Ἰωνία καὶ
αἱ νῆσοι καὶ τὰ μέχρι Βοιωτίας καὶ ὡς εἰπεῖν ἡ Ἀθηναίων ἀρχὴ πᾶσα. (5) Ἀλλ' οὐκ ἐν τούτῳ μόνῳ Λακεδαιμόνιοι Ἀθηναίοις πάντων δὴ ξυμφορώτατοι προσπολε-
μῆσαι ἐγένοντο, ἀλλὰ καὶ ἐν ἄλλοις πολλοῖς· διάφοροι
γὰρ πλεῖστον ὄντες τὸν τρόπον, οἱ μὲν ὀξεῖς οἱ δὲ βραδεῖς,
καὶ οἱ μὲν ἐπιχειρηταὶ οἱ δὲ ἄτολμοι, ἄλλως τε καὶ ἐν
ἀρχῇ ναυτικῇ, πλεῖστα ὠφέλουν. Ἔδειξαν δ' οἱ Συρα-
κόσιοι· μάλιστα γὰρ ὁμοιότροποι γενόμενοι ἄριστα καὶ
προσεπολέμησαν.

XCVII. Ἐπὶ δ' οὖν τοῖς ἠγγελμένοις οἱ Ἀθηναῖοι
ναῦς τε εἴκοσιν ὅμως ἐπλήρουν καὶ ἐκκλησίαν ξυνέλεγον,
μίαν μὲν εὐθὺς τότε πρῶτον ἐς τὴν Πύκνα καλουμένην,
ὅπερ καὶ ἄλλοτε εἰώθεσαν, ἐν ᾗπερ καὶ τοὺς τετρακοσίους καταπαύσαντες τοῖς πεντακισχιλίοις ἐψηφίσαντο
τὰ πράγματα παραδοῦναι (εἶναι δὲ αὐτῶν ὁπόσοι καὶ
ὅπλα παρέχονται) καὶ μισθὸν μηδένα φέρειν μηδεμιᾷ
ἀρχῇ· εἰ δὲ μή, ἐπάρατον ἐποιήσαντο. (2) Ἐγίγνοντο
δὲ καὶ ἄλλαι ὕστερον πυκναὶ ἐκκλησίαι, ἀφ' ὧν καὶ
νομοθέτας καὶ τἆλλα ἐψηφίσαντο ἐς τὴν πολιτείαν. Καὶ
οὐχ ἥκιστα δὴ τὸν πρῶτον χρόνον ἐπί γ' ἐμοῦ Ἀθηναῖοι φαίνονται εὖ πολιτεύσαντες· μετρία γὰρ ἥ τε ἐς
τοὺς ὀλίγους καὶ τοὺς πολλοὺς ξύγκρασις ἐγένετο, καὶ
ἐκ πονηρῶν τῶν πραγμάτων γενομένων τοῦτο πρῶτον
ἀνήνεγκε τὴν πόλιν. (3) Ἐψηφίσαντο δὲ καὶ Ἀλκιβιάδην καὶ ἄλλους μετ' αὐτοῦ κατιέναι, καὶ παρά τε ἐκεῖνον
καὶ παρὰ τὸ ἐν Σάμῳ στρατόπεδον πέμψαντες διεκε-
λεύοντο ἀνθάπτεσθαι τῶν πραγμάτων.

XCVIII. Ἐν δὲ τῇ μεταβολῇ ταύτῃ εὐθὺς οἱ μὲν
περὶ τὸν Πείσανδρον καὶ Ἀλεξικλέα, καὶ ὅσοι ἦσαν τῆς
ὀλιγαρχίας μάλιστα, ὑπεξέρχονται ἐς τὴν Δεκέλειαν·
Ἀρίσταρχος δ' αὐτῶν μόνος (ἔτυχε γὰρ καὶ στρατηγῶν)
λαβὼν κατὰ τάχος τοξότας τινὰς τοὺς βαρβαρωτάτους
ἐχώρει πρὸς τὴν Οἰνόην. (2) Ἦν δὲ Ἀθηναίων ἐν
μεθορίοις τῆς Βοιωτίας τεῖχος, ἐπολιόρκουν δ' αὐτὸ διὰ
ξυμφορὰν σφίσιν ἐκ τῆς Οἰνόης γενομένην ἀνδρῶν ἐκ
Δεκελείας ἀναχωρούντων διαφθορᾶς οἱ Κορίνθιοι, ἐθε-
λοντηδὸν προσπαρακαλέσαντες τοὺς Βοιωτούς. (3) Κοινολογησάμενος οὖν αὐτοῖς ὁ Ἀρίσταρχος ἀπατᾷ τοὺς ἐν
τῇ Οἰνόῃ, λέγων ὡς καὶ οἱ ἐν τῇ πόλει τἆλλα ξυμβε-
βήκασι Λακεδαιμονίοις, κἀκείνους δεῖ Βοιωτοῖς τὸ χωρίον παραδοῦναι· ἐπὶ τούτοις γὰρ ξυμβεβάσθαι. Οἱ δὲ
πιστεύσαντες ὡς ἀνδρὶ στρατηγῷ, καὶ οὐκ εἰδότες οὐδὲν

quod maximum erat, Euboeam amiserant, ex qua plus utilitatis, quam ex Attica, percipiebant, qui non merito tum
animis erant consternati? (3) Sed maxime eos et in proximo hoc perturbabat, si hostes ausuri essent, victoria potiti, confestim in ipsorum Piraeeum navibus vacuum tendere; et tantum non jam adesse eos putabant. (4) Id quod
illi, si audaciores fuissent, facile fecissent, et aut dissidium
longe majus in urbe excitassent, prope eam in ancoris stantes, aut si remanentes eam obsedissent, et classem ab Ionia
licet dominatui paucorum infestam coegissent propinquis suis
et universae civitati succurrere, et interea et Hellespontus,
et Ionia, et insulae, et omnia loca ad Boeotiam usque pertinentia, et paene dixerim omne Atheniensium imperium in
eorum potestatem venisset. (5) Verum non in ea tantum re
Lacedaemonii Atheniensibus omnium maxime commodi
hostes in bello gerendo fuerunt, sed etiam in aliis multis;
quum enim moribus maxime differrent, alteri acres, alteri
tardi, et alteri conando prompti, alteri timidi, idque praecipue in imperio maritimo, plurimum Atheniensibus prode-
rant. Documento fuerunt Syracusani; qui quum moribus
maxime similes illis extitissent, optime etiam bellum adversus illos administrarunt.

XCVII. Secundum hunc nuncium igitur Athenienses viginti tamen naves instruebant, et concionem cogebant,
unam quidem, quae statim tunc primum in Pnycem, quae
dicitur, vocabatur, ubi etiam alias comitia habere consueverant, in qua quidem abrogato quadringentis viris imperio
rerum administrationem quinque millibus tradere decreverunt (esse autem ex nae numero omnes, quotquot arma
sua ipsi exhiberent), et mercedem ne quis ullam ullius magistratus gratia acciperet; qui aliter fecisset, eum sacrum
esse jusserunt. (2) Habebantur autem postea et aliae crebrae
conciones, in quibus et legumlatores, et cetera ad reipublicae
administrationem pertinentia constituerunt. Atque sane
maxime per primum illud tempus mea quidem aetate apparet
Athenienses rempublicam bene administrasse; nam utriusque factionis, paucorum et multitudinis, in unum redactae,
moderatum extitit temperamentum, et e rebus afflictis hoc
primum civitatem erexit. (3) Decreverunt autem etiam,
ut Alcibiades aliique cum eo redirent, atque simul et ad
illum et ad exercitum Samium legatis missis cohortabantur,
ut strenue res gererent.

XCVIII. In hac autem rerum mutatione statim Pisander
et Alexicles cum suis, et qui praecipui erant e paucorum
dominatu, in Deceleam se subduxerunt; Aristarchus au
tem solus ex illis (adhuc enim imperator erat) repente assum
ptis aliquot sagittariis, qui erant maxime barbari, ad Oenoen
contendebat. (2) Erat autem Atheniensium munitio in Boeotiae confiniis, quam obsidebant propter calamitatem sibi ex
Oenoe natam, quod viri a Decelea discedentes illinc caesi
erant, Corinthii, voluntariis advocatis ex Boeotis. (3) Collatis igitur cum his sermonibus Aristarchus fallit eos, qui
in Oenoe erant, dicens, eos quoque, qui in urbe erant,
de ceteris rebus cum Lacedaemoniis transegisse, et illos
oportere locum illum Boeotis tradere; his enim conditionibus
pacem convenisse. Illi vero, quum ei ut imperatori fidem
habuissent, et prorsus ignari rerum essent, quod obside-

διὰ τὸ πολιορκεῖσθαι, ὑπόσπονδοι ἐξέρχονται. (4) Τούτῳ μὲν τῷ τρόπῳ Οἰνόην ληφθεῖσαν Βοιωτοὶ κατέλαβον, καὶ ἡ ἐν ταῖς Ἀθήναις ὀλιγαρχία καὶ στάσις ἐπαύσατο.

XCIX. Ὑπὸ δὲ τοὺς αὐτοὺς χρόνους τοῦ θέρους τούτου καὶ οἱ ἐν τῇ Μιλήτῳ Πελοποννήσιοι, ὡς τροφήν τε οὐδεὶς ἐδίδου τῶν ὑπὸ Τισσαφέρνους τότε ὅτ᾽ ἐπὶ τὴν Ἄσπενδον παρῄει προσταχθέντων, καὶ αἱ Φοίνισσαι νῆες οὐδὲ ὁ Τισσαφέρνης τέως που ἧκον, ὅ τε Φίλιππος ὁ ξυμπεμφθεὶς αὐτῷ ἐπεστάλκει Μινδάρῳ τῷ ναυάρχῳ, καὶ ἄλλος Ἱπποκράτης ἀνὴρ Σπαρτιάτης καὶ ὢν ἐν Φασήλιδι, ὅτι οὔτε αἱ νῆες παρέσοιντο πάντα τε ἀδικοῖντο ὑπὸ Τισσαφέρνους, Φαρνάβαζός τ᾽ ἐπεκαλεῖτο αὐτοὺς καὶ ἦν πρόθυμος κομίσας τὰς ναῦς καὶ αὐτὸς τὰς λοιπὰς ἔτι πόλεις τῆς ἑαυτοῦ ἀρχῆς ἀποστῆσαι τῶν Ἀθηναίων ὥσπερ καὶ ὁ Τισσαφέρνης, ἐλπίζων πλέον τι σχήσειν ἀπ᾽ αὐτοῦ, οὕτω δὴ ὁ Μίνδαρος πολλῷ κόσμῳ καὶ ἀπὸ παραγγέλματος αἰφνιδίου, ὅπως λάθοι τοὺς ἐν Σάμῳ, ἄρας ἀπὸ τῆς Μιλήτου ναυσὶ τρισὶ καὶ ἑβδομήκοντα ἔπλει ἐπὶ τὸν Ἑλλήσποντον. Πρότερον δ᾽ ἐν τῷ αὐτῷ θέρει τῷδε ἑκκαίδεκα ἐς αὐτὸν νῆες ἐσέπλευσαν, αἳ καὶ τῆς Χερσονήσου τι μέρος κατέδραμον. Χειμασθεὶς δὲ ἀνέμῳ καὶ ἀναγκασθεὶς καταίρει ἐς τὴν Ἴκαρον, καὶ μείνας ἐν αὐτῇ ὑπὸ ἀπλοίας πέντε ἢ ἓξ ἡμέρας ἀφικνεῖται ἐς τὴν Χίον.

C. Ὁ δὲ Θράσυλος ἐκ τῆς Σάμου, ἐπειδὴ ἐπύθετο αὐτὸν ἐκ τῆς Μιλήτου ἀπηρκότα, ἔπλει καὶ αὐτὸς ναυσὶν εὐθὺς πέντε καὶ πεντήκοντα, ἐπειγόμενος μὴ φθάσῃ ἐς τὸν Ἑλλήσποντον ἐσπλεύσας. (2) Αἰσθόμενος δ᾽ ὅτι ἐν τῇ Χίῳ εἴη, καὶ νομίσας αὐτὸν καθέξειν αὐτοῦ, σκοποὺς μὲν κατεστήσατο καὶ ἐν τῇ Λέσβῳ καὶ ἐν τῇ ἀντιπέρας ἠπείρῳ, εἰ ἄρα ποι κινοῖντο αἱ νῆες, ὅπως μὴ λάθοιεν, αὐτὸς δ᾽ ἐς τὴν Μήθυμναν παραπλεύσας ἄλφιτά τε καὶ τἆλλα ἐπιτήδεια παρασκευάζειν ἐκέλευεν, ὡς ἢν πλείων χρόνος γίγνηται, ἐκ τῆς Λέσβου τοὺς ἐπίπλους τῇ Χίῳ ποιησόμενος. (3) Ἅμα δέ, Ἔρεσσος γὰρ τῆς Λέσβου ἀφειστήκει, ἐβούλετο ἐπ᾽ αὐτὴν πλεύσας, εἰ δύναιτο, ἐξελεῖν. Μηθυμναίων γὰρ οὐχ οἱ ἀδυνατώτατοι φυγάδες διακομίσαντες ἔκ τε τῆς Κύμης προσεταιριστοὺς ὁπλίτας ὡς πεντήκοντα καὶ τῶν ἐκ τῆς ἠπείρου μισθωσάμενοι, ξύμπασιν ὡς τριακοσίοις, Ἀναξάνδρου Θηβαίου κατὰ τὸ ξυγγενὲς ἡγουμένου προσέβαλον πρώτῃ Μηθύμνῃ, καὶ ἀποκρουσθέντες τῆς πείρας διὰ τοὺς ἐκ τῆς Μυτιλήνης Ἀθηναίων φρουροὺς προελθόντας, αὖθις ἔξω μάχῃ ἀπωσθέντες καὶ διὰ τοῦ ὄρους κομισθέντες ἀφιστᾶσι τὴν Ἔρεσσον. (4) Πλεύσας οὖν ὁ Θράσυλος ἐπ᾽ αὐτὴν πάσαις ταῖς ναυσὶ διενοεῖτο προσβολὴν ποιεῖσθαι. Προαφιγμένος δ᾽ αὐτόσε ἦν καὶ ὁ Θρασύβουλος πέντε ναυσὶν ἐκ τῆς Σάμου, ὡς ἠγγέλθη αὐτοῖς ἡ τῶν φυγάδων αὕτη διάβασις· ὑστερήσας δ᾽ ἐπὶ τὴν Ἐρεσὸν ἐφώρμει ἐλθών. (5) Προσεγένοντο δὲ καὶ ἐκ τοῦ Ἑλλησπόντου τινὲς δύο νῆες ἐπ᾽ οἴκου ἀνακομιζόμεναι καὶ αἱ Μηθυμναῖαι· καὶ αἱ πᾶσαι νῆες παρῆσαν ἑπτὰ καὶ ἑξήκοντα, ἀφ᾽ ὧν τῷ

---

bantur, fide publica interposita, exierunt. (4) Hoc igitur modo captam Œnoen Bœoti receperunt; et Athenis paucorum dominatus et seditio finem habuit.

XCIX. Per eadem hujus æstatis tempora Peloponnesii quoque, qui Mileti erant, quum neque ab illorum quoquam stipendium iis daretur, quibus a Tissapherne tunc, quum Aspendum petebat, negotium datum erat, neque Phœnissæ naves aut Tissaphernes adhuc unquam advenissent, et Philippus, qui cum eo missus erat, Mindaro nauarcho scripsisset, itemque Hippocrates, vir Spartanus, qui apud Phaselidem erat, neque naves venturas esse, et per omnia eos injuria affici a Tissapherne, et quum Pharnabazus eos advocaret et magno studio paratus esset navibus adductis et ipse reliquas adhuc suæ provinciæ civitates ad defectionem ab Atheniensibus faciendam compellere, ut Tissaphernes, sperans ex hac re commodum aliquod se percepturum, sic igitur Mindarus, militari disciplina accurate servata, et profectione subito indicta, ut lateret hostes, qui Sami erant, cum tribus et septuaginta navibus Mileto solvens in Hellespontum navigabat. Antea autem per hanc eandem æstatem aliæ sexdecim naves illuc iverant, et quamdam Chersonesi partem incursionibus infestaverant. Sed tempestate jactatus, ad Icarum appellere coactus est, et quum ibi propter navigandi difficultatem quinque vel sex dies moratus esset, Chium pervenit.

C. Thrasylus vero e Samo, quum eum Mileto discessisse intellexisset, ipse quoque solvebat cum quinque et quinquaginta navibus, properans, ne ille ocius in Hellespontum ingrederetur. (2) Sed quum sensisset, eum apud Chium esse, ratus fore, ut illic se contineret, speculatores quidem et in Lesbo et in opposita continente collocavit, si forte naves aliquo proficiscerentur, ne laterent, ipse vero cum classe Methymnam profectus, farinam et cetera necessaria apparari jussit, ut, si major mora fieret, ex Lesbo Chium infesta classe petiturus. (3) Simul etiam quoniam Eressus in Lesbo defectionem fecerat, volebat adversus eam profectus, si posset, expugnare. Nam Methymnæorum exsules, qui non minimæ auctoritatis erant, quum et Cuma ad quinquaginta gravis armaturæ milites ejusdem sodalicii socios transportassent, et e continente alios mercede conduxissent, cunctis ad trecentos, Anaxarcho Thebano propter cognationem duce delecto, Methymnam primum adorti erant et de eo conatu dejecti propter Atheniensium præsidium Mytilene progressum, rursus prœlio extra urbem repulsi, per montem itinere facto, Eressum ad defectionem compulerunt. (4) Thrasylus igitur profectus adversus eam cum tota classe impetum facere cogitabat. Sed et ante eum Thrasybulus cum quinque navibus e Samo illuc venerat, quum de hoc exsulum trajectu nuntius iis allatus esset; quum autem serius venisset, adversus Eressum profectus, stationem contra eam habebat. (5) Accessere præterea duæ quædam naves ex Hellesponto domum redeuntes, et Methymnææ; et omnino naves aderant septem et sexaginta, ex quibus exercitu

στρατεύματι παρεσκευάζοντο ὡς κατὰ κράτος μηχαναῖς τε καὶ παντὶ τρόπῳ, ἣν δύνωνται, αἱρήσοντες τὴν Ἐρεσόν.

CI. Ὁ δὲ Μίνδαρος ἐν τούτῳ καὶ ἐκ τῆς Χίου τῶν Πελοποννησίων αἱ νῆες ἐπισιτισάμεναι δυσὶν ἡμέραις, καὶ λαβόντες παρὰ τῶν Χίων τρεῖς τεσσαρακοστὰς ἕκαστος Χίας, τῇ τρίτῃ διὰ ταχέων ἀπαίρουσιν ἐκ τῆς Χίου [οὐ] πελάγιαι, ἵνα μὴ περιτύχωσι ταῖς ἐν τῇ Ἐρεσῷ ναυσίν, ἀλλ' ἐν ἀριστερᾷ τὴν Λέσβον ἔχοντες ἔπλεον ἐπὶ τὴν ἤπειρον. (2) Καὶ προσβαλόντες τῆς Φωκαΐδος ἐς τὸν ἐν Καρτερίοις λιμένα καὶ ἀριστοποιησάμενοι, παραπλεύσαντες τὴν Κυμαίαν δειπνοποιοῦνται ἐν Ἀργεννούσαις τῆς ἠπείρου, ἐν τῷ ἀντιπέρας τῆς Μυτιλήνης. (3) Ἐντεῦθεν δ' ἔτι πολλῆς νυκτὸς παραπλεύσαντες, καὶ ἀφικόμενοι τῆς ἠπείρου ἐς Ἁρματοῦντα καταντικρὺ Μηθύμνης, ἀριστοποιησάμενοι, διὰ ταχέων παραπλεύσαντες Λέκτον καὶ Λάρισσαν καὶ Ἀμαξιτὸν καὶ τὰ ταύτῃ χωρία ἀφικνοῦνται ἐς Ῥοίτειον ἤδη τοῦ Ἑλλησπόντου, πρωαίτερον μέσων νυκτῶν. Εἰσὶ δ' αἱ τῶν νεῶν καὶ ἐς Σίγειον κατῆραν καὶ ἄλλοσε τῶν ταύτῃ χωρίων.

CII. Οἱ δ' Ἀθηναῖοι ἐν τῇ Σηστῷ δυοῖν δεούσαις ἴκοσι ναυσὶν ὄντες, ὡς αὐτοῖς οἵ τε φρυκτωροὶ ἐσήμαινον καὶ ᾐσθάνοντο τὰ πυρὰ ἐξαίφνης πολλὰ ἐν τῇ πολεμίᾳ φανέντα, ἔγνωσαν ὅτι ἐσπλέουσιν οἱ Πελοποννήσιοι. Καὶ τῆς αὐτῆς ταύτης νυκτὸς, ὡς εἶχον τάχους, ὑπομίξαντες τῇ Χερσονήσῳ παρέπλεον ἐπ' Ἐλαιοῦντος, βουλόμενοι ἐκπλεῦσαι ἐς τὴν εὐρυχωρίαν τὰς τῶν πολεμίων ναῦς. (2) Καὶ τὰς μὲν ἐν Ἀβύδῳ ἑκκαίδεκα ναῦς ἔλαθον, προειρημένης φυλακῆς τῷ φιλίῳ πίπλῳ, ὅπως αὐτῶν ἀνακῶς ἕξουσιν, ἢν ἐκπλέωσιν· τὰς δὲ μετὰ τοῦ Μινδάρου ἅμα τῇ ἕῳ κατιδόντες τὴν δίωξιν εὐθὺς ποιούμενοι, οὐ φθάνουσι πᾶσαι, ἀλλ' αἱ μὲν πλείους ἐπὶ τῆς Ἴμβρου καὶ Λήμνου διέφυγον, τέσσαρες δὲ τῶν νεῶν αἱ ὕσταται πλέουσαι καταλαμβάνονται παρὰ τὸν Ἐλαιοῦντα. (3) Καὶ μίαν μὲν ποκείλασαν κατὰ τὸ ἱερὸν τοῦ Πρωτεσιλάου αὐτοῖς ἀνδράσι λαμβάνουσιν, δύο δ' ἑτέρας ἄνευ τῶν ἀνδρῶν· τὴν δὲ μίαν πρὸς τῇ Ἴμβρῳ κενὴν κατακαίουσιν.

CIII. Μετὰ δὲ τοῦτο ταῖς τε ἐξ Ἀβύδου ξυμμιγείσαις καὶ ταῖς ἄλλαις ξυμπάσαις ἓξ καὶ ὀγδοήκοντα πολιορκήσαντες Ἐλαιοῦντα ταύτην τὴν ἡμέραν, ὡς οὐ προσεχώρει, ἀπέπλευσαν ἐς Ἄβυδον. (2) Οἱ δ' Ἀθηναῖοι ψευσθέντες τῶν σκοπῶν καὶ οὐκ ἂν οἰόμενοι σφᾶς λαθεῖν τὸν παράπλουν τῶν πολεμίων νεῶν, ἀλλὰ καθ' ἡσυχίαν τειχομαχοῦντες, ὡς ᾔσθοντο, εὐθὺς ἀπολιπόντες τὴν Ἐρεσὸν κατὰ τάχος ἐβοήθουν ἐς τὸν Ἑλλήσποντον· (3) καὶ δύο τε ναῦς τῶν Πελοποννησίων αἱροῦσιν, αἳ πρὸς τὸ πέλαγος τότε θρασύτερον ἐν τῇ διώξει ἀπᾶραι περιέπεσον αὐτοῖς, καὶ ἡμέρᾳ ὕστερον ἀφικόμενοι ὁρμίζονται ἐς τὸν Ἐλαιοῦντα, καὶ τὰς ἐκ τῆς Ἴμβρου ὅσαι κατέφυγον κομίζονται, καὶ ἐς τὴν ναυμαχίαν πένθ' ἡμέρας παρεσκευάζοντο.

CIV. Μετὰ δὲ τοῦτο ἐναυμάχουν τρόπῳ τοιῷδε. Οἱ

exposito parabant Eressum per vim et machinis et quavis ratione, si possent, expugnare.

CI. Mindarus vero interea, et Peloponnesiorum naves ex Chio profectæ, quum duobus diebus cibaria sibi comparassent, et singuli milites a Chiis accepissent tres tessaracostas Chias, tertio die ex Chio solvunt [non] per altum, ne inciderent in naves, quæ ad Eressum stabant, sed a sinistra Lesbum habentes, ad continentem navigabant. (2) Et quum ad agri Phocaici portum in Carteriis situm appulissent, et prandium ibi sumpsissent, oram Cumanam prætervecti cœnam instituunt in Argennusis, quæ sunt in continente e regione Mytilenes. (3) Hinc autem, quum adhuc multa nox esset, prætervecti, et ad Harmatuntem in continente e regione Methymnæ sitam profecti, sumpto prandio, celeriter prætervecti Lectum et Larissam et Hamaxitum, et illic, loca perveniunt ad Rhœtium, quod est jam Hellesponti, ante mediam noctem. Nonnullæ autem navium et ad Sigeum, et ad alia illius regionis loca appulerunt.

CII. Athenienses vero, qui apud Sestum erant cum duodeviginti navibus, ut et per ignes sublatos rem accipiebant et animadvertebant multos ignes repente in hostili agro accensos, intellexerunt Peloponnesios in Hellespontum ingredi. Quamobrem hac ipsa nocte, celeritate quanta maxima poterant, maritimam Chersonesi oram legentes, ad Elæuntem prætervecti contendebant, quod hostium classem in apertum mare navigantes vitare vellent. (2) Et illas quidem sexdecim naves, quæ ad Abydum erant, latuerunt, quamvis ab amica suorum classe præmonitæ essent, ut diligenter observarent, si illi exirent. Quum autem primo statim diluculo illas naves, quæ cum Mindaro erant, conspexissent, et e vestigio Peloponnesii insequi cœpissent, non omnes naves ocius evaserunt, sed pleræque quidem in continentem et in Lemnum diffugerunt, quatuor vero quæ postremæ navigabant, prope Elæuntem interceptæ sunt. (3) Atque unam quidem, ad Protesilai delubrum impactam, cum ipsis hominibus ceperunt, et duas alias sine viris; quartam vacuam ad Imbrum combusserunt.

CIII. Postea vero conjunctis et iis, quas ex Abydo secum duxerant, et cum reliquis universis, sex et octoginta, hoc ipso die Elæuntem oppugnaverunt; sed quum hæc deditionem facere nollet, Abydum redierunt.

(2) Athenienses vero a speculatoribus frustrati, et existimantes hostium classem nequaquam clam se præteritura, sed per otium mœnia oppugnantes, postquam rem cognoverunt, protinus omissa Eresso celeriter in Hellespontum proficiscebantur; (3) atque simul et duas Peloponnesiorum naves capiunt, quæ tunc in hostibus persequendis audacius ni altum provectæ in ipsos inciderant, et postero die Elæuntem profecti, stationem illic habuerunt, et ex Imbro naves, quotquot eo confugerant, receperunt, et per quinque dies ad prœlium navale se parabant.

CIV. Postea vero navale prœlium committebant hoc

Ἀθηναῖοι παρέπλεον ἐπὶ κέρως ταξάμενοι παρ' αὐτὴν τὴν γῆν ἐπὶ τῆς Σηστοῦ, οἱ δὲ Πελοποννήσιοι αἰσθόμενοι ἐκ τῆς Ἀβύδου ἀντανῆγον καὶ αὐτοί. (2) Καὶ ὡς ἔγνωσαν ναυμαχήσοντες, παρέτειναν τὸ κέρας οἱ μὲν Ἀθηναῖοι παρὰ τὴν Χερσόνησον, ἀρξάμενοι ἀπὸ Ἰδάκου μέχρι Ἀρριανῶν, νῆες ἓξ καὶ ἑβδομήκοντα, οἱ δ' αὖ Πελοποννήσιοι ἀπὸ Ἀβύδου μέχρι Δαρδάνου, νῆες ὀκτὼ καὶ ἑξήκοντα. (3) Κέρας δὲ τοῖς μὲν Πελοποννησίοις εἶχον τὸ μὲν δεξιὸν Συρακόσιοι, τὸ δ' ἕτερον αὐτὸς Μίνδαρος καὶ τῶν νεῶν αἱ ἄριστα πλέουσαι, Ἀθηναίοις δὲ τὸ μὲν ἀριστερὸν Θράσυλος, ὁ δὲ Θρασύβουλος τὸ δεξιόν· οἱ δ' ἄλλοι στρατηγοὶ ὡς ἕκαστοι διετάξαντο. (4) Ἐπειγομένων δὲ τῶν Πελοποννησίων πρότερόν τε ξυμμῖξαι, καὶ κατὰ μὲν τὸ δεξιὸν τῶν Ἀθηναίων ὑπερσχόντες αὐτοὶ τῷ εὐωνύμῳ ἀποκλῆσαι τοῦ ἔξω αὐτοὺς ἔκπλου, εἰ δύναιντο, κατὰ δὲ τὸ μέσον ἐξῶσαι πρὸς τὴν γῆν οὐχ ἑκὰς οὖσαν, οἱ Ἀθηναῖοι γνόντες, ᾗ μὲν ἐβούλοντο ἀποφράξασθαι αὐτοὺς οἱ ἐναντίοι, ἀντεπεξῆγον καὶ περιεγίγνοντο τῷ πλῷ, (5) τὸ δ' εὐώνυμον αὐτοῖς ὑπερεβεβλήκει ἤδη τὴν ἄκραν ἣ Κυνὸς σῆμα καλεῖται. Τῷ δὲ μέσῳ, τοιούτου ξυμβαίνοντος, ἀσθενέσι καὶ διεσπασμέναις ταῖς ναυσὶ καθίσταντο, ἄλλως τε καὶ ἐλάσσοσι χρώμενοι τὸ πλῆθος, καὶ τοῦ χωρίου τοῦ περὶ τὸ Κυνὸς σῆμα ὀξεῖαν καὶ γωνιώδη τὴν περιβολὴν ἔχοντος, ὥστε τὰ ἐν τῷ ἐπέκεινα αὐτοῦ γιγνόμενα μὴ κάτοπτα εἶναι.

CV. Προσπεσόντες οὖν οἱ Πελοποννήσιοι κατὰ τὸ μέσον ἐξέωσάν τε ἐς τὸ ξηρὸν τὰς ναῦς τῶν Ἀθηναίων καὶ ἐς τὴν γῆν ἐπεξέβησαν, τῷ ἔργῳ πολὺ περισχόντες. (2) Ἀμῦναι δὲ τῷ μέσῳ οὔθ' οἱ περὶ τὸν Θρασύβουλον ἀπὸ τοῦ δεξιοῦ ὑπὸ πλήθους τῶν ἐπικειμένων νεῶν ἐδύναντο, οὔθ' οἱ περὶ τὸν Θράσυλον ἀπὸ τοῦ εὐωνύμου· ἀφανές τε γὰρ ἦν διὰ τὴν ἄκραν τὸ Κυνὸς σῆμα, καὶ ἅμα οἱ Συρακόσιοι καὶ οἱ ἄλλοι οὐκ ἐλάσσους ἐπιτεταγμένοι εἶργον αὐτούς, πρὶν οἱ Πελοποννήσιοι διὰ τὸ κρατήσαντες ἀδεῶς ἄλλοι ἄλλην ναῦν διώκειν ἤρξαντο μέρει τινὶ σφῶν ἀτακτότεροι γενέσθαι. (3) Γνόντες δὲ οἱ περὶ τὸν Θρασύβουλον τὰς ἐπὶ σφίσι ναῦς ἐπεχούσας, παυσάμενοι τῆς ἐπεξαγωγῆς ἤδη τοῦ κέρως καὶ ἐπαναστρέψαντες εὐθὺς ἠμύναντό τε καὶ τρέπουσιν, καὶ τὰς κατὰ τὸ νικῆσαν τῶν Πελοποννησίων μέρος ὑπολαβόντες πεπλανημένας ἔκοπτόν τε καὶ ἐς φόβον τὰς πλείους ἀμαχεὶ καθίστασαν. Οἵ τε Συρακόσιοι ἐτύγχανον καὶ αὐτοὶ ἤδη τοῖς περὶ τὸν Θράσυλον ἐνδεδωκότες καὶ μᾶλλον ἐς φυγὴν ὁρμήσαντες, ἐπειδὴ καὶ τοὺς ἄλλους ἑώρων.

CVI. Γεγενημένης δὲ τῆς τροπῆς, καὶ καταφυγόντων τῶν Πελοποννησίων πρὸς τὸν Μείδιον μάλιστα ποταμὸν τὸ πρῶτον, ὕστερον δὲ ἐς Ἄβυδον, ναῦς μὲν ὀλίγας ἔλαβον οἱ Ἀθηναῖοι (στενὸς γὰρ ὢν ὁ Ἑλλήσποντος βραχείας τὰς ἀποφυγὰς τοῖς ἐναντίοις παρεῖχεν), τὴν μέντοι νίκην ταύτην τῆς ναυμαχίας ἐπικαιροτάτην δὴ ἔσχον. (2) Φοβούμενοι γὰρ τέως τὸ τῶν Πελοποννησίων ναυτικὸν διά τε τὰ κατὰ βραχὺ σφάλ-

modo. Athenienses aciei longo ordine secundum ipsam oram Sestum versus navigabant; Peloponnesii vero re cognita ex Abydo et ipsi obviam prodibant. (2) Et postquam animadverterunt navale prœlium commissum iri, longum ordinem utrimque extenderunt, Athenienses quidem, juxta Chersonesum, initio ducto ab Idaco usque ad Arrhiana, navibus sex et septuaginta, Peloponnesii contra ab Abydo usque ad Dardanum, navibus octo et octoginta. (3) Cornu autem apud Peloponnesios quidem tenebant dextrum Syracusani, alterum ipse Mindarus, et velocissimæ navium; apud Athenienses vero sinistrum Thrasylus, Thrasybulus dextrum; ceterique duces suo quisque loco steterunt. (4) Quum autem Peloponnesii et prius ad manus venire properarent, et dextro Atheniensium cornu ipsi circumfusi cum suo sinistro illos extrinsecus prodeundi facultate, si possent, intercludere, in medio vero elidere eos ad terram non procul distantem, Athenienses hac re cognita, qua quidem parte adversarii eos intercludere volebant, aciem contra ipsi extendebant et prævertebant illos navigationis celeritate; (5) sed sinistrum eorum cornu superaverat jam promontorium, quod Cynossema appellatur. In medio autem propter hanc rem infirmis ac dissipatis navibus consistebant, præsertim quod numero paucioribus utebantur, et locus ille, qui circa Cynossema erat, acutum et angularem amfractum habebat, ita ut ea, quæ ultra eum fiebant, conspici non possent.

CV. Facta igitur Peloponnesii impressione in medium et naves Atheniensium in siccum eliserunt, et ultro in terram exscenderunt, prœlio longe superiores. (2) Succurrere autem mediæ aciei neque Thrasybulus cum suis a dextro poterat propter navium sibi instantium multitudinem, neque Thrasylus cum suis a sinistro; nam neque conspicua his res erat propter promontorium Cynossema et simul Syracusani et ceteri, qui non pauciores numero contra eos in acie positi erant, eos prohibebant; donec Peloponnesii propterea quod victoria potiti secure alii aliam navem insequebantur, quadam suæ classis parte ordines solvere cœperunt. (3) Quod quum intellexissent Thrasybulus et qui cum eo erant, destiterunt jam a cornu amplius extendendo et repente conversi impetum in naves sibi oppositas fecerunt et statim eas in fugam vertunt, et illas naves, quæ in victrici Peloponnesiorum parte erant, palatas subito invecti et affligebant et in terrorem plerasque sine prœlio conjiciebant. Et forte Syracusani quoque et ipsi jam cesserant iis, qui cum Thrasylo erant, et in fugam eo magis se conjecerunt, postquam ceteros etiam fugere viderunt.

CVI. Quum autem facta esset fuga et Peloponnesii primo ad flumen Midium præcipue confugissent, deinde vero Abydum, naves quidem paucas Athenienses ceperunt (angustus enim quum sit Hellespontus, brevia hostibus effugia præbebat), victoriam tamen hanc navalis prœlii opportunissimam tunc obtinuerunt. (2) Quum enim ad eum usque diem formidarent Peloponnesiorum classem, et propter clades minores passim acceptas, et propter calamitatem, quæ iis in

ματα καὶ διὰ τὴν ἐν τῇ Σικελίᾳ ξυμφοράν, ἀπηλλάγησαν τοῦ σφᾶς τε αὐτοὺς καταμέμφεσθαι καὶ τοὺς πολεμίους ἔτι ἀξίους του ἐς τὰ ναυτικὰ νομίζειν. (3) Ναῦς μέντοι τῶν ἐναντίων λαμβάνουσι Χίας μὲν ὀκτώ, Κορινθίας δὲ πέντε, Ἀμπρακιώτιδας δὲ δύο καὶ Βοιωτίας δύο, Λευκαδίων δὲ καὶ Λακεδαιμονίων καὶ Συρακοσίων καὶ Πελληνέων μίαν ἑκάστων· αὐτοὶ δὲ πεντεκαίδεκα ναῦς ἀπολλύασιν. (4) Στήσαντες δὲ τροπαῖον ἐπὶ τῇ ἄκρᾳ οὗ τὸ Κυνὸς σῆμα, καὶ τὰ ναυάγια προσαγαγόμενοι καὶ νεκροὺς τοῖς ἐναντίοις ὑποσπόνδους ἀποδόντες, ἀπέστειλαν καὶ ἐς τὰς Ἀθήνας τριήρη ἄγγελον τῆς νίκης. (5) Οἱ δ' ἀφικομένης τῆς νεὼς καὶ ἀνέλπιστον τὴν εὐτυχίαν ἀκούσαντες ἐπί τε ταῖς περὶ τὴν Εὔβοιαν ἄρτι ξυμφοραῖς καὶ κατὰ τὴν στάσιν γεγενημέναις πολὺ ἐπερρώσθησαν, καὶ ἐνόμισαν σφίσιν ἔτι δυνατὰ εἶναι τὰ πράγματα, ἢν προθύμως ἀντιλαμβάνωνται, περιγενέσθαι.

CVII. Μετὰ δὲ τὴν ναυμαχίαν ἡμέρᾳ τετάρτῃ ὑπὸ σπουδῆς ἐπισκευάσαντες τὰς ναῦς οἱ ἐν τῇ Σηστῷ Ἀθηναῖοι ἔπλεον ἐπὶ Κύζικον ἀφεστηκυῖαν· καὶ κατιδόντες καθ' Ἁρπάγιον καὶ Πρίαπον τὰς ἀπὸ τοῦ Βυζαντίου ὀκτὼ ναῦς ὁρμούσας, ἐπιπλεύσαντες καὶ μάχῃ κρατήσαντες τοὺς ἐν τῇ γῇ, ἔλαβον τὰς ναῦς. Ἀφικόμενοι δὲ καὶ ἐπὶ τὴν Κύζικον ἀτείχιστον οὖσαν προσηγάγοντο πάλιν καὶ χρήματα ἀνέπραξαν. (2) Ἔπλευσαν δ' ἐν τούτῳ καὶ οἱ Πελοποννήσιοι ἐκ τῆς Ἀβύδου ἐπὶ τὸ Ἐλαιοῦντα, καὶ τῶν σφετέρων νεῶν τῶν αἰχμαλώτων ὅσαι ἦσαν ὑγιεῖς ἐκομίσαντο (τὰς δὲ ἄλλας Ἐλαιούσιοι κατέκαυσαν), καὶ ἐς τὴν Εὔβοιαν ἀπέπεμψαν Ἱπποκράτη καὶ Ἐπικλέα κομιοῦντας τὰς ἐκεῖθεν ναῦς.

CVIII. Κατέπλευσε δὲ ὑπὸ τοὺς αὐτοὺς χρόνους τούτους καὶ ὁ Ἀλκιβιάδης ταῖς τρισὶ καὶ δέκα ναυσὶν ἀπὸ τῆς Καύνου καὶ Φασηλίδος ἐς τὴν Σάμον, ἀγγέλλων ὅτι τάς τε Φοινίσσας ναῦς ἀποστρέψειε Πελοποννησίοις ὥστε μὴ ἐλθεῖν, καὶ τὸν Τισσαφέρνην ὅτι φίλον πεποιήκοι μᾶλλον Ἀθηναίοις ἢ πρότερον. (2) Καὶ πληρώσας ναῦς ἐννέα πρὸς αἷς εἶχεν, Ἁλικαρνασέας τε πολλὰ χρήματα ἐξέπραξε καὶ Κῶν ἐτείχισεν. Ταῦτα δὲ πράξας καὶ ἄρχοντα ἐν τῇ Κῷ καταστήσας πρὸς τὸ μετόπωρον ἤδη ἐς τὴν Σάμον κατέπλευσεν. (3) Καὶ ὁ Τισσαφέρνης ἀπὸ τῆς Ἀσπένδου, ὡς ἐπύθετο τὰς τῶν Πελοποννησίων ναῦς ἐκ τῆς Μιλήτου ἐς τὸν Ἑλλήσποντον πεπλευκυίας, ἀναζεύξας ἤλαυνεν ἐπὶ τῆς Ἰωνίας. (4) Ὄντων δὲ τῶν Πελοποννησίων ἐν τῷ Ἑλλησπόντῳ, Ἀντάνδριοι (εἰσὶ δὲ Αἰολῆς) παρακομισάμενοι ἐκ τῆς Ἀβύδου πεζῇ διὰ τῆς Ἴδης τοῦ ὄρους ὁπλίτας ἐσηγάγοντο ἐς τὴν πόλιν, ὑπὸ Ἀρσάκου τοῦ Πέρσου Τισσαφέρνους ὑπάρχου ἀδικούμενοι, ὅσπερ καὶ Δηλίους τοὺς Ἀτραμύττιον κατοικήσαντας ὅτε ὑπ' Ἀθηναίων Δήλου καθάρσεως ἕνεκα ἀνέστησαν, ἔχθραν προσποιησάμενος ἄδηλον καὶ ἐπαγγείλας στρατιὰν αὐτῶν τοῖς βελτίστοις, ἐξαγαγὼν ὡς ἐπὶ φιλίᾳ καὶ ξυμμαχίᾳ, τηρήσας ἀριστοποιουμένους καὶ περι-

Sicilia contigerat, desierunt jam et se ipsos accusare, et hostes ob res nauticas in aliquo numero ponere. (3) Naves tamen adversariorum ceperunt Chias octo, Corinthias quinque, Ampracioticas duas et Bœoticas duas, Leucadiorum vero et Lacedæmoniorum et Syracusanorum et Pellenæorum singulas singulorum; ipsi autem quindecim naves amiserunt. (4) Atque quum in promontorio, ubi erat Canis sepulchrum, tropæum statuissent, et naufragia ad se attraxissent, et hostibus cadavera, fide publica interposita, reddidissent, Athenas etiam victoriæ nuntiam triremem miserunt. (5) Illi vero quum navis pervenisset, audita felicitate insperata, post clades modo circum Eubœam et per seditionem acceptas vehementer animo confirmati sunt, et existimarunt, res suas adhuc, si impigre eas capesserent, superiores evadere posse.

CVII. Post navale prœlium autem quarto die studiose navibus refectis Athenienses apud Sestum morati navigabant adversus Cyzicum, quæ defecerat; et conspicati apud Harpagium et Priapum naves octo a Byzantio digressas in ancoris stantes, illuc infesta classe profecti, prœlio superatis iis, qui erant in terra, naves ceperunt. Quum autem ad Cyzicum nullis muris munitam pervenissent, eam rursus in suam potestatem redegerunt, et pecunias exegerunt. (2) Interea vero et Peloponnesii ex Abydo adversus Elæuntem navigarunt, et suas naves captivas, quotquot erant integræ, secum abduxerunt, (ceteras autem Elæusii concremarunt) et Hippocratem et Epiclem in Eubœam miserunt, ut naves illuc missas adducerent.

CVIII. Per hæc eadem tempora Alcibiades etiam cum tredecim suis navibus e Cauno et Phaselide Samum rediit, nuntians, se Phœnissas naves avertisse, ne ad Peloponnesios venirent, et Tissaphernem movisse, ut Atheniensibus benevolentior esset, quam antea. (2) Et instructis navibus novem, præter eas, quas habebat, et ab Halicarnassensibus ingentem pecuniam exegit, et Con munivit. His autem peractis, et magistratu ibi constituto, Samum jam sub autumnum rediit.

(3) Et Tissaphernes, quum audisset, Peloponnesiorum classem a Mileto in Hellespontum profectam, ex Aspendo solvens in Ioniam properabat. (4) Quum autem Peloponnesii in Hellesponto essent, Antandrii (sunt autem Æoles) gravis armaturæ milites ex Abydo per montem Idam itinere pedestri clam deductos in urbem introduxerunt, quod ab Arsace Persa, Tissaphernis præfecto, injuria afficiebantur, qui Delios quoque, qui Atramyttium incoluerant, quo tempore ab Atheniensibus, Deli lustrandæ causa, suis sedibus pulsi erant, occulto odio dissimulato, et illorum præstantissimis indicta expeditione, per amicitiæ ac societatis speciem eduxerat, et quum eos prandentes observavisset et

στήσας τοὺς ἑαυτοῦ κατηκόντισεν. (5) Φοβούμενοι οὖν αὐτὸν διὰ τοῦτο τὸ ἔργον μήποτε καὶ περὶ σφᾶς τι παρανομήσῃ, καὶ ἄλλα ἐπιβάλλοντος αὐτοῦ ἃ φέρειν οὐκ ἠδύναντο, ἐκβάλλουσι τοὺς φρουροὺς αὐτοῦ ἐκ τῆς ἀκροπόλεως.

CIX. Ὁ δὲ Τισσαφέρνης αἰσθόμενος καὶ τοῦτο τῶν Πελοποννησίων τὸ ἔργον, καὶ οὐ μόνον τὸ ἐν Μιλήτῳ καὶ Κνίδῳ (καὶ ἐνταῦθα γὰρ αὐτοῦ ἐξεπεπτώκεσαν οἱ φρουροί), διαβεβλῆσθαί τε νομίσας αὐτοῖς σφόδρα, καὶ δείσας μὴ καὶ ἄλλο τι ἔτι βλάπτωσιν, καὶ ἅμα ἀχθόμενος εἰ Φαρνάβαζος ἐξ ἐλάσσονος χρόνου καὶ δαπάνης δεξάμενος αὐτοὺς κατορθώσει τι μᾶλλον τῶν πρὸς τοὺς Ἀθηναίους, πορεύεσθαι διενοεῖτο πρὸς αὐτοὺς ἐπὶ τοῦ Ἑλλησπόντου, ὅπως μέμψηταί τε τῶν περὶ τὴν Ἄντανδρον γεγενημένων καὶ τὰς διαβολὰς καὶ περὶ τῶν Φοινισσῶν νεῶν καὶ τῶν ἄλλων εὐπρεπέστατα ἀπολογήσηται. Καὶ ἀφικόμενος πρῶτον ἐς Ἔφεσον θυσίαν ἐποιήσατο τῇ Ἀρτέμιδι. (2) [Ὅταν δ μετὰ τοῦτο τὸ θέρος χειμὼν τελευτήσῃ, ἓν καὶ εἰκοστὸν ἔτος πληροῦται.]

suis circumdedisset, sagittis perdiderat. (5) Timentes igitur eum Antandrii propter hoc facinus, ne quid is in se quoque aliquando scelerate perpetraret, quum idem etiam alia iis imponeret, quæ ferre non poterant, ejus præsidium ex arce ejecerunt.

CIX. Tissaphernes vero, quum sensisset, hujus quoque rei Peloponnesios auctores esse, nec earum solum, quæ in Mileto et Cnido acciderant (nam hinc quoque ejus præsidia erant ejecta), existimans, ingentem sibi apud eos invidiam conflatam esse, veritusque ne quo alio præterea damno se afficerent, et simul ægre ferens, si Pharnabazus, qui minore et tempore et sumptu eos sibi adjunxisset, felicius adversus Athenienses rem gereret, proficisci parabat ad eos in Hellespontum, ut et expostularet de rebus circa Antandrum gestis, et crimina sibi objecta de Phœnissis navibus et reliquis rebus quam honestissime defenderet. Ac primum Ephesum profectus, Dianæ sacrificium fecit. (2) [Quum hiems hanc æstatem insecuta finietur, primus ac vicesimus annus expletur.]

INDEX HISTORICUS.

A.

Abdera, II, 97.
Abydus Milesiorum colonia, VIII, 61, 62, 79, 102, 103, 104, 106, 107, 108.
Acamantis tribus, IV, 118.
Acanthus, Andriorum colonia a Brasida, ad defectionem adducitur, IV, 84, 88, 114, 120, 124; V, 18.
Acanthus Lac., V, 19, 24.
Acarnan, Alcmæonis f., II, 102.
Acarnanes priscum vitæ genus servarunt, I, 5. Atheniensium socii, II, 7, 9, 68, 80; III, 7, 94, 95, 102; IV, 49, 77, 89, 101; VII, 57, 60, 67; funditores, II, 81. Ambraciotas vincunt, III, 105-108; pacem cum eis faciunt, III, 114.
Acarnania, II, 30, 33, 80; III, 102, 106; IV, 2; VII, 31. Ab Acarnane Alcmæonis f. dicta, II, 102.
Acesines Siciliæ fl., IV, 25.
Achæi, I, 3, 111; II, 66; III, 92; IV, 120; VI, 2; VII, 34. Phthiotæ, VIII, 3.
Achaia, II, 83, 84; IV, 78. Atheniensium socia, I, 111; II, 9. Peloponnesiis reddita, I, 115; reposcitur, IV, 21. Lacedæmonior. partibus adjuncta, V, 82.
Acharnæ maximus Atticæ pagus, II, 19 et 20, 21, 23.
Achelous fl., II, 102; III, 106.
Acheron fl., I, 46.
Acherusia palus, I, 46.
Achilles, I, 3.
Acræ Siciliæ opp., VI, 5.
Acræum Lepas, VII, 78.
Acropolis Athen., II, 15, 17.
Acrothoi, IV, 109.
Actææ civitates, IV, 52.
Acte regio, IV, 109.
Actium, I, 29, 30.
Adimantus Corinthius, I, 60.
Admetus Molossorum rex, I, 136, 137.
Æantides Lampsacenus, VI, 59.
Ægæum mare, IV, 109; I, 98.
Ægina, I, 139, 140; II, 31; III, 72; V, 53; VI, 32; VII, 20, 26; VIII, 92. Ab Atheniensibus oppugnatur, I, 105; deditur eis, I, 108; incursionibus infestatur, VIII, 92.
Æginetæ classe validi, I, 14. Ab Ath. subjecti, I, 41, 105, 108. Belli adversus Athenienses auctores, I, 67; expulsi Thyream incolunt, II, 27; IV, 56. Occiduntur, IV, 57. In Ath.

exercitu, V, 74; VII, 57. In optimatum conspiratione adhibiti, VIII, 69.
Æginetica drachma, Ægineticus obolus, V, 47.
Ægitium Ætoliæ opp., III, 97.
Ægyptiorum pugnacissimi, I, 110. Ægyptii satellites Pausaniæ, I, 130.
Ægyptus, IV, 53; VIII, 35. Ab Artoxerxe deficit et subigitur, I, 104-110. Classem eo mittunt Athenienses, I, 112. Pestilentia laborat, II, 48.
Æneas Corinthius, IV, 119.
Ænesias ephorus, II, 2.
Ænianes, V, 51.
Ænii Æoles, VII, 57.
Ænus opp., IV, 28.
Æoladas Thebanus, IV, 91.
Æoles in Corintho olim, IV, 42. In Asia Atheniensium vectigales, Bœotorum coloni, VII, 57; IV, 52. Antandrii, VIII, 108.
Æolis quæ et Calydon, III, 102.
Æoli insulæ, III, 88, 115.
Æsimides Corcyræus, I, 47.
Æson Argivus, V, 40.
Æthæenses, I, 101.
Æthiopia, II, 48.
Ætna mons, III, 116.
Ætoli priscum vitæ genus servarunt, I, 5. Profligant Demosthenem, III, 94-98. In Sicilia cum Ath. militant mercede conducti, VII, 57. Ætolia, III, 102, 105.
Agamemnonis classis et potentia, I, 9.
Agatharchidas Corinthius, II, 83.
Agatharchus Syrac., VII, 25 et 70.
Agesander Lac., I, 139; VIII, 91.
Agesandridas Lac., VIII, 91, 94, 95.
Agesippidas Lac., V, 56.
Agis Archidami f., V, 24. In Atticam ducit, III, 89; IV, 2, 6. Ad Leuctra, V, 54. Contra Argivos, quos inclusos dimittit, V, 57-60; mox vincit, V, 72. Iterum adversus Argos missus, V, 83. In Atticam missus Deceleam communit, VII, 19 et 27. Et inde alias res gerit, VIII, 3, 5, 7, 8, 9, 11, 12, 45, 70. Athenas tentat, VIII, 71.
Agræi s. Agrai, II, 102; III, 106, 111, 114; IV, 77, 101.
Agrais regio, III, 111.
Agrianes, II, 96.
Agrigentini, V, 4. Belli Syrac. expertes, VII, 32 et 33; inter Geloos et Selinuntios medii, VII, 58.

Agrigentum a Gelois conditum, VI, 4; seditione laborans a Syracusanis frustra invaditur, VII, 46 et 50.
Aimnestus Plateensis, III, 52.
Alcæus archon, V, 19 et 25.
Alcamenes classis Pelop. dux, VIII, 5, 10, 11.
Alcibiades Cliniæ f., V, 43; Olympia vincit, VI, 16, Lacedæmoniis adversatur, V, 43, 45, 46, 52, 53, 55, 56, 61, 76, 80, 84. Expeditionis Siculæ dux, VI, 8, 15; ejus oratio de expeditione in Siciliam suscipienda, VI, 16-18; sententia de bello gerendo, VI, 48, 50; res gestæ in Sicilia, VI, 50, 51, 74, Hermarum violatorum accusatur, VI, 28, 29. Ad causam dicendam revocatus Thurios, mox Spartam abit, VI, 61, 88. Ejus oratio ad Spartanos de auxilio Syracusanis mittendo, VI, 89-92; VII, 18. Endii ephori hospes, VIII, 6; cum Chalcideo Chium et Miletum mittitur, VIII, 11, 12, 14, 17, 26; ad Tissaphernem se confert, VIII, 45; reditum sibi in patriam parat, VIII, 47-54, 63, 65, 68, 70, 76. Samum a Thrasybulo reductus imperator creatur, VIII, 81, 85, 87-90, 97, 108; militum in quadringentos iram compescit, VIII, 86.
Alcibiades Endii ephori pater, VIII, 6.
Alcidas Lac. classi præfectus, III, 16, 26, 30, 31, 33, 69, 76, 79, 80; coloniam Heracleam deducit, III, 92.
Alcinadas s. Alcinidas Lac., V, 19 et 24.
Alcinoi fanum, III, 70.
Alciphron Argivus, V, 59.
Alcisthenes Demosthenis p., III, 91; IV, 66; VII, 16.
Alcmæon Amphiarai f., II, 102.
Alcmæonidæ Pisistratidas ejiciunt, VI, 59.
Alexander Perdiccæ p., I, 57 et 137; II, 29, 95, 99.
Alexarchus Corinthius, VII, 19.
Alexicles e quadringentis, VIII, 92, 93, 98.
Alexippidas ephorus, VIII, 58.
Alicyæi Siculi, VII, 32.
Almopes, Almopia, II, 99.
Alope opp., II, 26.
Alyzia, VII, 31.
Ambracia Corinthiorum colonia, II, 80; III, 114; IV, 42.

INDEX HISTORICUS.

Ambraciotæ Corinthiorum socii, I, 26, 27, 46, 48. Lacedæmoniorum socii, II, 9; III, 69; VIII, 106. Amphilochis et Acarnanibus bellum inferunt, II, 68, 80, 81; III, 102, 105-114. Syracusanis auxilium ferunt, VI, 104; VII, 7, 58.
Ambracius sinus, I, 29, 55; II, 68; III, 107; IV, 49.
Aminiades Ath., II, 67.
Aminias Lac., IV, 132.
Aminocles Cor. naupegus, I, 13.
Amineas Plataeensis, III, 22.
Amorges a rege Persarum deficit, VIII, 5, 19. Tissapherni traditur, VIII, 28, 54.
Ampelidas Lac., V, 22.
Amphiaraus Alcmæonis p., II, 102, Amphilochi p., II, 68.
Amphias Epidaurius, IV, 119.
Amphidorus Megarensis, IV, 119.
Amphilochi, II, 102.
Amphilochia ab Amphilocho condita, II, 68; III, 102, 105.
Amphilochus, Amphiarai f., II, 68.
Amphipolis olim Novem viæ, I, 100; IV, 102. Brasidæ se dedit, IV, 103-109, 132. Bellum circa eam geritur a Brasida et Cleone, V, 3, 6-11, 14, 16. Remittitur a Spartanis, V, 18, 21, 35, 46. Ab Atheniensibus oppugnatur, VII, 9.
Amphissenses, III, 101.
Amyclæum, V, 18 et 23.
Amyntas Philippi f., II, 95 et 100.
Amyrtæus Ægyptiorum rex, I, 112.
Anaceum, VIII, 93.
Anactorium a Corinthiis captum, I, 55. Ab Atheniensibus recuperatur, IV, 49; V, 30; VII, 31. Anactorius ager, I, 29. Anactorii, I, 46; II, 9, 80.
Anæa, III, 32; IV, 75; VIII, 19, 61.
Anæitæ, III, 19.
Anapus Acarnaniæ fl., II, 82; Siciliæ, VI, 66, 96; VII, 42, 78.
Anaxander Thebanus, VIII, 100.
Anaxilas Rheginus Messanam condit, VI, 5.
Andocides Leogori f., I, 51.
Androcles Ath., VIII, 65.
Androcratis fanum, III, 24.
Andromedes Lac., V, 42.
Androsthenes Arcas Olympionices, V, 49.
Andrii Atheniensium socii, IV, 42; VII, 57; VIII, 69. Eorum coloniæ Acanthus, IV, 84; Stagirus, IV, 88; V, 6; Argilus IV, 103; Sane, IV, 109.
Andrus insula, II, 55; VI, 96.
Ancristus Lac., II, 67.
Antandrii Æolenses, VIII, 108.
Antandrus opp., IV, 52, 75. VIII, 109.
Anthemus Macedoniæ opp., II, 99. 100.
Anthena opp., V, 41.
Anthesterion mensis, II, 15.

Anticles Ath., I, 117.
Antigenes Ath., II, 23.
Antimenidas Lac., V, 42.
Antimnestus Ath., III, 105.
Antiochus Orestarum rex, II, 80.
Antiphemus Gelam condit, VI, 4.
Antiphon orator, VIII, 68, 90.
Antippus Lac., V, 19 et 24.
Antissa Lesbi urbs, III, 18 et 28; VIII, 23.
Antisthenes Lac., VIII, 39 et 61.
Aphrodisia Lac. opp., IV, 56.
Aphytis opp. I, 64.
Apidanus fl., IV, 78.
Apodoti Ætoli, III, 94.
Apollinis oraculum, II, 102; templum in Actio, I, 29; in Amyclæo, V, 18, 23; Argis, V, 47; in Laconia, VII, 26; apud Leucadios, III, 94; prope Naupactum, II, 91; apud Triopium, VIII, 35; Delium, IV, 76, 90. Archegetæ ara, VI, 3. Delio consecrata Rhenea, I, 13 et III, 104. Maleontis festum, III, 3. Pythii ara, VI, 54; templum, II, 15; V, 53. Templum et oraculum et thesaurus, IV, 118; V, 18.
Apollodorus Ath., VII, 20.
Apollonia Cor., colonia, I, 26.
Arcades, V, 31, 49, 57, 58, 60, 64, 67; VIII, 3. Ab Lacedæmoniis naves accipiunt, I, 9; ab Atheniensibus et Syracusanis simul conducuntur, VII, 57; a Corinthiis, VIII, 19, 58; a Persis, III, 34.
Arcadia, I, 2; V, 29, 33, 58; VII, 58.
Arcesilaus Lac., V, 50, 76; VIII, 39.
Archedice Hippiæ f., VI, 59.
Archelaus Perdiccæ f., II, 100.
Archestratus Ath., I, 57; VIII, 74.
Archetimus Cor., I, 29.
Archias Camarinensis, IV, 25.
Archias Cor. Syracusas condit, VI, 3.
Archidamus Lac. rex, I, 79; ejus oratio ad Lacedæmonios, qua bellum contra Athenienses suscipi vetat, I, 80-85; II, 10; Agidis p., III, 89; IV, 2, 5, 54, 57, 83; VII, 19. Periclis hospes, II, 13. Circa Œnoen cunctatur, II, 18; circa Acharnas, II, 20. Atticam iterum invadit, II, 47; III, 1. Platæas expugnat, II, 71 sqq.
Archippus Ath., IV, 50.
Archonides Siculorum rex, VII, 1.
Archontes novem, I, 126.
Arcturi ortus, II, 78.
Argennusæ, VIII, 101.
Argos, IV, 42; VII, 18. Argis exulat Themistocles, I, 135, 137; Junonis templum conflagrat, IV, 133; Sacerdotium, II, 2; IV, 133. Argivi, I, 3; II, 9. Lacedæmoniorum hostes, V, 14, 22, 33, 36 38, 40-48, 50, 52; principatum Peloponnesi affectant, V, 28-32. Cum Atheniensibus fœdus faciunt, I, 102, 107; V, 46. Cum Epidauriis bellum gerunt, V, 53-57, 75; includuntur ab Agide et dimittuntur, V, 57-60. A sociis adducti rursus bellum gerunt et vincuntur, V, 61-75. Pace et fœdere cum Lacedd. facto paucorum dominatum instituunt, V, 76-81. Populare imperium restituunt et defendunt, V, 82-84, 116; VI, 61, 89, 95, 105. Orneas expugnant VI, 7; in Sicilia cum Ath. militant, VI, 29, 43, 61, 67, 68, 69, 70, 100, 101; VII, 44, 57; circa Peloponnesum, VII, 20, 26; in Ionia ad Miletum victi do inum redeunt, VIII, 25, 27. Auxilium offerunt Ath. exercitui Samio, VIII, 86; a Milesiis superantur, VIII, 25.
Argilius quidam Pausaniam prodit, I, 132, 133.
Argilus Andriorum colonia, IV, 103; V, 6, 18.
Arginum, VIII, 34.
Argiva terra, II, 80; III, 105; IV, 56.
Argos Amphilochicum, II, 68; III, 102, 105-107.
Arianthides Bœotarchus, IV, 91.
Ariphron Ath., IV, 66.
Aristagoras Milesius, IV, 102.
Aristarchus oligarchiæ favet, VIII, 90 et 92, Œnoen prodit, VIII, 98.
Aristeus Cor., Adimanti f., I, 60, 61, 62, 63, 65; II, 67.
Aristeus Cor.,,Pellichi f., I, 29.
Aristeus Lac., I, 29; IV, 132.
Aristides Archippi f., IV, 50 et 75.
Aristides Lysimachi f, I, 91; V, 18.
Aristocles Lac., V, 16, 71, 72.
Aristoclides Ath., II, 70.
Aristocœtus Ath., V, 19.
Aristocrates Ath., V, 24; VIII,9. Scellii f, VIII, 89, 92.
Aristogito Hipparchum interficit, I, 20; VI, 54, 56, 57, 59.
Ariston Cor., optimus gubernator, VII, 39.
Aristonous Gelous Agrigentum condit, VI, 4.
Aristonous Larissæus, II, 22.
Aristonymus Ath., IV, 122.
Aristonymus Cor., II, 33; IV, 119.
Aristophon Ath., VIII, 86.
Aristoteles Ath., III, 105.
Arma gestare barbarum, I, 6.
Arne Thessaliæ urbs, I, 12; Arnæ Chalcidicæ, IV, 103.
Arnissa Macedoniæ opp., IV, 128.
Arrhiana, VIII, 104.
Arrhibæus Lyncestarum rex, IV, 79, 83, 124, 125.
Arsaces Persa, VIII, 108.
Artabazus Persa, I, 129, 132.
Artaphernes Persa, IV, 50.
Artas Japygum princeps, VII, 33.
Artemisium, III, 54.
Artemisius mensis, V, 19.
Artoxerxes Xerxis f., I, 104 et 137; IV, 50; VIII, 5.
Artynæ Argivorum, V, 47.

INDEX HISTORICUS.

Asia, I, 9, 109; II, 97; IV, 75; V, 1; VIII, 39, 58. Asiani barbari, I, 6.
Asiana Magnesia, I, 138.
Asine opp., IV, 13 et 54; VI, 93.
Asopius Phormionis f., III, 7.
Asopius Phormionis p., I, 64.
Asopolaus Plataeensis, III, 52.
Asopus fl., II, 5.
Aspendus opp. VIII, 81, 87, 88, 108.
Assinarus Siciliae fl., VII, 84.
Assyriae litterae, IV, 50.
Astacus Acarnaniae opp., II, 30 et 102.
Astymachus Plataeensis, III, 52.
Astyochus Lac. nauarchus, VIII, 20, 23, 24, 26, 29, 31, 32, 33, 36, 38, 39, 40, 41, 42, 45, 50, 51, 61, 63, 78, 79, 83, 84, 85.
Atalanta insula, II, 32; III, 89; V, 18.
Atalanta Macedoniae opp., II, 100; V, 18.
Athenarum magnificae aedes, I, 10. Arx, I, 126; II, 15. Incrementa, I, 2 et 98; post barbaros fugatos instauratio, I, 89-91. Ambitus, muri, frequentia, thesaurus, II, 13. Laus, II, 41. Muri longi, I, 107, 108.
Athenienses primi elegantiorem cultum asciverunt, I, 6. Re navali invalidi ante Themistoclem, I, 14. Sociorum navibus et vectigalibus potentiam augent, I, 19, 95, 96, 98, 99. Moderatum in socios imperium exercere se dicunt, I, 77; quomodo ad potentiam pervenerint, I, 89-118. Eorum ingenium et mores, I, 70. Per omnia discrepant a Lacedaemoniis, I, 70; VIII, 96. Eorum oratio apud Lacedaemonios, I, 73-78.
Athenaeus Lac., IV, 119 et 122.
Athenagoras Cyzicenus, VIII, 6.
Athenagoras Syrac., VI, 35. Ejus oratio, VI, 36-40.
athletarum subligacula, I, 6; honores, IV, 121.
Athos mons, IV, 109; V, 3, 35, 82.
Atintanes, II, 80.
Atramyttium opp, V, 1; VIII, 108.
Atreus Pelopis f., I, 9.
Attica seditionibus immunis, I, 2. Sterilis, ib. Qualis fuerit ante Theseum, I, 9; II, 15;
Aulon, IV, 103.
auriga coronatur, V, 50.
Autocharidas Lac., V, 12.
Autocles, IV, 53 et 119.
Axius fl., II, 99.

B.

Bacchi in Limnis templum, II, 15. Corcyrae, III, 81. Theatrum, VIII, 93-94.
Barbarorum nomen Homero ignotum, I, 3.
Battus Cor., IV, 43.
Berrhoea, I, 61.
Bisaltia, II, 99; IV, 109.
Bithyni Thraces, IV, 75.

Boeotarchae, II, 2; IV, 91; V, 37, 38; VII, 30.
Boeoti, I, 10, 107, 108, 111, 113; III, 54, 61, 62, 65, 87; IV, 76, 89, 91, 93, 96-101, 118; V, 3, 17, 26, 31, 32, 35, 36-40, 42, 44, 46, 50, 52, 57, 58, 59, 60, 64; VI, 61; VIII, 3, 43, 60, 98, 106; ex Arna ejecti, I, 12; ad Œnophyta victi, I, 108. Lesbiis consanguinei et socii, III, 2, 13; VIII, 5. Consiliis utuntur quattuor V, 38. Lacedaemoniorum socii, II, 9, 12, 22, 78; III, 20; IV, 70, 72; in Siciliam auxilium mittunt, VII, 19, 43, 45, 57, 58.
Boeotia, I, 2, 12, 108, 113; II, 18; III, 61, 62, 67, 91; III, 95; IV, 76, 91, 92; VII, 19, 29; VIII, 96, 98.
Boeum, I, 107.
Bolbe palus, I, 58; IV, 103.
Bolissus opp., VIII, 24.
Bomienses, III, 96.
Boriades Eurytan, III, 100.
Bottiaea, II, 79, 99, 100; IV, 7.
Bottiaei, I, 57, 58, 65, II, 79, 99, 101.
Brasidas Tellidis f., II, 25, 85, 86, 93; III, 69, 76, 79; IV, 11, 12, Megara servat, IV, 70-74; per Thessaliam in Thraciam transit et ibi res gerit, IV, 78-88, 102-117, 120-132, 135. V, 6-11, 13, 16, 18, 34, 110. Ejus oratio ad Acanthios, IV, 85-87; *Conf.* 114, 120; ad milites suos, IV, 126; alia ad eosdem, V, 9.
Brasidei milites, V, 67, 71, 72.
Brauro Edonum regina IV, 107.
Briciniae Leontinorum castellum, V, 4.
Brilessus mons, II, 23.
Bromerus Lyncesta, IV, 83.
Bromiscus opp., IV, 103.
Bucolion opp., IV, 134.
Budorum promont., II, 94; III 51.
Buphras, IV, 118.
Byzantium, I, 94, 115, 117, 128, 129, 130, 131; II, 97; VIII, 80, 107.

C.

Cacyparis fl., VII, 80.
Cadmeis quae postea Boeotia, I, 12.
Caeadas, I, 134.
Caicinus fl., III, 103.
Calex fl., IV, 75.
Callias Calliadis f., I, 61, 62, 63.
Callias Hipponici p., III, 91.
Callias Cor., I, 29.
Callias Hyperecliidae f., VI, 55.
Callicrates Cor., I, 29.
Callienses Aetoli, III, 96.
Calligitus Megarensis, VIII, 6, 8, 39.
Callimachus Ath., Learchi p., II, 67, Phanomachi p., II, 70.
Callirrhoe fons, II, 15.
Calydon olim Aeolis, III, 102.
Camarina, II, 5; III, 86; IV, 25; VI, 5, 52, 75; VII, 80.
Camaraei, IV, 58, 65; V, 4; VI, 5, 67, 75; VII, 33; ad eos oratt. Syrac.

et Athen., VI, 76-87; eorum responsum, VI, 88.
Cambyses Cyri f., I, 13, 14.
Camirus, VIII, 44.
Canastraeum, IV, 110.
Capato Locrus, III, 103.
Carcinus Ath., II, 23.
Cardamyla, VIII, 24.
Cares, I, 4, 8; III, 19; VIII, 85.
Caria, I, 116; II, 9, 69; III, 19; VIII, 5.
Carnea, V, 54, 75, 76.
Carneus mensis, V, 54.
Carteriorum portus, VIII, 101.
Carthaginienses a Phocaeensibus victi, I, 13; VII, 50.
Carthago, VI, 2, 15, 34, 88, 90.
Caryae, V, 55.
Carystii, I, 98; IV, 42, 43; VII, 57; VIII, 69.
Casmenae a Syracusanis conditae, VI, 5.
Catana, III, 116; V, 4; VI, 3, 20, 50, 51, 52, 62-65, 71, 72, 74, 75, 88, 94, 97, 98; VII, 42, 49, 57, 60, 80, 85.
Caulonia, VII, 25.
Caunus, I, 116; VIII, 39, 41, 42, 57, 88, 108.
Cecalus Megarensis, IV, 119.
Cecropia, II, 19.
Cecrops, II, 15.
Cecryphalea, I, 105.
Cenaeum promont., III, 93.
Cenchrea s. Cenchreae, IV, 42 et 44; VIII, 10, 20, 23.
Centoripa, VI, 94.
Centoripini, VII, 32.
Ceos, Cei, VII, 57.
Cephallenia, I, 27; II, 7, 30, 33, 80; III, 94, 95; V, 35; VII, 31, 57.
Ceramicus, VI, 58.
Cercine mons, II, 98.
Cerdylium, V, 6, 8, 10.
Ceryces, VIII, 53.
Cestrine, I, 46.
Chaereas Ath., VIII, 74 et 86.
Chaeronea, I, 113; IV, 76, 89.
Chalaei, III, 101.
Chalce, VIII, 41, 44, 55, 60.
Chalcedon, IV, 75.
Chalcidenses in Euboea, I, 15; VI, 4, 76, 84; VII, 57; in Thracia, I, 57, 58, 62, 65; II, 29, 58, 70, 79, 95, 99, 101; IV, 7, 78, 79, 81, 83, 84, 103, 109, 123; V, 3, 6, 10, 21, 31, 80, 82, 83; VI, 7, 10; in Sicilia, III, 86; VI, 3, 4, 5, 44, 76, 79.
Chalcideus Lac. nauarchus, VIII, 6, 8, 11, 12, 14-17, 19, 24, 25, 28, 32, 36, 43, 45.
Chalcioecos Minerva, I, 128, 134.
Chalcis Corinthiorum opp., I, 108; II, 83.
Chalcis Euboeae urbs, VII, 29; VIII, 95.
Chaones, II, 68, 80, 81.
Charadrus in Argolide, V, 60.
Charicles Ath., VII, 20 et 26.

Charminus Ath., VIII, 30, 41, 42, 73.
Charœades Ath., III, 86 et 90.
Charybdis, IV, 24.
Chersonesus Pelop., IV, 42, 43; Thraciæ, I, 11; VIII, 62, 99, 102, 104.
Chimerium, I, 30, 46, 48.
Chionis Lac., V, 19, 24.
Chius ins., III, 104; VIII, 38, 40, 99, 100.
Chii, III, 32; opulenti, VIII, 24 et 45. Plurimos servos habent, VIII, 40. Atheniensibus suspecti, IV, 51. Naves præbent liberi, I, 19, 116, 117, II, 9, 56; IV, 129; V, 84; VI, 31, 43, 85; VII, 20, 57. Deficiunt ab Ath., VIII, 5-10, 12, 14, 15, 17, 19, 20, 22, 23. Cladibus multis affecti, VIII, 24, a Pedarito non sufficientibus copiis defensi et severe gubernati, ab Ath. novis copiis invasi animos dejiciunt, VIII, 27, 30-34, 38; frustraque auxilia petentes, prælioque victi gravi obsidione et fame premuntur, VIII, 40, 41, 45, 55, 56, 60. Leonte Lac. duce prœlium navale haud infeliciter committunt et digresso Strombichide mari liberiore utuntur, VIII, 61, 63, 64, 79, 100, 101, 106.
Chœrades insulæ, VII, 33.
Chromon Messenius, III, 98.
Chrysippus, Pelopis f. a patre interfectus, I 9.
Chrysis Cor., II, 33.
Chrysis sacerdos femina, II, 2; IV, 133.
cicadæ aureæ, I, 6.
Cilices, 1, 112.
Cimo Lacedæmonii p., I, 45; Miltiadis f., I, 98, 100, 102, 112.
Cithæron mons, II, 75; III, 24.
Citium Cypri opp., I, 112.
(Clarus, III, 33, § 1 et § 2 rectius legebatur olim quam nunc Icarus.)
classis antiquissima, I, 4, 14, 15. Trojam missa, I, 10, in Siciliam, VI, 30.
Clazomenæ, VIII, 14, 16, 22, 23, 31.
Cleænetus Ath., III, 36; IV, 21.
Cleandridas Lac., VI, 93; VII, 2.
Clearchus Lac., VIII, 8, 39, 80.
Clearidas Lac., IV, 132; V, 6, 8, 9, 10, 11, 21, 34.
Cleippides Ath., III, 3.
Cleobulus ephorus, V, 36, 37, 38.
Cleombrotus Lac., Nicomedis p., I, 107; Pausaniæ, I, 94; II, 71.
Cleomedes Ath., V, 84.
Cleomenes Lac. rex, I, 126; III, 26.
Cleon, III, 36, 41, 48, 50; IV, 21, 22, 27, 122. Ejus oratio de supplicio Mytilenæorum, III, 37-40. Pylum mittitur, IV, 28; ejus res in Thracia gestæ, V, 2, 3, 6-10, 16.
Cleonæ in Argolide, VI, 95; Cleonæi, V, 67, 72, 74, ad Athon, IV, 109.
Cleonymus Lac., IV, 132.
Cleopompus Ath., II, 26 et 58.

Clinias Ath. II, 26, 58; V, 43, 52; VI, 8.
Cnemus Lac., II, 66, 80, 81, 83, 84; 85, 86, 93.
Cnidis Lac., V, 51.
Cnidus, Cnidii, III, 88; VIII, 35, 41, 42, 43, 44, 52, 109.
Colonæ Troades, I, 131.
coloniæ a quo deducantur, I, 24.
Colonus Neptuni templum, VIII, 67.
Colophonii, III, 34; apud Toronen, V, 2.
Cono Ath., VII, 31.
Copæenses, IV, 93.
Corcyra, I, 68, 118, 136, 146; II, 7; III, 70; IV, 5; VI, 30, 32, 34, 42, 43, 44; VII, 26, 31, 33, 44; olim Phæacum, I, 25, Epidamni metropolis, I, 24.
Corcyræi, I, 13, 14, 24; II, 9, 25; III, 94, 95; IV, 2, 3, 46-48. Eorum discordiæ et bellum cum Corinthiis de Epidamno, I, 24-55, 83-85. Oratio ad Athenienses, I, 32-36. Fœdus cum iis; I, 44; Seditio, III, 70-81; 83-85. auxilia in bello Syrac., VII, 57.
Corinthii, I, 24, 103, 105, 106, 114; IV, 119; VII, 63; VIII, 3, 9, 11, 32, 33, 98, 106. Navium formam immutant, I, 13. Corcyræos oderunt et bellum cum iis gerunt de Epidamno, I, 24-55. Verba faciunt apud Athenienses, I, 37-43; Corcyræos sollicitant ad seditionem, III, 70. Eorum oratio ad Lacedd. I, 68-71; alia, I, 120-124. Potidæatis auxilium mittunt, I, 60. Euarchum tyrannum Astacum reducunt, II, 33. Ambraciotis colonis favent, II, 80; III, 114. Prœlio superantur navali, II, 84; pedestri, IV, 42-44. Anactorio ejiciuntur, IV, 49. Megaris succurrunt, IV, 70; Bœotis, IV, 100. Pacem respuunt, V, 17, 25, 35, 36-38, 48, 50, 52, 57, 58, 59, 83, 115; VI, 7; VII, 18, 34-36. Tumultuantur in Peloponneso, V, 27, 30-32. Syracusanis opem ferunt, II, 9; VI, 88, 93, 104; VII, 2, 4, 7, 17, 19, 31, 57, 58, 70, 86.
Corinthus, II, 69, 80, 81, 83, 92, 93, 94; III, 85, 100; IV, 70, 74; V, 53, 64, 75; VI, 34, 73; VIII, 3, 7, 8. Græciæ emporium, I, 13. Ejus coloniæ Corcyra, I, 24, Syrasusæ, VI, 3; Potidæa, I, 56, de qua inter eos et Athenienses contentio, I, 56-67.
Corœbus Plataeensis, III, 22.
Coronæi, IV, 93.
Coronea, I, 113; III, 62, 67; IV, 92.
Coronta Acarnaniæ opp., II, 102.
Corycus, VIII, 14, 33, 34.
Coryphasium, IV, 3 et 118; V, 18.
Cos Meropis, VIII, 41, 44, 55, 108.
Cotyrta Lac. castellum, IV, 56.
Cranii Cephallenes, II, 30 et 33; V, 35 et 56.
Cranonii, II, 22.

Cratæmenes Chalcidensis, VI, 4.
Craterii Phocaidis, VIII, 101.
Cratesicles Lac., IV, 11.
Crenæ Amphilochiæ, III, 105 106.
Crestonica gens, IV, 109.
Creta, Cretenses, II, 9, 85, 86, 92; III, 69; VI, 4, 25, 43; VIII, 39.
Cretenses Gelam conduunt, VII, 57.
Creticum mare, IV, 53; V, 110.
Crissæus sinus, I, 107; II, 69, 83, 86; IV, 76.
Crocylium Ætoliæ opp., III, 96.
Crœsus, I, 16.
Crommyon, IV, 42, 44, 45.
Crotoniatæ, Crotoniatis regio, VII, 35.
Crusis regio, II, 79.
Cuma Æolica, III, 31; Ionica, VIII, 22, 31, 100, 101; Italica, VI, 4.
cupresseæ arcæ, II, 34.
Cyclades insulæ, I, 4; II, 9.
Cyclopes, VI, 2.
Cydonia, Cydoniatæ, II, 85.
Cyllene Eleorum navale, I, 30; II, 84; III, 69, 76; VI, 88.
Cylo Ath., I, 126.
Cynes Acarnan, II, 102.
Cynossema promont., VIII, 104 et 105.
Cynurius ager, IV, 56; V, 14, 41.
Cyprus ins., I, 94, 104, 112, 128;
Cypsela castellum, V, 33.
Cyrene, Cyrenæi, I, 110; VII, 50.
Cyrrhus Macedoniæ opp., II, 100.
Cyrus Cambysæ p., I, 13 et 16.
Cyrus minor, II, 65.
Cythera ins., IV, 53-57, 118; V, 14, 18; VII, 26, 46, 57.
cytherodices, IV, 53.
Cytinium, I, 107; III, 95, 102.
Cyzicus, Cyziceni, VIII, 6, 107.

D.

Daimachus Platæensis, III, 20.
Daithus Lac., V, 19, 24.
Damagetus Lac., V, 19, 24.
Damagon Lac., III, 92.
Damotimus Sicyonius, IV, 119.
Danai, I, 3.
Daphnus, VIII, 23 et 31.
Dardanum, VIII, 104.
Daricus stater, VIII, 28.
Darius Artoxerxis f., VIII, 5, 18, 37, 58.
Darius Hystaspis f. I, 14 et 16; IV, 102; VI, 59.
Dascon Camarinam condit, VI, 5.
Dascon prope Syracusas, VI, 66.
Dascylitis provincia, I, 129.
Daulia opp., II, 29.
Daulias avis, II, 29.
Decelea, VI, 91, 93; VII, 18, 19, 20 27, 28, 42; VIII, 3, 5, 69, 70, 71, 98.
Deliaci ludi, III, 104.
Delii ab Atheniensibus ejecti, V, 1; VIII, 108; reducti, V, 32.
Delium, IV, 76, 89, 90, 93, 96-101; V, 14, 15.
Delphi, I, 25, 28, 112, 118, 126, 132.

INDEX HISTORICUS. 381

134, III, 101; IV, 134; V, 18, 32.
Delphicum templum, I, 122; V, 18; Delphica vates, V, 16, pecunia, I, 121, 143.
Delphinium, VIII, 38, 40.
Delus, III, 29; VIII, 77, 80, 86. Ab Atheniensibus lustrata, I, 8, III, 104; V, 1, 32; VIII, 108. Mota ante bellum, II, 8. Ærarium Atheniensium, I, 96.
Demaratus Ath., VI, 105.
Demarchus Syrac., VIII, 85.
Demeas Ath., V, 116.
demiurgi, V, 47.
democratia Argis sublata, V, 81; Athenis, VIII, 63.
Demodocus Ath., IV, 75.
Demosthenes Alcisthenis f., III, 91, 102, 105, 107, 110, 112-114; V, 19, 24. Ætolis bellum infert, III, 94-98. Pylum occupat, IV, 3-5; ibi obsessus, IV, 8 sqq. Ejus oratio, IV, 10. A Cleone collega assumptus, IV, 29. Megara tentat, IV, 66, 67. Agræos conciliat, IV, 77. Bœotiam cum Hippocrate aggressurus frustratur, IV, 76, 89. In agro Sicyonio clade afficitur, IV, 101. Epidauri munitionem dolo occupat, V, 80. Ad bellum Syracusanum mittitur et in itinere copias colligit, VII, 16, 17, 20, 26, 29, 31, 33, 35, 57. Pervenit Syracusas et debellare properans perfecit ut impetus in Epipolas fieret, VII, 42; in quo adversa fortuna usus, VII, 43, 44; frustra discessum suadet, VII, 47, 49, et rebus male gestis ab hostibus non amplius timetur, VII, 55. Prœlio navali commisso e portu erumpere conatus, VII, 69; clade accepta frustra ad iterandum prœlium hortatur, VII, 72; itinere pedestri digressus, VII, 75; primo agmen cum suis claudit, VII, 78; deinde itinere ab hostibus intercluso per noctem alia via cum Nicia progressus, ertoque terrore ab illo distractus et ab hostibus circumventus deditionem facit et pacta vitæ incolumitate cum suis Syracusas abductus, VII, 80-83, 85; invito Gylippo supplicio afficitur, VII, 86.
Demoteles Messenius, IV, 25.
Dercylidas Lac., VIII, 61, 62.
Derdas Perdiccæ adversarius, I, 57 et 59.
Dersæi Thraces, II, 101.
Deucalion, I, 3.
Diacritus Lac., II, 12.
Diagoras Rhodius, VIII, 35.
Diana Ephesia, III, 104; VIII, 109. ejus templum Rhegii, VI, 44.
Diasia, I, 126.
Dictidienses, V, 35 et 82.
Didyme ins., III, 88.
Diemporus Bœotarchus, II, 2.
Dii, II, 96. Diacum genus Thracum, VII, 27.

Diitrephes Ath., VII, 29; Nicostrati p., III, 75; IV, 119.
Diniadas Lac., VIII, 22.
Dinias Ath., III, 3.
Diodotus Ath., III, 41, 49; ejus oratio de supplicio Mytilenæorum, III, 42-48.
Diomedon Ath., VIII, 19, 20, 23, 24, 54, 55, 73.
Diomilus Andrius, VI, 96 et 97.
Dionysia, II 15; V, 20 et 23.
Dionysiacum theatrum, VIII, 93.
Dioshieron oppidum, VIII, 19.
Dioscurorum templum, III, 75; IV, 110.
Diotimus Ath., I, 45; VIII, 15.
Diotrephes Ath., IV, 53; VIII, 64.
Diphilus Ath., VII, 34.
Dium ad Athon, IV, 109; in Macedonia, IV, 78.
Doberus Pæoniæ opp., II, 98, 99, 100.
Dolopes, V, 51; Scyrum incolunt, I, 98.
Dolopia, II, 102.
Dorcis Lac., I, 95.
Dorienses, I, 24; V, 54; VI, 6; VII, 44. Peloponnesum tenent, I, 12; Lacedæmonem, I, 18. Ionum perpetui hostes, I, 124; VI, 80, 82; VII, 5, 57, 58; VIII, 25. Caribus finitimi, II, 9; in Sicilia, III, 86; VI, 4, 5, 6, 77; VII, 58; in Doride, Lacedd. metropolis, I, 107; III, 92.
Dorieus Rhodius, III, 8; VIII, 35 et 84.
Dorion Lacedæmoniorum metropolis, I, 107; III, 92.
Dorus Thessalus, IV, 78.
Drabescus Edonica, I, 99; IV, 102.
Droi Thraces, II, 101.
Drymussa ins., VIII, 31.
Dryopes, VII, 57.
Dryoscephalæ, III, 24.
Dyme opp., II, 84.

E

Eccritus Lac., VII, 19.
Echecratides Thessalorum rex, I, 111.
Echetimidas Lac., IV, 119.
Echinades ins., II, 102.
Edoni, I, 100; II, 99; IV, 102 et 109; V, 6.
Eetionia, VIII, 90, 91, 92.
Egesta Elymorum urbs, VI, 2, 44, 46, 62, 88.
Egestæi cum Selinuntiis bellum gerunt et Athenienses in Siciliam adducunt, VI, 6, 8, 10, 11, 13, 19, 33, 47, 48, 77, 98; VII, 57; eorum in Athenienses fraus, VI, 46.
Eion, I, 98; IV, 7, 50, 102, 104, 106, 107; V, 6, 10.
Elæatis agri Thesprotici pars, I, 46.
Elæus, VIII, 102, 103, 107.
Elaphebolion mensis, IV, 118; V, 19.
Elei, I, 27, 30, 46; II, 9, 25, 84; V, 17, 31, 34, 37, 43-45, 47-50, 58, 61, 62, 75, 78; VII, 31; Terra Elea, VI, 88.
Eleus ins., VIII, 26.

Eleusin, I, 114; II, 19, 20, 21; IV, 68
Eleusinii contra Erechtheum bellum gerunt, II, 15. Eleusinium templum, II, 17.
Elimiotæ Macedones, II, 99.
Elis, II, 25 et 66.
Ellomenum, III, 94.
Elorina via, VI, 66, 70; VII, 80.
Elymi, VI, 2.
Embatum Erythræœ, III, 29, 32.
Empedias Lac., V, 19, 24.
Eudius ephorus, VIII, 6, 12, 17; ad Athenienses legatus, V, 44.
Enipeus fl., IV, 78.
Enneacrunos fons, II, 15.
Enneahodi, I, 100; IV, 102.
Entimus Cretensis, VI, 4.
Enyalius, IV, 67.
Eordi, Eordia, II, 99.
Ephesia solennia, III, 104.
Ephesus, I, 137; III, 32, 33; IV, 50; VIII, 19, 109.
Ephori, I, 87, 131, 133, 134.
Ephyra Thesprot., I, 46.
Epicles Ath., I, 45; II, 23; VIII, 107.
Epicurus Ath., III, 18.
Epicydidas Lac., V, 12.
Epidamnus Corcyræorum colonia, I, 24, 29, 146; III, 70.
Epidaurii, IV, 119; V, 53, 58, 75; VIII, 3. Corinthiis opem ferunt, I, 27, 105, 114.
Epidaurus, II, 56; IV, 45; V, 26, 53, 57, 75, 77, 80; VI, 31; VIII, 10, 92, 94.
Epidaurus Limera, IV, 56; VI, 105; VII, 18, 26.
epidemiurgi, I, 56.
Epipolæ, VI, 75, 96, 97, 101; VII, 1, 2, 4, 5, 42-47.
Epirotica gens, III, 94, 95, 102.
Epirus, III, 114.
Epitadas Lac., IV, 8, 31, 38.
Epitelidas Lac., IV, 132.
Eræ opp. VIII, 19, 20.
Erasinides Cor., VII, 7.
Erasistratus Ath., V, 4.
Eratoclides Cor., I, 24.
Erechtheus Ath. rex, II, 15.
Eresus s. Eressus, III, 18 et 35; VIII, 23, 100, 101, 103.
Eretria, Eretrienses, I, 15; VII, 57; VIII, 60, 95. Eorum colonia Mende, IV, 123.
Erineum Achaicum, VII, 34; Doricum, I, 107.
Erineus fl., VII, 34, 80, 82.
Erinyes, I, 91.
Erythræ Bœot., III, 24.
Erythræa, III, 29, 33; VIII, 5, 6, 14, 16, 24, 28, 32, 33.
Eryx opp., VI, 2 et 46.
Eryxidaidas Lac., IV, 119.
Eteonicus Lac., VIII, 23.
Etrusci, VI, 88 et 103; VII, 53.
Eualas Lac., VIII, 22.
Euarchus Astaci tyrannus, II, 30, 33

Euarchus Catanam condit, VI, 3.
Eubœa, I, 23, 87, 98, 113, 114, 115; II, 14, 26, 32, 55; III, 3, 17, 87, 89, 92, 93; IV, 76, 92; VI, 3, 4, 76, 84; VII, 28, 29, 57; VIII, 1, 5, 60, 74, 86, 91, 92, 95, 96, 106, 107.
Euboicum mare, IV, 109.
Eubulus Chius, VIII, 23.
Eucles Ath., IV, 104.
Eucles Syrac., VI, 103.
Euclides Himeram condit, VI, 5.
Eucrates Ath., III, 41.
Euctemon Ath., VIII, 30.
Euenus fl., II, 83.
Euesperitæ, VII, 50.
Euction Ath., VII, 9.
Eumachus Cor., II, 33.
Eumenidum aræ, I, 126.
Eumolpidæ, VIII, 53.
Eumolpus cum Erechtheo bellum gerit, II, 15.
Eupaidas, Epidaurius, IV, 119.
Eupalium, Locr. opp., III, 96, 102.
Euphamidas Cor., II, 33; IV, 119; V, 55.
Euphemus Ath., VI, 75 et 81. Ejus oratio ad Camarinæos, VI, 82-87.
Euphiletus Ath., III, 86.
Eupompidas Platæensis, III, 20.
Euripides Ath., II, 70 et 79.
Euripus, VII, 29 et 30.
Europa, I, 89; II, 97.
Europus, II, 100.
Eurybatus Corcyræus, I, 47.
Euryelus, VI, 97; VII, 2, 43.
Eurylochus Lac., III, 100, 101, 102, 105, 106, 107, 108, 109.
Eurymachus Theb., II, 2 et 5.
Eurymedon Ath., III, 80, 81, 85, 91, 115; IV, 2, 3, 8, 46, 65; VI, 1, 7, 16, 31, 33, 35, 42, 43, 49, 52.
Eurymedon fl., I, 100.
Eurystheus rex, I, 9.
Eurytanes, III, 94.
Eurytimus Cor., I, 29.
Eustrophus Argivus, V, 40.
Euthycles Cor., I, 46; III, 114.
Euthydemus Ath., V, 19 et 24; VII, 16 et 69.
Euxinus pontus, II, 96, 97.
Execestus Syrac., VI, 73.

F.
fretum Siculum, IV, 24.

G.
Galepsus, Thasiorum colonia, IV, 107; V, 6.
Gaulites, Car, VIII, 85.
Gela, fl., VI, 4.
Gela, urbs, IV, 58; V, 4; VI, 4, 5; VII, 50, 57, 80.
Geleatis Hybla, VI, 62.
Gelo rex, VI, 4, 5, 94.
Geloi, IV, 58; VI, 4, 67; VII, 1, 33, 57, 58.
Geomori, in Samo, VIII, 21.

Gerastius mensis, IV, 119.
Geræstus, III, 3.
Gerania, I, 105, 107, 108; IV, 70.
Geta (?), Siculorum castellum, VII, 2.
Getæ, II, 96, 98.
Gigonus, I, 61.
Glauce, in agro Mycalesio, VIII, 79.
Glaucon, Ath., I, 51.
Goaxis, Edon, IV, 107.
Gongylus, Cor., VII, 2.
Gongylus, Eretriensis, I, 128.
Gortynia, opp., II, 100.
Græi, Pæones, II, 96.
Græcorum nomen, res gestæ, instituta antiquiora, I, 2-19. Mores inter bellum Pelop. per seditiones vehementer depravati, III, 82-84.
Grestonia, II, 99 et 100.
Gylippus, Lac., VI, 93, 104; VII, 1-7, 11, 12, 21, 22, 23, 37, 42, 43, 46, 50, 53, 57, 65, 69, 74, 79, 81, 82, 83, 85, 86; VIII, 13; ejus oratio ad Syrac., VII, 66-68.
Gymnopædiæ, V, 82.
Gyrtonii, Thessali, II, 22.

H.
Habronychus, Ath., I, 91.
Hæmus, mons, II, 96.
Hagno Ath., Niciæ f., I, 117; V, 19, 24. Potidæam oppugnat, II, 58, 95; VI, 31. Amphipolim condit, IV, 102 et V, 11. Pater Theramenis, VIII, 68, 89.
Halex, fl., III, 99.
Haliæ, I, 105. Haliensis ager, II, 56; IV, 45.
Haliartii, IV, 93.
Halicarnassus, VIII, 42, 108.
Halys, fl., I, 16.
Hamaxitus, VIII, 101.
Harmatus, VIII, 101.
Harmodius, I, 20; VI, 53, 54, 56, 57, 59.
Harmostes, VIII, 5.
Harpagium, VIII, 107.
Hebrus, II, 96.
Hegesander, Lac., IV, 132; Thespiensis, VII, 19.
Hegesandrides, Lac., VIII, 91 et 94.
Hegesippidas, Lac., V, 52.
Helena, I, 9.
Helixus, Megarensis, VIII, 80.
Hellanicus, historicus, I, 97.
Hellas, Hellenum nomen, I, 3.
Hellen, Deucalionis f., I, 3.
hellenotamiæ, I, 96.
Hellespontii, VI, 77.
Hellespontus, I, 89, 128; II, 9, 67; IV, 75; VIII, 6, 8, 22, 23, 39, 61, 62, 79, 80, 86, 96, 99, 101, 103, 106, 108, 109.
Helorina S. Elorina via, VI, 66, 70; VII, 80.
Helos, opp., IV, 54.
Helotes, I, 101, 102, 128, 132; II,

27; III, 54; IV, 8, 26, 41, 56, 80; V, 14, 34, 35, 56, 57; VII, 19, 26, 58.
Heraclea Trachinia, III, 92, 100; IV, 78; V, 12, 51 et 52, Pontica, IV, 75.
Heraclidæ, I, 9 et 12; VI, 3. Apud Corinthios, I, 24.
Heraclides Syrac., VI, 73 et 103.
Heræenses, VI, 67.
Herculis sacra apud Syracusanos, VII, 73; templum prope Mantineam, V, 64, 66.
Hermæ, VI, 27, 28, 53, 60, 61.
Hermæondas, Theb., III, 5.
Hermæum, prope Mycalessum, VII, 29.
Hermionenses, I, 27; VIII, 3.
Hermionis triremis, I, 27, 128, 131; VIII, 33. Hermionensis ager, II, 56.
Hermocrates, Syrac., IV, 58, 65; VI, 33, 35, 72, 73, 75, 76, 96, 99; VII, 21, 73; VIII, 26, 29, 45, 85. Ejus oratio de concordia Siciliæ, IV, 59-64; aliæ, VI, 72, 76-80; VII, 21.
Hermon, Ath., VIII, 92; Syrac., IV, 58; VI, 32, 72.
Hesiodus, III, 96.
Hessii, III, 101.
Hestiæa, I, 114; VII, 57.
Hestiodorus, Ath., 2, 70.
Hiera ins., III, 88.
Hierenses, Meliensium pars, III, 92.
Hieramenes, Persa, VIII, 58.
Hierophon, Ath., III, 105.
Himera, Himeræi, VI, 5 et 62; VII, 1, 58. Himeræa, III, 115.
Himeræum, ad Amphipolim, VII, 9.
Hippagretas, Lac., IV, 38.
Hipparchus, Pisistrati f., I, 20; VI, 54, 55, 57.
Hippias, Arcas, III, 34.
Hippias, Pisistrati f., I, 20; VI, 54, 55, 57, 58, 59.
Hippias, Pisistrati p., VI, 54.
Hippocles, Ath., VIII, 13; Lampsacenus, VI, 66.
Hippocrates, Ath., IV, 66, 67, 76, 77, 89, 90, 93-96, 101.
Hippocrates, Gelæ tyrannus, VI, 5.
Hippocrates, Lac., VIII, 35, 99, 107.
Hippolochidas, Thessalus, IV, 78.
Hipponicus, Ath., III, 91.
Hipponoidas, Lac., V, 71, 72.
Homerus, I, 3, 9, 10; III, 104.
Hyacinthia, V, 23, 41.
Hyæi, III, 101.
Hybla, VI, 62, 63. Hyblæi, VI, 4, 94.
Hyblo, Siculus, VI, 4.
Hyccara, opp., VI, 62.
Hyccarici servi, VII, 13.
Hylias, fl., VII, 35.
Hyllaicus portus, III, 72 et 81.
Hyperbolus, Ath., VIII, 73.
Hyperechides, Ath., VI, 55.
Hysiæ, III, 24; V, 83.
Hystaspes, Persa, I, 115,

I. J.

Iapyges, Iapygia, VI, 30, 34, 44; VII, 33, 57.
Iasus, Ioniæ opp., VIII, 28, 29, 54. Iasicus sinus, VIII, 26.
Iberi, Iberia, VI, 2, 90.
Icarus, ins., III, 29 et 33 (*Conf.* Clarus); VIII, 99.
Ichthys, promont., II, 25.
Ida, mons, IV, 52; VIII, 108.
Idacus, VIII, 104.
Idomene s. Idomenæ Amphilochiæ, III, 112, 113; Macedoniæ, II, 100.
Ielysus, VIII, 44.
Ilium, II, 1, 12.
Illyrii, I, 24, 26; IV, 124, 125.
Imbrus, Imbrii, III, 5; IV, 28; V, 8; VII, 57; VIII, 102, 103.
Inaros, Afrorum rex, I, 104 et 110.
Inessa, III, 103. Inessæi, VI, 94.
Io, Tydei pater, VIII, 38.
Iolaus, Macedo, I, 62.
Iolcius, Ath., V, 19, 24.
Iones, VI, 76, 77. Atheniensium coloni et consanguinei, I, 2, 12, 16, 95; II, 15; III, 86, 15. Mari potentes, I, 13. Doriensium hostes, I, 124; III, 86, 92; V, 9; VI, 80, 82; VII, 5, 57; VIII, 25. Delum conveniunt, III, 104. Eorum priscus cultus, I, 6.
Ionia, I, 2, 89, 95, 137; II, 9; III, 31, 32, 76; VII, 57; VIII, 6, 12, 20, 26, 31, 39, 40, 56, 86, 96, 108; non munita, III, 33.
Ionius sinus, I, 24; II, 97; VI, 13, 30, 34, 44, 104; VII, 33, 57
Ipnenses, III, 101.
Isarchidas, Cor., I, 29.
Isarchus, Cor., I, 29.
Ischagoras, Lac., IV, 132; V, 19, 21
Isocrates, Cor., II, 83.
Isolochus, Ath., III, 115.
Ister, fl., II, 96, 97.
Isthmia, VIII, 9, 10.
Isthmionicus, Ath., V, 19, 24.
Isthmus, II, 9, 10, 13, 18; III, 15, 16, 18; IV, 42; V, 18, 75; VI, 61; VII, 7, 8, 11; Leucadius, III, 81, 94; IV, 8; Pallenes, I, 56, 62, 64.
Istone, mons, III, 85; IV, 46.
Italia, Itali, I, 12, 36, 44; II, 7; III, 86; IV, 24; V, 4, 5; VI, 2, 34, 42, 44, 88, 90, 91, 103, 104; VII, 14, 25, 33, 57, 87; VIII, 91.
Italus, Siculorum rex, VI, 2.
Itamenes, III, 34.
Ithome, I, 101, 102, 103; III, 54.
Itonenses, V, 5.
Itys, II, 29.
Junonis templum, I, 24; III, 24, 68, 75, 79, 81; IV, 133; V, 75; VI, 75.
Juppiter, V, 16. Ithometa, I, 103. Liberator, II, 71. Milichius, I, 126. Nemeæus, III, 96. Olympius, II, 15; III, 14; V, 31 et 50. Jovis sacer ager, III, 70. Templum Mantineæ, V, 47; in Ionia, oppidum, VIII, 19.

L

Labdalum, VI, 97, 98; VII, 3.
Lacedæmon, non pro potentia magnifice structa, I, 10. In eadem reip. forma persistit, I, 18.
Lacedæmoniorum cultus, I, 6. Socii non vectigales, I, 19. Mores et imperium tardum, I, 68, 69, 71, 84, 118, 132. Per omnia discrepant ab Atheniensibus, I, 70; VIII, 96. Exercitus, V, 66. Reges, I, 20; V, 66. Oratio, IV, 16, 20.
Lacedæmonius, Ath., I, 45.
Laches, III, 86, 90, 103, 115; IV, 118; V, 19, 24, 43, 61; VI, 1, 6, 75.
Lacon, Platæensis, III, 52.
Lada, ins., VIII, 17 et 24.
Lææi, 2, 96, 97.
Læspodias, Ath., VI, 105; VIII, 86.
Læstrygones, VI, 2.
Lamachus, IV, 75; V, 19 et 24; VI, 8, 49, 50, 101, 103.
Lamis, Trotilum condit, VI, 4.
Lamphilus s. Laphilus, Lac., V, 19 et 24.
Lampon, Ath., V, 19 et 24.
Lampsacus, I, 138; VIII, 62. Ejus tyrannus Hippocles, VI, 59.
Laodicium, Oresthidis opp., IV, 134.
Laophon, Megarensis VIII, 6.
Larissa, VIII, 101. Larissæi, II, 22.
Latomiæ Syrac., VII, 86.
Laurius mons, II, 55; VI, 91.
Las, opp. Lac., VIII, 91, 92.
Leager, Ath., I, 51.
Learchus, Ath., II, 67.
Lebedus, VIII, 19.
Lectus, VIII, 101.
Lecythus, IV, 113-116.
Lemnii, III, 5; IV, 28; V, 8; VII, 57.
Lemnus ins., I, 115; II, 47; IV, 109; VIII, 102.
Leocorium, I, 20; VI, 57.
Leocrates, Ath., I, 105.
Leogorus, Ath., I, 51.
Leon, Ath., V, 19, 24; VIII, 23, 24, 54, 55, 61, 73.
Leon, Lac., III, 92; V, 44; VIII, 28 et 61.
Leon, vicus, VI, 97.
Leonidas rex, I, 132.
Leontiades Theb., II, 2.
Leontini, III, 86; IV, 25; V, 4; VI, 3, 4, 6, 19, 33, 44, 46, 47, 48, 50, 62, 64, 76, 77, 79, 84, 86.
Leotychides, rex, I, 89.
Lepas Acræum, VII, 78.
Lepreum, Lepreatæ, V, 31, 34, 49, 50, 62.
Lerus, ins., VIII, 26, 27.
Lesbus, I, 19, 116, 117; II, 9, 56; III, 2, 3, 15, 35, 50, 51, C9; IV, 52; VI, 31; VIII, 5, 7, 8, 22-24, 32, 34, 38, 100, 101.
Leucadius isthmus, III, 81, 94; IV, 8.
Leucas, Corinthiorum colonia, I, 27, 30, 46; II, 30, 80, 84; III, 7, 94, 95, 102; IV, 42; VI, 104; VII, 2; VIII, 13. Leucadii, I, 26, 27, 46; II, 9, 80, 81, 91, 92; III, 7, 69, 80, 94; VII, 7, 58; VIII, 106.
Leucimna promont., I, 30, 47, 51; III, 79.
Leuconium, VIII, 24.
Leucontichos, I, 104.
Leuctra, V, 54.
Libya, I, 110; IV, 53; VI, 2; VII, 50, 58; peste afflicta, II, 48. Libyes, I, 104; VII, 50.
Lichas, Lac., V, 22, 50, 76; VIII, 39, 43, 52, 84, 87.
Ligyes, VI, 2.
Limera, Epidaurus, IV, 56; VI, 105.
Limnæ, II, 15.
Limnæa, II, 80; III, 106.
Lindii Sic., VI, 4.
Lindus, Rhodi urbs, VIII, 44.
Lipara ins. III, 88.
Locri, 1, 113; II, 9, 26; III, 86, 97; IV, 96; V, 32, 64; VIII, 3, 43; Epizephyrii, III, 99, 103, 115; IV, 1, 24, 25; V, 5; VI, 44; VII, 1, 4, 25, 35; VIII, 91. Opuntii; I, 108; II, 32; III, 89. Ozolæ, I, 5 et 103; III, 95, 101, 102.
Locris, II, 32; III, 91, 95, 96, 101.
Loryma, VIII, 43.
ludi Deliaci, III, 104.
lunæ defectus, VII, 50.
luscinia Daulias, II, 29.
Lycæum, V, 16 et 54.
Lycia, II, 69; VIII, 41.
Lycomedes, Ath., I, 57; V, 84.
Lycophron Laced. II 85; Cor., IV, 43 et 44.
Lycus, Ath., VIII, 75.
Lyncestæ, II, 99; IV, 79, 83 et 124.
Lyncus, IV, 83, 124, 129, 132.
Lysicles, Ath., I, 91; III, 19.
Lysimachidas, Theb., IV, 91.
Lysimachus, Ath., Aristidis p., I, 91. Syrac., VI, 73.
Lysimelia palus, VII, 53.
Lysistratus, Olynthius, IV, 110.

M.

Macarius, Lac., III, 100 et 109.
Macedones, I, 57, 62, 63; II, 80, 99, 100; IV, 124-128; VI, 7.
Macedonia, I, 58, 59, 60, 61; II, 95, 98, 99; IV, 78; V, 83.
Machao, Cor., II, 83.
Mæandrius campus, III, 19; VIII, 58.
Mædi, II, 98.
Mænalia, V, 64.
Mœnalii, V, 67.
Magnesia, I, 138; VIII, 50.
Magnetes, II, 101.

Malea, Lesbi promont., III, 4, 6. Laconicæ, IV, 53, 54; VIII, 39.
Maliacus sinus, VIII, 3.
Malœnsis Apollo III, 3.
Mantinea, Mantinenses, III, 108, 109, 111, 113; IV, 134; V, 26, 29, 33, 37, 43-45, 47, 48, 50, 55, 58, 61, 62, 64, 65, 67, 69, 71-75, 77, 78, 81; VI, 16, 29, 43, 61, 67, 68, 88, 89, 105; VII, 57.
Marathonia pugna, I, 18, 73; II, 34; V, 50; VI, 59.
Marathussa, VIII, 31.
mare Ægæum, I, 98; Creticum, IV, 53 et V, 110; Græcum, I, 4; Siculum, IV, 24 et 53; VI, 13; Tyrrhenum IV, 24.
Marea opp. I, 104.
Massilia, a Phocaensibus condita; I, 13.
Mecyberna, Mecybernæi, V, 18 et 39.
Medeon, III, 106.
Medi, I, 14, 18, 23, 41, 69, 73, 74, 77, 86, 89, 90, 92, 93, 94, 95, 97, 98, 100, 102, 103, 128, 130, 132, 142, 144; VI, 33, 59, 76, 77, 82, 83; VII, 21; VIII, 24, 43, 62.
Megabates, Persa, I, 129.
Megabazus, Persa, I, 109.
Megabyzus, Zopyri f., Persa, I, 109.
Megacles, Sicyonius, IV, 119.
Megara, Megarenses, I, 27, 42, 46, 48, 67, 103, 105', 107, 108, 114, 126, 139, 140, 144; II, 9, 31, 93, 94; III, 51, 68; IV, 66-74, 100, 109, 119; V, 17, 31, 38, 58, 59, 60; VI, 43; VIII, 3, 33, 80, 94. Eorum colonia Chalcedon, IV, 75; aliæ in Sicilia, VI, 4, 49, 75, 94, 97; VII, 25, 57.
Meiæi, V, 5.
Melancrides, Lac., VIII 6.
Melanopus, Ath., III, 86.
Melanthus, Lac., VIII, 5.
Meleas, Lac., III, 5.
Melesander, Ath., II, 69.
Melesias, Ath., VIII, 86.
Melesippus, Lac., I, 139; II, 12.
Meliacus sinus, III, 96; IV, 100; VIII, 3.
Melienses, III, 92; V, 51.
Melitia Achaiæ, IV, 78.
Melus, ins., II, 9; III, 91, 94; VIII, 39, 41. Ab Ath. oppugnatur, colloquio inter legatos et Melios frustra habito, V, 84-114, 115; capitur, V; 116.
Memphis, I, 104, 109.
Menander, Ath., IV, 16, 43, 69.
Menas, Lac., V, 19, 21, 24.
Menda, Mendæi, IV, 7, 121, 123, 124, 129, 130.
Mendesium Nili cornu, I, 110.
Menecolus Camarinam condit, VI, 5.
Menecrates, Megarensis, IV, 119.
Menedæus, Lac., III, 100 et 109.
Menippus, Athen., VIII, 13.
Meno, Pharsalius, II, 22.

Meropis, Cos, VIII, 41.
Messana, Messanii, III, 88, 90; IV, 1, 24, 25; V, 5; VI, 5, 48, 50, 74; VII, 1.
Messapii, III, 101; VII, 33.
Messene, Messenii, I, 101 et 103; II, 25, 43; V, 56. In Naupacto, II, 9, 90, 102; III, 75, 81, 94, 95, 97, 107, 108; IV, 41; VII, 31, 57.
Metagenes, Lac., V, 19 et 24.
Metapontium, Metapontini, VII, 33 et 57.
Methone inter Epidaurum et Trœzenem, IV, 45; in Laconica, II, 25; V, 18. Macedoniæ finitima, VI, 7. Methonæi, IV, 129.
Methydrium, V, 58.
Methymna, Methymnæi, III, 2, 5, 18; VI, 85; VII, 57; VIII, 22, 23, 100, 101.
Metropolis, III, 107.
Miciades, Corcyræus, I, 47.
Midius, fl., VIII, 106.
Miletus, Milesii, I, 115; IV, 42, 53; VII, 57. Eorum colonia Abydus, VIII, 61. Bellum gerunt cum Samiis de Priene, I, 115, 116. Deficiunt ab Ath., VIII, 17, 19, 24. Ab Ath. exercitu victore obsidentur, VIII, 25. Qui mox auxiliis e Peloponneso adventantibus discedit, VIII, 26-29. Infestantur rursus ab Ath., VIII, 30, 35. Ab Astyocho auxiliis adjuti impigre bellum sustinent, VIII, 33, 36, 39, 45, 50, 57, 60, 61, 63, 75, 78, 79, 80, 83, 99, 100, 108. Tissaphernis præsidium ejiciunt et eum Spartæ accusant, VIII, 84, 85, 109.
Miltiades, I, 98, 100.
Mimas, VIII, 34.
Mindarus, Lac., VIII, 85, 99, 101, 102, 104.
Minervæ signum in arce Ath., II, 13. Fanum in Lecytho, IV, 116. Templum Amphipoli, V, 10. Chalciœcos, I, 134.
Minoa, ins., III, 51; IV, 67 et 118.
Minos, I, 4, 8.
Minyeus, Orchomenus, IV, 76.
Molobrus, Lac., IV, 8.
Molossi, I, 136; II, 80.
Molycrium, II, 84; III, 102.
Morgantina, IV, 65.
Motya, VI, 2.
Munychia, II, 13; VIII, 92 et 93.
muri longi Argivorum, V, 82 et 83. Atheniensium, I, 69, 90, 107, 108; II, 13, 17. Muris inclusæ Plateæ, II, 78. Murus albus Memphidis pars, I, 104.
Mycale, I, 89; VIII, 79.
Mycalessus, Thracum sævitia afflicta, VII, 29, 30.
Mycenæ I, 9 et 10.
Myconus, ins., III, 29.
Mygdonia, I, 58; II, 99 et 100.
Mylæ, opp., III, 90.

Myletidæ, VI, 5.
Myonenses, III, 101.
Myonnesus, III, 32.
Myrcinus, Myrcinii, IV, 107; V, 6 et 10.
Myronides, Ath., I, 105 et 108; IV, 95.
Myrrhina Hippiæ conjux, VI, 55.
Myrtilus, Ath., V, 19 et 24.
Mysco, Syrac., VIII, 85.
mysteria profanata, VI, 28, 53, 60.
Mytilene, Mytilenenses ab Atheniensibus deficiunt, sed subiguntur et puniuntur, III, 2-50. Exules rebellant IV, 52. Iterum deficiunt et recuperantur ab Ath., VIII, 22, 23, 100.
Myus, I, 138; III, 19.

N

navis Neptuno consecrata post victoriam, II, 92. Navium ad Trojam profectarum numerus et magnitudo I, 10. Atheniensium numerus initio belli, II, 13; adversus Syracusas missarum, VI, 25, 31, 43. Lacedæmonii sociis suis quot naves imperarint, II, 7; III, 16.
Nauclides, Platæensis, II, 2.
Naucrates, Sicyonius, IV, 119.
Naupactus, I, 103; II, 9, 69, 80, 84, 90, 91, 92-102; III, 7, 75, 78, 94, 96, 98, 100-102, 114; IV, 13, 41, 49, 76, 77; VII, 17, 19, 31, 34, 57.
Naxus, ins., I, 98 et 137.
Naxus, urbs Chalcidica, IV, 25; VI, 3, 20, 50, 72, 74, 75, 88. Naxii, VI, 50, 98; VII, 57.
Neapolis, Carthaginiensium emporium, VII, 50.
Nemea, III, 96; V, 58, 59, 60.
Neodamodes, VII, 19, 58.
Neptuni templum, I, 128; IV, 118, 129; VIII, 67. Neptuno navis consecrata, II, 84, 92.
Nericus Leucadis, III, 7.
Nestus, fl., II, 96.
Nicanor, Chaonum dux, II, 80.
Nicasus, Megarensis, IV, 119.
Niceratus, Niciæ p., III, 51, 91; IV, 27, 42, 53, 119, 129; V, 16, 83; VI, 8.
Niciades, Ath., IV, 118.
Nicias, III, 51, 58; III, 51 et 91; IV, 27, 28, 42, 53, 54, 119, 129, 130, 132; V, 16, 19, 24, 43, 45, 46, 83; VI, 8, 15-25, 46, 47, 62, 67, 69, 102, 103, 104; VII, 1, 3, 4, 6, 8, 10, 16, 32, 38, 42, 43, 48, 49, 50, 60, 65, 72, 73, 75, 76, 78, 80-86. Ejus orationes, VI, 9-14, 20-23, 68; VII, 61-64, 77. Ejus epistola ad Ath., VII, 11-15. Ejus superstitio, VII, 50.
Nicias, Cretensis, II, 85.
Nicolaus, Lac., II, 67.
Nicomachus, Phocensis, IV, 89.
Nicomedes, Lac., I, 107.
Nicon, Theb., VII, 19.
Niconidas, Larissæus, IV, 78.

INDEX HISTORICUS.

costratus, Ath., III, 75; IV, 53, 119, 129, 130; V, 61.
lus, fl., I, 104.
sæa, I, 103, 114, 115; II, 31, 93, 94; IV, 21, 66, 68-73, 100, 108, 118; V, 17.
si sacellum, IV, 118.
tium, Colophoniorum opp., III, 34.
di certare quando cœperint, I, 6.
mphodorus, Abderita, II, 29.

O.

ytas, Cor., IV, 119.
iomanti, II, 101; V, 6.
lrysæ, II, 29, 96, 97, 98; IV, 101.
anthenses, III, 101.
neon, III, 95, 98, 102.
niadæ, I, 111; II, 82, 102; III, 7. 94, 114; IV, 77.
noe, Atticæ opp., II, 18, 19; VIII, 98.
nophyta, I, 108; IV, 95.
nussæ, ins., VIII, 24.
syme, Thasiorum colonia, IV, 107.
tæi, III, 92; VIII, 3.
lophyxus, IV, 109.
lorus, Ath., IV, 104.
lpa s. Olpæ, III, 105-108, 110, 111, 113. Olpæi, III, 101.
lympia, I, 6; III, 8; V, 18, 47. Olympiaca fœdera, V, 49. Pecunia Olympiaca, I, 121, 143. Olympia vincit Alcibiades, VI, 16. Dorieus, III, 8. Androsthenes, V, 49; Cylo, I, 126, Lichas, V, 50.
lympieum, VI, 64, 65, 70, 75; VII, 4, 37; 42.
lympus, mons, IV, 78.
lynthus, I, 58, 62, 63; II, 79; IV, 123. Olynthii, V, 3, 18, 39.
nasimus, Sicyonius, IV, 119.
neius mons, IV, 44.
netoridas, Thebanus, II, 2.
nomacles, Ath., VIII, 25, 30.
phionenses, III, 94, 96.
picia, VI, 4.
pici, VI, 2, 4.
pus, II, 32. Locri Opuntii, I, 108.
aculum Delphicum, I, 25, 28, 103, 118, 123, 126, 134; II, 17, 54, 102; III, 92; IV, 118; V, 32.
rchomenii, IV, 93.
rchomenus, Arcadicus, V, 61, 62, 63, 77. Bœotius, I, 113; III, 87; IV, 76.
restæ, II, 80.
restes, Thessalus, I, 111.
resthis, IV, 134.
restheum, V, 64.
reus, VIII, 95.
rneæ, VI, 7.
rneatæ, V, 67, 72, 74.
robiæ, III, 89.
rœdus, Paravæorum rex, II, 80.
ropia, IV, 91, 99.
ropus, II, 23; III, 91; IV, 96; VII, 28; VIII, 60 et 95.

Oscius, fl., II, 96.
ostracismus, I, 135.
Otages, Persa, VIII, 16.
Ozolæ, I, 5, 103; III, 95.

P.

Paches, Ath., III, 18, 28, 33, 34, 35, 36, 48, 49, 50.
pæan militaris, I, 50; II, 91; IV, 43; VII, 44.
Pæones', II, 96 et 98.
Pæonia, II, 99.
Pagondas Bœotarchus, IV, 91, 93, 96. Ejus oratio de prœlio cum Atheniensibus committendo, IV, 92.
Palenses, I, 27; II, 30.
Palærenses, II, 30.
Pallene, I, 56 et 64; IV, 116, 123, 129.
Pamillus Selinunta condit, VI, 4.
Pamphylia, I, 100
Panactum, V, 3, 18, 35, 36, 39, 42, 44, 46.
Panæi, II, 101.
Panærus, Thessalus, IV, 78.
Panathenæa, V, 47; VI, 56. Pompa Panathenaica, I, 20.
Pandion, rex, II, 29.
Pangæus, mons, II, 99.
Panormus Achaicus, II, 86, 92. Milesius, VIII, 24. Siculus, VI, 2.
Pantacyus, fl., VI, 4.
Paralius ager, II, 55 et 56. Paralii, III, 92.
Paralus navis, III, 33 et 77. Paralis adempta, VIII, 73, 74, 86.
Parasii, II, 22.
Paravæi, II, 80.
Parii, IV, 104.
Parnassus mons, III, 95.
Parnes mons, II, 23; IV, 96.
Parrhasii, Arcades, V, 33.
Pasitelidas, Lac., V, 3.
Patmus, ins., III, 33.
Patræ, II, 83 et 84. Patrenses, V, 52.
Patrocles, Lac., IV, 57.
Pausanias, Cleombroti f., Cyprum et Byzantium Medis eripit, I, 94. Deinde socios a Lacedæmoniis alienat et domum revocatus Medismique accusatus absolvitur, I, 95. Postea privatim profectus Byzantium clam cum rege de Græcia subjicienda agit, et revocatus criminisque fraude ephororum convictus supplicio afficitur, I, 128-135, 138; II, 71; III, 54, 68.
Pausanias Plistoanactis pater, I, 107, 114; II, 21; V, 16. filius, III, 26.
Pedaritus, Lac., VIII, 28, 32, 33, 38, 39, 40, 55, 61.
Pegæ, I, 103, 107, 111, 115; IV, 21, 66, 74.
Pela, ins., VIII, 31.
Pelasgi, I, 3; IV, 109. Pelasgicum sub arce Ath., II, 17.
Pella, Macedoniæ opp., II, 99 et 100.
Pellene, IV, 100, 120. Pellenenses, II,

9; IV, 120; V, 58, 59, 60, VIII, 3, 106.
Pellichus, Cor., I, 29.
Pelops, Pelopidæ, I, 9.
Peloponnesus, Peloponnesii, I, 2, 9, 10. Peloponnesus a Doriensibus occupata, I, 12, 22, 141; VI, 82.
Peloris, promont., IV, 25.
pentecontateres, V, 66.
Peparethus, ins., III, 89.
Peræbia, IV, 78.
Perdiccas, Macedo, I, 56, 57, 58, 59, 61, 62; II, 29, 80, 95, 99, 100, 101; IV, 78, 79, 82, 83, 103, 107, 124, 125, 128, 132; V, 6, 80, 83; VI, 7; VII, 9.
Pericles, I, 111, 114, 116, 117, 127, 139, 145; II, 12, 13, 21, 22, 31, 55, 56, 58, 59; VI, 31. Ejus oratio de bello suscipiendo, I, 140-144; funebris oratio, II, 34 sqq. Alia, II, 60 sqq. Ejus ingenium et mors, II, 65.
Periclides, Lac., IV, 119.
Perieres Zanclen condit, VI, 4.
peripolium, III, 99.
Persæ, I, 14, 16, 89, 104, 109, 137; II, 97.
Persicus victus, I, 130. Lingua Persica, I, 138.
Persidæ, I, 9.
pestilentia, I, 23; II, 47 sqq. 58; III, 87.
Petra agri Rhegini, VIII, 35.
Phacium, IV, 78.
Phæaces, I, 25.
Phæax, Ath., V, 4, 5.
Phædimus, Lac., V, 42.
Phænippus, Ath., IV, 118.
Phagres, II, 99.
Phainis, Argiva, IV, 133.
Phalerum, I, 107. Phalericus murus, II, 13.
Phalius, Cor., I, 24.
Phanæ, VII, 24.
Phanomachus, Ath., II, 70.
Phanotis, IV, 76 et 89.
Pharax, Lac., IV, 38.
Pharnabazus, Persa, II, 67; VIII, 6, 8, 39, 62, 80, 99, 109.
Pharnaces, Persa, I, 129; II, 67; V, 1; VIII, 6, 58.
Pharsalus, Pharsalii, I, 111; II, 22; IV, 78; VIII, 92.
Pharus, I, 104.
Phaselis, II, 69; VIII, 88, 99, 108.
Pheræi, II, 22.
Phia Eleorum, II, 25', 7, 31.
Philemo, Ath., II, 67.
Philippus, Lac., VIII, 28, 87, 99.
Philippus, Macedo, I, 57, 59, 61; II, 95, 100.
Philocharidas, Lac., IV, 119; V, 19, 21, 24, 44.
Philocrates, Ath., V, 116.
Philoctetes, I, 10.
Phlius, IV, 133; V, 57, 58, 59, 60. Phliasii, I, 27; IV, 70. Ager Phliasius, V, 83, 115; VI, 105.

INDEX HISTORICUS.

Phocæa, Phocaenses, VIII, 31, 101. Phociaci stateres, IV, 52. Massiliam condunt, I, 13.
Phocææ Leontinorum, V, 4.
Phocis, Phocenses, I, 13, 16, 107, 108, 111, 112; II, 9, 29; III, 95, 101; IV, 76, 118; V, 32, 64; VI, 2; VIII, 3.
Phœnice, II, 69. Phœnices, I, 8, 16, 100, 112, 116; VI, 2, 46; VIII, 46, 59, 78, 81, 87, 88, 99, 108, 109.
Phœnicus portus, VIII, 34.
Phormio, Ath., I, 64, 65, 117; II, 29, 58, 68, 69, 80 sqq., 102, 103; III, 7.
Photyus, Chaonum dux, II, 80.
Phrygia, Atticæ locus, II, 22.
Phrynichus Ath., VIII, 25, 27, 48, 50, 51, 54, 68, 90, 92.
Phrynis, Lac., VIII, 6.
Phthiotis, I, 3. Phthiotæ Achæi, VIII, 3.
Phylidas, Theb., II, 2.
Phyrcus, V, 49.
Physca, II, 99.
Phytia, III, 106.
Pieria, Pieres, II, 99 et 100. Piericus sinus, II, 99.
Pierius mons, V, 13.
pilei Lacedæmoniorum, IV, 34.
Pindus, mons, II, 102.
Piræeus, I, 52, 93, 107; II, 13, 17, 93, 94; VIII, 1, 76, 82, 86, 90, 92, 93, 94, 96.
Piræus, VIII, 10, 11, 14, 15, 20.
Piraica regio, II, 23.
Pirasii Thessali, II, 22.
Pisander, VIII, 49, 53, 54, 56, 63-65, 67, 68, 73, 90, 98.
Pisistratus tyrannus, I, 20; VI, 53, 54. Delum lustrat, III, 104.
Pisistratus tyranni nepos, VI, 54.
Pissuthnes, Persa, I, 115; III, 31, 34; VIII, 5, 28.
Pitanatis cohors nulla apud Lacedæmonios, I, 20.
Pithias Corcyræus, III, 70.
Pittacus, Edonum rex, IV, 107.
Plateæ, I, 130; II, 5, 12, 19, 23, 71, 79; III, 61; IV, 72; V, 17; VII, 18. Via inde Thebas, II, 5; III, 24. Conditæ a Thebanis, III, 61. Plateenses, II, 9; III, 20 et 52; IV, 67; V, 32. Eorum oratio ad judices Laced., III, 53-59. Ipsi et urbs excisi, III, 68. In Sicilia militant, VII, 57.
Plemyrium, IV, 4, 22, 23, 24, 31, 36.
Pleuron, III, 102.
Plistarchus, Lac., Leonidæ fr., I, 132.
Plistoanax, Pausaniæ f., I, 107 et 114; II, 21; V, 16, 24, 33, 75.
Plistoanax, Pausaniæ p., III, 26.
Plistolas, ephorus, V, 19, 24, 25.
Pnyx, VIII, 97.
polemarchi Lac., VI, 66. Mantineæ, V, 47.
Polichna agri Clazomeniorum opp., VIII, 14 et 23.
Polichnitæ, Cretenses, II, 85.

Polis Hyæorum vicus, III, 101.
Polles, Odomantum rex, V, 6.
Pollis, Argivus, II, 67.
Pollucis et Castoris fanum, III, 75.
Polyanthes, Cor., VII, 34.
Polycrates, Sami tyrannus, I, 13; III, 104.
Polydamidas, Lac., IV, 123, 129, 130.
Polymedes, Larissæus, II, 22.
Pontus, III, 2; IV, 75.
Potamis, Syrac., VIII, 85.
Potidæa, Potidæatæ Corinthiorum coloni, Atheniensium socii vectigales, I, 56, 68, 71, 85, 118, 119, 124, 139, 140; II, 13, 31, 58, 67, 70, 79; III, 17; IV, 120, 121, 129, 130, 135; V, 30; VI, 31.
Potidania Ætoliæ, III, 96.
Prasiæ in Attica, VII, 18; VIII, 95; in Laconica, II, 56; VI, 105 : VII, 18.
Pratodemus, Lac., II, 67.
Priapus, opp., VIII, 107.
Priene, I, 115.
Procles, Ath., III, 91 et 98; alter, V, 19 et 24.
Procne, II, 29.
Pronnæi Cephallenes, II, 30.
propylæa Athen. Ath., II, 13.
Proschion Ætoliæ, III, 102 et 106.
Prosopitis ins., I, 109.
Prote ins., IV, 13.
Proteas Ath., I, 45; II, 23.
Protesilaus, VIII, 102.
Proxenus, Locrus, III, 103.
prytanes Ath., IV, 118; V, 47; VI, 14; VIII, 70.
Psammetichus, Inari p., I, 104.
Pteleon, opp., V, 18; VIII, 24 et 31.
Ptœodorus, Theb., IV, 76.
Ptychia, ins., IV, 46.
Pydna, I, 61, 137.
Pylus a Demosthene occupata, a Spartanis oppugnata, IV, 3-6, IV 8-23, 26-41, 80, 115; V, 7, 14, 35, 36, 39, 44, 45, 56; VI, 89, 105; VII, 18, 26, 57, 71, 86.
Pyrrha, Lesbi opp., III, 18, 25, 35; VIII, 23.
Pyrrhichus, Cor., VII, 39.
Pystilus Agrigentum condit, VI, 4.
Pythangelus Bœotarchus, II, 2.
Pythen, Cor., VI, 104; VII, 1 et 70.
Pythes, Abderita, II, 29.
Pythia, V. 1, Pythium templum Athen., II, 15. Oraculum, I, 103; II, 17. Pythius Apollo, V, 53. *Vid.* Apollo.
Pytho, V, 18.
Pythodorus, Ath., II, 2; III, 115; IV, 2, 65; V, 19, 24; VI, 105.

Q

quadringentorum dominatio, VIII, 63, 67, 70, 71, 86, 90, 92.
quingentorum senatus, VIII, 86.
quinque millium imperium, VIII, 97.

R

Rhamphias, Lac., I, 139; V, 12, 13, 14; VIII, 8, 39, 80.
Rhegium, Rhegini, III, 86, 88, 115; IV, 1, 24, 25; VI, 5, 44, 45, 46, 50, 51, 79; VII, 1, 4, 35.
Rhenea, ins., I, 13; III, 104.
Rhiti, II, 19.
Rhitus, IV, 42.
Rhium Achaicum et Molycricum, II, 84, 86, 92; V, 52.
Rhodope, mons, II, 96, 98.
Rhodus, ins., Rhodii, VI, 4, 43; VII, 57; VIII, 41. Ab Ath. deficiunt et infestantur, VIII, 44, 52, 54, 55, 60, 61.
Rhœtium, IV, 52; VIII, 101.
Rhypicus ager, VII, 34.

S

Sabylinthus, Molossus, II, 80.
Sacon Himeram condit, VI, 5.
sacrum bellum, I, 112.
Sadocus, Thrax, II, 29 et 67.
Salæthus, Lac., III, 25, 27, 35, 36.
Salaminia navis, III, 33 et 77; VI, 53, 61.
Salamis, Cypri urbs, I, 112.
Salamis, ins., I, 73, 137; II, 93, 94; III, 17, 51; VIII, 94.
Salynthius, Agræorum rex, III, 111, 114; IV, 77.
Samæi Cephallenes, II, 30.
Saminthus, opp., V, 58.
Samus, Samii, I, 13, 40, 41, 115, 116, 117; III, 32, 104; VI, 5; VII, 57; VIII, 16, 17, 19, 21, 25, 27, 30, 33, 35, 38, 39, 41-44, 47-51, 53, 56, 60, 63, 72, 73-77, 79-82, 85, 86, 88-90, 96, 97, 99, 100, 108.
Sandius, collis, III, 19.
Sane, Andriorum colonia, IV, 109. Sanæi, V, 18.
Sardes, I, 115.
Sargeus, Sicyonius, VII, 19.
Scandea, Cytheriorum urbs, IV, 54.
Scellius, Ath., VIII, 89.
Scione, Scionæi, IV, 120-123, 129-133; V, 2, 18, 32.
Sciritæ, V, 67, 68, 71, 72.
Sciritis in agro Lac., V, 33.
Scironides, Ath., VIII, 25 et 54.
Scirphondas, Theb., VII, 30.
Scolus, opp., V, 18.
Scomius mons, II, 96.
Scyllæum, V, 53.
Scyrus, ins., I, 98.
Scythæ, II, 96 et 97.
Selinuntii, Selinus urbs, VI, 4, 6, 8, 13, 20, 47, 48, 62, 64, 67; VII, 1, 50, 57, 58; VIII, 26, 58.
Sermylii, I, 65; V, 18.
servi multi apud Ath., VII, 27; apud Chios, VIII, 40.
Sestus, I, 89; VIII, 62, 102, 104, 107
Seuthes Odrysarum rex, II, 97 et 101; IV, 101.

Sicania, VI, 2, 62.
Sicani, Iberiæ pop., VI, 2.
Sicanus, Iberiæ fl., VI, 2.
Sicanus, Syrac., VI, 73; VII, 46, 50, 70.
Sicilia I, 36, 44; II, 7; III, 86, 99, 103, 115, 116; IV, 1, 2, 5, 24, 25, 46, 47, 48, 58, 65, 81; V, 4, 5; VI, 8, 30, 42, 43, 48, 61, 62, 63, 73, 77, 80, 85, 86, 90, 91, 94; VII, 1, 3, 11, 12, 13, 15, 17, 18, 19, 20, 21, 25, 26, 27, 28, 31, 33, 34, 46, 50, 51, 57, 58, 73, 80, 85, 87; VIII, 1, 2, 4, 13, 26, 91, 96, 106. Ejus magnitudo et incolæ, VI, 1-5, 9-13, 17, 91; coloni plerique Peloponnesii, I, 12; tyranni mari potentes, I, 14, 17, 18.
Siculi barbari, III, 103; IV, 25; V, 4; VI, 2, 17, 34, 45, 48, 62, 65, 88, 94, 98, 103; VII, 1, 2, 32, 57, 58, 77, 80.
Siculum mare, IV, 24, 53; VI, 13.
Sicyon, Sicyonii, I, 28, 108, 111, 114; II, 9, 80; IV, 70, 101, 119; V, 52, 58, 59, 60, 81; VII, 19, 58; VIII, 3.
Sidussa, VIII, 24.
Sigeum, VI, 59; VIII, 101.
Simonides, Ath., IV, 7.
Simus Himeram condit, VI, 5.
Singæi, V, 18.
Sinti, II, 98.
sinus Ambracius, I, 55; II, 68; III, 107. Crisæus, I, 107. Iasicus, VIII, 26. Ionius, I, 24; II, 97; VI, 13, 30, 34, 44. Maliacus, VIII, 3. Piericus, II, 99. Terinæus, VI, 104. Tyrrhenus, VI, 62.
Siphæ, IV, 76, 77, 89, 101.
Sitalces, Thracum rex, II, 29, 67, 95, 96, 97, 98, 99, 101; IV, 101.
Socrates, Ath., II, 23.
solis defectus, I, 23; II, 28; IV, 52.
Sollium, II, 30; III, 95; V, 30.
Solois, VI, 2.
Solygia, IV, 42 et 43. Solygius collis, IV, 42.
Sophocles, Ath., III, 115; IV, 2, 3, 46, 65.
Sostratides, Ath., III, 115.
Sparadocus, IV, 101.
Spardacus, Thrax, II, 101.
Spartolus, II, 79; V, 18.
Sphacteria ins., IV, 8.
Stagirus, IV, 88; V, 6, 18.
stater Daricus, VIII, 28. Phocaicus, IV, 52.
Stesagoras, Ath., I, 116.
Sthenelaidas, Lac., VIII, 5; ephorus, I, 85. Ejus oratio, qua Lacedæmonios ad bellum contra Athenienses suscipiendum hortatur, I, 86, 87.
stipendium peditum et equitum apud Græcos, V, 47. Apud Athenienses, III, 17 et 18; VIII, 45. Thracum mercenariorum, VII, 27. A Tissapherne datum, VIII, 29 et 45. Magistratuum Ath., VIII, 69 et 97.

Stratodemus, Lac., II, 67.
Stratonice, Perdiccæ soror, II, 101.
Stratus, Stratii, II, 80, 81, 82, 84, 102; III, 106.
Strœbus, Ath., I, 105.
Strombichides, Ath., VIII, 15, 16, 17, 30, 62, 63, 79.
Strombichus, Ath., I, 45.
Strongyla, ins., III, 88.
Strophacus, Thessalus, IV, 78.
Strymon, fl., I, 98, 100; II, 96, 97, 99; IV, 50, 102; V, 7; VII, 9.
Styphon, Lac., IV, 38.
Styrenses, VII, 57.
Sunium, IV, 28; VIII, 4, 95.
Sybaris, fl., VII, 35.
Sybota I, 47, 50, 52, 54; III, 76.
Syca, VI, 98.
Syme, ins., VIII, 41, 42, 43.
Symæthus, fl., VI, 65.
Syracusæ, Syracusani, III, 86, 88, 103, 115; IV, 1, 24; 25, 65; V, 4; VI, 3, 5, 6, 11, 17, 18, 19, 20, 32-41, 45, 48, 50, 51, 52, 63-67, 69-75, 78, 80, 85-88, 91, 93, 94, 96-104; VII, 1-7, 21-25, 28, 31-33, 36-59, 64-74, 77-87; VIII, 26, 28, 35, 45, 61, 78, 84, 85, 96, 104, 105, 106. Portus magnus, VI, 101; VII, 2, 3, 4, 22, 23, 36, 56, 59. Portus parvus, VII, 22.

T

Tænarus, promont., I, 128 et 133; VII, 19.
Tamos, Persa, VIII, 31 et 87.
Tanagra, Tanagræi, I, 108; III, 91, IV, 91, 93, 97; VII, 29. Ager Tanagræus, IV, 76.
Tantalus, Lac., IV, 57.
Tarentum, VI, 34, 44, 104; VII, 1; VIII, 91.
Taulantii, Illyrii, I, 24.
Taurus, Lac., IV, 119.
Tegea, Tegeatæ, IV, 134; V, 32, 40, 57, 62, 64, 65, 67, 71, 73-76, 78, 82.
Tellias, Syrac., VI, 103.
Tellis, Lac., II, 25; III, 69; IV, 70; V, 19 et 24.
Telluris templum, II, 15.
Temenidæ, II, 99.
Temenites, VI, 75 et 100; VII, 3.
Tenedii, III, 2; VII, 57.
Tenedos, III, 28, 35.
Tenii, VIII, 69; VII, 57.
Teos, Teii, III, 32; VII, 57; VIII, 16, 19, 20.
Tereas, s. Terias, fl., VI, 50 et 94.
Teres, Odrysarum rex, II, 29, 67, 95.
Tereus, Procnes maritus, II, 29.
Terinæus, sinus, VI, 104.
Terræ motus, I, 23 et 128; III, 87 et 89; IV, 52; V, 45 et 50; VIII, 6.
tessaracostæ Chiæ, VIII, 101.
tessera militaris, VII, 44.
Teutiaplus, Eleus, III, 29 et 30.

Teutlussa, ins., VIII, 42.
Thapsus, VI, 4, 97, 99, 101, 102; VII, 49.
Tharyps, Molossorum rex, II, 80.
Thasus, ins., I, 100, 101; IV, 104, 105, 107; V, 6; VIII, 64.
Theænetus, Platæensis, III, 20.
Theagenes, Megarensis, I, 126.
theatrum Dionysiacum, VIII, 93.
Thebæ, III, 22, 24, 91; IV, 76, 91, 93, 96.
Thebani, I, 27, 90. Platæas occupare conati cæduntur, unde bellum, II, 2-6, 71, 72; III, 54-59; IV, 133; VI, 95; VII, 18, 19. Eorum oratio contra Platæenses, III, 61-67. Agrum Platæensium obtinent, III, 68. Thraces cædunt, VII, 30.
Themistocles, I, 14, 74. Ejus consilio Athenæ muris cinguntur, I, 90-92, et Piræeus, I, 93, et res navalis augetur, I, 93. Ostracismo ejectus, deinde Medismi accusatus fugit in Asiam, ubi obiit, I, 135-138. Ejus præclara ingenii indoles, I, 138.
Theodorus, Ath., III, 91.
Theogenes, Ath., IV, 27; V, 19 et 24.
Theolytus, Acarnan, II, 102.
Thera, ins., II, 9.
Theramenes, Ath., VIII, 68, 89, 91, 92, 94.
Therimenes, Lac., VIII, 26, 29, 31, 36, 38, 43, 52.
Therme, opp. Maced., I, 61; II, 29.
Thermon, Lac., VIII, 11.
Thermopylæ, II, 101; III, 92; IV, 36.
Theseus, II, 15. Ejus templum, VI, 61.
Thespiensis ager, IV, 76. Thespienses IV, 93, 96, 133; VI, 95; VII, 19, 25.
Thesproti, II, 80. Thesprotis, I, 30, 46, 50.
Thessalia, Thessali, I, 2, 12, 102, 107, 111; II, 22, 101; III, 93; IV, 78, 108; V, 13, 51; VIII, 3, 43.
Thessalus, Pisistrati f., I, 20; VI, 55.
Thoricus, VIII, 95.
Thracia, Thraces, I, 56, 57, 59, 60, 100, 130; II, 9, 29, 67, 95, 96, 97, 98, 100, 101; III, 92; IV, 7, 70, 74, 78, 79, 101, 102, 104, 105, 122, 129; V, 2, 6, 12, 26, 30, 34, 35, 38, 67, 80, 83; VII, 9; VIII, 64. Thraces Bithyni, IV, 75. Thraces machærophori ex genere Diaco, VII, 27. Mycalessum atrociter diripiunt et cæduntur a Thebanis, VII, 29, 30. Thraciæ portæ ad Amphipolim, V, 10.
Thrasybulus, Ath., VIII, 73, 75, 76, 81, 100, 104, 105.
Thrasycles, Ath., V, 19 et 24; VIII, 15, 17, 19.
Thrasyllus, Argivus, V, 59 et 60.
Thrasylus, Ath., VIII, 73, 75, 76, 100, 104, 105.
Thrasymelidas, Lac., IV, 11.

25.

Thriasii campi, I, 114; II, 19, 20, 21.
Thronium, II, 26.
Thucles, Ath., III, 80, 91, 115; VII, 16. Chalcidensis, VI, 3.
Thucydides, Hagnonis collega, I, 117.
Thucydides, Olori f., II, 48; IV, 104, 107; V, 26.
Thucydides, Pharsalius, VIII, 92.
Thuriatæ, in Laconia, I, 101.
Thurii, VI, 61, 88, 104; VII, 33, 35, 57; VIII, 35, 61, 84.
Thyamis, fl., I, 46.
Thyamus, mons, III, 106.
Thymochares, Ath., VIII, 95.
Thyrea, Thyreatæ, II, 27; IV, 56; V, 41. Ager Thyreaticus, VI, 95.
Thyssus, opp., IV, 109; V, 35.
tibicines Lac., V, 70.
Tichium, III, 96.
Tichiussa, VIII, 26 et 28.
Tilatæi, II, 96.
Timagoras, Cyzicenus, VIII, 6, 8, 39.
Timagoras, Tegeata, II, 67.
Timanor, Cor., I, 29.
Timanthes, Cor., I, 29.
Timidas, Platæensis, III, 20.
Timocrates, Ath., III, 105; V, 19, 24. Cor., II, 33. Lac., I, 85 et 92.
Timoxenus, II, 33.
Tisamenus, Trachinius, III, 92.
Tisander Apodotus, III, 100.
Tisias, Ath., V, 84.
Tisimachus, Ath., V, 84.
Tissaphernes, VIII, 5, 6, 16, 18, 20, 25, 26, 28, 29, 35, 36, 37, 43-50, 52-54, 56-59, 63, 65, 78, 80-85, 87, 88, 99, 108, 109.
Tlepolemus, Ath., I, 117.
Tolmæus, Ath., I, 108 et 113; IV, 53, 119.
Tolmidas, Platæensis, III, 20.
Tolmides, Ath., I, 108 et 113.
Tolophonii, III, 101.

Tolophus, Ophionensis, III, 100.
Tomeus, mons, IV, 118.
Torona, a Brasida occupatur, IV, 110, 114, 120, 122, 129, 132. A Cleone occupatur, V, 2, 3, 6, 18.
Torylaus, Thessalus, IV, 78.
Trachinia, Trachinii, III, 92, 100; IV, 78; V, 12, 51.
Tragia, ins., I, 116.
Treres, II, 96.
Triballi, II, 96; IV, 101.
tributum sociis Ath. impositum, I, 96; II, 13. Ab Aristide descriptum, V, 18. Quod Odrysarum regi pendebatur, II, 97.
Trinacria, VI, 2.
Triopium, VIII, 35 et 60.
Tripodiscus, IV, 70.
tripus Delphicus, II, 132; III, 57.
Tritæenses, III, 101.
Troas, I, 131.
Troes, I, 11.
Troezen, Troezenii, I, 27 et 115; II, 56; IV, 118; VIII, 3.
Troja, I, 8, 11.
Trojanum bellum, I, 10, 11. Pellenenses, Troja revecti Scionam condunt, IV, 120. Trojani in Siciliam deferuntur, VI, 2.
Troica tempora, I, 3, 12, 14.
Trotilus, VI, 4 et 99; VII, 2.
tropæa Acarnanum, III, 109 et 112. Atheniensium, I, 63 et 105; II, 84 et 92; IV, 12, 14, 25, 38, 44, 72, 131; V, 3; VI, 70, 94, 98, 103; VII, 5, 23, 34, 54; VIII, 24, 25, 106. Bœotorum, IV, 97. Brasidæ, IV, 124; V, 10. Corcyræorum, I, 30 et 54. Corinthiorum, I, 54, 105; VII, 34. Mantinensium, IV, 134. Perdiccæ, IV, 124. Peloponnesiorum, II, 22 et 92; V, 74; VIII, 42 et 95. Sicyoniorum, IV, 101. Stratiorum, II, 82. Syracusanorum, VII, 24,

41, 45, 54, 72. Tegeatarum, IV, 134. (Tyca, VI, 98. *Vid.* Syca.)
Tydeus, Ionis, VIII, 38.
Tyndareus, I, 9.
tyranni in Græcia et Sicilia, I, 13, 14, 17, 18. Tyrannis Pisistratidarum, VI, 53, 54, 59.
Tyrrhenia, VI, 88, 103.
Tyrrheni cum Atheniensibus militant, VII, 53, 54, 57. Pelasgici Lemnum et Athenas tenuerunt, IV, 109.
Tyrrhenum mare, IV, 24; VII, 58. Sinus, VI, 62.

U, V

Veneris fanum ad Erycem, VI, 46.
Ulysses, IV, 24.
urbes recentiores in littoribus positæ, I, 7.
urinatores, IV, 26.
Vulcanus, III, 88.

X

Xanthippus, Ath., I, 111, 127, 139; II, 13, 31, 34.
Xenares, Lac., V, 36 et 51.
Xenoclides, Cor., I, 46; III, 114.
Xenon, Theb., VII, 19.
Xenophanes, Ath., VI, 8.
Xenophantidas, Lac., VIII, 55.
Xenophon, Ath., II, 70, 79.
Xenotimus, Ath., II, 23.
Xerxes, I, 14, 118, 129, 137; IV, 50.

Z

Zacynthus, Zacynthii, I, 47; II, 7, 9, 66, 80; III, 94, 95; IV, 8, 13; VII, 31; VII, 57.
Zancle, VI, 4 et 5.
zanclon, Siculis falx, VI, 4.
Zeuxidamus, Lac., rex, II, 19, 47, 71; III, 1.
Zeuxidas, Lac. V, 19 et 24.
Zopyrus, Persa, I, 109.

ΜΑΡΚΕΛΛΙΝΟΥ

ἐκ τῶν εἰς Θουκυδίδην σχολίων
περὶ τοῦ βίου αὐτοῦ Θουκυδίδου
καὶ τῆς τοῦ λόγου ἰδέας.

---

1. Τῶν Δημοσθένους μύστας γεγενημένους θείων λόγων τε καὶ ἀγώνων, συμβουλευτικῶν τε καὶ δικανικῶν νοημάτων μεστοὺς γενομένους καὶ ἱκανῶς ἐμφορηθέντας, ὥρα λοιπὸν καὶ τῶν Θουκυδίδου τελετῶν ἐντὸς καταστῆναι· πολὺς γὰρ ὁ ἀνὴρ τέχναις καὶ κάλλει λόγων καὶ ἀκριβείᾳ πραγμάτων καὶ στρατηγικαῖς συμβουλαῖς καὶ πανηγυρικαῖς ὑποθέσεσιν. ἀναγκαῖον δὲ πρῶτον εἰπεῖν τοῦ ἀνδρὸς καὶ τὸ γένος καὶ τὸν βίον· πρὸ γὰρ τῶν λόγων ταῦτα ἐξεταστέον τοῖς φρονοῦσι καλῶς.

2. Θουκυδίδης τοίνυν ὁ συγγραφεὺς Ὀλόρου μὲν προῆλθε πατρός, τὴν ἐπωνυμίαν ἔχοντος ἀπὸ Ὀλόρου τοῦ Θρᾳκῶν βασιλέως, καὶ μητρὸς Ἡγησιπύλης, ἀπόγονος δὲ τῶν εὐδοκιμωτάτων στρατηγῶν, λέγω δὴ τῶν περὶ Μιλτιάδην καὶ Κίμωνα. (3) ᾠκείωτο δὲ ἐκ παλαιοῦ τῷ γένει πρὸς Μιλτιάδην τὸν στρατηγόν, τῷ δὲ Μιλτιάδῃ πρὸς Αἰακὸν τὸν Διός. οὕτως αὔξει τὸ γένος ὁ συγγραφεὺς ἄνωθεν. (4) καὶ τούτοις Δίδυμος μαρτυρεῖ, Φερεκύδην ἐν τῇ πρώτῃ τῶν ἱστοριῶν φάσκων οὕτως λέγειν· « Φιλαίας δὲ ὁ Αἴαντος οἰκεῖ ἐν Ἀθήναις. ἐκ τούτου δὲ γίγνεται Δάϊκλος, τοῦ δὲ Ἐπίδυκος, τοῦ δὲ Ἀκέστωρ, τοῦ δὲ Ἀγήνωρ, τοῦ δὲ Ὄλιος, τοῦ δὲ Λύκης, τοῦ δὲ Τύφων, τοῦ δὲ Λάϊος, τοῦ δὲ Ἀγαμήστωρ, τοῦ δὲ Τίσανδρος, ἐφ᾽ οὗ ἄρχοντος ἐν Ἀθήναις * * τοῦ δὲ Μιλτιάδης, τοῦ δὲ Ἱπποκλείδης, ἐφ᾽ οὗ ἄρχοντος Παναθήναια ἐτέθη* * τοῦ δὲ Μιλτιάδης, ὃς ᾤκισε Χερρόνησον. » (5) μαρτυρεῖ τούτοις καὶ Ἑλλάνικος ἐν τῇ ἐπιγραφομένῃ Ἀσωπίδι. (6) ἀλλ᾽ οὐκ ἂν εἴποι τις, τί αὐτῷ πρὸς Θουκυδίδην; ἔστι γὰρ οὕτως τούτου συγγενής. (7) Θρᾷκες καὶ Δόλογκοι ἐπολέμουν πρὸς Ἀψινθίους ὄντας γείτονας, ταλαιπωρούμενοι δὲ τῷ πολέμῳ καὶ τί κακὸν οὐ πάσχοντες ἐκ τοῦ μεῖον ἔχειν ἀεὶ τῶν πολεμίων καταφεύγουσιν ἐπὶ τὰ τοῦ θεοῦ χρηστήρια, εἰδότες ὅτι μόνος θεὸς ἐξ ἀμηχάνων εὑρίσκει πόρους· θεοῦ γὰρ ἰσχὺς καὶ κατ᾽ Αἰσχύλον ὑπερτέρα, πολλάκις δ᾽ ἐν κακοῖσι τὰν ἀμήχανον ἐκ χαλεπᾶς δύας ὑπέρ τε ὀμμάτων κρημναμέναν νεφέλαν ὀρθοῖ. (8) κοὐκ ἐψεύσθησαν τῶν ἐλπίδων· ἐχρήσθησαν γὰρ κράτιστον ἕξειν ἡγεμόνα τοῦτον ὃς ἂν αὐτοὺς ἀλωμένους ἐπὶ ξενίαν καλέσῃ. (9) τότε καὶ Κροῖσος εἶχε Λυδίαν καὶ τὰς Ἀθήνας ἡ Πεισιστρατιδῶν τυραννίς. (10) ἐπανιόντες οὖν ἀπὸ τοῦ χρηστηρίου περιέτυχον τῷ Μιλτιάδῃ πρὸ τῶν θυρῶν καθεζομένῳ τῆς αὐτοῦ οἰκίας, ἀχθομένῳ μὲν τῇ τυραννίδι, ζητοῦντι δὲ δικαίαν τῆς Ἀττικῆς ἔξοδον· ταῦτα γὰρ ᾠκονόμησεν ὁ χρησμὸς αὐτοῖς. (11) ὁρῶν οὖν αὐτοὺς πλανητῶν ἔχοντας στολήν, συνεὶς τί δύναται πλάνη,

---

MARCELLINI

DE THUCYDIDIS VITA ET ORATIONIS FORMA
LIBELLUS EX SCHOLIIS IN THUCYDIDEM
DEPROMPTUS.

---

1. Jam tempus est ut qui Demosthenis divinarum orationum et concertationum cognitione imbuti et sententiis ejus ad deliberativum et judiciale dicendi genus pertinentibus pleni et abunde referti sunt, in Thucydidis etiam mysteria introducantur ipsiusque sacris initientur. Hic enim vir et arte, et pulchritudine orationum, et accurata rerum notitia, et exercitus ductandi scientia pollet, et in deliberativo et demonstrativo dicendi genere excellit. Sed vitam et genus viri primum declarare est necesse : illis enim, qui recte de rebus sentiunt, antequam ad scripta accedant, hæc sunt inquirenda.

2. Thucydides igitur, ille historiarum scriptor, ex patre Oloro, qui ab Oloro Thracum rege nomen impositum habebat, et ex matre Hegesipyla est procreatus, genus trahens a nobilissimis ducibus, Miltiadem et Cimonem dico. (3) Antiquitus enim cum Miltiade Atheniensium duce; et propter Miltiadis genus, cum ipso Æaco Jovis filio cognatione conjunctus erat. Adeo illustribus majoribus historicus iste se natum gloriatur. (4) Atque Didymus hæc suo testimonio confirmat, qui tradit Pherecydem primo Historiarum libro ita scribere : « Athenis habitavit Philæas Ajacis filius : huic filius fuit Daiclus, huic Epidycus, huic Acestor, huic Agenor, huic Olius, huic Lyces, huic Typhon, huic Laius, huic Agamestor, huic Tisander, qui quum esset Athenis archon * * illi filius fuit Miltiades, cui filius Hippoclides, qui quum Athenis esset archon, instituta sunt Panathenæa * * illi natus est Miltiades, qui Thraciæ Chersonesum colonis frequentavit. » (5) Idem testatur et Hellanicus in eo libro, qui inscribitur Asopis. (6) Nec vero dicat aliquis, quid ipsi Miltiadi cum Thucydide? ita est enim huic cognatus. (7) Thraces et Dolonci bellum cum Apsinthiis vicino populo gerebant; sed eo bello graviter afflicti, et gravissima quæque passi, quod hostibus semper essent inferiores, ad oracula divina confugiunt, quia sciebant solum deum rationem invenire posse, quæ vel difficillimas res expediat : nam, ut et Æschylus canit, *deorum vis est summa: sæpe enim urbem in rebus adversis consilii inopem a gravi molestia liberavit, et oculis imminentem nubem in bonum vertit.* (8) Nec eos sua spes fefellit. Oraculum enim acceperunt, fore ut optimum ducem haberent eum, qui ipsos errantes ad hospitium invitasset. (9) Tunc temporis Crœsus Lydiæ rex erat; Pisistratidæ vero tyrannidem Athenis obtinebant. (10) Illi igitur dum ab oraculo revertuntur, in Miltiadem ante portas domus suæ sedentem inciderunt, qui Pisistratidarum tyrannidem iniquo animo ferebat, et justam pro Attica excedendi occasionem quærebat. Hæc enim deus, qui responsum dederat, ipsis ante paraverat. (11) Quum igitur Miltiades eos hominum errantium veste amictos vidisset, quia sciebat quid valeret erratio,

καλεῖ τοὺς ἄνδρας ἐπὶ ξενίαν, ὑπηρετῶν τῷ χρησμῷ λανθάνων. (12) οἱ δ' ἥσθησαν τὸν ἡγεμόνα τὸν ἀπὸ τῶν ξενίων εἰληφότες, καὶ πάντα αὐτῷ διηγησάμενοι στρατηγὸν ἐχειροτόνησαν αὐτῶν. (13) οἱ μὲν οὖν τὸν θεόν φασιν ἐρωτήσαντα ἐξελθεῖν, οἱ δὲ οὐκ ἄνευ γνώμης τοῦ τυράννου τὴν ἔξοδον πεποιηκέναι, ἀλλὰ τῷ κρατοῦντι τὴν πρόσκλησιν τῶν Θρακῶν διηγησάμενον ἀπελθεῖν· ὃς καὶ προσδοὺς δύναμιν ἀπέπεμψεν, ἡσθεὶς ὅτι μέγα δυνάμενος ἀνὴρ ἔξεισι τῶν Ἀθηνῶν. (14) οὗτος οὖν ἡγούμενος ἐπλήρωσε τὰ μεμαντευμένα, καὶ μετὰ τὴν νίκην γίγνεται καὶ Χερρονήσου οἰκιστής. (15) ἀποθανόντος δὲ τοῦ παιδὸς αὐτοῦ διαδέχεται τὴν ἐν Χερρονήσῳ ἀρχὴν Στησαγόρας ὁ .... ἀδελφὸς ὁμομήτριος. (16) ἀποθανόντος δὲ καὶ τούτου διαδέχεται τὴν ἀρχὴν Μιλτιάδης, ὁμώνυμος μὲν τῷ πρώτῳ οἰκιστῇ, ἀδελφὸς δὲ Στησαγόρου ὁμομήτριος καὶ ὁμοπάτριος. (17) οὗτος οὖν, ὄντων αὐτῷ παίδων ἐξ Ἀττικῆς γυναικός, ὅμως ἐπιθυμῶν δυναστείας λαμβάνει Θρᾳκῶν βασιλέως Ὀλόρου θυγατέρα Ἡγησιπύλην πρὸς γάμον· ἐξ οὗ καὶ αὐτῆς γίνεται παιδίον. (18) κατελθόντων δὲ εἰς τὴν Ἑλλάδα Περσῶν συσκευασάμενος τὰ αὐτοῦ εἰς τὰς Ἀθήνας πέμπει καὶ τὰ πολλὰ τοῦ γένους ἀποστέλλει. (19) ἡ δὲ ναῦς ἁλίσκεται, ἐν ᾗ καὶ οἱ παῖδες αὐτοῦ, ἀλλ' οὐχ οἱ ἐκ τῆς γυναικὸς τῆς Θρᾳκικῆς· ἀφίενται δ' ὑπὸ βασιλέως, εἴ γε μὴ Ἡρόδοτος ψεύδεται. (20) Μιλτιάδης δ' εἰς τὴν Ἀττικὴν ἐκ Θρᾴκης διαφυγὼν σώζεται. οὐκ ἀφέδρα δὲ καὶ τὴν τῶν .... συκοφαντίαν· ἐγκλήματα γὰρ αὐτῷ......... διεξιόντες τὴν τυραννίδα. (21) ἀποφεύγει δὲ ..... στρατηγὸς τοῦ πρὸς τοὺς βαρβάρους πολέμου γίγνεται. (22) ἀπὸ τούτου οὖν .... κατάγεσθαί φησι τὸ Θουκυδίδου γένος. καὶ μέγιστον τεκμήριον νομίζουσι τὴν πολλὴν περιουσίαν καὶ τὰ ἐπὶ Θρᾴκης κτήματα καὶ .... σύλη μέταλλα χρυσᾶ. (23) δοκεῖ οὖν τισὶν ..... εἶναι τοῦ Μιλτιάδου ἢ θυγατριδοῦς. (24) παρέσχε δ' ἡμῖν τὴν ἄλλως αὐτὸς ζήτησιν, μηδεμίαν μνήμην περὶ τοῦ γένους πεποιημένος. (25) μὴ ἀγνοῶμεν δὲ τοῦτο ὅτι Ὄρολος ὁ πατὴρ αὐτῷ ἐστί, τῆς μὲν πρώτης συλλαβῆς τὸ ρ ἐχούσης, τῆς δὲ δευτέρας τὸ λ. αὕτη γὰρ ἡ γραφή, ὡς καὶ Διδύμῳ δοκεῖ, ἡμάρτηται. (26) ὅτι γὰρ Ὄρολός ἐστιν, ἡ στήλη δηλοῖ ἡ ἐπὶ τοῦ τάφου αὐτοῦ κειμένη, ἔνθα κεχάρακται « Θουκυδίδης Ὀρόλου Ἁλιμούσιος. » (27) πρὸς γὰρ ταῖς Μελιτίσι πύλαις καλουμέναις ἐστὶν ἐν Κοίλῃ τὰ καλούμενα Κιμώνια μνήματα, ἔνθα δείκνυται Ἡροδότου καὶ Θουκυδίδου τάφος. εὑρίσκεται δῆλον ὅτι τοῦ Μιλτιάδου γένους ὄντως· ξένος γὰρ οὐδεὶς ἐκεῖ θάπτεται. (28) καὶ Πολέμων δὲ ἐν τῷ περὶ ἀκροπόλεως τούτοις μαρτυρεῖ· ἔνθα καὶ Τιμόθεον υἱὸν αὐτῷ γεγενῆσθαι προσιστορεῖ. (29) ὁ δὲ Ἕρμιππος καὶ ἀπὸ τῶν Πεισιστρατιδῶν αὐτὸν λέγει τῶν τυράννων ἕλκειν τὸ γένος, διὸ καὶ διαφθονεῖν αὐτόν φησιν ἐν τῇ συγγραφῇ τοῖς περὶ Ἁρμόδιον καὶ Ἀριστογείτονα, λέγοντα ὡς οὐκ ἐγένοντο τυραννοφόνοι· οὐ γὰρ ἐφόνευσαν τὸν τύραννον, ἀλλὰ τὸν ἀδελφὸν τοῦ τυράννου Ἵππαρχον. (30) ἠγάγετο δὲ γυναῖκα ἀπὸ Σκαπτησ-

ipsos ad hospitium invitavit, et oraculo inserviebat nesciens. (12) Illi vero lætati sunt quod ducem nacti erant illum ex hospitio agnoscendum. Cui quum omnia narrâssent, belli ducem sibi crearunt. (13) Sunt autem qui dicant Miltiadem deo prius consulto Athenis excessisse. Alii vero tradunt eum non sine tyranni voluntate inde exiisse; sed postquam tyranno significasset se a Thracibus vocari, sic demum abiisse : tyrannum autem copias præterea dedisse illi ac dimisisse lubentem, quia gaudebat virum magna potentia præditum Athenis exire. (14) Hic igitur factus dux res oraculo prædictas implevit et ad suum finem perduxit : et post partam victoriam coloniæ etiam in Chersonesum deducendæ dux fuit. (15) Quum autem is *sine* liberis obiisset, Stesagoras, uterinus ejus frater, Chersonesi regnum hereditatis jure accepit. (16) Hoc autem et ipso defuncto, successit in regnum Miltiades, qui et idem nomen ferebat quod prior ille coloniæ in Chersonesum deductæ dux, et uterinus ac germanus Stesagoræ frater erat. (17) Hic igitur Miltiades, quamvis ex Attica muliere liberos suscepisset, tamen regnandi cupiditate flagrans Hegesipylam, Olori Thracum regis filiam, uxorem duxit, ex qua filius est ipsi natus. (18) Sed quo tempore Persæ in Græciam venerunt, Miltiades res suas convasatas magnamque generis partem Athenas misit. (19) Sed accidit ut navis caperetur, in qua etiam liberi ipsius captivi facti sunt, non tamen ii quos ex Thracica muliere susceperat; hi enim, si modo verum est Herodoti testimonium, a rege dimissi sunt. (20) Miltiades vero ex Thracia fugiens, in agrum Atticum salvus pervenit; at non ita quidem inimicorum suorum calumnias effugere potuit : crimina enim ipsi intulerunt, narrantes quonam modo tyrannidem in Chersoneso exercuisset. (21) Sed tamen hoc crimine absolvitur : et in bello contra barbaros imperator est creatus. (22) Ab hoc igitur Miltiade Thucydidem genus ducere tradunt. Et validissimum hujus rei argumentum esse putant ingentem ipsius opulentiam et possessiones quas in Thracia habuit, et quas Scaptesylæ aurifodinas. (23) Quibusdam igitur videtur fratris sororisve Miltiadis filius fuisse, vel ex filia nepos. (24) Ceterum Thucydides ipse hanc quærendi generis sui occasionem nobis temere præbuit, quia ipse nullam ejus mentionem fecit. (25) Hoc vero ne ignoremus, Thucydidis patri Orolo nomen fuisse, cujus nominis prima syllaba habet *r*, secunda *l*, non Olorus, quæ scriptura, ut Didymo quoque videtur, vitiosa est. (26) Nam Orolus esse scribendum, columna ejus monumento imposita aperte testatur, ubi hæc sunt insculpta, THUCYDIDES OROLI F. HALIMUSIUS. (27) Etenim ad portas, quæ Melitides vocantur, in Cœla sunt quæ appellantur Cimonia monumenta, ubi visuntur Herodoti et Thucydidis sepulcra. Hinc manifeste patet, Thucydidem ex Miltiadis genere oriundum esse; nullus enim peregrinus et ab illa familia alienus ibi sepeliebatur. (28) Idem testatur etiam Polemon in libro de arce Atheniensi; ubi etiam hoc scribit, Thucydidi filium fuisse Timotheum. (29) Hermippus vero et ab ipsis tyrannis Pisistratidis genus eum trahere dicit; quare etiam illum in suis scriptis de Harmodio et Aristogitone invidiose loqui et tyrannum ab iis cæsum fuisse negare : nec enim, ut inquit ille, tyrannum, sed Hipparchum tyranni fratrem interfecerunt. (30) Thucydides autem duxit uxorem e Scaptesyla

ὕλης τῆς Θρᾴκης πλουσίαν σφόδρα καὶ μέταλλα κεκτημένην ἐν τῇ Θρᾴκῃ. (31) τοῦτον δὲ τὸν πλοῦτον λαμβάνων οὐκ εἰς τρυφὴν ἀνήλισκεν, ἀλλὰ πρὸ τοῦ Πελοποννησιακοῦ πολέμου τὸν πόλεμον αἰσθηθεὶς κινεῖσθαι μέλλοντα, προελόμενος συγγράψαι αὐτὸν παρεῖχε πολλὰ τοῖς Ἀθηναίων στρατιώταις καὶ τοῖς Λακεδαιμονίων καὶ πολλοῖς ἄλλοις, ἵνα ἀπαγγέλλοιεν αὐτῷ βουλομένῳ συγγράφειν τὰ γινόμενα κατὰ καιρὸν καὶ λεγόμενα ἐν αὐτῷ τῷ πολέμῳ. (32) ζητητέον δὲ διὰ τί καὶ Λακεδαιμονίοις παρεῖχε καὶ ἄλλοις, ἐξὸν Ἀθηναίοις διδόναι μόνοις καὶ παρ' ἐκείνων μανθάνειν. (33) καὶ λέγομεν ὅτι οὐκ ἀσκόπως καὶ τοῖς ἄλλοις παρεῖχεν· σκοπὸς γὰρ ἦν αὐτῷ τὴν ἀλήθειαν τῶν πραγμάτων συγγράψαι, εἰκὸς δὲ ἦν Ἀθηναίους πρὸς τὸ χρήσιμον ἑαυτῶν ἀπαγγέλλοντας ψεύδεσθαι, καὶ λέγειν πολλάκις ὡς ἡμεῖς ἐνικήσαμεν, οὐ νικήσαντας. (34) διὸ πᾶσι παρεῖχεν, ἐκ τῆς τῶν πολλῶν συμφωνίας θηρώμενος τὴν τῆς ἀληθείας κατάληψιν· τὸ γὰρ ἀσαφὲς ἐξελέγχεται τῇ τῶν πολλῶν συναδούσῃ συμφωνίᾳ. (35) ἤκουσε δὲ διδασκάλων Ἀναξαγόρου μὲν ἐν φιλοσόφοις, ὅθεν, φησὶν ὁ Ἄντυλλος, καὶ ἄθεος ἠρέμα ἐνομίσθη, τῆς ἐκεῖθεν θεωρίας ἐμφορηθείς· Ἀντιφῶντος δὲ ῥήτορος, δεινοῦ τὴν ῥητορικὴν ἀνδρός, οὗ καὶ μέμνηται ἐν τῇ ὀγδόῃ ὡς αἰτίου τῆς καταλύσεως τῆς δημοκρατίας καὶ τῆς τῶν τετρακοσίων καταστάσεως. (36) ὅτι δὲ μετὰ τὸν θάνατον τιμωρούμενοι τὸν Ἀντιφῶντα οἱ Ἀθηναῖοι ἔρριψαν ἔξω τῆς πόλεως τὸ σῶμα, σεσιώπηκεν ὡς διδασκάλῳ χαριζόμενος· λέγεται γὰρ ὡς ἔρριψαν αὐτοῦ τὸ σῶμα οἱ Ἀθηναῖοι ὡς αἰτίου τῆς μεταβολῆς τῆς δημοκρατίας. (37) οὐκ ἐπολιτεύσατο δ' ὁ συγγραφεὺς γενόμενος ἐν ἡλικίᾳ οὐδὲ προσῆλθε τῷ βήματι, ἐστρατήγησε δ' ἀρχέκακον ἀρχὴν παραλαβών· ἀπὸ γὰρ ταύτης φυγαδεύεται. (38) πεμφθεὶς γὰρ ἐπ' Ἀμφίπολιν Βρασίδου φθάσαντος καὶ προλαβόντος αὐτὴν ἔσχεν αἰτίαν, καίτοι μὴ πάντα καταστὰς ἀνόητος Ἀθηναίοις· τῆς μὲν γὰρ ἁμαρτάνει, Ἠιόνα δὲ τὴν ἐπὶ Στρυμόνι λαμβάνει. ἀλλὰ καὶ οὕτως τὸ πρῶτον ἀτύχημα εἰς ἁμάρτημα μεταλαβόντες φυγαδεύουσιν αὐτόν. (39) γενόμενος δ' ἐν Αἰγίνῃ μετὰ τὴν φυγήν, ὡς ἂν πλουτῶν, ἐδάνεισε τὰ πλεῖστα τῶν χρημάτων. (40) ἀλλὰ κἀκεῖθεν μετῆλθε, καὶ διατρίβων ἐν Σκαπτῇ ὕλῃ ὑπὸ πλατάνῳ ἔγραφεν· μὴ γὰρ δὴ πειθώμεθα Τιμαίῳ λέγοντι ὡς φυγὼν ᾤκησεν ἐν Ἰταλίᾳ. (41) ἔγραφε δ' οὐδ' οὕτως μνησικακῶν τοῖς Ἀθηναίοις, ἀλλὰ φιλαλήθης ὢν καὶ τὰ ἤθη μέτριος, εἴ γε οὔτε Κλέων παρ' αὐτῷ οὔτε Βρασίδας ὁ τῆς συμφορᾶς αἴτιος ἀπέλαυσε λοιδορίας, ὡς ἂν τοῦ συγγραφέως ὀργιζομένου. καίτοι οἱ πολλοὶ τοῖς ἰδίοις πάθεσι συνέθεσαν τὰς ἱστορίας, ἥκιστα μελῆσαν αὐτοῖς τῆς ἀληθείας. (42) Ἡρόδοτος μὲν γὰρ ὑπεροφθεὶς ὑπὸ Κορινθίων ἀποδρᾶναί φησιν αὐτοὺς τὴν ἐν Σαλαμῖνι ναυμαχίαν, Τίμαιος δ' ὁ Ταυρομενίτης Τιμολέοντα ὑπερεπῄνεσε τοῦ μετρίου, καθότι Ἀνδρόμαχον τὸν αὐτοῦ πατέρα οὐ κατέλυσε τῆς μοναρχίας· Φίλιστος δὲ τῷ νέῳ Διονυσίῳ τοῖς λόγοις πολεμεῖ, Ξενοφῶν δὲ Μένωνι λοιδορεῖται τῷ

Thraciæ urbe ditissimam, et metallorum fodinas in Thracia possidentem. (31) Has autem opes adeptus, non in delicias consumsit; sed quum multo ante bellum Peloponnesiacum motum iri præsensisset, quia cupiebat hoc bellum conscribere, multa Atheniensium et Lacedæmoniorum militibus et multis aliis largitus est, ut res omnes in hoc bello quomodo suo tempore essent gestæ aut dictæ, sibi, eas memoriæ literisque mandare cupienti, referrent. (32) Hic autem quærendum, cur et Lacedæmoniis et aliis pecunias dederit; quum solis Atheniensibus eas dare et ex ipsis res omnes intelligere posset. (33) Respondemus, non sine causa sed certo consilio pecunias aliis etiam ab eo datas: rerum enim omnium veritatem sibi conscribendam proposuerat. Erat autem verisimile, fore ut Athenienses utilitati suæ servientes in rerum a se gestarum relatione mentirentur, et sæpe dicerent hostes a se victos, quos tamen non vicissent. (34) Quamobrem pecuniam præbuit omnibus, ut ex multorum consensu veritatis notitiam indagaret et expiscaretur: quod enim obscurum est, id multorum concentu consensuque declaratur et aperte demonstratur. (35) Præceptores autem audivit, in philosophia quidem Anaxagoram (unde etiam, Antyllo teste, atheus paullatim haberi cœpit, quod illius philosophiæ disciplinam avidius hausisset); in rhetoricis vero, Antiphontem rhetorem, virum in arte rhetorica eximium, cujus in octavo suæ Historiæ libro mentionem facit, eumque auctorem fuisse dicit, ut popularis dominatus abrogaretur et quadringentorum virorum dominatio constitueretur. (36) Quod autem Antiphontis defuncti cadaver Athenienses extra urbem, quasi pœnas exigentes, projecerint; hoc quidem Thucydides in præceptoris gratiam silentio prætermisit: sunt enim qui dicant ejus cadaver ab Atheniensibus projectum, quod eo auctore popularis dominatus Athenis mutatus fuisset. (37) Thucydides, qui hanc historiam scripsit, quum ad virilem ætatem pervenisset, nullis reipublicæ administrandæ negotiis se immiscuit, nec ad tribunal et concionem accessit; duxit tamen exercitum, et imperium sibi a populo delatum primam malorum suorum causam habuit; nam propter hoc ipsum in exsilium est pulsus. (38) Quum enim Amphipolin missum Brasidas antevertisset et urbem illam occupasset, hoc nomine ab Atheniensibus est accusatus, quibus tamen ejus opera non prorsus fuit inutilis: nam ab hac quidem urbe capienda excidit; sed Eionem cepit, quæ ad fluvium Strymonem est sita: nihilominus tamen Athenienses prius infortunium ejus culpæ tribuentes, ipsum exsilio mulctarunt. (39) Ille vero pulsus in exsilium, quum Æginæ esset, quia magnas habebat opes, maximam suarum pecuniarum partem fœnori collocavit. (40) Postea tamen inde quoque discessit, et Scaptesylæ Thraciæ urbe degens, sub platano suam historiam scripsit. Absit enim ut fidem adhibeamus Timæo, qui Thucydidem exsilio mulctatum, in Italia vitam transegisse dicit. (41) Veruntamen ne sic quidem injuriæ acceptæ memor animo erga Athenienses male affecto historiam scripsit; sed veritatis amans et moderatis moribus erat; siquidem neque Cleon neque Brasidas, qui calamitatis auctor ipsi fuerat, ullo in ipsius scriptis maledicto ut ab irato scriptore est affectus: quamquam plerique suis affectibus inservientes, veritate prorsus neglecta, historias conscripserunt: (42) Herodotus enim a Corinthiis spretus, ipsos subterfugisse dicit pugnam navalem, quæ ad Salaminem est commissa; Timæus vero Tauromenita Timoleontem supra modum laudavit, quod Andromachus ipsius pater potestate regia ab eo exutus non erat; Philistus juniorem Dionysium verbis aggreditur hostiliter; Xenophon Menonem,

Πλάτωνος ἑταίρῳ διὰ τὸν πρὸς Πλάτωνα ζῆλον. ὁ δὲ μέτριος καὶ ἐπιεικὴς τῆς ἀληθείας ἥττων.

43. Μὴ ἀγνοῶμεν δὲ ὅτι ἐγένοντο Θουκυδίδαι πολλοί, οὗτός τε ὁ Ὀλόρου παῖς, καὶ δεύτερος δημαγωγός, Μιλησίου, ὃς καὶ Περικλεῖ διεπολιτεύσατο· τρίτος δὲ γένει Φαρσάλιος, οὗ μέμνηται Πολέμων ἐν τοῖς περὶ ἀκροπόλεως, φάσκων αὐτὸν εἶναι πατρὸς Μένωνος. (44) τέταρτος ἄλλος Θουκυδίδης ποιητής, τὸν δῆμον Ἀχερδούσιος, οὗ μέμνηται Ἀνδροτίων ἐν τῇ Ἀτθίδι, λέγων εἶναι υἱὸν Ἀρίστωνος· συνεχρόνισε δ᾽, ὥς φησι Πραξιφάνης ἐν τῷ περὶ ἱστορίας, Πλάτωνι τῷ κωμικῷ, Ἀγάθωνι τραγικῷ, Νικηράτῳ ἐποποιῷ καὶ Χοιρίλῳ καὶ Μελανιππίδῃ. (45) καὶ ἐπεὶ μὲν ἔζη Ἀρχέλαος, ἄδοξος ἦν ὡς ἐπὶ πλεῖστον, ὡς αὐτὸς Πραξιφάνης δηλοῖ, ὕστερον δὲ δαιμονίως ἐθαυμάσθη.

46. Οἱ μὲν οὖν αὐτὸν ἐκεῖ λέγουσιν ἀποθανεῖν ἔνθα καὶ διέτριβε φυγὰς ὤν, καὶ φέρουσι μαρτύριον τοῦ μὴ κεῖσθαι τὸ σῶμα ἐπὶ τῆς Ἀττικῆς· ἱκρίον γὰρ ἐπὶ τοῦ τάφου κεῖσθαι, τοῦ κενοταφίου δὲ τοῦτο γνώρισμα εἶναι ἐπιχώριον καὶ νόμιμον Ἀττικὸν τῶν ἐπὶ τοιαύτῃ δυστυχίᾳ τετελευτηκότων καὶ μὴ ἐν Ἀθήναις ταφέντων. (47) Δίδυμος δ᾽ ἐν Ἀθήναις ἀπὸ τῆς φυγῆς ἐλθόντα βιαίῳ θανάτῳ· τοῦτο δέ φησι Ζώπυρον ἱστορεῖν. (48) τοὺς γὰρ Ἀθηναίους κάθοδον δεδωκέναι τοῖς φυγάσι πλὴν τῶν Πεισιστρατιδῶν μετὰ τὴν ἧτταν τὴν ἐν Σικελίᾳ· ἥκοντα οὖν αὐτὸν ἀποθανεῖν βίᾳ, καὶ τεθῆναι ἐν τοῖς Κιμωνίοις μνήμασιν. (49) καὶ καταγινώσκειν εὐήθειαν ἔφη τῶν νομιζόντων αὐτὸν ἐκτὸς μὲν τετελευτηκέναι, ἐπὶ γῆς δὲ τῆς Ἀττικῆς τεθάφθαι· ἢ γὰρ οὐκ ἂν ἐτέθη ἐν τοῖς πατρῴοις μνήμασιν, ἢ κλέβδην τεθεὶς οὐκ ἂν ἔτυχεν οὔτε στήλης οὔτε ἐπιγράμματος, ἢ τῷ τάφῳ προσκειμένη τοῦ συγγραφέως μηνύει τοὔνομα. (50) ἀλλὰ δῆλον ὅτι κάθοδος ἐδόθη τοῖς φεύγουσιν, ὡς καὶ Φιλόχορος λέγει καὶ Δημήτριος ἐν τοῖς ἄρχουσιν. (51) ἐγὼ δὲ Ζώπυρον ληρεῖν νομίζω λέγοντα τοῦτον ἐν Θρᾴκῃ τετελευτηκέναι, κἂν ἀληθεύειν νομίζῃ Κράτιππος αὐτόν. (52) τὸ δ᾽ ἐν Ἰταλίᾳ Τίμαιον αὐτὸν καὶ ἄλλους λέγειν κεῖσθαι μὴ καὶ σφόδρα καταγέλαστον ᾖ. (53) λέγεται δ᾽ αὐτὸν τὸ εἶδος γεγονέναι σύννουν μὲν τὸ πρόσωπον, τὴν δὲ κεφαλὴν καὶ τὰς τρίχας εἰς ὀξὺ πεφυκυίας, τὴν τε λοιπὴν ἕξιν προσπεφυκέναι τῇ συγγραφῇ. (54) παύσασθαι δὲ τὸν βίον ὑπὲρ τὰ πεντήκοντα ἔτη, μὴ πληρώσαντα τῆς συγγραφῆς τὴν προθεσμίαν.

55. Ζηλωτὴς δὲ γέγονεν ὁ Θουκυδίδης εἰς μὲν τὴν οἰκονομίαν Ὁμήρου, Πινδάρου δὲ εἰς τὸ μεγαλοφυὲς καὶ ὑψηλὸν τοῦ χαρακτῆρος, ἀσαφῶς δὲ λέγων ἀνὴρ ἐπίτηδες, ἵνα μὴ πᾶσιν εἴη βατός, μηδὲ εὐτελὴς φαίνηται παντὶ τῷ βουλομένῳ νοούμενος εὐχερῶς, ἀλλὰ τοῖς λίαν σοφοῖς δοκιμαζόμενος παρὰ τούτοις θαυμάζηται· ὁ γὰρ τοῖς ἀρίστοις ἐπαινούμενος καὶ κεκριμένην δόξαν λαβὼν ἀνάγραπτον εἰς τὸν ἔπειτα χρόνον κέκτηται τὴν τιμήν, οὐ κινδυνεύουσαν ἐξαλειφθῆναι τοῖς ἐπικρίνουσι. (56) ἐξήλωσε δὲ ἐπ᾽ ὀλίγον, ὥς φησιν Ἄντυλλος, καὶ τὰς Γοργίου τοῦ Λεοντίνου παρισώσεις καὶ τὰς ἀντιθέσεις

Platonis amicum, quod ipse Platonis esset æmulus, conviciis incessit. Hic vero scriptor est moderatus et æquus et veritati cedit.

43. Illud etiam ne nesciamus, plures fuisse Thucydides; nam et hic fuit, Olori filius, et secundus demagogus, Milesii filius, qui et Pericli in reipublicæ administratione est adversatus; tertius vero, genere Pharsalius, cujus mentionem facit Polemon in libro de Arce, patrem ei fuisse dicens Menonem. (44) Fuit etiam quartus alius Thucydides poeta, pago Acherdusius, cujus mentionem faciens Andrōtion in rerum Atticarum historia, Aristonem ei patrem fuisse dicit; vixit autem, teste Praxiphane in libro de historia, iisdem temporibus, quibus Plato comicus, Agatho tragicus, Niceratus epicus poeta, et Chœrilus, ac Melanippides. (45) Ceterum Thucydides quamdiu quidem vixit Archelaus, ut plurimum nominis obscuri fuit, ut ipse Praxiphanes ait; postea vero in summa apud omnes admiratione fuit.

46. Nonnulli ibi ipsum obiisse dicunt, ubi etiam vitam exsul degebat; corpusque ipsius non fuisse humatum Athenis hoc argumento confirmant : narrant enim tabulatum ejus tumulo impositum esse; hoc autem ex instituto et solenni Atheniensium more manifestum esse cenotaphii indicium, quando quis hujusmodi fortuna usus obit, nec Athenis sepultus est. (47) At Didymus Thucydidem ab exsilio reversum, morte violenta Athenis obiisse tradit; hoc autem a Zopyro memoriæ proditum dicit. (48) Athenienses enim, post cladem in Sicilia acceptam, omnibus exsulibus, exceptis Pisistratidis, in patriam redeundi potestatem permisisse; hunc autem reversum, violenta morte sublatum et in Cimoniis monumentis sepultum; (49) quin etiam ait illorum simplicitatem a Zopyro derideri, qui Thucydidem peregre quidem obiisse, Athenis vero sepultum fuisse putent : tum enim in paterno monumento aut non fuisset positus, aut clam positus, nec columnam adeptus esset nec inscriptionem : at enim columna ipsius sepulcro imposita nomen scriptoris indicat. (50) Verum illud constat, exsulibus in patriam redeundi potestatem fuisse factam, ut et Philochorus testatur, et Demetrius Phalereus, in libro de Archontibus Atheniensibus. (51) Ego vero Zopyrum nugari puto, qui Thucydidem [non] in Thracia obiisse dicat : licet Cratippus eum vere loquutum censeat. (52) Quod autem Timæus et alii eum in Italia sepultum fuisse tradunt, vereor ne vel perridiculum habeatur. (53) Fertur Thucydides hanc habuisse formam : vultum quidem cogitabundum, caput vero cum capillis in acutum desinens, et reliquam corporis habitudinem suis scriptis convenientem. (54) Eum autem obiisse tradunt vita ultra quinquagesimum ætatis annum producta, historia instituta ad suum finem nondum perducta.

55. Thucydides æmulatus est Homeri quidem dispositionem, Pindari vero grande et sublime dicendi genus. Obscure autem de industria loquitur, ne omnibus ad ipsius lectionem aditus pateret, neve parvi momenti et vilis esse videretur, si a quovis facile posset intelligi; sed voluit potius sapientissimis quibusque probatus, ad hos in admiratione esse. Qui enim a præstantissimis viris laudatur et laudem illorum judicio est consequutus, in posterum omne tempus eum honorem literarum monumentis mandatum est adeptus, quem iteratum posterorum judicium non facile est deleturum. (56) Nonnihil etiam, ut ait Antyllus, Gorgiæ Leontini studium est imitatus, ut verba verbis

τῶν ὀνομάτων, εὐδοκιμούσας κατ' ἐκεῖνο καιροῦ παρὰ τοῖς Ἕλλησι, καὶ μέντοι καὶ Προδίκου τοῦ Κείου τὴν ἐπὶ τοῖς ὀνόμασιν ἀκριβολογίαν. (57) μάλιστα δὲ πάντων, ὅπερ εἴπομεν, ἐζήλωσεν Ὅμηρον καὶ τῆς περὶ τὰ ὀνόματα ἐκλογῆς καὶ τῆς περὶ τὴν σύνθεσιν ἀκριβείας, τῆς τε ἰσχύος τῆς κατὰ τὴν ἑρμηνείαν καὶ τοῦ κάλλους καὶ τοῦ τάχους. (58) τῶν δὲ πρὸ αὐτοῦ συγγραφέων τε καὶ ἱστορικῶν ἀψύχους ὥσπερ εἰσαγόντων τὰς συγγραφὰς καὶ ψιλῇ μόνῃ χρησαμένων διὰ παντὸς διηγήσει, προσώποις δὲ οὐ περιθέντων λόγους τινὰς οὐδὲ ποιησάντων δημηγορίας, ἀλλ' Ἡροδότου μὲν ἐπιχειρήσαντος, οὐ μὴν ἐξισχύσαντος (δι' ὀλίγων γὰρ ἐποίησε λόγων ὡς προσωποποιίας μᾶλλον ἤπερ δημηγορίας), μόνος ὁ συγγραφεὺς ἐξεῦρέ τε δημηγορίας καὶ τελείως ἐποίησε μετὰ κεφαλαίων καὶ διαιρέσεως, ὥστε καὶ στάσει ὑποπίπτειν τὰς δημηγορίας· ὅπερ ἐστὶ λόγων τελείων εἰκών. (59) τριῶν δὲ ὄντων χαρακτήρων φραστικῶν, ὑψηλοῦ, ἰσχνοῦ, μέσου, παρεὶς τοὺς ἄλλους ἐζήλωσε τὸν ὑψηλὸν ὡς ὄντα τῇ φύσει πρόσφορον τῇ οἰκείᾳ καὶ τῷ μεγέθει πρέποντα τοῦ τοσούτου πολέμου· ὧν γὰρ αἱ πράξεις μεγάλαι, καὶ τὸν περὶ αὐτῶν ἔπρεπε λόγον ἐοικέναι ταῖς πράξεσιν. (60) ἵνα δὲ μηδὲ τοὺς ἄλλους ἀγνοῇς χαρακτῆρας, ἴσθι ὅτι μέσῳ μὲν Ἡρόδοτος ἐχρήσατο, ὃς οὔτε ὑψηλός ἐστιν οὔτε ἰσχνός, ἰσχνῷ δὲ ὁ Ξενοφῶν. (61) διά γε οὖν τὸ ὑψηλὸν ὁ Θουκυδίδης καὶ ποιητικαῖς πολλάκις ἐχρήσατο λέξεσι καὶ μεταφοραῖς τισί. (62) περὶ δὲ πάσης τῆς συγγραφῆς ἐτόλμησάν τινες ἀποφήνασθαι ὅτι αὐτὸ τὸ εἶδος τῆς συγγραφῆς οὐκ ἔστι ῥητορικῆς ἀλλὰ ποιητικῆς. καὶ ὅτι μὲν οὐκ ἔστιν ῥητορικῆς, δῆλον ἐξ ὅτι οὐχ ὑποπίπτει μέτρῳ τινί. (63) εἰ δέ τις ἡμῖν ἀντείποι ὅτι οὐ πάντως ὁ πεζὸς λόγος ῥητορικῆς ἐστιν, ὥσπερ οὐδὲ τὰ Πλάτωνος συγγράμματα οὐδὲ τὰ ἰατρικά, λέγομεν ὅτι ἀλλ' ἡ συγγραφὴ κεφαλαίοις διαιρεῖται καὶ ἐπὶ εἶδος ἀνάγεται ῥητορικῆς, κοινῶς μὲν πᾶσα συγγραφὴ ἐπὶ τὸ συμβουλευτικόν (ἄλλοι δὲ καὶ ὑπὸ τὸ πανηγυρικὸν ἀνάγουσι, φάσκοντες ὅτι ἐγκωμιάζει τοὺς ἀρίστους ἐν τοῖς πολέμοις γενομένους), ἐξαιρέτως δὲ ἡ Θουκυδίδου ἐν τοῖς τρισὶν εἴδεσιν ὑποπίπτει, τῷ μὲν συμβουλευτικῷ διὰ τῶν ὅλων δημηγοριῶν πλὴν τῆς Πλαταιέων καὶ Θηβαίων ἐν τῇ τρίτῃ, τῷ δὲ πανηγυρικῷ διὰ τοῦ ἐπιταφίου, τῷ δὲ δικανικῷ διὰ τῆς δημηγορίας τῶν Πλαταιέων καὶ τῶν Θηβαίων, ἃς ἀνωτέρω τῶν ἄλλων ὑπεξειλόμεθα. (64) ὅπου γὰρ δικασταὶ κρίνουσι Λακεδαιμονίων οἱ παραγενόμενοι, καὶ κρίνεται πρὸς τὴν ἐρώτησιν ὁ Πλαταιεὺς καὶ ἀπολογεῖται περὶ ὧν ἐρωτᾶται διὰ πλειόνων τοὺς λόγους ποιούμενος, καὶ ἀντιλέγει τούτοις ὁ Θηβαῖος εἰς ὀργὴν τὸν Λακεδαιμόνιον προκαλούμενος, ἥ τοῦ λόγου τάξις καὶ μέθοδος καὶ τὸ σχῆμα δικανικὸν καθαρῶς ἀποφαίνει τὸ εἶδος.

65. Λέγουσι δέ τινες τὴν ὀγδόην ἱστορίαν νοθεύεσθαι καὶ μὴ εἶναι Θουκυδίδου· ἀλλ' οἱ μέν φασιν εἶναι τῆς θυγατρὸς αὐτοῦ, οἱ δὲ Ξενοφῶντος· (66) πρὸς οὓς λέγομεν ὅτι τῆς μὲν θυγατρὸς ὡς οὐκ ἔστι δῆλον· οὐ γὰρ γυναικείας ἦν φύσεως τοιαύτην ἀρετήν τε καὶ τέχνην

quasi demensa respondeant et contraria ex adverso opponantur; quæ ratio tunc temporis apud Græcos maxime probabatur. Prodicum porro Ceium in accurato verborum delectu est imitatus. (57) Homerum vero in primis, ut jam diximus, et in verborum delectu est, et in exquisita eorundem compositione, et in elocutionis vi, orationisque pulchritudine, ac velocitate. (58) Quum autem scriptores ac historici, qui eum ætate præcesserunt, historias anima et vigore carentes conscripserint, et nuda simplicique rerum narratione ubique sint usi, nec personis usquam orationes tribuant, nec ullas conciones suis inserant scriptis, quam rem tentavit quidem Herodotus, sed ad finem perducere non potuit (is enim orationes paucis verbis expressas fecit, personarum loquentium inductioni similiores quam concionibus), unus hic historiæ conditor conciones et invenit et perfecte composuit, ita ut earum unaquæque sua capita et partitiones habeat, et ad certum quendam statum revocari possit; quæ est perfectarum concionum forma. (59) Quum sint autem tres dicendi formæ, sublimis, tenuis, et media, reliquis neglectis, sublimem elegit, utpote suo ingenio congruentem, et tanti belli magnitudini convenientem : quorum enim magna sunt gesta, eorum etiam orationem de illis habitam convenire gestis decebat. (60) Sed ut reliquas quoque dicendi formas cognoscas, scias Herodotum quidem media esse usum, quæ neque sublimis, neque tenuis est; Xenophontem vero tenui. (61) Thucydides igitur, ut sublimem faceret orationem, sæpe et poeticis dictionibus et quibusdam translationibus est usus. (62) Ceterum nonnulli de toto hoc scriptionis genere dicere sunt ausi, hanc scribendi formam ad rhetoricen non pertinere, sed ad poeticen : hoc vero vel ex eo falsum esse arguitur, quod historici oratio nulla metri lege est adstricta. (63) Sed si quis nobis objiciat, non omnem metro solutam orationem esse rhetorum, ut nec Platonis, nec medicorum scripta : respondebimus historiam certe esse rhetorum, quæ et in sua capita dividitur, et ad genera ab rhetoribus præcepta refertur. Omnis enim historia communiter ad deliberativum refertur (alii tamen et ad demonstrativum eam referunt, quia viros, qui in prœliis rem fortissime gesserunt, historia laudari dicunt); speciatim vero historia Thucydidea in unumquodque de illis tribus generibus cadit : nam in deliberativum quidem cadunt omnes conciones, præter illam, quæ est Platæensium et Thebanorum in libro tertio; in demonstrativum vero, oratio funebris; in judiciale, conciones Platæensium et Thebanorum, quas paulo ante a reliquis separavimus. (64) Ad merum enim judiciale genus pertinere hanc concionem, manifesto ex eo evincitur, quod causa agitur apud judices eos, qui Lacedæmone advenerant, quodque Platæenses in judicio interrogantur, et interrogationi longiore oratione respondent, eique orationi contradicunt Thebani, ut Lacedæmoniorum iram contra Platæenses incendant : ipsa denique id arguit orationis compositio, ratio ac forma.

65. Quidam dicunt librum octavum supposititium neque ab Thucydide scriptum esse : ac sunt qui eum tribuant ipsius filiæ : sunt etiam qui Xenophonti. (66) His nos quidem respondemus, primum, filiæ non esse : id vero per se est manifestum; non enim muliebris est ingenii talem virtutem artisque præstantiam imitari : porro, si

μιμήσασθαι· ἔπειτα, εἰ τοιαύτη τις ἦν, οὐκ ἂν ἐσπούδασε λαθεῖν, οὐδ' ἂν τὴν ὀγδόην ἔγραψε μόνον, ἀλλὰ καὶ ἄλλα πολλὰ κατέλιπεν ἄν, τὴν οἰκείαν ἐκφαίνουσα φύσιν. (67) ὅτι δὲ οὐδὲ Ξενοφῶντός ἐστιν, ὁ χαρακτὴρ μόνον οὐχὶ βοᾷ· πολὺ γὰρ τὸ μέσον ἰσχνοῦ χαρακτῆρος καὶ ὑψηλοῦ. (68) οὐ μὴν οὐδὲ Θεοπόμπου, καθά τινες ἠξίωσαν. (69) τισὶ δέ, καὶ μᾶλλον τοῖς χαριεστέροις, Θουκυδίδου μὲν εἶναι δοκεῖ, ἄλλως δ' ἀκαλλώπιστος, δι' ἐκτύπων γεγραμμένη, καὶ πολλῶν πλήρης ἐν κεφαλαίῳ πραγμάτων καλλωπισθῆναι καὶ λαβεῖν ἔκτασιν δυναμένων. (70) ἔνθεν καὶ λέγομεν ὡς ἀσθενέστερον πέφρασται, καὶ ὀλίγον καθότι ἀρρωστῶν αὐτὴν φαίνεται συντεθεικώς. ἀσθενοῦντος δὲ σώματος βραχύ τι καὶ ὁ λογισμὸς ἀτονώτερος εἶναι φιλεῖ· μικροῦ γὰρ συμπάσχουσιν ἀλλήλοις ὅ τε λογισμὸς καὶ τὸ σῶμα. (71) ἀπέθανε δὲ μετὰ τὸν πόλεμον τὸν Πελοποννησιακὸν ἐν τῇ Θράκῃ, συγγράφων τὰ πράγματα τοῦ εἰκοστοῦ καὶ πρώτου ἐνιαυτοῦ· εἴκοσι γὰρ καὶ ἑπτὰ κατέσχεν ὁ πόλεμος. (72) τὰ δὲ τῶν ἄλλων ἓξ ἐτῶν πράγματα ἀναπληροῖ ὅ τε Θεόπομπος καὶ ὁ Ξενοφῶν, οἷς συνάπτει τὴν Ἑλληνικὴν ἱστορίαν. (73) ἰστέον δὲ ὅτι στρατηγήσας ὁ Θουκυδίδης ἐν Ἀμφιπόλει καὶ δόξας ἐκεῖ βραδέως ἀφικέσθαι καὶ προλαβόντος αὐτὸν τοῦ Βρασίδου ἐφυγαδεύθη ὑπ' Ἀθηναίων, διαβάλλοντος αὐτὸν τοῦ Κλέωνος· διὸ καὶ ἀπεχθάνεται τῷ Κλέωνι καὶ ὡς μεμηνότα αὐτὸν εἰσάγει πανταχοῦ. καὶ ἀπελθών, ὥς φησιν, ἐν τῇ Θράκῃ τὸ κάλλος ἐκεῖ τῆς συγγραφῆς συνέθηκεν. (74) ἀφ' οὗ μὲν γὰρ ὁ πόλεμος ἤρξατο, ἐσημειοῦτο τὰ λεγόμενα ἅπαντα καὶ τὰ πραττόμενα, οὐ μὴν κάλλους ἐφρόντισε τὴν ἀρχὴν ἀλλ' ἢ τοῦ μόνον σῶσαι τῇ σημειώσει τὰ πράγματα· ὕστερον δὲ μετὰ τὴν ἐξορίαν ἐν Σκαπτῇ ὕλῃ τῆς Θρᾴκης χωρίῳ διαιτώμενος συνέταξε μετὰ κάλλους ἃ ἐξ ἀρχῆς μόνον ἐσημειοῦτο διὰ τὴν μνήμην. (75) ἔστι δὲ τοῖς μύθοις ἐναντίος διὰ τὸ χαίρειν ταῖς ἀληθείαις. οὐ γὰρ ἐπετήδευσε τοῖς ἄλλοις ταὐτὸν συγγραφεῦσιν οὐδὲ ἱστορικοῖς, οἳ μύθους ἐγκατέμιξαν ταῖς ἑαυτῶν ἱστορίαις, τοῦ τερπνοῦ πλέον τῆς ἀληθείας ἀντιποιούμενοι· ἀλλ' ἐκεῖνοι μὲν οὕτω, τῷ συγγραφεῖ δ' οὐκ ἐμέλησε πρὸς τέρψιν τῶν ἀκουόντων ἀλλὰ πρὸς ἀκρίβειαν τῶν μανθανόντων γράφειν. καὶ γὰρ ὠνόμασεν ἀγώνισμα τὴν ἑαυτοῦ συγγραφήν. (76) πολλὰ γὰρ τῶν πρὸς ἡδονὴν ἀπέφυγε, τὰς παρενθήκας ἃς εἰώθασι ποιεῖν οἱ πλείονες ἀποκλίνας, ὅπου γε καὶ παρ' Ἡροδότῳ καὶ ὁ δελφίς ἐστιν ὁ φιλήκοος καὶ Ἀρίων ὁ κυβερνώμενος μουσικῇ, καὶ ὅλως ἡ δευτέρα τῶν ἱστοριῶν τὴν ὑπόθεσιν ψεύδεται. (77) ὁ δὲ συγγραφεὺς οὗτος ἂν ἀναμνησθῇ τινὸς περιττοῦ, διὰ μὲν τὴν ἀνάγκην λέγει, διηγεῖται δὲ μόνον εἰς γνῶσιν τῶν ἀκουόντων ἀφικνούμενος· (78) ὅ τε γὰρ περὶ Τηρέως αὐτῷ λόγος πέφρασται μόνον περὶ παθῶν τῶν γυναικῶν, ἥ τε Κυκλώπων ἱστορία τῶν τόπων ἐμνημονεύθη χάριν, καὶ ὁ Ἀλκμαίων ὅτε σωφρονεῖν μνημονεύεται, ἔνθα τὰ τῆς σωφροσύνης αὐτοῦ νήσους ποιεῖ, τὰ δ' ἄλλα οὐκ ἀκριβοῖ. (79) περὶ

talis aliqua exstitisset, non illa profecto latere voluisset; neque octavum tantum librum scripsisset illum, sed alia quoque multa ingenii sui monumenta reliquisset. (67) Deinde, non magis esse Xenophontis, ipsa dicendi forma tantum non vociferatur : longe enim differt tenue dicendi genus a sublimi. (68) Sed nec Theopompi est, ut nonnullis placet. (69) Quibusdam, iisque peritioribus, Thucydidis quidem esse videtur, nondum tamen perpolitus, res gestas significans potius quam diserte narrans, multa summatim comprehensa exhibens, quæ et poliri et dilatari poterant; (70) unde etiam propemodum adducimur ut dicamus, videri hunc librum a Thucydide jam ægrotante conscriptum : eamque esse causam cur et languidius scriptus sit. Nam quando corpus est infirmum, animus quoque vires nonnihil remittere solet : est enim inter animum et corpus quasi consensus quidam atque naturæ conjunctio. (71) Obiit in Thracia, post Peloponnesiacum bellum, cum res ejus belli usque ad annum vicesimum primum gestas conscriberet : septem enim et viginti annos hoc bellum duravit. (72) Gestas reliquis sex annis res supplent Theopompus et Xenophon, qui his rerum in Græcis gestarum historiam annectit. (73) Sciendum vero, Thucydidem, qui Amphipolin dux exercitus missus visus esset serius eo pervenisse, occupata jam urbe a Brasida, in exilium ab Atheniensibus esse missum, ob Cleonis (quem ille ideo exosus, tanquam insanum ubique introducit) calumnias : quare Athenis relictis, in Thraciam, ut aiunt, secessisse; ubi pulcherrimam illam historiam contexuit. (74) Notaverat enim ille quidem jam inde a belli initio quæcunque memoria digna dicerentur fierentve : non tamen etiam principio de ullis suæ historiæ ornamentis fuit sollicitus; sed satis ei fuit, si rerum memoriam sua notatione conservaret. Postea vero exsul, vitam Scaptesylæ, Thraciæ loco, agens, pulchre concinnavit quæ initio memoriæ tantum causa notaverat. (75) Fabulis autem adversatur, studio veritatis : non enim fecit quod alii auctores et historiarum scriptores, qui delectationis studiosiores, quam veritatis, fabulas in suas historias inseruerunt. Atque illi quidem ita se gesserunt : nostri vero scriptoris institutum longe aliud fuit : qui sibi proposuit non auditores oblectare, sed studiosos homines erudire. Ideo ait opus hoc suum esse ἀγώνισμα sive ad ostentationem elaboratum opus [non appellavit, sed κτῆμα ἐς ἀεί, possessio in omne tempus apta]. (76) Multa enim omisit, quæ ad delectationem faciunt; digressionesque vitavit, quibus plerique gaudent; cujusmodi sunt apud Herodotum, quæ de delphine narrantur, qui audienda lyra delectatur, et de Arione qui ob musicam vehitur : imo totus liber secundus titulum operis mentitur. (77) Contra hic scriptor si quid præter institutum est commemorandum, id ille quidem commemorat quia necessarium est, atque ita ut in ejus enarratione non diutius immoretur, quam quantum opus est, ut rem lector intelligat. (78) Nam et Terei meminit, propter Prognes et Philomelæ casus tantum; et Cyclopum mentionem fecit, propter locorum cognitionem; Alcmæonis quoque obiter meminit resipiscentis, de Acarnania et ei oppositis insulis loquens : reliqua non singillatim persequitur. (79) Ac fabulas quidem ita tractat Thu-

μὲν οὖν τοῖς μύθοις τοιοῦτος· δεινὸς δὲ ἠθογραφῆσαι, καὶ ἐν μὲν τοῖς μέρεσι σαφής, ὑπὸ δὲ τὴν σύνταξιν ἐνίοτε διὰ τὸ ἐπιτεῖνον τῆς ἑρμηνείας ἄδηλος εἶναι δοκῶν. (80) ἔχει δὲ χαρακτῆρα ὑπέρσεμνον καὶ μέγαν. τὸ δὲ τῆς συνθέσεως τραχύτητος ὂν μεστὸν καὶ ἐμβριθὲς καὶ ὑπερβατικόν, ἐνίοτε δὲ καὶ ἀσαφές. αἱ δὲ βραχύτητες θαυμασταί, καὶ τῶν λέξεων οἱ νόες πλείονες. (81) τὸ δὲ γνωμολογικὸν αὐτοῦ πάνυ ἐπαινετόν. (82) ἐν δὲ ταῖς ἀφηγήσεσι σφόδρα δυνατός, ναυμαχίας ἡμῖν καὶ πολιορκίας νόσους τε καὶ στάσεις διηγούμενος. (83) πολυειδὴς δὲ ἐν τοῖς σχήμασι, τὰ πολλὰ καὶ τῶν Γοργίου τοῦ Λεοντίνου μιμούμενος, ταχὺς ἐν ταῖς σημασίαις, πικρὸς ἐν ταῖς αὐστηρότησιν, ἠθῶν μιμητὴς καὶ ἄριστος διαγραφεύς· (84) ὄψει γοῦν παρ' αὐτῷ φρόνημα Περικλέους, καὶ Κλέωνος οὐκ οἶδ' ὅ τι ἂν εἴποι τις, Ἀλκιβιάδου νεότητα, Θεμιστοκλέους πάντα, Νικίου χρηστότητα, δεισιδαιμονίαν, εὐτυχίαν μέχρι Σικελίας, καὶ ἄλλα μυρία, ἃ κατὰ μέρος ἐπιδεῖν πειρασόμεθα. (85) ὡς ἐπὶ πλεῖστον δὲ χρῆται τῇ ἀρχαίᾳ ἀτθίδι [τῇ παλαιᾷ], ἢ τὸ ξ ἀντὶ τοῦ σ παρειληφεν, ὅταν ξυνέγραψε καὶ ξυμμαχίαν λέγῃ, καὶ τὴν δίφθογγον τὴν αι ἀντὶ τοῦ α γράφῃ, αἰεί λέγων. (86) καὶ ὅλως εὑρετής ἐστι καινῶν ὀνομάτων. τὰ μὲν γὰρ ἔστιν ἀρχαιότερα τῶν κατ' αὐτὸν χρόνων, τὸ αὐτοβοεί καὶ τὸ πολεμησείοντες καὶ παγχάλεπον καὶ ἁμαρτάδα καὶ ὕλης φακέλους· τὰ δὲ ποιηταῖς μέλει, οἷον τὸ ἐπιλύγξαι καὶ τὸ ἐπηλύται καὶ τὸ ἀνακῶς καὶ τὰ τοιαῦτα· τὰ δ' ἴδια, οἷον ἀποσίμωσις καὶ κωλύμη καὶ ἀποτείχισις, καὶ ὅσα ἄλλα παρ' ἄλλοις μὲν οὐ λέλεκται, παρὰ τούτῳ δὲ κεῖται. (87) μέλει δὲ αὐτῷ καὶ ὄγκου τῶν ὀνομάτων καὶ δεινότητος τῶν ἐνθυμημάτων, καὶ ὥσπερ φθάσαντες εἴπομεν, βραχύτητος συντάξεως· τὰ γὰρ πολλὰ τῶν πραγμάτων καὶ λέξει δείκνυται. (88) τέθεικε δὲ πολλάκις καὶ πάθη καὶ πράγματα ἀντ' ἀνδρῶν, ὡς τὸ ἀντίπαλον δέος. (89) ἔχει δέ τι καὶ τοῦ πανηγυρικοῦ, ἐν οἷς ἐπιταφίους λέγει, καὶ ποικίλως εἰρωνείας εἰσφέρων καὶ ἐρωτήσεις ποιούμενος καὶ φιλοσόφοις εἴδεσι δημηγορῶν· ἐν οἷς γὰρ ἀμοιβαῖός ἐστι, φιλοσοφεῖ. (90) τὴν μέντοι ἰδέαν αὐτοῦ τῶν λέξεων καὶ τῶν συνθέσεων αἰτιῶνται οἱ πλείονες, ὧν ἐστι Διονύσιος ὁ Ἁλικαρνασεύς· μέμφεται γὰρ αὐτῷ ὡς πεζῇ καὶ πολιτικῇ λέξει χρῆσθαι μὴ δυναμένῳ, οὐκ εἰδὼς ὅτι δυνάμεώς ἐστι ταῦτα πάντα περιττῆς καὶ ἕξεως πλεονεξίᾳ.

91. Φαίνεται δὲ ἐπὶ τῶν Ἡροδότου χρόνων γενόμενος, εἴ γε ὁ μὲν Ἡρόδοτος μέμνηται τῆς Θηβαίων εἰσβολῆς εἰς τὴν Πλάταιαν, περὶ ἧς ἱστορεῖ Θουκυδίδης ἐν τῇ δευτέρᾳ. (92) λέγεται δέ τι καὶ τοιοῦτον, ὥς ποτε τοῦ Ἡροδότου τὰς ἰδίας ἱστορίας ἐπιδεικνυμένου παρὼν τῇ ἀκροάσει Θουκυδίδης καὶ ἀκούσας ἐδάκρυσεν· ἔπειτά φασι τὸν Ἡρόδοτον τοῦτο θεασάμενον εἰπεῖν αὐτοῦ πρὸς τὸν πατέρα τὸν Ὄλορον « ὦ Ὄλορε, ὀργᾷ ἡ φύσις τοῦ υἱοῦ σου πρὸς μαθήματα. » (93) ἐτελεύτησε δὲ ἐν τῇ Θρᾴκῃ· καὶ οἱ μὲν λέγουσιν ὅτι ἐκεῖ

cydides. Ceterum in moribus exprimendis admirabilis plane est : in singulis quidem orationis partibus est perspicuus ; at in verborum constructione, quod longioribus periodis ac sententiis utitur, interdum obscurus videtur esse. (80) Genere dicendi utitur grandi et in primis sublimi. Compositio aspera est, gravis, et hyperbatis scatens, interdum etiam obscura ; brevitas admirabilis, et verbis sententiae plures. (81) In sententiis quae ad mores pertinent, valde excellit. (82) Praestat etiam in narrationibus, dum praelia navalia, obsidiones urbium, morbos ac seditiones nobis narrat. (83) Orationi suae multiplicia adhibet figurarum lumina, in plerisque Gorgiam Leontinum imitatus, velox in elocutione, austerus supra modum, morum exprimendorum optimus artifex. (84) Itaque videbis apud eum in Pericle spiritum elatum, atque in Cleone nescio quid, quod quo nomine sit appellandum non reperio, in Alcibiade juventutem, in Themistocle [calliditatem], in Nicia probitatem, superstitionem, et felicitatem antequam venisset in Siciliam : itemque alia sexcenta, quae suis locis sigillatim conabimur observare. (85) Plurimus est apud Thucydidem veteris linguae Atticae usus, quae ξ pro σ usurpat, ut quum dicit ξυνέγραψε et ξυμμαχίαν, et per diphthongum αι scribit quae reliqui per α, dicitque αἰεί. (86) Et omnino nomina multa nova invenit; siquidem in Thucydidis dictione quaedam vocabula reperiuntur ipsius aetate antiquiora, ut αὐτοβοεί, et πολεμησείοντες, et παγχάλεπον, et ἁμαρτάδα, et ὕλης φακέλους. Quaedam ejus et poetis sunt in usu, ut ἐπιλύγξαι, ἐπηλύται, ἀνακῶς et similia. Quaedam ipsi propria, ut ἀποσίμωσις et κωλύμη et ἀποτείχισις· itemque alia, quae apud reliquos scriptores non leguntur, sed apud hunc tantum. (87) Porro huic etiam curae est verborum majestas, vis argumentorum, ac sententiarum gravitas : et, ut jam diximus, in compositione brevitas. Nam saepe multae res vel unica voce declarantur. (88) Saepe etiam res et affectiones pro personis usurpat, ut in illo, ἀντίπαλον δέος. (89) Habet etiam generis demonstrativi nonnihil : ut in oratione funebri ; et quod varie ironicum modum inducit atque interrogationibus utitur et conciones habet philosophico more conscriptas : in iis enim quae instar dialogorum compositae sunt, philosophum agit. (90) Ipsius tamen elocutionem ac verborum compositionem plerique reprehendunt, inter quos est Dionysius Halicarnasseus ; eum enim reprehendit quasi soluta ac civili oratione uti nequeat ; ignorans ille quidem haec omnia esse cujusdam eximiae facultatis et habitus perfectissimi.

91. Herodoti temporibus videtur vixisse, siquidem Herodotus meminit irruptionis in urbem Plataeas factae, quam historiam narrat Thucydides libro secundo. (92) Narrant etiam, quum Herodotus suas historias in hominum coetu recitaret, Thucydidem recitationi illi interfuisse, et quum eas audivisset, lacrimasse ; quod ubi animadvertisset Herodotus, dixisse eum ferunt Oloro patri Thucydidis : « Filii tui, o Olore, ingenium magno impetu ad literarum studia fertur. » (93) Mortuus est in Thracia et, ut quidem volunt nonnulli, ibi est sepultus :

ἐτάφη· ἄλλοι δὲ λέγουσιν ὅτι ἐν ταῖς Ἀθήναις ἠνέχθη αὐτοῦ τὰ ὀστᾶ κρύφα παρὰ τῶν συγγενῶν καὶ οὕτως ἐτάφη· οὐ γὰρ ἐξῆν φανερῶς θάπτειν ἐν Ἀθήναις τὸν ἐπὶ προδοσίᾳ φεύγοντα. (94) ἔστι δὲ αὐτοῦ τάφος πλησίον τῶν πυλῶν, ἐν χωρίῳ τῆς Ἀττικῆς ὃ Κοίλη καλεῖται, καθά φησιν Ἄντυλλος, ἀξιόπιστος ἀνὴρ μαρτυρῆσαι καὶ ἱστορίαν γνῶναι καὶ διδάξαι δεινός. (95) καὶ στήλη δέ, φησίν, ἕστηκεν ἐν τῇ Κοίλῃ, « Θουκυδίδης Ὀλόρου Ἁλιμούσιος » ἔχουσα ἐπίγραμμα. τινὲς δὲ προσέθηκαν καὶ τὸ « ἐνθάδε κεῖται· » ἀλλὰ λέγομεν ὅτι νοούμενόν ἐστι τοῦτο καὶ προσυπακουόμενον· οὐδὲ γὰρ ἔκειτο ἐν τῷ ἐπιγράμματι.

96. Ἔστι δὲ τὴν ἰδέαν καὶ τὸν χαρακτῆρα μεγαλοπρεπής, ὡς μηδὲ ἐν τοῖς οἴκτοις ἀφίστασθαι τοῦ μεγαλοπρεποῦς, ἐμβριθὴς τὴν φράσιν, ἀσαφὴς τὴν διάνοιαν διὰ τὸ ὑπερβατοῖς χαίρειν, ὀλίγοις ὀνόμασι πολλὰ πράγματα δηλῶν, καὶ ποικιλώτατος μὲν ἐν τοῖς τῆς λέξεως σχήμασι, κατὰ δὲ τὴν διάνοιαν τοὐναντίον ἀσχημάτιστος· οὔτε γὰρ εἰρωνείαις οὔτε ἐπιτιμήσεσιν οὔτε ταῖς ἐκ πλαγίου ῥήσεσιν οὔτε ἄλλαις τισὶ πανουργίαις πρὸς τὸν ἀκροατὴν κέχρηται, τοῦ Δημοσθένους μάλιστα ἐν τούτοις ἐπιδεικνυμένου τὴν δεινότητα. (97) οἶμαι δὲ οὐκ ἀγνοίᾳ σχηματισμοῦ τοῦ κατὰ διάνοιαν παρεῖναι τὸν Θουκυδίδην τὸ τοιοῦτον, ἀλλὰ τοῖς ὑποκειμένοις προσώποις πρέποντας καὶ ἁρμόζοντας συντιθέντα τοὺς λόγους· οὐ γὰρ ἔπρεπε Περικλεῖ καὶ Ἀρχιδάμῳ καὶ Νικίᾳ καὶ Βρασίδᾳ, ἀνθρώποις μεγαλόφροσι καὶ γενναίοις καὶ ἡρωικὴν ἔχουσι δόξαν, λόγους εἰρωνείας καὶ πανουργίας περιτιθέναι ὡς μὴ παρρησίαν ἔχουσι φανερῶς ἐλέγχειν καὶ ἄντικρυς μέμφεσθαι καὶ ὁτιοῦν βούλονται λέγειν. (98) διὰ τοῦτο τὸ ἄπλαστον καὶ ἀνηθοποίητον ἐπετήδευσε, σώζων κἀν τούτοις τὸ προσῆκον καὶ τῇ τέχνῃ δοκοῦν· τεχνίτου γὰρ ἀνδρὸς φυλάξαι τοῖς προσώποις τὴν ἐπιβάλλουσαν δόξαν καὶ τοῖς πράγμασι τὸν ἀκόλουθον κόσμον.

99. Ἰστέον δὲ ὅτι τὴν πραγματείαν αὐτοῦ οἱ μὲν κατέτεμον εἰς τρεισκαίδεκα ἱστορίας, ἄλλοι δὲ ἄλλως. ὅμως δὲ ἡ πλείστη καὶ ἡ κοινὴ κεκράτηκε, τὸ μέχρι τῶν ὀκτὼ διῃρῆσθαι τὴν πραγματείαν, ὡς καὶ ἐπέκρινεν ὁ Ἀσκληπιός.

sed alii dicunt, ossa ejus clam a cognatis Athenas fuisse importata, itaque sepulta; neque enim palam licuit Athenis sepelire eum qui propter crimen proditionis exsilio fuisset mulctatus. (94) Erat autem ejus sepulcrum prope portam in eo loco agri Attici, qui appellatur Cœla, quemadmodum testatur Antyllus, vir fide dignissimus, historiæque peritissimus, et ad docendum appositissimus. (95) Stetit etiam, ait ille, in Cœla habens hanc inscriptionem columna, THUCYDIDES OLORI HALIMUSIUS. Addiderunt vero quidam hæc, HIC JACET; quod nos facile intelligi ac subaudiri dicimus in inscriptione enim non erat.

96. Forma et dicendi genus, quo Thucydides utitur, est magnificum adeo, ut ne in commiserationibus quidem ab hac magnifica loquendi forma abstineat. Elocutio est gravis, sententiæ obscuræ, quia hyperbatis delectatur, et multas res paucis verbis declarat. Et verborum quidem plurimas habet figuras; contra vero paucissimas sententiarum figuras habet. Nam nec ironiis, nec objurgationibus, nec oblique dictis, nec ullis aliis callidis artibus, quibus auditorem capiat, utitur, quum tamen Demosthenes in his potissimum suæ eloquentiæ vim ostentet. (97) Puto autem hujusmodi sententiarum figuras a Thucydide non propter earum ignorationem prætermissas: verum quia orationem personis, quarum esse verba fingit, congruentem atque convenientem tribuere volebat. Nec enim decebat Pericli, et Archidamo, et Niciæ, et Brasidæ, viris excelso animo præditis, et generosis, et heroica gloria ornatis, ironias et alias artis oratoriæ fraudes attribuere, quasi non liceret ipsis alios aperte arguere, et palam accusare, et dicere quicquid vellent. (98) Propterea igitur simplicem et minime figuratam orationem accurate est sequutus, in his etiam rebus decorum et artis præcepta servans. Est enim artificis periti, dignitatem singulis personis convenientem servare, et rebus quibusque congruens ornamentum tribuere.

99. Sciendum est autem totam Thucydidis historiam a quibusdam in tredecim libros fuisse divisam, ab aliis aliter. Vulgaris tamen et communis usus obtinuit, ut totum hoc opus in octo tantum libros divideretur, quod et Asclepius suo judicio comprobavit.

ΑΛΛΩΣ ΕΚ ΤΩΝ ΤΟΥ ΣΟΥΙΔΑ.

Θουκυδίδης Ὀλόρου, Ἀθηναῖος. παῖδα δὲ ἔσχε Τιμόθεον. ἦν δὲ ἀπὸ μὲν μητρὸς Μιλτιάδου τοῦ στρατηγοῦ τὸ γένος ἕλκων· ἀπὸ δὲ πατρός, Ὀλόρου τοῦ Θρᾳκῶν βασιλέως. μαθητὴς Ἀντιφῶντος. ἤκμαζε κατὰ τὴν πζ΄ ὀλυμπιάδα. ἔγραψε δὲ τὸν πόλεμον τῶν Πελοποννησίων καὶ Ἀθηναίων. Οὗτος ἤκουσεν ἔτι παῖς τυγχάνων Ἡροδότου ἐπὶ τῆς Ὀλυμπίας τὰς ἱστορίας αὐτοῦ διερχομένου, ἃς συνεγράψατο, καὶ κινηθεὶς ὑπό τινος ἐνθουσιασμοῦ, πλήρης δακρύων ἐγένετο. καὶ ὁ Ἡρόδοτος κατανοήσας τὴν αὐτοῦ φύσιν, πρὸς τὸν πα-

ALITER EX SUIDA.

Thucydides, Olori filius, Atheniensis. Habuit filium Timotheum. Maternum genus a Miltiade duce, paternum vero ab Oloro, Thracum rege, ducebat. Antiphontis discipulus. Floruit Olympiade octogesima septima. Scripsit Peloponnesiorum et Atheniensium bellum. Hic, dum adhuc erat puer, audivit Herodotum, qui Olympiæ recitabat historias quas conscripserat, et quasi quodam furore divino percitus, lacrimabat abunde. Herodotus autem animad-

τέρα Θουκυδίδου Ὄλορον ἔφη, « Μακαρίζω σε τῆς εὐτεκνίας, Ὄλορε· ὁ γὰρ σὸς υἱὸς ὀργῶσαν ἔχει τὴν ψυχὴν πρὸς τὰ μαθήματα. » καὶ οὐκ ἐψεύσθη γε τῆς ἀποφάνσεως. Οὗτος ὁ Θουκυδίδης ἀνὴρ ἦν πολὺς ταῖς τέχναις, κάλλει λόγων, καὶ ἀκριβείᾳ πραγμάτων, καὶ στρατηγικαῖς συμβουλίαις, καὶ πανηγυρικαῖς ὑποθέσεσιν. Οὗτος ὁ συγγραφεὺς μεταβαίνειν εἴωθεν ἀπὸ τῶν θηλυκῶν εἰς οὐδέτερα· οἷον, Τρέπονται εἰς Μακεδονίαν, ἐφ' ὅπερ καὶ πρότερον. Καὶ Θουκυδίδειος γραφή.

verso ejus ingenio, Oloro Thucydidis patri dixit : « Te, Olore, propter egregiam prolem beatum judico : tuus enim filius animum ad disciplinas incitatum earumque vehementer cupidum habet. » Nec eum sua sententia fefellit. Hic Thucydides fuit vir insignis artificio, orationis elegantia, accurata rerum expositione, et imperatoriis consiliis, et panegyricis argumentis. Hic scriptor a feminineo ad neutrum genus transire solet, ut in his verbis, Τρέπονται εἰς Μακεδονίαν, ἐφ' ὅπερ καὶ πρότερον. Adjectivum, Thucydidea scriptio.

ΘΟΥΚΥΔΙΔΟΥ ΒΙΟΣ.

1. Θουκυδίδης Ἀθηναῖος Ὀλόρου ἦν παῖς, Θρᾴκιον δὲ αὐτῷ τὸ γένος· καὶ γὰρ ὁ πατὴρ αὐτῷ Ὄλορος ἐκ Θρᾴκης εἶχε τοὔνομα. (2) γέγονε δὲ τῶν Μιλτιάδου συγγενής· αὐτίκα γοῦν ἔνθα Μιλτιάδης περὶ Κοίλην τέθαπται, ἐνταῦθα καὶ Θουκυδίδης τέθαπται. (3) ὁ δὲ Μιλτιάδης ἔγημε τοῦ Θρᾳκῶν βασιλέως θυγατέρα Ἡγησιπύλην. (4) γέγονε δὲ Ἀντιφῶντος τοῦ Ῥαμνουσίου μαθητής, δεινοῦ λέγειν καὶ ὑπόπτου γενομένου τοῖς δικαστηρίοις. καὶ διὰ ταῦτα λέγοντος μὲν οὐκ ἠνείχοντο αὐτοῦ, γράφειν δὲ ἐπεχείρησε τοὺς λόγους, καὶ ἐξέδωκε τοῖς δεομένοις. (5) ἐμαρτύρησε δὲ αὐτῷ καὶ Θουκυδίδης ὁ μαθητὴς ὅτι ᾧ ἂν σύμβουλος γένοιτο, ἄριστα ἐκεῖνος ἀπήλλαττεν εἰς τὰς δίκας. (6) ἀλλ' ὁ μὲν ἔδοξε πονηρὸς Ἀντιφῶν εἶναι, καὶ περὶ τέλη τοῦ Πελοποννησιακοῦ πολέμου κριθεὶς προδοσίας, ὡς Λακεδαιμονίοις μὲν τὰ ἄριστα κατὰ πρεσβείαν παραινέσας Ἀθηναίοις δὲ ἀλυσιτελέστατα, ἑάλω. (7) καὶ σὺν αὐτῷ διεφθάρησαν Ἀρχέπτολεμος καὶ Ὀνομακλῆς, ὧν καὶ κατεσκάφησαν καὶ αἱ οἰκίαι, καὶ τὸ γένος τὸ μὲν διεφθάρη τὸ δὲ ἄτιμον ἐγένετο. (8) στρατηγικὸς δὲ ἀνὴρ ὁ Θουκυδίδης γενόμενος, καὶ τὰ περὶ Θάσον πιστευθεὶς μέταλλα, πλούσιος μὲν ἦν καὶ μέγα ἐδύνατο, ἐν δὲ τῷ Πελοποννησιακῷ πολέμῳ αἰτίαν ἔσχε προδοσίας ἐκ βραδυτῆτός τε καὶ ὀλιγωρίας. (9) ἔτυχε μὲν γὰρ Βρασίδας τὰς ἐπὶ Θρᾴκης καταλαβὼν πόλεις Ἀθηναίων, ἀφιστὰς μὲν Ἀθηναίων, Λακεδαιμονίοις δὲ προστιθείς· κἀνταῦθα δέον ταχέως ἀναπλεῦσαι, καὶ σῶσαι μὲν τὴν Ἠϊόνα ἐγγὺς κειμένην, περιποιήσαι δὲ τὴν Ἀμφίπολιν, μέγα κτῆμα τοῖς Ἀθηναίοις, τὴν μὲν Ἠϊόνα ἐδυνήθη φθάσας σῶσαι, τὴν δὲ Ἀμφίπολιν ἀπώλεσεν. (10) καίτοι Κλέων βοηθῶν ταῖς ἐπὶ Θρᾴκης πόλεσι κατέπλευσε μὲν εἰς Ἀμφίπολιν, ἀλλ' ὅμως μάχης γενομένης Βρασίδας μὲν ὁ Λακεδαιμόνιος ἐνίκησεν αὐτόν, Κλέων δὲ ἀπέθανεν ὑπὸ Μυρκινίου πελταστοῦ βληθείς. (11) οὐ μὴν ἀλλὰ καὶ Βρασίδας τῆς νίκης αἰσθόμενος ἀπέθανε, καὶ ἡ Ἀμφίπολις Ἀθηναίων ἀπέστη, Λακεδαιμονίων δὲ ἐγένετο· ἔνθα καὶ τὰ Ἀγνώνια οἰκοδομήματα καθελόντες οἱ Ἀμφιπολῖται Βρασίδεια ἐκάλεσαν, μισήσαντες μὲν τὴν Ἀττικὴν ἀποικίαν, λακωνίσαντες δὲ κἂν τούτῳ καὶ τὴν τιμὴν μεταθέντες εἰς Λακεδαίμονα. (12) γενόμενος δὲ φυγὰς ὁ Θουκυδίδης

ALIA VITA THUCYDIDIS.

1. Thucydidi Atheniensi, Olori filio, Thracium genus fuit : nam pater ejus Olorus ex Thracia nomen accepit. (2) Fuit autem ex affinibus Miltiadis. Unde etiam ubi Miltiades apud Cœlam, ibi et Thucydides sepultus est. (3) Miltiades Hegesipylen, Thracum regis filiam, uxorem duxit. (4) Fuit autem Thucydides discipulus Antiphontis Rhamnusii, qui in dicendo sollers, in judiciis suspectus habitus est : propterea quum ipsum orantem non facile judicia tolerarent, orationes scribere aggressus est, et quibus eo opus erat exhibuit. (5) De quo Thucydides etiam discipulus testimonium perhibuit, cuicunque ille consilium dedisset, eum in judicio victor evadere. (6) Sed Antiphon improbus est existimatus, et circa finem belli Peloponnesiaci proditionis accusatus est, quippe qui in legatione Lacedæmoniis optima, Atheniensibus vero inutilissima consuluisse deprehensus est : (7) simulque cum eo Archeptelemus et Onomacles periere, quorum etiam domus funditus eversæ sunt, et eorum genus partim abolitum, partim honore privatum. (8) Quum autem Thucydidi, in imperatoria dignitate constituto, credita essent metalla quæ circa Thasum erant, dives et potens factus est. Bello vero Peloponnesiaco proditionis accusatus est, ob tarditatem et negligentiam. (9) Forte enim Brasidas cepit urbes Atheniensium in Thracia, quas abductas ab Atheniensibus adjecit Lacedæmoniis; eoque quum oporteret Thucydidem celeriter navigare, et servare Eiona prope positam, et vindicare Amphipolim Atheniensibus summe utilem, Eiona quidem perveniens servabat, Amphipolim autem perdidit. (10) Cleon tamen suppetias ferens urbibus Thraciæ, navigavit Amphipolim, sed commissa pugna a Brasida Lacedæmonio victus est, periitque a Murcinio peltato vulneratus. (11) Veruntamen et Brasidas victoriam adeptus, mortuus est, et Amphipolis ab Atheniensibus ad Lacedæmonios descivit : ubi et Hagnonia ædificia quum diruissent Amphipolitani, Brasidia appellarunt, coloniam Atticam odio habentes, et Laconum partes etiam in hoc foventes, atque honorem in Lacedæmona transferentes. (12) Thucydides vero quum exsularet, belli

ἐσχόλαζε τῇ συγγραφῇ τοῦ Πελοποννησιακοῦ πολέμου, καὶ διὰ τοῦτο δοκεῖ πολλὰ χαρίζεσθαι μὲν Λακεδαιμονίοις, κατηγορεῖν δὲ Ἀθηναίων τὴν τυραννίδα καὶ πλεονεξίαν· (13) οὗ γὰρ καιρὸς αὐτῷ κατειπεῖν Ἀθηναίων ἐγένετο, Κορινθίων κατηγορούντων ἢ Λακεδαιμονίων μεμφομένων ἢ Μιτυληναίων αἰτιωμένων, πολὺς ἐν τοῖς ἐγκλήμασι τοῖς Ἀττικοῖς ἐρρύη, καὶ τὰς μὲν νίκας τὰς Λακωνικὰς ἐξῇρε τῷ λόγῳ, τὰς δὲ ξυμφορὰς ηὔξησε τὰς Ἀττικάς, ὅπου καὶ τὰς ἐν Σικελίᾳ. (14) πέπαυται δὲ τὸ τῆς συγγραφῆς ἐν τῇ ναυμαχίᾳ τῇ περὶ Κυνὸς σῆμα, τοῦτ' ἐστὶ περὶ τὸν Ἑλλήσποντον, ἔνθα δοκοῦσι καὶ νενικηκέναι Ἀθηναῖοι. (15) τὰ δὲ μετὰ ταῦτα ἑτέροις γράφειν κατέλιπε, Ξενοφῶντι καὶ Θεοπόμπῳ. εἰσὶ δὲ αἱ ἐφεξῆς μάχαι. (16) οὔτε γὰρ τὴν δευτέραν ναυμαχίαν τὴν περὶ Κυνὸς σῆμα, ἣν Θεόπομπος εἶπεν, οὔτε τὴν περὶ Κύζικον, ἣν ἐνίκα Θρασύβουλος καὶ Θηραμένης καὶ Ἀλκιβιάδης, οὔτε τὴν ἐν Ἀργινούσαις ναυμαχίαν, ἔνθα νικῶσιν Ἀθηναῖοι Λακεδαιμονίους, οὔτε τὸ κεφάλαιον τῶν κακῶν τῶν Ἀττικῶν, τὴν ἐν Αἰγὸς ποταμοῖς ναυμαχίαν, ὅπου καὶ τὰς ναῦς ἀπώλεσαν Ἀθηναῖοι καὶ τὰς ἑξῆς ἐλπίδας· (17) καὶ γὰρ τὸ τεῖχος αὐτῶν καθῃρέθη καὶ ἡ τῶν τριάκοντα τυραννὶς κατέστη καὶ πολλαῖς συμφοραῖς περιέπεσεν ἡ πόλις, ἃς ἠκρίβωσε Θεόπομπος. (18) ἦν δὲ τῶν πάνυ κατὰ γένος Ἀθήνησι δοξαζομένων ὁ Θουκυδίδης. δεινὸς δὲ δόξας εἶναι ἐν τῷ λέγειν πρὸ τῆς συγγραφῆς προέστη τῶν πραγμάτων. (19) πρώτην δὲ τῆς ἐν τῷ λέγειν δεινότητος τήνδε ἐποιήσατο τὴν ἐπίδειξιν· Πυριλάμπης γάρ τις τῶν πολιτῶν ἄνδρα φίλον καὶ ἐρώμενον ἴδιον διά τινα ζηλοτυπήσας ἐφόνευσεν, ταύτης δὲ τῆς δίκης ἐν Ἀρείῳ πάγῳ κρινομένης ἀπελογήσατο πολλὰ τῆς ἰδίας σοφίας ἐπεδείξατο, ἀπολογίαν ποιούμενος ὑπὲρ τοῦ Πυριλάμπους, καὶ Περικλέους κατηγοροῦντος ἐνίκα. ὅθεν καὶ στρατηγὸν αὐτὸν ἑλομένων Ἀθηναίων ἄρχων προέστη τοῦ δήμου. (20) μεγαλόφρων δὲ ἐν τοῖς πράγμασι γενόμενος, ἅτε φιλοχρημάτων, οὐκ εἴατο πλείονα χρόνον προστατεῖν τοῦ δήμου. (21) πρῶτον μὲν γὰρ ὑπὸ τοῦ Ξενοκρίτου, ὡς Σύβαριν ἀποδημήσας, ὡς ἐπανῆλθεν εἰς Ἀθήνας, συγχύσεως δικαστηρίου φεύγων ἑάλω· ὕστερον δὲ ἐξοστρακίζεται ἔτη δέκα. (22) φεύγων δὲ ἐν Αἰγίνῃ διέτριβεν, κἀκεῖ λέγεται τὰς ἱστορίας αὐτὸν συντάξασθαι. τότε δὲ τὴν φιλαργυρίαν αὐτοῦ μάλιστα φανερὰν γενέσθαι· ἅπαντας γὰρ Αἰγινήτας κατατοκίζων ἀναστάτους ἐποίησεν.

23. Μετὰ τὴν ἱστορίαν φασὶ συντετάχθαι τῷ συγγραφεῖ τὸ προοίμιον, ἐπεὶ τῶν ἐν τῷ πολέμῳ μέμνηται γεγονότων, ὥσπερ τῆς Δήλου καθάρσεως, ἣν περὶ τὸ ἕβδομον ἔτος ἐπὶ Εὐθύνου ἄρχοντος γεγενῆσθαί φασιν. (24) μέμνηται δὲ ἐν αὐτῷ καὶ τῆς τοῦ πολέμου τελευτῆς λέγων « ἐς τὴν τελευτὴν τοῦδε τοῦ πολέμου. » ἀλλὰ καὶ ἐν ἀρχῇ φησὶ « κίνησις γὰρ αὕτη δὴ μεγίστη τοῖς Ἕλλησιν ἐγένετο καὶ μέρει τινὶ τῶν βαρβάρων, ὡς δὲ εἰπεῖν καὶ ἐπὶ πλεῖστον ἀνθρώπων. » (25) πληρώσας δὲ τὴν ὀγδόην ἱστορίαν ἀπέθανε νόσῳ· σφάλλονται γὰρ

Peloponnesiaci historiæ conscribendæ vacabat; et propter hoc Lacedæmoniis plurimum gratificari videtur, Atheniensium autem tyrannidem et avaritiam accusare; (13) nam ubicunque contra eos scribendi nactus est opportunitatem, ut Corinthiis accusantibus, aut Lacedæmoniis succensentibus, aut Mitylenæis culpantibus, grandis in Atheniensium crimina insurgebat, Laconicas victorias oratione extollens, et Atticas calamitates augens, eas præcipue quæ in Sicilia acceptæ erant. (14) Historiam autem clausit in prælio navali, quod gestum est circa Cynossema, hoc est circa Hellespontum : ubi videntur et Athenienses victoriam reportasse. (15) Quæ vero secuta fuerunt, aliis scribenda reliquit, Xenophonti videlicet et Theopompo; nam plura prælia postea commissa sunt. (16) Neque enim complexus est secundam pugnam navalem circa Cynossema, quam Theopompus scripsit; neque eam quæ circa Cyzicum commissa est, in qua Thrasybulus, Theramenes et Alcibiades victoriam retulerunt; neque quæ in Arginusis facta est, ubi Athenienses Lacedæmonios superarunt; neque, quæ caput Atticorum malorum fuit, pugnam navalem ad Ægos flumen, ubi et naves et spem deinceps perdiderunt Athenienses. (17) Tunc enim murus eorum eversus est, et tyrannis triginta virorum constituta, et in multas calamitates incidit civitas, quas diligentissime scripsit Theopompus. (18) Thucydides autem inter Athenienses clarissimus unus fuit; quumque gravis in dicendo videatur, priusquam res scriberet, rebus præfuit. (19) Primam autem gravitatis in dicendo demonstrationem hanc fecit : Pyrilampes quidam ex civibus virum amicum et amasii loco habitum ob suspicionem quandam interfecit. Hac autem causa in Areopago mota, magnum sapientiæ suæ specimen edidit. Nam quum pro Pyrilampe causam ageret, et Pericles accusaret, victoriam obtinuit; unde et imperator ab Atheniensibus delectus, princeps populi fuit. (20) Quanquam enim magni animi erat in rebus gerendis, tamen ut avaritia laborantem non passi sunt diutius præesse populo. (21) Primum enim a Xenocrito, ut Sybarin peregre profectus, quum reversus esset Athenas, conturbati judicii accusatus et damnatus est; postea vero in exsilium missus per decennium. (22) Exul in Ægina commorabatur, et illic dicitur historias composuisse. Tuncque avaritiam suam maxime patefecit : nam omnes Æginetas fœnore opprimens, prorsus exhausit.

23. Post absolutam historiam procemium ab auctore scriptum fuisse referunt; quoniam de his quæ in bello gesta sunt, in eo meminit, ut de Deli purgatione, quam circa septimum annum Euthyno archonte factam fuisse dicunt. (24) Mentionem quoque in eo fecit de fine belli, dicens : « Usque ad finem hujus belli. » Sed et initio dicit : « Motus enim hic maximus Græcis fuit, et parti cuidam barbarorum, et ut ita dicam, maximæ parti hominum. » (25) Quum autem octavum librum historiæ absolvisset, morbo exstin-

οἱ λέγοντες μὴ Θουκυδίδου εἶναι τὴν ὀγδόην, ἀλλ' ἑτέρου συγγραφέως· (26) τελευτήσας δ' ἐν Ἀθήνησιν ἐτάφη πλησίον τῶν Μελιτίδων πυλῶν, ἐν χωρίῳ τῆς Ἀττικῆς ὃ προσαγορεύεται Κοίλη, εἴτε αὐτὸς ἐπανελθὼν Ἀθήναζε ἐκ τῆς φυγῆς τοῦ ὁρισθέντος χρόνου πληρωθέντος, καὶ τελευτήσας ἐν τῇ ἰδίᾳ πατρίδι, εἴτε μετακομισθέντων αὐτοῦ τῶν ὀστέων ἀπὸ Θράκης, ἐκεῖ καταστρέψαντος τὸν βίον· λέγεται γὰρ ἐπ' ἀμφότερα. (27) καὶ στήλη τις ἀνέστηκεν ἐν τῇ Κοίλῃ τοῦτο ἔχουσα τὸ ἐπίγραμμα,

Θουκυδίδης Ὀλόρου Ἁλιμούσιος ἐνθάδε κεῖται.

ctus est; falluntur enim qui dicunt non Thucydidis esse octavum, sed alius historici. (26) Mortuus autem, Athenis sepultus est juxta portas Melitides, in loco Atticæ regionis qui appellatur Cœla; seu redux Athenas ab exsilio, completo tempore præscripto, et in propria patria mortuus; seu translatis ejus ossibus ex Thracia, quum illic decessisset : in utramque enim partem dicitur. (27) Et columna quædam in Cœla erecta est, hoc monosticho insignita :

Thucydides Olori jacet hoc Alimusius antro.

SCHOLIA.

IN LIBRUM I.

I. Θουκυδίδης Ἀθηναῖος] πάντως μέμνηται τοῦ οἰκείου ὀνόματος κατ' ἀρχὰς, ἀντιδιαστέλλων ἑαυτὸν τῶν ὁμωνύμων ἐν τοῖς ἔτεσιν. § ἅμα μὲν τῆς αὐτῆς αἰτίας ἕνεκεν, ἅμα δὲ καὶ τοῦ μὴ ἕτερόν τινα τὸ αὐτοῦ σφετερίσασθαι σύνταγμα. — Ξυνέγραψε] ἄλλο ἐστὶ γράψαι, καὶ ἄλλο ξυγγράψαι· τὸ μὲν γὰρ ἐπὶ ἑνὸς πράγματος λέγεται, τὸ δὲ ξυγγράψαι ἐπὶ πολλῶν. § Ξυγγράψαι τὸ μετ' ἐπιμελείας καὶ σπουδαίως συντάξαι, γράψαι δὲ καὶ τὸ ἁπλῶς καὶ μὴ ἐπιμελῶς τὴν ἀλήθειαν ἀνευρεῖν. — Τὸν πόλεμον] τὸ πρᾶγμα. — Ὡς ἐπολέμησαν] τὸν τρόπον. — Πρὸς ἀλλήλους] καὶ ὁ πρὸς Ξέρξην πόλεμος τῶν αὐτῶν ἦν, ἀλλ' οὐ πρὸς ἀλλήλους· διὸ καὶ οὐ μάτην πρόσκειται. — Ἀρξάμενος εὐθὺς καθισταμένου] τὸν χρόνον. — Καθισταμένου] ἀρχὴν λαμβάνοντος. § Ἀντὶ τοῦ συνισταμένου. — Καὶ ἐλπίσας] τὴν αἰτίαν. — Καὶ ἐλπίσας μέγαν τε ἔσεσθαι] τὸ ἐλπίσας τὴν αἰτίαν. — Καὶ ἐλπίσας μέγαν τε ἔσεσθαι] τὸ ἐλπίσας οὐ μόνον ἐπὶ ἀγαθῷ, ἀλλ' ἁπλῶς ἐπὶ τῇ τοῦ μέλλοντος ἐκβάσει λέγεται. — Μέγαν] ἢ τῷ χρόνῳ, ἢ τοῖς πράγμασιν. — Ἀκμάζοντές τε ἦσαν] ἀντὶ τοῦ ἤκμαζον. — Ἦσαν] μετὰ σπουδῆς ἐπορεύοντο. Παρασκευῇ τῇ πάσῃ] πῶς ἤκμαζον ἀμφότεροι παρασκευῇ τῇ πάσῃ, εἴ γε τοῖς Πελοποννησίοις χρημάτων ἐνέδει; — Ξυνιστάμενον πρὸς ἑκατέρους] εἰς σύστασιν καὶ εἰς βοήθειαν ἑκατέρων κινούμενον. — Τὸ μὲν εὐθὺς] ἅμα τῷ ἄρξασθαι τὸν πόλεμον. — 2. Αὕτη δή] τὸ δὴ ἀντὶ τοῦ πάνυ. — Καὶ μέρει τινὶ τῶν βαρβάρων] Θρᾷκας λέγει καὶ Πέρσας· οἱ μὲν γὰρ μετὰ Σιτάλκου συνεμάχοντο Ἀθηναίοις, οἱ δὲ μετ' Ἀρταξέρξου καὶ Δαρείου ὕστερον τοῖς Λακεδαιμονίοις. — Τὰ γὰρ πρὸ αὐτῶν] τὰ Μηδικὰ καὶ Τρωϊκά. — Τὰ ἔτι παλαιότερα] τὰ ἐξ οὗ ἄνθρωποι. — Ξυμβαίνει] ἀντὶ τοῦ συνάγεται καὶ συγκεφαλαιοῦται, τὸ δ' ἐπὶ μακρότατον ἀντὶ τοῦ ἐπιπολὺ καὶ ἐπιμελῶς κεῖται. — Οὔτε ἐς τὰ ἄλλα] κατασκευὴ δηλονότι. — Ἐς τὰ ἄλλα] ἤγουν εἰς τὴν κατὰ γῆν καὶ θάλασσαν τοῦ πολέμου κατασκευήν. — Ἐς τὰ ἄλλα] οἷον τὰς ἐκλείψεις καὶ τοὺς σεισμούς.

II. Ἡ νῦν Ἑλλὰς καλουμένη] πρὸ τούτου γὰρ κατὰ μέρος καὶ κατὰ ἔθνη ἐκαλεῖτο. τὸ δὲ σχῆμα τοῦ ὁμοιοκαταλήκτου Γοργίειον καλεῖται. — Οὐ πάλαι βεβαίως] οὐ βεβαίως ὑπὸ τῶν παλαιῶν ἀνθρώπων. — Ἀλλὰ μεταναστάσεις] μετοικήσεις· φαίνονται δηλονότι. — Καὶ ῥᾳδίως] ἀπὸ κοινοῦ τὸ φαίνονται. — Ὑπό τινων ἀεὶ πλειόνων] οὐκ εἶπε δυνατῶν, ἵνα μὴ ἐπαινέσῃ. — 2. Τῆς γὰρ ἐμπορίας οὐκ οὔσης] τῆς κατὰ θάλατταν πραγματείας. — Ἐπιμιγνύντες] ἐπιμιγνύμενοι. — Νεμόμενοι τε τὰ αὑτῶν ἕκαστοι] ἡ περιοχὴ τοῦ λόγου καὶ ἡ σύνταξις τοιαύτη. νεμόμενοι τὰ ἑαυτῶν ἕκαστοι ὅσον ἀποζῆν, καὶ περιουσίαν χρημάτων οὐκ ἔχοντες, οὐδὲ γῆν φυτεύοντες, ἀλλὰ μόνον σπείροντες, καὶ ἁπλῶς εὐμετακόμιστοι ὄντες πρὸς τὸ μετανίστασθαι· ὅ ἐστιν, οὐ χαλεπῶς ἀνίσταντο δηλονότι, ἀλλ' εὐχερῶς. — Ὅσον ἀποζῆν] μετρίως ζῆν· ἀποζῆν ἐστιν εὐτελῶς ζῆν, ζῆν δὲ τὸ μετὰ τρυφῆς ζῆν. λέγει δὲ τὴν ἐφήμερον τροφήν. — Περιουσίαν] περιουσία ἡ περιττὴ οὐσία, οὐσία δὲ ἡ σύμμετρος. — Ἄδηλον ὄν] ἀντὶ τοῦ, ἀδήλου ὄντος. Ἀττικὸν δὲ τὸ σχῆμα. — Ἀναγκαίου] Ἀττικῶς, ἀντὶ τοῦ ἀναγκαίας. — Ἐπικρατεῖν] εὐπορεῖν. — Τῇ ἄλλῃ παρασκευῇ] τῇ ὁπλιτικῇ. — 3. Ἥ τε νῦν Θεσσαλία] πρότερον γὰρ Ἠμαθία ἐκαλεῖτο. — Ὅσα ἦν κράτιστα] ὅση ἦν ἀρίστη. — 4. Αἵ τε δυνάμεις] τὰ στρατεύματα. — 5. Ἐκ τοῦ ἐπὶ πλεῖστον] ἐξ ἀρχῆς. — Οὖσαν] ἀντὶ τοῦ εἶναι. — Οἱ αὐτοὶ ἀεί] τῷ γένει δηλονότι· οὐ γὰρ ἦσαν ἀθάνατοι. — 6. Καὶ παράδειγμα] παράδειγμα ἀντὶ τοῦ σημείου. — Καὶ παράδειγμα τόδε τοῦ λόγου] ὁ νοῦς, οἱ μὲν οὕτω, Σημεῖον δὲ τοῦ τὴν Ἀττικὴν ἀεὶ τοὺς αὐτοὺς οἰκεῖν, τὸ κατὰ μὲν τὰ ἄλλα πράγματα μὴ αὐξηθῆναι, οἷον πλοῦτόν τε καὶ ὅπλα καὶ τἆλλα, κατὰ δὲ τὸ πλῆθος τῶν ἀνδρῶν μεγάλην γενέσθαι· ἄλλοι δὲ οὕτω, Σημεῖον δέ μοι παντὸς τοῦ προειρημένου λόγου, τοῦ τὰς ἀρίστας τῶν γαιῶν μεταβάλλειν τοὺς οἰκήτορας, τὸ τὴν Ἑλλάδα κατὰ τὰ ἄλλα αὐτῆς μέρη μὴ ὁμοίως τῇ Ἀττικῇ αὐξηθῆναι τῷ πλήθει τῶν ἀνδρῶν. — Ἐκ γὰρ τῆς ἄλλης Ἑλλάδος] ἐκ γὰρ τῆς ἄλλης Ἑλλάδος οἱ δυνατώτατοι ἐκπίπτοντι ἀνεχώρουν παρὰ τοὺς Ἀθηναίους, ὡς βεβαίας οὔσης τῆς οἰκήσεως. — Πολέμῳ ἢ στάσει] πόλεμος ὁ τῶν ἀλλοτρίων, στάσις ὁ ἐμφύλιος. — Ἀνεχώρουν] οἱ Ἡρακλεῖδαι· ἢ Μεσσήνιοι οἱ περὶ Μέλανθον. — Πολῖται γιγνόμενοι] οἱ Ἀθηναῖοι τὸ παλαιὸν εὐθὺς μετεδίδοσαν πολιτείας, ὕστερον δὲ οὐκέτι, διὰ τὸ πλῆθος. — Ἐς Ἰωνίαν] προληπτικόν ἐστι σχῆμα, ὅταν τὸ συμβὰν ὕστερον προλαβόντες καλέσωμεν. ὃ γὰρ ξυνέβη μετὰ τὴν οἴκησιν τῶν ἀνδρῶν, (λέγω δὲ τὸ κληθῆναι Ἰωνίαν,) τοῦτο αὐτὴν προσηγόρευσε πρὶν ἐκπεμφθῆναι τοὺς ἄνδρας, προδιδοὺς καὶ προχαριζόμενος τὴν προσηγορίαν ταύτην τῇ χώρᾳ. οὐ γὰρ οὔσης πρὸ τούτου τῆς Ἰωνίας, ἀπέστειλαν ἐκεῖσε τὸν ὄχλον οἱ Ἀθηναῖοι, ἐφ' ᾧ κτίσειν καὶ οἰκῆσαι τὴν γῆν. εἰ δὲ πεμφθέντες ἐκεῖσε κατοικῆσαι, οὕτω καλεῖσθαι τὴν χώραν ὕστερον παρεσκεύασαν. τοῦτο δὲ καὶ Ἀριστείδης ἐν τῷ Παναθηναϊκῷ [p. 169 Cant.] ἐποίησεν, εἰπών· « Λυσαμένη τὴν ζώνην ἐν Ζωστῆρι τῆς Ἀττικῆς. » ὁ

δὲ νοῦς οὗτος· πολλῶν καταφυγόντων εἰς τὴν Ἀττικὴν διὰ τὸ ἀσφαλὲς εἶναι τὸ χωρίον, τοσοῦτον ἐγένετο πλῆθος, ὥστε, τῆς Ἀττικῆς στενοχωρουμένης καὶ μὴ οὔσης ἱκανῆς τρέφειν τὸν ὄχλον, ἀνάγκη γέγονε μερίσαι τὸ πλῆθος, καὶ εἰς ἀποικίαν ἐκπέμψαι. οὗτος δὲ προληπτικῶς χρησάμενος εἶπεν, εἰς Ἰωνίαν ἔπεμψαν.

III. Οὐχ ἥκιστα] ἀντὶ τοῦ μάλιστα. — 2. Εἶχεν] ἀντὶ τοῦ ἔχειν. — Δευκαλίωνος] Ἑκαταῖος ἱστορεῖ, ὅτι Δευκαλίων τρεῖς παῖδας ἔσχε, Πρόνοον, Ὀρεσθέα καὶ Μαραθώνιον, Προνόου δὲ τὸν Ἕλληνά φησι γενέσθαι. — Καὶ πάνυ οὐδὲ εἶναι] ἀντὶ τοῦ οὐδ' ὅλως εἶναι. — Κατὰ ἔθνη... ἀφ' ἑαυτῶν τὴν ἐπωνυμίαν παρέχεσθαι] τουτέστι, τοῖς ἰδίοις ὀνόμασιν ἐχρῶντο, οἷον Πελασγοὶ μόνον, Βοιωτοί. οὔπω δὲ κοινῷ ὀνόματι Ἕλληνες. — Ἐπὶ πλεῖστον] ἢ ἐπὶ πλεῖστον μέρος τῆς Ἑλλάδος, ἢ ἐπὶ πλεῖστον χρόνον ἐκλήθησαν Πελασγοί. — Παίδων αὐτοῦ] Ἕλληνος παῖδες Δῶρος, Ξοῦθος, Αἴολος, ὥς φησι καὶ Ἡσίοδος [fr. 23].

Δῶρόν τε Ξοῦθόν τε καὶ Αἴολον ἱππιοχάρμην.

— Ἐπαγομένων αὐτούς] ἀμφίβολον, τίνα τίς ἐπηγάγετο, πότερον οἱ Ἕλληνος παῖδες τοὺς ἄλλους, ἢ οἱ ἄλλοι τούτους. — Ἐπ' ὠφελείᾳ] ὠφέλειαν εἴωθεν ὁ Θουκυδίδης τὴν συμμαχίαν καλεῖν. Καθ' ἑκάστους δέ, κατὰ μέρος, οὐ πάντας ὁμοῦ. — Ἤδη] τὸ ἤδη ἀντὶ τοῦ δή. — Τῇ ὁμιλίᾳ καλεῖσθαι μᾶλλον Ἕλληνας] οὐκ ἀπὸ γραφῆς καὶ δόξης ἁπάντων, ἀλλ' ἐκ τῆς τῶν ἐπιχωρίων ὁμιλίας. — Πολλοῦ γε χρόνου] οὕτως λέγουσιν οἱ Ἀττικοί, πολλῶν ἡμερῶν οὐκ εἶδόν σε, ἀντὶ τοῦ, ἐν πολλαῖς ἡμέραις. — Καὶ ἅπασιν ἐκνικῆσαι] τελείως ἐπικρατῆσαι· τὸ καλεῖσθαι Ἕλληνας. — Ἐκνικῆσαι] ἀντὶ τοῦ ἐπικρατῆσαι· τὸ δὲ πᾶσι, κατὰ παντός· καὶ τὸ πολλοῦ γε χρόνου, ἀντὶ τοῦ ἐν πολλῷ γε μέντοι χρόνῳ. οὐκ ἐδύνατο δὲ ἅπασιν ἐκνικῆσαι τὸ ὄνομα τοῦτο ἀλλ' ἢ ἐν πάνυ πλείστῳ χρόνῳ. — 3. Ὕστερος] οὕτως ἐν ἑτέρῳ, καὶ καλῶς γέγραπται· τὸ πολλῷ γὰρ ἀρκεῖ ἐπὶ τοῦ χρόνου, καὶ τὸ ὕστερον πλεονάζει· τὸ δὲ ὕστερος ἐπὶ τοῦ Ὁμήρου λεγόμενον ἔχει τὴν ἀκολουθίαν τοῦ λόγου σαφῆ. — Οὐδαμοῦ τοὺς ξύμπαντας ὠνόμασεν] τὸ γὰρ [Hom. Il. B, 530]

Ἐγχείῃ δ' ἐκέκαστο Πανέλληνας καὶ Ἀχαιούς,

νενόθευται. — Οὐδὲ βαρβάρους εἴρηκεν] τὸ γὰρ [ib. 867] βαρβαροφώνων Καρῶν νενόθευται. — Ἕλληνάς πω] τὸ τὶ παρέλκει. — Ἀντίπαλον] ἀντίπαλον καὶ τὸ ἴσον καὶ τὸ πολέμιον. § ἀντίκειται γὰρ τῷ Ἕλληνι ὁ βάρβαρος. τὸ δὲ ἑξῆς, οἱ Ἕλληνες ὡς ἕκαστοι καὶ ξύμπαντες ὕστερον κληθέντες Ἕλληνες. — 4. Οἱ δ' οὖν] ἐπανάληψις. — 5. Ταύτην τὴν στρατείαν... ξυνῆλθον] ἀντὶ τοῦ συνεστράτευσαν· δεῖ δὲ προσθεῖναι τὴν εἰς· οἷον, ἀλλὰ καὶ εἰς ταύτην τὴν στρατείαν ξυνῆλθον· Θαλάσσῃ... χρώμενοι] τουτέστιν ἐμπορευόμενοι.

IV. Μίνως γὰρ παλαίτατος] διὰ τριῶν συγκρίσεων δείκνυσι τὰ πρὸ τῶν Πελοποννησιακῶν ἀσθενῆ, ἀφ' οὗ

ἄνθρωποι μέχρι Μίνω, καὶ ἀπὸ τούτου μέχρι τῶν Τρωϊκῶν, καὶ ἀπὸ τῶν Τρωϊκῶν μέχρι αὐτοῦ. τινὲς δ' οὐκ ἐντεῦθεν, ἀλλ' ἀπὸ τοῦ, φαίνεται γὰρ ἡ νῦν Ἑλλὰς, πρώτην λέγουσι σύγκρισιν. — Ὧν] τὸ ὧν ἀντὶ τοῦ ἐκείνων [ὧν]. — Τῆς νῦν Ἑλληνικῆς θαλάσσης] πρότερον γὰρ Καρικὴ ἐκαλεῖτο ἡ θάλασσα. — Ἐπὶ πλεῖστον ἐκράτησε] ἐπὶ πλεῖστον ἀντὶ τοῦ ἐπὶ πολὺ μέρος. § Ὅ ἐστιν, ἐπὶ πολὺ μέρος αὐτῆς ἐκράτησεν· ἢ τὸ ἐπὶ πλεῖστον ἀντὶ τοῦ πάνυ. § Ἐπὶ τόπου νῦν τὸ ἐπὶ πλ. — Κυκλάδων] παρὰ τὸ ἐν μέσῳ ἔχειν τὴν Δῆλον τὴν ἱερὰν τοῦ Ἀπόλλωνος, καὶ κύκλον τινὰ περὶ αὐτὴν μιμεῖσθαι. εἰσὶ δὲ κατά τινας ιε΄ αὗται· Πάρος, Ἄνδρος, Ἴκαρος, Σκῦρος, Ῥήνεια, Ῥήνη, Δῆλος, Νάξος, Σίφνος, Κέως, Μύχονος, Τῆνος, Κύθνος, Ἀμοργός, Σέριφος· κατὰ δέ τινας ιϚ΄, πλὴν Ῥήνης καὶ Σκύρου καὶ Ἰκάρου, μᾶλλον δὲ πλὴν Ῥήνης καὶ Σκύρου καὶ Ἀμόργου. — Τῶν πλείστων] ὑπακουστέον Ἑλλήνων. — Ἐγκαταστήσας] ποιήσας κατὰ μέρος, οὐ πάντας ὁμοῦ. — Τό τε λῃστικόν] τὸ μὲν ἐκτὸς τοῦ ρ σημεῖου, τὸ σύστημα τῶν λῃστῶν· τὸ δὲ μετὰ τοῦ ρ, τὸ κτῆμα τῶν λῃστῶν. — Τοῦ τὰς προσόδους μᾶλλον ἰέναι αὐτῷ] ἡ γὰρ μὴ λῃστευομένη πλείους φέρει προσόδους. λείπει δὲ ἡ ὑπέρ.

V. Οἱ γὰρ Ἕλληνες] τὴν αἰτίαν τοῦ λῃστεύειν ἐπάγει νῦν. — Ἐν τῇ ἠπείρῳ] ἤπειρος τριχῶς λέγεται· ἡ πᾶσα γῆ, πρὸς ἀντιδιαστολὴν τῆς θαλάσσης, ἡ Ἀσία κατ' ἐξοχήν, καὶ μέρος τι τῆς * * Κεφαλληνίαν. — Πόλεσιν ἀτειχίστοις] εἶπε γὰρ [c. 2] ἀτειχίστων ὄντων, ὥσπερ ἦν ἡ Ἀττικὴ πάλαι, κατὰ κώμας οἰκουμένη. — Ἥρπαζον] ἐλῄστευον, ἀπὸ τοῦ ἁρπάζειν ἐβίουν. — Καὶ τὸν πλεῖστον τοῦ βίου] οὕτω Θουκυδίδης, καὶ τὸν πλεῖστον τοῦ χρόνου. — Οὐκ ἔχοντός πω αἰσχύνην τ. τ. ἔ.] ἤγουν οὐκ αἰσχροῦ νομιζομένου τοῦ λῃστεύειν. — 2. Καλῶς τοῦτο δρᾶν] καλῶς ἀντὶ τοῦ εὐσεβῶς καὶ φιλανθρώπως· οὔτε γὰρ βοῦν ἀροτῆρα ἐληλάτουν, ἢ ἔκλεπτον νυκτός, οὔτε μετὰ φόνων ἐποίουν τὴν λῃστείαν. Ὅμηρος [Od. Γ, 73]

οἷά τε λῃστῆρες ὑπεὶρ ἅλα.

— Οὐκ ὀνειδιζόντων] τῶν ἐρωτωμένων, ἢ τῶν ἐρωτώντων· διχῶς γὰρ ὁ νοῦς.

VI. Ἐσιδηροφόρει... καὶ ξυνήθη τὴν δίαιταν μεθ' ὅπλων ἐποιήσαντο] ὅθεν τὰς μαχαίρας μαυλίας ἐκάλουν, διὰ τὸ ὁμοῦ αὐλίζεσθαι, οἷον ὁμαυλίας. — 3. Ἐν τοῖς] ἐν τούτοις, ποιητικῶς· ὑπερβιβάζεται γὰρ ὁ δέ. — Ἀνειμένῃ] τρυφηλῇ καὶ ἀνθηρᾷ. — Ἐς τὸ τρυφερώτερον μετέστησαν] ἀντὶ τοῦ, μετέστησαν εἰς τρυφῶσαν δίαιταν, τὸν σίδηρον καταθέμενοι. — Οἱ πρεσβύτεροι αὐτοῖς τῶν εὐδαιμόνων] ἀντίπτωσίς ἐστιν, οἱ εὐδαίμονες τῶν πρεσβυτέρων. § Ὑπερβατόν, διὰ τὸ ἁβροδίαιτον. — Χιτῶνάς τε λινοῦς] οὐ πολὺς χρόνος ἀφ' οὗ ἐπαύσαντο φοροῦντες χιτῶνας λινοῦς, καὶ τέττιγας χρυσοῦς ἐξαρτῶντες τῶν τριχῶν πλέγματι. — 5. Ἐν ἕρσει κρωβύλον] ἐν ἕρσει, ἢ ἐν εἱέρσει, ἢ ἐν πλοκῇ. Κρωβύλος δέ ἐστιν εἶδος πλέγματος τῶν τριχῶν, ἀπὸ ἑκατέρων εἰς

ὀξὺ ἀπολῆγον. Ἐκαλεῖτο δὲ τῶν μὲν ἀνδρῶν, κρωβύλος· τῶν δὲ γυναικῶν, κόρυμβος· τῶν δὲ παίδων, σκορπίος. § Ἐν ἔρσει, ἐν ἀναδέσει, παρὰ τὸ εἴρειν. § Ἐνήλλαξε τὴν πτῶσιν, ἀντὶ τοῦ, χρυσοῦς τέττιγας. ἐφόρουν δὲ τέττιγας διὰ τὸ μουσικὸν, ἢ διὰ τὸ αὐτόχθονας εἶναι· καὶ γὰρ τὸ ζῶον γηγενές. — Χρυσῶν τεττίγων ἐνέρσει κρωβύλον ἀναδούμενοι] ὃν οἱ ἐπίσημοι ἐφόρουν Ἀθήνησι, ἐπὶ τῆς κεφαλῆς ἔμπροσθεν ἐγκαθήμενον, ὡς δ' ἄλλοι, ἐπὶ τοῦ τραχήλου· σύμβολον τοῦ γηγενεῖς εἶναι. — Κρωβύλον] ἐμπλοκὴ ἀπὸ τοῦ μετώπου ἐπὶ κορυφὴν ἀνηγμένη. — 4. Μετρίᾳ δ' αὖ ἐσθῆτι καὶ ἐς τὸν νῦν τρόπον] λείπει ἡ τῇ· ἵν' ᾖ, καὶ τῇ ἐς τὸν νῦν τρόπον. πρῶτοι Λακεδαιμόνιοι οἱ τὰ μείζω κεκτημένοι μετρίᾳ ἐσθῆτι ἐχρήσαντο, καὶ ἐς τὰ ἄλλα τοῖς πολλοῖς ὁμοδίαιτοι κατέστησαν. — Τοὺς πολλούς] τοὺς πένητας. — Τὰ μείζω κεκτημένοι] πλούσιοι. — 5. Ἐγυμνώθησάν τε πρῶτοι] ἐν τοῖς ἀγῶσι δηλονότι· καὶ γὰρ περὶ τὰ αἰδοῖα ἐζώννυντο. Ὅμηρος [Od. Σ, 30]·

Ζῶσαι νῦν, ἵνα πάντες ἐπιγνώωσι καὶ οἵδε
μαρναμένους.

Ταῦτα δὲ ὡς ἐν παρεκβάσει εἴρηται. — Λίπα] τὸ λίπα Ὅμηρος ἐπιθετικῶς λέγει τὸ ἔλαιον, οὗτος δὲ ὄντως αὐτὸ ὀνομάζει. — Μετὰ τοῦ γυμνάζεσθαι] ἀντὶ τοῦ, ἐν τῷ γυμνάζεσθαι. — Οὐ πολλὰ ἔτη ἐπειδὴ πέπαυται] ἀπὸ Ὀρσίππου Μεγαρέως ἐγυμνώθησαν ἐν τοῖς ἀγῶσιν, ὡς δηλοῖ καὶ τὸ αὐτοῦ ἐπίγραμμα·

Ὀρσίππῳ Μεγαρεῖ μεγαλόφρονι τῇδ' ἀρίδηλον
μνῆμα θέσαν, φάμα Δελφίδι πειθόμενοι·
πρῶτος δ' Ἑλλήνων ἐν Ὀλυμπίᾳ ἐστεφανώθη
γυμνός, ζωννυμένων τῶν πρὶν ἐνὶ σταδίῳ.

Ἰστέον ὅτι περὶ τῶν Λακεδαιμονίων οὐκ ἀσθένειαν τῶν ἀρχαίων παραδίδωσιν, (ἀδιάφορον γὰρ τὸ γυμνοὺς ἢ ἐζωσμένους ἀγωνίζεσθαι πρὸς δύναμιν,) ἀλλὰ μόνον ὅτι ὁμοίως διῃτῶντο τοῖς βαρβάροις. τὸ δὲ ἑξῆς· ἔτι δὲ καὶ ἐν τοῖς βαρβάροις, καὶ μάλιστα τοῖς Ἀσιανοῖς, οἷς νῦν πυγμῆς καὶ πάλης ἆθλα τίθεται. — Ἐν τοῖς βαρβάροις ἔστιν οἷς] ἔν τισι τῶν βαρβάρων. — Ἆθλα] ἆθλος, ὁ ἀγών, ἀρσενικῶς· ἆθλον δὲ, τὸ ἔπαθλον, οὐδετέρως.

VII. Πλωϊμωτέρων ὄντων] ἀδείας τυχοῦσαι τοῦ πλεῖν. ἡ δὲ σύγκρισις πρὸς τοὺς ἀρχαίους. — Περιουσίας μᾶλλον ἔχουσαι... ἐκτίζοντο] πανταχοῦ τοὺς παρὰ θάλατταν ἀνθρώπους εὐπορωτέρους λέγει εἶναι. — Τείχεσιν ἐκτίζοντο] λείπει ἡ σύν, ἵν' ᾖ, σὺν τείχεσιν ἐκτίζοντο. — Προσοίκους] τὸ πρόσοικος ἐπὶ πόλεως οἰκειότερον μᾶλλον τοῦ ὅμορος· ἐπὶ γὰρ ὅρων τοῦτο λαμβάνεται. — Διὰ τὴν λῃστείαν] διὰ τὸ λῃστεύεσθαι. — Ἀντισχοῦσαι] μετὰ μάχης ἐναντιωθεῖσαι. — Ἔφερον] τὸ ἔφερον ἀντὶ τοῦ ἐλῄστευον, ἔβλαπτον, ὡς καὶ Ἡρόδοτος. — Κάτω ᾤκουν] ἤτοι ἐγγὺς τῆς θαλάσσης. τὸ ἑξῆς, καὶ τῶν ἄλλων ὅσοι κάτω ᾤκουν, ὄντες οὐ θαλάσσιοι, ἔφερον ἀλλήλους.

VIII. Οὐχ ἧσσον] ἀντὶ τοῦ λίαν. — Κᾶρές τε ὄντες καὶ Φοίνικες] ἵνα μὴ διαβάλῃ τὸ Ἑλληνικὸν, εἶπε Κᾶρας καὶ Φοίνικας. τὸ σχῆμα προαναφώνησις. — Ὑπὲρ ἥμισυ] οὐ τῶν Ἑλλήνων ὑπὲρ ἥμισυ, ἀλλὰ τῶν Φοινίκων· οἱ γὰρ Ἕλληνες ἔκαιον τὰ σώματα. — Κᾶρες ἐφάνησαν, γνωσθέντες τῇ τε σκευῇ τῶν ὅπλων κτλ.] Κᾶρες πρῶτοι εὗρον τοὺς ὀμφαλοὺς τῶν ἀσπίδων καὶ τοὺς λόφους. τοῖς οὖν ἀποθνήσκουσι συνέθαπτον ἀσπιδίσκιον μικρὸν καὶ λόφον, σημεῖον τῆς εὑρέσεως· καὶ ἐκ τούτου ἐγνωρίζοντο οἱ Κᾶρες. οἱ δὲ Φοίνικες ἐκ τοῦ τρόπου τῆς ταφῆς· τῶν ἄλλων γὰρ ἐπ' ἀνατολὰς ποιούντων ὁρᾷν τοὺς νεκρούς, οἱ Φοίνικες ἐξεπίτηδες ἐπὶ δύσιν. — 2. Καταστάντος δὲ τοῦ Μίνω ναυτικοῦ] τὸ σχῆμα ἐπανάληψις. τὸ δὲ Μίνω, Ἀττικόν. — Ἀνέστησαν] ἀνάστατοι ἐγένοντο. — 3. Οἱ παρὰ θάλασσαν ... χρημάτων ποιούμενοι] πανταχοῦ τοὺς παρὰ θάλασσαν ἀνθρώπους εὐπορωτέρους λέγει εἶναι. — Καὶ τείχη περιεβάλλοντο] καὶ τοῦτο ἐπανάληψις· προεῖπε γάρ, τείχεσιν ἐκτίζοντο. — 4. Ἐν τούτῳ τῷ τρόπῳ] τῷ δυνατῷ καὶ εὐπόρῳ.

IX. Ἀγαμέμνων τέ μοι δοκεῖ] τὸ ἑξῆς, Ἀγαμέμνων τέ μοι δοκεῖ τὸν στόλον ἀγεῖραι. — 2. Καὶ οἱ τὰ σαφέστατα...] ὁ νοῦς τοιοῦτος, λέγουσι δὲ καὶ οἱ τὰ Πελοποννησίων μνήμῃ σαφέστατα δεδεγμένοι. ἵν' ᾖ ἐπίρρημα τὸ σαφέστατα. — Πελοπά τε πρῶτον] τὸ ἑξῆς οὕτως, Πελοπά τε πρῶτον, ἐπηλύτην ὄντα, ὅμως σχεῖν τὸ πρῶτον πρὸς τὸ πλήθει χρημάτων. — Τὴν ἐπωνυμίαν] Ἀπία γὰρ τὸ πρῶτον ἐκαλεῖτο. Ὅμηρος [Il. I, 270]·

Τηλόθεν ἐξ Ἀπίης γαίης.

Πελοπόννησος γὰρ νῦν καλεῖται. — Καὶ ὕστερον] ἀπὸ κοινοῦ τὸ λέγουσι. — Ξυνενεχθῆναι] ἀντὶ τοῦ εὐτυχηθῆναι, ἢ συναχθῆναι. — Ὑπὸ Ἡρακλειδῶν ἀποθανόντος] οὐχ ὅτι ὑπ' αὐτῶν μόνον ἐφονεύθη, ἀλλ' ὅτι δι' αὐτούς. — Ἀτρέως δὲ μητρὸς ἀδελφοῦ ὄντος αὐτῷ] Ἀστυδάμεια, μήτηρ Εὐρυσθέως, ἀδελφὴ Ἀτρέως. — Αὐτόν] Ἀτρέα. — Τὸν πατέρα] τὸν Πέλοπα. ὁ γὰρ Πέλοψ τὸν Χρύσιππον τὸν υἱὸν ἀνεῖλεν· ὁ δὲ Ἀτρεύς, φοβούμενος μὴ τὸ αὐτὸ πάθῃ, ἔφυγεν. — Ἀνεχώρησεν] ἀντὶ τοῦ ἐπανῆλθεν. § ὑπέστρεψεν. — Τεθεραπευκότα] χρήμασι δηλονότι. — Τῶν Περσειδῶν τοὺς Πελοπίδας] Ὅμηρος [Il. T, 123]·

Εὐρυσθεὺς Σθενέλοιο πάϊς Περσηϊάδαο.

ὁ δὲ Ἀτρεύς, Πελοπίδης. — 3. Ἅ μοι δοκεῖ] τὰ δύο σκῆπτρα. — Οὐ χάριτι] Ὅμηρος [Od. E, 307]·

Χάριν Ἀτρείδῃσι φέροντες.

— 4. Ναυσί τε] λείπει σὺν ναυσί τε. — Καὶ Ἀρκάσι προσπαρασχών] τὸ ἑξῆς, πρὸς δὲ καὶ Ἀρκάσι παρασχών. — Ἱκανός] διὰ τοῦ ἱκανὸς τὸ ἀξιόπιστον τοῦ ποιητοῦ παρέστησεν. — Οὐκ ἂν οὖν νήσων] συλλογισμὸς τὸ σχῆμα. Ἀγαμέμνων ἦρχε μὲν τοῦ Ἄργους καὶ τῶν περὶ αὐτὸ νήσων, ἐπέκεινα δὲ τῶν ἐν τῇ περιοχῇ τοῦ Ἄργους νήσων ἦρχε καὶ ἑτέρων νήσων πολλῶν, αἳ οὐκ ἂν ἦσαν πολλαί, εἰ μὴ ναυτικὸν εἶχεν ὁ Ἀγαμέμνων, δι' οὗ τούτων κρατεῖν ἠδύνατο. — 5. Εἰκάζειν δὲ χρή ... τὰ πρὸ αὐτῆς] εἰ γὰρ τὰ οὕτως ὑμνούμενα εὐτελῆ ἦν, πόσῳ μᾶλλον τὰ πρὸ αὐτῶν.

X. Οὐκ ἀκριβεῖ] οὐ γάρ ἐστιν ἀκριβὲς σημεῖον τὸ ἐκ τῶν τόπων τὰς δυνάμεις τῶν ἀνθρώπων στοχάζεσθαι. — Μὴ γενέσθαι] Ἀττικῶς τὸ μή ἐνταῦθα, παρέλκει. — 2. Λακεδαιμονίων γάρ] τὸ σχῆμα κατὰ ὑπόθεσιν. καταρᾶται δὲ τοῖς Λακεδαιμονίοις λεληθότως. — Ἡ πόλις] ἡ μητρόπολις, ἡ Σπάρτη. — Λειφθείη δὲ τά τε ἱερά] εὐσεβῶς λέγει τὰ ἱερά. — Τῆς κατασκευῆς] τῶν κτισμάτων. — Πελοποννήσου τῶν πέντε] Πελοποννήσου αἱ πέντε μοῖραι, Λακωνική, Ἀρκαδική, Ἀργολική, Μεσσηνιακή, καὶ τῆς Ἤλιδος. ἀποθανόντος δὲ τοῦ Κρεσφόντου, ἔσχον τὴν Μεσσηνιακὴν οἱ Λακεδαιμόνιοι. — Δύο μοίρας] τὴν Μεσσηνιακὴν οἱ Λακεδαιμόνιοι. — Δύο μοίρας] τὴν Λακωνικὴν καὶ Μεσσηνιακήν. — Τῆς τε ξυμπάσης ἡγοῦνται] ἰστέον ὅτι τῆς Ἀργολικῆς οὐκ ἦρξαν, ἀλλὰ συνεκδρομικῶς εἶπε. — Ὅμως δὲ ...] τὸ ἑξῆς, ὅμως δὲ φαίνοιτ' ἂν ὑποδεεστέρα πόλεως καὶ εὐτελοῦς καὶ οὔτε συνοικισθείσης, καὶ τὰ ἑξῆς. — Πολυτελέσι] πολυδαπάνοις· τέλος γὰρ τὸ ἀνάλωμα. — Ἀθηναίων δὲ τὸ αὐτὸ τοῦτο παθόντων] ἐξ ὑποθέσεως φησὶ περὶ Λακεδαιμονίων τό, εἰ ἡ πόλις αὐτῶν ἐρημωθείη καὶ τὰ ἱερὰ λειφθείη· ἐπεὶ πῶς ἂν περὶ Ἀθηνῶν, Ἀθηναῖος ὤν, καταρώμενος τὸ αὐτὸ εἰρήκει; ὥστε μάτην ἡ παραγραφὴ τέθειται, ὅτι λεληθότως ἐπαράται τοῖς Λακεδαιμονίοις· ἀλλότριον γὰρ τοῦτο τῆς συγγραφέως ἴσμεν προθέσεως. — Ἤ ἔστιν] τὸ ἢ συγκριτικὸν ἀντὶ τοῦ ἤπερ. ἡ διάνοια, ἐρημωθείσης τῆς μὲν τῶν Λακεδαιμονίων πόλεως, μείων φαίνοιτ' ἂν ἡ δύναμις γεγονέναι τοῖς ἔπειτα· τῆς δὲ τῶν Ἀθηναίων, μείζων ἢ νῦν ἐστι. — 3. Ἀπιστεῖν] τὰ κατὰ Μυκήνην καὶ τὸν στόλον τὸν εἰς Τροίαν. — 4. Πεποίηκε] ἐπιτηδείως τό, τὸν ποιητὴν πεποιηκέναι, ὥσπερ λέγομεν τὸν φιλόσοφον ὅτι ἐφιλοσόφησεν. § ἰστέον ὅτι ἀπὸ τοῦ Ἡροδότου ὠφέληται. — Χιλίων καὶ διακοσίων] ὁ μὲν Εὐριπίδης [Or. 352, Androm. 6, El. 2] καὶ Λυκόφρων [v. 210] χιλίας ναῦς λέγουσι τὸν Ἀγαμέμνονα ἀγαγεῖν, ὁ δὲ Ὅμηρος χιλίας ἑκατὸν ἑξήκοντα ἓξ [hodie 1186]. — Τὰς μὲν Βοιωτῶν] τὰς μεγάλας. — Τὰς δὲ Φιλοκτήτου] τὰς μικρὰς δηλονότι. — Πεντήκοντα] ἀνδρῶν δηλονότι. — Ἐν νεῶν καταλόγῳ] ἔστι γὰρ καὶ ἀνδρῶν παρ' αὐτῷ κατάλογος. — Προσκώπους] τοὺς πρὸς ταῖς κώπαις ναύτας, τοὺς κωπηλάτας. — Περίνεως] τοὺς περιττοὺς ἐν τῇ νηὶ ἐπιβάτας, οἷον δούλους. § τοὺς περιττοὺς καὶ ἔξω τῶν ὑπηρεσιῶν καὶ πρώτους πλέοντας. ὅθεν καὶ τοὺς κομίζοντάς τινα εἴσηκε. — Τῶν ἐν τέλει] οἷον Μηριόνου, καὶ Πατρόκλου, καὶ τῶν τοιούτων ἐν τέλει. — Οὐδ' αὖ τὰ πλοῖα κατάφρακτα] οὐκ ἦν, φησί, σεσανιδωμένα τὰ πλοῖα, ὥστε κάτω μὲν τιθέναι τὰ ὅπλα, αὐτοὺς δὲ ἄνω διάγειν. — Λῃστικώτερον] τὰ γὰρ τῶν λῃστῶν πλοῖα οὐκ ἦν σεσανιδωμένα, ἀλλὰ κάτω εἰκαθέζοντο, διὰ τὸ μὴ φαίνεσθαι αὐτοὺς ἐπιπλέοντας. ἦν οὖν διὰ τοῦτο κοιλότερα. — 5. Τὸ μέσον σκοποῦντι] μέσον τῶν ἑκατὸν εἴκοσι καὶ τῶν πεντήκοντά ἐστι πε'. συνάγεται οὖν ὁ τῶν χιλίων διακοσίων νεῶν τῶν ἀνδρῶν ἀριθμὸς μυριάδων δέκα καὶ δισχιλίων.

XI. Ὅσον ἡ ἀχρηματία] συγκριτικῶς, ὅτι καὶ τοῦτο κἀκεῖνο. ἰστέον δὲ ὅτι ηὔρηται ἡ ἀχρηματία. — Βιοτεύσειν] τροφὴν ἕξειν. — Μάχῃ ἐκράτησαν] τῇ τῆς ἀποβάσεως εἰς τὴν ξηρὰν τῶν νεῶν, ἐν ᾗ Πρωτεσίλαος πίπτει. — Τὸ γὰρ ἔρυμα] ἔρυμα λέγει νῦν οὐχ ὅπερ ἐν τῇ η' [337] λέγει Ὅμηρος γενέσθαι, ἀλλὰ πρότερον μικρότερον διὰ τὰς τῶν βαρβάρων ἐπιδρομάς. — Ἀλλὰ πρὸς γεωργίαν] ὧν ἡγεῖτο Ἀκάμας καὶ Ἀντίλοχος. — Τοῖς ἀεὶ ὑπολειπομένοις] τοῖς κατὰ καιρόν. — 2. Διέφερον] ὑπέμενον, ἐπιμελῶς ἐξήνυον, διήνυον. § ἤνυον, εἰργάζοντο. — Ἀλλὰ μέρει τῷ] ἔνιοι συνεγκλίνουσιν, ἀλλὰ μέρει τῳ, ἀντὶ τοῦ μέρει τινί. — 3. Δηλοῦται τοῖς ἔργοις] τὰ Τρωϊκὰ ἐλέγχεται.

XII. Καὶ μετὰ τὰ Τρωϊκά] τριχῶς διεῖλε τὴν ἀρχαιολογίαν, εἰς τὰ πρὸ τῶν Τρωϊκῶν, εἰς αὐτὰ τὰ Τρωϊκά, εἰς τὰ ἐχόμενα αὐτῶν. καθ' ἕκαστον δὲ μέρος διπλῆ παράγραφος κεῖται. δηλοῖ δὲ [καὶ] διὰ τούτων τὴν αἰτίαν, δι' ἣν τὰ Ἑλληνικὰ καὶ μετὰ τὴν ἅλωσιν ἦν ἀσθενῆ. — Ἡσυχάσασα αὐξηθῆναι] ἡσυχία γὰρ καὶ αὔξησιν ποιεῖ. — 2. Ἥ τε γὰρ ἀναχώρησις...] μηκέτι γὰρ ἐλπίζοντες αὐτοὺς ἐπανελθεῖν ἐπανίσταντο, ἐλθοῦσί δ' ἐπολέμουν, καὶ οἱ ἡττώμενοι ἐξέπιπτον. — Ἀφ' ὧν] ἢ πόλεως, ἢ στάσεως. — Ἐκπίπτοντες τὰς πόλεις ἔκτιζον] πολλοὶ γὰρ ἐξέπεσον· οἷον, Τεῦκρος μὲν, ὑπὸ τοῦ πατρὸς ἐκβληθεὶς διὰ τὸν Αἴαντα, εἰς Κύπρον ἀφίκετο· καὶ Φιλοκτήτης, διὰ τὸν Πάριδος θάνατον θήλειαν νόσον νοσήσας καὶ μὴ φέρων τὴν αἰσχύνην, ἀπελθὼν ἐκ τῆς πατρίδος, ἔκτισε πόλιν ἣν διὰ τὸ πάθος Μαλακίαν ἐκάλεσε· Διομήδης, ὑπὸ Κομήτου ἐκβληθείς, εἰς τὰς Λιβυρνίδας νήσους ἀφίκετο· καὶ ὁ Μενεσθεύς, ὑπὸ τῶν Θησειδῶν, εἰς Ἰβηρίαν· καὶ ἄλλοι πολλοί. — 3. Ἐξ Ἄρνης] Ἄρνη πόλις Θεσσαλίας, ἀφ' ἧς ὠνόμασται κατὰ μετοικίαν καὶ ἡ ἐν Βοιωτίᾳ Ἄρνη· ἡ δὲ Βοιωτία Ἄρνη νῦν Χαιρώνεια καλεῖται. — Ὀγδοηκοστῷ ἔτει ξὺν Ἡρακλείδαις] οἱ γὰρ Ἡρακλεῖδαι, βουλόμενοι κατελθεῖν εἰς Πελοπόννησον, ἤροντο τὸν Ἀπόλλωνα· ὁ δὲ αὐτοῖς ἀνεῖλε, διὰ τῶν στενῶν εἰσβαλεῖν. οἱ δὲ νομίσαντες τὸν Ἰσθμὸν λέγειν αὐτόν, καὶ ἀστοχήσαντες τοῦ χρησμοῦ, προσέβαλλουσι τοῖς Πελοποννησίοις κατὰ τὸν Ἰσθμόν, καὶ ἡττηθέντες ἐποιήσαντο σπονδάς, ὥστε ἑκατὸν ἔτη παραχωρῆσαι τὴν χώραν Πελοποννησίοις. μετὰ δὲ τὰ ἑκατὸν ἔτη πάλιν ἤροντο τὸν Ἀπόλλωνα περὶ τῆς καθόδου· ὁ δὲ ἀνεῖλεν αὖθις, διὰ τῶν στενῶν εἰσβαλεῖν. ἀντιλεγόντων δὲ τῶν Δωριέων, ὡς καὶ πρότερον εἶεν ἠπατημένοι, εἶπεν, ὡς οὐ συνήκατε τὸν χρησμόν· στενὰ γὰρ λέγω τὸν Κρισαῖον κόλπον. οἱ δέ, ἐντεῦθεν ἐπιχειρήσαντες, ἔτυχον τῆς καθόδου, ὕστερον τῶν Τρωϊκῶν ἔτεσιν π'. ἡ δὲ πρώτη ἐσβολὴ πρὸ ἐτῶν εἴκοσιν ἦν. — 4. Ἀποικίας ἐξέπεμψε] ἀποικίσαι ἐστὶ κτίσαι πόλιν ἐπ' ἐρήμην. — Ἔστιν ἅ] ἀντὶ τοῦ ἔνια. λέγει δὲ Ἀμπρακιώτας, Ἀνακτορίους.

XIII. Τὰ πολλά] τουτέστι, τὰ ἐπιπολύ. — Τυραννίδες ἐν ταῖς πόλεσι καθίσταντο] διὰ τοῦτο δὲ ἦσαν

καὶ ταῦτα ἀσθενῆ· ἡ γὰρ τυραννὶς οὐκ ἐᾷ τελέως αὔξειν τὰ πράγματα. — Τῶν προσόδων μειζόνων γιγνομένων] αἰτίαν λέγει τῶν τυραννίδων. — Ἐπὶ ῥητοῖς γέρασι] ἀντὶ τοῦ, ἐπὶ φανεραῖς τιμαῖς, ἐπὶ ὁμολογουμένοις γέρασι· τοῦτο δὲ πρὸς ἀναδιαστολὴν τῶν τυραννίδων· ὁ γὰρ τύραννος νόμου κρείττω ἔχει τὴν βούλησιν, καὶ οὐχὶ τὸ αἴσιον. — Πατρικαὶ βασιλεῖαι] ἀπὸ τῶν πατέρων παραλαμβανόμεναι κατὰ διαδοχὴν γένους. διαφορὰν δὲ λέγει τυραννίδος καὶ βασιλείας, ὡς καὶ οἱ φιλόσοφοι· οἱ δὲ ῥήτορες ἀδιαφόρως λέγουσιν. — Ἀντεῖχοντο] προσεῖχον αὐτῇ. — 2. Μεταχειρίσαι τὰ περὶ τὰς ναῦς] ἐναλλάξαι· ἀπὸ πεντηκοντόρων γὰρ ἐποίησαν τριήρεις. — Ναυπηγηθῆναι] ἀπὸ κοινοῦ τὸ λέγονται. — 3. Ἔτη δ' ἐστὶ μάλιστα τριακόσια] εἰκὸς ἐν τοσούτῳ χρόνῳ πολλὰς ναῦς γενέσθαι. — Ἐς τὴν τελευτὴν τοῦδε τοῦ πολέμου] γνωστέον καὶ ἐντεῦθεν, ὅτι ὕστερον συνέγραψεν ὁ Θουκυδίδης τὴν λέξιν τῆς ἱστορίας. — 4. Ναυμαχία τε παλαιτάτη] Περιάνδρου τοῦ υἱοῦ Κυψέλου τυραννοῦντος Κορινθόθι, διὰ τὸν φόνον Λυκόφρονος τοῦ υἱέως αὐτοῦ. ἡ δὲ ἱστορία κεῖται κατὰ διέξοδον παρ' Ἡροδότῳ [3, 53]. — Μέχρι τοῦ αὐτοῦ χρόνου] ἐς τὴν τελευτὴν δηλονότι τοῦδε τοῦ πολέμου. — 5. Κτησάμενοι] οὐχ οἱ πάντες, ἀλλ' οἱ Κορίνθιοι. — Τὸ λῃστικὸν καθῄρουν] ἐπὶ τοῦ Μίνωός φησιν, ἐφ' ὅσον ἠδύνατο, τὸ λῃστικὸν καθῄρει· νῦν δὲ τὸ λεῖπον οἱ Κορίνθιοι εἰργάσαντο. — 6. Καὶ Ἴωσιν ὕστερον] μετὰ τὴν τῶν Κορινθίων ναυπηγίαν ἡ τῶν Ἰώνων εἰσάγεται περὶ τὸ ναυτικὸν ἐπιμέλεια. § ἡ δὲ ἱστορία τῶν Ἰώνων δήλη ἐν τῇ α' ἱστορίᾳ τοῦ Ἡροδότου [141 sqq.]. — Υἱέως] Ἀττικῶς, ἀπὸ εὐθείας τῆς υἱεύς. — Τῆς τε καθ' ἑαυτούς] γείτονος· οὐ γὰρ πάσης. — Ῥήνειαν] μία τῶν Κυκλάδων ἡ Ῥήνεια. — Φωκαεῖς τε Μασσαλίαν οἰκίζοντες] Φωκεῖς, οἱ τῆς Ἑλλάδος, ἀπὸ Φωκίδος πόλεως· Φωκαεῖς, οἱ τῆς Ἰωνίας, ἀπὸ Φωκαίας πόλεως. § Ἴωνες ὄντες οἱ Φωκαεῖς καὶ πολεμούμενοι ὑπὸ Περσῶν, ἀφέντες τὴν Ἰωνίαν, ἔπλευσαν ἐπὶ τὴν Ἀφρικὴν τὴν πάλαι Καρχηδόνα καλουμένην· ἀεὶ δὲ ταῖς οἰκιζομέναις αἱ πλησίον ἐναντιοῦνται. ἡ δὲ Μασσαλία πόλις ἐστὶ τῆς Ἀφρικῆς.
XIV. Πεντηκοντόροις] πεντηκόντορός ἐστι ναῦς ὑπὸ πεντήκοντα ἐρεσσομένη. — Ἐξηρτυμένα] ἡτοιμασμένα. — Ἐκεῖνα] τὰ παλαιά. — 2. Τοῖς τυράννοις] Γέλωνι καὶ Ἱέρωνι. — 3. Προσδοκίμου ὄντος] διὰ τὴν ἐν Μαραθῶνι μάχην. — Ἐναυμάχησαν] ἐν Σαλαμῖνι δηλονότι.
XV. Οἱ προσχόντες αὐτοῖς] οἱ προσχόντες τοῖς ναυτικοῖς. — Ὅσοι] ἢ οἱ καταστρέφοντες ἢ οἱ καταστρεφόμενοι. — Ὅσοι μὴ διαρκῆ εἶχον χώραν] οἱ καταστρεφόμενοι τὴν ἀλλοτρίαν, οὗτοι μὴ διαρκῆ χώραν ἔχοντες, ἐπέπλεον πρὸς τὰς πορθουμένας νήσους. — 2. Ὅσοι καὶ ἐγένοντο] πόλεμοι δηλονότι. — Καὶ ἐκδήμους στρατείας] τὸ ἑξῆς, καὶ εἰς στρατείας ἐκδήμους πολὺ οὐκ ἐξῇσαν. — Ἐκδήμους στρατείας] οἷον ἐκδημοῦντες. — Οὐκ ἐξῇσαν] οὐκ ἐξιόντες ἐποίουν. —

Οὐ γὰρ ξυνεστήκεσαν... ὑπήκοοι] αἱ ἐλάττους πόλεις οὐ συνεμάχουν ταῖς μεγάλαις ὑπήκοοι οὖσαι· οὐ γὰρ ὑπήκουον. — Ἀπὸ τῆς ἴσης] κατ' ἰσότητα μιγνύμενοι. § Ἀπὸ τῆς ἴσης] λείπει τὸ συντελείας. § οἷον ἀπὸ τῆς ἰδίας οὐσίας ἕκαστος τὸ φθάνον. — 3. Πόλεμον Χαλκιδέων καὶ Ἐρετριέων] ἐπολέμουν οὗτοι πρὸς ἀλλήλους περὶ τοῦ Δηλαντίου. — Ἑκατέρων] τῶν Χαλκιδέων καὶ Ἐρετριέων. — Διέστη] διεσπάσθη, ἀνεχώρησεν, οὐ συνεμάχησεν· οὐ γὰρ λέγει ὅτι ἐμερίσθη, ἀλλὰ μόνοι Χαλκιδεῖς μόνοις Ἐρετριεῦσιν ἐμάχοντο.
XVI. Κωλύματα μὴ αὐξηθῆναι] λείπει τὸ τοῦ. — Τῶν πραγμάτων] τῶν Περσικῶν. τὸ ἑξῆς, καὶ Ἴωσι Κῦρος ἐπεστράτευσε, Κροῖσον καθελών· καὶ τὰ ἑξῆς. — Καὶ τὰς νήσους] ἐδούλωσαν ἀπὸ κοινοῦ. § λέγει δὲ Χίον καὶ Σάμον.
XVII. Ἔς τε τὸ σῶμα] ἔς τε τὸ φυλάσσειν τὸ ἴδιον σῶμα. — Μάλιστα] τὸ μάλιστα ἀντὶ τοῦ ἀκριβῶς λαμβάνει ὁ Θουκυδίδης. τὸ δὲ ὑπερβατὸν οὕτως, τύραννοι τὰς πόλεις ᾤκουν. — Οἱ γὰρ ἐν Σικελίᾳ] τὸ γὰρ ἀντὶ τοῦ δέ. § Οἱ γὰρ ἐν Σικ.] οὐ λέγω περὶ τῶν ἐν Σικελίᾳ· οἱ γὰρ ἐν Σικελίᾳ ἐπὶ πλεῖστον, καὶ τὰ ἑξῆς. — Ἐπὶ πλεῖστον ἐχώρησαν δυνάμεως] ἤγουν πλείονα δύναμιν περιεβάλοντο. — 2. Ἀτολμοτέρα εἶναι] κατὰ κοινοῦ τὸ κατείχετο.
XVIII. Καὶ πρίν] ἤτοι καὶ πρότερον· δηλονότι πρὸ τῶν τῆς Ἀθήνης τυράννων. λέγει δὲ πλείστους εἶναι τοὺς Ἀθηναίων τυράννους, καὶ αὐτοὺς τελευταίους καταλυθῆναι ὑπὸ Λακεδαιμονίων. — Πλὴν τῶν ἐν Σικελίᾳ] τυράννων· οὗτοι γὰρ ὕστερον κατελύθησαν ἁπάντων. — Ἡ γὰρ Λακεδαίμων] ἡ σύνταξις, ἡ γὰρ Λακεδαίμων ἐπὶ πλεῖστον ὧν ἴσμεν χρόνον στασιάσασα, πρὸ τῆς τῶν Ἡρακλειδῶν καθόδου δηλονότι, ὅμως μετὰ τὴν κτίσιν τῶν νῦν ἐνοικούντων αὐτὴν Δωριέων εὐνομήθη. — Ὅμως ἐκ παλαιτάτου καὶ εὐνομήθη] πόθεν, φησίν, οἱ Λακεδαιμόνιοι τοὺς τυράννους κατέλυσαν; ἐκ τῆς εὐνομίας καὶ τοῦ ἀεὶ τῇ αὐτῇ πολιτείᾳ χρῆσθαι· ἀφ' οὗ Λακεδαιμόνιοι... — Ἀφ' οὗ] γράφεται καὶ ᾧ, ἢ εἰς ὃ υ' ἔτη οἱ Λακεδαιμόνιοι· τουτέστιν ἐν οἷς ἔτεσιν. — Τῇ αὐτῇ πολιτείᾳ] τῇ ὀλιγαρχίᾳ, τῇ γερουσίᾳ. — Τὰ ἐν ταῖς ἄλλαις πόλεσι καθίστασαν] εἰς τάξιν τινὰ καὶ κατάστασιν ἔφερον τὰ πράγματα, τὰς τυραννίδας καθαιροῦντες. — 2. Διανοηθέντες] οὐχ ὅτι διανοηθέντες οὐκ ἐποίησαν, ἀλλὰ θαυμάζει, πῶς ὅλως διενοήθησαν. — Ἀνασκευασάμενοι] τὰ σκεύη ἀναλαβόντες. — Διεκρίθησαν] οἱ Ἕλληνες. — Πολλῷ διεκρίθησαν] χρόνῳ διέστησαν. — Οἱ ξυμπολεμήσαντες] τοῖς Ἀθηναίοις καὶ Λακεδαιμονίοις. — Ταῦτα] τὰ πράγματα τῶν Ἀθηναίων καὶ τῶν Λακεδαιμονίων. — 3. Ὁμαιχμία] ἡ ὁμαιχμία ἐκ τοῦ ὁμοῦ καὶ ἔχω, ἢ μᾶλλον ἐκ τοῦ ὁμοῦ καὶ αἰχμή. — Ἔπειτα δὲ διενεχθέντες] ἡ μὲν ἀκριβὴς αἰτία τῆς μάχης οὐ φέρεται, πόθεν ἐγένετο· δεῖ δὲ εἰδέναι ὡς μετὰ τὸν Μηδικὸν ἐγένετο πόλεμον, καὶ ἔστι μία ὧν μέμνηται ὁ συγγραφεὺς ἐν τῇ πεντηκονταετηρίδι. — Μετὰ τῶν ξυμμάχων] τῶν ἰδίων δηλονότι.

τουτέστιν, ἔχοντες οὗτοι τοὺς συμμάχους, κἀκεῖνοι τοὺς ἰδίους. — Διασταῖεν] διανεχθεῖεν, στασιάζοιεν πρὸς ἀλλήλους.

XIX. Ἔχοντες φόρους] τὸ ἑξῆς, ἔχοντες φόρους
5 οὐχ ὑποτελεῖς, τοὺς ξυμμάχους ἡγοῦντο. — Τοὺς ξυμμάχους ἡγοῦντο] ἀντίπτωσις, ἀντὶ τοῦ τῶν ξυμμάχων. § Ἡγοῦντο] αὐτῶν. — Κατ᾽ ὀλιγαρχίαν] οἱ Λακεδαιμόνιοι μὲν ὀλιγαρχίας μᾶλλον ἐν τοῖς συμμάχοις καθίστασαν, Ἀθηναῖοι δὲ δημοκρατίας, καὶ φόρους ἐξέλε-
10 γον. — Σφίσιν αὐτοῖς... θεραπεύοντες] ὅπως αὐτοῖς τοῖς Λακεδαιμονίοις ἐπιτηδείως καὶ ὁμοίως πολιτεύεσθαι ἀναγκάσωσι, θεραπεύοντες· αὐτοὶ δηλονότι οἱ Λακεδαιμόνιοι. τὸ ἑξῆς, θεραπεύοντες δηλονότι συμμάχους τοῦτο μόνον, ὅπως πολιτεύσωσιν ἐπιτηδείως σφίσιν αὐτοῖς· του-
15 τέστι κατ᾽ ὀλιγαρχίαν. § ἢ ἐπιμελούμενοι οἱ Λακεδαιμόνιοι ὁμοιωθῆναι * τοὺς ξυμμάχους αὐτοῖς τοῖς Λακεδαιμονίοις διὰ τὴν ξυμμαχίαν κατὰ τὴν ὀλιγαρχίαν. — Παρχλαβόντες] ἡγοῦντο δηλονότι. — Πλὴν Χίων καὶ Λεσβίων] ὡς δυνατῶν ὄντων· ὕστερον δὲ καὶ τούτους
20 ἐχειρώσαντο. — Μείζων] ἐκ τῶν φόρων δηλονότι. — Ἦ ὡς... ἤνθησαν] τὸ ἑξῆς, ἢ ὡς ἤνθησάν ποτε μετὰ τῆς ἀκραιφνοῦς ξυμμαχίας, ὅτε εἶχον ἀβλαβῆ τὴν τῶν πάντων συμμαχίαν, ἐπὶ τῶν Μηδικῶν. — Ἀκραιφνοῦς] δυνατῆς καὶ ὁλοκλήρου.
25 XX. Χαλεπὰ ὄντα... πιστεῦσαι] χαλεπὰ γάρ εἰσιν, ἐξ ὧν εἶπε, πιστεύσαι, ὅτι μεγάλα ἦν. — Τὰς ἀκοάς] τὰς ἀκροάσεις, τὰς φήμας. — Ἀβασανίστως] ἡ λέξις μετενήνεκται ἀπὸ τῆς βασάνου τῆς λίθου, ἥτις τὸν χρυσὸν δοκιμάζει. — 2. Ἀθηναίων γοῦν] δεινῶς ἐν-
30 ταῦθα προέταξεν Ἀθηναίους τοὺς δοκοῦντας σοφοὺς Ἑλλάδος εἶναι, ὅτι οὐδὲ οὗτοι δοκιμάζουσι τὰ ἴδια. — Ἵππαρχον οἴονται] τὸ ἑξῆς, Ἵππαρχον τύραννον ὄντα. — Πρεσβύτατος ὤν] τὸ ἑξῆς, πρεσβύτατος ὢν τῶν Πεισιστρατιδῶν, ἦρχε, τῶν Ἀθηναίων δηλονότι. τὸ δὲ
35 υἱέων ἀπὸ τοῦ υἱεύς. — Ἦρχε] ἐτυράννει. — Ἵππαρχος δὲ καὶ Θεσσαλὸς] ταῦτα λέγει ὁ συγγραφεὺς ὡς καὶ αὐτὸς ὢν τοῦ γένους τῶν Πεισιστρατιδῶν, καὶ διαβάλλει τοὺς περὶ Ἀρμόδιον. — Ὑποτοπήσαντες] ὑπονοήσαντες, ὑπολαβόντες. τὸ ἑξῆς, ὑποτοπήσαντες καὶ πα-
40 ραχρῆμα μεμηνῦσθαι· ὅτι ἅμα ἐβουλεύσαντο καὶ ἐγνώσθησαν. — Ἐκείνῃ τῇ ἡμέρᾳ] ἐν ᾗ δηλονότι συνέθεντο ἀνελεῖν τὸν τύραννον. — Τῷ Ἱππάρχῳ περιτυχόντες] ὃ λέγει, τοῦτό ἐστιν, ὅτι Ἱππίας μᾶλλον ἦρχε τυραννῶν, οὐχ Ἵππαρχος. ἀδελφὸς δ᾽ ἦν Ἱππίου ὁ Ἵππαρ-
45 χος. ἀνῃρέθη δὲ παρὰ Ἀρμοδίου καὶ Ἀριστογείτονος, οὐχ, ὡς οἱ Ἀθηναῖοι ᾤοντο, τύραννος ὤν, ἀλλ᾽ ὡς οὗτός φησιν, αὐτοὶ μᾶλλον ἐπιβουλευσάμενοι Ἱππίᾳ, καὶ γνωσθέντες, ἐπεὶ εὗρον τοῦτον τὸν Ἵππαρχον ἀδελφὸν ὄντα τοῦ Ἱππίου περὶ τὸ Λεωκόριον, ἀπέκτειναν.
50 — Περὶ τὸ Λεωκόριον] ἐλίμωξέ ποτε ἡ Ἀττική, καὶ λύσις ἦν τῶν δεινῶν, παίδων σφαγή. Λεὼς οὖν τις τὰς ἑαυτοῦ κόρας ἐπιδέδωκε, καὶ ἀπήλλαξε τοῦ λιμοῦ τὴν πόλιν. καὶ τούτων ἱερὸν ἐγένετο ἐν τῇ Ἀττικῇ, τὸ καλούμενον Λεωκόριον. — 3. Ἔτι καὶ νῦν ὄντα] ἐπιτεί-

νει τὸ ἄτοπον τῶν ἀνθρώπων, ὅτι οὐ μόνον τὰ παλαιὰ, ἀλλὰ καὶ τὰ ἐγγὺς τῷ χρόνῳ ἀβασανίστως ἀκούουσι· τὸ γὰρ τῶν Πεισιστρατιδῶν, ἀρχαῖον. — Οὐκ ὀρθῶς οἴονται] αἰνίττεται τὸν Ἡρόδοτον. — Τούς τε Λακεδαιμονίων βασιλέας] οἱ γὰρ Λακεδαιμονίων δύο βασι- 5 λεῖς ψήφους ἔφερον ἐν τῇ γερουσίᾳ ἑκάτερος ἕνα, διττὴν ἔχοντα δύναμιν. — Ἀλλὰ δυεῖν] οὐκ ὀρθῶς οἴονται μιᾷ ψήφῳ προστίθεσθαι ἑκάτερον, ἀλλὰ δυεῖν. — Τὸν Πιτανάτην λόχον] ἀπὸ Πιτάνης κώμης. § Ἡρόδοτος [9, 53] μαρτυρεῖ, ὅτι ἦν ὁ Πιτανάτης λόχος, Πιτανά- 10 της κληθεὶς ἀπὸ Πιτάνης, κώμης Λακωνικῆς. — Ἀταλαίπωρος] ἀνεξέταστος. — Τὰ ἕτοιμα] τὰ εὐχερῆ καὶ ἀναπόδεικτα.

XXI. Ἐκ δὲ τῶν εἰρημένων] τὸ ὑπερβατὸν οὕτω, τὰ μὲν οὖν παλαιὰ, τοιαῦτα εὗρον. εἶτα μετὰ τὰ πα- 15 ραδείγματα ὕστερον πρὸς τοῦτο ἀποδίδωσι τὸ, ἐκ δὲ τῶν εἰρημένων. — Λογογράφοι] αἰνίττεται τὸν Ἡρόδοτον. — Τὸ προσαγωγότερον] τὸ ἡδύτερον, ὃ προσάγει. — Ἀνεξέλεγκτα] οὐκ ἐλέγχους οὐδὲ ἀποδείξεις ἔχοντα, οὐδὲ ἀληθῆ ὄντα. — Καὶ τὰ πολλὰ ὑπὸ χρόνου 20 αὐτῶν] τὸ ἑξῆς, τὰ πολλὰ αὐτῶν. — Εἶναι] ἀντὶ τοῦ ὄντα. — Ἀποχρώντως] ἡ περιοχὴ τοῦ λόγου· οὕτω, φησὶ, διῆλθον αὐτὰ, ὡς πρέπει τὸν παλαιὰ διηγούμενον πράγματα ἀρκούντως εἰπεῖν. — 2. Καὶ ὁ πόλεμος οὗτος] λείπει τὸ τοίνυν [τῶν Πελοποννησίων]. τὸ ἑξῆς, 25 καὶ ὁ πόλεμος οὗτος τοῖς ἀπ᾽ αὐτῶν τῶν ἔργων σκοποῦσι δηλώσει, ὅτι μείζων ἐστὶ γεγενημένος τῶν ἀρχαίων· τοῦτο γάρ ἐστι τὸ αὐτῶν. § ἢ τῶν Ἀθηναίων καὶ Πελοποννησίων· τουτέστι, μείζων τῆς δυνάμεως αὐτῶν ἐγένετο.

XXII. Ὅσα μὲν λόγῳ εἶπον] προκατασκευάζει τὰς δημηγορίας. — Χαλεπὸν τὴν ἀκρίβειαν...] χαλεπὸν ἦν ἐμοί τε αὐτῷ, φησὶν, ὧν ἤκουσα, καὶ τοῖς ἀπαγγέλλουσί μοι, τὴν ἀκρίβειαν τῶν λεχθέντων διαμνημονεῦσαι· ὡς ἐδόκουν τοίνυν ἐμοὶ τὰ δέοντα εἰπεῖν, ἐχομένῳ μοι τῆς 35 ὅλης γνώμης ἐγγύτατα τῶν ἀληθῶς λεχθέντων, οὕτως εἴρηται· τουτέστιν, ὡς ἔδοξα δὲ ὅτι εἶπον ἂν ἀληθῶς, οὕτως εἴρηκα, εἰ καὶ μὴ αὐτὰ ἐκεῖνα τὰ λεχθέντα ῥήματα. ἐπιτηδείως τὴν ἄγνοιαν προφασίζεται, ἵνα χρήσηται τοῖς οἰκείοις ἐνθυμήμασιν. — 2. Οὐδ᾽ ὡς ἐμοὶ ἐδόκει] ἐπειδὴ φιλαθήναιος δοκεῖ, τοῦτο λέγει. — Οἷς τε αὐτὸς παρῆν] ἐστρατήγει γὰρ καὶ αὐτὸς ἕως τῆς τετάρτης ἱστορίας. § ἡ διάνοια, ἠξίωσα τῆς γραφῆς τὰ ἔργα, οἷς αὐτὸς παρῆν. — Ἐπεξελθών] ἐρευνῶν. — 3. Εὐνοίας, ἢ μνήμης] εὐνοίας, ἐπὶ Λακεδαιμονίων· μνήμης, 45 ἐπὶ Ἀθηναίων. — Ἔχοι] ἀντὶ τοῦ εἶχεν. — 4. Τὸ μὴ μυθῶδες αὐτῶν] πάλιν πρὸς Ἡρόδοτον [αἰνίττεται]. — Αὐτῶν] τῶν λεχθέντων. ὅρα δὲ, πῶς πρότερον εἰπὼν περὶ τῶν ἐν τῷ πολέμῳ λόγων καὶ ἔργων, ἐνταῦθα λέγει περὶ τῆς ἱστορίας καὶ ὠφελείας. — Τῶν τε γενομένων τὸ σαφές] τὸ ἑξῆς καὶ ἡ διάνοια, ἀρκούντως ἕξει, ἤτοι ἀρκέσει, κρῖναι αὐτὰ, τὰ γεγραμμένα δηλονότι, ὠφέλιμα εἶναι, ἤτοι ὠφέλιμα πᾶσιν, ὅσοι βουλήσονται σκοπεῖν τῶν τε γενομένων τὸ σαφὲς καὶ τῶν μελλόντων

ἔσεσθαί ποτε αὖθις τοιούτων καὶ παραπλησίων, κατὰ τὸ ἀνθρώπειον. — Κατὰ τὸ ἀνθρώπειον] ἐπειδὴ ἄδηλα τὰ ἀνθρώπινα. — Κτῆμα] κέρδος. κτῆμα, τὴν ἀλήθειαν· ἀγώνισμα, τὸν γλυκὺν λόγον. αἰνίττεται δὲ τὰ μυθικὰ Ἡροδότου. — Ἀγώνισμα] θέαμα, παιδιά, ποιητικὸν ἀγώνισμα κωμῳδοποιῶν ἢ τραγῳδοποιῶν. § ἐπίδειξιν. — Ξύγκειται] τουτέστι, σαφές ἐστι, ξυγγράφεται.

XXIII. Δυεῖν ναυμαχίαιν καὶ πεζομαχίαιν] ναυμαχίαι δύο, ἐν Ἀρτεμισίῳ, ἐν Σαλαμῖνι· πεζομαχίαι δύο, ἐν Πύλαις, ἐν Πλαταιαῖς. — Ταχεῖαν τὴν κρίσιν ἔσχεν] ἤγουν ταχέως ἐπαύσατο. — Τούτου δὲ τοῦ πολέμου] τοῦ Πελοποννησίου. — Ἐν ἴσῳ χρόνῳ] ἐν κζ΄ ἔτεσιν. — 2. Εἰσὶ δὲ αἵ καὶ οἰκήτορας μετέβαλον] οἷον ἡ Ποτίδαια καὶ Αἴγινα. — Ὁ δὲ διὰ τὸ στασιάζειν] ἀπὸ κοινοῦ τὸ ξυνηνέχθη γενέσθαι. — 3. Τά τε πρότερον ἀκοῇ μὲν λεγόμενα ...] καὶ τὰ λεγόμενα, φησίν, ὅτι ἐγένοντο πρότερον, ἅπερ σπανιώτερον ἔργῳ ἐβεβαιοῦντο, τουτέστιν, ὅτι τοιαῦτά ἐστιν ὅτε ἐγένοντο. καὶ ἐβεβαιοῦντο τὰ λεγόμενα ἀκοῇ, ἔργῳ· καὶ τὰ λεγόμενα τοίνυν, οὐκ ἄπιστα κατέστη. πόθεν; ἐν τοῦ συμβῆναι τοιαῦτα. καὶ γὰρ ἐλέγετο, φησί, περὶ σεισμῶν, καὶ ἐκλείψεων ἡλίου, καὶ αὐχμῶν· καὶ γεγόνασιν ἐν τῷ καιρῷ τοῦ πολέμου δεινότερα τοιαῦτα, ὥστε πιστευθῆναι καὶ τὰ λεγόμενα πρότερον. — Καὶ ἀπ' αὐτῶν καὶ λιμοί] σημείωσαι, ἀπὸ τῶν αὐχμῶν λιμὸς καὶ λοιμός. τὴν δὲ λοιμώδη νόσον παθημάτων φησὶ μείζονα. — Φθείρασα] τοὺς Ἀθηναίους. — Μετὰ τοῦδε τοῦ πολέμου ἅμα] ἡ σύνταξις, μετὰ τοῦδε τοῦ πολέμου ἅμα. παρελκον τὸ ἅμα. — 4. Τὰς τριακοντούτεις σπονδάς] μετὰ λς΄ ἔτη τῶν Μηδικῶν ἐγένοντο αἱ τριακοντούτεις σπονδαί, καὶ ἐφυλάχθησαν ἔτη ιδ΄, ὡς γενέσαι ἔτη ν΄ ἀπὸ τῶν Μηδικῶν ἕως τῶν Πελοποννησιακῶν. 5. Προέγραψα] ἀντὶ τοῦ, μετ' ὀλίγον ἔγραψα. — Τοῦ μή τινα ζητῆσαι] λείπει τὸ ἕνεκεν. — 6. Ἀληθεστάτην πρόφασιν] αἰτίαν. — Ἀφανεστάτην δὲ λόγῳ] κεκρυμμένην. — Ἀναγκάσαι ἐς τὸ πολεμεῖν] τὰ ὀνόματα ῥήματα ἐποίησε. βούλεται γὰρ δηλοῦν ὅτι μεγάλοι γινόμενοι οἱ Ἀθηναῖοι ἀνάγκην παρέσχον τοῦ πολέμου. — Ἅ δ' ἦσαν ἑκατέρων] αἱ καθεξῆς ῥηθησόμεναι.

XXIV. Ἐπίδαμνος] ἣ νῦν Δυρράχιον καλεῖται, ἥντινα παραγραμματίζοντες Δοράκιον καλοῦσι. — 2. Ἀπῴκισαν] οὐχὶ ἀπανέστησαν τῆς οἰκίας, ἀλλ' ἀποικίαν πέμψαντες ᾤκισαν. καί, γάρ μετ' ὀλίγον φησί, πέμπουσιν ἐς τὴν Κέρκυραν ὡς μητρόπολιν. οἱ μὲν οὖν Κερκυραῖοι πέμπουσι τὴν ἀποικίαν· ὁ δὲ Φάλιος, Κορίνθιος ὤν, καὶ ἐν Κερκύρᾳ ὤν, συνεκπεμφθεὶς οἰκίζει τὴν Ἐπίδαμνον. — Κατὰ δὴ τὸν παλαιὸν νόμον] ὁ παλαιὸς νόμος οὐκ ἀπὸ τοῦ γένους ἐκάλει, ἀλλ' ἀπὸ τῆς μητροπόλεως, τουτέστι τῆς πατρίδος. — Ἐκ τῆς μητροπόλεως] ἐκ τῆς Κορίνθου· Κορίνθιος γάρ. — Κατακληθείς] τὸ κατακληθεὶς κυρίως εἶπεν· ἀπὸ γὰρ μειζόνων τῶν Ἡρακλειδῶν· ὥσπερ ἀνακληθεὶς ἀπὸ ἐλασσόνων λέγεται. — 4. Στασιάσαντες] οἱ Ἐπιδάμνιοι. — Τῶν προσοίκων βαρβάρων] τῶν Ταυλαντίων. — Τῆς πολλῆς] οὐ μὴν τῆς πάσης. — 5. Τὰ δὲ τελευταῖα] ἀντὶ τοῦ, τέλος δέ, κατὰ τὰ τελευταῖα, ἤγουν κατὰ τὰ τελευταῖα τῆς στάσεως αὐτῶν. — Πρὸ τοῦδε τοῦ πολέμου] τοῦ Πελοποννησιακοῦ. — Αὐτῶν] τῶν Ἐπιδαμνίων. — 6. Τούς τε φεύγοντας] τοὺς πλουσίους. — 7. Ἐς τὸ Ἡραῖον] ἐν τῷ ναῷ τῆς Ἥρας. — Τὴν ἱκετείαν οὐκ ἐδέξαντο] οὐχὶ τὴν πρεσβείαν οὐκ ἐδέξαντο, ἀλλὰ τὴν τιμωρίαν. τὸ τέλος εἶπεν ἀντὶ τῆς πράξεως, συντομώτερον εἰπὼν καὶ καινότερον. τὸ γὰρ εἰπεῖν ὅτι ὑπεδέξαντο τὴν πρεσβείαν καὶ κατέθεντο τὴν τιμωρίαν ποιῆσαι, μακρὸν ἂν ἐγένετο καὶ σύνηθες κατὰ τὴν φράσιν.

XXV. Τιμωρίαν οὖσαν] βοήθειαν οὖσαν. ἢ ὑπακουστέον τὸ κατὰ τῶν ἀδικούντων. § Τιμωρίαν, κατὰ τῶν ἀδικούντων αὐτοὺς δηλαδή, ἐκδίκησιν. — Θέσθαι τὸ παρόν] θέσθαι τὸ εὖ θέσθαι, τὸ δὲ παρὸν ἀντὶ τοῦ [τοῦ] παρόντος· ἐβουλεύοντο γὰρ καὶ τὴν πόλιν παραδοῦναι καὶ τιμωρίαν λαβεῖν. — Κορινθίοις ὡς οἰκισταῖς] διὰ τὸν Φάλιον δηλονότι, ἐφ' ὅσον οἰκιστὴς αὐτὸς ἦν, Κορίνθιος ὤν. — Ὡς οἰκισταῖς] οὐχ ὅτι ἀληθῶς Κορίνθιοι αὐτοὺς ᾤκισαν, ἀλλ' ἐφ' ὅσον ὁ οἰκιστὴς Φάλιος Κορίνθιος ἐγένετο. — Καὶ ἡγεμόνας ποιεῖσθαι] τοὺς Κορινθίους. — 2. Κατὰ τὸ μαντεῖον] κατὰ τὸ μάντευμα. — Παρέδοσαν τὴν ἀποικίαν] τοῖς Κορινθίοις δηλονότι. — Τόν τε οἰκιστὴν] Φάλιον. — 3. Κατά τε τὸ δίκαιον] κατὰ τὸ δοκοῦν αὐτοῖς· δίκαιον. ἐνόμιζον γὰρ αὐτῶν μᾶλλον εἶναι τὴν ἀποικίαν. — Ὄντες ἄποικοι] ἤγουν πέμψαντες τὴν ἀποικίαν. — 4. Οὔτε γὰρ ἐν πανηγύρεσιν] ἰστέον ὅτι ὁ γὰρ παρέλκει, καὶ ἀπὸ κοινοῦ τὸ παρεμίλουν. ἢ τὸ διδόντες ἀντὶ τοῦ ἐδίδοσαν· ὡς καὶ Ὅμηρος [Il. Θ, 307],

Καρπῷ βριθομένη,

ἀντὶ τοῦ βρίθεται. — Ἐν πανηγύρεσιν] ἐν Ὀλυμπίοις, Νεμέοις καὶ τοῖς τοιούτοις ἀγῶσιν. § σημείωσαι δὲ ὅτι οἱ πέμποντες ἀποικίας, οὗτοι ἐποίουν τὰς πανηγύρεις ἐν ἐκείναις ταῖς πόλεσι, καὶ δι' ὁμογενῶν οἰκιστῶν ἀπήρχοντο τῶν ἱερῶν, τουτέστι τῶν θυσιῶν. — Γέρα τὰ νομιζόμενα] τὰς τιμὰς καὶ προεδρίας. — Προκαταρχόμενοι τῶν ἱερῶν] διδόντες τὰς καταρχάς. — Κορινθίῳ ἀνδρὶ προκαταρχόμενοι τῶν ἱερῶν] ἔθος γὰρ ἦν ἀρχιερέας ἐκ τῆς μητροπόλεως λαμβάνειν. — Αἱ ἄλλαι ἀποικίαι] ἀντὶ τοῦ, αἱ πεμφθεῖσαι ἀποικίαι. — Περιφρονοῦντες δὲ αὐτούς] Ἀττικὴ ἡ σύνταξις, ἀντὶ τοῦ περιφρονοῦντες αὐτῶν. — Ἔστιν ὅτε ἐπαιρόμενοι] οὐ γὰρ ἀεὶ πλέον εἶχον ναυτικόν· διὰ τοῦτό φησιν, ἔστιν ὅτε. — Κατὰ τὴν τῶν Φαιάκων προενοίκησιν] ἀντὶ τοῦ ὁμοίως τῇ προενοικήσει τῶν Φαιάκων. προενοικήσει λέγει τῆς Κερκύρας· καὶ γὰρ οἱ Φαίακες παλαιότεροι ἦσαν τῶν Κερκυραίων, καὶ ἄριστοι τὰ ναυτικά. § Ὡς τῶν Κερκυραίων οὕτω δοξαζόντων λέγει, καὶ οὐχὶ ἀφ' ἑαυτοῦ· ἀεὶ γὰρ τὸ μυθῶδες φεύγει. — Κλέος ἐχόντων] τῶν Φαιάκων ἐς τὰ περὶ τὰς ναῦς. — Ἦ καὶ μᾶλλον] τὸ

ἢ ἀντὶ τοῦ διό· διὸ καὶ μᾶλλον· διὰ τὴν φήμην τῶν Φαιάκων, μὴ φανεῖεν χείρους. — Καὶ ἦσαν οὐκ ἀδύνατοι] τὸ οὐκ ἀδύνατοι μεσότητός ἐστι ῥῆμα, οἷον οὔτε τελείως δυνατοὶ οὔτε ἀσθενεῖς. — Πολεμεῖν] πρὸς Κορινθίους.

XXVI. Πάντων οὖν τούτων ἐγκλήματα ἔχοντες οἱ Κορ.] ἤγουν ἐγκαλοῦντες ἕνεκα πάντων τούτων οἱ Κορίνθιοι τοῖς Κερκυραίοις. — Ἐγκλήματα ἔχοντες] ἀντὶ τοῦ, κατὰ τῶν Κερκυραίων ἐγκαλοῦντες. § πρὸς Κορινθίους ἰδίως εἶπε τὸ ἐγκαλεῖν ἐγκλήματα ἔχειν. — Τὴν ὠφέλειαν] ὠφέλεια, βοήθεια, συμμαχία, ἐπικουρία. — Καὶ ἑαυτῶν φρουρούς] ἔπεμπον δηλονότι. — 2. Περαιούμενοι] πλέοντες. — 3. Τὴν τε ἀποικίαν Κορινθίοις δεδομένην] τουτέστι, τὴν τῶν Ἐπιδαμνίων τοῖς Κορινθίοις ἀναφερομένην. — Τούς τε φεύγοντας] τοὺς πλουσίους. § τοὺς φυγάδας. — Κατ᾽ ἐπήρειαν] κατὰ βλάβην καὶ στάσιν, ὅπως πάλιν στασιάσωσιν· ἢ κατ᾽ ἀπειλήν. τρία εἴδη ὀλιγωρίας, καταφρόνησις, ἐπηρεασμός, καὶ ὕβρις. τούτων γὰρ καταφρονεῖ τις, ἃ μηδενὸς ἡγεῖται. καὶ γὰρ ὁ ἐπηρεάζων φαίνεται καταφρονεῖν. ἔστι γὰρ κατὰ Ἀριστοτέλην ὁ ἐπηρεασμός, ἐμποδισμός** — Αὐτούς] τοὺς Ἐπιδαμνίους. — Ἀποδεικνύντες] οἱ πλούσιοι. — Προϊσχόμενοι] προτείνοντες. — Τούς τε φρουρούς] ἀπὸ κοινοῦ τὸ ἐκέλευον οἱ Κερκυραῖοι. — Ἀποπέμπειν] τῆς Ἐπιδάμνου. — 4. Ἀλλὰ στρατεύουσιν ἐπ᾽ αὐτούς] καὶ ἐκστρατεύουσι κατ᾽ αὐτῶν. — Ὡς κατάξοντες] τοὺς φυγάδας· τοῦτο γὰρ ὑπακουστέον. τὸ ἑξῆς, στρατεύουσι καὶ τοὺς Ἰλλυριοὺς προσλαβόντες. — 5. Προσκαθεζόμενοι δὲ τὴν πόλιν] τὴν πόλιν Θουκυδίδειον, τῇ πόλει κοινόν. — Ἐπείθοντο] οἱ Ἐπιδάμνιοι δηλονότι. — Ἰσθμός] γῆ ἀμφιθάλασσος.

XXVII. Πολιορκοῦνται] οἱ Ἐπιδάμνιοι. — Ἐπὶ τῇ ἴσῃ] λείπει τιμῇ. Ἐπὶ ἴσῃ καὶ ὁμοίᾳ ἰέναι, τοῖς Ἐπιδαμνίοις δηλονότι, ἵνα κἀκεῖ ἔχοιεν πάντα ὡς ἐν Κορίνθῳ. — Εἰ δέ τις τὸ παραυτίκα...] τουτέστιν, εἴ τις οὐ βούλεται ἀπιέναι, ἀλλὰ ἔχειν λόγον ὅτι συνήργησεν εἰς τὴν ἀποικίαν, διδότω δραχμὰς πεντήκοντα, καὶ μενέτω, φησίν, ἐν Κορίνθῳ οἰκῶν. — 2. Παλῆς Κεφαλλήνων] Παλῆς, ὡς Μεγαρῆς. πόλις δὲ ἡ Πάλη τῆς Κεφαλληνίας· τετράπολις γάρ ἐστιν ἡ Κεφαλληνία, Πάλη, Κράναια, Σαμαία, Πρώναια.

XXVIII. Παρασκευήν] τὴν οἰκονομίαν τοῦ πολέμου. — Παρέλαβον] ἵνα αὐτοῖς ὦσι μάρτυρες τῶν λόγων, ἢ ἵνα αὐτοὺς αἰδεσθῶσιν οἱ Κορίνθιοι. § σημείωσαι τὸ παρέλαβον ἐπὶ τοῦ φιλικῶς ἔλαβον, καὶ ὡς συναγωνιστάς. — 2. Δίκας ἤθελον δοῦναι] ἐπιτρέψαι δικαστηρίῳ καὶ κριθῆναι ἐβούλοντο. — Δίκας ἤθελον δοῦναι] ἀντὶ τοῦ, ἔλεγον δίκας ἀμφοτέρους διδόναι, αὐτούς τε Κορινθίοις καὶ Κερκυραίους δικάσασθαι ἔνθα βούλωνται καὶ συμφωνήσωσιν. — Ξυμβῶσιν] ξυμφωνήσωσιν. — Δικασθῇ] ἀποφανθῇ. — Ἤθελον δὲ καὶ τῷ ἐν Δελφοῖς μαντείῳ ἐπιτρέψαι] ἀντὶ τοῦ, ἔλεγον δὲ, ὅτι ἐρωτήσωμεν καὶ τὸ μαντεῖον, τίσι νέμει τὴν ἀποικίαν καὶ τὰ δίκαια. ἴσως γὰρ οὐκ ἐπύθοντο τὸν χρησμὸν ὃν ἔλαβον οἱ Ἐπι-

δάμνιοι διὰ Κορινθίους. — Ἐπιτρέψαι] τὴν ἐπιτροπὴν τῆς κρίσεως δοῦναι — 3. Εἰ δὲ μή] εἰ δὲ οὐκ ἐθελήσουσι παῦσαι τὸν πόλεμον. — Βιαζομένων] ἀντὶ τοῦ βιαζόντων. — Οὓς οὐ βούλονται] οἱ Κερκυραῖοι, οὐχὶ οἱ Κορίνθιοι. — Ἑτέρους τῶν νῦν ὄντων μᾶλλον] ἄλλους ἀπὸ τῶν παρόντων φίλων. ἢ ἑτέρους λέγει μᾶλλον φίλους τῶν παρόντων φίλων. — Τῶν νῦν ὄντων] τῶν νῦν ἰσχυόντων. λέγει δὲ Ἀθηναίους. — 4. Τοὺς βαρβάρους] τοὺς Ταυλαντίους. — Ἀπάγωσιν] ἀποστήσωσιν. — 5. Ἀντέλεγον] οὐκ, ἐναντία ἔλεγον, ἀλλὰ ἴσα· ὡς ἀντίθεος, ὁ ἰσόθεος. — Ἕτοιμοι δὲ εἶναι...] ἀντὶ τοῦ ἑτοίμως ἔχουσιν, εἰ μὴ ἐκεῖνο βούλονται, σπονδὰς ποιήσασθαι, μένειν ἐν Ἐπιδάμνῳ καὶ τοὺς πεμφθέντας Κορινθίων καὶ τοὺς πεμφθέντας Κερκυραίων, μηδὲν πράττοντας εἰς κάκωσιν, ἕως ἂν δίκας δώσωσιν. — Κατὰ χώραν] ἐφ᾽ ἡσυχίας, ἵνα μὴ ἐν τῷ μεταξὺ ἀλλήλους ἀδικῶσι.

XXIX. Προπέμψαντες κήρυκα] ὅρα ὡς κατεφρόνουν οἱ Κορίνθιοι· οὐ γὰρ λάθρα ἐβούλοντο πλεῖν. — Κήρυκα] κῆρυξ ἐν πολέμῳ, πρέσβεις ἐν εἰρήνῃ. — Δις 2 χιλίοις τε ὁπλίταις] καὶ μὴν ἄνω τρισχιλίους ἡτοίμαζον. ῥητέον οὖν ὅτι ἴσως οὐκ ἦν χρεία τῶν χιλίων· ἢ καὶ καταφρονοῦντες τῶν Κερκυραίων τοῦτο ποιοῦσιν. — 3. Ἐν Ἀκτίῳ τῆς Ἀνακτορίας γῆς] ἡ Ἀνακτορία γῆ ἐστι τῆς ἠπείρου, τὸ δ᾽ Ἄκτιον λιμήν. — Κήρυκά τε προέπεμψαν] ἵνα εἰρηνικὰ φρονοῦντες δηλώσωσιν. — Ἀπεροῦντα] ἀπαγορεύσοντα, ἀποστρέψοντα, τὰ ἐναντία ἐροῦντα. — Ἐπλήρουν] ἀνδρῶν δηλονότι. — Ζεύξαντες] ζυγώματα αὐταῖς ἐνθέντες εἰς τὸ συνέχεσθαι. § εὐτρεπίσαντες, τοὺς ζυγοὺς ἁρμόσαντες ἐν αὐταῖς. καὶ γὰρ ἔθος ἔχουσιν αἴρειν αὐτοὺς ἀπὸ τῶν οὐ πλεουσῶν νεῶν. — Τὰς παλαιάς] οὐδεμία καινὴ ναῦς ἦν, εἴ γε τὰς μὲν ἔζευξαν διαλελυμένας οὔσας καὶ ζυγωμάτων προσδεηθείσας εἰς συνοχήν, τὰς δὲ ἐπεσκεύασαν. — Ἐπισκευάσαντες] ἐπισκευάζω τὸ ἐκ παλαιότητος εἰς νέαν κατάστασιν εἰδοποιῶ, καὶ ἐπισκευαστής, ὁ τῶν σαθρῶν οἰκοδόμος. § ἐκ σαθρότητος νέας ποιήσαντες. — 4. Εἰρηναῖον] εἰρήνης ποιητικόν. — Τεσσαράκοντα] προεῖπε γὰρ [c. 25] ὅτι ἑκατὸν εἴκοσιν εἶχον. — Ἐναυμάχησαν] τὴν ναυμαχίαν ταύτην οὐκ ἀκριβῶς διηγεῖται, πρεσβυτέραν ἴσως οὖσαν αὐτοῦ. διὰ δὲ τῆς φθορᾶς τῶν πεντεκαίδεκα νεῶν τὴν ἐπικράτειαν αὐτῶν δηλοῖ. καὶ αὗται μὲν τελείως διεφθάρησαν, αἱ δὲ λοιπαὶ ἐτραυματίσθησαν, καὶ αἰχμάλωτοι ἐλήφθησαν ἱκανοί. — Παρὰ πολύ] ἀντὶ τοῦ σφόδρα, διαφερόντως, μᾶλλον ἢ πολύ. — 5. Τῇ αὐτῇ δὲ ἡμέρᾳ] δευτέραν νίκην λέγει τῶν Κερκυραίων. — Ἐπήλυδας] ξένους. — Ἀποδόσθαι] πωλῆσαι.

XXX. Τροπαῖον] τροπαῖον ἡ παλαιὰ Ἀτθίς, ἧς ἐστιν Εὔπολις, Κρατῖνος, Ἀριστοφάνης, Θουκυδίδης· τρόπαιον ἡ νέα Ἀτθίς, ἧς ἐστι Μένανδρος καὶ οἱ ἄλλοι. — Κορινθίους δὲ δήσαντες εἶχον] οὗτοι ἐδέθησαν. καὶ οἱ ἐν Ἐπιδάμνῳ ἄλλοι Κορίνθιοί εἰσι. — 2. Τῆς γῆς ἔτεμον] Ἀττικὴ ἡ σύνταξις. — Καὶ Κυλλήνην] ἄλλη

Κυλλήνη τῆς Ἀρκαδίας. — Ἐπίνειον] ἐπίνειόν ἐστι πόλισμα παραθαλάσσιον, ἔνθα τὰ νεώρια τῶν πόλεων εἰσὶν, ὥσπερ ὁ Πειραιεὺς τῶν Ἀθηναίων καὶ ἡ Νίσαια τῆς Μεγαρίδος· δύνασαι δὲ ἐπὶ παντὸς ἐμπορίου καὶ παραθαλασσίου χρήσασθαι τῷ ὀνόματι τούτῳ, ὃ νῦν οἱ πολλοὶ κατάβολον καλοῦσι. — 3. Τοῦ τε χρόνου τὸν πλεῖστον] ἀεὶ ὁ Θουκυδίδης τὸν πλεῖστον ἀρσενικῶς. — Περιόντι] ἐνισταμένῳ. — Ἐπόνουν] ὑπὸ τῶν Κερκυραίων. — Τὸ Χειμέριον] οὕτω καλεῖται ὁ τόπος. — 5. Ἀντικαθεζόμενοι]· ἀντιστρατοπεδεύοντες.

XXXI. Ὀργῇ φέροντες τὸν πόλεμον] ὀργιζόμενοι διὰ τὸν πόλεμον τῶν Κερκυραίων. — 2. Οὐδενὸς Ἑλλήνων ἔνσπονδοι] οὐκ ἐνεγράφησαν ταῖς σπονδαῖς. — Ἔνσπονδοι] φίλοι. κυρίως δὲ ἔνσπονδος ὁ ἀπὸ πολέμου.

XXXII. Δίκαιον, ὦ Ἀθηναῖοι] οὔτε εὐεργεσίαν ὀφείλετε, ὦ Ἀθηναῖοι, οὔτε συμμαχίαν ἢ ἡμῖν ἢ τοῖς Κορινθίοις. δίκαιον οὖν ἐστὶ τοὺς πρὸς τοιούτους ἥκοντας δεησομένους ἐπικουρίας πρῶτον ἀναδιδάξαι ὅτι μάλιστα συμφέροντα δέονται. Δίκαιον ἀντὶ τοῦ εὐλόγον. ἡ τοῦ Κερκυραίου δημηγορία μᾶλλον τὸ συμφέρον προβάλλεται ἤπερ τὸ δίκαιον, ἡ δὲ τοῦ Κορινθίου μᾶλλον τὸ δίκαιον ἤπερ τὸ συμφέρον· οἱ γὰρ Κορίνθιοι σύμμαχοι ἦσαν, οἱ δὲ Κερκυραῖοι ναῦς εἶχον ἑκατὸν εἴκοσι. — Τοὺς μήτε εὐεργεσίας...] ἡμᾶς τοὺς Κερκυραίους. — Παρὰ τοὺς πέλας] πέλας τῇ γνώμῃ· οὐ γὰρ ἔστιν ἡ Κέρκυρα πέλας τῶν Ἀθηναίων. — Τὴν χάριν] τὴν ἀντίχαριν. — Βέβαιον] σημειῶσαι, τὸ βέβαιον θηλυκῶς. — Σαφὲς καταστήσουσιν] ἀποδείξουσιν. τουτέστιν, εἰ τοιαῦτα ἀποδείξουσιν ἑαυτοὺς ζητοῦντας, ἐπιτυχεῖν εἶεν ἂν ἄξιοι· εἰ δὲ μὴ, ἀποτυγχάνεις. δεικνύουσι δ᾽ ἑαυτοὺς ἔχοντας μᾶλλον ταῦτα καὶ δικαίως ἐπιτυχεῖν ὧν δέονται. — Μὴ ὀργίζεσθαι] ἀπὸ κοινοῦ τὸ δίκαιον. — 2. Κερκυραῖοι δέ] τὸ δέ ἀντὶ τοῦ γάρ. — Μετὰ τῆς ξυμμαχίας τῆς αἰτήσεως] μετὰ τῆς αἰτήσεως συμμαχίας. — 3. Τετύχηκε δέ] δεύτερον τοῦτο προοίμιον. — Τὸ αὐτὸ ἐπιτήδευμα] τὸ ἰδιοπραγμονεῖν καὶ ἡσυχάζειν λέγει ἐπιτήδευμα. Ἄλλως. Ἐγὼ δὲ ἐπιτήδευμα εἴποιμι ἂν τὸ αἱρεῖσθαι αὐτοὺς ἕως νῦν (ὡς κατιὼν φησὶ) μηδενὶ ξυμμαχεῖν· νῦν γὰρ, φησὶ, καὶ δεόμεθα ἡμεῖς, καὶ ὧν, εἰ καὶ πρὶν ξυνεμαχοῦμεν, ἐμέλλομεν νῦν βοηθείας ἀπολαύειν, ἀποτυγχάνομεν. — Πρός τε ὑμᾶς] ὅσον ἐς τὴν κρίσιν τὴν ὑμετέραν. — Ἀξύμφορον] καθὸ ἔρημοί ἐσμεν ξυμμαχίας. — 4. Σωφροσύνῃ] ἡ ἰδιωτεία καὶ ἀπραγμοσύνη. — Τῇ τοῦ πέλας γνώμῃ] πολλάκις ἀδίκῳ οὔσῃ, εἰ κατὰ πατέρων ἢ κατὰ ἱεροῦ στρατεύοιεν. — 5. Τὴν μὲν οὖν] τρίτον προοίμιον. — Τὴν ... γενομένην ναυμαχίαν] λείπει ἡ κατά. — Ἐφ᾽ ἡμᾶς] καθ᾽ ἡμῶν. — Περιγενέσθαι] τῶν Κορινθίων. — Ἐσόμεθα ὑπ᾽ αὐτοῖς] Ἀττικὴ ἡ σύνταξις, εἰμὶ ὑπὸ σοί. § ἤγουν εἰ δουλωθείημεν αὐτοῖς. — Ἀπραγμοσύνῃ] ἀπραξία.

XXXIII. Γενήσεται δὲ ὑμῖν] ἐντεῦθεν οἱ ἀγῶνες. — Καλῇ ἡ ξυντυχία] συμφέρουσα ἡ ἐπιτυχία τῆς χρείας. — Συντυχία χρείας] περιφραστικῶς ἡ χρεία. — Πρῶτον μέν] τὸ δίκαιον πρῶτον. — Οὐχ ἑτέρους βλάπτουσι] ὥσπερ οἱ Κορίνθιοι. — Τὴν ἐπικουρίαν ποιήσεσθε] ἤγουν βοηθήσετε — Ἔπειτα] τὸ συμφέρον δεύτερον. — Μαρτυρίου] τὸ μαρτύριον οὐδετέρως μόνος ὁ Θουκυδίδης λέγει. — 2. Σπανιωτέρα] τὰ γὰρ καλὰ καὶ χρήσιμα σπάνια, τὰ δὲ χερείονα νικᾷ [Homer. Il. A, 576]. — Ὑμεῖς ἂν πρὸ πολλῶν χρημάτων...] ἀντὶ πολλῶν ἂν, ὦ ἄνδρες Ἀθηναῖοι, χρημάτων ὑμᾶς ἑλέσθαι νομίζω. — Ἐτιμήσασθε] ἠγοράσατε. — Ἀρετήν] εὐδοξίαν. — Ὀλίγοις δὴ ἅμα] ἀντὶ τοῦ, οὐδὲ ὀλίγοις. Ὁμήρος [Π. Ε, 800]·

Ἦ ὀλίγον οἱ παῖδα.

— Οἷς ἐπικαλοῦνται] οὓς ἐπάγονται πρὸς συμμαχίαν. — 3. Τῷ κοινῷ ἔχθει] τῇ κοινῇ ἔχθρᾳ, ἤγουν ἵνα μὴ κοινοὶ ἐχθροὶ τῶν Κορινθίων γενόμενοι. — Μηδὲ δυοῖν] λείπει θάτερον. ἐν ὑπερβατῷ δὲ ἡ σύνταξις. ὁ δὲ νοῦς τοιοῦτος, μηδὲ ἀποτύχωσι δυοῖν θατέρου, ἢ φθᾶσαι ἡμᾶς κακῶσαι, ἢ ἑαυτοὺς βεβαιώσασθαι. — 4. Προτερῆσαι] προλαβεῖν, [προέχειν,] τὰ πρωτεῖα λαμβάνειν. — Τῶν μέν] ἡμῶν δηλονότι.

XXXIV. Μαθέτωσαν] ἁμαθεῖς γάρ εἰσι, διὰ τὴν ἐνοῦσαν αὐτοῖς πονηρίαν. — Εὖ μὲν πάσχουσα] ὑπὸ τῆς μητροπόλεως. — Ὅμοιοι τοῖς λειπομένοις] ὁμότιμοι τοῖς ὑπολειφθεῖσιν ἐν τῇ μητροπόλει. — 2. Ἠδίκουν] οἱ Κορίνθιοι. — Σαφές ἐστι] προείρηται. — Προκληθέντες γάρ] παρακινηθέντες. — Τῷ ἴσῳ] τῷ νόμῳ καὶ τῷ δικαίῳ, παρ᾽ οἷς ἡ ἰσότης. — Ἐγκλήματα μετελθεῖν] κολάσαι. — 3. Ἐκ τοῦ εὐθέος] γνώμῃ. — Ἐκ τοῦ εὐθέος μὴ ὑπουργεῖν] ἀσκέπτως μὴ ὑπηρετεῖν. — Ὁ γὰρ ἐλαχίστας τὰς μεταμελείας... διατελοίη] ἀντὶ τοῦ, ὁ μηδ᾽ ὅλως λαμβάνων μεταμέλειαν ἐκ τοῦ χαρίζεσθαι τοῖς ἐχθροῖς ἀσφαλέστατος ἂν διατελοίη.

XXXV. 2. Εἴρηται γὰρ ἐν αὐταῖς] ῥητὸν καὶ διάνοια. τὸ μὲν ῥητὸν ὁ Κερκυραῖος, τὴν δὲ διάνοιαν ὁ Κορίνθιος. — 3. Ἀπὸ τῶν ὑμετέρων ὑπηκόων] κολακεύειν λανθανόντως τοὺς Ἀθηναίους, ἢ ἐν ὑποστιγμῇ, ἢ εἰρωνικῶς. — Ὑπηκόων] πολλάκις γάρ τινες διὰ πενίαν ἐμισθοφόρουν, καὶ κατὰ τῶν οἰκείων ἐστράτευον. λέγει δὲ περὶ Παλέων τῆς Κεφαλληνίας, οἵτινες Ἀθηναίων ὄντες ὑπήκοοι Κορινθίοις συνεμάχουν. — 4. Ἐπιόντων] καθ᾽ ἡμῶν. — Μάλιστα δὲ ἀπὸ τοῦ προφανοῦς] ἢ προφανῶς, ἢ λάθρα· μάλιστα δὲ φανερῶς. — Βοηθεῖν] λείπει τὸ χρή, ἵνα γένηται, βοηθεῖν χρή. — 5. Ὑπείπομεν] προείπομεν. — Ἡ ἀλλοτρίωσις] ἡ στέρησις. — Φίλον ἔχειν] κατὰ κοινοῦ τὸ δίκαιον.

XXXVI. Καὶ ὅτῳ τάδε ξυμφέροντα...] ἀντίθεσις ἀπὸ τοῦ δικαίου, ἣν λύει τῷ συμφέροντι. — Τὸ μὲν δεδιὸς αὐτοῦ...] τὸ μὲν λῦσαι τὰς σπονδὰς, δεδιὸς ὄν, φοβερὸν ἦν τοῖς Λάκωσι· τὸ δὲ μὴ λῦσαι, θαρσοῦν, ἀδεέστερον ἦν τοῖς αὐτοῖς. τὸ λῦσαι τὰς σπονδὰς, τοῦτο τὸ φόβον ἐμποιοῦν, τοῦτο οὖν τὸ κατάφοβον ἰσχὺν ἔχει, ἡμῶν ἐν τῇ συμμαχίᾳ προσλαμ-

δανομένων· τὸ δὲ θαρσοῦν καὶ εὔελπι, τὸ μὴ ἡμᾶς προςδέξασθαι, ἀσθενές ὄν. πρὸς γὰρ τοὺς Λακεδαιμονίους, τοὺς ἐχθροὺς ὑμῶν καὶ ἰσχύοντας, τοῦτο ἀδεέστερον ἔσται. οἱ γὰρ Ἀθηναῖοι, [μὴ] δεδιότες τὴν τῶν σπονδῶν λύσιν, οὐκ ἂν δηλονότι ἐδέξαντο τοὺς Κερκυραίους καὶ τὴν ἀπ' αὐτῶν δύναμιν. καὶ δῆλον ὅτι τὸ δεδιὸς τοῦτο ἰσχὺν ἔφερε τοῖς Ἀθηναίοις ἀπὸ τῶν Κερκυραίων, φόβον δὲ τοῖς Λακεδαιμονίοις. θαρσήσαντες δὲ ταῖς σπονδαῖς, καὶ ἀπωσάμενοι τοὺς Κερκυραίους ἀσθενὲς ἦν τὸ θάρσος τοῦτο, ζημιουμένοις τὴν ἐκ τῆς Κερκύρας βοήθειαν. τοῖς δὲ πολεμίοις αὐτῶν Πελοποννησίοις ἀσφαλὲς καὶ ἀδεέστερον. — Ὅταν ἐς τὸν μέλλοντα] τὸ ἑξῆς, ὅταν ἐνδοιάζῃ καὶ διστάζῃ χωρίον προςλαβεῖν εἰς τὸν σχεδὸν μέλλοντα πόλεμον, τὸ αὐτίκα περισκοπῶν, τουτέστι τὴν ἐνυπάρχουσαν εἰρήνην. — Ὅσονοὺ] ἀντὶ τοῦ, οὐχ ὅσον. καὶ δηλοῖ τὸ οὐχ ὅσον τὸ οὐ βραδέως, ἀλλὰ ταχύ. — Καιρῶν] καιρῶν νῦν, εὐτυχιῶν καὶ ἀτυχιῶν· ἢ μᾶλλον καιρῶν λέγει ἀντὶ τοῦ ἀναγκῶν καὶ κινδύνων. — 3. Βραχυτάτῳ δ' ἂν κεφαλαίῳ] ἐντεῦθεν οἱ ἐπίλογοι. — Τοῖς τε ξύμπασι καὶ καθ' ἕκαστον] λείπει τὸ λέγομεν· ἡ δοτικὴ ἀντὶ εὐθείας, ἵν' ᾖ, μάθοιτε ἂν οἵ τε σύμπαντες καὶ καθ' ἕκαστον. — Μὴ προέσθαι] μὴ προδῶτε. — Ἕξετε] ἰσχύσετε.

XXXVII. Ἀναγκαῖον Κερκυραίων ...] οὐ μόνον οἱ Κερκυραῖοι λόγον ἐποιήσαντο περὶ τοῦ δέξασθαι ὑμᾶς αὐτούς, ἀλλ' ἤδη ἥψαντο καὶ ἡμῶν, κατηγοροῦντες ὅτι παρὰ τὸ εἰκὸς αὐτοῖς μαχόμεθα. ἀνάγκη τοίνυν ἐστὶ μνησθῆναι ἀμφοτέρων πρότερον, ὅτι οὐ δικαίως δέξεσθε αὐτούς, καὶ ὅτι προςηκόντως αὐτοῖς μαχόμεθα· εἶτα ἐλθεῖν καὶ ἐπὶ τὸν ἄλλον λόγον. — 2. Ξυμμαχίαν διὰ τὸ σῶφρον ...] οὐ συνεμάχησάν τινι διὰ τὴν σωφροσύνην. — Ἐπετήδευσαν] μετεχειρίσαντο. — * Αἰσχύνεσθαι] ἔχειν μάρτυρα τῆς αἰσχύνης. — 3. Καὶ ἡ πόλις αὐτῶν...] συμβαίνει τῇ γνώμῃ τῶν πολιτῶν· ληστεύοντες γὰρ ἔχουσιν αὐτὴν συνεργοῦσαν, ἐπιτηδείαν ἔχουσαν τὴν θέσιν πρὸς ἁρπαγήν. οὐ γὰρ ἐκπλέουσι πρός τινας, μᾶλλον δὲ τοὺς πλέοντας, ὑπὸ τῆς βίας τῶν πνευμάτων κατιόντας, δέχονται καὶ διαρπάζουσιν. εἶτα δικαζόμενοι αὐτοὺς, ὡς δίκαια δηλαδὴ πεποιήκασι. καίτοι γε οὐ προκάθηνται εἰς τὸ δικάζειν συνθήκῃ, ἤγουν συμφωνίᾳ. τὸ δὲ ὅλον, αὐτοὶ ἀδικηταὶ καὶ κριταί. ἐν τούτῳ γίγνεται αὐτοῖς τὸ ἄσπονδον εὐπρόσωπον καὶ πιθανόν· διὰ τοῦτο γὰρ συμμάχους οὐκ ἔχουσιν, ἵνα καταμόνας αὐτοὶ ἀδικῶσι, καὶ μὴ μεθ' ἑτέρων τὴν ἀδικίαν ἐργάζωνται· ἵνα μὴ μάρτυρας μᾶλλον ὧν ἐργάζονται, ἢ συμμάχους ἔχωσι. — Αὐτάρκη θέσιν κειμένῃ] περιτροπὴ τὸ σχῆμα· ἡ θέσις τῆς πόλεως αὐτῶν ἁρμόττει αὐτῶν τῇ γνώμῃ, καὶ αὐτάρκης ἐστὶ τῆς προαιρέσεως καὶ κακίας αὐτῶν πρὸς τὸ ληστεύειν. — Διὰ τὸ ἥκιστα ἐπὶ τοὺς πέλας ...] εἰ γὰρ ἐξέπλεον, φησὶν, ἀλλαχοῦ, οἱ ἀδικούμενοι ἂν ἐκράτουν αὐτῶν ὁμήρους. — Ἀνάγκη] διὰ πνευμάτων βίαν, ἀνάγκῃ. τὸ δὲ δέχεσθαι, ληστικῶς, ὡς τὸ ὑποδέχεσθαι,

φιλικῶς. — 4. Κἂν τούτῳ τὸ εὐπρεπές ...] τὸ ἑξῆς κἂν τούτῳ τὸ ἄσπονδον εὐπρεπὲς προβέβληνται· καὶ τὰ ἑξῆς. — Προβέβληνται] ἐπὶ παρακαταθήκης. — Ἀναισχυντῶσιν] ἀρνούμενοι δηλονότι, μὴ κοινωνοῦντος αὐτοῖς τινὸς εἰς τὴν τῶν λαφύρων διανομήν. — 5. Ἀληπτότεροι] ἀκατηγορητότεροι. § οἱ γὰρ εὐάλωτοι φόβῳ τῶν πέλας κολακεύειν ἀναγκάζονται τοὺς ἀδικοῦντας. — Τὴν ἀρετήν] φιλίαν, δύναμιν, συμμαχίαν. — Διδοῦσι καὶ δεχομένοις] τὸ ἑξῆς, φανερωτέραν ἐξῆν αὐτοῖς τὴν ἀρετὴν δεικνύναι διδοῦσι καὶ δεχομένοις τὰ δίκαια.

XXXVIII. Διαπαντός] τὸ διαπαντός, ἵνα μή τις εἴποι τοῦτο νῦν, ἀδικηθέντες. — Ἐκπεμφθεῖσαν] ὑφ' ἡμῶν δηλονότι. — 4. Διαφερόντως] ἐξαιρέτως. — 5. Εἰ καὶ ἡμαρτάνομεν] εἰ γὰρ μὴ ἠδικούμεθα περιφανῶς, οὐκ ἂν προδήλως ἐστρατεύομεν. ὅμως εἰ καὶ ἡμαρτάνομεν, ἐπαινετὸν ἦν ἐνδοῦναι ἡμῖν ὀργιζομένοις. — Ὀργῇ] ὡς πατρικῇ. — Μετριότητα] ἀνεξικακίαν, ἐπιείκειαν.

XXXIX. Πρότερον] πρὸ τοῦ λαβεῖν αὐτήν. — Ἥν γε οὐ] λείπει εἰς, εἰς ἥν. ὁ νοῦς οὕτως· οὐ δεῖ τὸν ἐν ἀσφαλείᾳ ὄντα, καὶ προβαλλόμενον δίκην, δοκεῖν λέγειν τι. μετέθηκε τὸν χρόνον ὁ Κορίνθιος. μετὰ γὰρ τὸ λαβεῖν, φησὶ, τὸ χωρίον, καὶ κατασχεῖν, ἠξίουν δικάζεσθαι οἱ Κερκυραῖοι. καὶ οὐ δεῖ, φησὶ, προσέχειν τὸν ἐκ τοῦ ἀσφαλοῦς καὶ ἰσχυροῦ προκαλούμενον εἰς κρίσιν, οὐδὲ δοκεῖν ὅτι λέγει τι, ἀλλὰ καὶ καταφρονεῖν. — 2. Ἀλλ' ἐπειδὴ ...] ἀλλὰ μετὰ τὴν τῶν νεῶν ἔκπεμψιν. — Τὸ εὐπρεπὲς τῆς δίκης] τὴν δόκησιν τῆς δίκης, οὐχὶ τὴν ἀλήθειαν· ἠδίκουν γὰρ κατὰ ἀλήθειαν τὰ ἐν Ἐπιδάμνῳ. — Οὐ τἀκεῖ μόνον αὐτοὶ ἁμαρτόντες] οὐκ ἀδικήσαντες αὐτοὶ μόνον εἰς τὰ κατὰ τὴν Ἐπίδαμνον. — 3. Ἐν ᾧ] λείπει τὸ ἐν ἐκείνῳ τῷ καιρῷ. — Μηδ' ἐν ᾧ ὑμεῖς ...] τὸ ἑξῆς, μήτε μεταδώσετε αὐτοῖς τῆς ὠφελείας ὑμεῖς, τότε τῆς δυνάμεως αὐτῶν οὐ μεταλαβόντες. λέγει τὸν κατὰ Σαμίων καὶ Αἰγινητῶν πόλεμον. — Τὸ ἴσον] τῶν τῆς Ἐπιδαύρου. κατὰ κοινοῦ τὸ ἐν ᾧ. αἰτιασόμεθα γὰρ, φησὶ, τοὺς συμμαχήσαντας τοῖς Κερκυραίοις ὡς ἐχθρούς. καὶ ὑμεῖς δὲ τὸ ἴσον αὐτοῖς ἕξετε αἴτιον, καὶ πολέμιοι κληθήσεσθε.

XL. 3. Μὴ ἄνευ ὑμῶν τούτους] τοὺς Κερκυραίους· τουτέστι, κολασθήσεσθε καὶ ὑμεῖς μετ' αὐτῶν. — 4. Δι' ἀνακωχῆς] ἀνακωχὴ ἐστὶν εἰρήνη πρόσκαιρος, πόλεμον ὠδίνουσα, οἷον ἡ μικρὰ τοῦ πολέμου ἀνάβλησις, παρὰ τὸ ἄνω ἔχειν τὰς ἀκωκὰς τῶν δοράτων. — Καὶ τὸν νόμον ...] ἀπὸ κοινοῦ, δίκαιοί ἐστε. τὸ δὲ τὸν ἄρθρον περισσόν. — 5. Δίχα ἐψηφισμένων] διστάζοντων, φησὶν, αὐτῶν, ἡμεῖς φανερῶς ἀντείπομεν. — Ἀμύνειν] ἀμύνειν, βοηθεῖν· ἀμύνεσθαι δὲ, κολάζειν. — 6. Εἰ γὰρ] τὸ γὰρ ἀντὶ τοῦ δέ. — Φανεῖται] ἀντὶ τοῦ, μέλλει φανῆναι. — Οὐκ ἐλάσσω ἡμῖν] αἰνίσσεται Ποτίδαιαν. — Καὶ τὸν νόμον ... θήσετε] πολλοὶ, φησὶν, εἰσὶ φόρου ὑποτελεῖς παρ' ὑμῖν, οἵτινες πολλάκις μελετῶσιν ἀπόστασιν· καὶ εἰ δέξεσθε Κερκυραίους τούσδε, καὶ κοινὸν τοῦτον ποιήσετε νόμον ὁρᾶτε μὴ ἑαυτοὺς λανθάνητε

βλάπτοντες· φοβεῖ δὲ αὐτούς, τὸ δέξασθαι νόμον καλῶν. — Ἐφ' ὑμῖν] ἀντὶ τοῦ καθ' ὑμῶν.

XLI. Παραίνεσιν δὲ καὶ ἀξίωσιν] τὸ παραινεῖν καὶ ἀξιοῦν, ῥήματα ὄντα, ὀνοματικῶς προήνεγκεν. — °Ην ...] ἣν χάριν ἀντιδοθῆναι ἡμῖν ἐν τῷ παρόντι φαμὲν χρῆναι. — Οὐκ ἐχθροὶ ὄντες] οἱ γὰρ τοῖς ἐχθροῖς τι συγκροτοῦντες βλάπτονται. μᾶλλον. — Ἐπιχρῆσθαι] τὸ πολλάκις χρῆσθαι. — 2. Τὸν Αἰγινητῶν... πόλεμον] τὸν περὶ τῶν ἀγαλμάτων — 3. Τῶν ἁπάντων] τῶν προλαβόντων ἁπάντων πρὸς ἔχθραν ἢ φιλίαν μεσολαβημάτων. — Ἀπερίοπτοι] ἀπροόρατοι, ἢ ἀπρονόητοι, ἢ ἀνεπίστροφοι. — Παρὰ τὸ νικᾶν] ἤγουν διὰ τὴν νίκην. — Ἐπεὶ καὶ τὰ οἰκ.] ἀντὶ τοῦ, καὶ γὰρ τὰ οἰκεῖα.

XLII. Ὧν] τῶν προειρημένων εὐεργεσιῶν. — Ἀμύνεσθαι] ἀντὶ τοῦ ἀμύνειν καὶ βοηθεῖν· ἀντὶ γὰρ τοῦ εὐεργετικοῦ τὸ ἀμύνεσθαι παρείληπται. § Ἀμύνεσθαι ἀντὶ τοῦ ἀμείβεσθαι. μόνος δὲ Θουκυδίδης ἐνταῦθα κέχρηται τῇ ἐναλλαγῇ τῆς λέξεως, ὡς καί τινας ἐναλλάττειν τὴν γραφήν, καὶ γράφειν ἀμείβεσθαι. οὐκ ἔστι δέ. — 2. Ἐν ᾧ] ἀντὶ τοῦ ᾧ· τὸ δὲ ἐλάχιστα, ἀντὶ τοῦ οὐδ' ἐλάχιστα. — Τὸ μέλλον τοῦ πολέμου] ἀντὶ τοῦ, ὁ μέλλων πόλεμος. — Κελεύουσιν] τὸ κελεύω οὐκ ἐπὶ μειζόνων μόνον λέγεται. — Ὑποψίας] ὑποψίαν εἶπε τὴν μάχην, εὐφήμως. ἐρεῖ δὲ ταύτην ἐν τῇ πεντηκονταετηρίδι [c. 103—106]. — 3. Ἡ γὰρ τελευταία χάρις, καιρὸν ἔχουσα] ἡ μετὰ τὴν ἔχθραν φιλία εὐκαίρως γενομένη, καὶ τὰ ἑξῆς. — 4. Τῷ αὐτίκα] τῷ πρὸς ὀλίγον. — Τῷ αὐτίκα φανερῷ] τῇ δυνάμει τῶν Κερκυραίων. ἡ γὰρ ἐκ θεῶν βοήθεια κρυπτή καὶ ἀφανής.

XLIII. Ἡμεῖς δέ] οἱ ἐπίλογοι ἐντεῦθεν.— Περιπεπτωκότες] ἐκ τύχης τινός. φοβεῖ δὲ διὰ τούτου τοὺς Ἀθηναίους, ὅτι τὸ τῆς τύχης ἄδηλον, καὶ ὅτι μὴ καὶ αὐτοὶ περιπεσοῦνται. — Οἷς ἐν τῇ Λακεδαίμονι ...] οἷα ἐν τῇ Λακεδαίμονι εἴπομεν, ὅτι τοὺς σφετέρους ξυμμάχους, καὶ τὰ ἑξῆς, τοῦτο καὶ παρ' ὑμῶν ἀξιοῦμεν. — 3. Τούσδε] ἐμφαντικὸν τὸ τούσδε, οἷον τοὺς ἀδικοῦντας.

XLIV. Ἀκούσαντες ἀμφοτέρων]

Μηδὲ δίκην δικάσῃς πρὶν ἀμφοῖν μῦθον ἀκούσῃς.

— Μετέγνωσαν] μετεβουλεύσαντο. τὸ ἑξῆς, συμμαχίαν μὲν μὴ ποιήσασθαι μετέγνωσαν, ἐπιμαχίαν δ' ἐποιήσαντο. διαφέρει δὲ συμμαχία ἐπιμαχίας. ἐπιμαχία μέν, ὅταν ἀλλήλοις παρέχωσι δυνάμεις ἑκάτεροι· συμμαχία δέ, ὅταν μόνοι Ἀθηναῖοι δῶσι βοηθεῖαν Κερκυραίοις. — Εἰ γάρ ...] αἰτία, δι' ἣν ξυμμαχίαν οὐκ ἐποίησαν. — Ἐπιμαχίαν δὲ ἐποιήσαντο] αὐτὸς δηλοῖ, τί ἐστι συμμαχία καὶ ἐπιμαχία. ἔστι δὲ συμμαχία, ὅταν τις τὸν αὐτὸν ἔχῃ τῷ συμμαχουμένῳ ἐχθρὸν καὶ φίλον· ἐπιμαχία δέ, ὅταν τις μόνον τῷ συμμαχουμένῳ ἀδικουμένῳ βοηθῇ, οὐ μέντοι καὶ ἀδικοῦντι συμπράττῃ. ἐπιμαχίαν οὖν νῦν βούλονται ποιῆσαι οἱ Ἀθηναῖοι. — Τοὺς τούτων ξυμμάχους] εἶχον γὰρ οἱ Κερκυραῖοι ξυμμάχους τοὺς Ἐπιδαμνίους καὶ Ζακυνθίους. — 2. Ξυγκρούειν δέ] κατὰ κοινοῦ τὸ ἐβούλοντο. — Τοῖς ἄλλοις] Πελοποννησίοις δηλονότι. — 3. Τῆς τε Ἰτ. ... ἐν παράπλῳ κεῖσθαι] τοῖς παραπλέουσιν [εἰς] Ἰταλίαν καὶ Σικελίαν *** ἔχειν τὴν Κέρκυραν.

XLV. Βοηθοὺς] οὐκ εἶπε συμμάχους. — 2. Λακεδαιμόνιος] ὄνομα κύριον. — 3. Ἐκείνων τι χωρίον] αἰνίττεται Ἐπίδαμνον.

XLVI. Παρεσκεύαστο] τὰ τῆς μάχης. — 2. Πέμπτος αὐτός] ἀντὶ τοῦ, μετ' ἄλλων τεσσάρων. αὐτὸς δὲ ἀντὶ τοῦ πρῶτος. ὡς γὰρ τῶν ἄλλων μὴ ὄντων ἐπισήμων, τῇ τοῦ ἑνὸς ἠρκέσθη ὀνομασίᾳ. ἢ ὅτι αὐτῷ ἠκολούθουν οἱ ἄλλοι, ὡς μεῖζόν τι καὶ σοφώτερον βουλεύεσθαι δυναμένῳ. — 4. Ἐν τῇ Ἐλαιάτιδι τῆς Θεσπρωτίδος] ὡς εἶναι τὴν Ἐλαιᾶτιν μέρος χώρας ὑπὸ μείζονα χώραν. — Θεσπρωτίδος Ἐφύρη] ἔστι γὰρ καὶ ἄλλη Ἐφύρη ἡ Κόρινθος. — Ὧν ἐντός] ἐντὸς πρὸς θάλασσαν, ὡς εἶναι ἰσθμόν. — Ἀνέχει] ἀνατείνεται — 5. Στρατόπεδον] δύο σημαίνει τὸ στρατόπεδον, τὸν λαὸν τοῦ στρατοῦ, καὶ τὸν τόπον ἐν ᾧ ὁ λαός. ἐτυμώτερον δέ ἐστιν ἐπὶ τοῦ τόπου λέγεσθαι, οἷον τοῦ στρατοῦ πέδον.

XLVII. Προσπλέοντας] ἀπὸ τῆς Λευκίμνης εἰς τὸ Χειμέριον δηλονότι. — Σύβοτα] τρεῖς εἰσὶν αὗται αἱ νῆσοι, μικραί, σῦς ἔχουσαι πολλάς. — 2. Τῇ Λευκίμνῃ] ἀκρωτήριον Κερκύρας ἡ Λευκίμνη.

XLVIII. 2. Μετεώρους] ἀντὶ τοῦ πελαγίους καὶ μὴ ἐπ' ἀγκυρῶν ἱσταμένας, ἀλλ' ἀπεχούσας τῆς γῆς, ὡς ἀπὸ μεταφορᾶς τῶν ἀπεχόντων τῆς γῆς καὶ ἐν ὄρει ὄντων. ἢ παρὰ τὸ ἀφεῖναι τὴν γῆν, καὶ περὶ τὸν ἀέρα λοιπὸν εἶναι. — 3. Ἐπὶ μὲν τὸ δεξιὸν] τὸ σχῆμα ἔκφρασις. — Κέρας] τῆς φάλαγγος τὸ ἄκρον, ἢ πολέμου μέρος. — 4. Τοὺς Ἀθηναίους] ἐνόμιζον γὰρ καὶ τοὺς Ἀθηναίους πολεμεῖν.

XLIX. Τὰ σημεῖα] σύμβολά τινα εἶχον περὶ τὸν καιρὸν τῆς μάχης δεικνύμενα· καὶ ὅτε μὲν ἀνετείνετο τὰ σύμβολα, ἤρχοντο τῆς μάχης· ὅτε δὲ κατεσπῶντο, ἐπαύοντο. — Καταστρωμάτων] σανιδωμάτων. — Τῷ παλαιῷ] τῷ κατὰ τὰ μυθικά. — 2. Οὐχ ὁμοίως] τὸ καρτερὰ ἀπὸ κοινοῦ. — Προσφερής] ὁμοία. — 3. Ἡσυχάζουσιν] ἀντὶ τοῦ μὴ ναυμαχούντων. — Διέκπλοι] διέκπλους ἐστὶ τὸ ἐμβαλεῖν καὶ πάλιν ὑποστρέψαι καὶ αὖθις ἐμβαλεῖν. — 4. Μάχης δὲ οὐκ ἦρχον δεδιότες οἱ στρατ.] οὐκ ἦρχον αἱ νῆες μάχης, τῶν στρατηγῶν δεδιότων τὴν πρόρρησιν. — 6. Ἀπὸ ἐλάσσονος πλήθους] ἐπειδὴ γὰρ ἐξ ἀρχῆς τὸ πλῆθος τῶν Κερκυραϊκῶν νεῶν ἔλασσον ἦν τῶν Κορινθιακῶν, δῆλον ὅτι, τῶν εἴκοσιν ἀναχωρησασῶν ἐκ τοῦ πολέμου, πολὺ ἐλάσσονες ἐγένοντο οἱ Κερκυραῖοι, κἂν τὰς τοῦ δεξιοῦ κέρως νῆας τῶν Κορινθίων ἀφείλοντο. — 7. Ἀπροφασίστως] ἀνενδοιάστως, ἀνεγκλήτως. — Ξυνέπεσε] ἤγουν τὰ πράγματα. — Ἐπιχειρῆσαι] σχετλιάζων ταῦτα λέγει, ὅτι οἱ ἔνσπονδοι οὕτως ἦλθον εἰς χεῖρας.

L. Σκάφη] σκάφη καλεῖ τὰ κοιλώματα τῶν νεῶν, ἃ ἡμεῖς γάστρας καλοῦμεν. — Ἃς καταδύσειαν] Ἀτ-

τικῶς ὧν κατέδυον. — Φονεύειν] τὸ ὠμὸν τῶν Κορινθίων δηλοῖ. — Τούς τε αὐτῶν φίλους] Μεγαρέας καὶ Ἀμπρακιώτας φησί. τὸ ἑξῆς, τοὺς αὐτῶν φίλους ἀγνοοῦντες ἔκτεινον, νομίζοντες Κερκυραίους εἶναι. — 5 Οἱ ἐπὶ ...] οἱ ἄρθρον ὑποτακτικῶς — 2. Ἕλλησι πρὸς Ἕλληνας ... τῶν πρὸ αὐτῆς] διὰ τὴν ἐν Σαλαμῖνι, διὰ τὴν ἐν Σικελίᾳ. — 3. Ναυάγια] ναυάγια μὲν οὐδετέρως [λέγεται], ὅταν τι τῆς νεὼς ἀπόληται, οἷον πηδάλιον ἢ τι τοιοῦτον· ναυαγία δὲ θηλυκῶς ἡ πᾶσα τῆς νεὼς ἀπώ-
10 λεια λέγεται. τὰ δὲ νῦν οὐδετέρως εἴρηκε. — Τῶν πλείστων] δηλονότι σωμάτων. τινὰ γὰρ ὁ ἄνεμος τῇ Κερκύρᾳ προσέρριψε. — Προσκομίσαι] ἐφρόντιζον γὰρ τῆς ταφῆς τῶν ἐν τῷ πολέμῳ πιπτόντων. — Πρὸς τὰ Σύβοτα] Σύβοτα ἄλλα ἐν τῇ ἠπείρῳ, ὁμωνύμως ταῖς
15 πρὸ μικροῦ λεχθείσαις νήσοις πρὸ τῆς Κερκύρας. — 4. Ταῖς πλωΐμοις] ταῖς πληγείσαις μέν, δυναμέναις δὲ πλεῖν. — Λοιπαί] ὑγιεῖς, ἀβλαβεῖς. — Ἀντέπλεον] ἐπὶ τὸ κωλῦσαι δηλονότι. — 5. Ὀψέ] οὐ λέγει ὅτι ἦν ἑσπέρα, ἀλλ' ὡς ἐννάτη ἢ δεκάτη ὥρα· τὸ γὰρ [ὀψέ] ἐπὶ
20 τῆς ἑσπέρας ἅπαξ κεῖται ἐν τῇ τρίτῃ [c. 108]. — Καὶ ἐπεπαιώνιστο αὐτοῖς ὡς ἐπίπλουν] δύο παιᾶνας ᾖδον οἱ Ἕλληνες, πρὸ μὲν τοῦ πολέμου τῷ Ἄρει, μετὰ δὲ ὃν πόλεμον τῷ Ἀπόλλωνι. τὸ δὲ ὡς ἐπίπλουν λέγει ἀντὶ τοῦ, ὡς πρὸς τὸ ἄρξαι τοῦ πολέμου. ὅπερ δέον πρὸ τῆς
25 ναυμαχίας εἰπεῖν, ὕστερον λέγει. — Ὡς ἐπίπλουν] ὡς ἐπιπλέοντες κατὰ τῶν Κορινθίων. — Πρύμναν ἐκρούοντο] πρύμναν κρούεσθαί ἐστι τὸ κατ' ὀλίγον ἀναχωρεῖν μὴ στρέψαντα τὸ πλοῖον· ὁ γὰρ οὕτως ἀναχωρῶν ἐπὶ τὴν πρύμναν κωπηλατεῖ. τοῦτο δὲ ποιοῦσιν, ἵνα δό-
30 ξωσι μὴ φανερῶς φεύγειν, οὕτω κατ' ὀλίγον ὑπανιόντες· ἢ ἵνα μὴ τὰ νῶτα τοῖς πολεμίοις δόντες ῥᾷον τιτρώσκωνται.
LI. Προϊδόντες] πρὸ τῶν Κερκυραίων. — Ὑποτοπήσαντες] ἀντὶ τοῦ ὑποπτεύσαντες· οὕτω γὰρ οἱ Ἀθη-
35 ναῖοι ἀναλύουσι τὴν λέξιν. — 2. Ἐπέπλεον γὰρ μᾶλλον ἐκ τοῦ ἀφανοῦς] αἱ εἴκοσι νῆες τῶν Ἀθηναίων· κατὰ νώτου γὰρ αὐτῶν ἦσαν. — Ἐθαύμαζον τοὺς Κορινθίους] θαυμάζω σου, ἐπὶ μέμψεως· θαυμάζω σε, ἐπὶ ἐπαίνου καὶ πολλάκις ἐκπλήξεως. — Πρύμναν κρουο-
40 μένους] ἐπαναχωροῦντας. — Τὴν διάλυσιν ἐποιήσαντο] διελύθησαν ἀπ' ἀλλήλων. — 4. Στρατοπεδευομένοις] σκηνουμένοις. — Ἀνδοκίδης] ὁ εἷς τῶν δέκα ῥητόρων, ὥς φησιν Ἀκουσίλαος. — Διὰ τῶν νεκρῶν καὶ ναυαγίων] τῶν Κερκυραϊκῶν δηλονότι. — 5. Ὡρμίσαντο]
45 τοὺς Ἀθηναίους οἱ Κερκυραῖοι.
LII. Ἐν τοῖς Συβότοις] τοῖς τῆς ἠπείρου. — 2. Ἀκραιφνεῖς] ἀβλαβεῖς, ἀκεραιοφανεῖς. — Αἰχμαλώτων τε περὶ φυλακῆς] ἠπόρουν πῶς αὐτοὺς φυλάξουσι. — Καὶ ἐπισκευὴν οὐκ οὖσαν τῶν νεῶν] μὴ δυνάμενοι τὰς
50 βλαβείσας τῶν νεῶν ἐπισκευάσαι.
LIII. Κελήτιον] μικρὸν πλοιάριον, ὑπὸ ἑνὸς ἐρετόμενον, ἀπὸ μεταφορᾶς τοῦ κέλητος ἵππου, ᾧ εἷς ἀνὴρ ἐπικάθηται. — Ἄνευ κηρυκίου] κηρύκιόν ἐστι ξύλον ὀρθόν, ἔχον ἑκατέρωθεν δύο ὄφεις περιπεπλεγμένους

καὶ ἀντιπροσώπους πρὸς ἀλλήλους κειμένους, ὅπερ εἰώθασι φέρειν οἱ κήρυκες μετ' αὐτῶν· καὶ οὐκ ἐξῆν αὐτοὺς ἀδικεῖν παρ' οὓς ἀπήρχοντο. σύμβολον δὲ ἦν τὸ μὲν ὀρθὸν ξύλον, τοῦ ὀρθοῦ λόγου, τὸ δὲ παρ' ἑκάτερα εἶδος τῶν ὄφεων, τὰ ἀντιτασσόμενα στρατόπεδα· ὁ γὰρ ὀρθὸς λόγος δι' ἀμφοτέρων χωρεῖ. — 2. Ἀδικεῖτε] δημηγορία Κορινθίων γ'. — 3. Τῶν δὲ Κερκυραίων] τῶν δέ, τουτέστι τοῦ ἄλλου μέρους· οὕτω Φοιβάμμων φησίν. ἵν' ᾖ, τῶν δὲ τὸ μὲν στρατόπεδον τῶν Κερκυραίων... οἱ δὲ Ἀθηναῖοι. — 4. Οὔτε ἄρχομεν] ἀπόκρισις Ἀθηναίων πρὸς Πελοποννησίους πρώτη, τῇ τάξει δὲ τετάρτη. — Τοῖσδε ξυμμάχοις οὖσι] τὴν ἐπιμαχίαν ξυμμαχίαν λέγει. § Μᾶλλον δὲ κατὰ τὰ προλαβόντα καὶ ἐνταῦθά φησιν. οἷς γὰρ αὐτοὶ ἐπιμαχίαν στείλαντες ἐβοήθουν, ἐκείνους αὐτῶν συμμάχους ἄρτι καλεῖ, εἰκότως, ὡς μόλις καὶ διὰ ξυμμαχίαν, ἣν προέφημεν ἀναδοχὴν τοῦ ὅλου πολέμου εἶναι καὶ τῆς τῶν ξυμμάχων πρὸς τοὺς πολεμίους ἔχθρας οἰκείωσιν, τὴν ἐκ πολὺ μείζονος σταλεῖσαν πόλεως καὶ ἐπιμαχίαν ἀντισηκώσαντας.
LIV. Τά τε ναυάγια] γράφεται, τά τε ναυάγια καὶ τοὺς νεκροὺς ἀνείλοντο, τὰ κατὰ σφᾶς, ἐξενεχθέντων ὑπό τε τοῦ ῥοῦ καὶ ἀνέμου. — Γενόμενος] λείπει ἡ διά, ἵν' ᾖ διαγενόμενος. — Πανταχῇ] τῆς Κερκύρας πανταχῇ. — 2. Προσεποιήσαντο] ἰδιοποιήσαντο. — Οὐκ ἐλάσσους χιλίων] χίλιοι γὰρ ἦσαν καὶ πεντήκοντα. — Καταδύσαντες] ἀντὶ τοῦ τρώσαντες· οὐ γὰρ λέγει ἐπὶ τοῦ βαπτίσαντες. τοιοῦτο δέ ἐστι καὶ τὸ [c. 50] ἅς καταδύσειαν. — Μάλιστα] τὸ μάλιστα ἢ πρὸς τὸν ἀριθμόν, ὅτι οὐχὶ εἴκοσι ἐννέα, ἢ πρὸς τὸ διαφθείραντες, ὅτι οὐ μόνον ἔτρωσαν, ἀλλὰ μάλιστα ἔφθειραν αὐτάς, ἐκεῖνοι δὲ μόνον κατέδυσαν.
LV. Ἀποπλέοντες] ἀπὸ τῶν Συβότων πλέοντες. — Εἷλον ἀπάτῃ] ὡς φίλοι γὰρ οὐχ ὑπωπτεύοντο. — Ἀπέδοντο] ἐπώλησαν. — Ἀπέδοντο] διὰ τὰ ἐν τῷ πολέμῳ ἀναλώματα, καὶ οὐκ ἀπέκτειναν. διὰ δὲ τούτου καὶ τὸ ἥμερον τοῦ Ἑλληνικοῦ τρόπου δηλοῖ, καὶ ὡς ἀπηνὲς μετὰ μάχην τοὺς ἑαλωκότας θανατοῦν, ἄλλως τε καὶ δούλους τοὺς μὴ κατὰ γνώμην οἰκείαν πολεμοῦντας.
LVI. 2. Αὐτούς] τοὺς Ἀθηναίους. — Τὸ ἐς Παλλήνην τεῖχος] ἀντὶ τοῦ τὸ μέρος τοῦ τείχους τὸ ἀφορῶν ἐς τὴν Παλλήνην. — Ὁμήρους] τοὺς ἕνεκα εἰρήνης διδομένους εἰς ἐνέχυρα. — Ὁμήρους δοῦναι] ἵνα, ἐὰν ἀποστῶσιν, εὐάλωτοι γένωνται. — Ἐπιδημιουργούς] ὁ Ἀσκληπιάδης τὴν ἐπὶ πρόθεσιν περιττὴν εἶναι λέγει. §. Ἐπιδημιουργοὶ ἄρχοντες πεμπόμενοι, φυλάρχων τάξιν ἔχοντες. § ἐπιδημιουργοὺς τοὺς ἐπιμελητὰς τῆς ἀνακτίσεως τῶν τειχῶν. § ὄνομα ἀρχῆς ὁ ἐπιδημιουργὸς παρὰ Κορινθίοις [ἀποίκοις]. ἄλλοι γὰρ ἄλλως τοὺς ἄρχοντας καλοῦσιν. ἰστέον δὲ ὅτι τούτους ἀπέστελλον οἱ Κορίνθιοι κατὰ ἔτος ἄρχοντας Ποτιδαιάταις, ὡς ἀποίκοις. — Δείσαντες] Ἀθηναῖοι.
LVII. 2. Ἀλεξάνδρου] τοῦ Φιλέλληνος καλουμένου,

ὃς ἐν τοῖς Μηδικοῖς ἤκμαζεν. — 3. Δέρδα] Δέρδας Ἀριδαίου παῖς, ἀνεψιὸς Περδίκκα καὶ Φιλίππου. — 4. Αὐτοῖς] τοῖς Ἀθηναίοις. — 5. Τοῖς ἐπὶ Θράκης Χαλκιδεῦσιν] εἰσὶ γὰρ καὶ ἐν Εὐβοίᾳ Χαλκιδεῖς, οἵτινες ἀπῴκησαν εἰς Θράκην. — Ὅμορα] καὶ Μακεδονίᾳ καὶ ἀλλήλοις. — Πόλεμον] τὸν κατὰ Φιλίππου καὶ τῶν Ἀθηναίων. — 6. Βουλόμενοι προκαταλαμβάνειν] βουλόμενοι κατέχειν καὶ κωλύειν τὰς πόλεις, ἵνα μὴ ἀποστῶσι. — Ἐπὶ τὴν γῆν αὐτοῦ] τοῦ Περδίκκα, διὰ τὴν τοῦ Φιλίππου βοήθειαν. — Ἐπιστέλλουσι] ἐντέλλονται· οὕπω γὰρ ἦσαν ἀποδημήσαντες.

LVIII. Νεωτερίζειν] νεώτερα ποιεῖν. — Τὰ τέλη] ἤτοι οἱ πρόαρχοντες τῶν Λακεδαιμονίων· οἱ γὰρ Λακεδαιμόνιοι τοὺς ἄρχοντας τέλη ἐκάλουν, διὰ τὸ αὐτοὺς τὰ τέλη τοῖς πράγμασι τιθέναι. § Ἀπὸ κοινοῦ τὸ ἐπειδή. — Τότε δή] τὸ ἑξῆς, ἐπειδὴ οὐδὲν εὗρον ἐπιτήδειον, τότε δή, καὶ τὰ ἑξῆς. — 2. Τὰς ἐπὶ θαλάσσῃ πόλεις ἐκλιπόντας] ἐφοβοῦντο γὰρ τοὺς θαλασσοκράτορας Ἀθηναίους, ὄντες παραθαλάσσιοι. — Ἀνοικίσασθαι ἐς Ὄλυνθον] τὴν οἴκησιν ἀναγαγεῖν ἐς τὴν Ὄλυνθον.

LIX. Τὰ ἐπὶ Θρ.] μέρη δηλονότι. — 2. Τῇ παρούσῃ δυνάμει] ὀλίγῃ οὔσῃ. — Ἄνωθεν... ἐξβεβληκότων] ὥστε τὸν Περδίκκαν μεταξὺ ἀποληφθῆναι.

LX. Ἀφεστηκυίας] ἀπ' Ἀθηναίων πρὸς Περδίκκαν. — Ψιλούς] ψιλοὶ καλοῦνται οἱ μὴ καθωπλισμένοι μέν, ἐν καιρῷ δὲ τῆς μάχης τῷ παρατυχόντι ἢ λίθῳ ἢ ξύλῳ ἢ ἄλλῳ τινὶ ὀργάνῳ χρώμενοι. ἢ τοξόται, παρὰ τὸ ψιλῇ σκευῇ χρῆσθαι. — 2. Ἀδειμάντου] τοῦτον ἴσμεν ἐν τοῖς Μηδικοῖς πρὸς τὸν Θεμιστοκλέα στασιάζοντα. — 3. Τεσσαρακοστῇ ἡμέρᾳ] ἀντὶ τοῦ μετὰ τεσσαράκοντα ἡμέρας ἀφ' οὗ ἡ Ποτίδαια ἀπέστη. — Ἡ Ποτίδαια ἀπέστη] ἀντὶ τοῦ, ἐν ᾗ ἡμέρᾳ· ἢ [ᾗ] ἀντὶ τοῦ, ἀφ' οὗ.

LXI. 2. Τοὺς προτέρους χιλίους] τοὺς ἐν ταῖς λ' ναυσὶ τῶν Ἀθηναίων. — Θέρμην ἄρτι] σημείωσαι ὅτι ἡ νῦν Θεσσαλονίκη πόλις πάλαι Θέρμη ἐκαλεῖτο. ἔστι δὲ καὶ αὕτη καὶ Πύδνα καὶ Βέροια πόλεις Μακεδονικαί. — 4. Τοῦ χωρίου] τῆς Βερροίας. — Παυσανίου] οὗτος ὁ Παυσανίας κατὰ μέν τινας υἱὸς τοῦ Δέρδου, κατὰ δὲ ἄλλους ἀδελφός. — 5. Γίγωνον] Γίγωνος χωρίον ἐστὶ μεταξὺ Μακεδονίας καὶ Θράκης, οὐ πολὺ ἀπέχον Ποτιδαίας.

LXII. 3. Ἐπὶ σφᾶς] ἐπὶ τὴν Ποτίδαιαν. — Τοὺς πολεμίους] τοὺς Ἀθηναίους. — 4. Τοὺς... ἱππέας] τοὺς μετὰ Φιλίππου. — Ἀναστήσαντες τὸ στρατόπεδον] νῦν ἀντὶ τοῦ ἐγείραντες κεῖται ἡ λέξις, οὐκ ἀντὶ τοῦ ἐκβαλόντες. — 6. Ἐς τὸ τεῖχος] τῆς Ποτιδαίας.

LXIII. Ἠπόρησε] ἐν ἀμηχανίᾳ ἐγένετο, εἰς ὁπότερον μέρος ἐλεύσεται, δηλονότι διὰ κινδύνου. — Ὡς ἐλάχιστον χωρίον] ἢ ἐλάχιστον χωρίον λέγει, ὅτι συνῆξεν αὐτούς, ὡς γενέσθαι ἐν ὀλίγῳ χωρίῳ· ἢ μᾶλλον τὸ διάστημα λέγει τῆς Ποτιδαίας· ἐγγὺς γὰρ ἦν, ἤπερ ἡ Ὄλυνθος. τὸ γοῦν ὡς ἐλάχιστον τοῖς ἑξῆς συναπτέον. — Τὴν χηλήν] χηλὴ καλεῖται οἱ ἔμπροσθεν τοῦ πρὸς θάλασσαν τείχους προβεβλημένοι λίθοι διὰ τὴν τῶν κυμάτων βίαν, μὴ τὸ τεῖχος βλάπτοιτο. εἴρηται δὲ παρὰ τὸ ἐοικέναι χηλῇ βοός. — 2. Βοηθοί] οἱ Μακεδόνες. — Ἀπέχει] ἤγουν διίσταται Ὄλυνθος τῆς Ποτιδαίας. — Καί ἐστι καταφανές] ὑψηλὸν γὰρ τὸ χωρίον ἡ Ὄλυνθος. — Ἱππεῖς] οἱ Φιλίππου.

§. Ἱππῆς τις ἐξώρθωσε, δίφθογγον γράων·
ἦτα δὲ γράφον Ἀττικῷ τρόπῳ γράφων·
ὁ Σκύλλος οὗτος Ἀττικώτατα γράφει.
Τὰ πάντα ταῦτα τοιγαροῦν ἦτα γράφε,
ἱππῆς, ἀριστῆς, Φωκῆς, πλὴν κυρίων·
τὰ κύρια μόνα δὲ δίφθογγα γράφε,
Δημοσθένεις λέγω τε καὶ τὰ τοιάδε.

— Ἐς τὸ τεῖχος] τῆς Ὀλύνθου. — Ἱππεῖς δ' οὐδετέροις παρεγένοντο] ἐν τῇ μάχῃ δηλονότι· οὔτε τοῖς Ἀθηναίοις Ἀθηναῖοι, οὔτε Ποτιδαιάταις Ποτιδαιᾶται. — 3. Τροπαῖον] Καὶ τὸ τροπαῖον μὴ τρόπαιόν μοι γράφε·
ἂν Ἀττικῶς γράφῃς δέ, ταῦτά σοι λέγω·
ἄλλῃ δὲ γλωσσῶν εἰ γράφεις μοι τοὺς λόγους,
δίφθογγον ἱππεῖς καὶ τρόπαιόν μοι γράφε.

— Ὑποσπόνδους] ἐπειδάν τι μέρος ἡττηθῇ τῶν μαχομένων, μὴ δυνάμενον τοὺς νεκροὺς αὐτοῦ λαβεῖν, αἰτεῖ γενέσθαι σπονδάς, ἕως οὗ λαβὸν θάψῃ, καὶ τότε πάλιν μάχονται. ἔστι δὲ πολλάκις ὅτε καὶ ἀσπόνδους αὐτοὺς ἐκομίζοντο, δηλονότι κατὰ τὸ ἴσον ἔχοντες ἑκάτεροι, καὶ τῆς μάχης ἰσορρόπου γενομένης.

LXIV. Ἀποτειχίσαντες] τὸ πρὸς Ὄλυνθον ὁρῶν τεῖχος περιοικοδομήσαντες, ἵνα μή τις ὑπεκφύγοι τῶν ἔνδον. — Τὸ δὲ ἐς τὴν Παλλήνην] τὸ πρὸς τὴν Παλλήνην. — 2. Ἐξ Ἀφύτιος] ἢ γὰρ ὁδὸς ἐκεῖθέν ἐστιν ἀπὸ Θράκης. μία δὲ πόλις τῶν ἐν Παλλήνῃ ἡ Ἄφυτις. Ἰωνικῶς δὲ εἶπεν Ἀφύτιος· ἔδει γὰρ διὰ τοῦ δ.

LXV. Σωτηρίας] οὐ περὶ ἑαυτοῦ, ἀλλὰ περὶ τῆς Ποτιδαίας. — Ἡ ἄλλο παράλογον] οἷον σεισμός· εἰώθεσαν γὰρ οἱ Ἕλληνες ἀναχωρεῖν τοιούτου τινὸς γινομένου, οἰωνιζόμενοι τὸ ἐκ τούτου κακόν. — Ὡς δὲ οὐκ ἔπειθεν] ἔπαινος Ἀριστέως. τὸ ἑξῆς, ὡς δὲ βουλόμενος τὰ ἐπὶ τούτοις παρασκευάζειν, οὐκ ἔπειθεν. — 2. Τά τε ἄλλα ἐπολέμει] τὰ μὴ ἀποστάντα τῶν Ἀθηναίων [δηλονότι ἐπολέμει τοῖς Χαλκιδεῦσι]. — Καὶ Σερμυλίων...] τὸ ἑξῆς οὕτω, καὶ πολλοὺς τῶν Σερμυλίων διέφθειρε, λοχήσας αὐτοὺς πρὸς τῇ ἑαυτῶν πόλει. ἔστι δὲ ἡ Σερμυλὶς Χαλκιδικὴ πόλις, τὰ τῶν Ἀθηναίων φρονοῦσα. — 3. Φορμίων... ἐδῄου] ἄπορον πῶς ὁ Φορμίων τὸ πρὸς τῇ Παλλήνῃ τεῖχος φυλάσσων, τὴν Χαλκιδικὴν καὶ Βοττικὴν γῆν ἐδῄου, καὶ οὐχὶ μᾶλλον τὸ ἕτερον μέρος τῆς φυλακῆς, ὅπερ εἶχεν ὁ Καλλίας πρὶν ἢ τελευτῆσαι. καί φαμεν ὅτι τὸ πρὸς τῇ Παλλήνῃ μέρος φίλιον ἦν τοῖς Ἀθηναίοις, τὸ δὲ πρὸς Ὀλύνθῳ ἐχθρόν. εἰκότως οὖν ἠμέλητο τὸ τοῦ Φορμίωνος μέρος, ὡς ἱκανῶν ὄντων τῶν Παλληναίων τὸ καθ' ἑαυτοὺς μέρος φυλάσσειν.

LXVI. Καὶ ἐλθόντες σφίσιν] ἀπὸ κοινοῦ τὸ, ὅτι οἱ Κορίνθιοι. — Ὁ γε πόλεμος] ὁ Πελοποννησιακός, φησί, πόλεμος οὔπω συνεκροτήθη. — 2. Ξυνερρώγει] συνεπεπτώκει.

LXVII. Οὐχ ἡσύχαζον] οἱ Κορίνθιοι. — 2. Οὐκ εἶναι αὐτόνομοι] αἱ γὰρ σπονδαὶ εἶχον τὰς ἀγράφους τῶν πόλεων αὐτονόμους εἶναι. Αἰγινήτας δὲ, μὴ ἐγγεγραμμένους ταῖς σπονδαῖς, ὑφ' ἑαυτοὺς εἶχον οἱ Ἀθηναῖοι. — Κατὰ τὰς σπονδάς] κατὰ τὴν συμφωνίαν τῶν σπονδῶν. — 3. Ξύλλογον... τὸν εἰωθότα] τὸν εἰωθότα λέγει ξύλλογον ὅτι ἐν πανσελήνῳ ἐγίγνετο ἀεί. — 4. Μάλιστα δὲ λιμένων τε εἴργεσθαι] φασὶν ὅτι Περικλῆς, μέλλων λόγον δοῦναι τῶν χρημάτων τοῦ ἀγάλματος, ὃ κατεσκεύασεν ὁ Φειδίας, ἠθύμει. ἰδὼν οὖν αὐτὸν ὁ Ἀλκιβιάδης παῖς ὤν, ἤρετο ὅ τι ἀθυμεῖ. τοῦ δὲ φήσαντος ὅτι Διὰ τοῦτο ἀθυμῶ, ὅπως δώσω λόγον τῶν χρημάτων, ἐκεῖνος φθάσας εἶπε, Μᾶλλον σκόπει ὅπως μὴ δώσεις. ὁ δὲ ὑπολαβὼν τὸν λόγον, εἰσάγει ψῆφον εἰς τὴν πόλιν κατὰ Μεγαρέων, ἀξιῶν αὐτοὺς εἴργεσθαι λιμένων καὶ ἀγορᾶς· καὶ τῶν Ἀθηναίων θορυβηθέντων αὐτὸς ἐκφεύγει. οἱ δὲ φασὶν ὅτι διὰ τοῦτο τὴν ψῆφον εἰσήγαγε, διότι οἱ Μεγαρεῖς Ἀσπασίαν τὴν διδάσκαλον Περικλέους ὕβρισαν, πόρνην αὐτὴν ἀποκαλέσαντες.

LXVIII. Τὸ πιστὸν ὑμᾶς...] τὸ πιστόν, ὦ Λακεδαιμόνιοι, τῆς καθ' ὑμᾶς αὐτοὺς πολιτείας καὶ ὁμιλίας ἀπιστοτέρους ὑμᾶς ἐς τοὺς ἄλλους Ἕλληνας, ἤν τι λέγωμεν, καθίστησι. — Ἀπιστοτέρους] ὑμᾶς ἀπίστους, μὴ πειθομένους. — Πρὸς τὰ ἔξω πράγματα] πρὸς τὰ τῶν συμμάχων. — 2. Παρεκαλέσατε] κυρίως παρακαλεῖν ἐστὶν ἢ τὸ καλεῖν, ἢ τὸ προτρέπεσθαι. ἄκυρον γὰρ τὸ δέεσθαι. — Ἐν οἷς προσήκει] ἐντεῦθεν οἱ ἀγῶνες καὶ τὸ δίκαιον. — Ἐγκλήματα ἔχ.] κατὰ τῶν Ἀθηναίων καὶ ὑμῶν δηλονότι. — 3. Ἀφανεῖς που ὄντες] ἤγουν ληθότως. — Προσέδει] ὑμῖν τοῖς Λακεδαιμονίοις. — Τοὺς μὲν δεδουλωμένους] τοὺς Αἰγινήτας. — Τοῖς δ' ἐπιβουλεύοντας] Ποτιδαιάταις καὶ Μεγαρεῦσι. — Ἐκ πολλοῦ προπαρεσκευασμένους] ὡς συνειδότας τὰς ἑαυτῶν ἁμαρτίας, καὶ γιγνώσκοντας ὡς πάντως οὐκ ἀνεξόμεθα, ἀλλὰ πολεμήσομεν. — Προπαρεσκευασμένους] ἀπὸ κοινοῦ τὸ ὁρᾶτε. — Ἆρα] ἐν ἄλλῳ οὐ κεῖται τὸ ἆρα. — 4. Ἐπικαιρότατον] ἁρμοδιώτατον. — Τὸ μὲν... ἐπικαιρότατον χωρίον] ἡ Ποτίδαια. — Ἐπιχρῆσθαι] ἀποχρῆσθαι, ἐνέργειαν ποιεῖν. — Ἡ δὲ ναυτικὸν ἄν...] ἡ δὲ ἔδωκεν ἂν συμμαχίαν ναυτικήν, εἰ πόλεμος γενήσεται δηλονότι.

LXIX. Μετὰ τὰ Μηδικά] μετὰ τὸν πόλεμον τὸν Μηδικόν. — Κρατῦναι] ἰσχυροποιῆσαι. — Ἐς τόδε] μέχρι τοῦδε. — Οὐ γὰρ ὁ δουλωσάμενος...] τὸ σχῆμα συλλογισμός. — Τοῦτο] τὸ δουλοῦν. — Εἴπερ] ἐπεί. — Τὴν ἀξίωσιν τῆς ἀρετῆς φέρεται] τὸ σεμνολόγημα, τὸ ἀξίωμα τῆς δικαιοσύνης ἔχει. — 2. Οὐδὲ νῦν ἐπὶ φανεροῖς] καὶ νῦν γάρ, φησίν, ἀμφιβάλλεται, εἰ ἀδικούμεθα. — Οἱ γὰρ δρῶντες... διεγνωκότας] οἱ γὰρ Ἀθηναῖοι πρὸς οὐ διεγνωκότας ἡμᾶς. οἱ γὰρ μετὰ σκέψεως εἰς τὴν πρᾶξιν ἐρχόμενοι οὐκ ἀναβεβλημένως ἔρχονται κατὰ τῶν ἀγνοούντων. — 3. Οἵᾳ δοῦ] οἵῳ τρόπῳ. — Ἐπὶ τοὺς πέλας] ἐπὶ τοὺς Λακεδαιμονίους. — Διὰ τὸ ἀναίσθητον] διὰ τὴν ἄγνοιαν. — Ἰσχυρῶς

ἐγκείσονται] μετὰ βάρους ἐπιτεθήσονται. — Ἡσυχάζετε γὰρ μόνοι] ἐπιπλήττων κολακεύει. — 5. Ἀσφαλεῖς] προσεκτικοί, ἐν οὐδενὶ σφαλλόμενοι. — Ὧν ἄρα] γράφεται ἂν ἄρα. — Ὁ λόγος τοῦ ἔργου ἐκράτει] τουτέστιν, ὁ λόγος ψευδὴς ἦν τοῦ ὑμᾶς ἀσφαλεῖς εἶναι. — Ἥ τὰ παρ' ὑμῶν] τὸ ἢ ἀντὶ τοῦ ἤπερ. δηλοῖ δὲ αὐτῶν τὸ ὀκνηρόν. — Ἀξίως] ἀξιομάχως. — Καὶ εἰς τύχας... καταστῆναι] ὁ γὰρ πρὸς μείζονα πολεμῶν τύχην καλείτω συνεργόν. — Τύχας] ἀδήλους ἐκβάσεις. — Καταστῆναι] ἀπὸ κοινοῦ βούλεσθε. — Περὶ αὑτῷ τὰ πλείῳ σφαλέντα] ἐν τῷ στενῷ τῆς Σαλαμῖνος τολμήσαντα ναυμαχῆσαι, * * ὅστις ἐγένετο αἴτιος τῆς ἥττης. — Πρὸς αὐτοὺς τοὺς Ἀθηναίους] ἀντὶ τοῦ αὐτῶν τῶν Ἀθηναίων. § τὸ σχῆμα αἰτιατικὴ ἀντὶ τῆς γενικῆς. — 5. Ἡ αἰτία] τὸ ἢ ἀντὶ τοῦ ἀλλά. — Φίλων ἀνδρῶν] λείπει ἡ κατά.

LXX. Καὶ ἅμα, εἴπερ τινὲς...] ἐπειδὴ ἐπέπληξεν ὁ Κορίνθιος, λέγει νῦν, ὅτι οὐχ ὁ τυχὼν εἰμι, καὶ μὴ ἀπαξιώσῃς ὑπ' ἐμοῦ ὀνειδιζόμενο. — 2. Νεωτεροποιοί] οἱ νεωτέρων πραγμάτων ὀρεγόμενοι. — Ἐπιτελέσαι ἔργῳ ὃ ἂν γνῶσιν] πᾶν νόημα καὶ πρᾶξαι. οὐ γὰρ δύναμιν λέγω, ἐπεὶ ἀποτροπὴ τοῦ τοιούτου. — Ἐπιτελέσαι] ὀξεῖς, ἀπὸ κοινοῦ. — Οὐδὲ τἀναγκαῖα ἐξικέσθαι] οὐδὲ τῶν ἀναγκαίων περιγενέσθαι. § τὸ δὲ ἐξικέσθαι ἀντὶ τοῦ ἀρκεῖν. — 3. Πιστεῦσαι] θαρρῆσαι — 4. Μελλητάς] ἀναβεβλημένους. — Ἀποδημηταί] ὑπερόριοι τῆς οἰκείας πατρίδος. — Ἀποδημηταὶ πρὸς ἐνδημοτάτους] ἤγουν ἀποδημοῦσι τῆς οἰκείας πατρίδος, καὶ ἐπιδημοῦσι δήμοις ἀλλοτρίοις πρὸς τὸ κτήσασθαι αὐτούς. — Ἀπουσίᾳ] ἀποδημίᾳ. — Τῷ ἐπελθεῖν...] οἴεσθε, φησίν, ὅτι, ἐὰν ἐπέλθητέ τισι, καὶ τὰ ὑπάρχοντα ὑμῖν ἀπόλλυται. — Τὰ ἕτοιμα] τὰ ὑπάρχοντα, τὰ ἑτοίμην ἀπόλαυσιν ἔχοντα. — 5. Ἐπ' ἐλάχιστον] ἀντὶ τοῦ οὐδὲ ἐλάχιστον. — Ἀναπίπτουσι] ἢ ἀναπαύονται, ἢ ἀθυμοῦσι. — 6. Ἀλλοτριωτάτοις] λείπει τὸ ὡς, ἵν' ᾖ, ὡς ἀλλοτριωτάτοις. — Οἰκειοτάτῃ] πρὸς τὴν πατρίδα δηλονότι. — 7. Μὴ ἐπεξέλθωσι] μὴ πράξωσι. — Πρὸς τὰ μέλλοντα] ἀπὸ κοινοῦ ἡγοῦνται. — Μόνοι γὰρ ἔχουσι...] τὸ δ' ἑξῆς οὕτω· μόνοι γάρ, φησίν, ἃ ἂν γνῶσιν, ἐλπίζουσί τε ὁμοίως καὶ ἔχουσι, διὰ τὸ ταχεῖαν τὴν ἐπιχείρησιν ποιεῖσθαι. πρῶτον γάρ τις ἐπινοεῖ, εἶτα ἐλπίζει, καὶ εἶθ' οὕτως ἐπιχειρεῖ, ὕστερον δὲ καὶ κτᾶται. — 8. Ἐλάχιστα] οὐκ ἐλάχιστα. — Καὶ μήτε ἑορτὴν] αἰνίττεται εἰς τοὺς Λάκωνας, οἵτινες ἐν ἑορτῇ οὐκ ἐστράτευον. — Ἡ ἀσχολίαν ἐπίπονον] ἀπὸ κοινοῦ ληπτέον τὸ ἡγεῖσθαι.

LXXI. Οὐ τούτοις τῶν ἀνθρώπων] ὁ νοῦς τῶν λεγομένων τοιοῦτος, Νομίζετε οὐ τούτοις τῶν ἀνθρώπων δεῖν παραμένειν τὴν ἡσυχίαν καὶ εἰρήνην, οἳ τῇ μὲν διαγωγῇ καὶ παρασκευῇ εἰρηναίως διάγωσι, τῇ δὲ γνώμῃ φανεροὶ ὦσιν ὡς ἀμυνοῦνται, ἢν ἀδικῶνται. θέλει δὲ εἰπεῖν, ὡς ὑμεῖς αὐτοί, ὦ Λακεδαιμόνιοι, οὐ ποιεῖτε τοῦτο. ταῦτα τινὲς μὲν κατ' ἐρώτησιν, τινὲς δὲ κατὰ ἀπόφασιν ἀνέγνωσαν. — Μὴ λυπεῖν τε...] οὔτε ἀδικεῖν βούλεσθε,

καὶ ἀδικούμενοι ἀμύνεσθαι· καὶ διὰ τοῦτο τὸ ἴσον νέμετε.
— 2. Ὁμοίᾳ] ὁμογνώμονι, τὰ ἴσα ζηλούσῃ. — Ἀρχαιότροπα] οἷον ἁπλᾶ καὶ ἀφελῆ. προεῖπε δὲ τοὺς Ἀθηναίους νεωτεροποιούς. — Ὥσπερ τέχνης] παρὰ τὸ Ὁμηρικὸν
5 [Od. A, 351],
    Τὴν γὰρ ἀοιδὴν μᾶλλον ἐπικλείουσ' ἄνθρωποι,
    ἥτις ἀκουόντεσσι νεωτάτη ἀμφιπέληται.
— Ἀεὶ τὰ ἐπιγιγνόμενα] τοῦτο πρὸς τὸ ἀρχαιότροπα. οὐκ ἔδει, φησίν, ὑμᾶς ἀεὶ τοιούτους εἶναι, καὶ ἀρχαῖα ἔθη
10 ζηλοῦν. — 3. Ἐπιτεχνήσεως] ἐξευρήσεως· ἐπιμένει δὲ τῇ παραβολῇ. — Κεκαίνωται] κεκαινοτόμηται. — 4. Νῦν δέ] οἱ ἐπίλογοι ἐντεῦθεν. — Ὑπεδέξασθε] ὑπέσχοντο γὰρ ἀνωτέρω [c. 58] τοῖς Ποτιδαιάταις. — Ξυγγενεῖς] Δωριεῖς γὰρ οἱ Ποτιδαιᾶται. — Πρὸς ἑτέραν
15 τινά] πρὸς τοὺς Ἀργείους· ἐχθροὶ γὰρ ἦσαν τοῖς Λακεδαιμονίοις. — 5. Δρῷμεν δ' ἂν οὐδὲν ἄδικον] ἐπειδὴ εἶπεν ὁ Κορίνθιος πρὸς ἑτέραν συμμαχίαν τραπέσθαι, μὴ βοηθούμενος ὑπὸ τῶν Λακεδαιμονίων, νῦν τοῦτο κατασκευάζει, καὶ λέγει, ὅτι οὐδὲν ἄδικον δρῶμεν, εἰ πρὸς ἑτέρους
20 τραπῶμεν συμμάχους. αἰνίττεται δὲ τοὺς Ἀργείους, οἵτινες ἐχθρωδῶς διέκειντο πρὸς τοὺς Λακεδαιμονίους.
— Τῶν ὁρκίων] τῶν ἐφόρων τῶν ὅρκων. — Αἰσθανομένων] ἤτοι τῶν ζώντων, ἢ τῶν φρονίμων, ἢ τῶν ἡρώων. — Δι' ἐρημίαν] συμμαχίας δηλονότι. —
25 Προσιόντες] καὶ ἐπικαλούμενοι συμμαχεῖν. — 6. Μενοῦμεν] ἤγουν ἐν τῇ ὑμετέρᾳ συμμαχίᾳ. — 7. Ἐξηγεῖσθαι] ἀρχεινκρατεῖν ἄλλων.

LXXII. Τοιαῦτα μὲν Κορίνθιοι] ἐμέρισε πρὸς μὲν τὴν κατηγορίαν τῶν Κορινθίων τὴν ἀπολογίαν τῶν
30 Ἀθηναίων, πρὸς δὲ τὴν ἐπίπληξιν αὐτῶν τὴν ἀντίθεσιν Ἀρχιδάμου τοῦ Λακεδαιμονίου. — Ἔτυχε γὰρ πρεσβεία ... παροῦσα] ἤγουν ἔτυχον παρόντες πρέσβεις. — Παριτητέα] δίκαιον εἶναι παριέναι. — 3. Μηδὲν ἀπολογησομένους] ὡς μεγαλοφρονῶν ὁ Ἀθηναῖος οὐδὲ ἀπο-
35 λογεῖται. ὡς κηδόμενος τῶν Λακεδαιμονίων. — Αἱ πόλεις] αἱ σύμμαχοι τῶν Λακεδαιμονίων. — Σημῆναι] τὸ σημῆναι Ἰακόν· πλὴν τὸ σημαίνει πλείονα ἔχει τὴν εὐρύτητα. — Τοῖς πρεσβυτέροις] τῶν Λακεδαιμονίων. — 3. Παρελθόντες] ἐπελθόντες ἐπὶ ξένων, παρελ-
40 θόντες ἐπὶ ἰδίων.

LXXIII. Ἡ μὲν πρ.] δημηγορία Ἀθηναίων ε'. — Ἡ μὲν πρέσβευσις...] ἡ στάσις πραγματική. τὸ μέλλον γὰρ ζητεῖ. § Ταύτην ἔπλασατο οἰκονομικῶς τὴν δημηγορίαν ὁ συγγραφεύς, χαίρων ταῖς ἀντιθέτοις δημηγο-
45 ρίαις ἀεί. § Ὅτι πρέσβευσις, καὶ καταβόησις καὶ καταβοή οὐ λέγεται, εἰ μὴ ἰδίᾳ παρὰ Θουκυδίδῃ. — Ἡ πρέσβ. ἡμ... ξυμμάχοις ἐγένετο] οὐκ ἐπρεσβεύσαμεν εἰς τὸ ἀντειπεῖν τοῖς συμμάχοις ἡμῶν. — Καταβοὴν] κατηγορίαν. — Δηλῶσαι ὡς οὔτε ἀπεικότως ... ἐστί] οἱ γὰρ κατά τινος στρατεύοντες ἢ ὡς ἀδικούμενοι τοῦτο ποιοῦσιν,
50 ἢ ὡς εὐτελοῦς καὶ καταφρονουμένου. τεχνικῶς δὲ ὁ Ἀθηναῖος δείκνυσιν ἑαυτὸν καὶ δίκαιον, καὶ μέγαν καὶ οὐκ εὐκαταφρόνητον. — Ἃ κεκτήμεθα] ἤγουν τὴν τῶν Ἑλλήνων ἀρχήν. — Ἀξίᾳ λόγου] ἀξιέπαινος. — 2. Τὰ

πάνυ παλαιά] τὰ κατὰ Ἀμαζόνας καὶ Θρᾷκας καὶ Ἡρακλείδας φησίν. — Τὰ δὲ Μηδικὰ ... ἀεὶ προβαλλομένοις] ἀεὶ γὰρ ἐμεγαλαύχουν οἱ Ἀθηναῖοι διὰ τὰ Μηδικά. — Ἐκινδυνεύετο] μετὰ κινδύνων ἐπράττετο.
— Τοῦ μὲν ἔργου μέρος μετέσχ.] ἐπειδὴ ἕως Μυκάλης 5 ἐδίωξαν, οἱ δὲ Ἀθηναῖοι ἕως Παμφυλίας. — Μὴ παντός] μὴ παντὸς εἶπε διὰ τὰ τοῦ Κίμωνος ἔργα. τὸ δὲ στερισκόμεθα ἐν ἤθει ἀναγνωστέον. — 3. Οὐ παραιτήσεως ... ἕνεκα] οὐχὶ ἕνεκα τοῦ αἰτεῖν συγγνώμην φησί. — 4. Προκινδυνεῦσαι τῷ βαρβάρῳ] μετὰ κινδύ- 10 νου μαχέσασθαι τῷ βαρβάρῳ ἐν Μαραθῶνι. — Μόνοι προκινδυνεῦσαι] πρὸ τῆς Ἑλλάδος κινδυνεῦσαι. τοὺς δὲ Πλαταιεῖς εἴασεν, ὅτι ὕστερον παρεγένοντο. — Πανδημεί] καὶ γέροντες καὶ νέοι. — Ἔσχεν] ἐπέσχε, διεκώλυσε. — 5. Τῷ πλέονι τοῦ στρατοῦ] λαβὼν τὸ πλέον 15 τοῦ στρατοῦ.

LXXIV. Τοιούτου] θαυμαστικῶς τοῦτό φησιν. — Ἐν ταῖς ναυσὶ ... ἐγένετο] ἤγουν ἡ βοήθεια τῶν Ἑλληνικῶν πραγμάτων ἐν ταῖς ναυσὶν ἦν. — Ἀριθμόν τε νεῶν] ταῦτα πάντα παρ' Ἡροδότῳ [8, 44, 48] κεῖται 20 κατὰ διέξοδον. — Δύο μοιρῶν] ἀντὶ τοῦ τὸ δίμοιρον, ὅ ἐστι διακόσιαι ἑξήκοντα. ἦσαν γὰρ αἱ πᾶσαι τετρακόσιαι, κατὰ δὲ ἄλλους τριακόσιαι ὀγδοήκοντα. τοῦτο οὖν λέγει, ὅτι αὐτοὶ ἡμεῖς τὸ δίμοιρον δεδώκαμεν. — Ἐν τῷ στενῷ] ἐν τῇ Σαλαμῖνι. — 2. Τῶν ἄλλων] Μακεδόνων, 25 Θεσσαλῶν, Λοκρῶν, Βοιωτῶν, Φωκέων. — Μέχρι ἡμῶν] μέχρι τῆς πόλεως ἡμῶν. — Ἠξιώσαμεν] ἄξιον ἐκρίναμεν. — Διαφθείραντες] τὸ διαφθείραντες τινὲς φασι τὸ διαφθαρῆναι ἐάσαντες· ἄλλοι δὲ παριστοροῦσιν ὅτι αὐτοὶ οἱ Ἀθηναῖοι αὐτοχειρὶ τὴν πόλιν κατέβαλον, 30 ἵνα μὴ ἔχῃ αὐτὴν ὁ βάρβαρος ὡς ὁρμητηρίῳ χρῆσθαι πρὸς τὴν Ἑλλάδα. Ἄλλως· τὰ οἰκεῖα διαφθείραντες οὐκ ἐπὶ τῆς πόλεως εἴληπται, ἀλλ' ἐπὶ τῶν σκευῶν τῶν ἐν ταῖς οἰκίαις καὶ τῆς ἄλλης περιουσίας, ἣν οὐκ ἦν δυνατὸν ὑπεκθέσθαι, οὔτε ἐν ταῖς ναυσὶ φέρειν. τάχα δὲ 35 καὶ ἐπὶ κυνῶν καὶ βοσκημάτων τοῦτο συννοηθῆναι δύναται. — Μηδ' ὥς] μηδ' οὕτως, ποιητικῶς. — Προλιπεῖν] μὴ προλιπεῖν ἠξιώσαμεν, ἀλλὰ βοηθῆσαι. — Σκεδασθέντες] εἰς ἄλλας χώρας. — Αὐτοῖς] τοῖς συμμάχοις φησίν. — Καὶ μὴ ὀργισθῆναι] ἀπὸ κοινοῦ τὸ 40 ἠξιώσαμεν· ἀλλὰ βοηθεῖν ὑμῖν τοῖς Λακεδαιμονίοις. — 3. Ὑμεῖς μὲν γὰρ...] κατασκευὴ τοῦ νοήματος. — Τὸ λοιπὸν] χρόνον. — Οὐ παρεγένεσθε] εἰς βοήθειαν. — Οὐκ οὔσης] διεφθαρμένης. — Οὐκ οὔσης ἔτι] οὐκ οὔσης τῆς πόλεως, ἐν βραχείᾳ ἐλπίδι αἱ τριήρεις ἢ 45 τὰ σώματα τῶν ἀνθρώπων. — 4. Προσεχωρήσαμεν] οἱ Ἀθηναῖοι προσήλθομεν. — Ἄλλοι] οἱ Θηβαῖοι δηλονότι. — Περὶ τῇ χώρᾳ] ἑαυτῶν δηλονότι. — Μὴ... ἐσβῆναι ἐς τὰς ναῦς] ἀλλὰ μεταναστῆναι εἰς ἄλλην χώραν, ὡς ἀπόλιδες. — Οὐδὲν ἂν ἔτι ἔδει...] τὸ ἑξῆς, 50 οὐδὲν ἂν ἔδει ὑμᾶς τοὺς Λακεδαιμονίους ναυμαχεῖν. — Μὴ ἔχοντας ναῦς ἱκανάς] δέκα γὰρ εἶχον μόνας ναῦς. — Καθ' ἡσυχίαν] ἀμαχητί. — Προεχώρησε] προσῆλθε.

LXXV. Ἆρ' ἄξιοί ἐσμεν...] ἐν ἐρωτήσει· ἆρα, φησὶν, ἄξιοί ἐσμεν ἕνεκα τῆς ἀρετῆς ἡμῶν μὴ φθονεῖσθαι τῆς ἀρχῆς; — Γνώμης ξυνέσεως] ἤγουν προαιρέσεως. — 2. Πρὸς τὰ ὑπόλοιπα τοῦ βαρβάρου] πρὸς τὴν ὑπολειφθεῖσαν μάχην. ἕως γὰρ Μυκάλης μόνον ἦλθον οἱ Λακεδαιμόνιοι. — 3. Ἐξ αὐτοῦ δὲ τοῦ ἔργου] ἐκ τῆς φύσεως αὐτῆς τοῦ πράγματος· λέγει δὲ τῆς ἀρχῆς· ὁ γὰρ ἄρχων ἀεὶ μισεῖται. — Ὑπὸ δέους] τοῦ βαρβάρου, ἢ τῶν κακῶς παθόντων ἐν τῇ ἀρχῇ ὑπηκόων. — Καὶ ὠφελείας] τοῦ φόρου δηλονότι. — 4. Καί τινων καὶ ἤδη ἀποστ. κατεστρ.] ταῦτα διηγεῖται ἐν τῇ πεντηκονταετηρίδι. — Διαφόρων] ἐχθρῶν. — Ἀνέντας] ἀπολύσαντας. — Καὶ γὰρ ἂν αἱ ἀποστάσεις πρὸς ὑμᾶς ἐγίγνοντο] καὶ οὐκ ἂν ἠλευθέρωντο· ὥστε οὐκ ἠδίκουν. — 5. Ἀνεπίφθονον] ἄμεμπτον, ἄψογον. — Τῶν μεγίστων πέρι] ταὐτὸν εἰπεῖν ἀντὶ τοῦ, ἵνα μὴ ἐμπέσῃ εἰς μεγίστους κινδύνους. — Εὖ τίθεσθαι] καλῶς οἰκονομεῖν.

LXXVI. Ὑμεῖς γοῦν...] τὸ ἐγκαλούμενον τοῖς Ἀθηναίοις, τὸ δουλώσασθαι τοὺς συμμάχους, ἀνθυποφέρει τοῖς Λακεδαιμονίοις· ἐξηγεῖσθαι γὰρ λέγει καὶ αὐτοῖς ὠφέλιμον. — Ἐπὶ τὸ ὑμῖν ὠφέλιμον] τὴν ὀλιγαρχίαν αὐτοῖς φησὶν ὠφέλιμον. — Τότε] ἀπὸ τῆς Μυκάλης δηλονότι. — Ἀπήχθεσθε] οἱ γὰρ ἄρχοντες μισοῦνται· φιλελεύθερον γὰρ τὸ ἀνθρώπινον. — Ἐγκρατῶς] ἰσχυρῶς. — 2. Διαδιδομένη] κατὰ διαδοχὴν διδομένην. — Ἀνεῖμεν] ἐλαττοῦμεν, ἀφίεμεν. — Τοῦ τοιούτου] τοῦ ἄρχειν δηλονότι. — Καθεστῶτος] νομίμου ὄντος, νομιζομένου. — Κατείργεσθαι] κατέχεσθαι, ἄρχεσθαι, δουλοῦσθαι. — Ἄξιοί τε ἅμα] ὁ νοῦς τῶν λεγομένων, ἄξιοι τοῦ ἄρχειν καὶ ὑμῖν αὐτοῖς ἐδοκοῦμεν, μέχρις οὗ τὰ συμφέροντα λογιζόμενοι νῦν, τουτέστιν, ἐν τῷ προλαβόντι χρόνῳ, νῦν, ἐν τῷ ἐνεστῶτι χρόνῳ, τῷ δικαίῳ λόγῳ χρῆσθε, τῷ τῆς ἐλευθερίας τῶν Ἑλλήνων δηλονότι, κρίνοντες δίκαιον ὑπάρχειν νῦν ἐλευθέρους εἶναι τοὺς Ἕλληνας. — Τὰ ξυμφέροντα λογιζόμενοι] ἀπὸ κοινοῦ τὸ νῦν, καὶ δηλοῖ ἐνταῦθα τὸν παρῳχημένον χρόνον. — Δικαίῳ λόγῳ] δίκαιον λόγον λέγει τὴν ἐλευθερίαν τῶν Ἑλλήνων. — Νῦν χρῆσθε] ἐνταῦθα τὸ νῦν ἐνεστῶτα χρόνον δηλοῖ. — Ὂν οὐδείς πω... ἀπετράπετο] ὁ νοῦς τοιοῦτος· ὅντινα δίκαιον λόγον οὐδεὶς πώποτε προκρίνας, ἀπετράπετο τοῦ πλέον ἔχειν τι κτήσασθαι. τὸ δὲ μὴ περιττῶς κεῖται Ἀττικῇ συνηθείᾳ, ὡς καὶ παρὰ Δημοσθένει πολλάκις. — Παρατυχὸν] ἀντὶ τοῦ παρατυχόντος, ὡς τὸ ἔξον ἀντὶ τοῦ ἐξόντος. — Προθείς] προτιμήσας, προκρίνας. — 3. Ἐπαινεῖσθαί τε ἄξιοι οἵτινες] ἀορίστως μὲν, ἑαυτὸν δὲ λέγει. — Τῇ ἀνθρωπείᾳ...] τῇ παρεπομένῃ τῇ ἀνθρωπείᾳ φύσει ἀρχῇ. — Δικαιότεροι] ἀντὶ τοῦ μετριώτεροι. — 4. Ἄλλους γ' ἄν] ἀορίστως μὲν, εἰς τοὺς Λακεδαιμονίους δὲ αἰνίττεται. — Ἡμέτερα] φησὶ τὴν ἀρχήν. — Δεῖξαι ἂν μάλιστα] δηλονότι βιαιότερον ἄρξαντας. — Μετριάζομεν] ταπεινοί ἐσμεν. — Ἐκ τοῦ ἐπιεικοῦς] ἐκ τῆς μετριότητος.

LXXVII. Ἐλασσούμενοι] ἀδικούμενοι, ζημιούμενοι ἐν ταῖς συναλλαγματικαῖς χρείαις, καθὸ ἐξ ἰσοτιμίας δικαζόμεθα πρὸς αὐτούς, καίτοι δυνάμενοι ὡς ἄρχοντες ἔχειν τὸ πλέον. — Καὶ παρ' ἡμῖν αὐτοῖς...] τὸ ἑξῆς, καὶ ἐν τοῖς παρ' ἡμῖν ὁμοίοις νόμοις ποιήσαντες τὰς κρίσεις, φιλοδικεῖν δοκοῦμεν. — Ἐν τοῖς ὁμοίοις νόμοις] ὁμοίοις νόμοις λέγει τῷ τε ξένῳ καὶ τῷ πολίτῃ· ἴσος γὰρ ἀμφοτέροις παρ' ἡμῖν ὁ νόμος. — Φιλοδικεῖν] ἐκωμῳδοῦντο γὰρ οἱ Ἀθηναῖοι ὡς φιλόδικοι. — 2. Ἀλλοί που ἔχουσιν ἀρχήν] οἷον Πέρσαις, Σκύθαις. — Καὶ ἧσσον ἡμῶν] ἀντὶ τοῦ οὐδὲ ἧσσον. — Οὐκ ὀνειδίζεται] προφέρεται. οὐκ ὀνειδίζεται τὸ βίαιον τῆς ἀρχῆς παρ' ἄλλοις, ἀλλὰ μόνοις παρ' ἡμῖν. — Δικάζεσθαι] ἀντὶ τοῦ δίκαια πράττειν πρὸς τοὺς ὑπηκόους. — 3. Εἰθισμένοι πρὸς ἡμᾶς... ὁμιλεῖν] διὰ τούτων ἔδειξε τὸ σπάνιον τῆς ἀδικίας. ὁ δὲ νοῦς τοιοῦτος· ἐάν τι τοιοῦτο πάθωσι παρ' ἡμῶν παρ' ὃ νομίζουσιν αὐτοὶ δίκαιον εἶναι, ἀγανακτοῦσιν. οὐκ εἶπε δὲ τὸ δίκαιον, ἀλλὰ τὸ παρ' ὃ ἐκεῖνοι νομίζουσι μὴ δίκαιον. — Ἢν τι... ἐλαττωθῶσι] ἐάν τι παρὰ τὴν ἑαυτῶν δόξαν, διὰ τὴν ὑπάρχουσαν ἡμῖν ἀρχήν, ἢ λόγῳ ἢ ἔργῳ νομίσωσιν ἐλαττωθῆναι. — Ἀλλὰ τοῦ ἐνδεοῦς] λείπει ἡ ὑπέρ, ἵν' ᾖ, ὑπὲρ τοῦ ἐνδεοῦς. — Ἡ εἰ ἀπὸ πρώτης] τὸ ἢ ἀντὶ τοῦ ὡς. Ὅμηρος [Il. I, 134]·

Ἢ θέμις ἀνθρώπων πέλει.

— Ἐπλεονεκτοῦμεν] κατὰ τὸν τῆς ἀρχῆς νόμον. — Ἐκείνως δ' οὐδ' ἄν] ὁ δέ ἀντὶ τοῦ γάρ. — 4. Ἀδικούμενοι δὲ μᾶλλον ὀργίζονται] διὰ τοῦτο, φησίν, ὀργίζονται οἱ σύμμαχοι, ὅτι ἀδικεῖσθαι νομίζουσι καὶ οὐχὶ βιάζεσθαι· ἴσους γὰρ ἡμῶν αὐτοὺς ἐξ ἀρχῆς εἴχομεν. — 5. Ἡ δὲ ἡμετέρα ἀρχή] ἡ τῶν Ἀθηναίων, ἡ φιλάνθρωπος. — Τὸ παρόν] τὸ ἐνεστηκός, τὸ ἄρχον. — 6. Εἰ καθελόντες] προμαντεύεται· καθεῖλον γὰρ αὐτῶν τὰ τείχη οἱ Λακεδαιμόνιοι. — Εἴπερ οἷα...] τὸ ἑξῆς, εἴπερ ὅμοια γνώσεσθε οἷα καὶ ἐπὶ τοῦ Μήδου. — Ἄμικτα... νόμιμα τοῖς ἄλλοις ἔχετε] οὐδενὶ γὰρ ξένῳ μετεδίδοσαν τῶν παρ' αὐτοῖς νομίμων οἱ Λακεδαιμόνιοι, ἀλλὰ καὶ ἐξενηλάτουν. — Ἐξιών] εἰς ἀρχὴν δηλονότι. — Τούτοις] τοῖς παρ' ὑμῖν.

LXXVIII. Βουλεύεσθε] ἐντεῦθεν οἱ ἐπίλογοι. — Ἀλλοτρίαις] ταῖς τῶν Κορινθίων. — Πρόσθησθε] ἀνάθησθε, ἑαυτοῖς δηλονότι. — Παράλογον] ἀπροσδόκητον. ἀρσενικῶς τὸν παράλογον. — 2. Εἰς τύχας] εἰς ἀδηλότητα. Ὅμηρος [Il. Z, 339]·

Νίκη δ' ἐπαμείβεται ἄνδρας.

— Περιίστασθαι] περιτρέπεσθαι. — Ἴσον τε ἀπέχομεν] ἑκατέροις γὰρ τὸ μέλλον ἀόρατον καὶ ἀφανές. — Ὁποτέρως ἔσται... κινδυνεύεται] ἄδηλόν ἐστιν ὁποῖον μέρος κινδυνεύσει. — Κινδυνεύεται] μετὰ κινδύνων πράττεται. — 3. Οἱ ἄνθρωποι] οἱ ἀπροβούλευτοι καὶ ἀνόητοι. — Τῶν ἔργων πρότερον ἔχονται] πρὸ τῶν βουλευμάτων δηλονότι. — Ἃ χρῆν ὕστερον] ἃ ἔργα δηλονότι. — 4. Ἁμαρτίᾳ] τῇ προλεχθείσῃ ἀβουλίᾳ τοῦ

πολέμου. — Αὐθαίρετος] αὐτεξούσιος. — Κατὰ τὴν ξυνθήκην] κατὰ τὰς ὁμολογίας τὰς ἐν ταῖς σπονδαῖς. — Τοὺς ὁρκίους] οὓς ἐν ταῖς σπονδαῖς ὠμόσαμεν. — Ὑφηγῆσθε] ὁδηγῆτε ὑμεῖς.

LXXIX. Ἐς τοὺς Ἀθηναίους] κατὰ τῶν Ἀθηναίων. — Ἐβουλεύοντο κατὰ σφᾶς αὐτούς] ἔθος γὰρ εἶχον οἱ Λακεδαιμόνιοι παρὰ τὰς ἐκκλησίας ἰδιαζόντως βουλεύεσθαι καὶ δημηγορεῖν, διώκοντες τοὺς πολλούς. — 2. Ἐπὶ τὸ αὐτὸ αἱ γνῶμαι ἔφερον] ὡμονόουν. — Πολεμητέα] ἄξιον πολεμῆσαι.

LXXX. Ὁρῶ] λείπει τὸ ἐμπείρους. — Ἀπειρίᾳ] γλυκὺς ἀπείρῳ πόλεμος [Pindar. fr. 2 Hyporch.]. — Οἱ πολλοί] οἱ ἀπαίδευτοι. — 2. Εὕροιτε] ἕως ὧδε τὸ προοίμιον. — Ἐλάχιστον γενόμενον] ἤγουν δι' ἐλαχίστου καιροῦ καὶ ἔργου γενησόμενον. — 3. Πρὸς μὲν γὰρ...] οἱ ἀγῶνες, καὶ τὸ δυνατόν. — Παρόμοιος] ἐκ παραλλήλου πεζομάχοι γὰρ πάντες. — Ἐφ' ἕκαστα] λείπει χωρία. — Ἑκάς] τῆς Πελοποννήσου ἑκάς, ὥστε δυσχερὴς ὁ πόλεμος διὰ τὰ ἐφόδια. — Ἐξήρτυνται] εὐτρεπισμένοι εἰσί. — Πλούτῳ] διὰ τὰ Περσικά. — Καὶ τίνι πιστεύσαντας] χρὴ δηλονότι. — Ἐπειχθῆναι] ἑτοίμως ἐλθεῖν. — 4. Ἥσσους] ἐνδεέστεροι. — Τούτου] τοῦ ἔχειν χρήματα. — Ἐν κοινῷ] ταμείῳ δηλονότι. — Οὔτε ἐκ τῶν ἰδίων φέρομεν] πένητες γὰρ οἱ Λακεδαιμόνιοι.

LXXXI. Ὑπερφέρομεν] οἱ Λακεδαιμόνιοι. — Δῃοῦν] χείρειν. — Ἐπιφοιτῶντες] κατ' ἐκείνων ἐρχόμενοι. — 2. Ἄλλῃ γῇ] Θρᾴκῃ καὶ Ἰωνίᾳ. — Ἐκ θαλάσσης] τὸ ἐκ ἀντὶ τοῦ διά. — Ἐπάξονται] εἰσάξουσιν. — 3. Ἀφιστάναι] ἀποστῆσαι. — 4. Τίς οὖν ἔσται] κατὰ ποῖον τρόπον. — Τὰς προσόδους] τὰ κέρδη. — Τὰς προσόδους ἀφαιρήσομεν] διὰ τὸ ἀποστῆσαι τοὺς συμμάχους. — 5. Κἂν τούτῳ] τῷ πράγματι. — Οὐδὲ καταλύσεται] οὐδὲ τὸν πόλεμον παῦσαι δηλονότι φησί. — Ἄρξαι μᾶλλον] τὸ μᾶλλον πρόσκειται, ὅτι οὐχὶ αὐτοί, ἀλλὰ καὶ Κορίνθιοι καὶ ἄλλοι ἤρξαντο τοῦ πολέμου. — 6. Ἀπολίπωμεν] Ὅμηρος [Il. Γ, 160]·

Μηδ' ἡμῖν τεκέεσσί τ' ὀπίσσω πῆμα λίποιτο.

— Φρονήματι] ἐπάρσει. — Μήτε τῇ γῇ δουλεῦσαι] τῆς γῆς, φησί, τεμνομένης τῶν Ἀθηναίων, οὐκ εἰκὸς οὐδὲ πρέπον τῷ φρονήματι αὐτῶν, ἡμῖν δουλεῦσαι καὶ ὑπακοῦσαι.

LXXXII. Καταφωρᾷν] ἐλέγχειν. — Ἐπιτρέψομεν] ἐνδώσομεν. — Κἂν τούτῳ] τῷ καιρῷ δηλονότι. — Ἐξαρτύεσθαι] οἰκονομεῖσθαι. ἀπὸ κοινοῦ δὲ κελεύω. — Προσαγωγῇ] συναθροίσει. — Ἀνεπίφθονον δέ] ἄψογον, ἀμώμητον, ἐκείνοις δηλονότι. — Ὅσοι ὥσπερ καὶ ἡμεῖς ὑπ' Ἀθηναίων...] ἐξαίρει τὴν δύναμιν τῶν Ἀθηναίων, καταπλήττων τοὺς Λάκωνας. — Καὶ τὰ αὐτῶν ἅμα ἐκποριζώμεθα] πορίσμα ζωῆς ἐκ τῶν ἡμετέρων ἔχωμεν. — 2. Πεφραγμένοι] ὡπλισμένοι. — Ἴμεν] πορευσόμεθα, ἀπὸ τοῦ ἰέναι. — 3. Παρασκευήν] ἑτοιμασίαν. — Ἄτμητον] ἀδῄωτον. — 4. Ὅμηρον] ἐνέχυρον τὸ ὑπὲρ εἰρήνης παρεχόμενον, παρὰ τὸ ὁμοῦ εἴρειν. — Ἧς φείδεσθαι χρή] διὰ τὸ ῥιψοκίνδυνον. — Ἐς ἀπόνοιαν καταστή-

σαντας αὐτούς] διὰ τοῦ τεμεῖν αὐτῶν τὴν γῆν. — Ἀληπτοτέρους] ἀσχέτους. — 5. Αἴσχιον... πράξωμεν] ὁ γὰρ ἐν πολέμῳ ἡττώμενος ἀναγκάζεται ἀπορεῖν καὶ εἰς αἰσχύνην καθίστασθαι, ἢ δουλεύων ἢ ἐπὶ μεγάλῃ ζημίᾳ τὸν πόλεμον καταλύων. — 6. Ἕνεκα τῶν ἰδίων] ἰδίων λέγει τῶν Κορινθίων. οὐ γὰρ ἦν κοινὰ τὰ ἐγκλήματα πάντων τῶν Πελοποννησίων, ἀλλὰ μόνων τῶν Κορινθίων. — Θέσθαι] ἀποθέσθαι, καταλῦσαι.

LXXXIII. 2. Ἄλλως τε καὶ ἠπειρώταις] πλεόνων οὖν καὶ διὰ τοῦτο χρημάτων δεόμεθα. κατὰ κοινοῦ δὲ τὸ ἔστιν ὁ πόλεμος. — 3. Οἵπερ δέ] ἡμεῖς οἱ Λακεδαιμόνιοι. — Ἐπ' ἀμφότερα] καὶ νίκην καὶ ἧτταν. — Τὶ αὑτῶν] τῶν ἀποβησομένων.

LXXXIV. Ὁ μέμφονται] οἱ Κορίνθιοι μέμφονται. τὸ ἑξῆς οὕτω· καὶ τὸ βραδὺ ἡμῶν καὶ μέλλον, ὃ μέμφονται μάλιστα τῶν ἄλλων ἐγκλημάτων, μὴ αἰσχύνεσθε. καὶ νεμόμεθα διὰ παντὸς τὴν πόλιν ἐλευθέραν καὶ ἐνδοξοτάτην. σπεύδοντες γὰρ σχολαίτερον ἂν παύσαισθε, διὰ τὸ ἀπαράσκευοι ἐγχειρεῖν. ὑποστικτέον οὖν ἐς τὸ μὴ αἰσχύνεσθε. — 2. Σωφροσύνῃ ἔμφρων] σωφροσύνη ἔμφρονα λέγει τὴν μετὰ λογισμοῦ τυγχάνουσαν, οὐ τὴν ἀλόγιστον καὶ ἀπὸ φύσεως μόνον συμβαίνουσαν. — Τοῦτ' εἶναι] τὸ βραδὺ καὶ τὸ μέλλον. — Τῶν τε ξὺν ἐπαίνῳ...] ταῦτα πάντα πρὸς τὸν Κορίνθιον ἀποτείνει· ἐκεῖνος γὰρ κατά τι καὶ ἐπῄνεσεν αὐτούς, κατά τι καὶ ἔψεξεν, εἰπὼν αὐτοὺς μελλητάς. — 3. Πολεμικοί τε καὶ εὔβουλοι...] εὔβουλοι διὰ τὸ εὔκοσμον. ἀσαφὲς τὸ χωρίον ποιεῖ ἡ τῶν ὀνομάτων ἐναλλαγή. τήν τε γὰρ αἰδῶ καὶ τὴν αἰσχύνην κατὰ τοῦ αὐτοῦ τίθησι συνωνύμως, καὶ τὸ λοιπὸν ἔμφασιν παρέχει ὡς ἐπὶ ἄλλου καὶ ἄλλου τάσσων τὴν λέξιν. ὡς καὶ τὴν σωφροσύνην καὶ τὴν εὐκοσμίαν ὁμοίως τέθεικε. δεῖ οὖν οὕτω νοεῖν· πολεμικοί τε γιγνόμεθα καὶ εὔβουλοι διὰ τὸ εὔκοσμον. ἀνάγκη γὰρ τοὺς εὐκόσμους σωφροσύνης πλεῖστον μετέχειν διὰ τὸ τοὺς εὐκόσμους καὶ αἰδήμονας εἶναι, αἰδήμονας δὲ ὄντας εἶναι εὐψύχους καὶ πολεμικούς· τῆς γὰρ αἰδοῦς καὶ αἰσχύνης ἡ εὐψυχία πλεῖστον μετέχει. Ὅμηρος [Il. E, 531, O, 563]·

Αἰδομένων [δ'] ἀνδρῶν πλέονες σόοι ἠὲ πέφανται.

— Ἀμαθέστεροι] ὁ μὴ εἰδώς τι κακὸν ποιῆσαι ἀμαθῶς αὐτοῦ ἔχει δηλονότι· ἡμεῖς οὖν, φησί, παιδευόμεθα ἀμαθῶς ἔχειν τοῦ καταφρονεῖν τῶν νόμων. τοῦτ' ἔστιν, οὐ παιδευόμεθα ὥστε ὑπερορᾷν τῶν νόμων. — Καὶ ξὺν χαλεπότητι] οἱ γὰρ Λακεδαιμόνιοι βαρυτάτην εἶχον ἀγωγήν, χαλεπῶς ζημιούμενοι καὶ σωφρονιζόμενοι. ἐν γὰρ Λακεδαίμονι ἔφοροί τινες ἦσαν, οἳ εἴ τινα ἴδοιεν ἀργοῦντα, τοῦτον ἔτυπτον, λέγοντες ὅτι ὁ ἀργῶν καὶ τῶν νόμων σπεύδει καταφρονεῖν. — Αὐτῶν] τῶν νόμων δηλονότι. — Τὰ ἀχρεῖα] τὰ σοφίσματα τῶν λόγων· οἱ γὰρ Λάκωνες βραχυλόγοι. — Ἀνομοίως ἔργῳ ἐπεξιέναι] ὡς τῶν Κορινθίων οὕτως ὄντων. — Τῶν πέλας] ἀντὶ τοῦ τῶν ὁμοίων ἀνθρώπων. ὁ δὲ τέ σύνδεσμος πρὸς τὸ οὔ ἐπίρρημα. Τὸ δὲ οὔ ἀντὶ τοῦ μή, ἵν' ᾖ οὕτως ἡ

σύνταξις· καὶ πολεμικοὶ καὶ εὔβουλοι γινόμεθα, παιδευόμενοι μὴ νομίζειν τὰς διανοίας τῶν πέλας καὶ τὰς προσπιπτούσας τύχας ὁμοίας εἶναι λόγῳ διαιρετάς, ἀντὶ τοῦ, οὐχ ὡς λόγῳ λέγουσιν οἱ μὴ σκοποῦντες ἃ δεῖ, οὕτω τὰς τύχας ἔχειν ὑπολαμβάνομεν. οὐδὲ γὰρ ἔστι λόγῳ διελθεῖν τὰ μέλλοντα ὑπὸ τύχης ἔσεσθαι. — Προσπιπτούσας τύχας] ἀποβάσεις. — Διαιρετάς] φανεράς. — 4. Ἔργῳ] ἐμπράκτως. — Καὶ οὐκ ἐξ ἐκείνων...] πρὸς τοὺς λόγους τοῦ Κορινθίου αἰνίττεται. — Πολύ τε διαφέρειν...] πολύ τε διαφέρειν ἄνθρωπον ἀνθρώπου οὐ δεῖ νομίζειν, ὥστε οἴεσθαι πολὺ διαφέρειν τοῖς λογισμοῖς· ἀλλὰ κράτιστον τοῦτον νομίζειν μόνον, ὃς ἂν, ὑπὸ τῶν δεινῶν καὶ τῶν περιστάσεων παιδευόμενος, ἐπίνοιάν τινα σωτηρίας πορίσηται. — Κράτιστον δὲ εἶναι...] κράτιστός ἐστι, φησίν, ὅστις μήτε πᾶσι μήτε περὶ πάντων πείθεται, περὶ δὲ μόνων τῶν ἀναγκαίων παιδεύεται ἀκούειν καὶ τῶν αὑτῷ προσηκόντων. — Ἀναγκαιοτάτοις] ἐπικινδυνοτάτοις.

LXXXV. Ἔξεστι δὲ ἡμῖν...] ταῦτα πρὸς τὸν Κορίνθιον αἰνίττεται ὁ Ἀρχίδαμος. — Διὰ ἰσχύν] δι' ἣν ἔχομεν ἰσχύν· μή πως φθάσαντες ἀπολέσωμεν ταύτην δι' ἀβουλίαν. — 2. Δίκας δοῦναι] κρίσεις.

LXXXVI. Τοὺς μὲν λόγους τῶν πολλῶν] δημηγορία Σθενελαΐδου τοῦ ἐφόρου κατὰ τῶν Ἀθηναίων καὶ τοῦ Ἀρχιδάμου. τὸ δὲ τῆς δημηγορίας σύντομον καὶ Λακωνικόν· διὰ τοῦτο προοίμια οὐκ ἔχει. § Ταύτης τῆς δημηγορίας μέμνηται Πλούταρχος ἐν τοῖς πολιτικοῖς παραγγέλμασιν [p. 803, B]. § Ἰστέον ὅτι ἦσάν τινες παρὰ Λακεδαιμονίοις ἄρχοντες, τὸν ἀριθμὸν πέντε, οὓς ἐφόρους ἐκάλουν, διὰ τὸ ἐφορᾶν τὰ τῆς πόλεως πράγματα. ἐν διαδοχῇ δὲ ἦσαν. — Πρὸς τοὺς Μήδους] κατὰ τῶν Μήδων. — Κακοί] κακότροποι. — 2. Ὁμοιοι ἔσται τότε ἐλευθερωταὶ τῆς Ἑλλάδος δηλονότι. — Μελλήσομεν] ὑπερθησόμεθα. τοῦτο πρὸς Ἀρχίδαμον λέγοντα [c. 82] ὡς δεῖ βραδύνειν. Οἱ δ' οὐκέτι μέλλουσιν] ὑπακουστέον τὸ ἐπειδή, ἵν' ᾖ, ἐπειδὴ οὐκέτι μέλλουσι κακῶς πάσχειν. τὸ γὰρ μέλλουσιν νῦν οὐχὶ ὥσπερ ἐπὶ τοῦ βραδύνουσι δεκτέον, ἀλλ' ἐπὶ τοῦ ἐσομένου χρόνου. — 3. Ἄλλοις μὲν γάρ...] ταῦτα πάλιν πρὸς Ἀρχίδαμον ἀποτείνει, λέγοντα [c. 80] ὡς πλούσιοί εἰσιν οἱ Ἀθηναῖοι. ὅρα δὲ πῶς ἄψυχά τινα καὶ ἀλόγιστα τοῖς Ἀθηναίοις ἐμαρτύρησεν. — Τιμωρητέον] ἅπαξ κεῖται ἡ λέξις παρὰ τῷ ῥήτορι· οὐ χρὴ δὲ ἐν τῷ πολιτικῷ λόγῳ λέγειν αὐτήν. — 4. Τοὺς μέλλοντας ἀδικεῖν] τοὺς Ἀθηναίους. καὶ ταῦτα πρὸς Ἀρχίδαμον [c. 85].

LXXXVII. 2. Κρίνουσι γὰρ βοῇ καὶ οὐ ψήφῳ] τὴν ἀποδοχὴν τοῦ λόγου οὐ ψήφῳ κρίνουσιν οἱ Λακεδαιμόνιοι τῶν παρόντων, ἀλλὰ βοῇ· οἷον ἢ πάντες βοῶσιν, ἢ ἡσυχάζουσί τινες, τινὲς δὲ βοῶσιν, ἐπαινοῦντες τὰ εἰρημένα. — Δείξας τι χωρίον αὐτοῖς] τὸ ἑξῆς τῆς διανοίας οὕτως, ἔλεξε, δείξας τι χωρίον αὐτοῖς. τὸ γὰρ δείξας τι χωρίον αὐτοῖς πρὸς τὸ ἔλεξε. — 4. Δοκοῖεν] ἔδοξαν. — Τοὺς πάντας... παρακαλέσαντες] μόνοι γὰρ οἱ πρέσβεις παρῆσαν καὶ οὐχὶ ἅπαν τὸ πλῆθος τῶν συμμάχων. — 5. Οἱ μέν] ἦγουν οἱ σύμμαχοι. — Διαπραξάμενοι] ἰστέον ὅτι τὸ ἀνύσασθαί τι παρὰ τοῖς ἄρχουσι διαπράξασθαι λέγεται. καὶ ὁμοίως πάλιν τὸ τοὺς ἄρχοντας προστάξαι τοῖς ὑπηκόοις. — Ὕστερον] ἀνεχώρησαν δηλονότι. — Χρηματίσαντες] χρηματίσαι μέν ἐστι τὸ πρᾶξαι, χρηματίσασθαι δὲ τὸ κερδᾶναι. καὶ σημείωσαι τὴν λέξιν. — 6. Διαγνώμη] διάγνωσις καὶ διάκρισις. ἰδικὴ δὲ αὕτη ἡ λέξις. — Μετὰ τὰ Εὐβοϊκά] μεθ' ἃ ἔλαβον οἱ Ἀθηναῖοι τὴν Εὔβοιαν.

LXXXIX. Οἱ γὰρ Ἀθηναῖοι] ἀρχὴ τῆς πεντηκονταετίας. — 2. Ἐπειδὴ Μῆδοι...] θαυμάζεται τὸ χωρίον καὶ ἐπὶ τῇ σαφηνείᾳ καὶ ἐπὶ τῇ συντομίᾳ. — Καὶ ναυσὶ καὶ πεζῷ] κατὰ τάξιν καὶ τοὺς ἀγῶνας τέθεικε, ναυσὶ καὶ πεζῷ. τὸ δὲ ὑπὸ Ἑλλήνων, θαυμαστικὸν τάχα, τὸ τοὺς Μήδους, τοσούτους ὄντας, ὑπὸ μικρᾶς χώρας αὐτοὺς ἀπελαθῆναι. — Αὐτῶν] τῶν Μήδων. — Σηστόν] Σηστὸς ἡ πόλις λέγεται καὶ ἀρσενικῶς καὶ θηλυκῶς. — Ἐπιχειμάσαντες] τὸν χειμῶνα διαβιβάσαντες. — Ἐκλιπόντων] ἦγουν ἀφανισθέντων. — 3. Ὅθεν ὑπεξέθεντο] τουτέστιν ἐκ Τροιζῆνος καὶ ἐκ Σαλαμῖνος. — Τὴν περιοῦσαν κατασκευήν] τὴν κινητὴν περιουσίαν. — Τὴν πόλιν] διαστολὴν πόλεως καὶ τειχῶν ἐποιήσατο· καὶ ἔοικε κυριωτέραν τῆς πόλεως τὴν λέξιν ἐπὶ τῶν οἰκιῶν λαμβάνειν. — Οἰκίαι] ἀντὶ τοῦ οἰκιῶν. Ὅμηρος [Od. M, 73]·

Οἱ δὲ δύω σκόπελοι....

XC. Ἦλθον ἐς πρεσβείαν] γράφεται ἄνευ τοῦ εἰς, πρεσβείᾳ δοτικῶς. — Μηδένα τεῖχος ἔχοντα] ἀτείχιστον γὰρ ᾤκουν τὴν πόλιν οἱ Λακεδαιμόνιοι. — 2. Ξυνειεστήκει] περίβολος δηλονότι. — Μετὰ σφῶν] τῶν Λακεδαιμονίων. — Τὸ μὲν βουλόμενον οὐκ εἶπεν ἁπλῶς, τὴν γνώμην οὐ δηλοῦντες, ἀλλὰ μετὰ προσθήκης, τὸ βουλόμενον τῆς γνώμης· ἐν φίλοις γὰρ μόνον ἡ γνώμη φανεροῦται, ἐν δὲ τοῖς ἐναντίοις καὶ τὸ ὑπονοούμενον ἀποκρύπτεται. διὰ δὲ τοῦ ὑπόπτου τὸ κρυπτὸν τῆς αὐτῶν πολιτείας σημαίνει. — Ἀφορμήν] οἷον ἐξ ἧς ὁρμώμενός τις σώζεται. — 3. Ἐπισχεῖν] κωλῦσαι. — Τειχίζειν] εἰς τὴν ἀνάκτισιν τοῦ τείχους συνέργεσθαι. — Πάντας πανδημεί] τὸ πάντας, αὐτοὺς καὶ γυναῖκας καὶ παῖδας· τὸ δὲ πανδημεί, μηδενὸς ἐν ταῖς οἰκίαις ὑπολειπομένου. — Ἐς τὸ ἔργον] εἰς τὴν κτίσιν. — Πάντα] τὰ οἰκοδομήματα. — 5. Προὐφασίζετο] αἰτίας προέτεινεν. - Ἐπέρχεται] ἐπέρχεται ξένος, παρέρχεται ὁ πολίτης. § Οὐκ ἀκριβὴς ἡ παραγραφή· αὐτὸς γὰρ οὕτω περὶ τῶν Ἀθηναίων λέγει « καὶ παρελθόντες ἔλεγον. » μήποτ' οὖν τὸ μὲν παρελθεῖν τὸ αὐτίκα δηλοῖ, τὸ δὲ ἐπελθεῖν τὸ, ἀναβαλλόμενον κατ' ἀρχάς, χρόνῳ τοῦτο διαπράξασθαι.

XCI. 2. Παράγεσθαι] ἀπατᾶσθαι. — Σκεψάμενοι ἰδόντες, τοῖς ὀφθαλμοῖς δηλονότι. — 3. Ὡς ἥκιστα] τὸ ὡς ἀντὶ τοῦ ὄντως. — Αὐτοί] οἱ περὶ τὸν Θεμιστοκλέα. — Ἀριστείδης] ὁ λεγόμενος δίκαιος. — Ἀγγέλλοντες] τῷ Θεμιστοκλεῖ δηλονότι. — Οὐκέτι ἀφῶσιν] τὸ ἑξῆς, μὴ

οὐκέτι αὐτοὺς ἀφῶσιν οἱ Λακεδαιμόνιοι; ὁπότε σαφῶς ἀκούσειαν. — 4. Τοὺς πρέσβεις] τῶν Λακεδαιμονίων. — Ἐνταῦθα] ἐν τούτῳ τῷ χρόνῳ. — Φανερῶς εἶπεν] τὸ σχῆμα πλάγιον· δυνατὸν γὰρ καὶ ὡς ἀπὸ Θεμιστοκλέους καὶ ὡς ἀπὸ Θουκυδίδου ταῦτα λέγεσθαι. § Κακῶς καὶ τοῦτο παραγέγραπται. Ἄντικρυς τοῦ * Θουκυδίδου ἐστὶν ἡ φωνή. λέγει γὰρ οὗτος· καὶ Θεμιστοκλῆς ἐπελθὼν τοῖς Λακεδαιμονίοις, ἐνταῦθα δὴ φανερῶς εἶπε. — Πρεσβεύεσθαι] πρέσβεις πέμπειν. — Παρὰ σφᾶς] ἤγουν τοὺς Ἀθηναίους. — Διαγιγνώσκοντας... καὶ τὰ κοινὰ] τοῦτο ἀπόδειξις τοῦ, ὅτι ἔμφρονές εἰσι. — 5. Μετ' ἐκείνων] ἤγουν τῶν Λακεδαιμονίων. Βουλεύεσθαι] κατὰ κοινοῦ τὸ ἐδόκει. — Φανῆναι] κατὰ κοινοῦ τὸ ἔφασαν. — 7. Οὐ γὰρ οἷόν τε εἶναι...] ἐὰν μὴ ἔχωμεν, φασί, τεῖχος ὡς οἱ ἄλλοι, μέλλομεν οὐδὲ τὴν αὐτὴν γνώμην ἔχειν ἐν τοῖς πολεμίοις. ἴσως γάρ, πολεμίων ἐλθόντων, ἡμῖν μὲν δόξει μὴ μάχεσθαι, ἀλλὰ σπένδεσθαι, ὡς μὴ ἔχουσι τεῖχος, τοῖς δὲ ἄλλοις πολεμεῖν. οὐ γὰρ ἐνδέχεται, τὸν μὴ ὄντα ἴσον τῶν ἄλλων θαρσῆσαί κατ' ἐκείνους καὶ ὁμοίως τι ἀποφήνασθαι. — Ἡ πάντας...] ἵνα ἐπὶ πάντων σώζηται τὸ ἴσον. — Ἀτειχίστους] ἀπὸ ἀτειχίστου πόλεως.

XCII. Κωλύμη] κωλύσει. ἰδία δὲ ἡ λέξις Θουκυδίδου. — Δῆθεν] ὁ δῆθεν προσποίησιν μὲν ἔχει ἀληθείας, δύναμιν δὲ ψεύδους. — Τῷ κοινῷ] ὑπὲρ τοῦ κοινοῦ. — Ἐπρεσβεύσαντο] πρέσβεις ἔπεμπον. — Μάλιστα] ὑπερβαλλόντως. — Ἀνεπικλήτως] ἀκατηγορήτως, μηδὲν ἐγκληθέντες.

XCIII. Τῷ τρόπῳ] τῇ μηχανῇ. — 2. Οἰκοδομία] τὸ οἰκοδομία τινὲς ὀξύνουσιν· οἰκοδομὴ δὲ οὐκ εἴρηται. — Οὗ ξυνειργασμένων] οὐ ξυσθέντων καὶ ἰσωθέντων. — Ἔστιν ᾗ] κατά τινας τόπους. — Ἀπὸ ἁημάτων] ἀπὸ βάσεων ἀνδριάντων. — Εἰργασμένοι] οἷον ἐγγεγλυμμένοι τύπους τινὰς καὶ πρόσωπα ἔχοντες, λελαξευμένοι. — Ἐγκατελέγησαν] ἐγκατῳκοδομήθησαν. Ὅμηρος [Od. Σ, 358]·

Αἱμασιάς τε λέγων.

— Μείζων] τοῦ προτέρου δηλονότι μείζων. — Πάντα ὁμοίως] καὶ κοινὰ καὶ ἱερὰ δηλονότι. — 3. Ὑπῆρκτο δ' αὐτοῦ] ἀρξάμενος ἦν τοῦ ἔργου αὐτός. — Ἐκείνου] τοῦ Θεμιστοκλέους. — Κατ' ἐνιαυτόν... ἦρξε] κατά τινα ἐνιαυτὸν ἡγεμὼν ἐγένετο· πρὸ δὲ τῶν Μηδικῶν ἦρξε Θεμιστοκλῆς ἐνιαυτὸν ἕνα. — Αὐτοφυεῖς] ἤγουν οὐ χειροποιήτους. — Αὐτούς] τοὺς Ἀθηναίους. — Προφέρειν] ἐπιδοῦναι. — Ἐς τὸ κτήσασθαι δύναμιν] εἰς τὸ δυνατωτέρους γενέσθαι. δύναμιν, ἤγουν θαλασσίαν. — 4. Ἀνθεκτέα ἐστί] πρῶτος εἶπε, φησίν, ὅτι δεῖ πάσῃ δυνάμει ἀντέχεσθαι τῆς θαλάσσης. — Εὐθὺς ξυγκατεσκεύαζεν] εὐθύς, φησίν, ἅμα τῷ συμβουλεῦσαι, ἤρξατο τὴν θαλασσοκρατίαν κατασκευάζειν. — 5. Τοῦ τείχους] τοῦ ἐν Πειραιεῖ. — Ἐναντίαι ἀλλήλαις] ἢ ὑπαντῶσαι ἀλλήλαις, ἢ συνεζευγμέναι διὰ τὰ μεγέθη τῶν λίθων. — Ξυνῳκοδομημένοι] συνδεδεμένοι. — Ἐν τομῇ] διὰ τῆς τομῆς. — Ἐγγώνιοι] τετράπλευροι, τετράγωνοι. — Οὗ διενοεῖτο] οὗτινος ὕψους διενοεῖτο εἶναι τὸ τεῖχος. — 6. Ἐβούλετο] ὁ Θεμιστοκλῆς. — Ἀφιστάναι] ἀποτροπὴν ποιεῖν, ἀποπέμπειν. — Ἐπιβολάς] ἐπιθέσεις. — Τῶν ἀχρειοτάτων] οἷον γερόντων καὶ παίδων. — 7. Προσέκειτο ἰδών] τὸν νοῦν προσεῖχε νοήσας. διὸ καὶ ναύμαχος ἐκαλεῖτο. — Τὴν κατὰ θάλασσαν ἔφοδον... οὖσαν] ἐπιστάμενος, φησί, τοὺς Πέρσας ῥᾷον διὰ θαλάσσης ἢ διὰ γῆς ἔρχεσθαι. — Εὐπορωτέραν] πλέον δυναμένην. — Τῆς ἄνω πόλεως] εἶναι δηλονότι. — Καταβάντες ἐς αὐτόν] τῇ γνώμῃ δηλονότι Θεμιστοκλέους. — 8. Ἐτειχίσθησαν] τῷ τείχει περιεφυλάχθησαν. — Τἆλλα] τὰ ἰδιωτικὰ καὶ οἱ ναοὶ δηλονότι. — Εὐθύς] μετὰ τὸ τειχισθῆναι. — Μετὰ τὴν Μήδων ἀναχώρησιν] μετὰ τὰ κατὰ Μαρδόνιον. ταῦτα δὲ ἔδει εἰπεῖν μετὰ τὰ ἐν Μυκάλῃ· ἀλλὰ διὰ μέσου τὴν τειχοποιΐαν εἰπών, εἰκότως πάλιν ἐπανέρχεται ἐπὶ τὰ κατὰ Παυσανίαν.

XCIV. 2. Ἐς Κύπρον] διὰ τὸ εἶναι αὐτὴν ὑπὸ βασιλέα. — Κατεστρέψαντο] κατεχάλασαν. — Ἐς Βυζάντιον] ἀπὸ κοινοῦ τὸ ἐστράτευσαν. — Ἐξεπολιόρκησαν] πολιορκῆσαι τὸ μόνον πόλει προσκαθεσθῆναι πολεμίους· ἐκπολιορκῆσαι τὸ τελέως καταλαβεῖν τὴν πόλιν καὶ εἰσελθεῖν.

XCV. Βιαίου ὄντος αὐτοῦ] τυραννικοῦ ὑπάρχοντος τοῦ Παυσανίου. — Κατὰ τὸ ξυγγενές] διὰ τὴν ξυγγένειαν. — Ἐπιτρέπειν] ἄδειαν διδόναι. — 2. Προσεῖχον τὴν γνώμην] πρὸς αὐτοὺς εἶχον τὴν γνώμην. — Τἆλλα] τὰ περὶ τῆς ἡγεμονίας. — Φαίνοιτο] ἀντὶ τοῦ ἐφάνη. — 3. Μετεπέμποντο Παυσανίαν] εἰς Λακεδαίμονα δηλονότι. — Ἀφικνουμένων] εἰς Λακεδαίμονα ἐρχομένων. — Ἡ στρατηγία] τὸ η ἄλλοι σύνδεσμον, ἕτεροι δὲ ἄρθρον εἶπον. — 4. Καλεῖσθαι] εἰς Λακεδαίμονα δηλονότι. — Παρ' Ἀθηναίοις μετατάξασθαι] πρὸς Ἀθηναίους μετελθεῖν, μετατεθῆναι. — Πλὴν ἀπὸ Πελοποννήσου] οἱ γὰρ Πελοποννήσιοι ὑπήκουον τῶν Λακεδαιμονίων. — 5. Εὐθύνθη] εὐθύνας δέδωκε, καὶ κατεδικάσθη, καὶ κατεγνώσθη. — Τὰ δὲ μέγιστα] τὰ κοινά, ὅ ἐστι δημόσια. — Μηδισμός] τὰ τῶν Μήδων φρονῆσαι. — Σαφέστατον] τοῦτο ὡς παρὰ τοῦ Θουκυδίδου εἴρηται. οὐ γὰρ λέγει τοῖς Λακεδαιμονίοις σαφέστατον εἶναι· ἢ γὰρ ἂν ἐτιμωρήσαντο αὐτόν, ὃ καὶ πεποιήκασιν ὕστερον μετὰ τὸν ἔλεγχον. — 6. Οὐκέτι ἐκπέμπουσι] Λακεδαιμονίοις πρὸ τῆς ἐξετάσεως ἐδόκει τὸ ἔγκλημα σαφὲς εἶναι· μετὰ δὲ τὴν οὐκ ὀρθὴν ἐξέτασιν ἔδοξε μὲν ἀπολελύσθαι, οὐ μὴν παντάπασιν ἀπήλλακτο τῆς ὑπονοίας. διὸ οὐδὲ ἐξεπέμφθη παρ' αὐτῶν ἔτι. — Δόρκιν] ὄνομα κύριον. — Ἐφίεσαν] παρεχώρουν. — Οἱ ξύμμαχοι] οἱ περὶ τὸν Δόρκιν. — Τὴν ἡγεμονίαν] ἡγεμονεύειν. — 7. Ἀπῆλθον] εἰς Λακεδαίμονα δηλονότι. — Μὴ σφίσιν] μὴ μηδίσωσι, καὶ χείρους τῶν πραγμάτων τῶν Λακωνικῶν γένωνται. — Ἀπαλλαξεόντες] ἀπαλλακτικῶς ἔχοντες, τουτέστιν ἐπιθυμοῦντες ἀπαλλαγῆναι. — Ἐξηγεῖσθαι] ἡγεμόνας εἶναι. — Ἐν τῷ τότε παρόντι] ἐν τῷ ἐνισταμένῳ χρόνῳ.

27.

XCVI. Πρὸς τὸν βάρβαρον] κατὰ τοῦ βαρβάρου.— Πρόσχημα] πρόφασις. — Ὧν ἔπαθον] λείπει ἡ ὑπέρ, ἵν' ᾖ, ὑπὲρ ὧν. — 2. Ἑλληνοταμίαι] οἱ δεχόμενοι τοὺς φόρους συναγομένους ἀπὸ τῶν Ἑλλήνων, καὶ φυλάσσοντες αὐτοὺς, ἐκαλοῦντο Ἑλληνοταμίαι. — Ἡ φορά] ἡ δόσις. — Ὁ πρῶτος φόρος ταχθείς] φόρος ὠνομάσθη καὶ ἐτάχθη ὑπὸ Ἀριστείδου τοῦ δικαίου ὁ πρῶτος. — Ταμιεῖόν τε Δῆλος ἦν] ἵνα μὴ δόξωσιν οἱ Ἀθηναῖοι εἰς ἴδιον κέρδος ἔχειν. — Δῆλος] νῆσος μία τῶν Κυκλάδων. — Ξύνοδοι] συνελεύσεις.

XCVII. Αὐτονόμων τὸ πρῶτον] ὕστερον γὰρ ὡς δούλων ἦρχον. — Ἀπὸ κοινῶν ξυνόδων] πάντες γὰρ κοινῶς συνηθροίζοντο ἐν ταῖς βουλαῖς. — Τοσάδε ἐπῆλθον] τοσαῦτα διεπράξαντο, ὅσα κατιὼν ἐρεῖ ἐν τῇ πεντηκονταετίᾳ. — Καὶ διαχειρίσει] διοικήσει. — Μεταξὺ τοῦδε τοῦ πολέμου καὶ τοῦ Μηδ.] ἐν τῇ πεντηκονταετηρίδι. — Αὐτοῖς] τοῖς Ἀθηναίοις. — Νεωτερίζοντας] ἀφισταμένους. — Προστυγχάνοντας] ἐμποδίζοντας. — Ἐν ἑκάστῳ] πολέμῳ, ἢ χωρίῳ, ἢ χρόνῳ. — 2. Ἔγραψα] οὐχ ὅτι ἤδη ἔγραψεν, ἀλλ' ὅτι ὅμως γέγραπται, εἰ καὶ μήπω εἴρηται. — Ἔγραψα] μέχρι τούτου ἡ παρεκβολὴ τῆς διηγήσεως τῶν προϋπαρξάντων. — Τὴν ἐκβολήν] τὴν ἐκτροπήν, τὴν παράβασιν ἢ μετάβασιν. — Τοῖς πρὸ ἐμοῦ] ἱστοροῦσι. — Τὸ χωρίον] τῆς ἱστορίας δηλονότι, ἤτοι τῆς πεντηκονταετίας, εἰάθη παρ' ἐκείνοις. — Τὰ πρὸ τῶν Μηδικῶν Ἑλληνικά] τὰ Τρωϊκά φησι, καὶ Ἀμαζονικὰ καὶ Θρᾳκικά. — Ξυνετίθεσαν] συνέγραφον. — Κατέστη] ἐγένετο.

XCVIII. Ἠϊόνα] ὅτι δύο Ἠϊόνες εἰσὶν ἐν τῇ Θρᾴκῃ· ἡ μὲν λιμὴν τῆς Ἀμφιπόλεως ἐστὶ, περὶ ἧς νῦν λέγει, ἡ δὲ ἄλλη πόλις. Λυκόφρων [v. 417]:
Τὸν μὲν γὰρ Ἠὼν Στρυμόνος Βισαλτία.
— Στρυμόνι] Στρυμὼν ποταμὸς Θρᾴκης. — 2. Σκῦρον] μίαν τῶν Κυκλάδων. — Ὤκισαν] ἀποίκους ἀποστείλαντες δηλονότι. — 3. Αὐτοῖς] τοῖς Ἀθηναίοις. — Ἄνευ τῶν ἄλλων Εὐβοέων πόλεμος ἐγένετο] μόνοι γὰρ τῶν Εὐβοέων οὐχ ὑπήκοοι Ἀθηναίων, ἀλλὰ διὰ τοῦτο πρὸς μόνους αὐτοὺς ἐπολέμησαν. — Καθ' ὁμολογίαν] ὁμολογεῖν ἐστὶ τὸ συμφωνεῖν. — 4. Ἐπολέμησαν] οἱ Ἀθηναῖοι δηλονότι. — Παρεστήσαντο] ἐδούλωσαν. Παρὰ τὸ καθεστηκός] παρὰ τὸ νόμιμον καὶ πρέπον· ἐλεύθεροι γὰρ ἦσαν οἱ Ἕλληνες τότε. — Ἑκάστῃ ξυνέβη] ἀπὸ κοινοῦ, ἐδουλώθη.

XCIX. Ἔκδειαι] ἔκδειαι ἑκούσιοι, ἔνδειαι ἀκούσιοι. Ἄλλως· ἔκδειαι, οὐκ ἔνδειαι· τουτέστιν ἀπολείψεις, ἀτέλειαι. — Λειποστράτιον] τὸ μὴ θέλειν στρατεύεσθαι. — Ἀκριβῶς ἔπρασσον] ἀπήτουν ἀνενδότως. — Οὐκ εἰωθόσιν] τοῖς Ἕλλησιν. — 2. Οὐκέτι ὁμοίως ἐν ἡδονῇ ἄρχοντες] ὡς ἐν ἀρχῇ μετὰ τὸν Παυσανίαν· ἀλλ' ὡς ἄρχοντες δουλικῶς ἐχρῶντο τοῖς συμμάχοις. τὸ δὲ ἐν ἡδονῇ, ἀντὶ τοῦ ἱλαρότητι. — Προσάγεσθαι] δουλοῦν. — 3. Διὰ γὰρ τὴν ἀπόκνησιν] τὴν ἀναβολὴν. τὴν αἰτίαν ἐπιφέρει· διὰ τὸν ὄκνον τοῦ στρατεύεσθαι. — Ἀπ' οἴκου ὦσιν] ἀποδημήσωσι τῆς πατρίδος. — Τὸ

ἱκνούμενον] τὸ ἀρκοῦν εἰς περιποίησιν τῶν νεῶν. Ἄλλως· τὸ φθάνον, τὸ ἐπιβάλλον ἑκάστῳ τιμήματι τῆς νεὼς καταβάλλειν. — Αὐτοὶ δέ] ἤγουν οἱ σύμμαχοι. — Ἀπαράσκευοι] ἀδύνατοι. — Καθίσταντο] ἐγένοντο.

C. Ἀμφότερα] πεζομαχίαν καὶ ναυμαχίαν. — Θασίους] Θάσος νῆσος ἄντικρυς τῆς Θρᾴκης· ἀντιπέρας τῆς νήσου μέταλλά ἐστι χρυσοῦ. — 2. Διενεχθέντας] διαφορὰν σχόντας. — Περὶ τῶν...] ἔλεγον γὰρ αὐτοῖς οἱ Ἀθηναῖοι παραχωρῆσαι τῶν ἐμπορίων καὶ τῶν μετάλλων, καὶ οὐκ ἠβούλοντο. — Ἀντιπέρας] παροξυτόνως· ὄνομα γάρ ἐστι θηλυκὸν γενικῆς πτώσεως σύνθετον. Ἃ ἐνέμοντο] σημείωσαι περὶ τῶν μετάλλων, ὅτι καὶ Θουκυδίδης ἐν Θάσῳ ταῦτα γιγνώσκει, πλὴν ὅτι ἐν τῇ ἀντιπέρας λέγει· ταῦτα οἱ Θάσιοι ἐνέμοντο. — Ἀπέβησαν] ναυτικῷ δηλονότι στρατῷ. — 3. Ἐπὶ δὲ Στρυμόνα] ποταμὸς Ἀμφιπόλεως. λέγει δὲ νῦν αὐτὴν τὴν πόλιν. — Ὡς οἰκειοῦντες] οἰκειούμενοι, ἰδιοποιοῦντες. — Ἀμφίπολιν] Ἀμφίπολις εἴρηται διὰ τὸ περιρρέεσθαι αὐτὴν ὑπὸ τοῦ ποταμοῦ.

CI. Θάσιοι δὲ νικηθέντες] πάλιν τὰ κατὰ τοὺς χρόνους ἀκολουθῶν, μετέβη ἐπὶ τοὺς Θασίους, μεταξὺ τάξας τὰ τῆς Ἀμφιπόλεως. — Ἐπαμύνειν] τέως γὰρ φίλοι ἦσαν. — 2. Οἱ Εἵλωτες] Ἕλος πόλις τῆς Λακωνικῆς, ἧς οἱ πολῖται ἐκαλοῦντο Εἵλωτες. οἱ οὖν Λακεδαιμόνιοι, διὰ τὸ ἀεὶ διαφόρους εἶναι ἀλλήλοις, τοὺς δούλους αὐτῶν ἐκάλουν Εἵλωτας κατὰ ἀτιμίαν καὶ ὕβριν. — Ἦ] τὸ ἦ ἀντὶ τοῦ καθὸ, διό. — 3. Ἐν Ἰθώμῃ] ἡ Ἰθώμη τῆς Μεσσηνιακῆς μοίρας ἦν. ἁλούσης οὖν τῆς Μεσσήνης, ὅσοι τῶν περὶξ ἀπέστησαν, ἐς Ἰθώμην ἀπέστησαν, ὡς ἐχθρὰν οὖσαν τῶν Λακεδαιμονίων. — Ὅσα ἔδει] ἀναλωθέντα ἐν τῇ πολιορκίᾳ.

CII. Λακεδαιμόνιοι δέ] ἀρχὴ τῆς διαφορᾶς τῶν Λακεδαιμονίων κατὰ τὸν Ἀριστείδην γ'. — 2. Τῆς δὲ πολιορκίας] τὸ δέ ἀντὶ τοῦ γάρ. — Τούτου] τοῦ τειχομαχεῖν, τῆς τέχνης δηλονότι. — 3. Ἀλλοφύλους ἅμα ἡγησάμενοι] ὅτι οἱ μὲν, Δωριεῖς, οἱ δὲ, Ἴωνες. — 4. Οὐκ ἐπὶ τῷ βελτίονι λόγῳ] ἀλλ' ἐπὶ ὑποψίᾳ. μετὰ σπουδῆς γὰρ αὐτοὺς καλέσαντες, εὐτελῶς ἀπέπεμψαν. — Ἀμφοτέροις] Ἀθηναίοις καὶ Ἀργείοις.

CIII. Ἀντέχειν] μάχεσθαι. — Ἐφ' ᾧ τε ἐξίασιν] ἀντὶ τοῦ ἐπὶ τῷ ἐξιέναι. ἰδίωμα δὲ τοῦ Θουκυδίδου. — 2. Ἦν δέ τι καὶ χρηστήριον] αἰτίαν λέγει τοῦ μὴ ἀποκτεῖναι αὐτοὺς, δέκα ἔτη ποιήσαντας ἐν τῷ πολέμῳ. — Ἰθωμῆται] Δωριστί. — 3. Ἔτυχον ᾑρηκότες] ἀντὶ τοῦ ἐκράτησαν. — 4. Προσεχώρησαν] προσῆλθον. οὐκ ἐβούλοντο γὰρ αὐτοὺς βοηθεῖν οἱ Λακεδαιμόνιοι. — Περὶ γῆς ὅρων πολέμῳ κατεῖχον] ἐμάχοντο αὐτοῖς ἕνεκεν ὁρίων τῆς γῆς. — Πηγάς] Πηγαὶ ἐμπόριον πλησίον Μεγάρων. — Νίσαιαν] Νίσαια λιμὴν Μεγάρων. — Αὐτοί] οἱ Ἀθηναῖοι. — Ἀπὸ τοῦδε] τοῦ τρόπου.

CIV. Ὑπὲρ Φάρου] Φάρος νῆσος μικρὰ πρὸ τῆς Ἀλεξανδρείας. — Ἀπέστησεν] ἐποίησεν ἀποστῆναι. — Ἄρχων] τῆς ἀποστάσεως δηλονότι. — Ἐπηγάγετο] ἐπεσπάσατο, εἰς συμμαχίαν δηλονότι. — 2. Ἦλθον]

ἀπῆλθον εἰς συμμαχίαν τοῦ Ἰνάρου. Καὶ τῆς Μέμφιδος] φασὶ γὰρ ὅτι τρία τείχη εἶχεν ἡ Μέμφις. τῶν οὖν δύο ληφθέντων, πρὸς τὸ τρίτον ἡ μάχη ἐγίγνετο. Λευκὸν δὲ ἐκαλεῖτο, ὡς τῶν ἄλλων μὲν ἀπὸ πλίνθων ἐσκευασμένων, ἐκείνου δὲ ἀπὸ λίθων. — Αὐτόθι] ἐν τῷ Λευκῷ τείχει. — Οἱ μὴ ξυναποστάντες] τῷ Ἰνάρῳ.

CV. Ἐς Ἁλιάς] Ἁλιαὶ ὀξυτόνως πόλις Πελοποννήσου περὶ Τροιζῆνα, τῆς Ἀργολικῆς μοίρας. — Πρὸς Κορινθίους] διὰ τὴν ἀπόστασιν τῶν Ἐπιδαυρίων πρὸς Κορινθίους. — Ἐπὶ Κεκρυφαλείᾳ] νῆσος αὕτη περὶ τὰ δυτικὰ τῆς Πελοποννήσου. — 2. Πολέμου δέ] οὗτος διὰ τὰ ἀγάλματα πρὸ τῶν Μηδικῶν ἤρξατο. — Ναυμαχία] αὕτη ἡ ναυμαχία μετὰ τὰ Μηδικά. — Αὐτῶν] τῶν Αἰγινητῶν δηλονότι. — Ἐπολιόρκουν] τὴν Αἴγιναν δηλονότι. — 3. Τὰ δὲ ἄκρα] λείπει τό, ὕστερον δέ. — Γερανίας] Γερανία ἀκρωτήριόν ἐστι τῆς Μεγαρίδος, νεύον εἰς τὴν μεσόγειαν καὶ ἐπίμηκες, καὶ ἀπὸ τοῦ σχήματος οὕτως ὀνομάζεται. — 4. Στρατιᾶς πολλῆς] τῶν Ἀθηναίων δηλονότι. — 7. Τροπαῖον ἔστησαν] διὰ τὸ ἀναχωρῆσαι τοὺς Κορινθίους. — Κακιζόμενοι] ψεγόμενοι, ὅτι νέοι ὄντες ὑπὸ γερόντων ἡττήθησαν. — Παρασκευασάμενοι] ὁπλισθέντες. — Ἀνθίστασαν τροπαῖον] ἐναντίον τροπαῖον ἔστησαν. — Ἐκβοήσαντες] μετὰ βοῆς ἐξελθόντες. — Ξυμβαλόντες] συμπεσόντες εἰς μάχην.

CVI. Οἱ δέ] οἱ Κορίνθιοι. — Αὐτῶν] τῶν Κορινθίων. — Προσβιασθέν] μετὰ βίας ἀπεληλαθέν. — Ἐσέπεσεν ἔς του χωρίον ἰδιώτου] τὸ ἑξῆς, εἴς τινος ἰδιώτου χωρίον, οὐχὶ δὲ δημόσιον χωρίον, ἀλλ' ἰδιωτικόν, περικλεῖον τοὺς ἐμβάντας. — Καὶ οὐκ ἦν ἔξοδος] τοῖς ἐμβᾶσι, διὰ τοῦ ἄλλου μέρους δηλονότι, καθ' ὃ μέρος εἰσῆλθον. — 2. Εἶργον] ἐκώλυον ἐξελθεῖν. Τὸ δὲ πλῆθος] τὸ σωθὲν τῶν Κορινθίων.

CVII. Τό τε Φαληρόνδε καὶ τὸ εἰς Πειραιᾶ] ἕως τοῦ Φαληρικοῦ καὶ ἕως τοῦ Πειραιῶς. — 2. Ἐς Δωριᾶς] Δωριᾶς Ἀττικῶς, ἀντὶ τοῦ Δωριέας. — Βοιὸν καὶ Κυτίνιον καὶ Ἐρινεόν] αὗται αἱ τρεῖς πόλεις περὶ τὸν Παρνασσόν εἰσι. — Ἑλόντων] τῶν Φωκέων. — 3. Καὶ κατὰ θάλασσαν...] τὸ ἑξῆς, καὶ αὐτούς, εἰ βούλοιντο περαιοῦσθαι κατὰ θάλασσαν, τοὺς Λακεδαιμονίους, ἔμελλον οἱ Ἀθηναῖοι ναυσὶ κωλύσειν. — Οὐκ ἀσφαλές] οὐκ ἀκίνδυνον. — Ἐφαίνετο αὐτοῖς] ἀπὸ κοινοῦ τὸ περαιοῦσθαι. — Δύσοδος] δυσπόρευτος. — 4. Σκέψασθαι] βουλεύσασθαι. — Ἄνδρες τῶν Ἀθηναίων] προδόται δηλονότι. — Δῆμον] τὴν δημοκρατίαν. — 5. Ἐβοήθησαν δὲ ἐπ' αὐτοῖς] ἔδραμον μετὰ βοῆς κατ' αὐτῶν. — 6. Νομίσαντες δὲ ἀπορεῖν] νομίσαντες οἱ Ἀθηναῖοι ἀπορεῖν τοὺς Λάκωνας. — Τοῦ δήμου καταλ. ὑποψία ἦν] τοῖς Ἀθηναίοις δηλονότι. ὑπώπτευον, φησίν, ὅτι τὴν δημοκρατίαν ἐβούλοντο καταλῦσαι. — 7. Μετέστησαν] μετετάξαντο. τοιοῦτοι γὰρ οἱ Θεσσαλοί, εὐχερεῖς τὸν τρόπον. — Ἐν τῷ ἔργῳ] ἐν τῷ πολέμῳ.

CVIII. 2. Ἐς τὴν Μεγαρίδα] γῆν δηλονότι. — Δευτέρᾳ καὶ ἑξηκοστῇ ἡμέρᾳ] ἤγουν παρελθουσῶν ἡμερῶν

ἑξήκοντα δύο. — Μετὰ τὴν μάχην] τὴν ἐν Τανάγρᾳ. — 3. Ἐν Οἰνοφύτοις] τὰ Οἰνόφυτα χωρίον τῆς Βοιωτίας. — Περιεῖλον] καθεῖλον. — 4. Ἐς τὸν ἔπειτα χρόνον] δίδοσθαι δηλονότι. — 5. Περιέπλευσαν] ἐπὶ βλάβῃ τῆς Πελοποννήσου. — Χαλκίδα] Χαλκὶς Θρᾴκης, Χαλκὶς Εὐβοίας, Χαλκὶς Σικελίας, Χαλκὶς Ἀκαρνανίας, ἣν νῦν λέγει.

CIX. Πολλαὶ ἰδέαι πολέμων] διάφοροι πόλεμοι, οἷον ναυμαχίαι καὶ πεζομαχίαι, καὶ νῖκαι καὶ ἧτται. — 2. Βασιλεύς] ὁ Ἀρταξέρξης. — 3. Οὐ προὐχώρει τὰ κατὰ σκοπὸν οὐκ ἐγίγνετο. — Ἄλλως] μάτην. — Ἄνδρα Πέρσην] ἀεὶ ὡς τίμιον λαμβάνει τὸ ὄνομα τοῦ Πέρσου. — 4. Τούς τε Αἰγυπτίους] τοὺς ἀποστάντας, καὶ τοὺς ξυμμάχους αὐτῶν, Ἀθηναίους. — Ἐς Προςωπίτιδα] Προςωπῖτις ἐκαλεῖτο ἡ νῦν Νικίου. νῆσος δὲ οὖσα τότε, ἠπειρώθη ὑπὸ τοῦ Μεγαβάζου. — Κατέκλεισε] τοὺς Ἀθηναίους. — Πεζῇ] διὰ πεζομαχίας.

CX. Τὰ τῶν Ἑλλήνων... πράγματα ἐξ ἔτη πολ.] ἤγουν οἱ Ἕλληνες οἱ ἐν Αἰγύπτῳ, ἐξ ἔτη πολεμήσαντες κατὰ τὴν Αἴγυπτον. — 3. Ὃς τὰ πάντα ἔπραξε περὶ τῆς Αἰγύπτου] ἤγουν, τὴν ἀπόστασιν ἐποίησε τῆς Αἰγύπτου. — 4. Ἔσχον] ἐλιμένισαν. — Τὸ Μενδήσιον] τὴν νῦν καλουμένην Θμοῦιν. — Κέρας] κέρας καλεῖ τοῦ Νείλου τὸ στόμα καὶ τὴν ἐκβολήν. ἑπτὰ γὰρ εἶχε στόματα ὁ Νεῖλος. — Αἱ δ' ἐλάσσους διέφυγον] αἱ περισωθεῖσαι, ὀλίγαι οὖσαι, ἔφυγον.

CXI. Παραλαβόντες τοὺς Βοιωτοὺς καὶ Φωκέας] εἶπε γὰρ ὅτι ἐχειρώσαντο αὐτούς. — Ἐπὶ Φάρσαλον] ἀφ' ἧς ἐξέπεσεν Ὀρέστης. — Τῆς μὲν γῆς] μέρος. — Ὅσα] ἀντὶ τοῦ ὅσον. — Προὐχώρει αὐτοῖς οὐδέν] οὐ κατὰ τὸν σκοπὸν αὐτῶν ἐγίγνετο. — 3. Παραλαβόντες] εἰς συμμαχίαν δηλονότι. — Πέραν] εἰς τὸ πέραν ὑποστικτέον.

CXII. Διαλιπόντων] παραδραμόντων. — Σπονδαὶ γίγνονται] οὔπω γεγόνασιν αἱ τριακοντούτεις. — 2. Ἔσχον] ἐπέσχον. — 3. Κίτιον] Κίτιον πόλις Κύπρου, ὅθεν ἦν Ζήνων ὁ Κιτιεύς, ὁ φιλόσοφος. — 4. Ἀποθανόντος] αὐτομάτῳ θανάτῳ. — Λιμοῦ γενομένου] ὁ λιμὸς ἀρσενικῶς. — 5. Τὸν ἱερὸν καλούμενον] ἱερὸς ἐκλήθη, ὅτι ὑπὲρ τοῦ ἐν Δελφοῖς ἱεροῦ ἐγένετο. — Ἐν Δελφοῖς] ὅτι εἴκοσι δύο πόλεις ἦσαν Δελφικαί, ὧν μία ἦν οἱ Δελφοί. Δελφοὶ δὲ ὁμωνύμως ἡ πόλις καὶ οἱ ἄνδρες, ὡς Λεοντῖνοι.· — Ἀποχωρησάντων αὐτῶν] ὑποστρεψάντων τῶν Λακεδαιμονίων εἰς τὴν οἰκείαν πατρίδα.

CXIII. Ἐχόντων Ὀρχομενὸν καὶ Χαιρώνειαν] τινὲς γὰρ τῶν Βοιωτῶν, μὴ θέλοντες ὑπακούειν τοῖς Ἀθηναίοις, κατέλαβον ταῦτα τὰ χωρία ταχέως. — Ὀρχομενόν] Ὀρχομενὸς θηλυκῶς παρὰ Θουκυδίδῃ, Ὀρχομενὸς ἀρσενικῶς παρὰ Δημοσθένει. — Χαιρώνειαν]

Χαιρώνειαν γίνωσκε καὶ Κορωνίαν
Ἴωνας ἐγγράφοντας, ὡς Τζέτζης λέγει·
ἰῶτα λοιπόν ἐστιν Ἰώνων λόγοις.
Οὕτω γράφειν δὲ φησὶ καὶ Θουκυδίδην·

οὐδὲν παρ' εἰκὸς αὐτὸς αὐτοῦ γὰρ λόγοις τοὺς Ἀττικοὺς Ἴωνας ὡς εὑρεῖν λέγει.

2. Αὐτοῖς] τοῖς Ἀθηναίοις. — Ἐν Κορωνείᾳ] Κορώνεια πόλις Βοιωτίας. — Λοκροί] οἱ Ὀπούντιοι Λοκροί. — Τῆς αὐτῆς γνώμης] τοῦ αὐτοῦ σκοποῦ. — Κρατήσαντες] οἱ φυγάδες. — 3. Τοὺς ἄνδρας] τοὺς αἰχμαλώτους.

CXIV. Στρατιᾷ] σὺν στρατιᾷ. — Αὐτῷ] τῷ Περικλεῖ δηλονότι. § Παράσημον τὸ σχῆμά ἐστι, διαβεβηκότος, ἠγγέλθη αὐτῷ· ἀκόλουθον γάρ. — Ἀφέστηκε] τῶν Ἀθηναίων δηλονότι. — 2. Θρίωζε] εἰς τὸ Θριάσιον πεδίον ὡς Ἀθήναζε. — Παυσανίου] τοῦ Πλαταιᾶσι. — Ἀπεχώρησαν ἐπ' οἴκου] μετὰ τὸ ὑποτάξαι τὰ Μέγαρα. — 3. Ὁμολογίᾳ κατεστήσαντο] ἀτάραχον, εἰρηνικὴν ἐποίησαν. — Ἑστιαιᾶς] Ἑστίαια πόλις Εὐβοίας, ἥτις νῦν Ὠρεὸς καλεῖται.

CXV. Τοὺς ξυμμάχους] τοὺς Λακεδαιμονίων. — 2. Ἕκτῳ δὲ ἔτει] μετὰ τὰς τριακοντούτεις δηλονότι σπονδάς. — Περὶ Πριήνης] πλησίον γὰρ ἦν τῆς Μιλήτου, καὶ ἐζήτουν αὐτὴν ἔχειν οἱ Μιλήσιοι. — Ξυνεπελαμβάνοντο] ἐβοήθουν τοῖς Μιλησίοις. — Νεωτερίσαι βουλόμενοι] θέλοντες καινοτομῆσαι τὴν πολιτείαν, δημοκρατίαν ποιήσαντες. — 3. Ἐς Λῆμνον] ἡ γὰρ Λῆμνος ὑπήκοος ἦν τῶν Ἀθηναίων. — Ἐγκαταλιπόντες] εἰς τὴν Σάμον. — 4. Οἳ οὐχ ὑπέμειναν] τὴν δημοκρατίαν. — Ξυνθέμενοι ...] συμφωνήσαντες τοῖς μὴ θέλουσι δημοκρατεῖν. — Τοῖς δυνατωτάτοις] τῶν Σαμίων δηλονότι. — Σάρδεις] Σάρδεις μὲν ἐπὶ τῆς πόλεως, Σάρδις δὲ οἱ πολῖται. — Διέβησαν ὑπὸ νύκτα] ἤγουν, λαθόντες νυκτὸς εἰσῆλθον. — 5. Τῷ δήμῳ] τῶν Σαμίων. — Τῶν πλείστοις] δημοτῶν. — Ἀπέστησαν] τῶν Ἀθηναίων δηλονότι. — Παρεσκευάζοντο στρατεύειν] μετ' αὐτοῦ.

CXVI. Ἐπὶ Σάμου] Ἀττικὸν τὸ ἐπὶ Σάμου. — Οὐκ ἐχρήσαντο] κατὰ τῆς Σάμου. — Τῶν Φοινισσῶν νεῶν] ἤκουον γὰρ ὅτι Φοίνικες κατ' αὐτῶν ἔρχονται. — Πρὸς Τραγίᾳ] αὕτη κεῖται πλησίον Σάμου. — Ὧν τῶν Σαμίων. — Στρατιώτιδες] στρατιώτας ἄγουσαι, τοὺς μέλλοντας πεζομαχεῖν· ἃς καὶ ἱππαγωγοὺς καλεῖ. — 2. Αὐτοῖς] τοῖς Ἀθηναίοις. — Πεζῷ] τάγματι. — Τρισὶ τείχεσι] τοὐτέστι τρισὶ τειχίσμασι. — 3. Τῶν ἐφορμουσῶν] τῶν πολιορκουσῶν τὴν Σάμον, τῶν εἰς ἐπίθεσιν οὐσῶν. — Ἐπ' αὐτοὺς] κατ' αὐτῶν, τῶν Ἀθηναίων. — Στησαγόρας] ὅτι Στησαγόρας Σάμιος ἦν.

CXVII. Προφυλακίδας] τὰς πρὸ τῶν ἄλλων ὁρμούσας. — 2. Κατεκλείσθησαν] οἷον τειχήρεις ἐγένοντο. — Θουκυδίδου] ἕτερός τις Θουκυδίδης, οὐχ ὁ συγγραφεύς. — 3. Προσεχώρησαν ὁμολογίᾳ] τοῖς Ἀθηναίοις. — Κατὰ χρόνους] οὐδὲ γὰρ εὐπόρουν ἀθρόον ἐκτῖσαι τὸ πᾶν. — Ταξάμενοι] ὁρίσαντες. — Ξυνέβησαν] συνεφώνησαν. — Καὶ πρότερον] ἦσαν δηλονότι.

CXVIII. Οὐ πολλοῖς ἔτεσιν ὕστερον] τῷ τεσσαρεσκαιδεκάτῳ ἔτει τῶν σπονδῶν. — Καὶ ὅσα πρόφασις] αἰτία· ἤγουν τὸ Κυλώνειον ἄγος καὶ τὰ Παυσανίου. — Τοῦδε τοῦ πολέμου] τοῦ Πελοποννησιακοῦ, τοῦ προκειμένου. — 2. Τῆς τε Ξέρξου ἀναχωρήσεως] ἀναμεταξὺ δηλονότι. — Ἐν οἷς] ἔτεσιν. — Ἐγκρατεστέραν] ἰσχυροτέραν. — Ἐπὶ μέγα ἐχώρησαν δυνάμεως] ἐδυνήθησαν τὰ μεγάλα. — Εἰ μὴ ἀναγκάζοιντο] εἰ μὴ ἐξ ἀνάγκης κινηθεῖεν. — Τὸ δέ τι] κατά τι. — Οὐκέτι ἀνασχετὸν ἐποιοῦντο] ἤγουν, οὐκ ἠνέσχοντο οἱ Λακεδαιμόνιοι. — Ἐπιχειρητέα] τοῦ συγγραφέως ἡ λέξις· ἐχρῆν γὰρ εἰπεῖν ἐπιχειρητέον. — 3. Διέγνωστο] διεψήφιστο. — Κατὰ κράτος] τὸ ἑξῆς, κατὰ κράτος νίκην ἔσεσθαι. — Ἔφη ξυλλήψεσθαι] αἰνίττεται τὸν μέγαν λοιμόν.

CXIX. Ψῆφον ἐπαγαγεῖν] ἤγουν κυρῶσαι. — Ἀπὸ τῆς ξυμμαχίας] ἀντὶ τοῦ, ἀπὸ τῶν ξυμμάχων. — Ψηφίσασθαι τὸν πόλεμον] διὰ ψήφου ἐπικυρῶσαι. — Μὴ προδιαφθαρῇ] μὴ πρὸ τοῦ εἰσβαλεῖν αὐτοὺς εἰς τὴν Ἀττικὴν διαφθαρῇ.

CXX. Οὐ καὶ αὐτοὶ ἐψηφισμένοι... εἰσί] οὐ ψηφίζονται. — Χρὴ γὰρ τοὺς ἡγεμόνας...] οὐ χρή, φησίν, ἐν τοῖς ἰδιωτικοῖς πράγμασι τοὺς ἡγεμόνας προέχειν, ἀλλ' ἐν τοῖς κοινοῖς. — Προσκοπεῖν] προτιμᾶν. — Ἐκ πάντων] ἀντὶ τοῦ ὑπὲρ πάντας. τὸ δὲ ἐν ἄλλοις, ἐν προεδρίᾳ καὶ τοῖς τοιούτοις. — 2. Ἡμῶν] τῶν παραθαλασσίων. — Ἐνηλλάγησαν] ἀντὶ τοῦ συνέμιξαν καὶ ὡμίλησαν. ἐναντίον δέ ἐστι τῷ διηλλάγησαν· διαλλαγῆναι γάρ ἐστι τὸ δι' αὐτοῦ τοῦ ἐχθροῦ παρακληθῆναι καὶ φιληθῆναι αὐτῷ, ἐναλλαγῆναι δὲ τὸ ἀπὸ φιλίας εἰς φιλίαν ἄλλου μεταπηδῆσαί τινος, ἐχθροῦ ὄντος τῷ πρώτῳ φίλῳ. — Φυλάξασθαι] τουτέστι φοβηθῆναι. — Ἐν πόρῳ] ἐν τῇ παράλῳ. πόρον καλεῖ τὰ ἐμπόρια. — Τοῖς κάτω] τοῖς παραλίοις. — Τῶν ὡραίων] τῶν καρπῶν. — Λεγομένων] παρ' ἡμῶν. ἀπὸ κοινοῦ δὲ τὸ χρή. — Προςδέχεσθαι] ἐλπίζειν. — Πρόοιντο] ἀμελήσαιεν. — 3. Εὖ δὲ παρασχὸν] ἀντὶ τοῦ παρασχόντος, δηλονότι τοῦ δαίμονος, ὅ ἐστι δωρησαμένου αὐτοῖς τὴν νίκην. — 4. Ὅ τε γὰρ διὰ τὴν ἡδονήν...] τὸ ἑξῆς, ὅ τε γὰρ διὰ τὴν ἡδονὴν ὀκνῶν εἰ ἡσυχάζοι. — Ὅ τε ἐν πολέμῳ...] ἐντεῦθεν δείκνυσι τοῦ πολέμου τὸ ἄδηλον. — 5. Κακῶς] ἀνοήτως. — Ἀβουλοτέρων] κακοβουλοτέρων. — Τυχόντα] ἔργον γάρ ἐστι τῆς τύχης τὸ τοὺς ἐναντίους ἀβουλοτέρους καταστῆσαι· ἐπεὶ οὐ μέγα, εἰ οὕτως ἐνίκησαν. — * Ἐς τοὐναντίον] εὐβούλων τῶν ἐναντίων τυχόντα. — Ἐνθυμεῖται γάρ] οὐδείς, φησίν, ἐνθυμεῖται ὁμοίως οἷς πιστεύει. πιστεύει γὰρ νικᾶν, τὸ πῶς οὐκ ἐννοῶν. καὶ οὐδεὶς ὁμοίως ἔργῳ ἐπεξέρχεται οἷς ἐπιθυμεῖται. δείκνυσι γὰρ τὴν πίστιν μείζονα τῶν ἐπιθυμημάτων, καὶ τὸ ἐνθύμημα μεῖζον τοῦ ἔργου. Ἄλλως· οὐδεὶς γὰρ ἐνθυμεῖται παρόμοια τοῖς βεβαίοις· πίστις γὰρ ἐνταῦθα τὴν βεβαιότητα τῶν πραγμάτων καὶ τὴν ἀσφαλῆ ἀπόβασιν σημαίνει· οὐδεὶς οὖν οὔτε ὅμοια τοῖς πράγμασιν ἐνθυμεῖται, οὔτε ἔργῳ τὰ πιστευθέντα τελειοῖ, ἀλλ' ἐν ἑκατέροις σφάλλεται διὰ τὸ καὶ τὴν γνώμην ἡμῶν ἀβέβαιον εἶναι, καὶ τὰ πράγματα μὴ κατὰ τὴν θέλησιν ἡμῶν ἀπαντᾷν, ἀλλὰ μετὰ τὰ ἀσφαλῶς ἐνίοτε δοξασθέντα, ἤτοι βουλευθέντα,

ἐπὶ τῶν ἔργων διὰ τὸ προσπίπτον δέος ἐκλείπομεν, ὅτι τὸ μὲν βουλεύσασθαι χωρὶς ἀγώνων καθίσταται, τὰ δὲ ἔργα ἐπὶ τῆς ταραχῆς καὶ συγχύσεως ἀλλοιοῦνται. — Τῇ πίστει] τῷ θάρρει. — Μετὰ ἀσφαλείας μὲν...] ἀσφαλῶς, φησίν, ἐνθυμούμεθα, διὰ τὸ καθ' ἡσυχίαν δοξάζειν καὶ βουλεύεσθαι· μετὰ φόβου δὲ ὑστεροῦμεν ἐν τῷ ἔργῳ, διὰ τὸ λοιπὸν ὁρᾶν αὐτὰ τὰ ἔργα καὶ ἐν τῇ παρουσίᾳ εἶναι τῶν πραττομένων. — Ἐλλείπομεν] φοβηθέντες ἐξεπέσομεν τῆς πράξεως, ἣν προσεδοκήσαμεν λαβεῖν.

CXXI. Ἱκανὰ... ἐγκλήματα] τὰ παρακινοῦντα τὸν πόλεμον. — Ἐγκλήματα] κατὰ τῶν Ἀθηναίων δηλονότι. — Ἀμυνώμεθα] τὰ ἴσα ἀνταποδῶμεν. — 2. Κατὰ πολλὰ δέ] τὸ δυνατὸν κεφάλαιον· — 3. Ὧ ἰσχύουσιν] οἱ Ἀθηναῖοι. — Ἐξαρτυσόμεθα] παρασκευάσομεν. — Ὀλυμπίᾳ] γράφεται Ὀλυμπιᾶσι, ὡς Ἀθήνησι. — Ὑπολαβεῖν] δέξασθαι. — Τοῦτο] τὸ μεταπεισθῆναι. — 4. Μιᾷ τε νίκῃ... ἁλίσκ.] εἰ ἅπαξ, φησί, τῇ ναυμαχίᾳ νικηθῶσιν, οὐκέτι ἕξουσιν ἐλπίδα νίκης· οὐ γάρ εἰσι πεζομάχοι. ἡμεῖς δὲ δηλονότι καὶ ταῖς ναυσὶν ἐὰν νικηθῶμεν, τῷ πεζῷ ἰσχύομεν. — Κατὰ τὸ εἰκός] ὡς ἔστιν εἰκάσαι. — Ἁλίσκονται] νικῶνται. — Ἀγαθόν] ἤγουν τὴν εὐψυχίαν. — Ὁ δέ] ἀντὶ τοῦ εἰς ὅ. — 5. Οὐκ ἀπεροῦσιν] οὐκ ἀπαγορεύσουσιν. — Ἐπὶ τῷ τιμωρούμενοι] ἀντὶ τοῦ ἐπὶ τῷ τιμωρήσασθαι. — Αὐτοῖς τούτοις] τοῖς χρήμασι δηλονότι.

CXXII. Ὁδοί] πορισμοί. — Παραίρεσις] παραφαίρεσις, παράσπασις. — Ἐπιτειχισμός] ἐπίθεσις. αἰνίττεται τὴν Δεκέλειαν, ἣν ἐτείχισαν. — Τῇ χώρᾳ] τῶν Ἀθηναίων. — Προΐδοι] προγνοίη. ἄδηλα γὰρ τὰ τοῦ πολέμου. — Ῥητοῖς] ὡρισμένοις. — Χωρεῖ] κινεῖται. — Τεχνᾶται] μεθοδεύει. — Παρατυγχάνον] παρεμπῖπτον. — Ἐν ᾧ] ἀντὶ τοῦ διό. — Εὐοργήτως] εὐσκόπως, μεγαλοψύχως, εὐτρόπως· ὀργὴ γὰρ ὁ τρόπος. — Ὁ δὲ ὀργισθείς] ὁ μικροψυχήσας. — 2. Ἐνθυμώμεθα] ἀντὶ τοῦ ἐπιθυμηθῶμεν· ἔστι γὰρ ὑποθετικόν. — Οἰστόν] ὑπομονητόν. — Ἱκανοί] δουλωσόμενοι δηλονότι. — Δίχα γε ὄντας] διαχωρισθέντας. — Ἴστω] ὁ ἀκούων δηλονότι. — Φέρουσαι] ἡμῖν δηλονότι. — 3. Ὁ καὶ λόγῳ ἐνδοιασθῆναι] τὴν δουλείαν καὶ λόγῳ ἀμφιβάλλειν. § Εἴωθεν ὁ συγγραφεὺς ἀπὸ τῶν θηλυκῶν μεταβαίνειν εἰς τὸ οὐδέτερον, οἷον [c. 59] « Τρέπονται ἐπὶ τὴν Μακεδονίαν, ἐφ' ὅπερ καὶ τὸ πρῶτον ἐξεπέμποντο. » λέγει δὲ ὅτι τὴν δουλείαν ὅλως τῷ λόγῳ ἀμφιβάλλειν, οἷον λογίσασθαι, τοὺς Πελοποννησίους αἰσχρόν. ὁ γὰρ ἐνδοιασμὸς λογισμοῦ ἐστὶ μερισμός. περιφραστικῶς οὖν εἴρηται τῷ λόγῳ ἐνδοιασθῆναι, οἷον τὸ λογίσασθαι ἡμᾶς καὶ ἐπὶ νοῦν λαβεῖν τὴν δουλείαν. — Ἐνδοιασθῆναι] εἰς ἀμφιβολίαν ἐλθεῖν. — Ὑπὸ μιᾶς] τῆς τῶν Ἀθηναίων. — Κακοπαθεῖν] δουλοῦσθαι. — Ἐν ᾧ] ἐν τῷ κακοπαθεῖν. — Ἡ δικαίως... ἀνέχεσθαι] οἱ γὰρ ἀμελοῦντες καὶ μὴ ἐπεξερχόμενοι, δοκοῦσιν ἢ δικαίως πάσχειν, ἢ διὰ δειλίαν ἀνέχεσθαι. — Αὐτό] τουτέστι τὴν ἐλευθερίαν. — Τοὺς δ' ἐν μιᾷ] πόλει δη-

λονότι. — Μονάρχους] τοὺς τυράννους φησὶ μονάρχους. — 4. Ξυμφορῶν] ἐνταῦθα οὐ κεῖται κυρίως ἡ λέξις, ἀλλὰ ξυμφορὰν φησὶ τὴν κακίαν. ταῦτα δὲ λέγει τὸ τυραννεῖσθαι καὶ φέρειν τὴν τυραννίδα. τὸ δὲ ἑξῆς, καὶ οὐκ ἴσμεν ὅπως ποτὲ τάδε [οὐκ] ἀπήλλακται τῶν τριῶν μεγίστων συμφορῶν. — Ἤ μαλακίας] ὁ ἢ διαζευκτικὸς ἀντὶ τοῦ καί. Ὅμηρος [Π. Ξ, 108]·

Ἤ νέος ἠὲ παλαιός.

— Οὐ γὰρ δὴ πεφευγότες...] οὐ δύνασθε, φησίν, εἰπεῖν ὅτι οὐ διὰ τὸ ἔχειν τὰ τρία ταῦτα οὐ πολεμοῦμεν, ἀλλὰ διὰ καταφρόνησιν, ὅ ἐστι διὰ τὸ ἄγαν φρονεῖν, καὶ οἷον ὑπερφρονεῖν. ἡ γὰρ κατὰ πρόθεσις ἐπίτασιν ἐνταῦθα σημαίνει. — Ταῦτα] τὰ τρία. — Καταφρόνησιν] ὅτι τὴν καταφρόνησιν ἀφροσύνην λέγει.

CXXIII. Βοηθοῦντας] τὸ ἑξῆς οὕτως· ὑπὲρ δὲ τῶν μελλόντων δεῖ τοῖς παροῦσι πράγμασι βοηθοῦντας ἐπιταλαιπωρεῖν, τουτέστι προσθεῖναι τὸν πόνον. — Ἐξουσίᾳ] δυνάμει. — Ὀλίγον προφέρετε] ὑπερφέρετε τῶν ἄλλων. οἱ γὰρ Λάκωνες τῶν προγόνων ἦσαν ὀλίγον εὐπορώτεροι. — Ἃ τῇ ἀπορίᾳ ἐκτήθη] ὑπ' ἀπορίας κινηθέντες ἐκτησάμεθα. — Θαρσοῦντας]

Ψιλόν (Σκύλλος?) τις ἐξώρθωσεν [οὗ Τζέτζης τάδε]·
[γράφειν] χρεὼν α καὶ τὸ θαρσοῦντες τόδε
θαρσοῦντας εἰπεῖν. ᾧ γελῶν Τζέτζης λέγει·
ἀλλ' οὐδαμῶς, ἄνθρωπε· μηδαμῶς ζέε·
οὔπω γὰρ οἶδας [ἐκ] ποίου τρόπου λόγος
θαρσοῦντες ἰέναι ἀντὶ τοῦ θαρσοῦντας ἐν;
τὰς συγγραφὰς κρίνειν δὲ τεχνικῷ τρόπῳ
Σκύλου τε τουδὶ καὶ παλαιῶν καὶ νέων
Τζέτζου μόνου χάρισμα δυσμαθεστάτου·
ᾗ φύσις ὕπερ καὶ χυδαιότης βίου,
ἐγγωνιῶντα τῇ στοᾷ καὶ τῷ θόλῳ,
* τηρεῖ διαμπὰξ ἐν σοφῇ κουστωδίᾳ.
ἀνθ' οὗπερ αὐτοῖς οὐδαμῶς συνειστρέχει,
ὅτι τέ φησι τεχνικῶς δέον γράφειν
πεζοῖς ὁμοῦ λόγοις τε καὶ τοῖς ἐν μέτρῳ,
φύρειν δὲ μηδὲν μηδαμοῦ τὰ τῆς τέχνης.
ὅστις δ' ἀναιρεῖν τοὺς τεχνῶν λόγους θέλει,
οὗτος παρεισφέρει κοπρώδη τῷ βίῳ,
ὧν ἐκ συωδῶν, ἐξ ἀτέχνων, βαρβάρων.
τοῖός τις ἐσμὸς ἐξανορθοῖ τὰς βίβλους,
οἷός τις ἐξώρθωσε καὶ Ἡροδότου
τὴν εἰς Ὁμήρου γονὴν γεγραμμένην,
Ἰωνικὸν πᾶν ἐν γραφῇ μεταπρέπων,
ὡς πρὸς τὸ δόξαν οἱ σοφῷ πεφυκότι.
ἐπ' ἡμισείᾳ εἰ γὰρ ἦν γεγραμμένον,
εἶτ' οὖν ἀπικνεῖται δέ, καὶ τὰ τοιάδε,
εἰς ᾧ τὶ σοφὼς μετήγεν, ὀρθωτὴς μέγας,
* κάλλη τε πολλὰ μὴ συνεὶς ἀποξέων
κἀνταῦθα * θαρσοῦντας ποιῶν ὀρθίως.

— Ξυλλήψεσθαι] βοηθήσειν. — Τὰ μὲν φόβῳ] ἵνα μὴ δουλωθῇ. — 2. Παραβεβάσθαι] ἀθετηθῆναι τὰς σπονδὰς ὑπὸ τῶν Ἀθηναίων. — Οἱ πρότεροι ἐπιόντες] οἱ ἄρξαντες ἀδίκων χειρῶν.

CXXIV. Πανταχόθεν] ἀπὸ πολλῶν ἀφορμῶν. — Εἴπερ βεβαιότατον] λείπει τὸ δοκεῖ, ἵν' ᾖ, εἴπερ δοκεῖ. — Ὑπὸ Ἰώνων] διαβέβληται γὰρ τὸ ὄνομα τῶν

Ἰώνων εἰς μαλακίαν· τῶν δὲ Δωριέων ἐπὶ ἀνδρείᾳ δοξάζεται. — Καὶ τῶν ἄλλων] ἀπὸ κοινοῦ τὸ μέλλετε. — Μετελθεῖν] ἀντὶ τοῦ ἀνασώσασθαι. — 2. Ὡς οὐκέτι ἐνδέχ.] τὸ ὡς ἀντὶ τοῦ γάρ, ἵν' ᾖ, οὐκέτι γὰρ ἐνδέχεται.
5 Ὅμηρος [Il. K, 173]·

Ἐπὶ ξυροῦ ἵσταται ἀκμῆς.

τὸ δὲ περιμένοντας ἀντὶ τοῦ περιμενόντων. — Τοὺς μὲν] λείπει ἡμῶν. — Τάδε] ἃ εἴπομεν δηλονότι. — Τὸ αὐτίκα δεινόν] τὸ πρὸς ὀλίγον γινόμενον ἐκ τοῦ πολέ-
10 μου. — Ἀπ' αὐτοῦ] τοῦ πολέμου. — Διὰ πλείονος] χρόνου. — 3. Καθεστηκυῖαν] γεγονυῖαν. — Πόλιν τύραννον] τὰς Ἀθήνας λέγει. τὸ δὲ ἑξῆς, πόλιν τύραννον παραστησώμεθα. πλεονάζει τὸ τῆς τυραννίδος ὄνομα, ἵνα μᾶλλον παροξύνῃ. — Ἐπὶ πᾶσιν] κατὰ πάντων.
15 — Διανοεῖσθαι] ἀπὸ κοινοῦ τὸ ἄρχειν. — Παραστησώμεθα] δουλωσώμεθα.

CXXV. Γνώμην] ἀπόφασιν. — Ψῆφον ἐπήγαγον] ψῆφον, νῦν σκέψιν. δῆλον δὲ ὅτι τισὶ δοκεῖ καὶ τισὶν οὔ. — Ἑξῆς] κατὰ τάξιν. — Τὸ πλῆθος] τῶν Λακεδαι-
20 μονίων δηλονότι. — 2. Ἀδύνατα] ἀντὶ τοῦ ἀδύνατον. — Ἐκπορίζεσθαι] ἔκ τινος πόρου λαμβάνειν. § ἀπὸ τῶν ἐκτὸς εἰς ἄστυ κομίζειν, ὃ νῦν λέγουσιν σκα** ζειν ἐν τῷ κάστρῳ εἰσάγειν. κάστρον δὲ λέγεται τὸ ἄστυ, καὶ ἔστι λέξις Ἰταλική. — Μέλλησιν] ἀναβολήν. — Κα-
25 θισταμένοις] παρασκευαζομένοις.

CXXVI. Ἐγκλήματα ποιούμενοι] ἐγκαλοῦντες. — 2. Τὸ ἄγος ἐλαύνειν τῆς θεοῦ] τοὺς τὸ ἄγος δράσαντας τῆς θεοῦ, τῆς Ἀθηνᾶς. — 3. Κύλων ἦν...] τὸ διήγημα τὸ κατὰ τὸν Κύλωνα θαυμάζει σφόδρα ὁ τεχνογράφος, καὶ
30 συμβουλεύει ἐπιμελέστατα αὐτὸ ἐκμαθεῖν τοὺς νέους, ἵνα μιμήσωνται. § Ὅτι τοῦ διηγήματος τοῦ κατὰ τὸν Κύλωνα τὴν σαφήνειάν τινες θαυμάσαντες, εἶπον, ὅτι λέων ἐγέλασεν ἐνταῦθα, λέγοντες περὶ Θουκυδίδου. § Ὅτι τὰ κατὰ Κύλωνα ἐπράχθη σχεδὸν ἐπὶ τῆς ἐν
35 Μαραθῶνι μάχης. — Δυνατός] πλούσιος. — 4. Χρωμένῳ] περὶ τυραννίδος δηλονότι, ὡς ἐκ τῆς ἀποκρίσεως δείκνυται τῆς τοῦ θεοῦ. — Ἀκρόπολιν] ταύτην γὰρ κατελάμβανον οἱ τυραννίδος ἐρῶντες. — 5. Τὰ ἐν Πελοποννήσῳ] τοῦτο προσέθηκεν, ἐπειδὴ ἔστιν Ὀλύμπια
40 καὶ ἐν Μακεδονίᾳ καὶ ἐν Ἀθήναις. — Ἐπὶ τυραννίδι] ὡς τυραννήσων. — 6. Εἰ δὲ ἐν τῇ Ἀττικῇ...] ἐκ τούτου δηλοῦται σαφῶς ὅτι περὶ τῆς τῶν Διασίων τὸ μαντεῖον ἔλεγε. — Καὶ Ἀθηναίοις] καὶ παρ' Ἀθηναίοις. — Διάσια] ἣν καὶ ἔλεγεν ἴσως ὁ θεὸς ἑορτή. — Πανδημεί...]
45 πανδημεὶ ἑορτάζουσι, θύουσι δὲ πολλοί. — Ἱερεῖα] πρόβατα. — Θύματα] τινὰ πέμματα εἰς ζώων μορφὰς τετυπωμένα ἔθυον. — Ὀρθῶς γινώσκειν] ἁπλανῶς νοεῖν, τὸν χρησμὸν δηλονότι. — Τῷ ἔργῳ] τῇ τυραννίδι. — 7. Αἰσθόμενοι]. αἴσθησιν τοῦ πράγματος λαβόντες. —
50 Ἐπ' αὐτούς] κατ' αὐτῶν. — 8. Αὐτοκράτορσιν] αὐτεξουσίοις οὖσι. — Διαθεῖναι] οἰκονομῆσαι. — Ἦ ἄν] τὸ ᾖ ἂν ἀντὶ τοῦ ὡς ἄν. — 9. Φλαύρως] ἀσθενῶς. — 10. Ἐπιέζοντο] ἐταλαιπώρουν. — Καθίζουσιν ἐπὶ τὸν

βωμόν] ἑαυτοὺς δηλονότι παρὰ τὸν βωμόν. τὸ δὲ καθίζουσιν ἀπὸ τοῦ καθίζω· καθέζονται δὲ ἀπὸ τοῦ καθέζομαι. — 11. Οἱ τῶν Ἀθηναίων ἐπιτετραμμένοι τὴν φυλ.] οἱ ἔχοντες ἀπὸ τῶν Ἀθηναίων τὴν ἐπιτροπὴν τῆς φυλακῆς. — Τῶν σεμνῶν θεῶν] τῶν Ἐριννύων, κατὰ ἀντίφρασιν· ἃς μετὰ τὸν Ὀρέστην οἱ Ἀθηναῖοι πλησίον τοῦ Ἀρείου πάγου ἱδρύσαντο, ἵνα πολλῆς τιμῆς τύχωσιν. — 12. Κλεομένης] βασιλεὺς Λακεδαιμονίων, οὗ μέμνηται Ἡρόδοτος [5, 70]. — Μετὰ τῶν στασιαζόντων] ἀμφίβολον, πότερον ἤλασε μετὰ τῶν στασιαζόντων Ἀθηναίων, τουτέστι καὶ τοὺς στασιάζοντας, ἢ ἤλασε μετὰ τῶν Ἀθηναίων, ὅτι ἐστασίαζον, ἵνα μὴ ὦσιν ἐν τῇ πόλει οἱ ἀλιτήριοι· ὅπερ ἄμεινον. — Κατῆλθον μέντοι ὕστερον] οἱ φυγαδευθέντες.

CXXVII. Ἐκέλευον ἐλαύνειν] μετὰ τὸν Κλεομένην. — Προσεχόμενον] ἔνοχον ὄντα. — Αὐτῷ] τῷ ἄγει. — Κατὰ τὴν μητέρα] κατὰ τὸ γένος τὸ μητρῷον. — 2. Τοῦτο] τὸ ἐκβληθῆναι. — Αὐτῷ] τῷ Περικλεῖ. — Διαβολὴν οἴσειν αὐτῷ] συνέβαινε γὰρ αὐτῷ μὴ πιστεύεσθαι στρατηγίαν τοιούτῳ ὄντι. — Τὴν ἐκείνου ξυμφοράν] τὴν ἀπὸ περιστάσεως δυστυχίαν, καὶ οὐκ ἐξ οἰκείας ἀβουλίας κακοπραγίαν. καὶ ἐν τῇ δημηγορίᾳ [c. 122 fin.] « Καὶ οὐκ ἴσμεν ὅπως τῶνδε τῶν τριῶν τῶν μεγίστων ξυμφορῶν ἀπηλλάκται. » ἤτοι κακιῶν. καὶ γὰρ αἱ τῆς φύσεως ἐλαττώσεις καὶ διαπτώσεις κακίαι πάντως εἰσί. καὶ προϊὼν ἐν τῇ δημηγορίᾳ Περικλέους τὰς ἀποτυχίας εἴρηκεν [c. 140] « Ἐνδέχεται γὰρ τὰς ξυμφορὰς τῶν πραγμάτων οὐχ ἧσσον ἀμαθῶς χωρῆσαι, ἢ καὶ τὰς διανοίας τοῦ ἀνθρώπου. » Ἄλλως· διὰ τὸ ἄγος, τουτέστι, διὰ τὸ μὴ ἐκβληθῆναι ὄντα αὐτὸν ἐναγῆ. — 3. Τῶν καθ' ἑαυτόν] τῶν ὄντων κατὰ τὴν ζωὴν αὐτοῦ.

CXXVIII. Ταινάρου] Ταίναρον ἀκρωτήριον Λακωνικῆς ἱερὸν Ποσειδῶνος. — 2. Ἐκέλευον δὲ καί] οἱ Ἀθηναῖοι. — Χαλκιοίκου] Χαλκίοικος ἡ Ἀθηνᾶ ἐν Σπάρτῃ, ἢ ὅτι χαλκοῦν εἶχεν οἶκον, ἢ διὰ τὸ στερεὸν εἶναι, ἢ διὰ τὸ τοὺς Χαλκιδεῖς τοὺς ἐξ Εὐβοίας φυγάδας αὐτὸν κτίσαι. — 3. Τῶν Σπαρτιατῶν. — Ἐξεπέμφθη] εἰς ἀρχὴν τοῦ Ἑλλησποντου. — Αὐτός] Παυσανίας. — Ἑρμιονίδα] ἀπὸ Ἑρμιόνης πόλεως Λακωνικῆς. — Τὰ πρὸς βασιλέα... πράσσειν] βουλόμενος δηλονότι τὰ τοῦ βασιλέως πράγματα ποιεῖν· ἐμήδιζε γάρ. — 4. Ἀπὸ τοῦδε] ἀπὸ τούτου τοῦ ἐπιφερομένου, περὶ Βυζαντίου δηλονότι. — 5. Μετὰ τὴν ἐκ Κύπρου ἀναχώρ.] ἐνταῦθα τὰ περὶ τῆς πρώτης αὐτοῦ παρουσίας διηγεῖται. — Προσήκοντες] διαφορᾷ προσήκοντος καὶ συγγενοῦς. — Τῷ δὲ λόγῳ] τῇ φήμῃ. — 6. Αὐτῷ] τῷ Πέρσῃ. — 7. Σέ] ἀντὶ τοῦ σοί. Ἀττικὴ δὲ καὶ ἀρχαία ἡ φράσις, ἀντὶ δοτικῆς αἰτιατικὴν συντάξει.

CXXIX. Ἡ γραφή] γραφὴ ἡ ζωγραφία, καὶ ἡ κατηγορία, καὶ ἡ ἐπὶ γραμμάτων ἁπλῶς, ὡς τὰ νῦν. — Ἐπὶ θάλασσαν] ἐπὶ τὰ παραθαλάσσια. — Ἐς Βυζάντιον] ὄντα δηλονότι. — Αὐτῷ] τῷ Ἀρταβάζῳ. — Τὴν σφραγῖδα] ἡ σφραγὶς τοῦ Περσῶν βασιλέως εἶχε, κατὰ μέν τινας, τὴν βασιλέως εἰκόνα, κατὰ δέ τινας, τὴν Κύρου

τοῦ πρώτου βασιλέως αὐτῶν, κατά δέ τινας, τὸν Δαρείου ἵππον, δι' ὃν χρεμετίσαντα ἐβασίλευσεν. — Ἀποδεῖξαι] τῷ Παυσανίᾳ. — Παραγγέλλῃ] κελεύῃ. — 3. Καὶ τῶν ἀνδρῶν] λείπει ἡ ὑπέρ. — Κείσεταί σοι εὐεργεσία ...] διὰ παντὸς εὐεργέτης κληθήσῃ ἐν τῷ ἡμετέρῳ οἴκῳ. — Ἀνεῖναι] ῥαθυμῆσαι. — Ἀνεῖναι] ἄνεσιν δοῦναι, ἀφεῖναι.

CXXX. Ὧν καὶ πρότερον ἐν μεγάλῳ ἀξιώματι ...] ἤγουν, τιμώμενος τὰ μεγάλα ὑπὸ τῶν Ἑλλήνων. — Ἐν τῷ καθεστῶτι τρόπῳ] τῷ Λακωνικῷ. — Ἐδορυφόρουν] μετὰ δοράτων προέπεμπον. ταῦτα πάντα ἐν τῇ πρώτῃ παρουσίᾳ ἐπράχθη. — 2. Περσικήν] τρυφηλήν. — Δυσπρόσοδον] δυσέντευκτον. — Ἐς πάντας] κατὰ πάντων.

CXXXI. Τό τε πρῶτον] ἀντὶ τοῦ τὸ πρῶτόν τε. — Καὶ ἐπειδή] ἐντεῦθεν ἄρχεται ἡ δευτέρα παρουσία. — Ἐκπολιορκηθείς] τῇ πολιορκίᾳ ἐκβληθείς. — Τὰς Τρωϊάδας] εἰσὶ γὰρ καὶ Ἀττικαί. — Ἱδρυθείς] καθεσθείς. — Πράσσων] τὰ συμφέροντα ἑαυτῷ. — Ἐσηγγέλλετο] ἐμηνύετο. — Τὴν μονήν] τὴν ἀργίαν. — Ποιούμενος] τὸ ἐπειδὴ πρὸς τὸ ποιούμενος. — Ἐπέσχον] ἑαυτοὺς δηλονότι. — Σκυτάλην] ἀντὶ τοῦ ἐπιστολὴν Λακωνικήν. ἦν δὲ ἡ σκυτάλη ξύλον στρογγύλον ἐξεσμένον, ἐπίμηκες. δύο δὲ παρὰ Λακεδαιμονίοις ὑπῆρχον σκυτάλαι· καὶ τὴν μὲν μίαν κατεῖχον οἱ Ἔφοροι τῶν Λακεδαιμονίων, τὴν δὲ ἑτέραν τῷ ἐκπεμπομένῳ τῶν στρατηγῶν παρεῖχον. καὶ ὁπότε ἐβούλοντο ἐπιστεῖλαί τι αὐτῷ, φέροντες ἱμάντα λευκὸν, περιείλουν τὴν σκυτάλην, καὶ ἐπὶ τοῦ ἱμάντος ἔγραφον, καὶ ἀνελίττοντες παρεῖχον τῷ ἱμάντα τῷ ἀποφέροντι. τοῦτο δὲ ἐποίουν, ἵνα μὴ μάθωσιν οἱ ἀποφέροντες τὰ ἐν τῷ ἱμάντι γεγραμμένα. ὁ δὲ στρατηγὸς, λαβὼν τὸν ἱμάντα, τῇ ἑαυτοῦ σκυτάλῃ περιείλιττε, καὶ ἐγίγνωσκε τὴν τῶν γραμμάτων περιοχήν. εἰ δέ τις εἴποι, καὶ πῶς εἶχεν ὁ Παυσανίας τὴν σκυτάλην, λάθρα τῆς πόλεως ἐξελθών; ῥητέον ὅτι ἀπὸ τῆς πρώτης στρατηγίας εἶχε τὴν σκυτάλην. — Μὴ λείπεσθαι] τὸν Παυσανίαν δηλονότι. — Αὐτῷ] τῷ Παυσανίᾳ. — 2. Τὴν παραβολήν] τὸν κίνδυνον. τὸ γεγονὸς ὑπ' αὐτοῦ παράβολον. § τὴν κατηγορίαν. — Τὸν βασιλέα δρᾶσαι τοῦτο] τὸ κακὸν δηλονότι. καὶ μὴν οὐκ ἦν βασιλεὺς, ἀλλ' ἐπίτροπος. — Διαπραξάμενος] χρήμασι δηλονότι καὶ λόγοις διαπραξάμενος, ἤτοι διακρουσάμενος τὴν κατηγορίαν. — Περὶ αὐτῷ] τῶν κατηγορημάτων.

CXXXII. Γένους τε τοῦ βασιλείου ὄντα] Ἡρακλείδης γὰρ ἦν. — Ἐν τῷ παρόντι] καιρῷ δηλονότι. — Λεωνίδου] οὗτος ὁ Λεωνίδης ὁ ἐν Θερμοπύλαις ἀριστεύσας ἐπὶ τῶν Μηδικῶν. — Ἀνεψιὸς ὤν] τοῦ Πλειστάρχου. — 2. Τῇ τε παρανομίᾳ] διὰ τὸ μὴ στέργειν τοῖς Λακωνικοῖς νόμοις. — Τοῖς παροῦσι] τοῖς ἤθεσι τῶν Λακώνων. — Ἐξεδεδιήτητο] ἔξω τῶν Λακωνικῶν διητᾶτο νόμων. — Ἐπὶ τὸν τρίποδα] οὐκ ἐν ᾧ ἐμαντεύετο ὁ Ἀπόλλων, ἀλλ' ἕτερόν τινα, ὃν ἔλαβον οἱ Ῥωμαίων βασιλεῖς, καὶ μετέθηκαν ἐπὶ τὸν ἱππόδρομον τοῦ Βυζαντίου. — 3. Ἐξεχόλαψαν] ἐξορύξαντες ἀπήλειψαν.

— Ἐν τούτῳ] ἐν τῇ κατηγορίᾳ τοῦ Μηδισμοῦ. ἀπηλέγχθη γὰρ μὴ ἐμμένειν τοῖς ἤθεσι τῶν Λακεδαιμονίων. — Παρόμοιον] τῷ Μηδισμῷ δηλονότι. — Τῇ παρούσῃ διανοίᾳ] λείπει ἡ ἐν. — 4. Καὶ ἦν δὲ οὕτω] τὸ δέ ἀντὶ τοῦ γάρ. — Πολιτείαν] αὐτονομίαν. — Ξυνεπαναστῶσι] κατὰ τῆς Σπάρτης. — Τὸ πᾶν] ἤγουν τὸν Μηδισμόν. — 5. Τὰς τελευταίας] δῆλον ὅτι καὶ ἄλλας ἀπέστειλεν. — Ἀνὴρ Ἀργίλιος] τινὲς κύριον, τινὲς ἐθνικὸν, ἀπὸ πόλεως Θράκης· ὅπερ ἄμεινον. — Παιδικά] τὸ παιδικὰ, ὀξυτόνως, οὐδέτερον πληθυντικόν. τοῦτο δέ τινες ἐπὶ ἀγαθοῦ ἔρωτος, τινὲς δὲ ἐπὶ αἰσχροῦ λαμβάνουσι. § Παιδικὰ, ἀντὶ τοῦ ἐρώμενος, ᾧ ἐθάρρει. τοῦτο γὰρ τὸ πιστότατον ὤν. — Πάλιν ἀφίκετο] ἐπανῆλθε. — Παραποιησάμενος] ἀντὶ τοῦ ὁμοίαν ποιησάμενος, ὁ Ἀργίλιος. — Ἐκεῖνος] ὁ Παυσανίας. — Ὑπονοήσας ... καὶ αὐτὸν εὗρε] ὡς ἂν εἰ ἔλεγεν, εὗρε τοῦτο ἀληθὲς, ὃ ὑπενόει γεγράφθαι.

CXXXIII. Ἀπὸ παρασκευῆς τοῦ ἀνθρώπου] ἀπὸ συνθήματος τοῦ Ἀργιλίου. — Καλύβην] σκηνήν. — Διακονίαις παραβάλοιτο] ταῖς ἀγγελίαις ταῖς ἄλλαις διαβάλλοι. — Παραβάλοιτο] παραβόλως κατηγορήσειεν, ἢ ὑπόπτως διακονήσειε. — Προτιμηθείη δέ] ἐν εἰρωνείᾳ τὸ προτιμηθείη λέλεκται. — Τοῖς πολλοῖς] ἀντὶ τοῦ τοῖς πᾶσι.

CXXXIV. Ἀκριβῶς] ἀληθῶς. — Ἐποιοῦντο] ἔμελλον ποιήσειν, ποιῆσαι ἐβούλοντο. — Αὐτόν] τὸν Παυσανίαν. — Ἐφ' ᾧ] οὗ χάριν. — Ἄλλου δέ] Ἐφόρου (δηλονότι ἀφανῶς νεύσαντος), ὅστις ἦν φίλος τῷ Παυσανίᾳ. — Χωρῆσαι δρόμῳ] λέγεται τὸν Παυσανίαν. — 2. Τοπαραυτίκα] ἤγουν κατὰ τὸ ἐνεστός. — Ὑστέρησαν] ἐβράδυναν. — Ἔνδον ὄντα τηρήσαντες] ἐξῄει γὰρ εἰς τὸ ἱερὸν πολλάκις. — Ἀπολαβόντες εἴσω] μονώσαντες, περιείρξαντες. — Ἀπῳκοδόμησαν] τειχίσαντες τὰς θύρας ἀπέφραξαν. — Ἀπῳκοδόμησαν] φασὶν ὅτι, ἡνίκα ἔφραξαν κατ' αὐτοῦ τὸ οἴκημα, ἡ μήτηρ αὐτοῦ Ἀλκιθέα πρώτη λίθον ἐπέθηκε. τοιαῦται γὰρ αἱ Λακωνικαὶ γυναῖκες. τεκμήριον δὲ τοῦτο τοῦ μισοτυράννους εἶναι τοὺς Λάκωνας. — Ἐξεπολιόρκησαν λιμῷ] ἵνα δῆθεν μὴ ἀσεβήσωσιν· ἑτέρῳ δὲ τρόπῳ ἠσέβησαν, ἐν ἱερῷ αὐτὸν πολιορκήσαντες. — 4. Ἐμέλισαν] εἰς δύο ἔτεμον. — Ἐμέλλησαν] ἐσκόπησαν, ἐβουλεύσαντο, ἐγγὺς ἐγένοντο. — Ἐς τὸν Κεάδαν] ἐμβαλεῖν δηλονότι. τόπος ὁ Κεάδας ὀρωρυγμένος ἐν Λακωνικῇ, ὅπου τοὺς κακούργους εἰώθασι ῥίπτειν. — Πλησίον που] τοῦ Κεάδου. — Ὁ ἐν Δελφοῖς] ὁ Ἀπόλλων. — Τόν τε τάφον] τὸ σῶμα. — Ἐν τῷ προτεμενίσματι] ἐν τῷ προπυλαίῳ. — Ἐν τῷ προτεμενίσματι] ἐν τῷ πρὸ τοῦ ἱεροῦ προαστείῳ. — Δύο σώματα ... ἀποδοῦναι] τουτέστι, δύο Ἐφόρους ἀποθανεῖν ἀντ' αὐτοῦ· οἱ δὲ ἐσοφίσαντο τοὺς ἀνδριάντας. — Ἀνδριάντας... ἀνέθεσαν] ἀνθ' ἑνὸς σώματος τοῦ Παυσανίου δύο στήλας τοῦ Παυσανίου ἀνέθηκαν.

CXXXV. 2. Τοῦ δὲ Μηδισμοῦ τοῦ Παυσ. ...] πχ-

ρέκβασις, διὰ τὸ ἀκόλουθα εἶναι ταῦτα τῷ κατὰ Παυσανίαν· οὐδὲν γὰρ ταῦτα πρὸς τὸ ἄγος συμβάλλεται. — 3. Ὠστρακισμένος] διὰ τὸ φρόνημα, ὃ εἶχε Θεμιστοκλῆς περὶ τῆς Σαλαμῖνος, ἐξωστρακίσθη ὑπὸ Ἀθηναίων, ἵνα τὸ φρόνημα αὐτοῦ καθέλωσιν. — Εἴρητο] ἐνετέταλτο.

CXXXVI. Αὐτῶν εὐεργέτης] ἐπειδὴ γὰρ οὐ συνεμάχησαν οἱ Κερκυραῖοι τῇ Ἑλλάδι κατὰ τοῦ βαρβάρου, ἀλλὰ ἐσοφίσαντο, ἔμελλον αὐτοὺς ἀνελεῖν οἱ πολεμήσαντες. ὁ δὲ Θεμιστοκλῆς ἐκώλυσε, λέγων ὅτι, εἰ τοῦτο γένηται, καὶ τὰς μὴ συμμαχησάσας πόλεις ἀνέλωμεν, μεῖζον πάθος ἔσται τῇ Ἑλλάδι ἤπερ ὁ Πέρσης αὐτῆς κυριεύσας ἐπεξῆλθε. καὶ διὰ τοῦτο ἦν εὐεργέτης αὐτοῖς. — Ἀπέχθεσθαι] ἐχθρὸς γενέσθαι. — Διακομίζεται] ἄγεται. — Ἐς τὴν ἤπειρον τὴν καταντικρύ] τὴν Θεσπρωτίδα. — 2. Πύστιν] φήμην. — Οὐ φίλον] πέμψαντος γάρ ποτε Ἀδμήτου Ἀθήναζε περὶ συμμαχίας αἰτήσεως, ὁ Θεμιστοκλῆς ἀνέπεισε τὴν πόλιν μὴ δοῦναι αὐτῷ βοήθειαν· καὶ διὰ τοῦτο οὐκ ἦν αὐτῷ φίλος. — Καταλῦσαι] καταλῦσαι μὲν κυρίως ἐπὶ τῶν ὀχουμένων ἐπὶ ἅρματος, κατάγειν δὲ ἐπὶ νεώς. — 3. Ἐπὶ τὴν ἑστίαν] ἔνθα τὸ πῦρ ἀνάπτεται εἰς τιμὴν θεοῦ τινός. — Οὐκ ἀξιοῖ] οὐκ ἄξιον νομίζει εἶναι τοῦ Ἀδμήτου. — Αὐτός] ὁ Θεμιστοκλῆς. — Αὐτῷ] τῷ Ἀδμήτῳ. — Ὑπ' ἐκείνου] τοῦ Ἀδμήτου. τὸ δὲ ἑξῆς· ὑπὸ πολλῷ ἐκείνου ἀσθενεστέρου. πᾶς γὰρ ὁ τυχὼν τὸν δυστυχοῦντα δύναται τιμωρεῖσθαι. — Αὐτός] ὁ Θεμιστοκλῆς. — Ἐκείνῳ] τῷ Ἀδμήτῳ. — Χρείας τινὸς καὶ οὐκ... σώζ...] χρείας τινὸς ἔξωθεν, καὶ οὐχὶ περὶ ζωῆς καὶ θανάτου. — Ἐκεῖνον] τὸν Ἄδμητον. — Αὐτόν] τὸν Θεμιστοκλέα. — Ἐφ' ᾧ] οὗ ἕνεκα. — Ἀποστερῆσαι] ἀπὸ κοινοῦ τὸ οὐκ ἀξιοῖ.

CXXXVII. Ὥσπερ καὶ ἔχων αὐτὸν ἐκαθέζετο] αὐτῷ τῷ σχήματι. — Πολλὰ εἰποῦσαν] ἀντὶ τοῦ ἀπειλήσασιν. — Ἐς Πύδναν] ἕως τῆς Πύδνης. — Τὴν Ἀλεξάνδρου] πόλιν δηλονότι, τοῦ Φιλέλληνος. — 2. Καταφέρεται... ἐς τὸ Ἀθηναίων στρατόπεδον] ἄλλο δυστύχημα τοῦ Θεμιστοκλέους. — Ἐπολιόρκει Νάξον] διὰ τὴν ἀποστασίαν αὐτῆς. — Καὶ δι' ἃ φεύγει] ὅτι καὶ αὐτόν φησι συνειδότα ἐπὶ προδοσίᾳ φεύγειν τὸν Θεμιστοκλέα. — Ἀπομνήσεσθαι] ἀποδοῦναι μνησθέντα. — Ἀποσαλεύσας] ἀποφυγὼν ἐκ τοῦ λιμένος, καὶ σάλῳ ὁμιλήσας, τουτέστι τῷ ἀλιμένῳ τόπῳ, ἔνθα σάλος γίνεται. — 4. Θεμιστοκλῆς] ἐπιστολὴ Θεμιστοκλέους. — Θεμιστοκλῆς ἥκω] λείπει ἐν τοῖς τοιούτοις ἢ ὧν μετοχή, ἵν' ᾖ, Θεμιστοκλῆς ὤν. καὶ, « Ἥκω Διὸς παῖς » [Eurip. Bacch. 1] ὤν. — Πλείω ἀγαθὰ] εἰργασμαι δηλονότι. — Ἐν τῷ ἀσφαλεῖ μὲν ἐμοί] τὰ πράγματα ἦσαν δηλονότι. — Ἡ ἀποκομιδὴ] ἡ ὑποστροφή. — Εὐεργεσία] ἀντίχαρις. — Γράψας... οὐ διάλυσαν] ταῦτα κεῖται παρ' Ἡροδότου [8, 110] ἀκολούθως, ὡς ἐπράχθη. — Δι' αὐτόν] τὸν Πέρσην.

CXXXVIII. Αὐτοῦ τὴν διάνοιαν] ὅτι εἶπεν, ἐπειδὴ ἴσχυσε, μηχανῇ τινι σῶσαι τὸν πατέρα αὐτοῦ. — Τὴν διάνοιαν] τὴν γνῶσιν. — Ὃν ἐπέσχε] ἐσκόπει γάρ, εἴ πως αὐτὸν ἐν τῷ μεταξὺ ἀνακαλέσοιντο οἱ Ἀθηναῖοι. — Ἐπέσχεν] ἑαυτὸν δηλονότι. — Τῶν ἐπιτηδευμάτων] τῶν ἐθῶν. — 2. Αὐτῷ] τῷ Πέρσῃ. — Ὅσος οὐδείς πω Ἑλλήνων] Ἱστιαῖος, καὶ Ἱππίας, καὶ Δημάρατος, καὶ ἄλλοι. — Τοῦ Ἑλληνικοῦ] ἔθνους δηλονότι. — Ὑπετίθει αὐτῷ] ὑπέβαλλε τῷ Πέρσῃ. — Διδούς] ἀντὶ τοῦ διδόναι. — 3. Ἦν γὰρ ὁ Θεμιστοκλῆς...] ἐγκώμιον Θεμιστοκλέους. — Φύσεως ἰσχύν] τῆς κοινῆς τῶν ἀνθρώπων, ὅσον δύναται. — Ἐς αὐτὸ] εἰς τὴν ἰσχὺν τῆς φύσεως. — Θαυμάσαι] ἀντὶ τοῦ θαυμασθῆναι. — Οἰκείᾳ] φυσικῇ. — Οἰκείᾳ... ξυνέσει] ἄνευ μαθήσεως τὴν ξύνεσιν. — Οὔτε προμαθὼν ἐς αὐτὴν οὐδέν] οὔτε ἀπὸ προμαθήσεως ἀγαγών τι ἐς αὐτήν, ἤτοι τὴν ἰσχὺν τῆς φύσεως. — Τῶν τε παραχρῆμα] τῶν παραπιπτόντων. — Γνώμων] κριτής. — Ἐπιπλεῖστον] καλῶς τὸ ἐπὶ πλεῖστον· θεοῦ γὰρ μόνου τὸ πάντα εἰδέναι. — Οἷός τε] ἦν δηλονότι. — Ὧν δ' ἄπειρος εἴη, οὐκ ἀπήλλακτο κρῖναι ἱκανῶς] οἷον, καὶ ἐν τούτοις τοῖς ἀγνώστοις οὐ διημάρτανε τῆς κρίσεως. § ὡς ἐδήλωσε καὶ ἐπὶ τῶν νεῶν τῆς κτίσεως, καὶ ἐπὶ τῆς Σαλαμῖνος, καὶ ἀλλαχοῦ. — Τό τε ἄμεινον ἢ χεῖρον] τὸ συνοῖσον ἢ τὸ βλαπτικόν. — Μάλιστα] τῶν ἄλλων δηλονότι. — Αὐτοσχεδιάζειν] ἑτοίμως λέγειν. — 4. Φαρμάκῳ ἀποθανεῖν αὐτόν] αἷμα γὰρ ταύρειον πιὼν ἀπέθανεν. — Ἀδύνατον νομίσαντα εἶναι... ὑπέσχετο] τοὺς μακροὺς ἐπαίνους ἐν τούτοις ἀνέτρεψας, Θουκυδίδη, ἄφρονος ἔργον ἀνδρὸς δεδρακέναι δείξας. εἰ γὰρ τὸ μέλλον, ὡς ἔφης, προέβλεπεν ὁ Θεμιστοκλῆς, πῶς, ἃ μὴ ἦν δυνατὸς τελέσαι, ὑπέσχετο, μὴ προγνοὺς ὡς ἡ τῶν Ἑλλήνων ἰσχὺς ἀκαταγώνιστος ἦν ἐκ τῶν προλαβόντων; — 5. Μαγνησίᾳ τῇ Ἀσιανῇ] δύο γὰρ εἰσι Μαγνησίαι, Θεσσαλὴ καὶ Ἀσιανή. — Μυοῦντα] πόλις Καρίας ὁ Μυοῦς. — 7. Τὰ μὲν κατὰ Παυσανίαν...] ὥσπερ σχετλιάζων καὶ οἰμώζων ταῦτά φησιν ὁ συγγραφεύς.

CXXXIX. Περὶ τῶν ἐναγῶν τῆς ἐλάσεως] καὶ ἄλλας γὰρ ἐποιήσαντο, ἀπελάσαι τοὺς ἐννέα Ἄρχοντας. — Ψήφισμα] ὃ ἔγραψε Περικλῆς. — Τοῖς λιμέσιν] οὐ μόνον τοῦ Πειραιῶς, ἀλλὰ παντὸς λιμένος ὧν ἦρχον οἱ Ἀθηναῖοι. — 2. Ὑπήκουον] τοῖς Λακεδαιμονίοις. — Ἐπικαλοῦντες] ἰδίως εἶπε νῦν ἀντὶ τοῦ ἐγκαλοῦντες. — Ἐπ' ἐργασίαν] περιττὴ ἡ ἐπί πρόθεσις. — Τῆς γῆς τῆς ἱερᾶς] τὴν γῆν λέγει τὴν μεταξὺ Μεγάρων καὶ Ἀττικῆς, ἥντινα ἀνέθεσαν ταῖς Ἐλευσινίαις θεαῖς. τὴν αὐτὴν δὲ λέγει καὶ ἀόριστον. Ἀόριστος δέ ἐστιν ἡ μὴ ἔχουσα ὅρους μηδὲ σπειρομένη. ἡ γὰρ σπειρομένη ὅρους ἔχει, ἅτε οὖσα μεμερισμένη, ἕως οὗ ἐστιν ἑκάστου τὸ δίκαιον τῆς διακρατήσεως. — Τῆς ἀορίστου] τῆς πολλῆς. — Καὶ ἀνδραπόδων ὑποδοχήν] ὡς ὅτι δούλους τοὺς ἀποφεύγοντας ἐδέχοντο. — 3. Καὶ λεγόντων ἄλλο μὲν οὐδέν] οἷον περὶ τῆς Ποτιδαίας καὶ τῶν ἄλλων. — Γνώμας] βουλάς. — Ἅπαξ] παντελῶς. — 4. Ὡς μὴ ἐμπόδιον εἶναι τὸ ψήφισμα] τὸ ψήφισμά φησιν οὐ τὸ

Μεγαρέων, ἀλλὰ τὸ μὴ εἶναι αὐτονόμους τοὺς Ἕλληνας. — Καθελεῖν] τὸν πόλεμον.
CXL. Τῆς μὲν γνώμης] δημηγορία Περικλέους. — Ὀργῇ] διανοίᾳ, τρόπῳ, σκοπῷ. — Πρὸς δὲ τὰς ξυμφοράς] πρὸς τὰ συμβαίνοντα. — Τρεπομένους] μεταβαλλομένους. — Ἀναπειθομένους] περιττὴ ἡ ἀνά. τουτέστι πειθομένους. — Τοῖς κοινῇ δόξασι...βοηθεῖν] καὶ μὴ ἐκ τοῦ ἐναντίου ἀπολιγωρεῖν τὸν πόλεμον, μηδὲ τὸν συμβουλεύσαντα αἰτιᾶσθαι. — Ἡ μηδὲ κατορθοῦντας] ἀντὶ τοῦ ἢ μηδὲ κατορθούντων· ἀντίπτωσις γάρ ἐστι. — Τὰς ξυμφοράς] τὰς ἀποβάσεις. — Ἀμαθῶς] ἐσφαλμένως. — 2. Πρότερον] ὅτε ἐκώλυον τὸ τεῖχος γενέσθαι. — Εἰρημένον] ὑπεσχημένου ὄντος τοῦ πράγματος ἐν ταῖς σπονδαῖς ταῖς τριακοντούτεσι. — Διαφόρων] τῶν ὑποθέσεων ἐξ ὧν διάφορα φρονοῦμεν. — Δέχονται] λύειν τὰ διάφορα ταῖς δίκαις. — Λόγοις] διαδικασίαις. — 3. Καθαιρεῖν] ἀκυροῦν. — 4. Προὔχονται] προβάλλονται. — Αἰτίαν ὑπολίπησθε] ἀντὶ τοῦ αἰτιάσησθε. — Πεῖραν τῆς γνώμης] εἴτε φοβούμεθα τοὺς Λακεδαιμονίους, εἴτε καὶ μή. — Οἷς] τοῖς Λακεδαιμονίοις. — Τοῦτο] τὸ καθελεῖν τὸ Μεγαρέων πινάκιον. — Ἀπισχυρισάμενοι] ἰσχυρῶς ἀπαγορεύσαντες. — Προσφέρεσθαι] ὁμιλεῖν.
CXLI. Ὑπακούειν] πάντοτε, ὁσάκις ἂν κελευώμεθα. — Βλαβῆναι] ἐκ τῆς φύσεως τοῦ πράγματος. — Καὶ ἐπὶ μεγάλῃ] κατὰ κοινοῦ τὸ διανοήθητε. — Ξὺν φόβῳ] ἐὰν γὰρ ὑπακούσωμεν αὐτοῖς, φησίν, ἐν τούτῳ, λοιπὸν καὶ περὶ τῶν ἄλλων δεδοίκαμεν. — Δικαίωσις] κέλευσις, πρόσταξις. § τὸ δικαιοῦν διὰ μικρὰν πρόφασιν μὴ δέχεσθαι πόλεμον. — 2. Οὐκ ἀσθενέστερα ἕξομεν] οὐκ ἀσθενεστέρως διακεισόμεθα. — 3. Αὐτουργοί] δι' ἑαυτῶν τὴν γῆν ἐργαζόμενοι, πάνιε δοῦλων. — Ἄπειροι] ἀδίδακτοι. — Ὑπὸ πενίας] τῶν πόλεων δηλονότι. — 4. Πληροῦντες] ἀνδρῶν δηλονότι. — Ἀπὸ αὐτῶν] ἐξ ὧν ἔχουσιν — Θαλάσσης εἰργόμενοι] θαλασσοκράτορες γὰρ οἱ Ἀθηναῖοι. — 5. Αἱ βίαιοι ἐσφοραί] οἱ γὰρ Λακεδαιμόνιοι, ἄτε πένητες, βιαίως εἰσέφερον. — Ἀνέχουσι] βαστάζουσιν, αὐξάνουσι. — Τὸ μέν] τὸ τῶν σωμάτων, ὡς σώσοντες αὐτὰ ἐκ τῶν πολέμων. δεῖ δὲ ὑποστίξαι εἰς τὸ μέν. — Πιστόν] βέβαιον. — Τὸ δέ] τὸ τῶν χρημάτων οὐκ ἔστι, φησί, βέβαιον, ὅπως μὴ δαπανηθῶσι. — Μὴ οὐ προαναλώσειν] σημείωσαι, μὴ προαναλώσειν τὰ χρήματα πρὸ τοῦ πολέμου, τὸ βέβαιον οὐκ ἔχουσιν. οἱ δ' αὐτουργοὶ τοῦ πολέμου τὸ πιστὸν ἔχουσιν ὅτι περιγενήσονται, διότι τοῖς κινδύνοις ὑπομένειν ἐμελέτησαν. — 6. Πολεμεῖν δέ...] καθὸ μόνοις τοῖς σώμασι θαρροῦσιν οἱ δὲ Ἀθηναῖοι πρὸς τοῖς σώμασι καὶ τοῖς χρήμασι θαρροῦσιν. — Ἀντιπαρασκευήν] ἀνθόπλισιν. — Μήτε βουλευτηρίῳ ἑνὶ χρώμενοι] αὐτόνομοι γὰρ πάντες. — Οὐχ ὁμόφυλοι] οἱ μὲν γὰρ Δωριεῖς, οἱ δὲ Βοιωτοί. ἰστέον ὅτι τὴν τῆς δημοκρατίας διαβολὴν πᾶσαν ἐνταῦθα ἔθηκε. — 7. Τὰ οἰκεῖα φθεῖραι] ἐκ τοῦ πολεμεῖν τῇ ἀπουσίᾳ. — Χρόνιοι] διὰ χρόνου πολλοῦ. — Μορίῳ

μορίῳ ἡμέρας βουλεύονται. — Βλάψειν] τὰ κοινὰ δηλονότι.
CXLII. Κωλύσονται] ἀντὶ τοῦ κωλυθήσονται. — Σχολῇ] βραδέως. — Διαμέλλωσι] βραδύνωσι. — Οὐ μενετοί] οὐ μένουσι, φησίν, ἀλλ' εἰσὶν ὀξεῖς. — 2. Ἡ ἐπιτείχισις] ἐπιτείχισίς ἐστι τὸ πόλιν τινὰ ἑτέραν πλησίον ἄλλης τειχίσαι, διὰ τὸ φρουρεῖν καὶ λυμαίνεσθαι τὴν γῆν. 3. Τὴν μέν] τὴν ἐπιτείχισιν. — Ἐκείνοις ἡμῶν ἀντεπιτ.] δυνατῶν ὄντων ἡμῶν ἀντεπιτειχίσαι ἐκείνοις. — 4. Καταδρομαῖς] ἐφόδοις. — Καὶ αὐτομολίαις] δεχόμενοι τοὺς αὐτομόλους δούλους. — 7. Ἀπὸ τῶν Μηδικῶν] ἀλλὰ δηλονότι καὶ πρὸ τῶν Μηδικῶν. — 8. Καὶ ἐν τῷ μὴ μελετῶντι] ἀντὶ τοῦ ἐν τῷ μὴ μελετᾶν. — 9. Τέχνης ἐστίν] ἢ ἐπιτήδευμα ἢ πρᾶγμα. — Ἐκείνῳ] τῷ ναυτικῷ.
CXLIII. Μισθῷ μείζονι...] τοῦτό φησιν, ὅτι οὐ δεινόν, εἰ Λακεδαιμόνιοι μισθῷ μείζονι ἀπὸ τῶν Ὀλυμπίασιν ἢ Δελφοῖς χρημάτων ἐπειρῶντο ὑποκλέπτειν τοὺς ἡμετέρους συμμάχους. τοὐναντίον γὰρ ἂν ἦν δεινόν, εἰ πρὸς ἄλλους μετὰ τῶν ἡμετέρων μετοίκων εἰσέβαλλον, μὴ ὄντων ἡμῶν ἀντιπάλων. βούλεται δὲ διὰ τούτων δεῖξαι ὅτι οἱ Λακεδαιμόνιοι μεθ' ἡμῶν μὲν ἢ μετὰ τῶν ἡμετέρων συμμάχων ἰσχυροί εἰσι, καὶ δεινὸν ἔνθα εἰσβάλλοιεν· μόνοι δὲ αὐτοὶ μετὰ τῶν ἰδίων συμμάχων ἀδύνατοι, μήτε ναυτικὸν ἔχοντες μήτε πολέμων ἐμπειρίαν. νῦν δὲ τοῦτο ἡμῶν ὄντων, ἤγουν ἀντιπάλων, οἷον κυβερνήτας ἔχομεν πολίτας, καὶ τὴν ναυτικὴν ἐμπειρίαν, ὡς δὲ καὶ πολεμικήν, οὐ δεινόν, εἰ Λακεδαιμόνιοι καθ' ἡμῶν ἥκοιεν. — Μὴ ὄντων μὲν ἡμῶν] τῶν Λακεδαιμονίων μὴ ὄντων, καὶ αὐτῶν ναυτικῶν ὄντων. — Δεινὸν ἂν ἦν] εἰ ἦν αὐτοῖς, φησί, κατ' ἄλλων ὁ πόλεμος, μὴ καθ' ἡμῶν, οἳ καὶ πολίτας ἔχομεν κυβερνήτας, δεινὸν ἂν ἦν ἐκείνοις τὸ τοὺς Λακεδαιμονίους λαβεῖν τοὺς ἡμετέρους ξυμμάχους· νῦν δὲ καθ' ἡμῶν ὄντος αὐτοῖς τοῦ πολέμου, οὐκ ἔστιν ἡμῖν τοῦτο δεινόν. τὸ δὲ εἰσβάντων αὐτῶν τε καὶ τῶν μετοίκων περὶ Λακεδαιμονίων λέγει, ὅτι ἔμελλον δεινοὶ εἶναι ἐκείνοις, εἰσβάντες κατ' αὐτῶν μετὰ τῶν ἡμετέρων μετοίκων, οὓς ὑποκλέπτουσιν ἐξ ἡμῶν. ἄλλοι δὲ οὕτω φασίν, ὅτι δεινὸν ἡμῖν ἔμελλεν εἶναι τοῦτο, ὑποκλέπτειν τοὺς παρ' ἡμῖν ξένους τῶν ναυτῶν, εἰ μὴ ἱκανοὶ ἦμεν ἡμεῖς καὶ οἱ μέτοικοι ἐλθεῖν κατ' αὐτῶν καὶ ἐκτὸς τῶν ξένων. νῦν δὲ οὐκ ἔστιν ἡμῖν τοῦτο δεινόν, ἐπειδὴ ἱκανοί ἐσμεν καὶ χωρὶς τῶν ξένων ἐλθεῖν κατ' αὐτῶν μετὰ τῶν μετοίκων ἡμῶν, τουτέστιν Ἰώνων. — Τόδε] τὸ ἀντιπάλους ἡμᾶς αὐτοὺς μετὰ τῶν μετοίκων εἶναι αὐτοῖς. — 2. Οὐδεὶς ἂν δέξαιτο...] οὐδεὶς ἄν, φησί, θελήσειε ξένος τὴν πατρίδα φεύγειν, καὶ μετὰ τῶν ἀσθενεστέρων, τουτέστι Λακεδαιμονίων, ἀγωνίζεσθαι διὰ μισθὸν ὀλιγήμερον. τὸ δὲ τὴν πατρίδα φεύγειν, δηλοῖ ὅτι σύμμαχοι καὶ ὑπήκοοί εἰσιν αὐτῶν. καὶ δῆλον ὅτι, ἐὰν τοῖς Λακεδαιμονίοις διὰ μείζονα μισθὸν προσχωρήσωσι, διωχθήσονται ὑπὸ τῶν ἀστῶν ἕκαστος βιαζομένων, πολιορκουμένων ὑπὸ Ἀθηναίων διὰ τὴν ἀπόστασιν τῶν ναυτῶν.— Τήν τε ἑαυτοῦ] κα-

τοικίαν. — Τῆς ἥσσονος] ἥσσονες γὰρ τὰ θαλάσσια οἱ Λακεδαιμόνιοι. — 4. Οὐκέτι ἐκ τοῦ ὁμοίου ἔσται...] πλέον, φησὶ, βλαβήσονται, μέρους τῆς Πελοποννήσου δῃωθέντος, ἥπερ ὅλη ἡ Ἀττική. κατὰ πολὺ γὰρ μείζων ἡ Πελοπόννησος. — Τὸ τῆς θαλάσσης κράτος] ὅπερ ἔχομεν δηλονότι. — 5. Εἰ γὰρ ἦμεν νησιῶται] δηλονότι ἡμεῖς. οὐ γὰρ ἔχουσιν οἱ Λακεδαιμόνιοι ναῦς. χρὴ οὖν ἡγήσασθαι ἡμᾶς νησιώτας, καὶ ὡς νῆσον τὴν πόλιν οἰκεῖν, τῶν ἀγρῶν μὴ φροντίζοντας. — Οἰκίας] τὰς ἐν τοῖς προαστείοις. — Αὖθις] εἰς τὸ μέλλον. — Ἡσυχάσουσι] οἱ Λακεδαιμόνιοι. — Τήν τε ὀλόφυρσιν] χρὴ δηλονότι. § τὸν θρῆνον, τὴν λύπην. — Τῶν σωμάτων] τῶν ἀνδρῶν. — Τάδε] τὰ κτήματα. — Οὐχ ὑπακούσεσθε] οὐχ ὑπείξετε.

CXLIV. Ἣν ἐθέλητε ἀρχήν τε μὴ ἐπικτᾶσθαι] αἰνίττεται Σικελίαν καὶ Ἰταλίαν, ἧς ἐπεθύμουν κρατῆσαι. — Διανοίας] ἐπιβουλίας. — 2. Ἐκεῖνα] τὰ περὶ Σικελίαν. — Ἣν καὶ Λακεδαιμόνιοι ... ποιῶσι] ἀδύνατον αὐτοῖς ἀντέθηκεν, ὅπερ ἐκεῖνοι ποιεῖν οὐκ ἠνέσχοντο. — Οὔτε γὰρ ἐκεῖνο] τὸ περὶ Μεγαρέων ψήφισμα. — Τόδε] τὸ ξενηλατεῖν. — Τοῖς Λακεδαιμονίοις] οἶμαι τὸ τοῖς Λακεδαιμονίοις ἁμάρτημα τοῦ γραφέως, ἐνθέντος τῷ κειμένῳ, ὅπερ ἦν ἑρμηνεία τοῦ σφίσι, ἔξωθέν τινι πρότερον ἐπιτεθεῖσα. — 3. Πολεμεῖν] ἡμᾶς δηλονότι. — Ἔκ τε τῶν μεγίστων] κατὰ κοινοῦ τὸ εἰδέναι χρή. — 4. Ὑποστάντες] δεξάμενοι. — Οὐκ ἀπὸ τοσῶνδε] οὐκ ἀπὸ τοσαύτης παρασκευῆς, ἀλλὰ ἐλάσσονος. — Γνώμῃ τε πλείονι ἢ τέχνῃ] συνέσει, φρονήσει. ἐπὶ πλέον ἐνταῦθα τῶν ἄλλων ἡ Γοργίειος ἐλήφθη παρίσωσις, καὶ ἔστιν οὐκ ἀχαρις διὰ τὴν ταχεῖαν πλοκὴν τοῦ ὀνόματος. — 5. Ὧν] τῶν πατέρων. — Ἐπιγιγνομένοις] παισὶν ἡμῶν δηλονότι.

CXLV. Γνώμῃ] βουλῇ. — Ἔφρασε] ἡρμήνευσεν. — Τὸ ξύμπαν] τὸ κεφάλαιον. — Ἐπὶ ἴσῃ καὶ ὁμοίᾳ] ἐξ ἰσοτιμίας, καὶ οὐχὶ κελευόμενοι. — Οἱ μέν] οἱ Λακεδαιμόνιοι.

CXLVI. Ἐν αὐταῖς] ταῖς αἰτίαις καὶ διαφοραῖς. — Ἀκηρύκτως] ἄνευ κηρυκείου, ὡς πρὸς φίλους δῆθεν. οἱ γὰρ πρὸς ἐχθροὺς ἀπιόντες ἀσφαλείας ἕνεκα, ὁσάκις ἠβούλοντο, μετὰ κηρυκείου ἀπῄεσαν, οὓς ἀνόσιον ἡγοῦντο καὶ ἀσεβὲς κακουργεῖν.

IN LIBRUM II.

I. Ἐνθένδε] ἀπὸ τῆσδε τῆς αἰτίας. — Ἐν ᾧ] πολέμῳ. § Ἐν ᾧ, ἀντὶ τοῦ ἐξ οὗ, ἀφ' οὗ. — Ἐπεμίγνυντο] ἐπιμιξίαν εἶχον. — Ἀκηρυκτεί] ἄνευ κηρυκείου, ὡς ἐχθροί. § ἄνευ κηρυκείου μᾶλλον καὶ προκαταγγέλσεως; — Παρ' ἀλλήλους] παρ' ἀλλήλους ἐρχόμενοι. — Καταστάντες τε] ἀρχὴν τοῦ πολέμου ποιήσαντες.

II. Τέσσαρα μὲν γάρ] τοῦτο πρὸς τὸ, Ἄρχεται δὲ ὁ πόλεμος· τὰ γὰρ ἄλλα διὰ μέσου. — Εὐβοίας ἅλωσιν] ἣν ἐν τῇ πρώτῃ λέγει. — Ἐπὶ Χρυσίδος] ἡ Χρυσὶς ἱέρεια ἦν ἐν Ἄργει. ἠρίθμουν δὲ τοὺς χρόνους οἱ Ἀργεῖοι ἀπὸ τῶν ἱερειῶν. — Ἔτι δύο μῆνας] ὅρα τὴν ἀκρίβειαν τοῦ χρόνου. τουτέστι δέκα μῆνας. κατ' ἐνιαυτὸν γὰρ ἠλλάσσοντο. — Βοιωταρχοῦντες] οἱ τῶν Βοιωτῶν ἄρχοντες. ἦσαν γὰρ οἱ πάντες ἕνδεκα. — 2. Ἰδίας ἕνεκα δυνάμεως] * ἕνεκα τοῦ αὐτοὶ δυνατοὶ γενέσθαι. — Καὶ τὴν πόλιν Θηβαίοις προσποιῆσαι] ἵνα μὴ δημοκρατῆται. — 4. Θέμενοι δέ] ἀντὶ τοῦ περιθέμενοι ἑαυτοῖς. Ὅμηρος·

Σάκε' ὤμοισιν ἔθεντο.

ἀνόητον γὰρ τὸ, μεταξὺ πολεμίων ὄντας, μὴ περικεῖσθαι τὰ ὅπλα. τοῦτο δὲ εἶπεν, ὅτι ἐν τῇ ὁδῷ τυχὸν ἐβάσταζον αὐτά, ὡς δ' εἰς τοὺς πολεμίους ἦλθον, ἐνεδύσαντο. — Τοῖς μὲν ἐπαγομένοις] τοῖς προδόταις. — Ἔργου] φόνου δηλονότι. — Γνώμην] βουλήν. — Ἐπιτηδείοις] πρὸς φιλίαν. — Φιλίαν] δηλονότι τῶν Θηβαίων. — Κατὰ τὰ πάτρια] ἔθη δηλονότι. — Ξυμμαχεῖν] τοῖς Θηβαίοις. — Τίθεσθαι παρ' αὐτοὺς τὰ ὅπλα] ἀντὶ τοῦ σὺν αὐτοῖς ὁπλίζεσθαι. — Παρ' αὐτούς] πλησίον αὐτῶν. — Σφίσι] τοῖς Θηβαίοις. — Προσχωρήσειν] προσνεύσειν.

III. Ἐξαπιναίως] ἀπροσδοκήτως. — Τοὺς λόγους δεξάμενοι] παρὰ τῶν Θηβαίων. — Οὐδὲν ἐνεωτέριζον] οἱ * Θηβαῖοι δηλονότι. — 2. Πῶς] κατὰ τίνα τρόπον· συντακτέον δὲ οὕτω, πράσσοντες δὲ κατενόησάν πως. — Ἐπιθέμενοι] μετὰ βάρους ἐπελθόντες τοῖς Θηβαίοις. — Οὐ βουλομένῳ ἦν] Ἀττικὴ ἡ φράσις. — 3. Τοὺς κοινοὺς τοίχους] τοὺς μεταξὺ τῶν οἰκούντων. — Διορύσσοντες τοὺς κοινοὺς τοίχους] ἵνα μὴ ἐν ταῖς οἰκίαις μόνον ξυλλεγῶσι. — 4. Κατὰ φῶς] ἐν τῷ φωτί. — Σφίσιν ἐκ τοῦ ἴσου γίγνωνται] ἰσοπαλὴς ἡ μάχη γένηται. — Φοβερώτεροι] φοβερώτεροι, οἱ Θηβαῖοι. σφετέρας δέ, τῆς Πλαταιέων. — Προσέβαλον] προσέπεσον.

IV. Ἔγνωσαν ἐξηπατημένοι] καθὸ ἐνόμιζον προσχωρήσειν αὐτοῖς τοὺς Πλαταιεῖς. — Τὰς προσβολάς] τῶν Πλαταιέων. — Ἦ προσπίπτοιεν] τὸ ᾗ ἀντὶ τοῦ ὅπου. — 2. Αὐτῶν] τῶν ἀνδρῶν δηλονότι. — Ἄπειροι] ἀδίδακτοι. — Τελευτῶντος τοῦ μηνός] γιγνόμενος ἦν ὁ πόλεμος φθινούσης σελήνης. § τοῦ κατὰ σελήνην λέγε μηνός. τουτέστιν ἐν συνόδῳ. — 3. Ἧ] ὅπου. — Στυρακίῳ ... χρησάμενος ἐς τὸν μοχλόν] στυράκιον λαβών τις, φησὶ, ἐνέβαλεν ἐν τῷ μοχλῷ τῆς θύρας. βάλανος δέ ἐστι τὸ βαλλόμενον εἰς τὸν μοχλὸν σιδήριον, ὃ καλοῦμεν μάγγανον. ὅθεν καὶ ἡ κλεὶς καλεῖται βαλανάγρα παρὰ τὸ ἀγρεύειν τὴν βάλανον. ἄλλοι δὲ τὸ στυράκιον ἔλαβον τὸ ξύλον τοῦ ἀκοντίου, ἀνοήτως. πᾶν μὲν γὰρ οὐκ ἐδύνατο ἐν τῷ μοχλῷ κατακρυφθῆναι· εἰ δὲ ὑπερεῖχεν, ἀνεσπάσθη ἂν ὑπό τινος τῶν Θηβαίων. Ἄλλως. στυράκιόν ἐστιν ὁ καλούμενος σαυρωτὴρ τῶν δοράτων. — 4. Ἐρήμους] ἀφυλάκτους. εἰκὸς δὲ ταύτας τὰς πύλας οὕτως ἠμελῆσθαι, ὡς εἰρήνην ἀγόντων αὐτῶν, καὶ οὐ δεδοικότων οὐδὲ ἐλπιζόντων ἐπιβουλήν. — Ἐπεγένετο] τοῖς Πλαταιεῦσι. — 5. Ξυνεστραμμένον] ὁμοῦ συνηγμένον. — Εἰς οἴκημα] πύρ-

γος ἦν τοῦ τείχους, ἔχων ἔνδοθεν ἀπὸ τῆς πόλεως εἴσοδον, οὐκέτι δὲ καὶ ἔξοδον. — Πύλας] πύλαι, τοῦ τείχους· θύραι, τοῦ οἴκου. — Ἄντικρυς] τὸ ἄντικρυς ἐνταῦθα μὲν ἐξ ἐναντίας, ἀεὶ δὲ ἐπὶ τοῦ φανεροῦ κεῖται. — 5. Ἀπειλημμένους] περιειργμένους. — 7. Περιῇσαν] ἔζων. — Ξυνέδησαν τοῖς Πλαταιεῦσι] ἀπὸ συνθήκης δηλονότι. — Οὕτως ἐπεπράγεσαν] ἐδυστύχησαν.

V. Ἅμα] τὸ ἅμα πρὸς τὸ ἐπεβοήθουν. — 3. Ἐχομένων] κρατηθέντων. — 4. Τὸ γεγενημένον] κατὰ τὴν πόλιν δηλονότι. — Καὶ κατασκευή] πραγματικὴ ὕλη. — Ὑπάρχειν ἀντὶ τῶν ἔνδον] λείπει ἐνέχυρον. — 5. Ἐν σπονδαῖς] ταῖς τριακοντούτεσιν. — Αὐτοῖς] τοῖς Θηβαίοις. — 6. Φασὶν αὐτούς] οἱ Θηβαῖοι τοὺς Πλαταιεῖς. — Εὐθύς] τὸ εὐθὺς οὐκ ἔστι παραχρῆμα, ἀλλ' ἐξ εὐθείας, καὶ ἀσκόπως. — Ξυμβαίνωσι] συμφωνῶσιν. — 7. Τῆς γῆς] τῶν Πλαταιέων. — Οὐδὲν ἀδικήσαντες] βλάψαντες τῶν Πλαταιέων. — Εἰσεκομίσαντο] συνέκλεισαν. — Πρὸς ὃν ἔπραξαν οἱ προδιδόντες] πρὸς ὃν ἐλθόντες οἱ προδιδόντες ἔπραξαν τὰ κατὰ σκοπόν.

VI. Ἄγγελον ἔπεμπον] ὅτι ἐφόνευσαν Θηβαίους. λέγει δὲ τρίτον τοῦτον· τὸν γὰρ πρῶτον ἀπέστειλαν δηλοῦντα τὴν εἰσβολὴν Θηβαίων, τὸν δὲ δεύτερον τὴν σύλληψιν αὐτῶν, τοῦτον δὲ δηλοῦντα τὴν ἀναίρεσιν. — Ἐν τῇ πόλει τῇ Πλαταιᾷ. — Καθίσταντο] τουτέστι πρὸς πολιορκίαν ηὐτρεπίζοντο, ᾠκονόμουν, ἥπερ καὶ ἐγένετο μετ' ὀλίγον. — 2. Ἐν τῇ Ἀττικῇ] γῇ δηλονότι. — Περὶ αὐτῶν] τῶν κατασχεθέντων δηλονότι. — 3. Οὐ γὰρ ἠγγέλθη αὐτοῖς] τοῖς Ἀθηναίοις δηλονότι. οὔπω ἦν ὁ τρίτος ἄγγελος ἐλθών. — Καὶ τῶν ὕστερον οὐδὲν ᾔδεσαν] τοῦτο καθ' ἑαυτὸ ἀναγιγνωσκέσθω. ἐὰν γὰρ τοῖς ἀνωτέρω ἐπισυναφθῇ, δοκεῖ ἀσύντακτον εἶναι. ὤφειλε γὰρ εἰπεῖν αἰτιατικῶς, εἰ πρὸς τὸν ἄγγελον τὸν λόγον ἐποιεῖτο. § Πρὸς ὃ λέγομεν, ὅτι πρὸς τοὺς Ἀθηναίους ἐστὶν ὁ λόγος. φησὶ γὰρ ὅτι αὐτοὶ στείλαντες τοὺς πρὸ τούτου δύο ἀγγέλους, οὐδὲν ἔτι τῶν συμβησομένων ἠπίσταντο. μέχρι οὖν παντὸς τοῦ ἔργου ἀποβάντος καὶ τὸν τρίτον ἀπέστειλαν. — Ὁ δὲ κῆρυξ] τῶν Ἀθηναίων. — 4. Στρατεύσαντες] τὸ στρατεύσαντες ἰδίως νῦν εἴρηται ἀντὶ τοῦ μετὰ στρατιᾶς ἀφικόμενοι· οὐ γὰρ ὡς ἔθος ἐπὶ πολέμου. τῷ αὐτῷ δὲ τρόπῳ χρώμενοι οἱ Ἀθηναῖοι ἠμείψαντο καὶ αὐτοὶ τοὺς Πλαταιέας, καὶ ἔπεμψαν τά τε πρὸς τροφὴν συντελοῦντα, καὶ δὴ καὶ τὰ πρὸς ἀσφάλειαν, καὶ ὑπεδέξαντο τὰς γυναῖκας αὐτῶν καὶ τοὺς παῖδας μετὰ τῶν ἀχρειοτάτων ἀνθρώπων. φησὶ δὲ τοιούτους τοὺς μὴ δυναμένους δηλονότι ἐξελθεῖν εἰς πόλεμον· οἷον τοὺς νοσοῦντας, τοὺς γέροντας. — Ἐγκατέλιπον] ἀντὶ τοῦ ἐν τῇ Πλαταίᾳ κατέλιπον, οἵτινες καὶ συνεπολιορκήθησαν Πλαταιεῦσι. — Τοὺς ἀχρειοτάτους] τοὺς ἀχρήστους πρὸς πόλεμον.

VII. Λαμπρῶς] φανερῶς, ἀναμφισβητήτως. τὸ ἑξῆς οὕτω· παρεσκευάζοντο πέμπειν πρεσβείας, εἴ ποθεν ἤλπιζον ἑκάτεροι ὠφέλειαν προσλήψεσθαι. — Πρεσβείας τε μέλλοντες πέμπειν] περὶ ἀμφοτέρων λέγει, Λακεδαιμονίων καὶ Ἀθηναίων δηλονότι. — Καὶ ἄλλοσε ἐς τοὺς βαρβάρους] οἱ μὲν Λακεδαιμόνιοι πρὸς τοὺς Πέρσας, οἱ δὲ Ἀθηναῖοι πρὸς τοὺς Θρᾷκας. καὶ γὰρ ἐν τῇ ἀρχῇ τῆς πρώτης λέγει «Καὶ μέρει τινὶ τῶν βαρβάρων.» — Ὅσαι ἦσαν ἐκτὸς τῆς ἑαυτ. δυνάμ.] ὅσαι μὴ ἦσαν ὑπήκοοι, ἀλλ' αὐτόνομοι. — 2. Ἐς τὸν πάντα ἀριθμόν] μετὰ τῶν ἐν Λακεδαίμονι οὐσῶν νεῶν. — Ῥητόν] ὡρισμένον. — Ἑτοιμάζειν] ἐπετάχθη δηλονότι. — Μιᾷ νηΐ] μετὰ κηρυκείου δηλονότι. — Ταῦτα] τὰ ὡρισμένα κατὰ τὸν πόλεμον. — 3. Ἐξήταζον] ἐδοκίμαζον. — Ἐπρεσβεύοντο] πρέσβεις ἀπέστελλον. — Κέρκυραν] οἱ γὰρ Κερκυραῖοι ἐπιμαχίαν μόνον εἶχον· νῦν δὲ καὶ ξυμμαχίαν ποιεῖ.

VIII. Ὀλίγον τε ἐπενόουν οὐδέν] ἀντὶ τοῦ οὐδὲν μικρὸν ἐφρόνουν. — Οὐκ ἀπεικότως] ἀλλ' εὐλόγως καὶ εὐπροσώπως. — Ἀρχόμενοι γὰρ πάντες ὀξύτερον ἀντιλαμβάνονται] ὥστε διὰ τοῦτο μᾶλλον ὀξύτερον συνέβαινεν αὐτοὺς ἀντιλαμβάνεσθαι. — Ἀντιλαμβάνονται] περιέχονται. — Ὑπὸ ἀπειρίας] παροιμία [Pindar. Hyporch. fr. 2] γλυκὺς ἀπείρῳ πόλεμος. — Ἥ τε ἄλλη Ἑλλάς ...] οἱ ἄλλοι Ἕλληνες οἱ μηδετέροις βοηθοὶ ἐκεκίνηντο καὶ οὐχ ἡσύχαζον. — Μετέωρος ἦν] ταῖς ἐλπίσι δηλονότι. — 2. Λόγια] λόγιά ἐστι τὰ παρὰ τοῦ θεοῦ λεγόμενα καταλογάδην· χρησμοὶ δὲ, οἵτινες ἐμμέτρως λέγονται, θεοφορουμένων τῶν λεγόντων. — 3. Πρότερον οὔπω σεισθεῖσα] καὶ μὴν Ἡρόδοτος [6, 98] λέγει ὅτι ἐκινήθη ἐν τοῖς Μηδικοῖς. — Ἀφ' οὗ Ἕλληνες μέμνηνται] ἀφ' οὗ διὰ μνήμης ἐστὶ τὸ τῶν Ἑλλήνων ὄνομα. — Σημῆναι] σημεῖον εἶναι. — Τοιουτότροπον] ὁποῖον ἐν Δήλῳ, ἤγουν διοσημείαν. — Ἀνεζητεῖτο] ἀνεσκοπεῖτο. — 4. Ἡ δὲ εὔνοια παραπολὺ ἐποίει τῶν ἀνθρ. ἐς τοὺς Λακεδ.] περιφραστικῶς, ἀντὶ τοῦ εὐνοϊκῶς εἶχον τοῖς Λακεδαιμονίοις. — Μᾶλλον] τῶν Ἀθηναίων. — Ἔρρωτό τε πᾶς] ἀντὶ τοῦ προεθυμεῖτο· οὐ γὰρ ἐπὶ ἰσχύος κεῖται, ἀλλ' ἐπὶ σπουδῆς. — Αὐτοῖς] τοῖς Λακεδαιμονίοις. — Κεκωλῦσθαι ἐδόκει ἑκάστῳ ...] ἕκαστος, φησὶν, ᾤετο ἐμποδισθήσεσθαι τῶν Λακεδαιμονίων τὸ ἔργον, τουτέστι τὸν πόλεμον, ἐὰν μὴ παραγένηται αὐτός. δηλοῖ δὲ τὴν μεγίστην προθυμίαν αὐτῶν. — 5. Ὀργῇ εἶχον οἱ πλείους τοὺς Ἀθηναίους] ὠργίζοντο τοῖς Ἀθηναίοις.

IX. Πόλεις δὲ ἑκάτεροι ...] ὁ κατάλογος τῶν συμμάχων ἑκατέροις. — 2. Πελληνεῖς] δώδεκα πόλεις εἶχεν ἡ Ἀχαΐα, ὧν μία ἦν ἡ Πελλήνη. — Ξυνεπολέμουν] τοῖς Λακεδαιμονίοις. — Ἅπαντες] οἱ Ἀχαιοί. οὐ γὰρ οἱ Ἀργεῖοι. — 4. Αἱ ὑποτελεῖς οὖσαι] τοῖς Ἀθηναίοις. — Ἡ ἐπὶ θαλάσσῃ] ἡ παραθαλασσία. — Δωριεῖς] Δωρίδες νῆσοι Ῥόδος, Κῶς, Κνίδος. — Τὰ ἐπὶ Θρᾴκης] οἷον Βυζάντιον, Πέρινθος. — Νῆσοι ὅσαι κτλ.] αἱ περὶ τὰ δυτικά. — Ἐντὸς Πελοποννήσου ...] οὐ λέγει ἐντὸς Κρήτης καὶ Πελοποννήσου, πρὸς ἀνίσχοντα ἥλιον, ἀλλὰ δεῖ στίξαι εἰς τὸ Πελοποννήσου, καὶ ἀπὸ κοινοῦ τὸ ὅσαι λαβεῖν, ἵν' ᾖ, καὶ ὅσαι τῆς Κρήτης πρὸς ἥλιον ἀνίσχοντα, οἷον Κάρπαθος, Κάσος, Χάλκη καὶ αἱ ἄλλαι.

X. Ἔξω] τῆς Πελοποννήσου. — Ἔκδημον] ὑπερόριον, μακρὸν πόλεμον. — 2. Κατὰ τὸν χρόνον τὸν εἰρημένον] ὡς τῶν Λακεδαιμονίων ὁρισάντων τὴν προθεσμίαν τῆς συνάξεως. — Ξυνῄεσαν τὰ δύο μέρη] ἵνα ἑκάστη πόλις τὸ μὲν δίμοιρον στρατεύσῃ, τὸ δὲ τρίτον ἑαυτῆς κατάσχῃ πρὸς φυλακήν. αὐτοὶ γὰρ οἱ Λακεδαιμόνιοι τὰς πόλεις ἐμέριζον εἰς τρία μέρη, καὶ τὸ τρίτον εἴων ἐν ταῖς πόλεσιν, ἵνα μὴ, πάντων ἐξελθόντων εἰς τὸν πόλεμον, ἐρήμους εὑρόντες οἱ Ἀθηναῖοι τὰς πόλεις χειρώσωνται. — Ἐς τὸν Ἰσθμόν] ὁ γὰρ Ἰσθμὸς καὶ μέσος τόπος καὶ πλησίον τῆς Ἀττικῆς. — 3. Ἐν τέλει] τέλη τὰ ἀξιώματα καὶ οἱ ἄρχοντες.

XI. Ἄνδρες Πελοποννήσιοι] ἡ στάσις πραγματική, ἄγραφος, συμβουλευτικοῦ εἴδους, κεφάλαιον ἔχουσα τὸ συμφέρον. — Αὐτοί] ἡμεῖς δηλονότι. — 2. Τῇδε τῇ ὁρμῇ] τῇ ἡμετέρᾳ. — * Τὴν γνώμην] τὸν σκοπόν. — 3. Οὔκουν χρή] τὸ ἑξῆς, οὔκουν χρὴ ἀμελέστερον χωρεῖν. τὰ δὲ ἄλλα διὰ μέσου. — Προσδέχεσθαι] ἀπὸ κοινοῦ τὸ χρή. — 4. Καὶ ἐξ ὀλίγου τὰ πολλά] Ὅμηρος [Il. Δ, 412]·

Ἥτ' ὀλίγη μὲν πρῶτα κορύσσεται.

— Δι' ὀργῆς αἱ ἐπιχειρήσεις γίγνονται] τουτέστιν ὅτι ὀργισθέντες οἱ Ἀθηναῖοι πάντως ἐξελεύσονται. — 5. Ἐν τῇ πολεμίᾳ] τῇ γῇ δηλονότι. — 6. Ἐλπίζειν] φοβεῖσθαι. — Ἐν ᾧ] τόπῳ δηλονότι. — Καὶ τἀκείνων φθείροντας] ὁρμηθήσονται δηλονότι. — 7. Ὁρᾶν πάσχοντάς τι...] καὶ οἱ ὀργιζόμενοι, ἅτε δὴ ἧττον λογιζόμενοι, μᾶλλον δὲ θυμούμενοι, εἰς τὸ πολεμεῖν ἐπείγονται ῥιψοκινδύνως. § καὶ πάνυ ἀόργητος, ἐπειδὰν τὰ αὑτοῦ θεάσηται ὑφ' ἑτέρου φθειρόμενα, πρὸς ὀργὴν διεγείρεται, καὶ ἀμύνειν ἐπείγεται. § Σημείωσαι τὸ σχῆμα, πᾶσι πάσχοντας, ἀντὶ τοῦ πάσχουσιν. — 9. Ὡς οὖν ἐπὶ τὴν ἄλλην πόλιν] οἱ ἐπίλογοι ἐντεῦθεν. § μεγάλην, ἴσην καὶ ὁμοίαν. — Ἐπ' ἀμφότερα] δόξα ἐπ' ἀμφότερα καὶ εὐκλείας καὶ δυσκλείας. — Ὅπῃ ἂν τις ἡγῆται] στρατηγὸς δηλονότι. — Ὀξέως] συντόμως.

XII. 2. Τὸ κοινόν] βουλευτήριον δηλονότι. — Γνώμῃ] βουλῇ. — Πρότερον] πρὸ τῆς πρεσβείας. — Ἐξεστρατευμένων] κατὰ τῶν Ἀθηναίων. — Πρὶν ἀκοῦσαι] μὴ ἀκούσαντες αὐτοῦ ἃ ἔλεγεν. — Πρεσβεύεσθαι] τὸ ἐκέλευον ἀπὸ κοινοῦ. — Ἀγωγούς] ὁδηγούς. — 3. Ἐπὶ τοῖς ὁρίοις] ὅρια λέγει τὴν ἀρχὴν τῆς Βοιωτίας. — Διαλύεσθαι] ἀφίστασθαι τῶν ἀγωγῶν. — Κακῶν ἄρξει] ἀρχὴ γενήσεται. — 4. Ἐς τὸ στρατόπεδον] τῶν Λακεδαιμονίων. — Ἐνδώσουσι] ταπεινωθήσονται. — 5. Μέρος μὲν τὸ σφέτερον] τὸ δίμοιρον, ὡς καὶ πρότερον εἴρηται.

XIII. Ἔτι δέ] πάλιν ἀνωτέρω ἐπανατρέχει. — Ἐν ὁδῷ ὄντων] ἑτοίμων ὄντων ἰέναι. — Ἰδίᾳ] ἀντὶ τοῦ ἐξ ἰδίας προαιρέσεως. — Γένοιτο] ἀντὶ τοῦ ἐγένετο. — Κατὰ ταῦτα] διὰ τὸ μὴ δηῶσαι. — 2. Ἤπερ] ἐν ᾧ. — Διὰ χειρός] δι' ἐπιμελείας, ἵνα μὴ ἀποστῶσι. — Τὴν ἰσχύν] τὸ ἑξῆς, τὴν ἰσχὺν ἀπὸ τῶν χρημάτων τῆς προσόδου. — Τοῦ πολέμου] λέγων δηλονότι. — Γνώμῃ γνώσει. — Κρατεῖσθαι] νικᾶσθαι. — 3. Τῆς ἄλλης προσόδου] οἷον τῆς εὐφορίας τῆς γῆς, καὶ τῶν καταδικαζομένων, καὶ τῶν λιμένων, καὶ μετάλλων, καὶ ἄλλων. — Ἐπισήμου] οἷον σημεῖον ἔχοντος βασιλικόν. — Τριακοσίων ἀποδέοντα μύρια] τουτέστιν ἐννεακισχίλια ἑπτακόσια. — 4. Χρυσίου ἀσήμου] μὴ ἔχοντος σημεῖον, οἷον μαζία τινά. — Σκῦλα Μηδικά] τὸν ἀργυρόποδα θρόνον καὶ τὸν ἀκινάκην τὸν χρυσοῦν. — Ἡ πεντακοσίων] τὸ ἢ περιττόν. — 5. Αὐτῆς τῆς θεοῦ] τῆς Ἀθηνᾶς. — Τὸ ἄγαλμα] ὅπερ ὁ Φειδίας κατεσκεύασε μετὰ τὰ Μηδικά. — Ἀπέφθου] πολλάκις ἑψηθέντος, ὥστε γενέσθαι ὄβρυζον. — Ἅπαν] τὸ κόσμιον τοῦ ἀγάλματος. — Χρῆναι] χρεὼν εἶναι. — 6. Χρήμασιν] ἕνεκα χρημάτων. — 7. Οἱ πολέμιοι ἐσβάλοιεν] ἀντὶ τοῦ ἐσέβαλον οἱ Λακεδαιμόνιοι. — Ἀπό τε πρεσβυτάτων] οἱ γὰρ ἐν τοῖς φρουρίοις γέροντες καὶ νέοι ἦσαν ἅμα. — Πρὸς τὸν κύκλον] ἕως τοῦ κύκλου. — Αὐτοῦ] τοῦ κύκλου. — Ὃ καὶ ἀφύλακτον] μέρος δηλονότι· τουτέστι στάδιοι δεκαεπτά· ὁ γὰρ ὅλος κύκλος σταδίων ἦν ἑξήκοντα. — Ὧν] τῶν μακρῶν τειχῶν. — Τὸ ἔξωθεν ἐτηρεῖτο] τὸ γὰρ μέσον οὐκ ἐδεῖτο. — Τὸ δ' ἐν φυλακῇ ὄν] τοῦ Πειραιέως τὸ νεῶιον ἐς τὴν ἤπειρον.

XIV. Τὴν ξύλωσιν] τὴν ἀπὸ ξύλων κατασκευήν. σημείωσαι ξύλωσιν· ἰδία λέξις τοῦ Θουκυδίδου αὕτη. — 2. Ἡ ἀνάστασις] ἡ μετοίκησις.

XV. Ἀπὸ τοῦ πάνυ ἀρχαίου] ἐξ ἀρχῆς. — Ἑτέρων] Ἑλλήνων. — Τοῦτο] τὸ ἐν ἀγροῖς δίαιταν ἔχειν. — Ἐς Θησέα] ἀντὶ τοῦ ἕως Θησέως. — Ἀεὶ κατὰ πόλεις] ἀδιαστάτως. — Πρυτανεῖά τε ἔχουσα] πρυτανεῖόν ἐστιν οἶκος μέγας, ἔνθα αἱ σιτήσεις ἐδίδοντο τοῖς πολιτευομένοις. ἐκαλεῖτο δὲ οὕτως, ἐπειδὴ ἐκεῖ ἐκάθηντο οἱ Πρυτάνεις, οἱ τῶν ὅλων πραγμάτων διοικηταί. ἄλλοι δέ φασιν ὅτι τὸ πρυτανεῖον πυρὸς ἦν ταμεῖον, ἔνθα καὶ ἦν ἄσβεστον πῦρ καὶ ηὔχοντο. — Ὁπότε μή τι δείσειαν] ἀντὶ τοῦ εἰ μὴ εἰς φόβον τινὰ ἔλθοιεν καὶ κίνδυνον, οὐκ ἤρχοντο πρὸς τὸν βασιλέα. — Αὐτοὶ ἕκαστοι] καθ' ἑαυτούς. — Μετ' Εὐμόλπου] ἀφ' οὗ Εὐμολπίδαι φυλὴ ἐν τῇ Ἀττικῇ. — 2. Ξυνῴκισε] τὸ ξυνῴκισεν οὐκ ἔστιν ἐπὶ τοῦ ὁμοῦ ξυνοικισθῆναι ἐποίησεν, ἀλλ' ἐπὶ τοῦ μίαν πόλιν, τουτέστι μητρόπολιν, ἔχειν αὐτήν. — Ἐξ ἐκείνου] ὁ δὲ μὴν ἐκείνως ὠνομάσθη Μεταγειτνιών. — Τῇ θεῷ] τῇ Ἀθηνᾷ· ἀπροσδιορίστως γὰρ οὕτω φασὶν οἱ Ἀθηναῖοι, καὶ τὸν Ἀπόλλωνα ὁμοίως. — 4. Πρὸς τοῦτο τὸ μέρος] τὸ νότιον. — Τῆς Γῆς] τῆς Δήμητρος. — Ἐν Λίμναις] Λίμναι τόπος ἐν τῇ ἀκροπόλει τῶν Ἀθηνῶν. — Τὰ ἀρχαιότερα] ἀρχαιότερα εἶπε, διότι ἔστι καὶ νεώτερα ἄλλα. — Τῇ δωδεκάτῃ] τοῦ μηνός. — Καὶ οἱ ἀπ' Ἀθην.] καὶ οἱ ἄποικοι τῶν Ἀθηναίων. — Νομίζουσι] κατὰ νόμον ποιοῦσι. — Ταύτῃ] πρὸς νότον. — 5. Τῶν τυράννων] τῶν Πεισιστρατιδῶν. — Τῶν πηγῶν] τῶν ἀναδόσεων τοῦ ὕδατος. — Ἐγγὺς οὔσῃ] τῆς ἀκροπόλεως δηλονότι. — Τὰ πλείστου ἄξια ἐχρῶντο] λείπει ἡ εἰς, ἵν' ᾖ, εἰς

τὰ πλείστου ἄξια. τὸ δὲ ἑξῆς, τῇ κρήνῃ τὰ πλείστου ἄξια ἐχρῶντο. — Καὶ ἐς ἄλλα τῶν ἱερῶν] καὶ γὰρ ὁ γάμος ἱερός. — 6. Διὰ τὴν παλαιὰν ταύτην] τὴν εἰρημένην δηλονότι.

XVI. Τῇ τε οὖν] ἐπανάληψις. § ἀντίπτωσις, ἀντὶ τοῦ τῆς τε οὖν. — Αὐτονόμῳ οἰκήσει] αὐτονόμου οἰκήσεως. — Ξυνῳκίσθησαν] εἰς μίαν πόλιν συνῆλθον. — Πανοικησίᾳ] πανοικησίᾳ καὶ οὐ πανοικίᾳ λέγεται. — 2. Ἐβαρύνοντο] καλῶς εἶπεν ἐβαρύνοντο. οὐ δεῖ γὰρ λέγειν ὅτι ἐβαροῦντο, ἢ βαροῦμαι, ἢ βαρούμενος, οὐδὲ ἄλλην τινὰ κλίσιν ποιεῖσθαι τοῦ βαροῦμαι ῥήματος· ἀλλὰ βαρύνομαι, καὶ βαρυνόμενος, καὶ τἆλλα ὁμοίως κλινόμενα.

XVII. Ὀλίγοις μέν τισιν] τοῖς πλουσιωτέροις. — Ὑπῆρχον οἰκήσεις] ἰδίᾳ δηλονότι. — Τά τε ἐρῆμα] τὰ ὀλιγάνθρωπα. — Κλειστὸν ἦν] πανταχόθεν κλείεσθαι ἠδύνατο. — Τό τε Πελασγικὸν καλούμενον] οἱ γὰρ Πελασγοὶ αὐτὸ οἰκήσαντες, ἐπεβούλευσαν τοῖς Ἀθηναίοις· οὓς διώξαντες πάλιν οἱ Ἀθηναῖοι κατηράσαντο τὸν τόπον μὴ οἰκισθῆναι. — Ἀκροτελεύτιον τοιόνδε] καλῶς τὸ ἀκροτελεύτιον ἀντὶ τοῦ τὸ ἄκρον, τὸ τέλος τοῦ στίχου. καλεῖται δὲ καὶ ἄκρον ἡ ἀρχὴ τοῦ στίχου. — 2. Προσεδέχοντο] ἐνόμιζον. — 3. Κατεσκευάσαντο] κατασκευὰς ἐποιήσαντο. § οἴκημά τι. ἢ ἀντὶ τοῦ κατέλυσαν τὰ σκεύη· ὧν ἐναντίον τὸ ἀνεσκευάσαντο. — Τά τε μακρὰ τείχη] ἐπάνω τῶν τειχῶν.

XVIII. Ἐς Οἰνόην] Οἰνόη δῆμος τῆς Ἀττικῆς, ὅριον οὖσα Ἀθηναίων καὶ Βοιωτῶν. — Τῷ τείχει] τῆς Οἰνόης. — 3. Ἀπ' αὐτοῦ] τοῦ βράδους. — Δοκῶν] νομιζόμενος. — Ἐν τῇ ξυναγωγῇ] ὅτε ἀπέτρεπε πολεμεῖν. — Ἥ τε ... διέβαλεν αὐτόν] περὶ τῆς τοῦ Ἀρχιδάμου διαβολῆς. — Ἐπιμονή] ἀργία. — Ἐπιμονὴ γενομένη] ὅτε τὸν Μελήσιππον ἔπεμψε. — Ἐπίσχεσις] ἀργία. — 4. Ἐν τῷ χρόνῳ τούτῳ] τῆς βραδύτητος δηλονότι. — Διὰ τὴν ἐκείνου μέλλησιν] ἐβράδυναν δηλονότι.— 5. Ἐν τῇ καθέδρᾳ] τῇ ἀργίᾳ τῆς πολιορκίας δηλονότι. — Ἀνεῖχεν] αὐτοὺς δηλονότι.

XIX. Πᾶσαν ἰδέαν πειράσαντες] πάσης ἰδέας πολεμικῆς πεῖραν ἐπαγαγόντες. — 2. Ἔτεμνον] τὰ δένδρα δηλονότι. — Ῥείτους] Ὄρος Ῥειτός, Ἡρωδιανὸς Ῥῖτος. — Αἰγάλεως] ἀρσενικῶς ὁ Αἰγάλεως, ὡς Μενέλεως. ἄλλοι δὲ οὐδετέρως φασίν.

XX. Ἐκείνῃ τῇ ἐσβολῇ] τῇ πρώτῃ ἐφόδῳ. ἐποίηνν γὰρ καὶ ἄλλας ἐσβολὰς εἰς τὴν Ἀττικὴν οἱ Λακεδαιμόνιοι. — 2. Ἐπεξελθεῖν] ἐπὶ τιμωρίᾳ. — 3. Εἰ ἐπεξίασιν] εἰ ἐπεξελεύσονται οἱ Ἀθηναῖοι πρὸς πολεμον. — 4. Αὐτῷ] τῷ Ἀρχιδάμῳ. — Ἐδόκουν] ἐνομίζοντο. — Ἐκείνῃ] τῇ πρώτῃ. — Τῶν σφετέρων] κτημάτων. — Προθύμους ἔσεσθαι] ἀπὸ κοινοῦ τὸ ἐδόκουν. — Ὑπὲρ τῆς τῶν ἄλλων] γῆς δηλονότι.

XXI. Παυσανίου] τοῦ προδότου, τοῦ ἐν Πλαταιαῖς στρατηγοῦ. — Μεμνημένοι καὶ Πλειστοάνακτα ... ἀνεχώρησε] σημείωσαι τὴν σύνταξιν, ὅτι Θουκυδιδεία ἐστί. — Ἐς τὸ πλεῖον] ἐς τὸ περαιτέρω. — Αὐτῷ] τῷ Πλειστοάνακτι. — Χρήμασι πεισθῆναι] μετὰ πειθοῦς χρημάτων ποιῆσαι τὴν ἀναχώρησιν. — 2. Ὡς εἰκός] ὡς ἐστιν εἰκάσαι. — Ἐν τῷ ἐμφανεῖ] φανερῶς. — Τῇ νεότητι] τῷ πλήθει τῶν νέων. — Ἐπεξιέναι] κατὰ τῶν πολεμίων δηλονότι. — Κατὰ ξυστάσεις] οἷον κατὰ συστήματα καὶ πλήθη γινόμενοι οἱ Ἀθηναῖοι. — 3. Ὡς ἕκαστος] τῶν Ἀθηναίων δηλονότι. — Ἐτέμνετο] ἠφανίζετο. — Ἐνῆγον] παρεκίνουν. — Ἀνηρέθιστο] διηγειρετο. — Οὐκ ἐπεξάγοι] οὐκ ἐπιφέροι τὸ στράτευμα κατὰ τῶν πολεμίων.

XXII. Γιγνώσκειν] κρίνειν. — Ξυνελθόντας] συστάντας. — Δι' ἡσυχίας εἶχεν] ἡσύχαζε. — 2. Προδρόμους] τῶν Λακεδαιμονίων. — Κακουργεῖν] λῃστεύειν. — Ἐν Φρυγίοις] τόπος τῆς Ἀττικῆς. — Τέλει ἑνί] τάγματι ἑνί. — Θεσσαλοῖς] οἱ γὰρ Θεσσαλοὶ σύμμαχοι πάλιν ἐγένοντο τοῖς Ἀθηναίοις. — Μετ' αὐτῶν] τῶν Ἀθηναίων. — Πρὸς τοὺς Βοιωτῶν ἱππέας] κατὰ τῶν Βοιωτῶν. — Τροπὴ ἐγένετο αὐτῶν] τῶν Ἀθηναίων δηλονότι. — Ἀσπόνδους] ὅ ἐστι, μὴ δεηθέντες σπονδῶν αἴτησιν παρὰ Πελοποννησίων. οὐδὲ γὰρ ἦσαν πάνυ ἡττηθέντες, ὥστε καὶ δεηθῆναι σπονδῶν, ἵνα θάψωσιν αὐτούς. — 3. Παρ' αὐτούς] τοὺς Ἀθηναίους δηλονότι. — Παράσιοι] Παρράσιοι, Ἀρκάδες· Παράσιοι, Θεσσαλοί. — Ἐκ μὲν Λαρίσσης ...] ἡ Λάρισσα ἐστασίαζε πρὸς ἑαυτήν· διὸ ἑκατέρα μερὶς ἄρχοντα εἶχε. λέγει δὲ ὅτι ἑκατέρα στάσις δύναμιν Ἀθηναίοις ἀπέστειλεν. οἱ μὲν γὰρ δημοκρατίαν ἤγαγον, οἱ δὲ ὀλιγαρχίαν.

XXIII. Πάρνηθος] ὁ Πάρνης ὄνομα ὄρους. — 2. Αὐτῶν] τῶν Ἀθηναίων δηλονότι. — Καὶ Σωκράτης] ἄλλος Σωκράτης ὁ Σωφρονίσκου. — Καὶ οἱ μέν] οἱ στρατηγοὶ τῶν Ἀθηναίων. — Ἄραντες] τὰς ναῦς δηλονότι. — Τῇ παρασκευῇ ταύτῃ] τῇ τῶν ἑκατὸν νεῶν δηλονότι. — 3. Οὐχ ᾗπερ ἐσέβαλον] οὐ τῇ ὁδῷ ᾗ ἐσέβαλον, εἰς τὴν Ἀττικὴν δηλονότι. — Οὐχ ᾗπερ ἐσέβαλον] ὅπως καὶ τἆλλα δῃώσαντες μᾶλλον λυπήσωσιν.

XXIV. Ἐξαίρετα] ἀποκεκριμένα. — Τῶν ἄλλων] ταλάντων δηλονότι. — Ἐς ἄλλο τι] ἐς ἄλλην χρείαν πραγμάτων. — Νηίτῃ στρατῷ] δηλονότι ὡς μεγάλου κινδύνου [ἐπι]κρεμαμένου. οὐ γὰρ ἂν ναυτικῷ στρατῷ οἱ Λακεδαιμόνιοι ἐσέβαλον εἰς τὴν Ἀττικὴν διὰ τὸν Πειραιᾶ, εἰ μὴ κατὰ κράτος ἤδη ἐνίκων τῷ πεζῷ τοὺς Ἀθηναίους. οὗτοι γὰρ κατὰ θάλασσαν πολὺ προεῖχον τῶν Λακώνων. — 2. Τριήρεις τε μετ' αὐτῶν] τῶν ταλάντων.

XXV. Ἀνθρώπων] λείπει πολλῶν. — 2. Περὶ τοὺς χώρους τούτους] τῆς Μεθώνης. — Διαδραμών] ἀντὶ τοῦ διὰ μέσου αὐτῶν δραμών. — Περιεποίησεν] ἐφύλαξε. — Ἀπὸ τούτου] ἀπὸ ταύτης τῆς ὁρμῆς. — 3. Ἄραντες] τὸ ἄραντες κυρίως ἐπὶ θαλάσσης εἴρηται, ἔστι δὲ ὅτε καὶ ἐπὶ γῆς. — Σχόντες] ἀντὶ τοῦ προσχόντες. — Ἐκ τῆς κοίλης Ἤλιδος] εἰς δύο διῄρητο ἡ Ἦλις, εἰς ὀρεινὴν καὶ κοίλην. — Τῆς περιοικίδος] τῆς περιχώρου. — 4. Οἱ δὲ Μεσσήνιοι] οἱ ἐν Ναυπάκτῳ δηλονότι. — Ἐν τούτῳ] τῷ καιρῷ. — Ἐπιβῆναι] ἐπὶ τὰς ναῦς.

— Τὴν Φειὰν αἱροῦσι] τὴν πόλιν αὐτὴν πορθοῦσι.
XXVII. Ἀνέστησαν] μετῴκισαν, διὰ τὸ εὔνους εἶναι τοῖς Λακεδαιμονίοις. — Ἐπικαλέσαντες ...] ἐγκαλέσαντες αὐτοῖς τοῦ πολέμου μάλιστα αἰτίους εἶναι. — Ἐποίκους] ἄποικοι μὲν οἱ ἐν ἐρήμῳ τόπῳ πεμπόμενοι οἰκῆσαι, ἔποικοι δὲ οἱ ἐν πόλει, ὥσπερ νῦν. — 2. Ἐκπεσοῦσι] ἐξορισθεῖσιν. — Εὐεργέται ἦσαν] συμμαχήσαντες ἴσως αὐτοῖς οἱ Αἰγινῆται. — Ὑπό] κατὰ τὸν καιρόν. — Μεθορίᾳ] μέσῃ. — Καθήκουσα] παρατεινομένη. — Ἐνταῦθα] ἐν τῇ Θυρεάτιδι γῇ.
XXIX. Τὸν Πύθεω] ὁ Πύθης, τοῦ Πύθεω, Ἰωνικῶς. — Σιτάλκης] βασιλεὺς Θρᾴκης. — Παρ' αὐτῷ] τῷ Σιτάλκῃ. — Πρόξενον] φίλον. — Σφίσι] τοῖς Ἀθηναίοις. — Τὸν Τήρεω] ὁ Τήρης, τοῦ Τήρεω. — 2. Ὀδρύσαις] Ὀδρύσαι ἔθνος Θρακῶν. — Αὐτόνομον] ἰδίοις νόμοις χρώμενον. — 3. Τηρεῖ δὲ ...] ἰστέον ὅτι ἐνταῦθα μόνον μῦθον εἰσάγει ἐν τῇ συγγραφῇ, καὶ τοῦτον διστάζων. — Οὐδὲ τῆς αὐτῆς Θρᾴκης] εἰς τὸν αὐτὸν καὶ ἕνα τόπον τῆς Θρᾴκης. — Ὁ μέν] ὁ Τηρεὺς ὁ ἀρχαῖος. — Τὸ περὶ τὸν Ἴτυν] τοῦτόν τινες Ἰτυλὸν καλοῦσιν. — Ἐν ἀηδόνος μνήμῃ] ἀντὶ τοῦ μεμνημένοι τῆς ἀηδόνος τοῦ ὀρνέου. — Διὰ τόσου] δι' ὀλίγου διαστήματος. — Τὸ αὐτὸ ὄνομα] τοῦ Τηρέως. — Ἐν κράτει] ἐν δυνάμει. — 4. Οὗ] ὅπου. — Τὰ ἐπὶ Θρᾴκης χωρία] Χαλκιδέας, Βοττιαίους. — Ξυνελεῖν] προσποιήσασθαι. — 5. Τὸν υἱὸν αὐτοῦ, Ἀθηναῖον] τὸν υἱὸν τοῦ Σιτάλκου, ἵνα λοιπὸν ὡς ὑπὲρ πατρίδος ἀγωνίζηται. — Ἀθηναῖον] Ἀθηναίων πολίτην ἐποίησεν. — Ὑπεδέχετο] ὑπέσχετο. — Πελταστῶν] πέλτη ἀσπὶς τετράγωνος. — 6. Ξυνεβίβασε ...] φίλον ἐποίησεν αὐτοῖς τὸν Περδίκκαν. — Θέρμην] εἶχον γὰρ αὐτὴν Ἀθηναῖοι, ἐκ πολιορκίας κρατοῦντες.
XXX. Σόλιον] τὸ Σόλιον πόλισμα τῆς ἠπείρου ἐστὶν ἐν τῇ Ἀκαρνανίᾳ. — Ἄστακον] πόλις Ἀκαρνανίας. — Αὐτόν] τὸν τύραννον. — 2. Προσηγάγοντο] ἐχειρώσαντο. — Σαμαῖοι] Σάμιος ὁ ἀπὸ Σάμου, Σαμαῖος ὁ ἀπὸ Σάμης.
XXXI. Καὶ οἱ περὶ Πελοπόννησον] οἱ περιπλέοντες κατὰ τῆς Πελοποννήσου. — Ἑκατὸν ναυσίν] ὄντες δηλονότι. — Ἔτυχον γὰρ ἐν Αἰγίνῃ] μεταξυλογία. — Τοὺς ἐκ τῆς πόλεως πανστρατιᾷ] τοὺς συμπολίτας αὐτῶν μετὰ παντὸς τοῦ στρατεύματος. — Ἔπλευσαν παρ' αὐτούς] πλῷ χρησάμενοι ἦλθον εἰς αὐτούς. — 2. Ἀκμαζούσης ...] ἀκμὴν καὶ αὔξησιν ἐχούσης τῆς πόλεως, καὶ οὔπω ὑπὸ νόσου ἐλαττωθείσης. — Αὐτοὶ Ἀθηναῖοι] οἱ ἀκραιφνεῖς καὶ οὐ ξένοι. — Τὰ πολλὰ τῆς γῆς] τὰ πολλά, μέρη δηλονότι, τῆς γῆς, τῆς Μεγαρίδος. — 3. Νισαίᾳ] ἐπίνειον Μεγάρων.
XXXII. Ἀταλάντη] ἡ νῦν λεγομένη Κασανδρία.
XXXIII. Εὔαρχος] ὁ τύραννος Ἀστάκου. — Τῆς στρατιᾶς] τῶν Κορινθίων δηλονότι. — 2. Κατήγαγον] τὸν Εὔαρχον δηλονότι. — Προσποιήσασθαι] οἰκειοποιήσασθαι. — Πειραθέντες] πεῖραν σχόντες. — Οὐκ ἠδύναντο] λαβεῖν δηλονότι. — 3. Ὑπ' αὐτῶν] τῶν Κρανίων δηλονότι. — Ἀποβάλλουσι] ζημιοῦνται.
XXXIV. Τῷ πατρίῳ νόμῳ χρώμενοι] τὸν πάτριον νόμον πληροῦντες περὶ τῆς τῶν Ἀθηναίων ταφῆς, δηλονότι καύσαντες τὰ σώματα· οὗτος γὰρ ἦν νόμος Ἀθηναίοις καὶ πᾶσιν Ἕλλησι. — Τρόπῳ τοιῷδε] τῷ ῥηθησομένῳ. — 2. Πρότριτα] πρὸ τρίτης ἡμέρας τῆς ἐκκομιδῆς, ἢ ἐπὶ ἡμέρας τρεῖς. ἄμεινον δὲ τὸ πρῶτον. — Ἐπιφέρει] ἐναγίζει. § ἐπιτιθεῖ τῷ νεκρῷ. — 3. Κυπαρισσίνας] διὰ τὸ ἄσηπτον εἶναι. — Ἔνεστι] τῇ λάρνακι δηλονότι. — 5. Τὸ δημόσιον σῆμα] τὸ καλούμενον Κεραμεικόν.
XXXV. Οἱ μὲν πολλοί ...] οἱ μὲν πολλοί, φησί, τῶν ἐνθάδε ἤδη εἰρηκότων ἐπαινοῦσι τὸν νομοθέτην τὸν προσθέντα ἐν τῷ ἑαυτοῦ νόμῳ τὸν λόγον τὸν κελεύοντα λέγεσθαι τὸν ἐπιτάφιον ἐπὶ τοῖς θαπτομένοις δημοσίᾳ. — Τῶν ἐνθάδε εἰρηκότων] τῶν ῥητόρων δηλονότι. — Τὸν προσθέντα] τὸν νομοθέτην, δηλονότι τὸν Σόλωνα. — Τῷ νόμῳ τὸν λόγον] νόμος, ὅτι δεῖ τοὺς ἐκ τῆς πόλεως ἀνῃρημένους δημοσίᾳ ταφῆς ἀξιοῦν. προστιθέασι δὲ τῷ τοιούτῳ νόμῳ τὸ δεῖν καὶ ἐπιταφίους ἐπαίνους εἰς αὐτοὺς λέγειν, ὃ δὴ καὶ λόγον ὁ ῥήτωρ ἐνταῦθα καλεῖ, καὶ προσθήκην νόμου προσαγορεύει. — Κινδυνεύεσθαι ... πιστευθῆναι] ἀπὸ κοινοῦ τὸ, ἐμοὶ δὲ ἀρκοῦν ἂν ἐδόκει. ἀντὶ τοῦ, καὶ μὴ ἐν κινδύνῳ γίνεσθαι τὸ πιστευθῆναι. — 2. Μετρίως] συμμέτρως, ἀξίως. — Ἡ δόκησις τῆς ἀληθείας] περιφραστικῶς ἡ ἀλήθεια. — Ὅ τε γὰρ ξυνειδώς] κατασκευὴ τοῦ προοιμίου. — Ὅ τε ἄπειρος] προσυπακουστέον, καὶ μὴ εὔνους. — Ἔστιν ἃ καὶ πλεονάζεσθαι] κατὰ κοινοῦ τὸ νομίσειεν. — Ἐς ὅσον] ἕως οὗ. — Αὐτῶν] τῶν ἐπαίνων δηλονότι. — Ἀπιστοῦσιν] λείπει ἕκαστος· ἔστι δὲ σχῆμα. — 3. Ἐδοκιμάσθη] ἐκρίθη. — Βουλήσεώς τε καὶ δόξ.] βουλήσεως μὲν πρὸς τὸ εὔνοια, δόξης δὲ πρὸς τὸ ἄπειρος. — Τυχεῖν] τυχεῖν εἶπεν ὡς ἀπὸ μεταφορᾶς τῶν τοξευόντων κατὰ τοῦ σκοποῦ. — Ὡς ἐπὶ πλεῖστον] τὸ ἐπὶ πλεῖστον καλῶς· οὐ γὰρ δυνατὸν πᾶσιν ὁμοίως ἀρέσκοντα λέγειν, ἀλλὰ καὶ μέσως πως, ἵνα μήτε φθόνον μήτε ψεῦδος δόξῃ λέγειν.
XXXVI. Ἐν τῷ τοιῷδε] τῷ ἐπαίνῳ. — 2. Ἐκεῖνοι] οἱ πρόγονοι. — Πρὸς οἷς] μεθ' ὧν. — Οὐκ ἀπόνως] τινὲς εἰς τὸ οὐκ ἀπόνως ὑποστίζουσι. — 3. Αὐτῆς] τῆς ἀρχῆς δηλονότι. — Ἡμεῖς] ταῦτα λέγει ὁ Περικλῆς διὰ τὴν Σάμον καὶ Εὔβοιαν, ἣν αὐτὸς τοῖς Ἀθηναίοις προσεκτήσατο. — 4. Ὧν] πατέρων, ἢ πραγμάτων τῶν κατὰ πόλεμον ἡμῖν παρεσκευασμένων καὶ εἰρήνην. — Ἐάσω] ἰστέον ὅτι διὰ τοῦτο αὐτὰ παραιτεῖται λέγειν, ἵνα μὴ ἀναγκασθῇ καὶ τὰ τῶν προκειμένων νεκρῶν εἰπεῖν οὐκ ἀξιόλογα ὄντα. — Ἐπιτηδεύσεως] πράξεως. — Εἶμι] πορεύσομαι. — Οὐκ ἂν ἀπρεπῆ λεχθ.] οὐκ ἂν ἔξω τοῦ προσήκοντος λεχθῆναι. — Τὸν πάντα ὅμιλον] σχῆμά ἐστιν, ἀντὶ τοῦ παντὶ τῷ ὁμίλῳ.
XXXVII. Χρώμεθα γάρ] τὸ δεύτερον κεφάλαιον τοῦ ἐγκωμίου, ἡ ἀγωγή. — Οὐ ζηλοῦσα] οὐ μιμουμένη. — Τοὺς τῶν πέλας νόμους] αἰνίττεται τοὺς τῶν Λα-

κεδαιμονίων, οὓς Λυκοῦργος ἔγραψε, μιμησάμενος τοὺς Κρητῶν καὶ Αἰγυπτίων νόμους. καὶ τῶν ἄλλων τὰ πλείω πρὸς Λακεδαιμονίους. — *Ὄνομα μὲν...*] ἐπειδὴ φαῦλον δοκεῖ ἡ δημοκρατία, καὶ ὁρᾷ τοὺς Λάκωνας σεμνυνομένους ἐπὶ τῇ ἀριστοκρατίᾳ, ἐπάγει λέγων ὅτι τῷ μὲν ὀνόματι δημοκρατία, τῷ δὲ ἔργῳ ἀριστοκρατία ἐστὶν ἡμῶν ἡ πολιτεία. — Πρὸς τὰ ἴδια διάφορα] τὰ διαφέροντα τοῖς ἰδιώταις. — Οὐκ ἀπὸ μέρους] τοῦτο λέγει διὰ τοὺς Ἡρακλείδας βασιλεῖς τῶν Λακώνων, οἵτινες ἀπὸ μέρους ἦρχον διὰ μόνην τὴν εὐγένειαν, κἂν μὴ εἶχον ἀρετήν. — *Ἡ ἀρετῆς*] ἀπὸ τῆς ἀρετῆς. τὸ δὲ * πλεῖον ἀντὶ τοῦ μᾶλλον. — Ἔχων δέ τι ἀγαθόν] ὁ δέ ἀντὶ τοῦ μέν κεῖται. — Ἀξιώματος] ἀντὶ τύχης. — Ἀξιώματος ἀφανείᾳ] ὅτι οὐκ ἔστι πλούσιος ἢ εὐγενής. — § ἀρίστη πολιτεία τὸ κατὰ νόμους μὲν ἀπονέμειν πᾶσι τὸ δίκαιον κατὰ τὰς ἰδίας διαφοράς τε καὶ διενίξας(?), καὶ μὴ περιορᾶν μήτε τὸν ἀδικούμενον μήτε τὸν ἀδικοῦντα, ἕκαστον δὲ τῶν πολιτῶν οὐκ ἀπὸ μέρους προτιμᾶν, ἢ διὰ τὴν ἀξίαν, εἰ τύχοι τις ἀξιώματι σεμνυνόμενος, ἢ διὰ τὸ γένος, ἢ διὰ πλοῦτον, ἤ τι τῶν ἄλλων, ᾧ τις διαφέρειν οἴεται τῶν πολλῶν καὶ εὐδοκίμων ἐν μέρει, ἀλλ᾽ ἀπὸ ἀρετῆς καὶ ἀρίστης ἐπιτηδεύσεως· ὁ γὰρ τοιοῦτος, κἂν πένης καὶ ἄδοξος, ἐκ πενήτων τε καὶ ἀδόξων εἴη, κἂν ἀφανής, τῶν πλουσίων τε καὶ ἐνδόξων ἐστὶν ἐντιμότερος. — 2. Ἐλευθέρως δέ...] ὡσανεὶ ἔλεγεν, οὐκ ἐσμὲν ἀλλήλοις ὕποπτοι. — Ἐπιτηδευμάτων] κατὰ κοινοῦ τὸ πολιτευόμεθα. § ἐνταῦθα τὴν διαγωγὴν δηλοῖ. — Λυπηρὰς δὲ τῇ ὄψει ἀχθηδόνας] τοῦτο λέγει, ἐπειδή ποτε οἱ Λακεδαιμόνιοι, Ἀλκαμένη ἐν προαστείῳ θεασάμενοι μετεωρίζοντα, κακῶς ἐχρήσαντο. οἱ γὰρ Λακεδαιμόνιοι σκυθρωποί εἰσι, Λακεδαιμονίους ἐπιεικεῖας ὑποκρινόμενοι, καὶ τοὺς ἁβροτέρους κολάζουσι. τὸ γὰρ τερπνὸν τοῦ βίου κώλυμα νομίζουσι τῶν ἀναγκαίων. — 3. Ἀνεπαχθῶς δὲ τὰ ἴδια προσομιλοῦντες] ταῦτα πρὸς Λακεδαιμονίους αἰνίττεται. — Τῶν ... ἐν ἀρχῇ ὄντων] τῶν ἀρχόντων. — Αὐτῶν] τῶν νόμων δηλονότι. — Ἄγραφοι] ἄγραφοι νόμοι τὰ ἔθη εἰσί.

XXXVIII. Τῇ γνώμῃ] τῇ ψυχῇ, ἢ τῇ συνέσει. — Διετησίοις] δι᾽ ὅλου τοῦ ἔτους θύουσιν οἱ Ἀθηναῖοι καθ᾽ ἑκάστην, πλὴν μιᾶς ἡμέρας. — Ἡ τέρψις] ἡ ζωγραφία. — Τὸ λυπηρόν] αἰνίττεται πρὸς τοὺς ταπεινοὺς καὶ εὐτελεῖς Λακεδαιμονίους. — 2. Ἐπεισέρχεται...] τοῦ Θησέως ἐν Ἀττικῇ τε καὶ ταῖς Ἀθήναις βασιλεύσαντος, συνεισέφερον πανταχόθεν αὐτῷ τὰ πρὸς χρείαν οἱ Ἕλληνες, ἐπειδήπερ ταύτην ὁ βασιλεὺς πρυτανεῖον καθεστήκει καὶ μητρόπολιν τῆς Ἑλλάδος, τὰς ἄλλας καθῃρηκὼς διὰ τοῦτο πόλεις.

XXXIX. Καὶ ταῖς τῶν πολεμικῶν μελέταις] πληρώσας τὰ ἐν εἰρήνῃ γινόμενα ἀγαθά, νῦν μετέρχεται ἐπὶ τὰ ἐν πολέμῳ. — Τῶν ἐναντίων] τῶν Λακεδαιμονίων φησί. — Τοῖσδε] τοῖς ῥηθησομένοις. — Κοινὴν] κοινωνικὴν καὶ ἀνειμένην πᾶσιν ἀνθρώποις. — Ξενηλασίαις] ὥσπερ οἱ Λακεδαιμόνιοι. — Ὃ μὴ κρυφθὲν ἄν τις...] τὸ ἑξῆς, ὠφεληθείη ἄν τις, ἰδὼν μὴ κρυφθέν.

— Καὶ ἀπάταις] καὶ ταῦτα πρὸς Λακεδαιμονίους αἰνίττεται, οἳ τὸ πλέον ἀπάτῃ καὶ γοητείᾳ γνώμης ἐκράτουν ἐν τοῖς πολεμικοῖς. — Εὐθὺς νέοι ὄντες] καὶ ταῦτα πρὸς Λακεδαιμονίους. ἐκεῖνοι γὰρ ἀπὸ μικρᾶς ἡλικίας εἰς τὰ πολέμια ηὐτρεπίζοντο· καὶ εὐθὺς ὡς ἐτίκτετο τὸ παιδίον, ἐν ἀσπίδι ἐτίθεσαν αὐτὸ καὶ δόρυ πλησίον, καὶ ἐπεβόων ἢ τὰν ἢ ἐπὶ τάν, τουτέστιν, ἢ ταῦτα σῶσον, ἢ μετ᾽ αὐτῶν ἀναιρέθητι. οἱ δὲ αὐτοὶ οὕτως ἐπιπόνως ἤσκουν, ὡς μηδὲ λουτρῶν ἀνέχεσθαι, ἀλλ᾽ ἀρκεῖσθαι τῷ Εὐρώτᾳ ποταμῷ πρὸς τὸ λούσασθαι. ἀμέλει καὶ διαμαστιγώσεις ἐγίνοντο κατά τινα καιρόν, ἐν αἷς οἱ πλείονας ἐνεγκόντες, ἀνδρειότεροι ἐνομίζοντο. — Τὸ ἀνδρεῖον] τὸ τοῖς ἀνδράσι πρέπον. — 2. Αὐτοί] ἡμεῖς δηλονότι. — 3. Ἀθρόᾳ τε τῇ δυνάμει... ἐνέτυχε] μεμέρισται γὰρ αὐτῶν τὸ στράτευμα εἰς δύο, εἰς Θρᾴκην καὶ Ἰωνίαν. — Ἐπίπεμψιν] εἰς στρατείαν. — Μορίῳ τινί] μέρει τινὶ ἐξ ἡμῶν. — Κρατήσαντες τε τινὰς ἡμῶν]ἀινίττεται τοὺς ἱππέας αὐτῶν τοὺς κειμένους. — Ἀπεῶσθαι] ἀποδεδιωχέναι. — 4. Καίτοι εἰ ῥαθυμίᾳ...] πάντα συνάγει τὰ εἰρημένα, καὶ ὥσπερ ἀνάμνησιν αὐτῶν ποιεῖται ἀνακεφαλαιούμενος. αἰνίττεται δὲ πρὸς Λακεδαιμονίους. — Ἐς αὐτά] τὰ ἀλγεινὰ δηλονότι. — Τῶν ἀεὶ μοχθούντων] τῶν Λακεδαιμονίων δηλονότι. — Τούτοις] τοῖς εἰρημένοις δηλονότι. — Θαυμάζεσθαι] κατὰ κοινοῦ τὸ περιγίγνεται.

XL. Φιλοκαλοῦμέν τε γὰρ μετ᾽ εὐτελ.] ἐπειδὴ διεβάλλοντο οἱ Ἀθηναῖοι ἐπὶ μαλακίᾳ, καὶ τρυφῇ βίου, καὶ σχολῇ πολλῇ, τοῦτο λέγει, ὅτι φιλοκαλοῦμεν μετὰ εὐτελείας καὶ ταπεινότητος. τῇ γὰρ φιλοκαλίᾳ τὸ ἄσωτον ἕπεται, τῇ δὲ φιλοσοφίᾳ τὸ μαλακὸν καὶ ἀνειμένον. — Μετ᾽ εὐτελείας] σμικροπρεπείας. — Καὶ φιλοσοφοῦμεν ἄνευ μαλακίας] τὰ δυσχερῆ τῆς πενίας ὑπομένομεν. — Πλούτῳ τε ἔργου] τὸ ἑξῆς, τῷ πλούτῳ χρώμεθα ἐν τῷ καιρῷ τοῦ ἔργου, καὶ οὐ κόμπῳ λόγου. — Καὶ τὸ πένεσθαι οὐχ ὁμολογεῖν τινι αἰσχρόν... αἴσχιον] γνώμης ἀρίστης· τὸ μήτε πενίαν ὀνειδίσαι τοῖς ἔχουσι, καὶ παροῦσαν ζητεῖν ἐκ παντὸς τρόπου φυγεῖν. — 2. Ἔνι τε τοῖς αὐτοῖς] οἷον τοῖς δημιουργοῖς, καὶ γεωργοῖς, καὶ κυνηγοῖς, καὶ τοῖς ἄλλοις ἰδιώταις καὶ χειροτέχναις. τοῦτο δὲ πρὸς Λακεδαιμονίους, ἐπειδὴ ὀλίγοι ἦσαν αὐτῶν οἱ τὰ πολιτικὰ σκοποῦντες, οἱ δὲ τὰ πολέμια πάντες. — Τῶνδε] τῶν πολεμικῶν. — Οὐ τοὺς λόγους τοῖς ἔργοις βλάβ. ἡγούμ.] διεβάλλοντο γὰρ ὡς λόγων μόνον ἀντιποιούμενοι ὑπὸ τῶν Λακεδαιμονίων. — Μὴ προδιδαχθῆναι] ἀπὸ κοινοῦ τὸ βλάβην ἡγούμενοι. — 3. Δεινὰ καὶ ἡδέα] δεινὰ τὰ πολέμια, ἡδέα τὰ τῆς εἰρήνης. — 4. Ἐς ἀρετήν] ἀρετὴν λέγει νῦν τὴν φιλίαν καὶ εὐεργεσίαν. — Ὁ δράσας τὴν χάριν] ὁ δραξάμενος χαρίζεσθαι. — Ὥστε ὀφειλομένην...] ἡ σύνταξις οὕτως, ὥστε ὀφειλομένην σώζειν, ἐκεῖνον δηλονότι ᾧ δι᾽ εὐνοίας δέδωκεν. — Ὁ δ᾽ ὀφείλων] ὁ δὲ εὖ πάσχων. — Ἀμβλύτερος] ἀσθενέστερος. — Τὴν ἀρετήν] τὴν εὐεργεσίαν. — 5. Οὐ τοῦ ξυμφέροντος... πιστῷ] οὐ τῇ ἐλπίδι τοῦ κέρδους, ἀλλὰ τῷ

ἀεὶ εὐεργετεῖν καὶ μὴ δέεσθαι ἄλλων. — Ἀδεῶς] ἀντὶ τοῦ μεγάλως.

XLI. Ἐπὶ πλεῖστ' ἂν εἴδη] εἰς πολλὰ πράγματα. § εἰς διάφορα πράγματα. — Εὐτραπέλως] εὐκινήτως, ἐνδεξίως. — 2. Ἀπὸ τῶνδε] ὧν προεῖπε. — 3. Ἀκοῆς κρείσσων] ὑπὲρ ἀκοὴν ἀνθρώπου. — Ὑφ' οἴων] ὑπὸ Ἀθηναίων. — Οὔτε τῷ ὑπηκόῳ] τῷ Ναξίῳ, καὶ Σαμίῳ, καὶ Βυζαντίῳ, καὶ τοῖς ἄλλοις ὅσοι ὑπήκουον αὐτῶν. — 4. Μετὰ μεγάλων δὲ... καὶ οὐ... ἁμάρτυρόν γε] πολυσύνδεσμός ἐστιν ὁ Θουκυδίδης, μᾶλλον δὲ πάντες οἱ Ἀττικοί. — Οὔτε Ὁμήρου] ἀπὸ μέρους, τῶν πάντων ποιητῶν. ὁ γὰρ Ὅμηρος [Il. Β, 551 sqq.] πεποίηκε τὸν Μενεσθέα πάντων ἄριστα ἀνθρώπων κοσμεῖν ἵππους τε καὶ ἄνδρας ὁπλίτας· καὶ δῆλον ὅτι τοῦτο σοφίας περιουσίᾳ καὶ ἀρετῆς γίνεται. ἐν δὲ τῇ Ὀδυσσείᾳ [Η, 80] πεποίηκε περὶ τῆς Ἀθηνᾶς τῆς θεοῦ οὕτως·

Ἵκετο δ' ἐς Μαραθῶνα καὶ εὐρυάγυιαν Ἀθήνην,

καὶ τὰ ἑξῆς. ἅπερ καὶ αὐτὰ ἐγκώμιον τῆς πόλεως. — Καταναγκάς. γενέσθαι] ἀπὸ κοινοῦ τὸ θαυμασθησόμεθα. — Κακῶν τε κἀγαθῶν] κακῶν πρὸς τοὺς πάσχοντας. λέγει δὲ τὰ τρόπαια. — 5. Οἵδε] οἱ κείμενοι.

XLII. Οἷς] τοῖς Πελοποννησίοις. — Τὴν εὐλογίαν] τὸν ἔπαινον. — Σημείοις καθιστάς] ἀπὸ κοινοῦ τὸ ἐμήκυνα. — 2. Καὶ εἴρηται αὐτοῖς τὰ μέγιστα] ἐπηνέθησαν δηλονότι. — Τὴν πόλιν] λείπει ἡ εἰς. — Ἰσόρροπος] ἰσοστάσιος, μὴ ὑπερβάλλουσα τὰ πράγματα. — Πρώτη τε μηνύουσα] τῇ τιμῇ. — Τῶνδε] τῶν ἀνθρώπων. — Καταστροφή] ὁ θάνατος. — 3. Προτίθεσθαι] προτιμᾶσθαι. — Κακόν] οἷον κλοπὴν, μοιχείαν, καὶ τὰ τοιαῦτα. — Ἐκ τῶν ἰδίων] ἁμαρτημάτων δηλονότι. — 4. Τοῦ δεινοῦ] τοῦ τιμωρεῖσθαι τοὺς ἐναντίους. — Μετ' αὐτοῦ] τοῦ κινδύνου. — Τῶν δέ] τῶν ἀρετῶν. — Ἐλπίδι μὲν τὸ ἀφανές. ἐπιτρέψ.] τουτέστιν, εὐέλπιδες γενόμενοι ὅτι νικήσουσι. — Ἐπιτρέψαντες] δόντες. — Καὶ ἐν αὐτῷ] τῷ ἔργῳ. — Μᾶλλον] ἀντὶ τοῦ κρεῖσσον. — Ἡγησάμενοι] ἀπὸ κοινοῦ τὸ κάλλιστον. — Τὸ μὲν αἰσχρὸν τοῦ λόγου] τὸ ὀνειδίζεσθαι ὡς δειλοί, ὡς ἀκοῦσαι δειλοί. τὸ δὲ ἔργον, τὸ ἀποθανεῖν. Καὶ δι' ἐλαχίστου καιροῦ τύχης] τύχην ἀεὶ ὁ Θουκυδίδης καλεῖ τὸν πόλεμον. ἀκμάζοντες, φησίν, ἐν εὐδοξίᾳ, καὶ οὐχὶ δειλίᾳ ἀπέθανον. — Καὶ δι' ἐλαχ. καιροῦ... ἀπηλλάγησαν] καὶ ἐν βραχεῖ καιρῷ, φησίν, ἀπηλλάγησαν τὴν σφαγὴν δεξάμενοι, ἀκμαζούσης ἐν αὐτοῖς ἔτι τῆς δόξης καὶ ἐλπίδος τοῦ νικῆσαι, μᾶλλον ἢ τοῦ δέους καὶ τοῦ φυγεῖν· ἀπὸ κοινοῦ δὲ τὸ ἀκμάζοντος.

XLIII. Λόγῳ μόνῳ] τῷ παρ' ἐμοῦ λόγῳ. — Οὐδὲν χεῖρον] ἐμοῦ οὐδὲν χεῖρον. — Καὶ ἐραστὰς γιγνομένους αὐτῆς] ἀπὸ κοινοῦ τὸ, ἀτολμοτέραν δὲ μηδὲν ἀξιοῦν. Δόξη εἶναι] ἡ πόλις δηλονότι. — Αἰσχυνόμενοι] Ὅμηρος [Il. Ε, 531]·

Αἰδομένων δ' ἀνδρῶν πλέονες σόοι ἠὲ πέφανται.

Ἄνδρες] ἀνδρεῖοι. — Αὐτά] τὰ μεγάλα δηλονότι. — Πείρᾳ του] δοκιμῇ πολέμου. — Σφαλείησαν] ἀπὸ κοινοῦ τὸ ἐνθυμούμενοι. — Κάλλιστον δὲ ἔρανον] καλλίστην συνεισφοράν. — Προϊέμενοι] διδόντες. ἀπὸ κοινοῦ τὸ ἐκτήσαντο αὐτά. — 2. Κοινῇ γὰρ] γνώμῃ δηλονότι. — Τὰ σώματα διδόντες] εἰς πόλεμον δηλονότι. — 3. Σημαίνει] παριστᾷ. — Ἐν τῇ μὴ προσηκούσῃ] γῇ δηλονότι. — 4. Καὶ τὸ εὔδαιμον... τὸ εὔψ. κρίν.] ἕπεται γὰρ εὐψυχίᾳ μὲν ἡ ἐλευθερία, ταύτῃ δὲ ἡ εὐδαιμονία καὶ ὁ μακάριος βίος καὶ ὁ σπουδαῖος. Ὅμηρος [Od. Ρ, 322]·

Ἥμισυ γάρ τ' ἀρετῆς ἀποαίνυται.

— 5. Οὐ γὰρ οἱ κακοπραγοῦντες...] τὸ νόημα παράδοξον, καὶ ἐναντίον τῇ κοινῇ συνηθείᾳ· Θέογνις γὰρ, ὁ ποιήσας τὰς ὑποθήκας, φησὶ [v. 175]

Χρὴ πενίην φεύγοντα καὶ ἐς μεγακήτεα πόντον

ῥίπτειν καὶ πετρῶν, Κύρνε, κατ' ἠλιβάτων.

τούτῳ οὖν ἐναντίως ὁ Περικλῆς ἀποφαίνεται. καὶ σκόπει τὴν ἀκρίβειαν τῆς ἑρμηνείας, ὅτι καὶ τῆς εἰρημένης τοῦ Θεόγνιδος ὑποθήκης λανθανόντως ἐμνήσθη, καὶ ᾐνίξατο, εἰπὼν τὸ δικαιότερον. τὸ γὰρ δικαιότερον συγκρίσεως ἔμφασιν ἔχει. — 6. Ἀναίσθητος] προσθεὶς τὸ ἀναίσθητος ἐποίησεν ἐγκώμιον καὶ ἔπαινον τοῦ θανάτου.

XLIV. Ἐπίστανται τραφέντες] οὐχ οἱ τελευτήσαντες, ἀλλ' οἱ περιόντες αὐτῶν γονεῖς. — Οἷς] λείπει τὸ ἐν ἐκείνοις. — Ἐνευδαιμονῆσαι...] τουτέστιν ἐν εὐδαιμονίᾳ καὶ ζῆσαι καὶ τελευτῆσαι. — 2. Εὐτυχίαις] τουτέστι τοῖς τέκνοις. — Ἐθὰς γινόμενος] ἐξ ἔθους ἀπολαύων. — 3. Ἰδίᾳ] γράφεται ἡδεῖα· τουτέστι γλυκεῖα ἡ λήθη τῶν ἀπελθόντων τέκνων εἰ ἐπιγεννηθέντες γίνονται παῖδες. — Οὐκ ὄντων] τῶν τεθνηκότων. — Παραβαλλόμενοι] εἰσφέροντες. — 4. Παρηβήκατε γεγηράκατε. — Ἐν τῷ ἀχρείῳ τῆς ἡλ.] τῷ γήρᾳ δηλονότι. — Τὸ κερδαίνειν] φιλάργυροι γὰρ οἱ γέροντες.

XLV. Τὸν γὰρ οὐκ ὄντα] τὸν τεθνηκότα. — Ὀλίγῳ] μέτρῳ δηλονότι. — Τὸ δὲ μὴ ἐμποδών] τὸ δὲ μηδὲν ἔχον ἐναντίον, τὸ τεθνεώς. § ἤγουν ὁ ἀποθανών. — Ἀνανταγωνίστῳ] ἀναμφιβόλῳ. οἱ γὰρ ζῶντες πρὸς τοὺς ζῶντας φθονοῦσι καὶ ἀντιπαλ** τοὺς δὲ τελευτήσαντας, κἂν ἐχθροὶ τυγχάνωσιν ὄντες, ἐπαινοῦσιν. — 2. Καὶ γυναικείας τι ἀρετῆς] ἀρετὴ γυναικὸς σιωπωμένη κηρύττεται. § ἥτις γυναιξὶν ἀνήκει. ἴσως σωφροσύνης αἰνίττεται. — Τῆς τε γὰρ ὑπαρχ. φύσ.] τῇ σωφροσύνης. μόνη γὰρ αὕτη ἀρετὴ ταῖς γυναιξὶν ἔνεστιν· οὐ γὰρ ἀνδρεία, ἢ δικαιοσύνη, ἢ φρόνησις.

XLVI. Εἴρηται] οἱ ἐπίλογοι. — Μέχρι ἤδης] μέχρι ὀκτωκαίδεκα ἐτῶν. — Οἷς κεῖται] λείπει τὸ παρὰ ἵν' ᾖ παρ' οἷς. — Τοῖσδε] παρὰ τοῖσδε. — Πολιτεύουσι κατὰ πολιτείαν ἐνεργοῦσιν.

XLVII. 3. Ἡ νόσος πρῶτον ἤρξατο... λεγόμενον

θηλυκῶς ἡ νόσος· τὸ δὲ λεγόμενον ὡς πρὸς τὸ νόσημα ὑπήντησεν. Ὅμηρος [Od. Π, 74]·

Νεφέλη δέ μιν ἀμφιβέβηκε
κυανέη, τὸ μὲν οὔποτε·

ὡς πρὸς τὸ νέφος ἀπήντησεν. § Σχῆμα ἡ νόσος λεγόμενον· τὸ πρᾶγμα δηλονότι. § Πάθος ἐστὶ, καὶ ὁ ταύτην εἰπών, τὸ πάθος ἐδήλωσε. διὸ καὶ ὁ Θουκυδίδης ἐνταῦθα οὐ πρὸς τὴν νόσον ἐπήγαγε τὴν μετοχήν, ἀλλὰ πρὸς τὸ σημαινόμενον, ἤγουν τὸ πάθος. — 4. Θεραπεύοντες ἀγνοίᾳ] εἰ γὰρ ᾔδεισαν ὅτι λοιμὸς ἦν, οὐκ ἂν ἐπεχείρουν διὰ τὸ μεταδοτικόν. — Αὐτοὶ μάλιστα] μάλιστα τῶν μὴ προσιόντων. — Ἀνθρωπεία τέχνη] οἷον μαντικὴ, ἐπῳδή. — Αὐτῶν] τῶν θείων καὶ ἀνθρωπίνων. — Ἀπέστησαν] κατεφρόνησαν.

XLVIII. Τὴν βασιλέως γῆν] τὴν Περσίδα. — 2. Ὑπ' αὐτῶν] τῶν Ἀθηναίων δηλονότι. — Ἀφίκετο] τὸ δεινὸν δηλονότι. — Ἔθνησκον πολλῷ μᾶλλον] ὅσῳ ἦν πολυάνθρωπος ἡ ἄνω πόλις. — Πολλῷ μᾶλλον] ἡ κατὰ τὸν Πειραιᾶ. — 3. Ἀφ' ὅτου] ἀφ' ἧς αἰτίας. — Μεταστῆσαι] μεταβαλεῖν. — Σχεῖν] λαβεῖν. — Προειδώς] προμαθών.

XLIX. Προέκαμνε] προησθένει. — Ἀπεκρίθη] ἐχωρίσθη. — 2. Ἀπ' οὐδεμιᾶς προφάσεως] ἀπροφασίστως. — Τὰ ἐντός] τοῦ στόματος δηλονότι. — 3. Ἐξ αὐτῶν] τῶν συμπτωμάτων ὧν εἶπεν. — Βράγχος] βράγχος νόσημά τι περὶ τὸν βρόγχον, ὃ τὰς σῦς μάλιστα διαφθείρει. — Ὁ πόνος] πόνον λέγει τὴν ἐκ τοῦ νοσήματος ταλαιπωρίαν. — Καρδίαν] ὅτι καρδίαν οἱ ἀρχαῖοι τὸν στόμαχόν φασι, καὶ καρδιωγμὸν τὸν πόνον τοῦ στομάχου. — Καὶ ἀποκαθάρσεις] ἀποκρίσεις, κενώσεις. — Μετὰ ταλαιπωρίας μεγάλης] τῆς δυσεντερίας δηλονότι. — 4. Κενή] ἔστι γὰρ καὶ λυγξ πλήρης, ὡς καὶ Ἱπποκράτης [Aphor. 6, 39?] διδάσκει. —Μετὰ ταῦτα] αὐτίκα. — Λωφήσαντα] τὸν σπασμὸν παυσάμενον. — 5. Πελιδνόν] πελιδνόν ἐστι τὸ μετέχον ὠχρότητος καὶ μελανίας, οἱονεὶ μολιβοειδές. — Φλυκταίναις...] σημείωσαι, ἡρωϊκὸς στίχος. — Τὰ δὲ ἐντός] τοῦ σώματος δηλονότι. — Γυμνὸν ἀνέχεσθαι] τὸ ἀνέχεσθαι καὶ πρὸς αἰτιατικὴν λέγεται. — Ἥδιστά τε ἄν] ἡ σύνταξις οὕτως, ἥδιστα τε ἂν ἐς ὕδωρ ψυχρὸν σφᾶς αὐτοὺς ῥίπτειν, τῇ δίψῃ ἀπαύστῳ συνεχόμενοι, ἠνείχοντο. ἀπὸ κοινοῦ γάρ ἐστι τὸ ἠνείχοντο, τὰ δὲ ἄλλα μεταξύ. — Ἐν τῷ ὁμοίῳ καθεστ. τό τε πλέον καὶ ἔλασσον ποτ.] καὶ γὰρ ὁ πίνων ὀλίγον καὶ ὁ πολὺ ἀπέθνησκον. — 6. Ἡ ἀπορία] ἡ ἀδυναμία. — Οὐκ ἐμαραίνετο] οὐχ ὑπέπιπτε. — Παρὰ δόξαν. παρ' ἐλπίδα. — Ἔχοντές τι δυνάμεως] μερικὴν δύναμιν. — Τοῦ νοσήματος] τῆς δυσεντερίας. — 7. Ἐκ τῶν μεγίστων] ἐκ παραδόξου· λείπει δὲ κινδύνων. — Ἀντίληψις] ἐπίσκηψις. — 8. Διέφευγον] τὸν θάνατον δηλονότι. — Ἀναστάντες] ὑγιάναντες.

L. Ἐν τῷδε] τῷ ῥηθησομένῳ δηλονότι.. — Οὐ προσῄει] ὥσπερ ἀπὸ τῆς ὀσφρήσεως γιγνώσκοντα ὅτι λοιμώδη ἐστὶ τὰ σώματα. — 2. Τεκμήριον δέ] τοῦ λόγου μου. — Περὶ τοιοῦτον οὐδέν] περὶ τὸ σαρκοβορεῖν.

LI. Ἐπίπαν] καθόλου. — Τὴν ἰδέαν] τὴν φύσιν. — Καὶ ἄλλο] λείπει νόσημα. — Οὐδὲν τῶν εἰωθότων] ἀλλά τι ἀηθὲς καὶ ἄτοπον. — 2. Ἕν τε οὐδὲν κατέστη ἴαμα] τὸ σχῆμα καινοπρεπές. — Ξυνενεγκόν] λυσιτελῆσαν. — 3. Πρὸς αὐτό] τὸ νόσημα. — Ξυνῄρει συναγωγὸν ἠφάνιζε. — 4. Τὸ ἀνέλπιστον] τὴν ἀνελπιστίαν τῆς ὑγιείας. — Προΐεντο] ἀπέλυον. — Καὶ ὅτι ἕτερος ἀφ' ἑτέρου] ἡ σύνταξις οὕτω, δεινότατον ἦν ἥ τε ἀθυμία καὶ ὅτι ἕτερος ἀφ' ἑτέρου. — Θεραπείας] τῆς ἀπὸ τοῦ νοσήματος ἰατρείας. — Ὥσπερ τὰ πρόβατα] ὅτι τὰ πρόβατα μεταληπτικὰ καὶ μεταδοτικὰ τῆς νόσου. — Τοῦτο] ἡ ἀπόγνωσις δηλονότι. — 5. Ἔρημοι] τοῦ θεραπεύσοντος. — Ἀρετῆς] φιλανθρωπίας καὶ ἀγάπης. — Τὰς ὀλοφύρσεις] λείπει ἡ πρός· ἵν' ᾖ, πρὸς τὰς ὀλοφύρσεις καὶ τοὺς θρήνους. — 6. Οἱ διαπεφευγότες] τὸν θάνατον. — Τὸν πονούμενον] τὴν ἀσθένειαν. — Τῷ παραχρῆμα περιχαρεῖ] τῇ ἐνεστώσῃ περιχαρείᾳ. — Κούφης] τῆς κουφιζούσης αὐτοὺς ἀπὸ τῆς λύπης.

LII. Αὐτούς] τοὺς Ἀθηναίους. — 2. Ὥρᾳ ἔτους] τῷ θέρει λέγει. — 3. Ὁσίων] ὁσίων οὐδετέρως, ὁσίων. θηλυκῶς. [Hom. Od. Π, 423 :]

Οὐχ ὁσίη κακὰ ῥάπτειν ἀλλήλοισι.

— 4. Πάντες] θεῖοι καὶ ἀνθρώπινοι. — Ἀναισχύντους] σημείωσαι· ἀλλοτρίας, ξένας. — Τοὺς νήσαντας] τοὺς ἐπιξυνάξαντας καὶ ἑτοιμάσαντας τὰ τῆς πυρᾶς ξύλα.

LIII. Ἦρξε] ἀρχὴ γέγονε. — Ἐπὶ πλέον] διαβολὴν ἐμφαίνει τῶν Ἀθηναίων τὸ ἐπὶ πλέον κείμενον. — Ἀγχίστροφον] ταχεῖαν, ὀξεῖαν, ἐγγυτέραν. — Οὐδὲν πρότερον κεκτημένων] τῶν πενήτων. — 2. Τὰς ἐπαυρέσεις] τὰς ἀπολαύσεις καὶ ἡδυπαθείας. — 3. Προσταλαιπωρεῖν τῷ δόξαντι καλῷ] τουτέστι τῇ ἀρετῇ· αὕτη γὰρ μετὰ ταλαιπωρίας γίγνεται. — Ἤδει] ἡ γραπτέον ἐστίν, Ἀττικώτερον τουτὶ νόει. — Κερδαλέον] ἐπωφελές. — 4. Ἀνθρώπων νόμος] ἀνθρωπίνη εὐνομία. — Τὸ μέν] τὸ θεῖον δηλονότι. — Κρίνοντες ἐν ὁμοίῳ εἶναι δηλονότι. — Τὴν ἤδη κατεψηφισμένην] ἀπὸ κοινοῦ τὸ δίκην. λέγει δὲ τὴν νόσον. ἀπὸ κοινοῦ δὲ καὶ τὸ ἐλπίζων.

LIV. Ἐπιέζοντο] Ὅμηρος [Π. Α, 61]·

Εἰ δὴ ὁμοῦ πόλεμός τε δαμᾷ καὶ λοιμὸς Ἀχαιούς.

— 2. Τοῦ ἔπους] ἐκ πυθοχρήστου στίχος. — Φάσκοντες] σημείωσαι τὴν σύνταξιν. — 5. Ὅ τι ἄξιον καὶ εἰπεῖν] ἤγουν ἄξιον διηγήσεως. — Ἐπενείματο] κατέφαγε.

LV. Τὴν πάραλον] τὴν παραθαλάσσιον. — Λαυρίου] Λαύριον ὄρος ἐν τῇ Ἀττικῇ, οὗ μέταλλα ἀργύρεια. — 2. Στρατηγὸς ὢν καὶ τότε] τινὲς εἰς τὸ ὢν, τινὲς εἰς τὸ καὶ τότε στίζουσι. — Γνώμην] προαίρεσιν.

LVI. Αὐτῶν] τῶν Λακεδαιμονίων. — Παρεσκευάζετο] ἡτοίμαζε. — 4. Προεχώρησε] ἦλθον εἰς τὸ ἑλεῖν τὴν πόλιν. — 5. Ἀναγόμενοι] ἀναχθέντες. — 6. Τῆς τε γῆς ἔτεμον] μέρος τι λείπει.

28.

LVII. Τῇ στρατιᾷ] τῇ περὶ τὴν Πελοπόννησον. — Θᾶσσον ἐκ τῆς γῆς ἐξελθεῖν] εἰ δέ τις εἴπῃ, καὶ πῶς αὐτοὺς οὐκ ἐφόνευον; λέγομεν ὅτι ἀσεβὲς τοῦτο ἐνόμιζον. — 2. Ταύτῃ] τῇ δευτέρᾳ δηλονότι.

LVIII. Τοῦ δ' αὐτοῦ θέρους] μετάβασις. — Πολιορκουμένην] ὑπὸ τῶν Ἀθηναίων δηλονότι. — 2. Προὐχώρει] προέκοπτεν. — Αὐτοῖς] τοῖς πολιορκοῦσιν. — Ἡ αἵρεσις] ἡ πόρθησις. § σημείωσαι αἵρεσις. — Ἐνταῦθα] εἰς τὴν Ποτίδαιαν. — 3. Οἱ δὲ πρότεροι] οἱ μετὰ Καλλίου δηλονότι.

LIX. Ἠλλοίωντο] μετεβλήθησαν. — 2. Ξυγχωρεῖν] ἐνδιδόναι. — 3. Ἀπαγαγών] ἀποστήσας.

LX. Καὶ προσδεχομένῳ] ταύτης τῆς δημηγορίας μέμνηται Πλούταρχος ἐν τοῖς πολιτικοῖς παραγγέλμασι [p. 803, B]. — Καὶ πρ. μοι ...] καὶ προσδοκήσαντί μοι γεγένηται εἰς ἐμὲ τὰ τῆς ὀργῆς ὑμῶν· οἷον, οὐκ ἀνέλπιστα εἰς ἐμὲ τὰ παρόντα γεγένηται αἰτιάματα, ἀλλὰ καὶ ἤδη ταῦτα προσδεχομένῳ, ἀφ' οὗ πολεμεῖν συνεβούλευσα Λακεδαιμονίοις, γεγένηται· καὶ διὰ τοῦτο συνήγαγον ἐκκλησίαν, ὅπως, ὡς οὐκ ὀρθῶς ἐμοὶ χαλεπαίνετε ἢ ταῖς τύχαις εἴκετε, ὑπομνήσω. — Αἰσθάνομαι] γενικῇ καὶ αἰτιατικῇ, κοινῶς καὶ Ἀττικῶς. — 2. Ἐγὼ γὰρ ἡγοῦμαι] κατασκευὴ τοῦ προοιμίου. — 4. Πόλις μὲν τὰς ἰδίας ξυμφ.] ἰδίας, νῦν οὐχὶ ἑαυτῆς, ἀλλὰ τὰς τῶν καθ' ἕκαστον ἀνθρώπων καὶ μερικὰς δυστυχίας. — Ταῖς κατ' οἴκον] ταῖς ἑαυτῶν καὶ μερικαῖς. — Πεπληγμένοι] παραφερόμενοι. — Ἀφίεσθε] ἀμελεῖτε. — Οἱ ξυνέγνωτε] μετέσχετε τῆς παραινέσεως διαγνόντες. — 5. Καίτοι ἐμοὶ ...] παραγραφικὸν ἐν δεινότητι. § Τέσσαρα δεῖ, κατὰ Θουκυδίδην, τὸν ἀγαθὸν ἔχειν ἄνδρα, νοεῖν μὲν τὰ δέοντα, φράζειν δὲ δύνασθαι τὰ νοηθέντα καλῶς, φιλόπολίν τε εἶναι, καὶ τέταρτον, κρείσσω χρημάτων. τὸ γὰρ νικᾶσθαι χρήμασι πᾶσαν καὶ ῥήτορος καὶ πολίτου, καὶ ἰδιώτου καὶ ἄρχοντος, ἀρετὴν ἀφανίζει. — Τοιούτῳ ἀνδρί] ἤγουν μεγάλῳ. — Ὃς οὐδενὸς οἴομαι ἥσσων ... ἑρμηνεῦσαι ταῦτα] ῥητορείαν ἑαυτῷ μαρτυρεῖ. — 6. Τοῦδε] τῆς εὐνοίας. — 7. Καὶ μέσως] μετρίως. — Μᾶλλον ἑτέρων] λείπει ὁ δέ συνδεσμος, ἵν' ᾖ, μᾶλλον δὲ ἑτέρων. Μέσως δὲ εἶπε καὶ οὐ σφόδρα, διὰ τὸ φορτικόν.

LXI. Οἷς μὲν αἵρεσις] κατὰ κοινοῦ τὸ πολεμῆσαι. ὁ δὲ νοῦς, φησὶν ὅτι ἄφρονές εἰσιν οἱ ἐν εὐτυχίᾳ ὄντες καὶ πολεμεῖν αἱρούμενοι. — Τοῖς πέλας] τοῖς Λακεδαιμονίοις. — Περιγενέσθαι] νικῆσαι, τὸν ἐχθρὸν δηλονότι. — 2. Καὶ οὐκ ἐξίσταμαι] ὧν παρῄνεσα. — Ἀκεραίοις] ἀζημίοις. — Ὀρθόν] ἀληθῆ. — Ἔχει παρέχει. — 4. Ἀντιπάλοις] ἀντὶ τοῦ ἴσοις καὶ παραπλησίοις τῷ μεγέθει τῆς πόλεως. δεῖ γὰρ πρὸς τὰς πόλεις καὶ τὰ φρονήματα εἶναι.— Ὑφίστασθαι] ἀμετακινήτους εἶναι. — Τὴν ἀξίωσιν] τὸ ἀξίωμα, τὴν ἡγεμονίαν. — Ἐν ἴσῳ γὰρ οἱ ἄνθρωποι ...] ὁμοίως οἱ ἄνθρωποι ἀξιοῦσιν αἰτιᾶσθαι ὅστις ἐν μαλακίᾳ ἐλλείπει τῆς ἐνυπαρχούσης δόξης, καὶ μισεῖν τὸν ἐν θρασύτητι ὀρεγόμενον τῆς μὴ προσηκούσης. — Ἀπαλγήσαντας] ἀπὸ κοινοῦ τὸ χρεών. τὸ δὲ ἀπαλγήσαντας ἀντὶ τοῦ παυσαμένους ἀλγεῖν, ὥσπερ τὸ ἀπολοφυράμενοι.

LXII. — Τὸν δὲ πόνον] τὸ δυνατὸν κεφάλαιον· ἔστι δὲ ὁ λόγος ἐξ ἀντιθέσεως. — Ὀρθῶς] ἀληθῶς. — Τόδε] τὸ ῥηθησόμενον. — Τὴν προσποίησιν] τὴν ἀπαγγελίαν. — Καταπεπληγμένους] καταπεπτωκότας, τῷ φόβῳ. — 2. Τῶν ἐς χρῆσιν φανερῶν] τὸ γὰρ πῦρ καὶ ὁ ἀὴρ οὐ τοσοῦτόν εἰσιν ἐς χρῆσιν φανερά· κοινὰ γὰρ πᾶσι. — Φανερῶν] ὄντων δηλονότι. — Οὐκ ἔστιν ὅστις] οὐδείς. — Ἐν τῷ παρόντι] ἤγουν ἐν τῇ παρούσῃ ζωῇ. — 3. Οὐ κατὰ ... τὴν χρείαν] ἀλλὰ μείζων δηλονότι. — Αὕτη ἡ δύναμις] τῆς πόλεως, ἡ θαλασσοκρατία. — Αὐτῶν] ἢ τὸν πόλεμον, ἢ τὴν τῆς χρείας ἀφαίρεσιν. — Ἡ οὐ κήπιον ...] τὸ ἢ οὐ ἀντὶ τοῦ ἀλλά, οἷον ἀλλὰ κήπιον καὶ ἐγκαλλώπισμα πλούτου, ὡς πρὸς τὴν κτῆσιν τῆς θαλάσσης. § Τινὲς κήπιον ἤτοι γήδιον. § Ἄλλοι δὲ τὸ κήπιον εἶδος κουρᾶς φασίν, οὕτως ὀνομαζομένης. κατὰ κοινοῦ δὲ τὸ εἰκός ἐστιν. — Ἄλλων δ' ὑπακούσασιν] ἀντὶ τοῦ ἄλλοις. — Προσεχτημένα]

καὶ τοῦτο γνῶθι τοῦ τρόπου τῆς Ἀτθίδος,

ἔκτημαι λέγουσιν οὐ κέκτημαι. — Τῶν τε πατέρων ... φανῆναι] μετέρχεται ἐπὶ τὸ δίκαιον. — 4. Αὔχημα] τὸ φρόνημα αὔχημα ἐκάλουν. — Ἀπὸ ἀμαθίας εὐτυχοῦς] ἀπὸ ἀλόγου εὐτυχίας. — Καταφρόνησις δέ] λείπει ἐκείνου. — 5. Καὶ τὴν τόλμαν ...] ἡ σύνταξις, καὶ τὴν τόλμαν ἡ ξύνεσις παρέχεται ἐκ τῆς ὁμοίας τύχης. —Ἀπὸ τῶν ὑπαρχόντων] ἀπὸ κοινοῦ τὸ πιστεύει. — Ἡ πρόνοια] ἡ πρόγνωσις.

LXIII. Τῷ τιμωμένῳ] τῇ τιμῇ τῆς πόλεως. — Ὅπερ] ᾧ τινι τῷ τιμωμένῳ τῆς πόλεως, ὅ ἐστι τῇ ἡγεμονίᾳ. Ἄλλως. τῇ δόξῃ τῆς πόλεως ἀγάλλεσθε καὶ βοηθεῖν ὑμᾶς εἰκός. — Ἐν τῇ ἀρχῇ] ὄντες δηλονότι. — Ἀπήχθεσθε] τοῖς ἄλλοις δηλονότι. — 3. Οἱ τοιοῦτοι] οἱ ἀπράγμονες.

LXIV. Ὑπὸ τῶν τοιῶνδε πολιτῶν] τῶν συμβουλευόντων τὸ ἄπραγμον. — Παράγεσθε] ἀπατᾶσθε. — Ἐλπίδος κρεῖσσον] ὑπὲρ ἐλπίδα. — 3. Ἀναλωκέναι] κατὰ κοινοῦ τὸ γνῶτε. — Ἧς] τὸ ἧς πρὸς τὸ, μνήμη καταλελείψεται. τὰ γὰρ ἄλλα διὰ μέσου. — Ἢν καὶ νῦν ὑπενδῶμέν ποτε] ἐάν ποτε καὶ ὑποχαλάσωμεν καὶ πταίσωμεν. — 4. Καίτοι ταῦτα ...] τρεῖς κριτὰς ὑποτίθεται τῶν πραγμάτων. — 5. Τὸ ἐπίφθονον] τὸ ἐπίζηλον. — Μῖσος μὲν γὰρ οὐκ ... ἀντέχει] διαλύεται γὰρ ἢ θανάτῳ ἢ ἄλλῳ τινί. — 6. Ἐπικηρυκεύεσθε] διὰ κηρύκων ἐκφαίνεσθε τὰς βουλὰς ὑμῶν. — Ὡς οἵτινες] τὸ ὡς ἀντὶ τοῦ ἐπεί.

LXV. Ἐπ' αὐτόν] κατ' αὐτοῦ. — Τὴν γνώμην] τὸν σκοπὸν ἐκείνων. — 2. Οἱ δὲ δυνατοί] οἱ τῷ πλούτῳ δυνάμενοι. — 4. Προσεδεῖτο] χρείαν εἶχε. — 5. Τὴν δύναμιν] τὴν ἰσχὺν τοῦ πολέμου. — 6. Ἐπεβίω δὲ μετὰ τὸ καταστῆναι τὸν πόλεμον. — Ἡ πρόνοια αὐτοῦ] πρόγνωσις. — 7. Κατορθούμενα] εἰς τέλος ἐρχόμενα. — Τοῖς ἰδιώταις] ἰδιώτας καλεῖ τοὺς ῥήτορας καὶ τοὺς

δημαγωγούς, οὐχ ὅτι ἰδιῶταί εἰσι κατὰ τὸ ἀληθὲς, ἀλλ' ὡς πρὸς ἀντιδιαστολὴν τοῦ κοινοῦ καὶ τῆς πόλεως εἴρηκε. — Σφαλέντα δέ] αἰνίττεται τὰ κατὰ τὸν Ἀλκιβιάδην. — 8. Ἀδωρότατος] ἀδωρόληπτος. — 9. Ὕβρει θαρσοῦντας] ἀλόγως τι πράττοντας. — 11. Πρὸς οὕς] λείπει τῶν Λεοντίνων. § Τοὺς Λεοντίνους λέγει· οὗτοι γὰρ μετεκαλέσαντο πρὸς συμμαχίαν Ἀθηναίους, Συρακουσίοις διαφερόμενοι. — Οἱ ἐκπέμψαντες] Ἀθηναίων οἱ προύχοντες. — Τοῖς οἰχομένοις] πορευθεῖσιν εἰς Σικελίαν. — Ἐν τῷ στρατοπέδῳ] τῷ Σικελικῷ. — 12. Πολεμίοις] τοῖς Λακεδαιμονίοις. — Μετ' αὐτῶν] τῶν Λακεδαιμονίων. — Ἔτι τοῖς πλείοσιν] ἀντεῖχον δηλονότι. — Βασιλέως παιδί] βασιλέως λέγει τοῦ Δαρείου τοῦ υἱοῦ Ἀρταξέρξου. οὗτινος Κύρου καὶ ὁ Ξενοφῶν τὴν ἀνάβασιν ἔγραψε. — Προσγενομένῳ] τοῖς Λακεδαιμονίοις δηλονότι. — Ἐνέδοσαν] ἐμαλακίσθησαν. — 13. Τοσοῦτον φρονήσεως δηλονότι. — Ἀφ' ὧν] ἀφ' ὧν πραγμάτων, ὥστε μήτε κατὰ γῆν πολεμῆσαι μήτε εἰς Σικελίαν πέμψαι.

LXVI. 2. Ξυνεχώρουν] ἐνεδίδουν οἱ Ζακύνθιοι.

LXVII. Καὶ Ἀργεῖος ἰδίᾳ πολλάκις] γράφεται ἰδίᾳ Πόλις· ὄνομα κύριον. — Ἀργεῖος ἰδίᾳ] ἄνευ τοῦ κοινοῦ· οἱ γὰρ Ἀργεῖοι φίλοι ἦσαν Ἀθηναίοις. — 2. Τὸν γεγενημένον] τὸν ἐγγραφέντα. — Τὸ μέρος] ὅσον ἀπὸ τοῦ μέρους αὐτοῦ. — 3. Ὁ δὲ] ἤγουν ὁ Σάδοκος. — Ἐκείνοις] τοῖς πρέσβεσι τῶν Ἀθηναίων. — Οἱ δέ] οἱ πρέσβεις τῶν Ἀθηναίων. — Τὸν Ἀριστέα] τὸν Κορίνθιον. — 4. Αὖθις] ἐς τὸ μέλλον. — Κακουργῇ] κακουργήσῃ. — Δικαιοῦντες] δίκαιον κρίνοντες. — Τοῖς αὐτοῖς ἀμύνεσθαι] τὴν ἴσην τιμωρίαν δοῦναι. — Οἷσπερ] ἀντὶ τοῦ ὧν. — Ὑπῆρξαν] ἀντὶ τοῦ προκατήρξαντο.

LXVIII. Κατὰ δὲ τοὺς αὐτοὺς χρόνους] μετάβασις. — Ἀναστήσαντες] διεγείραντες εἰς συμμαχίαν. — Ἐπὶ τὸ Ἄργος] κατὰ τοῦ Ἄργους. — 2. Αὐτοῖς] τοῖς Ἀμπρακιώταις. — 3. Καὶ οὐκ ἀρεσκόμενος τῇ καταστ.] εὗρε γὰρ τὴν μητέρα Ἐριφύλην ἀναιρεθεῖσαν ὑπὸ Ἀλκμαίωνος τοῦ ἀδελφοῦ αὐτοῦ. — Τῇ ἐν Ἄργει καταστάσει] τῇ οἰκήσει. — 4. Τῆς Ἀμφιλοχίας] γῆς δηλονότι. — 5. Ἐπηγάγοντο] ἐφειλκύσαντο. — Καὶ ἑλληνίσθησαν] Ἕλληνες κατὰ τὴν νῦν διάλεκτον ἐγένοντο. — Οἱ δὲ ἄλλοι Ἀμφίλοχοι βάρβαροι] οἱ δὲ Ἀμπρακιῶται Ἕλληνες, Κορινθίων ἄποικοι. — 6. Τοὺς Ἀργείους] τοὺς Ἀμφιλοχικοὺς, τοὺς δεξαμένους. — Χρόνῳ] ἀντὶ τοῦ μόλις. — 7. Οἱ δ' Ἀμφίλοχοι] οἱ πάντες, διὰ τὴν μητρόπολιν. — Ἀκαρνᾶσι] φίλοις οὖσι δηλονότι Ἀθηναίων. — Ἀθηναίους] ἀναπόδοτον, μᾶλλον δὲ καιναπόδοτον τοῦτο, εἰ οὕτω χρὴ φάναι. — Αὐτό] τὸ Ἄργος. — 8. Μετὰ δὲ τοῦτο] ἀντὶ τοῦ ἀπὸ τοῦ ταύτης τῆς αἰτίας. — 9. Ἐς τοὺς Ἀργείους] κατὰ τῶν Ἀργείων. — Ἐν τῷ πολέμῳ] τῷ Πελοποννησιακῷ δηλονότι.

LXIX. Ἀργυρολογῶσιν] ἀργύριον ἀπαιτῶσιν. Ἀπὸ Φασήλιδος] Φάσηλις πόλις Παμφυλίας. μέμνηται ταύτης καὶ Διονύσιος ὁ περιηγητὴς [v. 855].

LXX. Οὐδὲν μᾶλλον] οὐδὲ παρὰ Ἀττικοῖς ἀντὶ τοῦ οὔ. — 2. Οἱ δέ] οἱ στρατηγοί. — 4. Καὶ ἕκαστος ᾗ ἐδύνατο..] τὰς τριάκοντα δύο πόλεις. — Ἐνόμιζον γὰρ ἄν... ἢ ἐβούλοντο] ἀνδραποδίσαι γὰρ τοὺς ἄνδρας ἐβούλοντο.

LXXI. 2. Αὐτονόμους] τοὺς Πλαταιεῖς δηλονότι.

LXXII. Ὑπολαβών] ἀποκριθεὶς ἢ ὑπονοήσας ἢ ἐνθυμηθείς. — Δίκαια λέγετε...] μέμνηται καὶ ταύτης τῆς δημηγορίας Πλούταρχος ἐν τοῖς πολιτικοῖς παραγγέλμασι [p. 803, B]. — Αὐτοί τε αὐτονομεῖσθε] τοῖς οἰκείοις νόμοις ἀκωλύτως χρῆσθε. — 2. Ἄνευ Ἀθηναίων] τῆς γνώμης δηλονότι. — Παρ' ἐκείνοις] τοῖς Ἀθηναίοις. — Οὐκ ἐπιτρέπωσιν] οὐ δώσωσιν ἄδειαν τοῖς Πλαταιεῦσιν ἐμμένειν τοῖς δόξασιν. — 3. Εἴ τι δυνατόν] λείπει τὸ ἐστί. — Μέχρι δὲ τοῦδε] τοῦ καιροῦ τοῦ πολέμου. — Ἐργαζόμενοι] τὴν γῆν δηλονότι. — Ἱκανή] εἰς τροφὴν δηλονότι.

LXXIII. Ἀθηναίοις κοινῶσαι] πρεσβεύσασθαι πρὸς τοὺς Ἀθηναίους δηλονότι. — Κομισθῆναι] ἀναστρέψαι. — Οὐκ ἔτεμνε] σημείωσαι ὅτι τὸ τεμεῖν ἀδιαφόρως καὶ ἐπὶ τῆς γῆς, ὥσπερ τὸ δῃῶσαι, τέθεικεν. — 2. Ἀπαγγέλλοντες] οἱ Πλαταιεῖς δηλονότι. — 3. Ἐπισκήπτουσι] παρακελεύονται.

LXXIV. Προκαλοῦνται] ἐπισπῶνται. — 3. Καὶ παρέσχετε] οἱ θεοὶ δηλονότι. — Ἐναγωνίσασθαι] ἐν αὐτῇ τὸν ἀγῶνα τελέσαι. — Τῆς δὲ τιμωρίας] τῆς ἐκδικήσεως.

LXXV. Ἐπιθειάσας] κατευξάμενος. — Περιεσταύρωσεν] ὁ Ἀρχίδαμος δηλονότι. § περιεχαράκωσεν, ὅτι οἱ παλαιοὶ τὰ ὀρθὰ ξύλα ἐκάλουν σταυρούς. — Τοῖς δένδρεσι] σημείωσαι τὸ δένδρος εὐθεῖαν. — Ἔχουν] συνεχόμιζον. — Πρὸς τὴν πόλιν] οὐ διὰ παντὸς τοῦ τείχους, ἀλλ' ἐν μέρει τινί. — Αἵρεσιν] πόρθησιν. — 2. Φορμηδόν] ψιαθηδόν. φορμὸς γὰρ ψίαθος, ὅστις ἐναλλὰξ ἔχων τὸ πλέγμα ἐστί. — Ἀνύειν] τελεσιουργεῖν πρὸς ὕψος. οἱ Ἀττικοὶ τὸ ἀνύειν ἀνύτειν φασί. — 3. Ξυνεχῶς] ἀδιαστάτως. — Σῖτον] τὸ σῖτον οὐδετέρως. — Αἱρεῖσθαι] λαμβάνειν. — Οἱ ξεναγοί] οἱ τῶν μισθοφόρων ἄρχοντες· ξένους γὰρ ἐκάλουν τοὺς μισθοφόρους. — 6. Οὐ σχολαίτερον] οὐ βραδύτερον. — Ἀντανῄει] ἀντήρετο. § ἀντανίστατο. — Ἐσεφέρουν] εἰς τὴν πόλιν δὴ ἀπὸ τοῦ χώματος.

LXXVI. Ἐν ταρσοῖς καλάμου] ἐν πλέγμασιν ἀπὸ καλάμου πεποιημένοις. — Ἐνειλοῦντες] ἐμπλέκοντες. — 2. Ὑπόνομον] κεκρυμμένον ὄρυγμα. — Ξυντεκμηράμενοι ὑπὸ τὸ χῶμα] διὰ τεκμηρίου τινὸς ἐρχόμενοι ὑπὸ τὸ χωμάτιον. — * Ἰζάνοντος] ἐνδιδόντος. — 3. Οἰκοδόμημα] τὸ ξύλινον. — Χοῦν] ἀπὸ χυτῆς γῆς τεῖχος ποιεῖν. — Ἐν ἀμφιβόλῳ μᾶλλον γίγνεσθαι] ἀντὶ τοῦ ἑκατέρωθεν βάλλεσθαι. — Μᾶλλον γίγνεσθαι] τοὺς ἐναντίους δηλονότι. — 4. Μίαν μέν] μηχανήν. Τοῦ μεγάλου οἰκοδομήματος] τῶν Πλαταιέων δηλονότι. — Κατέσεισε] τὸ τεῖχος δηλονότι. — Ἄλλας δέ] μηχανὰς δηλονότι. — Τοῦ τείχους] προσέφερον. — Ἃς βρόχους... τε] σημείωσαι τὴν σύνταξιν, ἃς βρόχοι περιβάλλοντες. — Βρόχους] σχοινία. — Ὑπερτει-

νουσῶν] ὑψουμένων. — Ἡ μηχανή] τῶν Πελοποννησίων δηλονότι. — Ἀπεκαύλιζε τὸ προέχον] ἀπέτεμε τὸ ἄκρον. — Τὸ προέχον] τὸ προβεβλημένον.

LXXVII. 2. Πᾶσαν γὰρ δὴ ἰδέαν] ἐπινοίας δηλονότι. — 3. Φακέλους] φορτία. § Φάκελος, δεσμὸς, φορτίον, καὶ τὸ ταῖς κεφαλαῖς φορούμενον, ἤτοι τὸ φασκώλιον. — Ταχὺ δὲ πλήρους γενομένου] τοῦ διαστήματος. — Ἐπιπαρένησαν] συνῆρξαν. — 4. Χειροποίητον] ἔστι γὰρ καὶ αὐτόματος. — Ἤδη [γάρ] πάλαι ποτέ. — 5. Τἆλλα] δεινὰ δηλονότι. — Ἐλαχίστου] ὀλίγου καιροῦ δηλονότι. — Αὐτῇ] τῇ φλογί. — Διέφυγον] τὸν κίνδυνον.

LXXVIII. 2. Περὶ ἀρκτούρου ἐπιτολάς] κατὰ τὸν Ὀκτώβριον μῆνα. — 3. Ἐκκεκομισμένοι ἦσαν] ἐξήγαγον. — 4. Τοιαύτη μέν] οἱ διελόντες ταύτην τὴν συγγραφὴν εἰς τρισκαίδεκα, ἐνταῦθα τὸ τέλος τῆς τρίτης ἱστορίας ὥρισαν καὶ ἀρχὴν τῆς τετάρτης.

LXXIX. 2. Σπάρτωλον] ἡ Σπάρτωλος προπαροξύνεται. — Τὴν Βοττικήν] ὅτι Βοττιαῖοι ἄποικοι Μακεδόνων. εἰσὶ δὲ ἐν τῇ Θρᾴκῃ, πλησίον Χαλκιδέων. — Προσχωρήσειν] τοῖς Ἀθηναίοις δηλονότι. — Τῶν... βουλομένων] τῶν μὴ θελόντων παραδοῦναι δηλονότι. ἡ δὲ Ὄλυνθος μητρόπολις Χαλκιδέων. — 3. Καὶ ἀναχωροῦσιν] οἱ Ἀθηναῖοι. — 6. Ἐνεδίδοσαν] ὑπεχώρουν, οἱ Χαλκιδεῖς δηλονότι καὶ οἱ Σπαρτώλιοι. — Ἡ δοκοῖ] καθ' ὃ μέρος ἐνομίζετο αὐτοῖς συμφέρον. τὸ δὲ δοκοῖ τρίτης συζυγίας. — Ἐπὶ πολύ] διάστημα δηλονότι. — 7. Ἀνελόμενοι] ἀναλαβόντες. — Διελύθησαν κατὰ πόλεις] ἕκαστος ἦλθεν εἰς τὴν οἰκείαν πόλιν.

LXXX. Καταστρέψασθαι] ἀφανίσαι. — Ἐκ τῆς ξυμμαχίδος] γῆς δηλονότι. — 2. Περιήγγειλαν] πανταχοῦ ἐμήνυσαν. — 3. Ἄποικοι οὖσι] τῆς Κορίνθου δηλονότι. § ὅτι Ἀμπρακιῶται ἄποικοι Κορινθίων. — 5. Καὶ αὐτῷ] τῷ Κνήμῳ. — Ἀβασίλευτοι] μὴ νομίζοντες ἔχειν βασιλεῖς, ἀλλὰ μόνον ἡγεμόνας καὶ ἄρχοντας. — 6. Ἐπιτρέψαντος] τὸ ἄρχειν δηλονότι, καὶ εἶναι αὐτοκράτορα, τὸν Ὄροιδον ἀμφοῖν τοῖν ἐθνοῖν. — 8. Διὰ τῆς Ἀργείας] τῆς Ἀμφιλοχικῆς. — Ἐπὶ Στράτον] θηλυκῶς ἡ Στράτος.

LXXXI. Κελεύοντες] παρακινοῦντες. — Ἐρήμην] ἔρημον-φυλάκων. — 2. Τρία τέλη ποιήσαντες] οὐκ ἐπὶ μῆκος, ἀλλ' ἐπὶ πλάτος. — 3. Διεῖχον] διίσταντο. — 4. Τεταγμένοι] εὐτάκτως. — Διὰ φυλακῆς ἔχοντες] ἑαυτοὺς δηλονότι. — Ἐν ἐπιτηδείῳ] χώρᾳ δηλονότι. — Πιστεύοντες] θαρροῦντες. — Ἀξιούμενοι] ἄξιοι κρινόμενοι. — Ἐπέσχον] ἐνεκαρτέρησαν. — Τὸ στρατόπεδον] τὸ τὸ περιττὸν κεῖται. — Αὐτοβοεί] βοῇ μόνῃ χρησάμενοι. — Αὐτοβοεί] Ὅμηρος [Il. Γ, 2 et 8]·

Τρῶες μὲν κλαγγῇ,   οἱ δ' ἄρ' ἴσαν σιγῇ.

— 5. Μεμονωμένων] διεζευγμένων τῆς τῶν Ἑλλήνων συμμαχίας. — 6. Ἐς φόβον καταστάντων] ἤγουν φυγόντων. — Αὐτούς] τοὺς Χάονας. — 8. Ἐνέκειντο φεύγοντες] ἤγουν κατὰ κράτος ἔφευγον. — Ἀνελάβανόν τε αὐτούς] οἱ Ἕλληνες τοὺς βαρβάρους.

LXXXIII. 2. Ἀντιπαραπλέοντας] ἀντὶ τοῦ εἰς ἀντιπαράταξιν. — Ἑώρων] οἱ Κορίνθιοι δηλονότι. — Σφῶν] τῶν Κορινθίων. — Οὐκ ἔλαθον] οἱ Ἀθηναῖοι. — Τὸν πορθμόν] τὸν Κρισαῖόν φησι. ἔστι δὲ πορθμὸς ἀμφίγειος θάλασσα. — 5. Τὰς πρώρας] ἔχοντες δηλονότι. — Τά τε λεπτὰ πλοῖα] τοὺς λέμβους.

LXXXIV. Κατὰ μίαν ναῦν τεταγμένοι] μίαν ἔχοντες ὀπίσω τῆς μιᾶς. — Ἐν χρῷ] ἀντὶ τοῦ πλησίον. ἔστι δὲ ἀποκοπή· ἣν γὰρ ἐν χρωτί. εἴρηται δὲ ἀπὸ μεταφορᾶς τῆς κουρᾶς τῆς ἄχρι τοῦ χρωτὸς γιγνομένης. — Δόκησιν] δόξαν. — Ἐμβαλεῖν] προσπεσεῖν. — Μὴ ἐπιχειρεῖν] τῷ πολέμῳ. — Σημήνῃ] σημεῖον δῷ. — 2. Αὐτούς] τοὺς Κορινθίους. — Ἐφ' ἑαυτῷ] ἐπὶ τῇ ἐξουσίᾳ αὐτοῦ. — 3. Τῶν τε πλοίων] τῶν λεπτῶν. — Παραγγελλομένων] συμβουλευόντων. — Τῶν κελευστῶν] τῶν στρατηγῶν καὶ τῶν κυβερνητῶν. — Σημαίνει] σημεῖον ποιεῖ. — Χωρήσειαν] ὁρμήσειαν. — Ἐς ἀλκήν] ἐς μάχην πολέμου. — 4. Ἀνεχώρησαν] ὑπέστρεψαν. — 5. Ἐπίνειον] ἐπίνειον καλεῖται πᾶν ἐμπόριον, ἢ παρὰ τὸ ἐπινήχεσθαι αὐτὸ τῇ θαλάσσῃ, ἢ παρὰ τὸ ἐν αὐτῷ τὰς ὁλκάδας νήχεσθαι ἢ ὀκέλλειν.

LXXXV. Ὑπ' ὀλίγων νεῶν] τῶν Ἀθηναίων. — 2. Πρῶτον ναυμαχίας πειρασαμένοις] ἐν τῷ Πελοποννησιακῷ πολέμῳ δηλονότι. — Ὁ παράλογος] τὸ παρὰ τὸ ἐνδεχόμενον γενέσθαι. — Οὐ... σφῶν τὸ ναυτικὸν λείπεσθαι] οὐ κατ' ἐμπειρίαν τοῦ ναυτικοῦ λείπεσθαι. — Οὐκ ἀντιτιθέντες] οὐκ ἀντιπαραβάλλοντες. — Ὀργῇ οὖν ἀπέστελλον] ὀργιζόμενοι ἀπέστελλον τοὺς συμβούλοις. — 5. Γορτύνιος] ἰστέον ὅτι ἡ Γόρτυς πόλις ἐστὶ Κρήτης ἀπέχουσα Κυδωνίας σχεδὸν σταδίους χιλίους· καὶ ἔστιν ἀπίθανον, εἶναι πολεμίας ἀλλήλαις ταύτας τὰς πόλεις. ῥητέον οὖν ὅτι πολεμίαν λέγει τὴν Κυδωνίαν Πολίχνη, οἷς εἰκὸς χαρίζεσθαι κατὰ φιλίαν τὸν Νικίαν. — Προσποιήσειν] οἰκείαν ποιήσειν.

LXXXVI. Ἐν τούτῳ] τῷ χρόνῳ. — 3. Διεῖχετον] κεχώρισθον. — 5. Γνώμην] σκοπόν. — Οἱ μέν] οἱ Πελοποννήσιοι. — Οἱ δέ] οἱ Ἀθηναῖοι.

LXXXVII. Ἡ μὲν γενομένη ναυμαχία] ἡ στάσις πραγματική, ἄγραφος, εἴδους συμβουλευτικοῦ. — Τὴν μέλλουσαν] ναυμαχίαν. — Τέκμαρσιν] στοχασμόν. — Ἐκφοβῆσαι] ἀντὶ τοῦ ἐκφοβεῖσθαι. — 2. Οὐκ ὀλίγα] ὁ ἄνεμος, καὶ ἡ ἐν κύκλῳ τάξις τῶν νεῶν, καὶ τὸ μὴ ταχέως αὐτοὺς ἐπιχειρῆσαι τῇ ναυμαχίᾳ, ἀλλὰ τὴν τοῦ Φορμίωνος ἀναμένειν διὰ τοῦ ἀνέμου στρατηγίαν. — Ἔσφηλε] σφαλῆναι ἐποίησεν. — 3. Οὐδὲ δίκαιον τῆς γνώμης...] τὸ ἑξῆς, οὐ δίκαιον τῆς γνώμης τὸ μὴ νικηθὲν κατὰ κράτος ἀμβλύνεσθαι. — Τῆς ξυμφορᾶς τῷ ἀποβάντι] τῇ ἀποβάσει συμφορᾷ. — Ἀμβλύνεσθαι] ἀναπίπτειν. ... Ταῖς δὲ γνώμαις... ἀνδρείους ὀρθῶς εἶναι] ἔχειν τοὺς ἀνθρώπους ἐστηκυῖαν τὴν γνώμην καὶ μὴ ὑποπεπτωκυῖαν τοῖς δεινοῖς. — Κακοὺς γενέσθαι] ἀπὸ κοινοῦ δὲ τὸ δίκαιον. — 4. Προέχετε] τῶν Ἀθηναίων δηλονότι. — Ἡ ἐπιστήμη] ἡ γυμνασία, ἡ μελέτη

— Ἐν τῷ δεινῷ] τῷ πολέμῳ. — Ἐκπλήσσει] ἐξωθεῖται, ἐκκρούει. — 6. Τὰ δὲ πολλά] ἀντὶ τοῦ ὡς ἐπὶ τὸ πολύ. οὐκ εἶπε δὲ ἀεί, διὰ τὸ ἄδηλον τῆς τύχης. — 7. Προσγενόμενα] προσκτηθέντα. — 8. Θαρσοῦντες οὖν] οἱ ἐπίλογοι. — Χώραν] ἀντὶ τοῦ τάξιν. — 9. Τῶν δὲ πρότερον ἡγεμόνων] τῶν καταναυμαχηθέντων ὑπὸ Φορμίωνος· λέγει δὲ τοὺς περὶ Μαχάονα καὶ Ἰσοκράτην. — Τὴν ἐπιχείρησιν] τῆς παρασκευῆς τοῦ πολέμου δηλονότι. — Οἱ δὲ ἀγαθοί] οἱ γενναῖοι. — Τιμήσονται] ἀντὶ τοῦ τιμηθήσονται.

LXXXVIII. Ξυνιστάμενοι] συναθροιζόμενοι. — 2. Τὴν ἀξίωσιν] τὴν πεῖραν. — Μηδένα ... ὑποχωρεῖν] σημείωσαι τὴν σύνταξιν.

LXXXIX. 2. Τῶν νεῶν] γράφεται τῶν ἐναντίων. — Ξυνεκάλεσα] εἰς ταὐτὸν συνήγαγον. — Οὗτοι γάρ] οἱ Λακεδαιμόνιοι. — 3. Ἐν ἐκείνῳ] ἐν τῇ πεζομαχίᾳ. — Οὐδὲν προφέρουσι] κατὰ τὴν ναυμαχίαν. — 4. Παραπολύ] ὑπερβαλλόντως. — 5. Οὐκ ἂν ἡγοῦνται] ὁ νοῦς οὕτως, ἡγοῦνται οἱ ἐχθροὶ μὴ ἀνθίστασθαι ἡμᾶς ἄλλως, ἢ μέλλοντάς τι γενναῖον πρᾶξαι. — 6. Ἀντίπαλοι] θαρροῦντες ἀντιπαλαίειν. — Πολλῷ] τῷ μέτρῳ. — Οὐκ ἀναγκαζόμενοι] ἡμεῖς, δηλονότι οἱ Ἀθηναῖοι. — 8. Ἑκὼν εἶναι] παρέλκει τὸ εἶναι κατὰ συνήθειαν Ἀττικήν· οὐδὲν γὰρ ἐν ταῖς τοιαύταις συντάξεσι δηλοῖ. — Ἐπιπλεύσειε] κατὰ τῶν ἐναντίων ἐπέλθοι. — Μὴ ἔχων τὴν πρόσοψιν τῶν πολεμίων] μὴ ὁρῶν τοὺς πολεμίους. — Ἐκ πολλοῦ] λείπει διαστήματος. — Διέκπλοι] τὸ ἐμβάλλειν καὶ διασχίζειν τὴν τῶν ἐναντίων τάξιν. Ἀναστροφαὶ δὲ αἱ εἰς τοὐπίσω ὑποχωρήσεις, ἀνακάμψεις. — Ἐν τούτῳ] ἐν τῷ πεζομαχεῖν. — 9. Τούτων μὲν οὖν ἐγώ...] τὸ ἐπιχείρημα ἐκ τοῦ συμφέροντος. — Τά τε παραγγελλόμενα] τὰ τῆς παραινέσεως ἔργα. — Ὀξέως] σπουδαίως. — Τῆς ἐφορμήσεως οὔσης] τῶν πολεμίων. — Ἐν τῷ ἔργῳ κόσμον...] ἤτοι ἐν τῷ πολέμῳ κόσμον ἔχετε καὶ σιγήν, καὶ συμφέρον ὂν τοῖς μετιοῦσιν ἐπιπολὺ τὰ πολεμικά, καὶ μάλιστα τοῖς ναυμαχοῦσιν.

XC. Ἐπὶ τεσσάρων ταξάμενοι] ἀντὶ τοῦ κατὰ τέσσαρας αὐτὰς ποιήσαντες. — Ἐπὶ τήν] ἀντὶ τοῦ παρὰ τήν. — Ἔσω ἐπὶ τοῦ κόλπου] ἐσωτέρω τῶν Ῥίων ἐν τῷ Κρισαίῳ κόλπῳ. — 2. Ἐπὶ δ' αὐτῷ] τῷ κέρατι. — Ἐπὶ τὴν Ναύπακτον] ἔσω γὰρ ἐν τῷ κόλπῳ ἔκειτο ἡ Ναύπακτος. — Ταύτῃ] τῇ ὁδῷ. — 3. Ὁ δὲ...] ὁ δὲ Φορμίων ὡς ἑώρα τοὺς Πελοποννησίους, ἄκων κατὰ σπουδὴν τοὺς στρατιώτας ἐμβιβάσας εἰς τὴν ναῦν ἔπλει. — Προσεδέχοντο] ἤλπιζον. — Περὶ τῷ χωρίῳ] τῆς Ναυπάκτου δηλονότι. — Ἐρήμῳ ὄντι] βοηθείας δηλονότι. — Τὴν γῆν] τὴν οἰκείαν δηλονότι. — 4. Κατὰ μίαν ἐπὶ κέρως] ὡς ἂν εἰ ἔλεγε, μίαν κατακολουθοῦσαν τῇ ἑτέρᾳ. τοῦτο γὰρ τὸ ἐπὶ κέρως δηλοῖ. — Ἀπὸ σημείου ἑνός] ὡς ἂν εἰ ἔλεγεν, οὐ δεηθέντες πολλῶν παρακελεύσεων, ἀλλ' εὐθὺς ποιοῦντες ὅπερ ἐδόκει. τὸ δὲ σημεῖον ἀντὶ τοῦ μιλίου. δύναται δὲ λέγειν καὶ τοῦ σύνθημα. — Ἐπιστρέψαντες τὰς ναῦς μετωπηδὸν ἔπλεον] τὸ μὲν ἐπιστρέψαντες εἶπεν, ὅτι ἦν ἄνω εἰπών, ἐπειδὴ κατ' εὐθεῖαν ἔπλεον· νῦν δὲ οὐκέτι· τὸ δὲ μετωπηδόν, πάλιν τὸ κατ' εὐθεῖαν πλέειν ἐστί· τὸ γὰρ μέτωπον τῆς νεὼς ἡ πρῶρα ἐστί. λέγει οὖν ὅτι τὰ μέτωπα, ὅ ἐστι τὰ πρόσωπα τῶν νεῶν, παρεῖχον τοῖς ἐναντίοις. — 5. Τῶν δέ] τῶν νεῶν τῶν Ἀθηναίων. — Ἐξέωσαν] ἐξέκλιναν τῆς προκειμένης ὁδοῦ. § πρὸς τὴν γῆν ὀκεῖλαι ἐποίησαν. — Ἐξένευσαν] ἐξεκολύμβησαν.

XCI. Ταύτῃ] οὕτως. ἢ ἀντὶ τοῦ κατὰ τοῦτο τὸ μέρος. — Καὶ ἴσχουσι] ἐλλιμενίζουσαι. ἄλλη ἀρχὴ τὸ καὶ ἴσχουσαι. — Ἀντίπρωροι] ἔχουσαι τὰς πρώρας πρὸς τὸ πέλαγος δρώσας· τοῦ γὰρ φεύγειν ἐπαύσαντο. — Ἀντίπρωροι] γεγονυῖαι δηλονότι. — Τὸ Ἀπολλώνιον] ἱερὸν Ἀπόλλωνος ἐν τῷ λιμένι. — 2. Οἱ δέ] οἱ Πελοποννήσιοι. — Τὴν ὑπόλοιπον] τὴν ὑστερήσασαν. — 3. Ὁλκάς] ἡ ἐμπορικὴ ναῦς ἐστί. — 4. Πρὸς τὴν ἐξ ὀλίγου ἀντ.] διὰ τὸ ἐγγύθεν ἀντεπιέναι τοὺς Ἀθηναίους.

XCII. Ὑπέμειναν] ἐδέξαντο τὸ ἐμβάσιμον τῶν Ἀθηναίων. — Τὸν Πάνορμον] σημείωσαι· ὁ Πάνορμος. — 3. Ἡ ναῦς] ἡ περὶ τὴν ὁλκάδα καταδῦσα. — Ἔσφαξεν ἑαυτόν] Λακωνικὸν τὸ φρόνημα τοῦτο, μὴ ὑπ' ἐχθρῶν ἀξιῶσαι ἀναιρεθῆναι. — 5. Τῆς τροπῆς] ἀντὶ τοῦ ὑπὲρ τῆς τροπῆς. § Ἡ σύνταξις οὕτως· ὡς νενικηκότες ἕνεκεν τῆς τροπῆς τῶν νεῶν ἃς πρὸς τῇ γῇ διέφθειραν. — Ἃς πρὸς τῇ γῇ ναῦς] ἀντὶ τοῦ διὰ τὰς ναῦς. — 6. Ὑπὸ νύκτα] ἀντὶ τοῦ κατὰ τὴν νύκτα. — 7. Οὐ πολλῷ ὕστερον] μετ' ὀλίγον. — Τῆς ἀναχωρήσεως τῶν νεῶν] τῶν ἐναντίων.

XCIII. Ἐπικρατεῖν] ἰσχύειν τοὺς Ἀθηναίους. — 2. Τὸ ὑπηρέσιον] ὑπηρέσιόν ἐστι τὸ κῶας, ᾧ ἐπικάθηνται οἱ ἐρέσσοντες διὰ τὸ μὴ συντρίβεσθαι αὐτῶν τὰς πυγάς. — Πλεῦσαι] ἀπὸ κοινοῦ τὸ ἐδόκει. — 4. Ἀφικόμενοι] εἰς τὰ Μέγαρα δηλονότι. — Τὸ ἀκρωτήριον] τὸ Βούδορον καλούμενον. Κενάς] τῶν ἀνδρῶν δηλονότι.

XCIV. Φρυκτοί] φρυκτοί εἰσι λαμπάδες τινὲς ἀπὸ ξύλων γινόμεναι, ἅς τινας βαστάζοντες ἄνωθεν τῶν τειχῶν ἐσήμαινον τοῖς πλησιοχώροις ἢ τοῖς συμμάχοις, ὅτ' ἄν τινας ἑώρων πολεμίους ἐπιόντας, ὡς ὅτι δεῖ προφυλάξασθαι. οὐ μόνον δὲ ἐπὶ πολεμίων τοῦτο ἐποίουν· ἀλλὰ καὶ ἐπὶ φίλων, ὅτ' ἂν ἑώρων βοήθειαν ἐρχομένην, ἐσήμαινον πάλιν διὰ τῶν φρυκτῶν, ὡς οὐ δεῖ θορυβεῖσθαι. καὶ ὅτ' ἂν μὲν φίλους ἐδήλουν, ἐβάσταζον τοὺς φρυκτοὺς ἠρεμοῦντες· ὅτ' ἂν δὲ πολεμίους, ἐκίνουν τοὺς φρυκτούς, δηλοῦντες τὸν φόβον. — Ἔκπληξις ἐγένετο] τοῖς Ἀθηναίοις. — Οἱ μὲν γὰρ ἐν τῷ ἄστει] ὄντες δηλονότι. — Ἡρῆσθαι] ἑαλωκέναι. — Ὅσον οὐχ] ἀντὶ τοῦ σχεδόν, ὡς τὸ μονονουχί. — Ἐσπλεῖν αὐτούς] ἀντὶ τοῦ ὅτι μέλλουσιν ἐσπλεῖν. — 2. Βοηθήσαντες μετὰ βοῆς συνδραμόντες. — 3. Οὐδὲν στέγουσι] ὕδωρ δηλονότι.

XCV. Σιτάλκης ὁ Τήρεω] ἐντεῦθεν τὰ Θρακικὰ καὶ Σιτάλκου ἐπιστρατεία. — Δύο ὑποσχέσεις] ἀντὶ γενικῆς ἡ αἰτιατικὴ Ἀττικῶς. σημείωσαι παρόμοιον τῷ [Hom. Od. M, 737] «δύο μὲν σκόπελοι ὁ μὲν οὐρανόν.» § Ἡ ἱστορία τῆς παρούσης ὑποθέσεως ἔχει οὕτως. Ἀλέ-

ξανδρος Μακεδόνων βασιλεὺς ἔσχεν υἱοὺς δύο, Περδίκκαν καὶ Φίλιππον. δραξάμενος δὲ τῆς ἀρχῆς ὁ Περδίκκας, ἀπεξήλασεν τὸν ἀδελφὸν αὑτοῦ Φίλιππον. ὁ δὲ, ἐπὶ Σιτάλκην, τὸν βασιλέα τῶν Θρᾳκῶν, καταφυγών, ἐδεῖτο καταγαγεῖν αὐτὸν, καὶ τὴν τῶν Μακεδόνων βασιλείαν ἀποδοῦναι· ὁ δ' ὑπέσχετο. μαθὼν δὲ τοῦτο ὁ τοῦ Φιλίππου ἀδελφὸς Περδίκκας, ἀπέστειλε πρὸς Σιτάλκην πρέσβεις, ὑποσχεθεὶς αὐτῷ χρήματα, εἰ μὴ καταγάγοι τὸν Φίλιππον, οὐκ ὀλίγα. ἃ μὲν καὶ ὁ Σιτάλκης πεισθεὶς, οὐ κατήγαγε τὸν Φίλιππον· ὡς δὲ οὐδὲν ἀποδέδωκε πρὸς αὐτὸν ὁ Περδίκκας ἅπερ ὑπέσχετο, ἐστράτευσε κατ' αὐτοῦ, τὸν Φιλίππου υἱὸν ἀντὶ τοῦ πατρὸς ἀνταναγόμενος. ἐπεὶ δὲ αὐτοῦ καὶ οἱ Ἀθηναῖοι ἐδέοντο, ὑπὸ Χαλκιδέων τῶν ὑπὸ Περδίκκαν ὄντων βλαπτόμενοι ἐν τοῖς Θρᾳκικοῖς χωρίοις τε καὶ συμμάχοις αὐτῶν, καταλῦσαι τὸν πόλεμον καὶ τὴν ἀπὸ τοῦ Γ. βλάβην, ἐστράτευσε κατὰ Χαλκιδέων τε καὶ Περδίκκα, τὸν μὲν ἀμυνόμενος οἷς ἐψεύσατο μετελθεῖν αὐτῷ τὰ ὑπεσχημένα, τοὺς δὲ μετελθεῖν ἐπειγόμενος, τὴν παρὰ τῶν Ἀθηναίων ὑπόσχεσιν ἐκπληρώσων. — Ἀναπρᾶξαι] εἰσπρᾶξαι, ἀπαιτῆσαι. — Ἀποδοῦναι] τοῖς Ἀθηναίοις δηλονότι. — 2. Περδίκκας]

Γένος Τημενιδῶν.
Ἀλέξανδρος
Περδίκκαν   Φίλιππον
Ἀρχέλαον   Ἀμύνταν
            Φίλιππος
Ἀλέξανδρον τὸν μέγαν,
ὃς τὴν Περσῶν δυναστείαν κατέλυσεν.

— Αὐτῷ] τῷ Σιτάλκη. — Διαλλάξειεν] φίλον ποιήσειεν. — Ὑπεδέξατο] ὑπέσχετο. — 3. Οἱ ἐτύγχανον παρόντες] ἀπὸ κοινοῦ τὸ ἦγε. — Ἄγνωνα] οὗτος ἔκτισε τὴν Ἀμφίπολιν.

XCVI. Ἀνίστησιν] ἐπάγεται, στράτευμα δηλονότι. — Ἐς τὸν Εὔξ...] ἕως τοῦ Εὐξείνου πόντου καὶ τοῦ Ἑλλησπόντου. — Μέρη] γένη, ἐθνῶν δηλονότι. — 3. Τοῦ Στρυμόνος] Στρυμὼν ποταμὸς Θρᾴκης περὶ τὴν Ἀμφίπολιν. ἄρα πόθεν ἄρχεται ὁ Στρυμὼν ποταμὸς, καὶ ποῦ καταλήγει. καὶ ἔτι ὁ Ὄσκιος ποταμὸς καὶ ὁ Νέσος, ὃν Νέστον οὗτος καλεῖ· ἔτι γε μὴν καὶ ὁ Ἕβρος. Οὗ ὡρίζετο] τὸ τέλος εἶχε. — 4. Παρήκουσι] παρατείνονται. — Τὸ ὄρος] τὸ Σκόμιον δηλονότι.

XCVII. Περίπλους] δυνατὴ περιπλευσθῆναι. — Νηῒ στρογγύλῃ] ἐμπορικῇ, διὰ τὰ πολεμικὰ, μακρότερα ὄντα. — Ὁδῷ] διὰ ξηρᾶς. — Εὔζωνος] εὐσταλὴς καὶ κοῦφος καὶ μηδὲν ἔχων τὸ ἐμποδίζον. — 2. Διὰ πλείστου] διαστήματος δηλονότι. — 3. Ὅσον προσῆξαν] φόρον δηλονότι. — Χωρὶς δέ] τούτων δηλονότι. — Ὅσα] προσεφέρετο. — Λεῖα] τὰ λιτὰ, πρὸς ἀντιδιαστολὴν τῶν ὑφαντῶν καὶ πεποικιλμένων. — Ὀδρυσῶν] προσεφέρετο δηλονότι. — 4. Τοὐναντίον τῆς Περσῶν βασιλείας] οἱ γὰρ Πέρσαι παρέχουσι μᾶλλον ἤπερ παρὰ τῶν ἄλλων λαμβάνουσιν· οἱ δὲ Θρᾷκες τοὐναντίον. καὶ οὐκ

ἦν τι πρᾶξαι παρ' αὐτοῖς τὸν μὴ παρέχοντα χρήματα, ὅπερ καὶ νῦν ἐν Ῥωμαίοις. — Κατὰ τὸ δύνασθαι] διὰ τὴν δύναμιν. — Ἐπιπλέον αὐτῷ ἐχρήσαντο] αὐτῷ τῷ νόμῳ μᾶλλον τῶν ἄλλων Θρᾳκῶν οἱ Ὀδρύσαι ἐχρῶντο, λαβεῖν μᾶλλον ἤπερ δοῦναι. — 6. Ταύτῃ δέ] τῇ τῶν Σκυθῶν. § Περὶ Σκυθῶν τοῦτο καὶ Ἡρόδοτος [4, 46] λέγει. — Οὐχ ὅτι] ἀντὶ τοῦ μή τοι γε. — Οὐ μὴν... ἄλλοις ὁμοιοῦνται] ἀλλ' ὑπερβάλλουσιν δηλονότι.

XCVIII. Ἄρας] τὸ στράτευμα. — Σίντων] Σίντιοι ἐλέγοντο ἐν ὅσῳ τὴν Λῆμνον ᾤκουν· εἰς δὲ Θρᾴκην ἐλθόντες μετωνομάσθησαν Σίντοι. — 2. Τὸ δέ] ὄρος τὴν Κερκίνην δηλονότι. — Δόβηρον] τὴν νῦν καλουμένην Γέβρην. — 3. Ἀπεγίγνετο] ἀπώλλυτο. — Προσεγίγνετο] ηὐξάνετο κατὰ πρόσθεσιν. — Ἀπαράκλητοι] ἑκούσιοι.

XCIX. Τὴν κάτω Μακεδονίαν] τῆς Μακεδονίας τὸ μέν ἐστι μεσόγειον, τὸ δὲ παράλιον, ἣν καλεῖ τὴν κάτω Μακεδονίαν. — 3. Πρῶτοι ἐκτήσαντο] τοῦτο καὶ Ἡρόδοτος ἐν τῇ ἐννάτῃ [imo 8, 137] ἱστορεῖ κατὰ διέξοδον. — 4. Ἄξιον] τὴν Βάρδαριν λέγει. — Ἠδῶνας] Ἠδωνοὶ καὶ μεταπλασμῷ Ἠδῶνες καὶ Ἠδῶναι. οὕτως Ἡρωδιανός. — 5. Ὤν] τῶν Ἐορδῶν. — 6. Οἱ Μακεδόνες οὗτοι] οἱ κάτω Μακεδόνες. — Καὶ Μακεδόνων αὐτῶν] τῶν ἄνω.

C. 2. Ἦν δὲ οὐ πολλά] τὰ καρτερὰ δηλονότι. — Τὰ νῦν ὄντα] τείχη δηλονότι. — 3. Ἐς τὴν Φιλίππου] τοῦ ἀδικηθέντος ὑπὸ Περδίκκου. — 6. Περικλειόμενοι] ἀντὶ τοῦ περικλείοντες. οἱ Θρᾷκες δηλονότι.

CI. Ἔπεμψαν αὐτῷ] τῷ Σιτάλκῃ οἱ Ἀθηναῖοι. § οἱ Μακεδόνες. — 4. Παρέσχε δὲ λόγον] ὁ Σιτάλκης. — Ὑπ' αὐτῶν] τῶν Ἀθηναίων. — 5. Ἐπέχων] ἐπικείμενος. — Αὐτῷ] ὑπ' αὐτοῦ. — Ἐσέβαλε] τὴν ἔφοδον ἐποίησε.

CII. Ἐς Κόροντα] τὰ Κόροντα ἡ εὐθεῖα. — 2. Οἰνιάδας] Οἰνιὰς πόλις ἐστὶν ἐν τῷ στόματι τοῦ Ἀχελῴου ἡ καὶ νῦν Δραγαμέστη λεγομένη. — Διὰ Δολοπίας] Δολοπία ἡ νῦν καλουμένη Ἀνόβλαχα· ἐξ ἀνατολῶν γὰρ αὐτῆς ὁ Πηνειὸς ποταμὸς, ἐκ δὲ νότου ὁ Ἀχελῷος οὗτος ποταμὸς ῥεῖ. — Αὐτοῖς] τοῖς Οἰνιάδαις. — Περιλιμνάζουσι] περὶ τὴν πόλιν πλημμύρας ὑδάτων ποιῶν. — 3. Προσχοῖ ἀεί] ὕλην συμφορεῖ. — Αἱ ἤπειρωνται] τοιαῦτα πολλὰ οἱ τὰς γεωγραφίας ἡμῖν παραδιδόντες ἀναγράφουσιν· ὅπερ καὶ ἐπὶ τῆς πρὸς Αἰγύπτῳ Φάρῳ τῇ νήσῳ συνέβη. ὁ γὰρ Ὅμηρος [Od. Δ, 354] πελαγίαν αὐτὴν ἀναγράφει· νῦν δὲ σχεδὸν ἠπείρωται. — 4. Τό τε γὰρ ῥεῦμα] τοῦ Ἀχελῴου. — Τῆς προσχώσεως] τῆς προσχώσεως ἕνεκα, διὰ τῆς προσχώσεως, διὰ τὸ μὴ σκεδάννυσθαι αὐτήν. — Τῷ μὴ σκεδάννυσθαι] τὴν πρόσχωσιν δηλονότι. — 5. Ἀλκμέωνι]

Τὸν Ἀλκμέωνα (πῶς, λέγειν οὐκ ἰσχύω)
ψιλὸν, μέγα γράφουσιν, ὡς τῇδε βλέπεις.
Μέτροις ἐφεῦρον ἀκριβῶς Εὐριπίδου.
Δίφθογγον οἱ νῦν καὶ μέγα γράφουσι δὲ,
μωρῶς ἀτεχνῶς ἐν γραφαῖς πεφυρμένοις.
Δίφθογγον * * ὁ Τζέτζης καὶ μικρὸν γράφει,
Ὅμηρος ὥσπερ τεχνικοῖς γράφει λόγοις.
Οὐ τυγχάνει γὰρ τοῦτο τῶν παρωνύμων,

ἐκ ῥήματος δὲ τυγχάνει παρηγμένον,
ὡς ἀλλαχοῦ που πειρᾷ διέγραψα πλάτει.

—Τῆς μητρός] τῆς Ἐριφύλης. — 6. Καὶ ἐδόκει αὐτῷ ἱκανὴ ἂν... σώμ.] τὸ ἑξῆς, δίαιτα ἱκανὴ τῷ σώματι ἐδόκει ἡ πρόσχωσις, δηλονότι εἰς χρείαν τοῦ σώματος. — Ἐδυνάστευσε] τὴν βασιλείαν ἔσχε. — Τὴν ἐπωνυμίαν ἐγκατέλιπε] πρότερον γὰρ Κουρῆτις ἐκαλεῖτο. Ὅμηρος [Il. I, 525]·

Κουρῆτές τ᾽ ἐμάχοντο καὶ Αἰτωλοὶ μενεχάρμαι.

— Παρελάβομεν] ἀκοῇ δηλονότι.
CIII. Ἐλύθησαν] ἐλυτρώθησαν, εἰς λύτρον ἐδόθησαν.

IN LIBRUM III.

I. Ἐς τὴν Ἀττικήν] ἀντὶ τοῦ κατὰ τῆς Ἀττικῆς. — Ἐγκαθεζόμενοι] ἐνδιατρίβοντες. οὐχ ἁπλῶς πορείαν ποιούμενοι, ἀλλ᾽ ἐμβραδύνοντες, διὰ τὸν σῖτον. — Τὴν γῆν] τῶν Ἀθηναίων. — Ὅπη παρείκοι] ὅπου ἐνεδέχετο καὶ ἐνεχώρει. — Τῶν ψιλῶν] τῶν Λακεδαιμονίων. — Τὸ μὴ προεξιόντας... κακουργεῖν] λείπει ἢ διά, ἵνα ᾖ· διὰ τὸ μὴ προεξιόντας τῶν ὅπλων ληστεύειν. — Κακουργεῖν] ληστεύειν. — 2. Οὗ εἶχον τὰ σιτία] ἀντὶ τοῦ ἕως οὗ εἶχον τροφήν.

II. Λέσβος ... βουληθέντες] σημείωσαι τὴν σύνταξιν. — Πρὸ τοῦ πολέμου] τοῦ Πελοποννησιακοῦ. — Οὐ προσεδέξαντο] ἵνα μὴ λύσωσι τὰς τριακοντούτεις σπονδάς. — Ἀναγκασθέντες δέ] διὰ τοῦτο ἠναγκάσθησαν ἀποστῆναι, διὰ τὸ διαβληθῆναι. — Καὶ ταύτην] οὐχ ὡς καὶ ἄλλην αὐτῶν πεποιημένων ἀπόστασιν· ἀλλὰ τὸ ταύτην ἐν ἴσῳ τέθεικε τῷ ἐν τῷ τότε χρόνῳ. — Πρότερον ἢ διενοοῦντο] πρὶν εὐτρεπισθῆναι. § ἐπιφέρει διὰ τί ἀναγκασθέντες· ἦσαν γὰρ ἐκ πολλοῦ βουλόμενοι ἀποστῆναι, ἀλλὰ νῦν μήπω εὐτρεπισθέντες ἀπέστησαν. — 2. Τῶν τε γὰρ λιμένων τὴν χῶσιν] οἱ προσδεχόμενοι πολεμίους κατὰ θάλασσαν ἰσχυροτέρους αὑτῶν χῶμα ἔχουν ἐπὶ τοῖς στόμασι τῶν λιμένων, ὅπως δυσείσπλωτοι τοῖς πολεμίοις εἶεν. — Καὶ ἃ μεταπεμπόμενοι ἦσαν] καὶ ἃ μετεπέμποντο. — 3. Αὐτοῖς] τοῖς Μιτυληναίοις. — Μυτιληναίων]

.Τρισεξάδελφε, χρυσέ μου, καλλιγράφε,
ἀντίστροφον ποίησον εἰς γραφῆς τύπον
τὸν μυ τε καὶ τι, καὶ φυγεῖς ἄρα ψόγον.
Τὰς δ᾽ αὖ μύτεις νόησον υ ψιλῶ φέρειν.

— Μηνυταὶ γίγνονται] τὸ μηνυταὶ γίγνονται τῷ κατὰ στάσιν συντακτέον, ἵνα ᾖ τοιοῦτον, στασιασάντων (δηλονότι πρὸς ἀλλήλους) τῶν πολιτῶν, μία στάσις ἐμήνυσεν αὐτῶν τὴν ἀπόστασιν τοῖς Ἀθηναίοις. Ξυνοικίζουσι ... ἐς τὴν Μιτυλήνην βίᾳ] ἄκοντας τοὺς Λεσβίους ἀναγκάζουσιν εἰς τὴν Μιτυλήνην οἰκῆσαι. ἐβούλοντο γὰρ ἐκ μιᾶς πόλεως ὁρμώμενοι πολεμεῖν. — Καὶ τὴν παρασκευήν...] καὶ παρασκευάζονται μετὰ

ἐπείξεως ὥστε ἀποστῆναι, συλλαμβανόντων αὐτοῖς Λακεδαιμονίων καὶ Βοιωτῶν. τὸ δὲ συγγενῶν ὄντων ἐπὶ μόνους τοὺς Βοιωτοὺς ἐνεκτέον· οὗτοι γὰρ κατὰ τὸ Αἰολικὸν συγγενεῖς τῶν Λεσβίων. — Λακεδαιμονίων] δεῖ ὑποστίξαι εἰς τὸ Λακεδαιμονίων, ἑξῆς δὲ Βοιωτῶν ξυγγενῶν ὄντων ἀναγνωστέον. Αἰολέων γὰρ ἄποικοι Λέσβιοι, Αἰολεῖς δὲ καὶ Βοιωτοί· οἱ δὲ Λακεδαιμόνιοι Δωριεῖς. — Αὐτούς] τοὺς Ἀθηναίους.

III. Μέγα μὲν ἔργον] δυσχέρειαν. — Προσπολεμώσασθαι] ἀντὶ τοῦ πρὸς τοῖς οὖσι πολεμίοις, τοῖς Πελοποννησίοις δηλονότι, καὶ αὐτὴν πολεμίαν ποιῆσαι. — Ἀκέραιον] ἀζήμιον. — Τήν τε ξυνοίκησιν] τῆς Λέσβου εἰς τὴν* Μιτυλήνην. — 2. Καὶ ἦν μέν...] τὸ σχῆμα καλεῖται ἀνανταπόδοτον. Ὅμηρος [Il. A, 135]·

Ἀλλ᾽ εἰ μὲν δώσουσι γέρας μεγάθυμοι Ἀχαιοὶ ἄρσαντες.

ὁ νοῦς οὕτω· καὶ εἰ μὲν κατορθωθῇ τὸ ἐλπιζόμενον καὶ τῇ πείρᾳ αὐτῇ καταλάβωσιν αὐτοὺς ἔξω, καλῶς ἂν ἔσται τοῖς Ἀθηναίοις τὰ πράγματα. — Ναῦς τε παραδοῦναι] τοῖς Ἀθηναίοις. — 4. Καὶ αἱ μὲν νῆες] τῶν Ἀθηναίων δηλονότι. — Παρὰ σφᾶς] τοὺς Ἀθηναίους. — Κατὰ τὸ ξυμμαχικόν] διὰ τὴν ξυμμαχίαν. — 5. Ἐπὶ Γεραιστόν] Γεραιστὸς ἀκρωτήριον Εὐβοίας, ἔχον λιμένα. — Πλῷ] ἀντὶ τοῦ εὐπλοίᾳ. — Καὶ τριταῖος] δι᾽ ἡμερῶν τριῶν. — Τὸν ἐπίπλουν] τῶν Ἀθηναίων.

IV. Καὶ οἱ Ἀθηναῖοι] ἀντίπτωσις, ἀντὶ τοῦ τῶν Ἀθηναίων. Ὅμηρος [Od. M, 73]·

Οἱ δὲ δύο σκόπελοι, ὁ μὲν οὐρανὸν ἀμφὶς ἱκάνει.

— Καταπλεύσαντες]

Σολοικοειδές· σχῆμα γὰρ ἀντίπτωσιν σὺ νόει,
ὡς ἀντὶ πλευσάντων [γε] πλεύσαντες λέγει.

— Ὡς ἑώρων] ὡς ἔγνωσαν ὅτι ἔμαθον τὸν ἐπίπλουν καὶ προεφυλάξαντο οἱ Μιτυληναῖοι. — Ἀπήγγειλαν μέν] τοῖς Μιτυληναίοις. — Τὰ ἐπεσταλμένα] τὰ προσταχθέντα. — 2. Ὁμολογίᾳ τινὶ ἐπιεικεῖ] συνθήκῃ τινὶ φιλανθρώπῳ. ἔνιοι δέ, ἐπιεικεῖ· εὐπρεπεῖ. — 4. Ἀπελθεῖν] τῆς Μιτυλήνης δηλονότι. — 5. Ἐν τῇ Μαλέᾳ] Μαλέα ἀκρωτήριον Λέσβου. — Τοῖς ἀπὸ τῶν Ἀθηναίων] τοῖς πράγμασι δηλονότι, ἅπερ ἤλπιζον ἀπὸ τῶν Ἀθηναίων λήψεσθαι.

V. Καὶ ἡ ἄλλη Λέσβος] καθίστατο εἰς μάχην δηλονότι. — 2. Ἐπὶ τὸ τῶν Ἀθηναίων στρατόπεδον] τὸ ὁρμοῦν ἐν τῇ Μαλέᾳ. — Ἐπηυλίσαντο] ἐπαυλίσασθαι ἐστι τὸ πλησίον τῶν πολεμίων νυκτὸς αὐλίσασθαι, καθυπερτερούντων αὐτῶν. — Ἀνεχώρησαν] εἰς τὴν πόλιν δηλονότι. — 3. Ἐκ Πελοπ.... βουλόμενοι, εἰ προσγένοιτό τι, κινδυνεύειν] τὸ ἑξῆς, βουλόμενοι, εἰ προσγένοιτό τι καὶ ἐκ Πελοποννήσου, μετ᾽ ἄλλης παρασκευῆς κινδυνεύειν. — 4. Αὐτοῖς] τοῖς Μιτυληναίοις.

VI. Πολύ] πολὺ ἢ πρότερον. — Οὐδὲν ἰσχυρόν] οὐδεμίαν ἰσχυρὰν βοήθειαν. — Τοὺς ἐφόρμους] τὰς ναυτικὰς ἐφόδους. — 2. Καὶ τῆς μὲν θαλάσσης εἶργον μὴ χρῆσθαι] ἀντὶ τοῦ ὥστε μὴ χρῆσθαι. ἔνιοι δὲ τὴν

μὴ ἀπόφασιν περιττὴν φασι. τὸ γὰρ λεγόμενον τοιοῦτόν ἐστι, καὶ τῆς μὲν θαλάσσης εἶργον χρῆσθαι τοὺς Μιτυληναίους. ὥρμουν δὲ οἱ Ἀθηναῖοι ἐπ᾽ ἀμφοτέροις τοῖς λιμέσι τῶν Μιτυληναίων, ὥστε μὴ δύνασθαι αὐτοὺς ἐκπλεῖν· τοῦτο γάρ ἐστι τὸ μὴ χρῆσθαι τῇ θαλάττῃ. — Προσβεβοηθηκότες] πρὸς βοήθειαν δραμόντες. — Οὐ πολύ] μέρος γῆς δηλονότι. — Αὐτοῖς] τοῖς Ἀθηναίοις.

VII. Τοῦ θέρους] ἐπὶ τοῦ θέρους. — Καὶ ἐς Πελοπόννησον] ἡ ἐς ἀντὶ τῆς περί. — 2. Τὰ ἐπιθαλάσσια] ἡ ἐπὶ ἀντὶ τῆς παρά. — 3. Ἐπ᾽ οἴκου] ἐπ᾽ Ἀθήνας. — 4. Ἀναστήσας] μετοικίσας. § ἐγείρας καὶ κινήσας, οὐκ ἐκβαλών. — 5. Προσεχώρουν] προσήρχοντο οἱ Οἰνιάδαι. — Νήρικον] καὶ Ὅμηρος [Od. Ω, 376] οἶδε ταύτην τὴν πόλιν, καὶ σημείωσαι, ὅτι τῆς Λευκάδος ἐστὶ μέρος. — Ἀναχωρῶν] ὑποστρέφων.

VIII. Αὐτοῖς] τοῖς πρέσβεσι. — Δωριεύς] τὸ Δωριεὺς ὄνομα κύριον· ὡς ἐπίπαν γὰρ τὸ κύριον προτάττεται τῷ ἐθνικῷ. — Μετὰ τὴν ἑορτήν] μετὰ τὸ παρελθεῖν τὰ Ὀλύμπια.

IX. Τὸ μὲν καθεστὼς... νόμιμον...] διαιρεῖται ἡ δημηγορία αὕτη κεφαλαίοις τοῖσδε· τῷ δικαίῳ, οἷον ὅτι δικαίως ἀπέστημεν· τῷ δυνατῷ, ὅτι δυνατὰ παρακαλοῦμεν· (ἐθαρρημένοι γάρ εἰσι τῇ νόσῳ καὶ ἡ δύναμις αὐτῶν ἐς πολλὰ διῄρηται·) τῷ συμφέροντι, ὅτι λυσιτελεῖ δύναμιν καταδέξασθαι πόρρωθεν ἰσχύουσαν, καὶ τὰς ἀπὸ τῶν συμμάχων Ἀθηναίοις παραγινομένας προσόδους δυναμένην κωλῦσαι. ἐπὶ δὲ τελευτῆς ἀπὸ τοῦ ἐναντίου παροξυσμός, καὶ παράκλησις ποικίλως δυσωποῦσα. Καθεστὼς δὲ νόμιμον τὸ ἔθος λέγει. — Καθεστώς]

ὡς * τοῦτο μικρὸν ἐγγράφουσι καὶ μέγα·
Ἰωνικῶς ὃς μικρόν, Ἀττικῶς μέγα.

— Τοὺς γὰρ ἀφιστ.] πρὸς τὸ τοὺς γὰρ ἀφισταμένους λείπει τὸ ἐχθρούς. — Ἐν ἡδονῇ ἔχουσι] ἤγουν ἡδύνονται. — Χείρους ἡγοῦνται] τὸ χείρους οὐκ ἔστι συγκριτικόν, ἀλλ᾽ ἀντὶ τοῦ κακούς. θεραπεύουσι δὲ διὰ τούτων οἱ Μιτυληναῖοι τὴν ὑπόνοιαν τῶν Λακεδαιμονίων, ὅπως εὐμενεῖς αὐτοὺς παρασκευάσωσιν ἀκροατάς. — 2. Αὕτη ἡ ἀξίωσις] ἡ δόξα, ἡ κρίσις, ὁ λογισμός. — Διακρίνοιντο] ἀφίσταιντο. — Ἴσοι μὲν τῇ γνώμῃ ὄντες...] ὁμοιότροποι μὲν ὄντες ταῖς γνώμαις, ἰσοσθενεῖς δὲ ταῖς δυνάμεσιν, οἷον ἰσοπαλεῖς καὶ ἰσοδύναμοι. § τοὺς τῇ γνώμῃ καὶ φιλίᾳ ἴσους εἶναι καὶ ἀντιπάλους τῇ δυνάμει. — Ἐπιεικής] εὔλογος, εὐπρεπής. — Μηδέ τῳ χείρους...] μηδείς ὑμῶν προκαταγνῷ, πρὶν ἀκοῦσαι ὑπὲρ τῆς ζητήσεως ταύτης ἀπολογουμένων ἡμῶν. — Ὑπ᾽ αὐτῶν] τῶν Ἀθηναίων δηλονότι.

X. Περὶ γὰρ τοῦ δικαίου...] ἡ διάνοια· περὶ γὰρ τοῦ δικαίως αὐτῶν ἀφίστασθαι, καὶ μὴ διὰ κακίαν τε καὶ πανουργίαν, ἀλλὰ δι᾽ ἁπλότητα, (ἀρετὴν γὰρ τὴν ἁπλότητα λέγει,) πρῶτον ποιησόμεθα τοὺς λόγους, καὶ μάλιστα ἐπειδὴ δεόμεθα τυχεῖν τῆς παρ᾽ ὑμῶν συμμαχίας. — Φιλίαν... βέβαιον] καὶ ἐν τῇ α΄ [cap. 32] « ὡς καὶ τὴν χάριν βέβαιον. » — Κοινωνίαν πόλεσιν] ἀπὸ κοινοῦ τὸ βέβαιον. — Ἀρετῆς] τῆς φιλίας καὶ ἀγάπης.

— Μετ᾽ ἀρετῆς δοκούσης] ἀντὶ τοῦ τῆς δοκούσης καὶ νομιζομένης ὄντως ἀρετῆς· οὐ γὰρ δὴ τὴν προσποιητὴν λέγει. κἀνταῦθα δὲ ἡ ἀρετὴ ἀντὶ τῆς ἁπλότητος κεῖται. — Ἐν γὰρ τῷ διαλλάσσοντι...] ἐν γὰρ τῷ μὴ ταὐτὰ ἀμφοτέροις δοκεῖν αἱ διαφοραὶ γίνονται. § τὸ τοιοῦτο μεταπεποίηκεν ὁ Φιλόστρατος [p. 507]· « Ἐξ * * τῶν ἀντιζήλων, ἔφη, φύεται μῖσος αἰτίαν οὐκ ἔχον. » — 2. Ἡμῖν δὲ καὶ Ἀθηναίοις] ἀρχὴ τῶν ἀγώνων· κεφάλαιον τὸ δίκαιον. — Ἀπολιπόντων] λείπει τὴν τῶν Ἑλλήνων ἡγεμονίαν. — Ἐκ τοῦ Μηδικοῦ πολέμου] μετὰ τὸν Μηδικὸν πόλεμον. — Παραμεινάντων] τῷ πολέμῳ δηλονότι. — Πρὸς τὰ ὑπόλοιπα] πρὸς τὰ ἑξῆς. — 3. Ἐπ᾽ ἐλευθ... Ἕλλησι] ἐνήλλακται ἀντὶ τοῦ ἐπ᾽ ἐλευθερώσει τῶν Ἑλλήνων ἀπὸ τοῦ Μήδου. — 4. Ἀπὸ τοῦ ἴσου] κατ᾽ ἰσονομίαν, ἰσοτίμως. — Ἀνιέντας] ἐνδιδόντας, παρορῶντας.

— Τὴν δὲ τῶν ξυμμάχων δούλωσιν ἐπαγομένους] τοῖς συμμάχοις δουλείαν ἐπάγοντας. τὸ ἐπαγομένους ἀντίκειται μὲν τῷ ἀνιέντας, μετενήνεκται δὲ ἀμφότερα ἀπὸ τῶν τοὺς δεσμοὺς ἀνιέντων τε καὶ ἐπαγόντων, ὅπερ ἐστὶ σφιγγόντων. ἄρχονται δὲ διὰ τούτων τῆς δικαιολογίας, παριστάντες ὅτι οὐκ ἀδίκως ἀφίστανται. — 5. Ἀδύνατοι δὲ ὄντες] ὁμογνωμονῆσαι δηλονότι. — Ἀδύνατοι... διὰ πολυψηφίαν ἀμύνασθαι] ἐγενόμεθα, φησί, διὰ πολυγνωμοσύνην καὶ τὸ μὴ τὰ αὐτὰ πᾶσι δοκεῖν χωρὶς ἕκαστοι· ἰδίᾳ δὲ ἕκαστοι γενόμενοι ἀδύνατοι ἦμεν τοῖς Ἀθηναίοις ἀντέχειν. — 6. Αὐτόνομοι δὴ ὄντες] ἐμφαντικῶς τὸ δή εἶπεν, ἀντὶ τοῦ δῆθεν, καὶ μόνου ὀνόματος μέχρι ἐλεύθεροι, καὶ οὐκ αὐταῖς ταῖς ἀληθείαις. — Αὐτούς] Ἀθηναίους δηλονότι.

XI. Εἰ μὲν αὐτόνομοι ἔτι ἦμεν] τοῖς οἰκείοις νόμοις χρώμενοι ἕως τοῦ νῦν. § ἀρχὴ τῶν ἀγώνων. ταῦτα πάντα τὰ ῥήματα ἕως τοῦ, ὁ γὰρ παραβαίνειν, πρὸς τὸ παρῳχημένον σύντασσε. — Βεβαιότεροι...] ἤτοι ἐπιστεύομεν ἂν αὐτοῖς βεβαίως μηδὲν καινοτομήσειν εἰς ἡμᾶς. — Ὑποχειρίους δ᾽ ἔχοντες...] ἡ διάνοια, τοὺς πλείους τῶν συμμάχων ἔχοντες ὑπηκόους, ἡμῖν δὲ ἰσοτίμως προσφερόμενοι, εἰκότως ἤχθοντο, τῶν μὲν πλειόνων συμμάχων εἰκότων καὶ ὑποτεταγμένων, ἡμῶν δὲ μόνων ἰσοτίμων ὄντων πρὸς αὐτούς. — Τοὺς πλείους] τῶν Ἑλλήνων δηλονότι. ἤγουν Βυζαντίους, Ναξίους, Σαμίους καὶ τοὺς λοιπούς. — Ἡμῖν δὲ ἀπὸ τοῦ ἴσου ὁμιλοῦντες] τὴν ἴσην ἡμῖν δίαιταν διδόντες. — Καὶ πρὸς τὸ πλεῖον...] τὸ πλεῖον τοῦ συμμαχικοῦ πλήθους κυριευθέν, ἡμῶν δὲ μόνων ἔτι ἀδουλώτων ὄντων, χαλεπῶς ἔφερον Ἀθηναῖοι. — Καὶ ὅσῳ δυνατώτεροι...] καὶ μάλιστα κατὰ τοῦτο ἔμελλον ἡμῖν προσφέρεσθαι χαλεπῶς, καθὸ αὐτοὶ μὲν μείζους ἐγίγνοντο διὰ τὸ πολλοὺς καταστρέφεσθαι, ἡμᾶς δὲ ὁρῶντες ἀεὶ ἀσθενεστέρους καταλειπομένους, οἷον δὴ μονουμένους τῶν συμμάχων. — Αὐτοὶ αὑτῶν] οἱ Ἀθηναῖοι, διὰ τὸ κυριεύειν. — Τὸ δὲ ἀντίπαλον δέος μόνον...] τοῦ μένειν τὴν συμμαχίαν μία πίστις ἐχυρά, τὸ ἀλλήλους ἐπίσης δεδιέναι, ἐξ οὗ δηλοῦται τὸ προκείμενον ἀνωτέρω τί ποτέ ἐστι, τὸ ἀντι-

πάλους εἶναι τῇ παρασκευῇ. — Τὸ δέ] ὃ δέ ἀντὶ τοῦ γάρ. — Ὁ γὰρ παραβαίνειν...] τῆς συμμαχίας, φησὶν, ὁ τολμῶν τι παραβῆναι ἀποτρέπεται, λογιζόμενος ὅτι ἰσοδύναμος ὢν οὐκ ἂν νικήσειε. τὸ ἑξῆς, ὁ γὰρ βουλόμενος λύειν τὴν συμμαχίαν, ἂν ἴδῃ ὅτι οὐ πλέον ἕξει διὰ τὸ ἀντίπαλον εἶναι τὴν δι' ἐναντίας παρασκευήν, ἀποτρέπεται τοῦ παραβαίνειν τὰς συνθήκας. § ἔστι δὲ τοῦτο αἰτιῶδες τοῦ τὸ ἀντίπαλον δέος μόνον πιστὸν ἐς ξυμμαχίαν. — Ἀποτρέπεται] ἀπείργεται. — 2. Ἐς τὴν ἀρχήν] τὴν δούλωσιν τῶν Ἑλλήνων. καὶ γὰρ αὐτονόμους, φησὶ, κατέλιπον ἡμᾶς οἱ Ἀθηναῖοι οὐ κατ' εὔνοιαν, οὐδὲ δι' ἄλλο τι, ἢ ἵνα τὰ πράγματα αὐτῶν γένωνται δι' ἡμῶν καταληπτά, καὶ τοὺς ἄλλους χειρώσωνται Ἕλληνας, χρώμενοι λόγῳ εὐπρεπεῖ ἡμῖν ὡς παραδείγματι, καὶ ἵνα ἔχωσιν ἡμᾶς ἐφόδιον τῆς τε γνώμης καὶ τῆς δυνάμεως αὐτῶν, τουτέστι, συνεργοὺς, ἀλλὰ μᾶλλον τῆς γνώμης, ὡς δέλεαρ καὶ ἀπάτην. — Ἐφόδῳ] μεθόδῳ. — 3. Μαρτυρίῳ ἐχρῶντο...] τεκμηρίῳ ἐχρῶντο οἱ Ἀθηναῖοι, καταστρεφόμενοι τὰς πόλεις, εὐπροσώπῳ, τῇ ἡμετέρᾳ αὐτονομίᾳ, λέγοντες, οὐκ ἂν Μιτυληναῖοι μεθ' ἡμῶν, ἰσόψηφοί γε ὄντες καὶ ἐλεύθεροι, ἐπῇεσαν ἑκόντες, εἰ μὴ δικαίως ἐπεστρατεύομεν καὶ ἠδικηκόσι τοῖς συμμάχοις. — Ἐχρῶντο...] οἱ λοιποὶ σύμμαχοι, φησὶ, τεκμηρίῳ σαφεῖ ἔμελλον χρήσεσθαι τῇ ἀκουσίῳ ἡμῶν μετ' Ἀθηναίων ξυστρατεύσει, ὅτι ἄδικοί εἰσιν οἷς ἐπέρχονται Ἀθηναῖοι. εἰ μὴ γὰρ ἦσαν τοιοῦτοι, οὐκ ἂν ἄκοντας ἦγον συστρατεύειν αὐτοῖς τοὺς ἰσοψήφους Μιτυληναίους. — Ἐν τῷ αὐτῷ] τῷ λιπεῖν ἐλευθέρους ἡμᾶς. § ἤτοι ἅμα. — Ἐν τῷ αὐτῷ δὲ...] πρὸς τὸ καὶ γνώμης μᾶλλον ἐφόδῳ. — Καὶ τὰ κράτιστα...] καὶ τοὺς κρατίστους ἡμᾶς ἐπὶ τοὺς ἀσθενεστέρους τῶν Ἑλλήνων πρώτους παρελάμβανον, ἵνα, τῶν ἄλλων Ἑλλήνων περιῃρημένων, (ὅ ἐστι δεδουλωμένων,) μόνους ἡμᾶς τελευταίους καταλιπόντες, ἀσθενεστέρους ἕξωσι πρὸς τὸ ἀντιπολεμεῖν αὐτοῖς δύνασθαι. — Περιῃρημένου] κεκρατημένου. ἡ δὲ σύνταξις, καὶ ἀσθενέστερα ἔμελλον ἕξειν τὰ τελευταῖα τοῦ ἄλλου περιῃρημένου. — Καὶ πρὸς ὅ τι χρὴ στῆναι] καὶ ἡμᾶς τοὺς δυναμένους ἡγήσασθαι αὐτῶν. — 4. Προσθέμενον] εἰς ταὐτὸ συνελθόν. — 5. Καὶ ἀπὸ θεραπείας...] τέτταρα τεκμήρια τέθεικε, δι' ὧν συνίστησιν ὅτι οὐχὶ διὰ δικαιοσύνην μέχρι δεῦρο ἀπέσχοντο [ἡμῶν] οἱ Ἀθηναῖοι, ἀλλὰ διὰ πανουργίαν· ἓν μὲν τὸ κατὰ τὴν εὐπρέπειαν τοῦ λόγου, δεύτερον δὲ τὸ γνώμης μᾶλλον ἐφόδῳ ἢ ἰσχύϊ τὰ πράγματα φαίνεσθαι καταληπτά, τρίτον τὸ φοβεῖσθαι τὸ ναυτικὸν τῶν Μιτυληναίων, τέταρτον τὸ θεραπεύεσθαι πρὸς τῶν Μιτυληναίων κολακείᾳ μὲν κοινῇ τοὺς Ἀθηναίους, δώροις δὲ τῶν προεστώτων ἕκαστον. — 6. Ἐπιπολύ γ' ἂν ἐδοκοῦμεν δυνηθῆναι...] ἐδυνήθημεν διαφυγεῖν τὴν δουλείαν, εἰ μὴ ἔφθασεν ὁ πόλεμος τῶν Πελοποννησίων, τεκμήρια γὰρ ἦν ἡμῖν τὰ πρὸς τοὺς ἄλλους ὑπ' Ἀθηναίων γενόμενα.

XII. Ὅ τε τοῖς ἄλλοις...] ὅπερ δὲ τοῖς ἄλλοις καὶ ἐν πολέμῳ καὶ ἡσυχίᾳ ἐξ εὐνοίας, φησὶ, τὸ πιστεύειν ἀλλήλοις βεβαίως, τοῦτο ἡμῖν ὁ φόβος παρεῖχε βέβαιον, φυλάττειν ἡμᾶς τὰς πρὸς ἀλλήλους πίστεις διὰ τὸν φόβον. § Οἱ μὲν Ἀθηναῖοι ἐφοβοῦντο τοὺς Μιτυληναίους ἐν πολέμῳ, μὴ ἀποστῶσι, καὶ ἐθεράπευον αὐτούς· οἱ δὲ Μιτυληναῖοι ἐφοβοῦντο τοὺς Ἀθηναίους ἐν ἡσυχίᾳ, μὴ δουλώσωσιν αὐτοὺς, καὶ διὰ τοῦτο ὑπεῖκον αὐτοῖς· ὥστε ἑκάτεροι διὰ φόβον προσεῖχον ἀλλήλοις, καὶ διὰ τοῦτο ἄπιστος ἦν ἡ φιλία ἀμφοτέρων. — Καὶ ὁποτέροις θᾶσσον...] ὁπότεροι δ' ἂν ἡμῶν ἔφθασαν ἀπαλλαγῆναι τοῦ φόβου καὶ θαρσῆσαι, ὡς ἐν ἀκινδύνῳ ὄντες, οὗτοι καὶ λύσειν ἔμελλον τὰς σπονδάς. — 2. Ὥστε εἰ τῷ δοκοῦμεν ἀδικεῖν...] εἴ τινι δοκοῦμεν ἄτοποί τινες εἶναι, ἀποστάντες ἀπ' αὐτῶν καὶ μὴ ἀναμείναντες μαθεῖν, εἰ ἄρα τι γενήσεται παρ' αὐτῶν πρῶτον, διὰ τὸ ἐμβραδῦναι τοῦτο ποιῆσαι, οὐκ ὀρθῶς ὁ τοιοῦτος λογίζεται. εἶτα καὶ τὴν αἰτίαν ἐπάγει. εἰ γὰρ ἴσοι, φησὶν, αὐτοῖς ὑπήρχομεν κατὰ δύναμιν, ὥστε καὶ ἐπιβουλεύουσιν αὐτοῖς ἀντεπιβουλεῦσαι, καὶ βραδυνόντων αὐτῶν καὶ μελλόντων ἀντιμελλῆσαι καὶ ἀντιβραδῦναι, τί ἔδει ἡμᾶς ὑπ' ἐκείνοις ταχθῆναι ἢ ὑπακούειν αὐτοῖς; ὁπότε δὲ οὐκ ἦμεν ἴσοι, ἀλλ' ἐπ' ἐκείνοις ἦν τὸ ἐπιχειρεῖν καθ' ἡμῶν ὅτε θέλουσιν, ἔδει καὶ ἐφ' ἡμῖν εἶναι τὸ ἀποστῆναι αὐτῶν, πρίν τι παρ' αὐτῶν παθεῖν. — Μέλλησιν] ἀναβολήν. — Ἐκείνων] τῶν Ἀθηναίων. — Αὐτοί] ἡμεῖς οἱ Μιτυληναῖοι. — 3. Ἀντεπιμελῆσαι] τὴν αὐτὴν ἐπιμέλειαν δέξασθαι. — Ἐκ τοῦ ὁμοίου ἐπ' ἐκείνοις εἶναι] ἤγουν κινουμένων ἐκείνων κινηθῆναι καὶ ἡμᾶς.

XIII. Σαφεῖς μέν] σαφῶς τοὺς ἀκούοντας διδάξαι δυναμένας. — Εἰκότως] ἐνδεχομένως. — Ἱκανάς] τὰς αἰτίας δηλονότι. — Ἀποστήσεσθαι...] κατὰ δύο τρόπους, φησὶν, ἀφιστάμεθα τῶν Ἀθηναίων· τοῦτο μὲν, ὑπὲρ τοῦ μὴ παθεῖν αὐτοὶ κακῶς ὑπ' αὐτῶν ὕστερον· τοῦτο δὲ, ὑπὲρ τοῦ μὴ κακῶς μετ' Ἀθηναίων ποιῆσαι τοὺς Ἕλληνας, ἀλλὰ μεθ' ὑμῶν ἐλευθερῶσαι αὐτούς. τὸ δὲ προποιῆσαι οὐκ ἐπὶ τῷ διαφθεῖραι τοὺς Ἀθηναίους, ἀλλ' ἐπὶ τῷ πρότερόν τι ποιῆσαι, τουτέστιν ἀποστῆναι. — Ἐν ὑστέρῳ] χρόνῳ δηλονότι. — 2. Ἡ μέντοι ἀπόστασις...] σφόδρα τεχνικῶς ἐπὶ τὴν συμμαχίαν προτρέπουσι τοὺς Λακεδαιμονίους ὅτι ἀπαράσκευοί ἐσμεν, ὡς ταχέως ἀποστάντες. — Ἀπόστασις] ἀπὸ τῶν Ἀθηναίων δηλονότι. — Ἦ καὶ μᾶλλον χρή...] τὸ ἑξῆς, ξυμμάχους ἡμᾶς δεξαμένους ὑμᾶς τοὺς Λακεδαιμονίους. τὸ γὰρ δεξαμένους ἀντὶ τοῦ δέξασθαι. — 3. Ἐφθάραται] ἐφθάρησαν. — Ἐφ' ἡμῖν] καθ' ἡμῶν. — Τετάχαται] τεταγμέναι εἰσίν. — 4. Ἀπ' ἀμφοτέρων] ἀπό τε ὑμῶν τῶν Λακεδαιμονίων καὶ τῶν Μιτυληναίων. — 5. Οὐ γὰρ ἐν τῇ Ἀττικῇ ἔσται...] οὐ γὰρ ἐν τῇ Ἀττικῇ ἔσται ὁ πόλεμος, ἐν δὲ τῇ ἡμετέρᾳ χώρᾳ, δι' ἣν ὠφελοῦνται Ἀθηναῖοι, χρήματα λαμβάνοντες ἀπὸ τῶν ξυμμάχων. καὶ πλείονά γε ἔσται ταῦτα αὐτοῖς, ἂν ἡμᾶς καταστρέψωνται. τά τε γὰρ ἡμέτερα προσλήψονται, πρότερον οὐ φορολογοῦντες ἡμᾶς, καὶ τὰ ἀπὸ τῶν ἄλλων βεβαίως ἕξουσιν. καὶ γὰρ οὐδεὶς ἀποστήσεται, γνοὺς Μιτυληναίους δεδουλωμένους. — 6. Ἡ πρόσοδος] τῶν χρημάτων τοῖς

Ἀθηναίοις. ὅρα τὴν σύνταξιν. — Καταστρέψονται] δουλώσουσιν. — Ἡ οἱ πρὶν δουλεύοντες] τὸ ἢ οἱ πρὶν δουλεύοντες οὐκ ἐπὶ τοῦ πρότεροι ἡμῶν δουλεύοντες νοητέον, ἀλλ' ἐπὶ τοῦ πρὶν ἀποστῆναι δηλονότι δουλεύον-
5 τες, καὶ οὐ μετὰ τὸ ἀποστῆναι. — 7. Ὑμῶν] τῶν Λακεδαιμονίων. — Προσλήψεσθε] κτήσεσθε. — Καθαιρήσετε] καταβαλεῖτε. — Ὑφαιροῦντες] κατ' ὀλίγον ἀποσπῶντες. — Θρασύτερον] θαρραλεώτερον. — Προσχωρήσεται] προσχωρήσει, ὑμῖν δηλονότι. — Τὸ κρά-
10 τος τοῦ πολέμου] τὸ δύνασθαι δηλονότι περιγενέσθαι ἐν τῷ πολέμῳ.

XIV. Ἴσα καὶ ἱκέται ἐσμέν] ὅμοιοι καὶ ἴσοι ἱκέταις ἐσμέν. τὸ ἴσα καὶ ἱκέται ἐσμέν εἶπεν, ἐπειδὴ καὶ συμμαχίαν αὐτοῖς προσάγουσιν, ὥστε καθ' ὃ μὲν κινδυ-
15 νεύουσιν, ἱκέται εἰσί, καθ' ὃ δὲ συμμαχίαν διδόασιν, οὐ παντάπασιν ἱκέται, ἀλλ' ὥσπερ ἱκέται. — Πρόησθε] ἀπολύσητε. — Τὸν κίνδυνον] τοῦτο ἐπὶ τῆς δαπάνης ἀκουστέον καὶ τῶν ἀναλωμάτων. ἡμέτερος, φησίν, ὁ κίνδυνός ἐστιν· ἡμεῖς γὰρ δαπανῶμεν. — Διδόντας]
20 δώσοντας. — 2. Ἄνδρες] ἀνδρεῖοι, πρόθυμοι.

XV. Τοὺς λόγους] τῶν Μιτυληναίων. — Τοῖς δύο μέρεσιν] ἵνα τὸ μὲν τριτημόριον μείνῃ, φυλάττον τὴν πόλιν ἑκάστην, τὸ δὲ δίμοιρον ἐπὶ τὸν πόλεμον ἔλθῃ. — Ποιησόμενοι] τὴν ἐσβολὴν δηλονότι. — Ὁλκούς]
25 οἱ ὁλκοὶ ὄργανά εἰσιν, οἷς αἱ νῆες ἕλκονται. — Ἐπιόντες] κατὰ τῶν Ἀθηναίων δηλονότι. — 2. Ξυγκομιδῇ] συλλογῇ. — Ἀρρωστίᾳ τοῦ στρατεύειν] μεταφορικῶς εἶπεν, ἀντὶ τοῦ, οὐ προθύμως ἐστράτευον.

XVI. Ἐγνώκασιν] οἱ Πελοποννήσιοι. — Εἰσί] οἱ
30 Ἀθηναῖοι. — Πλὴν ἱππέων καὶ πεντακοσιομεδίμνων] ἔστιν Ἀθήνησι πολιτικὰ συντάγματα δ', ὧν τὸ εὐπορώτατον πεντακοσιομέδιμνοι, τὸ δὲ δεύτερον ἱππεῖς, τὸ δὲ τρίτον ζυγῖται, τὸ δὲ τέταρτον θῆτες· οἱ μὲν οὖν πεντακοσιομέδιμνοι οὐκ ἠναγκάσθησαν εἰσελθεῖν εἰς
35 τὰς ναῦς, ὡς μεγίστην τιμὴν ἔχοντες ἐν τῇ πόλει διὰ τὸ πολλὰ τελεῖν· οἱ δὲ ἱππεῖς, ὅτι οὐκ ἦν τούτων χρεία. — Ἐπίδειξιν] δεῖξιν φανεράν. — Δοκοῖ] ἔδοξε. — 2. Ἄπορα νομίζοντες] ἀντὶ τοῦ τί δεῖ ποιεῖν ἀπέγνωσαν. 3. Ἐπήγγελλον] ἐζήτουν. — 4. Ἐκείνους εἶδον] ἀνα-
40 χωρήσαντας δηλονότι.

XVII. Ἐν τοῖς] ἐν τούτοις τοῖς χρόνοις, ἢ ἐν τούτοις τοῖς Ἀθηναίοις. — Ἐνεργοί] αἱ τὸ ἔργον ποιοῦσαι τῶν νεῶν, τουτέστι πλώϊμοι καὶ χρησταί. — 3. Οἱ πρῶτοι] ἐπέμφθησαν γὰρ ἐκεῖ πρῶτοι καὶ δεύτεροι. οἱ
45 μὲν οὖν πρῶτοι ἔμειναν ἕως ἁλώσεως τῆς πόλεως πολιορκοῦντες· οἱ δὲ δεύτεροι, οἱ μετὰ Φορμίωνος, πρὸ τῆς ἁλώσεως ἀνεχώρησαν. — Διεπολιόρκησαν] διόλου, φησί, μέχρι τῆς πολιορκίας ὑπέμεινεν ὁ ἀριθμὸς τῶν ὁπλιτῶν. — Ἔφερον] ἐλάμβανον. — 4. Ἐπληρώθη-
50 σαν] ἀνθρώπων δηλονότι.

XVIII. Κρατύναντες] ἰσχυροποιήσαντες. — 2. Πληγέντες] μεγάλως νικηθέντες οἱ Μηθυμναῖοι. πληγὴ γὰρ κατὰ πόλεμον καὶ τραῦμα ἡ ἰσχυρὰ ἧττα. — 3. Εἴργειν] τοὺς Μιτυληναίους. — 5. Εἴργετο] ὑπὸ τῶν Ἀθηναίων.

XIX. Ἐς τὴν πολιορκίαν] τῶν Μιτυληναίων.

XX. Οἱ Πλαταιεῖς...] τὸ ἑξῆς οὕτως, οἱ Πλαταιεῖς ἐπειδὴ τῷ τε σίτῳ. τὰ γὰρ ἄλλα διὰ μέσου. — Τιμω-5 ρίας] ἐκδικήσεως. — Τὴν πεῖραν] τὴν πρᾶξιν. — 2. Ἀπώκνησαν] ἀνεβάλοντο. — 3. Τῶν πολεμίων] τῶν Πελοποννησίων. — Ξυνεμετρήσαντο...] ἔλαβον τὸ ὕψος τοῦ τείχους, καὶ πρὸς τοῦτο ἡρμόσαντο τὰς κλίμακας. ἔλαβον δὲ ἐκ τῶν πλίνθων τῶν ἐπῳκοδομημέ-10 νων ἀλλήλαις, τό τε πλῆθος αὐτῶν ἀριθμήσαντες, καὶ τὸ πάχος συντεκμηράμενοι. — Ταῖς ἐπιβολαῖς] ταῖς συνθέσεσι. — Πρὸς σφᾶς] τοὺς Πλαταιεῖς. — Οὐκ ἐξαληλιμμένον] οὐ κεχρισμένον. — Ἠριθμοῦντο] ἀντὶ τοῦ ἠρίθμουν. — Ἐς ὃ ἐβούλοντο τοῦ τείχους] δηλονότι 15 θεῖναι κλίμακας. — 4. Ξυμμέτρησιν] ἐξίσωσιν. — Ἔλαβον] ἐνόησαν.

XXI. Ἑξκαίδεκα]

ἑκκαίδεκα γράφουσι συντεθειμένως·
ἓξ καὶ δέκα πάλιν δὲ τῇ διαιρέσει.

— 2. Ἦν ξυνεχῇ] τὰ οἰκήματα δηλονότι. — 3. Διὰ δέκα] μετὰ δέκα. — Δι' αὐτῶν μέσων διῄεσαν] θύρας τινὰς ἐποίησαν ἐπ' αὐτοῖς τοῖς πύργοις, ὥστε δι' αὐτῶν ἐξιέναι, εἴ τις ἀπὸ πύργου εἰς πύργον ἕτερον ἤθελεν ἀπελθεῖν. — 4. Νοτερός] δίυγρος καὶ ὑετὸν ἔχων. ἔστι γὰρ καὶ ἕτερος μὴ τοιοῦτος, ἀλλὰ κρυώδης καὶ πνευματώδης. — Δι' ὀλίγου] ἀντὶ τοῦ ἐγγύθεν, ἐπεὶ διὰ δέκα ἐπάλξεων μόνον ἦσαν οἱ πύργοι. — Στεγανῶν] στέγην ἐχόντων.

XXII. Οἱ δ' ἐπειδὴ...] οἱ Πλαταιεῖς τὰ κατὰ σκοπὸν ἐποίησαν. — Τῆς πείρας...] οἵπερ καὶ τοῦ πειραθῆναι τῆς ἐξόδου αἴτιοι ἦσαν. ἐμφαίνει δὲ τὸν μάντιν καὶ τὸν στρατηγόν. — 2. Εὐσταλεῖς] εὔζωνοι, κούφῃ ὁπλίσει περιβεβλημένοι. — Τὸν ἀριστερὸν μόνον... ὑποδεδεμ.] ὑπεδέδεντο τὸν μὲν ἕνα τῶν ποδῶν δι' ἀσφάλειαν, τὸν δὲ ἕτερον γυμνὸν εἶχον διὰ κουφότητα. — 4. Ἀντιλαμβανόμενος] ἀντιδρασσόμενος. — Βοὴ ἦν] λείπει ἐν ἄλλῳ τὸ ἦν. — 5. Τὸ δὲ στρατόπεδον] τῶν Πελοποννησίων. — 6. Κατὰ χώραν μένοντες] ἡσυχάζοντες. — Ἐκ τῆς αὑτῶν φυλακῆς] ἀντὶ τοῦ καταλιπὼν τὴν ἑαυτοῦ φυλακήν. — Ἀλλ' ἐν ἀπόρῳ ἦσαν εἰκάσαι] ἀπορίαν εἶχον μέχρι καὶ εἰκασμοῦ. — 7. Καὶ οἱ τριακόσιοι αὐτῶν] οὐδαμοῦ μὲν εἶπε περὶ τούτων τῶν τριακοσίων· δῆλον δὲ ὅτι κατὰ σιωπώμενον ἐτάχθησαν· οὐ γὰρ ἂν νῦν ἐμέμνητο αὐτῶν. — 8. Παρανίσχον] παρανέτελλον. — Φρυκτοὺς πολλούς] δηλονότι φιλίους. οἱ γὰρ φίλιοι ἀνετείνοντο καιόμενοι μέν, ἱστάμενοι δέ· οἱ δὲ πολέμιοι καιόμενοι μὲν καὶ αὐτοί, σειόμενοι δὲ ὑπὸ τῶν ἀνατεινόντων. κίνησις γὰρ ὁ πόλεμος. — Καὶ μὴ βοηθοῖεν] οἱ Θηβαῖοι.

XXIII. Ἐν τούτῳ] τῷ γιγνομένῳ δηλονότι. — Ἐναντίωθεν] ἐναντιωθέντες. — Οἱ μέν...] οἱ Πλαταιεῖς καὶ ἄνωθεν καὶ κάτωθεν τοὺς βοηθοῦντας τῶν Πελοποννησίων ἔβαλλον. — Ἐν τούτῳ] τῷ καιρῷ δηλονότι. —

Ἀπώσαντες] ῥίψαντες· ἵνα εὐχερῶς καὶ ἀκωλύτως ἡ ἀνάβασις γίνοιτο. — 2. Ἵστατο ἐπὶ τοῦ χείλους] τοῦ ἔξωθεν δηλονότι· ἤδη γὰρ εἶπε περὶ τοῦ ἔνδον. — 3. Χαλεπῶς οἱ τελευταῖοι καταβ. ἐχ.] οἱ τελευταῖοι τῶν καταβαινόντων ἀπὸ τῶν τῆς ὀροφῆς πύργων χαλεπῶς ἀπεχώρουν, ἐπεὶ οὐκ εἶχον τοὺς ὄπισθεν αὐτοῖς ἐπαμύνοντας. — 4. Ἐς τὰ γυμνά] μέρη δηλονότι. — 5. Ἐπελθεῖν] διαδραμεῖν. — Ἢ βορέου] ὃ ἤ σύνδεσμος ἀντὶ τοῦ ἤπερ κεῖται. βορέας γὰρ βέβαιον ποιεῖ κρύσταλλον, ἀπηλιώτης δὲ ὑδατώδη. — Ἐν αὐτῇ] τῇ τάφρῳ.

XXIV. 2. Ἐς Ἐρύθρας καὶ Ὑσιάς] δῆμοι Βοιωτίας. — 3. Κατὰ χώραν ἐγένοντο] ἡσύχασαν. — Ὡς οὐδεὶς περίεστι] ἀντὶ τοῦ πάντες ἀπώλοντο. — Ἐκπέμψαντες...] ἐκ τῆς πόλεως αὐτῶν. — Ἐσπένδοντο...] σπονδὰς ἐζήτουν ποιῆσαι ἐπὶ τὴν ἀνάληψιν τῶν νεκρῶν. — Οἱ μὲν δὴ τῶν Πλαταιῶν] μετάβασις. — Ὑπερβάντες ἐσώθησαν] ζῶντες ἐφυλάχθησαν.

XXV. Τοῖς προέδροις] τοῖς ἄρχουσι τῶν Μιτυληναίων. — Ἐσβολή... ἐς τὴν Ἀττ.] ἔφοδος τῶν Λακεδαιμονίων κατὰ τῆς Ἀττικῆς. — 2. Ἐθάρσουν] θάρρος ἐλάμβανον. — Τὴν γνώμην] κατὰ τὴν προαίρεσιν. — Ξυμβαίνειν] συμφωνεῖν.

XXVI. Κλεομένης] οὗτος ὁ Κλεομένης καὶ ὁ Πλειστοάναξ παῖδές εἰσι Παυσανίου τοῦ ἐν Πλαταιᾶσιν ἀριστεύσαντος ἐπὶ τῶν Μήδων. — 4. Ἐπιμένοντες...] οἱ Λακεδαιμόνιοι, φησίν, ἐπιμένοντες ἀκοῦσαι τὸ ἀποβησόμενον ἀπὸ τῆς Λέσβου ὑπὸ Ἀλκίδα, ἔτεμον τὰ πολλὰ τῆς Ἀττικῆς. — Ἐπεξῆλθον] ἐπέδραμον, τὰ πολλὰ μέρη δηλονότι.

XXVII. Ἐνεχρόνιζον] ἔν τινι τόπῳ πολὺν χρόνον μένουσαι διεβίβαζον. — 2. Ὡςἐπεξιὼν τοῖς Ἀθηναίοις] ὡς κινηθησόμενος κατὰ τῶν Ἀθηναίων. — 3. Ἠκροῶντο] ὑπήκουον τοῖς ἄρχουσι. — Διανέμειν] μεμερισμένως διδόναι. — Ξυγχωρήσαντες] ὑπείξαντες.

XXVIII. Οἱ ἐν τοῖς πράγμασι] οἱ τὰ τῆς πόλεως πράττοντες. — Βουλεῦσαι] βουλεύσασθαι. — Πάλιν ἔλθωσι] ἐπανέλθωσιν. — 2. Οἱ δὲ πράξαντες πρὸς τοὺς Λακ.] οἱ πρωταίτιοι τῆς ἀποστάσεως τῶν Λακεδαιμονίων. § ἤγουν οἱ λακωνίζοντες. — Περιδεεῖς ὄντες] περίφοβοι γεγονότες. — Οὐκ ἠνέσχοντο] μεῖναι δηλονότι. — Ἀναστήσας] ἐγείρας ἀπὸ τῶν βωμῶν. — 3. Προσεχήτσατο] προσεποίησατο. — Καθίστατο] εὐτάκτει.

XXIX. Τὸν ἄλλον πλοῦν] τὸν ἀπὸ Πελοποννήσου εἰς Μιτυλήνην. — Πρὶν δὴ] ἕως οὗ. — Προσέσχον] προσωρμίσαντο. — 2. Ἔμβατον] τὸ στενὸν τὸ μεταξὺ Χίου καὶ Ἐρυθρᾶς.

XXX. Ἐκπύστους] φανερούς. — Ὥσπερ ἔχομεν] ἀντὶ τοῦ ὡς νῦν ἔχομεν. — Καὶ πάνυ] εὑρήσομεν τὸ ἀφύλακτον δηλονότι. — 2. Τὸ πεζὸν αὐτῶν] τὸ διὰ ξηρᾶς στράτευμα. — 4. Τὸ καινὸν τοῦ πολέμου] τὸ καινὸν οἱ μὲν διὰ διφθόγγου γράψαντες οὕτως ἐνόησαν, τὸ παρ' ἐλπίδα καὶ παρὰ δόξαν ποιοῦν ἐν τοῖς πολέμοις νικᾶν, τουτέστι τὸ ἐπιπεσεῖν ἀφυλάκτως τοῖς ἐχθροῖς· οἱ δὲ διὰ τοῦ ψιλοῦ γράψαντες οὕτως ἐξηγοῦνται, τὸ διάκενον ἔργον τοῦ πολέμου. — Ὁ εἴ τις στρατηγός...] τὸ ἀφύλακτον δηλονότι καὶ ῥάθυμον· ὃ εἴ τις στρατηγὸς αὐτός τε ἐκκλίνοι, καὶ τοῖς πολεμίοις τηνικαῦτα ἐπιχειροίη, ἡνίκ' ἂν ἀφυλάκτους αὐτοὺς ὁρῴη, μάλιστ' ἂν ὀρθοῖτο. — Ἐνορῶν] προσέχων. — Πλεῖστ' ἂν ὀρθοῖτο] ἐπὶ πλεῖστον νικῆσαι ἄν.

XXXI. Τῶν ἐν Ἰωνίᾳ] λείπει ἡ ἀπό. — Ὁρμώμενοι] ὁρμητήριον ἔχοντες. — Ἐλπίδα δ' εἶναι] ἔφασκε δηλονότι. — Καὶ τὴν πρόσοδον ταύτην...] ταύτην τὴν πρόσοδον τὴν ἀπὸ τῶν Ἰώνων ὑπάρχουσαν τοῖς Ἀθηναίοις ἐὰν ἀφέλωγται, καὶ χειρώσωνται αὐτοὶ τὴν Ἰωνίαν, μέλλουσιν ἔχειν καὶ τὰ ἀπὸ τῶν Ἰώνων ἀεὶ χρήματα καὶ τὴν ἐκεῖθεν Ἀθηναίων παρασκευήν. — Καὶ ἅμα, ἢν ἐφορμῶσιν] ἀντὶ τοῦ, ἐφορμούντων αὐτοῖς τῶν Λακεδαιμονίων· δαπάνη γὰρ Ἀθηναίοις ἦν γίγνηται, ἐλπίδα εἶναι. § Οἱ μὲν εἰς τὸ ἐφορμῶσι τὸν λόγον παύουσι, καὶ τὴν πτῶσιν ἐναλλάττουσιν, ἐπὶ τῶν Λακεδαιμονίων τὸ ἐφορμῶσι λαμβάνοντες· οἱ δὲ τὸ ὅλον ἐπὶ τῶν Ἀθηναίων ἐκδέχονται, καὶ νοοῦσιν οὕτω, καὶ ἐὰν ἐφορμῶσιν οἱ Ἀθηναῖοι, δαπάνη αὐτοῖς γίνεται, ὅταν τι χωρίον ἡμεῖς ἐν τῇ Ἰωνίᾳ κατάσχωμεν. § Ἄλλως. καὶ ἐὰν ἐφορμούντων σφῶν (τουτέστι τῶν Πελοποννησίων) δαπάνη αὐτοῖς γενήσεται, δηλονότι τοῖς Ἀθηναίοις. διόπερ τὸ σφίσιν αὐτοῖς οὐχ ἅμα ἀναγνωστέον, ἀλλὰ διαιρετέον, καὶ κατὰ τὸ σφίσιν ὑποστικτέον. — Πισσούθνην] στρατηγοῦ τοῦ βασιλέως περὶ τὴν Ἰωνίαν διατρίβων. — 2. Ἐνεδέχετο] ἐν ἑαυτῷ ἐδέχετο. — Τὸ πλεῖστον τῆς γνώμης εἶχεν] ὁ πλεῖστος σκοπὸς ἦν αὐτῷ.

XXXII. Μυονήσσῳ] ἐπειδὴ μῦς ἔ*** ὥσπερ καὶ Σύβοτα, ἐπειδὴ ἔτρεφε σύας.

XXXIII. Οὐ σχήσων] οὐ προσορμιούμενος. — 2. Αὐτάγγελοι] οὐκ ἐπ' ἀγγελίαν πεμφθεῖσαι, ἀλλ' ἐπ' ἄλλην χρείαν. — Ἔφρασαν] τοῖς Ἀθηναίοις. — 3. Ὁ δέ] ἤγουν ὁ Πάχης. — Λάτμου] μή ποτε Πάτμον λέγει; — Ἐφαίνετο] ὁ Ἀλκίδας. — Ἐπανεχώρει] ὁ Πάχης. — Κέρδος δὲ ἐνόμισε...] κέρδος, φησίν, ἐνόμισεν ὁ Πάχης, ὅτι οὐ κατέλαβε τὰς Ἀλκίδου ναῦς, ἵνα μὴ ἀναγκάσωσιν αὐτὸν στρατόπεδον κατ' αὐτῶν ποιήσασθαι, ἢ φυλακὰς καὶ ἐφόρμησιν, μὴ ἄρα τι τυχηρὸν γένηται ἐν τῇ ναυμαχίᾳ καὶ ἡττηθῇ.

XXXIV. Καὶ τῶν βαρβάρων...] καὶ τῶν βαρβάρων ἐπαχθέντων ὑπὸ μιᾶς τῶν στάσεων. — Ἐπαχθέντων] ἐπελθόντων. — 2. Ἀρκάδων] λείπει ἡ ἀπό, ἵν' ᾖ, ἀπὸ τῶν Ἀρκάδων. — Ἐπολίτευον] τὴν πολιτείαν εἶχον. — Ὑπεξελθόντες] λαθραίως φυγόντες. — 3. Σῶν καὶ ὑγιᾶ] ἀνακρωτηρίαστον. — Καὶ οὐ προσδεχομένων] τῶν ἐντός. — Αἱρεῖ] πορθεῖ, χειροῦται ὅθεν καὶ περισπᾶται· ἐπὶ γὰρ τοῦ ὑψῶσαι βαρύνεται. — Ὅσοι ἐνῆσαν] τοῦ Πισσούθνου.

XXXV. Οὓς κατέθετο] ἀποκτεῖναι. — 2. Καθίστατο] εὐτάκτει.

XXXVI. Ἀφικομένων] εἰς τὰς Ἀθήνας. — Ἔστιν ἅ παρεχόμενον] ἔστιν ἅ πρᾶξαι ὑπισχνούμενον. —

2. Περὶ δὲ τῶν ἀνδρῶν] τῶν πρωταιτίων. — Αὐτοῖς] τοῖς Ἀθηναίοις. — Παρόντας] ἐν Ἀθήναις. — Ἐπικαλοῦντες τήν τε ἄλλην ἀπόστ.] ἀντὶ τοῦ ἐγκαλοῦντες ὅτι ὅλως ἀπέστησαν. — Ὅτι οὐκ ἀρχόμενοι...] ὅτι οὐχ ὑπακούοντες τοῖς Ἀθηναίοις οὕτως, ὡς οἱ ἄλλοι, ὥστε φόρον φέρειν, τὴν ἀπόστασιν ἐποιήσαντο. — Οἱ ἄλλοι] σύμμαχοι. — Ἐκείνοις] τοῖς Μιτυληναίοις. — Βοηθοί] οὖσαι δηλονότι. — Παρακινδυνεῦσαι] μετὰ κινδύνου ἐλθεῖν εἰς Ἰωνίαν. — Οὐ γὰρ ἀπὸ βραχ. διαν.] οὐ γὰρ ὡς ἄφρονες ὄντες, ἀλλ' ὡς πονηρότατοι. — Ἐδόκουν] ἐνομίζοντο. — 4. Ἡ οὐ τοὺς αἰτίους] ἡ οὗ ἀπόφασις περιττή. ὁ γὰρ ἢ σύνδεσμος ἀντὶ τοῦ ἤπερ κεῖται. κἂν τῇ συνηθείᾳ δὲ πολλάκις παρελκούσαις ἀποφάσεσι χρώμεθα· οὐ μὰ τὸν Δία, οὐ μὰ γὰρ Ἀπόλλωνα. ὡς καὶ τὸ ἀπαγορεύω σοι μὴ ποιεῖν. — 5. Τοῦτο] ὅτι μετενόησαν. — Τοὺς ἐν τέλει] τοὺς στρατηγοὺς λέγει τοὺς ἐν τέλει· οὗτοι γὰρ συνῆγον τὴν ἐκκλησίαν. — Γνώμας] διασκέψεις. — Προθεῖναι] τοὺς ἐν τέλει. — Καὶ ἐκείνοις...] καὶ γὰρ τοῖς ἐν τέλει γνώριμον ἦν, ὅτι βούλονται οἱ πλείους τῶν πολιτῶν αὖθις ἀποδοθῆναι αὐτοῖς ἐκκλησίαν. — Σφίσιν] τοῖς πολίταις. — 6. Καὶ τὴν προτέραν] βουλὴν δηλονότι. — Βιαιότατος] ἰσχυρός.

XXXVII. Πολλάκις μὲν ἤδη...] ἡ στάσις πραγματική ἐστι τῆς δημηγορίας. διαιρεῖται δὲ τῷ δικαίῳ καὶ τῷ συμφέροντι. τὸ γὰρ εὐπρεπὲς οὐδέτερος ἐξήτασεν. ἦν γὰρ τὸ μὲν παρὰ τὸ ἦθος τῆς πόλεως, τὸ δὲ παρὰ τὴν ἐνέργειαν τῶν ἀδικησάντων. θαυμάσειε δ' ἄν τις τὸν συγγραφέα, πῶς ἐν ὠμότητι διαβεβλημένῃ καὶ παραδόξοις ἐννοίαις κατὰ φύσιν καὶ ἀκολουθίαν τινὰ τὴν τάξιν τῆς δημηγορίας τετήρηκε. ὃ δὲ λέγει, τοιοῦτόν ἐστιν, ὅτι πολλάκις ἔγνων ὅτι δημοκρατίαν ἀδύνατόν ἐστιν ἑτέρων ἄρχειν. ἐπεὶ γὰρ ἀλλήλους οἱ πολῖται οὔτε φοβοῦνται οὔτε ἐπιβουλεύουσιν, οἴονται μηδὲ ὑπὸ τῶν ὑπηκόων ἐπιβουλεύεσθαι. — 2. Διὰ γάρ...] ἡ αἰτία τοῦ πολλάκις μὲν ἔγωγε καὶ τῶν ἐξῆς. — Τὸ καθ' ἡμέραν ἀδεές] ὅπερ ἡ τυραννὶς οὐκ ἔχει. ἧς τέλος τὸ φυλάσσειν ἑαυτόν τινα καὶ διὰ τοῦτο μὴ ἀδεῶς βιοῦν. — Τὸ αὐτὸ ἔχετε] ἀδεὲς δηλονότι. — Καὶ ὅ τι ἂν ἢ λόγῳ...] τουτέστι, καὶ οὐχ ἡγεῖσθε τοῦτο, ὅτι, ἄν τε λόγῳ παραχθέντες ὑπ' αὐτῶν, ἄν τε οἰκτείραντες αὐτοὺς, μαλακώτερον καὶ πραότερον προσενεχθῆτε, οὐκ ἐκείνοις τι χαρίζεσθε, ἀλλ' αὐτοὶ κινδυνεύετε καταφρονούμενοι· ἐκεῖνοι δὲ οὐκ ἴσασι χάριν ὑμῖν. — Ἡ οὕτω ἐνδῶτε] Ὅμηρος [Il. Α, 255]·

Ἦ κεν γηθήσαι Πρίαμος,

καὶ τὰ ἑξῆς. — Οὐκ ἐπικινδύνως ἡγεῖσθε...] οὐ σκοπεῖτε, φησίν, ὅτι οὐκ εἰς χάριν ἐκείνων τοῦτο ποιεῖτε, ἀλλ' εἰς ἴδιον κίνδυνον. — Μαλακίζεσθαι] χαυνοῦσθαι. — Σκοποῦντες] περίοδος τετράκωλος, ἔχουσα ἐν ἑκάστῳ κώλῳ νοούμενον τὸ σκοποῦντες· ὅτι τυραννίδα ἔχετε τὴν ἀρχήν· οὐ διότι ἀκόντων ἄρχετε· οὐδὲ ὅτι ἀκροῶνται ὑμῶν οὐ δι' ἅπερ χαρίζεσθε αὐτοῖς οὐδὲ δι' εὔνοιαν·

ἀλλὰ διὰ φόβον. — Αὐτούς] τοὺς συμμάχους δηλονότι. — Οὐκ ἐξ ὧν ἂν χαρίζησθε...] τὸ ἑξῆς, οὐκ ἐξ ὧν σφαλλόμενοι ταῖς ἐλπίσιν οἱ ἀφιστάμενοι ὑμῶν πάλιν δουλοῦνται· τὸ δὲ ἐὰν χαρίζησθε, μεταξύ. ὁ δὲ νοῦς, οὐχ ὑπακούουσιν ὑμῶν, ἐὰν σφαλλόμενοι ἐν τῇ ἀποστάσει συγχωρῶνται. οὐ κατὰ τοῦτο, ἀλλὰ καθὸ βιαίως καὶ ἀκριβῶς εἰσπράττονται δίκας. — Βλαπτόμενοι αὐτοὶ...] ἀσαφὲς τὸ χωρίον, ὅτι ἀπὸ αἰτιατικῆς εἰς εὐθεῖαν μετέβη ἡ ἀπόδοσις τῆς ἐννοίας· ὅπερ ἐστὶ παρὰ τὴν κοινὴν συνήθειαν. ὤφειλε γὰρ βλαπτομένους καὶ ἀκροωμένους εἰπεῖν ὁ γράφων, ἀλλ' ὡς καινῶν συντάξεων εὑρετὴς καὶ τῆς παλαιᾶς Ἀτθίδος ἐπιστήμων τοῦτο οὐ πεποίηκε. τοιαύτας δὲ εὑρήσεις καὶ παρὰ τῷ θεολόγῳ συντάξεις πολλὰς, ἃς οἱ μὴ εἰδότες διαβάλλουσί τε, καὶ σολοικίζειν τὸν μέγαν οἱ ἀμαθεῖς οἴονται. τὸ δὲ βλαπτόμενοι εἰ ἀντὶ τοῦ ἀφιστάμενοι, καὶ μὴ κατορθοῦντες ἃ προέθεντο ποιῆσαι, δεχθείη, ἔχοι ἂν τὴν προκειμένην διάνοιαν· εἰ δὲ κατὰ τὸ ὀρθὸν δεχθείη, ἔχοι ἂν οὕτως, ὅτι βλαπτόμενοι αὐτοὶ ἐν τῷ ὑπήκοοι εἶναι, οὐκ ἐξ ὧν ἄρτι χαρίσησθε αὐτοῖς ἀκροάσονται ὑμῶν, ἀλλ' ἐξ ὧν τῇ ἰσχύϊ περιγένησθε αὐτῶν. οὐδὲ γὰρ εὐνοίᾳ βούλονται ὑποτάσσεσθαι. — 3. Πάντων δὲ δεινότατον...] τὸ νόημα τοιοῦτον· πάντων, φησί, δεινότατόν ἐστιν, εἰ μὴ γνωσόμεθα ὅτι φαύλοις νόμοις, ἀκινήτοις δὲ, χρωμένη πόλις καλλίων ἐστὶν, ἢ καλοῖς μὲν, ἀβεβαίοις δὲ καὶ ἀκύροις· ἀμαθίαν δὲ καλεῖ οὐχ ἁπλῶς τὴν ἄνοιαν, ἀλλὰ τὸ μὴ θέλειν καὶ τῶν νόμων καὶ τῶν ῥητόρων καὶ πάντων εἶναι δοκεῖν φρονιμώτατον, ἀλλ' εἴκειν τοῖς καλῶς δεδογμένοις, καὶ μὴ ζητεῖν ἀνατρέπειν αὐτά· ὅπερ αἰνίττεται ποιεῖν τὸν Διόδοτον. σωφροσύνην δὲ λέγει τὸ ἀεὶ ἐμμένειν τοῖς κειμένοις νόμοις, καὶ μὴ ζητεῖν μεταβάλλειν αὐτούς. — Εἰ βέβαιον ἡμῖν μηδὲν καθεστ....] ἤγουν ἐὰν ὦμεν παλίμβολοι. — Καθεστήξει] ἔσται. — Ἀκινήτοις] ἀμεταθέτοις. — Ἀμαθία τε μετὰ σωφροσύνης...] τὴν μὲν ἀμαθίαν ἐπὶ τῆς ἀσυνεσίας τέθεικε, τὴν δὲ δεξιότητα ἐπὶ τῆς συνέσεώς τε καὶ ἐντρεχείας. τὴν δὲ ἀκολασίαν ἀντιτέθεικε τῇ σωφροσύνῃ· δεῖ δὲ τὴν μὲν σωφροσύνην ἐνταῦθα ἐπὶ τῆς εὐθείας δέξασθαι, τὴν δὲ ἀκολασίαν ἐπὶ τῆς εὐμεταβλησίας. ὁ δὲ νοῦς τοιοῦτος· βέλτιόν ἐστι, φησίν, ἀμαθεστέρους μετὰ σωφροσύνης εἶναι, ἢ συνετωτέρους τυγχάνοντας εὐμεταβλήτως ἔχειν. § Κρείσσων ἀμαθὴς καὶ σώφρων ἢ ἀκόλαστος εὐμαθής· κρείσσων ἰδιώτης δίκαιος ἢ ἄρχων ἄδικος. — Φαυλότεροι] ἀμαθέστεροι. — Πρὸς τοὺς ξυνετωτέρους] συγκρινόμενοι δηλονότι. — Ὡς ἐπὶ τὸ πλεῖον] ὡς ἐπὶ τὸ πλεῖον ἀκριβῶς κεῖται. — 4. Οἱ μὲν γάρ] οἱ φρόνιμοι. § οἱ συνετώτεροι. — Ὡς ἐν ἄλλοις...] ὡς ἐν ἄλλοις μείζοσιν οὐ δυνάμενοι δηλῶσαι καὶ γνώριμον ποιῆσαι πᾶσι τὴν ἰδίαν σύνεσιν, εἰ μὴ ἐν οἷς βούλονται δεῖξαι ὅτι σοφώτεροί εἰσι τῶν νόμων. — Τὴν γνώμην] νῦν τὴν πολυμαθίαν. — Οἵ δ' ἀπιστοῦντες...] οἱ ἀμαθεῖς δηλονότι. — Ἀμαθέστεροι] ἤγουν ἐλάττονες τῆς γνώσεως τῶν νόμων. — Ἀδυνατώτεροι] ἀπὸ κοινοῦ τὸ ἀξιοῦσι. — Κριταὶ δ'

ὄντες ...] τουτέστι, κρείσσους καὶ δικαιότεροι ὄντες κριταί, ἤπερ ἀγωνισταί, ὀρθοῦνται τὰ πλείω. — 5. Δεινότητι] τουτέστι τῇ ῥητορικῇ δυνάμει. — Παρὰ δόξαν] παρὰ τὸ δοκοῦν καὶ φαινόμενον. ἐξ οὗ παρὰ τὴν ἀλήθειαν.

XXXVIII. Ὁ αὐτός εἰμι τῇ γνώμῃ] ἤγουν τοῖς δεδογμένοις ἐμμένω. — Θαυμάζω] σημείωσαι τὸ θαυμάζω μετὰ γενικῆς ἐπὶ καταφορᾶς λαμβανόμενον. — Χρόνου διατριβήν] ἀργίαν τῆς τιμωρίας τῶν Μιτυληναίων. — Ὅ ἐστι πρὸς τῶν ἠδικηκότων] ὅπερ συμφέρει τοῖς ἠδικηκόσιν, ὃ κέρδος ἐστί. τὸ χρονοτριβῆσαι δηλονότι καὶ σκέψασθαι. εἶτα καὶ τὴν αἰτίαν λέγει, ὅτι ἀμβλύτερος γίνεται ὁ ἐκδικῶν διὰ τὸ ὑπὸ τοῦ χρόνου πραΰνεσθαι. καὶ ὁ Εὐριπίδης [Alcest. 381]· « Χρόνος μαλάξει σε. » — Ὁ γὰρ παθών] κακῶς δηλονότι. — Ὁ γὰρ παθών ...] εἰπὼν ὅτι ἡ τοῦ χρόνου διατριβὴ συμφέρει τοῖς προηδικηκόσιν, αἰτίαν ἀποδίδωσι, δι' ἣν συμφέρει. ἐν γὰρ τῷ χρόνῳ, φησίν, ἀμβλύνεται ἡ τοῦ παθόντος ὀργή· εἰ δὲ τὸ ἀμύνεσθαι τῷ παθεῖν ἐγγὺς τεθείη, τουτέστιν εἰ μὴ γένοιτο ἐν μέσῳ χρόνος πολύς, ἰσόπαλόν τε καὶ ἴσον τυγχάνει τὸ ἀμύνεσθαι, διὰ τὸ τὴν μνήμην ἀκραιφνῆ παρεῖναι τοῦ πεπονθέναι. — Ὁ γὰρ παθών...] παθών, φησίν, ὡς ἀμύνεσθαί τις παρευθὺ βουλόμενος ἰσχυρὰν τὴν τιμωρίαν ποιεῖται· τὸ γὰρ ἀμύνασθαι κείμενον ἐγγύτατα, ὡς ἰσόπαλον ὄν, τοῦτο ποιεῖ· ὁ δὲ παθὼν διὰ τὸ ἡδυπαθεῖν ὥστε τοῦ χρόνου περιιδὼν ἀπομαρανθῆναι τὴν ὀργήν, ἀμβλύτερον αὐτῇ χρῆται. — Ἀμύνεσθαι δέ ...] ὁ γὰρ ἀμυνόμενος δηλονότι παθών τι ἀμύνεται, ᾧ ἕπεται δηλονότι ἡ τιμωρία. — Ἀντίπαλον] ἤγουν ἴσον. ὁ δὲ νοῦς οὕτω, τὸ ἀμύνεσθαι ἴσον ἐστὶ τῷ τιμωρεῖν. — Θαυμάζω δέ ...] ὁ πρὸς τὴν κόλασιν, φησί, τῶν Μιτυληναίων ἀντιλέγων δυνάμει τοῦτο κατασκευάζει, κἂν ἐξ εὐηθείας τοῦτο μὴ λέγῃ, ὅτι τὰ ὑπὸ Μιτυληναίων εἰς Ἀθηναίους ἀδικήματα ὠφέλιμά εἰσι τοῖς Ἀθηναίοις. ἐπεὶ τί καὶ λέγων οὐκ ἀξιώσει κολασθῆναι αὐτούς; — Ἀποφαίνειν... καθιστ.] ταῦτα γὰρ πάντα παρὰ τὸ ἐναργὲς καὶ τὴν τῶν πραγμάτων φύσιν ἐστί, τὸ λέγειν ὡς εἶπε. — Τὰς μὲν Μιτυληναίων..] ὡς ἂν εἰ ἔλεγεν· ὁ συμβουλεύων ἡμῖν μὴ τιμωρήσασθαι Μυτιληναίους ἀδικήσαντας οὐδὲν ἄλλο βούλεται δεῖξαι, ἢ ὅτι τὰ ἀδικήματα αὐτῶν τὰ εἰς ἡμᾶς ὠφελοῦσι, καὶ χρὴ μᾶλλον ὡς εὐεργέτας αὐτοὺς ἀποδέχεσθαι καὶ σώζειν. ἔστι δὲ ὁ λόγος τῇ εἰς ἄτοπον ἀπαγωγῇ. — Ἀδικίας ἡμῖν] ἃς ἠδίκησαν ἡμᾶς. — 2. Καὶ δῆλον ὅτι ...] τουτέστι, καὶ δῆλον ὅτι τῷ λέγειν πιστεύσας ἀγωνίσαιτο ἂν τὸ δοκοῦν, τουτέστι τὸ λίαν δόξαν πᾶσιν, ὡς οὐκ ἔγνωσται Μιτυληναίοις, ἐναντίως ἀποφῆναι καὶ τὸ κοινῇ δόξαν *** — Τῷ λέγειν πιστεύσας] τῷ πιθανολογεῖν θαρρήσας, θαρρήσας τῇ δυνάμει τοῦ ἑαυτοῦ λόγου. — Τὸ πάνυ δοκοῦν ἀνταποφῆναι] ἀποφῆναι ἔστι τὸ ἀρίδηλον καὶ φανερώτατον· τὸ δὲ οὐκ ἔγνωσται, ἔστι τὸ ἀφανές. — Τῷ λέγ. πιστ. ... ἢ κέρδει] ἢ τὴν τοῦ λόγου δύναμιν ἐνδείξασθαι βουλόμενος, ἢ κέρδους χάριν, φησί, λαλήσει. —

Τὸ εὐπρεπὲς τοῦ λόγου] τὸν πιθανὸν λόγον. — Παράγειν] ἀπατᾶν. — 3. Τὰ μὲν ἆθλα] τὰ κέρδη τὰ ἀπὸ τοῦ εἰπεῖν. — Ἑτέροις] τοῖς δημηγοροῦσι, τοῖς ῥήτορσιν. — Ἀναφέρει] ἀναλαμβάνει, ἀναδέχεται. — 4. Κακῶς ἀγωνοθετοῦντες] ἀνοήτως τοὺς ἀγῶνας διατιθέμενοι. § κακῶς ἑτέροις ἆθλα διδόντες· ἢ τὸ ἀγωνοθετοῦντες ἀντὶ τοῦ κακῶς κρίναντες. — Θεαταὶ μέν ...] ὡς ἂν εἰ ἔλεγεν· μετεσκεύασται τῶν ὄντων ἐφ' ὑμῖν ἡ φύσις. οὕτως γὰρ ἀκούετε τῶν λόγων καὶ πιστεύετε τοῖς ῥήτορσιν, ὡς ὀφθαλμοῖς τὴν πίστιν λαμβάνοντες· οὕτως δὲ ἀπιστεῖτε τοῖς ἔργοις τοῖς δρωμένοις, ὥσπερ ἀκροασάμενοι. — Εὖ] πιθανῶς. — Τὰ δὲ πεπραγμένα ἤδη] οὐ σκοποῦντες. ἀναπόδοτον. — Ἀπὸ τῶν ... ἐπιτιμησάντων] ὡς ἂν εἰ ἔλεγεν, ἀπὸ τῶν πιθανῶς ἐπιτιμησάντων· ὥστε τὸ τραχὺ τῆς ἐπιτιμήσεως κλέψαι τῇ τέχνῃ τοῦ λόγου, διὰ τοῦ κολακεύειν καὶ λέγειν ὅτι οὐ πρέπει Ἀθηναίους ὄντας ὑμᾶς κατασκάπτειν τὰς πόλεις. δοκεῖ γὰρ ἡ ἐπιτίμησις ἐπαίνῳ κεκραμένη λανθάνειν, καὶ μᾶλλον ἐγκώμιον ἢ μέμψις ἐστὶ τὸ λέγειν, καὶ δελεάζει λόγῳ τοὺς ἀκούοντας. ὥστε τὸ καλῶς ἐνταῦθα ἐπιτιμησάντων οὐ τὸ δικαίως αὐτὸ σημαίνει, ἀλλὰ τὸ εὐφυῶς καὶ πιθανῶς μετὰ τέχνης. — 5. Μετὰ καινότητος μὲν λόγου] ποικιλίας καὶ εὐπρεπείας. ταῦτα πρὸς τοὺς Ἀθηναίους αἰνίττεται, οὐδέν τι μελετῶντας πλὴν λέγειν τε καὶ ἀκούειν καινόν. τῆς αὐτῆς δὲ διανοίας ἐστὶ καὶ ἡ τοῦ Ἀρχιδάμου δημηγορία, ἐν οἷς φησι [1, 84] « Καὶ μὴ τὰ ἀχρεῖα ξυνετοὶ ἄγαν ὄντες » καὶ τὰ ἑξῆς. — Ἀπατᾶσθαι ἄριστοι] ἀντὶ τοῦ ἐπιτήδειοι καὶ ἕτοιμοι. — Δεδοκιμασμένου] ἀληθοῦς· ὁ γὰρ ψευδὴς ἀδόκιμος. — Δοῦλοι ὄντες ...] δοῦλοι ὄντες ἀεὶ τῶν ἀτόπων λόγων καὶ παραδόξων, ὑπερόπται δὲ τῶν πρεπόντων καὶ εἰωθότων, τουτέστι καταφρονοῦντες τῶν συνήθων. Ἄλλως. τοῖς πράγμασι, φησί, καὶ τοῖς λόγοις τοῖς παραδόξοις καὶ μὴ εἰθισμένοις ἀεὶ χαίροντες καὶ πιστεύοντες, καταφρονοῦντες δὲ δεδοκιμασμένων καὶ εἰωθότων. — Τῶν εἰωθότων] τῶν πρεπόντων. — 6. Καὶ μάλιστα μέν ...] μάλιστα μὲν βούλεταί τι εἰπεῖν, εἰ δὲ μή, πάντως ἀντειπεῖν τῇ λέγοντι, ὅπως μὴ βραδύτερον ἐκείνου δόξῃ νενοηκέναι τὸ συμφέρον. τὸ ἑξῆς, μὴ δοκεῖν ὕστεροι ἀκολουθῆσαι τῇ γνώμῃ. — Τῇ γνώμῃ] κατὰ τὴν γνώμην. — 7. Ζητοῦντές τε ἄλλο τι...] καινότερα, φησί, ζητοῦντες παρὰ τὰ εἰωθότα καὶ ἐν οἷς πολιτευόμεθα.— Ἀκοῆς ἡδονῇ] ἀκοῆς χάριτι, γλυκύτητι, κολακείᾳ. Καὶ ἄλλως. ῥητορικῶν λόγων καινότερα καὶ παράδοξα ὑμῖν εἰσηγουμένων. σοφιστὰς δὲ λέγει οὐ τοὺς σοφιζομένους τὴν ἀλήθειαν, ἀλλὰ τοὺς ἐν τῇ συνηθείᾳ λεγομένους, τοὺς διδασκάλους τῶν ῥητορικῶν προβλημάτων· θεατὰς δὲ αὐτοὺς τοὺς μαθητὰς καὶ ἀκροατάς. ὥσπερ γὰρ ἀκροαταί, φησί, τῶν σοφιστικῶν λόγων ἡδονῆς γίγνονται κριταί, οὐ πραγμάτων, τὸν αὐτὸν τρόπον καὶ ὑμεῖς τοὺς λόγους σκοπεῖτε, οὐ τὰ πράγματα.

XXXIX. Ὧν ἐγὼ πειρώμενος] ὧν ἐπιτηδευμάτων, ὧν εἶπεν ἄρτι, ὅτι οὐδὲν ἄλλο ἢ ἀδολέσχαι εἰσίν. — Ἀποτρέπειν] ἀπείργειν. — Ἀποφαίνω ...] λέγω, φησίν,

ὅτι ἡ μία πόλις, οἱ Μιτυληναῖοι, σφόδρα ἠδίκησαν ὑμᾶς, τοὺς Ἀθηναίους. καὶ τὴν αἰτίαν ἐπάγει εὐθύς. — 2. Τοὺς ἡμετέρους πολεμίους] ἤγουν τοὺς Λακεδαιμονίους. — Ἀπόστασις μέν γε ...] ἀπόστασίς ἐστιν, ὅταν 5 τινὲς κακῶς πάσχοντες ἀποστῶσιν· ἐπανάστασις δὲ, ὅταν τινὲς τιμώμενοι καὶ μηδὲν ἀδικούμενοι στασιάσωσι καὶ ἐχθρεύσωσι τοῖς μηδὲν ἀδικήσασιν. § Ἐπανάστασις ἡ φανερὰ ἐναντίωσις, ἀπόστασις δὲ ἡ τῶν σπονδῶν ἄνευ πολέμου διάλυσις, αἰτίαν ἔχουσα εὔλογον. — Ἐζήτησάν 10 τε μετὰ τῶν πολεμιωτάτων ἡμᾶς στάντες διαφθεῖραι] ἤτοι συνεμάχησαν τοῖς πολεμίοις ἡμῶν. — Καίτοι δεινότερόν ἐστιν ...] εἰ εἵνεκα, φησὶν, ἰδίας δυνάμεως καὶ κέρδους ἀντεπολέμησαν ἡμῖν, οὐκ ἦν δεινὸν τοσοῦτον· νῦν δὲ ἄνευ ἐλπίδων τινῶν, ἐξ οἰκείας κακονοίας ὁρμώμενοι· 15 ὅπερ δεινότερον. — 3. Ἀποστάντες ἤδη ἡμῶν] Αἰγινήτας λέγει, καὶ Ποτιδαιάτας, καὶ Ναξίους, καὶ τοὺς ἄλλους δεδουλωμένους. — Ἡ παροῦσα] αὐτοῖς δηλονότι. — Ἐς τὰ δεινά] εἰς τὴν ἀπόστασιν. — Καὶ ἐλπίσαντες ...] ἤλπισαν, φησίν, ἀποστῆναι ἡμῶν, ὅπερ μεῖζον 20 μέν ἐστι τῆς δυνάμεως αὐτῶν, ἔλαττον δὲ τῆς βουλήσεως αὐτῶν. ἐβούλοντο γὰρ οὐ μόνον ἀποστῆναι ἡμῶν, ἀλλὰ δὴ καὶ καθελεῖν τὴν δύναμιν τῆς πόλεως, διὰ τὸ λοιπὸν ἀδεῶς ζῆν. — Ἰσχὺν ἀξιώσαντες ... προθ.] προτιμῆσαι, φησίν, ἀξιώσαντες τὴν δύναμιν τοῦ δικαίου. δίκαιον 25 δὲ λέγει τὸ ἐμμεῖναι τῇ ἀρχῇ καὶ μὴ ἀποστῆναι. — Ἐν ᾧ γὰρ ᾠήθησαν ...] ἀντὶ τοῦ, πρὸς καιρόν τινα δυνηθέντες, κατεφρόνησαν καὶ τῆς ἀρχῆς τῆς ἡμετέρας καὶ τῆς παρ' ἡμῶν τιμῆς.

Οὐκ ἀρετᾷ γὰρ κακὰ ἔργα·

30 Ὅμηρος [Od. Θ, 329]. — 4. Εἴωθε δὲ ...] εἴωθε δὲ πρὸς ὕβριν τρέπειν ἡ εὐπραξία τῶν πόλεων ἐκείνας, αἷς ἂν αὕτη ἐξαίφνης ἐγγένηται καὶ ἀπροσδόκητος. — Εἴωθε δέ] πέφυκε γάρ. καὶ ἡ παρ' ἀξίαν τιμὴ ἀφορμὴ τοῦ κακῶς φρονεῖν τοῖς ἀνοήτοις γίνεται [Demosth. Olynth. 35 1, p. 16]. — Τρέπειν] τρέπεσθαι. — Τὰ δὲ πολλά] ὡς ἐπιτοπολύ. — 5. Ὑφ' ἡμῶν τετ.] μηδὲν τετιμῆσθαι ὑφ' ἡμῶν· ἀπὸ κοινοῦ γὰρ τὸ μηδέν. ἢ μᾶλλον τὸ λεγόμενον οὕτως· ἔδει τοὺς Μιτυληναίους οὕτω τετιμῆσθαι ὑφ' ἡμῶν, ὡς οὐδὲν διαφέροντας τῶν ἄλλων. τουτέστιν ἔδει 40 αὐτοὺς δούλους εἶναι. — Τὸ μὲν θεραπεῦον] τὸ κολακεῦον. — Ὑπερφρονεῖν] ἀγνωμονεῖν. — 6. Οἷς γ' ἐξῆν] τοῖς δημόταις καὶ πολλοῖς. — 7. Τῶν τε ξυμμάχων σκέψασθε...] σκέψασθε δὲ, εἰ τοῖς ἀποστᾶσι τῶν ξυμμάχων ἑκουσίως καὶ τοῖς ἀναγκασθεῖσι τὰς ὁμοίας τιμωρίας 45 προσθήσετε, καὶ μὴ μείζονας τοῖς ἑκουσίως ἀποστᾶσι, τίνα λοιπὸν οὐ νομίζετε εὐχερῶς τῶν ξυμμάχων ἀφίστασθαι, ὅταν μέλλωσιν ἢ κατορθώσαντες τελείως τὴν ἀπόστασιν ἐλεύθεροι εἶναι, ἢ ἀποτυχόντες τῆς βουλήσεως συγγνώμης ἀξιωθήσεσθαι. — Τοῖς τε ἀναγκα-50 σθεῖσι] τοῖς ἀκουσίως ἀποστᾶσιν. — Κατορθώσαντι] τὴν ἀπόστασιν δηλονότι. — 8. Πόλιν] συμμαχίδα. — Ἀποκεκινδυνεύσεται] εἰς κίνδυνον ἔρχεται καὶ ζημίαν. — Τῆς ἔπειτα προσόδου] τοῦ μετὰ ταῦτα κέρδους. —

Πρὸς τοῖς ὑπάρχουσι.] ἡμῖν πολεμίοις δηλονότι. — Τοῖς νῦν καθεστηκόσι] τοῖς Πελοποννησίοις.

XL. Οὔκουν δεῖ προσθεῖναι ἐλπίδα] δοῦναι ἐλπίδα τοῖς συμμάχοις. ὁ νοῦς οὕτως· οὐκ ἔστιν ἐλπὶς ὡς συγγνώμην λήψονται, πταίσαντες ἀνθρωπίνως. οὐ γὰρ 5 ἀκούσιον τὸ ἁμάρτημα αὐτῶν, ἡ δὲ συγγνώμη τῶν ἀκουσίων. — Ὠνητήν] ἔστι γάρ τις καὶ χρήμασιν ὠνητὴ τοῖς ἁμαρτάνουσι συγγνώμη. Ὅμηρος [Il. I, 632]·

Καὶ μέν τίς τε κασιγνήτοιο φόνοιο
ποινὴν, ἢ οὗ παιδὸς ἐδέξατο τεθνηῶτος· 10
καί ῥ' ὁ μὲν ἐν δήμῳ μένει αὐτοῦ, πόλλ' ἀποτίσας.

— Ξύγγνωμον] συγγνώμης ἄξιον. — 2. Καὶ τότε πρῶτον] διεμαχεσάμην δηλονότι. — Μὴ μεταγνῶναι] μὴ μεταμελείᾳ θεῖναι. — Τὰ προδεδογμένα] τὰ προκεκυρωμένα. — Ἐπιεικείᾳ] συγγνώμῃ. — 3. Βραχέα] οὐδ' 15 ὅλως. — Τὸ εὖ παθεῖν] τὸ χρηματίσασθαι ὑπὸ τῶν Μιτυληναίων, τὸ εὐεργετηθῆναι. — Τοὺς ὁμοίους] τοὺς ἐν τῇ αὐτῇ διαθέσει ὄντας, οἷοί περ ἦσαν πρότερον, ἢ κακούς. — 4. Τὰ ξύμφορα] ἡμῖν δηλονότι. — Τοῖς μέν] τοῖς Μιτυληναίοις, ἀχαρίστοις οὖσι, χαριζόμενοι. καὶ 20 ἡ παροιμία τοῦ Ὁμήρου [Od. Δ, 695]·

Οὐδέ τίς ἐστι χάρις μετόπισθ' εὐεργέων.

§ Οὐχ ἕξουσιν ἡμῖν χάριν, ἐάνπερ μηδὲν ὑφ' ἡμῶν ἀνήκεστον πάθωσιν. τότε γὰρ ἔχει χάριν ὁ παθεῖν μέλλων τῷ διασώσαντι, ὅτε, κατ' ἐξουσίαν αὐτῷ προκει-25 μένων τῆς ζωῆς αὐτοῦ καὶ θανάτου, τὸ ζῆν αὐτὸς μᾶλλον ἕληται καὶ συγχωρήσῃ αὐτῷ. — Δικαιώσεσθε] δικαίως καθ' ὑμῶν ἀποδείξετε, ὅτι τυραννικῶς ἄρχετε. Εἰ γὰρ οὗτοι ὀρθῶς ...] ὁ νοῦς οὗτος· εἰ μὲν ἀδίκως ἀπέστησαν οἱ Μιτυληναῖοι, κολασθήτωσαν· εἰ δὲ δικαίως, 30 δῆλον ὅτι ὑμεῖς ἀδίκως ἄρχετε. ᾧ ἕπεται, ὅτι τυραννεῖτε. καὶ κατὰ τοῦτο οὖν πάλιν κολασθήσονται, ὅτι τυράννους ὑμᾶς ἐλογίσαντο, ὁ δὲ τύραννος ἀποτόμως αὐτὰ ἅπερ ποιεῖ εἴωθε ποιεῖν. κατ' ἄμφω οὖν ὀφείλουσι κολασθῆναι, εἴτε ἐννόμως ἄρχομεν εἴτε τυραννικῶς. — Εἰ δὲ δὴ 35 καὶ οὐ προσῆκον ...] εἰ δὲ δὴ, καὶ οὐ προσῆκον ὑμῖν ἄρχειν, ὅμως ἄρχετε, οὐκοῦν καὶ παρὰ τὸ προσῆκον οὗτοι κολαζέσθωσαν, καὶ γενέσθω παράνομος ἐκ παρανόμου τυραννίδος παρανομία, τοῦ συμφέροντος ἕνεκα τῇ ἀρχῇ. ἐὰν δὲ μὴ θέλητε κολάζειν αὐτοὺς, χρὴ παύεσθαι ὑμᾶς τῆς 40 ἀρχῆς καὶ ἀσκεῖν ἀνδραγαθίαν ἀκίνδυνον. — Τοῦτο] τὸ ἄρχειν βιαίως. — Ἢ παύεσθαι τῆς ἀρχῆς] ἀπὸ κοινοῦ τὸ δεῖ. — 5. Τῇ τε αὐτῇ ζημίᾳ ...] τῇ αὐτῇ ζημίᾳ, φησί, σπουδάσατε ἀμύνασθαι τοὺς Μιτυληναίους, ᾗ ἂν ἐτιμωρήσαντο καὶ αὐτοὶ ὑμᾶς, περιγενόμενοι ὑμῶν. — 45 Καὶ μὴ ἀναλγητότεροι...] τοῦτό φησιν, ὅτι, ἐπεὶ ἤλγουν οἱ Μιτυληναῖοι ὑφ' ὑμῶν τῶν Ἀθηναίων κρατούμενοι, δεῖ καὶ ὑμᾶς ἀλγῆσαι ἐπὶ τῇ αὐτῶν ἀποστάσει. καὶ μὴ ἀναλγητότεροι ἐκείνων ἀξιοῦτε εἶναι, ἵνα μὴ καὶ ἀναίσθητοι δόξητε, οὐκ ἀλγοῦντες ἐφ' οἷς ἀδικεῖσθε. § Τὸ 50 δὲ ἑξῆς οὕτως· ἐκεῖνοι ἐπέρχονται καὶ διαφθείρουσί τινα ἀδίκως οἱ μὴ σὺν αἰτίᾳ ποιοῦντες κακῶς, ὑφορώμενοι

τὴν ἔχθραν τοῦ καταλειφθέντος ἐχθροῦ· ὑμεῖς δὲ, ὦ Ἀθηναῖοι, μὴ φοβεῖσθε τοῦτο· οὐ γὰρ ἄνευ αἰτίας αὐτοὺς κολάσετε. — Οἱ διαφεύγοντες] Ἀθηναῖοι. — Τῶν ἐπιβουλευσάντων] Μιτυληναίων. — Ἃ εἰκὸς ἦν αὐτοὺς ποιῆσαι] ἡ ἀπόδειξις ὅτι, εἰ ἐκράτησαν Λέσβιοι τῶν Ἀθηναίων, κακῶς ἂν αὐτοὺς εἰργάσαντο. — 6. Οἱ μὴ ξὺν προφάσει ...] οἱ ἀδικοῦντες, φησὶ, τινὰ χωρὶς αἰτίας, τουτέστιν ἄνευ τοῦ προηδικῆσθαι, σπουδάζουσιν ἀπολέσθαι τοὺς δι' ἐναντίας, εἰδότες ὅτι ὁ διαφυγὼν χαλεπώτερος ἐχθρός ἐστι τοῦ προπαθόντος καὶ διὰ τοῦτο βουλομένου ἀμύνεσθαι. — Οἱ μὴ ξὺν προφάσει τινὰ ...] οἱ μὴ πρότερον ἀδικηθέντες, ἐπιχειρήσαντες δὲ ἀδικῆσαι πρότερόν τινας, ἐπιμένουσιν ἕως ἀπολέσωσιν αὐτούς, εἰδότες ὅτι, ἐὰν σωθῶσιν οἱ ἀδικηθέντες, πικροὶ τοῖς ἠδικηκόσιν ἔσονται πολέμιοι, καὶ πάσχωσιν ἂν κακῶς παρ' αὐτῶν, ἀμυνομένων αὐτούς. — Ἐπεξέρχονται] Ὅμηρος [Il. Γ, 160]·

Μηδ' ἡμῖν τεκέεσσι.

— Διόλλυνται] ἀντὶ τοῦ διαφθείρουσιν. — Ὁ γὰρ μὴ ξὺν ἀνάγκη ...] ὁ γὰρ ἀδίκως τι καὶ πρῶτος παθὼν, ἐὰν διαφύγῃ, πικρότερος καὶ δεινότερός ἐστι τοῦ ἀπὸ τῆς ἴσης ἐχθροῦ. τὸν δὲ ἀπὸ τῆς ἴσης ἐχθρὸν ὁρίζεται τὸν μὴ προπαθόντα, ἀλλὰ προκαταρχόμενον ἀδικίας. ὡς ἂν εἰ ἔλεγεν, ὁ προπαθὼν καὶ ὁ ἀμυνόμενος χαλεπώτερός ἐστι τοῦ προκαταρχομένου ἀδικίας, μήπω τι παθόντος. — Ἀπὸ τῆς ἴσης] μοίρας δηλονότι. — 7. Μὴ οὖν] ἐπίλογοι. — Γενόμενοι δ' ὅτι ἐγγύτατα τῇ γνώμῃ τοῦ π.] εἰς ἐννοιαν ἐλθόντες ὧν ἐμέλλετε πάσχειν ὑπὸ Λεσβίων. — Μὴ μαλακισθέντες ...] μὴ ἐνδόντες πρὸς τὴν ἡδονὴν τὴν ἀπὸ τῶν λόγων, καὶ πρὸς τὸν οἶκτον καὶ τὴν ἐπιείκειαν· μηδὲ ἀμνημονήσαντες τοῦ κινδύνου, οὗ ἂν ἐκινδυνεύσατε, εἰ ἐκράτησαν ὑμῶν. — 8. Ἧσσον τῶν πολεμίων...] τὸ ἑξῆς, ἧσσον πολεμήσετε. ἀντὶ τοῦ οὐδὲ ἧσσον. Ὅμηρος [Il. E, 800]·

Ἦ ὀλίγον οἱ παῖδα ἐοικότα γείνατο Τυδεύς.

τὸ δὲ ἦν γνῶσιν, οἱ σύμμαχοι δηλονότι.
XLII. Τοὺς προθέντας] εἰς μέσον θέντας τὴν δευτέραν διάσκεψιν. — Οὔτε τοὺς προθ. ... αἰτιῶμαι] πρὸς τὸ [c. 38, 1] « καὶ θαυμάζω μὲν τῶν προθέντων αὖθις » καὶ τὰ ἑξῆς. Διοδότου δημηγορία αὕτη ὑπὲρ Μιτυληναίων. ἰστέον δὲ ὅτι ὁ μὲν Κλέων τὸ δίκαιον προβάλλεται, οὗτος δὲ ὁ Διόδοτος τὸ συμφέρον. καὶ σκόπει τὸ τοῦ συγγραφέως ἔθος, χαίροντος ἀεὶ ταῖς ἀντιπάλοις δημηγορίαις. — Οὔτε τοὺς μεμφ. ... βουλεύεσθαι] πρὸς τὸ [c. 37, 3] « Εἰ βέβαιον ἡμῖν μηδὲν καθεστήξει, ὧν ἂν δόξῃ πέρι. » — Ἀπαιδευσίας] ἀπειρίας. — Βραχύτητος] ἀσθενείας. — 2. Τούς τε λόγους ...] πρὸς τὸ [c. 38, 3] « Εἰώθατε θεαταὶ μὲν τῶν λόγων γίνεσθαι », καὶ τὰ ἑξῆς. — Διαμάχεται] ἐναντιοῦται. — Ἡ ἰδίᾳ] τουτέστι διὰ τὸ ἴδιόν τι κέρδος σκοπεῖν καὶ συμφέρον. — Διαφέρει] ὠφελεῖ. — Εἰ ἄλλῳ τινί] καὶ οὐχὶ λόγῳ δη-

λονότι. — Περὶ τοῦ μέλλοντος ...] τὸ ἑξῆς, περὶ τοῦ μέλλοντος καὶ ἀφανοῦς δυνατὸν εἶναι φράσαι. — Διαφέρει] λυσιτελεῖ. — Εὖ μὲν εἰπεῖν ...] τὸ ἑξῆς, εὖ μὲν οὐκ ἂν ἡγεῖται περὶ τοῦ κακοῦ εἰπεῖν δύνασθαι. § οὕτω συντακτέον· τὸ μὲν περὶ τοῦ κακοῦ δύνασθαι λέγειν καλῶς, οὐχ ἡγεῖται (ἤγουν οὐ φροντίδα περὶ τούτου ποιεῖται)· ἡγεῖται δὲ μᾶλλον ἐκεῖνο εἶναι καλὸν, τὸ διαβαλόντα καὶ ἀπατήσαντα ἐκπλῆξαι τοὺς ἀκουσομένους. ὃ δὴ καὶ διαφέρει τῷ οὕτω λέγοντι· κέρδους γὰρ ἕνεκα τὸ τοιοῦτον εἶδος τοῦ λόγου μεταχειρίζεται. — 3. Χαλεπώτατοι ...] πρὸς τὸ [c. 40, 3] « Αὐτοὶ δὲ ἐκ τοῦ εὖ εἰπεῖν τὸ παθεῖν εὖ ἀντιλήψονται. » — Ἐπίδειξιν] συμβουλίαν, φιλοτιμίαν. — Ἀμαθίαν] καὶ οὐχὶ χρήματα δηλονότι. — Ἀπεχώρει] τοῦ δικαστηρίου δηλονότι. — Ἀδικίας δ' ἐπιφερομένης] ἀδίκως κατηγορῶν. — Ὕποπτος] διὰ τὸ ἐπὶ χρήμασι λέγειν. — Μὴ τυχών] τοῦ σκοποῦ δηλονότι. — 4. Ἐν τῷ τοιῷδε] πράγματι δηλονότι. — Φόβῳ γὰρ] ἐν τῷ τοὺς δυναμένους τι συμβουλεύειν μὴ τολμᾶν λέγειν, ὡς δόξαν ἐπὶ χρήμασι ληψομένους. — Ὀρθοῖτο] διοικοῖτο καὶ εὐδρομοίη ἡ πόλις. — Ἐλάχιστα γὰρ] ἀντὶ τοῦ οὐδὲ ἐλάχιστα. Ὅμηρος [Il. E, 800]·

Ἦ ὀλίγον οἱ παῖδα.

— 5. Χρὴ δὲ] τὸ ἑξῆς, χρὴ φαίνεσθαι μὴ ἐκφοβοῦντα, ἀλλ' ἀπὸ τοῦ ἴσου ἀμείνων λέγοντα. — Τὸν μὴ τυχόντα] τὸν μὴ ἄριστα συμβουλεύοντα. — 6. Ἔτι μειζόνως] φύσει γὰρ οἱ ἄνθρωποι οὐ παύονται ἀεὶ τῇ ὀρέξει ἐπεκτεινόμενοι. — Παρὰ γνώμην] τὴν ἑαυτοῦ. — Ἐπιτυχών] ὀρθῆς βουλῆς.
XLIII. 2. Τὰ δεινότατα] τὰ ψευδῆ, καὶ ἄδικα. ἢ τὰ χαλεπώτατα. — Ἀπάτῃ προσάγεσθαι] πιθανολογεῖν καὶ ἀπατᾶν, ὅτι καλὰ ἔσται ταῦτα. — 3. Τὰς περινοίας] περιεργίας. — Ἀδύνατον] διὰ τὴν τῶν χρημάτων δόκησιν. — Πῆ] κατά τινα τρόπον. — 4. Χρὴ δὲ πρὸς τὰ μέγιστα...] τὸ ἑξῆς, χρὴ δὲ ἡμᾶς, πρὸς τὰ μέγιστα προνοοῦντας, περαιτέρω λέγειν ὑμῶν τῶν δι' ὀλίγου σκοπούντων. τὸ δὲ καὶ ἐν τῷ τοιῷδε ἀξιοῦντι ἀντὶ τοῦ καὶ ἐν τοῖς τοιούτοις ὑμῶν ἀξιώμασι καὶ ἐπιτηδεύμασι· τουτέστι τοῖς πολιτεύουσι. — Ἐν τῷ τοιῷδε ἀξιοῦντι] ἐν τῇ τοιαύτῃ ὑποψίᾳ. — Προνοοῦντας] σκεπτομένους. — Τῶν δι' ὀλίγου σκοπούντων] τῶν ἀσκέπτως λεγόντων. — 5. Σωφρονέστερον ἂν ἐκρίνετε] μετὰ ὑγιοῦς φρονήσεως ἦν ἂν ἡ κρίσις ἡ ὑμετέρα.
XLIV. Ἀντερῶν] τῷ Κλέωνι δηλονότι. — Ἀλλὰ περὶ τῆς ἡμετέρας εὐβουλίας] ἐκβολὴ τοῦ συμφέροντος καὶ προκατασκευὴ τοῦ προανοιρεῖν τὰ λυποῦντα τὴν ὑπόθεσιν. — 3. Πρὸς τὸ ἧσσον ἀφίστασθαι] τὰς πόλεις. — Θάνατον ζημίαν προσθεῖσι] πρὸς τὸ [c. 40, 8] « Καὶ τοῖς ἄλλοις ξυμμάχοις παράδειγμα σαφὲς καταστήσατε, ὃς ἂν ἀφιστῆται, θανάτῳ ζημιωσόμενον. » — 4. Τῷ εὐπρεπεῖ] τῇ πιθανολογίᾳ τοῦ Κλέωνος. — Οὐ δικαζόμεθα πρὸς αὐτούς] οὐ δικαστήριον συγκροτοῦμεν κατὰ τῶν Μιτυληναίων. — Ὥστε τῶν δικαίων...] οὐ

περὶ τοῦ δικαίου, φησὶ, συμβουλευόμεθα, ἀλλὰ τοῦ συμφέροντος — Χρησίμως] ἡμῖν δηλονότι.

XLV. Ἐν οὖν ταῖς πόλεσι...] τοῦ Κλέωνος συμβουλεύσαντος ἀποκτεῖναι πάντας Μιτυληναίους, καὶ παράδειγμα τοῖς ἄλλοις ποιῆσαι Ἕλλησιν, ἵνα μὴ ἀφιστῶνται ἀπὸ τῶν Ἀθηναίων, ὁ Διόδοτος τἀναντία συμβουλεύων φησὶ πρὸς τοῦτο ἐκ τοῦ μᾶλλον. εἰ γὰρ ἐν ταῖς ἄλλαις πόλεσι πολλῶν καὶ οὐ μειζόνων ἐγκλημάτων θάνατος ἢ ζημία πρόκειται, καὶ ὅμως οἱ ἄνθρωποι, τῇ ἐλπίδι ἐπαιρόμενοι, ῥιψοκινδύνως ἐγχειροῦσιν αὑτοῖς, καὶ οὐδεὶς δύναται κωλυτὴς γενέσθαι τῶν τηλικούτων ἔργων, ἀλλ' ὁσημέραι πράττονται, δῆλον ὅτι, καὶ εἰ τοὺς Μιτυληναίους ἀποκτείνωμεν, ζημιούμεθα μὲν καὶ περὶ ἑαυτοὺς σφαλλόμεθα, οὐ μέντοι γε φόβον τινὰ τοῖς ἄλλοις παρέξομεν, ἀλλ' οὐδὲν ἧττον ἔστιν ὅτε ἀποστήσονται, τῇ ἐλπίδι κουφιζόμενοι. — Πολλῶν] οἷον τυραννίδος, καὶ προδοσίας, καὶ φόνου, καὶ μοιχείας, καὶ ἄλλων. — Τῷδε] τῷ τῶν Μιτυληναίων ἀδικήματι, τῇ ἀποστάσει. — Κινδυνεύουσι] ῥιψοκινδύνως πράττουσι. — Καταγνοὺς ἑαυτοῦ...] [Hom. Il. P, 32 :]

Ῥεχθὲν δέ τε νήπιος ἔγνω.

— 2. Τίς πω] οὐδεμία. — 3. Τούτου] τοῦ ἁμαρτάνειν δηλονότι. — Διεξεληλύθασι...] ἐπραγματεύσαντο, φησὶ, περὶ πάσης ἀδικίας καὶ ἁμαρτίας οἱ νομοθέται, καὶ ἐξέθεντο κοινάς. — Αὐτάς] τὰς ζημίας. — Ἀνήκουσιν] ἀνέρχονται. — 4. Τούτου] τοῦ θανάτου. — Οὐδὲν ἐπίσχει] οὐδὲν κωλύει, φησὶν, ὁ τοῦ θανάτου φόβος τοὺς βουλομένους ἐξαμαρτεῖν. — Ἀλλ' ἡ μὲν πενία...] τὰς αἰτίας βούλεται δηλῶσαι τῶν ἁμαρτημάτων, ἀφ' ὧν κινούμενοι ἄνθρωποι ἁμαρτάνουσι· καὶ φησιν ὅτι οἱ μὲν ὑπὸ πενίας ἀναγκάζονται λησταὶ εἶναι, οἱ δὲ ὑπὸ ἐξουσίας καὶ μεγαλοφροσύνης πλεονεκτοῦσιν, οἱ δὲ ὁμοίως διά τινα κρείττονα ἀναγκάζονται κινδυνεύειν, οἷον οἱ μέθυσοι καὶ πόρνοι δι' ἡδονήν· καὶ ὅπερ φησὶν Ἀριστοτέλης ἐν τοῖς Ἠθικοῖς [Nicom. init.], ὅτι πᾶσα πρᾶξις καὶ προαίρεσις ἀγαθοῦ τινος ἐφίεσθαι δοκεῖ. — Αἱ δ' ἄλλαι ξυντ.] οἱ ξυντυχόντες τοῦ μέσου, ἤτοι μήτε πένητες μήτε πλούσιοι ὄντες. — Ὀργῇ] ὀργὴ ὁ τρόπος. — 5. Ἡ τε ἐλπὶς καὶ ὁ ἔρως] πρῶτόν τις ἐρᾷ, εἶτα ἐλπίζει, εἶτα ἐγχειρεῖ. Ἡσίοδος [Op. 96]·

Μούνη δ' αὐτόθι ἐλπὶς ἐν ἀρρήκτοισι δόμοισιν
ἔνδον ἔμιμνε, πίθου ὑπὸ χείλεσιν,

καὶ τὰ ἑξῆς. — Ἐπὶ παντὶ] ἀπὸ κοινοῦ τὸ ἐξάγουσιν ἐς τοὺς κινδύνους. — Τὴν ἐπιβολὴν... εὐπορ.] ἐπιβολὴν τὴν ἐγχείρησιν, εὐπορίαν τὴν ἄνυσιν. — Ἐκφροντίζων] ἔξω φροντίδος τιθέμενος. — 6. Ἐπ' αὐτοῖς] μετὰ τὸν ἔρωτα καὶ τὴν ἐλπίδα. — Ἀδοκήτως γάρ ἐστιν...] πολλάκις, φησίν, ἐγχειρήσας τις πράγματι ἔτυχεν αὐτοῦ, ἄλλος δὲ θεασάμενος ῥιψοκινδύνως κατατολμᾷ τοῦ αὐτοῦ πράγματος, καὶ ἀπὸ μικροτέρων ἀφορμῶν ἔστιν ὅτε, διὰ τὸ καὶ τὸν ἄλλον ὁρᾶν ἐπιτυγχάνοντα. —

Προάγει] παρακινεῖ. — Ἐλευθερίας ἢ ἄλλων ἀρχῆς] Ποτίδαια περὶ ἐλευθερίας, Ἀθῆναι περὶ ἄλλων ἀρχῆς, ἔν τε Σικελίᾳ καὶ πολλαχοῦ. — Ἕκαστος ἀλογίστως...] καὶ ἕκαστος, φησὶ, τῶν πολιτῶν μετὰ τοῦ κοινοῦ ἀλογίστως μειζόνως δοξάζει, καὶ ἐλπίζει νικῆσαι. — 7. Ἁπλῶς τε...] ταῦτα πρὸς Κλέωνα.

XLVI. Οὔκουν χρή...] ἐάν τε, φησὶ, θανάτῳ διαχρήσησθε Μιτυληναίους, ἐάν τε ἄλλῳ τῳ δεινῷ κολάσαντες τούτους νομίσητε ἀσφαλῶς ἕξοντες ὑπὸ χεῖρα τὰς πόλεις τὰς λοιπάς, οὐ καλῶς ἔσεσθε βεβουλευμένοι. ἡ γὰρ ἀνθρωπίνη φύσις ὀξύρροπος οὖσα καὶ προθύμως ὅτι βουληθείη πράττουσα οὐκ ἀνακοπήσεται τῆς ὁρμῆς τῇ τοιαύτῃ ὑμῶν ἀσφαλείᾳ. — Ἐχέγγυῳ] βεβαίῳ, ἰσχυρᾷ, ὡς ἐγγυῆσαι δυναμένῃ. — Οὔτε ἀνέλπιστον καταστ. τ. ἀποστ.] τῷ ψηφίσασθαι θάνατον Μιτυληναίων, ὡς ὁ Κλέων ἠξίου. τὸ δὲ οὔκουν χρὴ ἀπὸ κοινοῦ ληπτέον. — Ἐν βραχυτάτῳ] καιρῷ δηλονότι. — 2. Γνῷ μὴ περιεσομένη] ἀντὶ τοῦ ἀπελπίσασα τοῦ περιεῖναι καὶ σωθῆναι. ὁ δὲ νοῦς τοιοῦτος, ὅτι, ἐάν τις ἀποστῇ ἀφ' ἡμῶν πόλις, πάλιν αὐτὴν ἀναληψόμεθα, καὶ τὰς δαπάνας οὐκ ἀπολέσομεν, διὰ τὸ ἐλπίδα αὐτοῖς ζωῆς νομοθετῆσαι. ταῦτα δὲ πρὸς τὸν Κλέωνα, εἰπόντα [c. 39, 8] « Ἡμῖν δὲ πρὸς ἑκάστην πόλιν ἀποκεκινδυνεύσεται τά τε χρήματα καὶ αἱ ψυχαί. » — Ξύμβασιν] φιλίαν. — Ἐκείνως] ἀλλοτρόπως. — 3. Διὰ τὸ ἀξύμβατον] διὰ τὸ ἀσυγχώρητον. — Παραλαβεῖν] ἀπὸ κοινοῦ τὸ πῶς οὐ βλάβη ἡμῖν; — Τῆς προσόδου] τοῦ κέρδους. — Τῷδε] τῇ προσόδῳ καὶ φορολογίᾳ. — 4. Λόγον] ἀπαρίθμησαν. πρὸς τὸν Κλέωνα καὶ ταῦτα. — 5. Δρῶντες] ἡμεῖς οἱ Ἀθηναῖοι. τὸ ἑξῆς τοῦ λόγου ἦν τινα ἀποστάντα χειρωσώμεθα, χαλεπῶς οἰόμεθα χρῆναι τιμωρεῖσθαι. — Βίᾳ] ἀκουσίως. — 6. Ἀφισταμένους] τοῦ ἄρχεσθαι. τὸ ἑξῆς, ἀφισταμένους οὐ σφόδρα κολάζειν. — 16. Τούτου] τοῦ ἀποστῆναι. — Ἐπιφέρειν] ἀπὸ κοινοῦ τὸ χρή.

XLVII. Τοῦτο] λείπει ἡ κατά. — 2. Νῦν μὲν γάρ...] πρὸς τὸ [c. 39, 6] « Καὶ μὴ τοῖς μὲν ὀλίγοις ἡ αἰτία προστεθῇ, τὸν δὲ δῆμον ἀπολύσητε » καὶ τὰ ἑξῆς. — Τοῖς ὀλίγοις] τοῖς δυνατοῖς. — Ἐὰν βιασθῇ συναποστῆναι δηλονότι. — Τοῖς ἀποστήσασιν] ἤγουν τοῖς ἄρχουσιν. — Ἀντικαθισταμένης] ἐναντιουμένης. — Ἐς πόλεμον ἐπέρχεσθε] τῇ πόλει ἐπέρχεσθε. — 3. Ὅπλων ἐκράτησεν] ἤγουν ὡπλίσθη. — Τοῖς δυνατοῖς] τοῖς πλουσίοις. — Τὰς πόλεις] ἡμῶν δηλονότι. — Κεῖσθαι ὡρίσθαι. — 4. Μὴ προσποιεῖσθαι] μήτοι γε δεικνύειν τὸ γνῶναι, ἀλλὰ μηδὲ μέχρι σχήματος δεικνύειν τὴν ἀδικίαν ἐκείνων. — 5. Τὴν κάθεξιν] τὴν ἀσφάλειαν, καὶ κατοχὴν καὶ κράτησιν. — Καὶ τὸ Κλέωνος τὸ αὐτὸ δίκ. καὶ ξυμφ.] πρὸς τὸ [c. 40, 4] « Πειθόμενοι μὲν ἐμοὶ τά τε δίκαια ἐς Μιτυληναίους καὶ τὰ ξύμφορα ἅμα ποιήσετε. »

XLVIII. Ὑμεῖς δέ] οἱ ἐπίλογοι. — Ἀμείνω] τῶν βουλευμάτων τοῦ Κλέωνος δηλονότι. — Οἷς οἴκτῳ καὶ ἐπιεικείᾳ. — Τῶν παραινουμένων] τῆς ἐμῆς παραινέ-

σεως. — *Ἡ μετ' ἔργων ἰσχύος ἀνοία] ἢ ἀβούλως, δηλονότι ἰσχύϊ καὶ δυνάμει ἐργαζόμενος.

XLIX. Τοιαῦτα μέν] τινὲς λέγουσιν ὅτι τοιαῦτα δὲ ὤφειλεν εἰπεῖν, ἐπειδὴ ὀπίσω εἶπε [c. 41] « τοιαῦτα μὲν ὁ Κλέων. » ἀλλ' ἡμεῖς φαμεν ὅτι ἐκεῖ καὶ τὸν δέ ἀπέδωκεν, εἰπὼν « μετὰ ταῦτα δέ. » — *Ἦλθον μὲν ἐς ἀγῶνα... τῆς δόξ.] ἀμφιβόλως ἔσχον καὶ ἐνδοιαστικῶς περὶ τὴν δόξαν. οὕτω γὰρ δεινῶς καὶ καλῶς εἰρήκασιν ἀμφότεροι, ὥστε ἀμφιβάλλειν αὐτοὺς, τίνι προστεθῶσιν. — *Ἦλθον... δόξης] οἷον ἀντηγωνίζοντο καὶ ἐφιλονείκουν ἐφαμίλλως περὶ τῶν δοκούντων ἀλλήλοις. — Ἀγχώμαλοι] ἐγγὺς ἴσαι, καὶ σχεδὸν παραπλήσιοι. § Ἰσοσθενεῖς. — 2. Προεῖχε δέ] τοῦ πλοῦ δηλονότι. — 3. Ἡροῦντο] ἐλάμβανον. — Κατὰ μέρος] κατὰ διαδοχὴν μερικήν. — 4. Τὰ δεδογμένα] τῇ βουλῇ δηλονότι. — Παρὰ τοσοῦτον μέν... κινδύνου] ἀντὶ τοῦ εἰς τοσοῦτον ἦλθε κινδύνου, ὥστε καὶ ἀναγνωσθῆναι τὸ περὶ τοῦ θανάτου ψήφισμα. ἢ ἀντὶ τοῦ παρὰ μικρόν· ἔμελλε γὰρ εὐθὺς πράξειν τὰ ἐπισταλέντα ὁ Πάχης.

L. 2. Κλήρους] μερίδας. — Πλὴν τῆς Μηθυμναίων] οὗτοι γὰρ οὐκ ἀπέστησαν. — Ἐξεῖλον] ἐξαιρέτους ἀνέθεσαν.

LI. Ἐν δὲ τῷ αὐτῷ θέρει] μετάβασις. 2. Αὐτόθεν] ἀπὸ τῆς Μινώας. — Ἀπὸ τοῦ Βουδόρου] ἀκρωτήριον τῆς Σαλαμῖνος. — Τούς τε Πελοπ.] ἀπὸ κοινοῦ τὸ ἐβούλετο ὁ Νικίας. — Αὐτόθεν] ἀπὸ τῆς Μινώας. — Οἷον καὶ τὸ πρὶν γενόμ.] ὅτε ὁ Κνῆμος καὶ ὁ Βρασίδας οἱ Σπαρτιᾶται μετὰ τῶν τεσσαράκοντα νεῶν ἀπὸ Νισαίας ἐξαπίνης προσέπεσον τῷ Βουδόρῳ, ὥς φησιν ὁ συγγραφεὺς ἐν τῇ δευτέρᾳ [c. 93, 94]. — Ἐκπομπαῖς] ἐκδρομαῖς. — 3. Τῆς νήσου] τῆς Μινώας. — Ἧ] ὅπου. — Τενάγους] τοῦ ἕλους.

LII. 2. Αὐτῶν] τῶν Πλαταιέων. — Εἰρημένον γὰρ ἦν αὐτῷ] ἀντίπτωσις, ἤτοι αἰτιατικὴ ἀντὶ γενικῆς. ἀντὶ τοῦ εἰρημένον γὰρ αὐτῷ εἶπεν. — Ἐκ Λακεδαίμονος] ἐκ τῆς βουλῆς τῶν Λακεδαιμονίων. — Μὴ ἀνάδοτος εἴη] μὴ ἀποδοθῇ δηλονότι ὀπίσω, μὴ ἀποδόσιμος γένοιτο. — Προσπέμπει δέ] οὗτος ὁ δέ πρὸς τὸν μέν. προεῖπε γὰρ ὅτι « Βίᾳ μὲν οὐκ ἐβούλετο ἐλεῖν. » — Δίκην] κρίσιν.

LIII. Τὴν μὲν παράδοσιν..] ἡ δημηγορία τῶν Πλαταιέων δικανικωτέρα ἐστί· τὸ δὲ προοίμιον ἐξ αὐτοῦ τοῦ πράγματος καὶ ἐκ προσοχῆς. — Πιστεύσαντες ὑμῖν... οὐ τοιάνδε...] κατὰ δύο, φησί, τρόπους προυθυμήθημεν ἐγχειρίσαι ὑμῖν τοῖς Λακεδαιμονίοις τὴν πόλιν, κατά τε τὸ μὴ περὶ θανάτου κριθῆναι, ἀλλὰ περί τινος μαλακωτέρας ζημίας, καὶ καθὸ δικαίους ὑμᾶς κριτὰς ἡγησάμεθα γενέσθαι. νῦν δέ, φησί, φοβούμεθα μὴ ἀμφοτέρων ἅμα ἡμαρτήκαμεν. καὶ τὴν αἰτίαν εὐθὺς ἐπιφέρει· Τόν τε γὰρ ἀγῶνα, φησί, καὶ τὰ ἑξῆς. — Οὐκ ἐν ἄλλοις] ἢ ὑμῖν. τὸ δὲ ἑξῆς, καὶ ἐν δικασταῖς οὐκ ἐν ἄλλοις δεξάμενοι γενέσθαι, ὥσπερ καὶ ἐσμὲν ἄρτι κρινόμενοι ὑφ' ὑμῶν. — Τὸ ἴσον] τὸ δίκαιον. — Φέρεσθαι] ἀποφέρεσθαι. — 2. Περὶ τῶν δεινοτάτων] περὶ τοῦ θανάτου. — Μὴ οὐ κοινοί] μὴ οὐκ ἴσοι, μὴ οὐ δίκαιοι, ἀλλ' ἑτεραλκέα τὴν νίκην ποιήσητε. — Τεκμαιρόμενοι] ἡμεῖς δηλονότι. — Ὧ] τῷ ἐρωτήματι. — 3. Ὁ μὴ ῥηθεὶς λόγος] ὁ ἄνθρωπος ὁ σιωπήσας καὶ μὴ εἰπών. — Σωτήριος] πρόξενος σωτηρίας. — 4. Πρὸς τοῖς ἄλλοις] τοῖς σιωπῶσιν ἐξ ἀπορίας. — Ἐπεισενεγκάμενοι] ἡμεῖς δηλονότι. — Ἄλλοις] τοῖς Θηβαίοις φησίν. — Διεγνωσμένην] προειλημμένην.

LIV. 2. Φαμὲν γάρ] οἱ ἀγῶνες. — Οὐκ ἀδικεῖσθαι ὑμᾶς] ὑφ' ἡμῶν μὲν ὡς πολεμίοις. § Τοῦτο τὸ ἐπιχείρημα λύσις ἐστὶ τοῦ Λακεδαιμονικοῦ διλημμάτου ἐρωτήματος, τοῦ λέγοντος ὅτι Ἠδικήσατε ἡμᾶς, ὦ Πλαταιεῖς, ἐν τῷ παρόντι πολέμῳ, ἢ οὔ· ἵνα, εἰ μὲν εἴποιεν ἀδικήσαντες, ὡς ἀδίκους αὐτοὺς μετελεύσωνται· εἰ δὲ μή, ὡς ψευδομένους, εἴπερ ἀγαθόν τι ποιῆσαι Λακεδαιμονίους καὶ τοὺς συμμάχους φήσαιεν. φασὶν οὖν οἱ Πλαταιεῖς, ἀπολογούμενοι ἐπὶ τούτοις, εἰ μὲν πολεμίους ἡμᾶς περὶ τούτων πυνθάνεσθε, φαμὲν μὴ ἀδικεῖσθαι τοὺς Λακεδαιμονίους ὑμᾶς ὑφ' ἡμῶν, εἴ τι μὴ καλὸν ἐν πολέμῳ πεπόνθατε, ᾧπερ ἦμεν ἐχθροί· εἰ δὲ ὡς φίλους καταιτιᾶσθαι βούλεσθε, ἑαυτοὺς αἰτιᾶσθε. ὑμεῖς γὰρ πρότεροι ἠδικήσατε, καθ' ἡμῶν μετὰ τῶν συμμάχων Θηβαίων ἐπιστρατεύσαντες. — Μὴ εὖ παθόντας] αὐτοὺς ὑμᾶς, τοὺς Λάκωνας. — Φίλους δὲ νομίζοντας] ἡμᾶς δηλονότι. — 3. Τῷ δέ] τῷ Μήδῳ. — 4. Καὶ γὰρ ἠπείρωται] ταῦτα πάντα πλατικῶς ἱστορεῖ ὁ Ἡρόδοτος [8 init.]. — Ἐν τῇ ἡμετέρᾳ γῇ] ἐν τῇ Πλαταιᾷ. — 5. Περιέστη] περιεκύκλωσεν. Οὐκ εἰκός] οὐ δίκαιον.

LV. Δεομένους γάρ...] καὶ ταῦτα παρ' Ἡροδότῳ [6, 108] κεῖται διεξοδικῶς. — 2. Τῷ πολέμῳ] τῷ νῦν δηλονότι. — Ἐκπρεπέστερον] ἔξω τοῦ πρέποντος καὶ τοῦ ἁρμόζοντος. — 3. Ὑμῶν] τῶν Λακεδαιμονίων. — Ἐναντία Θηβαίοις] μαχόμενοι τοῖς Θηβαίοις. — Καλόν] δίκαιον. οὐ καλὸν προδοῦναι, δηλονότι εἰς τὰ προστασσόμενα ὑπὸ τῶν Ἀθηναίων. — Πολιτείας μετέλαβεν] ἐπολιτογραφήθη. — 4. Ἑκάτεροι] οἵ τε Ἀθηναῖοι καὶ οἱ Λακεδαιμόνιοι. — Ἐξηγεῖσθε] παραγγέλλετε. — Ἐπὶ τὰ μὴ ὀρθῶς ἔχοντα] ἐπὶ τὰ ἄδικα.

LVI. 2. Καταλαμβάνοντας] λῃστρικῶς ἐπερχομένους. — Ἐν σπονδαῖς] σπονδῶν οὐσῶν εἰρηνικῶν. — Πᾶσι] τοῖς Ἕλλησιν. — Ὅσιον] δίκαιον. — Βλαπτοίμεθα] ἀδικοίμεθα. — 3. Αὐτίκα] ἐν τῷ ἐνεστῶτι. — 4. Νῦν] ἐν τῷ πολέμῳ. — Ὠφέλιμοι δοκοῦσιν εἶναι] οἱ Θηβαῖοι δηλονότι. § Ὠφέλιμοι ἐφάνησαν ὑμῖν δηλονότι, ἢ καὶ ὠφελιμώτεροι. — Πολὺ καὶ ὑμεῖς καὶ οἱ ἄλλοι Ἕλληνες] ἐφείσατο εἰπεῖν οἱ Ἀθηναῖοι, διὰ τὸ φορτικόν. — Ὅτε ἐν μείζονι κινδύνῳ ἦτε] ἐπὶ τῶν Μηδικῶν. — Δεινοί] μετὰ δεινότητος. — Πᾶσι] τοῖς Ἕλλησιν. — Οἵδε μετ' αὐτῶν ἦσαν] ἤγουν οἱ Θηβαῖοι συνεμάχουν αὐτῷ. — 5. Ἀντιθεῖναι] ἐναντίαν θεῖναι. — Μείζω τε πρὸς ἐλάσσω] μείζω προθυμίαν πρὸς ἐλάσσω ἁμαρτίαν. — Ἀρετήν] ἀνδρείαν. — Ἐπηνοῦντό τε μᾶλλον] ὑπερβαλλόντως εἶχον τὸν ἔπαινον.

— Ἀσφαλεία] τῇ ἑαυτῶν δηλονότι. — Ἐθέλοντες δὲ... βέλτ.] ὅπερ καὶ Ἀθηναῖοι ἔπραξαν, τὴν πόλιν αὐτῶν ἐρημώσαντες καὶ ναυσὶ κινδυνεύσαντες. — Τολμᾶν] σὺν τόλμῃ πράττειν. — 7. Γιγνώσκοντας] ὑμᾶς τοὺς Λακεδαιμονίους. — Βέβαιον τὴν χάριν] καὶ ἐν τῇ α' [c. 32, 1] ὁ Κερκυραῖος « Καὶ τὴν χάριν βέβαιον ἕξουσι.» — Ἔχωσι] παρέχωσι.

LVII. Μὴ τὰ εἰκότα] οὐχὶ δίκαια. — Οὐ γὰρ ἀφανῇ] Ὅμηρος [Od. Ω, 412]·

Ὄσσα δ' ἄρ' ἄγγελος ὦκα.

— Ἐπαινούμενοι δέ] ὑμεῖς δηλονότι. — Ἀνδρῶν ἀγαθῶν πέρι] ἡμῶν δηλονότι τῶν Πλαταιέων. — Αὐτοὺς ἀμείνους ὄντας] ἀντὶ τοῦ ὑμᾶς τοὺς Λακεδαιμονίους. ὅρα δὲ πῶς κολακεύει λανθανόντως τοὺς Λάκωνας. — 15 Ἀνατεθῆναι] ἀπὸ κοινοῦ τὸ μὴ οὐκ ἀποδέξωνται. — 2. Ἐς τὸν τρίποδα] τὸν ἐκ τῶν Μηδικῶν σκύλων, ὃν ὁ Παυσανίας ἐποίησε. — 3. Θηβαίων ἡσσώμεθα] διὰ τοὺς Θηβαίους καταβαλλόμεθα. — Νῦν δέ] κινδυνεύομεν δηλονότι. — 4. Καὶ ἀτιμώρητοι] οὐδεμίαν βοήθειαν ἔχοντες ὑπό τινος.

LVIII. Τῶν ξυμμαχικῶν] τῶν ἐφόρων τῆς ξυμμαχίας τῆς ἡμετέρας. — Τῆς ἀρετῆς] τῆς ἡμετέρας. — Τῆς ἐς τοὺς Ἕλληνας] ἀπὸ κοινοῦ τὸ ἕνεκα. τὸ ἑξῆς, ἀξιοῦμεν καμφθῆναι. καὶ τοῦτο ἀπὸ τοῦ πρέποντος. — Ἀνταπαιτῆσαι] ἀπὸ κοινοῦ τὸ ἀξιοῦμεν. — Ἄλλοις] τοῖς Θηβαίοις. — Αὐτούς] ὑμᾶς τοὺς Λάκωνας. — 2. Εὔνους] ὄντας δηλονότι. — 3. Τῶν σωμάτων] ἀνωτέρω μὲν ὑπὲρ τῆς πόλεως ἠγωνίζετο, νῦν δὲ καὶ ὑπὲρ τῶν ἑαυτῶν σωμάτων. — Χεῖρας προϊσχομένους] ἱκετεύσαντας. — Τούτους] τοὺς αὐτομόλους. — 5. Παρὰ τοῖς αὐθένταις] τοῖς φονεῦσιν. αὐθένται κυρίως οἱ αὐτόχειρες καὶ οἱ πολέμιοι· οἱ δὲ νῦν αὐθέντας τοὺς κυρίους καὶ δεσπότας. αὐθέντας δὲ τοὺς Θηβαίους ὧδέ φησι. — Πρὸς δέ] πρὸς τοῖς εἰρημένοις. — Τῶν ἐσσαμένων] ἱδρυσαμένων. — Ἀφαιρήσεσθε] ζημιώσετε.

LIX. Οὐ πρὸς τῆς ὑμετέρας δόξης] οὐχ ἅπτεται τῆς ὑμετέρας δόξης. ὅρα πάλιν πῶς κολακεύει. — Φείσασθαι δέ] ἀπὸ κοινοῦ τὸ [οὔ] πρὸς τῆς ὑμετέρας δόξης. — Οἷοι] τουτέστιν εὐεργέται τῆς Ἑλλάδος καὶ ὑμῶν αὐτῶν, διὰ τὰ ἐν Ἰθώμῃ. — Καὶ ὡς ἀστάθμητον τὸ τῆς ξυμφορᾶς] ἀπὸ τοῦ ἀδόξου καὶ ἀδήλου τῆς τύχης τὸ ἐπιχείρημα· ἐν ᾧ καὶ εἰσβολὴ αἰδοῦς καὶ ἐλέου. — 2. Ἡ χρεία] ἡ ἀνάγκη. — Τοὺς ὁμοβωμίους] τοὺς τιμωμένους ἐν τοῖς αὐτοῖς καὶ ὁμοίοις βωμοῖς. — Τῶν πατρῴων τάφων] ἕνεκα δηλονότι. — Τοὺς κεκμηκότας] τοὺς νεκροὺς. καὶ Ὅμηρος [Il. Γ, 278]·

Καὶ οἱ ὑπένερθε καμόντας.

— 3. Ὅπερ δὲ ἀναγκ.] οἱ ἐπίλογοι. — Ἀναγκαῖον] χρήσιμον. — Λόγου τελευτᾶν] ἤγουν κατὰ τὸ τέλος τοῦ λόγου εἰπεῖν. — Τῷ αἰσχίστῳ ὀλέθρῳ, τῷ λιμῷ] Ὅμηρος [Od. M, 342]·

Λιμῷ δ' οἴκτιστον θανέειν καὶ πότμον ἐπισπεῖν.

LX. Ἐκείνοις] τοῖς Πλαταιεῦσι. — Αὐτῶν] τῶν Θηβαίων. — Ὡς δ' ἐκέλευσαν] οἱ Λακεδαιμόνιοι.

LXI. Τοὺς μὲν λόγους] οὓς μέλλομεν ἐρεῖν δηλονότι. — Αὐτοί] οἱ Πλαταιεῖς. — Ἐπὶ ἡμᾶς] καθ' ἡμῶν. — Ἐπ' ἡμᾶς]

Μηδεὶς ἐπ' ἡμᾶς τῶν σοφῶν ἀποξέσῃ,
* ποιῶν ἐφ' ἡμᾶς, ὡς ἀνορθοῖ τὴν βίβλον,
ὥς τις τὸ πρὶν ὤρθωσε τὴν τοῦ Ἡροδότου.
Τοὺς Αἰολεῖς, Ἴωνας ὁ Τζέτζης λέγει
ψιλοῦν τὰ πάντα ὥσπερ τό γε ***
ἡ Θηβαῒς δ' αὖ Αἰολὶς γλῶσσα λόγοις.
Τεθεικέναι λέγει δὲ τὸν Θουκυδίδην
λέξιν μίαν γράψαντα Θηβαίων γένους,
ἔχοντα πολλὰς τῇ γραφῇ παραφέρειν,
ὔμμες λέγοντα, καὶ νύμους δὲ τοὺς νόμους,
καὶ λοιδορεύντες, καὶ βιάσδεν, καὶ πόσα.

— Αὐτῶν] ἑαυτῶν, τῶν Πλαταιέων. — Ἠτιασμένων] δεδρασμένων, ἠτιασμένων, ὡς τὸ ἠναγκασμένων. καὶ τὸ χνοῦντες, χνοάζοντες, αἰτιῶντες, αἰτιάζοντες· οὕτω καὶ ταῦτα, αἰτιῶ, αἰτιάζω, δρῶ, δράζω. — Πρὸς μὲν τά] πρός τινα. — Πρὸς μὲν τά] πρὸς τὰ ἡμῶν κατηγορηθέντα. — Ἡ ἡμετέρα... κακία] ταῦτα εἰρωνικῶς λέγει ὁ Θηβαῖος· οὐ γὰρ ἔχει τοιοῦτον φρόνημα, ὡς ἐκ τῶν ἑπομένων ἐστὶ δῆλον· ὡς καὶ Ὅμηρος [Il. Υ, 434] ποιεῖ τὸν Ἕκτορα λέγειν τὰ πρὸς τὸν Ἀχιλλέα·

Οἶδα δ' ὅτι σὺ μὲν ἐσθλός, ἐγὼ δὲ σέθεν πολὺ χείρων.

— Ἡ ἡμετέρα... κακία] ἡ δοκοῦσα παρ' αὐτοῖς κακία. — 2. Αὐτοῖς] τοῖς Πλαταιεῦσιν. — Ὕστερον τῆς ἄλλης Βοιωτίας] μετὰ τὴν συνοίκισιν τῆς ἄλλης Βοιωτίας. — Οὗτοι] οἱ Πλαταιεῖς. — Ἔξω] ἀντὶ τοῦ ἄνευ. — Προσηναγκάζοντο] ἐμμένειν τοῖς πατρίοις ἔθεσι.

LXII. Ἡμᾶς λοιδοροῦσι] μηδίσαντας δηλονότι. — 2. Ἡμεῖς δὲ μηδίσαι...] ἀπὸ τῆς γνώμης καὶ αἰτίας ἡ λύσις τοῦ εὐεργετήματος. — Τῇ αὐτῇ ἰδέᾳ] τῇ αὐτῇ ὑποθέσει. — Ἀττικίσαι] τὰ τῶν Ἀττικῶν φρονῆσαι. ὥσπερ ἡμεῖς μόνοι ἐμηδίσαμεν, οὕτω καὶ οὗτοι μόνοι ἠττίκισαν. — 3. Ἡμῖν μὲν γάρ] ἡ λύσις τοῦ ἁμαρτήματος συγγνωμονική. — Κατ' ὀλιγαρχίαν] τουτέστι κατὰ ἀριστοκρατίαν. — Τῷ σωφρονεστάτῳ] τουτέστι τοῖς σώφροσιν ἀνδράσιν. — Ὀλίγων ἀνδρῶν] Ἀτταγίνου καὶ τῶν ἄλλων ἀνδρῶν τῶν μηδισάντων μάλιστα. — 4. Ἰσχύι] βία. — Αὐτόν] τὸν βάρβαρον. — Οὐδ' ἄξιον αὐτῇ ὀνειδίσαι] μετάθεσις αἰτίας τοῦ μηδισμοῦ μεθίστα γὰρ τὴν αἰτίαν εἰς τοὺς τῶν Θηβαίων δυνατωτέρους. — 5. Ἔλαβεν] ἡ πόλις ἡμῶν. — Σκέψασθαι χρή...] τὸ ἑξῆς, σκέψασθαι χρή, εἰ μαχόμενοι ἠλευθερώσαμεν, καὶ νῦν προθύμως συνελευθεροῦμεν. — Αὐτούς] τοὺς Ἀθηναίους. — Τοὺς ἄλλους] Ἕλληνας δηλονότι.

LXIII. Μᾶλλον] ἡμῶν δηλονότι. — Ἀξιώτεροι... ζημίας] ἄξιοι πᾶσαν ζημίαν παθεῖν. — 2. Αὐτούς] τοὺς Ἀθηναίους. — Ἄλλοις] Ἕλλησι δηλονότι. — Ὕπαρχον] ἀντὶ τοῦ δυνατὸν ἦν ὑμῖν παραιτεῖσθαι. — Εἴ τι καὶ ἄκοντες...] ὁ νοῦς τοιοῦτος· εἰ ἀκουσίως τοῖς Ἀθηναίοις συνεμαχεῖτε καὶ κατεδουλοῦτε τοὺς Ἕλληνας,

ἔδει ὑμᾶς προσδραμεῖν τοῖς Λακεδαιμονίοις· καὶ ἐκεῖνοι, διὰ τὴν ἐπὶ τῷ Μήδῳ συμμαχίαν ὑμῶν καὶ προθυμίαν, ἣν ἀεὶ προβάλλεσθε καὶ καυχᾶσθε, οὐκ ἂν ὑμᾶς παρεχώρησαν ὑφ' ἡμῶν τι παθεῖν. — Προσήγεσθε] ἐδουλοῦσθε. — 3. Πολὺ δέ γε αἴσχιον...] δευτέρα λύσις τοῦ ἀπρεποῦς. ἀντίστροφον κῶλον. — Τοὺς μέν] τοὺς Ἀθηναίους. — Τοὺς δέ] τοὺς ἄλλους Ἕλληνας. — 4. Αὐτοῖς] τοῖς Ἀθηναίοις. — Ὑμεῖς] οἱ Πλαταιεῖς. — Ἐπηγάγεσθε] ἐφειλκύσατε, εἰς τὸ βοηθῆσαι ὑμῖν δηλονότι. — Αἰσχρὸν μᾶλλον...] αἰσχρὸν μᾶλλον τὰς ὀφειληθείσας χάριτας μετὰ δικαιοσύνης, εἰς ἀδικίαν δὲ ἀποδιδομένας, ἢ τὰς ὁμοίας χάριτας ἀντιδιδόναι. λείπει ἡ οὔ, ἵν' ᾖ οὕτω, καίτοι τὰς ὁμοίας χάριτας μὴ ἀντιδιδόναι οὐκ αἰσχρὸν μᾶλλον ἢ τὰς μετά, καὶ ἑξῆς.

LXIV. Ὑμεῖς δέ] οἱ Πλαταιεῖς. — Τοῖς δέ] τοῖς Ἕλλησιν. — 2. Ἀφ' ὧν] πραγμάτων, οἷον προθυμίας καὶ ἀνδρείας. — Ἀφ' ὧν] τῶν ἔργων ἢ τῶν ἀπὸ τούτων κινδύνων. — Δι' ἑτέρους] τοὺς Ἀθηναίους. — Εἵλεσθε] προτιμοτέρους ἐποιήσατε εἰς τὸ ξυμμαχεῖν αὐτοῖς. — 3. Μέχρι τοῦ δεῦρο] ἔχετε δηλονότι. — Καὶ οὐδενὸς ὑμᾶς βιασαμένου, ὥσπερ ἡμᾶς] προεῖπε γὰρ ὅτι ὑπὸ ὀλίγων αὐτοκρατόρων ἐτυραννούμεθα. — Ὥσπερ ἡμᾶς] ἐβιάσατο δηλονότι. — Μηδετέροις] τοῖς Ἀθηναίοις καὶ Λακεδαιμονίοις. — 4. Τίνες ἂν οὖν ὑμῶν] ἀντὶ τοῦ οὐδεὶς δηλονότι. — Πᾶσι τοῖς Ἕλλησι] λείπει ἡ ὑπό. — Ἐπὶ τῷ ἐκείνων κακῷ] τουτέστι τῶν Ἑλλήνων τῇ δουλώσει. — Ποτέ] ἐπὶ τῶν Μηδικῶν. — Οὐ προσήκοντα] τῇ αὐτῶν φύσει δηλονότι. — Ἡ φύσις] ἡ ὑμετέρα.

LXV. Ἃ δὲ τελευταῖα] τὸ δεύτερον ἀντιληπτικὸν τῶν Πλαταιέων ἐντεῦθεν λύει. — Παρανόμως γάρ...] ὁριστικόν. — Οὐ νομίζομεν] οὐ βεβαίως δοξάζομεν. — 2. Πρός τε τὴν ὑμετέραν πόλιν] κατὰ τῆς ὑμετέρας πόλεως. — Εἰ δέ] μεταστατικόν. — Ἄνδρες ὑμῶν] οἱ περὶ Ναυκλείδην. — Ἐπεκαλέσαντο] προσήγαγον, ἐφειλκύσαντο. — Οἱ γὰρ ἄγοντες] οἱ ἄξαντες. — 3. Ἀλλ' οὔτ' ἐκεῖνοι...] τὸ ἑξῆς, ἀλλ' οὔτε ἐκεῖνοι, οὔτε ἡμεῖς, ἀδικοῦμεν δηλονότι. τὸ δὲ ὡς ἡμεῖς κρίνομεν διὰ μέσου. — Πλείω] περισσοτέρως. — Παραβαλλόμενοι] ῥιψοκινδυνοῦντες. — Τούς τε χείρους ὑμῶν] ἀδίκους. — Μηκέτι μᾶλλον γενέσθαι.] χείρους δηλονότι. — Σωφρονισταὶ ὄντες τῆς γνώμης...] ὠφελοῦντες καὶ τὰς γνώμας καὶ τὰ σώματα, τὰς μὲν γνώμας, ἵνα μὴ κακῶς βουλεύωνται, τὰ δὲ σώματα, ἵνα μὴ διαρπάζωσιν ἀλλήλους, μηδ' ἐξελαύνωσι, μηδὲ κακῶς ποιῶσι πολίτας πολίτας· ἵνα λάβωμεν τὸ σωφρονεῖν ἀντὶ τῆς ὠφελείας. — Τὴν ξυγγένειαν] τὴν τῶν Βοιωτῶν. — Οὐδενί] τῶν Ἑλλήνων.

LXVI. Τεκμήριον] τὸ ῥηθησόμενον. — 2. Κατανοήσαντες] καταμαθόντες. — Ἀνεπιεικέστερον] ἀπανθρωπότερον. — Χεῖρας προϊσχομένους] ἤγουν ἱκέτας γενομένους. — 3. Οὗτοι] οἱ Λακεδαιμόνιοι.

LXVII. Ἵνα ὑμεῖς μέν...] κεφάλαιον τὸ δίκαιον· ᾧ ἐπήγαγε τὴν ἐκβολὴν τῆς αἰδοῦς, ἧς ἡ ἀρχὴ «Καὶ μὴ παλαιᾶς ἀρετᾶς.» Ἡσίοδος·

Ὑμεῖς δὲ κακώτερα τεξείεσθε.

— Τετιμωρημένοι] κολάσαντες αὐτούς. — 2. Ἐπικλασθῆτε] χαυνωθῆτε. — Ἃς] τὰς ἀρετάς. — Οὐκ ἐκ προσηκόντων ἁμαρτάνουσι] ὅτι ἀντ' ἀγαθῶν κακοὶ γεγένηνται, οὐ προσήκοντος αὐτοῖς τοῦ ἁμαρτάνειν διὰ τὴν ἐξ ἀρχῆς ἀνδραγαθίαν. — Μηδὲ ὀλοφυρμῷ...] ἐλέου ἐκβολή. — 4. Οἱ δὲ δικαίως...] ἐπανάληψις τοῦ ἀντεγκλήματος. — Ἐπίχαρτοι εἶναι] ὧν τῷ ὀλέθρῳ ὀφείλει πάντας ἀνθρώπους ἐπιχαρῆναι. — 5. Τὴν νῦν ἐρημίαν] τοῦτο πρὸς τὸν λόγον τῶν Πλαταιέων ὃν εἶπον [c. 57, 4] «Καὶ περιεώμεθα ἐκ πάντων ἔρημοι καὶ ἀτιμώρητοι.» — Ξυμβάσεως] φιλίας. — 6. Ἀμύνατε οὖν] ἐπίλογοι. — Τῷ τῶν Ἑλλήνων νόμῳ] τῷ κελεύοντι παρὰ τὰς σπονδὰς μηδένα ἀναιρεῖν. — Παραβαθέντι] ἀθετηθέντι. — Περιωσθῶμεν] ἀπωσθῶμεν περιυβρισμένοι. — Τοὺς ἀγῶνας] περιττεύει τὸ τοὺς ἄρθρον κατὰ Ἀττικὴν συνήθειαν· οἷον, οὐ προθήσετε λόγων ἀγῶνας, τοῖς Πλαταιεῦσι δηλονότι, ἀλλ' ἔργων. — Προθήσοντες] προθέμενοι. — Ἁμαρτανομένων δέ] ἐσφαλμένων δὲ τῶν ἔργων. — 7. Κεφαλαιώσαντες πρὸς τοὺς ξύμ....] ἀντὶ τοῦ κεφαλαιώσαντες πρὸς τοὺς συμμάχους, προθέντες καὶ ὁρίσαντες κρίσεις καὶ δηλώσεις ποιήσεσθε.

LXVIII. Τόν τε ἄλλον χρόνον] πρὸ τοῦ πολέμου τούτου. — Μετὰ τὸν Μῆδον] μετὰ τὸν πόλεμον τοῦ Μήδου. — Προΐσχοντο] προεβάλλοντο. — Κοινοὺς εἶναι] τουτέστιν Ἀθηναίων καὶ Λακεδαιμονίων, κατὰ τὸν Ἀρχιδάμου πρὸς αὐτοὺς ἐν τῇ δευτέρᾳ [c. 71, 72] λόγον. — Κατ' ἐκεῖνα] τὰ τοῦ Παυσανίου δηλονότι. — Ἔκσπονδοι ἤδη] γενόμενοι. — Τὸ αὐτό] ἐρώτημα δηλονότι. — Ἐξαίρετον] ἐκβεβλημένον τοῦ φόνου. — 3. Τὰ σφέτερα] τὰ τῶν Θηβαίων. — Πρὸς τῷ Ἡραίῳ] πλησίον τοῦ ναοῦ τῆς Ἥρας. — Ἀπεμίσθωσαν] ἐπὶ μισθῷ δεδώκασιν. — 4. Ἀποτετραμμένοι ἐγένοντο] ἀπὸ τῆς φιλίας ἐκείνων ἀπέστησαν. — Ἐπειδή] ἀφ' οὗ.

LXIX. Χειμασθεῖσαι] τὸν χειμῶνα διαβιβάσασαι. — Καὶ ἀπ' αὐτῆς] περιττὸς ὁ καί. — 2. Πρὸς ταῦτα] πρὸς τὸ ἐπιπλεῦσαι κατὰ τῶν Κερκυραίων στασιαζόντων.

LXX. Περὶ Ἐπιδ. ναυμαχιῶν] οὐχ ὅτι γέγονεν ἐν Ἐπιδάμνῳ ναυμαχία, ἀλλὰ διὰ τὴν αἰτίαν τῆς Ἐπιδάμνου ἐν τοῖς Συβότοις, ὅτε ἐξώγρησαν Κορίνθιοι οὐκ ἐλάσσους χιλίων Κερκυραίων. — Τοῖς προξένοις διηγγυημένοι] διεγγύα τῶν προξένων. — Μετιόντες] ὑποποιούμενοι. — 2. Τὰ ξυγκείμενα] τὰ συμπεφωνημένα. — 3. Ἐθελοπρόξενος] ἀφ' ἑαυτοῦ γενόμενος, καὶ μὴ κελευσθεὶς ἐκ τῆς πόλεως. οἱ γὰρ πρόξενοι κελευόμενοι ἐκ τῆς ἑαυτῶν πόλεως ἐγένοντο, οἱ προδόται. — 4. Ἀνθυπάγει] ἀντεγκαλεῖ. — 5. Βουλῆς] σημείωσαι βουλῆς ὁ βουλευτής· καί ἐστι ἡ γενικὴ τοῦ βουλήντος. — Πείθει] τοὺς Κερκυραίους. — 6. Οἱ δέ] οἱ πέντε ἄνδρες. — Ἐξείργοντο] ἐξέπιπτον τῆς βουλεύσεως αὐτῶν.

LXXI. Δράσαντες δέ] οἱ πέντε ἄνδρες. — Τὸ δὲ πλέον] πλῆθος δηλονότι. — 2. Ὡς ξυνέφερε] αὐτοῖς δηλονότι. — Πείσοντας] οὐχὶ τοὺς Ἀθηναίους, ἀλλὰ

τοὺς τῷ Πειθίᾳ τῆς αὐτῆς γνώμης, οὓς προεῖπε. — Ἀνεπιτήδειον] τῇ Κερκύρᾳ. — Ἐπιστροφή] φροντὶς, θόρυβος.

LXXII. 2. Ἐν δὲ τούτῳ] τῷ καιρῷ δηλονότι. — Οἱ ἔχοντες τὰ πράγματα] οἱ δυνατοὶ, οἱ πλούσιοι. — Ἱδρύνθη] ἐκαθέσθη ἐν ἀσφαλείᾳ. — 3. Εἶχον] εἰς ἀσφάλειαν ἑαυτῶν δηλονότι. — Οἱ δέ] οἱ δυνατοὶ καὶ ἔχοντες τὰ πράγματα.

LXXIII. Τοῖς δ᾽ ἑτέροις] τοῖς πλουσίοις.

10 LXXIV. Διαλιπούσης δ᾽ ἡμέρας] παρελθούσης ἡμέρας μιᾶς. — Πλήθει] λαοῦ δηλονότι. — Αἵ τε γυναῖκες] Ὅμηρος [Il. Η, 236]·

'Ἠὲ γυναικὸς, ἢ οὐκ οἶδε πολεμήϊα ἔργα.

— Ξυνεπελάβοντο] ἐβοήθησαν, συνεφήψαντο. — Τῷ 15 κεράμῳ] ἤγουν ταῖς κεραμίσι. — Παρὰ φύσιν ὑπομένουσαι] ἤγουν τολμῶσαι παρὰ φύσιν. — 2. Περὶ δείλην ὀψίαν] ἤγουν τοῦ ἡλίου περὶ δυσμὰς ὄντος. — Οἱ ὀλίγοι] οἱ μὲν γὰρ προϊστάμενοι τῶν Κερκυραίων ᾑροῦντο τὴν τῶν Ἀθηναίων συμμαχίαν, οἱ δὲ λοιποὶ, 20 ἐλάττους ὄντες, τοὺς Λάκωνας. ὀλίγους γὰρ ἐνταῦθα λέγει οὐ τῷ πλήθει ὄντας ὀλίγους, ἀλλὰ τῇ δυνάμει, ὡς ἂν εἴποι τις, οὐ τῷ πόσῳ, ἀλλὰ τῇ ποιότητι. — Αὐτοβοεί] ἤγουν ἀπὸ μιᾶς βοῆς. — Ἐπελθών] ἐπιθετικῶς κινηθείς. — Καὶ σφᾶς] τοὺς ὀλίγους. — Ἔφοδος] ἐπέ-25 λευσις τῶν δημοτῶν κατὰ τῶν ὀλίγων. — Φειδόμενοι οὔτε] οὐκ ἀπεχόμενοι. — Ἐκινδύνευσε] ἐν χρῷ τοῦ κινδύνου ἐγένετο. — 3. Ὑπεξανήγετο] ὑπεξῆλθε.

LXXV. 2. Ἀποπλεύσεσθαι] ἀποχωρήσειν τῆς Κερκύρας. — Τῶν αὐτοῦ] ἀπὸ τῶν νεῶν. — Ἧσσόν τι] ἀντὶ 30 τοῦ οὐδ᾽ ὅλως· ἢ ἔλαττον. — 3. Κατέλεγον] καταλέγοντες ἐνέβαλλον. — Καθίζουσιν] ἱκέται δηλονότι. — 4. Οὐκ ἔπειθεν] ἀνίστασθαι. — Ὑγιές] ὀρθὸν, ἀληθές. — 5. Διακομίζει] διαπερᾷ. — Ἐκεῖσε] εἰς τὴν νῆσον.

LXXVI. Τῆς δὲ στάσεως ἐν τούτῳ οὔσης] αὔπω 35 καταλλαγῆς γενομένης. — Ἐν τούτῳ] τῷ πράγματι, τῷ δεινῷ. — Διακομιδῇ] διαπεραίωσιν. — Πελοποννησίων νῆες] αἱ τεσσαράκοντα, ὧν Ἀλκίδας ἐστρατήγει, καὶ αἱ λοιπαὶ Λευκάδιαι, ἃς εἴρηκεν. — Ἐς Σύβοτα λιμένα τῆς ἠπείρου] τὸν ἔρημον, οὗ μέμνηται ἐν 40 τῇ πρώτῃ [c. 51]. — Ἐπέπλεον τῇ Κερκύρᾳ] κατὰ τῆς Κερκύρας ἔπλεον.

LXXVII. Οἱ δέ] οἱ Κερκυραῖοι. — Σφᾶς] τοὺς Ἀθηναίους. — 2. Πρὸς τοῖς πολεμίοις] πλησίον τῶν πολεμίων. — Ηὐτομόλησαν] πρὸς τοὺς ἐναντίους. — Ἀλ-45 λήλοις] οὐχὶ τοῖς ἐναντίοις. — Τῶν ποιουμένων] τῶν γινομένων πραγμάτων. — 3. Τὴν ταραχήν] τῶν Κερκυραίων τὴν ἀσυνταξίαν. — Πρὸς τοὺς Κερκυραίους ἐτάξαντο] κατὰ τῶν Κερκυραίων παρετάξαντο. — Πρὸς τὰς δώδεκα ναῦς] παρετάξαντο δηλονότι.

50 LXXVIII. Κακῶς τε καὶ κατ᾽ ὀλίγας] ἀτάκτως καὶ μετὰ ὀλίγων νεῶν. — Ἐταλαιπωροῦντο] ἔπασχον κακῶς οἱ Κερκυραῖοι. — Τὸ πλῆθος] τῶν νεῶν τῶν * Πελοποννησίων. — Τὴν περικύκλωσιν] τὸ περικυκλωθῆναι ὑπὸ τῶν Πελοποννησίων. — Ἀθρόαις μέν]

ταῖς ἐναντίαις ναυσί. — 2. Οἱ πρὸς τοῖς Κερκ.] οἱ Πελοποννήσιοι. — 3. Οἱ δ᾽] οἱ Ἀθηναῖοι.

LXXIX. Κρατοῦντες οἱ πολ.] τῇ ναυμαχίᾳ οἱ Πελοποννήσιοι. — 2. Ἐς τὴν ἤπειρον] εἰς τὰ Σύβοτα. — 3. Ἐπὶ μὲν τὴν πόλιν] κατὰ τῆς πόλεως· ἤγουν τῶν πολιτῶν. — Οὐδὲν μᾶλλον] ἤγουν οὐδ᾽ ὅλως.

LXXX. 2. Ὑπὸ νύκτα αὐτοῖς ἐφρυκτωρήθησαν] διὰ φρυκτοῦ ἐμηνύθησαν. ἀντὶ τοῦ ἀρχομένης ἡμέρας διὰ πυρσῶν ἐμηνύθησαν.

LXXXI. Ἐκομίζοντο ἐπ᾽ οἴκου] ἐπεραιοῦντο. — Ὑπερενεγκόντες] ὑπερβιβάσαντες. § τὸ ἔργον ἡρωϊκόν. Ὅπως μὴ περιπλέοντες ὀφθῶσιν] ἵνα μὴ περιπλέοντες ἔξωθεν τὴν Λευκάδα καὶ τὸν ἰσθμὸν φωραθῶσιν ὑπὸ τῶν Ἀθηναίων. — Ἀποκομίζονται] ἀποπλέουσιν. — 2. Οἰχομένας] ἀποπλευσάσας. — Τούς τε Μεσσηνίους] οὓς ὁ Νικόστρατος * ἐκ Ναυπάκτου πεντακοσίους ἤγαγεν. — Ἐπλήρωσαν] ἀνδρῶν δηλονότι. — Ἐν ὅσῳ] χρόνῳ δηλονότι. — Περιεκομίζοντο] περιέπλεον. — Λάβοιεν] ἀντὶ τοῦ ἔλαβον. — 3. Ἀλλήλους] νῦν ἀντὶ τοῦ ἑαυτούς. — Ἐκ τῶν δένδρων τινές] μετεωριζόμενοι δηλονότι. — 4. Ἡμέρας τε ἑπτά] ἤγουν καθ᾽ ἡμέρας τε ἑπτά. — Σφῶν αὐτῶν] ἤγουν ἑαυτῶν. — Τὴν μὲν αἰτίαν ἐπιφέροντες] τὸ ἔγκλημα. ἤγουν ἐγκαλοῦντες ἔγκλημα κοινὸν τὴν κατάλυσιν τοῦ δήμου. — Καὶ ἄλλοι] ἀπέθανον δηλονότι. — Ὑπὸ τῶν λαβόντων] τὰ χρήματα. τῶν δανεισαμένων. — 5. Καὶ οἷον φιλεῖ...] πάντα δηλαδὴ τὰ εἰωθότα ἐν ταῖς στάσεσι γίνεσθαι τότε συνέβη, καὶ ἄλλα δὲ περισσότερα ἐν ταύτῃ τῇ στάσει. ὥστε ὑπὲρ πάσας τὰς ἄλλας ἐγένετο. — Καὶ οἷον φιλεῖ ἐν τῷ τοιούτῳ] καὶ οἷον ἔθος ἐστὶν ἐν τοιαύτῃ στάσει. — Οὐδὲν ὅ τι οὐ] ἀντὶ τοῦ πᾶν. — Πρός] ἀντὶ τοῦ ἐν. — Περιοικοδομηθέντες] κτίσμασι περιληφθέντες. — Ἐν τοῦ...] τὸ ἑξῆς, ἐν τῷ ἱερῷ τοῦ Διονύσου. — 6. Οὕτως ὠμὴ στάσις...] ἀντὶ τοῦ εἰς ὠμότητα πολλὴν ἡ στάσις προεχώρησε· καὶ μᾶλλον, φησὶν, ὠμὴ ἔδοξεν ἤπερ ἐγένετο, ἐπειδὴ πρώτη ἐν τῷ πολέμῳ γενομένη ἐξένισεν αὐτοὺς, παρὰ τὸ εἰωθὸς γενομένη. — Ἐν τοῖς] ἤγουν τοῖς Κερκυραίοις.

LXXXII. Ὕστερον] ἤγουν μετ᾽ ἐκείνην. — Πᾶν τὸ Ἑλληνικόν] ἀντὶ τοῦ πάντες οἱ Ἕλληνες. — Τοὺς Ἀθηναίους ἐπάγεσθαι] λείπει τὸ ἀξιοῦντος. — Τοὺς Λακεδαιμονίους] εἰκότως οἱ ὀλιγαρχικοὶ τοὺς Λακεδαιμονίους ἐπεκαλοῦντο, ἐσπουδακότας ὀλιγαρχεῖσθαι τὰς πόλεις. — Οὐκ ἂν ἐχόντων πρόφασιν...] ἀντὶ τοῦ αἰτίαν οὐκ ἐχόντων πρὸ τοῦ πολέμου καλεῖν αὐτοὺς τῶν Ἑλλήνων. νῦν δὲ λαβόντων ἀφορμὴν διὰ τὸ ἐχθροὺς εἶναι ἀλλήλοις Λακεδαιμονίους καὶ Ἀθηναίους. — Καὶ ξυμμαχίας ἅμα...] ἡ διάνοια τοιαύτη· οἱ προεστῶτες τῶν δήμων καὶ οἱ ὀλιγαρχικοὶ ῥᾳδίως ἑκάτεροι παρὰ Ἀθηναίων καὶ Λακεδαιμονίων ἐπήγοντο, διὰ προσποίησιν συμμαχίας δύναμιν ἑαυτοῖς περιποιούμενοι, τῶν μὲν Ἀθηναίων ἑτοίμως ὑπακουόντων τοῖς δημοτικοῖς, ἵνα προσποιήσωνται συμμάχους αὐτοὺς, καὶ

δι' αὐτῶν βλάψωσι Λακεδαιμονίους, τῶν δὲ Λακεδαιμονίων ὁμοίως τοῖς ὀλιγαρχικοῖς διὰ τὸ αὐτό. — Σφίσιν αὐτοῖς] ἤγουν ἑαυτῶν. — Προσποιήσει] κτήσει βοηθείας. § πορίσει. — 2. Ἐπέπεσε] συνέβη. — Πολλά] κακὰ δηλονότι. — Καὶ χαλεπά] ἤγουν οὐ ῥᾴδια ἐνεγκεῖν τοὺς πάσχοντας. — Κατὰ στάσιν] ἀντὶ τοῦ διὰ στάσιν. — Γιγνόμενα μέν] ὡς τῇ φύσει ἑπόμενα. — Ἡ αὐτὴ φύσις] ἤγουν καθὸ τρεπτή. — Μᾶλλον δέ] μᾶλλον δὲ καὶ ἧττον. οἷον εἰπεῖν, ἐν ἄλλῃ πόλει μᾶλλον, ἐν ἄλλῃ δὲ ἧττον, ἤτοι πῇ μὲν πλέον, πῇ δὲ ἔλαττον, ὡς συνέβαινεν ἑκασταχοῦ. — Καὶ ἡσυχαίτερα] ἤγουν ἠρέμα καὶ κατ' ὀλίγον ἐπερχόμενα. — Τοῖς εἴδεσι] τρόποις. — Ὡς ἂν ἕκασται αἱ μεταβολαί...] ὡς ἂν αἱ τύχαι καὶ αἱ μεταβολαὶ πίπτωσι. — Καὶ οἱ ἰδιῶται ἀμείνους τὰς γνώμας ἔχουσιν] οἱ ἰδιάζοντες ἀνειμένας ἔχουσι τὰς γνώμας. — Διὰ τὸ μὴ ...] ἔκφρασις στάσεως τῆς Κερκυραίων. — Διὰ τὸ μὴ ἐς ἀκουσ. ἀνάγκ. π.] ἀκούσιον ἀνάγκην τὴν δι' ἀπορίαν γιγνομένην λέγει. ἤγουν διὰ τὸ μὴ ἀναγκάζεσθαι περιπίπτειν ἀκουσίοις πράγμασι. — Τοῦ καθ' ἡμέραν] βίου δηλονότι. — Πρὸς τὰ παρόντα] πρὸς τὴν παροῦσαν κατάστασιν. — Πρὸς τὰ παρόντα... ὁμοιοῖ] τοῖς παροῦσιν ἐξομοιοῖ τὰς γνώμας. νῦν γὰρ ὀργὰς τὰς γνώμας καὶ τοὺς τρόπους ἐκάλεσεν. — 3. Ἐστασίαζέ τε οὖν τὰ τῶν πόλεων...] ἐστασίαζον αἱ πόλεις, καὶ αἱ ὕστερον τῶν ἄλλων στασιάζουσαι, οἷα προπεπυσμέναι τὰς ἑτέρωθι στάσεις, ἐπὶ τοῦτο ἐφέροντο καὶ ἔρρεπον ταῖς διανοίαις, ὥστε κατὰ πολὺ ὑπερβαλέσθαι τὰς ἀλλαχοῦ στάσεις γινομένας. — Καὶ τὰ ἐφυστερίζοντά που] τὰ ὕστερον γινόμενα. — Καινοῦσθαι] καινότομα εἶναι. — Τῶν τε ἐπιχειρήσεων...] τοῖς τρόποις τῶν ἐπιχειρήσεων καινοῖς εὑρισκομένοις καὶ τῇ δεινότητι τῶν τιμωριῶν. — Περιτεχνήσει] τῇ κακουργίᾳ. § περινοίᾳ. — Ἀτοπίᾳ] τῷ ἀήθει. — 4. Τὴν εἰωθυῖαν ἀξίωσιν ..] τὴν κειμένην, φησί, τῶν ὀνομάτων χρῆσιν ἀντήλλαξαν. καὶ ἐπιφέρει εὐθὺς καθέκαστον. — Τὴν εἰωθυῖαν ἀξίωσιν ...] ἀξίωσιν μὲν τὴν σημασίαν εἶπε· (περιφραστικῶς ἀντὶ τοῦ εἰπεῖν τὰ ὀνόματα εἴρηκε τὴν ἀξίωσιν τῶν ὀνομάτων·) δικαιώσει δὲ ἀντὶ τοῦ τῇ ἑαυτῶν δικαίᾳ κρίσει. βούλεται δὲ εἰπεῖν ὅτι μετέθεσαν τὰ ὀνόματα· οὐ γάρ, ὡς νενόμιστο πρόσθεν, ἐχρῶντο κατὰ τῶν πραγμάτων, ἀλλὰ μεθήρμοσαν κατὰ τὴν ἑαυτῶν κρίσιν. τὴν μὲν γὰρ ἀλόγιστον τόλμαν, (ἥτις καὶ θρασύτης λέγεται,) ἀνδρείαν προσηγόρευσαν. τὸ δὲ φιλέταιρος παρελκόντως κεῖται. κέχρηται δὲ αὐτῷ διὰ τὸ προσθεῖναι τόλμαν ἀλόγιστον, ἵνα παρίσωσις γένηται. — Τόλμα μὲν γὰρ ἀλόγιστος] τὸ τολμᾶν ἀλογίστως. — Μέλλησις δὲ προμηθής] τὸ μέλλειν καὶ ἀναβάλλεσθαι μετὰ προμηθείας. — Μέλλησις δὲ ...] τὴν δ' εὐλάβειαν καὶ τὴν μέλλησιν τὴν διὰ πρόνοιαν γιγνομένην δειλίαν ὠνόμασαν εὐπρεπῆ· τὴν δὲ σωφροσύνην, φησίν, ἀνανδρείας προκάλυμμα ᾤοντο· καὶ τὸ πρὸς πάντα συνετὸν πρὸς πάντα ἀργὸν ἔλεγον· τὸ δὲ μανικῶς ὀξὺ ἀνδρεία παρ' αὐτοῖς ἐνομίζετο. — Καὶ τὸ πρὸς ἅπαν ξυνετόν] καὶ τὸ μετὰ συνέσεως ἔρχεσθαι εἰς πᾶν ἔργον. — Ἐμπλήκτως] μανιωδῶς. — Ἀνδρός] τῆς ἀνδρείας. — Ἀσφάλεια δὲ τὸ ἐπιβουλεύσασθαι] τὸ ἐπιπολὺ βουλεύσασθαι δι' ἀσφάλειαν πρόφασις ἀποτροπῆς ἐνομίζετο. — 5. Αὐτῷ] τῷ χαλεπαίνοντι. — Καὶ ὑπονοήσας ἔτι δεινότερος] καὶ ὁ ὑπονοήσας ἐπιβουλεύεσθαι δηλονότι ξυνετώτερος ἐνομίζετο. — Προβουλεύσας δὲ ...] ὁ δὲ προσκοπῶν, δηλονότι ὅπως μήτε ἐπιβουλεύειν μήτ' ἐπιβουλεύεσθαι ἀνάγκη τις αὐτῷ γένηται, διαλύειν τὴν ἑταιρίαν ὑπωπτεύετο. — Ἐκπεπληγμένος] φοβούμενος. — Ἁπλῶς δέ] καθολικῶς φάναι. — Ὁ φθάσας τὸν μέλλοντα ...] ἀντὶ τοῦ, ὁ πρὶν παθεῖν ὑπὸ τῶν πολεμίων αὐτὸς προλαβών, καὶ ποιήσας τοὺς πολεμίους, ἐθαυμάζετο. ἢ οὕτως, ὁ τὴν ἑαυτοῦ ἑταιρίαν καὶ πρῶτος τὸν πολέμιον δράσας κακῶς ἐπῃνεῖτο. — Καὶ ὁ ἐπικελεύσας τὸν μὴ διανοούμενον] ὁ παρακελευσάμενος τοῖς μὴ διανοουμένοις κακόν τι δρᾶσαι ἐπῃνεῖτο. § ὁ παρακινήσας, φθάσαι δηλονότι, τὸν μὴ διανοούμενον. — 6. Καὶ μὴν καὶ τὸ ξυγγενὲς τοῦ ἑταιρικοῦ ...] καὶ μὴν καὶ οἱ ξυγγενεῖς, φησί, τῶν φίλων ἀλλοτριώτεροι ἐνομίζοντο, διὰ τὸ ἑτοιμότερον τολμᾶν ὑπὲρ τῶν φίλων τοὺς φίλους ἢ τοὺς συγγενεῖς. — Οὐ γὰρ μετὰ τῶν κειμένων νόμων ...] οὐ γὰρ κατὰ τοὺς κειμένους, φησί, νόμους ὠφελεῖσθαι θέλοντες, τὰς τοιαύτας ἐποιοῦντο συστάσεις καὶ ἑταιρίας, ἀλλὰ παρὰ τοὺς ὑπάρχοντας νόμους διὰ πλεονεξίαν. — Παρὰ τοὺς καθεστῶτας] νόμους δηλονότι. — Καὶ τὰς ἐς σφᾶς αὐτοὺς πίστεις ...] πιστοί, φησίν, ἦσαν ἀλλήλοις, οὐχ ὅρκους διδόντες, ἀλλὰ κοινῶς τι παράνομον πράξαντες. — Τῷ κοινῇ τι παρανομῆσαι] τῇ κοινῇ παρανομίᾳ. — 7. Τά τε ἀπὸ τῶν ἐναντίων ...] τοῖς ὀρθῶς, φησίν, ὑπὸ τῶν ἐξ ἐναντίας λεγομένοις ἐπείθοντο οὐ δι' εὐγνωμοσύνην, ἀλλὰ εἰ ἔργῳ κρείσσους ἦσαν αὐτοὶ τῶν ἐναντίων, καὶ ἐν τῷ ἀσφαλεῖ καθεστήκεσαν. — Γενναιότητι] ἀντὶ τοῦ χρηστότητι καὶ ἁπλότητι. — Περὶ πλείονος ...] περὶ πλείονος ἐποιοῦντο δρᾶσαί τι κακὸν τοὺς ἐναντίους, ἢ αὐτοὺς μὴ παθεῖν. ἀντὶ τῶν ἁπλῶν γὰρ τὸ ἀντιτιμωρήσασθαι καὶ τὸ προπαθεῖν. — Καὶ ὅρκοι εἴ που ἄρα γένοιντο ...] καὶ ὁπότε, φησίν, ὅρκους παράσχοιεν ἀλλήλοις περὶ διαλλαγῆς, παραυτίκα μόνον ἴσχυον οἱ ὅρκοι, καὶ μέχρι τούτου ἐπίστευον αὐτοῖς, ἕως ἐν ἀπορίᾳ τοῦ ἄλλως πιστεῦσαι καθεστήκεσαν. ὡς ἂν εἰ ἔλεγεν, εἰ ἦσαν ἐν ἀπορίᾳ τοῦ πιστεῦσαι τῇ ἑαυτῶν δυνάμει, καὶ ἐπιθέσθαι τῇ ἑτέρων δυνάμει, ἴσχυον ἐν αὐτοῖς οἱ ὅρκοι· εἰ δὲ συνέβη τινὰ αὐτῶν δυνηθῆναι, παρ' οὐδὲν θέμενος τοὺς ὅρκους ἐπετίθετο. — Ἐν δὲ τῷ παρατυχόντι ...] ἐν δὲ τῷ συμβαίνοντι καὶ τῷ μετὰ ταῦτα χρόνῳ ὁ ἀπὸ τύχης ἐσχηκὼς πρῶτος τὸ θαρρῆσαι καὶ δυνηθῆναι ἡδύτερον μᾶλλον διὰ τὴν πίστιν ἐπετίθετο, ἤπερ ἐκ τοῦ προφανοῦς μαχόμενος· καὶ τότε μάλιστα ἀσφαλὲς ἐνόμιζε τὸ ἐπιτίθεσθαι, διὰ τὸ ἄφρακτον εὑρεῖν τὸν ἐναντίον, τοῦ ὅρκου τῷ θάρρει. καὶ διὰ τοῦτο δὲ ἥδιον μετὰ τὸν ὅρκον ἐτιμωρεῖτο, ὅτι δόξαν φρονήσεως ἐλάμβανε, τῇ ἀπάτῃ τοῦ ὅρκου καὶ τῇ τέχνῃ περιγε-

νόμενος. — Ἀμαθεῖς] κακῶν. μᾶλλον τοὺς κακούργους συνετοὺς καλοῦσιν ἤπερ τοὺς τῶν κακῶν ἀμαθεῖς ἀγαθούς· καὶ ἡδέως ἔχουσιν οἱ ἄνθρωποι κακοῦργοι εἶναι καὶ δεξιοὶ καλεῖσθαι, ἢ ἀμαθεῖς καὶ ἀγαθοί. —
5 Τῷ μέν] ἐπὶ τῷ ἀμαθεῖς καλεῖσθαι. — Ἐπὶ δὲ τῷ] ἐπὶ τῷ πανοῦργοι καλεῖσθαι. — 8. Πάντων δ' αὐτῶν αἴτιον ...] πάντων δὲ τῶν εἰρημένων κακῶν αἴτιον ἦν ἡ ἐπιθυμία τοῦ βούλεσθαι ἄρχειν τῆς γῆς διὰ πλεονεξίαν καὶ φιλοτιμίαν. ἐκ τούτων δὲ ἡ στάσις ἀρχὴν λαμβά-
10 νουσα (φημὶ δὴ τοῦ ἄρχειν καὶ τῆς πλεονεξίας καὶ φιλοτιμίας) ὕστερον λαμβάνει ἑτέραν τῶν κακῶν αἰτίαν, τὴν τῶν στασιαζόντων προθυμίαν, ὥςπερ εἰς ἕξιν ἐρχομένων αὐτῶν τοῦ περιγενέσθαι καὶ μὴ ἡττηθῆναι τῶν ἐναντίων. — Ἐκ δ' αὐτῶν] ἤγουν δι' αὐτά. —
15 Οἱ γὰρ ἐν ταῖς πόλεσι προστάντες ...] οἱ γὰρ ἐν ταῖς πόλεσι προϊστάμενοι τῆς δημοκρατίας καὶ τῆς ὀλιγαρχίας, μετὰ ὀνόματος ἑκάτεροι εὐπροςώπου καὶ πιθανοῦ, οἱ μὲν λέγοντες προΐστασθαι τῆς δημοκρατίας τῆς ἐλευθέρας, οἱ δὲ τῆς ἀριστοκρατίας λέγοντες ἀντιποιεῖ-
20 σθαι τῆς σώφρονος, τὰ μὲν δημόσια νικήσαντες εἶχον, καὶ οὐ μέχρι τοῦ δικαίου καὶ τοῦ συμφέροντος τῇ πόλει τὰς τιμωρίας ἐποιοῦντο. ὑπερβιβάσαι δὲ χρὴ τὸ προτιθέντες καὶ συντάξαι πρὸς τῷ ἀνωτέρω τοῦ « τιμωρίας » προτιθέντες. — Ἑκάτεροι] ἑκάτερος ὅταν ὦσι δύο μόνοι·
25 ἑκάτεροι δὲ λέγονται, ὅταν ὦσι πολλοὶ εἰς δύο μεμερισμένοι. — Εὐπρεποῦς] πιθανοῦ, εὐσχήμονος. — Πλήθους τε ἰσονομίας] ἤγουν δημοκρατίας. — Ἆθλα] ἔπαθλα, ἀντὶ τοῦ κέρδη. — Τὰς τιμωρίας ἔτι μείζους] ἤγουν τιμωρούμενοι ἐπιτεταμένας ἐποίουν. — *Ἡ μετὰ
30 ψήφου ἀδίκου ...] ἢ καταψηφιζόμενοι, φησίν, ἀδίκως ἀλλήλων, ἢ τῇ χειρὶ καὶ τῇ δυνάμει καὶ τοῖς ὅπλοις κρατοῦντες, ἐξεπίμπλασαν τὰς φιλονεικίας, τουτέστιν ἐνεπιμπλῶντο καὶ ἥδοντο τιμωρούμενοι τοὺς ἐχθρούς. — Ὥστε εὐσεβείᾳ μὲν ...] ὥστε μετ' εὐσεβείας μὲν
35 πρᾶξαί τι οὐδετέροις φροντὶς ἦν οὐδὲ σπουδή· οἵςτισι δὲ συνέβαινεν ἐξαπατῆσαι διὰ λόγου τινὸς εὐπρεποῦς πρᾶξαί τι γενναῖον, οὗτοι ἐπῃνοῦντο. — Ἐνόμιζον] τὰ νόμιμα ἔπραττον. — Ἐπιφθόνως τι διαπράξασθαι] ἀντὶ τοῦ ἐπίφθονον καὶ μέγα. τὰ γὰρ μεγάλα καὶ φθο-
40 νεῖται. — Ἄμεινον ἤκουον] ἤγουν ἐπηνοῦντο. — Τὰ δὲ μέσα τῶν πολιτῶν] ἤγουν οἱ μέσοι πολῖται· ἤγουν οἱ μετὰ τοὺς προστάτας. οἱ δὲ μέσοι, φησί, τῶν πολιτῶν (τουτέστιν οἱ μηδετέρῳ μέρει προςτιθέμενοι, μήτε τῷ τῶν δημοκρατικῶν μήτε τῷ τῶν ὀλιγαρχικῶν, ἀλλ'
45 ἡσυχάζοντες, καὶ μὴ θέλοντες στασιάζειν) ὑπ' ἀμφοτέρων ἐφθείροντο, ἢ ὅτι οὐ συνηγωνίζοντο τοῖς στασιώταις παρακαλοῦσιν, ἢ φθονούμενοι ὑπὸ τῶν στασιαζόντων, ὅτι μόνοι ἀπαθεῖς ἦσαν. — Ὑπ' ἀμφοτέρων] τὸ ὑπ' ἀμφοτέρων εἶπεν οὐχ ὅτι εἰς δύο μερισθέντες οἱ
50 ἐν τῇ πόλει ἐμάχοντο ἀλλήλοις ἀμφότεροι, τοὺς δὲ ὄντας μέσους, ἤτοι τοὺς μηδετέροις ἀκολουθεῖν ἐθέλοντας, ἀμφότεροι ἀπέκτεινον· ἀλλ' ἐπειδὴ πάσας τὰς πόλεις εἰς δύο ἐμέρισεν *** τοὺς προστάτας αὐτῶν, ὡς λέγει μικρὸν ἄνωθεν, διὰ τοῦτο εἶπε καὶ νῦν ὑπ' ἀμφοτέρων,

εἰς δύο μερισθέντα τὰ τῶν πόλεων βουλόμενος πασῶν ἐνδείξασθαι.

LXXXIII. Τὸ εὔηθες] τὴν χρηστότητα λέγει ἐνταῦθα εὔηθες. — Τὸ εὔηθες] τὸ ἁπλοῦν, τὸ ἀπόνηρον. σημείωσαι ὅτι τὸ εὔηθες ἐπὶ καλοῦ. § καὶ οἱ ἁπλοῖ τῶν ἀνθρώπων καὶ ἀπόνηροι (οὗτοι δέ εἰσιν οἱ μεγαλοψυχίας μάλιστα καὶ εὐγενείας μετέχοντες) καταγελώμενοι ὑπὸ τῶν στασιαζόντων ἀπώλλυντο· οἱ δὲ ἀπιστοῦντες ἀλλήλοις, καὶ παρατεταγμένοι δεινῶς κατ' ἀλλήλων, ὡς ἐπιτοπλεῖστον οὗτοι διεσώζοντο διὰ τῆς ἀπιστίας καὶ τῆς παρασκευῆς. — Τὸ δὲ ἀντιτετάχθαι ἀλλήλοις τ. γν. ἀ.] τὸ ἀπιστεῖν ἀλλήλοις, τὸ ἐντεῦθεν ἀντιτάσσεσθαι. — Ἐπιπολὺ διήνεγκε] κρεῖττον ἐγένετο. — Ὁ διαλύσων] ὁ φιλιώσων. — Ὅρκος φοβερός] θεῖος. — 2. Κρείσσους δ' ὄντες ...] ῥέποντες δὲ οἱ ἄνθρωποι τοῖς λογισμοῖς πρὸς τὸ μὴ ἐλπίζειν τινὰ πίστιν καὶ βεβαιότητα, προενοοῦντο μᾶλλον, ἵνα μὴ πάθωσιν αὐτοὶ κακῶς, πιστεῦσαι δὲ οὐκ ἐδύναντο· καὶ οἱ ἀσυνετώτεροι ὡς ἐπιτοπλεῖστον ἤτοι ἐσώζοντο ἢ ἐνίκων. — 3. Οἱ φαυλότεροι γνώμην] οἱ ἀσθενεῖς. — Ὡς τὰ πλείω] ὡς ἐπιτοπλεῖστον. — Τῷ γὰρ δεδιέναι...] φοβούμενοι γάρ, φησίν, οἱ ἀνοητότεροι, μὴ διὰ συνέσεως πλείονος οἱ ἀντίπαλοι περιγένωνται αὐτῶν, καὶ ἐκ τοῦ πολυτρόπου τῆς γνώμης αὐτῶν νικηθέντες διαφθαρῶσι, τολμηρότερον πρὸς τὰ ἔργα ἐχώρουν, τόλμῃ μᾶλλον πεποιθότες ἢ φρονήσει καὶ μεθόδῳ διανοίας. —Τό τε αὐτῶν ἐνδεές] τὴν ἔλλειψιν τῆς γνώσεως. — Αὐτῶν] τῶν φρονίμων. — 4. Οἱ δὲ καταφρονοῦντες ...] οἱ δὲ δοκοῦντες εἶναι συνετοὶ καὶ πάνυ θαρροῦντες τῇ φρονήσει περιγενέσθαι, καὶ οὐδὲν δεῖσθαι νομίζοντες δυνάμει· πρᾶξαι ἃ ἔξεστιν αὐτοῖς τέχνῃ κατορθοῦν, ἀπαράσκευοι διεφθείροντο. — Οἱ δὲ καταφρονοῦντες ...] οἱ δὲ δοκοῦντες εἶναι συνετοί, καὶ νομίζοντες ἐπιβουλευόμενοι πάντως ἂν διὰ τὴν σύνεσιν προαισθέσθαι, καὶ οὐδὲν νομίζοντες ἔργων δεῖν, ἄφρακτοι διεφθείροντο. — Ἄφρακτοι] λείπει τὸ ὄντες.

LXXIV. Ἐν δ' οὖν...] τὰ ὠφελισμένα οὐδενὶ τῶν ἐξηγητῶν ἔδοξε Θουκυδίδου εἶναι. ἀσαφῆ γὰρ καὶ τῷ τύπῳ τῆς ἑρμηνείας καὶ τοῖς διανοήμασι πολὺν ἐμφαίνοντα τὸν νεωτερισμόν. — Ἀπαλλαξείοντες] ἐπιθυμοῦντές τινες ἀπαλλάξαι ἑαυτοὺς τῆς εἰωθυίας πενίας, τὰ τῶν ἄλλων ἥρπαζον. — 2. Ἀσμένῃ] μεθ' ἡδονῆς. — Προυτίθεσαν] τιμιώτερον ἔκριναν. — Τοῦ τε μὴ ἀδικεῖν] ἤγουν τοῦ δικαίου.

LXXXV. Ἐς ἀλλήλους] ἤγουν κατ' ἀλλήλων. — 2. Τῆς πέραν οἰκείας γῆς] μὴ μόνον τῆς νήσου ἐγκρατεῖς ἦσαν οἱ Κερκυραῖοι, ἀλλὰ καὶ τῆς ἠπείρου. μερισθέντες οὖν οἱ νησιῶται πρὸς τοὺς ἠπειρώτας ἐπεφέροντο, ἐκ τῆς στάσεως εἰς τοῦτο καθιστάμενοι. — Λιμὸς ἰσχυρός] σημείωσαι ὁ λιμός. — Ἐς τὴν νῆσον] τὴν Κέρκυραν. — 4. Ὅπως ἀπόγνοια ᾖ...] ὅπως ἀπόγνωσις ᾖ τοῦ ὑποστρέψαι, καὶ ἀποπλεῦσαι, καὶ ἄλλο τι πρᾶξαι πλὴν τοῦ κρατῆσαι τῆς Κερκύρας. — Ἀπόγνοια] σημείωσαι ἀπόγνοια.

LXXXVI. 3. Τῆς τε γῆς εἶργ. κ. τ. θ.] εἴργοντο οἱ Λεοντῖνοι, ὥστε μήτε κατὰ γῆν μήτε κατὰ θάλασσαν ἐμπορεύεσθαι. — 4. Καὶ ἔπεμψαν οἱ Ἀθηναῖοι] συμμαχίαν δηλονότι. — Οἰκειότητος] διὰ τὴν συγγένειαν. — Βουλόμενοι δέ] κατὰ τὸ ἀληθές. — Αὐτόθεν] ἤγουν ἀπὸ τῆς Σικελίας. — Πρόπειραν] δοκιμασίαν. — Εἰ σφίσι δυνατὰ εἴη ...] εἰ δυνατὸν εἴη γενέσθαι ὑποχειρίους αὐτοῖς τοὺς Σικελιώτας. — 5. Μετὰ τῶν ξυμμάχων] τῶν Λεοντίνων καὶ τῶν ἄλλων.

LXXXVII. Ἐκλιποῦσα μὲν οὐδένα χρόνον παντάπασιν] οὐ διαλιποῦσα τὸ παράπαν. — Τὸ παντάπασιν] τὸ σύνολον. — Διακωχή] διάλειψις, ἀναβολή. § γράφεται καὶ διακοπή. — 2. Παρέμεινε δὲ τὸ μὲν ὕστερον ...] ἤγουν κατὰ τὸ δεύτερον παρέμεινεν εἰς ἐνιαυτόν. — Ὅτι μᾶλλον ἐκάκωσε τὴν δύναμιν] ἀντὶ τοῦ μηδὲν εἶναι, ὅπερ τούτου μᾶλλον ἐκάκωσε τὴν δύναμιν (supra scripto ἔβλαψε τὰ πράγματα). ἐν ἄλλῳ δὲ κεῖται, ὥστε Ἀθηναίους τε μὴ εἶναι ὅ τι μᾶλλον τούτου ἐπίεσε καὶ ἐκάκωσε τὴν δύναμιν. — 3. Ἐκ τῶν τάξεων] ἐκ τῶν συντάξεων, τῶν πολεμικῶν δηλονότι τῶν λεγομένων ἀλλαγίων. — 4. Ἐν Ὀρχομενῷ τῷ Βοιωτίῳ] δύο γὰρ Ὀρχομενοί, ὁ μὲν τῆς Ἀρκαδίας, ὃν Ὅμηρος [Il. B, 605] καλεῖ πολύμηλον, ὁ δὲ τῆς Βοιωτίας, ὃν Ὅμηρος [ib. 511] Μινύειον.

LXXXVIII. Δι' ἀνυδρίαν] τῶν νήσων δηλονότι. — Ἐπιστρατεύειν] ταῖς νήσοις. — 2. Κνιδαίων]

Κνίδαιον ἢ Κνίδη μέν ἐστιν ἡ πόλις·
ἐκ δ' αὖ γε Κνίδου Κνιδίους λέγειν νόει.

— Λιπάρα] αὕτη τὸ παλαιὸν ἡ Λιπάρα Μελιγουνὶς ἐκαλεῖτο, ὥς φησιν ὁ Καλλίμαχος [H. in Dian. 48]. — 3. Σύμμαχοι δ' ἦσαν Συρ.] ἡ αἰτία τῆς ἐπιστρατείας τῶν Ἀθηναίων κατὰ τῶν Λιπαραίων. — 4. Τὴν γῆν] ἐκείνων τῶν νησιωτῶν δηλονότι. — Ἀπέπλευσαν] ἀποπλεύσαντες ἐπανῆλθον.

LXXXIX. Ἐσβολή] ἔφοδος. — 2. Ὀροβίαις]

Ὠρωπίαν ἤκουσα τῆς Βοιωτίας.

— Ἡ θάλασσα ...]

ἡ νῦν θάλασσα, πρὶν δὲ λόγου γῆς μέρη·
τὰ τοῦ βιβλογράφου δὲ κλῆσις ὀσπρίων.

— Ἡ θάλασσα ἐπελθοῦσα ...] ἐπανελθοῦσα ἡ θάλασσα μέρος ἀπὸ τῆς τότε οὔσης γῆς ἐπῆλθε καὶ κατέλαβε. καλῶς δὲ εἶπε, τῆς τότε οὔσης γῆς, ὡς νῦν θαλάσσης οὔσης, δηλονότι διὰ τὸν σεισμόν. Ἄλλοι δὲ οὕτως· ἡ θάλασσα εἰς ἑαυτὴν ἀναχωρήσασα, καὶ ὑποστρέψασα ἀπὸ τοῦ λιμένος καὶ τῆς γῆς ἐπὶ τὰ κυματώδη, (τότε γὰρ μάλιστα κυματοῦται, ὅταν εἰς ἑαυτὴν ἀναχωρήσῃ,) αὖθις δ' ἐλθοῦσα ἐπὶ τὴν γῆν, κατέλαβε μέρος τι ἕτερον τῆς γῆς, ὅπερ πρότερον οὐ κατεῖχε. — Καὶ τὸ μὲν ...] καὶ τὸ μὲν κῦμα, φησί, κατέκλυσε τὴν γῆν, τὸ δὲ μέρος τῆς γῆς ἐκείνο ὑπενόστησε καὶ ὑποκαθέσθη καὶ ταπεινότερον ἐγένετο. — Φθῆναι] προλαβεῖν. — 3. Ἐπὶ Λοκροῖς τοῖς Ὀπουντίοις] τρεῖς Λοκρίδες εἰσίν,

αὕτη τε ἡ τῶν Ὀπουντίων, καὶ ἡ τῶν Ἐπιζεφυρίων, καὶ ἡ τῶν Ὀζολῶν. — Γίγνεται ἐπικλυσις] ἀντὶ τοῦ ἐγένετο κύματος ἐξόρμησίς τις ἐπὶ τὴν γῆν. — Παρεῖλε] μέρος παρέκοψεν. — Ἀνειλκυσμένων] ἐπὶ τῆς ξηρᾶς οὐσῶν. — 4. Ἐν Πεπαρήθῳ] ἡ Πεπάρηθος νῆσός ἐστι μία τῶν Κυκλάδων. — Αἴτιον δ' ἔγωγε τοῦ τοιούτου νομίζω ...] τὸ νόημα τοιοῦτόν ἐστι· ἐγὼ νομίζω τὴν γῆν, σειομένην τῇ κινήσει, τὴν θάλασσαν ἀνατρέπειν· τὴν δὲ θάλασσαν, ἀνατραπεῖσαν, καὶ μετὰ ταῦτα κυματωθεῖσαν, καὶ μετὰ μείζονος ἐπελθοῦσαν ὁρμῆς, πλέον τι μέρος ἐπικλύσαι τῆς γῆς, καὶ οὐκ ἐκεῖνο μόνον, ὅπερ εἶχε τὸ πρότερον. — 5. Ἀποστέλλειν] ἀντὶ τοῦ συστέλλειν. — Καὶ ἐξαπίνης πάλιν ...] καὶ τὸν σεισμὸν νομίζω, φησί, τὴν θάλασσαν αἰφνίδιον ἐπισπώμενον, τῇ ἐπὶ θάτερα κινήσει βιαιοτέραν τὴν ἐπίκλυσιν ποιεῖν.

XC. Ὡς ἑκάστοις ξυνέβαινεν] ὡς ἑκάστοις τισὶν αἰτία τοῦ στασιάζειν καὶ πολεμεῖν ἐγίγνετο. — 2. Τοῖς ἀπὸ τῶν νεῶν] τῶν Ἀθηναίων. — 3. Τῷ ἐρύματι] τῷ φρουρίῳ. — Προσβαλόντες] σφοδρῶς ἐπελθόντες.

XCI. Δημοσθένης] ὁ στρατηγός. — 2. Ὑπακούειν] τοῖς Ἀθηναίοις δηλονότι. — Οὐδὲ ἐς τὸ αὐτῶν ξυμμαχικὸν ἰέναι] ἤγουν ξυμμαχεῖν. — Αὐτοῖς] τοῖς Ἀθηναίοις. — Σχόντες] ἐλλιμενίσαντες. — Τάναγραν] ταύτην τὴν Τάναγραν Ὅμηρος [Il. B, 498] Γραῖαν καλεῖ,

Θέσπειαν, Γραῖάν τε καὶ εὐρύχορον Μυκαλίσσον.

— 4. Ἐκ τῆς πόλεως] τῶν Ἀθηναίων δηλονότι. — Ἀπὸ σημείου] ἀπὸ συνθήματος, σημεῖα ἀνατείναντες ἀλλήλοις. — 5. Οἱ δέ] ἤγουν οἱ ὁπλῖται.

XCII. 2. Προσθεῖναι] κατὰ προσθήκην δοῦναι. παραδοῦναι, ὥστε συμμάχους εἶναι. — Πιστοὶ ὦσι] οἱ Ἀθηναῖοι δηλονότι. — 4. Καὶ ἅμα τοῦ πρὸς Ἀθηναίους πολέμου] καὶ ἅμα διὰ τὸν πρὸς Ἀθηναίους πόλεμον. — Ἐπί τε γὰρ τῇ Εὐβοίᾳ] κατὰ τῆς Εὐβοίας. — Ὥστε ἐκ βραχέος ...] ὥστε ῥᾳδίαν τὴν διάβασιν εἶναι, στενῆς οὔσης τῆς ἐν μέσῳ θαλάσσης. — 6. Ἐκ καινῆς] δηλονότι κρηπῖδος. — Μάλιστα] ἀντὶ τοῦ κατ' ἀκρίβειαν. — Καὶ ἤρξαντο κατὰ Θερμοπύλας ...] ἤρξαντο, φησί, κατ' αὐτὸ τὸ στενόν, ὅπως εὐφύλακτα αὐτοῖς γένηται. τὸ γὰρ ἐν στενῷ ὂν τόπῳ καὶ ἀσφαλές ἐστι.

XCIII. Ἐπὶ τῇ Εὐβοίᾳ] κατὰ τῆς Εὐβοίας. — 2. Ὃν ἐπὶ τῇ γῇ ἐκτίζετο] κώλυμα ἦσαν κἀκεῖνοι τοῦ αὐξηθῆναι τὴν πόλιν, ὃν ἐπὶ κακῷ τῆς γῆς ἐκτίζετο ἡ πόλις. — Παροικώσιν] ἐν γειτόνων ὦσι. — Νεοκαταστάτοις] νεωστὶ οἰκήσασιν. — Ἐξετρύχωσαν] ἐδάμασαν. — Τὸ πρῶτον] ἤγουν κατὰ τὴν πρώτην οἴκησιν. — 3. Οὐ μέντοι ἥκιστα] ἀντὶ τοῦ μάλιστα. § οὐχ ἧσσον δὲ οἱ ἄρχοντες οἱ πεμπόμενοι ἐκεῖ ὑπὸ Λακεδαιμονίων ἐξετρύχωσαν τὴν πόλιν, καὶ κώλυμα ἐγένοντο τοῦ αὐξηθῆναι αὐτήν, εἰς ἔνια πράγματα οὐ

καλῶς διοικοῦντες. — Ἐξηγούμενοι] ἄρχοντες. — Οἱ πρόςοικοι] οἱ Θεσσαλοὶ καὶ Οἰταῖοι.

XCIV. *Ὃν... κατείχοντο] ὃν κατείχοντο, καὶ διέτριβον, χρόνον ἐν τῇ Μήλῳ. — 2. Σφίσι] τοῖς Ἀκαρνᾶσι δηλονότι. — 4. Διὰ πολλοῦ] διαστήματος δηλονότι. — Ψιλῇ] κούφῃ, ἀπηλλαγμένῃ σιδήρου. — Οὐ χαλεπὸν ἀπέφαινον] ἀπέφαινον, φησὶ, ῥᾳδίως δυνάμενον καταστραφῆναι, πρὶν ἀλλήλοις ἐπιβοηθῆσαι καὶ συνελθεῖν πάσας τὰς πόλεις. — 5. Ὅπερ μέγιστον μέρος] οἱ Εὐρυτᾶνες. — Ἀγνωστότατοι δὲ γλῶσσαν] οὐκ ἔχοντες τὴν διάλεκτον εὔκολον γνωσθῆναι. — Προσχωρήσειν] τοῖς Ἀθηναίοις δηλονότι.

XCV. Ὁ δὲ ...] τὸ ἑξῆς οὕτως· ὁ δὲ, πεισθεὶς, ἄρας ἀπὸ τῆς Λευκάδος, παρέπλευσε. τὰ γὰρ ἄλλα διὰ μέσου. — Τοῖς ἠπειρώταις] σὺν μόνοις δηλονότι τοῖς ἠπειρώταις συμμάχοις καὶ Αἰτωλοῖς. — Καὶ Φωκεῦσιν ἤδη ὅμορος ἡ Βοιωτία ἐστίν] ἀντὶ τοῦ, ἀπὸ δὲ τούτου Φωκεῦσιν ὅμορος ἡ Βοιωτία ἐστίν. — Ἄρας οὖν] ὁ οὖν σύνδεσμος περιττός ἐστι· πρὸς γὰρ τὸ ἄνω ἐστὶν, ὁ δὲ, τῶν Μεσσηνίων χάριτι πεισθεὶς, ἄρας. ἀλλ' ἐπεὶ διὰ μακροῦ ἀνταπέδωκε, διὰ τοῦτο τὸν σύνδεσμον παρέλαβεν. § Ἄλλως. ὁ οὖν σύνδεσμος, εἰ καὶ περιττὸς τῷ Ἀντύλλῳ δοκεῖ, ἐγὼ πάνυ ἀναγκαίως λέγω προσκεῖσθαι αὐτόν· τὴν βουλὴν γὰρ εἰπὼν ἐπήγαγε τὴν πρᾶξιν, ὡς ἂν εἰ ἔλεγεν, οὐκοῦν ἐνθυμηθεὶς ἔπραττεν ὅπερ ἐνεθυμήθη. — 2. Κοινώσας δὲ τὴν ἐπίνοιαν] εἰς κοινὴν γνώμην προσθεὶς τὴν ἐνθύμησιν. — Διὰ ... τὴν οὐ περιτείχ.] διότι, φησὶ, βουλομένων Ἀκαρνάνων οὐ περιετειχίσθη. — Τοῖς ἐπιβάταις] τοῖς ἐρέταις. — 3. Ὁμόσκευοι] τῇ αὐτῇ σκευῇ χρώμενοι, ἤγουν ψιλῇ.

XCVI. Ὑπὸ τῶν ταύτῃ] ἤγουν ὑπὸ τῶν ἐνοικούντων ἐν ταύτῃ τῇ γῇ. — 2. Τὴν γὰρ γνώμην εἶχε] γνώμην, φησὶν, εἶχεν, ἐπαναχωρήσας εἰς Ναύπακτον, οὕτω λοιπὸν ἐπὶ τοὺς Ὀφιονέας στρατεύειν, εἰ μὴ βούλοιντο σπένδεσθαι τοῖς Ἀθηναίοις. — 3. Ἐπεβουλεύετο] ἀντὶ τοῦ, κατ' αὐτῶν ἐβουλεύετο αὕτη ἡ γνώμη καὶ συνετάττετο. — Οἱ ἔσχατοι Ὀφιονέων] οἱ ἐν ἐσχατιᾷ ὄντες τῶν τόπων τῶν Ὀφιονέων.

XCVII. Τῷ δὲ Δημοσθένει ...] τῷ δὲ Δημοσθένει τοιόνδε τι παρῄνουν οἱ Μεσσήνιοι, ἰέναι αὐτὸν ἐπὶ κώμην ἑκάστην, διδάσκοντες αὐτὸν ὅτι ῥᾳδία ἐστὶν ἡ αἵρεσις αὐτῶν, πρὶν συντραφῆναι πάντας καὶ ἅμα γενέσθαι. — Ἡ αἵρεσις] ἡ κατάσχεσις. — Ἀντιτάξωνται] οἱ Αἰτωλοὶ δηλονότι. — 2. Τῇ τύχῃ] τῇ ἑαυτοῦ δηλονότι, ἐπεὶ οὐδέποτε ἠναντιώθη αὐτῷ. — Τῇ τύχῃ ἐλπίσας] θαρρήσας ταῖς ἐλπίσι τῆς τύχης. — Οὓς αὐτῷ ἔδει προσβοηθῆσαι] ἐξ ὧν ἔδει βοήθειαν λαβεῖν κατὰ προσθήκην. — Κατὰ κράτος] ἤγουν μετὰ ἰσχύος καὶ δυνάμεως. — Πέφευγον γὰρ [οἱ ἄνθρωποι] νοητέον τὸ λανθάνοντες. — Τῶν ὑπὲρ τῆς πόλεως] τῶν ὑπεράνω τῆς πόλεως. — 3. Ὑπεχώρουν ἐπὶ πόδα ἤρχοντο. — Ἐπὶ πολὺ] διάστημα καιροῦ δηλονότι. — Ὑπαγωγαὶ] ἀναχωρήσεις. — Ἐν οἷς ἀμφοτέροις] ἤγουν τῇ τε διώξει καὶ ἀναχωρήσει.

XCVIII. Μέχρι μὲν οὖν οἱ τοξόται ...] μέχρι μὲν οὖν αὐτοῖς εἶχον οἱ τοξόται βέλη, ἀντὶ τοῦ οἱ τοξόται αὐτῶν. ἰδίωμα δὲ Ἀττικῶν ἡ τοιαύτη σύνταξις. — Οἵδε] οὗτοι, οἱ Ἀθηναῖοι. — Ἀνεστέλλοντο] ἀνεκρούοντο, ἀνεχώρουν. — Αὐτοί] οὐχ οἱ τοξόται, ἀλλ' οἱ ὁπλῖται. — Τῷ αὐτῷ πόνῳ ξυνεχόμενοι] ἀντὶ τοῦ διώκοντες καὶ ὑποχωροῦντες. — 2. Κατὰ πόδας] ἀντὶ τοῦ συντόμως. — Ἐσφερομένοις] εἰσδυομένους, κρυπτομένους. — 4. Τοσοῦτοι μέν] ὁ μέν ἀντὶ τοῦ δή. — 5. Τοῖς πεπραγμένοις] λείπει ἡ ἐπί.

XCIX. Ἐν ἀποβάσει τέ τινι] ἤγουν, ἐν τόπῳ τινὶ ἀποβάντες. — Περιπόλιον] οὐ χωρίου ὄνομα τὸ περιπόλιον, ἀλλὰ φρουρίου τινὸς, ἐν ᾧ περίπολοι φρουροῦσιν. — Ὃ ἦν ἐπὶ τῷ Ἄληκι ποταμῷ] ἡ ἐπί ἀντὶ τῆς παρά.

C. Διὰ τὴν τῶν Ἀθηναίων ἐπαγωγήν] διὰ τὸ ἐπικεῖσθαι αὐτοῖς πρώην τοὺς Ἀθηναίους.

CI. Ἐπεκηρυκεύετο] δι' ἐπικηρυκείας ἐμήνυε. — 2. Τὸν ἐπιόντα στρατόν] τῶν Λακεδαιμονίων.

CII. 2. Τὴν γῆν] τὴν Ναυπακτίαν δηλονότι. — 3. Προαισθόμενος τ. στρ.] αἴσθησιν λαβὼν τοῦ στρατοῦ ἐρχομένου. — Πείθει Ἀκαρνᾶνας χαλεπῶς ...] ἔπεισεν αὐτοὺς δυσχερῶς. δυσχερῶς δὲ, διότι οὐκ ἐπείσθη αὐτοῖς περιτειχίσαι τὴν Λευκάδα. — 4. Μετ' αὐτοῦ] τοῦ Δημοσθένους. — Δεινὸν γὰρ ἦν ...] δέος γὰρ ἦν, μήποτε, τοῦ τείχους μεγάλου ὄντος, καὶ τὰ ἑξῆς. — 6. Πρὸς αὐτούς] πρὸς τοὺς μετ' Εὐρυλόχου. — Μετὰ σφῶν] τῶν Ἀμπρακιωτῶν.

CIII. Αὐτοῖς] αὐτοῖς δηλονότι τοῖς Ἀθηναίοις. — 2. Ὑστέροις Ἀθηναίων] ἤγουν μετὰ τοὺς Ἀθηναίους. — 3. Μετὰ τοῦτο] μετὰ τὸ τραπῆναι.

CIV. Κατὰ χρησμὸν δή τινα] κατὰ ὁρισμὸν χρησμοῦ. — 2. Θῆκαι] τάφοι. — Πολυκράτης] ὁ εὐτυχής, οὗ μέμνηται Ἡρόδοτος. — Ἁλύσει δήσας ...] ἐξάψας τῇ ἁλύσει τῆς Δήλου. — 3. Καὶ περικτιόνων] περικτίονές εἰσι καὶ ἀμφικτίονες οἱ περιοικοῦντες. Ὅμηρος εὐκτίμενον τὸ καλῶς οἰκούμενον, καὶ [Od. Β, 65]·

Ἄλλους τ' αἰδέσθητε, περικτίονας ἀνθρώπους,
οἳ περιναιετάουσι.

— Ἐθεώρουν] τῆς θεωρίας καὶ πανηγύρεως μετεῖχον. — Ἐς τὰ Ἐφέσια] ἐς τὴν ἑορτὴν τῆς Ἐφεσίας Ἀρτέμιδος. — Χορούς τε ἀνῆγον] τῷ Ἀπόλλωνι. — 4. Ἐκ προοιμίου Ἀπόλλωνος] ἐξ ὕμνου Ἀπόλλωνος· τοὺς γὰρ ὕμνους προοίμια ἐκάλουν. — Ἠγερέθονται] συναθροίζονται. — 5. Ἐν τοῖσδε] τοῖς ῥηθησομένοις. — Ἐκ τοῦ αὐτοῦ προοιμίου] τοῦ εἰρημένου. — Ἀφήμως] ἡσύχως, σιγῇ πάντως, ἀθρόως. — Παιπαλοέσσῃ] καταξήρῳ. — 6. Ἐτεκμηρίωσεν] διὰ τεκμηρίου ἐδήλωσεν. — Ὑπὸ ξυμφορῶν] δεινῶν συμβεβηκότων. — Πρὶν δὴ οἱ Ἀθηναῖοι ...] πρὶν ποιῆσαι τοὺς Ἀθηναίους τὸν ἀγῶνα.

CV. Ὥσπερ ὑποσχόμενοι] ἀντὶ τοῦ ὥσπερ ὑπέσχοντο. περίφρασις ὁ τόπος. — 4. Ἐς τὴν πόλιν] τὴν ἑαυτῶν

δηλονότι. — Μὴ οἱ ...] μήποτε ἄρα οἱ ἐν τῇ πόλει τῇ Ἀμπρακίᾳ Ἀμπρακιῶται οὐ δυνηθῶσι διελθεῖν τοὺς ἐν ταῖς Κρήναις Ἀκαρνᾶνας φυλάττοντας καὶ τοὺς μετ' Εὐρυλόχου Πελοποννησίους.

CVI. 3. Καὶ διεξελθόντες μεταξὺ ...] οἱ μετὰ Εὐρυλόχου, φοβούμενοι παρά τε θάλατταν ὁδοιπορεῖν, διὰ τοὺς Ἀργείους, οἰκοῦντας ἐπὶ θαλάσσῃ, καὶ διὰ μεσογείου, διὰ τὴν ἐν Κρήναις κωλύουσαν φυλακήν, μέσον τῆς τε τῶν Ἀργείων πόλεως καὶ τῆς φυλακῆς ἐχώρουν.

CVII. Καθίζουσιν ἐπὶ τὴν Μητρόπολιν] ἱδρύονται ἐν τῇ Μητροπόλει. — 2. Καὶ αἱ μὲν νῆες ...] ὑπερβατόν. ἡ γὰρ σύνταξις οὕτω· καὶ αἱ μὲν νῆες ἐκ θαλάσσης ἐφώρμουν περὶ τὸν λόφον τὰς Ὄλπας. ὁ γὰρ λόφος Ὄλπαι ἐκαλεῖτο. — Βίᾳ κατείχοντο] ἀντὶ τοῦ ἐκωλύοντο. — 3. Αὐτούς] τοὺς ἀντιταξαμένους. — Ἡσύχαζον] ἄπρακτοι ἦσαν. — Καὶ μεῖζον γὰρ ἐγένετο ...] καὶ φοβηθεὶς ὁ Δημοσθένης, μήποτε κυκλωθῇ τὸ δεξιὸν μέρος τῶν Ἀθηναίων ὑπὸ τοῦ εὐωνύμου τῶν Πελοποννησίων, (καὶ γὰρ μεῖζον ἐγένετο τῶν Πελοποννησίων τὸ εὐώνυμον καὶ ὑπερέτεινε,) λοχίζει ἐνέδραν. — Περιέσχε] περισχὸν ἦν. — Λοχίζει] ἐνέδραν καθίζει. — Λοχμώδη] δασύν. — Ψιλούς] τοξοφόρους. — 4. Ἐπεὶ δὲ παρεσκεύαστο] ἕτοιμα ἦν τὰ τοῦ πολέμου. — Ἦσαν ἐς χεῖρας] συνεπλάκησαν. — Ἐπεῖχον] ἐκράτουν. — Οὗτοι δὲ ἐν τῷ εὐωνύμῳ μᾶλλον] οἱ Μαντινεῖς. — Κατὰ Μεσσηνίους] ἤγουν κατὰ τὸ πρόσωπον τῶν Μεσσηνίων.

CVIII. Ἐν χερσὶν ἤδη ὄντες] συνεπλάκησαν πολεμοῦντες. — Περιέσχον τῷ κέρᾳ] ὑπερέσχον τῷ εὐωνύμῳ κέρατι, περιεγένοντο. — Προσπίπτουσι] τοῖς Πελοποννησίοις. — Τὸ κατ' Εὐρύλοχον] οὗ ἦρχεν ὁ Εὐρύλοχος. — Ἐφοβοῦντο] εἰς φυγὴν ἐτράπησαν. — Καὶ οἱ Μεσσήνιοι ὄντες...] καὶ οἱ Μεσσήνιοι, ὄντες κατὰ τοῦτο τὸ μέρος, τὸ πολὺ τοῦ ἔργου διεπράξαντο, ἢ ἐπιπολὺ τοῖς ἐναντίοις ἠκολούθησαν. — Ἐπεξῆλθον] ἐπεξελθόντες ἔπραξαν. — 2. Τὸ καθ' ἑαυτούς] ἤγουν τὸ πρὸς αὐτοὺς ὁρῶν στράτευμα. — 3. Ἐπαναχωροῦντες] οἱ Ἀμπρακιῶται. — Τὸ πλέον] τοῦ στρατεύματος αὐτῶν. — Προσέκειντο] ἀντὶ τοῦ ἐπέκειντο. — Αὐτῶν] τῶν Ἀμπρακιωτῶν. — Προσπίπτοντες] τοῖς ἐναντίοις δηλονότι. — Ἐς ὀψέ] ἤγουν ἑσπέρας. σημείωσαι ἐπὶ τῆς ἑσπέρας νῦν μόνον τὸ ὀψέ.

CIX. Παρειληφώς] δεξάμενος. — Ἡ καὶ ἀναχωρῶν διασωθήσεται] ἀπὸ κοινοῦ τὸ ἀπορῶν. — Λόγον] ἤγουν ἱκετικόν. — 2. Οὐκ ἐσπείσαντο] οὐκ ἔδοσαν ἄδειαν μετὰ σπονδῶν. — Ψιλῶσαι] μονῶσαι, ψιλοὺς τῶν συμμάχων ποιῆσαι. § γυμνῶσαι. — Λακεδ. καὶ Πελοποννησίους...] ἐβούλετο διαβαλεῖν τοὺς Λακεδαιμονίους καὶ Πελοποννησίους τοῖς Ἀμπρακιώταις ὡς προδότας καὶ τὸ ἑαυτῶν συμφέρον προτιμήσαντας. — Ἐς τοὺς ἐκείνῃ] ἤγουν ἐν ἐκείνῃ τῇ γῇ. — Καταπροδόντες] τοὺς Ἕλληνας δηλονότι. — Προυργιαίτερον] προτιμότερον. — 3. Ὥσπερ ὑπῆρχεν] ὡς ἦν αὐτοῖς δυνατόν. ὡς ἐκ τῶν παρόντων δυνατὸν ἦν. — Καὶ τὴν ἀποχώρησιν κρύφα, οἷς ἐδέδοτο, ἐπεβούλευον] καὶ οἷς σπεισάμενος Δημοσθένης Μαντινεῦσι καὶ Μενεδαίῳ συνεχώρησεν ἀναχωρῆσαι, οὗτοι κρύφα ἐβουλεύοντο ἀναχωρεῖν, ἵνα μήτε οἱ Ἀκαρνᾶνες κωλύσωσιν αὐτούς, (οὐ γὰρ ἐσπείσαντο,) μήτε οἱ Ἀμπρακιῶται μένειν ἀναγκάσωσι.

CX. 2. Προλοχιοῦντας] πρὸ τοῦ καταλαβεῖν ἐκείνους.

CXI. Ἐπὶ λαχανισμόν] λαχάνων συνάθροισιν. — Δῆθεν] ἰστέον ὅτι τὸ δῆθεν ἐνταῦθα ὡς ἐν προσποιήσει κεῖται· ἀντὶ τοῦ ἐφ' ἃ προσεποιοῦντο ἐξελθεῖν καὶ ἅμα ἀπιέναι. — Προκεχωρηκότες] πόρρω γεγονότες. — Θᾶσσον ἀπεχώρουν] ταχυτέρῳ δρόμῳ ἐχρῶντο. — 2. Ὥρμησαν καὶ αὐτοί] ἀναχωρεῖν δηλονότι. — Καταλαβεῖν] φθάσαι. — 3. Καὶ τοὺς Πελ. ἐπεδ.] τούς τε Πελοποννησίους ἐπεδίωκον ὥσπερ καὶ τοὺς Ἀμπρακιώτας. — Καί τινας αὐτῶν] ζητεῖται, πῶς εἷς πολλοὺς στρατηγοὺς ἠκόντισε. τινὲς μὲν οὖν μετέστρεψαν οὕτω, καί τινος αὐτῶν τῶν στρατηγῶν κωλύοντος, καὶ φάσκοντος ἐσπεῖσθαι αὐτοῖς, ἠκόντισέ τις· τῇ γενικῇ πτώσει τοῦ ἠκόντισε συντασσομένου οἰκείως, ὡς καὶ παρ' Ὁμήρῳ [Il. N, 516]·

Τοῦ μὲν ἔπειτ' ἀπιόντος ἀκόντισεν.

Ἴσως δὲ οὐκ ἀδύνατόν ἐστιν, ἕνα, πλείω ἀκόντια ἔχοντα, πλείους ἀκοντίσαι τῶν στρατηγῶν. δυνατὸν δὲ τὸ ἠκόντισέ τις καὶ ἐπὶ πλήθους λαμβάνεσθαι, οἷον, καὶ ἄλλος καὶ ἄλλος ἠκόντισεν. — Καί τινας...] καί τινας τῶν ἰδίων στρατηγῶν κατηκόντισαν οἱ Ἀκαρνᾶνες, κωλύοντας καὶ φάσκοντας γεγενῆσθαι αὐτοῖς σπονδάς, καὶ ἄδειαν δοθῆναι τῆς ἀναχωρήσεως αὐτοῖς ὑπὸ Δημοσθένους. οὐκ εἶπε δέ τινες, ἀλλὰ τις, μιμούμενος τὸν Ὅμηρον· κἀκεῖνος γὰρ πολλοὺς ἀκοντίσαντας σημαίνων, πρὸς ἑνικὴν πτῶσιν συνέταξεν, ἀκόντισεν εἰπών. — Αὐτοῖς] τοῖς Πελοποννησίοις. — 4. Ἔρις] ἀμφισβήτησις.

CXII. 2. Ἐπὶ τῆς ἐσβολῆς] ἐπὶ τῆς ἐφόδου τῆς κατὰ τῶν ἐναντίων. — 4. Ἐπίτηδες] ἐσκεμμένως. — Προὔταξε] προπορεύεσθαι δηλονότι. — 7. Ἐτράποντό τινες] φεύγειν δηλονότι. — Ἅμα τοῦ ἔργου τῇ ξυντυχίᾳ] τῷ ξυμβεβηκότι τῆς δυσχερείας. κατὰ τύχην τηνικαῦτα ἡνίκα ἡττῶντο. — Προσένευσαν] προσέπαυσαν (προσέπλευσαν?). — 8. Ἐς Ἄργος] τὸ Ἀμφιλοχικόν.

CXIII. Καὶ αὐτοῖς ἦλθε κῆρυξ...] ἐσχημάτισε τὸ αἰτήσοντες πρὸς τὸ ἦλθε κῆρυξ. δυνάμει δὲ τοιοῦτόν ἐστιν· οἱ εἰς Ἀγραίους καταφυγόντες κήρυκα ἔπεμψαν, αἰτήσοντες ἀναίρεσιν νεκρῶν, οὓς ἀπέκτειναν Ἀκαρνᾶνες ὕστερον τῆς πρώτης μάχης. πρώτη μὲν γὰρ μάχη ἐγένετο πρὸς τὸν Εὐρύλοχον καὶ τοὺς Πελοποννησίους, δευτέρα δὲ ἡ ἐν τῇ φυγῇ πρὸς τοὺς Ἀμπρακιώτας, τρίτη δὲ ἡ πρὸς τοὺς ἐν Ἰδομένῃ. ὁ οὖν κῆρυξ τὴν ἀναίρεσιν ᾐτεῖτο τῶν ἐν δευτέρᾳ μάχῃ τεθνηκότων, οὐκ εἰδὼς ὅτι καὶ τρίτη γέγονε μάχη, ἐν ᾗ πολλοὶ ἀπώλοντο. — 2. Ἀλλ' ᾤετο τῶν μετὰ σφῶν εἶναι] ἀλλ' ᾤετο τῶν μετὰ σφῶν ἐν τῇ δευτέρᾳ μάχῃ πεπτωκότων εἶναι τὰ ὅπλα. — 3.

Καί τις αὐτὸν ἤρετο...] δύο ἐρωτᾷ, ἓν μὲν, τοῦ χάριν θαυμάζοι, ἕτερον δὲ, πόσους οἴεται τῶν ἰδίων τεθνηκέναι. ὥςπερ δὲ ὁ κήρυξ οὐκ ᾔδει περὶ τῆς τρίτης μάχης, οὕτως ὁ ἐρωτῶν οὐκ ἠπίστατο περὶ τῶν ἐν ποίᾳ μάχῃ πεπτωκότων ὁ κῆρυξ ἧκεν, ἀλλ' ἐνόμιζε περὶ τῶν ἐν τῇ τρίτῃ μάχῃ τεθνηκότων ἐληλυθέναι. — 4. Οὔκουν τὰ ὅπλα ταυτὶ φαίνεται] λείπει τὸ * διακοσίων εἶναι μόνων. — Ὁ δ' ἀπεκρίνατο] τὰ ὅπλα εἰσὶν ὑμέτερα δηλονότι. — Ἀλλ' ἡμεῖς γε οὐδενὶ ἐμαχόμεθα χθές] ὁ κῆρυξ εἶπεν ἀπὸ κοινοῦ. — Καὶ μὲν δὴ τούτοις γε ἡμεῖς] ἀπὸ κοινοῦ, ὁ ἐρωτῶν εἶπε.

CXV. 3. Τῆς δὲ θαλάσσης ὀλίγαις ναυσὶν εἰργόμενοι] οἱ Συρακούσιοι τῆς θαλάσσης ὑπὸ ὀλίγων νεῶν εἰργόμενοι, τῶν Ἀττικῶν δηλονότι. — 4. Μελέτην...] ἐν τῷ μελετᾶν καὶ ἀσκεῖσθαι τὸ ναυτικὸν διατρίβειν.

CXVI. 3. Ξυνέγραψε] τῶν εἰς ιγ' τέλος τῆς ε' καὶ ἀρχὴ τῆς ϛ'.

IN LIBRUM IV.

1. Περὶ σίτου ἐκβολήν] σίτου ἐκβολὴν τὴν τῶν σταχύων ἐκ τῶν καλύκων γένεσιν. ἐπιφέρει γὰρ [c. 2] « ὑπὸ δὲ τοὺς αὐτοὺς χρόνους τοῦ ἦρος. » ἦρος δὲ στάχυες ἐκφύονται. ἤγουν, ὅτε ὁ στάχυς δημιουργεῖται, καὶ ἤδη προβάλλεται, ἔχων τὸν κόκκον τοῦ σίτου διατετυπωμένον, οὔπω δὲ εἰς ἀκμὴν προαχθέντα. — Αὐτῶν] ἤγουν τῶν Μεσσηνίων. — 2. Προσβολήν] ἤγουν τόπον ἐπικαιρότατον, ἀφ' οὗ ἔστιν ἐξορμᾶν κατὰ τῆς Σικελίας. Ἡ προσβολὴ ἀντὶ τοῦ προσόρμισιν καὶ ἔφοδον τῆς Σικελίας, ἢ πρὸς τὴν Σικελίαν. — Τὸ χωρίον] ἤγουν τὴν Μεσσήνην. — Ἐξ αὐτοῦ ὁρμώμενοι] ἤγουν ὡς ὁρμητηρίῳ χρώμενοι. — Σφίσι] τοῖς Συρακουσίοις. — Βουλόμενοι ἀμφοτέρωθεν... κατ.] θέλοντες οἱ Λοκροὶ ἀμφοτέρωθεν καταπολεμεῖν. ἀμφοτέρωθεν δὲ λέγει, ἔκ τε τῆς γῆς ἑαυτῶν, τῆς Λοκρίδος, καὶ ἐκ θαλάσσης. — 3. Ἵνα μὴ ἐπιβοηθῶσιν] οἱ Ῥηγῖνοι δηλονότι. — Καὶ ἐπετίθεντο] οἱ Λοκροὶ τοῖς Ῥηγίνοις, διὰ τὴν αἰτίαν ταύτην, ὅτι ἐστασίαζον. — 4. Δῃώσαντες δέ] τὴν γῆν τῶν Ῥηγίνων. — Ἐντεῦθεν] ἀπὸ τῆς Μεσσήνης.

II. Ὑπὸ δὲ τοὺς αὐτοὺς χρόνους] ἤγουν κατὰ τὸν αὐτὸν ἐαρινὸν χρόνον. — 3. Τούτοις] τοῖς στρατηγοῖς. — Καὶ Κερκυραίων ἅμα] περιττὸς ὁ καί. — Παραπλέοντας] τὸ ἑξῆς ἦν, παραπλεύσιν· ἀλλὰ μεταβάσει ἐχρήσατο ἀπὸ δοτικῆς ἐπὶ αἰτιατικήν. — Τιμωροί] οἱ Πελοποννήσιοι δηλονότι. — 4. Ὄντι ἰδιώτῃ] ἤγουν, ἔξω ὄντι ἀρχῆς.

III. Ἐγένοντο πλέοντες] ἤγουν παρεγένοντο οἱ Ἀθηναῖοι. — Ἀντιλεγόντων δέ] τῶν στρατηγῶν δηλονότι. — Κατὰ τύχην] κατά τι συμβεβηκὸς τυχηρόν. — 2. Τὸ χωρίον] τὸ περίμετρον τῆς Πύλου. — Ἐπὶ τούτῳ γάρ] ἤγουν ἕνεκα τοῦ τειχισθῆναι. — 3. Δαπανᾶν] εἰς δαπάνην ἐμβάλλειν. — Διάφορόν τι] ἐπιτήδειον, κρεῖτ-

τον. — Καὶ τοὺς Μεσσηνίους οἰκείους ὄντας] ἔνιοι ἤκουσαν καὶ Μεσσηνίους οἰκείους ὄντας αὐτῷ τῷ Δημοσθένει· ἄμεινον δὲ, αὐτῷ τῷ χωρίῳ. οἱ γὰρ μετὰ τοῦ Δημοσθένους ἐληλυθότες ἐκ Ναυπάκτου Μεσσήνιοι, συγγενεῖς ὄντες τοῖς περὶ τὴν Πύλον οἰκοῦσι Μεσσηνίοις, καὶ ὁμόφωνοι τοῖς Λακεδαιμονίοις τυγχάνοντες, ἔμελλον, ὁρμώμενοι ἐκ τῆς Πύλου, πλεῖστα βλάπτειν τὴν Λακωνικήν, οὐ διαγιγνωσκόμενοι διὰ τὴν ὁμοφωνίαν, εἴτε πολέμιοί εἰσιν εἴτε οἰκεῖοι.

IV. Κοινώσας] ἀπὸ κοινοῦ τὸ οὐκ ἔπειθεν. — Ἐγχειρήσαντες] χεῖρας ἐνθέντες τῇ πράξει. — 2. Λιθουργά] λαξευτήρια. — Λογάδην δὲ φέροντες λίθους] ἐπιλέκτως. ἤγουν ἐκλελεγμένους λίθους οἱ μὲν τοὺς ἐπιτυχόντας ἤκουσαν· ἄμεινον δὲ τοὺς ἐπιλέκτους, ὡς καὶ ἄνδρας λογάδας. τειχοποιοῦντες γὰρ χωρὶς σιδηρίων οὐκ ἔμελλον τοὺς τυχόντας συνθήσειν λίθους, ὥστε ἀσθενὲς ἐργάσασθαι τὸ τεῖχος· ἀλλ' ἐπελέγοντο ὁμοίους τοῖς εἰργασμένοις, τουτέστι, τετραπέδους. — Ὡς ἕκαστόν τι ξυμβαίνει] ἔνιοι ἀντὶ τοῦ παραπίπτει καὶ παρατυγχάνοι· ἄμεινον δὲ, ὡς ἕκαστα ἔμελλον συναρμόσεσθαι καὶ συμφωνήσειν πρὸς ἄλληλους. — Ἐπὶ τοῦ νώτου] τῶν καθ' ὑπερβολὴν ἐναργῶς εἰρημένων ἐστὶ τοῦτο. — 3. Τὰ ἐπιμαχώτατα] τὰ εὐεπιχείρητα τοῖς πολεμίοις.

V. Οἱ δέ] οἱ Λακεδαιμόνιοι. — Οὐχ ὑπομενοῦντας σφᾶς] ἐνήλλαχται, ἀντὶ τοῦ οὐχ ὑπομενούντων.

VI. Ὡς ἐπύθοντο τῆς Πύλου] λείπει ἡ περί. — Τὸ περὶ τὴν Πύλον] πάθος δηλονότι. — Πρωΐ] πρὸ τοῦ δέοντος καιροῦ. — Ἐσπάνιζον τῆς τροφῆς τοῖς πολλοῖς] τουτέστιν οἱ πολλοὶ αὐτῶν οὐχ ἱκανὴν εἶχον τροφήν, εἶχον σπάνιν τροφῆς. — Περὶ τὴν καθεστηκυῖαν ὥραν] περὶ τὴν ἐνεστῶσαν. — 2. Βραχυτάτην] ἐν ὀλίγαις ἡμέραις.

VII. Καὶ τῶν ἐκείνῃ ξυμμάχων πλῆθος] καὶ πολλοὺς τῶν ἐκεῖ ξυμμάχων.

VIII. Τῶν περιοίκων] αὐτῶν τῶν περὶ τὴν πόλιν οἰκούντων. — 3. Τοῦ χωρίου] τῆς Πύλου. — 4. Καὶ αἱ μὲν νῆες] αἱ δύο. — 5. Ὅπως μὴ ᾖ] ὅπως μὴ δυνατὸν γένηται. — Ἡ γὰρ νῆσος ἡ Σφακτηρία...] πρὸ τοῦ λιμένος τῆς Πύλου πρόκειται νῆσος Σφακτηρία ἐγγύς, καὶ διὰ τοῦτο αὐτὴν ἐπικειμένην λέγει. δύο δὲ διὰ τὴν νῆσον γίνεται στόματα τοῦ λιμένος, ἃ διέσπλους ὠνόμασεν. ὧν στομάτων τὸ μὲν ἐγγὺς αὐτῆς τῆς Πύλου στενόν ἐστιν, ὥστε μόλις δύο τριήρεις ἅμα εἰσπλεῖν, τὸ δ' ἕτερον πλατύτερον, ὥστε ὀκτὼ δύνασθαι τριήρεις ἅμα διαπλεῖν. — 6. Καὶ ἐγγὺς ἐπικειμένη] τῆς Πύλου παρακειμένη. — 7. Βύζην] ἀθρόως· οἷον βύσαντες ταῖς ναυσὶ τὸν ἔσπλουν. ἔστι ῥῆμα βύω τὸ ἀσφαλίζω καὶ βύω τὸ ** φράττω. — Κλῄσειν]

Κλῇθρον, κατεκλῄθησαν Ἀττικῷ τρόπῳ.
Τζέτζου φρονῶν πᾶς τοῖς λόγοις πεπεισμένος
δίφθογγον οὐ γράψεις, ἀλλ' ἦτα μόνον·
τοὺς βουβάλους δ' ἔασον δυσμαθεστάτους
ἁπανταχοῦ δίφθογγα ταυτὰ γράφειν,
οἱ τὸ σκότος φῶς, ὡς τὸ φῶς φασὶ σκότος,

Κίρκης τραφέντες χοιρεῶσι τῆς νέας.
— Μὴ ἐξ αὐτῆς] ὁρμωμένοι οἱ Ἀθηναῖοι. — 8. Ἀπόβασιν οὐκ ἔχουσαν] λείπει, οὔτε εἰς τὴν νῆσον οὔτε εἰς τὴν ἤπειρον. — Τὰ γὰρ αὐτῆς τῆς Πύλου...] τὰ γὰρ αὐτῆς τῆς Πύλου ἔξω, τὰ ἀλίμενα, τουτέστι, τὰ ἔξω τοῦ εἴσπλου, οὐ παρέξειν προσόρμισιν τοῖς Ἀθηναίοις. — Καὶ δι' ὀλίγης...] οὐκ ἐκ παρασκευῆς τῆς Πύλου καταληφθείσης ὑπὸ τῶν Ἀθηναίων ** ἔχειν ἐν τῷ τείχει τὰ πρὸς πολιορκίαν ἐπιτήδεια. ἔνιοι δὲ μετὰ ὀλίγης παρασκευῆς. — 9. Καὶ διεβίβαζον] περιττὸς ὁ καί. — Λόχων] λόχοι Λακεδαιμονίων πέντε, Αἰδώλιος, Σίνης, Σαρίνας, Πλόας, Μεσοάτης.
IX. Προσβάλλειν] τῇ Πύλῳ δηλονότι. — Ναυσί τε ἅμα καὶ πεζῷ] ἤγουν ἀπό τε τῆς νήσου καὶ ἀπὸ τῆς ξηρᾶς. — Παρεσκευάζετο] πολεμικῶς ἠτοιμάζετο. — Αἵπερ ἦσαν αὐτῷ...] ἃς εἶχε λοιπάς, ἀνασπάσας ὑπὸ τὸ τείχισμα προσεσταύρωσε, τουτέστι νεωλκήσας ὀρθὰς πρὸ τοῦ τείχους προσέφραξεν. ἔνιοι δέ, ὅτι ξύλοις ὀρθοῖς προσωχύρωσεν αὐτάς. — Ἀνασπάσας] ἀπὸ τῶν ἀγκυρῶν δηλονότι. — Προσεσταύρωσεν] ὀρθὰς ἔστησεν. — Φαύλαις] ταῖς τυχούσαις, ταῖς ἐπιτυχούσαις καὶ εὐτελέσιν. — Οὐ γὰρ ἦν ὅπλα] οὐ γὰρ δυνατὸν ἦν ὅπλα, καὶ τὰ ἑξῆς. — Ἐκ λῃστρικῆς...] ἁλούσης τριακοντόρου λῃστρικῆς καὶ κέλητος ὑπὸ Ἀθηναίων, τὰ ὅπλα τῶν λῃστῶν ἔλαβον οἱ παρόντες τῷ Δημοσθένει Μεσσήνιοι. ἔστιν οὖν ὑπερβατόν· ἤγουν ἐκ λῃστρικῆς τριακοντόρου καὶ κέλητος ἔλαβον οἳ ἔτυχον παραγενόμενοι τῶν Μεσσηνίων. ἔστι δὲ τριακόντορος μὲν ἡ ὑπὸ τριάκοντα ἐρεσσομένη, κέλης δὲ ἔστι μικρὸν καὶ στενὸν πλοῖον. — 2. Ἀμύνασθαι τὸν πεζόν, ἢν προσβάλῃ] ἤγουν ἀποδιώκειν τὸν ἀπὸ τῆς ξηρᾶς στρατόν, ἢν προσβάλῃ τῷ τείχει. — Αὐτὸς δὲ ἀπολεξάμενος ἐκ πάντων] ἀποκόψας ἐκ τῶν προσόντων τῷ τείχει. Χαλεπά] δύσβατα. — Τοῦ τείχους ταύτῃ...] τὴν κατὰ τοῦτο τὸ μέρος ἀσθένειαν τοῦ τείχους ἀφορμὴν παρέξει τοῖς Λακεδαιμονίοις, ὥστε ἐπ' αὐτὸ ὁρμῆσαι. περιττὸν δὲ τὸ προθυμήσεσθαι· ἤρκει γὰρ τὸ ἐπισπάσεσθαι. ἔνιοι δέ, ἐφελκύσεσθαι αὐτοὺς ἡγεῖτο εἰς προθυμίαν ἐκεῖνο τὸ μέρος. — 3. Αὐτοί] οἱ περὶ τὸν Δημοσθένην. — Ἐλπίζοντές ποτε ναυσὶ κρατήσεσθαι...] οἱ Ἀθηναῖοι οὐκ ἰσχυρῶς τὸ πρὸς θαλάσσαν ἐτείχισαν τῆς Πύλου, οὐχ ἡγούμενοι ἐντεῦθεν ἐπιθήσεσθαι τοὺς ἐναντίους, ἅτε δὴ θαλαττοκρατούντων Ἀθηναίων. — Βιαζομένοις] βιαίως ποιοῦσιν. — Ἁλώσιμον τὸ χωρίον γίγνεσθαι] ἐλπὶς ἦν δηλονότι. — 4. Χωρίσας] τοὺς ὁπλίτας δηλονότι.
X. Ἄνδρες οἱ ξυναράμενοι] δημηγορία Δημοσθένους. τὸ προοίμιον ἐκ προσοχῆς. εἴρηται δὲ τῷ δυνατῷ μόνῳ. — Οἱ ξυναράμενοι] οἱ συνεφαψάμενοι. — Τοῦδε τοῦ κινδύνου] ἀντὶ τοῦ τόνδε τὸν κίνδυνον· ἡ δὲ διάνοια ἀντὶ τοῦ, μηδεὶς ἐν τοιούτῳ κινδύνῳ γενόμενος ὀξεῖ τε καὶ ἀναγκαίῳ, συνετὸς βουλέσθω δοκεῖν εἶναι, καὶ ἐξαριθμείτω τὰ περιεστηκότα δεινά, ἀλλὰ τοῖς ἐναντίοις θαρσαλέως ἀντιταττέσθω, καταφρονήσας τοῦ περιεστηκότος κινδύνου· μᾶλλον γὰρ ὁ τοιοῦτος κρατήσει τῶν

πολεμίων. — Ἐν τῇ τοιᾷδε ἀνάγκῃ] ἐν τῇ παρεστώσῃ. — Ὅσα γὰρ ἐς ἀνάγκην ἀφῖκται] τοῦτο ἐξηγητικόν ἐστι τοῦ προτέρου· οἱ γὰρ ἀναγκαίως περιεστῶτες κίνδυνοι οὐ διαλογισμοῦ χρῄζουσιν ἀκριβοῦς, ἀλλὰ τοῦ διακινδυνεύειν ἀόκνως καὶ ἀμελετήτως· τὸ δὲ ἥκιστα οὐκ ἐπὶ τοῦ ἧττον, ἀλλ' ἐπὶ τοῦ οὐδ' ὅλως κεῖται. — Ἐς ἀνάγκην ἀφῖκται] ἤγουν ἀναγκαῖά εἰσι καὶ βίαια. — Τάδε] τὰ περιεστῶτα. — Ἐνδεχόμενα] τὸ ἐνδέχεται ἐνταῦθα ἀντὶ τοῦ ἁπλῶς δέχεται. — 2. Ἐγὼ δὲ καὶ...] σημείωσαι τὸ δυνατόν. — Πρὸς ἡμῶν ὄντα] ἡμῖν σύμμαχα καὶ ὠφέλιμα ὄντα. — Αὐτῶν] τῶν ἐναντίων δηλονότι. — Τὰ ὑπάρχοντα ἡμῖν κρ.] τὰ παρόντα ἡμῖν πλεονεκτήματα. — 3. Ἡμέτερον] εἰς ἡμετέραν βοήθειαν. — Ὑποχωρῆσαι δὲ...] ὑποχωρησάντων δέ, καίπερ δυσέμβατον ὄν, εὐεπίβατον γενήσεται· τοῖς Λακεδαιμονίοις. — Χαλεπόν] εἰς ἐπίβασιν δηλονότι. — Εὔπορον] εὐεπίβατον. — Καὶ τὸν πολέμιον δεινότερον ἕξομεν] ἡ διάνοια τοιαύτη· οἱ πολέμιοι, φησίν, ὑποχωρησάντων ἡμῶν, ἀποβάντες τῶν νεῶν, καὶ ἐπελθόντες τῷ τείχει, χαλεπώτεροι ἡμῖν ἔσονται. εἰδότες γὰρ ὅτι, ἂν μὴ κρατήσωσιν, οὐ ῥᾳδίως ἀποχωρῆσαι δυνήσονται ὀπίσω διὰ τὴν χαλεπότητα τοῦ χωρίου, μετὰ ἀπονοίας ἡμῖν μαχοῦνται, ἢ ἀπολέσθαι ζητοῦντες ἢ κρατῆσαι τοῦ χωρίου. ῥᾷστον γάρ, φησίν, ἐστὶν ἔτι αὐτοὺς ὄντας ἐπὶ τῶν νεῶν ἀμύνασθαι. — Ἀποβάντες δὲ...] ἐκβάντες δέ, φησί, τῶν νεῶν ἴσοι γίνονται ἡμῖν. κατασκευάζει δὲ διὰ τούτου, ὅτι οὐδ' ὅλως δεῖ αὐτοῖς συγχωρῆσαι κατελθεῖν εἰς τὴν γῆν. — Ἐν τῷ ἴσῳ ἤδη τότε] ἀπὸ κοινοῦ, ἡμῖν ἔσονται ἴσοι εἰς τὸν πόλεμον, διὰ τὸ ἀπορεῖν ποῦ χρὴ προσορμισθῆναι μετὰ ἀσφαλείας, διὰ τὸ δυσέμβατον. — 4. Φοβεῖσθαι] λείπει ἡμᾶς. — Καὶ οὐκ ἐν γῇ στρατός ἐστιν...] καὶ μείζων μέν ἐστιν ὁ στρατὸς αὐτῶν, ἀλλ' οὐκ ἀπὸ γῆς ὁρμώμενος οὐδὲ ἐν γῇ παραταττόμενος, ὅπου πλεονεκτοῦσι Λακεδαιμόνιοι, ἀλλ' ἐν θαλάσσῃ, ὅπου πολλὰ γίνεται ἀπροσδόκητα καὶ ἀπὸ τοῦ κλυδωνίου καὶ ἀπὸ τῶν ἀνέμων καὶ ἐξ ἄλλων πολλῶν. — Αἷς πολλὰ καίρια] αἵτισι ναυσὶ πολλῶν χρεία τῶν ἐπιτηδείων, οἷον εἰπεῖν, ἀνέμου καὶ χωρίων φιλανθρώπων καὶ εἰρεσίας εὐκαίρου, ἵνα δυνηθῶσιν ἀντιταχθῆναι τοῖς ἐν τῇ γῇ. — Δεῖ] τὸ δεῖ ἀντὶ τοῦ εἴωθεν. — 5. Ὥστε τὰς τούτων ἀπορίας...] ὡς ἂν εἰ ἔλεγεν, ἐπειδὴ πλείονες ἡμῶν εἰσιν, ἡμεῖς δὲ ἐλάχιστοι, ὥσπερ ἐξισοῖ τὸ πλῆθος πρὸς τὸ ἡμέτερον τὸ πολὺ τῆς ἀπορίας, ἣν ἔχουσι. — Τῷ ἡμετέρῳ πλήθει] ἔξεστι λέγειν τὸ πλῆθος καὶ ἐπὶ ὀλίγων. Ὅμηρος [Π. Ρ, 330]·

Πλήθει τε σφετέρῳ, καὶ ὑπερδέα δῆμον ἔχοντας.

— Ἀθηναίους ὄντας] ὥσπερ διὰ τῆς προσηγορίας ἐνέφηνεν αὐτῶν τὸ ἀξίωμα τῆς κατὰ θάλασσαν ἐπιστήμης. — Ἐπ' ἄλλους ἀπόβασιν...] τὴν ἀπόβασιν τὴν κατ' ἄλλων εἰδότας, ὅτι, ἐάν τις καρτερήσας προσδέχηται [θαρρῶν], καὶ μὴ φύγῃ καταπλαγεὶς τῷ φόβῳ τοῦ ῥοθίου καὶ τῷ φόβῳ τῆς δεινότητος τοῦ κατάπλου, πάντα κατορθοῖ. ῥόθιον δέ ἐστιν ὁ ἦχος ὁ ἀπὸ τῆς εἰρεσίας.

— Ὅτι, εἴ τις ὑπομένοι...] διὰ μέσου· οὐ γὰρ, φησὶ, διάξονται· ἐπίστασθε γὰρ, ἔμπειροι ὄντες τῆς ναυτικῆς ἀποβάσεως, ὅτι, εἴ τις ὑπομένοι ἐν θαλάσσῃ καὶ μὴ ὑποχωροίη ἐν γῇ μὴ προβῆναι αὖ * * αἵμενος, οὐκ ἄν ποτε βιάζοιτο. — Τὴν ῥαχίαν] ὅτι ῥαχία ἐστὶ πετρώδης τόπος, περὶ ὃν περιῤῥήγνυται ἡ θάλασσα, καὶ ὁ κλύδων καὶ ἡ τῆς θαλάσσης ὁρμή· ὅθεν καὶ τὸ ὀστῶδες τὸ νώτιον ῥάχις καλεῖται, ὡς ἀπὸ τῆς ῥαχίας τῆς πέτρας.

XI. Ἐτάξαντο] ἀντὶ τοῦ παρετάξαντο, ἢ ἐτάχθησαν, καὶ ηὐτρεπίσθησαν. — 2. Ταῖς ναυσίν] οὐ λέγει ταῖς τῶν πολεμίων, ἀλλὰ ταῖς ἑαυτῶν. — Ἧπερ ὁ Δημοσθένης προσεδέχετο] κατὰ τὸ μέρος τὸ νεῶν ἐπὶ τὸ πετρῶδες, ὅπου καὶ προσεδόκα ὁ Δημοσθένης. — 3. Διότι οὐκ ἦν πλείοσι προσχεῖν] ἐπειδὴ οὐ δυνατὸν ἦν πλείοσι προσορμίσασθαι, διὰ τὸ πετρῶδες, διὰ τοῦτο ὀλίγαις ὥρμησαν ναυσὶ καὶ κατὰ διαδοχὴν, ἢ τὰς ναῦς ἀναπαύοντες ἢ αὐτοὶ ἀναπαυόμενοι. — Παρακελευσμῷ] παρακινήσει. — Ὡσάμενοι] τοὺς ἐναντίους δηλονότι. — 4. Πάντων δὲ φανερώτατος...] σπουδαιότατος καὶ ἐπίδηλος ὑπὲρ πάντας ὁ Βρασίδας ἐγένετο ἐν ἐκείνῳ τῷ ἔργῳ εἰς προθυμίαν· καὶ ὁρῶν τοὺς τριηράρχους ὀκνοῦντας διὰ τὸ χαλεπὸν τοῦ χωρίου, περὶ τῶν νεῶν φυλασσομένους, ὅπως μὴ συντρίψωσιν αὐτάς. — Σχεῖν] προσχεῖν. — Τῶν νεῶν] ἤγουν τινὰς τῶν νεῶν. — Βιαζομένους] σὺν βίᾳ ποιοῦντας. — Ἀντὶ μεγάλων εὐεργεσιῶν] ἐνταῦθα τιμῶν λέγει, ὧν μέλλουσιν ὕστερον εὐεργετηθῆναι αὐτοὶ οἱ σύμμαχοι καὶ τιμηθῆναι. § Ἡ εὐεργεσιῶν, ὧν αὐτοὺς εὐεργέτησαν ἤδη οἱ Λακεδαιμόνιοι. — Ὀκείλαντας] προσπελάσαντας καὶ προσεγγίσαντας καὶ προστρίψαντας.

XII. Ἐπέσπερχεν] ἐπεσπούδαζεν. — Ὀκεῖλαι τὴν ναῦν] προσοχεῖλαι, ἐλλιμενίσαι. — Ἐπὶ τὴν ἀποβάθραν] ἢ ἀπὸ τῆς νεὼς ἐπὶ τὴν γῆν ἔξοδος ἀποβάθρα καλεῖται. — Ἐς τὴν παρεξειρεσίαν] παρεξειρεσία ἐστὶ ὁ ἔξω τῆς εἰρεσίας τῆς νεὼς τόπος, καθ' ὃ μέρος οὐκέτι κώπαις κέχρηνται. ἔστι δὲ τοῦτο τὸ ἀκρότατον τῆς πρύμνης καὶ τῆς πρώρας. § Παρεξειρεσίαν λέγει τὸ ἄκρον τῆς νηὸς τὸ ἔξωθεν τῶν ἐδωλίων καὶ τῶν καθεδρῶν, ἐφ' αἷς καθέζονται οἱ ἐρέσσοντες. — Πρὸς τὸ τροπαῖον ἐχρήσαντο] ἀντὶ τοῦ τροπαίου ἐχρήσαντο αὐτῇ, ἢ πρὸς τῷ τροπαίῳ· καὶ αὐτὴν ἔστησαν πλείονος ἕνεκα κόσμου καὶ δόξης. — Τῆς προσβολῆς] ἀντὶ τοῦ τῆς μάχης. — 2. Οἱ δ' ἄλλοι] Λακεδαιμόνιοι δηλονότι. — Καὶ τῶν Ἀθηναίων μενόντων] ὡς ἂν εἰ ἔλεγεν, ἀμυνομένων πρὸ τοῦ φρουρίου, ὃ ἐποίησαν, καὶ μὴ ἐώντων μηδένα τῶν Λακεδαιμονίων ἀποβῆναι ἀπὸ τῶν νεῶν ἐς τὴν γῆν· τὸ δὲ, καὶ οὐδὲν ὑποχωρούντων, ἀντὶ τοῦ κατ' οὐδὲν ὑποχωρούντων. — 3. Ἐς τοῦτό τε περιέστη ἡ τύχη...] ὡς ἂν εἰ ἔλεγεν, ἐς τοῦτο περιεστράφη ἡ τύχη Ἀθηναίοις καὶ Λακεδαιμονίοις, ὥστε Ἀθηναίους μὲν ἐκ τῆς Λακωνικῆς ἀντιτάττεσθαι Λακεδαιμονίοις, Λακεδαιμονίους δὲ ἐπὶ τὴν γῆν τὴν ἑαυτῶν ζητεῖν ἐκ νεῶν ἀποβαίνειν, καὶ τοῦτο κωλύεσθαι. κατὰ πολὺ γὰρ ἐν τοῖς χρόνοις ἐκείνοις ἔῤῥεπε τὰ τῆς δόξης, τοῖς μὲν Λακεδαιμονίοις, εἰς τὰ πεζὰ μεγίστοις οὖσιν ἀεὶ, νῦν δοκεῖν ἐν τῇ ναυμαχίᾳ κρατίστοις εἶναι, τοῖς δὲ Ἀθηναίοις, εἰς τὰ ναυτικὰ τεχνίταις οὖσιν ἀεὶ, νῦν δοκεῖν ἀρίστοις εἶναι τὰ πεζά.

XIII. Ἐπὶ ξύλα εἰς μηχ.] ἀντὶ τοῦ ἐπὶ ξύλα ἐπιτήδεια πρὸς μηχανὰς, ποιηθησομένας πρὸς καθαίρεσιν τειχῶν. ἡ δὲ Ἀσίνη πόλις ἐστὶ Λακωνική. — 3. Τήν τε νῆσον] τὴν Σφακτηρίαν. — Τὰς ναῦς] τῶν Λακεδαιμονίων δηλονότι. — Ἣν μὲν ἀντεκπλεῖν ἐθέλωσι σφίσι] τὸ σχῆμα ἀνανταπόδοτον. Καὶ Ὅμηρος [Ἰλ. Α, 135]·

Ἀλλ' εἰ μὲν δώσουσι γέρας μεγάθυμοι Ἀχαιοὶ,
ἄρσαντες κατὰ θυμὸν, ὅπως ἀντάξιον ἔσται·
εἰ δέ κε μὴ δώωσιν, ἐγὼ δέ κεν αὐτὸς ἕλωμαι.

— 4. Οἱ μέν] οἱ Λακεδαιμόνιοι.

XIV. Γνόντες] τὴν βουλὴν ἐκείνων δηλονότι. — Καθ' ἑκάτερον τὸν ἔσπλουν] ἤγουν τόν τε στενὸν καὶ τὸν πλατύν. — 2. Καὶ ἐν τούτῳ κεκωλῦσθαι...] ἐν τούτῳ ἐδόκει κεκωλῦσθαι ἕκαστα τὰ πράγματα, ἐν ᾧ ἕκαστοι μὴ εὑρέθησαν. — 3. Ἀντηλλαγμένος] μετηλλαγμένος. — Ἐπεξελθεῖν] πλέον ἐργάσασθαι. — Ἐν φυλακῇ εἶχον] τὴν νῆσον δηλονότι. — Οἱ δ' ἐν τῇ ἠπείρῳ Πελοποννήσιοι...] οἵ τε ἐκ τῆς Πελοποννήσου, καὶ οἱ ἀπὸ τῶν ἄλλων ξυμμάχων αὐτοῖς προσελθόντες νῦν.

XV. Τὰ τέλη] τοὺς ἄρχοντας τῶν Σπαρτιατῶν. — Πρὸς τὸ χρῆμα] πρὸς τὸ χρήσιμον καὶ τὸ κατεπεῖγον. δύο γὰρ εἰσὶ λέξεις, τὸ * πρός καὶ τὸ χρῆμα. ἔστι δὲ καὶ ἑτέρα γραφὴ δίχα τοῦ ρ, πρόσχημα, ἵνα νοήσωμεν ὅ τι ἂν αὐτοῖς ἁρμόττον φαίνηται. — 2. Ὑπὸ πλήθους] τῶν Ἀθηναίων δηλονότι. — Τὰ περὶ Πύλον] καλῶς ἡ προσθήκη· ἵνα νοήσωμεν, εἰς τὰ κατὰ Πύλον μόνα.

XVI. Σπονδαί] σημειῶσαι ἐνταῦθα αἱ σπονδαί. — Ἐπιφέρειν] ἀντὶ τοῦ προσφέρειν καὶ ἄγειν. — Μήτε κατὰ γῆν...] μήτε τοῖς ἐν τῇ Πύλῳ μήτε τοῖς ἐν τῇ Σφακτηρίᾳ. — 2. Αὐτούς] ἤγουν τοὺς πρέσβεις τῶν Λακεδαιμονίων. — Ἀποδοῦναι Ἀθηναίους ὁμοίας...] ἤγουν ἀκαταλύτους ἀποδοῦναι τοῖς Λακεδαιμονίοις.

XVII. Ἔπεμψαν ἡμᾶς Λακεδαιμόνιοι] ἡ δημηγορία αὕτη γενικῶς τῷ συμφέροντι κεφαλαίῳ τέμνεται. ἔστι δ' ὅτε ἔχει καὶ τὸ δυνατὸν παραμιγνύμενον. § Τὸ προοίμιον ἐκ προσοχῆς καὶ ἐξ αὐτοῦ τοῦ πράγματος. — Ὅ τι ἂν ὑμῖν τε ὠφέλιμον ...] καὶ ὃ ἂν ὑμῖν ὠφέλιμον ἐσόμενον ἐπιδείξωμεν καὶ ὁμοῦ ἡμῖν εὐπρεπὲς ἐν τῇ παρούσῃ συμφορᾷ. — Οἴσει] συμπέρασμα. — Τοὺς δὲ λόγους μακροτέρους] περιττὸν τὸ μακροτέρος· ἤρκει γὰρ εἰπεῖν, τοὺς δὲ λόγους οὐ παρὰ τὸ εἰωθὸς ἐκκινοῦμεν. — Διδάσκοντά τι..] ὑπερβατόν· διδάσκοντας λόγοις τὸ δέον, τῶν προὔργου τι πράσσειν. ἵνα ᾖ τοιοῦτον, πείθοντας λόγῳ δεόντως διαπράττεσθαι τὰ προσήκοντα. παραίτησιν δὲ ἡ λέξις περιέχει τῆς ἐσομένης μακρολογίας, οὐκ ὄντος Λακωνικοῦ τοῦ μακρολογεῖν. — Τῶν προὔργου] τῶν σπουδαίων. — 3. Λάβετε δὲ αὐτούς...] ἀκούσατε δὲ τῶν λόγων μήτε δυσμενῶς ὡς πολεμίων ἀκούοντες, μήτε ἀσυνέτως· ἀλλ' οἷα δὴ

συνετοί, ὑπομνήσεως μόνης ἕνεκεν αὐτοὺς νομίσατε λέγεσθαι πρὸς εἰδότας ὑμᾶς ἕκαστα. — Μὴ πολεμίως] ἤγουν μὴ διαθέσει πολεμικῇ. — 4. Καλῶς θέσθαι] ἐπαινετῶς διοικῆσαι. — Καὶ μὴ παθεῖν] ἀπὸ κοινοῦ τὸ ἔξεστι. τὸ δὲ ἀγαθόν τι λαμβάνοντες ἐπὶ τοῦ εὐπραγοῦντες κεῖται. — Ἀεὶ γὰρ τοῦ πλέονος ἐλπίδι ὀρέγονται] ἀεὶ γὰρ ὀρέγονται τοῦ πλείονος, ἐλπίζοντες αὐτοῦ τεύξεσθαι. προσυπακοῦσαι δὲ δεῖ ἔξωθεν τὸ, καὶ διὰ τοῦτο ἐκπίπτουσι τῆς εὐτυχίας. — Τὰ παρόντα... εὐτυχῆσαι] ἤγουν μετὰ εὐτυχίας λαβεῖν τὰ παρόντα. — 5. Οἷς δὲ πλεῖσται μεταβολαὶ...] οἵςτισι δὲ ἐπ' ἀμφότερα, δηλονότι ἐπί τε τὰ ἀγαθὰ καὶ τὰ κακά. — Δίκαιοί εἰσι...] τούτους, φησί, μὴ πιστεύειν ταῖς εὐπραγίαις προσήκει. — Καὶ ἀπιστότατοι] περιττὸς ὁ καί. — Ὃ] τὸ μὴ πιστεύειν δηλονότι ταῖς εὐπραγίαις. — Δι' ἐμπειρίαν] τούτου τοῦ πράγματος.

XVIII. Γνῶτε δέ] κατανοήσατε δέ. — Κυριώτεροι] δικαιότεροι. — Ἐφ' ἃ νῦν] τὰς σπονδὰς λέγει. — 2. Οὔτε δυνάμεως ἐνδ.] ἤγουν ὡς ἀδύνατοι ὄντες. — Αὐτῷ] τὰς νῦν δηλονότι συμφοράς. — Προςγενομένης] ἀπὸ κοινοῦ τὸ δυνάμεως. — Ἀπὸ δὲ τῶν ἀεὶ ὑπαρχόντων] τῆς συνήθους δυνάμεως, τῶν ὄντων ἀεὶ τοῖς ἀνθρώποις. — Ἐν ᾧ] ἐν τῷ δύνασθαι γνώμῃ σφαλῆναι. — 3. Τὸ τῆς τύχης...] Ὅμηρος [Od. Σ, 309]·

Ξυνὸς Ἐνυάλιος.

— 4. Σωφρόνων δὲ ἀνδρῶν...] σώφρονές εἰσιν οἵτινες, ἀδήλου ὄντος τοῦ ἀποβησομένου, ἐκ τῆς παρούσης εὐπραγίας ἐπὶ ἀσφαλέστερον ῥέπουσι, καὶ οὐκ ἐξυβρίζουσιν, ὡς παραμενούσης αὐτοῖς ἀεὶ τῆς εὐπραγίας, ἀλλὰ συμβαίνουσι τοῖς ἐναντίοις. — Καὶ ταῖς ξυμφοραῖς οἱ αὐτοί...] καὶ γὰρ τὰς συμφορὰς οὗτοι δεξιώτερον ἂν καὶ ὡς συνετοὶ προσδέχοιντό τε καὶ φέροιεν. — Τόν τε πόλεμον νομίσωσιν] ἀπὸ κοινοῦ τὸ, σωφρόνων δὲ ἀνδρῶν οἵτινες ἄν, μετὰ τῶν ἄλλων· καὶ τὰ ἑξῆς. ἡ δὲ διάνοια, σώφρονές εἰσιν οἵτινες οἴονται τὰ ἐκ τῶν πολέμων μὴ κατὰ προαίρεσιν ἡμετέραν ἀποβαίνειν, ἀλλὰ κατὰ τύχην. ἔνιοι δὲ τόνδε τὸν τρόπον ἐξηγήσαντο· σώφρονές εἰσιν οἱ νομίζοντες τὸν πόλεμον, τουτέστι τὴν ἐκ τοῦ πολέμου νίκην, μὴ καθ' ὃ μέρος ἄν τις αὐτοῦ μεταχειρίζηται, οἷον ναυμαχῶν ἢ πεζομαχῶν, κατὰ τοῦτο συντυγχάνειν, ἀλλ' ὡς ἂν ἡ τύχη ἡγῆται τοῦ πολεμίου. — Καὶ ἐλάχιστ' ἂν οἱ τοιοῦτοι πταίσειαν...] οἱ μὴ πιστεύοντες ταῖς κατὰ πόλεμον εὐπραγίαις. τὸ γὰρ ὀρθούμενον τὴν εὐπραγίαν λέγει. οὗτοι, φησίν, ἐλάχιστα πταίοιεν ἂν οἱ τὸν πόλεμον ἐν τῷ εὐπραγεῖν αὐτοὶ κατατιθέμενοι. ἐξηγητικὸν δέ ἐστι τοῦτο τοῦ, σωφρόνων δὲ ἀνδρῶν οἵτινες τὰ ἀγαθὰ ἐς ἀμφίβολον ἀσφαλῶς ἔθεντο. — Ἐν τῷ εὐτυχεῖν] ἀντὶ τοῦ εἰ εὐτυχοῖεν. — Καταλύοιντο] ἀναπαύοιντο. — 5. Ὃ] ἐν εὐπραγίᾳ καταλύσασθαι καὶ ἀποθέσθαι τὸν πόλεμον. — Καὶ μήποτε ὕστερον...] ἵνα μή, ἐάν ποτε σφαλῆτε ὕστερον, ἀπιθήσαντες ἡμῖν, (ἐνδέχεται δέ,) νομισθῆτε καὶ τὰ νῦν ἄλλως ηὐτυχηκέναι καὶ χωρὶς συνέσεως, ἐξουσίας ὑμῖν οὔσης, εἰρήνης γενομένης, ἄνευ κινδύνων εὐβουλίας τε

καὶ ἀνδρίας δόξαν τοῖς μετὰ ταῦτα ἀνθρώποις καταλιπεῖν, ἰσχύος μέν, διὰ τὸ μεῖναι ὑμῖν τὴν εὐτυχίαν καὶ μὴ μεταβληθῆναι, εὐβουλίας δέ, ὅτι ἐσπείσασθε ἐν τῷ εὐτυχεῖν, εἰδότες τὸ τῆς τύχης ἄστατον.

XIX. Λακεδαιμόνιοι δέ...] κατὰ τὸ φρόνημα τῶν Λακεδαιμονίων τά τε ἄλλα καὶ μάλιστα τοῦτο εἴρηται· οὐ γὰρ κολακεύουσι τοὺς Ἀθηναίους, καίτοι γε πταίσαντες, ἀλλὰ μένουσιν ἐπὶ τοῦ φρονήματος· καὶ λέγουσιν ὅτι Λακεδαιμόνιοι ὑμῖν εἰρήνην διδόασιν, ὡς ὄντες τούτου κύριοι, ἀνταιτοῦντες δὲ τοὺς ἐν τῇ νήσῳ ἄνδρας δηλονότι. καὶ ἐντεῦθεν κύριοι νομίζουσιν εἶναι τοῦ ποιήσασθαι τὴν εἰρήνην οἱ Λακεδαιμόνιοι, εἴ γε, ὡς αὐτοὶ διδόντες αὐτήν, ἀντ' αὐτῆς αἰτοῦσι τοὺς ἄνδρας. — Ἄμεινον ἡγούμενοι ἀμφοτέροις] ἡμῖν καὶ ὑμῖν, ὡς Ἀντυλλός φησιν, ἵνα δοκῶσι Λακεδαιμόνιοι καὶ τοῦ τῶν Ἀθηναίων προνοεῖσθαι συμφέροντος. § Ἡ ἀμφοτέροις λέγει ἐν ἀμφοτέροις, ἢ διαφυγεῖν τοὺς ἄνδρας ἢ ἐκπολιορκηθῆναι. ὃ καὶ μᾶλλον εἰκός ἐστιν. — Διακινδυνεύεσθαι] πολεμεῖν. — Εἴτε βίᾳ διαφύγοιεν...] τὸ διακινδυνεύεσθαι ἐξηγεῖται, πῶς μέλλει διακινδυνεύεσθαι αὐτοῖς ἡ δόξα. εἴτε, φησί, βίᾳ διαφύγοιεν οἱ ἄνδρες, παραπεσούσης τινὸς διὰ τῆς τύχης σωτηρίας, καὶ γενησόμεθα πάλιν ἴσοι ὑμῖν, εἴτε καὶ ἐκπολιορκηθέντες παρ' ὑμῶν, τουτέστιν ἀπολόμενοι διὰ τῆς πολιορκίας, παρασκευάσουσιν ἡμᾶς καὶ ἐφελκύσονται πρὸς τῇ κοινῇ ἔχθρᾳ καὶ ἑτέραν ἔχειν ἰδίαν Λακεδαιμονίους καὶ Ἀθηναίους. — Παρατυχούσης] παραπεσούσης. — 2. Νομίζομέν τε...] νομίζομέν τε τὰς μεγάλας ἔχθρας παύεσθαι βεβαίως, οὐκ ἐπειδὰν κατὰ πόλεμόν τις πλεονεκτήσας τῶν ἐναντίων ἀναγκάσῃ δι' ὅρκων αὐτοὺς ἄκοντας συμβῆναι, καὶ μὴ δικαίως, (τουτέστι συνθήκας ποιῆσαι πλεονεκτικὰς καὶ ἀδίκους καὶ ἀνίσους, καὶ ὡς ἂν συμφέρῃ τῷ νενικηκότι,) ἀλλ' ἐὰν δυνάμενος αὐτὰ ταῦτα πεῖσαι τὸν ἡττηθέντα, τὰ ἄδικα καὶ πλεονεκτικά, συνθέσθαι, μηδὲν τούτων ἀπαιτήσῃ αὐτόν, ἀλλ' ἐκ τοῦ ἴσου διαλλαγῇ, καὶ τῇ φιλανθρωπίᾳ αὐτὸ τὸ πλεονεκτικὸν καταρατήσῃ παρὰ τὴν ἐλπίδα τοῦ κεκρατημένου. δῆλον γὰρ ὅτι ὁ κεκρατημένος ἐλπίζει παρὰ τοῦ κρατήσαντος ἀδικεῖσθαι καὶ πλεονεκτεῖσθαι· οὐδεὶς γὰρ νικήσας ἀνέχεται ὁμοίως καὶ ἐν ἴσῃ τάξει σπένδεσθαι τῷ νενικημένῳ, ἀλλ' ἀεὶ τὸ πλέον ἐθέλει ἔχειν. — Τὸ αὐτό] ἤγουν τὸ νικῆσαι. — Μετρίως] μετὰ ταπεινοφροσύνης. — 3. Ὀφείλων γὰρ ἤδη ὁ ἐναντίος...] ὁ γὰρ δι' ἐναντίας, ὡς ἂν μὴ βιασθείς, ἀλλ' ἐπιεικείᾳ πεισθείς, εἰδὼς ὅτι οὐκ ἀμύνεσθαι δίκαιον, ἀλλ' ἀμείβεσθαι τὴν ἀρετήν, ἕτοιμός ἐστιν ἐμμένειν ταῖς συνθήκαις, αἰσχυνόμενός τι παραβῆναι. τῷ δὲ ἑτοιμότερος προσυπακουστέον τὸ ἐκείνου, ἤτοι τοῦ μὴ πεισθέντος, ἀλλὰ βιασθέντος σπείσασθαι. — 4. Καὶ μᾶλλον...] καὶ μᾶλλον πρὸς τοὺς μειζόνως ἐχθροὺς τοῦτο δρῶσι, τὸ εὐγνωμονῆσαι ἤτοι προθύμως ἐμμένειν ταῖς συνθήκαις· (ὡς γὰρ ἐκ μεγάλων ἐχθρῶν ἐκφυγόντες καὶ σωθέντες ἀσμένως φέρουσι τὸ ἡσυχάζειν, κέρδος νομίζοντες τὸ μὴ πάλιν κινδυνεύειν πρὸς μείζω μαχόμενοι·) ἥπερ πρὸς

ἐκείνους τοὺς περὶ εὐτελῶν καὶ μετρίων αὐτοῖς διενεχθέντας. ἔστι δὲ ἀντίπτωσις· ἀντὶ γὰρ τοῦ περὶ μετρίων εἴρηκε τὰ μέτρια. — Πεφύκασί τε...] πεφύκασί τε οἱ ἄνθρωποι τοῖς μὲν εὐγνωμόνως συνθεμένοις μαλακώτεροι γίγνεσθαι πρὸς τὸ ἐκείνοις σπένδεσθαι, πρὸς δὲ τοὺς ἐναντιουμένους παρὰ προαίρεσιν διακινδυνεύειν.

XX. Ἡμῖν δὲ καλῶς, εἴπερ ποτέ, ἔχει...] ἡμῖν δὲ καλῶς ἔχει, φησί, τὸ διαλλαγῆναι πρὸ τοῦ ἀνήκεστόν τι, παρ' ὁποτερωνοῦν γινόμενον, εἰς ἀνάγκην ἡμᾶς καταστῆσαι ἀϊδίου ἔχθρας. τὸ δὲ πρὸς τῇ κοινῇ καὶ ἰδίᾳ ἔχειν τοιοῦτον· νῦν μὲν κοινὴν ἔχομεν Πελοποννήσιοι πάντες πρὸς ὑμᾶς ἔχθραν· εἰ δὲ μὴ εἴξετε τοῖς λόγοις ἡμῶν, καὶ ἰδίᾳ Λακεδαιμόνιοι ἐχθροὶ ὑμῶν ἐσόμεθα. — Ὧν] τουτέστιν εἰρήνης. — 2. Ἔτι δ' ὄντων ἀκρίτων...] ἔτι δὲ ὄντων ἀδιακρίτων καὶ ἀμφιβόλων τῶν πραγμάτων τῶν κατὰ τὴν Σφακτηρίαν, εἴτε ἁλίσκονται οἱ ἄνδρες εἴτε διαφεύγουσι, καὶ ὑμῖν μὲν δόξης προσγινομένης καὶ φιλίας τῆς παρ' ἡμῶν, ἐὰν σπεισώμεθα ὥσπερ νῦν ἔχομεν, ἡμῖν δὲ τοῖς Λακεδαιμονίοις, πρὶν αἰσχροῦ τινος πειραθῆναι, (ἀντὶ τοῦ πρὶν ἁλῶναι τοὺς ἄνδρας,) τῆς συμφορᾶς μετρίως κατατιθεμένης, διαλλαγῶμεν. — Οἳ καὶ ἐν τούτῳ...] ἐν αὐτῷ τῷ γενέσθαι δηλονότι τὴν εἰρήνην, ὑμᾶς νομιοῦσιν αἰτιωτέρους, ἀντὶ τοῦ, πλέον τῶν Λακεδαιμονίων ὑμῖν τὴν χάριν τῆς εἰρήνης ὁμολογήσουσιν. ὁ δὲ καὶ σύνδεσμος οὐ περιττῶς κεῖται, ἀλλ' ἀναγκαίως. λέγει γὰρ ὅτι τοῦ τε νομίσαι ὑμᾶς νενικηκέναι καὶ τὴν χάριν τῆς εἰρήνης εἰς ὑμᾶς μέλλουσιν ἀνενεγκεῖν. — Πολεμοῦνται μὲν γὰρ ἀσαφῶς...] πολεμοῦνται γὰρ ἀδήλου ὄντος τοῦ πράγματος, τίς ἐστιν ὁ προκαταρξάμενος τοῦ πολέμου, εἴτε ὁ Λακεδαιμόνιος, εἴτε ὁ Ἀθηναῖος· καὶ τὰ ἑξῆς. — 3. Ἤν τε γνῶτε, Λακεδαιμονίοις...] ἄν τε πεισθῆτε, ἔξεστιν ὑμῖν Λακεδαιμονίοις φίλους γενέσθαι, χάριν δοῦσιν μᾶλλον, ἤπερ βιασθεῖσιν ὑπ' αὐτῶν. — Προκαλεσαμένων] θελησάντων καὶ προτρεψάντων ὑμᾶς ἐπὶ ταῦτα. — 4. Εἶναι] ἀντὶ τοῦ συμβήσεσθαι. — Ἡμῶν γὰρ καὶ ὑμῶν ταῦτα λεγόντων...] ἡμῶν γὰρ καὶ ὑμῶν ταῦτα σπενδομένων καὶ ὁμονοούντων, τὸ ἄλλο Ἑλληνικόν, ὑπήκοον ὄν, μεγάλως ἡμᾶς τιμήσει.

XXI. 2. Τὰς μὲν σπονδάς] τὸ ἑξῆς, τὰς σπονδὰς ποιεῖσθαι. — 3. Ἐνῆγε] κατέπειθεν. — Ἀθηναίων ξυγχωρησάντων...] Ἀθηναίων τὰ προειρημένα χωρία Λακεδαιμονίοις ξυγχωρησάντων ἐν ταῖς προτέραις σπονδαῖς, διὰ τὸ ἐν συμφοραῖς εἶναι. πᾶν γὰρ τὸ ἐπιταττόμενον ὑπὸ τῶν Λακεδαιμονίων συνεχώρουν. — Δεομένων τι μᾶλλον] τῶν Λακεδαιμονίων. τὸ δὲ τί παρέλκει.

XXII. Ξυνέδρους δέ] τοὺς διαλεγομένους περὶ τούτων καὶ συνδοκιμάσοντας. — Ξυμβήσονται] φιλιωθήσονται. — 2. Κλέων δέ...] πλαγία δημηγορία Κλέωνος. — 3. Διαβληθῶσιν] ψεχθῶσι, μισηθῶσι.

XXIII. Καθάπερ ξυνέκειτο] ἀντὶ τοῦ ὥσπερ ἐν ταῖς συνθήκαις ἦν δεδογμένον. — Ἐγκλήματα ἔχοντες] ἀντὶ τοῦ ἐγκλήματα ἐπιφέροντες κατὰ Λακεδαιμονίων. — Παράσπονδον] παρὰ τὰ ἐν ταῖς σπονδαῖς συγκείμενα. — Οὐκ ἀξιόλογα] εὐτελῆ τινὰ καὶ ψυχρά. — Ἰσχυριζόμενοι] ἐπερειδόμενοι καὶ ὡς ἰσχυρὸν πάνυ προτείνοντες οἱ Ἀθηναῖοι. — Ἐὰν καὶ ὁτιοῦν παραβαθῇ] ἐὰν βραχὺ ἀθετηθῇ. — Καὶ ἀδίκημα ἐπικαλέσαντες] καὶ ἐγκαλοῦντες ἠδικῆσθαι διὰ τὸ τὰς ναῦς μὴ ἀπειληφέναι. — Ἀπελθόντες ἐς πόλεμον καθίσταντο] μετὰ τὴν ἀκρόασιν τὴν ἐλθοῦσαν ἀπὸ τῶν Ἀθηναίων, ἀναχωρήσαντες ἐπὶ τὴν Σπάρτην, παρεσκευάζοντο ἐπὶ τὸν πόλεμον. — 2. Ἀθηναῖοι μὲν δυοῖν...] ἀντὶ τοῦ, Ἀθηναίων μὲν δύο ναυσὶν ἐναντίαις περιπλεόντων τὴν νῆσον. τοῦτο δέ, ἵνα μὴ ἐν τῷ μέσῳ διὰ τὸ ἀπαντᾶν [μὴ] ἐάσωσι τοὺς ἐν τῇ Σφακτηρίᾳ ἐξελθεῖν. — Καὶ προσβολὰς ποιούμενοι τῷ τείχει] ἀπὸ κοινοῦ τὸ εἰς πόλεμον καθίσταντο.

XXIV. 2. Αὐτοί] οἱ Λοκροί. — 3. Τὴν νῆσον] τὴν Σφακτηρίαν. — 4. Εἰ γὰρ κρατήσειαν] οἱ Λοκροὶ δηλονότι. — 5. Ἡ μεταξὺ Ῥηγίου θάλασσα καὶ Μεσσήνης] ἡ ἐς τὸ μεταξὺ Ῥηγίου καὶ Μεσσήνης ποταμηδὸν ῥέουσα. — Τοῦτο] τὸ μέρος τῆς θαλάσσης. — Χαλεπή] εἰς τὸ πλεῦσαι δηλονότι.

XXV. 2. Μίαν ναῦν ἀπολέσαντες] οἱ *Συρακόσιοι δηλονότι. — Καὶ νὺξ ἐπεγένετο τ. ἑ.] ἤγουν γενομένη γὰρ νὺξ ἐπέσχε τὸ ἔργον. — 3. Τὴν Πελωρίδα] Πελωρὶς ἀκρωτήριον Σικελίας τὸ βορειότατον. — 4. Καὶ χειρὶ σιδηρᾷ ἐπιβλ.] δηλονότι ὑπὸ τῶν Συρακουσίων ἐπιβληθείσῃ Ἀττικῇ νηΐ. μίαν οὖν ἀπώλεσαν οἱ Ἀθηναῖοι. — 5. Ἀπὸ κάλω] τῷ λεγομένῳ παρόλκῳ· οἱ γὰρ παρ' αὐτὴν τὴν γῆν πλέοντες οὐ δύνανται ἐρέττειν. — Προσβαλόντες] τοῖς Συρακουσίοις δηλονότι. — Ἀποσιμωσάντων] ὑπαναχωρησάντων καὶ μετεωρισάντων τὰς ναῦς, ἵνα ἐκ πολλοῦ διαστήματος δυνηθῶσι μετὰ μείζονος ὁρμῆς ἐμβάλλειν τοῖς Ἀθηναίοις. — Ἀποσημιωσάντων] τὰ σημεῖα τῆς ξυμμαχίας ἀραμένων καὶ ἀναδειξάντων. — Προεμβαλόντων] τῶν Συρακουσίων πρὸ τῶν Ἀθηναίων δηλονότι ἐμβαλόντων. — 8. Τειχήρεις ποιήσαντες] ἐντὸς δηλονότι τῶν τειχῶν ποιήσαντες. — Πρὸς τὴν πόλιν] τὴν Νάξον. — 9. Ὑπὲρ τῶν ἄκρων] ἀντὶ τοῦ οἱ ἐπὶ τῶν ἄκρων ὄντες καὶ τῶν ὀρεινῶν, ὡς ἐκεῖ οἰκούντων αὐτῶν. — Ἐπὶ τοὺς Μεσσηνίους] τοῖς Μεσσηνίοις ἢ κατὰ τῶν Μεσσηνίων. — 10. Αἱ νῆες] τῶν Συρακουσίων. — Ἐπ' οἴκου ἕκασται διεκρίθησαν] ἀπέπλευσαν ἐπ' οἴκου διακριθεῖσαι. — Κεκακωμένην] κακῶς πάσχουσαν, δεδυστυχηκυῖαν. — Ἐπειρῶντο] γράφεται ἐπείρων. τὴν Μεσσήνην δηλονότι. — 11. Κατεδίωξαν] ἤγουν διώξαντες ἐνέβαλον. — Τεταραγμένοις τοῖς Μεσσηνίοις. — Ἐπιγενόμενοι] ἐπιτιθέντες.

XXVI. Κατὰ χώραν ἔμενεν] ἤγουν ἡσύχαζεν. — 2. Ὅτι μὴ μία] ἤγουν εἰ μὴ μία. — Διαμώμενοι] ἀντὶ τοῦ διασκάπτοντες. εἴρηται δὲ ἀπὸ τοῦ ἄμη, ὅ ἐστι σκαφεῖον πλατύ. βούλεται δὲ εἰπεῖν ὅτι διαστέλλοντες τὸν κάχληκα, καὶ βόθρους ἐπὶ τὸν αἰγιαλὸν ποιοῦντες, ηὕρισκον ὕδωρ, οἷον ἄν τις εἰς ἀνάγκην πίοι δι' ἄκραν δίψαν. — 3. Ἐν ὀλίγῳ] διαστήματι δηλονότι τῆς γῆς. — Κατὰ μέρος] ἀντὶ τοῦ κατὰ διαδοχήν. — Μετέωροι]

ἤγουν ἐπ' ἀγκυρῶν. — 4. Παρὰ λόγον ἐπιγιγνόμενος] παρὰ προςδοκίαν συμβαίνων. — Ἡμερῶν ὀλίγων] ἐντὸς δηλονότι. — Ἐν νήσῳ τε ἐρήμῃ] ὄντας δηλονότι. — 5. Τάξαντες] τὸ εἰςάγειν. — Ἀργυρίου] ἕνεκεν δηλονότι. — 6. Ἐς τὰ πρὸς τὸ πέλαγος] ἐς τὰ ἀφορῶντα. — 7. Καταρέρεσθαι] κατάγεσθαι. — Ἄπορον γὰρ ἐγίγνετο περιορμεῖν] ἄπορον γὰρ ἦν, δηλονότι ταῖς ναυσί, περιορμεῖν τὴν νῆςον. — Ἀφειδῆς ὁ κατάπλους καθεστήκει] ἤγουν ἀφειδοῦντες ἑαυτῶν κατέπλεον. — Ἐπώκελλον γὰρ τὰ πλοῖα τ. χρ.] ἐξεδίδοσαν, φησί, τῇ πέτρᾳ τὰ πλοῖα ὠνηθέντα χρημάτων ὑπὸ Λακεδαιμονίων. ὑπέσχοντο γὰρ τοῖς ναυκλήροις δώσειν τὰς τιμάς, εἰ ἀπόληται τὰ αὐτῶν πλοῖα. — Περὶ τὰς κατάρςεις] κατάρςεις λέγει τοὺς ἐπιτηδείους εἰς καταγωγὴν τόπους καὶ εἰς τὸ προςορμίζεσθαι. τὸ δὲ ἐφύλασσον ἀντὶ τοῦ φρουροὶ ἦσάν τινες τῶν πολιορκουμένων, ἵνα εὐθὺς ἀπολάβωσι τὰς τροφάς. — 8. Ἐξένεον] εἰξεχολύμβων, εἰξενήχοντο. — Μήκωνα μεμελιτωμένην] εἶδος βοτάνης ἡ μήκων, ἧς ὁ μὲν ὀπὸς θανάσιμος, ὡς λέγεται, τὸ δὲ σῶμα γλυκύτατον. δύναται δὲ πείνης ἀπαλλάττειν μιγνυμένη μέλιτι. — Λίνου σπέρμα κεκομμένον] τοῦτο δίψαν θεραπεύει πρὸς ὀλίγον τινὰ καιρόν. ὅθεν καὶ τοῖς πυρέττουσι προςάγεται παρὰ τῶν ἰατρῶν. τὸ δὲ κεκομμένον, ἀληλεσμένον.

XXVII. Ἐν τῇ νήσῳ] τῇ Σφακτηρίᾳ. — Ἐπιλάβῃ] κωλύσῃ. — Περιγενήσεσθαι] ἀντὶ τοῦ περισωθῆναι, ζήσειν. — 2. Ἔχοντάς τι ἰσχυρόν] ἤγουν ἔχοντας πολλὴν δύναμιν. — Ἐπικηρυκεύεσθαι] κήρυκα καὶ πρεσβείαν πέμπειν ἐπὶ ξυμμαχίᾳ καὶ φιλίᾳ. — 5. Ἀπεσήμαινεν] ἀποσκώπτων ἐδήλου. — Ἐχθρὸς ὤν] τῷ Νικίᾳ δηλονότι. — Ἐπιτιμῶν] ἐγκαλῶν, ἐπιμεμφόμενος, ὀνειδίζων.

XXVIII. Ὑποθορυβησάντων] μετὰ θορύβου εἰπόντων. — Τὸ ἐπὶ σφᾶς εἶναι ἐπιχειρεῖν] ἤτοι ἐπὶ τοὺς ἐν τῇ Σφακτηρίᾳ· ἢ μέρος τὸ ἐφ' ἑαυτῶν εἶναι· τὸ δ' εἶναι παρέλκει Ἀττικῶς· ἤ, ὡς Ἄντυλλος, ἐπὶ σφίσι, τοῖς στρατηγοῖς δηλονότι. — 2. Παραδωσείοντα] ἐφιέμενος παραδοῦναι τὸν Νικίαν. — Ἀνεχώρει] ἀντὶ τοῦ ἀνεδύετο. — Ἀλλ' ἐκεῖνον στρατηγεῖν] ἀλλ' ἐκεῖνον δεῖν στρατηγεῖν. — 3. Ἐξίστατο] παρεχώρει. — Ἐξανεχώρει] ἀντὶ τοῦ ἀνεδύετο ποιεῖν ἅπερ ὑπέσχετο, ἀπέφευγεν.

XXIX. 2. Οἱ γὰρ στρατιῶται] τῶν Ἀθηναίων. — Τῇ ἀπορίᾳ] τῇ ἐνδείᾳ τῶν ἀναγκαίων. — Διακινδυνεῦσαι] παραβολόν τι διαπράξασθαι. — 3. Αὐτῷ...] τῷ Δημοσθένει προθυμίαν ἐνεποίησεν, ἢ ἐπτέρωσεν (ἐπέρρωσεν). — Αὐτοὺς βάλλειν] τοὺς Λάκωνας δηλονότι. — Σφίσι] τοῖς Ἀθηναίοις. — Ἐκείνων] τῶν Λακεδαιμονίων. — Αὐτῶν] τῶν Ἀθηναίων. — Ὥστε προςπίπτειν ἂν αὐτούς] τοῖς Ἀθηναίοις δηλονότι προςπίπτειν τοὺς Λακεδαιμονίους. — Ἐπ' ἐκείνοις γὰρ εἶναι ἄν] τοῖς Λακεδαιμονίοις. — 4. Ὁμόσε ἰέναι] ἀντὶ τοῦ εἰς χεῖρας, καὶ πλησίον, ὅ ἐστιν εἰς συσταδὴν μάχην. — Τῶν πλεόνως ἀπείρων] τῶν Ἀθηναίων. — Τῆς προςόψεως] τῆς θεωρίας.

XXX. Μέρος] τοῦ πάθους δηλονότι. — 2. Τῶν δὲ στρατιωτῶν] τῶν Ἀθηναίων στρατιωτῶν. — 3. Κατιδών] ὁ Δημοσθένης δηλαδή. — Αὐτοῦ] τὸ αὐτοῦ καὶ τοπικὸν ἐπίρρημα. καὶ Ὅμηρος [Il. Ε, 262]·

Αὐτοῦ ἐρυκακέειν.

— 4. Ἐκείνῳ] τῷ Δημοσθένει. — Ἅμα γενόμενοι] ἤγουν συνελθόντες ὁ Κλέων καὶ ὁ Δημοσθένης. — Ἐς τὸ ἐν τῇ ἠπείρῳ στρατόπεδον] τῶν Λακεδαιμονίων. — Ἐφ' ᾧ] ἀντὶ τοῦ οὗ χάριν. — Τῇ μετρίᾳ] ἤγουν φιλανθρώπῳ. — Περὶ τοῦ πλέονος ξυμβαθῇ] ἤγουν περὶ σπονδῶν σύμβασις γένηται. ᾧ ὡς ἂν εἰ ἔλεγε, καὶ περὶ τῶν ἄλλων πραγμάτων. ἕως τέλειαι σπονδαὶ γένωνται καὶ παντὸς τοῦ πολέμου ἀπαλλαγή.

XXXI. Ἐχώρουν δρόμῳ] ἤγουν ἔτρεχον. — Ἐχώρουν... τὸ πρῶτον φυλακτήριον] δραμόντες ἐπέθεντο τοῖς πρώτοις φυλάσσουσιν. — 2. Διετετάχατο] διατεταγμένοι καὶ μεμερισμένοι ἦσαν οἱ ἐν τῇ νήσῳ. — Τῇ πρώτῃ φυλακῇ] πρώτην φυλακὴν φησὶν αὐτοὺς τοὺς φύλακας. ἐπιφέρει γὰρ ὅτι τρία τάγματα ἦν Λακεδαιμονίων τὰ φυλάττοντα τὴν νῆσον, ἓν μὲν ἐν τῷ ἄκρῳ τῆς νήσου τῷ πρὸς τὸ πέλαγος, ἕτερον δὲ ἐν τῷ ἄκρῳ τῷ πρὸς τὸν λιμένα, ἕτερον δὲ ἐν τῷ μέσῳ τῆς νήσου, ὅπου τὸ ὕδωρ. πρώτην οὖν φυλακὴν λέγει τὴν πρὸς τὸ πέλαγος. — Ὁμαλώτατόν τε] ἔνθα, φησίν, ἦν τὸ ὁμαλὸν καὶ ἰσόπεδον καὶ οὐκ ἐν ὕψει κείμενον τῆς νήςου μέρος. — Ὃ ἦν...] ὅπερ, φησί, μέρος, τὸ ἔσχατον καὶ προέχον ἐπὶ τὴν Πύλον, τραχύ τι ἦν καὶ δύςβατον. — Ἔρυμα] φρούριον. — Λογάδην] ἐπιλέκτως.

XXXII. Οἷς] ἤγουν καθ' ὧν. — Λαθόντες] λαθραίαν ποιήσαντες. — 2. Ἐσκευασμένοι] ἤγουν ὡπλισμένοι. — Οἱ βεβοηθηκότες] οἱ παραγενόμενοι τῷ Δημοσθένει ἐξ ἀρχῆς εἰς βοήθειαν. — 3. Διέστησαν] ἐτάχθησαν μεμερισμένως. — Ἀμφίβολοι] ἑκατέρωθεν βαλλόμενοι, πανταχόθεν. — Τῷ πλήθει] ὑπὸ τοῦ πλήθους. — 4. Οἱ ἀπορώτατοι τοξεύμασιν] οἱ μὲν ἐξηγήσαντο, οἱ ἄποροι ὅπλων καὶ τοξεύμασι μόνοις χρώμενοι· οἱ δὲ λέγουσιν, οἱ εἰς ἀπορίαν καθιστάντες τοὺς ἀντιτεταγμένους τοῖς τοξεύμασιν. ὃ καὶ βέλτιον. καὶ γὰρ καὶ Ὅμηρος [Il. Η, 479, al.] ἐχρήσατο τῇ τοιαύτῃ λέξει, χλωρὸν ἐπιὼν δέος οὐκ αὐτὸ ἔχον τὴν χλωρότητα, ἀλλ' ἑτέροις αὐτὴν ἐμποιοῦν· καὶ τὸν Διόνυσόν φασι μαινόμενον οὐχ ὅτι αὐτὸς μαίνεται, ἀλλ' ὅτι ποιεῖ μαίνεσθαι. — Ἐκ πολλοῦ ἔχοντες ἀλκήν] ὡς ἂν εἰ ἔλεγεν, ἐκ πολλοῦ διαςτήματος τὴν δύναμιν ἔχοντες. πόρρωθεν γὰρ τὸ τόξον ἰσχύει.

XXXIII. Ἐς χεῖρας ἐλθεῖν] συμπλακῆναι. — Οὗτοι] οἱ Ἀθηναῖοι. — 2. Τοῖς μὲν οὖν ὁπλίταις] τῶν Ἀθηναίων. — Τῇ σφετέρᾳ ἐμπ. χρῆς.] ἵνα λέγῃ τῷ πεζομαχεῖν, καθ' ὃ μᾶλλον ἔμπειροί εἰσιν οἱ Λακεδαιμόνιοι. — Ἐμπειρίᾳ] τῇ ἐπιστήμῃ τῇ πολεμικῇ. — Καὶ οἱ ὑποστρέφοντες ἠμύνοντο] οἱ ψιλοὶ τοὺς Λακεδαιμονίους τῆς διώξεως ὑποστρέφοντες ἠμύνοντο. — Κούφως τε ἐσκευασμένοι] ψιλῇ ὁπλίσει ὡπλισμένοι. —

Προλαμβάνοντες] φθάνοντες, ὥστε μὴ καταλαμβάνεσθαι.

XXXIV. Ἠκροβολίσαντο] οἱονεὶ πόρρωθεν ἔβαλον αὐτούς. — Ἤ προσπίπτοιεν] οἱ ψιλοὶ δηλονότι. — Τῇ τε ὄψει ...] ἐθάρρησαν τῇ ὄψει, ἰδόντες ἑαυτοὺς πολλαπλασίους τῶν ἐναντίων ὄντας· ἢ πολλαπλασίους ἑαυτοὺς δόξαντες τῶν κατὰ τὴν ἀλήθειαν ὄντων. — Ὅτι οὐκ εὐθὺς ἄξια ...] ὅτι, φησὶν, οὐκ ἔπαθον τοιαῦτα οἱ Ἀθηναῖοι ὑπὸ τῶν Λακεδαιμονίων, οἷα προσεδόκων παθεῖν ὑπ' αὐτῶν ἐξ ἀρχῆς εὐθὺς ὅτε ἐπέβησαν τῆς νήσου. — Τῆς προσδοκίας] ἀντὶ τοῦ τῆς δειλίας. — Τῇ γνώμῃ δεδουλωμένοι] ὡς ἂν εἰ ἔλεγε, τεταπεινωμένοι φόβῳ ἕνεκα τῆς ὑπολήψεως τῶν Λακεδαιμονίων, ἧς εἶχον περὶ αὐτῶν, ὡς ὅτι σφόδρα εἰσὶ πεζομάχοι καὶ πολεμικοί. — 3. Οἱ πῖλοι] πῖλοί εἰσι τὰ ἐξ ἐρίου πηκτὰ ἐνδύματα, ὥσπερ θωρακιά τινα ὑπὸ τὰ στήθη, ἃ ἐνδυόμεθα. οἱ δὲ τὰ ἐπικείμενα ταῖς περικεφαλαίαις.

XXXV. Ξυγκλῄσαντες] συνασπίσαντες, πυκνωθέντες, συναχθέντες. — 2. Ἐνέδοσαν] ἐνέκλιναν, ἐχαυνώθησαν. — Μετὰ τῶν ταύτῃ φυλάκων] ἐν τῷ ἐρύματί τι. — Παρὰ πᾶν] παρὰ πᾶν μέρος τοῦ ἐρύματος, ὅσον ἦν μέρος ἐπίμαχον, τουτέστι καθ' ὃ ἐδύναντο οἱ Ἀθηναῖοι προσελθόντες μάχεσθαι. — 3. Καὶ κύκλωσιν] λείπει τὸ ποιήσασθαι. — 4. Ἐς τὰ πλάγια] ἀντὶ τοῦ ἐκ τῶν πλαγίων.

XXXVI. Ἀπέραντον ἦν] τὸ ἔργον τοῦ πολέμου. — Ἄλλως] ματαίως. — 2. Ἐκ τοῦ ἀφανοῦς] ἀντὶ τοῦ ἐκ τοῦ μὴ βλεπομένου τοῖς Λακεδαιμονίοις. — Ἐκείνους] ἤγουν τοὺς Λακεδαιμονίους. — Κατὰ τὸ ἀεὶ παρῆκον] τουτέστι κατὰ τὸ ἐνδιδοῦν καὶ ἀνάβασιν παρέχον. — Τοὺς δέ] ἤγουν Ἀθηναίους.

XXXVII. Ἀπεῖρξαν] τῆς μάχης δηλονότι. — Ἀκούσαντες] οἱ Λακεδαιμόνιοι. — Ἐπικλασθεῖεν] χαυνωθεῖεν.

XXXVIII. Παρῆκαν] ἀφῆκαν. — Ἐφῃρημένου] ἀντὶ τοῦ μετ' ἐκείνου ἡρημένου καὶ χειροτονηθέντος. — Εἴ τι ἐκεῖνοι πάσχοιεν] ἤγουν ἀποθάνοιεν. — 2. Διακηρυκεύσασθαι] ἐν ἴσῳ μέν πως ἐστὶ τῷ ἐπικηρυκεύσασθαι· εἰ μή τις εἴποι τὸ μὲν διακηρυκεύεσθαι πρὸς φίλους, τὸ δ' ἐπικηρυκεύεσθαι πρὸς πολεμίους. — Ὅ τι χρὴ σφᾶς ποιεῖν] καίτοι εἶπεν ἄνω, ὅτι ἔδοξεν αὐτοῖς παραδοῦναι τὰ ὅπλα καὶ προσίεσθαι τὰ κεκηρυγμένα. ἀλλὰ λέγομεν, ὅτι ἐκεῖ μὲν ἔλεγε περὶ τῶν στρατιωτῶν, ἐνταῦθα δὲ περὶ τοῦ αὐτῶν στρατηγοῦ. — 3. Ἐκείνων μὲν οὐδένα ἀφέντων] τῶν Λακεδαιμονίων τῶν ἐν τῇ Σφακτηρίᾳ. ἀφέντων δὲ λέγει, ὥστε ἐξελθεῖν διακηρυκεύεσθαι πρὸς τοὺς ἐν τῇ Πύλῳ. — Μηδὲν αἰσχρὸν ποιοῦντας] αἰνίττεται ὡς ὅτι μᾶλλον βέλτιόν ἐστι πεσεῖν, ἢ αἰχμαλώτους ληφθῆναι, ὡς νόμος Λακεδαιμονίοις.

XXXIX. 2. Ἡ πρὸς τὴν ἐξουσίαν] τὴν ἰδίαν δηλονότι. ἐξῆν γὰρ αὐτῷ καὶ πλείω παρέχειν, ὡς ἐγένετο δῆλον ἐκ τῶν εὑρεθέντων σιτίων. — 3. Ἀνεχώρησαν τῷ στρατῷ] σὺν παντὶ δηλονότι. — Μανιώδης οὖσα ἡ ὑπόσχ.] ἀντὶ τοῦ ἡ περὶ τοῦ μέλλοντος προπετὴς ἀπόφασις. — Ὥσπερ ὑπέστη] ὑπεσχέθη.

XL. Παρὰ γνώμην] ἀντὶ τοῦ παρὰ τὴν οἴησιν καὶ τὴν ὑπόνοιαν, καὶ παρὰ προσδοκίαν, διότι οὐδέποτε οὐδεὶς προσεδόκα οὐδεμιᾷ ἀνάγκῃ Λακεδαιμονίους εἴξαντας παραδοῦναι τὰ ὅπλα. — Ὡς ἐδύναντο] ἤγουν ἕως δύναμις περιῆν αὐτοῖς. — 2. Ἀπιστοῦντές τε μὴ εἶναι] ἀπιστοῦντες, οἱ Ἀθηναῖοι· ἡ δ' ἀπόφασις περιττή. — Τοὺς παραδόντας] ἑαυτοὺς καὶ τὰ ὅπλα. — Δι' ἀχθηδόνα] διὰ λύπην. ἡ διάνοια· Ἀθηναίων σύμμαχός τις, ἀχθόμενος, ἤτοι τοῖς Ἀθηναίοις ὡς φορτικῶς ἄρχουσιν, ἢ ἀχθόμενος ἐπὶ τῇ τῶν Λακεδαιμονίων συμφορᾷ, ἤρετο ἕνα τῶν ἐκ τῆς νήσου. — Αὐτῷ] τῷ ἐρωτήσαντι. — Ὁ ἐντυγχάνων] ὁ τυχών, εἴτε κακὸς εἴτε ἀγαθός.

XLI. Τῶν ἀνδρῶν] τῶν αἰχμαλώτων. — Πρὸ τούτου] τοῦ συμβῆναι. — 3. Αὐτομολούντων] εἰς τὴν Πύλον. — 4. Πολλάκις φοιτώντων] τῶν πρέσβεων.

XLII. 2. Ἔσχον] προσέσχον, ἐλιμένισαν. — Ἐφ' ὃν Δωριεῖς τὸ πάλαι ἱδρυνθέντες] ὅτι τὸ παλαιὸν πρὸ τῶν Δωριέων Αἰολεῖς εἶχον τὴν Κόρινθον. — Ἐπ' αὐτοῦ] ἀντὶ τοῦ ἐπάνω αὐτοῦ, τοῦ λόφου. — 3. Πλὴν τῶν ἔξω ἰσθμοῦ] ἀντὶ τοῦ ἐκτὸς ἐκείνων τῶν Κορινθίων, ἐξ ὧν ἀπῄεσαν εἰς βοήθειαν τοῖς συμμάχοις αὐτῶν τοῖς οὖσιν ἐκτὸς τοῦ ἰσθμοῦ. εἶτα ἐπάγει ποίοις. — Φρουροί] ἐσόμενοι δηλονότι. — Οἱ κατασχήσουσιν] ἐλλιμενίσουσιν. ὅπου προσελεύσονται αὐτοὶ, οἱ Ἀθηναῖοι. — 4. Τὰ σημεῖα αὐτοῖς ἤρθη] αὐτοῖς, φησί, τοῖς Κορινθίοις ἤρθη τὰ σημεῖα παρὰ τῶν φίλων αὐτῶν τῶν ἐν τῇ χώρᾳ, σημαινόντων αὐτοῖς ὅτι πολέμιοι ἐπῆλθον· δεῖ δὲ προσυπακοῦσαι τὸ ἡμέρας γενομένης.

XLIII. Τοῖς ἄλλοις] σὺν τοῖς ἄλλοις Ἀθηναίοις. — 2. Τῷ ἄλλῳ στρατεύματι] τῶν Ἀθηναίων. — 3. Παιωνίσαντες] ἀλαλάζοντες. δύο παιᾶνες ἦσαν, Ἐνυάλιος, ὅτε ἦρχον, ὃς καὶ πρὸ τῆς μάχης ἐγίνετο, καὶ ἕτερος, ὅτε ἐνίκων. — 4. Τῷ εὐωνύμῳ] οἱονεὶ τῷ ἡττημένῳ. — * Ἑαυτῶν] τῶν Κορινθίων δηλονότι. — 5. Τὸ δὲ ἄλλο στρατόπεδον] τὸ δεξιὸν κέρας τῶν Κορινθίων καὶ τὸ εὐώνυμον τῶν Ἀθηναίων. — Ἤλπιζον γάρ] οἱ Κορίνθιοι. — Πειράσειν] προσυπακουστέον τὸ ἐλθεῖν.

XLIV. Τῶν ἑτέρων] τῶν Κορινθίων. — Ἔθεντο τὰ ὅπλα] ἀπέθεντο. — 2. Αὐτῶν] τῶν Κορινθίων. — Ὁ στρατηγός] τῶν Κορινθίων δηλονότι. — Ἡ δὲ ἄλλη στρατιά] τὸ δεξιὸν κέρας τῶν Ἀθηναίων καὶ τὸ ἀριστερὸν τῶν Κορινθίων. — Τούτῳ τῷ τρόπῳ] τῆς ἀναχωρήσεως δηλονότι. — Οὐ κατὰ δίωξιν πολλήν...] οὐ φεύγοντες ταχέως, διωκόντων τῶν Ἀθηναίων. — 4. Ἐβοήθουν] ἔτρεχον εἰς βοήθειαν.

XLV. 2. Ἀπολαβόντες] περικυκλώσαντες. — Ἐξετείχισαν τὸ χ.] εἰς τέλος ἤγαγον τὸ τεῖχος τοῦ χωρίου.

XLVI. 2. Τὸ μὲν τείχισμα] τὸ ἐπὶ τῆς Ἰστώνης. — Ξυνέβησαν] συνεβιβάσθησαν. — 4. Οἱ Ἀθηναῖοι οἱ ἐν ταῖς Ἀθήναις. — 5. Τῶν ἐν τῇ νήσῳ] τῇ Πτυχίᾳ. — Καὶ διδάξαντες] τοὺς ὑποπέμπτους. τὸ ἑξῆς, καὶ διδάξαντες τοὺς ὑποπέμπτους λέγειν, ὡς δῆθεν ἀπὸ εὐνοίας.

XLVII. Μηχανησαμένων] αὐτῶν τῶν ἐν τῇ πόλει Κερκυραίων. μηχανησαμένων δὲ λέγει οἱονεὶ εὐτρεπισάντων. — 2. Ξυνελάβοντο δὲ ...] ἀντὶ τοῦ, συμμετέσχον δὲ οὐκ ὀλίγως τοῦ τοιούτου πράγματος, ὥςτε πιθανὴν καὶ πιστὴν γενέσθαι τοῖς ἐν τῇ Πτυχίᾳ ἀνδράσι τὴν ἀπάτην, οἱ στρατηγοὶ τῶν Ἀθηναίων. εἶτα τὴν αἰτίαν λέγει· ἐπειδὴ, φησὶν, αὐτοὶ ἀπέπλεον ἐπὶ τὴν Σικελίαν, ἀλλ᾽ οὐκ ἐπὶ τὰς Ἀθήνας, οὐκ ἐβούλοντο δι᾽ ἄλλων τινῶν κομισάντων αὐτοὺς ἐς τὰς Ἀθήνας, ἐκείνους καρπώσασθαι τὴν δόξαν. — Τοὺς τεχνησαμένους] αὐτοὺς τοὺς ὄντας ἐν τῇ Κερκύρᾳ, μηχανησαμένους τὸ πλοῖον. — 3. Διῆγον] διεβίβαζον. — Ὑπὸ τῶν παρατεταγμένων] ἑκατέρωθεν δηλονότι. — Τῆς ὁδοῦ] εἰς τὸ ἔμπροσθεν τῆς ὁδοῦ.

XLVIII. Αὐτούς] τοὺς Κερκυραίους. — 2. Βιάζεσθαι] μετὰ βίας ἐξέρχεσθαι. — 3. Οἱ δέ] οἱ δὲ ἐν τῷ οἰκήματι. — Ἐς τὰς σφαγάς] ἤγουν εἰς τὸ μέρος τοῦ σώματος, ἔνθα σφάττονται τὰ ζῶα. σφαγὴ καλοῦσι τὸ κατὰ τὴν κλεῖδα τοῦ ἀνθρώπου μέρος, δι᾽ οὗ καθιᾶσι τὰ σιδήρια οἱ θέλοντες ἑαυτοὺς ἀνελεῖν. — Τοῖς σπάρτοις] ὡς ἀπὸ εὐθέος οὐδέτερον τὸ σπάρτον. — Παραιρήματα ποιοῦντες] ὡς ἂν εἰ ἔλεγε, τελαμῶνάς τινας ἀποσχίζοντες τῶν ἱματίων, ὥςπερ ζώνας ἐποίουν· καὶ πλέκοντες αὐτά, καὶ ποιοῦντες ὥςπερ σχοινία, οὕτως αὐτοῖς ἐχρῶντο πρὸς τὸ ἀπάγχεσθαι. — Ἐπεγένετο γὰρ νὺξ τῷ παθήματι] ἐπειδὴ εἶπε τὸ πολὺ τῆς νυκτὸς, ἵνα μή τις εἴπῃ, Καίτοι ἐν ἡμέρᾳ ταῦτα ἐγένετο, λέγει ἐν τῷ μέσῳ τὸ, ἐπεγένετο γὰρ νύξ. — Φορμηδόν] ὡς ἐάν τις πλέξῃ φορμοὺς, τοὺς καλουμένους ψιάθους, τοὺς μὲν κατὰ μῆκος αὐτῶν τιθέντες, ἄλλους δὲ πλαγίως ἐπιβάλλοντες κατ᾽ αὐτῶν. ἐμφαίνει δὲ τοῦτο τῶν Κερκυραίων τὴν ὠμότητα εἰς τοὺς ἀποθανόντας, ὅτι οὐδὲ μετὰ τὸν ἐκείνων θάνατον τοῦ πρὸς ἐκείνους μίσους ἐπαύσαντο. — Ἠνδραποδίσαντο] ὡς ἀνδραπόδοις ἐχρήσαντο.

XLIX. Καὶ ἐκπέμψαντες τ. Κ.] ἀντὶ τοῦ καὶ ἐκβαλόντες τοὺς ὄντας ἐκεῖ Κορινθίους. — Αὐτοὶ Ἀκαρνᾶνες οἰκήτορας ἀπὸ πάντων] ἀφ᾽ ἑκάστης γὰρ πόλεως Ἀκαρνανίας ἀπέστειλαν τοὺς οἰκήσοντας.

L. Ἠϊόνι] Λυκόφρων [417]·

Τὸν μὲν γὰρ Ἠῶν Στρυμόνος Βισαλτία.

— 2. Κομισθέντος] ἀχθέντος ὑπὸ τοῦ Ἀριστείδου. — Μεταγραψάμενοι] οἱονεὶ μεθερμηνεύσαντες.

LI. Περιεῖλον] καθεῖλον. — Ἐκ τῶν δυνατῶν] ἀντὶ τοῦ πάνυ καὶ ὡς ἐνεδέχετο.

LII. Αὐτόθεν] ἀπὸ τῆς ἠπείρου. — 3. Πάντων μάλιστα] σημείωσαι ὅτι πάντων λέγει καὶ οὐ πασῶν.

LIII. 3. Προσβολῇ] ἀντὶ τοῦ προσόρμισις καὶ καταγωγή. § ἐπίθεσις. — Ἧσσον] ἀντὶ τοῦ οὐδαμῶς. — Κακουργεῖσθαι] ἤγουν λῃστεύεσθαι. — Ἀνέχει] ἀνατείνει καὶ ἀναπέπταται.

LIV. Κατασχόντες οὖν] ἀντὶ τοῦ προσορμίσαντες ἐν αὐτοῖς τοῖς Κυθήροις. ἰστέον δὲ ὅτι δύο πόλεις ἦσαν τῶν Κυθήρων, μία μὲν ὁμώνυμος, ἑτέρα δὲ, ἡ Σκάνδεια

λέγεται, ἐν τῇ νήσῳ τῶν Κυθήρων παρὰ θάλασσαν κειμένη. — 3. Ἐπιτηδειότερον] ἀντὶ τοῦ συμφερόντως τούτοις τοῖς Κυθηρίοις. — Αὐτοῖς] τοῖς Κυθηρίοις. — Ἀνέστησαν] ἤγουν μετῴκισαν. — 4. Ἐναυλιζόμενοι τῶν χωρίων οὗ καιρὸς εἴη] στρατοπεδευόμενοι εἰς τὸ ἐπικαιρότατον τῶν χωρίων. — Οὗ καιρὸς εἴη] ἀντὶ τοῦ, ὅπου δυνατὸν ἐφαίνετο αὐτοῖς καὶ χρήσιμον τῇ δυνάμει τῇ ἑαυτῶν δηλονότι.

LV. Τοιαύτας] ἤγουν πολεμικάς. — Διέπεμψαν] διαμερίσαντες ἔπεμψαν. — Ὡς ἑκασταχόσε ἔδει] εἰς τὰ ἐν ἑκάστοις τόποις φρούρια. — Τῶν περὶ τὴν κατάστασιν] οἷον τῶν περὶ τὴν πολιτείαν αὐτῶν καὶ τὴν χώραν. — Περιεστῶτος πολέμου τ. κ. ἀ.] προσπιπτόντων αἰφνίδιον πάντοθεν τῶν πολεμίων, καὶ ἄνευ τοῦ δύνασθαι προφυλάξασθαι. — 2. Οἷς τὸ μὴ ἐπιχειρούμενον ...] οἵςτισιν Ἀθηναίοις τὸ μὴ ἐπιχειρεῖν ἀεί τι πράττειν καινὸν ὑστέρησις ἐδόκει τῶν προσδοκηθέντων. § οἷς Ἀθηναίοις μόνον ἐκεῖνο ἄπρακτον ἦν τὸ μὴ ἐπιχειρούμενον. ὡς δήλου ὄντος *** οὐκ ἦν αὐτοῖς ἄπρακτον μόνον θελήσασιν οὐδέν. — 4. Ἀτολμότεροι] ὀκνηρότεροι. — Κινήσειαν] ὑπὲρ ἑαυτῶν δηλονότι. — Διὰ τὸ ... κακοπραγεῖν] διὰ τὸ μὴ πιστεύειν αὐτοὺς μηκέτι μηδέν. κακοπραγήσαντες γὰρ παρ᾽ ἐλπίδα οὐκ εἰωθότες ἐν τῷ πρὶν χρόνῳ ἀστοχεῖν, οὐδεμίαν περὶ τῶν μελλόντων ἐλπίδα βεβαίαν εἶχον.

LVI. Τὸν μὲν ὄχλον] τὸ πλῆθος. — Ἐφόβησεν] εἰς φυγὴν ἔβαλεν. — Ἐπιδρομῇ] ἀντὶ τοῦ ἐξ ἐπιδρομῆς, δι᾽ αἰφνιδίας ἐφόδου. — 2. Ἐς Ἐπίδαυρον] ἄλλη ἐστὶν Ἐπίδαυρος ἐν τῷ ἰσθμῷ. — Τὴν Λιμηράν] οὐκ ἀπὸ λιμοῦ οὕτως ὠνόμασται, ἀλλὰ διὰ τὸ πολλοὺς ἔχειν λιμένας, ἀντὶ τοῦ λιμενηράν. — Σφίσι] τοῖς Λακεδαιμονίοις, ὑπὸ τῶν Αἰγινητῶν. — Πρὸς τὴν ἐκείνων γνώμην ἀεὶ ἕστασαν] ὁμόφρονες καὶ φίλοι τοῖς Λακεδαιμονίοις ὄντες.

LVII. Τὸ μὲν ἐπὶ τῇ θαλάσσῃ] ἤγουν τὸ παραθαλάσσιον. — 2. Ξυνετείχιζε] συνελαμβάνετο τοῦ τειχίσματος. — 3. Κατασχόντες] ἀντὶ τοῦ προσορμίσαντες τῇ Θυρέᾳ· οὐ γὰρ λέγει κρατήσαντες. — 4. Μεταστῆσαι] μετανάστας ποιῆσαι. — Τοὺς ἐν τῇ νήσῳ] τῇ Σφακτηρίᾳ.

LVIII. Ἐχεχειρία] διάλειψις τοῦ πολέμου. — Ξυναλλαγεῖεν] φιλιωθεῖεν. — Ἀξιούντων ...] ἀντὶ τοῦ δηλούντων καὶ προσαγγελλόντων οἷα ἕκαστος παρὰ τοῦ ἑτέρου ἐπλεονεκτήθη.

LIX. Οὔτε πόλεως ὢν ἐλαχίστης ...] δημηγορία Ἑρμοκράτους Συρακουσίου. τὸ προοίμιον ἐκ συστάσεως τοῦ ἰδίου προσώπου. σημείωσαι τὸ παθητικόν. Τέμνεται ἡ δημηγορία αὕτη τῷ δικαίῳ καὶ τῷ συμφέροντι καὶ τῷ δυνατῷ, οὕτω· δίκαιον μὲν γάρ, φησί, πρὸς τοὺς ὁμοφύλους συμβῆναι, καὶ πρὸς τοὺς Ἀθηναίους αἱρεῖσθαι πόλεμον· εἶτα δὲ καὶ συμφέρον μὴ ἐᾶν καταδουλωθῆναι Σικελίαν· τὸ δὲ δυνατὸν, ὅτι, ἐὰν ὁμονοήσωμεν, ῥαδίως τῶν ἐναντίων περιεσόμεθα. — Οὔτε πόλεως ὢν ἐλαχίστης, ὦ Σικελιῶται] οἱ περὶ καταλύσεως πολέμου

παραινοῦντες ἀεὶ ὑποπτεύονται διὰ φόβον καὶ μαλακίαν·
τὸν πόλεμον φεύγοντες ταῦτα παραινεῖν. διὸ καὶ ὁ
Ἑρμοκράτης τοῦτο ποιεῖ. ἅμα δὲ καὶ αὔξει τὸ ὄνομα
τῆς ἑαυτοῦ πατρίδος, ἵνα συγγνώμην ἔχωσιν αὐτῷ οἱ
5 λόγοι, μετὰ παρρησίας καὶ φρονήματος προερχόμενοι.
τὸ δὲ οὐ πονουμένης προσέθηκεν, ἵνα μή τις εἴπῃ ὡς
ὅτι διὰ τοῦτο ἐρᾷ τῆς εἰρήνης, ὅτι ἡ πόλις αὐτοῦ νῦν
καταπονεῖται. — Οὔτε πονουμένης] κατ᾽ ἀμφότερα
συνιστᾷ ἑαυτὸν ὁ Ἑρμοκράτης, καὶ κατὰ τὸ εἶναι ἐνδό-
10 ξου πόλεως, καὶ κατὰ τὸ μὴ πονεῖν τῷ πολέμῳ τὴν
πόλιν αὐτοῦ· δι᾽ ἃ μάλιστα εἰώθασιν ἀπιστεῖν πρὸς τοὺς
λέγοντας. § Διὰ δύο αἰτίας εἰώθαμεν ἀπιστεῖν τοῖς
συμβουλεύουσιν, ἢ διὰ τὸ εἶναι ἄδοξον τὸ πρόσωπον, ἢ
διὰ τὸ οἰκείων ἕνεκα χρειῶν λέγειν. τοῦ πρώτου παρά-
15 δειγμα Ὅμηρος [Il. B, 200]·

Δαιμόνι᾽, ἀτρέμας ἧσο καὶ ἄλλων μῦθον ἄκουε
οἳ σέο φέρτεροί εἰσιν.

τοῦ δευτέρου [Od. B, 186]·

Σῷ οἴκῳ δῶρον ποτιδέγμενος, αἴκε πόρῃσιν,

20 καὶ τὰ ἑξῆς. ἅπερ ἀμφότερα μαρτυρεῖ ἑαυτῷ ὁ Ἑρμοκράτης μὴ ὑπάρχειν. — 2. Καὶ περὶ μὲν τοῦ πολεμεῖν ...] συμπέρασμα. τὸ γὰρ προοίμιον ὁμολογούμε-
νον. — Τοῦ πολεμεῖν] τὰ μετὰ ἄρθρου λεγόμενα ἀπα-
ρέμφατα ὀνόματα μᾶλλόν εἰσιν ἢ ῥήματα. — Τί ἄν
25 τις πᾶν τὸ ἐνὸν ἐκλέγων ...] τὸ μὲν « πᾶν τὸ ἐνὸν ἐκλέγων » πάντα ὅσα ἔνεστι πολέμῳ κακά, φησίν, ἐπιλεγό-
μενος. ἡ δὲ διάνοια· περιττὸν ἐν εἰδόσι διηγεῖσθαι ὡς
χαλεπόν ἐστι πόλεμος· οὔτε γὰρ ἐφίεταί τις αὐτοῦ δι᾽
ἄγνοιαν, οὔτε ἀποτρέπεται διὰ φόβον, ἄν γε δὴ σχήσειν
30 πλέον ἐλπίσῃ. — Οὔτε ἀμαθίᾳ] γλυκὺς ἀπείρῳ πόλεμος. — Ξυμβαίνει δὲ τοῖς μὲν ...] τοῖς πολεμήσειουσι. §
συμβαίνει δὲ τοῖς μὲν, ἐρῶσι τῶν χρημάτων, τὰ κέρδη
ποιεῖν αὐτοὺς καταφρονεῖν τῶν δεινῶν τῶν ἐν τοῖς πολέμοις, τοῖς δὲ ὑπὲρ τοῦ μὴ πλεονεκτηθῆναι παρὰ τῶν
35 ἄλλων καὶ δουλεῦσαί τινι. — Οἱ δέ] οἱ πολεμήσειον-
τες. Ὅμηρος [Il. Θ, 57]·

Χρειοῖ ἀναγκείῃ, πρό τε.

— 3. Αὐτὰ δὲ ταῦτα] τὰ δύο ἅπερ εἶπεν. — Εἰ μὴ ἐν
καιρῷ ...] εἰ δὲ μὴ ἐν καιρῷ ἑκάτεροι πολεμεῖν ἐθέλοιεν,
40 οἵ τε τῶν ἐξ αὐτοῦ κερδῶν δηλονότι ἐφιέμενοι καὶ οἱ
ἀγωνιζόμενοι μὴ ἐλασσοῦσθαι, ὠφελιμώτατα ἂν διαλ-
λαγεῖεν. συνίστησι δὲ διὰ τούτων, ὅτι οὐ δεῖ τὸν περὶ
εἰρήνης συμβουλεύοντα πολέμου κατηγορεῖν, (ἕωλον
γάρ,) ἀλλὰ μᾶλλον τῆς κατ᾽ αὐτὸν ἀκαιρίας. — Ἑκά-
45 τεροι] οἵ τε διὰ κέρδος ἴδιον πολεμοῦντες δηλονότι καὶ
οἱ διὰ τὸ μὴ ἀφαιρεθῆναί τι τῶν ὑπαρχόντων αὐτοῖς.
— 4. Τὰ γὰρ ἴδια ...] τὸ ἑξῆς, τὰ ἴδια εὖ θέσθαι. —
Ἕκαστοι] τῶν Σικελιωτῶν. — Θέσθαι] οἰκονομῆσαι. —
Νῦν πρὸς ἀλλήλους δι᾽ ἀντιλ. ...] τὸ μὲν δι᾽ ἀντιλο-
50 γιῶν, δι᾽ ἀντιρρήσεων καὶ λόγων· τὸ δὲ καταλλαγῆναι,
διαλλαγῆναι· ἴσον δὲ τὸ προσῆκον ἑκάστῳ καὶ δίκαιον·
τὸ δ᾽ ὡς ἐγὼ κρίνω, ὡς ἐγὼ νομίζω. ἡ δὲ διάνοια· εἰ

νῦν, φησίν, μὴ προχωρήσει ἐκ τῆς ἐκκλησίας ταύτης τὸ
νομίζειν ἕκαστον ἔχοντα τὸ ἴδιον ἀπελθεῖν, ἀλλὰ τοὐναντίον ἀδικεῖσθαι, ὕστερον πάλιν πολεμήσομεν, ἂν
δόξῃ, μετὰ τὸ ἀπελθεῖν τοὺς Ἀθηναίους. τέως δὲ νῦν
βέλτιόν ἐστι τὸ διαλλαγῆναι, ἐν ὅσῳ ἐπίκεινται ἡμῖν οἱ 5
Ἀθηναῖοι. — Ἴσον ἑκάστῳ ἔχοντι] Ὅμηρος [Od. I, 42]·

Μή τίς μοι ἀτεμβόμενος κίοι ἴσης.

LX. Ἡ ξύνοδος] ἡ συναγωγὴ ἡ ἐνθάδε. — Καὶ
διαλλακτάς] λείπει τὸ χρή· βούλεται γὰρ εἰπεῖν, ὅτι
καὶ χρὴ διαλλακτάς· ἀπὸ κοινοῦ δὲ ἀκουστέον τὸ ὡς 10
ἐγὼ κρίνω. § Ἀπὸ κοινοῦ τὸ χρή, ἵν᾽ ᾖ, χρὴ νομίσαι
τοὺς Ἀθηναίους ἀναγκαιοτέρους τῶν λόγων. — Περὶ
τῶνδε] διαλλαγῶν. — Οἱ δύναμιν ἔχοντες μεγ.] ἤγουν
δυνατώτατοι ὄντες. — Ὀλίγαις ναυσὶ παρόντες] τινὰ
τὰ ὀλίγαις ναυσὶν οὐκ ἔχουσι. — Καὶ ὀνόματι ἐννόμῳ ...] 15
πρόσχημα μὲν ποιοῦνται τὴν πρὸς τοὺς Χαλκιδεῖς συμμαχίαν, ὡς διὰ συγγένειαν νομίμως αὐτοῖς ξυμμα-
χοῦντες· φύσει δὲ πολέμιοι πᾶσιν ὄντες Σικελιώταις,
τὸ ἴδιον συμφέρον διὰ τῆς περὶ τὸ συμμαχεῖν εὐπρεπείας κατασκευάζοντι, τουτέστι θηρῶνται. — Εὐ- 20
πρεπῶς] πιθανῶς. — Ἐς τὸ ξυμφέρον] εἰς τὸ ἑαυτοῖς ξυμφέρον. — 2. Τοὺς ἄνδρας] τοὺς Ἀθηναίους δηλονότι. —
Ποιούντων] ἀπὸ κοινοῦ τὸ ἡμῶν. — Τέλεσι] ταῖς δαπάναις. ὅθεν καὶ εὐτελὴς καὶ πολυτελής. — Ἐκείνοις]
τοῖς Ἀθηναίοις. τὸ δὲ προκοπτόντων, προοδοποιούντων, 25
καὶ εὐτρεπιζόντων, ἤγουν προκοπὴν καὶ ἐπίδοσιν ποιούντων ἡμῶν τῆς ἀρχῆς ἐκείνων. ἡ δὲ διάνοια· τῶν Σικελιωτῶν ἡμῶν αὐτῶν κακῶς αὐτοὺς διαθέντων τοῖς οἰκείοις
δαπανήμασι, καὶ περιαιρούντων καὶ περικοπτόντων τῆς
ἡμετέρας ἀρχῆς πρὸς τὸ ἐκείνοις συμφέρον, εἰκὸς τοὺς 30
Ἀθηναίους, ὅταν γνῶσιν ἡμᾶς ἐκτετρυχωμένους, ἐπελθόντας πλείονι στρατῷ καταδουλώσεσθαι τὰ ἐνταῦθα.
LXI. Καίτοι τῇ ἑαυτῶν ...] ὁ νοῦς τῶν λεγομένων
τοιοῦτος· χρή, εἰ σωφρονοῦμεν, ἑκάστους ἡμῶν τῶν
Σικελιωτῶν τὰ ἀλλότρια ἐπικτωμένους, καὶ ἁρπάζον- 35
τας, μᾶλλον τοὺς συμμάχους ἐπάγεσθαι, ἤπερ τὰ ἕτοιμα
βλάπτοντας· τουτέστιν, ὅταν, τῶν ἰδίων ἡμῶν καλῶς
ἐχόντων καὶ ἀδεῶς διακειμένων, βουλώμεθα κατὰ πλεονεξίαν ἀλλότρια ἐπικτήσασθαι, τότε δεῖ τοὺς συμμάχους
ἐπάγεσθαι, καὶ τοὺς κινδύνους ὑφίστασθαι, καὶ μὴ 40
ὅταν ὁ κίνδυνος περὶ τῶν οἰκείων ἡμῶν γίγνηται. —
Τὰ μὴ προσήκοντα] τὰ ἀλλότρια. — Νομίσαι] ἀπὸ
κοινοῦ τὸ χρή. — Τὰς πόλεις καὶ τὴν Σικελίαν] τὴν
Σικελίαν πᾶσαν ὡς μίαν πόλιν ἔλαβε. καὶ φησὶν ὅτι,
εἰ πόλεμον ἕξομεν, διαφθαρησόμεθα. ὅπερ ἐπὶ μιᾶς πό- 45
λεως ξυμβαίνει. — Ἐπιβουλευόμεθα] ἐξ ἐπιβουλῆς πάσχομεν. — Κατὰ πόλεις δὲ διέσταμεν] διῃρημένως κατοι-
κοῦμεν. — 2. Κοινῇ] γνώμῃ δηλονότι. — Παρεστάναι
δὲ μηδενὶ] μὴ νομιζέτωσαν διὰ τὸ συγγενεῖς, φησὶν, εἶναι
τοῖς Ἀθηναίοις οἱ Χαλκιδεῖς ἐν ἀσφαλείᾳ καθεστάναι. 50
οὐ γὰρ διότι πολέμιόν ἐστι τὸ Δωρικὸν γένος τῷ Ἰωνι-
κῷ, διὰ τοῦτο ἐχθροὶ ὄντες οἱ Ἀθηναῖοι τοῖς Δωριεῦσιν
ἐπίασιν, ἀλλ᾽ ἐφιέμενοι τῶν ἐν τῇ Σικελίᾳ ἀγαθῶν. τὸ

δὲ, αὐτοὶ τὸ δίκαιον μᾶλλον τῆς ξυνθήκης παρέσχοντο, ἀντὶ τοῦ, προθυμότερον ἤπερ ἐχρῆν κατὰ συμμαχίαν ἐβοήθησαν. — Παρεστάναι δέ] δόξαν ἐπέρχεσθαι. § ἀπὸ κοινοῦ τὸ χρή. — Τῇ Ἰάδι ξυγγενείᾳ] ὡς ἀναφέρον δηλονότι τὸ γένος εἰς τοὺς Ἴωνας. — Ἀσφαλές] εἰρηναῖον, ἐπιτήδειον, ἀκίνδυνον. — 3. Δίχα πέφυκεν] ἡ Σικελία δηλονότι. — Ἐπίασιν] οἱ Ἀθηναῖοι. — Ἃ κοινῇ κεκτήμεθα] ἤγουν ὧν κοινὴν κεκτήμεθα τὴν ἀπόλαυσιν. — 4. Σφίσι] τοῖς Ἀθηναίοις. — 5. Προνοεῖσθαι] ἀντὶ τοῦ προσκέπτεσθαι. — Ἑτοιμοτέροις] ἀντὶ τοῦ ἑτοίμοις. — Πέφυκε] φύσιν ἔχει. — Τὸ ἐπιόν] ἤγουν τὸ κρεῖττον. — 6. Ὅσοι δὲ γιγνώσκοντες αὐτά...] ὅσοι, φησίν, γιγνώσκοντες αὐτὸ, ὅτι πέφυκεν ἄνθρωπος διὰ παντὸς ἄρχειν μὲν ἐθέλειν τοῦ εἴκοντος, φυλάττεσθαι δὲ τὸ ἐπιὸν, μὴ ὀρθῶς προνοοῦμεν, καὶ προσκοποῦμεν, ἁμαρτάνομεν. — Πρεσβύτατον ἥκει κρίνας] τὸ ἐξῆς, πρεσβύτατον εὖ θέσθαι. τουτέστιν, ἐν πρώτοις τοῦτο φυλάξασθαι καὶ εὖ διαθέσθαι. τουτέστι τὴν δούλωσιν. — Τὸ κοινῶς φοβερὸν ἅπαντας εὖ θέσθαι] κοινῶς φοβερὸν ἡ δούλωσις ἡ παρὰ τῶν Ἀθηναίων ἐπιβουλευομένη πᾶσιν ὁμοίως. ὡς καὶ Ἱπποκράτης [Aphorism. 2, 46]· «Δύο πόνων ἅμα γινομένων ὁ σφοδρότερος ἀμαυροῖ τὸν ἕτερον.» — 7. Τάχιστα δ᾽ ἂν ἀπαλλαγή...] εἰ πρὸς ἀλλήλους εἰρηνεύσαιμεν, τάχιστα ἂν ἡ τῶν Ἀθηναίων ἐπιβουλὴ ἀδεέστερα ἔσται. καὶ τὴν αἰτίαν ἐπιφέρει, διότι οὐχὶ ἀπὸ τῆς ἰδίας γῆς ὁρμῶνται πρὸς ἡμᾶς, (οὐ γάρ εἰσιν ἀστυγείτονες,) ἀλλ᾽ ἐκ τῆς τῶν ἐπικαλεσαμένων. καὶ εἰ τοῦτο ποιήσομεν οὕτως, οὐκέτι πόλεμος πόλεμον διαδέξεται, ἀλλ᾽ εἰρήνη τὴν διαφοράν. σκόπει δὲ πῶς τὸν πόλεμον εὐφήμως διαφορὰν καλεῖ. — Αὐτοῦ] τοῦ κοινῶς φοβεροῦ δηλαδή. — Τῶν ἐπικαλεσαμένων] ἤγουν τῶν Χαλκιδέων. — 8. Οὕτως] οὕτως, ὡς εἶπεν, [ἤτοι] εἰ πρὸς ἀλλήλους ξυμβαίημεν. — Οἵ τ᾽ ἐπίκλητοι] οἱ Ἀθηναῖοι δηλονότι. — Εὐπρεπῶς ἄδικοι ἐλθόντες] οἱ Ἀθηναῖοι μετὰ προφάσεως εὐπρεποῦς ἐλθόντες, ὡς δῆθεν συμμαχοῦντες τοῖς ἐνθάδε Χαλκιδεῦσιν, εὐλόγως ἄπρακτοι ἀπελεύσονται, διαλλαγέντων ἡμῶν. — Ἄδικοι] (Hom. II. 1, 63):

Ἀφρήτωρ, ἀθέμιστος, ἀνέστιός ἐστιν ἐκεῖνος.

— Εὐλόγως] εὐλόγως φησὶ διὰ τὸ ξυμβῆναι.
LXII. 3. Καὶ εἴ τις βεβαίως...] ἡ διάνοια· εἴ τις βεβαίως τι καὶ πάντη πάντως οἴεται πράξειν, καὶ κρατήσειν τῶν ἐναντίων, ἤτοι διὰ τὸ δικαίως αὐτοῖς ἐπιέναι νομίζειν, ἢ διὰ τὸ ἰσχυρὸς οἴεσθαι τυγχάνειν, μὴ χαλεπαινέτω, εἰ παρὰ τὴν ἰδίαν οἴησίν τε καὶ ἐλπίδα σφαλλόμενος ἐλέγχεται ὑπ᾽ ἐμοῦ, ἐνθυμηθεὶς ὅτι πολλοὶ, δικαίως τιμωρήσασθαι τοὺς ἀδικήσαντας διανοηθέντες, οὐ μόνον οὐκ ἠμύναντο αὐτοὺς, ἀλλὰ καὶ αὐτοὶ προσαπώλοντο, καὶ ἕτεροι, δι᾽ ἰσχὺν ἐλπίσαντες πλεονεκτήσειν τῶν πέλας, πρὸς τῷ μὴ σχεῖν πλέον, καὶ τὰ αὑτῶν προσαπώλεσαν. διὰ τούτων δὲ τὸ μὴ δεῖν αὐτοὺς ἐλεγχομένους χαλεπαίνειν συνάγεται. — Βίᾳ] ἰσχύϊ. — Οἱ μέν] οἱ μετιόντες σὺν δίκῃ τοὺς ἀδικοῦντας. — Οὐχ

ὅσον οὐκ ἠμύναντο] ἤγουν οὐ μόνον οὐκ ἠμύναντο. — Προσκαταλιπεῖν] προςζημιωθῆναι. — 4. Τιμωρία γὰρ οὐκ εὐτυχεῖ δικαίως...] οὐχ, ὅτι ἀδικεῖται, εὐτυχεῖ δικαίως· οὐ γὰρ, ἐπειδὴ ὁ τιμωρούμενος προηδίκηται, διὰ τοῦτο ἐπεξιὼν εὐτυχήσει. δίκαιον μὲν γὰρ τὸν ἀδικηθέντα εὐτυχῆσαι κατὰ τὴν εἴςπραξιν τῆς τιμωρίας, οὐ μὴν καὶ ἀποβαῖνον οὕτως. οὐδὲ ὁ ἰσχυρὸς, φησί, διὰ τὸ ἐλπίζειν ἐκ τῆς δυνάμεως κρατήσειν, διὰ τοῦτο καὶ τὸ βέβαιον ἔχει. — Τὸ δὲ ἀστάθμητον...] τὸ δὲ ἄστατον τῆς τύχης καὶ τὸ ἄδηλον ὡς ἐπιτοπλεῖστον πέφυκε κρατεῖν. ἔστι γὰρ πολλάκις νικῆσαι καὶ ἀπὸ ἰδίας ἀρετῆς, ἐκτὸς τύχης. — Κρατεῖ] τὴν ἰσχὺν ἔχει. — Προμηθείᾳ] προγνώσει, σκέψει.

LXIII. Καὶ νῦν τοῦ ἀφανοῦς τε τούτου...] ἡ διάνοια· καὶ νῦν τῆς μὲν πρὸς ἀλλήλους διαφορᾶς ἐπιλαθώμεθα δι᾽ ἀμφότερα, διά τε δηλαδὴ τὸ ἄδηλον τυγχάνειν, εἰ πεισόμεθά τι ὑπ᾽ ἀλλήλων, καὶ διὰ τὸ τοὺς Ἀθηναίους ἤδη φοβεροὺς ἡμῖν εἶναι παρόντας, ἱκανὰ νομίσαντες αἴτια τῆς ἀποτροπῆς ταῦτα. — Καὶ τὸ ἐλλιπὲς τῆς γνώμης] καὶ τοῦτο, φησίν, ἐνθυμηθέντες, ὅτι ἃ προςεδοκήσαμεν πρᾶξαι (τουτέστι κρατῆσαι κατὰ τὸν πόλεμον) ἐλλιπῶς ἐγένετο, καὶ οὐ κατὰ τὰς ἡμετέρας γνώμας ἀπέβη· ταῦτα οὖν αὐτὰ, μὴ κατὰ τὴν ἡμετέραν γνώμην γενόμενα, ἱκανὰ κωλύματα ἡμῶν καὶ ἐμπόδια γεγενῆσθαι νομίσωμεν, καὶ τούτοις εἰρχθέντες εἰς τὸ μὴ προβῆναι ἡμῖν τὰ πράγματα ὡς ἠβουλόμεθα, τοὺς ἐπικειμένους ἡμῖν πολεμίους ἀπράκτους ἀποπεμψώμεθα. — 2. Τὸ ξύμπαν τε δὴ γνώμην] τὸ σύνολον δὲ εἰδέναι, φησί, χρὴ ὅτι, πεισθέντες μὲν ἐμοὶ, τὰς πατρίδας ἐλευθέρας οἰκήσομεν, ἀφ᾽ ὧν ὁρμώμενοι, καὶ τὰ ἑξῆς. — Πόλιν ἔχοντες ἕκαστος] τὴν ἰδίαν. — Αὐτοκράτορες] δεσπόται τῆς ἑαυτῶν πόλεως. — Ἀμυνούμεθα] τὸ ἀμυνούμεθα ἐπὶ καλοῦ. ἐνταῦθα γὰρ ἐπὶ τῶν δύο σημασιῶν ἔλαβεν αὐτὸ, καὶ ἐπὶ καλοῦ καὶ ἐπὶ κακοῦ. — Ἀπιστήσαντες] τοῖς ἐμοῖς λόγοις δηλονότι. — Οὐ περὶ τοῦ τιμωρήσασθαί τινα] λείπει τὸ, ὁ ἀγὼν ἡμῖν ἔσται, ἀλλὰ περὶ τοῦ δουλωθῆναι. τοῦτο γὰρ ἠθικῶς ἀποκέκοπται. — Εἰ τύχοιμεν] ἀπὸ κοινοῦ τὸ τιμωρήσασθαί τινα. — Τοῖς ἐχθίστοις] τοῖς Ἀθηναίοις. — Οἷς οὐ χρή] τοῖς Σικελιώταις.

LXIV. Πόλιν τε μεγίστην παρεχόμενος] ἀντὶ τοῦ ἐκ μεγίστης πόλεως ὁρμώμενος. — Καὶ ἐπιὼν τῳ μᾶλλον] καὶ δυνάμενος δηλονότι ἄλλῳ ἐπιέναι. δῆλον δὲ ὡς οὐχ ἁπλῶς περὶ ἑαυτοῦ μόνον λέγει τοῦτο, ἀλλὰ κοινῶς περὶ τῆς πόλεως τῶν Συρακουσίων. — Ἐπιὼν τῳ] Ὅμηρος·

Οὔτε σοὶ οὔτε τῳ ἄλλῳ.

— Προειδομένους αὐτῶν] ἤτοι προγνόντες τὰ πράγματα, ἢ προνοοῦντες ἑαυτῶν, ἵνα ὁ νοῦς ᾖ τοιοῦτος, συμβῶμεν προνοήσαντες ἡμῶν αὐτῶν. — Μηδὲ μωρίᾳ φιλονεικῶν ἡγεῖσθαι...] οὐδὲ ἀξιῶ διὰ μωρίαν φιλονεικῶν ἡγεῖσθαι καὶ νομίζειν τῆς τε ἰδίας γνώμης αὐτοκράτωρ εἶναι καὶ αὐτεξούσιος, καὶ τῆς τύχης, ἧς τινος οὐκ ἄρχω

ἄνθρωπος ὤν. — 3. Καὶ περιρρύτου] τοῦτο οὐ παρέργως τέθεικεν, ἀλλ' ἐμφῆναι βουλόμενος, ὅτι οὐκ ἔστιν ἡμῖν κατὰ τοὺς ἄλλους κοινωνία, διὰ τὸ νησιώτας εἶναι. — Ὅτ' ἂν ξυμβῇ] ὅταν καιρὸς γένηται. — Ξυγχωρησόμεθα] φιλιωθησόμεθα. — Λόγοις κοινοῖς] λόγοις συμβουλευτικοῖς. — 4. Τοὺς δὲ ἀλλοφύλους] τοὺς Ἀθηναίους. καὶ ἐν τῇ πρώτῃ [c. 102]· « Ἀλλοφύλους ἅμα ἡγησάμενοι. » — Εἴπερ καὶ καθ' ἑκάστους ...] εἴπερ καὶ, ὠντινωνοῦν βλαπτομένων ἐν Σικελίᾳ, τὸ πᾶν ἔθνος ἀσθενέστερον γινόμενον κινδυνεύει. — 5. Οἰκείου] συγγενικοῦ.

LXV. Πειθόμενοι] πεισθέντες. — Αὐτοὶ μὲν κατὰ σφᾶς αὐτοὺς ξυνῃ.] ὡμονόησαν ἀλλήλοις καθ' ἑαυτοὺς, μὴ κοινολογησάμενοι τοὺς λόγους τοῖς Ἀθηναίοις. — Γνώμῃ] σκέψει. — Μοργαντίνην εἶναι] ἀντὶ τοῦ ἀποδοθῆναι· ἔστι δὲ Σικελικὸν πόλισμα. — Τακτόν] ὡρισμένον. — 2. Αὐτῶν] τῶν Ἀθηναίων δηλονότι. — Τοὺς ἐν τέλει ὄντας] τοὺς περὶ Πυθόδωρον. — Εἶπον ὅτι ξυμβήσονται] ὡς ἂν εἰ ἔλεγεν, ὅτι οὐδὲν δέονται αὐτῶν εἰς ξυμμαχίαν ἔτι, καθὸ ἐσπείσαντο εἰς ἑαυτοὺς πάντες οἱ Σικελιῶται. Τὸ δὲ παρακαλέσαντες ἀντὶ τοῦ εἰς ἑαυτοὺς καλέσαντες. — Κἀκεῖνοις κοιναί] οἷον τοῖς Ἀθηναίοις, ἵνα, ἐάν τις βουληθῇ ἀπὸ Σικελίας πλεῦσαι κατ' αὐτῶν, συμβαλλόμενος Πελοποννησίοις, κωλύωσιν αὐτόν. — Κἀκείνοις] τοῖς συμμάχοις. — Αὐτῶν] τῶν στρατηγῶν τῶν Ἀθηναίων. — 3. Καταστρέψασθαι] δουλῶσαι. — 4. Καὶ τὰ ἀπορώτερα] ἀδύνατα. — Κατεργάζεσθαι] νικᾷν. — Αἰτία δ' ἦν ...] αἰτία δ' ἦν τοῦ ταῦτα νομίζειν ἢ ἐν τοῖς πλείστοις πράγμασιν εὐπραγία παρὰ προσδοκίαν τοῖς Ἀθηναίοις, ἢ ἐλπίδας ἰσχυρὰς παρεῖχε τοῦ πάντα κατεργάζεσθαι δύνασθαι.

LXVI. Τοῦ δ' αὐτοῦ θέρους] μετάβασις. — Ὡς χρὴ δεξαμένους τοὺς φεύγοντας ...] ὁ νοῦς τοιοῦτός ἐστιν· οἱ μὲν πλείονες τῶν Μεγαρέων ἐβούλοντο σπείσασθαι πρὸς τοὺς φυγάδας αὐτῶν· οἱ δὲ τοῦ δήμου προστάται, νομίζοντες ἀδύνατόν τι πρᾶγμα τοῦτο ἔσεσθαι, διὰ τὸ μὴ δύνασθαι καρτερεῖν (ὅ ἐστι συμπολιτεύεσθαι) τοὺς δημοτικοὺς μετὰ τῶν φυγάδων διὰ τὰ κακὰ τὰ μέλλοντα ἔσεσθαι παρὰ τῶν φυγάδων, οὗτοι τοῦτο δείσαντες λόγους προσφέρουσιν. — Τῶν ἔξω] τῶν φυγάδων. — 2. Τὸν θροῦν] τὸν σύλλογον τὸν γιγνόμενον περὶ τῶν φυγάδων, τοῦ δεῖν δέξασθαι αὐτούς. — 3. Ἐνδοῦναι] αὐτοῖς δηλονότι. — 4. Αὐτοὶ μόνοι] ἤτοι ἐκτὸς τῶν ἄλλων ξυμμάχων, ὧν εἶχον ἔξωθεν τῆς Πελοποννήσου. ἢ μόνοι λέγει ἀντὶ τοῦ ἐκτὸς τῶν Μεγαρέων. ἄνω δὲ πόλιν αὐτὰ τὰ Μέγαρα καλεῖ. — Τὴν ἄνω πόλιν] τὴν ἀκρόπολιν.

LXVII. Ἐπλίνθευον τὰ τείχη] πλίνθους λαμβάνοντες ἐτείχιζον. — Ἀπεῖχεν οὐ πολύ] οὐκ ἀπεῖχε, φησὶ, τῶν Μεγάρων ἡ Μίνωα, ἢ αὐτὸ τὸ ὄρυγμα τὸ ἐν τῇ Μινώᾳ. — 2. Περίπολοι] τῶν φυλάκων οἱ μὲν ἱδρυμένοι καλοῦνται, οἱ δὲ περίπολοι· ἱδρυμένοι μὲν οὖν εἰσὶν οἱ ἀεὶ παρακαθεζόμενοι καὶ πολιορκοῦντες, περίπολοι δὲ οἱ περιερχόμενοι καὶ περιπολοῦντες τὰ φρούρια ἐν τῷ φυλάττειν. — Ἔλασσον ἄπωθεν] ἔλασσον ἀπέχοντες

ἤπερ οἱ ἐν τῷ ὀρύγματι καθήμενοι. πρὸς τὸ ἀπεῖχεν οὐ πολὺ τὸ ἔλασσον ἄπωθεν. — Ἤσθετο οὐδείς] τῶν Μεγαρέων δηλονότι. — 3. Ἕως] ἡμέρα. — Οἱ προδιδόντες ...] οἱ προδιδόντες δηλαδὴ τοῖς Ἀθηναίοις τὰ Μέγαρα πλοῖον κατέφερον ἑκάστης νυκτὸς ἐπὶ θάλατταν, τεθεραπευκότες τὸν ἐπὶ τῶν πυλῶν ἄρχοντα, ὅπως αὐτοὺς μὴ κωλύῃ, ὡς δῆθεν ἐπὶ λῃστείας ἐκπλέοντας τῶν Ἀθηναίων τῶν ἐν τῇ Μινώᾳ φυλαττόντων· καὶ αὖθις πρὸ ἡμέρας ἀνέφερον αὐτὸ εἰς τὸ τεῖχος, ὅπως ἀφανὲς δῆθεν ᾖ τοῖς Ἀθηναίοις, τί χρὴ φυλάττεσθαι. οὐ γὰρ ὄντος οὐδενὸς ἐν τῷ Μεγαρικῷ λιμένι πλοίου φανεροῦ, διὰ τὸ ἐντὸς τειχῶν μεθ' ἡμέραν κρύπτεσθαι τὸ ἀκάτιον, ἄπορον ἦν γνῶναι τοῖς Ἀθηναίοις, ὑφ' ὧντινων λῃστεύονται. — Ἀκάτιον ἀμφηρικόν] πλοιάριον ἑκατέρωθεν ἐρεσσόμενον, ἐν ᾧ ἕκαστος τῶν ἐλαυνόντων δικωπίᾳ ἐρέττει. — 4. Τότε] ὅτε προεδίδοντο τὰ Μέγαρα. — Ὡς τῷ ἀκατίῳ] ὡς τοῦ ἀκατίου μέλλοντος εἰσκομίζεσθαι. — Ἀπὸ ξυνθήματος] τῶν Μεγαρέων δηλονότι. — Κώλυμα οὖσα προσθεῖναι] ἀντὶ τοῦ κωλύουσα συγκλεισθῆναι. — 5. Καὶ εὐθὺς ἐντὸς τῶν πυλῶν ...] ὑπερβατόν. τὸ δὲ ἑξῆς, καὶ εὐθὺς ἐντὸς τῶν πυλῶν μαχόμενοι τοὺς προσβοηθοῦντας οἱ Πλαταιῆς ἐκράτησαν. τοὺς δὲ προσβοηθοῦντας λέγει περὶ ὧν ἔφη διὰ μέσου, « ᾔσθοντο γὰρ οἱ ἐγγύτατα Πελοποννήσιοι. » — Ἐπιφερομένοις] τοῖς ἐπερχομένοις.

LXVIII. 2. Ἀντισχόντες] ἤγουν ἀντιστάντες. — Σφᾶς] ἤγουν τοὺς Πελοποννησίους. — 3. Ξυνέπεσε] συνέβη. — Θησόμενον τὰ ὅπλα] ἤγουν ἀποθησόμενον. — Οἱ δ'] ἤγουν οἱ Πελοποννήσιοι. — 4. Οἱ πρὸς τοὺς Ἀθηναίους πράξαντες] ἤγουν οἱ συνθέμενοι τοῖς Ἀθηναίοις. — 5. Ξυνέκειτο δὲ αὐτοῖς] ἤγουν συμφωνία ἦν. — Ἐσπίπτειν] μετὰ βάρους εἰσέρχεσθαι. — Μὴ ἀδικῶνται] ἤγουν μὴ βλάπτωνται. — Ἀσφάλεια δὲ μᾶλλον ἐγίγνετο] ἀντὶ τοῦ, ἐν ἀσφαλείᾳ δὲ μᾶλλον ἔμελλον ἔσεσθαι ἀνοίξαντες τὰς πύλας. — 6. Ἀληλιμμένων δὲ αὐτῶν] ἤγουν τῶν προδοτῶν. — Καταγορεύει] καταγγέλλει. — Τοῖς ἑτέροις] τοῖς μὴ εἰδόσι. — Ξυστραφέντες] συσπειραθέντες. — Ἐπεξιέναι] κατὰ τῶν Ἀθηναίων. — Εἴ τε μὴ πείσεταί τις, αὐτοῦ τὴν μάχην ἔσεσθαι] εἴτε μὴ πείσονται οἱ ἀντιστασιῶται, τὴν μάχην ἔσεσθαι οὐ πρὸς τοὺς Ἀθηναίους, ἀλλὰ πρὸς ἀλλήλους τοῖς Μεγαρεῦσιν. — Ἐδήλουν δὲ οὐδέν] ἀντὶ τοῦ οὐδὲ ὅλως ἐδήλουν.

LXIX. Οἱ τῶν Ἀθηναίων στρατηγοί] οἱ ἐκτὸς ἔτι ὄντες τῶν Μεγάρων καὶ μήπω εἰσελθόντες. — 2. Σίδηρός τε] λιθουργός. — Ὕλην] ἄλλην δηλονότι. — Ἀπεσταύρουν] χαρακώματα ἐποίουν. — 3. Ὅσον οὐκ ἀπετετέλεστο] ἀντὶ τοῦ παρὰ μικρὸν ἀπετελέσθη. — Ὁ ἐν τῇ Νισαίᾳ] οἱ Πελοποννήσιοι δηλονότι. — Ἐχρῶντο] σίτῳ δηλονότι. — Τῷ τε ἄρχοντι] ἤγουν τῷ ἄρχοντι τῶν Λακεδαιμονίων. — 4. Ὁμολογήσαντες] ἤγουν συμφωνήσαντες.

LXX. 2. Τῷ λόγῳ] ἀντὶ τοῦ τῇ φήμῃ. — Σφᾶς] ἤγουν τοὺς περὶ αὐτόν.

LXXI. Αἱ δὲ τῶν Μεγαρέων στάσεις] οἱ στασιάσαντες. — Σφίσι] τοῖς Μεγαρεῦσιν. — Οὐκ ἐδέξαντο] τὸν Βρασίδαν. — 2. Περιϊδεῖν] περισκοπῆσαι. — Σφίσιν] τοῖς Μεγαρεῦσιν.

LXXII. Διανενοημένοι] σκοπὸν ἔχοντες. — Πέμψαι] ἄγγελον δηλονότι. — Ἀπῆλθον πάλιν] ἤγουν ἐπανέστρεψαν εἰς τὰς Θήβας. — 2. Τῶν δὲ ψιλῶν] τῶν Ἀθηναίων. — Οὐδαμόθεν] ἤγουν ἀπὸ οὐδενὸς τόπου. — 3. Ἀντεπεξελάσαντες] ἤγουν τοὺς ἵππους κινήσαντες. — Εἰς χεῖρας ᾖεσαν] συνεπλάκησαν. — Ἐπὶ πολύ] διάστημα χρόνου δηλονότι. — 4. Ἀπέδοσαν] τοῖς Βοιωτοῖς. — Τῷ παντὶ ἔργῳ] τῷ τῆς μάχης. — Πρὸς τοὺς ἑαυτῶν] ἐχώρησαν δηλονότι.

LXXIII. Περιορωμένους] ἀντὶ τοῦ περιορῶντας. — Ὁποτέρων ἡ νίκη ἔσται] εἴτε τῶν Ἀθηναίων εἴτε τῶν Λακεδαιμονίων. — 2. Καλῶς δὲ ἐνόμιζον ...] θαυμαστή τις ἦν καὶ στρατηγικωτάτη ἡ τῶν Λακεδαιμονίων ἐπίνοια. ἰσχυρὸν γὰρ χωρίον καταλαβόντες ἡσύγχαζον, ἵνα μήτε οἱ Ἀθηναῖοι αὐτοῖς διὰ τὴν τοῦ χωρίου ἰσχὺν ἐπίωσιν ἐπὶ πόλεμον, μήτε οἱ Μεγαρεῖς καταγνῶσιν αὐτῶν ὡς ἡττηθέντων, καὶ ἀποστιαῖεν. ἐπεὶ δὲ ἑώρων τοὺς Μεγαρεῖς πρὸς τὴν τύχην ὁρῶντας, καὶ τῷ νικήσαντι προστεθῆναι, οὐχ ἱκανοὺς ἑαυτοὺς πρὸς ἀπάντησιν τῶν Ἀθηναίων ὁρῶντες, καὶ δεδιότες τὸ μέλλον, ἡσύχαζον, προσποιούμενοι μὴ θέλειν πρῶτοι ἄρξαι τῆς μάχης, ἐκφοβοῦντες δὲ καὶ τοὺς Μεγαρεῖς μὴ προσχωρῆσαι τοῖς Ἀθηναίοις. — 3. Εἰ μὲν γὰρ μὴ ...] εἰ μὲν γὰρ οἱ Λακεδαιμόνιοι, ἀμελήσαντες Μεγαρέων, μὴ βοηθήσοντες παρεγένοντο, οὐκ ἂν ἔμελλον οἱ Μεγαρεῖς εἰς τὴν τύχην σκοπεῖν, καὶ τὸ μέλλον ἔσεσθαι περιμένειν, (ἤγουν, εἰ οἱ Λακεδαιμόνιοι παρόντες νικήσουσιν,) ἀλλ' εὐθὺς, ὡς σαφῶς Λακεδαιμονίων ἡσσηθέντων, Ἀθηναίοις ἔμελλον ἑαυτοὺς παραδώσειν· νῦν δὲ πρὸς τούτῳ καὶ Ἀθηναίους ἂν τυχεῖν πολεμήσειν μὴ βουληθέντας. — Οὐκ ἂν ἐν τύχῃ γίγνεσθαι σφίσιν ...] οὐκ ἂν ἐπὶ τῇ τύχῃ θέσθαι τοὺς Μεγαρεῖς τὸ μέλλον, καὶ περιμένειν ὁπότεροι κρατήσουσιν. ἡ δὲ διάνοια· εἰ μὴ ὤφθησαν οἱ Πελοποννήσιοι ὑπὸ τῶν Μεγαρέων ἐλθόντες, οὐκ ἂν οἱ Μεγαρεῖς ἐν ἐλπίδι τινὸς ἐγένοντο, ἀλλὰ, καθάπερ ἡττηθέντων Λακεδαιμονίων, καὶ διὰ τοῦτο μὴ παραγενομένων, ὡς οὐκ οὔσης αὐτοῖς βοηθείας, εὐθὺς ἂν τοῖς Ἀθηναίοις ὡς νενικηκόσι παρέδοσαν τὴν πόλιν· ὥστε σαφῶς στερηθῆναι τοὺς Λακεδαιμονίους τῶν Μεγάρων· νῦν δὲ ἐλθόντες οἱ Λακεδαιμόνιοι ἐν ἐλπίδι ἐγένοντο κρατήσειν τῶν Μεγάρων, εἰ οἱ Ἀθηναῖοι μὴ βούλοιντο διαγωνίζεσθαι. — 4. Μὴ ἐπιόντων] λείπει τῶν Λακεδαιμονίων. — Λογιζόμενοι κ. οἱ ἐκ. στρ.] ἐνήλλακται ἡ πτῶσις ἀντὶ τοῦ, λογιζομένων καὶ τῶν ἐκείνων στρατηγῶν, τουτέστι τῶν Ἀθηναίων. ἡ δὲ διάνοια· τῶν Ἀθηναίων οἱ στρατηγοὶ παρετάξαντο μὲν ὡς ἐς μάχην, ἡσύχαζον δὲ, λογιζόμενοι μὴ ἴσον εἶναι τὸν κίνδυνον αὐτοῖς τε καὶ τοῖς Πελοποννησίοις· ἀναλογιζόμενοι ὅτι νικήσαντες μὲν μικρὰ κερδαίνουσι, Μέγαρα λαβόντες, νικηθέντες δὲ τὸ κράτιστον τῆς πόλεως ἀπολέσουσι. τὸ γὰρ μαχιμώτατον

καὶ κράτιστον ἦν αὐτόθι τῶν Ἀθηναίων. — Ἐκείνων] τῶν Ἀθηναίων. — Τοῖς δὲ ...] οἱ δὲ Πελοποννήσιοι ,,πολλὴν μὲν ἔχοντες δύναμιν αὐτόθι, ἀφ' ἑκάστης δὲ πόλεως αὐτοῖς ὀλίγου μέρους παρόντος, οὐκ ἐφοβοῦντο τὴν ἧτταν, νομίζοντες, εἰ καὶ κατὰ κράτος ἡττηθεῖεν, οὐ μεγάλως βλάψειν τὰς πατρίδας. — Ἐπισχόντες] ἑκάτεροι δηλονότι. — Πρότερον οἱ Ἀθηναῖοι] πρὸ τοῦ ἀπελθεῖν τοὺς Λακεδαιμονίους. — Ὡρμήθησαν] ἦλθον. — Τοῖς ἀπὸ τῶν πόλεων ἄρχουσιν] ἤγουν τοῖς συμμάχοις τοῦ Βρασίδου. — Δεξάμενοι] τὸν Βρασίδαν δηλονότι. — Τῶν πρὸς τοὺς Ἀθηναίους πραξάντων] ἤγουν τῶν προδοτῶν.

LXXIV. 2. Ὤφθησαν] ἐφωράθησαν. — Ὁρκώσαντες] εἰς ὅρκους ἐμβαλόντες. — 3. Οἱ δέ] οἱ φυγάδες. — Ἐπειδὴ ἐν ταῖς ἀρχαῖς ἐγένοντο] ἀντὶ τοῦ ἐπειδὴ ἄρχειν ᾑρέθησαν.

LXXV. Τοῦ δ' αὐτοῦ θέρους] μετάβασις. — 2. Βιθυνῶν Θρᾳκῶν] σημείωσαι ὅτι καὶ οἱ Βιθυνοὶ Θρᾷκες. — Τὴν ἐπὶ τῷ στόματι τοῦ Πόντου] τὴν κατὰ τὸ Βυζάντιον· ὅτι ἡ κατὰ τὸ Βυζάντιον Χαλκηδὼν Μεγαρέων ἐστὶν ἀποικία.

LXXVI. 2. Ἐπράσσετο] ἀντὶ τοῦ προεδίδοτο. — Τὸν κόσμον] ἤτοι τὴν πολιτείαν. — 4. Τὸ ἐν τῇ Ταναγραίᾳ] ὃν δηλονότι. — Ἀθρόοι] ἤγουν πανδημεί. — Κινούμενα] ἀντὶ τοῦ ταραττόμενα. — 5. Ἡ πεῖρα] ἤγουν ἡ πρᾶξις. — Καὶ οὔσης ἑκάστοις ...] καὶ οὔσης ἑκάστοις οὐκ ἀπὸ πολλοῦ διαστήματος καταφυγῆς τοῖς τῶν Ἀθηναίων λῃσταῖς, διὰ τὸ πλησίον εἶναι τὰ στρατεύματα τῶν Ἀθηναίων, καὶ δύνασθαι αὐτοῖς βοηθεῖν, ἄν τι πάθωσιν ὑπὸ τῶν Βοιωτῶν. — Κατὰ χώραν] ἤτοι κατὰ τὴν οἰκείαν τάξιν. — Τοῖς δέ] ἤγουν τοῖς Βοιωτοῖς. — Καταστήσειν αὐτά] οἱ Ἀθηναῖοι τὴν δημοκρατίαν. — Ἐς τὸ ἐπιτήδειον] αὐτοῖς δηλονότι.

LXXVII. Εἴρητο] συνεπεφώνητο.

LXXVIII. Βρασίδας δὲ ...] τῶν ἐς τρισκαίδεκα τέλος τῆς ἕκτης, ἀρχὴ τῆς ἑβδόμης. — Παρὰ τοὺς ἐπιτηδείους] τοὺς φίλους. — Διάγειν] διαβιβάζειν. — Ἐπορεύετο] ὁ Βρασίδας. — 2. Ἦγον] ὡδήγουν. — Ἐπιτήδειος ὤν] φίλος. — Διϊέναι] διοδεῦσαι. — Ἕλλησιν] Ἕλληνας λέγει τοὺς περὶ τὰ Φάρσαλα, οἳ Ἀχαιοὶ λέγονται. — Δυναστείᾳ μᾶλλον ...] ὅτι μᾶλλον δυναστείᾳ ἤπερ ἰσονομίᾳ ἐγχωρίως ἐχρῶντο οἱ Θεσσαλοί. — 3. Αὐτῷ] τῷ Βρασίδᾳ. — Τούτοις] ἤγουν τοῖς ἐάσασι τὸν Βρασίδαν διϊέναι. — 4. Οἱ δὲ ἄγοντες] οἱ περὶ τὸν Πάναιρον. — Ξένοι ὄντες] φίλοι. — Οὐκ ἂν προελθεῖν] ἤγουν ἔφασκες οὐκ ἂν προελθεῖν. — 5. Ξυστῆναι τὸ κωλῦσον] συναθροισθῆναι τοὺς κωλύσοντας.

LXXIX. 2. Ἐξήγαγον] οἱ ἐκ τῆς Πελοποννήσου δηλονότι. — Πολέμιος μὲν οὐκ ὤν] τοῖς Ἀθηναίοις δηλονότι. — 3. Αὐτοῖς] ἤγουν τῷ Περδίκκᾳ καὶ τοῖς ἐπὶ Θρᾴκης ἀφεστῶσι τῶν Ἀθηναίων.

LXXX. Τῇ ἐκείνων γῇ] ἤγουν τῇ Λακωνικῇ. — Ἑτοίμων ὄντων] τῶν Χαλκιδέων καὶ τοῦ Περδίκκου. — Ἐπικαλουμένων] ἀντὶ τοῦ προκαλουμένων. — 2. Βου-

λομένοις ἦν] ἤγουν τοῖς Λακεδαιμονίοις. — 3. Καὶ τόδε ἔπραξαν...] σημείωσαι τὸ Λακωνικὸν ἔργον τὸ εἰς τοὺς Εἵλωτας γενόμενον, καὶ ὅπως αὐτοὺς λαθραίως διέφθειραν. — Φρονήματος] ἀλαζονείας. — 4. Προκρίναντες] ἀντὶ τοῦ προκριθέντων. — Οἱ μέν] οἱ δισχίλιοι. — Οἱ δέ] ἤγουν οἱ Λακεδαιμόνιοι.

LXXXI. Πλείστου ἄξιον] ἤγουν ὠφελοῦντα τὴν Λακεδαίμονα. — 2. Μέτριον] ταπεινόν.

LXXXIII. 3. Μέσῳ δικαστῇ] ἀντὶ τοῦ μεσίτῃ καὶ διαιτητῇ. § Ἡ τῶν προὐχόντων ἀρετὴ ἔν τε πόλεσι καὶ ἐν στρατείαις πανταχοῦ καθίσταται τὸ ὑπήκοον, καὶ τῶν ἐναντίων ποιεῖ μὴ καταφρονεῖν. ἐν μὲν τοῖς Ἕλλησι τὸν Βρασίδαν καὶ τὴν αὐτοῦ στρατιάν, ἐν τοῖς ἡμετέροις δὲ Βελισάριον εἰς παράστασιν τοῦ παρόντος λόγου παραβάλλομεν. — 4. Περὶ αὐτόν] τὸν Περδίκκαν. — 6. Ἄκοντος] τοῦ Περδίκκου δηλονότι. — Τοῖς λόγοις] τοῦ Ἀρριβαίου.

LXXXIV. Ἐν δὲ τῷ αὐτῷ θέρει] μετάβασις.— 2. Οἱ δέ] οἱ Ἀκάνθιοι. — Δέχεται] τὸ πλῆθος τὸν Βρασίδαν. — Ὡς Λακεδαιμόνιος] οἱ γὰρ Λάκωνες βραχυλόγοι. Ὅμηρος [Il. Γ, 213]·

Ἤτοι μὲν Μενέλαος ἐπιτροχάδην ἀγόρευε,
παῦρα μέν, ἀλλὰ μάλα λιγέως.

LXXXV. Ἐκπεμψίς] ἀποστολή. — Ἐπαληθεύουσα] βεβαιοῦσα, κυροῦσα. — Ἀθηναίοις] τὸ ἑξῆς, Ἀθηναίοις πολεμήσειν. — 2. Εἰ δὲ χρόνῳ ἐπήλθομεν...] εἰ δὲ βραδέως παρεγενόμεθα, μηδεὶς ἡμῖν μέμψηται· ἐλπίσαντες γὰρ τοὺς Ἀθηναίους ταχέως καταλύσειν, καὶ τοῦ κατὰ τὴν Ἀττικὴν πολέμου παύσεσθαι ῥᾳδίως, τῆς δοκήσεως ἐσφάλημεν. — Τοῦ ὑμετέρου κινδύνου] τῆς ὑμετέρας συμμαχίας. — Νῦν γάρ, ὅτε παρέσχεν] νῦν γάρ, ὅτε τὰ πράγματα παρουσίας ἡμῖν ἐξουσίαν παρέσχεν. — Παρέσχεν] ἔδωκεν ὁ καιρός. — 4. Ἡμεῖς μὲν γὰρ οἱ Λακεδαιμόνιοι...] ἡμεῖς μὲν γὰρ εἰς κίνδυνον τηλικοῦτον κατέστημεν, διὰ τῆς ἀλλοτρίας ὁδοιπορήσαντες, καὶ προθυμίαν ἅπασαν ἐνεδεξάμεθα, ἐλπίσαντες τὴν παρουσίαν ἡμῶν ἀσμένοις ὑμῖν ἔσεσθαι, οὕς γε, καὶ πρὶν ἀφικέσθαι, τῇ γοῦν προαιρέσει φίλους εἶναι, ἥξειν τε ὁπότε βουλοίμεθα, ὡς παρὰ φίλους ἀφικέσθαι. — Βουλομένοις ἔσεσθαι] αὐτοῖς δηλονότι τοῖς ξυμμάχοις. ἡ δὲ σύνταξις Θουκυδίδειος. — Ἀνερρίψαμεν] ἀπὸ μεταφορᾶς τῶν κύβων. — 6. Καὶ τὴν αἰτίαν οὐχ ἕξω πιστήν...] καὶ τὴν αἰτίαν τῆς ἐμῆς ἐξόδου λέγων οὐ πιστευθήσομαι, ἀλλὰ προφασίζεσθαι δόξω, ἐλευθεροῦν ἐπαγγελλόμενος τοὺς Ἕλληνας ἐπὶ τῷ ἀδικεῖν τι αὐτούς, ἢ ἀδύνατος εἶναι βοηθεῖν πρὸς Ἀθηναίους, ἂν ἐπίωσι τοῖς συμμάχοις.

LXXXVI. Ὅρκοις τε Λακεδαιμονίων...] τὸ ἑξῆς, ὅρκοις μεγίστοις τὰ τῶν Λακεδαιμονίων τέλη καταλαβών· ἀντὶ τοῦ, ποιήσας ὀμόσαι τοὺς ἄρχοντας τῶν Λακεδαιμονίων. — Οὐχ ἵνα ἔχωμεν] οὐ γὰρ δεόμεθα συμμαχίας... — 4. Ἀσαφῆ τὴν ἐλευθερίαν] γράφεται ἀσφαλῆ· καὶ ὁ νοῦς ἔχει ὧδε· οὐδὲ γὰρ φανερὰν ἐπιφέρειν νομίζω τὴν ἐλευθερίαν, εἰ, καταλείψας τὸ πάτριον, (ἤγουν τὴν ἀρχαίαν ἐλευθερίαν,) δουλώσω τὸ πλέον τοῖς ὀλίγοις, ἤτοι τοὺς ἄλλους Ἀκανθιαίους τοῖς στασιάζουσιν, ἢ τὸ ἔλασσον, τοὺς αὐτοὺς Ἀκανθιαίους, τοῖς πᾶσιν, ἤγουν τοῖς Μακεδόσιν ἢ Θεσσαλοῖς, ἢ τυχὸν τοῖς Λακεδαιμονίοις. τοὺς γὰρ αὐτοὺς Ἀκανθιαίους πολλούς τε καὶ ὀλίγους ἔφησεν εἶναι, πρὸς μὲν τοὺς στασιαστὰς πολλούς, πρὸς δὲ τοὺς ἄλλους, Μακεδόνας τυχὸν καὶ Λακεδαιμονίους, ἐλάσσους. — Εἰ, τὸ πάτριον παρείς...] εἰ, τὴν πάτριον ἑκάστοις πολιτείαν καταλύσας, ἢ τὸν δῆμον καταδουλώσω τοῖς ὀλίγοις, ἢ τοὺς ὀλίγους τῷ δήμῳ. — 5. Τῆς ἀλλοφύλου ἀρχῆς] τῆς τῶν Ἀθηναίων. — Οἷς τε] ἤγουν ἐφ' οἷς. — Ἐχθίονα...] χείρονας καὶ [μετὰ] πλείονος μίσους κατακτώμενοι τὴν ἀρχήν. — Ὁ μὴ ὑποδείξας] ὁ μὴ προεπαγγειλάμενος. τὸν Ἀθηναῖον αἰνίττεται. — Κατακτώμενοι] ἀναδεξάμενοι. — 6. Ἀπάτη γὰρ εὐπρεπεῖ...] τοῖς γὰρ ἐν δυνάμει, φησίν, οὖσιν, ὥσπερ ἐσμὲν ἡμεῖς, αἴσχιόν ἐστι μετὰ ἀπάτης εὐπρεποῦς κτήσασθαι, ἥπερ βιάσασθαι ἐκ τοῦ φανεροῦ· τὸ μὲν γὰρ βιάσασθαι τῷ τῆς ἰσχύος δικαίῳ γίνεται, καὶ ὡς παρέσχεν ἰσχὺν ἡ τύχη, τὸ δὲ ἀπατῆσαι ἀπὸ γνώμης ἀδίκου γίνεται. — Ἀπάτη... αἴσχιον] Ὅμηρος [Il. Η, 243]·

Ἀλλ' οὐ γάρ τ' ἐθέλω βαλέειν τοιοῦτον ἐόντα
λάθρῃ ὀπιπτεύσας, ἀλλ' ἀμφαδόν, αἴ κε τύχωμι.

— Τὸ μὲν γάρ] τὸ βίᾳ ἐμφανεῖ. — Τὸ δέ] τὸ ἀπάτῃ εὑρεπεῖ.

LXXXVII. Περιωπήν] ἀντὶ τοῦ περίσκεψιν, ἢ περιάθρησιν, ἢ πρόνοιαν, ἢ ἐξέτασιν. Διαφόρων] ἀντὶ τοῦ διαφερόντων. — Πρὸς τοῖς ὅρκοις βεβαίωσιν...] πρὸς τοῖς ὅρκοις, φησίν, οὓς ὤμοσα, οὐκ ἂν σχοίητε παρ' ἐμοῦ πίστιν βεβαιοτέραν λαβεῖν, εἰ μὴ ἀναμείνητε τὰ ἔργα, καὶ θεάσησθε αὐτὰ ἀφομοιούμενα τοῖς λόγοις οἷς νῦν λέγω, πίστιν βεβαίαν τοῦ συμφέρειν αὐτὰ τῶν λόγων παρεχομένων. — Ἀναθρούμενα] φανερὰ γινόμενα. — 2. Εἰ δ' ἐμοῦ ταῦτα] εἰ δ', ἐμοῦ ταῦτα προτείνοντος καὶ ἐπαγγελλομένου, φήσετε μὴ δύνασθαι ἤτοι ἐλευθερωθῆναι ἢ συμμαχεῖν, μενούσης δὲ τῆς φιλίας ἀξιώσετε ἡμᾶς διωθεῖσθαι, ὑφορώμενοι μὴ ἄρα οὐκ ἀκίνδυνος ὑμῖν ἡ ἐλευθερία γένηται· ἔτι δὲ εἰ λέγοιτε ὡς δίκαιον τούτους ἐλευθεροῦν οἳ καὶ δύνανται δέξασθαί τε καὶ κατασχεῖν τὴν ἐλευθερίαν, ἄκοντα δὲ μηδένα ἀναγκάζειν ἐλευθεροῦσθαι· μάρτυρας μὲν θεοὺς καὶ ἥρωας καὶ τὰ ἑξῆς. — Ἐμοῦ] τὸ ἐμοῦ ὀρθοτονητέον. — Ἀδύνατοι] προσέρχεσθαι δηλονότι ἡμῖν. — Κακούμενοι] ὑφ' ἡμῶν. — Διωθεῖσθαι] ἡμᾶς δηλονότι. — Προαναγκάζειν] ἐλευθεροῦσθαι δηλονότι. — Ἐπ' ἀγαθῷ] τῶν Λακεδαιμονίων, Βρασίδα, ἐπ' ἄλλῳ μὴν οὔ· πῶς γὰρ ἄν, ἐπ' ἀγαθῷ ἀφίξει, ἦλθε σὺν βαρείᾳ τῇ στρατιᾷ, δῃῶν αὐτῶν τὴν γῆν; — 3. Ἀνάγκας] ἤγουν αἰτίας. — Τῶν μὲν Λακεδαιμονίων] λείπει τὸ ἕνεκεν. — Προαχθήσεσθε] ἡμῖν δηλονότι. — Οἱ δὲ Ἕλληνες] ἀντὶ τοῦ τῶν Ἑλλήνων. — 4. Οὐ γὰρ δὴ εἰκότως γ' ἄν...] οὐ γὰρ ἂν εὐλόγως

ἐγχειροῖμεν ἐλευθεροῦν τοὺς Ἕλληνας, οὐδ' ἂν δικαίως τοὺς μὴ βουλομένους ἐλευθεροῦσθαι ἐλευθεροῦν ἐπεχειροῦμεν, εἰ μὴ κοινῇ πᾶσι τοῖς Ἕλλησι τοῦτο συνέφερε. —5 Ἑτέρους] τοὺς Ἀθηναίους. — Αὐτονομίαν] ἰσότητα. — 6. Πρὸς ταῦτα] οἱ ἐπίλογοι. — Πρὸς ταῦτα] ἀφορῶντες δηλονότι — Καταθέσθαι] ἑαυτοῖς δηλονότι. — Τὸ κάλλιστον ὄνομα] τὴν ἐλευθερίαν.

LXXXVIII. Πολλῶν λεχθέντων... ἐπ' ἀμφ.] ἀμφιβόλων λόγων λεχθέντων. — Κρύφα ψηφισάμενοι] 10 κατάστασιν κρίσεως ποιήσαντες. — Καὶ πιστώσαντες αὐτὸν τοῖς ὅρκοις] ἀντὶ τοῦ, ὅρκον ἐξ αὐτοῦ λαβόντες, εἰς ὅρκον αὐτὸν ἐμβαλόντες, καὶ ἐκ τούτου πίστιν δεξάμενοι. ὅτε γὰρ λέγομεν, πιστῶ σε ὅρκῳ, ἀντὶ τοῦ, ὅρκον ἐκ σοῦ λαμβάνω· πιστοῦμαί σε δὲ ὅρκῳ, ἀντὶ τοῦ, ὅρ-15 κον σοι δίδωμι. — 2. Στάγειρος] ἡ τοῦ φιλοσόφου Ἀριστοτέλους πατρίς. — Ξυναπέστη] τῶν Ἀθηναίων.

LXXXIX. Τοῦ δ' ἐπιγιγνομένου χειμῶνος] μετάβασις. — Ἐπὶ τὸ Δήλιον] δηλονότι ἀπαντῆσαι. — 20 Διαμαρτίας] ἀστοχίας. — Τῶν ἡμερῶν] τῶν συμπεφωνημένων. — Εἰς ἅς] ἤγουν ἐν αἷς. — Ἐκεῖνοι δὲ Βοιωτοῖς] ἐξεῖπον. — 2. Βοηθείας... πάντων Βοιωτῶν] ἤγουν πάντων τῶν Βοιωτῶν συνδραμόντων εἰς τὸ βοηθῆσαι. — Προκαταλαμβάνονται] ὑπὸ τῶν Βοιωτῶν. 25 — Ἡ Χαιρώνεια] πόλις Βοιωτῶν. — Τὸ ἁμάρτημα] τὴν προδοσίαν.

XC. 2. Τὸ ἱερὸν καὶ τὸν νεών] ἱερὸν ναοῦ διαφέρει· ἱερὸν μὲν αὐτὸς ὁ προσιερωμένος τόπος τῷ θεῷ, νεὼς δὲ ἔνθα ἵδρυται αὐτὸ τὸ ἄγαλμα τοῦ θεοῦ. — Ἀνέβαλ-30 λον] ἀναρρίπτοντες ἐτίθουν. — Σταυροὺς] ὀρθὰ ξύλα. — Ἡ καιρὸς ἦν] ἕως ἐδίδου ὁ καιρός. § ἤγουν ἐν ᾧ ἦν ἐπικαιρότατον καὶ ἁρμοδιώτατον. — 3. Μέχρις ἀρίστου] ἄριστον τὸ νῦν λεγόμενον ἐν τῇ κοινῇ συνηθείᾳ· οὐ γὰρ δυνάμεθα ἐπὶ ἑσπέρας λαβεῖν αὐτό, ἐπεὶ ἔλεγεν ἂν καὶ 35 τὴν πέμπτην, ὡς καὶ τὰς ἄλλας. — Ὑπομένων] ἤγουν ὑπολειφθεὶς ἐν τῷ Δηλίῳ.

XCI. Προχωροῦντας ἐπ' οἴκου] ἤγουν ἀπομακρύναντας τοῦ Δηλίου. — Βοιωταρχῶν] Βοιώταρχος καὶ Βοιωτάρχης. — Κινδυνεῦσαι] διὰ κινδύνου χωρῆσαι.

XCII. 40 Χρῆν μέν, ὦ ἄνδρες Βοιωτοί...] διαιρεῖται ἡ δημηγορία αὕτη τῷ συμφέροντι καὶ τῷ δικαίῳ, ὑποφαίνει δὲ ὀλιγάκις καὶ τὸ δυνατόν. § Ἡ παροῦσα δημηγορία πλεῖον ἔχει τοῦ ἀναγκαίου, ἀφ' οὗ καὶ ἄρχεται, ὥστε ἀνάγκη πολεμεῖν πολεμίοις οὖσι. § Ἡ 45 μὲν πρότασις ἐξ ἐπιπλήξεως τῶν μὴ συνεπαινούντων μάχεσθαι· ἡ δὲ κατασκευὴ ἐκ διαβολῆς τῶν Ἀθηναίων, ὅτι πανταχοῦ ἐχθροί· τὸ δὲ συμπέρασμα προτρεπτικὸν εἰς τὰ πρακτέα κατὰ διορισμὸν τίσι τῶν ἀνθρώπων ἔτι μᾶλλον προμηθητέον. — Διὰ μάχης ἐλθ.] τὸ 50 ἑξῆς, Ἀθηναίοις διὰ μάχης ἐλθεῖν. — 2. Ἀσφαλέστερον ἐδ.] τὸ μὴ πολεμῆσαι. — Οὐ γὰρ τὸ προμηθὲς...] ὁ νοῦς οὗτως· οὐχ ὁμοίως δεῖ τὸν ἐπιβουλεύοντα καὶ τὸν ἐπιβουλευόμενον ἀσφαλῶς μεταχειρίζεται, ἀλλὰ δῆλον ὅτι δεῖ προκινδυνεύειν τὸν ἐπιβουλευόμενον. Ὅμηρος [Il. X, 161]·

Ἀλλὰ περὶ ψυχῆς θέον Ἕκτορος ἱπποδάμοιο.

οὐ γὰρ ὅμοιόν ἐστι τὸ ὑπὲρ τῆς σφετέρας μάχεσθαι καὶ ὑπὲρ πλείονος· τοῦτο μὲν γὰρ φανερῶς ἄδικον, 5 ἐκεῖνο δὲ καὶ μᾶλλον δίκαιον. — Οἷς ἂν ἄλλος ἐπίῃ] ἐκ τῶν τοῦ Αἰσώπου μύθων, ἄλλος ἄλλον ἀγρεῦσαι θέλων τρέχει τις, ἄλλος δ' ἄλλον ἐκ κακοῦ σώζων. — Ὀρεγόμενος] ὥσπερ οἱ Ἀθηναῖοι. — 3. Πάτριόν τε ὑμῖν] ἀπὸ τοῦ ἔθους ἡ ἐργασία τοῦ δυνατοῦ· προανα-10 φωνεῖ δ' ὃ μέλλει διὰ παραδείγματος ὕστερον ἀποδεῖξαι. — Ἀθηναίους δὲ...] τὸ συμφέρον μεταληπτικὸν ἀπὸ προσώπου καὶ τρόπου. — 4. Πρός τε γὰρ τοὺς...] τοῖς πρὸς τοὺς ἀστυγείτονας ἀντιπάλοις ἴσοις καθισταμένοις ἐλευθερία περιγίγνεται. διόπερ καὶ ὁ καὶ σύνδε-15 σμος περιττός. § ἤγουν οἱ γὰρ πρὸς τοὺς ἀστυγείτονας ἀντιπαλαίοντες καὶ ἀντιμαχόμενοι καὶ ἐλεύθεροί εἰσιν. — Πρὸς τούτοις] τοῖς εἰρημένοις. — Ἐπὶ τὸ ἔσχατον ἀγῶνος ἐλθεῖν] ἤγουν ἀγωνίσασθαι μέχρι θανάτου. — Ἀγῶνος] ἀντὶ τοῦ κινδύνου τοῦ ἐκ τῆς μάχης ἀπαν- 20 τῶντος. — Διάκειται] ὑπόκειται. ὡς αὐτοῖς ὑποτέτακται, ὡς ἔχει πρὸς αὐτούς. — Οὐκ ἀντίλεκτος] ἀντὶ τοῦ ἀναμφίβολος. — Εἷς ὅρος οὐκ ἀντίλεκτος] ὡς μηδένα ὅλως ἐν πάσῃ τῇ γῇ ἡμῶν ὅρον ἀναμφισβήτητον πρὸς αὐτοὺς καταλειφθῆναι. ἐξ οὗ δηλοῦται ὅτι πᾶσαν κα-25 ταδουλώσονται τὴν Βοιωτίαν. — 5. Τοσούτῳ ἐπικινδυνοτέραν...] τοσοῦτον ἡ τούτων γειτνίασίς ἐστι φοβερώτερον, ἤπερ τῶν ἄλλων, οἷς γειτνιῶμεν. — Ἰσχύος που θράσει] ἤγουν μετὰ θρασείας ἰσχύος. — Ἔξω ὅρων] τῶν ἑαυτοῦ. — 6. Πολλὴν ἄδειαν τῇ Βοιωτίᾳ... 30 κατεστ.] ἤγουν ἄφοβον πεποιήκαμεν τὴν Βοιωτίαν. — 7. Τοῖς πρὶν ἔργοις] τοῖς ἑαυτῶν. — Τὰς προσηκούσας] ἤγουν τὰς συγγενικάς. Ὅμηρος [Il. Z, 209]·

Μηδὲ γένος πατέρος αἰσχυνέμεν.

— Πιστεύσαντες δὲ τῷ θεῷ] ἐντεῦθεν ὁ Δημοσθένης 35 ὁρμώμενος ἐν τῇ πρώτῃ τῶν Ὀλυνθιακῶν [§ 10], καὶ τῶν θεῶν εὐνοίαν ἱκανὴν ἔφη εἶναι νίκην ἐπαγαγεῖν Ἀθηναίοις, εἰ βούλωνται πολεμεῖν Φιλίππῳ. — Πρὸς ἡμῶν ἔσεσθαι] ἤγουν βοηθήσειν ἡμῖν τὸν θεόν. — Οἷς δὲ γενναῖον] ἤγουν πάτριον καὶ ἀπὸ γένους. — Καὶ τὴν 40 ἄλλων] δηλονότι γῆν.

XCIII. Τῆς ἡμέρας ὀψὲ ἦν] ἤγουν ἑσπέρα ἦν κλίναντος τοῦ ἡλίου. — Προσέμιξεν ἐγγύς] ἐπλησίασεν. — 2. Καθίσας] τὸ στράτευμα δηλονότι. — Αὐτῷ] τῷ Δηλίῳ. — Καὶ τοῖς Βοιωτοῖς] κατὰ τῶν Βοιωτῶν. — 45 3. Καλῶς αὐτοῖς εἶχε] τοῖς Βοιωτοῖς δηλονότι τὰ τῆς συντάξεως. — Ἔθεντο] περιέθεντο. — Ὥσπερ ἔμελλον] μαχέσασθαι. — 4. Ἐπ' ἀσπίδας δὲ πέντε μὲν καὶ εἴκοσι...] οἷον ὡς ἐπὶ πάντας τοὺς στρατηγοὺς τοὺς ἑαυτῶν εἰς κ' καὶ ε' τάξεις ἔταξαν κατὰ βάθος. 5

XCIV. Ἀθηναῖοι μὲν οἵδε ὁπλῖται] Ἀθηναίων· Ὁμηρικὸν [v. ad 1, 89]. — 2. Μελλόντων ξυνιέναι] ἑκατέρων τῶν στρατῶν.

XCV. Δι' ὀλίγου] λόγου δηλονότι· ἢ ἐν βραχεῖ χρόνῳ· τὸ ἴσον δὲ ἔχει πολλοῖς λόγοις, καὶ ὑπομιμνήσκειν μᾶλλον ἢ προτρέπειν δύναται. — 2. Ἀναρριπτοῦμεν] ῥιψοκινδύνως λαμβάνομεν. § ἀντὶ τοῦ, οὐ προςηκόντως τοσόνδε κίνδυνον ἀναδεχόμεθα. — Ἐν γὰρ τῇ τούτων] γῇ δηλονότι. — 3. Χωρήσατε οὖν...] τὸ ἑξῆς, χωρήσατε οὖν ἐς αὐτοὺς ἀξίως τῆς πόλεως. — Ἐς αὐτούς] τοὺς ἐναντίους. — Καὶ τῶν πατέρων] ἀπὸ κοινοῦ τὸ ἀξίως.

XCVI. Τὸ δὲ πλέον] τοῦ στρατοῦ. — Φθάσαντος] νῦν ἀντὶ τοῦ καταλαβόντος. — Προςέμιξαν δρόμῳ] αὐτοῖς δηλονότι προέχοντες. 2. Οὐκ ἦλθεν ἐς χεῖρας] ἤγουν οὐ συνέμιξεν. — Ἀλλὰ τὸ αὐτὸ ἔπαθεν] ἑκατέρων δηλονότι τὰ ἔσχατα. — Ῥύακες] ῥεύματα ὑδρηγά. — Ξυνεστήκει] ἑκατέρωθεν ἑστὼς ἐμάχετο. — 3. Καὶ ἐπῄεσαν] οἱ Ἀθηναῖοι. — Αὐτοῖς] τοῖς Ἀθηναίοις. — Κυκλωθέντων ἐν ὀλίγῳ] ὑπὸ τῶν Ἀθηναίων ἐν ὀλίγῳ τόπῳ. — 4. Πρὸς τὸ μαχόμενον] μέρος τῶν Βοιωτῶν τὸ ἔτι μάχην ὑπομένον. § πρὸς τὸ οἰκεῖον καὶ μὴ ἡττημένον. — Ἐκράτει] κρεῖττον ἦν. — Ὡσάμενοι] τοὺς Ἀθηναίους δηλονότι. — 5. Ξυνέβη...] τὸ ἑξῆς, ξυνέβη ἐς φόβον καταστῆναι. — Ὑπερφανέντων] τῶν ἱππέων τῶν Βοιωτῶν δηλονότι. — 7. Οἱ μέν] τινες τῶν Ἀθηναίων. — Αὐτῶν] τῶν Βοιωτῶν. — Ἐπιλαβούσης τὸ ἔργον] κωλυσάσης τὸν πόλεμον. — 9. Φυλακὴν ἐγκαταλιπόντες] ἐν τῷ Δηλίῳ.

XCVII. Ἀνελόμενοι] ἀνελόντες. — Φυλακήν] δηλονότι τῶν πολεμίων νεκρῶν, ἵνα μὴ ἀσπόνδους αὐτοὺς ἀνέλωνται οἱ Ἀθηναῖοι. — Ἐπεβούλευον] ἐσκέπτοντο. — 2. Ἐπὶ τοὺς νεκρούς] ἐπὶ τῇ ἀναιρέσει τῶν νεκρῶν. — Πρὶν ἂν αὐτὸς ἀναχωρήσῃ] πρίν, φησί, ἐπανέλθῃ ἀπὸ τῶν Ἀθηναίων αὐτός. — Δράσειαν] ἑδράσαν. — Παραβαίνοντες] ἀθετοῦντες. — Τὰ νόμιμα] ἤγουν τοὺς νόμους. — 3. Καθεστηκός] ἔννομον. — Ἰόντας ἐπὶ τὴν ἀλλήλων] ἤγουν εἰςβάλλοντας πολεμικῶς κατὰ τῆς ἀλλήλων γῆς. — Αὐτόθι] ἐν τῷ ἱερῷ. — Πλὴν... χρῆσθαι] ἄνευ τοῦ χρῆσθαι. — Πλήν... χέρνιβι χρῆσθαι] ἤγουν οὗ οὐκ ἦν θεμιτὸν ψαῦσαι αὐτούς, ἤγουν τοὺς Θηβαίους, εἰ μὴ ὅτε τὰς χεῖρας καθαίροιεν δι' αὐτοῦ, δηλονότι τοῦ ὕδατος, μέλλοντες τῶν θυμάτων ἅψεσθαι. — Ἀνασπάσαντας] ἀνιμησαμένους, ἤγουν ἐξ αὐτοῦ τοῦ ὕδατος ἀνιμωμένους πρὸς τὰς κοινὰς χρείας χρῆσθαι. — 4. Τοὺς ὁμωχέτας] ὁμωχέται οἱ συμμετέχοντες τῶν αὐτῶν ναῶν καὶ τῶν ἱερῶν. — Αὐτούς] τοὺς Βοιωτούς. — Ἀπιόντας] τοὺς Ἀθηναίους.

XCVIII. Οὔτε ἀδικῆσαι ἔφασαν οὐδέν] ἤγουν οὐδὲν παραλυμήνασθαι. — Ἐπὶ τούτῳ] ἐπὶ τῷ ἀδικῆσαι τὸ ἱερόν. — Τοὺς ἀδικοῦντας] ἤγουν τοὺς Θηβαίους. — Σφᾶς] τοὺς Ἀθηναίους. — 3. Ἐξαναστήσαντες] ἀπελάσαντες, μεταναστήσαντες. — 5. Ἐν τῇ ἀνάγκῃ ὑπὸ τῆς ἀνάγκης τοῦ καιροῦ. — Ἐκείνους] τοὺς Θηβαίους. — Ἐπὶ τὴν σφετέραν] τὴν τῶν Ἀθηναίων. — Βιάζεσθαι] ἀντὶ τοῦ βιασθῆναι. — 6. Ξύγγνωμόν τινα γίγνεσθαι] ἤγουν ξυγγνώμην λαμβάνειν. — Ἀπὸ τῶν ξυμφορῶν] ἀπὸ τῶν ἐπιρρεόντων δεινῶν. — Τολμῆσαι] τολμηρῶς πρᾶξαι παρὰ τὰ καθεστηκότα. — 7. Ἐκείνους] τοὺς Βοιωτούς. § τοὺς Θηβαίους, ἀξιοῦντας κομίζεσθαι μὲν τὸ ἱερὸν τὸ ἐπὶ Δηλίῳ, ἀνταποδιδόναι δὲ τοὺς νεκροὺς τοῖς Ἀθηναίοις, ἀσεβεῖν μᾶλλον ἤπερ τοὺς Ἀθηναίους, μὴ θέλοντας κομίσασθαι τὰ μὴ πρέποντα τοῖς ἱεροῖς, μηδὲ νεκροὺς θεῶν ἀντικαταλλάττεσθαι. — 8. Μὴ ἀπιοῦσιν] ἀντὶ τοῦ μὴ ἀπιόντες. — Μὴ ἀπιοῦσιν] ὅτι οὐκ ἀναχωρήσουσιν.

XCIX. Ἑαυτῶν] τῶν Βοιωτῶν — Εἰ δὲ...] εἰ δὲ δοκοῦσιν οἱ Ἀθηναῖοι ἰδίαν εἶναι τὴν γῆν ἐν ᾗ οἱ νεκροὶ κεῖνται, αὐτοὶ τὸ ποιητέον γιγνωσκέτωσαν. — Νομίζοντες] οἱ Βοιωτοί. — Καὶ οὐκ ἄν...] καὶ οὐκ ἂν τοὺς Βοιωτοὺς κατισχύσειν τῶν Ἀθηναίων ἐν τῇ Ὠρωπίᾳ, ὥστε τοὺς νεκροὺς κατασχεῖν αὐτῶν. — Οὐδ' αὖ...] οὐδ' αὖ ἐσπένδοντο προφάσει ὡς δῆθεν Ἀθηναίων οὔσης τῆς γῆς. τί γὰρ καὶ ἔδει περὶ τῶν ἐν τῇ Ἀττικῇ τοῖς Βοιωτοῖς σπένδεσθαι; — Τὸ δὲ ...] εὐπρεπὲς δὲ εἶναι ἀποκρίνασθαι ἐκ τῆς Βοιωτῶν ἀπιόντας τοὺς Ἀθηναίους ἀπολαβεῖν ἅπερ αἰτοῦσιν.

C. 2. Ἀκριβῶς] κατὰ φύσιν. — Ἐσεσιδήρωτο] ὥστε ὑπὸ τοῦ πυρὸς μὴ βλάπτεσθαι τὴν κεραίαν. — 4. Στεγανῶς] ταυτὸν εἰπεῖν διὰ στεγανοῦ σώματος.

CI. 5. Αὐτοῦ] τοῦ Σιτάλκου.

CII. Τοῦ δ' αὐτοῦ χειμῶνος] μετάβασις. — 2. Ἡ πόλις] ἡ Ἀμφίπολις. — Ἀρισταγόρας] οὗτινος καὶ Ἡρόδοτος μέμνηται πολλάκις. — Ἠδώνων] ἀπὸ τῆς Ἠδωνες πλ[άσσεται], καὶ οὐκ ἀπὸ τῆς Ἠδωνοί. ὅθεν ὑποκατιὼν Ἠδώνας ἔφη, καὶ οὐχὶ Ἠδωνούς. — 4. Διὰ τὸ περιέχειν αὐτήν] τὸν Στρυμόνα. — Ἀπολαβών] ἀποκόψας. — Περιφανῆ... ᾤκισεν] ἐν τοιούτῳ χωρίῳ κατῴκισεν, ὃ καταφανές ἐκ τε γῆς καὶ θαλάσσης ἐστί.

CIII. 4. Ἐγγύς τε προςοικοῦντες] τῇ Ἀμφιπόλει. — Παρέτυχε] συνέβη. — Ἐκ πλείονος] καιροῦ δηλονότι. — Πρὸς τοὺς ἐμπολιτεύοντας] μετέχοντας τῆς πολιτείας τῶν Ἀμφιπολιτῶν. — Δεξάμενοι] οἱ Ἀργίλιοι. — Τῇ πόλει] τῇ οἰκείᾳ. — 5. Τὸ πόλισμα] ἡ Ἀμφίπολις. — Τῆς διαβάσεως] τῆς γεφύρας. — Προςπεσών] ἤγουν ἐπιπεσών.

CIV. Διαβάσεως] διαπεραιώσεως. — 2. Τῷ στρατῷ] σὺν τῷ στρατῷ. — 3. Ἐπὶ τὰ ἔξω ἐπέδραμεν] ἤγουν ἐλῄσατο τὰ ἐκτός. — 4. Τὰς πύλας] τῆς Ἀμφιπόλεως. — Αὐτοῖς] τοῖς Ἀμφιπολίταις. — Κελευόντες] τὸν Θουκυδίδην.

CV. Ἀφικνουμένου αὐτοῦ] τοῦ Θουκυδίδου. — Αὐτόν] τὸν Θουκυδίδην. — Περιποιήσειν] σώσειν. — 2. Ἀνειπὼν] ἀνακηρύξας. — Ἐπὶ τοῖς ἑαυτοῦ] κτήμασι δηλονότι. — Καὶ ὁμοίας] πολιτείας.

CVI. Ἀλλοιότεροι ἐγένοντο τὰς γνώμας] ἤγουν μετεβλήθησαν τὴν προαίρεσιν. — Τὸ δὲ πλεῖον ξύμμικτον] οἱ πλείους οἰκήτορες σύμμικτοι ἦσαν, ἤγουν ἐκ διαφόρων γενῶν. — 2. Πρασσόντων] ἤγουν συνερ-

γούντων εἰς τὴν προδοσίαν. — Διαδικαιούντων αὐτά] δίκαια κρινόντων τὰ τοῦ Βρασίδα. — Τετραμμένον] μεταβεβλημένον τῇ γνώμῃ. — Καὶ προςεδέξαντο] τὸν Βρασίδαν. — 3. Ὀψέ] μετὰ δυσμὰς ἡλίου.

CVII. Ὁ μέν] ὁ Θουκυδίδης. — Δεξάμενος] ὁ Θουκυδίδης. — Ἄνωθεν] ἤγουν ἐκ τῆς ἄνω πόλεως. — 2. Ὁ δέ] ὁ Βρασίδας. — Κατά τε τὸν ποταμόν] ἤγουν διὰ τοῦ ποταμοῦ. — Ἀμφοτέρωθεν] ἤγουν ἀπὸ γῆς καὶ θαλάττης. — 3. Αὐτῷ] τῷ Βρασίδᾳ. — Καὶ Οἰσύμη] ἀπὸ κοινοῦ τὸ προςεχώρησε. — Ξυγκαθίστη] συνεβεβαίου.

CVIII. Διαγόντων] διαβιβαζόντων. — Σφῶν] τῶν Ἀθηναίων. — Τοῖς Λακεδαιμονίοις] τὸ ἑξῆς, πάροδος τοῖς Λακεδαιμονίοις. — Τριήρεσι τηρουμένων] ἀντὶ τοῦ τηρούντων τῶν Ἀθηναίων. — 4. Ἀσαφεῖ... ἀσφαλεῖ] πάρισον. — Εἰωθότες οἱ ἄνθρωποι...] τοῦτο ἐξηγητικόν ἐστι τοῦ προτέρου· εἰωθότες οἱ ἄνθρωποι, οὗ μὲν ἂν ἐπιθυμῶσι, τούτου ἐλπίζειν τεύξεσθαι ἄνευ λογισμοῦ· (τοῦτο γάρ ἐστιν ἐλπίδι ἀπερισκέπτῳ διδόναι·) οὗ δὲ ἂν μὴ ἐπιθυμῶσι, τοῦτο μόνον λογισμῷ ἐξακριβοῦντες ὡς ἀνέλπιστον παραιτεῖσθαι. — Διδόναι] ἑαυτοὺς δηλονότι. — 5. Ἐφολκά] ἤγουν ἐπαγωγά. — 6. Ὀργώντων] ὡρμημένων, προθυμουμένων.

CIX. 2. Ὁ Ἄθως αὐτῆς] μέρος ὢν τῆς Ἀκτῆς δηλονότι. — 4. Διγλώσσων] ἀντὶ τοῦ πολυγλώσσων. — Χαλκιδικόν] ἔθνος δηλονότι. — Κατὰ δὲ μικρὰ πολίσματα] ἤγουν ἐν μικροῖς πολίσμασι.

CX. Τὴν πόλιν] τὴν Τορώνην. — Τῷ στρατῷ] σὺν τῷ στρατῷ. — 2. Πράσσοντες] ἤγουν συνεργοῦντες τὰ τῆς προδοσίας. — Ἑτέρουν τὴν πρόςοδον] παρεφύλαττον τὸ τῆς παρουσίας. — Φρουρούς] τὸ ἑξῆς, τοὺς φρουροὺς διέφθειραν.

CXI. 2. Οἱ μέν] οἱ πελτασταί.

CXIII. Οἱ δὲ πράσσοντες] τὰ τῆς προδοσίας. — 2. Αὐτῶν] τῶν περὶ τὸν Βρασίδαν. — Τῆς πόλεως] ἤγουν τῆς Τορώνης. — 3. Ἐπιτήδειοι] φίλοι.

CXIV. Ἐξελθόντα] τῆς Ληκύθου. — Πολιτεύειν] πράττειν κατὰ τὸ ἔθος τῆς πολιτείας. — 2. Ἡμέραν] μίαν δηλονότι. — Ἐν ταύταις δέ] ταῖς ἡμέραις δηλονότι. — 3. Ἔλεξε τοῖς ἐν τῇ Ἀκάνθῳ παραπλήσια] ἐν τῷ ϛ΄ [fort. ζ΄. Supra c. 85.] τῶν συγγραφῶν διάλεξις Βρασίδου πρὸς Τορωναίους. — Τὴν λῆψιν] ἤγουν τὴν χείρωσιν. — Ἐπὶ δουλείᾳ] τῆς πόλεως δηλονότι. — Τῶν αὐτῶν] τοῖς προδόταις. — 4. Ἡγούμενος... φιλίᾳ] ἡγούμενος μὴ χείρους φανήσεσθαι παρ' ἡμῖν αὐτοὺς διὰ τὸ Ἀθηναίοις γεγονέναι φίλους. — 5. Ξυμμάχους] τῶν Λακεδαιμονίων.

CXV. Τῶν σπονδῶν] τῶν ἡμερῶν τῶν σπονδῶν. — Φαύλου] μικροῦ. — 2. Ἀπεκρούσαντο] οἱ ἐν τῇ Ληκύθῳ Ἀθηναῖοι. — Ἀνεφόρησαν] ἀνεβίβασαν.

CXVI. Ἐπιφερόμενος τῷ στρατῷ] ἐπιτιθέμενος σὺν τῷ στρατῷ. — 2. Τὴν Λήκυθον] τὸ τεῖχος τῆς Ληκύθου. — Ἀνασκευάσας] ἀνοικοδομήσας.

CXVII. Ἐκεχειρίαν] ἀργίαν τοῦ πολέμου. —

Προςαποστῆσαι] ἤγουν πρὸς οἷς ἀπέστησε. — Ἅμα, εἰ καλῶς σφίσιν ἔχοι] ἤγουν σὺν τούτῳ, εἰ συμφέροι αὐτοῖς ἡ ἐκεχειρία. — Ἀνακωχῆς] ἤγουν διακοπῆς. — Μᾶλλον ἐπιθυμήσειν αὐτούς] ἡγούμενοι δηλονότι ἐπιθυμήσειν τοὺς Ἀθηναίους. — 2. Εὐτύχει] ἤγουν τὰ κατὰ τὸν πόλεμον εὐωδοῦτο. — Καὶ ἔμελλον...] ἐν ἀδήλῳ εἶναι εἰ κρατήσουσιν αὐτῶν. Ἄλλως. ἔμελλον γάρ, ἰσορρόπως ἀγωνιζόμενοι, κρατήσειν μὲν τῶν Ἀθηναίων, τοὺς δὲ ἄνδρας ἀπολέσειν. — 3. Ἐκεχειρία] ὁμολογία Λακεδαιμονίων καὶ τῶν Ἀθηναίων καὶ τῶν ξυμμάχων.

CXVIII. Κατὰ τοὺς πατρίους νόμους] ἤγουν κατὰ τὴν προςταγὴν τῶν πατρίων νόμων. — 2. Δοκεῖ] ἀρεστὰ φαίνεται. — Προςκηρυκευόμενοι] ἤγουν διὰ κηρυκείας. — 3. Ἐπιμελεῖσθαι] ἔδοξε δηλονότι. — Ὅπως] ἤγουν πῶς. — Ἐξευρήσομεν] ἡ ἐξ περισσή. — Ὀρθῶς] ἀληθῶς. — 4. Ἑκατέρους] τοὺς Λακεδαιμονίους καὶ τοὺς Ἀθηναίους μετὰ τῶν συμμάχων. — Πρὸς αὐτούς] ἤγουν τοὺς Λακεδαιμονίους. — 5. Μηδετέρους] ἤγουν Ἀθηναίους καὶ Μεγαρέας. — 6. Πρεσβείᾳ] ἤγουν πρεσβευταῖς. — Ἀκολούθοις] τῶν πρεσβευτῶν καὶ τῶν κηρύκων. — 7. Ἐν τούτῳ τῷ χρόνῳ] τῆς ἐνιαυσίας ἐκεχειρίας δηλονότι. — 8. Τὰ ἀμφίλογα] ἤγουν τὰ ἀμφίβολα. — 9. Εἴτε καλλιώτερον εἴτε δικ. τούτων] τῶν παρ' ἡμῶν λεγομένων δηλονότι. — 10. Τέλος ἔχοντες] ἀντὶ τοῦ, αὐτοκράτορες ὄντες· ὡς κύριοι εἶναι συμβῆναι ἄνευ τῶν πόλεων, οἷς ἐπήρχοντο. — 11. Τῷ δήμῳ] τῶν Λακεδαιμονίων. — Ἐπρυτάνευε] τῆς πρυτανείας ἦρχε. πρυτανεία δὲ ἡμέρα, καθ' ἣν ἔχει τις ἐξουσίαν. — Εἶπεν] ἀπεφήνατο. — 13. Ἐν τούτῳ τῷ χρόνῳ] ἐν τῷ ἐνιαυτῷ. — 14. Τὰς πρεσβείας] ἤγουν τοὺς πρεσβευτὰς τοὺς παρόντας.

CXIX. Ὡμολόγησαν] συνεφώνησαν. — 3. Ἡ μὲν δὴ ἐκεχειρία] ἡ ἀνακωχὴ τοῦ πολέμου.

CXX. Περὶ δὲ τὰς ἡμέρας ταύτας] ἡ περὶ ἀντὶ τῆς κατά. — Ἐπήρχοντο] εἰς ἀλλήλους ἑκάτεροι. — Σφῶν] ἤγουν τῶν Πελληνέων. — 2. Διέπλευσε...] ὁ Βρασίδας εἰς τὴν Σκιώνην ἔπλει ἐν πλοίῳ μικρῷ, προαγούσης τριήρους, ὅπως, εἰ μὲν αὐτὸς ἐντύχοι πολεμίῳ πλοίῳ, ἡ τριήρης ἐπελθοῦσα βοηθήσειεν αὐτῷ, εἰ δὲ ἀντιπάλῳ τριήρῃ ἐξ ἐναντίας ἐπιφέροιτο, αὐτὸς ἐν τῷ κελητίῳ διασωθείη· ἔμελλεν γὰρ ἡ τριήρης ἡ πολεμία οὐκ ἐπὶ τὸ κελήτιον ὁρμῆσαι, ἀλλ' ἐπὶ τὴν τριήρη. — 3. Οὐκ ἀνέμειναν] οὐχ ὑπέμειναν * ὀκνήσαντες περὶ τῆς ἐλευθερίας ἐν ἀνάγκῃ γενέσθαι· οἰκεῖον γὰρ ἀγαθὸν τὴν ἐλευθερίαν λέγει. — Ἀτολμίᾳ] δι' ἀτολμίαν. — Σφίσι] τοῖς Σκιωναίοις. — Τῶν μεγίστων] ἤγουν τῶν ἀναγκαιοτάτων· δεινῶν δηλονότι.

CXXI. Ἐπήρθησαν] ἐπτερώθησαν. — Θαρσήσαντες] [ἐμπλησθέντες] θάρσους καὶ ἀγαθῶν ἐλπίδων. — Τόν τε πόλεμον] τὸν ἀπὸ τῶν Ἀθηναίων. — 2. Διέβη πάλιν εἰς τὴν Τορώνην δηλονότι. — Ἐπεραίωσε] διεβίβασε διὰ νεῶν εἰς τὴν Σκιώνην. — Μετ' αὐτῶν] τῶν Σκιωναίων. — Βοηθῆσαι... νῆσον] ἤγουν ὡς ναυτικοὺς τα-

χέως ἂν ἐλθεῖν εἰς βοήθειαν. — Φθάσαι] ἤγουν προλαβεῖν ἐκείνους. — Ἐγχειρήσειν] ἐπιθήσειν.

CXXII. Παρ' αὐτόν] τὸν Βρασίδαν. — 2. Διέβη] ἀπὸ τῆς Σκιώνης. — 3. Κατήνει] συνετίθετο, κατένευσε συναινῶν. — 4. Αὐτούς] τοὺς Ἀθηναίους. — Τῆς πόλεως] τῆς Σκιώνης. — Περὶ αὐτῆς] τῆς Σκιώνης. — 5. Σφῶν] τῶν Ἀθηναίων. — Ἀνωφελεῖ] λείπει, ἐν θαλάσσῃ. — 6. Ὕστερον] ἤγουν μετὰ τὴν ἐκεχειρίαν.

CXXIII. Φανερῶς] ἀντὶ τοῦ ἑκουσίως, ἄνευ προδοσίας. — 2. Ἐτόλμησαν] ἐθάρρησαν προσιέναι τῷ Βρασίδᾳ. — Ἑτοίμην] εἰς τὸ βοηθῆσαι. — Οὐ προὐδίδου] ὁ Βρασίδας. — 3. Ἐπ' ἀμφοτέρας τὰς πόλεις] τὴν Μένδην καὶ Σκιώνην. — 4. Καὶ οἱ μέν] οἱ ὑπολειφθέντες ἐν Σκιώνῃ καὶ Μένδῃ.

CXXIV. Ὁ μέν] ἤγουν ὁ Περδίκκας. — 2. Τοὺς Λυγκηστάς] τοὺς περὶ τὸν Περδίκκαν καὶ Βρασίδαν. — 3. Ἀπὸ τοῦ λόφου] τοῦ οἰκείου. — Οἱ δὲ λοιποί] Λυγκησταί. — 4. Τροπαῖον στήσαντες] οἱ περὶ τὸν Βρασίδαν. — Ἐπέσχον] αὐτοὺς δηλονότι κατὰ τὸν πόλεμον. — Οἱ ἔτυχον... μέλλ. ἥξ.] ἤγουν οἳ ἔμελλον ἥξειν. — Ἐπὶ τὰς τοῦ Ἀρριβαίου κώμας] ἀντὶ τοῦ κατὰ τῶν Ἀρριβαίου κωμῶν. — Καθῆσθαι] ἀργὸς εἶναι. — Περιορώμενος] εὐλαβούμενος περὶ αὑτῆς, κηδόμενος. — Οὐ πρόθυμος ἦν] προϊέναι δηλονότι.

CXXV. Δοκοῦν] ἀντὶ τοῦ δοκοῦντος. — Αὐτῶν] τῶν Ἰλλυριῶν. — Κυρωθὲν δὲ οὐδέν] ὁρισθέν. § ἀντὶ τοῦ κυρωθέντος οὐδενός. — Ἐκ τῆς διαφορᾶς] ἤγουν διὰ τὴν ἔχθραν. — Ἀσαφῶς ἐκπλήγνυσθαι] ἀντὶ τοῦ ἀδήλως ἐκπλήττεσθαι, ἄνευ αἰτίας, σφαλερῶς. — Πρὶν τὸν Βρασίδαν ἰδεῖν] πρὶν διαλεχθῆναι τῷ Βρασίδᾳ. οὕτω γὰρ οἱ Ἀττικοὶ λέγουσιν, ὡς τὸ ἰδεῖν τί σε ἐβουλόμην, ἀντὶ τοῦ διαλεχθῆναί σοί τι. — 2. Ἐπιέναι] αὐτοῖς δηλονότι. — Ἐς μέσον λαβών] ἀντὶ τοῦ περιλαβὼν τοῖς ὁπλίταις. — 3. Ἐκδρόμους δὲ...] ἤγουν ἔταξε τοὺς νεωτάτους ἐκτρέχειν, καὶ ἐπιέναι τοῖς μετὰ τοῦ Ἀρριβαίου, εἰ ἐπιχειροῖεν προσβάλλειν τοῖς μετὰ τοῦ Βρασίδου. — Προσβάλλοιεν] οἱ μετὰ τοῦ Ἀρριβαίου. — Τελευταῖος] τῆς συντάξεως.

CXXVI. Εἰ μὲν μὴ ὑπώπτευον...] προοιμιακὴ ἔννοιά ἐστι, καὶ οὔτε κατασκευὴν ἔχει οὔτε συμπέρασμα. — Μεμονῶσθαι] τῆς συμμαχίας * τοῦ Περδίκκου. — 2. Τοιούτων...] τὴν δημοκρατίαν λέγει. — 3. Προηγωνίσθη] προεπολεμήσατε. — Δεινούς] τὰ πολέμια. — 4. Ὅσα μὲν τῷ ὄντι ἀσθενῆ ὄντα...] ὅσοι πολέμιοι, ἀσθενεῖς ὄντες, δόκησιν ἰσχύος παρέχουσι τοῖς ἐναντίοις, περὶ τούτων τἀληθῆ μαθόντες οἱ δι' ἐναντίας θαρσύνονται μᾶλλον· ὅσοι δὲ τῷ ὄντι εἰσὶν ἰσχυροί, τούτους εἰ μή τις ἔμπροσθεν μάθοι, τολμηρότερον καὶ οὐκ ὀρθῶς αὐτοῖς προσενεχθήσεται. — Δόκησιν ἔχει ἰσχύος] ὥσπερ τὰ τῶν ἐναντίων βαρβάρων. — Οἷς δὲ βεβαίως τι πρόσεστιν ἀγαθόν] ὥσπερ ἡμῖν. — ἤγουν οἵτινές εἰσι τῇ ἀληθείᾳ ἀνδρεῖοι. — 5. Οὗτοι] οἱ βάρβαροι. — Οὗτοι δὲ τὴν μέλλησιν μέν...] τοῦ ἐπιέναι δηλονότι. ἤγουν ἐκροβοῦσι μέλλοντες ἐπιέναι. § οἱ δὲ Λυγκησταὶ φοβεροὶ

εἰσι μέλλοντες, οὐκ ἐν χερσὶν ὄντες. — Πλήθει ὄψεως δεινοί] δέος ἐμποιοῦσι. — Δήλωσιν ἀπειλῆς] ἔμφασιν καταπλήξεως. — Αἰσχυνθεῖεν ἄν] ὥσπερ ἡμεῖς οἱ Λακεδαιμόνιοι δηλονότι. — Ἥ τε φυγὴ καὶ ἡ ἔφοδος αὐτῶν...] ὁμοίως καὶ τὸ φυγεῖν καὶ τὸ διώκειν καλὸν φαίνεται τοῖς βαρβάροις, καὶ οὐκ ἐξετάζεται, πότεροί εἰσιν ἀνδρειότεροι, οἱ φεύγοντες ἢ οἱ διώκοντες. — Αὐτοκράτωρ δὲ μάχη...] μάχη δὲ αὐτεξούσιος, ἐν ᾗ ἔξεστιν ὃ βούλεταί τις πράττειν, παρέχει πρόφασιν [τοῦ] φεύγειν τοῖς ὁπωσοῦν βουλομένοις σώζεσθαι. — Ἐκείνῳ] τῷ ἐς χεῖρας ἐλθεῖν. — 6. Ἀπ' αὐτῶν ὁρᾶται...] ὁρᾶται δὲ σαφῶς, ὅτι τὸ ἀπ' αὐτῶν δοκοῦν δεινὸν ὄψιν μὲν καὶ ἀκοὴν καταπλήττεται, δυνάμει δὲ οὐδέν ἐστι. τοῦτο οὖν ὑπομείναντες, (τὴν φωνὴν αὐτῶν φημὶ καὶ τὴν ἀπειλήν,) καὶ εὐκόσμως ἐν καιρῷ τοῦ ἀναχωρεῖν ὑποχωρήσαντες, ἀσφαλῶς ὑποστήσετε, καὶ γνώσεσθε τοῦ λοιποῦ ἐν τῷ ἀσφαλεῖ καθεστῶτες. — Καταπέρχον] κινοῦν εἰς δειλίαν, ἐκπλῆττον. — Οἱ τοιοῦτοι...] τὸ τῶν βαρβάρων πλῆθος τοῖς μὲν τὴν πρώτην ἐμβολὴν δεξαμένοις ἄπωθέν ἐστι φοβερὸν ἀνδρείας ἀνάτασιν μέλλουσαν ἀπειλοῦν· τοῖς δὲ μὴ δεξαμένοις, ἀλλὰ φεύγουσι, τὸ διῶκον εὐψύχως ὀξέως ἐπιφέρεται, ἅτε δὴ ἐν ἀσφαλεῖ καθεστῶτες, ὡς ἂν τῶν φευγόντων οὐ μαχομένων. — Μελλήσει] προσδοκίᾳ.

CXXVII. Ὑπῆγε] ἠρέμα καὶ κατ' ὀλίγον ἦγεν. — 2. Αἵ τε ἐκδρομαί] οἱ τεταγμένοι δηλονότι πρὸς τὸ ἐκτρέχειν. — Παρὰ γνώμην ἀντέστησαν] παρ' ἐλπίδα τὴν τῶν Λυγκηστῶν ἀντέστησαν οἱ Λακεδαιμόνιοι. — Ἐπιφερομένους μέν] τοὺς βαρβάρους. — Οἱ λοιποί] τῶν βαρβάρων. — Τὴν ἐσβολήν] εἴσοδον. — Φθάσαντες] προλαβόντες οἱ βάρβαροι. — Ἀναχώρησιν] φυγήν. — Καὶ προσιόντος αὐτοῦ] τοῦ Βρασίδου. — Τὸ ἄπορον τ. δ.] καθ' ἣν οὐκ ἦν πόρος ἐξελθεῖν. — Κυκλοῦνται] ἤγουν κυκλοῦσιν οἱ βάρβαροι. — Ἀπολημψόμενοι] ἀποκόψοντες.

CXXVIII. Πρὶν καὶ τὴν πλείονα κύκλωσιν...] πρὶν τοὺς πολλοὺς τῶν κυκλοῦν τοὺς Λακεδαιμονίους μελλόντων παρεῖναι. — Σφῶν] τῶν βαρβάρων. — 2. Ἐν μεθορίοις] τοῦ τόπου τοῦ Περδίκκα. — 4. Τὰ μέν] ζεύγη δηλονότι. — 5. Πελοποννησίων...] τοὺς Πελοποννησίους ἐμίσει οὐ κατὰ γνώμης προαίρεσιν, οὐδὲ ἔθος ἔχων· τοὺς γὰρ Ἀθηναίους μᾶλλον [πρὶν] ἐμίσει. — Τῶν δ' ἀναγκαίων ξυμφόρων] ἕνεκεν τοῦ ἀναγκαίου συμφέροντος. § Διὰ τὴν ἀνάγκην συμφέρειν νομίσας μισεῖν τοὺς Λακεδαιμονίους, ἀποστὰς διεπράττετο, πῶς Ἀθηναίοις μὲν φίλος ἔσται, Λακεδαιμονίων δὲ ἀπαλλάξεται.

CXXIX. Ἑαυτῶν] τῶν Ἀθηναίων. — 3. Ἄραντες δέ] οἱ Ἀθηναῖοι. — Οἱ δ' αὐτοί τε] ἤγουν αὐτοὶ δὲ οἱ Μενδαῖοι. — 4. Τραυματιζόμενοι] βαλλόμενοι ὑπ' αὐτῶν, ἔνιοι δὲ ἀναφέρουσιν ἐπὶ τοὺς σὺν αὐτῷ. — Βιάσασθαι] βίαν προσαγαγεῖν αὐτοῖς. — Ἄλλῃ ἐφόδῳ ἐκ πλ.] ἄλλῃ μακροτέρᾳ ὁδῷ κατ' ἐκείνων. — Ἐκ πλείονος] διαστήματος δηλονότι. — Δυσπροσβάτῳ]

δυςαναβάτω. — Ἐθορυβήθη] ἐδειλίασεν. — 5. Ὡς οὐκ ἐνέδοσαν] οὐχ ὑπεῖξαν. — Ἀναχωρήσαντες] ἐπὶ πόδα ἐλθόντες. — Οἱ Μενδαῖοι] οἱ ἐπὶ τοῦ λόφου. — Ἐς τὴν πόλιν] τὴν Μένδην.
5 CXXX. Τῇ δ' ὑστεραίᾳ] σημείωσαι ἡμέρας ἁπάσας. — Τὴν γῆν] τὴν Σκιώνην. — Οὐδενὸς ἐπεξιόντος] τῶν Σκιωναίων. — Ἦν γάρ τι καὶ στασιασμοῦ] ἤγουν ἦσάν τινες στασιάζοντες. — 4. Καί τινος αὐτῷ τῶν ἀπὸ τοῦ δήμου ἀντειπόντος] ἤγουν δημότου ἐναντιω-
10 θέντος, κατὰ τὸ ἔθος τῶν στασιαζόντων, ἀντιλέγειν δηλονότι. — Κατὰ τὸ στασιωτικὸν] κατὰ τὸ ἀντιστασιάζειν. — Ὡς ἀντεῖπεν] ὁ δημότης. — Περὶ ὀργῆς ἐχώρει] ἀντὶ τοῦ ὑπὸ ὀργῆς. — 5. Φοβηθέντων] ἀντὶ τοῦ
* φοβηθέντας. ἐφοβήθησαν δέ, ὅτι ᾠήθησαν ἀπὸ τῆς πρὸς τοὺς Ἀθηναίους συνθήκης αὐτοῖς ἐπιτεθέσθαι. — Προειρημένου] συμφώνου. — Τὴν ἐπιχείρησιν] ἀντὶ τοῦ τὴν προδοσίαν. — 6. Διήρπασαν] τὰ ἐνόντα αὐτῇ. — 7. Πολιτεύειν ἐκέλευον ὥςπερ εἰώθεσαν] τὴν οἰκείαν πολιτείαν ἔχειν. — Τὰ περὶ τὴν Μένδην κατέσχον] ἐκυρίευσαν τῆς Μένδης.
CXXXI. 2. Αὐτῷ] τῷ λόφῳ. — 3. Αὐτῶν] τῶν Ἀθηναίων. — Βιασάμενοι...] ὑπερβατόν· βιασάμενοι τὴν φυλακὴν, νυκτὸς ἀφικνοῦνται παρὰ θάλασσαν. — Τὸ ἐπὶ τῇ Σκιώνῃ στρατόπεδον] τοὺς φυλάσσοντας τὴν Σκιώνην.
CXXXII. Ὁμολογίαν] ξύμβασιν. — 2. Ἐπειδὴ... ἔνδηλόν τι ποιεῖν] ἐπειδὴ φίλος ἐγεγόνει τοῖς Ἀθηναίοις, ἠξίουν αὐτὸν τεκμήριόν τι παρέχειν φιλίας. — Αὐτός] ὁ Περδίκκας δηλονότι. — Χρώμενος ἀεὶ τοῖς πρώτοις] δηλονότι ξένοις καὶ φίλοις. ἤγουν τοὺς πρώτους φίλους ποιήσας. — Τὸ στράτευμα] τῶν Πελοποννησίων. — 3. Καὶ τῶν ἡβώντων αὐτῶν παρανόμως] ὡς οὐκ ὄντος νομίμου ἐξάγειν τοὺς ἡβῶντας. ἢ οὐκ ὄντος νομίμου ἄρχοντας καθιστάνειν ταῖς πόλεσι τοὺς ἡβῶντας, ἀλλὰ τοὺς προβεβηκότας καθ' ἡλικίαν. — Παρανόμως] ἤγουν παρὰ τὸ καθεστηκὸς ἔθος. — Τοῖς εὐτυχοῦσι] γράφεται ἐντυχοῦσι. καὶ τὰς πόλεις μὴ τοῖς τυχοῦσι πιστεύειν, ἀλλὰ Λακεδαιμονίοις ἐγχειρίζειν.
CXXXIII. Ἐπικαλέσαντες] ἤγουν ἐγκαλέσαντες. — Παρεστηκὸς δὲ ῥᾷον...] ἐξεγένετο δὲ αὐτοῖς ῥᾳδίως περιελεῖν τὸ τεῖχος, ἐπειδὴ τῶν Θεσπιέων ἐν τῇ πρὸς Ἀθηναίους μάχῃ τὸ ἀκμαιότατον ἀπολώλει. — Αὐτῶν] τῶν Θεσπιέων. — Ἄνθος διεφθάρη] γράφεται ἀπολώλει. — 3. Οἱ δέ] οἱ Ἀργεῖοι. — Ἐπέλαβεν] κατέσχε. — Καὶ ἔννατον ἐκ μέσου] τὸ ὄγδοον ἐπλήρωσε, τὸ δὲ ἔννατον ἡμιτελὲς ἦν, ὥςτε τὰ πάντα πεντήκοντα ἐξ ἥμισυ ἔτη διήνυσεν ἡ Χρυσὶς ἱέρεια.
CXXXIV. Ἀμφιδήριτος] ἀμφισβητήσιμος. — Ἀγχωμάλου] ἴσης. — Ἀγχωμάλου τῆς μάχης] σημείωσαι ἀγχώμαλος μάχη. — 2. Ἐπηυλίσαντο] κατεσκήνωσαν.
CXXXV. Τούτου] τοῦ προσθεῖναι τὴν κλίμακα. —Τοῦ γὰρ κώδωνος] Θουκυδίδης τοῦ γὰρ κώδωνος παρενεχθέντος, ἀρσενικῶς· Σοφοκλῆς δὲ [Aj. 17],

Χαλκοστόμου κώδωνος ὡς Τυρσηνικῆς,
εἶπε θηλυκῶς. — Τὸ διάκενον] διάκενον μὲν τὸ ἀφύλακτον λέγει. ἔλαθε δὲ ὁ Βρασίδας προςθεῖναι τὴν κλίμακα· ἕως γὰρ ὁ περιιὼν μετὰ τοῦ κώδωνος ἄλλῳ παρεδίδου τὸν κώδωνα, χρόνου ἐγγινομένου, ἔλαθε 5 προςθεὶς τὴν κλίμακα. § Ὑπερβατόν· τοῦ γὰρ κώδωνος, φησί, παρενεχθέντος ἐς τὸ διάκενον, οὕτως ἡ πρόςθεσις ἐγένετο. — Ἡ πρόςθεσις ἐγένετο] τῆς κλίμακος δηλονότι. — 2. Θουκυδίδης ξυνέγρ.] ἀποροῦσί τινες ψυχρὰν ἀπορίαν, διὰ τί Θουκυδίδης, ἔχων τὸ ὄνομα ἀπὸ τοῦ 10 θ', η' συνεγράψατο ἱστορίας, ὁ δὲ Ἡρόδοτος, ἔχων ἀπὸ τοῦ η', ἔλιπε θ'. ὧν ἡ λύσις ψυχροτέρα, ὅτι ἐπειδὴ φασίν, ἀπὸ τοῦ η' ἕως τοῦ ρ', θ' στοιχεῖά εἰσιν, ἀπὸ δὲ τοῦ θ' ἕως τοῦ ο' ὀκτώ εἰσι· τὸ πρῶτον ἐνταῦθα τοῦ ὀνόματος γράμμα ἀριθμήσαντες καὶ τὸ ὕστερον. ἡ δὲ 15 ἀληθεστέρα λύσις τοιαύτη, ὅτι ὁ Θουκυδίδης οὐ διεῖλεν εἰς ἱστορίας, ἀλλὰ μίαν συνεγράψατο. Καὶ δῆλον ἐκ τῆς διαφωνίας τῶν κριτικῶν· οἱ μὲν γὰρ αὐτῶν διεῖλον εἰς ὀκτώ, οἱ δὲ εἰς ιγ', τὴν πρώτην εἰς β' καὶ τὰς ἄλλας ἑπτὰ εἰς ια'. § Ἰστέον ὅτι εἰς τὸ κομψὸν τῆς φράσεως 20 Θουκυδίδης Αἰσχύλον καὶ Πίνδαρον ἐμιμήσατο, εἰς δὲ τὸ γόνιμον τῶν ἐνθυμημάτων τὸν ἑαυτοῦ διδάσκαλον Ἀντιφῶντα, εἰς δὲ τὴν λέξιν Πρόδικον, ὅθεν καὶ Προδίκου λέξεις ἐν τῷ κειμένῳ σημειούμεθα, εἰς δὲ τὸ γνωμικὸν τοὺς * Σωκρατικοὺς, Εὐριπίδην καὶ τοὺς 25 ἄλλους, (τοῖς γὰρ αὐτοῖς χρόνοις ἦσαν,) εἰς δὲ τὴν οἰκονομίαν τὸν ποιητήν.

IN LIBRUM V.

I. Ἐνιαύσιοι σπονδαί] ἡ ἐφ' ἑνὸς χρόνου γενομένη ἐκεχειρία. — Ἐν τῇ ἐκεχειρίᾳ] ἡ πρὸς ὀλίγον χρόνον τοῦ 30 πολέμου ἀναβολὴ καὶ ἡσυχία· παρὰ τὸ ἔχειν τὰς χεῖρας, οἱονεὶ ἐχεχειρία. — Ἀνέστησαν ἐκ Δήλου] μετανάστας ἐποίησαν ἐξοικίσαντες. — Ἱερῶσθαι] τοὐτέστιν ἱερῶς ἀνακεῖσθαι τῷ θεῷ. — Ἐλλιπὲς σφίσιν εἶναι τοῦτο...] μετὰ τὸ ἐκβαλεῖν τοὺς ζῶντας, ἔτι * δοκοῦντες ἐλλείπειν 35 τῇ καθάρσει, τὰς θήκας τῶν τεθνεώτων ἀνείλοντο ἐκ τῆς νήσου. — Ἀτραμύττειον] Ὥρου· Ἀδραμύττειον Εὔπολις, Ἀτραμύττειον Θουκυδίδης. — Ὤκησαν] λείπει τὸ ἐνταῦθα.
II. Μετὰ τὴν ἐκεχειρίαν] μετὰ τὴν λύσιν αὐτῶν 40 τῶν σπονδῶν. — 2. Σιγῶν] ἐλλιμενίσας. — 3. Ἐκ δ' αὐτοῦ] τοῦ λιμένος. — 3. Ἐν τῇ Τορώνῃ] ἐστὶ δηλονότι. — Ἀξιόμαχοι] ἱκανοὶ πρὸς μάχην. — Ἐς τὴν πόλιν] τὴν Τορώνην. — Τὸν λιμένα] τῆς Τορώνης. — 4. Προςπεριέβαλε τῇ πόλει...] βουλόμενος ἐντὸς τοῦ τεί- 45 χους ποιῆσαι τὸ τῶν Τορωναίων προάστειον, τοῦ παλαιοῦ τείχους μέρος διακόψας, καθ' ὃ ἦν τὸ προάστειον, ἕτερον τεῖχος καινὸν προςωκοδόμησεν, ᾧ περιέβαλε τὸ πρότερον, καὶ συνῆψε κατὰ τὴν διαίρεσιν τὸ καινὸν πρὸς τὸ παλαιὸν, ὥςτε ἓν τὸ πᾶν γενέσθαι. — Ἐντός] τῆς 50

πόλεως δηλονότι. — Τοῦ παλαιοῦ τείχους]* τὶ μέρος δηλονότι. ἢ τὸν περίβολον.

III. Βοηθήσαντες] συνδραμόντες ἐπὶ βοήν. — Ἐβιάζοντο] ἤγουν ὑπὸ τῆς βίας τῶν Ἀθηναίων ἡττῶντο οἱ περὶ τὸν Πασιτελίδαν. — Δρόμῳ ἐχώρει ἐς τὴν πόλιν] πῶς ἐντὸς τοῦ τείχους ὢν ὁ Πασιτελίδας, δείσας ἀνεχώρει πρὸς τὴν πόλιν; μή ποτε ἦν μὲν ἐν τῷ κοινῷ τείχει τῷ περιέχοντι τὸ προάστειον, δείσας δὲ μὴ ἡ πόλις ἁλῷ, ἥτις ἦν ἐν τῷ παλαιῷ τείχει, καὶ αὐτὸς ἐν τῷ καινῷ καταληφθῇ, καταλιπὼν τὸ προάστειον, ἐς τὴν πόλιν ἐχώρει ὡς περιποιήσων αὐτήν. — 3. Ἀποσχών] ἀποστάς. — 4. Αὐτοῖς] ἤγουν αὐτοῖς αἰχμαλώτοις. ἡ διάνοια· ἐκ τούτων τῶν αἰχμαλώτων οἱ Πελοποννήσιοι ὕστερον ἀπῆλθον, γενομένων σπονδῶν, οἱ δὲ ἄλλοι ἐκομίσθησαν ὑπ' Ὀλυνθίων. — Λυθείς] ἀπολυτρωθείς.

IV. Τρίτος αὐτός] τουτέστι μετ' ἄλλων δύο. — 2. Μετὰ τὴν ξύμβασιν] τὴν κοινὴν τῶν Σικελιωτῶν. — Πολίτας ἐπεγράψαντο] ᾠκειώσαντο. § ἑτέρους ἐπὶ τοῖς οὖσιν ἐνεγράψαντο εἰς τὴν πολιτείαν. — Ἐπενόει] προεθυμεῖτο, ἠξίου. — Ἀναδάσασθαι] ἐκ ὑπαρχῆς δασμὸν καὶ μερισμὸν ποιῆσαι. — 3. Οἱ δὲ δυνατοί] τῶν Λεοντίνων. — Ἐπάγονται] εἰς βοήθειαν τῆς πόλεως. — Ἐπλανήθησαν ὡς ἕκαστοι] πλανηθέντες διέστησαν. — Ὁμολογήσαντες] συνθέμενοι. — Ἐρημώσαντες] καταλιπόντες ἐρήμην. — Ἐπὶ πολιτείᾳ] ἐπ' ἴσῃ πολιτείᾳ τῶν Συρακουσίων. — 4. Φωκέας] οἱ μὲν ἐκτεταμένως ἀναγινώσκουσιν, ὡς Πρασίας, οἱ δὲ συνεσταλμένως. ὁμοίως δὲ καὶ τὸ Βρικιννίας. — Καταλαμβάνουσιν] ἤγουν λαμβάνοντες εἰς κατοίκησιν. § τὸ ἑξῆς, καταλαμβάνουσι χωρίον τι τῶν Λεοντίνων παρακαλούμενόν τε Φωκέας. — Ἐπολέμουν] πρὸς τοὺς Συρακουσίους. — 5. Πείσαντες...] τὸ ἑξῆς, πείσαντες τοὺς ξυμμάχους ἐπιστρατεῦσαι. §. Ὅπως, κοινῇ ἐπιστρατεύσαντες Συρακουσίοις ὡς δύναμιν περιποιουμένοις, διασώσειαν τοὺς Λεοντίνους. — Τοὺς σφίσιν ὄντας]* τοῖς Ἀθηναίοις. — Δύναμιν περιποιουμένων] αὐξανομένων. — Ἐπὶ τοὺς ἄλλους] πρὸς τοὺς ἄλλους.

V. Παρακομιδῇ] παρελεύσει. — Ἐχρημάτισε] ὡμίλησε. — Ἐχρημάτ. περὶ φιλίας] λόγους προσήνεγκε πειστικούς. §. ἔταξε δοῦναι χρήματα ὑπὲρ φιλίας καὶ συμμαχίας. — Σικελιωτῶν] ἰστέον δὲ ὅτι οἱ μὲν Ἕλληνες οἱ ἐν Σικελίᾳ Σικελιῶται λέγονται, οἱ δὲ βάρβαροι οἱ ἐν αὐτῇ Σικελοί. οὕτω καὶ ἐπὶ Ἰταλιωτῶν καὶ Ἰταλῶν. — Ὁμολογίαν] τὴν κοινὴν δηλονότι. — 2. Κομιζομένοις] ἀποδεχομένοις αὐτὸν τὸν Φαίακα. — Ἠδίκησε] βλάβην ἐποίησε. — 3. Ξυνηλλάσσοντο] ἀντὶ τοῦ συνῆεσαν, εἰρήνην ἐποίουν. — Ἀποίκους] ἑαυτῶν, τῶν Λοκρῶν.

VI. 2. Πολλὴν] ὄνομα κύριον. — 3. Κατεφ. πάντα αὐτόθεν] ἤγουν πάντα, τὰ τοῦ Κλέωνος δηλονότι, ἐφαίνετο τῷ Βρασίδᾳ ἀπὸ τοῦ Κερδυλίου. — Προσεδέχετο] ὁ Βρασίδας. — Αὐτόν] τὸν Κλέωνα. — Σφῶν] τῶν Λακεδαιμονίων. — Τῇ παρούσῃ στρατιᾷ ἀναβήσεσθαι] τὸ ἑξῆς, ἐπὶ τὴν Ἀμφίπολιν ἀναβήσεσθαι τὸν Κλέωνα μετὰ τῶν παρόντων στρατιωτῶν, οὐ περιμείναντα πάντας. — 4. Παρεσκευάζετο] ὁ Βρασίδας δηλονότι. — Θρᾷκας] ἀπὸ τῶν ἄνωθεν.

VII. 2. Τῶν γὰρ στρατιωτῶν ἀχθομένων] τὸ ἑξῆς, τῶν γὰρ στρατιωτῶν ἀχθομένων, αἰσθόμενος τὸν θροῦν, ὁ Κλέων δηλονότι. — Τῇ ἕδρᾳ] τῇ προσμονῇ, τῇ διατριβῇ καὶ τῇ ἀργίᾳ. — Τόλμαν] τὴν τοῦ Βρασίδου. — Ἀνεπιστημοσύνης] δηλονότι τοῦ Κλέωνος. — Καθημένους] ἐνήλλαξεν, εἰπὼν καθημένους ἀντὶ τοῦ καθημένων. — Βαρύνεσθαι] ἤτοι ἄχθεσθαι. — 3. Ἐχρήσατο τῷ τρ...] τῷ αὐτῷ τρόπῳ ἐπῆλθεν ὁ Κλέων τῇ Ἀμφιπόλει, ᾧ καὶ πρόσθεν ἐπὶ Πύλον. τουτέστιν ἀλογίστως εὐτυχήσας ἐν τῇ Πύλῳ, ᾠήθη φρόνιμος εἶναι. — Θέαν] θεωρίαν — Τοῦ χωρίου] τῆς Ἀμφιπόλεως. — Οὐχ ὡς τῷ ἀσφαλεῖ, ἣν ἀναγκάζηται...] οὐχ ὡς τῷ πλήθει τῶν ἐναντίων κρατήσων, εἰ ἀναγκάζοιτο πολεμεῖν, (ὃς οὐδὲ τῇ παρούσῃ στρατιᾷ τοὺς πολεμίους ᾤετο ἀντιτάξασθαι,) ἀλλ' ὡς μετὰ τῶν ἐπελευσομένων αὐτῷ συμμάχων πᾶσαν ἐν κύκλῳ περιστήσων τὴν στρατιάν, καὶ βίᾳ ἐκπολιορκήσων τὴν Ἀμφίπολιν. — Περισχήσων] ἀντὶ τοῦ ὑπερσχήσων καὶ νικήσων. — 5. Ὁπόταν βούληται, ἀμαχεὶ λείπει τὸ δυνατὸν εἶναι. — Ἐδόκει] οἱ αὐτῷ.

VIII. Κινουμένους] παραγινομένους ἐπὶ τὴν Ἀμφίπολιν. — 2. Δεδιὼς τὴν αὐτοῦ παρασκευήν] οὐ θαρρῶν τῇ ἰδίᾳ παρασκευῇ. — Ὑποδεεστέρους εἶναι] τοὺς ἑαυτοῦ δηλονότι. — Ἀντίπαλα] ἰσοστάσια ἑκάτερα τὰ στρατεύματα τῶν ἐναντίων. — Τῷ ἀξιώματι] τῇ δυνάμει. — Καθαρὸν ἐξῆλθε] οὐχὶ* συγκλύδων οὐδὲ ἐπικούρων, ἀλλ' αὐτῶν τῶν πολιτῶν. — Τέχνῃ] δόλῳ. — 3. Ἀναγκαίαν] εὐτελῆ καὶ οὐκ ἐκ παρασκευῆς. — Ἡ ἄνευ προόψεώς τε αὐτῶν...] ἤγουν, οὕτως ἐνόμισε περιγενέσθαι Κλέωνος καὶ τῶν περὶ αὐτόν, ἐπιτεθησόμενος κρύφα, ὅπερ ἐστὶ τὸ ἄνευ προόψεως, καὶ μὴ ἀπὸ τοῦ φανεροῦ, ὅπερ ἐστὶ τὸ καταφρονήσεως τοῦ ὄντος. § Ἡ ἄνευ προόψεώς τε αὐτῶν] ἄνευ τοῦ μὴ ἐπιδεῖξαι τοῖς ἐναντίοις τὸ ἴδιον πλῆθος καὶ τὴν ὅπλισιν αὐτῶν· τοῦτο γάρ ἐστιν ἄνευ προόψεως· καταφρονηθήσεσθαι γὰρ ὑπὸ Ἀθηναίων ᾤετο, εἰ τὴν οὖσαν αὐτοῖς ἐπιδείξειε παρασκευήν. — Ἄνευ προόψεως] ἀπροσδοκήτως. — Τοῦ ὄντος] τῆς ἀληθείας. — 4. Ἀπολεξάμενος] ἀποκόψας ἐπιλεκτικῶς. — Κλεαρίδᾳ προστάξας] μετὰ Κλεαρίδα τάξας. — Αὖθις μεμονωμένοι] τῆς συμμαχίας δηλονότι. — Ἀπολαβεῖν αὖθις μεμονωμένους, εἰ τύχοι..] ἄνευ τῶν ἄλλων λαβεῖν συμμάχων, εἰ τύχοι ἐλθοῦσα αὐτοῖς βοήθεια ἡ παρὰ τοῦ Περδίκκου καὶ τοῦ Πολλῆ.

IX. Ὧν εἰώθατε κρείσσους εἶναι] ἀντὶ τοῦ οὓς εἰώθατε νικᾶν. — 2. Τὴν δὲ ἐπιχείρησιν] τὴν ἐπίθεσιν τὴν κατὰ τῶν πολεμίων. — Ἵνα μὴ...] ἵνα μηδεὶς ὑμῶν, διὰ τὸ κατ' ὀλίγους ὑμᾶς μέλλειν ἐξιέναι τῆς πόλεως, καὶ μὴ ἅπαντας ἀθρόους κινδυνεύειν πρὸς Ἀθηναίους, οὐκ ἀξιόμαχον νομίσας τὴν παρασκευήν, ἀτολμότερος γένηται. — Ἀτολμίαν] δειλίαν. — Παράσχῃ] ὑμῖν δηλονότι. — 3. Τοὺς γὰρ ἐναντίους εἰκάζω...] εἰκάζω δὲ τοὺς ἐναντίους, καταφρονοῦντας ἡμῶν, καὶ οὐ

προςδοκῶντας ὅτι ἐπεξελευσόμεθα αὐτοῖς, ἀναβῆναι πρὸς τὴν Ἀμφίπολιν κατὰ θέαν, καὶ νῦν διὰ τὴν θέαν ἀτάκτως ἐσκεδασμένους ὀλιγωρεῖν, τουτέστι ῥᾳθυμεῖν. — 4. Ὅστις δὲ τὰς τοιαύτας ἁμαρτίας ...] ὅςτις δὲ τὰ τῶν πολεμίων ἁμαρτήματα ἰδὼν, καὶ κατὰ τὴν ἰδίαν δύναμιν ἐπιχειρῶν, μὴ ἐκ τοῦ φανεροῦ ἀντιτάττηται, ἀλλὰ πρὸς τὸ παρὸν ἁρμοττόμενος, ὀρθῶς ἂν πράττοι. — 5. Τὰ κλέμματα] τὰ στρατηγήματα. — Ἔχει] παρέχει. — Ἅ] ἀντὶ τοῦ δι' ὧν. — 6. Ἕως οὖν ἔτι ἀπαράσκευοι ...] ἕως ἔτι διὰ τὸ θαρρεῖν ἀπαράσκευοί εἰσιν, ἀπιέναι τε διανοοῦνται μᾶλλον ἢ μένειν, ῥᾳθύμως αὐτοῖς διακειμένοις, καὶ πρὸ τοῦ συνταχθῆναι, ἐγὼ μὲν ἔχων ... — 7. Ἐπεκθεῖν] θέλησον δηλονότι. — 8. Ἐλπὶς γὰρ] ἡμῖν δηλονότι. — Οὕτω] δηλονότι ποιούντων ἡμῶν. — Τὸ γὰρ ἐπιὸν ὕστερον ...] οἱ γὰρ ὕστερον ἐπιόντες φοβερώτατοι φαίνονται. — 9. Εἶναι τοῦ καλῶς πολεμεῖν ...] ὅτι ἐκ τριῶν γίνεται τὸ καλῶς πολεμεῖν. — Αἰσχύνεσθαι] Ὅμηρος [Il. E, 531]·

Αἰδομένων ἀνδρῶν πλέονες σόοι ἠὲ πέφανται.

— Δούλοις ...] ἂν γὰρ νικηθῆτε, καὶ μὴ θανάτῳ ζημιωθῆτε ὑπ' αὐτῶν, ἀλλὰ εὐτυχήσητε καὶ ἄριστα πράξητε, δοῦλοι ἔσεσθε Ἀθηναίοις, καὶ δουλείαν χαλεπωτέραν ἢ πρὶν εἴχετε. — 10. Περὶ ὅσων] ἐπάθλων.

X. Τῷ δὲ Κλέωνι] τὸ ἑξῆς, τῷ δὲ ἀγγέλλεται, φανεροῦ γενομένου τοῦ Βρασίδου, καὶ ταῦτα πράσσοντος. — 2. Κατὰ τὴν θέαν] διὰ τὴν θέαν. — 3. Ἐπῆλθεν] ὁ Κλέων δηλονότι. — Τοὺς βοηθοὺς] τοὺς ἀπὸ τοῦ Περδίκκου. — Ἀναχώρησιν] ἀντὶ τοῦ ἀπιέναι. — Ὥσπερ μόνον οἷόν τ' ἦν] καθάπερ μόνον ἐξῆν δὴ ἐπὶ τὸ εὐώνυμον. — 4. Σχολῇ γίγνεσθαι] χρόνος ἐγγίγνεσθαι. — 5. Τοῦτο] ὅπερ πάσχουσιν αὐτοί. — Οἷς γὰρ ... οὐκ εἰώθασι μέν. τ. ἑ.] οἱ κινοῦντες τὰς κεφαλὰς κατὰ τὰ δόρατα, καὶ μὴ ἡσύχως ἀπιόντες καὶ τὸ ὅλον ἀτρόμως, οὐκ ἐώθασιν ὑπομένειν τοὺς πολεμίους. — 6. Ὁ μέν] ὁ Βρασίδας. — Σταύρωμα] χάρακα. — Εὐθεῖαν] ἤγουν εὐθέως. — Καρτερώτατον] ὑψηλὸν δή. — 8. Προχεχωρήκει] προαπεληλύθει, εἰς τὸ ἔμπροσθεν ἦλθεν. — Ἀποραγέν] ἀποσπασθὲν τῆς ἄλλης τάξεως. — Ὁ Βρασίδας ..] τρεψάμενος ὁ Βρασίδας καὶ διώξας τοὺς μέσους, ὁρμήσας πρὸς τὸ ἀριστερὸν κέρας, καὶ οὐ καταλαβὼν αὐτὸ, μετέβη πάλιν πρὸς τὸ δεξιὸν τῶν Ἀθηναίων. — Ἐπιπαριὼν τῷ δεξιῷ] πλησιάζων ἐπετίθετο τῷ δεξιῷ. — Οἱ δὲ πλησίοι] τοῦ Βρασίδου δηλονότι. — Ἀπήνεγκαν δηλονότι εἰς τὴν πόλιν. — 9. Οἱ δὲ αὐτοῦ] ἤτοι αὐτοῦ τοῦ Κλέωνος, ἢ ἐν τῷ αὐτῷ τόπῳ. — Καὶ ἐς] περιττὸς ὁ καὶ σύνδεσμος. — 10. Ἡ ὑπὸ τῆς Χαλκιδικῆς] ἤγουν ὕστερον μετὰ τὴν μάχην φεύγοντες. — Ἀπεκομίσθησαν] διεσώθησαν.

XI. Περιέρξαντες] ἤγουν περιφράξαντες. — Ἐναγίζουσιν] ἐναγίζουσιν, ἐναγίσματα προσφέρουσιν, θύουσιν. — Ἀγῶνας καὶ ἐτησίους θυσίας] ἤγουν δι' ἔτους θυσιάζειν καὶ ἀγωνίζεσθαι. — Τὰ Ἁγνώνεια οἰκοδομήματα] Ἁγνώνεια τὰ τοῦ Ἅγνωνος· ἐπειδὴ ὁ Ἅγνων

Ἀθηναῖος ἦν, ὁ οἰκιστὴς τῆς Ἀμφιπόλεως. — Περιέσεσθαι] φυλαχθήσεσθαι. — Ἐν τῷ παρόντι] πρὸς τὸ παρόν. — Τὸν δὲ Ἅγνωνα ...] οὐ τοῦτο λέγει, ὅτι ὁ Ἅγνων οὐχ ἥδετο ταῖς τιμαῖς, ἀλλὰ οὔτε συμφέρειν τοῖς Ἀμφιπολίταις τιμᾶσθαι τὸν Ἅγνωνα, διὰ τὸ κολακεύειν τοὺς Λακεδαιμονίους, οὔτε ἡδὺ ἦν τοῖς Ἀμφιπολίταις τὸ τιμᾶν αὐτόν. — 3. Οἱ μέν] οἱ Ἀθηναῖοι.

XII. Καὶ ὑπὸ τοὺς αὐτοὺς χρόνους] Τζέτζου·

Ἐκ τῆς τρίτης ἔασα * τυπώσεις γράφειν·
ἐντεῦθεν ἠρξάμην δὲ τῆς γραφῆς πάλιν·
τὸ κλῆθρον ἦν δὲ τῶν ὀπισθίων λόγων.

— Ἐς Ἡράκλειαν] Ἡράκλεια ἡ ἐν Τραχῖνι τῆς Θρᾴκης. — 2. Μάχη αὕτη] ἡ κατὰ τὴν Ἀμφίπολιν τοῦ Βρασίδου.

XIII. Οὐδένα καιρὸν ἔτι εἶναι] οὐκ ἐν καιρῷ ἔτι εἶναι. — Τῶν τε Ἀθηναίων ...] τῶν μὲν Ἀθηναίων διὰ τὸ ἡσσηθῆναι ἀποκεχωρηκότων, τῶν δὲ περὶ τὸν Ῥαμφίαν οὐκ ὄντων δυνατῶν δρᾶν ὧν ὁ Βρασίδας διενοεῖτο.

XIV. Ὥστε] Τζέτζου·

Βιβλογράφου * στιγμὴν παρῆκα μὴ ξέων.
§. Πρὸς δέ] * Ἐνταῦθα μὲν στίξειας, ὡς Τζέτζης γράφει·
ἄρξῃ δ' ἀπαρτὶ τοῦ * πρὸς εἰρήνην λόγου.
σολοικοειδὲς, * οὐ σόλοικον * τυγχάνει.

— Μηδετέρους] Ἀθηναίους καὶ Πελοποννησίους. — Πληγέντες] ζημιωθέντες. — Καὶ δι' ὀλίγου αὖθις] ἀντὶ τοῦ μετ' ὀλίγον. — Καὶ οὐκ ἔχ. ...] καὶ οὐκέτι πιστεύοντες τῇ ἰσχύϊ τῇ αὐτῶν, δι' ἣν τὸ πρότερον οὐ προσεδέχοντο τὰς σπονδάς. — Καθυπέρτεροι] τῶν Λακεδαιμονίων. — 2. Ἐπαιρόμενοι] δινούμενοι. — Ἐπιπλέον ἀποστῶσι] τῶν Ἀθηναίων. — Καλῶς παρασχὸν οὐ ξ.] ἐξὸν καλῶς, καιροῦ ἐπιτηδείου παρατυχόντος τοῦ πράγματος, οὐ συνέθησαν τοῖς Λακεδαιμονίοις. — Μετὰ τὰ ἐν Πύλῳ κατορθώματα. — 3. Οἱ δ' αὖ Λακεδαιμόνιοι] ἀπὸ κοινοῦ τὸ μετεμέλοντο. § ἀπὸ κοινοῦ εἶχον τὴν γνώμην πρὸς τὴν εἰρήνην νοητέον. — Ὀλίγων ἐτῶν καθαιρήσειν] ἤγουν δι' ὀλίγων ἐτῶν ταπεινώσειν. — Ἐν τῇ νήσῳ] τῇ Σφακτηρίᾳ. — Αὐτομολούντων] παρὰ τοὺς ἐν Πύλῳ δηλαδὴ Ἀθηναίους. ἡ δὲ ἔννοια· μήπως αὐτομολήσωσιν οἱ Εἵλωτες οἱ ὑπομένοντες παρὰ τοῖς Λακεδαιμονίοις, πιστεύοντες τοῖς ἔξω, τουτέστι τοῖς ηὐτομοληκόσι διὰ τὰ συμβεβηκότα τοῖς Λακεδαιμονίοις. — Οἱ ὑπομένοντες] οἱ ὑπόλοιποι. — Τοῖς ἔξω] αὐτομολήσασι δηλαδή. — Ξυνέβαινε δέ] ἐνταῦθα ἡ ἀπόδοσις τῆς ὅλης ἐννοίας ἀπὸ τοῦ, πρὸς τὴν εἰρήνην μᾶλλον τὴν γνώμην εἶχον. — 4. Αὐτοῖς] τοῖς Λακεδαιμονίοις. — Ἐπ' ἐξόδῳ] λήξει. — Σπένδεσθαι] ἤγουν μετὰ σπονδῶν ποιεῖσθαι.

XV. Ἀμφοτέροις αὐτοῖς] Λακεδαιμονίοις καὶ Ἀθηναίοις δηλονότι. — Τῶν ἀνδρῶν κομίσασθαι]

Γλώσσης νόησον Ἀττικῆς εἶναι τόδε,
ψωμοῦ φαγεῖν τε, καὶ λαβεῖν ἀνδρῶν, λέγειν,
οἴνου πιεῖν τε, καὶ τὰ τοιούτου τρόπου·
μηδ' αὖ σόλοικον μηδαμῶς νόει τόδε.

§. Πολὺς πόνος καὶ * τουτοὶ ξεῖν καὶ γράφειν,
καὶ τῆς ἑκάστης ἡμέρας περιδρόμῳ,
καίπερ νοσοῦντα, δυσπνοοῦντα τὴν νόσον,
φύλλων ἀναγνῶναι τοιάςδε † ὤ...
διπλῆν διεκτρέχειν με πεντηκοντέρα,
ὅθεν * σκατῶρσι τὴν βιβλογράφου κόπρον
ἐατέον νῦν ἐκφορεῖν τε καὶ ξέειν.

— *Ἦσαν γὰρ οἱ Σπαρτιᾶται] τὸ οἱ ἐνταῦθα ἀντὶ τοῦ ἔνιοι. ἦσαν γάρ τινες αὐτῶν Σπαρτιᾶταί τε καὶ πρῶτοι καὶ τοῖς πρώτοις ξυγγενεῖς. ὡς τὸ εἰκὸς οὖν, οἱ ξυγγενεῖς αὐτῶν σπουδὴν ἐποιοῦντο. — 2. Πράσσειν] τὴν εἰρήνην δηλονότι. — Οὕπως ἤθελον] οὐδὲ ὅλως ἤθελον. — Εὖ φερόμενοι] ἤγουν εὐτυχοῦντες. — Ἐπὶ τῇ ἴσῃ] ὥςτε τὸ προςῆκον αὐτοῖς μόνον ἔχειν, ἀλλὰ δηλονότι καὶ περιττότερον. — Ἐνδεξομένους] ἤτοι προςδεξομένους· λείπει τὴν εἰρήνην.

XVI. Ὁ μέν] ὁ Βρασίδας. — Ὁ δέ] ὁ Κλέων. — Πλεῖστα] ἤτοι ἐν πλείστοις πράγμασι. — Ἀπαθής] εὐτυχής. — Τοῦ ἀκινδύνου] τῆς ἀσφαλείας. — Καὶ ὅστις ἐλάχιστα τύχῃ αὐτὸν παραδίδωσι] τῇ ἀλόγῳ φορᾷ τῆς τύχης. — Τὴν εἰρήνην παρέχειν] ᾤετο δηλονότι. — Πλειστοάναξ δέ] Πλειστοάναξ ὁ Παυσανίου βασιλεὺς Λακεδαιμονίων, ὃς φεύγων κάθοδον εὕρετο· ἔφευγε δὲ διὰ τὸ ποτὲ πρότερον δόξαι δῶρα παρ' Ἀθηναίων λαβὼν ἀναχωρῆσαι ἐκ τῆς Ἀττικῆς. — Διαβαλλόμενος] ἤγουν ὑβριζόμενος. — Καθόδου] ἀντὶ τοῦ ἀναχωρήσεως ἀπὸ τῆς Ἀττικῆς δή. — Προβαλλόμενος] ἤγουν κατηγορούμενος. — Παρανομηθεῖσαν] ἤγουν παρανόμως δοθεῖσαν αὐτῷ. — 2. Τὴν γὰρ πρόμαντιν] ἤγουν τὴν προαγορεύουσαν ἐκ μαντείας. — Ἐπὶ πολύ] πολλάκις. — Διὸς υἱοῦ ἡμιθέου τὸ σπέρμα] ἡμιθέου μὲν τοῦ Ἡρακλέους λέγει, σπέρμα δὲ τὸν ἀπόγονον· οὗτος δ' ἦν ὁ Πλειστοάναξ. ἀναφέρειν δὲ τὸ κατάγειν. εὐλάκαν δὲ τὴν ὕνιν Λακεδαιμόνιοι λέγουσιν· ἔνιοι δέ, τὴν δίκελλαν, ἀπὸ τοῦ λακαίνειν, ὅ ἐστι σκάπτειν. εὐλάξειν δὲ ἀροσειν, τοιοῦτο δέ τι λέγει, ἀργυρέα εὐλάκα εὐλάξειν, τουτέστι λιμὸν ἔσεσθαι, καὶ πολλοῦ σφόδρα τὸν σῖτον ὠνήσεσθαι, ὥςπερ ἀργυροῖς ἐργαλείοις χρωμένους· ἔνιοι δὲ οὐ λυσιτελήσειν φασὶν αὐτοῖς τὴν γῆν γεωργεῖν, ὥςπερ εἰ ἀργυροῖς ἐργαλείοις ἐχρῶντο. — Ἐκ τῆς ἀλλοτρίας] ἤγουν ὑπερορίας. — Ἀναφέρειν] ἀνακαλεῖσθαι. — Ἀργυρέαιε]

Ὄζει κόπρος κάκιστον ἡ βιβλογράφου.

— 3. Χρόνῳ δέ...] ἡ σύνταξις οὕτως· χρόνῳ δὲ προτρέψαι τοὺς Λακεδαιμονίους * αὐτὸν καταγαγεῖν τοῖς ὁμοίοις χοροῖς καὶ θυσίαις· τὰ δὲ λοιπὰ μεταξὺ λεκτέον· ἔστι γὰρ περιβολὴ διττή. — Μετὰ δώρων.] οἱ μὲν τὴν δόκησιν ἀντὶ τοῦ δοκήσεώς φασι κεῖσθαι, διὰ τὴν ἐκ τῆς Ἀττικῆς ποτὲ μετὰ δώρων δοκήσεως ἀναχώρησιν· οἱ δέ, τηρήσαντες τὴν δόκησιν, τὴν ἀναχώρησιν μᾶλλον ἀντ' ἀναχωρήσεως ἐδέξαντο· ἄλλοι δὲ τὴν δόκησιν ἐπὶ τῆς λήψεως τῶν δώρων ἔλαβον, ἵν' ᾖ, ἤτοι διὰ τὴν ἐκ τῆς Ἀττικῆς ποτὲ μετὰ δώρων λῆψιν ἀναχώρησιν· καὶ δεκτέον τοῦτο. § Διὰ τὴν ἀναχώρησιν ἐκ

τῆς Ἀττικῆς μετὰ δόκησιν δώρων, ἀντὶ τοῦ μετὰ δωροδόκησιν, τοῦτ' ἔστι μετὰ τὸ λαβεῖν δῶρα ὑπ' Ἀθηναίων. — Ἤμ. τῆς οἰκίας... οἰκοῦντα] ὁ Πλειστοάναξ διαφυγὼν ᾤκησεν ἐν Λυκαίῳ. τοῦ δὲ τόπου, καθ' ὃν ᾠκοδόμησε τὴν οἰκίαν, τὸ μὲν ἥμισυ ἦν ἱερόν, τὸ δὲ ἥμισυ βέβηλον. — Ἔτι ἑνὸς δέοντι] τοῦτο συντακτέον τῷ χρόνῳ δὲ προτρέψαι ἤγουν μετὰ τὸν χρόνον τῆς προῤῥήσεως τῆς μαντείας προτρέψαι τοὺς Λακεδαιμονίους· ἵν' ᾖ, χρόνῳ δὲ προτρέψαι τοὺς Λακεδαιμονίους ἑνὸς δέοντι εἰκοστῷ.

XVII. Τῇ διαβολῇ] τῇ ὕβρει τῇ τῶν ἐχθρῶν. — Ἀνεπίληπτος εἶναι] μὴ ἂν αὐτὸς * παρέξειν κατηγορίας ἀφορμήν, προὐθυμήθη τὴν ξύμβασιν. — 2. Ἤεσαν ἐς λόγους] ἀλλήλοις δηλονότι. — Παρασκευή τε προεπανεσείσθη] ἡ πολεμικὴ παρασκευὴ προηπειλήθη. — Ὡς ἐπιτειχισμόν] ὡς μελλόντων φρούρια ἐπιτειχίσειν ἐν τῇ Ἀττικῇ τῶν Λακεδαιμονίων. § Ἵνα τειχίζωσι τὰ ἑαυτῶν χωρία. — Ἐκ τῶν συνόδων] ἐπειδὴ συνερχόμενοι οἱ Ἀθηναῖοι καὶ οἱ Λακεδαιμόνιοι, καὶ ἐπιζητοῦντες κατὰ τὸ δίκαιον παρ' ἀλλήλων τινάς, συνέβησαν. — Δικαιώσεις] αἰτήματα δίκαια. — Προενεγκόντων] προβαλόντων. — Ἀνταπαιτούντων γάρ] τῶν Ἀθηναίων. — Ἀλλ' ὁμολογίᾳ] ἑκουσίῳ θελήματι. — Ἔχειν τὸ χωρίον] τὴν Πλάταιαν. — Τὴν Νίσαιαν] ἀπὸ κοινοῦ τὸ ἔχειν. — Τούτοις δὲ οὐκ...]

Ὑποστροφὴν γίνωσκε τὸ σχῆμα τόδε·
τὸ δ' αὖ σκοτεινὸν καὶ περίξυλον λόγου
ἄλλοις παρεὶς ῥήτορσιν αἰνεῖν ἀσκόπως,
τίς ἱστορούντων ἀκριβὴς κανών, μάθε·
σαφής μετ' ὄγκου, καὶ ταχύς, πειθοῦς γέμων.
τοῦτον χρεὼν δ' ἦν τῆς δρυὸς καὶ τοῦ ξύλου
υἱὸν καλεῖσθαι, τὸν ξυλουργοῦντα λόγοις,
οὐ τὸν μελιχρὸν Ἡρόδοτον ἐν τοῖς λόγοις.

XVIII. 2. Θεωρεῖν] θεωροὺς πέμπειν. — Αὐτονόμους εἶναι] ἤγουν τοῖς καθ' αὑτοὺς νόμοις χρωμένους. — Αὐτοτελεῖς] αὐτοτελεῖς αὐτοὺς καὶ μὴ ἄλλοις συντελοῦντας. — Αὐτοδίκους] αὐτόδικοι ἄνθρωποι οἱ παρ' αὑτοῖς δίκας διδόντες καὶ λαμβάνοντες, καὶ μὴ ὑπ' ἄλλων κρινόμενοι, ἐν αὑτοῖς τὴν διαφορὰν δίκῃ λύοντες, καὶ μὴ μετάγοντες αὐτὴν εἰς ὑπερορίους ἀνθρώπους. — 3. Ἀβλαβεῖς... ὅπλα δέ...]

Σπονδὰς μὲν ἐξώρκωσαν ἀβλαβεῖς μένειν,
ὅπλα φέρειν δὲ μηδαμῶς ἔστω, λέγειν
Τζέτζης σολοικίζουσιν ἐντάττει λόγοις·
οὐκ ἀττικισμὸς τουτοὶ ** λέγει.
οὕτω γράφων δὲ τοῖς περιστρόφοις λόγοις
πέφευγας ὅσον κρίνειν σε τεχνικῶς θέλει.
πηλὸς λιθουργῶν συγκαλύπτει φαυλίαν,
γραφῆς σκότος δὲ τοὺς σολοίκους τῶν λόγων.

— 4. Πρὸς ἀλλήλους] ἤγουν Λακεδαιμονίους καὶ Ἀθηναίους. — Δίκαις] ἤγουν κρίσει δικαίᾳ. — 5. Ὅσας δὲ πόλεις]

Τὸ σὸν σκοτεινὸν καὶ τὸ τοῦ βιβλογράφου
Χάρυβδιν * οἵαν ἐξεγείρουσιν λόγοις.
λοιπὸν τὰ πολλὰ σῶν περιτρέχων λόγων,

τὰ συμφανῆ σύμπασιν ἐγγράψω μόνα·
σὲ γὰρ σολοικίζοντα πικρὸν δεικνύειν.

— Φερούσας τὸν φόρον] διδούσας τὸ ἐτήσιον τέλος. —
Ἐφ' ἐπ' Ἀριστείδου] ταχθέντα δηλονότι. — Ἀριστεί-
δου] τοῦ στρατηγήσαντος ἐν Πλαταιαῖς ἐπὶ τῶν Μηδικῶν, τοῦ κληθέντος δικαίου, τοῦ υἱοῦ Λυσιμάχου. —
Ὅπλα δὲ μὴ ἐξέστω...] ἐὰν ἀποδιδῶσι τὸν φόρον οἱ
σύμμαχοι τοῖς Ἀθηναίοις, ὅπλα μὴ ἐπιφερέτωσαν αὐτοῖς οἱ Ἀθηναῖοι μετὰ τὰς σπονδάς. — Ἐπὶ κακῷ]
τῶν πόλεων. — Ἀποδιδόντων τὸν φόρον] τῶν ἀνθρώπων τῶν ἐν ταῖς πόλεσι. — 7. Ἀποδόντων] ἀποδότωσαν.
— Κορυφάσιον] τὴν Πύλον λέγει. — Ἐν τῷ δημο-
σίῳ] ἐν τῷ δεσμωτηρίῳ. — Κατὰ ταῦτά] ἤγουν κατὰ
τὴν ὁμοίαν συμφωνίαν. — 9. Τὸν μέγιστον] ἤγουν τὸν
σχυρότατον. — 11. Ὅπῃ ἂν δοκῇ] ἤγουν ὡς ἂν δοκῇ.
XX. Ἐκ Διονυσίων] ἤγουν μετὰ τὴν ἑορτὴν τοῦ
Διονύσου. — Αὐτοδεκαετῶν] ὁλοκλήρων. πρὸς ἀκρίβειαν. § τουτέστιν ἐν ἀκμῇ τῶν δέκα ἐτῶν. — Παρε-
νεγκουσῶν] παρελθουσῶν. — 2. Καὶ μή] πιστεύσας τὴν
ἐπαρίθμησιν. — Σημαινόντων] σημασίαν καὶ δήλωσιν
διδόντων. — Οὐ γὰρ ἀκριβές ἐστιν...] ἤγουν ἀκριβὴς
ἡ ἀλήθειά ἐστιν ἀπὸ τῶν ἀνθρώπων ἐκείνων, οἷς καὶ
ἐρχομένοις (ἤγουν ἐν τῇ ἀρχῇ οὖσι τοῦ πολέμου) καὶ
μεσοῦσιν (ἤγουν ἐν τῷ μέσῳ τοῦ πολέμου οὖσιν) ἐπεγένετό τι. — Σκοπείτω δέ τις... 3. κατὰ θέρη δὲ καὶ
χειμῶνας] κατὰ θέρη, φησί, καὶ χειμῶνας τὰ δέκα ἔτη
σκοπείτω τις, καὶ μὴ ἐξαριθμείσθω μήτε τοὺς ἄρχοντας
μήτε τοὺς ἀπ' ἄλλης τινὸς τιμῆς ἐπωνύμους τοῖς ἔτεσι
γεγενημένους. οὐ γὰρ ἀκριβῶς ἐντεῦθεν οἱ χρόνοι τῶν
πράξεων λαμβάνονται, ἐπειδὴ καὶ κατὰ τοὺς πρώτους
χρόνους τῶν ἀρχόντων καὶ κατὰ τοὺς μέσους καὶ κατὰ
τοὺς τελευταίους πολλὰ ἐπράχθη. αἴτιον δὲ τοῦτό ἐστι
τοῦ τὸν Θουκυδίδην κατὰ θέρη καὶ χειμῶνας τὸν χρόνον
διῃρηκέναι καὶ μὴ κατ' ἐνιαυτόν. — Ἐξ ἡμισείας] τοῦ
μέρους. — Δέκα... γεγενημένους] ὅτι δέκα ἔτη ἐπολέμησαν Λακεδαιμόνιοι καὶ Ἀθηναῖοι.
XXI. Καὶ τοὺς ἄλλους] συμμάχους. — Ὡς εἴρητο]
συνεφωνήθη. — 2. Οὐκ ἤθελον] δέξασθαι τοὺς Ἀθηναίους. — Τὴν πόλιν] τὴν Ἀμφίπολιν. — Ἐκείνων]
τῶν Χαλκιδέων. — 3. Αὐτόθεν] ἤγουν ἀπὸ τῆς Ἀμφιπόλεως. — Μετακινητή] ἤγουν δυνατὴ κινηθῆναι. —
Κατειλημμένας] ἰσχυράς. § τὰς σπονδάς.
XXII. Οἱ δὲ ξύμμαχοι] τῶν Λακεδαιμονίων. —
Αὐτῶν] ἐξ αὐτῶν τῶν συμμάχων. — Ἀπεώσαντο] τὰς
σπονδάς. — Δικαιοτέρας] ἰσχυροτέρας τῷ δικαίῳ. —
Τούτων] τῶν γενομένων. — 2. Αὐτῶν] τῶν συμμάχων. — Οὐκ ἐξήκουον] οἱ Λακεδαιμόνιοι. — Ἐπειδὴ
οὐκ ἤθελον...] οὐ βουλομένων, φησί, τῶν ἄλλων συμμάχων σπένδεσθαι πρὸς τοὺς Ἀθηναίους, οἱ Λακεδαιμόνιοι καθ' ἑαυτοὺς ἐσπείσαντο, νομίζοντες ἥκιστα ἂν
οὕτω πρὸς Ἀθηναίους χωρήσειν τοὺς Ἀργείους προσθη-
σομένους αὐτοῖς. πεποιημένοι γὰρ ἔμπροσθεν πρὸς Λακεδαιμονίους σπονδάς, τότε τῶν Ἀθηναίων εὖ φερομένων, οὐκ ἐβούλοντο πρὸς Λακεδαιμονίους ἐπισπένδε-

σθαι, ἐλθόντων Ἀμπελίδου καὶ Λίχου. οὐκ ἐβούλοντο
δὲ ἐπισπένδεσθαι οἱ Ἀργεῖοι, νομίζοντες χωρὶς Ἀθηναίων οὐ δεινοὺς εἶναι Λακεδαιμονίους. πρὸς τούτῳ δὲ
καὶ τὴν ἄλλην Πελοπόννησον οἱ Λακεδαιμόνιοι ᾤοντο
ἡσυχάζειν, γενομένων τῶν σπονδῶν. εἰ γὰρ μὴ ἐγε-
γόνεσαν, ἀλλὰ ἐξῆν προσχωρεῖν τοῖς Ἀθηναίοις, τούς
τε Ἀργείους καὶ τοὺς Ἀχαιοὺς πρὸς Ἀθηναίους ἂν
ἀποστῆναι. — Νομίσαντες] ἐκ παραλλήλου. — Χω-
ρεῖν] τοὺς Πελοποννησίους. — 3. Λόγων] συμβατικῶν.
XXIII. Ταύτην τὴν πόλιν] τῶν κακῶς ποιησάντων
τοὺς Λακεδαιμονίους. — Καταλύειν... ἄμφω τὼ πό-
λεε] λείπει, τὴν ἐπελθοῦσαν πόλιν. — 3. Ἣν δὲ ἡ
δουλεία ἐπαναστῇται] ἀντὶ τοῦ, ἣν δὲ οἱ Εἵλωτες ἐπα-
νίστωνται. ἤγουν τὸ πλῆθος τῶν δούλων. — Παντὶ
σθένει κατὰ τὸ δυνατόν] ἤγουν κατὰ γῆν καὶ κατὰ θάλασσαν.
XXIV. 2. Μετὰ τὰς σπονδάς] τὰς κοινὰς δηλονότι,
ὧν μετεῖχον καὶ οἱ σύμμαχοι. — Τοὺς ἐκ τῆς νήσου] ληφθέντας δηλονότι. — Ξυνεχῶς] ἀδιαστάτως, συνημμένως.
XXV. Διεχίνουν τὰ πεπραγμένα] κατέλυον τὰ κατὰ
τὰς σπονδάς. — 2. Καὶ ἅμα] σὺν τούτῳ. — Ὕποπτοι]
ἤγουν διάφοροι. — Ἃ εἴρητο] ἐν ταῖς σπονδαῖς. — 3.
Καὶ ἐπὶ ἓξ ἔτη μὲν καὶ δέκα μῆνας...] ἓξ ἔτη καὶ δέκα
μῆνας ἡ ἀβέβαιος εἰρήνη Λακεδαιμονίων καὶ Ἀθηναίων,
μετὰ τὴν συμπλήρωσιν τοῦ δεκάτου ἔτους, παρέτεινεν.
— Ἐπὶ τὴν ἑκατέρων] ἐπὶ τὴν ἀλλήλων. — Ἔξωθεν]
τῆς ἑκατέρων γῆς.
XXVI. Ἑπτὰ καὶ εἴκοσιν] εἴκοσι ἑπτὰ ἔτη ὁ πόλεμος τῶν Πελοποννησίων καὶ Ἀθηναίων παρέτεινεν.
— 2. Οὐκ ὀρθῶς δικαιώσει] ἀντὶ τοῦ οὐκ ἀληθῶς καὶ
δικαίως κρινεῖ. — Ἔξω τε τούτων] ἄνευ τούτων. —
Οὐδὲν ἧσσον πολέμιοι ἦσαν] καὶ μετὰ τὴν εἰρήνην
δηλονότι. — Βοιωτοί τε ἐκεχειρίαν δεχήμερον ἦγον]
Βοιωτοί τε πρὸς δέκα ἡμέρας ἐκεχειρίαν ἐπεσπένδοντο
πρὸς Ἀθηναίους. — 3. Τῷ δεκατεῖ] τῷ προειρημένῳ.
— Παρενεχούσας] προσθεμένας. — Ἰσχυρισαμένοις
προτείνουσί τι ἰσχυρόν. — Μόνον δὴ τοῦτο ἐχυρῶς
ξυμβάν] ἤτοι μόνον δὴ τοῦτο ἰσχυρῶς μαρτυρῆσαι. —
4. Προφερόμενον] προλεγόμενον. — Ὅτι τρὶς ἐννέα]
περὶ τοῦ χρησμοῦ, ὅτι τρὶς ἐννέα ἔτη ὁ πόλεμος παρέτεινεν οὗτος. — 5. Ἐπεβίων δέ] ἤγουν μετὰ τὴν κίνη-
σιν τοῦ πολέμου. — Αἰσθανόμενός τε...] ἀντὶ τοῦ
ἀκμάζων, διὰ τὸ μὴ παρηβηκέναι τὴν ἡλικίαν, παρα-
κολουθῶν πᾶσι. — Ἔτη εἴκοσι] ὅτι ὁ συγγραφεὺς εἴκοσιν ἔτη ἔφυγε τὴν πατρίδα, καὶ περὶ Πελοποννήσου
διέτριβε. — Παρ' ἀμφοτέροις] τῶν Λακεδαιμονίων καὶ
Ἀθηναίων. — Αὐτῶν] τῶν πραγμάτων. — Καθ' ἡσυχίαν... αἰσθέσθαι] διὰ τὸ ἡσυχάζειν, καὶ μὴ πολεμεῖν
αὐτοῦ, μᾶλλον παρηκολούθησα τοῖς γενομένοις. —
6. Ὡς ἐπολεμήθη] μετὰ τοῦ πολέμου κατέστη.
XXVII. Αἱ πεντηκοντούτεις] αἱ κοιναί. — Αἱ ξυμ-
μαχίαι] ἤγουν αἱ ἰδικαί, αἱ πρὸς Ἀθηναίους ἐκ Λακεδαίμονος, καὶ ἀνάπαλιν. — Ἐς αὐτά] τὰ αὐτὰ τοῖς
Λακεδαιμονίοις. — 2. Τραπόμενοι] ἀπελθόντες. —

Πρός τινας τῶν ἐν τέλει ὄντων Ἀργείων] ἤγουν πρός τινας ἄρχοντας τῶν Ἀργείων. — Οὐκ ἐπ' ἀγαθῷ] οὐκ ἐπὶ συμφέροντι. — Ὁρᾶν] τὸ ἑξῆς, χρὴ ὁρᾶν. — Καὶ ψηφίσασθαι] τοὺς Ἀργείους. — Τῇ ἀλλήλων] ἀσθενεῖ δηλονότι οὔσῃ, καὶ κατατριβομένῃ ὑπὸ τῶν ἐναντίων. — Ἐπιμαχεῖν] ἐπιμαχεῖν καὶ ἐν τῇ πρώτῃ [c. 44]. — Ἀποδεῖξαι] ἤγουν γνωρίμους καταστῆσαι ἡμῖν. — Αὐτοκράτορας] ἀνάθεσιν τῶν ὅλων πραγμάτων ἔχοντας. — Μὴ πρὸς τὸν δῆμον τοὺς λόγους εἶναι] τοὺς σπενδομένους τοῖς Ἀργείοις μὴ τῷ δήμῳ διαλέγεσθαι, ἀλλὰ τοῖς αὐτοκράτορα ἔχουσιν ἀρχήν. — Τοῦ μὴ καταφανεῖς...] ἵνα μὴ φωραθῶσιν ὑπὸ τῶν Λακεδαιμονίων οἱ συνθέμενοι τοῖς Ἀργείοις. — Τοὺς μὴ πείσ.] ἐὰν μὴ πείσωσι. — Τοὺς μὴ πείσ.] τοὺς Κορινθίους ἢ ἄλλους. — Τὸ πλῆθος] τῶν Ἀργείων. — Προσχωρήσεσθαι] τοῖς Ἀργείοις.

XXVIII. Ἀκούσαντες] τῶν Κορινθίων. — Ἀνήνεγκαν τοὺς λόγους] τῶν Κορινθίων.— Ἔς τε τὰς ἀρχάς] εἰς τοὺς ἐν τέλει. — Τούτων] τῶν Ἀθηναίων καὶ Λακεδαιμονίων. — 2. Ἐπ' ἐξόδου] ἐπὶ τέλους. — Αἱ σπονδαί] τῶν Λακεδαιμονίων. — Ἡγήσεσθαι] ἡγεμόνες ἔσεσθαι. — Τὸν χρόνον τοῦτον] τὸν τοῦ πολέμου δηλονότι. — Μάλιστα δή] ὑπερβαλλόντως. — Κακῶς ἤκουσεν] ὑβρίσθη. — Καὶ ὑπερώφθη] ἐξουδενώθη. — Διὰ τὰς ξυμφοράς] διὰ τὰς ταλαιπωρίας, ἃς ἔπαθον οἱ Ἕλληνες. — Ἄριστα ἔσχον] διετέθησαν. — Οὐ ξυναράμενοι τοῦ Ἀττικοῦ πολέμου] ὅτι οὐ ξυνεπολέμησαν τοῖς Λακεδαιμονίοις κατὰ τῶν Ἀθηναίων. — Ἀμφοτέροις] τοῖς Ἀθηναίοις καὶ Λακεδαιμονίοις. — Ἐκκαρπωσάμενοι] τοὺς καρποὺς καὶ τὰς προσόδους λαβόντες ἀπὸ τῆς γῆς ἀκεραίους, διὰ τὸ μὴ πολεμεῖν.

XXIX. Αὑτοῖς] τοῖς Ἀργείοις. — Αὐτῶν] τῶν Μαντινέων. — Κατέστραπτο] ἐδεδούλωτο. — Ὑπήκοον] τῶν Λακεδαιμονίων. — Οὐ περιόψεσθαι σφᾶς...] οὐκ ἐπιτρέψειν τοῖς Μαντινεῦσι τοὺς Λακεδαιμονίους ἄρχειν τῶν κατεστραμμένων, καὶ ταῦτα σχολὴν ἀγοντας τοὺς Λακεδαιμονίους. — Σχολὴν ἦγον] οἱ Λακεδαιμόνιοι. — Ὥστε ἄσμενοι] οἱ Μαντινεῖς. — Μεγάλην] ἰσχυράν. — Πόλιν τε μεγάλην] τὸ Ἄργος. — Διάφορον] μαχομένην. — Δημοκρατουμένην] εὐνομουμένην. — Τοῦτο] ἤγουν τὸ προσελθεῖν τοῖς Ἀργείοις. — Νομίσαντες] οἱ Πελοποννήσιοι. — Εἰδότας] τοὺς Μαντινέας εἰδότας. — Ἐν ταῖς σπονδαῖς ταῖς Ἀττικαῖς] ἀντὶ τοῦ ἐπὶ τοὺς Ἀττικούς. — 3. Τὴν Πελοπόννησον διεθορύβει] διὰ πάσης τῆς Πελοποννήσου θόρυβον καθίστη. — Πᾶσι τοῖς ξυμμάχοις] ἤγουν σὺν πᾶσιν. — 4. Οἱ πολλοί] τῶν Πελοποννησίων.

XXX. Προκαταλαβεῖν τὸ μέλλον] φθάσαι πρὶν μέλλειν τοὺς Κορινθίους προσχωρεῖν τοῖς Ἀργείοις. — Ἠτιῶντο...] ἐνεκάλουν ὅτι ἡγεμόνες ἦσαν τοῦ παντὸς κακοῦ, δὴ τῆς ἀποστάσεως. — Τήν τε ἐξήγησιν] τὸ εἰσηγήσασθαι δηλονότι προσχωρῆσαι τοῖς Ἀργείοις τοὺς Ἕλληνας. — Τοῦ παντός] δεινοῦ. — Καὶ εἰ] ἤγουν ἠτιῶντο. — Σφῶν] τῶν Λακεδαιμονίων. — Εἰρημένον] ἀντὶ τοῦ ὁρισθέντος. — Κύριον εἶναι] κεκυρωμένον, βέβαιον εἶναι. — 2. Κορίνθιοι] τὸ ἑξῆς, Κορίνθιοι δὲ ἀντέλεγον. — Ξυμμάχων] αὐτῶν δηλονότι. — Ἐδέξαντο τὰς σπονδάς] τὰς πρὸς Ἀθηναίους. § τὰς τῶν Ἀθηναίων καὶ Λακεδαιμονίων. — Παρεκάλεσαν] λείπει τὸ παρεῖναι. — Αὐτοὺς αὐτοί] αὐτούς, τοὺς ξυμμάχους, αὐτοί, οἱ Κορίνθιοι. — Πρότερον] ἤγουν πρὸ τοῦ ἐλθεῖν τοὺς πρέσβεις τῶν Λακεδαιμονίων. — Ἀντέλεγον τοῖς Λακεδαιμονίοις] τὸ ἑξῆς, Κορίνθιοι δὲ ἀντέλεγον. — Οὔτε Σόλειον σφίσιν] ἀντὶ τοῦ αὑτῶν. — Ἀπέλαβον] οἱ Κορίνθιοι. — Αὐτοῖς] τοῖς ἐπὶ Θρᾴκης. — Μετὰ Ποτιδαιατῶν] ἀφισταμένων. — Ἀφίσταντο] οἱ ἐπὶ τῆς Θρᾴκης. — Ἄλλους] ἀντὶ τοῦ ἄλλους ὅρκους. — 3. Θεῶν γὰρ πίστεις] ἤγουν θεῶν ὅρκους ἐπὶ πίστει. — Αὐτούς] τοὺς ἐπὶ Θρᾴκης. — Εἰρῆσθαι] ἔφασαν δὲ εἰρῆσθαι ἐν ταῖς σπονδαῖς δηλονότι. — 4. Τῶν παλαιῶν ὅρκων] τῶν πρὸς τοὺς ἐπὶ Θρᾴκης. — 5. Οἱ δέ] οἱ Κορίνθιοι. — Παρὰ σφίσι] τοῖς Κορινθίοις. — Προεῖπον ἥκειν] τοὺς Ἀργείους.

XXXI. Ἐκεῖθεν] ἀπὸ τῆς Κορίνθου. — Ἐλθόντες] οἱ Ἠλεῖοι. — Ξύμμαχοι ἐγένοντο] οἱ Ἠλεῖοι δηλονότι. — Διαφερόμενοι] ἐχθροί. — 2. Ἐπὶ τῇ ἡμισείᾳ τῆς γῆς] ἤγουν ἐπὶ τῷ καρποῦσθαι τὸ ἥμισυ τῆς γῆς. — 3. Παυσαμένων] τοῦ ἀποφέρειν δηλονότι. — Ἐπηνάγκαζον] ἀποφέρειν δηλονότι. — Οἱ δ'] Ἠλεῖοι. — Ἐπιτραπείσης] δοθείσης.— Μὴ ἴσον ἕξεις] ἀντὶ τοῦ μὴ ἔξεις τὸ δίκαιον. — Ἀνέντες τὴν ἐπιτροπήν] ἀντὶ τοῦ παυσάμενοι τοῦ ἐπιτρέψαι τὴν δίκην Λακεδαιμονίοις. — Ἔτεμον] ἐδῄουν. — 4. Οὐδὲν ἧσσον] ἀντὶ τοῦ ἐπίσης. — Ἐμμεινάντων] τῶν Ἠλείων δηλονότι. — Τῇ ἐπιτροπῇ] τῆς δίκης δηλονότι. — 5. Πόλιν] τὸ Λέπρεον. — Σφῶν] τῶν Ἠλείων. — Ξυνθήκην] ξύμβασιν. — Καὶ ἐξελθεῖν] τοῦ πολέμου. — Ἴσον] τὸ δίκαιον. § διότι τὴν αὑτῶν πόλιν εἶχον Λακεδαιμόνιοι λήγοντος πολέμου. — 6. Ἐγένοντο δὲ καὶ οἱ Κορίνθιοι σύμμαχοι δηλονότι. — Μετ' ἐκείνους] τοὺς Ἠλείους δηλονότι. — Τὸ αὐτὸ λέγοντες] τὴν αὐτὴν γνώμην ἔχοντες.

XXXII. Ἐκπολιορκήσαντες] ἤγουν ἑλόντες καὶ δουλωσάμενοι ἐκ πολιορκίας. — Χρήσαντες] τὸ κατάγειν δηλονότι Δηλίους. — 2. Ἤρξαντο πολεμεῖν] πρὸς ἀλλήλους δηλονότι. — 3. Μέγα μέρος ὄν] τῆς Πελοποννήσου. — Προσγένοιτο] προσκτηθείη. — 4. Οὐδὲν ἄν] ἤγουν οὐκ ἄν. — Ἐναντιωθῆναι] ἐναντίοι γενέσθαι.] Ἀνεῖσαν τῆς φιλονεικίας] ἀπέστησαν τῆς μάχης. — 5. Ἐλθόντες] οἱ Κορίνθιοι. — Ποιῆσαι] λείπει τὸ ἠξίουν. — 7. Ἀξιούντων καὶ αἰτιωμένων Κορινθίων] ᾐτιῶντο οἱ Κορίνθιοι δηλονότι τοὺς Βοιωτούς, ὅτι συνέθεντο αὐτοῖς ἀπειπεῖν τὰς πρὸς Ἀθηναίους σπονδάς.

XXXIII. Ἐπικαλεσαμένων] τῶν Παρρασίων. — Σφᾶς] τοὺς Λακεδαιμονίους. — Αὐτοί] οἱ Μαντινεῖς. — Αὐτοὶ ἐφρούρουν] οἱ Παρράσιοι· ἤτοι τοὺς Παρρασίους, οἳ ἦσαν ἐν Κυψέλῳ. — Κείμενον ἐπὶ τῇ Σκ.]

ἐπιτετειχισμένον ὥστε βλάπτειν τὴν Σκιρῖτιν. — 2. Τὴν ξυμμαχίαν] τὰς ξυμμαχικὰς πόλεις.

XXXIV. Μετὰ τῶν Νεοδαμ.] μετὰ τῶν ἐκ τῶν Εἱλώτων ἐλευθέρων. § νέων πολιτῶν. — 2. Ἐκ τῆς νήσου] τῆς Πύλου. — Τὰ ὅπλα παραδόντας] τότε ἐν τῇ μάχῃ πρὸς Ἀθηναίους. — Μήτε πριαμένους τι ἢ πωλοῦντας κυρ. εἶν.] ἤγουν μὴ εἶναι κυρίους ἢ πρίασθαι ἢ πωλεῖν. — Ἐπίτιμοι] ἤγουν ἔντιμοι.

XXXV. Ἐν τῇ Ἄθῳ] ἐν τῷ Ἄθῳ. — 2. Ἐπιμιξίαι] ὁμιλίαι, συνήθειαι. — Κατὰ τὴν τῶν χωρίων...] διὰ τὸ ἀλλήλοις μὴ ἀνταποδιδόναι τὰ χωρία. — 3. Προὔθεντο] ἔταξαν. — Ξυγγραφῆς] συμφωνίας γεγραμμένης. — Ἐξιόντας]θεὶς τὰς σπονδάς. — 4. Γιγνόμενον] ἀντὶ τοῦ πραττόμενον. — Ἄλλα χωρία εἶχον] τῶν Λακεδαιμονίων οἱ Ἀθηναῖοι. — Εἰρημένα] τεταγμένα. — 8. Ἡσυχία ἦν] ἀπραξία πολέμου. — Καὶ ἔφοδοι παρ' ἀλλήλους] ἐπιμιξίαι.

XXXVI. Ἐλθούσῶν πρεσβειῶν] εἰς τὴν Λακεδαίμονα. — Οὐδὲν ξυμβάντων] ἤγουν κατ' οὐδέν. — Ὡς ἀπῇεσαν] οἱ Βοιωτοὶ καὶ οἱ Κορίνθιοι. — Λόγους ποιοῦνται ἰδίους] ἰδίᾳ διελέχθησαν αὐτοῖς. τοῦ λῦσαι τὰς σπονδάς. — Γιγνώσκειν] εἰς νοῦν ἔχειν. § τὴν αὐτὴν τῇ προτέρᾳ γνώμην ἔχειν. — Ἐλέσθαι] προελέσθαι. — Ἠπίσταντο] ἔγνωσαν. — Καλῶς σφίσι φίλιον γενέσθαι] βεβαίως φίλιον τοῖς Λακεδαιμονίοις γενέσθαι· ἢ αὐτοὶ βεβαίως ἠπίσταντο· ὃ καὶ μᾶλλον. — Ἡγούμενοι] τὸ ἡγούμενοι οὐκ ἔστι κατάλληλον πρὸς τὸ ἐπιθυμοῦντας τοὺς Λακεδαιμονίους, ἀλλ' ἐσχημάτισται ἀντὶ τοῦ ἡγουμένων. — Ῥᾴω] εὐκολώτερον. — 2. Ὅπως παραδώσωσιν] οἱ Βοιωτοὶ δηλονότι. — Ἐδέοντο... Λακεδαιμονίοις] τὸ μέντοι Πάνακτον ἐδέοντο Βοιωτοὺς οὕτω ποιῆσαι ὅπως παραδώσουσι Λακεδαιμονίοις.

XXXVII. Ταῦτα ἐπεσταλμένοι] ἀντὶ τοῦ τούτων ἐντεταλμένων αὐτοῖς ὑπὸ τῶν Ἐφόρων. — Ἐπεσταλμένοι] δεδιδαγμένοι. — Ἐπὶ τὰ κοινά] βουλευτήρια δηλονότι. — 2. Ξυγγενόμενοι] ἤγουν συναφθέντες. — Ἐς λόγους] ἐς κοινολογίαν. — Σφίσι] τοῖς Ἀργείοις. — Κοινῷ λόγῳ χρωμένους] ὁμοφρονοῦντας, δηλονότι Ἀργείους τε καὶ Κορινθίους καὶ Βοιωτούς. — 3. Οἱ ἐκ Λακεδαίμονος] οἱ περὶ τὸν Κλεόβουλον δηλονότι. — Ἐπεστάλκεσαν] προσέταξαν. — 4. Τούς τε φιλους] τοὺς ἐκ Λακεδαίμονος δηλονότι αὐτοῖς φίλους. — 5. Προκαλούμενοι] γράφεται παρακινοῦντες.

XXXVIII. Ἐν δὲ τούτῳ] τῷ καιρῷ. — Τὸ γὰρ αὐτὸ ἐποίουν] ἤγουν τὴν κοινὴν πρᾶξιν ἐποίησαν. — 2. Ἐπ' ὠφελείᾳ] συμμαχία. — 3. Τὴν βουλήν] τοὺς βουλευτάς. — Κἂν μὴ εἴπωσιν, οὐκ ἄλλα ψηφιεῖσθαι...] ἀντὶ τοῦ, οἱ Βοιωτάρχαι ἕκαστος ᾤετο τὴν ἰδίαν βουλήν, κἂν μὴ μαθῶν τὰ ὑπὸ τῶν Ἐφόρων ἐπεσταλμένα, μηδὲν ἄλλο ψηφίσεσθαι, ἤπερ ταῦτα, ἅπερ οἱ μαθόντες ἐκ Λακεδαίμονος παραινοῦσιν. — 4. Ἀντέστη] ἀντὶ τοῦ ἄλλως ἀπέβη. § ἐκωλύθη.

XXXIX. Ἦλθον ἐς τοὺς Βοιωτούς] οἱ Λακεδαιμόνιοι. — 3. Καθῃρεῖτο] ὑπὸ τῶν Βοιωτῶν.

XL. Ἅμα δὲ τῷ ἦρι] ἀρχομένῳ. — Ἐπιγιγνομένου] ἑπομένου. — Οὓς ἔφασαν πέμψειν] οἱ Βοιωτοί. — Ἰδίαν] μονομερῆ. — Μὴ μονωθῶσι] τῆς συμμαχίας. — 2. Τούς τε Ἀθηναίους εἰδέναι ταῦτα] ᾤοντο δηλονότι. — 3. Ἀλλ' ἐν φρονήματι ὄντες] διανοίᾳ ἐπηρμένῃ. § ἀντὶ τοῦ ἐλπίζοντες· ἤτοι φροντίζοντες. — Ἡγούμενοι ἐκ τῶν παρόντων κράτιστα...] ὡς ἐν τῷ παρόντι, φησίν, ἡγοῦντο κράτιστον εἶναι πρὸς Λακεδαιμονίους σπονδὰς ποιήσασθαι, ὡς ἂν ἐνδέχηται, καὶ ἡσυχάζειν. — Ἐκ τῶν παρόντων] ἤγουν ἐκ τῶν δυνατῶν. — Ὅπῃ ἂν ξυγχωρῇ] ἤγουν καθὼς ἂν συγχωρῇ ὁ καιρός.

XLI. Αὐτῶν] τῶν Ἀργείων. — 2. Δίκης ἐπιτροπήν] κρίσεως φροντίδα. — Νέμονται δ' αὐτὴν Λακεδαιμόνιοι] ἤγουν τὴν νομὴν καὶ τὸ κέρδος ἔχουσι. — 3. Πάντως] ἐξ ἀνάγκης. — Ξυνεγράψαντο] συνθήκην ἔγγραφον δεδώκασι. — Δεῖξαι] τὴν συγγραφήν, ὡς τὸ εἰκός. — Ἐς τὰ Ὑακίνθια] εἰς τὴν ἑορτὴν τοῦ Ὑακίνθου.

XLII. Μηδετέρους] Ἀθηναίους καὶ Βοιωτούς. — Κοινῇ νέμειν] ἤγουν κοινὴν νομὴν ἔχειν ἐν αὐτῷ. — 2. Δεινὰ ἐποίουν] ἐδεινοπάθουν. — Ἰδίᾳ] ἄνευ τῶν Ἀθηναίων. — Ἐσκόπουν] ἐπιμελῶς ἀνελογίζοντο. — Ὅσα ἐξελοίπεσαν] ὅσα ἐποίησαν ἐάσαντες τὴν συνθήκην. — Χαλεπῶς] σὺν ὀργῇ.

XLIII. Ἐνέκειντο] ἤγουν πιστοὶ ἦσαν πείθοντες. — 2. Ἀξιώματι δὲ προγόνων] εὐγενείᾳ. — Μᾶλλον χωρεῖν] τοὺς Ἀθηναίους. — Φρονήματι] ὄγκῳ, ἐπάρσει. — Κατὰ τὴν παλαιάν] διὰ τὴν παλαιάν. — Τοῦ πάππου ἀπειπόντος] τὸ γένος τῶν τοῦ Ἀλκιβιάδου προγόνων πρόξενον ἦν Λακεδαιμονίοις· ὁ δὲ πάππος ὁ τοῦ Ἀλκιβιάδου ἀπεῖπε τὴν προξενίαν. αὖθις δὲ ὁ Ἀλκιβιάδης ἀνέλαβεν αὐτήν, καὶ ἤχθετο ὅτι οἱ Λακεδαιμόνιοι διὰ Νικίου τὰς σπονδὰς ἐποιήσαντο, αὐτὸν δὲ, πρόξενον ὄντα, ὑπερεῖδον καὶ ἠτίμασαν. — Πάππου] Περικλέους. — Διενοεῖτο] σκοπὸν εἶχεν. — 3. Ἐλασσοῦσθαι] ἀδικεῖσθαι. § ἀτιμᾶσθαι. — Οὐ βεβαίους] ἀσθενεῖς. — Σφίσι] τοῖς Ἀθηναίοις.

XLIV. Καθεστῶτας αὐτούς] τοὺς Ἀθηναίους. — Σφίσι] τοῖς Ἀργείοις. — 3. Ὀργιζόμενοι] τοῖς Λακεδαιμονίοις.

XLV. Αὐτοκράτορες περὶ πάντων] ἐξουσίαν ἔχοντες περὶ τῶν ὅλων, ὡς, ὅ τι ἂν οὗτοι καταστήσωσιν, ἀρέσκον ἂν γένοιτο τοῖς Λακεδαιμονίοις. — Ἐπαγάγωνται] καταπείσωσι. — Ἀπωσθῇ] γράφεται ἀποστῇ. — 2. Πίστιν] ὅρκον βέβαιον. — Ἢν μὴ ὁμολογήσωσιν] ἢν μὴ φανερῶς εἴπωσι. — 3. Νικίου τοῦ ἀποστῆσαι] ἤγουν τῆς φιλίας τοῦ Νικίου ἀποστῆσαι τοὺς Λακεδαιμονίους. § Ἀντὶ τοῦ ἐχθροὺς ποιῆσαι. — Διαβαλών] ὑβρίσας. —— 4. Παρελθόντες] οἱ πρέσβεις τῶν Λακεδαιμονίων. — Ἐσήχουον] οἱ Ἀθηναῖοι. — Παραγαγόντες] ἤγουν εἰσαγαγόντες.

XLVI. Τὰ πρὸς Ἀργείους] ἤγουν τὴν συμμαχίαν τῶν Ἀργείων. — Ὡς αὑτούς] τοὺς Λακεδαιμονίους. — Λέγων] ὁ Νικίας. — Εὖ ἑστώτων] καλῶς φερομένων. — 2. Ὧν καὶ αὐτὸς ἦν] εἷς δηλονότι. — Ἄνευ ἀλλήλων] τῶν Ἀθηναίων καὶ Λακεδαιμονίων. — 3. Ὡς παρεῖναί γε αὐτούς] γράφεται ὡςπερεὶ γ' αὐτούς.

XLVII. 2. Ἐπὶ Ἀθηναίοις] τὸ, ἐπὶ Ἀθηναίους καὶ τοὺς ξυμμάχους, ἕως τοῦ καὶ Μαντινέας καὶ τοὺς ξυμμάχους, ἐν ἄλλῳ οὐ κεῖται. — 3. Ἐπαγγέλλωσιν] ζητῶσι. — Ταύτην τὴν πόλιν] ἐξ ἧς οἱ πολέμιοι ὡρμήθησαν. — 5. Ὅπλα δὲ μὴ ἐᾶν ἔχοντας] τινάς. — 6. Τὴν ἐπαγγείλασαν] ζητήσασαν. — 9. Αἱ ἔνδημοι ἀρχαί] οἱ ἐπιδημοῦντες ἄρχοντες. ἐν Ἀθήναις ἡ βουλὴ, αἱ ἔνδημοι ἀρχαὶ, οἱ πρυτάνεις· ἐν Ἄργει ἡ βουλὴ, οἱ ὀγδοήκοντα, οἱ ἀρτῦναι· ἐν Μαντινείᾳ οἱ δημιουργοὶ, ἡ βουλὴ, αἱ ἄλλαι ἀρχαὶ, οἱ θεωροὶ, οἱ πολέμαρχοι· ἐν Ἤλιδι οἱ δημιουργοὶ, οἱ τὰ τέλη ἔχοντες, οἱ ἑξακόσιοι, οἱ θεσμοφύλακες. — Θεωροί] μάντεις. — 10. Θεσμοφύλακες] νομοφύλακες.

XLVIII. Οὐκ ἀπείρηντο] οὐκ ἀπηγορεύθησαν. — 3. Τῶν ξυμμάχων] ἤγουν τῶν Ἀργείων.

XLIX. Ἣν ἐν τῷ Ὀλυμπικῷ] γράφεται, ἣν ἕκτῳ Ὀλυμπικῷ. — Ἐν ταῖς Ὀλυμπ. σπονδαῖς] ἀντὶ τοῦ οὐσῶν Ὀλυμπιακῶν σπονδῶν. — 2. Μὴ δικαίως σφῶν καταδεδικάσθαι] ἤγουν καταδικάσαι τοὺς Ἠλείους εἰς τὸ Λέπρεον. — 3. Σφῶν] τῶν Ἠλείων. — Οὐ προςδεχομένων] πόλεμον δηλονότι. § προςδοκώντων. — 4. Ὑπελάμβανον] ἀντὶ τοῦ ἀντέλεγον, ἐκ διαδοχῆς ἀπεκρίνοντο. — Νομίζοντας] ἀδικεῖν δή. — Γίγνεται] ὀφείλεται.

L. Ἐςήχουσιν] οἱ Λακεδαιμόνιοι. — Αὖθις τάδε ἠξίουν] οἱ Ἠλεῖοι. — Ἱερῷ] νεῷ. — Ἀπομόσαι ἐναντίον] κυρῶσαι δι' ὅρκου ἐνώπιον. — 2. Ἐθεώρουν] τῆς θεωρίας μετεῖχον. — 3. Μὴ βίᾳ θύσωσιν] οἱ Λακεδαιμόνιοι. — Αὐτοῖς] τοῖς Ἠλείοις. — Χίλιοι ἑκατέρων] τουτέστι δισχίλιοι. — Ὑπέμενον τὴν ἑορτήν] προςεδέχοντο τὴν ἑορτὴν τῶν Ὀλυμπίων. — 4. Τοῦ ἑαυτοῦ ζεύγους] τοῦ ἅρματος. — Ἀνακηρυχθέντος] ἀποδεχθέντος. — Βοιωτῶν δημοσίου] τοῦ δημοσίου τῶν Βοιωτῶν. § ὑπηρέτου δημοτικοῦ. — Κατὰ τὴν οὐκ ἐξουσίαν τῆς ἀγωνίσεως] διὰ τὸ μὴ ἐξεῖναι Λακεδαιμονίοις ἀγωνίζεσθαι. — Ἀνέδησε] ἐστεφάνωσε. — Αὐτοῖς οὕτω διῆλθε] τοῖς Λακεδαιμονίοις οὕτω παρῆλθεν.

LI. 2. Οὐ γὰρ ἐπ' ἄλλῃ τινὶ γῇ] ἀντὶ τοῦ οὐκ ἐπὶ βλάβῃ ἄλλης τινὸς γῆς. — Τὸ χωρίον] ἡ Ἡράκλεια.

LII. Ἐξέπεμψαν] ἐξεδίωξαν οἱ Βοιωτοί. — Τὰ κατά] λείπει διά. — 2. Αὐτόθεν] ἀπὸ Πελοποννήσου. — Παραλαβών] τινὰς δηλονότι. — Συγκαθίστη] * βεβαιότερα ἐποίει. — Ἐς θάλασσαν] ἀντὶ τοῦ ἐγγὺς τῆς θαλάσσης. — Βοηθήσαντες] μετὰ βοηθείας δραμόντες.

LIII. Τῆς αἰτίας] ταύτης δηλονότι. — Βραχυτέραν] διὰ βραχέος διαστήματος.

LIV. Πόλεις] αἱ Λακωνικαί. — 2. Οὐ προὐχώρει] ἤγουν οὐ καλὰ ἐφαίνετο. — Μετὰ τὸν μέλλοντα] μῆνα δηλονότι. — Καρνεῖος] Μάϊος. — Καρνεῖος δ' ἦν μήν] τοῦ γὰρ Καρνείου πολλὰς ἔχοντος ἱερὰς ἡμέρας, ἢ καὶ πάσας ἱερὰς μᾶλλον, οὐκ ἐστρατεύοντο. — Ἱερομηνία] ἡ ἑορτώδης ἡμέρα. — 3. Καὶ ἄγοντες τὴν ἡμέραν ταύτην] ἐπιτηροῦντες καὶ καιροφυλακοῦντες. ἔνιοι δὲ, ἑορτάζοντες διὰ παντὸς τὴν ἡμέραν ταύτην, τότε ἀπροςδοκήτως τοῖς Ἐπιδαυρίοις ἐπέπεσον. — Ἄγοντες] τὸν στρατόν. — Ἐπεκαλοῦντο] εἰς βοήθειαν δηλονότι. — Ὧν τινες] ἀφ' ὧν. — Τὸν μῆνα προὐφασίσαντο] τοῦ μὴ ἐξελθεῖν δηλονότι. ἀντὶ τοῦ λέγοντες εἶναι ἱερομηνίαν.

LV. Ὁμιλεῖν] γράφεται ὁμολογεῖν. — Διαλῦσαι...] τὸ ἑξῆς, διαλῦσαι ἐλθόντας ἀφ' ἑκατέρας. — 2. Ὤχοντο] οἱ πρέσβεις δηλονότι. — Ἐς τὸ αὐτὸ ξυνελθόντες] ἑνωθέντες. — 3. Τὰ διαβατήρια] τὰ ἱερεῖα εἰς διάβασιν. — Τὰ διαβατήρια αὐτοῖς ἐγένετο] καλὰ δηλονότι. — 4. Ἐβοήθησαν] μετὰ βοηθείας ἦλθον. — Ὡς] ὅτι.

LVI. Ἐςέπεμψαν] εἰςέβαλον πέμψαντες. — 2. Ἐάσειαν] οἱ Ἀθηναῖοι. — Καὶ εἰ μὴ κἀκεῖνοι ἐς Πύλον...] οἱ Ἀργεῖοι τοῖς Ἀθηναίοις ἔλεγον ὅτι, ἐὰν μὴ εἰσαγάγωσι πάλιν ἐς Πύλον τοὺς Εἵλωτας καὶ Μεσσηνίους, οὓς ἐξήγαγον ἐκ Πύλου διὰ τὰς πρὸς * Λακεδαιμονίους συνθήκας, ἀδικήσεσθαι αὐτοὶ οἱ Ἀργεῖοι. ἔνιοι δὲ, αὐτοὶ οἱ Ἀθηναῖοι, ἤκουσαν. — Ἐπὶ Λακεδαιμονίοις] κατὰ τῶν Λακεδαιμονίων. — Ἀδικήσεσθαι αὑτοί] ἤγουν ἀδικηθήσεσθαι οἱ Ἀργεῖοι. — 3. Τῇ μὲν Λακωνικῇ στήλῃ] ἣν ἔστησαν οἱ Ἀθηναῖοι, ἔχουσαν τὰς Λακωνικὰς σπονδάς. — Λῄζεσθαι] ὥςτε λῄζεσθαι. — Τὰ δ' ἄλλα] ἤγουν κατὰ τὰ ἄλλα. — 4. Ἐκ παρασκευῆς] ἤγουν ἐκ φανερᾶς παρατάξεως. — Ἐνέδραι δὲ καὶ καταδρομαί] λεληθυῖαι ἐπιθέσεις. — 5. Ὡς ἐρήμου οὔσης] συμμαχίας δηλονότι.

LVII. Καὶ τἆλλα] ἔθνη δηλονότι. — Τὰ μὲν ἀφειστήκει] τῶν Λακεδαιμονίων δηλονότι. τουτέστιν Ἦλις καὶ Μαντίνεια. — Τὰ δ' οὐ καλῶς εἶχεν] ἤγουν ἐστασίαζον. τουτέστιν ἡ Κόρινθος. — Ἐπὶ πλέον] ἤγουν κακόν. — 2. Καὶ οἱ ἔξωθεν] Πελοποννήσου δηλονότι. — Ὡς ἕκαστοι] ἐδύναντο.

LVIII. Ἀργεῖοι δὲ προαισθόμενοι τό τε πρῶτον...] Ἀργεῖοι προαισθόμενοι τήν τε πρώτην τῶν Λακεδαιμονίων παρασκευὴν, καὶ αὖθις προςχωροῦντας τοὺς Λακεδαιμονίους ἐπὶ Φλιοῦντος ὑπὲρ τοῦ τοῖς ἰδίοις συμμῖξαι συμμάχοις, τότε καὶ αὐτοὶ ἐξεστράτευσαν. ἔνιοι δὲ τὸ τότε πρῶτον ᾠήθησαν σημαίνειν ἓν τῷ τότε καιρῷ. — Ἐς τὸν Φλιοῦντα] τὸν Φλιοῦντα, ἀρσενικῶς. — Ἐχώρουν] οἱ Λακεδαιμόνιοι. — Αὐτοῖς] τοῖς Ἀργείοις. — 2. Ὡς μεμονωμένοις] ἐρήμοις συμμάχων. — Λαθών] τοὺς Ἀργείους δηλονότι. — 4. Χαλεπήν] δύσοδον. — Εἴρητο] ὥριστο.

LIX. Καταβάντες] οἱ Ἀργεῖοι. — Ἐς μάχην] φανερὰν δηλονότι. — 3. Οἱ Λακεδαιμόνιοι εἶργον... πόλ.] ὥςτε μὴ ἔρχεσθαι εἰς τὴν πόλιν. — Τῆς πόλεως] τοῦ Ἄργους. — Αὐτοῖς] ἤγουν τοῖς Ἀργείοις. — 4. Ἐν καλῷ] ἐπὶ συμφέροντι. — 5. Πρόξενος] φίλος. — Ὁσονοῦ ξυνιόντων] ἤγουν ὅσονοὐκ ἤδη μελλόντων.

LX. Ἀπήγαγε] ἔστρεψεν. — 2. Ὡς ἡγεῖτο] ἤγουν προηγεῖτο. — Ἐν καλῷ παρατυχὸν σφίσι ξυμβαλεῖν] τοῖς Ἀργείοις τῆς τύχης δούσης ἐπὶ συμφέροντι συμβαλεῖν. — Αὐτῶν] τῶν Ἀργείων. — Ἄξιον τῆς παρασκευῆς] οὔσης μεγάλης δηλονότι. — 3. Τῶν μέχρι τοῦδε] τῶν στρατοπέδων. — Μάλιστα] ἀκριβῶς. — Ἕως ἔτι ἦν ἀθρόον ἐν Νεμέᾳ] ζητεῖται πῶς, τριχῇ διαιρεθέντος τοῦ τῶν Πελοποννησίων στρατεύματος εἰς Φλιοῦντα, καὶ ἑνὸς μόνου μέρους τὴν ἐπὶ Νεμέαν ἰόντος, τῶν δὲ ἄλλων ἄλλαις χρησαμένων ὁδοῖς καὶ οὐδαμοῦ συμμιξάντων, ἔφη ἀθρόους αὐτοὺς ὦφθαι περὶ Νεμέαν. μήποτε δὲ μετὰ τὰς σπονδὰς ἀναχωροῦντα τὰ τρία μέρη ὀπίσω ἐπὶ Φλιοῦντα, ἐν Νεμέᾳ πάντα ἐγένετο· εὔπορος γὰρ ᾔδε ἡ ὁδός· καὶ διὰ τοῦτο καὶ οἱ Ἀργεῖοι, ἐγγύθεν πάντας ἥξειν ἐπὶ τὴν μάχην προσδεχόμενοι, προαπήντων εἰς τὴν Νεμέαν. — Λογάδες] ἐκλελεγμένοι. — Ἔτι προσγενομένῃ] προστεθείσῃ. — 4. Ἔχοντες] σημειῶσαι τὴν σύνταξιν. — Ἐπ᾽ οἴκου ἕκαστοι] μεμερισμένως εἰς τὴν ἑαυτῶν πατρίδα. — 5. Κἀκεῖνοι] οἱ Ἀργεῖοι. — Πρός] πλησίον. — 6. Ἀναχωρήσαντες] εἰς τὴν πόλιν δηλονότι. — Περιγίγνεται] σώζεται. — Ἐδήμευσαν] δημόσια ἐποίησαν.

LXI. Χρηματίσαι] ἀποκρίνεσθαι. — 2. Τὸν Ἀρκαδικὸν] τὸν παρ᾽ Ὁμήρῳ [Il. B, 605] πολύμηλον. — 3. Προσγενέσθαι] προσκτηθῆναι. — Αὐτόθι] ἐν τῷ Ὀρχομενῷ.

LXII. Προσέθεντο] συνῆλθον τῇ γνώμῃ. — 2. Ἐν τῇ πόλει ἐνεδίδοσαν τὰ πράγματα] ἠμέλουν τῶν κατὰ τὴν πόλιν πραγμάτων.

LXIII. Σφίσιν] τοῖς Λακεδαιμονίοις. — Παρασχὸν καλῶς] ἀντὶ τοῦ συμβάντος καλῶς τοῦ χειρώσασθαι αὐτούς. — Τοσούτους] ἤγουν πολλούς. — Τοιούτους] ἤγουν ἀνδρείους. — Λαβεῖν] ἀντὶ τοῦ συλλαβεῖν. § ἀθροίζειν. — 3. Ὁ δέ] ὁ Ἆγις. — Ῥύσεσθαι] ἀπολύσειν. — 4. Ἐν τῷ παρόντι] τῷ τότε καιρῷ, ὅτε ὠργίζοντο. — Μὴ κύριον] τὸν Ἆγιν.

LXIV. Παρὰ τῶν ἐπιτηδείων] τῶν ἐν τῇ Τεγέᾳ. — Εἰ μὴ παρέσονται] οἱ Λακεδαιμόνιοι. § ἡ στρατιὰ ἡ βοηθήσουσα. — Ὅσον οὐκ] μόνον οὐχί. — 2. Καὶ οἷα οὔπω] γράφεται καὶ ὡς οὔπω. — Ἐχώρουν δὲ ἐς Ὀρέστειον] οἱ βοηθήσοντες. § γράφεται ἐς Ὀρίσειον. — 3. Ἀρκάδων] ἤγουν ἐκ τῶν Ἀρκάδων. — Ἐπ᾽ οἴκου] ἤγουν εἰς τὴν Λακεδαίμονα. — 4. Ἐξ ὀλίγου] ἐξαίφνης. § διαστήματος. — Ἐγίγνετο] ἐλθεῖν. — Ξυνέκλειε γὰρ διὰ μέσου] ἀντὶ τοῦ ἐν μέσῳ γὰρ οὖσα ἡ πολεμία γῆ ἐφύλαττεν αὐτούς. ἤ, ὃ μᾶλλον, ἀπέκλειε τοῖς ἐξ Ἄργους. — 5. Ἀναλαβόντες] ἤγουν ἀναστήσαντες, καὶ λαβόντες. — Ἀρκάδων] ἤγουν ἐκ τῶν Ἀρκάδων. — Πρὸς τῷ Ἡρακλείῳ] ναῷ δηλονότι.

LXV. Ἐρυμνόν] ὀχυρόν. — Δυσπρόσοδον] δυσέμβατον. — 2. Αὐτοῖς] τοῖς Ἀργείοις δηλονότι. — Τῶν πρεσβυτέρων] Λακεδαιμονίων. — Ἄγιδι ἐπεβόησεν] ἤγουν ἐνώπιον πάντων. — Διανοεῖται] ὁ Ἆγις. — Κακὸν κακῷ ἰᾶσθαι] τὸ προγεγονὸς τῷ νῦν δηλονότι. τὴν ἀρ-

χαίαν παροιμίαν ἐξ Ὀρέστου τοῦ Ἀγαμέμνονος ῥηθεῖσαν, ὅστις τὸν τοῦ πατρὸς θάνατον τῷ τῆς μητρὸς φόνῳ ἐθεράπευσε. — Τῆς ἐξ Ἄργους ἐπαιτίου ἀναχωρήσεως] διὰ τὴν ἐξ Ἄργους δηλονότι ἀναχώρησιν ἐν αἰτίᾳ γενόμενον, νῦν ἀκαίρως αὐτὴν προθυμεῖσθαι ἀναλαβεῖν καὶ ἐπανορθῶσαι τὴν τότε γενομένην ἁμαρτίαν. — Ἀνάληψιν] θεραπείαν. § κατόρθωσιν. — 3. Ἄλλο τι, ἢ κατὰ τὸ αὐτό, δόξαν] ἀντὶ τοῦ ἄλλο τι δόξαν ἤπερ τὸ αὐτό. — Ἀπῆγεν] εἰς τοὐπίσω ἔστρεψε. — 4. Ἐξέτρεπε] μετωχέτευεν. — Ὁποτέρωσε ἂν ἐκπίπτῃ] εἰς ὁποτέραν πόλιν ῥέῃ. — Πολεμοῦσιν] ἀλλήλοις δηλονότι. — Βοηθοῦντας] βοηθήσοντας. — Καταβιβάσαι] ἀντὶ τοῦ ἀνάγκην αὐτοῖς τοῦ καταβῆναι παρασχεῖν. — 5. Περὶ τὸ ὕδωρ] πρὸς τῷ ὕδατι. — Ἐξ ὀλίγου] καιροῦ δηλονότι. — Ἀναχωροῦντες] οἱ Λακεδαιμόνιοι. — Ἀπέκρυψαν] ἑαυτοὺς δηλονότι. ἀφανεῖς ἐγένοντο. ἰδίως δὲ ἐπὶ τῶν πλοϊζομένων καὶ οὐκέτι ὁρωμένων λέγεται ὅτι ἀπέκρυψαν. — Σφεῖς] οἱ Ἀργεῖοι. — Αὖθις ἐν αἰτίᾳ εἶχον] ἐμέμφοντο. — Καλῶς ληφθέντας] εὐκαίρως καὶ βεβαίως ἀποληφθέντας. — Οἱ μέν] οἱ Λακεδαιμόνιοι. — Σφεῖς δέ] οἱ Ἀργεῖοι.

LXVI. Ἣν περιτύχωσι] τοῖς Λακεδαιμονίοις. — Δι᾽ ὀλίγου] ἐξαίφνης. — Ἐν τάξει] παρατεταγμένους. — 2. Ἐς ὃ ἐμέμνηντο] μετὰ τὴν τῶν ἀνθρώπων μνήμην. — Διὰ βραχείας γὰρ μελλήσεως] χωρὶς ἀναβολῆς καὶ μελλήσεως. — Ἡ παρασκευὴ] ἐφώπλισις. — Ἐς κόσμον] εἰς τὴν σύνταξιν. — Ἐξηγουμένου] ἀντὶ τοῦ διατάττοντος, ἑρμηνεύοντος. — 3. Βασιλέως γὰρ ἄγοντος] ἡγεμονεύοντος. ὅρα τὴν τάξιν τῆς ἀρχῆς· [πρῶτος] βασιλεύς, [δεύτερος] πολέμαρχος, [τρίτος] λοχαγός, [τέταρτος] πεντηκοντήρ, [πέμπτος] ἐνωμοτάρχης, [ἕκτη] ἐνωμοτία. — 4. Κατὰ τὰ αὐτὰ χωροῦσι] διὰ τούτων χωροῦσι καὶ ταχέως διέρχονται. — Σχεδὸν γάρ τοι πᾶν ...] σχεδὸν ἅπαν τὸ τῶν Λακεδαιμονίων στρατόπεδον ἄρχοντες ἀρχόντων εἰσί. — Τὸ ἐπιμελές] ἡ ἐπιμέλεια τοῦ πράγματος. — Τοῦ δρωμένου] ἀντὶ τοῦ τῶν ἐπιγινομένων, γινομένων.

LXVII. Σκιρῖται] λόχος Λακωνικὸς οὕτω λεγόμενος. — Βρασίδειοι] οἱ μετὰ Βρασίδου. — Νεοδαμώδεις] νεοπολῖται. — Παρ᾽ αὐτούς] πλησίον. — Ἡραιῆς] λεγόμενοι δηλονότι. — 2. Οἱ δ᾽ ἐναντίοι] Ἀργεῖοι καὶ οἱ σύμμαχοι αὐτῶν. — Αὐτοῖς] τοῖς Λακεδαιμονίοις. — Τῶν ἐς τὸν πόλεμον] τῶν πολεμικῶν. — Ἄσκησιν... δημοσίᾳ παρεῖχε] ἤτοι δημοσίᾳ ἤσκει αὐτούς. ἤ, ὥς τινες, ἐξουσίαν παρεῖχε τοῦ ἀσκεῖν αὐτούς. — Τὸ εὐώνυμον κέρας ἔχ.] τῶν ἀριστερῶν συντάξεων δηλονότι.

LXVIII. 2. Ἑκατέρων] τῶν Λακεδαιμονίων καὶ Ἀργείων. — Διὰ τῆς πολιτείας τὸ κρυπτόν] διὰ τὸ ἔθος εἶναι Λακεδαιμονίοις πάντα κρύφα πράττειν. — Διὰ τὸ ἀνθρώπειον κομπῶδες] διὰ τὸ περὶ τῶν οἰκείων καὶ μάλιστα περὶ τοῦ ἰδίου πλήθους κομπάζειν τοὺς ἀνθρώπους. — Παραγενόμενον πλῆθος ...] ἡ πεντηκοστὺς συνίσταται ἀπὸ ἀνδρῶν ἑκατὸν εἴκοσι ὀκτώ. ὁ δὲ λόχος, τούτων τετραπλάσιος, γίνεται ἀνδρῶν πεντακοσίων

καὶ δυοκαίδεκα. οἱ δὲ ἑπτὰ λόχοι ἄνδρες τρισχίλιοι πεντακόσιοι ὀγδοήκοντα τέσσαρες. ὥστε μετὰ τῶν ἑξακοσίων Σκιριτῶν γίνονται ἄνδρες τῶν Λακεδαιμονίων τετρακισχίλιοι ἑκατὸν ὀγδοήκοντα τέσσαρες. ἡ γὰρ πεντηκοστὺς ἑκκαίδεκα εἶχε τοὺς πρωτοστάτας· ὁ δὲ λόχος ἑξήκοντα τέσσαρας. οἱ δὲ ἑπτὰ λόχοι γίνονται τετρακόσιοι τεσσαράκοντα ὀκτώ. — 2. Ἐν δὲ ἑκάστῳ λόχῳ πεντηκοστύες ἦσαν δ´] ἔχει ἕκαστος λόχος πεντηκοστύας δ´, καὶ γίνονται τῶν ζ´ λόχων πεντηκοστύες κη´. ἔχει ἑκάστη πεντηκοστὺς ἐνωμοτίας δ´, καὶ γίνονται τῶν κη´ πεντηκοστύων ἐνωμοτίαι ριβ´. ἔχει ἑκάστη ἐνωμοτία ἄνδρας λϛ´, ὡς γίνεσθαι τὸν πάντα στρατὸν ἄνδρας τρισχιλίους πεντακοσίους ὀγδοήκοντα τέσσαρας. λόχοι ζ´. α´ β´ γ´ δ´ ε´ ϛ´ ζ´
πεντηκοστύες κη´. νννν´ νννν´ νννν´ νννν´ νννν´νννν´ νννν´
ἐνωμοτίαι ριβ´. ιϛ´ ιϛ´ ιϛ´ ιϛ´ ιϛ´ ιϛ´ ιϛ´
— Ζυγῷ] τάξει.

LXIX. Ξυνιέναι ἔμελλον ἤδη] ἀλλήλοις δηλονότι τὰ στρατεύματα. — Τὴν μέν] τουτέστι τὴν ἀρχήν. § τὸ ἑξῆς, τὴν μὲν μὴ ἀφαιρεθῆναι πειρασαμένοις. — Τῆς δέ] τῆς δουλείας. — Αὖθις] ὀπίσω. — 2. Μετὰ τῶν πολεμικῶν νόμων] νόμους πολεμικοὺς λέγει τὰ ᾄσματα, ἅπερ ᾖδον οἱ Λακεδαιμόνιοι μελλοντες μάχεσθαι· ἦν δὲ προτρεπτικά. ἐκάλουν δὲ ἐμβατήρια. ἡ δὲ διάνοια. ἕκαστος τῶν Λακεδαιμονίων αὑτοῖς παρεκελεύοντο, ἀγαθοῖς οὖσι, μεμνῆσθαι ὧν μεμαθήκεσαν καὶ ἠπίσταντο. ἐποίουν δὲ τοῦτο ᾄδοντες. — Εἰδότες ἔργων ἐκ πολλοῦ μελέτην...] εἰδότες ὅτι τὰ πλείω σώζεται ὑπὸ τῆς ἐν τοῖς ἔργοις μελέτης ἐκ πολλοῦ γεγονυίας, ἢ ὑπὸ τῶν καλῶς ῥηθέντων λόγων.

LXX. Ἡ ξύνοδος] ἡ ξυνέλευσις τῶν στρατευμάτων. — Ἐντόνως καὶ ὀργῇ χωροῦντες] ἰσχυρῶς καὶ σὺν ὀργῇ. — Ὑπὸ αὐλητῶν] ἤγουν μετά. — Οὐ τοῦ θείου χάριν] ὕμνου δηλονότι. — Ὁμαλῶς] ἠρεμαίως. — Προσέλθοιεν...] καὶ ὅπως, ἐπὶ τὸ προσέλθοιεν, μὴ διασπασθείη αὐτῶν ἡ τάξις. — Ἐν ταῖς προσόδοις] ἐν ταῖς προσβολαῖς, ἐν ταῖς ἐνώσεσι.

LXXI. Ἐξωθεῖται] ἐκτείνεται. — Προστέλλειν τὰ γυμνὰ ἕκαστον] ἀντὶ τοῦ σκέπειν καὶ προάγειν. ἀπὸ μὲν οὖν τοῦ στέλλειν καὶ στολὴ ὠνομάσθη· * ἐπὶ δὲ τοῦ προσάγειν τὸ προστέλλειν δύναται λέγεσθαι. δῆλον δὲ ἀπὸ τοῦ ἀπάγειν καὶ ἀποστέλλειν, προσάγεσθαι. — Καὶ νομίζειν...] καὶ νομίζειν τὸ πεπυκνῶσθαι καὶ ὑπ᾽ ἀλλήλων πεφράχθαι εὐσκεπαστότερον, ἤπερ τὸ διεστάναι ὑπ᾽ ἀλλήλων. — Ἐξαλλάττειν ἀεί...] μὴ κατὰ δόρυ τοῦ ἐναντίου ἔχειν τὰ γυμνὰ τοῦ σώματος, τουτέστι τὰ δεξιά. — 2. Περιέσχον] ἐκυκλώσαντο ἐπικάμψαντες. — 3. Ἐπεξαγαγόντας]ἐξαπλώσαντας.—Τὸ διάκενον τοῦτο] τὸ ἐν μέσῳ κενόν. — Πληρῶσαι] τὸ διάκενον δηλονότι. — Νομίζων τῷ θ᾽ ἑαυτῶν δεξιῷ...] νομίζων τό τε δεξιὸν τῶν Λακεδαιμονίων ἔτι ὑπερέχειν τῶν ἐναντίων, καὶ τὸ εὐώνυμον τὸ κατὰ τοὺς Μαντινεῖς ἐν ἀσφαλείᾳ ἔσεσθαι, ὡς ἂν μὴ δυνάμενον κυκλωθῆναι.

LXXII. Ἄτε] καθάπερ, ὡσανεί. — Μὴ θελῆσαι παρελθεῖν] καὶ οἱ πολέμαρχοι οὐκ ἠθέλησαν ἐς τὸ διάκενον ἀγαγεῖν τοὺς λόχους. — Φεύγειν] συνέβη δηλονότι. — Μαλακισθῆναι] χαύνους γενέσθαι. — Καὶ τοὺς πολεμίους φθάσαι τ. πρ.] καὶ φθάσαι τοὺς πολεμίους τοῖς Λακεδαιμονίοις προσμῖξαι, πρὶν εἰς τὸ διάκενον παρελθεῖν τοὺς δύο λόχους. — Αὐτοῦ] τοῦ Ἄγιδος. — Ὡς οὐ παρῆλθον] ἤγουν ἐπὶ τὸ μέρος τῶν Σκιριτῶν. — 2. Τῇ ἐμπειρίᾳ] τῇ στρατηγικῇ. — 3. Ἐν χερσὶν ἐγίγνοντο]. οἱ Λακεδαιμόνιοι δηλονότι. — Ἔτρεψαν] τοὺς Λακεδαιμονίους. — Ἐς τὰς ἁμάξας] ἀντὶ τοῦ ἔσω τῶν ἁμαξῶν. — 4. Πεντελόχοις] ἅμα ἀναγνωστέον πεντελόχοις, ὡς ἀρχιλόχοις. — Οὐδὲ ἐς χεῖρας τοὺς πολλοὺς ὑπομεῖν.] ἐλθεῖν δηλονότι. — Ἐνδόντας] τραπέντας. — Τοῦ μὴ φθῆναι τὴν ἐγκατ.] ὅτι μὴ ἔφθασαν τὸ ἐγκαταλειφθῆναι ὑπ᾽ αὐτῶν τῶν Λακεδαιμονίων.

LXXIII. Ἐκυκλοῦτο] ἐκύκλου. — Τῷ περιέχοντι] τῷ ἰσχυρῷ. — 2. Ἐπὶ τὸ νικώμενον] μέρος δηλονότι. — 4. Μακρά] ἐπὶ πολὺ διάστημα.

LXXIV. Ὅτι] λίαν. — Τούτων] τῶν ῥηθέντων. — Πλείστου δὴ χρόνου] ἤγουν διὰ πλείστου. § δὴ μακρά. — 2. Ἐσκύλευον] ἀπεγύμνουν. — 3. Οἱ στρατηγοί] τῶν Ἀθηναίων. — Οὐκ ἐταλαιπώρησαν] οὐ κακῶς ἔσχον ἐν τῷ πολέμῳ. — Ἀπογενέσθαι] ἀποθῆναι. ἢ ἀποθανεῖν.

LXXV. 2. Κάρνεια] τὴν ἐπὶ τῷ Ἀπόλλωνι ἑορτὴν λέγει. — 4. Ὡς ἔρημον οὖσαν] τοῦ στρατεύματος. — 6. Ἐξεπαύσαντο] ἀντὶ τοῦ ἀπέκαμον τοῦ περιτειχίζειν. — Τὸ Ἡραῖον] τῆς Ἥρας τὸν ναόν.

LXXVI. Ἤγαγον] ἑώρτασαν. — 2. Ἦσαν δὲ αὐτοῖς] ἐν τῷ Ἄργει. — Ἐπιτήδειοι] φίλοι. — Τὸν δῆμον] τὴν δημοκρατίαν. — Πείθειν τοὺς πολλοὺς ... ὁμολ.] ἤγουν καταπεῖσαι ὁμολογῆσαι καὶ συνθέσθαι. — 3. Γενομένης πολλῆς ἀντιλογίας] ἐν τῷ Ἄργει. — Πράσσοντες] τὸ τῆς ἑνώσεως. — Ἐκ τοῦ φανεροῦ τολμῶντες] ἤγουν ἀναισχυντοῦντες καὶ εἰς τὸ φανερὸν λέγοντες.

LXXVII. Καττάδε] Δωριστί, ἀντὶ τοῦ κατὰ τάδε. — Ἐξ Ἐπιδαύρου] ἐξελθεῖν δηλονότι. — 6. Ἐπὶ κακῷ] αὐτῆς, τῆς γῆς δηλονότι. — 8. Ἀπιάλλειν] ἐπιπέμπειν, στέλλειν. § τέλος τῆς Δωριστὶ ὁμιλίας.

LXXIX. Τοῖς δὲ ἔταις καττὰ πάτρια δικάζεσθαι] τοὺς δὲ πολιτευομένους ἐν μιᾷ ἑκάστῃ πόλει δι᾽ ἀλλήλων λύειν τὰ διάφορα.

LXXX. Τιθέμενοι] διατιθέμενοι, διοικονομοῦντες. — Τὰ τείχη] τῆς Ἐπιδαύρου. — 2. Θυμῷ ἔφερον] ἐφέροντο. § ἐς τὰ ἄλλα θυμὸν ἐφωρμῶντο. — Ἀμφότεροι] Ἀργεῖοι καὶ Λακεδαιμόνιοι. — Διενοεῖτο] ἀφίστασθαι δή. — Καὶ τοὺς Ἀργείους ἑώρα] ἀποστάντας. — 3. Ἀγῶνά τινα...] ἀντὶ τοῦ ὑποκρίνας ποιεῖν ἀγῶνά τινα γυμνικόν.

LXXXI. Ἐκ τῆς ξυμμαχίας] τῶν Ἀθηναίων.

LXXXII. Ἐπιτηδείως] συμφερόντως τοῖς Λακεδαιμονίοις, ἁρμοζόντως. — 2. Ἀναθαρσήσας] ἀναλαβόντες αὖθις ἐλπίδας ἀγαθάς. — Ἐπέθεντο τοῖς ὀλίγοις] τοῖς ἐν αὐτοῖς ὀλιγαρχοῦσι. — Τὰς γυμνοπαιδίας] ἑορτὴ τῶν Λακεδαιμονίων, ἐν ᾗ γυμνοὶ ἠγωνίζοντο. — Ἐν τῇ πό-

πλείονος] ήτοι πρὸ πλείονος χρόνου. — Δεομένων τῶν διαπεφευγότων] ἤγουν, καὶ ταῦτα δεομένων. — Ἦγον] ἑώρταζον. — 5. Προσαγόμενος] οἰκειούμενος. — Σφᾶς ὠφελήσειν] τοὺς Ἀργείους δηλονότι τοὺς Ἀθηναίους. — Ἐς θάλασσαν] ἕως τῆς θαλάσσης. — 6. Τειχισμὸν] τῶν Ἀργείων.

LXXXIII. Αὐτοῖς] τοῖς Λακεδαιμονίοις. — Αὐτόθεν] ἐκ τοῦ Ἄργους. — 2. Διελύθησαν] οἱ Λακεδαιμόνιοι. — 3. Οἱ γὰρ πολλοὶ αὐτῶν] τῶν φυγάδων τῶν Ἀργείων. — 4. Ἐνταῦθα κατ.] ἐν τῇ Φλιασίᾳ κατῴκηντο. — Κατέκλεισαν] τουτέστι τῶν εἰσαγωγίμων [ἢ] τῆς θαλάττης αὐτοὺς ἀπέκλεισαν. — Ξυνωμοσίαν] ἔνορκον ξυμμαχίαν. — Ἀπάραντος] ἀντὶ τοῦ ἀναπεισθέντος.

LXXXIV. 2. Οὐδετέρων ὄντες] γράφεται, μεθ' ἑτέρων, τῶν Λακεδαιμονίων καὶ Ἀθηναίων. — 3. Πρὶν ἀδικεῖν τι τῆς γῆς] βλάπτειν. — Καὶ τοῖς ὀλίγοις λέγειν] διηριθμημένοις καὶ ἐντίμοις.

LXXXV. Ἐπειδὴ ...] ἐν πᾶσι μὲν ὁ Θουκυδίδης ἔφυγε τὴν συνήθειαν τοῦ λόγου, οὐχ ἥκιστα δὲ ἐνταῦθα· ἀντὶ γὰρ δημηγορίας διάλογόν τινα τῶν Μηλίων καὶ Ἀθηναίων ἐτόλμησε συνθεῖναι. ἐπεὶ δὲ ἐργάζεται τὴν ἀσάφειαν μάλιστα διὰ τὸ δύσκριτον τοῦ παρ' ἑκατέρων λόγου, διαιρετέον κατὰ πρόσωπα τὴν ῥῆσιν. Ἐπειδὴ οὐ πρὸς τὸ πλῆθος ...] ἐπειδὴ οὐ παρὰ τῷ δήμῳ κελεύετε ἡμᾶς ποιεῖσθαι τοὺς λόγους, ἵνα μὴ συνεχοῦς ῥήσεως γινομένης καὶ ἑνὸς ἀποτεινομένου λόγου, ὑποπτεύσῃ τὸ πλῆθος ἀπατᾶσθαι, ὡς ἂν ἅπαξ ἀκούσαντες πιθανῶν μὲν λόγων, ἐλέγχους δὲ οὐ παρεχομένων οὐδ' ἀποδείξεις· γιγνώσκομεν γὰρ ὅτι, ταῦτα ὑπονοήσαντες, πρὸς τοὺς ἄρχοντας ὑμῶν μόνους ἠγάγετε ἡμᾶς· [ὃ] ὑμεῖς οἱ προεστῶτες ἀσφαλέστερον ποιήσατε· ἕκαστον γὰρ ὧν λέγομεν δοκιμάζοντες, πρὸς τὸ μὴ δοκοῦν ἐπιτηδείως ἔχειν ὑποκρούετε, τουτέστι διὰ πλειόνων λόγων κρίνετε. — Ἡμῶν] τῶν Ἀθηναίων. — Τοῦτο φρονεῖ] βούλεται. τοῦτό ἐστι σκοπὸς τῆς εἰς τοὺς Ἕλληνας προσαγωγῆς. — Ἀγωγή] προσαγωγή.

LXXXVI. Ἡ μὲν ἐπιείκεια τοῦ διδάσκειν καθ' ἡσυχ....] τῆς μὲν περὶ τοὺς λόγους εὐγνωμοσύνης οὐκ ἄν τις μέμψαιτο ὑμῖν· ἠρέμα γὰρ καὶ κατὰ σχολὴν ἀλλήλους ἀξιοῦτε πείθεσθαι· ἤδη δὲ πολεμοῦντες ἡμῖν οὐκέτι εὐγνωμονεῖτε, οὐδὲ ὅμοια οἷς λέγετε ποιεῖτε. κριταὶ γὰρ ἥκετε τῶν λόγων ὧν λέγετε αὐτοί· καὶ γνώριμον ἡμῖν τὸ τέλος ἐκ τῆς κρίσεως, ὅτι νικῶντες μὲν ὑμᾶς τοῖς δικαίοις, καὶ διὰ τοῦτο μὴ θέλοντες προσχωρεῖν, εἰς πόλεμον εὐθὺς καταστησόμεθα· πεισθέντες δέ, ἴσως δικαιότερα ὑμῶν λεγόντων, δουλείαν καθ' ἑαυτῶν καταψηφιούμεθα. — Τῶν λεχθησομένων] ὑπό τε ὑμῶν καὶ ἡμῶν δηλονότι. — Καὶ τὴν τελ.] τῶν λόγων. ἀπὸ κοινοῦ τὸ ὁρῶμεν ἡμῖν δηλονότι.

LXXXVII. Εἰ μὲν τοίνυν ὑπονοίας τῶν μελλόντων...] εἰ μὲν * ὑπονοήσοντες περὶ τῶν μελλόντων ἔσεσθαι συνεληλύθατε, ἢ ἄλλο τι σκεψόμενοι, καὶ μὴ περὶ σωτηρίας τῆς δυνάμεως ἐκ τῶν παρόντων, ἡσυχίαν ἄγοιμεν ἄν· εἰ δὲ περὶ τοῦ δύνασθαι σωθῆναι συνεληλύθατε, λέγοιμεν ἄν. — Ἢ ἄλλο τι] διαζευκτικὸς σύνδεσμος. — Ἢ ἐκ τῶν παρόντων] τὸ ἢ ἀντὶ τοῦ ἤπερ.

LXXXVIII. Εἰκὸς μὲν καὶ ξυγγνώμη ...] εἰκὸς μὲν ἡμᾶς, ἐν τοιούτῳ καθεστῶτας, ἐπὶ πολλὰ καὶ ὑπονοοῦντας καὶ λέγοντας τρέπεσθαι· καὶ συγγινώσκετε ἡμῖν ὑποπτεύουσιν.

LXXXIX. Ἡμεῖς τοίνυν] τὸ ἐξῆς, ἡμεῖς τοίνυν οὔτε λόγων μῆκος ἄπιστον παρέξομεν. — Μετ' ὀνομάτων καλῶν] λέξεων εὐπρεπῶν. — Οὔθ' ὑμᾶς ἀξιοῦμεν] τὸ ἐξῆς, οὔτε ἀξιοῦμεν οἴεσθαι λέγοντας ὑμᾶς πείσειν ἡμᾶς. — Διαπράσσεσθαι] ἀπὸ κοινοῦ τὸ ἀξιοῦμεν. — Ἐπισταμένους πρὸς εἰδ.] ἀντὶ τοῦ ἐπισταμένων καὶ ὑμῶν καὶ ἡμῶν. — Ἐν τῷ ἀνθρωπείῳ λόγῳ] ὁ ἀνθρώπινος λογισμός, φασί, τότε τὸ δίκαιον ἐξετάζει, ὅταν ἴσην ἰσχὺν ἔχωσιν οἱ κρινόμενοι· ὅταν δὲ οἱ ἕτεροι προέχωσιν ἰσχύϊ, προστάττουσι πᾶν τὸ δυνατόν, καὶ οἱ ἥττονες οὐκ ἀντιλέγουσιν.

XC. Ἢ μὲν δὴ νομίζομέν γε ...] ἐπειδὴ ὑμεῖς, ὦ Ἀθηναῖοι, τοῦ συμφέροντος μᾶλλον ἀξιοῦτε στοχάζεσθαι, νομίζομεν ὑμῖν προσήκειν μὴ καταλύειν τὸ κοινὸν ἀγαθόν, τουτέστι τὸ πρᾴως τοῖς ἀσθενεστέροις χρῆσθαι· δεῖ γὰρ τοῖς κινδυνεύουσι τὰ προσήκοντα καὶ τὰ δίκαια νέμεσθαι, καὶ μᾶλλον τῆς φιλανθρωπίας ἤπερ τοῦ πρὸς ἀκρίβειαν δικαίου τυγχάνειν τοὺς ἥττονας. ὃ δὴ καὶ ὑπὲρ ὑμῶν ἐστιν, ὦ Ἀθηναῖοι· εἰ γὰρ δὴ μὴ πρᾴως χρήσεσθε ἡμῖν, αὐτοὶ σφαλέντες ποτὲ παράδειγμα πάντως τοῖς ἄλλοις γενήσεσθε· μεγάλως γὰρ ὑμᾶς οἱ νικήσαντες τιμωρήσονται [καὶ αὐτοί, τοὺς] περὶ ἡμᾶς χαλεποὺς γενομένους. — Τὸ κοινὸν ἀγαθόν] τὴν ἐλευθερίαν οὕτω φησί. — Σφαλέντες ἄν] τοῦ δικαίου.

XCI. Ἡμεῖς δὲ τῆς ἡμετέρας ...] ἂν καὶ καταλυθῇ, φασίν, ἡμῶν τὰ τῆς ἡγεμονίας, οὐκ ἀθυμοῦμεν περὶ τῆς καταστροφῆς. Λακεδαιμόνιοι γάρ, καὶ πάντες οἱ ἄρχειν εἰωθότες ἑτέρων, οὐ χαλεπῶς τοῖς νικηθεῖσι προσφέρονται. ὥστε οὐ Λακεδαιμονίους δέδιμεν, ἀλλὰ τοὺς ὑπηκόους· οὗτοι γάρ, ἅτε οὐκ εἰωθότες ἑτέρων ἄρχειν, ἐπειδὰν κρατήσωσι τῶν ἀρχόντων, ὠμότατα αὐτοῖς χρῶνται. ἀλλὰ περὶ μὲν τούτου ἐν ἀδήλῳ κείσθω, ὅπως ποτὲ ἕξει. — Τῶν ἀρξάντων] τοῦ πολέμου δηλονότι. [Ἀθηναῖοι γὰρ πρεσβεύουσι.] — 2. Ὡς δὲ ἐπ' ὠφελείᾳ...] ὅτι δὲ ἐπ' ὠφελίᾳ πάρεσμεν, τοῦτο δηλώσομεν. βουλόμεθα γὰρ ἄνευ πραγμάτων αὐτοί τε ὑμῶν ἄρξαι, καὶ ὑμᾶς σωθῆναι συμφερόντως καὶ ἡμῖν καὶ ὑμῖν. — Ἀμφοτέροις] καὶ ἡμῖν καὶ ὑμῖν.

XCII. Καὶ πῶς χρήσιμον...] πῶς, φασίν, ὁμοίως χρήσιμόν ἐστιν, ὥσπερ ὑμῖν ἄρξαι, οὕτως ἡμῖν τὸ δουλεῦσαι.

XCIII. Ὅτι ὑμῖν μὲν πρὸ τοῦ τὰ δεινότατα ...] ὅτι ὑμεῖς μέν, ἂν εὐθὺς ὑπακούσητε, οὐδὲν δεινὸν πείσεσθε· ἡμεῖς δέ, μὴ διαφθείραντες ὑμᾶς, ἕξομεν ὑμῖν εἰς δέον χρῆσθαι, καὶ γίνεται κέρδος ἡμῖν ἡ ὑμετέρα σωτηρία.

XCV. Οὐ γὰρ τοσοῦτον ἡμᾶς ...] ἐχθροὺς μὲν ὑμᾶς ἔχοντες οὐδὲν βλαβησόμεθα, μᾶλλον δὲ ὠφελησόμεθα,

τεκμήριον τῆς ἰσχύος ἡμῶν καὶ δήλωμα τοῖς ἀρχομένοις παρέχοντες τὸ ὑμᾶς καταδουλώσασθαι· εἰ δὲ φίλους ποιησόμεθα, διὰ τὴν ἡμετέραν ἀσθένειαν τοῦτο δρᾶσαι νομισθησόμεθα, ὡς φοβούμενοι ὑμᾶς.

XCVI. Σκοποῦσι δ' ὑμῶν οὕτως...] εἰπόντων τῶν Ἀθηναίων ὅτι οἱ σύμμαχοι ἀσθένειαν ἡμῶν καταγνώσονται, οἱ Μήλιοι ὑποφέροντές φασιν, εἰ οἱ ὑπήκοοι ὑμῶν τοῦτο κρίνουσιν εὔλογον, ὥστε ἐν τῷ αὐτῷ τιθέναι καὶ ὁμοίως ἀξιοῦν καταδουλοῦσθαι τούς τε μηδὲν προσήκοντας ὑμῖν, ὥσπερ ἡμᾶς, καὶ τοὺς ἀποίκους μὲν ὑμῶν ὄντας, ἀποστάντας δέ, καὶ διὰ τοῦτο χειρωθέντας.

XCVII. Δικαιώματι γὰρ οὐδετέρους ἐλλείπειν ἡγοῦνται...] οἱ ὑπήκοοι ἡμῶν δικαιολογίας μὲν οὔτε τοὺς ἡμετέρους ἀποίκους ἀποστάντας οὔτε τοὺς μὴ προσήκοντας ἀπορεῖν ἡγοῦνται, τοὺς δὲ μὴ καταστραφέντας ὑπὸ ἡμῶν οὐχὶ διὰ τὸ δίκαιον, ἀλλὰ δι' ἰσχὺν μένειν ἐλευθέρους, καὶ ἡμᾶς αὐτοὺς μὴ ἐπιέναι οὐ διὰ δικαιοσύνην, ἀλλὰ φοβουμένους· ὥστε, εἰ καταστραφείητε, οὐ μόνον ἡμῖν περιέσται τὸ πλεόνων ἄρχειν, ἀλλὰ καὶ ἀσφάλεια προσέσται, ὡς ἂν μὴ καταφρονουμένοις ὑπὸ τῶν συμμάχων. — Νησιῶται] ἰσχύοντες ταῖς ναυσὶ μᾶλλον ἢ κατὰ τὴν ἤπειρον.

XCVIII. Ἐν δ' ἐκείνῳ οὐ νομίζετε ἀσφάλειαν...] ἐν δ' ἐκείνῳ οὐχ ἡγεῖσθε ἀσφάλειαν εἶναι, ἐν τῷ μὴ πειρᾶσθαι τοὺς μὴ προσήκοντας καταστρέφεσθαι; δεῖ γάρ, ὥσπερ ὑμεῖς ἐκκρούσαντες ἡμᾶς τῆς δικαιολογίας, ἀξιοῦτε πείθειν ὥστε ὑπακούειν ὑμῖν, στοχαζόμενοι τοῦ ὑμῶν αὐτῶν συμφέροντος, οὕτω καὶ ἡμᾶς περὶ τοῦ ἡμῖν αὐτοῖς λυσιτελοῦς πειρᾶσθαι διδάσκειν, ὅτι καὶ ὑμῖν τὸ αὐτὸ σύμφορον, τουτέστι τὸ μὴ καταδουλώσασθαι τοὺς μὴ προσήκοντας. τοὺς γὰρ μηδετέροις ξυμμαχοῦντας πῶς οὐ ποιήσετε πολεμίους, ἐπειδάν, ἀποβλέψαντες εἰς τὴν γνώμην ὑμῶν, ὑποπτεύσωσι καὶ αὐτοῖς ἐπιστρατεύσειν; κἂν ταύτῳ τί ἄλλο ἢ καὶ τοὺς πρόσθεν πολεμίους αὐξήσετε, καὶ τοὺς μὴ διανοηθέντας ὑμῖν τὴν ἀρχὴν πολεμεῖν ἄκοντας αὐτὸ ποιεῖν ἀναγκάσετε; — Μηδετέροις] μήτε τοῖς Ἀθηναίοις μήτε τοῖς Λακεδαιμονίοις. — Πολεμώσεσθε] εἰς πόλεμον ἐμβαλεῖτε. — Ἐς τάδε] τὰ ἡμέτερα πάθη.

XCIX. Οὐ γὰρ νομίζομεν ἡμῖν τ.....] οὐ γὰρ νομίζομεν τοὺς ἐλευθέρους τῶν ἠπειρωτῶν ἡμῖν ἔσεσθαι πολεμίους· μὴ δεδιότες γὰρ ἡμᾶς, ὡς ἂν κατὰ γῆν οὐ μέλλοντας αὐτοῖς ἐπιστρατεύειν, πολλὴν μέλλησιν τοῦ φυλάττεσθαί τε ἡμᾶς καὶ πολεμεῖν ποιήσονται· τοὺς δὲ ἐν ταῖς νήσοις ἐλευθέρους, ὥσπερ ὑμᾶς, καὶ τοὺς ὑπακούοντας μὲν ἤδη, διὰ δὲ τὸ ἐξ ἀνάγκης καὶ μὴ ἑκοντὶ ὑπακούειν παροξυνομένους καὶ ταραττομένους, τούτους ἡγούμεθα, εἰ περιίδοιμεν ἡμᾶς ἐλευθέρους, ἐπαρθέντας ἀλογίστως καὶ ἀντιστάντας ἡμῖν, αὐτούς τε καὶ ἡμᾶς αὐτοὺς εἰς κίνδυνον καταστήσειν. — Τῷ ἐλευθέρῳ] ἐπὶ τῇ ἐλευθερίᾳ αὐτῶν. — Τῆς ἀρχῆς τῷ ἀναγκαίῳ] τῇ ἀνάγκῃ τῆς ἀρχῆς· ἤγουν τῇ δουλείᾳ.

C. Ἦ που ἄρα, εἰ τοσαύτη...] εἰ ὑμεῖς τε, ὦ Ἀθηναῖοι, σπουδὴν ποιεῖσθε πολλὴν ὑπὲρ τοῦ μὴ ἀφαιρεθῆναι τῆς ἡγεμονίας, καὶ οἱ δουλεύοντες ὑμῖν ὑπὲρ τοῦ ἀπαλλαγῆναι τῆς ὑμετέρας ἀρχῆς διακινδυνεύειν θέλουσι. πῶς ἡμεῖς, οἱ ἔτι ἐλεύθεροι ὄντες, οὐκ ἂν κάκιστοι καὶ δειλότατοι κριθείημεν, μὴ πάντα κίνδυνον ὑπομείναντες πρὸ τοῦ δουλεῦσαι; — Ἐπεξελθεῖν] εἰς τέλος ἐργάσασθαι.

CI. Οὐκ, ἤν γε σωφρόνως βουλεύησθε.....] ἐὰν σωφρόνως βουλεύσησθε, οὐ καταστήσετε ὑμᾶς αὐτοὺς εἰς κίνδυνον· οὐ γὰρ περὶ ἀρετῆς ἀγωνίζεσθε, καὶ ἐλάσσονες * ἡμῶν ὄντες αἰσχρὸν * ἡγήσεσθε τὸ αἰσχύνην ὀφλεῖν· περὶ δὲ σωτηρίας ὑμῖν ἡ βουλὴ πρόκειται. διὸ χρὴ μὴ ἀνθίστασθαι τοῖς πολλῷ κρείττοσιν.

CII. Ἀλλ' ἐπιστάμεθα τὰ τῶν πολεμίων...] ὀρθῶς ἐπιστάμεθα τὰ τῶν πολεμίων τύχῃ μᾶλλον ἢ πλήθους ὑπεροχῇ κρινόμενα· προσέτι δὲ καὶ τοῦτο γιγνώσκομεν ὅτι τὸ μὲν εὐθὺς εἶξαι οὐδεμίαν ἐλπίδα ἐλευθερίας ἔχει, ἐν δὲ τῷ ἀνθίστασθαι ἐλπίς τις ὑπολείπεται τοῦ καταπρᾶξαι ὀρθῶς.

CIII. Ἐλπὶς δὲ κινδύνῳ παραμύθιον οὖσα...] τοὺς ἐν κινδύνῳ καθεστῶτας αὐτὸ μόνον παρηγοροῦσιν· ἀλλὰ τοὺς μὲν ἐν δυνάμει τυγχάνοντας, κἂν σφαλῇ ποτε ἡ ἐλπίς, οὐ κατέλυσε παντελῶς, διὰ τὸ ὑπολείπεσθαι δύναμιν αὐτοῖς· οἱ δὲ περὶ πάντων ὧν ἔχουσιν ἀγωνιζόμενοι ἐπ' ἀδήλῳ ἐλπίδι, ἐπειδὰν ἡ ἐλπὶς σφαλῇ, ἅμα τε ἔγνωσαν ὅτι ἐσφάλησαν, καὶ οὐδὲν αὐτοῖς ὑπολείπεται, ἐν ᾧ, γνωρίσαντες τὸ ἀβέβαιον τῆς ἐλπίδος, * ἔτι φυλάξονται. ὃ ὑμεῖς, ὦ Μήλιοι, ἀσθενεῖς ὄντες καὶ μηδεμιᾷ μάχῃ ἐξαρκέσαι δυνάμενοι, μὴ πάθητε, τῇ ἐλπίδι πιστεῦσαι· μηδὲ τοῖς πολλοῖς ὁμοιωθῆτε, οἳ δυνάμενοι σώζεσθαι, ἐπειδὰν ὑπὸ τῶν φανερῶν ἐλπίδων καταλειφθῶσιν, ἐπὶ τὰς ἀφανεῖς καταφεύγουσι, μαντικήν τε καὶ χρησμοὺς δηλαδὴ, καὶ ὅσα τοιαῦτα μετ' ἐλπίδων λυμαίνεται ἀνθρώπους, ἐν ἐλπίδι ποιοῦντες. §. Τὸ δὲ «ἐλπὶς δὲ κινδύνου παραμύθιον» σφόδρα βραχέως εἴρηται. τὸ δὲ «δάπανος γὰρ (τουτέστι δαπανηρὰ) ἡ ἐλπὶς» καὶ αὐτὸ μὲν βραχύ, δύναται δὲ τοιοῦτόν τι, ὅτι οἱ ἐλπίζοντες τινος τεύξεσθαι πολλὰ προσδαπανῶσι καὶ προσαναλίσκουσι. τὸ δὲ ἐπὶ κοπῆς, τοῦτ' ἔστι μιᾷ μάχῃ μόγις ἐξαρκεῖν δυνάμενοι. ἔνιοι δὲ ἀπὸ τῶν ἐν μιᾷ κοπῇ καὶ πληγῇ ζῴων ἀναιρουμένων τὸ ὄνομά φασι πεποιῆσθαι, ὥστε εἶναι σύνθετον. — 2. Ἐπὶ ῥοπῆς] Ὅμηρος [Π. Κ, 173]·

Ἐπὶ ξυροῦ ἵσταται ἀκμῆς.

Ῥοπῆς] κινήσεως. — Τοῖς πολλοῖς] τοῖς ἀπαιδεύτοις. — Ἀνθρωπείως] κατὰ τὸ ὀφειλόμενον τῷ ἀνθρωπείῳ γένει.

CIV. Χαλεπὸν μὲν καὶ ἡμεῖς...] τὸ ἑξῆς, πρὸς δύναμίν τε τὴν ὑμετέραν καὶ τὴν τύχην ἀγωνίζεσθαι. τὸ δὲ «εἰ μὴ ἀπὸ τοῦ ἴσου ἔσται», ὅτι πρὸς ἄνισόν τε καὶ τύχην καὶ δύναμιν τὴν ὑμετέραν ἀγωνιζόμεθα. — Τῷ ἐλλείποντι] τῇ ἀσθενείᾳ ἡμῶν. — Τοῦ ἄλλου] τοῦ κατὰ δύναμιν ἐλλιποῦς. — Αἰσχύνῃ] δι' αἰσχύνην. — Θρασυνόμεθα] ἤγουν ἀνθιστάμεθα.

CV. Ἐς τὸ θεῖον νομίσεως] νομίσεως μὲν εἶπε διὰ

τὰ νενομισμένα· εἰς σφᾶς δὲ αὐτοὺς βουλήσεως, τῆς εἰς ἀνθρώπους δηλονότι φησὶ προαιρέσεως. — Τῆς μὲν τοίνυν...] ὁ νοῦς· οὐκ ἔλαττον ἡγούμεθα εὐμενεῖς ἡμῖν ἔσεσθαι τοὺς θεοὺς ἤπερ ὑμῖν. οὐδὲν γὰρ ἔξω πράττομεν οὔτε τῶν εἰθισμένων περὶ τοὺς θεοὺς οὔτε τῶν πρὸς ἀνθρώπους δικαίων. τό τε γὰρ θεῖον θεραπεύομεν κατὰ τὸ κοινὸν πάντων ἀνθρώπων ἔθος, τούς τε ἀνθρώπους ἡγούμεθα φύσει γεγονέναι πρὸς τὸ ἄρχειν ὧν κρατοῦσιν. ὥστε οὔτε αὐτοὶ νομοθετήσαντες περὶ τοῦ ἄρχειν, οὔτε κειμένῳ νόμῳ πρῶτοι χρησάμενοι, παραλαβόντες δὲ τοῦτον, καὶ τοῖς ἔπειτα καταλείψοντες, ἄρχομεν ὧν ἂν κρατήσωμεν, εἰδότες ὅτι καὶ ὑμεῖς καὶ ἄλλος ὁςτιςοῦν, ἐν τῇ ὁμοίᾳ δυνάμει γενόμενος ἡμῖν, τὸ αὐτὸ ἂν ἔπραττεν. — 3. Καὶ πρὸς μὲν τὸ θεῖον οὕτως ἐκ τοῦ εἰκότος...] ὥστε οὐ διὰ ταῦτα φοβούμεθα ἔλαττον ὑμῶν εὐμενὲς ἕξειν τὸ θεῖον. ἐπεὶ δὲ τοὺς Λακεδαιμονίους δοκεῖτε βοηθήσειν ὑμῖν, αἰσχρὸν νομίζοντας περιιδεῖν τοὺς ἀποίκους πολεμουμένους, τὸ μὲν ὑμῶν μακαρίζομεν ἀπειρόκακον, τὸ δὲ ἄφρον οὐκ ἐπαινοῦμεν. Λακεδαιμόνιοι γὰρ πρὸς μὲν ἀλλήλους καὶ τὴν κοινὴν πολιτείαν τὰ πλεῖστα μετ' ἀρετῆς πράττουσι· πρὸς δὲ τοὺς ἄλλους ὅπως ἔχουσι, μάλιστα ἄν τις ὑμῖν ἐν βραχεῖ δηλώσειεν, καίτοι πολλὰ εἰπεῖν ἔχων, ὅτι πάντων ἀνθρώπων ὧν ἴσμεν ἐκφανέστατα Λακεδαιμόνιοι ἐν ταῖς πρὸς ἄλλους ξυναλλαγαῖς τὰ μὲν ἑαυτοῖς ἡδέα ταῦτα καὶ καλὰ νομίζουσι, τὰ δὲ συμφέροντα αὐτοῖς καὶ δίκαια. ὥστε οὐκ ἔστιν ἀλογίστως διανοεῖσθαι περὶ τῆς σωτηρίας ὑμῶν, προςδεχομένων τὴν παρ' ἐκείνων βοήθειαν. — 4. Ἀρετῇ] εὐταξίᾳ.

CVI. Ἡμεῖς δὲ κατ' αὐτὸ τοῦτο...] εἰπόντων τῶν Ἀθηναίων, ὅτι Λακεδαιμόνιοι τοῦ ὑμετέρου συμφέροντος οὐ στοχάζονται, φασὶν οἱ Μήλιοι, ὅτι διὰ τὸ ἴδιον συμφέρον τοὺς Λακεδαιμονίους πιστεύομεν καὶ μάλιστα ἥξειν ἡμῖν βοηθούς, ὅπως μὴ τοῖς μὲν εὐνοοῦσι τῶν Ἑλλήνων ἄπιστοι φανῶσιν, ὑμᾶς δὲ τοὺς πολεμίους ὠφελήσωσι, προδόντες ἡμᾶς τοὺς συμμάχους.

CVII. Οὐκοῦν οἴεσθε...] ἀλλ' οὐν, ὥσπερ ἴστε, συμφέρει μὲν τὸ μετ' ἀσφαλείας ἕκαστα πράττειν, τὸ δὲ καλὸν καὶ τὸ δίκαιον διὰ κινδύνων περιγίγνεται. Λακεδαιμόνιοι δὲ τοὺς κινδύνους περιίστανται.

CVIII. Ἀλλὰ καὶ τοὺς κινδύνους...] ἀλλὰ καὶ τὸν κίνδυνον αὐτοὺς τὸν ὑπὲρ ἡμῶν ἀναδέξασθαι ἡγούμεθα, καὶ πεπείσμεθά γε μᾶλλον ὑπὲρ ἡμῶν ἢ ὑπὲρ ἄλλων αὐτοὺς διακινδυνεύσειν. εἴς τε γὰρ τὰς χρείας ὠφέλιμοι τυγχάνομεν αὐτοῖς, ἐγγὺς τῆς Πελοποννήσου κείμενοι, καὶ διὰ συγγένειαν**

CIX. Τὸ δ' ἐχυρόν γε τοῖς ξυναγωνιουμένοις....] τοῖς ἐπὶ συμμαχίαν, φησί, παρακαλουμένοις ἐχυρὸν φαίνεται πρὸς τὸ βοηθῆσαι οὐχ ἡ εὔνοια τῶν παρακαλούντων, ἀλλ' ἡ δύναμις αὐτῶν, ἣν Λακεδαιμόνιοι μᾶλλον τῶν ἄλλων ἐξετάζουσι, καὶ διὰ τὸ ἐχυρὸν ἐξετάζειν καὶ τῇ ἰδίᾳ δυνάμει πολλάκις ἀπιστοῦσι. διὰ τοῦτό γέ τοι μετὰ συμμάχων πολλῶν ἐπιστρατεύουσι τοῖς πέλας. ὥστε οὐκ εἰκὸς αὐτούς, ἡμῶν θαλαττοκρατούντων, εἰς νῆσον ἕνεκεν ὑμῶν περαιώσασθαι, εἰδότας ὅτι κατὰ τοῦτο ἥττους ἡμῶν εἰσίν.

CX. Οἱ δὲ καὶ ἄλλους ἂν ἔχοιεν πέμψαι...] ἀλλὰ, εἰ καὶ αὐτοὶ πλεῦσαι ὀκνήσουσιν, ἔχουσί γε συμμάχους ἄλλους ἡμῖν πέμψαι βοηθούς· μεγάλου τε ὄντος τοῦ Κρητικοῦ πελάγους, δι' οὗ πέμψουσι τὴν βοήθειαν, μᾶλλον [γὰρ] οἱ πεμφθέντες δυνήσονται, λαθόντες ὑμᾶς θαλαττοκρατοῦντας, σωθῆναι πρὸς ἡμᾶς, ἤπερ ὑμεῖς, οἱ κρατοῦντες τῆς θαλάσσης, συλλαβεῖν αὐτούς. εἰ δὲ καὶ τούτου διαμάρτοιεν, τὴν γῆν ὑμῶν δῃώσουσι, καὶ τοὺς ἄλλους συμμάχους, ὅσους Βρασίδας οὐκ ἐπῆλθε, χειρώσονται· ὥστε ὑμῖν οὐ περὶ τῆς μὴ προςηκούσης, τῆς ἡμετέρας, ὁ ἀγὼν ἔσται, ἀλλὰ περὶ τῆς τῶν συμμάχων καὶ τῆς ὑμετέρας.

CXI. Τούτων μὲν καὶ πεπειραμένοις...] τούτων μὲν καὶ ὑμεῖς πεπείρασθε, καὶ οὐκ ἀνεπιστήμονές ἐστε ὅτι οὐδέποτε Ἀθηναῖοι, πολιορκοῦντες ἑτέρους, ἀπεχώρησαν διὰ τὸ φοβηθῆναι περὶ τῶν συμμάχων ἢ περὶ τῆς γῆς τῆς ἑαυτῶν δῃουμένης. ἐκεῖνο δὲ ἐνθυμούμεθα, ὅτι, περὶ σωτηρίας βουλευόμενοι, οὐδὲν ἐν τοσούτοις λόγοις εἰρήκατε σωτήριον, καὶ δυνάμενον πεῖσαι ὅτι δύναται σώζεσθαι· ἀλλὰ τὰ μὲν ἰσχυρότερα ὑμῶν ἐλπίδες εἰσὶ μέλλουσαι, τὰ δὲ ὑπάρχοντα, ὡς πρὸς τὰ ἡμέτερα, παντελῶς ἐστι σμικρά. πάνυ τε δὴ ἀλογίστως καθεστήκατε, εἰ μὴ καθ' ἑαυτοὺς γενόμενοι βουλεύσησθε φρονιμώτερον. οὐ γὰρ δὴ εἰκότως ἐπὶ τὴν μάλιστα λυμαίνουσαν τοὺς ἀνθρώπους αἰσχύνην καταφεύξεσθε, δι' ἣν πολλοί, καίπερ ὁρῶντες ὅτι εἰς κίνδυνον ἔρχονται, ὅμως, φεύγοντες τὸ ἀπρεπὲς τοῦ ὀνόματος, (τουτέστι τὸ ὑπακούειν, ἔχον τι ποιητικὸν αἰσχύνης· τοῦτο γὰρ ἐστὶ τὸ ἐπαγωγόν,) συμφοραῖς μεγίσταις περιέπεσον, καὶ αἰσχύνην μείζονα προςελάβον ἧς ἔφευγον, μετὰ τοῦ ἀνοήτους αὐτοὺς νομίζεσθαι, καὶ οὐ δοκεῖν διὰ τύχην πταῖσαι. ἐν γὰρ τῷ « ἢ τύχῃ » ὁ ἢ σύνδεσμος ἀντὶ τοῦ ἤπερ κεῖται. ὑμεῖς οὖν φυλάξεσθε τὴν πάντα λυμαινομένην αἰσχύνην, ἂν εὖ βουλεύησθε· καὶ μὴ ἀπρεπὲς ἡγήσεσθε ὑπακοῦσαι πόλει τῇ μεγίστῃ, καὶ προκαλουμένῃ ὑμᾶς ἐπὶ μετρίοις, ὥστε συμμάχους γενέσθαι, ἔχοντας τὴν ἰδίαν γῆν ὑποτελῆ. αἱρέσεως οὖν προκειμένης ἢ πολεμεῖν ἢ ζῆν ἀσφαλῶς, μὴ τὸ χεῖρον ἕλησθε φιλονεικήσαντες. ὅσοι γὰρ τῶν ἀνθρώπων τοῖς μὲν ἴσοις μὴ ὑπείκουσι, τῶν δὲ κρειττόνων ἡττῶνται, τοῖς δὲ ἥττοσι μετρίως προςφέρονται, οὗτοι μέγιστα δὴ κατορθοῦσι. βουλεύσασθε οὖν, μεταστάντων ἡμῶν, καὶ πολλάκις πρὸ ὀφθαλμῶν λάβετε ὅτι περὶ πατρίδος ἡ σκέψις, μιᾶς οὔσης, περὶ ἧς ἐν μιᾷ βουλῇ ἢ κατορθώσετε ἢ σφαλήσεσθε. — 2. Σωφρονέστερον] φρονιμώτερον. — 3, Προορωμένοις] φανερῶς βλέπουσιν. — Ἐπαγωγοῦ] ἐπισπαστικοῦ. — 4. Προςφέρονται] ὁμιλοῦσι. — Μέτριοι] δίκαιοι.

CXII. 2. Οὔτε ἐν ὀλίγῳ χρόνῳ πόλεως ἑπτακόσια...] ὅτι ἔτη ἑπτακόσια Μῆλος ἡ νῆσος ὑπὸ Λακεδαιμονίων ἐλευθέρως οἰκισθεῖσα, ὕστερον ὑπὸ Ἀθηναίων ἐπὶ δουλείᾳ ἐξεπολιορκήθη.

CXIII. Τὰ δὲ ἀφανῆ τῷ βούλεσθαι....] τὰ δὲ ἄδηλα διὰ τὸ βούλεσθαι οὕτως ἔχειν ὡς οἴεσθε, καθάπερ τὰ παρόντα καὶ γιγνόμενα θεᾶσθε. — Ὡς γιγνόμενα] ὁρώμενα, ἐνεργούμενα. — Παραβεβλημένοι] πρόβλημα αὐτοὺς καὶ ἔρυμα ἔχοντες. § ἐπιτρέψαντες παραβόλως.
CXIV. Κατὰ πόλεις] τὰς συμμαχίδας.
CXV. 4. Τὴν φυλακὴν] τῆς Μήλου.
CXVI. 3. Πολιορκούμενοι] οἱ Μήλιοι. — Ἐκείνους] τοὺς Ἀθηναίους.

IN LIBRUM VI.

I. Ὅτι ... ὑποδεέστερον πόλεμον ἀνῃροῦντο] ἀπὸ κοινοῦ τὸ ἄπειροι ὄντες. — 2. Ὁλκάδι] φορτιοφόρῳ. — Ἐν εἴκοσι σταδίοις] γράφεται ἐν εἴκοσι σταδίων μάλιστα μέτρῳ. ἔστι δὲ κατὰ ταύτην τὴν γραφὴν περιττὴ ἡ ἐν πρόθεσις. — * Διείργεται] περὶ τὸ Ῥήγιον. — Τὸ μὴ ἤπειρος οὖσα] ἵνα μὴ ἤπειρος ᾖ.

II. Ἀρχείτω δὲ ὡς ποιηταῖς τε εἴρηται] περὶ τῶν παρ' Ὁμήρῳ Κυκλώπων καὶ Λαιστρυγόνων, ὅτι τὴν Σικελίαν ᾤκουν. — 2. Καὶ πρότεροι] τῶν Λαιστρυγόνων. — Ἴβηρες ὄντες] ὅτι Ἰβήρων ἄποικοι οἱ Σικελοί. — Ἀναστάντες] ἤγουν μετανάσται καὶ μέτοικοι γεγονότες. — Τὰ πρὸς ἑσπέραν τῆς Σικ.] ἤγουν πρὸς τὸ δυτικὸν μέρος τῆς Σικελίας. — 4. Κατιόντος] λέγοντος. — Ἀπὸ Ἰταλοῦ]

οὐ κλύει οὕτως οὐδαμῶς Θουκυδίδης.
ταῦρος δέ τις ὡς ἐκφυγὼν Ἡρακλέα
ἐκ τῆς θαλάσσης εἰς ἐκεῖ γῆς ἐξέδυ·
ζητῶν δὲ τοῦτον Ἡρακλῆς, πάντῃ τρέχων,
ἀνδρὶ τυχὼν ἔφασκε βαρβάρῳ γένει,
εἰ ταῦρον εἶδε τοῖς ἐκεῖ γῆς ἐν τόποις.
ὃς ταῦρον οὔκουν, ἀλλ' Ἰταλὸν ἰδεῖν ἔφη,
τὸν ταῦρον αὐτὸν βαρβάρῳ γλώσσῃ λέγων.
κλῆσις τὸ λοιπὸν γίνεται χώρας τόδε.
Τζέτζην * ἀλεύου πᾶς ὃ οὐ χρὴ ὃς γράφεις·
λαθεῖν γὰρ αὐτὸν οὐδὲ δαίμων ἰσχύει.

— 5. Στρατὸς πολύς] τῶν Σικελῶν δηλονότι. — Πρὸς τὰ μεσημβρινὰ καὶ ἑσπέρια] περὶ τὸ Λιλύβαιον, ἀκρωτήριον τῆς νήσου. — Ἑσπέρια] δύσεις. — Διέβησαν] οἱ ἀπὸ τῆς Ἰταλίας Σικελοὶ δηλονότι. — Μέσα] μεσόγεια. — 6. Ἀπολαβόντες] ἀντὶ τοῦ ἀποτειχίσαντες. γράφεται ἀναλαβόντες. — * Ἐκλιπόντες τὰ πλείω] ἤτοι οἱ Φοίνικες. — Ξυμμαχία τε πίσυνοι...] ὁμοῦ μὲν διὰ τοὺς Ἐλύμους, ὄντας φίλους καὶ οἰκοῦντας αὐτόθι, ὅπως συμμάχοιντο, ὁμοῦ δὲ διὰ Καρχηδονίους, οἵτινες ἐκ Φοινίκης ὄντες τὸ ἀνέκαθεν, τοῖς μεσημβρινοῖς τῆς Σικελίας**.

III. Ἑλλήνων] Νάξος, Συράκουσαι, Λεοντῖνοι, Κατάνη, Σελινοῦς, Γέλα, Ἀκράγας, Μεσσήνη, Ἱμέρα, Ἄκραι, Κάσμεναι, Καμάρινα. — Θεωροὶ] χρηστηριάζοντες. — 2. Συρακούσας δὲ...] οἱ Συρακούσιοι Κορίνθιοί εἰσι. — Ὕστερον δὲ χρόνῳ καὶ ἡ ἔξω προστειχισθεῖσα...] τὸ πρῶτον οἱ Συρακούσιοι τὸ νησίδιον

ᾤκισαν μόνον, αὖθις δὲ, μὴ χωροῦντος αὐτοῦ, συνάψαντες αὐτὸ τῇ Σικελίᾳ διὰ χώματος, κατῴκησαν καὶ ἐν τῇ Σικελίᾳ. ἐκαλεῖτο δὲ ἡ ἐν τῇ Σικελίᾳ ἔξω πόλις. — 3. Λεοντίνους ... Κατάνην] ὅτι οἱ Λεοντῖνοι καὶ Καταναῖοι Χαλκιδεῖς εἰσὶν ἐξ Εὐβοίας.

IV. Ὑπέρ] ὑπεράνω. — Ἐς Λεοντίνους] ἐγγὺς τῶν Λεοντίνων. — 2. Ἀνέστησαν] ἐδιώχθησαν. — Τῆς μητροπόλεως] τῆς ἰδίας μητροπόλεως. — Ἐπελθών] Πάμμιλος δή. — 3. Ἀπὸ τοῦ Γέλα ποταμοῦ]

οὕτως Ἐπαφρόδιτος, ὥς λέγει, γράφει·
Γέλας δ' ἐκλήθη τῷ πάχνην πολλὴν φέρειν.
κλῆσιν ἐκεῖ γὰρ ἡ πάχνη ταύτην φέρει.

(σὺν Ἑλλανίκῳ)
ὁ Πρόξενος δὲ σύν τισιν ἄλλοις λέγει
(οὗτος ὁ Γέλων υἱὸς Αἴτνης καὶ Ὑμάρου)
Γέλωνος ἀνδρὸς ἔκ τινος Γέλαν πόλιν.

(ὁ Θεόπομπος)
Ἐξ Ἀντιφήμου δ' αὖ γελωτός τις λέγει·
Χρησμῷ μαθὼν γὰρ ὡς πόλιν μὲν * ἐκκτίσει,
γελᾷ, δοκήσας τῶν ἀνελπίστων τόδε·
κλῆσιν ὅθεν τέθεικε τῇ πόλει Γέλαν.

— 5. Ζάγκλη] οἱ Ζαγκλαῖοι ἀπὸ Κύμης Χαλκιδικῆς πόλεως καὶ τῆς ἄλλης Εὐβοίας. — Δρέπανον] σημειῶσαι ὅτι τὸ δρέπανον ζάγκλον οἱ Σικελοὶ καλοῦσιν.

VI. Τοσήνδε οὖσαν] ἤγουν μεγάλην καὶ πολυάνθρωπον. — Εὐπρεπῶς] εὐπροφασίστως. — Τοῖς ἑαυτῶν ξυγγενέσι] τοῖς Χαλκιδεῦσι. — 2. Περί τε γαμικῶν τινῶν] συναλλαγμάτων. — Ἐπαγόμενοι] μεταπεμψάμενοι. — Δωριεῖς τε Δωριεῦσι] οἱ Συρακούσιοι τοῖς Πελοποννησίοις. — Τοῖς ἐκπέμψασι] τοῖς Κορινθίοις. — Ἐκείνων] τῶν Ἀθηναίων. — Σφῶν] τῶν Ἐγεσταίων. — Ἐς τὸν πόλεμον] τὸν μέλλοντα. — 3. Τῶν ξυναγορευόντων] τῶν ῥητόρων.

VII. Ζεύγη] δισσοὶ βόες λέγονται ζεύγη. — 2. Ἄπωθεν] τῶν Ὀρνεῶν δηλονότι. — Ἐπ' οἴκου] ἀνεχώρησαν δηλονότι. — 4. Ἄγοντας πρὸς Ἀθηναίους δεχημ. σπονδάς] τουτέστιν οἷστισιν μετὰ τῶν Ἀθηναίων ὑπῆρχον αἱ δεχήμεροι σπονδαί. — Οἱ δ'] οἱ Χαλκιδεῖς.

VIII. Τοῦ δ' ἐπιγιγνομένου θέρους] ἀρχὴ τοῦ ιζ' ἔτους τοῦ πολέμου. — Ἀσήμου ἀργυρίου] σημεῖον μὴ ἔχοντος, ἀλλὰ μαζία τινά. — 2. Ἐπαγωγά] ψευδῆ μέν, πιθανὰ δέ. § ἐφελκυστικά. — Ἐν τοῖς κ.] ἐν τῷ ταμείῳ. — Ἥν τι περιγίγνηται] περιουσία γένηται. § τῇ νίκῃ. — Αὐτοῖς] τοῖς Ἀθηναίοις. — 3. Μετὰ δὲ τοῦτο] ἤγουν μετὰ τὸ ψήφισμα. — 4. Οὐκ ὀρθῶς] οὐκ ἀσφαλῶς. — Μεγάλου ἔργου ἐφίεσθαι] Ὅμηρος [Il. K, 401].

Ἦ ῥά νύ τοι μεγάλων δώρων ἐπεμαίετο θυμός.

IX. Περὶ παρασκευῆς τῆς ἡμετ.] ἀντὶ τοῦ, πῶς χρὴ ἡμῖν τοῖς στρατηγοῖς τὴν παρασκευὴν ἀθροισθῆναι. — Καθότι] διότι. — Ἀλλοφύλοις] τοῖς Ἐγεσταίοις. — 2. Νομίζων ὁμοίως ἀγαθὸν πολίτην εἶναι...] ἀγαθὸν πολίτην ἡγοῦμαι καὶ τὸν ἀφειδοῦντα τοῦ σώματος καὶ τὸν προνοούμενον ἐν καιρῷ ὁμοίως, ἑκατέρου προσήκον-

ος τοῖς ἀγαθοῖς πολίταις. — Ὁ τοιοῦτος καὶ τὰ τῆς πόλεως ...] διὰ τὸ προνοεῖν τοῦ τε σώματος καὶ τῆς κτήσεως ἐθέλοι ἂν καὶ τὴν πόλιν εὐτυχεῖν ὁ τοιοῦτος. πάνυ δὲ πιθανῶς ἀποτρέπει τοὺς Ἀθηναίους, ἐμφαίνων ὅτι οὐχὶ τὸ ἑαυτοῦ σκοπεῖ. — Δι' ἑαυτὸν βούλοιτο ὀρθοῦσθαι] διὰ τὴν οἰκείαν ζωὴν ἵστασθαι. — Παρὰ γνώμην] παρὰ τὴν προαίρεσιν. — 3. Ἀσθενὴς ἄν μου ὁ λόγος εἴη] ταῦτα δῆλα μέν, ἀπίθανα δέ. ὡς γὰρ τῶν Ἀθηναίων ἀμελούντων τῶν ὑπαρχόντων, διὰ τὸ ἀεὶ περιττοτέρων ὀρέγεσθαι, καὶ διὰ τοῦτο μὴ ἀναπεισομένων τῷ λόγῳ, φησὶν ἡττηθήσεσθαι τῇ γνώμῃ. — Σώζειν παραινοίην] ὑμᾶς δηλονότι. — Κατασχεῖν] κτήσασθαι. — Διδάξω] γράφεται δηλώσω.

X. Καὶ οἴεσθε ἴσως τὰς γενομένας ...] καὶ ἴσως μὲν οἴεσθε τὰς σπονδὰς εἶναι βεβαίους, καὶ δι' αὐτὰς μηδένα ἐνταῦθα ὑπολειφθήσεσθαι πολέμιον. οὐκ ἔστι δέ· αἵτινες σπονδαί, μενόντων μὲν ὑμῶν κατὰ χώραν, ἔσονται μέχρις ὀνόματος, τουτέστιν οὐ βέβαιοι, ἐπειδὴ καὶ οἱ ἡμέτεροι ἄνδρες εἰργάσαντο μὴ βεβαίους αὐτὰς εἶναι. οὐ τοῦτο δὲ λέγει ὅτι, συνθέμενοι περὶ τῶν σπονδῶν, οὕτως ἐσπείσαντο, ὥστε μὴ βεβαίως αὐτὰς τυγχάνειν· (ἐπεὶ δόξειεν ἂν καὶ ἑαυτὸν διαβάλλειν· αὐτὸς γὰρ ἦν ὁ πράξας τὰς σπονδάς·) ἀλλ' ἀποτείνεται πρὸς Ἀλκιβιάδην τε καὶ Κλεόβουλον καὶ * Ξενάρην. οὗτοι γὰρ ἠναντιοῦντο ταῖς σπονδαῖς, καὶ οὕτως ἔπραττον, ὥστε μὴ μένειν αὐτάς. τὸ δὲ «ἐκ τῶν ἐναντίων σφαλέντων» ἀντὶ τοῦ, μεγάλως πταισάντων καὶ μεγάλῃ δυνάμει σφαλέντων ἡμῶν, ταχέως οἱ ἐναντίοι ἐπιχειρήσουσι. — 2. Διὰ ξυμφορῶν ...] διὰ συμφορῶν ἢ σύμβασις ἐγένετο τοῖς Λακεδαιμονίοις πρὸς τοὺς Ἀθηναίους διὰ τὰ ἐν Σφακτηρίᾳ. — Καὶ ἐκ τοῦ αἰσχίονος ...] τὸ «ἐκ τοῦ αἰσχίονος ἡμῖν κατ' ἀνάγκην ἐγένετο» ὑπερβιβάσαι χρή· καὶ κατ' ἀνάγκην ἐγένετο ἐκ τοῦ αἰσχίονος ἤπερ ἡμῖν. ἐξ ἀνάγκης γὰρ συνέβησαν οἱ Λακεδαιμόνιοι, βουλόμενοι τοὺς ἄνδρας κομίσασθαι, καὶ αἰσχρῶς· αὐτοὶ γὰρ ἐδεήθησαν διὰ τὸ πταῖσαι. τὴν δὲ ὁμολογίαν πω οὐκ ἐδέξαντο Κορίνθιοι, οἳ καὶ ἄντικρυς πολεμοῦσι. δεχημέρους δὲ σπονδὰς οἱ Θηβαῖοι δεξάμενοι ἡσυχάζουσι. — 3. Τὴν ὁμολογίαν ἐδέξαντο] τῶν σπονδῶν δηλονότι. — 4. Τάχα δ' ἂν ἴσως ...] εἰ διῃρημένην εἰς δύο μέρη, φησί, λάβοιεν ἡμῶν τὴν δύναμιν, τῷ μὲν ἐνταῦθα μέρει Πελοποννήσιοι, τῷ δὲ πλέοντι Σικελιῶται ἐπιθήσονται· καὶ οὓς οἱ Πελοποννήσιοι ἐτιμήσαντο ἂν ἀντὶ πολλῶν χρημάτων συμμάχους ἔχειν, τούτους ἡμῖν σπεύδομεν, πλεύσαντες ἐπὶ Σικελίαν, πολεμίους ποιῆσαι. — Καὶ μὴ ... ἀξιοῦν κινδυνεύειν] καὶ μὴ ἀξιοῦν κινδυνεύειν, τῆς πόλεως ἡμῶν οὐκ ἐν τῷ ἀσφαλεῖ ὁρμούσης. μετενήνεκται δὲ τὸ ὄνομα ἀπὸ τῶν πλοίων τῶν μήπω ὡρμισμένων. — Ἐνδοιαστῶς ἀκρ.] οὐ βεβαίως ὑπακούσουσιν. — Ἡμεῖς δ' Ἐγεσταίοις ...] ἡμεῖς δ' Ἐγεσταίοις δῆθεν ἀδικουμένοις, ἢ ὡς δῆθεν ξυμμάχοις οὖσιν.

XI. Κατεργασάμενοι] ταπεινώσαντες. — Τῶν δ' εἰ καὶ κρατήσαιμεν] τῶν Σικελιωτῶν. — Διὰ πολλοῦ] διαστήματος. — Καὶ μὴ καθορθώσας ... ἐπιχ. ἔσται] πρῶτον μὲν γὰρ μὴ ἐπιχειρήσαντες Ἀθηναῖοι Σικελιώταις, οὐκ εἶχον αὐτοὺς πολεμίους· ἐπιχειρήσαντες δέ, καὶ μὴ ἑλόντες, οὐκ ἐν τῷ ὁμοίῳ ἐγίγνοντο, ἀλλὰ πολεμίους αὐτοὺς ἔσχον. — 2. Ὡς γε νῦν ἔχουσι, καὶ ἔτι ἂν ἧσσον δεινοὶ ...] οὔτε νῦν εἰσι δεινοί, καὶ ἔτι ἧττον ἔσονται δεινοί, ἂν ὑπὸ Συρακουσίοις πάντες γένωνται. ἢ ὡς διάκεινται ὑπὸ τοῦ πολέμου. — 3. Ἕκαστοι] τῶν Σικελιωτῶν δηλονότι. — Ἐκείνως δὲ οὐκ εἰκὸς ...] ἤγουν εἰ ἀρχθεῖεν ὑπὸ Συρακουσίων, οὐκ εἰκὸς ἐπὶ τὴν τῶν Ἀθηναίων ἀρχὴν στρατεῦσαι τοὺς Συρακουσίους, Σικελιωτῶν ἄρξαντας. — Ὑπὸ τῶν αὐτῶν] Πελοποννησίων δηλονότι. — Διὰ τοῦ αὐτοῦ] τρόπου. — 4. Δι' ὀλίγου ἀπέλθοιμεν] ταχέως ἀπέλθοιμεν. — Τάχιστ' ἂν ὑπεριδόντες ...] τάχιστα ἂν ἐπίθοιντο μετὰ τῶν ἐνθάδε, ὑπεριδόντες, τουτέστι καταφρονήσαντες ἡμῶν. — Καὶ τὰ πείρᾳ ἥκιστα ...] ὅσα, ἔνδοξα ὄντα, ἐς πεῖραν οὐκ ἔρχεται· τουτέστιν ὅσα ἀκούεται μᾶλλον ἤπερ ὁρᾶται. 5. Ὅπερ νῦν ὑμεῖς ...] τὸ αὐτό, φησίν, ἔπεται τοῖς Συρακουσίοις πρὸς ἡμᾶς, ὅπερ νῦν ὑμῖν ἐγένετο πρὸς Λακεδαιμονίους. φοβούμενοι γὰρ αὐτοὺς ἀεὶ δήποτε, ἐπειδὴ παρὰ τὴν οἴησιν τὸ πρῶτον αὐτῶν ἐκρατήσατε, καταφρονήσαντες ἤδη καὶ Σικελίας ἐφίεσθε. ἐμφαίνει δὲ ὅτι καὶ Συρακούσιοι, καταφρονήσαντες ἡμῶν, τῶν ἐνθάδε ὀρέξονται. — Παρὰ γνώμην] παρ' ἐλπίδα. — 6. Τὰς διανοίας] δηλονότι τῶν πολεμίων. — Μηδὲ Λακεδαιμονίους ...] μὴ νομίζετε Λακεδαιμονίους, φησίν, ἄλλο τι σκοπεῖν, ἢ, διὰ τὸ αἰσχρῶς ἐσπεῖσθαι, σπεύδειν, ὅτῳ τρόπῳ δύναιντο ἔτι νῦν, καθελόντες ἡμᾶς, ἀναμαχέσασθαι τὴν πρόσθεν ἀδοξίαν, ὅσῳ ὑπὲρ πάντα τὰ ἄλλα τὴν ἀπ' ἀρετῆς δόξαν θηρῶνται, καὶ ἐν πλείστῳ χρόνῳ μελετῶσιν αὐτήν. — Ἐπιβουλεύουσαν] ἡμῖν δηλονότι.

XII. Καὶ ταῦτα] ἀπὸ κοινοῦ τὸ μεμνῆσθαι χρή. — Ἐνθάδε εἶναι ἀναλοῦν] ἐνθάδε ἐξεῖναι ἀναλίσκειν τά τε χρήματα καὶ τὰ σώματα. — Οἷς] τοῖς Ἐγεσταίοις. — Τό τε ψεύσασθαι καλῶς] τὸ καλῶς πρόσκειται διὰ τὸ μὴ πεφωρᾶσθαι ψευδόμενον· ἤτοι πιθανῶς. — Χάριν μὴ ἀξίαν εἰδέναι] Ὅμηρος· [Od. Δ, 695]·

Οὐδέ τίς ἐστι χάρις μετόπισθεν.

— 2. Εἴ τέ τις ἄρχειν ἄσμενος ...] ταῦτα διὰ τὸν συστράτηγον Ἀλκιβιάδην. — Ἐς τὸ ἄρχειν] τὸ ἐς τό ἀντὶ τοῦ ἢ ὥστε. — Ἀπὸ τῆς ἱπποτροφίας] ἤγουν ἀπὸ τῶν οἰκείων ἵππων. — Ἐλλαμπρύνεσθαι] ἐναλαζονεύεσθαι. — Βουλεύσασθαί τε] λείπει τὸ περὶ αὐτοῦ τοῦ πράγματος.

XIII. Παρακελευστούς] παρακεκλημένους. — Οἷσπερ νῦν ὅροις χρωμένους ...] Ὅμηρος [Il. A, 156]·

Ἐπεὶ μάλα πολλὰ μεταξὺ
οὔρεά τε σκιόεντα.

XIV. Ταῦτα] τὸ ἑξῆς, ταῦτα ἐπιψήφιζε. — Ἐπιψήφιζε] δευτέρας ψήφους τίθει. — Ἰατρὸς ἂν γενέσθαι] ἡ διάνοια, μὴ εὐλαβοῦ * μεταθεῖναι τὰ ἐψηφισμένα· λύσας γὰρ αὐτὰ μετὰ τοσούτων μαρτύρων αἰτίαν τε οὐχ

ἕξεις, καὶ τῆς πόλεως ἰατρὸς γενήσῃ κακῶς βουλευσαμένης.

XV. 2. Διαβόλως] ἤγουν ἐπὶ διαβολῇ καὶ κατηγορίᾳ. — Καὶ Καρχηδόνα λήψεσθαι] τοὺς Ἀθηναίους. — 4. Τῆς τε κατὰ τὸ ἕ. σῶμα παρανομ. ἐς τὴν δίαιταν] τὸ παρανόμως διαιτᾶσθαι, ἢ τὸ παρανόμως τῷ ἑαυτοῦ σώματι χρῆσθαι κατὰ τὰς διατριβάς. — Ἐπιτρέψαντες] τὰ τοῦ πολέμου. — Οὐ διὰ μικροῦ] μετ' ὀλίγον.

XVI. Καὶ προσήκει] ἀγερωχίας ἡ δημηγορία μεστὴ τοῦ Ἀλκιβιάδου. — Ἐπιβόητός εἰμι] γράφεται, περιβόητός εἰμι. — Τοῖς προγόνοις ... δόξαν φέρει ταῦτα] παρ' ὅσον ἡ οἰκία αὐτῶν ἱπποτρόφος ἐλέγετο. — 2. Καὶ ὑπὲρ δύναμιν μείζω] ἑαυτῆς. — Τῷ ἐμῷ διαπρεπεῖ τῆς Ὀλυμπίαζε θεωρίας] διαπρέψαντος ἐμοῦ ἐν τῇ Ὀλυμπιακῇ θεωρίᾳ. — Ἐνίκησα δὲ, καὶ δεύτερος ...] ἐνίκησα δὲ τά τε πρῶτα, καὶ τὰ δεύτερα, καὶ τὰ τέταρτα. — Νόμῳ μὲν γὰρ τιμὴ τὰ τοιαῦτα] ἤγουν νόμιμός τιμή εἰσι τὰ τοιαῦτα. — 3. Χορηγίαις ἢ ἄλλῳ τῳ] ἑκουσίοις ἑορτασίμοις ἀναλώμασι. — Φθονεῖται] Σοφοκλῆς [Aj. 157]· «Πρὸς γὰρ τὸν ἔχοντα φθόνος ἕρπει.» — Καὶ οὐκ ἄχρηστος ἥδ' ἡ διάνοια] εἰρωνεύεται ὁ Ἀλκιβιάδης, λέγων ὅτι, εἰ καὶ ἀνόητος φαίνομαί τισιν, ἀλλ' οὖν τῇ πόλει οὐκ ἄχρηστός ἐστί μου ἡ ἄνοια, ἀλλὰ καὶ ὠφέλιμος. — Τοῖς ἰδίοις τέλεσι] δαπάναις. — 4. Πρὸς οὐδένα εὐπραγοῦντα. — Οὐ προσαγορευόμεθα] ἀντὶ τοῦ ὑπερορώμεθα τέθεικεν· ἐπεὶ συμβέβηκε τοὺς παρορωμένους ὑπὸ τῶν πέλας οὐ προσαγορεύεσθαι. — *Ἦ τὰ ἴσα νέμων ...] ὥσπερ τῶν δυστυχούντων καταφρονεῖ τις, οὕτω καὶ αὐτὸς ἀνεχέσθω ὑπὸ τῶν εὐτυχούντων ἐν μέρει καταφρονούμενος· ἢ εἰ βούλεται μὴ ὑπεροράσθαι κακοπραγῶν, μηδ' αὐτὸς τῶν ἀτυχούντων καταφρονείτω. — Οἶδα δὲ τοὺς τοιούτους] ἤτοι τοὺς τοιούτους φησὶν ἐν λαμπρότητι. — Καὶ ὅσοι ἔν τινος λαμπρότητι προέσχον] καὶ ὅσοι ἔν τινος πράγματος λαμπρῷ κατορθώματι κρείττους ἐγένοντο. — Ἐν μὲν τῷ κατ' αὐτοὺς βίῳ] ἤγουν καθ' ὃν χρόνον ζῶσι. — Λυπηροὺς ὄντας] λυπηροὺς τοὺς ἐπιφθόνους ἤκουσα· ἐπειδὴ καὶ ὁ φθόνος λύπη κατὰ τὸ γένος ἐστί. — 5. Τοῖς ὁμοίοις] τοῖς λαμπρότητι προέχουσιν. — Καὶ ἄλλοις ξυνόντας] ἀπὸ κοινοῦ * πρὸς τὸ λυπηροὺς ἀκουστέον. — Προσποίησίν τε ξυγγενείας τισίν...] οἱ ἔπειτα ἄνθρωποι τοὺς τοιούτους προγόνους αὐτῶν καὶ συγγενεῖς αὐχοῦσι, κἂν μὴ ὦσι πρὸς γένους. — 6. Ἐπιβοώμενος] ἀντὶ τοῦ καταλαλούμενος, ἢ περιβόητος ὤν. § ἐπιφημιζόμενος κατὰ τὰ ἴδια. — Ξυστήσας] μεθ' ὑμῶν στήσας, καὶ φίλα ὑμῖν ποιήσας. — Ἐς μίαν ἡμέραν κατέστησα] ἀντὶ τοῦ ἐν μιᾷ ἡμέρᾳ ἠνάγκασα. — Καὶ περιγενόμενοι] οἱ Λακεδαιμόνιοι.

XVII. Καὶ ταῦτα ἡ ἐμὴ νεότης. . . . .] καὶ ταῦτα ἐγένετο δι' ἐμὲ τὸν νέον καὶ παρὰ φύσιν ἀνόητον λογιζόμενον, λόγοις τε χρησάμενον πρέπουσι πρὸς Ἀργείους καὶ Μαντινέας, καὶ ἀπειλήσαντα μετ' ὀργῆς αὐτοῖς, εἰ μὴ θέλοιεν προσχωρεῖν ἡμῖν. — Μὴ πεφοβῆσθαι αὐτήν] τὴν * νεότητα, ἢ τὴν ἄνοιαν, ὃ καὶ μᾶλλον. δῆλον δὲ τῷ ἐπιφερομένῳ. τὸ γὰρ «ἀκμάζω μετ' αὐτῆς» τοι-

οὗτος νέος εἰμὶ, φησί, μετὰ τῆς λεγομένης ἀνοίας. — 2. Μὴ μεταγιγνώσκητε ...] μὴ διὰ τοῦτο μεταγνῶτε, ὅτι δοκεῖτε ἐπὶ μεγάλην δύναμιν στρατεύειν. — Αἱ πόλεις] τῆς Σικελίας. — Καὶ ἐπιδοχάς] τὸ ἐγγράφειν ῥᾳδίως ταῖς πολιτείαις ξένους τε καὶ φυγάδας. — 3. Δι' αὐτό] διὰ τὰς μεταβολὰς καὶ ἐπιδοχὰς τῆς πολιτείας. — Νομίμοις κατασκευαῖς] οὐ ταῖς νομιζομέναις, ἀλλὰ ταῖς ἱκαναῖς. οὕτω καὶ νόμιμον ῥήτορα τὸν ἱκανὸν καὶ νόμιμον ἀθλητὴν φαμεν. — Ὅ τι δὲ ἕκαστος ̃.] ὁ νοῦς· τῶν δημαγωγῶν ἕκαστος οὐ τὸ κοινῇ συμφέροντος στοχάζεται, ἀλλὰ οἰκείου λήμματος, εἴτε ἐκ τοῦ λόγῳ πείθειν περιγένοιτο αὐτῷ τὸ λαβεῖν, εἴτε ἐκ τοῦ στασιάζειν. οὐ χαλεπὸν γὰρ νομίζεται τῷ μὴ καθορθώσαντι ἐκπεσεῖν τῆς πατρίδος, καὶ ἄλλην γῆν οἰκῆσαι. ἐμφαίνεται δὲ καὶ ἐντεῦθεν, ὅτι οὐδεὶς ὡς πατρίδος τῆς ἰδίας πόλεως πεφρόντικεν. — 4. Οὔτε λόγου μιᾷ γνώμῃ ἀκροᾶσθαι ...] οὔτε ὁμονοοῦντας ἑνὸς ἀκούειν λόγου, οὔτε ὁμοφρονοῦντας κοινῇ ἐπὶ τὰ ἔργα παραγίνεσθαι. — 5. Ὅσοι ἕκαστοι σφᾶς ... ἦρ.] ὅσοι ἕκαστοι λέγουσι τὸν ἴδιον ἀριθμόν. — 6. Εὐπορώτερα] εὐκαταμηχανώτερα. — 7. Τοὺς αὐτοὺς τούτους] τοὺς Λακεδαιμονίους. — Οὕσπερ νῦν φασὶ πολεμίους] φασὶν οἱ περὶ τὸν Νικίαν. πολεμίους δὲ τοὺς Πελοποννησίους. ταῦτα δὲ πρὸς τὸν Νικίαν, λέγοντα «φημὶ γὰρ ἡμᾶς πολεμίους πολλοὺς ἐνθάδε ὑπολιπόντας.» — Τὴν ἀρχήν] τῶν Ἑλλήνων δηλονότι. — 8. Οὔτε ἀνέλπιστοί πω ...] οὐδὲν μᾶλλον ἀπηλπίκασι Πελοποννήσιοι τοῦ δύνασθαι καταλῦσαι ἡμᾶς.

XVIII. Σκηπτόμενοι] προφασιζόμενοι. — Οὐδὲ ἐκείνοις ἡμῖν] ἐβοήθησαν. — Προσεθέμεθα αὐτοὺς] ξυμμάχους ἐποιησάμεθα αὐτούς. — Κωλύωσιν αὐτούς] οἱ Ἐγεσταῖοι. — 2. Ἡ φιλοκρινοῖεν] ἐξετάζοιεν. — Αὐτῇ] ἤτοι τῇ ἀρχῇ. — Τὸν γὰρ προὔχοντα ...] ταῦτα λέγει, ὅτι ἡμᾶς οὐ μόνον ἐπιόντας ἀμύνονται οἱ πολέμιοι, ἀλλὰ καὶ, ὅπως μὴ ἐπιστρατεύσωμεν αὐτοῖς, προνοοῦνται καὶ προεπιχειροῦσιν. — 3. Ἐν τῷδε] ἤγουν ἐν τῷ ἄρχειν. — Διὰ τὸ ... κίνδυνον εἶναι] διὰ τὸ κινδυνεύειν ἂν ἀρχθῆναι ἡμᾶς ὑφ' ἑτέρων. — Καὶ οὐκ ἐκ τοῦ αὐτοῦ ἐπισκεπτέον ἡμῖν...] καὶ οὐχ ὁμοίως ὥσπερ τοῖς ἄλλοις ἡσυχίαν ἡμῖν ἐπιτηδευτέον, (τὸ γὰρ ἐπισκεπτέον ἀντὶ τοῦ ἐπιτηδευτέον τέθεικεν,) εἰ μὴ καὶ κατὰ τὰ ἐπιτηδεύματα τοῖς ἄλλοις, φησίν, ἐξομοιωθήσεσθε. — 4. Τάδε] τὰ ἐνταῦθα πράγματα. — Στορέσωμεν τὸ φρόνημα] τῶν παρὰ Θουκυδίδῃ τροπικῶν ὀνομάτων τὸ σκληρότατον τοῦτό ἐστιν· ἀλλὰ κατὰ Ἀλκιβιάδην φησίν. — Ἐν ᾧ] τῷ κακῶσαι Συρακουσίους. — 5. Τὸ δὲ ἀσφαλές] ἀσφαλειαν δὲ καὶ μετὰ ἀσφαλείας. — Αὐτοκράτορες γὰρ ἐσόμεθα κ. ξ. Σ.] οὐκ ἐπὶ τοῦ αὐτεξούσιοι τέθεικε τὸ αὐτοκράτορες· ἐπεὶ πῶς συνάψει τις αὐτῷ τὸ «καὶ ξυμπάντων Σικελιωτῶν;» § ἀνθισταμένων ἐκ περιουσίας κρατήσομεν. ἔνιοι δὲ αὐτοκράτορες ἀντὶ τοῦ μόνοι φασί. — 6. Διάστασις] ἤτοι ἀντίστασις. — Πάνυ ἀκριβές] ἄκρον. — Μάλιστ' ἂν ἰσχύειν] ἀπὸ κοινοῦ τὸ νομίσατε. — Τρίψεσθαι...] δαπανηθή-

σεσθαι ὑφ' ἑαυτῆς καὶ φθαρήσεσθαι, ὥςπερ φθείρεσθαι πέφυκε καὶ τῶν σωμάτων τὰ πολλὰ ὑπὸ τῆς ἀργίας. — Ὥσπερ καὶ ἄλλο τι] ἀργὸν κείμενον δηλονότι. — Πάντων τὴν ἐπιστήμην] ἤτοι πάντων τῶν πολιτῶν τὴν ἐπιστήμην ἐκλυθήσεσθαι, ἢ πάντων τῶν ἐπιτηδευμάτων. — Καὶ τὸ ἀμύνεσθαι...] καὶ τὸ δύνασθαι ἀμύνασθαι τοὺς πολεμίους οὐ λόγων κομπάσει, ἀλλ' ἔργων ἕξειν μελέτῃ. — 7. Ἥκιστα διαφόρως πολιτεύωσι] ἥκιστα μεταθῶσι τὴν πολιτείαν, φησίν.

XIX. Ἐκείνου] τοῦ Ἀλκιβιάδου. — 2. Ἀπὸ μὲν τῶν αὐτῶν λόγων] ἀντὶ τοῦ τοῖς αὐτοῖς χρώμενος λόγοις.

XX. Ξυνενέγκοι] συντελῇ ἂν εἴη. — 2. Ἐπὶ γὰρ πόλεις...] καθ' ὑπερβατόν. ἐπὶ γὰρ πόλεις, ὡς ἐγὼ ἀκοῇ αἰσθάνομαι, μέλλομεν ἰέναι μεγάλας, τό τε πλῆθος, ὡς ἐν μιᾷ νήσῳ, πολλὰς τὰς Ἑλληνίδας. — Ὡς ἐγὼ ἀκοῇ αἰσθάνομαι] ἀκριβῆ κατάληψιν ἔχω ἀπὸ φήμης. — Μεγάλας] ἤγουν ἰσχυράς. — Ὑπηκόους ἀλλήλων] ἤγουν δεδουλωμένας ἀλλήλαις. — Οὔτε δεομένας μεταβολῆς] αἱ ἐν Σικελίᾳ πόλεις οὐ δέονται μεταβολῆς, ὥσπερ αἱ πρὸς βίαν δουλεύουσαι. — 3. Ἄλλαι εἰσὶν ἑπτά...] Συράκουσαι, Σελινοῦς, Γέλα, Ἀκράγας, Μεσσήνη, Ἱμέρα, Καμάρινα. ταύτας φησὶ τὰς ἑπτὰ ἀντιμάχους πόλεις τοῖς Ἀθηναίοις εἶναι. — Τοῖς πᾶσιν] πράγμασι δηλονότι. — 4. Ἐν τοῖς ἱεροῖς] ἤγουν τὰ κοινά. ἔθος γὰρ τοῖς παλαιοῖς τὰ κοινὰ χρήματα ἐν τοῖς ἱεροῖς ταμιεύειν. — Καὶ ἀπὸ βαρβάρων τινῶν ἀπαρχὴ] ἤγουν ἔχουσι φόρον καὶ ἄρχοντες βαρβάρων τινῶν. — Ὧ] ἤγουν ἐν ᾧ. — Οἰκείῳ] ἤγουν ἐκ τῆς οἰκείας γῆς. — Ἐπακτῷ] ξένῳ.

XXI. Πρὸς οὖν τοιαύτην δύναμιν] τῶν Σικελῶν. — Φαύλου] σμικρᾶς. φαῦλον τὸ ἁπλοῦν καὶ μονοειδές. — Πεζὸν πολὺν] χρήσιμον εἰς τὴν ἤπειρον στρατὸν δηλονότι. — Τῆς διανοίας] τοῦ ἡμετέρου σκοποῦ. — Ὑπὸ ἱππέων πολλῶν] τῶν Σικελῶν δηλονότι. — Εἴργεσθαι τῆς γῆς] τῆς Σικελικῆς. — Ξυστῶσιν αἱ πόλεις] συνέλθωσιν αἱ πόλεις εἰς κοινὴν βοήθειαν. — Φοβηθεῖσαι] ἡμᾶς δηλονότι. — Καὶ μὴ ἀντιπαράσχωσιν...] ἐὰν μὴ παράσχωσί τινες ἡμῖν ἱππικὸν φίλοι γενόμενοι, ἔξωθεν Ἐγεσταίων. — 2. Αἰσχρὸν δὲ βιασθέντας ἀπελθεῖν] ἐκκρουσθέντας δηλονότι ἡμᾶς τῆς Σικελίας ἀπελθεῖν. — Αὐτόθεν] ἤγουν ἐκ τοῦ ἡμετέρου τόπου. — Ἀξιόχρεῳ] ἀσφαλεῖ. — Ἀπὸ τῆς ἡμετέρας αὐτῶν] ἤγουν ἡμῶν αὐτῶν. — Αἱ κομιδαὶ] αἱ πορίσεις. οὐχ ὁμοίως εἰ μέλλετε στρατεύεσθαι ἐπὶ Σικελίαν, ᾗπερ ἐνταῦθα τοῖς ὑπηκόοις συμμαχοῦντες στρατεύεσθε ἐπί τινας οὐ πολὺ ἀπέχοντας, ὥστε ῥᾳδίαν εἶναι τὴν τῶν ἀναγκαίων παρακομιδὴν ἐκ τῆς οἰκείας γῆς. — Ἀπαρτήσαντες] ἀντὶ τοῦ ἀπαρτηθέντες, ἀπελθόντες, καὶ πολὺ τῆς οἰκείας χωρισθέντες.

XXII. Ἀντέχωσιν] ἀντιμάχωνται. — Ἀπολαμβανώμεθα] κρατηθῶμεν. — Τὰ ἐπιτήδεια] ἤγουν ἐφόδια. § ἤγουν βρώσιμα καὶ πόσιμα. — Πολλὴ γὰρ οὖσα] ἀντίπτωσις, ἀντὶ τοῦ πολλῆς γὰρ οὔσης. — Μὴ ἐπ' ἑτέροις γίνεσθαι] ἀντὶ τοῦ μὴ ἐν ἄλλοις ἔχειν τὰς ἐλπίδας.

— Αὐτόθεν] ἤγουν ἐκ τοῦ ἡμετέρου τόπου. — Λόγῳ] λόγῳ, φησίν, ἕτοιμα εἶναι, ταῖς δ' ἀληθείαις οὐκ εἶναι.

XXIII. Ἐνθένδε] ἤγουν ἀπὸ τῶν * Ἀθηνῶν. — Πλήν γε πρὸς τὸ μάχιμον...] πρὸς μὲν τὸ μάχιμον αὐτῶν καὶ τὸ ὁπλιτικὸν οὐδ' ὅλως δυνάμεθα ἀντιτάξασθαι· πρὸς δὲ τὰ ἄλλα μὴ μόνον ἐξ ἴσου ἐκείνοις, ἀλλὰ καὶ μειζόνως παρασκευασώμεθα. ἄλλως γὰρ οὐ δυνησόμεθα τὰ μὲν οἰκεῖα διασῶσαι, τῶν δὲ ἐκεῖ πραγμάτων κρατῆσαι. — Τῶν μέν] ἤγουν τῶν πολεμίων. — 2. Οὕς] ἤγουν τοὺς καθ' ἡμᾶς πλέοντας. — 3. Ὅτι ἐλάχιστα τῇ τύχῃ παραδοὺς] τύχην τὴν ἐλπίδα λέγει. βούλομαι γάρ, φησίν, οὐκ ἐλπίσιν, ἀλλὰ παρασκευῇ, θαρρεῖν.

XXIV. Εἰ ἀναγκάζοιτο στρατεύεσθαι] ὑπὸ τῶν Ἀθηναίων δηλονότι ὁ Νικίας. — 2. Τὸ μὲν ἐπιθυμοῦν] ἤγουν τὴν ἐπιθυμίαν. — Ἐξῃρέθησαν] ἐξέβαλον. — Ὑπὸ τοῦ ὀχλώδους τῆς παρασκευῆς] ὀχλῶδες μὲν ἤτοι τὸ περισκελὲς καὶ ὀχληρόν, ἢ τὸ πολύ. λέγει δὲ ὅτι τῆς τοῦ πλεῖν ἐπιθυμίας οὐκ ἔπαυσεν αὐτοὺς τὸ ὀχληρὸν τῆς παρασκευῆς. — Ὀχλώδους] χαλεπότητος. — Αὐτῷ] τῷ Νικίᾳ. — Τοὐναντίον περιέστη αὐτῷ] ἀντὶ τοῦ οἱ ἐναντίοι παρεγίνοντο αὐτῷ συγκαταίροντες. — 3. Ἔρως ἐνέπεσε τοῖς πᾶσιν...] Ὅμηρος [Π. B, 453]·

Τοῖσι δ' ἄφαρ πόλεμος γλυκίων γένετο.

— Τοῖς δ' ἐν τῇ ἡλικίᾳ] ἀπὸ κοινοῦ τὸ ἔρως ἐνέπεσεν ἐκπλεῦσαι. — Ἀπούσης...] γῆς. — Πόθῳ ὄψεως καὶ θεωρίας] τὸ θεωρίας ἀντὶ τοῦ ἱστορίας κεῖται, ἵνα ᾖ, ποθοῦντες τὴν ἀλλοδαπὴν καὶ ἰδεῖν καὶ ἱστορῆσαι. — Καὶ στρατιώτης] ἤγουν τὸ στρατιωτικὸν πλῆθος. — Ἀργύριον οἴσειν] ἀντὶ τοῦ ἀποίσεσθαι καὶ λήψεσθαι.

XXV. Καὶ παρακαλέσας] ἀντὶ τοῦ * ἐπικελευσάμενος αὐτῷ. — 2. Ἄκων μέν] περιττὸς ὁ μὲν σύνδεσμος. — Μέντοι] ὁ μέντοι ἀντὶ τοῦ δέ κεῖται. — Λόγον] ἀριθμόν.

XXVI. 2. Ἄρτι] ἤγουν τότε ἤδη. — Ἀπὸ τῆς νόσου] ἤγουν τῆς λοιμώδους. — Ἐπιγεγενημένης] αὐξηθείσης. — Διὰ τὴν ἐκεχειρίαν] ἤτοι τὴν ἄνεσιν τοῦ πολέμου.

XXVII. Ἐν δὲ τούτῳ] τῷ καιρῷ δηλονότι. — Ὅσοι Ἑρμαῖ ἦσαν] περὶ τῶν Ἑρμῶν. ἐπειδὴ φασι τὸν Ἑρμῆν λόγου καὶ ἀληθείας ἔφορον εἶναι, διὰ τοῦτο καὶ τὰς εἰκόνας αὐτοῦ τετραγώνους καὶ κυβοειδεῖς κατεσκεύαζον, αἰνιττόμενοι ὅτι τὸ τοιοῦτον σχῆμα, ἐφ' ἃ μέρη πέσῃ, πανταχόθεν βάσιμον καὶ ὅρθιόν ἐστιν. οὕτω καὶ ὁ λόγος καὶ ἡ ἀλήθεια ὁμοία ἐστὶ πανταχόθεν αὐτὴ ἑαυτῇ, τὸ ψεῦδος δὲ πολύχουν καὶ πολυσχιδὲς καὶ ἑαυτῷ μάλιστα ἀσύμφωνον. — Κατὰ τὸ ἐπιχώριον] δηλονότι ἔθος. — Περιεκόπησαν τὰ πρόσωπα] ἰστέον ὅτι Παυσανίας ἐν τῇ διαπεπονημένῃ αὐτῷ τῶν Ἀττικῶν ὀνομάτων συναγωγῇ τοὺς τραχήλους καὶ τὰ αἰδοῖα τοὺς Ἑρμᾶς περικοπῆναί φησι, καὶ τοὺς τοῦτο δράσαντας Ἑρμοκοπίδας καλεῖσθαι. — 2. Μεγάλοις μηνύτροις] μεγάλοις δώροις ἐπὶ μηνύσει. — Οὗτοι] οἱ ποιήσαντες. — Καὶ προσέτι] ἐπὶ τῷ ζητεῖν. — Ἀσέβημα] ἤγουν

ὕβριν εἰς τοὺς θεούς. — 3. Μειζόνως ἐλάμβανον] ἀντὶ τοῦ ὑπόθεσιν ἐξήταζον, ἐμεγάλυνον.

XXVIII. Καὶ ἀκολούθων] ἤγουν δούλων. — 2. Ὠνῇ] ἤτοι τῶν ποιουμένων, ἢ τῶν πεποιηκότων νέων. — 5. Ὑπολαμβάνοντες] ἤγουν λαμβάνοντες ἐν τῷ νῷ, καὶ προσδεχόμενοι αὐτά, ὥστε πιστεύειν. — Ἐμεγάλυνον] ἤγουν εἰς μέγεθος ἦρον τὸ ἔγκλημα. — Ἐπιλέγοντες τεκμήρια] ἤγουν ἐπιβοῶντες ἐκείνῳ. — Οὐ δημοτικήν] ἤγουν τὴν ἔξω τοῦ ἔθους τῆς δημοκρατίας.

XXIX. Τῆς παρασκευῆς] τῆς πολεμικῆς ὁπλίσεως. — Ἐπεπόριστο] ἐτετέλεστο ἐκ τοῦ πορισμοῦ. — Εἰ δ' ἀπολυθείη] τῶν ἐγκλημάτων δηλονότι. — 2. Καὶ ἐπεμαρτύρετο] καὶ διεμαρτύρετο. — Ἀποδέχεσθαι] ἤγουν δέχεσθαι ὡς βεβαίας. — 3. Δεδιότες..] φοβούμενοι τὸ στράτευμα ὡς οὐκ εὔνουν αὐτοῖς. γράφεται δὲ ἔν τισι, μὴ εὔνουν ἔχῃ· καὶ ἀκουστέον, μὴ ἄρα εὔνουν ᾖ τὸ στράτευμα τῷ Ἀλκιβιάδῃ. — Ἀπέτρεπον] τὴν δίκην. — Ἀπέσπευδον] ἤγουν ἀπερρίπτουν μετὰ σπουδῆς. — Ἐκ μείζονος διαβολῆς...] βουλόμενοι μεγάλως αὐτὸν διαβαλεῖν, ἔμελλον αὐξήσειν τὴν διαβολὴν ἀπόντος αὐτοῦ. ἐμηχανῶντο δὲ μεταπεμφθέντα αὐτὸν| εἰς ἀπολογίαν καταστῆσαι.

XXX. Μεσοῦντος ἤδη] τὸ μεσοῦντος τρίτης ἐστὶ συζυγίας. Εὐριπίδης ἐν Μηδείᾳ [60]·

Ζηλῶ σ'· ἐν ἀρχῇ πῆμα, κοὐδέπω μεσοῖ.

— Τοῖς πλοίοις] τοῖς μικροῖς, ἃ δὴ καὶ λεπτὰ ἄλλοθι εἶπεν. — Ἐκεῖθεν] ἤγουν ἐκ τῆς Κερκύρας. — Διαβαλοῦσι] διαπλεύσουσι, διαπεραιωσομένοις. — Ἀναξόμενοι] ἤγουν μέλλοντες ἀναπλεύσειν. — 2. Ὅμιλος ἅπας] ὁ μὴ ἐκστρατεύσιμος. — Τὰ μέν] τὰ κατὰ τὴν Σικελίαν. — Ἀλλήλους ἀπολιπεῖν] οἵ τε ἀπιόντες δηλονότι τοὺς μένοντας καὶ οἱ μένοντες ἐκείνους. — Ἀξιόχρεων] ἤγουν μεγάλην. — Ἄπιστον διάνοιαν] μεῖζόν τι τῆς ὑπολήψεως.

XXXI. 2. Τετράκις γὰρ χίλιοι] οἱ μετὰ Περικλέους, ἢ οἱ μετὰ Ἅγνωνος. — 3. Ἐξαρτυθείς] παρασκευασθείς· ἑτοιμασθείς. — Ἐκπονηθέν] ἤγουν ἀπαρτισθέν, μετὰ πορισμοῦ συσταθέν. § κτισθέν. — Ἐπιφοράς τε πρὸς τῷ...] ἔξωθεν τοῦ δημοσίου μισθοῦ ἐκ τῶν ἰδίων ἐπιδόσεις παρεῖχον· τοῦτο γάρ ἐστιν αἱ ἐπιφοραί. οἱ δὲ θρανῖται, μετὰ μακροτέρων κωπῶν ἐρέττοντες, πλείονα κόπον ἔχουσι τῶν ἄλλων· διὰ τοῦτο τούτοις μόνοις ἐπιδόσεις ἐποιοῦντο οἱ τριήραρχαι, οὐχὶ δὲ πᾶσι τοῖς ἐρέταις. — Σημείοις] ἤτοι κυρίως σημείοις λέγει, καθάπερ καὶ τὰ στρατεύματα, ἢ, ὡς ἔνιοι, σημεῖα τὰς ἔξωθεν καταγραφὰς τῶν τριήρων. — Ἐς τὰ μακρότατα] ἤτοι ἐπὶ πλεῖστον. πολυχρόνια δή. — Καταλόγοις τε χρ. ἐκκρ.] καταλόγοις ἀκριβέσι δοκιμασθὲν καὶ προκριθέν. — Χρηστοῖς] ἀληθέσι, βεβασανισμένοις. — Τῶν περὶ τὸ σῶμα σκευῶν] οἱ μὲν ὁπλῖται ὅπλα εἶχον, οἱ δὲ ἐρέται καὶ τέκτονες καὶ λιθουργοὶ τὰ ἐπιτήδεια ὄργανα. — 4. Προσετάχθη] ἄρχοι. — Εἰκασθῆναι] εἰκασμὸν δοῦναι. — Καὶ ἐξουσίας] τὴν περιουσίαν ἐξουσίαν φησίν. — 5. Προσετετελέκει] προσανήλωσε. — Μεταβολῇ] ὠνήσεως δή. — 6. Τόλμης τε θάμβει ...] ἔκπληξίν τε παρασχὼν διὰ τὴν τόλμαν πλέον ἤπερ τῷ κατὰ πλῆθος ὑπερέχειν τῶν ἐναντίων. — Μέγιστος ἤδη διάπλους] οὐ χρόνου, ἀλλὰ τόπου. — Ἐπὶ μεγίστῃ ἐλπίδι] μείζονα ἐλπίσαντες δηλονότι τῆς ὑπαρχούσης δυνάμεως.

XXXII. Ἐξέκειτο] ἐνεβλήθησαν. * ἐπετέθειτο ταῖς ναυσί. — Τῇ μὲν σάλπιγγι] διὰ τῆς σάλπιγγος. — Παρ' ἅπαν τὸ στράτευμα] ἤγουν διὰ παντὸς τοῦ στρατεύματος.

XXXIII. Περὶ τοῦ ἐπίπλου τῆς ἀληθείας λέγειν] ἤτοι περὶ τοῦ ἀληθῶς αὐτοὺς ἐπιπλεῖν. — Ἢ λέγοντες ἢ ἀπαγγέλλοντες] ἤγουν, ἢ ἀφ' ἑαυτῶν λέγοντες καὶ λογοποιοῦντες, ἢ ἀπαγγέλλοντες, ἐξ ἑτέρων ἀκούσαντες * πλασάντων. — Ὅμως δὲ οὐ καταφοβηθείς... πόλ.] ἤγουν, ὅμως οὐ καθέξω ἐμαυτὸν ἤδη κινδύνου ἐπερχομένου τῇ πόλει, καταφοβηθεὶς τὸ δόξαι ἄπιστα φθέγγεσθαι καὶ ἐκ τούτου ἄφρονα ὑπειλῆφθαι. — Οὐ καταφοβηθείς...] οὐ φοβηθήσομαι διὰ τὸ ἄφρων νομισθήσεσθαι, καὶ διὰ τοῦτο σιωπήσω. — Ἐπισχήσω] ἐμαυτὸν δηλονότι. — Σαφέστερόν τι ἑτέρου εἰδώς] ἀκριβέστερον τῶν ἄλλων ἐπιστάμενος, ἀληθέστερον. — 3. Ἀπὸ τῶν ὑπαρχόντων] δυνατῶν. — Κάλλιστα] ἤγουν ἀνδρικώτατα καὶ φρονιμώτατα. — Ἄφρακτοι] ἤγουν ἄοπλοι. — 4. Πιστά] τὰ τῆς ἐφόδου τῶν Ἀθηναίων. — Κατεργασώμεθα] ταπεινώσωμεν, νικήσωμεν. — Οὐ γὰρ δή, μὴ τύχωσί γε, ὧν προσδέχονται, φοβοῦμαι] οὐ γὰρ φοβοῦμαι, φησί, μὴ ἐπιτύχωσι τοῦ ἑλεῖν ἡμᾶς. — 5. Ὀλίγοι γὰρ δὴ στόλοι] ἀντὶ τοῦ οὐδ' ὀλίγοι. — Κατώρθωσαν] ἤγουν ἠρίστευσαν. — Τῶν ἐνοικούντων] ἤτοι τῶν ἐνοικούντων ταῖς Συρακούσαις, ἵνα ἀστυγείτονας τοὺς ἄλλους ἀκούσωμεν Σικελιώτας· ἢ τοὺς μὲν ἐνοικοῦντας δεκτέον τοὺς Σικελιώτας, ἀστυγείτονας δὲ Καρχηδονίους τε καὶ Ἰταλιώτας. — Πάντα γὰρ δὴ ὑπὸ δέους ξυνίστ.] ὁ γὰρ φόβος ὁμοφρονεῖν ἀναγκάζει καὶ τοὺς στασιάζοντας. — Ἤν τε δι' ἀπορίαν...] ἂν ἄρα, φησί, δι' ἀπορίαν τῶν ἐπιτηδείων περὶ αὑτοὺς σφαλῶσι, δόξαν ἡμῖν προσθήσουσιν ὡς ὑφ' ἡμῶν νενικημένοι. — Τῶν ἐπιτηδείων] τῶν τροφίμων. — 6. Ὅπερ καὶ Ἀθηναῖοι...] τρία πραγματεύεται διὰ τούτων· ἓν μέν, ἐν ἐλπίδι ποιῆσαι τοὺς Συρακουσίους τῆς νίκης, ὡς σφαλησομένων τῶν Ἀθηναίων περὶ αὐτούς, ὅνπερ τρόπον ἐσφάλησαν οἱ Μῆδοι στρατεύσαντες ἐπὶ τὴν Ἑλλάδα· ἕτερον δέ, τὸ μόνους Συρακουσίους, ἂν κατορθώσωσι, δοκεῖν νενικηκέναι τοὺς Ἀθηναίους, ἐπειδή γε ἐπὶ Συρακουσίους ἐκεῖνοι προηγουμένως στρατεύονται· (καὶ γὰρ τὸν Μῆδον, ὑπὸ πάντων νενικημένον τῶν Ἑλλήνων, ὑπὸ μόνων τῶν Ἀθηναίων ἡττῆσθαι νενομίσθαι διὰ τοῦτο, ὅτι ἐπ' Ἀθήνας λόγος ἦν στρατεύειν αὐτόν·) τρίτον δέ, ἀπαλλάξαι τοῦ φόβου τοὺς Συρακουσίους· ἐπεὶ γὰρ καταπεπλήγασιν ἀκοῇ τοὺς Ἀθηναίους νενικηκότας τὸν Μῆδον, παραδείκνυσιν αὐτοῖς ὅτι ὁ Μῆδος, αὐτὸς περὶ ἑαυτῷ πταίσας τὰ πλείω, τὴν δόξαν τῆς

νίκης ἐκείνοις προσέθηκεν. — Παρὰ λόγον] παρὰ δόξαν.
XXXIV. Τά τε αὐτοῦ] ἤγουν τὰ ἐν τῷδε τῷ τόπῳ.
— Βεβαιωσώμεθα] βεβαίους φίλους ποιήσωμεν. — Καὶ ξυμμαχίαν πειρώμεθα ποιεῖσθαι] ἐχθροῖς οὖσι δηλονότι. — Ἔς τε τὴν ἄλλην Σικελίαν] οὐχὶ πᾶσαν, ἀλλὰ τὴν ὑπὸ Ἑλλήνων οἰκουμένην. προεῖπε γὰρ περὶ τῶν βαρβάρων. — 2. Οὐ γὰρ ἀνέλπιστον αὐτοῖς] ἄφοβον. τὸ κακὸν δηλονότι· προσδοκῶσι γάρ. — Διὰ φόβου εἰσί] φοβοῦνται Καρχηδόνιοι μὴ αὐτοῖς ἐπέλθωσιν Ἀθηναῖοι. — Τάδε] τὰ καθ' ἡμᾶς. — Ἐν πόνῳ] ἐν ταλαιπωρίᾳ. — Κρύφα] κρύφα μὲν χρήματα ἡμῖν λάθρα τῶν Ἀθηναίων πέμψαντες. ἐν δὲ τῷ ἢ ἐξ ἑνός γε τρόπου περιττὸς ὁ ἢ σύνδεσμος· παρὰ γὰρ τὸ ἢ κρύφα ἢ φανερῶς ἀμύναι τρίτον οὐδέν ἐστιν. — Ὅθεν δ' τε πόλεμος...] καὶ ἐν πολέμῳ δύναμιν ἔχει μεγίστην καὶ ἐν πᾶσι τοῖς ἄλλοις πράγμασι τὰ χρήματα. — Καὶ τἄλλα] τὰ κατὰ τοὺς ἀνθρώπους. — 4. Διὰ τὸ ξύνηθες ἥσυχον] διὰ τὸ σύνηθες ἡμῖν εἶναι τὸ ἡσυχάζειν. — Καὶ ἐς λογισμὸν καταστήσαιμεν] καὶ ποιήσαιμεν αὐτοὺς ἐν φροντίδι καὶ διαλογισμῷ γενέσθαι. — Χώρας φύλακες] λείπει τῆς Σικελίας. — Εὐεπίθετος εἴη...] εὐεπιχείρητος ἡμῖν ἔσται ἡ δύναμις αὐτῶν, βραδέως τε πλέουσα διὰ τὸν ἐν τῷ πελάγει κάματον, καὶ οὐκ ἀθρόα. — Εὐεπίθετος] ἡ παρασκευή. — 5. Κουφίσαντες] ἤτοι κοῦφοι ὄντες, ἢ καταλιπόντες ὀπίσω τὴν πᾶσαν παρασκευήν. — Εἰ δὲ μὴ προσδοκοίη] προσβαλεῖν δηλονότι. — Περαιωθέντες] εἰς τὸν Τάραντα δηλονότι. — Ἀπορεῖν ἄν] εἰς ἀπορίαν καταστήσονται τῶν ἐπιτηδείων. — Παραπλεῖν] τὸν Τάραντα δηλονότι. — Καὶ τὰ τῶν πόλεων...] καί, οὐκ εἰδότες βεβαίως, εἰ αἱ πόλεις ὑποδέξονται αὐτούς, ἀθυμοῖεν ἄν. — 6. Ἐξωσθῆναι ἄν...] ἐκπεσεῖσθαι τὸν καιρὸν τοῦ πλοῦ εἰς χειμῶνας. — Τοῦ ἐμπειροτάτου τῶν στρατηγῶν] τὸν Νικίαν λέγει. — Ἀξιόχρεων] ἀξιόμαχον, βέβαιον, πιστὸν εἰς ἀξιομαχίαν. — 7. Τῶν δ' ἀνθρώπων πρὸς τὰ λεγόμενα...] Ὅμηρος [Od. Σ, 136]·

Τοῖος γὰρ νόος ἐστὶν ἐπιχθονίων ἀνθρώπων,
οἷον ἐπ' ἦμαρ ἄγῃσι.

— Ἰσοκινδύνους ἡγούμενοι] ἤτοι ἐν ὁμοίῳ κινδύνῳ καταστήσοντας αὐτούς, ἢ ἰσοπαλεῖς. — 8. Δικαίως] τὸ δικαίως δύναται μὲν καὶ πρὸς τὸ ἐπέρχονται λαμβάνεσθαι, δικαίως ἐπέρχονται· δύναται δὲ καὶ πρὸς τὸ κατεγνωκότες, δικαίως κατεγνωκότες. — Παρὰ γνώμην τολμήσαντας] παρὰ τὴν δόξαν αὐτῶν θαρρήσαντας. — Τῷ ἀδοκ. μᾶλλον ἄν...] μᾶλλον ἂν καταπλαγεῖεν τῷ ἀπροσδοκήτους ἡμᾶς αὐτοῖς ἀντιτάξασθαι, ἤπερ τῇ δυνάμει ἡμῶν. — 9. Ταῦτα] τὸ ἀντεξορμῆσαι ἐπὶ τοὺς Ἀθηναίους. — Καὶ παραστῆναι παντὶ] δόξαν εἶναι παντὶ ἀνθρώπῳ. — Τὸ μὲν καταφρονεῖν τοὺς ἐπιόντας...] δεῖ τοὺς καταφρονοῦντας τῶν ἐπιόντων ἐν αὐτῷ τῷ πολέμῳ καὶ τῇ κατ' αὐτὸν ἀνδρείᾳ φαίνεσθαι καταφρονοῦντας τῶν ἐναντίων. ἔργον γὰρ κἀνταῦθα καὶ πολλαχοῦ τὸν πόλεμον λέγει. — Τὸ δ' ἤδη...] τὸ δέ, ὡς

φοβουμένους κίνδυνον, ἀσφαλέστατα παρασκευάζεσθαι χρησιμώτατον.
XXXV. Λέγει] Ἑρμοκράτης. — Ὅ τι οὐκ ἂν μεῖζον ἀντιπάθοιεν] μείζονα ἀντιπαθεῖν τοὺς Ἀθηναίους ἢ δρᾶσαι. — 2. Πιθανώτατας τοῖς πολλοῖς] δυνάμενος πείθειν τοὺς πολλούς.
XXXVI. Κακῶς φρονῆσαι] μωροὺς εἶναι. — Τῆς δὲ ἀξυνεσίας] ἕνεκα θαυμάζω δηλονότι. — 2. Ἐς ἔκπληξιν καθιστάναι] ἤγουν, εἰς φόβον ἐμβαλεῖν. — Ἐπηλυγάζωνται] τὸ ἐπιλυγάζωνται, ἐπικρύπτωνται, ὅπως, φησί, κοινῇ φοβήσαντες ἅπαντας, τὸν ἴδιον φόβον ἀποκρύψωνται. — Ἀπὸ ταὐτομάτου] ἐξ ἀλόγου συμπτώματος. — Ξύγκεινται] ἀπὸ κοινοῦ τὸ ἀγγελίαι. — 3. Ἀλλ' ἐξ ὧν ἂν ἄνθρωποι] τὸ ἑξῆς, ἀλλ' ἐξ ὧν ἂν δράσειαθ' ἄνθρωποι δεινοί. — Δεινοί] ἀντὶ τοῦ συνετοί, φρόνιμοι. — Ἀξιῶ] ἀξίους ἡγοῦμαι εἶναι. — 4. Καταλελυμένους] ἀντὶ τοῦ καταλελυκότας.
XXXVII. Διαπολεμῆσαι] διενεγκεῖν τὸν πόλεμον. § δηλονότι περιγενέσθαι διὰ πόλεμου. — Ἄμεινον τῆς Πελοποννήσου δηλονότι. — Αὐτόθεν] ἐκ τῆς Σικελίας. — 2. Ὥστε, παρὰ τοσοῦτον γιγνώσκω...] τὸ μὲν « παρὰ τοσοῦτον γιγνώσκω » παρὰ τοσοῦτον διαφέρομαι τοῖς τὰ ἕτερα διαγγέλλουσι· τὸ δὲ « ὥστε » ὑπερβιβάσαι χρή, ἵνα μὴ σολοικοφανὲς ᾖ τὸ σχῆμα, καὶ οὕτω συντάξαι· παρὰ τοσοῦτον γιγνώσκω, ὥστε μόγις· ἄν μοι δοκοῦσιν οὐκ ἂν παντάπασι διαφθαρῆναι οἱ Ἀθηναῖοι. — Ἤπού γε δὴ ἐν πάσῃ πολεμίᾳ Σικελίᾳ γε] μήτοι γε ἐν Σικελίᾳ πάσῃ πολεμίᾳ καθεστώσῃ. — Στρατοπέδῳ τε] λείπει χρώμενοι. — Καὶ ἀναγκαίας παρασκευῆς] οὐ τῆς ἐκ περιουσίας, ἀλλὰ τῆς οὐδὲ αὐτάρκους. — Ὑπὸ τῶν ἡμ. ἱππ.] εἰργόμενοι τῆς γῆς ὑπὸ τῶν ἡμετέρων ἱππέων. — Οὐδ' ἂν κρατῆσαι αὐτοὺς τῆς γῆς ἡγοῦμαι] οὐδ' ἂν ἀποβῆναι αὐτοὺς εἰς τὴν γῆν νομίζω δυνήσεσθαι.
XXXVIII. Ἐνθένδε] ἀπὸ τῆς πόλεως. — Οὔτε ἂν γενόμενα] οὐχ οἷά τε γενέσθαι. — Λογοποιοῦσι] ψευδέσι λόγοις συντιθέασι. — 2. Κακουργοτέροις] πονηροτέροις. — Ἡμεῖς δὲ κακοί...] ἡμεῖς δὲ διὰ κακίαν ἀδύνατοί ἐσμεν καὶ προαισθέσθαι τοὺς πονηρούς, καὶ αἰσθανόμενοι ἐπεξελθεῖν αὐτοῖς. — 3. Καὶ δυναστείας ἀδίκους] ἀπὸ κοινοῦ τὸ ἀναιρεῖται. — 4. Τοὺς δὲ τὰ τοιαῦτα μηχανωμένους] ἤγουν τοὺς κακούργους. — Μὴ μόνον αὐτοφώρους] ἐπ' αὐτοφώρῳ λαμβάνων· χαλεπὸν γὰρ ἐπ' αὐτοφώρῳ ἔχειν αὐτούς. — Καὶ ὧν βούλονται μέν] ἀπὸ κοινοῦ τὸ κολάζων. — Ὧν] ἕνεκα δηλονότι. — Εἴπερ καὶ μὴ προφυλαξάμενός τις προπείσεται] εἴπερ καὶ πάσχει τις κακῶς πρὶν αἰσθηται ἄν. — Ἐλέγχων] ἤγουν φανερῶς δεικνύων. — Ἐσκεψάμην] ἤγουν κατ' ἐμαυτὸν ἐπὶ συννοίας ἔσχον. — Τί καὶ βούλεσθε, ὦ νεώτεροι] πρὸς τὸν Ἑρμοκράτην ἀποτείνει τὸν λόγον. — 5. Ὁ δὲ νόμος ἐκ τοῦ μὴ δύνασθαι...] ὁ δὲ νόμος ἐτέθη διὰ τὸ μὴ δύνασθαι ὁμᾶς ἄρχειν, κωλύων μᾶλλον ἤπερ ὡς δυναμένους ἀτιμάζων. λέγει δὲ περὶ τῶν νέων, ὅτι εἴργονται τῆς ἀρχῆς διὰ νόμον οὐκ ἀτιμαζό-

μενοι, άλλά κωλυόμενοι διά την ηλικίαν. — Μετά πολλών ισονομεϊσθαι] ισότιμοι είναι μετά των πολλών. — Ίσονομεϊσθαι] τί καί βούλεσθε, άπό κοινού.

XXXIX. Ίσον] δίκαιον. — Τούς δ' έχ. τά χρ.] τουτέστι την άριστοκρατίαν. — Μέρος] λείπει της πόλεως. — Ίσομοιρεϊν] ισοτιμίας άξιούνται έν δημοκρατία οί τε πλούσιοι καί οί συνετοί. — 2. Ξύμπαν άφελομένη έχει] της ώφελείας δηλονότι. — Ά ύμών οί τε δυνάμενοι καί οί νέοι...] άπερ ύμίν οί τε όλιγαρχικοί καί οί νέοι προθυμούνται πάντα έχειν, άδυνάτου όντος έν μεγάλη πόλει πάντα τούτους έχειν.

XL. Τό της πόλεως ξύμπ. κοιν.] τό πάσι κοινώς ώφέλιμον της πόλεως, τούτο αύξετε. — Καί πλέον οί άγαθοί ύμών...] οί άγαθοί ύμών ήγείσθωσαν τούτο καί ίσον είναι καί πλέον τού ίσου, τό τών αύτών μετασχείν, ών καί πάσα ή πόλις. — Εί δ' άλλα βουλήσεσθε] εί δέ μειζόνων έφίεσθε, πάντων στερηθήσεσθε. — Ώς προαισθομένους καί μή έπιτρ.] άντί τού ώς προαισθησομένων καί μή έπιτρεψόντων ήμών. — 2. Εί μή τι αύτών...] τούτο άνταποδίδοται πρός έκείνο, « ή γάρ πόλις ήδε, καί εί έρχονται Άθηναίοι, άμυνείται. » καί εί μή τι αύτών άληθές έστιν, ού διά τάς ύμετέρας άγγελίας αύθαίρετον δουλείαν έλείται. τούτο γάρ έστι τό έπιβαλείται. — Τούς τε λόγους άφ' ύμών...] άπό κοινού τό ούκ οίμαι. ούκ οίμαι γάρ, φησίν, ότι τούς λόγους ύμών ίσα έργοις δύνασθαι ή πόλις κρινεί. — Ούχί έκ τού άκ. άφαιρ.] ούχί διά τό άκούειν καταπλαγείσα * άποστερήσεται. — Έκ δέ τού έργω φυλασσομένη...] τήν έλευθερίαν πειράσεται σώζειν έκ τού δι' έργων μή έπιτρέπειν τοίς άφαιρουμένοις αύτήν.

XLI. 3. Μηδέν δεήση] μάχης δηλονότι. — Οίς ό πόλεμος άγάλλεται] οίς χαίρει ό πόλεμος, ών χρήζει. — 4. Έπιτήδειον] άρμόδιον. — Ές ύμάς οίσομεν] ήγουν μηνύσομεν ύμίν δηλονότι.

XLII. Νείμαντες] τόν στρατόν. — Έν έκάστω] μέρει. — Καταγωγαίς] λιμέσι. — Εύκοσμότεροι] εύτακτότεροι. — Στρατηγώ προστεταγμένοι] κατά τάξεις ύπό στρατηγοίς τεταγμένοι. — 2. Είσομέναις] γνωριούσας. — Καί είρητο αύταίς] ώριστο ταίς ναυσί. — Αύτ. προαπαντάν] τοίς προπεμφθείσι τώ στόλω δή. — Έπιστάμενοι] τούς φίλους.

XLIII. Τριήρεσι μέν ταίς πάσαις...] τριήρεις ταχείαι, τριήρεις στρατιώτιδες, πεντηκόντοροι, ιππαγωγοί, πλοία, όλκάδες. — Ταχείαι] πρός ναυμαχίαν έπιτήδειοι. — Στρατιώτιδες] στρατιώτας τούς πεζομαχήσοντας άγουσαι. — Τό δέ άλλο ναυτικόν] ήγουν αί άλλαι νήες αί έχουσαι τούς ναύτας.

XLIV. Ξυνδιέβαλε] συνδιεπεραιώθη. — 2. Ώς έκαστοι εύπόρησαν] άντί τού ώς έκαστοι έτυχον εύπλοήσαι. — Παρεκομίζοντο] ήγουν παραπλέοντες έκομίζοντο. — 3. Καί ένταύθα] ήγουν έν τώ Ρηγίω. — Παρείχον] οί Ρηγίνοι δηλονότι. — Άνελκύσαντες] ήγουν έκ τής θαλάσσης είς τήν ξηράν. — Ούδέ μεθ' έτέρων] ούτε μετά τών Άθηναίων ούτε μετά τών Συρακουσίων

XLV. Έπί τούτοις] μετά ταύτα. — Παρεσκευάζοντο π. τή γη.] καί πάσιν έδόκει παρασκευάζεσθαι, ούδενός άντιλέγοντος. — Ένθα μέν] είς τινας. — Φύλακας] τούς διαφυλάξοντας τάς φιλίας πόλεις. — Τούς] άντί τού τούτους. — Καί ές τά περίπλοια] γράφεται περιπόλια. § τά έν τή χώρα φρούρια, ά περιπλέοντες (supra scripto τών περιπόλων) είςήγον είς αύτά φρουρούς. — Ώς έπί ταχεί πολέμω] ώς έν συντόμω έσομένω.

XLVI. 2. Άντεκεκρούκει] παρά γνώμην άπηντήκει, άποβεβήκει. — Καί είκός ήν] συστρατεύειν δηλονότι τοίς Άθηναίοις. — Προσδεχομένω] καθώς προσεδέχετο, κατά τήν αύτού ύπόληψιν. — Τοίν δέ έτέροιν] Άλκιβιάδη καί Λαμάχω. — 3. Έξετεχνήσαντο] μετεχειρίσαντο. — Έπέδειξαν] ύπ' όψιν έθηκαν. — Άπ' όλίγης δυνάμεως...] όλίγα τή δυνάμει όντα, μεγάλην φαντασίαν παρείχε. — Ξενίσεις] φιλοφρονήσεις. — Τών τριηριτών] τών έν ταίς τριήρεσιν άφικομένων. — Αίτησάμενοι] χρησάμενοι. τό δέ αίτήσαντες άντί τού λαβόντες άνευ τού μέλλειν άποδώσειν. — 4. Διεθρόησαν] είπόντες διετάραξαν.

XLVII. Έφ' όπερ] διό. — Παραμείναντες] τούς Άθηναίους. — Αύτοίς] τοίς Έγεσταίοις. — Δι' όλί γου...] διαταχέως καί άνευ τού προσδοκήσαι. — Καί τή πόλει δαπανώντας...] άντί τού καί μή δαπανώντας τά οίκεία κινδυνεύειν έν τή πόλει, ήγουν κίνδυνον προξενείν τή πόλει.

XLVIII. Καί στρατιάν έχωσιν] άπό τούτων τών πόλεων. — Έν πόρω] περαιώσει. — Προσαγομένους] χειρωσαμένους. — Είδότας μεθ' ών τις...] είδότας, τίνας έχουσι συμμάχους.

XLIX. Τό γάρ πρώτον πάν στράτευμα] τήν πρώτην προσβολήν τού στρατεύματος. — 2. Τή γνώμη] άντί τού βουλή. — Σφάς] τούς Άθηναίους. — Αύτούς έκφοβήσαι] τούς Συρακουσίους δηλονότι τούς Άθηναίους. — Τώ αύτίκα κινδύνω τής μάχης] άπό κοινού, τό έκφοβήσαι αύτούς τώ προσδοκήσαι αύτίκα έν κινδύνω διαμαχήσεσθαι. — 3. Μή ήξειν] ή μή άπόφασις περιττή. — Καί έςκομιζομένων...] καί τά έκ τών άγρών είς τήν πόλιν μεταφερόντων τών Συρακουσίων ούκ άπορήσειν τούς Άθηναίους χρημάτων, άν, κρατούντες τών Συρακουσίων, προσκαθέζωνται τή πόλει. — Έςκομιζομένων αύτών] φευγόντων αύτών τών Συρακοσίων ές τήν πόλιν. — 4. Ού ξυμμαχήσειν] τοίς Συρακουσίοις δηλονότι. — Καί ού διαμελλήσειν...] καί ού διστάσειν, καραδοκούντας πότεροι κρατήσουσιν. — Έπαναχωρήσαντας καί έφορμηθέντας] έν τώ έπαναχωρείν, έν τώ έφορμάσθαι. — Ούτε πλούν πολύν ούτε όδόν] ούτε κατά γήν ούτε διά θαλάσσης πολύ άπέχοντα.

L. 2. Ές Νάξον] τήν Σικελικήν. — 3. Βουλόμενοι φρονούντες. — Έπικαίρως] συντόμως, τεταγμένως. — 4. Τάς άλλας ναύς] ού μόνον τάς έξήκοντα, άλλά καί τάς άλλας παραλαβόντες. — Τάς άλλας] πλήν τών δέκα.

— Ἐς τὸν μέγαν λιμένα] τῶν Συρακουσῶν δηλονότι. — Καθειλκυσμένον] ἕτοιμον εἰς τὴν θάλασσαν. — 5. Πολεμητέα ἦν] πολεμεῖν δυνατὸν ἔσοιτο.

LI. Καὶ ἐκκλησίας γενομένης] τῶν Καταναίων δηλονότι. — Καὶ τῶν ἐν τῇ πόλει] τῶν Καταναίων. — Κακῶς] ἀτέχνως, σαθρῶς. — Ἠγόραζον] ἀντὶ τοῦ ἐν ἀγορᾷ διέτριβον.

LII. Πληροῦσι ναυτικῶν] ναῦς ναυτῶν πληροῦσιν. — Ἐς τὸν αἰγιαλὸν] τῶν Καμαριναίων. — Τὰ ὅρκια εἶναι] τοῖς Καμαριναίοις. — 2. Ἄπρακτοι δὲ γενόμενοι] οἱ Ἀθηναῖοι. — Τῶν ψιλῶν] τῶν Ἀθηναίων.

LIII. Καὶ οὐ δοκιμάζοντες τοὺς μηνυτάς] οὐ διακρίνοντες, φησί, τοὺς μηνυτάς, πότερον ψεύδονται ἢ ἀληθεύουσιν, ἀλλ' ὁμοίως πᾶσι πιστεύοντες, διὰ τὸ προσέχειν τοῖς πονηροῖς μηνυταῖς ἐνίους τῶν πολιτῶν χρηστοὺς ὄντας κατέδουν. — 2. Διὰ πονηρῶν ἀνθρώπων πίστιν] πιστεύοντες πονηροῖς ἀνθρώποις μηνυταῖς. — Χρησιμ. ἡγούμενοι εἶναι...] κρεῖσσον ἡγούμενοι βασανίσαι μᾶλλον τῶν χρηστῶν τινὰ καὶ ἐξευρεῖν τὴν ἀλήθειαν, ἢ, διὰ τὸ μὴ πιστεύειν τοῖς πονηροῖς μηνυταῖς, τοὺς ἐν αἰτίᾳ γενομένους ἀπολῦσαι ἀνεξετάστως. — 3. Ἐπιστάμενοι γὰρ ὁ δῆμος ἀκοῇ] γνῶσιν ἔχοντες ἐξ ἀκοῆς. — Τελευτῶσαν] ἐν τοῖς τελευταίοις χρόνοις. — Οὐδ' ὑφ' ἑαυτῶν] οὔτε ὑπὸ Ἀθηναίων κοινῇ, οὔτε ὑπὸ Ἁρμοδίου καὶ Ἀριστογείτονος.

LIV. Δι' ἐρωτικὴν ξυντυχίαν] ἔρωτος σύμβασιν. — Ἐπεχειρήθη] ἐτολμήθη. — Ἐπιπλέον διηγησάμενος] μακροτέρᾳ διηγήσει χρησάμενος. — 2. Ὥρᾳ ἡλικίας λαμπροῦ] ἐπιφανεστάτου ἐν τῇ ἀκμῇ. — Μέσος πολίτης] οὔτε ἐπιφανὴς δηλονότι οὔτε ἄδοξος. — 3. Πειραθεὶς] ἐρωτικὴν πεῖραν δεξάμενος. — Τοῦ Πεισιστράτου] υἱοῦ δηλονότι. — Καὶ οὐ πεισθεὶς] αὐτῷ ἐρῶντι δηλονότι. — Καταγορεύει τῷ Ἀριστογείτονι] μηνύει τῷ ἐραστῇ αὐτοῦ. — Ἐρωτικῶς περιαλγήσας] περιπαθὴς γεγονὼς ἐπὶ τῷ ἔρωτι. — Αὐτόν] τὸν Ἁρμόδιον. — Ὡς ἀπὸ τῆς ὑπαρχούσης ἀξιώσεως] ὡς κατὰ τὴν ὑπάρχουσαν αὐτῷ δύναμιν· ἦν γὰρ μέσος πολίτης. — 4. Ἔν ὅπῳ δέ τινι ἀφανεῖ....] ἐμηχανᾶτο κρύφα προπηλακίσαι τὸν Ἁρμόδιον, ὡς δι' ἄλλην αἰτίαν τινὰ, καὶ οὐ διὰ τὸ μὴ τυχεῖν αὐτοῦ. — 5. Ἀνεπιφθόνως] οὐ μεμπτῶς. — Κατεστήσατο] εὐτάκτησεν. — Ἐπὶ πλεῖστον] χρόνον δηλονότι. — Ἀρετήν] δικαιοσύνην. — Εἰκοστήν] μοῖραν. — Πρασσόμενοι] ἀπαιτοῦντες. — Διέφερον] διήνυον. — 6. Τὰ δὲ ἄλλα] κατά. — Τοῖς πρὶν κειμένοις νόμοις ἐχρῆτο] πολιτευομένοις. — Ἐπεμέλοντο...] προενοοῦντο οἱ περὶ Πεισίστρατον ὥστε αἰεί τινα ἐξ αὐτῶν ἄρχειν. — Πεισίστρατος] ἦρξε δὴ ἐνιαυσίαν ἀρχήν. — Ἐν Πυθίου] τῷ τόπῳ. — 7. Προσοικοδομήσας] ἐπαυξήσας.

LV. Πρεσβύτατος] πρῶτος τῶν ἄλλων υἱῶν τοῦ Πεισιστράτου. — Αὐτῷ τούτῳ] τῷ ῥηθησομένῳ. — Αὐτῷ] τῷ Ἱππίᾳ. — 2. Διὰ τὸ πρεσβεύειν...] διὰ τὸ τῶν αὐτοῦ πρεσβύτατος εἶναι. — 3. Καθίσταται] λείπει, τὰ τῆς ἀρχῆς πράγματα. — Ἀλλὰ καὶ διὰ τὸ πρότερον

THUCYD. SCHOL.

...] ἀλλὰ διὰ τὸ ἐκ μακροῦ χρόνου τοῖς μὲν πολίταις σύνηθες ἐμπεποιηκέναι τὸ φοβεῖσθαι αὐτόν, τοῖς δορυφόροις δὲ τὸ φυλάττειν ἐπιμελῶς, ἐκ πολλοῦ τοῦ περιόντος ἀσφαλῶς ἐκράτει. — Ἐπικούρους] φύλακας. — Καὶ οὐχ ὡς ἀδελφὸς...] οὐχ, ὡς νεώτερος ὤν, ἐν ἀπορίᾳ ἐγένετο τοῦ πῶς δεῖ καταστήσασθαι τὴν ἀρχήν. — Ἐν ᾧ οὐ πρότερον...] διὰ τὸ μὴ πρότερον ἄρχειν μεμελετηκέναι. — 4. Τῇ δυστυχίᾳ ὀνομασθέντα...] διὰ τὴν συμπεσοῦσαν αὐτῷ δυστυχίαν ὀνομασθέντα, ὀνομαστὸν γενόμενον, ὑποληφθῆναι ὅτι ἐτυράννησεν.

LVI. Ἀπαρνηθέντα...] ἀρνησάμενον ὁμιλῆσαι τῷ πειρῶντι. — Ἐπαγγείλαντες] ἀντὶ τοῦ προστάξαντες. — Ἐν πομπῇ τινί] ἐν πανηγύρει. — Τὴν ἀρχήν] τοὺς ἄρχοντας. — 2. Παρωξύνετο] ἐθυμοῦτο. — Τὰ πρὸς τοὺς δορυφόρους] ἤγουν εἰς τά. — 3. Καὶ τοὺς μὴ προειδότας] τὴν ἐπιβουλὴν δηλονότι.

LVII. Ἔξω ἐν τῷ Κεραμεικῷ] ἔξω τῆς πόλεως. — 2. Οἰκείως] φιλικῶς. — 3. Τὸν λυπήσαντα οὖν] τὸν Ἵππαρχον. — 4. Οὐ ῥᾳδίως διετέθη] ἤτοι χαλεπῶς διετέθη, ἢ οὐ ῥᾳδίως οὐδὲ εὐκόλως ἀνῃρέθη. ἤγουν οὐ διάθεσιν τιμωριῶν ἐλάμβανεν ῥᾳδίαν ἐνεγκεῖν.

LVIII. Ἀγγελθέντος δὲ..] ἡ διάνοια· Ἱππίας, ἀγγελθέντος αὐτῷ τοῦ πράγματος, ἐβάδισεν οὐκ ἐπὶ τὸν γενόμενον φόνον, ἀλλ' ἐπὶ τοὺς ὁπλίτας οὔπω αἰσθανομένους. — Πρότερον ἢ αἰσθέσθαι] ἤτοι οὔπω ᾐσθημένων τὰ περὶ τοῦ Ἱππάρχου τῶν τὴν πομπὴν πεμπόντων ὁπλιτῶν, διὰ τὸ ἄπωθεν εἶναι. — Ἀδήλως τῇ ὄψει πλασάμενος] ὑποκρινάμενος φαιδρὸς εἶναι τῷ προσώπῳ. ἤγουν ἀσύγχυτον τὴν ἑαυτοῦ ὄψιν τηρήσας, καὶ μὴ ὑπεμφαίνουσαν τεκμήριον τοῦ πάθους. — 2. Ὑπολαβεῖν] ἁρπάσαι. — Ἐξελέγετο] κατ' ἐκλογὴν ἐλάμβανεν.

LIX. Ἐκ τοῦ παραχρῆμα περιδεοῦς] ἐκ τοῦ εὐθέως φόβου καὶ τοῦ φοβηθέντας αὐτούς, ὡς μεμηνυμένους, ἀλογίστῳ τόλμῃ ἐπὶ τὸν Ἵππαρχον χωρῆσαι. — 2. Διὰ φόβου... ὤν] ἤγουν φοβούμενος. — Εἴ ποθεν ἀσφ. ...] εἴ τις αὐτῷ ἀσφάλεια γένοιτο ἐάσαντι τὴν τυραννίδα. — 3. Ἀριστεύσαντος] ἀρίστου γενομένου. — Ἱππίου] θυγατέρα. — Ἀτασθαλίην] αὐθάδειαν, ἀλαζονείαν. — 4. Ἔτι] ἤγουν μετὰ τὸν φόνον τοῦ Ἱππάρχου. — Ἀλκμαιωνιδῶν]

Πολλοὶ μὲν . . γράφουσι, πλὴν κακῶς τόδε·
ἐκ ῥήματος γὰρ οὐδὲ τῶν πατρωνύμων.

— Ὑπόσπονδος] τοῖς Ἀθηναίοις δηλονότι. — Ὡς βασιλέα Δαρεῖον] ὡς Ἱππίας ὁ Ἀθηναίων τύραννος πρὸς Δαρεῖον ἀπέδραμε.

LX. Ὑπόπτης] τοὺς Ἵππους φασὶ τοὺς ταρασσομένους ὑπόπτας λέγεσθαι. — 2. Καὶ οὐκ ἐν παύλῃ ἐφαίνετο] καὶ οὐδεμία ἦν ἀπόπαυσις τοῦ συλλαμβάνειν τοὺς ἄνδρας καὶ ζήτησιν ποιεῖσθαι τῶν γενομένων. — 3. Λέγων δέ] ὁ συνδεσμώτης. — Αὐτόν] τὸν κατειπόντα δηλονότι. — Ἄδειαν ποιησάμενον σῶσαι] ἀντὶ τοῦ ἐν ἀδείᾳ γενόμενον σῶσαι. § ἀντὶ τοῦ τολμήσαντα. — 4. Ἐπα-

νεῖπον] εἶπον. τουτέστιν ὑπέσχοντο καὶ ἐκήρυξαν. — 5. Ὠφέληντο] οὐ γὰρ ὑπώπτευον ἔτι ἀλλήλους.

LXI. Χαλεπῶς] κατὰ τοῦ Ἀλκιβιάδου. — Καὶ κατέδαρθον] ἀπὸ κοινοῦ τὸ ἡ πόλις. — 3. Διὰ ταῦτα] διὰ τὰ κατηγορημένα τοῦ Ἀλκιβιάδου καὶ διὰ τοὺς ξένους αὐτοῦ τοὺς ἐν Ἄργει, ὑποπτευθέντας ἐπιτίθεσθαι τοῖς Ἀργείοις, οἱ Ἀθηναῖοι παρέδωκαν τῷ δήμῳ τῶν Ἀργείων τοὺς ὁμήρους τοὺς ἐν ταῖς νήσοις ἀποκειμένους, ὡς οἰκείους ὄντας τῶν τοῦ Ἀλκιβιάδου ξένων. — 5. Εἴρητο δὲ προειπεῖν αὐτῷ] εἰρήκεσαν δὲ ὥστε προειπεῖν αὐτῷ. — Ἀκολουθεῖν] τοῖς ἐκ τῆς Σαλαμινίας ναός. — Τό τε πρὸς τοὺς ἐν τῇ Σικελίᾳ] τὸ τότε οὐκ ἔστι χρονικόν, ἀλλ' ἀνέστραπται οὕτω, θεραπεύοντές τε τὸ πρὸς τοὺς ἐν τῇ Σικελίᾳ στρατιώτας τε σφετέρους καὶ πολεμίους μὴ θορυβεῖν, ὥστε μηδένα θόρυβον, συλληφθέντος τοῦ Ἀλκιβιάδου, μήτε ἀπὸ τῶν Ἀττικῶν στρατιωτῶν ἀγανακτούντων γενέσθαι, μήτε ἀπὸ τῶν πολεμίων καταφρονησάντων. — Παραμεῖναι] ἐν Σικελίᾳ. — 6. Τὸ ἐπὶ διαβολῇ... καταπλ.] προδιαβεβλημένοι ἐπὶ δίκην καταπλεῦσαι.

LXII. 2. Τὸ μέρος τὸ... κόλπον] τὰ δυτικώτατα αὐτῆς. — Οὐκ ἐδέχοντο] οἱ Ἱμεραῖοι. — 3. Παρεγένοντο γάρ] τοῖς Ἀθηναίοις. — Αὐτῶν] τῶν Ἐγεσταίων.

LXIII. 3. Καὶ εἰ ξυνοικήσοντες] οἷον εἰ γαμηθησόμενοι· τὸ δὲ εἰ ἀντὶ τοῦ πότερον κεῖται.

LXIV. Οἱ στρατηγοὶ τῶν Ἀθηναίων...] οἱ στρατηγοὶ τῶν Ἀθηναίων, προσελαυνόντων τῶν Συρακουσίων καὶ ἐνυβριζόντων, ἀγανακτοῦντες, βουλόμενοί τε τοὺς Συρακουσίους ποιῆσαι προελθεῖν πόρρω τῆς πόλεως πανδημεὶ, ἅμα τε καὶ αὐτοὶ στρατόπεδον ἐπιτήδειον καθ' ἡσυχίαν καταλαβεῖν. — Δυνηθέντες] ἀπὸ κοινοῦ τὸ στρατόπεδον καταλαβεῖν· εἰδότες, ὅτι οὐχ ὁμοίως οἱ Ἀθηναῖοι δυνήσονται στρατόπεδον καταλαβεῖν, οὔτ' εἰ κατὰ θάλασσαν φανερῶς καὶ προῃσθημένων τῶν Συρακουσίων ἐπιπλέοιεν, (χαλεπὴ γὰρ ἔσεσθαι τὴν ἀπόβασιν, ἀντιταχθησομένων τῶν ἐναντίων, καὶ οὐκ ἀπαρασκεύων ὄντων,) οὔτ' εἰ κατὰ γῆν ἐπίοιεν ἐκ τοῦ φανεροῦ· (καὶ γὰρ καὶ οὕτως ἐδόκουν βλαβήσεσθαι·) διὰ ταῦτα δὴ ἀπάτῃ ἐβούλοντο χρήσασθαι, καὶ παρασχεῖν δόκησιν τοῖς Συρακουσίοις ὡς κατὰ γῆν ἰόντες, ὅπως ἐπεξελθόντες ἐκεῖνοι πανδημεὶ παρατάξωνται. — Τοὺς γὰρ ἂν ψιλοὺς καὶ τὸν ὄχλ.] τούς τε ψιλοὺς τῶν Ἀθηναίων καὶ τὸν ἄλλον ὄχλον τὸν ἑπόμενον ᾤοντο βλαβήσεσθαι. — Σφῶν] τῶν Ἀθηναίων. — Ὑπὸ τῶν ἱππέων] τῶν Συρακουσίων. — Αὐτούς] τοὺς στρατηγούς. — Οἳ ξυνείποντο] τοῖς Ἀθηναίοις. — Τοιόνδε τι οὖν] τὸ ἑξῆς, ἃ γιγνώσκοντες οἱ στρατηγοὶ τῶν Ἀθηναίων, καὶ βουλόμενοι, καὶ τὰ λοιπά, τοιόνδε τι μηχανῶνται. — Πρὸς ἃ ἐβούλοντο] πρὸς τὸ καταλαβεῖν τὸ στρατόπεδον. — 2. Σφίσι] τοῖς Ἀθηναίοις. — Τῇ δοκήσει...] δοκοῦντα οὐχ ἧττον εἶναι φίλον ἐκείνοις, ἤπερ κατὰ ἀλήθειαν τοῖς Ἀθηναίοις ἦν φίλος. — 3. Ἀπὸ τῶν ὅπλων.] ἤγουν χωρὶς ὅπλων. — Ἐκεῖνοι] οἱ Συρακούσιοι. — Τῷ στχυρώματι] γράφεται στρατεύματι. — Καὶ ἠτοιμάσθαι ἤδη] καὶ ἑτοίμους εἶναι τοὺς ἄνδρας, παρ' ὧν αὐτὸς ἥκει.

LXV. Εἶναι ἐν διανοίᾳ] ἤγουν διανοεῖσθαι. — 3. Ἐς τὸν κατὰ τὸ Ὀλυμπιεῖον] τόπον ἐπιτήδειον ἐνστρατοπεδεύσασθαι, λιμένα μέγαν δή. — Ἀνῆκται] ἀνέπλευσεν. — Ἀποστρέψαντες] πρὸς τὰς Συρακούσας κινηθέντες. — Ἀποτρεπόμενοι] ὀπίσω ἐπανερχόμενοι.

LXVI. Αὐτοῖς] τοῖς Συρακουσίοις. — Ἐπιτήδειον] ἁρμόδιον ἐνστρατοπεδεύσασθαι. — 2. Ἔρυμα] φύλαγμα. — Εὐεφοδώτατον] προσβῆναι δηλονότι δυνατόν. § εὐπρόσιτον. — Λίθοις λογάδην καὶ ξύλοις] ὅτι λογάδας ἐν τῇ τετάρτῃ [c. 4 et 31] λέγει λίθους τοὺς ἐπιλέκτους, καὶ οὐ τοὺς ἐπιτυχόντας, δῆλον ἐντεῦθεν. — Ὤρθωσαν] χαλεπῶς ἐποίησαν * ὀρθόν. — 3. Ἐκ μὲν τῆς πόλεως] τῶν Συρακουσίων.

LXVII. Ἐν πλαισίῳ] ἐν τετραγώνῳ σχήματι. — Τῶν ἐπιτάκτων] τῶν ὄπισθεν ἐπιτεταγμένων παρὰ ταῖς εὐναῖς. — 2. Αὐτοῖς] τοῖς Συρακουσίοις.

LXVIII. 2. Ἀπολέκτους] ἐξῃρημένους. — Ὑπερφρονοῦσι,] ἤγουν περιφρονοῦσι, παρ' οὐδὲν ἄγουσι. — Διὰ τὸ τὴν ἐπιστήμην τῆς τόλμης ἥσσω ἔχειν] ἤτοι διὰ τὸ τόλμαν μὲν ἔχειν αὐτούς, ἐπιστήμην δὲ οὔ· ἢ διὰ τὸ ἥττονα εἶναι τὴν ἐκείνων ἐπιστήμην τῆς ἡμετέρας τόλμης. — 3. Παραστήτω] δεδόχθω. — Ἐξ ἧς] ἤτοι λείπει τὸ ἐξ ἧς ὁρμωμένους, ἢ τὸ ἐξ ἧς ἀντὶ τοῦ ἐν ᾗ. — 4. Καὶ τὴν παροῦσαν ἀνάγκην καὶ ἀπορίαν] τὸ ἐν ἀλλοδαπῇ τε εἶναι καὶ πόρρω τῆς πατρίδος.

LXIX. Ἐπῆγε τὸ στρατόπεδον] κατὰ τῶν πολεμίων δηλονότι. — Ἐπελήλυθεσαν] εἰς τὴν πόλιν δή. — Οἱ δὲ] αὐτοὶ δὲ οἱ ἐπεληλυθότες εἰς τὴν πόλιν. — Ὑστέριζον] ἤγουν ὕστερον ἤρχοντο. — Ἐλλιπεῖς] ἤγουν ἥττους τῶν Ἀθηναίων. — Ἀνδρείᾳ οὐχ ἥσσους] ἀνδρείαν νῦν λέγει τὸ θάρσος. θαρσαλέως μὲν οὖν, φησίν, οὐχ ἧσσον τῶν Ἀθηναίων ἐχώρουν εἰς τὴν μάχην, τῇ δὲ ἐπιστήμῃ λειπόμενοι, καὶ τῇ προθυμίᾳ ἄκοντες ἡττῶντο. — Ἐς ὅσον] μέχρις οὗ. — Ἐπιστήμη] πολεμική. — Ἀντέχοι] ἀντιπίπτοι. — Τῷ ἐλλείποντι] τῇ ἐλλείψει. — 2. Σφάγια προὔφερον] ἔμπροσθεν τῆς * στρατιᾶς ἐσφαγιάζοντο. — Τὰ νομιζόμενα] τὰ κατ' ἔθος νόμιμον γενόμενα. — Ξύνοδον ἐπώτρυνον] παρώρμων πρὸς τὸ ξυμμίξαι. — 3. Περί τε τῆς ἀλλοτρίας οἰκείαν σχεῖν...] ἡ διάνοια· περὶ τῆς ἀλλοτρίας μαχούμενοι, ὥστε αὐτοὺς τὴν ἀλλοτρίαν ποιήσειν οἰκείαν. § ὥστε κτήσασθαι τὴν ἀλλοτρίαν, καὶ διὰ τοῦ ἡττηθῆναι μὴ κακῶσαι τὴν πατρίδα. — Ἐκείνοις] τοῖς Ἀθηναίοις. — Μέγιστον μὲν περὶ τῆς αὐτίκα...] μάλιστα μὲν διὰ τὴν ἰδίαν σωτηρίαν προθύμως ἐμάχοντο, ἥτις ἦν ἀνέλπιστος αὐτοῖς, εἰ μὴ κρατοῖεν. — Ἔπειτα δὲ ἐν παρέργῳ καὶ εἴ τι ἄλλο...] οἱ ὑπήκοοι πρότερον μὲν διὰ τὴν αὐτῶν σωτηρίαν προθύμως ἐμάχοντο, αὖθις δὲ, εἰ καὶ δι' ἄλλο τι, διὰ τοῦτο μάλιστα, ὅπως, συγκαταστρεψαμένων αὐτῶν τὴν Σικελίαν, οἱ Ἀθηναῖοι πρᾳότερον τῶν συναγωνισαμένων ἄρχοιεν· τοῦτο γὰρ ἔστι τὸ ῥᾳδίως ὑπακούσονται. — Εἴ τι ἄλλο] δι' ἄλλο τι.

LXX. Γενομένης δ' ἐν χερσὶ τῆς μάχης] ἤτοι συνελθόντων ἐγγὺς, καὶ ἐκ χειρὸς μαχομένων μετὰ τὸ παύσασθαι τοὺς λιθοβόλους καὶ τοὺς σφενδονήτας. ἢ, ὥς τινες, ἀρξαμένης δὲ τῆς μάχης. — Ἀντεῖχον] ὑπέμενον. — Μαχομένοις] τοῖς Συρακουσίοις. — Ξυνεπιλαβέσθαι] αἴτιον φόβου γενέσθαι. — Τοῖς δ' ἐμπειροτέροις] τοῖς Ἀθηναίοις. — Ὥρᾳ ἔτους περαίνεσθαι] κατὰ καιρὸν γενέσθαι. — Τοὺς δ' ἀνθεστῶτας... παρέχ.] ἐκπλαγῆναι δὲ μᾶλλον ὑπὸ τῶν ἀνθεστώτων, μὴ νικωμένων. — 3. Καὶ ἀήσσητοι] οὐ τὸ σύνολον, ἀλλὰ τότε οὐχ ἡττημένοι. — Αὐτῶν] τῶν Ἀθηναίων. — Ἐπακολουθήσαντες] οὐχ οἱ ἱππεῖς, ἀλλ' οἱ Ἀθηναῖοι.

LXXI. Αὐτῶν] τῶν Συρακουσίων.

LXXII. 3. Οὐ μέντοι τοσοῦτόν γε...] οὐχ οὕτως ἡττηθῆναι, ὡς ἄν τις ᾤετο. — Τοῖς πρώτοις τῶν Ἑλλήνων ἐμπειρίᾳ] τοῖς ἐμπειρίαν ἔχουσι καὶ συγγυμνασίαν περὶ τὸ μάχεσθαι. — 4. Παρασκευάσωσιν] ἤγουν παιδεύσωσιν εἰς παρασκευήν. — Τὴν μέν] τὴν εὐταξίαν. — Τὴν δ' εὐψυχίαν] τὴν ἀνδρείαν. ὅμοιον δὲ τοῦτο τῷ ἐν τῷ προοιμίῳ [I, 18] « μετὰ κινδύνων τὰς μελέτας ποιούμενοι. » — Μετὰ τοῦ πιστοῦ τῆς ἐπιστ.] μετὰ τοῦ πεποιθέναι δηλονότι τῇ ἐπιστήμῃ. — 5. Ὅπῃ ἂν ἐπίστωνται] ὅπῃ ἂν ἄγειν ἡγῶνται συμφέρειν. — Κρύπτεσθαι] ἀντὶ τοῦ σιωπᾶσθαι.

LXXIII. 2. Ὠφέλειαν] ἤγουν συμμαχίαν.

LXXIV. Καὶ ἃ μὲν ἐπράσσετο] τὰ τῆς προδοσίας δηλονότι. — Ξυνειδὼς τὸ μέλλον] εἰδὼς τὸ μέλλον ὑπὸ τῶν Ἀθηναίων ἔσεσθαι. — Τούς τε ἄνδρας] τοὺς ὑπόπτους ὡς προδιδόντας. — Ἐπεκράτουν] βουλευομένων τῶν Μεσσηνίων, ἐπεκράτουν οἱ βουλόμενοι μὴ δέχεσθαι τοὺς Ἀθηναίους. — Ταῦτα] τὰ τῶν Συρακουσίων. — 2. Ἐπιτήδεια] τρόφιμα. — Καὶ προὐχώρει οὐδέν] οὐδὲν * ἠνύετο ὑπ' αὐτῶν. — Σταυρώματα... ποιησάμενοι] ὅρια περὶ τὸ στρατόπεδον ποιησάμενοι. οἱ μὲν τὰ νεώρια ἤκουσαν, ἀκολουθήσαντες Ὁμήρῳ [Π. Β, 153] εἰπόντι,

Οὐρούς τ' ἐξεκάθαιρον·

οἱ δ' ἀποθήκας.

LXXV. Δι' ἐλάσσονος] διὰ ταπεινοτέρου τόπου. — Εὐαποτείχιστοι ὦσιν] εὐκόλως ἀποτειχισθῶσι, ἵνα μὴ ἐκ τῆς πόλεως ἐξέλθοιεν. — 3. Ἐπὶ Λάχητος] ἀντὶ τοῦ ἄρχοντος Λάχητος. — Προσχωρῶσι δ' αὐτοῖς] οἱ Καμαριναῖοι τοῖς Ἀθηναίοις. ἀπὸ κοινοῦ τὸ μή.

LXXVI. Μὴ ὑμᾶς πείσωσιν] ἀπὸ κοινοῦ τὸ δείσαντες· ἵνα ᾖ, δείσαντες τὴν τῶν Ἀθηναίων περὶ τοὺς λόγους δεινότητα. — 2. Τὰς μὲν ἐκεῖ πόλεις] τὰς περὶ τὰς Ἀθήνας. — 3. Τῇ δὲ αὐτῇ ἰδέᾳ] τρόπῳ, διανοίᾳ. — Καὶ ὅσοι ἀπὸ σφῶν ἦσαν] καὶ ὅσοι ἄποικοι ἦσαν αὐτῶν. — Εὐπρεπῆ] πιθανήν. — 4. Οἱ μὲν σφίσιν... καταδουλ.] Ἀθηναῖοι δὲ περὶ τοῦ ἑαυτοῖς, ἀλλὰ μὴ τῷ Μήδῳ καταδουλωθῆναι τοὺς Ἕλληνας. — Οἱ δ' ἐπὶ δεσπότου μεταβολῇ] οἱ δὲ ἄλλοι Ἕλληνες ὑπὲρ τοῦ ἀλλάξαι δεσπότην, φησί. — Κακοξυνετωτέρου δέ] ἤγουν πανουργοτέρῳ.

LXXVII. Ξυστραφέντες] ἤγουν συνταχθέντες. — 2. Ταύτῃ] τῷ κατὰ πόλεις δηλονότι ληφθῆναι ἰδίᾳ ἕκαστοι. — Τοῦ ἄπωθεν ξ.] τοῦ συνοικοῦντος μὲν Ἕλληνος * ἐν τῇ Σικελίᾳ, πολὺ δὲ διεστῶτος. — Πρὸ δὲ ... δυστυχεῖν] ὑπὲρ αὐτοῦ δὲ ἕκαστος ἡγεῖται τὸν ἰδίᾳ κακῶς πάσχοντα·δυστυχεῖν.

LXXVIII. Ἐμοῦ] τοῦ Συρακουσίου δηλονότι. — Βεβαιώσασθαι] βεβαιότατα σχεῖν ἢ περιποιήσασθαι. — 2. Εἴτε τις φθονεῖ μέν...] εἴ τις ὁμοῦ μὲν φθονεῖ τοῖς Συρακουσίοις, ὁμοῦ δὲ δέδοικεν αὐτῶν τὸ μέγεθος, (φοβεροὶ γὰρ ἅμα καὶ ἐπίφθονοι καθεστᾶσιν οἱ μείζους,) καὶ διὰ τοῦτο βούλεται μὲν κακωθῆναι Συρακουσίους, ὑπὲρ τοῦ σωφρονεστέρους γενέσθαι καὶ μὴ φορτικοὺς τοῖς ἀστυγείτοσι, σωθῆναι μέντοι γε ὅμως διὰ τὴν οἰκείαν ἀσφάλειαν, ἵνα μὴ μονωθεὶς αὐτῶν καὶ αὐτὸς καταδουλωθῇ, οὗτος ἴστω οὐ δυνατῶν ἀνθρώποις ὀρεγόμενος. δοκεῖ δέ πως ἀκαταλλήλως ἀπηντηκέναι πρὸς τὴν πρόθεσιν. προειπὼν γὰρ ὅτι εἴ τις ἢ φθονεῖ ἢ φοβεῖται καὶ βούλεται (ὁ φθονῶν) κακωθῆναι τοὺς Συρακουσίους, ὠφείλεν ἐπενεγκεῖν ὅτι ἄρα ὁ φοβούμενος αὐτοὺς πολὺ μᾶλλον ἀπολέσαι σπουδάσει. ὁ δὲ αὐτὸ τοὐναντίον εἰρηκέναι δοκεῖ, ὅτι ὁ φοβούμενος βούλεται περιγενέσθαι τοὺς Συρακουσίους. οὐ μήν ἐστιν ἀκατάλληλον· οὐ γὰρ ἄλλου μέν φησιν ὀρέγεσθαι τοὺς φθονοῦντας, ἄλλου δὲ τοὺς φοβουμένους, ἀλλ' ἑνὸς ἀμφοτέρους, τοῦ κακωθῆναι δηλονότι τοὺς Συρακουσίους· τοῦ μέντοι περιγενέσθαι αὐτοὺς ἐφίεσθαι οὐ τοὺς φοβουμένους, ἀλλὰ τοὺς προνοουμένους τῆς αὐτῶν ἀσφαλείας. μᾶλλον οὖν περιαιρετέον τὸν μὲν σύνδεσμον ἐκ τοῦ « κακωθῆναι μὲν, ἵνα σωφρονισθῶμεν. » — Φθονεῖ... φοβεῖται] ὅτι τὸ φοβερὸν εἶναι καὶ φοβεῖσθαι. ὡς καὶ ὁ Σοφοκλῆς [Aj. 157]· Πρὸς γὰρ τὸν ἔχοντα ὁ φθόνος ἕρπει. — Ἵνα σωφρονισθῶμεν] ταπεινωθῶμεν. — Περιγενέσθαι δέ] τοὺς Συρακουσίους περιγενέσθαι τῷ πολέμῳ, ἵνα καθυπέρτεροι τῶν Ἀθηναίων γένωνται. — Οὐ γὰρ οἷόν τε ἅμα...] οὐ γὰρ οἷόν τε τυχεῖν πάντων, ὧν ἐπιθυμεῖ· ὁ Σικελιώτης, κακωθῆναι μὲν τοὺς Συρακουσίους, περιγενέσθαι δὲ ὅμως. — Τῆς τύχης] ἤγουν τῆς ἐκβάσεως τῶν πραγμάτων. — 3. Καὶ εἰ γνώμῃ ἁμάρτοι...] καὶ εἰ, ὧν ἐπιθυμεῖ, τούτων διαμάρτοι δυστυχήσας, βουληθείη ἄν ποτε τοῖς νῦν ἡμετέροις ἀγαθοῖς φθονῆσαι αὐτὸν, ἐπὶ ταῖς ἰδίαις συμφοραῖς ὀλοφυρόμενος. — Ἀδύνατον δέ...] βουλήσεται μὲν, οὐ δυνήσεται δὲ ἴσως, τοῖς ἐμοῖς ἀγαθοῖς τότε φθονῆσαι, ὁ μὴ θελήσας τοὺς αὐτοὺς ἐμοὶ κινδύνους ἐπανελέσθαι. τὸ δὲ « οὐ περὶ τῶν ὀνομάτων, ἀλλὰ περὶ τῶν ἔργων » διὰ μέσου κεῖται, ὡς ἄξιον ὂν ἀναδέχεσθαι κινδύνους οὐ πρὸς τὰ ὀνόματα ἀποβλέποντας, ἀλλὰ πρὸς τὰ ἔργα. τίνα δὲ τὰ ὀνόματα καὶ τὰ ἔργα, ἑξῆς ἐπιφέρει. — Λόγῳ μὲν γάρ...] τοῦτο ἐξηγήσεις ἐστὶ τοῦ προτέρου. ὁ μὲν γὰρ πρὸς τὰ ὀνόματα βλέπων οἰήσεται σώζειν, συμμαχῶν, τὴν ἡμετέραν δύναμιν, τουτέστιν ἡμᾶς· ὁ δὲ πρὸς τὰ

ἔργα ἀφορῶν τῆς ἑαυτοῦ προνοεῖσθαι σωτηρίας ἡγήσεται. ἀσφαλέστερον δὲ εἶπε τὸ σωτηρίαν σώζοι. — 4. Καὶ τὰ δεύτερα κινδυνεύσοντας] ἀντὶ τοῦ καὶ μεθ' ἡμᾶς εὐθὺς κινδυνεύσοντας. — Αὐτοὺς δὲ] ἤγουν ὑμᾶς. — Δεόμενοι ἂν ἐπεχ.] ἐδεῖσθε ἂν ἡμῶν συμμάχων. — Ταῦτα ἐκ τοῦ ὁμοίου] τὸ ἑξῆς· ταῦτα ἐκ τοῦ ὁμοίου φαίνεσθαι παρακελευομένους. — Ὅπως μηδὲν ἐνδώσωμεν] οὕτω, φησί, παρακελεύεσθαι * εἰκὸς μὴ μαλακίζεσθαι, ὥσπερ ἂν ἡμῖν παρεκελεύσασθε, εἰ ἐφ' ὑμᾶς ὥρμησαν οἱ Ἀθηναῖοι. — Ἐπὶ ταῦτα] τὰ εἰρημένα, τουτέστι τῷ λόγῳ μὲν βοηθεῖν καὶ συμμαχεῖν τοῖς Συρακουσίοις, ἔργῳ δὲ ἑαυτῷ, εἴπερ ἐκ διαδοχῆς ὁ κίνδυνος εἰς πάντας.

LXXIX. Δειλίᾳ δὲ ἴσως...] δειλίᾳ δὲ προβλήματι χρήσεσθε τῷ δικαίῳ δῆθεν, ἀξιοῦντες ὁμοίως ἡμῖν τε καὶ Ἀθηναίοις προσφέρεσθαι. — Ἐπὶ τοῖς φίλοις] ἤγουν κατὰ τῶν φίλων. — Τῶν δὲ ἐχθρῶν... ἰῇ] κατὰ δὲ τῶν ἐπιστρατευσάντων ὑμῖν ἐχθρῶν. — Ὑπ' ἄλλων] λείπει τὸ ἐπιόντων ἀδικῶνται. — 2. Ξυγκατοικίζειν] ἤγουν τοῖς Ἀθηναίοις. — Τὸ ἔργον τοῦ καλοῦ δικ.] ἔργον μὲν τὴν τῶν Ἀθηναίων εἰς Σικελίαν ἄφιξιν λέγει, ἢ τὴν πρόφασιν τῆς ἀφίξεως· καλὸν δὲ δικαίωμα τὸ φάσκειν διὰ τὸ συγγενὲς τοῖς Χαλκιδεῦσι βοηθεῖν. — Ἀλόγως σωφρονοῦσιν] ἀντὶ τοῦ παρὰ λόγον. ἡ δὲ διάνοια· δεινὸν ἂν εἴη, εἰ Ῥηγῖνοι μέν, καίτοι Χαλκιδεῖς ὄντες, τὴν παρουσίαν τῶν Ἀθηναίων, εὔλογον δοκοῦσαν, ὡς ἂν ἐπὶ βοηθείᾳ τῶν συγγενῶν ἥκουσαν, ὅμως ὑποπτεύοντες, οὐ προσέθεντο αὐτοῖς, παρὰ τὸ φαινόμενον εὔλογον ἰδιοπραγοῦντες· ὑμεῖς δέ, διὰ πρόφασιν πιθανήν, Ἀθηναίους μὲν βούλεσθε ὠφελεῖν, τοὺς δὲ συγγενεῖς μετὰ τῶν ἐχθίστων διαφθεῖραι. — Τοὺς μὲν φύσει πολεμίους] ἤγουν τοὺς Ἀθηναίους. — 3. Ξυστῶμεν] ἤγουν εἰς τὸ αὐτὸ ἔλθωμεν. — Οὗτοι σπεύδουσιν] οὗτοι οἱ Ἀθηναῖοι. § Ὅμηρος [Il. Α, 255]·

Ἦ κεν γηθήσαι Πρίαμος Πριάμοιό τε παῖδες,
ἄλλοι τε Τρῶες μέγα κεν κεχαροίατο θυμῷ,
εἰ σφῶϊν τάδε πάντα πυθοίατο μαρναμένοιϊν.

— Πρὸς ἡμᾶς μόνους] ἐπὶ μόνους ἡμᾶς. — Περιγενόμενοι] ἡμῶν δηλονότι.

LXXX. Τὰ πολέμια] κατὰ τὰ πολέμια. — Καὶ μὴ ἐκείνην τὴν προθυμίαν...] τὸ μηδετέροις συμμαχεῖν, ὡς ἀμφοτέρων οὖσι φίλοις, * μὴ δοκείτω προμηθὲς εἶναι, ὡς ὑμῖν μὲν ἀσφαλοῦς ὄντος τοῦδε, ἡμῖν δὲ δικαίου φανησομένου. — Βοηθεῖν] ὑμᾶς δηλονότι. — 2. Οὐ γὰρ ἔργῳ ἴσον, ὥσπερ τῷ δικαιώματι, ἐστίν] ὅτι τὸ ἴσον ἐπὶ τοῦ δικαίου πρόσθεν ἐτέτακτο, δῆλον ἐντεῦθεν. * οὐ γάρ, ὥσπερ λεγόμενον, φησί, δικαιοφανές ἐστιν, οὕτω καὶ ταῖς ἀληθείαις δίκαιον τυγχάνει. — Εἰ γὰρ δι' ὑμᾶς μὴ ξυμμαχήσαντας...] εἰ γάρ, διὰ τὸ ὑμᾶς μηδετέροις συμμαχεῖν, ἡμεῖς μὲν κακῶς πεισόμεθα, Ἀθηναῖοι δὲ κρατήσουσι, τί ἄλλο ἢ, ἐκποδὼν ἀμφοτέροις στάντες, ἡμῖν μὲν ὑπὲρ σωτηρίας ἀγωνιζομένοις οὐκ ἀμυνεῖτε, ἐκείνους δὲ οὐ κωλύσετε τῆς πλεονεξίας. — Ὅτι πα-

θῶν] ἤγουν ὁ Συρακούσιος. — Καὶ ὁ κρατῶν] ἤγουν ὁ Ἀθηναῖος. — Τοῖς μέν] τοῖς Συρακουσίοις. — Τοὺς δέ] τοὺς Ἀθηναίους. — Τήν τε κοινὴν ὠφέλειαν] ἤτοι τὴν ὁμοφροσύνην κοινὴν ὠφέλειαν εἶπεν, ἢ τὴν ἐλευθερίαν τῆς Σικελίας. — Φίλους δὴ ὄντας] προφασιζομένους εἶναι φίλους. — 3. Οὐδὲν ἔργον εἶναι] οὐ χαλεπὸν εἶναι. — Δεόμεθα δὲ καὶ μαρτυρόμεθα ἅμα] τὸ μὲν « δεόμεθα δὲ, καὶ μαρτυρόμεθα ἅμα, εἰ μὴ πείσομεν » ἀνέστραπται. οὕτω γὰρ ἦν ἡ ἕξῆς· εἰ μὴ πείσομεν, ἅμα δεόμεθα καὶ μαρτυρόμεθα. προσαποδέδοται δὲ πρὸς μὲν τὸ δεόμεθα, ὅτι ἐπιβουλευόμεθα ὑπὸ Ἰώνων, πρὸς δὲ τὸ μαρτυρόμεθα τὸ προδιδόμεθα ὑφ' ὑμῶν. — 4. Τῷ δ' αὐτῶν ὀνόματι τιμηθήσονται] τιμῆς δὲ καὶ δόξης αὐτοὶ μόνοι τεύξονται, ὅτι Ἀθηναῖοι Σικελίας ἐκράτησαν μόνοι. — Καὶ τῆς νίκης οὐκ ἄλλον τινὰ ἆθλον...] τὸ ἆθλον αὐτοῖς καὶ οἷον ἐπινίκιον οὐδὲν ἄλλο ἢ ὑμεῖς γενήσεσθε δουλωθέντες οἱ τῆς νίκης αἴτιοι. — Τῆς αἰτίας τῶν κινδύνων] αἴτιοι τοῦ κινδυνεῦσαι γεγονότες. — 5. Σκοπεῖτε οὖν, καὶ αἱρεῖσθε ἤδη...] σκεψάμενοι οὖν ἕλεσθε ἢ εὐθὺς δουλεύειν τοῖς Ἀθηναίοις χωρὶς κινδύνων, ἤ, μεθ' ἡμῶν στάντες καὶ κρατήσαντες, μήτε ὑπ' ἐκείνων ἀτίμως δουλωθῆναι, τήν τε πρὸς ἡμᾶς ἔχθραν ἐκφυγεῖν, μὴ ἂν μικρὰν γενομένην, εἰ Ἀθηναίοις συμμαχήσετε. — Τούσδε] τοὺς Ἀθηναίους. — Μὴ ἂν βραχεῖαν] ἤγουν ὀλιγοχρόνιον, ἀλλὰ μεγάλην δηλονότι.

LXXXII. Ἐπὶ...ἀνανεώσει] ὑπὲρ τοῦ ἀναμνῆσαι περὶ τῆς πρότερον γεγενημένης ξυμμαχίας. — Περὶ τῆς ἀρχῆς] περὶ τῆς ἡγεμονίας. — Τὸ μὲν οὖν μέγιστον] κατὰ τὸ μέγιστον ὑποστίξαι χρή, ἵνα τὸ μέγιστον ἀντὶ τοῦ κεφάλαιον ληφθῇ, οὔσης τῆς διανοίας τοιαύτης· κεφάλαιον μὲν δὴ μετὰ τὸν Συρακούσιον αὐτὸν μαρτυρῆσαι. ἔνιοι δέ, μεταγράψαντες τὸ μαρτυρίας, μαρτύριον ἀνέγνωσαν, καὶ συνῆψαν, τὸ μὲν οὖν μέγιστον μαρτύριον αὐτὸς εἶπε. — Καὶ πλείοσιν οὖσιν] ἤτοι ἡμῶν τῶν Ἰώνων, ἢ ὑμῶν τῶν Σικελιωτῶν, ὃ καὶ μᾶλλον· δῆλον δὲ ἐκ τοῦ ἐπιφερομένου, τοῦ « καὶ παροικοῦσιν »· πλείοσι γὰρ οὖσιν ὑμῶν καὶ γειτνιῶσιν ἡμῖν. — 3. Οὐδὲν προσῆκον μᾶλλόν τι] ἀπὸ κοινοῦ τὸ ἐσκεψάμεθα. τὸ δὲ ἢ καὶ ἡμᾶς, ἀντὶ τοῦ ἤπερ καὶ ἡμᾶς. — Ἐν τῷ παρόντι] ἐν τῷ τότε δηλονότι. — Αὐτοὶ δέ] ἤγουν ἡμεῖς. — Τῶν ὑπὸ τῷ βασιλεῖ πρότερον ὄντων] ὑπερβατόν. τὸ δὲ ἑξῆς, αὐτοὶ δὲ οἰκοῦμεν, ἡγεμόνες καταστάντες τῶν ὑπὸ τῷ βασιλεῖ πρότερον ὄντων. λείπει τὸ Ἑλλήνων. — Πρότερον ὄντων] ἤτοι τῶν Ἰώνων καὶ τῶν νησιωτῶν. — Ἐς τὸ ἀκριβὲς εἰπεῖν] ἀντὶ τοῦ ὡς ἀληθῶς εἰπεῖν. — Οὓς ξυγγενεῖς φασὶν ὄντας...] ὧν ξυγγενῶν ὄντων φασὶ δεσπόζειν ἡμᾶς οἱ Συρακούσιοι.

LXXXIII. Καὶ διότι... ἡμᾶς ἔβλαπτον] καὶ διότι οἱ Ἴωνες, τῷ Μήδῳ ἑτοίμως ναῦς τε καὶ προθυμίαν ἀπροφάσιστον παρασχόντες, ἔβλαπτον ἡμᾶς. — Οὗτοι] οἱ νησιῶται. — 2. Καὶ οὐκ ἄλλῳ ἑπόμεθα] ὡς ὑποχείριοι δηλονότι. — Τῇ τῶνδε] ἤτοι τῶν Πελοποννησίων, ἢ τῶν

Ἰώνων τῶν ὑπὸ τῷ βασιλεῖ πρότερον ὄντων, ὃ καὶ μᾶλλον. τὸ δὲ « ἢ τῶν ξυμπάντων «, ἥπερ τῶν συμπάντων Ἑλλήνων. ἐκινδυνεύομεν, φησὶν, ἐν τοῖς Μηδικοῖς μᾶλλον ὑπὲρ τῆς τῶν Ἰώνων ἐλευθερίας, ἢ περὶ τῆς ἡμετέρας τε καὶ τῆς τῶν συμπάντων Ἑλλήνων. — Ὁρῶμεν καὶ ὑμῖν ταῦτα ξυμφέροντα] τὸ ἀποφαίνομεν δὲ, ἀπὸ κοινοῦ, ἄνω κείμενον ἀκουστέον. καὶ νῦν, τῆς ἡμετέρας ἀσφαλείας ἕνεκα καὶ ἐνθάδε παρόντες, καὶ ὑμῖν ταῦτα ξυμφέροντα ἀποφαίνομεν. ἀποφαίνομεν δὲ, φησὶν, ἡμῖν τε ἀσφαλῆ ὄντα καὶ ὑμῖν συμφέροντα. ταῦτα δέ ἐστιν, ἃ διαβολῇ καθ' ἡμῶν λέγουσι Συρακούσιοι. — 3. Καὶ ὑμεῖς μάλιστα... ὕπον.] ὑμεῖς δὲ ὑποπτεύοντες ἐκφοβεῖσθε. ἴσμεν γὰρ ὅτι οἱ φοβερώτερόν τι ὑποπτεύοντες, κἂν ἐν τῷ παρόντι ὑπὸ τῶν τερπνῶν λόγων ψυχαγωγηθῶσιν, ὅμως ὕστερον ἀκριβῶς ἐξετάζουσι, καὶ ἀναλογίζονται ἕκαστα, ὑπὲρ τοῦ τὰ συμφέροντα πράξειν. — Ὑπονοεῖτε] ἤγουν δειλιᾶτε ἐξ ὑπονοίας. — 4. Τήν τε γὰρ ἐκεῖ] τὴν ἐν πατρίδι. — Διὰ τὸ αὐτὸ ...] διὰ τὸ αὐτὸ δέος ἥκειν, ὅπως μετὰ τῶν φίλων τὰ ἐνθάδε ἀσφαλῶς καταστησώμεθα. δέος δὲ λέγει τὸ περὶ τῆς ἑαυτῶν ἀσφαλείας· ταύτης γὰρ ὀρεγόμενοι ὥρμησαν ἐπὶ τὸ ἄρχειν. — Τοῦτο] ἡμᾶς ἀπόντας καταδουλωθῆναι. καὶ δοκεῖ τὸ ἐπιφερόμενον τούτῳ μᾶλλον συνάδειν.

LXXXIV. Οὐδὲν προσῆκον] ἤγουν οὐδεμιᾶς συγγενείας οὔσης. — Σωζομένων ὑμῶν...] σωζομένων ὑμῶν, καὶ ἐν δυνάμει ὄντων, ὥστε ἀντέχειν δύνασθαι Συρακουσίοις, ἧττον ἂν ἡμεῖς βλαπτοίμεθα· οὐ γὰρ πέμψουσι οἱ Συρακούσιοι Λακεδαιμονίοις δύναμιν, ἐνταῦθα πολεμούμενοι. διὸ καὶ χρὴ καθ' ὑπερβατὸν οὕτως ἀκοῦσαι, ἧττον ἂν ἡμεῖς βλαπτοίμεθα, τούτων πεμψάντων τινὰ δύναμιν Πελοποννησίοις. τουτέστιν, οὐ πεμψάντων, οὐκ ἂν βλαπτοίμεθα. — 2. Μὴ ὑπηκόους, ὥσπερ τοὺς ξυγγενεῖς...] μὴ οὕτως ὑπηκόους αὐτοὺς γενέσθαι, ὥσπερ οἱ συγγενεῖς αὐτῶν ὑπακούουσιν Εὐβοεῖς. ὕποπτος γὰρ ὢν ὁ Ἀθηναῖος ἐπὶ τῷ τοὺς Λεοντίνους ἐπαγγέλλεσθαι κατοικίζειν, φησὶν, ὅτι οὐχ ὁμοίως αὐτοὺς κατοικιοῦμεν τοῖς ἐν Εὐβοίᾳ Χαλκιδεῦσιν, ἀλλ' ὡς ἐλευθέρους καὶ δυνατωτάτους. — Δυνατωτάτους] ἤγουν ἐλευθερωτάτους. — 3. Τὰ μὲν γὰρ ἐκεῖ...] τοῦ Ἑρμοκράτους Ἀθηναίους διαβαλόντος ὡς οὐχ ὑγιῶς τοὺς μὲν ἐν Εὐβοίᾳ Χαλκιδεῖς καταδεδουλωμένους, τοὺς δὲ ἐν Σικελίᾳ ἐπαγγελλομένους ἐλευθερίαν, ὁ Ἀθηναῖος οὐκ ἀρνούμενος, ἀλλ' ὁμολογῶν, τεχνικῶς διαλύει τὸ ἐπιχείρημα. — Τὰ μὲν γὰρ ἐκεῖ καὶ αὐτοὶ ἀρκοῦμεν...] πρὸς μὲν γὰρ τὸν ἐκεῖ, φησὶ, πόλεμον αὐτοί τε ἀρκοῦμεν, καὶ οἱ ἐν Εὐβοίᾳ Χαλκιδεῖς, οὕτως ἡμῖν δεδουλωμένοι, ὥστε δύναμιν μὲν καὶ παρασκευὴν οὐκ ἔχειν, δι' ἧς ἐπιθήσονται ἡμῖν. χρήματα δὲ ἔχοντες εἰσφέρειν εἰς τὸν πρὸς Πελοποννησίους πόλεμον. οἱ δὲ ἐνθάδε, ἐλεύθεροί τε καὶ αὐτόνομοι ὄντες, καὶ δύναμιν ἔχοντες, μάλιστα ἡμῖν εἰσὶν ὠφέλιμοι. — Καὶ ὁ Χαλκιδεύς] ὁ ἐν Εὐβοίᾳ δηλονότι. — Ἀπαράσκευος ὤν] γεγυμνωμένος πολεμικῆς παρασκευῆς.

LXXXV. Οὐδὲν ἄλογον ὅ τι ξυμφέρον] οὐκ ἔστιν ἄλογον τὸ ἐπὶ τῷ ξυμφέροντι πραττόμενον. — Οὐδ' οἰκεῖον, ὅ τι μὴ πιστόν] οὐδὲ φίλος τις οὐδὲ ἐπιτήδειος, ἂν μὴ πιστὸς ᾖ. — *Ἢ ἐχθρὸν ἢ φίλον...] καὶ ἐχθρὸν δὲ, φησὶ, καὶ φίλον δεῖ πρὸς ἕκαστα ἐν καιρῷ γίγνεσθαι, ἁρμοττόμενον τοῖς παροῦσι πράγμασι. — 2. Καὶ γὰρ τοὺς ἐκεῖ ξυμμάχους] ἀντὶ τοῦ, καὶ γὰρ τῶν ἐκεῖ συμμάχων. — Τοὺς δὲ πολλοὺς χρημάτων β. φ.] τοὺς δὲ πολλοὺς χρήματα πρασσόμενοι ἄκοντας. — 3. Καὶ, ὃ λέγομεν, ἐς Συρακουσίους δέος] ὃ λέγομεν δέος ἡμῖν εἶναι διὰ Συρακουσίους, πρὸς τὸ ἡμῖν λυσιτελοῦν καθίσταται. — Καὶ βούλονται, ἐπὶ τῷ ἡμετέρῳ ξυστήσαντες...] καὶ βούλονται, ὑπόπτους ἡμᾶς ποιήσαντες ὑμῖν, καὶ διαβαλόντες, ὑφ' αὑτοῖς ποιήσασθαι τὴν Σικελίαν, ἤτοι βίᾳ κρατήσαντες ὑμῶν, ἢ μόνους ἀπολαβόντες, ἡμῶν ἀπράκτων ἀπελθόντων. — Ἀνάγκη δέ] ἀνάγκη τὸ ἄρξαι τοὺς Συρακουσίους τῆς ὅλης Σικελίας. — Οὔτε γὰρ ἡμῖν...] οὔτε γὰρ ἡμεῖς ἔτι τοσαύτην συνάγειν ἀθρόαν δύναμιν καὶ μεταχειρίσασθαι δυνησόμεθα, οἵ τε Συρακούσιοι οὐκ ἂν εἶεν ἀσθενεῖς ὡς πρὸς ὑμᾶς, ἡμῶν μὴ συμμαχούντων ὑμῖν.

LXXXVI. Προσείοντες] προσποιοῦντες, ἐπανατεινόμενοι. — 2. Ὑποπτεύεσθαι] ἤγουν οὐδὲ δίκαιον ὑποπτεύεσθαι, ὅτι καταδουλώσαιμεν. — 3. Καὶ ἀπορία φυλακῆς...] καὶ οὐ δυνάμενοι φυλάττειν πόλεις μεγάλας καὶ παρασκευὴν ἠπειρωτικὴν παρασκευασμένας, τουτέστιν ἱππεῦσι καὶ πεζῷ ἰσχυούσας, αὐτοὶ ναυτικοὶ ὄντες. — Οἵδε δὲ οὐ στρατοπέδῳ...] Συρακούσιοι δὲ, ἐφεδρεύοντες ὑμῖν (τοῦτο γάρ ἐστι τὸ ἐποικοῦντες) οὐκ ἐπὶ στρατοπέδου, ἀλλὰ πόλεως μείζονος τοῦ ἡμετέρου στρατοπέδου. — Καὶ ὅταν καιρὸν λάβωσι...] καὶ λαβόμενοι καιροῦ οὐκ ἀνήσουσιν, ἀλλ' ἐπιθήσονται ὑμῖν. — 5. Ἀντιπαρακαλοῦμεν] ἤγουν εἰς ἐναντίαν παράκλησιν κινοῦμεν. — Τὴν ὑπάρχουσαν] σωτηρίαν δηλονότι. — Νομίσαι τε...] νομίσαι τε, φησὶ, Συρακουσίοις μὲν τὸ ἐφ' ὑμᾶς στρατεύειν ἐν ἑτοίμῳ εἶναι καὶ χωρὶς συμμάχων, (πλήθει γάρ εἰσι πολλοί,) ὑμῖν δὲ οὐ πολλάκις ἔσεσθαι μετὰ τοσῆσδε παρασκευῆς ἀντιτάξασθαι πρὸς αὐτοὺς, ὅσην ἐστὶν ἡ ἡμετέρα, ἣν δύναμιν, ἴστε, εἰ ὑποπτεύσαντες ἄπρακτον * ἐάσετε ἀπελθεῖν, εἴτε καὶ περιόψεσθε νικηθεῖσαν, εὔξεσθε ἄν ποτε, καταδουλωθέντες, ὅτε οὐδὲν ὄφελος ἔσται βοηθείας, πολλοστημόριον τῆς ἡμετέρας δυνάμεως ἐλθεῖν ὑμῖν σύμμαχον. — Τοσῆσδε ἐπικουρίας] τῆς ἡμῶν, ἣν ἔχομεν. — Ἣν] ἣν σωτηρίαν.

LXXXVII. 2. Ὅπως μὴ ὑπ' αὐτῶν βλαπτώμεθα] ἀπὸ κοινοῦ τὸ φαμέν. — Πολλὰ δ' ἀναγκάζεσθαι πράσσειν...] πολλαχοῦ δὲ στρατεύομεν, κἀκεῖ καὶ ἐπὶ Σικελίαν, διὰ τὸ καὶ πολλοὺς φοβεῖσθαι. — 3. Μήθ' ὡς σωφρονισταὶ ...] ὑπερβατόν· μήτε, ὃ χαλεπὸν ἤδη, ὡς σωφρονισταὶ ἀποτρέπειν πειρᾶσθε. χαλεπὸν δὲ ἤδη ἐστὶ τὸ ἀποτρέψαι ἡμᾶς. — Πολυπραγμοσύνης] πολυπραγμονεῖν λέγει τὸ πολλοῖς ἐπιχειρεῖν καὶ πολλαχοῦ. ἐκ δὲ τῆς πολυπραγμοσύνης

καὶ τοῦ τρόπου ἡμῶν ὅ τι ἂν ὑμῖν συμφέρῃ, τούτῳ τῷ μέρει χρήσασθε. — Μὴ πάντας ἐν ἴσῳ βλ. αὐτά] μὴ πάντας ὁμοίως δηλονότι βλάπτεσθαι ὑπὸ τῆς ἡμετέρας πολυπραγμοσύνης καὶ τοῦ τρόπου. — 4. Ἐν παντὶ γὰρ πᾶς ...] Ἐν πάσῃ γὰρ γῇ, καὶ ἧς οὐκ ἄρχομεν, οἵ τε ἐπιβουλεύοντες τοῖς πέλας καὶ οἱ φοβούμενοι ἐκείνους, διὰ τὸ ἀμφότεροι προσδέχεσθαι τὴν ἡμετέραν διὰ τάχους παρουσίαν, οἵ τε ἐπιβουλεύοντες διὰ τὸν ἀφ' ἡμῶν φόβον σωφρονέστεροι γίγνονται, καὶ οἱ ἐπιβουλευόμενοι σώζονται χωρὶς πόνου. — 5. Ἀλλ' ἐξισώσαντες ...] ἀλλ' ἐξισωθέντες καὶ ὁμοιωθέντες τοῖς ἄλλοις ἀνθρώποις, τοῖς οὐ μόνον φυλάττεσθαι τοὺς ἀδικοῦντας, ἀλλὰ καὶ ἀντεπιβουλεύειν τοῖς προεπιβουλεύουσιν εἰθισμένοις, καὶ αὐτοὶ, πρὸς τοὺς Συρακουσίους μεθ' ἡμῶν στάντες, τοῦ αὐτοῦ μεταλάβετε, τουτέστιν ἀντεπιβουλεύσατε αὐτοῖς.

LXXXVIII. Ἐπεπόνθεσαν τοιόνδε] ἤγουν κατὰ ψυχὴν διετέθησαν. — Πλὴν καθ' ὅσον ...] πλὴν εἰ καταδουλοῖντο οἱ Ἀθηναῖοι τὴν Σικελίαν. — Ἐπικρατέστεροι] τῶν Συρακουσίων δηλονότι. — Ἴσα] ἐπ' ἴσης. — 4. Καὶ οἱ μὲν πρὸς τὰ πεδία ...] οὐ τῶν Συρακουσίων ἀφειστήκεσαν· ἀλλ' οἱ ἐν τοῖς πεδίοις οἰκοῦντες ἀφειστήκεσαν, καὶ οὐ προσεχώρουν τοῖς Ἀθηναίοις. — 5. Φρουρούς τε πεμπόντων ...] ὡς τῶν Ἀθηναίων τοὺς Συρακουσίους φρουροὺς κωλυόντων βοηθεῖν ταῖς πόλεσιν. — 7. Ἐπιβουλευόμενα] ἀντὶ τοῦ ἐπικίνδυνα ἐξ ἐπιβουλῆς. — 8. Σαφέστερον] ἐπιφανέστερον.

LXXXIX. Τῷ ὑπόπτῳ μου] ἤτοι διὰ τὸ ὑποπτεύειν με, τῇ κατ' ἐμαυτὸν ὑποψίᾳ. — 3. Εἴ τις καὶ τότε ἐν τῷ πάσχειν ...] εἴ τις πάσχων τότε οὐκ εἰκότα, τουτέστι κακῶς, ὠργίζετό μοι, νῦν τὸ ἀληθὲς σκοπῶν μεταπειθέσθω. — Τῷ δήμῳ προσεκείμην] τὰ τοῦ δήμου ᾠδὴν ἔφρόνουν, τῶν Ἀθηναίων δηλονότι. — 5. Καὶ ὅπερ ἐδέξατό τις] καὶ ὅπερ ἐδέξατό τις σχῆμα, τουτέστιν ἥντινα πολιτείαν παρέλαβεν. — 6. Ἐπεὶ δημοκρατίαν γε ...] ἐπεὶ οἵ γε φρόνιμοι ἴσασιν, ὁποῖόν τί ἐστι δημοκρατία, (τουτέστιν ὡς πονηρόν·) καὶ αὐτὸς ἂν ἐγὼ οὐδενὸς ἧττον λοιδορήσαιμι αὐτὴν, ὅσῳ καὶ μέγιστα ὑπ' αὐτῆς ἠδίκημαι. — Περὶ ὁμολογουμένης ἀνοίας] ὁμολογουμένην ἄνοιαν τὴν δημοκρατίαν λέγει.

XC. 2. Καὶ τῆς Καρχηδονίων ἀρχῆς...] τοὺς τε ὑπηκόους τῶν Καρχηδονίων, καὶ αὐτοὺς, εἰ δυναίμεθα, καταστρεφόμενοι. — Ἀποπειράσοντες] ἤγουν ἀποπειρασόμενοι. — 3. Ἐντειχισάμενοι] περιτειχίσαντες, ἢ φρούρια ἐν τῇ χώρᾳ αὐτῶν ἐπιτειχίσαντες· ὃ καὶ μᾶλλον. — 4. Ὥστε εὐπορώτερον γίγνεσθαι ...] ὥστε εὐπορώτερον ἂν εἴη σίτου καὶ χρημάτων.

XCI. Καὶ ὅσοι ὑπόλοιποι στρατηγοί ...] καὶ ὅσοι στρατηγοὶ ἐν Σικελίᾳ Ἀθηναῖοί εἰσιν, ἂν δυνηθῶσιν, ὥσπερ εἶπον, πράξουσιν. — Οὐ περιέσται] οὐ σωθήσεται. — 4. Τούς τε παρόντας] εἰς Σικελίαν δηλονότι. — Προσίασιν] ἀντὶ τοῦ προσελεύσονται. — 5. Ἐνθάδε] ἤγουν ἐν Πελοποννήσῳ. — Φανερώτερον ἐκπ.] ἤτοι φανερῶς πολεμεῖν τοῖς Ἀθηναίοις, ἢ ἐπιφανῶς καὶ μεγάλως. — Ἵνα Συρακούσιοί τε, νομίζοντες ὑμᾶς ...]

Ἵνα Συρακούσιοί τε, εἰδότες οὐκ ἀμελοῦντας ὑμᾶς αὐτῶν, μὴ προσχωρήσωσιν Ἀθηναίοις, καὶ Ἀθηναῖοι, Δεκελείας ἐπιτειχισθείσης κακούμενοι, μὴ πέμπωσι βοήθειαν εἰς Σικελίαν. — 6. Οὐ διαπεπειρᾶσθαι] πεῖραν οὐκ εἰληφέναι. — 7. Ἡ χώρα] τῶν Ἀθηναίων. — Καὶ ὅσα ἀπὸ γῆς καὶ δικαστηρίων νῦν ...] ἐξήτηται πῶς, Δεκελείας ἐπιτειχιζομένης, ἔμελλον οἱ Ἀθηναῖοι τῆς ἀπὸ τῶν δικαστηρίων [προσόδου στερήσεσθαι. φαμὲν οὖν ὡς ἦν τις πρόσοδος ἀπὸ τῶν δικαστηρίων, οἷα ἡ ἀπὸ τῶν γραφῶν δωροδοκίας ὕβρεως, συκοφαντίας, μοιχείας, ψευδογραφίας, παραπρεσβείας, λειποστρατίου. οὐ γὰρ πάσαις ἀτιμία προσετιμᾶτο ἢ θάνατος, ἀλλὰ πολλαῖς καὶ χρημάτων εἰσπράξεις· ὁ γὰρ ἐν αὐταῖς νικηθεὶς ἐζημιοῦτο. ταύτης οὖν τῆς πάσης προσόδου στερήσεσθαι ἔμελλον οἱ Ἀθηναῖοι, πολεμίων αὐτοῖς ἱδρυμένων ἐν τῇ χώρᾳ, καὶ σχολὴν οὐ παρεχόντων δικάζεσθαι. καὶ γὰρ τὰ ἐκ τῶν τοιούτων ἀφορμῶν χρήματα τῇ πόλει ἐδίδοτο. — Διαφορουμένης] τουτέστι πεμπομένης, διηνεκῶς φερομένης.

XCII. 2. Ἐγκρατῶς ἐπέρχομαι] ἀντὶ τοῦ καρτερῶς. — Οὐδὲ ὑποπτεύεσθαί μου ...] οὐκ ἄξιον ὑποπτεύεσθαί μου τὸν λόγον, διὰ τὸ προθυμηθῆναί με φεύγειν. — 3. Καὶ οὐ τῆς ὑμετέρας... ὠφ.] οὐκ εἰμὶ φυγὰς τῆς ὑμετέρας ὠφελείας, τουτέστιν οὐ φεύγω τὸ ὠφελεῖν ὑμᾶς. — Καὶ πολεμιώτεροι...] οὐχ οὕτως ὑμᾶς ἡγοῦμαι πολεμίους, ὡς Ἀθηναίους. ὑμεῖς μὲν γὰρ, εἴ τι ἐβλάψατε, ἐχθροὶ ὄντες ἐλυπήσατε· οἱ δὲ Ἀθηναῖοι φίλον ὄντα κατηνάγκασαν ἐχθρὸν γενέσθαι. — 4. Τό τι φιλόπολι...] φιλόπολις, φησίν, οὐ νῦν εἰμὶ, ἡνίκα ἀδικοῦμαι, ἀλλὰ τότε, ὅτε ἀσφαλῶς ἐπολιτευόμην. — 5. Αὐτούς] ἤτοι ὑμᾶς. — Ἐκεῖ] ἐν Σικελίᾳ δηλονότι.

XCIII. Περιορώμενοι] περιορῶντες, καταφρονοῦντες. — 2. Τῇ ἐπιτ.... προσεῖχον ἤδη τὸν νοῦν] ἀντὶ τοῦ, σκοπὸς ἦν αὐτοῖς καὶ διάνοια ἐπιτείχισμα ποιῆσαι ἐν τῇ Δεκελείᾳ. — Τιμωρίαν] βοήθειαν. — Μετ' ἐκείνων] ἤγουν τῶν Συρακουσίων. — 3. Ὁ δέ] ὁ Γύλιππος.

XCIV. 2. Τούς τε ἀγρούς] τῶν Μεγαρέων δηλονότι. — Καὶ τὸν σῖτον] ἤγουν τὸν στάχυν. — 3. Ἐπισιτισάμενοι] ἤγουν ἐφόδια λαβόντες. — Καὶ προσαγαγόμενοι] ἤγουν λαβόντες, ἐφελκυσάμενοι.

XCV. 2. Οἱ δ' ἐξέπεσον Ἀθήναζε] ἐξελθόντες ἔφυγον εἰς τὰς Ἀθήνας.

XCVI. Σφᾶς] τοὺς Συρακουσίους. — Τὰς προσβάσεις] ἤγουν ἐφόδους. — Ἐξήρτηται γάρ] μὴ ἐπὶ τοῦ ἐξῆρθαι καὶ μετεωρίσθαι ἀκουέσθω, οὔσης τῆς διανοίας τοιᾶσδε· τὸ γὰρ ἄλλο χωρίον, πλὴν προσβάσεων, ἅπαν ὑψηλόν ἐστι καὶ κρημνῶδες, καὶ ἐπικέκλιται πρὸς τὴν πόλιν, ὥστε καταφανὲς ἔσωθεν εἶναι. — 3. Ἐξέκριναν πρότερον] ἐκκρίτους καὶ ἐκλεκτοὺς ἐποίησαντο. — Ταχὺ ξυνεστῶτες παραγ.] ταχὺ παραγίνωνται διὰ τὸ συνεστάναι.

XCVIII. 2. Ἵνα περ καθεζόμενοι] ὅπου πολιορκοῦντες. — Τὸν κύκλον] ἤτοι τὸν περὶ τὸ Λάβδαλον, ἢ τὸν περὶ τὸ τεῖχος τῶν Συρακουσίων, ᾧ ἀπετείχιζον αὐτούς·

ὃ καὶ μᾶλλον. — 3. Καὶ ἀποσκίδνασθαι μακρ.] καὶ κακοῦν αὐτῶν τὴν χώραν διὰ τὸ πορρωτέρω προϊέναι. — Φυλὴ μία] ἀντὶ τοῦ ἓν τάγμα ἀπὸ φυλῆς μιᾶς.

XCIX. Οἱ μέν] τὸ ἑξῆς, οἱ μὲν τῶν Ἀθηναίων. — Ἥπερ βραχύτατον...] καθ' ὃ ἔμελλε βραχύτατον ἔσεσθαι τὸ διατείχισμα. — Ἐκ τοῦ μεγάλου λιμένος...] ἐπὶ χερρονήσῳ ἡ πόλις τῶν Συρακουσίων κεῖται, γινομένου τινὸς ἰσθμοειδοῦς τῇ μὲν ὑπὸ τοῦ μεγάλου λιμένος, τῇ δὲ ὑπὸ τῆς ἐπὶ θάτερα θαλάσσης. — 2. Ὑποτειχίζειν δὲ ἄμεινον ἐδόκει εἶναι...] οἱ μὲν Ἀθηναῖοι, φησίν, ἐβούλοντο, ἐκ θαλάσσης εἰς θάλατταν τεῖχος οἰκοδομησάμενοι, Συρακουσίους.εἷρξαι τῆς ἔξω γῆς, κατακλείσαντες εἰς τὴν χερρόνησον. οἱ δὲ Συρακούσιοι ὄρθιον [l. πλάγιον] τεῖχος διὰ μέσου τοῦ ἰσθμώδους ὑπετείχιζον, κώλυμα ἐσόμενον τοῖς Ἀθηναίοις τοῦ δύνασθαι διατειχίσαι. καὶ ἐνόμιζον, εἰ φθάσαιεν παρατειχίσαντες αὐτοί, ἀποκλεῖσαι ἂν ἐκείνους τοῦ ἔτι διατειχίσαι δύνασθαι. εἰ γὰρ δὴ καὶ κωλύειν αὐτοὺς ὑποτειχίζοντας οἱ Ἀθηναῖοι ἐθέλοιεν, μέρει μὲν ἄν τινι τῆς αὐτῶν στρατιᾶς ἀντιτάξασθαι τοῖς ἐπιοῦσι τῶν Ἀθηναίων, οἱ λοιποὶ δὲ ἐν τούτῳ προαποσταυρώσειν τὰ βάσιμα τοῖς Ἀθηναίοις. ἐφόδους γὰρ τὰ βάσιμα λέγει. ὀλίγα δὲ τὰ ἐπιβαθῆναι δυνάμενα διὰ τὸ τελματῶδες εἶναι τὸ χωρίον. — Ἐπιβοηθοῖεν] οἱ Ἀθηναῖοι. — Αὐτούς] τοὺς Συρακουσίους. — Προκαταλαμβάνοντες] οἱ Συρακούσιοι. — Ἐκείνους δὲ ἄν...] ἡ διάνοια, τοὺς μὲν Συρακουσίους μέρος ἀντιπέμπειν τῆς στρατιᾶς, καὶ συνεχῶς τειχίζειν, τοὺς δὲ Ἀθηναίους ἅπαντας πρὸς αὐτοὺς τοὺς Συρακουσίους τρέπεσθαι, καὶ* οὕτω παύσεσθαι τοῦ τειχίζειν.

C. Φοβούμενοι μὴ σφίσι...] κατὰ τὴν λεγομένην ἀνάληψιν τὸ « φοβούμενοι οἱ Ἀθηναῖοι » εἴρηται. τὸ δὲ « σφίσι δίχα γιγνομένοις» [μὴ] τῶν μὲν τειχιζόντων, τῶν δὲ μαχομένων. — Περιτείχισιν ἐπειγόμενοι] σπεύδοντες αὐτοὶ διατειχίσαι.—Ὑπονομηδόν] διὰ ὑπονόμων καὶ σωλήνων. — Πρὸς τὴν πόλιν] πρὸς τὴν τῶν Συρακουσίων. — 2. Βίᾳ ἐξεκρούσθησαν πάλιν] ἀμφίβολον, πότερον βίᾳ ἐξῆλθον ἢ βίᾳ ἐξεκρούσθησαν.—3. Ἡ πᾶσα στρατιά] τῶν Ἀθηναίων. — Διεφόρησαν] διεκόμισαν.

CI. Καὶ ἧπερ αὐτοῖς βραχύτατον...] καθ' ὃ μέρος βραχύτατον ἔμελλε τὸ διατείχισμα ἔσεσθαι.. — 3. Οἳ δ'] οἱ Ἀθηναῖοι. — Ἦ πηλ. ἦν καὶ στεριφώτατον] καθὸ τὸ ἕλος οὐχ ὑδατῶδές ἦν, ἀλλὰ πηλῶδες καὶ στερεόν. — 6. Τάφρον τινὰ μετ' ὀλίγων] γράφεται, τάφρον τινά, καὶ μονωθεὶς μετ' ὀλίγων.

CI. 3. Κατὰ τάχος ἀπῄεσαν] ἤτοι οἱ Συρακούσιοι.
CIII. 2. Περιεωρῶντο] ἤγουν κατεφρόνουν.—4. Κύρωσις] βεβαίωσις τῆς φιλιώσεως.—Ἐκεῖνον] τὸν Νικίαν.
CIV. Ἐπὶ τὸ αὐτὸ ἐψευσμέναι] ψευδεῖς μέν, σύμφωνοι δέ. — Περιποιῆσαι] σῶσαι. — Τὸν Ἰώνιον]

Ἰώνιον μὲν Ἀττικῶς μέγα γράφε·
ἄλλως δὲ μικρὸν οὐχ ἁμαρτήσεις γράφων.

— 2. Πρεσβευσάμενος] πρεσβεὺς ὢν αὐτός. — Κατὰ βορέαν ἑστηκώς] ἤγουν κατὰ τὸ πρόσωπον τοῦ βορέου, οὐχ ὁ κόλπος, ἀλλ' ὁ ἄνεμος. τὸ δὲ ἑστηκὼς ἤτοι στάσιμος ὢν καὶ διηνεκής, ὡς καὶ στάσιν ἀνέμου λέγομεν, ἢ κατ' αὐτὸν βορρᾶν. — Προσμίσγει] ἐλλιμενίζει. — Ἐπεσκεύαζεν] ἤγουν ἀνεκαίνιζεν. — 3. Ὑπερεῖδε τὸ πλῆθος] κατεφρόνησε.

CV. 2. Ὅσον σχόντας μόνον] μέχρις οὗ ψαύσωσι μόνον τῆς Λακωνικῆς. — Καὶ τὸ ἐλάχιστον] ἤγουν καὶ ἐπ' ἐλάχιστον. — Ἀποβάντες] ἤγουν οἱ Ἀθηναῖοι. — Εὐπροφάσιστον] εὐάφορμον.

IN LIBRUM VII.

I. Ὁ δὲ Γύλιππος] ἐνταῦθα ἡ τῶν Συρακουσίων ἄρχεται νίκη καὶ τῶν Ἀθηναίων ἧττα· ὧν οἱ μὲν εἰς ἔσχατον ἀπορίας ἧκον, οἱ Συρακόσιοι, οἱ δὲ Ἀθηναῖοι νικῶντες ἐγένοντο, καὶ ἐλπίδας εἶχον δι' ὀλίγου Συρακουσῶν περιγενέσθαι· ἀλλὰ τοῖς μὲν Συρακουσίοις ἐκ τῶν ἀπόρων ἐγένετο εὐπορία, τοῖς δ' Ἀθηναίοις ἐξ εὐπραξίας ἡ δυσπραγία. ὅθεν οὐ δεῖ* μήτε ἀπελπίζειν ἐν ἀπορίαις, μήτε θαρρεῖν ἐν ταῖς εὐτυχίαις, πρὸς ταῦτα ὁρῶντας. — Διακινδυνεύσωσιν εἰσπλεῦσαι] πειραθῶσι διὰ κινδύνου εἰσπλεῦσαι. — Αὐτούς τε ἐκείνους] τοὺς Ἱμεραίους δηλονότι. — 2. Ἔδοξεν αὐτοῖς] καλὸν ἐφάνη. — Οὔπω παρουσῶν...] ἤτοι οὔπω οὐσῶν ἐν τῷ Ῥηγίῳ, ἢ οὔπω παρουσῶν εἰς τὸ Ῥήγιον. — Ὡς ὁ Νικίας ὅμως, πυνθανόμενος...] τὸ ὅμως διὰ τοῦτο πρόσκειται, ὅτι ἐν τῇ ἕκτῃ [c. 104] ὀλιγωρεῖν ἔφη τὸν Νικίαν τῆς φυλακῆς τοῦ κατάπλου** Πελοποννήσου. — Φθάσαντες δέ] προλαβόντες. — Ἐν Ἱμέρᾳ] ἀντὶ τοῦ ἐν τῷ λιμένι τῆς Ἱμέρας. — Ἔς τι χωρίον] ὡρισμένον δηλονότι.

II. Αὐτούς] τοὺς Συρακουσίους. — 2. Ἐγγύς] τῶν Συρακουσίων δηλονότι. — Ἠσθανόντο] ἀντὶ τοῦ ἤκουον. — 4. Κατὰ βραχύ τι] βαρυτέρως τινὲς ἀναγιγνώσκουσιν, ἵνα μὴ τὸ ὀλίγον, ἀλλὰ τὸ* πηλωδὲς ἀκούσαι. — Τῷ δὲ ἄλλῳ τοῦ κύκλου] κατὰ δὲ τὸ ἄλλο μέρος τοῦ τείχους τῶν Συρακουσίων. κύκλον γὰρ τὸ τῶν Συρακουσίων τεῖχος νῦν λέγει. — Παραβεβλημένοι] ἤγουν παρερριμμένοι πρὸς οἰκοδομίαν. — Τῷ πλέονι ἤδη ἦσαν] ἤτοι τῷ πλέονι μέρει τοῦ κύκλου.

III. Ὁ δέ] ὁ Γύλιππος. — Θέμενος] ἀποθέμενος. — 5. Τῷ λιμένι] τῷ μεγάλῳ.

IV. Καὶ μετὰ ταῦτα ἐτείχιζον οἱ Συρακούσιοι] ἐν τῇ ἕκτῃ[c. 99] δεδήλωται ἡμῖν, τίνα τρόπον ὑπετείχιζον οἱ Συρακούσιοι, περιτειχιζόντων τῶν Ἀθηναίων. — 2. Ἀναβεβήκεσαν] ἀνακεχωρήκεσαν. — 3. Ἔξω τοῦ τείχους. — Δι' ἐλάσσονος] διαστήματος. — 4. Πρὸς τῷ λιμένι ...] λιμένα μὲν τῶν Συρακουσίων τὸν μέγαν λέγει· τειχισθέντος δὲ τοῦ Πλημμυρίου, τὴν ἔφόρμησιν αὐτόθεν δι' ὀλίγου χωρίου ἔσεσθαι. — Ἐκ μυχοῦ] ἔντοσθεν. — Ἐπαγωγάς] ἐπαγωγός, ἐφελκυστικός· ἐπαγωγή, συμφορά, αἰχμαλωσία, ζημία, ἤτοι τὸ ὁπωσοῦν ἐπαγόμενον κακόν· ἐπαγωγὰ τὰ ἀπατηλά. — Ἤν τι ναυτικῷ κινῶνται] ἐάν τι κατὰ θάλασσαν παρακινῶσιν οἱ Συρακούσιοι. — Ἀνελπιστότερα ὄντα] τοῦ δύνασθαι δηλονότι νικῆσαι. — 6. Τῶν πληρωμάτων] ἤγουν τῶν

νηῶν. — Φρυγανισμόν] ξυλισμόν. — 7. Προσβολήν] εἴσοδον. — Ναυλοχεῖν] ἐπιβουλεύειν.

V. 2. Τῆς ἐφόδου] ἐπιθέσεως τῆς πολεμικῆς. § Ἔροδος, ἐπιδρομή, ἐπιβουλὴ ἢ μηχανή. — 4. Ὡς τῇ μὲν παρασκευῇ οὐκ ἐλ. ἔξοντας] ἀμφίβολον, πότερον οὐκ ἔλαττον νῦν παρασκευάσασθαι ἤπερ ἐν τῇ προτέρᾳ μάχῃ, ἢ οὐκ ἔλαττον τῶν Ἀθηναίων παρασκευάσασθαι· ὃ καὶ μᾶλλον. — Τῇ δὲ γνώμῃ] τῷ σκοπῷ. — Καὶ ξυγκλύδων ἀνθρώπων] ἤγουν χυδαίων.

VI. Καὶ εἰ ἐκεῖνοι] οἱ περὶ τὸν Γύλιππον. — Σφίσι] τοῖς Ἀθηναίοις. — Παροικοδομούμενον] ἤγουν πλησίον. — Ἤδη γὰρ καὶ ὅσον οὐ ...] τὸ τεῖχος τὸ ὑπὸ τῶν Συρακουσίων ὑποτειχιζόμενον ἐπὶ κωλύσει τοῦ τῶν Ἀθηναίων τειχίσματος ἤδη ἐγγὺς ἦν παρεληλυθέναι καὶ ὑπερβεβηκέναι τὸ τέλος τοῦ τῶν Ἀθηναίων διατειχίσματος. — Καὶ εἰ προέλθοι ...] τοῦ τῶν Συρακουσίων ὑποτειχίσματος μὴ παραλλάξαντος τῇ οἰκοδομήσει, οὐδὲν ἔτι ὄφελος ἦν τοῦ τῶν Ἀθηναίων διατειχίσματος. οἱ γὰρ Συρακούσιοι ἐν ἀσφαλεῖ ἔμελλον ἔσεσθαι μετὰ ταῦτα, εἴτε μάχοιντο καὶ νικῷεν τοὺς Ἀθηναίους, εἴτε καὶ ἡσυχάζοιεν ἐπὶ τῶν αὐτῶν. — 3. Ὅπερ κατ' αὐτοὺς ἦν] ἤγουν τοὺς ἱππεῖς τῶν Συρακουσίων. — Κατηράχθη] μετὰ ἀραγμοῦ καὶ σφοδρότητος ἐνέπεσεν. — Αὐτοὶ κωλύεσθαι] αὐτοὶ οἱ Συρακούσιοι ὑπ' αὐτῶν τῶν Ἀθηναίων, ἐκείνους δὲ, τοὺς Ἀθηναίους.

VII. 4. Ναυτικὸν ἐπλήρουν] ἤγουν ναῦς ἐπλήρουν ναυτῶν. — Ἀνεπειρῶντο] ἐμελέτων. — Καὶ ἐς τἆλλα] τὰ κατὰ τὴν χέρσον.

VIII. Καὶ τὴν σφετ. ἀπορ.] ἀπὸ κοινοῦ τὸ ἐπιδιδοῦσαν. — 2. Γνώμης] τῆς αὐτοῦ Νικίου. — Ἐν τῷ ἀγγέλῳ] ἐν τῇ ἀγγελίᾳ. — 3. Καὶ οἱ μὲν ᾤχοντο φέροντες ...] τὸ ἑξῆς, καὶ οἱ μὲν, οὓς ἀπέστειλεν, ᾤχοντο φέροντες τὰ γράμματα. — Ὁ δὲ ...] ἡ διάνοια· ἐπιμέλειαν εἶχε τοῦ φυλάττεσθαι μᾶλλον ἢ τοῦ κινδυνεύεσθαι ἑκουσίως.

X. Ὁ δὲ γραμματεύς] οὐ κυρίως γραμματέα λέγει τὸν τὴν ἀρχὴν ἔχοντα, ἀλλ' ὑπηρέτην τὸν εἰωθότα ἐν τῷ κοινῷ τὰ τοῦ δήμου γράμματα ἀναγιγνώσκειν. τοῦτο δὲ οὐκ ἔντιμον ἦν.

XI. Οὐχ ἧττον] ἢ πρότερον δηλονότι. — 2. Ἐφ' οἷς] καθ' ὧν. — Ἔστιν ὧν] ἤγουν καὶ ἀπὸ τινῶν. — Βιασθέντες ἀνεχ.] σεμνῶς πάνυ τὸ « βιασθέντες ἀνεχωρήσαμεν » ἐπικρύπτει τοὺς ἀναιρεθέντας, ἵνα ἡ αἰτουμένη ἀποσταλῇ βοήθεια. — 3. Τοῦ περιτειχισμοῦ] τῶν Συρακουσίων δηλονότι. — Ἀπαναλωκυίας ... ὁπλιτ.] τῶν γὰρ ὁπλιτῶν τινες πρὸς τὸ φυλάττειν ἦσαν τὰ τείχη. — Τὸ παρατείχισμα τοῦτο] τῶν Συρακουσίων δηλονότι. — 4. Πολιορκεῖν δοκοῦντας ... τοῦτο πάσχειν] τὸ πολιορκεῖσθαι μᾶλλον ἢ πολιορκεῖν, δηλωτικὸν καὶ τῆς ἥττης, καὶ παρορμητικὸν τοῦ πεμφθῆναι βοήθειαν, δι' ἧς σωθήσονται· τὸ δὲ ἀποστεῖλαι πρὸς Πελοπόννησον ἕνεκεν στρατιᾶς τοὺς ἐναντίους, καὶ τὸ τὸν Γύλιππον τὰς πόλεις ἀναπείθειν αὐτοῖς συμπολεμεῖν, τοῦ καὶ αὐτοὺς πλείστην στρατιὰν, πεζήν τε καὶ ναυτικὴν, τὴν ταχίστην ἐξαποστεῖλαι. — Κατὰ γῆν τοῦτο πάσχειν] ἐν τῷ κατὰ γῆν μέρει ἡττᾶσθαι· ἐπεὶ ἔν γε τῷ κατὰ θάλατταν ἐπεκράτουν οἱ Ἀθηναῖοι. — Ἐπὶ πολύ] διάστημα δηλονότι.

XII. Ἐπ' ἄλλην στρατιάν] ἤγουν δι' ἄλλην. — 3. Ὅπερ κἀκεῖνοι] γράφεται, ᾗπερ καὶ ἐκεῖνοι. — Τῶν πληρωμάτων] τῶν ναυτῶν. — Διάβροχοι] σεσηπυῖαι. Ὅμηρος [Il. B, 135]·

Καὶ δὴ δοῦρα σέσηπε νεῶν, καὶ σπάρτα λέλυνται.

— Θαλασσεύουσαι] ἤγουν ἐν θαλάττῃ οὖσαι. — 4. Διαψῦξαι] διακαθᾶραι. — Διὰ τὸ ἀντιπάλους ...] γράφεται, διὰ τὸ ἀντιπάλους καὶ τῷ πλήθει καὶ ὅτι πλείους. — 5. Ἐπ' ἐκείνοις] ἀπὸ κοινοῦ τὸ εἰσί.

XIII. 2. Καὶ ἁρπαγὴν μακράν] καὶ διὰ τὸ ἐπὶ πολλοῦ διαστήματος ἐφ' ἁρπαγὴν ἐξιέναι. — Αὐτομολοῦσιν] ἑκουσίως ἀποφεύγουσιν. — Κατὰ τὰς πόλεις] τῶν Σικελῶν δηλονότι. — Πολλὴ δ' ἡ Σικελία] ἤγουν εὐρύχωρος. — Ὑκκαρικά] ἀπὸ Ὑκκάρων πόλεως Σικελῶν, ὧν μέμνηται ἐν τῇ ἕκτῃ [c. 62]. — Τὴν ἀκρίβειαν τοῦ ναυτικοῦ ἀφῄρηνται] ἤτοι ἐλυμήναντο τὸ ἀκριβὲς τῆς ναυτικῆς δυνάμεως.

XIV. Ὅτι βραχεῖα ἀκμὴ πληρώματος] ἀντὶ τοῦ οὐ πολλῷ χρόνῳ ἀκμάζει ἡ ναυτικὴ δύναμις. — Τούτων δὲ πάντων ἀπορώτατον ...] μείζονα πάντων τῶν εἰρημένων ἀπορίαν ἔχει τὸ μὴ δύνασθαι ἐμὲ κωλύειν τὰ ἁμαρτήματα. — 2. Χαλεπαὶ γὰρ αἱ ὑμέτεραι φύσεις ἄρξαι] ἀντὶ τοῦ ἀρχθῆναι παθητικὸν ἐνεργητικὸν εἴληπται τὸ ἄρξαι. — Ἐπιπληρωσόμεθα τ. ν.] τὰ πληρώματα ἀναπληρώσομεν. — 3. Διαπολεμήσεται αὐτοῖς] ἀντὶ τοῦ κατεργασθήσεται αὐτοῖς, διαπολεμήσεται ὁ πόλεμος. — Ἀσφαλέστερον ἡγησάμην] συμφέρον κατὰ τὴν βούλησιν.

XV. Ἐφ' ἃ μὲν ἤλθομεν] ἀντὶ τοῦ ὧν ἕνεκεν ἤλθομεν. — Ἅπασα ξυνίσταται] ἤγουν συνάγεται, εἰς ὁμόνοιαν ἔρχεται. — Μηδὲ τοῖς παροῦσιν αὐταρκ.] μηδὲ πρὸς τοὺς ἐνθάδε πολεμίους ἀντέχειν δυναμένων. — 2. Ἀξιῶ δ' ὑμῶν ξυγγνώμης τυγχάνειν] ἀντὶ τοῦ ἄξιος δέ εἰμι συγγνώμης ἐπιτυχεῖν. — Τὰ μὲν λήσουσιν ὑμᾶς] ἀκόλουθον ἦν τῷ προοκειμένῳ, τὸ «δι' ὀλίγου ποριουμένων, » τὸ τὰ μὲν λησομένων ὑμᾶς, τὰ δὲ φθησομένων. — Φθήσονται] ἤγουν μέλλουσι προλαβεῖν.

XVI. Οὐ παρέλυσαν τῆς ἀρχῆς] ἤγουν ἐξέβαλον. — Τῶν αὐτοῦ] τῶν στρατιωτῶν αὐτοῦ, ἤγουν ἀπὸ τοῦ Νικίου.

XVII. Αὐτόθεν] ἀπὸ τῶν ξυμμάχων. — 3. Ἐπέρρωντο] διηγέρθησαν. — 4. Καὶ τὰς ὁλκάδας αὐτῶν ...] ὅπως τὰς ὁλκάδας τῶν Κορινθίων μὴ κωλύοιεν πλεῖν οἱ Ἀθηναῖοι, ὁρμώμενοι ἐκ Ναυπάκτου. — Ἧσσον] ἀντὶ τοῦ οὐδ' ὅλως. — Πρὸς τὴν ... φυλ. ποιούμ.] Ἀθηναῖοι δηλονότι τρέποντες τὴν φυλακὴν πρὸς τὴν ἀντίταξιν αὐτῶν τῶν * Κορινθίων.

XVIII. Προεδέδοκτο] προεκεχύρωτο. — Ἐναγόντων] ἐμβιβαζόντων καὶ κινούντων εἰς τοῦτο. — Ἐσβο-

λῆς γενομένης] τῶν Λακεδαιμονίων ἐς τὴν Ἀττικήν. — Διακωλυθῇ] ἡ βοήθεια δηλονότι. — 2. Εὐκαθαιρετωτέρους] εὐχειροτέρους. — Ἐν σπονδαῖς] ἀντὶ τοῦ οὐσῶν σπονδῶν. — Καὶ εἰρημένον] ἤγουν τεταγμένου καὶ κεκυρωμένου ὄντος. — Προκαλουμένων] κινούντων. — Διὰ τοῦτο] διὰ τὸ παρασπονδῆσαι. — 4. Ἑτοίμαζον]

Ἐς τὴν μάχην τε καὶ ἑτοίμαζον γράφειν
τῆς Ἀττικῆς οὐκ ἔστιν,' ἀλλ' Ἰωνίδος.

10 — Θουκυδίδης]

Πᾶς τὸν Διὸς Κόρινθον ἐνταυθὶ βλέπε.

XIX. 2. Ἐπιφανές] ἀντὶ τοῦ καταφανές. — 5. Ἀνθώρμουν] ἀντηυλίσαν.
XX. Ὧ εἴρητο] ὥριστο. — 2. Ἐκ καταλόγου] ἐκ τῶν αὐτοχθόνων. — Ξυμπορίσαντες] λαβόντες. — Αὐτῷ] τῷ Δημοσθένει. — 3. Παραλαβεῖν] ἀπὸ κοινοῦ τὸ περιέμενεν.
XXI. 2. Ἀπ' αὐτοῦ] τοῦ ναυμαχεῖν. — 3. Μὴ ἀθυμεῖν ἐπιχειρήσειν] ὑπὲρ τοῦ μὴ ὀκνεῖν ἐπιχειρῆσαι τοῖς Ἀθηναίοις κατὰ θάλασσαν· ἢ ὑπὲρ τοῦ μὴ δεδιέναι. — Ὑπὸ Μήδων] τῶν μετὰ Ξέρξου. — Καὶ πρὸς ἄνδρας τολμηροὺς ...] ἤγουν καὶ τοῖς οὕτω τολμηροῖς, ὡς Ἀθηναῖοί εἰσι, τοὺς ἀντιτολμῶντας φοβερωτάτους φανήσεσθαι. — Ὧ γὰρ ἐκεῖνοι ...] ᾧ γὰρ ἐκεῖνοι, φησί, φοβοῦσι τοὺς πέλας, τουτέστι διὰ θράσος καὶ οὐχὶ διὰ δυνάμεως ὑπεροχήν, τούτῳ ἂν καὶ ὑπὸ Συρακουσίων ἐκφοβήσεσθαι τοὺς Ἀθηναίους. — Ὑποσχεῖν] ὑπολαβεῖν, ἀπαιτηθῆναι, ἢ ὑποβάλλειν. — 4. Εὖ εἰδέναι ἔφη ...] εἰδέναι φησὶν ὅτι Συρακούσιοι, τολμήσαντες ἀντιστῆναι πρὸς τὸ τῶν Ἀθηναίων ναυτικόν, μᾶλλον αὐτοὺς τῷ ἀπροσδοκήτῳ καταπλήξαντες βλάψουσιν ἤπερ ἐκείνους οἱ Ἀθηναῖοι διὰ τῆς ἰδίας ἐμπειρίας εἰς τὴν πεῖραν τοῦ ναυτικοῦ.
XXII. Ἐκ τοῦ ἐλάσσονος] λιμένος δηλονότι. — Πρὸς τὰς ἐντὸς προσμῖξαι] ταῖς ἰδίαις ταῖς ἐντὸς τοῦ μεγάλου λιμένος συμμῖξαι. — 2. Ἀντιπληρώσαντες] εἰς ἀντιπαράταξιν τῶν Συρακουσίων. — Οἱ μέν] οἱ Συρακούσιοι.
XXIII. Ἐν τούτῳ δέ] τῷ καιρῷ δηλονότι. — Ἐν τῷ Πλημμυρίῳ] ἤγουν ἐν τῷ φρουρίῳ τῷ ἐν τῷ Πλημμυρίῳ. — Τὴν γνώμην προσεχόντων] τὸν νοῦν. § τὴν ναυμαχίαν θεωρούντων. — Πρῶτον] ἤγουν κατὰ τὴν πρώτην εἰσβολήν. — 2. Ἐς τὸ στρατόπεδον] τὸ ἑαυτῶν δηλονότι. — Ἐπεδιώκοντο] οἱ ἐκ τοῦ πρώτου τείχους ἁλόντος διαφυγόντες δηλονότι. — Νικώμενοι] τῇ ναυμαχίᾳ. — Οἱ ἐξ αὐτῶν] οἱ ἐκ τῶν τειχῶν τῶν Ἀθηναίων τῶν ἐπὶ τῷ Πλημμυρίῳ. — 3. Βιασάμεναι] νικήσασαι. — Καὶ ταραχθεῖσαι] ἤγουν ἀπὸ ταραχῆς περιπίπτουσαι ἀλλήλαις. — Ταύτας τε γὰρ ἔτρεψαν] οἱ Ἀθηναῖοι δηλονότι.
XXIV. Οὕτως ἐπεπράγεσαν] οὕτως ἐδυστύχησαν. — 3. Αἱ ἐσκομιδαί] αἱ εἰσαγωγαὶ τῶν ἐπιτηδείων.
XXV. Τὸν ἐκεῖ πόλεμον] τὸν ἐν Πελοποννήσῳ. —

Ἐποτρύνωσι] ἐπισπεύσωσι. — Γέμοντα χρημάτων] καὶ ἐπὶ τῶν τυχόντων πραγμάτων τὰ χρήματα λαμβάνεται, καὶ οὐχ, ὥσπερ νῦν ἀδοκίμως, ἐπὶ χρυσοῦ καὶ πολυτίμων εἰδῶν. — 2. Καυλωνιάτιδι] γῇ. — Ἑτοῖμα ᾖν] πρὸς τὸ ναυπηγεῖν δηλονότι. — 4. Φυλάξαντες δ' αὐτοὺς] τηρήσαντες καιρὸν εἰς τὸ ἐπιθέσθαι αὐτοῖς.
— 5. Προσαγαγόντες] τοῖς σταυρώμασι δηλονότι. — Ναῦν μυριοφόρον] μεγάλην, δυναμένην δέξασθαι μυρίον φόρτον. — 6. Καὶ παραφράγματα] ἤγουν παραπετάσματα. — Ὤνευον ἀναδούμενοι τοὺς σταυρούς] * ὄνος μηχανή ἐστι περιαγωγῆς, ᾗ οἱ χρώμενοι ὀνεύειν λέγονται. Ἄλλως. * ὄνος ἐστὶ μηχανὴ ἐπ' ἄκρων τῶν ἀκατίων πηγνυμένη, ἀφ' ἧς περιβάλλοντες βρόχοις τοὺς σταυροὺς ῥᾳδίως ἐκ τοῦ βυθοῦ ἀνέσπων· ἔστι γὰρ ἡ μηχανὴ ἐπὶ τοσοῦτον βιαιοτάτη, ὥστε καὶ σαγήνην βαρεῖαν ὑπὸ δύο ἀνδρῶν ἀπόνως ἕλκεσθαι. καλοῦσι δὲ τὴν μηχανὴν οἱ τοὺς χαμαιλίχοντας ἕλκοντες ἁλιεῖς ἠλακάτην. ἐρρωμενέστερον δὲ πρὸς τὴν ἀνέλκυσιν καθίσταται, ὅταν καὶ δίκρουν ξύλον πρὸ αὐτῆς τεθείη· ἐπ' εὐθείας γὰρ ἡ ἀντίσπασις τῶν ἀνελκομένων γίνεται. — 7. Ἡ κρύφιος] σταύρωσις δηλονότι. — Ἕρμα] φάραγγην. — Τούτους] τοὺς κρυφίους σταυρούς. — Ἐσταύρωσαν] τοὺς σταυροὺς κατέπηξαν. — 9. Ὅτι ἐν ἐλπίσιν εἰσί] τοῦ κρείττονες ἔσεσθαι. — Ξυμβοηθεῖν] βοήθειαν πέμπειν. — Προσδοκίμων ὄντων] θαρρούντων ἄλλῃ στρατιᾷ, ἐλευσομένῃ δηλονότι. — Τὸ παρὸν στράτευμα] τὸ τῶν Ἀθηναίων φησὶ στρατόπεδον.
XXVI. Ξυνελέγη] συνηθροίσθη. — Ἄρας] τὰ ἱστία δηλονότι. — Ξυμμίσγει] ἑνοῦται. — Παραλαβόντες] ἀντὶ τοῦ ἀναλαβόντες. * ᾖ τὸ χ. § ὁ μὲν ὁπλίτης ὡς μὴ ἐρέσσων παραλαμβάνεται, ὁ δὲ ναύτης ὡς κοινωνὸς τῆς εἰρεσίας λαμβάνεται. — 2. Τῆς λιμηρᾶς] ἤγουν τῆς καταξήρου, τῆς ἐνδεοῦς. — Αὐτόσε αὐτομολῶσιν] ἤγουν εἰς τὸ ἰσθμῶδες χωρίον φεύγωσιν. — 3. Ξυγκατ.] συμπεριέγραψε τὸ μέγεθος, καὶ μικρὰν ἀνάστασιν ἐκ τῆς οἰκοδομίας προσδέδωκεν. — Ἐξετείχισεν] εἰς τέλος ἤγαγε.
XXVII. Τοῦ Διακοῦ γένους] γράφεται τῶν Δακικοῦ. Δῖοι Θρᾳκῶν γένος, ὡς αὐτὸς ἐν τῇ δευτέρᾳ λέγει [c. 96]. — Οὓς ἔδει] χρεία ἦν, ὡρισμένον ἦν. — 2. Ὡς ὕστερον ἧκον] μετὰ τὸ ἀποπλεῦσαι δηλονότι τὸν Δημοσθένην. — Πολυτελὲς ἐφαίνετο] πολυδάπανον, δαπανηρόν, πολλὰ τελοῦν· ἐξ οὗ καὶ πολυτελὲς δεῖπνον. — 3. Ὑπὸ πάσης τῆς στρατιᾶς] τῶν Λακεδαιμονίων δηλονότι. — Ὕστερον δέ] μετὰ τὸ τειχισθῆναι. — 4. Τῆς γῆς] τῆς Ἀττικῆς. — Ξυνεχῶς ἐπικαθημένων] ἀδιαστάτως ἐπικαθημένων τῶν Λακεδαιμονίων. — Τῆς ἴσης φρουρᾶς] τῆς τεταγμένης δηλονότι φησίν. — Ἐκ παρέργου] ἀντὶ τοῦ ἀμελῶς, ματαίως. — 5. Τῆς τε γὰρ χώρας ἁπάσης] τῆς καρπίμου. — Πρόβατά τε πάντα] τὰ τῶν Ἀθηναίων. — Ὑποζύγια] βόες. — Καταδρομὰς ποιουμένων] τῶν Ἀθηναίων δηλονότι ἱππέων. — Ἀποχρότῳ] καταξήρῳ, ξηρᾷ.
XXVIII. Πολυτελής] πολυδάπανος. — Ἐπακτῶν]

εἰσαγωγίμων ἐξ ἀλλοδαπῆς. — Ἀντὶ τοῦ πόλις εἶναι]

Κἀγώ σε θρηνῶ καὶ κατοικτείρω, πόλις·
καὶ γὰρ πατρὶς πέφυκας τῆς ἐμῆς φύτλης.

— 2. Τὴν δὲ νύκτα καὶ ξύμπαντες] οὐ κατὰ διαδοχήν, ὥσπερ ἡμέρας, ἀλλὰ πάντες. — 3. Δύο πολέμους] τόν τε Πελοποννησιακὸν καὶ τὸν Σικελικόν. — Τῷ αὐτῷ τρόπῳ ἀντιπολιορκεῖν] ἠπίστησεν ἄν τις ἀκούσας, ἀπὸ κοινοῦ. — Οὐδὲν ἐλάσσονα] γράφεται οὐδὲν ἐλάσσω. τὸ ἑξῆς, πόλιν Συρακούσας αὐτὴν κατὰ αὐτὴν οὐδενὸς ἐλάσσονα τῶν Ἀθηναίων. — Τὸν παράλογον] τὸ παράδοξον. παρὰ λόγον καὶ παρ' ἐλπίδα τῶν Ἑλλήνων ἥ τε δύναμις τῶν Ἀθηναίων ἀντεῖχε καὶ ἡ τόλμα. — Μετὰ τὴν πρώτην ἐσβολήν] ἣ εἰσέβαλεν ὁ Ἀρχίδαμος εἰς τὴν Ἀττικήν, ἄρτι πρώτως κινηθέντος τοῦ πολέμου. τὴν ἄνοιαν διὰ τούτων τῶν ἀνακινησάντων τὸν πόλεμον αἰτιᾶται, καὶ ὥσπερ ἐποδύρεται τὴν πατρίδα. — Τοῦ πρότερον ὑπάρχοντος] ἀντὶ τοῦ ὑπὸ Πελοποννησίων ἐπαγομένου. — 4. Προσπιπτόντων] συμβαινόντων. — Ἀδύνατοι ἐγένοντο τοῖς χρήμασι] ἀντὶ τοῦ ἐπέλιπεν αὐτοὺς χρήματα· ἤγουν ἐνδεεῖς χρημάτων ἐγίνοντο. — Τὴν εἰκοστήν] εἰκοστὸν μέρος πάντων τῶν ἑαυτοῖς προσιόντων. — Ὑπό] κατά.

XXIX. Τοὺς οὖν Θρᾷκας] τοὺς κατὰ τὸν ἀπόπλουν τοῦ Δημοσθένους ἐλθόντας. — Τοὺς τῷ Δημοσθένει ὑστερήσαντας] ἀντὶ τοῦ ὕστερον τοῦ Δημοσθένους ἐλθόντας, καὶ μὴ φθάσαντας τὸν Δημοσθένην. — Ὑστερήσαντας]

Καθυστερίζειν Ἀττικὸς σύμπας γράφει.

— Ἀπ' αὐτῶν] ἀντὶ τοῦ δι' αὐτῶν. — 2. Ἀπεβίβασεν] ἤγουν ἀποβῆναι ἐποίησεν. — 3. Μάλιστα] ἀντὶ τοῦ κατὰ ἀκρίβειαν. — Ἅμα δὲ τῇ ἡμέρᾳ ...] τὸ κατὰ Μυκαλησσὸν γεγονὸς πάθος ὑπὸ τῶν Θρᾳκῶν. — Τῇ πόλει προσέκειτο] πλησιάσας ἐπέκειτο. — Καὶ αἱρεῖ] πορθεῖ. — Ἐπιπεσών] ἐπιθέμενος. — Καὶ ἀπροσδοκήτοις] τὸ ἑξῆς, καὶ ἀπροσδοκήτοις, τοῦ τείχους ἀσθενοῦς ὄντος. — 4. Καὶ πυλῶν ἅμα] τινῶν. — Ἐπόθουν] ἔκαιον. — Ὅμοια τοῖς μάλιστα τοῦ βαρβαρικοῦ] ἤγουν ὁμοίως ἔχει τοῖς βαρβαρικωτάτοις. — Ἐν ᾧ ἂν θαρσῇ] ἤτοι ἐν ᾧ ἂν πράγματι, ἢ ἐν ᾧ ἀντὶ τοῦ ἐξ οὗ. — 5. Αὐτόθι] ἐν τῇ πόλει.

XXX. Ὅρμει] ἤγουν ἐν ὅρμῳ καὶ λιμένι ἦσαν. — 2. Τοὺς πλείστους] ἀμφίβολον, πότερον οἱ πολλοὶ νεῖν οὐκ ἠπίσταντο, ἢ οἱ πολλοὶ ἀνῃρέθησαν. — Νεῖν] κολυμβᾶν. — Ὡς ἑώρων τὰ ἐν τῇ γῇ, ὁρμισάντων] ζεύγματος] τῆς γεφύρας. § γρ. τοξεύματος. § ἀπὸ τοῦ αἰγιαλοῦ ἔφη ὁρμῖσαι τὰ πλοῖα — Οὐκ ἀτόπως] οὐκ ἀκόσμως. — Ἐπιχωρίῳ] ἰδίᾳ, συνήθει. — Φυλακήν] ἄμυναν. — 3. Μέρος τι ἀπαναλώθη] ἤτοι παῖδες μὲν πολλοί, τῶν ἀνδρῶν δὲ μέρος τι· ἢ τὸ μέρος τι ἀντὶ τοῦ τὸ μέρος. — 4. Πάθει χρησαμένων ...] ἄξιον, φησίν, ὀλοφυρμοῦ τὸ κατὰ τοὺς Μυκαλησσίους ἐγίνετο,

οὐδενὸς ἄλλου πάθους ἧττον τῶν κατὰ τὸν πόλεμον γενομένων. — Χρησαμένων] τῶν Μυκαλησσίων δηλονότι. — Ὡς ἐπὶ μεγέθει] ἤτοι πόλεως, ἤ, ὡς ἐπὶ μεγέθει πάθους.

XXXI. 2. Αὐτοί] ἤγουν * οἱ Ἀκαρνᾶνες. — 3. Περὶ ταῦτα] ἤγουν περὶ τὸ συλλέγειν δύναμιν. — Τὰ χρήματα ἄγων τῇ στρατιᾷ] ἤγουν τὰ πρὸς τροφὴν χρήσιμα καὶ τὰ λοιπὰ τὰ συντείνοντα αὐτοῖς. — Τά τε ἄλλα] ὅσα εἶδε δηλονότι. — 4. Ἀνθορμοῦσαι] ἐναντίαι οὖσαι ἐπὶ τοῦ ὅρμου. — Πέμπειν] εἰς Ναύπακτον. — Αὐτούς] ἤγουν τοὺς Κερκυραίους. — 5. Ἀποτραπόμενος] τὸ μὲν ἀποτραπόμενος καθ' ὑπερβατὸν τῷ δ μὲν Εὐρυμέδων, ἐς τὴν Κέρκυραν ἀποτραπόμενος· τὸ δὲ ὥσπερ καὶ ᾑρέθη καὶ αὐτὸ καθ' ὑπερβατὸν τῷ ξυνῆρχε γὰρ ἤδη Δημοσθένει.

XXXII. Ξυστραφέντες] σμναχθέντες.

XXXIII. Περὶ τὰς αὐτάς] ἤγουν κατὰ τὰς αὐτάς. — Αὐτοῖς] τοῖς Συρακουσίοις. — Ναυτικόν τε ἐς πέντε ναῦς] ἤγουν λαὸν πέντε νεῶν. — 2. Σχεδὸν γάρ τι ...] ὅτι πᾶσα ἡ Σικελία, πλὴν τῶν Ἀκραγαντίνων, τοῖς Ἀθηναίοις ἐπέθετο. — 3. Ἐπιχειρεῖν] μάχεσθαι. — Τὸν Ἰόνιον] ἐπ' ἄκραν Ἰαπυγίαν εἰς τὸ τέλος τοῦ Ἰονίου, ἐφ' οὗ οἱ Ἰάπυγες οἰκοῦσιν. — 4. Αὐτόθεν] ἤγουν ἐκ τῆς Ἰαπυγίας. — Κατὰ τὸ ξυμμαχικόν] συμφώνημα δηλονότι. ἤγουν καθὼς ἀποτείνει ἡ συμμαχία.

XXXIV. Καὶ προσπληρώσαντες] ἀντὶ τοῦ καὶ προσέτι ἄλλας πληρώσαντες. — 2. Ἀνεχούσαις] ὑψηλαῖς, ἀνεχούσαις ἐπὶ τὸ πολὺ τοῦ ἀέρος.. — 4. Καιρὸς] πολέμου δηλονότι. — Χρόνον ἀντεῖχον πολὺν ἀλλήλοις] ἤγουν κατὰ χρόνον τινὰ ἰσοπαλεῖς ἦσαν ἐναντιούμενοι, καὶ χεῖρας ἀλλήλοις ἀνταίροντες. — 5. Ἄπλοι ἐγένοντο] ἀχρεῖοι πρὸς πλεῦσιν. ἄχηστοι ἐποιηθησαν ὑπὸ τῶν πολεμίων. — Ἐμβαλλόμεναι] ἀντὶ τοῦ ὑπὸ τῶν πολεμίων νεῶν τυπτόμεναι. — Ἀναρραγεῖσαι] ἀντὶ τοῦ τρωθεῖσαι· ἐτρωθησαν δὲ ὑπὸ τῶν ἐπωτίδων. — Τὰς παρεξειρεσίας] παρεξειρεσία ἐστὶ τὸ κατὰ τὴν πρώραν ποδ τῶν κωπῶν· ὡς ἂν εἴποι τις τὸ πάρεξ τῆς εἰρεσίας. — Τὰς ἐπωτίδας] ἐπωτίδες εἰσὶ τὰ ἑκατέρωθεν πρώρης ἐξέχοντα ξύλα. — 6. Ἀντίπαλα μέν] ἰσοστάσια. — Διὰ τὴν τῶν Κορινθίων ...] διὰ τὸ μὴ ἐπανάγεσθαι αὐτοῖς τοὺς Κορινθίους. — Οὐκέτι ἐπαναγωγήν] ἤγουν δευτέραν ἀνάπλευσιν. — 7. Νικᾶν] ἐθόμιζον.

XXXV. Ἐξετάσαντες] ἀκριβῶς ἀριθμήσαντες. — 2. Εἶναι] ἐξεῖναι.

XXXVI. 2. Τί πλέον ἐνεῖδον σχήσοντες] ὡς εἶδον πλέον τι σχήσοντες, τουτέστι πλεονεκτήσοντες. ἤτοι νικήσοντες. — Σχήσουσι] σχήσει, καθέξει. σχήσουσι, κωλύσουσι· σχήσεσθαι, κατασχεθήσεσθαι· σχήσεται, ἐπισχεθήσεται. — Τὰς ἐπωτίδας] τὰ [ἐφ'] ἑκατέρωθεν τῆς νηὸς πρὸς τῇ πρύμνῃ ἐξέχοντα. ἀντερείσματα καθ' ἑκάστην ἐπωτίδα δύο, ἀπὸ τοῦ ἐντὸς καὶ ἐκτὸς μέρους, τοῦ τε πρὸς τὸ τεῖχος τῆς νηὸς καὶ τοῦ πρὸς τὸ πέλαγος. τὸ μὲν οὖν κάτω μέρος τῶν ἀντερεισμάτων ἔστη-

σαν ἐπὶ τοῦ τείχους τῆς νηὸς, τὸ δὲ ἄνω ἐγόμφωσαν εἰς τὰς ἐπωτίδας. — Πρώραθεν ναῦς ἔπεσκ.] γράφεται ἐπισκευασάμενοι. ἤγουν τὰ κατὰ τὰς πρώρας ἐπισκευάσαντες. — 3. Πρὸς τὰς τῶν Ἀθηναίων ναῦς] πρὸς τὰς τῶν Ἀθηναίων ναῦς τὰς ἐλαττον σχήσειν. — Λεπτά] ἤγουν ἀσθενῆ. — Διὰ τὸ μὴ ἀντιπρώροις μᾶλλον αὐτοὺς ...] οἱ Ἀθηναῖοι ἐν ταῖς ναυμαχίαις οὐκ ἀντίπρωροι ὁρμαῖς ἐνέβαλλον ταῖς ἐναντίαις ναυσὶ, ἀλλὰ κατὰ τὰ πλάγια ἐκπεριπλέοντες. — Ἐν πολλῷ] διαστήματι δηλονότι. — Πρὸς ἑαυτῶν] λυσιτελῆ αὐτοῖς δή. — Πρὸς ἑαυτῶν ἔσεσθαι] ἐνόμισαν ἀπὸ κοινοῦ. — Ἐμβόλους] ἔμβολον χάλκωμα ὡραῖον, περιτιθέμενον κατὰ πρώραν ταῖς ναυσίν. — 4. Σφῶν] τῶν Συρακουσίων. — Αὐτοί] οἱ Συρακούσιοι. — Οὐ δώσειν διεκπλεῖν] οὐ παρέξειν αὐταῖς δηλονότι διέκπλους. ἑρμηνεία τοῦ διεκπλεῖν καὶ περιπλεῖν· τὸ μὲν γὰρ περιπλεῖν ἐν τῇ εὐρυχωρίᾳ καθίστασθαι, οἷον χορευούσης, καὶ ἀναστρεφομένης, ἐφ' ὅπερ βούλεται, τῆς νεώς· (καί ἡ περὶ πρόθεσις τοῦτο δηλοῖ, τὸ κύκλῳ περιθέειν·) τὸ δὲ διεκπλεῖν τὸ, τεμόντα τὴν τάξιν τῶν ἐναντίων, εἰς τοὐπίσω γενέσθαι. — Τὸ δὲ τὴν στενοχωρίαν κωλύσειν ...] ὑπὸ τῆς στενοχωρίας κωλυθήσεσθαι τοὺς Ἀθηναίους τοῦ περιπλεῖν. περιττὴ δὲ πρὸς τὸ μὴ περιπλεῖν ἡ μία ἀπόφασις. — 5. Ἀνάκρουσις] ἀνάκρουσις ἐν ναυμαχίαις ἐλέγετο ἐπὶ τοῦ πρύμναν κρούειν. — 6. Αὐτούς] τοὺς Ἀθηναίους. — Ἤν πῃ βιάζωνται] ἀντὶ τοῦ ἡνίκα ἡττῶνται. — Βιάζωνται] τοὺς Συρακουσίους. — Οὐκ οὔσης αὐτοῖς ...] προεῖπεν ὅτι ὀλίγου μέρους ἐν τῷ λιμένι ἐκράτουν οἱ Ἀθηναῖοι, οὓς ἐς τὴν εὐρυχωρίαν οὐ δυνήσεσθαι περιπλεῦσαι, τῶν Συρακουσίων κρατούντων.

XXXVII. Ἐπεγείρουν] τοῖς Ἀθηναίοις δηλονότι σὺν τῷ πεζῷ. — 2. Τὸν ἐκ τῆς πόλεως] τῶν Συρακουσίων. — Γυμνητεία] οἱ ψιλοί. — 3. Οἱ δέ] οἱ Ἀθηναῖοι. — Ἀντανῆγον] δευτέρα ναυμαχία Ἀθηναίων καὶ Συρακουσίων.

XXXVIII. Ἄξιόν τι λόγου παραλαβεῖν] ἤγουν κτήσασθαί τι ἀξιόλογον. — 2. Ἀντίπαλα] ἰσοστάσια. — Ἐπισκευάζειν] ἀνανεοῦν. — Ἐπεπονήκει] ἤγουν ἐπεπόνθει κατεαγυῖα. § ἐσείσθη. — Ἀντὶ λιμένος] ἵνα ᾖ αὐτοῖς ὥσπερ λιμήν. — Κλῃστοῦ] ἤγουν περιειργμένου. — 3. Διαλειπούσας] ἤγουν διιστασμένας.

XXXIX. Τῇ δ' ὑστεραίᾳ] ἤγουν τῇ μετὰ τὴν προειρημένην ἡμέρα. — Τῆς μὲν ὥρας] ἤγουν τῆς ὀφειλομένης ὥρας τοῦ πολέμου. — Πρωαίτερον] γράφεται τὸ πρότερον. — 2. Πειρώμενοι ἀλλήλων] ἤγουν πλησιάζοντες ἀλλήλοις διὰ τῆς πλεύσεως. — Τὴν ἀγορὰν τῶν πωλουμένων...] γράφεται τὴν ἀγορὰν τῶν πωλουμένων μεταναστήσαντας ἐπὶ τὴν θάλασσαν κομίσαι.

XL. Πρύμναν κρουσάμενοι] στραφέντες ἀπὸ τῆς ναυμαχίας. — 3. Οἱ δέ] ἤγουν οἱ Ἀθηναῖοι. — 4. Χρόνον μέν τινα] μέχρι τινός. — Διαμέλλοντας] βραδύνοντας. — 5. Δεξάμενοι] τοὺς Ἀθηναίους δηλονότι. — Αὐτοῖς] ἀντὶ τοῦ αὐτῶν. — Καὶ ἔς τε τοὺς ταρσοὺς ὑποπίπτοντες] ἀντὶ τοῦ καὶ ὑποδυόμενοι ὑπὸ τοὺς ταρσούς.

XLI. Κατὰ κράτος ...] οὐχὶ κατὰ κράτος ἐναυμάχησαν, ἀλλὰ κατὰ κράτος ἐνίκησαν. — 2. Ἔπειτα αὐτοὺς αἱ κεραῖαι ...] ἐκ τῶν κεραιῶν δελφῖνες ἦσαν ἠρτημένοι μολίβδινοι, ὥστε ἐμβάλλεσθαι ταῖς προσπλεούσαις πολεμίαις ναυσίν· οἳ, ἐμπίπτοντες αὐταῖς, διέκοπτον τοὔδαφος αὐτῶν, καὶ κατέδυον.

XLII. 2. Ὁρῶντες] τὸ ὁρῶντες ἐσχημάτισται, συνταττόμενον πρὸς τὸ τοῖς Συρακουσίοις καὶ ξυμμάχοις, ὁρῶσιν. — 3. Ὑπερώφθη] ἤγουν κατεφρονήθη. — Ἔφθασεν] προέλαβεν. — Στρατιᾷ] ἤγουν μετὰ πλήθους στρατιωτῶν. — Ἱκανοὶ γὰρ αὐτοὶ ...] ἱκανοὶ γὰρ οἱ Συρακούσιοι νομίζοντες εἶναι πρὸς τὸ ἀντισχεῖν Ἀθηναίοις κατ' ἰδίαν, ἅμα τε ἂν ἔγνωσαν ὅτι ἥττους εἰσὶ, καὶ ἐν τούτῳ ἀπετειχίσθησαν. — Τῇ πρώτῃ ἡμέρᾳ] τῆς ἀφίξεως αὐτοῦ δηλονότι. — Ὅτι τάχος] ἤγουν τάχιστα. — Τὸ παρατείχισμα] ἤτοι τὸ ὀρθὸν διατείχισμα. — 4. Ἐκώλυσαν περιτειχίσαι σφᾶς] οἱ Συρακούσιοι δηλονότι τοὺς Συρακουσίους. — Τοῦ ἐν αὐτοῖς στρατοπέδου] εἰ κρατήσειε δηλονότι. — Αὐτὸ ληφθέν] τὸ παρατείχισμα. — Ληφθέν] ἔσεσθαι. — Σφᾶς] τοὺς Ἀθηναίους. — Ἠπείγετο ἐπιθέσθαι] ἀντὶ τοῦ ἠπείγετο ἀποπειρᾶσθαι. § ἤγουν ἐγχειρῆσαι. — 5. Καὶ οἱ] αὐτῷ. — Καί οἱ ξυντομωτάτην ἡγεῖτο διαπολέμ.] ἤγουν ἡγεῖτο εὐχερὲς ἀθρῆσαι τὸ τέλος τοῦ πολέμου. — Κατορθώσας] ἤγουν τροπαιουχήσας. — Τὴν στρατιάν] τῶν Ἀθηναίων δηλονότι. — Ἄλλως] ἤγουν ἀπράκτως. — 6. Ἔτεμνον] ἤγουν ἐδενδροτόμουν. — Ἐπεκράτουν] τῆς χώρας. —

XLIII. Ἀπεχρούοντο] οἱ Ἀθηναῖοι δηλονότι. Διατρίβειν] ἀργεῖν. — Ξυνάρχοντας, ὡς ἐπενόει, τὴν ἐπιχείρησιν] γράφεται, ξυνάρχοντας, ἐπενόει καὶ τὴν ἐπιχείρησιν. — 2. Λαθεῖν] τοὺς Συρακουσίους δηλονότι. — Προσελθόντας] τοὺς Ἀθηναίους. — Παρασκευὴν ὅπλισιν. — Ἐν τοῖς τείχεσι] τοῖς ἑαυτῶν δηλονότι. — 3. Πρὸς αὐταῖς] ταῖς Ἐπιπολαῖς. — 5. Ὅπως τῇ παρούσῃ ὁρμῇ ...] ὅπως μηδὲ ὑστερήσωσι τοῦ διαπερᾶναι ὧν ἕνεκα ἦλθον. τὸ γὰρ «μὴ βραδεῖς γένωνται» ἀντὶ τοῦ μὴ ὑστερήσωσι κεῖται. — Τοῦ περαίνεσθαι] ἤγουν τῆς τελειώσεως. — Ἀπὸ τῆς πρώτης ὁρμῆς δηλονότι. § πόλεως. — 6. Καὶ ἀδοκήτου] ἤγουν αἰφνιδίου. — Καὶ βιασθέντες] οἱ Συρακούσιοι δηλονότι. — 7. Τοῦ μήπω μεμαχημένου] τειχίσματος. — Ξυστραφῶσιν] οἱ Συρακούσιοι δηλονότι. — Ἐς φυγὴν κατέστησαν] τοὺς Ἀθηναίους δηλονότι.

XLIV. Οὐδ' ἀφ' ἑτέρων] οὔτε ἀπὸ Ἀθηναίων οὔτε ἀπὸ Συρακουσίων καὶ τῶν ἑκατέροις συμμάχων. — τῶν πολεμούντων. ἡ διάνοια· οὐδὲ αὐτοὶ οἱ πολεμοῦντες ἐξηγήσαιντο. — Ὅτῳ τρόπῳ ἕκαστα ξυνηνέχθη] ἤγουν λεπτομερῶς, κατὰ ἀκρίβειαν. — 3. Ἐφόδῳ] ὁρμῇ. — Καὶ χαλεπὰ ἦν ὑπὸ τῆς βοῆς διαγνῶναι] διὰ τὴν βοὴν οὐ ῥᾴδιον ἦν αὐτὸ γνῶναι. — 4. Καὶ πᾶν τὸ ἐναντίον] γράφεται, καὶ πᾶν τὸ ἐξεναντίας. — Τῶν ἤδη πάλιν φευγόντων] δηλαδὴ εἰς τοὐπίσω φευγόντων

ἤγουν τραπέντων. — Τοῦ ξυνθήματος] γνωρίσματος, συμφωνίας. — 5 Τὸ δ' ἐκείνων] τῶν Συρακουσίων δηλονότι. — Ὥστ', εἰ μὲν ἐντύχοιέν τισι....] τὸ ἑξῆς, ὥστε, εἰ μή τισιν ἐντύχοιεν τῶν πολεμίων κρείσσους ὄντες, διέφυγον αὐτοὺς οἱ πολέμιοι. — Ἐκείνων ἐπισταμένων τὸ ξύνθημα] γράφεται, ἐκείνων ἐπιστάντων τὸ ξύνθημα. — Ὑποκρίνοιντο] τὸ ξύνθημα. — 6. Παιωνισμός]

Τὸν παιωνισμὸν βουλχαρισμὸν εἰ γράφει,
γράφειν μικρὸν γίνωσκε, μηδαμῶς μέγα.

— Ἀπὸ γὰρ ἀμφοτέρων] τῶν δύο στρατευμάτων. — Ἀπορίαν παρεῖχε] τοῖς δυσὶ στρατεύμασιν. — Οἵ τε πολέμιοι ὁμοίως] ἀπὸ κοινοῦ τό, ὁπότε παιωνίσειαν, φόβον παρεῖχον. — 7. Φίλοι τε φίλοις ...] τὸ ἑξῆς, φίλοι τε φίλοις καὶ πολῖται πολίταις οὐ μόνον εἰς χεῖρας ἀλλήλοις ἐλθόντες ἀπελύοντο, ἀλλὰ καὶ εἰς φόβον καθίστασαν. — 8. Καὶ διωχόμενοι] ὑπὸ τῶν Συρακουσίων. — * Καταβάσεως] τῆς ἀπὸ τῶν Ἐπιπολῶν ὀπίσω ἀναχωρήσεως. — Ἄνωθεν καταβαίνοιεν] γράφεται, ἄνωθεν καταβαῖεν. — Οἱ δὲ ὕστερον ἥκοντες] Ἀττικὸν τὸ σχῆμα, ἀντὶ τοῦ, τῶν δὲ ὑστέρων ἡκόντων.

XLV. Ἀντέστησαν] τοῖς Ἀθηναίοις δηλονότι. — 2. Οἱ μὲν ἀπώλλυντο] ἀπὸ τῆς κρημνίσεως δηλονότι.

XLVI. Ὡς] καθώς. — Ἀκράγαντα] τὸν Ἀκράγαντα ἀρσενικῶς.

XLVII. Οὐ κατορθοῦντες] ἀντὶ τοῦ ἡττώμενοι. — 2. Τά τε ἄλλα ὅτι ἀνέλπιστα αὐτοῖς ἐφαίνετο] καὶ ὅτι τὰ ἄλλα αὐτοῖς' πάντα οὐδεμίαν ἐλπίδα νίκης παρεῖχεν. — 3. Ἀλλ' ἅπερ διανοηθεὶς ...] διενοήθη, φησί, μὴ διατρίβειν, ἀλλ' ἀπάγειν τὴν στρατιάν. — Καὶ τοῦ στρατεύματος ταῖς γοῦν ἐπελθούσαις ναυσὶ κρατεῖν] τὸ ἑξῆς, ἕως ἔτι οἷόν τε τοῦ πολεμίου στρατεύματος κρατεῖν. ἔμπροσθεν μὲν γὰρ ὑπὸ τῶν Συρακουσίων οἱ περὶ τὸν Νικίαν ἐν τῷ λιμένι κατεχέκλειντο κρατούμενοι, διὰ δὲ τὰς ἐπελθούσας μετὰ τοῦ Δημοσθένους ναῦς οἷοί τε ἦσαν κρατεῖν. — 4. Καὶ τῇ πόλει] τῶν Ἀθηναίων. — Συρακοσίους] πρὸς δή. — Προσκαθῆσθαι] τοῖς Συρακουσίοις δηλονότι.

XLVIII. Πονηρὰ] ἀσθενῆ, ἐπισφαλῆ, ἐπικίνδυνα. — Καταγγέλτους] δήλους διὰ μηνυμάτων. — Λαθεῖν γὰρ ἂν ...] μετὰ γὰρ πολλῶν βουλόμενοι, οὐ δυνήσεσθε, φησί, λαθεῖν, ἐπιχειροῦντες ἀποπλεῦσαι. — 2. Τόδ' ἔτι ...] τὸ ἑξῆς, τόδε ἐλπίδας τε ἔτι παρεῖχε τὰ τῶν πολεμίων πονηρότερα ἔσεσθαι τῶν σφετέρων. — Ἀφ' ὧν] τῶν πολεμίων. — Βουλόμενον τοῖς Ἀθηναίοις τὰ πράγματα ἐνδοῦναι] ἤγουν, βουλόμενον κυρίους γενέσθαι τοὺς Ἀθηναίους τῶν κατὰ τὰς Συρακούσας πραγμάτων. — Ἐπεκηρυκεύενο] διὰ κηρύκων ἐμήνυε. ἀντὶ τοῦ, κῆρυξ ἐπέμπετο πρὸς αὐτόν, τὸν Νικίαν, παρὰ τοῦ μέρους τῶν Συρακοσίων *τοῦ βουλομένου τὰ πράγματα ἐνδοῦναι τοῖς Ἀθηναίοις. — 3. Καὶ διασκοπῶν ἀνεῖχεν] ἤγουν διστάζων, εἴτε χρὴ μένειν, εἴτε ἀπιέναι, οὐδεμιᾷ προσετίθετο γνώμη. τοῦτο γάρ ἐστι τὸ διασκοπῶν ἀνεῖχεν. — Ἀπάξειν] ἀπὸ τῶν Συρακουσῶν δηλονότι. — Εὖ λέγων] ἤγουν πιθανῶς λέγων. — 4. Ἐκεῖσε] ἤγουν ἐς τὰς Ἀθήνας. — Οὔκουν βούλεσθαι ...] οὐ βούλεσθαι ἔφη ὁ Νικίας ὑπὸ Ἀθηναίων ἀπολέσθαι μόνος αὐτὸς ἀδίκως, ἀλλά, εἰ δεῖ πάντως ἀπολέσθαι, ὑπὸ τῶν πολεμίων τοῦτο παθεῖν. — 5. Ἐν περιπολίοις] ἐν περιδρόμοις. § ἐν τοῖς περὶ τὴν πόλιν τειχίσμασι καὶ οἰκοδομαῖς. § περιτειχίσμασι, πολιχνίοις. — Τῆς οὖν παρασκευῆς] τῆς πολεμικῆς οἰκονομίας. — Ἐπικουρικὰ μᾶλλον] μισθοφόρων τοῖς Συρακουσίοις ὄντων, καὶ οὐχὶ δι' ἀνάγκην στρατευομένων πολιτῶν, ὥσπερ Ἀθηναίων. — 6. Τρίβειν οὖν ἔφη χρῆναι] ἀντὶ τοῦ, διατρίβειν καὶ παρέλκειν. — Καὶ μὴ χρήμασιν, ᾧ πολὺ κρείσσους εἰσὶ ...] καὶ μὴ νομίζειν διὰ χρημάτων ἔνδειαν ἡττᾶσθαι. γράφεται, χρήμασιν ὡς πολύ.

XLIX. Θαρσήσει] θαρσήσας νῦν δηλονότι μᾶλλον ἢ πρότερον κρατηθεὶς καὶ νικηθείς. — 2. Τὰ τῶν πολεμίων] ἤγουν τοὺς πολεμίους. — Τά τε ...] ἤγουν τῇ ἐμπειρίᾳ αὐτῶν χρήσεσθαι δυνήσονται.

L. Ἐν τούτῳ] τῷ καιρῷ δηλονότι. — Ἡ τοῖς Συρακοσίοις στάσις ...] ἀντὶ τοῦ, ἡ στάσις, διὰ Συρακουσίους κινουμένη, εἰς φιλίαν ἐξῆλθε. — 2. Ὅθεν ... ἀπέχει] ὅθεν ἐλάχιστον πρὸς Σικελίαν διάστημα· δυεῖν γὰρ ἡμερῶν καὶ νυκτὸς ἀπέχει πλοῦς. — 3. Αὐτοῖς] ἤγουν τοῖς Συρακουσίοις. — Τοῖς πᾶσι] κατὰ πάντα. — Ἀλλ' ἤ] παρ' ὅ. — 4. Ἕτοιμα ἦν ἀποπλεῖν] ἕτοιμα ἦν τὰ κατὰ τὸν ἀπόπλουν. — Ἐνθύμιον ποιούμενοι] ἀποδεισιδαιμονήσαντες, ἢ ἐκλογισάμενοι, κατὰ νοῦν σχόντες τὸ τῆς σελήνης. — Θειασμῷ] εὐχῇ καὶ μαντείᾳ. — Καὶ τῷ τοιούτῳ προσκείμενος] τῷ τοιούτῳ, φησίν, εἴδει τοῦ θειασμοῦ προσέχων, τῷ παραφυλάττειν τὰς ἐκλείψεις καὶ τὰ οὐράνια. — Οὐδ' ἂν ...] τὸ ἑξῆς, οὐδ' ἂν διαβουλεύσασθαι, ὅπως ἂν κινηθείη πρότερον, τουτέστι πρὶν τρὶς ἐννέα ἡμέρας κτλ. — Πρὶν ὡς οἱ μάντεις] γράφεται, πρὶν ὡς οἱ μάντεις.

LI. Μὴ ἀνιέναι τὰ τῶν Ἀθηναίων] ἀντὶ τοῦ τοὺς Ἀθηναίους φεύγειν δηλονότι. — Σφῶν] τῶν Συρακουσίων. — Χαλεπωτέρους προσπ.] δυσεπιχειρήτους. — 2. Ἐπλήρουν] ἀνδρῶν δηλονότι. — Καὶ ἀνεπειρῶντο] γράφεται ἀνεπαύοντο. — Τῇ μὲν προτεραίᾳ] καθ' ἣν δηλονότι ἐκινήθησαν. — Ἀπολαμβάνουσί τε ...] ἤγουν ἀποκόπτουσί τινας τῶν ὁπλιτῶν τῶν Ἀθηναίων.

LII. Πρὸς τὰ τείχη] τῶν Ἀθηναίων δηλονότι.

LIII. Τοὺς ἐκβαίνοντας] ἀπὸ τῶν νεῶν δηλονότι. — 3. Παρόντος] προσγεγενημένου. — Πάντας ἀπέκτειναν] οἱ Συρακούσιοι δηλονότι.

LIV. Τῶν ὁπλιτῶν] τῶν Ἀθηναίων δηλονότι. — Τῶν πεζῶν] τῶν Συρακουσίων.

LV. Πρότερον μὲν γάρ] ὁ μὲν σύνδεσμος περιττός. — Παράλογος] παραδοξία. — 2. Οὐ δυνάμενοι ἐπενεγκεῖν ...] οὐ δυνάμενοι αὐτοὺς προαγαγέσθαι, καὶ ὑποχειρίους ποιῆσαι, οὔτε διὰ τοῦ μεταβάλλειν αὐτῶν τὴν πολιτείαν, οἷον στάσιν ἐμβαλόντες, ἢ ὀλιγαρχίαν παρ' αὐτοῖς ἐργασάμενοι. — Ὧ προσήγοντο ἄν] φτινι

τῷ πράγματι, τῷ μεταβαλεῖν δηλονότι τὴν πολιτείαν, προσήγοντο ἂν οἱ διάφοροι αὐτοῖς· τοῖς Ἀθηναίοις. οὐ δυνάμενοι δὲ οὔτ' ἐκ μεταβολῆς, ἐπειδὴ ἡ αὐτὴ ἦν ἑκατέρων πολιτεία, οὔτ' ἐκ παρασκευῆς πολλῷ μείζονος, ὅτι καὶ ἵππους καὶ ναῦς εἶχον ἐκεῖνοι ὁμοίως τοῖς Ἀθηναίοις. τὸ ἑξῆς, οὐ δυνάμενοι ἐπενεγκεῖν τὸ διάφορον αὐτοῖς. — Πολλῷ κρείσσους] λείπει τὸ ὄντες. § ἀντὶ τοῦ κρείσσονες. — Πολλῷ δὴ μᾶλλον] ἀπὸ κοινοῦ τὸ ἐν παντὶ δὴ ἀθυμίας ἦσαν.

LVI. 2. * Καθυπέρτερα] τῶν Ἀθηναίων. — Φόβου] ἀπὸ φ. τῆς δουλείας δή. — Ἀπολύεσθαι] ῥύσεσθαι. — Τὸν ὕστερον ἐπενεχθησόμενον πόλεμον ἐνεγκεῖν] ἤγουν ἀντισχεῖν πρὸς τὸν ὕστερον πόλεμον δέξασθαι. — Αὐτῶν] ἤγουν τῆς τε ἐλευθερίας τῶν Ἑλλήνων καὶ τοῦ ἀπαλλαγῆναι τοῦ φόβου. — 3. Μέγα μέρος προκόψαντες] ἀντὶ τοῦ προκοπὴν μεγάλην τῷ ναυτικῷ στόλῳ παρασχόντες· τουτέστι πολλὰς ναῦς αὐτοῖς παρασχόντες εἰς τὰς ναυμαχίας. ἢ, ὥς τινες, ἐπὶ μέγα ἓν τῷ ναυτικῷ προκόψαντες. — 4. Ἐπὶ μίαν πόλιν] κατὰ μιᾶς πόλεως τῶν Συρακουσῶν. — Πλήν γε δὴ τοῦ ξύμπ. ...] πλὴν ὅσα συνῆλθεν ἔθνη πρὸς Ἀθηναίους καὶ Λακεδαιμονίους ἐν παντὶ τῷδε τῷ πολέμῳ· πλήν γε τοῦ ξύμπαντος λόγου τὰ ἐν παντὶ τῷδε τῷ πολέμῳ πρός τε τῶν τῶν Ἀθηναίων καὶ Λακεδαιμονίων πόλιν συνελθόντα· τουτέστι, πλεῖστα ἔθνη περὶ Συρακουσῶν μαχόμενα ἦλθε, πλήν γε δὴ οὐ τοσαῦτα, ὅσα πρὸς Ἀθηναίους καὶ πρὸς Λακεδαιμονίους προσενεμήθη. — Λόγου] ἀριθμοῦ.

LVII. Τοσοίδε γὰρ ἑκάτεροι ...] ἤγουν πολλοὶ γὰρ ἦσαν συμμαχοῦντες ἑκατέροις τοῖς μέρεσιν. οἵ τε γὰρ Ἀθηναῖοι, ἐπὶ Σικελίαν ἐλθόντες, ἔσχον πολλούς τινας συμμάχους· οὐ μὴν ἀλλὰ καὶ οἱ Συρακούσιοι, περὶ Σικελίας μαχόμενοι, ὡσαύτως ἐπήγοντο τοὺς μετασχήσοντας τοῦ πολέμου, καὶ κινδυνεύσοντας ἐπὶ τῷ διασῶσαι τὴν τῶν Συρακουσίων πόλιν, ὥσπερ τοῖς συμμαχοῦσιν Ἀθηναίοις σκοπὸς τὸ συγκτίσασθαι χώραν. Κατάλογος τῶν ἐθνῶν τῶν συμμαχησάντων Ἀθηναίοις κατὰ Συρακουσῶν· Ἀθηναῖοι, Λήμνιοι, Ἴμβριοι, Αἰγινῆται, Ἑστιαεῖς· (οὗτοι πάντες Ἀθηναίων ἄποικοι ἦσαν·) Ἐρετριεῖς, Χαλκιδεῖς, Στυρεῖς, Καρύστιοι, Κεῖοι, Ἄνδριοι, * Τήνιοι, Μιλήσιοι, Σάμιοι, Χῖοι, Μηθυμναῖοι, Τενέδιοι, Αἴνιοι, Πλαταιεῖς, Ῥόδιοι, Κυθήριοι, Κεφαλλῆνες, Ζακύνθιοι, Κερκυραῖοι, Μεσσήνιοι ἐκ Ναυπάκτου, Μεγαρεῖς φυγάδες, Ἀργεῖοι, Μαντινεῖς, Κρῆτες, Αἰτωλοί, Ἀκαρνᾶνες, Θούριοι, Μεταπόντιοι, Νάξιοι, Καταναῖοι, Ἐγεσταῖοι, Τυρσηνοί, Ἰάπυγες. — Τοῖς μέν] τοῖς Ἀθηναίοις. — Τοῖς δέ] τοῖς Συρακουσίοις. — Μετ' ἀλλήλων στάντες] συμμαχήσαντες ἀλλήλοις. — Ἀλλ' ὡς ἐκ. τῆς ξυντυχίας ...] ἀλλ' ὡς ἑκάστοις, φησί, συνέτυχεν ἢ διὰ τὸ ἴδιον συμφέρον ἢ ἐξ ἀνάγκης στρατεύεσθαι. — 4. Καὶ ἀπ' Ἀθηναίων] ἄποικοι δηλονότι. — Οὗτοι] ἤγουν οἱ Καρύστιοι. — 5. Ναυσί] ἤγουν σὺν ναυσί. — 7. Κατὰ δὲ τὸ νησιωτικόν] ἤγουν νόμιμον, ἔθος. — Οὐ μόνον Δωριεῖς] ὄντες δηλονότι. — Ἀνάγκη μὲν ἐκ τοῦ εὐπρεποῦς ...] ἔλεγον, φησίν, ἐξ ἀνάγκης ἀκολουθεῖν, ἵν' εὐπρεπὴς ἀπολογισμὸς αὐτοῖς ᾖ· οὐχ ἧσσον δὲ βουλόμενοι, ἤπερ ἐξ ἀνάγκης, εἵποντο, διὰ τὴν Κορινθίων ἔχθραν. — 8. Κατὰ ξυμφορὰν ἐμάχοντο] ξυμφορὰν ἄρτι τὴν φυγὴν λέγει, ὅτι, φυγάδες ὄντες, τοῖς ξυγγενέσιν ἐμάχοντο. — 9. Καὶ τῆς παραυτίκα] τῆς κατὰ τὸ ἐνεστώς. — Οὐδὲν ἧσσον διὰ κέρδος] παροιμία· Πιπράσκει δ' ὁ κακὸς πάντα πρὸς ἀργύριον. τοῦ Καλλιμάχου. — 10. Μισθῷ καὶ οὗτοι πεισθέντες] ἦλθον μετὰ τῶν Ἀθηναίων. — Ξυγκτίσαντας] ἀντὶ τοῦ ξυγκτίσασι. — 11. Ἐν τοιαύταις] ἤτοι ταῖς μισθοφορικαῖς. — Οἵπερ ἐπηγάγοντο] ἐπεσπάσαντο. τοὺς Ἀθηναίους. — Κατὰ διαφοράν] ἔχθραν.

LVIII. Συρακουσίοις δὲ ...] κατάλογος τῶν ἐθνῶν καὶ τῶν πόλεων τῶν συμμαχ[ησάντ]ων Συρακουσίοις κατὰ Ἀθηναίων· Συρακόσιοι, Χαμαριναῖοι, Γελῷοι, Σελινούντιοι, Ἱμεραῖοι, Σικελοί, Λακεδαιμόνιοι, Κορίνθιοι, Λευκάδιοι, Ἀμπρακιῶται, Ἀρκάδες, Σικυώνιοι, Βοιωτοί. — Ἡσυχαζόντων] ἀπὸ τοῦ πολέμου ἀπεχόντων. — 3. Καὶ οἱ αὐτόνομοι] δημοκρατούμενοι. — Ὅσοι μὴ ἀφέστασαν] τῶν Συρακουσίων δηλονότι. — Νεοδαμώδεις] Νεοδαμώδης ὁ ἐλεύθερος παρὰ τοῖς Λακεδαιμονίοις. — Κατὰ τὸ ξυγγενές] τῶν Συρακουσίων. — 4. Κατὰ πάντα] παντὸς γένους.

LIX. 2. Καλὸν ἀγώνισμα] ἔνδοξον, συμφέρον. — 3. Καὶ ὀλίγον ...] τὸ ἑξῆς, καὶ ὀλίγον οὐδὲν ἐπενόουν ὡς οὐδέν, τουτέστι τὸ ὀλίγον οὐκ ἐπενόουν οὐδέν, ἀλλὰ πᾶν τὸ μέγα.

LX. 2. Καὶ ξυνελθόντες οἵ τε στρατηγοὶ καὶ οἱ ταξ.] νῦν διὰ τὸ ἄπορον καὶ τοὺς ταξιάρχους οἱ στρατηγοὶ συνήγαγον, καθ' αὑτοὺς πρότερον βουλευόμενοι. — Ἀπολαβόντες] ἰδιώσαντες, ἀποκόψαντες. — Τοῦτο μέν] τὸ διατείχισμα. — Καὶ ἁπλούτεραι] ἁπλωτέρας οὐ τὰς ἁπλοῦς παντάπασι λέγει, ἀλλὰ τὰς διὰ πληρωμάτων ἔνδειαν ἁπλοῦς ἱσταμένας. τοῦτο δὲ καὶ ἡ τοῦ λόγου ἐπαγωγὴ δηλοῖ, πάντα τινὰ ἐσβιβάζοντες πληρῶσαι. — 3. Ἡλικίας μετέχων] νεότητος. — 5. Ὁ δὲ Νικίας] τῷ Νικίᾳ τὴν προτροπὴν τῆς διαλέξεως δίδωσι καὶ ὡς καθ' ἡλικίαν πρεσβυτέρῳ, καὶ ὡς μείζονι στρατηγῷ, καὶ ὡς πάλαι τοὺς Συρακουσίους νενικηκότι. καὶ ὡς ἐν Πελοποννήσῳ καὶ ἐν ἄλλοις πολλοῖς τόποις τοὺς ἐναντίους διαπολεμήσαντι. — Πολύ] λίαν. — Διακινδυνεύειν] διὰ κινδύνου ἰέναι.

LXI. Ἔστι τῳ] τινὶ ἀφ' ἡμῶν. — 2. Ἔπειτα διαπαντὸς τὴν ἐλπίδα τοῦ φόβου ὁμοίαν ταῖς ξυμφοραῖς ἔχουσιν] ἔπειτα, φησί, παντὶ τῷ χρόνῳ δυσέλπιδές εἰσι, καὶ προσδοκῶσιν ὁμοίως ταῖς γεγενημέναις ξυμφοραῖς τὰ μέλλοντα. — 3. Τῶν ἐν τοῖς πολέμοις παραλόγων] Ὅμηρος [Π. Σ, 309]·

Ξυνὸς Ἐνυάλιος, καί τε κτανέοντα κατέκτα.

— Καὶ τὸ τῆς τύχης] ἤγουν εὐτυχίας. — Κἂν μεθ' ἡμῶν ἐλπίσαντες στῆναι] καὶ τὴν τύχην καὶ ἡμῖν συλλήψεσθαι ἐλπίσαντες.

LXII. 2. Ἐν δὲ τῇ ἐνθάδε ...] ἐν δὲ τῇ νῦν κατὰ ἀνάγκην ἀπὸ νεῶν γενησομένη πεζομαχίᾳ ἐπιτήδεια ἔσται. — 3. Εὕρηται δ' ἡμῖν ...] ἀντὶ τοῦ ἐξεύρηται ἡμῖν ἐπιβολὴ χειρῶν σιδηρῶν, αἷς προσιούσας τὰς ναῦς τὰς πολεμίας κρατήσομεν, ὥστε μὴ δύνασθαι ἐξ ἀναχωρήσεως ἐμβάλλειν ἡμῖν. — Ὅσα χρὴ ἀντιναυπηγῆσαι] γράφεται, ὅσα μὴ ἀντιναυπηγεῖσθαι. — Τῶν ἐπωτίδων αὐτοῖς] ἀντὶ τοῦ τῶν Συρακουσίων. — Ἐπιβολαί] ἤγουν ἀντιλαβαὶ εὕρηνται ἡμῖν. — 4. Ἄλλως τε καὶ τῆς γῆς ...] διὰ τοῦτο, φησίν, οὐ συμφέρει ἀνακρούεσθαι ἡμῖν, ὅτι ἄρα εἰς πολεμίαν γῆν ὑπὸ τῆς ἀνακρούσεως ἐξενεχθησόμεθα.

LXIII. Ἀπαράξητε] ἀντὶ τοῦ εἰς τὴν θάλασσαν καταβάλητε· ἤγουν μετὰ ἀραγμοῦ καὶ συντριβῆς ἀποστήσητε· μετὰ βίας ἀποκρίνητε. — 2. Τῶν ἄνωθεν μᾶλλον] τὸ μᾶλλον οὐκ ἔστι συγκριτικόν· οὐ γὰρ καὶ οἱ ναῦται τοῦ ἀπαράττειν τοὺς πολεμίους συναίτιοι. — 3. Καὶ ἐν τῷ αὐτῷ τῇδε κ. δ.] καὶ ἐν τῷ παραινεῖν, φησὶ, δέομαι. — Καὶ τὰς ναῦς πλείους] ἤτοι τῶν πολεμίων νεῶν, ἢ νῦν πλείους ἤπερ πρότερον. — Τὴν ἡδονὴν ἐνθυμεῖσθαι...] ἐνθυμεῖσθαί τε ἄξιόν ἐστιν ὅτι δεῖ διαφυλάξασθαι τὴν ἡδονήν. ἡδονὴν δὲ λέγει, ἣν ἐπιφέρει, ἐπὶ τῷ θαυμάζεσθαί τε κατὰ τὴν Ἑλλάδα, καὶ κατὰ τὸ ὠφελεῖσθαι, ἔν τε τῷ μὴ ἀδικεῖσθαι αὐτοί, καὶ ἐν τῷ φοβεροὶ τοῖς ὑπηκόοις φαίνεσθαι. — Οἱ τέως Ἀθηναῖοι νομιζόμενοι] τοὺς μετοίκους λέγει. — Ὠφελεῖσθαι] ἤγουν κερδαίνειν.

LXIV. Εἴ τε ξυμβήσεταί τι ἄλλο] εὐφημότατα ᾐνίξατο τὴν ἧτταν. — Τούς τε ἐνθάδε πολεμίους] ἀπὸ κοινοῦ τὸ ὑπομιμνήσκω. — 2. Ὑπὲρ ἀμφοτέρων] ἤγουν ὑπέρ τε τῆς ἐνταῦθα δουλείας ὑμῶν καὶ τῆς ἐκεῖ τῶν ἄλλων Ἀθηναίων.

LXV. Πληροῦν] ἀνδρῶν δηλονότι. — Καὶ ἡ ἐπιβουλὴ] ἡ ἀντίληψις. — 2. Πρὸς τοῦτο] ἤγουν πρὸς τὴν ἀντίληψιν τῶν σιδηρῶν χειρῶν. — 3. Παρεκελεύσαντο ἐκείνοις, οἵ τε στρατηγοὶ καὶ Γύλιππος] πάντες ὑπὸ θάρσους ἐν τούτοις παρακελεύονται· οἱ στρατηγοὶ τῶν Συρακουσίων, ὡς ὑπὲρ αὐτῶν ὄντος τοῦ ἀγῶνος· οἱ τῶν Βοιωτῶν, ὡς ἀντιστάντων ἐν τῇ ἐφόδῳ τοῖς Ἀθηναίοις· Κορίνθιοι, ὡς ναυτικῇ καὶ πεζῇ δυνάμει βεβοηθηκότες μόνοι τῶν ἀπὸ Πελοποννήσου· Γύλιππος, ὡς στρατηγὸς ἐπὶ τούτῳ αὐτῷ παρὰ τῶν Λακεδαιμονίων ἐκπεμφθείς. πάντας δὲ εἰκὸς ἡδομένους καὶ ἀνὰ μέρος καὶ ὁμοῦ τὴν διάλεξιν ποιεῖσθαι πρὸς αὐτούς.

LXVI. Τὰ προειρηγασμένα] ἤγουν ἡ προγεγενημένη νίκη. — Ἀντελάβεσθε] ἀντὶ τοῦ ᾐσθάνεσθε. — 2. Ἐς τὴν χώραν τήνδε] ἤγουν κατὰ τῆσδε τῆς χώρας. — Κατορθώσειαν] ἤγουν τροπαιουχήσειαν. — 3. Ἄνδρες γὰρ ἐπειδὰν, ᾧ ἀξιοῦσι προὔχειν, κολουσθῶσι ....] ὁπόταν γὰρ ἄνδρες ἐλαττωθῶσιν ἐν τούτῳ, ἐν ᾧ δοκοῦσιν ὑπερέχειν τῶν πέλας, εἴς τε τὰ λοιπὰ τῷ φρονήματι ταπεινοῦνται μᾶλλον, ἤπερ εἰ μηδὲ ὅλως τι κατ' ἀρχάς. — Καὶ τῷ παρ' ἐλπίδα...] καὶ παρ' ἐλπίδα σφαλέντες, ἐφ' οἷς μέγα ἐφρόνησαν, φησὶν, αὖθις ἐν τοῖς ἔργοις ἐνδιδόασιν, ταπεινότεροι καὶ χείρους γινόμενοι τῆς ὑπαρχούσης δυνάμεως ἡμῶν.

LXVII. Τῆς δοκήσεως] τῆς ἀγαθῆς ἐλπίδος. — Διπλασία ἑκάστου ἡ ἐλπίς] τὸ μὲν διπλασία ἀντὶ τοῦ πολλαπλασία· οὐχ ἑκάστου δὲ ἡ ἐλπὶς διπλασία, ἀλλ' ἐξ ἑκάστου τῶν εἰρημένων διπλασιάζεται, ἐκ τοῦ καταπεπτωκέναι τοὺς Ἀθηναίους τοῖς φρονήμασι, κἀκ τοῦ δόκησιν ἔχειν ὅτι κρείττους ἐσμὲν, εἰ τοὺς κρείττους ἐνικήσαμεν. — 2. Τά τε τῆς ἀντιμιμήσεως αὐτῶν...] μιμούμενοι ἡμᾶς, φησίν, οἱ Ἀθηναῖοι, πολλοὺς ὁπλίτας ἐπεβίβασαν ἐπὶ τὰ καταστρώματα, ὅπερ ἡμῖν μὲν σύνηθές ἐστι καὶ διὰ τοῦτο οὐκ ἀνάρμοστον, ἐκείνοις δὲ ἐναντίον διὰ τὰ ἐπιφερόμενα. — Πολλοὶ δὲ καὶ ἀκοντισταὶ χερσαῖοι] ὡς ἐν τῇ πρώτῃ [c. 7] θαλασσίους εἶπε τοὺς ἐμπειρίαν ἔχοντας τῶν ναυτικῶν, οὕτως ἄρτι χερσαίους οὐ τοὺς ἠπειρώτας, ἀλλὰ τοὺς ἀπείρους θαλάσσης λέγει. — Οἳ οὐδ' ὅπως καθεζομένους... εὑρήσουσι] οἳ οὐδὲ καθεζόμενοι τοξεύειν καὶ ἀκοντίζειν δυνήσονται. μίαν δὲ ἀπόφασιν ἡγητέον λείπειν, ἵνα ᾖ τὸ πλῆρες· οἱ δὲ οὐχ εὑρήσουσιν οὐδὲ ὅπως χρὴ τὸ βέλος καθεζομένους ἀφεῖναι. — Καὶ ἐν σφίσιν αὐτοῖς πάντες] τὸ ἑξῆς, καὶ ἐν σφίσιν αὐτοῖς πάντες ταράξονται. — Οὐκ ἐν τῷ αὐτῶν τρόπῳ κινούμενοι] οὐ κατὰ τὸ σύνηθες ἕκαστος ἐπὶ τῶν νεῶν κινούμενοι. — 3. Ἐν ὀλίγῳ διαστήματι. — Ῥᾷσται δὲ ἐς τὸ βλάπτεσθαι...] ῥᾳδίως, φησὶ, βλαβήσονται ὑπὸ τῶν ἡμῖν παρεσκευασμένων. — Οὐ παρασκευῆς πίστει μᾶλλον] οὐ τῇ παρασκευῇ δηλονότι πιστεύοντες, ἀλλὰ διακινδυνεῦσαι σπεύδοντες, ἐπὶ τῇ τύχῃ τὸ μέλλον ποιοῦνται.

LXVIII. Καὶ τύχην ἀνδρῶν] καὶ πρὸς τύχην ἀνδρῶν πολεμίων ἡμῖν ἡττημένην. — Νομίσωμεν ἅμα μὲν νομιμ....] νομιμώτατόν ἐστι, φησίν, ὀργῇ προσμῖξαι τοῖς ἐναντίοις. προσήκον γὰρ τοῖς τιμωρουμένοις τοὺς ἀδίκως ἐπελθόντας παρίστασθαι τοῦτο, καὶ κρίνειν ὅτι δεῖ ἀποπλῆσαι τὸν θυμὸν ἐν τῇ τιμωρίᾳ τοῦ ἀδικήματος. — Καὶ τὸ λεγόμενόν που ἤδη.] τὸ ἐχθροὺς τιμωρήσασθαι. — 2. Ἐν ᾧ] ἐν τῷ δουλώσασθαι ἡμᾶς. — Τὰ ἀπρεπέστατα] τοὺς ἀνδραποδισμούς. — Τὴν αἰσχίστην ἐπίκλησιν] τὴν δουλείαν. — 3. Καλὸς ὁ ἀγών] ἡ διάνοια· καλὸς ἡμῖν ὁ ἀγών ἐστι· καὶ γὰρ, πραξάντων ἡμῶν ὅσα βουλόμεθα, οὗτοί τε κολασθήσονται, καὶ ἡ πᾶσα Σικελία ἐλευθερωθήσεται.

LXIX. Ἐπειδὴ καὶ τοὺς Ἀθηναίους ᾐσθάνοντο πληροῦντας δηλονότι τὰς ναῦς. — Πάσχουσιν] οἱ ἄνθρωποι δηλονότι. — 2. Ἐνδεᾶ] ἀπλήρωτα. — Πατρόθεν τε ἐπονομάζων] Ὅμηρος [Il. K, 68]·

Πατρόθεν ἐκ γενεῆς ὀνομάζων ἄνδρα ἕκαστον.

— Ἀξιῶν τό τε καθ' ἑαυτὸν ... τινί] ἀξιῶν, φησί, μηδένα προδιδόναι τὴν οἰκείαν ἀρετήν. — Ὧν] καὶ ἀξιῶν ἐκείνους ὧν. — Ὧν ἐπιφανεῖς ἦσαν...] τοῦτο καθ' ὑπερβατόν. συντακτέον δὲ τῷ πατρόθεν ἐπονομάζων. — Καὶ τῆς ἐν αὐτῇ ἀνεπιτάκτου...] καὶ τῆς ἐν τῇ πατρίδι δηλονότι αὐτεξουσίου βιοτῆς. — Ἄλλα τε λέγων] καθ' ὑπερ-

βατόν. συντακτέον δὲ τῷ παραπλήσια, ἵνα ᾖ τὸ ἑξῆς· ἄλλα τε λέγων, οἷα οἱ ἐν τῷ τοιούτῳ ἤδη τοῦ καιροῦ ὄντες ἄνθρωποι εἴποιεν ἄν, καὶ παραπλήσια. ἡ δὲ διάνοια· ἄλλα τε λέγων, ὅσα ἐν τῇ τοιαύτῃ περιστάσει καθεστῶτες ἄνθρωποι λέξαιεν ἄν, καὶ παραπλήσια, ὑπὲρ τε τῶν ἄλλων πάντων, καὶ γυναικῶν καὶ παίδων καὶ θεῶν· οὐ φυλαττόμενοί τι αὐτῶν εἰπεῖν, μὴ δόξωσι τοῖς ἀκροαταῖς ἀρχαιολογεῖν, ἀλλὰ ὠφέλιμα πρὸς τὴν παροῦσαν περίστασιν νομίζοντες. — 3. Καὶ ὁ μὲν οὐχ ἱκανὰ μᾶλλον ἢ ἀναγκαῖα] καὶ ὁ Νικίας ἀναγκαῖα μᾶλλον ἤπερ ἱκανά. — Πρὸς τὸ ζεῦγμα τοῦ λιμένος] ὃ δηλαδὴ ἔζευξαν οἱ Συρακούσιοι, ἀποφράττοντες τὸ στόμα τοῦ λιμένος. — Καὶ τὸν καταλειφθέντα διέκπλουν] καὶ τοῦτο τὸ μέρος ὃ οὐκ ἔζευκτο, ἀλλ' ἀνεῴγει, τοῦ στόματος τοῦ λιμένος. τουτέστι παρελέλειπτο, ὥστε μὴ ἐζεῦχθαι. — Βιάσασθαι ἐς τὸ ἔξω] μετὰ βίας ἐξελθεῖν.
LXX. Προεξαγαγόμενοι] πρότερον ἢ Ἀθηναῖοι. — Τοῦ παντός] στρατεύματος δηλονότι. — 2. Σφίσι] τοῖς Ἀθηναίοις. — Τῶν πρότερον] ναυμαχιῶν δηλονότι. — 3. Οἵ τε ἐπιβάται ἐθεράπευον...] οἱ ἐπιβάται, φησίν, ἐπεμελοῦντο, (τοῦτο γὰρ ἔστι τὸ ἐθεράπευον,) καὶ ἠγωνίζοντο, ὅπως μὴ λείποιντο τῇ προθυμίᾳ οἱ ἐπὶ τοῦ καταστρώματος ὄντες τῆς τε τῶν ναυτῶν καὶ κυβερνητῶν τέχνης. — Πρῶτος] ἀντὶ τοῦ ἔξοχος. — 4. Ἐν ὀλίγῳ] διαστήματι δηλονότι. — Αἱ δὲ προσβολαί...] συνεχῶς, φησίν, ἐγίγνοντο αἱ συμπλοκαὶ τῶν νεῶν· αἱ μὲν γὰρ αὐτῶν φεύγουσαι ἐπεφέροντο ἑτέραις, καὶ οὐ συνεπλέκοντο, αἱ δὲ ἑκοντὶ ἐπιπλέουσαι προσέβαλλον. — 5. Προσφέροιτο] ἀντὶ τοῦ προσήλαυνεν. — Ἐπ' αὐτήν] ἤγουν κατ' αὐτῆς. — 6. Ξυνηρτῆσθαι] συμπεπλέχθαι. § ἤρτηται, κρέμαται ἢ δέδεται. — Καὶ τοῖς κυβερνήταις] τοὺς κυβερνήτας, εἴτε φυλάττεσθαι δέοι εἴτε ἐπιβουλεύειν, μὴ καθ' ἓν μέρος, οἷον δεξιὸν ἢ ἀριστερὸν, τοῦτο ποιεῖν, ἀλλὰ πανταχοῦ. — Ξυμπιπτουσῶν] ἀλλήλαις δηλονότι. — Καὶ ἀποστέρησιν τῆς ἀκοῆς] καὶ μὴ δύνασθαι τῶν κελευσμάτων ἀκούειν. — 7. Πολλὴ γὰρ δὴ παρακέλευσις... τοῖς μὲν κελευσταῖς] ὑπὸ τῶν κελευστῶν. τὸ δὲ ἐπιβοῶντες, συντασσόμενον τῷ «πολλὴ γὰρ δὴ παρακέλευσις ἀφ' ἑκατέρων τοῖς κελευσταῖς», ἐσχημάτισται, ἦν γὰρ κατὰ φύσιν τὸ, πολλὰ γὰρ δὴ οἱ κελευσταὶ ἀλλήλοις παρεκελεύοντο. — Κατὰ τὴν τέχνην] τέχνην λέγει τὴν ἰδίαν, τὴν κελευστικήν. — Αὐτίκα] παροῦσαν. — Βιάζεσθαί τε τὸν ἔκπλουν] μετὰ βίας καὶ ἰσχύος ποιεῖσθαι. — 8. Ἑκατέρων] τῶν Συρακουσίων καὶ Ἀθηναίων. — Οἱ μὲν Ἀθηναῖοι...] οἱ τῶν Ἀθηναίων στρατηγοὶ ἐπυνθάνοντο τῶν πρύμναν κρουομένων τριηράρχων, καὶ οἷον * εἰς γῆν ἀποβαίνειν διανοουμένων, * εἰ τὴν γῆν τῶν Συρακουσίων, ἥτις ἐστὶ πολεμία, νομίζουσιν οἰκειοτέραν εἶναι τῆς μετὰ πολλοῦ πόνου κεκτημένης θαλάττης, τουτέστιν ἧς ἐγένοντο ἄρχοντες, μετὰ πολλῶν πόνων θαλαττοκρατήσαντες.
LXI. Ἰσορρόπου] ἰσοπαλοῦς. — Πολὺν τὸν ἀγῶνα καὶ ξύστασιν τῆς γνώμης εἶχε] ἀντὶ τοῦ ἰσχυρῶς ἠγωνίων, καὶ τὰς διανοίας συνετέταντο. — Ὁ αὐτόθεν] ὁ

Συρακούσιος στρατός. — Περὶ τοῦ πλείονος ἤδη καλοῦ ὑπὲρ τοῦ νικῆσαι δηλονότι κατὰ κράτος. — Οἱ ἐπελθόντες] οἱ Ἀθηναῖοι. — 2. Πάντων γὰρ δὴ ἀνακειμένων τοῖς Ἀθηναίοις ἐς τὰς ναῦς] ἤτοι πάσης τῆς ἐλπίδος αὐτοῖς ἐν ταῖς ναυσὶν οὔσης. — Ἐοικώς] ὅμοιος. ἀντὶ τοῦ μείζων ἁπάντων τῶν φόβων. — Καὶ διὰ τὸ ἀνώμαλον...] καὶ διὰ τὸ ἐν ναυσὶ μόναις δηλονότι πάσας τὰς ἐλπίδας ἔχειν, ἀνωμάλως ἐκ τῆς γῆς ἐθεῶντο τὴν ναυμαχίαν. § διὰ τὴν ἀνωμαλίαν τῆς χώρας ἄλλοι ἄλλως ἐθεώρουν τὴν ναυμαχίαν. — 3. Δι' ὀλίγου γὰρ οὔσης τῆς θέας...] σύνεγγυς γὰρ οὔσης τοῖς πεζοῖς τῆς ναυμαχίας εἰς τὸ πάντας ὁρᾶσθαι, καὶ ἄλλων ἄλλο ἔργον αὐτῆς θεωρούντων, οἱ μὲν νικῶντας ὁρῶντες τοὺς οἰκείους ἀνεθάρσουν τε διὰ τοῦτο, καὶ ἔχαιρον, οἱ δὲ θεώμενοι ἡττωμένους κατ' ἄλλο μέρος ἐταράττοντο. καὶ ὁρῶντες τὰ γιγνόμενα ἀθυμότεροί τε οἱ ἀπὸ τῆς γῆς καὶ ταπεινότεροι τῶν ἡττωμένων ἐν ταῖς ναυσὶν ἐγίνοντο. — Ἀνεθάρσησάν τε ἄν] ἤγουν ἀνέστησαν τὸ φρόνημα. — Γνώμην] θυμόν. — Ἄλλοι δὲ καὶ πρὸς ἀντίπαλόν τι...] ἄλλοι δὲ, φησὶ, τῶν ἀπὸ τῆς γῆς, ἰδόντες ἰσόρροπόν που ναυμαχίαν, διὰ τὸ πάνυ ἀδιάκριτον εἶναι πότεροι νικῶσι, συνεξομοιοῦντες τὰ σώματα τῇ περὶ τῶν γιγνομένων προσδοκίᾳ, ἀπένευον τῷ σώματι τῇδε κἀκεῖσε. — Διὰ τὸ ἀκρίτως ξυνεχὲς τῆς ἁμίλλης] γενομένης δηλονότι ἀκρίτως τῆς ἁμίλλης. — Τοῖς] τούτοις. — Παρ' ὀλίγον] μόνον οὐκ. — 4. Ἀγχώμαλα] ἴσα. — Ὀλοφυρμὸς, βοή, νικῶντες, κρατούμενοι] Ὅμηρος [Il. Δ, 450]·

Ἔνθα δ' ἅμ' οἰμωγή τε καὶ εὐχωλὴ πέλεν ἀνδρῶν,
ὀλλύντων τε καὶ ὀλλυμένων.

— 6. Μετέωροι] ἤγουν ἐν τῷ πελάγει ὄντες. § ἄποροι. — Κατενεχθέντες] ἤγουν πρὸς τὴν γῆν ἐλθόντες. — Οἰμωγῇ τε καὶ στόνῳ] Ὅμηρος [Il. X, 409]·

Κωκυτῷ τ' εἴχοντο καὶ οἰμωγῇ κατὰ ἄστυ.

— Ἐς φυλακήν] ἀπὸ κοινοῦ, παρεβοήθουν. — 7. Ἐν τῷ παραυτίκα] ἤγουν ἐν τῷ ἐνεστῶτι τότε χρόνῳ. — Καὶ οἱ ἐν τῇ νήσῳ] ὑπερβατόν. τὸ ἑξῆς· καὶ οἱ διαβεβηκότες αὐτοῖς προσαπώλλυντο ἐν τῇ νήσῳ ἄνδρες.
LXXII. 2. Αἰτῆσαι ἀναίρεσιν] ἀνάληψιν.
LXXIII. Ἀποικοδομῆσαι] ἀποφράξαι διά τινος οἰκοδομῆς. — 2. Ξυνεγίγνωσκον] τὰ αὐτὰ ἐγίγνωσκον. τουτέστιν ὁμογνώμονες ἦσαν αὐτῷ. — Καὶ ἅμα ἑορτῆς οὔσης] ἤγουν ἀνεσίμου ἡμέρας. — 3. Ἡνίκα ξυνεσκόταζεν] ὅτε ἤδη σκοτεινὴ νὺξ ἦν. — Διάγγελοι τῶν ἔνδον] ἤτοι μηνυταὶ καὶ ἐξαγγέλλοντες τὰ Συρακουσίων.
LXXIV. Ἐπέσχον] τὸ στράτευμα δηλονότι. — 2. Ἀπεφράγνυσαν] ἀντὶ τοῦ ἔφραττον. — Ἐτάσσοντο] παρετάσσοντο, ὡπλίζοντο. — Ἀναδησάμενοι] ἤγουν ἐξαρτήσαντες τῶν ἑαυτῶν νεῶν.
LXXV. Καὶ ἡ ἀνάστασις ἤδη] ὁ καί σύνδεσμος περιττός. — 2. Αἰσθέσθαι] ἀπὸ κοινοῦ τὸ ἀλγεινά. — 4. Ἀντιβολίαν] παράκλησιν. ἀντιβολία, δέησις, ἱκεσία.

§ ἀντιβολία, δάκρυα καὶ στεναγμὸς, παρὰ τὸ ἀντιβολῶ. — Ἐπιθειασμῶν] θείων ἐπικλήσεων. — Περὶ τῶν ἐν τῷ ἀφανεῖ] ἤτοι περὶ τῶν μελλόντων. — 5. Ἀκολούθων] ὑπηρετῶν. — Καὶ οἱ πλεῖστοι παραχρῆμα] ἀντὶ τοῦ καὶ οἱ πλεῖστοι ἐν τῷ τότε παρόντι. — 6. Ἡ ἄλλη] ἤτοι τῶν ἄλλων. — Αἰκία] κάκωσις. — Καὶ ἡ ἰσομοιρία] καὶ τὸ κοινωνεῖν δηλαδὴ πάντας ἐπίσης τῶν κακῶν, καὶ οἷον ἴσου μέρους ἕκαστον αὐτῶν μετέχειν. — Ἔχουσά τινα ὅμως...] ἔχουσά τινα κουφισμὸν δηλονότι ἡ ἰσομοιρία, τὸ μετὰ πολλῶν ἰσομοιρεῖν τῶν κακῶν. — Τό] εἶναι. — Τὲ καί] ἐδοξάζετο. — Ἀφῖκτο] τὸ στράτευμα δηλονότι. — 7. Τῷ Ἑλληνικῷ στρατεύματι] οὐκ ἀπιθάνως περιαιροῦσι τὸ ἄρθρον ἐκ τοῦ τῷ Ἑλληνικῷ στρατεύματι ἐγένετο, ὡς οὐδενὸς Ἑλληνικοῦ στρατεύματος ἐν τοσαύτῃ μεταβολῇ γεγονότος. — Ναυβατῶν] ναύτης ἢ ἐπιβάτης. — Προσχόντας] ἐφιστάντας.

LXXVI. Ὡς ἐκ τῶν ὑπαρχόντων] ἐκ τῶν δυνατῶν.
LXXVII. Ἔτι καὶ ἐκ τῶν παρόντων] θαυμαστῶς ἐστοχάσατο καὶ τοῦ καιροῦ καὶ τῶν περιεχόντων πραγμάτων ἐν τῇ παρακελεύσει, * οὐδὲ προοιμιασάμενος. — 2. Ἀλλ' ὁρᾶτε δὴ, ὡς διάκειμαι...] τὸ μὲν « ἀλλ' ὁρᾶτε δὴ ὡς διάκειμαι ὑπὸ τῆς νόσου » διὰ μέσου κεῖται. φησὶ δὲ ὅτι, οὐδενὸς ὑμῶν οὔτε σώματι ἰσχυρότερος ὤν, (ὁρᾶτε γὰρ ὡς διάκειμαι,) οὔτε εὐτυχίᾳ τινὸς ὑστερῶν κατά τε τὸν ἰδιωτικὸν βίον καὶ κατὰ τὴν τῶν κοινῶν προστασίαν, νῦν ἐν ἴσῳ κινδύνῳ καθέστηκα ὥσπερ οἱ φαυλότατοι. — Τοῖς φαυλοτάτοις] ἀγεννέσιν, ἤγουν ἀνάνδροις. — Πολλὰ μὲν ἐς θεοὺς νόμιμα δεδιῄτημαι] ἀντὶ τοῦ πολλὰ εἰς θεῶν τιμὴν ἐπετήδευσα, πεπολίτευμαι νομίμως. — 3. Θαρσεῖα] ἀντὶ τοῦ θαρσαλέα· ἀνεπαίσχυντος. — Οὐ κατ' ἀξίαν δὴ] ἀλλὰ μειζόνως δηλονότι. — Εὐτύχηται] ἤγουν μετ' εὐτυχίας κατόρθωται. — Ἐπίφθονοι] μεμπτοί. — Ἀποχρώντως] ἱκανῶς, ἀρκούντως. — 4. Ἀνθρώπεια] ὅσα προσήκει τῇ ἀνθρωπείᾳ φύσει. — Οἴκτου... ἢ φθόνου] Πινδάρου [Pyth. 1, 164], « Κρείσσων οἰκτιρμοῦ φθόνος. » — Ἢ φθόνου] μέμψεως. — Οἷοι ὁπλῖται ἅμα καὶ ὅσοι συντ. χωρεῖτε] ὑπήλλακται, ἀντὶ τοῦ τοὺς ὁπλίτας καὶ τοὺς συντεταγμένους χωροῦντας μὴ καταπεπλῆχθαι πάνυ. αὐτὸ γε μὴν τὸ μὴ καταπεπλῆχθαι ἀπὸ κοινοῦ * τοῦτο εἰκός. — Ἱδρυθείησαν] ἤγουν οἰκήσειαν ἀδιαδόχως σχοίντας. — Ἐξαναστήσειε] μετοικίσειεν. — 6. Ἐν τῷ ἐχυρῷ] ἀσφαλεῖ. — 7. Τὸ δὲ ξύμπαν] τὸ δὲ σύνολον.

LXXVIII. 3. Καὶ τρεψάμενοι] οἱ Ἀθηναῖοι. — 4. Ἄπεδον] ὁμαλὸν, ὁμόπεδον, ὡς καὶ ἄλοχος ἡ ὁμόλεχος. — 5. Ἀπετείχιζον] σκέψαι, πῶς χρῆται τῇ ἀπό· ἐπιτατικῶς γάρ. — 7. Ἀποχωρεῖν] ἀποσκίδνασθαι ἀπὸ τοῦ στρατεύματος· οὐκ ἦν ἐπιτήδειον ἀποχωρεῖν, κωλυόντων τῶν ἱππέων.

LXXIX. Ἄραντες] ἀντὶ τοῦ κινηθέντες. — 2. Διϊχνοῦντο γάρ] ἀντὶ τοῦ ἐξικνοῦντο βάλλοντες. — 3. Φιλεῖ γίγνεσθαι] ἐκ περιουσίας τοῦτο προσέρριπται.

LXXX. Τοὐναντίον ἢ οἱ Συρακούσιοι] ἀντὶ τοῦ ἤπερ. — 4. Τὸ ἥμισυ] δηλονότι τοῦ παντός. — Ἀφικνοῦνται ὅμως] ἤγουν οὕτω. — 5. Παρά] κατά. — 6. Καὶ βιασάμενοι] σὺν βίᾳ ἀπωσάμενοι.

LXXXI. Ἦ οὐ χαλεπῶς ᾐσθάνοντο] ἤτοι τὸ οὐ χαλεπῶς τῷ ἔγνωσαν συντακτέον, ἵνα ᾖ, ῥαδίως ἔμαθον αὐτοὺς ἢ κεχωρήκεσαν· ἢ τῷ κεχωρηκότας, ἵνα σημαίνῃ, ἢ ἐδόκουν αὐτοῖς εὐκόλως καὶ ῥαδίως κεχωρηκέναι οἱ Ἀθηναῖοι. — 2. Δίχα δὴ ὄντας] ἤγουν κεχωρισμένους ἀπὸ τῶν μετὰ Νικίου. — Καὶ ξυνῆγον ἐς ταὐτό] ἀντὶ τοῦ ἐκύκλουν ἐς ὀλίγον χωρίον. — 3. Καὶ πεντήκοντα] περιττὸς ὁ καὶ σύνδεσμος. — Ἐν τῷ τοιούτῳ] καιρῷ δηλονότι. — 4. Ἀνειληθέντες γάρ] συστραφέντες. — 5. Καὶ οὐ ξυσταδόν] ἤγουν ἐκ τοῦ πλησίον. — Καὶ ἅμα φειδώ τέ τις ἐγένετο] ὡς ἂν φανερᾶς οὔσης τῆς εὐπραγίας, οὐκ ἐβούλοντο ἀποκινδυνεύειν, ἀλλ' ἐφείδετο αὐτός τις ἑαυτοῦ, ὥστε μὴ προαναλωθῆναι. τουτέστιν, ἐνόμιζον καὶ οὕτω λήψεσθαι τοὺς Ἀθηναίους, χωρὶς τοῦ αὐτοὶ προαναλωθῆναι καὶ κινδυνεῦσαι. — Ταύτῃ τῇ ἰδέᾳ] ἤγουν τούτῳ τῷ τρόπῳ τῆς μάχης.

LXXXII. Πανταχόθεν] ἤγουν κύκλωθεν. — Ὡς σφᾶς] ἤγουν εἰς τοὺς Συρακουσίους.

LXXXIII. 4. Τῆς νυκτὸς φυλάξαντες τὸ ἡσυχάζον] καθ' ὃ μάλιστα τῆς νυκτὸς ἔμελλον οἱ πολέμιοι ἡσυχάζειν. — 5. Κατέθεντο] τὰ ὅπλα. — Οὗτοι δὲ διὰ τῶν φυλάκων βιασάμενοι] ἤγουν διελθόντες τοὺς φύλακας σὺν βίᾳ.

LXXXIV. 3. Ἐπ' αὐτῷ] ἤγουν παρ' αὐτῷ. — Σκεύεσιν] ὅπλοις. — Οἱ δὲ ἐμπαλασσόμενοι κατέρρεον] ἀντὶ τοῦ ἐμπλεκόμενοι κατέπιπτον. § ἑτοίμως ἔπιπτον. — 5. Καὶ περιμάχητον ἦν τοῖς πολλοῖς] ἤγουν σπουδαιότατον.

LXXXV. Τοῦ δὲ...] τοῦ δὲ διαφυγόντος. — 2. Ὅσους μὴ ἀπεκρύψαντο] ὅσους δηλαδὴ μὴ διέκλεψαν οἱ Συρακούσιοι. — 3. Καὶ κατεπλήσθη] γράφεται διεπλήσθη. — 4. Πλεῖστος γὰρ δὴ φόνος οὗτος] ἀντὶ τοῦ πολὺ πλείων τοῦτο ἀκουστέον. οὐδὲ γὰρ ἐγγὺς ἐν τῷ Σικελικῷ πολέμῳ τοσοῦτος ἄλλος φόνος ἐγένετο. § Ἐμοὶ δὲ φαίνεται γεγράφθαι, καὶ οὐδενὸς ἐλάσσων τῶν ἐν τῷ Ἑλληνικῷ πολέμῳ ἐγένετο. λέγει γὰρ αὐτὸς ἐπὶ τέλει τῆσδε τῆς ἱστορίας [c. 87] « συνέβη τε τοῦτο τὸ ἔργον τῷ Ἑλληνικῷ τῶν κατὰ τὸν πόλεμον τόνδε μέγιστον γενέσθαι, δοκεῖ δέ μοι καὶ ὧν Ἑλληνικῶν ἴσμεν. » ἔοικεν οὖν κἀνταῦθα μὴ μόνοις τοῖς Σικελικοῖς, ἀλλὰ πᾶσι τοῖς Ἑλληνικοῖς, ἀντεξετάζειν τὴν συμφοράν.

LXXXVI. 2. Ἀσφαλεστάτην εἶναι νομίσαντες τήρησιν] ἤγουν φυλακήν. — Τοὺς γὰρ ἐκ τῆς νήσου ἄνδρας...] τὸ ἑξῆς, προὐθυμήθη, ὥστε ἀφεθῆναι, πείσας τὰς σπονδὰς τοὺς Ἀθηναίους ποιήσασθαι. — 5. Διὰ τὴν νενομισμένην ἐπιτήδευσιν] διὰ τὴν πᾶσαν ἐς ἀρετὴν νενομισμένην ἐπιτήδευσιν. διὰ τὸ πᾶσαν ἀρετὴν νομίμως ἐπιτετηδευκέναι. οὐ γὰρ δή γε νενομισμένην ἀρετὴν τὴν δοκοῦσάν φησι.

LXXXVII. Χαλεπῶς τοὺς πρώτους χρόνους μετεχείρισαν] ἤγουν τοὺς πρώτους χρόνους χαλεπῶς περιεῖπον. — Μετεχείρισαν] ἤγουν ᾠκονόμησαν. — Καὶ αἱ

νύκτες ἐπιγιγνόμεναι] ἀντὶ τοῦ, αἱ νύκτες καὶ αἱ ἡμέραι, ἀνώμαλον ἐργαζόμεναι τὸ περιέχον, νόσων κατῆρχον. — 2. Πάντα τε ποιούντων] διὰ τὸ δύσφημον ἀπεσιώπησεν αὐτὰ ὀνομαστὶ εἰπεῖν· βούλεται δὲ λέγειν τὰ ὑποχωρήματα, ἅπερ οἱ ἰατροὶ σκύβαλα καὶ ἀποπατήματα εἰώθασι καλεῖν. — 3. Ἀθρόοι] συχνοί. — Ἀπέδοντο] ἐπώλησαν. — 6. Καὶ οὐδὲν ὀλίγον ἐς οὐδὲν κακοπαθήσαντες] ἐν παντὶ πράγματι μεγάλως κακοπαθήσαντες.

Ἀδέσποτον.
Αἱ πρὶν μέγισται φανερῶς εὐπραξίαι,
τὰ συνεχῆ τρόπαια καὶ ναυκρατίαι,
αἱ τῶν μεγάλων πραγμάτων εὐπραγίαι,
ὑφ' ὧν ἀνηνέχθησαν εἰς ὕψος θράσους
Περσοκρατῶν Ἕλληνες οἱ πάλαι γόνοι,
πρὸς δυστυχίας τῆς πανωλέθρου χάος
ἄρτι κατηνέχθησαν, ἀντιπνευσάσης
τῆς εὐτυχίας εἰς μακρὰν ἀτυχίαν.

IN LIBRUM VIII.

I. Καὶ ὁπόσοι τότε αὐτοὺς θειάσαντες ἐπήλπισαν] ἀντὶ τοῦ θεοφορηθέντες ἐν ἐλπίδι ἐποίησαν, ἤγουν θειά τινα ἐπιφθεγξάμενοι, εἰς ἐλπίδας ἐνέβαλον. — 2. Πάντα δὲ πανταχόθεν] δεινὰ δηλονότι. — Ἐν τῷ κοινῷ] ταμιείῳ δηλονότι. — Σφῶν] τῶν Ἀθηναίων. — 3. Ὡς ἐκ τῶν ὑπαρχόντων] τῶν δυνατῶν. — Τῶν τε κατὰ τὴν πόλιν τι ἐς εὐτέλειαν σωφρονίσαι] τοὺς πολίτας εὐτελέστερον πεῖσαι βιοῦν. — Ὡς ἄν] ἤγουν ἕως ἄν. — 4. Πρὸς τὸ παραχρῆμα περιδεές] διὰ τὸ ἐν τῷ παραυτίκα περιδεεῖς εἶναι.

II. Μηδετέρων] ἤγουν Ἀθηναίων καὶ Πελοποννησίων. — 2. Αὐτῶν] ἤγουν τῶν Ἀθηναίων. — Διὰ τὸ ὀργῶντες κρίνειν τὰ πράγματα] ἤτοι μετὰ πάσης προθυμίας, ἤ, ὥς τινες, διὰ τὸ αὐτοὺς ὀργίζεσθαι τοῖς Ἀθηναίοις. — Καὶ μηδ' ὑπολείπειν λόγον αὐτοῖς] μηδενὶ ἐπιτρέπειν λέγειν περὶ αὐτῶν. ἤ, ὡς ἐμοὶ φαίνεται, μὴ ὑπολείπεσθαι μηδεμίαν αἰτίαν τοῦ δυνήσεσθαι ἀντισχεῖν τοὺς Ἀθηναίους. — Τό γ' ἐπιὸν θέρος] ἀντὶ τοῦ τῷ ἐπιόντι θέρει. — 4. Ἀπροφασίστως] χωρὶς τῆς προφάσεως.

III. Μεμφομένων] δηλαδὴ τοῖς Λακεδαιμονίοις.
IV. Ξυστελλόμενοι] ἀντὶ τοῦ συνάγοντες.
V. Ἀμφοτέρων] ἤγουν τῶν Λακεδαιμονίων καὶ Ἀθηναίων. — Ἡ ὥσπερ ἀρχομένων ἐν κατασκευῇ τοῦ πολέμου] ἀντὶ τοῦ ἐν ἀρχῇ τοῦ πολέμου ἕκαστα ἑτοιμαζόντων. — 2. Τὴν διάβασιν] εἰς τὴν Εὔβοιαν δηλονότι. — Ὑπέσχοντο] τοῖς Λεσβίοις δηλονότι. — 3. Ἡ τῶν ἐν τῇ πόλει Λακεδαιμονίων] ἀντὶ τοῦ, ἡ οἱ ἐν τῇ πόλει Λακεδαιμόνιοι. — Δεινός] ἀντὶ τοῦ φοβερός. — 4. Ἔπρασσεν] ἤγουν συνέπραττε. — Τῶν κάτω] ἐπαρχιῶν. — 5. Πεπραγμένος] ἀντὶ τοῦ ἀπηγμένος. — Οὐ δυνάμενος πράσσεσθαι] ἀντὶ τοῦ οὐ δυνάμενος ἐκπρά-

ξασθαι αὐτός, βασιλεῖ ὠφείλησεν, ἤγουν ὀφειλέτης ἐγένετο. — Ἀφεστῶτα] τοῦ βασιλέως. — Κοινῇ κατὰ τὸ αὐτό] ἤγουν ὁμογνωμονοῦντες.

VI. Φυγάδες τῆς ἑαυτῶν] πατρίδος. — Καὶ αὐτός] ἤγουν ὁ Φαρνάβαζος. — 3. Ἐνδίῳ] ἡ εὐθεῖα ὁ Ἔνδιος. — Ἐς τὰ μάλιστα] ὑπερβαλλόντως. — Ὅθεν καὶ τοὔνομα Λακωνικόν...] Ἀλκιβιάδης Λακωνικὸν ἦν ὄνομα, [ὃς ἦν πατὴρ τοῦ Ἐνδίου]. Κλεινίας δὲ ὁ Ἀθηναῖος, τῷ Ἀλκιβιάδῃ ξένος γενόμενος, τὸ ὄνομα τῷ παιδὶ ἔθετο. — Τὴν ξενίαν] φιλίαν. — 4. Φρύνιν] τὸ ἀρσενικὸν Φρύνις, Φρύνιδος.

Φρύνιν ἰῶτα· τὴν δὲ Φρύνην ἠτά μοι,
πόρνην τελοῦσαν, ἧς πολὺ πάλαι κλέος.

— Περίοικοι] περίοικοί εἰσιν οἱ ὑπήκοοι, γείτονες τῆς Σπάρτης. — Αὐτοῖς εἰσίν] τοῖς Χίοις. — Αὐτοῖς πέμπειν] τοῖς Χίοις. — Ἐκεῖ] ἤγουν ἐν τῇ Χίῳ. — Ἀφ' ὧν] πόλεων ἢ συμμάχων δηλονότι. — 5. Τούτων] τῶν τεσσαράκοντα.

VII. Ἐπειγομένων] ἀντὶ τοῦ ἐπειγόντων. — Ἐς Χίον]

Τὸν Χῖον ἂν γράψειας ὅσπερ ἐκ Χίου,
σοφῶς περισπῶν, μηδαμῶς δίσταζέ μοι.

VIII. Ὑπὲρ τοῦ Φαρναβάζου] ἀντὶ τοῦ, πρεσβευταὶ τοῦ Φαρν. — Οὐκ ἔχοιν....] οὐ μετέσχον τοῦ στόλου. — Ἐς τὴν ἀποστολήν] ἀπόπλευσιν. — Ἐφ' ἑαυτῶν] ἤγουν καθ' ἑαυτούς. — 2. Ξυνελθόντες]

Σολοικοειδές, οὐ σόλοικον τυγχάνει,
ἀντὶ ξυνελθόντων δὲ κεῖται ξυμμάχων.

— Ἀλκαμένην ἄρχοντα] ἔχοντας. — 3. Τὰς ὕστερον διαφερομένας] μετὰ τοῦτο παρακομιζομένας. — 4. Ταύτῃ] τῇ θαλάσσῃ δηλονότι. — Πολύ] λίαν. — 6. Καὶ διεκόμισαν εὐθύς] περιττὸς ὁ καί σύνδεσμος.

IX. Αὐτῶν] τῶν Λακεδαιμονίων. — Ἕτοιμος ἦν] συγγνώμην εἶχεν. — 2. Τὸ πιστὸν ναῦς σφίσι ξυμπέμπειν] ὑπὲρ τοῦ πιστοὺς μεῖναι αὐτοὺς ἠξίουν οἱ Ἀθηναῖοι ναῦς συμπέμπειν. — 3. Αἴτιον δ' ἐγένετο...] αἴτιον δ' ἐγένετο τῆς ἀποστολῆς τῶν νεῶν τὸ τοὺς πολλοὺς μὴ εἰδέναι τὰ πραττόμενα. — Πρίν τι καὶ ἰσχυρὸν λάβωσιν] ἀντὶ τοῦ, πρὶν δύναμίν τινα προσλάβωσιν.

X. Ἐπηγγέλθησαν] αἱ σπονδαὶ δηλονότι. — Ἐθεώρουν] ἔπεμπον θεωρούς. — Καὶ ἐπειδὴ ἀνεχώρησαν] οἱ θεωροὶ δηλονότι. — 2. Οἱ δέ] οἱ Κορίνθιοι. — Ἐπῆγον ἐς τὸ πέλαγος] ὑπεχώρουν, ὅπως εἰς τὸ πέλαγος ἐκείνους προκαλέσωνται. — 3. Μετέωρον] πλεούσαν. — Ὁρμίζουσιν] ἐν ὅρμῳ ἐποίησαν. — 4. Καὶ τῶν νεῶν] τῶν Λακεδαιμονίων δηλονότι.

XI. Ἐπέταξαν] Ἀθηναῖοι. — Ἱκανάς] τὰς αὐτῶν. — 2. Καὶ ἐπενόησαν μὲν κατακαῦσαι τὰς ναῦς] οἱ Πελοποννήσιοι τὰς προτέρας. — Τῷ πεζῷ] διὰ τοῦ πεζοῦ.

XII. 2. Αὐτός] ὁ Ἀλκιβιάδης.

XIII. Κοπεῖσαι] ἐπὶ τοῦ κακοπαθῆσαι καὶ οἱονεὶ κοπιᾶσαι εἴρηται.

XIV. Ἐξάγγελτοι] ἤγουν δῆλοι. § διάνοια· πάντας τοὺς ἐμπίπτοντας αὐτοῖς συνελάμβανον, ἵνα μὴ ἐπαγγείλωσιν αὐτοὺς ἐπιπλεῦσαι. — Αὐτούς] τοὺς ἑαλωκότας. — 2. Καὶ οἱ μὲν ἀφεστῶτες] ἀπὸ τῶν Ἀθηναίων δηλονότι.

XV. Μεγίστης πόλεως] ἤγουν τῆς Χίου. — Τά τε χίλια τάλαντα ...] ἀντὶ τοῦ τὰς ἐπὶ τοῖς χιλίοις ταλάντοις ἐπικειμένας ζημίας. § διάνοια· ζημίας ἔλυσαν τὰς ἐπιτεθέντας τοῖς εἰποῦσιν ἢ ἐπιψηφίσασι κινεῖν τὰ χίλια τάλαντα, ἅτινα ἐβούλοντο ἀκίνητα μίμνειν διὰ παντὸς τοῦ πολέμου. — Ἔλυσαν] τὸ ἑξῆς, ἔλυσαν ὑπὸ τῆς παρούσης ἐκπλήξεως. — Τῷ Πειραιῷ] τῆς Κορινθίας. — Ἐφορμοῦσιν] πολιορκία τῶν πολεμίων. — 2. Ἐς τὴν βοήθειαν] ἀντὶ τοῦ τὴν μάχην.

XVI. 3. Ἐσηγάγοντο] προσεδέξαντο. — Ἐπέσχον] ἀπὸ τοῦ τείχους.

XVII. 2. Ὅτι πλείστας] ἤγουν λίαν. — 3. Λαθόντες οὖν τὸ πλεῖστον τοῦ πλοῦ] λάθρα τὸ πολὺ πλεύσαντες ἔφευγον.

XVIII. Καὶ Λακεδαιμόνιοι καὶ οἱ ξύμμαχοι] ἑκάτεροι δηλονότι. — 3. Ἢν δέ τινες ἀφιστῶνται] τὸ « ἢν δέ τινες ἀφιστῶνται » ἕως τοῦ « καὶ τοῖς ξυμμάχοις » ἐν ἄλλοις οὐχ εὑρίσκεται.

XX. 2. Καὶ ἐπικαθελών] ἤγουν ἐκ δευτέρου.

XXI. Τοῖς δυνατοῖς] κατὰ τῶν δυνατῶν. — Τοῖς γεωμόροις] γεωμόρος ὁ τὴν γῆν μερίζων.

XXII. Καὶ τῶν αὐτόθεν ξυμμάχων] ἤγουν τῶν Χίων. — Παρῄει] παρῆλθε. — Κύμης] σημείωσαι, Κύμη πλησίον Φωκαίας.

XXIII. 2. Αὐτοβοεί] ἐκ μιᾶς βοῆς. — 3. Κατασχόντες ἐς τὸν λιμένα] ἐλλιμενίσαντες. — 4. Ἃ πυνθανόμενος] τὸ ἑξῆς· ἃ δ' ὁ Ἀστύοχος τῶν τε Ἐρεσίων καὶ τῶν Χίων νεῶν πυνθανόμενος, οὐκέτι ἐπὶ τὴν Μιτυλήνην ὥρμησε. — Περιέτυχον αὐτῷ] συνέτυχον. — 5. Ἀναλαβών] ἀναβιβάσας εἰς τὰς ναῦς. — 6. Ἐξ αὐτῆς] τῆς Λέσβου.

XXIV. Ἀπόβασιν ποιησάμενοι] ἀποβάντες τῶν νεῶν. — Μετὰ κράτους τῆς γῆς] μετὰ τοῦ κρατεῖν τῆς γῆς. — 5. Βεβαίως] ὄντως. — Εἰ δέ τι ἐν τοῖς ἀνθρωπείοις τοῦ βίου παραλόγοις ἐσφάλησαν ...] εἴ τι, φησί, παρὰ λόγον ἐσφάλησαν, μετὰ πολλῶν συνεξήμαρτον. τοῦτο γὰρ ἔστι τὸ τὴν ἁμαρτίαν συνέγνωσαν. — 6. Εἰργομένοις οὖν αὐτοῖς] ἀντὶ τοῦ, ἐν αὐτοῖς εἰργομένοις ἐνεχείρησάν τινες.

XXV. 4. Ἑώρων] οἱ Μιλήσιοι. — 5. Τὰ ὅπλα τίθενται] ἤγουν ἀποτίθενται.

XXVI. Ὁσονού] ἤγουν μετ' ὀλίγον. — Ἐνάγοντος ξυνεπιλαβέσθαι ...] ἤγουν πείθοντος συνεφάψασθαι, ὥστε καὶ τὴν ὑπολειπομένην δύναμιν τῶν Ἀθηναίων καταλῦσαι. — Ὡς Ἀστύοχον τὸν ναύαρχον προσταχθεῖσαι κομίσαι] προσταχθέντος τῷ Θηραμένει ἀγαγεῖν πρὸς Ἀστύοχον τὰς ναῦς.

XXVII. Βουλομένων] ἀξιούντων (ἀξιουμένων). — Ὑπομείναντας] ἀντὶ τοῦ ὑπομεινάντων. — 2. Ἐν ὑστέρῳ] χρόνῳ δηλονότι. — Ἔσται ἀγωνίσασθαι] τὸ ἔσται περιττόν. τὸ δὲ « οὐδέποτε τῷ αἰσχρῷ ὀνείδει εἴξας ἀλόγως διακινδυνεύσειν » ἀντὶ τοῦ οὐδέποτε, φεύγων ἀδοξίαν, ἀλόγως διακινδυνεύσεις. § τὸ ἑξῆς· ὅπου ἔξεστιν ἐν ὑστέρῳ εἰδότας πρὸς ὁπόσας τε ναῦς πολεμίας ἔσται ἀγωνίσασθαι, καὶ ὅσαις ταῖς σφετέραις πρὸς αὐτοὺς παρασκευασαμέναις ἱκανῶς καὶ καθ' ἡσυχίαν, αὐτὸς δηλονότι οὐδέποτε, εἴξας τῷ αἰσχρῷ ὀνείδει, ἀλόγως κινδυνεύσειν. — 3. Ξυμβήσεσθαι] ἤτοι κατὰ γνώμην τῶν πολεμίων ἔστι δὴ συνθήκας ποιεῖν. — Ἡ μόγις ἐπὶ ταῖς γεγενημέναις ξυμφοραῖς...] ᾗτινι, φησί, πόλει διὰ τὰς κατεχούσας συμφορὰς μόλις ἔξεστι μετὰ μεγάλης παρασκευῆς καὶ ἀναγκαζομένῃ προεπιχειρεῖν τοῖς πολεμίοις, οὐχὶ δὲ ἑκουσίως, ταύτῃ πῶς προσήκει μὴ ἀναγκαζομένῃ πρὸς αὐθαιρέτους κινδύνους ἰέναι; — Μετὰ βεβαίου παρακευῆς] ἤγουν ἑτοιμασίας πολεμικῆς ἀσφαλοῦς. — Καθ' ἑκουσίαν] ἑκόντως. — Ἀνάγκη] διὰ ἀνάγκην προτερευούσαν. — 6. Καὶ πρὸς ὀργὴν τῆς ξυμφορᾶς] ὀργιζόμενοι διὰ τὴν συμβᾶσαν αὐτοῖς συμφορὰν περὶ Μίλητον.

XXVIII. Ἐπικατάγονται] ἐπὶ τοὺς Ἀθηναίους. — Ἐβούλοντο] τὸ ἑξῆς, ἐβούλοντο πλεῦσαι πάλιν ἐς Τειχιοῦσσαν. — 2. Προσδεχομένων] προσδοκησάντων. — 3. Προσέταξεν] ὁ βασιλεὺς δηλονότι. — 4. Ξυνέταξαν] ἤγουν συνηρίθμησαν. ἀντὶ τοῦ, κατέταξαν εἰς τὸ ἴδιον στράτευμα.

XXIX. Πάσαις ταῖς ναυσὶ διέδωκεν] ἀντὶ τοῦ τοῖς ἐν πάσαις ταῖς ναυσί. — 2. Παραδοῦναι] ἕνεκα τοῦ παραδοῦναι. — Μαλακός] ἀργός. — Μαλακὸς ἦν περὶ τοῦ μισθοῦ] ἤγουν οὐκ ἐντόνως οὐδὲ σφοδρῶς ἀπῄτει. — Παρὰ πέντε ναῦς] πλὴν ε' νεῶν πλεῖν. — Ὡμολογήθησαν] συνεφωνήθησαν.

XXX. Διακληρωσάμενοι] διαμερίσαντες κλήρῳ.

XXXI. Τοὺς ὁμήρους καταλεγόμενος] ἀπαριθμῶν. — Τούτου μὲν ἐπέσχεν] ἑαυτὸν δηλονότι, ἀπὸ τοῦ λαμβάνειν ὁμήρους. — 4. Διὰ τοὺς ἀνέμους] ἐναντίους δηλονότι ὄντας. — Ἐσβαλόμενοι] τειχομαχοῦντες.

XXXII. Σφάλμα] τὴν ἧσσαν λέγει. — Καὶ χειμασθεισῶν τῶν νεῶν] ἤγουν διασπαρεισῶν ὑπὸ χειμῶνος. — 3. Αὐτῷ] ἤγουν τῷ Ἀστύοχῳ.

XXXIII. Ἦ μήν] ὄντως. — Προσβαλών] ἤγουν ἐλλιμενίσας. — Τῇ στρατιᾷ] ἤγουν σὺν τῇ στρατιᾷ. ἤτοι πανστρατιᾷ. — 3. Ἀφειμένοι] ἀπὸ τῶν Ἀθηναίων. — 4. Ἀναζητήσαντες] βασανίσαντες.

XXXIV. Ὥσπερ] ἐπειδή. — Ὁρμήσασαι].ἐπὶ τὰ τῶν Χίων.

XXXV. 2. Ξυλλαμβάνειν] βοηθεῖν.

XXXVI. Ἔφερον] ὑπέμειναν. — 2. Ἐπὶ Θηραμένους] ἐνώπιον.

XXXVII. 3. Λακεδαιμόνιοι ἢ οἱ ξύμμαχοι] τῶν Λακεδαιμονίων. — 4. Κοινῇ] γνώμῃ δηλονότι.

XXXVIII. Κέλητι] πλοίῳ κέλοκι. — 3. Ἐς ὀλίγον

κατεχομένης] ήτοι αναγκαζομένης ολιγαρχεῖσθαι, ἢ ἐπ᾽ ὀλίγον πειθομένης και ἀκροωμένης· δ και μᾶλλον. — Κατεχομένης] κατειργομένης. — 5. Νῆες] οὖσαι τοῖς Ἀθηναίοις. — Ἀντανάγοιεν] αἱ ἐν τῇ Μιλήτῳ δηλονότι νῆες.

XXXIX. Ἡλίου τροπάς] τὰς χειμερινὰς δηλονότι. — 2. Πρὸς γὰρ τὰς τοῦ Πεδαρίτου ἐπιστολάς] ἀντὶ τοῦ διὰ τὰς τοῦ Πεδαρίτου ἐπιστολάς. — 3. Καὶ πλείω τὸν πλοῦν διὰ φυλακῆς ποιησάμενοι] καὶ μακρότερον τὸν πλοῦν ποιησάμενοι ὑπὲρ ἀσφαλείας. — 4. Τοῦ ξυμπαρακομισθῆναι] ἵνα συμπαραληφθῶσι παρ᾽ ἐκείνων.

XL. 2. Καὶ μιᾷ γε πόλει, πλὴν Λακεδαιμονίων, πλεῖστοι γενόμενοι] πλείονες οἰκέται ἦσαν ἐν Χίῳ ἤπερ ἐν ἄλλῃ τινὶ πόλει, πλὴν Λακεδαιμονίων· ἡ δὲ Λακεδαίμων πλείστους εἶχεν οἰκέτας. — Ἐπιστάμενοι τὴν χώραν] ἔμπειροι τῆς χώρας. — 3. Κωλῦσαι] κωλύμην ποιεῖν. — Διὰ τὴν τότε ἀπειλήν] ἣν δηλονότι ἠπείλησε τοῖς Χίοις, μὴ ἐπιβοηθήσειν αὐτοῖς.

XLI. Νομίσας πάντα ὕστερα εἶναι...] νομίσας, φησί, πάντα ἐν δευτέρῳ εἶναι τοῦ παρακομίσαι τὰς ναῦς, ὑπὲρ τοῦ θαλαττοκρατεῖν. — 2. Καὶ ἐς Κῶν τὴν Μεροπίδα] τὴν Μεροπίδα περιττῶς προσέθηκεν· ἄλλη γὰρ οὐκ ἔστι Κῶς. — 3. Ἀναγκάζεται ὑπὸ τῶν Κνιδίων παραινούντων] ἀντὶ τοῦ πείθεται παραινεσάντων.

XLIII. Προσβαλόντες] τειχομαχοῦντες. — 2. Ἀμφοτέροις] ἤγουν τοῖς Λακεδαιμονίοις καὶ τῷ Τισσαφέρνει.

XLIV. Οἱ δ᾽] ἤγουν οἱ Λακεδαιμόνιοι. — 2. Καμίρῳ] Κάμιρος Ἡρωδ. καὶ Χοιροβ. — Καὶ προσεχώρησε] ἤγουν ᾠκειώθη. — 3. Ἐφάνησαν] τοῖς πολεμίοις. — Ὑστερήσαντες δὲ οὐ πολλῷ] ἤγουν μετ᾽ ὀλίγον ἐλθόντες. — Τὸ μὲν παραχρῆμα] ἀντὶ τοῦ κατὰ τὸ ἐνεστώς. — 4. Ἐξέλεξαν] ἤγουν ἀπῄτησαν. — Ἀνελκύσαντες τὰς ναῦς] εἰς τὴν γῆν δηλονότι.

XLV. Ὑποχωρεῖ] ἤγουν λάθρα ἐχώρησε. — 2. Ξυνέτεμεν] ἀντὶ τοῦ, εἰς ὀλίγον συνέστειλε. — Τοῖς ἑαυτῶν] ναύταις δηλονότι. — Ἐκ περιουσίας] ἤγουν πληθυσμοῦ. — Χείρω] ἤγουν ἄχρηστα ἐς μάχην, ἢ ἀσθενῆ. — 3. Ὥστε δόντα χρήματα αὐτὸν πεῖσαι] ἔπειθε, φησίν, ὁ Ἀλκιβιάδης τὸν Τισσαφέρνην δοῦναι χρήματα τοῖς τριηράρχοις τῶν Πελοποννησίων, ἵνα ξυγχωρήσωσιν αὐτῷ ἀντὶ τῆς δραχμῆς τριώβολον τῷ στρατιώτῃ διδόναι. ἡ δὲ σύνταξις οὕτως· ἐδίδασκεν ἔτι τὸν Τισσαφέρνην, ὥστε δόντα χρήματα αὐτὸν πεῖσαι καὶ τοὺς τριηράρχους καὶ τοὺς στρατηγοὺς τῶν *πόλεων, πλὴν τῶν Συρακουσίων, συγχωρῆσαι αὐτῷ ταῦτα. — 5. Τοῖς ἰδίοις .. εἰκότως φειδόμενον] εἰκότως φείδεσθαι διὰ τὸ ἐκ τῶν ἰδίων ἀναλίσκειν.

XLVI. 2. Καθ᾽ ἕν] μέρος δηλονότι. — Εὐτελέστερα] ἀντίκειται τῷ πολυτελεῖ τὰ εὐτελέστερα. ἀδαπανώτερα οὖν λέγει. — 3. Τὸν λόγον τε ξυμφορώτατον καὶ τὸ ἔργον...] τοὺς Ἀθηναίους καὶ ἀπὸ τῶν ἔργων συμφορωτέρους εἶναι ἔφη βασιλεῖ, καταπολεμοῦντας τὴν Ἑλλάδα. — Τοὺς μὲν γὰρ ξυγκαταδουλοῦν ἄν ...] τοὺς μὲν γὰρ Ἀθηναίους, θαλασσοκρατοῦντας, οὐ μόνον ἑαυτοῖς καταδουλοῦν τοὺς Ἕλληνας, ἀλλὰ καὶ βασιλεῖ τοὺς ἐν τῇ βασιλέως οἰκοῦντας. — *Ἢν μή ποτε αὐτοὺς μὴ ἐξέλωσιν] ἀντὶ τοῦ, καταδουλώσωνται τοὺς Ἀθηναίους. — 4. Καὶ ἀποτεμόμενον ...] ἀποτεμόμενον, φησί, μεγίστην μοῖραν τῶν Ἀθηναίων, τουτέστι μεγίστων αὐτοὺς στερήσαντα. — 5. Καὶ ἐκ περιόντος] ἤγουν ἐκ τοῦ ὑπερβάλλοντος.

XLVII. Παρ᾽ ἐκείνοις] ἔμπροσθεν ἐκείνων. — Ἐπιθεραπεύων] ἤγουν μετὰ θεραπείας καὶ οἰκονομίας πραγματευόμενος. — Εἰ μὴ διαφθερεῖ αὐτήν] ἢ, τὴν εἰς τὴν πατρίδα κάθοδον εἰ μὴ διαφθείρῃ· ἢ, αὐτὴν τὴν πατρίδα εἰ μὴ ἐάσῃ διαφθαρῆναι. — Πεῖσαι δ᾽ ἄν τοὺς Ἀθηναίους. — 2. Ἐς τοὺς βελτίστους τῶν ἀνθρώπων] φρονιμωτάτους.

XLVIII. Τὴν πόλιν] τὰς Ἀθήνας. — Καὶ ὑποτείνοντος αὐτοῦ] ἐλπίδας δηλονότι. — 4. Κόσμου] εὐταξίας. — Σφίσι δὲ περιοπτέον εἶναι ...] αὐτοῖς δὲ περιαθρητέον εἶναι, ὅπως μὴ στασιάσωσι. — Περιοπτέον] σκοπητέον. — Ὁμοίως ἐν τῇ θαλάττῃ ὄντων] ὁμοίως, ὥσπερ καὶ Ἀθηναίων, κρατούντων τῆς θαλάττης. — 5. Τὰς τε ξυμμαχίδας πόλεις ...] περὶ τῶν ξυμμαχίδων πόλεων, αἷς ὑπέσχοντο ὀλιγαρχίαν οἱ Ἀθηναῖοι, ὡς καὶ αὐτοὶ ὀλιγαρχησόμενοι, σαφῶς ἔφη εἰδέναι περὶ τούτων ὁ Φρύνιχος ὅτι οὔτε αἱ ἤδη ἀφεστηκυῖαι προσχωρήσουσιν οὐδὲν μᾶλλον, οὔτε αἱ ὑπήκοοι βεβαιότεραι ἔσονται. — 6. Τούς τε καλοὺς κἀγαθούς] ὑπερβατόν, τοὺς τε τοῦ δήμου καλοὺς καὶ ἀγαθοὺς ὀνομαζομένους· ὁ δὲ νοῦς· οὐκ ἐλάττω παρέχειν πράγματα, ἤπερ τὸν δῆμον, ποριστὰς ὄντας καὶ εἰσηγητὰς τῶν κακῶν τῷ δήμῳ, τοὺς ὀνομαζομένους μὲν καλοὺς κἀγαθούς, τῶν δὲ κακῶν πάντων αἰτίους ὄντας τῷ δήμῳ, διὰ τὰ ἴδια κέρδη πράγματα παρέχοντας τοῖς τὴν ὀλιγαρχίαν καθιστᾶσι. — Καὶ τὸ μὲν ἐπ᾽ ἐκείνοις εἶναι] τὸ εἶναι περιττόν. λέγει δὲ ὅτι ὅσον ἐπὶ τοῖς ὀλιγαρχικοῖς μᾶλλον, ἢ ὅσον ἐπὶ τοῖς καλοῖς κἀγαθοῖς λεγομένοις, οἱ ἄλλοι ἂν καὶ ἄκριτοι καὶ πρὸς βίαν ἀποθνήσκοιεν. — 7. Ἐπισταμένας] διδαχθείσας. — Σαφῶς αὐτὸς εἰδέναι ...] καὶ αὐτὸς σαφῶς εἰδέναι ὅτι αἱ πόλεις ἐξ αὐτῶν τῶν ἔργων οὕτω φρονοῦσιν. — Οὔκουν ἑαυτῷ γε] γράφεται οἰκεῖν.

XLIX. Ὥσπερ καὶ τὸ πρῶτον αὐτοῖς ἐδόκει] ἐδόκει γὰρ, φησίν, αὐτοῖς καὶ τὸ πρῶτον τὰ παρόντα δέχεσθαι. — Καὶ τῆς τοῦ ἐκεῖ δήμου] τοῦ ἐν ταῖς Ἀθήναις δηλονότι. καὶ γὰρ ὁ ἐπὶ τῶν νεῶν ἐν τῇ Σάμῳ στρατὸς τῶν Ἀθηναίων δῆμος ἦν.

L. Ἐνδέξονται αὐτήν] ἤγουν ἐνδιαθέτως καὶ γνησίως δέξονται. — Δείσας πρὸς τὴν ἐναντίωσιν ...] δείσας, φησί, μὴ, ὑπεναντίως τῇ γνώμῃ αὐτοῦ κατελθών, ὁ Ἀλκιβιάδης κακώσῃ αὐτόν. — 2. Καὶ μετὰ τοῦ τῆς πόλεως ἀξυμφόρου] εἰ καὶ μετὰ * τοῦ τῆς πόλεως * ἀξυμφόρος. — 3. Ἄλλως τε ...] ἄλλως τε οὐδὲ διενοεῖτο τιμωρεῖσθαι, καὶ ταῦτα οὐδὲ συμμίσγοντα αὐτῷ. — Ἐς χεῖρας] ἤγουν εἰς ὁμιλίαν καὶ δεξίωσιν φιλικήν. — 4. Προσέθηκέ τε, ὡς ἐλέγετο] τό, ὡς ἐλέγετο, κἀνταῦθα

πρόκειται ενδεικτικόν τοῦ περὶ ἀδήλων μὴ πάνυ διατείνεσθαι. τὸ δὲ προςέθηκεν ἀντὶ τοῦ προςέθετο. § ἡ διάνοια· καὶ Ἀστύοχος ἐνέδωκεν ἑαυτὸν τῷ Τισσαφέρνει τοῖς ἰδίοις κέρδεσιν, ὡς ἐλέγετο, καὶ περὶ τούτου καὶ περὶ τῶν ἄλλων, καὶ διὰ τοῦτο ὠλιγώρει μὴ ἐντελῆ μισθὸν ἐκδοῦναι Τισσαφέρνην τοῖς ναυτικοῖς. — Ἀνθήπτετο] ἀντέσχετο. — 5. Ὅτι οὐ καλῶς ἐκρύφθη] ἀλλὰ ἀπεκαλύφθη δηλονότι. — Ὧ ἂν τρόπῳ] ἤγουν * ὅπως.

LI. Ὅσον οὐ παροῦσαν] ἤγουν μετ' ὀλίγον ἐλευσομένην. — Ὁρμουσῶν] αὐλιζουσῶν. — 2. Καὶ ἐκ τοῦ τοιούτου] ἀντὶ τοῦ διὰ τὸ τοιοῦτον. λέγει δὲ τὸ μήνυμα τὸ τοῦ Φρυνίχου. — Μέλλουσα] τειχισθῆναι. — 3. Δόξας δὲ ὁ Ἀλκιβιάδης ...] τὰ παρὰ τοῦ Ἀλκιβιάδου, φησὶ, γράμματα οὐδὲν ἔβλαψε τὸν Φρύνιχον, ἀλλὰ μᾶλλον ὠφέλησεν. ᾠήθησαν γὰρ οἱ Ἀθηναῖοι τὸν Ἀλκιβιάδην παρὰ μὲν τῶν πολεμίων μεμαθηκέναι ὅτι μέλλουσιν ἐπιθήσεσθαι Σάμῳ, κατεψεῦσθαι δὲ ταῦτα Φρυνίχου διὰ τὴν πρὸς αὐτὸν ἔχθραν, ὅτι ἀναπείθει τοὺς πολεμίους ἐπιθέσθαι Φρύνιχος.

LII. Δεδιότα μὲν τοὺς Πελοποννησίους ...] φησὶν ὅτι ἐδεδίει μὲν ὁ Τισσαφέρνης τὴν ἰσχὺν τῶν Λακεδαιμονίων, ἐβούλετο δὲ ὅμως πεισθῆναι, εἰ δύναιτο, ὑπὸ Ἀλκιβιάδου, μεταθέσθαι πρὸς τοὺς Ἀθηναίους. — Πιστευθῆναι] τοῖς Ἀθηναίοις. — Ἐπηλήθευσεν] ἀντὶ τοῦ ἀλήθειαν εἶπεν ἐπὶ τὸν τοῦ Ἀλκιβιάδου λόγον. — Ἀνεκτὸν εἶναι ξυγκεῖσθαι] ἀντὶ τοῦ ἀνεχτὴν εἶναι συνθήκην.

LIII. Κεφαλαιοῦντες ἐκ πολλῶν] ἀντὶ τοῦ ἐκ πολλοῦ ἀποδεικνύντες. ἤγουν κεφαλαιωδῶς καὶ ξυντετμημένως λέγοντες. — Μάλιστα δὲ, ὡς ἐξείη αὐτοῖς] ὁ δέ σύνδεσμος ἀντὶ τοῦ δή κεῖται, ὡς καὶ ἐν τῇ πρώτῃ [c. 3], ἐν τῷ « καθ' ἑκάστους δὲ ἤδη τῇ ὁμιλίᾳ. » — 2. Καὶ ἐπιθειαζόντων] ἤγουν θεῖά τινα ἐπιβοωμένων. — Πρὸς πολλὴν ἀντιλογίαν καὶ σχετλιασμόν] πρὸς πολλοὺς ἀντιλέγοντας καὶ σχετλιαζομένους. — Σχετλιασμόν] ἤγουν δεινοπάθειαν. — Οὐκέτι ὄντων] χρημάτων δηλονότι. — 3. Σωφρονέστερον] ἤγουν ταπεινότερον.

LIV. Χαλεπῶς ἐφέρετο] ἤγουν δυσανασχετῶν ἦν· σκληρὸς ἦν καὶ ἀνένδοτος. — 4. Τάς τε ξυνωμοσίας, αἵπερ ἐτύγχανον ... ἀρχαῖς] ὅσαι δηλονότι ἦσαν ξυνωμοσίαι κατά τε τῶν ἀρχῶν καὶ τῶν δικῶν. — Ἁπάσας ἐπελθὼν, καὶ παρακελευσάμενος ...] ὁ Πείσανδρος ἁπάσας τὰς συνωμοσίας ἐπελθὼν, παρεκελεύσατο, ὅπως πάντες οἱ ἐν αὐταῖς συστραφέντες μιᾷ γνώμῃ καταλύσωσι τὸν δῆμον. — Ἐπὶ τοῖς παροῦσιν] κατὰ τῆς παρούσης δημοκρατίας.

LV. Ἐς δὲ τὴν γῆν] δηλονότι τῆς Ῥόδου. — Τοὺς προςβοηθήσαντας] τῇ χώρᾳ πορθουμένῃ. — Εὐφυλακτότερα γὰρ αὐτοῖς ἐγίγνετο ...] παραφυλάττειν γὰρ ἐντεῦθεν μᾶλλον ἠδύναντο τὰς τῶν Πελοποννησίων ναῦς, εἴ που ἀπαίροιεν. — 2. Διενοοῦντο] ἤγουν ἐμελέτων. — 3. Ἐπεκβοηθησάντων δέ] ἤγουν ἐκδραμόντων εἰς βοήθειαν ἐπὶ τῷ συμβάντι.

LVI. Αὐτόθι] ἐν τῇ Χίῳ. — 2. Εἶδος] τύπον, μηχανήν. — 3. Ἐπειδὴ ἑώρα ἐκεῖνον ...] ἐπειδὴ ἑώρα τὸν Τισσαφέρνην, καὶ εἰ τὰ μέγιστα λαμβάνοι, μηδὲ οὕτω ξυμβησόμενον πρὸς τοὺς Ἀθηναίους. — Ξυμβασείοντα] ἐφιέμενον ξυμβῆναι. — Μὴ ἱκανὰ διδόναι] τῇ αἰτήσει δηλονότι. — 4. Ὑπὲρ παρόντος Τισσαφέρνους] ἔμπροσθεν τοῦ Τισσαφέρνους. — Ὥςτε τῶν Ἀθηναίων ...] ὥςτε τοὺς Ἀθηναίους αἰτίους γενέσθαι τοῦ μὴ συμβῆναι, καίπερ διδόντας τὰ αἰτούμενα. — Ἠξίουν] ὁ Ἀλκιβιάδης δηλαδὴ καὶ ὁ Τισσαφέρνης. — Τὰς ἐπικειμένας] δηλονότι τῇ Ἰωνίᾳ. — Ξυνόδῳ] συνελεύσει, ὁμιλίᾳ. — Ἐνταῦθα δὴ οὐκέτι] ἀπὸ κοινοῦ τὸ ξυγχωρούντων ἀκουστέον.

LVII. Παντάπασιν ἐκπεπολεμῆσθαι] ἤγουν εἰς τελείαν ἔχθραν ἐλθεῖν τοῖς Πελοποννησίοις. — Κενωθεισῶν τῶν νεῶν] ἀπολιπόντων αὐτὰς τῶν στρατιωτῶν διὰ τὸ μὴ λαμβάνειν μισθόν. — 2. Ἐπανισοῦν τοὺς Ἕλλ.] ἴσους αὐτοὺς ποιεῖν. — Μεταπεμψάμενος οὖν] τὸ οὖν ἐκ τοῦ παραλλήλου.

LVIII. 6. * Λάβωσιν] εἰς τροφὴν δηλονότι τῶν νεῶν καὶ εἰς ἄλλην δαπάνην. — 7. Πρὸς Ἀθηναίους] γράφεται, τοῖς Ἀθηναίοις. ἐὰν ἐθέλωσι, φησὶ, πρὸς Ἀθηναίους διαλλάττεσθαι, ἀμφότεροι διαλλαττέσθωσαν.

LIX. Ὥσπερ εἴρητο] ἐν ταῖς σπονδαῖς δηλονότι.

LX. Ἐπιβουλεύοντες ἀπόστασιν τῆς Εὐβοίας] λαθραίως ποιοῦντες τὸ ἀποστῆναι τὴν Εὔβοιαν ἀπὸ τῶν Ἀθηναίων. — Ἐπὶ γὰρ τῇ Ἐρετρίᾳ τὸ χωρίον ὄν] ἀντὶ τοῦ ἐπικείμενον γὰρ τῇ Ἐρετρίᾳ. — 2. Ἐπικαλούμενοι] ἤγουν ἐπὶ βοήθειαν καλοῦντες.

LXI. Πεζῇ] ἤγουν διὰ ξηρᾶς. — Ἀποστήσων] τῶν Ἀθηναίων δηλονότι. — 2. Ἔτυχον ... κεκομισμένοι] ἀντὶ τοῦ ἔλαβον. — Ἐπιβάτης ξυνεξῆλθε] οὐ τριήραρχος, οὐδ' ἄλλην ἀρχὴν ἔχων. — 3. Ἤδη γὰρ καὶ ὀψὲ ἦν] ἤγουν ἑσπέρας ἤδη καταλαβούσης.

LXIII. Τὴν ναυμαχίαν] τὴν γενομένην δηλονότι περὶ τὴν Χίον. — Ἐθάρσησεν] ἤγουν ἀγαθὰς ἔσχεν ἐλπίδας. — 2. Ἀλλήλοις] κατὰ σφᾶς αὐτούς. — 3. Ὑπὸ γάρ...] τὸ αἴτιον τῆς ὑποψίας. — Καίπερ ἐπαναστάντας αὐτοῖς ...] καίπερ ἐπαναστάντων αὐτοῖς τοῖς ὀλιγαρχικοῖς τῶν δημοκρατούντων ὑπὲρ τοῦ μὴ ὀλιγαρχεῖσθαι. — 4. Ἀνεθήσεται] ἀφήσεται. — Τὰ πράγματα] ἡ ὀλιγαρχία.

LXIV. Πράξοντας ταχεῖ] ἤγουν καταστήσοντας τὰ ἐν Ἀθήναις. — Εἴρητο] προσετέτακτο. — Αἷς ἀνίσχωσιν] ἀντὶ τοῦ προσορμίσωνται. — Καθιστάναι] ἤγουν νομοθετεῖν. — 4. Καὶ γὰρ καὶ φυγὴ αὐτῶν ἔξω ἦν] καὶ γὰρ φυγάδες αὐτῶν ἦσαν παρὰ Πελοποννησίοις, πεφευγότες ὑπὸ Ἀθηναίων. — Καὶ αὕτη] ἤγουν αὐτοὶ οἱ φυγάδες. — Ναῦς] Λακεδαιμονίων. — Ναῦς τε κομίσαι] εἰς τὴν Λακεδαίμονα δηλονότι. — 5. Σωφροσύνη γὰρ λαβοῦσαι αἱ πόλεις ...] εὐβουλότεραι γὰρ γενόμεναι αἱ πόλεις ἐχώρησαν ἐπὶ τὴν ἀντίκρυς ἐλευθερίαν, τῆς ὑπὸ τῶν Ἀθηναίων ὑπούλου εὐνομίας οὐδὲν φροντίσαντες. τοῦτο γάρ ἐστι τὸ προτιμήσαντες. Ἄλλως· οὐ προτιμήσαντες, οὐ προτιμοτέραν σχόντες.

LXV. 2. Ἀνεπιτηδείους] τῇ ὀλιγαρχίᾳ δηλονότι. —

3. Λόγος τε ἐκ τοῦ φανεροῦ προείργαστο αὐτοῖς] λόγος τε ἐν τῷ φανερῷ, φησὶν, ἐκ παρασκευῆς ἐλέγετο.

LXVI. Εὐπρεπὲς πρὸς τοὺς πλείους] πιθανὸν πρὸς τοὺς πολλούς. εὐπρεπὲς μὲν ἦν πρὸς τοὺς πλείους, ὅμως δὲ ὀλίγοι οἱ μεθιστάντες τά [τε] πράγματα ἔμελλον καὶ ἄρξειν αὐτῶν. — Βουλὴν ἀπὸ τοῦ κυάμου] κλήρους ἔβαλον κυάμους, καὶ οἱ λαχόντες συνήρχοντο εἰς τὴν βουλήν. — Ξυνεστῶσι] συνωμόταις. — Ἀλλὰ καὶ οἱ λέγοντες ἐκ τούτων ἦσαν] ἤγουν οἱ δημηγοροῦντες ἦσαν ἐκ τῶν καταλυσάντων τὴν δημοκρατίαν. — Προυσκέπτετο] πρὶν ἐλθεῖν ἐς τὴν συλλογήν. — 2. Ἐπιτηδείου] ἀντὶ τοῦ εὐπροσώπου ἐσκεμμένου. — Δικαίωσις] ἀντὶ τοῦ κόλασις· ἢ εἰς δίκην ἀπαγωγή, ἤτοι κρίσις. — Κέρδος ὃ μὴ πάσχων τι βίαιον ... ἐνόμιζε] ὃ μηδὲν, φησί, πάσχων βίαιον κέρδος ἡγεῖτο τὸ μηδὲν πάσχειν. — 3. Καὶ τὸ ξυνεστηκὸς πολὺ πλέον ἡγούμενοι ...] καὶ τοὺς συνεστηκότας κατὰ τοῦ δήμου πλείονας νομίζοντες εἶναι, ἤπερ ὅσοι ἦσαν, τεταπείνωντο ταῖς γνώμαις. — Διὰ τὸ μέγεθος τῆς πόλεως ...] καὶ διὰ τὸ μέγεθος, φησὶ, τῆς πόλεως ἠγνόουν τοὺς συνεστῶτας, καὶ οὐκ ἐδύναντο αὐτοὺς ἐξευρεῖν· καὶ διὰ τὸ κρύφα δὲ ἐκείνους πράττειν οὐκ ἐδύναντο εὑρεῖν αὐτούς. — 4. Κατὰ δὲ τὸ αὐτὸ τοῦτο ...] κατὰ τὸ ἀγνοεῖν, φησὶ, τοὺς ἐκ τῆς ὀλιγαρχίας, οὐκ ἦν δυνατὸν (τουτέστιν ἀσφαλὲς) ἀγανακτήσαντά τινα τοῖς πραττομένοις ἀπολοφύρασθαι παρὰ τῷ πέλας. — 5. Ἀλλήλοις γὰρ ἅπαντες ...] τὸ μὲν ἀλλήλοις ἀντὶ τοῦ ἄλλος ἄλλῳ, τὸ δὲ ὡς μετέχοντα ἀντὶ τοῦ μετέχοντι. — Καὶ τὸ ἄπιστον οὗτοι ...] καὶ οἱ μὴ δοκοῦντες μὲν ὅλως ὀλιγαρχικοὶ εἶναι, ὄντες δὲ ἐν τῇ συνωμοσίᾳ, μεγάλως ἐποίησαν ἀπιστεῖν αὐτοὺς ἀλλήλοις. ἢ ἀπιστεῖν αὐτοὺς ἐποίησαν ὅτι ἐστὶ συνωμοσία. — Ἐς τὴν τῶν ὀλίγων ἀσφάλειαν ὠφέλησαν ...] ὠφέλησαν ὥστε ἐν ἀσφαλείᾳ εἶναι, ἀπιστεῖν ὅλως ποιήσαντες τοὺς πολλοὺς ἀλλήλοις. ἐκείνων γὰρ τῶν μὴ ἄν ποτε νομισθέντων ὀλιγαρχίας κοινωνήσειν μετασχόντων τῆς συνωμοσίας, οὐδεὶς οὐδενὶ ἔτι ἐπίστευεν.

LXVII. Εἶπον γνώμην] βουλήν. — Ἄριστα] ἤγουν ὠφελιμώτατα. — 2. Ἡ ἡμέρα ἐφῆκεν] ἀντὶ τοῦ παρῆν ἡ ἡμέρα. — 3. Ἐκ τοῦ αὐτοῦ κόσμου] ἤγουν ἐκ τῆς παλαιᾶς καὶ δημοτικῆς καταστάσεως. ἤγουν ἐκ τῆς δημοκρατίας. — Ἕκαστον πρὸς ἑαυτῷ τρεῖς] γράφεται καὶ πρὸς ἑαυτόν.

LXVIII. Ἀντιφῶν] ὁ τοῦ παρόντος συγγραφέως διδάσκαλος. — Δεινότητος] ῥητορείας. — Πλεῖστα ...] πλεῖστα εἷς ἀνὴρ δυνάμενος ὠφελεῖν ἐν τῷ συμβουλεύειν. — 2. Ἐπειδὴ τὰ τῶν υ'] κείμενον· ἐπειδὴ μετέστη ἡ δημοκρατία, καὶ ἐς ἀγῶνας μετέστη μετὰ τῶν υ'. — Ἄριστα] τὸ ἑξῆς, ἄριστα ἀπολογησάμενος. — Ὑπὲρ αὐτῶν τούτων αἰτίας] ὑπὲρ τῆς αἰτίας τῆς τούτων, τουτέστι τῶν κατὰ τὴν ὀλιγαρχίαν, ὡς συγκαταστήσας. — 3. Εἰδότα αὐτὸν] τὸν Ἀλκιβιάδην. — Ὑπέστη] ὑπέσχετο. — Φερεγγυώτατος] ἱκανώτατος.

— 4. Χαλεπὸν γὰρ ...] τὸ αἴτιον τοῦ μεγέθους τοῦ ἔργου.

LXIX. Ἐν τάξει] παρατάξει. — 2. Εἴρητο ἡσυχῇ ...] κρύφα, φησὶν, εἴρητο παρ' αὐτοῖς τοῖς ὅπλοις, μηδ' ἐν τῇ εἰθισμένῃ χώρᾳ, ἔνθα ἐφύλαττον, μένειν. — Εἴ τί που δέοι χειρουργεῖν] ἤγουν διαχειρίσασθαί τινα καὶ ἀναιρεῖν. — Ἀπὸ τοῦ κυάμου] τουτέστι διὰ ψηφισμοῦ ᾑρημένοις. — Ἔφερον δὲ αὐτοῖς] ἤγουν τοῖς ἀπὸ τοῦ κυάμου βουλευταῖς.

LXX. Σφῶν] ἐκ σφῶν. — Ἀπεκλήρωσαν] ἤγουν διὰ τοῦ κλήρου ἀποκατέστησαν. — Πολὺ μεταλλάξαντες τῆς τοῦ δήμου διοικήσεως] ἤγουν μεταθέντες τὴν πολιτείαν. — Ἔνεμον] ἤγουν ἐνέμοντο καὶ ἐκαρποῦντο. — 2. Ὑπεξαιρεθῆναι] εἰς τὴν ἀρχήν.

LXXI. Ἐλπίσας ἢ ταραχθέντας ...] ἤλπισε ῥαδίως κρατήσειν τῶν Ἀθηναίων τοὺς Πελοποννησίους, καὶ ὡς αὐτοὶ βούλονται οἱ Πελοποννήσιοι· ἴσως δὲ καὶ παραχρῆμα χειρώσεσθαι τὴν πόλιν, ἔνδοθέν τε τεθορυβημένην διὰ τὴν στάσιν, καὶ ἔξωθεν διὰ τοὺς πολεμίους ἐγγὺς προσελθόντας τῇ πόλει τῶν Ἀθηναίων.

LXXII. Καίτοι οὐ πώποτε Ἀθηναίους ...] τοὺς Ἀθηναίους, διὰ τὸ ἀεὶ πρὸς ὑπερορίους [πολεμίους] πολέμους εἶναι, καὶ τοὺς πολλοὺς αὐτῶν ἀποδημεῖν, οὐδεπώποτε οὕτως ἐν μεγάλῳ πράγματι γεγενῆσθαι, ὥστε ἀθρόους πεντακισχιλίους συνελθεῖν σκεψομένους περὶ τῶν κοινῶν. δηλοῦται δὲ ἐντεῦθεν ὅτι οἱ τετρακόσιοι δημοκρατικωτέραν τῆς πρόσθεν ἐπηγγέλλοντο ποιήσειν τὴν πολιτείαν, πεντακισχιλίους κοινωνοὺς παραλαβόντες, ὅσοι οὐδεπώποτε πρότερον βουλευσόμενοι συνῆλθον. — 2. Ἀρξαμένου τοῦ κακοῦ]· κακοῦ τῆς ὀλιγαρχίας λέγει, φησὶ δὲ ὅτι, μὴ, ἀφορμὴν καὶ ἀρχὴν λαβοῦσα ἡ ὀλιγαρχία ἀπὸ τῶν ἐν Σάμῳ, καταλύσῃ τοὺς τετρακοσίους.

LXXIII. 2. Καὶ ὄντες δῆμος] καὶ δημοκρατίαν καταστήσαντες. — Καὶ ἔμελλον τοῖς ἄλλοις ὡς δήμῳ ὄντι ἐπιθήσεσθαι] ἔμελλον, φησί, τοὺς μὴ συνομόσαντας καταλύσειν. — 3. Οὐ διὰ δυνάμεως... φόβον] οὐ φοβούμενοι τὴν δύναμιν οὐδὲ τὸ ἀξίωμα αὐτῶν. — Παρὰ σφίσιν] παρὰ σφίσιν ἦσαν, ὅτι ἐδίδουν αὐτοῖς πίστιν σῶας ἔσεσθαι. — 4. Τῷ δ' ὁπλιτεύοντι] ἀντὶ τοῦ ὁπλιτικοῦ ἄρχοντι. — Οὐκ ἠξίουν περιιδεῖν] οἱ πλείονες ἐδέοντο οὐ περιιδεῖν. — Αὐτούς] Θρασύβουλον καὶ Θράσυλλον καὶ τοὺς ἄλλους. — Σφᾶς] τοὺς πλείονας. — Ἐς τοῦτο ξυνέμεινεν] ἤγουν μέχρι δεῦρο μεμένηκεν. ἢ ἐν τούτῳ τύχης μεμένηκεν. — 5. Ἕνα ἕκαστον μετῄεσαν] ἀντὶ τοῦ ἐδέοντο ἑκάστου. — Τοὺς Παράλους ἄνδρας] ἤγουν τοὺς ἐκ τῆς νεὼς τῆς Παράλου. — Καὶ μὴ παρούσῃ ἐπικειμένους] ἀχθομένους ὀλιγαρχίᾳ, καὶ εἰ μὴ εἶναι τύχοι. — Αὐτοῖς] τοῖς ἐκ τῆς Σάμου δημοκρατικοῖς. — 6. Οἱ τῶν Σαμίων πλείονες] οἱ δημοκρατικοί.

LXXIV. Ἐς τὴν μετάστασιν] ἤγουν ἐς τὸ καταλῦσαι τὴν ὀλιγαρχίαν. — Ἐπὶ τὸ μεῖζον πάντα δεινώσας] ἤγουν εἰς τὰ δεινότατα τῷ λόγῳ ἐπάρας. — Λαβόντες

εἴρξειν] τὸ εἴρξειν ἀντὶ τοῦ εἶρξαι κεῖται. τὸ δὲ, ἵνα, ἢν μὴ ὑπακούσωσι, τεθνήκωσι, ἤγουν, ἢν μὴ ὑπακούσωσιν οἱ ἐν Σάμῳ, ἀποθάνωσιν αὐτῶν οἱ προσήκοντες.

LXXV. 2. Τῆς μεταβολῆς] τῆς ἀπὸ ὀλιγαρχίας εἰς δημοκρατίαν. — Ἦ μὴν δημοκρατήσεσθαί τε] γράφεται, ἦ μὴν δημοκρατήσεσθαί τε, καὶ ὁμονοήσειν, καὶ τοὺς τετρακοσίους πολέμιοί τε ἔσεσθαι, καὶ οὐδὲν...

LXXVI. Οἱ μὲν τὴν πόλιν] ἤγουν οἱ ἐν Σάμῳ τὰς Ἀθήνας. — Οἱ δέ] οἱ ἐν Ἀθήναις. — 3. Ἡ πόλις αὐτῶν] ἤγουν αἱ Ἀθῆναι. — 4. * Καὶ εἰ ἐκεῖθεν ὥρμηνται] ἤγουν τὸ ἐνδόσιμον ἔχουσιν ἐκεῖθεν, ἤγουν ἀπὸ τῶν Ἀθηνῶν, αἱ πόλεις. — Καὶ εἰ ἐκεῖθεν ὥρμηντο] ἤγουν ἐκ τῆς Σάμου. — Ὡρμῶντο] λέγειν δή. — Οὐκ ἀσθενῆ, ἀλλ᾽ ...] ἰσχυρίζει ὅτι οὐκ ἀσθενὴς ἦν ἡ Σάμος, ἥτις μονονουχὶ ἐκράτησε τῆς θαλάσσης, πολεμοῦσα πρὸς τοὺς Ἀθηναίους. — Ἦλθε τῶν Ἀθηναίων] γράφεται, διῆλθε τὸ Ἀθηναίων. — 5. Ἐν τῇ Σάμῳ προ[ς] καθημένους ...] ἐγένετο, φησὶ, παραίνεσις ὅτι δεῖ αὐτοὺς ἐν Σάμῳ προ[ς]καθημένους πρότερον κρατεῖν τοῦ ἐς τὸν Πειραιᾶ ἔσπλου, καὶ ὅτι νῦν, εἰ μὴ βούλονται ἀποδοῦναι τὴν δημοκρατίαν αὐτοῖς οἱ τετρακόσιοι, ἐν τούτῳ δυνάμεως αὐτοὶ καθεστᾶσιν, ὥστε τοὺς τὴν πόλιν κατέχοντας εἴργειν δύνασθαι τῆς θαλάττης αὐτοὶ μᾶλλον ἤπερ ὑπ᾽ ἐκείνων εἴργεσθαι. — Ἐς τοσοῦτο καταστήσονται] οἱ ἐν Ἀθήναις δηλονότι. — 6. Μήτε βούλευμα χρηστόν ...] ἡ διάνοια· περὶ ὀλίγου ποιητέον ὅτι ἡ πόλις αὐτῶν ἀφέστηκεν. ἐπειδὴ ἡ βουλὴ αὐτῆς ἦν κυρία, εἰώθει εἶναι τῶν στρατοπέδων ἡ πόλις. νῦν αὕτη οὐκ ἔστι χρηστή, ἀλλὰ ἐν αὐτοῖς τοῖς στρατοπέδοις ἡμάρτηκε ἐν τῷ καταλύειν τοὺς νόμους, καὶ ὅμως ἀναγκάζειν βούλεται τοὺς στρατιώτας πολεμεῖν διὰ τὴν σωτηρίαν αὐτῆς. — Προσαναγκάζειν] ἀπὸ κοινοῦ τὸ σώζειν. — Ὥστε οὐδὲ τούτους ...] τοῦτο δυνάμει τοιοῦτόν ἐστιν· οὐ χρὴ τούτους, οἵτινες ἂν παρ᾽ αὐτοῖς χρηστὸν βουλεύωνται, χείρους ἐκείνων νομίζειν. — Χείρους] τοῦ βουλεύματος τοῦ ἐν τῇ πόλει.

LXXVIII. Διεβόων] ἤγουν διάτορον ἐβόων. — Τοῦ μέν] τοῦ Ἀστυόχου. — Οὐδέπω ἐν τῷ αὐτῷ εἰσίν] ἤγουν οὐχ ὁμονοοῦσι. — Ὄνομα ...] κατὰ τὸ ὄνομα μὲν, ἀλλ᾽ οὐ κατὰ τὸ ἔργον κινδυνευσούσας. — Διατριβῆναι] διαφθαρῆναι. § ἀπολεῖν τὸν χρόνον. — Κακοῖ τὸ ναυτικόν] ἤγουν εἰς κακοπάθειαν ἐμβάλλει.

LXXIX. Ἀπὸ ξυνόδου] ἤγουν ἀπὸ ὁμονοίας. — 2. Ὁρμοῦσαι] αὐλίζουσαι. — Πρὸς τὴν Μυκάλην] κατὰ τὸ τῆς Μυκάλης μέρος. — 3. Ναυμαχησείοντας] μέλλοντας ναυμαχήσειν, ἢ ἐπιθυμοῦντας ναυμαχήσειν.

LXXX. Κακῶς διδόντος] σὺν κακώσει. — 3. Χειμασθεῖσαι] ἤγουν ταραχθεῖσαι ὑπὸ χειμῶνος. — Καὶ αἱ μὲν Δήλου ...] ὑπερβατόν. τὸ δὲ ἑξῆς οὕτω· καὶ αἱ μὲν πλείους Δήλου λαβόμεναι μετὰ Κλεάρχου, καὶ ὕστερον πάλιν ἐλθοῦσαι εἰς Μίλητον, αἱ δὲ μετὰ Ἑλίξου τοῦ Μεγαρέως στρατηγοῦ δέκα εἰς τὸν Ἑλλήσποντον διασωθεῖσαι, Βυζάντιον ἀφιστᾶσι. — Μετὰ Κλεάρχου] οὖσαι. — Ἦρχεν] τοῦ στόλου τοῦ λοιποῦ δηλονότι.

LXXXI. Καὶ τέλος ἀπ᾽ ἐκκλησίας] ἤτοι ἐν ἐκκλησίᾳ, καὶ οὐκ ἄλλως ἢ ἐν μιᾷ ἐκκλησίᾳ. — 2. Τήν τε ἰδίαν ξυμφορὰν τῆς φυγῆς ἐπῃτίασεν] ἤγουν ἐπῃτιάσατο τοὺς Ἀθηναίους περὶ τῆς ἰδίας ξυμφορᾶς τῆς κατὰ τὴν φυγήν. — Ἀνωλοφύρατο] ἤγουν τὰ ἑαυτοῦ πάθη μετὰ ὀλοφυρμοῦ * διηγήσατο. — Καὶ οἱ ἐν τῇ Σάμῳ] ἤγουν οἱ * Ἀθηναῖοι. — Διαβάλλοιντο] ὑβρίζοιντο. — 3. Ἐπικομπῶν] ἤγουν κομπωδῶς λέγων. — Ἕως ἄν τι τῶν ἑαυτοῦ λείπηται] μέχρις ἂν ἐξαρκῇ τὰ Τισσαφέρνους. — Τῶν ἑαυτοῦ] Τισσαφέρνους δηλαδή. — Ἢν Ἀθηναίοις πιστεύῃ ...] ἢν ὁ Τισσαφέρνης δηλονότι πιστοὺς κρίνῃ τοὺς Ἀθηναίους, οὐκ ἀπορήσειν αὐτοὺς τροφῆς, μέχρις ἂν ἐξαρκῇ τὰ Τισσαφέρνους. — Ἐξαργυρίσαι] ἤγουν ἀργυρίου πωλῆσαι. — Εἰ αὐτὸς κατελθὼν ... ἀναδέξ.] ἤγουν εἰ ἀνασωθεὶς Ἀλκιβιάδης ὀπίσω ἀνάδοχος γένοιτο. — Αὐτῷ] δι᾽ αὐτοῦ τοῦ Τισσαφέρνους.

LXXXII. Ἠλλάξαντο] ὠνήσαντο διὰ τὸ αὐτίκα. — 3. Ἐκείνου] τοῦ Τισσαφέρνους. — Τῷ μὲν Τισσαφέρνει ... ἐκείνοις δέ] διὰ τοῦ Τισσαφ. ... διὰ ἐκείνων προσέτι.

LXXXIII. Διεβέβληντο] ἤγουν εἰς διαβολὴν καὶ λοιδορίαν τὴν κατὰ τοῦ Τισσαφέρνους ἐκινήθησαν, ἐν διαβολῇ εἶχον. — 2. Ξυνηνέχθη γὰρ αὐτοῖς ...] τῶν Ἀθηναίων ἐπιπλευσάντων τῇ Μιλήτῳ, καὶ βουλομένων διαναυμαχεῖν τοῖς Πελοποννησίοις, τῶν δὲ Πελοποννησίων οὐκ ἀντιταχθέντων αὐτοῖς, ἀλλ᾽ ἀποδειλιασάντων, ὁ Τισσαφέρνης, καταφρονήσας αὐτῶν, πολὺ ὀκνηρότερον ἤπερ πρότερον παρεῖχεν αὐτοῖς τὸν μισθόν. τοῖς οὖν Πελοποννησίοις, καὶ πρότερον μισοῦσιν αὐτὸν ὡς φθείροντα τὰ πράγματα, συνέβη τότε, διὰ τὸ μὴ προθύμως μισθοδοτεῖν, ἐπιτεῖναι τὸ εἰς αὐτὸν μῖσος. § τὸ ἑξῆς, συνηνέχθη ἤτοι ἠκολούθησεν αὐτοῖς ἐπιδεδωκέναι καὶ τὸν Τισσαφέρνην πολλῷ ἀρρωστότερον γενόμενον ἐς τὴν μισθοδοσίαν, τὸν ἐπίπλουν, διὰ τὸν ἐπίπλουν τῶν Ἀθηναίων ἐς τὴν Μίλητον, ὡς οὐκ ἠθέλησαν ἀνταγαγόντες ναυμαχῆσαι· καὶ αὖθις συνηνέχθη ἐπιδεδωκέναι τοῦτο δηλονότι τὸ μισεῖσθαι διὰ τὸν Ἀλκιβιάδην ἐς τὸ μισεῖσθαι ὑπ᾽ αὐτῶν καὶ πρότερον. § ἄλλως καὶ ἄμεινον· συνηνέχθη καὶ τὸν ἐπίπλουν ἐπιδεδωκέναι τὸν Τισσαφέρνην γενόμενον πολλῷ ἀρρωστότερον, καὶ εἰσέτι αὐτὸν ἐπιδεδωκέναι ἐς τὸ μισεῖσθαι αὐτὸν πρότερον καὶ ἑκατέρον ἐς τὴν μισθοφορίαν, δηλονότι διὰ τὸν Ἀλκιβιάδην. — 3. Καί τινες τῶν ἄλλων τῶν ἀξίων λόγου ἀνθρώπων] ἀπὸ κοινοῦ τὸ ἀνελογίζοντο, οὐ μόνον οἱ στρατιῶται· ἀνελογίζοντο δὲ τὰ ἐπιφερόμενα. — Ἡ ἀπαλλάξεται ὅθεν] ἤγουν ἀποστήσεται εἰς τόπον ὅθεν. — Ἐπιφέροντα ὀργάς] τὸ ἐπιφέρειν ὀργὴν ἐπὶ τοῦ χαρίζεσθαι καὶ συγχωρεῖν ἔταττον οἱ ἀρχαῖοι. μάρτυς Κρατῖνος ἐν * Χείρωσι, λέγων « τὴν μουσικὴν ἀκορέστους ἐπιφέρειν ὀργὰς βροτοῖς σώφροσιν· » ἀντὶ τοῦ χαρίζεσθαι τοῖς σώφροσιν.

LXXXIV. Καὶ τῷ γε Δωριεῖ] τῷ Ἑρμοκράτει. — Καὶ ἐπανῄρατο τὴν βακτηρίαν] ἀντὶ τοῦ ἐπανετείνατο

ὡς πλήξων. — 3. Οἷα δή] καθάπερ. — Ἐγκραγόντες] ἤγουν μετὰ μεγάλης βοῆς ἀπειλήσαντες.

LXXXV. Κατὰ δὴ τοιαύτην διαφορὰν ὄντων αὐτοῖς τῶν πραγμάτων] τῶν Πελοποννησίων, φησίν, ἐν τοιαύτῃ διαφορᾷ πρός τε Τισσαφέρνην καὶ Ἀστύοχον καθεστώτων. — 2. Δίγλωσσον] ἤγουν καὶ τὴν βάρβαρον καὶ τὴν Ἑλλάδα γλῶσσαν ἐπιστάμενον. — 3. Φυγόντος] ἀντὶ τοῦ γενομένου φυγάδος.

LXXXVI. 3. Οἰκεῖοι αὐτῶν] τῶν στρατιωτῶν. — 7. Ἀντέχειν] ἤγουν ἀνθίστασθαι. § τοῖς πολεμίοις. — 9. Περιπλεῖν] περιζητεῖν. — Ἀπὸ τῶν τετρακοσίων πεμπτοὺς πρέσβεις] ἄγοντες πρέσβεις, οἵτινες ἀπὸ τῶν τετρακοσίων ἀπεστάλησαν εἰς Λακεδαίμονα. γράφεται, πέμπουσι πρέσβεις. — Πρέσβεις] τοὺς Ἀργείους.

LXXXVII. Ἀττικίζοντι] ἤγουν τὰ τῶν Ἀθηναίων φρονοῦντι. — 3. Πολλαχῇ εἰκάζεται] ἤγουν κατὰ πολλοὺς τρόπους ἐν στοχασμῷ κεῖται. — Οἱ μὲν γὰρ] λέγουσι δηλονότι. — Ἐκχρηματίσαιτο] ἀντὶ τοῦ πράξαιτο ἀργύριον, χρήματα λάβοι. § χρήματα συλλέξαι, ἐς τὴν Ἄσπενδον προαγαγών, ἤτοι προενεγκών. — 4. Ἐκεῖσε] ἤγουν ἐς τὴν Ἄσπενδον. — Καὶ διέμελλεν] ἤγουν ἐβράδυνεν. — Κομίσας] τὰς ναῦς. — Ἀντιπάλως] ἤγουν ἰσοπάλως. — 5. Ὁ δὲ χάριν ἂν δήπου ἐν τούτῳ μείζω ἔτι ἔσχεν] ἤτοι χάριν μείζονα παρέσχεν ἂν βασιλεῖ, ἢ χάριτος μείζονος ἠξιώθη.

LXXXVIII. Δι' αὐτὸ ... ἀναγκάζοιτο προσχωρεῖν] ἀναγκάζοιτο ὁ Τισσαφέρνης διὰ τὸ ὑποπτεύεσθαι ὑπὸ τῶν Πελοποννησίων.

LXXXIX. Τὸ στράτευμα] τὸ ἐν τῇ Σάμῳ δηλονότι. — Ἀπαλλαγέντας] ἀπαλλαγέντας ἂν καὶ ἀπαλλαγησομένους. — 2. Τοῦ ἄγαν ἐς ὀλίγους οἰκεῖν] ἤγουν τῆς ἀκριβοῦς ὀλιγαρχίας. — Ἀλλὰ τοὺς πεντακισχιλίους ...] οὐκ ἀντίκειταί τινι τὸ ἀλλά, ὡς λέγομεν, οὐ τόδε, ἀλλὰ τόδε· ἔστι, δὲ παρακελευστικόν, ὡς καὶ παρ' Ὁμήρῳ [Il. N, 292], Ἀλλ' ἄγε, μηκέτι ταῦτα λεγώμεθα. ἡ δὲ διάνοια· οἱ περὶ τὸν Θηραμένην ἄρχοντες τότε τῆς ὀλιγαρχίας, καὶ μετασχόντες αὐτῆς ἐν πρώτοις, ὀρεγόμενοι δὲ δημοκρατίας, ἔλεγον, οὐχ ὅτι ἀπαλλακτικῶς (ἀπαλλακτῶς) ἔχουσι τῆς ὀλιγαρχίας, (ὅπερ ἦν ἀληθές,) ἀλλ' ὅτι φοβοῦνται τοὺς ἐν Σάμῳ, καὶ Ἀλκιβιάδην, καὶ τοὺς ἀπιόντας εἰς Λακεδαίμονα πρέσβεις, μή τι οὗτοι κακὸν ἐργάσωνται τὴν πόλιν, ὀλιγαρχίας γενομένης. ἤδη οὖν ἠξίουν τοὺς πεντακισχιλίους καθιστάναι. — 3. Πολιτικόν] ἤγουν δημοκρατικόν. — Αὐθημερόν] ἤγουν ἐν μιᾷ ἡμέρᾳ. — Ἐκ δὲ δημοκρατίας αἱρέσεως γιγνομένης ...] ἀντὶ τοῦ, ἐν δημοκρατίᾳ δὲ ἄρχοντός τινος αἱρεθέντος ἢ πρωτεύοντός τινος, ῥᾳδίως φέρουσιν οἱ μὴ τυχόντες τῶν ὁμοίων· οὐ γὰρ ὁμοίου ἀνδρὸς νομίζουσιν, ἀλλὰ κρείσσου ἐλασσοῦσθαι.

XC. Τῷ τοιούτῳ εἴδει] τῷ τῆς δημοκρατίας δηλονότι. ἤγουν καταστάσει. — Ἀνὴρ ἐν τοῖς μάλιστα] τοῖς ἰσχυροτάτοις. — Κατέστησαν] ὀλιγαρχίαν. — 2. Αὐτοῦ] ἤγουν ἐν Ἀθήναις. — Ὅστις καὶ ὁπωσοῦν ἀνεκτός] ὅστις τρόπος. τουτέστιν, ᾡτινιοῦν ἀνεκτῷ τρόπῳ.

3. Ἦν δὲ τοῦ τείχους ἡ γνώμη] ἤγουν ὁ σκοπὸς τῆς ἀνοικοδομίας τοῦ τείχους. — 4. Ὥστε καθεζομένους ...] ὥστε τοὺς αὐτόθι φυλάττοντας τοῦ ἐπίπλου κρατεῖν. — 5. Τούτου] τοῦ ἀνῳκοδομημένου δηλονότι. — Τὸν ὑπάρχοντά τε] τὸν ἐν τῇ πόλει. — Καὶ τὸν ἐπιπλέοντα] τὸν ἔξωθεν ἐρχόμενον. — Ἐξαιρεῖσθαι] ἐκβάλλειν. ἐκκομίζεσθαι.

XCI. Διεθρόει] θροῦν ἐποίει διὰ τῆς βοῆς. ἤγουν ἐφήμιζεν. — Οὐδὲν πράξαντες ἀνεχώρησαν τοῖς ξύμπασι ξυμβατικόν] οὐκ ἴσχυσαν γὰρ πᾶσι Λακεδαιμονίοις συμβῆναι, ἀλλὰ τισὶν αὐτῶν. — 2. Ἐπικαλουμένων] ἐφελκομένων. — Ὁρμοῦσαι ἤδη ἐπὶ τῆς Λακωνικῆς] καθ' ὑπερβατὸν τοῦτο συντακτέον τῷ, δύο καὶ τεσσαράκοντα νῆες. — Φυλάξεται] ἤγουν φυλακὴν ἕξει. — 3. Ἦν δέ τι καὶ τοιοῦτον ..] ἦν δὲ καὶ τῷ ὄντι ἀληθὲς τὸ φοβεῖσθαι τοὺς περὶ Θηραμένην καὶ τοὺς περὶ αὐτὸν ἔχοντας τὴν ὀλιγαρχίαν· (ἐφοβοῦντο γὰρ μὴ οἱ Λακεδαιμόνιοι ἕλωσι τὸ τεῖχος·) καὶ οὐ μόνον ψευδῶς τοῦτο ἐλέγετο καὶ διεβάλλετο. οἱ γὰρ ὀλιγαρχικοὶ μάλιστα μὲν ἐβούλοντο, ἐν ὀλιγαρχίᾳ ὄντες, ἄρχειν καὶ τῶν συμμάχων· εἰ δὲ τοῦτο μὴ δύναιντο, αὐτονομεῖσθαί γε ἐν ὀλιγαρχίᾳ, ἔχοντες τὰ τείχη καὶ τὰς ναῦς· εἰ δὲ καὶ τοῦτο διαμάρτοιεν, μὴ ὑπό γε δημοκρατίας αὖθις γενομένης αὐτοὶ διαφθαρῆναι. δῆμον γὰρ νῦν τὴν δημοκρατίαν λέγει. — Κατηγορίαν] κατὰ τῶν Σπαρτιατῶν. — Αὐτονομεῖσθαι] τοῖς ἰδίοις νόμοις χρῆσθαι. — Εἰ τοῖς γε...] ἐὰν τούτου μόνου τύχωσι, τοῦ σώζεσθαι δηλονότι τὰ σώματα, τὰ τῆς πόλεως οὐκ ἂν περὶ πολλοῦ ἐποίησαν.

XCII. 2. Περιπόλων] φυλάκων. — Ὁ δὲ ξυνεργὸς] συναίτιος. — Κελεύσαντος] τὸν φόνον. — Ἀπ' αὐτοῦ] ἤγουν μετὰ τὸν φόνον τοῦ Φρυνίχου. — Καὶ τῶν ἔξωθεν] τῶν τετρακοσίων δηλονότι. — 3. Ἐς Αἴγιναν κατακολπίσαι] εἰς τὸν τῆς Αἰγίνης κόλπον πλεῦσαι. — 4. Καὶ τὴν ἑαυτοῦ φυλακὴν ἔχων] ἤγουν τοὺς ἑαυτοῦ φύλακας. — 5. Ταῦτα] συλλαβεῖν ἐκεῖνον δή. — 6. Πλὴν ὅσοις μὴ βουλομένοις ... ἦν] πλὴν ὅσοι μὴ ἐβούλοντο, δηλαδὴ ὀλιγαρχεῖσθαι. — 7. Ἐκπληκτικός] ἤγουν ἔκπληξιν ποιῶν τοῖς ἀκούουσιν. — 8. Ὅσον ἀπὸ βοῆς] ἤγουν ἀπὸ βοῆς καὶ οὐκ ἀληθῶς. — 9. Τῷ πλήθει ἐχαλέπαινον] τῷ δημοτικῷ δηλονότι. γράφεται, τῷ ἀληθεῖ ἐχαλέπαινον. — 10. Ὁμόσε τε ἐχώρουν οἱ πλεῖστοι τῷ ἔργῳ] ἤγουν ἐβούλοντο συμπλακῆναι τῇ πράξει. — 11. Ἰέναι ἐπὶ τὸ ἔργον] ἤγουν ἐπὶ τὸ κατασκάπτειν τὸ τεῖχος. — Ἐπεκρύπτοντο γὰρ ὅμως ἔτι τῶν πεντακισχιλίων τ. ὀν.] ὅσοις ἦν βουλομένοις δημοκρατεῖσθαι τὴν πόλιν, οὗτοι δὴ μόνως προσηγόρευον τὴν κατάστασιν, ἣν ἐβούλοντο γενέσθαι, φοβούμενοι τὸ ὄνομα, ἀλλ' ὑπαλλάττοντες, πεντακισχιλίους ἐκάλουν. — Μὴ ἀντικρυς δῆμον] καθ' ὑπερβατόν, ὅστις βούλεται τὸν δῆμον ἄρχειν, μὴ ἀντίκρυς ὀνομάζει. ἔνιοι δὲ οὕτως ἐδέξαντο· ὅστις αὐτῶν ἐβούλετο ἄρχειν, οὐ δημοκρατίαν τὴν κατάστασιν ὠνόμαζεν, ἀλλὰ πεντακισχιλίους, ὡς καὶ αὐτὸς μεθέξων αὐτοῖς. § διάνοια· οὐκ ὀνομαστὶ προσηγόρευον ὅστις βούλεται τὸν δῆμον ἄρχειν, φοβούμενοι

μὴ οἱ προσαγορευόμενοι ἀληθῶς ὦσιν ἐκ τῶν βουλομένων δημοκρατεῖσθαι. — Φοβούμενοι μὴ τῷ ὄντι ὦσι] φοβούμενοι δηλαδὴ μή τις, εἰπὼν ὅτι ὀρέγεται δημοκρατίας, πρός τινα ὅς ἐστι τῶν πεντακισχιλίων, ἀγνοῶν ὅτι ἐστὶν εἷς ἐκείνων, ἐν κινδύνῳ γένηται. — Μετόχους] κοινωνοὺς τῆς ἀρχῆς. — Τὸ δ' αὖ ἀφανὲς φόβον ἐς ἀλλήλους παρέξειν] ἀδήλου δὲ, φησίν, ὄντος, ὅτι εἰσὶ πεντακισχίλιοι, φόβον παρασκευάσειν τοῦτο καὶ ὑποψίαν τοῖς Ἀθηναίοις πρὸς ἀλλήλους. ἕκαστος γὰρ τὸν πέλας ᾤετο τῶν πεντακισχιλίων εἶναι.

XCIII. Θέμενοι τὰ ὅπλα] ὁπλισθέντες. — Ἔθεντο αὑτοῦ] ἤγουν ἀπέθεντο. — Ἀνακείῳ] Διοσκούρων ναῷ· ἄνακες γὰρ οἱ Διόσκουροι. — 2. Καὶ τοὺς ἄλλους παρακατέχειν] καὶ τοὺς ἄλλους ἡσυχάζοντας παρακατέχειν εἰς τοὺς πολεμίους. — Καὶ ἐκ τούτων ἐν μέρει] ἤγουν καὶ * κατὰ μέρος τῶν πεντακισχιλίων. — 3. Περὶ τοῦ παντὸς πολιτικοῦ] ἤγουν περὶ τῆς πάσης πολιτείας. — Ξυνεχώρησάν τε] ἤγουν συνέδραμον, ὡμονόησαν. δέον εἰπεῖν συνεχώρησε τὸ πλῆθος, ἀλλὰ πρὸς τὸ σημαινόμενον ἀποβλέψας, οὕτως εἴρηκε συνεχώρησαν τὰ πλήθη.

XCIV. 2. Τάχα] ἴσως. — Ἀπὸ ξυγκειμένου λόγου] ἤγουν προδοσίας. — Δι' ἐλπίδος] ἀγόμενον δηλονότι. — Ταύτῃ ἀνέχειν] ἤγουν ἀπέχειν. — 3. Ἡ ἀπὸ τῶν πολεμίων] περιαιρετέον τὸν ἢ σύνδεσμον.

XCV. Καὶ περιβαλοῦσαι] ἤγουν περικυκλώσασαι. — 2. Καὶ ἀξυκροτήτοις πληρώμ.] ἤγουν ἑτοίμοις ναυσίν. § μὴ ἠρεμηνοῖς ἐπιβάταις. — Ἀποκεκλεισμένης] οὐκ εἰσαγομένων δηλονότι κατὰ θάλασσαν τῶν ἐπιτηδείων. — 3. Θαλάσσης μέτρον ἑξήκοντα σταδ.] ἤγουν οἱ ἑξήκοντα στάδιοι πάντες θάλαττά εἰσιν. — Ἐπισιτιζόμενοι] ἀντὶ τοῦ λαμβάνοντες. — 4. Ἀπὸ προνοίας τῶν Ἐρετριέων] ἀντὶ τοῦ ἀπὸ γνώμης καὶ παρασκευῆς. — Σχολῇ πληρουμένων] ἤγουν βραδέως πληρουμένων τῶν νεῶν. — 6. Περιγίγνονται] περισῴζονται.

XCVI. Τὰ περὶ τὴν Εὔβοιαν γεγενημένα] ἤγουν τὸ μήνυμα τῶν ἐν τῇ Εὐβοίᾳ γενομένων. — 2. Ἐσβησομένων] ἐπιβατῶν. — 3. Καὶ δι' ἐγγυτάτου ἐθορύβει] ἤγουν ἐγγυτάτω ὄντων τῶν πολεμίων. — 4. Καὶ ἐστησαν ἄν] ἤγουν εἰς στάσιν ἐνέβαλον. Σφετέροις οἰκείοις] χρήμασι. — Καὶ ἐν τούτῳ Ἑλλήσποντός τε ἂν ἦν αὐτοῖς] λείπει ὑπὸ Λακεδαιμονίοις. — 5. Συμφορώτατοι] συντελέστατοι. — Ἄλλως τε καὶ ναυτικῇ ἀρχῇ] ἄλλως τε καὶ ἠπειρῶται ὄντες πρὸς θαλαττοκρατοῦντας.

XCVII. Μηδεμιᾷ] λείπει ἐν. — 2. Ἀνήνεγκε τὴν πόλιν] ἀντὶ τοῦ ἀνεγεγερεῖν ἐποίησεν.

XCVIII. 2. Ἐπολιόρκουν δ' αὐτό ...] ἐπολιόρκουν οἱ Κορίνθιοι τὴν Οἰνόην, παραλαβόντες τοὺς Βοιωτοὺς ἄνευ τῶν ἄλλων συμμάχων, δι' ἰδίαν τινὰ συμφοράν. συμφορὰ δὲ τοῖς Κορινθίοις ἐγένετο περὶ τὴν Οἰνόην, διαφθαρέντων ἀνδρῶν αὐτοῖς ὑπὸ Ἀθηναίων ἐκ τῆς Οἰνόης ἐξελθόντων. ἀνεχώρησαν δὲ ἐκ Δεκελείας πεφρουρηκότες οἱ Κορίνθιοι. τοῖς οὖν τιμωροῖς αὐτῶν πολιορκοῦσι τὴν Δεκέλειαν κοινολογησάμενος ὁ Ἀρίσταρχος προδίδωσι τὴν Οἰνόην.

XCIX. Τῶν ὑπὸ Τισσαφέρνους...] τῶν κελευσθέντων δηλαδὴ ὑπὸ Τισσαφέρνους, ὅτε αὐτὸς εἰς Ἄσπενδον ἀπῄει. — Πόλεις τῆς ἑαυτοῦ ἀρχῆς ἀποστῆσαι τῶν Ἀθηναίων...] τὰς ἐν τῇ ἑαυτοῦ δηλονότι ἀρχῇ, ὅσαι ἔτι ἦσαν ὑπὸ Ἀθηναίοις, πρόθυμος ἦν ὁ Φαρνάβαζος ἀποστῆσαι αὐτῶν, ὥσπερ καὶ ὁ Τισσαφέρνης τὰς ἐν τῇ ἑαυτοῦ ἀρχῇ· ἤλπιζε γὰρ ὁ Φαρνάβαζος, τούτου γενομένου, πλέον τι σχήσειν αὐτός. — Κατέδραμον] ἤγουν ἐλῄσαντο.

C. 2. * Αἰσθόμενος] ἤγουν μαθών. — Καθέξειν] ἐνδιατρίψειν. — Ὡς, ἢν πλείων χρόνος γίγνηται] ἤγουν τῆς ἐν τῇ Χίῳ διατριβῆς τοῦ Μινδάρου. — Προσεταιριστούς] εἰς συμμάχους ληφθέντας. — Ἔξω] τῆς Μηθύμνης. — Κομισθέντες] ἀχθέντες. — 4. Ὑστερίσας] ὕστερον ἐλθών. — 5. Ἀφ' ὧν παρεσκευάζοντο] ἀφ' ὧν δηλαδὴ νεῶν τοὺς στρατιώτας παραλαβόντες παρεσκευάζοντο.

CI. * Τεσσαρακοστάς] ἀρχαῖα νομίσματα καὶ ἐπιχώρια. — Πελάγιαι] ἐς μέσον τοῦ πελάγους.

CII. Ὑπομίξαντες] ἐγγίσαντες. ὑπεισελθόντες. — Ἐκπλεῦσαι ἐς τὴν εὐρυχωρίαν] ἀντὶ τοῦ ἐκπλεύσαντες διαφυγεῖν. — 2. Ἀνακῶς ἕξουσιν, ἢν ἐκπλέωσι] τὸ μὲν ἀνακῶς ἀντὶ τοῦ προνοητικῶς καὶ φυλακτικῶς· ὁ δὲ νοῦς, οἱ Ἀθηναῖοι ἐν ταῖς ἑκκαίδεκα ναυσὶν ἔλαθον τοὺς ἐν Ἀβύδῳ Πελοποννησίους παραφυλάττοντας, καίτοι προειρημένου τοῖς ἐν τῇ Ἀβύδῳ ὑπὸ τοῦ φιλίου ἐπίπλου, (τουτέστιν ὑπὸ τοῦ στόλου τοῦ μετὰ Μινδάρου,) ὅπως παραφυλάττωσι τοὺς Ἀθηναίους, ὑπὲρ τοῦ μὴ λαθεῖν αὐτοὺς ἐκπλεύσαντας. — Δίωξιν] φυγήν. — 3. Ἐποκείλασαν] εἰς γῆν ἐπώσασαν.

CIII. 2. Ψευσθέντες τῶν σκοπῶν] ἤτοι διὰ τοὺς σκοπούς, ἢ ψευσθέντων τῶν σκοπῶν καὶ ἁμαρτόντων.

CIV. 3. Θράσυλλος] εἶχε. — 4. Ἐπειγομένων δὲ τῶν Πελοποννησίων...] ἀντὶ τοῦ, ἠπείγοντο οἱ Πελοποννήσιοι πρότεροί τε συμμίξαι... Ξυμμίξαι] ἤγουν συμπεσεῖν, συρράξαι. — 5. Ὑπερεβεβλήκει] ὑπερέδραμε. — Κάτοπτα] τοῖς ἐκεῖ Πελοποννησίοις κατὰ τὸ μέσον.

CV. Τῷ ἔργῳ πολὺ περισχόντες] ἤγουν περιγενόμενοι, κρείττονες γενόμενοι. — 2. Τῶν ἐπικειμένων] ἤγουν τῶν ἐπιπλεουσῶν νεῶν. — Ἀτακτότερον γενέσθαι] ἤγουν μὴ ἐπὶ τάξει προϊέναι. — 3. Τὰς ἐπὶ σφίσι ναῦς ἐπεχούσας] ἤγουν ἐφεδρευούσας. § τὰς ἐπικειμένας ναῦς. — Ὑπολαβόντες] ἤγουν δεξάμενοι.

CVI. 2. Κατὰ βραχύ] ἄρτι. πρὸ ὀλίγου γεγενημένα. — 4. Προσαγόμενοι] ἤγουν ἰδιωσάμενοι.

CVII. Προσηγάγοντο] ἤγουν ἐδουλώσαντο. ἀνέλαβον. — 2. Τῶν αἰχμαλώτων] οὓς αἰχμαλώτους ἀπῆγον Ἀθηναῖοι. — Ἀπέπεμψαν] οἱ Πελοποννήσιοι δηλονότι.

CVIII. 2. Ἐξέπραξεν] ἀπῄτησεν. — 3. Ἀναζεύξας] ἤγουν ἐπαναστρέψας. ἀναλύων. — Ἤλαυνεν] ἠπείγετο. — 4. Παρακομισάμενοι] παραλαβόμενοι. — Παρακομισάμενοι ἐκ τῆς Ἀβύδου] ἤγουν λεληθότως καὶ ἔξω τῆς προκειμένης ὁδοῦ ἀγαγόντες, δῆλον δὲ τοῦτο διὰ τοῦ εἰρηκέναι, ὅτι διὰ τοῦ ὄρους, δηλονότι δι' ὁδοῦ

τρίπτου καὶ ἀσυνήθους. — Ἐπαγγείλας] προςτάξας. — Κατηκόντισεν] ἤγουν διέσφαξε δι' ἀκοντίων. — 5. Ἐπιβάλλοντος] ἐπιτιθέντος αὐτοῖς τοῖς Ἀντανδρίοις.

CIX. Διαβεβλῆσθαί τε] ὑβρισθῆναι. — Καὶ τὰς διαβολάς] λείπει τὸ ἀπώσηται.

[Ἔδει] μὲν εἰς γόργυραν, ὦ Θουκυδίδη,
τοὺς Ἀττικοὺς ῥῖψαί σε σὺν τῷ βιβλίῳ,
οὐκ ὀστρακίζειν Θρακικοῖς σε τοῖς ὅροις.
[οὐχ] ἱστορῶν φαίνῃ γὰρ ἃ προὔβη πάλαι,
κρύπτων δὲ μᾶλλον ἃ παρῆξεν ὁ χρόνος,
τῷ σῷ σκοτεινῷ καὶ ξυλώδει τοῦ λόγου.
ἐγὼ γὰρ αὐτός, ὅςπερ ἐγγράφω τάδε,
[Τζέτζης] κατειδὼς ἵστορας πολλὰς βίβλους
πράξεις τε πάσας ἃς τανῦν αὐτὸς γράφεις,
ὥςπερ διοβλὴς καὶ κατεβροντημένος
τοῖς οἷς ἔγραψας λοξοσυστρόφοις λόγοις
μνήμης ἁπασῶν ἐστερήθην ἀθρόως.
[τί γάρ] τις ἄλλος τῶν ἀνιστόρων πάθοι;
τὸν ἱστορούντων τεχνικὸν λόγον γνόει·

σαφῆ μετ' ὄγκου, πειστικὸν, γλυκὺν ἅμα,
καὶ γοργὸν, οὗ χρὴ, πῇ δὲ καὶ μῆκος φέρειν.

Ejusdem Tzetzæ hæc sunt in Marcellinum dicta, Vitæ Thuc. § 35 :

Καὶ σὺ δὲ, Μαρκελλῖνε, τὰ ψευδῆ γράφεις.
Ἀναξαγόραν Εὐριπίδου διδάσκαλον
ὄντα παλαιὸν πῶς λέγεις Θουκυδίδου;
ὁ τοῦ 'ξύλου παῖς * τοῦδε προχρονώτερος.
οὗ συγγράφοντος παῖς τελῶν Θουκυδίδης
ἀκηκοὼς ἔκλαυσε τῶν συγγραμμάτων.
ὁ δ' Ἡρόδοτος φησὶ πατρὶ τούτου τάδε·
* Ἔνθεον, Ὄλουρε, παῖς ὁ σὸς ψυχὴν ἔχει.

(Ἡρόδοτος)
Οὗτος χρόνοις δ' ἦν * ὑστέροις Εὐριπίδου.
Εὐριπίδης δὲ Ξερξικοῖς ἦν ἐν χρόνοις.
Εὐριπίδου πρῶτος δὲ πῶς Θουκυδίδης,
ἔτι τελῶν παῖς * Ἡροδότου ταῖς συγγραφαῖς
καθυστερούσαις τῶν χρόνων Εὐριπίδου;

LECTORIBUS S.

Thucydides quum præ ceteris Græcis qui pedestri scripserunt oratione, interpretem requirat, veteres autem scholiastæ in paucis modo editionibus habeantur vel raris hodie vel magno prostantibus, in Vestram gratiam *scholia vetera* Thucydidi nostro subjungere decrevimus. Hæc difficilium locorum partem magnam utiliter explanabunt : sed monendi estis, ut in legenda hac farragine utamini cautione maxima. Nam doctorum grammaticorum et rhetorum scripta Thucydidem illustrantia, velut Antylli, Asclepiadæ, Didymi, Evagoræ, Numenii, Phœbammonis, Sabini, perierunt universa; et nostræ collectionis pars illa, quæ doctæ antiquitatis vestigia ostendit, aucta et interpolata est ingenti copia notationum vix pueris necessariarum, futilium, atque etiam falsarum. Fuerunt enim magistri Græculi, singula verba aut phrases singulas explicuisse contenti, mentem scriptoris et rerum sententiarumque tenorem minime curantes : quare sæpissime accidit, ut voces dictionesve, si per se spectes, tolerabiliter exponantur; si rationem totius loci, falso et inepte. Etiam in rerum gestarum et antiquitatis explanatione absurda quædam ab novitiis illis et indoctis magistris profecta sunt, quorum partem jam in duodecimi sæculi codice deprehendi. Ab his igitur si cavetis, attente legentes et in sententia reddenda majorem fidem translationi latinæ hujus editionis quam scholiis adhibentes, reliqua omnia magno Vobis adjumento erunt ad intelligendum historicorum principem.

Post HStephanum, Dukerum, Grammium, alios, diligentissimam operam in his scholiis digerendis, emendandis et examinandis posuit E. F. POPPO. Cujus editionem secuti sumus, mutatis quæ nobis videbantur esse mutanda. Nam primum inutilis futura erat

in hac editione codicum qui singula scholia præberent omitterentve distinctio : quæ ut criticas quæstiones quasdam præclare adjuvet, minime tamen ipsi naturæ scholiorum respondet, velut respondet in Aristophanicis plerisque : nam vel optimi codices, Italus Bekkeri, Cassellanus, Augustanus, recentium et indoctorum magistrorum notationes offerunt vel futiles vel falsas. Deinde in multis vocabulis quæ ubique permutantur, id posuimus quod res postulabat, quum Poppo ejusmodi emendationes plerumque in animadversionibus indicasset, relicta scriptura vitiosa. Asterisco autem notantur omnes illi loci, quorum emendatio nonnullis paullo audacior videri possit, vel ubi corriguntur scholiastæ librariive lapsus manifesti, verbi caussa Lacedæmonios memorantis pro Atheniensibus. Quæ fere omnia, sive de conjectura sive ex codicibus correcta, subministravit diligens annotatio Popponis, si discedas ab iambis Tzetzæ. Eos enim, pessime exaratos in codice Palatino, ille adeo neglexit, ut sibi persuaderet « ab ipso librario, qui hunc codicem transcripsit, confectos » esse (I, 2, p. 69), quod longe aliter se habere omnia clamant. Nos, dum plagulas typothetarum legebamus, locis non paucis adhibuimus medicinam, quorum majorem certe partem recte sanatam esse opinamur. Immensæ depravationis specimen unum esto. Ad hæc verba Thucydidis, V, 14 init. : Ξυνέβη τε εὐθὺς μετὰ τὴν ἐν Ἀμφιπόλει μάχην καὶ τὴν Ῥαμφίου ἀναχώρησιν ἐκ Θεσσαλίας, ὥστε πολέμου μὲν μηδὲν ἔτι ἅψασθαι μηδετέρους, πρὸς δὲ τὴν εἰρήνην μᾶλλον τὴν γνώμην εἶχον, οἱ μὲν Ἀθηναῖοι κτλ. ascribitur : Ὥστε] Τζέτζου·

Βιβλιογράφου † στε πᾶν † παρῆκα μὴ ξέων.
§ Ἐν τῷ μὲν † στε ξείας † ὡς Τζέτζης γράφει·
ἄρξῃ δ' ἀπαρτὶ τοῦ τῆς εἰρήνης λόγου.
σολοικοειδὲς καὶ σόλοικον † τάχα.

Ita hæc edidit Poppo, in annotatione referens : « Inde a secundo versu, ubi μὲν στι legitur, hæc ad πρὸς δὲ τὴν appicta sunt. Tertius versus in libro sic scribitur : ἄρξῃ δ' ἀπαρτ' πῆς (sic) τοῦ εἰρήνην' λόγου. In quinto versu pro τάχα ibi est τύχα. Sed tam male hæc picta sunt ut legi vix possint. » Quæ ita constituenda esse putavi : Ὥστε] Τζ.

Βιβλιογράφου * στιγμὴν παρῆκα μὴ ξέων.

Πρὸς δὲ τήν]

* Ἐνταῦθα μὲν στίξειας, ὡς Τζέτζης γράφει·
ἄρξῃ δ' ἀπαρτὶ *τοῦ «πρὸς εἰρήνην» λόγου.
σολοικοειδές, *οὐ σόλοικον *τυγχάνει.

Quem postremum versum posterius vidi αὐτολεξεὶ in libro octavo repetitum, ubi non est depravatus.

Quum in Regia bibliotheca quaererem si quid his scholiis utile superesset, non inveni nisi decimi quinti saeculi codices quattuor aut quinque, cum hac notatione : « nihil habet ab editis diversi. » Ab his igitur, quanquam nullus codex prorsus frustra excutitur, nihil tamen sperari poterat otio insumendo et devorando taedio dignum. Sed jam in quinto libro versantibus operis ex Millero meo audivi, nuper accessisse duos codices Thucydidis, alterum XII, alterum XIV saeculi, utrumque cum scholiis. Posterior, licet Marcellini Vita cum Palatino codice examussim consentiens spem meliorem injecisset, in scholiorum locis collatis non praestare aliis est inventus. Verum prior, cujus pervolavi scholia antiqua manu scripta, ad quartum librum pertingentia, saepe accuratius loquitur graece quam editus scholiastes, sed res ipsae prorsus sunt eaedem. Quare haec tantum memoro. I, 12, § 3, ad πρότερον δὲ Καδμηΐδα : Ἐπειδὴ πρότερον Καδμηῒς ἐκαλεῖτο· ὁ δὲ Ὅμηρος Βοιωτοὺς καλεῖ, ἀναχρονισμῷ χρώμενος· ἔσχατος γὰρ τῶν Τρωϊκῶν ἐστιν. I, 13, l. 20 post υἱέως αὐτοῦ addit, ὃν ἀνεῖλον οἱ Κερκυραῖοι. 1, 102, l. 33, verba κατὰ τὸν Ἀριστείδην γ', prorsus separata sunt ab hoc scholio, ascripta sequenti vocabulo μάλιστα. II, 9, l. 43, post Παλλήνη additur : τούτων δ' ἐς ἀμφοτέρους φιλία ἦν· Πελληνεῖς δὲ Ἀχαιῶν. II, 22, l. 23 habet Πειράσιοι, Θεσσαλοί, ut Heringa emendavit. At jam non poterat in usum nostrum converti codex praestantissimus, scholia non multa continens, sed ea accurate scripta et distinctis plerumque signis ad sua vocabula in Thucydidea oratione relata.

Adjecimus indicem nominum et rerum, quem ipsi collegimus.

Valete, et curis nostris, ut facitis, favete.

F. D.

Parisiis, mense decembri MDCCCXL.

Ad IV, 73, § 3. Recepti scholii loco codex Basil. hoc præbet. Εἰ μὲν γὰρ μὴ...] εἰ μὲν γὰρ μὴ ἀπήντων εἰς πόλεμον Ἀθηναίοις, οὐκ ἂν εἰς τὴν τύχην αὐτῶν οἱ Μεγαρεῖς ἔμελλον βλέπειν, ἵνα, εἰ μὲν νικήσωσιν οὗτοι, μὴ ἀποσταῖεν, εἰ δὲ νικηθῶσιν, προςχωρήσαιεν τοῖς Ἀθηναίοις, ἀλλὰ παραχρῆμα ὡς ἡττηθέντων ἔμελλον ἀποστῆναι. νῦν δὲ ἐπειδὴ ἦλθον, οὐκ ἂν ἐθελήσαιαν Μεγαρεῖς ἀποστῆναι, βλέποντες πρὸς τὴν τύχην, ἕως ἂν ἄδηλος ἑκατέροις ᾖ. καὶ διὰ τοῦτο καλῶς ἔχειν αὐτοῖς μήτε ἀπιέναι μήτε προπολεμεῖν, ἀλλ' ἐν ἡσυχίᾳ μένειν.

INDEX

NOMINUM ET RERUM.

Marc., Marcellini Vita Thuc. *Anon.*, anonymi Vita Thuc. Numeri, *primus* librum, *secundus* caput, *tertius* versum paginæ denotant.)

A.

Acamas (in expeditione Trojana), 1, 11, 8.
Acestor, ex gente Ajacis, *Marc.* 4.
Achæi sunt Græci circa Pharsala, 4, 78, 40
Achaia duodecim urbes habebat, 2, 9, 42.
Achelous, 2, 102, 33, 36.
Acherdusius (Thucydides poeta), *Marc.* 44.
Actium, portus, 1, 29, 25.
Acusilaus *citatur*, 1, 51, 43.
Adimantus, Themistoclis inimicus in republica, 1, 60, 28.
Admetus auxilia petit ab Atheniensibus, 1, 136, 17.
Adramytteum. *Vide* Atramytteum.
Æacus, Jovis f., *Marc.* 3.
Ædolius, λόχος Lacedæmoniorum, 4, 8, 11.
Ægialeos, alii masculino, alii neutro genere efferunt, 2, 19, 41.
Ægina, 1, 23, 15; *Marc.* 39.
Æginetæ fœnore oppressi a Thucydide, *Anon.* 22. — *Vide* etiam Samii.
Æoles, conditores Lesbi, 3, 2, 6; Corinthum possidebant ante Dorienses, 4, 42, 18. Æoles ψιλοῦσιν, 3, 61, 9.
Æolica est Thebana dialectus, 3, 61, 11.
Æolus, Hellenis filius, 1, 3, 17.
Æschylum imitatur Thucydides, 4, 135, 21. Æschylus *citatur*, *Marc.* 7
Æsopi Fabulæ *citantur* 4, 92, 7.
Ætna, mater Gelonis, 6, 4, 15.
Africa, olim Carchedon dicta, 1, 13, 37.
Agamestor, ex gente Ajacis, *Marc.* 4.
Agathon tragicus, *Marc.* 44.
Agenor, ex gente Ajacis, *Marc.* 4.
Ajax : ejus posteri usque ad Miltiadem, ex Pherecyde, *Marc.* 4.
Alcamenes, in suburbio μετεωρίζων, ab Lacedæmoniis punitur, 2, 37, 29.
Alcibiades, nomen Laconicum, 8, 6, 7; quod filio indidit Clinias Atheniensis, ob hospitium cum Alcibiade Lacedæmonio junctum, *ibid.* Alcibiadi hereditaria erat προξενία Lacedæmoniorum, 5, 43, 32 *sqq.* Alcibiades puer Pericli dat consilium, 1, 67, 11.
Alcithea, mater Pausaniæ, 1, 134, 36.
Alcmæon, 2, 68, 36.
Alcmeon *et* Alcmæon, 2, 102, 47 *sqq.*
Alexander, rex Macedoniæ Philhellen cognominatus, belli Persici tempore vixit, 1, 57, 54. *Conf.* 1, 137, 36.
Alexander, rex Macedoniæ, pater Perdiccæ et Philippi, 2, 95, 1.
Amorgus. *Vide* Rhene.
Ampelidas, 5, 22, 1.

Amphipolis cur dicta, 1, 100, 18; ab Hagnone condita, 2, 95, 33; 5, 11, 54. Ejus portus Eion, 1, 98, 30.
Ampraciotæ, 1, 12, 51. Sunt Corinthiorum coloni, 2, 68, 41; 2, 80, 33.
Anactoria, terra, 1, 29, 24.
Anactorii, 1, 12, 51.
Anaxagoras philosophiam docuit Thucydidem, eapropter atheum ab nonnullis habitum, *Marc.* 35. Quam rem ex temporis ratione refutat Tzetzes p. 133.
Andocides, unus decem oratorum, 1, 51, 42.
Andromachus, pater Timæi historici, a Timoleonte regia potestate non exutus, *Marc.* 42.
Androtion *citatur*, in Atthide, *Marc.* 44.
Anoblacha, nomen recens Dolopiæ, 2, 102, 35.
Antilochus (Nestoris f.), 1, 11, 8.
Antiphemus, 6, 4, 18.
Antiphon, rhetor eximius, præceptor Thucydidis, qui ab eo habuit τὸ γόνιμον τῶν ἐνθυμημάτων, 1, 135, 23. *Conf.* 8, 68, 44, *Marc.* 35. Ejus mortui corpus ex urbe projectum ab Atheniensibus nonnulli dicunt, *Marc.* 36.
Antiphon Rhamnusius, in judiciis suspectus ; quare ib non orabat, sed aliis orationes suas scribebat; circa finem belli proditionis accusatus, periit, *Anon.* 4-7.
Antyllus, interpres Thucydidis, *citatur* 3, 95, 22; 4, 19, 14; 4, 28, 36; *Marc.* 35; 56; 94.
Apia olim appellata Peloponnesus, 1, 9, 25.
Aphytis, urbs Pallenæ, 1, 64, 30.
Apsinthii, hostes Thracum et Doloncorum, *Marc.* 7.
Archelaus rex, *Marc.* 45.
Archeptolemus et Onomacles cum Antiphonte periere ἄτιμοι, ut proditores; domus eorum destructæ, opes publicatæ, *Anon.* 7.
Argilius, nomen proprium? an gentile ab urbe Thracica? 1, 132, 8.
Argivi annos numerabant per sacerdotia (Junonis), 2, 2, 54. Hostes Lacedæmoniorum, 1, 71, 15; 21.
Argos : ibi rebus præerant ἡ βουλὴ, οἱ ὀγδοήκοντα, οἱ ἀρτῦναι, 5, 47, 14.
Aridæus, pater Derdæ, 1, 57, 17.
Arion Herodoti, *Marc.* 76.
Aristides Justus, filius Lysimachi, 5, 19, 6. *Conf.* 1, 91, 52. Primus tributum instituit, 1, 96, 7.
Aristides *citatur*, Panathenaico, 1, 2, 45; in tertio, 1, 102, 33.
Ariston, pater Thucydidis (quarti), *Marc.* 44.
Aristophanes. *Vide* Eupolis.
Aristotelis patria Stagirus, 4, 88, 15. Aristoteles *citatur* 1, 26, 21; in Ethicis, 3, 45, 35.
Arne, urbs Thessaliæ ; unde condita Arne Bœotica, postea Chæronea dicta, 1, 12, 32.
Artaxerxes, 1, 109, 10.

Asclepiades, interpres Thucydidis, *citatur* 1, 56, 46.
Asclepius *idem interpres vocatur in Marc.* 99, *ubi restituendum* Asclepiades.
Asia, ἤπειρος dicta, 1, 5, 26.
Asiani barbari, 1, 6, 35.
Asine, urbs Laconiæ, 4, 13, 8.
Asopis, Hellanici liber, *Marc.* 5.
Aspasia, magistra Periclis, a Megarensibus meretrix appellata, 1, 67, 18.
Astacus, urbs Acarnaniæ, 2, 30, 34.
Astydamea, mater Eurysthei, soror Atrei, 1, 9, 32.
Atalante urbs, nunc Casandria, 1, 32.
Athenæ : eas prytaneum et metropolin Græciæ constituit Theseus, 2, 38, 45. Civium Atheniensium sunt ordines quattuor, 3, 16, 30 *sqq*.
Athenienses secundum nonnullos ipsi destruxerunt urbem suam, ne Xerxes in ea sedem belli poneret, 1, 74, 30. Sunt φιλόδικοι, 1, 77, 8; et θαλασσοκράτορες, 1, 141, 36. A Sitalca auxilium petunt, ut Thracicas colonias tueantur, 2, 95, 14. Urbes Siculæ Atheniensibus adversæ in expeditione in Siciliam enumerantur, 6, 20, 21 *sqq*. Eorum socii in bello contra Syracusanos enumerantur, 7, 57, 37—46; eorum hostes, 7, 58, 16 *sqq*. Post cladem in Sicilia acceptam in patriam revocant exsules, præter Pisistratidarum posteros, *Marc*. 48, 50.
Atramytteum scripsit Thucydides, Adramytteum Eupolis, 5, 1, 37.
Atreus exul post cædem Chrysippi, 1, 9, 35.
Attaginus μηδίζων, 3, 62, 40.
Attica dialectus vetus, 3, 37, 12.
Attici Iones, 1, 113, 2.

B.

Bacchus μαινόμενος, insanire faciens, 4, 32, 41.
Bardaris, 2, 99, 19.
Bercea *vel* Berrhœa, urbs Macedonica, 1, 61, 36.
Bœotarchæ undecim, 2, 2, 3.
Bœoti sunt Æoles, 3, 2, 7.
Bœum, Cytinium, Erineus, tria oppida circa Parnassum, 1, 107, 37.
Bottiæi in Thracia, 2, 29, 25 ; prope Chalcidem, coloni Macedonum, 2, 79, 19.
Budorum, 2, 93, 33; promontorium Salaminis, 3, 51, 24.

C.

Callimachus *citatur*, 3, 88, 30; 7, 57, 9.
Carchedon. *Vide* Africa.
Cares invenerunt umbilicos clypeorum et cristas, 1, 8, 4.
Caricum mare, postea Hellenicum dictum, 1, 4, 6.
Carneus mensis, Maio respondens, habebat plurimas ferias, 5, 54, 2.
Carpathus, ad orientem Cretæ, 2, 9, 53.
Carthaginienses, ex Phœnicibus oriundi, 6, 2, 45.
Casandria urbs, olim Atalante, 1, 32.
Casus, ad orientem Cretæ, 2, 9, 53.
Catanæi a Chalcidensibus conditi, 6, 3, 4.
Ceadas, barathrum in Laconia, 1, 134, 43.
Cecryphalea, insula ad occidentem Peloponnesi, 1, 105, 10.
Cenotaphii quod sit Athenis indicium, *Marc*. 46.
Cephallenia quattuor urbes habet, 1, 27, 40.
Ceramicus, 1, 34, 11.
Cercine, mons, 2, 98, 12.
Chæronea, Bœotiæ urbs, 4, 89, 25. *Vide etiam* Arne. Iones et Thucydides scribunt Χαιρωνία et Κορωνία, quæ vulgo sunt —ώνεια, 1, 113, 51.
Chalce, ad orientem Cretæ, 2, 9, 53.

Chalcedon, prope Byzantium sita, colonia Megarensium, 4, 75, 20.
Chalcidenses EubϾ condiderunt Chalcidenses in Thracia, 1, 57, 4. Chalcidenses Eubœæ exules dicuntur condidisse Spartæ ædem Minervæ Chalciœci, 1, 128, 36. Iidem Chalcidenses Eubœæ condiderunt Leontinos et Catanæos in Sicilia, 6, 3, 4. Chalcidenses sub Perdicca erant, eosque aggreditur Sitalces, 2, 95, 14 *sqq*.
Chalciœcus. *Vide* Minerva.
Chalcis. Chalcides quattuor, Thraciæ, EubϾ, Siciliæ, Acarnaniæ, 1, 108, 5.
Chersonesus Thracica : colonia Græca quomodo eo deducta, et qui ejus principes, *Marc*. 7—17.
Chœrilus poeta, *Marc*. 44.
Chœroboscus *citatur*, 8, 44, 29.
Chrysippus, Pelopis filius, patris jussu occisus, 1, 9, 35.
Chrysis, sacerdos Argiva, 2, 2, 53.
Cimon, inter majores Thucydidis, *Marc*. 2.
Cimonia monumenta ubi, *Marc*. 27. *Conf*. 48.
Circes novæ χοιρεῶνες, *Tzetz*. 4, 8, 1.
Citium, urbs Cypri, Zenonis philosophi patria, 1, 112, 36.
Cleomenes. *Vide* Pausanias.
Cleobulus, 5, 37, 41; 6, 10, 24.
Clinias Atheniensis, pater Alcibiadis, quem cur ille ita nominarit, 8, 6, 8.
Cnidæum et Cnide, urbs; Cnidii, incolæ Cnidi, 3, 88, 27.
Cnidus. *Vide* Rhodus.
Cœle, ubi Cimonia monumenta, *Marc*. 27. *Conf*. 94, 95.
Cometes patria ejecit Diomedem, 1, 12, 29.
Corinthii condiderunt Syracusas, 6, 3, 50. Eorum coloni sunt Ampraciotæ, 2, 68, 41. Cur ab Herodoto traditi fuerint Salaminiam pugnam subterfugisse, *Marc*. 42.
Corinthus Æolensium erat ante Dorienses, 4, 42, 18. Διὸς Κόρινθος prov., 7, 18, 11.
Coronea, urbs Bœotiæ, 1, 113, 3 *De* Κορωνία *vide* Chæronea.
Coronta, τὰ, 2, 102, 32.
Cos Meropis : præter eam alia Cos non est, 8, 41, 23. *Vide* Rhodus.
Cranæa, urbs Cephalleniæ, 1, 27, 41.
Cratinus in Chironibus *citatur*, 8, 73, 50. *Vide* Eupolis.
Cratippus *citatur, Marc*. 51.
Cresphontes, 1, 10, 10.
Creticum mare, 5, 110, 6.
Crisæus sinus, 1, 12, 46; 2, 90, 41.
Crœsus, rex Lydiæ, *Marc*. 9.
Curetis, antiquum nomen Acarnaniæ, 2, 102, 7.
Cyclades insulæ quænam et undæ dictæ, 1, 4, 10 *sqq*.; secundum alios quindecim, secundum alios duodecim, *ibid*.
Cyclopes in Sicilia, 6, 2, 18.
Cydonia, urbs Cretæ, hostilis Polichnæ, 2, 85, 34.
Cyllene diversa ab Arcadica, 1, 30, 54.
Cyloneum piaculum, 1, 118, 53; tempore pugnæ Marathoniæ, 1, 126, 34.
Cyme Chalcidica, unde Zanclæi in Sicilia conditi, 6, 4, 22.
Cyme prope Phocæam, 8, 22, 31.
Cyprus sub rege, 1, 94, 18.
Cyri, primi regis Persarum, effigies in annulo signatorio regum Persarum, 1, 129, 54.
Cythera : in ea insula duæ urbes, altera Cythera, altera Scandia appellata, 4, 54, 54.
Cytinium. *Vide* Bœum.

D.

Dacicus, *var. lect. pro* Diacus, 7, 27, 38.

INDEX NOMINUM ET RERUM.

aiclus, nepos Ajacis, *Marc.* 4.
arius : ejus equus hinniens in annulo signatorio regum Persarum, 1, 129, 1
arius, filius Artaxerxis, pater Cyri minoris, 2, 65, 14.
emetrius *citatur*, in libro de Archontibus, *Marc.* 50.
elphi, unum ex viginti duobus oppidis Delphicis, 1, 112, 41. Gentile, Delphi, *ibid.*
elus, sacra Apollini, in medio Cycladum, 1, 4, 11.
emosthenes orator; laus ejus, *Marc.* 1. Demosthenis artificia oratoria, *Marc.* 96. *Citatur* 1, 76, 43; 1, 113, 50; *tacito nomine* 3, 39, 34; in prima Olynthiacarum, 4, 92, 36.
erdas, Aridæi filius, Perdiccæ et Philippi patruelis, 1, 57, 1. Derdas filium, secundum alios fratrem, habuit Pausaniam, 1, 61, 38.
iasia, festum, 1, 126, 42 *et* 44.
idymus *grammaticus, citatur Marc.* 4; 25; 47.
ii, genus Thracum, 7, 27, 39.
iomedes, a Cometa ejectus patria, in Liburnidas insulas concessit, 1, 12, 29.
ionysius junior a Philisto historico acriter incessitus, *Marc.* 42.
ionysius Halicarnassensis Thucydidis dictionem reprehendit, *Marc.* 90.
ionysius Periegetes *citatur*, 2, 69, 53.
ιὸς Κόρινθος prov., 7, 18, 11.
ioscurorum, ἀνάκων, templum, 8, 93, 12.
olonci. *Vide* Thraces.
oracium. *Vide* Dyrrhachium.
orcis, 1, 95, 47.
orienses Heraclidæ, 1, 12, 35 *sqq.* Dorienses fortitudine celebres, 1, 124, 1.
orieus, nomen proprium, 3, 8, 16.
orus, Hellenis filius, 1, 3, 17.
Dragameste. *Vide* OEnias.
Ducum ordo in exercitu, 5, 66, 29.
Dyrrhachium, per παραγραμματισμὸν Doracium, dicta Epidamnus, 1, 24.

E.

Edones *et* Edoni, 4, 102, 29. Edoni, Edonæ, Edones, 2, 99, 20.
Eion. Eiones duæ in Thracia, portus Amphipolis et urbs, 1, 98, 29. Eion ad Strymonem, *Marc.* 38.
Elæatis, 1, 46, 14.
Eleusiniæ deæ, et ager iis dedicatus, 1, 139, 43.
Elis, duplex, montana et cava, 2, 25, 51. In Elide rebus præerant οἱ δημιουργοί, οἱ ἑξακόσιοι, οἱ θεσμοφύλακες, 5, 47, 17.
Emathia, antiquum nomen Thessaliæ, 1, 2, 14.
Endius, ὁ, 8, 6, 5.
Enyalius, pæan quem ante pugnam initam canebant, 4, 43, 31.
Epaphroditus *citatur*, 6, 4, 10.
Ephesia Diana, 3, 104, 41.
Ephori quinque Lacedæmoniorum unde dicti, 1, 86, 29.
Ephyræ duæ, 1, 46, 15.
Epidaurus in istlimo, 4, 56, 29.
Epidemiurgi, magistratus quales, 1, 56, 45 *sqq.*
Epidycus, pronepos Ajacis, *Marc.* 4.
Epigramma in Orsippum, 1, 6, 27.
Erineus. *Vide* Bœum.
Erinnyes; earum templum prope Areopagum, 1, 126, 6.
Eriphyle, 2, 68, 36; 2, 102, 3.
Erythra, prope Chium, 3, 29, 47.
Euarchus, Astaci tyrannus, 1, 33, 50.
Eubœa subacta a Pericle, 2, 36, 43.

Eumolpidæ, tribus Attica, 2, 15, 39.
Eupolis, Cratinus, Aristophanes, Thucydides, veteris Atticismi scriptores; Menander, novi, 1, 30, 50.
Eupolis *citatur*, 5, 1, 37.
Euripidem in gnomis imitatur Thucydides, 4, 135, 28. *Citatur* 1, 10, 33; 2, 102, 50; 3, 38, 14; in Medea, 6, 30, 24; *tacito nomine* 1, 137, 46.
Eurotas fluvius, 2, 39, 10.
Eurytanes, 3, 94, 10.
Euthynus archon septimo anno belli, *Anon.* 23.

F.

Formæ dicendi tres, *Marc.* 59.

G.

Gebre, Doberi nomen recens, 2, 98, 13.
Gela urbs unde dicta, 6, 4, 16 *et* 21.
Gelas fluvius unde dictus, 6, 4, 9 *sqq.*
Gelon Gelæ urbi nomen dedit, Ætnæ et Hymari filius, 6, 4, 15.
Geræstus, promontorium Eubœæ cum portu, 3, 3, 23.
Gerania, promontorium Megaridis, quale et cur ita dictum, 1, 105, 16.
Gigonus, locus inter Macedoniam et Thraciam, non multum dissitus Potidæa, 1, 61, 39.
Gorgias Leontinus : ejus παρισώσεις et ἀντιθέσεις, Thucydidis tempore maxime probatæ, *Marc.* 56. *Adde* 83.
Gorgieum schema, 1, 2, 40. Gorgiea παρίσωσις, 1, 144, 29.
Gortys, Cretæ urbs, mille stadiis distans Cydonia, 2, 85, 31.
Græa ab Homero vocatur Tanagra, 3, 91, 25.
Græcæ urbes in Sicilia quænam, 6, 3, 47 *sqq.*
Γραφῶν genera, 6, 91, 9 *sqq.*

H.

Hagnon, conditor Amphipoleos, 5, 11, 54.
Haliæ, Ἁλιαί, oppidum Argolicæ prope Trœzenem, 1, 105, 7.
Halimusius (Thucydides), *Marc.* 26, 95.
Harmodius et Aristogiton, *Marc.* 29.
Hebrus, fluvius Thraciæ, 2, 96, 41.
Hecatæus *citatur*, 1, 3, 8.
Hegesipyle, Olori Thracum regis filia, uxor Miltiadis, *Marc.* 17.
Hegesipyle, mater Thucydidis, *Marc.* 2.
Hellanicus *citatur*, 6, 4, 13; in Asopide, *Marc.* 5.
Hellen, Pronoi filius, 1, 3, 10. Hellenis filii, 1, 3, 17.
Hellenotamiæ qui, 1, 96, 3.
Helos Laconiæ, unde dicti Helotæ, 1, 101, 23.
Heraclidæ, 1, 2, 32. Eorum reditus in Peloponnesum, 1, 12, 35 *sqq.;* quo tempore, *ibid.* 48. Heraclidæ sunt reges Lacedæmoniorum, 2, 37, 9.
Hercules, 5, 16, 31; taurum, qui effugerat, quærens, audit *italum* vocari; unde Italiæ nomen, 6, 2, 25 *sqq.*
Hermæ : earum forma quid significet, 6, 27, 39—45. Colla et pudenda ipsis ablata ab Hermocopidis, *ibid.* 49.
Hermione, urbs Laconiæ, 1, 128, 39.
Hermippus *citatur*, *Marc.* 29.
Hermocopidæ. *Vide* Hermæ.
Herodianus grammaticus *citatur* 2, 19, 40; 2, 99, 21; 8, 44, 29.
Herodotus, a Corinthiis spretus, Salaminiam pugnam eos subterfugisse scripsit, *Marc.* 42. In historia tentavit conciones sine successu, *Marc.* 58. Media usus dicendi forma, *ibid.* 60. Digressionibus ad delectandum factis plenus, libro secundo præsertim, *ibid.* 76. Historias suas recitantem audiens quum Thucydides illacri-

masset, quid ille dixerit patri ejus, *ibid.* '92. Ejus sepulchrum, *ibid.* 27. Scriptor μελιχρὸς, 5, 17, 33. *Citatur* 1, 7, 48; 1, 1, 10, 32; 1, 13, 21; 29; 1, 20, 4; 9; 1, 21, 17; 1, 22, 47; 5; 1, 74, 20: 1, 123, 42 (ubi ejus liber De vita Homeri ab nescio quo correctus memoratur); 1, 126, 9; 1, 137, 51; 2, 8, 25; 2, 97, 6; 2, 99, 19; 3, 54, 26; 3, 55, 30; 3, 61, 8 (Herodoti liber ab nescio quo correctus); 3, 104, 34; 4, 102, 28; *Marc.* 19.
Hesiodus *citatur*, 1, 3, 18; 3, 45, 40; 3, 67, 54.
Hestiæ, urbs Eubœae, nunc Oreus, 1, 114, 15.
Hipparchus, tyranni Athenarum frater, occisus, *Marc.* 29.
Hippoclides, ex posteris Ajacis, archon Athenis, sub quo Panathenæa instituta, *Marc.* 4.
Hippocrates *citatur*, 2, 49, 33; 4, 61, 21.
Homerus *citatur* 1, 3, 40, 42 (spurios esse versus Iliad. B, 530 et 867); 1, 5, 37; 1, 6, 18; 22; 1, 9, 25; 38; 42; 1, 10, 35 (de navium Græcarum numero); 1, 11, 6; 1, 25, 31; 1, 33, 7; 12; 1, 71, 4; 1, 77, 23; 1, 78, 43; 1, 81, 36; 1, 84, 38; 1, 89, 25; 1, 93, 35; 1, 122, 7; 1, 124, 5; 2, 2, 8; 2, 10, 19; 2, 41, 12; 16; 2, 43, 51; 10; 2, 47, 2; 2, 52, 24; 2, 54, 41; 2, 81, 48; 2, 95, 53; 2, 102, 42; 54; 9; 3, 3, 14; 3, 4, 27; 3, 7, 13; 3, 37, 45; 3, 39, 29; 3, 40, 8; 21; 3, 41, 17; 34; 3, 42, 22; 3, 45, 21; 3, 57, 9; 3, 59, 46; 51; 3, 61, 23; 3, 74, 12; 3, 87, 22; 23; 3, 91, 25; 3, 104, 36; 3, 111, 21; 30; 4, 10, 45; 4, 13, 11; 4, 18, 24; 4, 30, 4; 4, 32, 38; 4, 59, 15; 17; 36; 6; 4, 61, 39; 4, 64, 46; 4, 84, 21; 4, 86, 23; 4, 92, 2; 33; 4, 94, 52; 5, 9, 18; 5, 61, 24; 5, 103, 42; 6, 2, 18; 6, 8, 46; 6, 12, 39; 6, 13, 48; 6, 24, 22; 6, 34, 35; 6, 74, 36; 6, 79, 34; 7, 12, 8; 7, 61, 49; 7, 69, 46; 7, 71, 27; 33; 8, 89, 34. Homeri οἰκονομίαν imitatur Thucydides, *Marc.* 55, 57.
Hyacinthi festum, 5, 41, 20.
Hyccara, urbs Siciliæ, 7, 13, 17.
Hymaras ex Ætna Gelonis pater, 6, 4, 15.

I.

Iapygium promontorium, 7, 33, 22.
Iberes colonos in Siciliam deduxerunt, 6, 2, 20.
Iberia: eo venit Menestheus exul, 1, 12, 31.
Icarus. *Vide* Rhene.
Iones mollitie infames, 1, 124, 57. Iones ψιλοῦσιν, 3, 61, 9.
Ionia, 1, 2, 3 *sqq.*
Ionium (mare) usque ad Iapyges pertingit, 7, 33, 22.
Ἰώνιον *et* Ἰόνιον, 6, 104, 50.
Isthmus, 2, 10, 10.
Itali *et* Italiotæ. *Vide* Siceliotæ.
Italia, 1, 144, 16; *Marc.* 40; 52. Italiæ nomen unde, 6, 2, 25 *sqq.*
Ithome, ad Messeniam pertinet, 1, 101, 28.
Itylus dicitur qui aliis Itys, 2, 29, 20.

J.

Junonis templum, 3, 68, 32; 5, 75, 28.

L.

Lacedæmone famuli multi, 8, 40, 16.
Lacedæmonii magistratus τέλη vocabant, 1, 58, 14. Lacedæmoniorum ingenium, 2, 37, 31. Lacedæmonii quomodo pueros ad fortitudinem bellicam instituerint, 2, 39, 4-12. Lacedæmoniorum turmæ (λόχοι) quinque, 4, 8, 11. Eorum exercitus ratio describitur 5, 68, 52-54, 1-16. Lacedæmoniorum νόμοι πολεμικοί, 5, 69, 22 *sq.*
Lacones μισοτύραννοι, 1, 134, 38; βραχυλόγοι, 1, 84, 50; 4, 84, 20.
Læstrygones in Sicilia, 6, 2, 18.

Laius, ex gente Ajacis, *Marc.* 4.
Laurium, mons Atticæ cum argentifodinis, 2, 55, 48.
Lelandium: de eo pugnant Eretrienses et Chalcidenses 1, 15, 7.
Lemnus, Atheniensibus subdita, 1, 115, 23.
Leocorium Athenis unde nominatum, 1, 20, 50.
Leontini, 1, 112, 43; a Chalcidensibus conditi, 6, 3, 4.
Leos, cujus filiarum cædes famem sedavit in Attica, 1 20, 51.
Lepreum, 5, 49, 26.
Leucas, 3, 7, 14.
Leucymna, promontorium Corcyræ, 1, 47, 25.
Λευκόν. *Vide* Memphis.
Liburnides insulæ; in eas venit Diomedes, 1, 12, 30.
Lichas, 5, 22, 1.
Lilybæum, Siciliæ promontorium, 6, 2, 37.
Limera unde appellata, 4, 56, 30.
Limnæ, locus in arce Athenarum, 2, 15, 46.
Locris. Locrides tres, Opuntiorum, Epizephyriorum, Ozolarum, 3, 89, 1.
Lycæum, 5, 16, 4.
Lyces, ex gente Ajacis, *Marc.* 4.
Lycophron, filius Periandri, occisus a Corcyræis, 1, 13, 20.
Lycophron *citatur* 1, 10, 34; 1, 98, 31; 4, 50, 39.
Lycurgi leges imitantur leges Cretensium et Ægyptiorum, 2, 37, 2.
Lysimachus, pater Aristidis, 5, 19, 6.

M.

Macedones: eorum coloni Bottiæi, 2, 79, 19.
Macedonia inferior dicta, quam mare alluit, 2, 99, 14. Macedoniæ regum stirps, 2, 75, 22.
Magnesiæ duæ, Thessalica et Asiana, 1, 138, 32
Malacia, urbs a Philocteta condita, cur ita appellata, 1, 12, 26 *sqq.*
Malea, promontorium Lesbi, 3, 4, 38.
Mantinea: ibi rebus præerant οἱ δημιουργοί, ἡ βουλή, οἱ θεωροί, οἱ πολέμαρχοι, 5, 47, 15.
Marathonius, Deucalionis filius, 1, 3, 10.
Marcellini Vita Thucydidis, p. 1-9.
Mardonius, 1, 93, 14.
Massilia, urbs Africæ, a Phocæensibus condita, 1, 13, 35 *sqq.*
Megabazus Prosopitidem insulam cum continenti (Ægypti) junxit, 1, 109, 15.
Megarenses illudunt Aspasiæ, 1, 67, 18. Periclis decretum quo portubus et foro Atheniensium arcentur, *ib.* 10. Sunt conditores Chalcedonis, 4, 75, 20.
Melanippides poeta, *Marc.* 44.
Melanthus, Messenios ducens, 1, 2, 32.
Meligunis, antiquum nomen Liparæ, 3, 88, 29.
Melitides portæ, *Marc.* 27.
Memphis tres muros habebat, quorum unus Λευκὸν dictus, a colore laterum, 1, 104, 2.
Menander. *Vide* Eupolis.
Mendesium, nunc Thmuin vocatum, 1, 110, 23.
Menestheus, qua in re laudetur ab Homero, 4, 41, 13; a Thesidis patria ejectus, concessit in Iberiam, 1, 12, 31.
Menon Platonicus, a Xenophonte calumniose depressus, *Marc.* 42.
Menon, pater Thucydidis (tertii), *Marc.* 43.
Mesoates, λόχος Lacedæmoniorum, 4, 8, 12.
Messeniacam quando acceperint Lacedæmonii, 1, 10, 10.
Messenii sub Melantho, 1, 2, 31. Messenii Naupacti, 2, 25, 53.
Metagitnion mensis, 2, 15, 43.

INDEX NOMINUM ET RERUM.

Milesias, Thucydidis demagogi pater, *Marc.* 43.
Milesii cupiunt Prienen, 1, 115, 20.
Miltiades *antiquior* : ejus genus, *Marc.* 4.
Miltiades, inter majores Thucydidis, *Marc* 2; ab Æaco Jovis descendens, *ib.* 3; ejus genus ab Ajace deducitur, *ib.* 4; Chersonesum Thracicam colonis frequentavit, *ib.*; quo modo id evenerit, *ib.* 7-14. Ejus sine liberis mortui successor, *ib.* 15.
Miltiades (Cimonis filius), frater Stesagoræ, tertius Chersoneso præfuit, *Marc.* 16; alteram uxorem ducit Hegesipylen, Olori Thracum regis filiam, *ib.* 17. Persis invadentibus, cum suis ex Thracia Athenas fugit; ibique, criminibus de tyrannide in Chersoneso exercita absolutus, dux contra barbaros creatur, *ib.* 18-21. Qua causa Thucydides ab eo genus suum ducere dicendus sit, *ib.* 22 *seqq.*
Minerva cur Chalciœcus dicta Spartæ, 1, 128, 34.
Mitylene *et* Mytilene, 3, 2, 38.
Morgantine, oppidum Siculum, 4, 65, 15.
Mortuorum corpora cremabant Athenienses et Græci omnes, 1, 34, 3.
Mycale, 1, 73, 5; 1, 75, 5; 1, 76, 23; 1, 93, 15.
Myonnesus cur dicta, 3, 32, 30.
Myrcinius peltasta occidit Cleonem ad Amphipolin, *Anon.* 10.
Myûs, Cariæ urbs, 1, 138, 33.

N.

Naupactus, 2, 25, 53; in sinu Crisæo sita, 2, 90, 42.
Neodamotæ qui, 5, 34, 4; 7, 58, 22. *Conf.* 5, 67, 40.
Nericum, pars Leucadis, 3, 7, 14.
Nesus *vel* Nestus, fluvius Thraciæ, 2, 96, 40.
Niceratus, epicus poeta, *Marc.* 44.
Νικίου. *Vide* Prosopitis.
Nilus septem ostia habet, 1, 110, 25.
Nisæa, Megarensium ἐπίνειον, 1, 30, 3; 2, 31, 48; *vel* portus, 1, 103, 49.

O.

Odrysæ, Thraciæ gens, 2, 29, 15.
OEnias, urbs in ostiis Acheloi, nunc Dragameste dicta, 2, 102, 33.
OEnoe, pagus Atticus, in finibus Bœotiæ, 2, 18, 27.
OEnophyta, locus Bœotiæ, 1, 108, 2.
OEtæi, 3, 93, 2.
Olius, ex gente Ajacis, *Marc.* 4.
Olorus, Thracum rex, *Marc.* 2 *et* 17. Ejus filiam in matrimonium ducit Miltiades, *ibid.*
Olorus, pater Thucydidis, cui nomen inditum ab Oloro Thracum rege, *Marc.* 2. *Conf. ib.* 92; 95. Orolus dictus in monumento sepulcrali Thucydidis, recte, judice Didymo, *ibid.* 25, 26.
Olpæ, tumulus, 3, 107, 14.
Olympia in Macedonia et Athenis, 1, 126, 39.
Olynthus, metropolis Chalcidensium, 2, 79, 23; alte sita, 1, 63, 4.
Onomacles. *Vide* Archeptolemus.
Ὄνος machina describitur, 7, 25, 10-20.
Opuntii Locri, 1, 113, 4.
Orchomenus, urbs, ἡ Thucydidi, ὁ Demostheni, 1, 113, 49. Orchomenus duplex, altera Arcadiæ, Homero πολύμηλος, altera Bœotiæ, Homero Μινύειος, 3, 87, 22.
Orestes Agamemnonis, a quo ductum verbum κακὸν κακῷ ἰᾶσθαι, 5, 65, 1.
Orestheus, Deucalionis filius, 1, 3, 9.
Oreus Eubœæ, olim Hestiæa, 1, 114, 16.
Oriseum, 5, 64, 41.
Orœdus, 2, 80, 37.

Thucyd.

Orolus. *Vide* Olorus.
Oropia Bœotiæ, 3, 89, 36.
Orsippus Megarensis primus in Olympicis nudus certavit, 1, 6, 25. Epigramma de eo, *ibid.*
Orus grammaticus *citatur* 2, 19, 40; 5, 1, 37.
Oscius, fluvius Thraciæ, 2, 96, 40.

P.

Pæanes Græcorum duo : alter ante pugnam Marti, alter post pugnam Apollini canitur, 1, 50, 21.
Pale, urbs Cephalleniæ, 1, 27, 39; 1, 35, 40.
Pammilus, 6, 4, 9.
Pamphylia, 1, 73, 6.
Panathenæa sub Hippoclide archonte instituta, *Marc.* 4.
Panormus, 6, 2, 92, 19.
Parasii. *Vide* Parrhasii.
Paris a Philocteta occisus, 1, 12, 26.
Parnassus, 1, 107, 38.
Parnes, mons, 2, 23, 28.
Parrhasii in Arcadia, Parasii (*corrige* Πειράσιοι, Pirasii) in Thessalia, 2, 22, 23.
Patmus? 3, 33, 36.
Pausanias, frater, secundum alios filius Derdæ, 1, 61, 38.
Pausanias, ad Platæas victor, pater Cleomenis et Plistoanactis, 3, 26, 24; 5, 16, 22.
Pausanias : ejus συναγωγὴ Ἀττικῶν ὀνομάτων *citatur* 6, 27, 47.
Pegæ, emporium prope Megara, 1, 103, 48.
Pelasgicum Athenis locus ubi olim Pelasgi habitaverant; quibus ob insidias ejectis, locus devovebatur, 2, 17, 17.
Pellene, urbs Achaiæ, 2, 9, 43.
Peloponnesi partes quinque, 1, 10, 9.
Pelops filium Chrysippum occidit, 1, 9, 35.
Peloris, promontorium Siciliæ ad boream spectans, 4, 25, 24.
Peneus fluvius, 2, 102, 36.
Peparethus, insula Cyclas, 3, 89, 5.
Periander, Cypseli filius, pater Lycophronis, Corinthi tyrannus, 1, 13, 19.
Perdiccæ et Philippi dissidia, 2, 95, 2—20.
Pericles, Samum et Eubœam subjecit Atheniensibus, 2, 36, 42. Alcibiadis consilio usus, rationes non reddidit, sed decretum de Megarensibus scripsit, 1, 67, 8 *sqq.* Ejus magistra Aspasia, *ib.* 18. In caussa judiciali, quæ apud Areopagum disceptabatur, vincitur a Thucydide *Anon.* 19
Perinthus, 2, 9, 48.
Persarum rex. Quid in ejus annulo signatorio fuerit sculptum, 1, 129, 53.
Phæaces, 1, 25, 47 *sqq.*
Phalius, Corinthius in Corcyra habitans, conditor Epidamni, 1, 24, 46; 1, 25, 19—25.
Pharsala [τὰ], 4, 78, 40.
Pharus, insula parva ad Alexandriam, 1, 104, 51.
Phaselis, urbs Pamphyliæ, 2, 69, 52.
Pherecydes *citatur*, in primo Historiarum, *Marc.* 4.
Phidias : ejus statua Minervæ, 1, 67, 10; 2, 13, 11.
Philæas, Ajacis filius, *Marc.* 4.
Philhellen. *Vide* Alexander.
Philippi et Perdiccæ dissidia, 2, 95, 2—20.
Philistus historicus Dionysium juniorem acriter vituperat, *Marc.* 42.
Philochorus *citatur*, *Marc.* 50.
Philoctetes, ob Paridis cædem muliebri morbo laborans, exul condidit Malaciam, 1, 12, 26.
Philostratus *citatur*, 3, 10, 7.
Phliûs, ὁ, 5, 58, 44.

Phocæenses et Phocenses differunt, 1, 13, 33. Phocæenses, Ionia patria relicta, condunt Massiliam, *ibid.*
Φωκέας α producto, 5, 4, 27.
Phœbammon, interpres Thucydidis, *citatur*, 1, 53, 8.
Phrygia, locus Atticæ, 2, 22, 14.
Φρυκτοί quid, et eorum usus in bello, 2, 94, 35—44.
Phryne celebris, 8, 6, 13.
Phrynis, Phrynidis, 8, 6, 10.
Pindarum imitatur Thucydides, 4, 135, 21; *Marc.* 55. *Citatur* 7, 77, 35. *Ejus non nominati* dictum, 1, 80, 12, *et* 2, 8, 18.
Piræei murus, 1, 93, 51.
Piræus agri Corinthii, 8, 15, 14.
Pirasii. *Vide* Parrhasii.
Pisistratidæ, tyranni Athenarum, *Marc.* 9; 29; ab reditu exulum exclusi, *ibid.* 48.
Pisistratus annuum imperium habebat, 6, 54, 47.
Pissuthnes, 3, 31, 27.
Pitane, vicus Laconicus, 1, 20, 9 *et* 11.
Plato. *Vide* Xenophon. Platonis scripta, *Marc.* 63.
Plato comicus, *Marc.* 44.
Plistoanax, Pausaniæ filius, 3, 26, 24; rex Lacedæmoniorum, in exilium actus, quia corruptum ab Atheniensibus putabant, et revocatus, 5, 16, 22.
Ploas, λόχος Lacedæmoniorum, 4, 8, 12.
Plutarchus, *citatur*, in Politicis Præceptis, 1, 86, 27; 2, 60, 14; 2, 72, 7.
Poeta anonymus *citatur*, 1, 44, 40.
Polemon *citatur*, in libro de Arce Athenarum, *Marc.* 28, *et* 43.
Polichna, urbs Cretæ, 2, 85, 35.
Polis, nomen proprium, 2, 67, 22.
Potidæa, 1, 23, 15; 1, 40, 50.
Potidæatæ sunt Dorienses, 1, 71, 14.
Prasiæ, 5, 4, 27.
Praxiphanes *citatur*, in libro de Historia, *Marc.* 44, 45.
Priene, urbs prope Miletum, et a Milesiis appetita, 1, 115, 19.
Prodicus Ceus: ejus accuratum verborum delectum imitatur Thucydides, *Marc.* 56. *Conf.* 4, 135, 24.
Prònœa, urbs Cephalleniæ, 1, 27, 41.
Pronous, Deucalionis filius, pater Hellenis, 1, 3, 9.
Prosopitis, ἡ νῦν Νικίου, olim insula, a Megabazo cum continenti juncta, 1, 109, 15.
Proverbium, quod ad Callimachum refertur, 7, 57, 8.
Proxenus *citatur*, 6, 4, 14
Prytaneum quid, 2, 15, 30.
Pydna, urbs Macedonica, 1, 61, 36.
Pylus, 5, 19, 12.
Pyrilampes, ob suspicionem quandam occiderat civem amicum et amasium; apud Areopagum accusatus a Pericle, prospero successu defenditur ab Thucydide, *Anon.* 19.
Pythes, 2, 29, 11.

R.

Reges Lacedæmoniorum. *Vide* Spartani.
Rhegini sunt Chalcidenses, 6, 79, 25.
Rhene, Scyrus, Icarus sive potius Amorgus, a nonnullis non referuntur inter Cycladas insulas, 1, 4, 16.
Rhia in Crisæo sinu, 2, 90, 40.
Rhodus, Cos, Cnidus, insulæ Doricæ, 2, 9, 46.
Ritus, Oro Ῥειτός, Herodiano Ῥῖτος, 2, 19, 40.
Romani, nihil negotii agunt nisi si pecuniam des, 2, 97, 2.

S.

Samæa, urbs Cephalleniæ, 1, 27, 41.
Samæus a Same, Samius a Samo, 2, 30, 36.
Samii: bellum in Samios et Æginetas, 1, 39, 35.
Samus Atheniensibus obnoxia facta a Pericle, 2, 36, 43.
Sardes. Σάρδεις urbs, Σάρδις cives, 1, 115, 28.
Sarinas, λόχος Lacedæmoniorum, 4, 8, 12.
Scandia, urbs Cytherorum insulæ, 4, 54, 54.
Scaptesyle in Thracia, ubi Thucydides aurifodinas possidebat et historiam conscripsit, *Marc.* 22; 30; 40; 74.
Sciritæ quid, 5, 67, 38; 5, 68, 3.
Scomium, mons, 2, 96, 43.
Scyllus, librarius qui Thucydidis historiam exaravit cui scholia utplurimum metrica Tzezes ascripsit; 1, 63, 8; 1, 123, 29, *et fortasse* 22.
Scyrus. *Vide* Rhene.
Scytala Laconica, 1, 131, 21 *sqq.*
Scythæ, 1, 77, 9.
Sermylis, urbs Chalcidica, a partibus Atheniensium, 1, 65, 42.
Sestus urbs, Σηστός, ὁ et ἡ, 1, 89, 17.
Siceliotæ sunt Græci Siciliæ coloni, Σικελοί, barbari Siciliæ. Idem discrimen inter Itali et Italiotæ, 5, 5, 41.
Sicilia: enumerantur Græcæ urbes in ea conditæ, 6, 3, 47 *sqq.* Siciliæ urbes Atheniensibus adversæ enumerantur, 6, 20, 21 *sqq.*
Siculi sunt Iberum coloni, 6, 2, 20.
Sines, λόχος Lacedæmoniorum, 4, 8, 11.
Sintii Lemnum incolentes, postquam in Thraciam transierant, Sinti appellati, 2, 98, 10.
Sitalces, rex Thracum, 2, 29, 12; quomodo egerit in reducendo Philippo, 2, 95, 4, 20; contra Chalcidenses et Perdiccam pugnat, *ibid.*
Socrates diversus a philosopho, 2, 23, 30.
Socraticos [*codd.* Isocraticos] in gnomis imitatur Thucydides, 4, 135, 25.
Solium, oppidulum in continenti Acarnaniæ, 2, 30, 33.
Solon legislator, 1, 35, 17.
Sophocles *citatur*, 4, 135, 54; 6, 16, 20; 6, 78, 34.
Sparta sine muris, 1, 90, 29.
Spartanorum regum suffragia qualia, 1, 20, 5.
Sphacteria insula pro portu Pyli sita, 4, 8, 39.
Stesagoras Samius, 1, 116, 43.
Stesagoras, uterinus frater (?) Miltiadis prioris, cui in principatu Chersonesi successit, *Marc.* 15. *Alius* Stesagoras, germanus frater Miltiadis alterius, *ibid.* 16.
Stratus urbs, ἡ, 2, 80, 38.
Strymon, fluvius Thraciæ, 1, 98, 33; ad Amphipolin, 1, 100, 14; 2, 96, 38.
Sybaris, *Anon.* 21.
Sybota, tres insulæ parvæ, suibus abundantes, 1, 47, 23; et ab iis dictæ, 3, 32, 31. Sybota alia in continenti, 1, 50, 14; 1, 52, 46.
Syracusani, Corinthiorum coloni, 6, 3, 50; prius insulam habitarunt, quam deinde per molem cum continente junxerunt, *ibid.* 52, 1—3. Syracusanorum socii contra Athenienses enumerantur, 7, 58, 14 *sqq.*

T.

Tænarum, Laconiæ promontorium, Neptuno sacrum, 1, 128, 32.
Taulantii barbari, 1, 24, 1; 1, 28, 9.
Temenidarum genus, 2, 95, 23.
Teres, 2, 29, 14.
Tesseracostæ, quæ numismata, 8, 101, 17.
Teucer exul in Cyprum abiit, 1, 12, 24.
Thasus, insula e regione Thraciæ, ubi sunt aurifodinæ ab Thasiis exercitæ, 1, 100, 7 *et* 13. Metalla circa Thasum, *Anon.* 8.

INDEX NOMINUM ET RERUM.

Thebais (Thebana) dialectus est Æolica, 3, 62, 11.
Thebani, 1, 74, 47.
Themistocles Corcyræos tuetur, 1, 136, 10; Admeto ne auxilia mittantur efficit, *ibid.* 18.
Theognis ὁ ποιήσας τὰς ὑποθήκας, *citatur* 2, 43, 15.
Theopompo nonnulli tribuerunt librum octavum Thucydidis, *Marc.* 68; *Anon.* 15—17. Sex annorum a Thucydide non scriptorum gesta supplevit, *Marc.* 72. *Citatur* 6, 4, 16.
Therme, urbs Macedonica, nunc Thessalonice dicta, 1, 61, 35.
Theseus rex quantam auctoritatem conciliarit urbi Athenarum, 2, 38, 43.
Thesidæ ejiciunt Menestheum, 1, 12, 31.
Thesprotis, 1, 136, 16.
Thessalonice. *Vide* Therme.
Thraces et Dolonci bellum gerunt cum Apsinthiis; quomodo Miltiadem ducem habuerint, *Marc.* 7—14.
Thraciæ aurifodinæ, e regione Thasi, ab Thasiis exercitæ, 1, 100, 7.
Thmuin. *Vide* Mendesium.
Thucydides : ejus genus, *Marc.* 2—29. Erat ex gente Pisistratidarum, 1, 20, 37. Ejus uxor et possessiones in Thracia, *Marc.* 30, *coll.* 21; ejus filius Timotheus, *ibid.* 28. Ejus præceptores, *ibid.* 35. Magistratum non gessit; sed exercitum duxit, quæ ei exsilii causa, *ibid.* 37; 38; 73. Exul in Ægina insula vixit (*secundum schol.* 5, 26, 45, viginti annorum exilium περὶ Πελοπόννησον transegit) et Scaptesylæ, ubi scripsit historiam, *ib.* 39; 40. Quibus expensis, qua cura res in historia Peloponnesiaci belli tradendas exploraverit, *ib.* 31—34; 74. Ejus integritas in historia scribenda, *ib.* 41; 42. Diverse traditur de loco ubi sit mortuus, *ib.* 46—52, 71, 93, *Anon.* 25—27, plus quinquaginta annos natus, non finita historia, *ib.* 54. Ejus facies, *ib.* 53. Ejus monumentum Athenis cum inscriptione, *ib.* 26, 27, 94, 95. Quid Herodotus de eo sit auguratus, *ib.* 92. — Thucydides Pyrilampem feliciter defendit in Areopago, accusante Pericle, *Anon.* 19. Accusatur a Xenocrito, *ib.* 21. Æginæ exsul, Æginetas fœnore oppressisse dicitur, *ib.* 22. — Thucydidis dicendi genus per singula describitur, *Marc.* 55—64; 75—90; 96—98. *Conf.* Eupolis. Quosnam fuerit imitatus, 4, 135, 20 *sq.* Opus ejus critici diverso modo in libros diviserunt, 4, 135, 16—20; *Marc.* 99. Ridiculum ζήτημα cum λύσει sua de numero librorum Thucydidis et Herodoti, 4, 135, 9—15. Opiniones de octavo libro Historiæ minus quam reliqui perfecto, *Marc.* 65—70. De procemio quædam, *Anon.* 23; 24. Caput 74 libri 3 ei abjudicatur a criticis, pag. 68, 37. Thucydidis πεντηκονταετηρὶς, 1, 18, 53; 1, 42, 25; 1, 97, 25.
Thucydides, Milesiæ filius, adversarius Periclis in republica administranda, *Marc.* 43. *Conf.* 1, 117, 46.
Thucydides, Menonis filius, Pharsalius, *Marc.* 43.
Thucydides, Aristonis filius, Acherdusius, poeta, *Marc.* 44.
Timæus Tauromenita in historia scribenda iræ cedit, *Marc.* 42. *Citatur ib.* 40; 52.
Timoleon qua causa dilaudatus a Timæo, *Marc.* 42.
Timotheus, Thucydidis filius, *Marc.* 28.
Tisander, ex gente Ajacis, archon Athenis, *Marc.* 4.
Trachin Thraciæ, 5, 12, 12.
Tragia, prope Samum; 1, 116, 36.
Tricennales induciæ, 1, 23, 30 *sqq.*
Tripus de victoria Persica dedicatus, ab imperatoribus Romanis in hippodromo Byzantii positus, 1, 132, 52.
Trœzen, 1, 89, 20.
Trojana expeditio. Navium Græcorum numerus, in quo variant scriptores, 1, 10, 33.
Typhon, ex gente Ajacis, *Marc.* 4.
Tzetzes, 1, 113, 52; 1, 123, 24 *et* 30; 2, 102, 53; 3, 61, 9; 5, 12, 8; 5, 14, 19; 21; 5, 18, 44; 6, 2, 35.

X.

Xenares (*codd.* Xenagoras), 6, 10, 24.
Xenocritus accusat Thucydidem, *Anon.* 21.
Xenophon tenui dicendi forma utitur, *Marc.* 60. Platonis odio inductus mala præter veritatem scripsit in Menonem Platonicum, *ibid.* 42. Xenophonti nonnulli immerito tribuunt librum octavum Thucydidis, *ibid.* 65—67. Historia Græca, quam edidit, supplevit Thucydidem, *ibid.* 72; *Anon.* 15. Ejus Anabasis, 2, 65, 15.
Xuthus, Hellenis filius, 1, 3, 17.

Z.

Zacynthii, socii Corcyræorum, 1, 44, 54.
Zanclæi conditi ex Cyme Chalcidica et Eubœa reliqua, 6, 4, 22. Unde dicti, *ib.* 24.
Zeno Citiensis, 1, 112, 37.
Zopyrus *citatur*, *Marc.* 47. Nugatur, *ib.* 51.

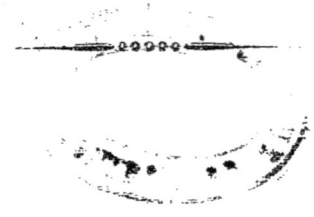

THESAURUS
GRÆCÆ LINGUÆ

AB

HENRICO STEPHANO

CONSTRUCTUS.

Post editionem anglicam novis additamentis auctum, ordineque alphabetico digestum tertio ediderunt

Carolus Benedictus HASE,

Guilelmus et Ludovicus DINDORF,

Secundum conspectum Academiæ regiæ inscriptionum et humaniorum litterarum die 29 maji 1829 approbatum.

CONDITIONS DE LA SOUSCRIPTION.

L'ouvrage entier, imprimé sur papier vélin collé, formera environ 36 livraisons, petit in-folio à deux colonnes, même format que l'édition de *Henri Estienne* et *celle de Londres*. Le nom et les immenses travaux des savants éditeurs qui se sont dévoués à la rédaction de cette importante entreprise littéraire; le concours des savants les plus distingués de l'Europe, qui nous communiquent le fruit de leurs travaux avec un zèle que peut seul donner l'amour de la science; la découverte, dans la bibliothèque impériale de Vienne, du précieux exemplaire de *Henri Estienne*, enrichi de notes de sa main, et surtout les volumineux manuscrits de Valckenaer et d'Hemsterhuys, que la bibliothèque de Leyde a bien voulu mettre à notre disposition, ont dû augmenter nécessairement le nombre des livraisons annoncé d'abord. Mais cet important ouvrage, sur le mérite duquel les savants les plus distingués de l'Europe se sont hautement prononcés dès son apparition, devient chaque jour de plus en plus complet, grâce à la coopération de MM. Ast, Boissonade, Cramer, Jacobs, Osann, Rost, Schæfer, Struve, Tafel, etc., etc., qui nous communiquent sans cesse des articles aussi nombreux qu'importants, ce qui rend cet ouvrage de plus en plus indispensable à tout philologue, et qui en fait un livre tout nouveau. Il peut en effet tenir lieu d'un commentaire perpétuel sur les anciens auteurs, et d'une bibliothèque philologique, puisque là où la place ne permettait pas d'insérer de trop longues dissertations, on y trouve du moins l'indication de toutes celles qui ont quelque importance. Les matériaux, rangés par ordre alphabétique, rendent toute recherche facile, et font épargner une immense perte de temps.

La première partie du tome premier, formant cinq livraisons, est achevée.

Le second volume, dont la rédaction a été confiée à MM. Guillaume et Louis Dindorf, célèbres professeurs de philologie grecque à Leipzick, est aussi terminé. Il contient les lettres B, Γ, Δ.

Le troisième volume contenant la lettre E est terminé.

Le quatrième volume contenant les lettres Z, H, Θ, I, K, est terminé.

Sous presse, le cinquième volume qui contiendra les lettres Λ, M, N, Ξ, O.

Et le sixième volume qui contiendra la lettre Π, etc.

Prix de chaque livraison, composée de 160 pages à 2 col. . . . . 12 fr.

Et grand papier vélin, tiré à un petit nombre d'exemplaires. . . . . 24 fr.

www.ingramcontent.com/pod-product-compliance
Lightning Source LLC
Chambersburg PA
CBHW071402230426
43669CB00010B/1422